Burhoff (Hrsg.) • RVG Straf- und Bußgeldsachen

ZAP Praxiskommentar

RVG
Straf- und Bußgeldsachen

Herausgegeben von
Detlef Burhoff,
Rechtsanwalt, Richter am Oberlandesgericht a.D.,
Münster/Augsburg

unter Mitarbeit von

Dipl.-Rechtspfleger Thomas Schmidt,
Bad Münstereifel/Wipperfürth

und

Dipl.-Rechtspfleger Joachim Volpert,
Willich/Düsseldorf

3., überarbeitete und erweiterte Auflage

Bibliografische Information der Deutschen Nationalbibliothek

Die Deutsche Nationalbibliothek verzeichnet diese Publikation in der Deutschen Nationalbibliografie; detaillierte bibliografische Daten sind im Internet über http://dnb.d-nb.de abrufbar.

ISBN: 978-3-89655-639-4

www.wkdis.de

Alle Rechte sind vorbehalten.
© ZAP Verlag, Münster 2012
Wolters Kluwer Deutschland Information Services GmbH

Das Werk einschließlich aller seiner Teile ist urheberrechtlich geschützt. Jede Verwertung außerhalb der engen Grenzen des Urheberrechtsgesetzes ist ohne Zustimmung des Verlages unzulässig und strafbar. Das gilt insbesondere für Vervielfältigungen, Übersetzungen, Mikroverfilmungen und die Einspeicherung und Verarbeitung in elektronische Systeme.

Verlag und Autoren übernehmen keine Haftung für inhaltliche oder drucktechnische Fehler.

Umschlagskonzeption: Martina Busch, Grafikdesign, Fürstenfeldbruck
Druck und Weiterverarbeitung: Legoprint: L.E.G.O. S.p.A. – Lavis, Italy

Gedruckt auf säurefreiem, alterungsbeständigem und chlorfreiem Papier.

Vorwort

Am 1.7.2004 ist das „Rechtsanwaltsvergütungsgesetz (RVG)" in Kraft getreten. Dies war mehr als 100 Jahre nach dem Inkrafttreten der Gebührenordnung für Rechtsanwälte im Jahre 1879 und fast 50 Jahre nach der Neuregelung des anwaltlichen Gebührenrechts durch die „Bundesrechtsanwaltsgebührenordnung (BRAGO)" vom 26.7.1957 der Abschluss einer allgemeinen Kostenrechtsmodernisierung und einer umfassenden Reform des anwaltlichen Vergütungsrechts.

Im anwaltlichen Vergütungsrecht ist nach dem Inkrafttreten des RVG nahezu nichts mehr so, wie es einmal in der BRAGO war. Das RVG hat die anwaltliche Vergütung völlig neu geregelt. Das gilt vor allem für den Bereich der Straf- und Bußgeldsachen. Gerade in diesen Bereichen hat das RVG neue Strukturen und Gebührentatbestände geschaffen, die die BRAGO nicht vorsah. Die Zeit war daher mit dem Inkrafttreten des RVG reif für einen neuen Kommentar. Diesen Kommentar haben wir mit der 1. Auflage dieses Werks – unter dem Grundgedanken „Ein neues Gesetz – eine neue Idee" – im Frühsommer 2004 vorgelegt. Der Kommentar hat sogleich – nicht nur bei Strafverteidigern – Aufmerksamkeit erregt und ist auf großen Zuspruch gestoßen, worüber wir uns sehr gefreut haben. Auch die (obergerichtliche) Rechtsprechung hat ihn alsbald wahrgenommen und sich in manchen, wenn auch nicht in allen Fragen, unserer Rechtsauffassung angeschlossen. Das hat sich erfreulicherweise mit der 2. Aufl. des Werkes fortgesetzt.

Was ist nun neu oder anders an unserem Kommentar?

Neu ist, dass es mit ihm erstmals einen gebührenrechtlichen Spezialkommentar gibt. Anders ist, dass wir Handbuch und Kommentar miteinander verknüpft haben. Das hatte es in dieser Form für das Vergütungsrecht bisher ebenfalls noch nicht gegeben und unterscheidet unser Werk von anderen gebührenrechtlichen Veröffentlichungen.

Im **Kommentarteil** haben wir (nur) den Teil 4 VV (Strafsachen), den Teil 5 VV (Bußgeldsachen), wegen der Verbindungen und Überschneidungen zu den Teilen 4 und 5 VV auch den Teil 6 VV (sonstige Verfahren) sowie schließlich den Teil 7 VV (Auslagen) vollständig kommentiert. Diesen Teilen bzw. den in diesen Teilen enthaltenen Nummern des Vergütungsverzeichnisses haben wir redaktionelle Überschriften zugeordnet, um die Orientierung zu erleichtern. Aus dem Paragrafenteil des RVG werden – ab der vorliegenden 3. Auflage nun auch – § 37 (Verfahren vor den Verfassungsgerichten), § 38 (Verfahren vor dem Gerichtshof der Europäischen Gemeinschaften), sowie wie bisher § 42 (Feststellung einer Pauschgebühr), § 43 (Abtretung des Kostenerstattungsanspruchs), § 45 Abs. 4 (Vergütungsanspruch des beigeordneten oder bestellten Rechtsanwalts), § 46 Abs. 3 (Auslagenersatz bei Nachforschungen zur Vorbereitung eines Wiederaufnahmeverfahrens), § 48 Abs. 5 (Erstreckung), § 51 (Festsetzung einer Pauschvergütung in Straf- und Bußgeldsachen), § 52 (Anspruch gegen den Beschuldigten oder den Betroffenen), § 53 (Anspruch gegen den Auftraggeber u.a.), § 54 (Verschulden eines beigeordneten oder bestellten Rechtsanwalts, § 55 Abs. 3 (Festsetzung der aus der Staatskasse zu zahlenden Vergütungen und Vorschüsse), § 57 (Rechtsbehelf in Bußgeldsachen vor der Verwaltungsbehörde) und § 58 Abs. 3 (Anrechnung und Rückzahlung bei Gebühren nach den Teilen 4 - 6 VV) kommentiert.

Auf der vollständigen Kommentierung dieser Teile des VV und der genannten Paragrafen liegt das Schwergewicht der Bearbeitung.

Der Kommentierung vorangestellt ist ein „ABC-Teil"/Handbuch-Teil, in dem wir einzelne allgemeine Problembereiche und allgemeine Kernbegriffe des RVG – losgelöst von der Kommentierung – darstellen und erläutern. Das Schwergewicht der Darstellung ist aber auch in diesem Bereich auf die jeweiligen strafverfahrensrechtlichen Aspekte sowie diejenigen in Bußgeldsachen gelegt worden.

Unser Spezialkommentar ist/war „eine neue Idee für Strafrechtler", die gut aufgenommen worden ist. Damit meinen wir aber nicht etwa nur den „reinen Strafverteidiger". Wir wenden uns vielmehr vor allem auch an den Rechtsanwalt, der neben seinen sonstigen anwaltlichen Tätigkeiten auch in Straf- bzw. Bußgeldsachen tätig ist. Gerade für diesen Rechtsanwalt häufen sich bei der Lektüre von Gesamtdarstellungen des RVG Fragen auf, da oftmals Straf- und Bußgeldsachen nur stiefmütterlich und nicht entsprechend ihrer eigentlichen Bedeutung behandelt werden. Wir hoffen, dass dieser Rechtsanwalt seine Fragen bei uns beantwortet bekommt. Darüber hinaus wollen wir alle ansprechen, die sonst noch beruflich mit anwaltlicher Vergütung in Straf- und Bußgeldsachen umgehen müssen. Das sind neben den anwaltlichen Mitarbeitern die im Bereich der Justiz damit befassten Rechtspfleger und Richter.

Wir haben uns um eine praxisnahe Darstellung bemüht. Deshalb haben wir unsere Ausführungen jeweils um zahlreiche Praxishilfen und -hinweise, um Formulierungshilfen sowie um Checklisten und Arbeitshilfen ergänzt. Die Abrechnungsbeispiele sollen die Ausführungen verdeutlichen und einen Anhaltspunkt für die eigene Praxis bieten.

Auch ein Kommentar unterliegt einem stetigen Wandel. So hatten wir in der 2. Auflage die bereits in der **1. Auflage** enthaltenen Stichwörter zum Teil wesentlich erweitert. Verstärkt sind zudem in den Ausführungen die Fragen dargestellt worden, die bei der Abrechnung in Straf- und Bußgeldsachen in der Praxis - sowohl bei Verteidigern als auch bei den Gerichten - Probleme machen. U.a. auch deshalb sind in die **2. Auflage** einige Stichwörter neu aufgenommen worden, die für die Abrechnung in Straf- und Bußgeldverfahren in der Praxis besondere Bedeutung haben.

Die vorliegende **3. Auflage** – sie hat den Stand von Juni 2011, teilweise konnten auch noch gebührenrechtliche Zeitschriften aus Juli 2011 ausgewertet werden – haben wir erneut der Entwicklung im anwaltlichen Gebührenrecht anpasst bzw. aufgrund gesetzlicher Neuregelungen anpassen müssen. Entfallen ist zunächst der frühere Teil A (Einführung), der neben Ausführungen zur Geschichte des RVG und den Zielen der Reform des anwaltlichen Vergütungsrechts einen Überblick über die wesentlichen allgemeinen Regelungen des RVG enthielt. Diese Ausführungen waren u.E. mehr als sieben Jahre nach dem Inkrafttreten des RVG teilweise überflüssig. Zum Teil sind die Ausführungen aber in eigenständige Stichwörter im neuen Teil A eingeflossen. Dieser Teil A enthält nun das früher in Teil B enthaltene **„Vergütungs-ABC"**, das noch durch neue Stichwörter erweitert worden ist. Zum Teil sind einige Stichwörter umbenannt worden, um besser zu verdeutlichen, welche Fragen an dieser Stelle behandelt werden. Wegen der besseren

Handhabbarkeit sind im Teil A jetzt durchgehend gezählte Randnummern gesetzt. Neu aufgenommen bzw. umbenannt worden sind in der 3. Aufl. folgende Stichwörter:

- Abtretung der Gebührenforderung
- Anrechnung von Gebühren (§ 15a)
- Beistand vor einem parlamentarischen Untersuchungsausschuss
- Deckungszusage, Einholung bei der Rechtsschutzversicherung
- Festsetzung gegen die Staatskasse (§ 55)
- Kostenfestsetzung und Erstattung in Bußgeldsachen (früher: Kostenfestsetzung in Straf- und Bußgeldsachen)
- Kostenfestsetzung und Erstattung in Strafsachen (früher: Kostenfestsetzung in Straf- und Bußgeldsachen)
- Rechtsmittel gegen die Vergütungsfestsetzung (§§ 56, 33) (früher: Erinnerung und Beschwerde [§§ 56, 33])
- Sicherungsverwahrung/Therapieunterbringung
- Strafbefehlsverfahren, Abrechnung
- Systematik des RVG
- Systematik des Vergütungsverzeichnisses
- Verfahren nach dem Strafvollzugsgesetz und ähnliche Verfahren
- Vergütung, Begriff
- Verständigung im Straf- und Bußgeldverfahren, Abrechnung

In Teil 6 VV RVG sind die Änderungen zum 01.02.2009 durch das Wehrrechtsänderungsgesetz 2008 (BGBl. I, S. 1629) sowie die Änderungen durch das am 28.10.2010 in Kraft getretene „Gesetz zur Umsetzung des Rahmenbeschlusses 2005/214/JI des Rates vom 24.2.2005 über die Anwendung des Grundsatzes der gegenseitigen Anerkennung von Geldstrafen und Geldbußen" (Europäisches Geldsanktionengesetz; BGBl. I, S. 1408) eingearbeitet. Dass die seit Erscheinen der 2. Auflage veröffentlichte, z.T. aber auch die unveröffentlichte Rechtsprechung eingearbeitet und auch die seitdem erschienenen Literaturbeiträge, soweit sie die Teile 4, 5 und 6 VV RVG betreffen, berücksichtigt worden sind, ist selbstverständlich und soll hier nur angemerkt werden.

Abgeschlossen werden die Neuerungen durch die neu aufgenommene **„Tabellarische Rechtsprechungsübersicht zum RVG Teile 4 – 7 VV RVG"**, die einen weitgehend geschlossenen Überblick über die seit Inkrafttreten des RVG zu den Teilen 4, 5 und 6 VV RVG bekannt gewordene Rechtsprechung enthält; die Entscheidungen zu Teil 7 VV RVG sind enthalten, soweit sie einen Bezug zu den Teilen 4, 5 und 6 VV RVG haben. Ein großer Teil der zusammengestellten Entscheidungen befindet sich im Volltext auf der beiliegenden CD bzw. ist im Internet kostenfrei auf www.burhoff.de abrufbar.

Unser Ziel war und ist es, im Bereich der Straf- oder Bußgeldsachen alle möglichen Fragen zu beantworten und für alle vergütungsrechtlichen Probleme Lösungen anzubieten. Trotz dieser Zielsetzung werden beim Leser Fragen offen bleiben. Wir würden uns deshalb freuen, wenn Sie uns Anregungen und Fragen, die Sie noch haben, mitteilen würden. Dafür besteht einmal die Möglichkeit der Kontaktaufnahme über meine E-Mail: rvg-kommentar@burhoff.de. Sie können Ihre Fragen und Anregungen aber auch mit uns im RVGForum auf www.burhoff.de diskutieren und dort auch anderen Anwendern zugänglich machen. Dankbar sind wir darüber hinaus auch für Bedenken und Kritik. Wir werden sie – ebenso wie Fragen und Anregungen – bei einer hoffentlich bald folgenden 4. Auflage berücksichtigen. Schließlich möchten wir anregen, uns vergütungsrechtliche Entscheidungen, die Sie „erstritten" haben, zukommen zu lassen. Wir werden sie in der nächsten Auflage gern berücksichtigen. Zudem können sie auf meiner Homepage www.burhoff.de bei den RVG-Entscheidungen eingestellt werden.

Zum Schluss möchten wir danken: Besonderer Dank gebührt Frau Assessorin jur. Edith Maria Lassak und Frau Assessorin jur. Andrea Kuckuck, die das Werk lektoriert und uns bei der Erstellung des Stichwort-, Abkürzungs- und Literaturverzeichnisses tatkräftig unterstützt haben. Neben ihnen danken wir allen anderen Mitarbeitern des ZAP-Verlags, die wie immer in bewundernswerter Weise bei der Erstellung des Werkes aktiv mitgeholfen haben. Erinnern möchten wir auch noch einmal an die Hilfe, die wir in Zusammenhang mit der ersten Auflage u.a. von Frau Rechtsanwältin Edith Kindermann, Bremen, die uns mit ihren gebührenrechtlichen Kenntnissen unterstützt und manche Fragen beantwortet hat, erhalten haben. Wir danken ihr und den Rechtsanwälten Dr. David Herrmann und Dr. Michael Fürst, beide Augsburg, die Teile der Kommentierung der 1. Auflage gegengelesen und Anregungen für die Umsetzung der neuen Gebührenvorschriften gegeben haben. Und „last but not least" danken wir schließlich unseren Familien und allen, die in der Zeit des Schreibens manche Stunde auf uns haben verzichten müssen, aber dennoch viel Geduld mit uns bewiesen haben.

Münster, am 03. August 2011   Detlef Burhoff

Hinweise zur Benutzung der CD-/DVD-ROM

A) Installation der Software
Sie starten die Installation durch einen Klick mit der linken Maustaste auf den Punkt „LEXsoft installieren". Sie können bei einigen Produkten während der Installation wählen, ob nur die Programmdateien auf die Festplatte kopiert werden sollen (Option „CD-Rom") oder ob alle Dateien auf die Festplatte übertragen werden sollen (Option „Festplatte"). Für eine CD-ROM-Installation benötigen Sie für jeden Betrieb von LEXsoft Professional die Programm-CD. Wir empfehlen deshalb und aus Geschwindigkeitsgründen, eine Festplatteninstallation durchzuführen.

B) Erster Programmstart
Einige Produkte erfordern die Eingabe eines Freischaltcodes. In diesem Fall werden Sie beim ersten Aufruf der Datenbank zur Eingabe des Codes aufgefordert, welchen Sie auf der CD-ROM oder Ihrer Rechnung finden. Geben Sie den Code ein und bestätigen Sie Ihre Eingabe anschließend durch Betätigen der Schaltfläche „Freischalten". Vorliegend benötigen Sie keinen Freischaltcode.

Hinweis:
Sollten Sie zu diesem Zeitpunkt noch nicht den Code eingeben (wollen), können Sie die Datenbank über die Schaltfläche „Testen" zunächst auch als „Testversion" nutzen und in den nächsten sechs Wochen über den Menüpunkt „Produktfreischaltung" freischalten. Dieser ist Bestandteil des LEXsoft®-Servicemenüs oben rechts auf dem Bildschirm. Nach abgelaufenem Testzeitraum müssen Sie das Produkt direkt beim Start des Programms durch Eingabe des Codes freischalten.

C) Nutzung der Datenbank
Sie haben unterschiedliche Möglichkeiten, die LEXsoft®-Datenbank aufzurufen:
- Start des Programms über das Startmenü: Start → Programme → WoltersKluwer → LEXsoft
- Start des Programms durch einen Doppelklick auf die angelegte Verknüpfung auf Ihrem Desktop. (Hinweis: Diese steht nur zur Verfügung, falls am Ende der Installation die Option „Verknüpfung auf dem Desktop anlegen" ausgewählt wurde.)
- Bei aktivierter Autostartoption öffnet sich nach dem Einlegen der CD ein Fenster mit der Schaltfläche „LEXsoft starten", über welche Sie das Programm ebenfalls aufrufen können.

Das Programm ist intuitiv zu bedienen und enthält neben der zentralen Suche auch eine Inhaltsgliederung und alle wichtigen Funktionen. Eine ausführliche Anleitung finden Sie im Menüpunkt „Hilfe".

D) Erforderliche EDV-Ausstattung
- Mindestvoraussetzung: PC ab 600 MHz, min. 128 MB frei verfügbarer Arbeitsspeicher (RAM).
- Empfohlene Konfiguration: PC ab 1 GHz, min. 512 MB frei verfügbarer Arbeitsspeicher (RAM).
- Festplattenkapazität: Je nach Produkt zwischen 200 MB und 9 GB freier Speicherplatz auf der Festplatte erforderlich.
- Unterstützte Betriebssysteme: Windows 2000/XP/2003 Server/Vista/Windows 7/Windows 2008 Server (R2).

Inhaltsverzeichnis

	Seite
Vorwort	V
Hinweise zur Benutzung der CD-/DVD-ROM	IX
Inhaltsverzeichnis	XI
Musterverzeichnis	XXI
Literaturverzeichnis	XXV
Abkürzungsverzeichnis	XXIX

A. Vergütungs-ABC

A

Abgeltungsbereich der Vergütung (§ 15)	2
Abtretung der Gebührenforderung	5
Abtretung des Erstattungsanspruchs (§ 43)	10
Allgemeine Vergütungsfragen	10
Angelegenheiten (§§ 15 ff.)	24
Anhörungsrüge (§ 12a)	48
Anrechnung von Gebühren (§ 15a)	53
Auslagen aus der Staatskasse (§ 46 Abs. 1 und 2)	62

B

Beistand vor einem parlamentarischen Untersuchungsausschuss (Vorbem. 2 Abs. 2 Satz 2 VV)	93
Beratung/Gutachten, Allgemeines (§ 34)	95
Beratung über die Erfolgsaussicht eines Rechtsmittels (Nrn. 2102 f. VV)	106
Beratung(sgebühr) (§ 34)	111
Beratungshilfe	116
Berechnung der Vergütung (§ 10)	139
Beschwerdeverfahren (§§ 56, 33) RVG	146
Beschwerdeverfahren, Abrechnung	146

D

Deckungszusage, Einholung bei der Rechtsschutzversicherung	162
Dolmetscherkosten, Erstattung	171

E

Einigungsgebühr (Nrn. 1000, 1003 und 1004 VV)	185
Erfolgshonorar (§ 4a und § 49b Abs. 2 BRAO)	203

	Seite
Erstreckung (§ 48 Abs. 5)	213
F	
Fälligkeit der Vergütung (§ 8)	213
Festsetzung der Vergütung (§ 11)	216
Festsetzung gegen die Staatskasse (§ 55)	236
G	
Gebühren-/Vergütungsverzicht	257
Gebührensystem	259
Gegenstandswert, Festsetzung (§ 33)	261
Geldwäsche	284
Gerichtskosten	291
Gutachten(gebühr) (§ 34)	324
H	
Hebegebühr (Nr. 1009 VV)	327
Hilfeleistung in Steuersachen (§ 35)	331
Hinweispflicht (§ 49b Abs. 5 BRAO)	334
K	
Kostenfestsetzung und Erstattung in Bußgeldsachen	338
Kostenfestsetzung und Erstattung in Strafsachen	343
M	
Mehrere Auftraggeber (§ 7, Nr. 1008 VV)	390
Mehrere Rechtsanwälte (§ 6)	420
R	
Rahmengebühren (§ 14)	424
Rechtsmittel gegen die Vergütungsfestsetzung (§§ 56, 33)	454
Rechtszug (§ 19)	485
S	
Sicherungsverwahrung/Therapieunterbringung	490
Strafbefehlsverfahren, Abrechnung	505
Systematik des RVG	514
Systematik des Vergütungsverzeichnisses	515
T	
Trennung von Verfahren	519
U	
Übergang von Ansprüchen auf die Staatskasse (§ 59)	524

	Seite
Übergangsvorschriften (§§ 60 f.)	530
Umfang des Vergütungsanspruchs (§ 48 Abs. 1)	552

V

Verbindung von Verfahren	572
Verfahren nach dem Strafvollzugsgesetz und ähnliche Verfahren	578
Vergütung, Begriff	587
Vergütungsanspruch gegen die Staatskasse (§§ 44, 45, 50)	587
Vergütungsvereinbarung (§ 3a)	600
Verjährung des Vergütungsanspruchs	631
Verständigung im Straf-/Bußgeldverfahren, Abrechnung	633
Vertreter des Rechtsanwalts (§ 5)	641
Verwarnungsverfahren, Abrechnung	646
Verweisung/Abgabe (§ 20)	650
Vorschuss aus der Staatskasse (§ 47)	656
Vorschuss vom Auftraggeber (§ 9)	663

W

Wertgebühren (§§ 13 und 49)	671

Z

Zurückverweisung (§ 21)	677
Zwangsvollstreckung	680

B. Kommentar

§ 37	Verfahren vor den Verfassungsgerichten	701
§ 38	Verfahren vor dem Gerichtshof der Europäischen Gemeinschaften	709
§ 42	Feststellung einer Pauschgebühr	713
§ 43	Abtretung des Kostenerstattungsanspruchs	723
§ 45 Abs. 4	Vergütungsanspruch, Abraten, Wiederaufnahmeantrag	743
§ 46 Abs. 3	Auslagen für Nachforschungen zur Vorbereitung eines Wiederaufnahmeverfahrens	746
§ 48 Abs. 5	Umfang des Anspruchs und der Beiordnung in Angelegenheiten nach den Teilen 4–6 VV	748
§ 51	Festsetzung einer Pauschgebühr in Straf- und Bußgeldsachen	764
§ 52	Anspruch gegen den Beschuldigten oder den Betroffenen	821
§ 53	Anspruch gegen den Auftraggeber, Anspruch des zum Beistand bestellten Rechtsanwalts gegen den Verurteilten	856
§ 54	Verschulden eines beigeordneten oder bestellten Rechtsanwalts	870

		Seite
§ 55 Abs. 3	Festsetzung der aus der Staatskasse zu zahlenden Vergütungen und Vorschüsse – Beiordnung einer Kontaktperson.	883
§ 57	Rechtsbehelf in Bußgeldsachen vor der Verwaltungsbehörde	885
§ 58 Abs. 3	Anrechnung und Rückzahlung bei Gebühren nach den Teilen 4–6 VV	888
Vorbem. 4 VV	Tätigkeiten in Strafsachen.	909
Vorbem. 4.1 VV	Gebühren für die Tätigkeit im Strafverfahren.	956
Unterabschnitt 1	Allgemeine Gebühren	974
Nr. 4100 VV	Grundgebühr	975
Nr. 4101 VV	Grundgebühr mit Zuschlag	991
Nr. 4102 VV	Terminsgebühr außerhalb der Hauptverhandlung	994
Nr. 4103 VV	Terminsgebühr außerhalb der Hauptverhandlung mit Zuschlag	1012
Unterabschnitt 2	Vorbereitendes Verfahren	1015
Vorbem. 4.1.2 VV	Vorbereitung der Privatklage.	1016
Nr. 4104 VV	Verfahrensgebühr, vorbereitendes Verfahren.	1017
Nr. 4105 VV	Verfahrensgebühr, vorbereitendes Verfahren, mit Zuschlag	1025
Unterabschnitt 3	Gerichtliches Verfahren.	1027
Nr. 4106 VV	Verfahrensgebühr Amtsgericht	1028
Nr. 4107 VV	Verfahrensgebühr Amtsgericht mit Zuschlag	1035
Nr. 4108 VV	Terminsgebühr Amtsgericht	1037
Nr. 4109 VV	Terminsgebühr Amtsgericht mit Zuschlag	1045
Nr. 4110 VV	Zusatzgebühr zur Terminsgebühr Amtsgericht (HV 5–8 Stunden)	1048
Nr. 4111 VV	Zusatzgebühr zur Terminsgebühr Amtsgericht (HV mehr als 8 Stunden)	1059
Nr. 4112 VV	Verfahrensgebühr Strafkammer.	1061
Nr. 4113 VV	Verfahrensgebühr Strafkammer mit Zuschlag.	1063
Nr. 4114 VV	Terminsgebühr Strafkammer.	1064
Nr. 4115 VV	Terminsgebühr Strafkammer mit Zuschlag.	1066
Nr. 4116 VV	Zusatzgebühr zur Terminsgebühr Strafkammer (HV 5–8 Stunden)	1067
Nr. 4117 VV	Zusatzgebühr zur Terminsgebühr Strafkammer (HV mehr als 8 Stunden)	1069
Nr. 4118 VV	Verfahrensgebühr OLG, Schwurgericht u.a.	1070
Nr. 4119 VV	Verfahrensgebühr OLG, Schwurgericht u.a. mit Zuschlag	1072
Nr. 4120 VV	Terminsgebühr OLG, Schwurgericht u.a.	1073
Nr. 4121 VV	Terminsgebühr OLG, Schwurgericht u.a. mit Zuschlag	1075

		Seite
Nr. 4122 VV	Zusatzgebühr zur Terminsgebühr OLG, Schwurgericht u.a. (HV 5–8 Stunden)	1076
Nr. 4123 VV	Zusatzgebühr zur Terminsgebühr OLG, Schwurgericht u.a. (HV mehr als 8 Stunden)	1078
Unterabschnitt 3	Berufung	1080
Nr. 4124 VV	Verfahrensgebühr Berufung	1082
Nr. 4125 VV	Verfahrensgebühr Berufung mit Zuschlag	1091
Nr. 4126 VV	Terminsgebühr Berufung	1093
Nr. 4127 VV	Terminsgebühr Berufung mit Zuschlag	1098
Nr. 4128 VV	Zusatzgebühr zur Terminsgebühr Berufung (HV 5–8 Stunden)	1099
Nr. 4129 VV	Zusatzgebühr zur Terminsgebühr Berufung (HV mehr als 8 Stunden)	1100
Unterabschnitt 3	Revision	1101
Nr. 4130 VV	Verfahrensgebühr Revision	1103
Nr. 4131 VV	Verfahrensgebühr Revision mit Zuschlag	1112
Nr. 4132 VV	Terminsgebühr Revision	1114
Nr. 4133 VV	Terminsgebühr Revision mit Zuschlag	1118
Nr. 4134 VV	Zusatzgebühr zur Terminsgebühr Revision (HV 5–8 Stunden)	1119
Nr. 4135 VV	Zusatzgebühr zur Terminsgebühr Revision (HV mehr als 8 Stunden)	1120
Vorbem. 4.1.4 VV	Grundgebühr Wiederaufnahmeverfahren	1121
Nr. 4136 VV	Geschäftsgebühr Wiederaufnahmeverfahren	1126
Nr. 4137 VV	Verfahrensgebühr Wiederaufnahmeantrag	1132
Nr. 4138 VV	Weitere Verfahrensgebühr Wiederaufnahmeverfahren	1136
Nr. 4139 VV	Verfahrensgebühr, Beschwerdeverfahren, Wiederaufnahmeverfahren	1140
Nr. 4140 VV	Terminsgebühr Wiederaufnahmeverfahren	1144
Unterabschnitt 5	Zusätzliche Gebühren	1147
Nr. 4141 VV	Gebühr bei Entbehrlichkeit der Hauptverhandlung durch anwaltliche Mitwirkung	1148
Nr. 4142 VV	Verfahrensgebühr bei Einziehung und verwandten Maßnahmen	1181
Nr. 4143 VV	Verfahrensgebühr erstinstanzliche Verfahren über vermögensrechtliche Ansprüche des Verletzten oder seines Erben	1198
Nr. 4144 VV	Berufungs- und Revisionsverfahren über vermögensrechtliche Ansprüche des Verletzten oder seiner Erben	1214
Nr. 4145 VV	Beschwerde gegen die Absehensentscheidung im Verfahren über vermögensrechtliche Ansprüche des Verletzten oder seiner Erben	1219
Nr. 4146 VV	Verfahrensgebühr, Verfahren über soziale Ausgleichsleistungen	1224
Nr. 4147 VV	Einigungsgebühr Privatklageverfahren	1230

		Seite
Vorbem. 4.2 VV	Gebühren in der Strafvollstreckung	1234
Nr. 4200 VV	Verfahrensgebühr Strafvollstreckung	1254
Nr. 4201 VV	Verfahrensgebühr Strafvollstreckung mit Zuschlag	1263
Nr. 4202 VV	Terminsgebühr Strafvollstreckung	1266
Nr. 4203 VV	Terminsgebühr Strafvollstreckung mit Zuschlag	1270
Nr. 4204 VV	Verfahrensgebühr für sonstige Verfahren in der Strafvollstreckung	1272
Nr. 4205 VV	Verfahrensgebühr für sonstige Verfahren in der Strafvollstreckung mit Zuschlag	1279
Nr. 4206 VV	Terminsgebühr für sonstige Verfahren in der Strafvollstreckung	1281
Nr. 4207 VV	Terminsgebühr für sonstige Verfahren in der Strafvollstreckung mit Zuschlag	1283
Vorbem. 4.3 VV	Gebühren für Einzeltätigkeiten	1285
Nr. 4300 VV	Verfahrensgebühr, Anfertigung, Unterzeichnung einer Schrift	1307
Nr. 4301 VV	Verfahrensgebühr für Einzeltätigkeiten (Privatklage u.a.)	1319
Nr. 4302 VV	Verfahrensgebühr für Einzeltätigkeiten (Einlegung Rechtsmittel u.a.)	1333
Nr. 4303 VV	Verfahrensgebühr Gnadensache	1346
Nr. 4304 VV	Gebühr für Beiordnung als Kontaktperson	1353
Vorbem. 5 VV	Bußgeldsachen	1357
Abschnitt 1	Gebühren des Verteidigers	1384
Vorbem. 5.1 VV	Gebühren für die Tätigkeit im Bußgeldverfahren	1385
Unterabschnitt 1	Allgemeine Gebühr	1396
Nr. 5100 VV	Grundgebühr Bußgeldverfahren	1397
Unterabschnitt 2	Verfahren vor der Verwaltungsbehörde	1400
Vorbem. 5.1.2 VV	Verwarnungsverfahren/Zwischenverfahren/Verrechnung	1401
Nr. 5101 VV	Verfahrensgebühr Verwaltungsbehörde (Geldbuße bis 40 €)	1406
Nr. 5102 VV	Terminsgebühr Verwaltungsbehörde (Geldbuße bis 40 €)	1408
Nr. 5103 VV	Verfahrensgebühr Verwaltungsbehörde (Geldbuße 40 – 5.000 €)	1410
Nr. 5104 VV	Terminsgebühr Verwaltungsbehörde (Geldbuße 40 – 5.000 €)	1411
Nr. 5105 VV	Verfahrensgebühr Verwaltungsbehörde (Geldbuße mehr als 5.000 €)	1412
Nr. 5106 VV	Terminsgebühr Verwaltungsbehörde (Geldbuße mehr als 5.000 €)	1413
Unterabschnitt 3	Gerichtliches Verfahren im ersten Rechtszug	1414
Vorbem. 5.1.3 VV	Terminsgebühr außerhalb der HV/Wiederaufnahmeverfahren	1415
Nr. 5107 VV	Verfahrensgebühr erster Rechtszug (Geldbuße bis 40 €)	1421
Nr. 5108 VV	Terminsgebühr erster Rechtszug (Geldbuße bis 40 €)	1426
Nr. 5109 VV	Verfahrensgebühr erster Rechtszug (Geldbuße 40 € – 5.000 €)	1430

		Seite
Nr. 5110 VV	Terminsgebühr erster Rechtszug (Geldbuße 40 € – 5.000 €)	1432
Nr. 5111 VV	Verfahrensgebühr erster Rechtszug (Geldbuße von mehr als 5.000 €)	1433
Nr. 5112 VV	Terminsgebühr erster Rechtszug (Geldbuße von mehr als 5.000 €)	1435
Unterabschnitt 4	Verfahren über die Rechtsbeschwerde	1436
Nr. 5113 VV	Verfahrensgebühr Rechtsbeschwerdeverfahren	1438
Nr. 5114 VV	Terminsgebühr Rechtsbeschwerdeverfahren	1444
Unterabschnitt 5	Zusätzliche Gebühren	1447
Nr. 5115 VV	Gebühr bei Entbehrlichkeit der Hauptverhandlung durch anwaltliche Mitwirkung	1448
Nr. 5116 VV	Verfahrensgebühr bei Einziehung und verwandten Maßnahmen	1466
Abschnitt 2	Einzeltätigkeiten	1469
Nr. 5200 VV	Verfahrensgebühr Einzeltätigkeiten	1470
Vorbem. 6 VV	Tätigkeiten in sonstigen Verfahren	1477
Abschnitt 1	Verfahren nach IRG und IStGH-Gesetz	1482
Unterabschnitt 1	Verfahren vor der Verwaltungsbehörde	1483
Nr. 6101 VV	Verfahrensgebühr für IRG- und IStGH-Gesetz-Verfahren	1493
Nr. 6102 VV	Terminsgebühr für IRG- und IStGH-Gesetz-Verfahren	1506
Abschnitt 2	Disziplinarverfahren, berufsgerichtliche Verfahren wegen der Verletzung einer Berufspflicht	1511
Vorbem. 6.2 VV	Tätigkeiten Disziplinarverfahren	1530
Nr. 6200 VV	Grundgebühr Disziplinarverfahren etc.	1530
Nr. 6201 VV	Terminsgebühr Disziplinarverfahren etc.	1535
Nr. 6202 VV	Verfahrensgebühr Disziplinarverfahren etc., außergerichtliches Verfahren	1539
Vorbem. 6.2.3 VV	Gebühren Wiederaufnahmeverfahren	1547
Nr. 6203 VV	Verfahrensgebühr Disziplinarverfahren etc., erster Rechtszug	1551
Nr. 6204 VV	Terminsgebühr Disziplinarverfahren etc., erster Rechtszug	1555
Nr. 6205 VV	Zusatzgebühr Disziplinarverfahren etc., erster Rechtszug (HV 5–8 Std.)	1558
Nr. 6206 VV	Zusatzgebühr Disziplinarverfahren etc., erster Rechtszug (HV mehr als 8 Std.)	1560
Nr. 6207 VV	Verfahrensgebühr Disziplinarverfahren etc., zweiter Rechtszug	1562
Nr. 6208 VV	Terminsgebühr Disziplinarverfahren etc., zweiter Rechtszug	1565
Nr. 6209 VV	Zusatzgebühr Disziplinarverfahren etc., zweiter Rechtszug (HV 5–8 Std.)	1567

		Seite
Nr. 6210 VV	Zusatzgebühr Disziplinarverfahren etc., zweiter Rechtszug (HV mehr als 8 Std.)	1568
Nr. 6211 VV	Verfahrensgebühr Disziplinarverfahren etc., dritter Rechtszug	1569
Nr. 6212 VV	Terminsgebühr Disziplinarverfahren etc., dritter Rechtszug	1572
Nr. 6213 VV	Zusatzgebühr Disziplinarverfahren etc., dritter Rechtszug (HV 5–8 Std.)	1574
Nr. 6214 VV	Zusatzgebühr Disziplinarverfahren etc., dritter Rechtszug (HV mehr als 8 Stunden)	1575
Nr. 6215 VV	Verfahrensgebühr Disziplinarverfahren etc., dritter Rechtszug (Nichtzulassung der Revision)	1577
Nr. 6216 VV	Zusätzliche Gebühr (mündliche Verhandlung entbehrlich)	1581
Nr. 6300 VV	Verfahrensgebühr bei erstmaliger Freiheitsentziehung und bei Unterbringungsmaßnahmen	1588
Nr. 6301 VV	Terminsgebühr bei erstmaliger Freiheitsentziehung und bei Unterbringungsmaßnahmen	1601
Nr. 6302 VV	Verfahrensgebühr in sonstigen Fällen	1604
Nr. 6303 VV	Terminsgebühr in sonstigen Fällen	1608
Vorbem. 6.4	Verfahren nach der Wehrbeschwerdeordnung	1611
Nr. 6400 VV	Verfahrensgebühr Wehrbeschwerdeordnung Truppendienstgericht	1619
Nr. 6401 VV	Verfahrensgebühr Wehrbeschwerdeordnung Truppendienstgericht	1622
Nr. 6402 VV	Terminsgebühr Wehrbeschwerdeordnung Truppendienstgericht	1624
Nr. 6403 VV	Verfahrensgebühr Wehrbeschwerdeordnung Bundesverwaltungsgericht	1627
Nr. 6404 VV	Verfahrensgebühr Wehrbeschwerdeordnung Truppendienstgericht	1629
Nr. 6405 VV	Terminsgebühr Wehrbeschwerdeordnung Bundesverwaltungsgericht	1631
Nr. 6500 VV	Einzeltätigkeiten/Aufhebung oder Änderung einer Disziplinarmaßnahme	1633
Vorbem. 7	Aufwendungen/Geschäftsreise/mehrere Geschäfte	1641
Nr. 7000 VV	Dokumentenpauschale	1658
Nr. 7001 VV	Entgelte für Post- und Telekommunikationsdienstleistungen	1691
Nr. 7002 VV	Pauschale für Entgelte für Post- und Telekommunikationsdienstleistungen	1698
Nr. 7003 VV	Fahrtkosten für eine Geschäftsreise mit dem eigenen Kfz	1706
Nr. 7004 VV	Fahrtkosten für andere Verkehrsmittel	1719
Nr. 7005 VV	Tage- und Abwesenheitsgeld	1728
Nr. 7006 VV	Sonstige Auslagen für Geschäftsreisen	1731

		Seite
Nr. 7007 VV	Prämien für eine besondere Haftpflichtversicherung	1736
Nr. 7008 VV	Umsatzsteuer auf Vergütung	1737

Stichwortverzeichnis 1965

Musterverzeichnis

A. Vergütungs-ABC | Rn.

Abtretung der Gebührenforderung
Muster für Abtretung. 19
Einwilligungserklärung des Mandanten 20

Auslagen aus der Staatskasse (§ 46 Abs. 1 und 2)
Antrag auf Feststellung der Erforderlichkeit von Reisekosten nach § 46 Abs. 2 214

Beratungshilfe
Erinnerung gegen die Festsetzung der Beratungshilfevergütung 358

Berechnung der Vergütung (§ 10)
Vergütungsrechnung 369

Deckungszusage, Einholung bei der Rechtsschutzversicherung
Einholung der Deckungszusage bei der Rechtsschutzversicherung wegen einer
  straßenverkehrsrechtlichen Bußgeldsache. 425

Dolmetscherkosten
Antrag auf Festsetzung der Dolmetscherkosten bei Freispruch 456
Antrag auf Festsetzung der Dolmetscherkosten bei Verurteilung. 457

Erfolgshonorar (§ 4a und § 49b BRAO)
Vereinbarung eines Erfolgshonorars in Strafsachen. 516
Vereinbarung eines Erfolgshonorars in Bußgeldsachen 517

Festsetzung der Vergütung (§ 11)
Festsetzungsantrag nach § 11 (Geltendmachung der Mindestgebühren) 575
Festsetzungsantrag nach § 11 (Pauschvergütung nach § 42 RVG) 576
Zustimmungserklärung bei Rahmengebühren in Strafsachen 577
Zustimmungserklärung mit Ratenzahlungsvereinbarung. 578

Festsetzung gegen die Staatskasse
Antrag auf Festsetzung der Vergütung des beigeordneten oder bestellten Rechtsanwalts. . . 642

Gegenstandswert, Festsetzung (§ 33)
Antrag des Rechtsanwalts auf Wertfestsetzung gem. § 33 Abs. 1
  (gerichtsgebührenfreies Adhäsionsverfahren – Nrn. 4143, 4144 VV). 694
Antrag des Rechtsanwalts auf Wertfestsetzung gem. § 33 Abs. 1
  (Adhäsionsverfahren mit Gerichtsgebühr, Wert für die Gerichtsgebühr gilt nicht für
  die Anwaltsgebühr – Nrn. 4143, 4144 VV). 695
Antrag des Rechtsanwalts auf Wertfestsetzung gem. § 32 Abs. 2 Satz 1
  (Adhäsionsverfahren, Wert für Gerichtsgebühr und Anwaltsgebühr decken sich –
  Nrn. 4143, 4144 VV). 696

Geldwäsche
Checkliste: Ratschläge/Möglichkeiten zur Vorbeugungen des Geldwäschevorwurfs 712

Gerichtskosten
Erinnerung gem. § 66 Abs. 1 GKG gegen den Kostenansatz 795

Kostenfestsetzung und Erstattung in Strafsachen
Antrag auf Kostenfestsetzung gem. § 464b StPO............................... 954
Beschwerde gegen Kostenfestsetzungsbeschluss gem. § 464b StPO 955

Rahmengebühren (§ 14)
Vergütungsblatt Strafsachen (Teil 4 VV) 1110
Vergütungsblatt Bußgeldsachen (Teil 5 VV) 1111

Rechtsmittel gegen die Vergütungsfestsetzung (§§ 56, 33)
Beschwerde des Rechtsanwalts gegen die Wertfestsetzung gem. § 33 Abs. 3. 1195
Erinnerung gegen die Festsetzung der Pflichtverteidigervergütung 1196
Beschwerde gegen die Erinnerungsentscheidung über die Festsetzung der
    Pflichtverteidigervergütung... 1197

Umfang des Vergütungsanspruchs (§ 48 Abs. 1)
Antrag auf Erstreckung der Pflichtverteidigerbestellung auf die Hebegebühr nach
    Nr. 1009 VV.. 1429
Antrag auf Erstreckung der Pflichtverteidigerbestellung bzw. PKH-Bewilligung und
    Beiordnung auf das Adhäsionsverfahren................................ 1430

Vergütungsvereinbarung (§ 3a)
Checkliste: Vergütungsvereinbarung... 1556
Allgemeine Vergütungsvereinbarung 1569
Vergütungsvereinbarung über ein Zeithonorar 1570
Vereinbarung über die pauschale Abgeltung der Fotokopierkosten 1572
Vereinbarung über eine zusätzliche Auslagepauschale.......................... 1574
Vereinbarung über eine Abgeltung für Geschäfts- und Reisekosten 1576

Vorschuss aus der Staatskasse (§ 47)
Antrag auf Festsetzung eines Vorschusses gem. § 47 1658

Vorschuss vom Auftraggeber (§ 9)
Allgemeine Vorschussanforderung... 1676
Erinnerung an Vorschusszahlung mit Androhung der Mandatsniederlegung.......... 1677
Abrechnung von Vorschusszahlung 1678

Zwangsvollstreckung
Ratenzahlungsvereinbarung 1772

B. Kommentar   Rn.

§ 43
Antrag nach § 30a EGGVG (Anfechtung der Aufrechnung der Staatskasse durch Antrag auf gerichtliche Entscheidung) 41
Abtretungsurkunde nach § 43 42

§ 48 Abs. 5
Erstreckungsantrag 37

§ 51
Formulierungsbeispiel: Pauschgebührantrag nach § 51 30
Pauschgebührantrag 47

§ 52
Feststellungsantrag nach § 52 Abs. 2 87

Nr. 4108 VV
Formulierungsbeispiel: Begründung der Terminsgebühr 23

Vorbem. 5 VV
Checkliste: Begründung Gebührenhöhe 44

Nr. 7000 VV
Erfassung der Dokumentenpauschale 115

Nr. 7001 VV
Erfassung von Porto-/Telefonkosten 25

Nr. 7004 VV
Ausgleich der nichterstattungsfähigen Kosten der Bahncard – Var. 1 26
Ausgleich der nichterstattungsfähigen Kosten der Bahncard – Var. 2 27
Ausgleich der nichterstattungsfähigen Kosten der Bahncard – Var. 3 28

Literaturverzeichnis

Bamberger/Roth, BGB: Kommentar zum Bürgerlichen Gesetzbuch, Band 1: §§ 1 - 610; 2. Aufl. 2007

Baumgärtel/Hergenröder/Houben, RVG – Kommentar zum Rechtsanwaltsvergütungsgesetz, 15. Aufl. 2011

Beck`sches Formularbuch für den Strafverteidiger, herausgegeben von Hamm/Leipold, 5. Aufl. 2010

Binz/Dörndorfer/Petzold/Zimmermann, GKG/FamGKG/JVEG, Kommentar, 2. Aufl. 2009

Bischof/Jungbauer/Bräuer/Curkovic/Mathias/Uher, RVG, Kommentar, 3. Aufl. 2009

Braun, Gebührenabrechnung nach dem neuen Rechtsanwaltsvergütungsgesetz, 2004

Braun/Hansens, RVG-Praxis, 2004

Burhoff, Handbuch für das strafrechtliche Ermittlungsverfahren, 5. Aufl. 2010

Burhoff, Handbuch für die strafrechtliche Hauptverhandlung, 6. Aufl. 2010

Burhoff, Handbuch für das straßenverkehrsrechtliche OWi-Verfahren, 3. Aufl. 2012

Burhoff/Kindermann, Rechtsanwaltsvergütungsgesetz 2004, 2004

Claussen/Benneke/Schwandt, Das Disziplinarverfahren, 6. Aufl. 2009

Dahs, Handbuch des Strafverteidigers, 7. Aufl. 2005

Dahs, Die Revision im Strafprozess, 7. Aufl. 2008

Dau, Wehrdisziplinarordnung, Kommentar, 5. Aufl. 2009

Dodegge/Zimmermann, PsychKG NRW, Kommentar, 2. Aufl. 2003

Eisenberg, Jugendgerichtsgesetz, Kommentar, 14. Aufl. 2010

Feuerich/Weyland, Bundesrechtsanwaltsordnung: BRAO, Kommentar, 7. Aufl. 2008

Gebauer/Schneider, BRAGO, 2002

Gerold/Schmidt/v. Eicken/Madert, Bundesgebührenverordnung für Rechtsanwälte, Kommentar, 15. Aufl. 2002

Gerold/Schmidt, Rechtsanwaltsvergütungsgesetz: RVG, Kommentar, 19. Aufl. 2010

Goebel/Gottwald, Rechtsanwaltsvergütungsgesetz, 2004

Göhler, Gesetz über Ordnungswidrigkeiten: OWiG, Kommentar, 15. Aufl. 2009

Göttlich/Mümmler/Rehberg/Xanke, RVG – Rechtsanwaltsvergütungsgesetz, Kommentar, 3. Aufl. 2010

Hansens, BRAGO, Kommentar, 8. Aufl. 2004

Hansens/Braun/Schneider, Praxis des Vergütungsrechts, 2. Aufl. 2007

Harbauer, Rechtsschutzversicherung, 8. Aufl. 2010

Hartmann, Kostengesetze, Kommentar, 41. Aufl. 2011

Hartung/Römermann/Schons, Praxiskommentar zum Rechtsanwaltsvergütungsgesetz, 2. Aufl. 2006

Hartung/Schons/Enders, Rechtsanwaltsvergütungsgesetz: RVG, Kommentar, 2011

Henssler/Prütting, Bundesrechtsanwaltsordnung, Kommentar, 3. Aufl. 2010

Horndasch/Viefhues, FamFG – Kommentar zum Familienverfahrensrecht, 2. Aufl. 2011

Isak/Wagner, Strafvollstreckung, 7. Aufl. 2004;

Karlsruher Kommentar zum Gesetz über Ordnungswidrigkeiten, herausgegeben von Senge, 3. Aufl. 2006

Karlsruher Kommentar zur Strafprozessordnung und zum Gerichtsverfassungsgesetz, herausgegeben von Hannich, 6. Aufl. 2008

Keidel (Hrsg.), FamFG, Kommentar zum Gesetz über das Verfahren in Familiensachen und die Angelegenheiten der freiwilligen Gerichtsbarkeit, 16. Aufl. 2009

Kindermann, Gebührenpraxis für Anwälte, 2001

Korintenberg/Lappe, Kostenordnung, Kommentar, 18. Aufl. 2010

Krämer/Mauer/Kilian, Vergütungsvereinbarung und -management, 2005

Leipold, Anwaltsvergütung in Strafsachen, 2004

Löwe-Rosenberg, Die Strafprozessordnung und das Gerichtsverfassungsgesetz, 26. Aufl. 2010

Madert, Die Honorarvereinbarung des Rechtsanwalts, 2. Aufl. 2002;

Madert, Rechtsanwaltsvergütung in Straf- und Bußgeldsachen, 5. Aufl. 2004

Madert, Anwaltsgebühren in Straf- und Bußgeldsachen, 4. Aufl. 2002

Madert/Schons, Die Vergütungsvereinbarung des Rechtsanwalts, 3. Aufl. 2006

Marschner/Volckart/Lesting, Freiheitsentziehung und Unterbringung, 5. Aufl. 2010

Mayer/Kroiß, Rechtsanwaltsvergütungsgesetz, Kommentar, 4. Aufl. 2009

Mertens/Stuff, Verteidigervergütung, 2010

Meyer, Gerichtskosten der streitigen Gerichtsbarkeiten und des Familienverfahrens, Kommentar, 12. Aufl. 2011

Meyer, StrEG: Gesetz über die Entschädigung für Strafverfolgungsmaßnahmen, Kommentar, 7. Aufl. 2007

Meyer-Goßner, Strafprozessordnung, Kommentar, 54. Aufl. 2011

Meyer/Höver/Bach, Die Vergütung und Entschädigung von Sachverständigen, Zeugen, Dritten und von ehrenamtlichen Richtern nach dem JVEG, Kommentar, 25. Aufl. 2010

Münchener Anwaltshandbuch Vergütungsrecht, herausgegeben von Brieske/Scheubel/Scheungarb, 2007

Musielak, Zivilprozessordnung, 8. Aufl. 2011

Oestreich/Hellstab/Trenkle, GKG – FamGKG, Gerichtskostengesetz und Gesetz über Gerichtskosten in Familiensachen, Stand: Januar 2011

Onderka, Anwaltsgebühren in Verkehrssachen, 3. Aufl. 2010

Palandt, Bürgerliches Gesetzbuch, Kommentar, 70. Aufl. 2011

Reisert, Anwaltsgebühren im Straf- und Bußgeldrecht, 2011

Riedel/Sußbauer, Rechtsanwaltsvergütungsgesetz, Kommentar, 9. Aufl. 2005

Röttle/Wagner, Strafvollstreckung, 8. Aufl. 2009

Schneider, Die Vergütungsvereinbarung, 2006

Schneider/Mock, Das neue Gebührenrecht für Anwälte, 2004

Schneider/Wolf, AnwaltKommentar RVG, 5. Aufl. 2010

Schönke/Schröder, Strafgesetzbuch, Kommentar, 28. Aufl. 2010

Schoreit/Groß, Beratungshilfe, Prozesskostenhilfe, Verfahrenskostenhilfe, 10. Aufl. 2010

Schütz/Schmiemann, Disziplinarrecht des Bundes und der Länder, Stand: April 2009

Teubel/Schons, Erfolgshonorar für Anwälte, Gebühren- und Vergütungsvereinbarungen nach neuem Recht, 2008

Fischer, Strafgesetzbuch, Kommentar, 58. Aufl. 2011

Strafgesetzbuch – Leipziger Kommentar, herausgegeben von v. Laufhütte/Rissing-van Saan/Tiedemann, 12. Aufl. 2006 ff.

v. Eicken/Hellstab/Lappe/Madert/Mathias, Die Kostenfestsetzung, 20. Aufl. 2010

Winter, Erfolgshonorare für Rechtsanwälte, 2008

Zöller, Zivilprozessordnung, Kommentar, 28. Aufl. 2010

Abkürzungsverzeichnis

A

a.A.	andere Ansicht
a.a.O.	am angegebenen Ort
abl.	ablehnend
Abs.	Absatz
abzgl.	abzüglich
a.E.	am Ende
AEUV	Vertrag über die Arbeitsweise der Europäischen Union (Amtsblatt der Europäischen Union v. 09.05.2008 – C 115/47)
a.F.	alte Fassung
AG	Amtsgericht/Arbeitsgemeinschaft
AGS	Anwaltsgebühren Spezial (Zs.)
Alt.	Alternative
Anh.	Anhang
Anm.	Anmerkung
AnwBl.	Anwaltsblatt (Zs.)
AnwGH	Anwaltsgerichtshof
AnwKomm	AnwaltKommentar
AO	Abgabenordnung
ARB	Allgemeine Bedingungen für die Rechtsschutzversicherung
arg. e	argumentum e contrario (Gegen- oder Umkehrschluss)
ASR	Anwältin im Sozialrecht (Zs.)
Art.	Artikel
Aufl.	Auflage
AuslG	Ausländergesetz
AV	Ausführungsverordnung
Az.	Aktenzeichen

B

BAnZ	Bundesanzeiger
BayObLG	Bayerisches Oberstes Landesgericht
BDG	Bundesdisziplinargesetz
BerHG	Beratungshilfegesetz
BerHVV	Verordnung zur Einführung von Vordrucken im Bereich der Beratungshilfe
BerufsO	Berufsordnung
Beschl.	Beschluss
Betr.	Betreff

betr.	betreffend
BGB	Bürgerliches Gesetzbuch
BGBl.	Bundesgesetzblatt
BGH	Bundesgerichtshof
BGHSt	Entscheidungen des Bundesgerichtshofs in Strafsachen
BMJ	Bundesministerium der Justiz
BNotO	Bundesnotarordnung
BORA	Berufsordnung für Rechtsanwälte
BPatG	Bundespatentgericht
BRAGO	Bundesrechtsanwaltsgebührenordnung
BRAGOreport	Zeitschrift zur Bundesrechtsanwaltsgebührenordnung
BRAK	Bundesrechtsanwaltskammer
BRAK-Mitt.	Mitteilungen der Bundesrechtsanwaltskammer (Zs.)
BRAO	Bundesrechtsanwaltsordnung
BR-Drucks.	Bundesratsdrucksache
BStBl.	Bundessteuerblatt
BT	Bundestag
BT-Drucks.	Bundestagsdrucksache
BtM	Betäubungsmittel
BtMG	Betäubungsmittelgesetz
BT-Protokoll	Bundestags-Plenarprotokoll
Buchst.	Buchstabe
BußgeldkatalogVO	Bußgeldkatalog-Verordnung
BVerfG	Bundesverfassungsgericht
BVerfGE	Entscheidungen des Bundesverfassungsgerichts
bzgl.	bezüglich
bzw.	beziehungsweise
ca.	circa
C	
CD	Compact-Disc
CDU	Christlich Demokratische Union Deutschlands
CSU	Christliche Soziale Union
D	
d.	der
DAR	Deutsche Autorecht (Zs.)
DAV	Deutscher Anwaltverein
ders.	derselbe
DGVZ	Deutsche Gerichtsvollzieherverordnung
d.h.	das heißt

DM	Deutsche Mark
DO	NW Disziplinarordnung des Landes Nordrhein-Westfalen
Dr.	Doktor
DRiG	Deutschen Richtergesetz
DVD	Digital Versatile Disc
DV	Der Verkehrsanwalt (Zs.)

E

EDV	Elektronische Datenverarbeitung
EFG	Entscheidungen der Finanzgerichte
EGGVG	Einführungsgesetz zum Gerichtsverfassungsgesetz
EGH	Ehrengerichtshof der Rechtsanwaltschaft
EGMR	Europäischer Gerichtshof für Menschenrechte
Einl.	Einleitung
Einzelh.	Einzelheiten
EMRK	Europäische Konvention zum Schutze der Menschenrechte
EN	Eilnachrichten
EN-Nr.	Eilnachrichten-Nummer
EnWG	Gesetz über die Elektrizitäts- und Gasversorgung (Energiewirtschaftsgesetz)
Erl.	Erläuterung(en)
ErsDiG	Gesetz über den zivilen Ersatzdienst
erw.	erweitert
EU	Europäische Union
EV	Ermittlungsverfahren

F

f.	folgende
F.	Fach
FamFG	Gesetz über das Verfahren in Familiensachen und in den Angelegenheiten der freiwilligen Gerichtsbarkeit
FamRZ	Zeitschrift für das gesamte Familienrecht
FDP	Freie Demokratische Partei
FEVG	Gesetz über das gerichtliche Verfahren bei Freiheitsentziehungen
ff.	fort folgende
FG	Finanzgericht
FGG	Gesetz über die Angelegenheiten der freiwilligen Gerichtsbarkeit
FGO	Finanzgerichtsordnung
Fn.	Fußnote
FS	Festschrift

G

GA	Gewerbe Archiv (Zs.)
GdV	Gesamtverband der deutschen Versicherungswirtschaft
gem.	gemäß
GG	Grundgesetz
ggf.	gegebenenfalls
GKG	Gerichtskostengesetz
grds.	grundsätzlich
GStA	Generalstaatsanwaltschaft
GVG	Gerichtsverfassungsgesetz
GWB	Gesetz gegen Wettbewerbsbeschränkungen

H

h.M.	herrschende Meinung
Halbs.	Halbsatz
HansOLG	Hanseatisches Oberlandesgericht
Hinw.	Hinweis
HRRS	Höchstrichterliche Rechtsprechung (http://www.hrr-strafrecht.de)
HV	Hauptverhandlung

I

i.a.R.	in aller Regel
i.d.F.	in der Fassung
i.d.R.	in der Regel
i.e.S.	im engeren Sinne
IfSG	Infektionsschutzgesetz
i.H.d.	in Höhe der
i.H.v.	in Höhe von
inkl.	inklusive
InVo	Insolvenz und Vollstreckung (Zs.)
IRG	Gesetz über die internationale Rechtshilfe in Strafsachen
i.S.d.	im Sinne des/der
i.S.v.	im Sinne von
IStGH-Gesetz	Gesetz über die Zusammenarbeit mit dem Internationalen Gerichtshof
i.V.m.	in Verbindung mit
i.w.S.	im weiteren Sinne

J

JBeitrO	Justizbeitreibungsordnung
jew.	jeweils
JGG	Jugendgerichtsgesetz

JMBl.	Justizministerialsblatt
JR	Juristische Rundschau (Zs.)
JuMoG	Justizmodernisierungsgesetz
JurBüro	Das Juristische Büro (Zs.)
Justiz	Zeitschrift für Rechtsetzung und Rechtsanwendung
JVA	Justizvollzugsanstalt
JVEG	Justizvergütungs- und Entschädigungsgesetz

K

Kfz	Kraftfahrzeug
KG	Kammergericht
KK	Karlsruher Kommentar
krit.	kritisch
km	Kilometer
Komm.	Kommentierung
KostG	Kostengesetze
KostÄndG	Gesetz zur Änderung und Ergänzung kostenrechtlicher Vorschriften
KostO	Kostenordnung
KostREuroUG	Gesetz zur Umstellung des Kostenrechts und der Steuerberatergebührenverordnung auf Euro
KostRsp.	Kostenrechtsprechung (Zs.)
KostRMoG	Kostenrechtsmodernisierungsgesetz
KStG	Körperschaftsteuergesetz
KV	Kostenverzeichnis

L

LAG	Landesarbeitsgericht
lfd.	laufend/laufende
LG	Landgericht
LRiG	Landesrichtergesetz
Ls.	Leitsatz
lt.	laut

M

m. Anm.	mit Anmerkung
MDR	Monatsschrift für Deutsches Recht (Zs.)
Mio.	Million/Millionen
MwSt.	Mehrwertsteuer
Nachw.	Nachweis(e)

N

n.F.	neue Fassung

n.v.	nicht veröffentlicht
NJW	Neue Juristische Wochenschrift (Zs.)
Nds.Rpfl.	Niedersächsische Rechtspflege (Zs.)
Nr.	Nummer
Nrn.	Nummern
NStZ	Neue Zeitschrift für Strafrecht
NStZ-RR	Neue Zeitschrift für Strafrecht - Rechtsprechungsreport
m.w.N.	mit weiteren Nachweisen
NZWehrr	Neue Zeitschrift für Wehrrecht

O

o.	oder
o.a.	oben angegeben
o.Ä.	oder Ähnliches
o.g.	oben genannten
OLG	Oberlandesgericht
OLGR	OLG-Report (Zs.)
OLGSt	Entscheidungen der Oberlandesgerichte zum Straf- und Strafverfahrensrecht
OLGZ	Entscheidungen der Oberlandesgerichte in Zivilsachen einschließlich der freiwilligen Gerichtsbarkeit
OpferRRG	Opferrechtsreformgesetz
OVG	Oberverwaltungsgericht
OWi	Ordnungswidrigkeit
OWiG	Ordnungswidrigkeitengesetz

P

PA	Prozessrecht aktiv (Zs.)
PatAnwO	Patentanwaltsordnung
PKH	Prozesskostenhilfe
PKW	Personenkraftwagen
pp.	perge, perge (und so weiter)

R

RDG	Gesetz über außergerichtliche Rechtsdienstleistungen
RENOpraxis	Zeitschrift für Rechtsanwalts und Notariatsangestellte
RGSt	Entscheidungen des Reichsgerichts in Strafsachen
RiLi	Richtlinien
RiStBV	Richtlinien für das Straf- und Bußgeldverfahren
Rn.	Randnummer
Rpfleger	Der Deutsche Rechtspfleger (Zs.)
RPflG	Rechtspflegergesetz

RpflStud	Rechtspfleger-Studienhefte
Rspr.	Rechtsprechung
RuP	Recht und Politik (Zs.)
RVG	Rechtsanwaltsvergütungsgesetz
RVG-E	Rechtsanwaltsvergütungsgesetz - Entwurf
RVG-KE	Rechtsanwaltsvergütungsgesetz - BT-Drucks. 15/1971
RVGreport	Zeitschrift zum Rechtsanwaltsvergütungsgesetz
RVNeuOG	Rechtsanwaltsvergütungs-Neuordnungsgesetz
S	
s.	siehe
s.a.	siehe auch
SchlHA	Schleswig-Holsteinische Anzeigen
s.o.	siehe oben
sog.	so genannte/er/es
st.	Rspr. ständige Rechtsprechung
StÄndG	Steueränderungsgesetz 2003
StBerG	Steuerberatungsgesetz
Stbg	Die Steuerberatung (Zs.)
StBGebV	Gebührenverordnung für Steuerberater, Steuerbevollmächtigte und Steuerberatungsgesellschaften (Steuerberatergebührenverordnung - StBGebV)
Std.	Stunde/n
StGB	Strafgesetzbuch
StPO	Strafprozessordnung
StraFo	StrafverteidigerForum (Zs.)
StrafPrax	Strafverteidigung in der Praxis (Hrsg. von Brüssow/Gatzweiler/Krekler/Mehle)
StrEG	Strafverfolgungsentschädigungsgesetz
StRR	StrafRechtsReport (Zs.)
StrRehaG	Strafrechtliches Rehabilitierungsgesetz
StV	Strafverteidiger (Zs.)
StVG	Straßenverkehrsgesetz
StVK	Strafvollstreckungskammer
StVO	Straßenverkehrordnung
StVollzG	Gesetz über den Vollzug der Freiheitsstrafe und der freiheitsentziehenden Maßregeln der Besserung und Sicherung (Strafvollzugsgesetz)
s.u.	siehe unten
SVR	Straßenverkehr (Zs.)

T

ThUG	Gesetz zur Therapierung und Unterbringung psychisch gestörter Gewalttäter (Therapieunterbringungsgesetz)

U

u.a.	unter anderem
U-Haft	Untersuchungshaft
UrhG	Urhebergesetz
Urt.	Urteil
USt	Umsatzsteuer
UStG	Umsatzsteuergesetz
usw.	und so weiter
u.U.	unter Umständen

V

v.	von/vom
VersR	Versicherungsrecht (Zs.)
VG	Verwaltungsgericht
VGH	Verwaltungsgerichtshof
vgl.	vergleiche
v.H.	von Hundert
Vorbem.	Vorbemerkung
Vorb.	Vorbemerkung
VRR	VerkehrsRechtsReport (Zs.)
VRS	Verkehrsrechtssammlung (Zs.)
VV	Vergütungsverzeichnis
VwGO	Verwaltungsgerichtsordnung

W

WDO	Wehrdisziplinarordnung
WiPrO	Gesetz über eine Berufsordnung der Wirtschaftsprüfer (Wirtschaftsprüferordnung)
wistra	Zeitschrift für Wirtschaft- und Steuerstrafrecht
WpÜG	Wertpapiererwerbs- und Übernahmegesetz

Z

ZAP	Zeitschrift für die Anwaltspraxis
z.B.	zum Beispiel
ZFE	Zeitschrift für Familien- und Erbrecht
zfs	Zeitschrift für Schadensrecht
ZGS	Zeitschrift für das gesamte Schuldrecht
Ziff.	Ziffer

ZIS	Zeitschrift für Internationale Strafrechtsdogmatik (Online-Zeitschrift)
ZIP	Zeitschrift für Wirtschaftsrecht
ZPO	Zivilprozessordnung
ZRP	Zeitschrift für Rechtspolitik
ZS	Zivilsenat
Zs.	Zeitschrift
ZSEG	Gesetz über die Entschädigung von Zeugen und Sachverständigen
z.T.	zum Teil
zust.	zustimmend
ZVG	Gesetz über die Zwangsversteigerung und Zwangsverwaltung
zzgl.	zuzüglich

A. Vergütungs-ABC

Inhaltsübersicht

	Rn.
Abgeltungsbereich der Vergütung (§ 15)	1
Abtretung der Gebührenforderung	11
Abtretung des Erstattungsanspruchs (§ 43)	21
Allgemeine Vergütungsfragen	22
Angelegenheiten (§§ 15 ff.)	66
Anhörungsrüge (§ 12a)	109
Anrechnung von Gebühren (§ 15a)	123
Auslagen aus der Staatskasse (§ 46 Abs. 1 und 2)	140
Beistand vor einem parlamentarischen Untersuchungsausschuss (Vorbem. 2 Abs. 2 Satz 2 VV)	215
Beratung/Gutachten, Allgemeines (§ 34)	223
Beratung über die Erfolgsaussicht eines Rechtsmittels (Nrn. 2102 f. VV)	261
Beratung(sgebühr) (§ 34)	272
Beratungshilfe	285
Berechnung der Vergütung (§ 10)	359
Beschwerdeverfahren (§§ 56, 33) RVG	370
Beschwerdeverfahren, Abrechnung	371
Deckungszusage, Einholung bei der Rechtsschutzversicherung	409
Dolmetscherkosten, Erstattung	426
Einigungsgebühr (Nrn. 1000, 1003 und 1004 VV)	458
Erfolgshonorar (§ 4a und § 49b Abs. 2 BRAO)	499
Erstreckung (§ 48 Abs. 5)	518
Fälligkeit der Vergütung (§ 8)	519
Festsetzung der Vergütung (§ 11)	527
Festsetzung gegen die Staatskasse (§ 55)	579
Gebühren-/Vergütungsverzicht	643
Gebührensystem	649
Gegenstandswert, Festsetzung (§ 33)	656
Geldwäsche	698
Gerichtskosten	713
Gutachten(gebühr) (§ 34)	796
Hebegebühr (Nr. 1009 VV)	806
Hilfeleistung in Steuersachen (§ 35)	817
Hinweispflicht (§ 49b Abs. 5 BRAO)	824
Kostenfestsetzung und Erstattung in Bußgeldsachen	833
Kostenfestsetzung und Erstattung in Strafsachen	842
Mehrere Auftraggeber (§ 7, Nr. 1008 VV)	956
Mehrere Rechtsanwälte (§ 6)	1032
Rahmengebühren (§ 14)	1045
Rechtsmittel gegen die Vergütungsfestsetzung (§§ 56, 33)	1115
Rechtszug (§ 19)	1198
Sicherungsverwahrung/Therapieunterbringung	1211
Strafbefehlsverfahren, Abrechnung	1265
Systematik des RVG	1292
Systematik des Vergütungsverzeichnisses	1296
Trennung von Verfahren	1311

Abgeltungsbereich der Vergütung (§ 15)

Übergang von Ansprüchen auf die Staatskasse (§ 59)	1321
Übergangsvorschriften (§§ 60 f.)	1336
Umfang des Vergütungsanspruchs (§ 48 Abs. 1)	1382
Verbindung von Verfahren	1431
Verfahren nach dem Strafvollzugsgesetz und ähnliche Verfahren	1441
Vergütung, Begriff	1466
Vergütungsanspruch gegen die Staatskasse (§§ 44, 45, 50)	1469
Vergütungsvereinbarung (§ 3a)	1502
Verjährung des Vergütungsanspruchs	1577
Verständigung im Straf-/Bußgeldverfahren, Abrechnung	1585
Vertreter des Rechtsanwalts (§ 5)	1609
Verwarnungsverfahren, Abrechnung	1620
Verweisung/Abgabe (§ 20)	1630
Vorschuss aus der Staatskasse (§ 47)	1645
Vorschuss vom Auftraggeber (§ 9)	1659
Wertgebühren (§§ 13 und 49)	1679
Zurückverweisung (§ 21)	1687
Zwangsvollstreckung	1696

Abgeltungsbereich der Vergütung (§ 15)

§ 15 RVG   Abgeltungsbereich der Gebühren

(1) Die Gebühren entgelten, soweit dieses Gesetz nichts anderes bestimmt, die gesamte Tätigkeit des Rechtsanwalts vom Auftrag bis zur Erledigung der Angelegenheit.

(2) [1]Der Rechtsanwalt kann die Gebühren in derselben Angelegenheit nur einmal fordern. [2]In gerichtlichen Verfahren kann er die Gebühren in jedem Rechtszug fordern.

(3) Sind für Teile des Gegenstands verschiedene Gebührensätze anzuwenden, entstehen für die Teile gesondert berechnete Gebühren, jedoch nicht mehr als die aus dem Gesamtbetrag der Wertteile nach dem höchsten Gebührensatz berechnete Gebühr.

(4) Auf bereits entstandene Gebühren ist es, soweit dieses Gesetz nichts anderes bestimmt, ohne Einfluss, wenn sich die Angelegenheit vorzeitig erledigt oder der Auftrag endigt, bevor die Angelegenheit erledigt ist.

(5) [1]Wird der Rechtsanwalt, nachdem er in einer Angelegenheit tätig geworden ist, beauftragt, in derselben Angelegenheit weiter tätig zu werden, erhält er nicht mehr an Gebühren, als er erhalten würde, wenn er von vornherein hiermit beauftragt worden wäre. [2]Ist der frühere Auftrag seit mehr als zwei Kalenderjahren erledigt, gilt die weitere Tätigkeit als neue Angelegenheit und in diesem Gesetz bestimmte Anrechnungen von Gebühren entfallen.

(6) Ist der Rechtsanwalt nur mit einzelnen Handlungen oder mit Tätigkeiten, die nach § 19 zum Rechtszug oder zum Verfahren gehören, beauftragt, erhält er nicht mehr an Gebühren als der mit der gesamten Angelegenheit beauftragte Rechtsanwalt für die gleiche Tätigkeit erhalten würde.

A. Vergütungs-ABC   B. Kommentar

Abgeltungsbereich der Vergütung (§ 15)

A. Überblick

Der allgemeine Abgeltungsbereich der anwaltlichen Vergütung ist in § 15 geregelt. Die Vorschrift ist Grundlage für das Gebührensystem des RVG, das die anwaltliche Tätigkeit in gebührenrechtliche Angelegenheiten aufteilt. Von der Einordnung der anwaltlichen Tätigkeit in eine bestimmte Angelegenheit hängt es ab, ob und welche Gebühren der Rechtsanwalt erhält (vgl. auch Teil A: Angelegenheiten [§§ 15 ff.], Rn. 66 ff.). Die Vorschrift wird durch § 20 ergänzt (vgl. dazu Teil A: Verweisung/Abgabe [§ 20], Rn. 1630 ff.). 1

B. Anmerkungen

Die **Grundsätze** des **§ 15** lassen sich für das Strafverfahren wie folgt **zusammenfassen**: 2

- **§ 15 Abs. 1** enthält die **allgemeine Regelung** zum Pauschalcharakter der anwaltlichen Vergütung. Dieser Pauschalcharakter wird für das Strafverfahren noch einmal in Vorbem. 4.1 Abs. 2 Satz 1 VV und für das OWi-Verfahren in Vorbem. 5.1 VV wiederholt (wegen der Einzelh. s. jeweils dort). In Disziplinarverfahren nach Teil 6 Abschnitt 2 VV findet sich in Vorbem. 6.2 Abs. 1 VV eine entsprechende Regelung. 3

- Nach **§ 15 Abs. 2 Satz 1** kann der Rechtsanwalt die Vergütung grds. nur einmal fordern (**Grundsatz** der **Einmaligkeit** der Gebühren). Von der dem Rechtsanwalt für seine Tätigkeit zustehenden Gebühr werden also innerhalb ihres Abgeltungsbereichs sämtliche Tätigkeiten erfasst. Die Gebühr entsteht bei Erbringung mehrerer Tätigkeiten nicht jedes Mal neu. 4

> **Hinweis:**
> Für das Straf- und Bußgeldverfahren macht das RVG von diesem Grundsatz für die (gerichtlichen) **Terminsgebühren** aus Teil 4 Abschnitt 1 VV und aus Teil 5 VV eine **Ausnahme**. Diese fallen ausdrücklich für jeden Hauptverhandlungstag, an dem ein Termin stattfindet, an.
>
> Das gilt allerdings nicht für das nach Abschnitt 4 Teil 2 VV abzurechnende **Strafvollstreckungsverfahren**. Hier fällt insgesamt immer **nur eine Terminsgebühr** an, auch wenn mehrere gerichtliche Termine stattgefunden haben. Eine der Regelung für die (gerichtliche) Terminsgebühr im Strafverfahren und im Bußgeldverfahren entsprechende Regelung – „je Hauptverhandlungstag" – ist dort gerade nicht getroffen worden (KG, RVGreport 2006, 353 = AGS 2006, 549; OLG Hamm, RVGreport 2007, 426 = AGS 2007, 618 = AGS 2008, 176; OLG Schleswig, SchlHA 2006, 300 bei Döllel/Dreßen; LG Osnabrück, Nds.Rpfl. 2007, 166; LG Magdeburg, StraFo 2010, 172 = RVGreport 2010, 183 = StRR 2010, 279; s. auch die Komm. bei Nr. 4202 VV Rn. 10 und Nr. 4206 VV Rn. 8; krit. zu dieser Regelung Burhoff, RVGreport 2006, 353; vgl. zur BRAGO KG, StV 2004, 39 = NStZ-RR 2002, 63; OLG Frankfurt am Main, JurBüro 2000, 306; OLG Düsseldorf, JurBüro 2001, 363).

- Nach **§ 15 Abs. 2 Satz 2** kann der Rechtsanwalt im **gerichtlichen Verfahren** die Gebühren in **jedem Rechtszug** fordern (zum Begriff und Umfang des Rechtszugs s. Teil A: Rechtszug [§ 19], Rn. 1198 ff.). Er kann also, was den Regelungen in Teil 4 Abschnitt 1 Unterabschnitt 5

Abgeltungsbereich der Vergütung (§ 15)

3 VV entspricht, für jede Instanz seine Vergütung geltend machen. Im Übrigen wird auf das Stichwort „Angelegenheiten (§ 15 ff.)" im Teil A, Rn. 66, verwiesen.

6 • Ist eine Gebühr bereits entstanden, ist es nach **§ 15 Abs. 4** grds. **ohne Einfluss** auf bereits entstandene Gebühren, wenn sich die **Angelegenheit vorzeitig erledigt** oder der Auftrag endigt (eingehend dazu AnwKomm-RVG/N. Schneider, § 15 Rn. 222 ff.; Gerold/Schmidt/Mayer, § 15 Rn. 61 ff.). Die vorzeitige Erledigung oder Beendigung hat jedoch bei den Betragsrahmengebühren Einfluss auf die Höhe der konkreten Gebühr (AnwKomm-RVG/N. Schneider, § 15 Rn. 226 f.). Insoweit gilt als **Faustregel**: Je eher der Auftrag endet, desto geringer ist die Gebühr, die der Rechtsanwalt für den jeweiligen Verfahrensabschnitt, in dem er tätig ist, erhält.

Beispiel:

Dem Beschuldigten B wird ein Verstoß gegen das BtMG zur Last gelegt. Er beauftragt Rechtsanwalt R mit seiner Verteidigung. Nach Akteneinsicht rät dieser dem B, ein Geständnis abzulegen. B entzieht R daraufhin das Mandat.

In diesem Fall sind die Grundgebühr Nr. 4100 VV und die Verfahrensgebühr Nr. 4104 VV entstanden. Die Grundgebühr wird durch die Entziehung des Mandats in ihrer Höhe nicht mehr berührt und wird im Zweifel i.H.d. Mittelgebühr angefallen sein. Die Verfahrensgebühr dürfte jedoch geringer als mit der Mittelgebühr anzusetzen sein, da B dem R unmittelbar nach Beginn des Verfahrensabschnitts „vorbereitendes Verfahren" das Mandat entzogen hat.

7 • **§ 15 Abs. 5** regelt den Fall eines **erneuten Auftrags** in derselben Angelegenheit. Als **Grundsatz** gilt: Wird der Rechtsanwalt, nachdem er in einer Angelegenheit tätig geworden war, erneut beauftragt, in derselben Tätigkeit weiter tätig zu werden, erhält er nicht mehr an Gebühren, als er erhalten würde, wenn er von vornherein hiermit beauftragt worden wäre (§ 15 Abs. 5 Satz 1). Es muss aber immer noch dieselbe Angelegenheit vorliegen (vgl. dazu die Erläuterungen bei Teil A, Angelegenheiten [§§ 15 ff.], Rn. 66 ff.). Auch darf die ursprüngliche Angelegenheit nicht vollständig erledigt sein (AnwKomm-RVG/N. Schneider, § 15 Rn. 266).

8 *Beispiel:*

Rechtsanwalt R vertritt den Beschuldigten B im Ermittlungsverfahren. Das Ermittlungsverfahren wird nach § 170 Abs. 2 StPO eingestellt. Rechtsanwalt R rechnet für seine Tätigkeit die Verfahrensgebühr nach Nr. 4104 VV i.H.d. Mittelgebühr ab. Nach drei Monaten melden sich weitere Zeugen. Die Staatsanwaltschaft nimmt daraufhin das Ermittlungsverfahren wieder auf, stellt es aber, nachdem die weiteren Zeugen vernommen worden sind, erneut ein.

Rechtsanwalt R erhält nach wie vor nur eine Verfahrensgebühr nach Nr. 4104 VV. Seine weiteren Tätigkeiten sind nun aber im Betragsrahmen der Verfahrensgebühr gebührenerhöhend zu berücksichtigen. Rechtsanwalt R kann wegen der weiteren Tätigkeiten daher eine über der Mittelgebühr liegende Verfahrensgebühr abrechnen.

9 • Eine **Ausnahme** von dem Grundsatz des § 15 Abs. 5 Satz 1 ist in Satz 2 enthalten. Ist der frühere Auftrag seit **mehr als zwei Kalenderjahren erledigt**, gilt die weitere Tätigkeit als neue Angelegenheit und der Rechtsanwalt kann sämtliche Gebühren neu verlangen.

Beispiel 1:

Im Beispiel unter Rn. 8 wird das Ermittlungsverfahren von der Staatsanwaltschaft am 13.10.2009 eingestellt. Die weiteren Zeugen melden sich erst im Januar 2011.

Rechtsanwalt R erhält m.E. in diesem Fall für seine weiteren Tätigkeiten erneut die Grundgebühr Nr. 4100 VV und die Verfahrensgebühr Nr. 4104 VV.

Beispiel 2:

Im Beispiel 1 wird das gerichtliche Verfahren nach Durchführung einer Hauptverhandlung am 08.03.2011 erneut ausgesetzt und dann mehr als zwei Kalenderjahre nicht betrieben.

Ob Rechtsanwalt R in diesem Fall für seine weiteren Tätigkeiten auch erneut die Grundgebühr Nr. 4100 VV und die Verfahrensgebühr Nr. 4104 VV erhält, wird nicht einheitlich gesehen. Dieser Fall wird z.T. unter Hinweis darauf, dass das Verfahren trotz Aussetzung weitergeführt worden sei, da ja immer geprüft werden müsse, ob die Voraussetzungen für die Aussetzung noch weiter vorliegen (vgl. AnwKomm-RVG/N. Schneider, § 15 Rn. 276 m.w.N.) anders gelöst; die Gebühren werden nicht gewährt. Das ist m.E. nicht folgerichtig. Denn: Das Verfahren wird ausgesetzt und nicht betrieben. Wird es dann wieder betrieben, ist eine neue Einarbeitung erforderlich, die m.E. dazu führt, dass die Gebühren neu entstehen. Das entspricht auch dem Sinn und Zweck der Regelung, deren Vorgängerregelung § 13 Abs. 5 Satz 1 BRAGO gerade durch das KostÄndG in die BRAGO eingeführt worden ist, um in diesen Fällen für eine angemessene Honorierung zu sorgen (s. auch AnwKomm-RVG/N. Schneider, § 15 Rn. 272). M.E. spricht auch die Regelung in § 8 Abs. 1 Satz 2 – „drei Monate ruht" – für diese Lösung.

Hinweis:

Die 2-Jahres-Frist **beginnt** mit dem **Ablauf** des **Kalenderjahres**, in dem der vorangegangene Auftrag erledigt worden ist (AnwKomm-RVG/N. Schneider, § 15 Rn. 273; Gerold/Schmidt/Mayer, § 15 Rn. 96 m.w.N.).

Ist **zwischenzeitlich** eine **Rechtsänderung** eingetreten, ist das **neue Recht** anwendbar. 10

Beispiel:

Im Beispiel unter Rn. 9 wird das Verfahren von der Staatsanwaltschaft am 13.10.2002 eingestellt. Die weiteren Zeugen melden sich im Januar 2005.

Rechtsanwalt R erhält in diesem Fall für seine weiteren Tätigkeiten die Vergütung nach dem RVG (die Grundgebühr Nr. 4100 VV und die Verfahrensgebühr Nr. 4104 VV) und nicht mehr nach der BRAGO.

Siehe auch im Teil A: → Angelegenheiten (§§ 15 ff.), Rn. 66; → Rechtszug (§ 19), Rn. 1198; → Verweisung/Abgabe (§ 20), Rn. 1630.

Abtretung der Gebührenforderung

§ 49b BRAO   Vergütung

(4) Die Abtretung von Vergütungsforderungen oder die Übertragung ihrer Einziehung an Rechtsanwälte oder rechtsanwaltliche Berufsausübungsgemeinschaften (§ 59a) ist zulässig. Im Übrigen sind Abtretung oder Übertragung nur zulässig, wenn eine ausdrückliche, schriftliche Einwilligung des Mandanten vorliegt oder die Forderung rechtskräftig festgestellt ist. Vor der Einwilligung ist der Mandant über die Informationspflicht des Rechtsanwalts gegenüber dem neuen Gläubiger oder Einziehungsermächtigten aufzuklären. Der neue Gläubiger oder Einzie-

A. Vergütungs-ABC

Abtretung der Gebührenforderung

hungsermächtigte ist in gleicher Weise zur Verschwiegenheit verpflichtet wie der beauftragte Rechtsanwalt.

Übersicht	Rn.
A. Allgemeines	11
B. Anmerkungen	12
I. Abtretung an einen Rechtsanwalt (§ 49b Abs. 4 Satz 1 BRAO)	12
II. Abtretung an einen Nichtrechtsanwalt (§ 49b Abs. 4 Satz 2 und 3 BRAO)	13
III. Abtretung eines Vergütungsanspruchs gegen die Staatskasse	16
C. Arbeitshilfe	19
I. Muster für Abtretung	19
II. Muster für eine Einwilligungserklärung des Mandanten	20

Literatur:

Berger, Zur Neuregelung der Zession anwaltlicher Gebührenforderungen in § 49b Abs. 4 BRAO, NJW 1995, 1406; *Hansens*, Abtretung anwaltlicher Vergütungsforderungen nach neuem Recht, RVGreport 2008, 81; *Kühl*, Rechtsprechung des Bundesgerichtshofs zur Auslegung des § 49b Abs. 4 BRAO, JR 2007, 1059; *Kilian*, Vorsprung durch Rechtsbruch beim Factoring von Vergütungsforderungen?, AnwBl. 2006, 235; *Prechtel*, Zulässigkeit der Abtretung anwaltlicher Honorarforderungen an Rechtsanwälte angesichts § 49b Abs. 4 BRAO, NJW 1997, 1813; *Ries/Georg*, Full-Service-Factoring für aufstrebende Rechtsanwaltskanzleien, FLF 2008, 86; weitere Nachw. bei Henssler/Prütting/Kilian, vor § 49b sowie auch bei § 43, vor Rn. 1.

A. Allgemeines

11 Die Zulässigkeit der Abtretung anwaltlicher Gebührenforderungen ist in § 49b Abs. 4 BRAO geregelt, der eine wechselvolle Geschichte hat (vgl. Henssler/Prütting/Kilian, § 49b Rn. 197 ff.). Zu unterscheiden ist danach zwischen der Abtretung an einen Rechtsanwalt (vgl. § 49b Abs. 4 Satz 1 BRAO und dazu Rn. 12) und der Abtretung an einen Nichtrechtsanwalt (vgl. § 49b Abs. 4 Satz 2 ff. BRAO und dazu Rn. 13).

B. Anmerkungen

I. Abtretung an einen Rechtsanwalt (§ 49b Abs. 4 Satz 1 BRAO)

12 Für die Zulässigkeit/Wirksamkeit der Abtretung einer Gebührenforderung oder der Übertragung zur Einziehung an einen (anderen) Rechtsanwalt oder an eine rechtsanwaltliche Berufsausübungsgemeinschaft i.S.d. § 59a BRAO werden keine besonderen Voraussetzungen aufgestellt (Gerold/Schmidt/Müller-Rabe, § 1 Rn. 214; Henssler/Prütting/Kilian, § 49b Rn. 215 ff.). Diese Abtretung ist berufsrechtlich **ohne Einschränkungen** möglich und in ihrer Wirksamkeit auch nicht von der Zustimmung des Mandanten abhängig (BGH, RVGreport 2007, 197 = VRR 2007, 203 = NJW 2007, 1196 = AnwBl. 2007, 453 = AGS 2007, 334).

> **Hinweis:**
>
> Nach § 59m Abs. 2 BRAO gilt für die **Rechtsanwaltsgesellschaft** mbH § 49b Abs. 4 BRAO entsprechend. Wird deshalb § 49b Abs. 1 BRAO für anwendbar gehalten bzw. davon ausgegangen, dass eine rechtsanwaltliche Berufsausübungsgemeinschaft i.S.v. § 59a BRAO vorliegt, bedarf auch die Abtretung der Vergütungsforderung durch einen Rechtsanwalt an eine Rechtsanwaltsgesellschaft mbH nicht der Zustimmung des Mandanten.

Abtretung der Gebührenforderung

> Nach § 49b Abs. 4 Satz 4 BRAO ist der Rechtsanwalt, der die Forderung erwirbt, in gleicher Weise zur **Verschwiegenheit verpflichtet** wie der beauftragte Rechtsanwalt.

II. Abtretung an einen Nichtrechtsanwalt (§ 49b Abs. 4 Satz 2 und 3 BRAO)

Die Abtretung an einen Nichtrechtsanwalt oder die Übertragung der Einziehung ist nur unter den Voraussetzungen des § 49 Abs. 4 Satz 2 und 3 BRAO zulässig. Erforderlich ist die **Einwilligung** des Mandanten oder die rechtskräftige Feststellung der Forderung (vgl. BGH, NJW-RR 2009, 490 = RVGreport 2009, 96 = AGS 2009, 107; NJW-RR 2009, 491; OLG Hamm, RVGreport 2008, 218 = MDR 2008, 654). Das Einwilligungserfordernis dient nicht dazu, den jeweiligen Vergütungsschuldner vor einem neuen Gläubiger zu schützen, sondern dazu, die anwaltliche **Verschwiegenheitspflicht** abzusichern, die dem Anwalt gegenüber seinem Mandanten obliegt (OLG Düsseldorf, NJW 2009, 1614 = RVGreport 2009, 183 = AGS 2009, 272). 13

> **Hinweis:**
>
> Da § 49b Abs. 4 Satz 2 BRAO auch die „Übertragung zur Einziehung" erlaubt, ist auch das sog. **Factoring zulässig** (OLG Düsseldorf, JurBüro 2008, 650 = AGS 2008, 605; vgl. auch Gerold/Schmidt/Müller-Rabe, § 1 Rn. 238/239). Der Rechtsanwalt kann aber nicht – jedenfalls nicht ohne Einverständnis des Mandanten – das Billigkeitsermessen zur Bestimmung einer Rahmengebühr (**§ 14**) auf den Dritten delegieren (BGH, NJW-RR 2009, 490 = AGS 2009, 107 = RVGreport 2009, 96; zur Rahmengebühr s. Teil A: Rahmengebühren [§ 14], Rn. 1045 ff.).
>
> Kein Fall des § 49b Abs. 4 Satz 2 BRAO ist die **Kreditkartenzahlung** des Mandanten oder Einziehung von Telefonkosten, die durch eine **Beratungshotline** entstanden sind (Henssler/Prütting/Kilian, § 49b Rn. 212 m.w.N.).

Die Einwilligung ist **ausdrücklich** und **schriftlich** zu erklären, elektronische Form (§ 126a BGB) oder Textform (§ 126b BGB) sind daher nicht ausreichend (Henssler/Prütting/Kilian, § 49b Rn. 221). Umstritten ist, ob die Abtretung in Allgemeinen Geschäfts- oder Vertragsbedingungen und sofort in der Vollmacht erfolgen kann. Die Frage wird von der herrschenden Meinung zutreffend bejaht (vgl. die Nachw. bei Henssler/Prütting/Kilian, § 49b Rn. 221, zugleich auch zur a.A.; zur Zulässigkeit der Abtretung von Kostenerstattungsansprüchen vgl. § 43 Rn. 18). Denn anders als z.B. für die Vergütungsvereinbarung in § 3a Abs. 1 Satz 2 ist ein ausdrückliches Trennungsgebot weder im RVG noch in der BRAO enthalten. 14

> **Hinweis:**
>
> Die Einwilligung ist also auch in der Vollmachtsurkunde oder in einer Vergütungsvereinbarung **zulässig** (Henssler/Prütting/Kilian, a.a.O.).

Die ausdrückliche schriftliche Einwilligungserklärung des Mandanten muss zum Zeitpunkt der Abtretung des Vergütungsanspruchs vorliegen. Denn unter der Einwilligung ist entsprechend § 183 BGB die **vorherige Zustimmung** zu verstehen (Hansens, RVGreport 2008, 81; offen gelassen OLG Düsseldorf, RVGreport 2009, 183 = AGS 2009, 272 = NJW 2009, 1614). 15

Abtretung der Gebührenforderung

III. Abtretung eines Vergütungsanspruchs gegen die Staatskasse

16 Unter den Voraussetzungen des § 49b Abs. 4 BRAO **kann** auch die Vergütungsforderung eines gerichtlich bestellten (z.B. Pflichtverteidiger) oder im Wege der PKH beigeordneten Rechtsanwalts gegen die Staatskasse **abgetreten** werden. Der gegen die Landeskasse gerichtete Vergütungsanspruch des gerichtlich bestellten oder beigeordneten Rechtsanwalts ist kein höchstpersönlicher Anspruch, dessen Abtretbarkeit hierdurch ausgeschlossen ist (kein Abtretungsverbot). § 49b Abs. 4 BRAO stellt nur auf die Vergütungsforderung des Rechtsanwalts ab und regelt die Abtretbarkeit ohne Differenzierung danach, wer die Vergütung im Einzelfall schuldet, ob sie sich also gegen den Mandanten oder gegen die Staatskasse richtet (OLG Düsseldorf, 25.03.2009 – III-1 Ws 92/09 bei Pflichtverteidigung; für PKH s. OLG Düsseldorf, JurBüro 2008, 650 = AGS 2008, 605; OLG Hamm, RVGreport 2008, 218 = MDR 2008, 654).

17 Es kommt **nicht** darauf an, ob die **Staatskasse** mit der Abtretung **einverstanden** ist. § 49b Abs. 4 BRAO erfordert auch nicht die Einwilligung der Staatskasse in die Abtretung, sondern die des Mandanten (OLG Düsseldorf, JurBüro 2008, 650 = AGS 2008, 605). Aus der Abtretung muss sich aber ergeben, dass der gegen die Staatskasse gerichtete Vergütungsanspruch durch den beigeordneten oder bestellten Rechtsanwalt abgetreten worden ist. Es reicht nicht aus, dass nur Forderungen gegen den Mandanten abgetreten worden sind (OLG Düsseldorf, a.a.O.).

Bei **gegen** die Staatskasse **gerichteten Vergütungsansprüchen** wird eine ausdrückliche Einwilligung in die Abtretung dieser Vergütungsansprüche gefordert (OLG Düsseldorf, 25.03.2009 – III-1 Ws 92/09 für Pflichtverteidigung).

> **Hinweis:**
>
> Liegt eine wirksame Abtretung vor, ist der Zessionar berechtigt, die **Festsetzung** der Vergütung gem. § 55 gegenüber der Staatskasse zu betreiben. Ihm stehen dann auch die Rechtsbehelfe aus § 56 zu (OLG Düsseldorf, NJW 2009, 1614 = RVGreport 2009, 183 = AGS 2009, 272; JurBüro 2008, 650 = AGS 2008, 605).

18 Bei der Geltendmachung des durch den bestellten oder beigeordneten Rechtsanwalt abgetretenen Vergütungsanspruchs gegenüber der Staatskasse sind die Voraussetzungen der **§§ 409, 410 BGB** zu beachten (KG, RVGreport 2010, 65; OLG Düsseldorf, JurBüro 2008, 650 = AGS 2008, 605; Gerold/Schmidt/Müller-Rabe, § 45 Rn. 99). Die Staatskasse ist dem neuen Gläubiger (Zessionar) gegenüber zur Leistung daher nur verpflichtet gegen Aushändigung einer von dem bisherigen Gläubiger (Rechtsanwalt) über die Abtretung ausgestellten Urkunde oder wenn der bisherige Gläubiger (Rechtsanwalt) ihr die Abtretung schriftlich angezeigt hat. Denn die Staatskasse muss sicherstellen, dass sie Schuld befreiend an den neuen Gläubiger leistet.

Die Staatskasse kann verlangen, dass ihr die **Abtretungsunterlagen** im **Original** vorgelegt werden (KG, RVGreport 2010, 65; wohl auch OLG Düsseldorf, NJW 2009, 1614 = RVGreport 2009, 183 = AGS 2009, 272). Denn der Urkundenbeweis kann bei einer Privaturkunde ausschließlich durch Vorlegung der Originalurkunde gem. § 420 ZPO angetreten werden (BGH, NJW 1992, 829). Die Vorlage einer Kopie ist nur zur Glaubhaftmachung geeignet. Eine solche ist aber zum Nachweis der Gläubigerstellung nicht ausreichend, sondern genügt allein zur Berücksichtigung der geltend gemachten Gebühren und Auslagen, § 104 Abs. 2 ZPO i.V.m. § 55 Abs. 5 Satz 1 (KG, a.a.O.).

C. Arbeitshilfe

I. Muster für Abtretung

Abtretungsvereinbarung

zwischen

Rechtsanwältin/Rechtsanwalt .....

und

Frau/Herrn .....

Rechtsanwalt/Rechtsanwältin ..... tritt die in dem Strafverfahren/Bußgeldverfahren gegen ..... (Amtsgericht/Landgericht ....., Aktenzeichen .....) entstehenden Gebühren- und Auslagenansprüche gegen den Mandanten und gegen die Staatskasse ..... an ..... ab.

Frau/Herr ..... nimmt die Abtretung an.

.....
Ort, Datum, Unterschrift
Rechtsanwältin/Rechtsanwalt

.....
Ort, Datum, Unterschrift, ...

II. Muster für eine Einwilligungserklärung des Mandanten

Einwilligung

Ich bin damit einverstanden, dass Rechtsanwalt/Rechtsanwältin ..... die in dem gegen mich geführten Strafverfahren/Bußgeldverfahren (Amtsgericht/Landgericht ....., Aktenzeichen .....) für Rechtsanwalt/Rechtsanwältin..... entstehenden Gebühren- und Auslagenansprüche gegen den Mandanten und gegen die Staatskasse ggf. auch an einen Nichtrechtsanwalt abtritt (§ 49b Abs. 4 Satz 2, 3 BRAO).

.....
Ort, Datum, Unterschrift, ...

Siehe auch: → Teil A: Vergütungsvereinbarung (§ 3a), Rn. 1502.

A. Vergütungs-ABC

Allgemeine Vergütungsfragen

Abtretung des Erstattungsanspruchs (§ 43)

§ 43 RVG   Abtretung des Kostenerstattungsanspruchs

¹*Tritt der Beschuldigte oder der Betroffene den Anspruch gegen die Staatskasse auf Erstattung von Anwaltskosten als notwendige Auslagen an den Rechtsanwalt ab, ist eine von der Staatskasse gegenüber dem Beschuldigten oder dem Betroffenen erklärte Aufrechnung insoweit unwirksam, als sie den Anspruch des Rechtsanwalts vereiteln oder beeinträchtigen würde.* ²*Dies gilt jedoch nur, wenn zum Zeitpunkt der Aufrechnung eine Urkunde über die Abtretung oder eine Anzeige des Beschuldigten oder des Betroffenen über die Abtretung in den Akten vorliegt.*

21   Hierzu und zu weiteren mit der Abtretung des Erstattungsanspruchs des Beschuldigten gegen die Staatskasse verbundenen Fragen wird verwiesen auf die Komm. zu § 43.

Allgemeine Vergütungsfragen

§ 1 RVG   Geltungsbereich

(1) ¹*Die Vergütung (Gebühren und Auslagen) für anwaltliche Tätigkeiten der Rechtsanwältinnen und Rechtsanwälte bemisst sich nach diesem Gesetz.* ²*Dies gilt auch für eine Tätigkeit als Prozesspfleger nach den §§ 57 und 58 der Zivilprozessordnung.* ³*Andere Mitglieder einer Rechtsanwaltskammer, Partnerschaftsgesellschaften und sonstige Gesellschaften stehen einem Rechtsanwalt im Sinne dieses Gesetzes gleich.*

(2) ¹*Dieses Gesetz gilt nicht für eine Tätigkeit als Vormund, Betreuer, Pfleger, Verfahrenspfleger, Verfahrensbeistand, Testamentsvollstrecker, Insolvenzverwalter, Sachwalter, Mitglied des Gläubigerausschusses, Nachlassverwalter, Zwangsverwalter, Treuhänder oder Schiedsrichter oder für eine ähnliche Tätigkeit.* ²*§ 1835 Abs. 3 des Bürgerlichen Gesetzbuchs bleibt unberührt.*

Übersicht

	Rn.
A. Überblick	22
B. Anmerkungen	24
I. Rechtsgrund der Vergütung	24
1. Allgemeines	24
2. Vertrag	26
a) Dienstvertrag	26
b) Form	27
c) Vertragsparteien	28
d) Entgeltlicher Vertrag	29
e) Kontrahierungszwang	30
f) Ablehnung des Mandats	31
g) Mandatsannahme unter Bedingungen	33
3. Beiordnung oder Bestellung	34
II. Geltungsbereich/Anwendungsbereich	37
1. Sachlicher Anwendungsbereich	37
a) Anwaltliche Tätigkeiten	37
b) Unabhängigkeit	40
c) Unanwendbarkeit des RVG (§ 1 Abs. 2)	41
2. Persönlicher Anwendungsbereich	42
a) Rechtsanwälte	42
b) Partnerschaftsgesellschaften	43

		c) Andere Mitglieder einer Rechtsanwaltskammer	44
		d) Berufe, die nicht nach dem RVG abrechnen	45
III.	Aufklärungs- und Hinweispflichten des Rechtsanwalts		47
	1. Grundsätze		47
	2. Hinweispflicht bei Wertgebühren (§ 49b Abs. 5 BRAO)		49
	3. PKH/Beratungshilfe		50
IV.	Vergütungsanspruch		51
	1. Gebühren		52
	2. Auslagen		53
	3. Entstehen des Vergütungsanspruchs		56
	4. Rechtsschutzversicherung		57
	5. Stellvertretung		58
	6. Abtretung des Vergütungsanspruchs		59
	7. Sich selbst verteidigender oder vertretender Rechtsanwalt		60
		a) Freispruch/Staatskasse	60
		b) Rechtsschutzversicherung	61
		c) PKH	62
	8. Geltendmachung des Vergütungsanspruchs		63
	9. Verlust des Vergütungsanspruchs		65

Literatur:

Aichler/Peukert, Vertraulichkeit der Rechtsberatung durch Syndikusanwälte und EMRK, AnwBl. 2002, 198; *Kramer*, Der Syndikusanwalt im Strafverfahren – Verteidiger, Zeugenbeistand und Vertreter, AnwBl. 2001, 140; *Prütting*, Das Anstellungsverhältnis des Syndikusanwalts, AnwBl. 2001, 313; *Redeker*, Der Syndikusanwalt als Rechtsanwalt, NJW 2004, 889; *Römermann*, Das Vergütungsfestsetzungsverfahren nach § 11 RVG, RVGreport 2004, 124.

A. Überblick

§ 1 Abs. 1 und 2 umschreiben den **sachlichen** Geltungsbereich des RVG, § 1 Abs. 1 umschreibt zudem auch den **persönlichen** Geltungsbereich des RVG (Gerold/Schmidt/Madert/Müller-Rabe, § 1 Rn. 1) und enthält gleichzeitig die **Legaldefinition** des Begriffs der Vergütung (Gebühren und Auslagen). Das RVG regelt nur die Vergütung für **anwaltliche Tätigkeiten** des Rechtsanwalts (**sachlicher Geltungsbereich**). § 1 Abs. 2 schließt bestimmte Tätigkeitsbereiche vom sachlichen Anwendungsbereich des RVG aus, auch wenn sie von einem Rechtsanwalt erbracht werden (s. dazu Rn. 41). 22

Nach Abs. 1 Satz 3 stehen auch andere Mitglieder einer Rechtsanwaltskammer, Partnerschaftsgesellschaften und andere Gesellschaften einem Rechtsanwalt i.S.d. RVG gleich. Das RVG ist damit zwar in **persönlicher Hinsicht** auch auf Personen anwendbar, die selbst keine Rechtsanwälte sind, aber als **Geschäftsführer** einer Rechtsanwaltsgesellschaft einer Kammer angehören. Diese Personen können aber dennoch nicht nach dem RVG abrechnen, weil sie keine anwaltliche Tätigkeit erbringen. Das zeigt, dass für die Abrechnung nach dem RVG sowohl die sachlichen (anwaltliche Tätigkeit) als auch die persönlichen Voraussetzungen erfüllt sein müssen.

Am 01.01.2011 ist das Gesetz zur Therapierung und Unterbringung psychisch gestörter Gewalttäter (**Therapieunterbringungsgesetz** – ThUG) in Kraft getreten (vgl. Art. 5 des Gesetzes zur Neuordnung des Rechts der Sicherungsverwahrung und zu begleitenden Regelungen v. 22.11.2010, BGBl. I, S. 2300). Nach § 20 Abs. 1 des ThUG richtet sich die Vergütung des Rechtsanwalts in Verfahren über die Anordnung oder Aufhebung der Therapieunterbringung nach Teil 6 Abschnitt 3 VV (Nrn. 6300 ff. VV; zu Einzelheiten s. Teil A: Sicherungsverwahrung/Therapieun- 23

Allgemeine Vergütungsfragen

terbringung, Rn. 1211 ff.). Durch Art. 6 des Gesetzes zur Neuordnung des Rechts der Sicherungsverwahrung und zu begleitenden Regelungen ist § 62 neu in das RVG eingefügt worden. Danach bleiben die Regelungen des ThUG zur Rechtsanwaltsvergütung (§ 20 ThUG) unberührt. Die Einfügung von § 62 war erforderlich, weil das RVG hinsichtlich seines Geltungsbereichs (vgl. § 1) keinen Vorbehalt für andere bundesgesetzliche Regelungen enthält (BT-Drucks. 17/3403, S. 60). § 62 stellt damit eine Ergänzung zu § 1 dar (s. zur Vergütung ausführlich Teil A: Sicherungsverwahrung/Therapieunterbringung, Rn. 1211 ff.).

B. Anmerkungen

I. Rechtsgrund der Vergütung

1. Allgemeines

24 **Grundlage** für den Vergütungsanspruch eines Rechtsanwalts können sein
- ein Vertrag zwischen Rechtsanwalt und Mandant oder
- die Beiordnung/Bestellung des Rechtsanwalts.

25 Das RVG **regelt** bei einem auf Vertrag beruhenden Vergütungsanspruch grds. nur die **Höhe** der Vergütung des Rechtsanwalts und setzt damit das Bestehen eines sich i.d.R. nach bürgerlichem Recht (dazu Rn. 26) bestimmenden Vergütungsanspruchs voraus.

Soweit sich der Vergütungsanspruch des Rechtsanwalts aus einer Beiordnung (z.B. im Wege der PKH), aus einer gerichtlichen Bestellung (z.B. als Pflichtverteidiger) oder aus einer Tätigkeit im Rahmen bewilligter Beratungshilfe ergibt, regelt das RVG auch den Grund des Vergütungsanspruchs (vgl. §§ 44, 45; Braun/Volpert, in: Hansens/Braun/Schneider, Teil 1, Rn. 3; Gerold/Schmidt/Madert/Müller-Rabe, § 1 Rn. 2, zur **stillschweigenden Pflichtverteidigerbestellung** vgl. Teil A: Vergütungsanspruch gegen die Staatskasse [§§ 44, 45, 50], Rn. 1484 f. und Burhoff, EV, Rn. 1313).

Beim gerichtlich **bestellten** Rechtsanwalt (z.B. Pflichtverteidiger) beruht die Tätigkeit auf einem öffentlich-rechtlichen Bestellungsakt (OLG Bamberg, StraFo 2009, 350 = StRR 2009, 243 = VRR 2009, 243 = AGS 2009, 320). Die Bestellung begründet einen **öffentlich-rechtlichen Anspruch** des Rechtsanwalts gegen die Staatskasse (OLG München, 06.04.2009 – 6 Ws 2/09).

2. Vertrag

a) Dienstvertrag

26 Der auf einem Vertrag beruhende Vergütungsanspruch bestimmt sich regelmäßig nach bürgerlichem Recht (vgl. Gerold/Schmidt/Madert/Müller-Rabe, § 1 Rn. 21). Der Vertrag zwischen Rechtsanwalt und Mandant ist regelmäßig als Geschäftsbesorgungsvertrag in Gestalt eines Dienstvertrags zu qualifizieren (§§ 675, 611 BGB; BGH, NJW 2002, 290; BGHZ 56, 106, 107; Burhoff, EV, Rn. 1649). Bei **Kündigung** des Vertrags durch den Mandanten richten sich die Rechtsbeziehungen der Partei nach §§ 627, 628 BGB. Das RVG schließt die Anwendung dieser

Allgemeine Vergütungsfragen

Bestimmungen nicht aus (BGH, NJW 1982, 437; OLG Rostock, AGS 2009, 10 = JurBüro 2009, 39 = MDR 2009, 59 = NJW-RR 2009, 492).

Der Vertrag kommt durch **Angebot** und **Annahme** zustande. Er kann auch konkludent geschlossen werden (vgl. BGH, NJW 1991, 2084, 2085; NJW 1988, 2880; zum Zustandekommen eines [Beratungs-]Vertrags mit einem Rechtsanwalt s. auch AG Lahr, JurBüro 2007, 87, wonach die Anfrage, ob ein Mandat übernommen wird und ein anschließendes Telefonat über die Erfolgsaussichten noch keine [Beratungs-]Gebühr auslösen sollen; m.E. mit Recht a.A. Winkler, JurBüro 2007, 87 in der Anm. zu AG Lahr).

b) **Form**

Eine **Form** ist nicht erforderlich (AnwKomm-RVG/Onderka, § 1 Rn. 7). Will der Rechtsanwalt den Auftrag nicht annehmen, muss er die Ablehnung unverzüglich erklären (vgl. AnwKomm-RVG/Onderka, § 1 Rn. 11). Grds. ist der Rechtsanwalt nicht verpflichtet, einen beruflichen Auftrag anzunehmen (BGH, NJW 1967, 1567; Feuerich/Weyland, BRAO, § 44 Rn. 1). Eine Verpflichtung besteht selbst dann nicht, wenn unaufschiebbare und möglicherweise nicht nachholbare Handlungen vorzunehmen sind. Auch in diesen Fällen verbleibt dem Rechtsanwalt eine **Überlegungsfrist**. Er kann das **Mandat unverzüglich ablehnen** (Braun/Volpert, in: Hansens/Braun/Schneider, Teil 1, Rn. 5; s. auch Burhoff, EV, Rn. 1649 ff.).

27

c) **Vertragsparteien**

Parteien des Vertrags sind Rechtsanwalt und Mandant. Gehört der Rechtsanwalt einer **Sozietät** an, wird das Mandat im Regelfall der Sozietät als rechts- und parteifähiger Gesellschaft übertragen (BGH, NJW 2008, 2122 = RVGprofessionell 2008, 165; Henssler/Prütting/Hartung, § 59a BRAO Rn. 35, m.w.N.), es sei denn, der Mandant möchte ausdrücklich oder aus den Umständen erkennbar nur einen bestimmten Rechtsanwalt beauftragen (BGH, NJW 1994, 257, 258; BGH, VersR 1979, 232). Der **angestellte Rechtsanwalt** oder **freie Mitarbeiter**, der als Außensozius erscheint, wird nicht Vertragspartner und erwirbt keinen Gebührenanspruch (OLG Köln, NJW-RR 1997, 438 = VersR 1997, 696 = StB 1997, 77). Wer letztlich Vertragspartei geworden ist, muss aber immer auf der Grundlage der besonderen Umstände des Einzelfalls geklärt werden (BGH, 05.07.2007 – IX ZR 257/06, JurionRS 2007, 34759).

28

d) **Entgeltlicher Vertrag**

Der Vertrag zwischen Mandant und Rechtsanwalt ist grds. **entgeltlich**. Dem steht nicht entgegen, dass § 8 den Vertrag als „Auftrag" bezeichnet und § 9 den Mandanten als „Auftraggeber". Das RVG setzt voraus, dass der Rechtsanwalt einen Gebührenanspruch hat; es regelt lediglich die Höhe des Anspruchs. Eine Vergütung für die anwaltliche Tätigkeit ist deshalb i.d.R. stillschweigend vereinbart. Für die Unentgeltlichkeit obliegt dem Mandanten sowohl die Darlegungs- als auch die Beweislast (Braun/Volpert, in: Hansens/Braun/Schneider, Teil 1, Rn. 14).

29

Allgemeine Vergütungsfragen

e) Kontrahierungszwang

30 Grds. besteht **kein Kontrahierungszwang**. Der Rechtsanwalt ist in der Entscheidung, ob und mit wem er ein Mandatsverhältnis begründen möchte, frei (Henssler/Prütting/Henssler, § 48 BRAO Rn. 3). §§ 48 bis 49a BRAO stellen jedoch für bestimmte Fälle in verfassungskonformer Weise einen **Kontrahierungszwang** auf (Henssler/Prütting/Henssler, § 48 BRAO Rn. 4).

Der Rechtsanwalt ist deshalb **verpflichtet, das Mandat anzunehmen**, wenn

- er der Partei gem. § 121 ZPO oder aufgrund anderer gesetzlicher Vorschriften zur vorläufig unentgeltlichen Wahrnehmung ihrer Rechte beigeordnet worden ist (§ 48 Abs. 1 BRAO),
- er nach den Vorschriften der StPO, des OWiG, des Gesetzes über die internationale Rechtshilfe in Strafsachen (IRG) oder des IStGH-Gesetzes zum Verteidiger oder Beistand bestellt ist (§ 49 BRAO) und
- ihm die im Beratungshilfegesetz vorgesehene Beratungshilfe angetragen worden ist (§ 49a BRAO).

f) Ablehnung des Mandats

31 In bestimmten Fällen bestehen berufsrechtliche **Tätigkeits- und Vertretungsverbote** (§§ 45 bis 47 BRAO, § 43a Abs. 4 BRAO i.V.m. § 3 Abs. 1 BORA; vgl. Braun/Volpert, in: Hansens/Braun/Schneider, Teil 1, Rn. 7). So darf der Rechtsanwalt in den Fällen, in denen die Gefahr besteht, dass er **widerstreitende Interessen** vertritt, das Mandat nicht annehmen (§ 43a Abs. 4 BRAO).

32 Möchte der Rechtsanwalt ein **Mandat ablehnen**, muss er das dem Mandanten gem. § 44 Satz 1 BRAO unverzüglich mitteilen. Unverzüglich bedeutet gem. § 121 Abs. 1 BGB „ohne schuldhaftes Zögern". Der Rechtsanwalt muss das bei seiner Büroorganisation berücksichtigen. Deshalb müssen ihm Mandatsangebote von seinem Kanzleipersonal kurzfristig vorgelegt werden (BGH, NJW 1967, 1567; Feuerich/Weyland, BRAO, § 44 Rn. 9). Der Rechtsanwalt muss gem. § 44 Satz 2 BRAO den Schaden ersetzen, der aus einer schuldhaften Verzögerung dieser Erklärung entsteht. § 44 Satz 2 BRAO bildet einen Sonderfall der culpa in contrahendo (Verschulden bei Vertragsschluss). Deshalb haftet der Rechtsanwalt insoweit nur bei schuldhaftem Verhalten.

g) Mandatsannahme unter Bedingungen

33 Die **Willenserklärungen** des Rechtsanwalts sowie des Mandanten können **unter einer Bedingung** abgegeben werden. Der Mandant kann die Erteilung des Auftrags z.B. davon abhängig machen, dass seine **Rechtsschutzversicherung** eine Deckungszusage erteilt. Der Rechtsanwalt sollte dann mit dem Mandanten klären, ob der Auftrag auch erteilt ist, wenn keine **Deckungszusage** erfolgt (s. zur Einholung der Deckungszusage Teil A: Deckungszusage, Einholung bei der Rechtsschutzversicherung, Rn. 409 ff.).

Ist der Auftrag zur Vertretung im gerichtlichen Verfahren von der **Bewilligung** von **PKH abhängig** gemacht worden, z.B. bei einem Nebenklagemandat, wird der Auftrag erst mit der Bewilligung der PKH nebst Beiordnung wirksam. Es liegt daher ein unbedingter Auftrag für das Verfahren über die Bewilligung von PKH und ein aufschiebend bedingter Auftrag (Bewilligung von PKH) zur Vertretung im gerichtlichen Verfahren vor (vgl. Braun/Volpert, in: Hansens/Braun/Schneider, Teil 1, Rn. 8).

Will der Rechtsanwalt die Mandatsübernahme davon abhängig machen, dass der Mandant einen **Vorschuss** leistet (§ 9), so muss er dies deutlich zum Ausdruck bringen. Der Rechtsanwalt hat zwar ein Recht auf Vorschussleistung, üblicherweise wird jedoch die Auftragserteilung nicht von einem Vorschuss abhängig gemacht (zum Vorschuss s. auch Teil A: Vorschuss vom Auftraggeber [§ 9], Rn. 1659 ff.). Der Rechtsanwalt, der sich darauf berufen will, dass die Übernahme des Auftrags von einem Vorschuss abhängig gemacht worden ist, trägt dafür die **Beweislast** (Volpert, in: Hansens/Braun/Schneider, Teil 1, Rn. 8).

3. Beiordnung oder Bestellung

Ein Vergütungsanspruch des Rechtsanwalts entsteht auch in Fällen der Beiordnung und Bestellung. Zu unterscheiden ist 34

- die **Bestellung** als Pflichtverteidiger (zur **stillschweigenden Pflichtverteidigerbestellung** vgl. Teil A: Vergütungsanspruch gegen die Staatskasse [§§ 44, 45, 50], Rn. 1484 f. und Burhoff, EV, Rn. 1313) oder z.B. als Beistand für den Nebenkläger oder den nebenklageberechtigten Verletzten (vgl. §§ 397a Abs. 1, 406g Abs. 3 Nr. 1 StPO) und
- die **Beiordnung** im Wege der PKH, z.B. als Nebenkläger- oder Privatklägervertreter, Opferanwalt, Zeugen- oder Sachverständigenbeistand (vgl. § 68b StPO).

Die Bestellung als **Pflichtverteidiger** erfordert keinen Vertrag zwischen Rechtsanwalt und Mandant (vgl. Teil A: Vergütungsanspruch gegen die Staatskasse [§§ 44, 45, 50], Rn. 1483; Gerold/Schmidt/Madert/Müller-Rabe, § 45 Rn. 12; Burhoff, EV, Rn. 1320 ff.). Sie kann sogar gegen den ausdrücklichen Willen des Mandanten erfolgen (AnwKomm-RVG/Onderka, § 1 Rn. 4). Nach § 52 Abs. 1 kann jedoch der Pflichtverteidiger einen Anspruch auf Zahlung von Wahlverteidigergebühren gegen den Mandanten/Beschuldigten haben, wenn dieser leistungsfähig ist oder ihm ein Anspruch auf Erstattung notwendiger Auslagen gegen die Landeskasse zusteht (vgl. die Erläuterungen zu § 52). 35

Auch die sonst in Straf- oder Bußgeldsachen oder in sonstigen Verfahren nach Teil 6 VV **beigeordneten Rechtsanwälte** können gem. § 53 Abs. 1 entsprechend § 52 Wahlanwaltsgebühren von ihrem Auftraggeber (z.B. dem Neben- oder Privatkläger) verlangen. Der dem Nebenkläger, dem nebenklageberechtigten Verletzten oder dem Zeugen **bestellte Beistand** (vgl. §§ 397a Abs. 1, 406g Abs. 3 Nr. 1 StPO) kann die Wahlanwaltsgebühren nur vom **Verurteilten** fordern (vgl. die Erläuterungen zu § 53 Rn. 22 ff.). In den übrigen Fällen der Beiordnung ist ein Vertrag zwischen Mandant und Rechtsanwalt notwendig (vgl. Braun/Volpert, in: Hansens/Braun/Schneider, Teil 1, Rn. 15 ff.). 36

Allgemeine Vergütungsfragen

II. Geltungsbereich/Anwendungsbereich

1. Sachlicher Anwendungsbereich

a) Anwaltliche Tätigkeiten

37 Nach § 1 Abs. 1 Satz 1 werden **„anwaltliche Tätigkeiten"** nach dem RVG vergütet. Daher können **Geschäftsführer einer Rechtsanwaltsgesellschaft**, die nicht Rechtsanwalt, aber nach § 60 Abs. 1 Satz 2 BRAO Mitglieder einer Rechtsanwaltskammer sind, nicht nach dem RVG abrechnen, obwohl die Anwendung des RVG in persönlicher Hinsicht (§ 1 Abs. 1 Satz 2) eröffnet ist (vgl. BT-Drucks. 15/1971, S. 187). Es gilt deshalb weiterhin § 3 Abs. 1 BRAO. Danach ist der „Rechtsanwalt der berufene oder unabhängige Berater und Vertreter in allen Rechtsangelegenheiten".

38 Von einer **anwaltlichen Tätigkeit** kann ausgegangen werden, wenn

- der Rechtsanwalt eine nach dem Rechtsberatungsgesetz geschützte Tätigkeit erbringt oder
- der rechtliche Beistand im Vordergrund steht oder
- er eine unabhängige Tätigkeit erbringt.

39 Keine anwaltlichen Tätigkeiten sind z.B. die kaufmännische Buchführung (vgl. BGHZ 53, 394 = NJW 1970, 1189 = MDR 1971, 582; OLG Düsseldorf, NJW-RR 2005, 1152, 1154), die Anlageberatung (BGH, NJW 1980, 1855 = AnwBl. 1980, 458) sowie die Vermögensverwaltung (vgl. AnwKomm-RVG/Onderka, § 1 Rn. 60; BGHZ 46, 268; ausführlich Braun/Volpert, in: Hansens/Braun/Schneider, Teil 1, Rn. 26).

b) Unabhängigkeit

40 Bei **abhängigen Tätigkeiten** handelt es sich nicht um anwaltliche Tätigkeiten. Die Tätigkeit des **Syndicus-Anwalts** ist grds. keine anwaltliche Tätigkeit. Die Rechtsprechung geht daher davon aus, dass der Syndicus-Anwalt zwei Berufe ausübt: Zum einen den des freiberuflich tätigen Rechtsanwalts und zum anderen den des in einem Unternehmen angestellten Rechtsberaters. Soweit der Rechtsanwalt Tätigkeiten im Unternehmen ausübt, muss er sich entsprechend den Anweisungen des Arbeitgebers verhalten. Deshalb scheidet für diese Tätigkeiten eine Qualifizierung als anwaltliche Tätigkeit aus. Dem Syndicus-Anwalt stehen nicht die Schutzrechte des Mandanten bei der Ausübung seiner Tätigkeit im Rahmen seines Dienstverhältnisses zu, wie z.B. das **Zeugnisverweigerungsrecht** oder das **Beschlagnahmeverbot** (vgl. dazu Burhoff, EV, Rn. 306 ff. m.w.N.). Soweit der Syndicus-Anwalt daneben in seiner freiberuflichen Tätigkeit Mandate betreut, ist diese Tätigkeit als anwaltliche Tätigkeit zu qualifizieren (vgl. Braun/Volpert, in: Hansens/Braun/Schneider, Teil 1, Rn. 42; Redeker, NJW 2004, 889; Aichler/Peukert, AnwBl. 2002, 198; Kramer, AnwBl. 2001, 140; Prütting, AnwBl. 2001, 313; zum Syndicus-Anwalt zuletzt EuGH, NJW 2010, 3557 = StRR 2010, 420).

c) Unanwendbarkeit des RVG (§ 1 Abs. 2)

Abs. 2 Satz 1 schließt bestimmte Tätigkeitsbereiche vom sachlichen Anwendungsbereich des RVG aus, auch wenn sie von einem Rechtsanwalt erbracht werden (vgl. für den Schiedsrichter OLG Dresden, BRAK-Mitt. 2007, 131). Bei den Berufstätigkeiten, die in § 1 Abs. 2 dargestellt werden, handelt es sich nicht um „anwaltliche Tätigkeiten". Ihnen fehlt daher in dem einen oder anderen Aspekt ein typisches Merkmal anwaltlicher Berufsausübung (OVG Berlin-Brandenburg, 26.07.2010 – OVG 1 K 60.09). Aus diesem Grunde werden diese Tätigkeiten nicht nach dem RVG vergütet. Die Tätigkeiten, die in § 1 Abs. 2 genannt sind, werden häufig **ehrenamtlich** oder von **Nicht-Rechtsanwälten** ausgeübt (vgl. aber hierzu auch Nr. 6300 VV Rn. 18 ff.). 41

2. Persönlicher Anwendungsbereich

a) Rechtsanwälte

Die BRAO bestimmt, wer Rechtsanwalt i.S.d. Gesetzes ist. Die **Zulassung zur Anwaltschaft** wird mit Aushändigung der Zulassungsurkunde wirksam (vgl. AnwKomm-RVG/Onderka, § 1 Rn. 48). 42

b) Partnerschaftsgesellschaften

Nur soweit Partnerschaftsgesellschaften nach dem PartGG **anwaltliche Tätigkeiten** ausüben, können sie nach dem RVG abrechnen (vgl. Braun/Volpert, in: Hansens/Braun/Schneider, Teil 1, Rn. 25). 43

c) Andere Mitglieder einer Rechtsanwaltskammer

Andere Mitglieder einer Rechtsanwaltskammer sind z.B. (vgl. Braun/Volpert, in: Hansens/Braun/Schneider, Teil 1, Rn. 26): 44

- **Rechtsanwaltsgesellschaften** i.S.d. §§ 59c bis 59m BRAO (Rechtsanwalts GmbH) und deren Geschäftsführer: Ist dieser aber kein Rechtsanwalt, gilt das RVG mangels anwaltlicher Tätigkeit nicht;
- **ausländische Rechtsberatungsgesellschaften** (LLp), wenn die Gesellschaft ihre Dienstleistungen durch eine eigene Zweigniederlassung in der Bundesrepublik erbringt (vgl. AnwKomm-RVG/Onderka, § 1 Rn. 56);
- im Kammerbezirk niedergelassene **europäische Rechtsanwälte** (§§ 1, 2 EuRAG) und **ausländische Rechtsanwälte**, die unter den Voraussetzungen des § 206 BRAO in die Rechtsanwaltskammer aufgenommen wurden: Sowohl der in Deutschland **niedergelassene europäische Rechtsanwalt** (§ 2 EuRAG) als auch der in § 25 EuRAG geregelte **dienstleistende europäische Rechtsanwalt** rechnet nach dem RVG ab (vgl. auch Art. 28 Abs. 5 EGBGB; LG Hamburg, NJW-RR 2000, 510; Mayer/Kroiß/Mayer, § 1 Rn. 243; vgl. auch OLG Stuttgart, NStZ-RR 2009, 113, keine Verteidigung durch und keine RVG-Vergütung für einen in der Türkei zugelassenen Rechtsanwalt, vgl. § 1 EuRAG);

Allgemeine Vergütungsfragen

- die **Rechtsanwalts-AG** sowie die Rechtsanwalts-KGaA (AnwKomm-RVG/Onderka, § 1 Rn. 56);
- **Kammerrechtsbeistände** nach § 209 BRAO (vgl. Feuerich/Weyland, BRAO, § 209 Rn. 1 ff.): Für Rechtsberater, die nicht Mitglied einer Rechtsanwaltskammer sind, kann sich eine entsprechende Anwendung des RVG ergeben. Bis zum Inkrafttreten des Rechtsdienstleistungsgesetzes (RDG; BGBl. I, S. 2840) am 18.12.2007 bzw. am 01.07.2008 bestimmte Art. IX Satz 1 des KostÄndG, dass die BRAGO bzw. ab 01.07.2004 das RVG für die Vergütung von Personen, denen die Erlaubnis zur Besorgung fremder Rechtsangelegenheiten nach dem Rechtsberatungsgesetz (RBerG) erteilt worden ist, sinngemäß gilt. Ein gerichtlich zur Vertretung des Betroffenen im **strafrechtlichen Rehabilitierungsverfahren** zugelassener **Rentenberater** kann deshalb im Ergebnis auch dann nach dem RVG liquidieren, wenn das Rechtsdienstleistungsgesetz und das Einführungsgesetz zum Rechtsdienstleistungsgesetz zum Zeitpunkt seiner Beauftragung noch nicht galten (KG, RVGreport 2011, 98 = NStZ-RR 2011, 159 = JurBüro 2011, 136 [Ls.]). Nach § 4 Abs. 1 des am 30.06.2008 in Kraft getretenen Einführungsgesetzes zum Rechtsdienstleistungsgesetz (RDGEG; BGBl. I, S. 2840, zuletzt geändert durch Art. 110 des FGG-RG v. 17.12.2008, BGBl. I, S. 2586) gilt das RVG für die Vergütung von Rentenberatern (vgl. § 10 Abs. 1 Satz 1 Nr. 2 RDG) sowie **registrierten Erlaubnisinhabern** mit Ausnahme der Frachtprüferinnen und Frachtprüfer **entsprechend**. Danach können die in § 1 RDGEG genannten **registrierten Erlaubnisinhaber** nach dem RVG abrechnen.

d) Berufe, die nicht nach dem RVG abrechnen

45 Es können z.B. folgende Berufe gem. § 1 Abs. 1 nicht nach dem RVG abrechnen (vgl. Braun/Volpert, in: Hansens/Braun/Schneider, Teil 1, Rn. 28). Allerdings kann sich eine entsprechende Anwendung des RVG ergeben:

- **Steuerberater** (StBGebV): allerdings ist nach § 45 StBGebV auf die Vergütung des Steuerberaters für die Tätigkeit in Verfahren vor den Gerichten der Finanzgerichtsbarkeit, der Verwaltungsgerichtsbarkeit, im Strafverfahren, berufsgerichtlichen Verfahren, Bußgeldverfahren und in Gnadensachen das RVG entsprechend anzuwenden. Auch für die Vergütung des im Wege der PKH beigeordneten Steuerberaters gilt das RVG sinngemäß, vgl. § 46 StGebV.
- **Notare** (vgl. §§ 140 ff. KostO): Ferner ist im Strafverfahren wegen einer **Steuerstraftat § 408 AO** zu beachten: Notwendige Auslagen eines Beteiligten i.S.d. § 464a Abs. 2 Nr. 2 StPO sind hier auch die gesetzlichen Gebühren und Auslagen eines **Steuerberaters, Steuerbevollmächtigten, Wirtschaftsprüfers** oder **vereidigten Buchprüfers**. Sind diese Gebühren und Auslagen gesetzlich nicht geregelt, so können sie bis zur Höhe der gesetzlichen Gebühren und Auslagen eines Rechtsanwalts erstattet werden (vgl. KG, RVGreport 2011, 98 = NStZ-RR 2011, 159 = JurBüro 2011, 136 [Ls.]).

46
- **Hochschullehrer**: § 138 StPO geht zwar ausdrücklich davon aus, dass Hochschullehrer Verteidiger sein können (vgl. auch § 22 Abs. 1 BVerfGG, § 392 Abs. 1 AO). Die unmittelbare Anwendung des RVG ist jedoch aufgrund des eindeutigen Wortlauts von § 1 Abs. 1 Satz 3 nicht möglich (so auch Gerold/Schmidt/Madert/Müller-Rabe, § 1 Rn. 19). Hochschullehrer haben keine Erlaubnis zur geschäftsmäßigen Besorgung fremder Rechtsangelegenheiten,

daher kann das RVG auch nicht nach Änderung des Art. IX KostÄndG durch das Kostenrechtsmodernisierungsgesetz (KostRMoG, Rechtslage bis 30.06.2008) sinngemäße Anwendung finden (vgl. OLG Düsseldorf, JurBüro 1995, 247 = MDR 1995, 423; Gerold/Schmidt/Madert/Müller-Rabe, § 1 Rn. 19). Hochschullehrer sind auch keine registrierten Erlaubnisinhaber nach § 1 RDGEG (Rechtslage ab 01.07.2008, vgl. Rn. 44). Die Rechtsprechung geht jedoch davon aus, dass bei fehlender Vereinbarung die Vergütung nach RVG als übliche Vergütung i.S.d. § 612 Abs. 2 BGB gilt (vgl. OLG Düsseldorf, NStZ 1996, 99; OLG München, JurBüro 2002, 2001; LG Göttingen, Nds.Rpfl. 1991, 302; Mayer/Kroiß, § 1 Rn. 44; für die Kostenerstattung bei Verteidigung durch einen Hochschullehrer s. Teil A: Kostenfestsetzung und Erstattung in Strafsachen, Rn. 871).

III. Aufklärungs- und Hinweispflichten des Rechtsanwalts

1. Grundsätze

Der Rechtsanwalt ist grds. nicht verpflichtet, den Mandanten ungefragt über die Entgeltlichkeit seiner Tätigkeit und die hieraus resultierende Vergütung aufzuklären (BGH, AnwBl. 2006, 214 = RVGreport 2006, 95; NJW 1998, 3487; KG, RVGreport 2004, 182; OLG Köln, AGS 1994, 57; Rick, AnwBl. 2006, 648). Auch **ausländische Mandanten** müssen nur dann über die entstehende Vergütung aufgeklärt werden, wenn sie erkennbar von falschen Voraussetzungen ausgehen, s. aber Rn. 48 (OLG Köln, AGS 1994, 57; Gerold/Schmidt/Madert/Müller-Rabe, § 1 Rn. 55). 47

Der Rechtsanwalt ist auch nicht verpflichtet, den Mandanten darauf hinzuweisen, dass eine höhere als die gesetzliche RVG-Vergütung von der Staatskasse oder dem Gegner nicht erstattet wird (Schneider, in: Hansens/Braun/Schneider, Teil 2, Rn. 301).

Eine Aufklärungspflicht besteht aber, wenn der Mandant auch im Fall seines Obsiegens nicht mit einer Erstattung durch den Gegner oder die Staatskasse rechnen kann. Das ist z.B. dann der Fall, wenn das **Bußgeldverfahren** durch die Verwaltungsbehörde eingestellt und **keine Auslagenentscheidung** getroffen wird, § 47 OWiG (vgl. zur Auslagenentscheidung Burhoff/Gieg, OWi, Rn. 754). Eine Hinweispflicht kann auch zu bejahen sein, wenn dem Rechtsanwalt bekannt ist, dass die Erstattung von im Berufungs- oder Revisionsverfahren angefallenen notwendigen Auslagen abgelehnt wird, wenn der Verteidiger vor deren Begründung durch die Staatsanwaltschaft tätig wird (s. dazu Teil A: Kostenfestsetzung und Erstattung in Strafsachen, Rn. 870).

> **Hinweis:**
> Verletzt der Rechtsanwalt eine nach den Umständen des Einzelfalls bestehende Aufklärungspflicht, hat der Mandant bei Vorliegen der sonstigen Voraussetzungen einen **Schadensersatzanspruch**, mit dem er gegen den Vergütungsanspruch des Rechtsanwalts aufrechnen kann (BGH, NJW 1980, 2128, 2130; OLG Saarbrücken, JurBüro 2008, 30; zu den Auswirkungen des Verstoßes gegen die Hinweispflicht gem. § 49b Abs. 5 BRAO bei Wertgebühren s. Teil A: Hinweispflicht [§ 49b Abs. 5 BRAO], Rn. 824 ff.).

Besteht keine gesetzliche Aufklärungspflicht des Rechtsanwalts über seine Vergütung, kann diese nur nach den Grundsätzen von **Treu und Glauben** (§ 242 BGB) begründet werden (BGH, 48

Allgemeine Vergütungsfragen

NJW 1969, 932; NJW 1980, 2129). Die anwaltliche Pflicht, den Auftraggeber vor Vertragsschluss über die voraussichtliche Höhe der Vergütung aufzuklären, hängt somit entscheidend davon ab, ob der Rechtsanwalt nach den Umständen des Einzelfalls ein entsprechendes Aufklärungsbedürfnis erkennen konnte und musste (vgl. dazu aus der Rspr. BGH, RVGreport, 2006, 95 = FamRZ 2006, 478; BGH, NJW 1985, 2642; BGH, NJW 1998, 3486 = AGS 1998, 177). Eine Aufklärungspflicht kann sich deshalb z.B. ergeben, wenn der **ausländische Mandant** das deutsche Vergütungsrecht nicht kennt und nach dem RVG Gebühren entstehen, die im Vergleich zu den Gebühren im Heimatland des Mandanten ungewöhnlich hoch sind (OLG Köln, AGS 1994, 57; Gerold/Schmidt/Madert-Müller-Rabe, § 1 Rn. 55).

2. Hinweispflicht bei Wertgebühren (§ 49b Abs. 5 BRAO)

49   Eine dem Rechtsanwalt gesetzlich auferlegte Hinweispflicht enthält **§ 49b Abs. 5 BRAO**. Richten sich die zu erhebenden Gebühren nach dem **Gegenstandswert**, hat der Rechtsanwalt vor Übernahme des Auftrags hierauf hinzuweisen. Die Hinweispflicht wird in Straf- und Bußgeldsachen und sonstigen Verfahren nach den Teilen 4 bis 6 VV dann praktisch, wenn Wertgebühren (s. dazu Teil A: Gebührensystem, Rn. 649 ff.) anfallen (z.B. Einigungsgebühr Nr. 1000 VV, zusätzliche Verfahrensgebühren nach Nrn. 4142 ff. VV; s. dazu ausführlich Teil A: Hinweispflicht [§ 49b Abs. 5 BRAO], Rn. 824 ff.).

3. PKH/Beratungshilfe

50   Der Rechtsanwalt ist verpflichtet, bei begründetem Anlass auf die Möglichkeiten von **Beratungshilfe und PKH** hinzuweisen (§ 16 BORA; OLG Düsseldorf, AnwBl. 1984, 444 = MDR 1984, 937; AnwBl. 1987, 147; Greißinger, AnwBl. 1992, 49).

Diese grundsätzliche Pflicht besteht immer dann, wenn der Mandant erkennbar mittellos ist (BVerfG, NJW 2000, 2494; BGH, NJW 2007, 844 = Rpfleger 2007, 197).

Es besteht sonst ggf. die Gefahr, dass der Vorwurf der **Gebührenüberhebung** (vgl. § 352 StGB) erhoben wird. Wegen Gebührenüberhebung kann sich z.B. der Rechtsanwalt **strafbar** machen, der seinem Mandanten eine Geschäftsgebühr nach § 118 BRAGO (jetzt Nr. 2300 VV) in Rechnung stellt, obwohl er weiß, dass der Mandant Anspruch auf Bewilligung von Beratungshilfe hat (LG Ellwangen, NStZ-RR 2004, 366; vgl. auch OLG Hamm, NStZ-RR 2002, 141).

IV. Vergütungsanspruch

51   § 1 Abs. 1 Satz 1 enthält eine **Legaldefinition** für den Begriff der Vergütung. Die Vergütung umfasst die Gebühren und Auslagen des Rechtsanwalts.

1. Gebühren

52   Gebühren sind das Entgelt für die Anwaltstätigkeit. Die Dienstleistungen des Rechtsanwalts sowie seine **allgemeinen Geschäftskosten** werden mit den Gebühren abgegolten (vgl. Vorbem. 7 Abs. 1 VV). Geschäftskosten sind die Kosten, die durch den Betrieb einer Rechtsanwaltskanzlei entstehen. Zu den **Geschäftskosten** gehören z.B. die Gehälter und Sozialabgaben der Angestell-

ten, Kosten für juristische Datenbank-Recherchen, soweit es sich nicht um die konkreten Kosten einer einzelfallbezogenen Anfrage handelt, Mitgliedsbeiträge für die Mitgliedschaft in Fachvereinigungen, die Miete für Büroräume sowie die Aufwendungen für Aus- und Fortbildung (vgl. hierzu Braun/Volpert, in: Hansens/Braun/Schneider, Teil 1, Rn. 19).

2. Auslagen

Auslagen, die nicht zu den allgemeinen Geschäftskosten gehören, kann der Rechtsanwalt geltend machen. Dies ist ausdrücklich in Vorbem. 7 Abs. 1 Satz 2 VV geregelt. Zu diesen **besonderen Geschäftskosten** gehören die in Teil 7 genannten Auslagen nach Nrn. 7000 ff. VV (wegen der Einzelheiten s. die Komm. zu den Nrn. 7000 ff. und Teil A: Auslagen aus der Staatskasse [§ 46 Abs. 1 und 2], Rn. 140 ff.).

53

Nicht in Nrn. 7000 bis 7008 VV geregelte **besondere Aufwendungen** kann der Rechtsanwalt nach §§ 675 i.V.m. 670 BGB verlangen (vgl. Vorbem. 7 Abs. 1 Satz 2 VV). Zu diesen besonderen Auslagen gehören z.B. vorgelegte Gerichtskosten (z.B. die Aktenversendungspauschale, s. dazu Teil A: Gerichtskosten, Rn. 741 ff., und Teil A: Auslagen aus der Staatskasse [§ 46 Abs. 1 und 2], Rn. 197 ff.; vgl. BGH, NJW 2003, 2834 = BRAGOreport 2003, 197; AnwKomm-RVG/N. Schneider, § 1 Rn. 20), vorgelegte Gerichtsvollzieherkosten sowie Übersetzungskosten.

54

> **Hinweis:**
>
> Es besteht die Möglichkeit, **vorgelegte Gerichtskosten** nach § 11 gegen den eigenen Mandanten **festsetzen** zu können. Die vorgelegten Gerichtskosten gehören zu den „Kosten des gerichtlichen Verfahrens", die als Aufwendungen zu ersetzen sind (s. auch im Teil A: Festsetzung der Vergütung [§ 11], Rn. 538; AnwKomm-RVG/N. Schneider, § 11 Rn. 106; Römermann, RVGreport 2004, 124).

55

3. Entstehen des Vergütungsanspruchs

Der Vergütungsanspruch entsteht nicht schon mit dem Abschluss des Mandatsvertrags, sondern erst mit der **ersten Dienstleistung** des Rechtsanwalts (Gerold/Schmidt/Madert/Müller-Rabe, § 1 Rn. 48; Riedel/Sußbauer/Fraunholz, § 1 Rn. 10; Hartung/Römermann/Schons, § 1 Rn. 62). Die Einforderung der Vergütung setzt deren Fälligkeit voraus (s. dazu Teil A: Fälligkeit der Vergütung [§ 8], Rn. 519 ff.). Der Rechtsanwalt kann aber unter den Voraussetzungen des § 9 einen Vorschuss verlangen (s. dazu Teil A: Vorschuss vom Auftraggeber [§ 9], Rn. 1659 ff.). Im Fall gerichtlicher Bestellung bzw. Beiordnung besteht gem. § 47 auch ein Vorschussanspruch gegen die Staatskasse (s. dazu Vorschuss aus der Staatskasse [§ 47], Rn. 1645 ff.).

56

4. Rechtsschutzversicherung

Zwischen Rechtsanwalt und Versicherer besteht **kein vertragliches Rechtsverhältnis** (van Bühren, AnwBl. 2007, 473, 475; Gerold/Schmidt/Madert/Müller-Rabe, § 1 Rn. 25; Harbauer/Bauer, § 17 ARB 2000 Rn. 13; **a.A.** OLG Düsseldorf, VersR 1980, 231 und LG Düsseldorf, r+s 2000, 157, Vertrag zugunsten Dritter i.S.d. § 328 BGB). Ein Vergütungsanspruch besteht also nur gegenüber dem Mandanten. Allerdings hat dieser nach § 1 Abs. 2 ARB einen **Freistellungs-**

57

Allgemeine Vergütungsfragen

anspruch gegenüber seinem Rechtsschutzversicherer. Je nach Inhalt des Vertrags zwischen dem Mandanten und seinem Rechtsschutzversicherer kann der Erstattungsanspruch des Mandanten aber hinter dem Vergütungsanspruch des Rechtsanwalts zurückbleiben.

Fordert der Rechtsanwalt gem. § 9 vom Mandanten einen berechtigten **Vorschuss**, hat der Versicherer auch diesen zu zahlen. Denn der Freistellungsanspruch des Mandanten besteht auch bzgl. eines gem. § 9 geforderten Vorschusses (AG Dieburg, NJW-RR 2004, 932 = AGS 2004, 282 = zfs 2004, 277; AG Düsseldorf, AnwBl. 2003, 58 und 598; AG Gelsenkirchen, BRAGOreport 2003, 40; AG Köln, AnwBl. 2003, 50 und 598; AnwK-RVG/N. Schneider, § 9 Rn. 94; Gerold/Schmidt/Mayer, § 9 Rn. 27 f.; s. auch Teil A: Vorschuss vom Auftraggeber [§ 9], Rn. 1659).

5. Stellvertretung

58 Nimmt der Rechtsanwalt eine Tätigkeit nicht persönlich vor, sondern lässt sich hierbei von den in § 5 genannten Personen vertreten, richtet sich die Vergütung nach dem RVG, zu den Einzelheiten s. Teil A: Vertreter des Rechtsanwalts (§ 5), Rn. 1609 ff. Lässt sich der Rechtsanwalt durch eine in § 5 nicht genannte Person vertreten (z.B. Kanzleimitarbeiter/in), kommt eine angemessene Vergütung gem. § 612 BGB in Betracht (Gerold/Schmidt/Madert/Müller-Rabe, § 1 Rn. 20).

6. Abtretung des Vergütungsanspruchs

59 Die Abtretung des anwaltlichen Vergütungsanspruchs an einen **anderen Rechtsanwalt** ist berufsrechtlich **ohne Einschränkungen** möglich und in ihrer Wirksamkeit auch nicht von der Zustimmung des Mandanten (vgl. § 49b Abs. 4 BRAO) abhängig (BGH, RVGreport 2007, 197 = VRR 2007, 203 = NJW 2007, 1196 = AnwBl. 2007, 453 = AGS 2007, 334; Gerold/Schmidt/Müller-Rabe, § 1 Rn. 214; Henssler/Prütting/Kilian, § 49b Rn. 215 ff.; s. dazu auch Teil A: Abtretung der Gebührenforderung, Rn. 11 ff.).

Zur Abtretung des Vergütungsanspruchs an **Nicht-Rechtsanwälte** s. ausführlich Teil A: Abtretung der Gebührenforderung, Rn. 13, auch zu den Besonderheiten bei der Abtretung des gegen die Staatskasse gerichteten Vergütungsanpruchs.

Zur Abtretung des Erstattungsanspruchs des freigesprochenen Mandanten gegen die Staatskasse an den Verteidiger s. die Erläuterungen zu § 43.

7. Sich selbst verteidigender oder vertretender Rechtsanwalt

a) Freispruch/Staatskasse

60 Es ist umstritten, ob einem in einer Straf- oder Bußgeldsache sich **selbst verteidigenden** Rechtsanwalt im Fall seines Freispruchs und Auferlegung der notwendigen Auslagen auf die Staatskasse die **gesetzliche Vergütung** zu erstatten ist, deren Erstattung er aus der Staatskasse verlangen könnte, wenn er einen Verteidiger hinzugezogen hätte.

Auf die Erläuterungen in Teil A: Kostenfestsetzung und Erstattung in Strafsachen, Rn. 896 ff. wird verwiesen.

Allgemeine Vergütungsfragen

b) Rechtsschutzversicherung

Ein Vergütungsanspruch des sich selbst verteidigenden Rechtsanwalts gegen seinen **Rechts-schutzversicherer** in Straf- und Bußgeldsachen besteht nicht. Denn einen Honoraranspruch, der gebührenrechtlich nicht entstehen kann, muss die Rechtsschutzversicherung auch nicht erstatten (vgl. BGH, NJW 2011, 232 = AGS 2011, 49 = RVGreport 2011, 80, anders aber für Zivilsachen; Harbauer/Bauer, § 5 ARB 2000, Rn. 50, m.w.N.).

61

c) PKH

Bei Bewilligung von PKH kommt **keine Beiordnung** eines in eigener Sache auftretenden Rechtsanwalts in Betracht (BAG, RVGreport 2008, 156). Auch ein Vergütungsanspruch gegen die Staatskasse kann daher nicht entstehen.

62

8. Geltendmachung des Vergütungsanspruchs

Für die **gerichtliche Durchsetzung** des Vergütungsanspruchs gegen den **Mandanten** gibt es zwei Möglichkeiten. Der Vergütungsanspruch kann durch das Gericht (Rechtspfleger) im Verfahren gem. § 11 **festgesetzt** werden (s. dazu Teil A: Festsetzung der Vergütung [§ 11], Rn. 527 ff.) oder es kann **Klage** erhoben bzw. das **Mahnverfahren** durchgeführt werden. Die Festsetzung gem. § 11 ist aber nur für die in einem gerichtlichen Verfahren entstandene Vergütung möglich.

63

> **Hinweis:**
>
> Für die Festsetzung der Vergütung im Fall **gerichtlicher Beiordnung** oder **Bestellung** gilt § 55 (s. dazu Teil A: Festsetzung gegen die Staatskasse [§ 55], Rn. 579 ff.).
>
> Steht dem **Mandanten** des Rechtsanwalts ein Erstattungsanspruch gegen die Staatskasse oder den Gegner zu, richtet sich die Kostenfestsetzung in Straf- und Bußgeldsachen nach § 464b StPO, § 46 OWiG (s. dazu Teil A: Kostenfestsetzung und Erstattung in Strafsachen, Rn. 842 ff. und Kostenfestsetzung und Erstattung in Bußgeldsachen, Rn. 833 ff.).
>
> Das Kostenfestsetzungsverfahren unterscheidet sich von dem Verfahren nach § 11, weil im Kostenfestsetzungsverfahren nur der **prozessuale Erstattungsanspruch** des Mandanten gegen die Staatskasse oder den Gegner festgesetzt wird, während im Verfahren nach § 11 über den **materiellen Erstattungsanspruch** des Rechtsanwalts gegen den Mandanten entschieden wird (AnwKomm-RVG/N. Schneider, § 11 Rn. 9 f.; Gerold/Schmidt/Müller-Rabe, § 11 Rn. 6). Es handelt sich somit um zwei voneinander unabhängige Verfahren (BGH, NJW 1991, 2084).

Gegenüber der Honorarklage ist das Festsetzungsverfahren nach § 11 wesentlich zeit- und kostenökonomischer. Wenn und solange ein Festsetzungsverfahren gem. § 11 möglich ist, besteht für ein Klage- und auch ein Mahnverfahren daher kein **Rechtsschutzbedürfnis**. Etwas anderes gilt, wenn der Rechtsanwalt die gesetzlichen Gebühren nur hilfsweise neben Ansprüchen aus einer Vergütungsvereinbarung einklagt, es sich um nicht festsetzbare Rahmengebühren handelt (§ 11 Abs. 8) oder der Mandant z.T. nicht-gebührenrechtliche Einwände gegen den Vergütungs-

64

Angelegenheiten (§§ 15 ff.)

anspruch erhebt (§ 11 Abs. 5); in diesem Fall kann der Rechtsanwalt die Gesamtvergütung sofort einklagen und muss sich nicht darauf verweisen lassen, zwei getrennte Verfahren (Festsetzungsverfahren und Klage) zu führen (AnwKomm-RVG/N. Schneider § 11 Rn. 297 ff.; Gerold/Schmidt/Müller-Rabe, § 11 Rn. 367 ff.).

> **Hinweis:**
> Setzt der Rechtsanwalt seinen Vergütungsanspruch gegen den Mandanten klageweise durch, entstehen für den Rechtsanwalt in diesem zivilprozessualen Klageverfahren die üblichen **Verfahrens- und Terminsgebühren** nach Nrn. 3100 ff. VV. Diese kann er sich im Fall des Obsiegens im Kostenfestsetzungsverfahren des Honorarprozesses gem. §§ 103 ff. ZPO gegen seinen Mandanten festsetzen lassen, §§ 78 Abs. 4, 91 Abs. 2 Satz 3 ZPO (s. Rn. 63).

9. Verlust des Vergütungsanspruchs

65 Bei Verletzung von Aufklärungs- und Hinweispflichten kann sich ein gegen den Vergütungsanspruch **aufrechenbarer Schadensersatzanspruch** des Mandanten ergeben (Rn. 47 ff.). Nach Auffassung des OLG Rostock entfällt der Vergütungsanspruch des zuerst beauftragten Rechtsanwalts, wenn dieser durch vertragswidriges Verhalten (hier: Untätigkeit des Rechtsanwalts nach Bitte des Mandanten um einen Besprechungstermin) die Kündigung des Rechtsanwaltsvertrags veranlasst hat und der Auftraggeber deshalb einen anderen Rechtsanwalt neu bestellen muss, für den die gleichen Gebühren nochmals entstehen. Einer Aufrechnung des Auftraggebers bedarf es hier nicht (OLG Rostock, AGS 2009, 10 = NJW-RR 2009, 492).

Siehe auch im Teil A: →Abgeltungsbereich der Vergütung (§ 15), Rn. 1 ff.; →Angelegenheiten (§§ 15 ff.), Rn. 66 ff.; →Auslagen aus der Staatskasse [§ 46], Rn. 140 ff.; →Festsetzung der Vergütung (§ 11), Rn. 527 ff.; →Gebühren-/Vergütungsverzicht, Rn. 643 ff. →Gebührensystem, Rn. 649 ff.; →Gerichtskosten, Rn. 713 f.; →Hinweispflicht (§ 49b Abs. 5 BRAO), Rn. 824 ff.; →Kostenfestsetzung und Erstattung in Strafsachen, Rn. 842 ff.; →Sicherungsverwahrung/Therapieunterbringung, Rn. 1211 ff.; →Vergütungsanspruch gegen die Staatskasse (§§ 44, 45, 50), Rn. 1469 ff.; →Vorschuss vom Auftraggeber (§ 9), Rn. 1659 ff.

Angelegenheiten (§§ 15 ff.)

§ 15 RVG   Abgeltungsbereich der Gebühren

(1) Die Gebühren entgelten, soweit dieses Gesetz nichts anderes bestimmt, die gesamte Tätigkeit des Rechtsanwalts vom Auftrag bis zur Erledigung der Angelegenheit.

(2) ¹Der Rechtsanwalt kann die Gebühren in derselben Angelegenheit nur einmal fordern. ²In gerichtlichen Verfahren kann er die Gebühren in jedem Rechtszug fordern.

Angelegenheiten (§§ 15ff.)

(3) Sind für Teile des Gegenstands verschiedene Gebührensätze anzuwenden, entstehen für die Teile gesondert berechnete Gebühren, jedoch nicht mehr als die aus dem Gesamtbetrag der Wertteile nach dem höchsten Gebührensatz berechnete Gebühr.

(4) Auf bereits entstandene Gebühren ist es, soweit dieses Gesetz nichts anderes bestimmt, ohne Einfluss, wenn sich die Angelegenheit vorzeitig erledigt oder der Auftrag endigt, bevor die Angelegenheit erledigt ist.

(5) ¹Wird der Rechtsanwalt, nachdem er in einer Angelegenheit tätig geworden ist, beauftragt, in derselben Angelegenheit weiter tätig zu werden, erhält er nicht mehr an Gebühren, als er erhalten würde, wenn er von vornherein hiermit beauftragt worden wäre. ²Ist der frühere Auftrag seit mehr als zwei Kalenderjahren erledigt, gilt die weitere Tätigkeit als neue Angelegenheit und in diesem Gesetz bestimmte Anrechnungen von Gebühren entfallen.

(6) Ist der Rechtsanwalt nur mit einzelnen Handlungen oder mit Tätigkeiten, die nach § 19 zum Rechtszug oder zum Verfahren gehören, beauftragt, erhält er nicht mehr an Gebühren als der mit der gesamten Angelegenheit beauftragte Rechtsanwalt für die gleiche Tätigkeit erhalten würde.

§ 16 RVG   Dieselbe Angelegenheit

Dieselbe Angelegenheit sind

1. *das Verwaltungsverfahren auf Aussetzung oder Anordnung der sofortigen Vollziehung sowie über einstweilige Maßnahmen zur Sicherung der Rechte Dritter und jedes Verwaltungsverfahren auf Abänderung oder Aufhebung in den genannten Fällen,*
2. *das Verfahren über die Prozesskostenhilfe und das Verfahren, für das die Prozesskostenhilfe beantragt worden ist,*
3. *mehrere Verfahren über die Prozesskostenhilfe in demselben Rechtszug,*
4. *eine Scheidungssache oder ein Verfahren über die Aufhebung einer Lebenspartnerschaft und die Folgesachen,*
5. *das Verfahren über einen Antrag auf Anordnung eines Arrests, einer einstweiligen Verfügung, auf Erlass einer einstweiligen, auf Anordnung oder Wiederherstellung der aufschiebenden Wirkung, auf Aufhebung der Vollziehung oder Anordnung der sofortigen Vollziehung eines Verwaltungsakts und jedes Verfahren auf deren Abänderung oder Aufhebung,*
6. *das Verfahren nach § 3 Abs. 1 des Gesetzes zur Ausführung des Vertrages zwischen der Bundesrepublik Deutschland und der Republik Österreich vom 6. Juni 1959 über die gegenseitige Anerkennung und Vollstreckung von gerichtlichen Entscheidungen, Vergleichen und öffentlichen Urkunden in Zivil- und Handelssachen in der im Bundesgesetzblatt Teil III, Gliederungsnummer 319-12, veröffentlichten bereinigten Fassung, das zuletzt durch Artikel 23 des Gesetzes vom 27. Juli 2001 (BGBl. I S. 1887) geändert worden ist, und das Verfahren nach § 3 Abs. 2 des genannten Gesetzes,*
7. *das Verfahren über die Zulassung der Vollziehung einer vorläufigen oder sichernden Maßnahme und das Verfahren über einen Antrag auf Aufhebung oder Änderung einer Entscheidung über die Zulassung der Vollziehung (§ 1041 der Zivilprozessordnung),*

Angelegenheiten (§§ 15 ff.)

8. das schiedsrichterliche Verfahren und das gerichtliche Verfahren bei der Bestellung eines Schiedsrichters oder Ersatzschiedsrichters, über die Ablehnung eines Schiedsrichters oder über die Beendigung des Schiedsrichteramts, zur Unterstützung bei der Beweisaufnahme oder bei der Vornahme sonstiger richterlicher Handlungen,
9. das Verfahren vor dem Schiedsgericht und die gerichtlichen Verfahren über die Bestimmung einer Frist (§ 102 Abs. 3 des Arbeitsgerichtsgesetzes), die Ablehnung eines Schiedsrichters (§ 103 Abs. 3 des Arbeitsgerichtsgesetzes) oder die Vornahme einer Beweisaufnahme oder einer Vereidigung (§ 106 Abs. 2 des Arbeitsgerichtsgesetzes),
10. im Kostenfestsetzungsverfahren einerseits und im Kostenansatzverfahren andererseits jeweils mehrere Verfahren über
    a) die Erinnerung,
    b) die Beschwerde in demselben Beschwerderechtszug,
11. das Rechtsmittelverfahren und das Verfahren über die Zulassung des Rechtsmittels; dies gilt nicht für das Verfahren über die Beschwerde gegen die Nichtzulassung eines Rechtsmittels;
12. das Verfahren über die Privatklage und die Widerklage und zwar auch im Fall des § 388 Abs. 2 der Strafprozessordnung und
13. das erstinstanzliche Prozessverfahren und der erste Rechtszug des Musterverfahrens nach dem Kapitalanleger-Musterverfahrensgesetz.

§ 17 RVG   Verschiedene Angelegenheiten

Verschiedene Angelegenheiten sind

1. jeweils das Verwaltungsverfahren, das einem gerichtlichen Verfahren vorausgehende und der Nachprüfung des Verwaltungsakts dienende weitere Verwaltungsverfahren (Vorverfahren, Einspruchsverfahren, Beschwerdeverfahren, Abhilfeverfahren), das Verfahren über die Beschwerde und die weitere Beschwerde nach der Wehrbeschwerdeordnung, das Verwaltungsverfahren auf Aussetzung oder Anordnung der sofortigen Vollziehung sowie über einstweilige Maßnahmen zur Sicherung der Rechte Dritter und ein gerichtliches Verfahren,
2. das Mahnverfahren und das streitige Verfahren,
3. das vereinfachte Verfahren über den Unterhalt Minderjähriger und das streitige Verfahren,
4. das Verfahren in der Hauptsache und ein Verfahren über einen Antrag auf
    a) Anordnung eines Arrests,
    b) Erlass einer einstweiligen Verfügung oder einer einstweiligen Anordnung,
    c) Anordnung oder Wiederherstellung der aufschiebenden Wirkung, auf Aufhebung der Vollziehung oder Anordnung der sofortigen Vollziehung eines Verwaltungsakts sowie
    d) Abänderung oder Aufhebung einer in einem Verfahren nach den Buchstaben a bis c ergangenen Entscheidung,
5. der Urkunden- oder Wechselprozess und das ordentliche Verfahren, das nach Abstandnahme vom Urkunden- oder Wechselprozess oder nach einem Vorbehaltsurteil anhängig bleibt (§§ 596, 600 der Zivilprozessordnung),

Angelegenheiten (§§ 15ff.)

6. das Schiedsverfahren und das Verfahren über die Zulassung der Vollziehung einer vorläufigen oder sichernden Maßnahme sowie das Verfahren über einen Antrag auf Aufhebung oder Änderung einer Entscheidung über die Zulassung der Vollziehung (§ 1041 der Zivilprozessordnung),

7. das gerichtliche Verfahren und ein vorausgegangenes

   a) Güteverfahren vor einer durch die Landesjustizverwaltung eingerichteten oder anerkannten Gütestelle (§ 794 Abs. 1 Nr. 1 der Zivilprozessordnung) oder, wenn die Parteien den Einigungsversuch einvernehmlich unternehmen, vor einer Gütestelle, die Streitbeilegung betreibt (§ 15a Abs. 3 des Einführungsgesetzes zur Zivilprozessordnung),

   b) Verfahren vor einem Ausschuss der in § 111 Abs. 2 des Arbeitsgerichtsgesetzes bezeichneten Art,

   c) Verfahren vor dem Seemannsamt zur vorläufigen Entscheidung von Arbeitssachen und

   d) Verfahren vor sonstigen gesetzlich eingerichteten Einigungsstellen, Gütestellen oder Schiedsstellen,

8. das Vermittlungsverfahren nach § 165 des Gesetzes über das Verfahren in Familiensachen und in den Angelegenheiten der freiwilligen Gerichtsbarkeit und ein sich anschließendes gerichtliches Verfahren,

9. das Verfahren über ein Rechtsmittel und das Verfahren über die Beschwerde gegen die Nichtzulassung des Rechtsmittels,

10. das strafrechtliche Ermittlungsverfahren und ein nach dessen Einstellung sich anschließendes Bußgeldverfahren,

11. das Strafverfahren und das Verfahren über die im Urteil vorbehaltene Sicherungsverwahrung und

12. das Wiederaufnahmeverfahren und das wieder aufgenommene Verfahren, wenn sich die Gebühren nach Teil 4 oder 5 des Vergütungsverzeichnisses richten.

§ 18 RVG   Besondere Angelegenheiten

(1) Besondere Angelegenheiten sind

1. *jede Vollstreckungsmaßnahme zusammen mit den durch diese vorbereiteten weiteren Vollstreckungshandlungen bis zur Befriedigung des Gläubigers; dies gilt entsprechend im Verwaltungszwangsverfahren (Verwaltungsvollstreckungsverfahren);*

2. *jede Vollziehungsmaßnahme bei der Vollziehung eines Arrests oder einer einstweiligen Verfügung (§§ 928 bis 934 und 936 der Zivilprozessordnung), die sich nicht auf die Zustellung beschränkt;*

3. *jedes Beschwerdeverfahren und jedes Verfahren über eine Erinnerung gegen eine Entscheidung des Rechtspflegers in Angelegenheiten, in denen sich die Gebühren nach Teil 3 des Vergütungsverzeichnisses richten, soweit sich aus § 16 Nr. 10 nichts anderes ergibt;*

4. *das Verfahren über Einwendungen gegen die Erteilung der Vollstreckungsklausel, auf das § 732 der Zivilprozessordnung anzuwenden ist;*

5. *das Verfahren auf Erteilung einer weiteren vollstreckbaren Ausfertigung;*

Angelegenheiten (§§ 15 ff.)

6. jedes Verfahren über Anträge nach den §§ 765a, 813b, 851a oder 851b der Zivilprozessordnung und jedes Verfahren über Anträge auf Änderung oder Aufhebung der getroffenen Anordnungen sowie jedes Verfahren über Anträge nach § 1084 Abs. 1, § 1096 oder § 1109 der Zivilprozessordnung;
7. das Verfahren auf Zulassung der Austauschpfändung (§ 811a der Zivilprozessordnung);
8. das Verfahren über einen Antrag nach § 825 der Zivilprozessordnung;
9. die Ausführung der Zwangsvollstreckung in ein gepfändetes Vermögensrecht durch Verwaltung (§ 857 Abs. 4 der Zivilprozessordnung);
10. das Verteilungsverfahren (§ 858 Abs. 5, §§ 872 bis 877, 882 der Zivilprozessordnung);
11. das Verfahren auf Eintragung einer Zwangshypothek (§§ 867, 870a der Zivilprozessordnung);
12. die Vollstreckung der Entscheidung, durch die der Schuldner zur Vorauszahlung der Kosten, die durch die Vornahme einer Handlung entstehen, verurteilt wird (§ 887 Abs. 2 der Zivilprozessordnung);
13. das Verfahren zur Ausführung der Zwangsvollstreckung auf Vornahme einer Handlung durch Zwangsmittel (§ 888 der Zivilprozessordnung);
14. jede Verurteilung zu einem Ordnungsgeld gemäß § 890 Abs. 1 der Zivilprozessordnung;
15. die Verurteilung zur Bestellung einer Sicherheit im Fall des § 890 Abs. 3 der Zivilprozessordnung;
16. das Verfahren zur Abnahme der eidesstattlichen Versicherung (§§ 900 und 901 der Zivilprozessordnung);
17. das Verfahren auf Löschung der Eintragung im Schuldnerverzeichnis (§ 915a der Zivilprozessordnung);
18. das Ausüben der Veröffentlichungsbefugnis;
19. das Verfahren über Anträge auf Zulassung der Zwangsvollsteckung nach § 17 Abs. 4 der Schifffahrtsrechtlichen Verteilungsordnung;
20. das Verfahren über Anträge auf Aufhebung von Vollstreckungsmaßregeln (§ 8 Abs. 5 und § 41 der Schifffahrtsrechtlichen Verteilungsordnung) und
21. das Verfahren zur Anordnung von Zwangsmaßnahmen durch Beschluss nach § 35 des Gesetzes über das Verfahren in Familiensachen und in den Angelegenheiten der freiwilligen Gerichtsbarkeit.

(2) Absatz 1 gilt entsprechend für
1. die Vollziehung eines Arrestes und
2. die Vollstreckung

nach den Vorschriften des Gesetzes über das Verfahren in Familiensachen und in den Angelegenheiten der freiwilligen Gerichtsbarkeit.

Angelegenheiten (§§ 15ff.)

§ 19 RVG *Rechtszug; Tätigkeiten, die mit dem Verfahren zusammenhängen*

(1) ¹Zu dem Rechtszug oder dem Verfahren gehören auch alle Vorbereitungs-, Neben- und Abwicklungstätigkeiten und solche Verfahren, die mit dem Rechtszug oder Verfahren zusammenhängen, wenn die Tätigkeit nicht nach § 18 eine besondere Angelegenheit ist. ²Hierzu gehören insbesondere

1. *die Vorbereitung der Klage, des Antrags oder der Rechtsverteidigung, soweit kein besonderes gerichtliches oder behördliches Verfahren stattfindet;*
2. *außergerichtliche Verhandlungen;*
3. *Zwischenstreite, die Bestimmung des zuständigen Gerichts, die Bestellung von Vertretern durch das in der Hauptsache zuständige Gericht, die Ablehnung von Richtern, Rechtspflegern, Urkundsbeamten der Geschäftsstelle oder Sachverständigen, die Festsetzung des Streit- oder Geschäftswerts;*
4. *das Verfahren vor dem beauftragten oder ersuchten Richter;*
5. *das Verfahren*
   a) *über die Erinnerung (§ 573 der Zivilprozessordnung),*
   b) *über die Rüge wegen Verletzung des Anspruchs auf rechtliches Gehör,*
   c) *nach Artikel 18 der Verordnung (EG) Nr. 861/2007 des Europäischen Parlaments und des Rates vom 13. Juni 2007 zur Einführung eines europäischen Verfahrens für geringfügige Forderungen,*
   d) *nach Artikel 20 der Verordnung (EG) Nr. 1896/2006 des Europäischen Parlaments und des Rates vom 12. Dezember 2006 zur Einführung eines Europäischen Mahnverfahrens und*
   e) *nach Artikel 19 der Verordnung (EG) Nr. 4/2009 über die Zuständigkeit, das anwendbare Recht, die Anerkennung und Vollstreckung von Entscheidungen und die Zusammenarbeit in Unterhaltssachen;*
6. *die Berichtigung und Ergänzung der Entscheidung oder ihres Tatbestands;*
7. *Verfahren wegen Rückgabe einer Sicherheit;*
8. *die für die Geltendmachung im Ausland vorgesehene Vervollständigung der Entscheidung und die Bezifferung eines dynamisierten Unterhaltstitels;*
9. *die Zustellung oder Empfangnahme von Entscheidungen oder Rechtsmittelschriften und ihre Mitteilung an den Auftraggeber, die Einwilligung zur Einlegung der Sprungrevision oder Sprungrechtsbeschwerde, der Antrag auf Entscheidung über die Verpflichtung, die Kosten zu tragen, die nachträgliche Vollstreckbarerklärung eines Urteils auf besonderen Antrag, die Erteilung des Notfrist- und des Rechtskraftzeugnisses, die Ausstellung einer Bescheinigung nach § 48 des Internationalen Familienrechtsverfahrensgesetzes oder § 56 des Anerkennungs- und Vollstreckungsausführungsgesetzes, die Ausstellung, die Berichtigung oder der Widerruf einer Bestätigung nach § 1079 der Zivilprozessordnung, die Ausstellung des Formblatts oder der Bescheinigung nach § 71 Absatz 1 des Auslandsunterhaltsgesetzes;*

A. Vergütungs-ABC

Angelegenheiten (§§ 15 ff.)

10. die Einlegung von Rechtsmitteln bei dem Gericht desselben Rechtszugs in Verfahren, in denen sich die Gebühren nach Teil 4, 5 oder 6 des Vergütungsverzeichnisses richten; die Einlegung des Rechtsmittels durch einen neuen Verteidiger gehört zum Rechtszug des Rechtsmittels;
11. die vorläufige Einstellung, Beschränkung oder Aufhebung der Zwangsvollstreckung, wenn nicht eine abgesonderte mündliche Verhandlung hierüber stattfindet;
12. die einstweilige Einstellung oder Beschränkung der Vollstreckung und die Anordnung, dass Vollstreckungsmaßnahmen aufzuheben sind (§ 93 Abs. 1 des Gesetzes über das Verfahren in Familiensachen und in den Angelegenheiten der freiwilligen Gerichtsbarkeit), wenn nicht ein besonderer gerichtlicher Termin hierüber stattfindet;
13. die erstmalige Erteilung der Vollstreckungsklausel, wenn deswegen keine Klage erhoben wird;
14. die Kostenfestsetzung und die Einforderung der Vergütung;
15. (weggefallen)
16. die Zustellung eines Vollstreckungstitels, der Vollstreckungsklausel und der sonstigen in § 750 der Zivilprozessordnung genannten Urkunden und
17. die Herausgabe der Handakten oder ihre Übersendung an einen anderen Rechtsanwalt.

(2) Zu den in § 18 Abs. 1 Nr. 1 und 2 genannten Verfahren gehören ferner insbesondere

1. gerichtliche Anordnungen nach § 758a der Zivilprozessordnung sowie Beschlüsse nach den §§ 90 und 91 Abs. 1 des Gesetzes über das Verfahren in Familiensachen und in den Angelegenheiten der freiwilligen Gerichtsbarkeit,
2. die Erinnerung nach § 766 der Zivilprozessordnung,
3. die Bestimmung eines Gerichtsvollziehers (§ 827 Abs. 1 und § 854 Abs. 1 der Zivilprozessordnung) oder eines Sequesters (§§ 848 und 855 der Zivilprozessordnung),
4. die Anzeige der Absicht, die Zwangsvollstreckung gegen eine juristische Person des öffentlichen Rechts zu betreiben,
5. die einer Verurteilung vorausgehende Androhung von Ordnungsgeld und
6. die Aufhebung einer Vollstreckungsmaßnahme.

Übersicht

		Rn.
A.	Überblick	66
B.	Anmerkungen	69
	I. Allgemeines	69
	II. Dieselbe Angelegenheit (§ 16)	71
	1. Vorbereitendes und gerichtliches Verfahren	71
	2. Mehrere Ermittlungsverfahren	72
	3. Privatklage und Widerklage (§ 16 Nr. 14)	75
	4. Rücknahme der Anklage und neue Anklage	76
	5. Teilweise Ablehnung der Eröffnung und teilweise Eröffnung bei einem anderen Gericht	76a
	6. Mehrere Nebenkläger	77
	7. Verteidiger und Nebenklägervertreter	78
	8. Zulassung der Rechtsbeschwerde und die Rechtsbeschwerde als solche	79
	9. Annahmeberufung (§ 313 Abs. 1 Satz 1 StPO)	80
	10. Revision des Angeklagten und des Nebenklägers	81
	11. Adhäsionsverfahren und Strafverfahren	82
	12. Vertretung mehrerer Adhäsionskläger im Rahmen desselben Strafverfahrens	83
	III. Verschiedene Angelegenheiten (§ 17)	84
	1. Strafrechtliche Regelungen in § 17	85

Angelegenheiten (§§ 15ff.)

	2. Vorbereitendes Verfahren bzw. Verfahren vor der Verwaltungsbehörde und gerichtliches Verfahren	90
	3. Sühneversuch und Privatklage	92
	4. Nachtragsanklage	93
	5. Jugendgerichtsverfahren	94
	6. Tätigkeit als Zeugenbeistand nach vorausgegangener Verteidigertätigkeit	97
	7. Wiederaufnahmeverfahren	99
	8. Strafvollstreckung (Teil 4 Abschnitt 2 VV)	100
	9. Einzeltätigkeiten	102
IV.	Besondere Angelegenheiten (§ 18)	103
	1. Allgemeines	103
	2. Beschwerden	104
V.	Rechtszug (§ 19)	108

Literatur:

Burhoff, Strafverfahren und anschließendes Bußgeldverfahren sind verschiedene Angelegenheiten, RVGreport 2007, 161; *ders.*, Die Abrechnung der anwaltlichen Tätigkeit in mehreren Strafverfahren Teil 1: Verbindung von Verfahren, RVGreport 208, 405; *ders.*, Die Abrechnung der anwaltlichen Tätigkeit in mehreren Strafverfahren Teil 2: Trennung von Verfahren, RVGreport 2008, 444; *ders.*, Die Abrechnung der anwaltlichen Tätigkeit in mehreren Strafverfahren Teil 3: Verweisung und Zurückverweisung, RVGreport 2009, 8; *ders.*, Drei Streitfragen zum Begriff der Angelegenheiten im Straf-/Bußgeldverfahren, VRR 2009, 133; *Madert*, Strafrechtliches Ermittlungsverfahren und Strafverfahren – eine Angelegenheit oder zwei Angelegenheiten?, AGS 2006, 105; *Onderka*, Gebührenrechtliche Angelegenheit im RVG, RVGprofessionell 2004, 73; *dies.*, § 19 Abs. 1 RVG richtig anwenden, RVGprofessionell 2006, 15; *N. Schneider*, Gebührenberechnung bei Verbindung mehrerer Strafsachen im gerichtlichen Verfahren, AGS 2003, 432; *ders.*, Zwei Auslagenpauschalen für vorbereitendes und gerichtliches Verfahren, AGS 2005, 7; *ders.*, Vorbereitendes und gerichtliches Verfahren in Straf- und Bußgeldsachen, eine oder zwei Angelegenheiten? Auswirkungen auf die Umsatzsteuer, AGS 2007, 1; *ders.*, Abrechnung im Adhäsionsverfahren, AGS 2009, 1; *Volpert*, Wann erhält der Anwalt eine doppelte Auslagenpauschale, RVGprofessionell 2006, 86; *ders.*, Die Vergütung in Beschwerdeverfahren in Straf- und Bußgeldsachen, VRR 2006, 453.

A. Überblick

Die **Abgrenzung** der Angelegenheiten fasst das RVG in den **§§ 15 bis 19** zusammen. 66

Der **Begriff** der „Angelegenheit" wird vom RVG **nicht definiert**. Maßgebend für die Abgrenzung von Angelegenheiten ist die Frage, ob ein (einheitlicher) Auftrag vorliegt, ob sich die Tätigkeit des Rechtsanwalts im gleichen Rahmen hält und ob zwischen einzelnen Handlungen und Gegenständen der anwaltlichen Tätigkeit ein innerer Zusammenhang besteht (vgl. zum Begriff der Angelegenheit zuletzt auch noch einmal BGH, NJW 2011, 155 = AGS 2010, 590 = JurBüro 2011, 82). Unter einer Angelegenheit ist danach das gesamte Geschäft zu verstehen, das der Rechtsanwalt für seinen Auftraggeber erledigen soll. Dieses umfasst sämtliche Tätigkeiten von der Erteilung des (Verteidigungs-)Auftrags bis zu seiner Erledigung (zum Begriff der „Angelegenheit" eingehend auch AnwKomm-RVG/N. Schneider, § 15 Rn. 22 ff. m.w.N.; Gerold/Schmidt/Mayer, § 15 Rn. 2 ff.; Braun/Schneider, in: Hansens/Braun/Schneider, Teil 1, Rn. 233 ff. m.w.N.). 67

Der Begriff der Angelegenheit ist deshalb von **Bedeutung**, weil von ihm der **Abgeltungsbereich** der Gebühren **abhängt**. Nach § 15 Abs. 2 Satz 1 erhält der Rechtsanwalt in derselben Angelegenheit seine Vergütung nur einmal (zum Begriff „derselben Angelegenheit" s. KG, RVGreport 2009, 302 = AGS 2009, 484 = JurBüro 2009, 529 = VRR 2009, 238; OLG Brandenburg, AGS 2009, 325 = RVGreport 2009, 341). Ist der Gegenstand der anwaltlichen Tätigkeit derselbe, 68

Angelegenheiten (§§ 15 ff.)

erhöht sich aber für jeden weiteren Auftraggeber eine Verfahrensgebühr bzw. eine Geschäftsgebühr gem. Nr. 1008 VV (vgl. Teil A: Mehrere Auftraggeber [§ 7, Nr. 1008 VV], Rn. 956 ff.). Bei verschiedenen Angelegenheiten erhält der Rechtsanwalt für jede Angelegenheit gesondert seine Vergütung. Das gilt insbesondere auch für die Auslagen nach Teil 7 VV.

B. Anmerkungen

I. Allgemeines

69 Die Vorschriften der §§ 15 ff. sind wie folgt **gegliedert**:
- In **§ 15** finden sich die allgemeinen Regelungen zum Abgeltungsbereich der Gebühren (s. Teil A: Abgeltungsbereich der Vergütung [§ 15], Rn. 1 ff.).
- **§ 16** regelt, wann es sich um dieselbe Angelegenheit handelt (s. unten Rn. 71 ff.).
- **§ 17** regelt abschließend die Fälle, in denen verschiedene Angelegenheiten vorliegen (s. unten Rn. 84 ff.).
- **§ 18** regelt die **besonderen Angelegenheiten** (s. unten Rn. 103 ff.).
- **§ 19** bestimmt schließlich die Tätigkeiten, die mit zum **Rechtszug gehören und Tätigkeiten, die mit dem Verfahren zusammenhängen** (s. unten Rn. 108 und Teil A: Rechtszug [§ 19], Rn. 1198 ff.).

70 **Hinweis:**
Die nachfolgenden Ausführungen behandeln die mit dem Begriff der „Angelegenheit" zusammenhängenden Fragen nur insoweit, als sie für **Straf-** und **Bußgeldverfahren** von Bedeutung sind (zur Frage, ob Einholung der **Deckungszusage** bei der Rechtsschutzversicherung dieselbe oder verschiedene Angelegenheiten sind, s. Teil A: Deckungszusage, Einholung bei der Rechtsschutzversicherung, Rn. 409).

II. Dieselbe Angelegenheit (§ 16)

1. Vorbereitendes und gerichtliches Verfahren

71 § 16 regelt, wann es sich um **dieselbe Angelegenheit** handelt (wegen der allgemeinen Einzelh. s. AnwKomm-RVG/N. Schneider, § 15 Rn. 22 ff. m.w.N. und Vor VV 4106 ff. Rn. 3 ff.). Die Frage, ob das „Vorbereitende Verfahren" und „Gerichtliche Verfahren" im Strafverfahren und das „Verfahren vor der Verwaltungsbehörde" und das „Gerichtliche Verfahren" im Bußgeldverfahren dieselbe oder verschiedene Angelegenheiten sind, ist nach wie vor in Rechtsprechung und Literatur erheblich umstritten, da diese Fragen in §§ 16, 17 nicht ausdrücklich geregelt sind. Hier wird nach wie vor davon ausgegangen, dass es sich um „verschiedene Angelegenheiten" handelt (wie hier AnwKomm-RVG/N. Schneider, Vor VV 4106 ff. Rn. 3 ff. und VV 7001 – 7002 Rn. 33; Schneider, in: Hansens/Braun/Schneider, Teil 15, Rn. 274; Gerold/Schmidt/Burhoff, Einl. Vorb. Teil 4.1 VV Rn. 2; Madert, AGS 2006, 105; Schneider, AGS 2005, 7; Schneider/Mock, Gebührenrecht, § 25 Rn. 22; **a.A.** u.a. Gerold/Schmidt/Müller-Rabe, § 17 Rn. 55 ff.; OLG Saarbrücken,

Angelegenheiten (§§ 15 ff.)

AGS 2007, 78 = NStZ-RR 2007, 127; vgl. im Übrigen die Nachw. bei Rn. 90 und bei § 58 Abs. 3 Rn. 1 ff.).

> **Hinweis:**
>
> Nach § 15 Abs. 2 Satz 2 kann der Rechtsanwalt/Verteidiger in den (weiteren) Rechtszügen (Berufung/Revision) die Gebühren gesondert fordern. Diese sind „besondere Angelegenheiten" (zum Rechtszug s. Teil A: Rechtszug [§ 19], Rn. 1198).

2. Mehrere Ermittlungsverfahren

Darüber hinaus gilt: Werden von den Strafverfolgungsbehörden gegen einen Beschuldigten **mehrere Ermittlungsverfahren** geführt, ist **jedes** eine **eigene Angelegenheit** (KG, 23.03.2011 – 2 Ws 83/11 REHA, JurionRS 2011, 18155 für den vergleichbaren Fall mehrerer Rehabilitierungsverfahren nach dem StrRehaG), solange die Verfahren nicht miteinander verbunden worden sind (LG Braunschweig, RVGreport 2010, 422 = VRR 2010, 359; LG Hamburg, AGS 2008, 545; AG Braunschweig, RVGreport 2010, 69 = StRR 2010, 200 = VRR 2010, 39; Mayer/Kroiß/Winkler, § 15 Rn. 35; zur Verbindung von Verfahren Teil A: Verbindung von Verfahren, Rn. 1431; Burhoff, RVGreport 2008, 405). Das bedeutet für den Rechtsanwalt, dass er in jedem Ermittlungsverfahren gesonderte Gebühren erhält. Das gilt auch, wenn mehrere Verfahren eine Tat i.S.d. § 264 StPO zum Gegenstand haben. 72

Beispiel: 73

Der Beschuldigte B ist alkoholisiert mit einem Pkw gefahren und hat einen Verkehrsunfall verursacht. Nach dem Unfall hat er sich unerlaubt vom Unfallort entfernt, was zunächst nicht bekannt war. Die Polizei hat daher zunächst nur ein Ermittlungsverfahren wegen der Trunkenheitsfahrt eingeleitet. Erst später wird die Unfallbeteiligung des B und das unerlaubte Entfernen vom Unfallort bekannt. Es wird daher ein weiteres Ermittlungsverfahren gegen den B eingeleitet. Dieser wird in beiden Verfahren von Rechtsanwalt R vertreten.

Rechtsanwalt R erhält für beide Ermittlungsverfahren Gebühren nach Teil 4 VV. Es handelt sich bei den beiden Ermittlungsverfahren um unterschiedliche Angelegenheiten. Erst nach Verbindung der Verfahren durch die Staatsanwaltschaft oder ggf. durch das Gericht liegt eine Angelegenheit vor, sodass dann nur noch in diesem Verfahren Gebühren entstehen können. Die Verbindung der Verfahren hat aber auf bis dahin bereits in dem zugrunde liegenden Ausgangsverfahren entstandene Gebühren keinen Einfluss. Diese bleiben erhalten (zur Grundgebühr s. Nr. 4100 Rn. 29; zur Verfahrensgebühr s. Vorbem. 4 VV Rn. 53 ff.; s. auch noch Teil A: Verbindung von Verfahren, Rn. 1431 ff.).

Entsprechendes gilt für die Abtrennung von Verfahren. Mit der **Trennung** von Verfahren werden die abgetrennten Verfahren selbstständige Verfahren mit der Folge, dass jedes Verfahren eine eigene Angelegenheit darstellt und sowohl mehrere Verfahrensgebühren als auch mehrere Terminsgebühren anfallen können (KG, RVGprofessionell 2007, 139 = StRR 2007, 4 (LS); LG Itzehoe, AGS 2008, 233; AG Tiergarten, RVGreport 2010, 140 = NStZ-RR 2010, 128 (LS) = AGS 2010, 220 = StRR 2010, 400; wegen der Einzelh. Teil A: Trennung von Verfahren, Rn. 1311 ff.). 74

Angelegenheiten (§§ 15ff.)

3. Privatklage und Widerklage (§ 16 Nr. 14)

75 Für das Strafverfahren von Bedeutung ist aus den in § 16 ausdrücklich geregelten Fällen u.a. **Nr. 14**. Gem. § 16 Nr. 14 sind das Verfahren über die **Privatklage** und die **Widerklage** dieselbe Angelegenheit, und zwar auch im Fall des § 388 StPO. Das bedeutet, dass sich die Gebühren des Rechtsanwalts als Beistand oder Vertreter des Privatklägers und des Widerbeklagten sowie des Verteidigers des Privatbeklagten durch die Widerklage auch dann nicht erhöhen, wenn der Privatkläger nicht der Verletzte ist.

> **Hinweis:**
>
> Gemeint ist damit der Fall, in dem der Rechtsanwalt nicht nur den Privatkläger, sondern auch den Verletzten, der nicht mit dem Privatkläger identisch ist (§ 374 Abs. 2 StPO), gegen eine Widerklage des Beschuldigten verteidigt (§ 388 Abs. 2 StPO). Das ist z.B. denkbar bei **wechselseitigen Beleidigungen**, wenn auch der Dienstvorgesetzte nach § 194 Abs. 3 StGB, § 374 Abs. 2 StPO privatklageberechtigt ist.
>
> Die **Widerklage** ist also **keine neue** selbstständige **Angelegenheit** i.S.d. § 15. Der Rechtsanwalt hat bei dieser Fallgestaltung jedoch in einer Angelegenheit zwei Personen als Auftraggeber. Das bedeutet, dass Nr. 1008 VV anwendbar ist. Danach erhöhen sich der Mindest- und der Höchstbetrag der Gebühren um 0,3 (vgl. dazu BT-Drucks. 15/1971, S. 191; a.A. AnwKomm-RVG/Mock/N. Schneider/Wahlen, § 16 Rn. 230 und VV 1008 Rn. 37 m.w.N.; s. auch im Teil A: Mehrere Auftraggeber [§ 7, Nr. 1008 VV], Rn. 956).

4. Rücknahme der Anklage und neue Anklage

76 Um dieselbe Angelegenheit handelt es sich (auch), wenn eine bereits erhobene Anklage zurückgenommen und bei einem anderen Gericht neu erhoben wird (OLG Köln, AGS 2010, 175 = JurBüro 2010, 362). Entsprechendes gilt, wenn nach Rücknahme der Anklage in das Sicherungsverfahren übergegangen wird.

> *Beispiel 1 (nach OLG Köln, a.a.O.):*
>
> *Der Rechtsanwalt R ist Verteidiger des Beschuldigten B. Die Staatsanwaltschaft erhebt zunächst Anklage zur großen Strafkammer, nimmt diese dann aber zurück. Dann wird die Anklage inhaltsgleich bei der zuständigen Jugendkammer erhoben.*
>
> *Es handelt sich nicht um „verschiedene Angelegenheiten", sondern bei dem Verfahren bei der Jugendkammer um dieselbe Angelegenheit. Es greift also § 15 Abs. 2 Satz 1 ein mit der Folge, dass R nicht (noch einmal) Grundgebühr Nr. 4100 VV und Nr. 4112 VV geltend machen kann (zum Anfall der Nr. 4141 VV s. Nr. 4141 VV Rn. 21).*
>
> *Beispiel 2:*
>
> *Im Beispiel 1 hat der Beschuldigte B sich zunächst auf freiem Fuß befunden. Die Jugendkammer nimmt ihn dann in Haft.*
>
> *Es bleibt grds. bei der Abrechnung wie in Beispiel 1. Allerdings ist nun wegen Inhaftierung des B die Verfahrensgebühr Nr. 4112 VV mit Haftzuschlag nach Nr. 4113 VV entstanden.*

Angelegenheiten (§§ 15 ff.)

5. Teilweise Ablehnung der Eröffnung und teilweise Eröffnung bei einem anderen Gericht

Eine (weitere/neue) gerichtliche Verfahrensgebühr entsteht nicht, wenn das – zunächst mit der Sache befasste – LG die Eröffnung des Hauptverfahrens teilweise ablehnt und den verbleibenden Anklagevorwurf gem. § 209 Abs. 1 StPO vor dem dann zuständigen AG eröffnet (LG Bad Kreuznach, Beschl. v. 20.09.2010 – 2 Qs 72/10). Der beim AG verbleibende „Verfahrensrest" ist keine neue Angelegenheit. Die gerichtliche Verfahrensgebühr entsteht dann aber aus der **Stufe** der landgerichtlichen Verfahrensgebühr (vgl. dazu auch Teil A: Verweisung/Abgabe [§ 20], Rn. 1630). 76a

6. Mehrere Nebenkläger

Vertritt der Rechtsanwalt **mehrere Nebenkläger** in demselben Verfahren, liegt nur eine Angelegenheit vor (OLG Düsseldorf, JurBüro 1991, 70). Die Gebühren werden allerdings über Nr. 1008 VV erhöht (s. Teil A: Mehrere Auftraggeber [§ 7, Nr. 1008 VV], Rn. 956). 77

7. Verteidiger und Nebenklägervertreter

Tritt der Rechtsanwalt zunächst als Verteidiger und später dann als Nebenklägervertreter bzgl. derselben Tat auf, liegt gebührenrechtlich jedenfalls dann dieselbe Angelegenheit vor, wenn Verteidigung und Nebenklage dieselbe prozessuale Tat betreffen (OLG Celle, AGS 2011, 25 = RVGreport 2011, 19 = StRR 2011, 37 = RVGprofessionell 2011, 31). 78

Beispiel:

Der Rechtsanwalt R ist in einem Strafverfahren wegen gefährlicher Körperverletzung in Tateinheit mit Beteiligung an einer Schlägerei, welches wegen desselben Tatgeschehens gegen insgesamt fünf Angeklagte geführt wird, sowohl als Verteidiger des Angeklagten A als auch, nachdem dieser als Nebenkläger zugelassen und ihm der Rechtsanwalt als Beistand beigeordnet worden war, als Nebenklägervertreter tätig. Der Angeklagte A wird freigesprochen, seine notwendigen Auslagen werden der Landeskasse auferlegt worden. Den Verurteilten sind die notwendigen Auslagen des Nebenklägers auferlegt worden. Der Rechtsanwalt hat die Festsetzung der Wahlanwaltsgebühren und der Nebenklägergebühren beantragt.

*Festzusetzen sind insgesamt **nur einmal** die **Wahlanwaltsgebühren**. Die Tätigkeit des Rechtsanwalts als Verteidiger des Angeklagten und zugleich als Vertreter des Angeklagten als Nebenkläger haben in demselben Strafverfahren stattgefunden. Gebührenrechtlich ist in Strafsachen das gleiche Strafverfahren stets die gleiche Angelegenheit. Zwar übt der Rechtsanwalt, der zugleich als Verteidiger und Nebenklägervertreter tätig wird, in dem Strafverfahren und somit auch in der Hauptverhandlung eine Doppelfunktion aus. Diese Doppelfunktion führt jedoch nicht dazu, dass der Rechtsanwalt nicht mehr in derselben Angelegenheit i.S.d. § 15 Abs. 2 Satz 1 tätig wird. Eine Addition der Gebühren scheidet also aus. Auch eine Erhöhung der Gebühren nach Nr. 1008 VV findet nicht statt, da der Rechtsanwalt auch in Ansehung der Doppelfunktion nur eine Person vertritt.*

*Allerdings ist zu beachten, dass die Doppelfunktion des Rechtsanwalts Berücksichtigung im **Gebührenrahmen** finden muss, da die Doppelfunktion als Verteidiger und als Nebenklagevertreter für den Rechtsanwalt i.d.R. eine ins Gewicht fallende Mehrbelastung mit sich bringt (OLG Celle, a.a.O.; LG Freiburg, AnwBl. 1982, 390; LG Krefeld, Rpfleger 1978, 462).*

8. Zulassung der Rechtsbeschwerde und die Rechtsbeschwerde als solche

79 Nach § 16 Nr. 11 sind in **Bußgeldsachen** das Verfahren über die Zulassung der Rechtsbeschwerde (§ 80 OWiG) und die Rechtsbeschwerde als solche als eine Angelegenheit anzusehen (vgl. auch Teil B: Teil 5 Unterabschnitt 4, Rn. 3).

9. Annahmeberufung (§ 313 Abs. 1 Satz 1 StPO)

80 Bei der Annahmeberufung nach § 313 Abs. 1 Satz 1 StPO (vgl. dazu eingehend Burhoff, HV, Rn. 178e) handelt es sich nicht um die Frage der Zulassung der Berufung. § 16 Nr. 13 gilt also nicht. Es gilt vielmehr die Regelung des **§ 19 Abs. 1 Satz 2 Nr. 10** (vgl. dazu Teil A: Rechtszug [§ 19], Rn. 1198 und Vorbem. 4.1 VV Rn. 24 ff.).

10. Revision des Angeklagten und des Nebenklägers

81 Bei mehreren Revisionen, z.B. von Angeklagten und Nebenkläger gegen dasselbe Urteil gilt: Es handelt sich um dieselbe Angelegenheit mit der Folge, dass dem Nebenklägervertreter für seine Tätigkeit im Revisionsverfahren nur einmal ein Gebührenanspruch zusteht. Das gilt auch dann, wenn das Revisionsgericht über die Revision des Angeklagten durch Beschluss gem. § 349 Abs. 2 StPO entscheidet und die gegen dasselbe Urteil gerichteten Revisionen des Nebenklägers und der Staatsanwaltschaft durch Urteil verwirft (OLG München, JurBüro 2008, 248 = AGS 2008, 224 = RVGreport 2008, 137).

> **Beispiel (nach OLG München, a.a.O.):**
>
> Der Rechtsanwalt hat den Nebenkläger in der Revisionsinstanz eines Strafverfahrens, das sich gegen zwei Angeklagte richtete, vertreten. Der Nebenkläger hat ebenso wie die Staatsanwaltschaft hinsichtlich beider Angeklagter gegen das Urteil Revision eingelegt mit dem Ziel, eine Verurteilung der einen Angeklagten als Mörderin und des freigesprochenen anderen Angeklagten als Anstifter zu erreichen. Die Angeklagte hat ebenfalls Revision eingelegt, die durch Beschluss des BGH verworfen worden ist. Auf die Revision der Staatsanwaltschaft und des Nebenklägers ist das landgerichtliche Urteil aufgehoben worden.
>
> Der Rechtsanwalt erhält nur einmal die angefallenen Gebühren (vgl. auch noch Teil 4 Unterabschnitt 3, Rn. 3 i.V.m. Nr. 4124 VV Rn. 3 ff.).

11. Adhäsionsverfahren und Strafverfahren

82 Ob Adhäsionsverfahren und Strafverfahren dieselbe oder verschiedene gebührenrechtliche Angelegenheiten bilden, ist **nicht unstrittig**. Der Gesetzgeber hat in § 17 Nr. 10 ff. das Strafverfahren und das Adhäsionsverfahren nicht ausdrücklich genannt. Zutreffend dürfte es sein, das Adhäsionsverfahren als Teil des Strafverfahrens anzusehen, das aber nicht der Verwirklichung des staatlichen Strafanspruchs dient, sondern der Geltendmachung der zivilrechtlichen Schadensersatz- und Schmerzensgeldansprüche des Verletzten. Das insoweit zivilrechtlich geprägte Adhäsionsverfahren ist somit aus prozessökonomischen Gründen als Annex an das Strafverfahren angegliedert. Damit dürften Strafverfahren und Adhäsionsverfahren **dieselbe Angelegenheit** sein (OLG Brandenburg, AGS 2009, 325 = RVGreport 2009, 341; LG Düsseldorf, RVGreport 2011, 104 = StRR 2010, 410 = VRR 2010, 479 m. Anm. Volpert; inzidenter auch OLG Köln, AGS 2009, 29 = StraFo 2009, 87 = RVGreport 2009, 465; so auch Nr. 4143 Rn. 4; AnwKomm-RVG/N.

Schneider, VV 4143 – 4144 Rn. 18; N. Schneider, AGS 2009, 1; a.A. wohl KG, RVGreport 2009, 302 = AGS 2009, 484 = JurBüro 2009, 529 = VRR 2009, 238).

12. Vertretung mehrerer Adhäsionskläger im Rahmen desselben Strafverfahrens

War der Rechtsanwalt als Vertreter mehrerer Nebenkläger mit der Durchsetzung von Schadensersatz- und Schmerzensgeldansprüchen der mehreren Nebenkläger im Rahmen des Adhäsionsverfahrens innerhalb desselben Strafverfahrens beauftragt oder vom Gericht beigeordnet, erhält er die insoweit entstandenen Gebühr Nr. 4143 VV nur einmal, weil er in derselben Angelegenheit tätig geworden ist (OLG Brandenburg, AGS 2009, 325 = RVGreport 2009, 341). Da es sich bei den Ansprüchen der Nebenkläger aber um verschiedene Gegenstände handelt, werden die Gegenstandswerte gem. § 22 addiert. Eine Erhöhung der entstandenen Verfahrensgebühr nach Nr. 1008 VV findet nicht statt, da eine Gegenstandsidentität nicht gegeben ist (OLG Brandenburg, a.a.O.; s. aber – für unterschiedliche Lebenssachverhalte – a.A. KG, RVGreport 2009, 302 = AGS 2009, 484 = JurBüro 2009, 529 = VRR 2009, 238; vgl. zur Abgrenzung auch Teil A: Mehrere Auftraggeber [§ 7, Nr. 1008], Rn. 989).

83

III. Verschiedene Angelegenheiten (§ 17)

§ 17 regelt abschließend die Fälle, in denen verschiedene Angelegenheiten vorliegen (zur Frage, ob Einholung der **Deckungszusage** bei der Rechtsschutzversicherung dieselbe oder verschiedene Angelegenheiten sind, s. Teil A: Deckungszusage, Einholung bei der Rechtsschutzversicherung, Rn. 409 und zu weiteren Fällen Nr. 7002 VV Rn. 9 ff.).

84

1. Strafrechtliche Regelungen in § 17

Für das Strafverfahren von Bedeutung sind:

85

- **§ 17 Nr. 11**: Danach sind das **Strafverfahren** und das Verfahren über die im Urteil **vorbehaltene Sicherungsverwahrung** (§ 275a StPO) unterschiedliche Angelegenheiten (s. auch Vorbem. 4.1 VV Rn. 15 ff.).
- **§ 17 Nr. 12**: Das **Wiederaufnahmeverfahren** und das **wiederaufgenommene Verfahren** (Straf- oder Bußgeldverfahren) sind unterschiedliche Angelegenheiten (zu den Gebühren des Verteidigers im Wiederaufnahmeverfahren s. Teil 4 Abschnitt 1 Unterabschnitt 4 VV mit den Nrn. 4136 ff. VV). Entsprechendes gilt für das Wiederaufnahmeverfahren und das vorausgegangene Straf- und Bußgeldverfahren (Gerold/Schmidt/Müller-Rabe, § 7 Rn. 66; Mayer/Kroiß-Rohn, § 17 Rn. 56) sowie für das wiederaufgenommene und das frühere Straf- und Bußgeldverfahren (Gerold/Schmidt/Müller-Rabe, § 7 Rn. 67; Mayer/Kroiß-Rohn, a.a.O.).

86

> **Hinweis:**
> Gemeint ist mit „wiederaufgenommenes Verfahren" das Verfahren nach einer Wiederaufnahme i.S.d. §§ 359 ff. StPO bzw. § 85 OWiG. Darunter fällt **nicht**, wenn ein nach § 154 Abs. 2 StPO **eingestelltes Verfahren wieder aufgenommen** und dann fortgesetzt wird. In dem Fall handelt es sich nicht um „verschiedene Angelegenheiten" mit der Fol-

Angelegenheiten (§§ 15ff.)

> ge, dass nach „Wiederaufnahme" noch einmal eine Verfahrensgebühr entstehen würde (AG Osnabrück, JurBüro 2008, 588 = AGS 2009, 113).

87 • Für die Praxis von besonderer Bedeutung ist die Regelung in § 17 Nr. 10. Dort ist für das Verhältnis von **Straf** - und **Bußgeldsachen** ausdrücklich geregelt, dass das strafrechtliche Ermittlungsverfahren und ein nach dessen Einstellung sich anschließendes Bußgeldverfahren **verschiedene Angelegenheiten** sind (wegen der Einzelh. s. Vorbem. 5 VV Rn. 22 ff. m.w.N. und Burhoff, RVGreport 2007, 161). Der umgekehrte Fall ist nach wie vor nicht geregelt (vgl. dazu Vorbem. 5 VV Rn. 24 m.w.N.). Er wird aber schon wegen der nun völlig eigenständigen Gebührenregelung für die Bußgeldsachen und die Strafsachen ebenso zu lösen sein.

Diese Regelung hat zunächst zur **Folge**, dass der Rechtsanwalt, der den Beschuldigten/Betroffenen sowohl im Strafverfahren als auch in einem sich anschließenden Bußgeldverfahren verteidigt, neben den im Strafverfahren verdienten Gebühren zusätzlich auch noch die entsprechenden Gebühren des Bußgeldverfahrens erhält. Eine Anrechnung findet nicht statt (zu allem auch N. Schneider, DAR 2008, 756), mit Ausnahme der Grundgebühr (vgl. dazu die Anm. 2 zu Nr. 5100). Auch die Auslagenpauschale Nr. 7002 entsteht nach der Anm. zu dieser Vorschrift sowohl für das Strafverfahren als auch für das Bußgeldverfahren.

88 **Fraglich** ist, ob der Verteidiger in diesen Fällen für seine Mitwirkung bei **Einstellung** des Strafverfahrens auch die Gebühr **Nr. 4141 Anm. 1 Nr. 1** verlangen kann. Das ist in der Vergangenheit (zutreffend) von der **überwiegenden Auffassung** in der Rechtsprechung **bejaht** worden (vgl. u.a. LG Oldenburg, BRAK-Mitt. 2009, 40; LG Osnabrück, RVGprofessionell 2008, 7 = zfs 2008, 709; AG Regensburg, StraFo 2006, 88 = RVGreport 2006, 274 = AGS 2006, 125; AG Köln, AGS 2006, 234 = zfs 2006, 646 m. zust. Anm. Madert; AG Hannover, RVGreport 2006, 230 = AGS 2006, 235; AG Bad Kreuznach, 05.05.2006 – 2 C 1747/05; AG Nürnberg, zfs 2006, 345 [für § 84 Abs. 2 BRAGO]; AG Saarbrücken, AGS 2007, 306 = RVGprofessionell 2007, 118); a.A. waren – z.T. ohne nähere Begründung – nur das AG München (RVGprofessionell 2006, 203 = JurBüro 2007, 84) und das AG Osnabrück (RVGreport 2008, 190 = RVGprofessionell 2008, 52 = VRR 2008, 119). Inzwischen hat der **BGH** diese Frage i.S.d. **Mindermeinung**, die auch von den Rechtsschutzversicherern vertreten worden ist, entschieden (vgl. BGH, AGS 2010, 1 m. abl. Anm. N. Schneider = RVGreport 2010, 70 m. abl. Anm. Burhoff = StRR 2010, 109 = VRR 2010, 38 = JurBüro 2010, 228 m. abl. Anm. Kotz). Das Nichtentstehen der Gebühr Nr. 4141 VV hat der BGH u.a. damit begründet, dass der Begriff des „Verfahrens" in Nr. 4141 VV nicht eindeutig sei und auch strafrechtliches Ermittlungsverfahren und Bußgeldverfahren umfassen könne. Zudem sei die Einstellung in diesen Fällen nicht endgültig. Diese Begründung des BGH ist unzutreffend und verkennt die Systematik des RVG, vor allem widerspricht sie der Regelung in § 17 Nr. 10. Der Gesetzgeber hat Strafverfahren und Bußgeldverfahren ausdrücklich als verschiedene Angelegenheiten geregelt. Wenn aber das Strafverfahren eingestellt wird, ist die gebührenrechtliche Angelegenheit „Strafverfahren" endgültig erledigt und es ist – (geringe) Mitwirkung des Verteidigers unterstellt – die Gebühr Nr. 4141 Anm. 1 Nr. 1 entstanden. Im Strafverfahren findet eine Hauptverhandlung nicht statt. Das reicht für das Entstehen der Gebühr aus. Die a.A. führt zu einem systemwidrigen Ergebnis: Wird später das Bußgeldverfahren (auch) eingestellt, dann müsste das, da nun ja auch das Strafverfahren endgültig erledigt wäre, zumindest dann zum Entstehen der Gebühr Nr. 4141 führen. Das kann aber nicht der Fall sein, da diese Angelegenheit

Angelegenheiten (§§ 15 ff.)

erledigt ist und nur noch die Gebührenangelegenheit „Bußgeldverfahren" andauert, die aber nach Teil 5 abgerechnet wird (vgl. auch Nr. 4141 Rn. 17).

> **Hinweis:**
> Allerdings wird es i.d.R. nun **nichts bringen**, in diesen Fällen die Nr. 4141 **geltend** zu machen, da die Rechtsschutzversicherer nun noch weniger als in der Vergangenheit bereit sein werden, diese zu zahlen.

- § 17 Nr. 4: Ob die Vorschrift des § 17 Nr. 4 Buchst. b) auch im Verfahren nach dem **StVollzG** gilt, wenn zunächst nach § 114 StVollzG eine **einstweilige Anordnung** beantragt wird und sich dann das Verfahren in der Hauptsache nach § 109 StVollzG anschließt, ist umstritten. Die Frage wird vom KG (RVGreport 2008, 100 = StraFo 2008, 132 = AGS 2008, 227 = StV 2008, 374), das § 17 Nr. 4 Buchst. c) und vom LG Marburg (StraFo 2006, 216), das § 17 Nr. 4 Buchst. b) anwenden will, bejaht, vom OLG Frankfurt am Main (Beschl. v. 31.08.2006 – 2 Ws 44/06) in der die Entscheidung des LG Marburg aufhebenden Entscheidung hingegen verneint. KG (a.a.O.) und LG Marburg (a.a.O.) begründen ihre Auffassung mit dem Wortlaut der Regelung, wonach sich die Formulierung „im Verfahren der freiwilligen Gerichtsbarkeit" nur auf „vorläufige Anordnungen" beziehen soll. Dem steht jedoch die Gesetzesbegründung zum RVG entgegen, wonach diese Regelung ausdrücklich nicht in der StPO Anwendung finden soll (vgl. dazu BT-Drucks. 15/1971, S. 191; s. auch OLG Frankfurt am Main, a.a.O.; Bischof/Jungbauer/Podlech-Trappmann, § 17 Rn. 17). Das führt m.E. dazu, dass es sich in diesen Fällen nicht um unterschiedliche bzw. besondere Angelegenheiten handelt (Teil A: Verfahren nach dem Strafvollzugsgesetz und ähnliche Verfahren, Rn. 1454).

89

2. Vorbereitendes Verfahren bzw. Verfahren vor der Verwaltungsbehörde und gerichtliches Verfahren

§§ 17, 18 RVG enthalten **keine ausdrückliche Regelung** darüber, ob das vorbereitende Verfahren bzw. das Verfahren vor der Verwaltungsbehörde und das gerichtliche Verfahren dieselbe oder unterschiedliche Angelegenheiten sind. Diese Frage war schon im Rahmen der BRAGO umstritten (vgl. einerseits LG Köln, JurBüro 1991, 1331; Gerold/Schmidt/Madert, BRAGO, § 26 Rn. 6; andererseits LG Wuppertal, JurBüro 1978, 1342). Das RVG hat hier keine Klärung gebracht, sodass sich der Streit fortgesetzt hat; es handelt sich um eine der am heftigsten umstrittenen Fragen der Abrechnung nach den Teilen 4 bzw. 5 VV. Im Einzelnen gilt:

90

- Für das **Strafverfahren**: Vorbereitendes Verfahren und gerichtliches Verfahren sind
  - **dieselbe** Angelegenheit: KG, RVGreport 2008, 339 = StraFo 2009, 84 = StRR 2008, 477; OLG Köln, AGS 2009, 585; OLG Saarbrücken, RVGreport 2007, 181 = AGS 2007, 78 = NStZ-RR 2007, 127; LG Düsseldorf, RVGreport 2005, 344; LG Koblenz, AGS 2006, 174; LG Göttingen, VRR 2006, 239; LG Hannover, Beschl. v. 18.03.2008 – 48 Qs (Owi) 37/08; LG Köln, Beschl. v. 01.10.2008 – 20 S 15/08; LG Magdeburg, JurBüro 2008, 85; AG Lüdinghausen, Beschl. v. 14.02.2006 – 16 Cs 82 Js 998/05 (105/05), www.burhoff.de; AG Köln, AGS 2008, 79; AG Lüdinghausen, Beschl. v. 14.02.2006 – 16 Cs 82 Js 998/05 (105/05); AG München, AGS 2008, 599; Gerold/Schmidt/Müller-Rabe, § 17 Rn. 55 ff.; s. auch die 1. Aufl. bei ABC-Teil: Angelegenheiten (§§ 15 ff.), Rn. 5;

Angelegenheiten (§§ 15 ff.)

- **verschiedene** Angelegenheiten: LG Düsseldorf, VRR 2006, 357; AG Düsseldorf, VRR 2006, 399; AG Neuss, AGS 2008, 598; Schneider, in: Hansens/Braun/Schneider, Teil 15, Rn. 274; AnwKomm-RVG/N. Schneider, VV 7001 – 7002 Rn. 33 f.; Gerold/Schmidt/Burhoff, Einl. Vorb. Teil 4.1 VV Rn. 2; Burhoff, VRR 2009, 133; Madert, AGS 2006, 105; Schneider, AGS 2005, 7; Schneider/Mock, Gebührenrecht, § 25 Rn. 22.

• Für das **Bußgeldverfahren**: Vorbereitendes Verfahren vor der Verwaltungsbehörde und das gerichtliche Verfahren sind

- **dieselbe** Angelegenheit: LG Frankfurt/Oder, Beschl. v. 21.07.2008 – 23 Qs 33/08, www.burhoff.de; LG Hamburg, AGS 2006, 503; LG Koblenz, AGS 2006, 174; LG Leipzig, AGS 2010, 129 m. Anm. Volpert; AG Bitterfeld-Wolfen, AGS 2010, 225; AG Bühl, Urt. v. 27.10.2010 – 3 C 132/10, www.burhoff.de; AG Düsseldorf, Urt. v. 02.12.2009 – 30 C 6632/09; AG Emmendingen, Beschl. v. 07.06.2009 – 5 OWi 440 Js 28265 (132/08); AG Hamburg-Sankt-Georg, Urt. v. 25.05.2009 – 922 C 198/09; AG Luckenwalde, JurBüro 2011, 256; AG Lüdinghausen, Beschl. v. 15.01.2007 – 10 OWi 89 Js 1679/06 [140/06]; AG Koblenz, AGS 2007, 141 = NStZ-RR 2007, 96, AG München, DAR 2008, 612; Gerold/Schmidt/Müller-Rabe, § 17 Rn. 60;

- **verschiedene** Angelegenheiten: LG Konstanz, zfs 2010, 167 = AGS 2010, 175; AG Aachen, AGS 2009, 485 = RVGreport 2009, 466 = VRR 2009, 400; AG Detmold, zfs 2007, 405; AG Düsseldorf, VRR 2006, 399; AG Frankenberg/Eder, Beschl. v. 16.03.2011 – 42 OWi-3 Js 12733/09, www.burhoff.de; AG Friedberg, AGS 2009, 225 = NJW-RR 2009, 560; AG Gelnhausen, AGS 2007, 453; AG Gronau, Urt. v. 13.03.2009 – 12 C 7/09; AG Hamburg-St. Georg, AGS 2006, 423 = JurBüro 2006, 359 = VRR 2006, 400; AG Herford, RVGprofessionell 2011, 103; AG Nauen, zfs 2007, 407 = AGS 2007, 405; AG Saarbrücken, RVGprofessionell 2007, 118; AG Siegburg, 31.03.2011 – 112 C 252/10, JurionRS 2011, 18313; AG Wildeshausen, RVGprofessionell 2010, 173 = NZV 2011, 91; Schneider, in: Hansens/Braun/Schneider, Teil 15, Rn. 274; AnwKomm-RVG/N. Schneider, VV Vorb. 5.1.2 Rn. 7 und VV 7001 – 7002 Rn. 33 f.; Schneider, AGS 2005, 7; Gerold/Schmidt/Burhoff, Einl. Teil 5 VV Rn. 10; Schneider/Mock, Gebührenrecht, § 25 Rn. 22; Madert, AGS 2006, 105.

91 **Hinweis:**

Gegen die Annahme derselben Angelegenheit lassen sich folgende **Argumente** anführen (vgl. auch Schneider, AGS 2005, 7 sowie in VRR 2006, 399; Volpert, RVGprofessionell 2006, 87; s. andererseits aber auch KG, RVGreport 2008, 339 = StraFo 2009, 84 = StRR 2008, 477; OLG Köln, AGS 2009, 585; OLG Saarbrücken, AGS 2007, 78 = NStZ-RR 2007, 127):

• Nach § 15 Abs. 2 Satz 1 kann eine Verfahrensgebühr in jeder Angelegenheit pro Rechtszug nur einmal anfallen. In den Teilen 4 und 5 des VV sind jedoch für das vorbereitende (Straf-)Verfahren bzw. das Verfahren vor der Verwaltungsbehörde im Bußgeldverfahren und das sich anschließende gerichtliche Verfahren jeweils **eigene Verfahrensgebühren** vorgesehen.

Angelegenheiten (§§ 15 ff.)

- Auch die Regelung der Gebühren in verschiedenen **eigenständigen Verfahrensabschnitten** spricht für verschiedene Angelegenheiten.
- In **anderen Verfahrensarten**, wie z.B. den bürgerlichen Rechtsstreitigkeiten, bilden die außergerichtliche und die gerichtliche Vertretung auch verschiedene Angelegenheiten, obwohl es sich letztlich um „denselben Rechtsstreit" handelt (a.A. OLG Saarbrücken, AGS 2007, 78 = NStZ-RR 2007, 127).
- Die Regelung in **Nr. 4102 Satz 2 VV** wäre überflüssig.
- Die Regelungen in **Nr. 4142 Anm. 3 VV** und in **Nr. 5116 Anm. 3 VV** wären überflüssig, wenn das **vorbereitende** Verfahren bzw. das Verfahren vor der Verwaltungsbehörde und das gerichtliche Verfahren ohnehin nur eine Angelegenheit bilden würden.
- Das Argument, es sei nicht erkennbar, dass das RVG an der zur BRAGO anderen allgemeinen Auffassung etwas habe ändern wollen (Gerold/Schmidt/Müller-Rabe, § 17 Rn. 59), übersieht die **neuen Strukturen** des RVG (a.A. OLG Saarbrücken, AGS 2007, 78 = NStZ-RR 2007, 127).

Die Fragen sind nicht nur für die (verhältnismäßig geringe) Auslagenpauschale Nr. 7002 von Bedeutung, sondern vor allem auch für die Frage der **Anrechnung** von Vorschüssen, die der Rechtsanwalt als Wahlverteidiger erhalten hat, auf seine gesetzlichen Pflichtverteidigergebühren (vgl. dazu die Komm. bei § 58 Abs. 3).

3. Sühneversuch und Privatklage

Fraglich ist, ob der Sühneversuch nach § 380 StPO und das Privatklageverfahren nach §§ 375 ff. StPO verschiedene Angelegenheiten sind. Das wird von Gerold/Schmidt/Müller-Rabe (VV 7001, 7002 Rn. 25) mit einem Hinweis auf Madert, Anwaltsgebühren in Straf- und Bußgeldsachen, Rn. 104, bejaht, vom AG Mainz (Rpfleger 1972, 234; AnwBl. 1981, 512) hingegen verneint. Geht man davon aus, dass die Sühnestelle und das AG unterschiedliche Behörden sind, sodass quasi verschiedene Instanzen angegangen werden (s. Madert, Rechtsanwaltsvergütung in Straf- und Bußgeldsachen, Rn. 239), lässt sich die Annahme von verschiedenen Angelegenheiten rechtfertigen. Das Sühneverfahren ist zwar in den Fällen des § 380 Abs. 1 StPO Klagevoraussetzung, es ist aber noch kein Strafverfahren. Das spricht dafür, im Sühneverfahren eine eigene, vom Privatklageverfahren **unterschiedliche Angelegenheit** zu sehen. Folge ist, dass im Sühneverfahren dann eine selbstständige Auslagenpauschale Nr. 7002 VV entsteht.

92

4. Nachtragsanklage

§ 266 StPO sieht die Erhebung einer Nachtragsanklage vor. Diese wird in der Hauptverhandlung erhoben. Das Gericht kann die weiteren Straftaten, auf die sich die Nachtragsanklage bezieht, durch Beschluss in das Verfahren einbeziehen (vgl. zur Nachtragsanklage Burhoff, HV, Rn. 617 ff.). Gebührenrechtlich handelt es sich bei dem „Nachtragsanklageverfahren" und bei dem Ursprungsverfahren, in dem die Nachtragsanklage erhoben wird, um **verschiedene Angelegenheiten**. Das hat zur Folge, dass der Rechtsanwalt nach den Grundsätzen des § 15 in beiden Verfahren Gebühren verdienen kann.

93

A. Vergütungs-ABC   B. Kommentar

Angelegenheiten (§§ 15 ff.)

Beispiel:

A ist wegen einer am 25.01.2011 begangenen Trunkenheitsfahrt nach § 315c Abs. 1 Nr. 1a StGB beim AG angeklagt worden. Er wird von Rechtsanwalt R von Anfang an verteidigt. In der Hauptverhandlung stellt sich heraus, dass A den Pkw, mit dem er betrunken gefahren ist, am 23.01.2011 gestohlen hatte. Der Staatsanwalt erhebt Nachtragsanklage. Diese wird vom Gericht zugelassen und in der Hauptverhandlung mitverhandelt.

Abrechnen *kann R zunächst im Verfahren betreffend (nur) die Trunkenheitsfahrt die Grundgebühr Nr. 4100 VV, die Verfahrensgebühr für das vorbereitende Verfahren Nr. 4104 VV, die gerichtliche Verfahrensgebühr Nr. 4106 VV und die Terminsgebühr Nr. 4108 VV. Im „Nachtragsanklageverfahren" kann er, da es sich um eine eigene Angelegenheit handelt, dann noch folgende Gebühren geltend machen: Die Grundgebühr Nr. 4100 VV, da das Verfahren einen anderen Rechtsfall betrifft (vgl. zum Begriff Nr. 4100 VV Rn. 24), die Verfahrensgebühr Nr. 4106 VV und m.E. auch die Terminsgebühr Nr. 4108 VV, da auch in diesem Verfahren (zunächst) ein eigenständiger Hauptverhandlungstermin stattgefunden hat. Zudem ist m.E. auch noch die Verfahrensgebühr für das vorbereitende Verfahren Nr. 4104 VV entstanden. Die Konstellation ist vergleichbar mit der im beschleunigten Verfahren (vgl. dazu Nr. 4104 VV Rn. 7).*

5. Jugendgerichtsverfahren

94 Das JGG sieht in § 27 die Möglichkeit vor, die Verhängung einer Jugendstrafe zur Bewährung auszusetzen. Stellt sich dann vor allem durch schlechte Führung des Jugendlichen während der Bewährungszeit heraus, dass eine Jugendstrafe erforderlich ist, so erkennt der Jugendrichter nach § 30 Abs. 1 JGG auf die Strafe, die er im Zeitpunkt des Schuldspruchs ausgesprochen hätte (wegen der Einzelh. vgl. Eisenberg, JGG, § 27 und § 30). Diese Entscheidung ergeht nach § 62 Abs. 1 Satz 1 JGG aufgrund einer Hauptverhandlung durch Urteil (zum Umfang des Vergütungsanspruchs des Pflichtverteidigers im JGG-Verfahren s. auch Teil A: Umfang des Vergütungsanspruchs [§ 48 Abs. 1], Rn. 1425 ff.).

95 Fraglich ist, ob diese Regelung dazu führt, eine vom ursprünglichen Erkenntnisverfahren **unterschiedliche Angelegenheit** annehmen zu können, in der die Gebühren des Teil 4 Abschnitt 1 VV sämtlich noch einmal entstehen. Das ist nicht der Fall. Vielmehr handelt es sich bei der nach § 30 JGG zu treffenden Entscheidung um die das (ursprüngliche) Erkenntnisverfahren abschließende (gerichtliche) Entscheidung: Bewährt sich der Jugendliche, greift § 30 Abs. 2 JGG ein und der Schuldspruch wird ohne Weiteres getilgt. Bewährt er sich hingegen nicht, muss neu verhandelt werden, und die bedingte Verurteilung nach § 27 JGG wird nun in einer weiteren Hauptverhandlung (§ 62 JGG) in eine ggf. unbedingte umgewandelt (BayObLG, GA 1971, 181).

96 **Hinweis:**

Es handelt sich auf keinen Fall um **Strafvollstreckung** i.S.v. Teil 4 Abschnitt 2 VV (OLG Karlsruhe, StV 1998, 348 für § 57 JGG; LG Mannheim, AGS 2008, 179 = StRR 2008, 120 = RVGreport 2008, 145, vgl. dazu Vorbem. 4.2 Rn. 3 f.), da ein zu vollstreckendes strafrechtliches Erkenntnis noch nicht vorliegt. Nimmt der Verteidiger an einer Anhörung des Jugendlichen teil, steht ihm für die Teilnahme am Anhörungstermin eine Terminsgebühr nach Nr. 4102 VV zu (so LG Mannheim, a.a.O.).

Angelegenheiten (§§ 15 ff.)

Beispiel:

Rechtsanwalt R vertritt den Jugendlichen J als Verteidiger von Anfang an. Gegen den J wird im Jugendgerichtsverfahren beim Jugendrichter Anklage erhoben. Es findet eine Hauptverhandlung statt. Der Jugendrichter macht von § 27 JGG Gebrauch und setzt eine Bewährungszeit von zwei Jahren fest. Vor deren Ablauf wird der J erneut straffällig. Nunmehr wird nach § 30 Abs. 1 JGG i.V.m. § 62 JGG eine erneute Hauptverhandlung anberaumt und der J zu einer Jugendstrafe von acht Monaten verurteilt. Alle Merkmale des § 14 Abs. 1 sind durchschnittlich.

Berechnung der Gebühren	*Wahlanwalt*	*Pflichtverteidiger*
Vorbereitendes Verfahren		
Grundgebühr Nr. 4100 VV	*165,00 €*	*132,00 €*
Verfahrensgebühr Nr. 4104 VV	*140,00 €*	*112,00 €*
Postentgeltpauschale Nr. 7002 VV	*20,00 €*	*20,00 €*
Gerichtliches Verfahren		
Verfahrensgebühr Nr. 4106 VV	*140,00 €*	*112,00 €*
Terminsgebühr Nr. 4108 VV (1. HV)	*230,00 €*	*184,00 €*
Terminsgebühr Nr. 4108 VV (2. HV; § 30 JGG)	*230,00 €*	*184,00 €*
Postentgeltpauschale Nr. 7002 VV	*20,00 €*	*20,00 €*
Anwaltsvergütung netto	**945,00 €**	**764,00 €**

> **Hinweis:**
> Bei der **Bemessung** der **Verfahrensgebühr** Nr. 4106 VV für den Wahlanwalt ist über § 14 Abs. 1 das „Nachverfahren" zu berücksichtigen. Der Pflichtverteidiger muss ggf. einen Pauschgebührenantrag nach § 51 Abs. 1 stellen.

6. Tätigkeit als Zeugenbeistand nach vorausgegangener Verteidigertätigkeit

Die Tätigkeit des Rechtsanwalts als Zeugenbeistand ist **nicht dieselbe** Angelegenheit i.S.d. § 15 Abs. 2 wie eine vorausgegangene oder auch zeitlich parallel laufende Verteidigertätigkeit (OLG Düsseldorf, RVGreport 2008, 182 = StRR 2008, 78; OLG Hamm, StraFo 2008, 45 = RVGreport 2008, 108 = JurBüro 2008, 83 = StRR 2008, 79; OLG Koblenz, RVGreport 2006, 232 = AGS 2006, 598 = NStZ-RR 2006, 254; OLG Köln, AGS 2008, 126; OLG München, 29.03.2007 – 1 Ws 354/07, www.burhoff.de; LG Dresden, 07.09.2007 – 5 KLs 109 Js 27593/05, www.burhoff.de; LG München I, 19.02.2007 – 12 KLs 247 Js 228 539/05, www.burhoff.de). Der Rechtsanwalt ist vielmehr in der Angelegenheit „Zeugenbeistand" so zu honorieren, als wäre er für den Mandanten erstmals tätig geworden (zur str. Frage der Abrechnung der Tätigkeit des Zeugenbeistands nach Teil 4 Abschnitt 1 VV oder Teil 4 Abschnitt 3 VV s. Vorbem. 4.1. VV Rn. 5 ff.).

97

Beispiel:

98

Der Rechtsanwalt hat den ehemaligen Angeklagten in einem Verfahren wegen Verstoßes gegen das BtM-Gesetz verteidigt. Nach rechtskräftigem Abschluss des Verfahrens wird der ehemalige Angeklagte in der gegen einen früheren Mitbeschuldigten fortgeführten Hauptverhandlung als Zeuge vernommen. An dieser Vernehmung nimmt der Rechtsanwalt als nach § 68b StPO beigeordneter Vernehmungsbeistand teil.

Angelegenheiten (§§ 15 ff.)

Berechnung der Gebühren	Wahlanwalt	Pflichtverteidiger
Grundgebühr Nr. 4100 VV	165,00 €	132,00 €
Verfahrensgebühr Nr. 4104 VV		
(vorbereitendes Verfahren)	140,00 €	112,00 €
Terminsgebühr Nr. 4102 Ziff. 2 VV	140,00 €	112,00 €
(Teilnahme an der richterlichen Vernehmung in der HV)	_20,00 €_	_20,00 €_
Postentgeltpauschale Nr. 7002 VV		
Anwaltsvergütung netto	**465,00 €**	**376,00 €**

> **Hinweis:**
> Der Rechtsanwalt erhält auch die **Grundgebühr**. Da es sich bei der Tätigkeit als Zeugenbeistand nicht um dieselbe Angelegenheit handelt wie bei der Verteidigertätigkeit, tritt keine Gebührenbegrenzung nach § 15 Abs. 2 Satz 1, Abs. 5 ein (vgl. u.a. OLG Hamm, a.a.O.; OLG Koblenz, a.a.O.; LG München I, a.a.O.). Beim Wahlanwalt ist aber zu berücksichtigen, dass die Einarbeitung weniger aufwendig sein wird als im Strafverfahren, da der „Rechtsfall" dem Rechtsanwalt zumindest teilweise bekannt ist. Völlig entfallen wird die Einarbeitung schon wegen der neuen Verfahrenssituation nicht (OLG Koblenz, a.a.O.; LG München I, a.a.O.).

7. Wiederaufnahmeverfahren

99 Nach § 17 Nr. 12 sind, wenn sich die Gebühren nach Teil 4 oder 5 VV richten, das Wiederaufnahmeverfahren und das wiederaufgenommene Verfahren **verschiedene** Angelegenheiten. Im Wiederaufnahmeverfahren nach Teil 4 VV ist **jedes Beschwerdeverfahren** eine **eigene Angelegenheit** i.S.d. § 15 Abs. 2 Satz, für das jeweils die Gebühr Nr. 4139 VV anfällt (zum Wiederaufnahmeverfahren, insbesondere zu der dort entstehenden Beschwerdegebühr, s. die Komm. zu Nr. 4139 VV, Rn. 1 ff.).

> **Hinweis:**
> Das Fehlen von **Teil 6 VV** dürfte auf einem Redaktionsversehen beruhen (vgl. auch Vorbem. 6.2.3 VV Rn. 4).

8. Strafvollstreckung (Teil 4 Abschnitt 2 VV)

100 Jedes einzelne Vollstreckungsverfahren stellt eine gesonderte Angelegenheit i.S.v. § 15 Abs. 2 dar. In mehreren zeitlich aufeinander folgenden **Widerrufsverfahren** entstehen die Gebühren daher immer wieder neu (LG Magdeburg, StraFo 2010, 172 = RVGreport 2010, 183 = StRR 2010, 279 = AGS 2010, 429; Schneider, in: Hansens/Braun/Schneider, Teil 15, Rn. 740). Entsprechendes gilt für die **Überprüfungsverfahren** nach § 67e StGB (so zutreffend KG, RVGreport 2005, 102 = NStZ-RR 2005, 127 = JurBüro 2005, 251 = AGS 2005, 393; OLG Frankfurt am Main, NStZ-RR 2005, 253 = AGS 2006, 76; OLG Schleswig, RVGreport 2005, 70 = AGS 2005,

Angelegenheiten (§§ 15ff.)

120 = JurBüro 2005, 25 = StV 2006, 206; dazu auch Vorbem. 4.2 Rn. 22 m.w. Beispielen und Nr. 4200 VV Rn. 7 f.).

Beispiel:

A ist zu einer Freiheitsstrafe verurteilt worden, deren Vollstreckung zur Bewährung ausgesetzt worden ist. Als er eine neue Straftat begeht, beantragt die Staatsanwaltschaft den Widerruf der Strafaussetzung. Es wird jedoch nicht widerrufen, sondern die Bewährungszeit wird verlängert. A begeht eine weitere Straftat. Es wird erneut der Widerruf beantragt.

Der Rechtsanwalt, der den A vertritt, kann die Gebühren nach Teil 4 Abschnitt 2 VV zweimal geltend machen. Es handelt sich bei den beiden Widerrufsverfahren um zwei Angelegenheiten i.S.d. § 15.

Unzutreffend ist demgegenüber die Auffassung des OLG Köln, das in seinem Beschl. v. 30.11.2010 (AGS 2011, 174 m. abl. Anm. Volpert = RVGreport 2011, 103 = StRR 2011, 241 m. abl. Anm. Burhoff) davon ausgeht, dass das Verfahren über die **Aussetzung mehrerer Reststrafen** zur Bewährung gem. § 57 StGB nur eine gebührenrechtliche Angelegenheit i.S.d. § 15 Abs. 2 Satz 1 darstellt. Ähnlich hat das LG Aachen entschieden (vgl. AGS 2010, 428 m. abl. Anm. N. Schneider = RVGreport 2010, 379 m. abl. Anm. Burhoff = StRR 2011, 39). Nach seiner Ansicht soll dann, wenn gegen den Verurteilten in **zwei Verfahren** die Maßregel der **Unterbringung** in einem psychiatrischen Krankenhaus angeordnet und vollstreckt wird, der in beiden Verfahren bestellte Pflichtverteidiger die Vergütung insgesamt nur einmal erhalten. Beide Gerichte übersehen m.E., dass es sich um zwei gebührenrechtliche Angelegenheiten handelt, in denen die Gebühren nach Teil 4 Abschnitt 2 VV jeweils gesondert entstehen. Gerichtliche Verfahren, die nebeneinander geführt werden, sind stets verschiedene Angelegenheiten, auch wenn ihnen ein einheitlicher Auftrag zugrunde liegt (AnwKomm-RVG/N. Schneider, § 15 Rn. 80).

9. Einzeltätigkeiten

Für **Einzeltätigkeiten** ist auf Vorbem. 4.3 Abs. 3 VV zu verweisen. Danach entsteht die **Gebühr** für jede der genannten Tätigkeiten **gesondert**, soweit nichts anderes bestimmt ist (vgl. wegen der Einzelh. Vorbem. 4.3 VV Rn. 6 ff.). Zu beachten ist aber § 15 Abs. 6. Danach darf der mit Einzeltätigkeiten beauftragte Rechtsanwalt, insgesamt nicht mehr Gebühren erhalten, als wenn er von vornherein einen Gesamtauftrag erhalten hätte. Das ergibt sich aus der Verweisung in Vorbem. 4.3 Abs. 3 Satz 2 VV auf § 15 und damit auch auf dessen Abs. 6 (s. dazu das Beispiel bei Vorbem. 4.3 VV Rn. 31).

IV. Besondere Angelegenheiten (§ 18)

1. Allgemeines

In **§ 18** sind die **besonderen Angelegenheiten** geregelt. Besondere **strafrechtliche Regelungen** sind **nicht** enthalten. Die Vorschrift fasst vielmehr im Wesentlichen Regelungen zur Zwangsvollstreckung und zu Familiensachen zusammen, die früher über die BRAGO verstreut waren (zur Zwangsvollstreckung s. Teil A: Zwangsvollstreckung, Rn. 1696; zur Frage, ob das Verfahren einer einstweiligen Anordnung nach **§ 114 StVollzG** eine unterschiedliche/besondere Angelegenheit ist, vgl. oben Rn. 89).

Angelegenheiten (§§ 15 ff.)

> **Hinweis:**
> § 20 Abs. 3 Satz 2 **ThUG** bestimmt, dass die Tätigkeit, die der nach § 7 Abs. 1 ThUG beigeordnete Rechtsanwalt im Verfahren zur Therapierung und Unterbringung psychisch gestörter Gewalttäter zwischen dem Anordnungs- bzw. Verlängerungsverfahren und einem weiteren Verfahren über die Therapieunterbringung erbringt, eine **besondere Angelegenheit** darstellt, für die die Verfahrensgebühr Nr. 6302 VV anfällt (vgl. dazu BT-Drucks. 17/3403, S. 59; s. auch Teil A: Allgemeine Vergütungsfragen, Rn. 23 und zu Einzelh. Teil A: Sicherungsverwahrung/Therapieunterbringung, Rn. 1211 ff.).

2. Beschwerden

104 Allgemein gilt, dass in Angelegenheiten, die in Teil 3 VV geregelt sind, die Beschwerde eine neue Angelegenheit darstellt. Das ergibt sich aus § 15 Abs. 2 Satz 2. Demgemäß sehen die Nrn. 3500 ff. VV für die Beschwerdeverfahren auch gesonderte Vergütungsregelungen vor.

105 Für **Beschwerden** im Strafverfahren gilt das nicht. In **Straf-** und **Bußgeldsachen** löst die Beschwerde vielmehr keine **neue besondere Angelegenheit** aus (BGH, NJW 2009, 2682 = MDR 2009, 1193 = StRR 2009, 385; OLG Düsseldorf, AGS 2011, 70 = RVGreport 2011, 22 = StRR 2011, 38 = RVGprofessionell 2001, 53; AG Hof, AGS 2011, 68 = JurBüro 2011, 253 = VRR 2011, 83; AG Sinzig, JurBüro 2008, 249). Das Beschwerdeverfahren gehört aufgrund des Pauschgebührencharakters der Vorschriften (s. Vorbem. 4.1 Rn. 19 ff.) noch zur Instanz (Anw-Komm-RVG/N. Schneider, § 15 Rn. 103; Gerold/Schmidt/Burhoff, VV Vorb. 4 Rn. 10 ff.; Göttlich/Mümmler/Rehberg/Xanke, RVG, 3. Aufl., I. Teil Strafsachen 4.1 Abgeltungsbereich; Riedel/Sußbauer, VV Teil 4 Vorbem. 4 Rn. 9 f., VV Teil 4 Abschnitt 1 Rn. 2, 29, VV Teil 4 Abschnitt 3 Rn. 40; Volpert, VRR 2006, 453; s. auch Teil A: Beschwerdeverfahren, Abrechnung, Rn. 371 ff. m.w.N.).

> **Hinweis:**
> Der Umstand, dass der Rechtsanwalt auch im Beschwerdeverfahren für seinen Mandanten tätig gewesen ist, muss allerdings bei der Bemessung der konkreten Gebühr im **Rahmen** des § **14** berücksichtigt werden (vgl. Teil A: Rahmengebühren [§ 14], Rn. 1060).

106 Von diesem Grundsatz macht das RVG jedoch folgende **Ausnahmen**:

- Nach **Vorbem. 4 Abs. 5 VV** lösen in **Strafsachen** die Erinnerungen und Beschwerden gegen den Kostenansatz, gegen einen Kostenfestsetzungsbeschluss sowie Beschwerden in Zwangsvollstreckungssachen eine Beschwerdegebühr nach Nr. 3500 ff. VV aus (wegen der Einzelh. s. Vorbem. 4 VV Rn. 93 ff.).

- Im **Wiederaufnahmeverfahren** ist nach Nr. 4139 VV eine (besondere) Verfahrensgebühr für das Beschwerdeverfahren vorgesehen (vgl. wegen der Einzelh. Nr. 4139 VV Rn. 1 ff.). Das wird der besonderen Bedeutung des Wiederaufnahmeverfahrens mit seiner Präklusionswirkung für die vorgetragenen Wiederaufnahmegründe gerecht (vgl. dazu BT-Drucks. 15/1971, S. 227).

Angelegenheiten (§§ 15ff.)

- Nach Vorbem. 4.2 VV erhält der Rechtsanwalt bei den Gebühren in der **Strafvollstreckung** im Verfahren über die Beschwerde gegen die **Entscheidung** in der **Hauptsache** eine **besondere „Verfahrensbeschwerdegebühr"**. Damit wird die besondere Bedeutung der Beschwerde in diesen Verfahren unterstrichen. Wird nicht die Hauptsacheentscheidung angefochten, sondern eine „Nebenentscheidung", verbleibt es bei dem Grundsatz, dass die Gebühren des Ausgangsverfahrens die Tätigkeit im Beschwerdeverfahren abgelten (vgl. dazu die Komm. in Vorbem. 4.2 VV Rn. 10 ff.; zur Frage, ob auch die Auslagenpauschale gesondert entsteht, s. Rn. 107).

- Nach **Nr. 4145 VV** erhält der Rechtsanwalt für die sofortige Beschwerde nach § 406a StPO, mit der er sich im **Adhäsionsverfahren** gegen die sog. Absehensentscheidung wendet, eine eigenständige Gebühr (vgl. die Komm. zu Nr. 4145 VV).

- Eine besondere Gebühr erhält der Rechtsanwalt nach **Nr. 4146 VV** auch, wenn er für den Mandanten gegen eine das Verfahren über den Antrag auf gerichtliche Entscheidung beendende Entscheidung gem. **§ 25 Abs. 1 Satz 4 i.V.m. § 13 StrRehaG** Beschwerde einlegt (vgl. die Komm. bei Nr. 4146 VV Rn. 8 ff.).

- Auch bei den **Einzeltätigkeiten** in Strafsachen entsteht nach Vorbem. 4.3 Abs. 3 Satz 2 VV die Beschwerdegebühr gesondert (vgl. dazu Vorbem. 4.3 VV Rn. 29). Bei den Einzeltätigkeiten nach Teil 5 VV (s. Nr. 5200 VV) ist das jedoch nicht der Fall.

- Nach **Vorbem. 5 Abs. 4 VV** lösen in **Bußgeldsachen** u.a. die Erinnerungen und Beschwerden gegen den Kostenansatz, gegen einen Kostenfestsetzungsbeschluss sowie Beschwerden in Zwangsvollstreckungssachen eine Beschwerdegebühr nach Nrn. 3500 ff. VV aus (wegen der Einzelh. s. Vorbem. 5 VV Rn. 38 ff.).

- Nach der **Vorbem. 6.2 Abs. 3 VV** entstehen in **Disziplinarverfahren** und **berufsgerichtlichen Verfahren** wegen der Verletzung einer Berufspflicht für das Verfahren über die Erinnerung und Beschwerde gegen einen Kostenfestsetzungsbeschluss oder gegen den Kostenansatz sowie Beschwerden in Zwangsvollstreckungssachen Beschwerdegebühren nach den Nrn. 3500 ff. VV (wegen der Einzelh. s. Vorbem. 6.2 VV Rn. 28 ff.).

Fraglich ist, ob neben der „besonderen **Verfahrensbeschwerdegebühr**" nach Vorbem. 4.2 VV auch noch die **Auslagenpauschale** im Beschwerdeverfahren gesondert anfällt. Dies haben in der Rechtsprechung das OLG Braunschweig (StraFo 2009, 220 = RVGreport 2009, 311 m. krit. Anm. Burhoff) unter Hinweis auf die die BT-Drucks. 15/1971 (S. 229) und das OLG Schleswig (AGS 2005, 444) bejaht. Beide OLG haben sich allerdings nicht dem Wortlaut der Vorbem. 4.2 VV auseinandergesetzt, wonach in der Beschwerdeinstanz „die Gebühren besonders" entstehen. Bei der Auslagenpauschale handelt es sich aber nach § 1 Abs. 1 Satz 1 um „Auslagen" (vgl. Teil A: Vergütung, Begriff, Rn. 1466). Allerdings wird man den OLG im Ergebnis folgen können. Denn nach der Anm. 2 zu Nr. 7002 VV kann der Rechtsanwalt die Pauschale in jeder Angelegenheit fordern. Das Beschwerdeverfahren ist aber als neuer Rechtszug auch eine neue Angelegenheit (vgl. aber auch Vorbem. 4.2 VV Rn. 35).

107

Anhörungsrüge (§ 12a)

V. Rechtszug (§ 19)

108 § 19 bestimmt die Tätigkeiten, die mit zum **Rechtszug gehören** und **Tätigkeiten**, die mit dem **Verfahren zusammenhängen**. Der Inhalt entspricht im Wesentlichen den Bestimmungen, die früher in § 37 BRAGO enthalten waren (wegen der Einzelh. s. auch Teil A: Rechtszug [§ 19], Rn. 1198 ff.).

Siehe auch im Teil A: →Beschwerdeverfahren, Abrechnung, Rn. 371; →Rechtszug (§ 19), Rn. 1198; →Zurückverweisung (§ 21), Rn. 1687.

Anhörungsrüge (§ 12a)

§ 12a RVG   Anhörungsrüge

(1) Auf die Rüge eines durch die Entscheidung nach diesem Gesetz beschwerten Beteiligten ist das Verfahren fortzuführen, wenn

1. *ein Rechtsmittel oder ein anderer Rechtsbehelf gegen die Entscheidung nicht gegeben ist und*
2. *das Gericht den Anspruch dieses Beteiligten auf rechtliches Gehör in entscheidungserheblicher Weise verletzt hat.*

(2) [1]Die Rüge ist innerhalb von zwei Wochen nach Kenntnis von der Verletzung des rechtlichen Gehörs zu erheben; der Zeitpunkt der Kenntniserlangung ist glaubhaft zu machen. [2]Nach Ablauf eines Jahres seit Bekanntmachung der angegriffenen Entscheidung kann die Rüge nicht mehr erhoben werden. [3]Formlos mitgeteilte Entscheidungen gelten mit dem dritten Tage nach Aufgabe zur Post als bekannt gemacht. [4]Die Rüge ist bei dem Gericht zu erheben, dessen Entscheidung angegriffen wird; § 33 Abs. 7 Satz 1 und 2 gilt entsprechend. [5]Die Rüge muss die angegriffene Entscheidung bezeichnen und das Vorliegen der in Absatz 1 Nr. 2 genannten Voraussetzungen darlegen.

(3) Den übrigen Beteiligten ist, soweit erforderlich, Gelegenheit zur Stellungnahme zu geben.

(4) [1]Das Gericht hat von Amts wegen zu prüfen, ob die Rüge an sich statthaft und ob sie in der gesetzlichen Form und Frist erhoben ist. [2]Mangelt es an einem dieser Erfordernisse, so ist die Rüge als unzulässig zu verwerfen. [3]Ist die Rüge unbegründet, weist das Gericht sie zurück. [4]Die Entscheidung ergeht durch unanfechtbaren Beschluss. [5]Der Beschluss soll kurz begründet werden.

(5) Ist die Rüge begründet, so hilft ihr das Gericht ab, indem es das Verfahren fortführt, soweit dies auf Grund der Rüge geboten ist.

(6) Kosten werden nicht erstattet.

Übersicht

		Rn.
A.	Überblick	109
B.	Anmerkungen	110
	I. Allgemeines	110
	II. Voraussetzungen für eine Anhörungsrüge	111
	1. Unanfechtbarkeit der Entscheidung (§ 12a Abs. 1 Satz 1 Nr. 1)	111

Anhörungsrüge (§ 12a)

	2. Verletzung in entscheidungserheblicher Weise (§ 12a Abs. 1 Satz 1 Nr. 2)	112
	3. Formelle Antragsvoraussetzungen (§ 12a Abs. 2)	113
III.	Verfahren über den Antrag (§ 12a Abs. 3, 4)	118
IV.	Gebühren für Anhörungsrüge in Straf- und Bußgeldsachen	122

Literatur:

Beukelmann, Bedeutung von Anhörungsrüge nach § 356a und Gegenvorstellung, NJW-Spezial 2008, 344; ***Burhoff***, Die wesentlichen Neuerungen des Anhörungsrügengesetzes für das Strafverfahren, PA 2005, 13; ***ders.***, Die Anhörungsrüge im Strafverfahren, ZAP, Fach 22, S. 409; ***Desens***, Die subsidiäre Verfassungsbeschwerde und ihr Verhältnis zu fachgerichtlichen Anhörungsrügen, NJW 2006, 1243; ***Lohse***, Fünf Jahre Anhörungsrüge (§ 356a StPO) – kein Grund zum Feiern, StraFo 2010, 433; ***Schmidt***, Das Anhörungsrügengesetz und die Auswirkungen auf das RVG, RVG-B 2005, 60.

A. Überblick

Das am 01.01.2005 in Kraft getretene Anhörungsrügengesetz (s. BGBl. I, S. 3220) hat für alle Verfahrensordnungen die Anhörungsrüge eingeführt. Das Gesetz geht zurück auf den Plenarbeschluss des BVerfG v. 30.04.2003 (NJW 2003, 1924), in dem das BVerfG die Möglichkeit fachgerichtlicher Abhilfe für den Fall gefordert hatte, dass ein Gericht in entscheidungserheblicher Weise den Anspruch auf rechtliches Gehör verletzt hat (zum Gesetzesentwurf s. BT-Drucks. 15/3966 und 15/3706). Im Bereich des Strafverfahrens hat das Anhörungsrügengesetz zu einer Erweiterung des § 33a StPO geführt (vgl. zur Nachholung des rechtlichen Gehörs Burhoff, EV, Rn. 1137 ff.). Außerdem ist für das Revisionsverfahren § 356a in die StPO eingefügt worden (vgl. dazu Burhoff, HV, Rn. 83a ff.). In das RVG wurde § 12a aufgenommen, der die Anhörungsrüge für sämtliche Verfahren, die die Rechtsanwaltsvergütung betreffen, eingeführt hat.

109

B. Anmerkungen

I. Allgemeines

Die Anhörungsrüge nach § 12a ist ein **außerordentlicher Rechtsbehelf**. Mit ihr wird das Verfahren auf Antrag fortgeführt, wenn bei einer Entscheidung der Anspruch eines Beteiligten auf rechtliches Gehör in entscheidungserheblicher Weise verletzt wurde und die Entscheidung unanfechtbar ist.

110

> **Hinweis:**
>
> Soll wegen der Verletzung von Art. 103 Abs. 1 GG **Verfassungsbeschwerde** eingelegt werden, muss zunächst das Verfahren nach § 12a durchgeführt werden, wenn die Verfassungsbeschwerde nicht nach § 90 Abs. 2 BVerfGG mangels Ausschöpfung des Rechtswegs unzulässig sein soll (zuletzt BVerfG, Beschl. v. 17.02.2011 - 1 BvR 279/11 m.w.N.; s. auch NStZ-RR 2004, 372; NJW 2005, 3059 [Zivilverfahren]; BVerfGK 5, 337; BVerfG, HRRS 2008 Nr. 308; zur Ausschöpfung des Rechtswegs allgemein s. BVerfG, NJW 1997, 46 m.w.N. und zur Subsidiarität der Verfassungsbeschwerde Desens, NJW 2006, 1243).
>
> Es kommt also zu einem **zweigleisigen Verfahren**: Einerseits muss die Verfassungsbeschwerde fristgerecht binnen eines Monats eingereicht und begründet werden, andererseits

Anhörungsrüge (§ 12a)

muss die Anhörungsrüge erhoben werden. Über den Ausgang dieses Verfahrens muss dann ggf. später im Verfahren über die Verfassungsbeschwerde berichtet werden (Beukelmann, NJW-Spezial 2008, 344 [zugleich auch zur Frage, ob auch die Gegenvorstellung erhoben werden muss]).

II. Voraussetzungen für eine Anhörungsrüge

1. Unanfechtbarkeit der Entscheidung (§ 12a Abs. 1 Satz 1 Nr. 1)

111 § 12a Abs. 1 Nr. 1 setzt zunächst voraus, dass die Entscheidung, gegen die sich die Anhörungsrüge richtet, unanfechtbar ist. Das ist der Fall, wenn **keine Möglichkeit** der **Überprüfung** durch das Gericht selbst oder durch ein Rechtsmittelgericht mehr besteht. Damit kann sich die Anhörungsrüge richten gegen (vgl. AnwKomm-RVG/Schnapp, § 12a Rn. 5):

- **abschließende Entscheidungen** des **erstinstanzlichen Gerichts** über eine Erinnerung gegen die Entscheidung des Rechtspflegers,
- **abschließende Entscheidungen** des **Beschwerdegerichts** nach Anfechtung der erstinstanzlichen Entscheidung,
- Beschlüsse des **OLG**, die auf die weitere Beschwerde hin ergangen sind (§§ 33 Abs. 6, 56 Abs. 2; s. auch Teil A: Rechtsmittel gegen die Vergütungsfestsetzung [§§ 56, 33], Rn. 1115 und Beschwerdeverfahren, Abrechnung, Rn. 371).

Hinweis:

§ 12a findet **keine Anwendung** auf Entscheidungen im **Vergütungsfestsetzungsverfahren** nach § 11, da insoweit nach § 11 Abs. 2 Satz 3, Abs. 3 Satz 2 die StPO gilt. Auch Entscheidungen des Rechtspflegers oder des Urkundsbeamten der Geschäftsstelle nach dem RVG fallen nicht in den Anwendungsbereich des § 12a, da gegen sie die Erinnerung gegeben ist mit der Möglichkeit der Abhilfeentscheidung unter Beachtung des Anspruchs auf rechtliches Gehör (AnwKomm-RVG/Schnapp, § 12a Rn. 6; Gerold/Schmidt/Müller-Rabe, § 12a Rn. 3; s. auch Teil A: Rechtsmittel gegen die Vergütungsfestsetzung [§§ 56, 33], Rn. 1115).

2. Verletzung in entscheidungserheblicher Weise (§ 12a Abs. 1 Satz 1 Nr. 2)

112 § 12a Abs. 1 Nr. 2 setzt weiter voraus, dass der Anspruch auf **rechtliches Gehör** in **entscheidungserheblicher Weise verletzt** worden ist (vgl. dazu auch Burhoff, HV, Rn. 83e). Nach der Gesetzesbegründung ist eine unterbliebene Anhörung nur dann „entscheidungserheblich", wenn und soweit sie sich auf das Ergebnis der Entscheidung ausgewirkt hat (BT-Drucks. 15/3707, S. 17). Hätte der Betroffene nichts anderes vortragen können, sich also nicht anders verteidigen können, als er tatsächlich bereits vorgetragen hat oder ist es sonst ausgeschlossen, dass das Gericht bei ordnungsgemäßer Anhörung anders entschieden hätte, ist der Gehörsverstoß nicht entscheidungserheblich (BGH, 28.04.2005 – 2 StR 518/04; OLG Hamm, VRS 2005, 43; zu allem auch Meyer-Goßner, § 356a Rn. 2).

Anhörungsrüge (§ 12a)

> **Hinweis:**
> Die Formulierung der Vorschriften entspricht z.B. der in § 321a Abs. 1 Nr. 2 ZPO bzw. in § 356a StPO, sodass die dazu bereits vorliegende Literatur zur Auslegung herangezogen werden kann (vgl. Burhoff, HV, Rn. 83e).

3. Formelle Antragsvoraussetzungen (§ 12a Abs. 2)

Die (Zulässigkeits-)**Voraussetzungen** für den Anhörungsrügenantrag sind denen für einen Antrag auf Wiedereinsetzung in den vorigen Stand angeglichen. Im Einzelnen gilt: 113

- Der Rechtsbehelf ist **befristet**. Der **Antrag** muss **innerhalb** von **zwei Wochen nach Kenntnis** von der Verletzung des Anspruchs auf rechtliches Gehör gestellt werden (§ 12a Abs. 2 Satz 1). Die Kenntnis muss sich nur auf die tatsächlichen Umstände beziehen (BT-Drucks. 15/3706, S. 18). Die Frist beginnt mit dem Tag nach Zugang der Entscheidung zu laufen und endet mit Ablauf des 14. Tages nach Zugang. Mangels Zustellungsurkunde oder sonstiger Dokumentation des Zugangs in der Akte wird kraft Gesetzes vermutet, dass die Entscheidung am dritten Tag nach (aktenkundiger) Aufgabe zur Post beim Empfänger eingetroffen ist (§ 12a Abs. 2 Satz 3). Diese Vermutung gilt grds. auch für den Zeitpunkt der Kenntniserlangung von der Gehörsverletzung, wenn selbige aus den Entscheidungsgründen folgt (AnwKomm-RVG/Schnapp, § 12a Rn. 11). Unerheblich ist der Zeitpunkt, zu dem der Angeklagte zur rechtlichen Einschätzung einer Gehörsverletzung gekommen ist (BGH, NStZ 2007, 236; OLG Hamm, Beschl. v. 07.07.2008 – 3 Ss 357/07, JurionRS 2008, 21001; OLG Jena, zfs 2008, 233, jeweils für § 356a StPO). 114

> **Hinweis:**
> Nach **Ablauf eines Jahres** seit Bekanntmachung der angegriffenen Entscheidung kann die Anhörungsrüge nicht mehr erhoben werden (§ 12a Abs. 2 Satz 2).
>
> Wird die Frist versäumt, kann **Wiedereinsetzung** in den vorigen Stand beantragt werden (vgl. dazu Burhoff, EV, Rn. 2050; Burhoff, HV, Rn. 1172a). Die Fristversäumung ist aber nicht unverschuldet, wenn der Betroffene sich nach Kenntnis der verfahrensabschließenden Entscheidung, durch die nach seiner Meinung sein Recht auf Gehör verletzt worden ist, nicht sofort über etwaige weitere rechtliche Möglichkeiten informiert hat (BGH, Beschl. v. 25.04.2006 – 5 StR 597/05 für Strafverfahren). Auf die Beachtung der Wochenfrist ist besondere Sorgfalt zu verwenden. Denn anders als sonst im Strafverfahren wird bei der Anhörungsrüge dem Mandanten ein **Verteidigerverschulden zugerechnet** (BGH, StV 2010, 297 = StRR 2009, 20).

- Der Antrag kann zu Protokoll der Geschäftsstelle oder **schriftlich** eingereicht werden (§§ 12a Abs. 2 Satz 4 Halbs. 2, 33 Abs. 7 Satz 1). 115
- Der Betroffene muss die angegriffene Entscheidung bezeichnen und den Antrag **begründen** (§ 12a Abs. 2 Satz 5). An die Begründung werden jedoch keine hohen Anforderungen gestellt (so BT-Drucks. 15/3706, S. 18; a.A. offenbar AnwKomm-RVG/Schnapp, § 12a Rn. 16, dessen Anmerkungen m.E. weit über das hinausgehen, was für die Begründung einer Anhörungsrüge erforderlich sein dürfte). Allerdings wird man der Begründung den gerügten 116

Anhörungsrüge (§ 12a)

Gehörsverstoß zumindest ansatzweise entnehmen können müssen. Eine ungeeignete Begründung steht nach Auffassung des OLG Nürnberg einer fehlenden Begründung gleich (s. OLG Nürnberg, NJW 2008, 1013). Die Begründung muss nicht durch einen Rechtsanwalt/Verteidiger erfolgen (Meyer-Goßner, § 356a Rn. 7 für die Anhörungsrüge nach § 356a StPO). Bei der Begründung der Anhörungsrüge ist darauf achten, dass **nur Gehörsverletzungen geltend** gemacht werden können. Die Anhörungsrüge dient nicht dazu, die angegriffene Entscheidung in der Sache in vollem Umfang nochmals zu überprüfen (BGH, NStZ-RR 2007, 57 [Ls.]; BGH, 13.01.2009 – 4 StR 196/08, JurionRS 2009, 10290; BGH, 24.06.2009 – 1 StR 556/07, JurionRS 2009, 17878; KG, 08.07.2008 – 3 Ws B 48/08, JurionRS 2008, 22877; OLG Jena, zfs 2008, 233, jeweils zu § 356a StPO).

117 • Der Betroffene muss den Zeitpunkt der Kenntniserlangung **glaubhaft** machen (§ 12a Abs. 2 Satz 1 Halbs. 2). Der Zeitpunkt der Kenntniserlangung muss aber bereits im Antrag und nicht erst im späteren Verfahren angegeben werden (BGH, NStZ 2005, 462; BGH, 03.07.2008 – 4 StR 29/08, JurionRS 2008, 17463; KG, 08.07.2008 – 3 Ws B 48/08, JurionRS 2008, 22877; OLG Hamm, VRS 109, 43, jeweils für § 356a StPO).

III. Verfahren über den Antrag (§ 12a Abs. 3, 4)

118 Bei der Entscheidung über den Antrag ist Folgendes zu beachten:

• **Zuständig** für die Entscheidung über den Antrag ist nach § 12a Abs. 2 Satz 4 das Gericht, dessen Entscheidung angefochten wird.

119 • Nach § 12a Abs. 3 ist den **übrigen Beteiligten rechtliches Gehör** zu gewähren, wenn das erforderlich ist. An der Erforderlichkeit fehlt es z.B., wenn die Rüge unzulässig oder unbegründet ist (Gerold/Schmidt/Müller-Rabe, § 12a Rn. 14 m.w.N.).

120 • Ist die Rüge **nicht statthaft** oder nicht in der gesetzlichen Frist und Form erhoben, wird sie nach § 12a Abs. 4 Satz 2 als unzulässig verworfen. Ist sie unbegründet, wird sie durch Beschluss zurückgewiesen (§ 12a Abs. 4 Satz 3). Der Beschluss soll kurz begründet werden (§ 12a Abs. 4 Satz 5).

> **Hinweis:**
> Der Beschluss ist **unanfechtbar** (§ 12a Abs. 4 Satz 4).

121 • Ist die Rüge **begründet**, so hilft das Gericht ihr ab, indem es das Verfahren fortführt, soweit es aufgrund der Rüge geboten ist. Das Gericht ist in der Fortführung des Verfahrens und hinsichtlich der ergehenden Entscheidung frei (Gerold/Schmidt/Müller-Rabe, § 12a Rn. 21).

IV. Gebühren für Anhörungsrüge in Straf- und Bußgeldsachen

122 Für den Verteidiger oder Verfahrensbevollmächtigten fallen für Tätigkeiten in Zusammenhang mit einer Anhörungsrüge in Straf- und Bußgeldsachen grds. **keine zusätzlichen anwaltlichen Gebühren** an (vgl. Teil A: Rechtszug [§ 19], Rn. 1207 ff.; AnwKomm-RVG/N. Schneider, VV 3300 Rn. 8). Die in dem Zusammenhang erbrachten Tätigkeiten gehören nach § 19 Abs. 1 Nr. 5 zum Rechtszug. Auch findet keine Kostenerstattung nach § 12a Abs. 6 statt. Wird die Anhörungsrüge **zurückgewiesen**, muss allerdings im Beschluss über die **Kosten** entschieden werden (OLG

Anrechnung von Gebühren (§ 15a)

Jena, zfs 2008, 233; OLG Köln, NStZ 2006, 181; OLG Nürnberg, NJW 2007, 1013 [entsprechende Anwendung von § 473 Abs. 7]; wohl auch BGH, wistra 2007, 158). Für die Zurückweisung der Anhörungsrüge entsteht nämlich nach Nr. 3900 KV GKG eine Gebühr von 50,00 €.

Siehe auch im Teil A: →Rechtszug (§ 19), Rn. 1198.

Anrechnung von Gebühren (§ 15a)

§ 15a RVG *Anrechnung einer Gebühr*

(1) Sieht dieses Gesetz die Anrechnung einer Gebühr auf eine andere Gebühr vor, kann der Rechtsanwalt beide Gebühren fordern, jedoch nicht mehr als den um den Anrechnungsbetrag verminderten Gesamtbetrag der beiden Gebühren.

(2) Ein Dritter kann sich auf die Anrechnung nur berufen, soweit er den Anspruch auf eine der beiden Gebühren erfüllt hat, wegen eines dieser Ansprüche gegen ihn ein Vollstreckungstitel besteht oder beide Gebühren in demselben Verfahren gegen ihn geltend gemacht werden.

§ 55 RVG *Festsetzung der aus der Staatskasse zu zahlenden Vergütungen und Vorschüsse*

(1) ¹Die aus der Staatskasse zu gewährende Vergütung und der Vorschuss hierauf werden auf Antrag des Rechtsanwalts von dem Urkundsbeamten der Geschäftsstelle des Gerichts des ersten Rechtszugs festgesetzt. ²Ist das Verfahren nicht gerichtlich anhängig geworden, erfolgt die Festsetzung durch den Urkundsbeamten der Geschäftsstelle des Gerichts, das den Verteidiger bestellt hat.

(2) In Angelegenheiten, in denen sich die Gebühren nach Teil 3 des Vergütungsverzeichnisses bestimmen, erfolgt die Festsetzung durch den Urkundsbeamten des Gerichts des Rechtszugs, solange das Verfahren nicht durch rechtskräftige Entscheidung oder in sonstiger Weise beendet ist.

(3) Im Fall der Beiordnung einer Kontaktperson (§ 34a des Einführungsgesetzes zum Gerichtsverfassungsgesetz) erfolgt die Festsetzung durch den Urkundsbeamten der Geschäftsstelle des Landgerichts, in dessen Bezirk die Justizvollzugsanstalt liegt.

(4) Im Fall der Beratungshilfe wird die Vergütung von dem Urkundsbeamten der Geschäftsstelle des in § 4 Abs. 1 des Beratungshilfegesetzes bestimmten Gerichts festgesetzt.

(5) ¹§ 104 Abs. 2 der Zivilprozessordnung gilt entsprechend. ²Der Antrag hat die Erklärung zu enthalten, ob und welche Zahlungen der Rechtsanwalt bis zum Tag der Antragstellung erhalten hat. ³Bei Zahlungen auf eine anzurechnende Gebühr sind diese Zahlungen, der Satz oder der Betrag der Gebühr und bei Wertgebühren auch der zugrunde gelegte Wert anzugeben. ⁴Zahlungen, die der Rechtsanwalt nach der Antragstellung erhalten hat, hat er unverzüglich anzuzeigen.

Anrechnung von Gebühren (§ 15a)

(6) ¹Der Urkundsbeamte kann vor einer Festsetzung der weiteren Vergütung (§ 50) den Rechtsanwalt auffordern, innerhalb einer Frist von einem Monat bei der Geschäftsstelle des Gerichts, dem der Urkundsbeamte angehört, Anträge auf Festsetzung der Vergütungen, für die ihm noch Ansprüche gegen die Staatskasse zustehen, einzureichen oder sich zu den empfangenen Zahlungen (Absatz 5 Satz 2) zu erklären. ²Kommt der Rechtsanwalt der Aufforderung nicht nach, erlöschen seine Ansprüche gegen die Staatskasse.

(7) ¹Die Absätze 1 und 5 gelten im Bußgeldverfahren vor der Verwaltungsbehörde entsprechend. ²An die Stelle des Urkundsbeamten der Geschäftsstelle tritt die Verwaltungsbehörde.

Übersicht

		Rn.
A.	Überblick	123
	I. Entstehung	123
	II. Ausgangslage	124
B.	Anmerkungen	125
	I. Anwendungsbereich	125
	1. Sachlich	125
	a) Alle Gebührenanrechnungen des RVG	125
	b) Gebührenanrechnungen in den Teilen 4 bis 6 VV	126
	c) Gebührenanrechnungen in den Teilen 2 und 3 VV	127
	2. Persönlicher Anwendungsbereich von § 15a Abs. 2	128
	II. Gebührenrechtliche Voraussetzungen der Anrechnung	130
	III. Innen- und Außenverhältnis	132
	1. Innenverhältnis (Abs. 1)	133
	2. Außenverhältnis (Abs. 2)	134
	a) Personenkreis	134
	b) Berufung auf die Anrechnung	135
	IV. Gerichtlich bestellter oder beigeordneter Rechtsanwalt/Beratungshilfeanwalt	136
	1. Tatsächlich erhaltene Zahlung	136
	2. Beratungshilfe	139

Literatur:

Enders, Die neuen §§ 15 a und 55 Abs. 5 RVG (Teile I – III), JurBüro 2009, 393, 449 und 505; *ders.*, Gelten die neuen Vorschriften der §§ 15a und 55 Abs. 5 RVG auch in „Altfällen"?, JurBüro 2009, 561; **Fölsch**, Die aktuelle Rechtslage zur Anrechnung der anwaltlichen Geschäftsgebühr, MDR 2009, 1137; **Hansens**, Neuregelung der Gebührenanrechnung in §§ 15a, 55 Abs. 5 RVG, ZAP Fach 24, S. 1175; *ders.*, Die Gebührenanrechnung nach §§ 15a, 55 Abs. 5 Satz 2 und 3 RVG – Teil 1, RVGreport 2009, 201; *ders.*, Die Gebührenanrechnung nach §§ 15a, 55 Abs. 5 Satz 2 und 3 RVG – Teil 2, RVGreport 2009, 241; *ders.*, Drei berichtigende Absätze des Gesetzgebers zur Gebührenanrechnung, AnwBl. 2009, 535; **Kallenbach**, Bundestag entschärft mit neuem § 15a RVG Anrechnungsproblem, AnwBl. 2009, 442; **Möller**, Standpunkt: § 15a RVG – Nein, Danke?, NJW 2009, Nr. 26, XIV; **Müller-Rabe**, § 15aRVG!, NJW 2009, 2913; **N. Schneider**, Anrechnung nach dem neuen § 15a RVG, AGS 2009, 361; *ders.*, Gebührenanrechnung: Anwendung des neuen § 15a RVG in Altfällen!, NJW-Spezial 2010, 667; **Volpert**, Gesetzliche Neuregelung der Anrechnung der Geschäftsgebühr durch § 15a RVG, VRR 2009, 254; *ders.*, Die Auswirkungen der Regelungen in §§ 15a, 55 Abs. 5 Satz 2 RVG in Übergangsfällen im Verhältnis zum Mandanten und im Kostenfestsetzungsverfahren – Teil 1, VRR 2009, 334; *ders.*, Die Auswirkungen der Regelungen in §§ 15a, 55 Abs. 5 Satz 2 RVG auf die Kostenerstattung – Teil 2, VRR 2009, 372.

Anrechnung von Gebühren (§ 15a)

A. Überblick

I. Entstehung

Mit Wirkung v. 05.08.2009 (BGBl. I, S. 2449, 2470) ist § 15a (Anrechnung einer Gebühr) eingefügt und § 55 Abs. 5 Satz 2 (Anzeige von Zahlungen) durch Einfügung der Sätze 3 und 4 ergänzt worden. Der Gesetzgeber wollte mit der Neuregelung des § 15a die Probleme beseitigen, die insbesondere in der zivilrechtlichen Praxis aufgrund von Entscheidungen des BGH zur Anrechnung der Geschäftsgebühr nach Vorbem. 3 Abs. 4 VV auf die Verfahrensgebühr des gerichtlichen Verfahrens aufgetreten waren (vgl. dazu BGH, NJW 2007, 2049 = AGS 2007, 283 = RVGreport 2007, 226; NJW 2008, 1323 = AGS 2008, 158 = RVGreport 2008, 148; NJW-RR 2008, 1095 = RVGreport 2008, 271 = AGS 2008, 364; BGH, AGS 2008, 377 = RVGreport 2008, 354). Die Rechtsprechung des BGH hatte zur Folge, dass der unterlegene Prozessgegner die Verfahrensgebühr nur in entsprechend gekürzter Höhe zu erstatten hatte. Dieses zu unbefriedigenden Ergebnissen führende Verständnis der Anrechnung wollte der Gesetzgeber durch § 15a korrigieren (BT-Drucks. 16/12717, S. 68).

123

II. Ausgangslage

Im RVG ist an vielen verschiedenen Stellen die Anrechnung von Gebühren auf andere Gebühren geregelt. Aus § 15a ergibt sich, welche **Konsequenzen** eine Gebührenanrechnung im Innenverhältnis (Abs. 1) und welche sie im Außenverhältnis (Abs. 2) hat.

124

§ 55 Abs. 5 Satz 3 bestimmt, welche Angaben der gerichtlich beigeordnete oder bestellte Rechtsanwalt bei Zahlungen auf eine anzurechnende Gebühr bei der Beantragung seiner Vergütung abzugeben hat (s. dazu auch Teil A: Festsetzung gegen die Staatskasse [§ 55], Rn. 579 ff.).

B. Anmerkungen

I. Anwendungsbereich

1. Sachlich

a) Alle Gebührenanrechnungen des RVG

§ 15a gilt nicht nur für die in Vorbem. 3 Abs. 4 VV geregelte Anrechnung der Geschäftsgebühr Nr. 2300 VV auf die nach Teil 3 VV berechnete Verfahrensgebühr des gerichtlichen Verfahrens. Die Bestimmung gilt nach dem Wortlaut und der systematischen Stellung im Abschnitt 2 (Gebührenvorschriften) vielmehr für **alle Regelungen**, in denen das RVG die vollständige oder teilweise Anrechnung einer Gebühr auf eine andere anordnet (Hansens, RVGreport 2009, 161; Enders, JurBüro 2009, 393).

125

b) Gebührenanrechnungen in den Teilen 4 bis 6 VV

§ 15a gilt daher für folgende in den **Teilen 4 bis 6 VV** geregelten Gebührenanrechnungen:

126

Anrechnung von Gebühren (§ 15a)

- Anm. 2 zu **Nr. 4100 VV**: Anrechnung der wegen derselben Tat oder Handlung bereits entstandenen Grundgebühr Nr. 5100 VV auf die Grundgebühr Nr. 4100 VV (s. dazu Nr. 4100 VV Rn. 40 f.).
- Anm. 2 zu **Nr. 4143 VV** (auch Nr. 4144 VV): Anrechnung der zusätzlichen Verfahrensgebühr Nr. 4143 VV für das erstinstanzliche Verfahren über vermögensrechtliche Ansprüche des Verletzten oder des Erben auf die Verfahrensgebühr eines nachfolgenden bürgerlichen Rechtsstreits wegen desselben Anspruchs (s. dazu Nr. 4143 VV Rn. 33 ff.).
- **Vorbem. 4.3 Abs. 4 VV**: Anrechnung der für eine Einzeltätigkeit angefallenen Verfahrensgebühr auf die für eine nachfolgende Verteidigung oder Vertretung entstehenden Gebühren (s. dazu Vorbem. 4.3 VV Rn. 39 ff.).
- Anm. 3 zu **Nr. 5200 VV**: Anrechnung der für eine Einzeltätigkeit angefallenen Verfahrensgebühr auf die für eine nachfolgende Verteidigung entstehenden Gebühren (s. dazu Nr. 5200 VV Rn. 16).
- Anm. 4 zu **Nr. 6500 VV**: Anrechnung der für eine Einzeltätigkeit angefallenen Verfahrensgebühr auf die für eine nachfolgende Verteidigung oder Vertretung entstehenden Gebühren (s. dazu Nr. 6500 VV Rn. 19).

> **Hinweis:**
>
> Eine besondere Anrechnungsregelung für Verfahren vor dem **EuGH** enthält § 38 Abs. 3 (vgl. dazu § 38 Rn. 14).

c) **Gebührenanrechnungen in den Teilen 2 und 3 VV**

127 Ferner gilt § 15a auch für folgende Gebührenanrechnungen, die in Straf- und Bußgeldsachen vorkommen und die in den **Teilen 2 und 3 VV** geregelt sind:

- Anm. zu **Nr. 2102 VV**: Anrechnung der Gebühr Nr. 2102 VV für die Prüfung der Erfolgsaussicht eines Rechtsmittels auf die Gebühr für ein Rechtsmittelverfahren.
- **Nr. 2103 VV**, Anm. zu Nr. 2102 VV: Anrechnung der Gebühr Nr. 2103 VV für die mit der Ausarbeitung eines Gutachtens verbundene Prüfung der Erfolgsaussicht eines Rechtsmittels auf die Gebühr für ein Rechtsmittelverfahren (s. dazu Teil A: Beratung über die Erfolgsaussicht eines Rechtsmittels [Nrn. 2102 f. VV], Rn. 261 ff.).
- Anm. 2 zu **Nr. 2501 VV**: Anrechnung der bei Beratungshilfe anfallenden Beratungsgebühr Nr. 2501 VV auf eine Gebühr für eine sonstige mit der Beratung zusammenhängende Tätigkeit (s. dazu Teil A: Beratungshilfe, Rn. 348 ff.).
- Anm. 2 Satz 1 zu **Nr. 2503 VV**: Anrechnung der bei Beratungshilfe ggf. anfallenden Geschäftsgebühr Nr. 2503 VV auf die Gebühren für ein anschließendes gerichtliches oder behördliches Verfahren (s. dazu Teil A: Beratungshilfe, Rn. 348 ff.).
- **Vorbem. 3 Abs. 4 VV**: Anrechnung der für eine außergerichtliche Tätigkeit in einer Strafvollzugsangelegenheit angefallenen Geschäftsgebühr Nr. 2300 VV auf die im gerichtlichen Verfahren nach dem StVollzG anfallende. Verfahrensgebühr nach Teil 3 VV, soweit derselbe Gegenstand betroffen ist (s. dazu auch Teil A: Verfahren nach dem Strafvollzugsgesetz und ähnliche Verfahren, Rn. 1451).

Anrechnung von Gebühren (§ 15a)

- **Vorbem. 3 Abs. 4 VV**: Anrechnung der im Betragsverfahren nach dem StrEG vor der Landesjustizverwaltung angefallenen Geschäftsgebühr auf die spätere Verfahrensgebühr des gerichtlichen Verfahrens (vgl. Nr. 4302 VV Rn. 32 ff.).

2. Persönlicher Anwendungsbereich von § 15a Abs. 2

Teilweise wird davon ausgegangen, dass § 15a Abs. 2 auch für die Berufung der Staatskasse gegenüber dem beigeordneten oder bestellten Rechtsanwalt auf eine Gebührenanrechnung gilt (so OLG Zweibrücken, AGS 2010, 329 = RVGreport 2010, 297 = RVGprofessionell 2011, 10; N. Schneider, AGS 2009, 361; Kindermann, FPR 2010, 351). Gegen die Anwendbarkeit spricht aber, dass § 15a Abs. 2 das **Außenverhältnis** des Auftraggebers zu einem am Mandatsverhältnis nicht beteiligten Dritten betrifft, der dem Auftraggeber erstattungspflichtig ist (dazu Rn. 134). Die Staatskasse ist aber bei der gem. §§ 45, 55 aus der Staatskasse zu gewährenden Vergütung nicht dem Auftraggeber, sondern dem Rechtsanwalt selbst erstattungspflichtig (s. dazu Teil A: Vergütungsanspruch gegen die Staatskasse [§§ 44, 45, 50], Rn. 1469 ff.). § 15a Abs. 2 ist deshalb nur dann anwendbar, wenn die Staatskasse dem Auftraggeber des Rechtsanwalts nach Prozess- oder sonstigem Verfahrensrecht oder materiellem Recht erstattungspflichtig ist. Das ist im Strafverfahren z.B. bei der Kostenerstattung nach Freispruch des Mandanten (§ 467 StPO) der Fall (vgl. hierzu OVG Niedersachsen, Nds.Rpfl. 2011, 24; FG Sachsen-Anhalt, EFG 2010, 1820 = StE 2010, 617; Hansens, RVGreport 2009, 161, 201 und 241; Gerold/Schmidt/Müller-Rabe, § 15a Rn. 15 und § 58 Rn. 40).

128

Letztlich kann die Frage jedoch dahinstehen, ob § 15a Abs. 2 auch im Vergütungsfestsetzungsverfahren gegen die Staatskasse (§ 55) gilt. Denn durch die im Verhältnis zur Staatskasse speziellere Regelung des § 55 Abs. 5 Satz 3 ist klargestellt, dass nur an den gerichtlich beigeordneten oder bestellten Rechtsanwalt **tatsächlich gezahlte Gebühren** für eine Anrechnung auf die aus der Staatskasse zu erstattenden Gebühren von Bedeutung sind (OLG Zweibrücken, AGS 2010, 329 = RVGreport 2010, 297 = RVGprofessionell 2011, 10; Gerold/Schmidt/Müller-Rabe, § 58 Rn. 36 ff.; Hansens, RVGreport 2009, 241; AnwKomm-RVG/N. Schneider, § 15a Rn. 25; Enders, JurBüro 2009, 393; vgl. auch BT-Drucks. 16/12717, S. 67 ff.).

129

II. Gebührenrechtliche Voraussetzungen der Anrechnung

Bei der Anrechnung von Gebühren sind vor Anwendung von § 15a stets zunächst die gebührenrechtlichen Voraussetzungen einer Anrechnung zu **prüfen**. Hierzu gehört zunächst, dass eine Anrechnung gesetzlich vorgeschrieben ist.

130

Beispiel:

Rechtsanwalt R macht erfolglos auftragsgemäß außergerichtlich einen Schmerzensgeldanspruch über 5.000,00 € gegen den Schädiger geltend. Es kommt zur Hauptverhandlung, in der der Angeklagte auch zur Zahlung des im Adhäsionsverfahren geltend gemachten Schmerzensgeldes verurteilt wird.

Außergerichtliche Vertretung

1,3 Geschäftsgebühr, Nr. 2300 VV, Wert 5.000,00 €   391,30 €

zuzüglich Postentgelte und USt

Anrechnung von Gebühren (§ 15a)

Strafverfahren

1. *Grundgebühr, Nr. 4100 VV*   *165,00 €*
2. *Verfahrensgebühr, Nr. 4106 VV*   *140,00 €*
3. *Terminsgebühr, Nr. 4108 VV*   *230,00 €*
4. *2,0-Verfahrensgebühr, Nr. 4143 VV (Wert: 5.000,00 €)*   *602,00 €*

zuzüglich Postentgelte und USt

Es erfolgt keine Anrechnung der Geschäftsgebühr Nr. 2300 VV auf die Verfahrensgebühren des Strafverfahrens nach Vorbem. 3 Abs. 4 VV, weil dort nur die Anrechnung der Geschäftsgebühr auf eine der in Teil 3 VV geregelten Verfahrensgebühren vorgeschrieben ist (vgl. Nr. 4143 VV Rn. 37; a.A., analoge Anwendung AnwKomm-RVG/N. Schneider, VV 4143 – 4144 Rn. 53 ff.).

131   Eine Gebührenanrechnung setzt ferner voraus:

- **Personeller Zusammenhang**: Die anzurechnenden Gebühren müssen für **denselben Rechtsanwalt** angefallen sein (BGH, RVGreport 2010, 109 = AGS 2010, 52 = VRR 2010, 118; OLG München, NJW 2009, 1220 = RVGreport 2009, 112 = AGS 2009, 164; OLG Koblenz, RVGreport 2009, 151 = AGS 2009, 105).

- **Sachlicher Zusammenhang:**
  - Bei **Vorbem. 3 Abs. 4 VV**: Gegenstandsidentität zwischen außergerichtlicher und gerichtlicher Tätigkeit;
  - Bei der Anm. 2 zu Nr. 4100 VV: Grundgebühr wegen derselben Tat oder derselben Handlung;
  - Bei der Anm. 2 zu Nr. 4143 VV: Derselbe Anspruch im Adhäsionsverfahren und im Zivilrechtsstreit.

- **Zeitlicher Zusammenhang** zwischen außergerichtlicher und gerichtlicher Vertretung: vgl. § 15 Abs. 5 Satz 2 (2 Jahre).

Hinweis:

Eine gesetzlich an sich vorgeschriebene Anrechnung kann auch **ausgeschlossen** sein, wenn der Rechtsanwalt in einer **Vergütungsvereinbarung** mit dem Mandanten den Ausschluss der Anrechnung vereinbart (KG, RVGreport 2010, 343; a.A. KG, RVGreport 2010, 344; s. auch Teil A: Vergütungsvereinbarung [§ 3a], Rn. 1552).

Die Anrechnung kann auch **ausgeschlossen** sein, wenn der Rechtsanwalt mit seinem Mandanten die Zahlung einer Gebühr i.H.d. anzurechnenden Gebühr vereinbart. Denn die Anrechnung gilt nur für gesetzliche, nicht aber für vereinbarte Gebühren (vgl. hierzu BGH, NJW 2009, 3364 = RVGreport 2009, 433 = VRR 2010, 77; NJW-RR 2010, 359 = RVGreport 2010, 32; OLG Frankfurt am Main, AGS 2009, 157; KG RVGreport 2009, 101; OLG Stuttgart, VRR 2009, 280 = RVGreport 2009, 267; OLG Bremen, AGS 2009, 215; OLG Frankfurt am Main, NJW-RR 2009, 1439 = AnwBl. 2009, 310).

Anrechnung von Gebühren (§ 15a)

III. Innen- und Außenverhältnis

Bei der in § 15a geregelten Anrechnung einer Gebühr ist zwischen dem Innen- und dem Außenverhältnis zu unterscheiden. 132

1. Innenverhältnis (Abs. 1)

§ 15a Abs. 1 regelt die Gebührenanrechnung im **Innenverhältnis** zwischen dem Rechtsanwalt und dem Auftraggeber/Mandanten. Erfasst ist auch die hinter dem Auftraggeber stehende **Rechtsschutz** - oder **Haftpflichtversicherung** (Gerold/Schmidt/Müller-Rabe, § 15a Rn. 7; Hansens, RVGreport 2009, 201). Der Rechtsanwalt kann nach Abs. 1 beide Gebühren vom Auftraggeber fordern, insgesamt jedoch nicht mehr als den um die Anrechnung verminderten Gesamtbetrag der beiden Gebühren. Der Rechtsanwalt kann wählen, welche Gebühr er fordert (**Wahlrecht**). Das bedeutet für die Geschäftsgebühr Nr. 2300 VV sowie die Verfahrensgebühr Nr. 3100 VV, dass 133

- jede dieser beiden Gebühren zunächst in voller Höhe entsteht,
- der Rechtsanwalt auch jede der beiden Gebühren fordern kann,
- jedoch insgesamt nicht mehr als den um den nach Vorbem. 3 Abs. 4 VV ermittelten Anrechnungsbetrag verminderten Gesamtbetrag.

Beispiel:

Rechtsanwalt R wird in einer Strafvollzugssache außergerichtlich für den Mandanten M tätig. Später wird ein Antrag auf gerichtliche Entscheidung nach dem StVollzG gestellt (Wert je 5.000,00 €). Die 1,3 Geschäftsgebühr Nr. 2300 VV und die 1,3 Verfahrensgebühr Nr. 3100 VV betragen jeweils 391,30 €.

R darf von M wegen Vorbem. 3 Abs. 4 VV insgesamt 586,95 € fordern (391,30 € + 391,30 - 1/2 von 391,30 €). Er kann von M z.B. die Geschäftsgebühr i.H.v. 195,65 € und die Verfahrensgebühr i.H.v. 391,30 €, die Geschäftsgebühr i.H.v. 391,30 € und die Verfahrensgebühr i.H.v. 195,65 € oder die Geschäfts- und Verfahrensgebühr jeweils i.H.v. 293,48 € verlangen.

2. Außenverhältnis (Abs. 2)

a) Personenkreis

§ 15a Abs. 2 bestimmt die Wirkung der Gebührenanrechnung im **Außenverhältnis** zu **Dritten**. Dritte i.S.v. § 15a Abs. 2 sind nicht am Mandatsverhältnis beteiligte Personen (vgl. BT-Drucks. 16/12717, S. 68), die dem Mandanten für die entstandenen Gebühren nach materiell-rechtlichen Vorschriften Ersatz zu leisten oder sie aufgrund eines prozessualen Erstattungsanspruchs zu erstatten haben (vgl. Hansens, RVGreport 2009, 161, 201 und 241; Gerold/Schmidt/Müller-Rabe, § 15a Rn. 15 und § 58 Rn. 40; vgl. auch Rn. 128). Die hinter dem Auftraggeber stehende **Rechtsschutz- oder Haftpflichtversicherung** ist daher nicht Dritte i.S.v. § 15a Abs. 2 (Hansens, a.a.O.). 134

b) Berufung auf die Anrechnung

Nach § 15a Abs. 2 ist eine **Berufung des Dritten** auf die Anrechnung erforderlich. Das ist möglich 135

Anrechnung von Gebühren (§ 15a)

- soweit er den Anspruch auf eine der beiden Gebühren erfüllt hat,
- wegen eines dieser Ansprüche gegen ihn ein Vollstreckungstitel besteht, oder
- beide Gebühren in demselben Verfahren gegen ihn geltend gemacht werden.

Beispiel:

Gegen den Beschuldigten wird ein Bußgeldverfahren wegen falschen Überholens geführt. Weil später bekannt wird, dass es durch das falsche Überholen zu einem Verkehrsunfall gekommen ist, kommt es anschließend auch noch zu einem Strafverfahren wegen eines Verstoßes gegen § 142 StGB. Der Beschuldigte wird im Strafverfahren freigesprochen. Seine notwendigen Auslagen trägt die Staatskasse (§ 467 StPO).

Vergütung im Bußgeldverfahren u.a.

Grundgebühr, Nr. 5100 VV	85,00 €
zuzüglich Postentgelte und USt	

Strafverfahren

1. *Grundgebühr, Nr. 4100 VV*	165,00 €
2. *Verfahrensgebühr, Nr. 4106 VV*	140,00 €
3. *Terminsgebühr, Nr. 4108 VV*	230,00 €
zuzüglich Postentgelte und USt	

Die Staatskasse ist hier Dritte i.S.v. § 15a Abs. 2, weil sie dem Auftraggeber des Rechtsanwalts (Freigesprochener) aufgrund der nach Freispruch getroffenen Auslagenentscheidung gem. § 467 StPO erstattungspflichtig ist (vgl. Hansens, RVGreport 2009, 161, 201 und 241; Gerold/Schmidt/Müller-Rabe, § 15a Rn. 15 und § 58 Rn. 40). Auf die nach Abs. 2 der Anm. zu Nr. 4100 hier vorzunehmende Anrechnung der Grundgebühr Nr. 5100 VV (vgl. dazu Nr. 4100 VV Rn. 40 f.) auf die Grundgebühr des Strafverfahrens kann sie sich gem. § 15a Abs. 2 aber nicht berufen, weil sie die Grundgebühr Nr. 5100 VV nicht gezahlt hat, wegen beider Gebühren noch kein Vollstreckungstitel besteht und beide Grundgebühren auch nicht in demselben Verfahren gegen sie geltend gemacht werden. Die Grundgebühr Nr. 4100 VV ist daher in voller Höhe gem. §§ 464a Abs. 2 Nr. 2, 464b StPO gegen die Staatskasse festzusetzen.

IV. Gerichtlich bestellter oder beigeordneter Rechtsanwalt/Beratungshilfeanwalt

1. Tatsächlich erhaltene Zahlung

136 Im Verfahren auf Festsetzung seiner Vergütung gegen die Staatskasse gem. § 55 muss der gerichtlich beigeordnete oder bestellte Rechtsanwalt bei Zahlungen auf eine anzurechnende Gebühr gem. § 55 Abs. 5 Satz 3 diese Zahlungen, den Satz oder den Betrag der Gebühr und bei Wertgebühren auch den zugrunde gelegten Wert angeben. Hieraus ergibt sich zunächst, dass sich der Vergütungsanspruch des gerichtlich beigeordneten oder bestellten Rechtsanwalts gegen die Staatskasse wegen einer Gebührenanrechnung nur verringern kann, wenn er die Gebühr auch tatsächlich erhalten hat (OLG Zweibrücken, AGS 2010, 329 = RVGreport 2010, 297 = RVG-professionell 2011, 10; Gerold/Schmidt/Müller-Rabe, § 58 Rn. 36 ff.; Hansens, RVGreport 2009, 241; AnwKomm-RVG/N. Schneider, § 15a Rn. 25; Enders, JurBüro 2009, 393).

Anrechnung von Gebühren (§ 15a)

Beispiel 1 (Keine Zahlung der anzurechnenden Gebühr aus der Staatskasse): 137

Rechtsanwalt R ist in der Strafvollzugssache außergerichtlich für den Mandanten M tätig geworden. Im anschließenden gerichtlichen Verfahren auf gerichtliche Entscheidung nach dem StVollzG wird er im Wege der PKH beigeordnet (s. dazu Teil A: Verfahren nach dem Strafvollzugsgesetz und ähnliche Verfahren, Rn. 1462).

Die entstandene Geschäftsgebühr Nr. 2300 VV ist nur dann gem. § 55 Abs. 5 Satz 2, 3 VV anzuzeigen und für eine Anrechnung von Bedeutung, wenn R sie tatsächlich erhalten hat.

Beispiel 2 (Zahlung der anzurechnenden Gebühr aus der Staatskasse): 138

R macht für den Nebenkläger auftragsgemäß im Strafverfahren gegen den Schädiger einen Schmerzensgeldanspruch i.H.v. 3.000,00 € geltend. Es kommt zur Hauptverhandlung, in der der Adhäsionsantrag zurückgewiesen wird. R ist dem Nebenkläger für das Adhäsionsverfahren im Wege der PKH beigeordnet worden (s. dazu Teil A: Umfang des Vergütungsanspruchs [§ 48 Abs. 1], Rn. 1405 ff.).

Nachdem das Gericht über den Schmerzensgeldanspruch i.H.v. 3.000,00 € nicht entschieden hat, klagt der Nebenkläger, vertreten durch Rechtsanwalt R, seinen Anspruch anschließend vor dem Zivilgericht ein. Auch wird R im Wege der PKH beigeordnet.

Die Staatskasse erstattet gem. § 55 im Strafverfahren u.a.

2,0-Verfahrensgebühr, Nr. 4143 VV (Wert: 3.000,00 €) 378,00 €

Zivilrechtsstreit

Im Zivilverfahren muss R bei Geltendmachung der PKH-Vergütung gegen die Staatskasse gem. § 55 Abs. 5 Satz 3 anzeigen, dass er im Strafverfahren eine nach einem Wert i.H.v. 3.000,00 € berechnete 2,0 Verfahrensgebühr Nr. 4143 VV i.H.v. 378,00 € aus der Staatskasse erhalten hat. Die Staatskasse zahlt daher im Zivilverfahren noch:

1. Verfahrensgebühr, Nr. 3100 VV (Wert: 3.000,00 €)   245,70 €
2. Terminsgebühr, Nr. 3104 VV (Wert: 3.000,00 €)   226,80 €
3. anzurechnen gem. Anm. Abs. 3 zu Nr. 4143 VV (1/3 x 378,00 €)   – 126,00 €

2. Beratungshilfe

Beispiel 3: 139

Wie Beispiel 1; für die außergerichtliche Tätigkeit in der Strafvollzugssache ist Beratungshilfe bewilligt worden. Rechtsanwalt R hat aus der Staatskasse eine Geschäftsgebühr Nr. 2503 VV über 70,00 € erhalten (s. dazu Teil A: Verfahren nach dem Strafvollzugsgesetz und ähnliche Verfahren, Rn. 1463 ff.).

Die Geschäftsgebühr Nr. 2503 VV ist nach Abs. 2 Satz 2 der Anm. zu Nr. 2503 VV zur Hälfte auf die aus der Staatskasse zu erstattende 1,3 Verfahrensgebühr Nr. 3100 VV anzurechnen.

Nach herrschender Meinung richtet die Anrechnung der in der Beratungshilfe verdienten Gebühren unmittelbar nach der Anm. zu Nr. 2501 VV bzw. nach Abs. 2 Satz 2 der Anm. zu Nr. 2503 VV (KG, RVGreport 2009, 107 = JurBüro 2009, 187 = RVGprofessionell 2009, 148; LG Berlin, JurBüro 83, 1060; Gerold/Schmidt/Müller-Rabe, § 58 Rn. 30) und nicht nach § 58 Abs. 2 – Anrechnung auf die Differenz zwischen den PKH- und den Wahlanwaltsgebühren (so aber AnwKomm-RVG/N. Schneider, VV 2501 Rn. 16 ff. und 2503 Rn. 10).

Auslagen aus der Staatskasse (§ 46 Abs. 1 und 2)

Für die unmittelbare Anrechnung spricht, dass sowohl die Beratungshilfe-Gebühren als auch die PKH-Verfahrensgebühr gegen denselben Kostenträger, nämlich die Staatskasse geltend gemacht werden (KG, a.a.O.).

Siehe auch im Teil A: →Beratungshilfe, Rn. 285 ff.; →Beratung über die Erfolgsaussicht eines Rechtsmittels [Nrn. 2102 f. VV], Rn. 261 ff.; →Festsetzung gegen die Staatskasse [§ 55], Rn. 579 ff.; →Umfang des Vergütungsanspruchs [§ 48 Abs. 1], Rn. 1382 ff.; →Verfahren nach dem Strafvollzugsgesetz und ähnliche Verfahren, Rn. 1441; →Vergütungsanspruch gegen die Staatskasse [§§ 44, 45, 50], Rn. 1469 ff.

Auslagen aus der Staatskasse (§ 46 Abs. 1 und 2)

§ 46 RVG   Auslagen und Aufwendungen

(1) Auslagen, insbesondere Reisekosten, werden nicht vergütet, wenn sie zur sachgemäßen Durchführung der Angelegenheit nicht erforderlich waren.

(2) ¹Wenn das Gericht des Rechtszugs auf Antrag des Rechtsanwalts vor Antritt der Reise feststellt, dass eine Reise erforderlich ist, ist diese Feststellung für das Festsetzungsverfahren (§ 55) bindend. ²Im Bußgeldverfahren vor der Verwaltungsbehörde tritt an die Stelle des Gerichts die Verwaltungsbehörde. ³Für Aufwendungen (§ 670 des Bürgerlichen Gesetzbuchs) gelten Absatz 1 und die Sätze 1 und 2 entsprechend; die Höhe zu ersetzender Kosten für die Zuziehung eines Dolmetschers oder Übersetzers ist auf die nach dem Justizvergütungs- und -entschädigungsgesetz zu zahlenden Beträge beschränkt.

(3) ¹Auslagen, die durch Nachforschungen zur Vorbereitung eines Wiederaufnahmeverfahrens entstehen, für das die Vorschriften der Strafprozessordnung gelten, werden nur vergütet, wenn der Rechtsanwalt nach § 364b Abs. 1 Satz 1 der Strafprozessordnung bestellt worden ist oder wenn das Gericht die Feststellung nach § 364b Abs. 1 Satz 2 der Strafprozessordnung getroffen hat. ²Dies gilt auch im gerichtlichen Bußgeldverfahren (§ 85 Abs. 1 des Gesetzes über Ordnungswidrigkeiten).

Übersicht

			Rn.
A.	Überblick		140
B.	Anmerkungen		141
	I. Erstattungsfähigkeit von Auslagen und Aufwendungen		141
		1. Notwendigkeit	141
		2. Darlegung	143
	II. Dokumentenpauschale für Ablichtungen aus Behörden- oder Gerichtsakten (Nr. 7000 Ziff. 1a) VV)		145
		1. Ermessensspielraum des Rechtsanwalts	146
		a) Ausübung des Ermessens	146
		b) Sicht des Rechtsanwalts	147
		c) Doppelte Ablichtungen	148
		2. Prüfung durch das Gericht	150
		a) Maßstab	150
		b) Zeitpunkt der Beurteilung	151
		c) Glaubhaftmachung	152
		3. Umfang der Erstattung	153
		a) Vollständiger Aktenauszug	153
		b) Elektronische Zweitakte	154

| A. Vergütungs-ABC | B. Kommentar |

Auslagen aus der Staatskasse (§ 46 Abs. 1 und 2)

	4.	Aktendoppel für den Mandanten	155
		a) Grundsätze	155
		b) Aktendoppel auf elektronischem Datenträger (Nr. 7000 Ziff. 2 VV)	157
	5.	Aktendoppel für den zur Verfahrenssicherung bestellten weiteren Pflichtverteidiger	159
	6.	Vervielfältigung durch Einscannen	160
		a) Herstellung einer Ablichtung	160
		b) Mehrere Verteidiger	161
	7.	Telefaxkopien	162
		a) Sendender Rechtsanwalt	162
		b) Empfangender Rechtsanwalt	163
	8.	Auslieferungsverfahren nach dem IRG	164
III.	Entgelte für Post- und Telekommunikationsdienstleistungen (Nrn. 7001, 7002 VV)		165
	1.	Entstehung der Pauschale	165
	2.	Höhe der Pauschale/Wahlrecht	166
	3.	Berechnungsgrundlage für die Pauschale	167
	4.	Persönlicher Geltungsbereich	168
	5.	Postentgeltpauschale und Aktenversendungspauschale	169
	6.	Mehrfacher Anfall/Angelegenheit	170
IV.	Reisekosten (Nrn. 7003 – 7006 VV)		171
	1.	Erforderlichkeit	171
	2.	Geschäftsreise	172
	3.	Auswärtiger Pflichtverteidiger	173
		a) Bindende Bestellung	173
		b) Verweisung/Abgabe	174
	4.	Beiordnung/Bestellung zu den Bedingungen eines ortsansässigen Rechtsanwalts	175
		a) Privatklage und PKH	175
		aa) Gebührenrechtliche Beschränkung	175
		bb) Keine Einschränkung	176
		cc) Kein konkludenter Verzicht	178
		b) Pflichtverteidiger	179
		aa) Unzulässige Beschränkung	179
		bb) Zulässige Beschränkung bei Einverständnis	181
		cc) Verzicht auf Reisekosten	182
		c) Beistand des Nebenklägers/PKH-Anwalt des Nebenklägers	184
	5.	Hauptverhandlungstermine/sonstige gerichtliche Termine	185
	6.	Besuche in der JVA	186
	7.	Reisekosten für mehrere Geschäfte	187
	8.	Mehrere Verteidiger derselben Sozietät in demselben Strafverfahren	188
	9.	Kosten einer Bahncard/einer Netzfahrkarte	189
	10.	Informationsreisen	190
	11.	Taxikosten	191
V.	Umsatzsteuer (Nr. 7008 VV)		192
	1.	Erstattungsanspruch	192
	2.	Vorsteuerabzugsberechtigung	193
	3.	Nebenklage und Vorsteuerabzugsberechtigung	194
	4.	Änderung des Umsatzsteuersatzes	195
VI.	Aktenversendungspauschale (Vorbem. 7 Abs. 1 Satz 2 VV, § 670 BGB)		197
	1.	Keine Abgeltung durch Postentgeltpauschale	197
	2.	Anforderung durch die Staatskasse	198
	3.	Anwalt als Schuldner der Pauschale/Umsatzsteuer	199
	4.	Keine Erstattung von Rücksendekosten durch die Staatskasse	202
VII.	Dolmetscherkosten		203
	1.	Erstattungsanspruch	203
	2.	Höhe	203a
	3.	Erforderlichkeit	204
	4.	Kein eigener Anspruch des Dolmetschers	205
	5.	Beratungshilfe	206
VIII.	Übersetzungskosten		207
IX.	Feststellungsverfahren gem. § 46 Abs. 2		208
	1.	Antrag	208
	2.	Anwendungsbereich	209
	3.	Entscheidung und Anfechtung	210
	4.	Bindungswirkung	211
C.	**Arbeitshilfen**		214

Volpert

Auslagen aus der Staatskasse (§ 46 Abs. 1 und 2)

Literatur:

Al-Jumaili, Festsetzung der Pflichtverteidigervergütung, § 98 BRAGO, JurBüro 2000, 516; *dies.*, Vergütungsansprüche des gerichtlich bestellten Rechtsanwalts, JurBüro 2000, 172; *Hansens*, Die Dokumentenpauschale nach dem RVG, AGS 2004, 402; *ders.*, Berechnung der Postgeltpauschale bei Beratungshilfe, RVGreport 2007, 133; *Hergenröder*, Die korrekte Berechnung der Postgeltpauschale, AGS 2006, 57; *Just*, Aktenversendungspauschale und Umsatzsteuer, NJ 2009, 282; *Kroiß*, Die Vergütung des Pflichtverteidigers nach dem RVG, RVG-Letter 2004, 134; *Madert*, Strafrechtliches Ermittlungsverfahren und Strafverfahren – eine Angelegenheit oder zwei Angelegenheiten, AGS 2006, 105; *Minwegen*, Post und Telekommunikationspauschale auch im Rahmen der Erstberatung?, JurBüro 2005, 621; *Onderka*, Welche Auswirkungen hat die Umsatzsteuererhöhung zum 01.01.07, RVGprofessionell 2006, 193; *Schneider*, Zwei Auslagenpauschalen für vorbereitendes und gerichtliches Verfahren?, AGS 2005, 7; *ders.*, Umsatzsteuererhöhung zum 01.01.2007, ZFE 2007, 70; *ders.*, Fälle zur Umsatzsteuer in Übergangsfällen, AGS 2007, 110; *ders.*, Nochmals: Umsatzsteuer auf Auslagen des Rechtsanwalts, DStR 2008, 759; *ders.*, Reisekosten des auswärtigen Anwalts, AnwBl. 2010, 512; *Schons*, Vorsicht Falle – Umsatzsteuerprobleme der etwas anderen Art, AGS 2007, 109; *ders.*, Und noch einmal: Durchlaufende Posten und die Umsatzsteuerproblematik Karlsruhe locuta, causa finita, RVGreport 2007, 402; *Volpert*, Die Aktenversendungspauschale in Verkehrssachen, VRR 2005, 296; *ders.*, Erstattung der Dolmetscherkosten für vorbereitende Gespräche des Verteidigers, BRAGOprofessionell 2003, 165; *ders.*, Terminsreisekosten in Familien- und Zivilsachen, RVGprofessionell 2006, 51; *ders.*, Wann erhält der Anwalt eine doppelte Auslagenpauschale?, RVGprofessionell 2006, 86; *ders.*, Der Auslagenerstattungsanspruch des gerichtlich beigeordneten oder bestellten Rechtsanwalts, Teile 1 – 4, StRR 2008, 55, StRR 2008 95, StRR 2008 212, StRR 2008 293; *Zorn*, Mehrwertsteuererhöhung zum 01.01.2007 – Vorbeugung gegen Haftung und steuerliche Nachforderungen, VRR 2006, 289.

A. Überblick

140 Zu der aus der Staatskasse zu gewährenden **Vergütung** des beigeordneten oder bestellten Rechtsanwalts zählen **auch** die ihm entstandenen **Auslagen** (vgl. § 1 Abs. 1). § 46 enthält Regelungen zum Auslagenersatzanspruch des beigeordneten oder bestellten Rechtsanwalts aus der Staatskasse. Die Staatskasse hat die Auslagen und Aufwendungen für Tätigkeiten des Rechtsanwalts zu erstatten, die von der gerichtlichen Beiordnung oder Bestellung erfasst werden (vgl. AnwKomm-RVG/Schnapp, § 46 Rn. 25) Auch für den gerichtlich beigeordneten oder bestellten Rechtsanwalt gelten zunächst folgende Grundsätze (vgl. auch die Komm. zu Teil 7 VV, Rn. 1 ff.):

Nach Vorbem. 7 Abs. 1 Satz 1 VV werden die **allgemeinen Geschäftsunkosten**, wie z.B. die Kosten der Unterhaltung der Kanzlei, die an Angestellte gezahlten Gehälter oder die Kosten für Anschaffung von Material (z.B. Literatur) mit den Gebühren abgegolten.

Allerdings kann auch der **beigeordnete** oder **bestellte Rechtsanwalt** entsprechend §§ 675, 670 BGB Ersatz der ihm entstandenen und zur sachgemäßen Durchführung der Angelegenheit notwendigen Aufwendungen verlangen. Dies ergibt sich bereits aus Vorbem. 7 Abs. 1 Satz 2 VV, ist aber in § 46 Abs. 2 Satz 3 ausdrücklich klargestellt. Die Aufwendungen sind grds. in voller Höhe zu erstatten, soweit in Nrn. 7000 ff. VV nichts anderes bestimmt ist. Grds. hat daher auch der beigeordnete oder bestellte Rechtsanwalt einen Anspruch auf Ersatz der in Teil 7 VV aufgeführten Auslagen aus der Staatskasse. Hierzu gehören u.a. die Entgelte für Post- und Telekommunika-

Auslagen aus der Staatskasse (§ 46 Abs. 1 und 2)

tionsdienstleistungen (Nr. 7001 VV und Nr. 7002 VV), Reisekosten (Nrn. 7003 – 7006 VV), die Dokumentenpauschale (Nr. 7000 VV) und die Umsatzsteuer (Nr. 7008 VV).

Nach der ausdrücklichen Regelung in § 46 Abs. 2 Satz 3 können z.B. auch **Dolmetscherkosten** oder Kosten einer Übersetzung zu den aus der Staatskasse zu ersetzenden Auslagen gehören (s. Rn. 203 ff.; s. dazu Teil A: Dolmetscherkosten, Erstattung, Rn. 426 ff.).

> **Hinweis:**
> Zu den Besonderheiten beim Anspruch auf Ersatz der Auslagen für Nachforschungen zur **Vorbereitung** eines **Wiederaufnahmeverfahrens** (§ 46 Abs. 3) wird auf die Komm. zu § 46 Abs. 3, Rn. 1 ff. verwiesen.

B. Anmerkungen

I. Erstattungsfähigkeit von Auslagen und Aufwendungen

1. Notwendigkeit

Aus § 46 Abs. 1 und Abs. 2 Satz 3 ergibt sich der Grundsatz, dass Auslagen und Aufwendungen nicht vergütet werden, wenn sie zur sachgemäßen Wahrnehmung der Interessen der Partei nicht erforderlich waren. Aufgrund der negativen Fassung von § 46 Abs. 1 obliegt der Staatskasse die **Beweislast** dahin gehend, dass die geltend gemachten Auslagen zur sachgemäßen Wahrnehmung der Interessen der Partei nicht erforderlich waren (BVerfG, NJW 2003, 1443; KG, RVGreport 2006, 109; StRR 2008, 398 = RVGreport 2008, 302 = RVGprofessionell 2008, 171; OLG Brandenburg, RVGreport 2007, 183 = AGS 2007, 400 = RVGprofessionell 2007, 119; OLG Düsseldorf, RVGreport 2008, 259 = RVGprofessionell 2008, 189 = StRR 2008, 399; OLG Hamm, RVGreport 2006, 230; AnwKomm-RVG/Schnapp, § 46 Rn. 7). Daher ist die **Notwendigkeit** der Auslagen **im Zweifel anzuerkennen** (OLGR Schleswig 1998, 307). Es ist nicht Aufgabe des Urkundsbeamten im Festsetzungsverfahren (§ 55) oder des auf die Erinnerung entscheidenden Gerichts (§ 56), die eigene Auffassung an die Stelle der Meinung des Rechtsanwalts zu setzen. Der Rechtsanwalt war in dem gerichtlichen Verfahren tätig; nur er ist für die sachgemäße Wahrnehmung der Interessen der Partei verantwortlich (vgl. hierzu BT-Drucks. 15/1971, S. 200). Das gilt jedoch nicht, wenn gewichtige Gründe dafür ersichtlich sind, nach denen einzelne Auslagen unnötig verursacht wurden und zur sachgemäßen Durchführung der Angelegenheit nicht erforderlich waren (OLG Koblenz, 16.11.2009 – 2 Ws 526/09, JurionRS 2009, 36455; OLG Brandenburg, RVGreport 2007, 182 = AGS 2007, 400 = RVGprofessionell 2007, 119). Dann obliegt es dem Rechtsanwalt, die Erforderlichkeit der Auslagen zu belegen, wobei ihm allerdings ein gewisser Ermessensspielraum einzuräumen ist (vgl. KG, StRR 2009, 278 = RVGreport 2009, 16 = JurBüro 2009, 31, für Übersetzungskosten für eine schriftliche Einlassung des angeklagten Mandanten; OLG Koblenz, 16.11.2009 – 2 Ws 526/09, JurionRS 2009, 36455; KG, StRR 2008, 398 = RVGreport 2008, 302 = RVGprofessionell 2008, 171; RVGreport 2006, 109; OLG Brandenburg, a.a.O.).

141

Auslagen aus der Staatskasse (§ 46 Abs. 1 und 2)

142 Ob die Erforderlichkeit fehlte, ist unter **Berücksichtigung aller Umstände** des Einzelfalls zu prüfen (OLG Naumburg, JurBüro 2001, 482).

Es kommt für die **Beurteilung** der **Vergütungsfähigkeit** darauf an, ob der beigeordnete oder bestellte Rechtsanwalt die Angelegenheit auch ohne Verursachung der Auslagen sachgemäß hätte durchführen können (KG, StRR 2008, 398 = RVGreport 2003, 302 = RVGprofessionell 2008, 171). Der gerichtlich beigeordnete oder bestellte Rechtsanwalt ist gegenüber der Staatskasse grds. zur kostensparenden Prozessführung verpflichtet (vgl. KG, a.a.O.; OLG Koblenz, 16.11.2009 – 2 Ws 526/09, JurionRS 2009, 36455; LG Frankfurt an der Oder, RVGreport 2007, 109). Die Staatskasse ist daher nicht verpflichtet, die Kosten für unnötige und zur sachgemäßen Durchführung der Angelegenheit nicht erforderliche Auslagen zu erstatten (OLG Hamm, RVGreport 2006, 230). Eine besondere Situation kann es mit Rücksicht auf das Kostenrisiko rechtfertigen, die Erstattung von Auslagen von der Darlegung konkreter Umstände abhängig zu machen (BVerfG, NJW 2003, 1443).

> **Hinweis:**
>
> Maßgeblich ist, ob der Rechtsanwalt die Aufwendungen **im Zeitpunkt ihrer Veranlassung** für erforderlich halten durfte. Eine **rückwirkende Betrachtung** scheidet daher im Regelfall aus (KG, StRR 2008, 398 = RVGreport 2008, 302 = RVGprofessionell 2008, 171).

2. Darlegung

143 Der Urkundsbeamte kann verlangen, dass zur Notwendigkeit bzw. Erforderlichkeit der geltend gemachten Auslagen von dem Rechtsanwalt ausreichend vorgetragen wird und ggf. Glaubhaftmachung erfolgt. Das ergibt sich bereits aus §§ 55 Abs. 5 Satz 1, 104 Abs. 2 ZPO (vgl. KG, StRR 2009, 278 = RVGreport 2009, 16 = JurBüro 2009, 31 für Übersetzungskosten für eine schriftliche Einlassung des angeklagten Mandanten; KG, RVGreport 2006, 109; OLG Brandenburg, RVGreport 2007, 183; vgl. aber LG Leipzig, RuP 2010, 100, keine nachträgliche Begründung der Auswahl bestimmter Aktenseiten bei der Dokumentenpauschale).

144 Für den beigeordneten oder bestellten Rechtsanwalt gelten die Regelungen in **Teil 7 VV**, sodass zunächst auf die Komm. zu diesem Teil verwiesen werden kann. Einige der insoweit bestehenden Besonderheiten sind nachfolgend im Einzelnen dargestellt.

II. Dokumentenpauschale für Ablichtungen aus Behörden- oder Gerichtsakten (Nr. 7000 Ziff. 1a) VV)

145 Für das Anfertigen von Ablichtungen aus **Behörden- und Gerichtsakten** erhält der Anwalt die Dokumentenpauschale, sofern deren Herstellung zur sachgemäßen Bearbeitung der Rechtssache geboten war (Nr. 7000 Ziff. 1a) VV). Ablichtungen und Ausdrucke aus anderen Akten, z.B. aus Versicherungsakten, Handakten von Rechtsanwälten, Arzt- bzw. Patientenakten, werden nicht erfasst. Ablichtungen oder Ausdrucke aus Behörden- oder Gerichtsakten sind damit nicht gem. Vorb. 7 Abs. 1 VV als allgemeine Geschäftskosten mit den Gebühren abgegolten, wenn ihre Herstellung zur sachgemäßen Bearbeitung der Rechtssache geboten war (OVG Rheinland-Pfalz, AGS 2010, 14 = JurBüro 2010, 370; VG Stuttgart, AGS 2009, 328 = RVGreport 2009, 275).

Auslagen aus der Staatskasse (§ 46 Abs. 1 und 2)

1. Ermessensspielraum des Rechtsanwalts

a) Ausübung des Ermessens

Nach Nr. 7000 Ziff. 1a) VV fällt für die zur sachgemäßen Bearbeitung der Sache gebotene Herstellung von Ablichtungen aus Behörden- und Gerichtsakten/Strafakten eine Dokumentenpauschale an. Der erstattungsfähige Umfang des Aktenauszugs bestimmt sich grds. nach dem jeweiligen **Einzelfall**. Insoweit steht auch dem gerichtlich bestellten bzw. beigeordneten Rechtsanwalt ein **Ermessensspielraum** zu. Allerdings muss der Anwalt das ihm eingeräumte Ermessen auch ausüben (OLG Koblenz, 16.11.2009 – 2 Ws 526/09, JurionRS 2009, 36455). Deshalb wird teilweise die Auffassung vertreten, dass der Rechtsanwalt nicht kurzerhand die gesamte Akte von einer juristisch nicht geschulten Kanzleikraft ablichten lassen darf (LG Waldshut-Tiengen, 11.06.2003 – 4 Qs 28/03, JurionRS 2003, 37187; AG Mettmann, AGkompakt 2010, 90 = JurionRS 2010, 15027).

146

b) Sicht des Rechtsanwalts

Bei der Beurteilung, was zur Bearbeitung der Sache, insbesondere auch zur Vermeidung von unnötigen Verzögerungen, sachgemäß ist und welcher Aktenbestandteil deshalb zu kopieren ist, ist auf die Sicht abzustellen, die ein **verständiger** und **durchschnittlich erfahrener Rechtsanwalt** haben kann, wenn er sich mit der betreffenden Gerichtsakte beschäftigt und alle Eventualitäten bedenkt, die bei der dann noch erforderlichen eigenen Bearbeitung der Sache auftreten können (BGH, NJW 2005, 2317 = RVGreport 2005, 274 = AGS 2005, 306; AGS 2005, 573 = RVGreport 2005, 275; AG Bremen, RVGreport 2011, 229 = VRR 2011, 119 = StRR 2011, 163 m. Anm. Burhoff; vgl. auch noch AG Bochum, NStZ-RR 2008, 296 = RVGreport 2008, 141 = VRR 2008, 159 = StRR 2008, 440). Der **Ermessenspielraum** des Rechtsanwalts gestattet es, bei der Auswahl der abzulichtenden Seiten nicht jede Seite vollständig lesen und auf die Notwendigkeit überprüfen zu müssen. Hierbei ist zu berücksichtigen, dass zum Zeitpunkt der Akteneinsicht meist nicht abschließend beurteilt werden kann, ob zunächst als unwichtig angesehene Seiten im weiteren Verfahrensverlauf nicht doch noch Bedeutung für die Verteidigung erlangen (OLG Düsseldorf, StRR 2007, 199 = AGS 2007, 243; Burhoff, EV, Rn. 67). Daher kann der Anwalt im Rahmen seines Ermessens durchaus auch Kopien fertigen, denen zunächst nur nebensächliche Bedeutung zukommt oder auf die es im Laufe der Angelegenheit möglicherweise überhaupt nicht ankommen wird. In Anbetracht dessen, dass jede Aktenversendung Kosten i.H.v. 12,00 € verursacht, kann es daher auch durchaus zur Vermeidung einer erneuten Aktenanforderung geboten sein, zunächst scheinbar überflüssige Seiten zu kopieren. Es ist daher eine grobe Prüfung und vorläufige Bewertung ausreichend, aber auch erforderlich, bei der allerdings ersichtlich für die weitere Sachbearbeitung nicht bedeutsame Aktenteile von der Ablichtung auszunehmen sind (OLG Düsseldorf, a.a.O.; JurBüro 2000, 359 = AGS 2000, 84; LG Leipzig, RuP 2010, 100, für Aktenauszug im Maßregelvollstreckungsverfahren). **Keine Dokumentenpauschale** entsteht für die Ablichtung von Aktenbestandteilen, die für das weitere Vorgehen des Rechtsanwalts von vornherein irrelevant sind (BGH, NJW 2005, 2317 = AGS 2005, 306 = RVGreport 2005, 274; AGS 2005, 573 = RVGreport 2005, 275).

147

Auslagen aus der Staatskasse (§ 46 Abs. 1 und 2)

> **Hinweis:**
> Letztlich ist die Beurteilung der Frage, welche Kopien erforderlich sind, **grundsätzlich** dem **Rechtsanwalt** überlassen (vgl. u.a. KG, StRR 2008, 398 = RVGreport 2008, 302 = RVGprofessionell 2008, 171; AG Mettmann StRR 2011, 124 = AGS kompakt 2011, 14; StRR 2011, 124 = RVGprofessionell 2011, 58).

c) Doppelte Ablichtungen

148 Werden doppelt in der Akte enthaltene Schriftstücke, eigene Schriftsätze oder Schriftstücke oder bereits mitgeteilte bzw. übersandte Schriftstücke (z.B. eines bereits an den Rechtsanwalt übersandten Sachverständigengutachtens, LG Detmold, 08.05.2008 – 4 Qs 71/08, JurionRS 2008, 36498) abgelichtet, wird im **Einzelfall geprüft** werden müssen, ob die Ablichtung erforderlich war (bejahend AG Bremen, RVGreport 2011, 229 = VRR 2011, 119 = StRR 2011, 163 m. Anm. Burhoff = NStZ-RR 2011, 127, wenn Übertragungsfehler vorliegen können). Bei bereits übersandten gerichtlichen Entscheidungen und eigenen Schriftstücken des Rechtsanwalts kann es z.B. wegen des Nachweises des Zugangs und dessen Zeitpunkt wesentlich sein, diese Schriftstücke paginiert in einem kompletten Aktenauszug zur Verfügung zu haben (OLG Nürnberg, RVGreport 2011, 26 = StraFo 2010, 396 = RVGprofessionell 2010, 213; AG Bremen, a.a.O.). Ablichtungen der vom Rechtsanwalt selbst eingereichten Dokumente können auch deshalb erstattungsfähig sein, wenn nur so der Überblick über den Verfahrensgang gewahrt bleibt (vgl. AG Bochum, NStZ-RR 2008, 296 = RVGreport 2008, 141 = VRR 2008, 159 = StRR 2008, 440; AG Bremen, a.a.O.; AG Minden, StV 2001, 637 = StraFo 2006, 127; a.A. OLG Koblenz, Rpfleger 2003, 467). In **Betäubungsmittelverfahren** sind Auslagen für die doppelte Ablichtung von Telefonüberwachungsprotokollen i.d.R. erstattungsfähig (LG Bad Kreuznach, RVGprofessionell 2010, 171 = RVGreport 2011, 25 = StRR 2011, 284).

149 > **Hinweis:**
> Wenn die Akten **nur** für **kurze Zeit** zur Verfügung gestellt werden können, spricht das dafür, dass die Ablichtung der vollständigen Akte gerechtfertigt ist (OLG Nürnberg, RVGreport 2011, 26 = StraFo 2010, 396 = RVGprofessionell 2010, 213; AG Wuppertal, StraFo 1999, 285; wohl auch OLG Köln, StraFo 2010, 131 = StRR 2010, 278 = RVGreport 2010, 99; zum maßgeblichen **Zeitpunkt** für die Beurteilung s. Rn. 151).

2. Prüfung durch das Gericht

a) Maßstab

150 Die Erstattung der Dokumentenpauschale scheidet nur dann aus, wenn feststeht, dass die Herstellung der Abschriften nicht erforderlich war. **Zweifel** gehen dabei **zulasten** der Staatskasse (vgl. KG, StRR 2008, 398 = RVGreport 2008, 302 = RVGprofessionell 2008, 171; OLG Düsseldorf, BRAGOreport 2002, 79 = AGS 2002, 61; StRR 2007, 199 = AGS 2007, 243; RVGreport 2008, 259 = RVGprofessionell 2008, 189 = StRR 2008, 399; OLG Koblenz, 16.11.2009 – 2 Ws 526/09, JurionRS 2009, 36455; LG Aurich, StraFo 2004, 147; LG Oldenburg, StraFo 2004, 253). Bei

Auslagen aus der Staatskasse (§ 46 Abs. 1 und 2)

dieser Beurteilung ist **kein kleinlicher Maßstab** anzulegen, und es ist der Standpunkt eines vernünftigen, sachkundigen Dritten maßgebend (OLG Düsseldorf, JurBüro 2000, 359 = AGS 2000, 84; AG Bremen, RVGreport 2011, 229 = VRR 2011, 119 = StRR 2011, 163 m. Anm. Burhoff = NStZ-RR 2011, 127; vgl. auch LG Aurich, StraFo 2004, 147; AG Duisburg, AGS 2001, 183; AG Bochum, NStZ-RR 2008, 296 = RVGreport 2008, 141 = VRR 2008, 159 = StRR 2008, 440). Eine **Kürzung** der Dokumentenpauschale durch das Gericht ist nur dann gerechtfertigt, wenn konkret der Nachweis erbracht wird, dass auch aus der Sicht des Verteidigers einzelne Ablichtungen für eine sachgerechte Verteidigung in keinem Fall erforderlich waren. Es müssen gewichtige Gründe ersichtlich sein, nach denen Ablichtungen unnötig verursacht worden sind (u.a. KG, StRR 2008, 398 = RVGreport 2008, 302 = RVGprofessionell 2008, 171; StRR 2009, 239; OLG Düsseldorf, RVGreport 2008, 259 = RVGprofessionell 2008, 189 = StRR 2008, 399; OLG Koblenz, 16.11.2009 – 2 Ws 526/09, JurionRS 2009, 36455). Die Nachprüfung hat sich deshalb darauf zu beschränken, ob Ablichtungen offensichtlich unnötig und überflüssig waren. Eine **starre Regelung**,etwa dass Ablichtungskosten bis 5% des Verteidigerhonorars durch die Gebühren abgegolten sind, ist vollkommen **willkürlich** und unzutreffend. Ebenso wenig ist es zulässig, von den abgerechneten Kopiekosten pauschal 25% als nicht notwendig abzuziehen (OLG Düsseldorf, AGS 2002, 61 = BRAGOreport 2002, 79 = JurBüro 2002, 307 = Rpfleger 2002, 224).

b) **Zeitpunkt der Beurteilung**

Für die Beurteilung der Erstattungsfähigkeit ist auf den Zeitpunkt der Fertigung der Ablichtungen abzustellen; sog**. ex-ante Sicht.** Nur wenn schon zu diesem Zeitpunkt zweifelsfrei feststand, dass die abgelichteten Unterlagen für eine **sachgerechte Verteidigung** nicht benötigt werden, scheidet die Erstattung aus (OLG Düsseldorf, StRR 2007, 199 = AGS 2007, 243; so wohl auch BGH, NJW 2005, 2317 = RVGreport 2005, 274; AGS 2005, 573 = RVGreport 2005, 275; vgl. auch noch OLG Dresden, 19.04.2011 - 2 Ws 96/11, JurionRS 2011, 14575 für die Übersetzung eines ausländischen Strafurteils, das auch die Staatsanwaltschaft (später) hatte übersetzen lassen). 151

c) **Glaubhaftmachung**

Zur **Glaubhaftmachung** (vgl. §§ 55 Abs. 5 Satz 1, 104 Abs. 2 ZPO) der geltend gemachten Dokumentenpauschale kann vom Anwalt der aus der Behörden- oder Gerichtsakte gefertigte **Aktenauszug vorgelegt** werden. Allerdings kann der Urkundsbeamte bereits anhand des Umfangs der Originalakte feststellen, ob die Höhe der geltend gemachten Dokumentenpauschale plausibel ist (AG Bremen, RVGreport 2011, 229 = VRR 2011, 119 = StRR 2011, 163 m. Anm. Burhoff = NStZ-RR 2011, 127). Anlass zur Anforderung des gefertigten Aktenauszugs wird daher i.d.R. nur dann bestehen, wenn den Aktenumfang übersteigende Ablichtungskosten geltend gemacht werden (zur „Darlegungslast" s. auch KG, JurBüro 2009, 31 = RVGreport 2009, 16 = StRR 2009, 278 = RVGprofessionell 2008, 172). 152

Auslagen aus der Staatskasse (§ 46 Abs. 1 und 2)

3. Umfang der Erstattung

a) Vollständiger Aktenauszug

153 Regelmäßig bedarf der Verteidiger für eine sachgerechte Verteidigung möglichst vollständigen Aktenauszugs. Der Verteidiger muss auch schon deshalb darauf achten, dass er **möglichst umfassende Informationen** erhält, um nicht später wiederholt um Akteneinsicht ersuchen zu müssen (OLG Düsseldorf, StRR 2007, 199 = AGS 2007, 243). Er muss sich auch grds. **nicht** auf den von einem **anderen Verteidiger gefertigten Aktenauszug** verweisen lassen (so OLG Köln, StraFo 2010, 131 = StV 2010, 179 = StRR 2010, 278 = RVGreport 2010, 99, für den zur Verfahrenssicherung bestellten weiteren Pflichtverteidiger, vgl. Rn. 159). Etwas anderes kann dann gelten, wenn es bei einem Wechsel des Pflichtverteidigers zumutbar und möglich ist, auf den von dem zunächst bestellten Verteidiger gefertigten Aktenauszug zuzugreifen (vgl. auch BGH, NJW 2005, 2317 = AGS 2005, 306 = RVGreport 2005, 274).

Der Verteidiger darf sich daher **grds.** einen **vollständigen Auszug** aus den Straf- und Ermittlungsakten anfertigen (s. für das Auslieferungsverfahren ausdrücklich OLG Nürnberg, RVGreport 2011, 26 = StraFo 2010, 350 = RVGprofessionell 2010, 213). Hierzu gehören auch Ablichtungen des Aktendeckels (AG Bremen, RVGreport 2011, 229 = VRR 2011, 119 = StRR 2011, 163 m. Anm. Burhoff)sowie der Bundeszentralregister- und Verkehrszentralregisterauszüge (AG Bremen, a.a.O.; AG Mettmann, AGkompakt 2010, 90, in einem Verfahren wegen des Fahrens ohne Fahrerlaubnis; Hansens, in: Hansens/Braun/Schneider, Teil 19 Rn. 21). Auch die Fertigung von Kopien von Zustellungsurkunden kann im Einzelfall erforderlich sein, wenn es z.B. um Fristen oder die Wiedereinsetzung geht (AG Bremen, a.a.O.). Ablichtungen der vom Rechtsanwalt **selbst eingereichten Dokumente** können erstattungsfähig sein, wenn nur so der Überblick über den Verfahrensgang gewahrt bleibt (vgl. AG Bochum, StRR 2008, 83; AG Minden, StV 2001, 637 = StraFo 2006, 127; a.A. OLG Koblenz, Rpfleger 2003, 467), und/oder es für die Berechnung von Fristen auf den Eingang dieser Schriftstücke bei Gericht ankommt oder diese Schriftstücke von gebührenrechtlicher Bedeutung sind (AG Bremen, a.a.O.) oder sich hierauf **Verfügungen/Vermerke des Gerichts oder der Staatsanwaltschaft** befinden (AG Bochum, NStZ-RR 2008, 296 = RVGreport 2008, 141 = VRR 2008, 159 = StRR 2008, 440).

b) Elektronische Zweitakte

154 Die Fertigung eines vollständigen Aktenauszugs ist auch dann erforderlich, wenn die Gerichtsakten zwar in **digitalisierter Form** zur Verfügung stehen, in dieser Fassung aber vereinzelt Seiten übersprungen werden. Nur wenn die in digitalisierter Form vorliegenden Akten die Verfahrensakten vollständig widerspiegeln, kann der Verteidiger hierauf verwiesen werden und die Fertigung von Ablichtungen als nicht erforderlich anzusehen sein (OLG Köln, StraFo 2010, 131 = StV 2010, 179 = StRR 2010, 278 = RVGreport 2010, 99). In diesem Zusammenhang wird jedoch die Frage zu entscheiden sein, ob der Verteidiger auf die vollständige digitalisierte Akte zurückgreifen **muss** oder ob insoweit ein Wahlrecht für den Verteidiger besteht mit der Folge, dass er auch auslagenpflichtige Ablichtungen aus der Papierakte fertigen darf.

Auslagen aus der Staatskasse (§ 46 Abs. 1 und 2)

> **Hinweis:**
> Unzulässig ist es, ohne konkrete Prüfung der geltend gemachten Dokumentenpauschale hiervon einen **pauschalen Prozentsatz** abzuziehen (vgl. OLG Düsseldorf, BRAGOreport 2002, 79 = JurBüro 2002, 307 = Rpfleger 2002, 224 = AGS 2002, 61 zum Abzug von 25 %).

4. Aktendoppel für den Mandanten

a) Grundsätze

Die durch Anfertigung eines zweiten Aktenauszugs für den Mandanten bzw. eines vollständigen Aktendoppels angefallene Dokumentenpauschale nach Nr. 7000 Ziff. 1a) VV oder Ziff. 1d) soll von der Staatskasse im Regelfall **nicht zu erstatten** sein (vgl. KG, RVGreport 2006, 109, für 5.194 Seiten; OLG Düsseldorf, StV 2003, 176 = AGS 2002, 91; OLG Frankfurt am Main, NStZ 2002, 164; OLG Koblenz, 16.11.2009 – 2 Ws 526/09, JurionRS 2009, 36455; LG Bad Kreuznach, RVGreport 2011, 25 = RVGprofessionell 2010, 171 = StRR 2011, 284; so im Ergebnis auch OLG Oldenburg, NStZ-RR 2010, 63 für die Kosten eines Aktenauszugs, den der Angeklagte von dem Verteidiger eines Mitangeklagten erhalten hat; Hansens, in: Hansens/Braun/Schneider, Teil 19 Rn. 21; Burhoff, EV, Rn. 67a m.w.N.; s. auch Nr. 7000 VV Rn. 111 ff.).

155

Demgegenüber hält die Gegenmeinung die Kosten des zweiten Aktenauszugs dann für erstattungsfähig, wenn ein **schwieriges Strafverfahren** mit **schwieriger Beweislage** vorliegt, in dem der Verteidiger auf dauernden Besitz eines Aktenauszugs angewiesen war (OLG Saarbrücken, StV 1998, 91). Auch bei **gravierenden Straftaten** wird teilweise die Fertigung des Aktendoppels zugestanden, weil dem Angeklagten die eigene Information über den Anklagevorwurf ermöglicht werden muss (LG Landshut, AGS 2004, 211). Das LG Bad Kreuznach (RVGreport 2011, 25 = RVGprofessionell 2010, 171 = StRR 2011, 284) hält die durch die doppelte Ablichtung von Telefonüberwachungsprotokollen angefallenen Auslagen i.d.R. für erstattungsfähig.

156

Das Aktendoppel für den Beschuldigten bietet jedenfalls den Vorteil, dass die Einbeziehung des Beschuldigten in den vollständigen Akteninhalt zur **Verfahrensbeschleunigung** beitragen kann (vgl. Burhoff, EV, Rn. 67a). Das KG (RVGreport 2006, 109) hält dem bei einem 5.194 Seiten umfassenden Aktendoppel allerdings entgegen, dass es bei umfangreichen Ermittlungen Aufgabe des Verteidigers sei, die wesentlichen Punkte für den Beschuldigten herauszuarbeiten bzw. die für den Angeklagten wesentlichen Aktenbestandteile zusammenzustellen (OLG Koblenz, 16.11.2009 – 2 Ws 526/09, JurionRS 2009, 36455). Bei Telefonüberwachungsprotokollen kann das allerdings schwierig sein (LG Bad Kreuznach, a.a.O.). Letztlich wird es daher auch hier auf den Einzelfall ankommen (KG, RVGreport 2006, 109). Zu berücksichtigen kann hierbei auch sein, inwieweit die Überlassung eines vollständigen Aktenauszugs für den Beschuldigten überhaupt hilfreich sein kann. Denn häufig wird der Beschuldigte aus persönlichen oder sachlichen Gründen ohnehin auf die Information des Verteidigers angewiesen sein.

> **Hinweis:**
> Kosten für ein Aktendoppel werden daher grds. nur entstehen und erstattungsfähig sein, wenn es erforderlich war, dass der Beschuldigte die Unterlagen ständig zur Hand hat (vgl.

Auslagen aus der Staatskasse (§ 46 Abs. 1 und 2)

> OLG Köln, NJW 2008, 1330 = NStZ-RR 2008, 360 = AGS 2008, 179). Kosten, die entstanden sind, weil aus Vereinfachungsgründen ein Aktendoppel erstellt wurde, sind nicht erstattungsfähig (OLG Koblenz, 16.11.2009 – 2 Ws 526/09, JurionRS 2009, 36455).
>
> Um Probleme bei der Erstattung der durch das Aktendoppel entstandenen Dokumentenpauschale bei der **Festsetzung** nach § 55 zu vermeiden, kann gem. **§ 46 Abs. 2 Satz 3, Satz 1** die Feststellung der Erforderlichkeit des Aktendoppels durch das Gericht beantragt werden (vgl. Rn. 208 ff.). Eine andere Möglichkeit zur Klärung ist, insoweit einen **Vorschuss** gem. § 47 zu verlangen (vgl. Rn. 208).

b) Aktendoppel auf elektronischem Datenträger (Nr. 7000 Ziff. 2 VV)

157 Unter die Dokumentenpauschale fällt im Fall der Nr. 7000 Ziff. 2 VV auch die Überlassung von elektronisch gespeicherten Dateien. Unerheblich ist dabei, wie der überlassende Rechtsanwalt die Datei gespeichert hat. In Betracht kommen als Datenträger z.B. eine CD, eine DVD, eine Diskette oder ein Speicherstick. Auch die Art der Überlassung ist gesetzlich nicht geregelt. Die Datei kann z.B. durch E-Mail oder Computer, Fax oder körperlich durch Übergabe einer CD etc. überlassen werden (Hansens, in: Hansens/Braun/Schneider, Teil 19 Rn. 17). Der **empfangende Rechtsanwalt** verdient die Dokumentenpauschale, wenn er einen Ausdruck der Datei(en) herstellt und die Voraussetzungen von Nr. 7000 VV vorliegen (Enders, JurBüro 2005, 393).

158 Fertigt der Pflichtverteidiger von einer ihm vom **Vorsitzenden überlassenen DVD/CD**, z.B. mit abgehörten Telefongesprächen mit **dessen Einverständnis** eine weitere Kopie für den Mandanten, stellt der Pflichtverteidiger insoweit im Ergebnis einen zweiten Aktenauszug/Aktendoppel für den Mandanten her (vgl. dazu Rn. 155). Für die Überlassung der elektronisch gespeicherten Abhörprotokolle entsteht aber nur dann eine Dokumentenpauschale nach Nr. 7000 Ziff. 2 VV i.H.v. 2,50 € pro Datei, wenn die Voraussetzungen von Nr. 7000 Ziff. 1d) VV vorliegen (Übersendung zusätzlicher Ablichtungen mit Zustimmung des Auftraggebers). Der Pflichtverteidiger kann für die Überlassung von elektronisch gespeicherten Dateien nicht die Dokumentenpauschale nach Nr. 7000 Ziff. 2 VV beanspruchen, weil diese Regelung in dem **Verhältnis zwischen Pflichtverteidiger und Staatskasse** nicht anwendbar ist (OLG Köln, AGS 2008, 179 = NJW 2008, 1330). Das Einverständnis des Vorsitzenden mit der Überlassung der Abhörprotokolle ist dabei nicht als die gebührenrechtlich relevante Zustimmung des Auftraggebers i.S.v. Nr. 7000 Ziff. 1d) VV und auch nicht als Feststellung der Erforderlichkeit i.S.v. § 46 Abs. 2 anzusehen (OLG Köln, a.a.O; vgl. hierzu auch die ausführliche Komm. zu Nr. 7000 VV Rn. 96). Steht der tatsächliche Aufwand für die Überlassung von elektronisch gespeicherten Dateien in einem krassen Missverhältnis zu der Dokumentenpauschale, die sich rechnerisch nach Nr. 7000 Ziff. 2 VV ergibt, verbleibt es bei einem Aufwendungsersatzanspruch, der sich nach dem tatsächlichen Aufwand richtet (OLG Düsseldorf, NStZ-RR 2008, 328 = NJW 2008, 2058 = JurBüro 2008, 420).

5. Aktendoppel für den zur Verfahrenssicherung bestellten weiteren Pflichtverteidiger

159 Der zur Verfahrenssicherung bestellte weitere Pflichtverteidiger muss sich zur Akteneinsicht **nicht** auf vom „**Erstverteidiger**" gefertigte Ablichtungen **verweisen** lassen. Denn ohne eigenen

Aktenauszug ist eine ordnungsgemäße Verteidigung nicht durchzuführen. Der zur Verfahrenssicherung bestellte Pflichtverteidiger muss sich wegen des dazu erforderlichen Arbeitsaufwands auch nicht auf einen Abgleich der digitalisierten mit den papiernen Ablichtungen und somit nicht darauf verweisen lassen, dass nur diejenigen Unterlagen abzulichten sind, die dem sog. „Erstverteidiger" nicht vorliegen. Die Fertigung eines vollständigen Aktenauszugs ist auch dann erforderlich, wenn die Gerichtsakten zwar in digitalisierter Form zur Verfügung stehen, in dieser Fassung aber vereinzelt Seiten übersprungen werden (OLG Köln, StraFo 2010, 131 = StV 2010, 179 = StRR 2010, 278 = RVGreport 2010, 99).

6. Vervielfältigung durch Einscannen

a) Herstellung einer Ablichtung

Die Dokumentenpauschale nach Nr. 7000 Ziff. 1 Buchst. a) VV fällt nicht nur dann an, wenn Ablichtungen aus der Behörden- bzw. der Gerichtsakte in Papierform erstellt werden. Der Regelung in Nr. 7000 Ziff. 1 Buchst. a) VV ist das nicht zu entnehmen: Eine Dokumentenpauschale nach Nr. 7000 Ziff. 1 Buchst. a) VV entsteht auch dann, wenn der Rechtsanwalt die für die sachgemäße Bearbeitung der Rechtssache gebotenen Seiten der Behörden- oder Gerichtsakte eingescannt und auf seinem Computer bzw. einem externen Datenträger gespeichert hat (vgl. OLG Bamberg, NJW 2006, 3504 = StraFo 2006, 389 = StV 2007, 485 = RVGreport 2006, 354; LG Würzburg, RVG-Letter 2006, 92; LG Dortmund, VRR 2010, 3 = StRR 2010, 43 = RVGreport 2010, 108 = AGS 2010, 125; **a.A.** SG Dortmund, StRR 2009, 283 = AGS 2010, 13).

160

Für die Entstehung der Dokumentenpauschale ist es unerheblich, wie die Ablichtungen aus der Akte hergestellt werden. Auch mit einem Scanner werden Ablichtungen hergestellt, weil es sich um ein Gerät zur optischen Datenerfassung handelt (Hansens, in: Hansens/Braun/Schneider, Teil 19 Rn. 14). Der zeitliche Aufwand des Scannens ist mit dem des Kopierens gleichzusetzen. Außerdem ermöglichen sowohl das Scannen und Speichern als auch das Kopieren den ständigen Zugriff auf die Dokumente. Der Rechtsanwalt kann nach dem Speichern der eingescannten Dokumente jederzeit einen Ausdruck derselben erstellen. Deshalb gilt die Vorschrift erst recht für den Ausdruck eingescannter Dokumente.

> **Hinweis:**
> Noch nicht geklärt ist, ob die Dokumentenpauschale entsteht, wenn die **Ermittlungsbehörde**/das Gericht eine CD/DVD mit dem Akteninhalt überlassen hat, die Akte vom Verteidiger jedoch nochmals eingescannt wurde, weil der Datenträger schreibgeschützt war und eine Bearbeitung der Akte deshalb nicht möglich war.

b) Mehrere Verteidiger

Unklar ist, wie zu verfahren ist, wenn in einem Strafverfahren mit **mehreren Angeklagten** nur **ein Verteidiger** die Akten einscannt und diese dann den anderen Verteidigern – ggf. aus derselben Sozietät – auf deren **Computern** oder auch **iPads** zur Verfügung stellt. Jedenfalls die weiteren Verteidiger stellen selbst zwar keine Ablichtungen oder Ausdrucke her. Sie sind aber in

161

Auslagen aus der Staatskasse (§ 46 Abs. 1 und 2)

der Lage, diese nach dem Abspeichern jederzeit herzustellen. Es gilt der Grundsatz, dass jeder Verteidiger Anspruch auf Ersatz der durch die notwendige Ablichtung der Strafakte angefallenen Dokumentenpauschale hat, weil es sich für jeden Verteidiger um eine gebührenrechtliche Angelegenheit handelt (§ 15 Abs. 2).

7. Telefaxkopien

a) Sendender Rechtsanwalt

162 Durch das 2. JuMoG ist die Anm. zu Nr. 7000 VV RVG mit Wirkung v. 31.12.2006 dahin gehend ergänzt worden, dass die **Übermittlung** von Schreiben durch den Rechtsanwalt per Telefax der Herstellung einer Ablichtung gleichsteht. Der ein Telefax übermittelnde **Rechtsanwalt** erhält daher die Dokumentenpauschale sowie die anfallenden Telekommunikationsentgelte nach Nr. 7001 VV RVG (vgl. Komm. zu Nr. 7000 VV Rn. 17 f.).

b) Empfangender Rechtsanwalt

163 Im Gegensatz dazu ist gesetzlich nicht geregelt, dass auch der ein Telefax **empfangende Rechtsanwalt** für dessen Ausdruck die Dokumentenpauschale erhält (KG, RVGreport 2007, 391 = AGS 2007, 611 = JurBüro 2007, 589 für Übersendung eines 44-seitigen psychiatrischen Sachverständigengutachtens an den Pflichtverteidiger). Die vom Gesetzgeber vorgenommene unterschiedliche Behandlung von **sendendem** und **empfangendem** Rechtsanwalt ist allerdings nicht recht nachvollziehbar, weil dem empfangenden Rechtsanwalt für den Ausdruck des Telefaxes i.d.R. **höhere Aufwendungen** (Leitungs- und Personalkosten, Papier, Toner, Tinte) als dem ein Telefax übermittelnden Rechtsanwalt (nur Leitungs- und Personalkosten) entstehen.

8. Auslieferungsverfahren nach dem IRG

164 Im **Auslieferungsverfahren** nach dem Gesetz über die internationale Rechtshilfe in Strafsachen ist es für den Beistand des Verfolgten (vgl. § 40 IRG) **i.d.R.** erforderlich, die **gesamten Verfahrensakten** abzulichten. Im Auslieferungsverfahren besteht die Besonderheit, dass bestimmte Unterlagen, vor allem Auslieferungsersuchen des fremden Staates, doppelt vorhanden sind, weil sie zur Erwirkung eines vorläufigen Auslieferungshaftbefehls zunächst nur in Kopie vorgelegt werden. Sie werden erst später im Original eingereicht. Aufgrund der im Auslieferungsverfahren geltenden kurzen Fristen ist es für den Anwalt zur Fristenüberwachung aber notwendig festzustellen, wann welche Unterlagen in Kopie und wann im Original vorlagen. Das kann nur durch einen chronologisch geordneten und vollständigen Aktenauszug geschehen, zumal die Akte im Auslieferungsverfahren i.d.R. auch nur für sehr kurze Zeit übersandt werden (OLG Nürnberg, RVGreport 2011, 26 = StraFo 2010, 350 = RVGprofessionell 2010, 213).

III. Entgelte für Post- und Telekommunikationsdienstleistungen (Nrn. 7001, 7002 VV)

1. Entstehung der Pauschale

165 Die Auslagenpauschale für Post- und Telekommunikationsdienstleistungen nach Nr. 7002 VV kann nur dann erhoben werden, wenn tatsächlich Auslagen entstanden sind. In der **Beratungs-**

Auslagen aus der Staatskasse (§ 46 Abs. 1 und 2)

hilfe ist dabei zu berücksichtigen, dass in den Angelegenheiten, die in den Teilen 4 bis 6 VV geregelt sind, häufig nur Beratung gewährt wird (Beratungsgebühr Nr. 2501 VV i.H.v. 30,00 €; s. dazu Teil A: Beratungshilfe, Rn. 319 ff.). I.d.R. werden daher keine von der Pauschale erfassten Auslagen anfallen (vgl. AG Koblenz, AGS 2004, 159; Hansens, in: Hansens/Braun/Schneider, Teil 7 Rn. 131).

Für die **Entstehung** der Auslagenpauschale reicht es aber aus, wenn nur eine von der Pauschale erfasste Auslage anfällt, z.B. für ein Telefonat (vgl. AG Aachen, JurBüro 2005, 475 = RVG-Letter 2006, 11; Hansens, in: Hansens/Braun/Schneider, Teil 19 Rn. 50). Auch die im Rahmen einer Datenbankrecherche anfallenden Leitungskosten können zur Entstehung der Auslagenpauschale ausreichen (vgl. Minwegen, JurBüro 2005, 621).

> **Hinweis:**
> Für die durch die Einforderung der Vergütung bzw. die Übersendung des **Antrags auf Vergütungsfestsetzung** gem. § 55 an das Gericht anfallenden Postentgelte kann nach der Anm. zu Nr. 7001 VV kein Ersatz verlangt werden (vgl. Hansens, in: Hansens/Braun/Schneider, Teil 19 Rn. 47). Auch der Ansatz der Postentgeltpauschale ist deshalb insoweit ausgeschlossen.

2. Höhe der Pauschale/Wahlrecht

Die Post- und Telekommunikationspauschale entsteht nach Nr. 7002 VV in **Straf- und Bußgeldverfahren** i.H.v. 20 % der Gebühren, höchstens jedoch mit einem Betrag von **20,00 €**. Die Pauschale kann anstelle der tatsächlich angefallenen Entgelte für Post- und Telekommunikationsdienstleistungen (Nr. 7001 VV) erhoben werden. Dem Rechtsanwalt ist insoweit ein Wahlrecht eingeräumt (vgl. Nr. 7001 VV Rn. 3).

166

3. Berechnungsgrundlage für die Pauschale

Berechnungsgrundlage für die **Pauschale** sind auch für den in den Teilen 4 bis 6 VV gerichtlich bestellten oder beigeordneten Rechtsanwalt die aus der Staatskasse zu zahlenden Gebühren (Festgebühren, § 49) und **nicht** die i.d.R. höheren **hypothetischen Wahlanwalts-/Wahlverteidigergebühren**. Bemessungsgrundlage für die Auslagenpauschale ist deshalb auch in **Beratungshilfesachen** die Beratungsgebühr Nr. 2501 VV i.H.v. 30,00 € oder ggf. die Geschäftsgebühr Nr. 2503 VV i.H.v. 70,00 € (dazu Teil A: Beratungshilfe, Rn. 322 ff.), nicht die Gebühr, die der Rechtsanwalt außerhalb der Beratungshilfe für seine Tätigkeit verdient hätte (vgl. OLG Celle, AGS 2009, 189; OLG Dresden, AGS 2008, 559; OLG Düsseldorf, RVGreport 2007, 467; Hansens, in: Hansens/Braun/Schneider, Teil 19 Rn. 63; AnwKomm-RVG/N. Schneider, VV 7001 – 7002 Rn. 48; a.A. OLG Nürnberg, RVGreport 2007, 150 = JurBüro 2007, 209 = AGS 2007; AG Köln, RVGreport 2006, 68 = AGS 2006, 25; Gerold/Schmidt/Müller-Rabe, VV 7001, 7002 Rn. 33).

167

Auslagen aus der Staatskasse (§ 46 Abs. 1 und 2)

4. Persönlicher Geltungsbereich

168 Die Abrechnung von Postentgelten setzt voraus, dass der Rechtsanwalt anwaltliche Tätigkeiten i.S.v. § 1 Abs. 1 ausgeübt hat (s. dazu Teil A: Allgemeine Vergütungsfragen, Rn. 37 ff.). Hierzu gehört auch die Tätigkeit als **Zeugenbeistand** (vgl. LG Dortmund, StraFo 2004, 182 für § 26 BRAGO; Hansens, in: Hansens/Braun/Schneider, Teil 19 Rn. 45).

Auch der nur für einzelne Termine als **Terminsvertreter** des Pflichtverteidigers beigeordnete Rechtsanwalt erhält grds. die Postentgeltpauschale nach Nr. 7002 VV. Aufgrund der die Terminsvorbereitung umfassenden Bestellung für den Hauptverhandlungstermin kann die Pauschale grds. ohne Nachweis beansprucht werden. Denn im Rahmen der Terminsvorbereitung werden zur sachgerechten Interessenwahrnehmung insbesondere Telefonate geführt. Die Staatskasse ist beweispflichtig dafür, dass die geltend gemachten Auslagen zur sachgemäßen Wahrnehmung der Interessen des Auftraggebers nicht erforderlich waren (OLG Hamm, RVGreport 2006, 230 = RVGprofessionell 2006, 92).

5. Postentgeltpauschale und Aktenversendungspauschale

169 Die **Aktenversendungspauschale** nach Nr. 9003 KV GKG wird nicht durch die Postentgeltpauschale nach Nr. 7002 VV abgegolten, sondern kann daneben gefordert werden (vgl. Rn. 197 ff.).

6. Mehrfacher Anfall/Angelegenheit

170 Nach der Anm. zu Nr. 7002 VV kann die Postentgeltpauschale in **jeder gebührenrechtlichen Angelegenheit** gesondert erhoben werden. Das RVG enthält keine ausdrückliche Regelung darüber, ob das vorbereitende Verfahren bzw. das Verfahren vor der Verwaltungsbehörde und das gerichtliche Verfahren in Straf- und Bußgeldsachen dieselbe oder verschiedene gebührenrechtliche Angelegenheiten bilden. Die Frage ist umstritten. Zu den Einzelh. vgl. Teil A: Angelegenheiten (§§ 15 ff.) Rn. 90 f.

Wegen § 15 Abs. 2 kann die Postentgeltpauschale in jedem Rechtszug eines gerichtlichen Verfahrens gefordert werden. Sie entsteht daher im **Berufungs- und Revisionsverfahren** erneut. Das **Beschwerdeverfahren** in Strafsachen bildet aber keine besondere Angelegenheit, sodass die Postentgeltpauschale hier nicht erneut entsteht (s. dazu Teil A: Beschwerdeverfahren, Abrechnung, Rn. 371 ff.). Ob das auch für die Tätigkeit im erstinstanzlichen **Strafvollstreckungsverfahren** sowie im anschließenden Beschwerdeverfahren gegen die erstinstanzliche Hauptsacheentscheidung in der Strafvollstreckung gilt, ist umstritten (vgl. dazu Vorbem. 4.2 VV, Rn. 38 m.w.N. aus der Rspr.).

IV. Reisekosten (Nrn. 7003 – 7006 VV)

1. Erforderlichkeit

171 Es kommt für die **Erstattungsfähigkeit der Reisekosten** darauf an, ob der beigeordnete oder bestellte Rechtsanwalt die Angelegenheit auch ohne Verursachung der Reisekosten sachgemäß hätte durchführen können. Maßgeblich ist, ob der Rechtsanwalt die Reisekosten **im Zeitpunkt**

ihrer **Veranlassung** für erforderlich halten durfte (KG, StRR 2008, 398 = RVGreport 2008, 302 = RVGprofessionell 2008, 171). Der Rechtsanwalt ist zur **kostensparenden Prozessführung** verpflichtet (vgl. KG, a.a.O.; RVGprofessionell 2008, 172 = zfs 2008, 713; OLG Köln, StraFo 2009, 43 = StRR 2009, 320 = RVGreport 2009, 189; LG Frankfurt an der Oder, RVGreport 2007, 109). Tatsächliche Reisekosten mit öffentlichen Verkehrsmitteln dürfen aber nicht auf fiktive Reisekosten mit dem Pkw reduziert werden (OLG Köln, StraFo 2009, 43 = StRR 2009, 320 = RVGreport 2009, 189). In den Grenzen des Missbrauchs ist auch nicht zu prüfen, ob eines anderes Verkehrsmittel günstiger gewesen wäre als das eigene Kfz (OLG Saarbrücken, AGS 2009, 352 = NJW-RR 2009, 1008).

2. Geschäftsreise

Für die Fahrtkostenberechnung sind im Regelfall die **tatsächlich gefahrenen Kilometer** maßgebend. Der Rechtsanwalt kann den **zweckmäßigen verkehrsüblichen Weg** wählen, auch wenn es sich hierbei nicht um den kürzesten Weg handelt (OLG Naumburg, AGS 2009, 218 = RVGreport 2009, 3 = StRR 2009, 3; LG Rostock, StraFo 2009, 439; s. auch Nr. 7003 VV Rn. 12). Zu der Kanzlei des Rechtsanwalts i.S.v. Vorbem. 7 Abs. 2 VV gehört auch die **Zweigstelle** einer Rechtsanwaltskanzlei. Reisekosten fallen daher nicht an, wenn eine Reise zu einem Ziel innerhalb der Gemeinde der Zweigstelle erfolgt (OLG Dresden, RVGreport 2011, 145 = RVGprofessionell 2011, 87; zum Begriff der Geschäftsreise ausführlich Vorbem. 7 VV Rn. 16 ff.; zur Zweigstelle Vorbem. 7 VV Rn. 30).

172

3. Auswärtiger Pflichtverteidiger

a) Bindende Bestellung

Ob die Bestellung eines auswärtigen Rechtsanwalts als Verteidiger erforderlich ist, wird vom Gericht bereits bei der Bestellung gem. § 142 StPO geprüft. Bestellt das Gericht einen auswärtigen Rechtsanwalt als Pflichtverteidiger, sind daher grds. auch die **Mehrkosten erstattungsfähig**, die dadurch entstehen, dass der bestellte Verteidiger seinen Wohnsitz oder seine Kanzlei nicht am Gerichtsort hat (BVerfG, NJW 2001, 1269 = StV 2001, 241 = BRAGOreport 2001, 60; OLG Düsseldorf, StV 1998, 91 = NStZ 1997, 605 = AGS 1998, 88; LG Magdeburg, StraFo 2008, 131; Hansens, in: Hansens/Braun/Schneider, Teil 19 Rn. 115). Die Reisekosten sind dann i.S.v. § 46 Abs. 1 zur sachgemäßen Durchführung der Angelegenheit erforderlich. Die Höhe der zu erstattenden Aufwendungen richtet sich nach Nr. 7003 – 7006 VV (vgl. zu allem auch Nr. 7003 VV Rn. 15 ff.).

173

> **Hinweis:**
>
> Wird der von dem **auswärtigen Pflichtverteidiger** vertretene Beschuldigte freigesprochen, sind die Reisekosten des auswärtigen Verteidigers im Rahmen der notwendigen Auslagen nach §§ 464a Abs. 2 Nr. 2, 464b StPO ohne weitere Prüfung der Notwendigkeit der Inanspruchnahme eines auswärtigen Verteidigers von der Staatskasse zu erstatten (vgl. OLG Düsseldorf, StV 1998, 91 = NStZ 1997, 605 = AGS 1998, 88). Das setzt allerdings voraus, dass dem Pflichtverteidiger gegen den Wortlaut von § 52 Abs. 1 Satz 1 neben dem **Wahlge-**

Auslagen aus der Staatskasse (§ 46 Abs. 1 und 2)

> bühren – auch ein **Auslagenerstattungsanspruch** gegen den Beschuldigten zugestanden wird, sodass dieser entsprechende Aufwendungen von der Staatskasse ersetzen verlangen kann (vgl. hierzu § 52 Rn. 17 ff.).

b) Verweisung/Abgabe

174 Auch wenn zunächst **ein am Gerichtsort ansässiger Pflichtverteidiger** bestellt worden ist und sodann nachträglich **Verweisung** oder **Abgabe** an ein anderes Gericht erfolgt und dadurch Reisen erforderlich werden, oder der in der ersten Instanz bestellte Pflichtverteidiger nach Rechtsmitteleinlegung zum Rechtsmittelgericht anreisen muss, sind die Reisekosten erstattungsfähig. Ein **Wechsel des Pflichtverteidigers** ist grds. nicht erforderlich, zumal hierdurch auch die Grundgebühr Nr. 4100 VV erneut anfallen würde.

> **Hinweis:**
>
> Die vor der Verweisung bzw. Abgabe erfolgte **Pflichtverteidigerbestellung gilt** auch **nach Verweisung/**Abgabe fort, da gem. § 20 weiterhin dieselbe Instanz vorliegt. Die in der ersten bzw. Berufungsinstanz erfolgte Pflichtverteidigerbestellung gilt auch für die nachfolgenden Instanzen mit Ausnahme der Revisionshauptverhandlung, § 350 Abs. 3 StPO (vgl. Teil A: Umfang des Vergütungsanspruchs [§ 48 Abs. 1], Rn. 1400, 1422).

4. Beiordnung/Bestellung zu den Bedingungen eines ortsansässigen Rechtsanwalts

a) Privatklage und PKH

aa) Gebührenrechtliche Beschränkung

175 Für die **PKH bei der Privatklage** gelten gem. § 379 Abs. 3 StPO die §§ 114 ff. ZPO entsprechend. Als bindend für die Festsetzung gem. § 55 wird nach allerdings umstrittener Auffassung die zwar nicht **gegenständliche**, aber in **gebührenrechtlicher Hinsicht einschränkende Beiordnung** (dazu Teil A: Umfang des Vergütungsanspruchs [§ 48 Abs. 1], Rn. 1389 ff.) im Wege der PKH zu den Bedingungen eines ortsansässigen Rechtsanwalts in **Zivil- und Familiensachen** angesehen (§ 121 Abs. 3 ZPO; vgl. KG, MDR 2004, 474; OLG Celle, MDR 2007, 865 = FamRZ 2008, 162; OLG Düsseldorf, AGS 2008, 245 = FamRZ 2008, 1767 = JurBüro 2008, 209; Rpfleger 2004, 709; OLG München, AGS 2001, 191 = Rpfleger 2001, 86 = MDR 2000, 1455; Rpfleger 2002, 159 = MDR 2002, 543 = FamRZ 2002, 1505; OLG Nürnberg, RVGreport 2005, 157; N. Schneider in: Hansens/Braun/Schneider, Teil 2 Rn. 47). Ob die Einschränkung zu Recht erfolgt ist, weil sich der Rechtsanwalt zuvor mit der eingeschränkten Beiordnung **einverstanden** erklärt hat (vgl. OLG Düsseldorf, Rpfleger 1993, 351 = JurBüro 1993, 689; OLG Jena, AGS 2002, 260 = OLGR Jena 2002, 178; OLG Karlsruhe, MDR 2001, 1315 = FamRZ 2002, 761) oder vor der Beiordnung in zulässiger Weise auf die Erstattung der Reisekosten **verzichtet** hat, ist im Verfahren gem. § 55 vom Urkundsbeamten nicht mehr zu prüfen (OLG Celle, MDR 2007, 865 = FamRZ 2008, 162 = Rpfleger 2007, 403; OLG Düsseldorf, AGS 2008, 245 = FamRZ 2008, 1767 = JurBüro 2008, 209; **a.A.** OLG Hamm, FamRZ 1995, 748; OLG Karlsruhe, MDR 2001, 1315 = FamRZ 2002, 761).

| A. Vergütungs-ABC | B. Kommentar |

Auslagen aus der Staatskasse (§ 46 Abs. 1 und 2)

> **Hinweis:**
> Die eingeschränkte Beiordnung selbst muss somit von der bedürftigen Partei oder dem beigeordneten Anwalt (OLG Celle, 28.04.2011 - 10 WF 123/11, JurionRS 2011, 14744; OLG Hamm, FamRZ 2006, 1551; OLG Köln, MDR 2005, 1130) gem. § 379 Abs. 3 StPO, § 127 ZPO (vgl. Löwe/Rosenberg/Hilger, § 379 StPO Rn. 22) **angefochten** werden. Ist das nicht geschehen, besteht kein Bedürfnis mehr, die Einschränkung im Festsetzungsverfahren infrage zu stellen.
>
> Im Übrigen ist zu berücksichtigen, dass die Beiordnung eines auswärtigen Rechtsanwalts im Rahmen der PKH-Bewilligung gem. § 379 Abs. 3 StPO, § 121 Abs. 3 ZPO nicht auf die „Bedingungen eines ortsansässigen Rechtsanwaltes", sondern ausschließlich auf die „Bedingungen eines im Bezirk des Prozeßgerichts niedergelassenen Rechtsanwalts" beschränkt werden kann (OLG Celle, 28.04.2011 - 10 WF 123/11, JurionRS 2011, 14744).

bb) Keine Einschränkung

Andererseits sind die Reisekosten des dem Privatkläger beigeordneten Rechtsanwalt **stets zu erstatten**, wenn **keine ausdrückliche Einschränkung** bei der Beiordnung eines auswärtigen Anwalts erfolgt ist (KG, MDR 2004, 474; OLG Brandenburg, AGS 2009, 237 = MDR 2009, 175 = OLGR Brandenburg 2009, 79; OLG Celle, MDR 2007, 865 = FamRZ 2008, 162 = Rpfleger 2007, 403; OLG Dresden, AGS 2009, 451 = JurBüro 2009, 368 = OLGR Dresden 2009, 482; OLG München, Rpfleger 2002, 159 = MDR 2002, 543 = FamRZ 2002, 1505; OLG Naumburg, AGS 2009, 75 = MDR 2009, 234; OLG Nürnberg, AGS 2008, 457 = MDR 2008, 112 = OLGR Nürnberg 2008, 199 = NJW-Spezial 2008, 200; OLG Oldenburg, JurBüro 2004, 324 = MDR 2004, 842; OLG Stuttgart, FamRZ 2008, 1011 = JurBüro 2008, 261; LG Magdeburg, AGS 2008, 458; a.A. OLG Hamm, AGS 2005, 353 = MDR 2005, 538 = FamRZ 2005, 1264; OLG Naumburg, MDR 2002, 177 = OLGR Naumburg 2001, 486; OLGR Naumburg 2002, 310, noch zu § 126 Abs. 1 Satz 2 BRAGO OLG Stuttgart, FamRZ 2005, 2007). Denn die in § 121 Abs. 3 ZPO vorgesehene Beschränkung richtet sich an das Gericht und nicht an den beigeordneten Rechtsanwalt. 176

Eine **uneingeschränkte Beiordnung** kann auch nicht dahin ausgelegt werden, dass darin eine Einschränkung enthalten sein müsste, bzw. der Beiordnungsantrag eines auswärtigen Rechtsanwalts kann nicht (mehr) so verstanden werden, dass der Antrag gleichzeitig einen Verzicht auf Reisekosten darstellt (KG, MDR 2004, 474; OLG Brandenburg, AGS 2009, 237 = MDR 2009, 175 = OLGR Brandenburg 2009, 79; OLG Celle, MDR 2007, 865 = FamRZ 2008, 162 = Rpfleger 2007, 403; OLG Düsseldorf, Rpfleger 2004, 709; OLG Oldenburg, FamRZ 2003, 107; **zur a.A.** OLG Brandenburg, FamRZ 2000, 1375; OLG Hamburg, FamRZ 2000, 1227; OLG Hamm, FamRZ 2000, 1227; OLG Karlsruhe, NJW 2005, 2718; OLG Rostock, FamRZ 2009, 1235 = OLGR Rostock 2009, 503). 177

Die **frühere** Rechtsprechung des **BGH** (AGS 2007, 16 = NJW 2006, 3783), dass der Beiordnungsantrag eines auswärtigen Rechtsanwalts das Einverständnis zur eingeschränkten Beiordnung enthält, ändert daran nichts (vgl. dazu OLG Naumburg, AGS 2009, 75 = MDR 2009, 234;

Auslagen aus der Staatskasse (§ 46 Abs. 1 und 2)

OLG Nürnberg, AGS 2008, 457 = MDR 2008, 112 = OLGR Nürnberg 2008, 199 = NJW-Spezial 2008, 200).

cc) Kein konkludenter Verzicht

178 Da nach geltender Rechtslage die notwendigen Reisekosten grds. zu erstatten sind, kann nicht mehr unterstellt werden, dass der Beiordnungsantrag des auswärtigen Rechtsanwalts einen **konkludenten Verzicht** auf die Reisekosten enthält. Bei einer **uneingeschränkten Beiordnung** des auswärtigen Rechtsanwalts kann im Festsetzungsverfahren gem. § 55 auch nicht darauf verwiesen werden, dass eine Beiordnung zu den Bedingungen eines ortsansässigen Anwalts oder mit der Maßgabe, dass Reisekosten nur bis zu dem Betrag erstattet werden, der bei zusätzlicher Beiordnung eines Verkehrsanwalts angefallen wäre, kostengünstiger gewesen wäre (LAG Rheinland-Pfalz, 27.10.2006 – 9 Ta 193/06, JurionRS 2006, 32497; **a.A.** OLG Naumburg, MDR 2002, 177 = OLGR Naumburg 2001, 486; OLGR Naumburg 2002, 310, noch zu § 126 Abs. 1 Satz 2 BRAGO; OLG Stuttgart, FamRZ 2005, 2007; OLG Hamm, AGS 2005, 353 = MDR 2005, 538 = FamRZ 2005, 1264).

> **Hinweis:**
> Hatte der auswärtige Rechtsanwalt jedoch sein **Einverständnis** mit einer eingeschränkten Beiordnung **erklärt** bzw. sich mit der Beiordnung zu den Bedingungen eines ortsansässigen Anwalts einverstanden erklärt, ist die Einschränkung aber (versehentlich) nicht in den Beschluss aufgenommen worden, ist ausnahmsweise eine Überprüfung durch den Urkundsbeamten nicht ausgeschlossen (OLG Dresden, AGS 2009, 451 = JurBüro 2009, 368 = OLGR Dresden 2009, 482; OLG Düsseldorf, AGS 2004, 296 = Rpfleger 2004, 709; FamRZ 1993, 819 = Rpfleger 1993, 351= JurBüro 1993, 689; OLG München, Rpfleger 2002, 159).

b) Pflichtverteidiger

aa) Unzulässige Beschränkung

179 Die Bestellung eines **Pflichtverteidigers** mit der Beschränkung auf die Vergütung eines ortsansässigen Rechtsanwalts wird als **unzulässig** angesehen, weil sie gesetzlich nicht vorgesehen ist (OLG Brandenburg, StV 2007, 484 = JurBüro 2007, 485; OLG Düsseldorf, NStZ-RR 2009, 348 = JMBl. NW 2009, 128 = NJW-Spezial 2009, 586 = Rpfleger 2009, 590; JurBüro 1985, 415 = AnwBl. 1985, 152 = MDR 1985, 343 = NStZ 1985, 185; OLG Frankfurt am Main, StV 1989, 241 = JurBüro 1989, 1111; OLG München, 06.04.2009 – 6 Ws 2/09 (3); OLG Zweibrücken, NStZ-RR 1997, 287 = JurBüro 1997, 529 = AnwBl. 1998, 218; LG Duisburg, Rpfleger 1989, 475 = MDR 1990, 76; LG Mülhausen, 30.10.2007 – 3 Qs 203/07; zu allem auch Burhoff, EV, Rn. 1200 m.w.N.). Denn der für die Beiordnung eines Rechtsanwalts im Wege der **PKH** geltende und diese Beschränkung grds. zulassende § 121 Abs. 1 bis 3 ZPO ist auf die Bestellung eines Pflichtverteidigers (§ 140 StPO) mangels gesetzlicher Verweisung nicht anwendbar (BVerfG, AGS 2001, 63 = NStZ 2001, 211 = NJW 2001, 1269 = BRAGOreport 2001, 60 = Rpfleger 2001, 198; OLG Brandenburg, AGS 2007, 77 = StraFo 2006, 214 = RVGreport 2006, 422).

Auslagen aus der Staatskasse (§ 46 Abs. 1 und 2)

Deshalb ist es vertretbar, zu der Auffassung zu gelangen, dass eine gesetzlich nicht vorgesehene und damit **unzulässige Beschränkung der Pflichtverteidigerbestellung** anders als bei der PKH (vgl. Rn. 175) für die Festsetzung gem. § 55 keine Wirkung entfaltet, weil sie unwirksam ist (BVerfG, AGS 2001, 63 = NStZ 2001, 211 = NJW 2001, 1269 = BRAGOreport 2001, 60 = Rpfleger 2001, 198; OLG Brandenburg, AGS 2007, 77 = StraFo 2006, 214 = RVGreport 2006, 422).

180

> **Hinweis:**
> Allerdings besteht die Gefahr, dass dem Urkundsbeamten die **Wirkungslosigkeit** der Beschränkung und der Ausnahmen hiervon (Einverständnis, vgl. nachfolgend Rn. 181) nicht bekannt sind und deshalb in der Festsetzung nicht beachtet werden. Deshalb wird zutreffend ein **Beschwerderecht** des Pflichtverteidigers gegen seine eingeschränkte Bestellung bejaht (OLG Düsseldorf, NStZ-RR 2009, 348 = JMBl. NW 2009, 128 = NJW-Spezial 2009, 586 = Rpfleger 2009, 590).

bb) Zulässige Beschränkung bei Einverständnis

Die eingeschränkte Bestellung soll aber dann zulässig sein mit der Folge, dass keine Reisekosten aus der Staatskasse zu erstatten sind, wenn der bestellte Anwalt zuvor sein **Einverständnis mit der eingeschränkten Bestellung** erklärt hat (OLG Frankfurt am Main, StV 1989, 241 = JurBüro 1989, 1111; OLG München, 06.04.2009 – 6 Ws 2/09 (3); OLG Zweibrücken, NStZ-RR 1997, 287 = JurBüro 1997, 529 = AnwBl. 1998, 218; LG Duisburg, Rpfleger 1989, 475 = MDR 1990, 76; LG Mühlhausen, 30.10.2007 – 3 Qs 203/07; für den Gebührenverzicht OLG Bamberg, NJW 2006, 1536 = NStZ 2006, 467; OLG Naumburg, StraFo 2005, 73; a.A. für den Gebührenverzicht jetzt OLG Naumburg, RVGreport 2010, 333 = RVG professionell 2010, 133). Das erscheint zutreffend, weil die eingeschränkte Bestellung dann allein auf der Verzichtserklärung beruht (OLG Zweibrücken, NStZ-RR 1997, 287 = JurBüro 1997, 529 = AnwBl. 1998, 218). Folgt man dem, muss der Urkundsbeamte somit im Festsetzungsverfahren ermitteln, ob sich der Anwalt mit der eingeschränkten Bestellung einverstanden erklärt hat und ob ggf. ein – allerdings nur Wirkung für die Zukunft und nicht für bereits zuvor angefallene Kosten entfaltender (OLG München, 06.04.2009 – 6 Ws 2/09 (3); OLG Zweibrücken, NStZ-RR 1997, 287 = JurBüro 1997, 529 = AnwBl. 1998, 218) – Widerruf des Einverständnisses/Verzichts erklärt worden ist.

181

cc) Verzicht auf Reisekosten

Ergibt die Prüfung, dass das nicht widerrufene Einverständnis vorlag, muss sich der Urkundsbeamte aber anschließend ggf. noch mit der Frage beschäftigen, ob der hierdurch erfolgte **Verzicht auf Auslagenerstattungsansprüche** überhaupt zulässig ist (vgl. dazu Teil A: Vergütungsanspruch gegen die Staatskasse [§§ 44, 45, 50], Rn. 1493 f.; Komm. zu § 54 Rn. 21; OLG Frankfurt am Main, StV 1989, 241 = JurBüro 1989, 1111; OLG München, 06.04.2009 – 6 Ws 2/09 (3); OLG Zweibrücken, NStZ-RR 1997, 287 = JurBüro 1997, 529 = AnwBl. 1998, 218; LG Duisburg, Rpfleger 1989, 475 = MDR 1990, 76; für den Gebührenverzicht OLG Bamberg, NJW 2006, 1536 = NStZ 2006, 467; OLG Naumburg, StraFo 2005, 73; RVGreport 2010, 333 = RVG professionell 2010, 133).

182

Auslagen aus der Staatskasse (§ 46 Abs. 1 und 2)

183 **Hinweis:**

Hat sich der Pflichtverteidiger im Rahmen eines **Maßregelvollstreckungsverfahrens** gem. § 67e StGB (Überprüfung der Unterbringung) mit einer eingeschränkten Bestellung zu den Bedingungen eines ortsansässigen Rechtsanwalts einverstanden erklärt, gilt dieses Einverständnis nicht mehr für die Bestellung in einem späteren, eine neue gebührenrechtliche Angelegenheit bildenden Überprüfungsverfahren gem. § 67e StGB fort (OLG Düsseldorf, NStZ-RR 2009, 348 = JMBl. NW 2009, 128 = Rpfleger 2009, 590; s. zur Angelegenheit auch Teil A: Angelegenheiten [§ 15 ff.], Rn. 100 und Vorbem. 4.2 VV Rn. 24; zur Reichweite der Bestellung Teil A: Umfang des Vergütungsanspruchs [§ 48 Abs. 1], Rn. 1397 ff.).

c) **Beistand des Nebenklägers/PKH-Anwalt des Nebenklägers**

184 Wird dem **Nebenkläger** gem. § 397a Abs. 1 StPO ein **Beistand bestellt** oder gem. § 397a Abs. 2 StPO im Wege der **PKH beigeordnet**, entfaltet die Bestellung/Beiordnung unter Beschränkung auf die Vergütung eines ortsansässigen Rechtsanwalts im Festsetzungsverfahren nach § 55 wie beim Pflichtverteidiger **keine Wirkung**. Denn für den **Beistand** des Nebenklägers wird ebenfalls nicht auf § 121 Abs. 1 bis 3 ZPO verwiesen, vgl. § 397a Abs. 1 StPO. Für den im Wege der PKH beigeordneten Nebenkläger-Vertreter wird § 121 Abs. 1 bis 3 ZPO in § 397a Abs. 2 Satz 3 StPO ausdrücklich nicht in Bezug genommen (OLG Brandenburg, AGS 2007, 77 = StraFo 2006, 214 = RVGreport 2006, 422).

Hat der Beistand bzw. der im Wege der PKH beigeordnete Anwalt des Nebenklägers aber sein **Einverständnis mit der eingeschränkten Bestellung** erklärt, gelten die Erläuterungen zu Rn. 181 entsprechend.

5. **Hauptverhandlungstermine/sonstige gerichtliche Termine**

185 Nach § 46 Abs. 1 sind dem Pflichtverteidiger die erforderlichen Reisekosten zu erstatten. Reisekosten zur **Wahrnehmung des Hauptverhandlungstermins** sind stets als notwendig anzusehen (vgl. OLG Oldenburg, JurBüro 2006, 320). Das gilt auch, wenn das Gericht Termine zur Erörterung des Standes des Verfahrens zur Vorbereitung einer Verständigung (§ 257c StPO) anberaumt (vgl. zur Abrechnung bei der Verständigung Teil A: Verständigung im Straf- und Bußgeldverfahren, Abrechnung, Rn. 1585).

6. **Besuche in der JVA**

186 Auch die durch notwendige **Besuche** des Pflichtverteidigers bei dem Beschuldigten **in der JVA** angefallenen Reisekosten sind von der Staatskasse zu erstatten (vgl. OLG Düsseldorf, RVGreport 2008, 289; OLG Brandenburg, RVGreport 2007, 182; OLG Jena, JurBüro 2006, 366 = Rpfleger 2006, 434; AG Kempen, StRR 2010, 280; Hansens, in: Hansens/Braun/Schneider, Teil 19 Rn. 115). Hält die **Staatskasse** die Kosten für mehrere Besuche des Pflichtverteidigers in der JVA (Informationsreisen) **nicht** für **erstattungsfähig**, obliegt ihr die **Beweislast** dafür, dass die hierdurch entstandenen Kosten zur sachgemäßen Wahrnehmung der Interessen der Partei nicht erforderlich waren. Maßstab für diese Prüfung kann sein, ob ein verständiger bemittelter Angeklagter die Auslagen in gleicher Situation auch veranlasst hätte. Hierbei ist auf den Zeit-

punkt des Entstehens der Reisekosten abzustellen. Nur wenn sich Anhaltspunkte ergeben, die auf einen Missbrauch der Verpflichtung des Pflichtverteidigers zur kostensparenden Prozessführung hindeuten, ist der Pflichtverteidiger anstelle der Staatskasse darlegungs- und beweispflichtig (vgl. OLG Brandenburg, RVGreport 2007, 182; OLG Düsseldorf, RVGreport 2008, 259 = RVG-professionell 2008, 189 = StRR 2008, 399; LG Frankfurt an der Oder, RVGreport 2007, 109). Es liegt daher im Ermessen der Verteidigung, wie viele Gespräche jeweils mit dem Mandanten zur Vorbereitung des Prozesses notwendig sind (vgl. OLG Hamm, StV 2002, 93 = NStZ-RR 2002, 95 = JurBüro 2001, 193 für 23 JVA-Besuche in einem Zeitraum von 3 Jahren in einem gegen einen ausländischen Beschuldigten gerichteten Verfahren wegen des Vorwurfs des Mordes; LG Frankfurt an der Oder, RVGreport 2007, 109 für 7 Besuche beim Mandanten in der JVA während der 5-monatigen U-Haft; s. auch noch AG Kempen, a.a.O.).

7. Reisekosten für mehrere Geschäfte

Sind Reisekosten durch die Wahrnehmung **mehrerer Geschäfte** angefallen, sind die entstandenen Reisekosten nach Vorbem. 7 Abs. 3 Satz 1 VV nach dem **Verhältnis der Kosten** zu verteilen, die bei gesonderter Ausführung der einzelnen Geschäftsreisen angefallen wären (vgl. hierzu ausführlich Hansens, in: Hansens/Braun/Schneider, Teil 19 Rn. 100 bis 102; vgl. auch LG Frankfurt an der Oder, RVGreport 2007, 109). 187

8. Mehrere Verteidiger derselben Sozietät in demselben Strafverfahren

Vertreten aus **derselben Kanzlei** stammende Pflichtverteidiger **in demselben Strafverfahren verschiedene Angeklagte**, können diese grds. ihre jeweils entstandenen Reisekosten zu Besprechungsterminen mit den Angeklagten in der JVA oder zum Hauptverhandlungstermin geltend machen. Der Anspruch auf Reisekostenerstattung beschränkt sich nicht auf die Kosten, die bei Anreise in einem **gemeinsamen Pkw** angefallen wären, zumal bei der Anreise mit **öffentlichen Verkehrsmitteln** ohnehin **separate Reisekosten** entstanden wären. Zudem muss berücksichtigt werden, dass für die Reise in einem **gemeinsamen Fahrzeug** eine umfassende Terminabsprache bzw. Terminorganisation erforderlich wäre, die in der Praxis in den meisten Fällen nicht möglich sein wird (vgl. LG Cottbus, AGS 2006, 463). 188

9. Kosten einer Bahncard/einer Netzfahrkarte

Sofern der Verteidiger zu seinen Besuchen in der JVA **mit öffentlichen** Verkehrsmitteln angereist ist und hierbei eine sog. Netzfahrkarte „Ticket 2000" oder seine **Bahncard** benutzt hat, kann er dafür nicht anteilige Anschaffungskosten nach § 46 Abs. 1 als Auslagen erstattet verlangen. Solche Kosten sind nach allgemeiner Meinung nicht als Auslagen erstattungsfähig, weil sie keinem bestimmten Verfahren zugeordnet werden können. Es handelt sich vielmehr um **allgemeine Geschäftskosten**, die gem. Vorbem. 7 Abs. 1 VV mit den Gebühren des Rechtsanwalts abgegolten werden (vgl. OLG Celle, RVGreport 2005, 151; OLG Düsseldorf, StRR 2008, 399 = RVGreport 2008, 259; OVG Nordrhein-Westfalen, NJW 2006, 1897 = Rpfleger 2006, 443; VG Köln, RVGreport 2006, 154 = NJW 2005, 3513; Komm. zu Nr. 7004 VV Rn. 14; Hansens, in: Hansens/Braun/Schneider, Teil 19 Rn. 80; vgl. auch OLG Celle, MDR 2004, 1445; OLG Karls- 189

Auslagen aus der Staatskasse (§ 46 Abs. 1 und 2)

ruhe, Rpfleger 2000, 129; VG Ansbach, AnwBl. 2001, 185). Insoweit findet also beim Pflichtverteidiger eine Auslagenerstattung nicht statt.

> **Hinweis:**
>
> Der **Wahlanwalt** kann/sollte mit dem Mandanten eine diesen Fall regelnde **Reisekostenregelung** treffen.

10. Informationsreisen

190 Die Kosten einer Informationsreise, z.B. zur **Tatortbesichtigung** oder zur **Erörterung** der **Haftverschonung** mit dem Berichterstatter des Verfahrens, sind regelmäßig nur bei besonderen Umständen erstattungsfähig. Bei einem ausführlichen Tatortfundbericht und hierzu gefertigten Lichtbildern ist nach Auffassung des OLG Köln (AGS 2009, 585) eine Reise zur Besichtigung des Tatortes nicht erforderlich. Eine Fahrt zum Berichterstatter zur Erörterung der Frage einer möglichen Haftverschonung ist schon deshalb nicht als erforderlich anzusehen, weil sich für das Gericht einseitige persönliche Gespräche mit der Verteidigung ohne Beteiligung der Staatsanwaltschaft in aller Regel verbieten.

11. Taxikosten

191 Die Erstattungsfähigkeit von Taxikosten ist im Regelfall jedenfalls für **kürzere Strecken** zu bejahen. Hierzu gehören insbesondere Fahrten anlässlich des Zu- und Abgangs von einem öffentlichen Verkehrsmitteln (OLG Köln, StraFo 2009, 43 = StRR 2009, 320 = RVGreport 2009, 189).

V. Umsatzsteuer (Nr. 7008 VV)

1. Erstattungsanspruch

192 Nach Nr. 7008 VV RG besteht Anspruch auf Ersatz der auf die **Vergütung** (§ 1 Abs. 1 Satz 1) entfallenden Umsatzsteuer aus der Staatskasse. Die Vergütung besteht aus den **Gebühren** und **Auslagen** des Rechtsanwalts. Umsatzsteuerpflichtig sind neben den in Teil 7 VV ausdrücklich geregelten **Auslagen** grds. auch die von Vorbem. 7 Abs. 1 Satz 2 VV, §§ 675, 670 BGB erfassten **Aufwendungen**.

> **Praxistipp:**
>
> Handelt es sich bei den Aufwendungen allerdings um **durchlaufende Posten**, besteht **keine Umsatzsteuerpflicht**, weil diese nicht zum **umsatzsteuerpflichtigen Entgelt** gehören (vgl. § 10 Abs. 1 Satz 6 UStG, Nr. 152 UStR). Bei der vom Pflichtverteidiger ggf. gezahlten **Aktenversendungspauschale** i.H.v. 12,00 € handelt es sich aber nicht um einen umsatzsteuerfreien **durchlaufenden Posten**, sondern um eine **umsatzsteuerpflichtige Leistung** (vgl. Rn. 199 ff.).

Auslagen aus der Staatskasse (§ 46 Abs. 1 und 2)

2. Vorsteuerabzugsberechtigung

Auch bei etwaiger **Vorsteuerabzugsberechtigung** des Mandanten erstattet die Staatskasse die Umsatzsteuer (vgl. BGH, Rpfleger 2006, 609 = RVGreport 2006, 392; LAG Rheinland-Pfalz, JurBüro 1997, 29; Gerold/Schmidt/Müller-Rabe, § 55 Rn. 30). Eine Erklärung zur **Vorsteuerabzugsberechtigung** entsprechend § 464b StPO, § 104 Abs. 2 Satz 3 ZPO ist im Verfahren nach § 55 nicht abzugeben, weil Vergütungsschuldner nicht der Beschuldigte, sondern die Staatskasse ist (vgl. LAG Rheinland-Pfalz, a.a.O.; AnwKomm-RVG/N. Schneider, VV 7008 Rn. 68; s. dazu auch Teil A: Festsetzung gegen die Staatskasse [§ 55], Rn. 601). **Grundlage für die Berechnung** der Umsatzsteuer ist die aus der Staatskasse gezahlte Vergütung (AnwKomm-RVG/N. Schneider, VV 7008 Rn. 65).

193

> **Praxistipp:**
>
> Rechnet der Anwalt bereits Umsatzsteuer enthaltene **Reisekosten** ab (z.B. **Taxi-, Bahn-, Flug-, Übernachtungskosten oder Parkgebühren**), darf bei möglichem **Vorsteuerabzug** zusätzlich zu den Bruttobeträgen nicht noch Umsatzsteuer nach Nr. 7008 VV RVG angesetzt werden (vgl. AnwKomm-RVG/N. Schneider, VV 7003 – 7006 Rn. 43 ff.).

3. Nebenklage und Vorsteuerabzugsberechtigung

Obsiegt der Nebenkläger im **Adhäsionsverfahren**, kann der dem Nebenkläger im Wege der PKH beigeordnete Rechtsanwalt im Rahmen der Kostenfestsetzung nach § 126 ZPO keine Erstattung der Umsatzsteuer von dem Beschuldigten fordern, wenn der **Nebenkläger vorsteuerabzugsberechtigt** ist (vgl. BGH, Rpfleger 2006, 609 = RVGreport 2006, 392; zur Anwendung von § 126 ZPO im Adhäsionsverfahren Schneider, in: Hansens/Braun/Schneider, Teil 15 Rn. 719).

194

4. Änderung des Umsatzsteuersatzes

Zuletzt ist zum 01.01.2007 eine **Erhöhung des Umsatzsteuersatzes** auf 19 % erfolgt. Bis zum 31.12.2006 betrug der Umsatzsteuersatz 16 %. Die Höhe des für die Vergütung maßgebenden Umsatzsteuersatzes richtet sich nicht nach der Übergangsvorschrift des § 60 (Schneider, ZFE 2007, 70). Insbesondere kommt es nicht auf den Zeitpunkt der Auftragserteilung an. Über die Höhe des Umsatzsteuersatzes entscheidet vielmehr der **Zeitpunkt der Ausführung der Leistung** (vgl. § 13 Abs. 1 Nr. 1 UStG). Da es sich bei der anwaltlichen Tätigkeit um eine Dauertätigkeit handelt, kommt es grds. auf die Beendigung der Tätigkeit an. Dieser Zeitpunkt wird häufig mit dem Zeitpunkt der **Fälligkeit** der Vergütung (vgl. § 8) zusammenfallen, weil auch die Fälligkeit der Vergütung auf die Beendigung der Tätigkeit abstellt (vgl. hierzu OLG Düsseldorf, JurBüro 1982, 1840; OLG Schleswig, JurBüro 1983, 233; AnwKomm-RVG/N. Schneider, VV 7008 Rn. 61, Anh. zu § 61; Zorn, VRR 2006, 289; Schneider, ZFE 2007, 70; Onderka, RVGprofessionell 2006, 193).

195

Im Fall der **Vorschusserhebung nach § 47** kommt es für die Höhe des Umsatzsteuersatzes darauf an, ob eine **Teil- oder Zwischenabrechnung** vorliegt (vgl. § 13 Abs. 1 Nr. 1a UStG). Nach § 47 wird ein Vorschuss nur auf bereits entstandene **Gebühren** gewährt (vgl. AG Koblenz, AGS 2005, 352; s. zum Vorschuss auch Erläuterungen in Teil A: Vorschuss aus der Staatskasse [§ 47],

196

Auslagen aus der Staatskasse (§ 46 Abs. 1 und 2)

Rn. 1645 ff.). Daher soll es sich bei der Vorschussanforderung gegenüber der Staatskasse zumindest hinsichtlich der Gebühren stets um eine Teil- oder Zwischenabrechnung handeln, sodass es damit auf den Steuersatz zu dem Zeitpunkt der Vorschusserhebung ankommt (vgl. AnwKomm-RVG/N. Schneider, VV 7008 Rn. 62, Anhang zu § 61).

Liegt keine Teilleistung vor, sondern wird vor dem 31.12.2006 ein pauschaler Vorschuss erhoben, muss dieser bei Beendigung der Tätigkeit in 2007 noch entsprechend mit 3 % nachversteuert werden.

VI. Aktenversendungspauschale (Vorbem. 7 Abs. 1 Satz 2 VV, § 670 BGB)

1. Keine Abgeltung durch Postentgeltpauschale

197 Zahlt der beigeordnete oder bestellte Rechtsanwalt die Aktenversendungspauschale an die Staatskasse/Gerichtskasse (vgl. Rn. 198), ist sie ihm von der Staatskasse gem. § 46 im Rahmen der Festsetzung gem. § 55 zu ersetzen, weil sie weder zu den mit den Gebühren nach Vorbem. 7 Abs. 1 Satz 1 VV abgegoltenen **allgemeinen Geschäftskosten** gehört (vgl. BGH, Urt. v. 06.04.2011 - IV ZR 232/08, JurionRS 2011, 15129; LG Berlin, BerlAnwBl. 1997, 442; AG Geesthacht, AnwBl. 1996, 476; AG Leipzig, NStZ-RR 2000, 319; a.A. LG Berlin, RVGreport 2005, 150; AG München, JurBüro 1995, 544), noch mit der als Ersatz für **Post- und Telekommunikationsentgelte** anfallenden Postentgeltpauschale nach Nr. 7002 VV abgegolten wird (vgl. BGH, Urt. v. 06.04.2011 - IV ZR 232/08, JurionRS 2011, 15129; OLG Düsseldorf, StV 2003, 177 = BRAGOreport 2002, 79; LG Dresden, RVGreport 2010, 454 = RVGreport 2010, 454 = RVGprofessionell 2011, 30; eingehend zur Aktenversendungspauschale s. auch Burhoff, EV, Rn. 139 ff. und Burhoff, OWi, Rn. 203 ff.). Die **Gegenauffassung** (vgl. LG Leipzig, RVGreport 2009, 61 = VRR 2009, 119; RVGreport 2010, 182; LG Zweibrücken, 23.09.2009 – Qs 12/09; AG Eilenburg, RVGreport 2010, 60 = JurBüro 2010, 34; AG Nordhorn, JurBüro 1995, 305) ist **unzutreffend**, weil sie verkennt, dass die Aktenversendungspauschale nicht zu den von Nr. 7001, 7002 VV erfassten Post- und Telekommunikationsentgelten gehört. Der Rechtsanwalt zahlt sie nämlich an das Gericht/die Behörde als Abgeltung nicht nur der tatsächlichen Entgelte für Postdienstleistungen (Porto), Kurierkosten und der Bereitstellung und Entsorgung von Verpackungsmaterialien. Vielmehr erfasst sie insbesondere auch den der Justiz anlässlich der Aktenversendung entstehenden Personalaufwand (vgl. BT-Drucks. 12/6962). Hierzu gehören z.B. das Heraussuchen der Akte, die Anlegung und Auflösung eines Aktenretents bzw. eines Kontrollblatts, die Fertigung eines Übersendungsschreibens, die Überwachung der Rückkehr der Akte sowie die Einordnung der Akte in den Geschäftsgang nach Rückkehr (vgl. OLG Celle, AGS 2007, 261; OLG Düsseldorf, StRR 2010, 277 = VRR 2010, 121; OLG Hamm, NStZ 2006, 410 = RVGreport 2006, 76; OLG Jena, JurBüro 2008, 374; OLG Koblenz, JurBüro 2006, 2007; OLG Köln, MDR 2009, 955 = AGS 2009, 339; AG Leipzig, JurBüro 2005, 547; Oestreich/Hellstab/Trenkle, § 28 GKG Rn. 7, 10).

> **Hinweis:**
>
> Die Erstattung der Pauschale kann dem Rechtsanwalt nicht mit der Begründung versagt werden, dass bei **Abholung** der Akte bei Gericht die Pauschale nicht angefallen wäre. Denn

Auslagen aus der Staatskasse (§ 46 Abs. 1 und 2)

der Rechtsanwalt hat von der durch die Justiz angebotenen kostenpflichtigen Versendung Gebrauch gemacht. Die hierdurch angefallenen Aufwendungen sind dann auch erforderlich i.S.v. § 46.

2. Anforderung durch die Staatskasse

Weil der gerichtlich beigeordnete oder bestellte Rechtsanwalt gem. §§ 45, 46 Anspruch auf Erstattung der von ihm gezahlten Aktenversendungspauschale aus der Staatskasse hat, erscheint es sinnvoll, ihm die Aktenversendungspauschale erst gar nicht in Rechnung zu stellen. Hierdurch wird unnötiger **Bearbeitungsaufwand vermieden**. Außerdem besteht dann auch nicht die Gefahr, dass die in der späteren Pflichtverteidigervergütung enthaltene Pauschale dem Verurteilten gem. Nr. 9007 KV GKG unberechtigt in Rechnung gestellt wird (vgl. Teil A: Gerichtskosten, Rn. 754).

198

3. Anwalt als Schuldner der Pauschale/Umsatzsteuer

Kostenschuldner der Aktenversendungspauschale i.H.v. 12,00 € ist in Straf- und Bußgeldsachen gem. § 28 Abs. 2 GKG, § 107 Abs. 5 OWiG nur der **Pflichtverteidiger**, weil nur er gem. § 147 StPO, § 46 Abs. 1 OWiG Akteneinsicht nehmen kann (Burhoff, EV, Rn. 142 m.w.N.; BGH, RVGreport 2011, 215 = StRR 2011 279 m. Anm. Volpert). Diese Grundsätze gelten im Auslieferungsverfahren (Teil 6 Abschnitt 1 VV, vgl. OLG Naumburg, RVGreport 2009, 110 = AGS 2009, 218) entsprechend (s. aber Rn. 200). Bei der **Privatklage** ist ebenfalls nur der Anwalt Kostenschuldner der Pauschale, weil nur ihm das Einsichtsrecht zusteht, § 385 Abs. 3 StPO. Bei der **Nebenklage** ergibt sich das Recht zur Akteneinsicht aus § 406e StPO (Burhoff, EV, Rn. 111). Die früher in § 397 Abs. 1 Satz 2 StPO enthaltene Verweisung auf das in § 385 Abs. 3 StPO normierte Recht des Privatklägers zur Akteneinsicht ist durch das 2. OpferRRG entfallen. Der Nebenkläger und auch der Verletzte kann nach § 406e Abs. 1 Satz 1 StPO nur durch einen Rechtsanwalt die Akten einsehen. Kostenschuldner ist daher auch hier nur der Anwalt (BGH, Urt. v. 06.04.2011 - IV ZR 232/08, JurionRS 2011, 15129; s. dazu ausführlich Teil A: Gerichtskosten, Rn. 752)

199

Aufgrund der Regelungen in § 28 Abs. 2 GKG und § 107 Abs. 5 OWiG stellt die Aktenversendungspauschale damit in diesen Fällen eine **eigene Kostenschuld des Rechtsanwalts** dar. Bei der Aktenversendungspauschale handelt es sich daher nicht um einen umsatzsteuerfreien **durchlaufenden Posten** i.S.v. § 10 Abs. 1 Satz 6 UStG (Abschn. 152 UStR), sondern um eine **umsatzsteuerpflichtige Leistung** des Rechtsanwalts (vgl. BGH, Urt. v. 06.04.2011 - IV ZR 232/08, JurionRS 2011, 15129; vgl. z.B. auch die Verfügung der OFD Karlsruhe v. 15.08.2007 – S 7200, abgedruckt in RVGreport 2007, 401). Der **beigeordnete oder bestellte Rechtsanwalt** erhält daher aus der Staatskasse die Aktenversendungspauschale zzgl. Umsatzsteuer (vgl. BGH, RVGreport 2011, 215 = StRR 2011 279 m. Anm. Volpert; BVerwG, RVGreport 2010, 304 = AGS 2010, 383; OVG Lüneburg, AGS 2010, 126 = JurBüro 2010, 305; OLG Bamberg, StraFo 2009, 350 = StRR 2009, 243 = VRR 2009, 243; OLG Naumburg, StRR 2009, 3 = RVGreport 2009, 110 = AGS 2009, 218 für das Auslieferungsverfahren nach dem IRG, vgl. Nr. 6101, 6102 VV; RVGreport 2010, 454 = RVGprofessionell 2011, 30 = AGKompakt 2011, 15; LG Leipzig, 28.10.2010 – 5 Qs 164/10, www.burhoff.de; AG Neustadt/Weinstraße, AGS 2008, 337; AG Dortmund, AGS 2009, 113; AG Lahr, AGS 2008, 264; AG Köthen, 15.07.2009 – 12 II 301/07,

200

Auslagen aus der Staatskasse (§ 46 Abs. 1 und 2)

JurionRS 2009, 20599; Bohnenkamp, JurBüro 2007, 569; Schons, AGS 2007, 109; **a.A.** AG Dessau, StRR 2007, 200, allerdings in einer Zivilsache; AG Chemnitz, DAR 2008, 114; AG Stuttgart, AGS 2008, 337; Weis, AnwBl. 2007, 529; Buhmann/Woldrich, DStR 2007, 1900).

> **Hinweis:**
>
> Auch der Mandant oder dessen Rechtsschutzversicherung hat daher die Aktenversendungspauschale zzgl. Umsatzsteuer dem **Wahlverteidiger** zu ersetzen.

201　Im **Verfahren vor der Verwaltungsbehörde** hat zwar auch der (verteidigte) Betroffene nach § 49 Abs. 1 OWiG selbst das Recht – unter Aufsicht – die Akten einzusehen (Burhoff, EV, Rn. 81, 472; Burhoff, OWi, Rn. 153). Allerdings werden die Akten hier nicht versandt, sodass keine Aktenversendungspauschale entsteht und sich die Frage der **Umsatzsteuerpflicht** nicht stellt.

4.　Keine Erstattung von Rücksendekosten durch die Staatskasse

202　Durch das zum 31.12.2006 in Kraft getretene 2. JuMoG ist die Anm. zu **Nr. 9003 KV GKG** geändert worden. Danach sind mit den Kosten der Rücksendung nur die Kosten gemeint, die einem Gericht oder einer Staatsanwaltschaft entstehen. Werden die Akten einem Dritten, z.B. einem Rechtsanwalt übersandt, hat die Aktenrücksendung auf Kosten des Dritten zu erfolgen (vgl. BT-Drucks. 16/3038, S. 52). Auf die entsprechenden Erläuterungen im Teil A: Gerichtskosten, Rn. 757 wird verwiesen.

VII.　Dolmetscherkosten

1.　Erstattungsanspruch

203　Nach Art. 6 Abs. 3 Buchst. e) EMRK hat jeder Angeklagte das Recht, unentgeltliche Unterstützung durch einen Dolmetscher zu erhalten, wenn er die Verhandlungssprache des Gerichts nicht versteht oder spricht. Der Anspruch auf unentgeltliche Unterstützung durch einen Dolmetscher bezieht sich nicht nur auf den in der Hauptverhandlung tätigen Dolmetscher, sondern gilt für das gesamte Verfahren. Daher besteht Anspruch auf kostenfreie Zuziehung eines Dolmetschers auch für vorbereitende Gespräche mit dem Verteidiger (vgl. BVerfG, NJW 2004, 50 = Rpfleger 2004, 179; BGH, NJW 2001, 309; OLG Düsseldorf, MDR 1991, 1079; OLG München, StraFo 2008, 88). Diese Grundsätze finden auch im **Bußgeldverfahren** Anwendung (EGMR, NJW 1985, 1273; zur Zuziehung eines Dolmetschers allgemein, Burhoff, EV, Rn. 2093 ff. und Burhoff, HV, Rn. 1226 ff.).

2.　Höhe

203a　Zieht der **Pflichtverteidiger** für Gespräche mit dem Beschuldigten einen Dolmetscher hinzu, kann der Pflichtverteidiger entsprechend Vorbem. 7 Abs. 1 Satz 2 VV, §§ 675, 670 BGB Erstattung der ihm insoweit entstandenen Aufwendungen aus der Staatskasse verlangen (vgl. OLG Brandenburg, NJW-RR 2002, 1290 = Rpfleger 2002, 367; OLG Hamm, AGS 1999, 59). Nach der ausdrücklichen Regelung in § 46 Abs. 2 Satz 3 ist die Höhe der dem Pflichtverteidiger aus der Staatskasse zu ersetzenden Dolmetscherkosten allerdings auf die einem Dolmetscher nach dem

Justizvergütungs- und -entschädigungsgesetz (**JVEG**) zu zahlenden Beträge beschränkt (vgl. u.a. § 9 Abs. 3 JVEG: Stundensatz 55,00 €).

> **Hinweis:**
> Sind dem Pflichtverteidiger Dolmetscherkosten erstattet worden, können diese vom **Verurteilten** in der **Gerichtskostenrechnung** nicht gefordert werden (vgl. Abs. 4 der Anm. zu Nr. 9005 KV GKG). Aus den vom Verurteilten nach Nr. 9007 KV GKG geschuldeten Pflichtverteidigerkosten müssen die Dolmetscherkosten herausgenommen werden (OLG Düsseldorf, MDR 1981, 74; OLG München, NJW 1982, 2739 = MDR 1982, 956 = Rpfleger 1982, 397; s. zu Dolmetscherkosten in der Gerichtskostenrechnung Teil A: Gerichtskosten, Rn. 754).

3. Erforderlichkeit

Der Pflichtverteidiger ist gegenüber der Landeskasse verpflichtet, die Dolmetscherkosten **so niedrig wie möglich** zu halten (vgl. OLG Brandenburg, NJW-RR 2002, 1290 = Rpfleger 2002, 367; OLG Stuttgart, JurBüro 1996, 659). Daher dürfte der Pflichtverteidiger grds. gehalten sein, für Gespräche mit dem Beschuldigten in der JVA möglichst einen am Haftort ansässigen Dolmetscher zuzuziehen, soweit am Haftort geeignete Dolmetscher vorhanden sind (vgl. OLG Hamm, AGS 1999, 59; LG Koblenz, StraFo 2002, 69 = NStZ-RR 2001, 351 = JurBüro 2001, 642, Entfernung 90 km vom Haftort; Volpert, BRAGOprofessionell 2003, 165). Nach Auffassung des OLG Stuttgart (JurBüro 1996, 659) ist es aber noch angemessen, wenn der Verteidiger für Besprechungen mit dem inhaftierten Angeklagten einen Dolmetscher zuzieht, der 30 km vom Haftort entfernt wohnt. Die Kosten eines **auswärtigen Dolmetschers** können ausnahmsweise auch dann erstattungsfähig sein, wenn sich an dem Ort, an dem sich der inhaftierte Mandant befindet, in Anbetracht der Kürze der zur Verfügung stehenden Zeit kein anderer Dolmetscher finden lässt (vgl. OLG Hamm, AGS 1999, 59; vgl. auch OLG Düsseldorf, StV 1989, 404).

204

4. Kein eigener Anspruch des Dolmetschers

Die **Festsetzung** der **Dolmetscherkosten** erfolgt gem. § 55 auf Antrag des Pflichtverteidigers durch den Urkundsbeamten. Der **Dolmetscher** hat mangels Zuziehung durch das Gericht i.S.v. § 1 JVEG **keinen unmittelbaren Erstattungsanspruch** gegen die Staatskasse erlangt (OLG Düsseldorf, 20.12.2010 – III-1Ws 271/10, JurionRS 2010, 33746 = NJW-Spezial 2011, 154; LG Düsseldorf, 13.01.2011 – 11 KLs – 60 Js 495/10 – 43/10, JurionRS 2011, 11029; AG Düsseldorf, 04.05.2006 – 151 Gs 7320/05, n.v., bei Zuziehung des Dolmetschers durch den Pflichtverteidiger; Meyer/Höver/Bach, JVEG, § 1 Rn. 1.18; Mock, RVGreport 2006, 335). Der Dolmetscher kann sein Honorar daher grds. nur beim **Verteidiger** bzw. beim **Beschuldigten** geltend machen. Diese können die Erstattung der entstandenen Aufwendungen für den Dolmetscher gem. § 46 Abs. 2 bzw. gem. § 464b StPO aus der Staatskasse verlangen. Eine Zuständigkeit des Anweisungsbeamten zur Zahlung der vom Dolmetscher unmittelbar geltend gemachten Dolmetscherkosten besteht daher nicht. Der Anspruch auf Erstattung der Dolmetscherkosten kann daher grds. nur vom Pflichtverteidiger geltend gemacht werden (s. dazu ausführlich Teil A: Dolmetscherkosten, Erstattung, Rn. 426 ff.).

205

Auslagen aus der Staatskasse (§ 46 Abs. 1 und 2)

5. Beratungshilfe

206 Der im Rahmen der **Beratungshilfe** tätige Rechtsanwalt kann der Staatskasse gegenüber auch Dolmetscherkosten und Reisekosten geltend machen, soweit sie für die Erledigung der Beratung notwendig waren (LG Bochum, JurBüro 1986, 403; JurBüro 2002, 147; LG Hannover, JurBüro 1986, 120; 1986, 1214; AG Wermelskirchen, AGS 2002, 20 = Rpfleger 2001, 504).

VIII. Übersetzungskosten

207 Bei der Verteidigung eines nicht der deutschen Sprache mächtigen Angeklagten kann der Verteidiger auch unter Berücksichtigung des Art. 6 Abs. 3 EMRK von ihm veranlasste Dolmetscherkosten dann **nicht ersetzt** verlangen, wenn auch der **Beschuldigte** selbst auf die kostenfreie Übersetzung von Aktenteilen **keinen Anspruch** gehabt hätte (KG, StRR 2009, 278 = RVGreport 2009, 16 = JurBüro 2009, 31; OLG Dresden, Beschl. v. 19.04.2011 - 2 Ws 96/11; OLG Hamm, NStZ-RR 1999, 158 = StraFo 1999, 177 = AGS 1999, 90). Der Pflichtverteidiger kann Ersatz für die durch die Übersetzung von Aktenbestandteilen entstandene Auslagen nur verlangen, wenn deren Verständnis oder genaue Kenntnis für eine sachgerechte Verteidigung und damit für ein faires Verfahren erforderlich sind. Das ist für die Übersetzung von polizeilichen Vernehmungen (vgl. OLG Hamm, NStZ-RR 2001, 223 = JurBüro 2001, 248) sowie eines in der Akte enthaltenen Glaubwürdigkeitsgutachtens i.d.R. nicht der Fall (vgl. OLG Hamm, NStZ-RR 1999, 158 = StraFo 1999, 177 = AGS 1999, 90; vgl. aber OLG Dresden, Beschl. v. 19.04.2011 - 2 Ws 96/11 für die Übersetzung eines ausländischen Strafurteils).

> **Hinweis:**
>
> Nach der ausdrücklichen Regelung in § 46 Abs. 2 Satz 3 ist die Höhe der dem Pflichtverteidiger aus der Staatskasse zu ersetzenden Übersetzungskosten auf die einem Übersetzer nach dem Justizvergütungs- und -entschädigungsgesetz (**JVEG**) zu zahlenden **Beträge beschränkt**.

IX. Feststellungsverfahren gem. § 46 Abs. 2

1. Antrag

208 Für den beigeordneten oder bestellten Rechtsanwalt ist es oftmals unklar, ob Auslagen und Aufwendungen später von der Staatskasse im Verfahren gem. § 55 erstattet werden. Nach § 46 Abs. 2 Satz 1 kann deshalb beim Gericht des Rechtszugs beantragt werden, die Erforderlichkeit von Auslagen bzw. Aufwendungen (§ 670 BGB) festzustellen. Die Feststellung der Erforderlichkeit ist nach § 46 Abs. 2 Satz 2 auch im Bußgeldverfahren vor der Verwaltungsbehörde möglich. Sie wird dann durch die Verwaltungsbehörde getroffen.

Den Antrag nach § 46 Abs. 2 Satz 1 und Satz 3 kann nach dem ausdrücklichen Wortlaut der Vorschrift **nur** der **Rechtsanwalt** stellen. Der **Staatskasse** steht ein Antragsrecht insoweit nicht zu.

Auslagen aus der Staatskasse (§ 46 Abs. 1 und 2)

> **Hinweis:**
>
> Neben dem Feststellungsverfahren nach § 46 Abs. 2 bietet auch die **Festsetzung** eines **Vorschusses** nach § 47 die Möglichkeit zu klären, ob Auslagen von der Staatskasse erstattet werden. Denn nach § 47 können im Wege des Vorschusses die **voraussichtlich entstehenden** Auslagen aus der Staatskasse gefordert werden (s. auch Teil A: Vorschuss aus der Staatskasse [§ 47], Rn. 1645 ff.). Das Vorschussverlangen ist vorteilhafter als das Feststellungsverfahren nach § 46 Abs. 2, weil der Rechtsanwalt sofort Zahlungen aus der Staatskasse erhält und das Verfahren einfacher gestaltet ist.

2. Anwendungsbereich

Die **Feststellung** kann für **Reisekosten** (§ 46 Abs. 2 Satz 1) sowie über § 46 Abs. 2 Satz 3 auch für andere Aufwendungen des Rechtsanwalts (§ 670 BGB) erfolgen. Sie ist daher z.B. auch möglich für **Dolmetscherkosten** für vorbereitende Gespräche (OLG Schleswig, SchlHA 2006, 301; AG Wermelskirchen, AGS 2002, 20 = Rpfleger 2001, 504) oder für die Dokumentenpauschale anlässlich der Erstellung eines **Aktendoppels** für den Mandanten (dazu Rn. 155 f.). Das Feststellungsverfahren wird in Abs. 2 Satz 1 nur für Reisekosten thematisiert, gilt aber über Abs. 2 Satz 3 für **sämtliche Auslagentatbestände** (AnwKomm-RVG/Schnapp, § 46 Rn. 52; Mayer/Kroiß/Ebert, § 46 Rn. 169). 209

3. Entscheidung und Anfechtung

Über den Antrag entscheidet das Gericht des Rechtszugs bzw. ggf. die Verwaltungsbehörde (§ 46 Abs. 2 Satz 2). Vor der Feststellung sollte der **Vertreter der Staatskasse** angehört werden (Art. 103 GG). Die Feststellung trifft das Gericht durch **Beschluss**; die Reise oder die erfassten Aufwendungen sollten in dem Beschluss genau bezeichnet sein, um dem Urkundsbeamten die Zuordnung im Festsetzungsverfahren gem. § 55 zu erleichtern. 210

Die Entscheidung des Gerichts (Feststellung oder Ablehnung der Feststellung über die Erforderlichkeit von Auslagen und Aufwendungen) ist in jedem Fall – auch für die Staatskasse – **unanfechtbar** (OLG Düsseldorf, Rpfleger 1994, 226; AnwKomm-RVG/Schnapp, § 46 Rn. 48).

4. Bindungswirkung

Bei **Reisekosten** muss der Feststellungsantrag nach dem klaren Wortlaut **vor Antritt** einer Reise des Rechtsanwalts gestellt und die Entscheidung vor Reiseantritt getroffen werden (KG, StRR 2008, 398 = RVGreport 2008, 302 = RVGprofessionell 2008, 172). Aus § 48 Abs. 5 (Rückwirkung einer Beiordnung oder Bestellung) ergibt sich nichts anderes (Mayer/Kroiß, § 46 Rn. 174). Das gilt wegen § 46 Abs. 2 Satz 3 auch für andere Aufwendungen als Reisekosten. 211

Wird die Feststellung rechtzeitig getroffen, ist sie für das Festsetzungsverfahren nach § 55 gem. § 46 Abs. 2 Satz 1 **bindend** (vgl. AnwKomm-RVG/Schnapp, § 46 Rn. 48, 54). Der Urkundsbeamte darf sie nicht mehr infrage stellen. Im Festsetzungsverfahren nach § 55 ist dann vom Urkundsbeamten lediglich noch die Höhe der geltend gemachten Auslagen und Aufwendungen zu prüfen (vgl. AnwKomm-RVG/Schnapp, § 46 Rn. 48).

Auslagen aus der Staatskasse (§ 46 Abs. 1 und 2)

212　Entscheidet das Gericht erst **nach** dem Antritt der Reise oder der Entstehung einer anderen Aufwendung, ist die Entscheidung zwar wirksam, jedoch für das Festsetzungsverfahren nach § 55 nicht bindend.

Wird die Feststellung der Erforderlichkeit abgelehnt, entfaltet die Entscheidung hingegen keine Bindungswirkung für das Vergütungsfestsetzungsverfahren (vgl. OLG Schleswig, SchlHA 2007, 279; SchlHA 2006, 301; noch zur BRAGO: OLG Düsseldorf, NStZ-RR 1999, 320 und StV 1986, 209). Der Pflichtverteidiger kann die Auslagen und Aufwendungen dann noch im Vergütungsfestsetzungsverfahren geltend machen.

213　**Hinweis:**
Durch eine positive Entscheidung wird die Erstattungspflicht des Staates zu einem früheren Zeitpunkt sichergestellt. Eine negative Entscheidung entfaltet keine Bindungswirkung, sodass die Auslagen im Vergütungsfestsetzungsverfahren gem. § 55 erneut geltend gemacht werden können.

C. Arbeitshilfen

214　**Muster: Antrag auf Feststellung der Erforderlichkeit von Reisekosten nach § 46 Abs. 2**

An das

AG .....

In der Sache

..... ./. .....

Az. .....

beantrage ich,

gem. § 46 Abs. 2 RVG festzustellen, dass Geschäftsreisen nach ..... erforderlich sind.

Durch Beschluss vom ..... bin ich zum Pflichtverteidiger des Beschuldigten bestellt worden. Der Beschuldigte befindet sich in der JVA ..... Zur Vorbereitung der Verteidigung durch Gespräche mit dem Beschuldigten halte ich zunächst ..... Geschäftsreisen zur JVA in ..... zur sachgemäßen Verteidigung des Beschuldigten für erforderlich.

Da der Beschuldigte zudem der deutschen Sprache nicht mächtig ist, bitte ich zudem, die Erforderlichkeit der Zuziehung eines Dolmetschers zu den Besprechungen mit dem Beschuldigten festzustellen.

.....

Rechtsanwalt

Siehe auch im Teil A: → Allgemeine Vergütungsfragen, Rn. 22 ff.; → Angelegenheiten (§§ 15 ff.), Rn. 66 ff.; → Beratungshilfe, Rn. 285 ff.; → Beschwerdeverfahren, Abrechnung,

Beistand vor einem parlamentarischen Untersuchungsausschuss (Vorbem. 2 Abs. 2 Satz 2 VV)

Rn. 370 ff.; →Dolmetscherkosten, Erstattung, Rn. 426 ff.; →Festsetzung gegen die Staatskasse (§ 55), Rn. 579 ff.; →Rechtsmittel gegen die Vergütungsfestsetzung (§§ 56, 33), Rn. 1115; →Gerichtskosten, Rn. 713 ff.; →Umfang des Vergütungsanspruchs (§ 48 Abs. 1), Rn. 1382 ff.; →Vergütungsanspruch gegen die Staatskasse, Rn. 1469 ff.; →Vorschuss aus der Staatskasse (§ 47), Rn. 1645 ff.

Beistand vor einem parlamentarischen Untersuchungsausschuss (Vorbem. 2 Abs. 2 Satz 2 VV)

Vorbemerkung 2:

(1) ...

(2) Für die Tätigkeit als Beistand für einen Zeugen oder Sachverständigen in einem Verwaltungsverfahren, für das sich die Gebühren nach diesem Teil bestimmen, entstehen die gleichen Gebühren wie für einen Bevollmächtigten in diesem Verfahren. Für die Tätigkeit als Beistand eines Zeugen oder Sachverständigen vor einem parlamentarischen Untersuchungsausschuss entstehen die gleichen Gebühren wie für die entsprechende Beistandsleistung in einem Strafverfahren des ersten Rechtszugs vor dem Oberlandesgericht.

A. Überblick

Für die Tätigkeit als Beistand eines Zeugen oder Sachverständigen vor einem parlamentarischen Untersuchungsausschuss erhält der Rechtsanwalt nach Vorbem. 2 Abs. 2 Satz 2 VV die gleichen Gebühren wie für die entsprechende Beistandsleistung in einem **Strafverfahren** des ersten Rechtszugs vor dem **OLG**. Die unterschiedliche Behandlung der Tätigkeit als Beistand eines Zeugen oder Sachverständigen in einem Verwaltungsverfahren (vgl. dazu Satz 1) und vor einem parlamentarischen Untersuchungsausschuss rechtfertigt sich dadurch, dass auf Beweiserhebungen vor einem parlamentarischen Untersuchungsausschuss die Vorschriften der StPO i.d.R. sinngemäße Anwendung finden (AnwKomm-RVG/Wahlen, VV Vorb. 2 Rn. 6). Im Nachfolgenden werden nur die damit zusammenhängenden allgemeinen Fragen erläutert. Im Übrigen gelten die Ausführungen bei den entsprechenden Gebührentatbeständen.

215

B. Anmerkungen

I. Allgemeines

Vorbem. 2 Abs. 2 Satz 2 VV verweist für die Abrechnung der Tätigkeiten als Beistand eines Zeugen oder Sachverständigen vor einem parlamentarischen Untersuchungsausschuss auf die Gebühren für die entsprechende Beistandsleistung in einem Strafverfahren des ersten Rechtszugs vor dem **OLG**.

216

Beistand vor einem parlamentarischen Untersuchungsausschuss (Vorbem. 2 Abs. 2 Satz 2 VV)

II. Persönlicher Geltungsbereich

1. Allgemeines

217 Die Gebühren entstehen für den **Wahlbeistand** des Zeugen oder Sachverständigen. Sie entstehen aber auch für den ggf. vom parlamentarischen Untersuchungsausschuss bzw. seinem Vorsitzenden nach der jeweiligen Verfahrensordnung **beigeordneten Beistand**. Er erhält dann Festbetragsgebühren.

2. Abrechnung nach Teil 4 Abschnitt 1 VV

218 Der Rechtsanwalt rechnet seine Tätigkeit als Beistand eines Zeugen oder Sachverständigen vor dem parlamentarischen Untersuchungsausschuss **immer** nach **Teil 4 Abschnitt 1 VV**, und zwar nach den Nrn. 4130 ff. VV, ab. Die Problematik der Anwendung des Teil 4 Abschnitt 3 VV stellt sich hier nicht (vgl. dazu im Strafverfahren Vorbem. 4. 1 VV Rn. 5 ff.). Die Verweisung in Vorbem. 2 Abs. 2 Satz 2 VV ist eindeutig. Die Anwendung von Teil 4 Abschnitt 1 VV folgt auch aus der Gesetzesbegründung (vgl. BT-Drucks. 15/1971, S. 205). Zwar ist dort formuliert: „Hier kommen Gebühren nach Teil 4 Abschnitt 1 Unterabschnitt 1 und nach Nr. 4118 ff. VV RVG-E in Betracht". Aus der Formulierung „in Betracht" lässt sich aber nicht schließen, dass die erhöhten Gebühren des Teils 4 Abschnitt 1 VV nicht stets entstehen sollen (so aber OLG Düsseldorf, Rpfleger 2009, 528 = JurBüro 2009, 255 [Ls.]). Die Gebühren nach den Nrn. 4130 ff. VV rechtfertigen sich im Übrigen auch aus der Bedeutung der Tätigkeit des Beistandes vor einem parlamentarischen Untersuchungsausschuss.

III. Grundgebühr (Nr. 4100 VV)

219 Für den Beistand, der sich in die Sache einarbeitet, entsteht die Grundgebühr Nr. 4100 VV. Insoweit gelten die allgemeinen Regeln (vgl. dazu die Komm. zu Nr. 4100 VV). Die Gebühr entsteht mit Zuschlag, wenn sich der Mandant nicht auf freiem Fuß befindet (vgl. dazu Vorbem. 4 VV Rn. 83 ff.).

IV. Verfahrensgebühr (Nr. 4130 VV)

220 Für den Beistand entsteht die Verfahrensgebühr Nr. 4300 VV. Insoweit gelten die allgemeinen Regeln (vgl. dazu die Komm. zu Nr. 4300 VV). Die Gebühr entsteht mit Zuschlag, wenn sich der Mandant nicht auf freiem Fuß befindet (vgl. dazu Vorbem. 4 VV Rn. 83 ff.).

V. Terminsgebühr (Nr. 4132 VV)

221 Für den Beistand entsteht ggf. die Terminsgebühr Nr. 4132 VV. Auch insoweit gelten die allgemeinen Regeln (vgl. dazu die Kommentierung zu Nr. 4132 VV). Die Gebühr entsteht ebenfalls mit Zuschlag, wenn sich der Mandant nicht auf freiem Fuß befindet (vgl. dazu Vorbem. 4 VV Rn. 83 ff.).

VI. Auslagen

Für den Beistand entstehen die Auslagen nach **Teil 7 VV**, insbesondere entsteht ggf. die Postentgeltpauschale Nr. 7002 VV. 222

Beratung/Gutachten, Allgemeines (§ 34)

§ 34 RVG   Beratung, Gutachten und Mediation

(1) ¹Für einen mündlichen oder schriftlichen Rat oder eine Auskunft (Beratung), die nicht mit einer anderen gebührenpflichtigen Tätigkeit zusammenhängen, für die Ausarbeitung eines schriftlichen Gutachtens und für die Tätigkeit als Mediator soll der Rechtsanwalt auf eine Gebührenvereinbarung hinwirken, soweit in Teil 2 Abschnitt 1 des Vergütungsverzeichnisses keine Gebühren bestimmt sind. ²Wenn keine Vereinbarung getroffen worden ist, erhält der Rechtsanwalt Gebühren nach den Vorschriften des bürgerlichen Rechts. ³Ist im Fall des Satzes 2 der Auftraggeber Verbraucher, beträgt die Gebühr für die Beratung oder für die Ausarbeitung eines schriftlichen Gutachtens jeweils höchstens 250 Euro; § 14 Abs. 1 gilt entsprechend; für ein erstes Beratungsgespräch beträgt die Gebühr jedoch höchstens 190 Euro.

(2) Wenn nichts anderes vereinbart ist, ist die Gebühr für die Beratung auf eine Gebühr für eine sonstige Tätigkeit, die mit der Beratung zusammenhängt, anzurechnen.

Übersicht

		Rn.
A.	Überblick	223
B.	Anmerkungen	225
I.	Gebührenvereinbarung i.S.v. § 34 Abs. 1 Satz 1	225
	1. Inhalt	225
	2. Formerfordernis	226
	3. Subsidiarität der Gebührenvereinbarung nach § 34 Abs. 1 Satz 1	227
	4. Höhe der vereinbarten Vergütung	229
II.	Vergütung nach bürgerlichem Recht (Abs. 1 Satz 2)	230
	1. Allgemeines	230
	2. Verweis auf §§ 612, 632 BGB	231
	a) Allgemeines	231
	b) Übliche Vergütung	232
III.	Mandant ist Verbraucher (§ 34 Abs. 1 Satz 3)	236
	1. Allgemeines	236
	2. Begriff des Verbrauchers	237
	3. „Normale" Gebühr für Beratung und Gutachten	239
	a) Kappungsgrenze 250,00 €	239
	b) Mehrere Auftraggeber	242
	4. Erstberatungsgespräch	246
	a) Kappungsgrenze 190,00 €	246
	b) Mehrere Auftraggeber	248
	c) Begriff der Erstberatung	250
IV.	Anrechnung der Gebühr für die Beratung	253
	1. Anwendungsbereich	254
	2. Ausschluss der Anrechnung	256
	3. Zusammenhang der sonstigen Tätigkeit mit der Beratung	257

Literatur:

Baschek, Abrechnung der außergerichtlichen Beratungstätigkeit nach dem 1.7.2006, KammerReport Hamm 5/2005, 11; ***Chemnitz***, Zur Abgrenzung von Beratung, Erstberatung und Geschäftstätigkeit, AGS

Beratung/Gutachten, Allgemeines (§ 34)

1995, 22; **Enders**, Verbraucher im ersten Beratungsgespräch, JurBüro 2005, 57; **Ernst**, Die anwaltliche Vergütung ab 1.7.2006 im außergerichtlichen Bereich, BRAK-Mitt. 2006, 102; **Hansens**, Abrechnung von Beratungsmandaten mit dem Auftraggeber und seiner Rechtsschutzversicherung ab 1.7.2006, RVGreport 2006, 121; *ders.*, Die Anrechnung der Beratungsgebühr nach § 34 Abs. 2 RVG, RVGreport 2007, 323; **Henssler**, Aktuelle Praxisfragen anwaltlicher Vergütungsvereinbarungen, NJW 2005, 1537; **Kilian**, Die übliche Vergütung von Rechtsanwälten i.S.v. §§ 612 Abs. 2, 632 Abs. 2 BGB, MDR 2008, 780; **N. Schneider**, Die Erhöhung der Ratsgebühr und der „Erstberatungsgebühr" bei mehreren Auftraggebern, BRAGOreport 2001, 17; *ders.*, Die Vergütung für Beratung und Gutachten ab dem 01.07.2006, Renopraxis 2006, 102; *ders.*, Vertretung des Halters im Bußgeldverfahren, RVGprofessionell 2007, 189; *ders.*, Die Haftung mehrerer Auftraggeber nach § 7 Abs. 2 RVG, ZAP Fach 24, S. 1107; **Toussaint**, Formbedürftigkeit der Gebührenvereinbarung für anwaltliche Beratung, AnwBl. 2007, 67; **Volpert**, Auch die Erstberatungsgebühr muss angerechnet werden, RVGprofessionell 2004, 152.

A. Überblick

223 Auch im Straf-/Bußgeldverfahren kann der Rechtsanwalt den Auftrag zu einer Beratungs- bzw. zu einer gutachterlichen Tätigkeit erhalten. Das kann z.B. der Fall sein, wenn sich im straßenverkehrsrechtlichen Bußgeldverfahren der Halter des Pkw, der als Zeuge in Betracht kommt, an den Rechtsanwalt wendet (vgl. N. Schneider, RVGprofessionell 2007, 189). Bis zum 01.07.2006 entstanden dafür ggf. Gebühren nach den Nrn. 2101 f. VV a.F. bzw. nach der Nr. 2103 VV a.F. Diese Gebührentatbestände sind im Zuge der Neufassung des § 34 durch Art. 5 KostRMoG mit Wirkung zum **01.07.2006** ersatzlos weggefallen. An ihre Stelle ist der **§ 34** getreten, der vom Rechtsanwalt in diesen Bereichen den Abschluss einer „Gebührenvereinbarung" erwartet. In § 34 ist zudem noch die Mediation geregelt. Diese hat jedoch im Strafverfahren keine Bedeutung, sodass hier auf Ausführungen dazu verzichtet wird.

224 Die Regelung des § 34 hat zur Folge, dass auch der Rechtsanwalt, der im Bereich des Teils 4 oder 5 VV (beratend) tätig wird, eine solche Gebührenvereinbarung treffen muss. Die Vorschrift macht davon für die Teile 4 oder 5 VV keine Ausnahme. Trifft der Rechtsanwalt keine Vereinbarung, richtet sich seine Vergütung gem. § 34 Abs. 1 Satz 2 nach **bürgerlichem Recht**. Im Fall der Beratung ist § 612 BGB anwendbar, im Fall des Gutachtens § 634 BGB (wegen der Einzelh. s. Rn. 230 ff.; s. auch Teil A: Beratung(sgebühr) [§ 34], Rn. 272 ff. sowie Gutachten(gebühr) [§ 34], Rn. 796).

> **Hinweis:**
>
> Im Straf- und Bußgeldverfahren werden (reine) (Allein-)Beratungs- und Gutachtenaufträge die Ausnahme sein (vgl. aber zur Vertretung des Halters im Bußgeldverfahren N. Schneider, RVGprofessionell 2007, 189). Deshalb sollen hier nur die allgemeinen **Grundzüge** des Anwendungsbereiches des § 34 vorgestellt werden. Der **Begriff** der „**Beratung**" und die Einzelh. zur Beratungsgebühr sind erläutert im Teil A: Beratung(sgebühr) [§ 34], Rn. 274 ff., der des „**Gutachtens**" und die Einzelh. zur Gutachtengebühr im Teil A: Gutachten(gebühr) [§ 34], Rn. 797.

Beratung/Gutachten, Allgemeines (§ 34)

B. Anmerkungen

I. Gebührenvereinbarung i.S.v. § 34 Abs. 1 Satz 1

1. Inhalt

§ 34 Abs. 1 Satz 1 definiert nicht, was unter einer Gebührenvereinbarung zu verstehen ist. Der Abschluss einer solchen Vereinbarung unterliegt daher keinen besonderen zivil- und berufsrechtlichen Anforderungen (AnwKomm-RVG/Onderka, § 34 Rn. 7; Gerold/Schmidt/Mayer, § 34 Rn. 2 ff.). **Vergütungsrechtlich** richtet sich der Abschluss der Gebührenvereinbarung i.S.d. § 34 Abs. 1 Satz 1 jedoch nach den Vorgaben des **§ 3a** (vgl. dazu Teil A: Vergütungsvereinbarung [§ 3a], Rn. 1502). Zwar ist dort von einer „Vergütungsvereinbarung" die Rede, während § 34 Abs. 1 Satz 1 von einer „Gebührenvereinbarung" spricht. Das ist jedoch auf die Legaldefinition in § 1 Abs. 1 zurückzuführen (s. auch AnwKomm-RVG/Onderka, a.a.O.; teilweise a.A. Gerold/Schmidt/Mayer, a.a.O.). Danach setzt sich die anwaltliche Vergütung aus den Gebühren und Auslagen zusammen. Da sich aber der Anspruch des Rechtsanwalts auf **Auslagenerstattung** auch nach dem 01.07.2006 nach den Nrn. 7000 ff. VV richtet und insoweit immer noch eine gesetzliche Regelung vorhanden ist, beschränkt sich der Anwendungsbereich des § 34 Abs. 1 Satz 1 auf die deregulierten **Gebühren** (Schneider, in: Hansens/Braun/Schneider, Teil 10, Rn. 218; Schneider, Vergütungsvereinbarung, Rn. 1311; AnwKomm-RVG/Onderka, § 34 Rn. 8). Das schließt allerdings nicht aus, dass der Rechtsanwalt auch im Rahmen einer nach § 34 Abs. 1 Satz 1 getroffenen Vereinbarung eine über die Nrn. 7000 ff. VV hinausgehende Auslagenerstattung vereinbart.

225

2. Formerfordernis

Die früher ungeklärte Frage, ob die Gebührenvereinbarung nach § 34 Abs. 1 Satz 1 ggf. gem. § 4 Abs. 1 a.F. formbedürftig war, hat sich durch die Neuregelung des § 3a erledigt. In § 3a Abs. 1 Satz 4 ist jetzt ausdrücklich bestimmt, dass § 3a Abs. 1 Satz 1 und 2 nicht für die Gebührenvereinbarung nach § 34 gilt. Daher kann die **Gebührenvereinbarung** nach § 34 Abs. 1 Satz 1 **formlos** abgeschlossen werden (AnwKomm-RVG/Onderka, § 34 Rn. 9 m.w.N. zur herrschenden Meinung zur a.F.; Toussaint, AnwBl. 2007, 67 f.). Sie bedarf auch keiner räumlichen Trennung von anderen Vereinbarungen und darf in der Vollmacht enthalten sein. Der Kostenerstattungshinweis des § 3a Abs. 1 Satz 3 ist zwar in Satz 4 nicht erfasst. Das bedeutet jedoch nicht, dass der Rechtsanwalt einen entsprechenden Hinweis geben muss. Das scheitert schon daran, dass eine gesetzliche festgelegte Gebühr nicht vorgesehen ist (s. auch AnwKomm-RVG/Onderka, § 34 Rn. 10; Gerold/Schmidt/Mayer, § 34 Rn. 5 m.w.N. auch zur a.A.).

226

> **Hinweis:**
> Erhält der Verteidiger einen Beratungs- oder Gutachtenauftrag, sollte er eine Gebührenvereinbarung nach § 34 Abs. 1 Satz 1 mit dem Mandanten dennoch **möglichst schriftlich** treffen, um späteren Streit zu vermeiden. Vermieden werden sollte die Bezeichnung „Vergütungsvereinbarung".

Beratung/Gutachten, Allgemeines (§ 34)

3. Subsidiarität der Gebührenvereinbarung nach § 34 Abs. 1 Satz 1

227 Nach § 34 Abs. 1 Satz 1 Halbs. 2 soll der Rechtsanwalt nur dann auf eine Gebührenvereinbarung hinwirken, „soweit in Teil 2 Abschnitt 1 des Gebührenverzeichnisses keine Gebühren bestimmt sind". Die Gebührenvereinbarung ist also gegenüber der gesetzlichen Gebühr **subsidiär** mit der Folge, dass der Rechtsanwalt bei Vorliegen von in Teil 2 Abschnitt 1 VV geregelten Gebühren nicht auf eine Gebührenvereinbarung hinwirken muss.

228 Im Strafverfahren ist diese Subsidiarität (nur) hinsichtlich der Gebühren nach Nrn. 2102 f. VV von Bedeutung (vgl. dazu Teil A: **Beratung** über die **Erfolgsaussicht** eines **Rechtsmittels** [Nrn. 2102 f. VV], Rn. 261). Wenn sich die Beratung i.S.d. § 34 Abs. 1 Satz 1 (zur Beratung Teil A: Beratung(sgebühr) [§ 34], Rn. 274 ff.) daher nur auf die Prüfung der Erfolgsaussicht eines Rechtsmittels bezieht, richtet sich der Gebührenanspruch des Rechtsanwalts nach Nr. 2100 i.V.m. Nr. 2102 VV bzw. nach Nr. 2103 VV, wenn die Tätigkeit mit der Ausarbeitung eines schriftlichen Gutachtens verbunden ist, (AnwKomm-RVG/Onderka, § 34 Rn. 79 ff.). Eine Gebührenvereinbarung ist dann nicht erforderlich.

4. Höhe der vereinbarten Vergütung

229 Der Rechtsanwalt kann die Höhe der Vergütung für Beratung und Gutachten in den **Grenzen der §§ 134, 138 BGB** frei vereinbaren. Möglich sind Pauschal- oder Zeithonorare, aber auch die Vereinbarung der Geltung der Vorschriften in der bis zum 30.06.2006 gültigen Fassung (Gerold/Schmidt/Mayer, § 34 Rn. 47; wegen weiterer Einzelh. vgl. die nachfolgenden Ausführungen).

> **Hinweis:**
> Der Rechtsanwalt kann **neben** der Vergütung aus § 34 die Erstattung seiner **Auslagen** nach Teil 7 VV verlangen.

II. Vergütung nach bürgerlichem Recht (Abs. 1 Satz 2)

1. Allgemeines

230 Zur Anwendung der Vorschriften des bürgerlichen Rechts kommt es nach § 34 Abs. 1 Satz 2 nur, wenn zwischen dem Rechtsanwalt und seinem Mandanten für die anwaltliche Beratung und/oder das anwaltliche Gutachten **keine Gebührenvereinbarung** nach § 34 Abs. 1 Satz 1 getroffen worden ist. Das ist auch dann der Fall, wenn zwar eine Vereinbarung vorliegt, diese jedoch unwirksam ist (AnwKomm-RVG/Onderka, § 34 Rn. 83; Gerold/Schmidt/Mayer, § 34 Rn. 44).

2. Verweis auf §§ 612, 632 BGB

a) Allgemeines

231 Ist keine (wirksame) Gebührenvereinbarung geschlossen worden, erhält der Rechtsanwalt nach § 34 Abs. 1 Satz 2 Gebühren nach den Vorschriften des bürgerlichen Rechts. Damit wird für die **Beratung** auf **§ 612 Abs. 2 BGB** und für die Erstattung eines **Gutachtens** auf **§ 632 Abs. 2 BGB**

Beratung/Gutachten, Allgemeines (§ 34)

verwiesen. Diese Vorschriften sind wortgleich und sehen vorrangig die taxmäßige Vergütung vor. Gibt es eine solche nicht, ist die übliche Vergütung als vereinbart anzusehen.

> **Hinweis:**
> Für die beratende und gutachterliche Tätigkeit gibt es nach der ersatzlosen Streichung der Nrn. 2100 ff. VV a.F. keine „taxmäßige Vergütung" mehr. Damit ist in diesem Bereich **immer** die „**übliche Vergütung**" als vereinbart anzusehen. Sie richtet sich nach Marktkriterien (AnwKomm-RVG/Onderka, § 34 Rn. 85; Henssler, NJW 2005, 1537; vgl. auch Kilian, MDR 2008, 780).

b) Übliche Vergütung

Üblich ist eine Vergütung, die am gleichen Ort in gleichen oder ähnlichen Berufen für entsprechende Dienstleistungen bezahlt zu werden pflegt (Palandt/Weidenkaff, BGB, § 612 Rn. 7 m.w.N.). Die Ermittlung der üblichen Vergütung nach § 34 Abs. 1 Satz 2 setzt also neben ihrer Ortsüblichkeit eine Branchenüblichkeit voraus. Insoweit gilt (wegen weiterer Einzelh. s. AnwKomm-RVG/Onderka, § 34 Rn. 86 ff.; Gerold/Schmidt/Mayer, § 34 Rn. 47 f.): 232

- **Ortsüblichkeit**: Als Region, innerhalb derer die Üblichkeit zu ermitteln ist, gilt der Bezirk des OLG, in dem der liquidierende Anwalt seine Kanzlei unterhält. Hier sind alle Rechtsanwälte/-innen zu einer Rechtsanwaltskammer zusammengeschlossen (§ 60 BRAO). Die Ortsüblichkeit ist daher für den jeweiligen **Kammerbezirk** zu bestimmen (vgl. z.B. AG Bielefeld, AGS 2010, 160 [190,00 €/Std. ortsüblich]). 233

- **Branchenüblichkeit**: Zutreffend weist Onderka (s. AnwKomm-RVG/Onderka, § 34 Rn. 88) darauf hin, dass das Merkmal der Branchenüblichkeit durch den einzelnen Rechtsanwalt selbst kaum zu ermitteln sein wird, da ihm das dazu erforderliche Material nicht ausreichend zur Verfügung stehen wird. Insoweit seien daher die regionalen **Rechtsanwaltskammern** aufgerufen, durch von ihnen veranlasste Sammlung empirischen Materials oder durch eine repräsentative Befragung in ihrem Kammerbezirk die Üblichkeit der Vergütung für Beratung und Gutachten zu ermitteln. Unabhängig davon bleibe abzuwarten, wie die Rechtsprechung den Begriff der üblichen Vergütung ausfüllen werde. 234

> **Hinweis:** 235
> Lässt sich eine **übliche Vergütung nicht ermitteln**, greifen grds. die §§ 315, 316 BGB ein. Das danach vorgesehene einseitige Leistungsbestimmungsrecht wird für gegenseitige Verträge jedoch verneint (vgl. BGH, NJW 1985, 1895). Da es sich bei einem Anwaltsvertrag um einen gegenseitigen Vertrag handelt, scheidet eine einseitige Gebührenbestimmung durch den Rechtsanwalt aus (so auch AnwKomm-RVG/Onderka, § 34 Rn. 90; a.A. die wohl überwiegende Auffassung, vgl. Gerold/Schmidt/Mayer, § 34 Rn. 48 m.w.N.; AG Brühl, AGS 2008, 589 = RVGreport 2009, 460). Vorzugehen ist vielmehr nach den Grundsätzen der ergänzenden Vertragsauslegung unter Berücksichtigung der Kriterien des § 14 (AnwKomm-RVG/Onderka, § 34 Rn. 91).

Beratung/Gutachten, Allgemeines (§ 34)

III. Mandant ist Verbraucher (§ 34 Abs. 1 Satz 3)

1. Allgemeines

236 Handelt es sich bei dem Mandanten um einen Verbraucher und liegt keine (wirksame) Gebührenvereinbarung vor, gilt § 34 Abs. 1 Satz 3 für die Höhe der üblichen Vergütung. Die übliche Vergütung i.S.v. § 34 Abs. 1 Satz 2 wird dann bei beratender oder gutachterlicher Tätigkeit bei **250,00 € gekappt** (Rn. 239 ff.). Für ein Erstberatungsmandat liegt die Kappungsgrenze nach § 34 Abs. 1 Satz 3 Halbs. 3 bei nur 190,00 € (vgl. dazu Rn. 246 ff.).

> **Hinweis:**
> Die **Kappung** greift **auch** bei der Erstellung eines **Gutachtens** ein. Beratung und Gutachten sind gemeinsam in § 34 geregelt.

2. Begriff des Verbrauchers

237 Den **Begriff** des Verbrauchers definiert das RVG nicht. Für den Begriff verweist die Gesetzesbegründung vielmehr auf die Definition in **§ 13 BGB** (vgl. dazu BT-Drucks. 15/1971, S. 206 zu Nr. 2102 VV a.F.; zum Begriff des Verbrauchers s. auch Enders, JurBüro 2005, 57). Danach ist Verbraucher jede natürliche Person, die ein Rechtsgeschäft zu einem Zweck abschließt, der weder ihrer gewerblichen noch ihrer selbstständigen beruflichen Tätigkeit zugerechnet wird (wegen der Einzelh. wird verwiesen auf Palandt/Ellenberger, BGB, § 13 Rn. 1 ff. m.w.N.; vgl. auch BGH, NJW 2009, 3780 m.w.N.; OLG Hamm, NJW 2004, 3192; vgl. auch Rn. 237 f.).

> **Hinweis:**
> Vom „Verbraucher" zu **unterscheiden** ist der „**Unternehmer**". Das ist nach **§ 14 Abs. 1 BGB** eine natürliche oder juristische Person, die bei Abschluss eines Rechtsgeschäfts in Ausübung ihrer gewerblichen oder selbstständigen beruflichen Tätigkeit handelt.

238 Die Gesetzesbegründung zu Nr. 2102 VV a.F. hat allerdings offen gelassen, ob es darauf ankommt, ob der Auftraggeber Verbraucher in Bezug auf die rechtliche Angelegenheit, in der er beraten werden soll, oder Verbraucher in Bezug auf den Abschluss des Anwaltsvertrags ist. Diese Frage ist vor allem in arbeitsrechtlichen Angelegenheiten von Bedeutung (vgl. dazu OLG Hamm, NJW 2004, 3192, das davon ausgeht, dass ein Arbeitnehmer nicht „Verbraucher" i.S.d. § 13 BGB sei und folglich die Kappungsgrenze in Nr. 2102 VV a.F. nicht bei der Erstberatung eines Arbeitnehmers in arbeitsrechtlichen Fragen gelte; a.A. Enders, JurBüro 2005, 57). Stellt man auf den Gegenstand der Beratung ab – „relativer Verbraucherbegriff" – hat das zur Folge, dass die Kappungsgrenze auch nicht bei Straf- und Bußgeldsachen Anwendung findet (so im Ergebnis auch AnwKomm-RVG/Onderka, § 34 Rn. 100, die auf die Funktion abstellt, in welcher der Auftraggeber den Rechtsanwalt beauftragt). Da jedoch die Kappungsgrenze dem Schutz des Verbrauchers dienen soll, spricht viel dafür, darauf abzustellen, ob der **Auftraggeber** in **Bezug** auf den **Abschluss** des **Anwaltsvertrags** als Verbraucher angesehen werden kann oder nicht (sog. „absoluter Verbraucherbegriff", Enders, JurBüro 2005, 57; zu allem Palandt/Ellenberger, BGB,

Beratung/Gutachten, Allgemeines (§ 34)

§ 13 Rn. 3 ff. [entscheidend „Zweckbestimmung" des Rechtsgeschäfts] und Gerold/Schmidt/Mayer, § 34 Rn. 52 [Scheinproblem]).

3. „Normale" Gebühr für Beratung und Gutachten

a) Kappungsgrenze 250,00 €

Nach § 34 Abs. 1 Satz 3 Halbs. 1 darf die übliche Vergütung des Rechtsanwalts bei der Beratung oder Begutachtung für einen Verbraucher „**höchstens 250 €**" betragen. Es handelt sich hier nicht etwa um eine Festbetragsgebühr, vielmehr folgt aus der Formulierung „höchstens", dass die Gebühr auch unter dieser Höchstgrenze liegen kann. Das folgt auch aus dem Verweis auf § 14 Abs. 1 in § 34 Abs. 1 Satz 2 Halbs. 2 (AnwKomm-RVG/Onderka, § 34 Rn. 103). Der Rechtsanwalt muss sich also bei der Bestimmung der Gebührenhöhe an den Kriterien des § 14 orientieren und eine Einzelfallbestimmung vornehmen (vgl. dazu Teil A: Rahmengebühren [§ 14], Rn. 1092). 239

Bei der Bestimmung der **Höhe** der **konkreten Gebühr** bis zu der Grenze von 250,00 € sind vor allem der Umfang der anwaltlichen Tätigkeit (der Zeitaufwand für die Beschaffung der Informationen, um Rat und Auskunft erteilen bzw. ein Gutachten erstellen zu können), die für die Beratung bzw. das Gutachten erforderlichen Vorarbeiten, sowie die Schwierigkeit der anwaltlichen Tätigkeit zu berücksichtigen. Die Gebühr für die Beratung dürfte i.d.R. niedriger liegen als die für die Erstellung eines Gutachtens. 240

> **Hinweis:** 241
> Werden Rat oder Auskunft „**nur**" **mündlich** erteilt, **rechtfertigt** das allein **nicht**, die Gebühr **niedriger** zu bemessen. Das RVG unterscheidet nicht zwischen mündlichem und schriftlichem Rat.

b) Mehrere Auftraggeber

Bei mehreren Auftraggebern erhöhen sich m.E. die in § 34 Abs. 1 Satz 3 aufgeführten Höchstbeträge von 250,00 € bzw. von 190,00 € in **entsprechender Anwendung** von Nr. **1008 VV**, obwohl in Nr. 1008 VV nur die Verfahrens- und Geschäftsgebühr genannt sind (Gerold/Schmidt/Mayer, § 34 Rn. 55 m.w.N.; Schneider, RENOpraxis 2006, 154; zweifelnd aber Schneider, ZAP Fach 24, S. 981; Hansens, in: Hansens/Braun/Schneider, Teil 8, Rn. 81). Sinn und Zweck der Regelung in Nr. 1008 VV ist die Abgeltung des Mehraufwands, der dadurch entsteht, dass nicht nur eine Person den Auftrag erteilt, sondern mehrere Personen. Ein solcher Mehraufwand entsteht auch bei der bloßen Beratung mehrerer Personen, denn sowohl bei der Aufnahme der Information als auch bei der Erteilung des Rats benötigt der Rechtsanwalt mehr Zeit. Hinzu kommt, dass der Abgeltungsbereich der Gebühr für die Beratung nach § 34 sich mit dem einer ggf. entstehenden Verfahrensgebühr deckt (vgl. zum Abgeltungsbereich der „Beratungsgebühr" Teil A: Beratung[sgebühr] [§ 34], Rn. 283). Diese entsteht für das Betreiben des Geschäfts einschließlich der Information (vgl. Vorbem. 4 Abs. 2 VV) und deckt damit jeweils alle Tätigkeiten ab, die im jeweiligen Verfahrensabschnitt entstehen können. Das entspricht dem Abgeltungsbereich der Beratungsgebühr für die Tätigkeit „Beratung" (zur analogen Anwendung s. auch AnwKomm-RVG/ 242

| A. Vergütungs-ABC | B. Kommentar |

Beratung/Gutachten, Allgemeines (§ 34)

Onderka, § 34 Rn. 104, 107 m.w.N.; **a.A.** als hier unter Hinweis auf den Wortlaut der Vorschriften Teil A: Mehrere Auftraggeber [§ 7, Nr. 1008], Rn. 969).

243 **Hinweis:**

Wendet man Nr. 1008 VV **nicht entsprechend** an, muss der Umstand, dass mehrere Auftraggeber nach Rat gefragt haben, über **§ 14 Abs. 1** berücksichtigt werden.

244 Bei der Anwendung von Nr. 1008 VV **erhöht** sich die Kappungsgrenze je zusätzlicher Auftraggeber um **30 %**, nach Nr. 1008 Anm. 3 VV höchstens jedoch um das Doppelte der Ausgangsgebühr (s. dazu auch Teil A: Mehrere Auftraggeber [§ 7, Nr. 1008 VV], Rn. 994 ff.). Eine gemeinschaftliche Beteiligung der Auftraggeber ist nach Nr. 1008 Anm. 1 VV nicht erforderlich, da es sich bei der erhöhten Gebühr nicht um eine Wertgebühr handelt.

245 **Tabelle der Erhöhung der Kappungsgrenze**

Zahl	Höchstbetrag der Auftraggeber
1	250,00 €
2	325,00 €
3	400,00 €
4	475,00 €
5	550,00 €
6	625,00 €
7	700,00 €
ab 8	750,00 €

Weitere Auftraggeber führen **nicht zu weiteren Erhöhungen**, da der Höchstbetrag nach Nr. 1008 Anm. 3 VV bei acht Auftraggebern auf jeden Fall ausgeschöpft ist.

4. Erstberatungsgespräch

a) **Kappungsgrenze 190,00 €**

246 Nach § 34 Abs. 1 Satz 3 Halbs. 3 darf die übliche Vergütung des Rechtsanwalts bei der **Erstberatung** eines Verbrauchers „**höchstens 190 €**" betragen. Auch hier handelt es sich nicht etwa um eine Festbetragsgebühr, vielmehr folgt aus der Formulierung „höchstens" ebenfalls wie bei der Kappung für Beratung und Gutachten nach § 34 Abs. 1 Satz 3 Halbs. 1, dass die Gebühr auch unter dieser Höchstgrenze liegen kann. Zwar ergibt sich aus der Systematik in § 34 Abs. 1 Satz 3, dass § 14 Abs. 1 hier – anders als bei der „normalen" Gebühr von 250,00 € (vgl. dazu Rn. 239 f.) – nicht eingreift. Das erscheint jedoch nicht sachgerecht, da sich der Rechtsanwalt auch für die Bestimmung der Erstberatungsgebühr an objektiven Kriterien orientieren und eine Einzelfallbestimmung vornehmen muss (AnwKomm-RVG/Onderka, § 34 Rn. 109). Der Rechtsanwalt muss sich also bei der Bestimmung der Gebührenhöhe an den **Kriterien des § 14** orientieren (vgl. dazu Teil A: Rahmengebühren [§ 14], Rn. 1045 ff., 1092 ff.).

Beratung/Gutachten, Allgemeines (§ 34)

Für die Bestimmung der **Höhe** der **konkreten Gebühr** bis zu der Grenze von 190,00 € gelten die Ausführungen unter Rn. 239 ff. entsprechend. Der Rechtsanwalt muss unter Anwendung dieser Kriterien zunächst die **angemessene Gebühr innerhalb** des „normalen" **Betragsrahmens** des § 34 Abs. 1 Satz 3 Halbs. 2 **ermitteln**. Soweit sich danach ein geringerer Wert als 190,00 € ergibt, verbleibt es bei dem niedrigen Betrag. Liegt der Betrag darüber, kommt es zur Kappung auf 190,00 €.

247

> **Hinweis:**
> Der Rechtsanwalt ist also **nicht berechtigt**, für ein Erstberatungsgespräch **auf jeden Fall** 190,00 € zu berechnen.

b) Mehrere Auftraggeber

Bei **mehreren Auftraggebern** gelten die Überlegungen unter Rn. 242 ff. entsprechend. Die Höchstgrenze erhöht sich folglich je Auftraggeber um 30 %, beschränkt auf das Doppelte des Mindest- und des Höchstbetrages.

248

Tabelle der Erhöhungsbeträge

249

Zahl	Höchstbetrag der Auftraggeber
1	190,00 €
2	247,00 €
3	304,00 €
4	361,00 €
5	418,00 €
6	475,00 €
7	532,00 €
8	589,00 €

Weitere Auftraggeber führen **nicht** zu **weiteren Erhöhungen**, da die Höchstbeträge der Nr. 1008 Anm. 3 VV mit acht Auftraggebern bereits auf jeden Fall ausgeschöpft sind.

c) Begriff der Erstberatung

Fraglich ist, wann noch eine Erstberatung bzw. ein „erstes Beratungsgespräch" vorliegt und wann deren Bereich überschritten wird. Das RVG enthält dazu keine Definition. Da Nr. 2102 VV a.F. im Wesentlichen dem früheren § 20 Abs. 1 Satz 2 BRAGO entsprach und § 34 Abs. 1 Satz 3 Halbs. 3 diese Regelung übernommen hat, können die dazu aufgestellten **Grundsätze** weitgehend übernommen werden (vgl. dazu Gebauer/Schneider, BRAGO, § 20 Rn. 37 ff. m.w.N.; vgl. dazu BT-Drucks. 12/6961, S. 194). Insoweit gilt (vgl. auch AnwKomm-RVG/Onderka, § 34 Rn. 110):

250

- Es muss sich um eine **erste Beratung** handeln. Bei einem zweiten oder dritten Beratungstermin gilt die Kappungsgrenze nicht (vgl. auch OLG Jena, AGS 2000, 62), es sei denn, die

251

Beratung/Gutachten, Allgemeines (§ 34)

- weiteren Beratungstermine haben sich lediglich aus Zeitgründen ergeben („Vertagung"; AG Brühl, NJW-RR 1998, 493).
- Die Erstberatung erfasst nur eine **erste pauschale Information**. Geht sie darüber hinaus, greift die Kappungsgrenze nicht (AG Augsburg, AGS 1999, 132). Entscheidend ist, ob der Mandant mehr wünscht als einen rechtlichen „Einstieg" in Form eines Überblicks über die Rechtslage, was eine detaillierte und komplizierte Prüfung einzelner Rechtsfragen voraussetzt (vgl. dazu AG Wesel, zfs 2006, 110). Deshalb handelt es sich auch nicht (mehr) um eine Erstberatung, wenn sich der Rechtsanwalt zunächst sachkundig machen muss (BGH, AGS 2008, 7 m. Anm. Schons = RVGreport 2008, 19 m. Anm. Hansens).
- Die **Dauer** des Beratungsgesprächs ist **allein kein Abgrenzungskriterium**.

252
> **Hinweis:**
>
> Es **muss** sich um eine **mündliche Beratung** handeln, wenn die Kappungsgrenze eingreifen soll (AnwKomm-RVG/Onderka, § 34 Rn. 100; Hartung/Römermann/Schons, § 34 Rn. 89).
>
> Die **Kappungsgrenze** für eine **Erstberatung** entfällt damit auch dann, wenn der Mandant den Rechtsanwalt nach der Besprechung **bittet**, ihm den **Rat**noch einmal **schriftlich** zu bestätigen oder zusammenzufassen. Um beim Auftraggeber nicht Verwunderung über die dann erteilte Abrechnung nach der „normalen Gebühr" des § 34 über 250,00 € auszulösen, ist es allerdings sinnvoll, in diesem Fall die **Gebühren** mit dem Auftraggeber zu **besprechen**. Eine Pflicht hierzu besteht allerdings nicht.

IV. Anrechnung der Gebühr für die Beratung

253 Nach § 34 Abs. 2 ist die Gebühr für die Beratung auf die Gebühr für eine sonstige Tätigkeit, die mit der Beratung zusammenhängt, anzurechnen. Die Regelung entspricht der Anm. 2 zu Nr. 2100 VV a.F.

1. Anwendungsbereich

254 Die Anrechnungsregelung in § 34 Abs. 2 unterscheidet nicht zwischen den Gebührenvarianten des § 34 Abs. 1. Das bedeutet, dass sowohl die **vereinbarte Beratungsgebühr** nach Abs. 1 Satz 1 als auch die **übliche Beratungsgebühr** (vgl. oben Rn. 239 ff.) als auch die **gekappten Beratungsgebühren** nach Abs. 1 Satz 3 (vgl. Rn. 246 ff.) erfasst werden (s. auch AnwKomm-RVG/Onderka, § 34 Rn. 112 m.w.N.). Die zu Nr. 2102 VV a.F. streitige Frage, ob auch die Erstberatungsgebühr angerechnet werden muss, hat sich damit erledigt (vgl. dazu Volpert, RVGprofessionell 2004, 152).

255
> **Hinweis:**
>
> Nach dem eindeutigen Wortlaut der Anrechnungsregelung ist die **Gutachtengebühr** von der Anrechnung **ausgenommen**. Das entspricht der Regelung in Nr. 2103 VV a.F.

Beratung/Gutachten, Allgemeines (§ 34)

2. Ausschluss der Anrechnung

Nach § 34 Abs. 2 kann die Anrechnung der Beratungs- bzw. Gutachtengebühr durch **Vereinbarung** des Rechtsanwalts mit dem Mandanten ausgeschlossen werden. Das kann in der nach § 34 Abs. 1 Satz 1 getroffenen Gebührenvereinbarung geschehen, aber auch später in einer gesonderten Vereinbarung. Inhaltlich kann die Anrechnung insgesamt, aber auch nur teilweise ausgeschlossen werden.

256

> **Hinweis:**
> Zu Recht weist Onderka (AnwKomm-RVG/Onderka, § 34 Rn. 6) darauf hin, dass der Abschluss einer **Vereinbarung** nach § 34 Abs. 2 unbedingt zu **empfehlen** ist, um so eine unnötige Kürzung seines Vergütungsanspruchs zu vermeiden.

3. Zusammenhang der sonstigen Tätigkeit mit der Beratung

Die Anrechnung muss nur dann erfolgen, wenn die (**nachfolgende**) sonstige **Tätigkeit** mit der Beratung **zusammenhängt**. **Sachlich** ist das der Fall, wenn ein inhaltlicher Zusammenhang besteht. **Zeitlich** ist Voraussetzung, dass es sich um eine unmittelbar nachfolgende Angelegenheit handelt (AnwKomm-RVG/Onderka, § 34 Rn. 115; s. auch Hartung/Römermann/Schons, § 34 Rn. 101 f., der auf eine sich aus § 15 Abs. 5 Satz 2 ergebende 2-Jahres-Grenze abstellt). Es findet nicht etwa eine Anrechnung auf sämtliche nachfolgenden Gebühren statt.

257

> *Beispiel:*
>
> *Der Beschuldigte B hat einen Verkehrsunfall verursacht. Er erscheint bei Rechtsanwalt R und lässt sich von diesem zunächst nur ausführlich beraten, ohne dass eine Gebührenvereinbarung abgeschlossen wird. B entscheidet sich dann, beim AG die Verteidigung selbst durchzuführen. Nachdem er vom AG verurteilt worden ist, beauftragt er R mit der Verteidigung im Berufungsverfahren.*
>
> *R erhält eine Beratungsgebühr nach § 34 Abs. 1 Satz 2. Diese wird auf die im Berufungsverfahren (auch) entstehende (Grund-)Gebühr der Nr. 4100 VV nicht angerechnet. Das Berufungsverfahren folgt der Beratung nicht unmittelbar nach.*

258

Angerechnet wird nach dem Wortlaut von § 34 Abs. 2 die Beratungsgebühr auch nur „auf eine Gebühr für eine sonstige Tätigkeit ..." also nicht auf „die Gebühren für eine sonstige Tätigkeit". Das bedeutet für das Straf- oder Bußgeldverfahren, dass **nur** auf die **Grundgebühr** der Nrn. 4100, 5100 VV und nicht auch noch auf eine Verfahrensgebühr angerechnet wird. Ein nach Anrechnung **darüber hinausgehender** Teil der Beratungsgebühr **verbleibt** dem **Rechtsanwalt/ Verteidiger**. Diese **Beschränkung** der **Anrechnung** entspricht dem unterschiedlichen Abgeltungsbereich der Grundgebühr und der Verfahrensgebühren und dem Sinn und Zweck der Anrechnungsregelung. Die Grundgebühr erhält der Verteidiger für die erstmalige Einarbeitung in den Rechtsfall (vgl. Nr. 4100 Anm. 2 VV; s. auch Nr. 4100 VV Rn. 19 ff.), die Verfahrensgebühr entsteht hingegen für das Betreiben des Geschäfts einschließlich der Information (Vorbem. 4 Abs. 2 VV; vgl. Vorbem. 4 VV Rn. 33 ff.). Durch die Anrechnung der Beratungsgebühr soll verhindert werden, dass der Rechtsanwalt für dieselbe Tätigkeit doppelt vergütet wird. Die Tätigkeit im Rahmen der Beratung wirkt sich aber lediglich auf die durch die Grundgebühr betroffenen

259

Beratung über die Erfolgsaussicht eines Rechtsmittels (Nrn. 2102 f. VV)

Tätigkeiten aus. Für die Verfahrensgebühr ist die Beratungstätigkeit ohne Belang. Sie erleichtert das Betreiben des Geschäftes nicht.

260 **Beispiel:**

Der Beschuldigte B hat einen Verkehrsunfall verursacht. Er erscheint bei Rechtsanwalt R und lässt sich von diesem zunächst nur so ausführlich beraten, dass als übliche Beratungsgebühr nach § 34 Abs. 1 Satz 2 die „Höchstgebühr" von 250,00 € gerechtfertigt ist. Nachdem B von der Polizei angeschrieben und zur Vernehmung geladen wird, beauftragt er R mit seiner Verteidigung. Diesem gelingt es, bei der Staatsanwaltschaft eine Einstellung zu erreichen. Alle Merkmale des § 14 Abs. 1 sind durchschnittlich.

Die i.H.v. 250,00 € entstandene Beratungsgebühr wird nur auf die Grundgebühr der Nr. 4100 VV angerechnet. Die Mittelgebühr beträgt insoweit 165,00 €. Der diesen Betrag überschießende Betrag von 85,00 € verbleibt R. Es wird nur die Beratungsgebühr nach § 34 Abs. 1 angerechnet, nicht auch noch die Auslagenpauschale nach Nr. 7002 VV. § 34 Abs. 2 spricht nur von der „Anrechnung der Gebühr für die Beratung". Damit sind, da das RVG nach der Legaldefinition des § 1 Abs. 1 Satz 1 zwischen Auslagen und Gebühren unterscheidet, Letztere nicht anzurechnen.

Berechnung der Vergütung für die Beratung		
Beratungsgebühr § 34 Abs. 1 Satz 2		250,00 €
Auslagenpauschale Nr. 7002 VV		20,00 €
Verteidigung im Strafverfahren	**Wahlanwalt**	**Pflichtverteidiger**
Grundgebühr Nr. 4100 VV	165,00 €	132,00 €
Verfahrensgebühr (Vorbereitendes Verfahren Nr. 4104 VV)	140,00 €	112,00 €
Befriedungsgebühr Nrn. 4141 Anm. 1 Ziff. 1, 4104 VV	140,00 €	112,00 €
Auslagenpauschale Nr. 7002 VV	20,00 €	20,00 €
Anrechnung Beratungsgebühr allein auf die Grundgebühr (s.o.)	<u>165,00 €</u>	<u>132,00 €</u>
Anwaltsvergütung netto	<u>570,00 €</u>	<u>514,00 €</u>

Siehe auch im Teil A: → Angelegenheiten (§§ 15 ff.), Rn. 66; → Beratung über die Erfolgsaussichten eines Rechtsmittels (Nrn. 2102 f. VV), Rn. 261; → Beratung(sgebühr) (34), Rn. 271; → Gutachten(gebühr) (§ 34), Rn. 796; → Rahmengebühren (§ 14), Rn. 1045.

Beratung über die Erfolgsaussicht eines Rechtsmittels (Nrn. 2102 f. VV)

Nr.	Gebührentatbestand	Gebühr oder Satz der Gebühr nach § 13 RVG
2100	Gebühr für die Prüfung der Erfolgsaussicht eines Rechtsmittels, soweit in Nummer 2102 nichts anderes bestimmt ist Die Gebühr ist auf eine Gebühr für das Rechtsmittelverfahren anzurechnen.	0,5 bis 1,0

Beratung über die Erfolgsaussicht eines Rechtsmittels (Nrn. 2102f. VV)

2101	Die Prüfung der Erfolgsaussicht eines Rechtsmittels ist mit der Ausarbeitung eines schriftlichen Gutachtens verbunden: Die Gebühr 2100 beträgt	1,3
2102	Gebühr für die Prüfung der Erfolgsaussicht eines Rechtsmittels in sozialrechtlichen Angelegenheiten, in denen im gerichtlichen Verfahren Betragsrahmengebühren entstehen (§ 3 RVG), und in den Angelegenheiten, für die nach den Teilen 4 bis 6 Betragsrahmengebühren entstehen Die Gebühr ist auf eine Gebühr für das Rechtsmittelverfahren anzurechnen.	10,00 bis 260,00 EUR
2103	Die Prüfung der Erfolgsaussicht eines Rechtsmittels ist mit der Ausarbeitung eines schriftlichen Gutachtens verbunden: Die Gebühr 2102 beträgt	40,00 bis 400,00 EUR

Übersicht — Rn.

A. Überblick 261
B. Anmerkungen 263
    I. Rechtsanwalt ist nicht in der Vorinstanz tätig 263
        1. Entstehen der Gebühr 263
        2. Höhe der Gebühr 267
    II. Rechtsanwalt in der Vorinstanz bereits tätig 270

Literatur:

Hartung, Prozesskostenhilfe (PKH) für Rechtsmittelprüfung (Nr. 2200 VV), AnwBl. 2005, 206; *Onderka*, Anwaltliche Gebühren für die Prüfung der Erfolgsaussicht eines Rechtsmittels nach dem RVG, RVG-B 2004, 130; *Schneider*, Vergütung für die Prüfung der Erfolgsaussichten eines Rechtsmittel, ZAP, Fach 24, S. 861.

A. Überblick

Die Nrn. 2102f. VV **entsprechen** den **früheren Nrn. 2202f. VV** a.F. Die neue Nummerierung war aufgrund des Wegfalls der Gebühren der Nr. 2100ff. VV a.F. durch Art. 5 des KostRMoG zum 01.07.2006 erforderlich. Inhaltlich ist an der Gebühr nichts geändert worden.   261

Die Gebühren Nrn. 2102, 2103 VV können nach der ausdrücklichen Regelung in der Vorschrift auch in den in den Teilen 4 bis 6 VV geregelten Angelegenheiten anwendbar sein. Das bedeutet, dass auch in Straf- (Teil 4 VV) und Bußgeldsachen (Teil 5) sowie bei sonstigen Verfahren (Teil 6 VV) die **Gebühr** für die **Beratung** über die Erfolgsaussicht eines **Rechtsmittels entstehen** kann. Das Entstehen der Gebühr ist allerdings davon abhängig, dass Betragsrahmengebühren entstehen.

Beratung über die Erfolgsaussicht eines Rechtsmittels (Nrn. 2102 f. VV)

> **Hinweis:**
> Die Gebühr scheidet daher in den Fällen der Nr. 4142 VV und Nr. 4143 VV sowie in Verfahren nach Vorbem. 4 Abs. 5 VV aus, da es sich bei den Gebühren um **Wertgebühren** handelt. In den Fällen entsteht die Gebühr **Nr. 2100 VV**. Das ist durch den Wegfall der Vorbem. 2 Abs. 3 VV a.F. klargestellt; nach dieser konnten früher die Nrn. 2100, 2101 VV nicht in Angelegenheiten nach den Teilen 4 bis 6 VV entstehen (vgl. AnwKomm-RVG/N. Schneider, Nr. 2100 Rn. 10).

262 Der Rechtsanwalt darf zudem nicht in der Vorinstanz tätig gewesen und (noch) nicht mit der Verteidigung beauftragt sein (vgl. Rn. 263 ff.). Für den Verteidiger entsteht die Gebühr nicht (zusätzlich) (vgl. Rn. 270).

> **Hinweis:**
> Bei der Gebühr nach Nr. 2102 VV handelt es sich um einen **Sonderfall** der (früheren) **Gutachtengebühr** Nr. 2103 VV a.F. (vgl. dazu Teil A: Gutachten[gebühr] [§ 34], Rn. 796).
>
> Für die Rechtsmittelprüfung kann **nicht PKH** beantragt werden. Insoweit kommt nur Beratungshilfe in Betracht (OLG Frankfurt am Main, RVGreport 2005, 280 = AGS 2006, 137 [zu Nr. 2200 VV a.F.]; vgl. a. OLG Düsseldorf, AGS 2005, 567; a.A. Hartung, AnwBl. 2005, 206; vgl. auch Teil A: Beratungshilfe, Rn. 285).

B. Anmerkungen

I. Rechtsanwalt ist nicht in der Vorinstanz tätig

1. Entstehen der Gebühr

263 War der Rechtsanwalt nicht in der Vorinstanz tätig, entsteht, wenn er schon mit der **Verteidigung** im **Rechtsmittelverfahren** beauftragt ist, die Verfahrensgebühr der Rechtsmittelinstanz (Vorbem. 4.1 Rn. 29) und nicht die Gebühren nach Nrn. 2102 f. VV (AnwKomm-RVG/N. Schneider, VV 2100 Rn. 2).

Beispiel:

Der inhaftierte Angeklagte ist verurteilt worden. Er erwägt, gegen das Urteil Revision einzulegen. Er beauftragt Rechtsanwalt R, der ihn in der Vorinstanz nicht vertreten hat, mit seiner Verteidigung. Dieser legt Revision ein. Nach Zustellung des landgerichtlichen Urteils prüft R zunächst nur die Erfolgsaussichten des Rechtsmittels. Rechtsanwalt R rät dem Angeklagten nach Prüfung der Erfolgsaussichten, die Revision zurückzunehmen. Alle Kriterien des § 14 sind durchschnittlich.

Berechnung der Gebühren	*Wahlanwalt*	*Pflichtverteidiger*
Grundgebühr Nr. 4101 VV *(Gebühr Nr. 4100 VV mit Haftzuschlag)*	202,50 €	162,00 €
Verfahrensgebühr Nr. 4131 VV *(Gebühr Nr. 4130 VV mit Haftzuschlag)*	631,25 €	505,00 €

Beratung über die Erfolgsaussicht eines Rechtsmittels (Nrn. 2102 f. VV)

Befriedungsgebühr Nr. 4141 Anm. 1 Ziff. 3 VV		
(zur Höhe s. Nr. 4141 VV Rn. 48 ff.)	*515,00 €*	*412,00 €*
Auslagenpauschale Nr. 7002 VV	*20,00 €*	*20,00 €*
Anwaltsvergütung netto	*1.368,75 €*	*1.099,00 €*

Wird der Rechtsanwalt hingegen zunächst **nur mit** der **Beratung** über die Erfolgsaussichten **beauftragt**, muss er nach Teil 2 VV, und zwar nach den Nrn. 2102 f. VV, abrechnen. Der Rechtsanwalt erhält dann die dort vorgesehene Satzrahmengebühr (vgl. dazu Rn. 267 ff.; zu deren Bemessung allgemein Teil A: Rahmengebühren [§ 14], Rn. 1045 ff.). Unerheblich ist, ob der Rechtsanwalt von der Einlegung des Rechtsmittels abrät oder die Einlegung befürwortet.

264

Beispiel:

265

Der Angeklagte ist verurteilt worden. Er legt gegen das Urteil Revision ein. Er beauftragt Rechtsanwalt R mit der Prüfung der Erfolgsaussichten des Rechtsmittels. Rechtsanwalt R hat den Angeklagten nicht in der Vorinstanz vertreten.

Rechtsanwalt R, der nur mit der Prüfung der Erfolgsaussichten der vom Angeklagten selbst eingelegten Revision beauftragt ist, erhält in diesem Fall seine Vergütung nach Teil 2 VV und zwar nach Nr. 2102 VV, nach dem Wortlaut der Vorschrift ausdrücklich auch für die „Angelegenheiten für die nach den Teilen 4 bis 6 Betragsrahmengebühren entstehen".

Vorgesehen ist ein Betragsrahmen von 10,00 € – 260,00 €. Die Vergütung, die der Rechtsanwalt erhält, ist nach der Anm. zu Nr. 2102 VV auf die später etwa noch entstehende Gebühr für das Revisionsverfahren (Nrn. 4130 ff. VV) anzurechnen.

> **Hinweis:**
>
> Ist die Prüfung der Erfolgsaussicht des Rechtsmittels mit der Ausarbeitung eines **schriftlichen Gutachtens** verbunden, richtet sich die **Vergütung** nach **Nr. 2103 VV** (zum Begriff des Gutachtens s. Teil A: Gutachten(gebühr) [§ 34], Rn. 796).

266

2. Höhe der Gebühr

Vorgesehen ist bei der Gebühr Nr. 2102 VV ein Betragsrahmen von **10,00 € – 260,00 €**. Die **Mittelgebühr** beträgt 135,00 € (zur Anwendung der Nr. 1008 VV s. Teil A: Mehrere Auftraggeber [§ 7, Nr. 1008 VV], Rn. 970). Die Gebühr ist nach der Anm. zu Nr. 2102 VV auf eine später ggf. für das Rechtsmittelverfahren entstehende Gebühr **anzurechnen**.

267

Beispiel:

268

Der Angeklagte V ist vom AG verurteilt worden. Er wurde vor dem AG nicht von einem Rechtsanwalt verteidigt. Demgemäß legt er zunächst auch selbst gegen das Urteil Rechtsmittel ein. Dann sucht er Rechtsanwalt R auf und beauftragt ihn zunächst nur, die Erfolgsaussichten eines Rechtsmittels zu prüfen. R stellt fest, dass dem V kein Pflichtverteidiger beigeordnet worden ist, obwohl das AG ihn zu einer Freiheitsstrafe von einem Jahr und sechs Monaten verurteilt hat. Er rät dem R zur Sprungrevision. V beauftragt daraufhin den R mit seiner Verteidigung im Revisionsverfahren. R begründet die Revision. Alle Merkmale des § 14 Abs. 1 sind durchschnittlich.

A. Vergütungs-ABC | B. Kommentar

Beratung über die Erfolgsaussicht eines Rechtsmittels (Nrn. 2102f. VV)

Rechtsanwalt R erhält folgende Vergütung:

	Wahlanwalt	Pflichtverteidiger
Gebühr nach Nr. 2102 VV		
Beratung über die Erfolgsaussichten des Rechtsmittels	135,00 €	135,00 €
Auslagenpauschale Nr. 7002 VV	20,00 €	20,00 €
Zwischensumme	155,00 €	155,00 €
Vertretung im Revisionsverfahren		
Grundgebühr Nr. 4100 VV	165,00 €	132,00 €
Verfahrensgebühr Nr. 4130 VV	515,00 €	412,00 €
Auslagenpauschale Nr. 7002	20,00 €	20,00 €
gem. Anm. zu Nr. 2102 VV anzurechnen	_135,00 €_	_135,00 €_
Anwaltsvergütung netto	**720,00 €**	**584,00 €**

> **Hinweis:**
> Nach der Anm. zu Nr. 2102 VV wird nur „die Gebühr" angerechnet. Die **Auslagenpauschale** bleibt dem Rechtsanwalt, der nachträglich mit der Verteidigung beauftragt wird, also **erhalten** (s. auch § 1 Abs. 1 Satz 1 und Teil A: Vergütung, Begriff, Rn. 1466).

269   Ist die Prüfung der Erfolgsaussichten mit der **Ausarbeitung** eines **schriftlichen Gutachtens** verbunden, beträgt der Betragsrahmen nach Nr. 2103 VV 40,00 € – 400,00 €. Die Mittelgebühr beträgt dann 220,00 €. Auch in diesem Fall hat eine Anrechnung zu erfolgen. Nr. 2103 VV enthält zwar keine eigene **Anrechnungsregelung**, jedoch wird auf die Gebühr nach **Nr. 2102 VV** verwiesen. Diese Verweisung beruht darauf, dass Nr. 2103 VV kein eigener Gebührentatbestand ist, sondern lediglich für den Fall der Ausarbeitung eines schriftlichen Gutachtens die Änderung des Betragsrahmens enthält (AnwKomm-RVG/N. Schneider, VV 2103 Rn. 2).

II. Rechtsanwalt in der Vorinstanz bereits tätig

270   Hat der Rechtsanwalt den Mandanten bereits in der **Vorinstanz vertreten**, wird die Beratung über das Rechtsmittel durch die **Verfahrensgebühr** der **Vorinstanz** (mit-)**abgegolten**. Nach § 19 Abs. 1 Nr. 10 gehört die Einlegung von Rechtsmitteln und damit zwangsläufig auch die Prüfung von deren Erfolgsaussicht noch zum vorangegangenen Rechtszug und ist mit der dort verdienten Verfahrensgebühr abgegolten (so auch KG, AGS 2006, 433 m. Anm. Schneider; a.A. OLG Düsseldorf, AGS 2006, 482 m. Anm. Schneider [für familiengerichtliches Verfahren] = RVGreport 2007, 67 = VRR 2007, 77; LG Berlin, AGS 2006, 73 m. zust. Anm. Schneider, AGS 2006, 74; differenzierend, AnwKomm-RVG/N. Schneider, VV 2102 Rn. 2; vgl. auch die Fälle bei Vorbem. 4.1 VV Rn. 29 ff.).

271   > **Hinweis:**
> Die Gebühr Nr. 2102 VV entsteht daher nur, wenn der Rechtsanwalt keinen sonstigen Auftrag hat, sondern sich seine Tätigkeit in der **Prüfung** der **Erfolgsaussichten** des Rechtsmit-

Beratung(sgebühr) (§ 34)

tels **erschöpft**. Anders ergibt die Anrechnungsregelung in der Anm. zur Nr. 2102 VV keinen Sinn.

Siehe auch im Teil A: → Beratung/Gutachten, Allgemeines (§ 34), Rn. 223; → Beratung(sgebühr) (§ 34), Rn. 272; → Gutachten(gebühr) (§ 34), Rn. 796; → Rahmengebühren (§ 14), Rn. 1045.

Beratung(sgebühr) (§ 34)

§ 34 RVG   Beratung, Gutachten und Mediation

(1) ¹Für einen mündlichen oder schriftlichen Rat oder eine Auskunft (Beratung), die nicht mit einer anderen gebührenpflichtigen Tätigkeit zusammenhängen, für die Ausarbeitung eines schriftlichen Gutachtens und für die Tätigkeit als Mediator soll der Rechtsanwalt auf eine Gebührenvereinbarung hinwirken, soweit in Teil 2 Abschnitt 1 des Vergütungsverzeichnisses keine Gebühren bestimmt sind. ²Wenn keine Vereinbarung getroffen worden ist, erhält der Rechtsanwalt Gebühren nach den Vorschriften des bürgerlichen Rechts. ³Ist im Fall des Satzes 2 der Auftraggeber Verbraucher, beträgt die Gebühr für die Beratung oder für die Ausarbeitung eines schriftlichen Gutachtens jeweils höchstens 250 Euro; § 14 Abs. 1 gilt entsprechend; für ein erstes Beratungsgespräch beträgt die Gebühr jedoch höchstens 190 Euro.

(2) Wenn nichts anderes vereinbart ist, ist die Gebühr für die Beratung auf eine Gebühr für eine sonstige Tätigkeit, die mit der Beratung zusammenhängt, anzurechnen.

	Übersicht	Rn.
A.	Überblick	272
B.	Anmerkungen	273
	I. Allgemeines	273
	II. Beratungsgebühr	274
	1. Entstehen der Beratungsgebühr	274
	a) Auftrag zur Erteilung eines Rats oder einer Auskunft	274
	b) Abgrenzung zu anderen Vorschriften	277
	c) Entstehen der Gebühr	282
	d) Abgeltungsbereich der Gebühr	283
	2. Höhe der Gebühr	284

Literatur:

Madert, Beratungsgebühr für die Antwort auf die Anfrage, ob man ein Mandat übernehmen könne?, AGS 1996, 82; s. auch die Hinweise bei Teil A: Beratung/Gutachten, Allgemeines (§ 34), vor Rn. 223.

A. Überblick

Auch im Straf-/Bußgeldverfahren kann der Rechtsanwalt den Auftrag zu einer (ausschließlichen) Beratungstätigkeit erhalten. Bis zum 01.07.2006 entstanden dafür dann ggf. Gebühren nach den Nrn. 2101 f. VV a.F. An deren Stelle ist im Zuge der Neufassung des § 34 durch Art. 5 KostRMoG mit Wirkung vom 01.07.2006 der **neu gefasste § 34** getreten, der vom Rechtsanwalt den Abschluss einer „Gebührenvereinbarung" erwartet, wenn er eine Beratung durchführt. Die damit zusammenhängenden allgemeinen Fragen sind dargestellt im Teil A: Beratung/Gutachten, 272

Beratung(sgebühr) (§ 34)

Allgemeines [§ 34], Rn. 223 ff. Im Nachfolgenden werden nur die mit der Beratung zusammenhängenden Fragen erläutert.

B. Anmerkungen

I. Allgemeines

273 In § 34 Abs. 1 Satz 1 ist die in Nr. 2100 Anm. 1 VV a.F. enthaltene Legaldefinition des **Begriffs** der Beratung übernommen worden. Sie umfasst die Erteilung eines mündlichen oder schriftlichen Rats oder einer Auskunft. Rechtsprechung und Literatur zu Nr. 2100 VV a.F. bleiben damit insoweit anwendbar.

II. Beratungsgebühr

1. Entstehen der Beratungsgebühr

a) Auftrag zur Erteilung eines Rats oder einer Auskunft

274 § 34 Abs. 1 Satz 1 regelt die Vergütung des Rechtsanwalts, der vom Auftraggeber **ausschließlich** einen Auftrag zur Erteilung eines Rats erhalten hat oder um eine Auskunft gebeten worden ist (zur Abgrenzung von anderen Gebühren s. Rn. 277 ff.). Ob der Rat oder die Auskunft **mündlich** oder **schriftlich** erteilt werden, ist **unerheblich**. Das hat allenfalls Auswirkungen auf die Frage, ob dem Rechtsanwalt auch eine Auslagenpauschale nach Nr. 7002 VV zusteht (verneint vom AG Koblenz, AGS 2004, 158 [für § 26 BRAGO]).

275 Beide Begriffe sind **weit auszulegen** (AnwKomm-RVG/Onderka, § 34 Rn. 27). Unter Rat ist die Empfehlung zu verstehen, wie sich der Ratsuchende in einer rechtlichen Angelegenheit verhalten soll (Hartung/Römermann/Hartung, § 34 Rn. 12; Gerold/Schmidt/Mayer, § 34 Rn. 7). Unter Erteilung einer Auskunft ist die Beantwortung einer Frage allgemeiner Art zu verstehen (Hartung/Römermann/Hartung, § 34 Rn. 13; Gerold/Schmidt/Mayer, § 34 Rn. 12). Das kann z.B. die Frage sein, wann bestimmte strafrechtliche Verstöße verjähren oder welche Mindest- bzw. Höchststrafen das StGB vorsieht.

276 Der Rechtsanwalt muss **ausdrücklich** einen Auftrag zur Beratung erhalten haben. Erteilt er den Rat oder die Auskunft **ungefragt**, erhält er dafür **keine Vergütung** (AnwKomm-RVG/Onderka, § 34 Rn. 25).

> *Beispiel:*
>
> *Vom Mandanten A wird die Herausgabe eines Gegenstandes verlangt. Er hat mit seiner Vertretung Rechtsanwalt R beauftragt. Dieser berät den Mandanten von sich aus darüber, wie sich der Mandant gegen einen ggf. gegen ihn erhobenen Unterschlagungsvorwurf verteidigen könne.*
>
> *Für diese „Beratung" erhält Rechtsanwalt R keine Vergütung. Ein Auftrag zur Beratung hat nicht vorgelegen.*

Beratung(sgebühr) (§ 34)

b) **Abgrenzung zu anderen Vorschriften**

> **Hinweis:**
> Die (ausschließliche) Beratung in straf- oder OWi-rechtlichen Fragen ist keine **Einzeltätigkeit** i.S.v. Teil 4 Abschnitt 3 VV (Nrn. 4300 ff. VV) oder i.S.v. Nr. 5200 VV § 34 Abs. 1 Satz 1 ist vielmehr der speziellere Tatbestand und geht den Regelungen in Teil 4 bis 6 VV insoweit vor. Von § 34 Abs. 1 Satz 1 nicht erfasst wird hingegen die sog. begleitende Beratung (vgl. dazu Rn. 278).

277

Der **Anwendungsbereich** des § 34 Abs. 1 Satz 1 ist im Übrigen wie folgt abzugrenzen:

278

- Rat und Auskunft dürfen nach dem ausdrücklichen Wortlaut des § 34 Abs. 1 Satz 1 **nicht mit einer anderen gebührenpflichtigen Tätigkeit zusammenhängen**. Das bedeutet, dass der Rat und die Auskunft, die „begleitend" in einer anderen Angelegenheit erteilt werden, nicht zu einer eigenständigen Beratungsgebühr führen, sondern durch die Vergütung der anderen Angelegenheit, und zwar im Straf-/Bußgeldverfahren i.d.R. mit der jeweiligen Verfahrensgebühr, mit abgegolten werden (vgl. dazu Vorbem. 4 VV Rn. 33 ff.; AnwKomm-RVG/Onderka, § 34 Rn. 17).

- Im Übrigen **beschränkt** sich die Beratungsgebühr auf den (**bloßen**) **Informationskontakt** zwischen dem Rechtsanwalt und dem Mandanten, zwischen denen Informationen ausgetauscht werden. Geht die anwaltliche Tätigkeit darüber hinaus, wird der Bereich der Beratung verlassen und es ist dann nach Teil 4 bis 6 VV abzurechnen (LG Mönchengladbach, AGS 2009, 163 für den Auftrag zum Entwurf eines Schreibens). Entscheidend ist aber, ob der Rechtsanwalt in der Sache in Kontakt mit Dritten tritt oder ob es nur um Rückfragen, Auskünfte usw. geht (AnwKomm-RVG/Onderka, § 34 Rn. 19 f.).

279

Beispiel 1:

Bei Rechtsanwalt R erscheint der Mandant M, dem ein Bußgeldbescheid durch Niederlegung zugestellt worden ist. Er fragt Rechtsanwalt R, ob man dagegen „noch etwas machen könne". Da M keinen Nachweis über den Zeitpunkt der Zustellung mehr hat, ruft R bei der Verwaltungsbehörde an, um festzustellen, wann der Bußgeldbescheid zugestellt worden ist.

R kann für seine Tätigkeit nur eine Beratungsgebühr nach § 34 abrechnen. Die Nachfrage bei der Verwaltungsbehörde allein führt noch nicht dazu, dass der Bereich der Beratung verlassen wird (so auch AnwKomm-RVG/Onderka, § 34 Rn. 19). Die erbetene Auskunft ist vielmehr Grundlage der Beratung.

Beispiel 2:

Bei Rechtsanwalt R erscheint der Mandant M, dem ein Bußgeldbescheid durch Niederlegung zugestellt worden ist. Er fragt Rechtsanwalt R, ob man dagegen „noch etwas machen könne" und bittet R, bei der Verwaltungsbehörde festzustellen, ob von dem verhängten Fahrverbot nicht gegen eine Erhöhung der Geldbuße abgesehen werden könne. R ruft dort an.

Nun ist der Bereich der (bloßen) Beratung verlassen. R kann nach Teil 5 VV abrechnen.

Beratung(sgebühr) (§ 34)

280 • **Weiß** der **Mandant** noch nicht, **ob** und wie er den Rechtsanwalt überhaupt **beauftragen** will, gilt:

– Will der Mandant **ausdrücklich/konkludent** zunächst **nur beraten** werden und dann entscheiden, ob er einen weiter gehenden Auftrag erteilt, entsteht zunächst auch nur die Beratungsgebühr, die allerdings, wenn der weiter gehende Auftrag erteilt wird, nach § 34 Abs. 2 angerechnet wird (vgl. dazu Teil A: Beratung/Gutachten, Allgemeines [§ 34], Rn. 253 ff.).

– Hat der **Mandant** hingegen von **vornherein vor**, dass der Rechtsanwalt in der Angelegenheit auf jeden Fall tätig wird und **Maßnahmen ergreift**, will aber zunächst auch beraten werden, entsteht keine Beratungsgebühr. Vielmehr wird die Beratung durch die entstehende Verfahrensgebühr nach Teil 4 bis 6 VV abgegolten (vgl. z.B. Vorbem. 4 VV Rn. 33 ff.; AnwKomm-RVG/Onderka, § 34 Rn. 24).

– Will der Mandant sich **zunächst absichern** und **beraten** lassen, hat aber schon konkrete Vorstellungen, was der Rechtsanwalt für ihn veranlassen soll, liegt ein unbedingter Auftrag zur Beratung und ein bedingter Auftrag in der weiter gehenden Angelegenheit vor. Der weiter gehende Auftrag steht unter der aufschiebenden Bedingung eines positiven Ergebnisses der Beratung (so auch AnwKomm-RVG/Onderka, § 34 Rn. 23).

Beispiel:

Der Mandant erscheint mit einem ihm zugestellten Strafbefehl und möchte vom Rechtsanwalt zunächst wissen, ob es Sinn hat, gegen die Tagessatzhöhe vorzugehen. Falls das Erfolg verspricht, soll der Rechtsanwalt einen beschränkten Einspruch gegen den Strafbefehl einlegen.

Hier entsteht zunächst eine Beratungsgebühr, über deren Höhe ggf. eine Gebührenvereinbarung getroffen werden kann. Das Entstehen von Gebühren nach Teil 4 VV, wie z.B. der Grundgebühr Nr. 4100 VV und der gerichtlichen Verfahrensgebühr Nr. 4106 VV, hängt vom Ergebnis der Beratung ab. Legt der Rechtsanwalt, nachdem er die Erfolgsaussichten bejaht hat, Einspruch ein, ist bei der Abrechnung später die Anrechnungsregelung des § 34 Abs. 2 zu beachten (vgl. dazu Teil A: Beratung/Gutachten, Allgemeines [§ 34], Rn. 253 ff.].

281 • Erkundigt sich der Mandant lediglich, ob der Rechtsanwalt das Mandat übernehmen wolle/könne sowie nach den **voraussichtlich entstehenden Kosten** für eine Verteidigung im Straf- oder Bußgeldverfahren, ist das kein Beratungsauftrag, sondern nur eine allgemeine Anfrage, die keine Gebühren auslöst (AnwKomm-RVG/Onderka, § 34 Rn. 26; Madert, AGS 1996, 82; vgl. auch AG Lahr, JurBüro 2007, 87).

c) Entstehen der Gebühr

282 Die Gebühr entsteht für einen mündlichen oder schriftlichen Rat oder eine Auskunft. Voraussetzung für das Entstehen der Gebühr ist nach dem Wortlaut also das Erteilen des Rats oder der Auskunft. Das würde bedeuten, dass der Rechtsanwalt keine Vergütung erhält, wenn es nicht zur Rat- oder Auskunftserteilung kommt (s. zu § 20 BRAGO, AG Rastatt, AnwBl. 1997, 677). Das ist jedoch unzutreffend. Die Beratungsgebühr **entsteht** vielmehr **mit der ersten Tätigkeit** nach Erteilung des Auftrags „Beratung". Die erste Tätigkeit ist die Entgegennahme der Frage, die gestellt und um deren Beantwortung gebeten wird (ähnlich Gebauer/Schneider, BRAGO, § 20 Rn. 19, der auf die Entgegennahme der Information abstellt; a.A. Gerold/Schmidt/Mayer, § 34

Beratung(sgebühr) (§ 34)

Rn. 18). **Ob** danach der Rat bzw. die Auskunft noch **erteilt** wird, ist für das Entstehen der Gebühr **unerheblich**, sondern hat nur Auswirkungen auf deren Höhe (zur Höhe s. Rn. 284 und Teil A: Beratung/Gutachten, Allgemeines [§ 34], Rn. 239 ff.).

d) Abgeltungsbereich der Gebühr

Die Gebühr deckt **alle** mit dem Rat/der Beratung **zusammenhängenden Tätigkeiten ab**. Das sind die Entgegennahme der Information, deren Auswertung, die Beschaffung von Rechtsprechung und Literatur, die erforderlich ist, um die gestellte Frage zu beantworten, die Beschaffung von Auskünften von Dritten usw.

283

> **Hinweis:**
> **Entscheidend** für den Abgeltungsbereich ist der **Gegenstand**, hinsichtlich dessen beraten werden soll. Alle sich darauf beziehenden Tätigkeiten werden durch die Gebühr abgegolten. Dabei ist es unerheblich, ob ggf. mehrere Beratungsgespräche stattgefunden haben.

2. Höhe der Gebühr

Die Höhe der dem Rechtsanwalt nach § 34 Abs. 1 Satz 1 zustehenden Gebühr kann **variieren**, je nachdem welche der verschiedenen Vergütungsvarianten des § 34 eingreift. Es gilt:

284

- Ist eine Gebühr – wie von § 34 Abs. 1 Satz 1 gewünscht – **vereinbart**, ist deren Höhe grds. nur durch § 138 BGB beschränkt.
- Ist eine Gebühr **nicht vereinbart**, gilt nach § 34 Abs. 1 Satz 2 das bürgerliche Recht (vgl. dazu Teil A: Beratung/Gutachten, Allgemeines [§ 34], Rn. 230 ff.).
- Ist der Mandant „**Verbraucher**", wird die Gebühr nach § 34 Abs. 1 Satz 2 auf höchstens 250,00 € beschränkt (vgl. dazu Teil A: Beratung/Gutachten, Allgemeines [§ 34], Rn. 236 ff.).
- Handelt es sich um eine „**Erstberatung**", ist die Gebühr nach § 34 Abs. 1 Satz 2 Halbs. 3 auf höchstens 190,00 € beschränkt (vgl. dazu Teil A: Beratung/Gutachten, Allgemeines [§ 34], Rn. 246 ff.).

Siehe auch im Teil A: →Beratung/Gutachten, Allgemeines (§ 34), Rn. 223; →Beratung über die Erfolgsaussicht eines Rechtsmittels (Nrn. 2102 f. VV), Rn. 261; →Gutachten(gebühr) (§ 34), Rn. 796; →Rahmengebühren (§ 14), Rn. 1045; →Strafbefehlsverfahren, Abrechnung, Rn. 1265.

Beratungshilfe

Nr.	Gebührentatbestand	Gebühr oder Satz der Gebühr nach § 13 RVG
2500	**Beratungshilfegebühr**	10,00 EUR
	Neben der Gebühr werden keine Auslagen erhoben. Die Gebühr kann erlassen werden.	
2501	**Beratungsgebühr**	30,00 EUR
	(1) Die Gebühr entsteht für eine Beratung, wenn die Beratung nicht mit einer anderen gebührenpflichtigen Tätigkeit zusammenhängt.	
	(2) Die Gebühr ist auf eine Gebühr für eine sonstige Tätigkeit anzurechnen, die mit der Beratung zusammenhängt.	
2502	**Beratungstätigkeit mit dem Ziel einer außergerichtlichen Einigung mit den Gläubigern über die Schuldenbereinigung auf der Grundlage eines Plans (§ 305 Abs. 1 Nr. 1 InsO):**	
	Die Gebühr 2501 beträgt	60,00 EUR
2503	**Geschäftsgebühr**	70,00 EUR
	(1) Die Gebühr entsteht für das Betreiben des Geschäfts einschließlich der Information oder die Mitwirkung bei der Gestaltung eines Vertrags.	
	(2) Auf die Gebühren für ein anschließendes gerichtliches oder behördliches Verfahren ist diese Gebühr zur Hälfte anzurechnen. Auf die Gebühren für ein Verfahren auf Vollstreckbarerklärung eines Vergleichs nach den §§ 796a, 796b und 796c Abs. 2 Satz 2 ZPO ist die Gebühr zu einem Viertel anzurechnen.	
2504	**Tätigkeit mit dem Ziel einer außergerichtlichen Einigung mit den Gläubigern über die Schuldenbereinigung auf der Grundlage eines Plans (§ 305 Abs. 1 Nr. 1 InsO):**	
	Die Gebühr 2503 beträgt bei bis zu 5 Gläubigern	224,00 EUR
2505	Es sind 6 bis 10 Gläubiger vorhanden:	
	Die Gebühr 2503 beträgt	336,00 EUR
2506	Es sind 11 bis 15 Gläubiger vorhanden:	
	Die Gebühr 2503 beträgt	448,00 EUR

Beratungshilfe

2507	Es sind mehr als 15 Gläubiger vorhanden: Die Gebühr 2503 beträgt	560,00 EUR
2508	Einigungs- und Erledigungsgebühr	125,00 EUR
	(1) Die Anmerkungen zu Nummern 1000 und 1002 sind anzuwenden. (2) Die Gebühr entsteht auch für die Mitwirkung bei einer außergerichtlichen Einigung mit den Gläubigern über die Schuldenbereinigung auf der Grundlage eines Plans (§ 305 Abs. 1 Nr. 1 InsO).	

Übersicht

		Rn.
A.	Überblick	285
B.	Anmerkungen	288
	I. Formulare	288
	II. Gebührenüberhebung	290
	III. Schematisierter Verfahrensablauf hinsichtlich der Bewilligung der Beratungshilfe	291
	IV. Bewilligungsvoraussetzungen	292
	1. Hilfe für die Wahrnehmung von Rechten außerhalb eines gerichtlichen Verfahrens	292
	2. Persönliche und wirtschaftliche Verhältnisse des Rechtsuchenden	295
	3. Rechtsuchender darf keine anderen Möglichkeiten zur Beratung haben	296
	4. Wahrnehmung der Rechte ist nicht mutwillig	298
	5. Nachträgliche Bewilligung	299
	V. Anfechtung der Beratungshilfebewilligung/-festsetzung	302
	1. Anfechtung der Bewilligung	302
	2. Anfechtung der Festsetzung	304
	VI. Gegenstand der Beratungshilfe (§ 2 BerHG)	306
	1. Allgemeines	306
	2. Straf- und Bußgeldsachen	307
	VII. Begriff der Angelegenheit in der Beratungshilfe	310
	VIII. Gebühren im Rahmen der Beratungshilfe	315
	1. Beratungshilfegebühr (Nr. 2500 VV)	316
	2. Beratungsgebühr (Nr. 2501 VV)	319
	3. Geschäftsgebühr (Nr. 2503 VV)	322
	4. Einigungs-/Erledigungsgebühr (Nr. 2508 VV)	326
	IX. Mehrere Auftraggeber	328
	1. Allgemeines	328
	2. Beratungshilfegebühr (Nr. 2500 VV)	329
	3. Beratungsgebühr (Nr. 2501 VV)	330
	4. Geschäftsgebühr (Nr. 2503 VV)	333
	X. Vergütungsansprüche gegen die einzelnen Beteiligten	334
	1. Ansprüche gegen den Rechtsuchenden (Mandant)	334
	2. Ansprüche gegen den Gegner (§ 9 BerHG)	335
	3. Ansprüche gegen die Landeskasse (§ 44)	340
	a) Gebühren	340
	b) Auslagen	341
	XI. Anrechnung der Gebühren Nr. 2501 VV und Nr. 2503 VV	348
	1. Beratungsgebühr (Nr. 2501 VV)	348
	2. Geschäftsgebühr Nr. 2503 VV	351
	XII. Glaubhaftmachung	355
C.	Arbeitshilfen	357
	I. Aktuelle Beratungshilfeformulare	357
	II. Muster: Erinnerung gegen die Festsetzung der Beratungshilfevergütung	358

Literatur:

Euba, Beratungshilfegebühr nach Nr. 2500 VV RVG und Umsatzsteuer, RVGreport 2009, 281; **Fölsch**, Grundlagen der Beratungshilfe, NJW 2010, 350; **Hansens**, Beratungshilfe in Strafsachen, RVGreport 2008,

A. Vergütungs-ABC

Beratungshilfe

172; *ders.*, Rechtsbehelfe bei Festsetzung der Beratungshilfe- und Prozesskostenhilfevergütung, RVGreport 2005, 2; *ders.*, Berechnung der Postentgeltpauschale bei Beratungshilfe, RVGreport 2007, 133; *Hartung*, Prozesskostenhilfe (PKH) für Rechtsmittelprüfung (Nr. 2200 VV), AnwBl. 2005, 206; *Klein*, Die Aufklärungsverpflichtung und Antragstellung des Anwaltes bei Beratungshilfe, JurBüro 2001, 172; *Rehberg*, Bertungshilfe und Mutwilligkeit unter Beachtung der Entscheidung des Bundesverfassungsgerichts vom 9. 11. 2010, 1 BvR 787/10, JurBüro 2011, 173; *Schneider*, Die Gebühren in der Beratungshilfe nach dem RVG, MDR 2004, 494; *ders.*, Gebührenerhöhung nach Nr. 1008 VV VG in der Beratungshilfe, ZAP Fach 24, S. 889; *Volpert*, Beratungshilfegebühren in Angelegenheiten des Strafrechts, StRR 2010, 333.

A. Überblick

285 Auch im strafrechtlichen Mandat kommt es vor, dass eine Partei beraten wird, diese jedoch nicht die notwendigen Mittel besitzt, um den Rechtsanwalt zu vergüten. Bleibt es bei dieser Beratung, so steht dem Rechtsanwalt u. U. ein Anspruch gegen die Landeskasse auf Zahlung von Beratungshilfe nach dem Beratungshilfegesetz (BerHG) zu. Da die Bewilligung von PKH oder die Beiordnung eines Pflichtverteidigers für außergerichtliche Verfahren ausscheidet, wurde durch das BerHG für den bedürftigen Antragsteller die Möglichkeit geschaffen, sich **außerhalb eines gerichtlichen Verfahrens** durch einen Rechtsanwalt **beraten oder vertreten** zu lassen, ohne ein eigenes Kostenrisiko einzugehen.

286 Die **Abrechnung** der Beratungshilfe erfolgt nach den Vorschriften der §§ 44 ff. mit der Landeskasse.

Grundsätzlich wird der Beratungshilfeschein (Berechtigungsschein) von dem AG erteilt, bei dem der Antragsteller seinen allgemeinen Wohnsitz hat (§ 4 BerHG).

287 **Im Straf- und OWi-Recht** wird i.R.d. Beratungshilfe **lediglich außergerichtliche Beratung** gewährt. Eine außergerichtliche Vertretung wird nicht vergütet. Diese Einschränkung ist deshalb gerechtfertigt, weil in diesen Angelegenheiten für das Vorverfahren bereits eine Pflichtverteidigerbestellung und -vergütung möglich ist (§ 2 BerHG) (s. ausführlich Rn. 307).

Nur wenn es im **Gesamtzusammenhang** notwendig ist, nicht nur auf dem strafrechtlichen Gebiet, sondern auch auf **anderen Rechtsgebieten** tätig zu werden, wird auch insoweit Beratungshilfe gewährt und es kann ggf. eine Geschäftsgebühr Nr. 2503 VV abgerechnet werden. Daher fällt z.B. nach Auffassung des AG Köln (RVGreport 2007, 301 = AGS 2007, 468) anstelle der Beratungsgebühr Nr. 2501 VV eine Geschäftsgebühr Nr. 2503 VV an, wenn ein Rechtsanwalt, der einen ausländischen JVA-Häftling vertritt, ihn hierfür in der U-Haft zur Beratung aufsucht, dabei gebietsübergreifend auch im Ausländer- und Asylrecht berät, sowie anschließend mit dem Haftrichter und dem Mandanten korrespondiert (s. auch Volpert, StRR 2010, 333). Eine Geschäftsgebühr entsteht auch, wenn der Beratungshilfeanwalt in einer zivil- oder verwaltungsrechtlichen Angelegenheit tätig wird, in der es um strafrechtlich relevantes Verhalten des Gegners des Rechtssuchenden oder um Straftatbestände geht (LG Offenburg, JurBüro 1989, 1110; LG Osnabrück, AnwBl. 1985, 335; AG Freiburg, JurBüro 1999, 147; Hansens/Braun/Schneider, a.a.O., Teil 7 B Rn. 88).

Beratungshilfe

B. Anmerkungen

I. Formulare

Die Justiz hält sowohl für die Beantragung als auch für die Abrechnung besondere Formulare bereit. Es empfiehlt sich, nicht nur aus Vereinfachungsgründen diese zu verwenden. Denn in § 1 BerHVV heißt es ausdrücklich: 288

> „...der Rechtsuchende muss den nach Absatz 1 Nr. 1 bestimmten Vordruck verwenden, falls er den Antrag nicht mündlich stellt. Der Rechtsanwalt muss für seinen Antrag den nach Absatz 1 Nr. 2 bestimmten Vordruck verwenden. Die Landesjustizverwaltung kann durch Allgemeinverfügung die Verwendung von Vordrucken zulassen, die mit Hilfe von EDV-Anlagen erstellt oder abweichend von dem Vordruck nach Absatz 1 Nr. 2 gestaltet sind, aber inhaltlich den Vordrucken nach Absatz 1 entsprechen."

Damit gilt sowohl für den Antrag auf Bewilligung als auch für den Festsetzungsantrag ganz offensichtlich der **Formularzwang** (a.A. AG Rockenhausen, 22.12.2005 – UR IIa 207/05, n.v., unter Hinweis auf Schneider, Rpfleger 1987, 392). Für das Land Berlin hat das KG entschieden, dass ein Formularzwang nicht besteht, weil noch keine RVG-geeigneten Formulare vorliegen (vgl. AGS 2011, 85 = RVGreport 2010, 400). Das Land NRW hat diese Formulare bereits seit 2006 freigegeben (s. Hinweis unten Rn. 289).

Zulässig ist es jedoch **andere Vordrucke** zu verwenden, wenn die Landesjustizverwaltungen durch Allgemeinverfügung die Verwendung von Vordrucken zulässt, die mit Hilfe von EDV-Anlagen erstellt oder abweichend von dem Vordruck nach § 1 Abs. 1 Nr. 2 der VO gestaltet sind, aber inhaltlich den Vordrucken nach § 1 Abs. 1 der VO entsprechen. 289

> **Hinweis:**
> Das Antragsformular kann ebenso wie der Festsetzungsantrag im Internet und zwar im Justizportal NRW, unter: http://www.justiz.nrw.de/BS/formulare/beratungshilfe kostenfrei heruntergeladen werden. Dort findet sich auch eine umfangreiche **Informationsbroschüre** mit Ausfüllhinweisen zur Beratungshilfe und PKH.

II. Gebührenüberhebung

Der Rechtsanwalt ist grds. gezwungen den Mandaten zu seinen finanziellen Verhältnissen zu befragen. Ein Rechtsanwalt, der danach ggf. dennoch gegenüber seinem Mandanten nach Nr. 2300 VV abrechnet, obwohl ihm wegen Kenntnis dessen wirtschaftlicher Verhältnisse bekannt ist, dass dieser einen **Anspruch auf Bewilligung von Beratungshilfe** hat, kann sich wegen Gebührenüberhebung gem. § 352 StGB strafbar machen (LG Ellwangen, NStZ-RR 2004, 366, Strafe: 30 Tagessätze à 150,00 €). 290

III. Schematisierter Verfahrensablauf hinsichtlich der Bewilligung der Beratungshilfe

Im Folgenden werden die verschiedenen Abläufe des Beratungshilfeverfahrens gegenübergestellt in Abhängigkeit von der Frage, ob der Mandant 291

Beratungshilfe

- den Rechtsanwalt direkt aufsucht oder
- sich zunächst an das Gericht wendet.

Entweder zuerst an das AG	Oder zuerst an den Rechtsanwalt
Rechtsuchender wendet sich direkt an das AG	Rechtsuchender wendet sich direkt an seinen Rechtsanwalt, § 4 Abs. 2 Satz 4 BerHG
Bewilligung der Beratungshilfe	Prüfung der Beratungshilfevoraussetzungen durch den Rechtsanwalt und Erteilung der Beratungshilfe
+ Erteilung des Berechtigungsscheins	Nach Beendigung der Angelegenheit Stellung des Antrags auf nachträgliche Beratungshilfebewilligung und Festsetzung der Kosten
Rechtsuchender wendet sich an Rechtsanwalt; dieser erteilt Beratungshilfe	
Rechtsanwalt beantragt Festsetzung (Formularzwang, § 1 BerHVV) der Beratungshilfevergütung beim AG (s.o. Rn. 288)	
Festsetzung der Kosten durch den Rechtspfleger gegen die Landeskasse	Bewilligung der Beratungshilfe und Festsetzung der Kosten durch den Rechtspfleger gegen die Landeskasse

IV. Bewilligungsvoraussetzungen

1. Hilfe für die Wahrnehmung von Rechten außerhalb eines gerichtlichen Verfahrens

292 Der Rechtsuchende muss Hilfe für die Wahrnehmung von Rechten **außerhalb** eines **gerichtlichen Verfahrens** suchen (§ 1 Abs. 1 BerHG). Maßgebend ist die Sichtweise des Rechtsuchenden. Auch die Beratung nur zur Erfolgsaussicht der Rechtsverteidigung oder des Widerspruchs kann Gegenstand der Beratungshilfe sein. Kommt es danach zur Fortsetzung derselben Angelegenheit, kann ggf. PKH oder Pflichtverteidigung bewilligt werden. Die Beratungshilfevergütung ist in diesen Fällen auf die PKH- oder Pflichtverteidigervergütung anzurechnen (s. Beispielsfälle Rn. 348 ff.).

293 Die Prüfung der **Erfolgsaussichten eines Rechtsmittels** (s. auch Teil A: Beratung über die Erfolgsaussicht eines Rechtsmittels, Rn. 261) gehört für den Rechtsanwalt, der bisher noch nicht mit der Vertretung beauftragt war, nicht zum gerichtlichen Verfahren. Eine entsprechende Bewilligung von PKH scheidet damit aus. Diese Tätigkeit ist bei Vorliegen der weiteren Voraussetzungen über die Beratungshilfe abzurechnen (OLG Frankfurt am Main, RVGreport 2005, 280 = AGS 2006, 137 [zu Nr. 2200 VV a.F.]; OLG Düsseldorf, AGS 2005, 567; a.A. Hartung, AnwBl. 2005, 206).

Beratungshilfe

> **Hinweis:**
> In Angelegenheiten des Straf- und OWi-Rechts kann Beratungshilfe auch dann noch gewährt werden, wenn ein **Verfahren bereits anhängig** ist (AG Köln, StV 1984, 347). Voraussetzung ist, dass der Rechtsanwalt nicht auch mit der Vertretung beauftragt ist (zu allem auch Volpert, StRR 2010, 333).

294

2. Persönliche und wirtschaftliche Verhältnisse des Rechtsuchenden

Beratungshilfe ist zu bewilligen, wenn der Rechtsuchende die erforderlichen Mittel nach seinen persönlichen und wirtschaftlichen Verhältnissen nicht aufbringen kann (§ 1 Abs. 1 Nr. 1 BerHG). Diese Voraussetzungen sind erfüllt, wenn der Rechtsuchende Anspruch auf PKH ohne Ratenzahlung hätte (§ 1 Abs. 2 BerHG).

295

Maßgebend für die Beurteilung der persönlichen und wirtschaftlichen Verhältnisse ist der **Zeitpunkt der Entscheidungsreife** bzw. der Zeitpunkt der Entscheidung durch den Rechtspfleger. Wird der Antrag nachträglich durch den Rechtsanwalt gestellt, so ist die Beratungshilfe schon erteilt. In diesem Fall ist auf den **Zeitpunkt der Erteilung der Beratungshilfe** abzustellen (Groß, in: Schoreit/Groß, § 4 BerHG Rn. 17; Hansens, in: Hansens/Braun/Schneider, Teil 7 A, Rn. 20).

3. Rechtsuchender darf keine anderen Möglichkeiten zur Beratung haben

Beratungshilfe kann nach § 1 Abs. 1 Nr. 2 BerHG nicht gewährt werden, wenn dem Rechtsuchenden andere Möglichkeiten der Beratung zur Verfügung stehen. Dies können z.B. sein:

296

- bestehende **Rechtsschutzversicherung**,
- Beratung durch **Berufsverbände** o.Ä. (z.B. Gewerkschaftssekretäre),
- **Behördenberatung**.

Für eine anwaltliche Beratung zur Möglichkeit der **Strafrestaussetzung** kann Beratungshilfe gewährt werden. Der Hinweis, sich stattdessen an die **JVA** zu wenden, ist nicht zulässig, da es sich bei dieser um **keine gänzlich unbeteiligte Dritte** handelt (AG Minden, StraFo 2003, 183 = AGS 2003, 183). Das BVerfG hat diesen Rechtsgedanken für eine andere Konstellation bestätigt. Hiernach ist es dem Leistungsempfänger nicht zumutbar, sich wegen eines vorhandenen Leistungsbescheids von der ARGE selbst beraten zu lassen, da diese als Widerspruchsbehörde über einen eventuellen Widerspruch zu entscheiden hätte (BVerfG, NJW 2009, 3417 = RVGreport 2009, 358).

297

4. Wahrnehmung der Rechte ist nicht mutwillig

Eine Rechtsverfolgung ist dann nicht mutwillig, wenn eine **verständige, nicht bedürftige Partei** ihr Recht in gleicher Weise verfolgen würde (vgl. BVerfG, AGS 2011, 31 = RVGreport 2011, 79 = JurBüro 2011, 207 [Ls.]; s. auch noch OLG Rostock, JurBüro 206; AG Konstanz, 29.06.2009 – UR II 68/09, n.v.; zu allem Rehberg, JurBüro 2011, 174). **Mutwilligkeit** ist z.B. bei mehrfacher Beantragung von Beratungshilfe für dieselbe Angelegenheit zu bejahen. Mutwilligkeit wird auch bejaht, wenn sich ein seit einem Jahr in Deutschland lebender Ausländer mit der Frage, ob sein

298

Beratungshilfe

Führerschein gültig ist, an einen Rechtsanwalt wendet, bevor er mit der Behörde selbst Kontakt aufgenommen hat (AG Northeim, JurBüro 1990, 1447; Rpfleger 1991, 25). Das Gleiche soll dann gelten, wenn sich eine rechtsuchende Partei in einer bürgerlich-rechtlichen Angelegenheit direkt an einen Rechtsanwalt wendet, ohne zuvor den Anspruch selbst gegen den bekannten Schuldner geltend zu machen (AG Ulm, Rpfleger 1987, 461). Mutwilligkeit ist auch gegeben bei der Geltendmachung einer Forderung von 0,84 € (AG Bochum, RVGreport 2009, 238).

> **Hinweis:**
> Eine **Prüfung** der **Erfolgsaussichten** findet **nicht** statt.

5. Nachträgliche Bewilligung

299 Wie sich aus § 4 Abs. 2 Satz 4 des BerHG ergibt, kann der Antrag auf Bewilligung von Beratungshilfe auch nachträglich gestellt werden, wenn sich der Betroffene **unmittelbar** an einen **Rechtsanwalt** wendet. In der Rechtsprechung ist jedoch umstritten, ob die **Datierung** des nachträglichen Antrags **vor der Gewährung der Beratungshilfe** liegen muss oder ob der Antrag auch noch nach Gewährung gestellt werden kann. Insoweit gilt:

300 - Als Grund für die **Datierung** des Antrags **vor** Gewährung der Beratungshilfe wird angeführt, dass es nicht Sinn des BerHG sein kann, dass der Anwalt zunächst einen Anwaltsvertrag zu den üblichen Gebühren schließt und erst im Nachhinein, wenn sich herausstellt, dass der Mandant nicht (oder nicht mehr) zahlungsfähig/zahlungswillig ist, versucht, wenigstens einen Teil des Honorars aus Sozialhilfemitteln zu erhalten. Zudem wäre die nach § 7 BerHG notwendige Erklärung, dass Beratungshilfe noch nicht erteilt worden ist, nicht mehr wahrheitsgemäß möglich (AG Koblenz, NJW-RR 2007, 209; AG St. Wendel, Rpfleger 2001, 603). Hiernach kann der Antrag zwar nachträglich eingereicht werden. Er muss jedoch vor der Gewährung der Beratungshilfe datiert und unterzeichnet sein. Etwas anderes folgt auch nicht aus der Rechtsprechung des BVerfG (RVGreport 2006, 199 = NJW 2006, 1504). Soweit diese zitiert wird, trägt dies nicht. In der Entscheidung wird nämlich lediglich festgestellt, dass es für einen nachträglichen Antrag keine Frist gäbe. Auf das Datum von Antrag und Unterschrift wird nicht eingegangen.

- Nach a.A. spielt die **Datierung** des Antrags **keine Rolle**, da der Gesetzgeber dies nicht vorgesehen hat und ein entsprechender Zwang vollkommen an den Bedürfnissen der Praxis vorbei gehe. Denn hierdurch würde verlangt, dass der Rechtsanwalt bereits vor Beginn des Beratungsgespräches die finanzielle Lage des Mandanten analysiert, den entsprechenden Antrag unterschreibt und sich erst dann der Sache selbst widmet (LG Oldenburg, BRAGO-report 2001, 14; LG Münster, JurBüro 1983, 1706; AG Rockenhausen, 22.12.2005 – UR IIa 207/05, n.v.). Ebenso ist ein Missbrauchsrisiko nicht vorhanden, da eine Bewilligung nur dann infrage kommt, wenn ein materieller Anspruch besteht (**Groß**, in: Schoreit/Groß, § 4 BerHG Rn. 21).

Der **letzteren Ansicht** ist zu **folgen**, da nur sie der Intention der Beratungshilfe und dem Wortlaut der Vorschrift gerecht wird und auch die berechtigten Belange des Rechtsanwalts berücksichtigt werden. Zudem kann auch der nachträgliche Antrag nach § 4 Abs. 2 Satz 1 BerHG mündlich gestellt werden. Diese Möglichkeit würde dem Antragsteller durch einen Datierungszwang genommen. Die a.A. erscheint formalistisch und zwingt den Rechtsanwalt zu einer mit der Praxis nicht in Einklang stehenden Handlungsweise. Er müsste in jedem Fall vor Beginn der Beratungen die persönlichen Verhältnisse erheben und ggf. den Antrag ausfüllen lassen.

Die Ablehnung der nachträglichen Beratungshilfebewilligung gem. § 4 Abs. 2 BerHG, weil ein **Zeitraum** von **mehr** als **sechs Monaten** seit Gewährung der Beratungshilfe durch den Rechtsanwalt vergangen ist, ist unzulässig und verstößt gegen das Willkürverbot (BVerfG, BVerfGK 13, 108 = AGS 2008, 213 = RVGreport 2008, 200). 301

V. Anfechtung der Beratungshilfebewilligung/-festsetzung

1. Anfechtung der Bewilligung

Die Entscheidung über die **Beratungshilfebewilligung** trifft der Rechtspfleger gem. § 24a RPflG. Maßgebend für die Anfechtung des die Beratungshilfe ablehnenden Beschlusses ist § 6 Abs. 2 BerHG. Da hier ausdrücklich **nur** der **zurückweisende Beschluss** Erwähnung findet, ist im Umkehrschluss gegen die Bewilligung der Beratungshilfe selbst kein Rechtsbehelf gegeben (a.A. OLG Hamm, JurBüro 1984, 1746 = Rpfleger 1984, 322, das der Landeskasse eine unbefristete Erinnerung nach § 6 Abs. 2 BerHG gewährt). Die Beschwerdebefugnis wird aus § 11 Abs. 2 Satz 4 RPflG i.V.m. § 58 FamFG hergeleitet.) 302

Die Ablehnung ist nur anfechtbar mit der nicht fristgebundenen Erinnerung nach §§ 6 Abs. 2 BerHG, 11 Abs. 1 Satz 1, 24a RPflG. Der Rechtspfleger ist nach § 11 Abs. 2 Satz 2 RPflG abhilfebefugt. Hilft er nicht ab, so ist die Erinnerung dem Richter vorzulegen (§ 11 Abs. 2 Satz 3 RPflG), der endgültig entscheidet.

Erinnerungsbefugt ist nur der **Rechtsuchende** selbst, nicht auch der Rechtsanwalt. 303

2. Anfechtung der Festsetzung

Gegen die Entscheidung des Urkundsbeamter der Geschäftsstelle ist die **Erinnerung** gegeben (§ 56 Abs. 1 Satz 1). Über diese entscheidet das Gericht des Rechtszuges, bei dem die Festsetzung erfolgt ist, also das AG (vgl. dazu Teil A: Rechtsmittel gegen die Vergütungsfestsetzung (§§ 56, 33), Rn. 1115 ff.). 304

Gegen die Entscheidung des AG ist die **Beschwerde** gegeben (§ 56 Abs. 2 Satz 1 i.V.m. § 33 Abs. 4 Satz 1). Beschwerdegericht ist das nächsthöhere Gericht, hier also das LG (OLG Celle, RVGreport 2011, 219; vgl. dazu Teil A: Rechtsmittel gegen die Vergütungsfestsetzung [§§ 56, 33], Rn. 1115 ff.). 305

VI. Gegenstand der Beratungshilfe (§ 2 BerHG)

1. Allgemeines

Beratungshilfe wird allgemein gewährt in Angelegenheiten 306

Beratungshilfe

- des Zivilrechts (auch in Arbeitssachen!),
- des Verwaltungsrechts,
- des Verfassungsrechts,
- des Sozialrechts,
- des **Straf- und OWi-Rechts** (nur Beratung, keine Vertretung; vgl. Rn. 307)
- und auch im **Steuerrecht**, da es ist mit Art. 3 Abs. 1 GG unvereinbar ist, dass nach § 2 Abs. 2 BerHG das Steuerrecht nicht zu den beratungshilfefähigen Angelegenheiten zählt; bis zu einer Anpassung der gesetzlichen Regelung ist daher auch für steuerrechtliche Angelegenheiten Beratungshilfe zu gewähren (BVerfG, NJW 2009, 209 = RVGreport 2008, 474).

2. Straf- und Bußgeldsachen

307 In Angelegenheiten des **Straf- und Bußgeld-Rechts** wird nach § 2 Abs. 2 Satz 2 BerHG Beratungshilfe **nur** in Form von **Beratung** gewährt (eingehend dazu Volpert, StRR 2010, 333). Für die **außergerichtliche Vertretung** wird demnach **Beratungshilfe nicht gewährt**. Diese Einschränkung im Vergleich zum Zivilverfahren ist gerechtfertigt, weil in strafrechtlichen Angelegenheiten für das Vorverfahren bereits eine Pflichtverteidigerbestellung und -vergütung möglich ist. Es besteht daher kein Bedarf für eine (zusätzliche) Vergütung aus der Staatskasse. Dies gilt in gleicher Form für

- die Vertretung eines **Privat-** oder **Nebenklägers** oder eines **Zeugenbeistands**,
- Angelegenheiten nach **§ 35 BtMG** (AG Hamm, AnwBl. 1986, 294),
- den **Bereich der Strafvollstreckung** (LG Berlin, RVGreport 2008, 460; AG Minden, StraFo 2003, 118),
- Tätigkeiten im Rahmen der §§ 8, 9 StrEG (Verpflichtung zur **Strafverfolgungsentschädigung**; Volpert, StRR 2010, 333, 334); weil sie unter das Strafrecht fallen (vgl. Volpert, StRR 2010, 333; Hansens, in: Hansens/Braun/Schneider, Teil 7 A, Rn. 10). Das Verfahren über die Höhe der Entschädigung nach § 10 StrEG und das entsprechende Rechtsmittelverfahren nach § 13 StrEG gehören allerdings in den Bereich der Zivilsachen. Insoweit ist eine Vertretung zulässig (LG Osnabrück AnwBl. 1985, 335; Volpert, a.a.O., m.w.N.).

> **Hinweis:**
>
> In der Vorbem. 2.3 VV wird ausdrücklich klargestellt, dass die Gebühren des Abschnitts 2.3 VV in Straf- und Bußgeldsachen nicht entstehen können. Eine ausdrückliche Bestimmung für den Abschnitt 5 (Beratungshilfe) fehlt. Dieser bedurfte es auch nicht, weil hier bereits durch § 2 BerHG klargestellt ist, welche Gebühren entstehen können. Da die Vertretung des Rechtsuchenden in Angelegenheiten des Strafrechts gem. § 2 Abs. 2 Satz 2 BerHG ausgeschlossen ist, kann hier auch weiterhin keine Geschäftsgebühr Nr. 2503 VV über 70,00 € anfallen (Volpert, StRR 2010, 333 m.w.N.; Hansens, RVGreport 2008, 172; AnwKomm-RVG/Mock, Vorbem. 2.5 VV Rn. 25; s. auch Teil A: Vergütungsanspruch gegen die Staatskasse [§§ 44, 45, 50], Rn. 1472).

Beratungshilfe

Bei einer **Beratungshilfe im Strafvollzug** gilt § 2 Abs. 2 Satz 1 Nr. 2 BerHG, da die Tätigkeit des Rechtsanwalts für einen Mandanten im Bereich des Strafvollzuges eine Angelegenheit des **Verwaltungsrechts** ist. Dies hat zur Folge, dass ggf. auch die Gebühren für die Vertretung geltend gemacht werden können (LG Berlin, StV 1986, 166 = Rpfleger 1986, 650 = JurBüro 1986, 401; AG Frankfurt StV 1993, 14LG Lübeck StV 1989, 405; Volpert, StRR 2010, 333, 334). Für die Zuordnung zum Strafrecht spricht allerdings, dass gerichtliche Entscheidungen in Strafvollzugssachen durch die Strafvollstreckungskammer, und nicht durch das VG getroffen werden, § 110 StVollzG. Das gilt auch bei Entscheidungen in einem Verwaltungsvorverfahren gem. § 109 Abs. 3 StVollzG (Volpert, a.a.O.; vgl. auch Teil A: Verfahren nach dem Strafvollzugsgesetz und ähnliche Verfahren, Rn. 1463 und Teil A: Vergütungsanspruch gegen den Staatskasse [§§ 44, 45, 50], Rn. 1472). 308

Beispiele: Tätigkeiten im Strafvollzug
- *Der Gefangene wünscht die Aufhebung einer Disziplinarmaßnahme.*
- *Der Gefangene ist der Auffassung, die Vollzugsanstalt sei verpflichtet, ihm Urlaub zu gewähren.*
- *Rechtsverteidigung gegen Schadensersatzansprüche der Vollzugsbehörde wegen eines tätlichen Angriffs auf einen Mitgefangenen.*

Lässt sich ein Verurteilter über einen **Straferlass im Gnadenwege** außerhalb eines gerichtlichen Verfahrens anwaltlich beraten, handelt es sich nicht um eine Angelegenheit des Strafrechts, sondern um eine Angelegenheit, die dem **Verwaltungsrecht** zuzuordnen ist (LG Berlin, RVGreport 2007, 422). Damit kann in diesen Angelegenheiten neben der Beratung auch eine Vertretung erfolgen (AG Schöneberg, StV 1985, 73). 309

VII. Begriff der Angelegenheit in der Beratungshilfe

Auch im Rahmen der Beratungshilfe gilt § 15 Abs. 2. Der Rechtsanwalt erhält die Gebühren in jeder Angelegenheit nur einmal. Die Frage, ob dieselbe Angelegenheit vorliegt, beurteilt sich nach allgemeinen Kriterien (Einzelh. s. im Teil A: Abgeltungsbereich der Vergütung [§ 15], Rn. 1 und Angelegenheiten (§§ 15 ff.), Rn. 66). Die Anzahl der Berechtigungsscheine ist für die Zahl der Angelegenheiten nicht maßgebend (zuletzt OLG Rostock, AGS 2011, 80 = RVGreport 2011, 106 = JurBüro 2011, 206 m.w.N.; LG Mönchengladbach, JurBüro 2002, 421). 310

Beispiel: Ein Berechtigungsschein – zwei Angelegenheiten 311

Der Mandant M erhält vom Gericht einen Berechtigungsschein mit dem Inhalt: Beratung bzgl. des Verkehrsunfalls vom 07.03.2007.

Rechtsanwalt R berät M wegen der zu erwartenden Schadensersatzansprüche, führt ein Gespräch mit dem Gegner und erreicht eine Einigung. Zudem berät er M wegen eines möglichen OWi-Verfahrens.

*Für die **Abrechnung** gilt: Obwohl nur ein Beratungshilfeschein erteilt wurde, handelt es sich bei den genannten Tätigkeiten um zwei gebührenrechtliche Angelegenheiten, die auch getrennt abzurechen sind. In der Angelegenheit OWi-Verfahren ist keine Postentgeltpauschale Nr. 7002 VV zu berücksichtigen, da keine entsprechenden Tätigkeiten ausgeübt wurden. Da es sich um unterschiedliche Angelegenheiten und Gegenstände handelt, erfolgt keine Anrechnung der Gebühren aufeinander.*

| A. Vergütungs-ABC | B. Kommentar |

Beratungshilfe

Berechnung der Gebühren
Vergütung für Vertretung bzgl. des Schadensersatzes
(Beratungshilfegebühr i.H.v. 10,00 € incl. Auslagen vom Mandanten selbst zu tragen)

Geschäftsgebühr Nr. 2503 VV	70,00 €
Einigungsgebühr Nr. 2508 VV	125,00 €
Postentgeltpauschale Nr. 7002 VV	20,00 €

Vergütung für Beratung bzgl. des OWi-Verfahrens
(Beratungshilfegebühr i.H.v. 10,00 € incl. Auslagen vom Mandanten selbst zu tragen)

Beratungsgebühr Nr. 2501 VV	<u>30,00 €</u>
Anwaltsvergütung netto (ohne Beratungshilfegebühren Nr. 2500 VV)	<u>**245,00 €**</u>

312 Bei Beratung wegen **mehrerer strafrechtlicher Vorwürfe**, die jedoch in einem engen tatsächlichen und zeitlichen Zusammenhang stehen, liegt nur eine Beratungshilfeangelegenheit vor (Hansens, in: Hansens/Braun/Schneider, Teil 7, Rn. 121). Etwas anderes muss gelten, wenn mehrere Personen hinsichtlich miteinander zusammenhängender Straftaten beraten werden, z.B. zu Körperverletzungen im Rahmen einer Kneipenschlägerei. Hierbei muss es sich um mehrere Angelegenheiten handeln, da diese auch im gerichtlichen Verfahren für den Rechtsanwalt nicht eine Angelegenheit darstellen können, da er nur einen der Mandanten vertreten darf. Damit ist jede Angelegenheit gesondert abzurechnen.

313 Beratungen wegen einer **Strafanzeige** wegen Körperverletzung und wegen aus dieser herrührender **Schadensersatzansprüche** stellen zwei unterschiedliche Angelegenheiten dar und sind getrennt abzurechnen (Groß, in: Schoreit/Groß, BerHG, § 33 Rn. 84).

314 Bei Beratung wegen **mehrerer Fragen des Strafvollzugs hinsichtlich derselben Freiheitsstrafe**, liegt nur eine Beratungshilfeangelegenheit vor (LG Berlin, JurBüro 1985, 1667 zu Fragen des Vollzugsplans, zu Ausgängen und zu Regelurlaub).

VIII. Gebühren im Rahmen der Beratungshilfe

315 Die Beratungshilfe gewährt dem Rechtsanwalt neben den hier nicht relevanten Vorschriften bzgl. der Insolvenztätigkeiten vier Gebühren.

1. Beratungshilfegebühr (Nr. 2500 VV)

316 Nach Nr. 2500 VV kann der Rechtsanwalt vom Rechtsuchenden die Schutzgebühr Nr. 2500 VV i.H.v. 10,00 € fordern (§ 44 Satz 2). Neben dieser Schutzgebühr i.H.v. 10,00 € können **keine Auslagen** gefordert werden (Anm. zu Nr. 2500 VV). Dies gilt auch für die **Umsatzsteuer**. Da der Rechtsanwalt jedoch umsatzsteuerpflichtig ist, muss er von dieser Gebühr die Umsatzsteuer abführen. Damit beträgt die Gebühr Nr. 2500 VV tatsächlich bei einer Umsatzsteuer von 19 % netto lediglich 8,40 € (z.B. AnwKomm-RVG/N. Schneider, VV 2500 Rn. 1; zu allem Euba, RVGreport 2009, 281).

Wird der Beratungshilfeantrag abgelehnt, verbleibt es bei der Schutzgebühr i.H.v. 10,00 €. Eine **Rückerstattung** ist nicht möglich, da der Rechtsanwalt seine Tätigkeit erbracht hat und die Gebühr entstanden ist.

Die Gebühr entsteht für **jede Angelegenheit gesondert** (Hansens, in: Hansens/Braun/Schneider, Teil 7, Rn. 50). 317

Eine **Anrechnung** dieser Gebühr auf andere Gebühren, die wegen dieses Gegenstands in anderen Angelegenheiten entstehen (z.B. Geschäfts-, Verfahrensgebühr) ist nicht vorgesehen, sodass die Gebühr Nr. 2500 VV in jedem Fall bestehen bleibt (s. Rn. 348 ff.).

Vergütungsvereinbarungen sind gem. § 8 Abs. 2 BerHG nichtig. Der Rechtsanwalt kann diese Gebühr lediglich erlassen (Anm. zu Nr. 2500 VV). 318

2. Beratungsgebühr (Nr. 2501 VV)

Die Gebühr entsteht für eine Beratung, wenn die Beratung nicht mit einer anderen gebührenpflichtigen Tätigkeit zusammenhängt. Der Begriff der **Beratung** ist durch die **Legaldefinition** des § 34 RVG festgelegt (Einzelh. s. Teil A: Beratungsgebühr [§ 34], Rn. 273). 319

Die **Höhe** der Gebühr beträgt 30,00 €. Es handelt sich um eine Festgebühr (zur Festgebühr vgl. Teil A: Gebührensystem, Rn. 652). Der Rechtsanwalt kann einen Vorschuss auf die Gebühr nicht verlangen (§ 47 Abs. 2; Teil A: Vorschuss aus der Staatskasse [§ 47], Rn. 1645). 320

Anzurechnen ist die Gebühr auf eine sonstige Tätigkeit, die mit der Beratung zusammenhängt. Die Höhe der Gebühr Nr. 2501 VV ist von 23,00 € auf 30,00 € zur Anpassung an die Entwicklung der wirtschaftlichen Verhältnisse angehoben worden.

Durch die Beratungsgebühr werden sämtliche mit der Beratung zusammenhängenden Tätigkeiten **abgedeckt** (z.B. Informationsbeschaffung, Akteneinsicht, AG Frankfurt, StV 1986, 167; vgl. auch Teil A: Beratung[sgebühr] [§ 34], Rn. 283). Die Gebühr entsteht in derselben Angelegenheit nur einmal, **unabhängig** von der **Zahl der Ratschläge** oder **Auskünfte**. Eine Differenzierung zwischen erster Beratung und weiterer Beratung wie in § 34 erfolgt nicht. Ebenso wenig sind Umfang und Schwierigkeit der Tätigkeit von Bedeutung. Die Gebühr entsteht mit dem ersten Tätigwerden im Rahmen des Auftrags. Eine Reduzierung im Fall einer vorzeitigen Erledigung ist nicht vorgesehen. 321

3. Geschäftsgebühr (Nr. 2503 VV)

Für die **außergerichtliche Vertretung** im Rahmen der Beratungshilfe verdient der Rechtsanwalt eine Geschäftsgebühr nach Nr. 2503 VV. Diese entsteht grds. i.H.v. 70,00 €. Es handelt sich um eine sog. **Festgebühr** (zur Festgebühr s. auch Teil A: Gebührensystem, Rn. 652). Der Betrag der Gebühr ist unabhängig vom Wert des Gegenstands und der Art des Verfahrens. Die Gebühr entsteht für das **Betreiben des Geschäfts** einschließlich der Information oder der Mitwirkung bei der Gestaltung eines Vertrags. Sie entspricht der Geschäftsgebühr Nr. 2300 VV. 322

Beratungshilfe

323 Nach Nr. 2503 Anm. 2 VV ist die Gebühr auf die Gebühren für ein anschließendes gerichtliches oder behördliches Verfahren anzurechnen (zur **Anrechnung** s. Rn. 348 ff.).

Bei Vorliegen der Voraussetzungen ist die Geschäftsgebühr nach **Nr. 1008 VV** zu erhöhen (s. Rn. 328 ff.).

324 Die Geschäftsgebühr kann in Straf- und OWi-Sachen grds. nicht entstehen gem. § 2 BerHG (s.o. Rn. 307). Etwas anderes gilt dann, wenn der Rechtsanwalt im Rahmen der Beratung auf andere Rechtsgebiete eingeht und dort vertritt (vgl. oben Rn. 287).

Beispiel:

Eine Geschäftsgebühr Nr. 2503 VV fällt an, wenn ein Rechtsanwalt, der einen ausländischen JVA-Häftling vertritt, ihn hierfür in der U-Haft zur Beratung aufsucht, dabei gebietsübergreifend auch im Ausländer- und Asylrecht berät, sowie anschließend mit dem Haftrichter und dem Mandanten korrespondiert. Der Anwalt verrichtet hier eine Geschäftstätigkeit, die über eine Beratung i.S.v. § 2 Abs. 2 BerHG, Nr. 2501 VV weit hinausgeht und deshalb einen Gebührenanspruch gegen die Staatskasse nach Nr. 2503 VV auslöst (Volpert, StRR 2010, 333; AG Köln, RVGreport 2007, 301 = AGS 2007, 468).

325 **Hinweis:**

Die Gebühren Nr. 2501 VV und Nr. 2503 VV entsprechen der Beratungsgebühr nach § 34 und der Geschäftsgebühr nach Nr. 2300 VV. Sie können wie diese **nicht nebeneinander** entstehen, da es sich um unterschiedliche Angelegenheiten handelt. Es gelten dieselben Abgrenzungs- und Entstehungskriterien wie für diese Gebühren (s. Teil A: Beratung/Gutachten, Allgemeines [§ 34] Rn. 223 ff.).

4. Einigungs-/Erledigungsgebühr (Nr. 2508 VV)

326 Die Einigungs- bzw. Erledigungsgebühr entsteht unter denselben Voraussetzungen **wie** die **Einigungsgebühr Nr. 1000 VV** bzw. die Erledigungsgebühr Nr. 1002 VV (s. Teil A: Einigungsgebühr [Nrn. 1000, 1003 und 1004 VV] Rn. 458 ff.). Dies ergibt sich aus der Anm. 1 zu Nr. 2508 VV.

Die Gebühr beträgt **125,00 €**. Sie wurde im Vergleich zur früheren Regelung um 23,00 € erhöht. Es handelt sich um eine **Festgebühr** (zur Festgebühr s. auch Teil A: Gebührensystem, Rn. 652). Eine **Anrechnung** der Gebühr Nr. 2508 VV erfolgt nicht.

Die Einigungsgebühr Nr. 2508 VV i.H.v. 125,00 € kann **auch** in Angelegenheiten des **Strafrechts** anfallen (vgl. Teil A: Vergütungsanspruch gegen die Staatskasse, Rn. 1474). Das ergibt sich aus Vorbem. 1 VV, wonach die Einigungsgebühr neben den in anderen Teilen bestimmten Gebühren entsteht. Nr. 2508 VV regelt dabei lediglich die Höhe der Einigungsgebühr. Aus der Verweisung in Abs. 1 der Anmerkung zu Nr. 2508 VV RVG ergibt sich, dass für die Entstehung der Einigungsgebühr in der Beratungshilfe die in der Anmerkung zu Nr. 1000 VV aufgeführten Voraussetzungen vorliegen müssen (vgl. Volpert, StRR 2010, 333, 335; Hansens, in: Hansens/Braun/Schneider, a.a.O., Teil 7, Rn. 98).

Beratungshilfe

Beispiel:

Dem Rechtsanwalt ist Beratungshilfe bewilligt. Im Rahmen der Beratung einigen sich der Verletzte und der Beschuldigte darauf, dass der Beschuldigte zur Abgeltung des Schmerzensgeldanspruchs des Verletzten einen Betrag i.H.v. 1.000,00 € zahlt.

Folgende Gebühren sind entstanden:

Anspruch gegen den Mandanten:

Beratungshilfegebühr nach Nr. 2500 VV RVG	*10,00 €*

Anspruch gegen die Staatskasse:

Beratungsgebühr nach Nr. 2501 VV RVG	*30,00 €*
Einigungsgebühr nach Nr. 2508, 1000 VV RVG	*125,00 €*

Hinweis: 327

Auch in Straf- und OWi-Sachen, in denen die Vertretung nach § 2 Abs. 2 Satz 2 BerHG ausgeschlossen ist, kann die **Einigungsgebühr** entstehen. Lediglich das Entstehen der Gebühr für die Vertretung ist (trotz einer entsprechenden Tätigkeit) ausgeschlossen. Dies ist auch daraus abzuleiten, dass das entsprechende Gebot aus § 132 Abs. 3 BRAGO nicht in das RVG übernommen worden ist (AnwKomm-RVG/N. Schneider, VV 2501 Rn. 13).

IX. Mehrere Auftraggeber

1. Allgemeines

Die **Erhöhung** für mehrere Auftraggeber nach Nr. 1008 VV gilt **auch** für die Gebühren der **Beratungshilfe** (vgl. dazu N. Schneider, MDR 2004, 494; ders., ZAP Fach 24, S. 889. Hierfür kommen grds. die Gebühren Nrn. 2500 bis 2507 VV infrage. Die Gebühren Nr. 2502 und die Nrn. 2504 bis 2507 betreffen jedoch lediglich den Sonderfall der insolvenzrechtlichen Beratung und sind Abwandlungen der Gebühren der Nrn. 2501 und 2503 VV. Diese werden daher nicht im Einzelnen behandelt. Im Folgenden wird die Frage der Erhöhung nur für die drei betroffenen Gebühren der Nrn. 2500, 2501, 2503 VV im Einzelnen dargestellt (s. auch noch Teil A: Mehrere Auftraggeber (§ 7, Nr. 1008 VV) Rn. 971 ff.). 328

2. Beratungshilfegebühr (Nr. 2500 VV)

Vertritt der Rechtsanwalt **mehrere Beratungsberechtigte**, handelt es sich nicht um einen Fall von Nr. 1008 VV. Der Rechtsanwalt kann die Gebühr Nr. 2500 VV also von jedem Beratungsberechtigten gesondert verlangen (Volpert, in: Hansens/Braun/Schneider, Teil 6, Rn. 167; AnwKomm-RVG/Schneider, VV 2500 Rn. 3) Die Gebühr ist ihrem Charakter nach weder eine Geschäfts- noch eine Verfahrensgebühr. Ihre Intention ist vielmehr die einer Schutzgebühr. Auf diese Gebühr eigener Art ist die Regelung der Nr. 1008 VV damit nicht anwendbar, da der Zweck einer Schutzgebühr reduziert werden würde, je mehr Personen sich diese eine Gebühr teilen müssten, da jeder Einzelne einen immer kleineren Betrag zu zahlen hätte. 329

Beratungshilfe

Beispiel:

A, B und C erscheinen mit einem Beratungsschein beim Rechtsanwalt R. Dieser erteilt Beratungshilfe in Form einer Beratung. Es handelt sich um eine Angelegenheit.

Er erhebt von jedem der drei Mandanten jeweils 10,00 € Beratungshilfegebühr Nr. 2500 VV, insgesamt also 30,00 €.

3. Beratungsgebühr (Nr. 2501 VV)

330 Eine Erhöhung für das Tätigwerden **bei mehreren Auftraggebern** nach Nr. 1008 VV soll nur bei Verfahrens- und Geschäftsgebühren durchgeführt werden. Bei der Beratungsgebühr Nr. 2501 VV handelt es sich dem Namen nach zwar nicht um eine Verfahrens- oder Geschäftsgebühr. Ihrem Wesen nach entspricht die Beratungsgebühr allerdings einer Verfahrensgebühr für die Beratungsangelegenheit, sodass sie damit gem. Nr. 1008 VV zu erhöhen ist. Eine andere Lösung berücksichtigt nicht den Mehraufwand und die zusätzliche Verantwortung, die der Rechtsanwalt bei der Beratung mehrerer Personen trägt (so zuletzt auch OLG Düsseldorf, RVGreport 2006, 225; OLG Oldenburg, RVGreport 2006, 465 = AGS 2007, 45; AG Köthen, VRR 2007, 80; Hansens, in: Hansens/Braun/Schneider, Teil 7, Rn. 83; Gerold/Schmidt/Mayer, VV 2500 – 2508 Rn. 33; AnwKomm-RVG/N. Schneider, VV 2501 Rn. 3; a.A. KG, RVGreport 2007, 143; OLG Naumburg, JurBüro 2010, 472 = Rpfleger 2010, 603 = RVGreport 2010, 382; vgl. dazu auch noch Teil A: Mehrere Auftraggeber (§ 7, Nr. 1008 VV) Rn. 971 ff.).

331 Bei der Beratungsgebühr Nr. 2501 VV handelt es sich nicht um eine Wertgebühr, sondern um eine **Festgebühr**. Es ist daher auch dann **eine Erhöhung** durchzuführen, wenn **unterschiedliche Gegenstände** im Rahmen einer Angelegenheit geltend gemacht werden, weil die entsprechende Einschränkung im Rahmen der Nr. 1008 VV nur für Gebühren gilt, die sich nach dem Wert richten (Hansens, in: Hansens/Braun/Schneider, Teil 7, Rn. 83; Gerold/Schmidt/Mayer, VV 2500 – 2508 Rn. 33; AnwKomm-RVG/N. Schneider, VV 2501 Rn. 4). Die gegenteilige Ansicht (u.a. AG Hannover, JurBüro 1986, 196; AG Koblenz, BRAGOreport 2001, 185) berücksichtigt nicht, dass dem Rechtsanwalt ansonsten für seinen möglicherweise erheblichen Mehraufwand keinerlei zusätzliche Vergütung entsteht. Dies gilt in gleicher Weise für das Mehr an Haftung des Rechtsanwalts.

332 Der Rechtsanwalt kann entsprechend Nr. 1008 Anm. Abs. 3 2. Halbs. VV durch die Erhöhung eine **Maximalgebühr** von **90,00 €** erhalten (30,00 € + 200 % mit 60,00 €).

Beispiel:

A, B und C sind von S verletzt worden. Sie erscheinen mit einem Beratungsschein beim Rechtsanwalt R und bitten um Beratung bzgl. ihrer jeweiligen Ansprüche gegen S. R erteilt Beratungshilfe in Form einer Beratung. Es handelt sich um eine Angelegenheit. R rechnet mit der Landeskasse ab.

Es ist entstanden eine nach Nr. 1008 VV erhöhte Beratungsgebühr Nr. 2501 VV. Diese wird für den zweiten und den dritten Auftraggeber um jeweils 30% erhöht. Entstanden ist damit eine Beratungsgebühr i.H.v. 30,00 € + 9,00 € + 9,00 €, insgesamt also 48,00 € nebst Auslagen.

Beratungshilfe

4. Geschäftsgebühr (Nr. 2503 VV)

Die Geschäftsgebühr ist nach Nr. 1008 VV für **weitere Auftraggeber** zu erhöhen. Dies ergibt sich hier zweifelsfrei aus dem Wortlaut (so OLG Düsseldorf, RVGreport 2006, 225; OLG Naumburg, JurBüro 2010, 472 = Rpfleger 2010, 603 = RVGreport 2010, 382; OLG Oldenburg, RVGreport 2006, 465 = AGS 2007, 45; dazu auch noch Teil A: Mehrere Auftraggeber (§ 7, Nr. 1008 VV) Rn. 974).

333

Bei der Geschäftsgebühr Nr. 2503 VV handelt es sich nicht um eine Wertgebühr, sondern um eine **Festgebühr**. Es ist daher auch dann eine Erhöhung durchzuführen, wenn unterschiedliche Gegenstände im Rahmen einer Angelegenheit geltend gemacht werden (BGHZ 81, 40).

Beispiel:

A, B und C erscheinen mit einem Beratungsschein beim Rechtsanwalt R. Dieser erteilt Beratungshilfe in Form einer Beratung und vertritt sie auch in dieser Sache gegen den Gegner, es gelingt ihm eine Einigung herbeizuführen. Es handelt sich um eine Angelegenheit. R rechnet mit der Landeskasse ab.

*Es ist entstanden eine nach Nr. 1008 VV erhöhte Geschäftsgebühr Nr. 2503 VV. Diese wird für den zweiten und den dritten Auftraggeber um jeweils 30% erhöht. Entstanden ist damit eine Geschäftsgebühr i.H.v. 70,00 € + 21,00 € + 21,00 €, insgesamt also **112,00 €** nebst Auslagen. Des Weiteren ist eine Einigungsgebühr Nr. 2508 VV mit 125,00 € entstanden. Diese ist nicht zu erhöhen.*

X. Vergütungsansprüche gegen die einzelnen Beteiligten

1. Ansprüche gegen den Rechtsuchenden (Mandant)

Der Rechtsanwalt kann gegen den Mandanten **lediglich die „Schutz"-Gebühr** Nr. 2500 VV geltend machen. Eine **Festsetzung** nach § 11 ist jedoch **ausgeschlossen**, da es sich bei der Beratungshilfe nicht um ein gerichtliches Verfahren handelt. Lediglich die Festsetzung der Gebühren für die außergerichtliche Beratung oder Vertretung erfolgt durch das Gericht. Weitergehende Ansprüche bestehen nur gegen die Landeskasse oder auch gegen den Gegner.

334

Die Gebühr ist auch dann zu zahlen bzw. nicht zurück zu erstatten, wenn die nachträgliche Bewilligung der **Beratungshilfe abgelehnt** oder die Beratungshilfe aufgehoben wird (AnwKomm-RVG/N. Schneider, § 44 Rn. 27).

2. Ansprüche gegen den Gegner (§ 9 BerHG)

Hat der Rechtsuchende einen Anspruch auf Erstattung der Kosten gegen den Gegner, so geht dieser Anspruch auf den Rechtsanwalt über (eingehend auch Teil A: Vergütungsanspruch gegen die Staatskasse [§§ 44, 45, 50], Rn. 1478 ff.]). Dieser kann vom Gegner die **Wahlanwaltsvergütung** fordern. Durch den gesetzlichen Forderungsübergang sind die Kostenerstattungsansprüche sowohl einer Aufrechnung durch den Gegner als auch durch einen Dritten entzogen. Die vom Rechtsuchenden gezahlte Schutzgebühr Nr. 2500 VV i.H.v. 10,00 € ist hierbei nicht zu berücksichtigen.

335

Beratungshilfe

336 **Zahlungen des Gegners** sind auf die Beratungshilfevergütung aus der Landeskasse **anzurechnen**. Hierbei ist zu beachten, dass Zahlungen, die der Rechtsanwalt nach § 9 BerHG erhalten hat, auf die aus der Landeskasse zu zahlende Vergütung angerechnet werden. Nach der überwiegenden Ansicht gilt eine Einschränkung der Anrechnung wie in § 58 Abs. 2 und 3 für die Beratungshilfe nach § 58 Abs. 1 nicht. Gegnerische Zahlungen sind damit voll auf die Vergütung aus der Staatskasse anzurechnen.

Nach **a.A.** (Groß, in: Schoreit/Groß, BerHG § 58 Rn. 1) sind die Zahlungen immer zunächst auf die sog. Differenzvergütung zu verrechnen. Also auch im Fall der Beratungshilfe.

Eine **Rückerstattung** der Beratungshilfevergütung an die Landeskasse erfolgt nur dann, wenn die Zahlungen des Gegners die Differenz der Wahlanwaltsvergütung und Beratungshilfevergütung übersteigen (Gerold/Schmidt/Mayer, VV 2500–2508 Rn. 21). Dies folgt aus der Tatsache, dass die Verrechnung nach § 59 Abs. 1, 3 **nicht zum Nachteil des Rechtsanwalts** erfolgen darf.

337 Der Übergang kann **nicht zum Nachteil des Rechtsuchenden** geltend gemacht werden (§ 9 Satz 3 BerHG). Dies bedeutet vor allen Dingen, dass die Zahlungen des Gegners entgegen §§ 366, 367 BGB zunächst auf die Forderung selbst und erst dann auf die Rechtsanwaltsvergütung zu verrechnen sind (AnwKomm-RVG/N. Schneider, Vor. 2.5 Rn. 56). Diese Bevorrechtigung gilt auch bzgl. der durch den Mandanten gezahlten Beratungshilfegebühr Nr. 2500 VV.

338 Umstritten ist die Frage, wie mit der Schutzgebühr Nr. 2500 VV zu verfahren ist, wenn der Gegner die **gesamte Forderung** einschließlich der Wahlanwaltsvergütung **gezahlt** hat. Richtig ist es, die Gebühr Nr. 2500 VV mit zur gesetzlichen Vergütung zu zählen. Sie ist neben der normalen Vergütung entstanden. Für sie ist keine Anrechnung vorgesehen. Der **Gegner** muss also neben der Wahlanwaltsvergütung auch die **Gebühr Nr. 2500 VV erstatten** (Gerold/Schmidt/Müller-Rabe, VV 2500–2508 Rn. 20 m.w.N.).

339 Bei Zahlung der Beratungshilfevergütung durch die **Landeskasse** an den Rechtsanwalt steht der Landeskasse ggf. ein Erstattungsanspruch gegen den gem. § 9 BerHG erstattungspflichtigen Gegner zu (§ 59). Die Landeskasse erwirbt diesen Anspruch vom Rechtsanwalt, auf den er gem. § 9 Satz 2 BerHG übergegangen ist. Der Anspruch auf die Schutzgebühr nach Nr. 2500 VV i.H.v. 10,00 € geht jedoch nicht auf die Landeskasse über.

3. Ansprüche gegen die Landeskasse (§ 44)

a) Gebühren

340 Es entstehen die Gebühren nach den **Nrn. 2500 ff. VV**, wobei die Schutzgebühr Nr. 2500 VV nur von dem Mandanten und nicht von der Staatskasse verlangt werden kann.

Danach handelt es sich um die folgenden Gebühren, deren **Festsetzung** durch die Staatskasse zu erfolgen hat (vgl. Teil A: Festsetzung gegen die Staatskasse [§ 55], Rn. 579; Teil A: Vergütungsanspruch gegen die Staatskasse [§§ 44, 45, 50], Rn. 1474):

- Beratungsgebühr, Nr. 2501 VV,
- Beratungsgebühr für Schuldenbereinigung auf der Basis eines Insolvenzplans, Nr. 2502 VV,

Beratungshilfe

- Geschäftsgebühr, Nr. 2503 VV,
- Tätigkeit bzgl. Schuldenbereinigung auf der Basis eines Insolvenzplans, Nr. 2504 bis 2507 VV,
- Einigungs- oder Erledigungsgebühr, Nr. 2508 VV.

b) Auslagen

Dem Beratungshilfe gewährenden Rechtsanwalt stehen die **Auslagen in gleicher Weise** zu wie einem Rechtsanwalt im Rahmen der **PKH** (s. zu den Auslagen im Einzelnen auch Teil A: Auslagen aus der Staatskasse [§ 46 Abs. 1 und 2], Rn. 171 ff.). Nach den §§ 44, 46, Nrn. 7000 ff. VV sind z.B. Entgelte für Post- und Telekommunikationsdienstleistungen, Umsatzsteuer, Dokumentenpauschale, Dolmetscherkosten, Gutachtenkosten und Reisekosten soweit sie zur sachgemäßen Wahrnehmung der Interessen des Rechtsuchenden erforderlich waren, zu erstatten (AG Halle [Saale], AGS 2010, 189; vgl. auch BVerfG, NJW 2009, 181 = RVGreport 208, 474; NJW 2009, 1811). Hiernach ist es zudem abwegig, von dem Rechtsanwalt zu verlangen, die Akte anzufordern, die Partei zu laden und die Akte gemeinsam mit ihr zu besprechen, um die Kopiekosten zu sparen. 341

Voraussetzung ist, dass die Auslagen nicht durch die Partei selbst aufgebracht worden sind. Hat die Partei die Kosten bereits vorgestreckt oder bspw. die Kopien selbst erstellt und eingereicht, scheidet eine Festsetzung im Rahmen der Beratungshilfe aus. Die Ansprüche sind ggf. gegen den Gegner geltend zu machen.

Für die Dokumentenpauschale bei Aktenversendung gilt: Soweit vertreten wird, dass im Rahmen der Beratungshilfe entstehende Kopiekosten nicht erstattet werden können, weil sie nicht notwendig sind, ist dem nicht zu folgen (vgl. auch AG Halle [Saale], AGS 2010, 189). Es kann von dem Rechtsanwalt nicht verlangt werden, sich in die versandte Akte einzuarbeiten und anschließend einen Gesprächstermin bei vorliegender Akte mit dem Rechtsuchenden zu vereinbaren, um ansonsten notwendige Kopiekosten zu vermeiden. Damit bestimmt das Gericht die Terminplanung des Rechtsanwalts. Zudem muss der Rechtsanwalt dann bei einer späteren Nachfrage die Akte erneut anfordern und wer trägt dann diese Mehrkosten? Ein weiteres Argument ergibt sich aus § 50 BRAO. Hiernach muss der Rechtsanwalt durch Anlegung von Handakten ein geordnetes Bild über die von ihm entfaltete Tätigkeit geben können. Diese Handakten hat er auf die Dauer von fünf Jahren nach Beendigung des Auftrags aufzubewahren. Soll er diesem Anspruch mit einem Hinweis auf die nicht mehr vorliegenden Gerichtsakten genügen? 342

Bei **Reisekosten** kann die Notwendigkeit vorab vom Gericht gem. § 46 Abs. 2 auf Antrag festgestellt werden. Stellt das Gericht des Rechtszugs auf Antrag des Rechtsanwalts vor Antritt der Reise die Erforderlichkeit einer Reise fest, ist diese Feststellung für das Festsetzungsverfahren (§ 55) bindend. Von dieser Möglichkeit sollte im Zweifelsfall Gebrauch gemacht werden, da Probleme in der späteren Festsetzung vermieden werden können (vgl. auch Teil A: Auslagen aus der Staatskasse [§ 46 Abs. 1 und 2] Rn. 208 ff.). 343

Dolmetscherkosten gehören zu den erstattungsfähigen Auslagen im Rahmen der Beratungshilfe, wenn der Beschuldigte der deutschen Sprache nicht hinreichend mächtig ist. Der Beratungs- 344

Beratungshilfe

hilfe in einer Strafsache leistende Rechtsanwalt ist zu behandeln wie der Pflichtverteidiger, der Anspruch auf eine **Vorabfeststellung** (§ 46) dahin gehend hat, dass die Erforderlichkeit von Dolmetscherkosten festgestellt wird (AG Wermelskirchen, AGS 2002, 20 = Rpfleger 2001, 504; s. zur Frage der Dolmetscher- und Übersetzungskosten ausführlich Teil A: Dolmetscherkosten, Erstattung Rn. 426 ff.).

345 Im Rahmen einer reinen Beratung entstehen regelmäßig **keine Post- oder Telekommunikationsauslagen**. Steht jedoch fest, dass der im Weg der Beratungshilfe beigeordnete Rechtsanwalt im Rahmen seiner Beratungstätigkeit ein Telefongespräch geführt oder einen Brief versandt hat, kann er die Pauschale aus Nr. 7002 VV abrechnen, ohne die konkret angefallenen Kosten nachweisen zu müssen (AG Aachen, JurBüro 2005, 475).

> **Hinweis:**
>
> Das OLG Nürnberg (AGS 2007, 253 = RVGreport 2007, 150) und das AG Köln (RVGreport 2006, 68 = AGS 2006, 26 m. zust. Anm. Mock) gehen davon aus, dass sich die **Post- und Telekommunikationspauschale** nicht nach den ermäßigten Beratungshilfegebühren, sondern nach der normalen gesetzlichen Gebühr eines Wahlanwalts bemessen soll. Danach könnten nicht nur 20 % der Beratungshilfegebühren angesetzt werden, sondern in aller Regel die Pauschale nach Nr. 7002 VV. Für diese Vorgehensweise gibt es jedoch keine Grundlage im Gesetz. Die Höhe der Pauschale richtet sich nach den Gebühren. Hierunter können nur die tatsächlich entstandenen Gebühren verstanden werden. Für eine weiter gehende Auslegung fehlt es an Anhaltspunkten. Zudem wird hierdurch das Festsetzungsverfahren erheblich belastet. Der Rechtspfleger müsste die fiktiven Kosten für die Beratung/Vertretung ermitteln. Hierzu gehören z.B. Wert und Umfang/Schwierigkeit der Angelegenheit. Die Ansicht des AG Köln ist damit völlig unpraktikabel (so auch OLG Brandenburg, JurBüro 2010, 198; Hansens, RVGreport 2006, 68 und RVGreport 2007, 133 ff.; Bischof/Jungbauer, Vorbem. 2.5 VV RVG Rn. 63; Hansens, in: Hansens/Braun/Schneider, Teil 6, Rn. 131 m.w.N.; a.A. Mayer/Kroiß, Nr. 7000 – 7002 VV RVG Rn. 8).

346 **Ansonsten** gelten die **allgemeinen Auslagentatbestände** des RVG. Besonderheiten sind nicht zu berücksichtigen. Es wird insoweit auf die Komm. zu den Nrn. 7000 VV ff. verwiesen.

347 **Aktenversendungspauschale**: Nach Nr. 9300 KV GKG erhebt das Gericht für die Versendung von Akten auf Antrag eine Pauschalgebühr je Sendung i.H.v. 12,00 €. Bei der Aktenversendungspauschale kommt es darauf an, wer deren Kostenschuldner ist. Ist der **Mandant Kostenschuldner**, so hat er diese Kosten zu tragen. Im Strafverfahren wird jedoch der **Rechtsanwalt als Kostenschuldner** der Aktenversendungspauschale angesehen, da regelmäßig der Verteidiger Antragsteller ist und nicht derjenige, in dessen Auftrag die Akteneinsicht erfolgte (vgl. u.a. BVerfG, NJW 1995, 3177; s. auch noch Teil A: Auslagen aus der Staatskasse [§ 46 Abs. 1 und 2], Rn. 197 ff.).

In einem solchen Fall handelt es sich um Aufwendungen des Rechtsanwalts, die der **Rechtsuchende** bei Erteilung eines Beratungs- oder Vertretungsauftrages gem. §§ 675, 670 BGB dem Rechtsanwalt **erstatten** muss. Der Rechtsanwalt hat gem. § 44 Satz 1 i.V.m. Vorbem. 7 Abs. 1

Beratungshilfe

Satz 2 VV einen entsprechenden Anspruch gegen die Landeskasse. Die Aktenübersendung dient der sachgemäßen Durchführung der Angelegenheit und ist damit zu erstatten. Ausführlich hierzu s. Teil A: Gerichtskosten, Rn. 741 ff.

XI. Anrechnung der Gebühren Nr. 2501 VV und Nr. 2503 VV

1. Beratungsgebühr (Nr. 2501 VV)

Zahlungen des Gegners sind auf die Vergütung aus der Landeskasse anzurechnen (§ 58 Abs. 1). Der Rechtsanwalt muss derartige Zahlungen in seinem Festsetzungsantrag (auch nachträglich) angeben. Die **Beratungsgebühr Nr. 2501 VV** ist **vollständig** auf eine nachfolgende Gebühr anzurechnen, die mit dieser Tätigkeit zusammenhängt (Anm. 2 zu Nr. 2501 VV). Dies können z.B. die Gebühren nach den Nrn. 2503, 2300, 3100 VV, aber auch die Gebühren des vierten und fünften Abschnitts sein (zur Anrechnung eingehend Teil A: Anrechnung von Gebühren [§ 15a], Rn. 123 ff., insbesondere Rn. 136 ff.).

348

Beispiel Anrechnung Beratungsgebühr Nr. 2501 VV auf anschließendes Zivilverfahren

349

Rechtsanwalt R berät den Mandanten M in einer Verkehrsunfallsache. Er beantragt für M Beratungshilfe. Diese wird gewährt. R rechnet die Beratungshilfe ab.

Einige Zeit später erhält er den Auftrag, M außergerichtlich zu vertreten und eine Einigung mit dem Gegner herbeizuführen, was auch gelingt. R rechnet auch hier mit der Landeskasse im Rahmen der Beratungshilfe ab.

Berechnung der Gebühren

Vergütung für Beratung mit Beratungshilfe

Beratungsgebühr Nr. 2501 VV	30,00 €

Vergütung für außergerichtliche Vertretung mit Beratungshilfe

Geschäftsgebühr Nr. 2503 VV *	40,00 €
Einigungsgebühr Nr. 2508 VV	125,00 €
Postentgeltpauschale Nr. 7002 VV	<u>20,00 €</u>
Anwaltsvergütung netto	<u>**215,00 €**</u>

*Anrechnung:

Die Gebühr Nr. 2503 VV wird durch Anrechnung reduziert. Die ursprünglich über 70,00 € entstandene Geschäftsgebühr kann daher nur noch i.H.v. 40,00 € angesetzt werden.

Eine Pauschale ist hier mangels entsprechender Aufwendungen in der Beratungsangelegenheit nicht entstanden. Sie wäre jedoch bestehen geblieben, da sie nicht durch die Anrechnung erfasst wird.

Beispiel: Anrechnung der Beratungsgebühr Nr. 2501 VV auf ein folgendes Strafverfahren

350

Rechtsanwalt R berät den Mandanten M in einer Strafsache. Anschließend beantragt er für M Beratungshilfe. Diese wird gewährt. Der Rechtsanwalt rechnet die Beratungshilfe ab.

Das Strafverfahren wird vor dem AG eröffnet und R zum Pflichtverteidiger bestellt. Das Verfahren endet nach dem ersten Termin mit einer Verurteilung des M.

A. Vergütungs-ABC

Beratungshilfe

Berechnung der Gebühren

Vergütung für Beratung mit Beratungshilfe

Beratungsgebühr Nr. 2501 VV	30,00 €
Vergütung für Pflichtverteidigung	
Grundgebühr Nr. 4100 VV*	102,00 €
Verfahrensgebühr Nr. 4106 VV	112,00 €
Terminsgebühr Nr. 4108 VV	184,00 €
Postentgeltpauschale Nr. 7002 VV	<u>20,00 €</u>
Anwaltsvergütung netto	**<u>448,00 €</u>**

*Anrechnung:

Es werden zwei Methoden der Anrechnung vertreten:

Methode 1:

Die Beratungsgebühr ist gem. **Nr. 2501 VV auf die Grundgebühr anzurechnen** und reduziert diese damit um 30,00 €.

Damit wird die gebührenrechtliche Anrechnung anders behandelt als die Anrechnung von Vorschüssen und sonstigen Zahlungen, die nach § 58 Abs. 3 in besonderer Weise anzurechnen sind. Die folgende Methode schließt diese Ungleichbehandlung aus.

Methode 2:

Die **Anrechnung** hat unter **Beachtung von § 58 Abs. 3** zu erfolgen. Hiernach kommt die Anrechnung nur dann zum Tragen, wenn die Pflichtverteidigergebühren zusammen mit der Beratungshilfegebühr insgesamt die doppelten Pflichtverteidigergebühren übersteigen würden. Dies ist hier ganz offensichtlich nicht der Fall. Demnach muss der Pflichtverteidiger die erhaltene Vergütung zwar anzeigen, eine Anrechnung erfolgt jedoch nicht (AnwKomm-RVG/N. Schneider, VV 2501 Rn. 14, 20). Die Vergütung beträgt bei dieser Form der Anrechnung 478,00 €.

2. Geschäftsgebühr Nr. 2503 VV

351 Im Gegensatz hierzu ist die Geschäftsgebühr Nr. 2503 VV nicht vollständig, sondern nur **zu einem Teil** anzurechnen (zur Anrechnung eingehend Teil A: Anrechnung von Gebühren [§ 15a], Rn. 123 ff.). Nach Abs. 2 der Anm. zu Nr. 2503 VV ist sie anzurechnen auf die Gebühren

- für ein anschließendes gerichtliches oder behördliches Verfahren **zur Hälfte**,
- für ein Verfahren auf Vollstreckbarerklärung eines Vergleichs nach den §§ 796a, 796b und 796c Abs. 2 Satz 2 ZPO **zu einem Viertel**.

Die **teilweise Anrechnung nach Nr. 2503 VV** auf die Gebühren für ein anschließendes gerichtliches oder behördliches Verfahren findet nur **gegenüber der Landeskasse** statt. Voraussetzung ist also, dass der Partei PKH bewilligt worden ist. Hat der Rechtsanwalt im Rahmen der außergerichtlichen Vertretung Zahlungen durch den Gegner erhalten, so sind diese nach § 58 Abs. 1 auf die Beratungshilfevergütung anzurechnen (Gerold/Schmidt/Müller-Rabe, § 58 Rn. 3). In diesem Fall ist er verpflichtet, die erhaltene Beratungshilfevergütung an die Landeskasse zurück zu erstatten, da er ansonsten mehr erhalten würde als die Wahlanwaltsvergütung.

A. Vergütungs-ABC

Beratungshilfe

Es ist sind lediglich die **Gebühren** anzurechnen. Die entsprechenden **Auslagen** und damit auch die Auslagenpauschale **bleiben trotz Anrechnung bestehen**. Es können damit zwei Auslagenpauschalen entstehen und nebeneinander angesetzt werden. 352

Anrechnungsvoraussetzung ist, dass **derselbe Gegenstand** und ein gewisser zeitlicher Zusammenhang (§ 15 Abs. 5) vorliegen. 353

> **Hinweis:**
>
> Zu beachten ist, dass für die Geschäftsgebühr Nr. 2503 VV eine besondere Form der Anrechnung gewählt worden ist. Ausnahmsweise findet die **Anrechnung auf die gesamten Gebühren** des folgenden Verfahrens statt. In den anderen Fällen der Anrechnung nach dem RVG erfolgt die Anrechnung immer nur auf die entsprechende Folgegebühr, z.B. Geschäftsgebühr auf Verfahrensgebühr nach Vorbem. 3. Abs. 4 VV.

Beispiel: 354

In einer Verkehrssache vertritt Rechtsanwalt R den Mandanten M. Der Versuch einer außergerichtlichen Einigung scheitert. Wegen der strafrechtlichen Konsequenzen nimmt er eine Beratung vor. Beratungshilfe wurde für beide Angelegenheiten bewilligt und abgerechnet. Es kommt zu einer Schadensersatzklage, deren Streitwert 5.000,00 € beträgt. Das Verfahren endet nach Termin mit einem Urteil. M erhält PKH für die Verteidigung.

Berechnung der Gebühren
Vergütung für strafrechtliche Beratung mit Beratungshilfe

Beratungsgebühr Nr. 2501 VV		
(da es sich um unterschiedliche Angelegenheiten – strafrechtliche Beratung/zivilrechtliche Vertretung – handelt, findet eine Anrechnung der Beratungsgebühr Nr. 2501 VV auf die Geschäftsgebühr Nr. 2503 VV oder die Verfahrensgebühr Nr. 3100 VV nicht statt)		30,00 €
Vergütung für außergerichtliche Vertretung mit Beratungshilfe (Zivilsache)		
Geschäftsgebühr Nr. 2503 VV*		70,00 €
Postentgeltpauschale Nr. 7002 VV		14,00 €
Anwaltsvergütung netto		84,00 €
Vergütung für das Zivilverfahren mit PKH		
Verfahrensgebühr Nr. 3100 VV (PKH), Wert 5.000,00 €*	1,3	284,70 €
Terminsgebühr Nr. 3104 VV (PKH), Wert 5.000,00 €	1,2	262,80 €
Postentgeltpauschale Nr. 7002 VV		<u>20,00 €</u>
Anwaltsvergütung netto		**<u>567,50 €</u>**
*Anrechnung auf die Gebühren		35,00 €
Verbleibende Vergütung Zivilverfahren		532,50 €
Vergütung insgesamt (Beratung Straf + Zivil, Klage)		611,50 €

Anrechnung:

Die Geschäftsgebühr Nr. 2503 VV ist nach Anm. 2 zu Nr. 2503 VV zur Hälfte auf die Gebühren für das folgende Verfahren anzurechnen. Von den ursprünglich entstandenen 567,50 € Gebühren verbleiben demnach nach Anrechnung von 35,00 € noch 532,50 €.

Mit der Landeskasse kann daher im Rahmen der PKH nur noch eine Gesamtsumme von 532,50 € + USt abgerechnet werden.

XII. Glaubhaftmachung

355 Die notwendige Glaubhaftmachung der Entstehung der Beratungshilfegebühren (§§ 44, 46, 104 Abs. 2 ZPO) kann erfolgen für die:

- Beratungsgebühr durch **anwaltliche Versicherung** (bzgl. Auskunftserteilung),
- Geschäftsgebühr und Einigungsgebühr durch **Vorlage eines Tätigkeitsnachweises** (z.B. Kopie eines anwaltlichen Schreibens; Handakten; Vorlage des Vergleichs),
- Beratungs-, Geschäfts- und Einigungsgebühr durch **eidesstattliche Versicherung**.

356 Für den Nachw. einer Beratungsgebühr reicht die **anwaltliche Versicherung** aus. Dies gilt jedoch **nicht für den Fall** einer **Vertretung** im Rahmen der Beratungshilfe. Hier ist eine anwaltliche Versicherung zur Glaubhaftmachung grds. nicht geeignet. Der Rechtsanwalt, der die Festsetzung der bei der Beratungshilfe entstandenen Kosten beantragt, hat die Tatsachen, die die Verwirklichung der Gebührentatbestände ergeben, schlüssig darzulegen und glaubhaft zu machen. Es verstößt nicht gegen §§ 44, 55 Abs. 5 Satz 1, §§ 104 Abs. 2, 294 ZPO, wenn das Gericht im Rahmen der Beratungshilfe zur Glaubhaftmachung des Anfalls der geltend gemachten Gebühren die Vorlage von Schriftwechsel verlangt, sofern die Vorlage zulässig, möglich und zumutbar ist (OLG Düsseldorf, RVGreport 2009, 264 m. Anm. Hansens = JurBüro 2009, 264). Das AG Koblenz (FamRZ 2007, 233) vertritt die Auffassung, dass eine anwaltliche Versicherung generell zur Glaubhaftmachung nicht genügt. Sie reicht nur bzgl. der Auslagenpauschale aus (§ 104 Abs. 2 Satz 2 ZPO). Ansonsten kann die Glaubhaftmachung durch Vorlage der Handakten oder entsprechende **Fotokopien aus den Handakten** des Rechtsanwalts geltend gemacht werden.

Eine Glaubhaftmachung kann auch durch eine **eidesstattliche Versicherung** (§§ 104 Abs. 2 Satz 1, 294 ZPO) des Rechtsanwalts erfolgen.

C. Arbeitshilfen

I. Aktuelle Beratungshilfeformulare

357 Für die Beantragung der Beratungshilfe besteht **Formularzwang** (s. [aber] Rn. 288). Die aktuellen Formulare (Antragsformular, Festsetzungsantrag) und auch eine Broschüre für Mandanten mit Informationen rund um Beratungshilfe und PKH können heruntergeladen werden im **Internet** unter: http://www.justiz.nrw.de/BS/formulare/beratungshilfe.

II. Muster: Erinnerung gegen die Festsetzung der Beratungshilfevergütung

An das

AG .....

Gegen den Beschluss des Urkundsbeamten des AG ..... vom ..... lege ich hiermit **Erinnerung** ein.

Begründung:

In dieser Angelegenheit ist mir eine Geschäftsgebühr nach Nr. 2503 VV RVG, und nicht nur eine Beratungsgebühr nach Nr. 2501 VV RVG entstanden.

Dies ergibt sich aus dem beigefügten Schriftsatz an den Gegner vom ..... ohne Zweifel. Hiernach habe ich mit dem Gegner Kontakt aufgenommen. Dieser hat daraufhin seine Interessen nicht mehr weiterverfolgt. Das entscheidende Differenzierungskriterium zwischen Beratung und Vertretung ist das Tätigwerden des Rechtsanwalts Dritten gegenüber. Hierdurch wird der Umfang der Beratung überschritten. Es entsteht die Geschäftsgebühr.

Das Entstehen der Gebühr ist damit hinreichend dargelegt. Die zusätzliche Vorlage der gesamten Handakten ist nicht erforderlich, da sich hieraus keine weiteren, für die Kostenfestsetzung notwendigen Anhaltspunkte ergeben.

Sollte das Gericht meiner Auffassung nicht folgen, bitte ich, **die Beschwerde zuzulassen.**

Die Frage, wie das Entstehen der Geschäftsgebühr nachzuweisen ist, ist umstritten und hat daher grundsätzliche Bedeutung.

.....

Rechtsanwalt

Siehe auch im Teil A: → Angelegenheiten (§§ 15 ff.), Rn. 66; → Beratung/Gutachten, Allgemeines (§ 34), Rn. 223; → Beratung über die Erfolgsaussicht eines Rechtsmittels (Nrn. 2102 f. VV), Rn. 261; → Einigungsgebühr (Nrn. 1000, 1003 und 1004 VV), Rn. 458; → Mehrere Auftraggeber (§ 7, Nr. 1008 VV), Rn. 956; → Rechtsmittel gegen die Vergütungsfestsetzung (§§ 56, 33), Rn. 1115.

Berechnung der Vergütung (§ 10)

§ 10 RVG   Berechnung

(1) ¹Der Rechtsanwalt kann die Vergütung nur auf Grund einer von ihm unterzeichneten und dem Auftraggeber mitgeteilten Berechnung einfordern. ²Der Lauf der Verjährungsfrist ist von der Mitteilung der Berechnung nicht abhängig.

Berechnung der Vergütung (§ 10)

(2) ¹In der Berechnung sind die Beträge der einzelnen Gebühren und Auslagen, Vorschüsse, eine kurze Bezeichnung des jeweiligen Gebührentatbestands, die Bezeichnung der Auslagen sowie die angewandten Nummern des Vergütungsverzeichnisses und bei Gebühren, die nach dem Gegenstandswert berechnet sind, auch dieser anzugeben. ²Bei Entgelten für Post- und Telekommunikationsdienstleistungen genügt die Angabe des Gesamtbetrags.

(3) Hat der Auftraggeber die Vergütung gezahlt, ohne die Berechnung erhalten zu haben, kann er die Mitteilung der Berechnung noch fordern, solange der Rechtsanwalt zur Aufbewahrung der Handakten verpflichtet ist.

Übersicht

		Rn.
A.	Überblick	359
B.	Anmerkungen	360
	I. Formelle Anforderungen an die Berechnung	360
	II. Inhaltliche Anforderungen an die Berechnung	362
	III. Fehlen einer ordnungsgemäßen Berechnung	365
	IV. Steuerliche Anforderungen an eine ordnungsgemäße Berechnung nach § 14 UStG	366
C.	Arbeitshilfen	369

Literatur:

Hansens, Neue Formerfordernisse für anwaltliche Kostenberechnungen – Praktische Auswirkungen des Steueränderungsgesetzes 2003, RVGreport 2004, 43; ***ders.***, Inhalt der Kostenrechnung nach § 10 RVG, RVGreport 2004, 65; ***Hauskötter***, Diese Angaben müssen Ihre Rechnungen enthalten, RVGprofessionell 2004, 70; ***J. Schneider***, Neue und höhere Anforderungen an die Rechnungsstellung, AGS 2004, 39; ***N. Schneider***, Anforderungen an eine ordnungsgemäße Abrechnung nach dem RVG, AnwBl. 2004, 510 ***ders.***, Fälle zur Umsatzsteuer in Übergangsfällen, AGS 2007, 110; ***Schons***, Vorsicht Falle – Umsatzsteuerprobleme der etwas anderen Art, AGS 2007, 107; ***Sterzinger***, Notwendiger Inhalt einer Rechnung nach dem UStG, NJW 2009, 1127; ***Zorn***, Mehrwertsteuererhöhung zum 1.1.2007 – Vorbeugung gegen Haftung und steuerliche Nachforderungen, VRR 2006, 289.

A. Überblick

359 Die ordnungsgemäße Berechnung der Vergütung ist nach § 10 **Voraussetzung** für die **Einforderbarkeit** der Vergütung. Die Berechnung der Vergütung ist aber nicht Voraussetzung für den Lauf der Verjährungsfrist (§ 10 Abs. 1 Satz 2).

> **Hinweis:**
>
> § 10 findet **auch** auf eine **Vergütungsvereinbarung** Anwendung (inzidenter BGH, NJW 2011, 63 = StV 2011, 234 = AGS 2011, 9 m. Anm. Schons = StRR 2011, 161 m. Anm. Lübbersmann; OLG Frankfurt am Main, AnwBl. 2011, 300; Schneider, Vergütungsvereinbarung, Rn. 1878; AnwKomm-RVG/N. Schneider, § 10 Rn. 6; Gerold/Schmidt/Burhoff, § 10 Rn. 3), es sei denn, aus dieser ergibt sich etwas anderes (zur Abdingbarkeit Mayer/Kroiß, § 10 Rn. 4; Mertens/Stuff, Rn. 715).
>
> Ein **Vorschuss** (§ 9) braucht nicht nach § 10 berechnet zu werden (a.A. AG München, AGS 2006, 588 m. abl. Anm. N. Schneider). Es dürfte sich aber empfehlen, den vorschussweise angeforderten Betrag so weit aufzuschlüsseln, dass der Auftraggeber die Berechtigung der Anforderung erkennen bzw. nachprüfen kann.

Berechnung der Vergütung (§ 10)

B. Anmerkungen

I. Formelle Anforderungen an die Berechnung

§ 10 stellt folgende Anforderungen an eine ordnungsgemäße Berechnung: 360

- Die Rechnung muss gegenüber dem **Auftraggeber** erteilt sein (wegen der Einzelh. Anw-Komm-RVG/N. Schneider, § 10 Rn. 16). Das ist nicht unbedingt der Mandant, was z.B. bei Minderjährigen der Fall sein kann. Mehrere Auftraggeber müssen einzeln in der Rechnung aufgeführt werden. Der Rechtsschutzversicherer kann eine den Anforderungen des § 10 entsprechende Berechnung nicht verlangen, denn er ist nicht Auftraggeber (OLG München, AGS 2011, 46 = RVGreport 2010, 470).

> **Hinweis:**
> Es reicht also **nicht** aus, wenn die **Rechnung Dritten** erteilt wird, die anstelle des Auftraggebers für diesen die Kosten ausgleichen (s. dann auch §§ 379 Abs. 1 Nr. 1 AO, 14 Abs. 2 Satz 1 Nr. 2 UStG; AnwKomm-RVG/N. Schneider, § 10 Rn. 17).

- Die Berechnung bedarf der **Schriftform** (§ 126 BGB) und muss vom Verteidiger/Rechtsanwalt **eigenhändig** unterzeichnet werden. Ein Faksimilestempel genügt ebenso wenig wie eine eingescannte Unterschrift (AnwKomm-RVG/N. Schneider, § 10 Rn. 486 m.w.N.; Gerold/Schmidt/Burhoff, § 10 Rn. 7). Die handschriftliche Unterschrift kann nur durch elektronische Formen gem. §§ 126 Abs. 3 und 126a BGB ersetzt werden (Gerold/Schmidt/Burhoff, a.a.O.). Die Rechnung muss nicht auf einem gesonderten Blatt erteilt werden. Sie kann auch in ein Schreiben an den Mandanten integriert oder an dessen Ende gesetzt werden (AnwKomm-RVG/N. Schneider, § 10 Rn. 14). Sie kann schließlich auch in einem gesonderten Schriftsatz enthalten sein, der im Vergütungsprozess eingereicht wird (OLG Düsseldorf, AGS 2009, 14 für die hilfsweise Geltendmachung der gesetzlichen Vergütung anstelle eines vereinbarten Honorars). 361

II. Inhaltliche Anforderungen an die Berechnung

- Inhaltlich muss die Rechnung bestimmte **Pflichtangaben** enthalten: Bei deren Auflistung kann das zum Verfahren vorliegende **Vergütungsblatt** eine gute Hilfe sein (vgl. dazu Teil A: Rahmengebühren [§ 14], Rn. 1112 ff.): 362
  - Bei einer Abrechnung nach dem **Gegenstandswert** (z.B. Nr. 1003 VV) muss die Abrechnung den Gegenstandswert enthalten. Die Paragrafen, aus denen sich dieser Wert ergibt, müssen nicht aufgeführt werden; es kann jedoch sinnvoll sein, dem Auftraggeber die Wertberechnung in der Rechnung oder in einem Anschreiben zu erläutern.
  - Die **Beträge** der einzelnen **Gebühren** und **Auslagen** müssen **bezeichnet** werden. Das gilt auch, wenn bei einer Vergütungsvereinbarung Gebührenbeträge zugrunde liegen (Schneider, Vergütungsvereinbarung, Rn. 1894). Soweit die Entgelte für Post- und Telekommunikationsdienstleistungen einzeln (Nr. 7001 VV) abgerechnet werden, genügt die Angabe des Gesamtbetrags.

Berechnung der Vergütung (§ 10)

- **Vorschüsse** (§ 9) müssen **angegeben** werden. Es empfiehlt sich, die Nettobeträge von der Nettovergütung abzuziehen und erst dann die USt auszuweisen (Hansens, RVGreport 2004, 65).

- In der Rechnung muss eine **kurze Bezeichnung** des jeweiligen **Gebührentatbestands** und der Auslagen enthalten sein. Es reicht die Angabe „Grundgebühr", „Verfahrensgebühr", oder „Terminsgebühr".

- Die **Nummer** des **Vergütungsverzeichnisses** muss in der Rechnung angegeben werden. Die unrichtige Angabe einer Gebührenvorschrift beeinträchtigt nicht die formelle Gültigkeit der Berechnung (OLG Düsseldorf, AGS 2008, 432; AGS 2008, 536; OLG Hamburg, AnwBl. 1970, 233; Bischof/Jungbauer/Podlech-Trappmann, § 10 Rn. 24).

> **Hinweis:**
>
> **Weitere Angaben**, wie z.B. zur Angelegenheit, in der abgerechnet wird, gehören **nicht** zum gesetzlich vorgeschriebenen Inhalt der Berechnung (a.A. wohl OLG Düsseldorf, FamRZ 2009, 2029 = MDR 2009, 1420 m.w.N.). Es empfiehlt sich jedoch, diese Angaben aufzunehmen (Hansens, RVGreport 2004, 66), damit der Mandant, insbesondere bei mehreren gegen ihn anhängigen Strafverfahren, erkennen kann, welche Angelegenheit abgerechnet wird.

363 • Handelt es sich um eine auf einer **Vergütungsvereinbarung**, die ggf. ein Zeit-/Stundenhonorar enthält, beruhende Berechnung, gelten die vorstehenden Ausführungen entsprechend (AnwKomm-RVG/N. Schneider, § 10 Rn. 7). Das bedeutet, dass der Verteidiger seiner Abrechnung/Berechnung eine Tätigkeitsliste beilegen muss, da anderenfalls für den Mandanten die Berechnung nicht nachvollziehbar ist (s. auch BGHZ 184, 209 = NJW 2010, 1384 = AGS 2010, 267 unter B III 2a; BGH, NJW 2011, 63 = StV 2011, 234 = AGS 2011, 9 m. Anm. Schons = StRR 2011, 161 m. Anm. Lübbersmann; OLG Düsseldorf, AGS 2010, 109). Es ist (zumindest) **stichwortartig** in einer auch im Nachhinein verständlichen Weise niederzulegen, welche konkreten Tätigkeiten vom Verteidiger innerhalb eines bestimmten Zeitraums erbracht worden sind (BGHZ 184, 209 = NJW 2010, 1384 = AGS 2010, 267). Nicht ausreichend ist, wenn einzelnen Tagen nicht die jeweilige Stundenanzahl zugeordnet wird, sondern lediglich die Gesamtzahl aller Stunden vermerkt wird und die jeweiligen Tage ohne weitere Spezifizierung aufgeführt werden (BGH, NJW 2011, 63 = StV 2011, 234 = AGS 2011, 9 m.w.N. und m. Anm. Schons = StRR 2011, 161 m. Anm. Lübbersmann; darüber hinausgehend OLG Düsseldorf, a.a.O., das eine noch weitere Auflistung nach einzelnen Tätigkeitsfeldern verlangt). Insgesamt muss die Berechnung für den Mandanten überprüfbar sein (BGH, a.a.O.; OLG Frankfurt am Main, AnwBl. 2011, 300). Sind einzelne Punkte einer solchen Abrechnung zu vage gehalten, soll das Gericht insoweit eine Kürzung vornehmen können (OLG Frankfurt am Main, a.a.O., mit allerdings teilweise zu hohen Anforderungen).

364 • Bei einer **nicht voll wirksamen Vergütungsvereinbarung** ist zu unterscheiden (wegen der Einzelh. AnwKomm-RVG/N. Schneider, § 10 Rn. 65 ff.): Ist die Vergütungsvereinbarung vollends nichtig, schuldet der Auftraggeber nur die gesetzliche Vergütung mit der Folge, dass der Rechtsanwalt nach den gesetzlichen Vorschriften abrechnen muss. Ist die Vergütungsvereinbarung hingegen nur aufgrund eines Formfehlers (§ 4 Abs. 1 Satz 2) nicht einforderbar, ist streitig, ob der Rechtsanwalt eine Berechnung nach § 10 vorlegen muss. Das wird vom KG

Berechnung der Vergütung (§ 10)

(AGS 2005, 492 m. abl. Anm. N. Schneider) bejaht, von N. Schneider (AnwKomm-RVG/ N. Schneider, § 10 Rn. 68) hingegen unter Hinweis darauf verneint, dass die Vergütungsvereinbarung in diesem Fall wirksam bleibt und der Rechtsanwalt daher eine Berechnung nach § 10 gar nicht vorlegen könne, da die gesetzliche Vergütung nicht vereinbart sei.

III. Fehlen einer ordnungsgemäßen Berechnung

Genügt eine anwaltliche Rechnung **nicht** diesen **Anforderungen**, kann der Rechtsanwalt die Berechnung **nicht einfordern** (§ 10 Abs. 1 Satz 1); er kann dann auch nicht mit seiner Vergütungsforderung aufrechnen (BGH, AnwBl. 1985, 257; OLG Frankfurt am Main, AnwBl. 1975, 163; OLG Koblenz, MDR 2011, 576). Zahlt der Mandant gleichwohl, ist diese Zahlung aber wirksam. Der Mandant ist jedoch berechtigt, die Mitteilung der Berechnung noch zu fordern, solange der Rechtsanwalt zur Aufbewahrung der Handakten verpflichtet ist (§ 10 Abs. 3). Diese Frist beträgt nach § 50 BRAO fünf Jahre. 365

> **Hinweis:**
>
> Ist die **Berechnung** inhaltlich **falsch**, ggf. mit der Folge einer zu hohen Gebührenberechnung, ist das unschädlich (zuletzt BGH, NJW 2011, 63 = StV 2011, 234 = AGS 2011, 9 m.w.N. und m. Anm. Schons = StRR 2011, 161 m. Anm. Lübbersmann). Der Verteidiger kann i.H.d. berechtigten Forderung seine Vergütung fordern (OLG München, AnwBl. 1974, 355; OLG Nürnberg, JurBüro 1973, 956). Führt die falsche Berechnung zu einer zu geringen Vergütung, kann er den Mehrbetrag allerdings erst fordern, wenn er eine ordnungsgemäße Berechnung erteilt hat (KG, JurBüro 1971, 1029; zu allem AnwKomm-RVG/N. Schneider, § 10 Rn. 98 ff.).

IV. Steuerliche Anforderungen an eine ordnungsgemäße Berechnung nach § 14 UStG

Das Zweite Gesetz zur Änderung steuerlicher Vorschriften (Steueränderungsgesetz 2003 – StÄndG) v. 15.12.2003 (BGBl. I, S. 2645) hat zum 01.01.2004 einige Vorschriften des **UStG geändert**, die auf die anwaltliche Praxis bei der Erstellung von Kostenberechnungen Auswirkungen haben (zu den Auswirkungen der **USt-Erhöhung zum** 01.01.2007 s. Schneider, AGS 2007, 110; Zorn, VRR 2006, 289; zur [inzwischen in der Rspr. geklärten] Frage, ob die **Aktenversendungspauschale** i.H.v. 12,00 € **umsatzsteuerpflichtig** ist, s. Nr. 7008 Rn. 21 und Teil A: Auslagen aus der Staatskasse [§ 46 Abs. 1 und 2], Rn. 197 ff.; dazu zutreffend bejahend BGH, RVGreport 2011, 215 = DAR 2011, 356 m.w.N.). 366

> **Hinweis:**
>
> Da § 14 UStG aber nur Rechnungen an den Auftraggeber erfasst, fallen z.B. **Kostenfestsetzungsanträge**, Aufforderungen an den Gegner auf Erstattung der Anwaltskosten als Schadensersatz und „Berechnungen" an die Rechtsschutzversicherung **nicht** hierunter (s. wegen weiterer Einzelh. Hansens, RVGreport 2004, 43 f.).

Berechnung der Vergütung (§ 10)

367 Aus § 14 UStG ergeben sich **Anforderungen** an eine Rechnung, die einem vorsteuerabzugsberechtigten Leistungsempfänger/Auftraggeber erteilt wird. In der Rechnung müssen die folgenden Angaben enthalten sein:

- der vollständige Name und die vollständige Anschrift des Leistungserbringers (Rechtsanwalt, Partnerschaftsgesellschaft, Sozietät, Rechtsanwaltsgesellschaft),
- der vollständige Name und die vollständige Anschrift des Leistungsempfängers,
- die Steuernummer des Leistungserbringers oder die diesem vom Bundesamt für Finanzen erteilte Umsatzsteuer-Identifikationsnummer,
- das Ausstellungsdatum der Rechnung,
- eine fortlaufende Nummer, die der Identifizierung der Rechnung dient und nur ein einziges Mal vom Rechnungsaussteller vergeben wird,
- Umfang und Art der sonstigen Leistungen,
- Zeitpunkt der sonstigen Leistungen, sofern dieser Zeitpunkt feststeht und nicht mit dem Ausstellungsdatum der Rechnung identisch ist,
- Zeitpunkt der Vereinnahmung des Entgelts oder eines Teils des Entgelts, wenn dieser in der Rechnung angerechnet wird,
- anzuwendender Steuersatz, Bemessungsgrundlage und Steuerbetrag,
- Hinweis auf eine Steuerbefreiung, wenn eine solche besteht.

> **Hinweis:**
> Da es praktisch nicht zweckmäßig wäre, bei der Gestaltung der Rechnung und insbesondere bei der Vergabe der fortlaufenden Rechnungsnummern zwischen vorsteuerabzugsberechtigten Auftraggebern und nicht vorsteuerabzugsberechtigten Auftraggebern zu unterscheiden, sollten alle **Rechnungen einheitlich gestaltet** werden. Dies beugt auch einem bürointernen Durcheinander bei der Gestaltung von Rechnungen vor (Burhoff/Kindermann, RVG 2004, Rn. 80).

368 Diese Rechnungen müssen **zehn Jahre** aufbewahrt und lesbar gehalten werden. Wenn der Verteidiger folglich nicht noch Kopien seiner Rechnungen außerhalb der Handakten aufbewahrt, kann er die Handakten nicht bereits nach Ablauf der 5-jährigen Frist aus § 50 BRAO vernichten. Die Anlage von Ordnern, in denen Doppel der Rechnungen aufbewahrt werden, kann daher empfehlenswert sein. Um die fortlaufende Vergabe der Rechnungsnummern dokumentieren zu können, ist es auch notwendig, Kopien stornierter Rechnungen aufzubewahren.

C. Arbeitshilfen

Musterbeispiel: Vergütungsrechnung 369

Rechtsanwälte Schlau und Kollegen

Postfach 10111213, 48143 Münster

Herrn

Fritz Klau

Schützenstraße 14 – 15

48143 Münster

Aegidiistraße 26

48143 Münster

Münster, den 28.07.2011

Rechnungsnummer 2010-000856

Steuer-Nr. 337/5342/2443

Vergütungsrechnung gemäß § 10 RVG in der Strafsache

AG Münster 25 Ds 32 Js 453/05 wegen Diebstahls u.a.

1.	Grundgebühr Nr. 4100 VV (Mittelgebühr)	165,00 €
2.	Verfahrensgebühr Nr. 4104 VV (vorbereitendes Verfahren; Mittelgebühr)	140,00 €
3.	Verfahrensgebühr Nr. 4106 VV (gerichtliches Verfahren; Mittelgebühr)	140,00 €
4.	Terminsgebühr Nr. 4108 VV (Hauptverhandlungstermin am 23.04.2011; Mittelgebühr wegen nur 30-minütiger Dauer des Termins um 20 % gesenkt)	184,00 €
5.	Terminsgebühr Nr. 4108 VV (Hauptverhandlungstermin am 26.04.2011; Mittelgebühr wegen dreistündiger Dauer des Termins um 50 % erhöht)	345,00 €
6.	Dokumentenpauschale Nr. 7000 Nr. 1a VV für die Ablichtungen aus der Strafakte	
	a) 50 Seiten à 0,50 €	25,00 €
	b) 172 Seiten à 0,15 €	25,80 €
7.	Pauschale für Postgebühren u.a. nach Nr. 7002 VV RVG	20,00 €
	Zwischensumme Anwaltsgebühren netto	1.044,80 €
	abzüglich Vorschuss netto	500,00 €

Beschwerdeverfahren, Abrechnung

19 % USt nach Nr. 7008 VV	<u>103,51 €</u>
Gesamtanwaltskosten brutto	**<u>648,31 €</u>**

Diese Rechnung enthält Umsatzsteuer auf einen Nettobetrag von 544,80 € i.H.v. 103,51 €.

Die Vorschussrechnung enthielt Umsatzsteuer auf einen Nettobetrag von 500,00 € i.H.v. 95,00 €.

Bei den Positionen 1, 2 und 3 habe ich die Mittelgebühr angesetzt, da alle Umstände, die nach § 14 Abs. 1 RVG zu berücksichtigen sind, durchschnittlich waren. Bei der Position 4 habe ich die Mittelgebühr um 20 % gesenkt, weil der Hauptverhandlungstermin an dem Tag nur 30 Minuten gedauert hat. Bei der Position 5 habe ich die Mittelgebühr um 50 % erhöht, da der Hauptverhandlungstermin drei Stunden gedauert hat.

Schlau

Rechtsanwalt

Siehe auch im Teil A: → Fälligkeit der Vergütung (§ 8), Rn. 519; → Verjährung des Vergütungsanspruchs, Rn. 1577.

Beschwerdeverfahren (§§ 56, 33) RVG

370 Das Beschwerdeverfahren gegen die gerichtliche Festsetzung des Gegenstandswertes für die Rechtsanwaltsgebühren ist in § 33 Abs. 3 bis 8 geregelt. Aufgrund der Verweisung in § 56 Abs. 2 gelten diese Regelungen auch für das Beschwerdeverfahren gegen die Erinnerungsentscheidung über einen gegen die Staatskasse gerichteten Vergütungsantrag des gerichtlich bestellten oder beigeordneten Rechtsanwalts (§ 55). Die damit zusammenhängenden Fragen sind im Teil A beim Stichwort „Rechtsmittel gegen die Vergütungsfestsetzung (§§ 56, 33)" dargestellt.

Siehe auch im Teil A: → Rechtsmittel gegen die Vergütungsfestsetzung (§§ 56, 33), Rn. 1115 ff.; Gegenstandswert, Festsetzung (§ 33), Rn. 656 ff.

Beschwerdeverfahren, Abrechnung

§ 15 RVG   Abgeltungsbereich der Gebühren

...

(2) ¹Der Rechtsanwalt kann die Gebühren in derselben Angelegenheit nur einmal fordern. ²In gerichtlichen Verfahren kann er die Gebühren in jedem Rechtszug fordern.

Beschwerdeverfahren, Abrechnung

§ 18 RVG   Besondere Angelegenheiten

(1) Besondere Angelegenheiten sind

3. jedes Beschwerdeverfahren und jedes Verfahren über eine Erinnerung gegen eine Entscheidung des Rechtspflegers in Angelegenheiten, in denen sich die Gebühren nach Teil 3 des Vergütungsverzeichnisses richten, soweit sich aus § 16 Nr. 10 nichts anderes ergibt;

§ 19 RVG   Rechtszug; Tätigkeiten, die mit dem Verfahren zusammenhängen

(1) ...

²Hierzu gehören insbesondere

10. die Einlegung von Rechtsmitteln bei dem Gericht desselben Rechtszugs in Verfahren, in denen sich die Gebühren nach Teil 4, 5 oder 6 des Vergütungsverzeichnisses richten; die Einlegung des Rechtsmittels durch einen neuen Verteidiger gehört zum Rechtszug des Rechtsmittels;

Vorbemerkung 4:

(5) Für folgende Tätigkeiten entstehen Gebühren nach den Vorschriften des Teils 3:

1   im Verfahren über die Erinnerung oder die Beschwerde gegen einen Kostenfestsetzungsbeschluss (§ 464b StPO) und im Verfahren über die Erinnerung gegen den Kostenansatz und im Verfahren über die Beschwerde gegen die Entscheidung über diese Erinnerung,

2   in der Zwangsvollstreckung aus Entscheidungen, die über einen aus der Straftat erwachsenen vermögensrechtlichen Anspruch oder die Erstattung von Kosten ergangen sind (§§ 406b, 464b StPO), für die Mitwirkung bei der Ausübung der Veröffentlichungsbefugnis und im Beschwerdeverfahren gegen eine dieser Entscheidungen.

Vorbemerkung 4.1:

(1) Dieser Abschnitt ist auch anzuwenden auf die Tätigkeit im Verfahren über die im Urteil vorbehaltene Sicherungsverwahrung und im Verfahren über die nachträgliche Anordnung der Sicherungsverwahrung.

(2) Durch die Gebühren wird die gesamte Tätigkeit als Verteidiger entgolten. Hierzu gehören auch Tätigkeiten im Rahmen des Täter-Opfer-Ausgleichs, soweit der Gegenstand nicht vermögensrechtlich ist.

Beschwerdeverfahren, Abrechnung

Nr. 4139 VV			
Verfahrensgebühr Beschwerdeverfahren im Wiederaufnahmeverfahren			
Nr.	Gebührentatbestand	Gebühr oder Satz der Gebühr nach § 13 oder § 49 RVG	
		Wahlanwalt	gerichtlich bestellter oder beigeordneter Rechtsanwalt
4139	Verfahrensgebühr für das Beschwerdeverfahren (§ 372 StPO)	in Höhe der Verfahrensgebühr für den ersten Rechtszug	

Nr. 4145 VV			
Verfahrensgebühr Beschwerdeverfahren gegen Beschluss nach § 406 Abs. 5 Satz 2 StPO im Adhäsionsverfahren			
Nr.	Gebührentatbestand	Gebühr oder Satz der Gebühr nach § 13 oder § 49 RVG	
		Wahlanwalt	gerichtlich bestellter oder beigeordneter Rechtsanwalt
4145	Verfahrensgebühr für das Verfahren über die Beschwerde gegen den Beschluss, mit dem nach § 406 Abs. 5 Satz 2 StPO von einer Entscheidung abgesehen wird...	0,5	0,5

Vorbemerkung 4.2:

Im Verfahren über die Beschwerde gegen die Entscheidung in der Hauptsache entstehen die Gebühren besonders.

Vorbemerkung 4.3:

(3) Die Gebühr entsteht für jede der genannten Tätigkeiten gesondert, soweit nichts anderes bestimmt ist. § 15 RVG bleibt unberührt. Das Beschwerdeverfahren gilt als besondere Angelegenheit.

Vorbemerkung 5:

(4) Für folgende Tätigkeiten entstehen Gebühren nach den Vorschriften des Teils 3:

1. für das Verfahren über die Erinnerung oder die Beschwerde gegen einen Kostenfestsetzungsbeschluss, für das Verfahren über die Erinnerung gegen den Kostenansatz, für das Verfahren

Beschwerdeverfahren, Abrechnung

über die Beschwerde gegen die Entscheidung über diese Erinnerung und für Verfahren über den Antrag auf gerichtliche Entscheidung gegen einen Kostenfestsetzungsbescheid und den Ansatz der Gebühren und Auslagen (§ 108 OWiG),
2. in der Zwangsvollstreckung aus Entscheidungen, die über die Erstattung von Kosten ergangen sind, und für das Beschwerdeverfahren gegen die gerichtliche Entscheidung nach Nummer 1.

Nr. 5200 VV			
Verfahrensgebühr Einzeltätigkeiten			
Nr.	Gebührentatbestand	Gebühr oder Satz der Gebühr nach § 13 oder § 49 RVG	
		Wahlanwalt	gerichtlich bestellter oder beigeordneter Rechtsanwalt
5200	Verfahrensgebühr (1) Die Gebühr entsteht für einzelne Tätigkeiten, ohne dass dem Rechtsanwalt sonst die Verteidigung übertragen ist. (2) Die Gebühr entsteht für jede Tätigkeit gesondert, soweit nichts anderes bestimmt ist. § 15 RVG bleibt unberührt. (3) Wird dem Rechtsanwalt die Verteidigung für das Verfahren übertragen, werden die nach dieser Nummer entstandenen Gebühren auf die für die Verteidigung entstehenden Gebühren angerechnet. (4) Der Rechtsanwalt erhält die Gebühr für die Vertretung in der Vollstreckung und in einer Gnadensache auch, wenn ihm die Verteidigung übertragen war.	10,00 bis 100,00 EUR	44,00 EUR

Übersicht

	Rn.
A. Überblick	371
B. Anmerkungen	372
I. Beschwerde im Straf- und Bußgeldverfahren (Teil 4 Abschnitt 1 VV)	372
1. Pauschale Abgeltung	372
2. Gerichtlich bestellter oder beigeordneter Rechtsanwalt	373
3. Wahlverteidiger	375
a) Abgeltung der Tätigkeit im Beschwerdeverfahren	375
b) Erstattung bei Auslagenentscheidung zulasten der Staatskasse für das Beschwerdeverfahren	378
4. Beschwerde nach Beendigung der Instanz	381
a) Überblick	381
b) Beschwerde gegen Bewährungsauflage	382

II.	Beschwerde und Einzeltätigkeit	386
	1. Beschwerde hinsichtlich einer Einzeltätigkeit	386
	2. Beschwerde als Einzeltätigkeit	387
	a) Keine Abgeltung durch andere Gebühren	387
	b) Gleichzeitige und getrennte Aufträge	388
	3. Getrennte Aufträge	390
	4. Erstattung	394
III.	Beschwerdeverfahren in der Strafvollstreckung	395
IV.	Beschwerdeverfahren in Bußgeldsachen	399
	1. Tätigkeit als Verteidiger	399
	2. Beschwerde als Einzeltätigkeit	400
	3. Beschwerde in der bußgeldrechtlichen Vollstreckung	401
V.	Beschwerden im Kostenfestsetzungsverfahren	402
VI.	Beschwerde im Wiederaufnahmeverfahren	405
VII.	Beschwerde gegen Beschluss nach § 406 Abs. 5 Satz 2 StPO im Adhäsionsverfahren	406
VIII.	Beschwerde im StrEG-Verfahren	407
IX.	Beschwerdeverfahren nach §§ 56 Abs. 2 und 33	408

Literatur:

Burhoff, Die Gebühren in der Strafvollstreckung, RVGreport 2007, 8; *ders*., Die anwaltliche Vergütung in der Strafvollstreckung, StRR 2010, 93; *ders*., Fragen aus der Praxis zu aktuellen Gebührenproblemen in Straf- und Bußgeldverfahren, RVGreport 2010, 362; ***Meyer***, Gegensätzliche Auslagenentscheidungen im gleichen Gebührenrechtszug in Straf- (Bußgeld-) verfahren, JurBüro 1983, 32; *ders*.; Zur Tragweite des Kosten- und Auslagenanspruchs einer strafprozessualen Zwischenbeschwerde, JurBüro, 1990, 9; ***Mümmler***, Zur Erstattung der Kosten eines Beschwerdeverfahrens im Rahmen eines Strafverfahrens, JurBüro 1978, 1352; *ders*., Zur Gebühr des Rechtsanwalts bei Beschwerden im Strafverfahren, JurBüro 1990, 878; *ders*., Die Gebühren des Rechtsanwalts als Verteidiger im Beschwerdeverfahren, JurBüro 1969, 481; *ders*., Nochmals zur Erstattung der Gebühren des anwaltlichen Verteidigers im Beschwerdeverfahren, JurBüro 1973, 701; ***Onderka***, Wichtige Tipps für die Beschwerde gegen die Kostenfestsetzung, RVGprofessionell 2004, 193; ***Volpert***, Die Vergütung im Beschwerdeverfahren in Straf- und Bußgeldsachen, VRR 2006, 453; *ders*., Verkehrsstrafsachen: Die Vergütung des Verteidigers in der Strafvollstreckung, VRR 2005, 179.

A. Überblick

371 In den nach Teil 3 VV zu vergütenden Angelegenheiten bildet gem. § 18 Nr. 5 jedes Beschwerdeverfahren für den Anwalt eine besondere, nach Nr. 3200 ff. VV (vgl. Vorbem. 3.2.1 VV) oder nach Nr. 3500 ff. VV abzurechnende Angelegenheit. Dagegen bilden die Beschwerdeverfahren in Straf- und Bußgeldsachen grds. **keine besondere Angelegenheit**, sondern gehören zum Rechtszug. Die Tätigkeit des Verteidigers wird gem. § 15 Abs. 1, Abs. 2 Satz 2, Vorbem. 4.1 Abs. 2 Satz 1 VV grds. durch die Verteidigergebühren der jeweiligen Instanz nach Nr. 4100 ff. VV abgegolten (vgl. Teil A: Angelegenheiten [§§ 15 ff.], Rn. 104 ff., zu den Ausnahmen Rn. 381 ff.; Vorbem. 4.1 VV Rn. 25; BGH, NJW 2009, 2682 = MDR 2009, 1193 = StRR 2009, 385; OLG Düsseldorf, AGS 2011, 70 = RVGreport 2011, 22 = StRR 2011, 38; LG Braunschweig, Nds.Rpfl. 2008, 195; LG Hildesheim, Nds.Rpfl. 2007, 190 = RVG-Letter 2007, 68; AG Hof, JurBüro 2011, 253 = AGS 2011, 68 = RVGreport 2011, 262 = VRR 2011, 83; AG Sinzig, JurBüro 2008, 249; Gerold/Schmidt/Burhoff, VV Vorbem. 4.1 Rn. 6; AnwKomm-RVG/N. Schneider, § 15 Rn. 103; Volpert, VRR 2006, 453; noch zur BRAGO: OLG Brandenburg, 07.10.2003 – 2 Ws 166/03, JurionRS 2003, 25986; OLG Düsseldorf, MDR 1986, 607 = Rpfleger 1986, 869; OLG Köln, Rpfleger 1998, 537 = JurBüro 1998, 641; LG Göttingen, JurBüro 1990, 876; LG Köln, JurBüro 1997, 248).

Es sind daher im Gegensatz zum Berufungs- und Revisionsverfahren (vgl. insoweit Nrn. 4124 bis 4129, Nrn. 4130 bis 4135 VV) für das straf- oder bußgeldrechtliche Beschwerdeverfahren im RVG grds. keine besonderen Gebühren vorgesehen. Von diesem Grundsatz bildet die in **Nr. 4302 Ziff. 1 bzw. Ziff. 3 VV** vorgesehene Verfahrensgebühr für die Einlegung eines Rechtsmittels bzw. eine sonstige Beistandsleistung **keine Ausnahme**. Diese kann wegen Vorbem. 4.3 Abs. 1 VV nur für den mit einer einzelnen Tätigkeit beauftragten Rechtsanwalt, nicht aber für den Vollverteidiger oder Vollvertreter eines anderen Beteiligten i.S.v. Vorbem. 4 Abs. 1 VV anfallen (vgl. Vorbem. 4.3 VV Rn. 6 ff.; vgl. insoweit aber Rn. 386 ff.).

> **Hinweis:**
>
> Allerdings sind **ausnahmsweise** auch in Straf- und Bußgeldsachen die in Vorbem. 4 Abs. 5 bzw. Vorbem. 5 Abs. 4 VV genannten Beschwerdeverfahren (z.B. Beschwerden gegen einen Kostenfestsetzungsbeschluss) gesondert nach Nrn. 3500 ff. VV abzurechnen (vgl. hierzu die Erläuterungen bei Vorbem. 4 VV Rn. 93 ff.; vgl. auch Rn. 402).

B. Anmerkungen

I. Beschwerde im Straf- und Bußgeldverfahren (Teil 4 Abschnitt 1 VV)

1. Pauschale Abgeltung

Das Zwischenbeschwerdeverfahren in **Strafsachen** (vgl. LG Hildesheim, Nds.Rpfl. 2007, 190) bildet grds. **keine besondere gebührenrechtliche Angelegenheit** i.S.v. § 15 Abs. 2 Satz 2. Insbesondere entsteht hier keine gesonderte Verfahrensgebühr nach Nr. 4302 Ziff. 1 VV (LG Hildesheim, a.a.O.). Wäre das Beschwerdeverfahren in Strafsachen von der allgemeinen Regelung in § 15 Abs. 2 Satz 2 erfasst (Gebühren entstehen in jedem Rechtszug), wären die Bestimmungen in Vorbem. 4 Abs. 5 VV, Nr. 4139 VV und Vorbem. 4.3 Abs. 3 Satz 3 VV nicht erforderlich. Dort wird nämlich ausdrücklich bestimmt, in welchen Fällen das Beschwerdeverfahren in Strafsachen eine besondere Angelegenheit bildet.

2. Gerichtlich bestellter oder beigeordneter Rechtsanwalt

Für den **Pflichtverteidiger** oder den sonst **gerichtlich beigeordneten** oder **bestellten** Rechtsanwalt entsteht keine gesonderte Vergütung für die Tätigkeit im Beschwerdeverfahren.

Beispiel:

Der BGH hat ein Urteil im Gesamtstrafenausspruch aufgehoben und an das LG unter Verweisung auf das Beschlussverfahren nach §§ 460, 462 StPO zurückverwiesen. Gegen die vom LG gem. §§ 460, 462 StPO gebildete neue Gesamtstrafe wurde vom Pflichtverteidiger sofortige Beschwerde eingelegt, die das OLG als unbegründet verworfen hat.

Die Tätigkeit in dem Beschwerdeverfahren gegen die vom LG gebildete Gesamtstrafe ist mit den Gebühren des Verfahrens vor dem LG (Verfahrensgebühr Nr. 4112 VV) abgegolten, Vorbem. 4.1 Abs. 2 VV. Eine analoge Anwendung z.B. der für das Revisionsverfahren vorgesehenen Gebühren Nrn. 4130 ff. VV ist ausgeschlossen. Da der Pflichtverteidiger Festgebühren erhält, kann eine Gebührenerhöhung aufgrund der Tätigkeit im Beschwerdeverfahren nur durch eine Pauschgebühr gem. § 51 erreicht werden.

Beschwerdeverfahren, Abrechnung

3. Wahlverteidiger

a) Abgeltung der Tätigkeit im Beschwerdeverfahren

375 Die Tätigkeit des Verteidigers z.B. im strafrechtlichen Zwischenbeschwerdeverfahren gegen die **Entziehung der Fahrerlaubnis gem. § 111a StPO** oder gegen einen Haftbefehl wird wegen Vorbem. 4.1 Abs. 2 Satz 1 VV durch die in Teil 4 Abschnitt 1 VV geregelten Verteidigergebühren abgegolten (BGH, NJW 2009, 2682 = MDR 2009, 1193 = StRR 2009, 385; OLG Düsseldorf, RVGreport 2011, 22 = StRR 2010, 443 = StRR 2011, 38; LG Braunschweig, Nds.Rpfl. 2008, 195; LG Hildesheim, Nds.Rpfl. 2007, 190 = RVG-Letter 2007, 68; AG Hof, JurBüro 2011, 253 = AGS 2011, 68 = RVGreport 2011, 262 = VRR 2011, 118; AG Sinzig, JurBüro 2008, 249; Gerold/Schmidt/Burhoff, VV Vorbem. 4.1 Rn. 6 und Vorbem. Teil 4 VV Rn. 12; AnwKomm-RVG/ N. Schneider/Wolf, § 18 Rn. 38 und VV Vorbem. 4.1 Rn. 5; vgl. die Erläuterungen zu Vorbem. 4.1 VV Rn. 25; noch zur BRAGO: OLG Brandenburg, 07.10.2003 – 2 Ws 166/03, JurionRS 2003, 25986; OLG Köln, JurBüro 1998, 641 = Rpfleger 1998, 537). Werden daher bei einer erfolgreichen Beschwerde gegen die Entziehung der Fahrerlaubnis die im Beschwerdeverfahren angefallenen notwendigen Auslagen des Beschuldigten der Staatskasse auferlegt, ergeben sich keine nur auf das Beschwerdeverfahren entfallenden, gesondert erstattungsfähigen notwendigen Auslagen. Für das Ermittlungs- und das Beschwerdeverfahren entsteht somit eine **einheitliche Vergütung**. Eine **Ausnahme** besteht für die Beschwerde im **Wiederaufnahmeverfahren**, für die in Nr. 4139 VV eine besondere Verfahrensgebühr vorgesehen ist (vgl. hierzu Nr. 4139 VV Rn. 1ff.).

376 *Beispiel 1:*

Der im Ermittlungsverfahren tätige Verteidiger R legt auftragsgemäß erfolgreich Beschwerde gegen die Entziehung der Fahrerlaubnis (§ 111a StPO) ein. Die notwendigen Auslagen des Beschuldigten im Beschwerdeverfahren werden der Staatskasse auferlegt. Nach Eingang der Anklageschrift wird der Beschuldigte rechtskräftig verurteilt.

Seine Vergütung als **Wahlverteidiger** *für das Ermittlungs- und Beschwerdeverfahren berechnet R wie folgt:*

Berechnung der Vergütung (Wahlverteidiger)

Grundgebühr Nr. 4100 VV	*200,00 € (Mittelgebühr 165,00 €)*
Verfahrensgebühr Nr. 4104 VV	*180,00 € (Mittelgebühr 140,00 €)*
Postentgeltpauschale Nr. 7002 VV	*20,00 €*
Anwaltsvergütung netto	**400,00 €**

Wäre R zum **Pflichtverteidiger** *bestellt worden, könnte er folgende Vergütung für das Ermittlungs- und Beschwerdeverfahren geltend machen:*

Berechnung der Vergütung (Pflichtverteidiger)

Grundgebühr Nr. 4100 VV	*132,00 €*
Verfahrensgebühr Nr. 4104 VV	*112,00 €*
Postentgeltpauschale Nr. 7002 VV	*20,00 €*
Anwaltsvergütung netto	**264,00 €**

Beschwerdeverfahren, Abrechnung

> **Hinweis:**
>
> Der eventuelle Mehraufwand des **Wahlverteidigers** durch die Tätigkeit im Beschwerdeverfahren kann nur bei der Gebührenbemessung gem. § 14 durch eine Erhöhung der maßgebenden Verteidigungsgebühr(en) berücksichtigt werden (vgl. LG Braunschweig, Nds.Rpfl. 2008, 195; LG Göttingen, JurBüro 1990, 878; AG Sinzig, JurBüro 2008, 249; AG Koblenz, 26.10.2010 – 2060 Js 29642/09.25 Ls, JurionRS 2010, 30574; Gerold/Schmidt/Burhoff, Vorbem. Teil 4 VV Rn. 12; AnwKomm-RVG/N. Schneider, VV Vorbem. 4.1 Rn. 5; [noch zur BRAGO OLG Brandenburg, 07.10.2003 – 2 Ws 166/03, JurionRS 2003, 25986; OLG Köln, JurBüro 1998, 641 = Rpfleger 1998, 537]). Da beim **Pflichtverteidiger** Festgebühren und keine Rahmengebühren anfallen, kann in geeigneten Fällen die Tätigkeit im Beschwerdeverfahren nur bei der Festsetzung einer Pauschgebühr gem. § 51 Berücksichtigung finden.

377

b) Erstattung bei Auslagenentscheidung zulasten der Staatskasse für das Beschwerdeverfahren

Sind, z.B. bei erfolgreicher Beschwerde gegen die Entziehung der Fahrerlaubnis, die dem Beschuldigten im Beschwerdeverfahren entstandenen notwendigen Auslagen der Staatskasse auferlegt worden, stellt sich die Frage, wie evtl. ein Erstattungsbetrag zu ermitteln ist. Da die Verteidigertätigkeit im Beschwerdeverfahren mit den Verteidigergebühren abgegolten ist, ergeben sich keine nur auf das Beschwerdeverfahren entfallenden gesonderten Verteidigergebühren, die bei der Kostenfestsetzung als notwendige Auslagen berücksichtigt werden könnten. Die notwendigen Auslagen für das Beschwerdeverfahren können durch die **Differenztheorie** ermittelt werden (vgl. LG Braunschweig, Nds.Rpfl. 2008, 195; LG Hildesheim, Nds.Rpfl. 2007, 190; LG Köln, JurBüro 1997, 248; LG Göttingen, JurBüro 1990, 876; AG Koblenz, 26.10.2010 – 2060 Js 29642/09.25 Ls, JurionRS 2010, 30574; noch zur BRAGO: OLG Köln, JurBüro 1998, 641 = Rpfleger 1998, 37; vgl. auch BGH, NJW 2009, 2682 = MDR 2009, 1193 = StRR 2009, 385 [Schätzung gem. § 287 ZPO bei einheitlicher Verteidigervergütung für die Tätigkeit im Ermittlungsverfahren und gegen die nach dem StrEG entschädigungsfähige Strafverfolgungsmaßnahme]). Danach sind die tatsächlich im gesamten Verfahren einschließlich des Beschwerdeverfahrens entstandenen notwendigen Auslagen mit den ohne Beschwerdeverfahren hypothetisch erwachsenen notwendigen Auslagen zu vergleichen. Besteht eine Differenz zwischen den beiden Beträgen, ist diese dem Beschuldigten zu erstatten (vgl. OLG Hamm, NJW 1999, 3726; LG Flensburg, JurBüro 1977, 1228, LG Hildesheim, Nds.Rpfl. 2007, 190 = RVG-Letter 2007, 68; LG Krefeld, MDR 1974, 252; Meyer, JurBüro 1983, 321; Mümmler, JurBüro 1978, 1352; Burhoff, RVGreport 2010, 362).

378

Beispiel 2:

R meldet die Vergütung aus dem Beispiel 1 bei Rn. 376 i.H.v. 400,00 € netto zur Erstattung aus der Staatskasse an.

Es ist zunächst zu ermitteln, welche fiktive Vergütung entstanden wäre, wenn ein Beschwerdeverfahren nicht erforderlich bzw. nicht durchgeführt worden wäre. Hierbei wird unterstellt, dass ohne das Beschwerdeverfahren im Ermittlungsverfahren die Mittelgebühren angefallen wären:

379

Beschwerdeverfahren, Abrechnung

Berechnung der Vergütung

Grundgebühr Nr. 4100 VV	165,00 €
Verfahrensgebühr Nr. 4104 VV	140,00 €
Postentgeltpauschale Nr. 7002 VV	20,00 €
Anwaltsvergütung netto	**325,00 €**

Dieser fiktive Betrag i.H.v. 325,00 € netto ist von den angemeldeten notwendigen Auslagen für das Ermittlungs- und Beschwerdeverfahren i.H.v. 400,00 € netto in Abzug zu bringen. Der Differenzbetrag i.H.v. 75,00 € ist dem Beschuldigten zu erstatten.

380 Daher ist bei einer **Auslagenentscheidung** für ein Beschwerdeverfahren zulasten der Staatskasse wie folgt vorzugehen (Burhoff, RVGreport 2010, 362):

- Zunächst ist unter Anwendung der Kriterien des § 14 die angemessene **Verfahrensgebühr** für die Tätigkeiten **ohne das Beschwerdeverfahren** zu ermitteln.
- Dieser Gebühr wird die, unter Anwendung der Kriterien des § 14 ermittelte Verfahrensgebühr für die **Tätigkeiten mit Beschwerdeverfahren** gegenübergestellt.
- Der **Unterschiedsbetrag** ist der gegen die Staatskasse festsetzbare Betrag.

> **Hinweis:**
>
> Aufgrund der Auferlegung der notwendigen Auslagen des Beschwerdeverfahrens auf die Staatskasse muss sich **nicht zwangsläufig** ein **Erstattungsbetrag** ergeben. Hat die Tätigkeit im Beschwerdeverfahren die Gebühren nicht erhöht, z.B. weil sie einfach und nicht umfangreich war, ergibt sich kein Festsetzungsbetrag (vgl. Meyer, JurBüro 1983, 321).
>
> Häufig handelt es sich hier nur um ganz geringe Beträge, bei denen sich die Frage stellt, ob es sich aus **wirtschaftlichen Gründen** überhaupt lohnt, diese in einem aufwendigen Kostenfestsetzungsverfahren geltend zu machen. Das veranschaulicht das LG Detmold (StRR 2008, 243 = VRR 2008, 243). Dieses hat in einem erfolgreichen § 111a StPO-Verfahren wegen der Tätigkeiten in diesem Verfahren das Überschreiten der Mittelgebühr der Verfahrensgebühr Nr. 4104 VV um 10 % als angemessen angesehen. Zugesprochen worden ist also eine Erhöhung um 14,00 €.
>
> Ferner wird bei späterer kostenpflichtiger Verurteilung die **Staatskasse** im Regelfall die **Aufrechnung** mit Gegenansprüchen (Verfahrenskosten) erklären (s. dazu die Erläuterungen zu § 43).

4. Beschwerde nach Beendigung der Instanz

a) Überblick

381 Die Erläuterungen zu Rn. 375 - 380 gelten ohne Weiteres für die in Straf- und Bußgeldsachen häufigen Beschwerden während der Anhängigkeit des Strafverfahrens, z.B. für die Beschwerde gegen die Entziehung der Fahrerlaubnis gem. § 111a StPO (vgl. hierzu LG Flensburg, JurBüro 1977, 1228; Volpert, VRR 2006, 453), die Haftbeschwerde (vgl. OLG Köln, JurBüro 1998, 641

Beschwerdeverfahren, Abrechnung

= Rpfleger 1998, 537) oder die Beschwerde gegen ein Ordnungsmittel (LG Göttingen, JurBüro 1990, 207). Die Tätigkeit in diesen **Zwischenbeschwerdeverfahren** wird durch die in Teil 4 Abschnitt 1 VV geregelten Gebühren abgegolten, wobei ein etwaiger Mehraufwand aufgrund der Tätigkeit im Beschwerdeverfahren bei der Gebührenbemessung gem. § 14 berücksichtigt werden kann (vgl. Rn. 377).

Fraglich ist jedoch, ob dies auch dann gilt, wenn der Verteidiger nach **rechtskräftiger Instanzbeendigung** in einem Beschwerdeverfahren tätig wird, oder ob hierfür eine zusätzliche Verfahrensgebühr nach Nr. 4302 VV verlangt werden kann. Zwar kann nach Vorbem. 4.3 Abs. 1 VV die Gebühr nach Nr. 4302 VV nur für den Rechtsanwalt anfallen, dem lediglich eine Einzeltätigkeit und sonst die Verteidigung nicht übertragen ist. Allerdings ist anerkannt, dass eine Gebühr für eine zeitlich später auftragsgemäß entfaltete Einzeltätigkeit nach Abschnitt 3 von Teil 4 VV auch für den Vollverteidiger entstehen kann, soweit die von diesem entfaltete Einzeltätigkeit nicht in den Abgeltungsbereich der in Teil 4 Abschnitt 1 VV geregelten Gebühren fällt (vgl. Vorbem. 4.3 VV Rn. 8; AnwKomm-RVG/N. Schneider, VV Vorb. 4.3 Rn. 3; Burhoff, RVGprofessionell 2005, 52; Gerold/Schmidt/Burhoff, VV Vorb. 4.3 Rn. 6; Hartung/Römermann/Schons, Vorbem. 4.3 VV Rn. 7; Riedel/Sußbauer/Schmahl, VV Teil 4, Abschnitt 3 Rn. 43).

b) Beschwerde gegen Bewährungsauflage

Hierbei ist insbesondere an die Beschwerde (§ 305a StPO) gegen eine gem. § 268a StPO angeordnete **Bewährungsauflage** zu denken, die auch noch nach Rechtskraft des Urteils zulässig ist (vgl. KK StPO/Engelhardt, § 305a Rn. 13; Meyer-Goßner, § 305a Rn. 2) oder an eine Beschwerde gegen eine Entscheidung nach **§ 57 JGG** (s. dazu auch Vorbem. 4.2 VV Rn. 8). 382

Beispiel:

Der im Strafverfahren tätige Verteidiger R legt auftragsgemäß erfolgreich gem. § 305a StPO Beschwerde gegen die gem. § 268a StPO durch Beschluss angeordnete Bewährungsauflage ein und begründet diese. Die notwendigen Auslagen des Beschuldigten im Beschwerdeverfahren werden der Staatskasse auferlegt.

Insoweit wird teilweise vertreten, dass die Verteidigertätigkeit und damit auch der Abgeltungsbereich der Verteidigergebühren nach Nrn. 4100ff. VV mit der Rechtskraft des Urteils bzw. wegen § 19 Abs. 1 Satz 2 Nr. 10 mit der Einlegung der Beschwerde endet und der Vollverteidiger für die Fertigung der Beschwerdebegründung als Einzeltätigkeit eine Gebühr nach Nr. 4302 Ziff. 3 VV erhält (vgl. AG Hamburg-St. Georg, AGS 2007, 39 = VRR 2007, 119; AG Koblenz, AGS 2007, 139 = JurBüro 2007, 86, für die Begründung der nach Rechtskraft eingelegten Beschwerde gegen einen Bewährungsbeschluss; Gerold/Schmidt/Burhoff, VV Vorb. 4.3 Rn. 6; bereits zur BRAGO AG Münsingen, MDR 1981, 1041). 383

Hinweis:

Die Beschwerde gem. § 305a StPO gegen eine angeordnete Bewährungsauflage gehört noch nicht zur Strafvollstreckung und ist daher nicht nach Abschnitt 2 von Teil 4 VV (Nr. 4200ff. VV) zu vergüten.

Beschwerdeverfahren, Abrechnung

384 Für die Entstehung der Verfahrensgebühr Nr. 4302 VV wird dabei zutreffend auf die Fertigung der **Beschwerdebegründung** durch den Verteidiger abgestellt. Denn nach § 19 Abs. 1 Satz 2 Nr. 10 gilt auch für den (zunächst) ausschließlich mit der Einlegung der Beschwerde gegen die angeordnete Bewährungsauflage als Einzeltätigkeit beauftragten Vollverteidiger, dass nur die **Beschwerdeeinlegung** noch mit den Verteidigergebühren der Instanz abgegolten ist (AnwKomm-RVG/ Mock/N. Schneider/Wolf, § 19 Rn. 98; a.A. LG Flensburg, JurBüro 1978, 865; Mümmler, Jur-Büro 1990, 878 und JurBüro 1969, 481, die nicht nur die Einlegung, sondern auch die Begründung der Beschwerde zur Instanz zählen; vgl. hierzu auch Vorbem. 4.1 VV Rn. 29 ff.). Nach dem Wortlaut ist es für die Anwendung von § 19 Abs. 1 Satz 2 Nr. 10 im Übrigen unerheblich, ob die Beschwerdeeinlegung vor oder nach rechtskräftiger Instanzbeendigung erfolgt.

385 Wird die Entstehung der Verfahrensgebühr Nr. 4302 VV für den Verteidiger für möglich gehalten, stellt sich allerdings die – vom AG Hamburg-St. Georg (AGS 2007, 39 = VRR 2007, 119) bejahte – Frage, ob die Staatskasse im Rahmen der notwendigen Auslagen zur Erstattung der Gebühr nach Nr. 4302 Ziff. 3 VV für die Fertigung der Beschwerdebegründung verpflichtet ist. Denn die Beschwerde nach § 305a StPO bedarf keiner Begründung (vgl. Meyer-Goßner, § 305a StPO Rn. 3; KK StPO/Engelhardt, § 305a Rn. 6), sodass es zu Streit darüber kommen kann, ob die Anfertigung der Beschwerdebegründung zur zweckentsprechenden Rechtsverfolgung notwendig war.

> **Hinweis:**
> Da die Pflichtverteidigerbestellung grds. **mit der Rechtskraft** des letzten tatinstanzlichen Urteils **endet** (vgl. OLG Hamm, AGS 2002, 91; OLG Karlsruhe, StV 1998, 348; s. auch Teil A: Umfang des Vergütungsanspruchs [§ 48 Abs. 1], Rn. 1411; Vorbem. 4.2 VV Rn. 28), sollte der Pflichtverteidiger vorsorglich auf eine erneute bzw. klarstellende Bestellung für ein Beschwerdeverfahren gegen die angeordnete Bewährungsauflage hinwirken.

II. Beschwerde und Einzeltätigkeit

1. Beschwerde hinsichtlich einer Einzeltätigkeit

386 Das Beschwerdeverfahren **hinsichtlich einer Einzeltätigkeit** bildet gem. Vorbem. 4.3 Abs. 3 Satz 3 VV eine **besondere Angelegenheit**. Der Rechtsanwalt erhält daher sowohl für die Einzeltätigkeit als auch für das Beschwerdeverfahren hinsichtlich dieser Einzeltätigkeit besondere Gebühren (vgl. OLG Düsseldorf, AGS 2011, 70 = RVGreport 2011, 22 = StRR 2010, 443 = StRR 2011, 38; LG Braunschweig, Nds.Rpfl. 2008, 195; Hartung/Römermann/Schons, Vorbem. 4.3 VV Rn. 21). Die Gebühren für das Beschwerdeverfahren hinsichtlich der Einzeltätigkeit richten sich dabei nach der für die Einzeltätigkeit angefallenen Gebühr (vgl. das Beispiel Vorbem. 4.3 VV Rn. 34; Gerold/Schmidt/Burhoff, VV Vorb. 4.3 Rn. 17; AnwKomm-RVG/N. Schneider, VV 4300 Rn. 12). Auf die vergleichbare Regelung in Vorbem. 4.2 VV wird verwiesen (vgl. Vorbem. 4.2 VV Rn. 30 ff.).

2. Beschwerde als Einzeltätigkeit

a) Keine Abgeltung durch andere Gebühren

Hiervon ist aber die Frage zu unterscheiden, welche Gebühr der Rechtsanwalt erhält, der nicht für eine Einzeltätigkeit und für das Beschwerdeverfahren hinsichtlich dieser Einzeltätigkeit, sondern mit der Beschwerdeeinlegung bzw. -begründung **als Einzeltätigkeit** beauftragt worden ist. War der Rechtsanwalt nicht mit der Vollverteidigung, sondern als Einzeltätigkeit nur mit der Tätigkeit im Beschwerdeverfahren z.B. gegen den Beschluss über die Entziehung der Fahrerlaubnis beauftragt, richtet sich seine Vergütung gem. Vorbem. 4.3 Abs. 1 VV nach Teil 4 Abschnitt 3 VV (Nr. 4302 VV). Die Tätigkeit in diesem Beschwerdeverfahren wird mangels entsprechender Tätigkeit des Rechtsanwalts als Verteidiger nicht mit den Gebühren nach Teil 4 Abschnitt 1 VV abgegolten.

387

> **Hinweis:**
> Die Grundgebühr Nr. 4100 VV erhält der ggf. nur für das Beschwerdeverfahren beauftragte Anwalt nicht, sondern aufgrund ihrer Stellung in Teil 4 Abschnitt 1 VV nur der Verteidiger (vgl. VV Vorbem. 4.3 Rn. 27; OLG Köln, NStZ-RR 2007, 287 = RVGreport 2007 = AGS 2007, 452; OLG Schleswig, StV 2006, 206 = RVGreport 2005, 70 = JurBüro 2005, 252; Gerold/Schmidt/Burhoff, VV Vorb. 4.3 Rn. 10; AnwKomm-RVG/N. Schneider, VV 4100 Rn. 6).

b) Gleichzeitige und getrennte Aufträge

Für die Beschwerdeeinlegung entsteht eine Verfahrensgebühr nach Nr. 4302 Ziff. 1 VV, für die Beschwerdebegründung eine Verfahrensgebühr nach Nr. 4302 Ziff. 2 VV (vgl. Vorbem. 4.3 VV Rn. 35; AnwKomm-RVG/N. Schneider, VV 4302 Rn. 5). Bei **gleichzeitiger Beauftragung** mit der Beschwerdeeinlegung und -begründung entsteht von **vornherein nur eine Verfahrensgebühr** nach Nr. 4302 VV (Einzelh. vgl. Vorbem. 4.3 VV Rn. 36; LG Mühlhausen, 26.05.2010 – 3 Qs 87/10; AnwKomm-RVG/N. Schneider, VV Vorbem. 4.3 Rn. 22). Denn bei gleichzeitiger Auftragserteilung gilt die Verfahrensgebühr gem. Vorbem. 4.3 Abs. 3 Satz 2 VV, § 15 Abs. 1 die Tätigkeit des Rechtsanwalts vom Auftrag bis zur Erledigung der Angelegenheit ab (vgl. Vorbem. 4.3 VV Rn. 36).

388

> **Hinweis:**
> Entsteht dem Anwalt durch Einlegung und Begründung der Beschwerde ein erhöhter Aufwand, kann dies somit nur bei der Bemessung der Verfahrensgebühr Nr. 4302 VV innerhalb des vorgesehenen Rahmens nach § 14 berücksichtigt werden (vgl. Vorbem. 4.3 VV Rn. 36; AnwKomm-RVG/N. Schneider, VV Vorbem. 4.3 Rn. 22).

389

3. Getrennte Aufträge

Ist **zunächst** auftragsgemäß nur Beschwerde eingelegt und diese **später** auftragsgemäß begründet worden, fallen gem. Vorbem. 4.3 Abs. 3 Satz 1 VV die Verfahrensgebühr Nr. 4302 Ziff. 1 VV

390

Beschwerdeverfahren, Abrechnung

für die Einlegung und nach Nr. 4302 Ziff. 2 VV für die Begründung der Beschwerde gesondert an (a.A. wohl LG Mühlhausen, 26.05.2010 – 3 Qs 87/10); denn anders als in den Anm. zu Nr. 4300 VV und Nr. 4301 VV ist zu Nr. 4302 VV insoweit nichts anderes bestimmt worden. Die Anm. zu Nr. 4300 und Nr. 4301 VV gelten nur für die Revisions- bzw. Berufungsbegründung (AnwKomm-RVG/N. Schneider, VV Vorb. 4.3 Rn. 23; Gerold/Schmidt/Burhoff, VV Vorb. 4.3 Rn. 16).

391 **Beispiel:**

R (kein Verteidiger) legt auftragsgemäß Beschwerde gegen die vorläufige Entziehung der Fahrerlaubnis ein. Später reicht R auftragsgemäß auch deren Begründung ein. Die notwendigen Auslagen des Beschuldigten im Beschwerdeverfahren werden der Staatskasse auferlegt.

Die Vergütung im Beschwerdeverfahren beträgt (Mittelgebühren):

Verfahrensgebühr Nr. 4302 Ziff. 1 VV (Beschwerdeeinlegung)	135,00 €
Verfahrensgebühr Nr. 4302 Ziff. 2 VV (Beschwerdebegründung)	135,00 €
Postentgeltpauschale Nr. 7002 VV	20,00 €
Anwaltsvergütung netto	**290,00 €**

Zwei Postentgeltpauschalen nach Nr. 7002 VV entstehen nicht, weil nach Vorbem. 4.3 Abs. 3 Satz 1 VV nur die Gebühren für die Beschwerdeeinlegung und -begründung gesondert entstehen und das Beschwerdeverfahren nach Vorbem. 4.3 Abs. 3 Satz 3 VV insgesamt dieselbe Angelegenheit bildet.

392 Nach Vorbem. 4.3 Abs. 3 Satz 2 VV, **§ 15 Abs. 6** dürfen die Einzelgebühren jedoch **nicht höher** sein als die Gebühr, die dem Verteidiger für die gleiche Tätigkeit zustehen würde (vgl. ausführlich Vorbem. 4.3 VV Rn. 38; AnwKomm-RVG/N. Schneider, VV Vorb. 4.3 Rn. 23). Hierbei ist aber zu beachten, dass der Vollverteidiger für die Tätigkeit im Beschwerdeverfahren keine besonderen Gebühren erhält (vgl. Rn. 372 ff.).

393 **Fortsetzung des o.a. Beispiels bei Rn. 391:**

Nach § 15 Abs. 6 kann die Verteidigervergütung wie folgt ermittelt werden:

Berechnung der Vergütung

Verfahrensgebühr Nr. 4104 VV	250,00 € (Höchstgebühr)
Postentgeltpauschale Nr. 7002 VV	20,00 €
Anwaltsvergütung netto	**270,00 €**

Die Einzelgebühren nach Nr. 4302 Ziff. 1 u. 2 VV betragen insgesamt 270,00 €. Unklar ist, ob bei der Vergleichsrechnung nach § 15 Abs. 6 der Höchstsatz der Vorverfahrensgebühr Nr. 4104 VV von 250,00 € (so wohl AnwKomm-RVG/N. Schneider, VV Vorbem. 4.3 Rn. 23) oder die konkrete Vorverfahrensgebühr zu berücksichtigen ist (vgl. Riedel/Sußbauer/Fraunholz, § 15 Rn. 57). Wenn daher Mittelgebühren nach Nr. 4302 VV geltend gemacht werden, könnte dies dafür sprechen, dass auch bei der Vergleichsrechnung nur die mittlere Verteidigergebühr Nr. 4104 VV über 140,00 € zu berücksichtigen ist (vgl. hierzu auch Vorbem. 4.3 VV Rn. 38).

Beschwerdeverfahren, Abrechnung

4. Erstattung

Da das Beschwerdeverfahren gem. Vorbem. 4.3 Abs. 3 Satz 3 VV eine besondere Angelegenheit bildet, sind die zu erstattenden Gebühren im Kostenfestsetzungsverfahren ohne Weiteres **feststellbar**. Allerdings beschränkt sich auch die Erstattungspflicht der Staatskasse auf ggf. den nach § 15 Abs. 6 festgestellten niedrigeren Betrag.

III. Beschwerdeverfahren in der Strafvollstreckung

Die Gebühren des **Verteidigers** in der Strafvollstreckung richten sich nach Teil 4 Abschnitt 2 VV (Nrn. 4200 bis 4207 VV). Der nur mit einer **Einzeltätigkeit** in der Strafvollstreckung beauftragte Rechtsanwalt erhält die Gebühren nach Nr. 4300 Ziff. 3 oder Nr. 4301 Ziff. 6 VV (vgl. ausführlich Vorbem. 4.3 VV Rn. 8, 12, 13).

Nur bei Beschwerden gegen **Hauptsacheentscheidungen** in der Strafvollstreckung entstehen die Gebühren nach Teil 4 Abschnitt 2 VV besonders. Bei Beschwerden gegen **Zwischen- oder Nebenentscheidungen** in der Strafvollstreckung fallen nach Vorbem. 4 Abs. 5 Nr. 1 VV ggf. Gebühren nach Nrn. 3500 ff. VV an (vgl. hierzu Vorbem. 4.2 VV Rn. 34).

Die Gebühren im Beschwerdeverfahren richten sich in der Strafvollstreckung nach Nrn. 4200 bis 4207 VV, weil insoweit keine besonderen Gebührenregelungen vorhanden sind. Ist in der ersten Instanz z.B. eine Verfahrensgebühr Nr. 4200 VV entstanden, entsteht diese Verfahrensgebühr auch im Beschwerdeverfahren (vgl. Vorbem. 4.2 VV Rn. 30 ff.; OLG Frankfurt am Main, NStZ-RR 2005, 253 = AGS 2006, 76; OLG Schleswig, RVGreport 2006, 153 = AGS 2005, 444).

Beispiel:

Pflichtverteidiger R ist für den in einer Entziehungsanstalt untergebrachten V im Verfahren über die Aussetzung der weiteren Vollstreckung der Unterbringung zur Bewährung tätig. Die Strafvollstreckungskammer hört den Verurteilten in Anwesenheit seines Pflichtverteidigers mündlich an. Gegen die Ablehnung der Bewährungsaussetzung legt R auftragsgemäß Beschwerde ein, die zurückgewiesen wird.

R kann folgende Pflichtverteidigergebühren abrechnen:

Berechnung der Vergütung:

Überprüfungsverfahren

Verfahrensgebühr mit Zuschlag Nr. 4201 Ziff. 1 VV	300,00 €
Terminsgebühr mit Zuschlag Nr. 4203 VV	145,00 €
Postentgeltpauschale Nr. 7002 VV	20,00 €
Beschwerdeverfahren	
Verfahrensgebühr mit Zuschlag Nr. 4201 Ziff. 1 VV	<u>300,00 €</u>
Anwaltsvergütung netto	<u>765,00 €</u>

Das erstinstanzliche Verfahren in der Strafvollstreckung und das Beschwerdeverfahren in der Strafvollstreckung bilden **keine verschiedenen Angelegenheiten**, sodass deshalb die Postentgeltpauschale Nr. 7002 VV insgesamt nur einmal entsteht, vgl. hierzu ausführlich Vorbem. 4.2 VV Rn. 35 f. m.w.N. auch zur a.A.

IV. Beschwerdeverfahren in Bußgeldsachen

1. Tätigkeit als Verteidiger

399 Die Tätigkeit des Verteidigers im bußgeldrechtlichen Beschwerdeverfahren wird wegen Vorbem. 5.1 Abs. 1 VV durch die in Teil 5 Abschnitt 1 VV geregelten **Verteidigergebühren abgegolten** (vgl. Vorbem. 5.1 VV Rn. 7 und Vorbem. 4.1 VV Rn. 25; Gerold/Schmidt/Burhoff, VV Vorb. 5.1 Rn. 3, VV Vorb. 4 Rn. 12). Es gelten daher die Ausführungen zur Beschwerde des Verteidigers in Strafsachen (vgl. Rn. 372 ff.) entsprechend.

2. Beschwerde als Einzeltätigkeit

400 Die Vergütung des nur mit der Tätigkeit im Beschwerdeverfahren in einer Bußgeldsache beauftragten Rechtsanwalts richtet sich nach **Nr. 5200 VV**. Eine Regelung wie für Strafsachen in Vorbem. 4.3 Abs. 3 Satz 3 VV, nach der das Beschwerdeverfahren bei Einzeltätigkeiten eine besondere Angelegenheit bildet, ist für das Beschwerdeverfahren bei Einzeltätigkeiten in Bußgeldsachen nicht getroffen worden. Daher ist die Tätigkeit im Beschwerdeverfahren nach dem allgemeinen Grundsatz mit der Gebühr nach Nr. 5200 VV abgegolten (vgl. Nr. 5200 VV Rn. 14; AnwKomm-RVG/N. Schneider, VV 5200 Rn. 9).

3. Beschwerde in der bußgeldrechtlichen Vollstreckung

401 Die Tätigkeit in der bußgeldrechtlichen Vollstreckung (vgl. §§ 89 ff. OWiG) wird auch für den Verteidiger nach Nr. 5200 VV als **Einzeltätigkeit** vergütet (vgl. Anm. 4 zu Nr. 5200 VV; Nr. 5200 VV Rn. 7, 10). Für das Beschwerdeverfahren in der bußgeldrechtlichen Vollstreckung entsteht daher die Gebühr nach Nr. 5200 VV. Eine besondere Angelegenheit bildet das Beschwerdeverfahren nicht (vgl. Nr. 5200 VV Rn. 14; AnwKomm-RVG/N. Schneider, VV 5200 Rn. 9). Daher ist die Tätigkeit im Beschwerdeverfahren mit der Gebühr nach Nr. 5200 VV abgegolten.

V. Beschwerden im Kostenfestsetzungsverfahren

402 Nach **Vorbem. 4 Abs. 5 Ziff. 1 VV** (Vorbem. 5 Abs. 4 Ziff. 1 VV) erhält der Rechtsanwalt u.a. für die Tätigkeit im Erinnerungs- und Beschwerdeverfahren gegen einen Kostenfestsetzungsbeschluss (§ 464b StPO, § 46 OWiG) und gegen den Gerichtskostenansatz (vgl. § 66 GKG) Gebühren nach Teil 3 VV (vgl. hierzu Onderka, RVGprofessionell 2004, 193). Im Erinnerungsverfahren gem. § 11 Abs. 2 RpflG, § 66 Abs. 1 GKG bzw. im Beschwerdeverfahren nach § 304 Abs. 1 StPO, § 66 Abs. 2 GKG entsteht die 0,5 Verfahrensgebühr nach Nr. 3500 VV sowie ggf. die 0,5 Terminsgebühr Nr. 3513 VV. Es handelt sich um Wertgebühren. Der Gegenstandswert bemisst sich danach, in welchem Umfang eine Abänderung des Festsetzungsbeschlusses bzw. des Kostenansatzes mit der Erinnerung oder Beschwerde verfolgt wird (s. auch Teil A: Kostenfestsetzung und Erstattung in Strafsachen, Rn. 938) Die Gebühren nach Nr. 3500 und 3513 VV entstehen neben den in Teil 4 VV geregelten Gebühren. Der Rechtsanwalt erhält die Gebühren daher auch dann **gesondert**, wenn er im vorangegangenen Strafverfahren als Verteidiger oder Vertreter eines anderen Beteiligten tätig war (OLG Düsseldorf, AGS 2011, 70 = RVGreport 2011, 22 = StRR 2011, 38; vgl. Vorbem. 4 VV Rn. 9).

Beschwerdeverfahren, Abrechnung

Beispiel: Beschwerde gegen den Kostenfestsetzungsbeschluss durch Verteidiger 403

Verteidiger R wird nach Freispruch des Mandanten M im Strafverfahren mit der Stellung des Kostenfestsetzungsantrags beauftragt. Da notwendige Auslagen i.H.v. 500,00 € im Kostenfestsetzungsbeschluss nicht berücksichtigt worden sind, legt R dagegen auftragsgemäß Beschwerde ein. In der Beschwerdeentscheidung werden M weitere 250,00 € zugesprochen, im Übrigen wird die Beschwerde zurückgewiesen. Die notwendigen Auslagen von M im Beschwerdeverfahren werden jeweils zur Hälfte der Staatskasse und M auferlegt. Der Beschwerdewert beträgt 500,00 €.

Welche Vergütung (Mittelgebühr) kann R abrechnen?

Berechnung der Vergütung (Mittelgebühr)

0,5 Verfahrensgebühr Nr. 3500 VV, Wert 500,00 €	22,50 €
Postentgeltpauschale Nr. 7002 VV	4,50 €
Anwaltsvergütung netto	**27,00 €**

Die Stellung des Kostenfestsetzungsantrags ist für R gem. § 19 Abs. 1 Nr. 13, Vorbem. 4.1 Abs. 2 Satz 1 VV noch mit den Verteidigergebühren des Strafverfahrens abgegolten. Wird ein anderer Rechtsanwalt als der Verteidiger mit der Stellung des Kostenfestsetzungsantrags beauftragt, entsteht eine Verfahrensgebühr nach Nr. 4302 Ziff. 2 VV (vgl. Nr. 4302 VV Rn. 10; LG Krefeld, JurBüro 1979, 240 = AnwBl. 1979, 120).

Von den notwendigen Auslagen des Beschwerdeverfahrens erstattet die Staatskasse die Hälfte mit 13,50 € netto. Zur Aufrechnung der Staatskasse mit den Kosten des Verfahrens gegen diesen Erstattungsanspruch vgl. die Erläuterungen zu § 43, Rn. 12 ff.

Hinweis: 404

Die Einlegung der Erinnerung oder Beschwerde wird nicht von der **Pflichtverteidigerbestellung** oder gerichtlichen Beiordnung umfasst, sodass die Gebühren nach Nr. 3500 VV bzw. Nr. 3513 VV nicht von der Staatskasse zu erstatten sind. Denn die Einlegung der Erinnerung bzw. Beschwerde gegen den Kostenfestsetzungsbeschluss oder den Kostenansatz ist nicht im allgemeinen Gebührenkatalog der Nr. 4100 ff. VV mit den für den beigeordneten oder gerichtlich bestellten Rechtsanwalt vorgesehenen Festbetragsgebühren aufgeführt. Der Rechtsanwalt muss hier die Beiordnung im Wege der PKH beantragen, um die Gebühren nach den Sätzen des § 49 zu erhalten (vgl. Vorbem. 4 VV Rn. 106).

VI. Beschwerde im Wiederaufnahmeverfahren

Für alle Beschwerden im Wiederaufnahmeverfahren (vgl. § 372 StPO) erhält der Verteidiger oder Vertreter eines sonstigen Beteiligten nach Nr. 4139 VV eine **besondere Verfahrensgebühr** i.H.d. Verfahrensgebühr für den ersten Rechtszug. Die Tätigkeit in diesen Beschwerdeverfahren wird somit für den Verteidiger abweichend vom sonst geltenden Grundsatz nicht gem. Vorbem. 4.1 Abs. 2 Satz 1 VV mit den Verteidigergebühren abgegolten (OLG Düsseldorf, AGS 2011, 70 = RVGreport 2011, 22 = StRR 2011, 38). 405

Die Verfahrensgebühr entsteht mit der ersten Tätigkeit nach Einlegung der Beschwerde. Die Einlegung der Beschwerde gehört noch zum Bereich der Gebühren nach Nr. 4137 VV bzw. Nr. 4138 VV (vgl. hierzu im Einzelnen Nr. 4139 VV Rn. 1 ff.).

Deckungszusage, Einholung bei der Rechtsschutzversicherung

VII. Beschwerde gegen Beschluss nach § 406 Abs. 5 Satz 2 StPO im Adhäsionsverfahren

406 Für die Tätigkeit im Beschwerdeverfahren gegen den Beschluss, mit dem nach § 406 Abs. 5 Satz 2 StPO im Adhäsionsverfahren von einer Entscheidung abgesehen wird, entsteht die Verfahrensgebühr nach Nr. 4145 VV. Es handelt sich um eine **zusätzliche Gebühr** nach Teil 4 Unterabschnitt 5 VV. Die Regelung in Nr. 4145 VV stellt eine Ausnahme von Vorbem. 4.1 Abs. 2 Satz 1 VV dar, weil die Tätigkeit im Beschwerdeverfahren nicht mit den Gebühren des Straf- bzw. Adhäsionsverfahrens abgegolten wird (s. hierzu ausführlich Nr. 4145 VV Rn. 1 ff.).

Das Beschwerdeverfahren gegen einen Beschluss gem. § 406 Abs. 5 Satz 2 StPO bildet aber **keine besondere Angelegenheit**, in dem die Postentgeltpauschale Nr. 7002 VV gesondert anfällt (LG Düsseldorf/AG Ratingen, RVGreport 2011, 40 = StRR 2010, 440 = VRR 2010, 480, für das Straf- und Adhäsionsverfahren).

VIII. Beschwerde im StrEG-Verfahren

407 Für die Tätigkeit im Beschwerdeverfahren nach § 8 Abs. 3 StrEG (Anfechtung der Entscheidung über die Entschädigungspflicht – Grundverfahren) fällt für den **Verteidiger** keine besondere Gebühr an. Insbesondere können hier die Nrn. 4143, 4144 VV nicht entsprechend angewandt werden. Die Tätigkeit in diesem Beschwerdeverfahren ist mit den erstinstanzlich verdienten Verteidigergebühren abgegolten (OLG Düsseldorf, AGS 2011, 70 = RVGreport 2011, 22 = StRR 2011, 38; AG Koblenz, AGSkompakt 2011, 8; noch zur BRAGO LG Flensburg, JurBüro 1983, 569 und JurBüro 1978, 865; vgl. auch BGH, NJW 2009, 2682 = MDR 2009, 1193 = StRR 2009, 385). Es entsteht auch keine besondere Verfahrensgebühr nach Nr. 3500 VV (AG Koblenz, AGSkompakt 2011, 8).

IX. Beschwerdeverfahren nach §§ 56 Abs. 2 und 33

408 Insoweit wird auf die Erläuterungen im Teil A: Rechtsmittel gegen die Vergütungsfestsetzung (§§ 56, 33), Rn. 1115 ff. verwiesen.

Siehe auch im Teil A: → Abgeltungsbereich der Vergütung (§ 15), Rn. 1 ff.; → Angelegenheiten (§§ 15 ff.), Rn. 66 ff.; → Kostenfestsetzung und Erstattung in Strafsachen, Rn. 842 ff.; → Rechtsmittel gegen die Vergütungsfestsetzung (§§ 56, 33), Rn. 1115 ff.; → Umfang des Vergütungsanspruchs (§ 48 Abs. 1), Rn. 1382 ff.

Deckungszusage, Einholung bei der Rechtsschutzversicherung

Übersicht

		Rn.
A.	Überblick	409
B.	Anmerkungen	410
	I. Rechtsschutz in Straf- und Bußgeldsachen	410
	1. Allgemeine Bedingungen für die Rechtsschutzversicherung (ARB)	410
	2. Strafsachen	411
	3. Bußgeldsachen	412
	4. Umfang des Versicherungsschutzes	413
	II. Vergütungsfragen	414
	1. Einholung der Deckungszusage und Hauptsacheverfahren (Angelegenheit)	414

		2. Gebührenanspruch (Geschäftsgebühr Nr. 2300 VV)	416
		3. Verzicht auf Gebührenerhebung/Gebührenvereinbarung	418
		4. Gegenstandswert für die Geschäftsgebühr	419
		a) Berechnung	419
		b) Zeitpunkt der Wertberechnung	420
	III.	Geltendmachung der Vergütung	421
		1. Geltendmachung beim Mandanten	421
		2. Geltendmachung bei der Rechtsschutzversicherung	422
		3. Geltendmachung beim Gegner	423
C.	Arbeitshilfen		425

Literatur:

Braun, Rechtsschutzversicherer und Rationalisierungsabkommen, RVGreport 2004, 284; *Hansens*, Einholung der Deckungszusage, RVGreport 2010, 241; *ders.*, Schadensersatzanspruch wegen der Anwaltskosten für die Einholung der Deckungszusage, RVGreport 2010, 321; *Lensing*, Die Deckungsanfrage: Gesetzliches Honorar oder Kulanzleistung, AnwBl. 2010, 688; *Nugel*, Erstattungsfähigkeit der Kosten für die Einholung einer Deckungszusage der Rechtsschutzversicherung - Rechtsprechungsübersicht, VRR 2011, 133; *Volpert*, Die Einholung der Deckungszusage als besondere Angelegenheit, VRR 2005, 66; *ders.*, Einholung der Deckungszusage (Teil 1 - Vergütung), VRR 2011, 171; *ders.*, Einholung der Deckungszusage (Teil 2 - Erstattung), VRR 2011, 211.

A. Überblick

Der in Straf- und Bußgeldsachen vertretene Mandant des Rechtsanwalts ist häufig rechtsschutzversichert. Hat der Rechtsanwalt das Bestehen einer Rechtsschutzversicherung bei der Übernahme des Mandats festgestellt, wird der Anwalt häufig – nachdem ihm die Versicherungspolice gezeigt wurde (vgl. Burhoff/Stephan, OWi, Rn. 2271) – die Deckungszusage der Rechtsschutzversicherung für das anstehende Verfahren einholen. Jedenfalls dann, wenn es sich nicht um einen unproblematischen Standardfall handelt, ist die Einholung keine von den später in der Straf- oder Bußgeldsache anfallenden Gebühren abgegoltene Serviceleistung des Anwalts (s. dazu auch AG Schwäbisch-Hall, VersR 2010, 1332; Lensing, AnwBl. 2010, 688). Insbesondere **§ 19 Abs. 1 gilt** hier **nicht**. Denn die Einholung hat nichts mit dem eigentlichen Mandat zu tun, sondern dient dazu zu klären, ob dem Mandant nach den Versicherungsbedingungen ein Anspruch auf eine Kostendeckungszusage der Rechtsschutzversicherung zusteht (AnwKomm-RVG/Mock/N. Schneider/Wolf, § 19 Rn. 8; zur Vorschusserhebung bei bestehender Rechtsschutzversicherung vgl. Teil A: Vorschuss vom Auftraggeber [§ 9], Rn. 1659).

409

B. Anmerkungen

I. Rechtsschutz in Straf- und Bußgeldsachen

1. Allgemeine Bedingungen für die Rechtsschutzversicherung (ARB)

Der Gesamtverband der Deutschen Versicherungswirtschaft (GDV) veröffentlicht Musterbedingungen für die Rechtsschutzversicherung, die den Versicherern als unverbindliche Musterbedingungen **empfohlen** werden (z.B. ARB 75, 94, 2000). Im Juni 2009 sind z.B. die Allgemeinen Bedingungen für die Rechtsschutzversicherung 2009 (ARB 2009) veröffentlicht worden. Die ARB werden von den meisten Versicherern mit geringfügigen Abänderungen verwendet (vgl.

410

Deckungszusage, Einholung bei der Rechtsschutzversicherung

Burhoff/Stephan, OWi, Rn. 2272; ausführlich Ludovisy/Eggert/Burhoff, Praxis des Straßenverkehrsrechts, Teil 1, Rn. 305 ff.).

2. Strafsachen

411 Nach § 2i der Allgemeinen Bedingungen für die Rechtsschutzversicherung 2009 (ARB 2009 – GDV-Musterbedingungen) kann je nach der vom Mandanten mit der Rechtsschutzversicherung getroffenen Vereinbarung der Versicherungsschutz auch den Strafrechtsschutz umfassen. Hierbei wird **unterschieden** zwischen

- dem Vorwurf eines verkehrsrechtlichen Vergehens (§ 2i aa ARB 2009) und
- dem Vorwurf eines sonstigen Vergehens (§ 2i bb ARB 2009).

3. Bußgeldsachen

412 Nach § 2i der Allgemeinen Bedingungen für die Rechtsschutzversicherung 2009 (ARB 2009 – GDV Musterbedingungen) kann je nach der vom Mandanten mit der Rechtsschutzversicherung getroffenen Vereinbarung der Versicherungsschutz auch den **Ordnungswidrigkeiten-Rechtsschutz** für die Verteidigung wegen des Vorwurfs einer Ordnungswidrigkeit umfassen (§ 2j ARB 2009).

4. Umfang des Versicherungsschutzes

413 Der Umfang des Versicherungsschutzes kann gem. § 2 ARB 2009 in den Formen des § 21 bis § 29 ARB 2009 vereinbart werden. Besteht z.B. eine Verkehrs-Rechtsschutzversicherung, umfasst diese gem. **§ 21 Abs. 4 ARB 2009** Strafrechtsschutz gem. § 2i ARB 2009 sowie Ordnungswidrigkeiten-Rechtsschutz gem. § 2j ARB 2009. Strafrechtsschutz und Ordnungswidrigkeiten-Rechtsschutz können z.B. auch im **Fahrer-Rechtsschutz** (§ 22 ARB 2009) oder im Privat-, Berufs- und Verkehrsrechtsschutz für Nichtselbstständige (§ 26 ARB 2009) enthalten sein.

Kein Rechtsschutz besteht beim Vorwurf eines Halte- oder Parkverstoßes nach § 3 Abs. 3e ARB 2009, vgl. auch § 25a StVG (zu Einzelh. beim Ordnungswidrigkeiten-Rechtsschutz vgl. Burhoff/Stephan, OWi, Rn. 2273 ff.).

II. Vergütungsfragen

1. Einholung der Deckungszusage und Hauptsacheverfahren (Angelegenheit)

414 Holt der Mandant die Deckungszusage bei der Rechtsschutzversicherung nicht selbst ein, sondern beauftragt er den Rechtsanwalt hiermit, liegt nach wohl herrschender Meinung eine **besondere Angelegenheit** i.S.v. § 15 Abs. 2 Satz 1 vor (vgl. KG, AnwBl. 2010, 445 = MDR 2010, 840; LG München I, AGS 2009, 256; LG Ulm, zfs 2010, 521; LG Duisburg, zfs 2010, 520; LG Zwickau, AGS 2005, 525; AG Oberndorf, zfs 2010, 524; AG Hersbruck, AGS 2010, 257; AG Karlsruhe, AGS 2009, 140; AGS 2008, 372; AG Nürnberg, zfs 2010, 523; AG Ettenheim, AGS 2006, 375; AG Hannover, zfs 2001, 85; LG Berlin, zfs 2001, 85; AG Charlottenburg, JurBüro 2002, 25; AnwKomm-RVG/Onderka/Wahlen, VV Vorbem. 2.3 Rn. 26; AnwKomm-RVG/N.

Deckungszusage, Einholung bei der Rechtsschutzversicherung

Schneider, § 15 Rn. 65; Gerold/Schmidt/Müller-Rabe, § 19 Rn. 25; Braun, RVGreport 2004, 284; Hansens, RVGreport 2010, 241; **a.A.** OLG München, JurBüro 1993, 163; LG Koblenz, VersR 2010, 1331; LG Nürnberg-Fürth, 09.09.2010 – 8 O 1617/10; LG Schweinfurt, NJW-RR 2009, 1254; AG Schwäbisch-Hall, VersR 2010, 1332; offen gelassen BGH MDR 2011, 512 = RVGprofessionell 2011, 78 = VRR 2011, 179 m. Anm. Nugel; AG Berlin-Mitte, Schaden-Praxis 2010, 234; AG Gießen, Schaden-Praxis 2010, 339; vgl. auch OLG Celle, AGS 2011, 152 = RVGreport 2011, 149 = VRR 2011 198, eigene Angelegenheit, wenn der Mandant auf die Gebührenpflicht hingewiesen wird; vgl. auch noch die Rechtsprechungsübersicht von Nugel, VRR 2011, 133).

Zur **Begründung** (vgl. auch Volpert, VRR 2011, 171, 172) wird darauf verwiesen, dass nicht der für die Annahme derselben Angelegenheit erforderliche innere Zusammenhang mit dem gerichtlichen Verfahren vorliege, weil mit der Einholung der Deckungszusage die Gewährung von Versicherungsschutz durch die Rechtsschutzversicherung für das gerichtliche Verfahren begehrt wird und bei Nichterteilung in einem weiteren Klageverfahren gegen die Rechtsschutzversicherung vorgegangen werden müsste. Beide Ansprüche können nicht in demselben Verfahren verfolgt werden (Lensing, AnwBl. 2010, 688; Gerold/Schmidt/Müller-Rabe, § 19 Rn. 25). Das OLG Celle (VRR 2011, 198 = NJW-Spezial 2011, 75) geht in verkehrsrechtlichen Schadenssachen von derselben gebührenrechtlichen Angelegenheit aus, weil ein innerer Zusammenhang zwischen der Schadensangelegenheit und der Einholung der Deckungszusage besteht. Zusätzlich ist aber für dieselbe Angelegenheit erforderlich, dass die in einem inneren Zusammenhang stehenden Gegenstände vom Rechtsanwalt auch einheitlich bearbeitet werden können. Das ist der Fall, wenn sie verfahrensrechtlich zusammengefasst bzw. in einem einheitlichen Vorgehen geltend gemacht werden können (BGH NJW 2010, 3037). Das ist aber bei der Verteidigung in Straf- und Bußgeldsachen und der Einholung der Deckungszusage bei der Rechtsschutzversicherung des Mandanten nicht der Fall.

415

Für **selbstständige Angelegenheiten** spricht auch, dass sich der Hauptsacheauftrag des Mandanten und die Deckungszusage gegen **unterschiedliche Parteien** richten (KG, AnwBl. 2010, 445 = MDR 2010, 840; LG Duisburg, zfs 2010, 520).

Die bei der Einholung entfaltete Tätigkeit stellt auch **keine** mit den Gebühren des gerichtlichen Verfahrens **abgegoltene Vorbereitung** der Verteidigung i.S.v. § 19 Abs. 1 Satz 2 Nr. 1 dar (KG, AnwBl. 2010, 445 = MDR 2010, 840; AG Hersbruck, AGS 2010, 257 = AnwBl. 2010, 296; Hansens, RVGreport 2010, 241). Es handelt sich nicht um eine Nebenpflicht zum eigentlichen Auftrag (Lensing, AnwBl. 2010, 688). Denn wenn die Deckungsanfrage erfolglos bliebe und deshalb kein Hauptsacheauftrag erteilt wird, hätte der Rechtsanwalt eine kostenlose Dienstleistung erbracht (KG, AnwBl. 2010, 445 = MDR 2010, 840).

Hinweis:
Eine Gebühr entsteht aber nur, wenn für die Einholung der Deckungszusage ein **besonderer Auftrag erteilt** worden ist, der in der Akte dokumentiert sein sollte (vgl. AG Berlin-Mitte, Schaden-Praxis 2010, 234; AG München, JurBüro 1990, 43; Hansens, RVGreport 2010, 241; vgl. auch AG Schwäbisch-Hall, VersR 2010, 1332).

Deckungszusage, Einholung bei der Rechtsschutzversicherung

2. Gebührenanspruch (Geschäftsgebühr Nr. 2300 VV)

416 Für die Einholung der Deckungszusage entsteht die **Geschäftsgebühr Nr. 2300 VV** zuzüglich Postentgeltpauschale und Umsatzsteuer (KG, AnwBl. 2010, 445 = MDR 2010, 840; LG Erfurt, zfs 2010, 345; LG Duisburg, zfs 2010, 520, 13 [Gebühr]; AG Nürnberg, zfs 2010, 523 [1,3 Regelgebühr]; AG Karlsruhe, AGS 2009, 355; Lensing, AnwBl. 2010, 688; AnwKomm-RVG/ Onderka/Wahlen, VV Vorbem. 2.3 Rn. 26; **a.A.** LG Nürnberg-Fürth, 09.09.2010 – 8 O 1617/10 [0,3 Geschäftsgebühr Nr. 2302 VV]). Eine höhere Gebühr als die **Regelgebühr** von **1,3** kann nur gefordert werden, wenn die Einholung umfangreich und schwierig war (vgl. Anm. zu Nr. 2300 VV). I.d.R. ist die Bedeutung der Einholung für den Mandanten **durchschnittlich**, sodass bei durchschnittlichen Einkommens- und Vermögensverhältnissen des Mandanten von der Regelgebühr i.H.v. 1,3 auszugehen ist (Hansens, RVGreport 2010, 241; Volpert, VRR 2011, 171, 172; vgl. hierzu auch KG, AnwBl. 2010, 445 = MDR 2010, 840). Hierbei ist zu berücksichtigen, dass der Mandant durch die Deckungszusage von den Kosten des Hauptsacheprozesses befreit werden will.

417 Ggf. entsteht nur eine **0,5 Gebühr**, wenn die Tätigkeit lediglich darin besteht, bei der Versicherung unter Darstellung des Streitstoffes anzufragen, ob die Kosten für das Verfahren übernommen werden und die Versicherung dies bejaht (so AG Hersbruck, AGS 2010, 257). Eine Erhöhung der Geschäftsgebühr kommt aber insbesondere bereits dann in Betracht, wenn die Anfrage rechtliche Darstellungen bedeutender Art enthält, z.B. bei rechtlicher Schwierigkeit des Streitstoffes, oder die Versicherung die Deckungszusage erst nach umfangreichem Schriftverkehr erteilt. Auch wenn es zu einer Besprechung mit der Rechtsschutzversicherung kommt, ist die Geschäftsgebühr über die Mindestgebühr von 0,5 hinaus zu erhöhen (Volpert, VRR 2011, 171, 172).

3. Verzicht auf Gebührenerhebung/Gebührenvereinbarung

418 Macht der Rechtsanwalt die Kosten für die Deckungsanfrage nicht geltend, liegt nach Auffassung des KG (AnwBl. 2010, 445 = MDR 2010, 840) **keine unzulässige Gebührenunterschreitung** vor (zum Gebührenverzicht s. Teil A: Gebühren-/Vergütungsverzicht, Rn. 643). Gem. § 4 Abs. 1 kann auch eine die Geschäftsgebühr Nr. 2300 VV unterschreitende Gebühr für die Einholung der Deckungszusage vereinbart werden, die allerdings im angemessenen Verhältnis zu Leistung, Verantwortung und Haftungsrisiko des Rechtsanwalts stehen muss (vgl. auch Teil A: Vergütungsvereinbarung [§ 3a], Rn. 1502). Teilweise wird insoweit die Vereinbarung eines Pauschalbetrages i.H.v. 50,00 € vorgeschlagen (vgl. Gerold/Schmidt/Müller-Rabe, § 19 Rn. 28; Enders, JurBüro 2002, 25). Das ist vom KG nicht beanstandet worden (vgl. dazu KG, AnwBl. 2010, 445 = MDR 2010, 840). Denn diese Vereinbarungen führen nach Auffassung des KG (a.a.O.) nicht dazu, dass ein Rechtsanwalt einer ernsthaften wirtschaftlichen Gefährdung ausgesetzt ist. Außerdem senken **kostenlose Deckungsanfragen** die Hemmschwelle der Verbraucher, sich um Versicherungsschutz zu bemühen und bei deren Erfolg einen Rechtsanwalt zu beauftragen (KG, AnwBl. 2010, 445 = MDR 2010, 840; vgl. hierzu auch ausführlich Lensing, AnwBl. 2010, 688, der zur Vermeidung von berufs- und wettbewerbsrechtlichen Streitfragen die Abrechnung der Geschäftsgebühr Nr. 2300 VV empfiehlt).

Deckungszusage, Einholung bei der Rechtsschutzversicherung

4. Gegenstandswert für die Geschäftsgebühr

a) Berechnung

Der Geschäftsgebühr ist als Gegenstandswert der Betrag der voraussichtlich entstehenden und von der Rechtsschutzversicherung zu übernehmenden Kosten zugrunde zu legen (AG Hannover, zfs 2001, 85; Hansens, RVGreport 2010, 241). Der Wert entspricht damit den **voraussichtlichen Kosten einer Deckungsschutzklage**, der sich aus den Anwaltskosten des Mandanten, des Gegners sowie der etwaigen **Gerichtskosten** des Verfahrens zusammensetzt (KG, AnwBl. 2010, 445 = MDR 2010, 840; LG Duisburg, zfs 2010, 520; AG Nürnberg, zfs 2010, 523; AnwKomm-RVG/Onderka/Wahlen, VV Vorb. 2.3 Rn. 26; Gerold/Schmidt/Müller-Rabe, § 19 Rn. 30; **a.A.** LG Nürnberg-Fürth, 09.09.2010 – 8 O 1617/10 [Feststellungsabschlag i.H.v. 20 %]). 419

Im **Straf- und Bußgeldverfahren** bilden daher die **notwendigen Auslagen des Mandanten** einschließlich der **Verteidigerkosten** den Geschäftswert (vgl. § 464a Abs. 2 StPO). Übernimmt die Rechtsschutzversicherung auch weitere Kosten (z.B. Gerichtskosten, Sachverständigenkosten) sind auch diese bei der Wertberechnung zu berücksichtigen. Die **zweite Instanz** kann dabei nicht berücksichtigt werden, da die Rechtsschutzversicherungen Deckungszusagen i.d.R. nur für eine Instanz erteilen (vgl. BGH, RuS 1990, 275; Harbauer/Bauer, Rechtsschutzversicherung, ARB 2000 § 17 Rn. 17).

Sind in der Strafsache **Wertgebühren** von der Rechtsschutzversicherung zu übernehmen (vgl. z.B. Nrn. 4142, 4143 VV), berechnen sich diese wiederum nach dem Gegenstandswert des Verfahrens, für den die Deckungszusage begehrt wird (vgl. AG Charlottenburg, JurBüro 2003, 318; AG Karlsruhe, AGS 2008, 372 und AGS 2009, 355; Hansens, RVGreport 2010, 241; Braun, RVGreport 2004, 284).

Eine **Selbstbeteiligung** des Mandanten ist bei der Berechnung des Werts für die Geschäftsgebühr nicht zu berücksichtigen, da insoweit keine Eintrittspflicht der Rechtsschutzversicherung besteht (§ 5 Abs. 3c ARB 2009; Hansens, RVGreport 2010, 241).

Beispiel 1:

Rechtsanwalt R holt für die Verteidigung gegen einen Bußgeldbescheid über 100,00 € auftragsgemäß die Deckungszusage bei der Rechtsschutzversicherung des Mandanten ein. Die Selbstbeteiligung des Mandanten beträgt 150,00 €. R legt gegen den Bußgeldbescheid Einspruch ein und verteidigt den Mandanten im Hauptverhandlungstermin. R rechnet hierfür mit dem Mandanten eine 0,5 Geschäftsgebühr Nr. 2300 VV nach einem Wert i.H.v. 575,90 € mit 22,50 € zzgl. Postentgeltpauschale Nr. 7002 VV und Umsatzsteuer ab.

Der Wert in Höhe von 575,90 € setzt sich zusammen aus der Grundgebühr Nr. 5100 VV i.H.v. 85,00 €, den Verfahrensgebühren Nr. 5103 und 5109 VV i.H.v. je 135,00 €, der Terminsgebühr Nr. 5110 VV i.H.v. 215,00 €, den beiden Postentgeltpauschalen nach Nr. 7002 VV für das Verfahren vor der Verwaltungsbehörde und für das gerichtliche Verfahren (40,00 €) sowie der hierauf entfallenden Umsatzsteuer.

Anschließend ist von diesem Betrag die Selbstbeteiligung i.H.v. 150,00 € in Abzug zu bringen.

b) Zeitpunkt der Wertberechnung

420 Bei Abrechnung der Deckungszusage **vor Beginn des Verfahrens** steht i.d.R. die Höhe der Verfahrenskosten noch nicht fest. Wenn der Anwalt die Einholung der Deckungszusage zu diesem Zeitpunkt abrechnet (zur Fälligkeit vgl. § 8 Abs. 1; Teil A: Fälligkeit der Vergütung [§ 8], Rn. 519), können die Kosten des Verfahrens lediglich geschätzt werden. Wird die Einholung der Deckungszusage erst **nach Verfahrensende abgerechnet**, wenn sämtliche Verfahrenskosten feststehen, ergibt sich u.U. eine höhere Gebühr.

> **Hinweis:**
> Wird die Tätigkeit bereits zu Beginn des Rechtsstreits aufgrund einer Kostenprognose durch eine als vorläufig bezeichnete Kostenrechnung abgerechnet, sollte sichergestellt werden, dass **nach Abschluss** des Verfahrens der Wert der Geschäftsgebühr **überprüft** wird.

Das gilt insbesondere auch in Straf- und Bußgeldsachen, wenn im Laufe des Verfahrens von der Rechtsschutzversicherung zu erstattende Kosten eines öffentlich bestellten technischen Sachverständigen angefallen sind.

Beispiel 2:

Wie Beispiel 1; der vom Gericht bestellte technische Sachverständige erhält aus der Staatskasse eine Vergütung i.H.v. 1.200 €. R rechnet hierfür mit dem Mandanten eine 0,5 Geschäftsgebühr Nr. 2300 VV nach einem Wert i.H.v. 1.775,90 € mit 66,50 € statt mit 22,50 € wie in Beispiel 1 zzgl. Postentgeltpauschale Nr. 7002 VV und Umsatzsteuer ab.

Der Wert i.H.v. 575,90 € aus Beispiel 1 erhöht sich um die zwischenzeitlich gezahlte Sachverständigenvergütung i.H.v. 1.200 €.

III. Geltendmachung der Vergütung

1. Geltendmachung beim Mandanten

421 Grds. ist der Rechtsanwalt – mit Ausnahme der **Hinweispflicht** nach § 49b Abs. 5 BRAO (Abrechnung nach Gegenstandswert, s. auch Teil A: Hinweispflicht [§ 49b Abs. 5 BRAO], Rn. 824) – **nicht verpflichtet**, auf das Entstehen gesetzlich festgelegter Gebühren hinzuweisen (vgl. BGH, AGS 2010, 216). Ob das auch bei der Einholung der Deckungszusage gilt, ist zweifelhaft (keine Hinweispflicht: AG Lüdenscheid, zfs 1997, 110; Hansens, RVGreport 2010, 241; Lensing, AnwBl. 2010, 688; **a.A.** OLG Celle, AGS 2011, 152 = RVGreport 2011, 149 = VRR 2011, 198; OLG München und LG München I, JurBüro 1993, 163; LG Nürnberg-Fürth, 09.09.2010 – 8 O 1617/10; AG Berlin-Mitte, Schaden-Praxis 2010, 234; Gerold/Schmidt/Müller-Rabe, § 19 Rn. 28, ohne Hinweis kann kein gesonderter Auftrag für die Einholung der Deckungszusage angenommen werden).

Der Mandant geht aber bei Abschluss einer Rechtsschutzversicherung davon aus, dass die durch die Beauftragung eines Anwalts entstehenden Kosten in vollem Umfang von der Versicherung getragen werden. Daher muss der Rechtsanwalt seinen Mandanten darauf **hinweisen**, dass er die **Deckungszusage** auch **selbst einholen** kann und die Einholung der Deckungszusage durch

Deckungszusage, Einholung bei der Rechtsschutzversicherung

den Anwalt kostenpflichtig ist (OLG Celle, AGS 2011, 152 = RVGreport 2011, 149 = VRR 2011, 198; OLG München und LG München I, JurBüro 1993, 163; LG Zwickau, AGS 2005, 525; Gerold/Schmidt/Müller-Rabe, § 19 Rn. 28). Ohne entsprechenden Hinweis ist die Kostentragungspflicht für den Mandanten überraschend (OLG Celle, a.a.O.). Der Hinweis vermeidet zudem späteren Streit über die Gebührenforderung (AG Lüdenscheid, zfs 1997, 110; so auch AnwKomm-RVG/Onderka/Wahlen, VV Vorb. 2.3 Rn. 65; Lensing, AnwBl. 2010, 688). Zudem kann der Mandant nach Hinweis entscheiden, ob er die Deckungszusage selbst einholt (AnwKomm-RVG/Onderka/Wahlen, VV Vorb. 2.3 Rn. 65). Schließlich besteht dann auch nicht die Gefahr, dass wegen fehlender Aufklärung des Mandanten der Anspruch durch Aufrechnung mit einem Anspruch aus positiver Forderungsverletzung i.H.d. Vergütungsanspruchs untergeht (vgl. hierzu Braun, RVGreport 204, 284, 286).

> **Hinweis:**
> Nach Auffassung des OLG Düsseldorf (AGS 2008, 629 = JurionRS 2008, 21000) darf der rechtsschutzversicherte Mandant erwarten, ungefragt über **nicht gedeckte Honoraransprüche** aufgeklärt zu werden.

2. Geltendmachung bei der Rechtsschutzversicherung

Von der **Rechtsschutzversicherung** kann der Anwalt die Vergütung für die Einholung der Deckungszusage nicht fordern, weil dieser Gebührenanspruch nicht unter den Rechtsschutzversicherungsschutz fällt. Etwas anderes gilt auch dann nicht, wenn Gegenstand der Rechtsschutzversicherung ein **Versicherungsvertrags-Rechtsschutz** ist, da hier keine Deckung für die Interessenwahrnehmung gegen den eigenen Rechtsschutzversicherer vorgesehen ist. Es fehlt regelmäßig an einem Versicherungsfall als Voraussetzung für die Eintrittspflicht der Rechtsschutzversicherung (vgl. hierzu OLG Hamm, zfs 1998, 229; Hansens, RVGReport 2010, 241).

> **Hinweis:**
> Hat die Rechtsschutzversicherung die Erteilung der Deckungszusage **zu Unrecht** abgelehnt und hat der von dem Versicherten beauftragte Anwalt die Deckungszusage erreicht, muss die Rechtsschutzversicherung dem Versicherten gem. § 286 Abs. 1 BGB die Anwaltskosten **grds. ersetzen** (vgl. OLG Karlsruhe, zfs 1992, 313; AG Hannover, zfs 1993, 100; Lensing, AnwBl. 2010, 688; Gerold/Schmidt/Müller-Rabe, § 19 Rn. 28; Hansens, RVGreport 2010, 241). Hierfür spricht auch, dass der **BGH** (NJW 2006, 1065 = VRR 2006, 224 = RVGreport 2006, 236) entschieden hat, dass Rechtsanwaltskosten für die Geltendmachung von Ansprüchen gegen den eigenen Unfallversicherer nach einem Verkehrsunfall zu den gem. § 249 BGB vom Schädiger zu ersetzenden Rechtsverfolgungskosten gehören können (BGH, NJW 2005, 1112 = MDR 2005, 751). Allerdings geht der BGH inzwischen davon aus, dass es bei einem einfachen Sachverhalt nicht erforderlich ist, dass ein Rechtsanwalt für die Einholung einer Deckungszusage eingeschaltet wird (vgl. BGH MDR 2011, 512 = RVGprofessionell 2011, 78 = VRR 2011, 179 m. Anm. Nugel für verkehrszivilrechtlichen Sachverhalt).

422

Deckungszusage, Einholung bei der Rechtsschutzversicherung

3. Geltendmachung beim Gegner

423 In **zivilrechtlichen Angelegenheiten** ist umstritten, ob der Gegner des Mandanten zur Erstattung der durch die Einholung der Deckungszusage entstehenden Kosten verpflichtet ist (vgl. dazu eingehend Volpert, VRR 2011, 211). Zum **Schadensersatzanspruch** des Mandanten wegen der Anwaltskosten für die Einholung der Deckungszusage vgl. die ausführliche Darstellung von Hansens, RVGreport 2010, 321, Lensing, AnwBl. 2010, 688 und Nugel, VRR 2011, 133.

424 In **Straf- und Bußgeldsachen** stellt sich die Frage der Geltendmachung beim Gegner nicht. Im Fall des Freispruchs ist die Staatskasse nicht zur Erstattung der durch die Einholung einer Deckungszusage entstandenen Anwaltskosten verpflichtet, weil es sich hierbei nicht um notwendige Auslagen i.S.v. § 464a Abs. 2 Nr. 2 StPO handelt. Anwaltskosten sind nur dann notwendige Auslagen, wenn sie nach § 91 Abs. 2 ZPO zu erstatten sind. § 91 ZPO gilt nur für die Kosten eines gerichtlichen Verfahrens. Hierzu gehört die durch die Einholung der Deckungszusage angefallene außergerichtliche Geschäftsgebühr Nr. 2300 VV nicht.

C. Arbeitshilfen

425 **Einholung der Deckungszusage bei der Rechtsschutzversicherung wegen einer straßenverkehrsrechtlichen Bußgeldsache**

> An die
>
> ..... versicherung
>
> **Rechtsschutzversicherung - Nr. .....**
>
> Versicherungsnehmer: .....
>
> Sehr geehrte Damen und Herren,
>
> gegen Ihren Versicherungsnehmer ..... wurde wegen einer Geschwindigkeitsüberschreitung vom ..... von ..... ein Bußgeldverfahren eingeleitet. Ich bin von Ihrem Versicherungsnehmer mit der Verteidigung beauftragt worden. Den mit der ..... bislang geführten Schriftverkehr füge ich als Anlage bei.
>
> Im Auftrag Ihres Versicherungsnehmers bitte ich um Erteilung der Deckungszusage für die Verteidigung in dem Bußgeldverfahren.
>
> Mit freundlichen Grüßen
>
> Rechtsanwalt

Siehe auch Teil A: →Angelegenheiten (§§ 15 ff.), Rn. 66 ff.; →Gerichtskosten, Rn. 713 ff.; →Vorschuss vom Auftraggeber (§ 9), Rn. 1659 ff.

Dolmetscherkosten, Erstattung

Art. 6 EMRK

(3) Jede angeklagte Person hat mindestens folgende Rechte:

...

e) unentgeltliche Unterstützung durch einen Dolmetscher zu erhalten, wenn sie die Verhandlungssprache des Gerichts nicht versteht oder spricht.

Übersicht	Rn.
A. Überblick	426
B. Dolmetscherkosten für Verteidigergespräche	428
I. Vorgaben des BVerfG und des BGH	428
II. Pflichtverteidiger	431
III. Wahlverteidigung	436
1. Allgemeines	436
2. Kein Pflichtverteidiger/kein vorheriges Bewilligungsverfahren	437
3. Erstattungsvoraussetzungen	438
4. Freispruch	440
5. Verurteilung	441
6. Höhe der Dolmetscherkosten	444
a) Pflichtverteidiger	444
b) Wahlverteidiger	445
c) Zuziehung eines auswärtigen Dolmetschers	446
7. Vorschuss	447
IV. Mehrere Verteidiger und Dolmetscherkosten	448
V. Kein eigener Anspruch des Dolmetschers gegen die Staatskasse	450
C. Dolmetscherkosten für die Besuchsüberwachung in der JVA/Briefkontrolle	452
I. Erstattungsanspruch	452
1. Anordnung durch das Gericht	452
2. Anordnung durch die Vollzugsanstalt	453
II. Höhe des Erstattungsanspruchs	454
1. Briefkontrolle	454
2. Besuchsüberwachung	455
D. Arbeitshilfen	456

Literatur:

Korte, Dolmetscherkosten für Besuchsüberwachung bei ausländischem Untersuchungsgefangenen, StV 1983, 43; *Mock*, Erstattung von Dolmetscherkosten für Gespräche zwischen Wahlverteidigern und mittellosen, der Gerichtsprache nicht kundigen Mandanten, RVGreport 2006, 334; *E. Müller/Schmidt*, Aus der Rechtsprechung zum Recht der Strafverteidigung 2006 – Teil 2, NStZ 2007, 385; *Sommer*, Verteidigung und Dolmetscher, StraFo 1995, 45; *Staudinger*, Dolmetscherzuziehung und/oder Verteidigerbeiordnung bei ausländischen Beschuldigten, StV 2002, 327; *Vogler*, Das Recht auf unentgeltliche Beiziehung eines Dolmetschers (Art. 6 Abs. 3 Buchst. e EMRK)/Anmerkungen zum Dolmetscherkosten-Urteil des Europäischen Gerichtshofs für Menschenrechte, EuGRZ 1979, 34; *Volpert*, Erstattung der Dolmetscherkosten für vorbereitende Gespräche des Verteidigers, BRAGOprofessionell 2003, 165; *Wielgoss*, Auswärtiger Dolmetscher des Vertrauens, JurBüro 1998, 632; vgl. auch noch die Hinw. bei *Burhoff*, EV, Rn. 2093 und bei *Burhoff*, HV, Rn. 1226.

A. Überblick

Nach Art. 6 Abs. 3 Buchst. e) EMRK hat jeder Angeklagte das Recht, unentgeltliche Unterstützung durch einen Dolmetscher zu erhalten, wenn er die Verhandlungssprache des Gerichts nicht 426

Dolmetscherkosten, Erstattung

versteht oder spricht. Dies bezieht sich nicht nur auf den in der **Hauptverhandlung** tätigen Dolmetscher, sondern gilt grds. für das **gesamte Verfahren** (EGMR, NJW 1979, 1091) einschließlich des **Ermittlungsverfahrens** und auch für das **Bußgeldverfahren** (EGMR, NJW 1985, 1273). Zu den strafprozessualen Grundlagen für die Zuziehung eines Dolmetschers wird auf die ausführlichen Erläuterungen bei Burhoff, HV, Rn. 1226 ff. und Burhoff, EV, Rn. 2093 ff. verwiesen.

427 Allgemein gilt: Wird **vom Gericht** ein Dolmetscher in der Hauptverhandlung zugezogen, um dem Beschuldigten bzw. dem Betroffenen Erklärungen oder Schriftstücke zu übertragen, auf deren Verständnis der Beschuldigte oder Betroffene zu seiner Verteidigung angewiesen oder soweit dies zur Ausübung seiner strafprozessualen Rechte erforderlich ist, können im Fall der Verurteilung von dem der deutschen Sprache nicht mächtigen Beschuldigten bzw. Betroffenen die Dolmetscherkosten nach Abs. 4 der Anm. zu Nr. 9005 KV GKG grds. nicht erhoben werden (s. auch Teil A: Gerichtskosten, Rn. 763 ff.). Häufig ist jedoch die Zuziehung eines Dolmetschers **durch den Verteidiger** erforderlich, um sich mit dem ausländischen Beschuldigten verständigen zu können. Einen unmittelbaren Erstattungsanspruch gegen die Staatskasse erlangt der **Dolmetscher** hierdurch grds. nicht, weil keine **Zuziehung durch das Gericht** i.S.v. § 1 JVEG vorliegt (vgl. Rn. 450 f.; OLG Düsseldorf, 20.12.2010 – III-1 Ws 271/10, JurionRS 2011, 33746; LG Düsseldorf, 13.01.2011 – 11 KLs - 60 Js 495/10 - 43/10, JurionRS 2011, 11029; Meyer/Höver/Bach, JVEG, § 1 Rn. 1.18; Mock, RVGreport 2006, 335). Auch in diesen Fällen besteht jedoch ein **Anspruch** auf **Kostenübernahme** durch die Staatskasse (s. dazu Rn. 451).

B. Dolmetscherkosten für Verteidigergespräche

I. Vorgaben des BVerfG und des BGH

428 Sowohl das BVerfG als auch der BGH haben sich in grundlegenden Entscheidungen mit der Erstattungspflicht der Staatskasse für die anlässlich der Zuziehung eines Dolmetschers zu Gesprächen zwischen Beschuldigtem und Verteidigers anfallenden Kosten befasst.

429 Der **BGH** (vgl. BGH, NJW 2001, 309 = StV 2001, 1 = StraFo 2001, 54 = NStZ 2001, 107) und ihm folgend die obergerichtliche Rechtsprechung (vgl. zuletzt OLG Celle, 09.03.2011 – 1 Ws 102/11, JurionRS 2011, 14458; OLG Dresden, 19.04.2011 – 2 Ws 96/11, JurionRS 2011, 14575):

- Art. 6 Abs. 3 Buchst. e) EMRK räumt dem der Gerichtssprache nicht mächtigen Angeklagten (Beschuldigten) unabhängig von seiner finanziellen Lage für das gesamte Strafverfahren und damit auch für vorbereitende Gespräche mit einem Verteidiger einen **Anspruch** auf **unentgeltliche Zuziehung** eines Dolmetschers ein. Das gilt auch dann, wenn kein Fall der notwendigen Verteidigung i.S.d. § 140 StPO oder des Art. 6 Abs. 3 Buchst. c) EMRK gegeben ist.

- Einem Angeklagten ist nicht allein deswegen ein **Pflichtverteidiger** beizuordnen, weil er die deutsche Sprache nicht beherrscht und wegen seiner Mittellosigkeit nicht in der Lage ist, die Kosten für einen Dolmetscher aufzubringen (a.A. OLG Karlsruhe, StV 2000, 193 = StraFo 2000, 139 = Rpfleger 2000, 237).

Das **BVerfG** hat darüber hinaus Folgendes festgestellt (BVerfG, NJW 2004, 50 = StV 2004, 28 = NStZ 2004, 161 = NStZ-RR 2004, 63):

430

- Der Staat kann zwar die **Erforderlichkeit** der für die **Mandantengespräche** geltend gemachten Dolmetscherkosten **überprüfen**, ein Ermessen oder ein Beurteilungsspielraum kommen dem Gericht dabei jedoch weder vor noch nach der Inanspruchnahme eines Dolmetschers zu.
- Liegen die Voraussetzungen für eine Hinzuziehung (**mangelnde Sprachkenntnisse** und Verteidigungszweck) vor, sind die Kosten zu ersetzen.
- Ein **förmliches Antragsverfahren** vor Inanspruchnahme eines Dolmetschers durch den Wahlverteidiger ist mit den Grundsätzen eines **fairen Verfahrens** und dem Diskriminierungsverbot des Art. 3 Abs. 3 Satz 1 GG **nicht vereinbar** (vgl. OLG Celle, 09.03.2011 – 1 Ws 102/11, JurionRS 2011, 14458; s. aber LG Duisburg, StraFo 2008, 328).
- Zum Schutz des Staates ist ein vorheriges „**Bewilligungsverfahren**" nicht notwendig; es genügt, wenn zu irgendeinem Zeitpunkt die Erforderlichkeit der Hinzuziehung eines Dolmetschers gerichtlich festgestellt wird (s. dazu OLG Düsseldorf, StRR 2007, 163 [Ls]).

Hinweis:

Auch die **förmliche Beiordnung** eines Dolmetschers ist **keine Voraussetzung** für die Erstattung der dem Verteidiger durch die Zuziehung eines Dolmetschers angefallenen Kosten (OLG Brandenburg, StraFo 2005, 415 = StV 2006, 28 = RVGreport 2006, 276; OLG Düsseldorf, NStZ-RR 1999, 215 = StV 2000, 194; LG Düsseldorf, 13.01.2011 – 11 KLs - 60 Js 495/10 - 43/10, JurionRS 2011, 11029).

II. Pflichtverteidiger

Ausgehend von diesen Grundsätzen kann der **Pflichtverteidiger** entsprechend Vorbem. 7 Abs. 1 Satz 2 VV, §§ 675, 670 BGB (vgl. auch § 46 Abs. 2) ohne vorheriges Genehmigungs- oder Bewilligungsverfahren Erstattung der ihm durch Zuziehung eines Dolmetschers u.a. für Gespräche mit dem Beschuldigten entstandenen Aufwendungen aus der **Staatskasse** verlangen (OLG Brandenburg, StraFo 2005, 415 = StV 2006, 28 = RVGreport 2006, 276; NJW-RR 2002, 1290 = Rpfleger 2002, 367; OLG Celle, 09.03.2011 – 1 Ws 102/11, JurionRS 2011, 14458; OLG Dresden, 19.04.2011 – 2 Ws 96/11, JurionRS 2011, 14575; OLG Düsseldorf, 20.12.2010 – III-1 Ws 271/10, JurionRS 2011, 33746; OLG Hamm, StraFo 1999, 177 = AGS 1999, 59; OLG Köln, StraFo 1999, 69; LG Düsseldorf, 13.01.2011 – 11 KLs - 60 Js 495/10 - 43/10, JurionRS 2011, 11029; LG Hagen, StV 1993, 144; s. auch Burhoff, EV, Rn. 2099 ff.; AnwKomm-RVG/Schnapp, § 46 Rn. 34). Ein vorheriges Feststellungsverfahren kann daher nur dem Zweck dienen, die Erforderlichkeit der Dolmetscherkosten für eine bestimmte Anzahl von Gesprächen für die Festsetzung verbindlich festzustellen, § 46 Abs. 2 (vgl. aber LG Duisburg, StraFo 2008, 328). Die Feststellung gem. § 46 Abs. 2 führt aber nicht dazu, dass die Höhe der Dolmetscherkosten im Verfahren gem. § 55 nicht mehr zu prüfen wäre (s. dazu auch Teil A: Auslagen aus der Staatskasse [§ 46 Abs. 1 und 2], Rn. 211).

431

Die **Festsetzung** der Kosten erfolgt im Festsetzungsverfahren nach § 55 (s. zum Festsetzungsverfahren auch Teil A: Festsetzung gegen die Staatskasse [§§ 44, 45, 59], Rn. 579 ff.). Nach der

Dolmetscherkosten, Erstattung

ausdrücklichen Regelung in § 46 Abs. 2 Satz 3 ist die Höhe der dem Pflichtverteidiger aus der Staatskasse zu ersetzenden Dolmetscherkosten allerdings auf die einem Dolmetscher nach dem **JVEG** zu zahlenden Beträge beschränkt (vgl. u.a. § 9 Abs. 3 JVEG: Stundensatz 55,00 €). Zu den Einzelh. und zur vorherigen **bindenden Feststellung** der **Erforderlichkeit** der Dolmetscherkosten wird auf die Ausführungen im Teil A: Auslagen aus der Staatskasse (§ 46 Abs. 1 und 2), Rn. 208 ff. verwiesen.

432 Die dem Pflichtverteidiger entstandenen Kosten der Zuziehung eines Dolmetschers werden somit als Auslagen über § 46 erstattet (s. dazu Teil A: Auslagen aus der Staatskasse [§ 46 Abs. 1 und 2], Rn. 203 ff.). Der Pflichtverteidiger kann insoweit gem. § 47 einen **Vorschuss** verlangen (vgl. OLG Düsseldorf, 20.12.2010 – III-1 Ws 271/10, JurionRS 2011, 33746), das **Feststellungsverfahren** gem. § 46 Abs. 2 durchführen oder den Dolmetscher, der grds. keinen unmittelbaren Anspruch gegen die Staatskasse hat (s. dazu Rn. 450 f.), ermächtigen, unmittelbar mit der Staatskasse abzurechnen (OLG Düsseldorf, 20.12.2010 – III-1 Ws 271/10, JurionRS 2011, 33746). Darin kann dann ein **Verzicht** des Pflichtverteidigers liegen, diese Aufwendungen selbst abzurechnen (zum Verzicht des Pflichtverteidigers auf seine Vergütung s. auch Teil A: Vergütungsanspruch gegen die Staatskasse [§ 45], Rn. 1493 f.).

> **Hinweis:**
> Bei der Verteidigung eines nicht der deutschen Sprache mächtigen Angeklagten kann der Verteidiger auch unter Berücksichtigung des Art. 6 Abs. 3 EMRK von ihm veranlasste Dolmetscher- oder Übersetzerkosten dann **nicht ersetzt** verlangen, wenn auch der **Beschuldigte** selbst auf die kostenfreie Übersetzung von Aktenteilen **keinen Anspruch** gehabt hätte (KG, StRR 2009, 278 = RVGreport 2009, 16 = JurBüro 2009, 31; OLG Dresden, 19.04.2011 – 2 Ws 96/11, JurionRS 2011, 14575; OLG Hamm, NStZ-RR 1999, 158 = StraFo 1999, 177 = AGS 1999, 90).

433 Neben Dolmetscherkosten für Gespräche mit dem Beschuldigten kommt auch die Erstattung folgender dem Pflichtverteidiger für **andere Tätigkeiten** des Dolmetschers entstandene **Dolmetscher-** bzw. Übersetzerkosten in Betracht (Burhoff, EV, Rn. 2099 ff.):

- Abhören von **Tonbandaufzeichnungen** einer Telefonüberwachung von in einer fremden Sprache geführten Gesprächen im Rahmen der **Akteneinsicht** zur Vorbereitung der Verteidigung (OLG Köln, StV 1995, 12),
- Übersetzung von **Schriftstücken**, wie z.B. einer **Eingabe** des Beschuldigten, deren Inhalt zugleich für ihn und das Gericht bestimmt war (OLG Hamburg, MDR 1972, 710; vgl. auch OLG Celle, 09.03.2011 – 1 Ws 102/11, JurionRS 2011, 14458; OLG Hamm, StraFo 1999, 177 = AGS 1999, 59), oder eines ausländischen Urteils (OLG Dresden, 19.04.2011 – 2 Ws 96/11, JurionRS 2011, 14575),
- **Gespräch** mit der **Ehefrau** des (inhaftierten) Beschuldigten (OLG Düsseldorf, StV 1986, 492),
- **Abschlussberatung nach Rechtskraft** des Urteils, wenn keine Rechtsmitteleinlegung beabsichtigt war und sich die Beratung auch auf die Möglichkeiten und Rechte des Angeklagten

Dolmetscherkosten, Erstattung

während der Strafvollstreckung bezog; es besteht aber nur Anspruch auf Erstattung der unbedingt notwendigen Kosten (OLG München, StraFo 2008, 88).

Folgende Dolmetscher- bzw. Übersetzerkosten sind von der Rechtsprechung für **nicht** erstattungsfähig gehalten worden (vgl. Burhoff, EV, Rn. 2099 ff.): 434

- Übersetzung eines **Glaubwürdigkeitsgutachtens**, um dieses dem Beschuldigten zur Verfügung zu stellen, da auch der Beschuldigte selbst keinen Anspruch auf wortgetreue Übersetzung des Gutachtens gehabt hätte (OLG Hamm, StraFo 1999, 177 = AGS 1999, 59),
- Dolmetscherkosten, die durch **eigene Ermittlungstätigkeiten** des Pflichtverteidigers entstehen (OLG Stuttgart, NStZ-RR 2009, 113 = OLGSt StPO, § 138 Nr. 6),
- Übersetzung von **polizeiliche Vernehmungen** (OLG Hamm, NStZ-RR 2001, 223 = JurBüro 2001, 248).
- Übersetzung der **schriftlichen Urteilsgründe**, wenn das Urteil in Anwesenheit des Beschuldigten mündlich verkündet und von einem Dolmetscher übersetzt worden ist (OLG Köln, NStZ-RR 2006, 51; OLG Koblenz, 12.06.2006 – 1 Ws 378/06, jeweils m.w.N.; vgl. aber OLG München, StraFo 2008, 88, für die Abschlussberatung nach Rechtskraft, Rn. 433 und OLG Dresden, 19.04.2011 – 2 Ws 96/11, JurionRS 2011, 14575).

> **Hinweis:** 435
>
> Ob auch eine **Abtretung** des Auslagenerstattungsanspruchs des Pflichtverteidigers gegen die Staatskasse an den Dolmetscher möglich ist, kann wegen § 49b Abs. 4 BRAO zweifelhaft sein. Denn danach ist die Abtretung oder Übertragung von Vergütungsforderungen (§ 1 Abs. 1 Satz 1: Gebühren und Auslagen) an andere Personen als Rechtsanwälte nur zulässig, wenn eine ausdrückliche, schriftliche Einwilligung des Mandanten vorliegt oder die Forderung rechtskräftig festgestellt ist (s. dazu Teil A: Abtretung der Gebührenforderung, Rn. 13 ff.).

III. Wahlverteidigung

1. Allgemeines

Es ist **anerkannt**, dass auch dem Wahlverteidiger die notwendigen Dolmetscherkosten für die erforderlichen Mandantengespräche aus der **Staatskasse** zu ersetzen sind (BVerfG, NJW 2004, 50 = StV 2004, 28 = NStZ-RR 2004, 63 = NStZ 2004, 161; zuletzt OLG Celle, 09.03.2011 – 1 Ws 102/11, JurionRS 2011, 14458; KK StPO/Franke, § 464a Rn. 4a; vgl. auch Burhoff, EV, Rn. 2102). 436

2. Kein Pflichtverteidiger/kein vorheriges Bewilligungsverfahren

Hat der Angeklagte einen Wahlverteidiger, ist dem Angeklagten **nicht** allein deswegen ein **Pflichtverteidiger** beizuordnen, weil er die deutsche Sprache nicht beherrscht und wegen seiner Mittellosigkeit nicht in der Lage ist, die Kosten für einen Dolmetscher aufzubringen (BGH, NJW 2001, 309 = StV 2001, 1 = StraFo 2001, 54 = NStZ 2001, 107; OLG Köln, StraFo 1999, 69; **a.A.** OLG Karlsruhe, StV 2000, 193 = StraFo 2000, 139 = Rpfleger 2000, 237; OLG Düs- 437

Dolmetscherkosten, Erstattung

seldorf, NStZ-RR 1999, 351, die allerdings überholt sein dürften). Auch die **Beiordnung** eines **Dolmetschers** ist nicht erforderlich (OLG Brandenburg, StraFo 2005, 415 = StV 2006, 28 = RVGreport 2006, 276; OLG Düsseldorf, NStZ-RR 1999, 215 = StV 2000, 194; LG Düsseldorf, 13.01.2011 – 11 KLs - 60 Js 495/10 - 43/10, JurionRS 2011, 11029): Es ist **nicht erforderlich**, dass vor der Inanspruchnahme des Dolmetschers ein förmliches **Bewilligungsverfahren** durchgeführt wird (vgl. BVerfG, NJW 2004, 50 = StV 2004, 28 = NStZ-RR 2004, 63 = NStZ 2004, 161; OLG Celle, 09.03.2011 – 1 Ws 102/11, JurionRS 2011, 14458; OLG Karlsruhe, StraFo 2009, 527; OLG Brandenburg, StraFo 2005, 415 = StV 2006, 28 = RVGreport 2006, 276). Die Rechte des Beschuldigten würden dann praktisch leer laufen, wenn etwa ein eiliges Verteidigergespräch mit einem inhaftierten Beschuldigten von der vorherigen gerichtlichen Bewilligung der Hinzuziehung eines Dolmetschers abhängig gemacht würde.

> **Hinweis:**
>
> Die unentgeltliche Beistandsleistung durch einen Dolmetscher hängt daher nicht von einer vorherigen gerichtlichen Bewilligung ab (zuletzt OLG Celle, 09.03.2011 – 1 Ws 102/11, JurionRS 2011, 14458). Es reicht aus, wenn zu irgendeinem Zeitpunkt die **Erforderlichkeit** der Hinzuziehung eines Dolmetschers gerichtlich festgestellt wird. Diese Feststellung kann durch den Rechtspfleger im **Kostenfestsetzungsverfahren** gem. § 464b StPO gegen die Staatskasse getroffen werden.

3. Erstattungsvoraussetzungen

438 Dolmetscherkosten sind zu erstatten, wenn die **Voraussetzungen** für eine Hinzuziehung des Dolmetschers vorliegen. Es ist darzulegen, dass der Beschuldigte der deutschen Sprache nicht mächtig ist (**mangelnde Sprachkenntnisse**) und die Zuziehung des Dolmetschers zu **Verteidigungszwecken** erforderlich war (BVerfG, NJW 2004, 50 = StV 2004, 28 = NStZ-RR 2004, 63 = NStZ 2004, 161). Die Dolmetscherkosten werden aber nur in der notwendigen Höhe erstattet (OLG München, StraFo 2008, 88).

439 Wird dem der deutschen Sprache nicht mächtigen und durch einen deutschen Rechtsanwalt vertretenen Beschuldigten bei der Urteilsverkündung die mündliche Begründung durch einen Dolmetscher übersetzt, besteht kein Anspruch auf kostenlose **Übersetzung** des **schriftlichen Urteils**. Hierdurch ausgelöste **Übersetzungskosten** sind nicht zu erstatten (vgl. OLG Koblenz, 12.06.2006 – 1 Ws 378/06, jeweils m.w.N.; OLG Köln, NStZ-RR 2006, 51; KK StPO/Franke, § 464a Rn. 4b m.w.N.; vgl. aber OLG München, StraFo 2008, 88, für die Abschlussberatung nach Rechtskraft, Rn. 433).

Der der deutschen Sprache nicht mächtige Angeklagte hat auch keinen Anspruch darauf, dass ihm neben der **Anklageschrift** auch **wesentliche Teile der Akten** durch einen von ihm gewählten Dolmetscher auf Kosten der Staatskasse übersetzt werden (OLG Düsseldorf, MDR 1986, 958; vgl. aber OLG Dresden, 19.04.2011 – 2 Ws 96/11, JurionRS 2011, 14575 für die Übersetzung eines ausländischen Urteils). Zwar kann ein Anspruch auf Übersetzung von Aktenteilen bestehen, wenn deren Verständnis oder genaue Kenntnis für eine sachgerechte Verteidigung erforderlich sind. Es ist aber i.d.R. ausreichend, wenn der Verteidiger den Akteninhalt kennt und diesen unter Zuhilfenahme eines Dolmetschers im Rahmen von erstattungsfähigen Gesprächen mit dem Beschuldigten erörtert. Daher sind insbesondere die Kosten für die Übersetzung von **polizeilichen Vernehmungen** i.d.R. nicht zu erstatten (OLG Hamm, NStZ-RR 2001, 223 = JurBüro 2001, 248; s. dazu auch Rn. 434).

4. Freispruch

Wird im Rahmen der Wahlverteidigung für Gespräche mit dem Beschuldigten/Betroffenen ein Dolmetscher zugezogen und ist der Angeklagte freigesprochen worden, kann die Erstattung der Dolmetscherkosten ohne Weiteres im Rahmen des gegen die Staatskasse gerichteten **Verfahrens auf Festsetzung** der **notwendigen Auslagen** gegen die Staatskasse gem. § 464b StPO erfolgen (vgl. Mock, RVGreport 2006, 334; Volpert, BRAGOprofessionell 2003, 165). Der Staatskasse ist es an dieser Stelle möglich, die Erforderlichkeit der geltend gemachten Dolmetscherkosten zu überprüfen (BVerfG, NJW 2004, 50 = StV 2004, 28 = NStZ-RR 2004, 63 = NStZ 2004, 161).

440

5. Verurteilung

Der Verurteilte trägt nach § 465 StPO die Kosten des Verfahrens. Auch wenn die notwendigen Auslagen des Beschuldigten/Betroffenen dann nicht der Staatskasse auferlegt worden sind, muss gewährleistet werden, dass der Beschuldigte mit **Dolmetscherkosten** für Gespräche mit seinem Verteidiger nicht belastet wird, weil er von diesen Kosten **befreit** ist (vgl. Art. 6 Abs. 3 Buchst. e) EMRK; Abs. 4 der Anm. zu Nr. 9005 KV GKG). Nach Auffassung des BGH (vgl. Rn. 429) kommt z.B. die entsprechende Anwendung des § 2 Abs. 5 GKG oder des § 46 für die Kostenerstattung in Betracht. Nach § 2 Abs. 5 GKG sind bereits erhobene Kosten an die kostenbefreite Partei zurückzuzahlen (vgl. OLG Karlsruhe, StV 2000, 193 = StraFo 2000, 139 = AGS 2000, 176). Auch aus Nr. 9005 Ziff. 4 KV GKG folgt, dass die Staatskasse die Dolmetscherkosten tragen muss (OLG Karlsruhe, StraFo 2009, 527; OLG München, StraFo 2008, 88).

441

Über die **Erstattung** der verauslagten Dolmetscherkosten kann auch im **Kostenfestsetzungsverfahren** gem. § 464b StPO entschieden werden (KG, 28.04.1997 – 1 AR 351/97 – 3 Ws 177/97; OLG Brandenburg, StraFo 2005, 415 = StV 2006, 28 = RVGreport 2006, 276; Mock, RVGreport 2006, 334). Hierdurch ist gewährleistet, dass die Erforderlichkeit der Hinzuziehung eines Dolmetschers gerichtlich festgestellt wird. Dieses Kostenfestsetzungsverfahren ist nicht erst nach Rechtskraft zulässig, sondern kann bereits während des laufenden Strafverfahrens durchgeführt werden. Hierdurch ist entsprechend den verfassungsrechtlichen Vorgaben gewährleistet, dass weder der Beschuldigte noch der Verteidiger eigene Mittel für die Dolmetscherkosten aufbringen müssen (OLG Düsseldorf, 20.12.2010 – III-1 Ws 271/10, JurionRS 2011, 33746).

442

Nach der Rechtsprechung des OLG Düsseldorf (Beschl. v. 14.05.2007 – III-1 Ws 500/06, JurionRS 2007, 33169 = StRR 2007, 163 [Ls]) ist bei kostenpflichtiger Verurteilung des Angeklagten aber zunächst eine **gerichtliche Entscheidung** dazu **erforderlich**, ob die Übersetzerkosten überhaupt zu erstatten sind (**a.A.** OLG Brandenburg, StraFo 2005, 415 = StV 2006, 28 = RVGreport 2006, 276; OLG Karlsruhe, StraFo 2009, 527; OLG München, StraFo 2008, 88). In der Kostenfestsetzung gem. § 464b StPO wird dann nur noch deren erstattungsfähige Höhe festgestellt.

443

Dolmetscherkosten, Erstattung

6. Höhe der Dolmetscherkosten

a) Pflichtverteidiger

444 Für den **Pflichtverteidiger** ist gem. § 46 Abs. 2 Satz 3 die Höhe der aus der Staatskasse zu ersetzenden Dolmetscherkosten auf die einem Dolmetscher nach dem **JVEG** zu zahlenden Beträge beschränkt.

b) Wahlverteidiger

445 Für die Höhe der im Rahmen der **Wahlverteidigung** zu erstattenden Dolmetscherkosten sind die Regelungen des JVEG jedenfalls **nicht unmittelbar** anwendbar, weil das JVEG nur gilt, wenn die Heranziehung des Dolmetschers durch das Gericht oder die Staatsanwaltschaft erfolgt ist (vgl. Volpert, BRAGOprofessionell 2003, 165; vgl. auch LG Düsseldorf, StV 2001, 635). Es sind daher grds. die **tatsächlich angefallenen** Dolmetscherkosten zu erstatten. Etwas anderes gilt nur dann, wenn die geforderte Vergütung **überhöht** und **unangemessen** ist (LG Düsseldorf, StV 2001, 635). Daher kann die nach dem JVEG berechnete Dolmetschervergütung durchaus einen Anhaltspunkt für die erstattungsfähige Höhe der Dolmetscherkosten bieten. Allerdings ist der Verteidiger gehalten, die Dolmetscher- und Übersetzerkosten auslösenden Maßnahmen so zu gestalten, dass die hierdurch anfallenden Kosten das von der Sache her gebotene Maß nicht überschreiten (OLG München, StraFo 2008, 88).

> **Hinweis:**
>
> Es bietet sich an, mit dem zugezogenen Dolmetscher eine **Vergütung** nach den Sätzen des JVEG zu **vereinbaren**, weil davon ausgegangen werden kann, dass die Erstattung der Dolmetscherkosten in diesen Fällen unproblematisch ist (vgl. hierzu OLG Brandenburg, StraFo 2005, 415 = StV 2006, 28 = RVGreport 2006, 276).

c) Zuziehung eines auswärtigen Dolmetschers

446 Wie im Rahmen der Pflichtverteidigung dürfte auch bei Wahlverteidigung die Obliegenheit bestehen, für Gespräche mit dem Beschuldigten in der JVA möglichst einen am Haftort ansässigen und keinen **auswärtigen Dolmetscher** zuzuziehen, soweit am Haftort geeignete Dolmetscher vorhanden sind (vgl. OLG Hamm, AGS 1999, 59; LG Koblenz, StraFo 2002, 69 = NStZ-RR 2001, 351 = JurBüro 2001, 642, Entfernung 90 km vom Haftort; Volpert, BRAGOprofessionell 2003, 165). Nach Auffassung des OLG Stuttgart (JurBüro 96, 659) ist es aber noch angemessen, wenn der Verteidiger für Besprechungen mit dem inhaftierten Angeklagten einen Dolmetscher zuzieht, der 30 km vom Haftort entfernt wohnt. Die Kosten eines **auswärtigen Dolmetschers** können ausnahmsweise auch dann erstattungsfähig sein, wenn sich an dem Ort, an dem sich der inhaftierte Mandant befindet, in Anbetracht der Kürze der zur Verfügung stehenden Zeit kein anderer Dolmetscher finden lässt (vgl. OLG Hamm, AGS 1999, 59; vgl. auch OLG Düsseldorf, StV 1989, 404; AG Gießen, StraFo 1997, 127). Zur Zuziehung eines **auswärtigen Vertrauensdolmetschers** vgl. Wielgoss, JurBüro 1998, 632, Burhoff, HV, Rn. 1129, m.w.N. Wenn der Pflichtverteidiger, obwohl bereits für einen Mitbeschuldigten ein Dolmetscher vorhanden war,

einen (anderen) **Dolmetscher** seines **Vertrauens** beigezogen hat, weil er dem ersten Dolmetscher nicht vertraut hat, wird die Erstattungsfähigkeit der hierdurch angefallenen Kosten bejaht (OLG Düsseldorf, StV 1993, 144; OLG Frankfurt am Main, StV 1996, 166).

7. Vorschuss

Wird zur Erstattung der Dolmetscherkosten das Kostenfestsetzungsverfahren gem. § 464b StPO durchgeführt, ist hierfür eine rechtskräftige Kostengrundentscheidung nicht erforderlich. Weil nach den verfassungsrechtlichen Vorgaben die Dolmetscherkosten für Verteidigergespräche in jedem Fall zu ersetzen sind, kann das Kostenfestsetzungsverfahren insoweit auch bereits **isoliert** während des noch laufenden Verfahrens durchgeführt werden (OLG Brandenburg, StraFo 2005, 415 = StV 2006, 28 = RVGreport 2006, 276; OLG Düsseldorf, 20.12.2010 – III-1Ws 271/10, JurionRS 2011, 33746). 447

> **Hinweis:**
> Da die Dolmetscherkosten in jedem Fall von der Staatskasse zu tragen sind, kann es gerade bei langen und umfangreichen Verfahren geboten sein, **angemessene Vorschüsse** auf die Dolmetscherkosten auszuzahlen (vgl. dazu OLG Düsseldorf, 20.12.2010 – III-1Ws 271/10, JurionRS 2011, 33746). Es muss dann allerdings sichergestellt werden, dass nach Beendigung des Verfahrens eine Endabrechnung vorgenommen wird.

Zum Vorschuss des **Pflichtverteidigers** für Dolmetscherkosten s. auch Teil A: Auslagen aus der Staatskasse (§ 46 Abs. 1 und 2), Rn. 209; und Teil A: Vorschuss aus der Staatskasse (§ 47), Rn. 1645 ff.

IV. Mehrere Verteidiger und Dolmetscherkosten

Es ist **umstritten**, ob die Staatskasse neben den vom bestellten Pflichtverteidiger verauslagten Dolmetscherkosten auch die Dolmetscherkosten zu erstatten hat, die durch Gespräche des Angeklagten mit seinem (weiteren) Wahlverteidiger entstanden sind (dafür: OLG Brandenburg, StraFo 2005, 415 = StV 2006, 28 = RVGreport 2006, 276; OLG Karlsruhe, StraFo 2009, 527; a.A. OLG Düsseldorf, StV 2000, 194 = NStZ-RR 1999, 215; StraFo 1998, 246 = NStZ-RR 1998, 253 = NJW-RR 1998, 359: Es besteht nur Anspruch auf unentgeltliche Beiziehung eines Dolmetschers für Besprechungen mit einem Verteidiger, nicht aber für Besprechungen mit einem weiteren Wahlverteidiger). 448

> **Hinweis:**
> Jedenfalls in den Fällen, in denen das Gericht die **Pflichtverteidigerbestellung nicht zurücknimmt**, obwohl sich ein Wahlverteidiger bestellt hat (vgl. § 143 StPO), dürften auch die im Rahmen der Wahlverteidigung anfallenden Dolmetscherkosten zu erstatten sein.

Ob die Staatskasse im Fall der nach § 137 Abs. 1 Satz 2 StPO zulässigen Zuziehung von bis zu **drei Verteidigern** durch den der deutschen Sprache nicht mächtigen Beschuldigten auch jeweils die Dolmetscherkosten für die Verteidigergespräche erstatten muss, kann angesichts des 449

Dolmetscherkosten, Erstattung

Umstandes, dass die Staatskasse bei Freispruch des Angeklagten grds. nur die notwendigen Auslagen für einen Verteidiger zu erstatten hat (vgl. Meyer-Goßner, § 464a Rn. 13), zweifelhaft sein. Denn der Beschuldigte dürfte bereits durch seinen ersten Wahlverteidiger ordnungsgemäß verteidigt werden und damit ein faires Verfahren gewährleistet sein, sodass die Zuziehung eines Dolmetschers für Gespräche mit dem zweiten und dritten Wahlverteidiger nicht erforderlich wäre (vgl. Burhoff, EV, Rn. 2102; OLG Hamm, StraFo 1996, 90; OLG Düsseldorf, StV 1992, 362). Andererseits dürfen dem der deutschen Sprache nicht mächtigen Angeklagten keine Kosten auferlegt werden, die auf einen der Gerichtssprache mächtigen Angeklagten nicht zukommen können (BVerfG, NJW 2004, 50 = StV 2004, 28 = NStZ-RR 2004, 63 = NStZ 2004, 161). Das würde dafür sprechen, dass bei der Zuziehung von bis zu drei Verteidigern auch die hierbei entstehenden Dolmetscherkosten zu übernehmen sind (OLG Karlsruhe, StraFo 2009, 527; LG Dresden, StRR 2010, 402 = RVGreport 2011, 31; a.A. OLG Düsseldorf, StV 2000, 194 = NStZ-RR 1999, 215; StraFo 1998, 246 = NStZ-RR 1998, 253 = NJW-RR 1998, 359).

V. Kein eigener Anspruch des Dolmetschers gegen die Staatskasse

450 Hat der Verteidiger einen Dolmetscher hinzugezogen, um sich mit dem ausländischen Beschuldigten verständigen zu können, erlangt der **Dolmetscher** hierdurch mangels Zuziehung durch das Gericht i.S.v. § 1 JVEG **keinen unmittelbaren Erstattungsanspruch** gegen die Staatskasse (OLG Düsseldorf, 20.12.2010 – III-1 Ws 271/10, JurionRS 2011, 33746; LG Düsseldorf, 13.01.2011 – 11 KLs - 60 Js 495/10 - 43/10, JurionRS 2011, 11029; AG Düsseldorf, 04.05.2006 – 151 Gs 7320/05, n.v., bei Zuziehung des Dolmetschers durch den Pflichtverteidiger; Meyer/Höver/Bach, JVEG, § 1 Rn. 1.18; Mock, RVGreport 2006, 335).

451 Der Dolmetscher kann sein Honorar daher grds. nur beim **Verteidiger** bzw. beim **Beschuldigten** geltend machen. Diese können die Erstattung der entstandenen Aufwendungen für den Dolmetscher gem. § 46 Abs. 2 bzw. gem. § 464b StPO aus der Staatskasse verlangen (vgl. dazu Rn. 431 ff.). Die Staatskasse kann Schuld befreiend nur an den Anspruchsberechtigten zahlen. Das ist der Verteidiger, weil er den Dolmetscher oder Übersetzer zuzieht. Gerade in umfangreichen Strafverfahren wird hierdurch sichergestellt, dass keine Doppelzahlungen erfolgen können, zumal verschiedene Stellen über die Ansprüche entscheiden. Anträge von Dolmetschern und Übersetzern werden durch den Anweisungsbeamten des mittleren Justizdienstes bearbeitet. Dagegen erfolgt die Festsetzung der Pflichtverteidigervergütung gem. § 55 i.d.R. durch den Urkundsbeamten des gehobenen Dienstes sowie die Kostenfestsetzung gem. § 464b StPO durch den Rechtspfleger.

> **Hinweis:**
>
> Der Dolmetscher kann aber ermächtigt werden, den Erstattungsanspruch selbst gegen die Staatskasse geltend zu machen. Diese Ermächtigung sollte schriftlich festgehalten werden, damit der Dolmetscher seine Berechtigung zur Geltendmachung des Anspruchs gegenüber der Staatskasse nachweisen kann (s. dazu Rn. 451).

C. Dolmetscherkosten für die Besuchsüberwachung in der JVA/Briefkontrolle

I. Erstattungsanspruch

1. Anordnung durch das Gericht

Nach § 119 Abs. 1 Satz 2 Nr. 2, 3 StPO kann vom Gericht im Rahmen der Untersuchungshaft die Besuchsüberwachung angeordnet werden. Diese Anordnung kann auch die Zuziehung eines Dolmetschers für den Besuchsverkehr umfassen (vgl. hierzu KG, FS 2007, 281 = JurionRS 2007, 38060; OLG Hamm, 15.08.2005 – 3 Ws 345/05, JurionRS 2005, 23654; OLG Frankfurt am Main, StV 1984, 427; OLG Stuttgart, StV 1990, 79 für Mithören eines Telefongesprächs). Bei gerichtlicher Anordnung der Zuziehung eines Dolmetschers steht diesem im Ergebnis jedenfalls dann ein **unmittelbarer Anspruch** gegen die Staatskasse zu, wenn die Anordnung der Dolmetscherzuziehung als Heranziehung i.S.v. § 1 JVEG angesehen wird (so auch OLG Bamberg, StraFo 2000, 34 [auch für Auslieferungshaft]; OLG Celle, StV 1994, 587; OLG Düsseldorf, StraFo 1999, 251 = NStZ 1999, 256 = StV 2000, 346; StV 1991, 523 = NStZ 1991, 403 = MDR 1991, 1079; OLG Frankfurt am Main, StV 1986, 24; StV 1984, 427; OLG Köln, StV 1994, 326; OLG Schleswig, SchlHA 1995, 4; OLG Stuttgart, StV 1990, 79 [für Mithören eines Telefongesprächs]; LG Berlin, StV 1989, 350; LG Düsseldorf, 02.03.2011 – 7 Qs 12/11; a.A. Meyer/Höver/Bach, JVEG, § 1 Rn. 1.10 [Heranziehung durch die Justizverwaltung, nicht das Gericht]).

452

2. Anordnung durch die Vollzugsanstalt

Nach § 119 Abs. 1 Satz 4 und Satz 5 StPO kann auch die Vollzugsanstalt eine vorläufige Anordnung betreffend die Überwachung des Besuchsverkehrs einschließlich der Zuziehung eines Dolmetschers treffen. Diese Anordnung ist allerdings dem Gericht binnen drei Werktagen zur Genehmigung vorzulegen, es sei denn, sie hat sich zwischenzeitlich erledigt. Auch bei Heranziehung des Dolmetschers durch die JVA und bei nachträglicher gerichtlicher Genehmigung wird dem Dolmetscher eine nach dem JVEG berechnete Vergütung aus der Staatskasse nicht versagt werden können. Im Rahmen der Besuchsüberwachung angefallene Dolmetscherkosten kann der von der JVA zugezogene **Dolmetscher unmittelbar** gegen die **Staatskasse** geltend machen. In NRW wird in Ziff. 2.3 der RV des JM v. 21.01.2005 (5672 – Z. 10) – Feststellung des Auszahlungsbelegs u.a. bei der Vergütung von Dolmetschern – insoweit angeordnet, dass dem Dolmetscher von der JVA für jede Besuchsüberwachung eine Bescheinigung nach Vordruck HKR 174 b zur Geltendmachung der Vergütung bei Gericht zu erteilen ist, wenn die Anstaltsleitung von ihrer Ersatzzuständigkeit nach § 119 Abs. 6 Satz 2 StPO a. F. (jetzt § 119 Abs. 1 Satz 4, 5 StPO) Gebrauch gemacht hat. Die Bescheinigung ist als Anlage zu der erteilten Auszahlungsanordnung zu nehmen. Mit dieser Anordnung wird letztlich dem Umstand Rechnung getragen, dass die im Rahmen der Besuchsüberwachung anfallenden Dolmetscherkosten von der Landeskasse zu tragen sind (OLG Düsseldorf, NStZ 1991, 403; LG Düsseldorf, 02.03.2011 – 7 Qs 12/11).

453

Dolmetscherkosten, Erstattung

> **Hinweis:**
> Bei der Prüfung der Erstattung der Dolmetscherkosten für eine Besuchsüberwachung bzw. der Übersetzerkosten für die Briefkontrolle ist stets zu berücksichtigen, dass aus der Staatskasse zu zahlende Dolmetscherkosten für die Besuchsüberwachung dem Verurteilten letztlich nicht als Verfahrens- bzw. **Gerichtskosten** (§ 464a Abs. 1 StPO) in Rechnung gestellt werden können (vgl. Anm. 4 zu Nr. 9005 KV GKG; s. dazu BVerfG, NJW 2004, 1095 = NStZ 2004, 274 = Rpfleger 2004, 242; LG Düsseldorf, 02.03.2011 – 7 Qs 12/11; s. auch Teil A: Gerichtskosten, Rn. 764 f.).

II. Höhe des Erstattungsanspruchs

1. Briefkontrolle

454 **Unverhältnismäßig hohe** oder **objektiv überflüssige** Übersetzungskosten im Rahmen des Briefverkehrs sind von der Staatskasse nicht hinzunehmen. Der Untersuchungsgefangene hat keinen Anspruch auf unbeschränkte Korrespondenz in fremder Sprache, wenn hierdurch im Rahmen der richterlichen Briefkontrolle unverhältnismäßig hohe Übersetzungskosten zulasten der Staatskasse entstehen (OLG Celle, StraFo 2009, 515 = StV 2010, 143 = StRR 2009, 363 [Ls.; Brief von knapp zehn Seiten/Tag noch im Rahmen des sozial Üblichen]; OLG München, NStZ 1984, 332 [ein Brief pro Woche]; LG Berlin, StV 1994, 325, abl. aber BVerfG, NJW 2004, 1095 = NStZ 2004, 274 = Rpfleger 2004, 242).

2. Besuchsüberwachung

455 Ein ausländischer Untersuchungsgefangener hat keinen Anspruch auf unbeschränkten Besuch in seiner Heimatsprache durch seine Angehörigen, wenn sich dies im Hinblick auf die dadurch verursachten hohen Dolmetscherkosten im Rahmen der notwendigen akustischen Besuchsüberwachung als **unverhältnismäßig** und damit ungerechtfertigt darstellt. Nicht zu beanstanden sind nach Auffassung des OLG Schleswig (vgl. SchlHA 1995, 4) Besuche alle zwei Wochen, wobei der Besuch unter Zuhilfenahme eines Dolmetschers akustisch zu überwachen ist (vgl. hierzu auch OLG Karlsruhe, StraFo 2002, 28, keine Erlaubnis für zwei wöchentliche Telefongespräche; OLG Düsseldorf, NStZ-RR 2000 382, kein Anspruch auf wöchentliche Telefongespräche).

D. Arbeitshilfen

456 **I. Muster: Antrag auf Festsetzung der Dolmetscherkosten bei Freispruch**

> An das
>
> AG/LG .....
>
> In dem Verfahren
>
> ..... ./. .....
>
> Az. .....

Dolmetscherkosten, Erstattung

beantrage ich,

die aufgrund des Urteils vom ..... von der Staatskasse zu tragenden notwendigen Auslagen des Freigesprochenen einschließlich der Dolmetscherkosten auf 912,45 € festzusetzen und die gesetzliche Verzinsung auszusprechen (§ 464b StPO).

Die notwendigen Auslagen setzen sich wie folgt zusammen:

1.	Grundgebühr, Nr. 4100 VV RVG	165,00 €
2.	Verfahrensgebühr, Nr. 4106 VV RVG	140,00 €
3.	Terminsgebühr, Nr. 4108 VV RVG	230,00 €
4.	Postentgeltpauschale, Nr. 7002 VV RVG	20,00 €
	Zwischensumme	555,00 €
5.	Dolmetscherkosten gem. Anlage	240,00 €
6.	Aktenversendungspauschale	12,00 €
Anwaltsvergütung netto		**807,00 €**

Die Dolmetscherkosten sind anlässlich der beiden Gespräche mit dem der deutschen Sprache nicht mächtigen Freigesprochenen vom ..... und vom ..... angefallen.

Das erste Gespräch vom ..... wurde anlässlich der Übernahme der Verteidigung am ..... in der JVA ..... mit dem Mandanten geführt. Das zweite Gespräch vom ..... diente der Vorbereitung des Hauptverhandlungstermins vom .....

Die Dolmetscherkosten sind somit im Rahmen der Verteidigung des Mandanten angefallen. Die im Rahmen der Wahlverteidigung für die erforderlichen Mandantengespräche anfallenden Dolmetscherkosten sind von der Staatskasse zu ersetzen (vgl. BVerfG, NJW 2004, 50 = StV 2004, 28; BGH, NJW 2001, 309 = StraFo 2001, 54; OLG Düsseldorf, Beschl. v. 20.12.2010, III- 1 Ws 271/10, JurionRS 2011, 33746; OLG Brandenburg, StraFo 2005, 415 = StV 2006, 28 = RVGreport 2006, 276; OLG Düsseldorf, Beschl. v. 20.12.2010 – III- 1 Ws 271/10).

Hinsichtlich der Höhe der Dolmetscherkosten wird auf die diesem Kostenfestsetzungsantrag beigefügte Rechnung des Dolmetschers ..... vom ..... verwiesen. Hieraus geht hervor, dass der Dolmetscher seine Kosten auf der Grundlage der erstattungsfähigen Sätze des JVEG berechnet hat.

Die Reisekosten des nicht am Ort der JVA in ..... ansässigen Dolmetschers sind erstattungsfähig, weil am Haftort keine geeigneten Dolmetscher für die ..... Sprache vorhanden waren.

.....

Rechtsanwalt

Dolmetscherkosten, Erstattung

457 II. Muster: Antrag auf Festsetzung der Dolmetscherkosten bei Verurteilung

An das

AG/LG .....

In dem Verfahren

..... ./. .....

Az. .....

beantrage ich,

die von der Staatskasse zu tragenden Dolmetscherkosten des Verurteilten ..... auf 240,00 € festzusetzen und die gesetzliche Verzinsung auszusprechen (§ 464b StPO).

Die notwendigen Auslagen des Angeklagten sind zwar nicht der Staatskasse auferlegt worden. Gleichwohl darf der der deutschen Sprache nicht mächtige Angeklagte nicht mit den zu Verteidigungszwecken aufgewendeten Dolmetscherkosten belastet werden. Insoweit besteht trotz der kostenpflichtigen Verurteilung ein Erstattungsanspruch gegen die Staatskasse (vgl. BVerfG, NJW 2004, 50 = StV 2004, 28; BGH, NJW 2001, 309 = StraFo 2001, 54).

Der Erstattungsanspruch kann im Kostenfestsetzungsverfahren gem. § 464b StPO festgestellt werden. Weil die Dolmetscherkosten nach den verfassungsrechtlichen Vorgaben in jedem Fall von der Staatskasse zu ersetzen sind, bedarf es hierzu keiner rechtskräftigen Kostengrundentscheidung (vgl. OLG Brandenburg, StraFo 2005, 415 = StV 2006, 28 = RVGreport 2006, 276; OLG Düsseldorf, Beschl. v. 20.12.2010, III – 1 Ws 271/10, JurionRS 2011, 33746).

Die Dolmetscherkosten sind anlässlich der beiden Gespräche mit dem der deutschen Sprache nicht mächtigen Freigesprochenen vom ..... und vom ..... angefallen. Das erste Gespräch vom ..... wurde anlässlich der Übernahme der Verteidigung am ..... in der JVA ..... mit dem Mandanten geführt. Das zweite Gespräch vom ... diente der Vorbereitung des Hauptverhandlungstermins vom .....

Die Dolmetscherkosten sind somit im Rahmen der Verteidigung des Mandanten angefallen.

Hinsichtlich der Höhe der Dolmetscherkosten wird auf die diesem Kostenfestsetzungsantrag beigefügte Rechnung des Dolmetschers ..... vom ..... verwiesen. Hieraus geht hervor, dass der Dolmetscher seine Kosten auf der Grundlage der erstattungsfähigen Sätze des JVEG berechnet hat.

Die Reisekosten des nicht am Ort der JVA in ..... ansässigen Dolmetschers sind erstattungsfähig, weil am Haftort (am .....) keine geeigneten Dolmetscher für die ..... Sprache vorhanden waren.

.....

Rechtsanwalt

| A. Vergütungs-ABC | B. Kommentar |

Einigungsgebühr (Nrn. 1000, 1003 und 1004 VV)

Siehe auch im Teil A: →Auslagen aus der Staatskasse (§ 46 Abs. 1 und 2), Rn. 140 ff.; →Gerichtskosten, Rn. 713 ff.; →Festsetzung gegen die Staatskasse (§§ 44, 45, 50), Rn. 579 ff.; →Vorschuss aus der Staatskasse (§ 47), Rn. 1645 ff.; →Vorschuss vom Auftraggeber (§ 9), Rn. 1659 ff.

Einigungsgebühr (Nrn. 1000, 1003 und 1004 VV)

Nr.	Gebührentatbestand	Gebühr oder Satz der Gebühr nach § 13 RVG
1000	**Einigungsgebühr**	1,5
	(1) Die Gebühr entsteht für die Mitwirkung beim Abschluss eines Vertrags, durch den der Streit oder die Ungewissheit über ein Rechtsverhältnis beseitigt wird, es sei denn, der Vertrag beschränkt sich ausschließlich auf ein Anerkenntnis oder einen Verzicht. Dies gilt auch für die Mitwirkung bei einer Einigung in einem der in § 36 RVG bezeichneten Güteverfahren. Im Privatklageverfahren ist Nummer 4147 anzuwenden.	
	(2) Die Gebühr entsteht auch für die Mitwirkung bei Vertragsverhandlungen, es sei denn, dass diese für den Abschluss des Vertrags im Sinne des Absatzes 1 nicht ursächlich war.	
	(3) Für die Mitwirkung bei einem unter einer aufschiebenden Bedingung oder unter dem Vorbehalt des Widerrufs geschlossenen Vertrag entsteht die Gebühr, wenn die Bedingung eingetreten ist oder der Vertrag nicht mehr widerrufen werden kann.	
	(4) Soweit über die Ansprüche vertraglich verfügt werden kann, gelten die Absätze 1 und 2 auch bei Rechtsverhältnissen des öffentlichen Rechts.	
	(5) Die Gebühr entsteht nicht in Ehesachen und in Lebenspartnerschaftssachen (§ 269 Abs. 1 Nr. 1 und 2 FamFG). Wird ein Vertrag, insbesondere über den Unterhalt, im Hinblick auf die in Satz 1 genannten Verfahren geschlossen, bleibt der Wert dieser Verfahren bei der Berechnung der Gebühr außer Betracht. In Kindschaftssachen ist Absatz 1 Satz 1 auch für die Mitwirkung an einer Vereinbarung, über deren Gegenstand nicht vertraglich verfügt werden kann, entsprechend anzuwenden.	
1003	**Über den Gegenstand ist ein anderes gerichtliches Verfahren als ein selbstständiges Beweisverfahren anhängig:**	
	Die Gebühren 1000 bis 1002 betragen	1,0

Einigungsgebühr (Nrn. 1000, 1003 und 1004 VV)

	(1) Dies gilt auch, wenn ein Verfahren über die Prozesskostenhilfe anhängig ist, soweit nicht lediglich Prozesskostenhilfe für ein selbständiges Beweisverfahren oder die gerichtliche Protokollierung des Vergleichs beantragt wird oder sich die Beiordnung auf den Abschluss eines Vertrags im Sinne der Nummer 1000 erstreckt (§ 48 Abs. 3 RVG). Das Verfahren vor dem Gerichtsvollzieher steht einem gerichtlichen Verfahren gleich.	
	(2) In Kindschaftssachen entsteht die Gebühr auch für die Mitwirkung am Abschluss eines gerichtlich gebilligten Vergleichs (§ 156 Abs. 2 FamFG) und an einer Vereinbarung, über deren Gegenstand nicht vertraglich verfügt werden kann, wenn hierdurch eine gerichtliche Entscheidung entbehrlich wird oder wenn die Entscheidung der getroffenen Vereinbarung folgt.	
1004	**Über den Gegenstand ist ein Berufungs- oder Revisionsverfahren anhängig:** **Die Gebühren 1000 bis 1002 betragen**	**1,3**
	(1) Dies gilt auch in den in den Vorbemerkungen 3.2.1 und 3.2.2 genannten Beschwerde- und Rechtsbeschwerdeverfahren.	
	(2) Absatz 2 der Anmerkung zu Nummer 1003 ist anzuwenden.	

Übersicht

		Rn.
A.	**Überblick**	458
	I. Allgemeines	458
	II. Verständigung	461
B.	**Anmerkungen**	462
	I. Entstehen der Einigungsgebühr	462
	1. Allgemeines	462
	2. Abschluss eines Vertrags	464
	3. Wirksamkeit des Vertrags	467
	4. Streit oder Ungewissheit der Parteien über ein Rechtsverhältnis	468
	5. Unsichere Rechtsverwirklichung	469
	6. Mitwirkung des Rechtsanwalts	471
	7. Kein Anerkenntnis oder Verzicht	472
	II. Höhe der Gebühr	474
	1. Gebührensatz der Einigungsgebühr	474
	2. Gegenstandswert	477
	3. Tabelle der Wertgebühren	478
	a) Wahlanwalt	478
	b) Gerichtlich bestellter oder beigeordneter Rechtsanwalt	480
	III. Einzelfälle/Erstattungsfragen	482
	1. Adhäsionsverfahren	482
	a) Einigung über gerichtlich anhängige Ansprüche	482
	b) Einbeziehung nicht anhängiger Ansprüche	484
	c) PKH-Verfahren	485
	d) Angelegenheit	486
	e) Beschwerde	487
	2. Beiordnung oder Bestellung	488
	3. Beratungshilfe	489
	4. Einigungsgebühr und Erfolgshonorar	490
	5. Einstellung nach § 153a StPO	491
	6. Erstattung/Kostenfestsetzung gem. § 464b StPO	492
	7. Privatklageverfahren	493
	a) Einigung über den Strafanspruch oder den Kostenerstattungsanspruch	493

Einigungsgebühr (Nrn. 1000, 1003 und 1004 VV)

	b) Einigung über vermögensrechtliche Ansprüche	494
8.	Strafvollstreckung	495
9.	Verfahren nach dem StRehaG	496
10.	Zwangsvollstreckung	497

Literatur:

Bräuer, Zur Berechnung des Gegenstandswertes bei Ratenzahlungsvereinbarungen, JurBüro 2008, 62; *Burhoff*, Allgemeine Gebühren in Straf- und Bußgeldsachen, RVGreport 2005, 16; *ders.*, Die Verständigung im Straf-/Bußgeldverfahren – Gebührenrechtliche Auswirkungen, RVGreport 2010, 423; *Enders*, Vollständige Zahlung des eingeklagten Betrages/Klagerücknahme/Einigungsgebühr, 2005, 410; *Hauskötter*, Die Einigungsgebühr nach dem RVG – Künftig ein weites Feld, RVGprofessionell 2004, 199; *Kessel*, Einigungsgebühr Nr. 1000 VV RVG und Ratenzahlungsvereinbarung, DGVZ 2004, 179; *Madert*, Höhe der Einigungsgebühr in der Mobiliarvollstreckung, AGS 2005, 475; *Mock*, Die gebührenrechtliche Betrachtung von Ratenzahlungsvereinbarungen bei der Zwangsvollstreckung nach dem RVG, AGS 2004, 469; *Schneider*, Gebühren bei Abschluss eines Vergleichs im Rechtsmittelverfahren, ZAP Fach 24, S. 577; *ders.*, Lücken des RVG im Rechtsmittelverfahren, AnwBl. 2005, 2022; *ders.*, Die Einigungsgebühr in der Zwangsvollstreckung, AGS 2010, 417; *Sinner*, Die Gebühren des Verteidigers bei Absprachen im Strafverfahren, ZRP 1999, 67.

A. Überblick

I. Allgemeines

Nach Vorbem. 1 VV kann die Einigungsgebühr als allgemeine Gebühr auch neben den in den Teilen 4 bis 6 VV geregelten Gebühren anfallen. Daher kann insbesondere auch in Straf- und Bußgeldsachen ggf. eine Einigungsgebühr anfallen, sofern dort vermögensrechtliche Ansprüche betroffen sind und sich aus der Natur der Sache nichts anderes ergibt (vgl. Burhoff, RVGreport 2005, 16; Hansens, in: Hansens/Braun/Schneider, Teil 6 Rn. 14; AnwKomm-RVG/N. Schneider, VV 1000 Rn. 17; Schneider, in: Hansens/Braun/Schneider, Teil 15 Rn. 310, 629). 458

Die in den Nrn. 1000, 1003 und 1004 VV geregelten Einigungsgebühren richten sich nach dem Gegenstandswert (vgl. § 2 Abs. 1). Es handelt sich somit um **Wertgebühren** (vgl. Teil A: Gebührensystem, Rn. 651). Die Einigungsgebühren nach den Nrn. 1005 – 1007 VV sind zwar wie die Mehrzahl der in den Teilen 4 bis 6 VV geregelten Gebühren als Betragsrahmengebühren ausgebildet, sie gelten aber nur für **sozialrechtliche Angelegenheiten** nach § 3 (vgl. AnwKomm-RVG/N. Schneider, VV 1005 – 1007 Rn. 1). 459

Erfolgt eine Einigung im **Privatklageverfahren**, fällt die Einigungsgebühr nach Nr. 4147 VV nicht als Wertgebühr, sondern für den Wahlanwalt als **Betragsrahmengebühr** und für den gerichtlich bestellten oder beigeordneten Rechtsanwalt als **Festgebühr** an (s. auch Teil A: Gebührensystem, Rn. 650 und 652). Wenn im Privatklageverfahren neben der Einigung über den Strafanspruch und den Kostenerstattungsanspruch noch ein Einigungsvertrag über sonstige Ansprüche geschlossen wird, kann daneben auch die Einigungsgebühr nach Teil 1 VV entstehen (vgl. Nrn. 1000, 1003, 1004 VV; vgl. auch Nr. 4147 Rn. 6). 460

Einigungsgebühr (Nrn. 1000, 1003 und 1004 VV)

> **Hinweis:**
> Für die **Festsetzung** des **Gegenstandswerts** in den in den Teilen 4 bis 6 VV geregelten Angelegenheiten gilt i.d.R. § 33. Auf die Erläuterungen im Teil A: Gegenstandswert, Festsetzung (§ 33), Rn. 656 ff. wird verwiesen.

II. Verständigung

461 Nach § 257c Abs. 1 Satz 1 StPO kann sich das Gericht seit 04.08.2009 (BGBl. I, S. 2274) in geeigneten Fällen mit den Verfahrensbeteiligten nach Maßgabe von § 257c Abs. 2 StPO über den weiteren Fortgang und das Ergebnis des Verfahrens verständigen. Werden im Rahmen eines Strafverfahrens vermögensrechtliche Ansprüche mit erledigt, z.B. im Rahmen eines Täter-Opfer-Ausgleichs oder nach § 153a StPO, entstehen Gebühren nach Nr. 4143, 4144 VV. Dafür ist nicht Voraussetzung, dass ein Adhäsionsverfahren nach §§ 403 ff. StPO anhängig ist (OLG Jena, NJW 2010, 455 = RVGreport 2010, 106 = StRR 2010, 114; zu den Nrn. 4143, 4144 vgl. die dortige Komm.). Das gilt auch, wenn diese **Ansprüche** im Rahmen einer **Verständigungsvereinbarung erledigt** werden. Kommt es zu einer Einigung, erhält der Rechtsanwalt/Verteidiger auch eine Einigungsgebühr nach Nr. 1000 ff. VV (vgl. Burhoff, RVGreport 20120, 423; s. auch Teil A: Verständigung im Straf- und Bußgeldverfahren, Abrechnung, Rn. 1585 ff.).

B. Anmerkungen

I. Entstehen der Einigungsgebühr

1. Allgemeines

462 Nach Vorbem. 1 VV entsteht die Einigungsgebühr **neben** den in anderen Teilen des VV bestimmten Gebühren. Das bedeutet, dass die Einigungsgebühr nicht allein oder ausschließlich entsteht, sondern dass daneben weitere Gebühren anfallen (in Strafsachen z.B. die Grundgebühr und die Verfahrensgebühr, vgl. Hansens, in: Hansens/Braun/Schneider, Teil 6 Rn. 4). Eine isolierte Einigungsgebühr ohne eine zugehörige „Betriebsgebühr" kann nicht entstehen (BGH, NJW 2009, 922 = AGS 2009, 109 = RVGreport 2009, 140; OLG Düsseldorf, AGS 2008, 174 = JurBüro 2008, 195 = Rpfleger 2008, 229 = OLG München, NJW-RR 2009, 1367 = AGS 2009, 503; OLG Oldenburg, JurBüro 2009, 424). Im Verfahren über vermögensrechtliche Ansprüche des Verletzten bzw. im Adhäsionsverfahren ist das die zusätzliche Verfahrensgebühr nach Nr. 4143, 4144 VV (vgl. OLG Köln, StraFo 2009, 87 = RVGreport 2009, 465 = StRR 2009, 360 = AGS 2009, 29).

463 Für die Entstehung der Einigungsgebühr kommt es **nicht** auf den Abschluss eines **echten Vergleichs** i.S.v. § 779 BGB an, sondern die Einigungsgebühr entsteht für die Mitwirkung beim Abschluss eines Vertrags, durch den der Streit oder die Ungewissheit der Parteien über ein Rechtsverhältnis beseitigt wird (Anm. 1 zu Nr. 1000 VV). Im Privatklageverfahren ist für die Einigungsgebühr Nr. 4147 VV der Abschluss eines Vertrags über den Strafanspruch oder den Kostenerstattungsanspruch erforderlich (vgl. Nr. 4147 Rn. 3 ff.). Gegenseitiges Nachgeben (vgl.

§ 779 BGB) ist für die Entstehung der Einigungsgebühr nicht notwendig (vgl. AnwKomm-RVG/N. Schneider, VV 1000 Rn. 2; Hansens, in: Hansens/Braun/Schneider, Teil 6 Rn. 1).

> **Hinweis:**
> Bei den insbesondere in den nachfolgenden Rn. 465 f., 488, 492 f. aufgeführten Entscheidungen ist zu berücksichtigen, dass sie in Zivil bzw. Familiensachen ergangen sind. Es ist daher in jedem Einzelfall zu prüfen, ob eine Anwendung in den in den Teilen 4 bis 6 VV geregelten Angelegenheiten in Betracht kommt.

2. Abschluss eines Vertrags

Die Entstehung der Einigungsgebühr setzt den Abschluss eines Vertrags voraus (**Einigungsvertrag**), der **ausdrücklich** oder **konkludent** geschlossen werden kann. Auf die Bezeichnung als Vertrag kommt es nicht an. In Strafsachen ist ein Vertragsabschluss möglich, soweit vermögensrechtliche Ansprüche betroffen sind. Ein sog. „**Deal**" in einer Strafsache stellt keinen Vertrag dar (zur Abrechnung bei einer Verständigung [§ 257c StPO] s. Teil A: Verständigung im Straf- und Bußgeldverfahren, Abrechnung, Rn. 1585). Der BGH hat entschieden, dass die bloße **Abrechnung** der für vertretbar erachteten Beträge keine Einigungsgebühr auslöst (vgl. BGH, NJW-RR 2007, 359 = AGS 2007, 57 = VRR 2007, 38). Der Gegner will durch die Zahlung gerade keine Einigung herbeiführen, sondern lediglich die seiner Auffassung nach berechtigten Ansprüche erfüllen. Auch wenn der Gegner sofort ohne Überprüfung den geforderten Betrag zahlt, liegt keine Einigung vor (vgl. AnwKomm-RVG/N. Schneider, VV 1000 Rn. 80). 464

Der Abschluss des Einigungsvertrags ist grds. **formfrei** möglich. Nach der Rechtsprechung des BGH ist es für die Festsetzbarkeit einer Einigungsgebühr inzwischen ausreichend, wenn glaubhaft gemacht wird, dass die Parteien eine Vereinbarung i.S.v. Nr. 1000 Abs. 1 Satz 1 VV geschlossen haben (BGH, RVGreport 2007, 275; zur früheren Rspr. des BGH vgl. BGH, NJW 2002, 3713; AGS 2006, 403 = NJW 2006, 1523 = RVGreport 2006, 234). 465

> **Hinweis:**
> Auch für das in § 55 geregelte Festsetzungsverfahren des **gerichtlich beigeordneten oder bestellten Rechtsanwalts** gegen die Staatskasse (vgl. hierzu Teil A: Festsetzung gegen die Staatskasse [§ 55] Rn. 579 ff.) kann zur Berücksichtigung der Einigungsgebühr ebenfalls keine gerichtliche Vergleichsprotokollierung mehr verlangt werden kann (vgl. hierzu Rn. 488 f.). 466

3. Wirksamkeit des Vertrags

Der Vertrag bzw. die Einigung muss wirksam zustande kommen. Ist der Vertrag unter einer **aufschiebenden Bedingung** geschlossen worden, entsteht die Einigungsgebühr erst, wenn diese Bedingung eingetreten ist (vgl. Anm. 3 zu Nr. 1000 VV). Hängt der Vertrag von einer **Genehmigung** ab, entsteht die Einigungsgebühr mit Erteilung der Genehmigung. Ist der Vertrag bzw. die Einigung mit **Widerrufsvorbehalt** abgeschlossen worden, entsteht die Einigungsgebühr erst, wenn feststeht, dass der Vertrag nicht mehr widerrufen werden kann. Der unter „**Rück**- 467

Einigungsgebühr (Nrn. 1000, 1003 und 1004 VV)

trittsvorbehalt" abgeschlossene Vertrag stellt sich sachlich-rechtlich meist als ein unter Widerrufsvorbehalt abgeschlossener Vertrag dar. Die Einigungsgebühr entfällt dann bei Ausübung des **vereinbarten bzw. vertraglichen Rücktrittsrechts**. Bei Rücktritt aufgrund eines **gesetzlichen Rücktrittsrechts** verbleibt dagegen die Einigungsgebühr (vgl. § 15 Abs. 4; Hansens, in: Hansens/Braun/Schneider, Teil 6 Rn. 24).

4. Streit oder Ungewissheit der Parteien über ein Rechtsverhältnis

468 Der Streit oder die Ungewissheit der Parteien muss ein **bestehendes** Rechtsverhältnis betreffen. Wird durch die Einigung erst ein Rechtsverhältnis begründet, liegt keine Einigung i.S.v. Nr. 1000 VV vor (vgl. AnwKomm-RVG/N. Schneider, VV 1000 Rn. 62). Für das Aushandeln eines Vertrags entsteht nur dann eine Einigungsgebühr, wenn sich zuvor einer der Vertragspartner einer Rechtsposition berühmt hat (OLG Düsseldorf, AGS 2003, 496).

Der Begriff des Rechtsverhältnisses ist im weitesten Sinne zu verstehen. Er umfasst zum einen alle Rechtsverhältnisse des materiellen Rechts. Zum anderen dürfte auch das **Prozessrechtsverhältnis** erfasst sein (str.; vgl. hierzu OVG Nordrhein-Westfalen, JurBüro 1994, 485 = Rpfleger 1994, 127 = AnwBl. 1993, 639; OLG Koblenz, AGS 2003, 536 = JurBüro 2003, 637; AnwKomm-RVG/N. Schneider, VV 1000 Rn. 61; Schneider, AnwBl. 2004, 129, 136). **Rechtsverhältnisse des öffentlichen Rechts** werden nach Abs. 4 der Anm. zu Nr. 1000 VV dann erfasst, wenn die Parteien über den Streitgegenstand verfügen können.

5. Unsichere Rechtsverwirklichung

469 Da Nr. 1000 VV den § 779 BGB und insbesondere dessen Abs. 2 nicht in Bezug nimmt, ist es unklar, ob eine Einigungsgebühr auch dann entsteht, wenn nur die Rechtsverwirklichung unsicher ist und das Rechtsverhältnis an sich unstreitig ist. Daher kann die Entstehung der Einigungsgebühr zweifelhaft sein, wenn die Parteien hinsichtlich einer titulierten Forderung in der Zwangsvollstreckung eine **Ratenzahlungsvereinbarung** abschließen (vgl. hierzu ausführlich Hansens, in: Hansens/Braun/Schneider, Teil 6 Rn. 27; Volpert, in: Hansens/Braun/Schneider, Teil 18 Rn. 44 ff., mit Rechtsprechungsübersicht). Die Unsicherheit über die Realisierung des titulierten Anspruchs reicht daher nach einer Auffassung (vgl. LG Bonn, RVGreport 2005, 256; DGVZ 2006, 29 und 62; LG Koblenz, DGVZ 2006, 61; Kessel, DGVZ 2004, 179) nach dem Wortlaut von Nr. 1000 VV zur Entstehung der Einigungsgebühr nicht aus. Nach der Gegenansicht entsteht die Einigungsgebühr, weil durch die Ratenzahlungsvereinbarung die Ungewissheit des Gläubigers über die Erfolgsaussichten von Zwangsvollstreckungsmaßnahmen und die Zahlungsfähigkeit und die Zahlungswilligkeit des Schuldners beseitigt wird (vgl. KG, RVGreport 2006, 266 = JurBüro 2006, 530, wenn der Gläubiger eine weitere Sicherheit erhält; OLG Jena, RVGreport 2006, 345 = JurBüro 2006, 473; AnwKomm-RVG/N. Schneider, VV 1000 Rn. 111 ff.).

> **Hinweis:**
> Dieser **Streit** dürfte durch die **Rechtsprechung** des **BGH erledigt** sein (BGH, NJW 2009, 234 = AGS 2009, 21 = VRR 2009, 158). Erfüllt die Einigung die Merkmale eines Vergleichs i.S.v. § 779 BGB und wäre nach der früheren Regelung des § 23 BRAGO eine Vergleichsgebühr angefallen, entsteht regelmäßig auch die Einigungsgebühr nach Nr. 1000 VV. Der

Anfall der Einigungsgebühr ist somit nach Auffassung des BGH nicht nur dann zu bejahen, wenn ein streitiges Rechtsverhältnis vorliegt, sondern auch dann, wenn die Rechtsverwirklichung unsicher ist und gegenseitiges Nachgeben der Parteien vorliegt.

Keine Einigungsgebühr entsteht, wenn sich der Gläubiger bei Erteilung des Zwangsvollstreckungsauftrags gegenüber dem Gläubiger mit der Gewährung von **Ratenzahlungen nach § 806b ZPO** einverstanden erklärt (vgl. BGH, NJW 2006, 3640 = RVGreport 2006, 383 = AGS 2006, 496). 470

6. Mitwirkung des Rechtsanwalts

Der Rechtsanwalt muss an dem Einigungsvertrag mitwirken. Nach Abs. 2 der Anm. zu Nr. 1000 VV erhält der Rechtsanwalt die Einigungsgebühr für die Mitwirkung bei den Vertragsverhandlungen, es sei denn, dass diese für den Abschluss des Vertrags i.S.v. Anm. 1 zu Nr. 1000 VV nicht ursächlich war. Die Mitwirkung des Rechtsanwalts ist eine auf den Abschluss der Einigung bezogene Tätigkeit. Es reicht nicht aus, wenn sich der Rechtsanwalt insoweit passiv verhält. Es reicht aber aus, wenn der Rechtsanwalt irgendeinen **Beitrag** zum **Abschluss** des **Vertrags** geleistet hat. Er muss bei Abschluss der Einigung nicht persönlich anwesend sein, wenn die Einigung aufgrund seiner vorherigen Tätigkeit zustande gekommen ist (OLG Koblenz, JurBüro 1992, 603). Es genügt jede Tätigkeit, die (mit) ursächlich für den Abschluss der Einigung ist (vgl. AnwKomm-RVG/N. Schneider, VV 1000 Rn. 121). 471

7. Kein Anerkenntnis oder Verzicht

Die Einigungsgebühr entsteht nach Abs. 1 der Anm. 1 zu Nr. 1000 VV nicht, wenn in dem Vertrag lediglich ein Anspruch vollständig anerkannt oder auf einen Anspruch vollständig verzichtet worden ist. Diese Einschränkung ist erforderlich, damit nicht schon die Erfüllung des geltend gemachten Anspruchs oder der Verzicht auf Weiterverfolgung eines Anspruchs die Einigungsgebühr auslösen kann (vgl. BT-Drucks. 15/1971, S. 204). 472

Der BGH hat klargestellt, dass die Einigungsgebühr bei Anerkenntnis oder Verzicht nur dann nicht entsteht, wenn der Einigungsvertrag entweder die 100%ige Erfüllung der Forderung durch den Schuldner oder den 100%igen Verzicht des Gläubigers beinhaltet. Ist der Einigungsvertrag dagegen als **Kombination** aus Anerkenntnis des Schuldners und Verzicht des Gläubigers anzusehen, kann die Einigungsgebühr anfallen (BGH, NJW-RR 2007, 359 = AGS 2007, 57 = VRR 2007, 38 = RVGreport 2007, 65 = JurBüro 2007, 24). Die Teilklagerücknahme des Klägers und Anerkenntnis der restlichen Klageforderung durch den Beklagten können daher grds. die Einigungsgebühr auslösen (vgl. hierzu Hansens, in: Hansens/Braun/Schneider, Teil 6 Rn. 30; a.A. OLG Brandenburg, RVGreport 2005, 468 = MDR 2006, 235 = JurBüro 2006, 24).

Hinweis: 473
Neben der Einigungsgebühr kann auch die **Befriedungsgebühr** nach Nr. 4141, 5115 und 6216 VV entstehen. Die Gebühren schließen sich nicht aus, weil sie unterschiedliche Zielsetzungen haben (vgl. Nr. 4141 VV Rn. 1 ff.; AnwKomm-RVG/N. Schneider, VV 4147 Rn. 25). Die Befriedungsgebühr soll den Anreiz, Verfahren ohne Hauptverhandlung zu erle-

Einigungsgebühr (Nrn. 1000, 1003 und 1004 VV)

> digen, erhöhen und somit zu weniger Hauptverhandlungen führen (vgl. Komm. zu den Nrn. 4141, 5115 und 6216 VV; BT-Drucks. 15/1971, S. 227, 228). Die Einigungsgebühr soll als Erfolgsgebühr die streitvermeidende oder -beendende Tätigkeit des Rechtsanwalts fördern und damit gerichtsentlastend wirken (vgl. BT-Drucks. 15/1971, S. 204).

II. Höhe der Gebühr

1. Gebührensatz der Einigungsgebühr

474 Die Einigungsgebühr fällt nach Nr. 1000 VV **grds.** mit einem Gebührensatz i.H.v. **1,5** an. Sie entsteht lediglich mit einem Gebührensatz von 1,0, wenn über den Gegenstand der Einigung ein gerichtliches Verfahren anhängig ist (OLG Köln, StraFo 2009, 87 = RVGreport 2009, 465 = StRR 2009, 360 = AGS 2009, 29). Der Gebührensatz beträgt 1,3, wenn über den Gegenstand der Einigung ein **Berufungs- oder Revisionsverfahren** anhängig ist. Ist der Gegenstand der Einigung in einem **Beschwerdeverfahren** anhängig (vgl. z.B. Nr. 4145 VV, Beschwerde im Adhäsionsverfahren gegen den Beschluss nach § 406 Abs. 5 Satz 2 StPO), beträgt die Einigungsgebühr nach Nr. 1003 VV 1,0 (Gerold/Schmidt/Burhoff, VV 4145 Rn. 9).

Erfolgt der Abschluss der Einigung im **Zwangsvollstreckungsverfahren**, entsteht die Einigungsgebühr mit einem Satz von 1,0, wenn ein Vollstreckungsverfahren vor dem Vollstreckungsgericht oder dem Gerichtsvollzieher anhängig ist (vgl. Abs. 1 Satz 2 der Anm. zu Nr. 1003 VV).

Beispiel:

In der ersten Instanz ergeht über den geltend gemachten vermögensrechtlichen Anspruch ein für vorläufig vollstreckbar erklärtes Urteil (vgl. § 406 StPO). Gegen das Urteil wird Berufung eingelegt. Der Gläubiger betreibt gleichzeitig die Mobiliar-Zwangsvollstreckung aus dem Urteil. Im Rahmen der Zwangsvollstreckung kommt es zum Abschluss einer Einigung zwischen den Parteien.

Die Einigungsgebühr entsteht mit einem Satz von 1,3, weil der Einigungsgegenstand (auch) im Berufungsverfahren anhängig ist (vgl. Hansens, RVGreport 2007, 81, 86).

475 Nach Abs. 1 Satz 1 der Anm. zu Nr. 1003 VV steht auch ein Verfahren über die Bewilligung von **PKH** einem gerichtlichen Verfahren i.S.v. Nr. 1003 VV gleich und führt daher zur Entstehung der ermäßigten Einigungsgebühr. Allerdings ist in Abs. 1 Satz 1 der Anm. zu Nr. 1003 VV eine Ausnahme für den Fall vorgesehen, dass die PKH nur für die gerichtliche Protokollierung des Vergleichs beantragt wird. In diesem Fall entsteht die Einigungsgebühr mit dem 1,5-fachen Satz nach Nr. 1000 VV.

476 Für die **Höhe** der Einigungsgebühr gilt daher:

- Ist der Einigungsgegenstand in (irgend-)einem gerichtlichen Verfahren oder in einem Verfahren vor dem Gerichtsvollzieher anhängig, beträgt der Gebührensatz 1,0.

- Ist der Einigungsgegenstand im Berufungs- oder Revisionsverfahren anhängig, beträgt der Gebührensatz 1,3.

- Werden in die Einigung gerichtlich nicht anhängige Gegenstände einbezogen, beträgt der Gebührensatz der Einigungsgebühr insoweit 1,5.

Einigungsgebühr (Nrn. 1000, 1003 und 1004 VV)

Fallen Einigungsgebühren nach verschiedenen Gegenstandswerten mit verschiedenen Gebührensätzen an, z.B. bei einer Einigung über gerichtlich anhängige und nicht anhängige Gegenstände, ist **§ 15 Abs. 3** anzuwenden. Der Rechtsanwalt erhält danach höchstens eine Einigungsgebühr nach dem höchsten Gebührensatz auf der Grundlage des zusammengerechneten Werts.

2. Gegenstandswert

Maßgeblich für den **Gegenstandswert** ist der Betrag des Anspruchs, **über** den sich die Parteien geeinigt haben, nicht der Betrag, **auf** den sie sich geeinigt haben (vgl. KG, StraFo 2009, 306; OLG Stuttgart, MDR 2009, 1252 = JurBüro 2009, 596; Hansens, in: Hansens/Braun/Schneider, Teil 6 Rn. 47; s. auch Teil A: Gegenstandswert, Festsetzung [§ 33], Rn. 687).

477

Beispiel:

Der Verletzte macht im Adhäsionsverfahren nach §§ 403 ff. StPO einen mit 10.000,00 € bezifferten Schadensersatz- und Schmerzensgeldanspruch geltend. Es kommt zu einem Vergleich, nach dem der Verurteilte 5.000,00 € an den Verletzten zu zahlen hat.

Der Gegenstandswert für die Einigungsgebühr beträgt 10.000,00 €. Da eine Gerichtsgebühr nicht entsteht, richtet sich die Wertfestsetzung nach § 33 (vgl. Teil A: Gegenstandswert, Festsetzung [§ 33], Rn. 666 ff.).

3. Tabelle der Wertgebühren

a) Wahlanwalt

Die Höhe der Einigungsgebühr ist aus der Tabelle zu § 13 abzulesen (vgl. auch Tabelle Anlage 2 zum RVG). Danach entsteht bei einem Gegenstandswert bis 300,00 € eine (**Mindest-**)**Gebühr von 25,00 €**. Darüber hinaus gilt die **Tabelle zu § 13** (s. auch Teil A: Wertgebühren [§§ 13, 49], Rn. 1679 ff.):

478

Erhöhung der Mindestgebühr bei einem		
Gegenstandswert bis ...	für jeden angefangenen Betrag von weiteren ...	um ...
1.500,00 €	300,00 €	20,00 €
5.000,00 €	500,00 €	28,00 €
10.000,00 €	1.000,00 €	37,00 €
25.000,00 €	3.000,00 €	40,00 €
50.000,00 €	5.000,00 €	72,00 €
200.000,00 €	15.000,00 €	77,00 €
500.000,00 €	30.000,00 €	118,00 €
über 500.000,00 €	50.000,00 €	150,00 €

A. Vergütungs-ABC B. Kommentar

Einigungsgebühr (Nrn. 1000, 1003 und 1004 VV)

479 Dies führt zu folgenden **Gebühren**:

> **Hinweis:**
> Wenn eine 1,0 Einigungsgebühr entstanden ist, kann der Betrag der Gebühr unmittelbar aus der Gebührentabelle abgelesen werden. Ist eine Einigungsgebühr mit einem höheren Gebührensatz entstanden (1,3 oder 1,5), wird die Höhe dieser Gebühr durch Multiplikation des Tabellenbetrags der vollen Gebühr mit dem jeweiligen Dezimalwert errechnet.

Gegenstandswert in €	Gebühr (1,0)	Gebühr (1,3)	Gebühr (1,5)
300	25	32,5	37,5
600	45	58,5	67,5
900	65	84,5	97,5
1.200	85	110,5	127,5
1.500	105	136,5	157,5
2.000	133	172,5	199,5
2.500	161	209,3	241,5
3.000	189	245,7	283,5
3.500	217	282,1	325,5
4.000	245	318,5	367,5
4.500	273	354,9	409,5
5.000	301	391,3	451,5
6.000	338	439,4	507
7.000	375	487,5	562,5
8.000	412	494,4	618
9.000	449	583,7	673,5
10.000	486	631,8	729
13.000	526	683,8	789
16.000	566	735,8	849
19.000	606	787,8	909
22.000	646	839,8	969
25.000	686	891,8	1029
30.000	758	985,4	1137
35.000	830	1079	1245
40.000	902	1172,6	1353
45.000	974	1266,2	1461
50.000	1.046	1359,8	1569
65.000	1.123	1459,9	1684,5

A. Vergütungs-ABC		B. Kommentar	

Einigungsgebühr (Nrn. 1000, 1003 und 1004 VV)

Gegenstandswert in €	Gebühr (1,0)	Gebühr (1,3)	Gebühr (1,5)
80.000	1.200	1560	1800
95.000	1.277	1660,1	1915,5
110.000	1.354	1760,2	2031
125.000	1.431	1860,3	2146,5
140.000	1.508	1960,4	2262
155.000	1.585	2060,5	2377,5
170.000	1.662	2160,6	2493
185.000	1.739	2260,7	2608,5
200.000	1.816	2360,8	2724
230.000	1.934	2514,2	2901
260.000	2.052	2667,6	3078
290.000	2.170	2821	3255
320.000	2.288	2974,4	3432
350.000	2.406	3127,8	3609
380.000	2.524	3281,2	3786
410.000	2.642	3434,6	3963
440.000	2.760	3588	4140
470.000	2.878	3741,4	4317
500.000	2.996	3894,8	4494
550.000	3.146	4089,8	4719
600.000	3.296	4284,8	4944
650.000	3.446	4479,8	5169
700.000	3.596	4674,8	5394
750.000	3.746	4869,8	5619
800.000	3.896	5064,8	5844
850.000	4.046	5259,8	6069
900.000	4.196	5454,8	6294
950.000	4.346	5649,8	6519
1.000.000	4.496	5844,8	6744
1.050.000	4.646	6039,8	6969
1.100.000	4.796	6234,8	7194
1.150.000	4.946	6429,8	7419
1.200.000	5.096	6624,8	7644
1.250.000	5.246	6819,8	7869

Einigungsgebühr (Nrn. 1000, 1003 und 1004 VV)

Gegenstandswert in €	Gebühr (1,0)	Gebühr (1,3)	Gebühr (1,5)
und fortlaufend je 50.000,00 € 150,00 € mehr			

b) Gerichtlich bestellter oder beigeordneter Rechtsanwalt

480 Für den gerichtlich bestellten Rechtsanwalt/**Pflichtverteidiger** gilt die **Begrenzung** aus § 49 (OLG Köln, StraFo 2009, 87 = RVGreport 2009, 465 = StRR 2009, 360 = AGS 2009, 29). Die ihm zustehende Gebühr ist also auf die einem im Wege der PKH beigeordneten Rechtsanwalt begrenzt. Ab einem Gegenstandswert von 3.000,00 € ergeben sich damit niedrigere Gebühren als für den Wahlanwalt (s. auch Teil A: Wertgebühren [§§ 13, 49], Rn. 1679 ff.).

481 Dies führt zu folgenden **Gebühren** für den bestellten Rechtsanwalt/Pflichtverteidiger:

> **Hinweis:**
> Wenn eine 1,0 Einigungsgebühr entstanden ist, kann der Betrag der Gebühr unmittelbar aus der Gebührentabelle abgelesen werden. Ist eine Einigungsgebühr mit einem höheren Gebührensatz entstanden (1,3 oder 1,5), wird die Höhe dieser Gebühr durch Multiplikation des Tabellenbetrags der vollen Gebühr mit dem jeweiligen Dezimalwert errechnet.

Gegenstandswert in €	Gebühr (1,0)	Gebühr (1,3)	Gebühr (1,5)
300	25	32,5	37,5
600	45	58,5	67,5
900	65	84,5	97,5
1.200	85	110,5	127,5
1.500	105	136,5	157,5
2.000	133	172,9	199,5
2.500	161	209,3	241,5
3.000	189	245,7	283,5
3.500	195	253,5	292,5
4.000	204	265,2	306
4.500	212	275,6	318
5.000	219	284,7	328,5
6.000	225	292,5	337,5
7.000	230	299	345
8.000	234	304,2	351
9.000	238	309,4	357

Einigungsgebühr (Nrn. 1000, 1003 und 1004 VV)

Gegenstandswert in €	Gebühr (1,0)	Gebühr (1,3)	Gebühr (1,5)
10.000	242	314,6	363
13.000	246	319,8	369
16.000	257	334,1	385,5
19.000	272	353,6	408
22.000	293	380,9	439,5
25.000	318	413,4	477
30.000	354	456,3	531
über 30.000	391	508,3	586,5

III. Einzelfälle/Erstattungsfragen

1. Adhäsionsverfahren

a) Einigung über gerichtlich anhängige Ansprüche

Für die Mitwirkung beim Abschluss einer Einigung im **Adhäsionsverfahren** kann die allgemeine Einigungsgebühr der Nrn. 1000, 1003 und 1004 VV entstehen. Diese entsteht nach **Vorbem. 1 VV** neben den in Teil 4 VV bestimmten Gebühren. Auf die Erläuterungen zu Nr. 4143 VV, Rn. 26 ff. wird verwiesen. Ist der Einigungsgegenstand im Adhäsionsverfahren anhängig, beträgt der Gebührensatz 1,0 (OLG Köln, StraFo 2009, 87 = RVGreport 2009, 465 = StRR 2009, 360 = AGS 2009, 29). Abzustellen ist auf die Anhängigkeit im Adhäsionsverfahren (OLG Köln, a.a.O.; ungenau OLG Brandenburg, AGS 2009, 325 = RVGreport 2009, 341, das auf das Strafverfahren abstellt).

482

Ist über den Gegenstand der Einigung ein **Berufungs- oder Revisionsverfahren** anhängig, entsteht eine 1,3 Einigungsgebühr Nr. 1004 VV. Wird der vermögensrechtliche Anspruch erstmals im Berufungsverfahren anhängig gemacht, entsteht allerdings nur eine 1,0 Einigungsgebühr (vgl. die Erläuterungen zu Nr. 4144 VV, Rn. 7; AnwKomm-RVG/N. Schneider, VV 4143 – 4144 Rn. 33).

483

b) Einbeziehung nicht anhängiger Ansprüche

Werden in die Einigung gerichtlich nicht anhängige Gegenstände einbezogen, beträgt der **Gebührensatz** der Einigungsgebühr insoweit **1,5**. Fallen Einigungsgebühren nach verschiedenen Gegenstandswerten mit verschiedenen Gebührensätzen an, z.B. bei einer Einigung über gerichtlich anhängige und nicht anhängige Gegenstände, ist **§ 15 Abs. 3** anzuwenden. Der Rechtsanwalt erhält danach höchstens eine Einigungsgebühr nach dem höchsten Gebührensatz auf der Grundlage des zusammengerechneten Werts (vgl. auch Nr. 4143 Rn. 28).

484

A. Vergütungs-ABC | B. Kommentar

Einigungsgebühr (Nrn. 1000, 1003 und 1004 VV)

Beispiel:

Im Berufungstermin wird auch über eine bereits erstinstanzlich geltend gemachte Forderung über 3.000,00 € verhandelt. Die Parteien einigen sich anschließend über diese Forderung sowie über eine weitere nicht anhängige Forderung i.H.v. 2.000,00 €.

Neben den üblichen Gebühren entstehen:

1. 2,5-Verfahrensgebühr, Nr. 4144 VV (Wert: 3.000,00 €)	472,50 €
2. 2,0-Verfahrensgebühr, Nr. 4143 VV (Wert: 2.000,00 €)	266,00 €
§ 15 Abs. 3: höchstens 2,5 aus 5.000,00 € mit 752,50 €, die hier aber nicht erreicht werden	
3. 1,3-Einigungsgebühr, Nrn. 1000, 1004 VV (Wert: 3.000,00 €)	246,70 €
4. 1,5-Einigungsgebühr, Nr. 1000 VV (Wert: 2.000,00 €)	199,50 €
§ 15 Abs. 3: höchstens 1,5 aus 5.000,00 € mit 451,50 €, die hier aber nicht erreicht werden	

zuzüglich Postentgelte und USt

c) PKH-Verfahren

485 Nach Satz 1 der Anm. 1 zu Nr. 1003 VV beträgt der **Satz** der Einigungsgebühr **1,0**, wenn über den Einigungsgegenstand ein PKH-Verfahren anhängig ist. Die Einigungsgebühr beträgt aber 1,5, wenn lediglich PKH für die gerichtliche Protokollierung des Vergleichs beantragt wird.

Beispiel:

*Die im Wege der PKH beigeordnete Nebenkläger-Vertreterin beantragt im Termin, dem Nebenkläger PKH für den **Abschlusses eines Vergleichs** über eine Forderung i.H.v. 1.500,00 € zu bewilligen. Die Bewilligung erfolgt. Anschließend wird ein Vergleich protokolliert, in dem sich der Angeklagte zur Zahlung eines Schmerzensgeldes i.H.v. 1.500,00 € verpflichtet.*

Die Einigungsgebühr ist mit einem Satz i.H.v. 1,0 nach Nr. 1003 VV angefallen, weil der Einigungsgegenstand gerichtlich anhängig war. Denn die Rechtsanwältin hatte PKH für den **Vergleichsabschluss beantragt**, nicht lediglich für die **Protokollierung** des Vergleichs (so OLG Jena, NJW 2010, 455 = StRR 2010, 114 = RVGreport 2010, 106, m. zust. Anm. Burhoff = AGS 2009, 587, m. abl. Anm. Schneider). Nach Abs. 1 der Anm. zu Nr. 1003 VV führt nur die Beantragung von PKH lediglich für die gerichtliche Protokollierung eines Vergleichs nicht zu einer 1,0 Einigungsgebühr. Grund für die Ermäßigung der Einigungsgebühr auf einen Satz von 1,0 ist, dass das Gericht bei einer reinen Protokollierung nur als Beurkundungsorgan tätig wird und der Einigungsgegenstand nicht gerichtlich anhängig wird (OLG Saarbrücken, AGS 2008, 35; Gerold/Schmidt/Müller-Rabe, VV 1003, 1004 Rn. 44). Bei PKH für den Abschluss des Vergleichs wird das Gericht auch im Rahmen der Erörterung der Sach- und Rechtslage bei der Formulierung des Vergleichs in Anspruch genommen (OLG Jena, NJW 2010, 455 = StRR 2010, 114 = RVGreport 2010, 106, m. zust. Anm. Burhoff = AGS 2009, 587, m. abl. Anm. Schneider).

d) Angelegenheit

486 Die Vertretung mehrerer Nebenkläger in **demselben Adhäsionsverfahren** betrifft wegen §§ 7 Abs. 1, 15 Abs. 2 stets **dieselbe gebührenrechtliche Angelegenheit** (OLG Brandenburg, AGS 2009, 325 = RVGreport 2009, 341, m. zust. Anm. Hansens; a.A. KG, AGS 2009, 529 = AnwBl.

2009, 727 = JurBüro 2009, 529 = RVGreport 2009, 302 = VRR 2009, 238). Die Einigungsgebühr entsteht daher nur einmal, § 15 Abs. 2 (s. dazu auch Teil A: Mehrere Auftraggeber [§ 7, Nr. 1008 VV] Rn. 989 f.).

e) **Beschwerde**

Im Verfahren über die **Beschwerde** gegen den Beschluss, mit dem nach § 406 Abs. 5 Satz 2 StPO im Adhäsionsverfahren von einer Entscheidung abgesehen wird, erhält der Rechtsanwalt nach Nr. 4145 VV eine 0,5 Verfahrensgebühr. Kommt es in diesem Beschwerdeverfahren zu einer Einigung der Parteien, entsteht eine Einigungsgebühr nach Nrn. 1000 oder 1003 VV. Eine 1,3 Einigungsgebühr nach Nr. 1004 VV kommt nicht in Betracht (vgl. die Erläuterungen unter Rn. 474; Gerold/Schmidt/Burhoff, VV 4145 Rn. 9; AnwKomm-RVG/N. Schneider, VV 4145 Rn. 6).

487

2. Beiordnung oder Bestellung

Der gerichtlich bestellte oder beigeordnete Rechtsanwalt hat Anspruch auf **Erstattung** der Einigungsgebühr aus der Staatskasse. Soweit die Einigungsgebühr als Wertgebühr anfällt, sind jedoch die Beträge der Tabelle zu § 49 maßgebend (s. auch Teil A: Wertgebühren [§§ 13, 49], Rn. 1679 ff.). Früher war in Zivil- und Familiensachen umstritten, ob für das in § 55 geregelte Festsetzungsverfahren des **gerichtlich beigeordneten oder bestellten Rechtsanwalts** gegen die Staatskasse (vgl. hierzu Teil A: Vergütungsanspruch gegen die Staatskasse, Rn. 1469 ff.) für die Berücksichtigung der Einigungsgebühr die gerichtliche Vergleichsprotokollierung erforderlich war (dazu bejahend BGH, NJW 2002, 3713; AGS 2006, 403 = NJW 2006, 1523 = RVGreport 2006, 234). Nachdem der BGH diese Rechtsprechung aufgegeben und entschieden hat, dass es für die Festsetzbarkeit einer Einigungsgebühr ausreicht, wenn glaubhaft gemacht wird, dass die Parteien eine Vereinbarung i.S.v. Nr. 1000 Abs. 1 Satz 1 VV geschlossen haben (BGH, RVGreport 2007, 275; vgl. insoweit NJW 2006, 1523 = RVGreport 2006, 234 = AGS 2006, 403), wird man für die Festsetzbarkeit der Einigungsgebühr im Vergütungsfestsetzungsverfahren gegen die Staatskasse erst recht keine förmliche gerichtliche Vergleichsprotokollierung (mehr) fordern können, weil die Festsetzung gem. § 55 anders als die Kostenfestsetzung gem. §§ 103 ff. ZPO keinen zur Zwangsvollstreckung geeigneten Titel voraussetzt (OVG Hamburg, Rpfleger 2008, 46 = NJW 2008, 538; vgl. auch OLG Zweibrücken RVGreport 2006, 383; OLG Braunschweig, RVGreport 2007, 141; a.A. OLG Nürnberg, RVGreport 2005, 478 = JurBüro 2006, 75 = NJW-RR 2006, 1367).

488

3. Beratungshilfe

In Angelegenheiten des **Straf-** und **Ordnungswidrigkeitenrechts** wird nach § 2 Abs. 2 Satz 2 BerHG nur **Beratung** gewährt. Die Vertretung des Rechtsuchenden ist insoweit ausgeschlossen. In Straf- und Bußgeldsachen kann deshalb im Regelfall weiterhin nur die Beratungshilfegebühr Nr. 2500 VV und die Beratungsgebühr Nr. 2501 VV entstehen, auch wenn die frühere Vorbem. 2.3 VV mit Wirkung v. 01.02.2009 durch Art. 6 WehrRÄndG 2008 v. 31.07.2008 (BGBl. I, S. 1629) aufgehoben worden ist (s. dazu ausführlich Volpert, StRR 2010, 333; s. auch Teil A: Beratungshilfe, Rn. 285 ff.).

489

Einigungsgebühr (Nrn. 1000, 1003 und 1004 VV)

Die in der Beratungshilfe vorgesehene Einigungsgebühr Nr. 2508 VV i.H.v. 125,00 € (**Festgebühr**) kann auch im Rahmen von Beratungshilfe in Angelegenheiten der Teile 4 bis 6 VV entstehen. Das ergibt sich bereits aus Vorbem. 1 VV, wonach die Einigungsgebühr neben den in anderen Teilen bestimmten Gebühren anfallen kann. Vorbem. 2.5 VV schließt Vorbem. 1 VV nicht aus (so zur Gebührenerhöhung nach Nr. 1008 VV KG, AGS 2007, 466 = RVGreport 2007, 299; OLG Düsseldorf, RVGreport 2006, 225; OLG Naumburg, JurBüro 2010, 472 = Rpfleger 2010, 603 = RVGreport 2010, 382; OLG Oldenburg, NJW-RR 2007, 431 = RVGreport 2006, 465 = AGS 2007, 45; LG Kleve, RVGreport 2006, 101 = AGS 2006, 244 = Zfs 2006, 48; a.A. AG Kiel, AGS 2010, 96 = Rpfleger 2010, 126; s. dazu auch Teil A: Mehrere Auftraggeber [§ 7, Nr. 1008 VV], Rn. 971 ff.). Außerdem regelt Nr. 2508 VV auch lediglich die Höhe der Einigungsgebühr in der Beratungshilfe (Festgebühr i.H.v. 125,00 €). Für die Entstehungsvoraussetzungen verweist Abs. 1 der Anm. zu Nr. 2508 VV auf die Anm. zu Nr. 1000 VV (vgl. Hansens, in: Hansens/Braun/Schneider, Teil 7 Rn. 98). Bei der Einigungsgebühr handelt es sich somit nicht um eine in Teil 2 VV geregelte Gebühr. Nr. 2508 VV enthält lediglich eine gegenüber Nr. 1000 VV abweichende Regelung für die Höhe der Einigungsgebühr in der Beratungshilfe (s. dazu auch Teil A: Beratungshilfe, Rn. 326 f.).

Beispiel:

Im Rahmen der Beratungshilfe einigen sich der Verletzte und der Beschuldigte, dass der Beschuldigte zur Abgeltung der Schmerzensgeldansprüche des Verletzten einen Betrag i.H.v. 2.000,00 € zahlt.

Der Rechtsanwalt des Verletzten kann von seinem Mandanten gem. § 44 Satz 2 die Beratungshilfegebühr nach Nr. 2500 VV i.H.v. 10,00 € verlangen. Aus der Staatskasse können gem. § 44 Satz 1 die Beratungsgebühr nach Nr. 2501 VV i.H.v. 30,00 € sowie die Einigungsgebühr nach Nr. 2508, 1000 VV i.H.v. 125,00 € beansprucht werden.

4. Einigungsgebühr und Erfolgshonorar

490 Die Einigungsgebühr ist eine **Erfolgsgebühr**, sodass insoweit die Vereinbarung einer **Erhöhung** der Einigungsgebühr möglich ist (s. Teil A: Erfolgshonorar [§ 4a und § 49b Abs. 2 BRAO], Rn. 499 ff.).

5. Einstellung nach § 153a StPO

491 Die Einigungsgebühr Nr. 1000 VV kann auch im Fall der Einstellung des Verfahrens nach § 153a StPO gegen Zahlung eines Schmerzensgeldes an den Verletzten entstehen (vgl. auch oben Rn. 461).

6. Erstattung/Kostenfestsetzung gem. § 464b StPO

492 Nach der Rechtsprechung des BGH (vgl. oben Rn. 488) kann die Berücksichtigung der Einigungsgebühr im Kostenfestsetzungsverfahren gem. § 464b StPO nicht (mehr) an einer fehlenden Protokollierung scheitern (vgl. hierzu Rn. 488). **Fraglich** ist aber, ob die im Verfahren über vermögensrechtliche Ansprüche des Verletzten (Adhäsionsverfahren) angefallene Einigungsgebühr zu den aus der Staatskasse dem Freigesprochenen zu **erstattenden notwendigen** Auslagen zählt:

Einigungsgebühr (Nrn. 1000, 1003 und 1004 VV)

Beispiel:

Der Angeklagte und der Nebenkläger schließen im Hauptverhandlungstermin einen Vergleich, in dem sich der Angeklagte zur Zahlung von 5.000,00 € an den Nebenkläger verpflichtet. Das Verfahren wird anschließend gem. § 153 StPO eingestellt. Der Staatskasse werden in dem Beschluss die Hälfte der notwendigen Auslagen des Angeklagten auferlegt.

Der Angeklagte macht gegen die Staatskasse gem. §§ 464a Abs. 2 Nr. 2, 464b StPO u.a. die Verfahrensgebühr Nr. 4143, 4144 VV und eine Einigungsgebühr Nr. 1003 VV geltend.

Für die Frage der Erstattung gilt: Die Regelung in § 464a Abs. 2 Nr. 2 StPO beinhaltet nicht zwangsläufig, dass sämtliche dem Rechtsanwalt aus dem Strafverfahren gegen seinen Mandanten zustehenden Gebührenansprüche als notwendige Auslagen zu erstatten sind. Wird der gem. § 794 Abs. 1 Nr. 1 ZPO protokollierte Prozessvergleich nicht als Teil des Strafverfahrens angesehen, sondern als eine anlässlich des Strafverfahrens erfolgende Regelung zivilrechtlicher Ansprüche, umfasst die Auslagenentscheidung des Strafverfahrens die hierdurch angefallenen Kosten nicht (so LG Offenburg, Justiz 2007, 314). Eine Erstattungspflicht der Staatskasse scheidet auch schon deshalb aus, weil ihr gem. § 472a Abs. 2 Satz 2 StPO nur die **Verfahrenskosten** *(§ 464a Abs. 1 StPO), nicht aber die dem Angeklagten im Verfahren über vermögensrechtliche Ansprüche des Verletzten oder im Adhäsionsverfahren entstandenen notwendigen Auslagen (§ 464a Abs. 2 Nr. 2 StPO) auferlegt werden können (Nr. 4143 Rn. 38 ff.; Gerold/Schmidt/Burhoff, VV 4143, 4144, Rn. 24; vgl. aber OLG Celle, StraFo 2006, 41).*

7. Privatklageverfahren

a) Einigung über den Strafanspruch oder den Kostenerstattungsanspruch

Nr. 4147 VV regelt die Höhe der Einigungsgebühr der Nr. 1000 VV, wenn es im Privatklageverfahren zu einer Einigung über den **Strafanspruch** oder den **Kostenerstattungsanspruch** gekommen ist und der Rechtsanwalt an einer Einigung mitgewirkt hat. Nr. 1000 VV ist nach Abs. 1 Satz 3 der Anm. zu Nr. 1000 VV im Privatklageverfahren insoweit nicht anwendbar (vgl. Nr. 4147 VV Rn. 2). Aus der Formulierung „Die Gebühr 1000 beträgt" ergibt sich, dass Nr. 4147 VV keinen eigenen Tatbestand, sondern einen abweichenden Betragsrahmen regelt. Es gelten daher grds. die Regelungen zu Nr. 1000 VV, sodass die dort genannten Voraussetzungen erfüllt sein müssen (vgl. AnwKomm-RVG/N. Schneider, VV 4147 Rn. 1, 2, 8; vgl. die Erläuterungen unter Rn. 462 ff.; vgl. Nr. 4147 VV Rn. 7).

493

> **Hinweis:**
> Die Einigungsgebühr kann sowohl bei einer Einigung im **Sühnetermin** als auch im **gerichtlichen Verfahren** anfallen.

b) Einigung über vermögensrechtliche Ansprüche

Für eine **Einigung über andere Ansprüche** als über den Strafanspruch oder den Kostenerstattungsanspruch entsteht nach der Anm. zu Nr. 4147 VV eine Einigungsgebühr nach Nr. 1000 VV (vgl. Nr. 4147 VV Rn. 6). Nrn. 1003 und 1004 VV gelten ebenfalls. Die Einigungsgebühren nach Nr. 4147 VV und Nr. 1000 VV können daher **nebeneinander** anfallen, weil für die Entstehung unterschiedliche Voraussetzungen gelten (vgl. AnwKomm-RVG/N. Schneider, VV 4147 Rn. 21).

494

Einigungsgebühr (Nrn. 1000, 1003 und 1004 VV)

Die Einigungsgebühr nach Nr. 1000 VV kommt z.B. in Betracht, wenn ein **Vertrag über vermögensrechtliche Ansprüche** geschlossen wird. Nicht erforderlich ist, dass diese Ansprüche im Adhäsionsverfahren anhängig waren (vgl. AnwKomm-RVG/N. Schneider, VV. 4147 Rn. 16). Das ist aber nicht schon der Fall, wenn sich der Beschuldigte zu einer Geldzahlung an den Verletzten oder einen Dritten (z.B. Bußgeldzahlung) verpflichtet. Der Vertrag muss den Streit über außerstrafrechtliche Ansprüche beseitigen. Der vermögensrechtliche Anspruch kann aber aus der Straftat entstanden sein, die Gegenstand der Privatklage ist (z.B. Schadensersatz, vgl. Hartmann, KostG, § 94 BRAGO Rn. 14). Auch hier müssen die Voraussetzungen der Nr. 1000 VV erfüllt sein (vgl. die Erläuterungen unter Rn. 462 ff.).

> **Hinweis:**
>
> Dem unveröffentlichten Beschluss der 6. Strafkammer des LG Würzburg v. 04.02.1980 (Az: Qs 15/80) ist zur Einigung im Privatklageverfahren nach Nr. 4147 VV Folgendes zu entnehmen:
>
> - Bei einer Einigung im Privatklageverfahren handelt es sich um einen **gegenseitigen Vertrag**, der vor Erhebung der Privatklage eine drohende Privatklage verhindert und nach Erhebung der Privatklage darauf abzielen muss, das Privatklageverfahren zu beenden.
>
> - Der der Einigung **nachfolgende Einstellungs- und Kostenbeschluss**, der ein gerichtliches Verfahren förmlich abschließt, nimmt der Einigung weder Bedeutung noch Wirkung, weil eine Einigung auch vorliegt, wenn es für den Abschluss eines Verfahrens noch dessen förmlicher Einstellung bedarf.
>
> - Der Rechtsanwalt hat sich eine Einigungsgebühr Nr. 4147 VV verdient, wenn er am Abschluss der Einigung mitgewirkt hat, d.h. wenn er eine **Tätigkeit** auf die **Einigung hin entfaltet** hat (z.B. dem Mandanten zur Annahme rät oder anstelle seines anwesenden Mandanten eine Einwilligungserklärung abgibt).

8. Strafvollstreckung

495 Wirkt der Rechtsanwalt für den Verurteilten in der Strafvollstreckung an der Bewilligung von Zahlungserleichterungen gem. § 459a StPO mit, entsteht für diese Tätigkeit eine Verfahrensgebühr nach Nr. 4204 VV (vgl. die Komm. zu Nr. 4204 VV Rn. 2 und 14). Die **Bewilligung** der **Zahlungserleichterungen** durch den Rechtspfleger der Staatsanwaltschaft löst jedoch für den Verteidiger/Rechtsanwalt des Verurteilten **keine Einigungsgebühr** nach Nr. 1003 bzw. 1003 VV aus. Es wird insoweit kein Einigungsvertrag mit der Staatsanwaltschaft abgeschlossen und es liegt auch kein streitiges oder ungewisses Rechtsverhältnis vor (vgl. Rn. 464, 468).

9. Verfahren nach dem StrRehaG

496 Neben der Verfahrensgebühr nach Nr. 4146 VV kann ggf. die **allgemeine Einigungsgebühr** der Nrn. 1000, 1003 und 1004 VV entstehen, wenn es im Verfahren zu einer Einigung kommen sollte (vgl. die Komm. zu Nr. 4146 VV Rn. 14; AnwKomm-RVG/N. Schneider, VV 4146 Rn. 16). Für die Einigungsgebühr gelten die allgemeinen Regeln (vgl. die Erläuterungen unter Rn. 462 ff.).

Erfolgshonorar (§ 4a und § 49b Abs. 2 BRAO)

10. Zwangsvollstreckung

In der Zwangsvollstreckung (vgl. insoweit Vorbem. 4 Abs. 5 Nr. 2, Vorbem. 5 Abs. 4 Nr. 2, Vorbem. 6.2 Abs. 3 Nr. 2 VV) kann die Entstehung der Einigungsgebühr deshalb problematisch sein, weil häufig schwer zu beurteilen ist, ob die Einigung den Streit oder die Ungewissheit über ein Rechtsverhältnis beseitigt hat. Auf die Erläuterungen bei Rn. 468 f. wird insoweit verwiesen (s. auch Teil A: Zwangsvollstreckung, Rn. 1704 ff.). 497

Hat der Schuldner die Kosten eines im Zwangsvollstreckungsverfahren geschlossenen Vergleichs oder einer Einigung **übernommen**, gehört die durch Einschaltung eines Rechtsanwalts entstandene Einigungs- oder Vergleichsgebühr nach Auffassung des BGH zu den nach § 788 Abs. 1 ZPO beitreibbaren notwendigen Kosten der Zwangsvollstreckung (BGH, NJW 2006, 1598 = RVGreport 2006, 196 = AGS 2006, 214). Der BGH hat festgestellt, dass die Einigung bzw. der Vergleich ebenso wie die Vollstreckungsmaßnahme der Durchsetzung und der Befriedigung der titulierten Forderung des Gläubigers dient. Ferner sei das vereinfachte Verfahren nach § 788 ZPO aus prozessökonomischen Gründen einem erneuten Prozessverfahren vorzuziehen, das der Gläubiger ansonsten anstrengen müsste. Das Vollstreckungsorgan sei zudem auch in der Lage zu prüfen, ob eine die Einigungsgebühr auslösende Einigung vorliege. 498

Die durch eine Ratenzahlungsvereinbarung ausgelöste Einigungsgebühr ist bei entsprechender Übernahme durch den Schuldner im Zwangsvollstreckungsverfahren ohne Notwendigkeitsprüfung erstattungsfähig.

Siehe auch im Teil A: →Beratungshilfe, Rn. 285 ff.; →Erfolgshonorar (§ 4a und § 49b Abs. 2 BRAO), Rn. 499 ff.; →Festsetzung gegen die Staatskasse, Rn. 579 ff.; →Gebührensystem, Rn. 649 ff.; →Gegenstandswert, Festsetzung (§ 33), Rn. 656 ff.; →Mehrere Auftraggeber (§ 7, Nr. 1008 VV) Rn. 956 ff.; →Zwangsvollstreckung, Rn. 1696 ff.

Erfolgshonorar (§ 4a und § 49b Abs. 2 BRAO)

§ 4a RVG   Erfolgshonorar

(1) ¹Ein Erfolgshonorar (§ 49b Abs. 2 Satz 1 der Bundesrechtsanwaltsordnung) darf nur für den Einzelfall und nur dann vereinbart werden, wenn der Auftraggeber aufgrund seiner wirtschaftlichen Verhältnisse bei verständiger Betrachtung ohne die Vereinbarung eines Erfolgshonorars von der Rechtsverfolgung abgehalten würde. ²In einem gerichtlichen Verfahren darf dabei für den Fall des Misserfolgs vereinbart werden, dass keine oder eine geringere als die gesetzliche Vergütung zu zahlen ist, wenn für den Erfolgsfall ein angemessener Zuschlag auf die gesetzliche Vergütung vereinbart wird.

(2) Die Vereinbarung muss enthalten:
1. die voraussichtliche gesetzliche Vergütung und gegebenenfalls die erfolgsunabhängige vertragliche Vergütung, zu der der Rechtsanwalt bereit wäre, den Auftrag zu übernehmen, sowie
2. die Angabe, welche Vergütung bei Eintritt welcher Bedingungen verdient sein soll.

Erfolgshonorar (§ 4a und § 49b Abs. 2 BRAO)

(3) ¹In der Vereinbarung sind außerdem die wesentlichen Gründe anzugeben, die für die Bemessung des Erfolgshonorars bestimmend sind. ²Ferner ist ein Hinweis aufzunehmen, dass die Vereinbarung keinen Einfluss auf die gegebenenfalls vom Auftraggeber zu zahlenden Gerichtskosten, Verwaltungskosten und die von ihm zu erstattenden Kosten anderer Beteiligter hat.

§ 49b BRAO   Vergütung

(1) ...

(2) Vereinbarungen, durch die eine Vergütung oder ihre Höhe vom Ausgang der Sache oder vom Erfolg der anwaltlichen Tätigkeit abhängig gemacht wird (Erfolgshonorar) oder nach denen der Rechtsanwalt einen Teil des erstrittenen Betrags als Honorar erhält (quota litis), sind unzulässig. Ein Erfolgshonorar im Sinne des Satzes 1 liegt nicht vor, wenn nur die Erhöhung von gesetzlichen Gebühren vereinbart wird.

Übersicht

		Rn.
A.	Überblick	499
B.	Anmerkungen	502
	I. Allgemeines	502
	II. Begriff des Erfolgshonorars (§ 4a Abs. 1 Satz 1 i.V.m. § 49 Abs. 2 Satz 1 BRAO)	503
	1. Verweis auf die BRAO	503
	2. Kein Erfolgshonorar (§ 49b Abs. 2 Satz 3 BRAO)	505
	III. Zulässigkeitsvoraussetzungen (Abs. 1 Satz 1 und 2)	506
	1. Vereinbarung für den Einzelfall (Abs. 1 Satz 1)	506
	2. Zugang zum Recht (Abs. 1 Satz 1)	507
	3. Zulässiger Inhalt (Abs. 1 Satz 2)	508
	IV. Wirksamkeitsvoraussetzungen (Abs. 2 und Abs. 3)	510
	1. Allgemeines	510
	2. Voraussichtliche gesetzliche bzw. vertragliche Vergütung (Abs. 2 Nr. 1)	511
	3. Bestimmung der Höhe der Vergütung und des Eintritts der Bedingung (Abs. 2 Nr. 2)	512
	4. Bestimmende Gründe für das Erfolgshonorar (Abs. 3 Satz 1)	513
	5. Kostenhinweis (Abs. 3 Satz 2)	514
C.	Arbeitshilfe	515
	I. Muster für die Vereinbarung eines Erfolgshonorars in Strafsachen	516
	II. Muster für die Vereinbarung eines Erfolgshonorars in Bußgeldsachen	517

Literatur:

Burhoff, Änderungen im Recht der Vergütungsvereinbarung und neues Erfolgshonorar, StRR 2008, 252 = VRR 2008, 254; ***Dahns***, Fällt das Verbot der Vereinbarung von Erfolgshonoraren, NJW-Spezial 2006, 93; ***ders.***, Das BVerfG und die anwaltlichen Erfolgshonorare, NJW-Spezial 2007, 189; ***Ebert***, Erfolgshonorar auf dem Prüfstand, BRAK-Mitt. 2006, 103; ***Enders***, Neues bei Vergütungsvereinbarungen – Erfolgshonorar in welchen Fällen?, JurBüro 2008, 337; ***Gieseler***, Anwaltliches Erfolgshonorar – Berufsbild und Berufsethos, JR 2005, 221; ***Grunewald***, Die Zukunft des Erfolgshonorars, AnwBl. 2007, 469; ***Hänsch*** „Das anwaltliche Erfolgshonorar", 2008; ***Hamacher***, Anmerkung zum Beschluss des BVerfG v. 12.12.2006, AZ: 1 BvR 2576/04 (Verbot des Erfolgshonorars teilweise verfassungswidrig), AnwBl. 2007, 307; ***Hansens***, Erfolgshonorar- und Vergütungsvereinbarung ab 1.7.2008, RVGreport 2008, 282; ***ders.***, Übergangsprobleme bei Erfolgshonorar- und Vergütungsvereinbarung, RVGreport 2008, 326; ***ders.***, Zur Zulässigkeit der Vereinbarung von Erfolgshonoraren ab 1. 7. 2008, ZAP F 24, S. 1125; ***Hauskötter***, BVerfG: Neuregelung beim Erfolgshonorar, RVGprofessionell 2007, 73; ***ders.***, Vereinbarung von Erfolgshonoraren, RVG professionell 2010, 103; ***Kilian***, Das Verbot des anwaltlichen Erfolgshonorars, JurBüro 1994, 641; ***ders.***, Anwaltliche Erfolgshonorare und die bevorstehende Reform des Vergütungsrechts, ZRP 2003, 90; ***ders.***, Der Erfolg und die Vergütung des Rechtsanwalts, Bonn 2003; ***ders.***, Das künftige Erfolgshonorar für Rechtsanwälte, Steuerberater und Wirtschaftsprüfer – Detailprobleme der bevorstehenden Neufassungen,

Erfolgshonorar (§ 4a und § 49b Abs. 2 BRAO)

BB 2007, 1905; *ders.*, Das Gesetz zur Neuregelung des Verbots der Vereinbarung von Erfolgshonoraren, NJW 2008, 1905; *Kirchberg*, Anmerkung zum Beschluss des BVerfG vom 12.12.2006, Az. 1 BvR 2576/04 (zum Verbot anwaltlicher Erfolgshonorare) BRAK-Mitt. 2007, 74; *Kleine-Cosack*, Vom regulierten zum frei vereinbaren (Erfolgs-)Honorar, NJW 2007, 1405; *Mayer*, Das Erfolgshonorar – de lege lata und de lege ferenda, AnwBl. 2007, 561; *Mayer/Winkler*, Erfolgshonorar, 2008; *Meyer*, Ein Jahr Erfolgshonorar für Anwälte, ZAP Fach 24, S. 1179; *Pohl*, Zulässigkeit des Erfolgshonorars de lege lata und unter rechtspolitischen Aspekten, BerlAnwBl. 2005, 102; *Pohl/Schons*, Erfolgshonorar für Rechtsanwälte?, ZRP 2006, 31; *Schons*, Willkommen in Las Vegas!, AnwBl. 2008, 172; *Teubel/Schons*, Erfolgshonorar für Anwälte, 2008; *von Seltmann*, Die Neuregelung des anwaltlichen Erfolgshonorars – und was sich sonst noch ändert, BRAK-Mitt. 2008, 99; *Völtz*, § 49b BRAO – Eine vergessene Reform?, BRAK-Mitt. 2004, 103; *Winter*, Erfolgshonorare für Rechtsanwälte: Formen, Kalkulationen und betriebswirtschaftliche Umsetzung, 2008; *Wolf*, Vergütungsvereinbarung über Erfolgshonorar, JurBüro 2006, 62; s. auch noch die Hinweise in Teil A: Vergütungsvereinbarung (§ 3a), vor Rn. 1502.

A. Überblick

Nach § 49b Abs. 2 Satz 1 BRAO a.F. **war** die Vereinbarung eines sog. Erfolgshonorars grds. **unzulässig** (vgl. dazu u.a. OLG Celle, NJW 2005, 2160 = AGS 2005, 107; OLG Saarbrücken, NJW-RR 2006, 1218). In der Rechtsprechung des BGH ist die Vereinbarung eines Erfolgshonorars sogar als sittenwidrig angesehen worden (BGH, NJW 1996, 2499; vgl. auch NJW 1987, 3203). Diese Regelung wurde in der Literatur kritisiert (vgl. z.B. Dahs, Handbuch des Strafverteidigers, Rn. 1202; Kilian, ZRP 2003, 90 ff.; Gieseler, JR 2005, 221). 499

Im Jahr 2006 hat dann das BVerfG in seinem Beschl. v. 12.12.2006 (1 BvR 2576/04, vgl. NJW 2007, 979 = RVGreport 2007, 179) zu den mit einem Erfolgshonorar zusammenhängenden Fragen Stellung genommen. Es hat das Verbot anwaltlicher Erfolgshonorare in **§ 49b Abs. 2 Satz 1 BRAO a.F** für **(teilweise) verfassungswidrig** erklärt, und zwar insoweit, als es keine Ausnahme für den Fall zulässt, dass der Anwalt mit der Vereinbarung einer erfolgsbasierten Vergütung besonderen Umständen in der Person seines Mandanten Rechnung trägt, die diesen sonst davon abhielten, seine Rechte zu verfolgen. In seiner Entscheidung hat das BVerfG im Einzelnen die Ziele des Gemeinwohls bestätigt, die dem gesetzlichen Verbot des anwaltlichen Erfolgshonorars zugrunde liegen. Es gehe um die Gefährdung der anwaltlichen Unabhängigkeit, den Schutz der Rechtsuchenden vor Übervorteilung durch überhöhte Vergütungsansätze sowie die Wahrung der prozessualen Waffengleichheit. Das BVerfG (a.a.O.) hat bestätigt, dass das Verbot anwaltlicher Erfolgshonorare zur Erreichung der vorgenannten Ziele geeignet ist und dazu auch grds. erforderlich sei. Letztlich sei das generelle Verbot aber nicht in jeder Hinsicht angemessen, weil es im Einzelfall keine Ausnahmen zulasse. 500

In diesem Beschl. hat das BVerfG (NJW 2007, 979 = RVGreport 2007, 179) dann zugleich den Gesetzgeber aufgefordert, bis Mitte 2008 eine **Neuregelung** zu erlassen. Für die erforderliche Neuregelung hat es dem Gesetzgeber ein weites Ermessen eingeräumt; er könne sowohl das Verbot des Erfolgshonorars ersatzlos aufheben, wie auch unter grundsätzlichem Festhalten an dem Verbot einen Ausnahmetatbestand zumindest für die Fälle eröffnen, in denen aufgrund der wirtschaftlichen Situation des Auftraggebers bei verständiger Betrachtung erst die Vereinbarung einer erfolgsbasierten Vergütung die Inanspruchnahme qualifizierter anwaltlicher Hilfe ermöglicht (wegen der Einzelh. BVerfG, a.a.O.). Der **Gesetzgeber** hat sich auf der Grundlage 501

Erfolgshonorar (§ 4a und § 49b Abs. 2 BRAO)

dann zu einer Änderung entschlossen, die jedoch auf der sog. **kleinen Lösung** basierte (vgl. zur Entstehungsgeschichte Mayer/Kroiß, § 4a Rn. 4 ff.; AnwKomm-RVG/Onderka, § 4a Rn. 2 ff. m.w.N. zur Literatur; vgl. zu den Lösungsmöglichkeiten auch die DAV-Stellungnahme Nr. 54/07, abrufbar unter www.anwaltverein.de, vgl. dazu BT-Drucks. 16/8384). Der RegE hatte eine sog. vermittelnde kleine Lösung vorgesehen (vgl. BT-Drucks. 16/8384, S. 10). Dies bedeutet, dass zwar § 49b Abs. 2 BRAO neu gefasst worden ist, dort aber an der **grundsätzlichen Unzulässigkeit** des Erfolgshonorars **festgehalten** wird. Die neue Regelung in § 4a normiert jedoch einen Ausnahmetatbestand.

> **Hinweis:**
> Die Neuregelungen sind am **01.07.2008** in Kraft getreten. Für Straf- und Bußgeldverfahren haben sie m.E. nicht die Bedeutung, die ihnen ggf. in anderen Verfahren zukommt. Deshalb soll hier nur ein Überblick über die gesetzlichen Regelungen gegeben werden.

B. Anmerkungen

I. Allgemeines

502 § 4a Abs. 1 regelt den Begriff des Erfolgshonorars, in dem auf § 49b Abs. 2 Satz 1 BRAO verwiesen wird (vgl. dazu Rn. 503). Zudem wird geregelt, wann von dem nach § 49b Abs. 2 BRAO weiterhin bestehenden Verbot der Vereinbarung eines Erfolgshonorars abgewichen werden darf (vgl. dazu Rn. 506). In § 4a Abs. 2 und 3 werden die inhaltlichen Voraussetzungen an eine (wirksame) Vereinbarung eines Erfolgshonorars aufgestellt (vgl. dazu Rn. 510 ff.).

II. Begriff des Erfolgshonorars (§ 4a Abs. 1 Satz 1 i.V.m. § 49 Abs. 2 Satz 1 BRAO)

1. Verweis auf die BRAO

503 § 4a Abs. 1 Satz 1 **verweist** auf § 49b Abs. 2 Satz 1 BRAO in der ab 01.07.2008 geltenden Fassung. Dort werden als Erfolgshonorar Vereinbarungen angesehen, durch die eine Vergütung oder ihre Höhe vom Ausgang der Sache oder vom Erfolg der anwaltlichen Tätigkeit abhängig gemacht wird oder nach denen der Rechtsanwalt einen Teil des erstrittenen Betrages als Honorar erhält. Diese sind unzulässig, soweit das RVG nichts anderes bestimmt. In § 4a ist teilweise etwas anderes bestimmt. Die Regelung in § 49b Abs. 2 Satz 1 BRAO setzt das sog. „**klassische Erfolgshonorar**" mit der sog. „**quota litis**", einer Erfolgsbeteiligung, gleich (vgl. dazu Gerold/Schmidt/Mayer, § 4a Rn. 4; AnwKomm-RVG/Onderka, § 4a Rn. 7 ff.; Mayer/Kroiß, § 4a Rn. 11). Das beruht darauf, dass man aus verfassungsrechtlicher Sicht keine grundsätzlichen Unterschiede zwischen der Streitanteilsvergütung und den übrigen Formen des Erfolgshonorars ausmachen kann (BVerfG, NJW 2007, 979, 985 = RVGreport 2007, 179; Mayer/Kroiß, a.a.O.).

504 Um ein Erfolgshonorar handelt es sich danach immer dann, wenn zwischen dem Rechtsanwalt und dem Mandanten vereinbart wird, dass der Rechtsanwalt nicht nur tätig wird, sondern neben der Tätigkeit das Ergebnis der Tätigkeit in irgendeiner Form auf die Höhe der Vergütung Einfluss haben soll (Mayer/Kroiß, § 4a Rn. 18). **Voraussetzung** für die anwaltliche Honorierung muss

Erfolgshonorar (§ 4a und § 49b Abs. 2 BRAO)

also nicht nur das **Tätigwerden** des Rechtsanwalts sein, sondern es muss als weitere Bedingung **hinzukommen**, dass mit dieser Tätigkeit ein **bestimmter „Erfolg"** für den Mandanten, wie z.B. ein Freispruch, die Aussetzung einer Strafe zur Bewährung, der Abschluss eines Strafverfahrens ohne öffentliche Hauptverhandlung, die Hauptverhandlung erst nach einem bestimmten Zeitpunkt, hinzukommt (Mayer/Kroiß, § 4a Rn. 19, der von „Effekt" spricht).

> **Hinweis:**
> Unter den Begriff des Erfolgshonorars fallen damit auch Vergütungen, die für einen bestimmten **Zwischenerfolg** vereinbart werden (Mayer/Kroiß, a.a.O.). Es muss sich auch nicht um endgültigen Erfolg handeln.

2. Kein Erfolgshonorar (§ 49b Abs. 2 Satz 3 BRAO)

Kein Erfolgshonorar liegt nach § 49b Abs. 2 Satz 3 BRAO vor, wenn lediglich vereinbart wird, dass sich die gesetzlichen Gebühren ohne Eintritt einer weiteren Bedingung erhöhen. Das gilt auch, wenn es sich um Gebühren handelt, die schon für sich eine **Erfolgskomponente** enthalten, wie z.B. die Nrn. 1000 ff., 4141, 5115 VV (Gerold/Schmidt/Mayer, § 4a Rn. 4; AnwKomm-RVG/Onderka, § 4a Rn. 11; Mayer/Kroiß, § 4a Rn. 15 f.; s. auch Teil A: Einigungsgebühr [Nr. 1000, 1003 und 1004 VV, Rn. 490).

505

> **Hinweis:**
> Kein Erfolgshonorar liegt immer dann vor, wenn sich die Vergütungspflicht und die Höhe der **Vergütung** aus dem **RVG** ergeben (Mayer/Kroiß, § 4a Rn. 12).

III. Zulässigkeitsvoraussetzungen (Abs. 1 Satz 1 und 2)

1. Vereinbarung für den Einzelfall (Abs. 1 Satz 1)

Nach § 4a Abs. 1 Satz 1 RVG darf ein Erfolgshonorar u.a. nur für den Einzelfall vereinbart werden. Dieses Merkmal ist sowohl **mandantenbezogen** wie auch **anwaltsbezogen** zu verstehen, mit der Folge, dass der Rechtsanwalt weder nur generell auf Erfolgshonorarbasis für seine Mandanten tätig werden darf, noch ist es ihm erlaubt, mit einem Mandanten eine Absprache dahin gehend zu treffen, dass grds. bestimmte Aufträge nur auf der Basis einer erfolgsbasierten Vergütung übernommen werden (Gerold/Schmidt-Mayer, § 4a Rn. 5; Mayer/Kroiß, § 4a Rn. 23 f.).

506

2. Zugang zum Recht (Abs. 1 Satz 1)

Nach § 4a Abs. 1 Satz 1 RVG ist die Vereinbarung eines Erfolgshonorars zudem nur dann zulässig, wenn der Auftraggeber aufgrund seiner wirtschaftlichen Verhältnisse bei verständiger Betrachtung ohne die Vereinbarung eines Erfolgshonorars **von** der **Rechtsverfolgung abgehalten** würde. Diese Einschränkung geht auf die Entscheidung des BVerfG v. 12.12.2006 (NJW 2007, 979 = RVGreport 2007, 179) zurück: Entscheidend ist der konkrete, individuelle Mandant (BT-Drucks. 16/8384, S. 10 f.). Gemeint sind Lebenssachverhalte, in denen z.B. um Vermögenswerte gestritten wird, die den einzigen oder wesentlichen Vermögensbestandteil einer rechtsuchenden

507

Erfolgshonorar (§ 4a und § 49b Abs. 2 BRAO)

Person ausmachen, etwa beim Streit um einen Erbteil, einen Entschädigungsbetrag oder ein Schmerzensgeld (BT-Drucks. 16/8384, S. 11; vgl. auch AnwKomm-RVG/Onderka, § 4a Rn. 14; Mayer/Kroiß, § 4a Rn. 27 ff.).

> **Hinweis:**
>
> Nach der Gesetzesbegründung (vgl. BT-Drucks. 16/8384, S. 10 f.) sind die Voraussetzungen nicht nur dann gegeben vor, wenn die wirtschaftlichen Verhältnisse dem Rechtsuchenden gar keine Alternative lassen. Eine „**verständige Betrachtung**" erfordere, dass nicht nur die wirtschaftlichen Verhältnisse, sondern auch die finanziellen Risiken und deren Bewertung durch den einzelnen Auftraggeber bei der Entscheidung über die Zulässigkeit von Erfolgshonoraren berücksichtigt werden. Die Regelung enthalte insgesamt einen flexiblen Maßstab. Ein gewisses Risiko birgt diese Einzelfallabwägung allerdings, weil die wirtschaftlichen Verhältnisse und die finanziellen Risiken für den Mandanten in den seltensten Fällen objektiv bestimmt sein dürften. Es empfiehlt sich daher für den eine Erfolgshonorarvereinbarung abschließenden Rechtsanwalt in die **Vereinbarung aufzunehmen**, wie sich die **wirtschaftlichen Verhältnisse** des Auftraggebers **darstellen** (s. auch von Seltmann, NJW-Spezial 2008, 350). Der Rechtsanwalt muss sich also zumindest in groben Zügen einen Überblick über die persönlichen und wirtschaftlichen Verhältnisses des Mandanten verschaffen (LG Berlin, AGS 2011, 15 m. Anm. Schons = RVGreport 2011, 55 m. Anm. Hansens = JurBüro 2011, 128). Tut er das nicht, wird die Vereinbarung als unwirksam angesehen (LG Berlin, a.a.O.).

3. Zulässiger Inhalt (Abs. 1 Satz 2)

508 Als Erfolgshonorar vereinbart werden dürfen/können sowohl ein **Erfolgszuschlag** zu den gesetzlichen Gebühren als auch **niedrigere** als die gesetzlichen Gebühren bzw. überhaupt **keine Vergütung** im Fall des Misserfolgs (vgl. auch Hansens, ZAP Fach 24, S. 1125, 1127; zur Kalkulation von Erfolgshonoraren Gerold/Schmidt/Mayer, § 4a Rn. 14 ff. m.w.N. und Winter, Erfolgshonorare für Rechtsanwälte: Formen, Kalkulationen und betriebswirtschaftliche Umsetzung, 2008). Die Zulassung von Erfolgshonoraren steht in den beiden letzten Fällen aber im Gegensatz zu § 49b Abs. 1 BRAO, nach dem der Rechtsanwalt keine geringere Vergütung vereinbaren oder fordern darf, als es das RVG zulässt (BT-Drucks. 16/8384, S. 11). Wie sich im Gegenschluss aus § 4 Abs. 1 Satz 1 ergibt, lässt das RVG eine Unterschreitung der gesetzlichen Gebühren in gerichtlichen Verfahren nicht zu. Um eine Umgehung des Gebots, in gerichtlichen Verfahren die gesetzlichen Gebühren nicht zu unterschreiten, zu vermeiden, sieht § 4a Abs. 1 Satz 2 daher für die anwaltliche Tätigkeit im gerichtlichen Verfahren vor, dass die gesetzliche Vergütung im Fall des Misserfolgs nur dann unterschritten werden darf, wenn zum Ausgleich hierfür im Erfolgsfall ein angemessener Zuschlag auf die gesetzliche Vergütung gezahlt wird (BT-Drucks. 16/8384, S. 11; vgl. zu dieser Regelung AnwKomm-RVG/Onderka, § 4 Rn. 23 f.; Mayer/Kroiß, § 4a Rn. 36; Checkliste zur Angemessenheit bei Hauskötter, RVGprofessionell 2010, 103, 105).

Erfolgshonorar (§ 4a und § 49b Abs. 2 BRAO)

> **Hinweis:**
> Diese Regelung gilt **nur** für ein **gerichtliches Verfahren:** Bei der außergerichtlichen Tätigkeit dürfen die gesetzlichen Vergütungen durch Vereinbarung nach 4 Abs. 1 Satz 1 ohnehin unterschritten werden (Mayer/Kroiß, § 4a Rn. 39).

Fraglich ist, was unter „**angemessen**" i.S.v. § 4a Abs. 1 Satz 2 zu verstehen ist (vgl. dazu Mayer/Kroiß, § 4a Rn. 42, wo diese Frage als „höchst problematisch" angesehen wird). Zutreffend dürfte es sein, in die Bemessung den Umfang der Herabsetzung im Misserfolgsfall ebenso einzubeziehen wie auf der anderen Seite die Erfolgsaussichten, wobei auf den Zeitpunkt des Abschlusses der Vereinbarung abzustellen ist (s. auch AnwKomm-RVG/Onderka, § 4a Rn. 24).

509

IV. Wirksamkeitsvoraussetzungen (Abs. 2 und Abs. 3)

1. Allgemeines

Bei der Vereinbarung eines Erfolgshonorars handelt es sich um eine Vergütungsvereinbarung. Das bedeutet, dass die **allgemeine Formvorschrift** des § 3a Abs. 1 zu **beachten** ist (vgl. dazu Teil A: Vergütungsvereinbarung [§ 3a], Rn. 1519). Darüber hinaus sind für die Vereinbarung eines Erfolgshonorars folgende zusätzliche Formvorschriften/Vorgaben zu beachten:

510

2. Voraussichtliche gesetzliche bzw. vertragliche Vergütung (Abs. 2 Nr. 1)

Die Vereinbarung muss enthalten die voraussichtliche gesetzliche Vergütung und ggf. die erfolgsunabhängige vertragliche Vergütung, zu der der Rechtsanwalt bereit wäre, den Auftrag zu übernehmen (§ 4a Abs. 2 Nr. 1; vgl. wegen der Einzelh. AnwKomm-RVG/Onderka, § 4a Rn. 29 ff.; Mayer/Kroiß, § 4a Rn. 44 ff.; s. auch Hansens, ZAP Fach 24, S. 1125, 1128). Diese Angaben sind in der Praxis **nicht einfach** zu treffen, da sich der Verfahrensablauf und die sich daraus ergebenden anwaltlichen Gebühren zu Beginn des Verfahrens nur schwer kalkulieren lassen. Deshalb plädiert Onderka (vgl. AnwKomm-RVG/Onderka, § 4a Rn. 30) für eine Toleranzgrenze, die sie in Anlehnung an den dem Rechtsanwalt bei Rahmengebühren eingeräumten Ermessensspielraum bei 20% sieht.

511

> **Hinweis:**
> Ein Verstoß gegen § 4 Abs. 2 Nr. 1 führt nach § 4b zur **Nichtigkeit** der getroffenen Vereinbarung (krit. insoweit AnwKomm-RVG/Onderka, a.a.O.).

3. Bestimmung der Höhe der Vergütung und des Eintritts der Bedingung (Abs. 2 Nr. 2)

Nach § 4a Abs. 2 Nr. 2 muss in der Vereinbarung die **Angabe** enthalten sein, welche **Vergütung** bei Eintritt welcher Bedingung **verdient** sein soll (vgl. wegen der Einzelh. Mayer/Kroiß, § 4a Rn. 49 ff.; Gerold/Schmidt/Mayer, § 4a Rn. 26; vgl. auch Hansens, ZAP Fach 24, S. 1125, 1128). Dies muss sich aus der Vereinbarung ergeben, mündliche Erläuterungen des Rechtsanwalts reichen nicht aus (vgl. Mayer/Kroiß, § 4a Rn. 50).

512

Erfolgshonorar (§ 4a und § 49b Abs. 2 BRAO)

4. Bestimmende Gründe für das Erfolgshonorar (Abs. 3 Satz 1)

513 Nach § 4a Abs. 3 Satz 1 RVG sind in die Vereinbarung auch die **wesentlichen** Gründe aufzunehmen, die für die Bemessung des Erfolgshonorars bestimmend sind (vgl. Hansens, ZAP Fach 24, S. 1125, 1129).

> **Hinweis:**
> Wird gegen diese Hinweispflicht verstoßen, führt das nicht zur Unwirksamkeit der Vereinbarung. Allerdings können **Schadensersatzansprüche** entstehen (dazu AnwKomm-RVG/Onderka, § 4a Rn. 43 ff.)

5. Kostenhinweis (Abs. 3 Satz 2)

514 Schließlich verlangt § 4a Abs. 3 Satz 2 den Hinweis, dass die Vereinbarung **keinen Einfluss** auf die ggf. vom Auftraggeber zu zahlenden **Gerichtskosten**, Verwaltungskosten und die von ihm zu erstattenden Kosten anderer Beteiligter hat (vgl. wegen der Einzelh. AnwKomm-RVG/Onderka, § 4a Rn. 36 ff. und Hansens, ZAP Fach 24, S. 1125, 1129).

C. Arbeitshilfe

515 Muster für Erfolgshonorare lassen sich, da deren Vereinbarung in der Praxis immer auch von den Umständen des Einzelfalls abhängt, nur schwer vorschlagen. In der Literatur findet man dennoch einige Mustervorschläge, und zwar bei Hänsch, Das anwaltliche Erfolgshonorar, 2008, S. 49 ff., bei Hauskötter, RVGprofessionell 2010, 103 ff.; bei Mayer/Winkler, Erfolgshonorar, 2008, S. 68 ff.; bei Teubel/Schons, Erfolgshonorar für Anwälte, 2008, S. 129 ff. (vgl. auch noch Hansens, RVGreport 2011, 56 in der Anm. zu LG Berlin, RVGreport 2011, 55 = AGS 2011, 15 = JurBüro 2011, 128). Die nachfolgenden Vorschläge basieren auf den Mustern bei Teubel/Schons, a.a.O.

I. Muster für die Vereinbarung eines Erfolgshonorars in Strafsachen

516

> **Erfolgshonorarvereinbarung**
>
> zwischen
>
> Rechtsanwalt ..... (Auftragnehmer)
>
> und
>
> Herrn/Frau ..... (Auftraggeber)
>
> in dem Strafverfahren AZ ..... wegen des Verdachts des Kraftfahrzeugdiebstahls bzw. der Hehlerei
>
> I. Vertragsgrundlage
>
> Als Vertragsgrundlage gehen die Parteien übereinstimmend davon aus, dass ein Fall der notwendigen Verteidigung (§ 140 StPO) nicht vorliegt und dass die derzeitigen wirtschaftlichen

Verhältnisse des Auftraggebers (Einkommen aus ausschließlich selbstständiger Tätigkeit und Unterhaltsverpflichtungen gegenüber ..... Personen) die Beauftragung eines Wahlverteidigers und dessen spätere Honorierung nur zulassen, wenn eine Freiheitsstrafe vermieden wird.

II. Verfahrensrisiko

Die Vertragsparteien stellen als verbindliche Vertragsgrundlage für diese Vereinbarung übereinstimmend fest, dass der Ausgang des Verfahrens und insbesondere die Möglichkeit einer Freiheitsstrafe völlig offen sind, da bei einer Vielzahl der beim Auftraggeber aufgefundenen Gegenstände ein strafbarer Hintergrund noch nicht abschließend festgestellt bzw. ausgeschlossen werden konnte (*ggf. weiter auszuführen*).

III. Vergütung

Abweichend von der gesetzlichen Vergütung nach dem RVG erhält der Rechtsanwalt sein Verteidigerhonorar nur, dann aber in Höhe des 8-fachen der gesetzlichen Höchstvergütung, wenn das Verfahren in der ersten Instanz durch Freispruch, Einstellung oder eine Bewährungsstrafe endet.

IV. Hinweise

Dem Auftraggeber ist bekannt, dass die Staatskasse im Falle der Kostenerstattung (Kostenfestsetzung oder Kostenausgleich) regelmäßig nicht mehr als die gesetzliche Vergütung erstatten muss.

Dem Auftraggeber ist ferner bekannt, dass die Vereinbarung keinen Einfluss auf die ggf. von ihm zu zahlenden Gerichtskosten, Verwaltungskosten und die von ihm zu erstattenden Kosten anderer Beteiligter hat.

Dem Auftraggeber ist bekannt, dass die gesetzliche Vergütung des Rechtsanwalts unter Berücksichtigung aller Vergütungsbestände (vgl. Teil 4 VV RVG) maximal ..... € zzgl. Auslagen und geltender Umsatzsteuer beträgt bzw. ..... € netto, solange sich der Auftraggeber in Untersuchungshaft befindet (*es sind von den Rahmengebühren jeweils die Höchstgebühren in Ansatz zu bringen*) und der Rechtsanwalt nicht bereit ist, hier eine erfolgsunabhängige vertragliche Vergütung statt der gesetzlichen Vergütung zu akzeptieren.

.....
Ort, Datum, Unterschrift
Rechtsanwältin/Rechtsanwalt

.....
Ort, Datum, Unterschrift, ...
Auftraggeber

Erfolgshonorar (§ 4a und § 49b Abs. 2 BRAO)

II. Muster für die Vereinbarung eines Erfolgshonorars in Bußgeldsachen

517

Erfolgshonorarvereinbarung

zwischen

Rechtsanwalt ..... (Auftragnehmer)

und

Herrn/Frau ..... (Auftraggeber)

in dem Bußgeldverfahren AZ. ..... wegen der Verdachts des Geschwindigkeitsüberschreitung

I. Vertragsgrundlage

Die Vertragsparteien stellen als Geschäftsgrundlage übereinstimmend fest, dass der Auftraggeber mangels Rechtsschutzversicherung die Kosten der Verteidigung aufgrund seiner wirtschaftlichen Verhältnisse, seiner beruflichen Stellung und seiner Unterhaltsverpflichtung (Handelsvertreter, durchschnittliches monatliches Einkommen, vier Unterhaltsberechtigte) nur finanzieren kann, wenn ein nach dem Bußgeldbescheid drohendes Fahrverbot vermieden wird.

II. Verfahrensrisiko

Die Vertragsparteien stellen als verbindliche Vertragsgrundlage für diese Vereinbarung übereinstimmend fest, dass vorliegend grundsätzlich die Voraussetzungen für ein Absehen vom Fahrverbot bestehen, dies aber im Ermessen des Gerichts liegt und die Erfolgschancen für das Absehen vom Fahrverbot bei allenfalls 50 % liegen.

III. Vergütung

Die Parteien sind sich darüber einig, dass der Auftraggeber dem Rechtsanwalt nur bei Freispruch, Einstellung des Verfahrens oder Absehen vom Fahrverbot, ggf. gegen eine Erhöhung der Geldbuße dieses Honorar schuldet, dieses Honorar dann aber 1.500,00 € zzgl. Auslagen und Umsatzsteuer beträgt.

IV.

Dem Auftraggeber ist bekannt, dass die Staatskasse im Falle der Kostenerstattung (Kostenfestsetzung oder Kostenausgleich) regelmäßig nicht mehr als die gesetzliche Vergütung erstatten muss.

Dem Auftraggeber ist ferner bekannt, dass die Vereinbarung keinen Einfluss auf die ggf. von ihm zu zahlenden Gerichtskosten, Verwaltungskosten und die von ihm zu erstattenden Kosten anderer Beteiligter hat.

.....	.....
Ort, Datum, Unterschrift	Ort, Datum, Unterschrift, ...
Rechtsanwältin/Rechtsanwalt	Auftraggeber

Siehe auch im Teil A: → Vergütungsvereinbarung (§ 3a), Rn. 1502.

Erstreckung (§ 48 Abs. 5)

§ 48 RVG   Umfang des Anspruchs und der Beiordnung

(5) ¹Wird der Rechtsanwalt in Angelegenheiten nach den Teilen 4 bis 6 des Vergütungsverzeichnisses im ersten Rechtszug bestellt oder beigeordnet, erhält er die Vergütung auch für seine Tätigkeit vor dem Zeitpunkt seiner Bestellung, in Strafsachen einschließlich seiner Tätigkeit vor Erhebung der öffentlichen Klage und in Bußgeldsachen einschließlich der Tätigkeit vor der Verwaltungsbehörde. ²Wird der Rechtsanwalt in einem späteren Rechtszug beigeordnet, erhält er seine Vergütung in diesem Rechtszug auch für seine Tätigkeit vor dem Zeitpunkt seiner Bestellung. ³Werden Verfahren verbunden, kann das Gericht die Wirkungen des Satzes 1 auch auf diejenigen Verfahren erstrecken, in denen vor der Verbindung keine Beiordnung oder Bestellung erfolgt war.

Bei der Problematik der Erstreckung handelt es sich vor allem um die Frage, ob der Rechtsanwalt, der erst später im Verfahren zum **Pflichtverteidiger** bestellt oder als (Nebenkläger-) Beistand beigeordnet wird, auch für die Tätigkeiten, die er vor seiner Bestellung/Beiordnung als Wahlanwalt oder Wahlbeistand erbracht hat, gesetzliche Gebühren verlangen kann. Es ist also eine Frage des **Umfangs** der Beiordnung/**Bestellung**, die vor allem im Fall der Verbindung von Verfahren in der Praxis erhebliche Bedeutung hat. Die damit zusammenhängenden Fragen sind in der Kommentierung bei § 48 Abs. 5 Satz 3 dargestellt. 518

Fälligkeit der Vergütung (§ 8)

§ 8 RVG   Fälligkeit, Hemmung der Verjährung

(1) ¹Die Vergütung wird fällig, wenn der Auftrag erledigt oder die Angelegenheit beendet ist. ²Ist der Rechtsanwalt in einem gerichtlichen Verfahren tätig, wird die Vergütung auch fällig, wenn eine Kostenentscheidung ergangen oder der Rechtszug beendet ist oder wenn das Verfahren länger als drei Monate ruht.

(2) ¹Die Verjährung der Vergütung für eine Tätigkeit in einem gerichtlichen Verfahren wird gehemmt, solange das Verfahren anhängig ist. ²Die Hemmung endet mit der rechtskräftigen Entscheidung oder anderweitigen Beendigung des Verfahrens. ³Ruht das Verfahren, endet die Hemmung drei Monate nach Eintritt der Fälligkeit. ⁴Die Hemmung beginnt erneut, wenn das Verfahren weiter betrieben wird.

Übersicht

		Rn.
A.	Überblick	519
B.	Anmerkungen	520
	I. Allgemeines	520
	II. Anwendungsbereich der Vorschrift	521
	III. Fälligkeitstatbestände	522
	1. Erledigung des Auftrags (§ 8 Abs. 1 Satz 1, 1. Alt.)	523
	2. Beendigung der Angelegenheit (§ 8 Abs. 1 Satz 1, 2. Alt.)	525

Fälligkeit der Vergütung (§ 8)

Literatur:

N. Schneider, Fragen zum Verjährungsbeginn für den anwaltlichen Vergütungsanspruch nach Einstellung des Verfahrens gemäß § 153a StPO, AGS 2008, 430.

A. Überblick

519   Die Fälligkeit der anwaltlichen Vergütung ist grds. in § 8 geregelt. Sie ist insbesondere für den Beginn der Verjährungsfrist von Bedeutung (zur Verjährung s. Teil A: Verjährung des Vergütungsanspruchs, Rn. 1577).

> **Hinweis:**
>
> Für den Anspruch des **Pflichtverteidigers** gegen den Mandanten ist **§ 52 Abs. 5** maßgebend. Danach tritt der für den Beginn der Verjährung maßgebende Zeitpunkt i.d.R. mit Rechtskraft der das Verfahren abschließenden gerichtlichen Entscheidung oder, wenn eine solche nicht vorliegt, mit der Beendigung des Verfahrens ein (s. auch noch: Teil A: Vergütungsanspruch gegen die Staatskasse [§§ 44, 45, 50], Rn. 1469).

B. Anmerkungen

I. Allgemeines

520   § 8 regelt den Eintritt der Fälligkeit für die anwaltliche Vergütung. **Bis** zum **Eintritt** der Fälligkeit kann der Rechtsanwalt/Verteidiger **nur** nach § 9 einen **Vorschuss** i.H.d. zu erwartenden Vergütung verlangen (s. Teil A: Vorschuss vom Auftraggeber [§ 9], Rn. 1659).

> **Hinweis:**
>
> Mit Eintritt der Fälligkeit kann der Verteidiger seine **Vergütung abrechnen** und vom Mandanten unter Beachtung der Vorgaben des § 10 **einfordern**. Er kann außerdem die Vergütung **festsetzen** lassen (§ 11) und die Feststellung einer Pauschgebühr (§ 42) oder – als Pflichtverteidiger – die Gewährung einer Pauschvergütung nach § 51 verlangen. Der Mandant kann nach Eintritt der Fälligkeit gem. § 10 Abs. 3 eine ordnungsgemäße Abrechnung verlangen. Bei Fälligkeit kann zudem die Feststellung der Zahlungsfähigkeit des Mandanten nach § 52 Abs. 2 Satz 1 beantragt werden (KG, StRR 2007, 239 m. Anm. Volpert; vgl. die Komm. zu § 52).

II. Anwendungsbereich der Vorschrift

521   § 8 gilt für **sämtliche anwaltlichen Vergütungen**, die nach dem RVG berechnet werden. Sie gilt auch für die vereinbarten Vergütungen nach §§ 3a, 4a und die in Teil 7 VV geregelten Auslagen. Auch die Fälligkeit der Vergütung des gerichtlich bestellten oder beigeordneten Rechtsanwalts bestimmt sich nach § 8 (zur Pauschvergütung s. § 51 Rn. 48, 51 ff.).

Fälligkeit der Vergütung (§ 8)

III. Fälligkeitstatbestände

§ 8 enthält zwei allgemeine Fälligkeitstatbestände: Erledigung des Auftrags nach § 8 Abs. 1 Satz 1, 1. Alt. (vgl. dazu Rn. 523 f.) und Beendigung der Angelegenheit nach § 8 Abs. 1 Satz 1, 2. Alt. (vgl. dazu Rn. 524 ff.). 522

1. Erledigung des Auftrags (§ 8 Abs. 1 Satz 1, 1. Alt.)

Nach § 8 Abs. 1 Satz 1, 1. Alt. ist die Vergütung fällig, wenn der Auftrag erledigt ist. Die Erledigung kann durch **Kündigung** oder **Niederlegung** des Mandats und auch durch einvernehmliche **Aufhebung** des Anwaltsvertrags eintreten (AnwKomm-RVG/N. Schneider, § 8 Rn. 22; Gerold/Schmidt/Mayer, § 8 Rn. 10). Der strafverfahrensrechtliche Auftrag erledigt sich im Übrigen im Zweifel auch durch den **Tod** des Rechtsanwalts/Verteidigers bzw. des Mandanten. 523

Beim **Pflichtverteidiger** erledigt sich der Auftrag, wenn das Gericht seine Bestellung aufhebt. Dann wird sein Vergütungsanspruch gegen die Staatskasse (§ 48) fällig (zur Fälligkeit/Verjährung des Pauschvergütungsanspruchs s. § 51 Rn. 58 ff.). 524

2. Beendigung der Angelegenheit (§ 8 Abs. 1 Satz 1, 2. Alt.)

Nach § 8 Abs. 1 Satz 1, 2. Alt. wird die Vergütung fällig, wenn die **Angelegenheit** i.S.d. § 15 Abs. 1 **beendet** ist. Ist das Strafverfahren noch **außergerichtlich**, so ist das Verfahren beendet, wenn das Verfahren nicht nur vorläufig eingestellt wird, z.B. nach § 170 Abs. 2 StPO oder nach § 154 StPO (vgl. dazu Nr. 4141 VV Rn. 13 ff.). Im Fall der Einstellung nach § 153a StPO löst erst die (endgültige) Einstellung nach Erfüllung der Auflage die Fälligkeit der Vergütung aus (LG Koblenz, AGS 2008, 431; N. Schneider, AGS 2008, 430). Im **gerichtlichen** Strafverfahren tritt die Beendigung mit dem Erlass einer gerichtlichen Entscheidung ein, also im Zweifel mit dem Urteil oder einer sonst das Verfahren beendenden Entscheidung. Wird ein Rechtsmittel eingelegt und dieses später zurückgenommen, wird die Vergütung ebenfalls fällig (AnwKomm-RVG/N. Schneider, § 8 Rn. 50 für die Rücknahme des Einspruchs gegen den Bußgeldbescheid im OWi-Verfahren). 525

> **Hinweis:** 526
>
> Für das **gerichtliche Verfahren** ist in § 8 Abs. 1 Satz 2 eine **Sonderregelung** enthalten. Neben den allgemeinen Fälligkeitsvoraussetzungen tritt die Fälligkeit der Vergütung auch dann ein, wenn eine Kostenentscheidung ergangen (Alt. 1) oder der Rechtszug beendet ist (Alt. 2) oder wenn das Verfahren länger als drei Monate ruht (Alt. 3). Insoweit gilt für das Strafverfahren:
>
> Die **Alt. 1** hat insbesondere dann Bedeutung, wenn gegen den Beschuldigten ein **Strafbefehl** ergangen ist. Mit dem Eingang des Antrags auf Erlass des Strafbefehls ist das vorbereitende Verfahren nach der Anm. zu Nr. 4104 VV beendet mit der Folge, dass die bis dahin entstandenen Gebühren Nrn. 4100, 4104 VV nach § 8 Abs. 1 Satz 1, 2. Alt. fällig geworden sind. Mit Erlass des Strafbefehls wird, da dieser eine Kostenentscheidung enthält, die weitere Gebühr

Festsetzung der Vergütung (§ 11)

Nr. 4106 VV nach § 8 Abs. 1 Satz 1, 1. Alt. fällig (so auch AnwKomm-RVG/N. Schneider, § 8 Rn. 73).

Im Strafverfahren führt grds. auch die **vorläufige Einstellung** nach § 205 StPO zur Fälligkeit der Vergütung, und zwar nach § 8 Abs. 1 Satz 2, **3. Alt.** (zur grundsätzlichen Frage, ob das auch für die Pauschvergütung gilt, s. OLG Düsseldorf, JurBüro 1995, 94 = Rpfleger 1995, 39 = StV 1995, 307 [LS]; OLG Hamm, StraFo 2002, 70; OLG Koblenz, StV 1994, 501 [LS]; s. auch § 51 Rn. 59). Wird das Verfahren **ausgesetzt** (z.B. nach § 265 Abs. 3 StPO) und dann drei Monate nicht betrieben, ist das als Ruhen i.S.d. 3. Alt. anzusehen (AnwKomm-RVG/ N. Schneider, § 8 Rn. 94; a.A. Mayer/Kroiß, § 8 Rn. 52 und wohl auch – für das Zivilverfahren – LG Karlsruhe, AGS 2008, 61 = RVGreport 2008, 54, wonach das bloß tatsächliche Ruhen nicht ausreichend sein soll; offengelassen von Gerold/Schmidt/Mayer, § 8 Rn. 30 ff.). Entscheidend ist, ob das Gericht zu erkennen gibt, dass es in der Sache zunächst nichts weiter veranlassen will (AnwKomm-RVG/N. Schneider, § 8 Rn. 93).

Siehe auch in Teil A: →Berechnung der Vergütung (§ 10), Rn. 359; →Verjährung des Vergütungsanspruchs, Rn. 1577.

Festsetzung der Vergütung (§ 11)

§ 11 RVG   Festsetzung der Vergütung

(1) ¹Soweit die gesetzliche Vergütung, eine nach § 42 festgestellte Pauschgebühr und die zu ersetzenden Aufwendungen (§ 670 des Bürgerlichen Gesetzbuchs) zu den Kosten des gerichtlichen Verfahrens gehören, werden sie auf Antrag des Rechtsanwalts oder des Auftraggebers durch das Gericht des ersten Rechtszugs festgesetzt. ²Getilgte Beträge sind abzusetzen.

(2) ¹Der Antrag ist erst zulässig, wenn die Vergütung fällig ist. ²Vor der Festsetzung sind die Beteiligten zu hören. ³Die Vorschriften der jeweiligen Verfahrensordnung über das Kostenfestsetzungsverfahren mit Ausnahme des § 104 Abs. 2 Satz 3 der Zivilprozessordnung und die Vorschriften der Zivilprozessordnung über die Zwangsvollstreckung aus Kostenfestsetzungsbeschlüssen gelten entsprechend. ⁴Das Verfahren vor dem Gericht des ersten Rechtszugs ist gebührenfrei. ⁵In den Vergütungsfestsetzungsbeschluss sind die von dem Rechtsanwalt gezahlten Auslagen für die Zustellung des Beschlusses aufzunehmen. ⁶Im Übrigen findet eine Kostenerstattung nicht statt; dies gilt auch im Verfahren über Beschwerden.

(3) ¹Im Verfahren vor den Gerichten der Verwaltungsgerichtsbarkeit, der Finanzgerichtsbarkeit und der Sozialgerichtsbarkeit wird die Vergütung vom Urkundsbeamten der Geschäftsstelle festgesetzt. ²Die für die jeweilige Gerichtsbarkeit geltenden Vorschriften über die Erinnerung im Kostenfestsetzungsverfahren gelten entsprechend.

(4) Wird der vom Rechtsanwalt angegebene Gegenstandswert von einem Beteiligten bestritten, ist das Verfahren auszusetzen, bis das Gericht hierüber entschieden hat (§§ 32, 33 und 38 Abs. 1).

Festsetzung der Vergütung (§ 11)

(5) ¹*Die Festsetzung ist abzulehnen, soweit der Antragsgegner Einwendungen oder Einreden erhebt, die nicht im Gebührenrecht ihren Grund haben.* ²*Hat der Auftraggeber bereits dem Rechtsanwalt gegenüber derartige Einwendungen oder Einreden erhoben, ist die Erhebung der Klage nicht von der vorherigen Einleitung des Festsetzungsverfahrens abhängig.*

(6) ¹*Anträge und Erklärungen können ohne Mitwirkung eines Bevollmächtigten schriftlich eingereicht oder zu Protokoll der Geschäftsstelle abgegeben werden.* ²*§ 129a der Zivilprozessordnung gilt entsprechend.* ³*Für die Bevollmächtigung gelten die Regelungen der für das zugrunde liegende Verfahren geltenden Verfahrensordnung entsprechend.*

(7) Durch den Antrag auf Festsetzung der Vergütung wird die Verjährung wie durch Klageerhebung gehemmt.

(8) ¹*Die Absätze 1 bis 7 gelten bei Rahmengebühren nur, wenn die Mindestgebühren geltend gemacht werden oder der Auftraggeber der Höhe der Gebühren ausdrücklich zugestimmt hat.* ²*Die Festsetzung auf Antrag des Rechtsanwalts ist abzulehnen, wenn er die Zustimmungserklärung des Auftraggebers nicht mit dem Antrag vorlegt.*

Übersicht

				Rn.
A.	Überblick			527
B.	Anmerkungen			528
	I.	Anwendungsbereich		528
		1. Gesetzliche Vergütung		528
		2. Pauschgebühr nach § 42		534
		3. Aufwendungen (§ 670 BGB)		538
		4. Gerichtliches Verfahren		539
		5. PKH		543
		6. Rechtsbeistand		546
	II.	Festsetzungsverfahren		547
		1. Antrag		547
			a) Form	547
			b) Antragsberechtigung	548
			c) Inhalt	549
		2. Zulässigkeit/Fälligkeit		553
		3. Rechtsschutzbedürfnis		554
		4. Zuständigkeit		555
		5. Rechtliches Gehör		556
		6. Einwendungen oder Einreden im Rahmen des Festsetzungsverfahrens (§ 11 Abs. 5)		557
			a) Außergebührenrechtliche Einwendungen	557
			b) Gebührenrechtliche Einwendungen	560
		7. Entscheidung		562
		8. Kosten des Festsetzungsverfahrens		563
	III.	Rechtsmittelverfahren		564
		1. Sofortige Beschwerde/Erinnerung		564
		2. Form und Frist		565
		3. Entscheidung		567
		4. Kosten des Beschwerdeverfahrens		569
		5. Weitere Beschwerde/Rechtsbeschwerde		571
		6. Gehörsrüge		572
	IV.	Bestrittener Gegenstandswert (§ 11 Abs. 4)		573
	V.	Verjährung		574
C.	Arbeitshilfen			575
	I.	Muster: Festsetzungsantrag nach § 11 (Geltendmachung der Mindestgebühren)		575
	II.	Muster: Festsetzungsantrag nach § 11 (Pauschvergütung nach § 42 RVG)		576
	III.	Muster: Zustimmungserklärung bei Rahmengebühren in Strafsachen		577
	IV.	Muster: Zustimmungserklärung mit Ratenzahlungsvereinbarung		578

Festsetzung der Vergütung (§ 11)

Literatur:

Hansens, Vergütungsfestsetzung bei Vergütungsvereinbarung?, RVGreport 2008, 449, *ders.*, Vergütungsfestsetzung gegen den eigenen Auftraggeber nach dem 1.7.2004, RVGreport 2004, 415; *ders.*, Die Vergütungsfristsetzung nach § 11 RVG, ZAP Fach 24, 831; *Römermann*, Das Vergütungsfestsetzungsverfahren nach § 11 RVG, RVGreport 2004, 124.

A. Überblick

527 Das Festsetzungsverfahren nach § 11 stellt für den **Rechtsanwalt** ein vereinfachtes, billiges und schnelles Verfahren zur **Erlangung eines Vollstreckungstitels** über die im gerichtlichen Verfahren entstandenen Kosten dar. Hierdurch wird ein ordentlicher Rechtsstreit über die Honorarforderung zwischen dem Auftraggeber und dem Rechtsanwalt vermieden.

Auch für den **Auftraggeber** besteht nach § 11 Abs. 1 Satz 1 die Möglichkeit, die Kostenrechnung des Rechtsanwalts für seine Tätigkeit in einem gerichtlichen Verfahren überprüfen zu lassen. Das Verfahren betrifft nur das Innenverhältnis zwischen dem Auftraggeber und dem Rechtsanwalt. Es handelt sich um ein gegenüber dem Hauptverfahren selbstständiges und hiervon unabhängiges Verfahren. Das Kostenfestsetzungsverfahren nach § 464b StPO, §§ 103 f. ZPO und nach anderen Verfahrensordnungen und das Vergütungsfestsetzungsverfahren nach § 11 sind voneinander unabhängig. Es besteht keine Bindungswirkung zwischen diesen Verfahren.

Beispiel:

Im Kostenfestsetzungsverfahren nach §§ 103 ff. ZPO wird die Erstattungsfähigkeit der Kosten eines Verkehrsanwalts abgelehnt.

Im Verfahren nach § 11 werden die Kosten des Verkehrsanwalts gegen dessen Auftraggeber festgesetzt. Hier spielt die Frage der Erstattungsfähigkeit keine Rolle.

B. Anmerkungen

I. Anwendungsbereich

1. Gesetzliche Vergütung

528 Im Verfahren nach § 11 kann zunächst die gesetzliche Vergütung festgesetzt werden. Zur gesetzlichen Vergütung gehören die nach dem RVG und dem VV zu berechnenden **Gebühren** und **Auslagen**. Hat der Rechtsanwalt eine Vergütungsvereinbarung i.S.v. § 3a mit dem Auftraggeber getroffen (Einzelh. zur Vergütungsvereinbarung im Teil A: Vergütungsvereinbarung [§ 3a], Rn. 1502), kann diese vereinbarte Vergütung nicht im Verfahren nach § 11 festgesetzt werden. Das gilt auch dann, wenn die vereinbarte Vergütung i.H.d. gesetzlichen Vergütung festgesetzt werden soll (OLG Frankfurt am Main, Rpfleger 1989, 303; **a.A.** Hartung/Römermann/Schons, § 11 Rn. 44). Werden gesetzliche Vergütungstatbestände durch den **Vertreter** des Rechtsanwalts erfüllt (§ 5), handelt es sich auch insoweit um die gesetzliche Vergütung i.S.v. § 11. Auch die Erhöhung für mehrere Personen als Auftraggeber nach **Nr. 1008 VV** gehört zur gesetzlichen Vergütung.

Festsetzung der Vergütung (§ 11)

Liegt eine **Vergütungsvereinbarung** vor, so ist eine Festsetzung – auch die der gesetzlichen Vergütung – ausgeschlossen (Hansens, RVGreport 2008, 449). Gegenstand des Vergütungsfestsetzungsverfahrens nach § 11 ist lediglich die **gesetzliche Vergütung**. 529

Hat der Rechtsanwalt mit seinem Auftraggeber in einer Vergütungsvereinbarung vereinbart, dass unter bestimmten Voraussetzungen die gesetzliche Vergütung geschuldet werde, hat der Vergütungsanspruch seine Grundlage gleichwohl in der Vereinbarung; eine Vergütungsfestsetzung nach § 11 kommt dann nicht in Betracht.

§ 11 Abs. 8 eröffnet **zwei Fälle der zulässigen Festsetzung** von Rahmengebühren. 530

Zum einen ist die Festsetzung zulässig, wenn lediglich die **Mindestgebühren** geltend gemacht werden.

- Die Festsetzung der Mindestgebühr ist jedoch nur dann möglich, wenn der Rechtsanwalt gem. § 315 BGB verbindlich erklärt, dass er die Mindestgebühr abschließend geltend macht. Keinesfalls kann die Mindestgebühr als Sockelbetrag geltend gemacht werden, um anschließend die verbleibende Vergütung im Wege der Honorarklage geltend zu machen (LAG Hessen, RVGreport 2006, 381; AnwKomm-RVG/N. Schneider, § 11 Rn. 105). Der Rechtsanwalt ist an eine entsprechende Erklärung gebunden, und zwar auch, wenn die Festsetzung abgelehnt wird, weil nichtgebührenrechtliche Einwendungen erhoben werden (§ 11 Abs. 5) und eine Honorarklage durchgeführt werden muss (Hansens, in: Hansens/Braun/Schneider, Teil 4, Rn. 144).

- Zum anderen ist das **Festsetzungsverfahren bei Rahmengebühren** auch dann statthaft, wenn der Auftraggeber der konkreten Höhe der Rahmengebühren ausdrücklich **zustimmt**. Dies eröffnet die Möglichkeit, einvernehmlich einen kostengünstigen Titel für den Rechtsanwalt zu beschaffen. Die erweiterte Festsetzungsmöglichkeit trägt zu einer Vermeidung von Vergütungsprozessen bei. Eine Zustimmungserklärung für konkrete Gebührentatbestände und die Geltendmachung der nach dem RVG berechneten Auslagen sowie der sonstigen zu ersetzenden Aufwendungen ist nicht erforderlich. 531

- Die Möglichkeit zur Festsetzung höherer Rahmengebühren als der Mindestgebühren besteht jedoch nur dann, wenn der Rechtsanwalt bereits dem Festsetzungsantrag die **Zustimmungserklärung des Auftraggebers** beifügt (vgl. BT-Drucks. 15/1971, S. 189; Hansens, in: Hansens/Braun/Schneider, Teil 4, Rn. 148. Teilweise wird vertreten, dass der Rechtsanwalt die Zustimmung auch noch nachreichen kann (AnwKomm-RVG/N. Schneider, § 11 Rn. 109; Römermann, RVGreport 2004, 124). Das ist – aus Gründen der Praktikabilität – zutreffend. Denn: Würde bei einer fehlenden Vorlage direkt die Festsetzung abgelehnt, so müsste der Antrag ggf. erneut gestellt bzw. direkt eine Honorarklage durchgeführt werden. Das Gericht hat daher vielmehr gem. § 139 ZPO auf die dem Antrag nicht beigefügte Zustimmungserklärung hinzuweisen und Gelegenheit zur Nachreichung zu geben. Wird die Zustimmungserklärung dem Festsetzungsantrag auch dann nicht beigefügt, ist die Festsetzung allerdings abzulehnen. 532

- Die **Zustimmungserklärung** des Auftraggebers muss in irgendeiner Form **schriftlich** dokumentiert sein (vgl. Wortlaut von § 11 Abs. 8 Satz 2: Vorlage mit dem Antrag) und erkennen lassen, dass sie vom Auftraggeber stammt. Damit kann es sich bspw. auch um den Ausdruck einer E-Mail handeln (Hansens, in: Hansens/Braun/Schneider, Teil 4, Rn. 148).

Festsetzung der Vergütung (§ 11)

- Die Zustimmungserklärung kann erst **nach der Fälligkeit** der Gebühren wirksam erteilt werden, da es sich ansonsten um eine Einwilligung handeln würde. Eine „Vorab-Zustimmung" bereits bei der Mandatserteilung ist nicht möglich. In diesem Fall muss diese Erklärung ggf. wiederholt werden (LG Zweibrücken, AGS 2010, 239 m. zust. Anm. N. Schneider = RVGreport 2010, 180 m. zust. Anm. von Hansens; zur Fälligkeit Teil A: Fälligkeit der Vergütung [§ 8], Rn. 519).

533 **Hinweis:**

Soweit in den in den Teilen 4 bis 6 VV geregelten Angelegenheiten **Wertgebühren** anfallen (vgl. hierzu Teil A: Gebührensystem, Rn. 651 und Gegenstandswert, Festsetzung [§ 33] Rn. 656), ist die Festsetzung nach § 11 grds. ebenfalls **möglich**. Dies gilt z.B. für die Privatklage und das Adhäsionsverfahren.

2. Pauschgebühr nach § 42

534 Neben der gesetzlichen Vergütung kann auch die nach § 42 vom zuständigen OLG **festgestellte Pauschgebühr** im Verfahren nach § 11 gegen den Auftraggeber festgesetzt werden. Der Formulierung ist zu entnehmen, dass die Pauschgebühr nach § 42 nicht zur gesetzlichen Vergütung gehört (vgl. auch BT-Drucks. 15/1971, S. 189).

Hinweis:

Nach § 42 Abs. 4 ist die Feststellung des OLG über die Pauschgebühr für das Vergütungsfestsetzungsverfahren nach § 11 **bindend** (vgl. § 42 Rn. 28).

535 Die Pauschgebühr nach § 42 ist wegen § 42 Abs. 2 Satz 2 auch für den **gerichtlich bestellten oder beigeordneten Rechtsanwalt** von Bedeutung: Sie eröffnet ihm die Möglichkeit, nicht nur gem. der §§ 52, 53 Abs. 1 die Zahlung der im VV aufgeführten gesetzlichen Wahlanwaltsgebühren vom Beschuldigten/Auftraggeber zu verlangen, sondern auch einen Antrag auf Feststellung einer diese Wahlanwaltsgebühren übersteigenden Pauschgebühr zu stellen (wegen der Einzelh. s. § 42 Rn. 2 und § 52 Rn. 1 ff.). Diese Pauschgebühr kann bis zum Doppelten der nach dem VV vorgesehenen Höchstgebühr des Wahlanwalts betragen.

Die **Voraussetzungen** für den Antrag des gerichtlich bestellten oder beigeordneten Rechtsanwalts auf Feststellung der Pauschgebühr ergeben sich aus den §§ 42 Abs. 2 Satz 2, 52 Abs. 1 Satz 1 und Abs. 2, 53 Abs. 1: Die Feststellung der Pauschgebühr kann erfolgen, wenn das Gericht feststellt, dass der Beschuldigte bzw. Auftraggeber ohne Beeinträchtigung des für ihn und seine Familie notwendigen Unterhalts zur Zahlung der Pauschgebühr – auch in Raten – in der Lage ist. Wird daher für den gerichtlich bestellten oder beigeordneten Rechtsanwalt eine Pauschgebühr nach § 42 vom OLG festgestellt, dürfte er diese wegen § 42 Abs. 4 und § 11 Abs. 1 **gegen den Auftraggeber festsetzen lassen** können (wegen der Einzelh. s. § 42 Rn. 27; § 52 Rn. 16).

536 Wird der Antrag auf Festsetzung der Pauschvergütung erst **nachträglich** gestellt, nachdem das Kostenfestsetzungsverfahren bereits durch förmlichen Festsetzungsbeschluss zum Abschluss gelangt ist, kommt ein nachgeschobener Antrag auf Pauschvergütung im Hinblick auf ein erneutes

Kostenfestsetzungsverfahren nicht mehr in Betracht (OLG Jena, JurBüro 2008, 82 = AGS 2008, 174 = Rpfleger 2008, 98 = RVGreport 2008, 25 = StRR 2008, 158, m. krit. Anm. von Burhoff).

> **Hinweis:**
>
> Der Pflichtverteidiger kann auch dann einen Antrag auf Feststellung der Pauschgebühr gem. § 42 stellen, wenn dem Beschuldigten ein **Erstattungsanspruch gegen die Staatskasse** zusteht. Zwar ist die Staatskasse grds. zur Erstattung höherer als der gesetzlichen Gebühren nach § 464a Abs. 2 Nr. 2 StPO nicht verpflichtet. Aus § 42 Abs. 2 Satz 2 und 3 ergibt sich jedoch, dass aus der Staatskasse, wenn ihr die Kosten des Verfahrens ganz oder zum Teil auferlegt worden sind, auch die Erstattung der gerichtlich festgestellten Pauschgebühr des Beschuldigten verlangt werden kann, wenn der Pflichtverteidiger diese von ihm fordert.
>
> Im Ergebnis kann daher der Pflichtverteidiger, wenn er eine **Vergütungsvereinbarung** mit dem Beschuldigten getroffen hat (vgl. hierzu BGH, JurBüro 1979, 1793 und JurBüro 1983, 689), bei Vorliegen der Voraussetzungen nach den §§ 42, 52 Abs. 1 Satz 1, Abs. 2 die Erstattung des vereinbarten Honorars bis zum Doppelten der Wahlverteidigerhöchstgebühr auch aus der Staatskasse verlangen (vgl. auch die Komm. zu den §§ 42, 51 und 53).

537

3. Aufwendungen (§ 670 BGB)

Neben der gesetzlichen Vergütung und der in § 42 vorgesehenen Pauschgebühr (vgl. Rn. 534) können auch die zu ersetzenden Aufwendungen, die zu den Kosten des gerichtlichen Verfahrens gehören, festgesetzt werden. Durch den Klammerzusatz in Abs. 1 Satz 1 „(§ 670 BGB)" wird klargestellt, dass es sich bei den Aufwendungen nicht nur um Auslagen nach den Vorschriften des RVG handelt (Teil 7 VV), sondern dass insbesondere auch die verauslagten **Gerichtskosten** zu diesen Aufwendungen gehören. Zu den Aufwendungen, die hiernach mit festgesetzt werden können, gehören z.B.:

538

- Gerichtsvollzieherkosten,
- Fracht-, Speditionskosten,
- Detektivkosten,
- Privatgutachterkosten,
- Aktenversendungspauschale Nr. 9003 KV GKG,
- Kosten für Zeugenermittlung,
- Registerauskunftskosten.
- s. im Übrigen Teil A: Allgemeine Vergütungsfragen, Rn. 53 f.

Beispiel:

Rechtsanwalt R wird von M mit der Einreichung der Privatklage beauftragt. Die vom Gericht als Vorschuss gem. § 16 Abs. 1 GKG angeforderte Gerichtsgebühr Nr. 3311 KV GKG i.H.v. 60,00 € zahlt R aus eigenen Mitteln ein.

Die Gerichtsgebühr kann sich R im Verfahren nach § 11 gegen M festsetzen lassen.

Festsetzung der Vergütung (§ 11)

4. Gerichtliches Verfahren

539 Das Verfahren auf Festsetzung der gesetzlichen Vergütung einer nach § 42 festgestellten Pauschgebühr und der nach § 670 BGB zu ersetzenden Aufwendungen ist auf solche Aufwendungen **beschränkt**, die zu den Kosten des gerichtlichen Verfahrens gehören, weil das Gericht nur insoweit die für eine Festsetzung erforderliche Sachkenntnis besitzt (vgl. BT-Drucks. 15/1971, S. 289).

Es können daher **nur** die **Kosten** festgesetzt werden, die für eine Tätigkeit in einem **gerichtlichen Verfahren** angefallen sind. Nicht zu den Kosten des gerichtlichen Verfahrens gehören daher die Gebühren nach § 34 (Beratung) und die des zweiten Abschnitts VV RVG (z.B. Geschäftsgebühr), da sie für außergerichtliche Tätigkeiten anfallen (OLG Düsseldorf, JurBüro 1990, 604). Die Beratungsgebühr Nr. 2501 VV (Beratungshilfe) wird nur aus der Landeskasse gezahlt (vgl. § 44), sodass insoweit eine Festsetzung gem. § 11 gegen den Auftraggeber ausscheidet.

> **Hinweis:**
>
> **Fraglich** ist, ob die Beratungshilfegebühr Nr. 2500 VV im Verfahren nach § 11 festgesetzt werden kann. Das ist zur früheren Regelung der **Beratungshilfegebühr** in § 8 Abs. 1 BerHG a.F. für das Verfahren nach § 19 BRAGO verneint worden, weil die Gebühr nicht in der BRAGO geregelt war und nicht zur gesetzlichen Vergütung der BRAGO zählte. Die Gebühr ist zwar nunmehr im RVG in der Nr. 2500 VV geregelt und gehört daher zur gesetzlichen Vergütung nach dem RVG. Nach wie vor dürfte jedoch das Festsetzungsverfahren (nach § 11) nicht zulässig sein, da die Beratungshilfegebühr Nr. 2500 VV nicht zu den Kosten des gerichtlichen Verfahrens i.S.v. § 11 Abs. 1 zählt (Gerold/Schmidt/Müller-Rabe, § 11 Rn. 77, Hansens, in: Hansens/Braun/Schneider, Teil 4, Rn. 115).

Beispiel:

Rechtsanwalt R vertritt den Beschuldigten im Ermittlungsverfahren. Vor dem Eingang der Anklageschrift legt R das Mandat nieder.

R kann die Mindestbeträge der für seine Tätigkeit entstandenen Grundgebühr Nr. 4100 VV und der Verfahrensgebühr Nr. 4104 VV nicht gem. § 11 festsetzen lassen, da diese Gebühren nicht zu den Kosten des gerichtlichen Verfahrens gehören. Das Mandat hat sich erledigt, bevor das gerichtliche Verfahren anhängig wurde.

Ist das Verfahren allerdings gerichtlich anhängig geworden, können auch diese Gebühren gem. § 11 festgesetzt werden. Die Gebühren sind dann zwar nicht durch eine Tätigkeit gegenüber dem Gericht, aber im Rahmen eines gerichtlichen Verfahrens entstanden.

540 Das **Zwangsvollstreckungsverfahren** (vgl. insoweit Vorbem. 4 Abs. 5 Nr. 2 VV, Vorbem. 5 Abs. 4 Nr. 2 und Vorbem. 6.2 Abs. 3 Nr. 2 VV) ist jedenfalls dann ein gerichtliches Verfahren i.S.v. § 11, wenn der Mandant in einem gerichtlichen Zwangsvollstreckungsverfahren vertreten worden ist (vgl. LG Düsseldorf, JurBüro 1987, 65). Daher ist z.B. die Vergütung für die Zwangsvollstreckung aus einer notariellen Urkunde ohne gerichtliches Vollstreckungsverfahren nicht nach § 11 festsetzbar (LG Berlin, JurBüro 1978, 221).

541 Auch die durch den **Gerichtsvollzieher** betriebenen Verfahren der Zwangsvollstreckung (z.B. Mobiliarvollstreckung, Abnahme der eidesstattlichen Versicherung, Räumungsvollstreckung)

Festsetzung der Vergütung (§ 11)

stellen nach der herrschenden Meinung kein gerichtliches Verfahren dar. Allerdings wurde mit Wirkung zum 01.01.2007 der Nr. 1003 VV folgende klarstellende Ergänzung hinzugefügt: „Das Verfahren vor dem Gerichtsvollzieher steht einem gerichtlichen Verfahren gleich." Eine Einigung in diesem Verfahren führt damit lediglich zu einer reduzierten Einigungsgebühr von 1,0. Dem Rechtsanwalt lediglich die „negativen" Auswirkungen des gerichtlichen Verfahrens aufzuerlegen ohne ihm auch die positiven Aspekte zu gewähren scheint unangemessen. Es ist daher aufgrund dieser Gesetzesänderung davon auszugehen, dass das Verfahren vor dem Gerichtsvollzieher in allen kostenrechtlichen Bereichen als gerichtliches Verfahren zu behandeln ist. Damit ist auch die Festsetzung dieser Kosten nach § 11 zuzulassen.

> **Hinweis:** 542
>
> Ist für den Rechtsanwalt wegen desselben Gegenstands auch eine Geschäftsgebühr entstanden, so ist dennoch regelmäßig die volle Verfahrensgebühr im Verfahren nach § 11 festzusetzen. Nach § 15a Abs. 1 ist der Rechtsanwalt lediglich verpflichtet, dafür zu sorgen, dass er insgesamt nicht zu viel erhält. Daher wird er die **Anrechnung** nur dann berücksichtigen, wenn der Mandant die Geschäftsgebühr bereits gezahlt hat (zur Anrechnung s. Teil A: Anrechnung von Gebühren [§ 15a], Rn. 123).

5. PKH

Der dem Nebenkläger oder dem Privatkläger im Wege der PKH beigeordnete Rechtsanwalt kann das Festsetzungsverfahren nach § 11 **gegen** seinen **Mandanten nicht** betreiben, da dem die **Forderungssperre** gem. §§ 379 Abs. 3, 397a Abs. 2 StPO, § 122 Abs. 1 Nr. 3 ZPO entgegen steht (vgl. hierzu auch § 11 Abs. 5 und Rn. 28; OLG Düsseldorf, JMBl. NRW 1999, 282 = AGS 1999, 108; OLG Köln, NJW-RR 1995, 634 = AnwBl. 1996, 54; OLG Köln, JurBüro 1984, 1356; OLG Schleswig, AGS 2003, 160). Allerdings erfasst die Forderungssperre des § 122 Abs. 1 Nr. 3 ZPO nur solche Ansprüche des beigeordneten Rechtsanwalts, für welche PKH bewilligt worden ist. Die Sperrwirkung greift daher grds. nicht für Vergütungsansprüche des beigeordneten Rechtsanwalts ein, die darauf beruhen, dass er zeitlich oder gegenständlich außerhalb des Umfangs der Beiordnung auftragsgemäß tätig geworden ist (vgl. OLG Düsseldorf, JMBl. NRW 1999, 282 = AGS 1999, 108). 543

Bei Bewilligung von **teilweiser PKH** und Führung des Prozesses wegen des gesamten Gegenstands, steht dem Rechtsanwalt lediglich die Differenz zwischen der Wahlanwaltsvergütung nach dem Gesamtstreitwert und der Wahlanwaltsvergütung nach dem Wert, für den er beigeordnet worden ist, zu (OLG Düsseldorf, JurBüro 2005, 321). Nur insoweit kann auch die Festsetzung nach § 11 erfolgen. 544

Dem im Wege der PKH in Angelegenheiten nach den Teilen 4 bis 6 VV beigeordneten Rechtsanwalt steht ein Anspruch auf Zahlung der Wahlanwaltsgebühren gem. §§ 53 Abs. 1, 52 gegen den Auftraggeber zu, wenn das Gericht gem. § 52 Abs. 2 die Feststellung getroffen hat, dass der Auftraggeber zur Zahlung der Wahlanwaltsgebühren ohne Beeinträchtigung des für ihn und seine Familie erforderlichen Unterhalts in der Lage ist. Dieser Beschluss über die Feststellung der Zahlungsfähigkeit durch das Gericht stellt **keinen Vollstreckungstitel** dar. Lehnt der Auftrag- 545

Festsetzung der Vergütung (§ 11)

geber trotz Feststellung der Leistungsfähigkeit die Zahlung ab, muss der Rechtsanwalt trotzdem auf Leistung der festgestellten Vergütung klagen.

Macht der RA nach Feststellung der Zahlungsfähigkeit nur die Mindestbeträge der Wahlanwaltsgebühren geltend, kann der ggf. erforderliche Vollstreckungstitel nach § 11 Abs. 8 im Vergütungsfestsetzungsverfahren nach § 11 erwirkt werden (vgl. Rn. 530f.). Die Mindestsätze der Wahlanwaltsgebühren nach den Teilen 4 bis 6 VV liegen aber unter den aus der Staatskasse zu erstattenden Gebühren, sodass die Durchführung des Verfahrens nach § 11 **nicht sinnvoll** ist. Hat die Staatskasse bereits die Gebühren gezahlt, ergibt sich ohnehin keine festsetzbare Differenz. Die Wahlanwaltsgebühren könnten nach der Feststellung der Leistungsfähigkeit **nur dann** in voller Höhe im Verfahren nach § 11 festgesetzt werden, wenn der Rechtsanwalt gleichzeitig mit dem Festsetzungsantrag **die Zustimmung** des Auftraggebers zur Höhe der geltend gemachten Gebühren vorlegt (vgl. § 11 Abs. 8).

> **Hinweis:**
>
> Wird die Bewilligung von **PKH abgelehnt**, so kann der Rechtsanwalt die Festsetzung seiner Vergütung für das PKH-Prüfungsverfahren im Rahmen von § 11 betreiben (Hansens, in: Hansens/Braun/Schneider, Teil 4, Rn. 99).

6. Rechtsbeistand

546 Nach Art. IX des Gesetzes zur Änderung und Ergänzung kostenrechtlicher Vorschriften (KostÄndG) vom 26.07.1957, zuletzt geändert durch Art. 4 Abs. 33 des KostRMoG vom 12.02.2004, gilt § 11 **auch** für den Rechtsbeistand, wenn diesem die Erlaubnis zur geschäftsmäßigen Besorgung fremder Rechtsangelegenheiten erteilt worden ist.

II. Festsetzungsverfahren

1. Antrag

a) Form

547 Der Antrag auf Festsetzung der Vergütung kann nach § 11 Abs. 6, § 129a ZPO zu Protokoll der Geschäftsstelle eines jeden AG gestellt werden. Dieser muss unverzüglich an das zuständige Gericht weitergeleitet werden. Der Antrag kann auch schriftlich eingereicht werden, nach § 130a ZPO bei Vorliegen der dort genannten Voraussetzungen auch als **elektronisches Dokument**. **Anwaltszwang** besteht **nicht**, da der Antrag ohne Mitwirkung eines Rechtsanwalts eingereicht werden kann (vgl. § 78 Abs. 5 ZPO).

b) Antragsberechtigung

548 Antragsberechtigt sind nach § 11 Abs. 1 der **Rechtsanwalt** und der **Auftraggeber**. Auftraggeber ist derjenige, der den Anwaltsvertrag mit dem Rechtsanwalt geschlossen hat, nicht notwendigerweise die vertretene Partei. Auch der Rechtsnachfolger des Auftraggebers ist antragsberechtigt (Hansens, in: Hansens/Braun/Schneider, Teil 4, Rn. 107).

Festsetzung der Vergütung (§ 11)

c) Inhalt

Der **Rechtsanwalt** hat seinem Festsetzungsantrag die **Kostenberechnung** nebst **erforderlicher Zahl von Abschriften** für den Antragsgegner des Festsetzungsverfahrens beizufügen (vgl. § 11 Abs. 2 Satz 3, § 103 Abs. 2 ZPO, § 464b StPO, § 46 OWiG; § 77 IRG, § 116 Satz 2 BRAO). Die dem Mandanten übersandte Kostenberechnung des Rechtsanwalts muss den in § 10 aufgestellten Erfordernissen genügen. Im Kostenfestsetzungsverfahren selbst muss diese Kostenrechnung nicht erneut vorgelegt werden. Hier genügt auch eine einfache Berechnung der Kosten (Hansens, in: Hansens/Braun/Schneider, Teil 4, Rn. 151; AnwKomm-RVG/N. Schneider, § 11 Rn. 141; vgl. hierzu Teil A: Berechnung der Vergütung [§ 10] Rn. 359). **Getilgte Beträge** sind abzusetzen (vgl. § 11 Abs. 1 Satz 2).

549

Nach § 11 Abs. 2 Satz 3, § 104 Abs. 3 Satz 1 und 2 ZPO genügt zur Berücksichtigung eines Gebührenansatzes die **Glaubhaftmachung**, bei Auslagen für Post- und Telekommunikationsdienstleistungen die Versicherung, dass diese entstanden sind.

§ 104 Abs. 2 Satz 3 ZPO (Erklärung über Vorsteuerabzugsberechtigung) ist nach § 11 Abs. 2 Satz 3 **nicht anwendbar**. Der Rechtsanwalt muss die Erklärung über die Vorsteuerabzugsberechtigung im Verfahren nach § 11 somit nicht abgeben. Von der Verweisung auf die „Vorschriften der jeweiligen Verfahrensordnung über das Kostenfestsetzungsverfahren" ist § 104 Abs. 2 Satz 3 ZPO ausgenommen worden. Im Verfahren nach § 11 kann daher die auf die Vergütung des Rechtsanwalts entfallende Umsatzsteuer nach Nr. 7008 VV berücksichtigt werden.

550

Aufgrund der Verweisung auf § 104 Abs. 1 Satz 2 ZPO kann die **Verzinsung** des Festsetzungsbetrages ab Antragseingang mit 5 % über dem Basiszinssatz nach § 247 BGB beantragt werden.

551

Der Festsetzungsantrag des **Auftraggebers** muss erkennen lassen, für welchen Rechtsanwalt die Vergütung festgesetzt werden soll. Der Auftraggeber muss keinen bestimmten Antrag stellen. Jedoch kann der Auftraggeber nicht die Festsetzung eines von dem Rechtsanwalt zurückzuzahlenden Betrages beantragen.

552

2. Zulässigkeit/Fälligkeit

Der Festsetzungsantrag ist erst zulässig, wenn die **Vergütung fällig** ist (vgl. § 11 Abs. 2 Satz 1). Die Fälligkeit der Vergütung richtet sich nach § 8 Abs. 1 (s. auch Teil A: Fälligkeit der Vergütung [§ 8] Rn. 519). Nicht notwendig für die Zulässigkeit der Festsetzung ist nach dem LAG Rheinland-Pfalz (Beschl. v. 02.08.2005 – 9 Ta 164/05, JurionRS 2005, 23529) die **Übersendung** einer **Rechnung**, die den Erfordernissen des § 10 entspricht, da dies nach § 11 Abs. 2 keine Zulässigkeitsvoraussetzung ist. Dahingegen verlangt Hansens (Hansens/Braun/Schneider, Teil 4, Rn. 1) die Einforderbarkeit der Forderung, zu der auch eine dem § 10 genügende Kostenrechnung gehört. Richtigerweise ist diese spätestens bei Antragstellung zu übersenden.

553

3. Rechtsschutzbedürfnis

Der Antrag des Rechtsanwalts ist unzulässig, wenn der Auftraggeber die geforderte Vergütung bereits **vorbehaltlos gezahlt** hat. Das gilt auch für den Antrag des Auftraggebers. Der Auftrag-

554

Festsetzung der Vergütung (§ 11)

geber kann aber beantragen festzustellen, dass dem Rechtsanwalt ein weiterer Vergütungsanspruch nicht mehr zusteht (OLG Köln, JurBüro 1984, 1356).

Solange der Weg des Festsetzungsverfahrens nach § 11 gegeben ist, fehlt es an einem Rechtsschutzbedürfnis für eine entsprechende **Honorarklage** (AnwKomm-RVG/N. Schneider, § 11 Rn. 297).

Der Rechtsanwalt kann auch dann noch das Festsetzungsverfahren nach § 11 betreiben, wenn der Auftraggeber bereits im Vorfeld **Einwendungen** erhoben hat, die nicht im Gebührenrecht ihren Ursprung haben, denn es ist nicht sicher, ob der Auftraggeber diese Einwendungen auch im gerichtlichen Verfahren wiederholen wird (Hansens, in: Hansens/Braun/Schneider, Teil 4, Rn. 89).

Wird im Festsetzungsverfahren lediglich wegen einer **Teilforderung** ein nichtgebührenrechtlicher Einwand erhoben (z.B. die Gesamtforderung über 1.000,00 € ist wegen einer Vorschusszahlung von 300,00 € erloschen), so fehlt es nur wegen dieses Teilbetrags an der Zulässigkeit. Hinsichtlich des einwendungsfreien Teils kann die Festsetzung erfolgen. Die Festsetzung ist wegen des mit dem Einwand behafteten Teils unzulässig und abzulehnen. Wegen dieses Teils muss der Klageweg beschritten werden (Hansens, in: Hansens/Braun/Schneider, Teil 4, Rn. 90).

4. Zuständigkeit

555 **Funktionell zuständig** für die Festsetzung ist grds. der **Rechtspfleger** (§ 21 Nr. 2 RPflG). Findet eines der in Teil 6 VV aufgeführten Verfahren vor der Verwaltungsgerichtsbarkeit statt, ist für die Festsetzung der Urkundsbeamte der Geschäftsstelle zuständig.

Sachlich und **örtlich zuständig** ist das Gericht des ersten Rechtszugs des Ausgangsverfahrens. Liegt ein gerichtliches Ausgangsverfahren nicht vor, kann auch keine Vergütungsfestsetzung erfolgen. Im Fall der Verweisung ist das Gericht zuständig, an das verwiesen worden ist. Auch für den Rechtsanwalt, der nur in der Rechtsmittelinstanz tätig geworden ist, erfolgt die Vergütungsfestsetzung durch das Gericht des ersten Rechtszugs.

5. Rechtliches Gehör

556 **Vor** der **Festsetzung** ist den Beteiligten nach § 11 Abs. 2 Satz 2 rechtliches Gehör zu gewähren. Dies geschieht durch Übersendung des dem Festsetzungsantrag gem. § 11 Abs. 2 Satz 3, § 103 Abs. 2 ZPO beigefügten Zweitstücks des Festsetzungsantrags.

Die Anhörung kann grds. **formlos** erfolgen, jedoch ist eine förmliche Zustellung der Anhörung angebracht, wenn zweifelhaft ist, ob der Antragsgegner vom Festsetzungsantrag Kenntnis genommen hat (AnwKomm-RVG/N. Schneider, § 11 Rn. 155).

Bei **unbekanntem Aufenthalt** des Antragsgegners erfolgt eine öffentliche Zustellung (AnwKomm-RVG/N. Schneider, § 11 Rn. 155). Wohnt der Antragsgegner im Ausland, sollte die förmliche Auslandszustellung der Anhörung erfolgen, da nur hierdurch gewährleistet wird, dass später die erforderliche Vollstreckungsklausel von der zuständigen ausländischen Behörde erteilt wird.

Festsetzung der Vergütung (§ 11)

6. Einwendungen oder Einreden im Rahmen des Festsetzungsverfahrens (§ 11 Abs. 5)

a) Außergebührenrechtliche Einwendungen

Das Verfahren nach § 11 kann nach § 11 Abs. 5 Satz 1 dann nicht durchgeführt werden, wenn der Antragsgegner **Einwendungen** erhebt, die **nicht** im **Gebührenrecht** ihren Grund haben. Es reicht allerdings nicht aus, dass der Antragsgegner nur behauptet, er habe außergebührenrechtliche Einwendungen. Er muss diese im Einzelnen benennen, damit erkennbar wird, aus welchen konkreten Umständen sie hergeleitet werden. Eine formelhafte Wiederholung des Gesetzestextes aus § 11 Abs. 5 reicht nicht aus (OLG Hamburg, JurBüro 1995, 649). Da es nach dem Wortlaut der Vorschrift genügt, dass der Mandant außergebührenrechtliche Einwendungen oder Einreden „erhebt", ist von dem für die Festsetzung der Vergütung zuständigen Rechtspfleger eine Prüfung der Begründetheit der Einwendungen oder eine Aufforderung an den Mandanten, seine Einwendungen näher zu substantiieren, jedoch nicht verlangt; der Rechtspfleger hat auch keine materiell-rechtliche Schlüssigkeitsprüfung vorzunehmen (KG, Rpfleger 2007, 616 = RVGreport 2007, 419 = VRR 2007, 363; OLG Düsseldorf, AGS 2007, 628 = JurBüro 2008, 91; OLG Frankfurt am Main, JurBüro 2011, 329; OLG Naumburg, JurBüro 2011, 136; AnwKomm-RVG/ N. Schneider, § 11 Rn. 169 m.w.N.).

557

> *Beispiele: Nichtgebührenrechtliche Einwendungen*
> - *die fehlende Bevollmächtigung des Rechtsanwalts (OLG Koblenz, AnwBl. 2000, 261);*
> - *es ist keine unbedingte Auftragserteilung erfolgt, weil die PKH nicht bewilligt worden ist (OLG Koblenz, JurBüro1994, 732);*
> - *es ist keine Auftragserteilung erfolgt (LAG Nürnberg, RVGreport 2011, 217 für das arbeitsgerichtliche Verfahren);*
> - *der Abschluss einer Vergütungsvereinbarung (OLG Karlsruhe, JurBüro 1992, 740; OLG Koblenz, JurBüro 1992, 239);*
> - *die Erfüllung des Vergütungsanspruchs (OLG Köln, FamRZ 2010, 1187);*
> - *die Aufrechnung des Mandanten (LAG Rheinland-Pfalz, RVGreport 2010, 213); Aufrechnung mit einer Schadensersatzforderung (OLG Koblenz, AGS 2000, 37);*
> - *die Verjährung des Anspruchs, wobei aber zu beachten ist, dass es sich um einen gebührenrechtlichen Einwand handeln dürfte, wenn § 8 Abs. 2 einschlägig ist;*
> - *Behauptung der Schlechtleistung (OVG Lüneburg, RVGreport 2011, 13; OLG Düsseldorf, JurBüro 2008, 91); Schlechtleistung wegen unterlassener Einlegung eines Rechtsbehelfs gegen die gerichtliche Kostenentscheidung (FG Schleswig-Holstein, EFG 2007, 384);*
> - *fehlende Aufklärung, dass in einem PKH-Prüfungsverfahren Rechtsanwaltskosten entstehen können (OLG Koblenz, JurBüro 2006, 199);*
> - *Stundung.*

558

Sind die außergebührenrechtlichen Einwendungen allerdings **offensichtlich völlig unbegründet**, können sie **unbeachtet** bleiben. Das ist aber nicht schon dann der Fall, wenn die Einwendungen unschlüssig oder widerlegt erscheinen, sondern i.d.R. erst dann, wenn das Vorbringen des Gebührenschuldners schon jeden auch nur ansatzweise zur Begründung eines Einwands geeigneten Tatsachenkern vermissen lässt oder von vornherein auf der Hand liegt, dass der Einwand unter keinem denkbaren vernünftigen Gesichtspunkt Bestand haben kann (KG, Rpfleger 2007,

Festsetzung der Vergütung (§ 11)

616 = RVGreport 2007, 419 = VRR 2007, 363; OLG Düsseldorf, AGS 2007, 628 = JurBüro 2008, 91; OLG Frankfurt am Main, JurBüro 2011, 329; OLG Saarbrücken, RVGreport 2009, 214 = OLGR Saarbrücken 2009, 422).

> **Hinweis:**
>
> Zu **beachten** ist, dass zwar im Vergütungsfestsetzungsverfahren über materiell-rechtliche Einwendungen auf keinen Fall entschieden werden soll. Andererseits dient das Festsetzungsverfahren des § 11 nicht dazu, außergebührenrechtliche Einwendungen des Mandanten auf kurzem Wege zu bescheiden, insbesondere abzuweisen. Demgemäß geht das OLG Frankfurt am Main (JurBüro 2011, 32) davon aus, dass die Nichtfestsetzung auf „besondere Ausnahmefälle" beschränkt bleiben muss, in denen die Offensichtlichkeit der Unbegründetheit der vom Mandanten erhobenen Einwendungen zweifelsfrei feststeht (vgl. dazu z.B. auch noch OLG Bamberg, FamRZ 2001, 505; OLG Brandenburg, Rpfleger 2003, 538 f.; OLG Düsseldorf, AGS 2007, 628 = JurBüro 2008, 91; OLG Naumburg, JurBüro 2011, 136; Hartmann, § 11 RVG Rn. 56 f.; AnwKomm-RVG/N. Schneider, § 11 Rn. 172 ff.).

559 *Beispiele: Offensichtlich unbegründete Einwendungen*

- *Der Antragsgegner hat lediglich ausgeführt, die abgerechnete Leistung stünde in keinem Verhältnis zur „eigenen originären Tätigkeit" des Rechtsanwalts. Da sich die Höhe der festzusetzenden Gebühren gem. § 13 nach dem Gegenstandswert richtet, ist dieser Einwand offensichtlich unbegründet (OLG Frankfurt am Main, OLGR Frankfurt 2006, 940).*
- *Der Antragsgegner wendet ein, dass PKH bewilligt sei. Diese wurde allerdings in einem anderen Verfahren bewilligt (OLG Naumburg, FamRZ 2006, 1473).*
- *Einwendung der Zahlung, die in einem anderen Verfahren erfolgte (OLG Naumburg, FamRZ 2006, 1473).*
- *Einwand, der Kläger habe sich nicht richtig vertreten gefühlt (LAG Rheinland-Pfalz, 02.08.2005 – 9 Ta 164/05, n.v.).*
- *Der Einwand, keinen Auftrag erteilt zu haben, ist unbeachtlich, wenn sich aus aktenkundigen Schreiben des Mandanten zweifelsfrei ergibt, dass er den Anwalt beauftragt hat (OLG Koblenz, JurBüro 2004, 593).*
- *Das Bestehen einer Rechtsschutzversicherung wird eingewendet. Dies ändert nichts an dem Bestehen des Vergütungsanspruchs (LAG Baden-Württemberg, Rpfleger 1982, 485).*
- *Einwendung der Verjährung, wenn sie ganz offensichtlich nicht gegeben ist.*

b) Gebührenrechtliche Einwendungen

560 Gebührenrechtliche Einwendungen **verhindern** die **Durchführung** des Festsetzungsverfahrens **nicht**. Sie liegen vor, wenn unter Bezugnahme auf die Vorschriften des RVG einschließlich der darin in Bezug genommenen Vorschriften eingewandt wird, die Vergütung sei nicht oder nicht in der geltend gemachten Höhe entstanden.

Beispiele: Gebührenrechtliche Einwendungen

- *Die Gebühr ist nicht entstanden (z.B. wegen mangelnder Mitwirkung, AnwKomm-RVG/N. Schneider, § 11 Rn. 166).*

Festsetzung der Vergütung (§ 11)

- Der Berechnung liegt der falsche Gegenstandswert zugrunde (Hansens, in: Hansens/Braun/Schneider, Teil 4, Rn. 160).
- Eine vorgeschriebene Anrechnung ist nicht berücksichtigt. (OLG Celle, JurBüro 1968, 888).
- Der Einwand der nach § 122 Abs. 1 Nr. 3 ZPO bestehenden **Forderungssperre** für den beigeordneten Rechtsanwalt ist ein gebührenrechtlicher Einwand.

Erhebt der Gegner seine **nichtgebührenrechtlichen Einwendungen erst im Beschwerdeverfahren**, so ist er mit diesen nicht ausgeschlossen. § 11 enthält keine entsprechende Regelung. Im Gegenteil kann der Beschwerdeführer gem. § 571 Abs. 2 Satz 1 ZPO neue Angriffs- und Verteidigungsmittel vorbringen. Dies entspricht dem Erfordernis der Gewährung rechtlichen Gehörs (Art. 103 Abs. 1 GG). Eine Verweisung des Klägers auf den Rechtsweg der ordentlichen Gerichte, wie diese von den Beschwerdeführern angestrebt wird, lässt sich weder mit dem Anliegen des § 11 Abs. 5 noch mit § 571 Abs. 2 Satz 1 ZPO vereinbaren (LAG Nürnberg, AGS 2011, 179 = RVGreport 2011, 217).

561

7. Entscheidung

Die Entscheidung über den Festsetzungsantrag erfolgt durch **Beschluss**, in dem die getilgten Beträge nach § 11 Abs. 1 Satz 2 abzusetzen sind. Der Beschluss ist zu begründen, soweit dem Antrag oder einer Einwendung des Antragsgegners ganz oder teilweise nicht entsprochen worden ist.

562

Die **Verzinsung** des Festsetzungsbetrags ist bei entsprechender Antragstellung auszusprechen. Zu beachten ist, dass maßgeblich für den **Verzinsungsbeginn** der Eingang des Festsetzungsantrags und nicht der Eingang des Verzinsungsantrags bei Gericht ist (vgl. § 11 Abs. 2 Satz 3 und Wortlaut des § 104 Abs. 1 Satz 2 ZPO). Bei der Entscheidung ist **§ 308 ZPO** zu berücksichtigen.

Für die **Zustellung** der Entscheidung gilt § 104 Abs. 1 Satz 3 und 4 ZPO (vgl. § 11 Abs. 2 Satz 3). Liegen die Voraussetzungen nicht vor, genügt eine formlose Übersendung. In § 11 Abs. 2 Satz 5 ist bestimmt worden, dass die von dem Rechtsanwalt **gezahlten Auslagen** für die Zustellung des Festsetzungsbeschlusses an den Antragsgegner (Zustellungsauslagen Nr. 9002 KV GKG) mit in den Festsetzungsbeschluss aufzunehmen sind.

8. Kosten des Festsetzungsverfahrens

Durch § 11 Abs. 2 Satz 4 wird klargestellt, dass das Festsetzungsverfahren vor dem Gericht des ersten Rechtszugs **gebührenfrei** ist. Es entstehen daher weder Gerichtsgebühren noch Anwaltsgebühren für das Vergütungsfestsetzungsverfahren. Da die von dem Rechtsanwalt gezahlten **Auslagen** für die Zustellung des Festsetzungsbeschlusses an den Antragsgegner (Zustellungsauslagen Nr. 9002 KV GKG) nach § 11 Abs. 2 Satz 5 mit in den Festsetzungsbeschluss aufzunehmen sind und nach Abs. 2 Satz 6 im Übrigen eine Kostenerstattung nicht stattfindet, bedarf es daher keiner Kostenentscheidung (Gerold/Schmidt/Müller-Rabe, § 11 Rn. 273). Während die Festsetzung auf **Antrag des Rechtsanwalts** i.d.R. zur Beschaffung eines Vollstreckungstitels erfolgt, dient die Festsetzung auf **Antrag des Auftraggebers** i.d.R. ausschließlich der Überprüfung der Kostenberechnung. Eine in diesem Fall notwendige Kostenentscheidung oder Einbeziehung von Zustellungsauslagen könnte zu Schwierigkeiten führen, weil nicht immer feststeht, wer in

563

Festsetzung der Vergütung (§ 11)

dem Verfahren unterlegen ist. Dieser Ansicht ist zu folgen. Eventuelle weitere Zustellungskosten können ggf. analog § 788 ZPO festgesetzt werden – so auch Gerold/Schmidt/Müller-Rabe, § 11 Rn. 273 (s. aber Hansens, in: Hansens/Braun/Schneider, Teil 4, Rn. 185 und AnwKomm-RVG/ N. Schneider, § 11 Rn. 227, die die Ansicht vertreten, dass eine Kostenentscheidung notwendig ist, damit auch die Kostentragungspflicht bspw. für eventuelle weitere Zustellungsversuche geregelt werden kann).

III. Rechtsmittelverfahren

1. Sofortige Beschwerde/Erinnerung

564 Gegen die Entscheidung des Rechtspflegers ist nach § 11 Abs. 1 RPflG die **sofortige Beschwerde** nach § 11 Abs. 2 Satz 3 und § 104 Abs. 3 Satz 1 ZPO gegeben, wenn der Wert des Beschwerdegegenstands **200,00 € übersteigt** (mind. 200,01 €; vgl. § 567 Abs. 2 ZPO, § 304 Abs. 3 StPO, § 46 OWiG). Beträgt der Wert des Beschwerdegegenstands bis zu 200,00 €, ist nach § 11 Abs. 2 RPflG die **sofortige Erinnerung** gegeben. **Beschwerde- bzw. erinnerungsberechtigt** sind der Rechtsanwalt und der Auftraggeber, je nachdem, wer durch die Festsetzungsentscheidung beschwert ist.

2. Form und Frist

565 Sofortige Beschwerde und sofortige Erinnerung sind schriftlich bei dem Gericht, dessen Rechtspfleger die Entscheidung erlassen hat – nach § 130a ZPO bei Vorliegen der dort genannten Voraussetzungen auch als elektronisches Dokument – oder zu Protokoll der Geschäftsstelle dieses Gerichts oder jedes AG einzulegen. **Anwaltszwang** besteht nicht (vgl. § 11 Abs. 6, §§ 129a und 130a ZPO; vgl. auch HessVGH, RVGreport 2011, 216).

566 **Hinweis:**

Nach § 11 Abs. 2 Satz 3 sind die **Vorschriften** der **jeweiligen Verfahrensordnung** über das Kostenfestsetzungsverfahren **anzuwenden**.

Es ist **umstritten**, welche Frist für die **Erinnerung** gilt (vgl. dazu einerseits gem. § 465b Satz 3 StPO, § 577 Abs. 2 Satz 1 ZPO **Zwei-Wochen-Frist**, so OLG Koblenz, RPfleger 2000, 126; OLG München, JurBüro 1985, 1515; OLG Hamm, 07.03.2000 – 3 WS 773/99, n.v. und andererseits nach § 311 Abs. 2 StPO **Ein-Wochen-Frist**, so OLG Düsseldorf, Rpfleger 1999, 527; OLG Karlsruhe, JurBüro 2000, 203 = Rpfleger 2000, 124).

Entsprechend umstritten ist die Frage bei der **sofortigen Beschwerde** (unter Hinweis auf § 311 StPO für eine Woche: OLG Dresden, StV 2001, 634; OLG Düsseldorf, Rpfleger 1999, 527; OLG Karlsruhe, Rpfleger 2000, 124 = NStZ-RR 2000, 254; KG, Rpfleger 2000, 38; **a.A.** Frist zwei Wochen: OLG Düsseldorf, Rpfleger 2001, 96 = JurBüro 2001, 147 = StV 2001, 634; OLG Düsseldorf, JMBl. NRW 2002, 139 = Rpfleger 2002, 223 = AnwBl. 2002, 251; OLG Koblenz, Rpfleger 2000, 126; OLG Köln, Rpfleger 2000, 422).

Festsetzung der Vergütung (§ 11)

> Zutreffend dürfte es sein, aus der Entscheidung des BGH vom 27.11.2002 (NJW 2003, 763 = Rpfleger 2003, 209 = JurBüro 2003, 261 = BRAGOreport 2003, 56 = StV 2003, 176) zu entnehmen, dass sowohl die sofortige Beschwerde als auch die sofortige Erinnerung binnen einer Woche einzulegen sind, da nach Auffassung des BGH die Vorschriften der StPO Anwendung finden.
>
> Im Strafverfahren ist es daher dringend zu empfehlen **sicherheitshalber** von einer **einwöchigen Frist** auszugehen!

3. Entscheidung

Mindestwert nicht erreicht: Der **Rechtspfleger** hilft nach § 11 Abs. 2 Satz 2 RPflG der **sofortigen Erinnerung** ab, wenn er sie für zulässig und begründet hält. Hilft er nicht ab, legt er die Erinnerung dem Richter vor, der über diese **abschließend** entscheidet (§ 11 Abs. 2 Satz 3 RPflG). 567

Mindestwert erreicht: Der Rechtspfleger hilft der **sofortigen Beschwerde** gem. § 572 Abs. 1 ZPO ab, wenn er sie für zulässig und begründet hält (vgl. Zöller/Herget, ZPO, § 572 Rn. 21; Gerold/Schmidt/Müller-Rabe, § 11 Rn. 297). Hilft er nicht ab, legt er die sofortige Beschwerde unverzüglich dem Beschwerdegericht zur Entscheidung vor.

> **Hinweis:**
>
> Hält man in Straf- und Bußgeldsachen die StPO-Vorschriften für anwendbar (vgl. Rn. 566), kommt eine **Abhilfe** durch den **Rechtspfleger** nur im Fall des § 311 Abs. 3 Satz 2 StPO in Betracht, also bei fehlender Anhörung und begründetem nachträglichem Vorbringen (OLG Düsseldorf, Rpfleger 1999, 234; OLG Hamm, NJW 1999, 3726).

Das **Beschwerdegericht** entscheidet über die sofortige Beschwerde durch begründeten Beschluss. Wegen § 573 Abs. 3 ZPO ist auch die Aufhebung des angefochtenen Beschlusses und Zurückverweisung an den Rechtspfleger zur erneuten Entscheidung zulässig. 568

4. Kosten des Beschwerdeverfahrens

Das Verfahren über die **Beschwerde** ist **nicht gebührenfrei**, wenn diese erfolglos bleibt, also zurückgewiesen oder verworfen wird. Aus § 11 Abs. 2 Satz 4 ergibt sich, dass nur das Festsetzungsverfahren gebührenfrei ist. Im Beschwerdeverfahren entsteht eine **Gerichtsgebühr** nach Nr. 1811 KV GKG i.H.v. 50,00 € (vgl. Vorbem. 3.6 und 4.4 KV GKG), wenn die Beschwerde verworfen oder zurückgewiesen wird. 569

Eine **Kostenerstattung** für das Beschwerdeverfahren ist nach § 11 Abs. 2 Satz 6 **ausgeschlossen**, sodass auch eine Kostenentscheidung nicht zu treffen ist, und zwar auch nicht im Hinblick auf die bei Zurückweisung oder Verwerfung der Beschwerde entstehende Gerichtsgebühr Nr. 1812 KV GKG (KG, RVGreport 2011, 183). Diese schuldet der Beschwerdeführer als Antragsteller der Instanz ohnehin bereits wegen § 22 Abs. 1 Satz 1 GKG (vgl. OLG Köln, JurBüro 1988, 340). Grund für den Ausschluss der Kostenerstattung im Beschwerdeverfahren sind Gründe der Gleichbehandlung: Während der Rechtsanwalt Beschwerde i.d.R. nur mit dem Risiko, Gerichts-

Festsetzung der Vergütung (§ 11)

gebühren (vgl. Nr. 1812 KV GKG) übernehmen zu müssen, einlegen könnte, müsste der Auftraggeber zusätzlich das Risiko tragen, auch noch Anwaltsgebühren für das Beschwerdeverfahren erstatten zu müssen.

> **Hinweis:**
> Eine gegen die gesetzliche Vorgabe des § 11 Abs. 2 Satz 6 dennoch getroffene Kostenentscheidung im Beschwerdeverfahren entfaltet trotz ihrer Bestandskraft für das Kostenfestsetzungsverfahren **keine Bindungswirkung**.

Anwaltsgebühren können bei **Selbstvertretung** (vgl. § 91 Abs. 2 Satz 4 ZPO) auch dadurch entstehen, dass der Rechtsanwalt einen weiteren Rechtsanwalt mit seiner Vertretung beauftragt.

570 Das Verfahren über die **sofortige Erinnerung** nach § 11 Abs. 2 RPflG (Beschwerdewert bis zu 200,00 €, vgl. Rn. 564) ist nach § 11 Abs. 4 RPflG gerichtsgebührenfrei.

5. Weitere Beschwerde/Rechtsbeschwerde

571 Eine **weitere Beschwerde** gegen die Entscheidung des Beschwerdegerichts findet nicht statt (BGH, NJW 2003, 763 = Rpfleger 2003, 209 = JurBüro 2003, 261 = StV 2003, 176).

6. Gehörsrüge

572 Nach § 12a ist eine Gehörsrüge zulässig, wenn das Gericht den Anspruch eines Beteiligten auf rechtliches Gehör in **entscheidungserheblicher Weise** verletzt hat. Nähere Ausführungen hierzu im Teil A: Anhörungsrüge (§ 12a) Rn. 112 ff.

IV. Bestrittener Gegenstandswert (§ 11 Abs. 4)

573 In den in den Teilen 4 bis 6 VV geregelten Angelegenheiten kommt auch der Ansatz von Wertgebühren in Betracht (vgl. hierzu Teil A: Wertgebühren [§§ 13, 49], Rn. 1679, und Gebührensystem, Rn. 652). Wird von einem Beteiligten der diesen Gebühren zugrunde gelegte **Wert bestritten**, ist nach § 11 Abs. 4 das **Vergütungsfestsetzungsverfahren auszusetzen**, bis das Gericht über den Gegenstandswert nach § 33 entschieden hat (s. auch Teil A: Gegenstandswert, Festsetzung [§ 33] Rn. 656). § 11 Abs. 4 gilt auch im Erinnerungs- und Beschwerdeverfahren.

V. Verjährung

574 Nach § 11 Abs. 7 **hemmt** der **Festsetzungsantrag** die Verjährung wie eine erhobene Klage (vgl. § 204 Abs. 1 Nr. 1 BGB). Die Hemmung der Verjährung beginnt mit dem Eingang des Festsetzungsantrags bei Gericht (BGH, AnwBl. 1981, 66 und 282 = JurBüro 1981, 369). Da die Anhörung nach § 11 Abs. 2 Satz 2 i.d.R. formlos erfolgt (vgl. Rn. 556), kann für die Hemmung der Verjährung nicht verlangt werden, dass der Antrag zugestellt wird. Die Hemmung **endet** nach § 204 Abs. 2 BGB sechs Monate nach der rechtskräftigen Entscheidung oder anderweitigen Beendigung des Verfahrens (z.B. Antragsrücknahme).

C. Arbeitshilfen

I. Muster: Festsetzungsantrag nach § 11 (Geltendmachung der Mindestgebühren)

Rechtsanwälte Robert Schlau und Kollegen

Postfach 10111213

48161 Münster

Steuer-Nr. 337/5342/2443

An das

Amtsgericht Münster

– Strafabteilung –

Münster, den 12.03.2011

Antrag auf Festsetzung der gesetzlichen Vergütung und von nach § 670 BGB zu ersetzenden Aufwendungen gem. § 11 in der Privatklagesache AG Münster 25 Ds 453/03

In Sachen

des Rechtsanwalts Robert Schlau, Aegidiistraße 26, 48143 Münster

– Antragstellers –

gegen

Herrn Fritz Klau, Schützenstraße 14 – 15,

48143 Münster

– Antragsgegners –

wird beantragt, die nachstehend berechnete Vergütung und verauslagten Gerichtskosten gem. § 11 RVG gegen den Antragsgegner festzusetzen und mit dem gesetzlichen Zinssatz seit Eingang dieses Gesuchs zu verzinsen.

Ferner wird beantragt, die gleichzeitig eingezahlten Auslagen für die Zustellung dieses Beschlusses an den Antragsgegner i.H.v. 5,00 € in den Beschluss aufzunehmen.

Eine Durchschrift des Antrags für die Anhörung des Antragsgegners ist beigefügt. Die vorstehend berechneten Kosten sind dem Antragsgegner bereits durch Kostenrechnung i.S.d. § 10 vom 28.03.2011 mitgeteilt worden.

Berechnung der Vergütung (Rechnungs - Nr. 2004000856)

1. Grundgebühr Nr. 4100 VV (Mindestgebühr)   30,00 €
2. Verfahrensgebühr Nr. 4104 VV (vorbereitendes Verfahren, Mindestgebühr)   30,00 €
3. Verfahrensgebühr Nr. 4106 VV (gerichtliches Verfahren, Mindestgebühr)   30,00 €

Festsetzung der Vergütung (§ 11)

4. Terminsgebühr Nr. 4108 VV (Hauptverhandlungstermin am 22.10.2004, Mindestgebühr)	60,00 €
5. Terminsgebühr Nr. 4108 VV (Hauptverhandlungstermin am 26.10.2004, Mindestgebühr)	60,00 €
6. Dokumentenpauschale Nr. 7000 Nr. 1 Buchst. a) VV für die Ablichtungen aus der Strafakte	
a) 50 Seiten à 0,50 €	25,00 €
b) 172 Seiten à 0,15 €	25,80 €
7. Pauschale für Postgebühren u.a. nach Nr. 7002 VV RVG*	20,00 €
Zwischensumme Anwaltsgebühren netto	**280,80 €**
abzüglich Vorschuss netto	100,00 €
19 % USt nach Nr. 7008 VV	34,35 €
Gesamtanwaltskosten brutto	**215,15 €**
zzgl. verauslagte Gerichtsgebühr Nr. 3311 KV GKG	60,00 €
zzgl. Zustellungsauslagen für dieses Verfahren	5,00 €
	280,15 €

.....

Rechtsanwalt Schlau

*Die Entstehung dieser Auslagen wird versichert.

II. Muster: Festsetzungsantrag nach § 11 (Pauschvergütung nach § 42 RVG)

576

Antrag auf Festsetzung der gesetzlichen Vergütung gem. § 11 RVG

In der Strafsache

.....

wird beantragt, die in dem anliegenden Festsetzungsbeschluss vom ..... festgesetzte Pauschgebühr nach § 42 RVG gem. § 11 RVG gegen den Antragsgegner festzusetzen und mit dem gesetzlichen Zinssatz seit Eingang dieses Gesuchs zu verzinsen.

Ferner wird beantragt, die gleichzeitig eingezahlten Auslagen für die Zustellung dieses Beschlusses an den Antragsgegner i.H.v. 5,00 € in den Beschluss aufzunehmen.

Eine Durchschrift des Antrags für die Anhörung des Antragsgegners ist beigefügt. Die berechneten Kosten sind dem Antragsgegner bereits durch Kostenrechnung i.S.d. § 10 RVG vom 28.03.2011 mitgeteilt worden.

.....

Rechtsanwalt Schlau

*Die Entstehung dieser Auslagen wird versichert.

III. Muster: Zustimmungserklärung bei Rahmengebühren in Strafsachen

Zustimmungserklärung gem. § 11 Abs. 8 RVG

577

<Vorname, Name, Anschrift:>

.....

In der Strafsache gegen mich habe ich Herrn Rechtsanwalt ..... zu meinem Verteidiger bestellt.

Ich erkläre hiermit ausdrücklich, dass ich einer Abrechnung und ggf. Festsetzung aller in diesem Verfahren entstehenden Gebühren mit dem höchsten Gebührensatz zustimme.

.....
Auftraggeber

IV. Muster: Zustimmungserklärung mit Ratenzahlungsvereinbarung

Ratenzahlungsvereinbarung mit Zustimmungserklärung gem. § 11 Abs. 8 RVG

578

<Vorname, Name, Anschrift:>

.....

In der Strafsache gegen mich habe ich Herrn Rechtsanwalt ..... zu meinem Verteidiger bestellt.

Ich bin nicht in der Lage die entstehende Vergütung in einem Betrag zu bezahlen.

Ich erkläre hiermit ausdrücklich, dass ich einer Festsetzung aller in diesem Verfahren entstehenden Gebühren mit dem höchsten Gebührensatz zustimme.

.....
Auftraggeber

Ratenzahlungsvereinbarung

Herr Rechtsanwalt ..... erklärt sich damit einverstanden, dass Herr ..... die Vergütung aus dem Verfahren ..... in monatlichen Raten von ..... abzahlen kann.

..... . <(sonstige Vereinbarungen)>

Die Ratenzahlungsvereinbarung tritt erst dann in Kraft, wenn der Festsetzungsbeschluss nach § 11 RVG rechtskräftig vorliegt. Die hierzu notwendige Zustimmungserklärung nach § 11 Abs. 8 RVG hat der Auftraggeber gesondert abgegeben.

....
Auftraggeber   Rechtsanwalt

Siehe auch im Teil A: →Anhörungsrüge (§ 12a), Rn. 109; →Fälligkeit der Vergütung (§ 8), Rn. 519; →Gebührensystem, Rn. 649; →Gegenstandswert, Festsetzung (§ 33), Rn. 656.

Festsetzung gegen die Staatskasse (§ 55)

§ 55 RVG *Festsetzung der aus der Staatskasse zu zahlenden Vergütungen und Vorschüsse*

(1) ¹Die aus der Staatskasse zu gewährende Vergütung und der Vorschuss hierauf werden auf Antrag des Rechtsanwalts von dem Urkundsbeamten der Geschäftsstelle des Gerichts des ersten Rechtszugs festgesetzt. ²Ist das Verfahren nicht gerichtlich anhängig geworden, erfolgt die Festsetzung durch den Urkundsbeamten der Geschäftsstelle des Gerichts, das den Verteidiger bestellt hat.

(2) In Angelegenheiten, in denen sich die Gebühren nach Teil 3 des Vergütungsverzeichnisses bestimmen, erfolgt die Festsetzung durch den Urkundsbeamten des Gerichts des Rechtszugs, solange das Verfahren nicht durch rechtskräftige Entscheidung oder in sonstiger Weise beendet ist.

(3) Im Fall der Beiordnung einer Kontaktperson (§ 34a des Einführungsgesetzes zum Gerichtsverfassungsgesetz) erfolgt die Festsetzung durch den Urkundsbeamten der Geschäftsstelle des Landgerichts, in dessen Bezirk die Justizvollzugsanstalt liegt.

(4) Im Fall der Beratungshilfe wird die Vergütung von dem Urkundsbeamten der Geschäftsstelle des in § 4 Abs. 1 des Beratungshilfegesetzes bestimmten Gerichts festgesetzt.

(5) ¹§ 104 Abs. 2 der Zivilprozessordnung gilt entsprechend. ²Der Antrag hat die Erklärung zu enthalten, ob und welche Zahlungen der Rechtsanwalt bis zum Tag der Antragstellung erhalten hat. ³Bei Zahlungen auf eine anzurechnende Gebühr sind diese Zahlungen, der Satz oder der Betrag der Gebühr und bei Wertgebühren auch der zugrunde gelegte Wert anzugeben. ⁴Zahlungen, die der Rechtsanwalt nach der Antragstellung erhalten hat, hat er unverzüglich anzuzeigen.

(6) ¹Der Urkundsbeamte kann vor einer Festsetzung der weiteren Vergütung (§ 50) den Rechtsanwalt auffordern, innerhalb einer Frist von einem Monat bei der Geschäftsstelle des Gerichts, dem der Urkundsbeamte angehört, Anträge auf Festsetzung der Vergütungen, für die ihm noch Ansprüche gegen die Staatskasse zustehen, einzureichen oder sich zu den empfangenen Zahlungen (Absatz 5 Satz 2) zu erklären. ²Kommt der Rechtsanwalt der Aufforderung nicht nach, erlöschen seine Ansprüche gegen die Staatskasse.

(7) ¹Die Absätze 1 und 5 gelten im Bußgeldverfahren vor der Verwaltungsbehörde entsprechend. ²An die Stelle des Urkundsbeamten der Geschäftsstelle tritt die Verwaltungsbehörde.

Übersicht

		Rn.
A.	Überblick	579
B.	Anmerkungen	581
	I. Überblick	581
	II. Geltungs- und Anwendungsbereich	582
	III. Beteiligte	584
	IV. Festsetzungsantrag	585
	1. Antrag	585
	2. Antragsberechtigung	586
	a) Rechtsanwalt	586
	b) Abtretung des Erstattungsanspruchs	587
	3. Form des Antrags	589

Festsetzung gegen die Staatskasse (§ 55)

		a) Allgemein	589
		b) Beratungshilfe	592
	4.	Zeitpunkt des Antrags	594
		a) Fälligkeit	594
		b) Verjährung	595
		c) Verwirkung des Anspruchs	597
V.	Antragsinhalt		598
	1.	Glaubhaftmachung/Nachweis (Abs. 5 Satz 1)	598
	2.	Angabe zur Vorsteuerabzugsberechtigung	601
	3.	Angabe von Vorschüssen und Zahlungen	602
		a) Angabe von Zahlungen	602
		b) Sozietät	607
		c) Angabe von Zahlungen auf eine anzurechnende Gebühr (Abs. 5 Satz 3)	608
		d) Angabe von Zahlungen nach Antragstellung (Abs. 5 Satz 4)	609
VI.	Prüfung durch den Urkundsbeamten		611
	1.	Umfang der Prüfung	611
	2.	Austausch von Positionen	613
	3.	Keine Abänderung von Amts wegen	614
	4.	Bindung an Beiordnung/Bestellung	615
	5.	Eingeschränkte Beiordnung/Bestellung	616
	6.	Feststellung gem. § 46 Abs. 2 für Auslagen	617
VII.	Zuständigkeit/Entscheidung		618
	1.	Funktionelle Zuständigkeit	618
	2.	Sachliche und örtliche Zuständigkeit	620
	3.	Verweisung/Abgabe	621
	4.	Zwischenverfügung des Urkundsbeamten	622
	5.	Beschluss	623
	6.	Keine Verzinsung	624
	7.	Mitteilung von der Festsetzung	625
VIII.	Überzahlung an den Rechtsanwalt		626
IX.	Nachliquidation		627
X.	Zuständigkeit bei Beratungshilfe (§ 55 Abs. 4)		629
	1.	Zuständigkeit	629
	2.	Wohnortwechsel	630
XI.	Bußgeldverfahren (§ 55 Abs. 7)		631
XII.	Verfahren vor dem Bundesamt für Justiz nach dem IRG		632
XIII.	Bearbeitung des Festsetzungsantrags		633
	1.	Unverzügliche Entscheidung	633
	2.	Verfahren bei verzögerter Festsetzung	634
		a) Erinnerung wegen Untätigkeit des Urkundsbeamten	635
		b) Vorschuss	636
		c) Zurückforderung der Akte aus der Rechtsmittelinstanz	637
		d) Anlegung eines Kostenheftes	638
		e) Abtretung an Verrechnungsstelle	639
		f) Aufrechnung gegen Umsatzsteuerforderungen	640
C.	**Erinnerung und Beschwerde (§§ 56, 33)**		641
D.	**Arbeitshilfen**		642

Literatur:

Al-Jumaili, Festsetzung der Pflichtverteidigervergütung, § 98 BRAGO, JurBüro 2000, 516; *dies.*, Vergütungsansprüche des gerichtlich bestellten Rechtsanwalts, JurBüro 2000, 172, 175; *Burhoff*, Fragen aus der Praxis zu aktuellen Gebührenproblemen in Straf- und Bußgeldverfahren, RVGreport 2010, 362; *Enders*, Vorschuss von PKH-Mandanten, JurBüro 2003, 225; *Hansens*, Gebührenerhöhung nach Nr. 1008 VV RVG bei Mindestgebühren, RVGreport 2005, 372; *ders.*, Verwaltungsvorschriften für Prozesskostenhilfe und Beratungshilfe, RVGreport 2005, 405; *Hünnekens*, Überblick zu den Kostenfestsetzungen in Zivilsachen, RpflStud 1992, 115; *Korte*, Beratungshilfe für die Verteidigung im Strafvollzug?, StV 1982, 448; *Kroiß*, Die Vergütung des Pflichtverteidigers nach dem RVG, RVG-Letter 2004, 134; *Lappe*, Erstattung der Kosten des Nebenkläger-Beistands, Rpfleger 2003, 116; *Madert*, Das Recht auf Vorschuß, AGS 1992, 6; *ders.*, Das Recht des Anwalts, Vorschuss zu fordern, AGS 2003, 286; *Neumann*, Entscheidungsmöglichkeiten des Gerichts bei Erinnerung gegen einen zurückgewiesenen Festsetzungsantrag, JurBüro 1999, 400; *Schneider*,

Festsetzung gegen die Staatskasse (§ 55)

Gebührenerhöhung nach Nr. 1008 VV in der Beratungshilfe, ZAP, Fach 24, S. 889; *Volpert*, Erstattung der Dolmetscherkosten für vorbereitende Gespräche des Verteidigers, BRAGOprofessionell 2003, 165; *ders.*, Terminsreisekosten in Familien- und Zivilsachen, RVGprofessionell 2006, 51; *Wielgoss*, Vergütung für die Beratungshilfe im Strafrecht, JurBüro 1998, 580; *Zieger*, Vernachlässigte Tätigkeitsfelder der Verteidigung, insbesondere Vollstreckung und Vollzug, StV 2006, 375.

A. Überblick

579 § 55 regelt die **Zuständigkeit** sowie das **Verfahren** zur Festsetzung der Vergütung der gerichtlich beigeordneten und bestellten Rechtsanwälte gegen die Staatskasse. Bei diesem Festsetzungsverfahren handelt es sich um ein dem Urkundsbeamten der Geschäftsstelle übertragenes **justizförmiges Verwaltungsverfahren** (OLG Düsseldorf, AGS 2008, 245 = OLGR Düsseldorf 2008, 261 = JurBüro 2008, 209; AGS 2008, 195 = Rpfleger 2008, 316 = JurBüro 2008, 209), in dem sich der beigeordnete oder bestellte Rechtsanwalt einerseits und die Staatskasse andererseits gegenüberstehen. Die Festsetzung stellt keinen originären **Verwaltungsakt**, sondern einen Akt der Rechtsprechung im weiteren funktionellen Sinne dar (OLG Naumburg, NJW 2003, 2921).

580 Die Bestimmung wird ergänzt durch **bundeseinheitlich geltende Verwaltungsbestimmungen** (vgl. z.B. für den **Bund** die Verwaltungsvorschrift über die Festsetzung der aus der Staatskasse zu gewährenden Vergütung der Rechtsanwälte v. 19.07.2005, BAnz 2005 Nr. 147, S. 1997, zuletzt geändert durch Bekanntmachung v. 26.08.2009, BAnz 2009 Nr. 136, S. 3232; für **NRW** Festsetzung der aus der Staatskasse zu gewährenden Vergütung der Rechtsanwälte, AV d. JM v. 30.6 2005 (5650 - Z. 20) – JMBl. NRW, S. 181 – i.d.F. v. 13. 8 2009, JMBl. NRW, S. 205). Von den Bundesländern können ergänzende Bestimmungen erlassen werden. Das ist z.B. in Nordrhein-Westfalen erfolgt. Diese Verwaltungsbestimmungen gelten zwar unmittelbar nur für die internen Abläufe im Rahmen der Justiz, wirken sich aber auch auf die gerichtlich beigeordneten und bestellten Rechtsanwälte aus (Hansens, RVGreport 2005, 405).

B. Anmerkungen

I. Überblick

581 Sämtliche in Betracht kommenden Zahlungsansprüche sowohl eines **beigeordneten oder bestellten Anwalts** als auch eines im Rahmen der **Beratungshilfe tätig gewordenen Anwalts** jeweils gegen die Staatskasse werden durch § 55 in einem standardisierten Anmeldeverfahren erfasst und bearbeitet, um die Prüfung und Feststellung mit geringst möglichem Verwaltungsaufwand durchführen zu können. Es wird über den Vergütungsanspruch (vgl. dazu § 1 Abs. 1 Satz 1: Gebühren und Auslagen) entschieden, der dem gerichtlich beigeordneten oder bestellten Rechtsanwalt oder dem Beratungshilfeanwalt nach §§ 44, 45 gegen die Staatskasse zusteht. Ist in derselben Angelegenheit **mehreren Verfahrensbeteiligten** jeweils ein Rechtsanwalt beigeordnet oder bestellt worden, bildet jedes Festsetzungsverfahren ein eigenständiges Verfahren (OLG Düsseldorf, RVGreport 2009, 138 = JurBüro 2008, 592 = OLGR Düsseldorf 2009, 31).

Festsetzung gegen die Staatskasse (§ 55)

II. Geltungs- und Anwendungsbereich

§ 55 betrifft nur den **eigenen Vergütungsanspruch** des Anwalts gegen die Staatskasse und keinen Erstattungsanspruch seines **Mandanten gegen einen Dritten** (vgl. §§ 464a ff. StPO, 46 OWiG, dazu Teil A: Kostenfestsetzung und Erstattung in Strafsachen, Rn. 842 ff. und Teil A: Kostenfestsetzung und Erstattung in Bußgeldsachen, Rn. 833 ff.). 582

§ 55 gilt für alle in Angelegenheiten nach den Teilen 4 bis 6 VV **gerichtlich bestellten** oder **beigeordneten** Rechtsanwälte (vgl. zu den erfassten gerichtlich beigeordneten oder bestellten Rechtsanwälten Teil A: Vergütungsanspruch gegen die Staatskasse [§§ 44, 45, 55], Rn. 1478 ff.). Über § 55 Abs. 7 gilt § 55 auch für die Festsetzung des in **Bußgeldsachen** von der **Verwaltungsbehörde** beigeordneten oder bestellten Rechtsanwalts (s. zum Vergütungsanspruch § 45 Abs. 5). § 55 gilt aber nicht für den nach §§ 87e, 53 IRG im Verfahren auf Bewilligung der Vollstreckung einer europäischen Geldsanktion vom **Bundesamt der Justiz** bestellten Beistand. Denn dieser hat **keinen Vergütungsanspruch** gegen die Staatskasse (Rn. 637; s. dazu Teil A: Vergütungsanspruch gegen die Staatskasse [§§ 44, 45, 50], Rn. 1500). Aus § 55 Abs. 3 ergibt sich, dass § 55 auch für den gem. § 34a EGGVG als **Kontaktperson** beigeordneten Rechtsanwalt gilt (s. dazu die Komm. zu § 55 Abs. 3, Rn. 5 ff.). Die Festsetzung nach § 55 ergibt sich für den **Beratungshilfeanwalt** aus § 55 Abs. 4 (dazu Rn. 629 f.). 583

> **Hinweis:**
>
> Auch die gem. § 51 in Straf- und Bußgeldsachen und Verfahren nach dem IRG und IStGH-Gesetz festgesetzte **Pauschgebühr** ist vor der Auszahlung durch den Urkundsbeamten im Verfahren gem. § 55 festzusetzen. Eine Auszahlung allein aufgrund der Bewilligung durch das OLG ist nicht möglich (KG, NJW 2009, 456 = StraFo 2008, 529 = AGS 2009, 178; s. auch § 51 Rn. 56).

III. Beteiligte

Die von dem beigeordneten oder bestellten Rechtsanwalt vertretene **Partei** oder deren **Gegner** ist an dem Festsetzungsverfahren nicht beteiligt. Beteiligte sind nur der beigeordnete oder bestellte Rechtsanwalt und die Staatskasse (KG, RVGreport 2010, 426 = JurBüro 2010, 590 = Rpfleger 2010, 701; LSG Nordrhein-Westfalen, ASR 2010, 91; SG Berlin, RVGreport 2009, 305). Die Vergütungsfestsetzung entfaltet für andere Personen **keine Rechtskraftwirkung**. Hält die Partei oder deren Gegner die nach § 55 festgesetzte Vergütung für zu hoch, können sie diese im Rahmen des Gerichtskostenansatzes (§ 19 GKG) nach Anspruchsübergang gem. § 59 oder nach Anforderung gem. Nr. 9007 KV GKG mit der **Erinnerung gem. § 66 GKG** anfechten (vgl. KG, RVGreport 2010, 426 = JurBüro 2010, 590 = Rpfleger 2010, 701; s. dazu Teil A: Gerichtskosten, Rn. 787 ff.). 584

Festsetzung gegen die Staatskasse (§ 55)

IV. Festsetzungsantrag

1. Antrag

585 Der beigeordnete oder bestellte Rechtsanwalt muss einen **Antrag** auf Festsetzung stellen. Der Antrag ist grds. beim **erstinstanzlichen Gericht** zu stellen. In Verfahren nach dem IRG (ausgenommen Verfahren nach §§ 87 bis 87n IRG) und dem IStGH-Gesetz (vgl. Nrn. 6101, 6102 VV) ist der Antrag an den Urkundsbeamten der Geschäftsstelle des OLG zu richten (vgl. Nr. 6101 VV Rn. 34). Ist das Verfahren **nicht gerichtlich anhängig** geworden, ist der Antrag gem. § 55 Abs. 1 Satz 2 bei dem Gericht zu stellen, das den Verteidiger bestellt hat. Im Fall der **Verweisung** oder **Abgabe** des Verfahrens ist der Antrag bei dem neuen Gericht einzureichen.

2. Antragsberechtigung

a) Rechtsanwalt

586 Die Festsetzung ist grds. vom beigeordneten oder bestellten Rechtsanwalt zu beantragen. Daneben kann auch der **Rechtsnachfolger** des beigeordneten oder bestellten Rechtsanwalts den Antrag stellen (vgl. OLG Düsseldorf, NJW-RR 1997, 1493 = Rpfleger 1997, 532 = AGS 1998, 43, zum Erinnerungs- und Beschwerderecht des Rechtsnachfolgers des beigeordneten oder bestellten Rechtsanwalts; OLG Düsseldorf, MDR 1964, 66 [Kanzleiabwickler]; Riedel/Sußbauer/Schmahl, § 55 Rn. 19). Insbesondere die **Anzeige über erhaltene Zahlungen** gem. § 55 Abs. 5 Satz 2 ist vom beigeordneten oder bestellten Rechtsanwalt abzugeben.

b) Abtretung des Erstattungsanspruchs

587 Den Festsetzungsantrag kann nach Abtretung des Vergütungsanspruchs gegen die Staatskasse durch den beigeordneten oder bestellten Rechtsanwalt auch der neue Rechtsanwalt stellen. Die Abtretung an einen **anderen Rechtsanwalt** ist berufsrechtlich **ohne Einschränkungen** möglich und in ihrer Wirksamkeit auch nicht von der Zustimmung des Mandanten (vgl. § 49b Abs. 4 BRAO) abhängig (BGH, NJW 2007, 1196 = AGS 2007, 334 = RVGreport 2007, 197 = VRR 2007, 203; Gerold/Schmidt/Müller-Rabe, § 1 Rn. 214; Henssler/Prütting/Kilian, § 49b Rn. 215 ff.; s. dazu auch Teil A: Abtretung der Gebührenforderung, Rn. 12).

588 Zur Abtretung des Vergütungsanspruchs an **Nicht-Rechtsanwälte** s. ausführlich Teil A: Abtretung der Gebührenforderung, Rn. 13 ff., auch zu den Besonderheiten bei der Abtretung des gegen die **Staatskasse** gerichteten Vergütungsanspruchs.

Zur Abtretung des Erstattungsanspruchs des freigesprochenen Mandanten gegen die Staatskasse an den Verteidiger s. die Erläuterungen zu § 43.

Festsetzung gegen die Staatskasse (§ 55)

3. Form des Antrags

a) Allgemein

Der Festsetzungsantrag kann schriftlich oder zu Protokoll der Geschäftsstelle gestellt werden. Zwar sehen die **Verwaltungsbestimmungen** zur Vergütungsfestsetzung (vgl. Rn. 580) vor, dass der **Antrag zweifach** einzureichen ist. Einen sachlichen Grund gibt es dafür jedoch nicht, weil die Zweitschrift keinerlei Verwendung findet. Da die Zweitschrift im Fall der **elektronischen Antragsbearbeitung** überflüssig ist, ist z. B. in NRW angeordnet, dass es in diesem Fall der Einreichung eines weiteren Exemplars des Festsetzungsantrags nicht bedarf. 589

Aus den bundeseinheitlichen Verwaltungsbestimmungen über die Festsetzung ergibt sich ferner, dass die Verwendung der **amtlichen Antragsvordrucke** (in NRW Formulare nach Muster HKR 120a und HKR 121) nicht vorgeschrieben ist (OLG Frankfurt am Main, JurBüro 1992, 683; LAG Hamm, AnwBl. 1985, 106 = JurBüro 1985, 555). Danach sind Rechtsanwälte nicht verpflichtet, die Festsetzung der ihnen aus der Staatskasse zu zahlenden Vergütung mit den amtlichen Vordrucken zu beantragen. Formlos oder mithilfe von EDV-Anlagen erstellte Festsetzungsanträge sollen aber inhaltlich den amtlichen Vordrucken entsprechen. Die Benutzung der amtlichen Vordrucke kann aber ggf. zweckmäßig sein, um das Festsetzungsverfahren zu erleichtern und zu beschleunigen. 590

Dem Festsetzungsantrag ist eine § 10 entsprechende **Berechnung** der Vergütung beizufügen (vgl. Teil A: Berechnung der Vergütung [§ 10], Rn. 359 ff.; Hansens, in: Hansens/Braun/Schneider, Teil 7, Rn. 141). 591

b) Beratungshilfe

Dem Antrag des **im Rahmen der Beratungshilfe** tätigen Anwalts auf Festsetzung der **Beratungshilfevergütung** ist ebenfalls eine § 10 entsprechende Berechnung der Vergütung beizufügen; zusätzlich ist der **Berechtigungsschein** nach § 6 BerHG **anzufügen**. 592

Der Festsetzungsantrag ist nach der Regelung in § 1 Abs. 1 Nr. 2 BerHVV grds. auf dem **amtlichen Vordruck** zu stellen (vgl. Verordnung zur Einführung von Vordrucken im Bereich der Beratungshilfe [Beratungshilfevordruckverordnung – BerHVV, 17.12.1994, BGBl. I, S. 3839], zuletzt geändert durch Art. 15 des Gesetzes v. 30.07.2004, BGBl. I, S. 2014). Nach § 1 Abs. 2 Satz 2 BerHVV **muss** der Rechtsanwalt für seinen Antrag den Vordruck verwenden. Die Landesjustizverwaltungen können durch Allgemeinverfügung die Verwendung von Vordrucken zulassen, die mithilfe von EDV-Anlagen erstellt oder abweichend von dem Vordruck nach § 1 Abs. 1 Nr. 2 BerHVV gestaltet sind, aber inhaltlich den Vordrucken nach § 1 Abs. 1 der VO entsprechen. Hiervon hat z.B. die Landesjustizverwaltung in Nordrhein-Westfalen Gebrauch gemacht. Nach Teil I B, Ziff. 1 der AV d. JM v. 30.06.2005 (5650 – Z. 20) – JMBl. NRW, S. 191 – Festsetzung der aus der Staatskasse zu gewährenden Vergütung der Rechtsanwältinnen und Rechtsanwälte – kann der Festsetzungsantrag mithilfe von EDV-Anlagen erstellt werden oder von dem Vordruck der Anlage 2 zur BerHVV abweichen, wenn er inhaltlich diesem entspricht. Entsprechende Regelungen dürften sich aufgrund der bundeseinheitlichen Geltung in den Verwaltungsbestimmungen anderer Bundesländer finden. 593

Festsetzung gegen die Staatskasse (§ 55)

Allerdings ist für die Beantragung der Beratungshilfevergütung vom Gesetzgeber noch **kein den Bestimmungen des RVG** entsprechender neuer Vordruck eingeführt worden. Deshalb besteht für den Antrag auf Festsetzung der Beratungshilfevergütung kein Vordruckzwang (KG, AGS 2011, 85 = RVGreport 2010, 400; Hansens, RVGreport 2004, 461; a.A. Schoreit, in: Schoreit/ Groß, BerHG, § 4 BerHG Rn. 12).

4. Zeitpunkt des Antrags

a) Fälligkeit

594 Eine **Ausschlussfrist** für die Einreichung des Antrages ist nicht vorhanden, sodass der Antrag grds. jederzeit erfolgen kann. Faktisch ist der Antrag allerdings befristet durch die **Verjährung**. Die aus der Staatskasse beanspruchte Vergütung muss **fällig** sein (vgl. Teil A: Fälligkeit der Vergütung [§ 8], Rn. 519 ff.). Der Rechtsanwalt darf aber nach § 47 Abs. 1 einen **Vorschuss** verlangen (vgl. die Erläuterungen im Teil A: Vorschuss aus der Staatskasse [§ 47] Rn. 1645 ff.; Teil A: Vorschuss vom Auftraggeber [§ 9], Rn. 1659 ff.). Nur bei **Beratungshilfe** ist gem. § 47 Abs. 2 **kein Vorschuss** möglich.

b) Verjährung

595 Der Vergütungsanspruch gegen die Staatskasse verjährt entsprechend der allgemeinen Verjährungsregelung in § 196 Nr. 15 BGB in **drei Jahren** (s. auch Teil A: Verjährung des Vergütungsanspruchs, Rn. 1577 ff.; OLG Düsseldorf, AGS 2008, 397 = MDR 2008, 947 = OLGR Düsseldorf 2008, 405; KG, JurBüro 1987, 1805). Die Verjährungsfrist beginnt nach § 199 Abs. 1 BGB mit dem Ablauf des Kalenderjahrs, in dem die Vergütung fällig geworden ist (vgl. OLG Hamm, AnwBl. 1996, 478 = StraFo 1996, 189 = JurBüro 1996, 642; vgl. auch OLG Hamm, NStZ-RR 2001, 190 = JurBüro 2001, 309 = AGS 2002, 251; zur Fälligkeit s. Teil A: Fälligkeit der Vergütung [§ 8], Rn. 519 ff.).

596 **Zuständig** zur Erhebung der Verjährungseinrede ist nach den bundeseinheitlichen Verwaltungsbestimmungen nicht der für die Festsetzung zuständige Urkundsbeamte der Geschäftsstelle, sondern, etwa in NRW, der Bezirksrevisor als zur Vertretung der Staatskasse zuständiger Beamter. Der Bezirksrevisor bedarf zur Erhebung der Verjährungseinrede allerdings der Einwilligung des ihm unmittelbar vorgesetzten Präsidenten. Die Verjährung des Vergütungsanspruchs kann vom Urkundsbeamten somit nur berücksichtigt werden, wenn der zuständige Vertreter der Staatskasse mit Einwilligung des unmittelbar vorgesetzten Präsidenten die **Verjährungseinrede** erhoben hat. Von der Erhebung der Verjährungseinrede soll nach den in **NRW** geltenden **Verwaltungsbestimmungen** regelmäßig dann abgesehen werden, wenn der Anspruch zweifelsfrei begründet ist und entweder die Verjährungsfrist erst verhältnismäßig kurze Zeit abgelaufen ist oder der Anspruchsberechtigte aus verständlichen Gründen, die in einem Sachzusammenhang mit dem Erstattungsantrag stehen müssen, mit der Geltendmachung seines Anspruchs gewartet hat. Verständliche Gründe sind z.B. das Schweben eines Rechtsmittels oder eines Parallelprozesses, längeres Ruhen des Verfahrens oder Tod des Anwalts. Wird die Verjährungseinrede erhoben, obwohl die erwähnten Verwaltungsbestimmungen dem entgegenstehen, kann sie unbeachtlich sein,

Festsetzung gegen die Staatskasse (§ 55)

wenn sie wegen Missachtung dieser Bestimmungen willkürlich erhoben wird (OLG Düsseldorf, AGS 2008, 397 = MDR 2008, 947 = OLGR Düsseldorf 2008, 405).

c) Verwirkung des Anspruchs

Ausnahmsweise kann die Antragstellung auch schon vor Eintritt der Verjährung als verspätet angesehen werden, wenn nach den Gesamtumständen nicht mehr damit gerechnet werden musste, dass ein Vergütungsanspruch noch erhoben wird. Die **Verwirkung** ist aber nur dann zu bejahen, wenn die Vergütungsabrechnung längst abgewickelt ist und sich alle Beteiligten auf deren endgültige Erledigung eingestellt hatten (Gerold/Schmidt/Müller-Rabe, § 55 Rn. 40). Erscheint im konkreten Einzelfall das Vertrauen in die endgültige Erledigung der Angelegenheit gegenüber einer unerwarteten und völlig überraschenden nachträglichen Anmeldung überwiegend schutzwürdig, so ist das Recht auf Festsetzung verwirkt. Hierzu hat die Rechtsprechung in **strenger Analogie zu § 20 GKG** den Grundsatz herausgebildet, dass eine **Nachliquidation** (vgl. dazu Rn. 627 f.) unzulässig ist, wenn sie erst nach Ablauf des auf die Endabrechnung folgenden Kalenderjahres betrieben wird (vgl. OLG Düsseldorf, JurBüro 1996, 144 = Rpfleger 1995, 421; OLG Koblenz, Rpfleger 1993, 290; LAG Hamm, AnwBl. 1994, 97 und MDR 1994, 72; OLG Hamm, JurBüro 1982, 877; OLG Koblenz, AnwBl. 1983, 323 = JurBüro 1983, 579).

597

> **Hinweis:**
>
> Allerdings hat das **BVerfG** (vgl. RVGreport 2006, 199) entschieden, dass das Recht zur Stellung eines **nachträglichen Beratungshilfeantrags** nicht verwirken kann, weil im BerHG keine Antragsfrist vorgesehen ist und auch sonst keine Anhaltspunkte für die Verwirkung eines nachträglich gestellten Beratungshilfeantrags vorliegen. Vor diesem Hintergrund erscheint es fraglich, ob zusätzlich zur Verjährung eine Verwirkung des Rechts zur Antragstellung gem. § 55 in Betracht kommen kann (keine Anwendung von § 20 GKG: KG, RVGreport 2004, 314; OLG Schleswig, SchlHA 2008, 462 = OLGR Schleswig 2008, 718; vgl. zur Verwirkung auch Teil A: Rechtmittel gegen die Vergütungsfestsetzung [§§ 56, 33], Rn. 1124 ff.).

V. Antragsinhalt

1. Glaubhaftmachung/Nachweis (Abs. 5 Satz 1)

Da nach § 55 Abs. 5 Satz 1 für die Festsetzung § 104 Abs. 2 ZPO entsprechend gilt, sind die einzelnen Ansätze **darzulegen** und **glaubhaft** zu machen, insbesondere, wenn sich die jeweiligen **Gebührentatbestände** oder etwaigen **Auslagen** nicht aus der Verfahrensakte ergeben oder nicht anderweitig für den Urkundsbeamten ohne Weiteres ersichtlich sind. Nur hinsichtlich der einem Rechtsanwalt erwachsenen Auslagen für **Post- und Telekommunikationsdienstleistungen** (vgl. Nrn. 7001, 7002 VV) genügt die Versicherung des Rechtsanwalts, dass diese Auslagen entstanden sind (vgl. VG Meiningen, RVGreport 2004, 151; LAG Hessen, MDR 2001, 598; AG Koblenz, FamRZ 2007, 233; AG Magdeburg, JurBüro 2005, 651; Hansens, in: Hansens/Braun/Schneider, Praxis des Vergütungsrechts, Teil 7, Rn. 142).

598

Festsetzung gegen die Staatskasse (§ 55)

599 Ein Ansatz ist **glaubhaft dargelegt, wenn** der Erklärungsempfänger bei objektivierender Betrachtung und freier und verständiger Würdigung des gesamten Vorbringens die Einschätzung gewinnt, dass der anspruchsauslösende Tatbestand höchstwahrscheinlich zutreffend vorgetragen worden ist. Es bedarf keiner vollständigen Gewissheit, wohl aber der Erkenntnis, dass Zweifel an der Richtigkeit der Darstellung nicht angebracht sind. Um einen derartigen Sachstand herbeizuführen, kann sich der Anwalt sämtlicher Nachweismöglichkeiten bedienen. Zulässige Beweismittel sind alle üblichen Beweismittel, sofern sie präsent sind, sowie die Versicherung an Eides statt und auch die anwaltliche Versicherung. Grundlage der Entscheidung ist ein den konkreten Umständen angepasstes Maß an Glaubhaftigkeit (OLG Düsseldorf, RVGreport 2009, 264 = JurBüro 2009, 370). Ggf. kann der Urkundsbeamte die Vorlage aussagekräftiger Beweismittel verlangen, z.B. von Kopien aus der Handakte (LG Göttingen, JurBüro 1986, 242 = Rpfleger 1986, 7; s. auch Rundschreiben des Richtlinienausschusses der Bundesrechtsanwaltskammer v. 20.06.1985 (BRAK-Mitt. 1986, 17 f.; zur Vorlage des Aktenauszugs bei der Dokumentenpauschale s. auch Teil A: Auslagen aus der Staatskasse [§ 46], Rn. 152).

600 Insbesondere bei **Beratungshilfe** kann das Gericht zur Glaubhaftmachung des Anfalls der geltend gemachten Gebühren die Vorlage von Schriftwechsel verlangen, sofern die Vorlage zulässig, möglich und zumutbar ist, zumal bei der Geschäftsgebühr Nr. 2503 VV neben deren Entstehung auch die Frage der Erforderlichkeit der Vertretung zu prüfen ist (OLG Düsseldorf, RVGreport 2009, 264 = JurBüro 2009, 370).

2. Angabe zur Vorsteuerabzugsberechtigung

601 § 55 Abs. 5 Satz 1 verweist auf § 104 Abs. 2 ZPO. Die dadurch umfasste Verweisung auf § 104 Abs. 2 Satz 3 ZPO – **Erklärung zur Vorsteuerabzugsberechtigung** – geht aber ins Leere, weil der nach den steuerrechtlichen Bestimmungen umsatzsteuerpflichtige beigeordnete oder bestellte Anwalt **stets** Anspruch auf Erstattung der auf seine Vergütung entfallenden Umsatzsteuer (Nr. 7008 VV) aus der Staatskasse hat (LAG Rheinland-Pfalz, JurBüro 1997, 29; Gerold/Schmidt/Müller-Rabe, § 55 Rn. 30; s. dazu auch Teil A: Auslagen aus der Staatskasse [§ 46], Rn. 192 ff.). Ein Vorsteuerabzug kommt ohnehin nicht in Betracht, weil der Anwalt keine Steuern bezahlen muss, deren Erstattung er vom Fiskus einfordern könnte, sondern Umsatzsteuer vereinnahmt und diese an den Fiskus abzuführen hat. Die Erklärung zur Vorsteuerabzugsberechtigung bei Umsatzsteuerbeträgen nach § 104 Abs. 2 Satz 3 ZPO ist daher nicht abzugeben.

3. Angabe von Vorschüssen und Zahlungen

a) Angabe von Zahlungen

602 Der Antrag hat die **Erklärung** zu enthalten, **ob** und **welche Zahlungen** der Rechtsanwalt bis zum Tage der Antragstellung erhalten hat (vgl. § 55 Abs. 5 Satz 2). Unerheblich ist, von wem der Rechtsanwalt die Zahlungen erhalten hat (s. dazu die Komm. zu § 58 Rn. 39 ff.). Daher sind Zahlungen des **Mandanten** als auch aus der **Staatskasse** gem. § 47 erhaltene Vorschüsse oder im Rahmen der Beratungshilfe erhaltene Zahlungen im Festsetzungsantrag anzuzeigen. Anzugeben sind auch Zahlungen von **Dritten**. Dritte können z.B. Familienangehörige des Mandanten oder dessen unterlegener Gegner sein. Auch der Antrag auf Festsetzung der gem. § 51 bewilligten

Festsetzung gegen die Staatskasse (§ 55)

Pauschgebühr muss die Erklärung gem. § 55 Abs. 5 Satz 2 über erhaltene Zahlungen enthalten (AnwKomm-RVG/N. Schneider, § 51 Rn. 138 ff.).

Nach Abtretung des Vergütungsanspruchs an einen anderen Rechtsanwalt muss sich auch dieser zu erhaltenen Zahlungen erklären. Das gilt entsprechend bei wirksamer Abtretung an einen Nicht-Rechtsanwalt (vgl. auch Rn. 588; s. zur Abtretung Teil A: Abtretung der Gebührenforderung, Rn. 11 ff.).

Abs. 5 Satz 2 erfasst **alle Zahlungen**, die „**irgendwie**" mit der Vergütung des Anwalts in der konkreten Angelegenheit zu tun haben könnten. Der Anwalt ist deshalb verpflichtet, auch solche Zahlungen anzugeben, die seiner Auffassung nach für eine Anrechnung nach § 58 nicht infrage kommen. Dasselbe gilt für Zahlungen, die er seiner Meinung nach unter Berücksichtigung der Anrechnungsregelung in § 58 behalten darf, wenn insoweit eine andere Auffassung zumindest denkbar ist (Gerold/Schmidt/Müller-Rabe, § 55 Rn. 19). Die Entscheidungskompetenz liegt beim Urkundsbeamten der Geschäftsstelle.

603

Zahlt der Rechtsanwalt erhaltene **Zahlungen** an die Partei oder einen Dritten **zurück**, um den Anspruch gegen die Staatskasse uneingeschränkt geltend machen zu können, sind auch diese Zahlungen im Festsetzungsantrag anzuzeigen. Denn wenn der Vergütungsanspruch gegen die Staatskasse insoweit bereits erloschen war, entsteht er durch die Rückzahlung nicht erneut, weshalb hierdurch eine Leistungspflicht der Staatskasse nicht erneut entstehen kann (AnwKomm-RVG/Schnapp, § 55 Rn. 14). Auch unter einem Vorbehalt oder aufgrund einer besonderen Absprache erhaltene Zahlungen sind im Festsetzungsantrag anzuzeigen. In allen diesen Fällen kann der Urkundsbeamte seiner in § 58 Abs. 3 geregelten Prüfungspflicht nur dann nachkommen, wenn sämtliche Zahlungen mitgeteilt worden sind.

604

Auch Zahlungen, die für ein bestimmtes gerichtliches Verfahren eingezahlt, vom Anwalt aber auf andere Verfahren verrechnet wurden, sind anzugeben (vgl. LG Düsseldorf, StRR 2010, 358).

605

Es reicht auch nicht aus, im Festsetzungsantrag zu erklären, keine **für eine Anrechnung bedeutsamen Zahlungen** erhalten zu haben. Nach Abs. 5 Satz 2 ist im Antrag ohne diese Einschränkung anzugeben, ob und welche Zahlungen der Rechtsanwalt erhalten hat. Nur die frühere Regelung in § 101 Abs. 3 BRAGO verlangte lediglich die Anzeige der Vorschüsse und Zahlungen, die für eine Anrechnung von Bedeutung sind. Diese Regelung hat der Gesetzgeber nicht in Abs. 5 Satz 2 übernommen. Abs. 5 Satz 2 weicht daher insoweit von § 101 Abs. 3 BRAGO ab, als der Rechtsanwalt uneingeschränkt über Zahlungen Auskunft geben muss. Hierdurch ist klargestellt, dass alle etwaigen Zahlungen und Vorschüsse anzugeben sind und die Anrechnungsprüfung ausschließlich durch das Gericht vorzunehmen ist.

606

> **Hinweis:**
> Verletzt der Rechtsanwalt die Anzeigepflicht, kann ein **Verstoß** gegen **Berufspflichten** vorliegen (AnwGH Baden-Württemberg, NJW-RR 1998, 1374, noch zu § 101 Abs. 3 BRAGO; AnwKomm-RVG/Schnapp/N. Schneider, § 58 Rn. 75).

Festsetzung gegen die Staatskasse (§ 55)

b) Sozietät

607 Nach der Rechtsprechung des BGH (NJW 2009, 440 = RVGreport 2009, 78 = AGS 2008, 608) kann bei PKH auch eine **Sozietät** beigeordnet werden. Dann steht auch der Sozietät der Vergütungsanspruch gegen die Staatskasse zu. Die Zahlungserklärung ist dann von der Sozietät für diese abzugeben.

c) Angabe von Zahlungen auf eine anzurechnende Gebühr (Abs. 5 Satz 3)

608 Durch den mit Wirkung v. 05.08.2009 (BGBl. I, S. 2449, 2470) eingefügten Abs. 5 Satz 3 ist der Anwalt gesetzlich verpflichtet, auch **Zahlungen auf eine anzurechnende Gebühr** und deren Berechnungsgrundlage mitzuteilen. Neben dem gezahlten Betrag sind bei anzurechnenden **Wertgebühren** der Gebührensatz und der zugrunde gelegte Gegenstandswert, bei anzurechnenden **Fest- und Rahmengebühren** deren Betrag anzugeben. Das soll dem Urkundsbeamten der Geschäftsstelle ermöglichen, den Einfluss der Anrechnung auf die Höhe des Vergütungsanspruchs gegen die Staatskasse zu prüfen (s. dazu Teil A: Anrechnung von Gebühren [§ 15a], Rn. 123 ff.).

d) Angabe von Zahlungen nach Antragstellung (Abs. 5 Satz 4)

609 Abs. 5 Satz 4 enthält die dem beigeordneten oder bestellten Rechtsanwalt auferlegte gesetzliche Verpflichtung, nach Beantragung der Festsetzung erhaltene Zahlungen unverzüglich anzuzeigen. Unklar ist, ob der Rechtsanwalt bereits im Festsetzungsantrag erklären muss, dass nachträgliche Zahlungen unverzüglich angezeigt werden oder ob die dem Rechtsanwalt insoweit auferlegte gesetzliche Verpflichtung eine ausdrückliche Erklärung überflüssig macht. Wird davon ausgegangen, dass § 55 Abs. 5 insgesamt den notwendigen Antragsinhalt regelt, wird wegen des Sachzusammenhangs der Festsetzungsantrag neben der Erklärung zu bereits erhaltenen Zahlungen **auch** eine **Erklärung** zur **Anzeige nachträglicher Zahlungen** enthalten müssen. Dem kann entgegengehalten werden, dass der gerichtlich beigeordnete oder bestellte Rechtsanwalt im Festsetzungsantrag keine Erklärung dazu abgeben muss, dass nach Stellung des Festsetzungsantrags erhaltene Zahlungen unverzüglich angezeigt werden. Denn es handelt sich um eine gesetzliche Verpflichtung, zu der sich der Rechtsanwalt nicht ausdrücklich erklären muss. Eine Erklärungspflicht besteht nur für die bis zur Stellung des Festsetzungsantrags erhaltenen Zahlungen (so OLG Düsseldorf, 22.05.2007 – III-1 Ws 175/07 n.v.; LG Düsseldorf, 05.04.2007 – Ia - 3/05, n.v.).

> **Hinweis:**
> Auch wenn ggf. eine gesetzliche Verpflichtung zur Abgabe einer Erklärung über die Anzeige nachträglicher Zahlungen im Festsetzungsantrag verneint wird (OLG Düsseldorf, a.a.O.), sollte diese Erklärung zur **Beschleunigung** des Festsetzungsverfahrens **gleichwohl** abgegeben werden. Der Urkundsbeamte wird nämlich i.d.R. eine entsprechende Erklärung einfordern, weil die amtlichen Festsetzungsvordrucke eine Erklärung des Rechtsanwalts zu nachträglichen Zahlungen vorsehen und formlos oder mithilfe von EDV-Anlagen erstellte Festsetzungsanträge den amtlichen Vordrucken entsprechen sollen.

Festsetzung gegen die Staatskasse (§ 55)

Der Rechtsanwalt muss der Staatskasse alle **nach der Beantragung der Vergütung** erhaltenen Zahlungen anzeigen. Auch hier gilt, dass sich die Anzeigepflicht nicht nur auf die Zahlungen erstreckt, die der Rechtsanwalt für eine Anrechnung für bedeutsam hält bzw. für die nach seiner Auffassung eines Anrechnungspflicht bestehen könnte (Gerold/Schmidt/Müller-Rabe, § 58 Rn. 27). Der Urkundsbeamte muss sich ein umfassendes Bild zur Anrechnungsproblematik machen können (vgl. Rn. 603).

610

VI. Prüfung durch den Urkundsbeamten

1. Umfang der Prüfung

Die Prüfungspflicht des Urkundsbeamten der Geschäftsstelle im Festsetzungsverfahren gem. § 55 **umfasst** aufgrund der Bindungswirkung der Beiordnung/Bestellung (vgl. Rn. 615) insbesondere (vgl. auch die Verwaltungsbestimmungen zur Vergütungsfestsetzung, Rn. 580):

611

- das **Bestehen** des Vergütungsanspruchs, insbesondere ob die entfaltete Tätigkeit vom zeitlichen und gegenständlichen Umfang der Beiordnung/Bestellung gedeckt ist (dazu Teil A: Umfang des Vergütungsanspruchs [§ 48 Abs. 1], Rn. 1382 ff.),
- ob die Vergütung nach § 49 bei Wertgebühren **richtig berechnet** ist,
- ob die berechneten **Auslagen** entstanden und zur sachgemäßen Durchführung der Angelegenheit erforderlich waren (§ 46),
- ob **Zahlungen/Vorschüsse**, auch aus der Staatskasse gem. § 47, richtig angerechnet werden (§ 58 Abs. 3),
- ob der Festsetzung ein **Verschulden** eines beigeordneten oder bestellten Rechtsanwalts i.S.v. § 54 entgegensteht; der Vergütungsanspruch des zunächst beigeordneten Rechtsanwalts wird kraft Gesetzes entzogen.

Einreden und **materiell-rechtliche Einwendungen** muss der Urkundsbeamte grds. ebenfalls berücksichtigen. Kann die **Verjährungseinrede** infrage kommen (vgl. dazu Rn. 595 f.), ist die Sache allerdings dem Vertreter der Staatskasse (Bezirksrevisor) vorzulegen, der entscheidet, ob die Einrede nach Zustimmung des unmittelbar vorgesetzten Gerichtspräsidenten zu erheben ist. Die Verwirkung des Vergütungsanspruchs (vgl. Rn. 597) ist vom Urkundsbeamten zu beachten. Kommen nach Auffassung des Urkundsbeamten **materiell-rechtliche Einwendungen** in Betracht, muss der Urkundsbeamte ebenfalls den Vertreter der Staatskasse beteiligen.

612

2. Austausch von Positionen

Der Urkundsbeamte ist bei der Festsetzung **nicht** befugt, über den vom Rechtsanwalt gestellten Betrag hinauszugehen. Er darf aber innerhalb des zur Festsetzung und Auszahlung beantragten Gesamtbetrages anstelle einer geltend gemachten, nicht entstandenen Position eine nicht geforderte entstandene Position bei der Festsetzung berücksichtigen.

613

Festsetzung gegen die Staatskasse (§ 55)

3. Keine Abänderung von Amts wegen

614 Ein in den Geschäftsbetrieb gelangter **Festsetzungsbeschluss** darf als **Hoheitsakt mit Außenwirkung** von dem Urkundsbeamten **nicht** eigenmächtig zum Nachteil des Anwalts oder der Staatskasse **von Amts wegen abgeändert**, wohl aber gem. § 319 ZPO **berichtigt** oder (auf Antrag) gem. § 321 ZPO **ergänzt** werden. Der Urkundsbeamte darf eine Festsetzung nur auf eine Erinnerung hin (§ 56) abändern (OLG Bremen, AGS 2007, 207 = RVGreport 2007, 183 = OLGR Bremen 2006, 850).

4. Bindung an Beiordnung/Bestellung

615 Die Festsetzung hat auf der **Grundlage** von **Beiordnung und Bestellung** des Anwalts oder des erteilten Berechtigungsscheins zu erfolgen. Diese gerichtlichen Entscheidungen sind für die Bestimmung des Anspruchsumfangs verbindlich (s. dazu Teil A: Umfang des Vergütungsanspruchs [§ 48 Abs. 1], Rn. 1385 ff.). Der Urkundsbeamte der Geschäftsstelle ist nicht berechtigt, sie dem Grunde nach infrage zu stellen (vgl. OLG Celle, MDR 2007, 865; OLG Düsseldorf, AGS 2008, 245 = JurBüro 2008, 209; AGS 2008, 247 = Rpfleger 2008, 316 = JurBüro 2008, 209; OLG Köln, AGS 2007, 362; OLG Nürnberg, AGS 2008, 457 = MDR 2008, 112 = OLGR Nürnberg 2008, 199) oder inhaltlich abzuändern (OLG Düsseldorf, AGS 2004, 296 = Rpfleger 2004, 709). Er darf insbesondere auch nicht prüfen, ob PKH hätte versagt werden müssen (OLG Düsseldorf, AGS 2008, 247 = Rpfleger 2008, 316 = JurBüro 2008, 209; OLG Köln, AGS 2007, 362).

Wäre diese Prüfung im Festsetzungsverfahren anzustellen, müsste der Urkundsbeamte die richterliche Entscheidung überprüfen. Auch die Zuständigkeit des beiordnenden oder bestellenden Gerichts oder der Zeitpunkt, auf den die Wirkungen der PKH erstreckt worden sind, ist nicht zu überprüfen. Ist der **Gegenstandswert** gem. §§ 32, 33 gerichtlich festgesetzt, ist diese Festsetzung für die Festsetzung gem. § 55 bindend.

5. Eingeschränkte Beiordnung/Bestellung

616 Zur Frage, ob und inwieweit die Einschränkung des Vergütungsanspruchs in der Beiordnung oder Bestellung zu beachten ist vgl. Teil A: Umfang des Vergütungsanspruchs (§ 48 Abs. 1), Rn. 1386 ff.; zur Beachtung der Beiordnung oder Bestellung zu den Bedingungen eines **ortsansässigen Rechtsanwalts** s. Teil A: Auslagen aus der Staatskasse (§ 46) Rn. 175 ff.

6. Feststellung gem. § 46 Abs. 2 für Auslagen

617 Ist rechtzeitig eine **Vorabentscheidung über Aufwendungen** bzw. Auslagen gem. § 46 Abs. 2 ergangen, hat der Urkundsbeamte auch diese als **unabänderlich** und **bindend** hinzunehmen (Einzelh. s. Teil A: Auslagen aus der Staatskasse [§ 46], Rn. 208 ff.).

VII. Zuständigkeit/Entscheidung

1. Funktionelle Zuständigkeit

Funktionell zuständig für die Festsetzung ist der **Urkundsbeamte** der **Geschäftsstelle**. Die Festsetzung ist dem Beamten des gehobenen Justizdienstes vorbehalten (vgl. in NRW Ziff. 1.2.1 der AV d. JM v. 30.06.2005 [5650 – Z. 20] – JMBl. NRW, S. 191 – Festsetzung der aus der Staatskasse zu gewährenden Vergütung der Rechtsanwältinnen und Rechtsanwälte).

618

Die Festsetzung erfolgt damit häufig durch den **Rechtspfleger**, der insoweit aber nicht in dieser Funktion, sondern als **Urkundsbeamter** tätig wird (vgl. hierzu § 27 Abs. 1 RPflG). Allerdings ist die Festsetzung nach § 8 Abs. 5 RPflG wirksam, wenn sie der Beamte in seiner Funktion als Rechtspfleger und nicht als Urkundsbeamter vornimmt. Tätigkeiten als **Kostenbeamter** nimmt der Rechtspfleger/Beamte des gehobenen Justizdienstes insoweit nicht wahr. Denn der **Kostenbeamte** ist für den Ansatz der **Gerichtskosten** zuständig (vgl. § 2 der bundeseinheitlich geltenden Kostenverfügung) und insoweit **weisungsgebunden** (vgl. § 43 Kostenverfügung).

> **Hinweis:**
> Die Ergänzungsbestimmungen der Bundesländer zu den bundeseinheitlichen Verwaltungsbestimmungen enthalten häufig **Öffnungsklauseln**. So kann z.B. in NRW die Festsetzung auch geeigneten Beamtinnen oder Beamten **des mittleren Justizdienstes** übertragen werden. Von dieser Möglichkeit wird in der Praxis vermehr Gebrauch gemacht.

Der Urkundsbeamte ist bei der Festsetzung **nicht weisungsgebunden** (vgl. zur selbstständigen Stellung des Urkundsbeamten OLGR Frankfurt, 2002, 167; OLG Naumburg, NJW 2003, 2921; Zöller/Gummer, ZPO, § 153 GVG Rn. 11) und nicht zur Vertretung der Interessen der Staatskasse berufen. Daher ist für die Anfechtung der **Entscheidung** des Urkundsbeamten die **Erinnerung** gem. § 56 vorgesehen (s. auch Teil A: Rechtsmittel gegen die Vergütungsfestsetzung [§§ 56, 33], Rn. 1115 ff.). Auch der Urkundsbeamte des mittleren Dienstes ist unabhängiges Entscheidungsorgan und keinen Weisungen bei der Festsetzung unterworfen. Sowohl der Urkundsbeamte des gehobenen Dienstes als auch der des mittleren Dienstes werden aber in zulässiger Weise durch die Verwaltungsbestimmungen zur Vergütungsfestsetzung zu einer bestimmten Abwicklung des Festsetzungsverfahrens angehalten. So werden dort z.B. bestimmte Vorlage- und Prüfungspflichten vorgeschrieben.

619

2. Sachliche und örtliche Zuständigkeit

Sachlich und örtlich ist stets das **Gericht des ersten Rechtzugs** zuständig. In Verfahren nach dem IRG (ausgenommen Verfahren nach §§ 87 bis 87n IRG) und dem IStGH-Gesetz (vgl. Nrn. 6101, 6102 VV) erfolgt die Festsetzung durch den Urkundsbeamten der Geschäftsstelle des OLG (vgl. Nr. 6101 VV Rn. 34). Für den Fall, dass das Verfahren nicht gerichtlich anhängig geworden ist, enthält § 55 Abs. 1 Satz 2 für den Verteidiger eine ausdrückliche Zuständigkeitsregelung: Danach erfolgt die Festsetzung durch das Gericht, das den Verteidiger bestellt hat. Allerdings handelt es sich auch hierbei immer um das Gericht des ersten Rechtzugs.

620

Festsetzung gegen die Staatskasse (§ 55)

> **Hinweis:**
>
> Zur Zuständigkeit für die Festsetzung im Fall der Beiordnung einer **Kontaktperson** wird auf die Komm. zu § 55 Abs. 3 verwiesen (vgl. dort Rn. 5).
>
> Wird im Verfahren nach dem **StVollzG** ein Rechtsanwalt im Wege der PKH beigeordnet (vgl. § 120 Abs. 2 StVollzG), richtet sich die Zuständigkeit für die Festsetzung nach § 55 Abs. 2, weil sich die Vergütung hier nach Teil 3 VV bestimmt (vgl. Teil A: Verfahren nach dem Strafvollzugsgesetz und ähnliche Verfahren, Rn. 1441 ff.).

3. Verweisung/Abgabe

621 Im Fall der **Verweisung** ist das Gericht zuständig, an das die Sache verwiesen worden ist, es sei denn, dass bereits vor der Aktenversendung an das neue Gericht Ansprüche fällig geworden und insoweit ein Festsetzungsantrag bei dem verweisenden Gericht eingegangen ist (vgl. hierzu die bundeseinheitlichen Verwaltungsbestimmungen, Rn. 580). Das gilt auch, wenn an ein Gericht eines **anderen Bundeslandes** verwiesen oder abgegeben wird, also eine andere Landeskasse betroffen ist. Hat allerdings der Anwalt schon **vor der Verweisung oder Abgabe** einen fälligen Vergütungs- oder Vorschussanspruch geltend gemacht, bleibt es bei der Zuständigkeit des verweisenden oder abgebenden Gerichts.

4. Zwischenverfügung des Urkundsbeamten

622 Der Urkundsbeamte ist grds. nicht daran gehindert, durch entsprechende Monierungen bzw. **Zwischenverfügungen** auf die Stellung eines Antrags hinzuwirken, dem dann ohne Einschränkungen entsprochen werden kann. Gleichwohl sollte hierbei nicht aus den Augen verloren werden, über Festsetzungsanträge im Allgemeinen **unverzüglich** zu befinden (vgl. hierzu Rn. 633). Danach kann es erforderlich sein, **unstreitige Beträge** vorab festzusetzen und anzuweisen oder im Fall der erforderlichen Versendung von Akten, z.B. wegen der Einlegung eines Rechtsmittels, die Festsetzung noch vor der Aktenversendung vorzunehmen.

5. Beschluss

623 Der Urkundsbeamte setzt die dem Rechtsanwalt aus der Staatskasse zu gewährende Vergütung durch **Beschluss** fest. Hierzu kann die Rückseite des amtlichen Vordrucks verwendet werden. Zugleich erteilt der Urkundsbeamte – ggf. in einem automatisierten Verfahren (in NRW HKR-TV) – die erforderliche **Auszahlungsanordnung**, von der ein Exemplar zur Sachakte zu nehmen ist.

6. Keine Verzinsung

624 Eine Verzinsung der Vergütung erfolgt **nicht**, weil in § 55 Abs. 5 Satz 1 § 104 Abs. 1 Satz 2 ZPO nicht für entsprechend anwendbar erklärt worden ist (AG Neuss, RVGreport 2008, 142; VG Ansbach, 24.04.2007 – AN 19 M 07.00266; Hansens, in: Hansens/Braun/Schneider, Teil 7, Rn. 154; noch zur BRAGO: LG Berlin, JurBüro 1984, 1854 = AnwBl. 1984, 515; BVerwG, JurBüro 1981, 1504; AG Berlin-Schöneberg, JurBüro 2002, 375). Bei langer Bearbeitungsdauer des Festset-

zungsantrags erfolgt damit keine Kompensation durch Verzinsung des Festsetzungsantrags (vgl. hierzu aber Rn. 633 ff.).

7. Mitteilung von der Festsetzung

Wird dem Festsetzungsantrag entsprochen, ist keine Mitteilung an den Rechtsanwalt erforderlich. Dieser erhält eine indirekte Benachrichtigung durch die Gutschrift der Vergütung auf seinem Konto. Soweit die Entscheidung von dem Antrag **abweicht**, ist die **Absetzung** zu **begründen** und ihr Inhalt dem Rechtsanwalt **schriftlich mitzuteilen**.

Der **Staatskasse** wird die Festsetzung nicht von Amts wegen bekannt gegeben.

Eine **Zustellung** der Festsetzung ist weder an den Anwalt noch an die Staatskasse erforderlich, da die Erinnerung gegen die Festsetzung (vgl. § 56 Abs. 1) nicht fristgebunden ist (s. auch Teil A: Rechtsmittel gegen die Vergütungsfestsetzung [§§ 56, 33], Rn. 1123). Dem **Mandanten** ist von der Festsetzung grds. keine Kenntnis zu geben. Das gilt auch, wenn ihm die ausgezahlte Vergütung im Rahmen von Nr. 9007 KV GKG in Rechnung gestellt wird (Teil A: Gerichtskosten, Rn. 771 ff.). Allerdings dürfte der Kostenbeamte zumindest auf Nachfrage des Kostenschuldners verpflichtet sein, die Kostenrechnung insoweit zu erläutern. Dies kann durch Übersendung einer Abschrift des Festsetzungsantrags und der Festsetzung erfolgen.

VIII. Überzahlung an den Rechtsanwalt

Ist für den beigeordneten oder bestellten Rechtsanwalt ein zu hoher Betrag festgesetzt worden, kann der Urkundsbeamte seine Festsetzung(en) **nicht von Amts wegen ändern** und die Festsetzung des Rückforderungsbetrags der Staatskasse vornehmen (OLGR Bremen 2006, 580 = AGS 2007, 207 = RVGreport 2007, 183; Hansens, in: Hansens/Braun/Schneider, Teil 7, Rn. 161). Es ist vielmehr erforderlich, dass der zuständige Vertreter der **Staatskasse Erinnerung** oder auch **Beschwerde** gem. § 56 mit dem Ziel einlegt, eine Verringerung der Vergütung zu erreichen (vgl. OLG Frankfurt am Main, JurBüro 1991, 1649). Wird dem entsprochen, kann die überzahlte Vergütung nach der Justizbeitreibungsordnung vom beigeordneten oder bestellten Rechtsanwalt eingezogen werden (vgl. dazu die bundeseinheitlichen Verwaltungsbestimmungen; zur Verwirkung des **Rechtsmittelrechts** der **Staatskasse** vgl. Teil A: Rechtsmittel gegen die Vergütungsfestsetzung [§§ 56, 33], Rn. 1124 ff.). Wegen einer etwaigen Verwirkung des Rechtsmittelrechts kommt der in den bundeseinheitlichen Verwaltungsbestimmungen geregelten Überwachungspflicht des Urkundsbeamten bei der Festsetzung und Auszahlung von **Vorschüssen** eine hohe Bedeutung zu.

> **Hinweis:**
>
> Ist an den Rechtsanwalt **mehr ausgezahlt** worden, als für ihn **festgesetzt** worden ist, kann die Staatskasse den überzahlten Betrag ohne Weiteres zurückfordern.
>
> Der Rechtsanwalt kann sich bei einer Rückforderung durch die Staatskasse nicht auf Entreicherung berufen, weil auf den öffentlich-rechtlichen Erstattungsanspruch der Staatskasse § 818 Abs. 3 BGB nicht anwendbar ist (vgl. KG, NJW 2009, 456 = StraFo 2008, 529 = AGS

Festsetzung gegen die Staatskasse (§ 55)

2009, 178 für Pauschgebühr nach § 51; OLG Celle, AnwBl. 1981, 455; OLG Düsseldorf, AnwBl. 1991, 409; OLG Zweibrücken, JurBüro 1983, 722).

IX. Nachliquidation

627 Der Rechtsanwalt kann **irrtümlich nicht erhobene Beträge** aus der Staatskasse nachfordern (OLG Schleswig, FamRZ 2009, 451 = SchlHA 2008, 462 = OLGR Schleswig 2008, 718; vgl. auch KG, FamRZ 2004, 1805, noch zur BRAGO). Nachforderungen sind jedenfalls innerhalb der in § 20 GKG geregelten Nachforderungsfrist (vgl. Rn. 597) zulässig (OLG Schleswig, SchlHA 2008, 462 = OLGR Schleswig 2008, 718). Teilweise wird sogar davon ausgegangen, dass diese Frist für die Nachforderung nicht gilt (vgl. KG, FamRZ 2004, 1805, noch zur BRAGO).

628 Die Frage der Nachliquidation und der Verwirkung des Vergütungsanspruchs (vgl. Rn. 597) stellt sich insbesondere bei Änderung der Rechtsprechung. Bei streitigen Fragen muss mit der **Änderung** der **Rechtsprechung** stets gerechnet werden, sodass die Nachliquidation bei günstiger Entwicklung der Rechtsprechung nicht als treuwidrig angesehen werden kann und jedenfalls kein geringerer Zeitraum für die Verwirkung als in entsprechender Anwendung von § 20 GKG anzunehmen ist (LAG Hamm, AnwBl. 1994, 97 und MDR 1994, 72).

X. Zuständigkeit bei Beratungshilfe (§ 55 Abs. 4)

1. Zuständigkeit

629 Über den Antrag auf Bewilligung von Beratungshilfe entscheidet gem. § 4 Abs. 1 Satz 1 BerHG das AG, in dessen Bezirk der Rechtsuchende seinen allgemeinen Gerichtsstand hat. Hat der Rechtsuchende im Inland keinen allgemeinen Gerichtsstand, so ist gem. § 4 Abs. 1 Satz 2 BerHG das AG zuständig, in dessen Bezirk ein Bedürfnis für Beratungshilfe auftritt. Dieselbe Zuständigkeit gilt für die Festsetzung der Beratungshilfevergütung (OLG Hamm, AGS 2009, 188 = Rpfleger 2009, 36). Es ist daher grds. das Gericht zuständig, das den Berechtigungsschein erteilt hat (§ 4 Abs. 1 BerHG). Wird von dem direkt aufgesuchten Anwalt eine Beratungshilfevergütung beantragt (§ 7 BerHG), ohne dass zuvor ein Berechtigungsschein erteilt wurde, ist das AG zuständig, in dessen Bezirk der Rechtsuchende zu diesem Zeitpunkt seinen allgemeinen Gerichtsstand hat.

2. Wohnortwechsel

630 Zuständig für die Festsetzung ist bei Änderung des Wohnorts nach Inanspruchnahme von Beratungshilfe das AG, in dessen Bezirk der Rechtsuchende zum **Zeitpunkt** des **Eingangs** des **Festsetzungsantrags** seinen **Wohnsitz** hat (BayObLG, JurBüro 1995, 366 = AnwBl. 1998, 56 = Rpfleger 1996, 33; OLG Hamm, AGS 2009, 188 = Rpfleger 2009, 36; OLG Zweibrücken, JurBüro 1998, 197 = NJW-RR 1998, 1075; Hansens, in: Hansens/Braun/Schneider, Teil 7, Rn. 138; a.A. OLG Hamm, AnwBl. 2000, 58; JurBüro 1995, 366). Das entspricht dem Grundsatz, dass sich nach den gerichtlichen Verfahrensordnungen die Zuständigkeit nach den Umständen zum Zeitpunkt der Verfahrenseinleitung (hier: Festsetzung der Beratungshilfevergütung) richtet.

Festsetzung gegen die Staatskasse (§ 55)

XI. Bußgeldverfahren (§ 55 Abs. 7)

§ 55 Abs. 1 und 5 gelten für den von der Verwaltungsbehörde im Bußgeldverfahren beigeordneten oder bestellten Rechtsanwalt (vgl. § 60 OWiG) **entsprechend**. Die Vergütung und ein Vorschuss hierauf werden im Bußgeldverfahren auf Antrag des Rechtsanwalts von der Verwaltungsbehörde festgesetzt. Für Form und Inhalt des Antrags gilt Abs. 5 (vgl. Rn. 585 ff.). 631

XII. Verfahren vor dem Bundesamt für Justiz nach dem IRG

§ 55 gilt aber **nicht** für den nach §§ 87e, 53 IRG im Verfahren auf Bewilligung der **Vollstreckung einer europäischen Geldsanktion** vom **Bundesamt der Justiz** bestellten Beistand. Denn dieser hat **keinen Vergütungsanspruch** gegen die Staatskasse (s. dazu Teil A: Vergütungsanspruch gegen die Staatskasse [§§ 44, 45, 50], Rn. 1500). 632

XIII. Bearbeitung des Festsetzungsantrags

1. Unverzügliche Entscheidung

Die zur Festsetzung der Vergütung der gerichtlich bestellten und beigeordneten Anwälte erlassenen Verwaltungsbestimmungen der Länder (vgl. hierzu z.B. in NRW AV d. JM v. 20.03.1987 i.d.F. v. 08.06.2004, 5601 – I B. 3) schreiben teilweise vor, dass über Festsetzungsanträge im Allgemeinen unverzüglich zu befinden ist. Werden zu Teilansprüchen der beantragten Vergütungen längerfristige Aufklärungen oder gerichtliche Entscheidungen erforderlich, so sollen ferner i.d.R. die **unstreitigen Beträge** – soweit es sich hierbei nicht um verhältnismäßig niedrige Beträge handelt – schon vorab festgesetzt und zur Auszahlung angewiesen werden. Eine Festsetzung soll insbesondere auch **vor** einer absehbaren **Versendung der Akten wegen eines Rechtsmittels** erfolgen. 633

2. Verfahren bei verzögerter Festsetzung

Wird über den Antrag auf Festsetzung einer fälligen Vergütung (§ 8) nicht unverzüglich entschieden, erfolgt **keine Kompensation** durch **Verzinsung** für die Zeit ab Anbringung des Festsetzungsantrags bis zur Entscheidung, weil in § 55 keine Verzinsung vorgesehen ist (vgl. Rn. 624). Es stellt sich daher die Frage, welche Möglichkeiten bestehen, auf eine zögerliche Bearbeitung des Festsetzungsantrages zu reagieren: 634

a) Erinnerung wegen Untätigkeit des Urkundsbeamten

Wird auf das Festsetzungsverlangen des Anwalts nicht reagiert oder der Antrag zögerlich bearbeitet, kann das jedenfalls nach längerem Zeitablauf einer Ablehnung der Festsetzung gleichkommen. Hiergegen kann **Erinnerung gem. § 56** eingelegt werden (AG Duisburg, Rpfleger 2009, 521 zur PKH; Gerold/Schmidt/Müller-Rabe, § 47 Rn. 9; RVGprofessionell 2010, 116 vgl. zudem OLG Naumburg, NJW 2003, 2921 [noch zur BRAGO]); diese ist vorrangig gegenüber dem Antrag auf gerichtliche Entscheidung gem. § 27 Abs. 1 EGGVG (OLG Naumburg, a.a.O.). Wird auch auf diese Erinnerung nicht reagiert, ist die **Untätigkeitsbeschwerde** möglich (vgl. hierzu Zöller/Heßler, § 567 Rn. 21, m.w.N.). 635

Festsetzung gegen die Staatskasse (§ 55)

> **Hinweis**
>
> Allerdings werden diese Rechtsbehelfe nur dann Erfolgsaussicht haben, wenn dargelegt wird, dass das Verhalten des Gerichts auf **Willkür** beruht und den Tatbestand der Rechtsverweigerung erfüllt (RVGprofessionell 2010, 116). Dazu wird allerdings erhebliche Zeit ins Land gegangen sein müssen (vgl. Burhoff, EV, Rn. 386a m.w.N.).

b) Vorschuss

636 § 47 Abs. 1 berechtigt den beigeordneten oder bestellten Rechtsanwalt (nicht den Beratungshilfeanwalt, vgl. § 47 Abs. 2), einen Vorschuss aus der Staatskasse zu verlangen. Wird auf das Vorschussverlangen nicht reagiert, kann das jedenfalls nach längerem Zeitablauf einer Ablehnung des Vorschusses gleichkommen. Es gelten dann die Erläuterungen zu Rn. 635.

c) Zurückforderung der Akte aus der Rechtsmittelinstanz

637 Wird die Festsetzung abgelehnt, weil die Akten wegen Einlegung eines Rechtsmittels versandt sind, kann der Urkundsbeamte darauf hingewiesen werden, dass die Akten nach den einschlägigen Verwaltungsbestimmungen (Rn. 580) kurzfristig zur Durchführung der Festsetzung zurückzufordern sind.

> **Hinweis:**
>
> Allerdings kann der Rückforderung Nr. 167 RiStBV entgegenstehen: Danach ist bei **Revisionen** in Straf- und Bußgeldsachen zu erwägen, ob die Vergütungsangelegenheit bis zur Rückkunft der Akten aus der Revisionsinstanz zurückgestellt werden kann.

d) Anlegung eines Kostenheftes

638 Wird trotz der geltenden Verwaltungsbestimmungen (vgl. Rn. 580) die Festsetzung vom Urkundsbeamten abgelehnt, weil die Akten dem Rechtsmittelgericht zu übersenden sind, kann auf die Möglichkeit der **vorherigen** Anlage eines Kostenheftes hingewiesen werden, in das Ablichtungen der zur Festsetzung erforderlichen Aktenbestandteile aufzunehmen sind.

e) Abtretung an Verrechnungsstelle

639 Häufen sich verspätete Zahlungen der Staatskasse, kann auch in Erwägung gezogen werden, dem durch Abtretung der Vergütungsansprüche an eine Verrechnungsstelle zu begegnen (vgl. Rn. 587 f.).

f) Aufrechnung gegen Umsatzsteuerforderungen

640 Dem beigeordneten oder bestellten Rechtsanwalt ist es bei verzögerter Bearbeitungsdauer nicht verwehrt, mit seinen gegen die Landeskasse gerichteten Vergütungsforderungen die **Aufrechnung** gegen Umsatzsteuerforderungen des Finanzamtes zu erklären (vgl. dazu RVGprofessionell 2010, 116 und Burhoff, RVGreport 2010, 362). Deshalb kann mit dem Vergütungsanspruch gegen die Forderung aus dem Steuerschuldverhältnis i.S.d. § 37 AO aufgerechnet werden, weil

Festsetzung gegen die Staatskasse (§ 55)

Hauptforderung und Gegenforderung von Behörden derselben Körperschaft verwaltet werden (vgl. hierzu BFH, BStBl. II 2007, 914 = ZIP 2007, 1514 = DStZ 2007, 582). Wegen § 226 Abs. 4 AO ist damit auch die gem. §§ 226 Abs. 1 AO, § 395 BGB für eine Aufrechnung gegen eine Forderung des Bundes oder eines Landes erforderliche Kassenidentität gewahrt (BFH, BFH/NV 1990, 334; BFH, BStBl. II 1989, 949 = NVwZ-RR 1990, 523). Der Steuerpflichtige darf mit zivil- und öffentlich-rechtlichen Gegenansprüchen aller Art gegen öffentlich-rechtliche Ansprüche aufrechnen, sofern sie unbestritten oder rechtskräftig festgestellt sind (BFH, BFH/NV 2005, 1759; BFH, BStBl. II 1984, 178 = NVwZ 1984, 468).

C. Erinnerung und Beschwerde (§§ 56, 33)

Eine **Änderung** der Festsetzung **von Amts wegen** durch den Urkundsbeamten kommt **nicht** in Betracht (vgl. OLGR Bremen 2006, 580 = AGS 2007, 207 = RVGreport 2007, 183; Hansens, in: Hansens/Braun/Schneider, Teil 7, Rn. 161). Der Urkundsbeamte kann daher nicht von sich aus den Rechtsanwalt zur Rückzahlung einer nach seiner Auffassung zu viel gezahlten Vergütung auffordern. Eine **Verringerung** der Vergütung kann daher nur durch Einlegung der Erinnerung oder Beschwerde gem. § 56 gegen die Vergütungsfestsetzung durch den Vertreter der Staatskasse erreicht werden. Zum Erinnerungs- und Beschwerdeverfahren gegen die Vergütungsfestsetzung wird verwiesen auf die Erläuterungen im Teil A: Rechtsmittel gegen die Vergütungsfestsetzung (§§ 56, 33), Rn. 1115 ff.

641

D. Arbeitshilfen

Muster: Antrag auf Festsetzung der Vergütung des beigeordneten oder bestellten Rechtsanwalts

642

> An das
> AG .....
> In der Sache
> ...../.....
> Az. .....
> beantrage ich,
> die nachstehend berechneten Gebühren und Auslagen festzusetzen.
> Ich war vor Eingang
> - *der Anklageschrift oder*
> - *des Antrags auf Erlass des Strafbefehls bei Gericht oder im beschleunigten Verfahren bis zum Vortrag der nur mündlich erhobenen Anklage tätig.*
>
> Meine Tätigkeit bestand in .....

Festsetzung gegen die Staatskasse (§ 55)

Es wird versichert, dass die angegebenen Auslagen während der Beiordnung entstanden sind.

Vorschüsse oder sonstige Zahlungen (§ 58 Abs. 3) habe ich

- *nicht*
- *i.H.v. ..... € erhalten.*

Aus der Staatskasse habe ich Vorschüsse (§ 47)

- *nicht*
- *i.H.v. ..... € erhalten.*

Gebühren für Beratungshilfe habe ich

- *nicht*
- *i.H.v. ..... € erhalten.*

Ich werde nach Stellung des Festsetzungsantrags erhaltene Zahlungen unverzüglich anzeigen (§ 55 Abs. 5 Satz 2 Halbs. 2).

Berechnung:

1. Grundgebühr .....

2. Verfahrensgebühr(en) .....

3. Terminsgebühr(en) .....

4. Postentgeltpauschale Nr. 7002 VV ...

5. Weitere Auslagen .....

Zwischensumme: .....

6. 19% USt. Nr. 7008 VV .....

Summe:.....

abzgl. Vorschüsse/Zahlungen (s.o.)

.....

Rechtsanwalt

Siehe auch im Teil A: → Angelegenheiten (§§ 15 ff.), Rn. 66 ff.; → Auslagen aus der Staatskasse (§ 46 Abs. 1 und 2), Rn. 140 ff.; → Berechnung der Vergütung (§ 10), Rn. 359 ff.; → Einigungsgebühr (Nrn. 1000 ff. VV), Rn. 458 ff.; → Fälligkeit der Vergütung (§ 8), Rn. 519 ff.; → Gebührensystem, Rn. 649 ff.; → Gegenstandswert, Festsetzung (§ 33), Rn. 656 ff.; → Gerichtskosten, Rn. 713 ff.; → Hebegebühr (Nr. 1009 VV), Rn. 806 ff.; → Mehrere Auftraggeber (§ 7, Nr. 1008 VV), Rn. 956 ff; → Rechtsmittel gegen die Vergütungsfestsetzung (§§ 56, 33), Rn. 1115 ff.; → Umfang des Vergütungsanspruchs (§ 48 Abs. 1), Rn. 1382; → Verfahren nach dem Strafvollzugsgesetz und ähnliche Verfahren, Rn. 1441 ff.; → Vergütungsanspruch gegen die Staatskasse (§ 48 Abs. 1), Rn. 1469 ff.; → Umfang des Vergütungsanspruchs (§ 48 Abs. 1), Rn. 1382; → Vorschuss aus der Staatskasse (§ 47), Rn. 1645; → Vorschuss vom Auftraggeber (§ 9), Rn. 1659; → Wertgebühren (§§ 13 und 49), Rn. 1679

A. Vergütungs-ABC B. Kommentar

Gebühren-/Vergütungsverzicht

Gebühren-/Vergütungsverzicht

A. Überblick

Die mit dem Vergütungsverzicht des Rechtsanwalts zusammenhängenden Fragen sind in § 49b Abs. 1 Satz 1 BRAO geregelt. 643

B. Anmerkungen

I. Generelles Verbot

Nach § 49b Abs. 1 Satz 1 BRAO ist ein **Vergütungsverzicht** des Verteidigers **unzulässig**. Der Verteidiger darf also keine geringeren Gebühren und Auslagen fordern, als das RVG vorsieht. Dieses sog. Verbot der Gebührenunterschreitung gilt grds. **uneingeschränkt**, und zwar gem. § 21 Abs. 1 BORA auch gegenüber Dritten, also z.B. auch gegenüber Rechtsschutzversicherungen. Der Verteidiger darf also mit den Rechtsschutzversicherungen keine Gebührenübereinkunft dahin gehend treffen, dass er geringere Gebühren berechnet, wenn die Rechtsschutzversicherung ihm dafür Mandanten schickt (vgl. zu allem Dahs, Handbuch des Strafverteidigers, Rn. 1174 f.). Ein unzulässiger Gebührenverzicht ist auch angenommen worden, wenn die Parteien einer Vergütungsvereinbarung einvernehmlich auf ein Mindesthonorar in Höhe der gesetzlichen Gebühr verzichtet haben (AG München, 03.03.2011 – 223 C 21648/10). 644

II. Ausnahmen

Nach § 49b Abs. 1 Satz 2 BRAO sind von dem Verbot **Ausnahmen** zulässig, jedoch nur im Einzelfall bei Vorliegen besonderer Umstände. Dazu gilt im Einzelnen (vgl. BT-Drucks. 12/4993, S. 31; vgl. dazu auch Henssler/Prütting, Bundesrechtsanwaltsordnung, § 49b Rn. 44 ff.): 645

- **Zulässig** ist die Gebührenunterschreitung bei **Bedürftigkeit** des Mandanten, wenn auf das Honorar erst nach Beendigung des Mandats verzichtet wird (Henssler/Prütting, a.a.O., § 49b Rn. 47 ff.).
- Auf die Gebühren/Vergütung **kann** auch bei **Freunden** und **Verwandten** verzichtet werden (BT-Drucks. 12/4993, S. 32; Henssler/Prütting, Bundesrechtsanwaltsordnung, a.a.O., § 49b Rn. 50 f.). Insoweit kann auf die Bestimmung des § 6 RDG abgestellt werden (Henssler/Prütting, a.a.O., § 49b Rn. 51).
- Verzichtet **werden** kann auf die Vergütung außerdem bei **Vertretung** eines **Kollegen** (oder von dessen Witwe) in dessen eigener Sache oder eines **Mitarbeiters** (BT-Drucks. 12/4993, S. 32). Zu den Kollegen i.w.S. zählen nach Dahs (Handbuch des Strafverteidigers, Rn. 1177) auch **Richter** und **Staatsanwälte**. Allerdings sollte der Verteidiger hier, um Missdeutungen zu vermeiden, mit dem Anbieten eines Honorarverzichts vorsichtig sein.

> **Hinweis:**
> Um einen **unzulässigen** Honorarverzicht/eine Gebührenunterschreitung handelt es sich nicht, wenn der Verteidiger bei Mitwirkung eines **anderen Verteidigers** oder auch eines

Gebühren-/Vergütungsverzicht

> Referendars einen **Teil** des **Honorars** oder der gesetzlichen Gebühren **abgibt** (Dahs, Handbuch des Strafverteidigers, Rn. 1179; s. dazu § 22 BORA [Abgabe der Hälfte des Honorars ist angemessen]).

- § 49b Abs. 1 Satz 2 BRAO gestattet jedoch **nicht**, dass der Rechtsanwalt das Mandat in einem „**Sensationsprozess**" annimmt und auf das **Honorar** im Nachhinein **verzichtet**, um in den Massenmedien immer wieder genannt zu werden (Burhoff, EV, Rn. 993s). Das Sensationelle ist kein Umstand, der sich in der Person des Mandanten begründet.
- Nach Auffassung des KG liegt eine unzulässige Gebührenunterschreitung auch dann nicht vor, wenn der Rechtsanwalt/Verteidiger die Kosten für die **Deckungsanfrage** bei der Rechtsschutzversicherung nicht geltend macht (KG, AnwBl. 2010, 445 = MDR 2010, 840; s. auch Teil A: Deckungszusage, Einholung bei der Rechtsschutzversicherung, Rn. 409 ff.).

III. Zulässigkeit des (teilweisen) Verzichts auf gesetzliche Gebühren

646 **Umstritten** ist in der obergerichtlichen Rechtsprechung die Frage, ob § 49b Abs. 1 Satz 1 BRAO nur für vertragliche Absprachen zwischen dem Mandanten und dem Rechtsanwalt gilt oder auch gegen die Landeskasse gerichtete Ansprüche, und damit ggf. den gesetzlichen Vergütungsanspruch des Pflichtverteidigers, erfasst. Ist das der Fall, kann dieser nicht, und zwar auch nicht teilweise, auf seine gesetzliche Vergütung verzichten. Die Frage kann in der Praxis bei der Bestellung des Pflichtverteidigers von erheblicher Bedeutung sein (vgl. dazu auch Teil A: Umfang des Vergütungsanspruchs [§ 48 Abs. 1], Rn. 1382 und Teil A: Vergütungsanspruch gegen die Staatskasse [§§ 44, 45, 50], Rn. 1493 f.).

> *Beispiel (nach OLG Naumburg, RVGreport 2010, 333 = RVGprofessionell 2010, 133 = StRR 2010, 242):*
>
> *Dem Angeklagten war Rechtsanwalt A als Pflichtverteidiger beigeordnet. Der Angeklagte hat dann im Laufe des Verfahrens beantragt, ihm seinen (neuen) Wahlverteidiger Rechtsanwalt B beizuordnen. Dieser teilte der Strafkammer mit, dass er für den Fall der Beiordnung sein Wahlmandat niederlege. Der bisherige Pflichtverteidiger sei mit dem Wechsel einverstanden und es sollten für die Staatskasse keine Mehrkosten entstehen. Das LG hat die Bestellung des Wahlanwalts B und die Entpflichtung von Rechtsanwalt A abgelehnt. Die Erklärung des Wahlverteidigers, der Staatskasse sollen keine zusätzlichen Kosten entstehen, sei für die Frage der Auswechselung des Pflichtverteidigers rechtlich bedeutungslos. Der Wirksamkeit dieser Erklärung stehe § 49 Abs. 1 Satz 1 BRAO entgegen. Das hat das OLG Naumburg (a.a.O.) bestätigt.*

647 Die Auffassung des 2. Strafsenats des OLG Naumburg (RVGreport 2010, 333 = RVGprofessionell 2010, 133 = StRR 2010, 242 [LS]) wird geteilt vom OLG Jena (JurBüro 2006, 265, 366) und vom OLG Köln (StraFo 2008, 348). A.A. sind z.B. das OLG Bamberg (NJW 2006, 1536 f.), das OLG Braunschweig (09.06.2011 – Ws 126/11, JurionRS 2011, 18240), das OLG Düsseldorf (StraFo 2007, 156), das OLG Frankfurt am Main (StRR 2008, 69), das OLG Hamm (NJW 1954, 1541; offen lassend OLG Hamm, NJW 1968, 854 f.) und der 1. Strafsenat des OLG Naumburg (StraFo 2005, 73), die davon ausgehen, dass **§ 49b BRAO nur** für **vertragliche Absprachen** zwischen dem Mandanten und dem Rechtsanwalt und nicht auch für gegen die Landeskasse gerichtete Ansprüche gilt.

Gebührensystem

648　Letztere Auffassung, die die Möglichkeit eines (teilweisen) Gebührenverzichts auch gegenüber der Staatskasse **bejaht**, ist m.E. **zutreffend**. Die engere Ansicht macht die einverständliche Auswechselung des Pflichtverteidigers in der Praxis unmöglich bzw. erschwert diese zumindest wesentlich. Der wohl überwiegende Teil der obergerichtlichen Rechtsprechung (vgl. die o.a. Zitate und Burhoff, EV, Rn. 1265; vgl. auch noch BVerfG, RVGreport 2009, 260 = AnwBl. 2009, 551 = StRR 2009, 276; StraFo 2009, 274 = StV 2010, 87 = JurBüro 2009, 418, das die grundsätzliche Zulässigkeit eines Verzichts auf Pflichtverteidigergebühren auch bejaht hat) geht insoweit davon aus, dass dem Wunsch eines Angeklagten auf Wechsel des Pflichtverteidigers unabhängig vom Vorliegen wichtiger Widerrufsgründe, insbesondere einer Störung des Vertrauensverhältnisses, auch dann zu entsprechen ist, wenn der bisherige Pflichtverteidiger damit einverstanden ist und durch die Beiordnung des neuen Verteidigers weder eine Verfahrensverzögerung noch Mehrkosten für die Staatskasse verursacht werden. Dieser Wechsel ist unmöglich, wenn man den Verzicht auf die Mehrkosten als nicht zulässig ansieht, was zur Folge hat, dass in der Praxis dann ein Pflichtverteidigerwechsel nur noch bei einer Störung des Vertrauensverhältnisses möglich wäre. Und mit dessen Annahme tun sich die Obergerichte aber schwer (vgl. zur Entpflichtung Burhoff, EV, Rn. 1249 ff.). Daher ist die weite Auffassung zutreffend, die u.a. darauf abstellt, dass für die Festsetzung der aus der Staatskasse zu leistenden Vergütung ein Antrag nach § 55 Abs. 1 Satz 1 erforderlich ist und deshalb den Gebührenverzicht als zulässig ansieht (vgl. u.a. OLG Bamberg, a.a.O.; Henssler/Prütting; a.a.O., § 49b Rn. 8; vgl. auch die Komm. bei § 54 Rn. 21; zur (Un-)Zulässigkeit der Anfechtung eines Gebührenverzichts s. LG Koblenz, RVGreport 2010, 461 = VRR 2011, 238).

Siehe auch im Teil A: → Vergütungsvereinbarung (§ 3a), Rn. 1502.

Gebührensystem

A. Überblick

649　Das RVG sieht **verschiedene Gebührenarten** vor, die grds. alle auch in Straf- und Bußgeldsachen entstehen können.

B. Anmerkungen

I. Betragsrahmengebühren

650　I.d.R. fallen im Straf- oder Bußgeldverfahren die sog. (Betrags-)Rahmengebühren an. Das sind Gebühren, die durch einen **Mindest-** und einen **Höchstbetrag** begrenzt werden. Hier muss der Verteidiger/Rechtsanwalt die konkrete Gebühr unter Berücksichtigung der Kriterien des § 14 Abs. 1 bemessen (vgl. dazu Teil A: Rahmengebühren [§ 14], Rn. 1045).

Gebührensystem

> **Hinweis:**
> Die im RVG ebenfalls vorgesehenen **Satzrahmengebühren** (vgl. z.B. Nr. 2300 VV: 0,5 bis 2,5) entstehen in den in den Teilen 4 bis 6 VV geregelten Angelegenheiten nicht (vgl. Vorbem. 2.3 Abs. 2 VV).

II. Wertgebühren

651 Wertgebühren sind diejenigen Gebühren, die sich nach dem **Gegenstandswert** richten (§ 2 Abs. 1; zur Festsetzung des Gegenstandswerts s. Teil A: Gegenstandswert, Festsetzung [§ 33], Rn. 656). In Straf- und Bußgeldsachen können sie bei Tätigkeiten im Hinblick auf Einziehung und bei der der Einziehung verwandter Maßnahmen entstehen (vgl. die Komm. zu Nr. 4142 VV und zu Nr. 5116 VV). Außerdem ist die für Tätigkeiten im Adhäsionsverfahren entstehende Gebühr als Wertgebühr ausgebildet (vgl. die Ausführungen bei Nrn. 4143 f. VV Rn. 21 ff.). Entsteht im Strafverfahren eine Einigungsgebühr nach den Nrn. 1000 ff. VV, so ist auch diese Gebühr eine Wertgebühr (zur Einigungsgebühr s. Teil A: Einigungsgebühr [Nrn. 1000, 1003, 1004 VV], Rn. 458). Für die Tätigkeit im Erinnerungs- und Beschwerdeverfahren gegen den Gerichtskostenansatz und gegen einen Kostenfestsetzungsbeschluss sowie bei bestimmten Zwangsvollstreckungsmaßnahmen (vgl. Vorbem. 4 Abs. 5 VV, Vorbem. 5 Abs. 4 VV und Vorbem. 6.2 Abs. 3 VV) richten sich die Gebühren nach Teil 3 VV (z.B. Nr. 3500, Nrn. 3502, 3513 VV, Nrn. 3309 ff. VV; vgl. Vorbem. 4 Rn. 93 ff. m.w.N.). Auch bei diesen Gebühren handelt es sich um Wertgebühren.

III. Festgebühren

652 Neben den Betragsrahmengebühren kennt das RVG auch Festgebühren. Bei ihnen ist für die Honorierung der anwaltlichen Tätigkeit ein **fester Betrag** vorgesehen. Das gilt z.B. nach Nr. 4304 VV für den als Kontaktperson beigeordneten Rechtsanwalt. Auch die Gebühren Nr. 4141 VV bzw. Nr. 5115 VV sind Festgebühren (vgl. die Nachw. bei Nr. 4141 VV Rn. 52 und bei Nr. 5115 VV Rn. 48).

IV. Angemessene Gebühr

653 Bis zum 30.06.2006 war im RVG auch eine „angemessene Gebühr" vorgesehen. Diese Gebühr konnte der in Strafsachen tätige Rechtsanwalt erhalten, wenn er ein Gutachten erstellte und dafür nach Nr. 2103 VV a.F. eine Gutachtengebühr anfiel. Diese Tätigkeiten werden **jetzt** ggf. über **§ 34** vergütet (vgl. wegen der Einzelh. Teil A: Gutachten(gebühr) [§ 34], Rn. 796).

V. Pauschgebühr

654 Nach § 51 kommt für den Pflichtverteidiger bzw. den sonst beigeordneten Rechtsanwalt die Bewilligung einer Pauschgebühr in Betracht. Der Wahlanwalt kann nach § 42 eine Pauschgebühr feststellen lassen (wegen der Einzelh. s. die Komm. zu § 51 bzw. zu § 42).

VI. Vereinbarte Vergütung

Nach § 3a kann der Rechtsanwalt/Verteidiger schließlich mit dem Mandanten eine **Vergütungsvereinbarung** treffen (s. wegen der Einzelh. Teil A: Vergütungsvereinbarung [§ 3a], Rn. 1502). 655

Siehe auch im Teil A: →Gegenstandswert, Festsetzung (§ 33), Rn. 656; →Rahmengebühren (§ 14), Rn. 1045; →Vergütungsvereinbarung (§ 3a), Rn. 1502; →Wertgebühren (§§ 13 und 49), Rn. 1679.

Gegenstandswert, Festsetzung (§ 33)

§ 33 RVG   Wertfestsetzung für die Rechtsanwaltsgebühren

(1) Berechnen sich die Gebühren in einem gerichtlichen Verfahren nicht nach dem für die Gerichtsgebühren maßgebenden Wert oder fehlt es an einem solchen Wert, setzt das Gericht des Rechtszugs den Wert des Gegenstands der anwaltlichen Tätigkeit auf Antrag durch Beschluss selbstständig fest.

(2) ¹Der Antrag ist erst zulässig, wenn die Vergütung fällig ist. ²Antragsberechtigt sind der Rechtsanwalt, der Auftraggeber, ein erstattungspflichtiger Gegner und in den Fällen des § 45 die Staatskasse.

(3) ¹Gegen den Beschluss nach Absatz 1 können die Antragsberechtigten Beschwerde einlegen, wenn der Wert des Beschwerdegegenstands 200 Euro übersteigt. ²Die Beschwerde ist auch zulässig, wenn sie das Gericht, das die angefochtene Entscheidung erlassen hat, wegen der grundsätzlichen Bedeutung der zur Entscheidung stehenden Frage in dem Beschluss zulässt. ³Die Beschwerde ist nur zulässig, wenn sie innerhalb von zwei Wochen nach Zustellung der Entscheidung eingelegt wird.

(4) ¹Soweit das Gericht die Beschwerde für zulässig und begründet hält, hat es ihr abzuhelfen; im Übrigen ist die Beschwerde unverzüglich dem Beschwerdegericht vorzulegen. ²Beschwerdegericht ist das nächsthöhere Gericht, in Zivilsachen der in § 119 Abs. 1 Nr. 1 des Gerichtsverfassungsgesetzes bezeichneten Art jedoch das Oberlandesgericht. ³Eine Beschwerde an einen obersten Gerichtshof des Bundes findet nicht statt. ⁴Das Beschwerdegericht ist an die Zulassung der Beschwerde gebunden; die Nichtzulassung ist unanfechtbar.

(5) ¹War der Beschwerdeführer ohne sein Verschulden verhindert, die Frist einzuhalten, ist ihm auf Antrag von dem Gericht, das über die Beschwerde zu entscheiden hat, Wiedereinsetzung in den vorigen Stand zu gewähren, wenn er die Beschwerde binnen zwei Wochen nach der Beseitigung des Hindernisses einlegt und die Tatsachen, welche die Wiedereinsetzung begründen, glaubhaft macht. ²Nach Ablauf eines Jahres, von dem Ende der versäumten Frist an gerechnet, kann die Wiedereinsetzung nicht mehr beantragt werden. ³Gegen die Ablehnung der Wiedereinsetzung findet die Beschwerde statt. ⁴Sie ist nur zulässig, wenn sie innerhalb von zwei Wochen

Gegenstandswert, Festsetzung (§ 33)

eingelegt wird. [5]Die Frist beginnt mit der Zustellung der Entscheidung. [6]Absatz 4 Satz 1 bis 3 gilt entsprechend.

(6) [1]Die weitere Beschwerde ist nur zulässig, wenn das Landgericht als Beschwerdegericht entschieden und sie wegen der grundsätzlichen Bedeutung der zur Entscheidung stehenden Frage in dem Beschluss zugelassen hat. [2]Sie kann nur darauf gestützt werden, dass die Entscheidung auf einer Verletzung des Rechts beruht; die §§ 546 und 547 der Zivilprozessordnung gelten entsprechend. [3]Über die weitere Beschwerde entscheidet das Oberlandesgericht. [4]Absatz 3 Satz 3, Absatz 4 Satz 1 und 4 und Absatz 5 gelten entsprechend.

(7) [1]Anträge und Erklärungen können ohne Mitwirkung eines Bevollmächtigten schriftlich eingereicht oder zu Protokoll der Geschäftsstelle abgegeben werden; § 129a der Zivilprozessordnung gilt entsprechend. [2]Für die Bevollmächtigung gelten die Regelungen der für das zugrunde liegende Verfahren geltenden Verfahrensordnung entsprechend. [3]Die Beschwerde ist bei dem Gericht einzulegen, dessen Entscheidung angefochten wird.

(8) [1]Das Gericht entscheidet über den Antrag durch eines seiner Mitglieder als Einzelrichter; dies gilt auch für die Beschwerde, wenn die angefochtene Entscheidung von einem Einzelrichter oder einem Rechtspfleger erlassen wurde. [2]Der Einzelrichter überträgt das Verfahren der Kammer oder dem Senat, wenn die Sache besondere Schwierigkeiten tatsächlicher oder rechtlicher Art aufweist oder die Rechtssache grundsätzliche Bedeutung hat. [3]Das Gericht entscheidet jedoch immer ohne Mitwirkung ehrenamtlicher Richter. [4]Auf eine erfolgte oder unterlassene Übertragung kann ein Rechtsmittel nicht gestützt werden.

(9) [1]Das Verfahren über den Antrag ist gebührenfrei. [2]Kosten werden nicht erstattet; dies gilt auch im Verfahren über die Beschwerde.

Übersicht

		Rn.
A.	Überblick	656
	I. Allgemeines	656
	II. Unterschied zwischen § 32 und § 33	658
	III. Sachlicher Geltungsbereich von § 33	660
	1. Allgemein	660
	2. Verfahren nach dem StVollzG	661
	a) Gerichtliches Verfahren	661
	b) Außergerichtliches Verfahren/Verwaltungsverfahren	663
	3. Persönlicher Geltungsbereich von § 33	664
	IV. Anwendungsbereich von § 33	665
	1. Gerichtsgebühren entstehen als Festgebühren	665
	2. Sachliche Gebührenfreiheit des gerichtlichen Verfahrens	666
	3. Keine Übereinstimmung zwischen der anwaltlichen und der gerichtlichen Tätigkeit	670
	4. Besondere Wertvorschriften für die anwaltliche Tätigkeit	672
B.	Anmerkungen	673
	I. Wertfestsetzungsverfahren	673
	1. Antrag auf Wertfestsetzung	673
	2. Zulässigkeit des Festsetzungsantrags	674
	3. Antragsberechtigung	675
	4. Entscheidung über den Antrag	677
	5. Zulassung der Beschwerde	679
	6. Bekanntmachung der Entscheidung	681
	7. Kosten des Wertfestsetzungsverfahrens	682
	II. Beschwerde/weitere Beschwerde/Wiedereinsetzung	684
	III. Gegenstandswert-ABC für die Anwaltsgebühren	685
C.	Arbeitshilfen	694

| A. Vergütungs-ABC | B. Kommentar |

Gegenstandswert, Festsetzung (§ 33)

I.	Muster: Antrag des Rechtsanwalts auf Wertfestsetzung gem. § 33 Abs. 1 (gerichtsgebührenfreies Adhäsionsverfahren - Nrn. 4143, 4144 VV)	694
II.	Muster: Antrag des Rechtsanwalts auf Wertfestsetzung gem. § 33 Abs. 1 (Adhäsionsverfahren mit Gerichtsgebühr, Wert für die Gerichtsgebühr gilt nicht für die Anwaltsgebühr - Nrn. 4143, 4144 VV)	695
III.	Muster: Antrag des Rechtsanwalts auf Wertfestsetzung gem. § 32 Abs. 2 Satz 1 (Adhäsionsverfahren, Wert für Gerichtsgebühr und Anwaltsgebühr decken sich - Nrn. 4143, 4144 VV)	696
IV.	Muster: Antrag des Rechtsanwalts auf Wertfestsetzung gem. § 33 Abs. 1 bei Einziehung und verwandten Maßnahmen (Nr. 4142 VV).	697

Literatur:

Al-Jumaili, Festsetzung der Pflichtverteidigervergütung, § 98 BRAGO, JurBüro 2000, 516; *Burhoff*, Die zusätzliche Verfahrensgebühr des Verteidigers bei Einziehung und verwandten Maßnahmen, RVGreport 2006, 412; *ders.*, ABC der Gegenstandswerte im Straf- und Bußgeldverfahren, RVGreport 2011, 282; *Kroiß*, Die Wertfestsetzung für die Rechtsanwaltsgebühren nach § 33 RVG, RVG-Letter 2004, 74; *Onderka*, Wertfestsetzungen nach § 25 GKG und § 10 BRAGO erfolgreich angreifen, BRAGOprofessionell 2003, 7; *Petershagen*, Die Besetzung von Kollegialgerichten nach den Zuständigkeitsregelungen des Kostenrechtsmodernisierungsgesetzes, JurBüro 2009, 64; *N. Schneider*, Gegenstandswerte in der Zwangsvollstreckung, AGS 2010, 469; *ders.*, Ermittlung und Festsetzung des Gegenstandswerts für die Anwaltsgebühren, ZAP Fach 24, S. 1055; *ders.*, Die Wertfestsetzung in einfachen Beschwerdeverfahren; NJW-Spezial 2010, 539; *Volpert*, Die Bedeutung der Wertfestsetzung bei den Gerichtsgebühren für die Anwaltsgebühren, RVGreport 2004, 170; *ders.*, Die Wertfestsetzung für die Rechtsanwaltsgebühren – § 33 RVG, RVGreport 2004, 417.

A. Überblick

I. Allgemeines

In den in den Teilen 4 bis 6 VV geregelten Verfahren (Strafsachen, Bußgeldsachen und sonstige Verfahren) entstehen grds. **Betragsrahmengebühren** (vgl. § 14). Daneben kommen jedoch auch dort in bestimmten Fällen Gebühren in Betracht, die sich nach dem Gegenstandswert richten (**Wertgebühren**; vgl. Teil A: Gebührensystem, Rn. 651). **Wertgebühren** in den Angelegenheiten nach den Teilen 4 bis 6 VV betreffenden gerichtlichen Verfahren entstehen z.B. für die Tätigkeit:

- im **Erinnerungs-** und **Beschwerdeverfahren** gegen den Gerichtskostenansatz und gegen einen Kostenfestsetzungsbeschluss (vgl. Vorbem. 4 Abs. 5 Nr. 1 VV, Vorbem. 5 Abs. 4 Nr. 1 VV und Vorbem. 6.2 Abs. 3 Nr. 1 VV sowie die entsprechenden Erläuterungen); die Gebühren richten sich hier nach Teil 3 VV, es entsteht also die 0,5 Verfahrensgebühr nach Nr. 3500 VV und ggf. eine 0,5 Terminsgebühr nach Nr. 3513 VV;

- in der **Zwangsvollstreckung** aus Entscheidungen, die über einen aus der Straftat erwachsenen vermögensrechtlichen Anspruch oder über die Erstattung von Kosten (Kostenfestsetzungsbeschluss) ergangen sind und für das Beschwerdeverfahren gegen diese Entscheidung (vgl. Vorbem. 4 Abs. 5 Nr. 2 VV, Vorbem. 5 Abs. 4 Nr. 2 VV und Vorbem. 6.2 Abs. 3 Nr. 2 VV); die Gebühren richten sich auch hier nach Teil 3 VV, es entsteht also nach Nr. 3309 VV eine 0,3 Verfahrensgebühr und nach Nr. 3310 VV ggf. eine 0,5 Terminsgebühr;

- des Rechtsanwalts bei der **Einziehung** und verwandten Maßnahmen (Nr. 4142 VV und Nr. 5116 VV);

- im Verfahren über vermögensrechtliche Ansprüche des Verletzten oder seines Erben (**Adhäsionsverfahren**, Nr. 4143 VV und Nr. 4144 VV, vgl. auch Vorbem. 4.3 Abs. 2 VV);

Gegenstandswert, Festsetzung (§ 33)

- im Verfahren über die Beschwerde gegen den Beschluss, mit dem nach § 406 Abs. 5 Satz 2 StPO von einer Entscheidung abgesehen wird (sofortige **Beschwerde** im **Adhäsionsverfahren**); es entsteht die Verfahrensgebühr Nr. 4145 VV;
- im Verfahren über einen Antrag auf gerichtliche Entscheidung oder über die Beschwerde gegen eine den Rechtszug beendende Entscheidung nach § 25 Abs. 1 Satz 3 bis 5, § 13 **StrRehaG** (Nr. 4146 VV).
- Darüber hinaus kann in den in den Teilen 4 bis 6 VV geregelten Angelegenheiten nach Vorbem. 1 VV die **Einigungsgebühr** nach Nrn. 1000, 1003 und 1004 VV sowie die Gebührenerhöhung für die Vertretung mehrerer Auftraggeber nach **Nr. 1008 VV** entstehen (Vorbem. 1 VV), die sich ggf. nach dem Gegenstandswert richten (zu Nr. 1008 VV s. Teil A: Mehrere Auftraggeber [§ 7, Nr. 1008 VV], Rn. 956 ff.; zur Hebegebühr Nr. 1009 VV vgl. Teil A: Hebegebühr [Nr. 1009], Rn. 806 ff.);
- Wertgebühren nach Teil 3 VV entstehen auch bei der Vertretung in Verfahren nach dem **Strafvollzugsgesetz** und in Verfahren nach §§ **23 ff. EGGVG** (s. dazu Teil A: Verfahren nach dem Strafvollzugsgesetz und ähnliche Verfahren, Rn. 1441 ff.).

Die Gebühren des Rechtsanwalts sind in diesen Fällen aus der **Gebührentabelle** des § 13 oder im Fall der gerichtlichen Bestellung oder Beiordnung aus der Gebührentabelle des § 49 abzulesen (s. Teil A: Wertgebühren [§§ 13 und 49], Rn. 1679 ff.).

657

> **Hinweis:**
>
> Zur **Höhe** des den Gebühren jeweils zugrunde zu legenden Gegenstandswerts wird auf die jeweilige **Komm. im VV** sowie auf die ABC-Wertübersicht am Ende dieses Stichworts (vgl. Rn. 685 ff.) verwiesen.

Daher kann auch in Straf- und Bußgeldsachen sowie in den in Teil 6 VV Abschnitt 2 geregelten Disziplinarverfahren und berufsgerichtlichen Verfahren (vgl. Vorbem. 6.2 Abs. 2 VV) die in § 33 geregelte Wertfestsetzung für die Rechtsanwaltsgebühren von Bedeutung sein.

> **Hinweis:**
>
> Legt der gerichtlich beigeordnete oder bestellte Rechtsanwalt oder die Staatskasse **Erinnerung** oder **Beschwerde** gegen die Festsetzung der aus der Staatskasse gewährten Vergütung ein, richtet sich das Erinnerungs- und Beschwerdeverfahren nach § 56 Abs. 2 Satz 1 nach § 33 Abs. 3 bis 8 (vgl. Teil A: Rechtsmittel gegen die Vergütungsfestsetzung [§§ 56, 33], Rn. 1115 ff.).

II. Unterschied zwischen § 32 und § 33

658

In § 32 wird der Grundgedanke aus § 23 Abs. 1 Satz 1 fortgeführt, dass sich in gerichtlichen Verfahren der Gegenstandswert für die Anwaltsgebühren nach den für die Gerichtsgebühren geltenden Wertvorschriften richtet.

Gegenstandswert, Festsetzung (§ 33)

In § 33 wird demgegenüber das Verfahren geregelt, nach dem der Wert für die Berechnung der Rechtsanwaltsgebühren in solchen Fällen festzusetzen ist, in denen sich die Anwaltsgebühren nicht nach dem für die Gerichtsgebühren maßgebenden Wert richten oder es an einem solchen Wert fehlt.

§ 33 ist als **Ergänzung** zu § 32 anzusehen und regelt die Wertfestsetzung für die Anwaltsgebühren in den von § 32 nicht erfassten Fällen. Das Wertfestsetzungsverfahren nach § 33 ist gegenüber dem nach § 32 subsidiär (vgl. LAG Schleswig-Holstein, AnwBl. 2002, 186 noch zu den §§ 9, 10 BRAGO). Nach § 32 erfolgt die gerichtliche Festsetzung des für die Gerichtsgebühren maßgebenden Werts, wenn Gerichtsgebühren erhoben werden, die sich nach dem Wert richten (Wertgebühren). Voraussetzung für eine selbstständige gerichtliche Wertfestsetzung auf Antrag des Rechtsanwalts gem. § 33 ist, dass § 32 eine Regelungslücke hinterlässt, also der für die Gerichtsgebühren festgesetzte Wert für die Anwaltsgebühren nicht maßgebend ist oder es an einem solchen Wert überhaupt fehlt (vgl. Gerold/Schmidt/Mayer, § 33 Rn. 1 ff.).

> **Hinweis:** 659
> Es besteht für den Rechtsanwalt **kein Wahlrecht** zwischen den Wertfestsetzungen nach § 32 und § 33. § 33 ist nur anwendbar, wenn nach § 32 eine Wertfestsetzung nicht zu erreichen ist. Die Festsetzung nach § 33 erwächst in materielle Rechtskraft. Im Gegensatz dazu schafft die Festsetzung des Werts für die Gerichtsgebühren eine materielle Berechnungsgrundlage für die Gebühren des Rechtsanwalts (Volpert, in: Hansens/Braun/Schneider, Teil 5 Rn. 68). § 33 ist nur anwendbar, wenn der Anwalt Gebühren erhebt, die sich nach dem Wert richten. Entsteht für seine Tätigkeit eine **Betragsrahmengebühr** oder eine **Festgebühr**, findet § 33 keine Anwendung.

III. Sachlicher Geltungsbereich von § 33

1. Allgemein

§ 33 ist nur anwendbar, wenn der Rechtsanwalt in einem **gerichtlichen Verfahren tätig** geworden ist. **Voraussetzung** ist, dass die Gebühren für die Tätigkeit des Rechtsanwalts in einem anhängigen gerichtlichen Verfahren angefallen sind. Der zu bewertende Gegenstand muss bei Gericht anhängig sein bzw. anhängig gewesen sein. Eine Tätigkeit gegenüber dem Gericht ist aber nicht erforderlich. Wird der Anwalt nur außerhalb eines gerichtlichen Verfahrens tätig oder findet ein gerichtliches Verfahren nicht statt, kann der Anwalt die Wertfestsetzung nach § 33 nicht beantragen (AnwKomm-RVG/E. Schneider, § 33 Rn. 5). Der Anwalt und der Auftraggeber müssen sich dann auf den Gegenstandswert für die anwaltliche Tätigkeit einigen (vgl. OLG Düsseldorf, JurBüro 2010, 84). Kommt eine Einigung nicht zustande, ist über den Gegenstandswert als Vorfrage im Gebührenprozess zu entscheiden (AnwKomm-RVG/E. Schneider, § 33 Rn. 5).

660

Gegenstandswert, Festsetzung (§ 33)

2. Verfahren nach dem StVollzG

a) Gerichtliches Verfahren

661 Für das gerichtliche Verfahren nach dem StVollzG fallen Gerichtsgebühren nach Nrn. 3810 bis 3812 KV GKG (Verfahren nach §§ 109 und 114 Abs. 2 StVollzG) bzw. Nrn. 3820 und 3821 KV GKG (Rechtsbeschwerdeverfahren) an. Der Wert bestimmt sich für gerichtliche Verfahren nach dem StVollzG nach **§§ 60 und 52 Abs. 1 bis 3 GKG**, für das Verfahren nach § 114 Abs. 2 StVollzG nach **§§ 60, 51 Abs. 1 und 2 GKG**.

662 Nach § 65 GKG ist der Wert in den gerichtlichen Verfahren nach dem StVollzG von Amts wegen festzusetzen (Binz/Dörndorfer/Petzold/Zimmermann, § 60 GKG Rn. 2). Für das **Verfahren** bei der Wertfestsetzung ist § 63 Abs. 3 GKG entsprechend anzuwenden. Die Wertfestsetzung für die Gerichtsgebühren Nrn. 3810 ff. KV GKG gilt nach § 32 Abs. 1 für die Gebühren des Rechtsanwalts im gerichtlichen Verfahren nach dem StVollzG entsprechend (vgl. auch § 23 Abs. 1 Satz 1). Nach § 32 Abs. 2 Satz 1 kann der Rechtsanwalt die Wertfestsetzung aus eigenem Recht mit der Beschwerde nach § 68 GKG anfechten (vgl. Volpert, in: Hansens/Braun/Schneider, Teil 5 Rn. 71). Nach a.A. kann die Streitwertfestsetzung in der Strafvollzugssache jedoch nicht isoliert, sondern nur zusammen mit der Hauptsacheentscheidung bzw. der Kostenentscheidung angefochten werden, weil die strafvollzugsrechtlichen Verfahrensvorschriften den kostenrechtlichen Bestimmungen (§§ 65, 66, 68 GKG, § 32 Abs. 2 Satz 1) vorgehen (so aber OLG Koblenz, NStZ 1982, 48; OLG Stuttgart, RVGreport 2006, 157 m. abl. Anm. Hansens). Dem ist nicht zuzustimmen, weil das GKG das Rechtsbehelfsverfahren gegen die Wertfestsetzung eigenständig und abschließend regelt und verfahrensrechtliche Sonderregelungen daher nicht ergänzend heranzuziehen sind (so auch KG, AGS 2007, 353 = RVGreport 2007, 312 = JurBüro 2007, 532; OLG Hamm, NStZ 1989, 495; OLG Hamm, 18.05.2004 – 1 Vollz (Ws) 75/04; Hansens, Anm. zu OLG Stuttgart, RVGreport 2006, 157; Volpert, in: Hansens/Braun/Schneider, Teil 5, Rn. 72).

> **Hinweis:**
> § 33 ist im gerichtlichen Strafvollzugsverfahren daher **nicht** anwendbar (Volpert, in: Hansens/Braun/Schneider, Teil 5, Rn. 72).

b) Außergerichtliches Verfahren/Verwaltungsverfahren

663 Ist der Rechtsanwalt in einer Strafvollzugsangelegenheit außergerichtlich bzw. im Verwaltungsverfahren tätig, kommt eine Wertfestsetzung nach **§ 33 nicht** in Betracht, weil kein gerichtliches Verfahren anhängig ist. Der Auftraggeber und der Rechtsanwalt müssen sich daher über den Gegenstandswert einigen. Kommt eine Einigung nicht zustande, ist über den Wert im Gebührenprozess zu entscheiden (Volpert, in: Hansens/Braun/Schneider, Teil 5, Rn. 73). Im Übrigen wird auf die Erläuterungen im Teil A: Verfahren nach Strafvollzugsgesetz und ähnliche Verfahren, Rn. 1457 f. verwiesen.

3. Persönlicher Geltungsbereich von § 33

Die Wertfestsetzung nach § 33 gilt nur für die Gebühren des Anwalts, der den **Antrag** auf Festsetzung des Wertes **gestellt** hat oder der in dem Festsetzungsantrag der anderen nach § 33 Abs. 2 Satz 2 Antragsberechtigten genannt ist (vgl. OLG Düsseldorf, RVGreport 2009, 138 = JurBüro 2008, 592). Sie erstreckt sich nicht wie die Wertfestsetzung nach § 32 auf alle an dem gerichtlichen Verfahren beteiligten Anwälte. **Unerheblich** für die Anwendung von § 33 ist, in welcher **Funktion** bzw. in welcher prozessualen Stellung der Anwalt tätig geworden ist. Daher kann z.B. nicht nur der Verteidiger, sondern auch der mit einer Einzeltätigkeit i.S.v. Teil 4, Abschnitt 3 VV beauftragte Rechtsanwalt den Antrag stellen, soweit seine Vergütung betroffen ist (vgl. insoweit für Zivilsachen zum Prozessbevollmächtigten, Verkehrsanwalt und Terminsvertreter AnwKomm-RVG/E. Schneider, § 33 Rn. 37).

664

> **Hinweis:**
> Der Rechtsanwalt, der sich selbst vertreten hat, kann die Festsetzung des Gegenstandswerts seiner anwaltlichen Tätigkeit **bei Fehlen eines erstattungspflichtigen Gegners** (vgl. § 91 Abs. 2 Satz 3 ZPO) nicht gegen sich selbst betreiben und zwar auch dann nicht, wenn er rechtsschutzversichert ist. Die Festsetzung eines Gegenstandswerts der anwaltlichen Tätigkeit setzt ein Mandantschaftsverhältnis zwischen Rechtsanwalt und vertretener Partei oder einem erstattungspflichtigen Gegner voraus (vgl. AnwKomm-RVG/E. Schneider, § 33 Rn. 36 f.).

IV. Anwendungsbereich von § 33

1. Gerichtsgebühren entstehen als Festgebühren

Fallen für den Rechtsanwalt in den in den Teilen 4 bis 6 VV geregelten Angelegenheiten Wertgebühren an, richten sich die Gerichtsgebühren aber nicht nach dem Wert, sondern sind als Gerichtsgebühren **Festgebühren** vorgesehen, erfolgt keine gerichtliche Wertfestsetzung für die Gerichtsgebühren, die gem. § 32 Abs. 1 für die Anwaltsgebühren maßgeblich sein könnte. Der Rechtsanwalt kann in diesen Fällen die **Wertfestsetzung** nach § 33 Abs. 1 für die Rechtsanwaltsgebühren **beantragen** (vgl. Riedel/Sußbauer/Fraunholz, § 32 Rn. 7 und § 33 Rn. 4). Hiervon werden folgende der in Rn. 656 aufgeführten Fälle erfasst:

665

- Die Tätigkeit im **Erinnerungs-** und **Beschwerdeverfahren** gegen einen Kostenfestsetzungsbeschluss (vgl. Vorbem. 4 Abs. 5 Nr. 1 VV, Vorbem. 5 Abs. 4 Nr. 1 VV): Nach den Vorbem. 3.6 und 4.4 KV GKG bestimmen sich die Gebühren bei Beschwerden im Kostenfestsetzungsverfahren in Straf- und Bußgeldsachen nach den für das Kostenfestsetzungsverfahren in Teil 1, Hauptabschnitt 8 geregelten Gebühren (Nr. 1812 KV GKG). Danach fällt auch im Straf- und Bußgeldverfahren eine Festgebühr nach Nr. 1812 KV GKG i.H.v. 50,00 € an, wenn die Beschwerde gegen einen Kostenfestsetzungsbeschluss verworfen oder zurückgewiesen wird.
- Die in Teil 6, Abschnitt 2 VV geregelten berufsgerichtlichen Verfahren nach der BRAO, nach der Patentanwaltsordnung, nach dem Steuerberatungsgesetz und nach der Wirtschaftsprüferordnung (vgl. hierzu die Erläuterungen zu Vorbem. 6.2 VV Rn. 10 ff.) sind zwar gerichtsgebührenpflichtig (vgl. die entsprechenden Gebührenverzeichnisse zu diesen Gesetzen). Das

Gegenstandswert, Festsetzung (§ 33)

Erinnerungs- und Beschwerdeverfahren gegen einen im berufsgerichtlichen Verfahren nach der BRAO ergangenen Kostenfestsetzungsbeschluss ist nach § 199 Abs. 2 Satz 4, 5 BRAO gebührenfrei (vgl. BT-Drucks. 30/3038, S. 33), sodass die Wertfestsetzung insoweit nach § 33 erfolgt (vgl. Rn. 666). Entsprechendes gilt für das **Erinnerungs- und Beschwerdeverfahren** gegen einen in den berufsgerichtlichen Verfahren nach der Patentanwaltsordnung, nach dem Steuerberatungsgesetz und nach der Wirtschaftsprüferordnung ergangenen Kostenfestsetzungsbeschluss. Da diese gerichtsgebührenfrei sind bzw. insoweit als Gerichtsgebühr eine Festgebühr entsteht, gilt § 33.

- Die Tätigkeit in der **Zwangsvollstreckung** aus Entscheidungen, die über einen aus der Straftat erwachsenen vermögensrechtlichen Anspruch oder über die Erstattung von Kosten (Kostenfestsetzungsbeschluss) ergangen sind und im Beschwerdeverfahren in der Zwangsvollstreckung (vgl. Vorbem. 4 Abs. 5 Nr. 2, Vorbem. 5 Abs. 4 Nr. 2 VV; vgl. OLG Hamm, AGS 2008, 175 = RVGprofessionell 2008, 133): Bei der Zwangsvollstreckung werden nach Nrn. 2110 ff. KV GKG als Gerichtsgebühren Festgebühren erhoben. Das gilt nach Nr. 2121 KV GKG auch im Beschwerdeverfahren in der Zwangsvollstreckung, wenn die Beschwerde verworfen oder zurückgewiesen wird (Festgebühr 25,00 €). Im Übrigen sind hierfür im RVG mit § 25 und § 23 Abs. 2 auch besondere Wertvorschriften vorgesehen (vgl. hierzu Rn. 672).

- Für das Verfahren über die **Einziehung** und verwandte Maßnahmen sind Gerichtsgebühren grds. nur für das dagegen gerichtete **Rechtsmittelverfahren** und das **Wiederaufnahmeverfahren** vorgesehen (vgl. Nrn. 3410 – 3451 KV GKG). Insoweit entstehen die Gerichtsgebühren nach Nrn. 3410 – 3451 KV GKG als **Festgebühren**. Wird der Rechtsanwalt im Rechtsmittelverfahren und im Wiederaufnahmeverfahren tätig (die Gebühr entsteht nach Abs. 3 der Anm. zu Nr. 4142 VV in jedem Rechtszug, vgl. die Erläuterungen zu Nr. 4142 VV Rn. 13), kann für die Gebühren Nr. 4142 VV und Nr. 5116 VV Wertfestsetzung gem. § 33 beantragt werden (vgl. Rn. 669; BGH, wistra 2009, 284; OLG Schleswig, SchlHA 2006, 300 und inzidenter die bei Nr. 4142 VV Rn. 33 ff. zitierte Rspr.; AnwKomm-RVG/N. Schneider, VV 4142 Rn. 42). Nur die Zurückweisung eines von dem Privatkläger gestellten Antrags nach § 440 StPO löst in der ersten Instanz die Festgebühr Nr. 3410 KV GKG i.H.v. 30,00 € aus. Auch hier gilt daher § 33.

- Im **Beschwerdeverfahren** gegen einen **Beschluss nach § 406 Abs. 5 Satz 2 StPO** entsteht die Verfahrensgebühr Nr. 4145 VV. Maßgebend ist der Wert, hinsichtlich dessen das Gericht nach § 406 Abs. 5 Satz 2 StPO von einer Entscheidung absehen will und hiergegen Beschwerde erhoben wird (Nr. 4145 VV Rn. 9 m.w.N.; vgl. AnwKomm-RVG/N. Schneider, VV 4145 Rn. 7; Schneider, in: Hansens/Braun/Schneider, Teil 15, Rn. 711). Als Gerichtsgebühr entsteht die Festgebühr nach Nr. 3602 KV GKG, wenn die Beschwerde verworfen oder zurückgewiesen wird (Festgebühr 50,00 €). Es gilt § 33 (AnwKomm-RVG/N. Schneider, VV 4145 Rn. 9).

2. Sachliche Gebührenfreiheit des gerichtlichen Verfahrens

666 Eine Wertfestsetzung nach § 33 erfolgt auch in den Verfahren, in denen **sachliche Gerichtsgebührenfreiheit bzw. Kostenfreiheit** besteht (vgl. LAG Hamburg, LAGreport 2005, 352).

- Sachlich gerichtsgebührenfrei sind beispielsweise das Verfahren über die Erinnerung und Beschwerde gegen den **Gerichtskostenansatz** (vgl. § 66 Abs. 8 GKG; für den Rechtsanwalt

Gegenstandswert, Festsetzung (§ 33)

gilt Nr. 3500 VV, vgl. auch Vorbem. 4 Abs. 5 Nr. 1, Vorbem. 5 Abs. 4 Nr. 1 VV, Vorbem. 6.2 Abs. 3 Nr. 1 VV) und das PKH-Prüfungsverfahren (für den Rechtsanwalt gilt Nr. 3335 VV).

- Das **Verfahren nach dem StrRehaG** ist gem. § 14 Abs. 1 StrRehaG gerichtsgebühren- bzw. gerichtskostenfrei. Das gilt auch für das Beschwerdeverfahren. Die Wertfestsetzung erfolgt daher nach § 33 (vgl. Nr. 4146 VV Rn. 12; AnwKomm-RVG/N. Schneider, VV 4146 Rn. 14, 23 f.).

- In dem in Teil 6, Abschnitt 2 VV geregelten **berufsgerichtlichen Verfahren** nach der BRAO (vgl. hierzu die Erläuterungen zu Vorbem. 6.2 VV Rn. 10 ff.) sind durch das am 30.12.2006 in Kraft getretene 2. JuMoG v. 22.12.2006 (BGBl. I, S. 3416; vgl. auch Art. 28 Abs. 1) Gerichtsgebühren eingeführt worden, die in einem Gebührenverzeichnis zur BRAO geregelt sind. Das **Erinnerungs- und Beschwerdeverfahren** gegen einen im berufsgerichtlichen Verfahren nach der BRAO ergangenen Kostenfestsetzungsbeschluss ist nach § 199 Abs. 2 Satz 4, 5 BRAO gebührenfrei (vgl. BT-Drucks. 30/3038, S. 33), sodass die Wertfestsetzung insoweit nach § 33 erfolgt (vgl. hierzu im Übrigen die Erläuterungen zu Rn. 665).

Bei **persönlicher Gerichtsgebühren- oder Kostenfreiheit** (vgl. § 2 GKG, z.B. Bund und Länder) fallen gerichtliche Wertgebühren an, die von dem befreiten Kostenschuldner nur nicht erhoben werden können. Das gilt entsprechend bei der Bewilligung von PKH. Hier ist daher grds. § 32 und nicht § 33 anwendbar (vgl. Riedel/Sußbauer/Fraunholz, § 32 Rn. 7; Gerold/Schmidt/Mayer, § 33 Rn. 5; **a.A.** Hartmann, KostG, § 52 GKG Rn. 3). 667

Im Verfahren vor dem **BVerfG** besteht nach § 34 Abs. 1 BVerfGG sachliche Kostenfreiheit, sodass insoweit die Wertfestsetzung für die Anwaltsgebühren (vgl. § 37 Abs. 2) nach § 33 erfolgt (eingehend § 37 Rn. 17 m.w.N.).

Das Verfahren über vermögensrechtliche Ansprüche des Verletzten oder seines Erben (**Adhäsionsverfahren**, vgl. Nr. 4143 VV und Nr. 4144 VV) ist **sachlich gerichtsgebührenfrei**, wenn der Verletzte/sein Erbe den Antrag zurücknimmt oder der Antrag vom Gericht zurückgewiesen wird. Die Gerichtsgebühr Nr. 3700 KV GKG fällt für diese Verfahren nur an, wenn dem Antrag des Verletzten oder Erben im Urteil **stattgegeben** wird. Wird der Antrag zurückgewiesen oder zurückgenommen, fällt eine Gerichtsgebühr nicht an. Auch ein **Vergleich** lässt die Gebühr nicht entstehen (vgl. Meyer, GKG, KV 3700 Rn. 127). 668

Beispiel:

Der Verletzte macht im Adhäsionsverfahren nach §§ 403 ff. StPO einen mit 10.000,00 € bezifferten Schadensersatz- und Schmerzensgeldanspruch geltend. Gem. § 405 StPO wird der über die Ansprüche abgeschlossene Vergleich gerichtlich protokolliert.

*Das Verfahren ist sachlich gerichtsgebührenfrei, weil nach Nr. 3700 KV GKG nur dann eine Gerichtsgebühr anfällt, wenn dem Antrag des Verletzten durch Urteil stattgegeben wird. Ein Vergleich lässt die Gebühr nicht entstehen (Meyer, GKG, KV 3700 Rn. 127). Der Verteidiger und der Vertreter des Verletzten können den Gegenstandswert für die **Verfahrensgebühr** Nr. 4143 VV gem. § 33 festsetzen lassen (vgl. KG, StraFo 2009, 306; OLG Jena, JurBüro 2005, 479; die Erläuterungen zu Nr. 4143 VV Rn. 23; Volpert, in: Hansens/Braun/Schneider, Teil 6, Rn. 77; AnwKomm- RVG/N. Schneider, VV 4143 – 4144 Rn. 29).*

Gegenstandswert, Festsetzung (§ 33)

Wird ein **Vergleich** geschlossen, ist Gegenstandswert aber nicht der Betrag, auf den sich die Parteien geeinigt haben, sondern über den sie sich geeinigt haben, also die ursprüngliche Forderung (KG, StraFo 2009, 306).

669 Für das Verfahren über die **Einziehung** und verwandte Maßnahmen sind Gerichtsgebühren grds. nur für das dagegen gerichtete **Rechtsmittelverfahren** und das **Wiederaufnahmeverfahren** vorgesehen (vgl. Nrn. 3410 – 3451 KV GKG). Die Wertfestsetzung erfolgt nach § 33 (vgl. Rn. 665). Wird der Rechtsanwalt **erstinstanzlich** tätig, kann für die Gebühren Nr. 4142 VV und Nr. 5116 VV ebenfalls Wertfestsetzung gem. § 33 beantragt werden, weil das erstinstanzliche Verfahren sachlich gerichtsgebührenfrei ist (vgl. die Erläuterungen zu Nr. 4142 VV Rn. 24; OLG Schleswig, SchlHA 2006, 300; AnwKomm-RVG/N. Schneider, VV 4142 Rn. 42). Zwar löst die Zurückweisung eines von dem Privatkläger gestellten Antrags nach § 440 StPO in der ersten Instanz die Gebühr Nr. 3410 KV GKG i.H.v. 30,00 € aus. Da eine Festgebühr anfällt, gilt jedoch auch hier § 33.

3. Keine Übereinstimmung zwischen der anwaltlichen und der gerichtlichen Tätigkeit

670 Der Wert für die Gerichtsgebühren ist für die Anwaltsgebühren nicht maßgebend, wenn der für die gerichtliche Tätigkeit maßgebliche Wert sich **nicht** mit dem Wert für die anwaltliche Tätigkeit **deckt** (vgl. Gerold/Schmidt/Mayer, § 33 Rn. 3; Volpert, in: Hansens/Braun/Schneider, Teil 6, Rn. 79).

Beispiel 1:

Der Verletzte macht im Adhäsionsverfahren nach §§ 403 ff. StPO einen mit 10.000,00 € bezifferten Schadensersatz- und Schmerzensgeldanspruch geltend. Durch Urteil wird dem Antrag des Verletzten i.H. v. 5.000,00 € stattgegeben und der Wert auf 5.000,00 € festgesetzt.

Weil dem Antrag des Verletzten teilweise durch Urteil stattgegeben worden ist, ist eine Gebühr nach Nr. 3700 KV GKG angefallen. Nach der Anm. zu Nr. 3700 KV GKG berechnet sich diese Gebühr nach dem Wert des zuerkannten Anspruchs i.H.v. 5.000,00 € (vgl. OLG Jena, JurBüro 2005, 479; Meyer, GKG, KV 3700 Rn. 128). Die Verfahrensgebühr des Verteidigers und des Vertreters des Verletzten nach Nrn. 4143, 4144 VV berechnet sich gem. § 2 Abs. 1 nach dem Wert, den der Gegenstand der anwaltlichen Tätigkeit hat. I.d.R. ist das die Höhe des geltend gemachten bzw. abgewehrten Anspruchs, vgl. §§ 23 Abs. 1 Satz 1, 48 Abs. 1 GKG, § 3 ZPO (vgl. die Erläuterungen zu Nr. 4143 VV Rn. 21 ff.; KG, StraFo 2009, 306 = NJW-Spezial 2009, 525; AnwKomm-RVG/N. Schneider, VV 4143 Rn. 24). Der Gegenstandswert für die Verfahrensgebühr Nr. 4143 VV beträgt hier daher 10.000,00 €. Der Verteidiger und der Vertreter des Verletzten können den Gegenstandswert für die Verfahrensgebühr Nr. 4143 VV gem. § 33 festsetzen lassen (Volpert, in: Hansens/Braun/Schneider, Teil 6, Rn. 79; Nr. 4143 VV Rn. 23; Riedel/Sußbauer/Fraunholz, VV Teil 4, Abschnitt 1 Rn. 138). § 32 ist nicht einschlägig, weil sich die Werte für die gerichtliche und die anwaltliche Tätigkeit nicht decken.

671 *Beispiel 2:*

Der Verletzte macht im Adhäsionsverfahren nach §§ 403 ff. StPO einen mit 10.000,00 € bezifferten Schadensersatz- und Schmerzensgeldanspruch geltend. Durch Urteil wird dem Antrag des Verletzten in voller Höhe stattgegeben und der Streitwert vom Gericht auf 10.000,00 € festgesetzt.

Nach der Anm. zu Nr. 3700 KV GKG berechnet sich die Gerichtsgebühr nach dem Wert des zuerkannten Anspruchs i.H.v. 10.000,00 € (vgl. OLG Jena, JurBüro 2005, 479). Auch der Gegenstandswert für die Verfahrensgebühr Nrn. 4143, 4144 VV beträgt hier gem. § 2 Abs. 1 wie der Wert für die Gerichtsgebühr

Gegenstandswert, Festsetzung (§ 33)

Nr. 3700 KV GKG 10.000,00 €. Die Streitwertfestsetzung i.H.v. 10.000,00 € ist gem. § 32 Abs. 1 auch für die Anwaltsgebühr maßgebend. Der Verteidiger und der Vertreter des Verletzten können daher gem. § 32 Abs. 2 Satz 1 aus eigenem Recht die Wertfestsetzung beantragen und diese ggf. anfechten. § 33 ist nicht einschlägig, weil sich die Werte für die Gerichtsgebühr und die Anwaltsgebühr in diesem Fall decken (vgl. OLG Hamm, BRAGOreport 2003, 54 = AGS 2003, 320, m. zust. Anm. Hansens; Volpert, in: Hansens/Braun/Schneider, Teil 6, Rn. 21; AnwKomm-RVG/N. Schneider, VV 4143 Rn. 27; Gerold/Schmidt/Mayer, § 32 Rn. 3). Auch der Angeklagte und der Verletzte können die Wertfestsetzung beantragen. Das Verfahren richtet sich in diesem Fall nach § 63 Abs. 2 GKG (vgl. hierzu OLG Jena, JurBüro 2005, 479; Volpert, in: Hansens/Braun/Schneider, Teil 5, Rn. 25 ff.).

> **Hinweis:**
>
> **Decken** sich die für die **Gerichtsgebühren** und die **Anwaltsgebühren** maßgeblichen Werte (vgl. Beispiel 2), richtet sich die Wertfestsetzung nicht nach § 33, sondern nach **§ 32**. Der Rechtsanwalt kann dann gem. § 32 Abs. 2 Satz 1 aus eigenem Recht die Wertfestsetzung beantragen. Daneben kann er auch für die von ihm vertretene Partei im Wertfestsetzungsverfahren tätig werden (vgl. § 63 GKG; OLG Jena, JurBüro 2005, 479). Voraussetzung für das eigene Antragsrecht des Anwalts ist ein eigenes rechtliches Interesse an der Wertfestsetzung. Der Anwalt sollte in seinem Antrag auf Wertfestsetzung zum Ausdruck bringen, ob er den Antrag im eigenen Namen oder für die von ihm vertretene Partei stellt. Zu beachten ist, dass § 32 Abs. 2 dem Anwalt **keine neuen prozessualen Rechte** im Rahmen eines Wertfestsetzungsverfahrens eröffnet. Es werden für den Anwalt keine neuen Antrags- und Rechtsmittelrechte geschaffen, die über die in der jeweiligen Verfahrensordnung vorgesehenen Rechte hinausgehen (vgl. zum Verfahren nach § 32 Abs. 2 Satz 1 ausführlich Volpert, in: Hansens/Braun/Schneider, Teil 5, Rn. 46 ff.).

4. Besondere Wertvorschriften für die anwaltliche Tätigkeit

Enthält das **RVG** für die anwaltliche Tätigkeit besondere **Wertvorschriften** (vgl. §§ 23 Abs. 2, 25, Anm. Satz 1 zu Nr. 3333 VV, Abs. 1 der Anm. zu Nr. 3335 Abs. 1 VV) **gehen** diese Wertvorschriften den Wertvorschriften für die Gerichtsgebühren und einer entsprechenden Wertfestsetzung **vor**. Der Anwalt kann in diesem Fall Wertfestsetzung nach § 33 beantragen, weil für die Berechnung der Gerichtsgebühren und der Anwaltsgebühren nicht dieselbe Wertvorschrift im GKG maßgebend ist.

672

Beispiel:

Der Verletzte hat im Adhäsionsverfahren nach §§ 403 ff. StPO einen mit 10.000,00 € bezifferten Schadensersatz- und Schmerzensgeldanspruch geltend gemacht, der ihm durch Urteil in voller Höhe zugesprochen worden ist.

Da der Verurteilte nicht zahlt, betreibt Rechtsanwalt R für den Verletzten wegen des zuerkannten Anspruchs i.H.v. 10.000,00 € die Zwangsvollstreckung.

R kann den Wert für seine Tätigkeit in der Zwangsvollstreckung nach § 33 gerichtlich festsetzen lassen, weil

- *für das Zwangsvollstreckungsverfahren eine Festgebühr bestimmt ist (Nr. 2111 KV GKG, vgl. Erläuterungen zu Rn. 665) und*

Gegenstandswert, Festsetzung (§ 33)

- weil für die anwaltliche Tätigkeit in der Zwangsvollstreckung mit § 25 eine besondere Wertvorschrift vorhanden ist.

B. Anmerkungen

I. Wertfestsetzungsverfahren

1. Antrag auf Wertfestsetzung

673 Der Antrag kann nach §§ 33 Abs. 7 Satz 1, 129a ZPO ohne Mitwirkung eines Bevollmächtigten zu Protokoll des Urkundsbeamten der Geschäftsstelle eines jeden AG oder **schriftlich** gestellt, nach § 130a ZPO bei Vorliegen der dort genannten Voraussetzungen auch als elektronisches Dokument eingereicht werden. **Anwalts**zwang besteht **nicht**, vgl. § 78 Abs. 3 ZPO. Wenn der Gegenstandswert nicht von vornherein feststeht (Schätzung, richterliches Ermessen), ist es regelmäßig nicht erforderlich, einen ziffernmäßig bestimmten Antrag zu stellen (vgl. AnwKomm-RVG/E. Schneider, § 33 Rn. 24).

Der **Antrag** muss die zur Begründung der Zulässigkeit des Verfahrens gem. § 33 und der sachlichen Berechtigung der verlangten Wertfestsetzung erforderlichen tatsächlichen Angaben enthalten. Das ist z.B. in den Fällen von Bedeutung, in denen der Anwalt gegenüber dem Gericht nicht aufgetreten ist und sich daher aus der Gerichtsakte keine Anhaltspunkte für die Wertfestsetzung ergeben.

2. Zulässigkeit des Festsetzungsantrags

674 Voraussetzung für die Stellung des Antrags ist nach § 33 Abs. 2 Satz 1 die **Fälligkeit** der Vergütung, vgl. § 8 Abs. 1 (OLG Hamm, AGS 2008, 175 = RVGprofessionell 2008, 133; LG Berlin, 13.10.2006 – 536 Qs 250/06) Es kann daher nicht für eine vorschussweise zu erhebende Gebühr Wertfestsetzung nach § 33 beantragt werden, um eine Berechnungsgrundlage nur für den Vorschuss zu erlangen (LAG Schleswig-Holstein, NZA-RR 2006, 320; AnwKomm-RVG/E. Schneider, § 33 Rn. 33f.; Riedel/Sußbauer/Fraunholz, § 33 Rn. 14). Auch wenn die Gebühren schon gezahlt worden sind, kann ein Rechtsschutzbedürfnis für die Wertfestsetzung bestehen, z.B. wenn die Höhe der Gebühren bestritten und der zu viel gezahlte Betrag zurückgefordert oder der Wert im Kostenfestsetzungsverfahren beanstandet wird (vgl. § 107 ZPO; Riedel/Sußbauer/Fraunholz, § 33 Rn. 15).

> **Hinweis:**
> Weitere Zulässigkeitsvoraussetzung für den Antrag nach § 33 ist das **Rechtsschutzbedürfnis** des Antragstellers. Denn über den Wortlaut hinaus muss nach allgemeinen Grundsätzen für jedes Rechtsschutzbegehren an ein Gericht auch eine materielle Beschwer – ein Rechtsschutzbedürfnis – des Antragstellers vorliegen.

3. Antragsberechtigung

675 Antragsberechtigt sind gem. § 33 Abs. 2 Satz 2 nicht nur

Gegenstandswert, Festsetzung (§ 33)

- der **Rechtsanwalt**, sondern auch
- der **Auftraggeber**,
- ein **erstattungspflichtiger Gegner** und
- in den Fällen des § 45 (gerichtliche Beiordnung oder Bestellung eines Rechtsanwalts) die **Staatskasse** (OLG München, wistra 2010, 456 = NStZ-RR 2011, 32 = AGS 2010, 542).

Sind **mehrere Rechtsanwälte** für die Partei tätig geworden, kann jeder Rechtsanwalt den Antrag auf Wertfestsetzung wegen seiner Gebühren stellen (vgl. OLG Düsseldorf, RVGreport 2009, 138 = JurBüro 2008, 592). Voraussetzung ist, dass eine Erhöhung des Wertes beantragt wird (OLG Schleswig, SchlHA 2006, 300). Der Auftraggeber kann an einer Wertfestsetzung Interesse haben, wenn es zu Meinungsverschiedenheiten über die Berechnung der Anwaltsgebühren gekommen ist. Der Auftraggeber kann aber nur eine Ermäßigung des Wertes geltend machen (OLG Schleswig, SchlHA 2003, 300). Der Gegner kann die Wertfestsetzung beantragen, wenn im Kostenfestsetzungsverfahren die Erstattung der Gebühren von ihm gefordert wird. Die Staatskasse ist zur Antragstellung berechtigt, sofern sie nach § 45 Gebühren an den im Wege der PKH beigeordneten oder sonst gerichtlich bestellten oder beigeordneten Rechtsanwalt zahlen muss (vgl. AnwKomm-RVG/E. Schneider, § 33 Rn. 38).

Beispiel: 676

Der Verletzte hat im Adhäsionsverfahren nach §§ 403 ff. StPO einen mit 10.000,00 € bezifferten Schadensersatz- und Schmerzensgeldanspruch geltend gemacht, der ihm durch Urteil i.H.v. 5.000,00 € zugesprochen worden ist. Die Kosten und notwendigen Auslagen werden dem durch den Pflichtverteidiger vertretenen Verurteilten auferlegt.

Da der Verurteilte nicht zahlt, betreibt Rechtsanwalt R für den Verletzten die Zwangsvollstreckung. R ist dem Verletzten sowohl im Strafverfahren einschließlich des Adhäsionsverfahrens als auch für die Zwangsvollstreckung im Wege der PKH beigeordnet worden.

Sowohl R, der erstattungspflichtige Verurteilte als auch die Staatskasse können gem. § 33 (vgl. insoweit Rn. 670) die Wertfestsetzung für das Adhäsionsverfahren beantragen. Die Staatskasse ist deshalb antragsberechtigt, weil die aus der Tabelle zu § 49 abzulesende Gebühr Nr. 4143 VV sowohl an den Rechtsanwalt des Verletzten als auch an den Pflichtverteidiger zu zahlen ist. In der Zwangsvollstreckung können der Rechtsanwalt des Verletzten und die Staatskasse Wertfestsetzung gem. § 33 beantragen, weil insoweit als Gerichtsgebühr eine Festgebühr (Nr. 2111 KV GKG) anfällt. Die Staatskasse ist antragsberechtigt, weil dem Rechtsanwalt des Verletzten ein Anspruch auf Zahlung der Zwangsvollstreckungsgebühren nach Nr. 3309 und ggf. 3310 VV zusteht. Der Wert richtet sich nach § 25.

4. Entscheidung über den Antrag

Die Entscheidung über den Antrag auf Wertfestsetzung erfolgt gem. § 33 Abs. 1 und 8 durch **begründeten Beschluss** nur für den jeweiligen Rechtszug. In Anlehnung an § 568 Satz 1 und 2 ZPO entscheidet über den Antrag nach wohl h.M. gem. § 33 Abs. 8 Satz 1 das Gericht **grds.** durch eines seiner Mitglieder als **Einzelrichter** (vgl. hierzu OLG Dresden, 08.11.2006 – 3 Ws 80/06, JurionRS 2006, 38644; OLG Hamm, RVGreport 2009, 309 = RVGprofessionell 2009, 157 = StRR 2009, 438; OLG Koblenz, RVGreport 2006, 191; im Ergebnis auch KG, StraFo 2009, 306; OLG Koblenz, 16.11.2009 – 2 Ws 526/09, JurionRS 2009, 36455, zu § 56; BVerwG, NVwZ 2006, 479 = NJW 2006, 1450 zu § 66 GKG; OLG Köln, StraFo 2009, 349 zu § 66 GKG). Nur

677

Gegenstandswert, Festsetzung (§ 33)

wenn die Sache besondere Schwierigkeiten tatsächlicher oder rechtlicher Art aufweist oder die Rechtssache grds. Bedeutung hat, überträgt der Einzelrichter das Verfahren der Kammer oder dem Senat. Diese Zuständigkeit wird zum Teil in der Rechtsprechung anders gesehen und für die Zulässigkeit der Entscheidung durch einen Einzelrichter im Wertfestsetzungsverfahren gem. § 33 gefordert, dass eine solche Entscheidung institutionell auch vorgesehen ist. Weil in Strafsachen eine Entscheidung durch den Einzelrichter nach dem GVG bzw. der StPO aber nicht vorgesehen sei (§ 76 GVG), entscheide das Gericht in normaler Besetzung (BGH, NStZ 2007, 663 zu § 66 GKG; NJW-RR 2005, 584 = RVGreport 2005, 159 zu § 66 GKG; LG Dresden, AGS 2008, 120 zu § 56; LG Hildesheim, StraFo 2005, 393; LG Ulm, 12.04.2005 – 1 Qs 1027/05, JurionRS 2005, 39424 zu § 66 GKG). Diese Ansicht setzt sich über wesentliche strukturelle Änderungen der Kostenrechtsmodernisierung hinweg und ist mit dem Gesetz nicht zu vereinbaren. Aus dem klaren Wortlaut des § 33 Abs. 8 Satz 1 ergibt sich, dass der Gesetzgeber bei der Einführung des Einzelrichterprinzips gerade nicht zwischen Strafsachen und den übrigen Angelegenheiten der ordentlichen Gerichtsbarkeit unterschieden hat (OLG Hamm, RVGreport 2009, 309 = RVGprofessionell 2009, 157 = StRR 2009, 438 sowie die oben zit. Rspr.). Die Entscheidung ergeht gem. § 33 Abs. 8 Satz 3 stets **ohne** Mitwirkung **ehrenamtlicher Richter**.

> **Hinweis:**
>
> Eine Beschwerde gegen die Wertfestsetzung gem. § 33 Abs. 3 kann nicht mit der Begründung eingelegt werden, der Einzelrichter habe das Verfahren nicht der Kammer übertragen bzw. er habe nicht allein über den Antrag entscheiden dürfen, vgl. § 33 Abs. 8 Satz 4.

Sachlich und **örtlich zuständig** für die Festsetzung ist nach § 33 Abs. 1 das Gericht des Rechtszugs. Das ist dasjenige Gericht, bei dem das Verfahren in dem Rechtszug anhängig war, für den der Rechtsanwalt eine Vergütung fordert. Ist der Rechtsanwalt in mehreren Rechtszügen tätig geworden, erfolgt die Festsetzung durch das jeweils zuständige Instanzgericht für jeden Rechtszug gesondert (vgl. AnwKomm-RVG/E. Schneider, § 33 Rn. 29). Es sind dann mehrere Wertfestsetzungsbeschlüsse notwendig. Handelt es sich um ein Hauptsacheverfahren vor dem **Rechtspfleger** (z.B. in der Zwangsvollstreckung, vgl. § 4 Abs. 1 RPflG; Vorbem. 4 Abs. 5 Nr. 2 VV), ist dieser funktionell für die Wertfestsetzung zuständig (vgl. AnwKomm-RVG/E. Schneider, § 33 Rn. 30).

678 Zwar ist in § 33 nicht ausdrücklich bestimmt, dass das Gericht vor seiner Entscheidung alle Beteiligten **anhören** muss (vgl. im Gegensatz dazu § 10 Abs. 2 Satz 3 BRAGO), jedoch besteht die Verpflichtung zur Anhörung weiter (vgl. Art. 103 GG). Wer Beteiligter ist, ergibt sich aus dem konkreten Verfahren. Stellt z.B. die Staatskasse den Festsetzungsantrag, besteht kein Anlass, hierzu den erstattungspflichtigen Gegner der PKH-Partei anzuhören (ausführlich AnwKomm-RVG/E. Schneider, § 33 Rn. 39 – 49).

5. Zulassung der Beschwerde

679 Das Gericht kann nach § 33 Abs. 3 Satz 2 in dem Beschluss über die Wertfestsetzung die Beschwerde zulassen, wenn die zur Entscheidung stehende Frage von grundsätzlicher Bedeutung ist. Die Zulassung kann nach herrschender Meinung nur gleichzeitig mit der Hauptsacheent-

scheidung und nicht in einem nachträglichen besonderen Beschluss erfolgen. Auf die Erläuterungen im Teil A: Rechtsmittel gegen die Vergütungsfestsetzung (§§ 56, 33), Rn. 1139 wird verwiesen.

Wird die Entscheidung über den Antrag auf Wertfestsetzung durch den **Rechtspfleger** getroffen (z.B. im Rahmen der Zwangsvollstreckung, vgl. Vorbem. 4 Abs. 5 Nr. 2 VV; Rn. 677) und liegt der Beschwerdewert nicht über 200,00 €, so entscheidet zunächst der Rechtspfleger über die Zulassung der Beschwerde. Für den Fall der Nichtzulassung ist gegen die Entscheidung des Rechtspflegers die befristete Erinnerung nach § 11 Abs. 2 RPflG gegeben. Der Richter entscheidet dann im Rahmen dieses Erinnerungsverfahrens erneut über die Zulassung der Beschwerde. 680

6. Bekanntmachung der Entscheidung

Unterliegt die Wertfestsetzung der Anfechtung mit der befristeten Beschwerde, ist der Beschluss zu begründen und förmlich **zuzustellen** (vgl. § 33 Abs. 3 Satz 3). Der Beschluss ist mit der befristeten Beschwerde anfechtbar und daher förmlich zuzustellen, wenn der Beschwerdewert 200,00 € übersteigt, also mindestens 200,01 € beträgt. Wird der Beschwerdewert nicht erreicht, ist der Beschluss gleichwohl förmlich **zuzustellen**, wenn das Gericht in der Wertfestsetzung wegen der grds. Bedeutung der zur Entscheidung stehenden Frage die Beschwerde zulässt (vgl. § 33 Abs. 3 Satz 2). Die Zustellung an den Rechtsanwalt hat i.d.R. per Empfangsbekenntnis, an den Vertreter der Staatskasse i.d.R. durch Vorlage der Akten (vgl. § 41 StPO) zu erfolgen (vgl. Hansens, in: Hansens/Braun/Schneider, Teil 7, Rn. 166). 681

> **Hinweis:**
> Ohne Zustellung wird die in § 33 Abs. 3 Satz 3 geregelte Beschwerdefrist nicht in Gang gesetzt (OLG Brandenburg, NStZ-RR 2010, 92 = wistra 2010, 199 = Rpfleger 2010, 392; OLG München, wistra 2010, 456 = NStZ-RR 2011, 32 = AGS 2010, 542; s. dazu Teil A: Rechtsmittel gegen die Vergütungsfestsetzung [§§ 56, 33], Rn. 1140).

7. Kosten des Wertfestsetzungsverfahrens

Für das Verfahren über den Festsetzungsantrag entstehen gem. § 33 Abs. 9 Satz 1 **keine Gerichtsgebühren** (vgl. OLG Hamm, AGS 2008, 175 = RVGprofessionell 2008, 133; LAG Hamburg, LAGreport 2005, 352). Die bei Gericht ggf. anfallenden Auslagen (Teil 9 KV GKG) können jedoch erhoben werden (Meyer, GKG, § 1 Rn. 28, zu den ebenfalls gerichtsgebührenfreien Verfahren nach §§ 66, 68 und 69 GKG). 682

Hinsichtlich der **Anwaltskosten** gilt Folgendes (vgl. Volpert, in: Hansens/Braun/Schneider, Teil 5, Rn. 102, 103; zu den Anwalts- und Gerichtsgebühren im Verfahren über die **Beschwerde** und die weitere Beschwerde gegen die Streitwertfestsetzung gem. § 33 vgl. Teil A: Gerichtskosten, Rn. 793 ff.; Teil A: Rechtsmittel gegen die Vergütungsfestsetzung [§§ 56, 33], Rn. 1182 ff.): 683

- Stellt der Anwalt den Festsetzungsantrag nach § 33 Abs. 1 und 2 im eigenen Namen, stellt sich die Frage nach der anfallenden Gebühr nicht, da kein Erstattungsschuldner vorhanden ist (vgl. AnwKomm-RVG/E. Schneider, § 33 Rn. 164).

Gegenstandswert, Festsetzung (§ 33)

- Vertritt der Anwalt den Auftraggeber bereits im Hauptsacheverfahren und wird er für diesen zudem im Wertfestsetzungsverfahren tätig (vgl. § 33 Abs. 2 Satz 2), entstehen für die Tätigkeit im Wertfestsetzungsverfahren keine zusätzlichen Gebühren, weil diese Tätigkeit mit den Gebühren des Hauptsacheverfahrens abgegolten ist, vgl. § 19 Abs. 1 Satz 2 Nr. 3 (vgl. AnwKomm-RVG/Mock/N. Schneider/Wolf, § 19 Rn. 54; Gerold/Schmidt/Müller-Rabe, § 19 Rn. 49). Unerheblich ist, ob der Festsetzungsantrag im Laufe des Hauptsacheverfahrens oder erst nach dessen Rechtskraft gestellt worden ist (vgl. Gerold/Schmidt/Müller-Rabe, § 19 Rn. 45). Allenfalls kann eine im Hauptsacheverfahren noch nicht entstandene Gebühr im Wertfestsetzungsverfahren anfallen (Gerold/Schmidt/Müller-Rabe, § 19 Rn. 49).
- Wird der Rechtsanwalt für den Mandanten erstmals bzw. nur im Wertfestsetzungsverfahren tätig, gilt § 19 Abs. 1 Satz 2 Nr. 3 nicht. Es entsteht daher für die Tätigkeit im Wertfestsetzungsverfahren zumindest in den Teil 3 VV geregelten Angelegenheiten eine 0,8 Verfahrensgebühr nach Nr. 3403 VV, ggf. auch eine 0,3 Verfahrensgebühr Nr. 3404 VV (vgl. AnwKomm-RVG/E. Schneider, § 33 Rn. 165; Gerold/Schmidt/Müller-Rabe, § 19 Rn. 49) **A.A.** ist Gerold/Schmidt/Mayer (§ 33 Rn. 12). Danach soll eine 0,3 Geschäftsgebühr Nr. 2302 VV entstehen. Dem kann jedoch nicht gefolgt werden, weil der Rechtsanwalt in einem gerichtlichen Verfahren und nicht außergerichtlich tätig wird.

Eine Erstattung der außergerichtlichen Kosten durch den Gegner findet nicht statt (vgl. § 33 Abs. 9 Satz 2). Die im Wertfestsetzungsverfahren ggf. entstehenden anwaltlichen Gebühren schuldet daher nur der Auftraggeber (vgl. AnwKomm-RVG/E. Schneider, § 33 Rn. 165).

II. Beschwerde/weitere Beschwerde/Wiedereinsetzung

684 Zum Verfahren über die Beschwerde (vgl. § 33 Abs. 3) und über die weitere Beschwerde (vgl. § 33 Abs. 6) gegen eine Wertfestsetzung für die Anwaltsgebühren sowie über einen Wiedereinsetzungsantrag (vgl. § 33 Abs. 5) wird verwiesen auf den Teil A: Rechtsmittel gegen die Vergütungsfestsetzung (§§ 56, 33), Rn. 1141 ff.

III. Gegenstandswert-ABC für die Anwaltsgebühren

■ Adhäsionsverfahren

685 **Maßgebend** ist der **Wert** des **geltend gemachten** bzw. **abgewehrten Anspruchs**, nicht nur gem. der Anm. zu Nr. 3700 KV GKG der Wert des letztlich vom Gericht zuerkannten Anspruchs (vgl. KG, StraFo 2009, 306; OLG Jena, JurBüro 2005, 479; Rn. 665, 668, 670; Nr. 4143 VV Rn. 21 f.; Volpert, in: Hansens/Braun/Schneider, Teil 5, Rn. 111; AnwKomm-RVG/N. Schneider, VV 4143 Rn. 24; wegen weiterer Einzelh. s. Nr. 4143 VV Rn. 21 f.).

■ Adhäsionsverfahren, Beschwerde

686 Im Beschwerdeverfahren gegen einen Beschluss nach § 406 Abs. 5 Satz 2 StPO entsteht die Verfahrensgebühr Nr. 4145 VV. **Maßgebend** ist der **Wert**, hinsichtlich dessen das Gericht nach § 406 Abs. 5 Satz 2 StPO von einer **Entscheidung absehen** will und hiergegen Beschwerde er-

Gegenstandswert, Festsetzung (§ 33)

hoben wird (vgl. AnwKomm-RVG/N. Schneider, VV 4145 Rn. 7; Schneider, in: Hansens/Braun/Schneider, Teil 15, Rn. 711).

■ Einigungsgebühr

Maßgeblich für den Gegenstandswert ist der Betrag des Anspruchs, **über den** sich die Parteien geeinigt haben, nicht der Betrag, **auf den** sie sich geeinigt haben (vgl. KG, StraFo 2009, 306; Hansens, in: Hansens/Braun/Schneider, Teil 6, Rn. 47). 687

Beispiel:

Der Verletzte macht im Adhäsionsverfahren nach §§ 403 ff. StPO einen mit 10.000,00 € bezifferten Schadensersatz- und Schmerzensgeldanspruch geltend. Es kommt zu einem Vergleich, nach dem der Verurteilte 5.000,00 € an den Verletzten zahlt.

Der Gegenstandswert für die Einigungsgebühr beträgt 10.000,00 €. Da eine Gerichtsgebühr nicht entsteht (vgl. Rn. 666), richtet sich die Wertfestsetzung nach § 33.

■ Einziehung im Strafverfahren

Verfahrensgebühr Nr. 4142 VV (1,0 Wertgebühr): 688

Es wird verwiesen auf die Erläuterungen zu Nr. 4142 VV (vgl. auch Burhoff, RVGreport 2006, 412, 416; ders., RVGreport 2011, 282).

■ Erinnerung/Beschwerde gegen den Gerichtskostenansatz

Der Wert bemisst sich nach dem **Umfang** der im Erinnerungs- oder Beschwerdeverfahren mit dem Rechtsmittel verfolgten **Abänderung** des Kostenansatzes (vgl. Vorbem. 4 VV Rn. 102; AnwKomm-RVG/N. Schneider, VV Vorb. 4 Rn. 88). 689

Beispiel:

Dem ausländischen Verurteilten sind in der Gerichtskostenrechnung Dolmetscherkosten i.H.v. 1.000,00 € in Rechnung gestellt worden. Der Verteidiger legt hiergegen Erinnerung gem. § 66 GKG ein, weil die Dolmetscherkosten nach Abs. 4 der Anm. zu Nr. 9005 nicht in Rechnung gestellt werden dürfen.

Der Gegenstandswert des Erinnerungsverfahrens beträgt 1.000,00 €.

■ Erinnerung/Beschwerde gegen einen Kostenfestsetzungsbeschluss

Der Wert bemisst sich nach dem **Umfang** der im Erinnerungs- oder Beschwerdeverfahren mit dem Rechtsmittel verfolgten **Abänderung** des Kostenfestsetzungsbeschlusses (vgl. Vorbem. 4 VV Rn. 97 f.; AnwKomm-RVG/N. Schneider, VV Vorb. 4 Rn. 79). 690

Beispiel:

Der Verteidiger macht nach Freispruch des Mandanten notwendige Auslagen i.H.v. 1.000,00 € gegen die Staatskasse geltend. Der Rechtspfleger berücksichtigt im Kostenfestsetzungsbeschluss lediglich einen Betrag i.H.v. 500,00 €. Der Verteidiger legt hiergegen Beschwerde gem. § 464b StPO mit dem Ziel der Berücksichtigung eines weiteren Betrag i.H.v. 350,00 € bei der Festsetzung ein.

Gegenstandswert, Festsetzung (§ 33)

Der Gegenstandswert des Beschwerdeverfahrens beträgt 350,00 €.

■ Strafvollzug

691 Es wird insoweit verwiesen auf die Erläuterungen im Teil A: Verfahren nach dem Strafvollzugsgesetz und ähnliche Verfahren, Rn. 1457 ff.

■ StrRehaG

692 Zu den Gebühren des im Verfahren nach dem strafrechtlichen Rehabilitierungsgesetz tätigen Rechtsanwalts vgl. die Erläuterungen zu Vorbem. 4 VV Rn. 26 ff. Fällt in diesem Verfahren für den Anwalt die Wertgebühr der Nr. 4146 VV an, richtet sich der Gegenstandswert nach dem **Interesses** des **Auftraggebers**, das dieser mit dem Antrag auf gerichtliche Entscheidung verfolgt (vgl. Nr. 4146 VV Rn. 10; AnwKomm-RVG/N. Schneider, VV 4146 Rn. 13). Da nach § 16 StrRehaG vermögensrechtliche Ansprüche verfolgt werden, ist i.d.R. die Höhe des geltend gemachten Anspruchs maßgebend. Im **Beschwerdeverfahren** richtet sich der Wert danach, welche Ansprüche insoweit noch verfolgt werden.

■ Zwangsvollstreckung

693 Nach Vorbem. 4 Abs. 5 Nr. 2, Vorbem. 5 Abs. 4 Nr. 2 und Vorbem. 6.2 Abs. 3 Nr. 2 VV erhält der Rechtsanwalt für bestimmte Tätigkeiten in der Zwangsvollstreckung Gebühren nach Teil 3 VV. Der Gegenstandswert für diese Tätigkeiten kann ermittelt werden anhand der nachstehenden Übersicht:

Übersicht:

Verfahren	Vorschrift	Wertberechnung
Vollstreckung wegen einer **Geldforderung**	§ 25 Abs. 1 Nr. 1 **Halbs. 1**	Betrag der zu vollstreckenden Geldforderung einschließlich Nebenforderungen
Vollstreckung wegen einer Geldforderung: Pfändung eines **bestimmten Gegenstands**	§ 25 Abs. 1 Nr. 1 **Halbs. 2**	Betrag der zu vollstreckenden Geldforderung einschließlich Nebenforderungen **oder geringerer Wert** des zu pfändenden Gegenstands
Vollstreckung wegen **gesetzlicher Unterhaltsansprüche** oder **Rentenansprüchen** wegen Körperverletzung, Vorratspfändung gem. § 850d Abs. 3 ZPO	§ 25 Abs. 1 Nr. 1 **Halbs. 3**	Noch **nicht fällige** Unterhalts- oder Rentenansprüche: Bewertung nach § 51 Abs. 1 Satz 1 FamGKG und § 42 Abs. 1 GKG; **Fällige** Unterhalts- oder Rentenansprüche § 25 Abs. 1 Nr. 1 **Halbs. 1**: Betrag der zu vollstreckenden Geldforderung einschl. Nebenforderungen

Verfahren	Vorschrift	Wertberechnung
Vollstreckung wegen einer Geldforderung: **Verteilungsverfahren** nach §§ 858 Abs. 5, 872 bis 877, 882 ZPO	§ 25 Abs. 1 Nr. 1 **Halbs. 4**	Betrag der zu vollstreckenden Geldforderung einschließlich Nebenforderungen, **höchstens** der zu verteilende Geldbetrag
Abgabe der **eidesstattlichen Versicherung** gem. § 807 ZPO	§ 25 Abs. 1 Nr. 4	Betrag der aus dem Vollstreckungstitel noch geschuldeten Forderung einschließlich Nebenforderungen, **höchstens** 1.500,00 €
Verfahren über **Schuldneranträge** (z.B. §§ 765a, 813b, 851a oder 851b ZPO)	§ 25 Abs. 2	Wertbestimmung nach billigem Ermessen unter Berücksichtigung des Schuldnerinteresses
Erinnerungsverfahren (§§ 766 ZPO, § 11 Abs. 2 RPflG)	§ 23 Abs. 2 Satz 3, 1, 2, Abs. 3 Satz 2	Wertbestimmung nach billigem Ermessen unter Berücksichtigung des Interesses des Erinnerungsführers, soweit sich aus dem RVG nichts anderes ergibt
Beschwerdeverfahren (§§ 574, 793 ZPO, § 11 Abs. 1 RPflG), in denen als Gerichtsgebühr eine Festgebühr vorgesehen ist (vgl. Nr. 2121, 2124 KV GKG)	§ 23 Abs. 2	Wertbestimmung nach billigem Ermessen unter Berücksichtigung des Interesses des Beschwerdeführers, soweit sich aus dem RVG nichts anderes ergibt
Beschwerdeverfahren (§§ 574, 793 ZPO), in denen als Gerichtsgebühr eine **Wertgebühr vorgesehen** ist (vgl. Nr. 2120, 2122, 2123 KV GKG)	§ 23 Abs. 1 Satz 1	Die für die Gerichtsgebühren geltenden Wertvorschriften gelten auch für die Anwaltsgebühren

Gegenstandswert, Festsetzung (§ 33)

C. Arbeitshilfen

I. Muster: Antrag des Rechtsanwalts auf Wertfestsetzung gem. § 33 Abs. 1 (gerichtsgebührenfreies Adhäsionsverfahren - Nrn. 4143, 4144 VV)

694

An das

..... gericht .....

In Sachen

.....

beantrage ich gem. § 33 Abs. 3 RVG, den Gegenstandswert für meine Tätigkeit im Adhäsionsverfahren auf ..... € festzusetzen.

Begründung:

Ich habe für den Verletzten im Adhäsionsverfahren einen Schadensersatzanspruch i.H.v. ..... € geltend gemacht. Im Hauptverhandlungstermin haben der Verletzte und der Verurteilte einen Vergleich geschlossen, wonach der Verurteilte zur Abgeltung aller Ansprüche ..... € an den Verletzten zahlt.

Weil dem Antrag des Verletzten nicht durch Urteil stattgegeben worden ist, ist eine Gerichtsgebühr nach Nr. 3700 KV GKG nicht angefallen. Eine Gerichtsgebühr fällt nur an, wenn dem Antrag durch Urteil entsprochen wird (vgl. Meyer, GKG, KV 3700 Rn. 127). Da das Adhäsionsverfahren somit sachlich gerichtsgebührenfrei ist, ist das Wertfestsetzungsverfahren gem. § 33 RVG eröffnet.

Die Verfahrensgebühr nach Nr. 4143 VV berechnet sich gem. § 2 Abs. 1 RVG nach dem Wert, den der Gegenstand der anwaltlichen Tätigkeit hat. Das ist hier die Höhe des geltend gemachten Anspruchs über ..... €, vgl. §§ 23 Abs. 1 Satz 1 RVG, 48 Abs. 1 GKG, 3 ZPO (vgl. Burhoff, RVG Straf- und Bußgeldsachen, Nr. 4143 VV Rn. 21 ff.; AnwKomm- RVG/N. Schneider, VV 4143 - 4144 Rn. 24).

Im Fall eines Vergleichsschlusses ist Streitwert nicht der Betrag, auf den sich die Parteien vergleichen (..... €), sondern der Betrag, über den sich die Parteien vergleichen (..... €).

Daher beträgt der Streitwert für das Adhäsionsverfahren ..... €.

Der Antrag ist gem. § 33 Abs. Abs. 2 Satz 1 RVG zulässig, weil meine Vergütung fällig ist .....

Sollte das Gericht meiner Auffassung nicht folgen, bitte ich wegen der grundsätzlichen Bedeutung der zur Entscheidung stehenden Frage gem. §§ 33 Abs. 3 Satz 2 RVG vorsorglich, in dem Wertfestsetzungsbeschluss

die Beschwerde zuzulassen.

.....

Rechtsanwalt

II. Muster: Antrag des Rechtsanwalts auf Wertfestsetzung gem. § 33 Abs. 1 (Adhäsionsverfahren mit Gerichtsgebühr, Wert für die Gerichtsgebühr gilt nicht für die Anwaltsgebühr - Nrn. 4143, 4144 VV)

695

An das

..... gericht .....

In Sachen

.....

beantrage ich gem. § 33 Abs. 3 RVG, den Gegenstandswert für meine Tätigkeit im Adhäsionsverfahren auf ..... € festzusetzen.

Begründung:

Ich habe für den Verletzten im Adhäsionsverfahren einen Schadensersatzanspruch i.H.v. ..... € geltend gemacht. Im Urteil vom ..... ist dem Verletzten hiervon nur ein Teilbetrag i.H.v. ..... € zugesprochen worden. Gleichzeitig ist der Wert auf diesen Teilbetrag i.H.v. ..... € festgesetzt worden.

Weil dem Antrag des Verletzten teilweise durch Urteil stattgegeben worden ist, ist eine Gerichtsgebühr nach Nr. 3700 KV GKG angefallen. Nach der Anm. zu Nr. 3700 KV GKG berechnet sich diese Gebühr nach dem Wert des zuerkannten Anspruchs i.H.v. 5.000,00 € (vgl. Meyer, GKG, KV 3700 Rn. 128; OLG Jena, JurBüro 2005, 479). Die mir entstandene Verfahrensgebühr nach Nr. 4143 VV berechnet sich jedoch gem. § 2 Abs. 1 nach dem Wert, den der Gegenstand der anwaltlichen Tätigkeit hat. Das ist hier die Höhe des ursprünglich geltend gemachten Anspruchs über ..... €, vgl. §§ 23 Abs. 1 Satz 1 RVG, 48 Abs. 1 GKG, 3 ZPO (vgl. KG, StraFo 2009, 306; Burhoff, RVG Straf- und Bußgeldsachen, Nr. 4143 VV Rn. 21 ff.; AnwKomm-RVG/N. Schneider, VV 4143 Rn. 24).

Da die Werte für die Gerichtsgebühr Nr. 3700 KV GKG und für meine Verfahrensgebühr Nr. 4143 VV somit nicht übereinstimmen, ist für die Anwaltsgebühren das Wertfestsetzungsverfahren gem. § 33 RVG eröffnet.

Der Antrag ist gem. § 33 Abs. Abs. 2 Satz 1 RVG zulässig, weil meine Vergütung fällig ist .....

Sollte das Gericht meiner Auffassung nicht folgen, bitte ich wegen der grundsätzlichen Bedeutung der zur Entscheidung stehenden Frage gem. §§ 33 Abs. 3 Satz 2 RVG vorsorglich, in dem Wertfestsetzungsbeschluss

die Beschwerde zuzulassen.

.....

Rechtsanwalt

Gegenstandswert, Festsetzung (§ 33)

III. Muster: Antrag des Rechtsanwalts auf Wertfestsetzung gem. § 32 Abs. 2 Satz 1 (Adhäsionsverfahren, Wert für Gerichtsgebühr und Anwaltsgebühr decken sich - Nrn. 4143, 4144 VV)

696

An das

..... gericht .....

In Sachen

.....

beantrage ich gem. § 32 Abs. 2 Satz 1 RVG, den Gegenstandswert für meine Tätigkeit im Adhäsionsverfahren auf ..... € festzusetzen.

Begründung:

Ich habe für den Verletzten im Adhäsionsverfahren einen Schadensersatzanspruch i.H.v. ..... € geltend gemacht. Im Urteil vom ..... ist dem Verletzten dieser Betrag i.H.v. ..... € zugesprochen worden.

Weil dem Antrag des Verletzten durch Urteil stattgegeben worden ist, ist eine Gerichtsgebühr nach Nr. 3700 KV GKG angefallen. Nach der Anm. zu Nr. 3700 KV GKG berechnet sich diese Gebühr nach dem Wert des zuerkannten Anspruchs i.H.v. 10.000,00 € (vgl. Meyer, GKG, KV 3700 Rn. 128; OLG Jena, JurBüro 2005, 479). Die mir entstandene Verfahrensgebühr nach Nr. 4143 VV berechnet sich ebenfalls gem. § 2 Abs. 1 RVG nach einem Wert i.H.v. ..... €.

Da sich die Werte für die Gerichtsgebühr und die Anwaltsgebühr decken, richtet sich die Wertfestsetzung somit nach § 32 Abs. 2 Satz 1 RVG (vgl. Volpert, in: Hansens/Braun/Schneider, Teil 6, Rn. 21; AnwKomm-RVG/N. Schneider, VV 4143 Rn. 27; OLG Hamm, BRAGOreport 2003, 54 = AGS 2003, 320, m. zust. Anm. Hansens; Gerold/Schmidt/Mayer, § 32 Rn. 3).

Sollte das Gericht meiner Auffassung nicht folgen, bitte ich wegen der grundsätzlichen Bedeutung der zur Entscheidung stehenden Frage gem. §§ 32 Abs. 2 Satz 1, 68 Abs. 1 Satz 2 und 63 Abs. 2 GKG vorsorglich, in dem Wertfestsetzungsbeschluss

die Beschwerde zuzulassen.

.....

Rechtsanwalt

IV. Muster: Antrag des Rechtsanwalts auf Wertfestsetzung gem. § 33 Abs. 1 bei Einziehung und verwandten Maßnahmen (Nr. 4142 VV)

697

An das

..... gericht .....

In Sachen

.....

Gegenstandswert, Festsetzung (§ 33)

beantrage ich gem. § 33 Abs. 3 RVG, den Gegenstandswert für meine Tätigkeit bei der Einziehung bzw. bei verwandten Maßnahmen (Nr. 4142 VV) auf ..... € festzusetzen.

Begründung:

Meine Tätigkeit für den Beschuldigten hat sich auch auf die Einziehung und verwandte Maßnahmen bezogen. Das sind – wie der Klammerzusatz in Abs. 1 der Anm. zu Nr. 4142 VV RVG deutlich macht – die in § 442 StPO genannten Maßnahmen und die sonstigen in der Gebührenvorschrift aufgeführten Fälle. Meine Tätigkeit bezog sich vorliegend auf

- die Einziehung nach den §§ 74, 75 StGB und § 7 WiStG,
- den Verfall, wenn er Strafcharakter hat (§§ 73 bis 73d StGB),
- die Vernichtung (§§ 98 Abs. 1, 110 UrhG),
- die Unbrauchbarmachung (§ 74d StGB, §§ 98 Abs. 2, 110 UrhG),
- die Abführung des Mehrerlöses (§§ 8, 10 WiStG),
- Beschlagnahme/Arrest, welche der Sicherung der vorgenannten Maßnahmen dient (§§ 111b Abs. 2, 111c StPO).

Der Umfang der entfalteten Tätigkeit ist ohne Belang. Die Gebühr erfasst jede im Hinblick auf die Einziehung erbrachte Tätigkeit. Es genügt, dass die Einziehung nach Lage der Sache nur in Betracht kommt. Die Einziehung muss auch nicht ausdrücklich beantragt worden sein. Es reicht daher aus, wenn in der Hauptverhandlung nur das Einverständnis mit der außergerichtlichen Einziehung erklärt worden oder lediglich eine Beratung des Angeklagten über die außergerichtliche Einziehung erfolgt ist. Einer gerichtlichen Entscheidung über die Einziehung oder einer verwandte Maßnahmen bedarf es nicht.

Bei der Einziehung sind für die Entstehung der Gebühr die Eigentumsverhältnisse an dem einzuziehenden Gegenstand ohne Belang.

Ich habe folgende Tätigkeiten erbracht .....

Den Gegenstandswert hierfür bitte ich auf ..... € festzusetzen.

Der Antrag ist gem. § 33 Abs. Abs. 2 Satz 1 RVG zulässig, weil meine Vergütung fällig ist .....

Sollte das Gericht meiner Auffassung nicht folgen, rege ich an, wegen der grundsätzlichen Bedeutung der zur Entscheidung stehenden Frage gem. §§ 33 Abs. 3 Satz 2 RVG vorsorglich, in dem Wertfestsetzungsbeschluss

die Beschwerde zuzulassen.

......

Rechtsanwalt

Siehe auch im Teil A: → Einigungsgebühr (Nr. 1000, 1003 und 1004 VV), Rn. 458 ff.; → Rechtsmittel gegen die Vergütungsfestsetzung (§§ 56, 33), Rn. 1115 ff.; → Hebegebühr (Nr. 1009 VV), Rn. 806 ff.; → Umfang des Vergütungsanspruchs (§ 48 Abs. 1), Rn. 1382 ff.; → Vergütungsanspruch gegen die Staatskasse (§§ 44, 45, 50), Rn. 1469 ff.; → Verfahren nach dem Strafvoll-

Geldwäsche

zugsgesetz und ähnliche Verfahren, Rn. 1441 ff.; →Wertgebühren (§§ 13 und 49), Rn. 1679 ff.; →Zwangsvollstreckung, Rn. 1696 ff.

Geldwäsche

Übersicht

		Rn.
A.	Überblick..	698
B.	Anmerkungen..	699
	I. Rechtsprechung des BGH...	699
	II. Rechtsprechung des BVerfG...	702
	III. Auswirkungen der obergerichtlichen Rechtsprechung.........................	711

Literatur:

Bermejo/Wirtz, Strafverteidigerhonorar und Geldwäsche aus europäischer Perspektive: Gleiches Problem, gleiche Lösung?, ZIS 2007, 398; *Bernsmann*, Das Grundrecht auf Strafverteidigung und die Geldwäsche – Vorüberlegungen zu einem besonderen Rechtfertigungsgrund, StV 2000, 40; *Brexl*, Erleichterungen für Anwälte bei der Geldwäschebekämpfung – Anordnung der Bundesrechtsanwaltskammer, AnwBl. 2003, 638; *Brüssow*, Eine notwendige Reform der Pflichtverteidigervergütung – Auswirkung der Geldwäscheentscheidung des BGH auf das Rechtsinstitut der Pflichtverteidigung, in: Festschrift für Peter Rieß, S. 43; *Burger/Peglau*, Geldwäsche durch Entgegennahme „kontaminierten" Geldes als Verteidigerhonorar, wistra 2000, 161; *Burhoff*, Geldwäsche durch Strafverteidiger?, PStR 2000, 73; *Burmeister/Uwer*, Neue Regeln für Anwälte bei der Geldwäschebekämpfung, AnwBl. 2008, 729; *Dombek*, Rechtsberatende Tätigkeit und Geldwäsche – Pflichten und Risiken des Rechtsanwalts bei Verdacht der Geldwäsche, ZAP, Fach 21, S. 201; *Felsch*, Annahme „kontaminierten" Geldes als Verteidigerhonorar, NJW-Sonderheft für Gerhard Schäfer, 2004, S. 24; *Fischer*, Ersatzhehlerei als Beruf und rechtsstaatliche Verteidigung, NStZ 2004, 473; *Götz/Windholz*, Gebührenzahlungen von Mandanten aus rechtswidrigen Vermögenswerten im Sinne des § 261 StGB (sogenannte Geldwäsche), AnwBl. 2000, 642; *Gotzens*, Geldwäsche durch Strafverteidiger, PStR 2001, 166; *Gotzens/Schneider*, Annahme von Beraterhonorar, PStR 2001, 265; *dies.*, Geldwäsche durch Annahme von Strafverteidigerhonoraren, wistra 2002, 121; *Gräfin von Galen*, Der Verteidiger – Garant eines rechtsstaatlichen Verfahrens oder Mittel zur Inquisition? Der Beschuldigte – verteidigt oder verkauft, StV 2000, 575; *Große-Wilde*, Geldwäschegesetz – Neue Verpflichtungen für Rechtsanwälte und andere Freiberufler, MDR 2002, 1288; *Grüner/Wasserburg*, Geldwäsche durch die Annahme des Verteidigerhonorars?, GA 2000, 431; *Hamm*, Geldwäsche durch die Annahme von Strafverteidigerhonorar?, NJW 2000, 636; *Hetzer*, Geldwäsche und Strafverteidigung, wistra 2000, 281; *Hombrecher*, Der Tatbestand der Geldwäsche (§ 261 StGB) – Inhalt, Aufbau, Problemstellung, JA 2005, 67; *Katholnigg*, Kann die Honorarannahme des Strafverteidigers als Geldwäsche strafbar sein?, NJW 2001, 2041; *Keppeler*, Geldwäsche durch Strafverteidiger, DRiZ 2003, 97; *Kudlich*, Geldwäscheverdacht und Überwachung der Telekommunikation – zugleich eine Besprechung der Entscheidung BGH, 26.02.2003 – 5 StR 423/02, JR 2003, 453; *Kulisch*, Strafverteidigerhonorar und Geldwäsche, StraFo 1999, 337; *Leitner*, Eine Dekade der Geldwäschegesetzgebung – Eine Zwischenbilanz, AnwBl. 2003, 675; *ders.*, Motivation statt Motiv – Strafverteidigerhonorar und Geldwäsche – Das Urteil des Bundesverfassungsgerichts und seine Bedeutung für die Strafverteidigung, StraFo 2004, 149; *ders.*, Auswirkungen der Vorschriften über die Geldwäsche auf die Praxis der Strafverteidigung, in: Münchner Anwaltshandbuch, § 41; *Matt*, Geldwäsche durch Honorarannahme eines Strafverteidigers – Besprechung von BGH, Urt. v. 04.07.2001 – 2 StR 513/00, GA 2002, 137; *ders.*, Strafverteidigerhonorar und Geldwäsche, in: Festschrift für Peter Rieß, S. 739; *ders.*, Verfassungsrechtliche Beschränkungen der Strafverfolgung von Strafverteidigern, JR 2004, 321; *Mühlbauer*, Strafrechtliche Überprüfung der Angemessenheit von Anwaltshonoraren?, zugleich Besprechung von BVerfG v. 30.03.2004 – 2 BvR 1520/01 = HRRS 2004 Nr. 238, HRRS 2004, 132; *Müller*, Eckardt,

Geldwäsche

Geldwäschestrafbarkeit des Strafverteidigers – die Debatte geht weiter, in: Festschrift für *Egon Müller*, 2008, S. 477; *Müller, Egon*, Auswirkungen des Geldwäschetatbestandes auf die Tätigkeit von Strafverteidigern, StraFo 2004, 3; *ders.*, Der Strafverteidiger und sein Honorar. Überlegungen zur Entscheidung des BGH v. 27.1.2005, in: Festschrift zu Ehren des Strafrechtsausschusses der Bundesrechtsanwaltskammer, 2006, S. 161; *Müssig*, „Organ der Rechtspflege" und die Strafbarkeit wegen Geldwäsche, wistra 2005, 201; *Oberloskamp*, Geldwäsche durch Angehörige der rechts- und steuerberatenden Berufe (§ 261 Abs. 1 Satz 3 StGB) in verfassungsrechtlicher Sicht; *Salditt*, Geldwäsche durch Strafverteidigung, StraFo 2002, 181; *ders.*, Beraterhonorar und Geldwäsche, PStR 2004, 99; *Schmidt*, Die Rechtslage nach der Geldwäscheentscheidung des BGH, StraFo 2003, 2; *A. Sommer*, Das Geldwäschebekämpfungsgesetz, PStR 2002, 220; *U. Sommer*, Geldwäschemeldungen und Strafprozess, StraFo 2005, 327; *Spatscheck/Wulf*, „Schwere Steuerhinterziehung" und „Geldwäsche" – Auslegung und Anwendung der neuen §§ 752 AO und 261 Abs. 1 Satz 3 StGB, DB 2002, 392; *Vahle*, Geldwäsche und ihre rechtliche Bekämpfung, NWB, Fach 21, S. 1553; *Wegner*, Die Reform der Geldwäsche-Richtlinie und die Auswirkungen auf die rechtsberatenden Berufe, NJW 2002, 794; *ders.*, Das Geldwäschebekämpfungsgesetz – neue Pflichten für rechtsberatende Berufe und verfahrensrechtliche Besonderheiten, NJW 2002, 2276; *Wittig*, Die staatliche Inanspruchnahme des Rechtsanwalts durch das Geldwäschegesetz, AnwBl. 2004, 193; *Zentes/Glaab*, Novellierung des Geldwäschegesetzes (GwG): Ausblick auf das Gesetz zur Optimierung der Geldwäscheprävention, BB 2011, 1475; *Zuck*, Geldwäsche: Die verfassungswidrige Indienstnahme des Rechtsanwalts für die Zwecke der Strafverfolgung, NJW 2002, 1397.

A. Überblick

Ob der Verteidiger, der „bemakeltes" Geld – in Kenntnis seiner Herkunft – als Honorar(vorschuss) annimmt, sich wegen Geldwäsche nach § 261 Abs. 2 Nr. 1 StGB **strafbar** macht, ist in Literatur und Rechtsprechung (noch immer) **umstritten**. Der BGH hatte diese Frage in seiner Grundsatzentscheidung v. 04.07.2001 (BGHSt 47, 68) bejaht. Anders hatte zuvor das OLG Hamburg (NJW 2000, 673) entschieden. Auch die Ansichten in der Literatur gehen auseinander und sind vielfältig (s. die o.a. Literatur-Hinw.).

698

> **Hinweis:**
>
> Zu der Frage hat dann das **BVerfG** Stellung genommen (vgl. NJW 2004, 1305 = StV 2004, 254 u.a. m. Anm. Barton, JuS 2004, 1033 und Wohlers, JZ 2004, 678; s. auch noch BVerfG, NJW 2005, 1707 = StV 2005, 195 zur Verfassungswidrigkeit eines Durchsuchungsbeschlusses bei einem Verteidiger wegen des Verdachts der Geldwäsche). Dadurch ist aber nur eine **teilweise Klärung** eingetreten (vgl. dazu Rn. 711 f.). Einige Fragen sind beantwortet, andere nicht. Die Diskussion um die Strafbarkeit der Annahme bemakelten Geldes ist durch diese Entscheidung sicherlich noch nicht beendet (vgl. die Literatur-Hinw. und die Checkliste unter Rn. 712; zur Geldwäschebekämpfung Burmeister/Uwer, AnwBl. 2008, 729).

Geldwäsche

B. Anmerkungen

I. Rechtsprechung des BGH

699 Die Rechtsprechung des BGH lässt sich in folgenden **Thesen** zusammenfassen (s. dazu auch Leitner, StraFo 2001, 388 in der Anm. zu BGHSt 47, 68; aber auch OLG Hamburg, NJW 2000, 673, das nur in ganz bestimmten Fallgruppen die Strafbarkeit wegen Geldwäsche bejaht hat):

700
- Die Annahme von Verteidigerhonorar, das aus einer Katalogtat des § 261 StGB stammt, ist nicht grds. nicht strafbar. Der **Verteidiger** ist gegenüber anderen Berufsgruppen **nicht privilegiert** (a.A. insoweit OLG Hamburg, NJW 200, 673).

- Die Privilegierung von Strafverteidigern lässt sich auch nicht mit einem Anspruch des Beschuldigten auf Wahlverteidigung begründen. Denn der Beschuldigte hat die **Möglichkeit**, sich einen **Pflichtverteidiger** beiordnen zu lassen. Pflichtverteidigung ist keine Verteidigung zweiter Klasse. Es gibt keinen Anspruch auf Verteidigung aus illegal erworbenen Mitteln. Anderenfalls besteht die Gefahr, dass die Strafverteidigung vom organisierten Verbrechen abhängig wird.

- Auch aus **Art. 12 GG** lässt sich **kein Argument gegen** die **Strafbarkeit** herleiten. Es entspricht eben nicht dem Berufsbild des Verteidigers, Honorare anzunehmen, von denen er weiß, dass sie aus einer schwerwiegenden Straftat stammen.

- Im subjektiven Bereich spricht **für** eine **Kenntnis** des Verteidigers von der „bemakelten" Herkunft des Geldes ggf. die **Höhe** des Honorars und dessen **bare Bezahlung**.

- Geldwäsche kann auch bei Honorarsicherung durch **Abtretung** von hinterlegten Kautionszahlungen in Betracht kommen.

701 Gegen diese Rechtsprechung ist in der Literatur teilweise **vehementer Widerspruch** erhoben worden (vgl. u.a. Leitner, AnwBl. 2003, 675; Götz/Wildholz, AnwBl. 2000, 642; Grüner/Wasserburg, GA 2000, 431). Vonseiten der Literatur ist darauf hingewiesen worden, dass der BGH nicht genügend das Spannungsverhältnis berücksichtigt, in dem der Verteidiger einerseits als Organ der Rechtspflege, andererseits als Beistand seines Mandanten stehe (Matt, GA 2002, 137 ff.).

II. Rechtsprechung des BVerfG

702 Das BVerfG hat in seinem Urt. v. 30.03.2004 (NJW 2004, 1305) über die gegen die BGH-Entscheidung eingelegte Verfassungsbeschwerde des wegen Geldwäsche verurteilten Strafverteidigers – teilweise abweichend vom BGH – entschieden. Die Auffassung des BVerfG lässt sich in folgenden **Thesen** darstellen (vgl. auch BVerfG, NJW 2005, 1707):

703
- Die Auslegung, dass die **Annahme** eines **Honorars** oder eines Honorarvorschusses durch einen Strafverteidiger strafbare **Geldwäsche** i.S.d. § 261 Abs. 2 Nr. 1 StGB sein kann, begegnet **keinen grundsätzlichen verfassungsrechtlichen Bedenken** und überschreitet insbesondere nicht die richterliche Gesetzesauslegung von Verfassungs wegen gesetzten Grenzen.

704
- Bei Anwendung der herkömmlichen Auslegungsmethoden kann die Annahme eines Honorars oder eines Honorarvorschusses durch einen Strafverteidiger den Straftatbestand des

Geldwäsche

- § 261 Abs. 2 Nr. 1 StGB erfüllen, wenn das **Honorar** aus **Mitteln bezahlt** wird, die aus einer der in § 261 Abs. 1 Satz 2 StGB aufgeführten **Vortaten** stammen.
- § 261 Abs. 2 Nr. 1 StGB greift in die **Berufsausübungsfreiheit** des Strafverteidigers ein (Art. 12 Abs. 1 Satz 1 GG). Denn das für alle am Wirtschaftsverkehr Teilnehmende gleichermaßen geltende gesetzliche Verbot, sich aus bestimmten Vortaten stammende, bemakelte Vermögenswerte zu verschaffen, beeinträchtigt beim Strafverteidiger wegen der Eigenart seiner beruflichen Tätigkeit in besonderer Weise seine Entschließungsfreiheit bei der Übernahme eines Mandats. Die Wahrnehmung der beruflichen Aufgaben des Strafverteidigers und der Umstand, dass der Strafverteidiger aus dem Verteidigungsverhältnis Informationen sowohl über den Lebenssachverhalt, der dem Tatvorwurf zugrunde liegt, als auch über die Vermögensverhältnisse seines Mandanten erlangt, können das **Risiko** des **Strafverteidigers**, selbst in den **Anfangsverdacht** einer Geldwäsche zu geraten, signifikant **erhöhen**. 705
- Dem **Verteidiger** kann **nicht uneingeschränkt** angesonnen werden, einer durch den Strafgesetzgeber geschaffenen Gefahrenlage mit Niederlegung des Wahlmandats und **Pflichtverteidigerbeiordnung** zu begegnen. 706
- Bei der gebotenen Abwägung zwischen den mit einer uneingeschränkten Einbeziehung der Strafverteidiger in den Kreis der Geldwäschetäter verbundenen Gefahren für die Berufsausübungsfreiheit und für das Institut der Wahlverteidigung einerseits und den zu erwartenden Vorteilen ihrer Einbeziehung bei der Bekämpfung der organisierten Kriminalität andererseits überwiegen die Nachteile. Eine **uneingeschränkte Einbeziehung** der Wahlverteidiger in den **Kreis tauglicher Geldwäschetäter** wäre **unverhältnismäßig**. Eine völlige **Freistellung** des Strafverteidigers von der Strafdrohung des § 261 Abs. 2 Nr. 1 StGB wird allerdings vom Prinzip der Verhältnismäßigkeit **nicht gefordert**. Das GG verlangt keinen strafrechtsfreien Raum, in dem der Strafverteidiger uneingeschränkt bemakeltes Vermögen als Honorar annehmen und damit, etwa in Abstimmung mit dem Katalogtäter oder durch Scheinhonorierung, die Ziele des Gesetzgebers beim Verbot der Geldwäsche unterlaufen darf. 707
- § 261 Abs. 2 Nr. 1 StGB kann **einschränkend ausgelegt** werden und steht in dieser Auslegung mit der Verfassung in Einklang. Es ist eine verfassungskonforme einengende Auslegung des § 261 Abs. 2 Nr. 1 StGB dahin gehend möglich, dass der Straftatbestand die Annahme eines Honorars oder Honorarvorschusses durch einen Strafverteidiger nur dann erfasst, wenn der Strafverteidiger **im Zeitpunkt der Annahme sicher weiß**, dass das Geld aus einer Katalogtat stammt. 708
- Der gegen einen **Strafverteidiger** bestehende **Anfangsverdacht** einer Geldwäschehandlung setzt auf **Tatsachen** beruhende, **greifbare Anhaltspunkte** für die Annahme voraus, dass der Strafverteidiger zum Zeitpunkt der Honorarannahme bösgläubig war. Indikatoren für die subjektive Tatseite können z.B. in der außergewöhnlichen Höhe des Honorars oder in der Art und Weise der Erfüllung der Honorarforderung (bar) gefunden werden. 709
- **§ 261 Abs. 5 StGB**, der in subjektiver Hinsicht Leichtfertigkeit genügen lässt, findet auf die Honorarannahme durch **Strafverteidiger keine Anwendung** (zur Leichtfertigkeit s. auch OLG Schleswig, StRR 2007, 356 m. Anm. Tsambikakis). 710

Geldwäsche

III. Auswirkungen der obergerichtlichen Rechtsprechung

711 Auch nach der Entscheidung des BVerfG v. 30.03.2004 (NJW 2004, 1305; vgl. auch noch BVerfG, NJW 2005, 1707) sollten Verteidiger weiterhin bei „verdächtigen Fällen" **äußerst vorsichtig** sein. Ob allerdings mit dieser Entscheidung eine klare Abgrenzung gelungen und ein ausreichender Schutz der Wahlverteidigung gewährleistet ist, wird sich in der Praxis erst noch zeigen müssen. Zwar sieht das BVerfG eine Strafbarkeit des Strafverteidigers nur dann als gegeben an, wenn er im Zeitpunkt der Annahme seines Honorars sichere Kenntnis von der bemakelten Herkunft hat (ähnlich schon LG Berlin, NStZ 2004, 103). **Schnell** ist aber ein **Anfangsverdacht bejaht** (zum Anfangsverdacht s. auch LG München, wistra 2005, 398; zum Anfangsverdacht allgemein Burhoff, EV, Rn. 189). Das BVerfG formuliert bei der von ihm gewählten subjektiven Lösung und den von ihm aufgezählten Indikatoren ausdrücklich mit „oder". Es kann also allein schon die Art und Weise der Erfüllung (bar!) zur Bejahung des Anfangsverdachts ausreichen. Auch ist noch offen, in welchem Umfang die Forderung „unangemessen hoher" Vorschüsse zur Annahme sicheren Wissens führen wird (im entschiedenen Fall waren es immerhin 200.000,00 DM; im Zweifel wird man davon erst ausgehen können, wenn die gesetzlichen Gebühren erheblich überschritten sind). Ungeklärt ist schließlich auch, ob z.B. bei teilweise deliktischer Herkunft des Vorschusses bzw. des Honorars eine Kontaminierung des ganzen Vermögens bzw. das sichere Wissen anzunehmen ist (vgl. auch LG Gießen, NJW 2004, 1966 zur Frage der Geldwäsche bei Kautionshinterlegung; zu allem eingehend Mühlbauer, HRRS 2004, 132 ff.).

> **Hinweis:**
> Auch nach der Entscheidung des BVerfG hat die **Checkliste** bei Burhoff (EV, Rn. 993z) ihre **Gültigkeit** und Berechtigung nicht verloren. Sie soll deshalb hier wiederholt werden.

712 **Checkliste: Ratschläge/Möglichkeiten zur Vorbeugungen des Geldwäschevorwurfs**

Verfahrensstadium		Ratschlag
Allgemeine Maßnahmen	1.	Verschließen Sie die Augen nicht vor der Problematik.
	2.	Führen Sie sich vor Augen, dass bereits ein entsprechendes Mandat zur Überwachung der ganzen Kanzlei führen kann.
	3.	Halten Sie sich auf dem Laufenden, welche Taten taugliche Vortaten der Geldwäsche sein oder werden können. Lesen Sie hierzu insbesondere regelmäßig die Pressemitteilungen der EU.
	4.	Sorgen Sie für transparente Kontenführung.
	5.	Sorgen Sie dafür, dass Zahlungen – z.B. bei Dauermandaten – eindeutig zugeordnet werden können.

Geldwäsche

Verfahrensstadium		Ratschlag
	6.	Sammeln Sie bei Dauermandaten Mandantenunterlagen (Kontoauszüge, Gehaltsabrechnungen, Bilanzen, Steuerbescheide), die für das Vorhandensein legaler Geldquellen sprechen.
	7.	Vermeiden Sie „Laufkundschaft", suchen Sie feste Mandantenbindungen. Achten Sie darauf, dass Ihr Mandant Ihnen seriöse Geldquellen kontinuierlich plausibel machen kann.
Mandatsübernahme	8.	Ergreifen Sie keine Maßnahmen zum Erhalt der eigenen Gutgläubigkeit (Mandantenformular). Dies indiziert bereits Ihre Bösgläubigkeit.
	9.	Klären Sie die Geldwäscheproblematik bei jeder Mandatsübernahme, um spätere Probleme zu vermeiden. Wer ein Bankkonto eröffnen will, muss peinliche Fragen beantworten. Fangen Sie damit an, solche Fragen auch zu stellen.
	10.	Vermeiden Sie nach Möglichkeit Wahlmandate bei gewerbs- oder bandenmäßigem Handeln des Beschuldigten und insbesondere dann, wenn er zu einer kriminellen oder terroristischen Organisation gehören kann.
Ermittlungsverfahren	11.	Gehen Sie grds. in diesen Fällen zu Pflichtverteidigungen über, wenn Ihr Kanzleikonzept dies ökonomisch erlaubt. Übersehen Sie bei der Abrechnung nicht die Möglichkeit, nach § 51 eine Pauschgebühr beantragen zu können. Weisen Sie bei der Beantragung einer Pauschgebühr auf die obergerichtliche Rechtsprechung hin, die die „Geldwäscheentscheidung" des BGH bei der Bemessung der Pauschgebühr berücksichtigt (vgl. dazu OLG Hamm, StraFo 2003, 66 = Rpfleger 2003, 210 = JurBüro 2003, 138 = StV 2004, 89 m. Anm. Hoffmann; s. auch § 51 Rn. 30).
	12.	Spezialisieren Sie sich in einem Bereich, für den Katalogtaten untypisch sind.
Hauptverhandlung	13.	Beantragen Sie frühzeitig Akteneinsicht, um zu prüfen, ob Katalogtaten im Raum stehen, die noch nicht vorgeworfen werden.
	14.	Finanzieren Sie das Ermittlungsverfahren über die Hauptverhandlung.
	15.	Gehen Sie die Geldwäscheproblematik offensiv an und fordern Sie von der StA klare Vorgaben, wenn im Termin Andeutungen fallen sollten.

Geldwäsche

Verfahrensstadium		Ratschlag
Prozessbegleitendes Verhalten	16.	Lassen Sie Konten, Immobilien und Wertgegenstände vom Lebenspartner des Mandanten auf dessen Anweisungen hin abwickeln. Sie könnten sich sonst „die Finger schmutzig machen". Richten Sie insbesondere kein Anderkonto für diese Mandate ein.
	17.	Bestellen Sie keine Sicherheiten an möglicherweise bemakelten Objekten.
Honorarabrechnung	18.	Lehnen Sie Barzahlung ab.
	19.	Nehmen Sie keine Überweisungen von Drittkonten entgegen, wenn nicht plausibel ist, wer für wen bezahlt.
	20.	Vermeiden Sie den Eindruck hintereinander geschalteter Überweisungen. Sie „riechen" nach § 261 StGB.
	21.	Lassen Sie sich bei der Verteidigung eines Katalogtäters die legale Herkunft des Honorars belegen.
	22.	Stellen Sie keine Rechnung, wenn Ihr Mandant Ihrer Kenntnis nach kein sauberes Geld hat.
Honorarrückerstattung	23.	Erstatten Sie ein Honorar nicht zurück, wenn Sie sich über seine Herkunft nicht sicher sind, sondern offenbaren Sie sich der StA und ermöglichen Sie die Sicherstellung des Betrages. Erst wenn die StA den Betrag freigibt, können Sie ihn für sich verwenden oder rückerstatten.
Mandatsniederlegung	24.	Legen Sie das Mandat nieder, wenn Sie an der legalen Herkunft der Mittel Ihres Mandanten Zweifel hegen.
	25.	Beantragen Sie Beiordnung zum Pflichtverteidiger, bevor Sie selbst Opfer von Ermittlungsmaßnahmen werden.
Strafverfolgung wegen Geldwäsche	26.	Offenbaren Sie sich frühzeitig der StA und leiten Sie so die eigene Strafmaßverteidigung ein. U.U. kommen Sie in den Genuss der tätigen Reue. Die Rechtslage zwingt Sie zu einer Entscheidung zwischen dem Mandanten und sich selbst.
	27.	Schöpfen Sie alle Instanzen aus. In der Rechtsprechung sind längst nicht alle Tatbestandsmerkmale ausreichend präzisiert. Entschieden ist bisher nur hinsichtlich einer bestimmten Konstellation.
	28.	Erheben Sie Verfassungsbeschwerde. Der § 261 StGB ist rechtsstaatlich ungenügend, sodass auch hier reale Chancen gegeben sind.
	29.	Gehen Sie ggf. vor den Europäischen Gerichtshof für Menschenrechte.

Gerichtskosten

		Übersicht	Rn.
A.		Überblick...	713
	I.	Kosten des Verfahrens und Gerichtskostenansatz in Straf- und Bußgeldsachen.........	713
	II.	Geltungsbereich des GKG..............................	715
	III.	Sonstige Verfahren nach Teil 6 VV........................	716
	IV.	Therapieunterbringungsgesetz...........................	718
B.		Anmerkungen.......................................	719
	I.	Strafsachen.......................................	719
		1. Fälligkeit.....................................	719
		2. Kostenschuldner................................	720
		3. Gebühren....................................	721
		a) Allgemeine Regelungen........................	721
		b) Mehrere Angeschuldigte.......................	724
		c) Gesamtstrafen.............................	725
		d) Freiheitsstrafe neben Geldstrafe..................	726
		e) Strafe neben Geldbuße........................	727
		f) Privatklage................................	728
		g) Nebenklage...............................	729
		h) Adhäsionsverfahren..........................	730
		i) Strafvollzugsgesetz...........................	731
		j) Einziehung und verwandte Maßnahmen..............	732
		k) Beschwerdeverfahren.........................	733
	II.	Bußgeldsachen....................................	734
	III.	Auslagen..	735
		1. Allgemeine Regelungen...........................	735
		2. Auslagen im Ermittlungsverfahren.....................	736
		a) Grundlage für die Erhebung.....................	736
		b) Höhe...................................	737
		3. Mehrere Angeschuldigte/Mitverurteilte..................	738
		4. Zustellungsauslagen (Nr. 9002 KV GKG).................	740
		5. Aktenversendungspauschale (Nr. 9003 KV GKG)............	741
		a) Entstehung................................	741
		b) Abgeltungsbereich...........................	744
		c) Versendung...............................	745
		d) Art des Transports...........................	746
		e) Gerichtsfach...............................	747
		aa) Gerichtsfach in einem gemeinsamen Gebäude......	748
		bb) Gerichtsfach an einem anderen Ort............	749
		cc) Gerichtsfach an demselben Ort, aber in verschiedenen Gebäuden........	750
		f) Kostenschuldner............................	752
		aa) Rechtsanwalt...........................	752
		bb) Pflichtverteidiger........................	753
		cc) Verurteilter............................	754
		g) Vorschusserhebung und Fälligkeit.................	755
		h) Kein Anspruch auf Erstattung von Rücksendekosten.......	757
		i) Weitere Erstattungsfragen.......................	758
		j) Besonderheiten in Bußgeldsachen.................	759
		k) Elektronische Aktenübermittlung..................	761
		6. Dolmetscher- und Übersetzerkosten (Nr. 9005 KV GKG).......	763
		a) Art. 6 Abs. 3 Buchst. e) EMRK...................	763
		b) Einzelfälle................................	764
		aa) Briefkontrolle und Besuchsüberwachung.........	764
		bb) Telefonüberwachung......................	766
		cc) Strafvollstreckung........................	767
		dd) Übersetzung eines Rechtshilfeersuchens einer ausländischen Strafverfolgungsbehörde........	768
		7. Telefonüberwachung (Nr. 9005 KV GKG).................	769
		8. Wirtschaftsreferenten der Staatsanwaltschaft (Nr. 9005 KV GKG)...	770
		9. Rechtsanwaltskosten (Nr. 9007 KV GKG)................	771
		a) Erfasste Vergütungen.........................	771
		b) Auswirkung der EMRK........................	773
		c) „Aufgedrängte" Pflichtverteidigerbestellung............	774
		10. Beförderungskosten (Nr. 9008 KV GKG).................	775

		11. Aufbewahrungs-/Lagerkosten (Nr. 9009 KV GKG)	777
		12. Untersuchung/Durchsuchung (Nr. 9009 KV GKG)	778
		13. Haft- und Unterbringungskosten (Nr. 9011 KV GKG)	779
		14. Kosten der Rückgewinnungshilfe	780
		15. Untersuchung der Haftfähigkeit	781
	IV.	Auslagen in der Strafvollstreckung/Strafvollzug	782
		1. Strafvollstreckung	782
		2. Gerichtliches Verfahren nach dem StVollzG	783
		3. Strafvollzug	784
	V.	Teilfreispruch	785
	VI.	Anfechtung des Gerichtskostenansatzes	787
		1. Verfahren	787
		a) Erinnerung	787
		b) Beschwerde und weitere Beschwerde	789
		c) Prüfungsumfang des Rechtsmittels	792
		2. Rechtsanwaltsvergütung	793
C.	Arbeitshilfen		795

Literatur:

Burhoff, Zum Abgeltungsbereich der Aktenversendungspauschale der Nr. 9003 GKG KostVerz, RVGreport 2006, 41; ***ders.***, Sachverständigenkosten in der Strafvollstreckung sind keine vom Beschuldigten zu tragenden Verfahrenskosten, BRAGOprofessionell 2000, 150; ***Euba***, Die neue Aktenversendungspauschale im Meinungsstreit, ZAP, Fach 24, S. 937; ***Just***, Aktenversendungspauschale und Umsatzsteuer, NJ 2009, 282; ***Lappe***, Erstattung der Kosten des Nebenklagebeistands, Rpfleger 2003, 166; ***Meyer***, Ansatz von Sicherstellungskosten (KV-GKG Nr. 9009 lit. a) im Falle eines Verzichts des angeklagten Eigentümers der Sache auf Rückgabe zugunsten der Staatskasse, JurBüro 1997, 619; ***Neumann***, Die Kostentragungspflicht des verurteilten Angeklagten hinsichtlich der Gebühren und Auslagen des „Zwangsverteidigers", NJW 1991, 261; ***Rick***, Gerichtsgebühren für berufsgerichtliche Verfahren, UmwBl. 2007, 213; ***Schons***, Vorsicht Falle – Umsatzsteuerprobleme der etwas anderen Art, AGS 2007; 109; ***Onderka***, In welchen Fällen ist die Erhebung der Aktenversendungspauschale zulässig, RVGprofessionell 2006, 5; ***dies.***, Aktenversendungspauschale: Änderungen geplant, RVGprofessionell 2006, 50; ***Volpert***, Die Aktenversendungspauschale in Verkehrssachen, VRR 2005, 296.

A. Überblick

I. Kosten des Verfahrens und Gerichtskostenansatz in Straf- und Bußgeldsachen

713 Gem. § 464a Abs. 1 Satz 1 StPO sind Kosten des Verfahrens (Verfahrenskosten) die **Gebühren und Auslagen der Staatskasse**. Hierzu gehören gem. § 464a Abs. 1 Satz 2 StPO auch die durch die Vorbereitung der öffentlichen Klage entstandenen sowie die Kosten der Vollstreckung einer Rechtsfolge der Tat (s. dazu Rn. 736 ff. und Rn. 782 ff.). Es ist daher zu unterscheiden zwischen (vgl. Binz/Dörndorfer/Petzold/Zimmermann, KV, GKG 3110 – 3117 Rn. 1):

- den **Auslagen** z.B. der **Polizei** oder der **Staatsanwaltschaft** für die Anklagevorbereitung (Ermittlungskosten),
- den **Gerichtskosten** (Gebühren und Auslagen des Gerichts) und
- den Kosten der **Vollstreckung**.

Erfasst ist damit das gesamte Verfahren vom Beginn der Ermittlungen bis zur Vollstreckung einer Verurteilung.

Gerichtskosten

Das Gericht entscheidet über die Verpflichtung zur Tragung der Verfahrenskosten dem **Grunde** nach gem. § 464 Abs. 1 StPO im Urteil, im Strafbefehl oder in der eine Untersuchung einstellenden Entscheidung (sog. **Kostengrundentscheidung**; vgl. auch Vorbem. 4 VV Rn. 14 ff; zur Kostengrundentscheidung im Bußgeldverfahren Burhoff/Gübner, OWi, Rn. Rn. 1842 ff.). Derjenige, dem die Verfahrenskosten vom Gericht auferlegt werden, schuldet der Staatskasse gem. § 29 Nr. 1 GKG die Kosten (**Kostenschuldner**). In Straf- und Bußgeldsachen können Kosten von dem Kostenschuldner aber nur erhoben werden, wenn die Kostenentscheidung in **Rechtskraft** erwachsen ist (§ 8 GKG, vgl. auch § 449 StPO).

Im Rahmen des gem. § 19 Abs. 2 GKG aufzustellenden **Kostenansatzes** wird festgelegt, in welcher **Höhe** der Kostenschuldner die Verfahrenskosten zu tragen hat. Die sachliche und örtliche **Zuständigkeit** für den Kostenansatz ist in § 19 GKG geregelt. Funktionell ist i.d.R. ein Beamter des mittleren Justizdienstes zuständig.

Die Gerichtskosten bestehen nach § 1 Abs. 1 Satz 1 GKG aus **Gebühren** und **Auslagen**. § 3 Abs. 2 GKG verweist wegen der Höhe der Gebühren und Auslagen auf das dem GKG als Anlage beigefügte **KV**.

714

> **Hinweis:**
> Ob der Kostenschuldner zahlungsfähig ist, ist bei der Aufstellung des Kostenansatzes durch den Kostenbeamten nach der Regelung in § 10 der Kostenverfügung nur bei offenkundigem oder dem Kostenbeamten sonst bekannten Zahlungsunvermögen des Kostenschuldners zu berücksichtigen (vgl. BVerfG, JR 2006, 480 = RuP 2007, 42). Allerdings bindet diese Verwaltungsbestimmung die Gerichte im Rahmen der Anfechtung des Kostenansatzes gem. § 66 GKG (dazu Rn. 787 ff.) nicht (BGH, 13.04.2011 - 5 StR 406/09, JurionRS 2011, 14993). Gegen den Kostenansatz spricht auch nicht das Resozialisierungsgebot. Denn den Interessen des Kostenschuldners kann im Rahmen der Beitreibung der Kostenforderung noch sachgerecht durch Stundung, Ratenzahlung, Niederschlagung und Erlass Rechnung getragen werden (vgl. BVerfG, JR 2006, 480 = RuP 2007, 42; BGH, a. a. O.).

II. Geltungsbereich des GKG

Für folgende Verfahren werden Gerichtskosten nur nach dem Gerichtskostengesetz (GKG) erhoben:

- Strafverfahren nach der **StPO**, vgl. § 1 Abs. 1 Satz 1 Nr. 5 GKG,
- Verfahren nach dem **JGG**, vgl. § 1 Abs. 1 Satz 1 Nr. 6 GKG,
- gerichtliche Verfahren nach dem **Strafvollzugsgesetz**, auch i.V.m. § 92 JGG, vgl. § 1 Abs. 1 Satz 1 Nr. 7 GKG.

715

Im **gerichtlichen Bußgeldverfahren** nach dem OWiG findet nach § 1 Abs. 1 Satz 1 Nr. 7 GKG ebenfalls das GKG Anwendung. Im Bußgeldverfahren vor der **Verwaltungsbehörde** gelten für die Erhebung von Gebühren und Auslagen § 107 OWiG bzw. entsprechende Kostengesetze der Länder (Meyer, GKG, § 1 Rn. 25; zur Aktenversendungspauschale vgl. § 107 Abs. 5 OWiG).

Gerichtskosten

Liegt kein gerichtliches Verfahren nach der StPO, dem JGG oder dem StVollzG vor, sondern fallen Kosten anlässlich bzw. während des Straf- oder Maßregelvollzugs an, gilt das GKG nicht. Die **Vollstreckung** einer **Strafe** oder **Maßregel** ist eine Aufgabe der Justizverwaltung, die die damit verbundenen Kosten ggf. gem. **§ 50 StVollzG** (früher § 10 JVKostO) in Form eines Haftkostenbeitrags vom Verurteilten erhebt (s. dazu Rn. 779, 784).

III. Sonstige Verfahren nach Teil 6 VV

716 Das **anwaltsgerichtliche Verfahren** (vgl. Teil 6, Abschnitt 2 VV) war bis zum 30.12.2006 **gerichtsgebührenfrei**, vgl. § 195 BRAO a.F. Durch das 2. JuMoG (BGBl. I 30.12.2006, S. 3416, vgl. dort Art. 8) ist § 195 BRAO mit Wirkung vom 31.12.2006 (vgl. dort Art. 28 Abs. 1) geändert worden. Danach werden auch in diesen Verfahren **Gerichtsgebühren** nach dem Gebührenverzeichnis der Anlage zur BRAO erhoben. Im Übrigen sind die für Kosten in Strafsachen geltenden Vorschriften des GKG entsprechend anzuwenden. Die Auslagenerhebung richtet sich daher nach Teil 9 KV GKG.

717 Auch für die bislang **gerichtsgebührenfreien** berufsgerichtlichen Verfahren nach der **Patentanwaltsordnung** (vgl. § 148 PatAnwO), nach dem **Steuerberatungsgesetz** (vgl. § 146 StBerG) und nach der **Wirtschaftsprüferordnung** (vgl. § 122 WiPrO) sind durch das 2. JuMoG Gerichtsgebühren eingeführt worden (vgl. zu den Rechtsanwaltsgebühren Teil 6 Abschnitt 2 VV). Auch insoweit richten sich die **Gerichtsgebühren** jeweils nach einem den Gesetzen als Anlage beigefügten Gebührenverzeichnis. Im Übrigen sind auch hier die für Kosten in Strafsachen geltenden Vorschriften des GKG entsprechend anzuwenden. Die Auslagenerhebung richtet sich daher auch hier nach Teil 9 KV GKG.

IV. Therapieunterbringungsgesetz

718 Am 01.01.2011 ist im Rahmen der Neuordnung der **Sicherungsverwahrung** das Gesetz zur Therapierung und Unterbringung psychisch gestörter Gewalttäter (Therapieunterbringungsgesetz – ThUG) in Kraft getreten (BGBl. I 2010, S. 2300; s. dazu auch Teil A: Sicherungsverwahrung/Therapieunterbringung, Rn. 1211 ff.).

Das ThUG enthält neben materiell-rechtlichen und verfahrensrechtlichen Regelungen auch kostenrechtliche Bestimmungen. § 19 ThUG bestimmt, dass in Verfahren über die Anordnung (§ 5 ThUG), Verlängerung (§ 12 ThUG) oder Aufhebung der Therapieunterbringung (§ 13 ThUG) **keine Gerichtskosten** erhoben werden. Der Gesetzgeber begründet dies mit der vergleichbaren Regelung für Unterbringungsverfahren nach § 312 FamFG, die gem. § 128b der Kostenordnung (KostO) kostenfrei sind.

> **Hinweis:**
> Mit Urt. v. 04.05.2011 (2 BvR 2365/09, 2 BvR 740/10, 2 BvR 2333/08, 2 BvR 1152/10 und 2 BvR 571/10, JurionRS 2011, 14660) hat das BVerfG die Regelungen zur Sicherungsverwahrung teilweise für verfassungswidrig erklärt und dem Gesetzgeber den Auftrag erteilt, bis zum **31.05.2013** eine Neuregelung zu schaffen. Zumindest bis dahin bleiben somit auch die Regelungen des **ThUG anwendbar**.

Gerichtskosten

B. Anmerkungen

I. Strafsachen

1. Fälligkeit

In Strafsachen werden die vom Verurteilten zu tragenden Gerichtskosten nach § 8 GKG mit Rechtskraft des Urteils **fällig**. Die Gerichtskosten bestehen nach § 1 Abs. 1 Satz 1 GKG aus **Gebühren** und **Auslagen**.

Der **Beschuldigte** ist zur Zahlung eines **Gebührenvorschusses** nicht verpflichtet. Dasselbe gilt für die Erhebung eines **Auslagenvorschusses** (vgl. § 17 Abs. 4 Satz 2, 3, Abs. 2, 3 GKG). Dies gilt sowohl für das Offizialverfahren als auch das Privatklageverfahren. Vorschusspflicht besteht ggf. für den Privatkläger, den Widerkläger und den Nebenkläger, wenn er Berufung oder Revision eingelegt hat (vgl. § 17 Abs. 4 Satz 1 GKG).

2. Kostenschuldner

Kostenschuldner ist nach § 29 Nr. 1 GKG derjenige, dem die Kosten durch gerichtliche oder staatsanwaltschaftliche Entscheidung auferlegt worden sind. Das ist im Fall der **rechtskräftigen Verurteilung** der **Verurteilte** (vgl. §§ 465 ff. StPO).

3. Gebühren

a) Allgemeine Regelungen

Die Gerichtsgebühren für das Strafverfahren sind ausschließlich in **Teil 3 KV GKG** geregelt (Nrn. 3110 – 3900 KV GKG). Enthält das KV GKG keinen Gebührentatbestand, ist das Verfahren **gerichtsgebührenfrei**. Es können somit nur die dort ausdrücklich und abschließend geregelten Gebühren erhoben werden.

Eine Gebühr kann nur erhoben werden, wenn eine **rechtskräftige Strafentscheidung** vorliegt. Wird das Urteil nicht rechtskräftig, kann keine Gebühr erhoben werden. Im Fall eines **Freispruchs** des Beschuldigten können daher keine Gerichtsgebühren und auch keine Auslagen erhoben werden.

Nach Vorbem. 3.1 KV GKG bemessen sich die Gerichtsgebühren für alle Rechtszüge nach der **rechtskräftig erkannten Strafe**. In jedem Rechtszug wird somit eine Gebühr auf der Grundlage der rechtskräftig erkannten Strafe erhoben. Hat das Verfahren **mehrere Instanzen** durchlaufen, ist **Berechnungsgrundlage** für die Gebühren stets die abschließend in Rechtskraft erwachsene Strafe. Auf die in vorhergehenden Instanzen verhängten, aber nicht rechtskräftig gewordenen Strafen kommt es nicht an. Bei **Strafbefehlen** richten sich die Gebühren nach Nr. 3118 und 3119 KV GKG. Daneben wird nach Vorbem. 3.1 Abs. 4 KV GKG für alle Rechtszüge bei rechtskräftiger Anordnung einer **Maßregel der Besserung und Sicherung** eine gesonderte Gebühr erhoben. Für die Gebührenberechnung ist es unerheblich, ob die rechtskräftige Strafe zur **Bewährung** ausgesetzt worden ist.

Gerichtskosten

723 Für das Verfahren in **erster Instanz** sind hierbei die Gebühren nach Nrn. 3110 – 3119 KV GKG vorgesehen. Im **Berufungsverfahren** gelten Nr. 3120 und 3121 KV GKG. Hier kommt es darauf an, ob das Berufungsverfahren mit oder ohne Urteil erledigt worden ist. Die Gebühren nach Nrn. 3110 – 3119 KV GKG entstehen im Berufungsverfahren bei Erledigung durch Urteil mit einem Satz von 1,5 bei Erledigung ohne Urteil mit einem Satz von 0,5. Im **Revisionsverfahren** gelten Nr. 3130 und 3131 KV GKG. Hier kommt es darauf an, ob das Revisionsverfahren mit oder ohne Urteil bzw. Beschluss nach § 349 Abs. 2 oder 4 StPO erledigt worden ist. Die Gebühren nach Nrn. 3110 – 3119 KV GKG entstehen im Revisionsverfahren bei Erledigung durch Urteil oder Beschluss nach § 349 Abs. 2 oder 4 StPO mit einem Satz von 2,0, bei Erledigung ohne Urteil oder Beschluss nach § 349 Abs. 2 oder 4 StPO mit einem Satz von 1,0.

> *Beispiel:*
>
> V wird in der ersten Instanz zu einer Freiheitsstrafe von 14 Monaten verurteilt. Auf die hiergegen von V eingelegte Berufung wird die Freiheitsstrafe auf elf Monate ermäßigt.
>
> *Die Gebühren betragen:*
>
> Für die erste Instanz, Nr. 3111 KV GKG: 240,00 €
>
> Für die Berufungsinstanz, Nrn. 3120, 3111 KV GKG: 360,00 € (240,00 € × 1,5)

b) Mehrere Angeschuldigte

724 Betrifft die Strafsache mehrere Angeschuldigte, ist die Gebühr nach Vorbem. 3.1 Abs. 6 KV GKG nach Maßgabe der gegen **jeden Angeklagten** rechtskräftig erkannten Strafe zu erheben.

c) Gesamtstrafen

725 Für die Gebührenberechnung bei der Gesamtstrafenbildung ist wie folgt zu **differenzieren**:
- Wird die Gesamtstrafe ausschließlich aus Taten gebildet, die im Verfahren angeklagten worden sind, berechnet sich die Gebühr nach der rechtskräftigen Gesamtstrafe.
- Bei der nachträglichen Gesamtstrafenbildung nach § 55 Abs. 1 StGB, § 31 Abs. 2 JGG bemisst sich die Gebühr in dem Verfahren nach dem Maß der Strafe, um das die Gesamtstrafe die frühere Strafe übersteigt, Vorbem. 3.1 Abs. 5 Satz 1, 2 KV GKG. In den Verfahren, in denen die jetzt einbezogene(n) Strafe(n) verhängt wurden, bleiben die Gebühren bestehen.
- Im Fall der nachträglichen Gesamtstrafenbildung gem. § 460 StPO und § 66 JGG verbleibt es bei den Gebühren für die früheren, bereits abgeschlossenen Verfahren; Vorbem. 3.1 Abs. 5 Satz 2, 3 KV GKG.

d) Freiheitsstrafe neben Geldstrafe

726 Ist ausnahmsweise neben einer Freiheits- auch auf Geldstrafe erkannt worden, fällt nur eine **einheitliche** Gebühr an. Die Geldstrafe ist dann gem. Vorbem. 3.1 Abs. 2 KV FamGKG in eine Freiheitsstrafe umzurechnen.

e) Strafe neben Geldbuße

Ist neben einer Geldstrafe eine Geldbuße festgesetzt worden, werden **gesonderte** Gebühren erhoben, Vorbem. 3.1 Abs. 4 KV GKG.

727

f) Privatklage

Im Privatklageverfahren richten sich die Gebühren nach **Nrn. 3310 – 3341 KV GKG**. Die **Vorschusspflicht** des Privatklägers für bestimmte Gebühren ist in § 16 Abs. 1 GKG geregelt. Die Vorschusspflicht für Auslagen ergibt sich aus § 17 Abs. 4 Satz 1 GKG.

728

g) Nebenklage

Bei der Nebenklage richten sich die Gebühren nach **Nrn. 3510 – 3531 KV GKG**. Nach Vorbem. 3.5 KV GKG ist Voraussetzung für die Erhebung dieser Gebühren, dass diese dem Nebenkläger auferlegt worden sind. Die **Vorschusspflicht** des Nebenklägers für bestimmte Gebühren ergibt sich aus § 16 Abs. 2 GKG; für Auslagen aus § 17 Abs. 4 Satz 1 GKG.

729

h) Adhäsionsverfahren

Das Verfahren über vermögensrechtliche Ansprüche des Verletzten oder seines Erben (**Adhäsionsverfahren**) wegen eines aus der Straftat erwachsenen vermögensrechtlichen Anspruchs ist **sachlich gerichtsgebührenfrei**, wenn der Verletzte/sein Erbe den Antrag **zurücknimmt** oder der Antrag vom Gericht **zurückgewiesen** wird. Die Gerichtsgebühr Nr. 3700 KV GKG fällt für diese Verfahren nur an, wenn dem Antrag des Verletzten oder Erben im Urteil **stattgegeben** wird. Wird der Antrag zurückgewiesen oder zurückgenommen, fällt eine Gerichtsgebühr nicht an. Auch ein **Vergleich** lässt die Gebühr nicht entstehen (vgl. Meyer, GKG, KV 3700 Rn. 127).

730

Wird dem Antrag des Verletzten durch Urteil **teilweise stattgegeben**, fällt eine Gebühr nach Nr. 3700 KV GKG an. Nach der Anm. zu Nr. 3700 KV GKG berechnet sich diese Gebühr nach dem **Wert des zuerkannten Anspruchs** (vgl. OLG Jena, JurBüro 2005, 479; Meyer, GKG, KV 3700 Rn. 128).

Zur Berechnung des Wertes für die Gerichtsgebühr vgl. Teil A: Gegenstandswert, Festsetzung [§ 33], Rn. 668, 670 ff., 676, 685 ff.).

i) Strafvollzugsgesetz

Die Gerichtsgebühren im Strafvollzugsverfahren richten sich nach den **Nrn. 3810 – 3900 KV GKG**. Es fallen keine Festgebühren, sondern **Wertgebühren** an. Die Berechnung des Wertes für diese Gebühren richtet sich nach § 60 GKG (s. auch Teil A: Verfahren nach dem Strafvollzugsgesetz und ähnliche Verfahren, Rn. 1441 ff.; Teil A: Gegenstandswert, Festsetzung [§ 33], Rn. 661 ff.).

731

Gerichtskosten

j) Einziehung und verwandte Maßnahmen

732 Für das Verfahren über die Einziehung und verwandte Maßnahmen sind Gerichtsgebühren grds. nur für das dagegen gerichtete **Rechtsmittelverfahren** und das **Wiederaufnahmeverfahren** vorgesehen (vgl. Nrn. 3410 – 3451 KV GKG). Das **erstinstanzliche Verfahren** ist sachlich **gerichtsgebührenfrei** (vgl. Oestreich/Hellstab/Trenkle, GKG, Nr. 3410 ff. KV GKG Rn. 8). Als Ausnahme hiervon löst die Zurückweisung eines von dem Privatkläger gestellten Antrags nach § 440 StPO in der ersten Instanz die Festgebühr Nr. 3410 KV GKG i.H.v. 30,00 € aus (vgl. Oestreich/Hellstab/Trenkle, GKG, Nr. 3410 ff. KV GKG Rn. 10).

k) Beschwerdeverfahren

733 Die Gebühren für sonstige Beschwerdeverfahren in Strafsachen finden sich in **Nrn. 3600 – 3602 KV GKG**. Nach Vorbem. 3.6 KV GKG bestimmen sich die Gebühren bei Beschwerden im **Kostenfestsetzungsverfahren** in Straf- und Bußgeldsachen nach den für das Kostenfestsetzungsverfahren in Teil 1, Hauptabschnitt 8 geregelten Gebühren (Nr. 1812 KV GKG). Danach fällt auch im Strafverfahren eine Festgebühr nach Nr. 1812 KV GKG i.H.v. 50,00 € an, wenn die Beschwerde gegen einen Kostenfestsetzungsbeschluss verworfen oder zurückgewiesen wird.

Durch die Neuregelung in § 1 GKG (vgl. dort Satz 2) durch das 2. JuMoG mit Wirkung v. 31.12.2006 ist für die Verfahren über die Beschwerde und die weitere Beschwerde gegen die Streitwertfestsetzung nach § 33 (vgl. hierzu Teil A: Rechtsmittel gegen die Vergütungsfestsetzung [§§ 56, 33], Rn. 1185, 1188) klargestellt worden, dass auch insoweit bei Verwerfung oder Zurückweisung der Beschwerde eine Festgebühr i.H.v. 50,00 € anfällt. An der Kostenfreiheit des Beschwerdeverfahrens gegen die Wertfestsetzung nach §§ 32 Abs. 2 RVG, 68 GKG (vgl. hierzu Teil A: Verfahren nach dem Strafvollzugsgesetz und ähnliche Verfahren, Rn. 1459) sowie des Wertfestsetzungsverfahrens nach § 33 (vgl. § 33 Abs. 9 Satz 1; Teil A: Gegenstandswert, Festsetzung [§ 33], Rn. 682) hat sich jedoch nichts geändert.

II. Bußgeldsachen

734 Die Gerichtsgebühren für das Bußgeldverfahren sind **ausschließlich in Teil 4 KV GKG** geregelt (Nrn. 4110 – 4500 KV GKG). Die Gebührenerhebung folgt dabei im Wesentlichen den für Strafsachen geltenden Grundsätzen, sodass auf die Ausführungen unter Rn. 719 ff. verwiesen werden kann.

Im Rechtsbeschwerdeverfahren gelten Nr. 4120 und 4121 KV GKG. Wird der Antrag auf **Zulassung der Rechtsbeschwerde** nach § 80 Abs. 3 OWiG verworfen, entsteht die Gebühr Nr. 4121 KV GKG nicht. Die Verwerfung ist der Rücknahme der Rechtsbeschwerde vor Ablauf der Begründungsfrist gleichzustellen und deshalb gebührenfrei, vgl. die Anm. zu Nr. 4121 KV GKG (Meyer, GKG, KV 4120, 4121 Rn. 19; a.A. Binz/Dörndorfer/Petzold/Zimmermann, KV, GKG 4120, 4121 Rn. 2).

Gerichtskosten

> **Hinweis:**
> Im Bußgeldverfahren vor der **Verwaltungsbehörde** gilt für die Erhebung von Gebühren und Auslagen § 107 OWiG (vgl. dazu Burhoff/Gübner, OWi, Rn. 1842 ff.).

III. Auslagen

1. Allgemeine Regelungen

Die Auslagenvorschriften für das Straf- und Bußgeldverfahren befinden sich in **Teil 9 KV GKG** (Nrn. 9000 – 9019 KV GKG). Es können nur die dort ausdrücklich geregelten Auslagen erhoben werden (OLG Hamm, 23.02.2010 – 3 Ws 301/09, JurionRS 2010, 13833). Diese Auslagenbestimmungen erfassen die im Ermittlungsverfahren, im gerichtlichen Verfahren sowie die im Rahmen der Vollstreckung angefallenen Auslagen (vgl. § 464a Abs. 1 StPO). Auch Auslagen können nur erhoben werden, wenn eine **rechtskräftige Strafentscheidung** vorliegt. Wird das Urteil nicht rechtskräftig, können keine Auslagen erhoben werden. Im Fall des **Freispruchs** des Beschuldigten können daher keine Gerichtsgebühren und auch keine Auslagen erhoben werden.

735

Beim **Kostenansatz** kommt es nicht darauf an, ob Auslagen verursachende Maßnahmen **zugunsten** oder **zulasten** des Kostenschuldners verlaufen sind. Das kann das Gericht bei der Kostenentscheidung gem. § 465 Abs. 2 StPO beachten. In den Kostenansatz sind grds. sämtliche Auslagen aufzunehmen, die der Tat zugeordnet werden können, wegen der Kostenschuldner rechtskräftig verurteilt worden ist (§§ 465 Abs. 1 StPO, 29 Nr. 1 GKG).

> **Hinweis:**
> Gem. Abs. 2 Satz 1 der Anm. zu Nr. 9005 KV GKG werden die von Nr. 9005 KV GKG erfassten Beträge nach dem JVEG als **fiktive Kosten** auch dann erhoben, wenn aus Gründen der Gegenseitigkeit, der Verwaltungsvereinfachung oder aus vergleichbaren Gründen keine Zahlungen zu leisten sind; ist wegen § 1 Abs. 2 Satz 2 JVEG keine Vergütung zu zahlen, ist der Betrag zu erheben, der ohne diese Vorschrift zu zahlen wäre (Abs. 2 Satz 2 der Anm. zu Nr. 9005 KV GKG; KG, NStZ-RR 2009, 190 = StRR 2009, 198 = RVGreport 2009, 237).
>
> Das gilt entsprechend bei den von Nr. 9013 und 9014 KV GKG erfassten **Auslagen**. Diese Auslagen sind der Staatsanwaltschaft (§ 19 Abs. 2 GKG) mitzuteilen bzw. ggf. vom Kostenbeamten zu ermitteln (Meyer, GKG, KV 9013 Rn. 72).

2. Auslagen im Ermittlungsverfahren

a) Grundlage für die Erhebung

Zu den vom Kostenschuldner zu tragenden Verfahrenskosten gehören nach § 464a Abs. 1 Satz 2 StPO auch die durch die **Vorbereitung** der **öffentlichen Klage** entstandenen Kosten oder im Bußgeldverfahren die Auslagen, die der Verwaltungsbehörde entstanden sind. Erfasst sind die durch die Tataufklärung (auch in sich nicht bestätigender Verdachtsrichtung, OLG Schleswig, SchlHA 2003, 206), Täterergreifung und zur Aufklärung der Tatbeteiligung des Angeklagten

736

Gerichtskosten

angefallenen Auslagen (vgl. hierzu BGH, NJW 2000, 1128 = AGS 2000, 231 = wistra 2000, 102; KG, NStZ-RR 2009, 190 = StRR 2009, 198 = RVGreport 2009, 237; OLG Koblenz, 21.01.2010 – 2 Ws 21/10, JurionRS 2010, 23323; OLG Köln, StV 2005, 279). Unter § 464a Abs. 1 Satz 2 StPO fallen **Aufwendungen aller Behörden**, die vor Anklageerhebung im Rahmen der Strafverfolgung tätig geworden sind (vgl. z.B. OLG Koblenz, NStZ-RR 1996, 64, zu den Reisekosten der im Ermittlungsverfahren im Auftrag der Staatsanwaltschaft tätig gewordenen Zollfahndung; OLG Koblenz, NStZ 1995, 563 = NStZ-RR 1996, 63 = JurBüro 1995, 594, zu den Auslagen der Steuerfahndung im Ermittlungsverfahren; OLG Schleswig, SchlHA 2003, 206, für im Ermittlungsverfahren angefallene Dolmetscherkosten).

Grundlage für den **Ansatz** der Auslagen des Ermittlungsverfahrens in der Kostenrechnung ist Nr. 9015 KV GKG bzw. für die Auslagen des dem gerichtlichen Verfahren vorausgegangenen Bußgeldverfahrens Nr. 9016 KV GKG. Danach sind Auslagen der in den Nrn. 9000 bis 9014 KV GKG bezeichneten Art zu erheben, soweit sie durch die Vorbereitung der öffentlichen Klage bzw. durch das dem gerichtlichen Verfahren vorausgegangene Bußgeldverfahren entstanden sind, vgl. auch § 5 Abs. 4, 5 KostVfg.

> **Hinweis:**
>
> Sind von der Ermittlungsbehörde bei Sicherstellung bzw. Beschlagnahme von Beweismitteln im Rahmen einer Durchsuchung antragsgemäß **Kopien** der **sichergestellten Unterlagen** für den Beschuldigten gefertigt worden, können diese Kopien dem Beschuldigten nur bei rechtskräftiger Verurteilung als Dokumentenpauschale nach Nrn. 9015, 9000 KV GKG in Rechnung gestellt werden (Erlass des BMF v. 19.04.2010 – III A 6 – SV 3300/09/10002, StRR 2011, 77).

b) Höhe

737 Der Ansatz der im Ermittlungsverfahren bzw. im Verfahren vor der Bußgeldbehörde angefallenen Auslagen ist aber nach Nr. 9015 und 9016 KV GKG **begrenzt** durch die **Höchstsätze** für die Auslagen nach Nrn. 9000 bis 9011 KV GKG. Voraussetzung insbesondere für die Berücksichtigung von im Ermittlungsverfahren angefallenen Sachverständigen, Übersetzer-, Dolmetscherkosten und Zeugenauslagen ist deshalb, dass diese Beträge die nach dem JVEG vorgesehenen Beträge (vgl. Nr. 9005 KV GKG) nicht übersteigen (KG, NStZ-RR 2009, 190 = StRR 2009, 198 = RVGreport 2009, 237; OLG Koblenz, NStZ-RR 2010, 359; 21.01.2010 – 2 Ws 21/10, JurionRS 2010, 23323).

Dem Kostenschuldner müssen spätestens im Erinnerungsverfahren gegen den Kostenansatz gem. § 66 GKG die zur Prüfung des Kostenansatzes notwendigen Tatsachen und Unterlagen **bekannt gegeben** werden (vgl. OLG Düsseldorf, 24.06.1999 – 1 Ws 736/99, n.v.; vgl. zur Prüfungspflicht auch OLG Koblenz, NStZ-RR 2010, 359).

3. Mehrere Angeschuldigte/Mitverurteilte

738 Werden Mitangeklagte in einem gemeinsamen Verfahren wegen derselben Tat i.S.d. § 264 StPO verurteilt, haften sie gem. § 466 Satz 1 StPO, § 31 Abs. 1 GKG (vgl. bei der Privatklage auch

§ 471 Abs. 4 StPO, bei der Nebenklage § 472 StPO) grds. für alle tatbezogenen **Auslagen** als **Gesamtschuldner** (OLG Karlsruhe, Justiz 2006, 13 = StV 2006, 34; OLG Koblenz, JurBüro 2006, 323; NStZ-RR 2002, 160 = StraFo 2002, 246). Für die Gerichtsgebühr gilt Vorbem. 3.1 Abs. 6 KV GKG (s. Rn. 724). Für die gesamtschuldnerische Auslagenhaftung nach § 466 StPO ist es nicht erforderlich, dass die Verurteilung im selben Urteil erfolgt ist (OLG Karlsruhe, Justiz 2006, 13 = StV 2006, 34; Oestreich/Hellstab/Trenkle, GKG, Vorbem. 3.1 KV Rn. 78).

Ob und in welchem Umfang der Kostenbeamte die Auslagen von den Verurteilten einfordert, steht nach § 8 Abs. 3 KostVfg in seinem pflichtgemäßen Ermessen (vgl. Meyer-Goßner, § 466 Rn. 2). Daher kann die Anforderung z.B. nach **Kopfteilen** erfolgen (OLG Karlsruhe, Justiz 2006, 13 = StV 2006, 34; OLG Koblenz, JurBüro 2006, 323). Bei gesamtschuldnerischer Auslagenhaftung erfolgt eine Inanspruchnahme für vorbehaltene und bei anderen Schuldnern erfolglos angeforderte Kopfteile nicht als Zweitschuldner i.S.v. § 31 Abs. 2 GKG, sondern als Mitschuldner/ Erstschuldner gem. § 29 Nr. 1 GKG (OLG Koblenz, JurBüro 2006, 323).

Die **Tat** i.S.v. § **466 Satz 1 StPO** ist in einem **weiteren Sinne** zu verstehen. Entscheidend ist, dass mehrere Verurteilte für Auslagen nur insoweit als Gesamtschuldner haften, soweit diese Auslagen dieselbe Tat im prozessualen Sinne, also den gesamten der Anklage insoweit zugrunde liegenden historischen Lebensvorgang betreffen. Die Mitwirkung an einem – prozessual – selbstständigen Einzelakt im Rahmen eines zusammenhängenden Gesamtgeschehens genügt dafür nicht (OLG Karlsruhe, StV 2006, 34 = Justiz 2006, 13). Der Begriff „dieselbe Tat" geht über die Teilnahmeformen der §§ 25 ff. StGB hinaus, verlangt aber einen **inneren** und **äußeren Zusammenhang** und setzt innerhalb eines geschichtlichen Vorgangs ein Mitwirken in derselben Richtung voraus (BGH, NJW 1951, 324; Oestreich/Hellstab/Trenkle, GKG, Vorbem. 3.1 KV Rn. 81). Die Teilnahme als Anstifter, Gehilfe sowie die Mittäter- und Nebentäterschaft reichen zur Bejahung derselben Tat aus.

Ausgenommen von der gesamtschuldnerischen Haftung sind die in § 466 Satz 2 StPO aufgeführten Kosten (OLG Karlsruhe, Justiz 2006, 13 = StV 2006, 34; OLG Koblenz, JurBüro 2006, 323; NStZ-RR 2002, 160 = StraFo 2002, 246). Zu diesen Kosten gehören:

- die **Pflichtverteidigerkosten** (vgl. Nr. 9007 KV GKG),
- Dolmetscherkosten (vgl. Nr. 9005 KV GKG),
- Haft- und Vollstreckungskosten,
- durch Untersuchungshandlungen ausschließlich gegen einen Mitangeklagten angefallene Auslagen (z.B. § 81a StPO).

> **Hinweis:**
> Die gesamtschuldnerische Haftung erstreckt sich daher nicht auf Auslagen, die wegen weiterer selbstständiger Taten entstanden sind, an welchen ein Verurteilter **nicht beteiligt** war und gegen den insoweit auch keine Ermittlungen geführt worden sind (OLG Karlsruhe, StV 2006, 34; LG Bonn, StraFo 2004, 255). Frühere Beschuldigte, die nicht verurteilt worden sind oder gegen die nach Abtrennung gesonderte Verfahren geführt wurden, sind keine Gesamtschuldner i.S.v. § 466 StPO (OLG Koblenz, JurBüro 2006, 323).

Gerichtskosten

4. Zustellungsauslagen (Nr. 9002 KV GKG)

740 Da in Straf- und Bußgeldsachen i.d.R. Festgebühren und keine Wertgebühren erhoben werden, können die angefallenen Zustellungsauslagen nach Nr. 9002 KV GKG ab der ersten Zustellung **in voller Höhe** angesetzt werden. Auch im Adhäsionsverfahren können nach Satz 1 der Anm. zu Nr. 9002 KV GKG Zustellungsauslagen ohne Beschränkung erhoben werden, obwohl dort die Wertgebühr nach Nr. 3700 KV GKG anfällt (vgl. Rn. 730).

> **Hinweis:**
>
> Seit 2008 beträgt die **Pauschale** für Zustellungen mit Zustellungsurkunde unabhängig von der Höhe der tatsächlichen angefallenen Auslagen je Zustellung **3,50 €**. Das gilt auch bei der Zustellung durch Einschreiben gegen Rückschein oder durch Justizbedienstete nach § 168 Abs. 1 ZPO.

5. Aktenversendungspauschale (Nr. 9003 KV GKG)

a) Entstehung

741 Für die **antragsgemäße Aktenversendung** durch die Staatsanwaltschaft oder das Gericht in Straf- und Bußgeldsachen entsteht die in Nr. 9003 Ziff. 1 KV GKG geregelte Aktenversendungspauschale i.H.v. 12,00 € je Sendung, vgl. § 1 Abs. 1 Satz Nr. 5 bis 7 GKG (vgl. dazu auch Burhoff, EV, Rn. 139; Burhoff/Burhoff, OWi, Rn. 203). Die Aktenversendungspauschale bei Aktenversendungen durch die Bußgeldbehörde ergibt sich aus § 107 Abs. 5 OWiG. Wird die Akte elektronisch geführt und erfolgt ihre Übermittlung elektronisch, beträgt die Pauschale nach Nr. 9003 Ziff. 2 KV GKG, § 107 Abs. 5 Satz 2 OWiG lediglich 5,00 €. Die **elektronische Übermittlung** ist jedoch nur in Bußgeldsachen (vgl. § 110d Abs. 2 OWiG), nicht aber in Strafsachen möglich (vgl. dazu Rn. 761 f.). Bei Aktenversendung nach rechtskräftigem Abschluss eines gerichtlichen Verfahrens gelten § 5 Abs. 1 Satz 1 JVKostO, § 137 Abs. 1 Nr. 3 KostO (Oestreich/Hellstab/Trenkle, GKG, § 28 Rn. 14).

742 Die Pauschale entsteht je Sendung. Erhält der Rechtsanwalt daher **mehrere Akten** in **einer Sendung**, entsteht die Pauschale nur einmal (Binz/Dörndorfer/Petzold/Zimmermann, KV GKG 9003 Rn. 4). Wird dieselbe Akte **mehrfach versandt**, entsteht die Pauschale mehrfach (LG Frankenthal, MDR 1996, 104; AG Frankfurt, RVGreport 2009, 39; Meyer, GKG, KV 9003 Rn. 44).

> **Hinweis:**
>
> **Beantragt** der Rechtsanwalt **gebührenfreie Akteneinsicht über** sein **Gerichtsfach** bei der die Akten führenden Behörde (s. dazu Rn. 745), wird ihm die Akte aber dennoch gebührenpflichtig auf dem Postweg übersandt, kann ihm die Aktenversendungspauschale im Ergebnis nicht in Rechnung gestellt werden (AG Stuttgart, StraFo 2008, 352 = AGS 2008, 497; vgl. auch [ähnlich] OLG Köln AGS 2009, 339 = MDR 2009, 955; LG Chemnitz, StraFo 2010, 261 = VRR 2010, 123 = AGS 2010, 444; AG Frankfurt am Main, 31.10.2008 – 942 OWi 64/08). Voraussetzung ist aber eine gerichtliche Entscheidung gem. § 21 GKG.

Gerichtskosten

Die Aktenversendungspauschale **entsteht nicht** (vgl. hierzu auch Burhoff, EV, Rn. 141; Burhoff/Burhoff, OWi, Rn. 207 f.; Volpert, VRR 2005, 296), wenn die Akten nicht versandt, sondern vom Rechtsanwalt oder seinem Personal z.B. auf der Geschäftsstelle der Akten führenden Behörde **abgeholt** werden (vgl. LG Detmold, NJW 1995, 2801; Meyer, GKG, KV 9003, Rn. 44). 743

> **Hinweis:**
> Unerheblich für die Entstehung der Aktenversendungspauschale ist, ob der Kostenschuldner vor der Aktenversendung auf die **Gebührenpflicht** der Versendung **hingewiesen** worden ist. Über die Entstehung gesetzlich festgelegter Gerichtskosten muss nicht belehrt werden (AG Düsseldorf, 03.09.2010 – 122 AR 51 Js 4753/09 – 396/10, n.v.).

b) Abgeltungsbereich

Von der Aktenversendungspauschale werden nicht nur die tatsächlichen Entgelte für Postdienstleistungen (Porto), Kurierkosten und die Bereitstellung und Entsorgung von Verpackungsmaterialien abgegolten (so aber LG Chemnitz, StraFo 2010, 261 = VRR 2010, 123 = AGS 2010, 444; wohl auch LG Münster, AnwBl. 1995, 378). Vielmehr **erfasst** sie insbesondere auch den der Justiz anlässlich der Aktenversendung entstehenden Personalaufwand (vgl. BT-Drucks. 12/6962). Hierzu gehören z.B. das Heraussuchen der Akte, die Anlegung und Auflösung eines Aktenretents bzw. eines Kontrollblatts, die Fertigung eines Übersendungsschreibens, die Überwachung der Rückkehr der Akte sowie die Einordnung der Akte in den Geschäftsgang nach Rückkehr (vgl. OLG Celle, AGS 2007, 261; OLG Düsseldorf, StRR 2010, 277 = VRR 2010, 121; OLG Hamm, NStZ 2006, 410 = RVGreport 2006, 76; OLG Jena, JurBüro 2008, 374; OLG Koblenz, JurBüro 2006, 2007; OLG Köln, MDR 2009, 955 = AGS 2009, 339; AG Leipzig, JurBüro 2005, 547; Oestreich/Hellstab/Trenkle, GKG, § 28 Rn. 7, 10). 744

c) Versendung

Die Aktenversendungspauschale soll nach Vorstellung des Gesetzgebers **pauschal** die **Aufwendungen abgelten**, die dadurch entstehen, dass Akteneinsichten **an einem anderen Ort als dem der Akten führenden Stelle** gewünscht und dadurch **Versendungen** notwendig werden (AG Stuttgart, StraFo 2008, 352 = AGS 2008, 497). Denn es besteht nach Auffassung des Gesetzgebers kein Anlass, die durch solche besonderen Serviceleistungen der Justiz entstehenden Aufwendungen unberücksichtigt zu lassen (vgl. BT-Drucks. 12/6962). Unter Berücksichtigung dieses gesetzgeberischen Sinn und Zwecks der Vorschrift ist der Begriff der Versendung so zu verstehen, dass die Akten tatsächlich von der Akten führenden Stelle **an einen anderen Ort** geschickt bzw. versandt werden müssen (Oestreich/Hellstab/Trenkle, GKG, § 28 Rn. 7; Burhoff, EV, Rn. 141; Notthoff, AnwBl. 1995, 540; Brüssow, StraFo 1996, 30 f.; Volpert, VRR 2005, 296). Auf die Entfernung kommt es dabei ebenso wenig an wie auf die Frage, ob die Akten innerhalb des Ortes oder Gerichtsbezirks versandt werden (vgl. OLG Düsseldorf, StRR 2010, 277 = VRR 2010, 121, für 200 Meter Luftlinie zwischen Gericht und Staatsanwaltschaft; LG Frankenthal, MDR 1996, 104; Meyer, GKG, KV 9003 Rn. 44; Burhoff/Burhoff, OWi, Rn. 207). 745

Gerichtskosten

Keine Aktenversendungspauschale fällt daher an, wenn die Akten von dem Akten führenden Gericht/Prozessgericht in das bei diesem Gericht vorhandene bzw. geführte Gerichtsfach des Rechtsanwalts eingelegt und die Akten dort vom Rechtsanwalt oder seinem Personal abgeholt werden (LG Chemnitz, StraFo 2010, 261 = AGS 2010, 444 = VRR 2010, 123; LG Detmold, NJW 1995, 2801; LG Münster AnwBl. 1995, 378; Burhoff, EV, Rn. 141; Meyer, GKG, KV 9003 Rn. 44; vgl. die weit. Nachw. bei Burhoff/Burhoff, OWi, Rn. 208).

d) Art des Transports

746 **Unerheblich** ist die **Art** des **Versands** der Akte, ob also durch die Post, durch einen anderen Fremddienstleister oder mit Dienstfahrzeugen der Justiz bzw. durch einen Justizbediensteten (justizinterner Kurierdienst) (OLG Düsseldorf, StRR 2010, 277 = VRR 2010, 121; so auch Burhoff, EV, Rn. 142). Es kommt auch nicht darauf an, ob die Akten allein oder mit anderen Akten an den Ort der Akteneinsicht versandt werden und ob der Aktentransport von der Staatsanwaltschaft zum Gericht ohnehin im Rahmen eines regulären, unabhängig von der Akteneinsichtsgewährung eingerichteten Kurierdienstes erfolgt (OLG Düsseldorf, StRR 2010, 277 = VRR 2010, 121; OLG Köln, MDR 2009, 955 = AGS 2009, 339; AG Frankfurt, RVGreport 2009, 39, für Bußgeldsachen; AG Marsberg AnwBl. 1995, 153; Burhoff, EV, Rn. 142; Meyer, GKG, KV 9003 Rn. 44; **a.A.** LAG Schleswig-Holstein, NJW 2007, 2510 = JurBüro 2007, 372; AG Stuttgart, StraFo 2008, 352 = AGS 2008, 497; AG Frankfurt, AGS 2009, 92). Denn der Sinn und Zweck einer Pauschale besteht gerade darin, nicht im Einzelfall zu prüfen, auf welche Weise der Transport denn nun stattgefunden hat (Meyer, GKG, KV 9003 Rn. 44). Die mit der Pauschale angestrebte Vereinfachung würde dadurch hinfällig. Voraussetzung für die Pauschale ist nur, dass eine Versendung an einen anderen Ort erfolgt ist.

e) Gerichtsfach

747 Bei der Frage, ob bzw. in welchen Fällen eine Aktenversendungspauschale anfällt, wenn der Rechtsanwalt die Akte über ein **Gerichtsfach** erhält, sind drei verschiedene Fallgestaltungen zu unterscheiden:

aa) Gerichtsfach in einem gemeinsamen Gebäude

748 **Keine Aktenversendungspauschale** fällt an, wenn die Akten von dem Akten führenden **AG** in das Gerichtsfach des Rechtsanwalts bei dem **LG** bzw. die Akten von der **Staatsanwaltschaft** in das Gerichtsfach des Rechtsanwalts bei dem LG eingelegt werden und sich AG und LG bzw. Staatsanwaltschaft und LG in einem gemeinsamen Gebäude (Justizzentrum) befinden (vgl. hierzu LG Chemnitz, StraFo 2010, 261 = AGS 2010, 444 = VRR 2010, 123; LG Göttingen, NJW-RR 1996, 190; AG Ahaus, AnwBl. 1995, 154, 379; AG Moers, AGS 2000, 160; AG Münster, AnwBl. 1995, 379; AG Osnabrück, JurBüro 1995, 315; Meyer, GKG, KV 9003 Rn. 44; vgl. auch LG Münster, AnwBl. 1995, 378). Hier liegt keine Versendung an einen anderen Ort vor.

bb) Gerichtsfach an einem anderen Ort

Eine Aktenversendungspauschale **entsteht** aber, wenn die Akten von der Akten führenden Behörde (Gericht, Staatsanwaltschaft, Verwaltungsbehörde) an ein Gericht an einem anderen Ort versandt werden, weil der um Akteneinsicht ersuchende Rechtsanwalt dort sein Gerichtsfach hat (OLG Köln, AGS 2009, 339 = MDR 2009, 955; LG Detmold, NJW 1995, 2801; LG Frankenthal, MDR 1996, 104; AG Frankfurt, RVGreport 2009, 39; AG Ahaus, AnwBl. 1995, 154; Notthoff, AnwBl. 1995, 540; Meyer, GKG, KV 9003 Rn. 44; a.A. LG Münster, AnwBl. 1995, 378; LG Göttingen, NJW-RR 1996, 190). Unerheblich ist, ob der Transport von der Justiz selbst oder einem Fremddienstleister durchgeführt wird (Rn. 746).

749

cc) Gerichtsfach an demselben Ort, aber in verschiedenen Gebäuden

Umstritten ist die Frage, ob die Pauschale entsteht, wenn die Staatsanwaltschaft die Aktenversendung über das Gerichtsfach des Rechtsanwalts bei dem räumlich getrennten LG vornimmt (bejahend OLG Düsseldorf, StRR 2010, 277 = VRR 2010, 121; OLG Köln, AGS 2009, 339 = MDR 2009, 955; LG Frankenthal, MDR 1996, 104; AG Göttingen Nds.Rpfl. 1996, 7; **a.A.** LAG Schleswig-Holstein, NJW 2007, 2510 = JurBüro 2007, 452; LG Chemnitz, StraFo 2010, 261 = AGS 2010, 444 = VRR 2010, 123; AG Düsseldorf, JurBüro 1997, 433; AG Göttingen Nds.Rpfl. 1996, 7; AG Stuttgart StraFo 2008, 352 = AGS 2008, 497). Welche Auffassung für zutreffend gehalten wird, hängt davon ab, welche Verrichtungen dem Abgeltungsbereich der Pauschale zugeordnet werden (Rn. 744), was als Versendung angesehen wird (Rn. 745) und welche Transportarten als Auslagen verursachend angesehen werden (Rn. 746).

750

Diese Überlegungen gelten **entsprechend** für die Pauschale (§ 107 Abs. 5 OWiG) in **Bußgeldsachen**, wenn die Verwaltungsbehörde die Akteneinsicht über das Gericht ermöglicht, bei dem der Rechtsanwalt ein Gerichtsfach unterhält und zu dem ein regelmäßiger Kurierdienst eingerichtet ist (keine Pauschale: AG Stuttgart, StraFo 2008, 352 = AGS 2008, 497, AG Frankfurt, AGS 2009, 92; AG Frankfurt, 25.08.2008 – 941 OWi 52/08; a.A. AG Frankfurt, RVGreport 2009, 39).

751

f) Kostenschuldner

aa) Rechtsanwalt

Nach § 28 Abs. 2 GKG, § 107 Abs. 5 OWiG ist **Kostenschuldner** der Aktenversendungspauschale nur derjenige, der die Versendung bzw. die elektronische Übermittlung beantragt hat. In Strafsachen ist der **Verteidiger** selbst Schuldner der Auslagenpauschale, weil nur er gem. § 147 StPO Akteneinsicht nehmen kann (vgl. BGH, Urt. v. 06.04.2011 - IV ZR 232/08, JurionRS 2011, 15129; BVerfG, NJW 1995, 3177; NJW 1996, 2222; BVerwG, RVGreport 2010, 304 = AGS 2010, 383 = JurBüro 2010, 476, im Verfahren nach der Wehrbeschwerdeordnung; OLG Bamberg, StraFo 2009, 350 = StRR 2009, 243 = VRR 2009, 243 = AGS 2009, 320; OLG Koblenz, NStZ-RR 1996, 96; OVG Niedersachsen, NJW 2010, 1392 = AGS 2010, 126 = JurBüro 2010, 305; LG Chemnitz, StraFo 2010, 261 = VRR 2010, 123 = AGS 2010, 444; LG Baden-Baden, JurBüro 1995, 543; LG Göttingen, StV 1996, 166; AG Düsseldorf, 03.09.2010 – 122 AR 51 Js 4753/09 – 396/10, n.v.; AG Neustadt/Weinstraße, AGS 2008, 337; AG Starnberg, AGS

752

Gerichtskosten

2009, 113; Burhoff, EV, Rn. 81; Burhoff/Stephan, OWi, Rn. 151; Burhoff/Burhoff, OWi, Rn. 210 m.w.N.; Volpert, VRR 2005, 296; **a.A.** LG Bayreuth, JurBüro 1997, 433; AG Ahaus, AnwBl. 1995, 154, 379; AG Beckum, StraFo 1996, 30; AG Bielefeld, AnwBl. 1995, 571; AG Leverkusen, AnwBl. 1996, 295; AG Münster, AnwBl. 1995, 379; AG Oldenburg, StV 1995, 652; AG Tecklenburg, StV 1996, 167; Enders, JurBüro 1997, 393, m.w.N.).

Diese Grundsätze gelten wegen § 46 Abs. 1 OWiG im **Bußgeldverfahren entsprechend** (Burhoff, EV, Rn. 472; Burhoff/Burhoff, OWi, Rn. 204). Im Verfahren vor der Verwaltungsbehörde hat zwar auch der (verteidigte) Betroffene nach § 49 Abs. 1 OWiG selbst das Recht – unter Aufsicht – die Akten einzusehen (Burhoff, EV, Rn. 81, 472; Burhoff/Stephan, OWi, Rn. 150). Mangels Aktenversendung entsteht hier aber keine Pauschale.

Bei der **Privatklage** ist ebenfalls nur der Rechtsanwalt Kostenschuldner der Pauschale, weil nur ihm das Einsichtsrecht zusteht, § 385 Abs. 3 StPO (vgl. BGH, Urt. v. 06.04.2011 - IV ZR 232/08, JurionRS 2011, 15129).

Bei der **Nebenklage** ergibt sich das Recht zur Akteneinsicht aus § 406e StPO (Burhoff, EV, Rn. 111). Die früher in § 397 Abs. 1 Satz 2 StPO enthaltene Verweisung auf das in § 385 Abs. 3 StPO normierte Recht des Privatklägers zur Akteneinsicht ist durch das 2. OpferRRG entfallen. Der Nebenkläger und auch der Verletzte kann nach § 406e Abs. 1 Satz 1 StPO nur durch einen Rechtsanwalt die Akten einsehen (Burhoff, EV, Rn. 113). Kostenschuldner ist daher auch hier nur der **Rechtsanwalt** (vgl. BGH, Urt. v. 06.04.2011 - IV ZR 232/08, JurionRS 2011, 15129).

bb) Pflichtverteidiger

753 Auch der **Pflichtverteidiger** ist gem. § 28 Abs. 2 GKG **alleiniger Kostenschuldner** der Aktenversendungspauschale (vgl. BGH, Urt. v. 06.04.2011 - IV ZR 232/08, JurionRS 2011, 15129; OLG Bamberg, StraFo 2009, 350 = AGS 2009, 320 = StRR 2009, 243 [Ls.] = VRR 2009, 243 [Ls.]; OLG Düsseldorf, BRAGOreport 2002, 79 = JurBüro 2002, 307 = AGS 2002, 61; OLG Koblenz, MDR 1997, 202; LG Koblenz, StraFo 2001, 147; AG Mainz, NStZ-RR 1999, 128; Burhoff, EV, Rn. 142; Burhoff/Burhoff, OWi, Rn. 210; Meyer, GKG, KV 9003 Rn. 45; Oestreich/Hellstab/Trenkle, GKG, § 28 Rn. 10).

> **Hinweis:**
>
> Weil der Pflichtverteidiger gem. §§ 45, 46 Anspruch auf Erstattung der von ihm gezahlten Aktenversendungspauschale aus der Staatskasse hat (s. dazu Teil A: Auslagen aus der Staatskasse [§ 46], Rn. 197 ff.), erscheint es **sinnvoll**, dem Pflichtverteidiger die Aktenversendungspauschale erst **gar nicht in Rechnung** zu stellen. Hierdurch wird unnötiger Bearbeitungsaufwand vermieden. Außerdem besteht dann auch nicht die Gefahr, dass die in der späteren Pflichtverteidigervergütung enthaltene Pauschale dem Verurteilten gem. Nr. 9007 KV GKG (dazu Rn. 711 ff.) unberechtigt in Rechnung gestellt wird (vgl. Rn. 754).

cc) Verurteilter

Der Verurteilte kann für die von seinem Rechtsanwalt geschuldete Aktenversendungspauschale **nicht** nach § 29 Nr. 1 GKG von der Staatskasse als Entscheidungsschuldner **in Anspruch genommen** werden. Denn § 28 Abs. 2 GKG begründet nach seinem Wortlaut eine alleinige und ausschließliche Kostenschuldnerschaft des Rechtsanwalts (Oestreich/Winter/Hellstab, GKG, § 28 Rn. 10; Meyer, GKG, KV 9003 Rn. 45).

754

> **Hinweis:**
> Wird dem Pflichtverteidiger die vorher von ihm verauslagte Aktenversendungspauschale gem. § 46 erstattet (s. Rn. 753), muss im Rahmen des Gerichtskostenansatzes gegen den Verurteilten deshalb sichergestellt werden, dass die Pauschale zuvor aus der in die Kostenrechnung nach Nr. 9007 KV GKG einzustellende Vergütung **herausgerechnet** wird.

g) Vorschusserhebung und Fälligkeit

Werden die Akten durch **Nachnahme** an den Rechtsanwalt versandt, ist die hierdurch entstehende Nachnahmegebühr von der Aktenversendungspauschale abgegolten sein und darf nicht vom Rechtsanwalt zusätzlich zur Pauschale gefordert werden, weil es sich um bei der Behörde anfallende Postgebühren handelt (Volpert, VRR 2005, 296; Burhoff/Burhoff, OWi, Rn. 214).

755

Im Übrigen wird bei Versendung der Akten per Nachnahme diese im Ergebnis von der vorherigen Zahlung der Pauschale abhängig gemacht. In Straf- und Bußgeldsachen darf jedoch gem. § 17 Abs. 4 Satz 2, Abs. 2 GKG die Aktenversendung an den Verteidiger **nicht** von der vorherigen Zahlung der Pauschale **abhängig** gemacht werden (vgl. BVerfG, NJW 1995, 3177; LG Göttingen, NJW-RR 1996, 190 = StV 1996, 166; LG Tübingen, AnwBl. 1995, 569; Burhoff, EV, Rn. 140; Burhoff/Burhoff, OWi, Rn. 214; Volpert, VRR 2005, 296).

> **Hinweis:**
> Bei der Anforderung der Aktenversendungspauschale handelt es sich i.Ü. **nicht** um die Geltendmachung eines **Vorschusses**, da die Pauschale nach § 9 Abs. 2 GKG sofort mit Versendung der Akten fällig wird. Werden fällige Kosten angefordert, handelt es sich nicht um eine Vorschusserhebung (vgl. OLG Koblenz, NStZ-RR 1996, 96; LG Göttingen, StV 1996, 166; LG Koblenz, NJW 1996, 1223; Burhoff, OWi, Rn. 206).

Ist die Verwaltungsbehörde dem **(Akteneinsichts-)Gesuch** auf Überlassung der Originalakten **nicht vollständig** nachgekommen (z.B. weil Bußgeldbescheid und Postzustellungsurkunde nicht beigefügt sind), ist Akteneinsicht im Rechtssinne nicht gewährt worden und die Aktenversendungspauschale nicht zur Zahlung fällig. Das gilt auch, wenn die fehlenden Unterlagen nachträglich in Kopie übersandt werden und nicht im Original (AG Bad Segeberg, VRR 2009, 480).

756

Gerichtskosten

h) Kein Anspruch auf Erstattung von Rücksendekosten

757 Durch die zum 31.12.2006 durch das **2. JuMoG erfolgte Änderung** der Anm. zu Nr. 9003 KV GKG ist der frühere **Streit** darüber **entschieden**, ob die Aktenversendungspauschale auch die dem Rechtsanwalt für die Rücksendung der überlassenen Akten entstehenden Portoauslagen abdeckt (in diesem Sinne bereits OLG Celle, StraFo 2006, 475; OLG Hamm, NJW 2006, 1076 = NStZ 2006, 410 = RVGreport 2006, 76; NJW 2006, 306; OLG Jena, JurBüro 2007, 598; LG Berlin, RVGreport 2006, 159; AG Düsseldorf, VRR 2005, 400; Burhoff, RVGreport 2006, 41; Volpert, VRR 2005, 296; a.A. OLG Koblenz, RVGreport 2006, 76; AG Brandenburg, JurBüro 2005, 316 = AGS 2005, 298; Euba, ZAP, Fach 24, S. 937). Danach sind mit den Kosten der Rücksendung nur die Kosten gemeint, die einem Gericht oder einer Staatsanwaltschaft entstehen. Werden die Akten einem Dritten, z.B. einem Rechtsanwalt übersandt, hat die Aktenrücksendung auf Kosten des Dritten zu erfolgen (vgl. BT-Drucks. 16/3038, S. 52). Ein Anspruch auf Erstattung der Rücksendekosten gegen die Staatskasse besteht nicht. Die Aktenversendungspauschale kann daher nicht um die Portokosten gemindert werden, die dem Rechtsanwalt für die Rücksendung ihm zur Einsicht übersandter Akten entstehen (OLG Celle, StraFo 2006, 475; OLG Naumburg, 21.04.2008 – 6 W 35/08, JurionRS 2008, 14667). Durch die ebenfalls zum 31.12.2006 erfolgte Änderung von § 107 Abs. 5 OWiG ist klargestellt, dass dies auch im Fall der Aktenversendung durch die Bußgeldbehörde gilt (vgl. BT-Drucks. 30/3038, S. 68).

i) Weitere Erstattungsfragen

758 Zur Erstattung der vom **gerichtlich bestellten oder beigeordneten** Rechtsanwalt verauslagten Aktenversendungspauschale durch die **Staatskasse** s. Teil A: Auslagen aus der Staatskasse (§ 46 Abs. 1 und 2), Rn. 197 ff.

Der **Wahlverteidiger** kann die verauslagte Aktenversendungspauschale seinem Mandanten nach Vorbem. 7 Abs. 1 VV, §§ 675, 670 BGB in Rechnung stellen (BGH, Urt. v. 06.04.2011 – IV ZR 232/08, JurionRS 2011, 15129; s. dazu auch Vorbem. 7 VV Rn. 11 ff.), der sie dann im Fall des Freispruchs im Rahmen der notwendigen Auslagen gem. §§ 464a Abs. 2, 464b StPO, § 46 OWiG gegen die Staatskasse geltend machen kann (vgl. KG, zfs 2009, 169; OLG Düsseldorf, BRAGOreport 2002, 79 = JurBüro 2002, 307 = AGS 2002, 61; OLG Koblenz, StraFo 2001, 147; LG Mainz, NJW-RR 2008, 151 = JurBüro 2007, 597; LG Ravensburg, AnwBl. 1995, 153; AG Leipzig, NStZ-RR 2000, 319; Burhoff, EV, Rn. 142; Burhoff/Burhoff, OWi, Rn. 211 f.; Meyer, GKG, KV 9003 Rn. 45; Volpert, VRR 20005, 296). Aus § 28 Abs. 2 GKG ergibt sich nichts anderes (so aber AG Starnberg, AGS 2009, 113), weil die Bestimmung nur die Kostenschuldnerschaft des Rechtsanwalts für die Pauschale gegenüber der Staatskasse regelt, nicht aber die Frage, ob der Mandant die ihm zulässig vom Rechtsanwalt nach §§ 675, 670 BGB in Rechnung gestellte Pauschale als notwendige Auslage fordern kann.

Zur Erhebung von Umsatzsteuer auf die Aktenversendungspauschale vgl. BGH, Urt. v. 06.04.2011 – IV ZR 232/08, JurionRS 2011, 15129; Teil A: Auslagen aus der Staatskasse (§ 46 Abs. 1 und 2), Rn. 199 ff und Burhoff/Burhoff, OWi, Rn. 216.

Gerichtskosten

j) Besonderheiten in Bußgeldsachen

Die Aktenversendungspauschale in Bußgeldsachen bei der Aktenversendung durch die Bußgeldbehörden ist in **§ 107 Abs. 5 OWiG** geregelt (vgl. Rn. 741 ff.). Die Gebührenbestimmungen der **Länder** haben früher teilweise **Gebühren** für die **Aktenversendung** durch die Verwaltungsbehörden vorgesehen, die höher waren als die in § 107 Abs. 5 OWiG bundesgesetzlich geregelte Aktenversendungspauschale i.H.v. 12,00 € bzw. i.H.v. 5,00 € im Fall der elektronischen Übermittlung einer elektronischen Akte (vgl. z.B. Allgemeine Verwaltungsgebührenordnung Nordrhein-Westfalen, Tarifstelle 30.3. i.d.F. bis 27.09.2005: Gebühr von 10,00 € bis 50,00 €; vgl. auch Landesverordnung über die Gebühren für Amtshandlungen allgemeiner Art Rheinland-Pfalz, Ziff. 1.1.2 AGV: Gebühr i.H.v. 7,67 € bis 51,13 €). Dazu hatte das **OVG Nordrhein-Westfalen** deshalb entschieden (NJW 2005, 2795 = AGS 2005, 296), dass die für die „Versendung von Bußgeldakten zur Abwicklung zivilrechtlicher Ansprüche oder Interessen" vorgesehene Tarifstelle 30.3.1 in Nordrhein Westfalen wegen Verstoßes gegen die bundesrechtliche Regelung des § 107 Abs. 5 OWiG **nichtig** ist und für die Erhebung einer **12,00 € übersteigenden Aktenversendungspauschale** durch die Verwaltungsbehörde **kein Raum** ist (so auch OVG Rheinland-Pfalz, NJW 2007, 2426; Volpert, VRR 2005, 296; Burhoff, OWi, Rn. 215).

759

> **Hinweis:**
>
> Die Tarifstelle 30.3 in der Allgemeinen Verwaltungsgebührenordnung Nordrhein-Westfalen ist deshalb durch die Sechste Verordnung zur Änderung der Allgemeinen Verwaltungsgebührenordnung v. 20.09.2005 (GV. NRW 2005, 761) geändert worden. Dort ist seitdem bestimmt, dass bei der Versendung von Bußgeldakten im Ordnungswidrigkeitsverfahren § 107 Abs. 5 OWiG einschlägig ist. Dies gilt für jede Art der Übersendung von Bußgeldakten, also auch bei der Versendung von Bußgeldakten zur Abwicklung zivilrechtlicher Ansprüche und Interessen. Deshalb kann auch hier von der Verwaltungsbehörde nur noch eine Aktenversendungspauschale i.H.v. 12,00 € bzw. bei elektronischer Führung der Akte und ihrer elektronischen Übermittlung eine Pauschale von 5,00 € erhoben werden.

Wird von der Verwaltungsbehörde der Anspruch auf Akteneinsicht in **elektronische Bußgeldakten** durch Erteilung von Aktenausdrucken bzw. durch Übersendung von Kopien erfüllt, sind aber die gesetzlichen Vorgaben für die Führung einer elektronischen Akte nicht eingehalten (vgl. §§ 110b Abs. 2 Satz 2, 110d Abs. 1 Satz 2 OWiG, 298 Abs. 2 ZPO) und wird deshalb die Übersendung der Originalakte erforderlich, entsteht die Pauschale nur einmal i.H.v. 12,00 € für die Übersendung der Originalakte, nicht aber für die Übersendung der Kopien (vgl. hierzu AG Eutin, VRR 2009, 480; vgl. zur elektronischen Aktenübersendung auch Rn. 761 f.).

760

k) Elektronische Aktenübermittlung

Wird die Akte elektronisch geführt und erfolgt ihre Übermittlung auf Antrag elektronisch, beträgt die **Pauschale** nach Nr. 9003 Ziff. 2 KV GKG lediglich **5,00 €**. Nr. 9003 Ziff. 2 KV GKG ist durch das Justizkommunikationsgesetz – JKomG – v. 22.03.2005 eingeführt worden (vgl. BGBl. I, S. 837). Das JKomG verfolgt u.a. das Ziel, den Zivilprozess und die Fachgerichtsbarkeiten sowie das **Bußgeldverfahren** für eine elektronische Aktenbearbeitung zu öffnen (vgl.

761

Gerichtskosten

z.B. §§ 298a ZPO, 110b OWiG; BT-Drucks. 15/4067, S. 24). Für den **Strafprozess** ist dagegen keine vollständig elektronisch geführte Akte vorgesehen worden (vgl. § 41a Abs. 1 Satz 5 StPO; BT-Drucks. 15/4067, S. 26).

Nr. 9003 Ziff. 2 KV GKG gilt daher nur für **Bußgeldsachen**, in denen Akten ausschließlich und nicht nur als Zweitakten elektronisch geführt werden können (vgl. BT-Drucks. 15/4067, S. 57). Weil nur die Übermittlung einer **ausschließlich** elektronisch geführten Akte unter Nr. 9003 Ziff. 2 KV GKG fällt, kann der Auslagentatbestand damit im Strafprozess nicht einschlägig sein (Oestreich/Hellstab/Trenkle, GKG, § 28 Rn. 9). Nur die elektronische Aktenübermittlung in Bußgeldsachen (vgl. § 110d Abs. 2 OWiG) löst damit eine Pauschale i.H.v. 5,00 € aus (Oestreich/Hellstab/Trenkle, GKG, § 28 Rn. 9).

762 Im Strafprozess liegt damit bei der antragsgemäßen **Versendung** einer z.B. auf **CD/DVD** gebrannten oder auf ein anderes Speichermedium übertragenen **elektronischen Zweitakte** (z.B. elektronische Zweitakte in Wirtschaftsstrafsachen) **auf dem Postweg** eine Aktenversendung i.S.v. Nr. 9003 Ziff. 1 KV GKG vor, durch die eine Pauschale i.H.v. 12,00 € entsteht. Hierfür spricht, dass der Gesetzgeber die Pauschale für die elektronische Übermittlung der elektronischen Akte mit 5,00 € deshalb deutlich niedriger bemessen hat, weil bei der Wahl des elektronischen Übermittlungsweges **keine Portokosten** anfallen (BT-Drucks. 15/4067, S. 57).

Der Begriff „Akte" in Nr. 9003 Ziff. 1 KV GKG erfasst nicht nur die **Papierakte**, sondern auch deren elektronisches und auf CD/DVD gebranntes oder auf ein anderes Speichermedium übertragenes Abbild.

> **Hinweis:**
>
> Neben der Aktenversendungspauschale fällt **keine Dokumentenpauschale nach Nr. 9000 Ziff. 2 KV GKG** i.H.v. 2,50 € je überlassene elektronisch gespeicherte Datei an, weil keine elektronisch gespeicherten Dateien anstelle von auf Antrag angefertigten Ablichtungen i.S.v. Nr. 9000 Ziff. 1 KV GKG überlassen werden (vgl. auch Meyer, GKG, § 28 Rn. 9). Es wird lediglich auf Antrag eine Akte versandt.

6. Dolmetscher- und Übersetzerkosten (Nr. 9005 KV GKG)

a) Art. 6 Abs. 3 Buchst. e) EMRK

763 Aus Abs. 4 der Anm. zu Nr. 9005 KV GKG ergibt sich der **Grundsatz**, dass Dolmetscher- und Übersetzerkosten für einen der deutschen Sprache nicht mächtigen Beschuldigten oder Betroffenen **grds. nicht** erhoben werden können, wenn Erklärungen oder Schriftstücke übertragen worden sind, auf deren Verständnis der Beschuldigte oder Betroffene zu seiner Verteidigung angewiesen oder soweit dies zur Ausübung seiner **strafprozessualen Rechte** erforderlich war (vgl. Art. 6 Abs. 3 Buchst. e) EMRK; OLG Düsseldorf, MDR 1981, 74). Im Fall der kostenpflichtigen Verurteilung des Angeklagten muss das in der Kostenentscheidung nicht ausdrücklich angeordnet werden (vgl. KK StPO/Gieg, § 464c Rn. 2). Eine **Ausnahme** hiervon gilt in den Fällen der §§ 464c, 467 Abs. 2, 467a Abs. 1 Satz 2 StPO, 46 Abs. 1 OWiG. Im Fall einer Kostenentscheidung nach § 467 Abs. 2 StPO werden hiervon auch die durch eine schuldhafte Säumnis angefallenen

Dolmetscher- und Übersetzerkosten erfasst. Eine ausdrückliche Erwähnung ist nicht erforderlich (KK StPO/Gieg, § 464c Rn. 4). Allerdings erfolgt nicht jedwede Inanspruchnahme von Dolmetschern gegenüber fremdsprachigen Beschuldigten unentgeltlich. Art. 6 Abs. 3 Buchst. e) EMRK gewährt insoweit lediglich Mindestrechte, um die Beteiligung an der auf Deutsch geführten Verhandlung zu ermöglichen (BVerfG, NJW 2004, 1095 = NStZ 2004, 274 = Rpfleger 2004, 242). Art. 6 Abs. 3 Buchst. e) EMRK enthält daher kein Recht des Angeklagten, umfassend von jeglichen Dolmetscherkosten freigestellt zu werden (OLG Schleswig, SchlHA 2003, 206; vgl. auch noch OLG Dresden, 19.04.2011 - 2 Ws 96/11, JurionRS 2011, 14575 und vgl. auch Teil A: Auslagen aus der Staatskasse [§ 46 Abs. 1 und 2], Rn. 203 ff. und Teil A: Dolmetscherkosten, Erstattung, Rn. 426 jew. m.w.N.).

b) Einzelfälle

aa) Briefkontrolle und Besuchsüberwachung

Art. 6 Abs. 3 Buchst. e) EMRK garantiert die unentgeltliche Gestellung eines Dolmetschers zwar nur für Erklärungen und Schriftstücke, auf die der Beschuldigte zu seiner **Verteidigung** angewiesen ist. Gleichwohl sind Dolmetscher- und Übersetzungskosten, die während der **Untersuchungshaft** im Rahmen der **Briefkontrolle** und der **Besuchsüberwachung** anfallen, von dem Beschuldigten nach seiner Verurteilung nicht zu erstatten. Dem fremdsprachigen Beschuldigten muss wie dem deutschen Beschuldigten die Möglichkeit eingeräumt werden, kostenfrei Kontakt zur Außenwelt zu halten. Denn der Besuchsverkehr unterliegt bereits aus Gründen der Anstaltssicherheit und -ordnung einer derart starken Einschränkung, dass die mangelnden Sprachkenntnisse des Gefangenen nicht zu einer noch weiter gehenden Beschränkung des Besuchsrechts führen dürfen (BVerfG, NJW 2004, 1095 = NStZ 2004, 274 = Rpfleger 2004, 242; OLG Düsseldorf, NStZ 1994, 403; MDR 1991, 1079 = StV 1991, 523; OLG Frankfurt am Main, StV 1986, 24; LG Düsseldorf, 02.03.2011 - 7 Qs 12/11; LG Stuttgart, StV 2001, 123 = NStZ 2002, 83 auch bei einer Besuchszusammenführung des Angeklagten mit seiner mitangeklagten Lebensgefährtin; a.A. vor der Entscheidung des BVerfG OLG Bamberg, StraFo 2000, 34; OLG Koblenz, JurBüro 2001, 102 = Rpfleger 2000, 565; NStZ-RR 1996 = StraFo 1996, 182 = StV 1997, 429; OLG München, StV 1996, 491; OLG Schleswig, SchlHA 2003, 206).

764

Unverhältnismäßig hohe oder **objektiv überflüssige** Übersetzungskosten im Rahmen des Briefverkehrs sind von der Staatskasse jedoch nicht hinzunehmen. Diese kann die Staatskasse daher dem Verurteilten ggf. in Rechnung stellen. Die **pauschale Anordnung der Übersetzung** ist daher nicht zulässig. Der Beschuldigte muss aber darauf hingewiesen werden, dass ggf. nicht alle Übersetzungskosten übernommen werden (BVerfG, NJW 2004, 1095 = NStZ 2004, 274 = Rpfleger 2004, 242; vgl. auch Teil A: Auslagen aus der Staatskasse, Rn. 203 ff. und Teil A: Dolmetscherkosten, Erstattung, Rn. 426 jew. m.w.N.).

765

Ein ausländischer Untersuchungsgefangener hat keinen Anspruch auf unbeschränkten Besuch in seiner Heimatsprache durch seine Angehörigen, wenn sich dies im Hinblick auf die dadurch verursachten hohen Dolmetscherkosten im Rahmen der notwendigen **akustischen Besuchsüberwachung** als **unverhältnismäßig** und damit ungerechtfertigt darstellt. Nicht zu beanstanden

Gerichtskosten

sind nach Auffassung des OLG Schleswig (vgl. SchlHA 1995, 4) **Besuche alle zwei Wochen**, wobei der Besuch unter Zuhilfenahme eines Dolmetschers akustisch zu überwachen ist.

Sind **Dolmetscherkosten unverhältnismäßig hoch**, kann sich insoweit somit ein Einforderungsrecht der Staatskasse im Rahmen des Kostenansatzes ergeben. Werden anlässlich der Briefkontrolle oder Besuchsüberwachung angefallene Dolmetscher- oder Übersetzerkosten vor diesem Hintergrund für einforderbar gehalten, können sie nur unter den Voraussetzungen von § 50 StVollzG eingezogen werden, wenn sie als Kosten einer Untersuchungshaft i.S.v. Nr. 9011 KV GKG angesehen werden (so Meyer/Höver/Bach, JVEG, Rn. 1.10 zu § 1; vgl. zu Haftkosten auch Rn. 779, 784).

bb) Telefonüberwachung

766 Im Rahmen der Telefonüberwachung im Ermittlungsverfahren angefallene Dolmetscher- bzw. Übersetzerkosten sind von dem rechtskräftig **Verurteilten** zu **tragen** (vgl. Rn. 769; BVerfG, NJW 2004, 1095 = NStZ 2004, 274 = Rpfleger 2004, 242; OLG Koblenz, JurBüro 2001, 102 = Rpfleger 2000, 565; LG Flensburg, 20.02.2002 – II Qs 8/02). Die Kostentragungspflicht besteht auch dann, wenn es nicht zur Anklage gekommen und das Verfahren auf Kosten des Angeklagten eingestellt worden ist (OLG Schleswig, SchlHA 2003, 206).

> **Hinweis:**
>
> Die Kosten der Telefonüberwachung werden von dem Kostenschuldner nur i.H.d. nach dem **JVEG** zu zahlenden Beträge geschuldet (vgl. Rn. 737). Wird eine schriftliche Übersetzung des Wortlauts geführter Telefonate gefertigt, richtet sich die Vergütung nach § 11 JVEG. Das gilt auch, wenn das zu übersetzende Material als Tonträger- oder Telekommunikationsaufzeichnung vorliegt. Daneben kommt kein Zeithonorar für den Übersetzer in Betracht (OLG Düsseldorf, 19.04.2010 – III-1 Ws 23/10, n.v.; Binz/Dörndorfer/Petzold/Zimmermann, § 11 JVEG Rn. 1).

cc) Strafvollstreckung

767 Im Verfahren zur **Aussetzung** des **Strafrestes zur Bewährung** angefallene Dolmetscherkosten sind vom **Verurteilten** zu tragen, weil dieses Verfahren keine Entscheidungen mehr im Hinblick auf die Stichhaltigkeit der Anklage betrifft (AG Montabaur, StraFo 1997, 283 = NStZ 1997, 616), vgl. zu den Kosten der Strafvollstreckung auch Rn. 782.

> **Hinweis:**
>
> Zur Erstattung der vom **Pflichtverteidiger** verauslagten Dolmetscherkosten aus der Staatskasse gem. §§ 46, 55 s. auch Teil A: Dolmetscherkosten, Erstattung, Rn. 431 ff.; zur Erstattung der vom **Wahlverteidiger** verauslagten Dolmetscherkosten s. auch Teil A: Dolmetscherkosten, Erstattung, Rn. 436 ff.

Gerichtskosten

dd) Übersetzung eines Rechtshilfeersuchens einer ausländischen Strafverfolgungsbehörde

Muss zur Bearbeitung eines Rechtshilfeersuchens eine ausländische Strafakte für den deutschen Angeklagten übersetzt werden, trägt dieser in entsprechender Anwendung von **§ 464c StPO** die hierdurch angefallenen Übersetzungskosten nicht (LG Trier, NStZ-RR 2009, 159). 768

7. Telefonüberwachung (Nr. 9005 KV GKG)

Zu den **umlagefähigen** und damit vom Verurteilten zu tragenden Aufwendungen der Strafverfolgungsbehörden gehören auch die Kosten einer Telefonüberwachung (eingehend Burhoff, EV, Rn. 1613 m.w.N. aus der Rspr.; zu den hierbei anfallenden Übersetzerkosten vgl. Rn. 766). Die nach § 23 JVEG zu zahlenden Beträge werden nach Nr. 9005 KV GKG in **voller Höhe** erhoben (OLG Koblenz, NStZ-RR 2002, 160 = StraFo 2002, 246; a.A. LG Hamburg, JurBüro 1989, 1719). Die Kosten der Telefonüberwachung hat der Verurteilte aber nicht zu tragen, wenn eine groß angelegte Telefonüberwachung gerade nicht den Ermittlungen gegen den Verurteilten, sondern der Feststellung der organisatorischen Struktur einer Bande diente, um Hintermänner zu ermitteln und ihnen Straftaten nachzuweisen (vgl. LG Bonn, StraFo 2004, 255). Zu den im Rahmen der Telefonüberwachung anfallenden Dolmetscherkosten vgl. Rn. 766. 769

8. Wirtschaftsreferenten der Staatsanwaltschaft (Nr. 9005 KV GKG)

Erstellt ein Wirtschaftsreferent der Staatsanwaltschaft für das Gericht oder die Staatsanwaltschaft ein Gutachten, sind diese Kosten als **fiktive Kosten** des Verfahrens gegen den Verurteilten auszusetzen (vgl. KG, NStZ-RR 2009, 190 = StRR 2009, 198 = RVGreport 2009, 237; OLG Koblenz, NStZ-RR 1998, 127 = Rpfleger 1998, 214 = wistra 1998, 160; LG Trier, NStZ-RR 1998, 256; vgl. auch OLG Koblenz, NStZ-RR 2010, 359 und 21.01.2010 – 2 Ws 21/10, JurionRS 2010, 23323 zu den Kosten für eine von der Staatsanwaltschaft als Sachverständige zugezogene **Arzthelferin**). Das gilt aber nur, wenn tatsächlich eine Tätigkeit als Sachverständiger und **nicht lediglich** als **Ermittlungsgehilfe** vorliegt. Das ist dann der Fall, wenn losgelöst von der eigentlichen Ermittlungstätigkeit der Auftrag erteilt wird, eigenverantwortlich und frei von jeder Beeinflussung ein Gutachten zu einem bestimmten Beweisthema zu erstatten (KG, NStZ-RR 2009, 190 = StRR 2009, 198 = RVGreport 2009, 237; OLG Koblenz, NStZ-RR 2010, 359; NStZ-RR 1998, 127 = wistra 1998, 160 = Rpfleger 1998, 214; auch BGH, NStZ 1984, 215). 770

Unerheblich für den Ansatz in der Kostenrechnung ist, wenn dem Wirtschaftsreferenten wegen § 1 Abs. 2 Satz 2 JVEG (Erstattung eines Gutachtens in Erfüllung von Dienstaufgaben) tatsächlich **keine Vergütung gezahlt** wird (vgl. Abs. 2 der Anm. zu Nr. 9005 KV GKG; KG, NStZ-RR 2009, 190 = StRR 2009, 198 = RVGreport 2009, 237; vgl. zu § 1 Abs. 3 ZSEG bereits OLG Koblenz NStZ-RR 1998, 127; OLG Stuttgart Rpfleger 1987, 389).

Gerichtskosten

9. Rechtsanwaltskosten (Nr. 9007 KV GKG)

a) Erfasste Vergütungen

771 Nach Nr. 9007 KV GKG schuldet der Verurteilte der Staatskasse die an Rechtsanwälte zu zahlenden Beträge mit Ausnahme der nach § 59 auf die Staatskasse übergegangenen Ansprüche. § 59 regelt den Ersatz dieser auf die Staatskasse übergegangenen Kosten abschließend.

Da nach § 59 ein Anspruchsübergang auf die Staatskasse nur stattfindet, wenn ein Rechtsanwalt im Wege der PKH beigeordnet worden ist (s. Teil A: Übergang von Ansprüchen auf die Staatskasse [§ 59], Rn. 1321 ff.), gehören die aus der Staatskasse sonst an beigeordnete oder bestellte Rechtsanwälte gezahlten Beträge zu den nach Nr. 9007 KV GKG in der Gerichtskostenrechnung anzusetzenden Beträgen. Diese Beträge werden durch den Anspruchsübergang auf die Staatskasse aber nicht zu Gerichtskosten i.S.v. § 19 GKG gezählt und sind deshalb in der Gerichtskostenrechnung gesondert aufzuführen (OLG Düsseldorf, 17.02.2011 - II-10 WF 32/10, JurionRS 2011, 15686).

Unter Nr. 9007 KV GKG fällt die **Pflichtverteidigervergütung**. Daher sind die an den **Pflichtverteidiger** aus der Staatskasse gezahlten Beträge als Auslagen vom rechtskräftig Verurteilten zu erheben. Nicht unter Nr. 9007 KV GKG fällt die an den im Wege der **PKH** beigeordneten Nebenkläger-Vertreter oder Vertreter des Privatklägers gezahlte Vergütung, für deren Einziehung § 59 gilt.

772 Auch die Vergütung, die an den dem **Nebenkläger** gem. §§ 397a Abs. 1, 406g StPO bestellten **Beistand** gezahlt worden ist, fällt unter Nr. 9007 KV GKG (vgl. auch KG, JurBüro 2009, 656). Für den bereits vor Erhebung der Anklage einstweilen bestellten Beistand gem. § 406g Abs. 4 StPO gilt das aber nur, wenn später keine PKH bewilligt wird. Erfolgt später Beiordnung im Rahmen der PKH, gilt für die Einziehung § 59 (vgl. die Komm. bei Oestreich/Winter/Hellstab, GKG, Nr. 9007 KV Rn. 6; vgl. auch Lappe, Rpfleger 2003, 166, zur Frage, ob bei einer Verfahrenseinstellung und Belastung des Beschuldigten mit den notwendigen Auslagen des Nebenklägers die Staatskasse die von ihr gezahlten ermäßigten Gebühren des Beistands des Nebenklägers vom Beschuldigten ersetzt verlangen kann). Ist der gem. § 397a Abs. 1 StPO bestellte Beistand aufgrund **einer unwirksamen Anschlusserklärung** des Nebenklägers bestellt worden, trägt der Verurteilte die aus der Staatskasse an den Beistand gezahlte Vergütung nicht, wenn diese Kosten gem. § 21 GKG wegen **unrichtiger Sachbehandlung** niedergeschlagen werden (KG, JurBüro 2009, 656).

> **Hinweis:**
>
> Unter Nr. 9007 KV GKG fällt auch die an den gem. § 68b Abs. 2 StPO beigeordneten **Zeugenbeistand** aus der Staatskasse gezahlte Vergütung (OLG Düsseldorf, 06.11.2009 – III-1 Ws 562/09, JurionRS 2009, 36147). Diese Vergütung gehört zu den Verfahrenskosten i.S.v. § 464a Abs. 1 StPO (OLG Düsseldorf, a.a.O.).

b) Auswirkung der EMRK

Art. 6 Abs. 3 Buchst. c) EMRK steht der Geltendmachung der Pflichtverteidigerkosten gegen den Verurteilten **nicht entgegen**. Der Ansatz dieser Kosten ist hierdurch nicht ausgeschlossen (BVerfG, 04.01.1990 – 2 BvR 1720/89; OLG Düsseldorf, Rpfleger 1984, 115; OLG Koblenz, AnwBl. 1999, 239; OLG Oldenburg, JurBüro 1982, 742; OLG Zweibrücken, NJW 1991, 309 = NStZ 1990, 51 = StV 1990, 363; vgl. hierzu auch BVerfG, NJW 2003, 196 = NStZ 2003, 319). Das gilt auch für den mittellosen verurteilten Angeklagten (vgl. BVerfG, a.a.O.; OLG Hamm, NStZ-RR 2000, 160 = AGS 2000, 70; OLG Köln, JurBüro 1991, 855 = MDR 1992, 72; a.A. OLG Düsseldorf, StV 1986, 204 = NStZ 1985, 370). 773

> **Hinweis:**
> Sind dem Pflichtverteidiger die durch die Zuziehung eines Dolmetschers für Gespräche mit dem Mandanten entstandenen Dolmetscherkosten von der Staatskasse erstattet worden (s. auch Teil A: Auslagen aus der Staatskasse [§ 46 Abs. 1 und 2], Rn. 203 ff.), dürfen die in der Pflichtverteidigervergütung als Auslagen enthaltenen Dolmetscherkosten vom Verurteilten nicht nach Nr. 9007 KV GKG angefordert werden. Vielmehr müssen aus den vom Verurteilten nach Nr. 9007 KV GKG geschuldeten Pflichtverteidigerkosten die **Dolmetscherkosten herausgenommen** werden (OLG Düsseldorf, MDR 1981, 74; OLG München, NJW 1982, 2739 = MDR 1982, 956 = Rpfleger 1982, 397).

Die in einem **Überprüfungsverfahren** nach § 67e StGB entstandenen Pflichtverteidigerkosten sind als Kosten der Vollstreckung i.S.v. § 464a Abs. 1 Satz 2 StPO vom Verurteilten zu tragen (LG Koblenz, NStZ-RR 1999, 128; vgl. auch Rn. 782).

c) „Aufgedrängte" Pflichtverteidigerbestellung

Der Verurteilte darf zwar grds. nicht mit Pflichtverteidigerkosten belastet werden, die durch **verspätete Entpflichtung** des Pflichtverteidigers, z.B. aufgrund der Bestellung eines Wahlverteidigers, entstanden sind (OLG Düsseldorf, JurBüro 1996, 655). Der Kostenbeamte kann diese Kosten aber nur aufgrund einer gerichtlichen Entscheidung nach § 21 GKG (unrichtige Sachbehandlung) außer Ansatz lassen (OLG Bamberg, JurBüro 1988, 199; OLG Düsseldorf, MDR 1984, 166 = JurBüro 1983, 1536; OLG Zweibrücken, NJW 1991, 309 = NStZ 1990, 51 = StV 1990, 363). Allerdings können die Kosten nach § 21 GKG wegen unrichtiger Sachbehandlung (vgl. hierzu BGH, 06.06.1994 – 5 StR 180/94, n.v., zu den Kosten eines zweiten Pflichtverteidigers) nur dann niedergeschlagen werden, wenn Gesichtspunkte der Verfahrenssicherung oder sonstige Gründe für die Beibehaltung der Bestellung keine Rolle gespielt haben (OLG Düsseldorf, JurBüro 1996, 655; LG Bremen, StV 1993, 654). Daher können auf den Verurteilten auch die Kosten zukommen, die durch zusätzliche Bestellung eines Pflichtverteidigers trotz bereits vorhandenem Wahlverteidigers (BVerfG, NJW 1984, 2403 = NStZ 1984, 561 = StV 1984, 344; OLG Düsseldorf, MDR 1984, 166 = JurBüro 1983, 1536; OLG Hamm, 16.01.1990 – 1 Ws 394/89, n.v.; OLG Zweibrücken, NJW 1991, 309 = NStZ 1990, 51 = StV 1990, 363) oder durch Bestellung von **mehreren Pflichtverteidigern** angefallen sind (LG Göttingen, Rpfleger 1993, 82 = JurBüro 1993, 483). Ob die durch die Bestellung eines zweiten Pflichtverteidigers 774

Gerichtskosten

angefallenen Kosten dem Verurteilten in Rechnung zu stellen sind, entscheidet der Kostenbeamte im Rahmen des Kostenansatzes. Hier ist auch zu prüfen, ob § 21 GKG (unrichtige Sachbehandlung = gerichtliche Entscheidung) in Betracht kommt (BGH, 06.06.1994 – 5 StR 180/94, n.v.).

10. Beförderungskosten (Nr. 9008 KV GKG)

775 Nr. 9008 Ziff. 1 KV GKG erfasst **alle Beförderungskosten** bis zum rechtskräftigen Abschluss des Verfahrens. Erfasst sind daher die anlässlich des Transports des festgenommenen Beschuldigten in die Haftanstalt angefallenen Kosten (auch Hubschrauberkosten, vgl. OLG Hamm, 23.02.2010 – 3 Ws 301/09, JurionRS 2010, 13833). Aber auch die Kosten des Transports des Verurteilten zum **Straf- oder Maßregelantritt** in die JVA sind dem Verurteilten gem. § 19 GKG in Rechnung zu stellen (OLG Koblenz, JurBüro 1991, 419; Meyer, GKG, KV 9008 Rn. 61). Der Verurteilte hat nach Nr. 9008 Ziff. 1 KV GKG ferner die Auslagen für die Beförderung **inhaftierter Zeugen** in voller Höhe zu tragen. Hierzu gehören i.d.R. auch die durch einen **Einzeltransport** entstandenen Kosten (OLG Hamm, NStZ-RR 2000, 320 = AGS 2000, 178). **Nicht** in die Kostenrechnung gehören aber die Kosten, die durch **Verlegung** des Gefangenen während des Straf- oder Maßregelvollzugs angefallen sind; insoweit gilt § 50 StVollzG (OLG Koblenz, JurBüro 1991, 419; vgl. Rn. 784).

776 Der Verurteilte kann sich nicht darauf berufen, dass er zur Zahlung der Beförderungs- oder Transportkosten nicht verpflichtet ist, weil Ziff. 14 der bundeseinheitlichen **Gefangenentransportvorschrift** – GTV (vgl. für NRW AV d. JM v. 06.03.2002 i.d.F. v. 05.10.2007 [4460 – IV B. 19] sowie RV d. JM v. 25.05.2005 i.d.F. v. 19.10.2005 – 5605 - Z. 31) eine vorrangige Kostentragungspflicht der Transportbehörde (Justizvollzugseinrichtung) vorsieht. Denn die gesetzliche Regelung in § 464a Abs. 1 StPO ist vorrangig (vgl. hierzu OLG Hamm, 23.02.2010 – 3 Ws 301/09, JurionRS 2010, 13833 = burhoff.de).

Die GTV kann aber **Anhaltspunkte** für die Höhe der anzusetzenden Transportkosten liefern (vgl. OLG Hamm, NStZ-RR 2000, 320 = AGS 2000, 178):
- Nr. 14 Abs. 4 GTV **Sammeltransport**: pauschal 0,30 € pro Transportkilometer,
- Nr. 14 Abs. 5 GTV **Einzeltransport**: Fahrzeugkosten, anteilige. Personalkosten für Fahrer und Begleiter, deren Reisekostenvergütungen und sonstige bare Aufwendungen.

11. Aufbewahrungs-/Lagerkosten (Nr. 9009 KV GKG)

777 Der Verurteilte schuldet die an Dritte zu zahlenden Beträge für den **Transport** und die **Verwahrung** von Sachen (**Lagerkosten**; vgl. OLG Koblenz, JurBüro 1995, 541 = NStZ-RR 1998, 128; KG, 12.09.2001 – 1 AR 619/01; LG Berlin, 25.05.2010 – 510 Qs 65/10). Grundlage für den Ansatz ist Nr. 9009 Ziff. 1 KV GKG, der über Nr. 9015 KV GKG auch für bereits im Ermittlungsverfahren angefallene Lagerkosten gilt (§ 464 Abs. 1 Satz 2 StPO, vgl. Rn. 736 f.).

Verwahrungskosten können aber **nur bis zur Rechtskraft** zuzüglich einer angemessenen Frist zur Abholung der Sache in der Rechnung berücksichtigt werden (vgl. OLG Koblenz, JurBüro 1995, 541 = NStZ-RR 1998, 128; Meyer, JurBüro 1997, 619). Denn bei Einziehung wird der Staat gem. § 74e StGB Eigentümer der Sache; bei Aufhebung der Beschlagnahme sind die Sachen zurückzugeben. Nach diesem Zeitpunkt anfallende Aufbewahrungskosten schuldet der Verurteilte allenfalls aus einem anderen Rechtsgrund (Verwahrungsvertrag; Meyer, GKG, KV 9009 Rn. 64).

> **Hinweis:**
> Lagerkosten sind im Übrigen auch dann bis zur Rechtskraft vom Verurteilten zu tragen, wenn er im Laufe des Verfahrens auf die Rückgabe der Sache **verzichtet** hat und eine Einziehungsanordnung dadurch entbehrlich geworden ist. Denn mit der Verzichtserklärung allein wird der Staat noch nicht Eigentümer (vgl. §§ 958, 959 BGB), sodass auch hier auf die Rechtskraft abgestellt werden muss (OLG Koblenz, JurBüro 1995, 541 = NStZ-RR 1998, 128; Meyer, JurBüro 1997, 619; Meyer, GKG, KV 9009 Rn. 64).
>
> Werden die **verwahrten Sachen** später **verwertet**, ist der Verwertungserlös nicht von der Kostenschuld des Verurteilten abzuziehen. Denn es wird keine dem Verurteilten gehörende Sache verwertet, sodass auch kein Anspruch auf den Erlös besteht.
>
> Wird ein dem Verurteilten nicht gehörender Gegenstand **unnötig lange sichergestellt**, sind die durch die Verwahrung angefallenen Auslagen nicht vom Kostenschuldner einzufordern, wenn eine Entscheidung gem. § 21 GKG ergeht (KG, 12.09.2001 – 1 AR 619/01 - 3 Ws 301/01; vgl. zu überhöhten Unterstellkosten für einen Pkw auch OLG Köln, StraFo 2009, 349). Entsprechendes kann gelten, wenn der Gegenstand nahezu wertlos war (KG, a.a.O.).

12. Untersuchung/Durchsuchung (Nr. 9009 KV GKG)

An Dritte – auch im Ermittlungsverfahren (§ 464a Abs. 1 Satz 2 StPO, Rn. 736 f.) – gezahlte Beträge für die Durchsuchung oder Untersuchung von Räumen werden nach **Nr. 9009 Ziff. 3 KV GKG** als Auslagen vom Verurteilten erhoben. Erfasst sind auch die Auslagen für Maßnahmen, die die Durchsuchung oder Untersuchung vorbereiten, also z.B. für einen **Schlüsseldienst** (Meyer, GKG, KV 9009 Rn. 66). Auch die Kosten für das **Wiedereinräumen** nach Durchsuchung schuldet der in die Kosten Verurteilte (LG Flensburg, JurBüro 1997, 147). 778

13. Haft- und Unterbringungskosten (Nr. 9011 KV GKG)

Dem Verurteilten können durch Kostenrechnung nach § 19 GKG über Nr. 9011 KV GKG **nur** die Kosten in Rechnung gestellt werden, die **nicht** anlässlich der **Strafhaft** oder **Vollstreckung einer Maßregel der Besserung und Sicherung** angefallen sind. Erfasst von Nr. 9011 KV GKG sind daher insbesondere die **Untersuchungshaft** und die dort genannten Unterbringungen (vgl. § 12 Satz 2 KostVfg; OLG Nürnberg, NStZ-RR 1999, 190 = ZfStrVo 1999, 241; Meyer, GKG, KV 9011 Rn. 69). 779

Für die **Straf- oder Maßregelvollstreckung** gilt § 50 StVollzG. Dort anfallende Kosten werden daher bei schuldhafter Nichtarbeit von der Vollzugsanstalt erhoben (vgl. Rn. 784). Das gilt allerdings für die von Nr. 9011 KV GKG erfassten Haftkosten entsprechend. Auch diese werden nur

Gerichtskosten

nach den für die Freiheitsstrafe geltenden Bestimmungen erhoben (OLG Nürnberg, NStZ-RR 1999, 190 = ZfStrVo 1999, 241; Meyer, GKG, KV 9011 Rn. 69).

14. Kosten der Rückgewinnungshilfe

780 Gem. § 73 Abs. 1 Satz 2 StGB scheidet die Anordnung von Verfall oder von Wertersatz aus, soweit dadurch die Durchsetzung der dem Verletzten aus der Tat erwachsenen Ansprüche gefährdet würde. Soweit ein Angeklagter z.B. Vorteile aus einer von ihm begangenen Steuerhinterziehung erlangt hat, ist der Steuerfiskus Verletzter i.S.d. § 73 Abs. 1 Satz 2 StGB und der Verfall ausgeschlossen (vgl. hierzu auch KG, AGS 2009, 224 = RVGreport 2008, 429 = StRR 2009, 157). In diesem Fall sollen durch die in § 111b Abs. 5 StPO geregelte **Rückgewinnungshilfe** die an sich dem Verfall unterliegenden Gegenstände und das dem Verfall unterliegende Vermögen zugunsten des Verletzten durch die Strafverfolgungsbehörden sichergestellt werden. Nach §§ 111b Abs. 5, 111d StPO kann der **dingliche Arrest** angeordnet werden, um die dem Verletzten erwachsenen zivilrechtlichen Ansprüche zu sichern (zur Gebühr des Rechtsanwalts s. Nr. 4142 VV Rn. 7).

Fallen im Rahmen der Durchführung der Rückgewinnungshilfe z.B. durch Beschlagnahme und eine anschließende Notveräußerung gem. § 111l StPO **Auslagen** an, gehören diese zu den vom rechtskräftig Verurteilten zu **tragenden Kosten** des Strafverfahrens i.S.v. § 464a Abs. 1 StPO. Es gibt keine gesetzliche Grundlage dafür, mit diesen Kosten den Begünstigten der Rückgewinnungsmaßnahme (Verletzten) zu belasten (vgl. OLG Düsseldorf, StV 2003, 550; OLG Köln, StV 2005, 491 = Rpfleger 2004, 735; LG Bonn, StraFo 2010, 380; Meyer-Goßner, § 111b Rn. 16; KK StPO/Nack, § 111b Rn. 21; a.A. Korintenberg/Lappe, § 3 KostO Rn. 48).

> **Hinweis:**
>
> Wird im strafrechtlichen Ermittlungsverfahren eine **Sicherungshypothek** im Grundbuch eingetragen, können die Gerichtskosten hierfür während des laufenden Strafverfahrens nicht gem. § 3 Nr. 4 KostO bzw. § 788 ZPO vom Angeklagten erhoben werden, sondern erst nach bzw. im Fall seiner rechtskräftigen Verurteilung (OLG Düsseldorf, StV 2003, 550; OLG Köln, StV 2005, 491 = Rpfleger 2004, 735).

15. Untersuchung der Haftfähigkeit

781 **Nicht** in die Kostenrechnung gem. § 19 GKG gehören die Kosten für ein während der **Strafhaft** des Verurteilten eingeholtes **Sachverständigengutachten** zur **Haftfähigkeit** (vgl. Rn. 784). Das gilt aber nicht, wenn es um Kosten geht, die anlässlich der Untersuchung der Haft- oder Gewahrsamfähigkeit während des Ermittlungs- bzw. des laufenden Strafverfahrens angefallen sind (s. Rn. 779).

IV. Auslagen in der Strafvollstreckung/Strafvollzug

1. Strafvollstreckung

782 Zur Abgrenzung von **Strafvollstreckung** und **Strafvollzug** vgl. zunächst die Erläuterungen zu Vorbem. 4.2 Rn. 9. **Kosten** einer **Vollstreckung** der **Rechtsfolge** der Tat sind **Verfahrenskosten**

i.S.v. § 464a Abs. 1 Satz 2 StPO und werden deshalb von der Kostenentscheidung des Strafverfahrens (§§ 464, 465 StPO) erfasst. Der Verurteilte muss daher auch für diese Kosten aufkommen, weil sie Folge seines delinquenten Verhaltens sind (OLG Frankfurt am Main, NStZ-RR 2010, 359 = NStZ 2010, 719 = StRR 2010, 283; OLG Karlsruhe, StraFo 2003, 290 = Rpfleger 2003, 616 = NStZ-RR 2003, 350; OLG Köln, StV 2005, 279; OLG Nürnberg, NStZ-RR 1999, 190 = ZfStrVo 1999, 241). Der Verurteilte trägt somit nach § 464a Abs. 1 Satz 2 StPO die Kosten der Vollstreckung einer Strafe oder einer **Maßregel** der Besserung und Sicherung. Das ist verfassungsrechtlich nicht zu beanstanden (BVerfG, JR 2006, 480 = RuP 2007, 42).

Sind die Kosten der Vollstreckung in einem sich nach der StPO oder dem JGG richtenden Verfahren vor einem ordentlichen Gericht (z.B. vor der Strafvollstreckungskammer) angefallen, gilt gem. § 1 Abs. 1 Satz 1 Nr. 5, 6 GKG insoweit das GKG. Daher sind z.B. die in einem Verfahren zur Prüfung der Frage der bedingten Entlassung des Verurteilten gem. § 454 StPO (§§ 57, 67e StGB) anfallenden Gutachterkosten (kriminalprognostische Gutachten) vom Verurteilten zu tragen (vgl. BGH, NJW 2000, 1128; OLG Düsseldorf, JMBl. NW 2007, 153 = JR 2007, 129; OLG Frankfurt am Main, NStZ-RR 2010, 359 = NStZ 2010, 719 = StRR 2010, 283; OLG Karlsruhe, StraFo 2003, 290 = Rpfleger 2003, 616 = NStZ-RR 2003, 350; OLG Koblenz, StraFo 2005, 348 = NStZ-RR 2005, 288 = Rpfleger 2005, 627; OLG Köln, StV 2005, 279; **a.A.** OLG Hamm, NStZ 2001, 167 = StraFo 2000, 430 = StV 2001, 32, weil es unbillig ist, den Verurteilten mit Gutachterkosten zu belasten, wohingegen die Haftkosten gem. § 50 StVollzG nur bei verschuldeter Arbeitsverweigerung zu zahlen sind; Eisenberg, JR 2006, 57; Burhoff, BRAGOprofessionell 2000, 159). Grundlage für den Ansatz in der Kostenrechnung ist Nr. 9005 KV GKG.

2. Gerichtliches Verfahren nach dem StVollzG

Die in einem Verfahren **vor einem ordentlichen Gericht nach dem StVollzG**, auch i.V.m. § 92 JGG, angefallenen Kosten richten sich gem. § 1 Abs. 1 Satz 1 Nr. 8 GKG ebenfalls nach dem GKG.

3. Strafvollzug

Sind Kosten nicht in einem gerichtlichen Verfahren nach der StPO/JGG oder dem StVollzG, sondern anlässlich bzw. während des Straf- oder Maßregelvollzugs angefallen, werden sie zwar von der Kostenentscheidung des Strafverfahrens erfasst, weil sie zu den Verfahrenskosten i.S.v. § 464a Abs. 1 Satz 2 StPO gehören (vgl. OLG Karlsruhe, NStZ-RR 2007, 389; OLG Koblenz, JurBüro 1991, 419; OLG Nürnberg, NStZ-RR 1999, 190 = ZfStrVo 1999, 241). Sie können dem Verurteilten aber **nicht** durch **Kostenrechnung gem. § 19 GKG** in Rechnung gestellt werden, weil das GKG insoweit nicht gilt, vgl. § 1 Abs. 1 GKG. Die Vollstreckung einer Strafe oder Maßregel ist eine Aufgabe der Justizverwaltung, die die damit verbundenen Kosten gem. § 50 StVollzG (früher § 10 JVKostO) in Form eines Haftkostenbeitrags vom Verurteilten erhebt (OLG Koblenz, JurBüro 1991, 419). Die Erhebung ist verfassungsrechtlich unbedenklich (BVerfG, NStZ-RR 1999, 255; OLG Karlsruhe, NStZ-RR 2007, 389).

Der **Haftkostenbeitrag** wird aber nur bei schuldhafter Nichtarbeit des Verurteilten infrage kommen (vgl. dazu OLG Karlsruhe, NStZ-RR 2007, 389; LG Itzehoe, SchlHA 2000, 179; LG

Gerichtskosten

Koblenz, NStZ-RR 1997, 191). Sind die Voraussetzungen von § 50 StVollzG erfüllt, muss der Haftkostenbeitrag erhoben werden; seine Erhebung liegt nicht im Ermessen der Vollzugsanstalt (OLG Karlsruhe, NStZ-RR 2007, 389).

§ 50 StVollzG gilt nur für die **Straf- und Maßregelvollstreckung**. Kosten einer **Untersuchungshaft** können nach Nr. 9011 KV GKG, allerdings unter den Voraussetzungen von § 50 StVollzG in die Kostenrechnung aufzunehmen sein (vgl. dazu Rn. 779; s. auch OLG Hamm, 23.02.2010 – 3 Ws 301/09, JurionRS 2010, 13833).

V. Teilfreispruch

785 Ist der Angeklagte teilweise freigesprochen worden, richten sich die **Gebühren** nach Vorbem. 3.1 KV GKG für alle Rechtszüge nach der rechtskräftig erkannten Strafe (vgl. Rn. 722). Die Berechnung der vom Verurteilten zu zahlenden Gerichtsgebühr bereitet bei einem Teilfreispruch damit keine Probleme.

Dagegen stellt die Ermittlung der vom Verurteilten zu tragenden **Auslagen** des Ermittlungs- und des Hauptverfahrens den Kostenbeamten der Staatsanwaltschaft, (vgl. § 19 Abs. 2 Satz 1 GKG) insbesondere in umfangreichen Strafverfahren mit vielen Auslagenpositionen, häufig vor größere Probleme. Hat das Gericht die Verfahrenskosten nicht gem. § 464d StPO nach Bruchteilen verteilt, muss der Kostenbeamte den Angeklagten nämlich kostenmäßig so stellen, wie er gestanden hätte, wenn allein die zur Verurteilung führende(n) Tat(en) Gegenstand des Verfahrens gewesen wäre(n). Der Verurteilte ist deshalb von allen Mehrkosten freizustellen, die durch Taten veranlasst worden sind, die zum Freispruch geführt haben. Im Rahmen der **Differenztheorie** (vgl. hierzu z.B. BGHSt 25, 109; KG, RVGreport 2009, 231 = StraFo 2009, 260; OLG Dresden, NStZ-RR 2003, 224; OLG Düsseldorf, ZAP Fach 24, S. 86 = MDR 1991, 370; OLG Hamm. 05.05.2009 - 2 Ws 29/09, JurionRS 2009, 20288; Meyer-Goßner, § 465 Rn. 8 f.) muss der Kostenbeamte somit auf ein fiktives Verfahren nur wegen der rechtskräftig verurteilten Taten abstellen und bei jeder Auslagenposition prüfen, ob diese auch in diesem fiktiven Verfahren angefallen wäre (OLG Hamm. 05.05.2009 - 2 Ws 29/09, JurionRS 2009, 20288 für Sachverständigenkosten; OLG Köln, StRR 2010, 437; OLG Rostock, StRR 2011, 120). Die Ermittlung der bei einem Teilfreispruch vom Verurteilten zu tragenden Kosten des Verfahrens (vgl. § 464a Abs. 1 StPO) erfolgt dabei nicht im Kostenfestsetzungsverfahren gem. § 464b StPO, sondern im Kostenansatzverfahren gem. § 19 GKG (OLG Rostock, StRR 2011, 120; Löwe/Rosenberg/Hilger, StPO, § 465 Rn. 31).

786 Das Gericht kann die gerichtlichen Auslagen gem. § 464d StPO in der Kostenentscheidung auch nach **Bruchteilen** verteilen (BGH, StraFo 2005, 438). Allerdings kann auch der Kostenbeamte im Kostenansatzverfahren gem. § 19 GKG wie der Rechtspfleger im Kostenfestsetzungsverfahren (vgl. Meyer-Goßner, § 464d Rn. 3; s. auch Teil A: Kostenfestsetzung und Erstattung in Strafsachen, Rn. 944) eine **Auslagenverteilung nach Bruchteilen** gem. § 464d StPO vornehmen (OLG Dresden, NStZ-RR 2003, 224; Löwe/Rosenberg/Hilger, a.a.O., § 464d StPO Rn. 3, § 465 Rn. 31; a.A. OLG Köln, StRR 2010, 437, nur Differenztheorie; LG Osnabrück, Nds.Rpfl. 1999, 296). Hierbei sind allerdings die Grundsätze der Differenztheorie zu beachten.

Gerichtskosten

Bei der Verteilung von Auslagen der Staatskasse nach Bruchteilen **scheidet** eine lediglich auf das **reine Zahlenverhältnis** von Freispruchs- bzw. Verurteilungsfällen abstellende **Betrachtungsweise aus**. Eine unter Berufung auf § 464d StPO vorgenommene rein rechnerische Quotelung, die sich allein an der Anzahl der Fälle der Verurteilung einerseits und des Freispruchs andererseits orientiert, ist nicht sachgerecht (OLG Dresden, NStZ-RR 2003, 224; OLG Karlsruhe NStZ 1998, 317 = StV 1998, 609). Deshalb kommt die Möglichkeit einer Bruchteilsverteilung gerade nicht in den unübersichtlichen, tatsächlich komplizierten Fällen, sondern in den einfachen, leicht überschaubaren Fällen in Betracht, in denen ohne Nachrechnung der tatsächlich angefallenen Auslagen im Einzelnen eine sachgemäße Schätzung möglich ist (OLG Köln, StRR 2010, 437 = RVGprofessionell 2011, 15 = NStZ-RR 2010, 326 [Ls.]).

VI. Anfechtung des Gerichtskostenansatzes

1. Verfahren

a) Erinnerung

Gegen den Ansatz der Gerichtskosten durch den Kostenbeamten (vgl. zur Zuständigkeit zum Kostenansatz § 19 GKG) kann nach § 66 Abs. 1 GKG durch den Kostenschuldner (Verurteilter) und durch die Staatskasse **Erinnerung** eingelegt werden. Die Zulässigkeit der Erinnerung hängt weder von einer **Frist** (vgl. aber §§ 5 und 20 GKG) noch von einem bestimmten **Erinnerungswert** ab. Der Kostenbeamte kann der Erinnerung abhelfen. Hilft er der Erinnerung nicht oder nicht vollständig ab, hat er die Sache nach den bundeseinheitlichen geltenden Verwaltungsbestimmungen (vgl. §§ 35 und 45 Kostenverfügung) dem zuständigen Vertreter der Staatskasse vorzulegen. Dieser entscheidet, ob der Kostenansatz im Verwaltungsweg zu ändern oder ob für die Staatskasse ebenfalls Erinnerung einzulegen ist. Für den Fall der Nichtabhilfe veranlasst er die unverzügliche Aktenvorlage an das zur Entscheidung berufene Gericht. 787

Sind die Kosten bei der **Staatsanwaltschaft** angesetzt (vgl. hierzu § 19 Abs. 1 Satz 2 GKG), ist das **Gericht des ersten Rechtszugs zuständig**. Sind die Kosten vom **Gericht** erhoben worden (vgl. § 19 Abs. 2 Satz 2 und 3 GKG), entscheidet dieses Gericht über die Erinnerung. Eine Entscheidungszuständigkeit des **Rechtspflegers** besteht nicht, auch wenn einzelne Positionen des Kostenansatzes durch Tätigkeiten des Rechtspflegers (z.B. Arrestvollziehung) ausgelöst worden sind. Es entscheidet deshalb der Richter, weil ihm in Straf- und Bußgeldsachen die zugrunde liegende und Kosten auslösende Hauptsache übertragen ist (OLG Köln, StraFo 2009, 349).

Ist die zur Entscheidung stehende **Frage von grundsätzlicher Bedeutung**, lässt das Gericht nach § 66 Abs. 2 Satz 2 GKG in der Erinnerungsentscheidung die **Beschwerde** zu. Die Einlegung der Beschwerde ist dann auch ohne Erreichen der gem. § 66 Abs. 2 Satz 1 GKG erforderlichen Beschwerdesumme i.H.v. 200,01 € zulässig. 788

b) Beschwerde und weitere Beschwerde

Die **Beschwerde** ist nach § 66 Abs. 2 GKG zulässig, wenn 789

Gerichtskosten

- der Wert des Beschwerdegegenstands 200,00 € übersteigt, also mindestens 200,01 € beträgt, oder

- die Beschwerde gem. § 66 Abs. 2 Satz 2 GKG zugelassen worden ist.

Die Beschwerde ist an **keine Frist** gebunden (vgl. aber §§ 5 und 20 GKG).

790 Die **weitere Beschwerde** ist nach § 66 Abs. 4 GKG zulässig, wenn

- das LG als Beschwerdegericht entschieden hat und

- die Beschwerde wegen der grundsätzlichen Bedeutung der zur Entscheidung stehenden Frage zugelassen hat.

Die Beschwerde ist an **keine Frist** gebunden.

791 **Erinnerungs- und Beschwerdeverfahren sind sachlich** gerichtsgebührenfrei, vgl. § 66 Abs. 8 Satz 1 GKG. Eine Kostenerstattung findet nicht statt, § 66 Abs. 8 Satz 2 GKG.

c) Prüfungsumfang des Rechtsmittels

792 Mit der Erinnerung/Beschwerde kann **nur** der **Kostenansatz** (§ 19 GKG) beanstandet werden. Die Einwendungen müssen somit im Kostenrecht begründet sein, sodass auch nur eine Verletzung kostenrechtlicher Bestimmungen beanstandet werden kann. Insoweit haben Erinnerungs- und Beschwerdegericht aber eine umfassende Prüfungskompetenz (OLG Koblenz, NStZ-RR 2010, 359).

Mit **substantiierten Einwendungen** muss sich das Gericht im Einzelnen **auseinandersetzen**. Insbesondere muss die Erstattungsfähigkeit der in Ansatz gebrachten Auslagen des Ermittlungsverfahrens auf entsprechende Beanstandung hin im Einzelnen dargelegt werden. Werden diese Auslagen nur in allgemeiner Form beanstandet, ist das i.d.R. nicht erforderlich (OLG Koblenz, NStZ-RR 2010, 359).

2. Rechtsanwaltsvergütung

793 Wird der Rechtsanwalt im Erinnerungs- und Beschwerdeverfahren gegen den Gerichtskostenansatz tätig, erhält er nach Vorbem. 4 Abs. 5 Nr. 1 VV, Vorbem. 5 Abs. 4 Nr. 1 VV und Vorbem. 6.2 Abs. 3 Nr. 1 VV Gebühren nach Teil 3 VV. Es entsteht also die 0,5 Verfahrensgebühr nach Nr. 3500 VV und ggf. eine 0,5 Terminsgebühr nach Nr. 3513 VV. Hierbei handelt es sich um **Wertgebühren** (s. auch Teil A: Gebührensystem, Rn. 651). Auf die Komm. zu Vorbem. 4 VV, Rn. 99 ff. wird verwiesen.

794 Der Rechtsanwalt kann den **Gegenstandswert** für diese nur vom Auftraggeber geschuldeten Gebühren nach § 33 festsetzen lassen (s. auch Teil A: Gegenstandswert, Festsetzung [§ 33], Rn. 666). Der Wert bemisst sich nach dem Umfang der im Erinnerungs- oder Beschwerdeverfahren mit dem Rechtsmittel verfolgten Abänderung des Kostenansatzes (vgl. Vorbem. 4 VV Rn. 102; AnwKomm-RVG/N. Schneider, VV Vorb. 4 Rn. 79).

C. Arbeitshilfen

Muster: Erinnerung gem. § 66 Abs. 1 GKG gegen den Kostenansatz

An das

AG/LG .....

In der Sache

...../.....

Az. .....

lege ich gegen den von der Staatsanwaltschaft in ..... am ..... vorgenommenen Kostenansatz über ..... € für den Verurteilten

Erinnerung

ein.

Dem Verurteilten sind in der angefochtenen Kostenrechnung Dolmetscherkosten i.H.v. 1.000 € in Rechnung gestellt worden. Diese Dolmetscherkosten schuldet der Verurteilte jedoch nicht.

Aus Abs. 4 der Anm. zu Nr. 9005 KV GKG ergibt sich der Grundsatz, dass Dolmetscher- und Übersetzerkosten für einen der deutschen Sprache nicht mächtigen Beschuldigten oder Betroffenen grds. nicht erhoben werden können, wenn Erklärungen oder Schriftstücke übertragen worden sind, auf deren Verständnis der Beschuldigte oder Betroffene zu seiner **Verteidigung** angewiesen oder soweit dies zur Ausübung seiner **strafprozessualen Rechte** erforderlich war (vgl. Art. 6 Abs. 3 Buchst. e) EMRK; OLG Düsseldorf, MDR 1981, 74).

Die Dolmetscherkosten sind durch die Zuziehung eines Dolmetschers zu den Hauptverhandlungsterminen vom .... entstandenen. Der Dolmetscher hat daher die Erklärungen des Gerichts, der Staatsanwaltschaft, der Zeugen und der Sachverständigen in dem Termin übertragen, auf deren Verständnis der Verurteilte zu seiner **Verteidigung** angewiesen war. Mit diesen Kosten darf er daher nicht belastet werden. Es ist auch keine Auferlegung dieser Dolmetscherkosten gem. §§ 464c, 467 Abs. 2, 467a Abs. 1 Satz 2 StPO erfolgt.

Sollte das Gericht dem nicht folgen und der Wert des Beschwerdegegenstands 200 € nicht übersteigen, bitte ich vorsorglich wegen der grundsätzlichen Bedeutung der zur Entscheidung stehenden Frage gem. § 66 Abs. 2 Satz 2 GKG in der Erinnerungsentscheidung

die Beschwerde zuzulassen

Es wird beantragt, den Wert für die Rechtsanwaltsgebühren (vgl. Vorbem. 4 Abs. 5 Nr. 1, Nr. 3500 VV RVG) in der Erinnerungsentscheidung gem. § 33 RVG auf 1.000 € festzusetzen. Das Erinnerungsverfahren ist zwar nach § 66 Abs. 8 GKG gerichtsgebührenfrei und es findet auch keine Kostenerstattung statt, es entstehen jedoch die eingangs genannten Rechtsanwaltsgebühren.

.....

Rechtsanwalt

Gutachten(gebühr) (§ 34)

Siehe auch im Teil A: → Auslagen aus der Staatskasse (§ 46 Abs. 1 und 2), Rn. 140 ff.; → Dolmetscherkosten, Erstattung, Rn. 426 ff.; → Gebührensystem, Rn. 649 ff.; → Gegenstandswert, Festsetzung (§ 33), Rn. 656 ff.; → Kostenfestsetzung und Erstattung in Strafsachen, Rn. 842 ff.; → Rechtsmittel gegen die Vergütungsfestsetzung [§§ 56, 33], Rn. 1115 ff.; → Sicherungsverwahrung/Therapieunterbringung, Rn. 1211 ff.; → Verfahren nach dem Strafvollzugsgesetz und ähnliche Verfahren, Rn. 1441 ff.

Gutachten(gebühr) (§ 34)

§ 34 RVG   Beratung, Gutachten und Mediation

(1) ¹Für einen mündlichen oder schriftlichen Rat oder eine Auskunft (Beratung), die nicht mit einer anderen gebührenpflichtigen Tätigkeit zusammenhängen, für die Ausarbeitung eines schriftlichen Gutachtens und für die Tätigkeit als Mediator soll der Rechtsanwalt auf eine Gebührenvereinbarung hinwirken, soweit in Teil 2 Abschnitt 1 des Vergütungsverzeichnisses keine Gebühren bestimmt sind. ²Wenn keine Vereinbarung getroffen worden ist, erhält der Rechtsanwalt Gebühren nach den Vorschriften des bürgerlichen Rechts. ³Ist im Fall des Satzes 2 der Auftraggeber Verbraucher, beträgt die Gebühr für die Beratung oder für die Ausarbeitung eines schriftlichen Gutachtens jeweils höchstens 250 Euro; § 14 Abs. 1 gilt entsprechend; für ein erstes Beratungsgespräch beträgt die Gebühr jedoch höchstens 190 Euro.

(2) Wenn nichts anderes vereinbart ist, ist die Gebühr für die Beratung auf eine Gebühr für eine sonstige Tätigkeit, die mit der Beratung zusammenhängt, anzurechnen.

Übersicht

		Rn.
A.	Überblick	796
B.	Anmerkungen	797
	I. Rechtsanwalt ist nicht Verteidiger	797
	1. Entstehen der Gebühr	797
	a) Auftrag zur Erstellung/Ausarbeitung eines Gutachtens	797
	b) Abgrenzung zu anderen Vorschriften	801
	2. Höhe der Gebühr	802
	II. Schriftliches Gutachten des Verteidigers	805

A. Überblick

796 Auch im Straf-/Bußgeldverfahren kann der Rechtsanwalt den Auftrag zur Ausarbeitung eines schriftlichen Gutachtens erhalten. An die Stelle der dafür bis zum 01.07.2006 entstandenen „angemessenen Gebühr" nach Nr. 2103 VV a.F. ist im Zuge der Neufassung des § 34 durch Art. 5 KostRMoG der **neu gefasste § 34** getreten, der vom Rechtsanwalt grds. – auch wenn er ein schriftliches Gutachten erstellt – den Abschluss einer „Gebührenvereinbarung" erwartet. Die damit zusammenhängenden allgemeinen Fragen sind dargestellt im Teil A: Beratung/Gutachten, Allgemeines [§ 34], Rn. 223. Im Nachfolgenden werden nur die mit einem Gutachten(auftrag) zusammenhängenden Fragen erläutert.

Gutachten(gebühr) (§ 34)

B. Anmerkungen

I. Rechtsanwalt ist nicht Verteidiger

1. Entstehen der Gebühr

a) Auftrag zur Erstellung/Ausarbeitung eines Gutachtens

§ 34 ist anwendbar, wenn der Rechtsanwalt mit der Erstellung/Ausarbeitung eines schriftlichen Gutachtens beauftragt ist. Das ist der Fall, wenn er den Auftrag erhalten hat, die **Sach-** und **Rechtslage umfassend** zu **würdigen**. § 21 BRAGO – die Vorgängervorschrift zu Nr. 2103 VV a.F. und zu § 34 Abs. 1 – verlangte früher ein „Gutachten mit juristischer Begründung". Diese Voraussetzung ist, weil selbstverständlich, entfallen. 797

Dem Rechtsanwalt muss **ausdrücklich** der **Auftrag** erteilt sein, ein **Gutachten** zu erstellen (vgl. dazu Rn. 799 f.). Auf die Bezeichnung „Gutachten" kommt es jedoch nicht an. Der Rechtsanwalt sollte aber dennoch auf jeden Fall darauf achten, dass der Auftrag klar auf die Erstellung eines Gutachtens gerichtet ist und nicht nur eine Beratung umfasst. Denn nur, wenn er mit der Erstellung eines schriftlichen Gutachtens beauftragt ist, entfällt die Anrechnung nach § 34 Abs. 2 (zur Anrechnung s. Teil A: Beratung/Gutachten, Allgemeines [§ 34], Rn. 253 ff.). 798

Es müssen **folgende Voraussetzungen** erfüllt sein, wenn eine Gutachtengebühr entstehen soll (vgl. auch AnwKomm-RVG/Onderka, § 34 Rn. 28 ff.; Hartung/Römermann/Schons, § 34 Rn. 26 ff.): 799

- Eine **mündliche** oder **telefonische** Äußerung reicht zum Entstehen der Gutachtengebühr **nicht** aus. Vielmehr muss die Ausarbeitung des Gutachtens nach dem ausdrücklichen Wortlaut des § 34 Abs. 1 Satz 1 schriftlich erfolgen („schriftliches Gutachten"). Das schließt die Klassifizierung einer bloß schriftlichen Zusammenfassung einer zuvor mündlich erteilten Auskunft als Gutachten aus.

> **Hinweis:**
> Das Gutachten muss aber **nicht** der **Schriftform** i.S.d. §§ 126 ff. BGB genügen. Das bedeutet, dass eine schriftliche Übersendung nicht erforderlich ist. Ausreichend ist die Weitergabe auf jedem anderen Medium, z.B. auf Diskette, CD, als Anhang einer E-Mail usw.

- Erforderlich ist eine **geordnete Darstellung** des zu **beurteilenden Sachverhalts**, praktisch eine Darstellung des Tatbestands/Sachverhalts, der rechtlich zu beurteilen ist.
- Die **rechtlichen Probleme** sind zu **behandeln**, wobei sich der Rechtsanwalt mit Rechtsprechung und Literatur auseinandersetzen muss, soweit zu dem Fragenkomplex Fundstellen vorliegen. Das bedeutet, dass die Darstellung sich nicht nur in einer Wiedergabe der gefundenen Entscheidungen und Literaturmeinungen erschöpfen darf, sondern der Rechtsanwalt deren Auswirkungen darstellen muss. Das „Gutachten" muss schließlich auf dieser Grundlage eine **eigene Stellungnahme** des Rechtsanwalts enthalten (OLG München, JurBüro 1999, 298), eine Empfehlung ist nicht erforderlich. Fehlt die Stellungnahme des Rechtsanwalts, handelt

Gutachten(gebühr) (§ 34)

es sich lediglich um einen (schriftlichen) Rat bzw. eine Auskunft (Gerold/Schmidt/Mayer, § 34 Rn. 26).

800 **Hinweis:**

Entgegen dem früheren § 21 BRAGO war eine **juristische Begründung** schon in Nr. 2103 VV a.F. und ist damit auch in § 34 Abs. 1 **nicht** mehr ausdrücklich vorgesehen. Das RVG verzichtet darauf, weil i.d.R. jedes Gutachten eines Rechtsanwalts eine juristische Begründung enthalten wird (Burhoff/Kindermann, RVG 2004, Rn. 117).

b)   Abgrenzung zu anderen Vorschriften

801 Der Anwendungsbereich der Gutachtengebühr des § 34 Abs. 1 Satz 1 ist von anderen **vergleichbaren Vergütungstatbeständen** abzugrenzen.
- Der Rechtsanwalt erhält nach § 34 Abs. 1 Satz 1 eine Beratungsgebühr, wenn er einen **Rat erteilt**. Hierbei handelt es sich um eine konkrete Empfehlung, die nur einer kurzen Begründung bedarf. Das Gutachten muss demgegenüber keine Empfehlung enthalten (vgl. auch Teil A: Beratung[sgebühr] [§ 34], Rn. 272).
- Soll der Rechtsanwalt den Auftraggeber über die **Erfolgsaussichten** eines **Rechtsmittels beraten**, gehen die Vorschriften der Nrn. 2102 f. VV als Spezialvorschriften dem § 34 Abs. 1 Satz 1 vor (vgl. Teil A: Beratung über die Erfolgsaussicht eines Rechtsmittels [Nr. 2102 f. VV], Rn. 261).

2.   Höhe der Gebühr

802 Früher erhielt der Rechtsanwalt für die Ausarbeitung des Gutachtens eine **angemessene Gebühr** (vgl. dazu Teil A: Gebührensystem, Rn. 653). Die Höhe der Gebühr bestimmte der Rechtsanwalt unter Berücksichtigung der Kriterien des § 14 Abs. 1, also nach **billigem Ermessen**. Von Bedeutung waren dabei vor allem der Umfang der anwaltlichen Tätigkeit, d.h. der Zeitaufwand für die Erstellung des Gutachtens und die dazu erforderlichen Vorarbeiten als auch die Schwierigkeit der anwaltlichen Tätigkeit. Diese Regelung ist seit dem 01.07.2006 entfallen. Der Rechtsanwalt erhält jetzt für ein schriftliches Gutachten **dieselben Gebühren** wie bei einer **Beratung** (vgl. Teil A: Beratung/Gutachten, Allgemeines [§ 34], Rn. 223).

803 Die Höhe der dem Rechtsanwalt nach § 34 Abs. 1 Satz 1 zustehenden Gebühr kann also **variieren**, je nachdem welche der verschiedenen Vergütungsvarianten des § 34 eingreift. Es gilt:
- Ist eine Gebühr – wie von § 34 Abs. 1 Satz 1 gewünscht – **vereinbart**, ist deren Höhe grds. nur durch §§ 134, 138 BGB beschränkt.
- Ist eine Gebühr **nicht vereinbart**, gilt nach § 34 Abs. 1 Satz 2 das bürgerliche Recht (vgl. dazu Teil A: Beratung/Gutachten, Allgemeines [§ 34], Rn. 230).
- Ist der Mandant „**Verbraucher**", wird die Gebühr nach § 34 Abs. 1 Satz 2 auf höchsten 250,00 € beschränkt (vgl. dazu Teil A: Beratung/Gutachten, Allgemeines [§ 34], Rn. 236).

- Handelt es sich um eine „**Erstberatung**", ist die Gebühr nach § 34 Abs. 1 Satz 2 Halbs. 3 auf höchsten 190,00 € beschränkt (vgl. dazu Teil: Beratung/Gutachten, Allgemeines [§ 34], Rn. 246).

> **Hinweis:**
>
> Die Gutachtengebühr wird **nicht angerechnet**. Die Anrechnungsregelung in § 34 Abs. 2 bezieht sich ausschließlich auf die Beratungsgebühr. Der Rechtsanwalt erhält die Gutachtengebühr also zusätzlich. Er kann sie auch behalten, wenn er anschließend in der Sache/Angelegenheit, in der er das Gutachten erstellt hat, mit der Verteidigung des Auftraggebers beauftragt wird.

804

II. Schriftliches Gutachten des Verteidigers

Ist der Rechtsanwalt bereits mit der Verteidigung beauftragt und erstattet er **im Rahmen** dieser **Verteidigung** ein schriftliches Gutachten für den Mandanten, ist diese Tätigkeit durch die jeweilige **Verfahrensgebühr** (mit) abgegolten. Der Verteidiger erhält die Gutachtengebühr nicht zusätzlich. Etwas anderes gilt nur dann, wenn es sich bei dem Gegenstand des Gutachtens um eine andere Angelegenheit handelt.

805

Beispiel:

Rechtsanwalt R verteidigt den Beschuldigten B, dem eine Trunkenheitsfahrt vorgeworfen wird. B hat bei der Alkoholkontrolle seinen Führerschein nicht abgegeben. Deshalb wird bei ihm eine Hausdurchsuchung durchgeführt. Bei dieser entdecken die Durchsuchungsbeamten Schriften mit angeblich pornografischem Inhalt. Diese werden beschlagnahmt. B beauftragt den R insoweit zunächst damit, die Sach- und Rechtslage zu prüfen und zur Frage des pornografischen Inhalts ein schriftliches Gutachten zu erstatten.

R ist zwar Verteidiger des B. Der Verteidigungsauftrag bezieht sich jedoch (zunächst) nur auf die Trunkenheitsfahrt. Für die Erstattung des in Auftrag gegebenen Gutachtens kann R also, da er in dem Verfahren „Pornografie" noch nicht mit der Verteidigung beauftragt ist, eine Gutachtengebühr nach § 34 abrechnen.

Siehe auch im Teil A: → Beratung/Gutachten, Allgemeines (§ 34), Rn. 223; → Beratung(sgebühr) (§ 34), Rn. 272; → Beratung über die Erfolgsaussicht eines Rechtsmittels (Nrn. 2102 f. VV), Rn. 261; → Beratungshilfe, Rn. 285.

Hebegebühr (Nr. 1009 VV)

Nr.	Gebührentatbestand	Gebühr oder Satz der Gebühr nach § 13 RVG
1009	Hebegebühr	
	1. bis einschließlich 2.500,00 EUR	1,0 %
	2. von dem Mehrbetrag bis einschließlich 10.000,00 EUR	0,5 %

Hebegebühr (Nr. 1009 VV)

3.	von dem Mehrbetrag über 10.000,00 EUR	0,25% des aus- oder zurückgezahlten Betrags – mindestens 1,00 EUR
	(1) Die Gebühr wird für die Auszahlung oder Rückzahlung von entgegengenommenen Geldbeträgen erhoben. (2) Unbare Zahlungen stehen baren Zahlungen gleich. Die Gebühr kann bei der Ablieferung an den Auftraggeber entnommen werden. (3) Ist das Geld in mehreren Beträgen gesondert ausgezahlt oder zurückgezahlt, wird die Gebühr von jedem Betrag besonders erhoben. (4) Für die Ablieferung oder Rücklieferung von Wertpapieren und Kostbarkeiten entsteht die in den Absätzen 1 bis 3 bestimmte Gebühr nach dem Wert. (5) Die Hebegebühr entsteht nicht, soweit Kosten an ein Gericht oder eine Behörde weitergeleitet oder eingezogene Kosten an den Auftraggeber abgeführt oder eingezogene Beträge auf die Vergütung verrechnet werden.	

Übersicht

		Rn.
A.	Überblick	806
B.	Anmerkungen	808
	I. Persönlicher Geltungsbereich	808
	II. Sachlicher Geltungsbereich	810
	1. Aus- und Rückzahlungen	810
	2. Bestehen eines Auftrags	813
	3. Ausschluss der Hebegebühr (Nr. 1009 Anm. 5 VV)	814
	4. Abgeltungsbereich der Hebegebühr	815
	III. Höhe der Hebegebühr	816

A. Überblick

806   Nr. 1009 VV sieht für die Auszahlung oder Rückzahlung von entgegengenommenen Geldbeträgen durch den Rechtsanwalt eine sog. Hebegebühr vor. Die Auszahlung oder Weiterleitung von Zahlungen durch den Rechtsanwalt ist ein eigenes Verwahrungsgeschäft und damit **selbstständige Angelegenheit** i.S.d. § 15 (vgl. Teil A: Angelegenheiten [§§ 15 ff.], Rn. 66; Braun/Schneider, in: Hansens/Braun/Schneider, Teil 6, Rn. 109; AnwKomm-RVG/N. Schneider, VV 1009 Rn. 1 m.w.N.), für die der Rechtsanwalt eine gesonderte Gebühr erhält. Das Einziehen und Weiterleiten von Zahlungen wird weder durch die Grundgebühren (Nrn. 4100, 5100 VV) noch durch die jeweiligen Verfahrensgebühren abgegolten (AnwKomm-RVG/N. Schneider, VV 1009 Rn. 1, 7).

Hebegebühr (Nr. 1009 VV)

> **Hinweis:**
>
> Aus Vorbem. 1 VV ergibt sich, dass grds. auch für den Verteidiger neben den in Teil 4 VV geregelten Pauschgebühren die in Nr. 1009 VV geregelte Hebegebühr für die Aus- oder Rückzahlung von entgegengenommenen Geldbeträgen entsteht. In Strafverfahren spielt die Hebegebühr in der Praxis allerdings keine erhebliche Rolle. Sie kann hier jedoch insbesondere im Zusammenhang mit **Kautionszahlungen** anfallen.

807

B. Anmerkungen

I. Persönlicher Geltungsbereich

Nr. 1009 VV **unterscheidet nicht** zwischen **Wahlanwalt** und **Pflichtverteidiger**. Damit kann die Hebegebühr grds. bei beiden anfallen. Allerdings setzt das Entstehen der Hebegebühr beim **Pflichtverteidiger** eine **besondere Bestellung** voraus. Die „normale" Pflichtverteidigerbestellung erstreckt sich nicht auf Tätigkeiten, für die gesondert Hebegebühren nach Nr. 1009 VV entstehen. Da die der Hebegebühr nach Nr. 1009 VV zugrunde liegende Tätigkeit des Rechtsanwalts als selbstständige gebührenrechtliche Angelegenheit (vgl. Rn. 806) einen besonderen Auftrag (vgl. Rn. 813) voraussetzt, wird dem **Pflichtverteidiger** die Hebegebühr aus der Staatskasse nur dann erstattet, wenn die „normale" **Pflichtverteidigerbestellung** auf die Aus- und Rückzahlung von Geldbeträgen **erweitert** worden ist (OLG Düsseldorf, RVGreport 2005, 306 = AGS 2005, 501; LG Duisburg, AGS 2005, 501; AnwKomm-RVG/N. Schneider, Nr. 1009 Rn. 10; vgl. aber Hartung/Römermann/Schons, VV 1009 VV Rn. 3, wonach es eines besonderen Auftrags nicht bedarf).

808

Beispiel:

Die Wirtschaftsstrafkammer bestellt zur Sicherung der Hauptverhandlung einen Pflichtverteidiger. Der Pflichtverteidiger veranlasst die Auszahlung eines Betrags i.H.v. 250.000,00 € von seinem Konto an den Insolvenzverwalter des Angeklagten zur Schadenswiedergutmachung. Ferner zahlt der Pflichtverteidiger einen weiteren Betrag i.H.v. 100.000,00 € bei der Hinterlegungsstelle des AG als Sicherheit für den Fall der Haftverschonung des Angeklagten ein.

Der Pflichtverteidiger kann für seine Tätigkeit neben der Verfahrensgebühr Nr. 4119 VV und den für die Teilnahme an der Hauptverhandlung entstandenen Terminsgebühren nach Nr. 4121 VV zwei Hebegebühren nach Nr. 1009 VV i.H.v. 287,50 € für die Kautionszahlung über 100.000,00 € und i.H.v. 662,50 € für die Zahlung zur Schadenswiedergutmachung über 250.000,00 € (zur Berechnung vgl. unten Rn. 816) gegen die Staatskasse nur geltend machen, wenn seine Pflichtverteidigerbestellung sich (auch) darauf erstreckt. Das ist i.d.R. ohne besonderen Beschluss nicht der Fall, da die Aus- oder Rückzahlung von entgegengenommenen Geldbeträgen für den Rechtsanwalt eine selbstständige gebührenrechtliche Angelegenheit i.S.v. § 15 darstellt (OLG Düsseldorf, RVGreport 2005, 306 = AGS 2005, 501).

> **Hinweis:**
>
> Der Pflichtverteidiger muss also ggf. die **Erweiterung** seiner Bestellung auch auf die durch Nr. 1009 VV erfassten Tätigkeiten **beantragen** (vgl. OLG Düsseldorf, a.a.O.; LG Duisburg, AGS 2005, 501; **Antragsmuster** bei Teil A: Umfang des Vergütungsanspruch [§ 48 Abs. 1], Rn. 1429).

809

Hebegebühr (Nr. 1009 VV)

II. Sachlicher Geltungsbereich

1. Aus- und Rückzahlungen

810 Nach Nr. 1009 Anm. 1 VV wird die Gebühr für die Auszahlung oder Rückzahlung von entgegengenommenen Geldern erhoben. Der Rechtsanwalt verdient die Hebegebühr also nicht mit der Entgegennahme des Geldes, sondern **erst** mit dessen **Auszahlung** oder **Rückzahlung**. Dazu zählt auch die Hinterlegung des Geldes als Sicherheitsleistung (AnwKomm-RVG/N. Schneider, VV 1009 Rn. 15). Die Hebegebühr kann sowohl für die Auszahlung als auch für die Rückzahlung anfallen (AnwKomm-RVG/N. Schneider, VV 1009 Rn. 16).

811 *Beispiel:*

Die Ehefrau des inhaftierten Mandanten übergibt dem Verteidiger 10.000,00 €, die dieser als Kaution hinterlegt. Nach Aufhebung des Haftbefehls nimmt der Verteidiger das Geld wieder in Empfang und zahlt es an die Ehefrau des Mandanten zurück.

Der Verteidiger kann sowohl für die Einzahlung der Kaution als auch für die Rückzahlung an die Ehefrau des Mandanten jeweils eine Hebegebühr geltend machen. Dass der Rechtsanwalt das Geld von einem Dritten erhalten hat, ist unerheblich (vgl. auch AnwKomm-RVG/N. Schneider, VV 1009 Rn. 16; Gerold/Schmidt/Mayer, VV 1009 Rn. 5).

812 "Zahlungen" meint sowohl Barzahlungen als auch **Überweisungen** (s. Nr. 1009 Anm. 2 VV). Die Hebegebühr entsteht nach Nr. 1009 Anm. 4 VV zudem auch für die Ablieferung von **Wertpapieren** (zum Begriff des Wertpapiers Hartung/Römermann/Schons, Nr. 1009 VV Rn. 9).

2. Bestehen eines Auftrags

813 Die Hebegebühr fällt nur an, wenn der Rechtsanwalt von seinem Mandanten den Auftrag erhalten hat, Geld auszuzahlen (a.A. Hartung/Römermann/Schons, Nr. 1009 VV Rn. 2 f., wonach ein ausdrücklicher Auftrag nicht erforderlich ist). Das kann ein **ausdrücklich** erteilter Auftrag sein. Möglich ist aber auch die **konkludente** Auftragserteilung, so z.B., wenn der Mandant dem Rechtsanwalt Gelder zur Weiterleitung übergibt (Gerold/Schmidt/Mayer, VV 1009 Rn. 3; AnwKomm-RVG/N. Schneider, VV 1009 Rn. 12).

> **Hinweis:**
> Die Bestellung zum **Pflichtverteidiger** umfasst nicht automatisch auch die Tätigkeit im Hinblick auf Auszahlung und Rückzahlung von Geldern (OLG Düsseldorf, RVGreport 2005, 306 = AGS 2005, 501; LG Duisburg, AGS 2005, 501).

3. Ausschluss der Hebegebühr (Nr. 1009 Anm. 5 VV)

814 Nach Nr. 1009 Anm. 5 VV ist das Entstehen der Hebegebühr in **drei Fällen** ausgeschlossen. Das sind (wegen der Einzelh. vgl. AnwKomm-RVG/N. Schneider, VV 1009 Rn. 31 ff. m.w.N.):

- die Weiterleitung von **Kosten** an Gericht oder **Behörde**,
- die Abführung eingezogener **Kosten** an den **Auftraggeber**,
- die **Verrechnung** eingezogener Gelder auf die anwaltliche Vergütung.

Hilfeleistung in Steuersachen (§ 35)

4. Abgeltungsbereich der Hebegebühr

Durch die Hebegebühr werden **alle** mit dem Zahlungsverkehr zusammenhängenden **Tätigkeiten abgegolten** (vgl. AnwKomm-RVG/N. Schneider, VV 1009 Rn. 46 ff.). Daneben kann der Rechtsanwalt auch die **Auslagen** verlangen, die durch die Tätigkeiten entstanden sind (Gerold/Schmidt/Mayer, VV 1009 Rn. 16; AnwKomm-RVG/N. Schneider, VV 1009 Rn. 55 f.).   815

III. Höhe der Hebegebühr

Die Berechnung der Hebegebühr erfolgt nach Nr. 1 bis 3 nach dem **Nennbetrag** der Aus- oder Rückzahlung bzw. nach dem Verkehrswert, wenn es um Wertpapiere oder Kostbarkeiten geht (Nr. 1009 Anm. 4 VV). Eine Erhöhung der Gebühr nach Nr. 1008 VV findet nicht statt (Teil A: Mehrere Auftraggeber [§ 7, Nr. 1008]; Rn. 968). Die Gebühr beträgt: 816

bei Beträgen bis zu 2.500,00 € (Nr. 1)	1 %
von dem Mehrbetrag bis einschließlich 10.000,00 € (Nr. 2)	0,5 %
von dem Mehrbetrag über 10.000,00 € (Nr. 3)	0,25 %

Beispiel:

Der Verteidiger erhält vom Mandanten 15.000,00 €, die für diesen als Kaution hinterlegt werden sollen.

Berechnung der Hebegebühr:

Der Rechtsanwalt erhält:

bis zu dem Betrag		
von 2.500,00 €	*1 % =*	25,00 €
aus dem darüber hinausgehenden Betrag		
bis einschließlich 10.000,00 €	*0,50 % von 7.500,00 €*	<u>37,50 €</u>
aus Betrag über 10.000,00 €	*0,25 % von 5.000,00 €*	<u>12,50 €</u>
		<u>75,00 €</u>

Hilfeleistung in Steuersachen (§ 35)

§ 35 RVG   Hilfeleistung in Steuersachen

Für die Hilfeleistung bei der Erfüllung allgemeiner Steuerpflichten und bei der Erfüllung steuerlicher Buchführungs- und Aufzeichnungspflichten gelten die §§ 23 bis 39 der Steuerberatergebührenverordnung in Verbindung mit den §§ 10 und 13 der Steuerberatergebührenverordnung entsprechend.

	Übersicht	Rn.
A.	Überblick	817
B.	Anmerkungen	818
	I. Regelungsgehalt des § 35	818
	II. Regelungen in der StBGebV	819

Hilfeleistung in Steuersachen (§ 35)

III.	Anwendung auf Straf- und Bußgeldsachen	821
IV.	Höhe der Gebühren	822

Literatur:

Berners, Anwendung des RVG auf die steuerberatenden Berufe – Ein Günstigkeitsvergleich zwischen StBGebV und RVG, NWB, Fach 30, S. 1525; *ders.*, Die Honorarvereinbarung nach der Steuerberatergebührenverordnung, NWB, Fach 30, S. 1647; *ders.*, Die Abrechnung der außergerichtlichen, anwaltlichen Beratung, NWB, Fach 30, S. 1663; *ders.*, Änderung der Steuerberatergebührenverordnung, NWB, Fach 30, S. 1701; *Dikmen/Wollweber*, Selbstanzeige und Honorar – Die gesetzlichen Gebühren nicht nur als Notlösung, Stbg 2011, 29; *Spatscheck/Talaska*, RVG oder StBGebV im steuerstrafrechtlichen Mandat?, PStR 2007, 183.

A. Überblick

817 Nach § 35 ergibt sich die Vergütung des Rechtsanwalts für die Hilfeleistung bei der Erfüllung allgemeiner Steuerpflichten u.a. in **entsprechender Anwendung** der **§§ 23 bis 39 StBGebV** i.V.m. den §§ 10, 13 StBGebV (vgl. auch Hartung/Römermann/Schons, § 35; eingehend zur Anwendung des RVG auf die steuerberatenden Berufe Berners, NWB, Fach 30, S. 1525 ff.).

B. Anmerkungen

I. Regelungsgehalt des § 35

818 § 35 sieht vor, dass für die Hilfeleistung von Rechtsanwälten bei der Erfüllung allgemeiner Steuerpflichten und der Erfüllung steuerlicher Buchführungs- und Aufzeichnungspflichten die **§§ 23 bis 39 StBGebV** i.V.m. §§ 10, 13 StBGebV gelten. Im Übrigen hat § 35 nichts an dem sich aus § 1 Abs. 1 Satz 1 ergebenden Vorrang des RVG bei einem anwaltlichen Mandat geändert (Hartung/Römermann/Schons, § 35 Rn. 4; Spatscheck/Talaska, PStR 2007, 183, 184). Der Verweis in § 35 in die StBGebV greift nur, wenn sich die Tätigkeit nicht unter die Gebührentatbestände des RVG subsumieren lässt.

> **Hinweis:**
>
> **§ 21 StBGebV**, der die beratende Tätigkeit regelt, und **§ 22 StBGebV**, der die gutachterliche Tätigkeit regelt, **gelten** also **nicht**. Insoweit bleibt es bei den entsprechenden Regelungen des RVG.
>
> Wird ggf. der **Steuerberater** im **Strafverfahren** als Verteidiger tätig, sind über § 45 StBGebV die Vorschriften des RVG anwendbar.

II. Regelungen in der StBGebV

819 Grds. kann der Rechtsanwalt u.a. für folgende Tätigkeiten in Steuersachen nach der StBGebV abrechnen (wegen der Einzelh. vgl. die entsprechenden Vorschriften der StBGebV):

- nach § 23 StBGebV bestimmte **Einzeltätigkeiten**,
- nach § 24 StBGebV **Steuererklärungen**,

Hilfeleistung in Steuersachen (§ 35)

- nach §§ 25 ff. StBGebV Tätigkeiten in Zusammenhang mit der Ermittlung von **Überschüssen/Gewinnen**,
- nach § 28 StBGebV die **Prüfung** von Steuerbescheiden,
- nach § 29 StBGebV die Teilnahme an **Außenprüfungen**,
- nach § 30 StBGebV Tätigkeiten im Verfahren der **Selbstanzeige** (zur Abrechnung Dikmen/Wollweber, Stbg 2011, 29),
- nach § 31 StBGebV **Besprechungen** mit Behörden und Dritten,
- nach §§ 32, 33 StBGebV **Buchführungsarbeiten**,
- nach § 34 StBGebV **Lohnbuchführungsarbeiten**,
- nach § 35 StBGebV **Abschlussarbeiten**.

Mit diesen Gebühren sind grds. **alle Vor- und Nacharbeiten abgegolten**, was insbesondere für die Erstellung der Selbstanzeige von Bedeutung ist (Dikmen/Wollweber, Stbg 2011, 29). Zusätzlich abgerechnet werden können aber notwendige steuerliche Vorarbeiten wie die Erstellung der Buchführung. 820

> **Hinweis:**
> Ist weder nach dem RVG noch nach der StBGebV eine Abrechnungsregelung für vom Steuerberater erbrachte Tätigkeiten vorhanden, gelten die allgemeinen Regeln des **BGB** (Anw-Komm-RVG/N. Schneider, § 35 Rn. 1).

III. Anwendung auf Straf- und Bußgeldsachen

Die Frage, ob und ggf. wie über § 35 abgerechnet werden kann, kann auch für den **Rechtsanwalt als Verteidiger Bedeutung** erlangen, obgleich die praktische Bedeutung des § 35 für den als Verteidiger tätigen Rechtsanwalt gering ist. 821

Beispiel:
Dem Mandanten S droht ein Verfahren wegen Steuerhinterziehung nach den §§ 370 ff. AO. Die Taten sind noch nicht entdeckt i.S.d. § 371 AO. S sucht Rechtsanwalt R auf und beauftragt ihn mit der Verteidigung. Rechtsanwalt R rät dem Mandanten zur Selbstanzeige nach § 371 AO. S entschließt sich dazu. Die Selbstanzeige erstellt Rechtsanwalt R auch mit dem Mandanten und erledigt dabei auch Buchführungsarbeiten.

Rechtsanwalt R erhält für seine Tätigkeiten nicht nur die Vergütung nach Teil 4 VV. Die insoweit anfallenden Gebühren decken nur die Tätigkeit als Strafverteidiger ab. Soweit Rechtsanwalt R daneben auch steuerliche Hilfe leistet, erhält er seine Tätigkeiten nach § 35 i.V.m. StBGebV vergütet. Die steuerliche Hilfeleistung ist eine eigene Angelegenheit i.S.d. §§ 15 ff. (zu den Angelegenheiten Teil A: Angelegenheiten [§§ 15 ff.], Rn. 66). Für seine Hilfe kann Rechtsanwalt R also nach § 30 StBGebV 10/10 bis 30/10 einer vollen Gebühr abrechnen. Die Buchführungsarbeiten werden nach den §§ 32 ff. StBGebV vergütet.

IV. Höhe der Gebühren

Bei den Gebühren nach der StBGebV handelt es sich entweder gem. § 10 StBGebV um **Wertgebühren**, die sich nach dem Gegenstandswert und dann nach den Gebührentabellen als Anlage 822

Hinweispflicht (§ 49b Abs. 5 BRAO)

zur StBGebV richten, oder nach § 13 StBGebV um **Zeitgebühren**. Die Zeitgebühr beträgt nach § 13 StBGebV je angefangene halbe Stunde 19,00 € – 46,00 €.

823 Bei der Ermittlung des **Gegenstandswerts** ist auf **Folgendes** zu achten:

- **Umstritten** ist insbesondere die Berechnung des Gegenstandswerts der **Selbstanzeige**, der sich gem. § 10 Abs. 1 Satz 3 StBGebV nach dem Wert des Interesses richtet. Fraglich ist, ob darunter die sich aus der Nacherklärung ergebende Steuerlast oder der Unterschied zwischen den bereits erklärten und den nachgemeldeten Einkünften zu verstehen ist. Rechtsprechung gibt es zu dieser Frage kaum. Das OLG Frankfurt am Main (OLGR 2004, 34) meint, dass die Bruttowerte der nicht erklärten Einkünfte entscheidend seien (s. auch Dikmen/Wollweber, Stbg 2011, 29). Wird eine Selbstanzeige für **mehrere Jahre** erstattet, handelt es sich um eine Angelegenheit mit mehreren Gegenständen, die nach § 10 Abs. 2 StBGebV nicht zusammengerechnet werden.

- **Jede unrichtige Steuererklärung** führt zu einem **eigenständigen Straftatbestand** der Steuerhinterziehung, sodass für jedes Jahr ein zu ändernder Steuerbescheid zu erlassen ist. Das hat zur Folge, dass für jedes Veranlagungsjahr und für jede Steuerart ein neuer Vergütungstatbestand anzunehmen ist.

> **Hinweis:**
>
> Die **Wertermittlung** als Grundlage der Gebührenhöhe ist **umstritten**. Deshalb sollte der Rechtsanwalt in einer **Vergütungsvereinbarung** (§ 3a) die Differenz zwischen der unvollständig erklärten und den nun nacherklärten Einkünften als Gegenstandswert vereinbaren (vgl. dazu Teil A: Vergütungsvereinbarung [§ 3a], Rn. 1502).

Siehe auch im Teil A: → Beratung/Gutachten, Allgemeines, (§ 34), Rn. 272; → Vergütungsvereinbarung (§ 3a), Rn. 1502.

Hinweispflicht (§ 49b Abs. 5 BRAO)

§ 49b BRAO   **Vergütung**

(5) Richten sich die zu erhebenden Gebühren nach dem Gegenstandswert, hat der Rechtsanwalt vor Übernahme des Auftrags hierauf hinzuweisen.

	Übersicht	Rn.
A.	Überblick	824
B.	Anmerkungen	828
	I. Erforderlichkeit des Hinweises in Straf- und Bußgeldsachen	828
	II. Zeitpunkt des Hinweises	830
	III. Umfang der Hinweispflicht	831
	IV. Verstoß gegen die Hinweispflicht	832

Literatur:

Hansens, Praktische Auswirkungen der Hinweispflicht nach § 49b Abs. 5 BRAO, RVGreport 2004, 443; *ders.*, Die neue Hinweispflicht nach § 49b Abs. 5 BRAO, ZAP, Fach 24, S. 885; *Hartmann*, Hinweispflicht

Hinweispflicht (§ 49b Abs. 5 BRAO)

des Anwalts bezüglich Wertgebühren, NJW 2004, 2484; **Hartung**, Die neue Aufklärungspflicht des Rechtsanwalts nach § 49b Abs. 5 BRAO – auch ein vergütungsrechtliches Problem?, MDR 2004, 1092; **Kuhles/Kallenbach**, Hinweispflicht auf den Gegenstandswert, AnwBl. 2010, 125; **Rick**, Die Hinweispflicht nach § 49b Abs. 5 BRAO, AnwBl. 2006, 648; **Schons**, Verletzung der Hinweispflicht des § 49b Absatz 5 BRAO begründet keine Schadensersatzpflicht, AGS 2007, 233; **ders**., Anwaltliche Hinweispflicht auf Abrechnung nach dem Gegenstandswert, AGS 2007, 389; **Steike**, Die Hinweispflicht auf die Abrechnung nach Gegenstandswert, AnwBl. 2008, 55; **Völtz**, § 49b BRAO – Eine vergessene Reform?, BRAK-Mitt. 2004, 103; **von Seltmann**, Hinweis und Informationspflichten des Anwalts nach § 49b Abs. 5 BRAO, NJW-Spezial 2007, 285; **Wolf**, Vergütungsvereinbarung über Erfolgshonorar, JurBüro 2006, 62.

A. Überblick

Grds. schuldet der Rechtsanwalt seinem Auftraggeber **keinen Hinweis** auf die Höhe der anfallenden Gebühren (BGH, AGS 2010, 216). Allerdings kann sich aus besonderen Umständen des Einzelfalles nach Treu und Glauben (§ 242 BGB) eine Pflicht des Rechtsanwalts zur unaufgeforderten Belehrung des Auftraggebers über die voraussichtliche Höhe seiner Vergütung ergeben (BGH, a.a.O.). Letztlich hängt die anwaltliche Pflicht, den Auftraggeber vor Vertragsschluss über die voraussichtliche Höhe der Vergütung aufzuklären, entscheidend davon ab, ob der Rechtsanwalt nach den Umständen des Einzelfalls ein entsprechendes Aufklärungsbedürfnis erkennen konnte und musste (vgl. dazu aus der Rspr. BGH, NJW 1985, 2642; 1998, 3486 = AGS 1998, 177; RVGreport 2006, 95 = FamRZ 2006, 478; zuletzt AGS 2010, 216). 824

Durch das KostRMoG ist 2004 allerdings **§ 49b Abs. 5 BRAO** in die BRAO aufgenommen worden. Danach hat der Rechtsanwalt (nun), wenn sich die zu erhebenden Gebühren nach dem Gegenstandswert richten, den Mandanten vor Übernahme des Auftrags auf diesen Umstand hinzuweisen (zu dieser Hinweispflicht eingehend Hansens, RVGreport 2004, 443; Hartmann, NJW 2004, 2484; Hartung, MDR 2004, 1092; Rick, AnwBl. 2006, 648; Steike, AnwBl. 2008, 55). 825

Hintergrund dieser Verpflichtung des Rechtsanwalts ist es, den **Mandanten** vor allem bei hohen Gegenstandswerten vor **„überraschenden" Abrechnungen** zu **schützen**. Der Gesetzgeber geht davon aus, dass der Mandant, der die Folgen dieser Form der Gebührenberechnung nicht abschätzen kann, den Rechtsanwalt hierzu befragen wird (vgl. dazu BT-Drucks. 15/1971, S. 232). 826

Die Regelung ist im Dritten Teil der BRAO positioniert, in dem die Rechte und Pflichten des Rechtsanwalts geregelt sind. Die Unterrichtungsverpflichtung **konkretisiert** damit die **allgemeine Berufspflicht** des Rechtsanwalts nach § 43a Satz 1 BRAO. Diese verpflichtet den Rechtsanwalt, seinen Beruf gewissenhaft auszuüben. Sie stellt eine besondere Berufspflicht im Zusammenhang mit der Annahme und Wahrnehmung des Auftrags dar und steht damit auch in Zusammenhang mit den Unterrichtungspflichten gem. § 11 BORA, der auf der Grundlage von § 59b Abs. 2 Nr. 5 Buchst. a) BRAO erlassen worden ist (vgl. dazu BT-Drucks. 15/1971, S. 232; zum Normzweck und zur Verfassungsmäßigkeit der Regelung Henssler/Prütting, § 49b Rn. 236 ff.). 827

Hinweispflicht (§ 49b Abs. 5 BRAO)

B. Anmerkungen

I. Erforderlichkeit des Hinweises in Straf- und Bußgeldsachen

828 Die Vorschrift enthält hinsichtlich ihres Anwendungsbereichs **keine Einschränkungen**. Sie ist daher grds. auch in **Straf**- und **Bußgeldsachen** (Teil 4 und 5 VV) und in den sich nach Teil 6 VV richtenden sonstigen Verfahren **anwendbar**, soweit sich die anwaltliche Vergütung nach dem Gegenstandswert richtet (vgl. Rn. 829). Da dies allerdings nur in geringem Umfang der Fall ist, hat die Regelung für das Strafverfahren **nur geringe praktische Bedeutung**.

829 Ein Hinweis des Verteidigers ist jedoch **erforderlich**:
- bei einer Tätigkeit des Rechtsanwalts im Hinblick auf **Einziehung** und verwandte Maßnahmen (Nrn. 4142 und 5116 VV),
- bei einer Tätigkeit im Verfahren über vermögensrechtliche Ansprüche des Verletzten oder seines Erben (**Adhäsionsverfahren**, Nrn. 4143, 4144 VV, vgl. auch Vorbem. 4.3 Abs. 2 VV),
- für die Tätigkeit im Verfahren über einen Antrag auf gerichtliche Entscheidung oder über die Beschwerde gegen eine den Rechtszug beendende Entscheidung nach den **§§ 25 Abs. 1 Satz 3 bis 5, 13 StrRehaG** (Nr. 4145 VV).
- für die Tätigkeit im **Erinnerungs**- und **Beschwerdeverfahren** gegen den **Gerichtskostenansatz** und gegen einen Kostenfestsetzungsbeschluss (vgl. Vorbem. 4 Abs. 5 Nr. 1 VV, Vorbem. 5 Abs. 4 Nr. 1 VV und Vorbem. 6.2 Abs. 3 Nr. 1 VV),
- für die Tätigkeit in der **Zwangsvollstreckung** aus Entscheidungen, die über einen aus der Straftat erwachsenen vermögensrechtlichen Anspruch oder über die Erstattung von Kosten (Kostenfestsetzungsbeschluss) ergangen sind und für das Beschwerdeverfahren gegen diese Entscheidung (vgl. Vorbem. 4 Abs. 5 Nr. 2 VV, Vorbem. 5 Abs. 4 Nr. 2 VV und Vorbem. 6.2 Abs. 3 Nr. 2 VV).

> **Hinweis:**
> Ferner können in diesen Verfahren ggf. die **Einigungsgebühr** nach den Nrn. 1000, 1003 ff. VV sowie die Gebühr für die Vertretung mehrerer Auftraggeber nach Nr. 1008 VV entstehen (Vorbem. 1 VV), die sich nach dem Gegenstandswert richten. Auch insoweit besteht dann eine **Hinweispflicht** des Rechtsanwalts/Verteidigers.

II. Zeitpunkt des Hinweises

830 Nach § 49b Abs. 5 BRAO muss der Rechtsanwalt den Mandanten grds. **vor der Übernahme** des Mandats **auf den Aspekt** hinweisen, dass sich die Gebühren nach dem Gegenstandswert richten (Henssler/Prütting, § 49b Rn. 247). Ist zu diesem Zeitpunkt noch **nicht erkennbar**, ob und ggf. welche der o.a. Gebührentatbestände entstehen werden, besteht keine Hinweispflicht. Diese entsteht erst später, wenn erkennbar ist, dass nun auch Gebühren entstehen (können), die sich nach dem Gegenstandswert richten (s. auch Henssler/Prütting, § 49b Rn. 249; a.A. Hartung, MDR 2004, 1092, 1093 unter Hinweis auf den Wortlaut „vor Übernahme des Auftrags").

Hinweispflicht (§ 49b Abs. 5 BRAO)

Beispiel:

Dem Beschuldigten B wird die Teilnahme an einer Schlägerei vorgeworfen, bei der der Geschädigte N erheblich verletzt worden ist. B beauftragt Rechtsanwalt R mit seiner Verteidigung. Nach Anklageerhebung schließt sich der Geschädigte N dem Verfahren als Nebenkläger an. Er macht zugleich nach den §§ 404 ff. StPO Schadensersatz- und Schmerzensgeldansprüche i.H.v. 12.500,00 € geltend. R musste den B nicht bereits bei Übernahme des Mandats auf die Gebührenregelungen in Nr. 4143 VV aufmerksam machen. Diese Pflicht entstand erst, nachdem N die Ansprüche im Adhäsionsverfahren anhängig gemacht hat.

> **Hinweis:**
>
> Der Rechtsanwalt/Verteidiger sollte in der **Handakte** den **Zeitpunkt festhalten**, an dem er den Mandaten auf eine Abrechnung nach dem Gegenstandswert hingewiesen hat (Hansens, RVGreport 2004, 443, 445; Hartung, MDR 2004, 1093; Kuhles/Kallenbach, AnwBl. 2010, 125).
>
> Er sollte sich ggf. auch vom Mandanten **bestätigen lassen**, dass der den Hinweis erteilt hat. Dafür dürfte z.B. folgender Text genügen (nach Hansens, RVGreport 2004, 443, 446):
>
> „Ich bin von Rechtsanwalt ... darauf hingewiesen worden, dass sich seine Gebühren im Hinblick auf die von der Nebenklägerin im Adhäsionsverfahren geltend gemachte Schmerzensgeldforderung nach dem Gegenstandswert richten.
>
> (Ort, Datum, Unterschrift des Auftraggebers)".

III. Umfang der Hinweispflicht

§ 49b Abs. 5 BRAO lässt offen, in welchem Umfang der Rechtsanwalt den Mandanten unterrichten muss. Nach dem Wortlaut ist auf jeden Fall die Information darüber erforderlich, dass sich die Gebühren nun ggf. teilweise auch nach dem Gegenstandswert richten. Es reicht eine **pauschale Information** aus, um den Anforderungen zu entsprechen (Henssler/Prütting, § 49b Rn. 244; Hansens, RVGreport 2004, 443, 446). Zu mehr als zu einem pauschalen Hinweis ist der Rechtsanwalt/Verteidiger i.d.R. auch nicht in der Lage, da ihm die Höhe des Gegenstandswerts zu diesem Zeitpunkt meist nicht bekannt sein dürfte (Hartung, MDR 2004, 1092, 1093). Die Hinweispflicht soll nur dazu führen, dass der Mandant, der die Folgen dieser Form der Gebührenberechnung nicht abschätzen kann, den Rechtsanwalt dann dazu befragt (vgl. dazu BT-Drucks. 15/1971, S. 232). Dieses Ziel wird mit einem pauschalen Hinweis erreicht (krit. dazu Hartung, MDR 2004, 1092; wie hier Henssler/Prütting, a.a.O.). **Nicht ausreichend** ist aber die bloße Mitteilung, dass sich die Vergütung „nach dem RVG richte" (LG Kiel, SchlHA 2009, 93).

831

IV. Verstoß gegen die Hinweispflicht

Bei der Hinweispflicht handelt es sich um eine berufsrechtliche Pflicht des Rechtsanwalts (vgl. oben Rn. 827). Das bedeutet, dass ein **Verstoß** gegen diese Pflicht **berufsrechtliche Konsequenzen** haben kann (vgl. dazu Henssler/Prütting, § 49b Rn. 258; Hansens, RVGreport 2004, 443, 448; Hartung, MDR 2004, 1092, 1093; s. aber auch Rick, AnwBl. 2006, 648, 651). Das Entstehen der Gebühr bleibt von einem Verstoß aber ebenso unberührt wie die Frage der Ein-

832

Kostenfestsetzung und Erstattung in Bußgeldsachen

forderbarkeit der jeweiligen Gebühr (Hansens, RVGreport 2004, 443, 448). Ein Verstoß gegen die Hinweispflicht kann jedoch zu einem **Schadensersatzanspruch** des Mandanten gegenüber dem Rechtsanwalt/Verteidiger führen (BGH, NJW 2007, 2332 = AGS 2007, 386; 2008, 371 = AGS 2008, 9; OLG Brandenburg, JurBüro 2008, 364 = AGS 2009, 315; LG Berlin, AGS 2007, 390; LG Kiel, SchlHA 2009, 93; Henssler/Prütting, § 49b Rn. 260 m.w.N. aus der Lit.; Hansens, RVGreport 2004, 443, 448 m.w.N.; Hartmann, NJW 2004, 2484; s. aber Hartung, MDR 2004, 1092, 1094, der insoweit den Kausalitätsnachweis für schwierig hält; a.A. AG Charlottenburg, AGS 2007, 233 m. Anm. Schons; Völz, BRAK-Mitt. 2004, 103 f.). Die Beweislast für die Verletzung der Hinweispflicht trifft den Mandanten (BGH, a.a.O.).

> **Hinweis:**
> Der Verstoß gegen die Hinweispflicht kann **nicht** im Festsetzungsverfahren nach § 11 geltend gemacht werden (OVG Schleswig-Holstein, NJW 2007, 2204 = AGS 2007, 570).

Kostenfestsetzung und Erstattung in Bußgeldsachen

§ 46 OWiG   Anwendung der Vorschriften über das Strafverfahren

(1) Für das Bußgeldverfahren gelten, soweit dieses Gesetz nichts anderes bestimmt, sinngemäß die Vorschriften der allgemeinen Gesetze über das Strafverfahren, namentlich der Strafprozessordnung, des Gerichtsverfassungsgesetzes und des Jugendgerichtsgesetzes.

(2-8) ...

§ 106 OWiG   Kostenfestsetzung

(1) Die Höhe der Kosten und Auslagen, die ein Beteiligter einem anderen zu erstatten hat, wird auf Antrag durch die Verwaltungsbehörde festgesetzt. Auf Antrag ist auszusprechen, dass die festgesetzten Kosten und Auslagen von der Anbringung des Festsetzungsantrages an entsprechend § 104 Abs. 1 Satz 2 der Zivilprozessordnung zu verzinsen sind. Dem Festsetzungsantrag sind eine Berechnung der dem Antragsteller entstandenen Kosten, eine zur Mitteilung an den anderen Beteiligten bestimmte Abschrift und die Belege zur Rechtfertigung der einzelnen Ansätze beizufügen. Zur Berücksichtigung eines Ansatzes genügt es, dass er glaubhaft gemacht ist. Hinsichtlich der einem Rechtsanwalt erwachsenen Auslagen für Post- und Telekommunikationsdienstleistungen genügt die Versicherung des Rechtsanwalts, daß die Auslagen entstanden sind.

(2) Für die Zwangsvollstreckung aus dem Kostenfestsetzungsbescheid gelten die Vorschriften der Zivilprozessordnung über die Zwangsvollstreckung aus Kostenfestsetzungsbeschlüssen sinngemäß. Die Zwangsvollstreckung ist erst zulässig, wenn der Kostenfestsetzungsbescheid unanfechtbar geworden ist. Die vollstreckbare Ausfertigung wird vom Urkundsbeamten der Geschäftsstelle des nach § 68 zuständigen Gerichts erteilt.

Kostenfestsetzung und Erstattung in Bußgeldsachen

§ 108a OWiG   Verfahren der Staatsanwaltschaft

(1) Stellt die Staatsanwaltschaft nach Einspruch gegen den Bußgeldbescheid das Verfahren ein, bevor sie die Akten dem Gericht vorlegt, so trifft sie die Entscheidungen nach § 467a Abs. 1 und 2 der Strafprozessordnung.

(2) Gegen die Entscheidung der Staatsanwaltschaft kann innerhalb von zwei Wochen nach Zustellung gerichtliche Entscheidung beantragt werden; § 50 Abs. 2 sowie die §§ 52 und 62 Abs. 2 gelten entsprechend.

(3) Die Entscheidung über den Festsetzungsantrag (§ 464b Satz 1 der Strafprozessordnung) trifft der Urkundsbeamte der Geschäftsstelle der Staatsanwaltschaft. Über die Erinnerung gegen den Festsetzungsbeschluss des Urkundsbeamten der Geschäftsstelle entscheidet das nach § 68 zuständige Gericht.

Übersicht

		Rn.
A.	Überblick	833
B.	Anmerkungen	834
	I. Kostengrundentscheidung	834
	II. Umfang des Erstattungsanspruchs	835
	1. Grundlage	835
	2. Ausnahme von der Erstattungspflicht (§ 109a Abs. 1 OWiG)	836
	3. Vermeidbare Kosten in Bußgeldsachen (§ 109a Abs. 2 OWiG)	837
	4. Mehrere Verteidiger	839
	5. Kosten eines Privatgutachtens	840
	III. Kostenfestsetzungsbeschluss und Rechtsschutzversicherung	841

Literatur:

Meyer, Anwaltsvergütung für Anträge auf gerichtliche Entscheidung gegen einen Kostenbescheid nach § 25a StVG (Halterhaftung), SVR 2008, 94; s. im Übrigen die Hinweise bei Teil A: Kostenfestsetzung und Erstattung in Strafsachen, vor Rn. 842.

A. Überblick

Trifft das **Gericht** im **Bußgeldverfahren** eine Kosten- und Auslagenentscheidung zulasten eines Beteiligten, findet für das gerichtliche Kostenfestsetzungsverfahren § 464b StPO gem. § 46 Abs. 1 OWiG sinngemäß Anwendung (OLG Hamm, 12.07.2007 – 4 Ws 247/07, JurionRS 2007, 43178). Nach § 464b Satz 1 StPO wird die Höhe der Kosten und Auslagen, die ein Beteiligter einem anderen Beteiligten zu erstatten hat, auf Antrag eines Beteiligten durch das Gericht des ersten Rechtszuges festgesetzt. Wird die Kosten- und Auslagenentscheidung gem. § 105 OWiG von der **Verwaltungsbehörde** erlassen, gilt für das Kostenfestsetzungsverfahren in **Bußgeldsachen** § 106 OWiG. Die Kostenfestsetzung erfolgt danach durch die **Verwaltungsbehörde** (zur Anwaltsvergütung für Anträge auf gerichtliche Entscheidung gegen einen Kostenbescheid nach § 25a StVG [**Halterhaftung**] und zur etwaigen Kostenfestsetzung vgl. Meyer, SVR 2008, 94). Stellt die **Staatsanwaltschaft** das Bußgeldverfahren nach Einlegung des Einspruchs und vor Aktenvorlage an das Gericht ein, trifft die Staatsanwaltschaft die Kosten- und Auslagenentscheidung. Die Kostenfestsetzung erfolgt gem. § 108a Abs. 3 OWiG durch den **Urkundsbeamten** der Geschäftsstelle der Staatsanwaltschaft. Dessen Aufgabe ist gem. § 21 Nr. 1 RpflG dem **Rechtspfleger** übertragen.

833

Kostenfestsetzung und Erstattung in Bußgeldsachen

Hinsichtlich des Kostenfestsetzungsverfahrens und der zu erstattenden notwendigen Auslagen in Bußgeldsachen gelten die Erläuterungen. in Teil A: Kostenfestsetzung und **Erstattung** in **Strafsachen**, Rn. 842 ff. **entsprechend**. Nachfolgend werden die für das Kostenfestsetzungsverfahren in Bußgeldsachen bestehenden Besonderheiten dargestellt.

B. Anmerkungen

I. Kostengrundentscheidung

834 Voraussetzung für Kostenfestsetzung und Erstattung ist eine sog. Kostengrundentscheidung in einer Kostenentscheidung (zur Kostengrundentscheidung vgl. auch Vorbem. 5 Rn. 9 und Burhoff/Gübner, OWi, Rn. 1842). Die Anordnung der Erstattung von notwendigen Auslagen eines Beteiligten in **Bußgeldsachen** ist u.a. vorgesehen in **§§ 105 Abs. 1, 108a Abs. 1, 47 Abs. 2, 46 OWiG** (Anwendung der StPO-Vorschriften über die Kostenentscheidung), **§§ 467a, 467 Abs. 4 StPO** (vgl. zur Kostenentscheidung bei Einstellung nach § 47 OWiG auch Burhoff/Gieg, OWi, Rn. 748 ff.). Insbesondere gilt: Endet das Bußgeldverfahren vor Erlass eines Bußgeldbescheids, ist eine Erstattung der notwendigen Auslagen generell ausgeschlossen. Unterbleibt eine Ahndung, trägt i.d.R. die Staatskasse die Verfahrenskosten und die notwendigen Auslagen des Betroffenen. Bei Fehlen einer Auslagenentscheidung zugunsten des Betroffenen trägt diese nicht die Staatskasse, sondern der Beteiligte. Maßgeblich ist stets die letzte Kostenentscheidung (Burhoff/Gübner, OWi, Rn. 1845).

Von der Kostengrundentscheidung ist das **Kostenfestsetzungsverfahren zu trennen**. Das Festsetzungsverfahren dient nur zur betragsmäßigen Bestimmung der von einem Beteiligten nach der Kostengrundentscheidung zu erstattenden notwendigen Ausklagen (Burhoff/Gübner, OWi, Rn. 1843).

Im Übrigen gelten über § 46 OWiG die für Strafsachen geltenden Vorschriften in §§ 464 ff. StPO.

II. Umfang des Erstattungsanspruchs

1. Grundlage

835 Der Umfang der von einem Beteiligten zu erstattenden notwendigen Auslagen ergibt sich auch im Bußgeldverfahren über § 46 Abs. 1 OWiG aus **§ 464a Abs. 2 StPO**. Nach Nr. 2 sind die Gebühren und Auslagen eines Rechtsanwalts zu erstatten, soweit sie nach § 91 Abs. 2 ZPO **erstattungsfähig** sind. Die Gebühren und Auslagen eines Rechtsanwalts für eine nach dem OWiG **zulässige Tätigkeit** gehören daher immer zu den **notwendigen Auslagen** des Erstattungsberechtigten, soweit sie nach § 91 Abs. 2 ZPO zu erstatten sind. Es kann daher von dem erstattungspflichtigen Beteiligten nicht eingewandt werden, dass der erstattungsberechtigte Beteiligte sich hätte selbst verteidigen können.

Im Übrigen gelten die Ausführungen im Teil A: Kostenfestsetzung und Erstattung in Strafsachen, Rn. 862 ff. entsprechend.

2. Ausnahme von der Erstattungspflicht (§ 109a Abs. 1 OWiG)

Eine Einschränkung bei der Erstattung der Anwaltskosten ergibt sich aus **§ 109a Abs. 1 OWiG**. Bei Festsetzung einer Geldbuße **bis zu 10,00 €** im **Bußgeldverfahren** gehört die Vergütung eines Rechtsanwalts gem. § 109a Abs. 1 OWiG nur dann zu den notwendigen Auslagen, wenn wegen der schwierigen Sach- oder Rechtslage oder der Bedeutung der Sache für den Betroffenen die Beauftragung eines Rechtsanwalts geboten war (vgl. BVerfG NJW 1994, 1855 = VRS 88, 81). Das kann z.B. dann der Fall sein, wenn von dem Ausgang des Bußgeldverfahrens Schadensersatzansprüche abhängen (vgl. AnwKomm-RVG/N. Schneider, Vor VV Teil 5, Rn. 40; BT-Drucks. 10/5083, S. 23), wenn abweichende Zeugenaussagen vorliegen (LG Freiburg, NStZ 1990, 287) oder die Rechtslage noch nicht geklärt ist (vgl. KK/Schmehl, § 109a Rn. 5). Die Sach- und Rechtslage ist einfach gelagert und die Zuziehung eines Verteidigers nicht geboten, wenn es allein um die Frage geht, ob der Betroffene einen Parkschein gelöst und sichtbar in das Fahrzeug gelegt hat. Eine andere Beurteilung ist auch nicht dadurch gerechtfertigt, dass die Verwaltungsbehörde dem Betroffenen nicht glaubt und in der Hauptverhandlung Zeugen vernommen werden (LG Osnabrück, JurBüro 2009, 646).

836

> **Hinweis:**
>
> Die Auslagenentscheidung gem. § 109a Abs. 1 OWiG ist vom **Rechtspfleger** im Rahmen des Kostenfestsetzungsverfahrens zu treffen (so OLG Hamm, 12.07.2007 – 4 Ws 247/07, JurionRS 2007, 43178; LG Freiburg, NStZ 1990, 288). Dort wird entschieden, ob wegen der schwierigen Sach- oder Rechtslage oder der Bedeutung der Sache für den Betroffenen die Beauftragung eines Rechtsanwalts geboten war. § 109a Abs. 1 OWiG ist im **Kostenfestsetzungsverfahren** stets zu berücksichtigen (KK/Schmehl, § 109a Rn. 2).

3. Vermeidbare Kosten in Bußgeldsachen (§ 109a Abs. 2 OWiG)

Eine **Sonderregelung** für das Bußgeldverfahren enthält **§ 109a Abs. 2 OWiG**. Danach kann davon abgesehen werden, Auslagen, die der Betroffene durch ein rechtzeitiges Vorbringen entlastender Umstände hätte vermeiden können, der Staatskasse aufzuerlegen (wegen der Einzelh. Göhler, OWiG, § 109a Rn. 7 ff. m.w.N.; Krumm, VRR 2008, 289). Diese Regelung ist schon bei der Auslagenentscheidung zu berücksichtigen (Göhler, OWiG, § 109a Rn. 1). Eine Entscheidung nach § 109a Abs. 2 OWiG kann daher z.B. ergehen, wenn ein den Betroffenen entlastender und bekannter Umstand vom Betroffenen bzw. vom Verteidiger erst in der Hauptverhandlung bekannt gemacht wird (vgl. LG Berlin, NStZ-RR 2009, 160).

837

In Rechtsprechung und Schrifttum ist allerdings **umstritten**, ob **vermeidbare Kosten** als **erstattungsfähige notwendige Auslagen** angerechnet werden können, auf die dann ggf. § 109a Abs. 1 OWiG anzuwenden wäre (dafür: LG Zweibrücken, Rpfleger 1979, 344; KK OWiG – Schmehl, § 109a Rn. 6; dagegen: LG Freiburg, StraFo 1995, 121; LG Koblenz, JurBüro 1989, 842 m. abl. Anm. Mümmler; LG Wuppertal, JurBüro 1989, 242). Das ist jedoch abzulehnen. Die Regelung in § 109a Abs. 2 OWiG spricht dafür, dass vermeidbare Kosten nur in den Kostengrundentscheidungen ausgenommen werden können (vgl. dazu LG Düsseldorf, StraFo 2005, 264).

838

Kostenfestsetzung und Erstattung in Bußgeldsachen

Eine in der Kostengrundentscheidung fehlende **Beschränkung** der Auslagenerstattung gem. § 109a Abs. 2 OWiG kann daher im Kostenfestsetzungsverfahren **nicht nachgeholt** werden (vgl. KK OWiG/Schmehl, § 109a Rn. 2 m.w.N.; LG Koblenz, zfs 1992, 134; AG Leverkusen, zfs 1997, 308; a.A. offenbar LG Göttingen, VRR 2006, 239 = RVGprofessionell 2006, 66; LG Düsseldorf, 11.11.2010, 61 Qs 85/10 Buk, n.v., bei Vorbringen von entlastenden Umständen erst im Hauptverhandlungstermin).

Die Verlagerung der Entscheidung über die Vermeidbarkeit von Kosten in das Kostenfestsetzungsverfahren birgt auch nicht zuletzt deshalb **Probleme**, weil im Kostenfestsetzungsverfahren naturgemäß höher gewichtete kostenrechtliche Belange mit strafprozessualen Rechten des Betroffenen zusammentreffen (Schweigerecht, Selbstbelastungsfreiheit). Auch die gewählte Verteidigerstrategie wird dann letztlich im Kostenfestsetzungsverfahren einer Überprüfung unterzogen (vgl. Burhoff, RVGprofessionell 2006, 66). Auch das LG Göttingen (VRR 2006, 239 = RVGprofessionell 2006, 66 m. abl. Anm. Volpert) verkennt in seiner Entscheidung nicht, dass es im Hinblick auf das Schweigerecht jedes Betroffenen und die prozessuale Garantie umfassender Verteidigungsfreiheit durchaus problematisch ist, zulässiges Verteidigerhandeln kostenrechtlich als nicht notwendig zu qualifizieren (so auch Mümmler, JurBüro 1989, 844). Nach Auffassung des LG Göttingen soll dies jedoch nicht für Erklärungen zum Vorliegen eines formellen Verfahrenshindernisses wie der Verjährung gelten.

> **Hinweis:**
> Jedenfalls in den Fällen, in denen die Verwaltungsbehörde die den Betroffenen entlastenden Umstände bei der ihr obliegenden **Sachaufklärung** hätte selbst feststellen können, führt das Schweigen des Betroffenen aber nicht zu einer Entscheidung nach § 109a Abs. 2 OWiG (vgl. AG Langen, zfs 2000, 265).

4. Mehrere Verteidiger

839 Auch im Bußgeldverfahren gilt der Grundsatz, dass im Rahmen der notwendigen Auslagen grds. **nur** die **Kosten für einen Wahlverteidiger** erstattet werden. Gem. §§ 46 OWiG, 464a Abs. 2 Nr. 2 StPO, 91 Abs. 2 Satz 2 ZPO werden die Kosten mehrerer Verteidiger außer bei einem **notwendigen Verteidigerwechsel** nur insoweit erstattet, als sie die Kosten eines Verteidigers nicht überschreiten. Zwar können auch hier gem. § 137 StPO **bis zu drei Verteidiger** gewählt werden. Aus § 137 StPO folgt aber nicht, dass dem Beschuldigten die durch die Vertretung von drei Verteidigern entstandenen Kosten insgesamt zu erstatten wären; das gilt grds. auch in schwierigen oder umfangreichen Verfahren (LG Kassel, zfs 2008, 584 = AGS 2008, 579; vgl. auch BVerfG, NJW 2004, 3319).

5. Kosten eines Privatgutachtens

840 Zur Erstattungsfähigkeit der Kosten für ein vom Betroffenen selbst eingeholtes Sachverständigengutachten vgl. zunächst Teil A: Kostenfestsetzung und Erstattung in Strafsachen, Rn. 902.

In Bußgeldsachen sind **Besonderheiten** bei der Beurteilung der Erstattungsfähigkeit zu berücksichtigten. Denn Beweisanträge auf Einholung eines weiteren Gutachtens können nach Maßgabe des § 244 Abs. 4 Satz 2 StPO i.V.m. § 46 Abs. 1 OWiG abgelehnt werden. Ferner kann ein Beweisantrag gem. § 77 Abs. 2 Nr. 1 OWiG abgelehnt werden, wenn aus Sicht des Gerichts die Beweiserhebung zur Erforschung der Wahrheit nicht erforderlich ist. Vor diesem Hintergrund ist es fraglich, ob dem Betroffenen wie im Strafverfahren zugemutet werden kann, die Beweisaufnahme in der Hauptverhandlung und damit auch eine Entscheidung über den Beweisantrag abzuwarten. Denn je geringer die Anforderungen an die Ablehnung eines Beweisantrages sind, desto eher besteht die Notwendigkeit für den Betroffenen vor der Hauptverhandlung tätig zu werden und Beweismittel zu beschaffen, mit denen sich das Gericht dann zu befassen hat. Deshalb kann es je nach Einzelfall geboten sein, die Erstattungsfähigkeit in Bußgeldsachen nicht nach den strafprozessualen Grundsätzen zu beurteilen. Die Auslagen des Betroffenen für ein Sachverständigengutachten zur Vorbereitung der Hauptverhandlung sind deshalb zu erstatten, wenn dem Betroffenen nicht zugemutet werden kann, zunächst den Ausgang der Beweisaufnahme abzuwarten (LG Hamburg, VRR 2008, 237 m. zust. Anm. Gübner).

III. Kostenfestsetzungsbeschluss und Rechtsschutzversicherung

Der vom Gericht in einer Bußgeldsache erlassene Kostenfestsetzungsbeschluss hat **keine Bindungswirkung** für die dem Freigesprochenen ggf. noch durch seine **Rechtsschutzversicherung** zu erstattenden Kosten (AG Charlottenburg, AGS 2010, 466; AG Wiesbaden, AGS 2008, 626 = RVGreport 2009, 239 = VRR 2009, 160; **a.A.** aber AG Aachen, RVGreport 2009, 79 = AGS 2009, 359; AG Dresden, AGS 2010, 571 und AG Bremen, AGS 2010, 571 m. abl. Anm. Schneider). Denn der Vergütungsanspruch des Rechtsanwalts gegen seinen Mandanten bzw. die dahinter stehende Rechtsschutzversicherung kann hinter dem Erstattungsanspruch gegen die Staatskasse, dessen Höhe nach §§ 46 OWiG, 464a Abs. 2 Nr. 2 StPO, 91 Abs. 2 ZPO zu beurteilen ist, zurückbleiben.

841

Kostenfestsetzung und Erstattung in Strafsachen

§ 464b StPO   Festsetzung der Höhe der Kosten und Auslagen

Die Höhe der Kosten und Auslagen, die ein Beteiligter einem anderen Beteiligten zu erstatten hat, wird auf Antrag eines Beteiligten durch das Gericht des ersten Rechtszuges festgesetzt. Auf Antrag ist auszusprechen, dass die festgesetzten Kosten und Auslagen von der Anbringung des Festsetzungsantrags an zu verzinsen sind. Auf die Höhe des Zinssatzes, das Verfahren und auf die Vollstreckung der Entscheidung sind die Vorschriften der Zivilprozessordnung entsprechend anzuwenden.

§ 103 ZPO   Kostenfestsetzungsgrundlage; Kostenfestsetzungsantrag

(1) Der Anspruch auf Erstattung der Prozesskosten kann nur auf Grund eines zur Zwangsvollstreckung geeigneten Titels geltend gemacht werden.

| A. Vergütungs-ABC | B. Kommentar |

Kostenfestsetzung und Erstattung in Strafsachen

(2) Der Antrag auf Festsetzung des zu erstattenden Betrages ist bei dem Gericht des ersten Rechtszuges anzubringen. Die Kostenberechnung, ihre zur Mitteilung an den Gegner bestimmte Abschrift und die zur Rechtfertigung der einzelnen Ansätze dienenden Belege sind beizufügen.

§ 104 ZPO Kostenfestsetzungsverfahren

(1) Über den Festsetzungsantrag entscheidet das Gericht des ersten Rechtszuges. Auf Antrag ist auszusprechen, dass die festgesetzten Kosten vom Eingang des Festsetzungsantrags, im Falle des § 105 Abs. 3 von der Verkündung des Urteils ab mit fünf Prozentpunkten über dem Basiszinssatz nach § 247 des Bürgerlichen Gesetzbuchs zu verzinsen sind. Die Entscheidung ist, sofern dem Antrag ganz oder teilweise entsprochen wird, dem Gegner des Antragstellers unter Beifügung einer Abschrift der Kostenrechnung von Amts wegen zuzustellen. Dem Antragsteller ist die Entscheidung nur dann von Amts wegen zuzustellen, wenn der Antrag ganz oder teilweise zurückgewiesen wird; im Übrigen ergeht die Mitteilung formlos.

(2) Zur Berücksichtigung eines Ansatzes genügt, dass er glaubhaft gemacht ist. Hinsichtlich der einem Rechtsanwalt erwachsenden Auslagen für Post- und Telekommunikationsdienstleistungen genügt die Versicherung des Rechtsanwalts, dass diese Auslagen entstanden sind. Zur Berücksichtigung von Umsatzsteuerbeträgen genügt die Erklärung des Antragstellers, dass er die Beträge nicht als Vorsteuer abziehen kann.

(3) Gegen die Entscheidung findet sofortige Beschwerde statt. Das Beschwerdegericht kann das Verfahren aussetzen, bis die Entscheidung, auf die der Festsetzungsantrag gestützt wird, rechtskräftig ist.

Übersicht

	Rn.
A. Überblick	842
B. Anmerkungen	845
I. Kostengrundentscheidung	845
1. Rechtskräftige Kostengrundentscheidung	845
2. Überflüssige Kostengrundentscheidung	847
3. Fehlen einer Kostengrundentscheidung	848
a) Grundsatz	848
b) Ergänzung der Auslagenentscheidung	849
c) Kostenfestsetzungsantrag als sofortige Beschwerde	850
4. Auslegung einer Kostengrundentscheidung	851
a) Nur Kosten des Verfahrens	851
b) Auf Kosten der Staatskasse	852
5. Unzulässige Kostengrundentscheidung	853
6. Besonderheiten in der Strafvollstreckung	854
a) Erste Instanz	854
b) Beschwerdeinstanz	855
7. Verjährung/Verwirkung	856
8. Schuldhaftes Ausbleiben des Pflichtverteidigers (§ 145 Abs. 4 StPO)	857
II. Gegenstand der Kostenfestsetzung	858
1. Kosten des Verfahrens	858
2. Notwendige Auslagen	859
a) Begriff	859
b) Erstattungsansprüche gegen Dritte	860
III. Umfang der Erstattungspflicht	862
1. Kosten eines Rechtsanwalts	862
a) Gesetzliche Vergütung	862
b) Gebühren des Rechtsanwalts	863
c) Auslagen des Rechtsanwalts	864
aa) Teil 7 VV	864

				bb) Aktenversendungspauschale	865

- bb) Aktenversendungspauschale ... 865
- cc) Pflichtverteidigung ... 866
- d) Notwendigkeit der Zuziehung eines Rechtsanwalts ... 867
- e) Zwecklose Tätigkeit eines Rechtsanwalts ... 869
  - aa) Abwesenheit des Angeklagten ... 869
  - bb) Rücknahme der Berufung/Revision der Staatsanwaltschaft vor deren Begründung ... 870
- 2. Kein Rechtsanwalt als Verteidiger ... 871
- 3. Auswärtiger Verteidiger (Reisekosten) ... 873
  - a) Grundsatz ... 873
  - b) Fallkonstellationen ... 874
    - aa) Auswärtiger Angeklagter mit Verteidiger an seinem Wohnort (Ziff. 1) ... 875
    - bb) Angeklagter am Prozessort mit auswärtigem Verteidiger ... 876
    - cc) Auswärtiger Angeklagter mit Rechtsanwalt an einem dritten Ort ... 879
  - c) Kosten für fiktive Informationsreisen des Angeklagten/fiktive Reisekosten des Verteidigers ... 880
  - d) Bedeutung eines besonderen Vertrauensverhältnisses ... 882
  - e) Bedeutung von § 142 StPO ... 883
  - f) Auswärtiger Pflichtverteidiger ... 888
- 4. Mehrere Verteidiger ... 889
  - a) Grundsatz: Erstattung der Kosten eines Verteidigers ... 889
  - b) Verteidigerwechsel ... 890
    - aa) Notwendiger Wechsel ... 890
    - bb) Untervollmacht ... 892
    - cc) Verteidigerwechsel nach der ersten Instanz ... 893
  - c) Mehrere Pflichtverteidiger ... 894
  - d) Zusammentreffen von Wahl und Pflichtverteidigung ... 895
- 5. Rechtsanwalt in eigener Sache ... 896
  - a) Pro Erstattungsfähigkeit ... 896
  - b) Contra Erstattungsfähigkeit ... 897
- 6. Entschädigung eines Beteiligten für Zeitversäumnis (§ 464a Abs. 2 Nr. 1 StPO) ... 899
  - a) Zeitversäumnis ... 899
  - b) Fahrtkosten eines Beteiligten ... 900
- 7. Verfahren über vermögensrechtliche Ansprüche des Verletzten ... 901
- 8. Sonstige notwendige Auslagen ... 902

IV. Verfahren ... 903
- 1. Antrag ... 904
  - a) Form und Inhalt ... 905
  - b) Antragsberechtigung ... 906
  - c) Vollmacht ... 907
  - d) Besonderheiten bei Stellung des Antrags durch den Pflichtverteidiger ... 908
  - e) Abtretung des Erstattungsanspruchs ... 909
- 2. Zuständigkeit ... 910
- 3. Rechtliches Gehör ... 911
- 4. Gutachten der Rechtsanwaltskammer ... 912
- 5. Entscheidung ... 914
  - a) Prüfung des Rechtspflegers ... 914
  - b) Abweichung von der anwaltlichen Gebührenbestimmung nur bei Unbilligkeit ... 915
  - c) Austausch von Positionen ... 916
  - d) Keine Bindung an Stellungnahme der Staatskasse ... 917
- 6. Begründung und Rechtsmittelbelehrung ... 918
- 7. Zustellung ... 919
- 8. Verzinsung ... 920
- 9. Rechtsmittel ... 921
  - a) Überblick ... 921
  - b) Einlegung ... 922
  - c) Form ... 923
  - d) Frist ... 924
  - e) Beschwerdewert ... 925
  - f) Beschwer ... 927
  - g) Abhilfe ... 929
  - h) Beschwerdegericht ... 930
  - i) Besetzung des Beschwerdegerichts ... 931
  - j) Rechtsbeschwerde ... 932
  - k) Verschlechterungsverbot ... 933
- 10. Verjährung/Verwirkung des Erstattungsanspruchs ... 934
- 11. Kosten ... 935

Kostenfestsetzung und Erstattung in Strafsachen

		a) Gerichtskosten	935
		b) Anwaltskosten	936
		c) Kostenerstattung	939
	V.	Besonderheiten beim Teilfreispruch	940
	1.	Echter (effektiver) und unechter (fiktiver) Teilfreispruch	941
		a) Echter (effektiver) Teilfreispruch	941
		b) Unechter (fiktiver) Teilfreispruch	942
	2.	Die Ermittlung des Erstattungsbetrags	943
		a) Wahl der Methode	943
		b) Differenztheorie	945
		aa) Ermittlung des Erstattungsbetrags	945
		bb) Zwei getrennte Abrechnungen	946
		cc) Differenztheorie und notwendige Auslagen eines Beschwerdeverfahrens	947
	3.	Auslagenverteilung nach Bruchteilen	948
	4.	Aufrechnung der Staatskasse	951
	5.	Pflichtverteidiger und Wahlverteidigergebühren beim Teilfreispruch	952
	6.	Notwendige Auslagen des Beschwerdeverfahrens trägt Staatskasse	953
C.	Arbeitshilfen		954
	I.	Muster: Antrag auf Kostenfestsetzung gem. § 464b StPO	954
	II.	Muster: Beschwerde gegen Kostenfestsetzungsbeschluss gem. § 464b StPO	955

Literatur:

Burhoff, Hätten Sie es gewusst, oder Was macht man gegen zu hohe Kosten?, RVGprofessionell 2010, 97; *ders.*, Fragen aus der Praxis zu aktuellen Gebührenproblemen in Straf- und Bußgeldverfahren, RVGreport 2010, 362; ***Chemnitz***, Ersatz und Erstattung von Anwaltsgebühren in eigener Sache, AGS 2000, 103; ***Enders***, Verzinsung von festgesetzten Kosten, DJB 2002, 453; ***Jakubetz***, Die Rechtsprechung zur Erstattungsfähigkeit von Kosten für ein Privatgutachten im Prozess, JurBüro 1999, 564; ***Madert***, Zur Erstattung der Kosten eines Wahlverteidigers und eines Pflichtverteidigers nach Freispruch, AGS 2003, 419; ***Magold***, Die Kostentragungspflicht des verurteilten Angeklagten, LIT Verlag, Berlin 2009; ***Meyer***, Zum Auslagenerstattungsanspruch des Verurteilten im Falle eines unechten Teilfreispruchs – Marginalien zur Anwendung des § 465 Abs. 2 StPO, JurBüro 1994, 518; *ders.*, Zur Tragweite des Kosten- und Auslagenausspruchs einer strafprozessualen Zwischenbeschwerde, JurBüro 1990, 9; *ders.*, Zur Zulässigkeit der Erinnerung der Staatskasse gegen einen Kostenfestsetzungsbeschluss nach Anhörung gem. Nr. 145 RiStBV, JurBüro 1990, 287; *ders.*, Keine Erstattung von Kosten des Verteidigers für Privatgutachten, durch das er sich sachkundig macht, nach § 464 a StPO, JurBüro 1990, 1385; ***Mümmler***, Zur Auslagenerstattung bei verspätetem Vorbringen entlastender Umstände durch Angeklagten, JurBüro 1989, 844; *ders.*, Erstattungsfähigkeit von Reisekosten bei Freispruch in Strafsachen DJB 1997, 240; *ders.*, Erstattung der notwendigen Auslagen des Nebenklägers bei endgültiger Einstellung nach § 153a Abs. 1 S. 4 StPO, JurBüro 1996, 124; ***Neumann***, Die Kostentragungspflicht des verurteilten Angeklagten hinsichtlich der Gebühren und Auslagen des „Zwangsverteidigers", NJW 1991, 261; ***Popp***, Zu den Rechtsbehelfen gegen Kostenfestsetzungsbeschlüsse in Strafsachen, Rpfleger 2004, 82; ***N. Schneider***, Reisekosten des auswärtigen Anwalts, AnwBl. 2010, 512; ***Sommermeyer***, Die Bestimmung der erstattungsfähigen Verteidigergebühren beim fiktiven und echten Teilfreispruch, MDR 1991, 931; ***Volpert***, Wahlanwaltsgebühren für gerichtlich bestellte oder beigeordnete Anwälte nach §§ 52, 53 RVG, RVGreport 2004, 133; *ders.*, Abrechnung der Wahlanwaltsgebühren durch den Pflichtverteidiger bei Freispruch des Mandanten – § 52 RVG, RVGreport 2004, 214. *ders.*, Abtretung von Kostenerstattungsansprüchen in der Strafprozessvollmacht, VRR 2007, 57; *ders.*, Die Kostenfestsetzung bei Freispruch oder Teilfreispruch des Mandanten - Teil 1: Das Verfahren, RVGreport 2007, 289; *ders.*, Die Kostenfestsetzung bei Freispruch oder Teilfreispruch des Mandanten - Teil 2: Besonderheiten beim Teilfreispruch, RVGreport 2007, 444; *ders.*, Das Kostenfestsetzungsverfahren gem. § 464b StPO gegen die Staatskasse (Teile 1 bis 3), StRR 2008, 412; StRR 2009, 16 und 52.

Kostenfestsetzung und Erstattung in Strafsachen

A. Überblick

Im Kostenfestsetzungsverfahren in **Strafsachen** nach § 464b StPO wird auf Antrag eines Beteiligten vom Gericht des ersten Rechtszugs die Höhe der Kosten und Auslagen festgesetzt, die ein Beteiligter einem anderen Beteiligten zu erstatten hat. Da im Kostenfestsetzungsverfahren nur eine Entscheidung über die **Höhe** der zu erstattenden Kosten getroffen wird, muss eine Entscheidung darüber vorliegen, von wem die Kosten zu tragen sind (**Kostengrundentscheidung**). Im Fall des **Freispruchs** werden die notwendigen Auslagen des Angeklagten der Staatskasse auferlegt. Das Kostenfestsetzungsverfahren richtet sich in diesem Fall gegen die Staatskasse. Werden die notwendigen Auslagen des Nebenklägers oder des Privatklägers dem Verurteilten auferlegt, richtet sich das Kostenfestsetzungsverfahren gegen den Verurteilten.

842

Zur Kostenerstattung in den in Teil 6 geregelten Angelegenheiten wird auf die Komm. zu Nr. 6101 VV (Rn. 36 ff.), Vorbem. 6.2 VV (Rn. 44 ff.), Nr. 6300 VV (Rn. 34 f.), Vorbem. 6.4 VV (Rn. 23 ff.), Nr. 6500 (Rn. 23) verwiesen.

843

> **Hinweis:**
> Für die Kostenfestsetzung und Erstattung in **Bußgeldsachen** gelten die nachfolgenden Erläuterungen entsprechend, zu Besonderheiten vgl. Teil A: Kostenfestsetzung und Erstattung in Bußgeldsachen, Rn. 833 ff.

Für die Kostenfestsetzung muss zwischen den **Kosten des Verfahrens** (vgl. § 464a Abs. 1 StPO) und den **notwendigen Auslagen** (vgl. § 464a Abs. 2 StPO) **unterschieden** werden (vgl. z.B. LG Arnsberg, AGS 2009, 484). Gegenstand des Kostenfestsetzungsverfahrens gem. § 464b StPO sind die notwendigen Auslagen eines Beteiligten (vgl. hierzu Rn. 859 ff.).

844

B. Anmerkungen

I. Kostengrundentscheidung

1. Rechtskräftige Kostengrundentscheidung

Voraussetzung für einen Erstattungsanspruch eines Beteiligten ist eine **Kostenentscheidung**, in der die notwendigen Auslagen eines Beteiligten einem anderen Beteiligten auferlegt worden sind. Diese Kostengrundentscheidung muss **rechtskräftig** sein (vgl. KK StPO/Gieg, § 464b Rn. 2; vgl. auch § 449 StPO). Die Entscheidung darüber, welche Kosten zu den notwendigen Auslagen eines Beteiligten gehören und in welcher Höhe sie zu erstatten sind, erfolgt im Kostenfestsetzungsverfahren. Auch der Inhalt einer fehlerhaften oder sogar grob gesetzwidrigen Kostenentscheidung ist **bindend** und jeder Abänderung oder Ergänzung entzogen, soweit es sich nicht um eine nichtige Kostenentscheidung handelt (vgl. LG Koblenz, 24.09.2010 – 4 Qs 56/10, JurionRS 2010, 30405 = StRR 2001, 3; KK StPO/Gieg, § 464b Rn. 2; Meyer-Goßner, § 464b Rn. 2).

845

Nach § 464 StPO muss jedes Urteil, jeder Strafbefehl und jede eine Untersuchung einstellende Entscheidung eine Bestimmung darüber treffen, von wem die **Kosten des Verfahrens** zu tragen

846

sind. Gem. § 464 Abs. 2 StPO trifft das Gericht in dem das Verfahren abschließenden Urteil oder in dem Beschluss eine Entscheidung darüber, wer die notwendigen Auslagen eines Beteiligten trägt.

Eine Erstattung von notwendigen Auslagen eines Beteiligten in **Strafsachen** ist vorgesehen in:
- § 467 Abs. 1 StPO (Staatskasse: bei **Freispruch**, Ablehnung der Eröffnung des Hauptverfahrens, Einstellung),
- § 467a Abs. 1 StPO (Staatskasse: bei **Rücknahme** der **Anklage** oder des Antrags auf Entscheidung im beschleunigten Verfahren oder des Antrags auf Erlass eines Strafbefehls und anschließender Einstellung durch die Staatsanwaltschaft),
- § 469 Abs. 1 StPO (Anzeigender: bei vorsätzlich oder leichtfertig erstatteter **unwahrer Anzeige**),
- § 470 Satz 1 StPO (Antragsteller: nach **Rücknahme** des **Strafantrags** und Einstellung),
- § 471 Abs. 2 StPO (**Privatkläger**: bei Zurückweisung der Privatklage und Freispruch des Beschuldigten sowie bei Einstellung),
- § 473 StPO (Staatskasse, Privat- oder Nebenkläger: bei erfolglosem **Rechtsmittel**; Staatskasse: bei erfolgreichem Rechtsmittel des Beschuldigten).

2. Überflüssige Kostengrundentscheidung

847 Eine Entscheidung über die Verpflichtung zur Tragung von notwendigen Auslagen ist überflüssig, wenn es nach dem Gesetz **selbstverständlich** ist, wer die notwendigen Auslagen zu tragen hat. Im Fall seiner Verurteilung oder Verwerfung seines Rechtsmittels ist es selbstverständlich, dass der Angeklagte seine notwendigen Auslagen zu tragen hat. Eine entsprechende Feststellung ist daher überflüssig (BGHSt 36, 27; Meyer-Goßner, § 464 Rn. 10).

3. Fehlen einer Kostengrundentscheidung

a) Grundsatz

848 Fehlt eine Entscheidung darüber, wer die notwendigen Auslagen zu tragen hat, verbleiben die notwendigen Auslagen bei demjenigen, dem sie entstanden sind (vgl. u.a. Löwe/Rosenberg/Hilger, StPO, § 464 Rn. 24, m.w.N.; Meyer-Goßner, § 464 Rn. 12). Dann trägt jeder der Beteiligten seine notwendigen Auslagen selbst (Meyer-Goßner, § 464 Rn. 12 und § 472 Rn. 10). Eine nachträgliche Ergänzung oder Berichtigung der Auslagenentscheidung ist unzulässig (BGH, NStZ-RR 1996, 352; OLG Koblenz, StraFo 2003, 425; Meyer-Goßner, § 464 Rn. 12 und § 472 Rn. 10 und die Nachw. bei Vorbem. 4 VV Rn. 14).

b) Ergänzung der Auslagenentscheidung

849 Eine Ergänzung oder Berichtigung einer unvollständigen Kostenentscheidung ist **ausgeschlossen**. Eine Korrektur ist allein auf eine nach § 464 Abs. 3 Satz 1 StPO ordnungsgemäß erhobene **sofortige Beschwerde** hin möglich (vgl. KG, NStZ-RR 2004, 190; OLG Rostock, 01.03.2007 – I Ws 413/06 – I Ws 425/06 – I Ws 426/06, JurionRS 2007, 36784; LG Arnsberg, 10.06.2008 –

2 Qs 11/08 jug, JurionRS 2008, 34321; AG Koblenz, AGS 2004, 167; Löwe/Rosenberg/Hilger, § 464 Rn. 29; KK StPO/Gieg, § 464 Rn. 4; Meyer-Goßner, § 464 Rn. 12 m.w.N. und die Nachw. bei Vorbem. 4 VV Rn. 14).

c)   **Kostenfestsetzungsantrag als sofortige Beschwerde**

Sind im Fall des Freispruchs die notwendigen Auslagen des Angeklagten nicht der Staatskasse auferlegt worden, soll der nach § 464b StPO gestellte **Kostenfestsetzungsantrag** als **sofortige Beschwerde** gegen die Auslagenentscheidung des Urteils anzusehen sein (so OLG Stuttgart, StV 1993, 651 = NStZ 1993, 507; LG Koblenz, AGS 1998, 151). Eine Korrekturmöglichkeit besteht ggf. auch im Verfahren nach § 33a StPO (OLG Düsseldorf, JurBüro 1993, 555; Meyer-Goßner, § 464 Rn. 12). Das soll auch dann gelten, wenn die Kostengrundentscheidung offensichtlich fehlerhaft ist (vgl. LG Zweibrücken, NStZ-RR 2008, 359 = Rpfleger 2008, 595 = JurBüro 2008, 537, wenn bei Freispruch von einer Auferlegung der notwendigen Auslagen auf die Staatskasse abgesehen worden ist vgl. auch die Nachw. bei Vorbem. 4 VV Rn. 14).

850

Dazu gilt: Es ist zu **berücksichtigen**, dass das Kostenfestsetzungsverfahren nur zur betragsmäßigen Festsetzung der zu erstattenden notwendigen Auslagen dient. Das Kostenfestsetzungsverfahren kann daher grds. nicht dem Zweck dienen, unvollständige Kostengrundentscheidungen zu korrigieren (KG, 14.08.2007 – 1 AR 1086/07, JurionRS 2007, 40770). Der Kostenfestsetzungsantrag kann daher **allenfalls dann** als sofortige Beschwerde gegen die fehlerhafte Kostengrundentscheidung (fehlende Überbürdung der notwendigen Auslagen des Angeklagten auf die Landeskasse) behandelt werden, wenn der Antrag **innerhalb** der **Beschwerdefrist** gestellt worden ist (KG, NStZ-RR 2004, 190; 14.08.2007 – 1 AR 1086/07, JurionRS 2007, 40770; LG Arnsberg, 10.06.2008 – 2 Qs 11/08 jug, JurionRS 2008, 34321; LG Koblenz, AGS 1998, 151; so wohl auch LG Zweibrücken, NStZ-RR 2008, 359 = Rpfleger 2008, 595 = JurBüro 2008, 537) und im Antrag in irgendeiner Weise zugleich diese Kostengrundentscheidung beanstandet worden ist, aus dem Antrag also ein **Anfechtungswille** hervorgeht. Hierzu reicht es nicht aus, wenn im Kostenfestsetzungsantrag lediglich beantragt ist, die notwendigen Auslagen der Landeskasse aufzuerlegen und nicht erkennbar ist, dass das Fehlen der erforderlichen Auslagenentscheidung bemerkt wurde. Zu dem Festsetzungsbegehren als solchem müssen innerhalb der Anfechtungsfrist somit weitere Umstände hinzutreten, die auf einen Anfechtungswillen im Hinblick auf die Grundentscheidung hindeuten (KG, NStZ-RR 2004, 190; OLG Düsseldorf, 23.03.2010 – III-1Ws 78/10, JurionRS 2010, 28170; KG, 14.08.2007 – 1 AR 1086/07, JurionRS 2007, 40770). Weist daher erst das Gericht im Kostenfestsetzungsverfahren auf das Fehlen einer Kostengrundentscheidung hin, kann der Kostenfestsetzungsantrag nicht als Beschwerde angesehen werden (vgl. OLGR Rostock, 2008, 485). Haben die Beteiligten auf **Rechtsmittel** gegen die Kostengrundentscheidung **verzichtet**, kann der Kostenfestsetzungsantrag nicht mehr als sofortige Beschwerde gegen die Kostenentscheidung angesehen werden (LG Wuppertal, JurBüro 2008, 93).

> **Hinweis:**
> Es **empfiehlt** sich daher für den Rechtsanwalt, neben dem sachlichen Urteilsinhalt auch die Kostenentscheidung daraufhin zu überprüfen, ob sie sich mit den notwendigen Auslagen des anwaltlich vertretenen Beteiligten befasst. Hierbei ist zu beachten, dass für die Einle-

Kostenfestsetzung und Erstattung in Strafsachen

> gung der sofortigen Beschwerden gem. §§ 464a Abs. 3, 311 Abs. 2 StPO eine Frist von einer Woche gilt. Für die Staatskasse ist nicht der Bezirksrevisor, sondern die Staatsanwaltschaft beschwerdebefugt (OLG Düsseldorf, JMBl. NRW 1979, 67).

4. Auslegung einer Kostengrundentscheidung

a) Nur Kosten des Verfahrens

851 Werden nur die **Kosten des Verfahrens** (vgl. § 464a Abs. 1 StPO) der **Staatskasse** auferlegt bzw. wird der Angeklagte auf Kosten der Staatskasse freigesprochen, ist umstritten, ob dann auch die notwendigen Auslagen des Angeklagten von der Staatskasse zu tragen sind. Dazu gilt: Die Festsetzung und Erstattung der notwendigen Auslagen des Angeklagten nach Freispruch bzw. Einstellung aus der Staatskasse setzt voraus, dass die notwendigen Auslagen ausdrücklich der Staatskasse auferlegt worden sind. Da § 464 Abs. 1 und 2 StPO zwischen den Verfahrenskosten einerseits und den notwendigen Auslagen andererseits unterscheidet (vgl. LG Arnsberg, AGS 2009, 484), kann nach **herrschender Meinung** die Überbürdung der Verfahrenskosten auf die Landeskasse **nicht** dahin **ausgelegt** werden, dass damit auch die notwendigen Auslagen der Landeskasse auferlegt worden sind (vgl. KG, NStZ 2004, 190; OLG Düsseldorf, MDR 1986, 76 = Rpfleger 1985, 502 = JurBüro 1986, 407; 20.12.2005 – III- 2 Ws 225 und 357/05, n.v.; 31.01.2006 – III-1 Ws 448/05 und 36/06, n.v., bei Auferlegung der Kosten der Revision, anders noch Rpfleger 1988, 330 = JurBüro 1988, 1071; OLG Karlsruhe, NStZ-RR 1997, 157; OLG Rostock, 01.03.2007 – I Ws 413/06 – I Ws 425/06 – I Ws 426/06, JurionRS 2007, 36784; OLG Stuttgart, StV 1993, 651; LG Arnsberg, 10.06.2008 – 2 Qs 11/08 jug, JurionRS 2008, 34321; LG Kaiserslautern, RVG-Letter 2005, 55; LG Koblenz, NStZ-RR 2003, 191 = AGS 2003, 268; LG Wuppertal, JurBüro 2008, 93 für den Fall der Auferlegung der Berufungskosten; Löwe/Rosenberg/Hilger, § 464 Rn. 24, 25; KK StPO/Gieg, § 464 Rn. 4 und 6; Meyer-Goßner, § 464 Rn. 12; § 467 Rn. 20; von Eicken/Hellstab/Lappe/Madert/Mathias, Die Kostenfestsetzung, Rn. F 8, S. 365; **a.A.** OLG Düsseldorf, StV 1994, 493 = Rpfleger 1994, 315 = AGS 1994, 85; OLG Köln, StraFo 1997, 285 = AGS 1998, 27; OLG Naumburg, NStZ-RR 2001, 189; OLG Oldenburg, StraFo 2002, 359 = StV 2003, 174 = JurBüro 2002, 534; LG Göttingen, 22.10.2008 – 1 Qs 125708; LG Stendal, zfs 1995, 149).

> **Hinweis:**
>
> Werden die „**Auslagen**" des Freigesprochenen der Staatskasse auferlegt, sind damit die „notwendigen Auslagen" gemeint (vgl. AG Homburg, AGS 2007, 262).
>
> Die Auferlegung der **Kosten der Nebenklage** umfasst nicht die notwendigen Auslagen des Nebenklägers (LG Arnsberg, AGS 2009, 484).

b) Auf Kosten der Staatskasse

852 Auch wenn der **Freispruch auf Kosten der Staatskasse** erfolgt ist, liegt keine die Staatskasse belastende Auslagenentscheidung vor (OLG Rostock, 01.03.2007 – I Ws 413/06 – I Ws 425/06 – I Ws 426/06, JurionRS 2007, 36784; Löwe/Rosenberg/Hilger, § 464 Rn. 24, 25; KK StPO/Gieg,

§ 464 Rn. 6; Meyer-Goßner, § 464 Rn. 20; **a.A.** vgl. OLG Düsseldorf, StV 1995, 146; OLG Naumburg, NStZ-RR 2001, 189; OLG Oldenburg, StV 2003, 174).

5. Unzulässige Kostengrundentscheidung

Die **Kostengrundentscheidung** darf im Kostenfestsetzungsverfahren nicht mehr darauf überprüft werden, ob sie der Sach- und Rechtslage entspricht.

> **Hinweis:**
>
> Auch eine fehlerhaft oder sogar grob gesetzwidrige Kostenentscheidung ist für den **Rechtspfleger** im Kostenfestsetzungsverfahren **bindend** und jeder Abänderung oder Ergänzung entzogen (vgl. KK StPO/Gieg, § 464b Rn. 2; Meyer-Goßner, § 464b Rn. 1).

Werden daher z.B. die notwendigen Auslagen des Nebenklägers der Staatskasse auferlegt, ist diese gesetzlich nicht vorgesehene Entscheidung für das Kostenfestsetzungsverfahren nach herrschender Meinung bindend und kann nicht mehr auf Gesetzmäßigkeit überprüft werden (OLG Düsseldorf, Rpfleger 1994, 81; OLG Saarbrücken, NStZ-RR 2001, 383; OLG Zweibrücken, StV 2004, 30; LG Düsseldorf, Rpfleger 2003, 619; LG Hanau, Rpfleger 2000, 183; LG Koblenz, 24.09.2010 – 4 Qs 56/10, JurionRS 2010, 30405 = StRR 2010, 3 [LS]; LG Saarbrücken, NStZ-RR 2001, 383; **a.A.** LG Mainz, Rpfleger 1995, 311; LG Hannover, Nds.Rpfl. 1994, 167; s. auch OLG Oldenburg, Rpfleger 1991, 521, für den Fall der Auferlegung der tatsächlichen und nicht der notwendigen Auslagen des Angeklagten auf die Staatskasse). Allerdings kann hier die Festsetzung einer geringeren Gebühr (§ 14 Abs. 1) gerechtfertigt sein (vgl. hierzu LG Düsseldorf, Rpfleger 2003, 619).

6. Besonderheiten in der Strafvollstreckung

a) Erste Instanz

Nach überwiegender Ansicht in Rechtsprechung und Literatur ist in Verfahren nach §§ 453 ff. StPO für den **ersten Rechtszug** eine **Kosten(grund)entscheidung nicht zu** treffen. Beschlüsse, durch die im Strafvollstreckungsverfahren Anträge des Verurteilten oder der Staatsanwaltschaft abgelehnt werden, sind einer Kosten- und Auslagenentscheidung nicht zugänglich, da sie weder verfahrensabschließende Beschlüsse (in dem Sinne, dass sie den Entscheidungen nach § 464 Abs. 1 StPO gleichzustellen wären) darstellen, noch in einem selbstständigen Zwischenverfahren ergangen sind. Auf die Erläuterungen zu Vorbem. 4.2 Rn. 39 wird verwiesen.

b) Beschwerdeinstanz

Etwas **anderes** gilt nur für die **Kosten des Beschwerdeverfahrens** und die ggf. in diesem dem Beschwerdeführer entstandenen notwendigen Auslagen. Insoweit handelt es sich um eine das Verfahren – das Beschwerdeverfahren – abschließende Entscheidung i.S.d. § 464 Abs. 1 StPO. Auf die Erläuterungen zu Vorbem. 4.2 Rn. 40 f. wird verwiesen.

Kostenfestsetzung und Erstattung in Strafsachen

7. Verjährung/Verwirkung

856 Der rechtskräftig festgestellte Erstattungsanspruch des Freigesprochenen gegen die Staatskasse unterliegt der **30-jährigen Verjährungsfrist** (OLG Oldenburg, NStZ 2006, 411 = JurBüro 2005, 655; so auch für den zivilprozessualen Kostenerstattungsanspruch bei rechtskräftiger Kostengrundentscheidung BGH, RVGreport 2006, 233). Allerdings kann der Erstattungsanspruch schon vor Eintritt der Verjährung **verwirkt** sein, wenn der Berechtigte den Anspruch lange Zeit hindurch nicht geltend gemacht hat (**Zeitmoment**) und sich die Staatskasse hierauf eingerichtet hat und sich auch darauf einrichten durfte, dass dieses Recht auch in Zukunft nicht geltend gemacht werde (**Umstandsmoment**). Das OLG Oldenburg (a.a.O.) hat die Verwirkung dabei für den Fall bejaht, dass der Verteidiger den abgetretenen Erstattungsanspruch erst nach 18 Jahren geltend gemacht hat, weil das taten- und kommentarlose Verstreichenlassen dieses Zeitraums durch den Verteidiger für die Staatskasse den Eindruck erweckt hat, dass ein Erstattungsantrag nicht mehr geltend gemacht werden soll.

8. Schuldhaftes Ausbleiben des Pflichtverteidigers (§ 145 Abs. 4 StPO)

857 Werden im Fall der notwendigen Verteidigung gem. **§ 145 Abs. 4 StPO** dem Verteidiger die durch sein Ausbleiben entstandenen Kosten auferlegt, ist über die **Höhe** der vom Wahl- oder Pflichtverteidiger zu erstattenden Kosten im Kostenfestsetzungsverfahren nach § 464b StPO zu entscheiden (OLG Köln, StV 2001, 389 = StraFo 2001, 290; Meyer-Goßner, § 145 Rn. 24; Löwe/Rosenberg/Lüderssen, § 145 Rn. 37).

II. Gegenstand der Kostenfestsetzung

1. Kosten des Verfahrens

858 Kosten des Verfahrens sind nach § 464a Abs. 1 Satz 1 StPO die **Gebühren und Auslagen der Staatskasse**. Zu den Gebühren und Auslagen der Staatskasse gehören neben den **Gerichtskosten** auch die bei der Polizei und anderen Verwaltungsbehörden angefallenen **Kosten der Vorbereitung der öffentlichen Klage** sowie die nach der Rechtskraft des Urteils anfallenden Vollstreckungskosten (**Strafvollstreckung**; s. dazu Teil A: Gerichtskosten, Rn. 782 ff.).

> **Hinweis:**
>
> Dem Angeklagten werden die Gebühren und Auslagen der Staatskasse im Wege des **Kostenansatzes** nach § 19 Abs. 2 GKG in Rechnung gestellt, wenn ihm die Kosten des Verfahrens auferlegt werden (s. auch Teil A: Gerichtskosten, Rn. 713 ff.). Das Kostenfestsetzungsverfahren nach § 464b StPO gilt daher nicht für die Gebühren und Auslagen der Staatskasse.

2. Notwendige Auslagen

a) Begriff

859 Gegenstand des Kostenfestsetzungsverfahrens gem. § 464b StPO ist die Prüfung und betragsmäßige Festsetzung der einem Beteiligten entstandenen **Kosten und Auslagen**. Bei den Kosten

und Auslagen handelt es sich um die einem Beteiligten entstandenen **notwendigen Auslagen**. Notwendige Auslagen sind die einem Verfahrensbeteiligten (z.B. Beschuldigter, Privatkläger, Nebenkläger) entstandenen vermögenswerten Aufwendungen, die zur zweckentsprechenden Rechtsverfolgung oder Rechtsverteidigung erforderlich waren. Welche Aufwendungen zu den notwendigen Auslagen gehören, ergibt sich aus der **nicht abschließenden** Aufzählung in § 464a Abs. 2 StPO.

b) **Erstattungsansprüche gegen Dritte**

Die Auslagen müssen in der **Person** der Partei angefallen sein. Die Erstattungsfähigkeit wird nicht dadurch ausgeschlossen, dass der Beteiligte wegen dieser notwendigen Auslagen auch einen Dritten, z.B. eine **Rechtsschutzversicherung**, einen Berufsverband oder den Arbeitgeber in Anspruch nehmen kann (KK StPO/Gieg, § 464a Rn. 6; Meyer-Goßner, § 464a Rn. 8; Madert, in: von Eicken/Hellstab/Lappe/Madert/Mathias, Die Kostenfestsetzung, Rn. F 92 S. 411). 860

> **Hinweis:**
>
> **Versicherungsbeiträge** für eine Rechtsschutzversicherung oder Beiträge für den Berufsverband sind keine notwendigen Auslagen (Meyer-Goßner, § 464a Rn. 8).

Auch der Umstand, dass im Fall des **unentschuldigten Ausbleibens** eines **Zeugen** zum Termin diesem die durch sein Ausbleiben entstandenen Kosten auferlegt worden sind, hindert die Kostenfestsetzung der dem freigesprochenen Beschuldigten insoweit entstandenen notwendigen Auslagen gegen die Staatskasse nicht (vgl. Meyer-Goßner, § 467 Rn. 2). Diese notwendigen Auslagen können dann aber auf Antrag der Staatskasse (Bezirksrevisor) im Kostenfestsetzungsverfahren gem. § 464b StPO gegen den Zeugen festgesetzt werden (LG Berlin, JurBüro 2005, 425 = NStZ-RR 2005, 288; Meyer-Goßner, § 51 Rn. 14; von Eicken/Hellstab/Lappe/Madert/Mathias, Die Kostenfestsetzung, Rn. F 122, S. 432, auch zu weiteren Fällen der Kostenfestsetzung). 861

> **Hinweis:**
>
> Notwendige Auslagen i.S.v. § 464a Abs. 2 Nr. 2 StPO können dem Angeklagten auch entstehen, wenn der **Pflichtverteidiger** im **Adhäsionsverfahren** hinsichtlich eines dem Verletzten aus der Straftat erwachsenen vermögensrechtlichen Anspruchs tätig wird (OLG Celle, StraFo 2006, 41 = StV 2006, 33; vgl. aber auch Rn. 901; vgl. zur Gebühr die Erläuterungen zu Nrn. 4143 und 4144 VV). Dem Pflichtverteidiger steht auch dann ein Vergütungsanspruch gegen seinen Auftraggeber zu, wenn eine Beiordnung nach § 404 Abs. 5 StPO unterblieben ist (KG, NStZ 2004, 190; zum Umfang des Vergütungsanspruchs des Pflichtverteidigers gegen die Staatskasse s. auch Teil A: Umfang des Vergütungsanspruchs [§ 48 Abs. 1], Rn. 1405 f. und Nr. 4143 VV Rn. 16 ff.; zum Anspruch des Pflichtverteidigers auf Wahlverteidigergebühren die Komm. zu § 52).

Kostenfestsetzung und Erstattung in Strafsachen

III. Umfang der Erstattungspflicht

1. Kosten eines Rechtsanwalts

a) Gesetzliche Vergütung

862 Im Kostenfestsetzungsverfahren wird gem. § 464b StPO insbesondere über die Erstattung **der Gebühren und Auslagen des Rechtsanwalts** entschieden, den die jeweilige Partei mit ihrer Verteidigung bzw. Vertretung beauftragt hat. Nach § 464a Abs. 2 Nr. 2 StPO, § 91 Abs. 2 ZPO werden nur die **gesetzlichen Gebühren und Auslagen** erstattet, also die im RVG geregelten Gebühren und Auslagen (Meyer-Goßner, § 464a Rn. 11). Eine aufgrund einer **Vergütungsvereinbarung** (vgl. § 3a) geschuldete Vergütung kann nicht Gegenstand des Kostenfestsetzungsverfahrens sein (BVerfG, NJW 1985, 727; BGH, Rpfleger 1979, 412; AnwKomm-RVG/N. Schneider, VV Vorb. 4 Rn. 120).

b) Gebühren des Rechtsanwalts

863 Die in den Teilen 4 bis 6 VV geregelten gesetzlichen Gebühren eines Wahlanwalts bestehen i.d.R. aus **Betragsrahmengebühren** (s. auch Teil A: Gebührensystem, Rn. 650). Die Gebühren sind innerhalb des vorgesehenen Rahmens nach § 14 zu bemessen. Im Fall der Erstattung aus der Staatskasse ist auch das Gericht zunächst an die Gebührenbestimmung des Verteidigers gebunden. Hiervon kann nur bei unbilliger Gebührenbestimmung abgewichen werden (wegen der Bestimmung der Höhe der zu erstattenden Gebühren durch den Anwalt – Mindest- und Höchstgebühr, Mittelgebühr, Kompensationstheorie, Toleranzgrenzen – s. auch Teil A: Rahmengebühren [§ 14], Rn. 1083 ff.; zur Einholung eines Gutachtens des Vorstands der Rechtsanwaltskammer vgl. unten Rn. 912 ff.).

c) Auslagen des Rechtsanwalts

aa) Teil 7 VV

864 Hinsichtlich des Anspruchs auf **Erstattung der Auslagen** des Rechtsanwalts im Rahmen der notwendigen Auslagen wird auf die Komm. zu Teil 7 VV verwiesen (s. für den gerichtlich bestellten oder beigeordneten Rechtsanwalt auch Teil A: Auslagen aus der Staatskasse [§ 46 Abs. 1 und 2], Rn. 140 ff.).

bb) Aktenversendungspauschale

865 Der **Wahlverteidiger** als Kostenschuldner (vgl. § 28 Abs. 2 GKG, § 107 Abs. 5 OWiG; BGH, Urt. v. 06.04.2011 – IV ZR 232/08, JurionRS 2011, 15129; Teil A: Gerichtskosten, Rn. 752 ff.) kann die verauslagte Aktenversendungspauschale seinem Mandanten nach Vorbem. 7 Abs. 1 VV, §§ 675, 670 BGB in Rechnung stellen (s. dazu Vorbem. 7 VV Rn. 11 ff.), der sie dann im Fall des Freispruchs im Rahmen der notwendigen Auslagen gem. §§ 464a Abs. 2, 464b StPO, 46 OWiG gegen die Staatskasse geltend machen kann (vgl. KG, zfs 2009, 169; OLG Düsseldorf, BRAGOreport 2002, 79 = JurBüro 2002, 307 = AGS 2002, 61; OLG Koblenz, StraFo 2001, 147; LG Mainz, NJW-RR 2008, 151 = JurBüro 2007, 597; LG Ravensburg, AnwBl. 1995, 153; AG

Leipzig, NStZ-RR 2000, 319; Burhoff, EV, Rn. 142; Burhoff/Burhoff, OWi, Rn. 211 f.; Meyer, GKG, KV 9003 Rn. 45). Aus § 28 Abs. 2 GKG ergibt sich nichts anderes (so aber AG Starnberg, AGS 2009, 113), weil die Bestimmung nur die Kostenschuldnerschaft des Rechtsanwalts für die Pauschale gegenüber der Staatskasse regelt, nicht aber die Frage, ob der Mandant die ihm zulässig vom Rechtsanwalt nach §§ 675, 670 BGB in Rechnung gestellte Pauschale als notwendige Auslage fordern kann.

S. zu weiteren Fragen im Zusammenhang mit der Aktenversendungspauschale auch Teil A: Gerichtskosten, Rn. 741 ff.; zu Umsatzsteuerfragen bei der Aktenversendungspauschale vgl. Teil A: Auslagen aus der Staatskasse [§ 46 Abs. 1 und 2], Rn. 199 ff.; vgl. auch BGH, Urt. v. 06.04.2011 - IV ZR 232/08, JurionRS 2011, 15129.

cc) Pflichtverteidigung

Ist der Angeklagte (nur) durch einen **Pflichtverteidiger** vertreten worden, kann dieser gem. § 52 Abs. 1 vom Beschuldigten nur **Wahlverteidigergebühren**, jedoch **keine Auslagen** nach Teil 7 VV fordern (vgl. § 52 Rn. 17 ff.; für den anderen Beteiligten beigeordneten Rechtsanwalt vgl. § 53 Rn. 4, 7). Daher erstreckt sich der Anspruch des Beschuldigten auf Erstattung seiner notwendigen Auslagen im Fall seines Freispruchs nicht auf Auslagen i.S.v. Teil 7 VV, weil ihm insoweit wegen § 52 Abs. 1 Satz 1 überhaupt keine Aufwendungen entstehen können (vgl. § 52 Rn. 17 ff.). Eine Notwendigkeit zur Gewährung eines Erstattungsanspruchs hinsichtlich der Auslagen besteht insoweit auch nicht, weil der Pflichtverteidiger seine Auslagen bereits im Festsetzungsverfahren nach § 55 aus der Staatskasse erhält (vgl. § 52 Rn. 17; s. auch Teil A: Auslagen aus der Staatskasse [§ 46 Abs. 1 und 2], Rn. 140 ff.).

866

d) Notwendigkeit der Zuziehung eines Rechtsanwalts

Auf welchem Rechtsgrund die Zahlungspflicht der erstattungsberechtigten Partei gegenüber dem Rechtsanwalt beruht, ist ohne Bedeutung (OLG Düsseldorf, StraFo 2002, 370). Da der Beschuldigte nach § 137 Abs. 1 StPO in jeder Lage des Verfahrens einen Verteidiger zuziehen kann, ist im Kostenfestsetzungsverfahren nicht zu prüfen, ob die **Zuziehung des Rechtsanwalts** notwendig oder der Bedeutung des Falles angemessen war. Das gilt auch für den Rechtsanwalt, den ein anderer Beteiligter (z.B. der Privat- oder Nebenkläger) mit seiner Vertretung beauftragt hat (KK StPO/Gieg, § 464a Rn. 10; Meyer-Goßner, § 464a Rn. 8; Madert, in: von Eicken/Hellstab/Lappe/Madert/Mathias, Die Kostenfestsetzung, Rn. F 95, S. 413).

867

Die Gebühren und Auslagen eines Rechtsanwalts für eine nach der StPO **zulässige Tätigkeit** (vgl. Meyer-Goßner, § 464a Rn. 9) gehören daher immer zu den **notwendigen Auslagen** des Erstattungsberechtigten, soweit sie nach § 91 Abs. 2 ZPO zu erstatten sind. Es kann daher von dem erstattungspflichtigen Beteiligten nicht eingewandt werden, dass der erstattungsberechtigte Beteiligte sich hätte selbst verteidigen können.

Etwas anderes wird aber teilweise dann angenommen, wenn ein Verteidiger im Berufungs- oder Revisionsverfahren tätig wird, bevor die Staatsanwaltschaft ihr später zurückgenommenes Rechtsmittel begründet hat (s. Rn. 870).

868

e) Zwecklose Tätigkeit eines Rechtsanwalts

aa) Abwesenheit des Angeklagten

869 Eine Einschränkung des Grundsatzes der Erstattungsfähigkeit der Gebühren und Auslagen eines Rechtsanwalts besteht auch dann, wenn der Rechtsanwalt zwar eine zulässige, aber **zwecklose Tätigkeit** erbracht hat. Das soll z.B. der Fall sein, wenn der Verteidiger zu einem wegen schuldhafter **Abwesenheit des Angeklagten** abgesagten Termin erscheint (LG Krefeld, JurBüro 1986, 1539; LG Osnabrück, Nds.Rpfl. 1997, 312; AG Koblenz, NStZ-RR 2007, 327; Meyer-Goßner, § 464a Rn. 10; vgl. zur Terminsgebühr für einen geplatzten Termin Vorbem. 4 Rn. 77 ff.). Hiergegen wird eingewandt, dass bei schuldhafter Säumnis des Angeklagten im Hauptverhandlungstermin eine Kürzung des Erstattungsanspruchs nur vorgenommen werden kann, wenn der Erstattungsanspruch bereits entsprechend in der Kostengrundentscheidung beschränkt worden ist (LG Mühlhausen, StraFo 2003, 435). Da im Kostenfestsetzungsverfahren gem. § 464b StPO über die Notwendigkeit von Kosten zu entscheiden ist, ist auch die Prüfung der Notwendigkeit von Terminswahrnehmungen umfasst.

bb) Rücknahme der Berufung/Revision der Staatsanwaltschaft vor deren Begründung

870 Zur Frage, ob im Fall der **Berufungs** - oder **Revisionsrücknahme** durch die Staatsanwaltschaft die durch die Tätigkeit des Verteidigers vor Begründung der Berufung oder Revision der Staatsanwaltschaft entstandenen Gebühren und Auslagen **erstattungsfähig** sind vgl. Nr. 4124 VV Rn. 22 ff., Nr. 4130 VV Rn. 24, Nr. 4300 VV Rn. 22 ff. und Nr. 4301 VV Rn. 33 ff.

> **Hinweis:**
> Über die Frage, ob im Berufungs- oder Revisionsverfahren entstandene Verteidigerkosten erstattungsfähig sind, wenn der Verteidiger zwischen Einlegung und Rücknahme der Berufung der Staatsanwaltschaft tätig wird, **darf** auch im **Kostenfestsetzungsverfahren** gem. § 464b StPO entschieden werden (Meyer-Goßner, § 464a Rn. 10; vgl. auch für die Revision OLG Düsseldorf, Rpfleger 1998, 441 = JurBüro 1998, 424).

2. Kein Rechtsanwalt als Verteidiger

871 Nach § 138 Abs. 1 StPO können auch **Hochschullehrer** als Verteidiger gewählt werden. Die Rechtsprechung geht davon aus, dass bei fehlender Vereinbarung die Vergütung nach dem RVG als übliche Vergütung i.S.d. § 612 Abs. 2 BGB gilt (vgl. OLG Düsseldorf, NStZ 1996, 99; wistra 1995, 78 = JurBüro 1995, 247 = MDR 1995, 423; OLG München, JurBüro 2002, 201 = BRAGO-report 2002, 15 = MDR 2001, 958; LG Göttingen, Nds.Rpfl. 1991, 302; Mayer/Kroiß, § 1 Rn. 44; zur Anwendung des RVG s. auch Teil A: Allgemeine Vergütungsfragen, Rn. 46). Daher sind auch die Gebühren und Auslagen des Hochschullehrers bis zur Höhe der gesetzlichen Gebühren und Auslagen eines Rechtsanwalts als notwendige Auslagen zu erstatten (OLG Düsseldorf, NStZ 1996, 99; wistra 1995, 78 = JurBüro 1995, 247 = MDR 1995, 423; Meyer-Goßner, § 464a Rn. 7).

872 Nach § 408 AO sind notwendige Auslagen eines Beteiligten i.S.d. § 464a Abs. 2 Nr. 2 StPO im Strafverfahren wegen einer Steuerstraftat auch die gesetzlichen Gebühren und Auslagen eines

Steuerberaters, **Steuerbevollmächtigten**, **Wirtschaftsprüfers** oder **vereidigten Buchprüfers**. Sind Gebühren und Auslagen gesetzlich nicht geregelt, so können sie bis zur Höhe der gesetzlichen Gebühren und Auslagen eines Rechtsanwalts erstattet werden (vgl. hierzu § 45 StBGebV: Anwendung des RVG im Strafverfahren; Meyer-Goßner, § 464a Rn. 7).

3. Auswärtiger Verteidiger (Reisekosten)

a) Grundsatz

Der Rechtsanwalt hat gegen den Auftraggeber grds. Anspruch auf Erstattung der angefallenen Reisekosten nach Nrn. 7003 ff. VV. Für die Erstattungspflicht im Kostenfestsetzungsverfahren gem. § 464b StPO gegen die Staatskasse gilt gem. §§ 464a Abs. 2 Nr. 2 StPO, 91 Abs. 2 Satz 1 ZPO der **Grundsatz**, dass die dem Freigesprochenen entstandenen Reisekosten eines im Bezirk des Prozessgerichts nicht niedergelassenen und am Ort des Prozessgerichts auch nicht wohnenden, also des sog. **nicht ortsansässigen** Rechtsanwalts nur insoweit **erstattungsfähig** sind, als die Zuziehung zur zweckentsprechenden Rechtsverfolgung oder Rechtsverteidigung **notwendig** war. Aus dem grundgesetzlich garantierten Anspruch auf ein faires Verfahren folgt somit nicht, dass einem Freigesprochenen in jedem Fall die Auslagen für seinen auswärtigen **Wahlverteidiger** zu erstatten sind (vgl. LG Dresden, 09.02.2010 – 15 Qs 63/09; LG Koblenz, JurBüro 2010, 32; LG Neuruppin, 16.09.2003 – 12 Qs 27/03).

873

b) Fallkonstellationen

Bei der Beurteilung der Erstattungsfähigkeit der Reisekosten eines nicht am Gerichtsort ansässigen Verteidigers müssen **drei verschiedenen Fallkonstellationen** unterschieden werden:

874

1. Der Angeklagte wohnt nicht am Ort des Prozessgerichts und beauftragt einen Rechtsanwalt an seinem Wohnort oder in dessen Nähe mit der Verteidigung (**auswärtiger Angeklagter mit Verteidiger an seinem Wohnort,** vgl. unten Rn. 875).
2. Der Angeklagte wohnt am Ort des Prozessgerichts und beauftragt einen Rechtsanwalt, der nicht in dem Bezirk des Prozessgerichts niedergelassen ist und am Ort des Prozessgerichts auch nicht wohnt, mit seiner Verteidigung (**Angeklagter am Prozessgericht mit auswärtigem Verteidiger,** vgl. unten Rn. 876).
3. Der Angeklagte wohnt nicht am Ort des Prozessgerichts und beauftragt einen Rechtsanwalt, der nicht in dem Bezirk des Prozessgerichts niedergelassen ist und am Ort des Prozessgerichts auch nicht wohnt, mit der Verteidigung (**auswärtiger Angeklagter mit Rechtsanwalt an einem dritten Ort,** vgl. unten Rn. 879).

Für die Beurteilung der Erstattungsfähigkeit gilt Folgendes:

aa) Auswärtiger Angeklagter mit Verteidiger an seinem Wohnort (Ziff. 1)

Nach der ständigen Rechtsprechung des **BGH** in **Zivilsachen** sind regelmäßig die Mehrkosten erstattungsfähig, die anfallen, wenn eine nicht am Gerichtsort ansässige auswärtige Partei einen an ihrem Wohnort ansässigen Rechtsanwalt mit ihrer Vertretung beauftragt (vgl. BGH, NJW 2003, 898 = MDR 2003, 98 = BRAGOreport 2003, 13; NJW-RR 2005, 1662 = Rpfleger 2006,

875

Kostenfestsetzung und Erstattung in Strafsachen

39 = RVGreport 2005, 476; NJW 2007, 2048 = MDR 2007, 802 = RVGreport 2007, 235; NJW 2008, 2122 = RVGreport 2008, 267 = AGS 2008, 368; RVGreport 2010, 156 = JurBüro 2010, 369; vgl. hierzu im Einzelnen auch Hansens, in: Hansens/Braun/Schneider, Teil 8, Rn. 346 ff.). Auch in **Strafsachen** ist vor diesem Hintergrund in Erwägung zu ziehen, ob nicht auch der auswärtige Beschuldigte berechtigt ist, einen Verteidiger **an seinem Wohnsitz** zu beauftragen mit der Folge, dass die hierdurch anfallenden Mehrkosten (Reisekosten) erstattungsfähig sind (so auch OLG Köln, NStZ-RR 2010, 31; OLG Nürnberg, 06.12.2010 – 2 Ws 567/10, JurionRS 2010, 31449 = zfs 2011, 226 = RVGreport 2011, 189 = NStZ-RR 2011, 127 [Ls]; AnwKomm-RVG/N. Schneider, VV Vorb. 4 Rn. 121; für Bußgeldsachen LG Cottbus, NZV 2005, 435 = SVR 2005, 314; vgl. auch LG Flensburg, JurBüro 1984, 1537, wenn der Angeklagte weit entfernt vom Gerichtsort wohnt; Löwe/Rosenberg/Hilger, § 464b Rn. 46 [bei Strafverfahren von einigem Gewicht, in denen der auswärtige Angeklagte den an seinem Wohnort ansässigen Vertrauensanwalt beauftragt hat]; **a.A.** LG Neuruppin, 16.09.2003 – 12 Qs 27/03, das die Rechtsprechung des BGH für unzutreffend hält). Das erscheint vor allem deshalb **vertretbar**, weil § 464a Abs. 2 Ziff. 2 StPO. § 91 Abs. 2 Satz 1 ZPO in Bezug nimmt und diese Bestimmung damit auch in Strafsachen Erstattungsgrundlage ist. Besonderheiten des Strafverfahrens stehen dem nicht entgegen, zumal die Kommunikation zwischen Angeklagtem und Verteidiger in diesen Fällen erheblich erleichtert ist (OLG Köln, NStZ-RR 2010, 31; **a.A.** LG Neuruppin, 16.09.2003 – 12 Qs 27/03).

bb) Angeklagter am Prozessort mit auswärtigem Verteidiger

876 Wohnt der Angeklagte **am Sitz des Prozessgerichts** und beauftragt er einen **auswärtigen Rechtsanwalt** (Anwalt, der nicht in dem Bezirk des Prozessgerichts niedergelassen ist und am Ort des Prozessgerichts auch nicht wohnt) mit seiner Verteidigung, wird die Erstattungsfähigkeit der Reisekosten des auswärtigen Rechtsanwalts dann nicht verneint werden können, wenn die ordnungsgemäße Verteidigung einen Rechtsanwalt mit **besonderen Kenntnissen** auf diesem **Spezialgebiet** oder abgelegenen Rechtsgebiet erforderte und ein Anwalt mit solchem Spezialwissen am Gerichtsort nicht vorhanden ist (vgl. OLG Jena, StV 2001, 242 = StraFo 2001, 387 für Fachanwalt für Steuerrecht bei Anklageerhebung durch eine Staatsanwaltschaft mit Schwerpunktabteilung für Wirtschaftsstrafsachen; OLG Köln, Rpfleger 2003, 685; NStZ-RR 2010, 31; LG Bochum, StRR 2010, 117; LG Dresden, 09.02.2010 – 15 Qs 63/09 [verneint bei sexueller Nötigung, Freiheitsberaubung in Tateinheit mit Nötigung sowie versuchter Nötigung]; LG Koblenz, NStZ 2003, 619; LG Neuruppin, 16.09.2003 – 12 Qs 27/03; KK StPO/Gieg, § 464a Rn. 12). Auch der massive Eingriff des Tatvorwurfs in die berufliche und wirtschaftliche Existenz des Angeklagten kann die Erstattungsfähigkeit der Reisekosten des auswärtigen Verteidigers begründen (OLG Naumburg, StraFo 2009, 128 = AGS 2009, 308; LG Kassel, StraFo 1999, 33).

877 Die Erstattungsfähigkeit der Reisekosten kann auch bei **schwerwiegenden Vorwürfen** (OLG Köln, AGS 1993, 60 = JurBüro 1994, 30; NStZ-RR 2010, 31; OLG Nürnberg, StRR 2011, 203), insbesondere in **Schwurgerichtssachen** zu bejahen sein (OLG Celle, StV 1993, 135; OLG Düsseldorf, MDR 1986, 958; OLG Köln, a.a.O.), nicht aber bei durchschnittlichen **BtM-Sachen** (OLG Bamberg, JurBüro 1989, 242; Meyer-Goßner, § 464a Rn. 12). Aber auch in Verfahren der „**mittleren**" **Kriminalität** wird teilweise die Beauftragung eines auswärtigen Verteidigers zur zweckentsprechenden Rechtsverfolgung i.S.v. §§ 464a Abs. 2 Nr. 2 StPO, 91 Abs. 2 Satz 1 ZPO

für erforderlich gehalten, wenn die Verhängung einer Freiheitsstrafe zu erwarten oder jedenfalls nicht unwahrscheinlich ist (LG Dessau, StraFo 1999, 395; LG Kassel, StraFo 1999, 33 [bei existenzgefährdender Lage]; AG Wuppertal, StV 1991, 120, Straftat mit politischem Hintergrund; Löwe/Rosenberg/Hilger, § 464a Rn. 46).

Konnte der Beschuldigte zum Zeitpunkt der Beauftragung des Verteidigers noch davon ausgehen, dass die **Hauptverhandlung am Kanzleisitz des Verteidigers** stattfindet, sind die Mehrkosten ebenfalls erstattungsfähig (OLG Celle, StV 1986, 208; Meyer-Goßner, § 464a Rn. 12). Die Erstattungsfähigkeit der durch die Beauftragung des auswärtigen Verteidigers entstandenen Mehrkosten kann sich auch daraus ergeben, dass der auswärtige Rechtsanwalt mit einer komplexen Materie bereits vertraut ist (LG Darmstadt, StraFo 1999, 394 für Verteidiger, der bereits im Vorverfahren vor der Verwaltungsbehörde tätig war; LG Neuruppin, 16.09.2003 – 12 Qs 27/03).

cc) Auswärtiger Angeklagter mit Rechtsanwalt an einem dritten Ort

Die Reisekosten des auswärtigen Verteidigers sind im Regelfall nicht erstattungsfähig, wenn sich dieser nicht am Wohnort des Beschuldigten (vgl. dazu Rn. 876), sondern an einem **dritten Ort** befindet. Ein Rechtsanwalt an einem dritten Ort wird bestellt, wenn dieser nicht in dem Bezirk des Prozessgerichts niedergelassen ist und am Ort des Prozessgerichts auch nicht wohnt (§ 464a Abs. 2 Nr. 2 StPO, § 91 Abs. 2 Satz 1 ZPO). Auch hier (vgl. Rn. 875) kann auf die Rechtsprechung des BGH zur Erstattungsfähigkeit der Reisekosten in Zivilsachen zurückgegriffen werden; diese verneint in diesem Fall regelmäßig die Erstattungsfähigkeit der Reisekosten (vgl. BGH, NJW 2003, 901 = BRAGOreport 2003, 35; NJW-RR 2004, 858 = AGS 2004, 260 = MDR 2004, 838; NJW-RR 2009, 283 = RVGreport 2008, 309 = Rpfleger 2008, 534; so auch OLG Köln, NStZ-RR 2010, 31). Konnte der Beschuldigte zum Zeitpunkt der Beauftragung des Verteidigers aber noch davon ausgehen, dass die Hauptverhandlung am Kanzleisitz des Verteidigers stattfindet, wird der Erstattung der Reisekosten jedenfalls bei bereits erfolgter Einarbeitung des Verteidigers nicht entgegengehalten werden können, dass ein Verteidigerwechsel hätte vorgenommen werden müssen (OLG Celle, StV 1986, 208).

c) Kosten für fiktive Informationsreisen des Angeklagten/fiktive Reisekosten des Verteidigers

Werden die Reisekosten des Verteidigers **an einem dritten Ort** (Ziff. 3, Rn. 879) nicht anerkannt, sind diese aber stets in Höhe **fiktiver Informationsreisekosten** des Angeklagten zu einem Verteidiger am Ort des Prozessgerichts bzw. zu einem im Bezirk des Prozessgerichts niedergelassenen Verteidiger (vgl. § 464a Abs. 2 Nr. 2 StPO, § 91 Abs. 2 Satz 1 ZPO) zu berücksichtigen. Im Strafverfahren ist i.d.R. zumindest ein persönliches Gespräch mit dem Verteidiger erforderlich, eine telefonische Information reicht nicht aus (LG Neuruppin, 16.09.2003 – 12 Qs 27/03). Die Zahl der erstattungsfähigen fiktiven Informationsreisen wird davon abhängen, welchen Umfang und welche Bedeutung das Verfahren hatte. Die Berechnung der fiktiven Reisekosten richtet sich nach dem JVEG (vgl. OLG Düsseldorf, AnwBl. 2001, 577 = NStZ-RR 2000, 320; vgl. auch Rn. 899).

Kostenfestsetzung und Erstattung in Strafsachen

881 Weil der Angeklagte einen Verteidiger an seinem Wohnort beauftragen darf (Rn. 875), wird sogar davon auszugehen sein, dass die Reisekosten des Verteidigers an einem dritten Ort i.H.d. **fiktiven Reisekosten eines Verteidigers** am Wohnort des Angeklagten erstattungsfähig sind (OLG Köln, NStZ-RR 2010, 31; vgl. auch BGH, NJW-RR 2004, 858 = MDR 2004, 838 = AGS 2004, 260; OLG Köln, JurBüro 2004, 435; OLG Oldenburg, NJW-RR 2008, 1305 = MDR 2008, 50 = JurBüro 2008, 92).

d) **Bedeutung eines besonderen Vertrauensverhältnisses**

882 Als nicht ausreichend für die Bejahung der Erstattungsfähigkeit wird - nach allerdings umstrittener Ansicht - allein der Umstand angesehen, dass der auswärtige Verteidiger für den Beschuldigten der **Rechtsanwalt seines Vertrauens** ist oder dass er allgemein über den Ruf verfügt, über besonders gute Rechtskenntnisse zu verfügen (OLG Düsseldorf, NStZ 1981, 451 = JurBüro 1981, 1043; OLG Jena, StV 2001, 242 = StraFo 2001, 387; OLG Köln, NJW 1992, 586; LG Bochum, StRR 2010, 117; LG Dresden, 09.02.2010 – 15 Qs 63/09; Meyer-Goßner, § 464a Rn. 12; KK StPO/Gieg, § 464a Rn. 12). Eine andere Beurteilung kann sich aber ergeben, wenn der Beschuldigte zur Verteidigung gegen einen Vorwurf von erheblichem Gewicht (z.B. Schwurgerichtssache) einen Rechtsanwalt seinen Vertrauens zuzieht, zu dem bereits ein gewachsenes Vertrauensverhältnis besteht (OLG Köln, Rpfleger 2003, 685; NStZ-RR 2010, 31; OLG Jena, StV 2001, 242 = StraFo 2001, 387; OLG Nürnberg, StRR 2011, 203; vgl. auch LG Dresden, a.a.O.). Das gilt ferner auch bei einem schwerwiegenden Sexualdelikt, weil sich der Angeklagte gegenüber dem Verteidiger i.d.R. zu außerordentlich sensiblen Fragen äußern und seinen Intimbereich offenbaren muss (OLG Celle, NStZ-RR 2004, 384 = JurBüro 2004, 547; OLG Köln, JurBüro 1994, 30; LG Darmstadt, StraFo 1999, 394; LG Dessau, StraFo 1999, 395; Madert, in: von Eicken/Hellstab/Lappe/Madert/Mathias, Die Kostenfestsetzung, Rn. F 113, S. 425; OLG Celle, StV 1993, 135, bei schwerwiegendem Tatvorwurf).

e) **Bedeutung von § 142 StPO**

883 § 142 Abs. 1 StPO ist zum 01.10.2009 durch das 2. Opferrechtsreformgesetz geändert worden. In § 142 Abs. 1 StPO ist für die Pflichtverteidigerbestellung das Merkmal der Ortsansässigkeit entfallen. Im Gesetzgebungsverfahren hat der Gesetzgeber gegen diese Regelung wegen zu erwartender Mehrkosten Bedenken geäußert, denen der Gesetzgeber allerdings nicht Rechnung getragen hat (BT-Drucks. 16/12098, S. 20; vgl. hierzu auch OLG Oldenburg, StV 2010, 3651 = NStZ-RR 2010, 210 = StRR 2010, 267). Nach § 142 Abs. 1 StPO soll im Fall notwendiger Verteidigung vor der Bestellung eines Verteidigers dem Beschuldigten Gelegenheit gegeben werden, innerhalb einer zu bestimmenden Frist einen Verteidiger seiner Wahl zu benennen. Der Vorsitzende bestellt diesen, wenn **kein wichtiger Grund** entgegensteht.

Teilweise wird die Auffassung vertreten, dass das Entfallen des Merkmals der „Ortsansässigkeit" in § 142 Abs. 1 StPO beim Pflichtverteidiger auch Auswirkungen für die Wahlverteidigung hat. Wenn nämlich für die Bestellung eines auswärtigen Pflichtverteidigers nur noch darauf abgestellt werde, ob der Bestellung des vom Beschuldigten benannten Rechtsanwalts „wichtige Gründe" entgegenstünden, wobei dem „Anwalt des Vertrauens" besonderes Gewicht eingeräumt worden sei (vgl. dazu Burhoff, StRR 2009, 364, 367; Burhoff, EV, Rn. 1196 m.w.N.), werde man auch bei der Erstattung der Wahlverteidigervergütung gem. § 464b StPO dem Beschuldigten nicht mehr entgegenhalten dürfen, dass er einen „auswärtigen Anwalt des Vertrauens" gewählt habe (OLG Nürnberg, StRR 2011, 203; AG Witten, AGS 2010, 326 = RVGreport 2010, 234 = VRR 2010, 280 = StRR 2010, 360; so wohl auch LG Dresden, 09.02.2010 – 15 Qs 63/09). Begründet wird das damit, dass keine Wertungswidersprüche zum Recht des Beschuldigten entstehen dürfen, diesem auch einen auswärtigen Pflichtverteidiger zu bestellen. Das OLG Nürnberg (06.12.2010 – 2 Ws 567/10, zfs 2011, 226 = RVGreport 2011, 189, m. zust. Anm. Burhoff = NStZ-RR 2011, 127 [Ls]) hat entschieden, dass die als Wahlverteidiger geltend gemachten Auslagen (Reisekosten) nicht hinter den Auslagen des Pflichtverteidigers zurückbleiben dürfen, wenn der als Wahlanwalt für den Angeklagten tätige Rechtsanwalt gem. §§ 141, 142 StPO als Pflichtverteidiger hätte bestellt werden können.

Zunächst ist festzuhalten, dass es für die Erstattungsfähigkeit der Reisekosten eines auswärtigen Wahlverteidigers nach §§ 464a Abs. 2 Nr. 2 StPO, 91 Abs. 2 ZPO auf § 142 Abs. 1 StPO nicht ankommt, wenn der nicht am Gerichtsort wohnende Beschuldigte einen Verteidiger an seinem **Wohnort** beauftragt. Denn in diesen Fällen ist im Regelfall ohnehin von der Erstattungsfähigkeit der Reisekosten auszugehen (vgl. Rn. 875; so auch OLG Nürnberg, StRR 2011, 203 = RVGreport 2011, 189 = NStZ-RR 2011, 127 [Ls]). Beauftragt der nicht am Gerichtsort wohnende Beschuldigte einen **Rechtsanwalt am dritten Ort** (vgl. Rn. 879) mit seiner Verteidigung, sind dessen Reisekosten zumindest i.H.d. fiktiven Reisekosten eines Verteidigers am Wohnort des Beschuldigten erstattungsfähig (vgl. Rn. 880 f.). Die Frage, welche Bedeutung § 142 Abs. 1 StPO für die Reisekosten eines auswärtigen Wahlverteidigers hat, dürfte daher insbesondere nur Bedeutung in den Fällen erlangen, in denen der am Gerichtsort wohnende Beschuldigte einen auswärtigen Rechtsanwalt (Rn. 876) mit der Verteidigung beauftragt. 884

Es ist festzuhalten, dass die für die Erstattungsfähigkeit der Reisekosten eines auswärtigen Wahlverteidigers geltenden §§ 464a Abs. 2 Nr. 2 StPO, 91 Abs. 2 Satz 1 ZPO durch die Neufassung des für den Pflichtverteidiger geltenden § 142 Abs. 1 StPO nicht außer Kraft gesetzt worden sind. Allein aus dem Umstand, dass nach § 142 Abs. 1 StPO die Bestellung eines vom Beschuldigten benannten Verteidigers nur dann abzulehnen ist, wenn ein wichtiger Grund entgegensteht, kann m.E. nicht pauschal der Schluss gezogen werden, dass der Beschuldigte, dem kein Pflichtverteidiger zur Seite steht, mit erstattungsrechtlich zwingender Konsequenz einen Wahlverteidiger an einem beliebigen Ort hinzuziehen darf (LG Düsseldorf, 02.02.2011 - 4 Qs 12/11, AGS 2011, 206 = NJW-Spezial 2011, 251). Dem steht schon entgegen, dass bei der Pflichtverteidigerbestellung der Vorsitzende **prüft**, ob der Bestellung des auswärtigen Pflichtverteidigers ein wichtiger Grund entgegensteht. Diese gerichtliche **Prüfung** muss auch bei der Wahlverteidigung erfolgen. Sie wird durch die Notwendigkeitsprüfung gem. §§ 464a Abs. 2 Nr. 2 StPO, 91 Abs. 2 Satz 1 ZPO sichergestellt. 885

Es gibt **keinen allgemeinen Rechtsgrundsatz**, dass der **Wahlverteidiger nicht schlechter** gestellt werden darf als der Pflichtverteidiger (LG Düsseldorf, 02.02.2011 - 4 Qs 12/11, AGS 2011, 206 = NJW-Spezial 2011, 251; so aber AG Witten, AGS 2010, 326 = RVGreport 2010, 234, m. zust. Anm. Burhoff = zfs 2010, 468, m. zust. Anm. Hansens = VRR 2010, 280 = StRR 2010, 203; vgl. auch Vorbem. 4 Rn. 19). Das zeigen schon die unterschiedlichen Gebührensysteme (Festgebühren und Betragsrahmengebühren, die unter den Festgebühren liegen können; s. auch Teil A: 886

Kostenfestsetzung und Erstattung in Strafsachen

Gebührensystem, Rn. 649 ff.). Hinsichtlich der Reisekosten kann aber auch keine Schlechterstellung des Wahlverteidigers eintreten. Der auswärtige Pflichtverteidiger hat insoweit einen eigenständigen Vergütungsanspruch gegen die Staatskasse (§§ 46, 55), der von dieser zwingend zu erfüllen ist (Rn. 888). Das ist auch erforderlich, weil er die Reisekosten wegen § 52 Abs. 1 Satz 2 nicht von seinem Mandanten fordern kann (§ 52 Rn. 17 ff.). Der Wahlverteidiger hingegen erhält die Reisekosten von seinem Mandanten, sodass er wirtschaftlich nicht schlechter gestellt ist. Pflichtverteidigervergütung (§§ 45 Abs. 3, 55) und Kostenfestsetzung gem. §§ 464a Abs. 2, 464b StPO können nicht miteinander verglichen werden, weil dort anders als im Festsetzungsverfahren des Pflichtverteidigers gem. § 55 nicht über den eigenen Vergütungsanspruch des Verteidigers, sondern über den Anspruch des Mandanten auf Erstattung der ihm entstandenen Verteidigerkosten entschieden wird. Für diesen Erstattungsanspruch gelten die Notwendigkeitskriterien aus § 91 Abs. 2 ZPO (LG Düsseldorf, 02.02.2011 - 4 Qs 12/11, AGS 2011, 206 = NJW-Spezial 2011, 251; LG Bochum, StRR 2010, 117).

887 **Hinweis:**
Das OLG Nürnberg (StRR 2011, 203 = RVGreport 2011, 189 = NStZ-RR 2011, 127 [Ls]) weist zutreffend darauf hin, dass im Rahmen von § 142 Abs. 1 StPO insbesondere bei einem schweren Schuldvorwurf dem besonderen Vertrauensverhältnis eine größere Bedeutung als die Ortsnähe zukommt, sodass in diesem auch die Reisekosten des auswärtigen Wahlverteidigers erstattungsfähig sind. Die Erstattungsfähigkeit ist in diesen Fällen aber auch schon vor der Änderung von § 142 Abs. 1 StPO bejaht worden (vgl. Rn. 876 ff, 882).

f) Auswärtiger Pflichtverteidiger

888 Wird ein **auswärtiger Rechtsanwalt** zum **Pflichtverteidiger** bestellt, sind die im Kostenfestsetzungsverfahren neben den Wahlverteidigergebühren geltend gemachten **Tage- und Abwesenheitsgelder** (vgl. Nr. 7005 VV) als notwendige Auslagen des Angeklagten aus der Staatskasse zu erstatten. Es ist in diesem Fall nicht zu prüfen, ob die Inanspruchnahme eines auswärtigen Rechtsanwalts notwendig war (OLG Düsseldorf, NStZ 1997, 605 = StV 1998, 91 = AGS 1998, 88; LG Magdeburg, StraFo 2008, 131; vgl. auch OLG Düsseldorf, StV 2000, 434 = AnwBl. 2001, 577 = NStZ-RR 2000, 320, zu den Kosten der Besuche des freigesprochenen Angeklagten bei seinem auswärtigen Pflichtverteidiger).

Hinweis:
Zur Geltendmachung von Reisekosten durch den Rechtsanwalt, der vom Gericht zu den Bedingungen eines ortsansässigen Rechtsanwalts beigeordnet oder bestellt worden ist, vgl. Teil A: Auslagen aus der Staatskasse (§ 46 Abs. 1 und 2), Rn. 175 ff.

Hierbei bleibt allerdings unberücksichtigt, dass der Pflichtverteidiger nach § 52 Abs. 1 Satz 1 von dem Beschuldigten nur **Wahlverteidigergebühren**, jedoch keine Auslagen nach Teil 7 VV fordern kann (vgl. Rn. 866; § 52 Rn. 17 ff.). Daher kann der Beschuldigte im Fall seines Freispruchs auch keine Auslagen i.S.v. Teil 7 VV aus der Staatskasse fordern, weil ihm insoweit wegen § 52 Abs. 1 Satz 1 überhaupt keine Aufwendungen entstehen können (vgl. § 52 Rn. 17 ff.). Eine

Notwendigkeit zur Gewährung eines Erstattungsanspruchs besteht insoweit auch nicht, weil der auswärtige Pflichtverteidiger seine Reisekosten einschließlich der Fahrtkosten im Festsetzungsverfahren nach § 55 aus der Staatskasse erhält (s. auch Teil A: Auslagen aus der Staatskasse [§ 46 Abs. 1 und 2], Rn. 173 ff.).

4. Mehrere Verteidiger

a) Grundsatz: Erstattung der Kosten eines Verteidigers

Im Rahmen der notwendigen Auslagen werden **grds. nur** die **Kosten für einen Wahlverteidiger** erstattet. Das folgt aus §§ 464a Abs. 2 Nr. 2 StPO, 91 Abs. 2 Satz 2 ZPO, wonach die Kosten mehrerer Verteidiger außer bei einem **notwendigen Verteidigerwechsel** nur insoweit erstattet werden, als sie die Kosten eines Verteidigers nicht überschreiten (vgl. OLG Düsseldorf, 26.04.2011 - III-1 Ws 27/10, n.v.; OLG Dresden, StraFo 2007, 126; s. auch § 52 Rn. 83 ff.; Vorbem. 4 Rn. 19). Zwar können gem. § 137 StPO **bis zu drei Verteidiger** gewählt werden. Aus § 137 StPO folgt aber nicht, dass dem Beschuldigten die durch die Vertretung von drei Verteidigern entstandenen Kosten insgesamt zu erstatten wären. Die Bestimmung des § 137 StPO konkretisiert das Recht auf ein rechtsstaatliches Verfahren nicht in der Weise, dass dem Beschuldigten die Kosten, die durch die Vertretung von drei Verteidigern entstehen, insgesamt zu erstatten wären; das gilt grds. auch in schwierigen oder umfangreichen Verfahren (BVerfG, NJW 2004, 3319; OLG Düsseldorf, 26.04.2011 - III-1 Ws 27/10, n.v.; NStZ-RR 2002, 317; OLG Nürnberg, NStZ-RR 2000, 163; LG Kassel, zfs 2008, 584 = AGS 2008, 579; Löwe/Rosenberg/Hilger, § 464b Rn. 32).

889

> **Hinweis:**
> Wird ein Pflichtverteidiger bestellt und ist kein vom Beschuldigten selbst beauftragter Wahlverteidiger im Verfahren tätig oder wird der Wahlverteidiger des Beschuldigten zu dessen Pflichtverteidiger bestellt, ist durch die in § 52 Abs. 1 Satz 2 geregelte **Anrechnung der Pflichtverteidigergebühren** gewährleistet, dass die Staatskasse höchstens die Gebühren eines Wahlverteidigers zahlt.

b) Verteidigerwechsel

aa) Notwendiger Wechsel

Die Erstattung der durch einen Anwaltswechsel entstandenen **Mehrkosten** setzt grds. voraus, dass dieser weder vom Rechtsanwalt noch von dem Beteiligten **verschuldet** worden ist (OLG Düsseldorf, NStZ-RR 2002, 317 = StraFo 2003, 31 = StV 2003, 175; OLG Köln, JurBüro 2002, 595 = Rpfleger 2003, 97; KK StPO/Gieg, § 464a Rn. 13; Madert, in: von Eicken/Hellstab/Lappe/Madert/Mathias, Die Kostenfestsetzung, Rn. F 98, S. 414). Ein notwendiger Anwaltswechsel kann bei Tod und schwerer Erkrankung des Verteidigers vorliegen, ggf. auch bei Aufgabe und Verlust der Zulassung (vgl. insoweit die Komm. zu § 54 Rn. 6 ff.). Einen **notwendigen Anwaltswechsel** hat das OLG Hamm bejaht (NJW 1983, 1810 = NStZ 1983, 284), wenn Fürsorgepflichten dem Verteidiger in einem schwierigen und für den Angeklagten besonders bedeutungsvollen

890

Kostenfestsetzung und Erstattung in Strafsachen

Verfahren gebieten, das Mandat niederzulegen und an einen besonders in Strafsachen versierten Rechtsanwalt zur Fortführung der Verteidigung abzugeben.

891 Nach Auffassung des OLG Hamburg (NJW 1991, 1191 = JurBüro 1991, 715) liegt **kein notwendiger Anwaltswechsel** vor, wenn eine Angeklagte wegen unverschuldeter Verhinderung ihrer Verteidigerin nur deshalb eine andere Rechtsanwältin mit ihrer weiteren Verteidigung beauftragt hat, weil der amtlich bestellte Vertreter ihrer ursprünglichen Verteidigerin ein Mann war und wenn die angeklagte Tat oder die Tatumstände keinen konkret geschlechtlichen Bezug aufwiesen. **Ein notwendiger Anwaltswechsel** liegt insbesondere dann nicht vor, wenn der Angeklagte dem Wahlverteidiger das Mandant entzieht und einen anderen Verteidiger bestellt, von dem er eine bessere Verteidigung erwartet (OLG Hamm, RVGprofessionell 2009, 112; LG Kassel, AGS 2008, 579; vgl. auch LG Duisburg, AGS 2005, 446; Madert, in: von Eicken/Hellstab/Lappe/Madert/Mathias, Die Kostenfestsetzung, Rn. F 198, S. 414).

Im Übrigen kann auch auf die Erläuterungen zu § 54 Rn. 6 ff. verwiesen werden.

bb) Untervollmacht

892 Bei der Prüfung der Erstattungsfähigkeit der durch einen Anwaltswechsel angefallenen Mehrkosten darf nicht übersehen werden, dass der Wahlverteidiger im Gegensatz zum Pflichtverteidiger mit Einwilligung des Mandanten **Untervollmacht** erteilen kann. Daher kann z.B., wenn der Verteidiger einen Termin nicht wahrnehmen kann, statt der Bestellung eines weiteren Verteidigers durch den Beschuldigten eine „Unterbevollmächtigung" geboten sein (vgl. hierzu Burhoff, EV, Rn. 1666 ff. m.w.N.). Die „Untervollmacht", die den Bevollmächtigten ermächtigt, Prozesshandlungen für den Fall der Verhinderung des gewählten Verteidigers vorzunehmen, erhöht nicht die Zahl der Verteidiger nach § 137 Abs. 1 Satz 2 StPO (vgl. Meyer-Goßner, Rn. 11 vor § 137 StPO; KK StPO/Laufhütte, vor § 137 Rn. 14). Für die Vergütung des Verteidigers einschließlich des „Unterbevollmächtigten" gilt dann grds. § 5 (vgl. hierzu auch Madert, in: von Eicken/Hellstab/Lappe/Madert/Mathias, Die Kostenfestsetzung, Rn. F 104, S. 419: Der „Hauptbevollmächtigte" verdient insoweit die Verfahrensgebühr nach Nr. 4104 VV, der „Unterbevollmächtigte" die Terminsgebühr nach Nr. 4108 VV; s. auch Teil A: Vertreter des Rechtsanwalts [§ 5], Rn. 1609 ff.).

cc) Verteidigerwechsel nach der ersten Instanz

893 Im Fall des **Anwaltswechsels nach Abschluss der ersten Instanz** bzw. bei einem Wechsel des Verteidigers zwischen zwei Instanzen fallen Mehrkosten insbesondere dadurch an, dass sowohl für den bisherigen als auch für den neuen Verteidiger die **Grundgebühr** Nr. 4100 VV entsteht (vgl. KG, StRR 2008, 427; OLG Bamberg, NJW 2006, 1536 = NStZ 2006, 467; OLG Brandenburg, NStZ-RR 2009, 64; OLG Düsseldorf, StraFo 2007, 156; OLG Frankfurt am Main, StV 2008, 128 = NStZ-RR 2008, 47 = StRR 2008, 69; OLG Köln, StraFo 2008, 348).

Die Grundgebühr entsteht nicht verfahrensbezogen, sondern personenbezogen (vgl. die Komm. zu Nr. 4100 VV, Rn. 14). Auch hier muss für jeden Einzelfall darauf abgestellt werden, ob in der Person des Verteidigers ein Wechsel eintreten musste (vgl. auch OLG Frankfurt am Main, NJW 2005, 377 = StV 2005, 76 = RVGreport 2005, 28; LG Duisburg, AGS 2005, 446). Ein notwendiger Verteidigerwechsel liegt nicht vor, wenn sich der Angeklagte erhofft, durch einen anderen

Verteidiger besser vertreten zu werden (OLG Hamm, RVGprofessionell 2009, 112; LG Kassel, AGS 2008, 579; vgl. auch LG Duisburg, AGS 2005, 446).

> **Hinweis:**
>
> Eine „kostenneutrale" Auswechslung des Pflichtverteidigers ist daher wegen des erneuten Anfalls der Grundgebühr zwischen den Instanzen grds. nicht möglich. Eine Doppelbelastung der Staatskasse ist nur dann ausgeschlossen, wenn insoweit ein gem. § 58 Abs. 3 zu verrechnender Vorschuss des Beschuldigten geleistet worden ist (OLG Köln, NStZ 2006, 514 = RVG-Letter 2006, 65) oder der neue Verteidiger mit der **Beschränkung** seines Vergütungsanspruchs **einverstanden** war und gegenüber der Staatskasse auf die Erstattung der Grundgebühr **verzichtet** hat (OLG Bamberg, NJW 2006, 1536 = NStZ 2006, 467; zur (Un-)Zulässigkeit RVGreport 2010, 333 = RVGprofessionell 2010, 133; zum Gebührenverzicht s. Teil A: Gebühren-/Vergütungsverzicht, Rn. 643).

c) Mehrere Pflichtverteidiger

Werden für den Beschuldigten aus Gründen der gerichtlichen Fürsorge oder zur Sicherung des Verfahrensfortgangs **zwei Pflichtverteidiger** bestellt, kann jeder dieser Pflichtverteidiger vom Beschuldigten gem. § 52 Abs. 1 bei Erfüllung der dort genannten Voraussetzungen die Zahlung der Wahlverteidigergebühren fordern. Da dem Beschuldigten somit Wahlgebühren für beide Pflichtverteidiger entstehen, sind im Rahmen der notwendigen Auslagen die **Wahlgebühren beider Verteidiger**, ggf. gem. § 52 Abs. 1 Satz 2 um die aus der Staatskasse gezahlten Pflichtverteidigergebühren gemindert, aus der Staatskasse zu erstatten (vgl. hierzu auch § 52 Rn. 83 ff.; OLG Düsseldorf, StraFo 2005, 349 = StV 2006, 32 = JurBüro 2005, 422; OLG Rostock, StV 1997, 33 = JurBüro 1997, 37; Madert, in: von Eicken/Hellstab/Lappe/Madert/Mathias, Die Kostenfestsetzung, Rn. F 99, S. 414; **a.A.** OLG Hamburg, AnwBl. 1998, 147 = MDR 1994, 312 = JurBüro 1994, 295). 894

Dies beruht auf der Erwägung, dass der freigesprochene Angeklagte, bei dem der allgemeine Gesichtspunkt einer Verursachung des Strafverfahrens durch vorangegangenes strafbares Verhalten als Grund für eine finanzielle Haftung ausscheidet, nicht für Kosten aufkommen soll, die allein durch die Schwierigkeit oder den Umfang des Verfahrens oder aus anderen, von ihm selbst nicht zu vertretenden Gründen entstanden sind (BVerfG, StV 1984, 344 = NStZ 1984, 561 = JurBüro 1985, 697). Ansonsten könnte der den Kostenfestsetzungsantrag zuerst stellende Verteidiger die Wahlverteidigervergütung in voller Höhe aus der Staatskasse liquidieren, während sich der andere Wahlverteidiger entweder mit den gesetzlichen Gebühren begnügen oder das Feststellungsverfahren nach § 52 Abs. 2 durchführen muss mit der Folge, dass der freigesprochene Mandant für den Fall seiner wirtschaftlichen Leistungsfähigkeit doch wieder mit Kosten belastet wird, deren Verursachung ihm nicht zuzurechnen ist (OLG Düsseldorf, a.a.O.).

d) Zusammentreffen von Wahl- und Pflichtverteidigung

Zur Frage der Erstattungspflicht beim Zusammentreffen von Pflicht- und Wahlverteidigung wird auf die Komm. zu § 52 Rn. 83 ff. sowie auf die Erläuterungen unter Rn. 889 ff. verwiesen (s. auch 895 noch Neumann, NJW 1991, 261 und Burhoff, EV, Rn. 1293a). Es gilt der **Grundsatz**, dass die Kosten für den Wahlverteidiger nicht erstattungsfähig sind, wenn trotz bestehenden Wahlmandats ein Pflichtverteidiger bestellt worden ist, weil die Verteidigerbestellung aus Gründen erfolgt ist, die der Freigesprochene oder sein Wahlverteidiger zu vertreten haben (vgl. hierzu OLG Köln, JurBüro 2002, 595 = Rpfleger 2003, 97). Dies gilt nicht, wenn der Pflichtverteidiger ohne Verschulden des Freigesprochenen oder seines Wahlverteidigers, etwa zur Sicherung des Verfahrens bestellt worden ist (OLG Düsseldorf, NStZ-RR 2002, 317 = StraFo 2003, 30 = StV 2003, 175). Bei einem **Freispruch** sind die gesamten Kosten des Wahlverteidigers neben den Gebühren des Pflichtverteidigers erstattungsfähig, wenn das Gericht die Bestellung des Pflichtverteidigers nicht oder nicht rechtzeitig zurückgenommen (vgl. § 143 StPO) oder aus Fürsorgegründen oder zur Sicherung des Verfahrens die zusätzliche Beiordnung eines Pflichtverteidigers oder die Beibehaltung seiner Beiordnung für notwendig gehalten hat (KG, StV 2003, 175 = AGS 2003, 418 = BRAGOreport 2003, 207; OLG Köln, NJW 2003, 2038; OLG Köln, 24.08.2004 – 2 Ws 383/04, n.v.). Hat der Vorsitzende aus eigener Veranlassung neben dem Wahlverteidiger einen (weiteren) Pflichtverteidiger bestellt, so hat der Beschuldigte im Fall eines Freispruchs Anspruch auf Erstattung der Wahlverteidigerkosten auch des (weiteren) Pflichtverteidigers (vgl. OLG Köln, StraFo 1998, 250 = AGS 1998, 149 = StV 1998, 621, vgl. aber OLG Köln, JurBüro 2002, 595 = Rpfleger 2003, 97).

Wird zusätzlich ein Wahlverteidiger tätig, obwohl bereits ein Pflichtverteidiger bestellt ist, sind grds. nur die notwendigen Auslagen für einen Wahlverteidiger erstattungsfähig, wenn die Aufrechterhaltung der Pflichtverteidigerbestellung in einem dem Beschuldigten oder seinem Wahlverteidiger zuzurechnenden Verhalten ihre Ursache hat (vgl. Rn. 889; OLG Düsseldorf, 26.04.2011 - III-1 Ws 27/10, n.v.; s. auch § 52 Rn. 86).

5. Rechtsanwalt in eigener Sache

a) Pro Erstattungsfähigkeit

896 Für die Erstattungsfähigkeit spricht, dass § 464b Abs. 2 Nr. 2 StPO auf **§ 91 Abs. 2 Satz 3 ZPO** verweist. Nach dieser Bestimmung sind dem in eigener Sache tätigen Rechtsanwalt die Gebühren und Auslagen zu erstatten, die er als Gebühren und Auslagen eines bevollmächtigten Rechtsanwalts erstattet verlangen könnte. Die Befürworter der Erstattungsfähigkeit berufen sich auf diese eindeutige gebührenrechtliche Verweisung und gehen deshalb davon aus, dass ein sich selbst vertretender Rechtsanwalt sowohl im Zivil- als auch im Strafprozess gebührenrechtlich als Bevollmächtigter zu behandeln ist (vgl. aus der jüngeren Rechtsprechung OLG Frankfurt am Main, NJW 1993, 1991; LG Münster, AnwBl. 1999, 616; LG Göttingen, Nds.Rpfl. 1992, 120; vgl. auch BGH, NJW 2011, 232 = AGS 2011, 49 = RVGreport 2011, 80 zur Erstattungspflicht für den Rechtsschutzversicherer des Rechtsanwalts in Zivilsachen).

b) Contra Erstattungsfähigkeit

897 Nach der **herrschenden Gegenauffassung** setzt die Anwendung von § 91 Abs. 2 Satz 3 ZPO voraus, dass es dem Rechtsanwalt überhaupt rechtlich gestattet ist, in eigener Sache aufzutreten. Während im **Zivilprozess § 78 Abs. 6 ZPO** dem Rechtsanwalt die Selbstvertretung erlaubt,

ist im Straf- und Bußgeldverfahren der Status des Verteidigers als **unabhängiges Organ** der **Rechtspflege** mit der Stellung des Beschuldigten unvereinbar (vgl. BVerfG, NJW 1980, 1677 = MDR 1980, 731 = AnwBl. 1980, 303; NStZ 1988, 282 = MDR 1988, 552; NJW 1994, 242; BGH, NJW 2011, 232 = AGS 2011, 49 = RVGreport 2011, 80; OLG Nürnberg, NStZ-RR 2000, 163; LG Düsseldorf, StRR 2009, 439 = VRR 2010, 79). Wenn das Strafprozessrecht somit die Selbstverteidigung des Rechtsanwalts ausschließt, kann er kostenrechtlich nicht wie ein Verteidiger behandelt werden (BVerfG, NJW 1994, 242). § 91 Abs. 2 Satz 3 ZPO stellt eine eng auszulegende vorrangige **Sonderregelung** für den Fall dar, dass ein einzelner Rechtsanwalt rechtlich zulässig in eigener Sache als Partei des Zivilprozesses tätig geworden ist (vgl. LG Berlin, NJW 2007, 1477).

Einem Rechtsanwalt werden daher für seine „Verteidigung" in eigener Sache keine Gebühren/ Auslagen ersetzt, da Beschuldigten- und Verteidigerrolle **prozessual** miteinander **unvereinbar** sind. Die Regelung in § 91 Abs. 2 Satz 3 ZPO ist auf den Zivilprozess zugeschnitten und im Strafverfahren nicht anwendbar (vgl. auch VV Vorbem. 4 Rn. 20; BVerfG, NJW 1980, 1677; NStZ 1988, 282; NJW 1994, 242; OLG Nürnberg, NStZ-RR 2000, 163; LG Berlin, NJW 2007, 1477; LG Göttingen, JurBüro 1991, 850 = Rpfleger 1991, 337; LG Düsseldorf, StRR 2009, 439 = VRR 2010, 79; vgl. auch BGH, NJW 2011, 232 = AGS 2011, 49 = RVGreport 2011, 80 [keine Erstattungspflicht für den Rechtsschutzversicherer des Rechtsanwalts in Straf- und Bußgeldsachen]).

Das gilt im Übrigen auch im **Privatklageverfahren**, wenn der Rechtsanwalt die Stellung eines **Beschuldigten** hat und sich selbst verteidigt (BVerfG, NJW 1994, 282). Als **Privat** - oder auch als **Nebenkläger** kann der Rechtsanwalt allerdings entsprechend § 464a Abs. 2 Nr. 2 StPO, § 91 Abs. 2 Satz 3 ZPO Erstattung verlangen (OLG Hamm, AGS 1999, 167 = JurBüro 2000, 474; s. auch VV Vorbem. 4 Rn. 21).

6. Entschädigung eines Beteiligten für Zeitversäumnis (§ 464a Abs. 2 Nr. 1 StPO)

a) Zeitversäumnis

Nach § 464a Abs. 2 Nr. 1 StPO gehört zu den notwendigen Auslagen auch die Entschädigung für eine notwendige Zeitversäumnis nach den Vorschriften des **JVEG**, die für die Entschädigung von **Zeugen** gelten. Die Verweisung in § 464a Abs. 2 Nr. 1 StPO stellt lediglich eine den Umfang und die Höhe der Entschädigung betreffende **Rechtsfolgenverweisung** und keine Rechtsgrundverweisung dar (OLG Düsseldorf, StV 2000, 434 = AnwBl. 2001, 577 = NStZ-RR 2000, 320). § 1 JVEG (Voraussetzung für die Entschädigung von Zeugen) ist daher nicht in Bezug genommen (OLG Hamm, NStZ 1996, 356). § 2 Abs. 1 JVEG (Erlöschen des Anspruchs) gilt nicht (LG Passau, JurBüro 1996, 489).

Erstattungsfähig ist daher nicht nur die Entschädigung für Zeitversäumnis (Verdienstausfall, vgl. §§ 20 bis 22 JVEG) infolge Heranziehung durch das **Gericht** und die **Staatsanwaltschaft**, sondern auch infolge **polizeilicher Vorladungen**, Beschaffung von Beweismaterial (KK StPO/ Gieg, § 464a Rn. 8) und **Reisen zum Verteidiger** (vgl. OLG Düsseldorf, StV 2000, 434 = AnwBl. 2001, 577 = NStZ-RR 2000, 320; OLG Zweibrücken, StV 1996, 612 = MDR 1996, 318 = JurBüro 1996, 198). Die Terminswahrnehmung während eines **bezahlten Urlaubs** bewirkt

Kostenfestsetzung und Erstattung in Strafsachen

keinen erstattungsfähigen Verdienstausfall (Meyer-Goßner, § 464a Rn. 6; a.A. OLG Karlsruhe, Justiz 1987, 156). Der Freigesprochene kann im Kostenfestsetzungsverfahren allerdings keinen Verdienstausfall mit der Begründung geltend machen, er habe während der laufenden Hauptverhandlung keine Chance auf dem Arbeitsmarkt gehabt (OLG Düsseldorf, JMBl. NRW 2006, 126 = JurBüro 2006, 260). **Materielle Schadensersatzansprüche** sind im Kostenfestsetzungsverfahren **ausgeschlossen**.

Auch die **Auslagen des Nebenklägers** für die gebotene Teilnahme an der Hauptverhandlung können erstattungsfähig sein (Meyer-Goßner, § 464a Rn. 6). Daneben sind grds. auch die weiteren in § 19 JVEG aufgeführten Kosten erstattungsfähig (z.B. Fahrtkosten, vgl. OLG Düsseldorf, StV 2000, 434 = AnwBl. 2001, 577 = NStZ-RR 2000, 320).

b) Fahrtkosten eines Beteiligten

900 Auch die Höhe der einem Beteiligten zu erstattenden Fahrtkosten z.B. zu Terminen richtet sich nach den Bestimmungen des **JVEG**, auch wenn der Verweis auf das JVEG in § 464a Abs. 2 Nr. 1 StPO nur für die Zeitversäumnis gilt (so auch – ohne nähere Begründung – OLG Düsseldorf, StV 2000, 434 = AnwBl. 2001, 577 = NStZ-RR 2000, 320; LG Koblenz, JurBüro 2010, 32; LG Landshut, 09.07.2010 – 2 Qs 153/10; Meyer-Goßner, § 464a Rn. 15). Bei Fahrten mit dem Pkw werden daher entsprechend § 5 JVEG 0,25 €/km entschädigt. Auf den für Rechtsanwälte geltenden Betrag i.H.v. 0,30 € (Nr. 7003 VV) kann nicht zurückgegriffen werden, weil anders als bei Zeugen und Beteiligten im Strafverfahren dieser Betrag neben der Abnutzung und dem Wertverlust auch die Anschaffungs-, Unterhaltungs- und Betriebskosten abgelten soll (vgl. Nr. 7003 VV Rn. 14).

7. Verfahren über vermögensrechtliche Ansprüche des Verletzten

901 Zur Frage, inwieweit im Adhäsionsverfahren angefallene Gebühren (vgl. Nrn. 4143, 4144 VV, Einigungsgebühr Nrn. 1003, 1004 VV) im Kostenfestsetzungsverfahren gem. § 464b StPO berücksichtigt werden können vgl. Teil A: Einigungsgebühr (Nrn. 1000, 1003, 1004 VV), Rn. 492. Eine **Erstattungspflicht** der Staatskasse **scheidet** deshalb **aus**, weil ihr gem. § 472a Abs. 2 Satz 2 StPO nur die **Verfahrenskosten** (§ 464a Abs. 1 StPO), nicht aber die dem Angeklagten im Verfahren über vermögensrechtliche Ansprüche des Verletzten oder im Adhäsionsverfahren entstanden notwendigen Auslagen (§ 464a Abs. 2 Nr. 2 StPO) auferlegt werden können (Gerold/Schmidt/Burhoff, VV 4143, 4144, Rn. 24; Nr. 4143 Rn. 38 ff.; vgl. aber OLG Celle, StraFo 2006, 41).

8. Sonstige notwendige Auslagen

902 Die Aufzählung in § 464a Abs. 2 StPO ist nicht abschließend. Daher können auch weitere notwendige Auslagen erstattungsfähig sein. Hierzu können z.B. **Dolmetscher- oder Übersetzerkosten** gehören (s. dazu Teil A: Dolmetscherkosten, Erstattung, Rn. 436 ff.; für den gerichtlich bestellten oder beigeordneten Rechtsanwalt s. auch Teil A: Auslagen aus der Staatskasse [§ 46 Abs. 1 und 2], Rn. 203 ff.).

Kosten eines **Privatgutachtens** sind im Regelfall nicht erstattungsfähig, weil die Beweiserhebung aufgrund des geltenden Amtsermittlungsprinzips Sache der Staatsanwaltschaft bzw. des Gerichts ist. Vorrangig sind daher insbesondere Beweisanträge zu stellen (vgl. OLG Celle, StV 2006, 32; OLG Stuttgart, NStZ-RR 2003, 127; KK StPO/Gieg, § 464a Rn. 7; Meyer-Goßner, § 464 Rn. 16; a.A. z.B. Dahs, NStZ 1991, 354). Auch die Kosten eines **Privatgutachtens** können unter strengen Voraussetzungen erstattungsfähig sein, wobei sich die Erforderlichkeit aus einer Betrachtung „**ex ante**" aus der Sicht des Angeklagten zum Zeitpunkt des Gutachtenauftrags beurteilt (LG Dresden, NStZ-RR 2010, 61; vgl. dazu auch Burhoff, EV, Rn. 631 m.w.N.). Unerheblich ist, ob sich das Gutachten tatsächlich auf den Prozess ausgewirkt hat (OLG Celle, StV 2006, 32; OLG Düsseldorf, 18.10.2006 – III-1 Ws 207/06; OLG Stuttgart, NStZ-RR 2003, 127). Hat es sich aber entscheidungserheblich zugunsten des Angeklagten ausgewirkt bzw. hat das Gericht seine Entscheidung darauf gestützt, wird die Erstattungsfähigkeit häufig zu bejahen sein (LG Cottbus, StRR 2009, 145 = VRR 2009, 155 = RVGreport 2009, 394; LG Dresden, NStZ-RR 2010, 61; LG Dresden, 07.10.2009 – 5 Qs 73/09). Die Erstattungsfähigkeit ist jedenfalls auch dann gegeben, wenn die Kosten bei einer Beweiserhebung durch das Gericht ebenfalls angefallen wären bzw. andere gerichtliche Auslagen erspart haben (LG Dresden, a.a.O.). Die Kosten sind auch dann erstattungsfähig, wenn der Angeklagte bei verständiger Würdigung des Sach- und Streitstands annehmen musste, dass sich ohne die private Heranziehung eines (weiteren) Sachverständigen seine Prozesslage alsbald verschlechtern wird (vgl. hierzu BVerfG, NJW 2006, 136; OLG Düsseldorf, NStZ 1997, 511 = StraFo 1997, 351 = StV 1998, 86; vgl. auch OLG Koblenz, NStZ-RR 2000, 64, das die Erstattungsfähigkeit bejaht, wenn das Privatgutachten trotz der umfassenden Beweisantragsrechte des Angeklagten ausnahmsweise als unbedingt notwendig anzusehen ist; LG Cottbus, NZV 2005, 435 = SVR 2005, 314, zur Erstattungsfähigkeit der Kosten eines Gutachtens zur Widerlegung einer **Geschwindigkeitsmessung**).

> **Hinweis:**
> Die **erstattungsfähige Höhe** der Sachverständigenkosten wird i.d.R. durch die Sätze des JVEG begrenzt (LG Dresden, 07.10.2009 – 5 Qs 73/09).

IV. Verfahren

Nach § 464b Satz 3 StPO gelten für das Kostenfestsetzungsverfahren die **Vorschriften** der **ZPO** über die Höhe des Zinssatzes im Fall der Anbringung des Verzinsungsantrags (vgl. § 464b Satz 2 StPO), über das Verfahren und die Vollstreckung der Entscheidung entsprechend (zu den Besonderheiten des Rechtsmittelverfahrens vgl. Rn. 921 ff.). 903

1. Antrag

Die Kostenfestsetzung erfolgt nach § 464b Satz 1 StPO nur auf Antrag eines Beteiligten. **Antragsberechtigt** sind der sich aus der Kostengrundentscheidung ergebende Erstattungsberechtigte und sein Rechtsnachfolger, aber auch der Erstattungspflichtige, weil dieser auch ein Interesse an der Feststellung der Höhe seiner Zahlungspflicht haben kann. Der Verteidiger bzw. der Rechtsanwalt eines anderen Beteiligten (z.B. Neben- oder Privatkläger) stellt den Antrag im Zweifel namens des Erstattungsberechtigten (Meyer-Goßner, § 464b Rn. 2). 904

Kostenfestsetzung und Erstattung in Strafsachen

a) Form und Inhalt

905 Für die **Form** und den **Inhalt** des nach § 464b Satz 1 StPO erforderlichen **Kostenfestsetzungsantrags (KFA)** gelten gem. § 464b Satz StPO die §§ 103 Abs. 2, 104 Abs. 2 ZPO. Dem KFA ist daher eine **Kostenberechnung** beizufügen und die einzelnen Ansätze sind ggf. glaubhaft zu machen (KK StPO/Gieg, § 464b Rn. 3). Die **Glaubhaftmachung** ist z.B. dann erforderlich, wenn die Entstehung einzelner Gebühren nicht aktenkundig ist. Zwar ist es nicht erforderlich, dass sich die Entstehung einer Gebühr aus der Gerichtsakte ergibt. Zur Vermeidung von Rückfragen des Gerichts oder gar der Absetzung einer Gebühr sollte aber ggf. zur Gebührenentstehung vorgetragen werden (zum Antrag auf Festsetzung der im Verfahren vor den Verfassungsgerichten zu erstattenden Kosten s. § 37 Rn. 22).

> *Beispiel:*
>
> *Rechtsanwalt R bestellt sich im Ermittlungsverfahren zum Verteidiger des Angeklagten A. Kurze Zeit nach Einsichtnahme in die Ermittlungsakte und deren Rücksendung durch R geht der Antrag auf Erlass des Strafbefehls bei Gericht ein. Aus der Akte ergeben sich keine Anhaltspunkte für weitere Tätigkeiten von R im Ermittlungsverfahren.*
>
> *Lösung:*
>
> *Aktenkundig ist nur die durch die Grundgebühr Nr. 4100 VV abgegoltene erstmalige Einarbeitung in den Rechtsfall, die hier durch die erste Akteneinsicht erfolgt ist (vgl. Nr. 4100 VV Rn. 24; OLG Hamm, StraFo 2005, 130 = Rpfleger 2005, 214 = AGS 2005, 117 = RVGreport 2005, 68; OLG Jena, StV 2006, 202 = StraFo 2005, 172 = AGS 2005, 341 = RVGreport 2005, 103). R sollte daher vortragen, welche über den Abgeltungsbereich der Grundgebühr hinausgehenden und daher von der Verfahrensgebühr Nr. 4104 VV erfassten Tätigkeiten entfaltet worden sind. Auch zum Umfang und zur Schwierigkeit der von der Grund- und Verfahrensgebühr abgegoltenen Verteidigertätigkeit sollten ggf. Angaben gemacht werden. Denn auch die Überprüfung der anwaltlichen Gebührenbemessung gem. § 14 kann das Gericht ansonsten nur anhand des Akteninhalts vornehmen.*

b) Antragsberechtigung

906 **Antragsberechtigt** sind der **Freigesprochene** und sein **Rechtsnachfolger** (OLG Dresden, 28.08.2000 – 2 AR 75/00 – 3 Ws 352/00; OLG Düsseldorf, StRR 2010, 276), aber auch die erstattungspflichtige **Staatskasse,** weil diese auch ein Interesse an der Feststellung der Höhe ihrer Zahlungspflicht haben kann. Der Verteidiger stellt den Antrag im Zweifel namens des Erstattungsberechtigten (Meyer-Goßner, § 464b Rn. 2).

c) Vollmacht

907 Da das Kostenfestsetzungsverfahren nach § 464b StPO nicht mehr zum Strafverfahren gehört, ist hierfür grds. eine **besondere Vertretungsvollmacht** erforderlich, die aber bereits zusammen mit der **Strafprozessvollmacht** erteilt werden bzw. in der dieser enthalten sein kann (Meyer-Goßner, § 464b Rn. 2; Löwe/Rosenberg/Hilger, § 464b Rn. 4f.; OLG Dresden, a.a.O.; AG Koblenz, 05.02.2007 – 2010 – Js 45496/04 – 29 Ds; **a.A.** OLG München, Rpfleger 1968, 32). Darin sollte dem Verteidiger auch eine **Geldempfangsvollmacht** erteilt werden.

Kostenfestsetzung und Erstattung in Strafsachen

> **Hinweis:**
> Eine anwaltliche Versicherung reicht als Vertretungsnachweis nicht aus. Die anwaltliche Versicherung ist im Kostenfestsetzungsverfahren gem. §§ 464b StPO, 104 Abs. 2 Satz 2 ZPO nur hinsichtlich des Entstehens der Postentgeltpauschale Nr. 7002 VV zugelassen. Sie kann den Nachweis der Vertretungs- und Geldempfangsvollmacht nicht ersetzen.

d) Besonderheiten bei Stellung des Antrags durch den Pflichtverteidiger

Der Pflichtverteidiger benötigt zur Stellung des KFA für den Angeklagten grds. eine **besondere Vollmacht**, weil das Kostenfestsetzungsverfahren nicht mehr zum Strafverfahren gehört und eine ggf. zuvor erteilte Strafprozessvollmacht durch die Pflichtverteidigerbestellung erloschen ist (vgl. BGH, NStZ 1991, 94; OLG Düsseldorf, 30.11.2005 – III-1 Ws 409/05; Meyer-Goßner, § 142 Rn. 2, 7). Das gilt jedoch **nicht uneingeschränkt**. Es muss vielmehr durch Auslegung ermittelt werden, ob eine Vollmacht für das Kostenfestsetzungsverfahren nicht bereits zusammen mit der Strafprozessvollmacht erteilt worden bzw. in dieser enthalten ist (vgl. LG Kiel, NStZ 2003, 52; Meyer-Goßner, § 464b Rn. 2; KK StPO/Gieg, § 464b Rn. 3). Dann ist nämlich zwischen dem Erlöschen der Strafprozessvollmacht durch die Pflichtverteidigerbestellung einerseits und der Vollmacht für das Kostenfestsetzungsverfahren andererseits zu unterscheiden. Das Erlöschen der Vollmacht für das Kostenfestsetzungsverfahren ist nicht unbedingt vom Erlöschen der Strafprozessvollmacht abhängig. Denn wenn der Freigesprochene dem Verteidiger eine Vollmachtsurkunde u.a. für das Kostenfestsetzungsverfahren ausgehändigt hat und dieser sie der Staatskasse vorlegt, bleibt die Vertretungsmacht gem. § 172 BGB bestehen, bis die Vollmachtsurkunde dem Freigesprochenen zurückgegeben oder für kraftlos erklärt wird.

908

> **Hinweis:**
> Aus dem Umstand, dass die Verteidigungsvollmacht für das Strafverfahren durch die Pflichtverteidigerbestellung erloschen ist, lässt sich daher **nicht** ohne Weiteres **schließen**, dass der Angeklagte auch das **Erlöschen** der **Vollmacht** für das nach Abschluss des Strafverfahrens durchzuführende Kostenfestsetzungsverfahren gewollt hat (vgl. OLG Hamm, StRR 2007, 240 = NStZ-RR 2008, 96; LG Karlsruhe, StV 2001, 635).
>
> Um **Schwierigkeiten** zu **vermeiden**, sollte sich der Pflichtverteidiger den Erstattungsanspruch des Angeklagten bereits in der Strafprozessvollmacht abtreten lassen. Denn aufgrund der Abtretung kann der Pflichtverteidiger den Anspruch auf Erstattung notwendiger Auslagen – in den Grenzen des § 52 (vgl. hierzu § 52 Rn. 1 ff.) – im eigenen Namen geltend machen. Gleichzeitig ist er bei Teilfreispruch vor einer Aufrechnung der Gerichtskasse mit den Verfahrenskosten geschützt (vgl. hierzu § 43 Rn. 12 ff., 38 ff.).

e) Abtretung des Erstattungsanspruchs

Die Abtretung von Kostenerstattungsansprüchen durch den Mandanten an den Rechtsanwalt für den Fall, dass die notwendigen Auslagen der Staatskasse auferlegt werden, ist grds. zulässig (vgl. die Komm. bei § 43). Der Verteidiger ist aufgrund der Abtretung des Kostenerstattungsanspruchs als **Rechtsnachfolger** des erstattungsberechtigten Mandanten antragsberechtigt. Die

909

Kostenfestsetzung erfolgt deshalb für den Verteidiger. Statt des Freigesprochenen ist somit der Verteidiger als erstattungsberechtigter Gläubiger im Rubrum des Kostenfestsetzungsbeschlusses aufzuführen. Zur Frage, wie sich die Abtretung des Anspruchs auf Erstattung notwendiger Auslagen durch den Beschuldigten an seinen Verteidiger im Kostenfestsetzungsverfahren auswirkt, wird auf die Komm. zu § 43 Rn. 38 ff. verwiesen. Im Fall des Teilfreispruchs ist der Verteidiger vor einer **Aufrechnung** der Staatskasse **geschützt**, wenn vorher eine Abtretungsurkunde oder eine Abtretungsanzeige zur Akte gereicht worden ist (vgl. die Erläuterungen zu § 43 Rn. 19 ff.). Im Übrigen ist der Verteidiger aufgrund der Besonderheiten des Strafverfahrens nach Abtretung des Erstattungsanspruchs antrags- und erstattungsberechtigt (vgl. § 43 Rn. 38).

2. Zuständigkeit

910   Zuständig für die Festsetzung ist gem. § 464b Satz 3 StPO, § 103 ZPO, § 21 Nr. 1 RPflG der **Rechtspfleger** des **Gerichts des ersten Rechtszugs**. Bei **Zurückverweisung** an ein anderes Gericht gem. § 354 Abs. 2 StPO ist der Rechtspfleger des zuerst mit der Sache befassten Gerichts zuständig (BGH, NStZ 1991, 145; Löwe/Rosenberg/Hilger, § 464b Rn. 8; **a.A.** OLG München, JurBüro 1987, 1196 = MDR 1987, 696; Madert, in: von Eicken/Hellstab/Lappe/Madert/Mathias, Anm. F 128). Bei Einstellung des Verfahrens durch die **Staatsanwaltschaft** ist der Kostenfestsetzungsbeschluss ebenfalls vom Rechtspfleger des erstinstanzlichen Gerichts zu erlassen. Das Strafverfahren kennt anders als das Bußgeldverfahren keinen Kostenfestsetzungsbeschluss der Staatsanwaltschaft (OLG Stuttgart, Rpfleger 2003, 20).

Im **Wiederaufnahmeverfahren** ist umstritten, ob das die Wiederaufnahme durchführende Gericht das erstinstanzliche Gericht und damit das für die Kostenfestsetzung zuständige Gericht ist (bejahend LG Karlsruhe, StraFo 2008, 265; a.A. Zuständigkeit des zeitlich zuerst mit dem Verfahren befassten Gerichts: OLG Hamm, Rpfleger 2003, 96 = NStZ-RR 2008, 128 [Ls]; OLG Brandenburg, NStZ-RR 2010, 263; LG Düsseldorf, 05.10.2010 - 1 AR 5/10, n.v.). Die zuletzt genannte Auffassung erscheint zutreffend, weil ein erfolgreich durchgeführtes Wiederaufnahmeverfahren – einhergehend mit der Beseitigung der ursprünglich eingetretenen erstinstanzlichen Rechtskraft – in seiner Wirkung mit einer Zurückverweisung im Revisionsverfahren vergleichbar ist und somit im Ergebnis eine Fortsetzung des ursprünglichen Hauptverfahrens darstellt.

3. Rechtliches Gehör

911   Im Kostenfestsetzungsverfahren ist dem **Antragsgegner** grds. **rechtliches Gehör** zu gewähren. Nach Nr. 145 Abs. 1 RiStBV soll der Rechtspfleger bei einem gegen die Staatskasse gerichteten Festsetzungsantrag vor der Entscheidung den Vertreter der Staatskasse (Bezirksrevisor) hören.

4. Gutachten der Rechtsanwaltskammer

912   Nach § 14 Abs. 2 Satz 1 ist das Gericht verpflichtet (vgl. BT-Drucks. 15/1971, S. 190), im Rechtsstreit ein Gutachten des Vorstands der Rechtsanwaltskammer einzuholen, soweit die Höhe der Gebühr streitig ist. Mit dem Rechtsstreit ist aber nach herrschender Meinung nur der Gebühren- bzw. Honorarprozess zwischen dem Rechtsanwalt und seinem Mandanten gemeint. Denn § 14 betrifft naturgemäß nur das Vergütungsverhältnis zwischen Rechtsanwalt und Mandant (vgl. BFH,

RVGreport 2006, 20; BVerwG, RVGreport 2006, 21; BGH, DVBl. 1969, 204; BSG, JurBüro 1984, 1511; AG Völklingen, AGS 2007, 235; AG Mainz, AGS 2006, 371; AG Köln, AGS 2006, 71; Braun/Schneider, in: Hansens/Braun/Schneider, Teil 1, Rn. 165; Riedel/Sußbauer/Fraunholz, § 14 Rn. 14; **a.A.** Schons, NJW 2005, 1024 und 3089; LG Düsseldorf, 24.09.2009 – 12 Qs 48/08, n.v., das unter Hinweis auf § 308 Abs. 2 StPO davon ausgeht, dass aus dem Umstand, dass im Verfahren nach § 464b StPO anders als im Gebührenrechtsstreit zwischen Rechtsanwalt und Mandant die Einholung eines Gebührengutachtens nicht gesetzlich vorgeschrieben ist, nicht der Umkehrschluss gezogen werden kann, dass die Einholung eines Gutachtens in diesem Verfahren verboten ist).

Im gegen die Staatskasse gerichteten Kostenfestsetzungsverfahren gem. § 464b StPO ist daher ein **Gutachten nicht** einzuholen. Denn bei dem Kostenfestsetzungsverfahren handelt es sich nicht um einen Rechtsstreit zwischen dem Rechtsanwalt und seinem Mandanten (vgl. BSG, NJW 2010, 1400 = AGS 2010, 233; BVerwG, JurBüro 1982, 857; LG Berlin, JurBüro 1982, 1028; LG Nürnberg-Fürth, JurBüro 1985, 869; Riedel/Sußbauer/Fraunholz, § 14 Rn. 15; Teil A: Rahmengebühren [§ 14] Rn. 1104). Soweit daher die Einholung des Gutachtens im Kostenfestsetzungsverfahren im Schrifttum teilweise für angebracht bzw. sinnvoll gehalten wird, weil die Kostenfestsetzungsinstanzen ansonsten ein wertvolles Erkenntnismittel ausschlagen (vgl. Gerold/Schmidt/Mayer, § 14 Rn. 35; vgl. auch AnwKomm-RVG/Onderka, § 14 Rn. 100), kann dem aufgrund des entgegenstehenden Gesetzeswortlauts nicht gefolgt werden. Im Übrigen wäre es angesichts der großen Zahl von Kostenfestsetzungsverfahren auch nicht praktikabel, wenn der Rechtspfleger immer dann ein Gutachten einholt, wenn er einen geringeren als den beantragten Betrag festsetzen möchte (so aber Gerold/Schmidt/Mayer, a.a.O.). 913

> **Hinweis:**
>
> Die Einholung eines Gutachtens kann daher **allenfalls** im **Rechtsmittelverfahren** gegen einen Kostenfestsetzungsbeschluss in wenigen begründeten Ausnahmefällen in Betracht kommen.
>
> Ein Gutachten ist **auch nicht** einzuholen, wenn nicht die Höhe der Gebühr, sondern deren **Entstehung** streitig ist.

5. Entscheidung

a) Prüfung des Rechtspflegers

Der Rechtspfleger hat zu prüfen, ob die im Kostenfestsetzungsverfahren zur Erstattung angemeldeten Rechtsanwaltskosten entstanden sind. Diese Prüfung beschränkt sich im Wesentlichen darauf, ob die zur Erstattung angemeldeten Kosten nach dem konkreten Verfahrensablauf und den einschlägigen Vorschriften des RVG entstanden und erstattungsfähig sind. Nur Einwände, deren tatsächliche Voraussetzungen unstreitig sind oder vom Rechtspfleger ohne Schwierigkeiten aus den Akten zu ermitteln sind, können ausnahmsweise auch im Kostenfestsetzungsverfahren erhoben und beschieden werden (BGH, NJW-RR 2007, 422 = RVGreport 2007, 110). Diese prozessuale Prüfungsbefugnis ist notwendige Folge daraus, dass mit dem Kostenfestsetzungsbe- 914

Kostenfestsetzung und Erstattung in Strafsachen

schluss die betragsmäßige Umsetzung der Kostengrundentscheidung erreicht werden soll (vgl. OLG Saarbrücken, MDR 2011, 572). Damit ggf. verbundene materiell-rechtliche Fragen sind vom Rechtspfleger nicht zu entscheiden. Die Prüfung hat unter rein prozessualen und gebührenrechtlichen Gesichtspunkten zu erfolgen. Insbesondere ist deshalb nicht zu prüfen, ob der erstattungsberechtigte Beteiligte seinem Rechtsanwalt die geltend gemachte Vergütung im Innenverhältnis nach den dort bestehenden vertraglichen Beziehungen auch tatsächlich schuldet (BGH, NJW-RR 2007, 422 = RVGreport 2007, 110; OLG Saarbrücken, a.a.O.). Auch die Beachtung der Hinweispflicht gem. § 49b Abs. 5 BRAO bei Wertgebühren (s. dazu Teil A: Hinweispflicht [§ 49b Abs. 5 BRAO], Rn. 824 ff.) ist daher einer Überprüfung in der Kostenfestsetzung entzogen (BGH, NJW-RR 2007, 422 = RVGreport 2007, 110; OLG Saarbrücken, a.a.O.).

Die **Wahlgebühren** des Rechtsanwalts in Strafsachen bestehen aus **Betragsrahmengebühren** (vgl. Teil A: Gebührensystem Rn. 650 und Rahmengebühren [§ 14] Rn. 1047). Die Gebühren sind vom Rechtsanwalt innerhalb des jeweils im Gebührentatbestand vorgesehenen Rahmens nach § 14 zu bemessen (vgl. zur Bestimmung der Höhe der Gebühren und zu den Begriffen Mindest- und Höchstgebühr, Mittelgebühr, Kompensationstheorie und Toleranzgrenze Teil A: Rahmengebühren [§ 14] Rn. 1083 ff.). Der Rechtspfleger prüft für jede einzelne Gebühr, ob sie sich innerhalb des in Teil 4 VV vorgesehen Gebührenrahmens hält und nicht unbillig ist und ob sie erstattungsfähig ist (OLG Düsseldorf, Rpfleger 2004, 120).

> **Hinweis:**
>
> Es ist nicht ausgeschlossen, dass die dem Freigesprochenen zu erstattenden Wahlverteidigergebühren (§ 14 Abs. 1) die **Pflichtverteidigergebühren** unterschreiten (vgl. z.B. LG Osnabrück, Nds.Rpfl. 2008, 228). Das folgt aus der unterschiedlichen Struktur der Wahlanwaltsgebühren und der Gebühren des gerichtlich bestellten Rechtsanwalts.

b) Abweichung von der anwaltlichen Gebührenbestimmung nur bei Unbilligkeit

915 Von der vom Verteidiger getroffenen **Gebührenbestimmung** darf vom Rechtspfleger nur dann **abgewichen** werden, wenn sie **unbillig** ist (vgl. Teil A: Rahmengebühren [§ 14] Rn. 1101). Nach oben darf von der Gebührenbestimmung grds. nicht abgewichen werden (KK StPO/Gieg, § 464b Rn. 3 m.w.N.).

c) Austausch von Positionen

916 Der Rechtspfleger ist bei der Entscheidung an den gestellten Kostenfestsetzungsantrag **gebunden** und darf keinen höheren als den beantragten **Gesamtbetrag** festsetzen (§ 308 ZPO). Umstritten ist jedoch, ob auch einzelne Rechnungspositionen nicht überschritten werden dürfen, also ein von dem Kostenfestsetzungsantrag abweichender **Austausch** einzelner Rechnungspositionen zulässig ist (dafür: LG Flensburg, JurBüro 1984, 548; Löwe/Rosenberg/Hilger, § 464b Rn. 8; dagegen: KK StPO/Gieg, § 464b Rn. 3; vgl. auch OLG Düsseldorf, Rpfleger 2004, 120). Im Rahmen des insgesamt beantragten Betrages dürfte jedenfalls ein Tausch dahin vorgenommen werden können, dass statt einer geforderten, aber nicht oder nicht in der geforderten Höhe entstandenen Gebühr eine andere, bisher nicht geforderte, aber entstandene Gebühr berücksich-

tigt wird (OLGR Karlsruhe, 2004, 68 = FamRZ 2004, 966; Zöller/Philippi, ZPO, § 104 Rn. 21 „Austauschen von Kosten"). Allerdings darf auch hierbei wegen § 308 Abs. 1 ZPO der verlangte Gesamtbetrag nicht überschritten werden. Zudem dürften nicht erstattungsfähige, tatsächlich entstandenen Kosten durch erstattungsfähige, nicht entstandene **fiktive Kosten** ersetzt werden können, wenn diese nur durch den Anfall der nicht erstattungsfähigen entstandene Kosten vermieden wurden (Zöller/Philippi, ZPO, § 104 Rn. 21 „Fiktive Kosten"). Ansonsten sind fiktive Kosten aber nicht erstattungsfähig.

d) Keine Bindung an Stellungnahme der Staatskasse

Der Rechtspfleger ist bei seiner Entscheidung an die Stellungnahme des **Vertreters der Staatskasse nicht gebunden** (vgl. §§ 9, 21 RPflG). Das gilt auch, wenn dieser einem Kostenfestsetzungsantrag ausdrücklich zugestimmt hat (KG, MDR 1982, 251; OLG Karlsruhe, JurBüro 1986, 1539 = MDR 1986, 694; Meyer, JurBüro 1992, 664; **a.A.** LG Essen, Rpfleger 1992, 363).

917

> **Hinweis:**
>
> Der vom Gericht erlassene Kostenfestsetzungsbeschluss hat **keine Bindungswirkung** für die dem Freigesprochenen ggf. noch durch seine **Rechtsschutzversicherung** zu erstattenden Kosten (AG Charlottenburg, AGS 2010, 466; AG Wiesbaden, AGS 2008, 626 = RVGreport 2009, 239 = VRR 2009, 160; **a.A.** aber AG Aachen, RVGreport 2009, 79 = AGS 2009, 359; AG Bremen, AGS 2010, 571, m. abl. Anm. Schneider; AG Dresden, AGS 2010, 571). Denn der Vergütungsanspruch des Rechtsanwalts gegen seinen Mandanten bzw. die dahinter stehende Rechtsschutzversicherung kann hinter dem Erstattungsanspruch gegen die Staatskasse, dessen Höhe nach §§ 464a Abs. 2 Nr. 2 StPO, 91 Abs. 2 ZPO zu beurteilen ist, zurückbleiben.

6. Begründung und Rechtsmittelbelehrung

Der vom Rechtspfleger erlassene Kostenfestsetzungsbeschluss ist zu **begründen** (§ 34 StPO; vgl. OLG Düsseldorf, AGS 2001, 183 = Rpfleger 2001, 451). Betrifft der Kostenfestsetzungsbeschluss zweifelhafte Positionen oder schwierige Fragestellungen, sollte die Entscheidung eingehend begründet werden. Der Kostenfestsetzungsbeschluss sollte insbesondere bei umfangreicheren Absetzungen die Einzelansätze gegenüberstellen, sodass die Festsetzung klar, übersichtlich und aus sich heraus verständlich ist. Der Kostenfestsetzungsbeschluss ist entsprechend § 35a StPO mit einer **Rechtsmittelbelehrung** zu versehen, in der auf die einzuhaltende **Beschwerde- bzw. Rechtsmittelfrist** hinzuweisen ist (vgl. OLG München, StV 2001, 633; OLG Hamm, Rpfleger 2004, 732 = AGS 2005, 40; LG Bautzen, Rpfleger 2000, 183; Meyer-Goßner, § 464b Rn. 3; Löwe/Rosenberg/Hilger, § 464b Rn. 8).

918

> **Hinweis:**
>
> Eine **fehlerhafte** bzw. **unterbliebene Rechtsmittelbelehrung** hinsichtlich der einzuhaltenden Beschwerdefrist kann die Gewährung der **Wiedereinsetzung in den vorigen Stand** rechtfertigen (OLG Hamm, Rpfleger 2004, 732 = AGS 2005, 40; OLG München, StV 2001, 633).

Kostenfestsetzung und Erstattung in Strafsachen

7. Zustellung

919 Der Kostenfestsetzungsbeschluss ist dem Gegner des Antragstellers gem. § 464b Satz 3 StPO, § 104 Abs. 2 Satz 3 ZPO von Amts wegen zuzustellen, wenn dem Antrag ganz oder teilweise entsprochen worden ist. Dem Vertreter der Staatskasse ist der Kostenfestsetzungsbeschluss gem. Nr. 145 Abs. 2 RiStBV, § 464b Satz 3 StPO, § 212a ZPO zuzustellen. Wenn der Rechtspfleger bei der Festsetzung der Stellungnahme des Vertreters der Staatskasse entspricht, ordnet er nach Nr. 145 Abs. 4 Satz 1 RiStBV gleichzeitig mit dem Erlass des Kostenfestsetzungsbeschlusses die Auszahlung an. Dem Antragsteller ist der Kostenfestsetzungsbeschluss gem. § 464b Satz 3 StPO, § 104 Abs. 2 Satz 4 ZPO nur dann von Amts wegen zuzustellen, wenn sein Antrag ganz oder teilweise zurückgewiesen worden ist. Ansonsten erfolgt eine **formlose Übersendung**.

8. Verzinsung

920 Nach § 464b Satz 2 StPO ist **auf Antrag** anzuordnen, dass der Festsetzungsbetrag von der Anbringung des Festsetzungsantrags an zu **verzinsen** ist. Die Höhe der Verzinsung beträgt gem. § 464b Satz 3 StPO, § 104 Abs. 1 Satz 2 ZPO 5 % über dem Basiszinssatz nach § 247 BGB (vgl. hierzu www.Bundesbank.de). Die Verzinsung kann frühestens ab Rechtskraft der Kostengrundentscheidung angeordnet werden, auch wenn der Verzinsungsantrag vor diesem Zeitpunkt eingereicht worden ist (Meyer-Goßner, § 464b Rn. 2; KK StPO/Gieg, § 464b Rn. 3; LG Frankenthal, JurBüro 1984, 723). Der Antrag auf Verzinsung des Festsetzungsbetrags kann auch nachträglich gestellt werden. Maßgeblicher Zeitpunkt für den Beginn der Verzinsung ist dann nicht die Einreichung des Verzinsungsantrags, sondern des Festsetzungsantrags.

> **Hinweis:**
>
> Hat der freigesprochene Angeklagte seinen Anspruch auf Erstattung notwendiger Auslagen gegen die Staatskasse an seinen Verteidiger **abgetreten** (vgl. hierzu die Komm. zu § 43 Rn. 38 ff.), ist i.d.R. davon auszugehen, dass auch die künftigen Zinsen abgetreten worden sind, die ohne die Abtretung nach § 464b Satz 2 StPO zugunsten des Freigesprochenen festzusetzen wären. Daher sind die Wahlverteidigergebühren, die der Pflichtverteidiger nach § 52 von dem freigesprochenen Beschuldigten verlangen kann, entsprechend § 464b Satz 2 StPO zu verzinsen, wenn der Pflichtverteidiger den dem freigesprochenen Beschuldigten gegen die Staatskasse zustehenden Wahlverteidigergebühren aus abgetretenem Recht geltend macht (OLG Düsseldorf, JurBüro 2006, 260 = JMBl. NW 2006, 126; 05.01.2011 – III-1 Ws 322/10).

9. Rechtsmittel

a) Überblick

921 Nach § 464b Satz 3 StPO sind auf das **strafprozessuale Kostenfestsetzungsverfahren** und auf die Vollstreckung des Kostenfestsetzungsbeschlusses die Vorschriften der ZPO entsprechend anzuwenden. Deshalb finden auf das Kostenfestsetzungsverfahren und die Vollstreckung (§§ 794 ff. ZPO) des Kostenfestsetzungsbeschlusses die **ZPO-Vorschriften** vgl. (§§ 103 ff. und §§ 794 ff.

ZPO) lediglich insoweit Anwendung, als sie **strafprozessualen Prinzipien** nicht widersprechen (vgl. BGH, NJW 2003, 763 = StV 2003, 93). Über § 464b Satz 3 StPO ist auf die Beschwerdevorschriften der ZPO daher nur dann zurückzugreifen, wenn Grundsätze der StPO dem nicht widersprechen bzw. Vorschriften der StPO nicht vorrangig heranzuziehen sind. Daher richtet sich das Beschwerdeverfahren nach zutreffender Auffassung grds. nach **§§ 304 ff. StPO** und nicht nach §§ 567 ff. ZPO (vgl. BGH, NJW 2003, 763 = StV 2003, 93; KG, Rpfleger 2000, 38; OLG Düsseldorf, Rpfleger 2004, 120; OLG Frankfurt am Main, NStZ-RR 2008, 264; OLG Karlsruhe, StraFo 2000, 140 = AGS 2000, 132; OLG Köln, NStZ-RR 2010, 31; OLG Nürnberg, 06.12.2010 – 2 Ws 567/10, zfs 2011, 226 = NStZ-RR 2011, 127 [Ls]; LG Hildesheim, Nds.Rpfl. 2007, 190; LG Koblenz, 05.02.2010 – 9 Qs 15/10). Nach der Gegenauffassung sind die **Beschwerdevorschiften der ZPO** anwendbar, weil § 464b StPO bezweckt, den strafprozessualen Erstattungsanspruch den Regeln der ZPO zu unterwerfen, um so die verfahrensrechtlich einheitliche Behandlung des Kostenfestsetzungsverfahrens auch im Beschwerdeverfahren zu gewährleisten. Zudem hätten die strafprozessualen Grundsätze in dem nach rechtskräftigen Abschluss des Strafverfahrens stattfindenden Kostenfestsetzungsverfahren keine maßgebende Bedeutung mehr (vgl. OLG Düsseldorf, StraFo 2005, 349 = StV 2006, 32 = JurBüro 2005, 422; OLG Hamm, 17.04.2007 – 4 Ws 97/07, JurionRS 2007, 36263; OLG Köln, Rpfleger 2000, 422 = JurBüro 2000, 652; LG Düsseldorf, StRR 2010, 118).

b) Einlegung

Gem. § 306 Abs. 1 StPO ist die sofortige Beschwerde bei dem Gericht **einzulegen**, dessen Entscheidung angefochten wird (**Gericht** der **ersten Instanz**, vgl. § 464b Satz 1 StPO). Werden die Vorschriften der ZPO für anwendbar gehalten, kann die sofortige Beschwerde gem. § 569 Abs. 1 ZPO auch beim Beschwerdegericht eingelegt werden.

922

> **Hinweis:**
> Zur Sicherheit sollte die Beschwerde **stets** beim **Erstgericht** eingelegt werden.

c) Form

Anwaltszwang besteht **nicht** (vgl. § 13 RPflG; OLG Celle, StV 2001, 635 = Rpfleger 2001, 97; OLG Düsseldorf, StraFo 2005, 349 = StV 2006, 32 = JurBüro 2005, 422; JurBüro 2003, 29; Meyer-Goßner, § 464b Rn. 7; v. Eicken/Hellstab/Lappe/Madert/Mathias, Die Kostenfestsetzung, Rn. F 163, S. 439). Das gilt auch, wenn die zivilprozessualen Beschwerdevorschriften angewandt werden (OLG Düsseldorf, jew. a.a.O.). Denn Rechtsstreit i.S.v. § 569 Abs. 3 Nr. 1 ZPO ist bei der Anfechtung von Kostenfestsetzungsbeschlüssen das gem. § 13 RPflG ohne Anwaltszwang durchzuführende Kostenfestsetzungsverfahren vor dem Rechtspfleger.

923

d) Frist

Die sofortige Beschwerde ist bei Zugrundelegung der **strafprozessualen Beschwerdevorschriften** binnen **einer Woche** ab Zustellung des Kostenfestsetzungsbeschlusses einzulegen. Die Frist zur Einlegung der sofortigen Beschwerde ist in § 311 Abs. 2 StPO abschließend und

924

Kostenfestsetzung und Erstattung in Strafsachen

eindeutig geregelt (OLG Celle, Rpfleger 2001, 97; OLG Dresden, StV 2001, 634; OLG Düsseldorf, Rpfleger 2004, 120; 10.05.2005 – III-1 Ws 441/04 n.v. und OLG Düsseldorf, 31.01.2006 – III-1 Ws 448/05 und 36/06, anders aber noch JurBüro 2001, 147; OLG Hamm, AGS 2005, 40; OLG Koblenz, 26.03.2007 – 1 Ws 153/07; NJW 2005, 917; OLG Köln, NStZ-RR 2010, 31; OLG Nürnberg, 06.12.2010 – 2 Ws 567/10, zfs 2011, 226 = NStZ-RR 2011, 127 [Ls]; LG Koblenz, 05.02.2010 – 9 Qs 15/10; JurBüro 2009, 198; 05.02.2010 – 9 Qs 15/10; Meyer-Goßner, § 464 Rn. 7).

Soweit die **ZPO-Vorschriften** für anwendbar gehalten werden, weil die mit der 1-wöchigen Beschwerdefrist verfolgte Beschleunigung des Strafverfahrens für das nach rechtskräftiger Verfahrensbeendigung durchzuführende Kostenfestsetzungsverfahren nicht mehr von Bedeutung ist, ist die sofortige Beschwerde nach §§ 464b Satz 3 StPO, 569 Abs. 1 Satz 1 ZPO innerhalb von **zwei Wochen** ab Zustellung des Kostenfestsetzungsbeschlusses einzulegen (vgl. OLG Düsseldorf – 3. Strafsenat, JurBüro 2005, 422; OLG Köln, JurBüro 2000, 652; OLG München, StV 2001, 633; OLG Nürnberg, NStZ-RR 2001, 224; LG Düsseldorf, StRR 2010, 118; KK StPO/Gieg, § 464b Rn. 4; Popp, Rpfleger 2004, 82; Madert, in: von Eicken/Hellstab/Lappe/Madert/Mathias, Die Kostenfestsetzung, Rn. F 160, S. 442).

> **Hinweis:**
>
> Aufgrund der unterschiedlichen Auffassungen in der Rechtsprechung empfiehlt es sich, im **Zweifel** zur Fristwahrung von einer **Einlegungsfrist** von **einer Woche** auszugehen und darauf hinzuweisen, dass die Beschwerdebegründung nachträglich eingereicht wird. Erfolgt anschließend keine Begründung der Beschwerde, wird eine Zurückweisung der Beschwerde nur nach vorheriger Ankündigung durch das Gericht erfolgen können.
>
> Ist die sofortige Beschwerde aufgrund einer **Rechtsmittelbelehrung** im Kostenfestsetzungsbeschluss, in der auf eine Einlegungsfrist von zwei Wochen hingewiesen wurde, nach Ablauf der Wochenfrist (aber innerhalb von zwei Wochen) eingelegt worden, so ist **Wiedereinsetzung in den vorigen Stand** zu gewähren (vgl. OLG Hamm, Rpfleger 2004, 732 = AGS 2005, 4).

e) **Beschwerdewert**

925 Nach § 304 Abs. 3 StPO ist die Beschwerde nur zulässig, wenn ein Beschwerdewert von **mindestens 200,01 €** erreicht wird (Meyer-Goßner, § 464 Rn. 7; ebenso § 567 Abs. 2 ZPO). Der Beschwerdewert ergibt sich aus der Differenz zwischen den im Kostenfestsetzungsbeschluss festgesetzten und der mit der Beschwerde angestrebten Festsetzung von notwendigen Auslagen (OLG Hamm, Rpfleger 1999, 436). Hierbei ist die USt zu berücksichtigen (vgl. v. Eicken/Hellstab/Lappe/Madert/Mathias, Die Kostenfestsetzung, Rn. F 161, S. 439; Volpert, in: Hansens/Braun/Schneider, Teil 6, Rn. 58 m.w.N.).

926 Übersteigt der Beschwerdewert **200,00 €** nicht, findet gem. § 11 Abs. 2 RPflG binnen der für die sofortige Beschwerde geltenden Frist die **Erinnerung** statt. Der Rechtspfleger kann der Erinnerung abhelfen. Erinnerungen, denen er nicht abhilft, legt er dem Richter zur Entscheidung

vor. Auf die Erinnerung sind im Übrigen die Vorschriften über die Beschwerde sinngemäß anzuwenden.

f) Beschwer

Voraussetzung für die Einlegung der sofortigen Beschwerde ist, dass der **Beschwerdeführer** durch den angefochtenen Kostenfestsetzungsbeschluss **beschwert** ist. Sie kann daher nicht eingelegt werden, um ohne Beschwer über eine bestimmte Rechtsfrage eine richterliche Entscheidung herbeizuführen (v. Eicken/Hellstab/Lappe/Madert/Mathias, Die Kostenfestsetzung, Rn. F 191, S. 79). Ist dem Kostenfestsetzungsantrag in **voller Höhe stattgegeben** worden, ist die Beschwerde des Erstattungsberechtigten unzulässig. Eine Beschwer ergibt sich auch nicht dadurch, dass mit der Beschwerde in der ersten Instanz nicht geltend gemachte Erstattungsforderungen nachgeschoben werden (KG, BRAGOreport 2002, 175; Meyer-Goßner, § 464b Rn. 9; KK StPO/Gieg, § 464b Rn. 4). Insoweit ist eine **Nachliquidation** erforderlich (KK StPO/Gieg, § 464b Rn. 4; Meyer-Goßner, § 464b Rn. 9). Die Nachliquidation ist erst nach rechtskräftigem Abschluss des Kostenfestsetzungsverfahrens zulässig.

927

Liegt aber bereits eine zulässige sofortige Beschwerde vor, können im Rahmen des Beschwerdeverfahrens **neue Positionen** zur Entscheidung gestellt werden (v. Eicken/Hellstab/Lappe/Madert/Mathias, Die Kostenfestsetzung, Rn. F 164, B 198). Auch die Erweiterung der Beschwerde und der Austausch von Positionen (vgl. Rn. 45) ist zulässig (v. Eicken/Hellstab/Lappe/Madert/Mathias, Die Kostenfestsetzung, Rn. F 164, B 198; zur Zulässigkeit einer unselbstständigen **Anschlussbeschwerde** vgl. Meyer-Goßner, § 464b Rn. 7 [nein], v. Eicken/Hellstab/Lappe/Madert/Mathias, Die Kostenfestsetzung, Rn. F 163, S. 439 [ja]).

928

g) Abhilfe

Bei Anwendung der strafprozessualen Vorschriften kann der Rechtspfleger der sofortigen Beschwerde nur abhelfen, wenn die Voraussetzungen des **§ 311 Abs. 3 Satz 2 StPO** gegeben sind (Verwertung von Tatsachen oder Beweisergebnissen zum Nachteil des Beschwerdeführers, aufgrund des nachträglichen Vorbringens wird die Beschwerde für begründet erachtet; vgl. OLG Düsseldorf, Rpfleger 1999, 234; OLG Hamm, NJW 1999, 3726; Meyer-Goßner, § 464b Rn. 7). Eine Abhilfebefugnis besteht daher grds. nicht (OLG Frankfurt am Main, Rpfleger 1999, 119; OLG Hamm, Rpfleger 1999, 436; OLG Karlsruhe, Rpfleger 1999, 64; LG Koblenz, 05.02.2010 – 9 Qs 15/10; Hansens, Rpfleger 1999, 105; **a.A.** OLG Köln, Rpfleger 1999, 121; OLG München, Rpfleger 1999, 16), sodass auch eine Abhilfeentscheidung entbehrlich ist (OLG Hamm, a.a.O.). Bei Anwendung der **zivilprozessualen** Beschwerdevorschriften ergibt sich eine umfassendere Abhilfebefugnis des Rechtspflegers aus § 572 Abs. 1 ZPO.

929

h) Beschwerdegericht

Zuständiges Beschwerdegericht ist das **nächsthöhere Gericht**. In Verfahren vor dem AG ist somit grds. das LG das Beschwerdegericht. Ist der Kostenfestsetzungsbeschluss vom Rechtspfleger des LG erlassen worden, ist das OLG das zuständige Beschwerdegericht.

930

Kostenfestsetzung und Erstattung in Strafsachen

i) Besetzung des Beschwerdegerichts

931 In welcher **Besetzung** das **Beschwerdegericht** entscheidet, hängt davon ab, ob die strafprozessualen oder die zivilprozessualen Vorschriften über das Beschwerdeverfahren für einschlägig gehalten werden. Bei Anwendung von §§ 304 ff. StPO entscheidet das Beschwerdegericht über die Beschwerde in der vorgesehenen Besetzung mit drei Richtern, weil in den §§ 304 ff. StPO eine Entscheidung durch den Einzelrichter nicht vorgesehen ist (OLG Düsseldorf, Rpfleger 2004, 120; 31.01.2006 – III-1 Ws 448/05 und 36/06 n.v.; 08.04.2009 – III-1 Ws 124/09, n.v.; OLG Frankfurt am Main, NStZ-RR 2008, 264; OLG Köln, NStZ-RR 2010, 31; Rpfleger 2003, 685; OLG Hamm, 03.12.2009 – 2 Ws 270/09, JurionRS 2009, 28126; OLG Koblenz, 26.03.2007 – 1 Ws 153/07; OLG Nürnberg, 06.12.2010 – 2 Ws 567/10, zfs 2011, 226 = NStZ-RR 2011, 127 [Ls]; LG Hildesheim, Nds.Rpfl. 2007, 190; LG Köln, StraFo 2007, 305 = AGS 2007, 351 = RVGreport 2007, 224; Meyer-Goßner, § 464b Rn. 7). Bei Anwendung der ZPO-Vorschriften ist gem. § 568 Satz 1 ZPO auch eine Entscheidung durch den **Einzelrichter** möglich (OLG Düsseldorf, 3. Strafsenat, NStZ 2003, 324 = RVGreport 2005, 160; OLG Hamm, 17.04.2007 – 4 Ws 97/07, JurionRS 2007, 36263; LG Düsseldorf, StRR 2010, 118).

j) Rechtsbeschwerde

932 Die vom LG getroffene **Beschwerdeentscheidung** im Kostenfestsetzungsverfahren nach § 464b StPO ist **nicht anfechtbar**, vgl. § 310 Abs. 2 StPO (OLG Jena, JurBüro 2006, 540; OLG Düsseldorf, JurBüro 2003, 29 = BRAGOreport 2002, 192). Im Kostenfestsetzungsverfahren in Strafsachen ist eine **Rechtsbeschwerde** zum **BGH nicht** statthaft (BGH, NJW 2003, 763 = StraFo 2003, 67 = StV 2003, 93; OLG Jena, JurBüro 2006, 540; Meyer-Goßner, § 464b Rn. 7; KK StPO/Gieg, § 464b Rn. 4; **a.A.** v. Eicken/Hellstab/Lappe/Madert/Mathias, Die Kostenfestsetzung, Rn. F 169, S. 440).

k) Verschlechterungsverbot

933 Das **Verschlechterungsverbot schließt** eine **Veränderung** des Kostenfestsetzungsbeschlusses auf ein Rechtsmittel der **Staatskasse** zulasten des **Freigesprochenen** bzw. nach Abtretung des Erstattungsanspruchs (vgl. hierzu die Komm. zu § 43) **zulasten des Verteidigers nicht aus**. Ob das Verschlechterungsverbot eine für den **Erinnerungs- und Beschwerdeführer** nachteilige Änderung ausschließt, ist dagegen **umstritten** (dafür: OLG Köln, Rpfleger 2000, 422 = JurBüro 2000, 652; KK StPO/Gieg, § 464b Rn. 4; v. Eicken/Hellstab/Lappe/Madert/Mathias, Die Kostenfestsetzung, Rn. F 151, S. 436; dagegen: OLG Celle, StV 2001, 635 = Rpfleger 2001, 97; OLG Düsseldorf, JurBüro 1991, 1662 = MDR 1991, 370; KG, MDR 1982, 251 = AnwBl. 1981, 118; OLG Karlsruhe, JurBüro 1986, 1539 = Rpfleger 1986, 317 = MDR 1986, 694; für das Beschwerdeverfahren nach §§ 56 Abs. 2, 33 Abs. 3 ff. vgl. OLG Hamburg, StraFo 2010, 307 = NStZ 2010, 652; NStZ-RR 2011, 64 [Ls.] wistra 2011, 120 [Ls.]; Meyer-Goßner, § 464b Rn. 8).

> **Hinweis:**
>
> Da das Verschlechterungsverbot im StPO-Beschwerdeverfahren anders als im Berufungs-, Revisions- und Wiederaufnahmeverfahren gesetzlich nicht geregelt ist (vgl. §§ 331, 358

Abs. 3 und 373 Abs. 2 StPO), spricht dies dafür, dass das Verschlechterungsverbot im Beschwerdeverfahren gegen den Kostenfestsetzungsbeschluss **nicht gilt**.

Wird davon ausgegangen, dass das Verschlechterungsverbot zu beachten ist, gilt dies aber nur für den insgesamt festgesetzten Betrag, nicht auch für die diesem Betrag zugrunde liegenden einzelnen Gebühren- und Auslagenpositionen.

10. Verjährung/Verwirkung des Erstattungsanspruchs

Der rechtskräftig festgestellte Erstattungsanspruch des Freigesprochenen gegen die Staatskasse unterliegt der **30-jährigen Verjährungsfrist**, § 197 Abs. 1 Nr. 3 BGB (OLG Oldenburg, NStZ 2006, 411 = JurBüro 2005, 655). Diese Verjährungsfrist gilt **auch** für den **Rückerstattungsanspruch der Staatskasse** wegen grundlos erstatteter notwendiger Auslagen (KG, 12.01.2000 – 5 Ws 701/99). Allerdings hat das OLG Oldenburg (NStZ 2006, 411 = JurBüro 2005, 655) festgestellt, dass der an den Verteidiger abgetretene Erstattungsanspruch (vgl. hierzu die Komm. zu § 43 Rn. 38 ff.) schon vor Eintritt der Verjährung verwirkt ist, wenn der Berechtigte den Anspruch lange Zeit (18 Jahre) hindurch nicht geltend gemacht hat (Zeitmoment) und sich die Staatskasse hierauf eingerichtet hat und sich auch darauf einrichten durfte (kommentarloses Verstreichenlassen dieses Zeitraums), dass dieses Recht auch in Zukunft nicht geltend gemacht werde (**Umstandsmoment**).

11. Kosten

a) Gerichtskosten

Das **Kostenfestsetzungsverfahren** ist **gerichtsgebührenfrei**. Es fallen ggf. Zustellungsauslagen an.

Das **Erinnerungsverfahren** ist gem. § 11 Abs. 4 RPflG **gerichtsgebührenfrei**. Nach Vorbem. 3.6 KV GKG bestimmen sich die Gebühren bei **Beschwerden** im Kostenfestsetzungsverfahren in Straf- und Bußgeldsachen nach den für das Kostenfestsetzungsverfahren in Teil 1, Hauptabschnitt 8 geregelten Gebühren (Nr. 1812 KV GKG; bis 30.12.2006 Nr. 1811 KV GKG). Danach fällt auch im Strafverfahren eine Festgebühr nach Nr. 1812 KV GKG i.H.v. 50,00 € an, wenn die Beschwerde gegen einen Kostenfestsetzungsbeschluss verworfen oder zurückgewiesen wird. Wird die Beschwerde nur teilweise verworfen oder zurückgewiesen, kann das Gericht die Gebühr nach billigem Ermessen auf die Hälfte ermäßigen oder bestimmen, dass eine Gebühr nicht zu erheben ist. Ist die Beschwerde erfolgreich, ist das Beschwerdeverfahren **gerichtsgebührenfrei**.

b) Anwaltskosten

Die Tätigkeit des Rechtsanwalts im Kostenfestsetzungsverfahren gehört nach § 19 Abs. 1 Satz 2 Nr. 13, Vorbem. 4.1 Abs. 2 VV für den **Verteidiger** bzw. den sonstigen Vertreter eines Beteiligten zum Rechtszug und wird mit den entsprechenden Gebühren abgegolten (LG Koblenz, JurBüro 2010, 32; vgl. Teil A: Rechtszug [§ 19], 1198 ff.).

Kostenfestsetzung und Erstattung in Strafsachen

Wird der **Rechtsanwalt** für den Mandanten **erstmals** bzw. **nur im Kostenfestsetzungsverfahren** tätig, gilt § 19 Abs. 1 Satz 2 Nr. 13 nicht. Es entsteht daher für die Tätigkeit im Kostenfestsetzungsverfahren eine Verfahrensgebühr nach Nr. 4302 Ziff. 2, 5200 bzw. 6404 VV (vgl. Nr. 4302 VV Rn. 10; AnwKomm-RVG/Mock/N. Schneider/Wolf, § 19 Rn. 129). Allerdings erhält der Rechtsanwalt für die Tätigkeit im Erinnerungs- und Beschwerdeverfahren gegen einen Kostenfestsetzungsbeschluss Gebühren nach Teil 3 VV (vgl. Rn. 937). Dies könnte auch für die Anwendung von Nr. 3403 VV im Kostenfestsetzungsverfahren sprechen.

937 Wird der **Rechtsanwalt** im **Erinnerungs- und Beschwerdeverfahren** gegen einen Kostenfestsetzungsbeschluss tätig, erhält er nach Vorbem. 4 Abs. 5 Nr. 1 VV, Vorbem. 5 Abs. 4 Nr. 1 VV und Vorbem. 6.2 Abs. 3 Nr. 1 VV Gebühren nach Teil 3 VV. Es entsteht also die 0,5 Verfahrensgebühr nach Nr. 3500 VV und ggf. eine 0,5 Terminsgebühr nach Nr. 3513 VV. Hierbei handelt es sich um **Wertgebühren** (s. auch Teil A: Gebührensystem, Rn. 651). Auf die Komm. zu Vorbem. 4 VV Rn. 95 ff. wird verwiesen.

938 Da im Beschwerdeverfahren als Gerichtsgebühr ggf. nur eine Festgebühr anfällt bzw. das Verfahren ggf. sachlich gerichtsgebührenfrei ist (vgl. Rn. 935), muss in der Beschwerdeentscheidung der **Gegenstandswert** für die Anwaltsgebühr gem. § 33 festgesetzt werden (Meyer-Goßner, § 464b Rn. 10). Der Rechtsanwalt kann die Festsetzung des Gegenstandswerts nach § 33 beantragen (s. auch Teil A: Gegenstandswert, Festsetzung [§ 33], Rn. 665). Der Wert bemisst sich nach dem Umfang der im Erinnerungs- oder Beschwerdeverfahren mit dem Rechtsmittel verfolgten Abänderung des Kostenfestsetzungsbeschlusses (vgl. Vorbem. 4 VV Rn. 97; OLG Hamm, Rpfleger 1999, 436; OLG Schleswig, SchlHA 2006, 300).

> *Beispiel:*
>
> *Der Verteidiger macht nach Freispruch des Mandanten notwendige Auslagen i.H.v. 1.000,00 € gegen die Staatskasse geltend. Der Rechtspfleger berücksichtigt im Kostenfestsetzungsbeschluss lediglich einen Betrag i.H.v. 500,00 €. Der Verteidiger legt hiergegen Beschwerde gem. § 464b StPO mit dem Ziel der Berücksichtigung eines weiteren Betrag i.H.v. 350,00 € bei der Festsetzung ein.*
>
> *Der Gegenstandswert des Beschwerdeverfahrens beträgt 350,00 €.*

c) Kostenerstattung

939 Die Erinnerungs- bzw. die Beschwerdeentscheidung ist mit einer **Kostenentscheidung** zu versehen. Für die Kostenentscheidung gelten §§ 467 Abs. 1 (entspr.) und 473 Abs. 4 StPO (vgl. hierzu BGH, NJW 2003, 763 = StraFo 2003, 67 = StV 2003, 93; OLG Celle, StV 2001, 635 = Rpfleger 2001, 97; OLG Hamm, Rpfleger 2004, 732 = AGS 2005, 40; Meyer-Goßner, § 464b Rn. 10).

Wenn die Beschwerde teilweise erfolgreich war, steht dem Anspruch auf Erstattung notwendiger Auslagen für das Beschwerdeverfahren gegen die Staatskasse (§ 473 Abs. 4 StPO, vgl. Rn. 937) deren Anspruch auf Zahlung der Gerichtsgebühr Nr. 1812 KV GKG gegenüber (Rn. 935). Insoweit kann die Staatskasse die Aufrechnung erklären (vgl. Rn. 951 und die Komm. zu § 43).

V. Besonderheiten beim Teilfreispruch

Wird der Angeklagte freigesprochen, fallen die Kosten des Verfahrens und die notwendigen Auslagen des Angeschuldigten gem. § 467 Abs. 1 StPO der Staatskasse zur Last. Wird der Angeklagte verurteilt, ist es selbstverständlich, dass der er seine notwendigen Auslagen zu tragen hat, sodass eine entsprechende Feststellung daher überflüssig ist (BGHSt 36, 27; Meyer-Goßner, § 464 Rn. 10). Nicht selten kommt es jedoch vor, dass der Angeklagte nicht im vollen Umfang der zugelassenen Anklage verurteilt wird, weil ihm ein Teil der Vorwürfe nicht nachgewiesen werden kann oder ein Teil der Vorwürfe unbegründet ist. 940

Es stellt sich die Frage, wie in diesem Fall der Erstattungsbetrag der notwendigen Auslagen zu ermitteln ist.

1. Echter (effektiver) und unechter (fiktiver) Teilfreispruch

a) Echter (effektiver) Teilfreispruch

Ein echter oder effektiver Teilfreispruch liegt vor, wenn mehrere Taten in **Tatmehrheit** (vgl. § 53 StGB) angeklagt wurden, die am Ende teilweise zu einer Verurteilung und teilweise zum Freispruch führten (OLG Koblenz, StraFo 1999, 105 = AGS 2000, 88 = StV 1998, 610; Meyer, JurBüro 1994, 518). Die nach § 467 Abs. 1 StPO zu treffende Kostenentscheidung lautet dann wie folgt (vgl. OLG Düsseldorf, Rpfleger 1996, 303): 941

> „Der Angeklagte hat die Kosten des Verfahrens zu tragen, soweit er verurteilt worden ist; soweit er freigesprochen worden ist, trägt die Staatskasse die Kosten des Verfahrens und die notwendigen Auslagen des Angeklagten."

b) Unechter (fiktiver) Teilfreispruch

Ein unechter Teilfreispruch liegt vor, wenn bei einem **tateinheitlich** (§ 52 StGB) zu behandelnden Vorwurf einzelne Teile nicht zu einer Verurteilung führen (OLG Hamm, 17.04.2007 – 4 Ws 97/07, JurionRS 2007, 36263; OLG Koblenz, StraFo 1999, 105 = AGS 2000, 88 = StV 1998, 610; Meyer, in JurBüro 94, 518). Nach § 465 Abs. 2 StPO hat das Gericht, wenn der Angeklagte wegen einzelner abtrennbarer Teile einer Tat oder wegen einzelner von mehreren Gesetzesverletzungen nicht verurteilt wird, die entstandenen notwendigen Auslagen (vgl. § 465 Abs. 2 Satz 3 StPO) teilweise oder auch ganz der Staatskasse aufzuerlegen, wenn es unbillig wäre, den Angeklagten damit zu belasten (vgl. Meyer-Goßner, § 465 Rn. 7). 942

2. Die Ermittlung des Erstattungsbetrags

a) Wahl der Methode

Früher wurde bis zur Entscheidung des BGH v. 24.01.1973 (BGHSt 25, 109 = NJW 1973, 665) der im Fall des Teilfreispruchs aus der Staatskasse zu erstattende Betrag nach der Quotelungstheorie oder der Ausscheidungstheorie (vgl. OLG Düsseldorf, Rpfleger 1960, 220) ermittelt. Der BGH hat hierzu jedoch festgestellt, dass es auf die Ausscheidbarkeit der zu erstattenden 943

Kostenfestsetzung und Erstattung in Strafsachen

Auslagen i.S.e. rechnerischen Trennbarkeit nicht ankommt, der Angeklagte vielmehr von allen aufgrund des teilweisen Freispruchs entstandenen Mehrkosten zu befreien ist (OLG Düsseldorf, Rpfleger 1991, 474 = JurBüro 1991, 1532 = MDR 1992, 404).

944 Sowohl beim echten als auch beim unechten Teilfreispruch kann die Ermittlung eines etwaigen Erstattungsbetrags im Kostenfestsetzungsverfahren gem. § 464b StPO sowohl nach der **Differenztheorie** als auch durch **Quotelung** gem. § 464d StPO erfolgen (vgl. KG, StraFo 2009, 260 = RVGreport 2009, 231; OLG Hamm, 05.05.2009 - 2 Ws 29/09, JurionRS 2009, 20288; OLG Koblenz, 10.09.2007 – 1 Ws 191/07, JurionRS 2007, 38224; Löwe/Rosenberg/Hilger § 464d Rn. 3, § 465 Rn. 31, 40; Meyer-Goßner, § 464d Rn. 2). Es steht nach herrschender Meinung im pflichtgemäßen **Ermessen des Gerichts/Rechtspflegers**, ob die Differenztheorie oder die Auslagenverteilung nach Bruchteilen gem. § 464d StPO angewandt wird (KG, a.a.O.; OLG Düsseldorf, StV 2001, 634 = JurBüro 2001, 147 = Rpfleger 2001, 96; OLG Hamm, Rpfleger 1999, 436; OLG Karlsruhe, NStZ 1998, 317 = StV 1998, 609 = JurBüro 1998, 543; OLG Koblenz, a.a.O. und auch noch AGS 2000, 88; Löwe/Rosenberg/Hilger, a.a.O.; **a.A.** LG Frankfurt, NStZ-RR 1997, 191; LG Leipzig, StV 2000, 435).

b) Differenztheorie

aa) Ermittlung des Erstattungsbetrags

945 Nach der **Differenztheorie** soll der Verurteilte bei einem Teilfreispruch kostenmäßig so gestellt werden soll, wie er gestanden hätte, wenn allein die zur Verurteilung führende Tat Gegenstand des Verfahrens gewesen wäre. Er soll von allen Mehrkosten freigestellt werden, die durch den freigesprochenen Teil veranlasst sind (OLG Frankfurt am Main, NStZ-RR 2008, 264; OLG Karlsruhe, NStZ 1998, 317; OLG Hamm, Rpfleger 1999, 436; OLG Karlsruhe, NStZ 1998, 317). Von dem **gesamten Wahlverteidigerhonorar** ist daher das **fiktive Honorar** abzuziehen, das entstanden wäre, wenn nur die zur Verurteilung führende(n) Tat(en) Gegenstand des Mandats gewesen wäre(n); eine etwaige Differenz ist dem Verurteilten zu erstatten (vgl. OLG Düsseldorf, StV 2001, 634 = JurBüro 2001, 147; StRR 2010, 276; OLG Köln, NStZ-RR 2004, 384; AG Koblenz, JurBüro 2008, 313).

Beispiel 1 (Ermittlung eines Erstattungsbetrags):

Dem von Rechtsanwalt R verteidigten M wird ein Diebstahl in drei Fällen vorgeworfen. Nach dem 2-stündigen Hauptverhandlungstermin wird M wegen zwei Diebstählen verurteilt. Wegen eines Diebstahls erfolgt Freispruch unter Auferlegung der insoweit entstandenen notwendigen Auslagen auf die Staatskasse.

I. R beziffert sein gesamtes Verteidigerhonorar gem. § 14 wie folgt:

Grundgebühr, Nr. 4100 VV:	200,00 €
Verfahrensgebühr, Nr. 4106 VV:	180,00 €
Postentgeltpauschale, Nr. 7002 VV:	20,00 €
Verfahrensgebühr, Nr. 4106 VV:	180,00 €
Terminsgebühr Nr. 4108 VV:	300,00 €
Postentgeltpauschale, Nr. 7002 VV:	20,00 €

Zwischensumme:	900,00 €
19 % USt, Nr. 7008 VV:	171,00 €
Summe:	**1.071,00 €**

II. Das im Fall der Verteidigung nur wegen der letztlich zur Verurteilung führenden Taten hypothetisch angefallene fiktive Verteidigerhonorar beträgt nach Auffassung von R:

Grundgebühr, Nr. 4100 VV:	165,00 €
Verfahrensgebühr, Nr. 4106 VV:	140,00 €
Postentgeltpauschale, Nr. 7002 VV:	20,00 €
Verfahrensgebühr, Nr. 4106 VV:	140,00 €
Terminsgebühr Nr. 4108 VV:	230,00 €
Postentgeltpauschale, Nr. 7002 VV:	20,00 €
Zwischensumme:	715,00 €
19 % USt, Nr. 7008 VV:	135,85 €
Summe:	**850,85 €**

R ist im Beispiel 1 davon ausgegangen, dass die Verteidigung in einem Strafverfahren nur wegen der zwei letztlich zur Verurteilung führenden Diebstähle jedenfalls die Mittelgebühren ausgelöst hätte. Die Differenz zwischen den beiden Beträgen i.H.v. 220,15 € (185,00 € netto) bildet somit hier für den Mandanten die erstattungsfähige und gegen die Staatskasse festzusetzende Differenz.

bb) Zwei getrennte Abrechnungen

Der Verteidiger muss bei Stellung des Kostenfestsetzungsantrags gem. § 464b StPO für den Mandanten somit zwei getrennte Abrechnungen vornehmen (**Gesamtverteidigung** und **fiktive Vergütung**; vgl. Madert, in: von Eicken/Hellstab/Lappe/Madert/Mathias, Die Kostenfestsetzung, Anm. F 28, S. 387). Soweit vertreten wird, dass die Kostenfestsetzung nach der Differenztheorie als undurchführbar abzulehnen ist, wenn trotz gerichtlicher Aufforderung die beiden Gebührenbestimmungen zu Gesamtverteidigervergütung und fiktivem Honorar unterbleiben (vgl. LG Koblenz, StraFo 1998, 72 = NStZ-RR 1998, 256), ist diese Ansicht abzulehnen. Der Rechtspfleger muss dann entscheiden, ob die Anmeldung das gesamte oder nur das auf den freigesprochenen Teil entfallende Wahlverteidigerhonorar betrifft. Im Zweifel wird davon auszugehen sein, dass eine Anmeldung für das gesamte Verfahren vorliegt. Gegen die Ablehnung des Antrags spricht auch, dass das Gericht im Kostenfestsetzungsverfahren bei der Festsetzung der fiktiven Vergütung für den nur durch die Verurteilung abgedeckten Tätigkeitsbereich des Verteidigers ohnehin nicht an dessen Bestimmung gem. § 14 gebunden ist (OLG Düsseldorf, Rpfleger 2002, 330).

946

> **Hinweis:**
> Die Anwendung der Differenztheorie kann auch dazu führen, dass das **Gesamthonorar** zu erstatten ist oder dass sich **überhaupt kein Erstattungsbetrag** ergibt, weil sich die Verteidigung schwerpunktmäßig auf die abgeurteilten Taten bezogen hat. Die gesamte angemeldete Vergütung kann z.B. erstattungsfähig sein, wenn sich die Verteidigung von Anfang an auf die freigesprochenen Vorwürfe beschränkt hat oder sich der Teilfreispruch auf eine

Kostenfestsetzung und Erstattung in Strafsachen

> **Verkehrsstraftat** bezieht und sich der Angeklagte wegen der **straßenverkehrsrechtlichen Ordnungswidrigkeit**, derentwegen er nur verurteilt wurde, nicht verteidigt hätte (Meyer-Goßner, § 465 Rn. 9; vgl. auch OLG Köln, StRR 2010, 437 = RVGprofessionell 2011, 15 = NStZ-RR 2010, 326 [Ls.] betreffend Verfahrenskosten)

cc) Differenztheorie und notwendige Auslagen eines Beschwerdeverfahrens

947 Insoweit wird auf die Erläuterungen in Teil A: Beschwerdeverfahren, Abrechnung, Rn. 375 ff. verwiesen.

3. Auslagenverteilung nach Bruchteilen

948 Das Gericht kann im Fall des Teilfreispruchs in der Kostengrundentscheidung **gem. § 464d StPO** die Kosten des Verfahrens und die notwendigen Auslagen aber stets auch nach **Bruchteilen** verteilen (vgl. hierzu BGH, StraFo 2005, 438 [zugelassene Anklage wegen Vergewaltigung in Tateinheit mit gefährlicher Körperverletzung, Verurteilung wegen gefährlicher Körperverletzung, Freispruch wegen Vergewaltigung, die Staatskasse trägt die notwendigen Auslagen des Angeklagten zu drei Vierteln]; Meyer-Goßner, § 464d Rn. 1, 2). Wenn das Gericht nach einem Teilfreispruch in der Kostengrundentscheidung keine Auslagenverteilung nach Bruchteilen vorgenommen hat, kann diese Verteilung auch noch vom **Rechtspfleger** im **Kostenfestsetzungsverfahren** vorgenommen werden (KG, StraFo 2009, 260 = RVGreport 2009, 231; RVGreport 2011, 174 = StRR 2011, 3 [Ls]; OLG Dresden, NStZ-RR 2003, 224; OLG Hamm, Rpfleger 1999, 436; OLG Karlsruhe, NStZ 1998, 317 = StV 1998, 609 = JurBüro 1998, 543; OLG Koblenz, StraFo 1999, 105 = AGS 2000, 88 = StV 1998, 610; OLG Köln, NStZ-RR 2004, 384 = JMBl. NRW 2004, 251; NStZ-RR 2010, 31; OLG Rostock, 08.11.2010 – 1 Ws 260/10, JurionRS 2010, 27390; Meyer-Goßner, § 464d Rn. 2 und § 464b Rn. 1).

> **Hinweis:**
> Ist die Quotelung aber bereits in der **Kostengrundentscheidung** erfolgt, ist sie für das Kostenfestsetzungsverfahren **bindend**.

949 Eine **Quotelung** kommt in erster Linie für einfache und **leicht überschaubare Fälle** in Betracht (BGH, NStZ 2000, 499; OLG Düsseldorf, StV 2001, 634 = JurBüro 2001, 147 = Rpfleger 2001, 96; OLG Karlsruhe, NStZ 1998, 317 = StV 1998, 609 = JurBüro 1998, 543; KK StPO/Gieg, § 464d Rn. 3). Aber auch bei nicht einfachen und leicht überschaubaren Fällen ist die Auslagenverteilung nach Bruchteilen im Kostenfestsetzungsverfahren zulässig (OLG Köln, NStZ-RR 2004, 384 = JMBl. NRW 2004, 251; vgl. hierzu KG, StraFo 2009, 260 = RVGreport 2009, 231).

950 Eine **rein rechnerische Quotelung**, die sich allein an der Anzahl der Fälle der Verurteilung einerseits und des Freispruchs andererseits orientiert, ist jedoch **nicht sachgerecht** (OLG Karlsruhe, NStZ 1998, 317 = StV 1998, 609 = JurBüro 1998, 543). Es sind vielmehr alle Umstände des Einzelfalls zu berücksichtigen (vgl. hierzu BGH, StraFo 2005, 438). Daher sind die zur Verurteilung und zum Freispruch führenden Verfahrensteile angemessen zueinander ins Verhältnis zu setzen, was nach den Grundsätzen der Differenztheorie erfolgen kann (OLG Karlsruhe, NStZ

1998, 317 = StV 1998, 609 = JurBüro 1998, 543; OLG Dresden, NStZ-RR 2003, 224; vgl. auch OLG Köln, StRR 2010, 437 = RVGprofessionell 2011, 15 = NStZ-RR 2010, 326 [Ls.] betreffend Verfahrenskosten]). Der sich bei Anwendung der Differenztheorie ergebende Erstattungsbetrag kann daher ggf. als Korrektiv herangezogen werden (OLG Köln, NStZ-RR 2004, 384 = JMBl. NRW 2004, 251). Entscheidend für die Gewichtung sind Umfang und Schwierigkeit der Verteidigung gegen die einzelnen Tatvorwürfe (KG, RVGreport 2011, 174 = StRR 2011, 3 [Ls]).

Bei der Auslagenverteilung kann auch die vom Gericht in der Kostenentscheidung vorgenommene Ermäßigung der Gerichtsgebühr ein Anhaltspunkt sein (vgl. Vorbem. 3 Abs. 1 KV GKG, § 473 Abs. 4 StPO).

4. Aufrechnung der Staatskasse

Bei einem **Teilfreispruch** steht dem Beschuldigten ein Anspruch auf Erstattung notwendiger Auslagen gegen die Staatskasse zu. Dem Erstattungsanspruch steht in den o.g. Fällen allerdings der Anspruch der Staatskasse gegen den Angeklagten auf Zahlung der Kosten des vorliegenden oder auch eines anderen Verfahrens und ggf. der Geldstrafe gegenüber. Mit diesem Anspruch wird die Staatskasse (Gerichtskasse bzw. Staatsanwaltschaft) i.d.R. die **Aufrechnung** erklären (vgl. zu den Einzelh. die Komm. zu § 43 Rn. 12 ff.).

951

> **Hinweis:**
> Zur Durchführung der Aufrechnung können die nach § 459a StPO gewährten **Zahlungserleichterungen** von der Staatsanwaltschaft aufgehoben werden.

5. Pflichtverteidiger und Wahlverteidigergebühren beim Teilfreispruch

Neben den Pflichtverteidigergebühren aus der Staatskasse kann der Pflichtverteidiger für die von seiner Bestellung umfassten Tätigkeiten gem. § 52 Wahlverteidigergebühren von seinem Mandanten verlangen, wenn diesem z.B. im Fall des Freispruchs ein Anspruch auf Erstattung notwendiger Auslagen (§ 467 Abs. 1 StPO) gegen die Staatskasse zusteht (vgl. § 52 Abs. 2 Satz 1 Halbs. 1) oder ein erfolgreiches Feststellungsverfahren nach § 52 Abs. 2 Satz 1 Halbs. 2, Satz 2, Abs. 3 durchgeführt worden ist (OLG Bamberg, StRR 2009, 243 = VRR 2009, 243 = StraFo 2009, 350 = AGS 2009, 320; OLG Düsseldorf, StRR 2010, 276; OLG Koblenz, 10.09.2007 – 1 Ws 191/07, JurionRS 2007, 38224). Auch beim Teilfreispruch steht dem Beschuldigten nach Anwendung der Differenztheorie oder nach Quotelung gem. § 464d StPO ggf. ein Anspruch auf Erstattung von Wahlverteidigergebühren gegen die Staatskasse zu. Deswegen kann der Pflichtverteidiger in Höhe dieses Erstattungsanspruchs gem. § 52 Abs. 2 Satz 1 Halbs. 1 Wahlverteidigergebühren gegen den Beschuldigten geltend machen. Zu den damit verbundenen Fragen wird auf die **Erläuterungen** zu § 52 Rn. 56 ff. verwiesen.

952

6. Notwendige Auslagen des Beschwerdeverfahrens trägt Staatskasse

Zu der Frage, wie der Betrag der zu erstattenden notwendigen Auslagen zu ermitteln ist, wenn bei einer erfolgreichen Beschwerde die dem Beschuldigten im Beschwerdeverfahren entstande-

953

Kostenfestsetzung und Erstattung in Strafsachen

nen notwendigen Auslagen der Staatskasse auferlegt worden sind, s. auch Teil A: Beschwerdeverfahren, Abrechnung, Rn. 375 ff.

C. Arbeitshilfen

I. Muster: Antrag auf Kostenfestsetzung gem. § 464b StPO

954

An das

AG/LG .....

In dem Verfahren

./. .....

Az. .....

beantrage ich,

die aufgrund des Urteils vom ..... von der Staatskasse zu tragenden notwendigen Auslagen des Freigesprochenen auf 912,45 € festzusetzen und die gesetzliche Verzinsung auszusprechen (§§ 464b StPO, 104 Abs. 1 ZPO).

Die notwendigen Auslagen setzen sich wie folgt zusammen:

1.	Grundgebühr Nr. 4100 VV	165,00 €
2.	Verfahrensgebühr Nr. 4106 VV	140,00 €
3.	Terminsgebühr Nr. 4108 VV	380,00 €
4.	Postentgeltpauschale Nr. 7002 VV	20,00 €
5.	19 % USt Nr. 7008 VV	133,95 €
	Zwischensumme:	838,95 €
6.	Aktenversendungspauschale	12,00 €
	Summe:	**850,95 €**

Bei den geltend gemachten Gebühren bin ich von der Mittelgebühr ausgegangen mit Ausnahme der Terminsgebühr für den Hauptverhandlungstermin. Hier halte ich angesichts des überdurchschnittlichen Umfangs und der überdurchschnittlichen Schwierigkeit des Termins eine Gebühr in Höhe von 380 € für angemessen (Mittelgebühr 230 €). Die Hauptverhandlung vor dem Strafrichter hat mit insgesamt vier Stunden überdurchschnittlich lange gedauert. Es sind insgesamt vier Zeugen vernommen worden. Die Sache war für den Freigesprochenen auch von erheblicher Bedeutung, da die Entziehung seiner Fahrerlaubnis drohte und er als Kraftfahrer beruflich auf seine Fahrerlaubnis angewiesen ist.

Die Einkommensverhältnisse des Freigesprochenen sind mit einem Einkommen in Höhe von 1.500 € netto mindestens durchschnittlich. Für Arbeiter im produzierenden Gewerbe liegt das durchschnittliche mtl. Bruttoeinkommen derzeit bei rund 2.542 € (vgl. Statistisches Bundesamt Deutschland, destatis.de).

Zusätzlich bitte ich die Reisekosten des Freigesprochenen für die Teilnahme an der Hauptverhandlung vom ..... entsprechend § 464a Abs. 2 Nr. 1 StPO zu berücksichtigen:

2 x 100 km × 0,25 € (§§ 5, 19 JVEG) = 50 €

Entschädigung für Zeitversäumnis (§ 20 JVEG), 4 Stunden à 3 € = 12 €

.....

Rechtsanwalt

II. Muster: Beschwerde gegen Kostenfestsetzungsbeschluss gem. § 464b StPO

An das

AG/LG .....

In der Sache

..... /. .....

Az. .....

lege ich gegen den Kostenfestsetzungsbeschluss vom ....., mir zugestellt am .....

ein.

Mit der Beschwerde wende ich mich gegen die Absetzung der Dolmetscherkosten über 240 €.

Die Dolmetscherkosten sind anlässlich der beiden Gespräche mit dem der deutschen Sprache nicht mächtigen Freigesprochenen vom ..... und vom ..... angefallen.

Das erste Gespräch vom ..... wurde anlässlich der Übernahme der Verteidigung am ..... in der JVA ..... mit dem Mandanten geführt. Das zweite Gespräch vom ..... diente der Vorbereitung des Hauptverhandlungstermins vom .....

Die Dolmetscherkosten sind somit im Rahmen der Verteidigung des Mandanten angefallen. Die im Rahmen der Wahlverteidigung für die erforderlichen Mandantengespräche anfallenden Dolmetscherkosten sind von der Staatskasse zu ersetzen (vgl. BGH, NJW 2001, 309 = StraFo 2001, 54; BVerfG, NJW 2004, 50 = StV 2004, 28; OLG Brandenburg, StraFo 2005, 415 = StV 2006, 28).

Hinsichtlich der Höhe der Dolmetscherkosten wird auf die diesem Kostenfestsetzungsantrag beigefügte Rechnung des Dolmetschers ..... vom ..... verwiesen. Hieraus geht hervor, dass der Dolmetscher seine Kosten auf der Grundlage der erstattungsfähigen Sätze des JVEG berechnet hat.

Die Reisekosten des nicht am Ort der JVA in ..... ansässigen Dolmetschers sind erstattungsfähig, weil am Haftort keine geeigneten Dolmetscher für die ..... Sprache vorhanden waren.

.....

Rechtsanwalt

Mehrere Auftraggeber (§ 7, Nr. 1008 VV)

Siehe auch Teil A: →Allgemeine Vergütungsfragen, Rn. 22 ff.; →Auslagen aus der Staatskasse (§ 46 Abs. 1 und 2), Rn. 140 ff.; →Festsetzung gegen die Staatskasse, Rn. 579 ff.; →Gebührensystem, Rn. 649 ff.; →Gegenstandswert, Festsetzung (§ 33), Rn. 656 ff.; →Gerichtskosten, Rn. 713 ff.; →Kostenfestsetzung und Erstattung in Bußgeldsachen, Rn. 833 ff. →Umfang des Vergütungsanspruchs (§ 48 Abs. 1), Rn. 1382 ff.; →Vertreter des Rechtsanwalts (§ 5), Rn. 1609 ff.

Mehrere Auftraggeber (§ 7, Nr. 1008 VV)

§ 7 RVG   Mehrere Auftraggeber

(1) Wird der Rechtsanwalt in derselben Angelegenheit für mehrere Auftraggeber tätig, erhält er die Gebühren nur einmal.

(2) Jeder der Auftraggeber schuldet die Gebühren und Auslagen, die er schulden würde, wenn der Rechtsanwalt nur in seinem Auftrag tätig geworden wäre; die Dokumentenpauschale nach Nummer 7000 des Vergütungsverzeichnisses schuldet er auch insoweit, wie diese nur durch die Unterrichtung mehrerer Auftraggeber entstanden ist. Der Rechtsanwalt kann aber insgesamt nicht mehr als die nach Absatz 1 berechneten Gebühren und die insgesamt entstandenen Auslagen fordern.

Nr.	Gebührentatbestand	Gebühr oder Satz der Gebühr nach § 13 RVG
1008	Auftraggeber sind in derselben Angelegenheit mehrere Personen: Die Verfahrens- oder Geschäftsgebühr erhöht sich für jede weitere Person um (1) Dies gilt bei Wertgebühren nur, soweit der Gegenstand der anwaltlichen Tätigkeit derselbe ist. (2) Die Erhöhung wird nach dem Betrag berechnet, an dem die Personen gemeinschaftlich beteiligt sind.	0,3 oder 30% bei Festgebühren, bei Betragsrahmengebühren erhöhen sich der Mindest- und Höchstbetrag um 30%

Mehrere Auftraggeber (§ 7, Nr. 1008 VV)

> (3) Mehrere Erhöhungen dürfen einen Gebührensatz von 2,0 nicht übersteigen; bei Festgebühren dürfen die Erhöhungen das Doppelte der Festgebühr und bei Betragsrahmengebühren das Doppelte des Mindest- und Höchstbetrags nicht übersteigen.

Übersicht

			Rn.
A.	Überblick		956
B.	Anmerkungen		958
	I.	Anwendungsbereich/Persönlicher Geltungsbereich	958
		1. Straf- und Bußgeldverfahren	958
		2. Verteidiger in Straf- und Bußgeldsachen	959
		3. Vertreter des Neben- oder Privatklägers	960
		4. Zeugenbeistand	961
		5. Sonstige Verfahren nach Teil 6 VV	962
		6. Gerichtlich beigeordnete und bestellte Rechtsanwälte	963
	II.	Erhöhungsfähige und nicht erhöhungsfähige Gebühren	964
		1. Übersicht	964
		a) Teile 4 bis 6 VV	964a
		b) Teil 2 VV	965
		c) Teil 3	966
		2. Erhöhung der Geschäfts- oder Verfahrensgebühr im Wiederaufnahmeverfahren	967
		3. Einigungsgebühr, Hebegebühr	968
		4. Beratung/Gutachten ab 01.07.2006	969
		5. Gebühr für die Prüfung der Erfolgsaussicht eines Rechtsmittels (Nrn. 2102, 2103 VV)	970
		6. Beratungshilfe	971
		7. Grundgebühr	975
		8. Zusätzliche Gebühren nach Nrn. 4141 – 4146, 5115, 5116 und 6216 VV	976
		9. Vertretung im Gnadenverfahren	977
		10. Beiordnung als Kontaktperson für einen Gefangenen	978
	III.	Voraussetzungen für die Erhöhung	979
		1. Mehrere Auftraggeber/Auftraggebermehrheit	979
		a) Allgemeines	979
		b) Gesetzliche Vertreter	982
		c) Mehrere Neben- oder Privatkläger	983
		d) Keine Mehrfachverteidigung	984
		e) Zeugenbeistand für mehrere Zeugen	985
		f) Staatskasse als Auftraggeber	986
		2. Dieselbe Angelegenheit	987
		a) Allgemeines	987
		b) Privatklage	988
		c) Nebenklage	989
		d) Mehrere Zeugen	991
		3. Gegenstandsgleichheit/Gegenstandsidentität	992
		a) Gebührentypen	992
		b) Begriffsbestimmung	993
	IV.	Berechnung der Erhöhung	994
		1. Allgemeines	994
		2. Wertgebühren	995
		a) Berechnung der Erhöhung bei Gebühren ab einem Satz von 1,0	996
		b) Berechnung der Erhöhung bei Gebühren unter einem Satz von 1,0	997
		c) Gemeinschaftliche Beteiligung	998
		d) Berechnung der Erhöhung bei Anfall der Mindestgebühr	1002
		e) Berechnung der Erhöhung in der Zwangsvollstreckung	1003
		f) Höchstsatz der Erhöhung	1004
		3. Festgebühren	1005
		a) Erhöhungsvoraussetzungen	1005
		b) Beratungshilfe	1006
		c) Gerichtlich beigeordneter oder bestellter Rechtsanwalt	1007
		d) Höchstsatz der Erhöhung	1009
		4. Betragsrahmengebühren	1010
		a) Erhöhungsvoraussetzungen	1010
		b) Nr. 1008 VV und § 14 Abs. 1	1011

Mehrere Auftraggeber (§ 7, Nr. 1008 VV)

	c) Höchstsatz der Erhöhung	1014
	5. Satzrahmengebühren	1015
	a) Erhöhung wie eine Wertgebühr	1015
	b) Kappungsgrenze und Erhöhung	1016
	6. Mischfälle bei Nebenklägern/fehlende Gegenstandsidentität bei Wertgebühren	1017
V.	Besonderheiten bei Beiordnung im Wege der PKH	1018
	1. Streitwertobergrenze in § 49	1018
	2. Entsprechende Anwendung von Nr. 1008 VV bei verschiedenen Gegenständen und Wertgebühren	1019
	3. PKH-Bewilligung nur für einen Auftraggeber	1022
VI.	Haftung	1024
	1. Grundsätze	1024
	2. Haftung gegenüber dem Rechtsanwalt	1025
	3. Dokumentenpauschale	1026
	4. Innenverhältnis	1027
	a) Anwendung des BGB	1027
	b) Ausgleich	1028
	c) Vergleichsweise Kostenregelung	1029
VII.	Erstattung	1030

Literatur:

Burhoff, Berechnungsbeispiele zum RVG: Allgemeine Gebühren in Straf- und Bußgeldsachen, RVGreport 2005, 16; ***ders.***, Vergütung des Zeugenbeistands in Strafverfahren, RVGreport 2004, 458; ***David***, Mehrheit von Auftraggebern bei natürlichen Personen, BRAGOprofessionell 2000, 141; ***Enders***, Erhöhung der Geschäfts- und Verfahrensgebühr nach Nr. 1008 VV RVG, JurBüro 2005, 449; ***ders.***, Mehrere Auftraggeber/ Unterschiedliche Wertbeteiligung/Prozesskostenhilfe – Abrechnung nach RVG, JurBüro 2005, 409; ***Euba***, Die Erhöhung der Geschäfts- oder Verfahrensgebühr bei mehreren Auftraggebern, ZAP Fach 24, S. 1133 ; ***Hansens***, Die Gebührenerhöhung gem. § 6 Abs. 1 Satz 2 BRAGO, AnwBl. 2001, 581; ***ders.***, Gebührenerhöhung nach Nr. 1008 VV RVG bei Mindestgebühren, RVGreport 2005, 372; ***ders.*** , Gebührentipps für Rechtsanwälte, ZAP Fach 24, S. 1093; ***Hergenröder***, Die Vertretung mehrerer Auftraggeber, AGS 2007, 53; ***Herold/Rudy***, Berechnung der „Erhöhungsgebühr" nach Nr. 1008 VV RVG bei Wertgebühren in Fällen mit unterschiedlicher Beteiligung mehrerer Auftraggeber innerhalb derselben Angelegenheit, JurBüro 2009, 566 ; ***Marx***, Was sind zwei volle Gebühren als Erhöhung nach § 6 BRAGO?, BRAGOprofessionell 2000, 138; ***Schneider***, Die Erhöhung der Ratsgebühr und der „Erstberatungsgebühr" bei mehreren Auftraggebern, BRAGOreport 2001, 17; ***ders.***, Die Vergütung für Beratung und Gutachten ab dem 01.07.2006, RENOpraxis 2006, 102; ***ders.***, Erhöhung des Mindestbetrags bei mehreren Auftraggebern, NJW-Spezial 2010, 731; ***ders.*** , Mehrere Auftraggeber – mehrere Gegenstände – mehrere Angelegenheiten, AnwBl 2008, 773 ; ***ders.*** , Die Haftung mehrerer Auftraggeber nach § 7 Abs. 2 RVG, ZAP Fach 24, S. 1107; ***ders.***, Gebührenerhöhung nach Nr. 1008 VV VG in der Beratungshilfe, ZAP Fach 24, S. 889 ; ***Wolf***, Erhöhung für mehrere Auftraggeber, JurBüro 2004, 518.

A. Überblick

956 Die Regelungen zur Vergütung bei der Vertretung **mehrerer Auftraggeber** sind in § 7 und Nr. 1008 VV enthalten. Nach § 7 Abs. 1 erhält der Rechtsanwalt bei Vertretung mehrerer Auftraggeber **in derselben Angelegenheit** die Gebühren nur einmal (vgl. auch § 15 Abs. 2 und Teil A: Abgeltungsbereich der Vergütung [§ 15], Rn. 1). Zum Ausgleich des mit der Tätigkeit für mehrere Auftraggeber verbundenen Mehraufwands und des erhöhten Haftungsrisikos erhält der Rechtsanwalt aber in Angelegenheiten mit **Festgebühren** oder **Betragsrahmengebühren** ggf. eine nach Nr. 1008 VV erhöhte Geschäfts- oder Verfahrensgebühr (vgl. hierzu Rn. 992 ff.). Vertritt der Rechtsanwalt in einer Angelegenheit mit **Wertgebühren** (s. auch Teil A: Gebührensystem, Rn. 1651) mehrere Auftraggeber, erfolgt die Gebührenerhöhung nach Nr. 1008 VV, wenn

die Tätigkeit **denselben Gegenstand** betrifft und die mehreren Auftraggeber hieran gemeinschaftlich beteiligt sind.

> **Hinweis:**
>
> Nach Vorbem. 1 VV entsteht die Gebührenerhöhung nach Nr. 1008 VV neben den in anderen Teilen des VV bestimmten Gebühren. Hieraus darf aber nicht geschlossen werden, dass in Nr. 1008 VV ein selbstständiger Gebührentatbestand geregelt ist. Der Anwalt erhält bei der Vertretung mehrerer Auftraggeber keine gesonderte bzw. selbstständige **Erhöhungsgebühr** (so aber BGH, RVGreport 2004, 189 zu § 6 Abs. 1 Satz 2 BRAGO; anders jedoch BGH, RVGreport 2005, 464), sondern es entsteht vielmehr eine **Gebührenerhöhung** (LSG Nordrhein-Westfalen, 04.01.2010 – L 19 B 316/09 AS, JurionRS 2010, 10263; LG Berlin, RVGreport 2006, 306 = AGS 2006, 484; Gerold/Schmidt/Müller-Rabe, VV 1008 Rn. 3, 258).

Bei **Wertgebühren** beträgt die Erhöhung nach Nr. 1008 VV unabhängig vom Gebührensatz der Ausgangsgebühr 0,3 (OLG München, RVGreport 2006, 307 = JurBüro 2006, 312; Gerold/Schmidt/Müller-Rabe, VV 1008 Rn. 202). Bei **Festgebühren** und **Betragsrahmengebühren** wird die Erhöhung jedoch von der Ausgangsgebühr berechnet. 957

> **Hinweis:**
>
> Für den Anfall der Gebührenerhöhung nach Nr. 1008 VV ist es unerheblich, ob dem Rechtsanwalt durch die Vertretung mehrerer Auftraggeber tatsächlich Mehrarbeit entstanden ist (BGH, MDR 1984, 414; BVerwG, NJW 2000, 2288 = AGS 2000, 173; OLG Düsseldorf, JurBüro 2002, 247).

B. Anmerkungen

I. Anwendungsbereich/Persönlicher Geltungsbereich

1. Straf- und Bußgeldverfahren

Nach Vorbem. 1 VV kann die Gebührenerhöhung nach Nr. 1008 VV neben den in anderen Teilen des VV (Teil 2 bis 6 VV) bestimmten Gebühren anfallen. Die Erhöhung nach Nr. 1008 VV kann somit nie alleine, sondern **nur in Zusammenhang** mit Gebühren ab dem Teil 2 ff. VV entstehen. Die Gebührenerhöhung kann daher auch in Straf- und Bußgeldsachen (Teil 4 und 5 VV) und in sonstigen Verfahren (Teil 6 VV) anfallen (Burhoff, RVGreport 2005, 16). 958

> **Hinweis:**
>
> Im Fall der Verteidigung des Betroffenen und des Nebenbetroffenen (§ 30 OWiG) im **kartellrechtlichen Bußgeldverfahren** erhält der Rechtsanwalt die Gebühren einmal mit der Gebührenerhöhung nach Nr. 1008 VV (KG, JurBüro 1991, 533; Gerold/Schmidt/Müller-Rabe, VV 1008 Rn. 73).

Mehrere Auftraggeber (§ 7, Nr. 1008 VV)

2. Verteidiger in Straf- und Bußgeldsachen

959 Die Vertretung mehrerer Angeklagter oder Betroffener im Straf- und Bußgeldverfahren ist nicht möglich, da nach § 146 StPO das **Verbot der Mehrfachverteidigung** gilt. Nr. 1008 VV findet daher für den Verteidiger keine Anwendung (Burhoff, RVGreport 2006, 16; Gerold/Schmidt/Müller-Rabe, VV 1008 Rn. 120).

3. Vertreter des Neben- oder Privatklägers

960 Die Anwendung von Nr. 1008 VV kommt bei den in Teil 4 und 5 VV geregelten Angelegenheiten in erster Linie in Betracht, wenn der Rechtsanwalt mehrere **Neben- oder Privatkläger** vertritt oder als Beistand oder Vertreter mehrerer **Einziehungs-** oder **Nebenbeteiligter** oder von mehreren Zeugen oder Sachverständigen (dazu Rn. 961, 985) tätig wird (Gerold/Schmidt/Müller-Rabe, VV 1008 Rn. 95 f., 110; Burhoff, RVGreport 2005, 16; Schneider, in: Hansens/Braun/Schneider, Teil 15, Rn. 597, 623; noch zur BRAGO: OLG Düsseldorf, JurBüro 1991, 70; OLG Hamburg, JurBüro, 1997, 195; OLG Naumburg, JurBüro 1994, 157; LG Krefeld, AnwBl. 1981, 27). Fällt für den Vertreter der Nebenkläger eine Wertgebühr an, ist für deren Erhöhung aber zudem Gegenstandsidentität und gemeinschaftliche Beteiligung am Verfahrensgegenstand erforderlich (vgl. hier zu Rn. 995 ff.; OLG Brandenburg, AGS 2009, 325 = RVGreport 2009, 341).

4. Zeugenbeistand

961 Ein Rechtsanwalt, der in einer Hauptverhandlung **mehreren Zeugen** beisteht, wird für **mehrere Auftraggeber** in **derselben Angelegenheit** (dazu Rn. 991) tätig und erhält deshalb einmalig die Gebühren nach Teil 4, Abschnitt 1 VV, allerdings mit der Erhöhung nach Nr. 1008 VV (OLG Celle, Nds.Rpfl. 2007, 351 = RVGreport 2008, 144; OLG Düsseldorf, AGS 2010, 71 = Rpfleger 2010, 47 = JurBüro 2010, 33 = StRR 2009, 443 = RVGprofessionell 2010, 6; OLG Koblenz, JurBüro 2005, 589 = AGS 2005, 504 = RVGreport 2006, 430; LG Hamburg, RVGreport 2011, 134 = RVGprofessionell 2010, 80; Burhoff, RVGreport 2004, 458; OLG Düsseldorf, JurBüro 1991, 70, noch zur BRAGO; zur Vergütung des Zeugenbeistands wird auf die Erläuterungen zu Vorbem. 4.1 VV Rn. 5 ff. verwiesen [s. weitere Einzelh. auch unten Rn. 995, 991]).

5. Sonstige Verfahren nach Teil 6 VV

962 In den in Teil 6 VV geregelten **sonstigen Verfahren** gilt das Verbot der **Mehrfachverteidigung** aus § 146 StPO **nicht**, Nr. 1008 VV ist hier für den Verteidiger anwendbar (vgl. AnwKomm-RVG/N. Schneider, VV 6100, 6101 Rn. 18; VV 6300 – 6303 Rn. 23; Gerold/Schmidt/Mayer, VV 6100, 6101 Rn. 13 und 19 und VV 6300 – 6303 Rn. 12). Allerdings wird es dazu in der Praxis selten kommen.

> **Hinweis:**
> Voraussetzung für die Anwendung von Nr. 1008 VV im **Auslieferungsverfahren** nach dem IRG (vgl. Teil 6, Abschnitt 1 Unterabschnitt 2 VV, Nr. 6101 und Nr. 6102 VV) ist, dass der Rechtsanwalt in demselben Auslieferungsverfahren für mehrere Auftraggeber tätig geworden ist. Nr. 1008 VV ist nicht anwendbar, wenn der Rechtsanwalt aufgrund desselben Aus-

Mehrere Auftraggeber (§ 7, Nr. 1008 VV)

landsverfahrens einen Verfolgten im Auslieferungsverfahren und den anderen Verfolgten im Durchlieferungsverfahren vertreten hat. Insoweit entstehen getrennte Gebühren (Gerold/Schmidt/Mayer, VV 6100, 6101 Rn. 19).

6. Gerichtlich beigeordnete und bestellte Rechtsanwälte

Nr. 1008 VV **gilt auch** für gerichtlich beigeordnete und bestellte Rechtsanwälte. Für den Mehrvertretungszuschlag ist bei der gerichtlichen Beiordnung oder Bestellung aber nicht auf die Staatskasse abzustellen, sondern auf die Personen, in deren Interesse die Beiordnung/Bestellung erfolgt (s. dazu Rn. 986). Zum Erstattungsanspruch gegen die Staatskasse wird im Übrigen auf die Ausführungen unter Rn. 1018 ff. verwiesen. 963

II. Erhöhungsfähige und nicht erhöhungsfähige Gebühren

1. Übersicht

Nach dem Wortlaut von Nr. 1008 VV sind die **Geschäftsgebühr** oder die **Verfahrensgebühr** erhöhungsfähig. Deshalb kommt eine Erhöhung von **Terminsgebühren** nicht in Betracht (VGH Baden-Württemberg, AGS 2009, 501 und 547 = JurBüro 2009, 490). Die in Nr. 1008 VV benutzte Verknüpfung „oder" stellt deshalb nur klar, welche Gebühren überhaupt erhöhungsfähig sind, nämlich die Geschäfts- oder die Verfahrensgebühr (s. dazu auch Rn. 967). 964

a) Teile 4 bis 6 VV

Die folgenden Gebühren sind in den **Teilen 4 bis 6 VV** ausdrücklich als Geschäfts- bzw. Verfahrensgebühr bezeichnet, sodass diese Gebühren danach grds. erhöhungsfähig sind (zu den Besonderheiten vgl. aber Rn. 968 ff.): 964a

Übersicht:

Geschäftsgebühr	Nr. 4136 VV
Verfahrensgebühr	Nr. 4104, 4105, 4106, 4107, 4112, 4113, 4118, 4119, 4124, 4125, 4130, 4131, 4137, 4138, 4139, 4141, 4142, 4143, 4144, 4145, 4146, 4200, 4201, 4204, 4205, 4300, 4301, 4302, 4303, 5101, 5103, 5105, 5107, 5109, 5111, 5113, 5115, 5116, 5200, 6100, 6101, 6202, 6203, 6207, 6211, 6215, 6216, 6300, 6302, 6400, 6401, 6403, 6404, 6500 VV

b) Teil 2 VV

Für die in **Teil 2 VV** geregelten **Geschäftsgebühren** gilt Folgendes: 965

- Nach Vorbem. 2.3 Abs. 2 VV gilt Teil 2 Abschnitt 3 VV (Geschäftsgebühr Nr. 2300, 2301 VV) nicht für die in den Teilen 4 bis 6 VV geregelten Angelegenheiten. Eine Ausnahme gilt aber nach Vorbem. 6.2 Abs. 2 VV für die Vertretung gegenüber der Aufsichtsbehörde außerhalb eines Disziplinarverfahrens. Insoweit kann die **Geschäftsgebühr** Nr. 2300 VV anfallen, die bei der Vertretung mehrerer Auftraggeber unter den Voraussetzungen der Anm. 1 und 2 zu

Mehrere Auftraggeber (§ 7, Nr. 1008 VV)

Nr. 1008 VV zu erhöhen ist (s. dazu Rn. 995 ff.). Darüber hinaus kommt die Geschäftsgebühr Nr. 2300 VV auch in Betracht, wenn **vermögensrechtliche Ansprüche von Nebenklägern** (spätere Adhäsionsanträge) zunächst außergerichtlich verfolgt werden (s. dazu Rn. 1015) oder wenn der Anwalt in **Verfahren nach dem StVollzG** außergerichtlich vertretend tätig ist (s. dazu Teil A: Verfahren nach dem Strafvollzugsgesetz und ähnliche Verfahren, Rn. 1441 ff.).

- Für bestimmte Verfahren nach der **Wehrbeschwerdeordnung** (WBO; s. auch Teil 6 Abschnitt 4 VV) sind die nach Nr. 1008 VV erhöhungsfähigen Geschäftsgebühren Nrn. 2400, 2401 VV (Betragsrahmengebühren) vorgesehen, vgl. Vorbem. 2.4 VV (vgl. Vorbem. 6.4 VV Rn. 11 ff.).

c) Teil 3

966 Über Vorbem. 4 Abs. 5, Vorbem. 5 Abs. 4 und Vorbem. 6 Abs. 3 VV kommen in Straf-/Bußgeldverfahren und den sonstigen Verfahren auch Gebühren nach Teil 3 VV in Betracht. Soweit eine Verfahrensgebühr entsteht, ist diese bei der Vertretung mehrerer Auftraggeber unter den Voraussetzungen der Anm. 1 und 2 zu Nr. 1008 VV erhöhungsfähig (s. dazu Rn. 995 ff.). Entsprechendes gilt bei der Vertretung in Verfahren nach dem Strafvollzugsgesetz und in Verfahren nach §§ 23 ff. EGGVG (s. dazu Teil A: Verfahren nach dem Strafvollzugsgesetz und ähnliche Verfahren, Rn. 1441 ff.).

2. Erhöhung der Geschäfts- oder Verfahrensgebühr im Wiederaufnahmeverfahren

967 Im Wiederaufnahmeverfahren erhält der Rechtsanwalt für die Vorbereitung eines Wiederaufnahmeantrags eine **Geschäftsgebühr** nach Nr. 4136 VV (vgl. hierzu die Erläuterungen zu Nr. 4136 VV). Für das Verfahren über die Zulässigkeit des Antrags entsteht eine **Verfahrensgebühr** nach Nr. 4137 VV.

Für den **Verteidiger** stellt sich die Frage der Erhöhung dieser Gebühren aufgrund von § 146 StPO nicht (vgl. Rn. 959).

Die Gebühren können aber grds. auch für den **sonstigen Vertreter** oder **Beistand** eines Verfahrensbeteiligten anfallen (vgl. Nr. 4136 VV Rn. 7 i.V.m. Vorbem. 4.1.4 VV Rn. 13; Nr. 4137 VV Rn. 9 i.V.m. Vorbem. 4.1.4 VV Rn. 13; ausführlich AnwKomm-RVG/N. Schneider, VV Vorbem. 4.1.4, VV 4136 – 4140 Rn. 6 ff.). Fallen beide Gebühren an, sind **trotz des Wortlauts** von Nr. 1008 VV (Erhöhung der Verfahrens- oder Geschäftsgebühr) die **Geschäfts - und die Verfahrensgebühr** zu erhöhen. Für eine Erhöhung beider Gebühren spricht, dass Nr. 1008 VV den Mehraufwand des Anwalts vergüten soll, den dieser durch die Vertretung mehrerer Auftraggeber in derselben Angelegenheit hat. Vertritt der Anwalt daher in verschiedenen Angelegenheiten jeweils mehrere Auftraggeber, entsteht die Gebührenerhöhung bei Erfüllung der in Nr. 1008 VV aufgeführten Voraussetzungen in jeder der Angelegenheiten. Da die durch die Geschäftsgebühr abgegoltene Vorbereitung eines Wiederaufnahmeantrags und die durch die Verfahrensgebühr abgegoltene Vertretung im Verfahren über die Zulässigkeit des Antrags verschiedene Angelegenheiten bilden (AnwKomm-RVG/N. Schneider, VV 4136 – 4140 Rn. 9 ff.), ist sowohl die Geschäfts- als auch die Verfahrensgebühr zu erhöhen. Die Verwendung der Verknüpfung „oder" in Nr. 1008 VV berücksichtigt lediglich, dass in **derselben Angelegenheit** nur die eine oder die

Mehrere Auftraggeber (§ 7, Nr. 1008 VV)

andere Gebühr erwachsen kann (vgl. zur vergleichbaren Erhöhung der Geschäftsgebühr Nr. 2300 VV und der Verfahrensgebühr Nr. 3100 VV KG, RVGreport 2008, 391 = VRR 2008, 439; LG Düsseldorf, RVGreport 2007, 298 = VRR 2007, 399 = RVGprofessionell 2007, 182 = JurBüro 2007, 480; LG Saarbrücken, AGS 2009, 31; LG Ulm, AGS 2008, 163; AG Stuttgart, AGS 2007, 385; Enders, JurBüro 2005, 449; a.A. AG Düsseldorf, VRR 2007, 80 = AGS 2006, 593 = RVGprofessionell 2007, 8).

3. Einigungsgebühr, Hebegebühr

Die Einigungsgebühr (vgl. Nrn. 1000, 4147 VV) sowie die Hebegebühr (Nr. 1009 VV) können **nicht** nach Nr. 1008 VV erhöht werden, weil es sich **nicht** um Geschäfts- oder Verfahrensgebühren handelt (Gerold/Schmidt/Müller-Rabe, VV 1008 Rn. 12; Hergenröder, AGS 2007, 53; zur Einigungsgebühr Nr. 1000 ff. VV Teil A: Einigungsgebühr [Nr. 1000, 1003, 1004 VV], Rn. 458; zur Hebegebühr Teil A: Hebegebühr [Nr. 1009], Rn. 806).

968

4. Beratung/Gutachten ab 01.07.2006

Seit dem 01.07.2006 gilt für die Vergütung bei der außergerichtlichen Beratung § 34 (s. auch Teil A: Beratung[sgebühr] [§ 34], Rn. 272 ff.; Beratung/Gutachten, Allgemeines [§ 34], Rn. 223 ff.). Da die Gebühr für die Beratung seit 01.07.2006 nicht mehr im VV geregelt ist, ist auch die **Erhöhung** nach Nr. 1008 VV **ausgeschlossen**. Denn nach Vorbem. 1 VV entsteht die Erhöhung nach Nr. 1008 VV nur neben den in anderen Teilen des VV geregelten Gebühren (Gerold/Schmidt/Müller-Rabe, VV 1008 Rn. 20; **a.A.** Gerold/Schmidt/Mayer, § 34 Rn. 55; Schneider, RENOpraxis 2006, 154; zweifelnd aber Schneider ZAP Fach 24, S. 981; Hansens, in: Hansens/Braun/Schneider, Teil 8, Rn. 81; und auch Teil A: Beratung/Gutachten, Allgemeines [§ 34], Rn. 242 ff.).

969

5. Gebühr für die Prüfung der Erfolgsaussicht eines Rechtsmittels (Nrn. 2102, 2103 VV)

Die Gebühren nach Nrn. 2102 und 2103 VV können nach dem Wortlaut auch in Angelegenheiten anfallen, für die nach den Teilen 4 bis 6 VV Betragsrahmengebühren entstehen (vgl. Teil A: Beratung über die Erfolgsaussicht eines Rechtsmittels [Nrn. 2102 f.], Rn. 261 ff.). Die Gebühren Nrn. 2102, 2103 VV sind dann bei mehreren Auftraggebern nach Nr. 1008 VV zu erhöhen (AnwKomm-RVG/N. Schneider, VV 2102 Rn. 3, VV 2103 Rn. 1; Gerold/Schmidt/Mayer, VV 2100–2103 Rn. 16; Hergenröder, AGS 2007, 53). Hierfür spricht, dass diese Gebühren einen der Verfahrensgebühr vergleichbaren Abgeltungsbereich haben und zudem nach den Anm. zu Nrn. 2100 und 2102 VV auf die Gebühr für das Rechtsmittelverfahren anzurechnen sind.

970

6. Beratungshilfe

In Straf- und Bußgeldsachen können im Regelfall weiterhin nur die Beratungshilfegebühr Nr. 2500 VV und die Beratungsgebühr Nr. 2501 VV entstehen, auch wenn die frühere Vorbem. 2.3 VV mit Wirkung v. 01.02.2009 durch Art. 6 WehrRÄndG 2008 v. 31.07.2008 (BGBl. I, S. 1629) aufgehoben worden ist (s. dazu ausführlich Volpert, StRR 2010, 333; vgl. auch Teil A:

971

Mehrere Auftraggeber (§ 7, Nr. 1008 VV)

Beratungshilfe, Rn. 315 ff.). Auch die Geschäftsgebühr Nr. 2503 VV kann anfallen, wenn der Anwalt z.B. im Rahmen der strafrechtlichen Beratung auf andere Rechtsgebiete eingehen muss (AG Köln, AGS 2007, 468 = RVGreport 2007, 301; s. dazu ausführlich Volpert, StRR 2010, 333; vgl. auch Teil A: Beratungshilfe, Rn. 324; zur Einigungsgebühr in der Beratungshilfe s. auch Teil A: Einigungsgebühr [Nrn. 1000, 1003 und 1004 VV], Rn. 489).

Nr. 1008 VV gilt trotz der Regelung in Vorbem. 2.5 VV auch in der Beratungshilfe. Der Ausschluss in der Vorbem. 2.5 VV bezieht sich lediglich auf die in den anderen Abschnitten des Teils 2 VV geregelten Gebühren. Wegen Vorbem. 1 VV ist Nr. 1008 VV auch in der Beratungshilfe anwendbar; Vorbem. 2.5 VV schließt Vorbem. 1 VV nicht aus (s. dazu KG, AGS 2007, 466 = RVGreport 2007, 299; OLG Düsseldorf, RVGreport 2006, 225; OLG Naumburg, JurBüro 2010, 472 = Rpfleger 2010, 603 = RVGreport 2010, 382; OLG Oldenburg, NJW-RR 2007, 431 = RVGreport 2006, 465 = AGS 2007, 45; LG Kleve, RVGreport 2006, 101 = AGS 2006, 244 = zfs 2006, 48; **a.A.** AG Kiel, AGS 2010, 96 = Rpfleger 2010, 126; s. dazu auch Teil A: Beratungshilfe, Rn. 328 ff.).

972 • Die **Beratungshilfegebühr** Nr. 2500 VV i.H.v. 10,00 € schuldet nach § 44 Satz 2 nur der Rechtsuchende. Sind mehrere Rechtsuchende vorhanden, kann der Rechtsanwalt die Beratungshilfegebühr i.H.v. 10,00 € von jedem Rechtsuchenden verlangen. Eine Erhöhung nach Nr. 1008 VV erfolgt daher insoweit nicht (AnwKomm-RVG/N. Schneider, VV 2500 Rn. 3).

973 • Teilweise wird eine Erhöhung der in Nr. 2501 VV geregelten **Beratungsgebühr** i.H.v. 30,00 € für möglich gehalten, obwohl die Beratungsgebühr in Nr. 1008 VV nicht aufgeführt ist (vgl. AnwKomm-RVG/N. Schneider, VV 2501 Rn. 3). Die mittlerweile wohl herrschende Meinung lehnt jedoch die Erhöhung ab, weil die Beratungsgebühr nicht vom Gesetzeswortlaut erfasst ist (KG, MDR 2007, 805 = Rpfleger 2007, 301 = JurBüro 2007, 543 = RVGreport 2007, 143 = StRR 2007, 277 = AGS 2007, 312; AG Köthen, VRR 2007, 80; AG Koblenz, FamRZ 2008, 912; AG Koblenz, 19.10.2010 – 40 UR II 192/10, www.burhoff.de; Gerold/Schmidt/Müller-Rabe, VV 1008 Rn. 22; s. auch Teil A: Beratungshilfe, Rn. 330 ff. und Rn. 969 zur Beratungsgebühr gem. § 34).

974 • Die in der Beratungshilfe vorgesehene Geschäftsgebühr Nr. 2503 VV i.H.v. 70,00 € wird allgemein als erhöhungsfähig angesehen, weil sie vom Wortlaut der Nr. 1008 VV erfasst wird (vgl. dazu OLG Naumburg, JurBüro 2010, 472 = Rpfleger 2010, 603 = RVGreport 2010, 382; KG, AGS 2007, 466 = RVGreport 2007, 299; OLG Nürnberg, FamRZ 2007, 844; OLG Düsseldorf, RVGreport 2006, 225; OLG Oldenburg, NJW-RR 2007, 431 = RVGreport 2006, 465 = AGS 2007, 4; zum Anfall der Geschäftsgebühr Nr. 2503 VV in den Teilen 4 bis 6 VV s. auch Volpert, StRR 2010, 333; Teil A: Beratungshilfe, Rn. 333 ff.).

7. Grundgebühr

975 Eine Erhöhung der Grundgebühren Nrn. 4100, 5100 und 6200 VV nach Nr. 1008 VV kommt nicht in Betracht, weil es sich nicht um eine Geschäfts- oder Verfahrensgebühr i.S.v. Nr. 1008 VV handelt (s. Komm. Nr. 4100 VV Rn. 35; AnwKomm-RVG/N. Schneider, VV 4100 Rn. 23; Gerold/Schmidt/Müller-Rabe, VV 1008 Rn. 23; Hergenröder, AGS 2007, 53; **a.A.** Baumgärtel/Hergenröder/Houben, Nr. 1008 Rn. 22; nicht ganz eindeutig Hartung/Schons/Enders, Nr. 4100, 4101 VV Rn. 8). Im Übrigen besteht keine Notwendigkeit zur Erhöhung der Grundgebühr, weil

in derselben Angelegenheit in demselben Verfahrensabschnitt gleichzeitig eine Verfahrensgebühr anfallen wird, die sich nach Nr. 1008 VV erhöht.

8. Zusätzliche Gebühren nach Nrn. 4141 – 4146, 5115, 5116 und 6216 VV

Da die zusätzlichen Gebühren in **Nrn. 4142, 4143, 4144, 4145, 4146 und 5116 VV** als Verfahrensgebühren ausgestaltet sind, ist für diese Gebühren **Nr. 1008 VV anwendbar** (s. Komm. Nr. 4143 VV Rn. 25; AnwKomm-RVG/N. Schneider, VV 4142 Rn. 21). Das gilt **auch** für die **Befriedungsgebühren** Nrn. 4141, 5115 und 6216 VV, da in diesen Gebührentatbeständen auf die jeweilige Verfahrensgebühr Bezug genommen wird und der Anwalt diese zusätzlichen Gebühren als Verfahrensgebühren erhält (vgl. Gerold/Schmidt/Müller-Rabe, VV 1008 Rn. 8). Erhöht sich die jeweils in Bezug genommene Verfahrensgebühr, erhöht sich auch die zusätzliche Gebühr (s. Komm. Nr. 4141 VV Rn. 51). Die Regelungen in Nr. 4141 Anm. Abs. 3 Satz 2, Nr. 5115 Anm. Abs. 3 Satz 2 und Nr. 6216 Anm. Abs. 2 Satz 2 VV, wonach sich die zusätzliche Verfahrensgebühr für den Wahlverteidiger nach der Rahmenmitte bemisst, stehen der Erhöhung nach Nr. 1008 VV nicht entgegen.

976

9. Vertretung im Gnadenverfahren

Vertritt der Rechtsanwalt mehrere Verurteilte in einer Gnadensache, entstehen für jeden Verurteilten besondere Verfahrensgebühren nach Nr. 4303 VV. Es liegt für jeden Verurteilten eine **besondere Angelegenheit** vor, da die Gnade für jeden Verurteilten individuell bewilligt wird (Riedel/Sußbauer/Schmahl, VV Teil 4, Abschnitt 3 Rn. 29). Jeder Gnadenantrag betrifft individuell jeden Verurteilten, sodass es an dem für die Bejahung derselben Angelegenheit i.S.v. § 15 erforderlichen **inneren Zusammenhang** und dem gleichen Tätigkeitsrahmen **fehlt** (vgl. Komm. zu Nr. 4303 VV Rn. 14; AnwKomm-RVG/N. Schneider, VV 4303 Rn. 13; s. auch Teil A: Angelegenheiten [§§ 15 ff.], Rn. 66 ff.).

977

10. Beiordnung als Kontaktperson für einen Gefangenen

Eine Erhöhung der aus der Staatskasse zu zahlenden Gebühr für den gem. § 34a EGGVG als Kontaktperson beigeordneten Rechtsanwalt i.H.v. 3.000,00 € (vgl. Nr. 4304 VV) kommt **nicht** in Betracht. Die Beiordnung eines Rechtsanwalts als Kontaktperson für mehrere Gefangene ist ausgeschlossen, sodass eine Auftraggebermehrheit i.S.v. Nr. 1008 VV nicht entstehen kann (vgl. BT-Drucks. 10/902, S. 8; Meyer/Goßner, § 34a EGGVG Rn. 2; AnwKomm-RVG/N. Schneider, VV 4304 Rn. 13).

978

III. Voraussetzungen für die Erhöhung

1. Mehrere Auftraggeber/Auftraggebermehrheit

a) Allgemeines

Nach § 7 Abs. 1 erhält der Rechtsanwalt bei Vertretung mehrerer Auftraggeber **in derselben Angelegenheit** die Gebühren nur einmal (vgl. § 15 Abs. 2). Die Haftung mehrerer Auftraggeber für die Vergütung des gemeinsamen Anwalts bestimmt sich nach § 7 Abs. 2. Es wird dort geregelt,

979

Mehrere Auftraggeber (§ 7, Nr. 1008 VV)

wer zur Zahlung der Vergütung an den Rechtsanwalt verpflichtet ist (Gerold/Schmidt/Müller-Rabe, VV 1008 Rn. 35).

980 Nr. 1008 VV verfolgt dagegen den Zweck, den **Mehraufwand** des Rechtsanwalts und das **erhöhte Haftungsrisiko** bei der Vertretung mehrerer Auftraggeber in derselben Angelegenheit und bei Wertgebühren wegen desselben Gegenstands zu entgelten. Der Gebührentatbestand der Nr. 1008 VV regelt daher einen Sonderfall der Vertretung mehrerer Auftraggeber. Aus Nr. 1008 Satz 1 VV ergibt sich, dass die Gebührenerhöhung entsteht, wenn Auftraggeber des Rechtsanwalts in derselben Angelegenheit mehrere Personen sind. Nach Nr. 1008 Satz 2 VV erhöht sich die Geschäfts- oder Verfahrensgebühr dann für jede weitere Person. Aus der Gesetzesbegründung ergibt sich hierzu Folgendes (BT-Drucks. 15/1971, S. 205; BR-Drucks. 830/03, S. 255):

> „Sind Auftraggeber mehrere Personen, soll es nicht darauf ankommen, ob gegenüber dem Anwalt eine oder mehrere dieser Personen auftreten. Selbst wenn eine Personenmehrheit eine Person bevollmächtigt, gegenüber dem Anwalt aufzutreten, kann dies für den Anwalt zu einem erhöhten Haftungsrisiko führen. Die Neuregelung soll den bestehenden Streit über die Anwendung der Vorschrift beseitigen."

981 Für die Gebührenerhöhung nach Nr. 1008 VV kommt es somit auf die **Anzahl** der **Vertretenen** und nicht die der Vertreter an (BSG, NJW 2010, 3533 = AGS 2010, 373 = JurBüro 2010, 525 = RVGreport 2010, 258; Gerold/Schmidt/Müller-Rabe, VV 1008 Rn. 39, 122). Bei Auftragserteilung durch eine Personenmehrheit entsteht die Gebührenerhöhung. Für die Gebührenerhöhung ist nicht auf den Vertreter abzustellen, wenn dieser für die Vertretenen den Auftrag erteilt hat (OLG Düsseldorf, AGS 2004, 279 und 317 = OLGR Düsseldorf 2005, 58; Gerold/Schmidt/Müller-Rabe, VV 1008 Rn. 39, 122; vgl. auch BGH, JurBüro 2004, 375 = RVGreport 2004, 394 = AGS 2004, 278 = NJW-RR 2004, 1006; BVerwG, NJW 2000, 2288 = AGS 2000, 173, noch zur BRAGO). Daher erfolgt die Gebührenerhöhung nach Nr. 1008 VV für jede weitere Person, wenn Auftraggeber in derselben Angelegenheit mehrere Personen sind.

b) Gesetzliche Vertreter

982 Ist ein gesetzlicher Vertreter (z.B. Eltern) am Verfahren **persönlich nicht beteiligt** und tritt er nur als gesetzlicher Vertreter eines einzelnen Vertretenen auf, liegt **keine Auftraggebermehrheit** vor (OLG Düsseldorf, AGS 2004, 279 und 317 = OLGR Düsseldorf 2005, 58). Wird der Rechtsanwalt daher von den Eltern eines durch eine Straftat verletzten Kindes beauftragt, den Anschluss als Nebenkläger zu erklären, liegt nur ein Auftraggeber vor, weil die Eltern als gesetzliche Vertreter für das Kind aufgetreten sind. Sind die Eltern aber am Verfahren beteiligt und handeln für ein oder mehrere Kinder oder handeln die Eltern für mehrere Kinder, liegt Auftraggebermehrheit vor (OLG Düsseldorf, AGS 2004, 279 und 317 = OLGR Düsseldorf 2005, 58; BVerwG, NJW 2000, 2288 = AGS 2000, 173 noch zur BRAGO).

c) Mehrere Neben- oder Privatkläger

983 Erhält der Rechtsanwalt den Auftrag von mehreren Nebenklägern oder Privatklägern, liegt eine **Auftraggebermehrheit** i.S.v. Nr. 1008 VV vor (OLG Brandenburg, AGS 2009, 325 = RVGreport 2009, 341; OLG Celle, Nds.Rpfl. 2007, 351 = RVGreport 2008, 144; OLG Koblenz, JurBüro 2005, 589 = AGS 2005, 504 = StraFo 2005, 526; LG Hamburg, RVGreport 2011, 134 =

RVGprofessionell 2010, 80; Gerold/Schmidt/Mayer, § 15 Rn. 14; Gerold/Schmidt/Müller-Rabe, VV 1008 Rn. 95 f.; Schneider, in: Hansens/Braun/Schneider, Teil 15, Rn. 597, 623; noch zur BRAGO OLG Düsseldorf, JurBüro 1991, 70; OLG Hamburg, JurBüro 1997, 195; OLG Naumburg, JurBüro 1994, 157; LG Krefeld, AnwBl. 1981, 27). Das gilt jedenfalls dann, wenn die Nebenkläger nicht entgegengesetzte Interessen vertreten. Dass jeder Nebenkläger nur sein eigenes Interesse vertritt, steht der Anwendung von Nr. 1008 VV nicht entgegen (OLG Brandenburg, AGS 2009, 325 = RVGreport 2009, 341; vgl. zur Angelegenheit Rn. 989 f.). Eine Auftraggebermehrheit liegt auch dann vor, wenn nicht nur der Verletzte als Privat- oder Nebenkläger, sondern auch ein zur Stellung des Strafantrags nach § 194 Abs. 3 StGB berechtigter Dritter vertreten wird (Gerold/Schmidt/Müller-Rabe, VV 1008 Rn. 96). Vertritt der Rechtsanwalt mehrere Nebenkläger, erhöhen sich die als **Fest** - oder **Betragsrahmengebühren** ausgestalteten Verfahrensgebühren nach Nr. 1008 VV unabhängig davon, ob sie wegen derselben Tat oder derselben Tatfolgen beigetreten sind oder wegen verschiedener Taten (Schneider, in: Hansens/Braun/Schneider, Teil 15, Rn. 597). Eine Erhöhung erfolgt bei **Wertgebühren** z.B. im Adhäsionsverfahren, allerdings nur, wenn **derselbe Gegenstand** betroffen ist und die mehreren Nebenkläger gemeinschaftlich daran beteiligt sind (s. dazu Rn. 995 ff.).

d) Keine Mehrfachverteidigung

Die Vertretung mehrerer **Angeklagter** oder **Betroffener** im Straf- und Bußgeldverfahren ist nicht möglich, da nach § 146 StPO das **Verbot der Mehrfachverteidigung** gilt. Nr. 1008 VV findet daher für den Verteidiger keine Anwendung (Burhoff, RVGreport 2005, 16; Gerold/Schmidt/Müller-Rabe, VV 1008 Rn. 120; s. auch oben Rn. 959). 984

e) Zeugenbeistand für mehrere Zeugen

Ein Rechtsanwalt, der in einer Hauptverhandlung **mehreren Zeugen** beisteht, wird gem. § 7 Abs. 1 für **mehrere Auftraggeber** in **derselben Angelegenheit** tätig und erhält deshalb einmalig die Gebühren nach Teil 4 Abschnitt 1 VV (str., s. ausführlich Vorbem. 4.1 Abs. 1 VV Rn. 5 ff.), allerdings mit der Erhöhung nach Nr. 1008 VV (vgl. Komm. und Beispiel bei Vorbem. 4.1 VV Rn. 13; OLG Celle, Nds.Rpfl. 2007, 351 = RVGreport 2008, 144; OLG Düsseldorf, AGS 2010, 71 = Rpfleger 2010, 47 = JurBüro 2010, 33 = StRR 2009, 443 = RVGprofessionell 2010, 6; OLG Koblenz, StraFo 2005, 526 = RVGreport 2006, 430 = AGS 2005, 504 = JurBüro 2005, 589; LG Hamburg, RVGreport 2011, 134 = RVGprofessionell 2010, 80, allerdings aufgehoben durch Beschluss des OLG Hamburg, NStZ-RR 2011, 64 [Ls.] = wistra 2011, 120 [Ls.]; Burhoff, RVGreport 2004, 458; OLG Düsseldorf, JurBüro 1991, 70, noch zur BRAGO; a.A. OLG Hamburg, NStZ-RR 2011, 64 [Ls.] = wistra 2011, 120 [Ls.]). 985

f) Staatskasse als Auftraggeber

Wird der Nebenkläger-Vertreter oder der Zeugenbeistand gerichtlich beigeordnet oder bestellt (vgl. § 68b StPO), ist „Auftraggeber" die Staatskasse. Dann liegt zwar nur **ein Auftraggeber** im weiteren Sinne vor, der jedoch im Interesse verschiedener Personen handelt. Die Beiordnung oder Bestellung durch das Gericht, z.B. für mehrere Zeugen, kann gebührenrechtlich aber nicht anders zu behandeln sein als eine unmittelbare Beauftragung durch die Zeugen selbst. Nach dem 986

Mehrere Auftraggeber (§ 7, Nr. 1008 VV)

Sinn und Zweck von § 7 ist deshalb darauf abzustellen, wem die Beauftragung nützt. Es ist also von einer Beauftragung durch mehrere i.S.v. Nr. 1008 VV auszugehen (OLG Düsseldorf, AGS 2010, 71 = Rpfleger 2010, 47 = JurBüro 2010, 33 = StRR 2009, 443 = RVGprofessionell 2010, 6; vgl. im Übrigen Rn. 963).

2. Dieselbe Angelegenheit

a) Allgemeines

987 Nur wenn der Rechtsanwalt in **derselben Angelegenheit mehrere Auftraggeber** vertreten hat, kommt eine Gebührenerhöhung nach Nr. 1008 VV in Betracht (§ 7 Abs. 1). Bei **Wertgebühren** ist nach Abs. 1 und 2 der Anm. zu Nr. 1008 VV weitere Voraussetzung, dass derselbe Gegenstand der anwaltlichen Tätigkeit vorliegt und die mehreren Auftraggeber hieran **gemeinschaftlich beteiligt** sind. Betrifft dieselbe Angelegenheit dagegen verschiedene Gegenstände, wird die Wertgebühr nicht nach Nr. 1008 VV erhöht, sondern es werden die Werte gem. § 22 Abs. 1 zusammengerechnet (s. dazu Rn. 992). Es ist daher zwischen der Angelegenheit und dem Gegenstand der anwaltlichen Tätigkeit zu unterscheiden (OLG Brandenburg, AGS 2009, 325 = RVGreport 2009, 341). Das RVG regelt in §§ 15 bis 21 die eine eigene Abrechnungseinheit darstellende gebührenrechtliche Angelegenheit (s. auch Teil A: Angelegenheiten [§§ 15 ff.], Rn. 66 ff.). Vertritt der Anwalt in **verschiedenen Angelegenheiten** jeweils **mehrere Auftraggeber**, entsteht die Gebührenerhöhung bei Erfüllung der in Nr. 1008 VV aufgeführten Voraussetzungen in **jeder** der Angelegenheiten.

b) Privatklage

988 Lassen **mehrere** durch dieselbe Tat Verletzte durch einen Rechtsanwalt getrennte **Privatklagen** einreichen, liegt dieselbe gebührenrechtliche Angelegenheit vor, wenn für die Privatklagen ein einheitliches Verfahren geführt wird (§§ 7 Abs. 1, 15 Abs. 2). Bei **Wertgebühren** ist aber noch zu prüfen, ob Gegenstandsgleichheit gegeben ist. Nur dann entsteht dem Rechtsanwalt die Gebührenerhöhung nach Nr. 1008 VV (vgl. hierzu noch zur BRAGO LG Krefeld, AnwBl. 1981, 27 = Rpfleger 1981, 72 = JurBüro 1980, 1825; Gerold/Schmidt/Mayer, § 15 Rn. 14; Gerold/Schmidt/Müller-Rabe, VV 1008 Rn. 181). Bei der Entstehung von Wertgebühren und Gegenstandsverschiedenheit erfolgt anstelle der Gebührenerhöhung nach Nr. 1008 VV Wertaddition gem. § 22 Abs. 1 (s. dazu Rn. 992).

c) Nebenklage

989 Die Erläuterungen zur **Privatklage** (Rn. 988) gelten bei der Vertretung mehrerer **Nebenkläger** in demselben gerichtlichen Verfahren **entsprechend**. Auch hier liegt stets **dieselbe gebührenrechtliche Angelegenheit** i.S.v. §§ 7 Abs. 1, 15 Abs. 2 vor. Denn ein Strafverfahren bildet dieselbe Angelegenheit i.S.v. §§ 7 Abs. 1, 15 Abs. 2 (OLG Brandenburg, AGS 2009, 325 = RVGreport 2009, 341, m. zust. Anm. Hansens; OLG Celle, Nds.Rpfl. 2007, 351 = RVGreport 2008, 144; OLG Düsseldorf, AGS 2010, 71 = Rpfleger 2010, 47 = JurBüro 2010, 33 = StRR 2009, 443 = RVGprofessionell 2010, 6; OLG Koblenz, JurBüro 2005, 589 = AGS 2005, 504 = StraFo 2005, 526; LG Hamburg, RVGreport 2011, 134 = RVGprofessionell 2010, 80; Gerold/Schmidt/May-

er, § 15 Rn. 14). Auch die Vertretung mehrerer Nebenkläger in **demselben Adhäsionsverfahren** betrifft wegen §§ 7 Abs. 1, 15 Abs. 2 stets dieselbe gebührenrechtliche Angelegenheit (OLG Brandenburg, AGS 2009, 325 = RVGreport 2009, 341, m. zust. Anm. Hansens; Gerold/Schmidt/Mayer, § 15 Rn. 14; N. Schneider in: Hansens/Braun/Schneider, Teil 15, Rn. 694). Allerdings können verschiedene Gegenstände betroffen sein, was bei Wertgebühren nicht zu einer Erhöhung nach Nr. 1008 VV, sondern zu einer Wertzusammenrechnung gem. § 22 Abs. 1 führt (OLG Brandenburg, AGS 2009, 325 = RVGreport 2009, 341; s. dazu auch Rn. 992; wie hier Teil A: Angelegenheiten [§§ 15 ff.], Rn. 83).

Die **Gegenauffassung** (vgl. KG, AGS 2009, 529 = AnwBl. 2009, 727 = JurBüro 2009, 529 = RVGreport 2009, 302 = VRR 2009, 238; auch OLG Hamburg, NStZ-RR 2011, 64 [Ls.] = wistra 2011, 120 [Ls.] allerdings zum Zeugenbeistand, s. dazu Rn. 991), die bei der Vertretung mehrerer Neben- bzw. Adhäsionskläger in demselben gerichtlichen Verfahren **verschiedene Angelegenheiten** annimmt, weil der anwaltlichen Tätigkeit verschiedene Lebenssachverhalte oder Anklagevorwürfe zugrunde liegen, ist abzulehnen. Denn sie berücksichtigt § 7 Abs. 1 und § 15 Abs. 2 nicht. Außerdem stellt sie für die Angelegenheit auf § 22 ab, der aber lediglich die Zusammenrechnung der Werte verschiedener Gegenstände in derselben Angelegenheit regelt. Wäre diese Auffassung richtig, wären in Zivilsachen z.B. in derselben gerichtlichen Verkehrsunfallsache bei der Vertretung mehrerer Auftraggeber im Regelfall verschiedene Angelegenheiten vorhanden, wenn verschiedene Ansprüche für die Auftraggeber geltend gemacht werden. Auf diesen Gedanken ist jedoch noch niemand gekommen, weil dem die Regelungen in § 7 Abs. 1 und § 15 Abs. 2 entgegenstehen.

990

d) Mehrere Zeugen

Der in einer Strafsache **mehreren Zeugen** als **Beistand** gem. § 68b Abs. 2 StPO beigeordnete oder sonst für mehrere Zeugen tätige Rechtsanwalt wird für mehrere Auftraggeber in derselben Angelegenheit tätig und erhält deshalb die Gebühren gem. §§ 7 Abs. 1, 15 Abs. 2 – mit der Erhöhung nach Nr. 1008 VV – nur einmal. Der Zeugenbeistand kann deshalb nicht für jeden Zeugen gesonderte Gebühren abrechnen, weil das gleiche Strafverfahren stets dieselbe Angelegenheit i.S.v. §§ 7 Abs. 1, 15 Abs. 2 darstellt (OLG Brandenburg, AGS 2009, 325 = RVGreport 2009, 341, m. zust. Anm. Hansens; OLG Celle, Nds.Rpfl. 2007, 351 = RVGreport 2008, 144; OLG Düsseldorf, AGS 2010, 71 = Rpfleger 2010, 47 = JurBüro 2010, 33 = StRR 2009, 443 = RVG-professionell 2010, 6; OLG Koblenz, JurBüro 2005, 589 = AGS 2005, 504 = StraFo 2005, 526; LG Hamburg, RVGreport 2010, 134 = RVGprofessionell 2010, 80, allerdings aufgehoben durch Beschluss des OLG Hamburg, NStZ-RR 2011, 64 [Ls.] = wistra 2011, 120 [Ls.]; s. zur Angelegenheit auch Teil A: Angelegenheiten [§§ 15 ff.] Rn. 66 ff.). **A.A.** ist das OLG Hamburg (NStZ-RR 2011, 64 [Ls.] = wistra 2011, 120 [Ls.]; so auch KG, AGS 2009, 529 = AnwBl. 2009, 727 = JurBüro 2009, 529 = RVGreport 2009, 302 = VRR 2009, 238, zur Vertretung mehrerer Nebenkläger), wenn die mehreren Zeugen, denen der Rechtsanwalt als Beistand beigeordnet worden ist, in dem Strafverfahren zu verschiedenen Anklagevorwürfen vernommen werden. Denn die Beiordnung erfolge hier nicht in derselben Angelegenheit i.S.v. § 7 Abs. 1. Diese Auffassung ist **abzulehnen**. Die Tätigkeiten des Beistands für die zu verschiedenen Anklagevorwürfen vernom-

991

Mehrere Auftraggeber (§ 7, Nr. 1008 VV)

menen mehreren Zeugen betreffen verschiedene Gegenstände, nicht aber verschiedene Angelegenheiten (s. dazu Rn. 987, 992).

3. Gegenstandsgleichheit/Gegenstandsidentität

a) Gebührentypen

992 In Nr. 1008 VV wird für die Berechnung der Erhöhung zwischen Wertgebühren, Festgebühren und Betragsrahmengebühren unterschieden (s. auch Teil A: Gebührensystem, Rn. 649 ff.). Eine **Festgebühr** oder **Betragsrahmengebühr** erhöht sich bereits dann, wenn der Rechtsanwalt in derselben Angelegenheit mehrere Auftraggeber vertritt (OLG Düsseldorf, RVGreport 2006, 225; OLG Oldenburg, NJW-RR 2007, 431 = RVGreport 2006, 465 = AGS 2007, 45). Die Erhöhung einer **Wertgebühr** setzt nach Abs. 1 der Anm. zu Nr. 1008 VV darüber hinaus voraus, dass der **Gegenstand** der anwaltlichen Tätigkeit **derselbe** ist und die mehreren Auftraggeber hieran **gemeinschaftlich beteiligt** sind. Sind in derselben Angelegenheit verschiedene Gegenstände betroffen, wird der Mehraufwand des Rechtsanwalts durch Zusammenrechnung der Werte der betroffenen Gegenstände gem. § 22 Abs. 1 und nicht durch die Erhöhung nach Nr. 1008 VV abgegolten.

b) Begriffsbestimmung

993 Gegenstandsgleichheit liegt bei der **Rechtsverfolgung** vor, wenn mehrere Auftraggeber an der Rechtsverfolgung gemeinschaftlich beteiligt sind und der Rechtsanwalt für jeden dasselbe Begehren erhebt. Bei der **Rechtsverteidigung** liegt derselbe Gegenstand vor, wenn es sich um eine gemeinschaftliche Rechtsverteidigung für mehrere Auftraggeber handelt.

IV. Berechnung der Erhöhung

1. Allgemeines

994 Während die Berechnung der Erhöhung bei **Wertgebühren** unabhängig von der Höhe der Ausgangsgebühr um 0,3 erfolgt, hängt die Berechnung der Erhöhung bei **Festgebühren** und **Betragsrahmengebühren** weiterhin von der Ausgangsgebühr ab (s. auch Teil A: Gebührensystem, Rn. 649 ff.). In den in den Teilen 4 bis 6 VV geregelten Verfahren (Strafsachen, Bußgeldsachen und sonstige Verfahren) entstehen insbesondere Betragsrahmengebühren (vgl. § 14). Für gerichtlich bestellte oder beigeordnete Rechtsanwälte sind Festgebühren vorgesehen. Daneben kommen jedoch auch in diesen Verfahren in bestimmten Fällen Gebühren in Betracht, die sich nach dem Gegenstandswert richten (Wertgebühren; s. im Einzelnen hierzu Teil A: Gegenstandswert, Festsetzung [§ 33], Rn. 656 ff.).

2. Wertgebühren

995 Die Verfahrens- oder Geschäftsgebühr erhöht sich für jede weitere Person um 0,3. Diese Erhöhung erfolgt unabhängig vom Gebührensatz der Ausgangsgebühr.

Mehrere Auftraggeber (§ 7, Nr. 1008 VV)

a) Berechnung der Erhöhung bei Gebühren ab einem Satz von 1,0

Beispiel: 996

Rechtsanwalt R macht für die beiden von ihm vertretenen Nebenkläger im Adhäsionsverfahren einen diesen gemeinschaftlich zustehenden vermögensrechtlichen Anspruch über 5.000,00 € geltend.

R kann insoweit folgende Gebühr abrechnen:	**Wahlanwalt**	**beigeordneter Rechtsanwalt**
2,3 Verfahrensgebühr		
einschl. Erhöhung Nrn. 4143, 1008,		
Wert 5.000,00 €	*692,30 €*	*503,70 €*

b) Berechnung der Erhöhung bei Gebühren unter einem Satz von 1,0

Beispiel: 997

Rechtsanwalt R betreibt für die beiden von ihm vertretenen Nebenkläger wegen des im Adhäsionsverfahren zugesprochenen gemeinschaftlichen vermögensrechtlichen Anspruchs über 5.000,00 € die Zwangsvollstreckung.

R kann folgende Gebühr abrechnen:
0,6 Verfahrensgebühr
einschl. Erhöhung Nrn. 3309, 1008,
Vorbem. 4 Abs. 5 Nr. 2 VV, Wert 5.000,00 €   *180,60 €*

Die Erhöhung der Verfahrensgebühr ist in beiden Beispielen nach Abs. 2 der Anm. zu Nr. 1008 VV nach dem Betrag berechnet worden, an dem die Auftraggeber **gemeinschaftlich beteiligt** sind.

c) Gemeinschaftliche Beteiligung

Nach Abs. 1 der Anm. zu Nr. 1008 VV erhöhen sich Wertgebühren nur, soweit der **Gegenstand** der anwaltlichen Tätigkeit **derselbe** ist (vgl. Rn. 992). Nach Abs. 2 der Anm. zu Nr. 1008 VV wird die Erhöhung bei der Wertgebühr nach dem Betrag berechnet, an dem die Personen gemeinschaftlich beteiligt sind. Dagegen erfolgt bei Fest- oder Betragsrahmengebühren die Erhöhung nach Nr. 1008 VV unabhängig davon, ob die einzelnen Auftraggeber an dem Gegenstand der anwaltlichen Tätigkeit gemeinschaftlich beteiligt sind. 998

Umstritten ist, wie die Gebührenerhöhung zu berechnen ist, wenn die mehreren Personen bei denselben Gebührensätzen nur **teilweise gemeinschaftlich** bzw. **unterschiedlich** am Wert beteiligt sind.

Beispiel:

Der Unfallverursacher wird wegen fahrlässiger Tötung angeklagt. Rechtsanwalt R macht für die beiden hinterbliebenen Kinder (Nebenkläger) im Adhäsionsverfahren einen diesen gemeinschaftlich zustehenden vermögensrechtlichen Anspruch über 5.000,00 € geltend. Ferner wird für beide Kinder eine Geldrente i.H.v. jeweils 500,00 € mtl. gefordert (nach AnwKomm-RVG/N. Schneider, VV 4143 – 4144 Rn. 18).

Mehrere Auftraggeber (§ 7, Nr. 1008 VV)

999 **1. Berechnungsmöglichkeit** *(AG Augsburg, AGS 2008, 434; Hergenröder, AGS 2007, 53; Enders, JurBüro 2005, 409; AnwKomm-RVG/N. Schneider VV 4143 – 4144 Rn. 18; N. Schneider, VRR 2007, 176; Lappe, Rpfleger 1981, 94):*

2,0 Verfahrensgebühr, Nr. 4143 VV (Wert 60.000,00 €)	2.246,00 €
2,3 Verfahrensgebühr, Nrn. 4143, 1008 VV (Wert 5.000,00 €)	<u>692,30 €</u>
Anwaltsvergütung netto	**2.938,30 €**

gem. § 15 Abs. 3 aber nicht mehr als eine 2,3 Verfahrensgebühr (Wert 65.000,00 €) mit **2.582,90 €**, *die hier die Obergrenze bilden.*

Der Anspruch auf die Geldrente (Unterhalt) steht den beiden Nebenklägern nicht gemeinschaftlich, sondern jeweils allein zu. Die Werte betragen insoweit jeweils 30.000,00 € (500,00 € × 12 × 5, vgl. § 42 Abs. 2 GKG) und sind nach § 22 Abs. 1 zu addieren, weil insoweit verschiedene Gegenstände betroffen sind. Aus diesem Wert i.H.v. 60.000,00 € wird zunächst die nicht erhöhte Gebühr Nr. 4143 VV berechnet.

Sodann wird eine nach Nr. 1008 VV erhöhte Verfahrensgebühr Nr. 4143 VV aus dem Wert berechnet, an dem die beiden Nebenkläger gemeinschaftlich beteiligt sind (5.000,00 €). Anschließend ist nach § 15 Abs. 3 zu prüfen, ob eine nach dem höchsten angewandten Gebührensatz (2,3) nach dem Gesamtstreitwert (65.000,00 €) berechnete Verfahrensgebühr Nr. 4143 VV nicht überschritten wird.

1000 **2. Berechnungsmöglichkeit** *(OLG Hamburg, RVGreport 2008, 105; Gerold/Schmidt/Müller-Rabe, VV 1008 Rn. 196, 199; Herold/Rudy, JurBüro 2009, 566; Braun/Volpert, in: Hansens/Braun/Schneider, Teil 6, Rn. 213; Riedel/Sußbauer/Fraunholz, § 7 Rn. 48; zur BRAGO: OLG Düsseldorf, JurBüro 1990, 601; OLG Hamburg, JurBüro 2001, 27; OLG München, MDR 1998, 1439; OLG Schleswig, JurBüro 1994, 26; OVG Berlin- Brandenburg, AGS 2006, 166; Hansens, BRAGO, § 6 Rn. 11):*

2,0 Verfahrensgebühr, Nr. 4143 VV (Wert 65.000,00 €)	2.246,00 €
0,3 Erhöhung, Nr. 1008 VV (Wert 5.000,00 €)	<u>90,30 €</u>
Anwaltsvergütung netto	**2.336,30 €**

Bei dieser Berechnung wird zunächst die Verfahrensgebühr Nr. 4143 VV ohne Erhöhung nach Nr. 1008 VV aus dem Gesamtwert bzw. dem gem. § 22 Abs. 1 zusammengerechneten Wert i.H.v. 65.000,00 € ermittelt und sodann eine Erhöhung nach Nr. 1008 VV aus dem Wert der gemeinschaftlichen Beteiligung i.H.v. 5.000,00 € berechnet.

1001 Gegen die 1. Berechnungsmöglichkeit (vgl. Rn. 999) spricht, dass § 15 Abs. 3 im Fall des Anfalls der Verfahrensgebühr einschließlich Erhöhung nach Nr. 1008 VV nicht einschlägig sein kann, weil nicht für Teile des Gegenstands verschiedene Gebührensätze anfallen. Bei der Verfahrensgebühr einschließlich der Erhöhung treffen nicht verschiedene Gebührensätze zusammen. Gegen die 2. Berechnungsmöglichkeit (vgl. Rn. 1000) spricht, dass die Gebührenerhöhung nach Nr. 1008 VV hierbei als eigener Gebührentatbestand erscheint (vgl. Rn. 956), obwohl eine einheitliche Verfahrensgebühr einschließlich Erhöhung entsteht. **Für** die **2. Berechnungsmöglichkeit spricht** aber, dass zutreffend gem. § 22 Abs. 1 in derselben Angelegenheit zunächst die Werte mehrerer verschiedener Gegenstände zusammengerechnet worden sind. Ferner wird bei dieser Berechnung im Ergebnis auch von einer einheitlich erhöhten Gebühr ausgegangen und es ergeben sich keine Probleme bei der Berechnung der Obergrenze (vgl. ausführlich Gerold/Schmidt/Müller-Rabe, VV 1008 Rn. 195 ff.).

Mehrere Auftraggeber (§ 7, Nr. 1008 VV)

d) Berechnung der Erhöhung bei Anfall der Mindestgebühr

Zur Berechnung der Gebührenerhöhung Nr. 1008 VV, wenn bei Wertgebühren die Mindestgebühr anfällt, s. Teil A: Wertgebühren (§§ 13 und 49), Rn. 1684.

e) Berechnung der Erhöhung in der Zwangsvollstreckung

Bei der Verfahrensgebühr Nr. 3309 VV in der Zwangsvollstreckung erfolgt für jeden weiteren Auftraggeber eine Erhöhung um 0,3, wenn der Gegenstand der anwaltlichen Tätigkeit derselbe ist und soweit gemeinschaftliche Beteiligung hieran besteht. Daher beträgt die Gebührenerhöhung auch bei der 0,3-Verfahrensgebühr der Nr. 3309 VV nach **herrschender Meinung 0,3** und nicht 0,3 von 0,3 = 0,09 (LG Frankfurt am Main, RVGreport 2005, 65; LG Hamburg, AGS 2005, 497 = DGVZ 2005, 142; LG Köln, MDR 2005, 1318 = ZMR 2006, 78; Hansens, RVGreport 2005, 162, 169; Gerold/Schmidt/Müller-Rabe, VV 3309 Rn. 27; zur Berechnung vgl. Rn. 997).

f) Höchstsatz der Erhöhung

Mehrere Erhöhungen dürfen bei Wertgebühren nach Abs. 3 der Anm. zu Nr. 1008 VV einen **Gebührensatz von 2,0 nicht übersteigen**. Das gilt auch bei Gebührensätzen unter 1,0 wie z.B. bei der 0,3 Verfahrensgebühr in der Zwangsvollstreckung nach Nr. 3309 VV. Der Höchstbetrag von 2,0 wirkt sich erst dann aus, wenn mehr als acht Personen Auftraggeber sind. Die 0,3 Verfahrensgebühr nach Nr. 3309 VV in der Zwangsvollstreckung einschließlich aller möglicher Erhöhungen beträgt daher höchstens 2,3 und nicht 0,9 (LG Hamburg, AGS 2005, 498 = DGVZ 2005, 142; LG Köln, MDR 2005, 1318 = ZMR 2006, 78; Gerold/Schmidt/Müller-Rabe, VV 1008 Rn. 208; **a.A.** AG Offenbach, RVGreport 2005, 226 = AGS 2005, 198, das aufgrund der fehlerhaften Bewertung der Verfahrensgebühr Nr. 3309 VV als Festgebühr unzutreffend nur zu einer Höchstgebühr von 0,6 gelangt).

Beispiel 1: Gebührensatz unter 1,0

Rechtsanwalt R beantragt für die acht von ihm vertretenen Gläubiger wegen eines gemeinschaftlichen, titulierten Anspruchs über 5.000,00 € den Erlass eines Pfändungs- und Überweisungsbeschlusses.

R kann folgende Gebühr abrechnen:

2,3 Verfahrensgebühr, Nrn. 3309, 1008 VV, Wert: 5.000,00 €   *692,30 €*

0,3 Verfahrensgebühr zuzüglich 2,0 Erhöhung: Die Erhöhung beträgt eigentlich 2,1 [7 × 0,3], es gilt aber der Höchstbetrag von 2,0. Für den siebten weiteren Auftraggeber kommt die Erhöhung daher nur noch teilweise i.H.v. 0,2 statt 0,3 zum Tragen.

Beispiel 2: Gebührensatz über 1,0

Rechtsanwalt R vertritt neun Nebenkläger im Adhäsionsverfahren wegen eines vermögensrechtlichen Anspruchs über 5.000,00 €.

4,0 Verfahrensgebühr
einschl. Erhöhung Nrn. 4143, 1008 VV,
Wert 5.000,00 €   *1.204,00 €*

Mehrere Auftraggeber (§ 7, Nr. 1008 VV)

2,0 Verfahrensgebühr Nr. 4143 VV zuzüglich 2,0 Erhöhung: Die Erhöhung beträgt eigentlich 2,4 [8 × 0,3], es gilt aber der Höchstbetrag 2,0. Für den siebten weiteren Auftraggeber kommt die Erhöhung daher nur noch teilweise i.H.v. 0,2 statt 0,3 zum Tragen, ab dem achten Auftraggeber erfolgt keine Erhöhung mehr.

> **Hinweis:**
>
> Aus den beiden Beispielen ergibt sich, dass sich die 0,3 Verfahrensgebühr in der Zwangsvollstreckung nach Nr. 3309 VV fast verachtfacht, während sich die 2,0 Verfahrensgebühr Nr. 4143 VV verdoppelt. Das ist **Folge** der Regelung, dass Wertgebühren unabhängig vom Gebührensatz der Ausgangsgebühr um einen festen Satz von 0,3 erhöht werden (vgl. Gerold/Schmidt/Müller-Rabe, VV 1008 Rn. 210, 211).

3. Festgebühren

a) Erhöhungsvoraussetzungen

1005 Bei Festgebühren ist das Vorliegen desselben Gegenstands keine Erhöhungsvoraussetzung (vgl. Rn. 992, 998). Festgebühren erhöhen sich daher immer dann, wenn Auftraggeber des Rechtsanwalts **in derselben Angelegenheit mehrere Personen** sind. Dieses Ergebnis ist sachgerecht, weil bei Festgebühren der durch die Tätigkeit für mehrere Auftraggeber anfallende Mehraufwand des Anwalts weder bei Vorliegen verschiedener Gegenstände durch eine Zusammenrechnung der Werte gem. § 22 Abs. 1 noch durch die Bestimmung einer höheren Gebühr innerhalb des Gebührenrahmens gem. § 14 Abs. 1 berücksichtigt werden kann. Die Vergütung der Mehrarbeit des Anwalts ist hier nur durch die Erhöhung nach Nr. 1008 VV möglich (Gerold/Schmidt/Müller-Rabe, VV 1008 Rn. 231).

b) Beratungshilfe

1006 Anders als bei Wertgebühren richtet sich die Erhöhung nach der Ausgangsgebühr, denn die Erhöhung beträgt 30 % der Festgebühr für jeden weiteren Auftraggeber.

Beispiel:

Im Rahmen der Beratungshilfe einigen sich die beiden Verletzten und der Beschuldigte, dass der Beschuldigte zur Abgeltung der gemeinschaftlichen vermögensrechtlichen Ansprüche der Verletzten einen Betrag i.H.v. 2.000,00 € zahlt.

Der Rechtsanwalt der Verletzten kann von seinen Mandanten gem. § 44 Satz 2 die Beratungshilfegebühren nach Nr. 2500 VV i.H.v. jeweils 10,00 € verlangen. Aus der Staatskasse können gem. § 44 Satz 1 die nach Nr. 1008 VV um 30 % erhöhte Beratungsgebühr nach Nr. 2501 VV i.H.v. 39,00 € sowie die Einigungsgebühr nach Nrn. 2508, 1000 VV i.H.v. 125,00 € beansprucht werden (zur Gebührenerhöhung nach Nr. 1008 VV in der Beratungshilfe vgl. Rn. 971 ff.).

c) Gerichtlich beigeordneter oder bestellter Rechtsanwalt

1007 Festgebühren fallen z.B. im Strafverfahren für den einem **Nebenkläger beigeordneten Rechtsanwalt** an. Die jeweilige Verfahrensgebühr erhöht sich um 30 %. Entstehen mehrere Verfahrensgebühren, erhöht sich jede der anfallenden Verfahrensgebühren (Burhoff, RVGreport 2005, 16).

A. Vergütungs-ABC	B. Kommentar

Mehrere Auftraggeber (§ 7, Nr. 1008 VV)

Beispiel:

R ist den beiden Nebenklägern im Wege der PKH beigeordnet. R ist im Vorverfahren und im Hauptverfahren vor dem AG für die Nebenkläger tätig und nimmt an einem Hauptverhandlungstermin teil.

R erhält folgende Gebühren aus der Staatskasse:

Grundgebühr, Nr. 4100 VV	*132,00 €*
Verfahrensgebühr mit Erhöhung, Nrn. 4104, 1008 VV	*145,60 €*
(Verfahrensgebühr, Nr. 4104 VV 112,00 € zuzüglich 30 % Erhöhung nach Nr. 1008 VV)	
Postentgeltpauschale	*20,00 €*
Verfahrensgebühr mit Erhöhung, Nrn. 4106, 1008 VV	*145,60 €*
(Verfahrensgebühr, Nr. 4106 VV 112,00 € zuzüglich 30 % Erhöhung nach Nr. 1008 VV)	
Terminsgebühr, Nr. 4108 VV	*184,00 €*
Postentgeltpauschale	*20,00 €*
Anwaltsvergütung netto	**647,20 €**

*R ist im vorbereitenden Verfahren und im gerichtlichen Verfahren in verschiedenen gebührenrechtlichen Angelegenheiten tätig geworden (str., s. hierzu Teil A: Angelegenheiten [§§ 15 ff.], Rn. 90 ff.). Vertritt der Anwalt in **verschiedenen Angelegenheiten jeweils mehrere Auftraggeber**, entsteht die Gebührenerhöhung bei Erfüllung der in Nr. 1008 VV aufgeführten Voraussetzungen in jeder der Angelegenheiten (vgl. Rn. 987).*

Der in einer Strafsache **mehreren Zeugen** als **Beistand** beigeordnete Rechtsanwalt wird für mehrere Auftraggeber in **derselben Angelegenhei**t tätig und erhält deshalb die Gebühren – mit der Erhöhung nach Nr. 1008 VV – nur einmal (s. dazu Rn. 991). **1008**

Beispiel:

Rechtsanwalt R ist den beiden an demselben Tag vernommenen Zeugen A und B gem. § 68b StPO als Zeugenbeistand beigeordnet worden. R nimmt an dem Hauptverhandlungstermin vor der großen Strafkammer teil.

R erhält folgende Gebühren aus der Staatskasse:

Grundgebühr, Nr. 4100 VV	*132,00 €*
Verfahrensgebühr mit Erhöhung, Nrn. 4118, 1008 VV	*343,20 €*
(Verfahrensgebühr, Nr. 4106 VV 264,00 € zuzüglich 30 % Erhöhung nach Nr. 1008 VV)	
Terminsgebühr, Nr. 4120 VV	*356,00 €*
Postentgeltpauschale	*20,00 €*
Anwaltsvergütung netto	**851,20 €**

Mehrere Auftraggeber (§ 7, Nr. 1008 VV)

d) Höchstsatz der Erhöhung

1009 Nach Abs. 3 der Anm. zu Nr. 1008 VV dürfen bei Festgebühren mehrere Erhöhungen das **Doppelte** der Festgebühr **nicht überschreiten**. Der Höchstsatz der Erhöhung wirkt sich erst dann aus, wenn Auftraggeber mehr als acht Personen sind.

Beispiel:

R ist acht Nebenklägern im Wege der PKH beigeordnet. R ist im Hauptverfahren vor dem AG für die Nebenkläger tätig.

R erhält folgende Verfahrensgebühr aus der Staatskasse:

Verfahrensgebühr mit Erhöhung Nrn. 4106, 1008 VV   *336,00 €*

Berechnung der Verfahrensgebühr Nr. 4106 VV mit Erhöhung:

Festgebühr 112,00 €, erhöht für sieben weitere Personen um 210 %, aber Höchstbetrag: Die Erhöhungen dürfen nicht mehr als das Doppelte des Festbetrages i.H.v. 112,00 €, also 224,00 € übersteigen. Insgesamt daher 112,00 € zuzüglich 224,00 € Erhöhung.

4. Betragsrahmengebühren

a) Erhöhungsvoraussetzungen

1010 Bei Betragsrahmengebühren ist das Vorliegen desselben Gegenstands keine Erhöhungsvoraussetzung (vgl. Rn. 992). Da eine Wertzusammenrechnung nach § 22 Abs. 1 bei verschiedenen Gegenständen wie bei Wertgebühren nicht in Betracht kommt, erhöhen sich Betragsrahmengebühren daher **immer**, wenn **Auftraggeber** des Rechtsanwalts in derselben Angelegenheit **mehrere Personen** sind. Anders als bei Wertgebühren richtet sich die Erhöhung nach der **Ausgangsgebühr**, denn bei Betragsrahmengebühren erhöhen sich der Mindest- und der Höchstbetrag des Rahmens um 30 %. Da auch im sozialgerichtlichen Verfahren Betragsrahmengebühren anfallen können, kann auf die **Rechtsprechung** der **SG** zu Nr. 1008 VV zurückgegriffen werden.

b) Nr. 1008 VV und § 14 Abs. 1

1011 Hieraus ergibt sich gleichzeitig, dass erst die Erhöhung des Gebührenrahmens nach Nr. 1008 VV vorzunehmen und sodann aus diesem erhöhten Gebührenrahmen die im Einzelfall angemessene Gebühr nach § 14 Abs. 1 zu bestimmen ist (BSG, NJW 2010, 3533 = AGS 2010, 373 = JurBüro 2010, 525 = RVGreport 2010, 258; LSG Nordrhein-Westfalen, 04.01.2010 – L 19 B 316/09 AS, JurionRS 2010, 10263; SG Aachen, AGS 2010, 80; SG Berlin, 24.02.2010 – S 164 SF 1396/09, JurionRS 2010, 11945; SG Karlsruhe, AGS 2009, 488 = RVGprofessionell 2010, 54 = NJW-Spezial 2009, 685; SG Lüneburg, 30.06.2009 – S 12 SF 89/09 E; s. auch Teil A: Rahmengebühren [§ 14], Rn. 1047; Gerold/Schmidt/Müller-Rabe, VV 1008 Rn. 241; a.A. LSG Mecklenburg-Vorpommern, 29.11.2007 – L 8 AS 39/06). Die Zahl der Auftraggeber kann bei der Bewertung nach § 14 Abs. 1 nicht mehr berücksichtigt werden, weil hierdurch bereits eine Erhöhung des Gebührenrahmens erfolgt ist (LSG Nordrhein-Westfalen, 04.01.2010 – L 19 B 316/09 AS, JurionRS 2010, 10263).

Mehrere Auftraggeber (§ 7, Nr. 1008 VV)

Beispiel 1: 1012

Rechtsanwalt R reicht für die Miteigentümer A und B Privatklage wegen Hausfriedensbruchs ein. Im Termin zur Hauptverhandlung wird der Angeklagte vom AG verurteilt.

Grundgebühr, Nr. 4100 VV	*165,00 €*
Verfahrensgebühr mit Erhöhung, Nrn. 4104, 1008 VV	*182,00 €*
Verfahrensgebühr mit Erhöhung, Nrn. 4106, 1008 VV	*182,00 €*
Terminsgebühr, Nr. 4108 VV	*230,00 €*
Postentgeltpauschale	*20,00 €*
Anwaltsvergütung netto	***779,00 €***

Jede der beiden Verfahrensgebühren ist nach Nr. 1008 VV zu erhöhen. Die Mindest- und die Höchstbeträge der beiden Verfahrensgebühren betragen jeweils 30,00 € und 250,00 €. Nach Erhöhung um jeweils 30 % ergeben sich Mindest- und Höchstbeträge i.H.v. 39,00 € und 325,00 €. Die Mittelgebühr hieraus beträgt 182,00 € (39,00 € + 325,00 € / 2).

Beispiel 2:

Die Privatkläger A und B beauftragen den Rechtsanwalt R gemeinsam mit der Anfertigung der Privatklage.

Der Gebührenrahmen der Nr. 4301 Ziff. 1 VV, aus dem R seine Gebühr bestimmen kann, beträgt nicht 35,00 € bis 385,00 €, sondern wegen Nr. 1008 VV 45,50 € bis 500,50 €. Der Mindest- und der Höchstbetrag des Betragsrahmens werden jeweils um 30 % erhöht. Die Mittelgebühr beträgt daher 273,00 € statt 210,00 € (Erhöhung um 30 %; 45,50 € + 500,50 € / 2).

> **Hinweis:** 1013
>
> Liegen nach der Erhöhung des Gebührenrahmens gem. Nr. 1008 VV für jeden der Auftraggeber unterschiedliche Umstände zur Gebührenbemessung nach § 14 Abs. 1 vor (vgl. Rn. 1011), muss für jeden der Auftraggeber ein Durchschnittswert gefunden werden, der die unterschiedlichen Schwierigkeiten und auch die übrigen Bemessungsfaktoren berücksichtigt. Hierzu sind zunächst die Gebühren für jeden der Auftraggeber bei Alleinvertretung zu bestimmen, um die Grenzen zu bestimmen, innerhalb derer sich die Gebühr zu bewegen hat. Anschließend kann aus den zusammengerechneten Gebühren bei Alleinvertretung z.B. die Mittelgebühr bestimmt werden (Gerold/Schmidt/Müller-Rabe, VV 1008 Rn. 245 f.; vgl. zur Mittelgebühr Teil A: Rahmengebühren [§ 14], Rn. 1085 ff.). Liegen bei allen Auftraggebern gleiche Umstände i.S.v. § 14 vor, ergeben sich bei der Gebührenbemessung keine Probleme (vgl. SG Duisburg, RVGreport 2007, 347, m. Anm. Hansens).

c) Höchstsatz der Erhöhung

Nach Abs. 3 der Anm. zu Nr. 1008 VV dürfen bei Betragsrahmengebühren mehrere Erhöhungen das **Doppelte** des Mindest- und des Höchstbetrages **nicht überschreiten**. Insgesamt sind der Mindest- und Höchstsatz für den Höchstsatz daher zu **verdreifachen** und nicht lediglich zu verdoppeln (LSG Nordrhein-Westfalen, 04.01.2010 – L 19 B 316/09 AS, JurionRS 2010, 10263; SG Aachen, AGS 2010, 80 = NJW-Spezial 2010, 157; SG Berlin, 24.02.2010 – S 164 SF 1396/09, JurionRS 2010, 11945; a.A. aber LSG Nordrhein-Westfalen, RVGreport 2008, 303). 1014

Mehrere Auftraggeber (§ 7, Nr. 1008 VV)

Denn Anm. 3 zu Nr. 1008 VV regelt nur den Höchstsatz der Erhöhung, nicht aber den Höchstsatz der erhöhten Gebühr. Der Höchstsatz der Erhöhung wirkt sich erst dann aus, wenn Auftraggeber mehr als acht Personen sind.

Beispiel:

Rechtsanwalt R vertritt neun Privatkläger im Verfahren vor dem AG.

Grundgebühr, Nr. 4100 VV	165,00 €
Verfahrensgebühr mit Erhöhung, Nrn. 4106, 1008 VV	420,00 €
Terminsgebühr, Nr. 4108 VV	230,00 €
Postentgeltpauschale	20,00 €
Anwaltsvergütung netto	**835,00 €**

Berechnung der Verfahrensgebühr Nr. 4106 VV mit Erhöhung:

Mindestbetrag 30,00 €, erhöht für acht weitere Personen um 240 %, aber Höchstbetrag: Die Erhöhungen dürfen nicht mehr als das Doppelte des Mindest- und Höchstbetrags betragen, also 30,00 € Mindestbetrag × 2 = 60,00 € und Höchstbetrag 250,00 € × 2 = 500,00 €. Insgesamt daher Mittelgebühr aus einem Rahmen von 90,00 € bis 750,00 € = 420,00 €.

5. Satzrahmengebühren

a) Erhöhung wie eine Wertgebühr

1015   Nach Vorbem. 6.2 Abs. 2 VV entsteht für die Vertretung gegenüber der Aufsichtsbehörde außerhalb eines **Disziplinarverfahrens** die **Geschäftsgebühr** Nr. 2300 VV, die bei der Vertretung mehrerer Auftraggeber unter den Voraussetzungen von Abs. 1 und 2 der Anm. zu Nr. 1008 VV zu erhöhen ist. Auch bei der außergerichtlichen Verfolgung von Adhäsionsansprüchen mehrerer Nebenkläger kann die Geschäftsgebühr Nr. 2300 VV anfallen. Bei der **Satzrahmengebühr** nach Nr. 2300 VV handelt es sich im Ergebnis um eine Wertgebühr („**modifizierte Wertgebühr**"). Da es sich bei der Satzrahmengebühr nach der Bestimmung des Gebührensatzes innerhalb des vorgesehenen Gebührenrahmens von 0,5 bis 2,5 um eine Wertgebühr handelt, ist sie bei Erfüllung der in Abs. 1 und 2 der Anm. zu Nr. 1008 VV aufgeführten Erhöhungsvoraussetzungen nicht wie eine Betragsrahmengebühr (s. dazu Rn. 1010 ff.), sondern wie eine Wertgebühr für jeden weiteren Auftraggeber um 0,3 zu erhöhen (Gerold/Schmidt/Müller-Rabe, VV 1008 Rn. 232). Auf die Erläuterungen zu Rn. 995 ff. wird verwiesen.

Beispiel:

Rechtsanwalt R macht auftragsgemäß für die beiden Verletzten den ihnen gemeinschaftlich zustehenden vermögensrechtlichen Anspruch über 5.000,00 € außergerichtlich gegen den Schädiger geltend. Angemessen ist die 1,3 Regelgebühr.

1,6 Geschäftsgebühr, Nrn. 1008 VV, 2300 VV, Wert 5.000,00 €	481,60 €
Postentgeltpauschale	20,00 €

Mehrere Auftraggeber (§ 7, Nr. 1008 VV)

b) Kappungsgrenze und Erhöhung

Nach der Anm. zu Nr. 2300 VV kann eine höhere Geschäftsgebühr als 1,3 nur gefordert werden, wenn die Tätigkeit des Anwalts umfangreich oder schwierig war. Das bedeutet, dass bei der Geschäftsgebühr nach Nr. 2300 VV nicht die Mittelgebühr von 1,5, sondern eine 1,3 Geschäftsgebühr zur Regelgebühr bzw. Schwellengebühr wird. Aus der gesetzlichen Regelung wird aber nicht deutlich, ob die Begrenzung auf eine 1,3 Geschäftsgebühr auch dann gilt, wenn der Rechtsanwalt mehrere Auftraggeber vertreten hat und eine Erhöhung nach Nr. 1008 VV in Betracht kommt. Nach Sinn und Zweck der Regelung wird davon auszugehen sein, dass die in der Anm. zu Nr. 2300 VV geregelte **Kappung** für die Erhöhung nach Nr. 1008 VV **nicht gilt**, die 1,3 Regelgebühr daher nur die Tätigkeit für einen Auftraggeber berücksichtigt. Deshalb erhöht sich bei mehreren Auftraggebern auch die Kappungsgrenze bei der Geschäftsgebühr Nr. 2300 VV für jeden weiteren Auftraggeber um 0,3 (so zur Schwellengebühr nach Nr. 2400 VV BSG, NJW 2010, 3533 = AGS 2010, 373 = JurBüro 2010, 525 = RVGreport 2010, 258; LSG Mecklenburg-Vorpommern, AGS 2008, 286; SG Aachen, AGS 2010, 80; SG Karlsruhe, AGS 2009, 488 = RVGprofessionell 2010, 54 = NJW-Spezial 2009, 685; **a.A.** LSG Baden-Württemberg, AGS 2009, 73 = RVGreport 2010, 145).

1016

6. Mischfälle bei Nebenklägern/fehlende Gegenstandsidentität bei Wertgebühren

Bei den in den Teilen 4 bis 6 VV geregelten Angelegenheiten kann es vorkommen, dass in derselben Angelegenheit nebeneinander sowohl Betragsrahmengebühren (Wahlanwalt) bzw. Festgebühren (gerichtlich bestellter oder beigeordneter Rechtsanwalt) als auch Wertgebühren anfallen. In diesen Fällen müssen die **Erhöhungsvoraussetzungen für jeden Gebührentyp** berücksichtigt werden.

1017

Beispiel:

Der Unfallverursacher wird wegen fahrlässiger Tötung angeklagt. Rechtsanwalt R vertritt die beiden hinterbliebenen Kinder (Nebenkläger) im Vor- und Hauptverfahren und macht im Adhäsionsverfahren für beide Kinder jeweils eine Geldrente i.H.v. 500,00 € mtl. geltend.

Grundgebühr, Nr. 4100 VV	*165,00 €*
Verfahrensgebühr mit Erhöhung, Nrn. 4104, 1008 VV	*182,00 €*
Verfahrensgebühr mit Erhöhung, Nrn. 4106, 1008 VV	*182,00 €*
Terminsgebühr, Nr. 4108 VV	*230,00 €*
2,0 Verfahrensgebühr, Nr. 4143 VV, Wert 60.000,00 €	*2.246,00 €*
Postentgeltpauschale	*20,00 €*
Anwaltsvergütung netto	**3.025,00 €**

Es liegt dieselbe Angelegenheit vor (s. dazu Rn. 989 f.). Bei den Verfahrensgebühren Nrn. 4104 und 4106 VV handelt es sich um Betragsrahmengebühren. Insoweit kommt es bei der Gebührenerhöhung nach Nr. 1008 VV nicht auf denselben Gegenstand und die gemeinschaftliche Beteiligung hieran an.

Dies gilt jedoch nicht für die Verfahrensgebühr Nr. 4143 VV (Wertgebühr). Der Anspruch auf die Geldrente (Unterhalt) steht den beiden Nebenklägern nicht gemeinschaftlich, sondern jeweils allein zu. Die Werte betragen insoweit jeweils 30.000,00 € (500,00 € × 12 × 5, vgl. § 42 Abs. 2 GKG) und sind nach § 22 Abs. 1 zu addieren, weil insoweit verschiedene Gegenstände betroffen sind (OLG Brandenburg, AGS

Mehrere Auftraggeber (§ 7, Nr. 1008 VV)

2009, 325 = RVGreport 2009, 341). Eine Gebührenerhöhung nach Nr. 1008 VV fällt daher insoweit nicht an (AnwKomm-RVG/N. Schneider, VV 4143 – 4144 Rn. 18; zur Berechnung vgl. auch Rn. 998 ff.).

V. Besonderheiten bei Beiordnung im Wege der PKH

1. Streitwertobergrenze in § 49

1018 Die für den im Wege der PKH beigeordneten Rechtsanwalt maßgebliche Gebührentabelle in § 49 sieht über einem Streitwert i.H.v. 30.000,00 € keine Gebührenerhöhungen mehr vor (s. auch Teil A: Wertgebühren [§§ 13 und 49], Rn. 1685). Die 1,0 Gebühr ab einem Streitwert i.H.v. 30.000,00 € beträgt danach 391,00 €. Gebührenerhöhungen nach **Nr. 1008 VV** sind jedoch **zusätzlich** zu berücksichtigen, sodass die Höchstgebühr i.H.v. 391,00 € hierdurch überschritten werden kann (Gerold/Schmidt/Müller-Rabe, § 49 Rn. 7; Enders, JurBüro 2005, 409, 410; vgl. auch BGH, Rpfleger 1981, 437 = NJW 1981, 2757 = JurBüro 1981, 1657).

2. Entsprechende Anwendung von Nr. 1008 VV bei verschiedenen Gegenständen und Wertgebühren

1019 Vertritt der im Wege der PKH beigeordnete Rechtsanwalt hinsichtlich verschiedener Gegenstände mehrere Nebenkläger, sind die Werte der Gegenstände gem. § 22 Abs. 1 zusammenzurechnen (vgl. Rn. 992, 999). Ergibt sich aufgrund der Zusammenrechnung der Werte ein **Geschäftswert über 30.000,00 €**, fällt nach der Tabelle zu § 49 als 1,0 Gebühr aber stets eine Gebühr i.H.v. 391,00 € an. Der PKH-Anwalt wird wegen dieser Gebührenkappung somit nicht mehr für die Mehrarbeit entschädigt, die mit der Vertretung mehrerer Mandanten wegen verschiedener Gegenstände verbunden ist. Es ist dann letztlich unerheblich, ob der beigeordnete Rechtsanwalt wegen eines Wertes z.B. i.H.v. 50.000,00 € oder 500.000,00 € tätig wird.

Nach Auffassung des BGH (vgl. Rpfleger 1981, 437 = NJW 1981, 2757 = JurBüro 1981, 1657) steht dem Anwalt in diesem Fall daher in entsprechender Anwendung von Nr. 1008 VV für **jeden weiteren Auftraggeber** eine **0,3 Erhöhung** zu (so auch VGH Baden-Württemberg, AGS 2009, 501 und 547 = JurBüro 2009, 490; OLG Hamm, AnwBl. 2003, 179 = AGS 2003, 200; Gerold/Schmidt/Müller-Rabe, VV 1008 Rn. 227 ff.; AnwKomm-RVG/Schnapp, § 49 Rn. 13 ff.). Auch bei verschiedenen Gegenständen ist daher entsprechend Nr. 1008 VV eine Erhöhung zu gewähren, wenn und soweit sich die Wertzusammenrechnung gem. § 22 Abs. 1 aufgrund der Kappung der Gebühr in der Tabelle zu § 49 auf 391,00 € nicht mehr zugunsten des beigeordneten Rechtsanwalts auswirkt (vgl. Berechnungsbeispiele bei Volpert, in: Hansens/Braun/Schneider, Teil 6, Rn. 273 ff.).

1020 *Beispiel 1:*

Der Unfallverursacher wird wegen fahrlässiger Tötung angeklagt. Der beigeordnete Rechtsanwalt R vertritt die beiden hinterbliebenen Kinder (Nebenkläger) im Hauptverfahren und macht im Adhäsionsverfahren für beide Kinder jeweils eine Geldrente i.H.v. 1.000,00 € mtl. geltend. Es handelt sich insoweit um verschiedene Gegenstände (vgl. Rn. 989 f., 1017; OLG Brandenburg, AGS 2009, 325 = RVGreport 2009, 341).

Grundgebühr, Nr. 4100 VV	*132,00 €*
Verfahrensgebühr mit Erhöhung Nrn. 4106, 1008 VV	*145,60 €*

| A. Vergütungs-ABC | B. Kommentar |

Mehrere Auftraggeber (§ 7, Nr. 1008 VV)

Terminsgebühr, Nr. 4108 VV	184,00 €
2,0 Verfahrensgebühr Nr. 4143 VV, Wert 120.000,00 € (§ 49)	782,00 €
Postentgeltpauschale	20,00 €
Anwaltsvergütung netto	**1.263,60 €**

Die Werte betragen für jeden Nebenkläger gem. §§ 23 Abs. 1 Satz 1, 42 Abs. 2 GKG 60.000,00 € (1.000,00 € x 12 Monate x 5 Jahre), insgesamt somit 120.000,00 €. Die 2,0 Verfahrensgebühr Nr. 4143 VV hätte auch dann 782,00 € betragen, wenn R nur einen Nebenkläger wegen eines Anspruchs i.H.v. 60.000,00 € vertreten hätte (s. auch Teil A: Wertgebühren [§§ 13 und 49], Rn. 1689). Durch die Wertzusammenrechnung (vgl. Rn. 1017) auf 120.000,00 € hat sich die aus der Staatskasse zu erstattende Gebühr damit nicht erhöht.

Abwandlung:

*Hätte R die beiden Nebenkläger wegen eines **gemeinschaftlichen Anspruchs** (vgl. Rn. 998 ff.) über 120.000,00 € vertreten, wäre wie folgt zu rechnen:*

2,0 Verfahrensgebühr Nr. 4143 VV, Wert 120.000,00 € (§ 49)	782,00 €
03, Erhöhung Nr. 1008 VV, Wert bis 30.000,00 € (§ 49)	106,20 €
Gebührenbetrag (netto)	**888,20 €**

*Aus Gründen der Gleichbehandlung erhält der beigeordnete Rechtsanwalt in Beispiel 1 in entsprechender Anwendung von Nr. 1008 VV eine Gebühr i.H.v. insgesamt 888,20 € statt i.H.v. 782,00 €, obwohl die nach Abs. 1 und 2 der Anm. zu Nr. 1008 VV erforderlichen Erhöhungsvoraussetzungen (derselbe Gegenstand und gemeinschaftliche Beteiligung hieran) nicht gegeben sind. Die Erhöhung nach Nr. 1008 VV erfolgt nur aus dem Wert bis 30.000,00 €, weil der Wert über 30.000,00 € bereits durch die im Rahmen der PKH gem. § 49 höchste Gebühr berücksichtigt ist (Gerold/Schmidt/Müller-Rabe, VV 1008 Rn. 228 f.; **a.A.** AnwKomm-RVG/Schnapp § 49 Rn. 14; N. Schneider, Anm. zu VGH Baden-Württemberg, AGS 2009, 547, die die Berechnung unter Berücksichtigung von § 15 Abs. 3 vornehmen, vgl. Rn. 999; zur Erstreckung der Beiordnung des Nebenkläger-Vertreters auf das Adhäsionsverfahren s. auch Teil A: Umfang des Vergütungsanspruchs [§ 48 Abs. 1], Rn. 1407; Nr. 4143 VV Rn. 14 ff.).*

Beträgt der Wert aber nicht wie in Beispiel 1 (Rn. 1020) mindestens 30.000,00 € je Gegenstand, ist die Erhöhung nach Nr. 1008 VV aus dem 30.000,00 € übersteigenden, zusammengerechneten Wert der Gegenstände zu berechnen (VGH Baden-Württemberg, AGS 2009, 501 und 547 = JurBüro 2009, 490; Gerold/Schmidt/Müller-Rabe, VV 1008 Rn. 230). 1021

Beispiel 2:

Wie Beispiel 1; im Adhäsionsverfahren wird für beide Kinder jeweils eine Geldrente i.H.v. 300,00 € mtl. geltend gemacht.

2,0 Verfahrensgebühr Nr. 4143 VV, Wert 36.000,00 € (§ 49)	782,00 €

*Hätte R die beiden Nebenkläger wegen eines diesen **gemeinschaftlich zustehenden Anspruchs** (vgl. Rn. 998 ff.) über 36.000,00 € vertreten, wäre wie folgt zu rechnen:*

2,0 Verfahrensgebühr Nr. 4143 VV, Wert 30.000,00 € (§ 49)	708,00 €
03, Erhöhung Nr. 1008 VV, Wert bis 6.000,00 € (§ 49)	67,50 €
Gebührenbetrag (netto)	**775,50 €**

Mehrere Auftraggeber (§ 7, Nr. 1008 VV)

3. PKH-Bewilligung nur für einen Auftraggeber

1022 Vertritt ein Anwalt in derselben gerichtlichen Angelegenheit **mehrere Auftraggeber** und wird **allen PKH** bewilligt, erhält der beigeordnete Rechtsanwalt eine nach Nr. 1008 VV erhöhte Verfahrensgebühr aus der Staatskasse. Wird nur einem von mehreren Auftraggebern **PKH** mit Beiordnung eines Anwalts bewilligt, ist bei uneingeschränkter Bewilligung von PKH nach wohl herrschender Meinung von der Staatskasse grds. die volle PKH-Vergütung, allerdings ohne die Gebührenerhöhung nach Nr. 1008 VV zu erstatten; die Bewilligung und der Anspruch sind nicht auf die Gebührenerhöhung nach Nr. 1008 VV beschränkt (so OLG Bamberg, OLGR 2001, 28; OLG Brandenburg, JurBüro 2007, 259; OLG Celle, AGS 2007, 250 = Rpfleger 2007, 151; OLG Düsseldorf, Rpfleger 1997, 532; OLG Hamm, AGS 2003, 509 = Rpfleger 2003, 447; OLG Jena, Rpfleger 2006, 663 = OLGR 2007, 163; OLG Köln, AGS 2010, 496; NJW-RR 1999, 725; OLG München, AGS 2011, 76 = MDR 2011, 326 = JurBüro 2011, 146; OLG Stuttgart, MDR 2000, 545; OLG Zweibrücken, AGS 2009, 126; OLGR Zweibrücken 2004, 139; OLG Schleswig, JurBüro 1998, 234 = AGS 1998, 164; a.A. OLG Koblenz, Rpfleger 2001, 503 = JurBüro 2001, 652 und AGS 2004, 249 = JurBüro 2004, 384; OLG Naumburg, Rpfleger 2004, 168; LG Magdeburg, 24.09.2007 – 9 O 268/07). Aus der häufig zur Begründung der Gegenauffassung herangezogenen Entscheidung des BGH (NJW 1993, 1715 = AGS 1995, 25 = JurBüro 1994, 174) folgt nichts anderes. Denn in dem vom BGH entschiedenen Fall war bereits die Bewilligung und Beiordnung auf die Gebührenerhöhung beschränkt. Diese gerichtliche Beschränkung wird bei der Festsetzung gem. § 55 vom Urkundsbeamten beachtet werden müssen.

1023 Der **BGH** entscheidet allerdings im Rahmen der **zivilrechtlichen Kostenerstattung** (§ 91 ZPO) in ständiger Rechtsprechung, dass bei Beauftragung eines gemeinsamen Rechtsanwalts durch Streitgenossen der obsiegende Streitgenosse von dem unterlegenen Gegner nur i.H.d. seiner Beteiligung am Rechtsstreit entsprechenden Bruchteils (Kopfteils), nicht entsprechend seinem Haftungsanteil nach § 7 Abs. 2 Erstattung seiner außergerichtlichen Kosten verlangen kann (BGH, NJW 2006, 3571 = RVGreport 2006, 235 = Rpfleger 2006, 339; so auch KG, RVGreport 2008, 138; OLG Düsseldorf, NJW-RR 2005, 509; OLGR Köln 2009, 526; OLG Koblenz, JurBüro 2008, 428; a.A. OLG Hamm, AGS 2005, 34 = JurBüro 2005, 91).

Bei **Übertragung** dieser Rechtsprechung auf den Vergütungsanspruch des nur einem von mehreren Auftraggebern beigeordneten Rechtsanwalts bedeutet dies, dass der beigeordnete Rechtsanwalt nicht die sich aus § 7 Abs. 2 ergebende volle Vergütung ohne Gebührenerhöhung nach Nr. 1008 VV gegen die Staatskasse geltend machen kann, sondern grds. nur den **Anteil** des seiner Beteiligung am Rechtsstreit entsprechenden Bruchteils bzw. Kopfteils der Anwaltsvergütung. Danach kann auch der im Wege der PKH beigeordnete Rechtsanwalt aus der Staatskasse nur den Betrag beanspruchen, den der bedürftige Mandant im Innenverhältnis zu den anderen vom Anwalt vertretenen Auftraggebern zu tragen hat (so OLG Jena, Rpfleger 2006, 663 = OLGR Jena 2007, 163; OLG Köln, AGS 2010, 496; OLGR Zweibrücken 2004, 139; LG Berlin, JurBüro 1996, 434 = NJW-RR 1997, 382; LG Frankenthal, MDR 1997, 208 = JurBüro 1997, 91).

Mehrere Auftraggeber (§ 7, Nr. 1008 VV)

VI. Haftung

1. Grundsätze

Die Haftung der mehreren Auftraggeber für die Vergütung (Gebühren und Auslagen, vgl. § 1 Abs. 1 Satz 1) ist in **§ 7 Abs. 2** geregelt. Daraus ergibt sich Folgendes:

- Jeder der Auftraggeber schuldet gem. § 7 Abs. 2 **Satz 1** die Gebühren und Auslagen, die er schulden würde, wenn der Rechtsanwalt nur in seinem Auftrag tätig geworden wäre. Es sind hier also die Gebühren und Auslagen zu errechnen, die bei Einzelvertretung eines Auftraggebers angefallen wären.
- Der Rechtsanwalt kann gem. § 7 Abs. 2 **Satz 2** insgesamt nicht mehr als die nach § 7 Abs. 1 berechneten Gebühren einschließlich der Erhöhung nach Nr. 1008 VV und die insgesamt entstandenen Auslagen fordern.

1024

Für die Anwendung von § 7 ist **nicht Voraussetzung**, dass die **Gebührenerhöhung** nach Nr. 1008 VV **angefallen** ist. Die Bestimmung regelt immer dann die Haftung für die Vergütung gegenüber dem Rechtsanwalt, wenn dieser in derselben Angelegenheit mehrere Auftraggeber vertreten hat.

2. Haftung gegenüber dem Rechtsanwalt

§ 7 regelt die Haftung der mehreren Auftraggeber gegenüber dem Rechtsanwalt, **nicht** aber das **Innenverhältnis** der Auftraggeber. Das Innenverhältnis der Auftraggeber bestimmt sich nach dem bürgerlichen Recht. Fallen Betragsrahmengebühren an, ist zunächst für jeden Auftraggeber unter Berücksichtigung von § 14 Abs. 1 die Vergütung zu ermitteln, die er schulden würde, wenn der Rechtsanwalt nur für ihn tätig geworden wäre. Schließlich ist die Vergütung festzustellen, die alle Auftraggeber zusammen schulden.

1025

Beispiel:

Rechtsanwalt R vertritt die beiden Nebenkläger A und B im Ermittlungsverfahren und im gerichtlich anhängigen Verfahren. Nach dem Termin zur Hauptverhandlung wird der Angeklagte vom AG verurteilt.

I. A haftet für folgende Vergütung (Mittelgebühren):

Grundgebühr, Nr. 4100 VV	*165,00 €*
Verfahrensgebühr, Nr. 4104 VV	*140,00 €*
Verfahrensgebühr, Nr. 4106 VV	*140,00 €*
Terminsgebühr, Nr. 4108 VV	*230,00 €*
Postentgeltpauschale, Nr. 7002 VV	*20,00 €*
Anwaltsvergütung netto	*695,00 €*

II. B haftet für folgende Vergütung (Mittelgebühren):

Grundgebühr, Nr. 4100 VV	*165,00 €*
Verfahrensgebühr, Nr. 4104 VV	*140,00 €*
Verfahrensgebühr, Nr. 4106 VV	*140,00 €*
Terminsgebühr, Nr. 4108 VV	*230,00 €*

Mehrere Auftraggeber (§ 7, Nr. 1008 VV)

    Postentgeltpauschale, Nr. 7002 VV   20,00 €
    Anwaltsvergütung netto   **695,00 €**

III. R kann insgesamt von A und B folgende Vergütung (Mittelgebühren) fordern (vgl. § 7 Abs. 2 Satz 1 RVG):

    Grundgebühr, Nr. 4100 VV   165,00 €
    Verfahrensgebühr mit Erhöhung, Nrn. 4104, 1008 VV   182,00 €
    Verfahrensgebühr mit Erhöhung, Nrn. 4106, 1008 VV   182,00 €
    Terminsgebühr, Nr. 4108 VV   230,00 €
    Postentgeltpauschale, Nr. 7002 VV   20,00 €
    Anwaltsvergütung netto   **779,00 €**

R kann von A oder B jeweils 695,00 € netto verlangen. Er kann aber insgesamt nicht mehr als 779,00 € netto verlangen.

3. Dokumentenpauschale

1026 Hinsichtlich der Auslagen gelten diese **Grundsätze entsprechend**. Nach § 7 Abs. 2 Satz 1 Halbs. 1 schuldet jeder der Auftraggeber die Dokumentenpauschale, die er zahlen müsste, wenn der Rechtsanwalt nur in seinem Auftrag tätig geworden wäre. Eine **Ausnahme** ist in § 7 Abs. 2 Satz 1 Halbs. 2 jedoch hinsichtlich der Dokumentenpauschale enthalten, die durch die **Unterrichtung mehrerer Auftraggeber** angefallen ist. Jeder Auftraggeber schuldet die Dokumentenpauschale auch insoweit, wie diese nur durch die Unterrichtung mehrerer Auftraggeber entstanden ist. Die Regelung bezieht sich damit nach dem Wortlaut nur auf die Dokumentenpauschale nach Nr. 7000 Ziff. 1 Buchst. c) VV. Danach schulden sämtliche Auftraggeber die Dokumentenpauschale, die durch die Unterrichtung mehrerer Auftraggeber angefallen ist, auch wenn die Dokumentenpauschale ausschließlich durch die Unterrichtung anderer Auftraggeber angefallen ist. Nach Nr. 7000 Ziff. 1 Buchst. c) VV entsteht die Dokumentenpauschale zur notwendigen Unterrichtung des Auftraggebers, soweit hierfür mehr als 100 Ablichtungen zu fertigen waren. **Ausschlaggebend** ist somit **allein** die **Anzahl** der konkret **notwendig gewesenen Ablichtungen**, nicht die Anzahl der Auftraggeber. Werden mehr als 100 Ablichtungen gefertigt, schuldet daher jeder Auftraggeber den entsprechenden Betrag. Insgesamt kann der Anwalt aber nur die insgesamt entstandenen Auslagen fordern, § 7 Abs. 2 Satz 2.

Beispiel:

Rechtsanwalt R vertritt die beiden Nebenkläger A und B im gerichtlich anhängigen Verfahren. Für die Unterrichtung von A und B hat R insgesamt 130 Ablichtungen angefertigt.

A und B schulden jeweils nach § 7 Abs. 2 Satz 1, Nr. 7000 Ziff. 1 Buchst. c) VV eine Dokumentenpauschale i.H.v. 15,00 € (130 Seiten abzgl. 100 Seiten × 0,50 €). Die ersten 100 Seiten sind mit den Gebühren abgegolten (vgl. BT-Drucks. 15/1971, S. 232).

Insgesamt kann R aber nach § 7 Abs. 2 Satz 2 nur eine Dokumentenpauschale i.H.v. 15,00 € von A und B fordern.

Mehrere Auftraggeber (§ 7, Nr. 1008 VV)

4. Innenverhältnis

a) Anwendung des BGB

Das Innenverhältnis der Auftraggeber ist in § 7 nicht geregelt, sondern richtet sich nach **§ 426 BGB** (Gerold/Schmidt/Müller-Rabe, VV 1008 Rn. 263, 267, 279). Danach sind die Auftraggeber zu gleichen Teilen verpflichtet, soweit nichts anderes bestimmt ist. Für die Erhöhung nach Nr. 1008 VV besteht keine originäre Haftung eines der Auftraggeber. Der Anwalt erhält die Gebührenerhöhung dadurch, dass er gegenüber jedem einzelnen Auftraggeber abrechnen kann und auf diese Art und Weise die Beträge erhält, die ihm aufgrund der Vertretung mehrerer Auftraggeber zustehen.

1027

b) Ausgleich

Zahlt einer der Auftraggeber an den gemeinsamen Rechtsanwalt mehr, als er im Innenverhältnis zu den anderen Auftraggebern zahlen muss, kann er von den übrigen nach § 426 BGB **Ausgleich** verlangen. Die auf ihn gem. **§ 426 Abs. 2 BGB** übergegangene Forderung des Rechtsanwalts kann er jedoch nicht in einem Kostenfestsetzungsverfahren gegen die anderen Streitgenossen geltend machen, sondern muss insoweit ggf. Klage erheben (Gerold/Schmidt/Müller-Rabe, VV 1008 Rn. 282).

1028

c) Vergleichsweise Kostenregelung

Umstritten ist, ob eine Kostenfestsetzung zwischen mehreren Auftraggebern dann möglich ist, wenn sich die Parteien in einem Vergleich (z.B. im Adhäsionsverfahren oder bei der Privatklage) auf eine Kostenregelung verständigt haben, die auch für das Verhältnis der mehreren Auftraggeber untereinander gelten soll. Wenn die Kostenregelung eines Vergleichs Grundlage für eine Kostenfestsetzung zwischen Streitgenossen sein soll, muss ein entsprechender Wille der Parteien jedoch im Vergleich selbst oder zumindest im protokollierten Erklärungszusammenhang seinen sinnfälligen, keiner Ermittlungen bedürftigen Ausdruck finden (so OLG Köln, JurBüro 1993, 356; **a.A.** OLG Koblenz, JurBüro 1990, 1468 = Rpfleger 1990, 436; LG Berlin, Rpfleger 1982, 391 = JurBüro 1982, 1723).

1029

VII. Erstattung

Ergeben sich bei der **Nebenklage** oder der **Privatklage** Erstattungsansprüche von mehreren Neben- oder Privatklägern gegen den Verurteilten, kann bei einem gemeinsam beauftragten Rechtsanwalt jeder obsiegende Privat- oder Nebenkläger von dem unterlegenen Gegner nur i.H.d. seiner Beteiligung am Rechtsstreit entsprechenden Bruchteils (Kopfteils), nicht entsprechend seinem Haftungsanteil nach § 7 Abs. 2 Erstattung seiner außergerichtlichen Kosten verlangen kann (BGH, NJW 2006, 3571 = RVGreport 2006, 235 = Rpfleger 2006, 339; so auch KG, RVGreport 2008, 138; OLG Düsseldorf, NJW-RR 2005, 509; OLGR Köln 2009, 526; OLG Koblenz, JurBüro 2008, 428; a.A. OLG Hamm, AGS 2005, 34 = JurBüro 2005, 91).

1030

Für die Erstattung von **Betragsrahmengebühren** bedeutet das, dass für jeden Neben- oder Privatkläger gem. § 14 Abs. 1 die Vergütung zu ermitteln ist, die angefallen wäre, wenn der gemein-

Mehrere Rechtsanwälte (§ 6)

same Rechtsanwalt nur für ihn tätig geworden wäre. Sodann ist die Gesamtvergütung festzustellen. Erstattungsfähig ist davon für jeden der Neben- oder Privatkläger der Betrag, der sich aus dem Verhältnis der Einzelvergütungen zueinander ergibt.

Beispiel 1:

Rechtsanwalt R vertritt die beiden Nebenkläger A und B im Ermittlungsverfahren und im gerichtlich anhängigen Verfahren. Nach dem Termin zur Hauptverhandlung wird der Angeklagte vom AG verurteilt und trägt die Kosten bzw. notwendigen Auslagen der Nebenkläger.

Die Einzelvergütungen betragen jeweils 695,00 € und die Gesamtvergütung 779,00 € (vgl. Rn. 1025). Da die beiden Nebenkläger im Innenverhältnis zu gleichen Teilen beteiligt sind (je 695,00 € Vergütung), kann jeder Erstattung der Hälfte der Gesamtvergütung mit 389,50 € verlangen.

1031 *Beispiel 2:*

Rechtsanwalt R vertritt die beiden Privatkläger A und B. Die Privatklage von A wird abgewiesen, die Privatklage von B ist hingegen erfolgreich.

Ausgehend von den Vergütungen in Beispiel 1 (Rn. 1030) kann B die Erstattung von 389,50 € vom Verurteilten verlangen.

Siehe auch in Teil A: → Angelegenheiten (§§ 15 ff.), Rn. 66 ff.; → Beratungshilfe, Rn. 285 ff.; → Gebührensystem, Rn. 649 ff.; → Gegenstandswert, Festsetzung (§ 33), Rn. 656 ff.; → Umfang des Vergütungsanspruchs (§ 48 Abs. 1), Rn. 1382 ff.; → Vergütungsanspruch gegen die Staatskasse, Rn. 1469 ff.; → Wertgebühren (§§ 13 und 49), Rn. 1679 ff.

Mehrere Rechtsanwälte (§ 6)

§ 6 RVG   *Mehrere Rechtsanwälte*

Ist der Auftrag mehreren Rechtsanwälten zur gemeinschaftlichen Erledigung übertragen, erhält jeder Rechtsanwalt für seine Tätigkeit die volle Vergütung.

Übersicht

		Rn.
A.	Überblick	1032
B.	Anmerkungen	1033
	I. Allgemeines	1033
	II. Voraussetzungen für die Anwendung des § 6	1034
	III. Abgrenzung zu anderen Fällen	1035
	IV. Höhe der Vergütung	1040
	V. Kostenerstattung	1044

Literatur:

Schneider, Abwesenheitsgeld auch für den Vertreter des Rechtsanwalts?, RVGreport 2007, 52.

A. Überblick

1032 Die Regelung in § 6 zur Beauftragung mehrerer Rechtsanwälte hat durch das RVG keine Änderungen gegenüber dem früheren Rechtszustand erfahren, sodass **Rechtsprechung** und **Literatur** zum früheren § 5 BRAGO **anwendbar** geblieben sind.

B. Anmerkungen

I. Allgemeines

Geregelt werden in § 6 die Fälle, in denen **mehreren Rechtsanwälten** jeweils **eigene Aufträge** erteilt worden sind und die Rechtsanwälte diese Aufträge gemeinschaftlich erledigen sollen (AnwKomm-RVG/N. Schneider, § 6 Rn. 1; Gerold/Schmidt/Mayer, § 6 Rn. 4). In Straf- und Bußgeldsachen greift die Vorschrift also insbesondere dann ein, wenn der Beschuldigte mehrere Verteidiger mit seiner Verteidigung beauftragt hat. Die Anwendung des § 6 ist von der des § 5 zu unterscheiden, bei dem es um die Einschaltung von Hilfspersonal geht (vgl. dazu Teil A: Vertreter des Rechtsanwalts [§ 5], Rn. 1609).

1033

> **Hinweis:**
> Zu **beachten** ist allerdings **§ 137 Abs. 1 Satz 2 StPO**. Dieser beschränkt die Zahl der Wahlverteidiger auf drei (wegen der Einzelh. s. Burhoff, EV, Rn. 2056 ff. m.w.N.).

II. Voraussetzungen für die Anwendung des § 6

Voraussetzung für die Anwendung des § 6 ist, dass **mehrere selbstständige Anwaltsverträge** geschlossen worden sind (AnwKomm-RVG/N. Schneider, § 6 Rn. 14; Gerold/Schmidt/Mayer, § 6 Rn. 4). Diese müssen die gleiche Tätigkeit zum Inhalt haben und denselben Gegenstand betreffen (zur Abgrenzung s. die Beispiele unter Rn. 1036 ff.).

1034

III. Abgrenzung zu anderen Fällen

Auch in anderen Fällen als dem, in dem mehreren Rechtsanwälten eigene Aufträge erteilt worden sind, können mehrere Rechtsanwälte als Verteidiger für den Beschuldigten tätig werden. Insoweit gilt (s. auch AnwKomm-RVG/N. Schneider, § 6 Rn. 3 ff.; Gerold/Schmidt/Mayer, § 6 Rn. 2):

1035

- Der (auswärtige) Verteidiger beauftragt einen anderen Rechtsanwalt als **Stellvertreter**.
  Die Unterbevollmächtigung ist zulässig, wenn der Beschuldigte den Verteidiger dazu ermächtigt hat (vgl. Burhoff, EV, Rn. 1666 ff. m.w.N.). Die Vergütung erhält allerdings nur der Hauptbevollmächtigte. Für das Entstehen der Gebührentatbestände kommt es darauf an, ob der Unterbevollmächtigte (auch) voller **Verteidiger** ist (§ 137 Abs. 1 Satz 1 StPO!) oder ob er nur mit einer **Einzeltätigkeit** beauftragt worden ist. Ist er Verteidiger, richten sich seine Gebühren nach Teil 4 Abschnitt 1 VV bzw., nach Teil 5 Abschnitt 1 VV, anderenfalls nur nach Teil 4 Abschnitt 3 VV oder nach Nr. 5200 VV. Gebühren als Vollverteidiger und für eine Einzeltätigkeit schließen sich wechselseitig aus.

1036

Beispiel:

Rechtsanwalt R, der den Beschuldigten verteidigt, beauftragt Rechtsanwalt U, für ihn den Hauptverhandlungstermin am Ort des Gerichts wahrzunehmen.

Ist U als Verteidiger beauftragt, erhält er neben den Gebühren für das gerichtliche Verfahren nach Teil 4 Abschnitt 1 Unterabschnitt 3 VV – Verfahrensgebühr und Terminsgebühr – auch die Grundgebühr Nr. 4100 VV.

Mehrere Rechtsanwälte (§ 6)

Ist U nur mit der Wahrnehmung des Hauptverhandlungstermins als Einzeltätigkeit beauftragt, erhält er seine Vergütung nur nach Nr. 4301 Ziff. 4 VV (vgl. wegen der Einzelh. dort und bei Nr. 4100 Rn. 11). Daneben erhält er nicht auch noch eine Terminsgebühr (a.A. LG Wuppertal, AGS 2010, 492 m. zutreffend abl. Anm. N. Schneider = RVGreport 2011, 463 = VRR 2011, 79 für das Bußgeldverfahren).

Hinweis:

Im **Zweifel** erhält der Rechtsanwalt (immer) den **vollen Verteidigungsauftrag** (vgl. KG, AGS 2006, 177 = JurBüro 2006, 536 = NStZ-RR 2005, 327; OLG Hamm, RVGreport 2006, 230; OLG Celle, StraFo 2006, 471). Das hat zur Folge, dass i.d.R. nach Teil 4 Abschnitt 1 VV abgerechnet wird; die Abrechnung einer Einzeltätigkeit nach Teil 4 Abschnitt 3 VV ist die Ausnahme (KG, a.a.O.). Ist der Rechtsanwalt voller Verteidiger, dann entsteht für ihn auch die Grundgebühr Nr. 4100 VV RVG, da auch er sich einarbeiten muss (OLG Düsseldorf, StRR 2009, 157; OLG Hamm, RVGreport 2006, 230; OLG Karlsruhe, NJW 2008, 2935 = StraFo 2008, 349 = RVGreport 2009, 19 = StRR 2009, 119; OLG Köln, 26.03.2010 – 2 Ws 129/10M; OLG München, RVGreport 2009, 227 = StRR 2009, 120 = NStZ-RR 2009, 32 = RVGprofessionell 2009, 32; **a.A.** KG, a.a.O.; OLG Celle, StraFo 2006, 471). Er erhält nicht etwa nur die Terminsgebühr (so aber KG, a.a.O.; KG, StraFo 2008, 349 = StRR 2008, 358 = AGS 2008, 387 m. abl. Anm. N. Schneider = RVGreport 2008, 462; OLG Brandenburg, RVGreport 2010, 218 = StRR 2010, 113 = RVGprofessionell 2010, 83; OLG Celle, StraFo 2006, 471; NStZ-RR 2009, 158 [LS] = RVGreport 2009, 226). Das lässt sich nicht damit begründen, dass der „Vertretene" die Grundgebühr auch nicht erhalten hätte. Die Grundgebühr ist nicht verfahrensbezogen, sondern personenbezogen und kann im Laufe des Verfahrens – je nachdem, wie viele Verteidiger tätig sind – mehrfach entstehen (a.A. offenbar KG, AGS 2006, 177 = JurBüro 2006, 536 = NStZ-RR 2005, 327; s. auch Nr. 4100 Rn. 11).

1037 • Der Beschuldigte beauftragt **verschiedene Rechtsanwälte** mit **verschiedenen Tätigkeiten**.

In diesem Fall liegen **mehrere Aufträge** vor, die jedoch nicht auf eine gemeinschaftliche Auftragserledigung gerichtet sind. Ein Fall des § 6 ist also **nicht** gegeben.

Beispiel 1:

Dem Beschuldigten B wird eine sexuelle Nötigung vorgeworfen. Die Geschädigte macht im Verfahren gleichzeitig auch Schmerzensgeld- und Schadensersatzansprüche geltend. B beauftragt den Rechtsanwalt R mit seiner Verteidigung und den Rechtsanwalt A mit der Abwehr der Adhäsionsansprüche.

R erhält als Verteidiger seine Vergütung nach Teil 4 Abschnitt 1 VV. A, der nur mit der Abwehr der geltend gemachten Ansprüche beauftragt ist, erhält eine Vergütung nach den Nrn. 4143 f. VV i.V.m. Vorbem. 4.3 Abs. 2 VV.

Beispiel 2:

B beauftragt den Rechtsanwalt R und den Rechtsanwalt A mit seiner Verteidigung, den A allerdings zusätzlich auch noch mit der Abwehr der Adhäsionsansprüche.

R und A erhalten als Verteidiger ihre Vergütung nach Teil 4 Abschnitt 1 VV. A, der auch noch mit der Abwehr der geltend gemachten Ansprüche beauftragt ist, erhält zusätzlich auch eine Vergütung nach Nrn. 4143 f. VV.

Mehrere Rechtsanwälte (§ 6)

- Der Auftraggeber beauftragt **mehrere** Rechtsanwälte/**Verteidiger nacheinander**. 1038
Auch in diesem Fall liegen **mehrere Aufträge** vor, die ebenfalls nicht auf eine gemeinschaftliche Auftragserledigung gerichtet sind, wenngleich der Umfang der anwaltlichen Tätigkeit derselbe sein soll. § 6 findet **keine Anwendung**.

Beispiel:

Dem Beschuldigten B wird eine sexuelle Nötigung vorgeworfen. Im Ermittlungsverfahren wird die Geschädigte richterlich vernommen. An der Vernehmung nimmt Rechtsanwalt R, den der Beschuldigte mit seiner Verteidigung beauftragt hat, teil. Dieser rät dem Beschuldigten anschließend, ein Geständnis abzulegen. Der Beschuldigte entzieht ihm daraufhin das Mandat und beauftragt Rechtsanwalt R 2.

Beide Rechtsanwälte erhalten die Gebühren nach Teil 4 Abschnitt 1 VV in dem Umfang, in dem sie bei ihnen angefallen sind. R 2 erhält also z.B. für den Vernehmungstermin keine Gebühr nach Nr. 4102 Ziff. 1 VV, da er an ihm nicht teilgenommen hat.

- Der Beschuldigte beauftragt eine **Sozietät** und wünscht ausdrücklich, von deren Mitgliedern 1039
gemeinsam verteidigt zu werden.
In diesem Fall kommt § 6 zur **Anwendung**. Zu beachten ist allerdings § 137 Abs. 1 Satz 1 StPO, wenn die Sozietät aus mehr als drei Mitgliedern besteht (vgl. dazu Burhoff, EV, Rn. 2057 m.w.N.).

IV. Höhe der Vergütung

Jeder der beauftragten Verteidiger/Rechtsanwälte hat einen **eigenen Vergütungsanspruch**. Dieser entsteht in voller Höhe. Die anfallenden Gebühren werden nicht auf die beteiligten Rechtsanwälte verteilt (AnwKomm-RVG/N. Schneider, § 6 Rn. 19). Die Gebühren werden auch nicht etwa deshalb reduziert, weil der Beschuldigte von mehreren Rechtsanwälten verteidigt wird (a.A. für eine Pauschgebühr KG, AGS 2006, 26 m. abl. Anm. Madert). Die Höhe des Vergütungsanspruchs kann allerdings – je nach dem Umfang der von den einzelnen Verteidigern erbrachten Tätigkeiten – unterschiedlich sein (vgl. unten Rn. 1041 ff.). Das folgt schon aus § 14. Danach muss jeder Rechtsanwalt seine Gebühren anhand der auf ihn zutreffenden Kriterien des § 14 Abs. 1 bestimmen (vgl. dazu Teil A: Rahmengebühren [§ 14], Rn. 1045). Nach Sinn und Zweck muss für den Personenkreis des § 5 auch **Abwesenheitsgeld** berechnet werden können (Schneider, RVGreport 2007, 52). 1040

> **Hinweis:**
> Auch im Strafverfahren gilt also der **Grundsatz**, dass die **Vergütung** für jeden beauftragten Rechtsanwalt **eigenständig** zu bestimmen ist. Das gilt sowohl hinsichtlich der Frage, ob eine bestimmte Gebühr überhaupt angefallen ist als auch hinsichtlich der Gebührenhöhe.

Beispiel 1: 1041

Der Beschuldigte beauftragt in einem gegen ihn anhängigen Strafverfahren sowohl Rechtsanwalt R 1 als auch Rechtsanwalt R 2 mit seiner Verteidigung. Im Laufe des Ermittlungsverfahrens nimmt Rechtsanwalt R 1 an einer Vernehmung des Beschuldigten durch die Staatsanwaltschaft teil. R 2 nimmt nicht teil.

Rahmengebühren (§ 14)

Rechtsanwalt R 1 erhält für seine Teilnahme an der staatsanwaltschaftlichen Vernehmung die Gebühr nach Nr. 4102 Ziff. 2 VV (vgl. dazu die Komm. bei Nr. 4102 VV Rn. 17). Rechtsanwalt R 2 erhält diese Gebühr nicht.

1042 **Beispiel 2:**

Im Beispiel 1 gelingt es Rechtsanwalt R 1, nach der Vernehmung des Beschuldigten, die Einstellung des Verfahrens zu erreichen. R 2 hat hieran in keiner Form mitgewirkt.

Rechtsanwalt R 1 erhält zusätzlich auch noch die Gebühr nach Nr. 4141 Anm. 1 Ziff. 1 VV. Rechtsanwalt R 2 erhält diese Gebühr ebenfalls nicht.

1043 **Beispiel 3:**

Im Beispiel 2 wird das Verfahren nicht eingestellt. Es kommt zur Hauptverhandlung beim LG. Diese wird von Rechtsanwalt R 1 umfangreich vorbereitet. R 2 nimmt an diesen Vorbereitungsarbeiten nicht teil.

Beide Rechtsanwälte erhalten die Verfahrensgebühr der Nr. 4112 VV. Bei der Bemessung der konkreten Gebühr für Rechtsanwalt R 1 gem. § 14 Abs. 1 ist innerhalb des Gebührenrahmens die von diesem erbrachte umfangreiche(re) Vorbereitungstätigkeit gebührenerhöhend zu berücksichtigen. Er muss also auf jeden Fall eine höhere Gebühr als Rechtsanwalt R 2 erhalten.

V. Kostenerstattung

1044 Die Kosten für **mehrere** Verteidiger werden **i.d.R. nicht erstattet**, auch wenn der Beschuldigte bis zu drei Verteidiger haben darf (vgl. Vorbem. 4 VV Rn. 19 ff.; Teil A: Kostenfestsetzung und Erstattung in Strafsachen, Rn. 889 ff.; Meyer-Goßner, § 464a Rn. 13 m.w.N. aus Rspr. und Lit.; zur Kostenerstattung s. auch AnwKomm-RVG/N. Schneider, § 6 Rn. 29 ff. und Gerold/Schmidt/Mayer, § 6 Rn. 6).

Siehe auch im Teil A: → Kostenfestsetzung und Erstattung in Bußgeldsachen, Rn. 833; → Kostenfestsetzung und Erstattung in Strafsachen, Rn. 842; → Rahmengebühren (§ 14), Rn. 1045; → Vertreter des Rechtsanwalts (§ 5), Rn. 1609.

Rahmengebühren (§ 14)

§ 14 RVG   Rahmengebühren

(1) ¹Bei Rahmengebühren bestimmt der Rechtsanwalt die Gebühr im Einzelfall unter Berücksichtigung aller Umstände, vor allem des Umfangs und der Schwierigkeit der anwaltlichen Tätigkeit, der Bedeutung der Angelegenheit sowie der Einkommens- und Vermögensverhältnisse des Auftraggebers, nach billigem Ermessen. ²Ein besonderes Haftungsrisiko des Rechtsanwalts kann bei der Bemessung herangezogen werden. ³Bei Rahmengebühren, die sich nicht nach dem Gegenstandswert richten, ist das Haftungsrisiko zu berücksichtigen. ⁴Ist die Gebühr von einem Dritten zu ersetzen, ist die von dem Rechtsanwalt getroffene Bestimmung nicht verbindlich, wenn sie unbillig ist.

| A. Vergütungs-ABC | B. Kommentar |

Rahmengebühren (§ 14)

(2) ¹*Im Rechtsstreit hat das Gericht ein Gutachten des Vorstands der Rechtsanwaltskammer einzuholen, soweit die Höhe der Gebühr streitig ist; dies gilt auch im Verfahren nach § 495a der Zivilprozessordnung.* ²*Das Gutachten ist kostenlos zu erstatten.*

	Übersicht	Rn.
A.	Überblick	1045
B.	Anmerkungen	1047
	I. Bestimmung der Gebühr (Abs. 1)	1047
	1. Anwendungsbereich	1047
	a) Betragsrahmengebühr	1047
	b) Satzrahmengebühr	1048
	c) Beratungs- oder Gutachtengebühr (§ 34 Abs. 1 Satz 3)	1049
	d) Vergütungsvereinbarung (§ 3a)	1050
	2. Bemessungskriterien	1051
	a) Sprachliche Formulierung des § 14 Abs. 1	1052
	aa) Austausch der Begriffe	1052
	bb) Änderung der Reihenfolge	1053
	b) Berücksichtigung allgemeiner Erwägungen?	1054
	c) Umfang der anwaltlichen Tätigkeit	1057
	d) Schwierigkeit der anwaltlichen Tätigkeit	1063
	e) Bedeutung der anwaltlichen Tätigkeit	1067
	f) Vermögensverhältnisse des Mandanten	1070
	g) Einkommensverhältnisse des Mandanten	1073
	h) Haftungsrisiko (Abs. 1 Satz 2 und 3)	1076
	i) Sonstige Kriterien	1079
	3. Grundlage der anwaltlichen Abwägung	1083
	a) Überblick	1083
	b) Mittelgebühr	1085
	c) Mindestgebühr	1089
	d) Höchstgebühr	1090
	4. Ausübung der Bestimmung	1092
	5. Verbindlichkeit der anwaltlichen Bestimmung	1094
	a) Überblick	1094
	b) Verbindlichkeit der Bestimmung gegenüber dem Mandanten	1095
	aa) Allgemeine Bindungswirkung	1095
	bb) Ermessensspielraum	1097
	c) Verbindlichkeit der Bestimmung gegenüber der Staatskasse	1101
	d) Verbindlichkeit gegenüber einem ersatzpflichtigen Dritten	1102
	II. Gutachten des Vorstands der Rechtsanwaltskammer (Abs. 2)	1104
	1. Überblick	1104
	2. Notwendigkeit des Gutachtens	1105
	3. Verfahren	1106
C.	Arbeitshilfe: Gebührenblatt	1109
	I. Vergütungsblatt Strafsachen (Teil 4 VV)	1110
	II. Vergütungsblatt Bußgeldsachen (Teil 5 VV)	1111
	III. Beispiele	1112

Literatur:

Breyer, Die Vergütung des Verteidigers bei Entziehung der Fahrerlaubnis oder Fahrverbot, RVG-B 2005, 72; **Burhoff**, Gebührenbemessung im OWi-Verfahren, RVGreport 2005, 361; **ders.**, Rechtsprechung zur Gebührenbemessung im OWi-Verfahren, VRR 2006, 333; **ders.**, Die zusätzliche Verfahrensgebühr des Verteidigers bei Einziehung und verwandten Maßnahmen, RVGreport 2006, 412; **ders.**, Gebührenbemessung im straßenverkehrsrechtlichen OWi-Verfahren, RVGreport 2007, 252; **ders.**, Rechtsprechungsübersicht zu § 14 RVG in Strafsachen (Teil 4 VV RVG), StRR 2008, 333; **ders.**, Rechtsprechungsübersicht zu § 14 RVG in Bußgeldsachen (Teil 5 VV RVG), VRR 2008, 333; **ders.**, Rechtsprechungsübersicht zu § 14 RVG in Straf- und Bußgeldsachen (Teile 4 und 5 VV RVG), RVGreport 2009, 85; **ders.**, Rechtsprechungsübersicht zu § 14 RVG in Straf- und Bußgeldsachen, RVGreport 2010, 204; **ders.**, Rechtsprechungsübersicht zu § 14 RVG in Bußgeldsachen (Teil 5 VV RVG) aus den Jahren 2008 – 2010, VRR 2010, 416; **ders.**, Rechtsprechungsübersicht zu § 14 RVG in Strafsachen (Teil 4 VV RVG) aus den Jahren 2008 – 2010, StRR 2010,

Rahmengebühren (§ 14)

413; *ders.*, Rechtsprechungsübersicht zu § 14 RVG in Straf- und Bußgeldsachen, RVGreport 2011, 202; *Enders*, Umfang der anwaltlichen Tätigkeit, JurBüro 2004, 459; *ders.*, Schwierigkeit der anwaltlichen Tätigkeit, JurBüro 2004, 515; *Gaier*, Die Angemessenheit anwaltlicher Vergütung als Grundrechtsproblem, AnwBl. 2010, 73; *Hansens*, Das Gutachten des Vorstandes der Rechtsanwaltskammer, ZAP, Fach 24, S. 499; *ders.*, Bindung des Rechtsanwalts an die Bestimmung von Rahmengebühren, RENOpraxis 2010, 269; *Hauskötter*, Stundenhonorar des Strafverteidigers: BGH klärt bislang offene Streitfragen, RVGprofessionell 2011, 76; *Jungbauer*, Zur Frage der Mittelgebühr in OWi-Sachen – gleichzeitig Anmerkung zum Beitrag von Pfeiffer in DAR 2006, 653 – DAR 2007, 56; *Kallenbach*, Wie groß ist der Spielraum bei der Festsetzung der Rahmengebühr?, AnwBl. 2010, 431; *dies.*, Nachliquidation bei Rahmengebühren, DAR 2008, 729; *Krause*, Zusätzliche Gebühr nach Nr. 4142 VV RVG, auch bei Entziehung einer Fahrerlaubnis, JurBüro 2006, 118; *Meyer*, Zusätzliche Vergütung des Rechtsanwalts für die Vertretung im straf-/bußgeldrechtlichen Einziehungsverfahren pp. – VV RVG 4142, 5116, JurBüro 2005, 355; *Madert*, Die Bestimmung einer Rahmengebühr durch den Rechtsanwalt gemäß § 12 BRAGO, AnwBl. 1994, 379 und 445; *Otto*, Die angemessene Rahmengebühr nach dem RVG, NJW 2006, 1472; *Onderka*, So bestimmen Sie Ihren Gebührenrahmen richtig, RVGprofessionell 2004, 56; *Pfeiffer*, Zur sogenannten Mittelgebühr in Bußgeldverfahren aus Sicht eines Rechtsschutzversicherers, DAR 2006, 653; *Pillmann/Onderka*, Kokain und Falschgeld als Bewertungsgrundlage der Verteidigervergütung? – Die neue Zusatzgebühr nach Nr. 4142 VV RVG, in: Festschrift für Richter II, 2006, S. 419.

A. Überblick

1045 § 14 Abs. 1 regelt, wie der Rechtsanwalt, der Satz- oder Betragsrahmengebühren erhält, die **Höhe** seiner **Gebühr** im **Einzelfall bestimmt**. Diese Vorschrift hat für den **Wahlverteidiger**, der i.d.R. Betragsrahmengebühren erhält, in der Praxis erhebliche Bedeutung. Auf den Pflichtverteidiger ist die Vorschrift grds. nicht anwendbar, da er Festbetragsgebühren erhält. Beantragt er eine Pauschgebühr nach § 51, liegt das Bestimmungsrecht über die Höhe dieser Gebühr nicht bei ihm, sondern beim bewilligenden OLG. Gleiches gilt für den Wahlanwalt, wenn dieser nach § 42 die Feststellung einer Pauschgebühr beantragt. Für den Pflichtverteidiger ist die Vorschrift nur mittelbar von Bedeutung, wenn nämlich der freigesprochene Angeklagte gem. § 464a StPO Erstattung g seiner Auslagen aus der Staatskasse verlangt, da diesem, auch wenn ihm ein Pflichtverteidiger beigeordnet war, ein Anspruch auf Erstattung der Wahlanwaltsgebühren zusteht (vgl. dazu Teil A: Kostenfestsetzung und Erstattung in Strafsachen, Rn. 842, und Teil A: Vergütungsanspruch gegen die Staatskasse [§§ 40, 45, 60], Rn. 1469).

> **Hinweis:**
>
> § 14 hat auch für den im **Verfassungsbeschwerdeverfahren** tätigen Rechtsanwalt Bedeutung. Seine sich nach § 37 Abs. 1 richtenden Gebühren sind vom Gegenstandswert abhängig (vgl. § 37 Abs. 2 Satz 2). Dieser ist unter Berücksichtigung der „in § 14 Abs. 1 genannten Umstände nach billigem Ermessen zu bestimmen" (vgl. § 37 Rn. 17 ff.).

1046 In **§ 14 Abs. 2** wird geregelt, wie im Rechtsstreit zu verfahren ist, wenn die **Höhe** der **Gebühren streitig** ist. Es ist dann das Gutachten des Vorstands der Rechtsanwaltskammer einzuholen (vgl. dazu Rn. 1104 ff.).

Rahmengebühren (§ 14)

B. Anmerkungen

I. Bestimmung der Gebühr (Abs. 1)

1. Anwendungsbereich

a) Betragsrahmengebühr

Betragsrahmengebühren sind die Gebühren, die sich nicht nach dem Wert der Sache richten, sondern bei denen ein **bestimmter Mindest-** und ein **bestimmter Höchstbetrag** angegeben ist (vgl. Teil A: Gebührensystem, Rn. 649). Der Hauptanwendungsfall für diese Gebühren sind die Teile 4, 5 und 6 VV. Bei diesen Gebühren bestimmt der Rechtsanwalt innerhalb des vorgegebenen Rahmens seine konkrete Gebühr nach billigem Ermessen. Eine Überschreitung des Ermessens ist grds. unzulässig (vgl. dazu Rn. 1094 ff.).

1047

> **Hinweis:**
>
> Vertritt der Rechtsanwalt **mehrere Auftraggeber**, kommt auch bei den Gebühren der Teile 4 bis 6 VV die Anwendung von § 7 i.V.m. Nr. 1008 VV in Betracht. Allerdings wird in diesen Fällen nicht zuerst die konkrete Gebühr bestimmt und dann die Gebühr ggf. um 0,3 oder mehr erhöht. Vielmehr erhöht sich der Gebührenrahmen um den entsprechenden Erhöhungssatz. Innerhalb dieses erhöhten Rahmens ist die angemessene Gebühr zu bestimmen (allgemein zu mehreren Auftraggebern Teil A: Mehrere Auftraggeber [§ 7, Nr. 1008 VV], Rn. 956 ff., und dort insbesondere Rn. 1010 ff.).

Beispiel:

Rechtsanwalt R vertritt zwei Nebenkläger im vorbereitenden Verfahren.

Der Gebührenrahmen der Verfahrensgebühr Nr. 4104 VV erhöht sich von 30,00 € – 250,00 € auf einen Gebührenrahmen von 39,00 € (Mindestgebühr) – 325,00 € (Höchstgebühr). Die Mittelgebühr erhöht sich damit von 140,00 € auf 182,00 €.

b) Satzrahmengebühr

Über den Bereich der Betragsrahmengebühren hinaus erlangt § 14 Abs. 1 für den Rechtsanwalt noch Bedeutung, wenn er eine Satzrahmengebühr geltend machen kann. Bei Satzrahmengebühren handelt es sich um Gebühren, die sich zwar nach dem Gegenstandswert richten, für die aber kein fester Gebührensatz vorgeschrieben ist (vgl. Teil A: Gebührensystem, Rn. 649). Diese **fallen jedoch bei Tätigkeiten nach Teil 4 bis 6 VV nicht an**. Soweit sich die Gebühren des Rechtsanwalts/Verteidigers hier ggf. nach dem Gegenstandswert richten (vgl. z.B. Nrn. 4142 ff. VV), ist jeweils ein fester Gebührensatz vorgesehen.

1048

c) Beratungs- oder Gutachtengebühr (§ 34 Abs. 1 Satz 3)

Berät der Rechtsanwalt in einer Strafsache oder erstellt er in einer Strafsache ein (schriftliches) **Gutachten**, erhält er dafür nach § 34 Abs. 1 Satz 2 seine Vergütung nach des Vorschriften

1049

Rahmengebühren (§ 14)

des **BGB**, wenn keine (Vergütungs-)Vereinbarung geschlossen worden ist (s. Teil A: Beratung/Gutachten, Allgemeines [§ 34], Rn. 223 ff. m.w.N.). Ist der Auftraggeber **Verbraucher**, darf die Beratungs-/Gutachtengebühr nach § 34 Abs. 1 Satz 3 höchstens 250,00 € betragen, die Erstberatungsgebühr sogar nur 190,00 €. Nach § 34 Abs. 1 Satz 3 Halbs. 2 gilt § 14 Abs. 1 entsprechend. Der Rechtsanwalt muss also die Gebührenhöhe unter Berücksichtigung der Kriterien des § 14 Abs. 1 bestimmen und eine Einzelfallentscheidung treffen (s. auch AnwKomm-RVG/Onderka, § 14 Rn. 12; Teil A: Beratung/Gutachten, Allgemeines [§ 34], Rn. 239, 247).

> **Hinweis:**
> Aufgrund der Systematik der Verweisung in § 34 Abs. 1 Satz 3 ist die Erstberatungsgebühr von der Anwendung des § 14 Abs. 1 an sich ausgenommen (AnwKomm-RVG/Onderka, § 14 Rn. 13). Da der Rechtsanwalt jedoch auch für die Bestimmung der Höhe der **Erstberatungsgebühr** auf objektivierbare Kriterien angewiesen ist, muss jedoch der Verweis in § 34 Abs. 1 Satz 3 Halbs. 2 auf § 14 Abs. 1 auch für die Erstberatungsgebühr gelten (s. auch AnwKomm-RVG/Onderka, § 14 Rn. 13; Hartung/Römermann/Schons, § 34 Rn. 85).

d) Vergütungsvereinbarung (§ 3a)

1050 Hat der Rechtsanwalt/Verteidiger mit seinem Auftraggeber eine Vergütungsvereinbarung geschlossen (vgl. dazu: Teil A: Vergütungsvereinbarung [§ 3a] Rn. 1502), kann in dieser ein von den gesetzlichen Gebühren des RVG abweichender Betragsrahmen vereinbart werden. Auch dann muss der Verteidiger jedoch die konkrete Gebühr unter **Anwendung** der **Kriterien** des § 14 Abs. 1 bestimmen (AnwKomm-RVG/Onderka, § 14 Rn. 12 f.).

2. Bemessungskriterien

1051 Grundlage der Bestimmung der angemessenen Gebühr sind die in § 14 Abs. 1 aufgeführten **Kriterien**. Die Aufzählung (vgl. dazu Rn. 1057 ff.) ist allerdings **nicht abschließend**. Auch andere Umstände können bei der Bestimmung der Gebühr berücksichtigt werden. Das ergibt sich aus der Formulierung „vor allem" (vgl. unten Rn. 1052 ff., 1079; AnwKomm-RVG/Onderka, § 14 Rn. 23).

a) Sprachliche Formulierung des § 14 Abs. 1

aa) Austausch der Begriffe

1052 Fraglich ist, wie andere als die in § 14 Abs. 1 erwähnten Umstände bei der Gebührenbestimmung zu bewerten sind. Das hängt davon ab, ob mit dem **Austausch** des **Begriffs** „insbesondere" in § 12 Abs. 1 BRAGO durch „vor allem" in § 14 Abs. 1 eine **inhaltliche Änderung** gewollt war. In der Gesetzesbegründung zum RVG findet sich hierzu keine Aussage. Braun (Gebührenabrechnung, S. 33) sieht in der Formulierung „vor allem" eine Aufzählung besonders wichtiger Wertungskriterien mit der Folge, dass die dort nicht genannten Kriterien nicht mehr gleichbedeutend seien mit nicht ausdrücklich aufgeführten Kriterien (so auch Braun/Schneider, in: Hansens/

Braun/Schneider, Teil 1, Rn. 141; AnwKomm-RVG/Onderka, § 14 Rn. 23). Burhoff/Kindermann (RVG 2004, Rn. 94) lassen die Frage offen (vgl. dazu auch noch Otto, NJW 2006, 1472).

Die Frage ist indes zu **verneinen** (so auch Burhoff, RVGreport 2005, 361). Zwar spricht der Wortlaut für die Auslegung, dass die nicht genannten Umstände eine geringere Bedeutung haben sollen. Möglich ist aber auch die Auslegung, wonach die in § 14 Abs. 1 erwähnten Kriterien in jedem Fall zu bedenken sind und weitere, nicht namentlich aufgeführte Kriterien gleichwertig hinzutreten können, aber nicht in jedem Fall hinzutreten müssen. Das entspricht im Übrigen der Auslegung des § 12 Abs. 1 BRAGO (Gerold/Schmidt/Madert, BRAGO, § 12 Rn. 15) und wird dem Umstand gerecht, dass sich im gesamten RVG-Gesetzgebungsverfahren in keinem der vorgelegten und dann gescheiterten Gesetzesentwürfe zur Neufassung des § 14 Abs. 1 ein Anhaltspunkt dafür findet, dass diese Frage anders als nach der BRAGO geregelt werden soll. Das gilt insbesondere auch für den Entwurf der Experten-Kommission zur BRAGO-Strukturreform, auf dem dann alle nachfolgenden Entwürfe basierten.

bb) Änderung der Reihenfolge

Von Bedeutung ist allerdings die Änderung der Rangfolge bei den in § 14 Abs. 1 aufgeführten Kriterien. In § 14 Abs. 1 sind nämlich der „**Umfang** und die **Schwierigkeit** der **anwaltlichen Tätigkeit**" an die erste Stelle gerückt, während in § 12 Abs. 1 BRAGO die „Bedeutung der anwaltlichen Angelegenheit" den ersten Platz einnahm. Das ist eine nur folgerichtige Umstellung, die das Anliegen des Gesetzgebers, mit dem RVG den vom Rechtsanwalt erbrachten Zeitaufwand angemessen(er) zu honorieren, verdeutlicht. Dieser spiegelt sich aber gerade im „Umfang" seiner Tätigkeit, die ihre Grundlage in der „Schwierigkeit der anwaltlichen Tätigkeit" hat, wider (ähnlich AnwKomm-RVG/Onderka, § 14 Rn. 24; vgl. dazu auch Otto, NJW 2006, 1472).

1053

> **Hinweis:**
> Den **zeitlichen Umfang** seiner Tätigkeit muss der Rechtsanwalt auf jeden Fall in der Handakte **festhalten** und **dokumentieren**, um insbesondere auf der Grundlage des Zeitaufwands die angemessene Gebühr bestimmen zu können (so auch Onderka, RVGprofessionell 2004, 56; Enders, JurBüro 2004, 459, 460; s. das Gebührenblatt bei Rn. 1110 ff.; zur Bedeutung des Zeitaufwands s. auch Rn. 1057 und zur Terminsgebühr Vorbem. 4 VV Rn. 63 ff.).

b) Berücksichtigung allgemeiner Erwägungen?

Bei der Gebührenbestimmung bleiben allgemeine Erwägungen **unberücksichtigt** (AnwKomm-RVG/Onderka, § 14 Rn. 26).

1054

Das gilt in Strafsachen insbesondere für die Tätigkeit des **Nebenklägervertreters**, bei dem nicht grds. von einem geringeren Gebührenrahmen ausgegangen werden kann, weil er „nur" neben der Staatsanwaltschaft tätig wird (vgl. die vergleichbaren Überlegungen in OLG Hamm, AGS 1998, 138 = StV 1998, 618 = AnwBl. 1998, 612 für die Pauschvergütung des Pflichtverteidigers, der neben dem „federführend" verteidigenden Wahlanwalt verteidigt hat; zu den Verteidigergebühren bei der Nebenklage s. OLG Koblenz, NJW 2005, 917 [BRAGO]; inzidenter auch LG Rottweil, AGS 2007, 505 [zugleich auch zur Festsetzung der Höchstgebühr für den Nebenklä-

1055

Rahmengebühren (§ 14)

gervertreter]). Das folgt auch daraus, dass Vorbem. 4 Abs. 1 den Verteidiger und den Nebenklägervertreter gleichbehandelt und nicht etwa unterschiedliche Gebührenrahmen festsetzt. Auch beim Nebenklägervertreter ist daher grds. von der Mittelgebühr auszugehen (AnwKomm-RVG/ Onderka, § 14 Rn. 26; s. auch unten Rn. 1084).

1056 Entsprechendes gilt für die **Bemessung** der **Gebühren** in **Bußgeldsachen** nach Teil 5 VV (vgl. dazu eingehend Burhoff, RVGreport 2005, 361 ff. und VRR 2006, 333, sowie Vorbem. 5 Rn. 21, 26 und Rn. 39 ff. mit „Rechtsprechungs-ABC"; s. auch noch AnwKomm-RVG/Onderka, § 14 Rn. 27 ff.; Gerold/Schmidt/Mayer, § 14 Rn. 30). Insoweit galt schon zu § 105 BRAGO, dass die Gebühren nicht deshalb niedriger bemessen werden durften, weil es sich generell um Angelegenheiten von geringerer Bedeutung handelt (vgl. Gebauer/Schneider, BRAGO, § 105 Rn. 137 ff. m.w.N.). Nachdem das RVG für die anwaltliche Vergütung in Bußgeldsachen in Teil 5 VV eigenständige Gebühren geschaffen hat und die Verknüpfung mit den Gebühren für das Strafverfahren weggefallen ist, gilt dies nun erst recht (vgl. auch Vorbem. 5 VV Rn. 26 ff.). Teil 5 VV enthält für das Bußgeldverfahren eigene – z.T. niedrigere – Gebührenrahmen, die nicht mit dem Argument „Angelegenheit von geringerer Bedeutung" noch weiter abgesenkt werden dürfen. Insoweit würde gegen ein „**gebührenrechtliches Doppelverwertungsverbot**" verstoßen (Burhoff, RVGreport 2005, 361; vgl. auch AG Pinneberg, AGS 2005, 552). Das gilt insbesondere auch für die Berücksichtigung einer (niedrigen) Geldbuße (zu straßenverkehrsrechtlichen Bußgeldverfahren s. Vorbem. 5 Rn. 26 ff.).

c) Umfang der anwaltlichen Tätigkeit

1057 Mit „Umfang der anwaltlichen Tätigkeit" ist vor allem der **zeitliche Aufwand** gemeint, den der Rechtsanwalt/Verteidiger auf die Führung des Mandats verwendet hat (Enders, JurBüro 2004, 459, 460; Otto, NJW 2006, 1472, 1473; AnwKomm-RVG/Onderka, § 14 Rn. 32). Dazu zählen nicht nur die Zeiten, die der Verteidiger faktisch an bzw. in der Sache gearbeitet hat, sondern **auch** der **nutzlos erbrachte Aufwand** (so für die BRAGO schon Gebauer/Schneider, BRAGO, § 12 Rn. 31; zum RVG AnwKomm-RVG/Onderka, a.a.O.; Hartung/Römermann/Schons, § 14 Rn. 19 ff.). Dass das RVG den nutzlos erbrachten Aufwand auf jeden Fall berücksichtigen will, ergibt sich aus Vorbem. 4 Abs. 3 Satz 2 VV bzw. Vorbem. 5 Abs. 3 Satz 2 VV und der dort bestimmten Terminsgebühr für einen „geplatzten Termin" (vgl. dazu Vorbem. 4 VV Rn. 77 ff., Vorbem. 5 VV Rn. 26 ff.). Der Zeitdauer kommt insbesondere bei der Bemessung der Terminsgebühr erhebliche Bedeutung zu (vgl. dazu die Nachw. bei Vorbem. 4 Rn. 68).

> **Hinweis:**
> Zu berücksichtigen sind auch **mandatsbezogene Tätigkeiten** von **Personen**, die **nicht** in **§ 5** erwähnt sind (zu § 5 s. Teil A: Vertreter des Rechtsanwalts [§ 5], Rn. 1609 ff.). Grund dafür ist die Überlegung, dass dann, wenn sich der Rechtsanwalt nicht dieser Mitarbeiter bedienen würde, der von ihm selbst erbrachte Zeitaufwand höher sein würde (Enders, JurBüro 2004, 459, 462, wonach z.B. die Recherchetätigkeit eines dem Rechtsanwalt/Verteidiger nicht zur Ausbildung zugewiesenen Referendars unter dem Gesichtspunkt des Umfangs der anwaltlichen Tätigkeit gebührenerhöhend zu berücksichtigen ist).

Rahmengebühren (§ 14)

1058 Im Einzelnen sind die unter Rn. 1060 f. aufgezählten Umstände zu berücksichtigen (s. auch AnwKomm-RVG/Onderka, § 14 Rn. 29; Gerold/Schmidt/Mayer, § 14 Rn. 15; Mayer/Kroiß, § 14 Rn. 15 ff.; Enders, JurBüro 2004, 459, 461). Diese sind allerdings **nicht abschließend** zusammengestellt. Weitere Umstände, die zu berücksichtigen sein können, sind bei den jeweiligen Gebühren erwähnt (vgl. z.B. Vorbem. 4 VV Rn. 18 ff.).

> **Hinweis:**
>
> Einen guten **Anhaltspunkt**, welche Tätigkeiten zu berücksichtigen sind, gibt das **ABC** der **Pauschvergütung** (vgl. § 51 Rn. 73 ff.). Dieses enthält die Umstände, die von den OLG bei der Bemessung der Pauschvergütung nach § 99 BRAGO in der Vergangenheit berücksichtigt worden sind und auch heute weiter Berücksichtigung finden. Auf sie kann der Wahlanwalt zurückgreifen, wenn es um die Bestimmung seiner angemessenen Betragsrahmengebühr geht.

Bei der Bemessung und Bewertung des Umfangs der anwaltlichen Tätigkeit muss der Verteidiger allerdings berücksichtigen, dass das RVG gerade in Teil 4, 5 und 6 VV **neue Gebührentatbestände** geschaffen hat. Dem Verteidiger stehen insoweit jetzt für bestimmte Tätigkeiten besondere Gebühren zu (vgl. z.B. für Teilnahme an Vernehmungen die Nrn. 4102 Ziff. 1 und 2 VV). Diese Tätigkeiten fallen als Kriterium bei der konkreten Bemessung anderer Gebühren aus. So wurde nach der BRAGO die Teilnahme an einem Vernehmungstermin außerhalb der Hauptverhandlung im Rahmen der Hauptverhandlungsgebühr nach § 83 Abs. 1 BRAGO Gebühren erhöhend berücksichtigt. Das ist nach dem RVG für die Bemessung der gerichtlichen Verfahrensgebühr oder der Terminsgebühr für die Hauptverhandlung nicht mehr möglich.

> **Hinweis:** 1059
>
> Für die **Anwendung** des **nachfolgenden ABC** ist von Bedeutung, dass es sich insoweit nur um eine **allgemeine Aufzählung** handelt. Die Umstände, die für die Bemessung der Gebühr von Bedeutung sind, sind jeweils von der Gebühr abhängig, um deren Bemessung es geht. So ist z.B. die Dauer eines Hauptverhandlungstermins bei der Bemessung der gerichtlichen Verfahrensgebühr ohne Belang. Die Dauer eines Hauptverhandlungstermins hat nur bei der Terminsgebühr Gewicht.

1060 Zu **berücksichtigen** sind bei der Bemessung der Gebühr im Hinblick auf das Kriterium „**Umfang der anwaltlichen Tätigkeit**" (vgl. auch Burhoff, RVGreport 2005, 361):

- (lange) **Anfahrtszeiten** zum Gericht oder sonstigen Orten,
- **Akteneinsicht**,
- Aktenstudium,
- **Anhörungsrüge** (vgl. § 19 Abs. 1 Satz 2 Nr. 5 und Teil A: Rechtszug [§ 19], Rn. 1198),
- **Anträge** auf **gerichtliche Entscheidung,**
- **Anzahl** der **Tatvorwürfe,**
- **Anzahl** der **Zeugen,**

Rahmengebühren (§ 14)

- Anzahl von **Anträgen**, die gestellt bzw. vorbereitet wurden,
- Auswertung von **Fachliteratur** zu nicht juristischen Fragen,
- Auswertung von Rechtsprechung und Literatur,
- Auswertung von **Sachverständigengutachten**
- **Beratung** über Rechtsmittel,
- **Besprechungen** mit anderen Verfahrensbeteiligten,
- **Besprechungen** mit dem **Mandanten**,
- Besuche in der **Justizvollzugsanstalt**,
- engagierter und zeitaufwendiger anwaltlicher Beistand für das Opfer einer Sexualstraftat durch den Nebenklägervertreter (OLG Koblenz, NJW 2006, 917, 918),
- **Dauer** der **Hauptverhandlung** bei der Terminsgebühr (zur durchschnittlichen Dauer vgl. Vorbem. 4 VV Rn. 67),
- **Dauer** von **außergerichtlichen Terminen** (vgl. z.B. Nr. 4102 Nr. 2 VV),
- **Dauer** von **gerichtlichen Terminen** außerhalb der Hauptverhandlung (Nr. 4102 Nr. 1 VV)
- Durchführung von **Beschwerdeverfahren** (Teil A: Beschwerdeverfahren, Abrechnung, Rn. 371), wie z.B. allgemeine (Haft-)Beschwerden (BGH, NJW 2009, 2682 = MDR 2009, 1193 = StRR 2009, 385; OLG Düsseldorf, AGS 2011, 70 = RVGreport 2011, 22 = StRR 2011, 38 = RVGprofessionell 2011, 53; OLG Hamm, RVGreport 2009, 149 = StRR 2009, 39) und/oder auch Beschwerden gegen einen § 111a-Beschluss (vgl. zu Letzterem LG Detmold, VRR 2008, 363 [LS] = StRR 2008 [LS] [Anhebung der Mittelgebühr der Verfahrensgebühr um 10 %]; AG Hof, JurBüro 2011, 253 = AGS 2011, 68 = RVGreport 2011, 262 = VRR 2011, 83; s. auch noch AG Sinzig, JurBüro 2008, 249 für Beschwerde gegen die Zurückweisung eines Wiedereinsetzungsantrags),
- **Einarbeitung** in ein dem Strafverfahren ggf. vorausgegangenes Zivilverfahren (LG Dresden, 09.08.2006 – 4 Qs 20/06, www.burhoff.de)
- **Einlegung** von Rechtsmitteln,
- **Erörterungen** des **Standes** des **Verfahrens** im Hinblick auf eine Verständigung nach § 257c StPO (§§ 160b, 202a, 212 StPO; vgl. Teil A: Verständigung im Straf-/Bußgeldverfahren, Abrechnung, Rn. 1585),
- Tätigkeiten im Hinblick auf **Fahrerlaubnis** oder **Fahrverbot** (vgl. auch unten Rn. 1068),
- **Gespräche** mit Familienangehörigen,
- Gespräche mit Betreuern und Helfern,
- Gespräche mit **Sachverständigen** und/oder **Zeugen**,
- **Informationsgespräche** mit dem Mandanten,
- Nachholung des rechtlichen Gehörs (vgl. § 19 Abs. 1 Satz 2 Nr. 5 und Teil A: Rechtszug [§ 19], Rn. 1198),
- Pausen während der Hauptverhandlung,
- komplexer Sachverhalt, der z.B. die Einholung eines Glaubhaftigkeitsgutachtens erforderlich machte (vgl. LG Saarbrücken, StraFo 2009, 174 = RVGreport 2009, 424),

Rahmengebühren (§ 14)

- **Tatortbesichtigungen**,
- **Umfang** der **Akten**, in die Einsicht genommen wird,
- **Verständigungsgespräche** (§ 257c StPO; vgl. dazu Teil A: Verständigung im Straf-/Bußgeldverfahren, Abrechnung, Rn. 1585),
- Vertretung gegenüber mehreren Gegnern (Nebenkläger gegenüber mehreren Angeklagten),
- **Vorbereitung** der Hauptverhandlung,
- Vorbereitung des Plädoyers,
- Vorbereitung von Hauptverhandlungsterminen und sonstigen Terminen,
- (Vor-)Gespräche mit Mitverteidigern,
- **Wartezeiten** vor Beginn der Hauptverhandlung,
- **Wiedereinsetzungsanträge**,
- Zeitpunkt der Einarbeitung, z.B. erstmalig im Rechtsmittelverfahren,
- **Zulassungsverfahren** bei der Rechtsbeschwerde (vgl. § 16 Nr. 13).

Nicht (mindernd) zu berücksichtigen sind: 1061

- Allgemeine Erwägungen (s. dazu Rn. 1054 ff.),
- **Freispruchplädoyer** des Staatsanwalts (AG Bensheim, NZV 2008, 108; a.A., aber abwegig LG München I, JurBüro 1982, 1182; wie hier auch AnwKomm-RVG/Onderka, § 14 Rn. 34),
- **Kenntnis** der Sache **aus 1. Instanz** im Rechtsmittelverfahren (a.A. für Berufungsverfahren LG Flensburg, JurBüro 1984, 1039; wie hier AnwKomm-RVG/Onderka, § 14 Rn. 34),
- Tätigkeit von **mehreren Verteidigern** nebeneinander, da jeder sich voll einarbeiten muss (OLG Hamm, AGS 1998, 138 = StV 1998, 618 = AnwBl. 1998, 612),
- der Umstand, dass sich der Mandant nicht auf freiem Fuß bzw. in **Haft** befunden hat, da das bereits über Vorbem. 4 Abs. 4 VV beim Gebührenrahmen Berücksichtigung findet; etwas anderes kann gelten, wenn das Verfahren gegenüber anderen Verfahren, in denen sich der Beschuldigte nicht in Haft befunden hat, einen überdurchschnittlichen Umfang hatte (s. auch AnwKomm-RVG/Onderka, § 14 Rn. 61).

> **Hinweis:** 1062
>
> Bei den vom RVG vorgesehenen **zahlreichen Gebührentatbeständen** und der verfahrensbezogenen Abrechnung besteht die Gefahr, dass bei der Abrechnung Gebührentatbestände vergessen und übersehen werden. Deshalb empfiehlt es sich, ein sog. „Gebührenblatt" anzulegen, in dem alle Tätigkeiten festgehalten werden und das dann Grundlage der späteren Abrechnung bzw. Festsetzung der Gebühren sein kann (so auch Enders, JurBüro 2004, 459, 460). Ein Vorschlag für ein solches **Gebührenblatt** befindet sich unter Rn. 1111 ff. Dort ist zugleich anhand eines Beispiels dargestellt, wie dieses Gebührenblatt ausgefüllt werden kann.

Rahmengebühren (§ 14)

d) Schwierigkeit der anwaltlichen Tätigkeit

1063 Bei der „Schwierigkeit der anwaltlichen Tätigkeit" geht es um die **qualitativen Anforderungen** an die Arbeit des Verteidigers in rechtlicher und tatsächlicher Hinsicht. Diese spiegeln sich in der Intensität der Tätigkeit des Verteidigers wider (Enders, JurBüro 2004, 515; Otto, NJW 2006, 1472, 1473). Die „Schwierigkeit der anwaltlichen Tätigkeit" kann sich je nach **Instanz** unterschiedlich beurteilen. So kann ein Verfahren in erster Instanz rechtlich und tatsächlich schwierig sein, wird dann ein auf den Strafausspruch beschränktes Rechtsmittel eingelegt, können diese Schwierigkeiten entfallen mit der Folge, dass sie bei der Bemessung der Gebühren für die Rechtsmittelinstanz keine Rolle mehr spielen (s. auch AnwKomm-RVG/Onderka, § 14 Rn. 19; Enders, JurBüro 2004, 515, 516 f.).

> **Hinweis:**
>
> Die Schwierigkeit der anwaltlichen Tätigkeit hat i.d.R. immer auch **Auswirkungen** auf den **Umfang** (vgl. dazu Rn. 1057 ff.). Allerdings muss nicht jede umfangreiche Sache zugleich auch schwierig sein (Gerold/Schmidt/Mayer, § 14 Rn. 16).

1064 Eine „schwierige Tätigkeit" ist gegeben, wenn der Schwierigkeitsgrad aus besonderen Gründen – sei es aus rechtlichen, sei es aus tatsächlichen – **über** dem **Normalfall** liegt. Die Schwierigkeit muss allerdings **nicht erheblich** sein. Es reicht bei der Anwendung von § 14 Abs. 1 aus, wenn die Sache etwas verwickelter als üblich ist (a.A. AnwKomm-RVG/Onderka, § 14 Rn. 37; Gerold/Schmidt/Mayer, § 14 Rn. 16). Müsste die Schwierigkeit nämlich erheblich über dem Normalfall liegen (so AnwKomm-RVG/Onderka, a.a.O.), wäre damit bereits die grds. Voraussetzung für die Anwendung der §§ 42, 51 und die Gewährung einer Pauschvergütung/Pauschgebühr gegeben. Das ist für die Berücksichtigung der „Schwierigkeit der anwaltlichen Tätigkeit" im Rahmen des § 14 Abs. 1 jedoch nach dem Wortlaut nicht Voraussetzung; dieser verlangt nur eine „schwierige" anwaltliche Tätigkeit.

> **Hinweis:**
>
> Allerdings wird man die **allgemeinen Anhaltspunkte**, die die Rechtsprechung für die Beurteilung einer Sache als „besonders schwierig" i.S.v. **§§ 42, 51** (vgl. dazu § 51 Rn. 19 ff.) aufgestellt hat, auch im Rahmen des § 14 Abs. 1 heranziehen können. Dabei muss aber immer berücksichtigt werden, dass es sich nicht um eine besonders schwierige Tätigkeit des Rechtsanwalts/Verteidigers gehandelt haben muss.

1065 Zu **berücksichtigen** sind (vgl. auch § 51 Rn. 19 ff.), ggf. für jede Instanz gesondert, folgende Aspekte (zum OWi-Verfahren s. Vorbem. 5 Rn. 21 ff.), wobei auf die Kenntnisse eines durchschnittlichen, nicht spezialisierten Rechtsanwalts abzustellen ist (FG München, RVGreport 2011, 174):

- besondere Kenntnisse von **ausländischem Recht** erforderlich,
- besondere **rechtliche Kenntnisse** erforderlich, wie z.B. in Fragen der Abfallbeseitigung, des Umweltrechts, des Außenwirtschaftsrechts oder des Patentrechts (OLG Hamm, StV 1998, 614; vgl. auch Enders, JurBüro 2004, 515, 516 f.),
- „**Indizienprozess**",

Rahmengebühren (§ 14)

- komplizierte **wirtschaftsrechtliche** und steuerrechtliche Fragen, wobei allerdings für Wirtschaftsstrafverfahren die erhöhten Gebührenrahmen in Nr. 4118 VV zu beachten sind (vgl. dazu auch OLG Hamm, NJW 2006, 74 = JurBüro 2006, 137 [zu § 51]),
- **kurze Einarbeitungszeit**,
- mehrere **Sachverständigengutachten**, und zwar vor allem im OWi-Verfahren,
- **mindernd**: Rechtsmittelbeschränkung auf einzelne Punkte,
- **schwierige Beweislage**, z.B. in Missbrauchsverfahren, wenn die Hauptbelastungszeugin psychisch auffällig war, was u.a. die Einholung und Auswertung eines Glaubhaftigkeitsgutachtens erforderlich machte (vgl. z.B. LG Saarbrücken, StraFo 2009, 174 = RVGreport 2009, 424),
- **schwierige Persönlichkeit** des Angeklagten,
- **schwierige Rechtsfragen** (zur Schwierigkeit eines Revisionsverfahrens s. BGH, Beschl. v. 10.05.2006 – 2 StR 120/05, www.burhoff.de),
- schwierige **Verjährungsfragen** (Burhoff, RVGreport 2005, 361, 363),
- schwieriges **Nebenklagemandat** in einem Sexualstrafverfahren (OLG Koblenz, NJW 2005, 917, 918),
- schwieriges **Schwurgerichtsverfahren**, wobei auch hier die erhöhten Gebührenrahmen zu beachten sind (vgl. dazu auch OLG Hamm, JurBüro 2006, 255 [LS]),
- **sprachliche** oder schwerhörigkeitsbedingte **Verständigungsschwierigkeiten** mit dem Angeklagten (vgl. dazu KG, StV 2006, 198 = AGS 2006, 278 = RVGreport 2007, 180; AG Bühl, AGS 2004, 287; zu besonderen Sprachkenntnissen des Rechtsanwalts s. auch OLG Hamm, StraFo 2007, 218 = Rpfleger 2007, 426 = JurBüro 2007, 309 für das Auslieferungsverfahren),
- **tatsächliche Schwierigkeiten**, die sich z.B. in einer umfangreichen, schwierigen Beweiswürdigung im Urteil dokumentieren.

Für die Frage der „Schwierigkeit der anwaltlichen Tätigkeit" kommt es darauf an, ob es sich um eine **generell schwierige Sache** gehandelt hat. Unerheblich ist, ob der konkret tätig gewordene Verteidiger individuell über die erforderlichen Spezialkenntnisse verfügt hat und die Sache für ihn deshalb nicht schwierig war (zutreffend OLG Jena, RVGreport 2005, 145; SG Marburg, AGS 2008, 451 = JurBüro 2008, 365 = RVGreport 2008, 181; FG München, RVGreport 2011, 174; AnwKomm-RVG/Onderka, § 14 Rn. 36; Burhoff, RVGreport 2005, 361, 363). Anderenfalls würde der Verteidiger, der sich ggf. spezialisiert hat, gegenüber dem Allgemeinanwalt benachteiligt. 1066

> **Hinweis:**
>
> Die Qualifikation des Verteidigers als „**Fachanwalt** für **Strafrecht**" ist also gebührenneutral. Sie kann weder zu einer Senkung der konkreten Gebühr führen noch zu einer Erhöhung (AG München, AGS 2007, 81). Allerdings kann die Inanspruchnahme eines Fachanwalts ein Indiz für die Schwierigkeit der anwaltlichen Tätigkeit sein (AG Tempelhof-Kreuzberg, AGS 2008, 325 = JurBüro 2007, 485 [für arbeitsgerichtliches Verfahren]).

Rahmengebühren (§ 14)

e) Bedeutung der anwaltlichen Tätigkeit

1067 Bei der Bewertung der Bedeutung der Angelegenheit ist auf die **individuelle Bedeutung** für den **Mandanten** abzustellen (Hartung/Römermann/Schons, § 14 Rn. 31; Otto, NJW 2006, 1472, 1475 f.; zur Bedeutung eines Strafverfahrens für das Opfer einer Sexualstraftat vgl. OLG Koblenz, NJW 2005, 917). Die Bedeutung für den Verteidiger ist ebenso unerheblich wie die Bedeutung für die Allgemeinheit. Die individuelle Bedeutung für den Mandanten erlangt für ihn ggf. nur darüber Gewicht, dass sie sich für ihn in einem besonderen Zeitaufwand niedergeschlagen hat (vgl. OLG Hamm, Rpfleger 2002, 480 = AGS 2002, 230 = AnwBl. 2002, 664 = JurBüro 2002, 419). Unzutreffend ist es daher, wenn als für die Bedeutung der Angelegenheit maßgeblich nicht auf das subjektive Empfinden des Beschuldigten abgestellt, sondern ggf. darauf, was es aus der Sicht eines unbeteiligten Dritten bedeutet, nicht oder nicht so hoch bestraft zu werden (so LG Koblenz, JurBüro 2010, 32).

1068
- Abzustellen ist auf die **persönlichen** und **wirtschaftlichen Interessen** des Mandanten am Ausgang des Verfahrens. Zu berücksichtigen ist ggf., dass dem Mandanten nicht nur eine Geldstrafe, sondern eine (langjährige) Freiheitsstrafe droht (Otto, NJW 2006, 1472, 4176; OLG Düsseldorf, RVGreport 2011, 57 = StRR 2011, 119 [Haftbefehl mit 22 Fällen, Haftrahmen ein bis zehn Jahre]; OLG Hamm, RVGprofessionell 2009, 112 [Antrag der Staatsanwaltschaft in der Hauptverhandlung auf Verhängung einer Freiheitsstrafe von mehr als sechs Jahren]; LG Hannover, Nds.Rpfl. 2005, 327, das hinsichtlich der Bedeutung der Angelegenheit grds. von der zu erwartenden **Strafe** ausgeht und bei Verstößen, die regelmäßig mit einer Geldstrafe von bis zu 30 Tagessätzen sanktioniert werden, eine unterdurchschnittliche Gebühr annimmt). Auch die Frage der Aussetzungsfähigkeit einer Freiheitsstrafe spielt eine Rolle (LG Koblenz, JurBüro 2010, 34; JurBüro 2010, 475).

- Es sind insbesondere auch **berufliche Auswirkungen** von erheblichem Belang. Das gilt insbesondere, wenn der Ausgang des Verfahrens über die berufliche Existenz des Mandanten entscheidet. Eine solche Situation kann vorliegen, wenn dem Mandanten (Berufskraftfahrer) bei einem Entzug der Fahrerlaubnis der Verlust des Arbeitsplatzes droht (AG Frankfurt, zfs 1992, 209) oder er als Beamter bei einer Freiheitsstrafe von mehr als einem Jahr mit der automatischen Entlassung aus dem Staatsdienst, er mit Disziplinarmaßnahmen rechnen muss (AnwKomm-RVG/Onderka, § 14 Rn. 40 m.w.N.) oder er ggf. nicht in den Staatsdienst übernommen wird (AG Homburg, zfs 1997, 388; zu beruflichen Konsequenzen auch AG Pirna, VRR 2009, 323 [LS]). Auch ist ggf. zu berücksichtigen, dass der Beschuldigte unbescholten ist (LG Bochum, 15.10.2009 – 3 Qs 230/09, insoweit nicht in StRR 2010, 117).

- Auch die **Stigmatisierung** des Beschuldigten im Fall der Verurteilung ist von Bedeutung (OLG Hamm, RVGprofessionell 2009, 112).

- Im **straßenverkehrsrechtlichen OWi-Verfahren** hat der Umstand, dass dem Mandanten ein **Fahrverbot** droht (vgl. z.B. AG Dresden, AGS 2010, 431; AG Frankenthal, RVGreport 2005, 271 = AGS 2005, 292; AG Pinneberg, AGS 2005, 552) oder er mit Eintragungen im Verkehrszentralregister rechnen muss, erhebliche Bedeutung (zur Gebührenbemessung im (straßenverkehrsrechtlichen) OWi-Verfahren Burhoff, RVGreport 2005, 361; s. dazu eingehend Vorbem. 5 Rn. 21 m.w.N. und Rn. 39 ff. m.w.N. aus der Rspr. und „Rechtsprechungs-ABC").

Rahmengebühren (§ 14)

- Übersehen werden dürfen im Übrigen auch nicht **gesellschaftliche Auswirkungen** oder der Umstand, dass das Straf-/Bußgeldverfahren nicht selten **Präjudiz** für nachfolgende Schadensersatzverfahren ist (LG Bochum, 15.10.2009 – 3 Qs 230/09, insoweit nicht in StRR 2010, 117; LG München I, AnwBl. 1982, 263; AG Bensheim, NZV 2008, 108; AnwKomm-RVG/Onderka, § 14 Rn. 40).

- Die Bedeutung einer Strafsache kann **nicht** allein deswegen als weit unterdurchschnittlich bewertet werden, weil eine Verurteilung nach **Jugendstrafrecht** droht. Die Diskrepanz zur Strafandrohung in Erwachsenenstrafsachen kann nicht etwa durch eine Herabsetzung der angemessenen Gebühr ausgeglichen werden (LG Essen, StV 2008, 375 = AGS 2008, 225). Ebenso ist es für die Bemessung der (Grund-)Gebühr ohne Belang, dass es sich um ein Strafverfahren (nur) beim **AG** gehandelt hat (AG Pirna, VRR 2009, 323 [LS]).

1069

> **Hinweis:**
> Der in § 88 Satz 3 BRAGO enthaltene **25 %-ige Zuschlag**, wenn der Rechtsanwalt im Hinblick auf **Fahrerlaubnis** oder **Fahrverbot** tätig geworden ist, ist im RVG **nicht mehr** enthalten. Diese Tätigkeiten werden aber nicht etwa durch Nr. 4142 VV bzw. Nr. 5115 VV erfasst (vgl. dazu Nr. 4142 Rn. 8). Diese Vorschriften sind nicht, auch nicht entsprechend, anwendbar. Die insoweit erbrachten Tätigkeiten erhält der Rechtsanwalt nur vergütet, indem sie im Rahmen des § 14 Abs. 1 besonders zu berücksichtigen sind und zu einer Gebührenerhöhung, z.B. bei der Verfahrens- oder Terminsgebühr, führen (so auch AnwKomm-RVG/ N. Schneider, VV 4142 Rn. 15; Gerold/Schmidt/Burhoff, VV 4142 Rn. 9; Breyer, RVG-B 2005, 72; Burhoff, RVGreport 2006, 191; OLG Koblenz, RVGreport 2006, 192 = AGS 2006, 236; s. wegen weiterer Nachw. Nr. 4142 Rn. 8).

f) Vermögensverhältnisse des Mandanten

Auszugehen ist von den **durchschnittlichen Vermögensverhältnissen** in der BRD. Das bedeutet, dass der übliche Hausrat und ein kleineres Sparguthaben auf jeden Fall als „normal" anzusehen sind (Onderka, RVGprofessionell 2004, 57). Demgegenüber rechtfertigen überdurchschnittliche Vermögensverhältnisse des Mandanten, z.B. umfangreicher (unbelasteter) Grund- und Aktienbesitz, eine Erhöhung der Gebühren. Leicht überdurchschnittliche Vermögensverhältnisse sind allerdings bei einer Hausfrau als dadurch kompensiert angesehen worden, dass sie über kein eigenes Einkommen verfügte (LG Koblenz, JurBüro 2010, 32). Unterdurchschnittliche Vermögensverhältnisse führen hingegen zu einer Gebührenminderung.

1070

> **Hinweis:**
> **Richtlinie** für die Berücksichtigung von Vermögen können die Freibeträge sein, die früher für die Vermögensteuer galten. Werden die Freibeträge überschritten, liegen sicherlich überdurchschnittliche Vermögensverhältnisse vor (Braun/Hansens, RVG-Praxis, S. 33).

Bei **Minderjährigen** ohne Vermögen soll auf die Vermögensverhältnisse der Eltern abzustellen sein (LG Essen, AGS 2008, 225, insoweit nicht in StV 2008, 375; AnwKomm-RVG/Onderka, § 14 Rn. 45; Hartmann, KostG, § 14 Rn. 10). Das dürfte nicht zutreffend sein, da der Minderjäh-

1071

Rahmengebühren (§ 14)

rige Gebührenschuldner ist und nicht seine Eltern. Diese haften zwar im Rahmen ihrer gesetzlichen Unterhaltspflicht, das ändert aber nichts daran, dass es auf die Vermögensverhältnisse des Mandanten ankommt. Der gesetzliche Unterhaltsanspruch des Minderjährigen ist aber nicht „Vermögen". Etwas anderes gilt hinsichtlich der Ansprüche aus einer ggf. bestehenden **Rechtsschutzversicherung**. Diese ist als Vermögenswert zu betrachten, welcher zu berücksichtigen ist (insoweit zutreffend AnwKomm-RVG/Onderka, § 14 Rn. 47; LG Kaiserslautern, AnwBl. 1984, 289; a.A. AG Bonn, JurBüro 1981, 1051).

1072 **Maßgebend** für die Beurteilung der Vermögensverhältnisse ist der **Zeitpunkt** der **Abrechnung**, da der Mandant dann die Gebührenrechnung des Verteidigers bezahlen muss (so auch zutreffend AnwKomm-RVG/Onderka, § 14 Rn. 48).

g) Einkommensverhältnisse des Mandanten

1073 Auszugehen ist auch bei den Einkommensverhältnissen von den **durchschnittlichen (Einkommens-)Verhältnissen** in Deutschland (AnwKomm-RVG/N. Schneider, § 14 Rn. 45). Diese lagen 2009 bei ca. 2.300,00 € brutto in den alten und bei rund 2.000,00 € in den neuen Bundesländern (Quelle: Statistisches Bundesamt Deutschland auf www.destatis.de, wo die jeweils gültigen Angaben abgefragt werden können; s. aber auch Gerold/Schmidt/Mayer, § 14 Rn. 18, der im Hinblick darauf, dass dabei der Personenkreis vernachlässigt wird, der kein eigenes Einkommen hat und von staatlichen Leistungen lebt, einen Abschlag vornimmt und von einem durchschnittlichen Einkommen von 1.500,00 € ausgeht). Auf der Grundlage sind 900,00 € als unterdurchschnittlich angesehen worden (AG Bensheim, NZV 2009, 108), 1.600,00 € netto hingegen beim Vater einer minderjährigen Tochter als durchschnittlich (OLG Hamm, RVGprofessionell 2009, 112). Überdurchschnittliche Verhältnisse des Mandanten rechtfertigen eine Erhöhung der Gebühren, unterdurchschnittliche Einkommensverhältnisse führen hingegen zu einer Gebührenminderung (vgl. dazu Otto, NJW 2006, 1472, 1476; OLG Düsseldorf, JurBüro 2000, 359). Bei den Einkommensverhältnissen sind die laufenden Ausgaben, **Schulden** und Unterhaltsverpflichtungen **mindernd** zu berücksichtigen.

1074 Für die Einkommensverhältnisse **Jugendlicher** sollen denen ggf. nach §§ 1601, 1610 BGB zustehende Unterhaltsansprüche zu berücksichtigen sein (LG Essen, AGS 2008, 225, insoweit nicht in StV 2008, 375; Hartmann, KostG, § 14 Rn. 8; Gerold/Schmidt/Mayer, § 14 Rn. 18). Das ist m.E. nur möglich, wenn der Jugendliche selbst kein Einkommen hat; anderenfalls ist das vom Jugendlichen erzielte Einkommen von Bedeutung.

1075 **Hinweis:**

Maßgebend für die Beurteilung der Einkommensverhältnisse ist auf jeden Fall der **Zeitpunkt** der **Abrechnung**, da der Mandant dann die Gebührenrechnung des Verteidigers im Zweifel aus seinem laufenden Einkommen bezahlen muss (Onderka, RVGprofessionell 2004, 57). Die Anforderungen an die Ausführungen zu den Einkommens- und Verhältnissen dürfen nicht überspannt werden. Sie müssen nicht einer Erklärung über die persönlichen und wirtschaftlichen Verhältnisse im Rahmen eines PKH-Verfahrens entsprechen (AG München, AGS 2007, 81).

Rahmengebühren (§ 14)

Sind die anwaltlichen Gebühren durch einen **Dritten zu erstatten**, kommt es auf dessen wirtschaftliche Verhältnisse nicht an (AnwKomm-RVG/Onderka, § 14 Rn. 47; Gerold/Schmidt/Mayer, § 14 Rn. 18, jeweils m.w.N.).

h) Haftungsrisiko (Abs. 1 Satz 2 und 3)

Zu den in § 14 Abs. 1 ausdrücklich genannten Kriterien zählt schließlich ggf. ein (besonderes) Haftungsrisiko des Rechtsanwalts/Verteidigers (§ 14 Abs. 1 Satz 2 und 3). Der Umstand fand zwar auch schon früher allgemein Beachtung bei der Gebührenbemessung gem. § 12 BRAGO, er ist im RVG durch die ausdrückliche Erwähnung jedoch aufgewertet worden. Bei § 14 Abs. 1 Satz 3 handelt es sich im Übrigen nicht um einen eigenen Gebührentatbestand i.S.e. Haftungsgebühr, sondern lediglich um eins der bei der Gebührenbestimmung zu berücksichtigenden Kriterien (BSG, NJW 2010, 109 = AGS 2009, 398 = RVGreport 2009, 180).

1076

Bei der Berücksichtigung des Haftungsrisikos ist zu unterscheiden:

1077

- Soweit der Rechtsanwalt als Verteidiger für seine Tätigkeit **(Betrags-)Rahmengebühren** erhält, ist nach § 14 Abs. 1 Satz 3 **jedes Haftungsrisiko** zu berücksichtigen. Denn anders als bei Wertgebühren findet dieses Kriterium sonst keinen Eingang in die Gebührenbestimmung, da kein Streitwert vorliegt, der die Höhe der Gebühr beeinflussen könnte (vgl. dazu BT-Drucks. 15/1971, S. 189).
- Darüber hinaus – z.B. bei **Satzrahmengebühren**, bei denen der Gegenstandswert zu berücksichtigen ist – kann der Rechtsanwalt nach § 14 Abs. 1 Satz 2 im Rahmen der Abwägung nur ein **besonderes Haftungsrisiko** einfließen lassen. Dieser Fall ist für den in Straf- und Bußgeldsachen tätigen Rechtsanwalt ohne Bedeutung.

Zu **berücksichtigen** sind **Abweichungen** vom „normalen" Haftungsrisiko, und zwar sowohl nach unten – gebührenmindernd (a.A. Otto, NJW 2006, 1472, 1476 [keine Reduzierung der Gebühr bei einem geringen Haftungsrisiko]) – als auch nach oben – gebührenerhöhend. Eine Minderung nach unten kann aber nicht damit begründet werden, dass der Verteidiger eine Berufshaftpflicht abgeschlossen hat. Denn diese ist nach § 51 BRAO zwingende Voraussetzung für die Zulassung zum Beruf des Rechtsanwalts und damit kein besonderer Umstand des Einzelfalls (Onderka, RVGprofessionell 2004, 58). Als gebührenerhöhende Abweichung kann in Betracht kommen, dass das Verfahren für den Mandanten gerade im beruflichen Bereich besondere Auswirkungen bis hin zum Verlust des Arbeitsplatzes haben kann oder es präjudiziell um die Verfolgung/Abwehr von erheblichen Schadensersatzansprüchen geht (Otto, NJW 2006, 1472, 1476). Allerdings kann es in diesem Bereich immer auch zu Überschneidungen mit anderen Bemessungskriterien kommen.

1078

i) Sonstige Kriterien

Die **Aufzählung** der Umstände, die für die anwaltliche Gebührenbemessung maßgeblich sind bzw. sein können, ist **nicht abschließend**. Das zeigt deutlich der Wortlaut der Norm, da die erwähnten Kriterien nur „vor allem" Bedeutung haben. So kann z.B. der Umstand, für den Mandanten am Wochenende tätig sein zu müssen, Gebühren erhöhend zu berücksichtigen sein (Otto,

1079

NJW 2006, 1472, 1477). Die **Fachanwaltseigenschaft** wirkt dagegen nicht Gebühren erhöhend (AG München, AGS 2007, 81). Demgegenüber kann aber z.B. ein besonderes **öffentliches Interesse** an dem Verfahren mit einer Vertretung der Interessen des Mandanten gegenüber der Presse die Gebühren erhöhen (Bischof/Jungbauer, § 14 Rn. 13; AnwKomm-RVG/Onderka, § 14 Rn. 57; vgl. insoweit zur Pauschgebühr OLG Celle, RVGreport 2005, 142 = StraFo 2005, 273; s. auch OLG Hamm, AGS 2002, 230 = JurBüro 2002, 419). Auch der **Erfolg**, den die Verteidigung erzielt hat, kann einen höheren Gebührenansatz rechtfertigen, so z.B. wenn ein Freispruch in zweiter Instanz bei unveränderter Beweislage erkennbar auf eine verbesserte Verteidigungsstrategie zurückzuführen ist (LG Saarbrücken, StraFo 2009, 174 = RVGreport 2009, 424).

1080 In dem Zusammenhang hat dann auch die Frage Bedeutung, ob auch die **Kostenstruktur** des **Büros** des **Verteidigers** bzw. eine ggf. **unterbliebene Anpassung** der Gebühren zu berücksichtigen ist.

1081 Das wird für die **Berücksichtigung** der **Kostenstruktur** des Büros des Verteidigers/Rechtsanwalts von Braun/Schneider (Hansens/Braun/Schneider, Teil 1, Rn. 154) mit beachtlichen Argumenten bejaht (zust. auch Gerold/Schmidt/Mayer, § 14 Rn. 20). Dem wird man zustimmen können. Denn wenn die Einkommens- und Vermögensverhältnisse des Mandanten, die mit der eigentlichen anwaltlichen Tätigkeit keinen Zusammenhang haben, bei der Gebührenbemessung von Belang sind, ist es in der Tat nicht einzusehen, warum dann nicht auch die jeweilige Kostenstruktur in einem Rechtsanwaltsbüro berücksichtigt werden kann/muss (vgl. Braun/Hansens, RVG-Praxis, S. 41). Das entspricht im Grunde auch dem Anliegen des Gesetzgebers, der mit dem RVG gerade die Tätigkeit des Rechtsanwalts als Verteidiger angemessener honorieren wollte (vgl. dazu BT-Drucks. 15/1971, S. 219). So ist es nur billig, wenn dann – i.S.e. Gleichbehandlung der Verteidiger – eine höhere Kostenstruktur des Rechtsanwalts, der z.B. sein Büro in der Großstadt hat, bei der Bestimmung der Gebühr im Rahmen des § 14 Abs. 1 mit herangezogen wird.

1082 Die unterbliebene **Anpassung** der **Gebühren** kann m.E. hingegen kein Bemessungskriterium sein. Entscheidend für die Bestimmung sind die „Umstände des Einzelfalls". Darum handelt es sich bei dem Umstand aber gerade nicht (vgl. auch OLG München, RVGreport 2004, 31 [sachfremde Erwägung]; abl. ebenfalls AnwKomm-RVG/Onderka, § 14 Rn. 57; a.A. Braun/Schneider, in: Hansens/Braun/Schneider, Teil 1, Rn. 154).

3. Grundlage der anwaltlichen Abwägung

a) Überblick

1083 Der Verteidiger hat bei der Bemessung der konkreten Gebühr die o.a. Kriterien des Abs. 1 zugrunde zu legen und muss bestimmen, welche Gebühr seine Tätigkeit angemessen entlohnt (vgl. u.a. KG, StV 2006, 198 = AGS 2006, 73; vgl. auch AG Baden-Baden, AGS 2006, 120; AG Saarbrücken, AGS 2006, 377). Die Bestimmung wird (nur) vom „**billigem Ermessen**" und dem **Betragsrahmen begrenzt** (KG, StV 2006, 198 = AGS 2006, 73).

Rahmengebühren (§ 14)

> **Hinweis:**
> Eine **Überschreitung** des **Betragsrahmens** ist **nicht zulässig**. Das RVG sieht jetzt in den früheren Fällen des § 83 Abs. 3 BRAGO („inhaftierter Mandant"; vgl. Vorbem. 4 VV Rn. 83 ff.) Gebühren mit Zuschlag vor, die von vornherein einen um 25 % erhöhten Betragsrahmen haben. Die Möglichkeit der Erhöhung nach § 88 Satz 3 BRAGO ist entfallen (vgl. oben Rn. 1069).

Nach herrschender Meinung muss der Rechtsanwalt bei der Abwägung von der **Mittelgebühr ausgehen** (KG, StV 2006, 198 = AGS 2006, 278 = RVGreport 2007, 180; OLG Hamm, StraFo 2007, 218 = Rpfleger 2007, 426 = JurBüro 2007, 309; LG Bochum, 15.10.2009 – 3 Qs 230/09, insoweit nicht in StRR 2010, 117; LG Zweibrücken, RVGreport 2010, 377 = VRR 2010, 360 = RVGprofessionell 2001, 34; AG Lüdinghausen, RVGreport 2006, 183; AG Trier, RVGreport 2005, 271 [für die Terminsgebühr]) und dann prüfen, inwieweit die festgestellten besonderen Umstände des Einzelfalls eine Gebühr oberhalb oder unterhalb der Mittelgebühr rechtfertigen (zur Abwägung KG, StV 2006, 198 = AGS 2006, 73; Burhoff, RVGreport 2005, 361, 365; AnwKomm-RVG/Onderka, § 14 Rn. 66).

1084

b) Mittelgebühr

Die Mittelgebühr gilt für die **durchschnittlichen/normalen Fälle** der Strafverteidigung (zur Mittelgebühr und zur Gebührenbemessung im [straßenverkehrsrechtlichen] Bußgeldverfahren s. Vorbem. 5 Rn. 39 mit „Rechtsprechungs-ABC" unter Rn. 45 ff.). Das sind zum einen die Fälle, bei denen alle Umstände des Einzelfalls (s. dazu Rn. 1060 ff.) jeweils durchschnittlich sind. Zum anderen werden auch die Fälle erfasst, bei denen einzelne Umstände durchschnittlich, andere hingegen überdurchschnittlich bzw. unterdurchschnittlich sein können. Hier kann bei den vom Normalfall abweichenden Umständen eine **Kompensation** in Betracht kommen. Diese Umstände heben sich dann ggf. gegenseitig auf (AnwKomm-RVG/Onderka, § 14 Rn. 66 ff.; vgl. dazu auch LG Koblenz, JurBüro 2010, 34).

1085

Beispiel 1:

1086

Rechtsanwalt R vertritt einen Wirtschaftsboss, der bei einem Ladendiebstahl ertappt worden ist. Das Verfahren erfordert nur geringen Zeitaufwand und ist rechtlich einfach. Die Vermögens- und Einkommensverhältnisse sind aber weit überdurchschnittlich.

Bei der Bestimmung der Gebühr werden die überdurchschnittlichen Vermögens- und Einkommensverhältnisse durch den geringen Zeitaufwand und die geringe Schwierigkeit der anwaltlichen Tätigkeit kompensiert. Insgesamt ist daher „nur" der Ansatz der Mittelgebühr gerechtfertigt.

Beispiel 2:

Rechtsanwalt R vertritt einen Mandanten, dem eine langjährige Haftstrafe droht; im Haftbefehl sind 22 Fälle eines Delikts mit einem Strafrahmen von einem bis zu zehn Jahren aufgeführt. Die anwaltliche Tätigkeit von R ist eher durchschnittlich, die finanziellen Verhältnisse schlecht, da der Mandant in einer teilmöblierten Ein-Zimmer-Wohnung wohnt und als Reinigungskraft nur ein Monatseinkommen von 800,00 € erzielt. Das OLG Düsseldorf (RVGreport 2011, 57 = StRR 2011, 119) ist trotz der erheblichen Bedeutung der Angelegenheit für den Mandanten insgesamt nur von einem durchschnittlichen Verfahren ausgegangen.

Rahmengebühren (§ 14)

1087 Ermittelt wird die Mittelgebühr anhand folgender **Formel**:

$$\frac{\text{Mindestgebühr} + \text{Höchstgebühr}}{2} = \text{Mittelgebühr}$$

Beispiel:

Die Mittelgebühr bei der Verfahrensgebühr nach Nr. 4106 VV berechnet sich wie folgt:

$$\frac{30{,}00\,€\text{ Mindestgebühr} + 250{,}00\,€\text{ Höchstgebühr}}{2} = 140{,}00\,€\text{ Mittelgebühr}$$

1088 Dem **Zeitaufwand**, den der Rechtsanwalt erbracht hat, misst das KG erhebliche Bedeutung zu (vgl. dazu KG, StV 2006, 198 = AGS 2006, 73). Das hat vor allem bei der Bemessung der Terminsgebühr erhebliche Bedeutung (vgl. dazu Vorbem. 4 VV Rn. 68 und Vorbem. 5 VV Rn. 32 ff.).

c) Mindestgebühr

1089 Die Mindestgebühr ist nur dann gerechtfertigt, wenn **sämtliche Kriterien** des § 14 Abs. 1 **unterdurchschnittlich** sind (LG Zweibrücken, RVGreport 2010, 377 = VRR 2010, 360 = RVGprofessionell 2011, 34). In Ausnahmefällen kann allerdings auch bereits ein einzelner Umstand so erheblich unterdurchschnittlich sein, dass allein schon deshalb nur die Mindestgebühr geltend gemacht werden kann, beispielsweise bei nur ganz geringem zeitlichen Umfang der Tätigkeit des Verteidigers, wenn sich z.B. das Mandat unmittelbar nach Auftragserteilung erledigt hat (AnwKomm-RVG/Onderka, § 14 Rn. 67).

d) Höchstgebühr

1090 Die Höchstgebühr kommt vor allem in Betracht, wenn **zumindest mehrere Umstände überdurchschnittlich** sind. Es ist jedoch nicht erforderlich, dass alle Umstände überdurchschnittlich sind (so aber LG Osnabrück, JurBüro 1995, 83; wie hier AnwKomm-RVG/Onderka, § 14 Rn. 68; s. auch LG Bochum, 10.05.2006 – 10 Qs 8/06, www.burhoff.de, wonach die Festsetzung der Höchstgebühr voraussetzt, dass eine besondere Schwierigkeit und ein besonderer Umfang festgestellt werden können). Ebenso wie bereits ein erheblich unterdurchschnittliches Merkmal zur Mindestgebühr führen kann, kann schon ein besonders überdurchschnittliches Merkmal die Höchstgebühr rechtfertigen (vgl. dazu z.B. OLG Hamm, JurBüro 1999, 525 = AGS 1999, 121). Grds. wird der Verteidiger insbesondere den Ansatz der Höchstgebühr begründen (müssen). Allerdings kann er die Rahmenhöchstgebühren auch ohne Begründung geltend machen, wenn jedenfalls in der Gesamtbetrachtung offensichtlich und aktenkundig ist, dass die nach Aktenlage zu berücksichtigen Umstände von weit überdurchschnittlichem Gewicht sind (OLG Jena, RVGreport 2008, 58 = AnwBl. 2008, 151; LG Mülhausen, RVGreport 2009, 187 = StRR 2009, 163 = VRR 2009, 319).

1091 Mit der Gewährung der Höchstgebühr tun sich die Gerichte i.d.R. schwer. Gewährt worden ist sie in folgenden **Rechtsprechungsbeispielen**:

- LG Koblenz, JurBüro 2009, 253: siebenstündige **Hauptverhandlung** beim Schöffengericht,

Rahmengebühren (§ 14)

- LG Rottweil, AGS 2007, 505: **Hauptverhandlungsdauer** von mehr als 11 Stunden,
- OLG Koblenz, NJW 2005, 917: für den **Nebenklagevertreter** in einem Sexualstrafverfahren,
- LG Rottweil, AGS 2007, 505: für den **Nebenklägervertreter** bei umfangreichen Akten und umfangreichem Prozessstoff,
- LG Fürth, NZV 2008, 163: bei überdurchschnittlichem Umfang (500 Seiten Verfahrensakte) und überdurchschnittlicher Bedeutung der Angelegenheit (fahrlässige Tötung) für den **Nebenklägervertreter**,
- OLG Köln, JurBüro 2009, 254 = StRR 2010, 79: ein über das **Erstgespräch** hinausgehender Zeitaufwand von etwas mehr als 3 1/2 Stunden zur Ermittlung und Befragung von Entlastungszeugen rechtfertigt die Zuerkennung der Höchstgebühr bei der Grundgebühr,
- LG Dresden, Beschl. v. 09.08.2006 – 4 Qs 20/06, www.burhoff.de: **Einstellung** des Verfahrens aufgrund einer umfangreichen Schutzschrift des Verteidigers.

4. Ausübung der Bestimmung

Der Rechtsanwalt/Verteidiger macht von seinem Recht zur **Bestimmung** der angemessenen Gebühr durch **empfangsbedürftige Erklärung** gegenüber dem Mandanten Gebrauch. Er muss dieses nicht ausdrücklich tun, vielmehr reicht die Abrechnung nach § 10 (s. Teil A: Berechnung der Vergütung [§ 10], Rn. 359 ff.). Grds. muss der Rechtsanwalt die Bestimmung auch selbst ausüben. Hat er also mit wirksamer Zustimmung des Mandanten Vergütungsansprüche an einen Dritten abgetreten, so ist an diesen – jedenfalls nicht ohne Einverständnis des Mandanten – das Billigkeitsermessen zur Bestimmung der Rahmengebühr delegiert (BGH, NJW-RR 2009, 490 = AGS 2009, 107 = RVGreport 2009, 96).

1092

> **Hinweis:**
>
> Es ist grds. **nicht erforderlich**, dass der Rechtsanwalt die geltend gemachte Höhe der Gebühren **begründet**. Die Begründung der Bestimmung ist keine Wirksamkeitsvoraussetzung. Allerdings wird sich eine kurze Begründung zumindest dann empfehlen, wenn von der Mittelgebühr nach oben abgewichen wird (AnwKomm-RVG/Onderka, § 14 Rn. 76; s. das Muster Teil A: Berechnung der Vergütung [§ 10], Rn. 369; vgl. dazu auch VG Berlin, RVGreport 2011, 144 = RVGprofessionell 2011, 119; zu einem Sonderfall OLG Jena, RVGreport 2008, 58 = AnwBl. 2008, 151; zur Beweislast im Gebührenprozess AG Saarbrücken, AGS 2006, 377 m. Anm. Madert). Nach Auffassung des BVerwG soll die „20-Prozent-Grenze" bei fehlender Begründung zu reduzieren sein (vgl. RVGreport 2006, 21). Das LG Braunschweig (StraFo 2008, 265 = JurBüro 2008, 367) geht von einem unterdurchschnittlichen Verfahren aus, wenn der Verteidiger keine Angaben zur Bedeutung des Verfahrens macht.
>
> Hinsichtlich des Umfangs der Begründung der Gebührenbestimmung darf nicht übersehen werden, dass der Verteidiger ggf. bestimmte Dinge, die im Verfahren eine Rolle gespielt haben, im Hinblick auf die **anwaltliche Schweigepflicht** nicht offenbaren darf. Das spricht dafür, grds. eine allgemeine Begründung der Gebührenhöhe ausreichend sein zu lassen und den Verteidiger als nicht verpflichtet anzusehen, Interna preisgeben zu müssen. Das gilt vor allem bei Abrechnung gegenüber der Staatskasse und der Rechtsschutzversicherung.

1093

Rahmengebühren (§ 14)

Der Verteidiger muss auch berücksichtigen, dass sich häufig Tätigkeiten, die er für den Mandanten erbracht hat, nicht aus der Akte ergeben. Diese **nicht aktenkundigen Umstände** sollten auf jeden Fall bei der Geltendmachung der Gebühren angeführt werden (vgl. die Fallgestaltung bei LG Düsseldorf, 06.10.2006 – XII Qs 40/06, www.burhoff.de).

5. Verbindlichkeit der anwaltlichen Bestimmung

a) Überblick

1094 Die vom Verteidiger vorgenommene Bestimmung muss der **Billigkeit entsprechen**. Entspricht die Gebühr nicht dem billigen Ermessen, so ist sie nicht (mehr) hinnehmbar (vgl. dazu Rn. 1097 ff.).

b) Verbindlichkeit der Bestimmung gegenüber dem Mandanten

aa) Allgemeine Bindungswirkung

1095 Die Bestimmung der Gebühr ist eine **Leistungsbestimmung** nach § 315 BGB. Ist die Bestimmung der Gebühr unbillig, hat das nach § 315 Abs. 3 BGB zur Folge, dass die Bestimmung dann durch Urteil getroffen werden muss, anderenfalls ist die vom Rechtsanwalt/Verteidiger getroffene Bestimmung für den Mandanten verbindlich (vgl. zur Bindungswirkung Hansens, RENOpraxis 2010, 269).

1096 Hat der Verteidiger die angemessene Gebühr bestimmt, ist er an diese **Bestimmung** gem. § 130 Abs. 1 Satz 1 BGB **gebunden**, sobald die entsprechende Erklärung, i.d.R. die Kostennote, dem Mandanten zugegangen ist (OLG Köln, RVGreport 2010, 138; AG Koblenz, JurBüro 2008, 312; zur Bindungswirkung s. auch OLG Bamberg, RVGreport 2011, 176 = StRR 2011, 240 = DAR 2011, 237 = [Ls.]; OLG Celle, StraFo 2008, 398 = RVGreport 2008, 382 = AGS 2008, 546; OLG Jena, JurBüro 2010, 642 = NStZ-RR 2010, 392 = RVGreport 2010, 414 = StRR 2011, 79 m. Anm. Burhoff; AG Westerburg, JurBüro 2007, 310; SG Berlin, RVGreport 2011, 101). **Abweichen** kann der Rechtsanwalt von der getroffenen Bestimmung **ausnahmsweise**, wenn er sich eine Abweichung ausdrücklich vorbehalten hat (vgl. Hansens, RENOpraxis 2010, 269) oder er vom Mandanten über einen oder mehrere Bemessungsfaktoren (z.B. die Vermögensverhältnisse) getäuscht worden ist (AnwKomm-RVG/Onderka, § 14 Rn. 91; Gerold/Schmidt/Mayer, § 14 Rn. 4; Hansens, RENOpraxis 2010, 269). Die Gebührenbestimmung ist auch dann nicht bindend, wenn der Rechtsanwalt einen Gebührentatbestand übersehen hat oder wenn sich nachträglich wesentliche Änderungen hinsichtlich der für die Bestimmung des Gebührensatzes maßgeblichen Umstände ergeben haben, die bei Rechnungsstellung noch nicht bekannt gewesen sind (OLG Köln, a.a.O.; SG Berlin, a.a.O. m. Anm. Hansens; Hansens, RENOpraxis 2010, 269; a.A. AG Koblenz, a.a.O.; zur Nachliquidation Kallenbach, DAR 2008, 729 und SG Berlin, a.a.O.).

> **Hinweis:**
> Hansens (vgl. RENOpraxis 2010, 269) empfiehlt, sich eine Gebührenerhöhung **ausdrücklich vorzubehalten**. Das gilt insbesondere auch im Rahmen einer Vorschussrechnung.

Rahmengebühren (§ 14)

bb) Ermessensspielraum

Dem Rechtsanwalt wird in der Frage der Bestimmung der Gebühr ein **Ermessensspielraum** zugebilligt. Solange er sich innerhalb dieses Bereichs bewegt, wird noch keine Unbilligkeit der Gebühr angenommen und keine Bestimmung durch Urteil (§ 315 Abs. 3 Satz 2 Halbs. 1 BGB) getroffen. Eine Gebühr ist auch dann noch als billig anzusehen, wenn sie an den oberen Rand des durch die Umstände bestimmten Rahmens geht (AG Bensheim, NZV 2008, 108). 1097

Allerdings muss der Rechtsanwalt/Verteidiger das ihm zustehende **Ermessen** auch **ausgeübt** haben. Das ist nicht der Fall, wenn er nicht eine Ermessensbestimmung auf der Grundlage der Bemessungskriterien vorgenommen und sich nicht mit den maßgebenden Umständen des Einzelfalls auseinandergesetzt hat, sondern z.B. nur auf die von der Staatskasse für angemessen erachteten Gebühren 20 % aufgeschlagen hat (OLG Düsseldorf, StraFo 1998, 249 = AGS 1998, 148 = JurBüro 1998, 412; zu einem OLG Jena, RVGreport 2008, 58 = AnwBl. 2008, 151; ähnlich LG Chemnitz, 22.10.2009 – 2 Qs 82/09, JurionRS 2009, 26004). Ist das Ermessen nicht ausgeübt worden oder war der Rechtsanwalt der (unzutreffenden) Auffassung, in seine Bestimmung könne bei Unterschreiten der 20 %-Grenze (vgl. dazu Rn. 1098) nicht eingegriffen werden, ist seine Bestimmung nicht bindend (LG Chemnitz, a.a.O.).

Der **Ermessensspielraum** bzw. die **Toleranzgrenze** wird von der wohl **herrschenden Meinung** bei **20 %** gesehen; insoweit ist die zu § 12 BRAGO angenommene Grenze zum RVG übernommen worden (vgl. aus der **Lit.** AnwKomm-RVG/Onderka, § 14 Rn. 77 ff.; Gerold/Schmidt/Mayer, § 14 Rn. 12; Hartung/Römermann/Schons, § 14 Rn. 90, jeweils m.w.N.; eingehend auch Bischof/Jungbauer, § 14 Rn. 52 ff.; aus der **Rspr.** u.a. KG, StV 2006, 198 = AGS 2006, 73; RVGreport 2011, 74 = StRR 2011, 3 [LS]; OLG Düsseldorf, RVGreport 2011, 57 = StRR 2011, 119; OLG Hamm, StraFo 2007, 218 = Rpfleger 2007, 426 = JurBüro 2007, 309; OLG Jena, AnwBl. 2008, 151 = RVGreport 2008, 56; OLG Köln, AGS 2008, 32 = RVGprofessionell 2008, 12 = RVGreport 2008, 5; inzidenter OLG Stuttgart, AGS 2010, 292 = RVGreport 2010, 263 = VRR 2010, 319: LG Hamburg, JurBüro 2008, 312 = AGS 2008, 343; LG Leipzig, RVGreport 2009, 61 = VRR 2009, 119; LG Mühlhausen, RVGreport 2009, 187 = VRR 2009, 320; LG Saarbrücken, AGS 2005, 245; VG Berlin, RVGreport 2011, 144 für das Disziplinarverfahren; wegen weiterer Nachw., insbesondere auch aus der amtsgerichtlichen Rspr., s. Burhoff, RVGreport 2009, 85 und RVGreport 2010, 204). 1098

> **Hinweis:**
>
> **Diskutiert** wird inzwischen allerdings, ob nicht im Hinblick auf die Änderungen durch das RVG der Ermessensspielraum auf **25 – 30 %** angehoben werden muss (s. AnwKomm-RVG/Rick, 4. Aufl., § 14 Rn. 76 m.w.N.; s. Braun, in: Hansens/Braun/Schneider, 1. Aufl., Teil 1, Rn. 201 ff.; s. auch LG Potsdam, AGS 2009, 590; AG Limburg, RVGreport 2009, 98 = VRR 2009, 159 = AGS 2009, 161 m. abl. Onderka = StRR 2009, 200; AG Saarbrücken, RVGreport 2006, 181; vgl. auch Kallenbach, AnwBl. 2010, 431). Das wird mit einer erweiterten „Spannweite" des Gebührenrahmens begründet; a.A. ist die bei Rn. 1098 aufgeführte Rechtsprechung (ausdrücklich, allerdings ohne nähere Begründung, auch KG, RVGreport 2011, 174 = StRR 2011, 3 [LS]) und die überwiegende Auffassung in der Literatur (vgl.

Rahmengebühren (§ 14)

> N. Schneider, in: Hansens/Braun/Schneider, Teil 1, Rn. 159; Jungbauer, DAR 2007, 56, 58; AnwKomm-RVG/Onderka, § 14 Rn. 80 ff. m.w.N.; Gerold/Schmidt/Mayer, § 14 Rn. 12). Man wird sich den **Bedenken** der überwiegenden Auffassung gegen eine bis auf 30 % erhöhte Grenze nicht verschließen können. Denn in Straf- bzw. Bußgeldsachen sind zwar neue Gebührenstrukturen und neue Gebührentatbestände geschaffen worden, das Verhältnis von Höchst- zu Mindestgebühr hat sich jedoch nicht verändert. Damit ist die „Spannweite" des Gebührenrahmens gleich geblieben und hat sich die Bemessungsgrundlage für den Verteidiger nicht geändert (s. auch AnwKomm-RVG/Onderka, a.a.O.).
>
> Das **LG Zweibrücken** (JurBüro 2008, 311 = Rpfleger 2008, 390) stellt darauf ab, dass es nicht ausreicht, wenn die Gebühr vom Rechtsanwalt lediglich „gut bemessen" ist, vielmehr müsse sie unbillig hoch sein. Es toleriert in dem Zusammenhang „geringfügige Abweichungen bis zu 5 %" (LG Zweibrücken, a.a.O.), was im Grunde einer **25 %-Grenze** gleich kommt.

1099 **Basiswert** für die Überprüfung, ob die vom Rechtsanwalt angesetzte Gebühr der Billigkeit entspricht, ist die angemessene Gebühr, die nicht um 20 % oder mehr überschritten werden darf; Basiswert ist nicht die vom Rechtsanwalt geltend gemachte Gebühr abzgl. 20 % (KG, RVGreport 2011, 174 = StRR 2011, 3 [LS]).

1100 Ist die vom Rechtsanwalt getroffene Bestimmung **unbillig**, erfasst das die **gesamte Gebührenbestimmung** und es muss die angemessene Gebühr bestimmt werden. Es wird nicht lediglich die bestimmte Gebühr auf den noch angemessenen Teil reduziert.

c) Verbindlichkeit der Bestimmung gegenüber der Staatskasse

1101 Die vorstehenden Ausführungen unter Rn. 1097 ff. gelten für die Kostenfestsetzung gegenüber der Staatskasse entsprechend. Wird also die anwaltliche Vergütung aus der Staatskasse festgesetzt (§§ 55 ff.), ist das Gericht bzw. der Rechtspfleger grds. an die Bestimmung der jeweiligen Gebühr durch den Verteidiger **gebunden**. Davon darf nur abgewichen werden, wenn die Bestimmung des Rechtsanwalts unbillig ist (vgl. die bei Rn. 1098 angeführte Rspr.). Die Staatskasse ist „Dritter" i.S.d. § 14 Abs. 1 Satz 4 (Gerold/Schmidt/Mayer, § 14 Rn. 7; AnwKomm-RVG/Schnapp, § 55 Rn. 38). Bei der Festsetzung der Gebühren darf also z.B. berücksichtigt werden, dass die **Einkommensverhältnisse** des Mandanten unterdurchschnittlich sind (OLG Düsseldorf, JurBüro 2000, 359; AnwKomm-RVG/Schnapp, § 55 Rn. 38; vgl. dazu oben Rn. 1073). Allerdings ist zu beachten, dass es sich bei den Einkommensverhältnissen nur um ein Kriterium von mehreren handelt, das zudem in der „Rangfolge" auch nach „Umfang" und „Schwierigkeit" der Sache rangiert (so wohl auch Otto, NJW 2006, 1472, 1476).

d) Verbindlichkeit gegenüber einem ersatzpflichtigen Dritten

1102 Als ersatzpflichtiger Dritter kommt im Strafverfahren insbesondere der Angeklagte gegenüber dem Nebenkläger bzw. auch der Nebenkläger gegenüber dem Angeklagten in Betracht, wenn dieser mit einem Rechtsmittel nicht erfolgreich war und deshalb gem. § 473 Abs. 1 StPO dem Angeklagten die diesem entstandenen Kosten erstatten muss. **Auch die Rechtsschutzversiche-**

rung ist **Dritter** (AnwKomm-RVG/Onderka, § 14 Rn. 87 m.w.N.; Gerold/Schmidt/Mayer, § 14 Rn. 13).

Der ersatzpflichtige Dritte ist zunächst ebenfalls an die **Bestimmung** der Gebühr durch den Verteidiger **gebunden**. Davon darf er nur abweichen, wenn die Bestimmung des Rechtsanwalts unbillig ist (§ 14 Abs. 1 Satz 4). Die Ausführungen unter Rn. 1095 ff. gelten entsprechend. 1103

II. Gutachten des Vorstands der Rechtsanwaltskammer (Abs. 2)

1. Überblick

Nach § 14 Abs. 2 ist im **Rechtsstreit**, wenn der Rechtsanwalt/Verteidiger Betrags- oder Satzrahmengebühren geltend macht, ein **Gutachten** des Vorstands der Rechtsanwaltskammer einzuholen, **soweit** die Angemessenheit der Bestimmung der **Höhe** der **Gebühr** streitig ist. Im Rahmen der **Kostenfestsetzung** gegenüber der Staatskasse muss, wenn die Höhe der Gebühren streitig ist, ein Gutachten nicht eingeholt werden (vgl. Teil A: Kostenfestsetzung und Erstattung in Strafsachen, Rn. 912 ff.). 1104

2. Notwendigkeit des Gutachtens

Nach § 14 Abs. 2 muss das Gutachten eingeholt werden, soweit die „**Höhe** der Gebühr" **streitig** ist. Das bedeutet (vgl. auch Hartung/Römermann/Schons, § 14 Rn. 94 ff.; AnwKomm-RVG/Onderka, § 14 Rn. 103; Gerold/Schmidt/Mayer, § 14 Rn. 37): 1105

- Streiten die Parteien im Gebührenrechtsstreit **nur** um den **Grund** des Anspruchs, während die Höhe der geltend gemachten **Vergütung unstreitig** ist, muss **kein Gutachten** eingeholt werden.
- Ist hingegen der **Grund** des Anspruchs **unstreitig**, die **Höhe** der Gebühren aber **streitig**, wird ein **Gutachten** eingeholt. Ob der Mandant substantiiert bestreitet, ist unerheblich (AnwKomm-RVG/Onderka, § 14 Rn. 105). Ausreichend ist, dass er die Angemessenheit der Gebühren bestreitet.
- Macht der Verteidiger nur die **Mindestgebühr** geltend, bedarf es **keines Gutachtens**, da eine noch geringere Bestimmung der Gebühren ausscheidet.
- Wird die Höhe der Gebühren nur **z.T. bestritten**, muss auch **nur insoweit** ein **Gutachten** eingeholt werden.

Beispiel:

Rechtsanwalt R hat den Mandanten in mehreren Strafverfahren verteidigt. Er macht die dafür entstandenen Gebühren geltend. Der Mandant bezahlt keine der Gebührenrechnungen. R erhebt daraufhin Klage. Im Rechtsstreit wendet sich der Mandant nur gegen die Bestimmung der Gebühren in einem Verfahren, weil die dort angesetzte Höchstgebühr nicht gerechtfertigt sei.

Das Gericht muss nur ein diese Gebührenforderung betreffendes Gutachten einholen, da nur diese streitig ist (Gesetzesformulierung „soweit").

Rahmengebühren (§ 14)

3. Verfahren

1106 Im Rechtsstreit bedarf es für die Einholung des Gutachtens keines Antrags der Parteien. Das Gutachten wird **von Amts wegen** eingeholt, da es immer eingeholt werden muss, wenn zwischen Mandant und Rechtsanwalt/Verteidiger die Höhe der Gebühren streitig ist. Das ist nicht nur bei der Honorarklage der Fall, sondern auch, wenn der Verteidiger/Rechtsanwalt mit seinem Honoraranspruch gegen einen Anspruch des Mandanten aufrechnet und dieser die Höhe der Gebühren bestreitet. § 14 Abs. 2 gilt aber nur im Gebührenprozess zwischen dem Rechtsanwalt und seinem Auftraggeber. In einem Verfahren gegen einen Rechtsschutzversicherer steht es dem Gericht frei, ohne Gutachten zu entscheiden (OLG Düsseldorf, JurBüro 2009, 139; AG Saarbrücken, AGS 2006, 377; AG Stuttgart, AGS 2008, 78; AnwKomm-RVG/Onderka, § 14 Rn. 96; Gerold/Schmidt/Mayer, § 14 Rn. 35; Braun/Schneider, in: Hansens/Braun/Schneider, Teil 1, Rn. 165).

1107 Bei der Rechtsanwaltskammer ist der Vorstand für die Erstellung des Gutachtens **zuständig**. Zuständig ist die Kammer, welcher der Rechtsanwalt zum Zeitpunkt des Rechtsstreits angehört (AnwKomm-RVG/Onderka, § 14 Rn. 109). Die Rechtsanwaltskammer ist nicht Sachverständige i.S.v. §§ 404 ff. ZPO. Das von der Kammer erstellte Gutachten ist **kostenlos**.

1108 Das **Gericht** ist an das Gutachten **nicht gebunden**, es kann davon abweichen (AnwKomm-RVG/Onderka, § 14 Rn. 114 m.w.N.; Braun/Schneider, in: Hansens/Braun/Schneider, Teil 1, Rn. 161), wird es im Zweifel aber nicht tun.

C. Arbeitshilfe: Gebührenblatt

1109 Es wurde bereits darauf hingewiesen, dass es sich für jeden Verteidiger/Rechtsanwalt **empfiehlt**, die von ihm für den Mandanten erbrachten Tätigkeiten in einem besonderen Gebührenblatt festzuhalten. Wie ein solches Gebührenblatt aussehen kann/sollte, ist nachfolgend sowohl für Strafsachen als auch für Bußgeldsachen dargestellt.

I. Vergütungsblatt Strafsachen (Teil 4 VV)

> **Hinweis:**
>
> Die Formulare bei Rn. 1110 und 1111 können auf der Homepage des Herausgebers (www.burhoff.de) heruntergeladen werden (Rubrik „Die Bücher: RVG Straf- und Bußgeldsachen").

Rahmengebühren (§ 14)

1110

Verfahren:				Wahlverteidiger:				
Beginn Mandat/Vollmacht: Mandant in Haft: Abschlussverfügung StA (Art): Hauptverhandlung 1. Instanz: Rechtsmittel: Hauptverhandlung 2. Instanz: Rechtsmittel: Rechtskraft:				gerichtlich bestellter/ beigeordneter Rechtsanwalt beigeordnet am:				
Besonderheiten:								
Datum	Tätigkeit	Gebührentatbestand	Mandant in Haft? = Zuschlag	VV-Nr.	Mindest-gebühr	Mittel-gebühr oder andere	Höchst-gebühr	
Vorbereitendes Verfahren								
Gerichtliches Verfahren 1. Instanz								
Gerichtliches Verfahren 2. Instanz								
Gerichtliches Verfahren 3. Instanz								
Sonstiges:								

II. Vergütungsblatt Bußgeldsachen (Teil 5 VV)

1111

Verfahren:				Wahlanwalt:				gerichtlich bestellter oder beigeordneter Rechtsanwalt
Beginn Mandat/Vollmacht: Abschlussverfügung StA (Art): Hauptverhandlung 1. Instanz: Rechtsmittel: Hauptverhandlung 2. Instanz: Rechtsmittel: Rechtskraft:				Vollmacht:				beigeordnet am:
Besonderheiten:								
Datum	Tätigkeit	festgesetzte bzw. drohende Geldbuße = welche Gebührenstufe?	Gebührentatbestand	VV-Nr.	Mindest-gebühr	Mittel-gebühr oder andere	Höchst-gebühr	
Vergütung insgesamt:								

Rahmengebühren (§ 14)

III. Beispiele

1112 *Beispiel 1: Wahlanwalt*

Rechtsanwalt R vertritt den B in einem BtM-Verfahren von Anfang an. Die Vollmacht ist am 16.07.2010 erteilt worden. B wird im Ermittlungsverfahren am 18.07.2010 von der Staatsanwaltschaft vernommen. R nimmt an dem Termin teil. Es kommt am 04.08.2010 zur Anklage beim AG. Dieses eröffnet das Hauptverfahren. Die Hauptverhandlung findet dort am 13.09.2010 statt.

In der Hauptverhandlung stellt sich heraus, dass der B in weit größerem Umfang Handel mit BtM betrieben hat, als bis dahin bekannt war. Das AG verweist deshalb das Verfahren an das LG. Die Strafkammer nimmt den B am 22.09.2010 in U-Haft. Beim LG findet am 28.09.2010 ein Haftprüfungstermin statt.

Die Hauptverhandlung findet am 16., 23. und 26.11.2010 statt. Der Hauptverhandlungstermin am 16.11.2010 dauert mehr als acht Stunden, der am 23.11.2010 dauert sechs Stunden und der am 26.11.2010 dauert vier Stunden. Das ergehende Urteil wird rechtskräftig.

R legt am 29.11.2010 für B Revision gegen das landgerichtliche Urteil ein, die er am 11.01.2011 umfangreich begründet. Die Revision wird vom BGH verworfen.

A. Vergütungs-ABC

Rahmengebühren (§ 14)

Das Gebührenblatt könnte so aussehen:

Verfahren: 25 Js 205/10 StA Münster	Wahlanwalt: ja
Beginn Mandat/Vollmacht: **Mandant in Haft:** ja, seit 22.09.2010 **Abschlussverfügung StA (Art):** **Hauptverhandlung 1. Instanz:** **Rechtsmittel:** **Hauptverhandlung 2. Instanz:** **Rechtsmittel:** **Rechtskraft:**	gerichtlich bestellter oder beigeordneter Rechtsanwalt beigeordnet am

Besonderheiten:
Mehrere Auftraggeber? Falls ja, Erhöhung der Verfahrensgebühren nach Nr. 1008 VV

Datum	Tätigkeit	Gebührentatbestand	Mandant in Haft = Zuschlag	VV-Nr.	Mindest-gebühr	Mittel-gebühr oder andere	Höchst-gebühr
Vorbereitendes Verfahren							
16.07.2010	Übernahme des Mandats	Grundgebühr	nein	4100		165,00	
17.07.2010	Akteneinsicht Besprechung mit dem Mandanten	Verfahrensgebühr	nein	4104		140,00	
18.07.2010	Vernehmung bei der StA Dauer: 2 Stunden	Vernehmungsgebühr	nein	4102 Ziff. 2		140,00	
Gerichtliches Verfahren							
08.08.2010	Zustellung der Anklage	~~Verfahrensgebühr~~	~~nein~~	~~4106~~		~~140,00~~	
16.08.2010	Akteneinsicht Besprechung mit dem Mandanten zur Vorbereitung der Hauptverhandlung		nein				
20.08.2010			nein				
13.09.2010	Hauptverhandlung AG Dauer 1 Stunde	Terminsgebühr	nein	4108		230,00	
13.09.2010	Verweisung in der Hauptverhandlung an das LG	Verfahrensgebühr der landgerichtlichen Stufe, daher entfällt Verfahrensgebühr AG	~~nein~~	~~4112~~		~~155,00~~	
22.09.2010	Mandant wird inhaftiert	Verfahrensgebühr jetzt mit Zuschlag	ja	4113		188,75	
28.09.2010	Haftprüfungstermin bei der Kammer Dauer 1 Stunde	Haftprüfungstermin	ja	4102 Ziff. 3, 4103		100,00 (nur 1 Termin)	
16.11.2010	Hauptverhandlung Dauer mehr als 8 Stunden	Terminsgebühr	ja	4115			587,50
23.11.2010	Hauptverhandlung Dauer mehr als 6 Stunden; umfangreiche Terminsvorbereitung; Plädoyer dann doch nicht gehalten	Terminsgebühr	ja	4115			587,50
26.11.2010	Hauptverhandlung Dauer 4 Stunden	Terminsgebühr	ja			328,75	
29.11.2010	Revisionseinlegung		ja				
Revisionsverfahren							
Dezember 2010	diverse Vorarbeiten	Verfahrensgebühr	ja	4131		631,25	
11.01.2011	Revisionsbegründung (15 Seiten erstellt); Revisionsbegründung eingereicht; Antrag des GBA mit Mandanten besprochen; Rat zur Rücknahme; Revision zurückgenommen						
		Verfahrensgebühr	ja	4141 Anm. 1		515,00	
Vergütung insgesamt:						**2.438,75**	**1.175,00**

Beispiel 2: Pflichtverteidiger

Im Beispiel 1 ist R am 24.08.2010 als Pflichtverteidiger beigeordnet worden.

A. Vergütungs-ABC

Rahmengebühren (§ 14)

Das Gebührenblatt könnte so aussehen:

Verfahren: 25 Js 205/10 StA Münster	Wahlverteidiger: ja gerichtlich bestellter/ beigeordneter Rechtsanwalt beigeordnet am: 24.08.2010
Beginn Mandat/Vollmacht: Mandant in Haft: ja, seit 22.09.2010 Abschlussverfügung StA (Art): Hauptverhandlung 1. Instanz: Rechtsmittel: Hauptverhandlung 2. Instanz: Rechtsmittel: Rechtskraft:	
Besonderheiten: Mehrere Auftraggeber? Falls ja, Erhöhung der Verfahrensgebühren nach Nr. 1008 VV	

Datum	Tätigkeit	Gebührentatbestand	Mandant in Haft? Falls ja: Zuschlag	VV-Nr.	Mindest-gebühr	Mittel-gebühr oder andere	Höchst-gebühr	Gesetzliche Gebühren Pflicht-verteidiger
Vorbereitendes Verfahren								
16.07.2010	Übernahme des Mandats	Grundgebühr	nein	4100				132,00
17.07.2010	Akteneinsicht Besprechung mit dem Mandanten	Verfahrensgebühr	nein	4104				112,00
18.07.2010	Vernehmung bei der StA Dauer 2 Stunden	Vernehmungsgebühr	nein	4102 Ziff. 2				112,00
Gerichtliches Verfahren								
08.08.2010	Zustellung der Anklage	~~Verfahrensgebühr~~	~~nein~~	~~4106~~				~~112,00~~
16.08.2010	Akteneinsicht Besprechung mit dem Mandanten zur Vorbereitung der Hauptverhandlung		nein					
20.08.2010			nein					
13.09.2010	Hauptverhandlung AG, Dauer 1 Stunde;	Terminsgebühr	nein	4108				184,00
13.09.2010	Verweisung in der Hauptverhandlung an das LG	Verfahrensgebühr der landgerichtlichen Stufe, daher entfällt Verfahrensgebühr AG	~~nein~~	4112				~~124,00~~
22.09.2010	Mandant wird inhaftiert	Verfahrensgebühr jetzt mit Zuschlag	ja	4113				151,00
28.09.2010	Haftprüfungstermin bei der Kammer Dauer 1 Stunde	Haftprüfungstermin	ja	4102 Ziff. 3				137,00
16.11.2010	Hauptverhandlung Dauer mehr als 8 Stunden	Terminsgebühr, da mehr als 8 Stunden Zuschlag	ja	4115				263,00
				4117				216,00
23.11.2010	Hauptverhandlung Dauer mehr als 5 Stunden; umfangreiche Terminsvorbereitung; Plädoyer dann doch nicht gehalten	Terminsgebühr, da mehr als 5 Stunden Zuschlag	ja	4115				263,00
				4116				108,00
26.11.2010	Hauptverhandlung Dauer 4 Stunden	Terminsgebühr	ja	4115				263,00
29.11.2010	Revisionseinlegung	Verfahrensgebühr Vorinstanz	ja					
Revisionsverfahren								
Dezember 2010	diverse Vorarbeiten	Verfahrensgebühr	ja	4131				505,00
11.01.2011	Revisionsbegründung (15 Seiten erstellt); Revisionsbegründung eingereicht; Antrag des GBA mit Mandanten besprochen; Rat zur Rücknahme; Revision zurückgenommen							
		Verfahrensgebühr	ja	4141 Anm. 1				412,00
Vergütung insgesamt:								**2.858,00**

452   *Burhoff*

Rahmengebühren (§ 14)

Beispiel 3: Bußgeldsache 1114

Dem Betroffenen B wird eine Geschwindigkeitsüberschreitung vorgeworfen. Er soll die Geschwindigkeit innerhalb geschlossener Ortschaft um 21 km/h überschritten haben. Ihm droht nach der Bußgeldkatalog-VO eine Geldbuße von 50,00 €. B sucht am 16.07.2010 Rechtsanwalt R auf und beauftragt ihn mit seiner Verteidigung.

R erhält Akteneinsicht und macht gegenüber der Verwaltungsbehörde am 30.07.2010 geltend, dass B zum Vorfallszeitpunkt überhaupt nicht Fahrer des Pkw gewesen sei, und dass das Messgerät, mit dem die vorgeworfene Geschwindigkeitsüberschreitung gemessen worden ist, nicht mehr gültig geeicht gewesen sei. Die Bußgeldbehörde geht jedoch davon aus, dass der B den Pkw geführt hat und erlässt am 05.08.2010 gegen ihn einen Bußgeldbescheid. Es wird aber nur eine Geldbuße i.H.v. 35,00 € festgesetzt, da sich herausgestellt hat, dass das Messgerät zum Vorfallszeitpunkt tatsächlich nicht mehr gültig geeicht war.

B, der seine Fahrereigenschaft nach wie vor bestreitet, legt durch R am 13.08.2010 gegen den Bußgeldbescheid Einspruch ein. Das AG weist in der Hauptverhandlung am 11.10.2010 darauf hin, dass wegen mehrerer Voreintragungen eine Geldbuße von 60,00 € in Betracht zu ziehen sei. B führt das Verfahren weiter. Er wird vom AG als Fahrer identifiziert und dann zu einer Geldbuße von 60,00 € verurteilt.

R legt am 15.10.2010 Rechtsbeschwerde ein. Nach Zustellung des amtsgerichtlichen Urteils begründet er am 16.11.2010 den Zulassungsantrag. Am 19.12.2010 findet eine Besprechung mit B statt. Dieser sieht keine Erfolgsaussichten für die Rechtsbeschwerde. R rät ihm, die Rechtsbeschwerde zurückzunehmen.

Rechtsmittel gegen die Vergütungsfestsetzung (§§ 56, 33)

Das Gebührenblatt könnte so aussehen:

Verfahren:				Wahlanwalt:					gerichtlich bestellter oder beigeordneter Rechtsanwalt
Beginn Mandat/Vollmacht: Abschlussverfügung StA (Art): Hauptverhandlung 1. Instanz: Rechtsmittel: Hauptverhandlung 2. Instanz: Rechtsmittel: Rechtskraft:				Vollmacht: 16.07.2010					beigeordnet am:
Besonderheiten:									
Datum	Tätigkeit	festgesetzte bzw. drohende Geldbuße = welche Gebührenstufe?	Gebührentatbestand	VV-Nr.	Mindestgebühr	Mittelgebühr oder andere	Höchstgebühr		
16.07.2010	Übernahme des Mandats	50,00 €	Grundgebühr	5100		85,00			
Verfahren vor der Verwaltungsbehörde									
24.07.2010	Weitere Besprechung mit dem Mandanten	50,00 € = Stufe 2	Verfahrensgebühr	5103		135,00			
30.07.2010	Stellungnahme gegenüber Verwaltungsbehörde								
13.08.2010	Einspruch								
Gerichtliches Verfahren									
30.09.2010 08.10.2010	Akteneinsicht Besprechung mit Mandant	35,00 € = Stufe 1	Verfahrensgebühr	5107		55,00			
11.10.2010	Hauptverhandlung, höhere Geldbuße als im Bußgeldbescheid	35,00 € Stufe 1 bleibt, aber Erhöhung der Mittelgebühr	Terminsgebühr	5108		140,00			
Verfahren über die Rechtsbeschwerde									
15.10.2010	Rechtsbeschwerde eingelegt	60,00 €	Verfahrensgebühr	5113		270,00			
16.11.2010	Zulassungsantrag begründet								
19.12.2010	Mandat zur Rücknahme der Rechtsbeschwerde geraten; Rechtsbeschwerde zurückgenommen	60,00 €	Verfahrensgebühr	5115 Anm. 1		270,00			
Vergütung insgesamt:						**955,00**			

Rechtsmittel gegen die Vergütungsfestsetzung (§§ 56, 33)

§ 33 RVG   Wertfestsetzung für die Rechtsanwaltsgebühren

(1) Berechnen sich die Gebühren in einem gerichtlichen Verfahren nicht nach dem für die Gerichtsgebühren maßgebenden Wert oder fehlt es an einem solchen Wert, setzt das Gericht des Rechtszugs den Wert des Gegenstands der anwaltlichen Tätigkeit auf Antrag durch Beschluss selbstständig fest.

(2) ¹Der Antrag ist erst zulässig, wenn die Vergütung fällig ist. ²Antragsberechtigt sind der Rechtsanwalt, der Auftraggeber, ein erstattungspflichtiger Gegner und in den Fällen des § 45 die Staatskasse.

Rechtsmittel gegen die Vergütungsfestsetzung (§§ 56, 33)

(3) ¹Gegen den Beschluss nach Absatz 1 können die Antragsberechtigten Beschwerde einlegen, wenn der Wert des Beschwerdegegenstands 200 Euro übersteigt. ²Die Beschwerde ist auch zulässig, wenn sie das Gericht, das die angefochtene Entscheidung erlassen hat, wegen der grundsätzlichen Bedeutung der zur Entscheidung stehenden Frage in dem Beschluss zulässt. ³Die Beschwerde ist nur zulässig, wenn sie innerhalb von zwei Wochen nach Zustellung der Entscheidung eingelegt wird.

(4) ¹Soweit das Gericht die Beschwerde für zulässig und begründet hält, hat es ihr abzuhelfen; im Übrigen ist die Beschwerde unverzüglich dem Beschwerdegericht vorzulegen. ²Beschwerdegericht ist das nächsthöhere Gericht, in Zivilsachen der in § 119 Abs. 1 Nr. 1 des Gerichtsverfassungsgesetzes bezeichneten Art jedoch das Oberlandesgericht. ³Eine Beschwerde an einen obersten Gerichtshof des Bundes findet nicht statt. ⁴Das Beschwerdegericht ist an die Zulassung der Beschwerde gebunden; die Nichtzulassung ist unanfechtbar.

(5) ¹War der Beschwerdeführer ohne sein Verschulden verhindert, die Frist einzuhalten, ist ihm auf Antrag von dem Gericht, das über die Beschwerde zu entscheiden hat, Wiedereinsetzung in den vorigen Stand zu gewähren, wenn er die Beschwerde binnen zwei Wochen nach der Beseitigung des Hindernisses einlegt und die Tatsachen, welche die Wiedereinsetzung begründen, glaubhaft macht. ²Nach Ablauf eines Jahres, von dem Ende der versäumten Frist an gerechnet, kann die Wiedereinsetzung nicht mehr beantragt werden. ³Gegen die Ablehnung der Wiedereinsetzung findet die Beschwerde statt. ⁴Sie ist nur zulässig, wenn sie innerhalb von zwei Wochen eingelegt wird. ⁵Die Frist beginnt mit der Zustellung der Entscheidung. ⁶Absatz 4 Satz 1 bis 3 gilt entsprechend.

(6) ¹Die weitere Beschwerde ist nur zulässig, wenn das Landgericht als Beschwerdegericht entschieden und sie wegen der grundsätzlichen Bedeutung der zur Entscheidung stehenden Frage in dem Beschluss zugelassen hat. ²Sie kann nur darauf gestützt werden, dass die Entscheidung auf einer Verletzung des Rechts beruht; die §§ 546 und 547 der Zivilprozessordnung gelten entsprechend. ³Über die weitere Beschwerde entscheidet das Oberlandesgericht. ⁴Absatz 3 Satz 3, Absatz 4 Satz 1 und 4 und Absatz 5 gelten entsprechend.

(7) ¹Anträge und Erklärungen können ohne Mitwirkung eines Bevollmächtigten schriftlich eingereicht oder zu Protokoll der Geschäftsstelle abgegeben werden; § 129a der Zivilprozessordnung gilt entsprechend. ²Für die Bevollmächtigung gelten die Regelungen der für das zugrunde liegende Verfahren geltenden Verfahrensordnung entsprechend. ³Die Beschwerde ist bei dem Gericht einzulegen, dessen Entscheidung angefochten wird.

(8) ¹Das Gericht entscheidet über den Antrag durch eines seiner Mitglieder als Einzelrichter; dies gilt auch für die Beschwerde, wenn die angefochtene Entscheidung von einem Einzelrichter oder einem Rechtspfleger erlassen wurde. ²Der Einzelrichter überträgt das Verfahren der Kammer oder dem Senat, wenn die Sache besondere Schwierigkeiten tatsächlicher oder rechtlicher Art aufweist oder die Rechtssache grundsätzliche Bedeutung hat. ³Das Gericht entscheidet jedoch immer ohne Mitwirkung ehrenamtlicher Richter. ⁴Auf eine erfolgte oder unterlassene Übertragung kann ein Rechtsmittel nicht gestützt werden.

Rechtsmittel gegen die Vergütungsfestsetzung (§§ 56, 33)

(9)¹Das Verfahren über den Antrag ist gebührenfrei. ²Kosten werden nicht erstattet; dies gilt auch im Verfahren über die Beschwerde.

§ 56 RVG Erinnerung und Beschwerde

(1)¹Über Erinnerungen des Rechtsanwalts und der Staatskasse gegen die Festsetzung nach § 55 entscheidet das Gericht des Rechtszugs, bei dem die Festsetzung erfolgt ist, durch Beschluss. ²Im Fall des § 55 Abs. 3 entscheidet die Strafkammer des Landgerichts. ³Im Fall der Beratungshilfe entscheidet das nach § 4 Abs. 1 des Beratungshilfegesetzes zuständige Gericht.

(2)¹Im Verfahren über die Erinnerung gilt § 33 Abs. 4 Satz 1, Abs. 7 und 8 und im Verfahren über die Beschwerde gegen die Entscheidung über die Erinnerung § 33 Abs. 3 bis 8 entsprechend. ²Das Verfahren über die Erinnerung und über die Beschwerde ist gebührenfrei. ³Kosten werden nicht erstattet.

Übersicht

			Rn.
A.	Überblick		1115
	I.	Vergütungsfestsetzung	1115
	II.	Wertfestsetzung	1116
	III.	Einheitliche Verfahrensvorschriften	1119
B.	Anmerkungen		1120
	I.	Erinnerung	1120
		1. Einlegung und Form der Erinnerung	1120
		2. Anfechtungsgegenstand	1121
		3. Frist zur Einlegung der Erinnerung	1123
		4. Verwirkung des Erinnerungsrechts	1124
		5. Erinnerungswert	1127
		6. Erinnerungsbefugnis	1128
		7. Entscheidung über die Erinnerung	1130
		a) Abhilfe durch den Urkundsbeamten	1130
		b) Entscheidung durch das Gericht	1132
		c) Spruchkörper	1133
		d) Inhalt der Entscheidung	1135
		e) Kontaktperson	1136
		f) Kosten und Kostenerstattung	1137
		g) Zulassung der Beschwerde	1138
		8. Bekanntmachung der Erinnerungsentscheidung	1140
	II.	Beschwerde	1141
		1. Einleitung	1141
		2. Zulässigkeit	1142
		a) Wortlaut von § 56	1142
		b) Erinnerungsentscheidung	1143
		3. Einlegung der Beschwerde	1144
		a) Frist und Verwirkung	1144
		b) Form	1146
		c) Beschwerdeberechtigung	1148
		aa) Wertfestsetzung gem. § 33 Abs. 1	1148
		bb) Vergütungsfestsetzung (§ 55)	1149
		d) Beschwerdewert	1150
		aa) Wertfestsetzung gem. § 33 Abs. 1	1151
		bb) Vergütungsfestsetzung	1154
		4. Entscheidung über die Beschwerde	1155
		a) Abhilfebefugnis des Erstgerichts	1155
		b) Teilweise Abhilfe	1156
		c) Beschwerdegericht	1157
		d) Spruchkörper	1158
		e) Entscheidung	1160
		f) Verschlechterungsverbot	1161
		g) Zulassung der weiteren Beschwerde	1163
		5. Bekanntmachung der Beschwerdeentscheidung	1165

Rechtsmittel gegen die Vergütungsfestsetzung (§§ 56, 33)

	III.	Weitere Beschwerde	1166
		1. Einlegung der weiteren Beschwerde	1166
		a) Frist und Verwirkung	1166
		b) Form	1167
		c) Beschwerdeberechtigung	1168
		d) Beschwerdewert	1169
		e) Begründung der weiteren Beschwerde	1170
		2. Entscheidung	1171
		a) Abhilfebefugnis	1171
		b) Entscheidung durch das OLG	1172
	IV.	Wiedereinsetzung	1175
		1. Allgemeines	1175
		2. Antrag/Form des Antrags	1176
		3. Frist	1177
		4. Inhalt des Antrags	1178
		5. Zuständigkeit	1179
		6. Entscheidung	1180
		7. Beschwerdeverfahren	1181
	V.	Kosten des Beschwerdeverfahrens	1182
		1. Beschwerde im Vergütungsfestsetzungsverfahren (§ 56)	1182
		a) Gerichtsgebühren	1182
		b) Anwaltsgebühren	1183
		c) Erstattung	1184
		2. Beschwerde im Wertfestsetzungsverfahren (§ 33)	1185
		a) Gerichtsgebühren	1185
		b) Anwaltsgebühren	1186
		c) Erstattung	1187
		3. Gerichtsgebühr bei unzulässiger weiterer Beschwerde gem. § 56	1188
	VI.	Anhörungsrüge	1189
	VII.	Besonderheiten bei Anfechtung der Beratungshilfevergütung	1190
		1. Erinnerung	1190
		a) Sachliche und örtliche Zuständigkeit	1190
		b) Funktionelle Zuständigkeit	1191
		2. Beschwerde	1193
C.	**Arbeitshilfen**		1194
	I.	Überblick über die Rechtsbehelfe in Kostensachen	1194
	II.	Muster: Beschwerde des Rechtsanwalts gegen die Wertfestsetzung gem. § 33 Abs. 3	1195
	III.	Muster: Erinnerung gegen die Festsetzung der Pflichtverteidigervergütung	1196
	IV.	Muster: Beschwerde gegen die Erinnerungsentscheidung über die Festsetzung der Pflichtverteidigervergütung	1197

Literatur:

Al-Jumaili, Festsetzung der Pflichtverteidigervergütung, § 98 BRAGO, JurBüro 2000, 516; ***Fölsch***, Modernisierung der Kostenbeschwerde durch das Kostenrechtsmodernisierungsgesetz?, Rpfleger 2004, 385; ***ders.***, Beratungshilfe - Ein Kurzüberblick, NJW 2010, 350; ***Hansens***, Rechtsbehelfe bei Festsetzung der Beratungshilfe- und Prozesskostenhilfe-Vergütung, RVGreport 2005, 2; ***Neumann***, Entscheidungsmöglichkeiten des Gerichts bei Erinnerung gegen einen zurückgewiesenen Festsetzungsantrag, JurBüro 1999, 400; ***Onderka***, Festsetzung der PKH-Vergütung richtig anfechten, RVGprofessionell 2004, 196; ***dies.***, Wertfestsetzungen nach § 33 RVG richtig angreifen, RVGprofessionell 2004, 195; ***Schneider***, Die neuen ZPO-Risiken und Kontroversen, ZAP, Fach 13, S. 1225; ***Volpert***, Die Bedeutung der Wertfestsetzung bei den Gerichtsgebühren für die Anwaltsgebühren, RVGreport 2004, 170; ***ders.***, Die Wertfestsetzung für die Rechtsanwaltsgebühren – § 33 RVG, RVGreport 2004, 417; ***ders.***, Rechtsbehelfe des gerichtlich bestellten oder beigeordneten Rechtsanwalts gegen die Vergütungsfestsetzung, StRR 2007, 330

Rechtsmittel gegen die Vergütungsfestsetzung (§§ 56, 33)

A. Überblick

I. Vergütungsfestsetzung

1115 § 56 steht im Zusammenhang mit § 55 und regelt einheitlich das Verfahren bei **Erinnerungen** des beigeordneten oder bestellten bzw. des im Rahmen der Beratungshilfe tätigen Rechtsanwalts oder der Staatskasse gegen die Festsetzung der aus der Staatskasse zu gewährenden Vergütungen. Für das Erinnerungsverfahren gilt nach § 56 Abs. 2 Satz 1 der § 33 Abs. 4 Satz 1, Abs. 7 und 8 entsprechend.

§ 56 Abs. 2 verweist darüber hinaus für das **Beschwerdeverfahren** gegen die **Erinnerungsentscheidung** sowie das Verfahren über die weitere Beschwerde auf § 33 Abs. 3 bis 8.

Es wird insbesondere **nicht unterschieden**, ob sich die Erinnerung oder Beschwerde gegen die Festsetzung der **Pflichtverteidigervergütung**, der **PKH-Vergütung** oder der **Beratungshilfevergütung** richtet. Daher sind auch bei der Beratungshilfevergütung die Beschwerde zum LG und die weitere Beschwerde zum OLG möglich. Angesichts der geringen Gebühren setzt das jedoch die Zulassung der Beschwerde und der weiteren Beschwerde voraus (vgl. hierzu KG, RVGreport 2007, 143; RVGreport 2005, 424 = AGS 2005, 424; OLG Düsseldorf, RVGreport 2006, 225 = AGS 2006, 244; LG Kleve, zfs 2006, 48 = AGS 2006, 244 = RVGreport 2006, 101).

> **Hinweis:**
> Wird dem gerichtlich bestellten oder beigeordneten Rechtsanwalt gem. § 51 eine **Pauschgebühr** bewilligt, muss diese noch auf entsprechende Antragstellung des Rechtsanwalts gem. § 55 Abs. 1 durch den Urkundsbeamten der Geschäftsstelle des Gerichts des ersten Rechtszugs **festgesetzt** und ausgezahlt werden (KG, NJW 2009, 456 = StraFo 2008, 529 = AGS 2009, 178). Der Antrag auf Festsetzung der bewilligten Pauschgebühr muss die Erklärung gem. § 55 Abs. 5 Satz 2 über erhaltene Zahlungen enthalten. Auch gegen die Festsetzung der Pauschgebühr durch den Urkundsbeamten ist die Erinnerung nach § 56, gegen die weiteren Entscheidungen ggf. die Beschwerde und die weitere Beschwerde nach §§ 56 Abs. 2 Satz 1, 33 gegeben (vgl. AnwKomm-RVG/N. Schneider, § 51 Rn. 142).

II. Wertfestsetzung

1116 In den in den Teilen 4 bis 6 VV geregelten Angelegenheiten entstehen grds. **Betragsrahmengebühren** (vgl. insoweit Teil A: Gebührensystem, Rn. 650). Daneben kommen jedoch auch in diesen Verfahren in bestimmten Fällen **Wertgebühren** in Betracht (vgl. dazu Teil A: Gegenstandswert, Festsetzung [§ 33], Rn. 656 ff.) Das Beschwerdeverfahren gegen die gerichtliche Wertfestsetzung richtet sich nach § 33 Abs. 3 bis 9.

1117 Im Verfahren nach dem **Strafvollzugsgesetz** richtet sich die Vergütung nach **Teil 3 VV** (vgl. Teil A: Verfahren nach dem Strafvollzugsgesetz und ähnliche Verfahren, Rn. 1441 ff.). Das Wertfestsetzungsverfahren und das Beschwerdeverfahren richten sich hier nicht nach § 33, sondern nach § 32 (vgl. Teil A: Gegenstandswert, Festsetzung [§ 33], Rn. 658, 661 ff.).

Rechtsmittel gegen die Vergütungsfestsetzung (§§ 56, 33)

Im **Adhäsionsverfahren** richtet sich das Wertfestsetzungsverfahren und damit das Beschwerdeverfahren i.d.R. nach § 33. Es kommt in einigen Fällen jedoch auch die Anwendung von § 32 in Betracht (vgl. hierzu Teil A: Gegenstandswert, Festsetzung [§ 33], Rn. 668, 670 ff.). Zur Anfechtung des Wertes gem. § 32 Abs. 2 Satz 1 vgl. Volpert, in: Hansens/Braun/Schneider, Teil 5, Rn. 46 ff.

III. Einheitliche Verfahrensvorschriften

Das Beschwerdeverfahren gegen die Erinnerungsentscheidung über eine gem. § 55 erfolgte Vergütungsfestsetzung des gerichtlich bestellten oder beigeordneten Rechtsanwalts richtet sich über § 56 Abs. 2 Satz 1 wie das Beschwerdeverfahren gegen eine gerichtliche Wertfestsetzung gem. § 33 Abs. 1 nach § 33 Abs. 3 bis 9 (vgl. die Erläuterungen Rn. 1141 ff.). Auch für das Erinnerungsverfahren gegen eine Vergütungsfestsetzung des gerichtlich bestellten oder beigeordneten Rechtsanwalts gilt nach § 56 Abs. 2 Satz 1 § 33 Abs. 4 Satz 1, Abs. 7 und 8 entsprechend.

B. Anmerkungen

I. Erinnerung

1. Einlegung und Form der Erinnerung

Gegen die Festsetzung der Vergütung des gerichtlich bestellten oder beigeordneten Rechtsanwalts gegen die Staatskasse (vgl. § 55) ist nach § 56 Abs. 1 Satz 1 die Erinnerung gegeben. Auch die Festsetzung der Beratungshilfevergütung (vgl. § 55 Abs. 4), die Festsetzung einer Pauschgebühr gem. § 51 sowie der Vergütung des als Kontaktperson beigeordneten Rechtsanwalts (vgl. § 55 Abs. 3) ist nach § 56 mit der Erinnerung anzufechten.

Die Erinnerung kann nach §§ 56 Abs. 2 Satz 1, 33 Abs. 7 Satz 1, § 129a ZPO zu Protokoll des Urkundsbeamten der Geschäftsstelle eines jeden **AG** eingereicht werden. Die Erinnerung muss dann unverzüglich an das zuständige Gericht weitergeleitet werden. Die Erinnerung kann auch schriftlich eingereicht werden, nach § 12b (vgl. auch § 130a ZPO) bei Vorliegen der dort genannten Voraussetzungen auch als **elektronisches Dokument**.

Anwaltszwang besteht gem. §§ 56 Abs. 2 Satz 1, 33 Abs. 7 nicht, vgl. dazu Rn. 1147.

2. Anfechtungsgegenstand

Sowohl die **Festsetzung** gem. § 55 als auch deren **Ablehnung** und sämtliche **Entscheidungen** des Urkundsbeamten der Geschäftsstelle, die im Festsetzungsverfahren **abschließend ergehen**, sind mit der Erinnerung gem. § 56 anzufechten. Das gilt auch für Entscheidungen des Urkundsbeamten über eine Anrechnung von Zahlungen und Vorschüssen nach § 58 Abs. 3 Satz 3 (s. dazu § 58 Rn. 43). Auch als Beschwerde benannte Rechtsmittel sind daher als Erinnerung anzusehen (OLG Düsseldorf, 25.01.2010 – III-1 Ws 14/10, n.v.). Erforderlich ist jedoch, dass der **Beschluss** zulasten eines Beteiligten **von seinem Antrag abweicht**. Bei einer **antragsgemäßen Bescheidung** ist diese wegen fehlender Beschwer **nicht angreifbar**. Ist der Anwalt **im Nachhinein** der

Rechtsmittel gegen die Vergütungsfestsetzung (§§ 56, 33)

Auffassung, zu wenig beantragt und erhalten zu haben, muss er die **Nachfestsetzung** betreiben (dazu Teil A: Festsetzung gegen die Staatskasse [§ 55], Rn. 627 f.).

1122 Wird auf das Festsetzungsverlangen des Anwalts gem. § 55 nicht reagiert oder der Antrag zögerlich bearbeitet, kann das jedenfalls nach längerem Zeitablauf einer Ablehnung der Festsetzung gleichkommen. Hiergegen kann **Erinnerung gem. § 56** eingelegt werden (AG Duisburg, Rpfleger 2009, 521, zur PKH; OLG Naumburg, NJW 2003, 2921, noch zur BRAGO; Gerold/Schmidt/Müller-Rabe, § 47 Rn. 9; vgl. auch RVGprofessionell 2010, 116); diese ist vorrangig gegenüber dem Antrag auf gerichtliche Entscheidung gem. § 27 Abs. 1 EGGVG (OLG Naumburg, NJW 2003, 2921, noch zur BRAGO). Wird auch auf diese Erinnerung nicht reagiert, ist die **Untätigkeitsbeschwerde** möglich (vgl. hierzu Zöller/Heßler, § 567 Rn. 21 m.w.N.). Allerdings werden diese Rechtsbehelfe nur dann Erfolgsaussicht haben, wenn dargelegt wird, dass das Verhalten des Gerichts auf Willkür beruht und den Tatbestand der Rechtsverweigerung erfüllt (RVGprofessionell 2010, 116). Dazu wird allerdings erhebliche Zeit ins Land gegangen sein müssen (vgl. Burhoff, EV, Rn. 386a m.w.N.).

3. Frist zur Einlegung der Erinnerung

1123 Die Erinnerung gegen die Festsetzung ist **unbefristet**. Dies ergibt sich eindeutig aus § 56 Abs. 2 Satz 1, der für die Erinnerung nur auf § 33 Abs. 4, nicht aber auf § 33 Abs. 3 Satz 3 mit der darin geregelten Beschwerdefrist verweist. Die Verweisung in § 56 Abs. 2 Satz 1 auf die in § 33 Abs. 3 Satz 3 geregelte Frist bezieht sich damit ausschließlich auf die **Beschwerde** gegen die **Erinnerungsentscheidung** (vgl. OLG Brandenburg, StRR 2010, 113 = RVGreport 2010, 218, so auch für die bis zum 31.03.2005 geltende Rechtslage – Änderung von § 56 durch das JKomG v. 22.03.2005; OLG Düsseldorf, StRR 2010, 276; OLG Hamm, MDR 2009, 294 = JurBüro 2009, 98; OLG Frankfurt am Main, RVGreport 2007, 100; OLG Jena, Rpfleger 2006, 434 = JurBüro 2006, 366; OLG Schleswig, SchlHA 2008, 462 = OLGR Schleswig 2008, 718; LG Itzehoe, SchlHA 2008, 468, auch für die Rechtslage bis zur Änderung von § 56 zum 01.04.2005; LAG München, JurBüro 2010, 26; Hansens, in: Hansens/Braun/Schneider, Teil 7, Rn. 158; Hansens, RVGreport 2005, 1, 4; Riedel/Sußbauer/Schmahl, § 56 Rn. 5). Der Gegenauffassung, die für die Erinnerung die Einlegung binnen einer Frist von zwei Wochen für erforderlich hält, ist aufgrund des klaren Gesetzeswortlauts nicht zu folgen (vgl. OLG Koblenz, NStZ-RR 2005, 391 = RVGreport 2006, 60 = RVG-Letter 2005, 140; AG Dresden, 08.11.2007 – 230 Ds 105 Js 032178/06, www.burhoff.de). Sie würde auch zu dem Ergebnis führen, dass jede **Vergütungsfestsetzung** entweder dem beigeordneten bzw. bestellten Rechtsanwalt oder der Staatskasse oder beiden zugestellt werden müsste, um den Lauf der Frist in Gang zu setzen.

4. Verwirkung des Erinnerungsrechts

1124 **Entsprechend § 20 GKG** soll nach herrschender Meinung das Erinnerungsrecht sowohl für den Anwalt als auch die Staatskasse nach Ablauf des auf die abschließende Festsetzung folgenden Kalenderjahrs **verwirken** können (vgl. OLG Celle, JurBüro 1983, 100; OLG Düsseldorf, NJW-RR 1996, 441 = Rpfleger 1995, 421 = JurBüro 1996, 144; OLG Hamm, JurBüro 1982, 878; OLG Jena, Rpfleger 2006, 434; OLGR Saarbrücken 2000, 199; Hansens, in: Hansens/Braun/Schneider, Teil 7, Rn. 158). Teilweise wird auch angenommen, dass nur das Erinnerungsrecht

Rechtsmittel gegen die Vergütungsfestsetzung (§§ 56, 33)

der Staatskasse, hingegen nicht das Erinnerungsrecht des Rechtsanwalts verwirken kann (KG, RVGreport 2004, 314; OLG Brandenburg, StRR 2010, 113 = RVGreport 2010, 218 = RVGprofessionell 2010, 83; OLG Zweibrücken, NJW-RR 2006, 1439 = RVGreport 2006, 423 = Rpfleger 2006, 572). Nach vermittelnder Auffassung des LG Itzehoe (SchlHA 2008, 468) verwirkt das Erinnerungsrecht der Staatskasse jedenfalls dann nicht, wenn der Rechtsanwalt grob fahrlässig einen unberechtigten Festsetzungsantrag gestellt hatte.

Die **analoge Anwendung** von § 20 GKG widerspricht der ausdrücklichen **gesetzgeberischen Wertung** (vgl. § 56 Abs. 2 Satz 1), Erinnerungen gegen Vergütungsfestsetzungen gerade keiner Frist zu unterwerfen (vgl. Rn. 1123) und ist daher abzulehnen (OLG Düsseldorf, RVGreport 2008, 216). Außerdem gilt § 20 GKG für die Nachforderung von Gerichtskosten durch die Staatskasse, während es im Rahmen von §§ 55, 56 um eine Begünstigung des beigeordneten oder bestellten Rechtsanwalts durch eine Geldleistung geht, sodass es an der für die Analogie erforderlichen Vergleichbarkeit fehlt (so LG Itzehoe, SchlHA 2008, 468). In dem Zusammenhang ist auch hinzuweisen auf die Rechtsprechung des BVerfG (vgl. RVGreport 2006, 199), wonach das Recht zur Stellung eines nachträglichen Beratungshilfeantrags nicht verwirken kann, weil im BerHG keine Antragsfrist vorgesehen ist und auch sonst keine Anhaltspunkte für die Verwirkung eines nachträglich gestellten Beratungshilfeantrags vorliegen. Vor diesem Hintergrund erscheint es fraglich, ob eine Verwirkung des Rechts zur Einlegung der Erinnerung in Betracht kommen kann.

1125

Für die Verwirkung des Erinnerungsrechts entsprechend § 20 GKG müsste zudem neben das **Zeitmoment** das sog. **Umstandsmoment** treten. Der Verpflichtete muss sich aufgrund des Verhaltens der Staatskasse darauf eingerichtet haben, diese werde ihr Rechtsmittelrecht nicht mehr geltend machen und wegen des geschaffenen Vertrauenstatbestandes muss die verspätete Geltendmachung des Rechts als eine mit Treu und Glauben unvereinbare Härte erscheinen. Hierzu ist ein der Vergütungsfestsetzung nachfolgendes Verhalten erforderlich. Die geübte Praxis in etwaigen Parallelfällen begründet kein schutzwürdiges Vertrauen (vgl. OLG Düsseldorf, RVGreport 2008, 216; OLG Schleswig, SchlHA 2008, 462 = OLGR Schleswig 2008, 718). Allein wegen Zeitablaufs kann der Einwand der Verwirkung daher nicht erhoben werden (vgl. OLG Schleswig, SchlHA 2008, 462 = OLGR Schleswig 2008, 718; KG, RVGreport 2004, 314; OLG Zweibrücken, NJW-RR 2006, 1439 = RVGreport 2006, 423 = Rpfleger 2006, 572, für die von dem Rechtsanwalt eingelegte Erinnerung).

1126

> **Hinweis:**
> Die Erinnerung wird nicht dadurch unzulässig, dass die Vergütung **bereits ausgezahlt** worden ist (LAG München, JurBüro 2010, 26; OLG Jena, Rpfleger 2006, 434 = JurBüro 2006, 366)

5. Erinnerungswert

Die Erinnerung erfordert anders als die Beschwerde keinen bestimmten **Erinnerungswert** (vgl. Hansens, in: Hansens/Braun/Schneider, Teil 7, Rn. 160). Dies ergibt sich aus 56 Abs. 2 Satz 1, der für die Erinnerung nur auf § 33 Abs. 4 verweist. Die Verweisung auf den in § 33 Abs. 3 Satz 1

1127

Rechtsmittel gegen die Vergütungsfestsetzung (§§ 56, 33)

geregelten Beschwerdewert bezieht sich nur auf die Beschwerde gegen die Erinnerungsentscheidung.

6. Erinnerungsbefugnis

1128 Die Erinnerung kann sowohl vom **beigeordneten** oder **bestellten Rechtsanwalt** bzw. dem im Rahmen der Beratungshilfe tätigen Rechtsanwalt als auch von der **Staatskasse** (Bundes- oder Landeskasse) eingelegt werden. Die Landeskasse wird dabei i.d.R. durch den Bezirksrevisor vertreten (vgl. hierzu in Nordrhein-Westfalen die Vertretungsordnung JM NRW). Die bundeseinheitlichen Verwaltungsbestimmungen über die Festsetzung der aus der Staatskasse zu gewährenden Vergütung der Rechtsanwälte enthalten aber für das **Innenverhältnis** Regelungen darüber, in welchen Fällen die Einlegung einer Erinnerung durch die Staatskasse in Betracht kommt (Fragen von grundsätzlicher Bedeutung, kein Missverhältnis zwischen angefochtenem Betrag und Arbeits- und Zeitaufwand des Erinnerungsverfahrens; vgl. AnwKomm-RVG/Schnapp, § 56 Rn. 4).

1129 Auch der **Rechtsnachfolger** des beigeordneten oder bestellten Rechtsanwalts ist erinnerungsberechtigt (OLG Düsseldorf, NJW-RR 1997, 1493 = MDR 1997, 1071 = AGS 1998, 43, Abtretungsgläubiger). Nach **Abtretung** des Vergütungsanspruchs an einen anderen **Rechtsanwalt** ist dieser erinnerungsbefugt. Das gilt entsprechend bei wirksamer Abtretung an einen **Nicht-Rechtsanwalt** (s. zur Abtretung Teil A: Abtretung der Gebührenforderung [§ 49b BRAO], Rn. 11 ff.). Der vom beigeordneten oder bestellten Rechtsanwalt vertretenen Partei oder dem erstattungspflichtigen Gegner bzw. dem kostenpflichtigen Verurteilten steht das Erinnerungsrecht dagegen nicht zu.

> **Hinweis:**
>
> Hält der in die Kosten verurteilte **Beschuldigte** die ihm nach Nr. 9007 KV GKG in Rechnung gestellte Pflichtverteidigervergütung für zu hoch, muss er gegen die Gerichtskostenrechnung **Erinnerung nach § 66 GKG** einlegen (hierzu auch Teil A: Gerichtskosten, Rn. 787 ff.).

7. Entscheidung über die Erinnerung

a) Abhilfe durch den Urkundsbeamten

1130 Nach § 56 Abs. 2 Satz 1, § 33 Abs. 4 Satz 1 ist der Urkundsbeamte der Geschäftsstelle **befugt**, der Erinnerung abzuhelfen (OLG Naumburg, FamRZ 2007, 1115). Die Abhilfe, die Teilabhilfe sowie die Nichtabhilfe sind vom Urkundsbeamten zu **begründen**.

Eine **Änderung** der Festsetzung **von Amts wegen** kommt **nicht** in Betracht (vgl. OLG Bremen, RVGreport 2007, 183 = OLGR Bremen, 2006, 580 = AGS 2007, 207; Hansens, in: Hansens/Braun/Schneider, Teil 7, Rn. 161). Eine Änderung entsprechend § 319 ZPO ist jedoch möglich (vgl. OLG Bremen, a.a.O.; Gerold/Schmidt/Müller-Rabe, § 56 Rn. 4).

1131 Ist einer Erinnerung des Rechtsanwalts oder der Staatskasse nach Anhörung der Gegenseite abgeholfen worden, kann die Partei, zu deren Ungunsten die Festsetzung abgeändert worden

Rechtsmittel gegen die Vergütungsfestsetzung (§§ 56, 33)

ist, gegen diese abändernde Festsetzung ihrerseits Erinnerung einlegen (OLG Düsseldorf, StRR 2010, 276). Die **Abhilfeentscheidung** ist eine geänderte Festsetzung i.S.v. § 55, gegen die **wieder** die **Erinnerung** gegeben ist. Hat der Urkundsbeamte der Geschäftsstelle bereits einmal einer Erinnerung der Staatskasse oder des Pflichtverteidigers abgeholfen, kann er der gegen seine Abhilfeentscheidung gerichteten erneuten Erinnerung nicht mehr abhelfen, sondern muss die Sache dann dem Gericht zur Entscheidung vorlegen.

b)   Entscheidung durch das Gericht

Die **Nichtabhilfeentscheidung** des Urkundsbeamten ist **nicht anfechtbar**. Hilft der Urkundsbeamte der Geschäftsstelle der Erinnerung nicht ab, ist die Sache gem. §§ 56 Abs. 2 Satz 1, 33 Abs. 4 Satz 1 **unverzüglich** dem Gericht zur Entscheidung vorzulegen (OLG Köln, FamRZ 2010, 232; OLG Naumburg, FamRZ 2007, 1115). Über Erinnerungen gegen die Festsetzungsentscheidung des Urkundsbeamten der Geschäftsstelle im Verfahren nach § 55 entscheidet nach § 56 Abs. 1 Satz 1 dasjenige Gericht, bei dem die Festsetzung erfolgt ist (OLG Düsseldorf, StRR 2010, 276; OLG Hamm, 09.08.2005 – 4 Ws 323/05, www.burhoff.de; OLG Naumburg, FamRZ 2007, 1115; OLG Saarbrücken, AGS 2009, 449). Vor einer Erinnerungsentscheidung des Gerichts des Rechtszugs ist eine **Beschwerde** unzulässig (OLG Düsseldorf, StRR 2010, 276; OLG Saarbrücken, AGS 2009, 449; OLG Naumburg, 05.02.2007 – 8 WF 159/06).

1132

c)   Spruchkörper

Die Entscheidung über die Erinnerung erfolgt gem. §§ 56 Abs. 2 Satz 1, 33 Abs. 8 durch **begründeten Beschluss** nur für den jeweiligen Rechtszug. In Anlehnung an § 568 Satz 1 und 2 ZPO entscheidet über den Antrag gem. § 33 Abs. 8 Satz 1 das Kollegialgericht **grds.** durch eines seiner Mitglieder als **Einzelrichter** (vgl. hierzu OLG Dresden, 08.11.2006 – 3 Ws 80/06, JurionRS 2006, 38644; OLG Düsseldorf, Rpfleger 2009, 528 = JurBüro 2009, 255; OLG Hamm, StRR 2009, 438; RVGreport 2009, 309 = RVGprofessionell 2009, 157; OLG Koblenz, RVGreport 2006, 191; OLG Köln, NStZ 2006, 410; AGS 2009, 585). Nur wenn die Sache besondere Schwierigkeiten tatsächlicher oder rechtlicher Art aufweist oder die Rechtssache grds. Bedeutung hat, überträgt der Einzelrichter das Verfahren der Kammer oder ggf. dem Senat.

1133

Für die Entscheidung durch einen **Einzelrichter** im Verfahren gem. §§ 56, 33 wird aber teilweise gefordert, dass eine solche Entscheidung institutionell auch vorgesehen ist. Weil in Strafsachen eine Entscheidung durch den Einzelrichter nach dem GVG bzw. der StPO ausgeschlossen ist (§ 76 GVG), entscheidet das Gericht nach dieser Auffassung in normaler Besetzung (so LG Dresden, AGS 2008, 120; LG Hildesheim, StraFo 2005, 393; LG Ulm, 12.04.2005 – 1 Qs 1027/05, JurionRS 2005, 39424, zu § 66 GKG; so auch BGH, NStZ 2007, 663 und NJW-RR 2005, 584 = RVGreport 2005, 159, zu § 66 GKG; OLG Düsseldorf, JMBl. NW 2007, 139, zu § 4 Abs. 7 JVEG, die Senatsrechtsprechung ist aber durch OLG Düsseldorf, Rpfleger 2009, 528 = JurBüro 2009, 255 aufgehoben). Hiergegen wird eingewandt, dass sich diese Auffassung über wesentliche strukturelle Änderungen der Kostenrechtsmodernisierung hinwegsetzt und mit dem Gesetz nicht zu vereinbaren ist. Aus dem klaren Wortlaut des § 33 Abs. 8 Satz 1 (i.V.m. § 56 Abs. 2 Satz 1) ergebe sich, dass der Gesetzgeber bei der Einführung des Einzelrichterprinzips gerade nicht zwischen Strafsachen und den übrigen Angelegenheiten der ordentlichen Gerichtsbarkeit

1134

Rechtsmittel gegen die Vergütungsfestsetzung (§§ 56, 33)

unterschieden habe (vgl. KG, StraFo 2009, 306 zur Wertfestsetzung gem. § 33; OLG Düsseldorf, Rpfleger 2009, 528 = JurBüro 2009, 255; OLG Hamm, StRR 2009, 438 = RVGreport 2009, 309 = RVGprofessionell 2009, 157; OLG Koblenz, 16.11.2009 – 2 Ws 526/09, JurionRS 2009, 36455; BVerwG, NVwZ 2006, 479 = NJW 2006, 1450, zu § 66 GKG; OLG Köln, StraFo 2009, 349, zu § 66 GKG). Die Entscheidung ergeht gem. § 33 Abs. 8 Satz 3 stets ohne Mitwirkung **ehrenamtlicher Richter.**

d) Inhalt der Entscheidung

1135 In der Erinnerungsentscheidung muss die aus der Staatskasse zu zahlende Vergütung **betragsmäßig** festgesetzt werden (OLG Brandenburg, JurBüro 2007, 656 = OLGR Brandenburg 2008, 74). Der auf die Erinnerung erlassene Beschluss ist zu begründen (vgl. OLG Hamm, 09.08.2005 – 4 Ws 323/05, www.burhoff.de; zur Zulassung der Beschwerde vgl. Rn. 1138).

e) Kontaktperson

1136 Im Fall der Erinnerung gegen die Festsetzung der Vergütung des Rechtsanwalts, der nach § 34a EGGVG als **Kontaktperson** beigeordnet ist (vgl. Nr. 4304 VV: Gebühr 3.000,00 €), entscheidet nach § 56 Abs. 1 Satz 2 die Strafkammer des LG, in dessen Bezirk die JVA liegt, in der der Gefangene einsitzt, und dessen Urkundsbeamter nach § 55 Abs. 3 die Festsetzung vorgenommen hat (vgl. die Erläuterungen zu § 55 Abs. 3).

f) Kosten und Kostenerstattung

1137 Sowohl die **Abhilfeentscheidung** des **Urkundsbeamten** als auch die Erinnerungsentscheidung des Gerichts bedürfen gem. § 56 Abs. 2 Satz 2 und 3 **keiner Kostenentscheidung**, weil das Verfahren gebührenfrei ist und eine Kostenerstattung nicht stattfindet.

g) Zulassung der Beschwerde

1138 Ist die zur Entscheidung stehende Frage von **grundsätzlicher Bedeutung**, lässt das Gericht nach §§ 56 Abs. 2 Satz 1, 33 Abs. 3 Satz 2 in der Erinnerungsentscheidung die Beschwerde zu. Die Einlegung der Beschwerde ist dann auch ohne Erreichen der gem. §§ 56 Abs. 2 Satz 1, 33 Abs. 3 Satz 1 erforderlichen Beschwerdesumme von 200,01 € zulässig. Die Voraussetzungen zur Zulassung der weiteren Beschwerde sind vom AG von Amts wegen zu prüfen (vgl. Hansens, in: Hansens/Braun/Schneider, Teil 8, Rn. 164, 179). Die Zulassung steht nicht im freien Ermessen des Gerichts. Vielmehr ist die **Zulassung** der weiteren Beschwerde **zwingend**, wenn die Voraussetzungen hierfür vorliegen (vgl. AnwKomm-RVG/E. Schneider, § 33 Rn. 91). Ein Antrag auf Zulassung der Beschwerde ist daher verfahrensrechtlich nicht erforderlich. Es ist aber **sinnvoll**, die Zulassung der Beschwerde anzuregen und zur **grundsätzlichen Bedeutung** der Sache **vorzutragen** (vgl. AnwKomm-RVG/E. Schneider, § 33 Rn. 83). Die Zulassung sollte im Tenor der Entscheidung erfolgen, jedoch reicht eine Zulassung in der Begründung aus (vgl. AnwKomm-RVG/E. Schneider, § 33 Rn. 87).

> **Hinweis:**
>
> Von **grundsätzlicher Bedeutung** sind ungeklärte Rechtsfragen, deren Beantwortung über den konkreten Rechtsfall hinaus für alle weiteren Fälle dieser Art entscheidungserheblich sein kann (vgl. Schneider, ZAP, Fach 13, S. 1225). Die grundsätzliche Bedeutung ist auch dann zu bejahen, wenn aufgrund abweichender Rechtsprechung Klärungsbedürftigkeit einer Rechtsfrage besteht und Vereinheitlichung durch eine obergerichtliche Grundsatzentscheidung erforderlich ist (vgl. AnwKomm-RVG/E. Schneider, § 33 Rn. 84).

Aus der Gesetzesbegründung ergibt sich zwar, dass nach Vorstellung des Gesetzgebers die Zulassung der Beschwerde nicht nur in der angefochtenen Entscheidung erfolgen, sondern auch noch später – etwa nach Einlegung und Begründung der Beschwerde – **nachgeholt** werden kann (BT-Drucks. 15/1971, S. 196 und 157). Die Möglichkeit der nachträglichen bzw. der Nachholung der Zulassung der Beschwerde ist jedoch in den Gesetzeswortlaut nicht aufgenommen worden, sodass die nachträgliche Zulassung von der überwiegenden Meinung zutreffend **abgelehnt** wird (BGH, FamRZ 2004, 530 = NJW 2004, 779; KG, RVGreport 2009, 139; RVGreport 2007, 299 = AGS 2007, 466 = Rpfleger 2007, 553; OLG Karlsruhe, AGS 2009, 551; OLGR Saarbrücken 2005, 513; LG Koblenz, FamRZ 2005, 741; AnwKomm-RVG/E. Schneider, § 33 Rn. 87; **a.A.** Hartung/Römermann/Schons, § 56 Rn. 31). Eine in der Erinnerungsentscheidung übersehene Zulassung kann allenfalls unter den Voraussetzungen von § 319 ZPO nachgeholt werden (OLG Karlsruhe, AGS 2009, 551; KG, RVGreport 2009, 139). Enthält die Erinnerungsentscheidung keine Zulassung der Beschwerde, ist dies als konkludente Nichtzulassung der Beschwerde anzusehen (vgl. BGH, FamRZ 2004, 530 = NJW 2004, 779; KG, RVGreport 2009, 139; OLGR Saarbrücken 2005, 513; NJW-RR 1999, 214; LG Koblenz, FamRZ 2005, 741; AnwKomm-RVG/ E. Schneider, § 33 Rn. 88).

1139

> **Hinweise:**
>
> Nach §§ 56 Abs. 2 Satz 1, 33 Abs. 4 Satz 4 Halbs. 1 ist das **Beschwerdegericht** an die Zulassung der Beschwerde **gebunden** (vgl. OLG Brandenburg, NStZ-RR 2010, 192 = wistra 2010, 199 = Rpfleger 2010, 392; OLG Celle, AGS 2009, 189; OLG Frankfurt am Main, RVGreport 2007, 71; OLG Nürnberg, AGS 2008, 457 = MDR 2008, 112; OLG Stuttgart, AnwBl. 2008, 303 = AGS 2008, 353 = JurBüro 2008, 306). Die Nichtzulassung der Beschwerde ist gem. § 33 Abs. 4 Satz 4 Halbs. 2 nicht anfechtbar (vgl. OLG Köln, JurBüro 1997, 474). Dies ist nach Auffassung des Gesetzgebers vor dem Hintergrund vertretbar, dass es der Zulassung der Beschwerde nur bei einem Wert des Beschwerdegegenstands von höchstens 200,00 € bedarf (BT-Drucks. 15/1971, S. 242, 186).

8. Bekanntmachung der Erinnerungsentscheidung

Wenn die Entscheidung über die Erinnerung der Anfechtung mit der befristeten **Beschwerde** unterliegt, ist der Beschluss zu **begründen** und **förmlich zuzustellen**, um den Lauf der Beschwerdefrist in Gang zu setzen (vgl. § 56 Abs. 2 Satz 1, § 33 Abs. 3 Satz 3; OLG Brandenburg, NStZ-RR 2010, 192 = wistra 2010, 199 = Rpfleger 2010, 392; OLG Hamburg, NStZ-RR 2010, 327; OLG Hamm, NStZ-RR 2005, 390 = RVGreport 2005, 221; OLG München, wistra 2010,

1140

Rechtsmittel gegen die Vergütungsfestsetzung (§§ 56, 33)

456 = AGS 2010, 542 = NStZ-RR 2011, 32). Der Beschluss ist mit der befristeten Beschwerde anfechtbar und daher förmlich zuzustellen, wenn der Beschwerdewert 200,00 € übersteigt, also mindestens 200,01 € beträgt. Wird der Beschwerdewert nicht erreicht, ist der Beschluss gleichwohl förmlich zuzustellen, wenn das Gericht in der Erinnerungsentscheidung wegen der grundsätzlichen Bedeutung der zur Entscheidung stehenden Frage die Beschwerde zulässt (vgl. §§ 56 Abs. 2 Satz 1, 33 Abs. 3 Satz 2).

Die Zustellung an den Rechtsanwalt wird i.d.R. per **Empfangsbekenntnis**, an den Vertreter der Staatskasse i.d.R. durch Vorlage der Akten (vgl. § 41 StPO) erfolgen (vgl. Hansens, in: Hansens/Braun/Schneider, Teil 7, Rn. 166).

II. Beschwerde

1. Einleitung

1141 Sowohl das Verfahren über die Beschwerde gegen eine **gerichtliche Wertfestsetzung** als auch über die Beschwerde gegen die Entscheidung über eine Erinnerung gegen die **Vergütungsfestsetzung** des gerichtlich bestellten oder beigeordneten Rechtsanwalts richtet sich nach § 33 Abs. 3 bis 9 i.V.m. § 56 Abs. 2 Satz 1. Daher gelten für beide Beschwerdeverfahren **dieselben** verfahrensrechtlichen Bestimmungen.

2. Zulässigkeit

a) Wortlaut von § 56

1142 Aus dem Wortlaut von § 56 ergibt sich **nicht ausdrücklich**, dass die Beschwerde zulässig ist. Die Eröffnung des Beschwerdeweges ist aber der Überschrift von § 56 sowie dem Verweis in § 56 Abs. 2 Satz 1 auf die Beschwerdevorschriften in § 33 Abs. 3 bis 8 zu entnehmen (Gerold/Schmidt/Müller-Rabe, § 56 Rn. 16).

b) Erinnerungsentscheidung

1143 Vor einer Erinnerungsentscheidung des Gerichts des Rechtszugs gem. § 56 ist eine Beschwerde unzulässig. Es ist daher zunächst das Erinnerungsverfahren durchzuführen (OLG Düsseldorf, StRR 2010, 276; OLG Naumburg, 05.02.2007 – 8 WF 159/06; OLG Saarbrücken, AGS 2009, 449).

3. Einlegung der Beschwerde

a) Frist und Verwirkung

1144 Gegen die Entscheidung ist nach § 33 Abs. 3 Satz 3 die **befristete Beschwerde** zulässig. Es handelt sich **nicht** um eine **sofortige Beschwerde**, sondern um eine einfache fristgebundene Beschwerde, die innerhalb von zwei Wochen ab Zustellung der Entscheidung einzulegen ist. Es liegt somit keine Notfrist vor, für die § 233 ZPO gelten würde. Diese Frist ist auch dann maßgeb-

Rechtsmittel gegen die Vergütungsfestsetzung (§§ 56, 33)

lich, wenn nach der jeweils anzuwendenden Verfahrensordnung sonst andere Beschwerdefristen gelten (LSG Nordrhein-Westfalen, JurBüro 1995, 146 = AnwBl. 1995, 203).

Ist die angefochtene Entscheidung **nicht zugestellt** und der Lauf der Beschwerdefrist damit nicht in Gang gesetzt worden (vgl. hierzu OLG Brandenburg, NStZ-RR 2010, 192 = wistra 2010, 199 = Rpfleger 2010, 392; OLG Hamburg, NStZ-RR 2010, 327; OLG Hamm, NStZ-RR 2005, 390 = RVGreport 2005, 221; OLG München, wistra 2010, 456 = AGS 2010, 542 = NStZ-RR 2011, 32), findet § 569 Abs. 1 Satz 2 ZPO Anwendung (Fristbeginn spätestens mit Ablauf von fünf Monaten nach Erlass der Verkündung des Beschlusses (vgl. hierzu OLG Brandenburg, a.a.O.; AnwKomm-RVG/E. Schneider, § 33 Rn. 99; OLG Koblenz, FamRZ 2004, 208). 1145

> **Hinweis:**
> Ist die Frist zur Einlegung der Beschwerde versäumt worden, kommt gem. §§ 56 Abs. 2 Satz 1, 33 Abs. 5 die **Wiedereinsetzung** in den vorigen Stand in Betracht (vgl. hierzu Rn. 1175 ff.).

b) Form

Nach § 33 Abs. 7 Satz 2 ist die Beschwerde bei dem Gericht einzulegen, **dessen Entscheidung angefochten** wird. Beim Beschwerdegericht kann die Beschwerde nicht rechtswirksam eingelegt werden, weil im Fall der zulässigen und begründeten Beschwerde zunächst die Abhilfe zu prüfen ist (Hansens, in: Hansens/Braun/Schneider, Teil 7, Rn. 173). Zudem wäre das Beschwerdegericht zwar gehalten, die Beschwerde an das zuständige Gericht weiterzuleiten. Wenn die Beschwerde hierbei aber verloren geht oder nicht rechtzeitig beim zuständigen Gericht eingeht, trägt dieses Risiko der Beschwerdeführer. 1146

Die Beschwerde kann nach §§ 56 Abs. 2 Satz 1, 33 Abs. 7 Satz 1, § 129a ZPO zu Protokoll des Urkundsbeamten der Geschäftsstelle eingereicht werden. Die Erinnerung kann auch schriftlich eingereicht werden, nach § 12b (vgl. auch § 130a ZPO) bei Vorliegen der dort genannten Voraussetzungen auch als **elektronisches Dokument**.

Anwaltszwang besteht **nicht**, weil die Beschwerde nach §§ 56 Abs. 2 Satz 1, 33 Abs. 7 auch **ohne Mitwirkung eines Bevollmächtigten** zu Protokoll des Urkundsbeamten der Geschäftsstelle eingelegt werden kann (vgl. § 78 Abs. 3 ZPO; OVG Hamburg, Rpfleger 2008, 46). In § 33 Abs. 7, der für die Beschwerde über § 56 Abs. 2 Satz 1 anwendbar ist, wurde mit Wirkung v. 05.08.2009 (BGBl. I 2009, S. 2449) diese Formulierung aufgenommen, um klarzustellen, dass es keines Anwalts bedarf, auch wenn nach der zugrunde liegenden Prozess- oder Verfahrensordnung Anwaltszwang besteht. 1147

c) Beschwerdeberechtigung

aa) Wertfestsetzung gem. § 33 Abs. 1

Beschwerdeberechtigt sind bei der Beschwerde gegen die gem. § 33 Abs. 1 und 2 vorgenommene **Wertfestsetzung** gem. § 33 Abs. 3 Satz 1 die zur **Stellung** des **Antrags** auf Wertfestsetzung Be- 1148

Rechtsmittel gegen die Vergütungsfestsetzung (§§ 56, 33)

rechtigten (vgl. insoweit Teil A: Gegenstandswert, Festsetzung [§ 33], Rn. 675 f.). Der Rechtsanwalt ist beschwerdeberechtigt, wenn eine Heraufsetzung der Kosten begehrt wird. Die Partei ist in diesem Fall nicht beschwerdebefugt, sondern nur bei der Geltendmachung eines geringeren Wertes (vgl. OLG Schleswig, SchlHA 2006, 300).

bb) Vergütungsfestsetzung (§ 55)

1149 Bei der Beschwerde gegen die Erinnerungsentscheidung über die Vergütungsfestsetzung gem. § 56 Abs. 2 sind der Rechtsanwalt oder die Staatskasse beschwerdebefugt, nicht aber die Partei bzw. bei der Beratungshilfe der Rechtsuchende.

d) Beschwerdewert

1150 Die Beschwerde ist zulässig, wenn
- der Wert des Beschwerdegegenstands 200,00 € übersteigt, also mindestens 200,01 € beträgt, oder
- die Beschwerde gem. § 33 Abs. 3 Satz 2 (i.V.m. § 56 Abs. 2 Satz 1) zugelassen worden ist (vgl. Rn. 1138 f.). Ist nach §§ 56 Abs. 2 Satz 1, 33 Abs. 4 Satz 4 Halbs. 1 die Beschwerde zugelassen worden, ist das **Beschwerdegericht** an die Zulassung **gebunden** (vgl. OLG Brandenburg, NStZ-RR 2010, 192 = wistra 2010, 199 = Rpfleger 2010, 392; OLG Frankfurt am Main, RVGreport 2007, 71; OLG Nürnberg, AGS 2008, 457 = MDR 2008, 112).

aa) Wertfestsetzung gem. § 33 Abs. 1

1151 Bei der Beschwerde gegen die Wertfestsetzung ergibt sich der Beschwerdewert aus der **Differenz** zwischen den Gebühren, die nach dem festgesetzten und angefochtenen Wert entstanden sind und den Gebühren, die nach dem mit der Beschwerde angestrebten Wert entstehen würden (KG, StraFo 2009, 306; OLG Oldenburg, NJW 2010, 884 = StraFo 2010, 132 = StRR 2010, 356; OLG Schleswig, SchlHA 2006, 300). Hierbei ist die USt zu berücksichtigen (vgl. OLG Nürnberg, AGS 2010, 167 = MDR 2010, 5432; Braun/Volpert, in: Hansens/Braun/Schneider, Teil 5, Rn. 58, m.w.N.).

Es reicht nicht aus, dass der vom Beschwerdeführer angestrebte Streitwert um mehr als 200,00 € vom festgesetzten und angefochtenen Streitwert abweicht (OLG Karlsruhe, FamRZ 2004, 1303). Die Wertfestsetzung nach § 33 Abs. 1 gilt nur für die Gebühren des Anwalts, der den **Antrag** auf Festsetzung des Wertes **gestellt** hat oder der in dem Festsetzungsantrag der anderen nach § 33 Abs. 2 Satz 2 Antragsberechtigten genannt ist. Maßgebend für den Beschwerdewert ist daher nur, wie sich die Wertänderung bei dem von der Beschwerde **konkret betroffenen** Rechtsanwalt auswirkt. Weitere in der Angelegenheit tätige Rechtsanwälte sind nicht zu berücksichtigen (vgl. OLG Düsseldorf, RVGreport 2009, 138 = JurBüro 2008, 592).

1152 *Beispiel:*

Das Gericht hat den Gegenstandswert für die eingezogenen Gegenstände auf 5.000,00 € festgesetzt. Für die sich auf die Einziehung erstreckende Tätigkeit des **Wahlverteidigers** *ist eine Verfahrensgebühr Nr. 4142 VV entstanden. Der Wahlverteidiger legt gegen die Wertfestsetzung Beschwerde mit dem Ziel der Heraufsetzung des Wertes auf 10.000,00 € ein.*

Rechtsmittel gegen die Vergütungsfestsetzung (§§ 56, 33)

Der Beschwerdewert berechnet sich wie folgt:

Berechnung der Gebühr nach dem festgesetzten Wert (Gebührentabelle zu § 13)

1,0 Verfahrensgebühr Nr. 4142 VV (Wert 5.000,00 €)	301,00 €
19 % USt Nr. 7008 VV	57,19 €
Summe	358,19 €

Berechnung der Gebühr nach dem mit der Beschwerde angestrebten Wert (Gebührentabelle zu § 13)

1,0 Verfahrensgebühr Nr. 4142 VV (Wert 10.000,00 €)	486,00 €
19 % USt Nr. 7008 VV	92,34 €
Summe	578,34 €

Die **Differenz** zwischen den beiden Summen beträgt **220,15 €**. Der erforderliche Beschwerdewert i.H.v. 200,01 € ist damit erreicht. Ohne Berücksichtigung der Umsatzsteuer wäre der Beschwerdewert nicht erreicht worden.

Auch wenn statt eines Wahlverteidigers ein **Pflichtverteidiger** tätig geworden ist, sind für die Berechnung der Beschwerdesumme der **von dem Rechtsanwalt eingelegten Beschwerde** die sich aus der Tabelle zu § 13 und nicht aus der Tabelle zu § 49 ergebenden Gebühren maßgeblich (Volpert, in: Hansens/Braun/Schneider, Teil 5, Rn. 59; Riedel/Sußbauer/Fraunholz, § 32 Rn. 28; a.A. OLGR Saarbrücken 2005, 513). Bei der **Beschwerde der Staatskasse** sind für die Berechnung der Beschwerdesumme grds. die sich aus der Tabelle zu § 49 ergebenden Gebühren maßgeblich (vgl. OLGR Saarbrücken 2005, 513). Unklar ist jedoch, ob das auch dann gilt, wenn die Staatskasse zur Erstattung von Wahlanwaltsgebühren verpflichtet ist, z.B. im Fall des Freispruchs des Angeklagten (vgl. §§ 464a, 464b StPO).

Beispiel:

Wie beim Beispiel unter Rn. 1152; statt eines Wahlverteidigers ist jedoch ein **Pflichtverteidiger** tätig geworden.

Der Beschwerdewert würde nicht erreicht, wenn die Differenz anhand der aus der Landeskasse zu zahlenden Vergütung nach dem angefochtenen und dem angestrebten Wert berechnet würde:

Berechnung der Gebühr nach dem festgesetzten Wert (Gebührentabelle zu § 49)

1,0 Verfahrensgebühr Nr. 4142 VV (Wert 5.000,00 €)	219,00 €
19 % USt Nr. 7008 VV	41,61 €
Summe	260,61 €

Berechnung der Gebühr nach dem mit der Beschwerde angestrebten Wert (Gebührentabelle zu § 49)

1,0 Verfahrensgebühr Nr. 4142 VV (Wert 10.000,00 €)	242,00 €
19 % USt Nr. 7008 VV	45,98 €
Summe	287,98 €

Rechtsmittel gegen die Vergütungsfestsetzung (§§ 56, 33)

Die **Differenz** zwischen den beiden Summen beträgt bei der Pflichtverteidigervergütung (§ 49) lediglich 27,37 €, bei der Wahlverteidigervergütung (§ 13) dagegen 220,15 €. Für die Beschwerdesumme ist nicht auf die Differenz zwischen den Pflichtverteidigervergütungen abzustellen, zumal der Pflichtverteidiger ggf. auch Anspruch auf die Wahlverteidigergebühren hat, vgl. § 52. Der erforderliche Beschwerdewert i.H.v. 200,01 € ist damit erreicht. Ohne Berücksichtigung der Umsatzsteuer wäre der Beschwerdewert nicht erreicht worden.

> **Hinweis:**
>
> Der Rechtsanwalt ist nur beschwert, wenn er eine **Heraufsetzung** des Wertes fordert. Der Auftraggeber, der erstattungspflichtige Gegner und die Staatskasse sind beschwert, wenn sie eine **Herabsetzung** des Wertes beantragen (OLG Schleswig, SchlHA 2006, 300; Gerold/Schmidt/Mayer, § 33 Rn. 14).

bb) Vergütungsfestsetzung

1154 Bei der Beschwerde gegen die Erinnerungsentscheidung über die Vergütungsfestsetzung ergibt sich der Beschwerdewert aus der **Differenz** zwischen den festgesetzten und den mit der Beschwerde angestrebten Gebühren (vgl. OLG Düsseldorf, RVGreport 2009, 138 = JurBüro 2008, 592; vgl. hierzu auch KG, JurBüro 2006, 646 = MDR 2007, 235). Hierbei kommt es auf die aus **der Staatskasse zu erstattende Vergütung** und nicht auf die Wahlanwaltsvergütung an (Gerold/Schmidt/Müller-Rabe, § 56 Rn. 20). Auch hierbei ist die Umsatzsteuer zu berücksichtigen (vgl. OLG Nürnberg, AGS 2010, 167 = MDR 2010, 532).

Maßgebend ist nur die **Differenz** bei der **konkret angefochtenen** Vergütung. Der Umstand, dass sich auch bei anderen in der Angelegenheit beigeordneten oder bestellten Rechtsanwälten eine Erhöhung oder Verringerung der aus der Staatskasse zu gewährenden Vergütung ergeben kann, ist bei der Berechnung des Beschwerdewerts nicht zu berücksichtigen, weil jede Vergütungsfestsetzung gem. § 55 ein eigenständiges Verfahren bildet (OLG Düsseldorf, RVGreport 2009, 138 = JurBüro 2008, 592).

Beispiel:

Der Pflichtverteidiger meldet folgende Vergütung an:

Grundgebühr Nr. 4100 VV	132,00 €
Verfahrensgebühr Nr. 4106 VV	112,00 €
Terminsgebühr Nr. 4108 VV	184,00 €
Längenzuschlag Nr. 4110 VV	92,00 €
Postentgeltpauschale Nr. 7002 VV	20,00 €
19 % USt Nr. 7008 VV	102,60 €
Summe:	**642,60 €**

Der Urkundsbeamte setzt den Längenzuschlag i.H.v. 92,00 € ab, weil der Termin seiner Auffassung nach nicht länger als fünf Stunden. gedauert hat. Die Erinnerung des Pflichtverteidigers hiergegen ist erfolglos. Da der Beschwerdewert von 200,01 € nicht erreicht ist, ist die Beschwerde nur zulässig, wenn diese in der Erinnerungsentscheidung zugelassen worden ist.

Rechtsmittel gegen die Vergütungsfestsetzung (§§ 56, 33)

4. Entscheidung über die Beschwerde

a) Abhilfebefugnis des Erstgerichts

Da die Beschwerde nach § 33 Abs. 7 Satz 2 (§ 56 Abs. 2 Satz 1) bei dem Gericht einzulegen ist, dessen Entscheidung angefochten wird (Rn. 1146), ist diesem nach § 33 Abs. 4 Satz 1 Halbs. 1 eine Abhilfebefugnis **eingeräumt**, wenn die Beschwerde für zulässig und begründet gehalten wird (vgl. OLG Köln, FamRZ 2010, 232; OLG München, Rpfleger 2004, 167). Wird die Beschwerde als begründet angesehen, ergeht ein begründeter Abhilfebeschluss. In dieser Abhilfeentscheidung ist ggf. erneut die Beschwerde zuzulassen (vgl. Hansens, in: Hansens/Braun/Schneider, Teil 7, Rn. 177). 1155

> **Hinweis:**
> Die **Nichtabhilfeentscheidung** des Erstgerichts ist **nicht anfechtbar**. Hilft das Erstgericht der Beschwerde nicht ab, ist die Sache gem. §§ 56 Abs. 2 Satz 1, 33 Abs. 4 Satz 1 **unverzüglich** dem Beschwerdegericht zur Entscheidung **vorzulegen** (OLG Köln, FamRZ 2010, 232).

b) Teilweise Abhilfe

Durch die Formulierung in § 33 Abs. 4 Satz 1 Halbs. 2 wird klargestellt, dass auch bei einer **teilweisen Abhilfe** die Sache unverzüglich dem Beschwerdegericht zur Entscheidung über den restlichen Teil der Beschwerde vorzulegen ist, auch wenn durch die Teilabhilfe der Beschwerdewert i.H.v. 200,01 € nicht mehr erreicht wird (vgl. BT-Drucks. 15/1971, S. 196, 197). Die Beschwerde wird durch die Unterschreitung des erforderlichen Beschwerdewerts i.H.v. 200,01 € nach Teilabhilfe nicht unzulässig, eine besondere Zulassung der Beschwerde bei der Teilabhilfe ist daher nicht erforderlich (str.: vgl. hierzu OLG Düsseldorf, JurBüro 1987, 1260; OLG Frankfurt am Main, Rpfleger 1988, 30; Riedel/Sußbauer/Schmahl, § 56 Rn. 14; Volpert, in: Hansens/Braun/Schneider, Teil 5, Rn. 91; AnwKomm-RVG/N.Schneider, § 33 Rn. 114; Gerold/Schmidt/Müller-Rabe, § 56 Rn. 19). 1156

> **Hinweis:**
> Steht zu befürchten, dass der Beschwerde nur teilweise abgeholfen wird und damit der Beschwerdewert nicht mehr erreicht wird, sollte **vorsorglich** ausdrücklich **Zulassung** der Beschwerde **angeregt** werden (vgl. N. Schneider, in: Hansens/Braun/Schneider, Teil 3, Rn. 42).

c) Beschwerdegericht

Zuständiges Beschwerdegericht ist nach § 33 Abs. 4 Satz 2 unabhängig vom Instanzenzug der Hauptsache grds. das **nächsthöhere Gericht** (§ 72 GVG; OLG Düsseldorf, AnwBl. 2009, 69 = AGS 2008, 556 = Rpfleger 2009, 241). In Verfahren vor dem AG ist somit grds. das LG das Beschwerdegericht. Hat das LG erstinstanzlich entschieden, ist das OLG das zuständige Beschwerdegericht (vgl. OLG Jena, JurBüro 2005, 479 für Streitwertbeschwerde im Adhäsionsverfahren). Eine Beschwerde an einen obersten Gerichtshof des Bundes (BGH) findet gem. § 33 Abs. 4 Satz 3 nicht statt (BGH, RVGreport 2010, 338 = AGS 2010, 387 = MDR 2010, 946 m.w.N.; OLG 1157

Rechtsmittel gegen die Vergütungsfestsetzung (§§ 56, 33)

Brandenburg, Beschl. v. 05.05.2011 - (1) 53 AuslA 43/10 (20/10), JurionRS 2011, 16677; vgl. auch Rn. 1172).

> **Hinweise:**
>
> Nach §§ 56 Abs. 2 Satz 1, 33 Abs. 4 Satz 4 Halbs. 1 ist das Beschwerdegericht an die **Zulassung** der Beschwerde **gebunden** (OLG Brandenburg, NStZ-RR 2010, 192 = wistra 2010, 199 = Rpfleger 2010, 392; OLG Frankfurt am Main, RVGreport 2007, 71; OLG Nürnberg, AGS 2008, 457 = MDR 2008, 112). Die Nichtzulassung der Beschwerde ist gem. § 33 Abs. 4 Satz 4 Halbs. 2 nicht anfechtbar (vgl. OLG Jena, JurBüro 2005, 479 für Streitwertbeschwerde im Adhäsionsverfahren; OLG Köln, JurBüro 1997, 474). Dies ist nach Auffassung des Gesetzgebers vor dem Hintergrund vertretbar, dass es der Zulassung der Beschwerde nur bei einem Wert des Beschwerdegegenstands von höchstens 200,00 € bedarf (BT-Drucks. 15/1971, S. 242, 186).

d) Spruchkörper

1158 Die Entscheidung über die Beschwerde erfolgt durch **begründeten Beschluss**. In Anlehnung an § 568 Satz 1 und 2 ZPO entscheidet über die Beschwerde das Gericht grds. durch eines seiner Mitglieder als **Einzelrichter**, wenn die angefochtene Entscheidung von einem Einzelrichter oder einem Rechtspfleger erlassen worden ist (vgl. §§ 33 Abs. 8 Satz 1, 56 Abs. 2 Satz 1; OLG Düsseldorf, Rpfleger 2009, 528 = JurBüro 2009, 255). Ist die angefochtene Entscheidung daher von einem Kollegialgericht getroffen worden, kann auch im Beschwerdeverfahren nur ein **Kollegialgericht** entscheiden (vgl. KG, StraFo 2009, 306; OLG Hamm, StRR 2009, 438 = RVGreport 2009, 309; OLG Köln, AGS 2009, 585; OLG Saarbrücken, NStZ-RR 2007, 127 = AGS 2007, 78; OLG Stuttgart, StV 2006, 200 = RVGreport 2006, 32 = Rpfleger 2006, 36; vgl. aber LG Hildesheim, StraFo 2005, 393 [Entscheidung stets durch die Strafkammer, da insoweit beim LG ein Einzelrichter institutionell nicht vorgesehen ist]). Diese Regelung stellt die Akzeptanz der auf die Beschwerde ergehenden Entscheidung durch die Betroffenen sicher, indem Entscheidungen eines Kollegialgerichts auch nur durch ein Kollegialgericht korrigiert werden können. Ist die angefochtene Entscheidung von einem Einzelrichter oder einem Rechtspfleger erlassen worden und weist die Sache besondere Schwierigkeiten tatsächlicher oder rechtlicher Art auf oder hat die Rechtssache **grundsätzliche Bedeutung**, **überträgt** der **Einzelrichter** das Verfahren der Kammer oder dem Senat (vgl. §§ 33 Abs. 8 Satz 2, 56 Abs. 2 Satz 1; OLG Düsseldorf, Rpfleger 2009, 528 = JurBüro 2009, 255). Die Beschwerdeentscheidung ergeht stets ohne Mitwirkung ehrenamtlicher Richter.

1159 Die Beschwerde kann nach § 33 Abs. 8 Satz 4 aber nicht darauf gestützt werden, ob eine Übertragung vorgenommen oder unterlassen worden ist. Die Beschwerde ist somit ausgeschlossen, wenn der Einzelrichter **irrtümlich** die Übertragung auf die Kammer oder den Senat unterlassen hat. Sie ist zudem auch dann ausgeschlossen, wenn die Kammer oder der Senat **irrtümlich** anstelle des Einzelrichters entschieden hat (so OLG Hamm, StRR 2009, 438 = RVGreport 2009, 309). Die Anwendbarkeit von § 33 Abs. 8 Satz 4 scheidet aber aus, wenn die Besetzung des Spruchkörpers auf **Willkür** beruht und die Sache dadurch unter Verstoß gegen Art. 101 Abs. 1 Satz 2 GG dem **gesetzlichen Richter** entzogen wird (OLG Hamm, a.a.O.).

Rechtsmittel gegen die Vergütungsfestsetzung (§§ 56, 33)

e) Entscheidung

Die Entscheidung über die Beschwerde erfolgt durch **begründeten Beschluss**. 1160

f) Verschlechterungsverbot

Das **Verschlechterungsverbot** steht der Aufhebung der angefochtenen Erinnerungsentscheidung und der Festsetzung eines geringeren Betrages nicht entgegen. Das gilt auch bei einem Rechtsmittel des Rechtsanwalts (OLG Hamburg, StraFo 2010, 307 = NStZ 2010, 652; OLG Hamburg, NStZ-RR 2011, 64 [Ls.] = wistra 2011, 120 [Ls.]; **a.A.** Gerold/Schmidt/Müller-Rabe, § 56 Rn. 28; Gerold/Schmidt/Mayer, § 33 Rn. 15; vgl. dazu auch Teil A: Kostenfestsetzung und Erstattung in Strafsachen, Rn. 933). 1161

Auch bei der Beschwerde gegen die Wertfestsetzung (§ 33) gilt das Verschlechterungsverbot nicht (Grundsatz der **Streitwertwahrheit**, AnwKomm-RVG/E. Schneider § 33 Rn. 69, m.w.N.). 1162

g) Zulassung der weiteren Beschwerde

Die Zulassung steht nicht im freien Ermessen des Gerichts. Vielmehr ist die **Zulassung** der weiteren Beschwerde **zwingend**, wenn die Voraussetzungen hierfür vorliegen (vgl. AnwKomm-RVG/E. Schneider, § 33 Rn. 91). Die Zulassung muss in der Beschwerdeentscheidung erfolgen. Auf die Ausführungen zu Rn. 1138 f. wird insoweit verwiesen. 1163

> **Hinweis:** 1164
>
> Nach §§ 56 Abs. 2 Satz 1, 33 Abs. 6 Satz 4, Abs. 4 Satz 4 Halbs. 1 ist das OLG an die Zulassung der weiteren Beschwerde gebunden. Die Nichtzulassung ist gem. § 33 Abs. 6 Satz 4, Abs. 4 Satz 4 Halbs. 2 nicht anfechtbar (vgl. Rn. 1157).

5. Bekanntmachung der Beschwerdeentscheidung

Lässt das LG die weitere Beschwerde zu, ist die Entscheidung über die Beschwerde **förmlich zuzustellen**. Auch die weitere Beschwerde ist innerhalb einer Frist von zwei Wochen ab Zustellung einzulegen (vgl. § 33 Abs. 6 Satz 4, Abs. 3 Satz 3, 56 Abs. 2 Satz 1). Die Zustellung an den Rechtsanwalt wird auch hier i.d.R. per Empfangsbekenntnis, an den Vertreter der Staatskasse i.d.R. durch Vorlage der Akten (vgl. § 41 StPO) erfolgen (vgl. Hansens, in: Hansens/Braun/Schneider, Teil 7, Rn. 166). 1165

III. Weitere Beschwerde

1. Einlegung der weiteren Beschwerde

a) Frist und Verwirkung

Die weitere Beschwerde ist nach § 33 Abs. 6 Satz 1 zulässig, wenn das LG im Beschwerdeverfahren entschieden hat (AnwKomm-RVG/E. Schneider, § 33 Rn. 133). Es handelt sich nicht um eine sofortige weitere Beschwerde, sondern eine **fristgebundene** weitere Beschwerde. Es liegt somit 1166

Rechtsmittel gegen die Vergütungsfestsetzung (§§ 56, 33)

keine Notfrist vor, für die § 233 ZPO gelten würde. Nach § 33 Abs. 6 Satz 4 i.V.m. Abs. 3 Satz 3 ist die weitere Beschwerde innerhalb von **zwei Wochen** ab Zustellung der Beschwerdeentscheidung des LG einzulegen. Im Übrigen gelten die Bestimmungen für die Beschwerde entsprechend (vgl. Rn. 1144 f.).

b) Form

1167 Nach § 33 Abs. 7 Satz 2 ist sie bei dem **LG einzulegen**, dessen Entscheidung angefochten wird. Beim OLG kann die weitere Beschwerde nicht rechtswirksam eingelegt werden, weil im Fall der zulässigen und begründeten weiteren Beschwerde zunächst die Abhilfe zu prüfen ist (Hansens, in: Hansens/Braun/Schneider, Teil 7, Rn. 183). Im Übrigen kann auf die Ausführungen bei Rn. 1144 ff. verwiesen werden.

c) Beschwerdeberechtigung

1168 Hinsichtlich der Beschwerdeberechtigung kann auf die Ausführungen unter Rn. 1148 f. verwiesen werden.

d) Beschwerdewert

1169 Eine bestimmte **Beschwerdesumme** wie bei der Beschwerde muss **nicht** vorliegen (OLG Düsseldorf, RVGreport 2006, 225 = AGS 2006, 244; OLG Stuttgart, AGS 2007, 97; Braun/Schneider, in: Hansens/Braun/Schneider, Teil 6, Rn. 98; Hansens, in: Hansens/Braun/Schneider, Teil 8, Rn. 185).

e) Begründung der weiteren Beschwerde

1170 Die weitere Beschwerde kann gem. § 33 Abs. 6 Satz 2 nur darauf gestützt werden, dass die Beschwerdeentscheidung auf einer **Verletzung des Rechts** beruht. Eine weitere Begründung ist nicht erforderlich. Es kann allgemein um Nachprüfung der angefochtenen Entscheidung gebeten werden. Wann eine Verletzung des Rechts vorliegt, ergibt sich in entsprechender Anwendung aus §§ 546 und 547 ZPO.

> **Hinweis:**
> Die weitere Beschwerde kann nicht mit der Begründung eingelegt werden, der **Einzelrichter** habe das Verfahren **nicht** der **Kammer übertragen** dürfen bzw. er habe nicht allein über die Beschwerde entscheiden dürfen, vgl. § 33 Abs. 8 Satz 4 (vgl. dazu Rn. 1159).

2. Entscheidung

a) Abhilfebefugnis

1171 Da die weitere Beschwerde nach § 33 Abs. 7 Satz 2 bei dem LG einzulegen ist, dessen Entscheidung angefochten wird, ist diesem nach § 33 Abs. 6 Satz 4 i.V.m. Abs. 4 Satz 1 Halbs. 1 eine Abhilfebefugnis **eingeräumt**, wenn die weitere Beschwerde für zulässig und begründet gehalten wird. Im Übrigen wird verwiesen auf die Ausführungen hinsichtlich der Abhilfebefugnis bei der Beschwerde (vgl. Rn. 1155 f.).

b) Entscheidung durch das OLG

Hilft das LG der weiteren Beschwerde nicht ab (vgl. §§ 56 Abs. 2 Satz 1, 33 Abs. 6 Satz 4, Abs. 4 Satz 1), entscheidet das **OLG**. Der **BGH** wird mit weiteren Beschwerden in Verfahren betreffend Vergütungsfestsetzungen gegen die Staatskasse **nicht** befasst (BGH, RVGreport 2010, 338 = AGS 2010, 387 = MDR 2010, 946). §§ 33 Abs. 4 Satz 3, Abs. 6 Satz 1, 56 Abs. 2 Satz 1 enthalten insoweit gegenüber etwaigen Bestimmungen in anderen Verfahrensordnungen (§ 574 ZPO) vorrangige Sonderregelungen (BGH, a.a.O.). Auch eine Zulassung der **Rechtsbeschwerde** zum BGH durch das Beschwerdegericht ändert daran nichts, weil für eine nach dem Gesetz unanfechtbare Entscheidung kein gesetzlich nicht vorgesehener Instanzenzug eröffnet werden kann (BGH, a.a.O.).

1172

Nach § 33 Abs. 6 Satz 4 und Abs. 4 Satz 4 ist das **OLG** an die Zulassung der weiteren Beschwerde **gebunden**. Wird die weitere Beschwerde nicht zugelassen, ist diese Entscheidung einer Anfechtung entzogen (vgl. Rn. 1139).

1173

Über die weitere Beschwerde entscheidet das OLG durch **begründeten Beschluss**. In Anlehnung an § 568 Satz 1 und 2 ZPO entscheidet der Senat **grds.** durch eines seiner Mitglieder als **Einzelrichter**, wenn die angefochtene Entscheidung von einem Einzelrichter erlassen worden ist. Ist die angefochtene Entscheidung von einem Kollegialgericht getroffen worden, kann auch im weiteren Beschwerdeverfahren nur ein Kollegialgericht entscheiden (vgl. hierzu Rn. 1158).

I.d.R. wird das **OLG** jedoch in **voller Besetzung** entscheiden, denn durch die Zulassung der weiteren Beschwerde durch das LG steht fest, dass die Sache besondere rechtliche Schwierigkeiten aufgeworfen hat. Der Einzelrichter überträgt dann das Verfahren nach §§ 56 Abs. 2 Satz 1, 33 Abs. 8 Satz 2 dem Senat (vgl. BGH, NJW 2003, 1254 zur Rechtsbeschwerde; Hansens, in: Hansens/Braun/Schneider, Teil 7, Rn. 188).

1174

IV. Wiedereinsetzung

1. Allgemeines

In den §§ 33 Abs. 5, 56 Abs. 2 Satz 1 wird das Verfahren über die Wiedereinsetzung in den vorigen Stand geregelt, wenn der Beschwerdeführer **unverschuldet** an der Einhaltung der Frist zur Einlegung der **Beschwerde** nach § 33 Abs. 3 Satz 3 verhindert war. Das Wiedereinsetzungsverfahren findet nach § 33 Abs. 6 Satz 4 auch statt, wenn der Beschwerdeführer unverschuldet an der Einhaltung der Frist zur Einlegung der **weiteren Beschwerde** nach § 33 Abs. 6 Satz 4, Abs. 3 Satz 3 verhindert war.

1175

2. Antrag/Form des Antrags

Die Wiedereinsetzung wird nicht von Amts wegen, sondern nur **auf Antrag** gewährt. Der Antrag kann nach § 33 Abs. 7 Satz 1, § 129a ZPO zu Protokoll des Urkundsbeamten der Geschäftsstelle

1176

Rechtsmittel gegen die Vergütungsfestsetzung (§§ 56, 33)

des AG gestellt werden. Der Antrag kann auch schriftlich eingereicht werden, nach § 12b (vgl. auch § 130a ZPO) bei Vorliegen der dort genannten Voraussetzungen auch als **elektronisches Dokument**. **Anwaltszwang** besteht **nicht** (vgl. § 78 Abs. 3 ZPO).

3. Frist

1177 Nach § 33 Abs. 5 Satz 2 kann die Wiedereinsetzung **nicht mehr** beantragt werden, wenn seit dem Ablauf der Frist zur Einlegung der Beschwerde bzw. der weiteren Beschwerde **ein Jahr verstrichen** ist. Die Wiedereinsetzung kann nur gewährt werden, wenn der Beschwerdeführer die Beschwerde bzw. die weitere Beschwerde binnen zwei Wochen nach der Beseitigung des Hindernisses einlegt.

4. Inhalt des Antrags

1178 Im Antrag müssen die Tatsachen, welche die Wiedereinsetzung begründen, **glaubhaft** gemacht werden (vgl. zur Glaubhaftmachung § 294 ZPO). Es müssen also alle tatsächlichen Voraussetzungen für die Zulässigkeit und Begründetheit des Wiedereinsetzungsantrags angeführt werden. Es sind somit Angaben zur versäumten Frist, hinsichtlich des Hindernisses, das der Einlegung der Frist entgegenstand, zum Wegfall dieses Hindernisses und zum fehlenden Verschulden der Fristversäumung erforderlich. Insbesondere sollte dargelegt werden, auf welche Weise und durch wessen Verschulden es zur Versäumung der Frist gekommen ist.

5. Zuständigkeit

1179 Zuständig für die Entscheidung über den Wiedereinsetzungsantrag ist das **Gericht**, das über die Beschwerde bzw. die weitere Beschwerde zu entscheiden hat (OLG Stuttgart, AnwBl. 2008, 303 = AGS 2008, 353 = JurBüro 2008, 306; vgl. Rn. 1157 und Rn. 1172 ff.).

6. Entscheidung

1180 Wiedereinsetzung ist zu **gewähren**, wenn der Beschwerdeführer die Versäumung der Frist zur Einlegung der Beschwerde bzw. der weiteren Beschwerde **nicht verschuldet** hat. Zum Begriff des Verschuldens wird z.B. verwiesen auf die Komm. bei Zöller/Greger, ZPO, § 233 Rn. 12 ff.

Im Fall der **Ablehnung** des Wiedereinsetzungsantrags ist der Beschluss dem Beschwerdeführer **zuzustellen**, da gegen die Ablehnung die Beschwerde statthaft ist, welche innerhalb von zwei Wochen ab Zustellung einzulegen ist (vgl. § 33 Abs. 5 Satz 3 und 4).

7. Beschwerdeverfahren

1181 Gegen die **Ablehnung** des Wiedereinsetzungsgesuchs steht dem Beschwerdeführer die **befristete Beschwerde** zu, die innerhalb von zwei Wochen ab Zustellung der Ablehnungsentscheidung einzulegen ist (vgl. § 33 Abs. 5 Satz 3 und 4). Hält das Gericht die Beschwerde für zulässig und begründet, kann es der Beschwerde abhelfen (vgl. § 33 Abs. 5 Satz 5 i.V.m. Abs. 4 Satz 1, der wegen § 33 Abs. 5 Satz 5 für das Beschwerdeverfahren gegen die Ablehnung des Wiedereinsetzungsgesuchs entsprechend gilt; s. im Übrigen die Ausführungen unter Rn. 1144 ff.).

Rechtsmittel gegen die Vergütungsfestsetzung (§§ 56, 33)

V. Kosten des Beschwerdeverfahrens

1. Beschwerde im Vergütungsfestsetzungsverfahren (§ 56)

a) Gerichtsgebühren

Nach § 56 Abs. 2 Satz 2 ist das Verfahren über die Erinnerung sowie die Beschwerde gegen die Vergütungsfestsetzung **gerichtsgebührenfrei**. Obwohl die weitere Beschwerde dort nicht genannt ist, dürfte auch das Verfahren über die weitere Beschwerde gerichtsgebührenfrei sein (vgl. Hansens, in: Hansens/Braun/Schneider, Teil 7, Rn. 189; Mayer/Kroiß/Pukall, § 56 Rn. 37; so auch BT-Drucks. 15/1971, S. 203). **Auslagen** können erhoben werden.

1182

b) Anwaltsgebühren

Die Erinnerung und die Beschwerde nach § 56 kann der gerichtlich beigeordnete oder bestellte Anwalt, der als Kontaktperson gem. § 34a EGGVG beigeordnete Rechtsanwalt bzw. der Beratungshilfeanwalt **nur** im **eigenen Namen** einlegen. Die Frage nach der anfallenden Gebühr stellt sich daher nicht, weil **kein Erstattungsschuldner** vorhanden ist.

1183

c) Erstattung

Nach § 56 Abs. 2 Satz 3 findet **keine Kostenerstattung** statt, und zwar weder im Erinnerungs- noch im Beschwerdeverfahren. Eine Kostenentscheidung ist daher nicht erforderlich. Nach dem Wortlaut wird hiervon das Verfahren über die weitere Beschwerde aber nicht erfasst. Auch in der Gesetzesbegründung (vgl. BT-Drucks. 15/1971, S. 203) ist nur vom Erstattungsausschluss im Erinnerungs- und Beschwerdeverfahren die Rede. Es ist daher fraglich, ob auch im Verfahren über die weitere Beschwerde die Kostenerstattung ausgeschlossen ist (vgl. hierzu z.B. OLG Frankfurt am Main, RVGreport 2007, 71 = RVG-Letter 2007, 32; OLG Düsseldorf, RVGreport 2006, 225, die eine Kostenerstattung im Verfahren über die weitere Beschwerde ablehnen; Hansens, in: Hansens/Braun/Schneider, Teil 7, Rn. 189).

1184

2. Beschwerde im Wertfestsetzungsverfahren (§ 33)

a) Gerichtsgebühren

Nach § 33 Abs. 9 ist nur das Verfahren über **den Antrag auf Wertfestsetzung** gem. § 33 Abs. 1 gerichtsgebührenfrei (vgl. dazu Teil A: Gegenstandswert, Festsetzung [§ 33], Rn. 682).

1185

Im Verfahren über die **Beschwerde** bzw. die **weitere Beschwerde** entsteht eine Gerichtsgebühr nach Nr. 1812 KV GKG i.H.v. 50,00 € (bis 31.12.2006 Nr. 1811 KV GKG), soweit die Beschwerde verworfen oder zurückgewiesen wird (Volpert, in: Hansens/Braun/Schneider, Teil 5, Rn. 101; AnwKomm-RVG/E. Schneider, § 33 Rn. 162; s. hierzu auch Teil A: Gerichtskosten, Rn. 733). Das Beschwerdeverfahren gegen die Wertfestsetzung nach § 32 Abs. 2, § 68 GKG (vgl. hierzu Teil A: Verfahren nach dem Strafvollzugsgesetz und ähnliche Verfahren, Rn. 1459) ist jedoch gerichtsgebührenfrei.

Rechtsmittel gegen die Vergütungsfestsetzung (§§ 56, 33)

b) Anwaltsgebühren

1186 Hinsichtlich der Anwaltskosten im **Beschwerdeverfahren** und im Verfahren über die weitere Beschwerde gilt Folgendes (zu den Gebühren im erstinstanzlichen Wertfestsetzungsverfahren s. Teil A: Gegenstandswert, Festsetzung [§ 33], Rn. 683):

- Legt der **Anwalt im eigenen Namen** die Streitwertbeschwerde ein, stellt sich die Frage nach der anfallenden Gebühr nicht, da kein Erstattungsschuldner vorhanden ist (AnwKomm-RVG/E. Schneider, § 33 Rn. 164).

- Wird der Rechtsanwalt im Beschwerdeverfahren oder im Verfahren über die weitere Beschwerde nach § 33 **für den Auftraggeber/Mandanten** tätig, so handelt es sich grds. um eine besondere Angelegenheit (§§ 15 Abs. 2 Satz 2, 18 Nr. 5), in der der Anwalt eine 0,5 Verfahrensgebühr nach Nr. 3500 VV sowie ggf. eine 0,5 Terminsgebühr Nr. 3513 VV erhält (vgl. AnwKomm-RVG/Mock/N. Schneider/Wolf, § 19 Rn. 55; Volpert, in: Hansens/Braun/Schneider, Teil 5, Rn. 102; Gerold/Schmidt/Mayer, § 33 Rn. 12). Allerdings besteht in den in den Teilen 4 und 5 VV geregelten Angelegenheiten die Besonderheit, dass nur die in der Vorbem. 4 Abs. 5 und Vorbem. 5 Abs. 4 VV genannten Beschwerdeverfahren als besondere Angelegenheiten nach Teil 3 VV abgerechnet werden können. Entsprechendes gilt nach Vorbem. 6.2 Abs. 3 VV für die in Abschnitt 2 von Teil 6 VV geregelten Verfahren. Die Beschwerde und die weitere Beschwerde gem. § 33 gegen die Wertfestsetzung sind dort nicht aufgeführt, sodass eine Abrechnung bei dem Mandanten ausscheiden dürfte, weil die Tätigkeit mit den Gebühren nach Teil 4 bis 6 VV abgegolten ist. § 18 Nr. 5 gilt nur für Beschwerdeverfahren in Angelegenheiten, in denen sich die Gebühren nach Teil 3 VV richten.

c) Erstattung

1187 Eine Kostenerstattung findet nach § 33 Abs. 9 **nicht** statt. Eine Kostenentscheidung ist daher nicht erforderlich (vgl. AnwKomm-RVG/E. Schneider, § 33 Rn. 163). Nach dem Wortlaut wird hiervon das Verfahren über die weitere Beschwerde aber nicht erfasst. Auch in der Gesetzesbegründung (vgl. BT-Drucks. 15/1971, S. 196) ist nur vom Erstattungsausschluss im Erinnerungs- und Beschwerdeverfahren die Rede. Es ist daher fraglich, ob auch im Verfahren über die weitere Beschwerde die Kostenerstattung ausgeschlossen ist (vgl. Hansens, in: Hansens/Braun/Schneider, Teil 7, Rn. 189; vgl. insoweit auch Rn. 1184).

3. Gerichtsgebühr bei unzulässiger weiterer Beschwerde gem. § 56

1188 Die weitere Beschwerde gegen die Beschwerdeentscheidung über die aus der Staatskasse zu gewährende Vergütung (§§ 55, 56) setzt deren Zulassung durch das Beschwerdegericht voraus. Wird sie ohne Zulassung erhoben, so ist sie nach der jeweiligen Verfahrensordnung als **unzulässig zu verwerfen** (vgl. § 577 Abs. 1 ZPO). Diese Entscheidung ist nicht nach § 56 Abs. 2 Satz 2 **gebührenfrei**, weil kein von dieser Regelung erfasstes Beschwerdeverfahren vorliegt (vgl. BGH, NJW 2003, 69 = BRAGOreport 2003, 17; 14.06.2007 – V ZB 42/07, JurionRS 2007, 33711; OLG Celle, AGS 2010, 453; OLG Hamm, AnwBl. 1994, 44, jeweils zu § 66 GKG; OLG Koblenz, NJW-RR 2000, 1239, zu §§ 66, 68 GKG; MDR 2004, 709;). Es entsteht dann für die Verwerfung eine Gebühr Nr. 1812 KV GKG, Nr. 3602 KV GKG i.H.v. 50,00 € bzw. Nr. 4401 KV GKG i.H.v. 30,00 €.

Rechtsmittel gegen die Vergütungsfestsetzung (§§ 56, 33)

VI. Anhörungsrüge

Nach § 12a ist bei Verletzung des rechtlichen Gehörs die Anhörungsrüge gegeben. Im Fall des § 56 sind die Staatskasse und der Rechtsanwalt antragsberechtigt. Im Fall des § 33 ergibt sich die Antragsberechtigung aus § 33 Abs. 2 Satz 2. Auf die Anhörungsrüge des nach dem RVG beschwerten Beteiligten ist das Verfahren fortzusetzen, wenn ein Rechtsmittel oder ein anderer Rechtsbehelf gegen die Entscheidung nicht gegeben ist und das Gericht den Anspruch dieses Beteiligten auf rechtliches Gehör in entscheidungserheblicher Weise verletzt hat. **Gegenstand** der **Anhörungsrüge** sind daher insbesondere die abschließenden Beschlüsse des erstinstanzlichen Gerichts gegen eine Erinnerungsentscheidung, des Beschwerdegerichts sowie des OLG nach einer Entscheidung über eine weitere Beschwerde. Für Entscheidungen des Rechtspflegers bzw. des Urkundsbeamten gilt § 12a nicht, da diese Entscheidungen mit der Erinnerung anfechtbar sind und rechtliches Gehör dort gewährt wird (vgl. AnwKomm-RVG/Schnapp, § 12a Rn. 6; weitere Einzelheiten im Teil A: Anhörungsrüge [§ 12a], Rn. 109 ff.).

1189

VII. Besonderheiten bei Anfechtung der Beratungshilfevergütung

1. Erinnerung

a) Sachliche und örtliche Zuständigkeit

Hilft der Urkundsbeamte der Erinnerung gegen seine Entscheidung über die Beratungshilfevergütung nicht ab (dazu Rn. 1130 ff.) entscheidet über die Erinnerung das nach **§ 4 Abs. 1 BerHG** zuständige Gericht, das i.d.R. auch bereits die Vergütung festgesetzt hat (§ 55 Abs. 4; OLG Düsseldorf, AnwBl. 2009, 69 = AGS 2008, 556 = Rpfleger 2009, 241). Das ist i.d.R. das Gericht des allgemeinen Gerichtsstands (Wohnorts) des Rechtsuchenden. Problematisch ist diese Regelung dann, wenn der Rechtsuchende nach Festsetzung der Vergütung seinen Wohnsitz gewechselt hat, weil dann zur Entscheidung über die Erinnerung das Gericht am neuen Wohnsitz des Rechtsuchenden zuständig wäre (vgl. hierzu Hansens, in: Hansens/Braun/Schneider, Teil 7, Rn. 157; s. dazu Teil A: Festsetzung gegen die Staatskasse [§ 55], Rn. 630).

1190

b) Funktionelle Zuständigkeit

Nach § 56 Abs. 1 entscheidet über die Erinnerung gegen die Festsetzung der Beratungshilfevergütung das **Gericht** des **Rechtszugs** durch **Beschluss**. **Umstritten** ist, ob im Fall der Nichtabhilfe des Urkundsbeamten der Richter oder der Rechtspfleger als Gericht des Rechtszugs i.S.v. § 56 Abs. 1 anzusehen ist. Soweit hier die Zuständigkeit des Rechtspflegers bejaht wird, wird das auf die Regelung in § 24a RPflG gestützt. Dort ist bestimmt, dass der Rechtspfleger über Anträge auf Gewährung von Beratungshilfe entscheidet. Deshalb sei der Rechtspfleger Gericht des Rechtszugs i.S.v. § 56 Abs. 1. Erst wenn der Rechtspfleger entschieden habe, entscheide über die dagegen eingelegte Erinnerung gem. § 11 Abs. 2 RPflG (Zweiterinnerung) der Richter des Gerichts, bei dem die angefochtene Festsetzung erfolgt ist. Durch den Wegfall von § 4 Abs. 2 Nr. 3 RPflG durch das 1. JuMoG v. 28.04.2004 (BGBl. I, S. 2198 – keine Befugnis des Rechtspflegers zur Entscheidung über Anträge, die auf Abänderung von Entscheidung des Urkundsbeamten gerichtet sind) ergäben sich hiergegen keine Bedenken mehr (so LG Mönchengladbach, AGS 2009, 80

1191

Rechtsmittel gegen die Vergütungsfestsetzung (§§ 56, 33)

= JurBüro 2009, 95; AG Kiel, AGS 2010, 96 = Rpfleger 2010, 126; AGS 2009, 126 = Rpfleger 2009, 249; AG Lübeck, Rpfleger 1984, 75; Fölsch, NJW 2010, 350).

1192 Gegen diese Ansicht wird im Wesentlichen eingewandt, dass dann bei Beratungshilfevergütungen zwei Erinnerungsverfahren erforderlich sind, um zu einer richterlichen Entscheidung zu gelangen. Deshalb sei auch hier sogleich der Richter zur Entscheidung berufen (so OLG Düsseldorf, NJOZ 2005, 61; LG Gießen, AGS 2010, 190; LG Mönchengladbach, Rpfleger 1989, 245; AG Halle, AGS 2011, 84; Schoreit/Groß, in: Schoreit/Groß, BerH/PKH, § 56 RVG Rn. 4). Rein praktische Erwägungen sprechen für die zuletzt genannte Auffassung. Für die zuerst genannte Auffassung spricht aber, dass dem Rechtspfleger in Beratungshilfesachen die Sachentscheidung vollumfänglich übertragen ist und er deshalb als Gericht i.S.v. § 56 Abs. 1 angesehen werden muss.

> **Hinweis:**
>
> Wird der erstgenannten Auffassung gefolgt, ist derjenige Rechtspfleger von der Erinnerungsentscheidung gem. § 56 Abs. 2 Satz 1 **ausgeschlossen**, der die Beratungshilfevergütung festgesetzt hat (AG Kiel, AGS 2010, 96 = Rpfleger 2010, 126; AGS 2009, 126 = Rpfleger 2009, 249).

2. Beschwerde

1193 Über die Beschwerde gegen die Erinnerungsentscheidung entscheidet auch bei Beratungshilfe das LG als nächsthöheres Gericht (vgl. dazu Rn. 1157; OLG Düsseldorf, AnwBl. 2009, 69 = AGS 2008, 556 = Rpfleger 2009, 241).

C. Arbeitshilfen

I. Überblick über die Rechtsbehelfe in Kostensachen

1194

	Vergütungsfestsetzung gem. § 55	Wertfestsetzung gem. § 33	Kostenfestsetzung gem. § 464b StPO	Erstreckung gem. § 48 Abs. 5 Satz 3
I. Erinnerung	§§ 56 Abs. 1, Abs. 2 Satz 1, 33 Abs. 4 Satz 1, Abs. 7 und 8	—	§§ 11 Abs. 2 RPflG, 304 ff. StPO *	—
a) Frist	unbefristet	—	1 oder 2 Wochen (str.)	—
b) Erinnerungswert	nicht vorgesehen	—	unter 200,00 €	—
c) Einlegung	bei jedem AG bzw. dem festsetzenden Gericht	—	Gericht der ersten Instanz (str.)	—

Rechtsmittel gegen die Vergütungsfestsetzung (§§ 56, 33)

194

	Vergütungsfestsetzung gem. § 55	Wertfestsetzung gem. § 33	Kostenfestsetzung gem. § 464b StPO	Erstreckung gem. § 48 Abs. 5 Satz 3
II. Beschwerde	§§ 56 Abs. 2 Satz 1, 33 Abs. 3 bis 8	§§ 56 Abs. 2 Satz 1, 33 Abs. 3 bis 8 **	§§ 11 Abs. 1 RPflG, 304 ff., 311 StPO *	§§ 304 bis 310 StPO ***
a) Frist	2 Wochen	2 Wochen	1 oder 2 Wochen (str.)	keine
b) Beschwerdewert	mind. 200,01 €	mind. 200,01 €	mind. 200,01 €	—
c) Einlegung	Gericht, dessen Entscheidung angefochten wird	Gericht, dessen Entscheidung angefochten wird	Gericht der ersten Instanz (str.)	Gericht, dessen Entscheidung angefochten wird
III. Weitere Beschwerde/ Rechtsbeschwerde	§§ 56 Abs. 2 Satz 1, 33 Abs. 3 bis 8	§§ 56 Abs. 2 Satz 1, 33 Abs. 3 bis 8	weitere Beschwerde oder Rechtsbeschwerde ist nicht statthaft ****	Keine weitere Beschwerde oder Rechtsbeschwerde vorgesehen
a) Frist	2 Wochen	2 Wochen	—	—
b) Beschwerdewert	nicht vorgesehen	nicht vorgesehen	—	—
c) Einlegung	LG, dessen Entscheidung angefochten wird	LG, dessen Entscheidung angefochten wird	—	—

* Es ist umstritten, ob sich das Erinnerungs- bzw. Beschwerdeverfahren gegen einen in Strafsachen ergangenen Kostenfestsetzungsbeschluss nach den Vorschriften der StPO oder der ZPO richtet. Hiervon hängt ab, ob die Frist zur Einlegung der Erinnerung/Beschwerde eine Woche (vgl. § 311 Abs. 2 StPO) oder zwei Wochen (§§ 464b Satz 3 StPO, 569 Abs. 1 Satz 1 ZPO) beträgt (vgl. hierzu ausführlich Teil A: Kostenfestsetzung und Erstattung in Strafsachen Rn. 921 ff., 924).

** In Strafsachen wird die Wertfestsetzung nach § 33 erforderlich, wenn Wertgebühren anfallen. Wertgebühren entstehen z.B. bei Tätigkeit in einem Erinnerungs- oder Beschwerdeverfahren gegen einen Kostenfestsetzungsbeschluss oder gegen den Gerichtskostenansatz (vgl. Vorbem. 4 Abs. 5 Nr. 1 VV), im Verfahren nach dem StrRehaG (vgl. Nr. 4146 VV) oder im Adhäsionsverfahren (vgl. Nrn. 4143, 4144 VV). Ist der Rechtsanwalt mit der gerichtlichen Wertfestsetzung für diese Gebühren nicht einverstanden, richtet sich das Rechtsbehelfsverfahren nach § 33 Abs. 3 bis 9.

*** vgl. die Komm. zu § 48 Abs. 5 Rn. 33, m.w.N.

**** vgl. Teil A: Kostenfestsetzung und Erstattung in Strafsachen Rn. 932; BGH, NJW 2003, 763 = StraFo 2003, 67 = StV 2003, 93.

Rechtsmittel gegen die Vergütungsfestsetzung (§§ 56, 33)

II. Muster: Beschwerde des Rechtsanwalts gegen die Wertfestsetzung gem. § 33 Abs. 3

An das

..... gericht .....

In Sachen

.....

lege ich gem. § 33 Abs. 3 gegen den mir am ..... zugestellten Beschl. v. .....

Beschwerde

ein.

Ich beantrage, den Gegenstandswert anderweitig auf ..... € festzusetzen.

Begründung:

Der angefochtene Wertfestsetzungsbeschl. v. ..... ist mir am ..... zugestellt worden. Die Beschwerde ist daher zulässig, weil sie innerhalb der in §§ 33 Abs. 3 Satz 3 bestimmten Frist von zwei Wochen nach Zustellung eingelegt worden ist.

Auch der Beschwerdewert i.H.v. mindestens 200,01 € ist erreicht, weil die Differenz zwischen meiner Vergütung (Gebühren und Auslagen einschließlich USt) i.H.v. ..... €, die nach dem festgesetzten und angefochtenen Wert entstanden ist, und der Vergütung i.H.v. ..... €, die nach dem mit der Beschwerde angestrebten Wert entsteht, 200,00 € übersteigt.

Ich habe für den Verletzten im Adhäsionsverfahren einen Schadensersatzanspruch i.H.v. 10.000,00 € geltend gemacht. Im Hauptverhandlungstermin haben der Verletzte und der Verurteilte einen Vergleich geschlossen, wonach der Verurteilte zur Abgeltung aller Ansprüche 5.000,00 € an den Verletzten zahlt. Das Gericht hat daraufhin den Streitwert für das Adhäsionsverfahren auf 5.000,00 € festgesetzt.

Die angefochtene Wertfestsetzung auf 5.000,00 € ist unzutreffend.

Weil dem Antrag des Verletzten nicht durch Urteil stattgegeben worden ist, ist eine Gerichtsgebühr nach Nr. 3700 KV GKG nicht angefallen. Das Wertfestsetzungs- und das Beschwerdeverfahren richten sich damit nach § 33.

Im Fall eines Vergleichsschlusses ist Streitwert nicht der Betrag, auf den sich die Parteien vergleichen, sondern der Betrag, über den sich die Parteien vergleichen.

Daher beträgt der Streitwert für das Adhäsionsverfahren richtig 10.000,00 €.

Sollte das Gericht meiner Auffassung nicht folgen, bitte ich wegen der grundsätzlichen Bedeutung der zur Entscheidung stehenden Frage gem. §§ 33 Abs. 6 Satz 1, in dem Beschluss

die weitere Beschwerde zuzulassen.

.....

Rechtsanwalt

III. Muster: Erinnerung gegen die Festsetzung der Pflichtverteidigervergütung

An das

AG/LG .....

In der Sache

..... / .....

Az. .....

lege ich gegen die Festsetzung der Pflichtverteidigervergütung v. .....

Erinnerung

ein.

Mit der Erinnerung wende ich mich gegen die Absetzung des Längenzuschlages Nr. 4110 VV i.H.v. 92,00 €.

Der Urkundsbeamte hat die Festsetzung des Längenzuschlages mit der Begründung abgelehnt, dass der Hauptverhandlungstermin weniger als fünf Stunden gedauert hat. Hierbei ist er von einem Terminsbeginn um 09.30 und dem Ende des Termins um 14.15 Uhr ausgegangen.

Hierbei wird jedoch nicht berücksichtigt, dass der Termin zwar tatsächlich um 09.30 Uhr begonnen hat, die Ladung zum Termin jedoch für 09.00 Uhr erfolgt ist und ich zu diesem in der Ladung bestimmten Zeitpunkt erschienen bin und auch erscheinen musste. Der verspätete Beginn des Termins ist von mir nicht zu vertreten. Die Terminsteilnahme i.S.v. Nr. 4110 VV umfasst daher die Zeitspanne zwischen dem gerichtlich verfügten Beginn des Hauptverhandlungstermin und der in der Verhandlung angeordneten Schließung der Sitzung. Bei der Bemessung des Längenzuschlags sind auch vom Verteidiger nicht zu vertretende Wartezeiten vor Aufruf der Sache zu berücksichtigen (vgl. OLG Hamm, AGS 2006, 337; OLG Koblenz, NJW 2006, 1150 = StraFo 2006, 175 = AGS 2006, 285; OLG Stuttgart, StV 2006, 200 = RVGreport 2006, 32 = Rpfleger 2006, 36; KG, RVGreport 2006, 33 = AGS 2006, 123 = RVGprofessionell 2006, 23).

Sollte das Gericht meiner Auffassung nicht folgen, bitte ich vorsorglich wegen der grundsätzlichen Bedeutung der zur Entscheidung stehenden Frage gem. § 56 Abs. 2 Satz 1, 33 Abs. 3 Satz 2, in der Erinnerungsentscheidung

die Beschwerde zuzulassen.

.....

Rechtsanwalt

Rechtsmittel gegen die Vergütungsfestsetzung (§§ 56, 33)

IV. Muster: Beschwerde gegen die Erinnerungsentscheidung über die Festsetzung der Pflichtverteidigervergütung

1197

An das

AG/LG .....

In der Sache

..... / .....

Az. .....

lege ich gegen den Beschl. v. ....., mir zugestellt am .....

Beschwerde

ein.

Mit der Beschwerde wende ich mich gegen die Absetzung des Längenzuschlages Nr. 4110 VV über 92,00 € in der Erinnerungsentscheidung v. .....

Die Beschwerde ist trotz Nichterreichens des Beschwerdewerts i.H.v. mindestens 200,01 € zulässig, weil in der Erinnerungsentscheidung die Beschwerde zugelassen worden ist, vgl. §§ 56 Abs. 2 Satz 1, 33 Abs. 3 Satz 2.

Das Erstgericht hat die Festsetzung des Längenzuschlages mit der Begründung abgelehnt, dass der Hauptverhandlungstermin weniger als fünf Stunden gedauert hat. Hierbei ist von einem Terminsbeginn um 09.30 und dem Ende des Termins um 14.15 Uhr ausgegangen worden.

Hierbei wird jedoch nicht berücksichtigt, dass der Termin zwar tatsächlich um 09.30 Uhr begonnen hat, die Ladung zum Termin jedoch für 09.00 Uhr erfolgt ist und ich zu diesem in der Ladung bestimmten Zeitpunkt erschienen bin und auch erscheinen musste. Der verspätete Beginn des Termins ist von mir nicht zu vertreten. Die Terminsteilnahme i.S.v. Nr. 4110 VV umfasst daher die Zeitspanne zwischen dem gerichtlich verfügten Beginn des Hauptverhandlungstermin und der in der Verhandlung angeordneten Schließung der Sitzung. Bei der Bemessung des Längenzuschlages sind auch vom Verteidiger nicht zu vertretende Wartezeiten vor Aufruf der Sache zu berücksichtigen (vgl. OLG Hamm, AGS 2006, 337; OLG Koblenz, NJW 2006, 1150 = StraFo 2006, 175 = AGS 2006, 285; OLG Stuttgart, StV 2006, 200 = RVGreport 2006, 32 = Rpfleger 2006, 36; KG, RVGreport 2006, 33 = AGS 2006, 123 = RVGprofessionell 2006, 23).

Sollte das Gericht meiner Auffassung nicht folgen, bitte ich vorsorglich wegen der grundsätzlichen Bedeutung der zur Entscheidung stehenden Frage gem. § 56 Abs. 2 Satz 1, 33 Abs. 6 Satz 1, in der Beschwerdeentscheidung

die weitere Beschwerde zuzulassen.

.....

Rechtsanwalt

Rechtszug (§ 19)

Siehe auch im Teil A: →Anhörungsrüge (§ 12a), Rn. 109 ff.; →Beschwerdeverfahren (§§ 56, 33), Rn. 370; →Festsetzung gegen die Staatskasse (§ 55), Rn. Rn. 579 ff.; →Gegenstandswert, Festsetzung (§ 33), Rn. 656 ff.; →Verfahren nach dem Strafvollzugsgesetz und ähnliche Verfahren, Rn. 1441 ff.

Rechtszug (§ 19)

§ 19 RVG   Rechtszug; Tätigkeiten, die mit dem Verfahren zusammenhängen

(1) ¹Zu dem Rechtszug oder dem Verfahren gehören auch alle Vorbereitungs-, Neben- und Abwicklungstätigkeiten und solche Verfahren, die mit dem Rechtszug oder Verfahren zusammenhängen, wenn die Tätigkeit nicht nach § 18 eine besondere Angelegenheit ist. ²Hierzu gehören insbesondere

1. *die Vorbereitung der Klage, des Antrags oder der Rechtsverteidigung, soweit kein besonderes gerichtliches oder behördliches Verfahren stattfindet;*
2. *außergerichtliche Verhandlungen;*
3. *Zwischenstreite, die Bestimmung des zuständigen Gerichts, die Bestellung von Vertretern durch das in der Hauptsache zuständige Gericht, die Ablehnung von Richtern, Rechtspflegern, Urkundsbeamten der Geschäftsstelle oder Sachverständigen, die Festsetzung des Streit- oder Geschäftswerts;*
4. *das Verfahren vor dem beauftragten oder ersuchten Richter;*
5. *das Verfahren über die Erinnerung (§ 573 der Zivilprozessordnung), das Verfahren über die Rüge wegen Verletzung des Anspruchs auf rechtliches Gehör sowie die Verfahren nach Artikel 18 der Verordnung (EG) Nr. 861/2007 des Europäischen Parlaments und des Rates vom 13. Juni 2007 zur Einführung eines europäischen Verfahrens für geringfügige Forderungen und nach Artikel 20 der Verordnung (EG) Nr. 1896/2006 des Europäischen Parlaments und des Rates vom 12. Dezember 2006 zur Einführung eines Europäischen Mahnverfahrens;*
6. *die Berichtigung und Ergänzung der Entscheidung oder ihres Tatbestands;*
7. *Verfahren wegen Rückgabe einer Sicherheit;*
8. *die für die Geltendmachung im Ausland vorgesehene Vervollständigung der Entscheidung und die Bezifferung eines dynamisierten Unterhaltstitels;*
9. *die Zustellung oder Empfangnahme von Entscheidungen oder Rechtsmittelschriften und ihre Mitteilung an den Auftraggeber, die Einwilligung zur Einlegung der Sprungrevision oder Sprungrechtsbeschwerde, der Antrag auf Entscheidung über die Verpflichtung, die Kosten zu tragen, die nachträgliche Vollstreckbarerklärung eines Urteils auf besonderen Antrag, die Erteilung des Notfrist- und des Rechtskraftzeugnisses, die Ausstellung einer Bescheinigung nach § 48 des Internationalen Familienrechtsverfahrensgesetzes oder § 56 des Anerkennungs- und Vollstreckungsausführungsgesetzes, die Ausstellung, die Berichtigung oder der Widerruf einer Bestätigung nach § 1079 der Zivilprozessordnung;*

Rechtszug (§ 19)

10. die Einlegung von Rechtsmitteln bei dem Gericht desselben Rechtszugs in Verfahren, in denen sich die Gebühren nach Teil 4, 5 oder 6 des Vergütungsverzeichnisses richten; die Einlegung des Rechtsmittels durch einen neuen Verteidiger gehört zum Rechtszug des Rechtsmittels;
11. die vorläufige Einstellung, Beschränkung oder Aufhebung der Zwangsvollstreckung, wenn nicht eine abgesonderte mündliche Verhandlung hierüber stattfindet;
12. die einstweilige Einstellung oder Beschränkung der Vollstreckung und die Anordnung, dass Vollstreckungsmaßnahmen aufzuheben sind (§ 93 Abs. 1 des Gesetzes über das Verfahren in Familiensachen und in den Angelegenheiten der freiwilligen Gerichtsbarkeit), wenn nicht ein besonderer gerichtlicher Termin hierüber stattfindet;
13. die erstmalige Erteilung der Vollstreckungsklausel, wenn deswegen keine Klage erhoben wird;
14. die Kostenfestsetzung und die Einforderung der Vergütung;
15. (weggefallen)
16. die Zustellung eines Vollstreckungstitels, der Vollstreckungsklausel und der sonstigen in § 750 der Zivilprozessordnung genannten Urkunden und
17. die Herausgabe der Handakten oder ihre Übersendung an einen anderen Rechtsanwalt.

(2) Zu den in § 18 Abs. 1 Nr. 1 und 2 genannten Verfahren gehören ferner insbesondere

1. gerichtliche Anordnungen nach § 758a der Zivilprozessordnung sowie Beschlüsse nach den §§ 90 und 91 Abs. 1 des Gesetzes über das Verfahren in Familiensachen und in den Angelegenheiten der freiwilligen Gerichtsbarkeit,
2. die Erinnerung nach § 766 der Zivilprozessordnung,
3. die Bestimmung eines Gerichtsvollziehers (§ 827 Abs. 1 und § 854 Abs. 1 der Zivilprozessordnung) oder eines Sequesters (§§ 848 und 855 der Zivilprozessordnung),
4. die Anzeige der Absicht, die Zwangsvollstreckung gegen eine juristische Person des öffentlichen Rechts zu betreiben,
5. die einer Verurteilung vorausgehende Androhung von Ordnungsgeld und
6. die Aufhebung einer Vollstreckungsmaßnahme.

Übersicht

		Rn.
A.	Überblick	1198
B.	Anmerkungen	1199
	I. Allgemeines	1199
	II. Einlegung eines Rechtmittels (§ 19 Abs. 1 Satz 2 Nr. 10)	1200
	1. Allgemeines	1200
	2. Persönlicher Geltungsbereich	1201
	3. Sachlicher Anwendungsbereich	1205
	III. Anhörungsrüge/Nachholung des rechtlichen Gehörs (§ 19 Abs. 1 Satz 2 Nr. 5)	1207

Literatur:

Schmidt, Das Anhörungsrügengesetz und die Auswirkungen auf das RVG, RVG-B 2005, 60.

| A. Vergütungs-ABC | B. Kommentar |

Rechtszug (§ 19)

A. Überblick

In § 19 ist **allgemein** geregelt, was alles zum **Rechtszug gehört**. Das sind nach § 19 Abs. 1 Satz 1 **alle Vorbereitungs-, Neben-** und **Abwicklungstätigkeiten** und solche Verfahren, die mit dem Rechtszug oder Verfahren zusammenhängen. § 19 Abs. 1 Satz 2 enthält eine nicht abschließende Aufzählung aller wesentlichen Tätigkeiten, die zu dem Rechtszug oder dem Verfahren gehören sollen. Die Vorschrift hat im Wesentlichen Bedeutung für die in Teil 3 VV geregelten bürgerlichen und sonstigen Streitigkeiten. Die Bedeutung für das Strafverfahren ist insbesondere wegen des Pauschalcharakters der anwaltlichen Vergütung in diesem Bereich (vgl. dazu Vorbem. 4.1.2 VV Rn. 18 ff.) gering.

1198

> **Hinweis:**
>
> Besonders hinzuweisen ist aber z.B. auf § 19 Abs. 1 Satz 2 Nr. 17. Danach gehört die **Herausgabe** der **Handakten** oder ihre Übersendung an einen anderen Rechtsanwalt mit zum Rechtszug.

B. Anmerkungen

I. Allgemeines

Strafverfahrensrechtlichen Bezug hat vor allem § 19 Abs. 1 Satz 2 Nr. 10, der die Einlegung von **Rechtsmitteln** regelt (vgl. dazu Rn. 1200 ff.). Daneben hat auch § 19 Abs. 1 Satz 2 Nr. 5 Bedeutung, wenn der Beschuldigte/Verteidiger eine **Anhörungsrüge** erhoben (§ 356a StPO; vgl. dazu Burhoff, HV, Rn. 83a) oder **Nachholung** des **rechtlichen Gehörs** (§ 33a StPO; vgl. dazu Burhoff, EV, Rn. 1144) beantragt hat.

1199

> **Hinweis:**
>
> Die Vorschriften gelten für **alle** in den **Teilen 4 bis 6 VV geregelten Verfahren**, also z.B. auch für das Verfahren nach dem Strafrechtlichen Rehabilitierungsgesetz.

II. Einlegung eines Rechtmittels (§ 19 Abs. 1 Satz 2 Nr. 10)

1. Allgemeines

Nach § 19 Abs. 1 Satz 2 Nr. 10, der eine **Ausnahme** von **§ 15 Abs. 2 Satz 2** darstellt, wird in Strafsachen die Einlegung eines Rechtsmittels bei dem Gericht desselben Rechtszugs grds. noch durch die Verfahrensgebühr der (Vor-)Instanz abgegolten (s. auch Vorbem. 4.1 VV Rn. 29; zur Beratung über ein Rechtsmittel s. Vorbem. 4.1 Rn. 30 ff., Teil A: Beratung über die Erfolgsaussicht eines Rechtsmittels [Nrn. 2102 f.], Rn. 261).

1200

Rechtszug (§ 19)

2. Persönlicher Geltungsbereich

1201 § 19 Abs. 1 Satz 2 Nr. 10 gilt vor allem für den als **Verteidiger** tätigen Rechtsanwalt, und zwar sowohl für den Wahlanwalt als auch für den **Pflichtverteidiger**. Sie gilt aber auch für den **Beistand** oder **Vertreter** eines **Nebenklägers**, eines **Privatklägers** oder eines **Einziehungs** - oder **Nebenbeteiligten** (s. Vorbem. 4 Abs. 1; dazu Vorbem. 4 Rn. 22 ff.), soweit diese berechtigt sind, ein Rechtsmittel einzulegen.

Die Regelung in § 19 Abs. 1 Satz 2 Nr. 10 gilt allerdings nur für den **(Voll-)Verteidiger**, der seine Vergütung nach Teil 4 Abschnitt 1 und 2 VV erhält. Sie gilt nicht für den Rechtsanwalt, der nur mit einer Einzeltätigkeit beauftragt war und dessen Vergütung sich nach Teil 4 Abschnitt 3 VV richtet (wegen der Einzelh. s. die Komm. bei Nr. 4300 und 4302 Ziff. 1 VV Rn. 3). Sie gilt auch für den Rechtsanwalt, der in Verfahren nach Teil 5 und 6 VV tätig ist.

1202 Die Regelung gilt auch nur für den **Rechtsanwalt**, der für den Mandanten in der **unmittelbaren Vorinstanz tätig** war. Sie gilt nicht, wenn der Verteidiger den Mandanten im ersten Rechtszug verteidigt hat, in der Berufungsinstanz jedoch nicht und er nun gegen das Berufungsurteil Revision einlegen soll (AnwKomm-RVG/Mock/N. Schneider/Wolf, § 19 Rn. 102). Er gilt auch nicht für einen neuen Verteidiger. Für den neuen Verteidiger gehört die Einlegung des Rechtsmittels zum Rechtszug des Rechtsmittels (s. § 19 Abs. 1 Satz 2 Nr. 10 Halbs. 2).

1203 *Beispiel 1:*

A ist vom LG wegen sexueller Nötigung verurteilt worden. Er ist in dem Verfahren von Rechtsanwalt R verteidigt worden. Dieser legt gegen das landgerichtliche Urteil Revision ein.

R erhält für die Einlegung der Revision noch nicht die Verfahrensgebühr nach Nr. 4130 VV. Die Einlegung der Revision ist vielmehr noch durch die Verfahrensgebühr des landgerichtlichen Verfahrens nach Nrn. 4112f. VV abgegolten. Die Verfahrensgebühr des Revisionsverfahrens entsteht erst mit der ersten nach der Revisionseinlegung von R im Revisionsverfahren erbrachten Tätigkeit (vgl. dazu auch Nr. 4130 Rn. 11ff.).

> **Hinweis:**
>
> Die **Begründung** des Rechtsmittels gehört auf jeden Fall zum **neuen Rechtszug** und wird mit der dort entstehenden Verfahrensgebühr abgegolten (vgl. dazu BT-Drucks. 15/1971, S. 194; KG, RVGreport 2006, 352 = AGS 2006, 375; OLG Hamm, RVGreport 2006, 352 = AGS 2006, 547 = NJW-RR 2007, 72; StraFo 2006, 433 = AGS 2006, 600 = JurBüro 2007, 30 = Rpfleger 2007, 112; s. auch Nr. 4130 Rn. 12 ff.).

1204 *Beispiel 2:*

A ist vom LG wegen sexueller Nötigung verurteilt worden. Er ist in dem Verfahren von Rechtsanwalt R 1 verteidigt worden. Er beauftragt nun aber Rechtsanwalt R 2 mit seiner Verteidigung im Revisionsverfahren. Dieser legt gegen das landgerichtliche Urteil Revision ein.

R 2 erhält nun für die Einlegung der Revision schon die Verfahrensgebühr nach Nr. 4130 VV.

Sicherungsverwahrung/Therapieunterbringung

§ 20 ThUG Vergütung des Rechtsanwalts

(1) In Verfahren nach diesem Gesetz über die Anordnung, Verlängerung oder Aufhebung der Therapieunterbringung erhält der Rechtsanwalt Gebühren in entsprechender Anwendung von Teil 6, Abschnitt 3 des Vergütungsverzeichnisses zum Rechtsanwaltsvergütungsgesetz.

(2) § 52 Absatz 1 bis 3 und 5 des Rechtsanwaltsvergütungsgesetzes ist auf den beigeordneten Rechtsanwalt (§ 7) entsprechend anzuwenden. Gegen den Beschluss nach § 52 Absatz 2 des Rechtsanwaltsvergütungsgesetzes ist die Beschwerde statthaft; § 22 ist anzuwenden.

(3) Der beigeordnete Rechtsanwalt erhält für seine Tätigkeit nach rechtskräftigem Abschluss eines Verfahrens nach Absatz 1 bis zur ersten Tätigkeit in einem weiteren Verfahren eine Verfahrensgebühr nach Nummer 6302 des Vergütungsverzeichnisses zum Rechtsanwaltsvergütungsgesetz. Die Tätigkeit nach Satz 1 ist eine besondere Angelegenheit im Sinne des Rechtsanwaltsvergütungsgesetzes.

Übersicht

		Rn.
A.	Überblick	1211
	I. Entstehung	1211
	II. Regelungsgehalt	1213
B.	Anmerkungen	1214
	I. §§ 62, 20 ThUG – Vergütung nach Teil 6, Abschnitt 3 VV	1214
	II. Anwendung weiterer Bestimmungen des RVG	1215
	III. Persönlicher Geltungsbereich	1217
	IV. Gebühren im Anordnungsverfahren (§ 20 Abs. 1 ThUG, Nrn. 6300, 6301 VV)	1220
	1. Gerichtliches Verfahren	1220
	a) Verfahren nach §§ 312 ff. FamFG	1220
	b) Antrag/Termin/befristete Entscheidung	1221
	c) Einstweilige Anordnung/Rechtsmittel	1222
	2. Anzuwendende Gebührenregelungen	1223
	3. Verfahrensgebühr Nr. 6300 VV	1224
	a) Höhe	1224
	b) Abgeltungsbereich	1225
	c) Keine Grundgebühr	1226
	4. Terminsgebühr Nr. 6301 VV	1227
	a) Höhe	1227
	b) Abgeltungsbereich	1228
	5. Einstweilige Anordnung	1232
	6. Beschwerdeverfahren	1234
	a) Verfahrens- und Terminsgebühr/Angelegenheit	1234
	b) Einstweilige Anordnung	1236
	V. Gebühren in sonstigen Verfahren (§ 20 Abs. 1 ThUG, Nrn. 6302 und 6303 VV)	1237
	1. Verfahren auf Verlängerung und Aufhebung	1237
	2. Anzuwendende Gebührenregelungen	1238
	3. Verfahrens- und Terminsgebühr	1239
	4. Angelegenheit	1240
	a) Verhältnis zum Anordnungsverfahren	1240
	b) Weitere Verlängerungs- oder Aufhebungsverfahren	1241
	c) Beschwerdeverfahren	1242
	d) Einstweilige Anordnung	1243
	VI. Tätigkeit während der Therapieunterbringung zwischen mehreren gerichtlichen Verfahren (§ 20 Abs. 3 ThUG)	1244
	VII. Gerichtlich beigeordneter Rechtsanwalt (Beistand)	1249
	1. Überblick	1249
	2. Beiordnungsverfahren	1250
	3. Anspruch gegen die Staatskasse	1251
	4. Festsetzungsverfahren	1252
	5. Anzeige und Anrechnung von Zahlungen	1253
	6. Umfang der Beiordnung	1254
	a) Gerichtliche Verfahren und Therapieunterbringung	1254

Sicherungsverwahrung/Therapieunterbringung

  b) Ende der Beiordnung 1255
  c) Beschwerdeverfahren 1256
  d) Einstweilige Anordnung 1257
  e) Vollzugsangelegenheiten 1258
 7. Anspruch auf Wahlanwaltsgebühren (§§ 52, 53) 1259
 8. Pauschgebühr 1264

Literatur:

Hagen Schneider, Kosten in Verfahren nach dem Therapieunterbringungsgesetz, AGS 2011, 209.

A. Überblick

I. Entstehung

1211 Die Vorschriften des § 62 und des § 20 ThUG sind mit Wirkung v. 01.01.2011 durch Art. 6 des Gesetzes zur **Neuordnung** des **Rechts** der **Sicherungsverwahrung** und zu begleitenden Regelungen v. 22.12.2010 (BGBl. I, S. 2300) eingeführt worden. Durch dieses Gesetz ist insbesondere die in § 66b Abs. 1 und 2 StGB a.F. enthaltene, rechtsstaatlich umstrittene nachträgliche Sicherungsverwahrung weitgehend abgeschafft worden.

Anlass hierfür war das seit 10.05.2010 endgültige Urteil des **EGMR** v. 17.12.2009 (AZ: 19359/04; NJW 2010, 2495 = NStZ 2010, 263 = DÖV 2010, 276). Der EGMR (Europäischer Gerichtshof für Menschenrechte) hatte darin entschieden, dass die nachträgliche Verlängerung der Sicherungsverwahrung über die zulässige Höchstdauer zur Tatzeit hinaus gegen Art. 5 Abs. 1 und Art. 7 Abs. 1 EMRK (Recht auf Freiheit, Keine Strafe ohne Gesetz) verstößt. Die Sicherungsverwahrung sei aus der Perspektive der EMRK als eine dem strikten Rückwirkungsverbot des Art. 7 Abs. 1 Satz 2 EMRK unterliegende Strafe anzusehen. Außerdem verstoße eine nachträgliche Aufhebung der früheren Vollstreckungshöchstfrist von zehn Jahren auch gegen Art. 5 Abs. 1 Satz 2 Buchst. a) EMRK.

1212 Diese **Rechtsprechung** hat der **EGMR** nach Inkrafttreten des Gesetzes zur Neuordnung des Rechts der Sicherungsverwahrung und zu begleitenden Regelungen zum 01.01.2011 durch drei weitere Urteile v. 13.01.2011 **bestätigt** (Az.: 17792/07, DÖV 2011, 280 [Ls.]; Az.: 20008/07, Az.: 27360/04 und 42225/07). Darüber hinaus hat der EGMR durch ein weiteres Urt. v. 13.01.2011 (Az: V - 6587/04, StRR 2011, 157) entschieden, dass auch die **nachträgliche Anordnung** der **Sicherungsverwahrung** gegen die **EMRK** (Art. 5) **verstößt**. Das ist deshalb problematisch, weil der durch Art. 4 des Gesetzes zur Neuordnung des Rechts der Sicherungsverwahrung und zu begleitenden Regelungen eingefügte Art. 316e EGStGB für Altfälle die nachträgliche Sicherungsverwahrung weiterhin zulässt.

Das Gesetz zur Neuordnung des Rechts der Sicherungsverwahrung und zu begleitenden Regelungen enthält neben Änderungen des StGB, der StPO, des GVG, des JGG sowie des EGStGB (Art. 1 bis 4) in Art. 5 das Gesetz zur Therapierung und Unterbringung psychisch gestörter Gewalttäter (Therapieunterbringungsgesetz – **ThUG**). Das Gesetz soll für die Betroffenen gelten, die infolge des seit dem 10.05.2010 rechtskräftigen Urteils des EGMR aus der Sicherungsverwahrung entlassen wurden oder werden, vgl. § 1 Abs. 2 ThUG. Die Therapieunterbringung kommt im Anschluss an eine zu beendende oder bereits beendete Sicherungsverwahrung nur in

Sicherungsverwahrung/Therapieunterbringung

Betracht, wenn der Betroffene eine oder mehrere Straftaten begangen hat, welche die Anordnung der Sicherungsverwahrung zur Folge hatten.

> **Hinweis:**
> Mit Urt. v. 04.05.2011 (2 BvR 2365/09, 2 BvR 740/10, 2 BvR 2333/08, 2 BvR 1152/10 und 2 BvR 571/10, JurionRS 2011, 14660) hat das BVerfG die Regelungen zur Sicherungsverwahrung teilweise für verfassungswidrig erklärt und dem Gesetzgeber den Auftrag erteilt, bis zum **31.05.2013** eine Neuregelung zu schaffen. Zumindest bis dahin bleiben somit auch die Regelungen des **ThUG anwendbar**.

II. Regelungsgehalt

Neben den **materiell-rechtlichen Voraussetzungen** der Therapieunterbringung regelt das ThUG auch das **Verfahren**. Dafür gelten – abgesehen von einigen Besonderheiten – gem. § 3 ThUG die Vorschriften über das Verfahren in Unterbringungssachen des Gesetzes über das Verfahren in Familiensachen und in den Angelegenheiten der freiwilligen Gerichtsbarkeit (FamFG) entsprechend (§§ 312 ff. FamFG).

Das Verfahren nach dem ThUG ist gerichtsverfassungsrechtlich **keine Strafsache**, sondern **ein Verfahren der freiwilligen Gerichtsbarkeit** (BT-Drucks. 17/3403, S. 55). Denn Ziel des Verfahrens ist die Unterbringung einer Person zum Zwecke der Therapierung, was mit einer Unterbringung nach §§ 312 ff. FamFG vergleichbar ist. Abweichend von § 23a Abs. 1 Satz 1 Nr. 2 GVG (Zuständigkeit des AG) ergibt sich aber aus § 4 Abs. 1 ThUG die sachliche Zuständigkeit der **Zivilkammern der LG**. Für die zu den Zivilsachen gehörenden Angelegenheiten der freiwilligen Gerichtsbarkeit (vgl. § 13 GVG) sind die Zivilkammern der LG sachlich zuständig.

B. Anmerkungen

I. §§ 62, 20 ThUG – Vergütung nach Teil 6, Abschnitt 3 VV

Im RVG sind **keine besonderen Vergütungsregelungen** für die Tätigkeit des Rechtsanwalts in Verfahren nach dem ThUG vorhanden. Es wird lediglich durch § 62 bestimmt, dass die Regelungen des ThUG zur Rechtsanwaltsvergütung in § 20 ThUG unberührt bleiben. § 20 Abs. 1 ThUG erklärt für Verfahren über die Anordnung, Verlängerung oder Aufhebung der Therapieunterbringung Teil 6, Abschnitt 3 VV für entsprechend anwendbar. Das ist erforderlich, weil die von dieser Verweisung erfassten Nrn. 6300 bis 6303 VV nur für **Freiheitsentziehungsmaßnahmen** nach § 415 FamFG, **Unterbringungssachen** nach § 312 FamFG und bei **Unterbringungsmaßnahmen** nach § 151 Nr. 6 und 7 FamFG gelten (zur Verweisung auf § 52 Abs. 1 bis 3, 5 in § 20 Abs. 2 ThUG vgl. Rn. 1259 ff.). Die Einfügung von § 62 war erforderlich, weil das RVG hinsichtlich seines in § 1 geregelten Geltungsbereichs keinen Vorbehalt für andere bundesgesetzliche Regelungen enthält (BT-Drucks. 17/3403, S. 60). § 62 stellt damit eine Ergänzung zu § 1 dar (s. auch Teil A: Allgemeine Vergütungsfragen, Rn. 233).

Sicherungsverwahrung/Therapieunterbringung

II. Anwendung weiterer Bestimmungen des RVG

1215 § 20 Abs. 1 und Abs. 2 ThUG erklärt für die anwaltliche Tätigkeit in Verfahren über die **Anordnung** (§ 5 ThUG), **Verlängerung** (§ 12 ThUG) oder **Aufhebung** (§ 13 ThUG) ausdrücklich lediglich Teil 6, Abschnitt 3 VV und § 52 Abs. 1 bis 3 und 5 für entsprechend anwendbar. Darüber hinaus regelt § 20 Abs. 3 ThUG die Vergütung des **beigeordneten Rechtsanwalts** für Tätigkeiten nach **rechtskräftigem Abschluss** eines Verfahrens. Diese Tätigkeit gilt als besondere Angelegenheit, in der eine Verfahrensgebühr nach Nr. 6302 VV anfällt (s. dazu Rn. 1244 ff.).

1216 Auch in § 20 ThUG **nicht ausdrücklich genannte** weitere Bestimmungen des RVG sind in Verfahren nach dem ThUG **ebenfalls anzuwenden** (BT-Drucks. 17/3403, S. 59). § 62 soll nur sicherstellen, dass die besondere Vergütungsregelung des § 20 ThUG in den dort genannten Verfahren angewandt werden kann (Rn. 1214). § 62 und § 20 ThUG schließen aber die Geltung anderer Bestimmungen des RVG in Verfahren nach dem ThUG nicht aus. Insoweit ist das RVG schon wegen § 1 Abs. 1 anwendbar, wenn anwaltliche Tätigkeiten erbracht werden (vgl. Teil A: Allgemeine Vergütungsfragen, Rn. 37 ff.).

III. Persönlicher Geltungsbereich

1217 Nach § 7 Abs. 1 ThUG **hat** das Gericht dem Betroffenen im gerichtlichen Verfahren und für die Dauer der Therapieunterbringung einen Rechtsanwalt **beizuordnen** (zum Umfang vgl. Rn. 1254 ff.), der gem. § 6 Abs. 2 ThUG durch die Beiordnung als Verfahrensbeteiligter zugezogen wird. Die Vergütungsregelung in § 20 ThUG ist daher in erster Linie auf den **gerichtlich beigeordneten Rechtsanwalt** zugeschnitten (vgl. Rn. 1249 ff.; BT-Drucks. 17/3403, S. 60).

1218 Wird ein **Wahlanwalt** tätig, richtet sich die Vergütung ebenfalls nach § 20 Abs. 1 ThUG (BT-Drucks. 17/3403, S. 60). Der Wahlanwalt erhält die in Nrn. 6300 VV ff. geregelten **Betragsrahmengebühren**, der gerichtlich beigeordnete Rechtsanwalt hingegen die dort bestimmten **Festgebühren** (s. dazu Teil A: Gebührensystem, Rn. 649 ff.).

1219 Der **gerichtlich beigeordnete** Rechtsanwalt kann gem. § 20 Abs. 2 ThUG bei Erfüllung der in § 52 genannten Voraussetzungen ebenfalls Wahlanwaltsgebühren von dem Betroffenen (vgl. § 6 Abs. 1 ThUG) verlangen (Rn. 1259 ff.). Im Übrigen gilt § 1.

IV. Gebühren im Anordnungsverfahren (§ 20 Abs. 1 ThUG, Nrn. 6300, 6301 VV)

1. Gerichtliches Verfahren

a) Verfahren nach §§ 312 ff. FamFG

1220 Für das Verfahren nach dem ThUG gelten – abgesehen von einigen Besonderheiten – gem. § 3 ThUG die **Verfahrensvorschriften** für **Unterbringungssachen** nach §§ 312 ff. FamFG entsprechend. Eine Vergleichbarkeit ist insbesondere zu den Unterbringungsverfahren nach § 312 Nr. 3 FamFG, der freiheitsentziehenden Unterbringung Volljähriger nach den Landesgesetzen über die Unterbringung psychisch Kranker, gegeben. Hierbei handelt es sich um eine öffentlich-rechtli-

Sicherungsverwahrung/Therapieunterbringung

che Unterbringung, mit der die Therapieunterbringung nach dem ThUG durchaus vergleichbar ist (BT-Drucks. 17/3403, S. 55).

b) Antrag/Termin/befristete Entscheidung

Das gerichtliche Verfahren wird gem. § 5 ThUG auf **Antrag** eingeleitet, wenn Gründe für die Annahme bestehen, dass die Voraussetzungen für eine Therapieunterbringung nach § 1 ThUG gegeben sind. Der Antrag ist bereits vor der Entlassung des Betroffenen aus der Sicherungsverwahrung zulässig. Beteiligte in dem Verfahren sind gem. § 6 Abs. 1 und 2 ThUG der Betroffene, der Antragsteller sowie der dem Betroffenen gem. § 7 ThUG beigeordnete Rechtsanwalt. Zuständig zur Entscheidung ist gem. § 4 ThUG ausschließlich die **Zivilkammer des LG**. Nach § 8 ThUG hat das Gericht die Beteiligten in einem **Anhörungstermin** anzuhören. Der Betroffene ist stets persönlich anzuhören. Die **Entscheidung** des Gerichts (§ 10 ThUG) muss gem. § 10 Abs. 2 ThUG den Zeitpunkt benennen, an dem die Therapieunterbringung endet. Die Therapieunterbringung darf zunächst für **höchstens 18 Monate** angeordnet werden, § 12 Abs. 1 ThUG (zur Verlängerung und Aufhebung vgl. Rn. 1237 ff.). 1221

c) Einstweilige Anordnung/Rechtsmittel

Im Hauptsacheverfahren kann gem. § 14 ThUG auf Antrag (§§ 3, 5 ThUG, § 51 Abs. 1 FamFG) durch **einstweilige Anordnung** für die Dauer von drei Monaten eine vorläufige Unterbringung angeordnet werden. Die im ersten Rechtszug ergangene Endentscheidung ist gem. § 3 ThUG, § 58 ff. FamFG mit der **Beschwerde** anfechtbar, über die das **OLG** entscheidet. Die Beschwerdeberechtigten sowie die Beschwerdefrist ergeben sich aus § 16 ThUG. Rechtsbeschwerde (§§ 70 ff. FamFG) und Sprungrechtsbeschwerde (§ 75 FamFG) sind in Verfahren nach dem ThUG gem. § 17 ThUG ausgeschlossen. 1222

2. Anzuwendende Gebührenregelungen

Weil sich das Verfahren nach dem ThUG gem. § 3 ThUG an den Verfahrensvorschriften in §§ 312 ff. FamFG orientiert (vgl. Rn. 1220), hat der Gesetzgeber über § 20 Abs. 1 ThUG im **Anordnungsverfahren** die Regelungen in Nrn. 6300 und 6301 VV für entsprechend anwendbar erklärt. Denn Nr. 6300 und 6301 VV gelten u.a. in **Unterbringungssachen** nach § 312 FamFG. Nr. 6300 und 6301 VV regeln damit die Vergütung im gerichtlichen Anordnungsverfahren (zur Vergütung für die Zeit der **Therapieunterbringung**, vgl. § 20 Abs. 3 Satz 1 ThUG, Rn. 1244 ff.). 1223

3. Verfahrensgebühr Nr. 6300 VV

a) Höhe

Der **gerichtlich beigeordnete Rechtsanwalt** (§ 7 ThUG) erhält im Anordnungsverfahren (vgl. § 5 ThUG) aus der Staatskasse als Verfahrensgebühr nach § 20 Abs. 1 ThUG, Nr. 6300 VV eine **Festgebühr** i.H.v. 172,00 €. 1224

Sicherungsverwahrung/Therapieunterbringung

Soweit hier ein Wahlanwalt tätig wird (vgl. aber Rn. 1218), fällt eine Betragsrahmengebühr von 30,00 bis 400,00 € an. Die **Mittelgebühr** beträgt 215,00 €. Für die Bemessung der Gebühr gilt § 14 Abs. 1 (vgl. Teil A: Rahmengebühr [§ 14], Rn. 1045).

b) Abgeltungsbereich

1225 Für den **Abgeltungsbereich** der Verfahrensgebühr gilt Vorbem. 6 Abs. 2 VV, die anwendbar ist, weil über § 20 Abs. 1 ThUG eine in Teil 6 VV geregelte Verfahrensgebühr (Nr. 6300 VV) entsteht. Die Verfahrensgebühr entsteht für das Betreiben des Geschäfts einschließlich der Information. Sie entsteht mit der ersten Tätigkeit, i.d.R. mit der Entgegennahme der Information und deckt sämtliche Tätigkeiten des Rechtsanwalts ab, ausgenommen die Teilnahme am gerichtlichen Anhörungstermin (§ 8 ThUG), für die die **Terminsgebühr** Nr. 6301 VV entsteht (s. auch Nr. 6300 VV Rn. 22 ff. und Vorbem. 4 VV Rn. 33 ff.).

c) Keine Grundgebühr

1226 Die Verfahrensgebühr Nr. 6300 VV gilt daher auch die **erstmalige Einarbeitung in den Rechtsfall** ab, weil eine **Grundgebühr** in Teil 6, Abschnitt 3 VV nicht vorgesehen ist. Weder die Grundgebühren aus den Teilen 4 und 5 VV (Straf- und Bußgeldsachen) noch die Grundgebühr nach Nr. 6200 VV für das Disziplinarverfahren können aufgrund der Gesetzessystematik herangezogen werden (s. dazu Vorbem. 6.1.1 VV und Nr. 6100 VV Rn. 14; vgl. zur vergleichbaren Problematik des Anfalls einer Grundgebühr in der Strafvollstreckung auch Vorbem. 4.2 VV, Rn. 20; KG, RVGreport 2008, 463 = JurBüro 2008, 83; OLG Schleswig, AGS 2005, 120 = RVGreport 2005, 70 und Nr. 4100 VV Rn. 5).

4. Terminsgebühr Nr. 6301 VV

a) Höhe

1227 Der **gerichtlich beigeordnete Rechtsanwalt** (§ 7 ThUG) erhält im Anordnungsverfahren (vgl. § 5 ThUG) aus der Staatskasse als Terminsgebühr nach § 20 Abs. 1 ThUG, Nr. 6301 VV eine **Festgebühr** i.H.v. 172,00 €.

Soweit hier ein **Wahlanwalt** tätig wird (vgl. aber Rn. 1218), fällt eine **Betragsrahmengebühr** von 30,00 bis 400,00 € an. Die **Mittelgebühr** beträgt 215,00 €. Für die Bemessung der Gebühr gilt § 14 Abs. 1.

b) Abgeltungsbereich

1228 Für die Entstehung der Terminsgebühr gilt die Anm. zu Nr. 6301 VV. Sie entsteht danach für die Teilnahme an **gerichtlichen Terminen**. Nach § 8 ThUG hat das Gericht die Beteiligten in einem **Anhörungstermin** anzuhören. Nimmt der Rechtsanwalt an diesem gerichtlichen Anhörungstermin teil, entsteht die Terminsgebühr.

Tätigkeiten und **Besprechungen** außerhalb des Anhörungstermins lösen daher keine Terminsgebühr aus, sondern werden mit der Verfahrensgebühr Nr. 6300 VV abgegolten. Eine Vorbem. 3 Abs. 3, 3. Alt. VV vergleichbare Regelung ist in Teil 6 VV nicht enthalten.

Ausreichend für die Entstehung ist die **Teilnahme** des Rechtsanwalts am gerichtlichen Termin, also die bloße Anwesenheit. Es müssen keine Anträge gestellt und es muss auch nicht zu bestimmten Fragen Stellung genommen werden (arg. e. Vorbem. 6 Abs. 3 Satz 2 VV). Die Terminsgebühr entsteht, sobald das Gericht mit der Anhörung begonnen hat. Der Rechtsanwalt muss nicht bis zum Ende des Termins anwesend sein, vgl. § 15 Abs. 4. Unerheblich ist auch, ob der Betroffene anwesend war. 1229

Vorbem. 6 Abs. 3 VV ist anwendbar, weil über § 20 Abs. 1 ThUG eine in Teil 6 VV geregelte Terminsgebühr entsteht. Die Terminsgebühr entsteht daher auch, wenn der Anwalt zu einem anberaumten Anhörungstermin erscheint, dieser aber aus Gründen, die er nicht zu vertreten hat, nicht stattfindet (**geplatzter Termin**; Vorbem. 6 Abs. 3 Satz 2 VV). Dies gilt nicht, wenn er rechtzeitig von der Aufhebung oder Verlegung des Termins in Kenntnis gesetzt worden ist (Vorbem. 6 Abs. 3 Satz 3 VV). 1230

Nimmt der Rechtsanwalt an **mehreren Anhörungsterminen** teil, entsteht die Terminsgebühr Nr. 6301 im Anordnungsverfahren insgesamt nur einmal (so auch H. Schneider, AGS 2011, 209). Das folgt aus der Formulierung in Nr. 6301, wonach die Terminsgebühr für die Teilnahme an gerichtlichen Terminen (Plural) entsteht und insbesondere aus § 15 Abs. 2 Satz 1. 1231

Im Übrigen wird auf die Erläuterungen zu Nr. 6301 VV Rn. 6 ff. und auf Vorbem. 4 VV Rn. 56 ff. verwiesen.

5. Einstweilige Anordnung

§ 3 ThUG erklärt die Vorschriften des Allgemeinen Teils des FamFG (§§ 1 bis 110 FamFG) für entsprechend anwendbar, soweit in §§ 4 ff. ThUG nichts Abweichendes bestimmt ist. Aus der Formulierung in § 14 Abs. 1 ThUG, dass das Gericht **im Hauptsacheverfahren** eine einstweilige Anordnung erlassen kann, ist zu schließen, dass die einstweilige Anordnung nach dem ThUG **verfahrensrechtlich** kein von der Hauptsache unabhängiges bzw. selbstständiges Verfahren ist. § 51 Abs. 3 FamFG (Selbstständigkeit des Verfahrens der einstweiligen Anordnung, auch wenn eine Hauptsache anhängig ist) gilt daher wegen §§ 3, 14 Abs. 1 ThUG nicht (BT-Drucks. 17/3403, S. 58). 1232

Kostenrechtlich ist das Verfahren der einstweiligen Anordnung nach dem ThUG gem. § 17 Nr. 4b jedoch eine vom Hauptsacheverfahren **verschiedene Angelegenheit** (BT-Drucks. 17/3403, S. 60). § 17 Nr. 4b ist auch anwendbar, weil die Unterbringung nach dem ThUG ein Verfahren der **freiwilligen Gerichtsbarkeit** ist (vgl. Rn. 1213). Für Verfahren der freiwilligen Gerichtsbarkeit ist anerkannt, dass § 17 Nr. 4b anzuwenden ist (vgl. BT-Drucks. 15/1971, S. 191 ff.; Gerold/Schmidt/Müller-Rabe, § 17 Rn. 13; OLG Frankfurt am Main, 31.08.2006 – 2 Ws 44/06, www.burhoff.de; OLG München, RVGreport 2006, 57 = Rpfleger 2006, 186 = NJW-RR 2006, 931). Der Rechtsanwalt, der sowohl im **Hauptsacheverfahren** über die Anordnung der Therapieunterbringung als auch im Verfahren über die **einstweilige Anordnung** gem. § 14 ThUG tätig 1233

Sicherungsverwahrung/Therapieunterbringung

ist, erhält somit jeweils die Verfahrensgebühr Nr. 6300 VV und ggf. jeweils die Terminsgebühr Nr. 6301 VV (so auch H. Schneider, AGS 2011, 209). Auch die **Postentgeltpauschale** Nr. 7002 VV entsteht daher jeweils gesondert, weil verschiedene Angelegenheiten vorliegen (Anm. zu Nr. 7002 VV; so auch H. Schneider, AGS 2011, 209).

6. Beschwerdeverfahren

a) Verfahrens- und Terminsgebühr/Angelegenheit

1234 Im Beschwerdeverfahren gegen eine **erstinstanzliche Endentscheidung** (§§ 3, 16 ThUG, §§ 58 ff. FamFG) entsteht die Verfahrensgebühr Nr. 6300 VV nach der Anm. zu Nr. 6300 VV gesondert. Eine vergleichbare Anmerkung findet sich bei der Terminsgebühr Nr. 6301 VV zwar nicht. Dies ist aber auch nicht erforderlich, weil sich bereits aus der allgemeinen Regelung in § 15 Abs. 2 Satz 1 ergibt, dass die Gebühren in jedem Rechtszug erneut entstehen.

1235 Der Rechtsanwalt, der sowohl im erstinstanzlichen Verfahren als auch im Beschwerdeverfahren tätig ist, erhält somit jeweils die Verfahrensgebühr Nr. 6300 VV und ggf. jeweils die Terminsgebühr Nr. 6301 VV (so auch H. Schneider, AGS 2011, 209). Auch die Postentgeltpauschale Nr. 7002 VV entsteht daher jeweils gesondert (Anm. zu Nr. 7002 VV), weil **verschiedene Angelegenheiten** vorliegen.

b) Einstweilige Anordnung

1236 Die verfahrensrechtlich gem. § 14 Abs. 1 ThUG zur Hauptsache gehörende einstweilige Anordnung (vgl. Rn. 1232) bildet in der ersten Instanz eine besondere gebührenrechtliche Angelegenheit (Rn. 1233). Wird gegen eine einstweilige Anordnung Beschwerde eingelegt, entstehen die Gebühren Nrn. 6300 und 6301 VV gem. § 15 Abs. 2 nur dann erneut, wenn die einstweilige Anordnung als **rechtszugbeendende Entscheidung** anzusehen ist (vgl. zur BRAGO OLG Düsseldorf, JurBüro 1985, 729). Der Charakter der einstweiligen Anordnung als eine den Rechtszug beendende Entscheidung erscheint fraglich, weil die einstweilige Anordnung erstinstanzlich Teil der Hauptsache ist. Der Wortlaut der Gesetzesbegründung könnte aber dafür sprechen, dass der Gesetzgeber die einstweilige Anordnung als den Rechtszug beendende Entscheidung ansieht. Denn danach ist die Beschwerde statthaft gegen die im ersten Rechtszug ergangenen **Endentscheidungen**, zu denen auch die Entscheidungen über die Verlängerung der Therapieunterbringung (§ 12 Abs. 2 ThUG) und der vorläufigen Unterbringung (§ 14 Abs. 3 ThUG) gehören (vgl. BT-Drucks. 17/3403, S. 59).

> **Hinweis:**
>
> Vor diesem Hintergrund erscheint es vertretbar, auch im Beschwerdeverfahren gegen eine einstweilige Anordnung von einer **besonderen gebührenrechtlichen Angelegenheit** auszugehen.

V. Gebühren in sonstigen Verfahren (§ 20 Abs. 1 ThUG, Nrn. 6302 und 6303 VV)

1. Verfahren auf Verlängerung und Aufhebung

Die Therapieunterbringung darf zunächst für höchstens 18 Monate angeordnet werden, § 12 Abs. 1 ThUG. Das Ende der Therapieunterbringung ist gem. § 10 Abs. 2 ThUG in der gerichtlichen Entscheidung zu bestimmen. Soll die Therapieunterbringung über diesen Zeitraum hinaus **verlängert** werden, gelten gem. § 12 Abs. 1 ThUG die Vorschriften über die erstmalige Anordnung entsprechend. Auch im Verlängerungsverfahren hat das Gericht die Beteiligten in einem **Anhörungstermin** anzuhören. Das von Amts wegen durchzuführende **Aufhebungsverfahren** richtet sich nach § 13 ThUG. Auch hier soll ein **Anhörungstermin** stattfinden. Zur Beschwerde vgl. Rn. 1242.

1237

2. Anzuwendende Gebührenregelungen

Weil sich das Verfahren nach dem ThUG gem. § 3 ThUG an den Verfahrensvorschriften in §§ 312 ff. FamFG orientiert (vgl. Rn. 1220), hat der Gesetzgeber über § 20 Abs. 1 ThUG im Verlängerungs- und Aufhebungsverfahren die Regelungen in Nr. 6302 und 6303 VV für entsprechend anwendbar erklärt. Denn Nrn. 6302 und 6303 VV gelten u.a. in Verfahren über die Verlängerung oder Aufhebung einer **Unterbringung,** vgl. §§ 329 ff. FamFG. Für die Vergütung im gerichtlichen Verlängerungs- oder Aufhebungsverfahren gelten somit Nr. 6302 und 6303 VV (zur Vergütung für die Zeit der **Therapieunterbringung** vgl. § 20 Abs. 3 Satz 1 ThUG, Rn. 1244 ff.)

1238

3. Verfahrens- und Terminsgebühr

Der **gerichtlich beigeordnete Rechtsanwalt** (§ 7 ThUG) erhält im Verfahren über die Verlängerung (§ 12 ThUG) bzw. Aufhebung (vgl. § 13 ThUG) der Therapieunterbringung aus der Staatskasse als Verfahrens- und Terminsgebühr nach § 20 Abs. 1 ThUG, Nrn. 6302 und 6303 VV **Festgebühren** i.H.v. 108,00 €. Soweit hier ein **Wahlanwalt** tätig wird (vgl. aber Rn. 1218), fällt jeweils eine **Betragsrahmengebühr** von 20,00 bis 250,00 € an. Die **Mittelgebühr** beträgt jeweils 135,00 €. Für die Bemessung der Gebühren gilt § 14 Abs. 1 (vgl. im Übrigen Rn. 1224 ff. sowie die Komm. zu Nr. 6302 und 6303 VV).

1239

4. Angelegenheit

a) Verhältnis zum Anordnungsverfahren

Nach § 20 Abs. 1 ThUG und der Anm. zu Nr. 6302 VV entsteht die Verfahrensgebühr **für jeden Rechtszug** des Verfahrens über die Verlängerung oder Aufhebung einer Therapieunterbringung. Das gilt auch für die Terminsgebühr Nr. 6303 VV. Daraus ergibt sich zunächst, dass das Verfahren auf Verlängerung oder Aufhebung gegenüber dem Anordnungsverfahren (§§ 5 ff. ThUG, vgl. Rn. 1220 ff.) eine **besondere Angelegenheit** bildet (so auch H. Schneider, AGS 2011, 209). Der Rechtsanwalt, der im Anordnungs- und später im Verlängerungsverfahren tätig wird, erhält also die Gebühren nach Nrn. 6300, 6301 VV und Nrn. 6302, 6303 VV gesondert. Auch die Postentgeltpauschale Nr. 7002 VV entsteht in jeder dieser Angelegenheiten.

1240

Sicherungsverwahrung/Therapieunterbringung

b) Weitere Verlängerungs- oder Aufhebungsverfahren

1241 Ist ein Verlängerungs- oder Aufhebungsverfahren abgeschlossen worden, bilden spätere Verfahren, in denen erneut über die Verlängerung oder Aufhebung entschieden wird, neue gebührenrechtliche Angelegenheiten (vgl. Gerold/Schmidt/Mayer, VV 6300 – 6303 Rn. 7).

c) Beschwerdeverfahren

1242 Das Beschwerdeverfahren gegen die Verlängerung oder Aufhebung der Therapieunterbringung bildet gegenüber dem erstinstanzlichen Verfahren eine **besondere Angelegenheit** (vgl. Rn. 1234 f.).

d) Einstweilige Anordnung

1243 Die **einstweilige Anordnung** bildet eine **besondere gebührenrechtliche Angelegenheit**, auch im **Beschwerdeverfahren** (vgl. Rn. 1232 f., 1236). Die im Verfahren über die Anordnung der Therapieunterbringung (vgl. § 5 ThUG) und in einem späteren Verfahren über die Aufhebung der Therapieunterbringung (§ 13 ThUG) erlassenen einstweiligen Anordnungen bilden jedoch gem. § 16 Nr. 5 insgesamt **dieselbe Angelegenheit**.

VI. Tätigkeit während der Therapieunterbringung zwischen mehreren gerichtlichen Verfahren (§ 20 Abs. 3 ThUG)

1244 Die gerichtliche Beiordnung gilt gem. § 7 Abs. 1 ThUG zum einen für das **gerichtliche Verfahren** über die Therapieunterbringung. Die Beiordnung umfasst daher im gerichtlichen Verfahren sowohl das Anordnungsverfahren (§§ 5 ff. ThUG) als auch das Verlängerungs- (§ 12 ThUG) und das Aufhebungsverfahren (§ 13 ThUG). Darüber hinaus gilt die Beiordnung aber auch für die **gesamte Dauer der Therapieunterbringung** (vgl. Rn. 1254 ff.; BT-Drucks. 17/3403, S. 56, 60).

1245 § 20 Abs. 1 ThUG, Nrn. 6300 – 6303 VV gewähren Vergütungsansprüche nur im **gerichtlichen Verfahren** über die Anordnung, Verlängerung und Aufhebung der Therapieunterbringung (vgl. Rn. 1224 ff. und 1237 ff.). Ist die Therapieunterbringung oder deren Verlängerung (vgl. § 12 ThUG: bis zu 18 Monaten) rechtskräftig angeordnet, ist der Rechtsanwalt somit zwar auch für die dann folgende Dauer der Therapieunterbringung beigeordnet, erhält jedoch hierfür nach dem RVG keine weitere Gebühr.

1246 Deshalb billigt § 20 Abs. 3 ThUG dem Rechtsanwalt für die Tätigkeit während der Therapieunterbringung zwischen dem Anordnungs- bzw. dem Verlängerungsverfahren und einem weiteren Verfahren über die Therapieunterbringung einen **zusätzlichen Vergütungsanspruch** zu. Für die Zeit der Therapieunterbringung zwischen zwei gerichtlichen Verfahren entsteht daher die Vergütung gesondert. Für die Tätigkeit nach rechtskräftigem Abschluss eines Verfahrens bis zu ersten Tätigkeiten in einem weiteren Verfahren erhält der **beigeordnete Rechtsanwalt** eine weitere Verfahrensgebühr nach Nr. 6302 VV i.H.v. 108,00 € aus der Staatskasse. Nach § 20 Abs. 3 Satz 2 ThUG bildet die Tätigkeit zwischen gerichtlichen Verfahren über die Therapieunterbringung somit jeweils eine **besondere gebührenrechtliche Angelegenheit**, in der auch die Postentgeltpauschale Nr. 7002 VV erneut anfällt (so auch H. Schneider, AGS 2011, 209).

Sicherungsverwahrung/Therapieunterbringung

Durch diese Regelung ist nach Auffassung des Gesetzgebers eine eindeutige Abgrenzung der Angelegenheiten gewährleistet, insbesondere aber auch die Frage der **Fälligkeit** dieses Vergütungsanspruch geklärt (BT-Drucks. 17/3403, S. 60). Die Verfahrensgebühr wird fällig mit der ersten Tätigkeit in einem weiteren gerichtlichen Verfahren, weil dann die Angelegenheit i.S.v. § 20 Abs. 3 Satz 1 ThUG beendet ist.

1247

Beispiel:

1248

Für den sicherungsverwahrten Betroffenen wird am 01.02.2011 ein Verfahren auf Anordnung der Therapieunterbringung eingeleitet. Rechtsanwalt R wird dem Betroffenen beigeordnet. Das Gericht ordnet gem. § 14 ThUG durch einstweilige Anordnung die vorläufige Unterbringung an und ordnet R auch insoweit bei. Das LG ordnet nach Durchführung eines Anhörungstermins am 20.02.2011 die Therapieunterbringung bis zum 31.03.2012 an (§ 10 Abs. 2 ThUG). Die Beschwerde des Betroffenen weist das OLG zurück. R wird auch im Verfahren auf Verlängerung der Therapieunterbringung tätig, in dem ein Anhörungstermin stattfindet.

R kann wie folgt abrechnen:

a) Vergütung im Anordnungsverfahren:

Verfahrensgebühr Nr. 6300 VV	172,00 €
Terminsgebühr Nr. 6301 VV	172,00 €
Postentgeltpauschale Nr. 7002 VV	20,00 €
Anwaltsvergütung netto	<u>364,00 €</u>

b) Vergütung im Verfahren der einstweiligen Anordnung:

Verfahrensgebühr Nr. 6300 VV	172,00 €
Postentgeltpauschale Nr. 7002 VV	20,00 €
Anwaltsvergütung netto	<u>192,00 €</u>

c) Vergütung im Beschwerdeverfahren:

Verfahrensgebühr Nr. 6300 VV	172,00 €
Postentgeltpauschale Nr. 7002 VV	20,00 €
Anwaltsvergütung netto	<u>192,00 €</u>

d) Vergütung während der Therapieunterbringung:

Verfahrensgebühr Nr. 6302 VV	108,00 €
Postentgeltpauschale Nr. 7002 VV	20,00 €
Anwaltsvergütung netto	<u>128,00 €</u>

e) Vergütung im Anordnungsverfahren:

Verfahrensgebühr Nr. 6302 VV	108,00 €
Terminsgebühr Nr. 6303 VV	108,00 €
Postentgeltpauschale Nr. 7002 VV	20,00 €
Anwaltsvergütung netto	<u>236,00 €</u>

Sicherungsverwahrung/Therapieunterbringung

VII. Gerichtlich beigeordneter Rechtsanwalt (Beistand)

1. Überblick

1249 § 20 ThUG gilt sowohl für den **Wahlanwalt** als auch für den gem. § 7 Abs. 1 ThUG **gerichtlich beigeordneten** Rechtsanwalt, vgl. § 20 Abs. 2 Satz 1 ThUG (BT-Drucks. 17/3403, S. 60). Die Beiordnung erfolgt gem. § 7 Abs. 1 ThUG zur Wahrnehmung der Rechte des Betroffenen im Verfahren und für die Dauer der Therapieunterbringung. Gem. § 6 Abs. 2 ThUG wird der beigeordnete Rechtsanwalt durch seine Beiordnung als Beteiligter zum Verfahren hinzugezogen. Die Beiordnung geht über die Interessenwahrnehmung eines in einer Unterbringungssache (§ 312 FamFG, vgl. § 3 ThUG) bestellten **Verfahrenspflegers** nach § 317 FamFG hinaus (vgl. hierzu AnwKomm-RVG/Volpert, § 1 Rn. 141 ff.; BT-Drucks. 17/3403, S. 59; zur Mittlerrolle des Verfahrenspflegers – § 274 Abs. 2 FamFG – vgl. Keidel/Budde, FamFG, § 317 Rn. 9, § 276 Rn. 12 f.).

2. Beiordnungsverfahren

1250 Für das Beiordnungsverfahren gilt gem. § 7 Abs. 1 Satz 2 ThUG § 78c Abs. 1 und 3 ZPO entsprechend. Der gerichtlich beigeordnete Rechtsanwalt hat nach § 7 Abs. 2 Satz 1 ThUG die Stellung eines **Beistands** nach § 12 FamFG (BT-Drucks. 17/3403, S. 56). Beistand i.S.v. § 12 FamFG ist, wer nicht anstelle eines Beteiligten, sondern neben ihm auftritt. Durch die Verweisung auf § 48 Abs. 1 Nr. 3, Abs. 2 BRAO ist sichergestellt, dass der beigeordnete Rechtsanwalt die Beistandschaft übernehmen muss, bei wichtigen Gründen aber deren Aufhebung beantragen kann. Der Betroffene kann dem beigeordneten Rechtsanwalt eine Verfahrensvollmacht erteilen, die zu einer umfassenden Vertretungsmacht des Rechtsanwalts führt. Die Übernahme der Vertretung durch den beigeordneten Rechtsanwalt ist nicht von der Zahlung eines Gebührenvorschusses abhängig (BT-Drucks. 17/3403, S. 56).

3. Anspruch gegen die Staatskasse

1251 Der Vergütungsanspruch des gerichtlichen beigeordneten Rechtsanwalts gegen die **Staatskasse** ergibt sich aus § 45 Abs. 3 Satz 1, der auch in Verfahren nach dem ThUG anwendbar ist (vgl. Rn. 1480). Denn die Beiordnung nach § 7 ThUG ist eine sonstige, nicht von § 45 Abs. 1 und 2 erfasste Beiordnung.

4. Festsetzungsverfahren

1252 Das **Verfahren** bei der **Festsetzung** der Vergütung richtet sich nach § 55 Abs. 1 und 5 (s. dazu Teil A: Festsetzung gegen die Staatskasse [§ 55], Rn. 579 ff.), das **Rechtsmittelverfahren** gegen die Vergütungsfestsetzung nach § 56 (vgl. Teil A: Rechtsmittel gegen die Vergütungsfestsetzung [§§ 56, 33], Rn. 1115 ff.). **Auslagen** sind unter den Voraussetzungen von § 46 erstattungsfähig (Teil A: Auslagen aus der Staatskasse [§ 46], Rn. 140 ff.). Das Recht auf einen **Vorschuss** ergibt sich aus § 47 (Teil A: Vorschuss aus der Staatskasse [§ 47], Rn. 1645 ff.).

Sicherungsverwahrung/Therapieunterbringung

5. Anzeige und Anrechnung von Zahlungen

Nach § 55 Abs. 5 Satz 2 ist im Festsetzungsantrag anzugeben, ob und welche **Zahlungen** der Rechtsanwalt bis dahin erhalten hat. Unklar ist, nach welcher Vorschrift sich die **Anrechnung** ggf. erhaltener Zahlungen richten soll. Als Anrechnungsbestimmung kommt lediglich § 58 Abs. 3 in Betracht. Dessen Anwendung setzt aber voraus, dass das Verfahren nach dem ThUG eine Angelegenheit ist, in der sich die Gebühren nach den Teilen 4 bis 6 VV richten. Über § 20 Abs. 1 ThUG ist Teil 6, Abschnitt 3 VV (Nrn. 6300 – 6303 VV) entsprechend anwendbar. Wenn deswegen das Vorliegen einer Angelegenheit nach Teil 6 VV bejaht wird, gilt § 58 Abs. 3. Allerdings bleibt die Frage offen, warum dann § 52 Abs. 1 bis 3 und 5 in § 20 Abs. 2 ThUG ausdrücklich für entsprechend anwendbar erklärt worden ist. Denn wenn das Verfahren nach dem ThUG eine Angelegenheit ist, in der sich die Gebühren nach Teil 6 VV bestimmen, gilt für den gem. § 7 ThUG beigeordneten Rechtsanwalt § 52 über § 53 Abs. 1 ohnehin (vgl. hierzu Rn. 1259 ff.). 1253

Vor diesem Hintergrund wird auch die Anwendbarkeit von **§ 48 Abs. 5** zu bejahen sein (vgl. dazu die Komm. bei § 48 Abs. 5).

6. Umfang der Beiordnung

a) Gerichtliche Verfahren und Therapieunterbringung

Der Umfang der Beiordnung bestimmt über die Höhe des Vergütungsanspruchs gegen die Staatskasse, vgl. auch § 48 Abs. 1. Die Beiordnung gilt gem. § 7 Abs. 1 ThUG zum einen für das **gerichtliche Verfahren** über die Therapieunterbringung. Die Beiordnung gilt daher im gerichtlichen Verfahren sowohl für die Anordnung (§§ 5 ff. ThUG) als auch die Verlängerung (§ 12 ThUG) und die Aufhebung (§ 13 ThUG) der Therapieunterbringung. Darüber hinaus gilt die Beiordnung auch für die **gesamte Dauer der Therapieunterbringung** (zum Vergütungsanspruch gem. § 20 Abs. 3 Satz 1 ThUG vgl. Rn. 1244 ff.; BT-Drucks. 17/3403, S. 56, 60). 1254

b) Ende der Beiordnung

Deshalb **endet** die Beiordnung erst mit der **Entlassung** des Betroffenen aus der geschlossenen Einrichtung, wenn zu diesem Zeitpunkt kein gerichtliches Verfahren anhängig ist, anderenfalls mit dem rechtskräftigen Abschluss dieses Verfahrens. Auf diese Weise ist gewährleistet, dass der Betroffene während der **gesamten Dauer einer Therapieunterbringung** anwaltlich vertreten ist und zu jeder Zeit eine Information der zuständigen Stellen über einen Wegfall der Voraussetzungen der Therapieunterbringung möglich ist. Die Beiordnung endet zudem mit ihrer Aufhebung (vgl. hierzu § 7 Abs. 3 ThUG, § 48 Abs. 2 BRAO; BT-Drucks. 17/3403, S. 56). 1255

c) Beschwerdeverfahren

Die Beiordnung erstreckt sich auch auf das **Beschwerdeverfahren** (so auch H. Schneider, AGS 2011, 209). Beschwerde kann gem. § 16 Abs. 1 ThUG auch vom beigeordneten Rechtsanwalt eingelegt werden. Die Beistandsstellung des gerichtlich beigeordneten Rechtsanwalts nach § 7 Abs. 2 Satz 1 ThUG dürfte mit der Stellung des gem. § 397a Abs. 1 StPO dem **Nebenkläger bestellten Beistands** vergleichbar sein, für den anerkannt ist, dass die Bestellung über die jewei- 1256

d) Einstweilige Anordnung

1257 Weil die Beiordnung für das gesamte gerichtliche Verfahren gilt (Rn. 1254 ff.), spricht das dafür, dass auch die verfahrensrechtlich gem. § 14 Abs. 1 ThUG zur Hauptsache zählende **einstweilige Anordnung** (vgl. Rn. 1232) von der Beiordnung umfasst ist (so auch H. Schneider, AGS 2011, 209). Kostenrechtlich bildet die einstweilige Anordnung aber gem. § 17 Nr. 4b eine besondere gebührenrechtliche Angelegenheit (Rn. 1233). Deshalb ist § 48 Abs. 4 Satz 2 Nr. 2 zu beachten, der für die einstweilige Anordnung eine **ausdrückliche Beiordnung** fordert. Jedenfalls nach dem Wortlaut entsteht ohne diese ausdrückliche Beiordnung nach § 48 Abs. 4 kein Vergütungsanspruch gegen die Staatskasse.

e) Vollzugsangelegenheiten

1258 Die Beratung und Vertretung des Betroffenen in **Vollzugsangelegenheiten** (vgl. § 3 ThUG, § 327 FamFG) ist von der Beiordnung gem. § 7 Abs. 4 ThUG dagegen nicht umfasst. Zu den Vollzugsangelegenheiten zählt z.B. die Erstellung eines Behandlungsplans. Die gerichtliche Beiordnung eines Rechtsanwalts auch in Vollzugsangelegenheiten kommt nur im Zusammenhang mit der Bewilligung von Verfahrenskostenhilfe in Betracht (§ 78 FamFG; BT-Drucks. 17/3403, S. 57; so auch H. Schneider, AGS 2011, 209).

7. Anspruch auf Wahlanwaltsgebühren (§§ 52, 53)

1259 § 52 verschafft dem gerichtlich bestellten Rechtsanwalt einen Anspruch auf Zahlung von Wahlanwaltsgebühren gegen den Beschuldigten. § 52 Abs. 1 bis 3 und Abs. 5 ist in § 20 Abs. 2 Satz 1 ThUG vom Gesetzgeber für entsprechend anwendbar erklärt worden. Das erscheint bei isolierter Betrachtung von § 52 erforderlich, weil § 52 nur für den gerichtlich bestellten Rechtsanwalt gilt (vgl. § 52 Rn. 3). Im Verfahren nach dem ThUG erfolgt nämlich **keine gerichtliche Bestellung** eines Rechtsanwalts für den **Beschuldigten**, sondern eine **gerichtliche Beiordnung** für den **Betroffenen**, § 7 Abs. 1 ThUG.

1260 Allerdings dürfte § 52 auch ohne die Verweisung in § 20 Abs. 2 ThUG über § 53 Abs. 1 anwendbar sein. Nach § 53 Abs. 1 gilt § 52 für den Anspruch des sonst in Angelegenheiten, in denen sich die Gebühren nach Teil 4, 5 oder 6 VV bestimmen, beigeordneten Rechtsanwalts entsprechend. Über § 20 Abs. 1 ThUG ist Teil 6, Abschnitt 3 VV (Nrn. 6300–6303 VV) entsprechend anwendbar. Wenn hierdurch eine Angelegenheit nach Teil 6 VV bejaht wird, ist § 52 ohnehin bereits über § 53 **Abs. 1** anwendbar.

Über § 53 **Abs. 2** ergibt sich im Übrigen keine Anwendbarkeit von § 52. Der gerichtlich beigeordnete Rechtsanwalt hat zwar nach § 7 Abs. 2 Satz 1 ThUG die Stellung eines **Beistands**. Es liegt aber keine Beistandsbestellung für den in § 53 Abs. 2 genannten Personenkreis vor (s. dazu § 53 Rn. 15, 23 ff.).

§ 20 Abs. 2 Satz 1 ThUG erklärt § 52 Abs. 1 bis 3 und 5 für entsprechend anwendbar. Danach kann der gem. § 7 Abs. 1 ThUG beigeordnete Rechtsanwalt **Wahlanwaltsgebühren** nach Nrn. 6300 bis 6303 VV (Betragsrahmengebühren) von dem **Betroffenen** fordern. **Auslagen** können vom Betroffenen nicht gefordert werden, § 20 Abs. 2 Satz 1 ThUG bzw. §§ 53 Abs. 1, 52 Abs. 1 Satz 1 Halbs. 1. Diese erhält der beigeordnete Rechtsanwalt gem. §§ 45 ff., 55 ohnehin aus der Staatskasse (vgl. im Übrigen die Erläuterungen zu § 52 Rn. 17 ff.). 1261

Voraussetzung für die Geltendmachung der Wahlanwaltsgebühren ist gem. §§ 20 Abs. 2 Satz 1 ThUG, 53 Abs. 1, 52 Abs. 2, dass das LG (vgl. § 4 ThUG: **Zivilkammer** beim LG) auf **Antrag** des Rechtsanwalts festgestellt hat, dass der Betroffene ohne Beeinträchtigung des für ihn und seine Familie notwendigen Unterhalts zur Zahlung oder zur Leistung von Raten in der Lage ist. Stellt der beigeordnete Rechtsanwalt den Feststellungsantrag, verfährt das Gericht nach § 52 Abs. 3. Gibt der Betroffene zu dem Antrag keine Erklärung ab, wird vermutet, dass er leistungsfähig ist. Weil gem. § 20 Abs. 2 Satz 1 ThUG, §§ 53 Abs. 1, 52 Abs. 1 kein **Vorschuss** auf die Wahlgebühren gefordert werden darf, ist die **Fälligkeit** der Gebühren erforderlich. Die Fälligkeit richtet sich nach § 8. 1262

Die Feststellungsentscheidung des LG (Zivilkammer) ist gem. §§ 20 Abs. 2 Satz 2, 16 Abs. 2 ThUG mit der Beschwerde anfechtbar, die binnen einer Frist von zwei Wochen ab Zustellung der Entscheidung der Zivilkammer einzulegen ist. 1263

8. Pauschgebühr

Eine **Pauschgebühr** wegen besonderem Umfang und besonderer Schwierigkeit entsprechend § 51 kann dem gem. § 7 Abs. 1 ThUG gerichtlich beigeordneten Rechtsanwalt **nicht bewilligt** werden. Trotz der für das Verfahren sowie die gesamte Dauer einer Therapieunterbringung geltenden Beiordnung gilt § 51 nur in Straf- und Bußgeldsachen, in Verfahren nach dem Gesetz über die internationale Rechtshilfe in Strafsachen (IRG) und in Verfahren nach dem IStGH-Gesetz. 1264

Siehe auch im Teil A: → Allgemeine Vergütungsfragen, Rn. 22 ff.; → Auslagen aus der Staatskasse (§ 46 Abs. 1 und 2), Rn. 140 ff.; → Gebührensystem, Rn. 649 ff.; → Gerichtskosten, Rn. 713 ff.; → Festsetzung gegen die Staatskasse (§ 55), Rn. 579 ff.; → Rechtsmittel gegen die Vergütungsfestsetzung (§§ 56, 33), Rn. 1115 ff.; → Umfang des Vergütungsanspruchs (§ 48 Abs. 1), Rn. 1382 ff.; → Vorschuss aus der Staatskasse (§ 47), Rn. 1645 ff.

Strafbefehlsverfahren, Abrechnung

	Übersicht	Rn.
A.	Überblick	1265
B.	Anmerkungen	1266
	I. Allgemeines	1266
	1. Verteidigungsauftrag	1266
	2. Einzeltätigkeit	1268
	a) Allgemeines	1268
	b) Nach § 408b StPO beigeordneter Rechtsanwalt	1270
	II. Die einzelnen Gebühren	1273
	1. Grundgebühr	1273

Strafbefehlsverfahren, Abrechnung

2.	Verfahrens- und Terminsgebühr	1274
3.	Zusätzliche Gebühren (Nrn. 4141 ff. VV)	1275
	a) Zusätzliche Gebühr Nr. 4141 VV	1276
	b) Zusätzliche Gebühr Nr. 4142 VV	1286
4.	Auslagen (Nrn. 7000 ff.)	1287
III.	Die Verfahrensabschnitte	1288

Literatur:

Burhoff, Die anwaltliche Vergütung im Strafbefehlsverfahren, RVGreport 2008, 201; ***ders***., Die Grundgebühr in Straf- und Bußgeldverfahren, RVGreport 2009, 361; ***ders***., Die Verfahrensgebühr in Straf- und Bußgeldverfahren, RVGreport 2009, 443; ***ders***., Die Terminsgebühr in Straf- und Bußgeldverfahren, RVGreport 2010, 3, siehe auch die Hinweise bei Vorbem. 4 VV; *N. Schneider*, Das vergessene schriftliche Verfahren in Strafsachen – Analoge Anwendung der Nr. 4141 VV-RVG?, AnwBl. 2006, 274; ***ders***., Zusätzliche Gebühr bei Rücknahme des Strafbefehls und Neuerlass?, AGS 2006, 416; *Soujon*, Das Strafbefehlsverfahren – ein Gebührendefizit, zfs 2008, 662.

A. Überblick

1265 Immer mehr Strafverfahren werden und müssen in den Zeiten knapper Kassen im summarischen Strafbefehlverfahren erledigt werden (vgl. dazu auch Meyer-Goßner, vor § 407 Rn. 1). Das Strafbefehlsverfahren (§§ 407 ff. StPO) nimmt daher in der Praxis erheblich an Bedeutung zu. Im RVG sind für das Strafbefehlsverfahren allerdings keine eigenen Gebührentatbestände vorgesehen. Die anwaltliche Vergütung richtet sich vielmehr nach den allgemeinen Regeln des Teils 4 VV (vgl. Rn. 1266 ff.). Dazu gibt es allerdings einige Zweifelsfragen, die es erforderlich erscheinen lassen, die Abrechnung der anwaltlichen Tätigkeit im Strafbefehlsverfahren zusammenhängend darzustellen.

B. Anmerkungen

I. Allgemeines

1. Verteidigungsauftrag

1266 **Grds.** wird die anwaltliche Tätigkeit im Strafbefehlsverfahren nach **Teil 4 Abschnitt 1 VV** abgerechnet (zur Abrechnung von Einzeltätigkeiten s. unten Rn. 1268). Voraussetzung für die Abrechnung nach Teil 4 VV ist aber auch im Strafbefehlsverfahren, dass dem Rechtsanwalt ein voller Verteidigungsauftrag erteilt worden ist. Nur dann ist er „Verteidiger" i.S.d. Vorbem. 4 VV und kann nach Teil 4 VV abrechnen. Hat der Rechtsanwalt keinen Verteidigungsauftrag erhalten, sondern nur einen Beratungsauftrag, erfolgt die Abrechnung nach § 34 (vgl. dazu Teil A: Beratung/Gutachten, Allgemeines [§ 34], Rn. 223 und Teil A: Beratung[sgebühr] [§ 34], Rn. 272 ff.).

1267 *Beispiel:*

Dem Beschuldigten B wird eine Trunkenheitsfahrt nach § 316 StGB zur Last gelegt. Gegen ihn ergeht ein Strafbefehl. B sucht Rechtsanwalt R auf und lässt sich von ihm über den weiteren Verfahrensgang beraten. Dann legt B selbst Einspruch gegen den Strafbefehl ein.

Rechtsanwalt R verdient, da er nicht als Verteidiger beauftragt worden ist, lediglich eine auf der Grundlage des § 34 berechnete Beratungsgebühr (vgl. dazu Teil A: Beratung[sgebühr] [§ 34], Rn. 272 ff.)

Strafbefehlsverfahren, Abrechnung

2. Einzeltätigkeit

a) Allgemeines

Der Rechtsanwalt kann im Strafbefehlsverfahren auch im Rahmen einer sog. Einzeltätigkeit nach Teil 4 Abschnitt 3 VV tätig werden. Das ist nach der Vorbem. 4.3 Abs. 1 VV immer dann der Fall, wenn ihm **nicht sonst** „die **Verteidigung** oder Vertretung übertragen ist" (vgl. dazu Vorbem. 4.3 VV Rn. 6 ff.; Gerold/Schmidt/Burhoff, VV Vorb. 4.3. Rn. 3 ff.). Das kann z.B. der Fall sein, wenn der Rechtsanwalt lediglich mit der Einlegung des Einspruchs gegen einen Strafbefehl beauftragt worden ist. Dafür entsteht dann nur eine Gebühr Nr. 4302 Ziff. 1 VV – Einlegung eines Rechtsmittels – (s. auch Nr. 4302 VV Rn. 7).

1268

Beispiel:

1269

Dem Beschuldigten B wird eine Trunkenheitsfahrt nach § 316 StGB zur Last gelegt. Gegen ihn ergeht ein Strafbefehl. B, der sich im Ausland aufhält, beauftragt Rechtsanwalt R nur damit, für ihn den Einspruch gegen den Strafbefehl einzulegen.

*Rechtsanwalt R verdient **folgende Gebühren**, wobei von einer durchschnittlichen Tätigkeit und damit der Angemessenheit der Mittelgebühr (§ 14 Abs. 1) ausgegangen wird:*

Einzeltätigkeit Nr. 4302 Ziff. 1 VV	135,00 €
Postentgeltpauschale, Nr. 7002 VV	20,00 €
Anwaltsvergütung netto	<u>155,00 €</u>

> **Hinweis:**
>
> Erhält der Rechtsanwalt **später** auch den **Auftrag**, den Einspruch zu **begründen**, entsteht noch gesondert eine Gebühr Nr. 4302 Ziff. 2 VV. Anders als Nrn. 4300, 4301 VV enthält die Nr. 4301 VV insoweit keine besondere Regelung (Nr. 4302 VV Rn. 6; AnwKomm-RVG/N. Schneider, VV Vorb. 4.3 Rn. 23 und VV 4302 Rn. 5; Hartung/Römermann/Schons, 4302 VV Rn. 5; Gerold/Schmidt/Burhoff, VV 4302 Rn. 4).

b) Nach § 408b StPO beigeordneter Rechtsanwalt

Umstritten ist die Frage, ob für den nach § 408b StPO im Zusammenhang mit dem Erlass des Strafbefehls beigeordneten Pflichtverteidiger nur eine Gebühr für eine **Einzeltätigkeit** nach Nr. 4302 VV entsteht (so LG Aurich, RVGprofessionell 2009, 189) oder ob auch der Rechtsanwalt nach **Teil 4 Abschnitt 1 VV** abrechnet mit der Folge, dass Grundgebühr, Verfahrensgebühr und ggf. auch die Nr. 4141 VV entstehen (können) (s. inzidenter OLG Celle, 22.02.2011 – 2 Ws 415/10, JurionRS 2011, 17561; OLG Düsseldorf, StraFo 2008, 441 = JurBüro 2008, 587 = AGS 2008, 343 = RVGreport 2008, 351; OLG Köln, AGS 2009, 481 = StV 2010, 68 = NStZ-RR 2010, 30 = StRR 2010, 68; OLG Oldenburg, StraFo 2010, 430 = AGS 2010, 491 = RVGreport 2011, 24 = VRR 2010, 39; vgl. auch noch Teil A: Vergütungsanspruch gegen die Staatskasse, Rn. 1469). Zutreffend ist die oberlandesgerichtliche Auffassung (vgl. OLG Düsseldorf, OLG Köln und OLG Oldenburg, jeweils a.a.O.), die Ansicht des LG Aurich (a.a.O.), das nur von einer Einzeltätigkeit ausgeht und daher nur eine Gebühr nach Nr. 4302 VV gewährt, ist falsch (vgl.

1270

Strafbefehlsverfahren, Abrechnung

dazu auch OLG Oldenburg, a.a.O., in der die Entscheidung des LG Aurich aufhebenden Entscheidung). Die Entscheidung des LG Aurich (a.a.O.) vermengt nämlich die verfahrensrechtliche Sicht der Dinge, und zwar die Frage des zeitlichen Umfangs der Pflichtverteidigerbestellung (vgl. dazu Burhoff, EV, Rn. 1547 m.w.N.) mit der gebührenrechtlichen. Davon zu unterscheiden ist die Frage, ob der nach § 408b StPO bestellte Pflichtverteidiger „Vollverteidiger" ist, was von den OLG (jeweils a.a.O.) zutreffend bejaht wird. Es gehört nämlich auch zu den Aufgaben des nach § 408b StPO beigeordneten Rechtsanwalts, dem Beschuldigten/Angeklagten fachkundige Beratung zukommen zu lassen und dessen verfahrensmäßigen Rechte im Strafbefehlsverfahren umfassend wahrzunehmen. Eine Beschränkung der Verteidigerbefugnisse besteht wegen der auf das Strafbefehlsverfahren beschränkten Bestellung ggf. lediglich in zeitlicher Hinsicht (OLG Köln, a.a.O., vgl. auch noch Vorbem. 4.1 Rn. 19).

1271 *Beispiel 1:*

Gegen den Beschuldigten B ist ein Strafverfahren wegen einer Trunkenheitsfahrt anhängig. Gegen ihn wird Strafbefehl erlassen. Gleichzeitig mit Erlass des Strafbefehls wird gem. § 408b StPO Rechtsanwalt R als Pflichtverteidiger bestellt. Diesem wird der Strafbefehl zugestellt. Daraufhin sieht er die Akte ein, gibt aber keine Erklärung ab. Der Strafbefehl wird rechtskräftig. Welche Gebühren kann Rechtsanwalt R festsetzen lassen?

Entstanden ist auf jeden Fall die **Grundgebühr** *Nr. 4100 VV.*

Die **Verfahrensgebühr** *Nr. 4104 VV für das vorbereitende Verfahren ist nicht entstanden. Das vorbereitende Verfahren war nach der Anm. zu Nr. 4104 VV bereits mit Eingang des Antrags auf Erlass des Strafbefehls beim AG beendet.*

Entstanden sein kann aber noch die **Verfahrensgebühr** *Nr. 4106 VV für das gerichtliche Verfahren. Das hängt davon ab, ob der Rechtsanwalt über den Abgeltungsbereich der Grundgebühr hinausgehende Tätigkeiten erbracht hat (zum Abgeltungsbereich der Grundgebühr Nr. 4100 VV s. Nr. 4100 Rn. 11ff.). Geht man allerdings mit N. Schneider (vgl. AnwKomm-RVG/N. Schneider, VV Vorb. 4 Rn. 22) davon aus, dass die Verfahrensgebühr eine Betriebsgebühr ist, die immer entsteht, wenn der Rechtsanwalt als Verteidiger tätig wird, dann ist auf jeden Fall auch die Verfahrensgebühr Nr. 4108 VV entstanden (vgl. dazu Vorbem. 4 Rn. 35f. und dazu a. BT-Drucks. 15/1971, S. 227; Burhoff, RVGreport 2009, 361).*

Wandelt man das vorstehende Beispiel dahin ab, dass der Rechtsanwalt Einspruch einlegt und dann an der Hauptverhandlung teilnimmt, in der der Einspruch zurückgenommen wird, so steht ihm für die Teilnahme an der Hauptverhandlung auch die **Terminsgebühr** *Nr. 4108 VV zu (OLG Celle, 22.02.2011 – 2 Ws 415/10, JurionRS 2011, 17561).*

1272 *Beispiel 2:*

Dem Beschuldigten B wird eine Trunkenheitsfahrt zur Last gelegt. Er erscheint zur Hauptverhandlung beim AG nicht. Der Amtsrichter will nach § 408a Abs. 1 Satz 1 StPO einen Strafbefehl erlassen und den Angeklagten zu einer Freiheitsstrafe von sechs Monaten auf Bewährung verurteilen. Er ordnet dem Angeklagten gem. § 408b StPO den zufällig im Saal anwesenden Rechtsanwalt R als Pflichtverteidiger bei. Dieser legt nach der Hauptverhandlung zunächst Einspruch ein und nimmt den nach einer Besprechung mit B zurück. Welche gesetzlichen Gebühren kann Rechtsanwalt R als Pflichtverteidiger festsetzen lassen.

Entstanden ist die **Grundgebühr** *Nr. 4100 VV, da Rechtsanwalt R sich in den Rechtsfall hat einarbeiten müssen (a.A. AG Koblenz, RVGreport 2004, 469 m. abl. Anm. Hansens = AGS 2004, 448 m. abl. Anm. N. Schneider). Die Grundgebühr entsteht für den Verteidiger immer.*

Strafbefehlsverfahren, Abrechnung

*Entstanden ist außerdem auch eine **Verfahrensgebühr** Nr. 4108 VV (a.A. AG Koblenz, a.a.O.; wie hier N. Schneider und Hansens, jew. a.a.O.; Vorbem. 4 VV Rn. 37). Ob auch eine **Terminsgebühr** als gesetzliche Gebühr entstanden ist, ist umstritten. Das AG Koblenz (a.a.O.) bejaht das, N. Schneider und Hansens (jew. a.a.O.) verneinen das hingegen. Die Frage hängt m.E. von dem Umfang der Beiordnung des Pflichtverteidigers im Strafbefehlsverfahren ab (vgl. dazu Burhoff, EV, Rn. 824; Meyer-Goßner, § 408b Rn. 8, jew. m.w.N.). Selbst wenn man insoweit aber mit der herrschenden Meinung davon ausgeht, dass eine im Ermittlungsverfahren erfolgte Bestellung des Rechtsanwalts als Pflichtverteidiger nicht auch für die Hauptverhandlung gilt, muss dann, wenn die Bestellung erst in der Hauptverhandlung erfolgt ist, m.E. die Bestellung auch auf die Tätigkeit in der Hauptverhandlung erstreckt werden. Der Rechtsanwalt kann dann auch die Terminsgebühr Nr. 4108 VV als gesetzliche Gebühr geltend machen. M.E. erstreckt sich in diesen Fällen die Beiordnung dann auch auf die zusätzliche Gebühr Nr. 4141 Anm. 1 Ziff. 3 VV.*

*Rechtsanwalt R verdient also **gesetzliche Pflichtverteidigergebühren**, wobei von einer durchschnittlichen Tätigkeit und damit der Angemessenheit der Mittelgebühr (§ 14 Abs. 1) ausgegangen wird:*

Gerichtliches Verfahren

Grundgebühr, Nr. 4100 VV	*132,00 €*
Verfahrensgebühr, Nr. 4106	*112,00 €*
Terminsgebühr, Nr. 4108 VV	*184,00 €*
Befriedungsgebühr, Nr. 4141 Anm. 1 Ziff. 3	*112,00 €*
Postentgeltpauschale, Nr. 7002	*20,00 €*
Anwaltsvergütung netto	***560,00 €***

> **Hinweis:**
>
> Wegen des Streits in Rechtsprechung und Literatur um den (zeitlichen) Umfang der nach § 408b StPO erfolgten Pflichtverteidigerbestellung sollte der Rechtsanwalt/Verteidiger, wenn er in der Hauptverhandlung tätig werden muss/soll, eine **Erweiterung** der Pflichtverteidigerbestellung **beantragen**.

II. Die einzelnen Gebühren

1. Grundgebühr

Allgemein gilt für die entstehende Vergütung für die anwaltliche Tätigkeit im Strafbefehlsverfahren: Auch im Strafbefehlsverfahren verdient der Rechtsanwalt für die erstmalige Einarbeitung in den Rechtsfall zunächst eine **Grundgebühr** Nr. 4100 VV (allgemein zur Grundgebühr Nr. 4100 Rn. 1 ff.; Burhoff, RVGreport 2004, 53). Für ihren Abgeltungsbereich gelten die allgemeinen Regeln (vgl. Burhoff, RVGreport 2009, 361 und Nr. 4100 Rn. 11 ff.).

2. Verfahrens- und Terminsgebühr

Ebenso wie das allgemeine Strafverfahren kennt auch das Strafbefehlsverfahren das vorbereitende Verfahren, in dem der Rechtsanwalt eine **Verfahrensgebühr** Nr. 4104 VV verdient. Das vorbereitende Verfahren endet nach der Anm. zu Nr. 4104 VV mit dem Eingang des Antrags auf Erlass des Strafbefehls bei Gericht. Damit beginnt das gerichtliche Verfahren des ersten Rechtszuges, in dem **Verfahrens**- und **Terminsgebühr** (Nrn. 4106 ff. VV) anfallen können. Insoweit

Strafbefehlsverfahren, Abrechnung

gelten keine Besonderheiten (zum Abgeltungsbereich von Verfahrensgebühr und Terminsgebühr allgemein Burhoff, RVGreport 2009, 443 und RVGreport 2010, 3 und Vorbem. 4 Rn. 33 ff. und 58 ff.).

Hinweis:

Für die **Rechtsmittelverfahren** gelten die allgemeinen Regeln (Nrn. 4124 ff. VV).

3. Zusätzliche Gebühren (Nrn. 4141 ff. VV)

1275 Die **zusätzlichen Gebühren** des Teils 4 Abschnitt 1 Unterabschnitt 5 VV können im Strafbefehlsverfahren entstehen.

a) Zusätzliche Gebühr Nr. 4141 VV

1276 Nach Nr. 4141 Anm. 1 Ziff. 3 VV erhält der Rechtsanwalt eine zusätzliche Gebühr, wenn er den **Einspruch** gegen den Strafbefehl **zurücknimmt**. Voraussetzung für das Entstehen der Gebühr ist, dass der Rechtsanwalt den Einspruch gegen den Strafbefehl insgesamt zurücknimmt und damit das Verfahren insgesamt erledigt ist. Insoweit gelten die allgemeinen Regeln zur Teileinstellung entsprechend (vgl. Nr. 4141 VV Rn. 25; Gerold/Schmidt/Burhoff, Nr. 4141 Rn. 18). Auch hinsichtlich der Mitwirkung des Rechtsanwalts gelten die allgemeinen Regeln. Diese muss nicht umfangreich sein (vgl. Nr. 4141 Rn. 6 ff., m.w.N.). Auch wegen des Rücknahmezeitpunktes gelten keine Besonderheiten (vgl. zur Fristberechnung AnwKomm-RVG/N. Schneider, VV 4141 Rn. 60 ff.; N. Schneider, DAR 2007, 671). Umstritten ist, ob und inwieweit die Nr. 4141 VV im Strafbefehlsverfahren entsprechend angewendet werden kann (vgl. dazu Rn. 1283 ff.).

1277 *Beispiel 1:*

Gegen den Beschuldigten B ist ein Verfahren wegen Diebstahls anhängig. B beauftragt Rechtsanwalt R mit seiner Verteidigung. Das AG erlässt gegen den B einen Strafbefehl. R legt dagegen Einspruch ein, den er dann jedoch vor Terminierung einer Hauptverhandlung zurücknimmt. Gebühr nach Nr. 4141 VV entstanden?

Die Gebühr Nr. 4141 Anm. 1 Ziff. 3 VV ist entstanden. Sie setzt nicht voraus, dass ein Hauptverhandlungstermin bereits anberaumt war. Entscheidend ist allein, dass eine Hauptverhandlung vermieden/ entbehrlich wird. Das ist der Fall (s. auch Nr. 4141 VV Rn. 31 Ziff. 1).

1278 *Beispiel 2:*

Gegen den Beschuldigten B ist ein Verfahren wegen Diebstahls anhängig. B beauftragt Rechtsanwalt R mit seiner Verteidigung. Das AG erlässt gegen den B einen Strafbefehl. R legt dagegen Einspruch ein. Das AG beraumt die Hauptverhandlung an. Nach einer Beratung mit B R nimmt den Einspruch drei Wochen vor Beginn des Hauptverhandlungstermins zurück. Gebühr nach Nr. 4141 VV entstanden?

Die Gebühr Nr. 4141 Anm. 1 Ziff. 3 VV ist entstanden.

Hinweis:

Für das Entstehen der Gebühr reicht die Rücknahme des Einspruchs nach Rücksprache mit dem Angeklagten aus (LG Duisburg, AGS 2006, 234 = RVGreport 2006, 230 für Berufung; AG Wiesbaden, AGS 2003, 545 für den Einspruch gegen den Bußgeldbescheid im OWi-Verfahren). Es genügt

Strafbefehlsverfahren, Abrechnung

> *auch, wenn der Mandant selbst den Einspruch aufgrund der Beratung des Verteidigers zurücknimmt (s. auch Nr. 4141 VV Rn. 28; vgl. auch LG Duisburg, a.a.O. und AnwKomm/N. Schneider, VV 4141 Rn. 63).*

Beispiel 3: 1279

Im Strafverfahren gegen B ist nach Einspruch gegen einen gegen B erlassenen Strafbefehl vom AG ein Hauptverhandlungstermin anberaumt worden. Wegen Verhinderung eines Zeugen wird der Termin nun nachträglich verlegt. Der von B mit seiner Verteidigung beauftragte Rechtsanwalt R nimmt den Einspruch nun noch vor Beginn der 2-Wochen-Frist zurück. Gebühr gem. Nr. 4141 VV entstanden?

*Ja, die Gebühr ist **entstanden**. Entscheidend ist der jeweilige Termin (LG Köln, AGS 1997, 138 = StV 1997, 425; AG Wiesbaden, AGS 2005, 553 für die Rücknahme des Einspruchs nach Verlegung des Hauptverhandlungstermins im OWi-Verfahren; AnwKomm-RVG/N. Schneider, VV 4141 Rn. 80; s. auch Nr. 4141 Rn. 31 Ziff. 4).*

Beispiel 4: 1280

Im Beispiel 3 hat der Hauptverhandlungstermin stattgefunden. Die Hauptverhandlung musste aber ausgesetzt werden. Das AG bestimmt einen neuen Hauptverhandlungstermin. Der Einspruch wird nun noch unter Mitwirkung des Rechtsanwalts R innerhalb der 2-Wochen-Frist vor dem neuen Hauptverhandlungstermin zurückgenommen.

*Die Gebühr ist **entstanden**. Für das Entstehen der Gebühr im Fall der Rücknahme des Einspruchs nach einem bereits durchgeführten Hauptverhandlungstermin gilt dasselbe wie für die Rücknahme der Berufung nach Durchführung eines Berufungshauptverhandlungstermins. Die Nr. 4141 VV stellt nicht auf einen „ersten" Hauptverhandlungstermin ab. Es genügt auch die Vermeidung eines „weiteren" Hauptverhandlungstermins (vgl. u.a. OLG Bamberg, RVGreport 2007, 150 = AGS 07, 139; AG Dessau, AGS 2006, 240; AG Tiergarten, AGS 2007, 140; AG Wittlich, AGS 2006, 500 = JurBüro 2006, 590; wegen weiterer Nachw. vgl. Nr. 4141 VV Rn. 22 Ziff. 5 und Rn. 39). Entsprechendes gilt, wenn die Staatsanwaltschaft den Antrag auf Erlass des Strafbefehls nach einer ausgesetzten Hauptverhandlung zurücknimmt (AG Bad Urach, RVGreport 2007, 272 = JurBüro 2007, 361; vgl. Nr. 4141 VV Rn. 31 Ziff. 5).*

> **Hinweis:**
>
> *Die Gebühr entsteht aber nicht, wenn die Hauptverhandlung nur unterbrochen und innerhalb der Frist des § 229 Abs. 2 StPO **fortgesetzt** werden soll. Dann gilt der Grundsatz der Einheitlichkeit der Hauptverhandlung (grundlegend OLG Köln, RVGreport 2006, 152 = AGS 2006, 339 m. zust. Anm. Madert; wegen weiterer Nachw. vgl. Nr. 4141 VV Rn. 30 Ziff. 6).*

Beispiel 5: 1281

Es findet nach Einspruch gegen den gegen B erlassenen Strafbefehl beim AG die Hauptverhandlung statt. B wird verurteilt. Er legt gegen das Urteil Revision ein. Das Urteil wird aufgehoben und die Sache zurückverwiesen. Es wird ein neuer Hauptverhandlungstermin bestimmt. Rechtsanwalt R nimmt rechtzeitig vor dem neuen Hauptverhandlungstermin den Einspruch zurück. Gebühr Nr. 4141 VV entstanden?

*Die Gebühr Nr. 4141 Anm. 1 Ziff. 3 VV ist **entstanden**. Das Verfahren nach Zurückverweisung ist nach § 21 Abs. 1 eine neue Angelegenheit, in der die Gebühr nach Anm. 1 Ziff. 3 neu entstehen kann (vgl. Nr. 4141 VV Rn. 30 Ziff. 6; AnwKomm-RVG/N. Schneider, VV 4141 Rn. 83).*

Beispiel 6: 1282

Gegen den B ist ein Verfahren wegen Diebstahls anhängig. B beauftragt Rechtsanwalt R mit seiner Verteidigung. Dieser erfährt, dass die Staatsanwaltschaft beim AG den Erlass eines Strafbefehls beantragt hat.

Strafbefehlsverfahren, Abrechnung

R setzt sich mit dem sachbearbeitenden Staatsanwalt in Verbindung. Ihm gelingt es, diesen zur Rücknahme des Antrags auf Erlass des Strafbefehls zu bewegen. Gebühr nach Nr. 4141 VV entstanden?

Die Konstellation ist im RVG nicht ausdrücklich geregelt. In Betracht kommt aber eine **entsprechende Anwendung** der Nr. 4141 Anm. 1 Ziff. 1 VV. Es ist allerdings fraglich, ob die Alternative ohne Weiteres auf die Rücknahme des Antrags auf Erlass des Strafbefehls angewendet werden kann. Denn ebenso wie bei der Rücknahme der Anklage beendet nicht jede Rücknahme des Antrags auf Erlass des Strafbefehls das Verfahren. Diese kann auch andere Gründe als das Ziel der Verfahrensbeendigung haben. Hat die Rücknahme des Antrags allerdings dieses Ziel, kommt es der Einstellung des Verfahrens i.S.d. Nr. 4141 Anm. 1 Ziff. 1 VV gleich und es entsteht eine Gebühr nach Nr. 4141 VV (zuletzt ausdrücklich LG Düsseldorf, 02.11.2009 – 10 Qs 69/09, JurionRS 2009, 37015; s. auch noch OLG Düsseldorf, AGS 1999, 120 = JurBüro 1999, 131 = StV 2000, 92; LG Aachen, AGS 1999, 59 = zfs 1999, 33; LG Düsseldorf, JurBüro 2007, 83 [inzidenter]; LG Osnabrück, AGS 1999, 136 = JurBüro 1999, 131; s. auch AnwKomm-RVG/ N. Schneider, VV 4141 Rn. 84 f.).

1283 **Beispiel 7:**

Gegen den B ist ein Verfahren wegen Diebstahls anhängig. In diesem wird ein Strafbefehl mit einer Geldstrafe erlassen. Rechtsanwalt R legt Einspruch ein und beschränkt diesen auf die Tagessatzhöhe. Er überzeugt den B davon, einem schriftlichen Verfahren nach § 411 Abs. 1 Satz 3 StPO zuzustimmen. Gebühr Nr. 4141 VV entstanden?

Dieser Fall ist im RVG nicht geregelt. Die Frage, ob die Gebühr Nr. 4141 Anm. 1 Ziff. 3 VV entsprechend anzuwenden ist, ist **umstritten**. Sie wird vom AG Darmstadt (AGS 2008, 344 = VRR 2008, 243 [Ls.] = StRR 2008, 243 [Ls.]) und vom AG Köln (RVGreport 2008, 226 = AGS 2008, 284 = StRR 2008, 240 = VRR 2008, 239) bejaht, vom der überwiegenden Auffassung in der Rechtsprechung hingegen verneint (vgl. OLG Frankfurt am Main, AGS 2008, 487 = RVGreport 2008, 428 = VRR 2009, 80 = StRR 2009, 159; OLG Hamm, NStZ-RR 2008, 360 [LS]; LG Darmstadt, 25.06.2008 – 3 Qs 279/08). Zutreffend ist die Auffassung des AG Darmstadt (a.a.O.) und des AG Köln (a.a.O.; s. auch AnwKomm-RVG/N. Schneider, VV 4141 Rn. 107 ff.). In den Fällen hat der Rechtsanwalt nämlich an der Vermeidung einer Hauptverhandlung mitgewirkt, wenn er zu der Zustimmungserklärung des Beschuldigten zum schriftlichen Verfahren beigetragen hat. Es ist kein Grund ersichtlich, warum dieser Fall im Strafverfahren anders behandelt werden soll als der der Zustimmung zum schriftlichen Verfahren im Bußgeldverfahren nach Nr. 5115 Anm. 1 Nr. 5 VV und im Disziplinar- bzw. berufsgerichtlichen Verfahren nach Nr. 6216 Anm. 1 VV (vgl. Nr. 4141 VV Rn. 31; AnwKomm-RVG/N. Schneider, VV 4141 Rn. 108; N. Schneider, AnwBl. 2006, 274; Gerold/Schmidt/Burhoff, VV 4141 Rn. 30; vgl. dazu jetzt auch die Vorschläge des DAV/der BRAK zur strukturellen Änderung bzw. Ergänzung des RVG in Nr. 11 a, in denen eine Ergänzung/Erweiterung der Nr. 4141 VV um eine in diesem Sinn lautende Nr. 5 vorgeschlagen wird; s. AnwBl. 2011, 120, 121).

1284 **Beispiel 8:**

Gegen B ist ein Strafbefehl erlassen worden. B sucht den R nach Zustellung des Strafbefehls auf. R berät B über einen möglichen Einspruch und seine Chancen. B entschließt sich dann, keinen Einspruch einzulegen.

Auch dieser Fall ist im RVG nicht geregelt, man wird allerdings die Nr. 4141 VV **entsprechend** anwenden müssen/können. Im Teil 5 VV ist ein ähnlicher Fall enthalten. Dort ist in Nr. 5115 Anm. 1 Ziff. 3 VV geregelt, dass die zusätzliche Gebühr Nr. 5115 VV entsteht, wenn nach Einspruch gegen einen Bußgeldbescheid dieser zurückgenommen und gegen einen neuen Bußgeldbescheid dann nicht erneut Einspruch eingelegt wird. Mit der Fallgestaltung ist die hier dargestellte Sachlage vergleichbar. Ein Grund für eine unterschiedliche Behandlung ist nicht ersichtlich (s. auch N. Schneider, AGS 2006, 416 f.; vgl. aber OLG Nürnberg, AGS 2009, 534 = RVGreport 2009, 464 = StRR 2010, 115 = VRR 2009, 399; 30.09.2010; vgl. dazu jetzt auch die Vorschläge des DAV/der BRAK zur strukturellen Änderung bzw. Ergänzung des RVG in Nr. 11 a, in denen eine Ergänzung/Erweiterung der Nr. 4141 VV um eine in diesem Sinn lautende Nr. 4 vorgeschlagen wird; s. AnwBl. 2011, 120, 121).

> **Hinweis:**
>
> Die Argumentation gilt **entsprechend**, wenn die Staatsanwaltschaft nach Erlass des Strafbefehls noch den „Antrag auf Erlass des Strafbefehls zurücknimmt" und den Erlass eines neuen Strafbefehls beantragt, gegen den dann kein Einspruch mehr eingelegt wird (vgl. den Fall bei N. Schneider, AGS 2006, 416f.).

Beispiel 8:

Der Verteidiger verständigt sich mit der Staatsanwaltschaft und dem AG über die Rechtsfolgen und darauf, dass gegen seinen Mandanten B ein Strafbefehl erlassen wird, gegen den er keinen Einspruch einlegt. Gebühr Nr. 4141 VV entstanden?

Der Fall ist im RVG (auch) nicht geregelt. Allgemein wird man jedoch sagen können, dass eine entsprechende Anwendung der Nr. 4141 VV immer auch dann in Betracht kommt, wenn der Verteidiger sich mit der Staatsanwaltschaft und dem AG im Rahmen einer Absprache darüber einigt, dass ein Strafbefehl ergehen soll, der vom Mandanten anerkannt wird, sodass kein Einspruch eingelegt wird. Das ist ebenfalls ein von der Interessenlage her vergleichbarer Fall zu Nr. 5115 Anm. 1 Ziff. 3 VV. Einen Grund für eine unterschiedliche Behandlung dieser beiden Fälle gibt es nicht (vgl. Nr. 4114 VV Rn. 32f.; Gerold/Schmidt/Burhoff, VV 4141 Rn. 30; vgl. dazu auch N. Schneider, AGS 2006, 416 und die Vorschläge des DAV/der BRAK in Nr. 11 a, in denen eine Ergänzung/Erweiterung der Nr. 4141 VV; s. AnwBl. 2011, 120, 121).

b) Zusätzliche Gebühr Nr. 4142 VV

Auch die zusätzliche Gebühr **Nr. 4142 VV** kann entstehen. Nach § 407 Abs. 2 Nr. 1 StPO ist nämlich auch im Strafbefehl(-sverfahren) die Anordnung einer Einziehung möglich.

4. Auslagen (Nrn. 7000 ff.)

Im Strafbefehlsverfahren entstehen für den Verteidiger auch die Auslagen nach den Nrn. 7000 ff. Insoweit gelten ebenfalls die **allgemeinen Regeln**.

III. Die Verfahrensabschnitte

Für die Aufteilung des Strafbefehlsverfahrens in verschiedene Verfahrensabschnitte gelten **keine Besonderheiten**. Auch das Strafbefehlsverfahren kann aus vorbereitendem, gerichtlichen und Rechtsmittelverfahren bestehen. Von Bedeutung ist, dass das vorbereitende Verfahren nach der Anm. zu Nr. 4104 VV bereits mit dem Eingang des Antrags auf Erlass des Strafbefehls endet. Die Einlegung des Einspruchs gegen den Strafbefehl gehört daher bereits zum gerichtlichen Verfahren und löst die Verfahrensgebühr Nr. 4106 VV aus (Nr. 4104 VV Rn. 9).

Beispiel 1:

Dem B wird eine Trunkenheitsfahrt nach § 316 StGB zur Last gelegt. Er beauftragt am Tag nach dem Vorfall Rechtsanwalt R. Dieser nimmt Akteneinsicht und gibt für den B eine Stellungnahme ab. Es ergeht gegen den B ein Strafbefehl. Gegen diesen legt R Einspruch ein. Es findet dann beim AG eine eintägige Hauptverhandlung statt, in der B zu einer Geldstrafe verurteilt wird. B lässt das Urteil rechtkräftig werden.

Systematik des RVG

Der Fall zeigt **keine Besonderheiten**. Entstanden sind für die anwaltliche Tätigkeit des R die Grundgebühr Nr. 4100 VV, die Verfahrensgebühr für das vorbereitende Verfahren Nr. 4104 VV, die gerichtliche Verfahrensgebühr Nr. 4106 VV und die Terminsgebühr Nr. 4108 VV für die Teilnahme an der Hauptverhandlung.

1290 *Beispiel 2:*

Dem B wird eine Trunkenheitsfahrt nach § 316 StGB zur Last gelegt. Er beauftragt den B als Verteidiger. Dieser nimmt im vorbereitenden Verfahren Akteneinsicht und gibt für den B eine Stellungnahme ab. Es ergeht gegen den B ein Strafbefehl. R legt Einspruch ein. Danach zerstreitet er sich mit B, der ihm das Mandat entzieht.

Entstanden sind für die anwaltliche Tätigkeit des R bis zur Entziehung des Mandats die Grundgebühr Nr. 4100 VV und die Verfahrensgebühr für das vorbereitende Verfahren Nr. 4104 VV. Entstanden ist außerdem auch schon die gerichtliche Verfahrensgebühr Nr. 4106 VV. Das vorbereitende Verfahren endet nach der Anm. zu Nr. 4104 VV mit dem Eingang des Antrags aus Erlass des Strafbefehls. Die Einlegung des Einspruchs gehört daher bereits zum gerichtlichen Verfahren und löst die Verfahrensgebühr Nr. 4106 VV aus.

> **Hinweis:**
>
> Etwas anderes folgt nicht aus § 19 Abs. 1 Nr. 10. Die Anm. zu Nr. 4104 VV stellt insoweit eine **Sonderregelung** dar.

1291 *Beispiel 3:*

Im Beispiel 2 sucht B den Rechtsanwalt R nach Zustellung des Strafbefehls auf. R berät B über den Einspruch und seine Chancen. B entschließt sich dann, keinen Einspruch einzulegen.

Auch in diesem Fall ist bereits die gerichtliche Verfahrensgebühr Nr. 4106 VV entstanden. Diese entsteht mit jeder anwaltlichen Tätigkeit, die nach Eingang des Antrags auf Erlass des Strafbefehls bei Gericht, womit das vorbereitende Verfahren endet, erbracht wird (vgl. OLG Hamm, AGS 2002, 34 m. Anm. Madert = Rpfleger 2002, 171; vgl. auch Nr. 4104 VV Rn. 9; zur Frage, ob in diesen Fällen auch eine Gebühr nach Nr. 4141 VV entsteht, s.o. Rn. 1284).

Systematik des RVG

A. Allgemeines

1292 Strukturell umfasst das RVG einen Paragrafenteil von § 1 bis § 62. Diesem ist ein **Vergütungsverzeichnis** angehängt, das die eigentlichen **Gebührentatbestände enthält**. Diese moderne Gesetzestechnik und Struktur war bei der Einführung des RVG vom GKG und dem Gerichtsvollzieherkostengesetz her bekannt.

B. Allgemeiner Teil des RVG

1293 Im Allgemeinen Teil des RVG sind die **allgemeinen Grundsätze** des anwaltlichen Vergütungsrechts geregelt. Er ist unterteilt in **neun Abschnitte** mit insgesamt 62 Paragrafen:

| A. Vergütungs-ABC | B. Kommentar |

Systematik des Vergütungsverzeichnisses

1. Allgemeine Vorschriften (§§ 1 bis 12b)
2. Gebührenvorschriften (§§ 13 bis 15a)
3. Angelegenheit (§§ 16 bis 21)
4. Gegenstandswert (§§ 22 bis 33)
5. Außergerichtliche Beratung und Vertretung (§§ 34 bis 36)
6. Gerichtliche Verfahren (§§ 37 bis 41)
7. Straf- und Bußgeldsachen (§§ 42 bis 43)
8. Vergütung aus der Staatskasse (§§ 44 bis 59a)
9. Übergangs- und Schlussvorschriften (§§ 60 bis 62)

Die außergerichtlichen Tätigkeiten sind vor den Tätigkeiten in gerichtlichen Verfahren geregelt. Das soll den in der Praxis vollzogenen **Wandel** in der **anwaltlichen Tätigkeit** – mehr außergerichtliche Beratung und Vertretung gegenüber weniger gerichtlichen Tätigkeiten – widerspiegeln. 1294

Die neun Abschnitte **regeln** im Übrigen **alle Fragen**, die von **allgemeiner Bedeutung** sind und für alle anwaltlichen Gebühren von Belang sein können. Diese Regelungen, wie z.B. die Regelung der „Vereinbarung einer Vergütung" in § 3a, gelten also für alle Verfahrensarten und für alle Gebühren des „Besonderen Teils", also z.B. für die allgemeinen Gebühren des Teil 1 VV ebenso wie für die des Teil 3 VV (Bürgerliche Rechtsstreitigkeiten u.a.) oder des Teil 4 VV (Strafsachen) oder des Teil 5 VV (Bußgeldverfahren). 1295

Siehe auch: → Teil A: Allgemeine Vergütungsfragen, Rn. 22; → Teil A: Systematik des Vergütungsverzeichnisses, Rn. 1296.

Systematik des Vergütungsverzeichnisses

A. Allgemeines

Die eigentlichen **Gebührentatbestände** des RVG befinden sich in einem „Besonderen Teil", dem **Vergütungsverzeichnis (VV)**. Dieses ist die Anlage 1 zu § 2 Abs. 2 Satz 1, der die Höhe der Vergütung regelt. Das VV ist wiederum in sieben Teile unterteilt, die in Abschnitte und Unterabschnitte gegliedert sind. Das Vergütungsverzeichnis enthält vierstellige Nummern, in denen die jeweilige anwaltliche Tätigkeit erfasst ist. 1296

Auch beim Aufbau des VV ist der **Wandel** in der anwaltlichen Tätigkeit – mehr außergerichtliche Beratung und Vertretung gegenüber weniger gerichtlichen Tätigkeiten – deutlich sichtbar und **nachvollzogen worden**, indem die außergerichtlichen Tätigkeiten nun im Abschnitt 2, die gerichtlichen Tätigkeiten dann erst in den Abschnitten 3 ff. erfasst sind. 1297

Systematik des Vergütungsverzeichnisses

B. Inhalt der Abschnitte

Das **Vergütungsverzeichnis** ist unterteilt in folgende sieben **Abschnitte:**

I. Allgemeine Gebühren (Nrn. 1000 ff. VV)

1298 Dieser Abschnitt enthält Regelungen zur:

- **Einigungsgebühr**, bisher Vergleichsgebühr (Nr. 1000 VV; vgl. dazu Teil A: Einigungsgebühr [Nrn. 1000, 1003 und 1004 VV], Rn. 458),
- **Erledigungsgebühr** (Nr. 1002 VV),
- Berechnung bei **mehreren Auftraggebern** (§ 7 i.V.m. Nr. 1008 VV; vgl. dazu Teil A: Mehrere Auftraggeber [§ 7, Nr. 1008 VV], Rn. 956),
- **Hebegebühr** (Nr. 1009 VV; vgl. dazu Teil A: Hebegebühr [Nr. 1009 VV], Rn. 806).

II. Außergerichtliche Tätigkeiten, einschließlich der Vertretung im Verwaltungsverfahren (Nrn. 2100 ff. VV)

1299 Dieser enthält die Regelungen zur:

- Prüfung der **Erfolgsaussichten** eines **Rechtsmittels** (Nrn. 2100 ff. VV; vgl. Teil A: Beratung über die Erfolgsaussichten eines Rechtsmittels [Nrn. 2102 f. VV], Rn. 261 ff.),
- **Geschäftsgebühr** (Nr. 2300 VV),
- **Geschäftsgebühr** in bestimmten **sozialrechtlichen Angelegenheiten** (Nr. 2400 VV),
- **Beratungshilfe** (Nrn. 2500 ff.; vgl. dazu Teil A: Beratungshilfe, Rn. 285 ff.).

III. Bürgerliche Rechtsstreitigkeiten, Verfahren der freiwilligen Gerichtsbarkeit, der öffentlich-rechtlichen Gerichtsbarkeiten, Verfahren nach dem Strafvollzugsgesetz und ähnliche Verfahren (Nrn. 3000 ff. VV)

1300 Dieser Abschnitt enthält Regelungen zur/zum/zu:

- **Verfahrensgebühr** (Nr. 3100 VV),
- **Terminsgebühr** (Nr. 3104 VV),
- **Berufung, Revision**, bestimmte Beschwerden und Verfahren vor dem FG (Nrn. 3200 ff. VV),
- **Mahnverfahren** (Nrn. 3305 ff. VV),
- **Verfahrensgebühr**, bisher Zwangsvollstreckungsgebühr (Nr. 3309 VV),
- Vertretung in **Insolvenzverfahren** (Nr. 3313 ff. VV),
- **PKH** (§ 49 i.V.m. Nr. 3335 VV),
- Verfahrensgebühr für den **Verkehrsanwalt** (Nr. 3400 VV),
- Verfahrensgebühr für den **Unterbevollmächtigten** (Nr. 3401 VV),
- **Vorzeitige Beendigung** des Auftrags (Nr. 3405 VV),
- **Schreiben einfacher Art** (Nr. 3404 VV),
- **Beschwerden/Nichtzulassungsbeschwerden/Erinnerungen** (Nrn. 3500 ff. VV).

IV. Strafsachen (Nrn. 4000 ff. VV)

Dieser Abschnitt enthält Regelungen zur/zum/zu: 1301

- **Grundgebühr** (Nr. 4100 VV),
- **Terminsgebühr** für Vernehmungstermine u.a. (Nr. 4102 VV),
- **Verfahrensgebühr vorbereitendes Verfahren** (Nrn. 4104 f. VV),
- **Verfahrensgebühr** erster Rechtszug (Nrn. 4106, 4112, 4118 VV),
- **Terminsgebühr erster Rechtszug** (Nrn. 4108, 4114, 4120 VV),
- **Berufung** (Nrn. 4124 ff. VV),
- **Revision** (Nrn. 4130 ff. VV),
- **Wiederaufnahmeverfahren** (Nrn. 4136 ff. VV),
- **zusätzliche** Gebühren (Nrn. 4141 ff. VV),
- **Strafvollstreckung** (Nrn. 4200 ff. VV),
- **Einzeltätigkeiten** wie z.B. Privatklage, Einlegung eines Rechtsmittels, Gnadensachen (Nrn. 4300 ff. VV).

V. Bußgeldsachen (Nrn. 5000 ff. VV)

Dieser Abschnitt, der dem Abschnitt 4 – Strafsachen – angeglichen ist, enthält Regelungen zur/zu: 1302

- **Grundgebühr** (Nr. 5100 VV),
- **Terminsgebühr**, z.B. für (gerichtliche) Vernehmungen im Verfahren vor der Verwaltungsbehörde (Nrn. 5102 ff. VV i.V.m. Vorbem. 5.1.2 Abs. 1 VV), und für die Teilnahme an gerichtlichen Terminen außerhalb der Hauptverhandlung,
- **Verfahrensgebühr** im Verfahren vor der **Verwaltungsbehörde** (Nrn. 5101 ff. VV),
- **Verfahrensgebühr** im **amtsgerichtlichen** Verfahren (Nrn. 5107 ff. VV),
- **Terminsgebühr** im amtsgerichtlichen Verfahren (Nrn. 5108 ff. VV),
- **Rechtsbeschwerde** (Nrn. 5113 f. VV),
- **zusätzlichen** Gebühren (Nrn. 5115 f. VV).

VI. Sonstige Verfahren (Nrn. 6000 ff. VV)

Dieser Abschnitt enthält u.a. Regelungen zu/zur: 1303

- Verfahren nach dem **IRG**, wie z.B. Auslieferungsverfahren und die Vollstreckung ausländischer Geldsanktionen (Nrn. 6100 ff. VV),
- **Disziplinarverfahren**, berufsgerichtliche Verfahren wegen Verletzung einer Berufspflicht (Nrn. 6200 ff. VV),
- gerichtlichen Verfahren bei Freiheitsentziehung und in **Unterbringungssachen** (Nrn. 6300 ff. VV), die über § 62 auch bei der Unterbringung nach dem ThUG gelten (vgl. dazu Teil A: Sicherungsverwahrung/Therapieunterbringung, Rn. 1211).

Systematik des Vergütungsverzeichnisses

VII. Auslagen (Nrn. 7000 ff. VV)

1304 Dieser Abschnitt enthält Regelungen zu/zur:
- **Dokumentenpauschale** (Nr. 7000 VV),
- **Postpauschale** (Nrn. 7002 f. VV),
- **Fahrtkosten** (Nrn. 7003 f. VV),
- Tage- und **Abwesenheitsgeld** (Nr. 7005 VV),
- Erstattung **Haftpflichtprämie** (Nr. 7007 VV),
- **Umsatzsteuer** (Nr. 7008 VV).

C. Anwendung des Vergütungsverzeichnisses

1305 Für die **Anwendung** des Vergütungsverzeichnisses gilt:

1306 • Die „**Allgemeinen Gebühren**" in Teil 1 VV gelten für **alle Verfahrensarten**, soweit sich nicht aus dem VV selbst etwas anderes ergibt. Dies folgt aus der Vorbem. 1 VV.

Beispiel:

Rechtsanwalt R ist mit der Verteidigung des Angeklagten beauftragt, gegen den im Adhäsionsverfahren auch Schadensersatz- und Schmerzensgeldansprüche geltend gemacht werden. In der Hauptverhandlung einigen sich der Angeklagte und der Geschädigte hinsichtlich dieser Ansprüche im Wege des Vergleichs.

Rechtsanwalt R erhält als Verteidiger nicht nur die nach Teil 4 VV entstandenen Grund-, Termins- und Verfahrensgebühren, sondern für seine Tätigkeit im Adhäsionsverfahren auch eine zusätzliche Gebühr nach Nrn. 4143 f. VV. Für seine Mitwirkung bei dem Vergleich über diese Ansprüche erhält er zudem eine Einigungsgebühr nach Nr. 1003 VV, die auch auf die anwaltliche Tätigkeit im Strafverfahren anwendbar ist (wegen der Einzelh. s. die Komm. bei Nr. 4143 VV Rn. 26 ff. und Teil A: Einigungsgebühr [Nrn. 1000, 1003 und 1004 VV], Rn. 482 ff.; zum Entstehen der Einigungsgebühr OLG Jena, NJW 2010, 455 = AGS 2009, 587 m. abl. Anm. N. Schneider = RVGreport 2010, 106 = StRR 2010, 114; zur Höhe der Einigungsgebühr OLG Köln, AGS 2009, 29 = StraFo 2009, 87).

1307 • **Entsprechendes** gilt zumindest teilweise für „**Außergerichtliche Tätigkeiten**" in Teil 2 VV. Vorbem. 2 Abs. 1 VV erklärt die Vorschriften des Teils 2 VV zumindest insoweit für anwendbar, soweit nicht die §§ 34 ff. etwas anderes bestimmen.

Beispiel:

Der Angeklagte ist im Strafverfahren verurteilt worden. Er erwägt, gegen das Urteil Revision einzulegen. Er beauftragt Rechtsanwalt R mit der Prüfung der Erfolgsaussichten des Rechtsmittels. Rechtsanwalt R hat den Angeklagten nicht in der Vorinstanz vertreten.

Rechtsanwalt R, der nur mit der Prüfung der Erfolgsaussichten des noch nicht eingelegten Rechtsmittels beauftragt ist, erhält seine Vergütung nach Teil 2 VV und zwar nach Nr. 2102 VV. Aus den §§ 34 ff. – insbesondere aus § 34 Beratung und Gutachten – folgt nichts anderes. Vorgesehen ist ein Betragsrahmen von 10,00 – 260,00 €. Die Gebühr ist nach der Erläuterung zu Nr. 2102 VV auf die etwa später entstehende Gebühr für das strafverfahrensrechtliche Revisionsverfahren (Nrn. 4130 ff. VV) anzurechnen (wegen der Einzelh. s. Teil A: Beratung über die Erfolgsaussicht eines Rechtsmittels [Nrn. 2102 f. VV], Rn. 261).

1308 • Zu den verschiedenen Teilen, Abschnitten und Unterabschnitten des VV gibt es teilweise **Vorbemerkungen**. Sie enthalten (**allgemeine**) **Regelungen**, die jedoch nur für die **nachfol-**

genden Teile, Abschnitte und Unterabschnitte gelten. Diese Vorbemerkungen schaffen keinen von den weiteren Gebührentatbeständen eigenständigen Gebührentatbestand, sondern dienen nur der (amtlichen) Erläuterung der in den nachfolgenden Nummern des VV aufgeführten Gebührentatbestände (OLG Saarbrücken, AGS 2009, 573).

> **Hinweis:**
>
> Der **Umfang** des **jeweiligen Geltungsbereichs** einer Vorbemerkung ergibt sich aus deren **Stellung**. Eine Vorbemerkung zu einem „Teil" entfaltet Wirkung für sämtliche in dem (nachfolgenden) Teil geregelten Gebührentatbestände, die Vorbemerkung zu einem „Abschnitt" hingegen nur für die Gebührentatbestände des Abschnitts, vor dem die Vorbemerkung steht. Entsprechendes gilt für die Vorbemerkungen vor einem Unterabschnitt.

- Die **Vorbemerkungen** sind **beziffert**. Aus der Ziffer lässt sich leicht erkennen, zu welchem Abschnitt eine Vorbemerkung gehört. Die „Vorbem. 4" gilt also für den Teil 4 VV, die „Vorbem. 4.1" zum Abschnitt 1 des Teils 4 VV und die „Vorbem. 4.1.2" zum Unterabschnitt 2 des Abschnitts 1 des Teils 4 des VV.   1309

- Den Nummern des VV sind z.T. (amtliche) **Anmerkungen** angefügt, die den jeweiligen **Gebührentatbestand erläutern**. Die in der Anmerkung enthaltene Regelung gilt nur für die jeweilige Vergütungsziffer, bei der die Anmerkung steht.   1310

Siehe auch im Teil A: → Systematik des RVG, Rn. 1292.

Trennung von Verfahren

Übersicht

		Rn.
A.	Überblick	1311
B.	Anmerkungen	1312

Literatur:

Burhoff, Die Abrechnung der anwaltlichen Tätigkeit in mehreren Strafverfahren – Teil 1: Verbindung von Verfahren, RVGreport 2008, 405; *ders.*, Die Abrechnung der anwaltlichen Tätigkeit in mehreren Strafverfahren – Teil 2: Trennung von Verfahren, RVGreport 2008, 444; *Enders*, Verbindung und Trennung – Teil V, JurBüro 2007, 564.

A. Überblick

Wird ein einheitliches Straf- bzw. Bußgeldverfahren in unterschiedliche Verfahren **getrennt** bzw. werden Verfahren **abgetrennt**, stellt sich die Frage, welche Gebühren der Rechtsanwalt ab Trennung der Verfahren noch im Ursprungsverfahren erhält und ob ihm die bereits bis dahin entstandenen Gebühren ggf. verloren gehen. Außerdem ist von Bedeutung, welche Gebühren nun noch im abgetrennten Verfahren entstehen.   1311

Trennung von Verfahren

> **Hinweis:**
>
> Als **Faustregel** gilt: Durch die Trennung gehen dem Rechtsanwalt keine bereits entstandenen Gebühren verloren (§ 15 Abs. 4).
>
> Für die Trennung von Verfahren ist fraglich, ob eine im Ursprungsverfahren erfolgte **Bestellung** bzw. **Beiordnung** des Rechtsanwalts, z.B. als Nebenklägerbeistand oder Pflichtverteidiger, für die nach der Trennung vorliegenden eigenständigen Verfahren **fortgilt** (vgl. einerseits bejahend Gerold/Schmidt/Müller-Rabe, § 48 Rn. 65 und Teil A: Umfang des Vergütungsanspruchs [§ 48 Abs. 1], Rn. 1424; a.A. OLG Naumburg, BRAGOreport 2001, 189). Wegen der unterschiedlichen Auffassungen sollte der Rechtsanwalt auf eine klarstellende Beiordnung und Bestellung in allen Verfahren hinwirken.

B. Anmerkungen

1312 Wird ein einheitliches Straf- bzw. Bußgeldverfahren in unterschiedliche Verfahren getrennt, so erhält der **Rechtsanwalt ab** der **Trennung der Verfahren** für jedes Verfahren **gesonderte Gebühren**. Es liegen dann mehrere Angelegenheiten vor, die gebührenrechtlich eigenständig behandelt werden (KG, RVGreport 2007, 239 = StRR 2007, 4 [LS]; LG Itzehoe, AGS 2008, 233 = StraFo 2008, 92; AG Tiergarten, RVGreport 2010, 140 = AGS 2010, 220 = StRR 2010, 400; Burhoff, RVGreport 2008, 444; Hartung/Römermann/Schons, Nr. 4108 – 4111 VV Rn. 12; AnwKomm-RVG/N. Schneider, Vor VV 4104 ff. Rn. 4, VV 4104 – 4105 Rn. 24, VV 4106 – 4107 Rn. 8; zu den Angelegenheiten s. Teil A: Angelegenheiten [§§ 15 ff.], Rn. 66). Das gilt auch für die Auslagen nach Teil 7 VV (KG, a.a.O.; vgl. Nr. 7002 Rn. 8 ff.; Gerold/Schmidt/Müller-Rabe, VV 7001, 7002 Rn. 28; AnwKomm-RVG/N. Schneider, VV 7001 – 7002 Rn. 42). Es handelt sich nicht mehr um dieselbe Angelegenheit i.S.d. § 15 Abs. 2 Satz 1, d.h. um die bloße Fortführung des Ursprungsverfahrens, sondern um eine andere Angelegenheit. Danach werden mit der Abtrennung die abgetrennten Verfahren selbstständige Verfahren. Dies hat gebührenrechtlich zur Folge, dass mehrere **Verfahrensgebühren** (nach der Zahl der getrennten Verfahren) entstehen und mehrere **Terminsgebühren** anfallen können (KG, a.a.O.).

1313 Das gilt allerdings nur für die nach der Trennung in den jeweiligen Verfahrensabschnitten noch anfallenden Verfahrens- und Terminsgebühren (s. auch Vorbem. 4 VV Rn. 51 f., 72). Für die **Grundgebühr** nach Nr. 4100 VV gilt das **nicht**, da insoweit bereits die erstmalige Einarbeitung in den Rechtsfall erfolgt ist (OLG Stuttgart, AGS 2010, 292 = RVGprofessionell 2010, 119; vgl. Nr. 4100 VV Rn. 30 ff.). Auf die bis zur Trennung angefallenen Gebühren hat die Trennung im Übrigen keinen Einfluss. Diese bleiben dem Verteidiger erhalten.

1314 *Beispiel 1:*

Das Verfahren 1 richtet sich gegen die Angeklagten A und B, gegen die Anklage erhoben wird. In der Hauptverhandlung wird das Verfahren gegen den A abgetrennt und gegen den B, der nur von einem Anklagevorwurf betroffen war, durch Urteil beendet. Nach der Urteilsverkündung wird das Verfahren gegen den A fortgesetzt. Auch der wird am selben Tag verurteilt. Welche Gebühren sind für den Rechtsanwalt R, der den A von Anfang an vertreten hat, entstanden?

Trennung von Verfahren

*Für die Abrechnung gilt: Entstanden sind für den R die Grundgebühr Nr. 4100 VV und die Verfahrensgebühr Nr. 4104 für die Vertretung im vorbereitenden Verfahren. Außerdem ist die Verfahrensgebühr Nr. 4106 VV entstanden und die Terminsgebühr Nr. 4108 VV. Mit der Abtrennung des Verfahrens gegen den A ist nicht noch eine zweite Verfahrensgebühr Nr. 4106 VV entstanden. Es handelt sich bei dem A um **dieselbe Angelegenheit**, sodass nach § 15 Abs. 2 Satz 2 die Verfahrensgebühr Nr. 4106 VV nicht noch einmal entstehen kann (vgl. dazu LG Berlin, 03.07.2007 – 518 Qs 36/07, www.burhoff.de; zur Terminsgebühr s. die Beispiele 5 und 6 bei Rn. 1318 und 1319).*

Beispiel 2: 1315

Gegen den Beschuldigten B wird wegen drei Diebstahlstaten und wegen Hehlerei ermittelt. Wegen dieser Taten wird er beim AG angeklagt. Dieses trennt vor der Hauptverhandlung das Verfahren wegen der Hehlerei ab und stellt das Verfahren später aufgrund der Einwendungen des Verteidigers ein. Wegen der Diebstahlstaten wird die Hauptverhandlung durchgeführt. Das ergehende Urteil wird rechtskräftig. B ist von Anfang an von Rechtsanwalt R verteidigt worden. Alle Merkmale des § 14 Abs. 1 sind durchschnittlich.

*Für die **Abrechnung** der beiden Verfahren gilt: Jedes Verfahren folgt seinen eigenen Regeln.*

Berechnung der Gebühren	Wahlanwalt	Pflichtverteidiger
Vergütung bis zu Trennung (Vorbereitendes Verfahren mit beiden Vorwürfen)		
Grundgebühr Nr. 4100 VV	165,00 €	132,00 €
Verfahrensgebühr Nr. 4104 VV (vorbereitendes Verfahren)	140,00 €	112,00 €
Postentgeltpauschale	20,00 €	20,00 €
Vergütung nach der Trennung Gerichtliches Verfahren 1 – Hehlerei – (Einstellung)		
Verfahrensgebühr Nr. 4106 VV (gerichtliches Verfahren)	140,00 €	112,00 €
Verfahrensgebühr Nr. 4141 Anm. 1 Ziff. 1 VV		
i.V.m. Verfahrensgebühr Nr. 4106 VV	140,00 €	112,00 €
Postentgeltpauschale	20,00 €	20,00 €
Gerichtliches Verfahren 2 – Diebstahlstaten (Hauptverhandlung)		
Verfahrensgebühr Nr. 4106 VV (gerichtliches Verfahren)	140,00 €	112,00 €
Terminsgebühr Nr. 4108 VV (gerichtliches Verfahren)	230,00 €	184,00 €
Postentgeltpauschale	<u>20,00 €</u>	<u>20,00 €</u>
Anwaltsvergütung netto	**1.015,00 €**	**824,00 €**

> **Hinweis:**
>
> Im Verfahren 2 entsteht **nicht** noch einmal eine Verfahrensgebühr **Nr. 4104**. Der Verfahrensabschnitt „Vorbereitendes Verfahren" ist nach der Anm. zu Nr. 4104 mit Anklageerhebung beendet (vgl. Nr. 4104 VV Rn. 4 ff.).
>
> Die **Auslagenpauschale** Nr. 7002 VV entsteht in dem Ursprungsverfahren 1 nach Trennung aber nicht noch einmal. Nach der Anmerkung zu Nr. 7002 VV kann diese Pauschale in derselben Angelegenheit nur einmal entstehen. Sie ist aber im Ursprungsverfahren 1 bereits

Trennung von Verfahren

einmal entstanden. Die Trennung führt nicht zu einer neuen/weiteren „Angelegenheit nach Trennung" (Enders, JurBüro 2007, 393, 394 für die Verbindung; Burhoff, RVGreport 2008, 405 ff. für die Verbindung). Allerdings können weitere Auslagen, die nach der Trennung entstanden sind, zusätzlich zu den Auslagen, die schon vor der Trennung in dem führenden Verfahren angefallen sind, abgerechnet werden (Enders, a.a.O.), so z.B. weitere Fotokopien. Im Verfahren 2 entsteht, da es sich um eine eigenständige Angelegenheit handelt, die Postentgeltpauschale Nr. 7002 VV jedoch (noch einmal).

Wird die **Hauptverhandlung** in den getrennten Verfahren am **selben Kalendertag fortgesetzt**, hat das auf die Entstehung der Terminsgebühr keinen Einfluss. Denn es wird nicht etwa dieselbe Hauptverhandlung in zwei getrennt aufgerufenen Terminen an einem Hauptverhandlungstag durchgeführt, sondern es findet jeweils ein Hauptverhandlungstag in jedem der selbstständigen Verfahren statt (KG, RVGreport 2007, 239 = StRR 2007, 4 [Ls.]).

In der Praxis ist bei der Bemessung der gerichtlichen Verfahrensgebühren zu berücksichtigen, dass die in den Verfahren verbliebenen Tatvorwürfe **unterschiedliches Gewicht** haben. Das Verfahren 2 enthält noch zwei Tatvorwürfe. Das darf bei der Bemessung der konkreten Gebühr nicht übersehen werden (§ 14 Abs. 1; s. Teil A: Rahmengebühren [§ 14], Rn. 1063; vgl. auch Burhoff, RVGreport 2008, 444).

1316 *Beispiel 3:*

Im Beispiel 2 wird das Verfahren 2 nicht erst nach Anklageerhebung abgetrennt, sondern bereits von der Staatsanwaltschaft, die dann in beiden Verfahren Anklage erhebt. Im Ursprungsverfahren wird dann vom Amtsrichter eine eintägige Hauptverhandlung durchgeführt. Das Verfahren 2 wird später eingestellt.

Gegenüber der Abrechnung im Beispiel 1 tritt insoweit eine Änderung ein, als nun auch im Verfahren 2 die Verfahrensgebühr Nr. 4104 VV entsteht. Der Verfahrensabschnitt vorbereitendes Verfahren ist noch nicht beendet (s. die Anm. zu Nr. 4104 VV). Im Übrigen bleibt es bei der Abrechnung wie im Beispiel 1: Im Ursprungsverfahren 1 entsteht die gerichtliche Verfahrensgebühr Nr. 4106 VV und dann eine Terminsgebühr Nr. 4108 VV für die Teilnahme an der Hauptverhandlung. Im Verfahren 2 entsteht neben der Verfahrensgebühr Nr. 4106 VV die zusätzliche Gebühr Nr. 4141 Anm. 1 Ziff. 1 VV.

Hinweis:

Ggf. kann es im abgetrennten Verfahren auch noch einmal zum Anfall der **Grundgebühr** Nr. 4100 VV kommen, und zwar dann, wenn die Verfahren noch vor oder während der Einarbeitung durch den Rechtsanwalt getrennt werden. Dann ist noch keine (abschließende) Einarbeitung erfolgt und es kann dann auch im abgetrennten Verfahren noch eine Grundgebühr entstehen (AnwKomm-RVG/N. Schneider, VV 4100 – 4101 Rn. 10; Burhoff, RVGreport 2008, 44; vgl. auch Nr. 4100 VV RVG Rn. 30).

1317 *Beispiel 4:*

Im Beispiel 2 (Rn. 1315) wird das Verfahren 2 nicht schon vor der Hauptverhandlung abgetrennt, sondern erst in der Hauptverhandlung, als ein Zeuge nicht erscheint. Im Ursprungsverfahren 1 wird die Hauptverhandlung fortgesetzt, im Verfahren 2 wird später an einem anderen Tag die Hauptverhandlung durchgeführt.

Im Verfahren 1 entsteht auch eine Hauptverhandlungsgebühr Nr. 4108 VV. Es entsteht aber nicht etwa noch eine weitere Terminsgebühr Nr. 4108 VV für die nach Abtrennung fortgesetzte Hauptverhandlung. Es handelt sich vielmehr um die Fortsetzung des ursprünglichen Hauptverhandlungstermins, für den bereits eine Terminsgebühr Nr. 4108 VV RVG entstanden ist. Im Verfahren 2 bleibt es bei den im Beispiel 1 (Rn. 1314) dargelegten Gebühren.

Beispiel 5: 1318

Im Beispiel 4 wird nach Abtrennung des Verfahrens im Ursprungsverfahren 1 die Hauptverhandlung nicht fortgesetzt. Das geschieht erst in einem weiteren Termin. Im Verfahren 2 wird die Hauptverhandlung dann auch durchgeführt.

Gegenüber der Abrechnung im Beispiel 4 tritt nunmehr eine Änderung ein. Im Ursprungsverfahren 1 entsteht jetzt noch eine weitere Terminsgebühr Nr. 4108 VV für den nach Abtrennung durchgeführten weiteren Hauptverhandlungstermin.

Beispiel 6: 1319

Im Beispiel 4 wird die Hauptverhandlung im Verfahren 2 nicht an einem anderen Tag, sondern am selben Kalendertag durchgeführt.

Diese Verfahrensweise hat auf die Abrechnung der anwaltlichen Tätigkeit keinen Einfluss. Denn es wird nun nicht etwa in Verfahren 2 dieselbe Hauptverhandlung in zwei getrennt aufgerufenen Terminen an einem Hauptverhandlungstag durchgeführt, sondern es findet jeweils ein Hauptverhandlungstag in jedem der selbstständigen Verfahren statt. Das hat zur Folge, dass auch im Verfahren 2 eine Terminsgebühr Nr. 4108 VV entsteht (KG, RVGreport 2007, 239 = StRR 2007, 4 [LS]; vgl. auch LG Itzehoe, AGS 2008, 233 = StraFo 2008, 92.)

Beispiel 7: 1320

Das Verfahren richtet sich gegen die Angeklagten A, B und C. In der Hauptverhandlung vom 09.05.2006 wird das Verfahren gegen den A abgetrennt und Fortsetzungstermin auf den 10.05.2006 14.30 Uhr bestimmt. Die Hauptverhandlung gegen B und C, wird ebenfalls am 10.05.2006 fortgesetzt. Sie endet um 19.05 Uhr mit einem Urteil. Im Anschluss daran wird ab 19.10 Uhr die Hauptverhandlung gegen den A, deren Beginn an sich auf 14.30 Uhr terminiert war, fortgesetzt. Wie viele Terminsgebühren sind für den Rechtsanwalt R, der als Nebenklägervertreter an beiden Hauptverhandlungsterminen am 10.05.2006 teilgenommen hat, entstanden?

*Für die **Abrechnung** gilt: R kann zwei Terminsgebühren abrechnen. Es gilt nicht die Beschränkung, dass die Terminsgebühr nur „je Hauptverhandlungstag" anfällt. Es handelt sich nämlich nach der Abtrennung des Verfahrens gegen A nicht mehr um dieselbe Angelegenheit, sodass am 10.05.2006 in zwei unterschiedlichen Verfahren Hauptverhandlungstermine stattgefunden haben mit der Folge, dass in beiden Verfahren eine Terminsgebühr entstanden ist (vgl. dazu auch LG Itzehoe, AGS 2008, 233 = StraFo 2008, 92.)*

Siehe auch im Teil A: → Angelegenheiten (§§ 15 ff.), Rn. 66; → Verbindung von Verfahren, Rn. 1431.

Übergang von Ansprüchen auf die Staatskasse (§ 59)

Übergang von Ansprüchen auf die Staatskasse (§ 59)

§ 59 RVG   *Übergang von Ansprüchen auf die Staatskasse*

(1) ¹Soweit dem im Wege der Prozesskostenhilfe oder nach § 138 des Gesetzes über das Verfahren in Familiensachen und in den Angelegenheiten der freiwilligen Gerichtsbarkeit, auch in Verbindung mit § 270 des Gesetzes über das Verfahren in Familiensachen und in den Angelegenheiten der freiwilligen Gerichtsbarkeit, beigeordneten oder nach § 67a Abs. 1 Satz 2 der Verwaltungsgerichtsordnung bestellten Rechtsanwalt wegen seiner Vergütung ein Anspruch gegen die Partei oder einen ersatzpflichtigen Gegner zusteht, geht der Anspruch mit der Befriedigung des Rechtsanwalts durch die Staatskasse auf diese über. ²Der Übergang kann nicht zum Nachteil des Rechtsanwalts geltend gemacht werden.

(2) ¹Für die Geltendmachung des Anspruchs gelten die Vorschriften über die Einziehung der Kosten des gerichtlichen Verfahrens entsprechend. ²Ansprüche der Staatskasse werden bei dem Gericht des ersten Rechtszugs angesetzt. ³Ist das Gericht des ersten Rechtszugs ein Gericht des Landes und ist der Anspruch auf die Bundeskasse übergegangen, wird er insoweit bei dem jeweiligen obersten Gerichtshof des Bundes angesetzt. ⁴Für die Entscheidung über eine gegen den Ansatz gerichtete Erinnerung und über die Beschwerde gilt § 66 des Gerichtskostengesetzes entsprechend.

(3) Absatz 1 gilt entsprechend bei Beratungshilfe.

Übersicht

		Rn.
A.	Überblick/Anwendungsbereich	1321
B.	Anmerkungen	1322
I.	Regelungszweck	1322
II.	Anspruch gegen die Partei	1323
III.	Anspruch gegen einen ersatzpflichtigen Gegner	1324
IV.	Anspruchsübergang auf die Staatskasse	1326
	1. Zahlung an den Rechtsanwalt	1326
	2. Einwendungen und Einreden des Gegners	1327
	3. Mehrere beigeordnete Rechtsanwälte	1328
	4. Zahlung durch die PKH-Partei	1330
	5. Geltendmachung gegen die vom beigeordneten Rechtsanwalt vertretene Partei	1331
V.	Übergang darf Rechtsanwalt nicht benachteiligen	1332
VI.	Einziehung des übergegangen Anspruchs	1333
VII.	Verhältnis zu Nr. 9007 KV GKG	1335

Literatur:

Lappe, Erstattung der Kosten des Nebenklägerbeistands, Rpfleger 2003, 116; *Volpert*, Wahlanwaltsgebühren für gerichtlich bestellte oder beigeordnete Anwälte nach §§ 52, 53 RVG, RVGreport 2004, 133.

A. Überblick/Anwendungsbereich

1321 § 59 regelt den **gesetzlichen Übergang** von Ansprüchen auf die Staatskasse, soweit dem im Wege der PKH beigeordneten Rechtsanwalt wegen seiner Vergütung ein Anspruch gegen die Partei oder einen ersatzpflichtigen Gegner zusteht. § 59 gilt damit nur für die in Angelegenheiten nach den Teilen 4 bis 6 **VV im Wege der PKH** beigeordneten Rechtsanwälte, z.B. den Vertreter des Nebenklägers oder Privatklägers (§§ 379 Abs. 3, 397a Abs. 2, 406g Abs. 3 Nr. 2 StPO). Sie gilt nicht für andere beigeordnete Rechtsanwälte, z.B. für den gem. § 68b Abs. 2 StPO beigeordneten **Zeugenbeistand** (insoweit gilt Nr. 9007 KV GKG, vgl. OLG Düsseldorf, 06.11.2009 – III-1Ws 562/09, JurionRS 2009, 36147; s. auch Rn. 1335).

B. Anmerkungen

I. Regelungszweck

Durch § 59 erlangt die **Staatskasse** einen **Ausgleich** für die aus der Staatskasse an den im Wege der PKH beigeordneten Rechtsanwalt gezahlte Vergütung, wenn diesem wegen seiner Vergütung ein Anspruch gegen seine Partei oder einen erstattungspflichtigen Gegner zusteht. Dieser Anspruch geht mit der Auszahlung der Vergütung an den beigeordneten Rechtsanwalt auf die Staatskasse über (**gesetzlicher Forderungsübergang**) und wird sodann von der Staatskasse nach den Vorschriften über die Einziehung der Kosten des gerichtlichen Verfahrens geltend gemacht bzw. beigetrieben (§ 59 Abs. 2).

1322

II. Anspruch gegen die Partei

Die Beiordnung im Wege der PKH setzt im Gegensatz zu der Bestellung als Pflichtverteidiger den Abschluss eines Anwaltsvertrags/Geschäftsbesorgungsvertrags mit dem Auftraggeber voraus (s. auch Teil A: Vergütungsanspruch gegen die Staatskasse, Rn. 1482). Den hieraus hervorgehenden vertraglichen Vergütungsanspruch kann der dem Neben- oder Privatkläger im Wege der PKH **beigeordnete Rechtsanwalt** wegen der **Forderungssperre** des § 122 Abs. 1 Nr. 3 ZPO jedoch grds. nicht geltend machen (vgl. §§ 379 Abs. 3, 397a Abs. 2, 406g Abs. 3 Nr. 2 StPO, § 122 Abs. 1 Nr. 3 ZPO; vgl. Gerold/Schmidt/Müller-Rabe, § 59 Rn. 31 ff.). Etwas anderes gilt nur, wenn die Voraussetzungen der §§ 53 Abs. 1, 52 vorliegen (vgl. insoweit die Komm. zu §§ 52, 53; LG Itzehoe, AGS 2008, 233; AnwKomm-RVG/N. Schneider, § 53 Rn. 3) oder wenn die Bewilligung der PKH nach § 124 ZPO aufgehoben worden ist (vgl. BGH, BGHReport 2006, 1447 = Rpfleger 2006, 609 = RVGreport 2006, 392; Gerold/Schmidt/Müller-Rabe, § 45 Rn. 72; AnwKomm-RVG/Schnapp, § 45 Rn. 29; OLG Frankfurt am Main, NStZ 1986, 43, StV 1987, 55).

1323

III. Anspruch gegen einen ersatzpflichtigen Gegner

Der im Wege der PKH beigeordnete Rechtsanwalt ist nach § 126 Abs. 1 ZPO berechtigt, seine **Vergütung im eigenen Namen** von dem in die Verfahrenskosten verurteilten **Gegner** seiner Partei beizutreiben. Werden daher z.B. die dem Privat- oder dem Nebenkläger erwachsenen notwendigen Auslagen gem. der §§ 471, 472 StPO rechtskräftig dem Beschuldigten/Angeklagten auferlegt, kann der dem Privat- oder Nebenkläger im Wege der PKH beigeordnete Rechtsanwalt entsprechend der §§ 379 Abs. 3, 397a Abs. 2 StPO und § 126 ZPO seine Wahlanwaltsgebühren und Auslagen im eigenen Namen unmittelbar gegen den Verurteilten im Kostenfestsetzungsverfahren gem. § 464b StPO geltend machen (s. dazu § 53 Rn. 34 ff.; KG, StRR 2007, 11; OLG Hamburg, AnwBl. 1975, 404 = Rpfleger 1975, 320; LG Itzehoe, AGS 2008, 233 = NJW-Spezial 2008, 221; Schneider, in: Hansens/Braun/Schneider, Teil 15, Rn. 719; AnwKomm-RVG/N. Schneider, § 53 Rn. 7; Gerold/Schmidt/Burhoff, § 53 Rn. 10).

1324

Übergang von Ansprüchen auf die Staatskasse (§ 59)

1325 Der Anspruch des Rechtsanwalts gegen den erstattungspflichtigen Gegner ist durch den Umfang des Kostenerstattungsanspruchs seines Mandanten gegen den Gegner **beschränkt**. Die Beitreibungsmöglichkeit für den beigeordneten Rechtsanwalt gem. § 126 Abs. 1 ZPO beschränkt sich aber nicht auf die aus der Staatskasse zu zahlenden Gebühren (§§ 45, 49), sondern der beigeordnete Rechtsanwalt kann gegen den Gegner die Wahlanwaltsgebühren geltend machen (vgl. KG, StRR 2007, 119 m. Anm. Hanschke; OLG Düsseldorf, Rpfleger 1993, 28 = JurBüro 1993, 29 = NJW-RR 1992, 1529; LG Itzehoe, AGS 2008, 233; zu weiteren Einzelh. s. Rn. 1332). Der beigeordnete Rechtsanwalt hat auch dann einen Anspruch gegen den Gegner, wenn dieser nicht entsprechend § 126 Abs. 1 ZPO in die Kosten verurteilt worden ist, sondern diese vergleichsweise übernommen hat (vgl. OLG Düsseldorf, Rpfleger 1993, 28 = JurBüro 1993, 29 = NJW-RR 1992, 1529).

IV. Anspruchsübergang auf die Staatskasse

1. Zahlung an den Rechtsanwalt

1326 **Erst nach** der **Zahlung** der Vergütung aus der Staatskasse an den beigeordneten Rechtsanwalt geht der gegen die Partei oder der gegen den erstattungspflichtigen Gegner bestehende Vergütungsanspruch auf die Staatskasse über. Der Anspruchsübergang tritt daher **nicht bereits mit** der **Festsetzung** (§ 55) der aus der Staatskasse zu erstattenden Vergütung ein (BGH, JurBüro 1999, 92 = Rpfleger 1998, 477 = MDR 1998, 1248). Der Forderungsübergang tritt nur hinsichtlich der PKH-Vergütung, nicht auch hinsichtlich der Differenz zur Wahlanwaltsvergütung ein. Aufgrund des Übergangs wird der Anspruch des beigeordneten Rechtsanwalts keine Gerichtskostenforderung, sondern er behält seine Eigenschaft als außergerichtliche Kosten.

2. Einwendungen und Einreden des Gegners

1327 Für den gesetzlichen Forderungsübergang nach § 59 gelten gem. § 412 BGB die Vorschriften der §§ 399 bis 404, 406 bis 410 BGB entsprechend. Die Staatskasse erwirbt den Anspruch in dem Zustand, in dem er sich zum Zeitpunkt des Übergangs befindet. **Einwendungen** des Gegners, die zum Zeitpunkt des Forderungsübergangs bestanden, können daher auch der Staatskasse entgegengehalten werden. Für Einreden gilt § 126 Abs. 2 ZPO (§§ 379 Abs. 3, 397a Abs. 2, 406g Abs. 3 Nr. 2 StPO). Der Gegner kann deshalb nur mit Kosten aufrechnen, die nach der in demselben Verfahren über die Kosten erlassenen Entscheidung von der Partei des Rechtsanwalts zu erstatten sind. Etwas anderes gilt aber, wenn der Rechtsanwalt die Kostenfestsetzung nicht gem. § 126 ZPO im eigenen Namen (s. dazu Rn. 1324), sondern gem. §§ 464b StPO, 103 ff. ZPO im Namen seiner Partei betrieben hat. Dann kann der Gegner der Partei mit allen Gegenansprüchen aufrechnen (vgl. KGR Berlin 2003, 245; 2004, 556; 2009, 516; OLG Düsseldorf, Rpfleger 1997, 483; 05.10.2006 – I-10 W 82/06, JurionRS 2006, 33893). Weil hierdurch auch der Forderungsübergang auf die Staatskasse gem. § 59 ggf. vereitelt wird, wird die Auffassung vertreten, dass die Staatskasse dem Vergütungsanspruch des beigeordneten Anwalts den Arglisteinwand entgegenhalten kann und deshalb die Zahlung der PKH-Vergütung wegen treuwidrigem Verhalten verweigert oder gegen deren Festsetzung Rechtsmittel einlegt (OLG München, AGS 1998, 11 = NJW-RR 1997, 1356 = MDR 1997, 786 = AnwBl. 1998, 54; OLG Saarbrücken, JurBüro 1993,

302; LG Braunschweig, Nds.Rpfl. 2000, 313; **a.A.** OLG Hamm, AGS 2002, 18; FG Rheinland-Pfalz, StB 1997, 357; vgl. hierzu auch KGR Berlin 2009, 516).

3. Mehrere beigeordnete Rechtsanwälte

Ist **mehreren Neben- oder Privatklägern jeweils ein eigener Rechtsanwalt** im Wege der PKH beigeordnet worden, erfolgt der Forderungsübergang für jede aus der Staatskasse gezahlte Anwaltsvergütung, sofern jedem der Neben- oder Privatkläger ein Erstattungsanspruch hinsichtlich dieser Kosten gegen den unterlegenen Verurteilten zusteht. Der Verurteilte wird den getrennten Erstattungsansprüchen grds. nicht entgegenhalten können, dass die Neben- oder Privatkläger verpflichtet waren, einen gemeinsamen Rechtsanwalt zu beauftragen (BVerfG, NJW 1990, 2124 = BVerfGE 81, 387; für Zivilsache BGH, AGS 2009, 306 = RVGreport 2009, 153). Eine **Ausnahme** gilt nur dann, wenn die Beauftragung jeweils eines eigenen Anwalts durch die Privat- oder Nebenkläger wegen Verletzung der Verpflichtung zur kostensparenden Prozessführung als rechtsmissbräuchlich anzusehen ist (BGH, NJW 2007, 2257 = AGS 2007, 541 = RVGreport 2007, 309; NJW-RR 2004, 536 = AGS 2004, 188 = RVGreport 2004, 188).

1328

Werden dem Privat- oder Nebenkläger im Laufe des Verfahrens mehrere Anwälte beigeordnet (**Anwaltswechsel**), geht nur die an einen Anwalt aus der Staatskasse gezahlte Vergütung auf diese über, wenn der Verurteilte nur die Kosten eines Rechtsanwalts erstatten muss (vgl. § 464a Abs. 2 Nr. 2 StPO, § 91 Abs. 2 Satz 2 ZPO).

1329

4. Zahlung durch die PKH-Partei

Hat die PKH-Partei bei PKH mit Zahlungsbestimmung oder nach Aufhebung der PKH (§ 124 ZPO) Zahlungen an die Staatskasse geleistet, die auf die PKH-Vergütung zu verrechnen sind, kann insoweit kein Forderungsübergang mehr erfolgen bzw. erlischt der auf die Staatskasse übergegangene Anspruch.

1330

5. Geltendmachung gegen die vom beigeordneten Rechtsanwalt vertretene Partei

Steht dem Rechtsanwalt wegen seiner Vergütung kein Anspruch gegen den erstattungspflichtigen Gegner (§ 126 ZPO, Rn. 1324), sondern nur ein Anspruch gegen seine Partei zu und ist dieser **PKH ohne Zahlungsbestimmung** bewilligt, kann die Staatskasse den Übergangsanspruch wegen §§ 379 Abs. 3, 397a Abs. 2, 406g Abs. 3 Nr. 2 StPO, § 122 Abs. 1 Nr. 1 Buchst. b) ZPO nicht geltend machen. Eine Geltendmachung ist nur möglich, wenn die PKH gem. § 124 ZPO **aufgehoben** worden ist. Ist **PKH mit Zahlungsbestimmungen** bewilligt worden, kann der übergegangene Anspruch von der Staatskasse im Umfang der festgesetzten Zahlungen eingezogen werden (wegen §§ 379 Abs. 3, 397a Abs. 2, 406g Abs. 3 Nr. 2 StPO, § 122 Abs. 1 Nr. 1 Buchst. b) ZPO).

1331

V. Übergang darf Rechtsanwalt nicht benachteiligen

Nach § 59 Abs. 1 Satz 2 darf der Übergang des Anspruchs des Rechtsanwalts auf die Staatskasse nicht zum Nachteil des Rechtsanwalts geltend gemacht werden. Das bedeutet, dass die **Staatskasse** ihre **Rechte** aus dem Anspruchsübergang erst dann **geltend machen** kann, wenn

1332

A. Vergütungs-ABC

B. Kommentar

Übergang von Ansprüchen auf die Staatskasse (§ 59)

der **Rechtsanwalt** wegen seiner Vergütung **voll befriedigt** ist. Das ist erst der Fall, wenn er seine Wahlanwaltsvergütung erhalten hat. Steht dem Rechtsanwalt daher wegen seiner Vergütung gem. § 126 Abs. 1 ZPO ein Anspruch gegen den erstattungspflichtigen Gegner zu, darf die Staatskasse den Anspruchsübergang erst geltend machen, wenn der Rechtsanwalt seine Vergütung aus diesem Anspruch voll gedeckt hat. Zahlungen der Staatskasse darf der Rechtsanwalt zunächst auf die Kosten verrechnen, für die der erstattungspflichtige Gegner/Verurteilte nicht haftet (OLG Brandenburg, JurBüro 2007, 259).

Beispiel zur Ermittlung des Übergangsanspruchs:

Nach Eingang der Anklageschrift wird Rechtsanwalt R dem Nebenkläger im Wege der PKH beigeordnet. R nimmt am Hauptverhandlungstermin vor dem LG teil. Der Angeklagte wird verurteilt und zur Erstattung der notwendigen Auslagen des Nebenklägers verpflichtet.

R erhält folgende Vergütung aus der Staatskasse:

Grundgebühr, Nr. 4100 VV	*132,00 €*
Verfahrensgebühr, Nr. 4112 VV	*124,00 €*
Terminsgebühr, Nr. 4114 VV	*216,00 €*
Postentgeltpauschale	*20,00 €*
Anwaltsvergütung netto	**492,00 €**

Die Wahlanwaltsgebühren von R betragen (Mittelgebühren):

Grundgebühr, Nr. 4100 VV	*165,00 €*
Verfahrensgebühr, Nr. 4112 VV	*155,00 €*
Terminsgebühr, Nr. 4114 VV	*270,00 €*
Postentgeltpauschale	*20,00 €*
Anwaltsvergütung netto	**610,00 €**

Die Wahlanwaltsvergütung i.H.v. 725,90 € brutto kann R gem. § 126 Abs. 1 ZPO im eigenen Namen geltend machen. Er darf allerdings insgesamt nicht mehr erhalten als diese Wahlanwaltsvergütung.

R hat aus der Staatskasse bereits einen Betrag von 585,48 € brutto erhalten.

Von dem Erstattungsbetrag i.H.v.	*netto 610,00 €*
ist daher die PKH-Vergütung abzuziehen:	*netto 492,00 €*
R steht daher noch ein Betrag i.H.v. zu	*netto 118,00 €*

Dieser Betrag ist gegen den Verurteilten gem. § 464b StPO, §§ 103, 104, 126 Abs. 1 ZPO festzusetzen (KG, StRR 2007, 119; OLG Hamburg, AnwBl. 1975, 404 = Rpfleger 1975, 320; LG Itzehoe, AGS 2008, 233; vgl. Rn. 1324).

Der restliche Erstattungsbetrag i.H.v. netto 492,00 € geht gem. § 59 auf die Staatskasse über. Hat die Staatskasse noch nicht gezahlt, kann die volle Wahlanwaltsvergütung gegen den erstattungspflichtigen Verurteilten gem. § 126 ZPO festgesetzt werden. Nach § 53 Abs. 2 entfällt der Erstattungsanspruch gegen den Verurteilten nur insoweit, als die Staatskasse Gebühren gezahlt hat (s. dazu ausführlich § 53 Rn. 32 f.; KG, a.a.O.; LG Itzehoe, a.a.O.; a.A. OLG München, KostRsp. StPO § 471 [B] Nr. 88).

Übergang von Ansprüchen auf die Staatskasse (§ 59)

VI. Einziehung des übergegangen Anspruchs

Der für die Festsetzung der aus der Staatskasse zu gewährenden Vergütung zuständige **Urkundsbeamte** der Geschäftsstelle hat zu **prüfen** und zu **überwachen**, ob die aus der Staatskasse gewährte Vergütung von der Partei oder einem erstattungspflichtigen Gegner nach § 59 wieder eingefordert werden kann. Die Feststellung des Übergangsanspruchs auf die Staatskasse erfolgt dann im Rahmen des vom Rechtspfleger durchzuführenden Kostenfestsetzungsverfahrens. Es wird insoweit auf Nr. 2.3 und Nr. 2.4 der bundeseinheitlichen Bestimmungen über die Festsetzung der aus der Staatskasse zu gewährenden Vergütung der Rechtsanwälte (in NRW AV d. JM v. 30.06.2005 [5650 – Z. 20] – JMBl. NRW, S. 191 – i.d.F. v. 13.08.2009 – Festsetzung der aus der Staatskasse zu gewährenden Vergütung der Rechtsanwältinnen und Rechtsanwälte) verwiesen. Für die **Geltendmachung** des auf die Staatskasse übergegangenen Anspruchs gelten nach § 59 Abs. 2 die Vorschriften über die Einziehung der Kosten des gerichtlichen Verfahrens entsprechend. Die Geltendmachung erfolgt im Bereich der ordentlichen Gerichtsbarkeit nach der JBeitrO (vgl. AnwKomm-RVG/Schnapp, § 59 Rn. 33). Diese Beträge sind aber keine Gerichtskosten i.S.v. § 19 GKG und deshalb in der Gerichtskostenrechnung gesondert aufzuführen (OLG Düsseldorf, 17.02.2011 - II-10 WF 32/10, JurionRS 2011, 15686). 1333

Einwendungen des jeweiligen Kostenschuldners gegen den **Ansatz des Übergangsanspruchs** sind im Wege der Erinnerung gegen die Kostenrechnung bzw. im Beschwerdeverfahren gem. § 66 GKG vorzubringen (vgl. AnwKomm-RVG/Schnapp, § 59 Rn. 37 f.; s. auch Teil A: Gerichtskosten, Rn. 787 ff.). 1334

VII. Verhältnis zu Nr. 9007 KV GKG

Nach Nr. 9007 KV GKG schuldet der Verurteilte der Staatskasse die an Rechtsanwälte zu zahlenden Beträge mit Ausnahme der nach § 59 auf die Staatskasse übergegangenen Ansprüche. Da nach § 59 ein Anspruchsübergang auf die Staatskasse nur dann stattfindet, wenn ein Rechtsanwalt im Wege der PKH beigeordnet worden ist, gehören die aus der Staatskasse sonst an beigeordnete oder bestellte Rechtsanwälte gezahlten Beträge zu den nach Nr. 9007 KV GKG in der **Gerichtskostenrechnung** anzusetzenden Beträgen. 1335

Unter Nr. 9007 KV GKG fallen daher die **Pflichtverteidigervergütung** und die an den gem. § 68b Abs. 2 StPO beigeordneten **Zeugenbeistand** aus der Staatskasse gezahlte Vergütung (OLG Düsseldorf, 06.11.2009 – III-1Ws 562/09, JurionRS 2009, 36147). Diese Vergütung gehört zu den Verfahrenskosten i.S.v. § 464a Abs. 1 StPO (OLG Düsseldorf, a.a.O.).

Nicht unter Nr. 9007 KVGKG fällt aber die an den im Wege der PKH beigeordneten Nebenkläger-Vertreter oder Vertreter des Privatklägers gezahlte Vergütung; diese ist ggf. nach § 59 wieder einzuziehen (vgl. Oestreich/Hellstab/Trenkle, GKG a.F., Nr. 9007 Rn. 6 KV GKG). Diese Beträge werden durch den Anspruchsübergang auf die Staatskasse nicht zu Gerichtskosten i.S.v. § 19 GKG gezählt und sind deshalb in der Gerichtskostenrechnung gesondert aufzuführen (OLG Düsseldorf, 17.02.2011 - II-10 WF 32/10, JurionRS 2011, 15686).

Zur Anwendung von Nr. 9007 KV GKG für die Anwaltsvergütung, die an den dem Nebenkläger gem. §§ 397a Abs. 1, 406g StPO **bestellten Beistand** gezahlt worden ist s. auch Teil A: Gerichts-

Übergangsvorschriften (§§ 60 f.)

kosten, Rn. 771 ff. sowie die Komm. bei Oestreich/Hellstab/Trenkle, GKG a.F., Nr. 9007 Rn. 6 KV GKG; Lappe, Rpfleger 2003, 116.

Siehe auch im Teil A: → Gerichtskosten, Rn. 713 ff.; → Rechtsmittel gegen die Vergütungsfestsetzung (§§ 56, 33), Rn. 1115 ff.; → Umfang des Vergütungsanspruchs (§ 48 Abs. 1), Rn. 1382 ff.; → Vergütungsanspruch gegen die Staatskasse, Rn. 1469 ff.

Übergangsvorschriften (§§ 60 f.)

§ 60 RVG   Übergangsvorschrift

(1) [1]Die Vergütung ist nach bisherigem Recht zu berechnen, wenn der unbedingte Auftrag zur Erledigung derselben Angelegenheit im Sinne des § 15 vor dem In-Kraft-Treten einer Gesetzesänderung erteilt oder der Rechtsanwalt vor diesem Zeitpunkt gerichtlich bestellt oder beigeordnet worden ist. [2]Ist der Rechtsanwalt im Zeitpunkt des In-Kraft-Tretens einer Gesetzesänderung in derselben Angelegenheit und, wenn ein gerichtliches Verfahren anhängig ist, in demselben Rechtszug bereits tätig, ist die Vergütung für das Verfahren über ein Rechtsmittel, das nach diesem Zeitpunkt eingelegt worden ist, nach neuem Recht zu berechnen. [3]Die Sätze 1 und 2 gelten auch, wenn Vorschriften geändert werden, auf die dieses Gesetz verweist.

(2) Sind Gebühren nach dem zusammengerechneten Wert mehrerer Gegenstände zu bemessen, gilt für die gesamte Vergütung das bisherige Recht auch dann, wenn dies nach Absatz 1 nur für einen der Gegenstände gelten würde.

§ 61 RVG   Übergangsvorschrift aus Anlass des In-Kraft-Tretens dieses Gesetzes

(1) [1]Die Bundesgebührenordnung für Rechtsanwälte in der im Bundesgesetzblatt Teil III, Gliederungsnummer 368-1, veröffentlichten bereinigten Fassung, zuletzt geändert durch Artikel 2 Abs. 6 des Gesetzes vom 12. März 2004 (BGBl. I S. 390), und Verweisungen hierauf sind weiter anzuwenden, wenn der unbedingte Auftrag zur Erledigung derselben Angelegenheit im Sinne des § 15 vor dem 1. Juli 2004 erteilt oder der Rechtsanwalt vor diesem Zeitpunkt gerichtlich bestellt oder beigeordnet worden ist. [2]Ist der Rechtsanwalt am 1. Juli 2004 in derselben Angelegenheit und, wenn ein gerichtliches Verfahren anhängig ist, in demselben Rechtszug bereits tätig, gilt für das Verfahren über ein Rechtsmittel, das nach diesem Zeitpunkt eingelegt worden ist, dieses Gesetz. [3]§ 60 Abs. 2 ist entsprechend anzuwenden.

(2) Auf die Vereinbarung der Vergütung sind die Vorschriften dieses Gesetzes auch dann anzuwenden, wenn nach Absatz 1 die Vorschriften der Bundesgebührenordnung für Rechtsanwälte weiterhin anzuwenden und die Willenserklärungen beider Parteien nach dem 1. Juli 2004 abgegeben worden sind.

Übersicht

		Rn.
A.	Überblick	1336
	I. Regelungsgehalt von § 60	1336
	II. Regelungsgehalt von § 61	1337
	1. Allgemeines	1337

| A. Vergütungs-ABC | B. Kommentar |

Übergangsvorschriften (§§ 60 f.)

		2. Anwendungsbereich	1338
		3. Vergütungsvereinbarung	1339
B.	**Anmerkungen**		1340
	I.	Anknüpfungspunkte (§ 60 Abs. 1 Satz 1)	1340
		1. Unbedingte Auftragserteilung als Anknüpfungspunkt	1340
		2. Bedingter Auftrag bei PKH	1342
		3. Beiordnung/Bestellung als Anknüpfungspunkt	1343
		a) Verhältnis zum Auftrag	1343
		b) Pflichtverteidiger	1344
		c) Beistand des Nebenklägers gem. §§ 397a Abs. 1, 406g Abs. 3 Nr. 1 StPO	1346
		d) Nebenklägervertreter gem. §§ 397a Abs. 2, 406g Abs. 3 Nr. 2 StPO (PKH)	1347
		e) Zeugenbeistand gem. § 68b StPO	1349
		f) Beratungshilfe	1350
	II.	Dieselbe Angelegenheit	1351
		1. Begriff der Angelegenheit	1351
		2. Vorbereitendes und gerichtliches Verfahren	1353
	III.	Tätigkeiten vor der Beiordnung/Bestellung (48 Abs. 5 Satz 1, 2)	1354
		1. Allgemeines	1354
		2. Grundgebühr bei vorheriger BRAGO-Tätigkeit	1356
	IV.	Mehrere Auftraggeber/Hinzutreten weiterer Auftraggeber	1357
	V.	Pauschgebühr	1358
	VI.	Freispruch	1359
	VII.	Rechtsmittelverfahren (§§ 60 Abs. 1 Satz 2, § 61 Abs. 1 Satz 2)	1360
		1. Erstmalige Beauftragung für Rechtsmittelverfahren	1361
		2. Rechtsanwalt war bereits in der Vorinstanz tätig	1362
		3. Rechtsanwalt des Rechtsmittelgegners	1363
		4. Besonderheit bei Gebühren nach den Teilen 4 bis 6 VV	1364
		5. Pflichtverteidiger	1365
	VIII.	Sich selbst vertretender Rechtsanwalt	1366
	IX.	Verbindung	1368
	X.	Verteidiger- oder Anwaltswechsel	1369
	XI.	Zurückverweisung	1370
	XII.	Umsatzsteuersatz, Änderung	1372
C.	**Arbeitshilfen**		1373
	I.	Rechtsprechungsübersicht: Bestellung zum Pflichtverteidiger, maßgebender Zeitpunkt	1373
	II.	Rechtsprechungsübersicht: Beiordnung, maßgebender Zeitpunkt	1374
	III.	Rechtsprechungsübersicht: Freispruch (notwendige Auslagen)	1375
	IV.	Rechtsprechungsübersicht: Grundgebühr (§ 48 Abs. 5)	1376
	V.	Rechtsprechungsübersicht: Nebenklägerbeistand, Bestellung (§ 397a Abs. 1, § 406g Abs. 3 Nr. 1 StPO)	1377
	VI.	Rechtsprechungsübersicht: Nebenklägervertreter, Beiordnung im Wege der PKH (§ 397a Abs. 2, § 406g Abs. 3 Nr. 2 StPO)	1378
	VII.	Rechtsprechungsübersicht: Pflichtverteidiger	1379
	VIII.	Rechtsprechungsübersicht: Zeugenbeistand	1380
	IX.	Rechtsprechungsübersicht: Zurückverweisung	1381

Literatur:

Burhoff, Abrechnung von Strafverfahren nach dem RVG – erste Erfahrungen, aktuelle Fragen und Brennpunkte, StV 2006, 207; *Enders*, Zurückverweisung in Übergangsfällen, JurBüro 2005, 24; *Hansens*, Anhebung der Umsatzsteuer zum 1.1.2007, ZAP, Fach 20, S. 491; *ders.*, Umsatzsteuerberechnung ab 1. Januar 2007, RVGreport 2007, 41; *ders.*, BRAGO oder RVG? – Die Übergangsregelungen zum RVG, RVGreport 2004, 10; *ders.*, Auftrag für das Prozesskostenhilfeprüfungsverfahren vor und Klageauftrag nach dem Stichtag, RVGreport 2005, 403; *Jungbauer*, Anwaltsvergütung nach BRAGO oder RVG bei Pflichtverteidigung, JurBüro 2005, 32; *Kotz*, Aus der Rechtsprechung zu den Verfahrenskosten und notwendigen Auslagen in Strafsachen und zur Vergütung des in Straf- und Bußgeldsachen tätigen Rechtsanwalts – 2004/2005, NStZ-RR 2006, 129; *Mayer*, Die Übergangsvorschriften im neuen RVG, RVG-Letter 2004, 64; *Müller-Rabe*, Übergangsrecht nach § 61 RVG in Zivilsachen, NJW 2005, 1609; *Onderka*, Welche Auswirkungen hat die Umsatzsteuererhöhung zum 01.01.2007, RVGprofessionell 2007, 193; *Schneider*, Anfall der RVG-Grundgebühr trotz Einarbeitung nach BRAGO, AGS 2005, 70; *ders.*, Anfall der Grundgebühr bei vorheriger BRAGO-Tätigkeit, RVGreport 2005, 89; *ders.*, Die Übergangsvorschriften nach dem RVG, AnwBl. 2004, 221; *ders.*, Übergangsrecht, AGS 2005, 221; *ders.*, Die Anrechnung in Übergangsfällen, RENOpraxis 2005,

Übergangsvorschriften (§§ 60 f.)

118; *ders.*, Umsatzsteuererhöhung zum 1.1.2007, ZFE 2007, 70; *ders.*, Fälle der Umsatzsteuer in Übergangsfällen, AGS 2007, 110; *Schons*, Erstattung der Strafverteidigerkosten nach BRAGO oder RVG, AGS 2005, 447; *Volpert*, Die Auswirkungen der Übergangsregelung in § 61 RVG auf die Vergütungsberechnung in Straf- und Bußgeldsachen, RVGreport 2004, 296; *Xanke*, BRAGO oder RVG – Die Überleitungsvorschriften im Gesamtüberblick, JurBüro 2004, 410; *Zorn*, Mehrwertsteuererhöhung zum 1.1.2007 – Vorbeugung gegen Haftung und steuerliche Nachforderungen!, VRR 2006, 289.

A. Überblick

I. Regelungsgehalt von § 60

1336   Das RVG enthält in Abschnitt 9 mit den §§ 60 und 61 **zwei Übergangsvorschriften.**

§ 60 gilt nicht für die Übergangsfälle, die aufgrund des Inkrafttretens des RVG am 01.07.2004 entstanden sind, sondern für **Übergangsfälle** durch **Änderungen des RVG**. Die Frage, welche Fassung des RVG anzuwenden ist, richtet sich somit nach § 60. So werden z.B. die Änderungen des RVG durch das „Opferrechtsreformgesetz" v. 24.06.2004 (BGBl. I, S. 1354) – Einführung einer zusätzlichen Gebühr Nr. 4145 VV in Strafsachen –, durch die am 01.01.2005 bzw. 01.01.2007 in Kraft getretenen beiden „Justizmodernisierungsgesetze", durch die am 01.07.2006 erfolgte Neuregelung der Vergütung des Rechtsanwalts für die außergerichtliche Beratung (Wegfall der gesetzlichen Gebühren nach Nrn. 2100 bis 2103 VV a.F., Vergütungsvereinbarung nach § 34 n.F.) und durch das 2. Opferrechtsreformgesetz v. 29.07.2009 (BGBl. I, S. 2280) – Einfügung von § 53 Abs. 3 RVG –, von § 60 erfasst.

Darüber hinaus kann sich die Anwendbarkeit neuer Bestimmungen des RVG aber auch nach anderen gesetzlichen Bestimmungen richten. So ist z.B. am 28.10.2010 das „Gesetz zur Umsetzung des Rahmenbeschlusses 2005/214/JI des Rates vom 24.02.2005 über die Anwendung des Grundsatzes der gegenseitigen Anerkennung von Geldstrafen und Geldbußen" (**Europäisches Geldsanktionengesetz**; BGBl. I, S. 1408) in Kraft getreten. Für die Tätigkeit in dem dadurch eingeführten Bewilligungsverfahren vor dem Bundesamt für Justiz ist die Verfahrensgebühr Nr. 6100 VV vorgesehen; die bisherigen Nrn. 6100 und 6101 VV werden zu Nr. 6101 und 6102 VV (s. Vorbem. 6.1.1 VV und Nr. 6100 VV Rn. 1 ff.). Die Anwendbarkeit von Nr. 6100 VV n.F. ist dann nur möglich, wenn ein Bewilligungsverfahren vor dem Bundesamt anhängig ist; auf den Zeitpunkt der Bestellung/Beauftragung kann es insoweit dann nicht ankommen. Nach § 89 IRG ist das Bewilligungsverfahren durchzuführen, wenn die Geldsanktionen in den Fällen des § 87 Abs. 2 Nr. 1 und 4 IRG nach dem 27.10.2010 rechtskräftig geworden sind bzw. wenn in den Fällen des § 87g Abs. 2 Nr. 2 und 3 IRG die nicht gerichtliche Entscheidung über die Geldsanktion nach dem 27.10.2010 ergangen ist. Ausländische behördliche Entscheidungen dürfen somit nur vollstreckt werden, wenn sie nach dem 27.10.2010 erlassen, bzw. – bei gerichtlichen Entscheidungen – nach diesem Zeitpunkt rechtskräftig wurden.

Das gilt entsprechend für die mit Wirkung v. 01.01.2011 (BGBl. I, S. 2300) eingeführten neuen Vergütungsregelungen in § 62, 20 ThUG für Verfahren nach dem **Therapieunterbringungsgesetz** (ThUG; s. Teil A: Sicherungsverwahrung/Therapieunterbringung, Rn. 1211 ff.).

Übergangsvorschriften (§§ 60 f.)

II. Regelungsgehalt von § 61

1. Allgemeines

Soweit noch Übergangsfälle BRAGO/RVG (Stichtag 01.07.2004) in der Praxis auftreten, ist für den **Wechsel** von der **BRAGO** zum **RVG** dagegen § 61 einschlägig. Geregelt wird darin, in welchen Fällen die Vergütungsberechnung noch nach den Bestimmungen der BRAGO und in welchen Fällen sie nach den Bestimmungen des RVG vorzunehmen ist. Im Gegensatz zur Übergangsvorschrift des § 60, die für **Übergangsfälle** bei Änderungen des RVG Anwendung findet, gilt § 61 daher nur für die Übergangsfälle aufgrund des **Inkrafttretens** des **RVG** (OLG Brandenburg, NStZ-RR 2005, 253 = JurBüro 2005, 419 = Rpfleger 2005, 565).

1337

2. Anwendungsbereich

§ 61 beschränkt sich dabei nicht auf die Berechnung der Vergütung, sondern grenzt zwischen der Anwendung der BRAGO und des RVG ab (vgl. BT-Drucks. 15/1971, S. 204). § 61 bestimmt daher nicht nur, ob **Vergütungs- und Auslagentatbestände** der BRAGO oder des RVG gelten, sondern auch, ob dem **Verfahren zur Festsetzung der Anwaltsvergütung** die Bestimmungen der BRAGO (vgl. §§ 19, 128 BRAGO) oder des RVG (vgl. §§ 11, 55) zugrunde zu legen sind (OLG Jena, JurBüro 2006, 367; NStZ-RR 2006, 224 = JurBüro 2006, 368; JurBüro 2006, 536; OLG Koblenz, NStZ-RR 2005, 391 = RVGreport 2005, 60; Schneider, in: Hansens/Braun/Schneider, Teil 19, Rn. 103; Volpert, RVGreport 2005, 201). Daher richten sich auch die **Verfahrensvorschriften** für das **Rechtsmittelverfahren** gegen eine Vergütungsfestsetzung (vgl. z.B. §§ 56, 33) danach, ob es um eine BRAGO- oder eine RVG-Vergütung geht (OLG Jena, JurBüro 2006, 367; OLG Saarbrücken, RVGreport 2005, 67; Schneider, in: Hansens/Braun/Schneider, Teil 19, Rn. 103; Müller-Rabe, NJW 2005, 1609; Hansens, RVGreport 2004, 415 und 2005, 403; a.A. KG, AGS 2010, 295 = JurBüro 2010, 364 = NStZ-RR 2010, 192 = RVGreport 2010, 339; JurBüro 2010, 363; OLG Hamm, NStZ-RR 2005, 390 = RVGreport 2005, 221; OLG Koblenz, RVGreport 2004, 432 = AnwBl. 2005, 76 = JurBüro 2004, 593). Aus § 61 Abs. 1 Satz 2 ergibt sich nichts anderes, da dort lediglich die Vergütung des Rechtsanwalts in einem Rechtsmittelverfahren geregelt wird (vgl. hierzu auch die Übersicht von Hansens, RVGreport 2010, 340).

1338

3. Vergütungsvereinbarung

§ 61 Abs. 2 enthält eine **eigene Übergangsregelung für Vergütungsvereinbarungen** anlässlich des Inkrafttretens des RVG. Danach sollen die Regelungen über die Gebührenvereinbarung (vgl. § 4 a.F., jetzt § 3a) auch dann Anwendung finden, wenn zwar der Auftrag i.S.d. § 61 Abs. 1 vor dem 01.07.2004 erteilt worden ist und damit eigentlich die BRAGO Anwendung finden würde, die **Willenserklärungen** des Rechtsanwalts und seines Mandanten zum Abschluss einer Vergütungsvereinbarung jedoch **nach dem 01.07.2004** abgegeben werden. Maßgebend ist damit die letzte zum Vertragsschluss führende Willenserklärung (Schneider, in: Hansens/Braun/Schneider, Teil 20, Rn. 109; zum Streit über die Anwendbarkeit der Neuregelung in den §§ 3a ff. vgl. Teil A: Vergütungsvereinbarung [§ 3a], Rn. 1520).

1339

Übergangsvorschriften (§§ 60 f.)

B. Anmerkungen

I. Anknüpfungspunkte (§ 60 Abs. 1 Satz 1)

1. Unbedingte Auftragserteilung als Anknüpfungspunkt

1340 Nach § 60 Abs. 1 Satz 1 ergibt sich die anzuwendende Fassung des RVG grds. daraus, ob dem Rechtsanwalt **der unbedingte Auftrag** zur Erledigung derselben Angelegenheit **vor** oder nach dem **Inkrafttreten einer Gesetzesänderung** (Stichtag) erteilt worden ist. Auf den Zeitpunkt des Inkrafttretens des Gesetzes wird damit nicht unmittelbar abgestellt, sondern auf den Zeitpunkt der Auftragserteilung (Gerold/Schmidt/Mayer, § 60 Rn. 2).

1341 Eine unbedingte Auftragserteilung i.S.v. § 60 Abs. 1 Satz 1 liegt erst vor, wenn der Auftrag vom Rechtsanwalt angenommen bzw. das Mandat von ihm übernommen worden ist. Es kommt also auf den Zeitpunkt der **Auftragsannahme** durch den Rechtsanwalt, nicht auf den Zeitpunkt der **Erteilung des Auftrags** durch den Mandanten an (OLG Saarbrücken, JurBüro 1996, 190; Anw-Komm-RVG/N. Schneider, § 61 Rn. 5). Ist der Auftrag bedingt, so ist auf den Zeitpunkt abzustellen, an dem die Bedingung eintritt (KG, RVGreport 2005, 380; Schneider, in: Hansens/Braun/Schneider, Teil 20, Rn. 38; Hansens, RVGreport 2004, 10 und 2005, 403; a.A. OLG Hamburg, RVGreport 2005, 381 = AGS 2005, 397).

> **Hinweis:**
>
> Der **Zeitpunkt** der Erteilung der **Vollmacht** ist nicht maßgebend (OLG Saarbrücken, JurBüro 1996, 190). Das Datum der Ausstellung der Vollmacht kann allenfalls ein **Indiz** für den Zeitpunkt der Auftragserteilung sein (AnwKomm-RVG/N. Schneider, § 61 Rn. 5).

Beispiel:

Wird der Rechtsanwalt vom Verletzten mit der Vertretung im Strafverfahren einschließlich des Adhäsionsverfahrens (vgl. Nr. 4143 VV) und der Durchführung der Zwangsvollstreckung aus dem Urteil, durch das dem Antrag im Adhäsionsverfahren stattgegeben wird, beauftragt, so wird der Zwangsvollstreckungsauftrag erst mit dem Erlass des Vollstreckungstitels im Adhäsionsverfahren wirksam. Bis zu diesem Zeitpunkt liegt lediglich ein bedingter Zwangsvollstreckungsauftrag vor (Schneider, in: Hansens/Braun/Schneider, Teil 20, Rn. 125).

Die Vergütung für die Vertretung im Straf- und im Adhäsionsverfahren ist daher nach altem Recht und die Vergütung für die Zwangsvollstreckung nach neuem Recht abzurechnen (vgl. Vorbem. 4 Abs. 5 Nr. 2, Nrn. 3309, 3310 VV), wenn der Vollstreckungstitel erst nach dem Stichtag erlassen wird (Hansens, RVGreport 2004, 10, 12).

2. Bedingter Auftrag bei PKH

1342 Ist der Auftrag zur Vertretung im gerichtlichen Verfahren von der **Bewilligung** von **PKH abhängig** gemacht worden, wird der Auftrag erst mit der Bewilligung der PKH nebst Beiordnung wirksam. Es existieren damit **zwei verschiedene Auftragszeitpunkte**, der Zeitpunkt der unbedingten Auftragserteilung für das PKH-Bewilligungsverfahren und der Zeitpunkt, an dem der bedingte

Übergangsvorschriften (§§ 60 f.)

Auftrag für das gerichtliche Verfahren durch die PKH-Bewilligung zu einem unbedingten Auftrag geworden ist. Es ist umstritten, welcher Zeitpunkt maßgebend ist.

- Nach **zutreffender Auffassung** kommt es darauf an, **wann** der zunächst **bedingte Auftrag** zur Prozessführung durch die Bewilligung von PKH zu einem **unbedingten Auftrag geworden** ist. Liegen die Beiordnung und damit auch der unbedingte Auftrag nach dem Stichtag, gilt neues Recht. Es kommt somit nur auf den Auftrag für die Hauptsache an (KG, AGS 2006, 79 = RVGreport 2006, 25 = MDR 2006, 477; OLG Düsseldorf, JurBüro 1988, 1681; Hansens, RVGreport 2005, 403; Müller-Rabe, NJW 2005, 1609; Gerold/Schmidt/Mayer, § 60 Rn. 55; Volpert, RVGreport 2005, 201). Bei dem Auftrag für das Verfahren handelt es sich um einen selbstständigen, durch die Beiordnung bedingten Auftrag, während der unbedingte Auftrag für das PKH-Bewilligungsverfahren durch die Bewilligung erledigt worden ist. Da der Prozessauftrag und der Auftrag für das PKH-Bewilligungsverfahren unterschiedliche Gebühren auslösen (vgl. aber § 16 Nr. 2), ist für die Gebühren des Prozessverfahrens der insoweit erteilte Auftrag maßgebend.

- Nach a.A. (KG, AGS 2005, 559; OLG Koblenz, RVGreport 2006, 100 = AGS 2006, 183 = JurBüro 2006, 198; OLG Köln, AGS 2005, 448; LG Berlin, AGS 2005, 403; RVGreport 2005, 188; Schneider, in: Hansens/Braun/Schneider, Teil 20, Rn. 73 ff.; AnwKomm-RVG/N. Schneider, § 61 Rn. 81 ff.) gilt **altes Recht**, wenn der **unbedingte Auftrag** für das PKH-Bewilligungsverfahren **vor dem Inkrafttreten** einer Gesetzesänderung erteilt worden ist, weil das PKH-Bewilligungsverfahren und das Hauptsacheverfahren nach §§ 37 Nr. 3 BRAGO bzw. 16 Nr. 2 dieselbe Angelegenheit bilden und der unbedingte Auftrag in derselben Angelegenheit damit vor dem 01.07.2004 erteilt worden ist (zur Kritik vgl. Müller-Rabe, NJW 2005, 1609; Hansens, RVGreport 2005, 403; Volpert, RVGreport 2005, 201).

Beispiel:

Der Rechtsanwalt erhält vor dem Stichtag den Auftrag zur Erhebung der Privatklage. Der Auftrag wird von der Bewilligung der PKH abhängig gemacht. Nach dem Stichtag wird der Rechtsanwalt dem Privatkläger im Wege der PKH beigeordnet.

Der Rechtsanwalt erhält seine Vergütung nach neuem Recht, weil ein unbedingter Auftrag zur Prozessführung erst nach dem Stichtag vorlag.

3. Beiordnung/Bestellung als Anknüpfungspunkt

a) Verhältnis zum Auftrag

Der Zeitpunkt der **unbedingten Auftragserteilung** und der **Beiordnung** z.B. im Wege der PKH bzw. der Zeitpunkt der gerichtlichen **Bestellung** stehen als **gleichberechtigte Anknüpfungspunkte** nebeneinander (Hansens, RVGreport 2004, 10, 14). Über die Anwendung alten oder neuen Rechts entscheidet grds. der **zeitlich früher erfüllte Tatbestand** (vgl. BT-Drucks. 15/1971, S. 203, 204; Schneider, in: Hansens/Braun/Schneider, Teil 20, Rn. 42, 72). Häufig wird daher der Zeitpunkt der unbedingten Auftragserteilung maßgebend sein, wenn dieser vor dem Zeitpunkt der Beiordnung oder Bestellung liegt (vgl. hierzu auch Rn. 1342). Zusätzlich ist zu unterscheiden, ob die Bestellung oder Beiordnung daneben noch den Abschluss eines Anwaltsvertrags mit der vertretenen Partei erfordert (vgl. Rn. 1344 ff.).

1343

Übergangsvorschriften (§§ 60 f.)

b) Pflichtverteidiger

1344 Erfolgt die unbedingte Beauftragung als Wahlverteidiger vor dem Stichtag und die Bestellung zum Pflichtverteidiger nach dem Stichtag, liegt hinsichtlich der Pflichtverteidigervergütung kein Zusammentreffen mehrerer Anknüpfungspunkte vor. Für die Pflichtverteidigervergütung **kommt** es nur auf den **Zeitpunkt der Bestellung an**. Ist die Pflichtverteidigerbestellung nach dem Stichtag erfolgt, richtet sich die Pflichtverteidigervergütung daher nach nahezu einhelliger Meinung in Rechtsprechung und Literatur nach neuem Recht (vgl. u.a. BVerfG, AGS 2009, 66 = StRR 2009, 77 = RVGreport 2009, 59; KG, StraFo 2005, 129 = AGS 2005, 66 = RVGreport 2005, 100; OLG Düsseldorf, AGS 2006, 135; OLG Hamm, NStZ-RR 2005, 286 = StraFo 2005, 351 = RVGreport 2005, 261; vgl. auch die Rechtsprechungsübersicht unter Rn. 1373 ff.; AnwKomm-RVG/N. Schneider, § 61 Rn. 19; **a.A. nur** OLG Nürnberg, NStZ-RR 2005, 328 = RVGreport 2005, 304 = RVG-Letter 2005, 91). Die Wahlverteidigervergütung ist allerdings nach der BRAGO abzurechnen. Dies gilt auch dann, wenn das Wahlmandat nicht ausdrücklich niedergelegt wird, weil die Bestellung zum Pflichtverteidiger regelmäßig zum Erlöschen des Wahlmandats führt (BGH, NStZ 1991, 94; BVerwG, NZWehrr 2006, 39; OLG Celle, NStZ-RR 2005, 286 = RVGreport 2005, 277 = RVGprofessionell 2005, 118; OLG Celle, StV 1996, 222; **a.A.** OLG Frankfurt am Main, StV 1995, 597; KG, Rpfleger 1995, 380).

> **Hinweis:**
>
> Auch wenn deshalb gerade in einem länger dauernden Strafverfahren ein Rechtsanwalt noch längere Zeit über den Stichtag hinaus nach altem Recht, der später bestellte Rechtsanwalt aber nach neuem Recht abrechnet, führt die Stichtagsregelung in den Übergangsvorschriften **nicht** zu einer **verfassungswidrigen Ungleichbehandlung** (BVerfG, AGS 2009, 66 = VRR 2009, 3 = StRR 2009, 77 = RVGreport 2009, 59).
>
> Die Pflichtverteidigerbestellung wird mit dem **Erlass des Bestellungsbeschlusses** wirksam, sodass dies der maßgebende Zeitpunkt ist. Der Zeitpunkt der Kenntniserlangung (**Zugang**) durch den Rechtsanwalt ist für die Wirksamkeit ohne Bedeutung (KG, NJW 2005, 3654 = AGS 2005, 554 = RVGreport 2006, 24; OLG Brandenburg, NStZ-RR 2005, 253 = JurBüro 2005, 419 = Rpfleger 2005, 565; OLG Celle, StV 1996, 222 = StraFo 1996, 159; OLG Hamm, NStZ-RR 2005, 286 = StraFo 2005, 351 = RVGreport 2005, 261; **a.A.** Zugang ist maßgebend: LG Lübeck, AGS 2005, 69; AG Berlin-Tiergarten, JurBüro 2005, 362, AnwKomm-RVG/N. Schneider, § 61 Rn. 20).

1345 Im Fall der **stillschweigenden Bestellung** zum Pflichtverteidiger (s. auch Teil A: Vergütungsanspruch gegen die Staatskasse, Rn. 1484 f.) **vor dem Stichtag** richtet sich die Vergütung nach altem Recht, auch wenn die förmliche Bestellung danach erfolgt (KG, AGS 2005, 346 = RVG-Letter 2005, 44; OLG Jena, JurBüro 2006, 367).

> **Hinweis:**
>
> Wird ein Rechtsanwalt vor dem 01.07.2004 als Pflichtverteidiger für das Verfahren und nach dem 01.07.2004 zusätzlich noch für die Revisionshauptverhandlung zum Pflichtverteidiger bestellt (s. auch Teil A: Umfang des Vergütungsanspruchs [§ 48 Abs. 1], Rn. 1397, 1400),

Übergangsvorschriften (§§ 60 f.)

gilt für das vorhergehende Verfahren die BRAGO gleichwohl (vgl. OLG Hamm, NStZ-RR 2006, 32 = AGS 2006, 509 = JurBüro 2006, 138).

c) Beistand des Nebenklägers gem. §§ 397a Abs. 1, 406g Abs. 3 Nr. 1 StPO

Umstritten ist, ob auch bei der Bestellung zum Beistand gem. §§ 397a Abs. 1, 406g Abs. 3 Nr. 1 StPO ein ggf. bestehendes Wahlmandat durch die Bestellung zum Beistand erlischt. Das hätte zur Folge, dass es wie beim Pflichtverteidiger allein auf den Zeitpunkt der Beistandsbestellung ankommt (so u.a. OLG Jena, AGS 2006, 509 = JurBüro 2006, 545; OLG Frankfurt am Main, StraFo 2006, 43; vgl. im Übrigen Rechtsprechungsübersicht unter Rn. 1373 ff.). Zutreffend ist es davon auszugehen, dass ein etwaiges Wahlmandat durch die Bestellung zum Beistand nicht erlischt. Wenn daher die **unbedingte Beauftragung** als Wahlanwalt und Aufnahme der Tätigkeit **vor dem Stichtag** erfolgt ist, richtet sich die Vergütung auch dann nach altem Recht, wenn die Bestellung nach dem Stichtag erfolgt ist (vgl. OLG Hamm, RVGreport 2005, 419 = AGS 2005, 556 = JurBüro 2006, 29; OLG Düsseldorf, 19.08.2005, III – 1 Ws 208/05, www.burhoff.de = AGS 2006, 135; vgl. im Übrigen Rechtsprechungsübersicht unter Rn. 1373 ff.). Etwas anderes gilt, wenn **kein Mandatsverhältnis** besteht und damit auch kein Auftrag zur Vertretung vorliegt. Hier richtet sich die Vergütung allein nach dem Zeitpunkt der Bestellung (KG, AGS 2005, 450 = RVGreport 2005, 262).

1346

d) Nebenklägervertreter gem. §§ 397a Abs. 2, 406g Abs. 3 Nr. 2 StPO (PKH)

Bei dem im Wege der PKH beigeordneten Nebenklägervertreter kommt es grds. auf den Zeitpunkt der unbedingten Erteilung des Prozessauftrags an, es sei denn, die Beiordnung ist zu einem früheren Zeitpunkt erfolgt (AnwKomm-RVG/N. Schneider, § 61 Rn. 16). Bei Erteilung des **unbedingten** Prozessauftrags vor und **Beiordnung im Rahmen der PKH** nach dem Stichtag ist die Vergütung nach altem Recht zu berechnen, weil der Zeitpunkt ausschlaggebend ist, an dem erstmals einer der in § 60 Abs. 1 Satz 1 aufgeführten Tatbestände erfüllt ist (KG, AGS 2005, 450 = RVGreport 2005, 262; OLG Brandenburg, NStZ-RR 2005, 253 = JurBüro 2005, 419 = Rpfleger 2005, 565; OLG Oldenburg, JurBüro 1996, 472; AnwKomm-RVG/N. Schneider, § 61 Rn. 16; vgl. im Übrigen Rechtsprechungsübersicht unter Rn. 1373 ff.). Das Mandatsverhältnis erlischt durch die Beiordnung somit nicht.

1347

Beispiel:

Der Rechtsanwalt erhält vor dem Stichtag den unbedingten Auftrag zur Vertretung des Nebenklägers im Strafverfahren. Nach dem Stichtag wird er dem Nebenkläger im Wege der PKH beigeordnet.

Der frühere Zeitpunkt der unbedingten Auftragserteilung ist maßgeblich, sodass sich die Vergütung nach altem Recht bemisst.

Ist der **Auftrag** zur Vertretung im gerichtlichen Verfahren dagegen von der **Bewilligung** von **PKH abhängig** gemacht und damit zunächst **bedingt** erteilt worden, wird der Auftrag erst mit der Bewilligung der PKH nebst Beiordnung wirksam. Erfolgt die PKH-Bewilligung und Beiordnung nach dem Stichtag, ist die Vergütung somit nach neuem Recht zu berechnen, weil der bedingte Auftrag zur Prozessführung erst nach dem Stichtag zu einem unbedingten Auftrag geworden ist (vgl. im Ergebnis Rn. 1342).

1348

Übergangsvorschriften (§§ 60 f.)

> *Beispiel:*
>
> *Rechtsanwalt R erhält vor dem Stichtag den Auftrag zur Erhebung der Privatklage. Der Auftrag wird von der Bewilligung der PKH abhängig gemacht. Nach dem Stichtag wird der R dem Privatkläger im Wege der PKH beigeordnet.*
>
> *R erhält seine Vergütung nach neuem Recht, weil ein unbedingter Auftrag zur Prozessführung erst nach dem Stichtag vorlag.*

> **Hinweis:**
>
> Maßgebend ist anders als bei der Pflichtverteidigerbestellung nicht der Zeitpunkt des Erlasses des Beiordnungsbeschlusses, sondern dessen **Zugang** beim Rechtsanwalt (KG, AGS 2006, 79 = RVGreport 2006, 25 = MDR 2006, 477; OLG Hamm, NStZ-RR 2005, 286 = StraFo 2005, 351 = RVGreport 2005, 261; OLG Stuttgart, AnwBl. 1980, 114; AnwKomm-RVG/N. Schneider, § 61 Rn. 16).

e) **Zeugenbeistand gem. § 68b StPO**

1349 Nach Auffassung des KG (StraFo 2005, 439 = Rpfleger 2005, 694 = RVGreport 2005, 341, m. zust. Anm. Burhoff) erhält der als Zeugenbeistand beigeordnete Rechtsanwalt seine Vergütung bei **Beiordnung nach dem Stichtag nach neuem Recht**, auch wenn er vor dem Stichtag vom Zeugen als Wahlanwalt beauftragt worden ist. Dies hat das KG damit begründet, dass ebenso wie bei der Pflichtverteidigerbestellung für die Beiordnung nach § 68b StPO Voraussetzung ist, dass das Wahlmandat geendet hat. Hierdurch stehe der Auftrag als Anknüpfungspunkt nicht mehr zur Verfügung. Dies dürfte vor dem Hintergrund zutreffend sein, dass die Beiordnung des Zeugenbeistands subsidiär ist. Wenn der Zeuge bereits einen Beistand hat, kann ihm ein weiterer nicht beigeordnet werden (KK StPO/Senge, § 68b Rn. 6; Meyer-Goßner, § 68b Rn. 4). Im Gegensatz dazu erlischt nach allerdings umstrittener Auffassung bei der Bestellung des **Nebenklägerbeistands** nach § 397a Abs. 1 StPO das Mandatsverhältnis nicht (vgl. Rn. 1346).

f) **Beratungshilfe**

1350 Für den im Rahmen von Beratungshilfe tätigen Rechtsanwalt kommt es nur auf die **Auftragserteilung**, nicht auf den Zeitpunkt der Bewilligung von Beratungshilfe an (Schneider, in: Hansens/Braun/Schneider, Teil 20, Rn. 44). Eine Beiordnung findet insoweit nicht statt.

II. Dieselbe Angelegenheit

1. Begriff der Angelegenheit

1351 Der unbedingt erteilte Auftrag muss **dieselbe gebührenrechtliche Angelegenheit** i.S.v. § 15 betreffen. Die die Angelegenheit im RVG näher regelnden Normen der §§ 16 bis 21 sind zu berücksichtigen (Einzelh. s. Teil A: Angelegenheiten [§§ 15 ff.], Rn. 66 ff.). Betrifft der Auftrag **verschiedene gebührenrechtliche Angelegenheiten**, ist für jede einzelne Angelegenheit **gesondert** zu prüfen, welches Recht Anwendung findet (AnwKomm-RVG/N. Schneider, § 61 Rn. 27). Der Gesetzgeber nimmt in **§ 61** hinsichtlich des vor dem 01.07.2004 erteilten unbedingten Auf-

Übergangsvorschriften (§§ 60 f.)

trags auf § 15 und **nicht** auf § 13 BRAGO Bezug. Wenn § 15 zum Zeitpunkt der Auftragserteilung jedoch noch nicht in Kraft getreten war, ist die Regelung insoweit unklar bzw. unstimmig. Nach § 61 beurteilt sich ja gerade die Frage, ob § 15 überhaupt anwendbar ist. Da die Regelungen zur Angelegenheit in der BRAGO und im RVG teilweise voneinander abweichen, können sich Berechnungsprobleme ergeben (vgl. AnwKomm-RVG/N. Schneider, § 61 Rn. 1; Hansens, RVGreport 2004, 10; Volpert, RVGreport 2005, 201).

Nach Auffassung des **LG Düsseldorf** (RVGreport 2005, 344) handelt es sich bei der Bezugnahme auf § 15 in § 61 Abs. 1 Satz 1 zur Konkretisierung des Begriffs der Angelegenheit um ein redaktionelles Versehen des Gesetzgebers, weil sich ein vor dem 01.07.2004 erteilter Auftrag nur auf den Angelegenheitsbegriff des § 13 BRAGO beziehen kann. Daher kann richtigerweise bei der Definition des Begriffs der Angelegenheit nur auf die **zu § 13 BRAGO entwickelten Kriterien abgestellt** werden. Dies entspricht im Übrigen auch allgemeinen Vertragsgrundsätzen, wonach Rechtsanwalt und Mandant bei einer Auftragserteilung vor dem Inkrafttreten des RVG naturgemäß nur von den Vergütungsfolgen der BRAGO ausgehen konnten.

1352

2. Vorbereitendes und gerichtliches Verfahren

Wird davon ausgegangen, dass in Strafsachen das vorbereitende Verfahren und das Hauptverfahren bzw. in Bußgeldsachen das Verfahren vor der Verwaltungsbehörde und das gerichtliche Verfahren sowohl nach § 15 als auch nach § 13 BRAGO **dieselbe Angelegenheit** darstellen (vgl. zur Angelegenheit beim vorbereitenden Verfahren und Hauptverfahren Teil A: Angelegenheiten [§§ 15 ff.], Rn. 71, 90 ff.), gilt bei einer unbedingten Auftragserteilung für das vorbereitende Verfahren bzw. das Verfahren vor der Verwaltungsbehörde vor dem Stichtag daher altes Recht, auch wenn der Verteidigung im Hauptverfahren bzw. im gerichtlichen Verfahren ein nach dem Stichtag erteilter Auftrag zugrunde liegt (so LG Düsseldorf, RVGreport 2005, 344).

1353

III. Tätigkeiten vor der Beiordnung/Bestellung (48 Abs. 5 Satz 1, 2)

1. Allgemeines

Nach § 48 Abs. 5 erhält der Rechtsanwalt

1354

- bei Beiordnung oder Bestellung in Angelegenheiten nach den Teilen 4 bis 6 VV (Strafsachen, Bußgeldsachen und sonstige Verfahren) seine **Vergütung** auch für **Tätigkeiten vor** dem Zeitpunkt seiner **Bestellung** (Satz 1),
- bei Beiordnung in einem **späteren Rechtszug** seine Vergütung in diesem Rechtszug auch für seine Tätigkeit vor dem Zeitpunkt seiner Bestellung (Satz 2).

Zudem kann nach § 48 Abs. 5 Satz 3 im Fall der Verbindung von Verfahren das Gericht die Wirkungen des § 48 Abs. 5 Satz 1 auch auf diejenigen Verfahren erstrecken, in denen vor der Verbindung keine Beiordnung oder Bestellung erfolgt war (vgl. zur Verbindung Rn. 1368).

Um eine **Aufspaltung** der Vergütung zu **verhindern**, erhält der Rechtsanwalt bei Beiordnung oder Bestellung nach dem Stichtag auch für die vor dem Stichtag erbrachten und nach § 48 Abs. 5 Satz 1 zu vergütenden Tätigkeiten eine Vergütung nach neuem Recht.

1355

Übergangsvorschriften (§§ 60 f.)

> **Beispiel:**
>
> Rechtsanwalt R wird am 20.03.2005 von M mit der Verteidigung beauftragt. Anschließend führt R eine Besprechung mit M durch und nimmt Akteneinsicht. Am 01.05.2005 geht die Anklageschrift bei Gericht ein.
>
> Mit Wirkung vom 01.06.2005 wird das RVG geändert.
>
> Am 20.06.2005 legt R sein Wahlmandat nieder und bittet um Bestellung zum Pflichtverteidiger. Die Bestellung erfolgt durch Beschluss vom 01.07.2005.
>
> R kann seine gesamte Pflichtverteidigervergütung gem. § 60 nach neuem Recht abrechnen, da er nach dem Stichtag zum Pflichtverteidiger bestellt worden ist. Das gilt auch für die vor der Bestellung und vor dem Stichtag (01.06.2005) erbrachten Tätigkeiten (§ 48 Abs. 5 Satz 1).

2. Grundgebühr bei vorheriger BRAGO-Tätigkeit

1356 Nach der überwiegenden **Rechtsprechung** erhält der Pflichtverteidiger als gesetzliche Gebühr nicht auch die Grundgebühr nach Nrn. 4100, 4101 VV, wenn sich der Rechtsanwalt noch vor dem Inkrafttreten des RVG am 01.07.2004 in das Verfahren eingearbeitet hat, er aber erst nach dem Stichtag zum Pflichtverteidiger bestellt worden ist (vgl. OLG Bamberg, AGS 2006, 124, 134; RVGreport 2005, 399 = AGS 2005, 260; OLG Hamm, RVGreport 2006, 101 = AGS 2006, 229 = JurBüro 2006, 200; LG Koblenz, RVGreport 2005, 351 = AGS 2005, 396 = JurBüro 2005, 649; Schneider, in: Hansens/Braun/Schneider, Teil 20, Rn. 59 – 61; **a.A.** OLG Köln, AGS 2007, 460 = JurBüro 2007, 484; OLG Frankfurt am Main, NJW 2005, 377 = StV 2005, 76 = RVGreport 2005, 28; Madert, AGS 2005, 239; Mayer/Kroiß, § 61 Rn. 4). Erfolgte daher die erstmalige Einarbeitung in den Rechtsfall noch unter Geltung der BRAGO, erhält der Pflichtverteidiger trotz der **Rückwirkungsfiktion** in § 48 Abs. 5 Satz 1 auch bei Bestellung zum Pflichtverteidiger nach dem 01.07.2004 keine Grundgebühr nach Nr. 4100 VV, sondern die Vorverfahrensgebühr nach §§ 97 Abs. 1, 84 Abs. 1 und 83 Abs. 1 BRAGO. § 48 Abs. 5 Satz 1 lässt offen, ob eine RVG-Grundgebühr oder eine BRAGO-Vorverfahrensgebühr anfällt (OLG Bamberg, AGS 2006, 124, 134; OLG Hamm, RVGreport 2006, 101 = AGS 2006, 229 = JurBüro 2006, 200).

IV. Mehrere Auftraggeber/Hinzutreten weiterer Auftraggeber

1357 Wird der Rechtsanwalt in **derselben Angelegenheit** von **mehreren Auftraggebern** beauftragt, erhält er nach § 7 Abs. 1 seine **Gebühren nur einmal**. Insoweit kommt jedoch die Gebührenerhöhung nach Nr. 1008 VV in Betracht (s. hierzu auch Teil A: Mehrere Auftraggeber [§ 7, Nr. 1008 VV], Rn. 956 ff.). **Maßgeblich** ist die **erste unbedingte Auftragserteilung** in der Angelegenheit. Wird daher durch das Hinzutreten eines weiteren Auftraggebers lediglich die bereits bestehende Angelegenheit erweitert, kommt es weiterhin auf den Zeitpunkt des zuerst erteilten Auftrags an (BGH, RVGreport 2007, 26 = AGS 2006, 583 = BGHreport 2007, 41; Schneider, in: Hansens/Braun/Schneider, Teil 20, Rn. 63).

V. Pauschgebühr

1358 Sind in einem Verfahren mehrere Pflichtverteidiger tätig, von denen der eine seine gesetzlichen Gebühren nach altem Recht (z.B. BRAGO) erhält, der andere aber schon nach neuem Recht, lässt sich eine höhere als die nach altem Recht angemessene Pauschgebühr für den Rechtsanwalt,

Übergangsvorschriften (§§ 60f.)

der nach altem Recht abrechnet, nicht damit begründen, dass sein Mitverteidiger insgesamt nach neuem Recht abrechnet und ihm damit für die gleiche Tätigkeit höhere Gebühren zustehen (OLG Hamm, RVGreport 2005, 419 = JurBüro 2006, 29 = RVG-Letter 2005, 128). Für die Bemessung der Pauschgebühr ist daher das **jeweilige Gebührenrecht maßgebend** (Schneider, in: Hansens/Braun/Schneider, Teil 20, Rn. 71).

VI. Freispruch

Ist der Angeklagte freigesprochen worden und verlangt er die Erstattung der ihm für seinen Verteidiger angefallenen Gebühren (vgl. § 52) im Kostenfestsetzungsverfahren nach §§ 464a Abs. 2 Nr. 2, 464b StPO aus der Staatskasse (vgl. hierzu die Komm. zu § 52; Teil A: Kostenfestsetzung und Erstattung in Strafsachen, Rn. 842 ff.), ist **umstritten**, ob sich die zu erstattenden Wahlverteidigergebühren nach der **BRAGO** oder nach dem **RVG** bemessen. Wird allein darauf abgestellt, dass im Kostenfestsetzungsverfahren Wahlverteidigergebühren geltend gemacht werden, ist der insoweit erteilte Auftrag maßgebend. Ist der Rechtsanwalt daher zwar nach dem 01.07.2004 zum Pflichtverteidiger bestellt, aber vor dem 01.07.2004 mit der Wahlverteidigung beauftragt worden, sind nach BRAGO berechnete Wahlverteidigergebühren zu erstatten (KG, RVGreport 2005, 234 = RVGreport 2006, 7). Wird dagegen darauf abgestellt, dass der Anspruch auf Erstattung der Wahlverteidigergebühren allein aus der Pflichtverteidigerbestellung erwachsen ist, weil der Pflichtverteidiger nach § 52 (§ 100 BRAGO) im Fall des Freispruchs Wahlverteidigergebühren vom Beschuldigten und dieser wiederum Wahlverteidigergebühren aus der Staatskasse verlangen kann, richten sich die aus der Staatskasse zu erstattenden Wahlverteidigergebühren bei Pflichtverteidigerbestellung nach dem 01.07.2004 nach dem RVG (so OLG Celle, NStZ-RR 2005, 286 = RVGreport 2005, 277 = RVGprofessionell 2005, 277).

1359

Zutreffend dürfte es sein, auch für den gegen die Staatskasse gerichteten Anspruch des Beschuldigten auf Erstattung von notwendigen Auslagen auf den **Zeitpunkt** der **Pflichtverteidigerbestellung** zurückzugreifen, weil der Erstattungsanspruch des Beschuldigten gegen die Staatskasse auf dem Anspruch des Pflichtverteidigers gegen den Beschuldigten gem. § 52 beruht (so auch OLG Celle, NStZ-RR 2005, 286). Der Anspruch nach § 52 ist aus der Pflichtverteidigerbestellung erwachsen. Zudem ist das Wahlverteidigermandat durch die Bestellung erloschen (vgl. Rn. 1344), sodass es als Anknüpfungspunkt nicht mehr zur Verfügung steht (so auch Kotz, NStZ-RR 2006, 129, 131; vgl. zu den Einzelh. die Komm. zu § 52).

VII. Rechtsmittelverfahren (§§ 60 Abs. 1 Satz 2, § 61 Abs. 1 Satz 2)

Auch für Rechtsmittelverfahren ist grds. gem. §§ 60 Abs. 1 Satz 1, 61 Abs. 1 Satz 1 auf den Zeitpunkt der unbedingten Beauftragung bzw. der Beiordnung abzustellen. Eine Ausnahme hiervon gilt gem. §§ 60 Abs. 1 Satz 2 und 61 Abs. 1 Satz 2 für den **Rechtsanwalt** des **Rechtsmittelführers**, der zum Zeitpunkt des Inkrafttretens einer Gesetzesänderung in derselben Angelegenheit und in gerichtlichen Verfahren in demselben Rechtszug bereits tätig ist. Danach gilt insoweit für ein **nach dem Zeitpunkt** des **Inkrafttretens** einer **Gesetzesänderung eingelegtes Rechtsmittel neues Recht**, auch wenn der Anwalt des Rechtsmittelführers den Auftrag für das Rechtsmittelverfahren vor dem Stichtag erhalten hat (zur Kritik an dieser gesetzlichen Regelung vgl. Anw-

1360

Übergangsvorschriften (§§ 60 f.)

Komm-RVG/N. Schneider, § 61 Rn. 7; Hansens, RVGreport 2004, 10, 13; Müller-Rabe, NJW 2005, 1609). Es sind somit folgende Fälle zu unterscheiden:

1. Erstmalige Beauftragung für Rechtsmittelverfahren

1361 Wenn der Rechtsanwalt erstmals für ein Rechtsmittelverfahren (Beschwerde, Berufung, Revision) beauftragt wird, entscheidet über die Anwendung alten oder neuen Rechts für das Rechtsmittelverfahren **allein** der **Zeitpunkt der Beauftragung**. Auf den Zeitpunkt der Einlegung des Rechtsmittels kommt es insoweit nicht an, weil der Rechtsanwalt in derselben Instanz in demselben Rechtszug (Vorinstanz) noch nicht tätig war (OLG München, MDR 1995, 966; OLG Hamburg, MDR 1997, 204; AnwKomm-RVG/N. Schneider, § 61 Rn. 8; Volpert, RVGreport 2005, 201, 208).

2. Rechtsanwalt war bereits in der Vorinstanz tätig

1362 Die Regelung in §§ 60 Abs. 1 Satz 2, 61 Abs. 1 Satz 2 gilt nur für den **Rechtsanwalt des Rechtsmittelführers** (OLG München, MDR 1995, 966; OLG Hamburg, MDR 1997, 204; AnwKomm-RVG/N. Schneider, § 61 Rn. 10; Volpert, RVGreport 2005, 201, 208). Ist diesem Rechtsanwalt der Rechtsmittelauftrag **vor dem Stichtag** erteilt worden, kommt es für die Anwendung alten oder neuen Rechts auf die Vergütung des Anwalts des Rechtsmittelführers für das Rechtsmittelverfahren allein darauf an, ob das **Rechtsmittel vor oder nach dem Stichtag eingelegt** worden ist (OLG Hamm, JurBüro 2005, 537 = AGS 2005, 440 = RVGreport 2005, 263; AnwKomm-RVG/N. Schneider, § 61 Rn. 8).

3. Rechtsanwalt des Rechtsmittelgegners

1363 Die Regelung in §§ 60 Abs. 1 Satz 2, 61 Abs. 1 Satz 2 gilt nicht für den **Rechtsanwalt des Rechtsmittelgegners** (OLG München, MDR 1995, 966; OLG Hamburg, MDR 1997, 204; vgl. auch OLG Köln, RVGreport 2006, 240 = RVG-Letter 2006, 66; AnwKomm-RVG/N. Schneider, § 61 Rn. 10; Volpert, RVGreport 2005, 201, 208; a.A. LAG Köln, JurBüro 2000, 532, m. abl. Anm. Wedel). Wird der **Rechtsanwalt des Rechtsmittelgegners nach** dem **Stichtag** mit der Vertretung im Rechtsmittelverfahren **beauftragt**, berechnet sich seine **Vergütung** auch dann **nach neuem Recht**, wenn das Rechtsmittel vor dem Stichtag eingelegt worden ist (OLG München, MDR 1995, 966; OLG Hamburg, MDR 1997, 204; AnwKomm-RVG/N. Schneider, § 61 Rn. 10; Volpert, RVGreport 2005, 201, 208). Dies kann dazu führen, dass sich die Vergütung des Rechtsanwalts des Rechtsmittelführers nach altem, die des Rechtsanwalts des Rechtsmittelgegners dagegen nach neuem Recht richtet. Der Zeitpunkt der Rechtsmitteleinlegung kann sich daher nur auf die Vergütung des Rechtsanwalts des Rechtsmittelführers, nicht aber auf die Vergütung des Rechtsanwalts des Rechtsmittelgegners auswirken. Für diesen gelten allein §§ 60 Abs. 1 Satz 1 und 61 Abs. 1 Satz 1 (AnwKomm-RVG/N. Schneider, § 61 Rn. 10).

4. Besonderheit bei Gebühren nach den Teilen 4 bis 6 VV

1364 Nach Auffassung von N. Schneider (AnwKomm-RVG/N. Schneider, § 61 Rn. 19; Schneider, in: Hansens/Braun/Schneider, Teil 20, Rn. 81) ist zu berücksichtigen, dass in Verfahren, in denen sich die Gebühren nach den Teilen 4 bis 6 des VV richten, die Rechtsmitteleinlegung gem. § 19 Abs. 1 Satz 2 Nr. 10 noch zur Vorinstanz gehört und es hierdurch ohnehin auf den die **neue Angelegenheit einleitenden Rechtsmittelauftrag** ankommt. Wird dieser Auftrag nach dem Stichtag erteilt und das Rechtsmittel danach eingelegt, gelten aber ebenfalls §§ 60 Abs. 1 Satz 2 und 61 Abs. 1 Satz 2.

> **Hinweis:**
> Da die Regelungen in §§ 60 Abs. 1 Satz 2 und 61 Abs. 1 Satz 2 RVG die Fortgeltung des bisherigen Gebührenrechts auf die neue Instanz ausschließen sollen, muss es sich um ein Rechtsmittel handeln, dass sich gegen eine die Instanz abschließende Entscheidung richtet und dass eine neue Instanz eröffnet (Berufung, Revision, Beschwerde). Die Erinnerung stellt **kein Rechtsmittel**, sondern einen Rechtsbehelf dar. Für Erinnerungsverfahren dürften §§ 60 Abs. 1 Satz 2 und 61 Abs. 1 Satz 2 dann anwendbar sein, wenn eine neuer Rechtszug eröffnet wird (vgl. hierzu § 18 Nr. 5; Schneider, in: Hansens/Braun/Schneider, Teil 20, Rn. 56).

5. Pflichtverteidiger

Für die Vergütung des Pflichtverteidigers kommt es nur auf den **Zeitpunkt** seiner **Bestellung** an (vgl. Rn. 1344; AnwKomm-RVG/N. Schneider, § 61 Rn. 19). Die Pflichtverteidigerbestellung erstreckt sich auch auf das Revisionsverfahren (s. auch Teil A: Umfang des Vergütungsanspruchs [§ 48 Abs. 1], Rn. 1397). Wird der Rechtsanwalt danach (auch noch) für die **Revisionshauptverhandlung** zum Pflichtverteidiger bestellt, hat das auf die Anwendung alten Rechts auf das vorhergehende Verfahren keine Auswirkungen, sondern allenfalls auf die Vergütung für die Revisionshauptverhandlung (vgl. OLG Hamm, NStZ-RR 2006, 32 = JurBüro 2006, 138 = AGS 2006, 509). 1365

VIII. Sich selbst vertretender Rechtsanwalt

Nach § 91 Abs. 2 Satz 3 ZPO sind dem Rechtsanwalt bei Führung eines Rechtsstreits in eigener Sache die Gebühren und Auslagen zu erstatten, die er als Gebühren und Auslagen eines bevollmächtigten Rechtsanwalts erstatten verlangen könnte. Im Straf- und Bußgeldverfahren findet § 91 Abs. 2 Satz 3 ZPO nur dann Anwendung, wenn der Rechtsanwalt **Privat- oder Nebenkläger** ist (OLG Hamm, AGS 1999, 167 = AnwBl. 2000, 135 = JurBüro 2000, 474). Ist der Rechtsanwalt selbst **Angeklagter** – auch im **Privatklageverfahren** –, ist § 91 Abs. 2 Satz 3 ZPO **nicht** anzuwenden (s. hierzu Teil A: Kostenfestsetzung und Erstattung in Strafsachen, Rn. 896 ff.). 1366

Wenn der Rechtsanwalt ein gerichtliches Verfahren in eigener Sache führt, liegt eine Auftragserteilung als Anknüpfungspunkt für die Anwendung alten oder neuen Rechts nicht vor. Anknüpfungspunkt ist in diesem Fall der **Zeitpunkt des Beginns der prozessbezogenen Tätigkeit** des Rechtsanwalts (h.M. vgl. OLG München, RVGreport 2005, 301 = AGS 2005, 342 = RVG-Letter 2005, 87; Hansens, RVGreport 2004, 10; AnwKomm-RVG/N. Schneider, § 61 Rn. 141). Der Auffassung, dass der Zeitpunkt der Fälligkeit der Vergütung maßgebend ist (vgl. Hartmann, KostG, § 60 RVG Rn. 21), ist nicht zu folgen. Der Zeitpunkt des Beginns der prozessbezogenen Tätigkeit des Rechtsanwalts ist vergleichbar mit dem Zeitpunkt der nach § 61 Abs. 1 Satz 1 maßgeblichen 1367

Übergangsvorschriften (§§ 60 f.)

Auftragserteilung, die Auslöser für eine anwaltliche Tätigkeit ist. Beide Zeitpunkte stellen auf den Beginn einer anwaltlichen Tätigkeit ab. Im Gegensatz dazu kann die Fälligkeit der Vergütung gem. § 8 zu unterschiedlichen Zeitpunkten eintreten, auf die der Rechtsanwalt keinen oder nur geringen Einfluss hat.

> **Hinweis:**
>
> Verlangt der Rechtsanwalt im Kostenfestsetzungsverfahren Erstattung seiner Vergütung nach altem Recht, obwohl z.B. die Privatklage nach dem Stichtag bei Gericht eingegangen ist, muss er **darlegen** und **glaubhaft** machen, dass er mit seiner Tätigkeit **vor dem Stichtag begonnen** hat.

IX. Verbindung

1368 Für den Fall der **Verfahrensverbindung** enthalten § 61 Abs. 1 Satz 3 i.V.m. § 60 Abs. 2 Regelungen nur für den Fall, dass im Verfahren **Wertgebühren** entstehen (vgl. Schneider, in: Hansens/Braun/Schneider, Teil 20, Rn. 97 ff.). Für die Verbindung von in den Teilen 4 bis 6 VV geregelten Verfahren (Betragsrahmengebühren) sind dort keine Regelungen enthalten (vgl. OLG Hamm, RVGreport 2005, 419 = JurBüro 2006, 29 = RVG-Letter 2005, 128; AnwKomm-RVG/N. Schneider, § 61 Rn. 131). In diesen Fällen ist das Recht **maßgeblich**, das für das jeweils **führende Verfahren** gilt, denn anders als mit diesem Anknüpfungspunkt „führendes Verfahren" lassen sich diese Fälle nicht sachgerecht lösen. Das folgt schon aus dem Sinn und Zweck des Begriffs des „führenden Verfahrens". Dessen Aktenzeichen gibt den verbundenen Verfahren den Namen. Das auf dieses Verfahren anwendbare Recht entfaltet deshalb dann Wirkung auf das gesamte verbundene Verfahren (OLG Hamm, RVGreport 2005, 419 = JurBüro 2006, 29 = RVG-Letter 2005, 128). Die Vergütung im verbundenen Verfahren richtet sich daher nach dem für das führende Verfahren geltenden Recht, weil das hinzuverbundene Verfahren endet (vgl. hierzu ausführlich AnwKomm-RVG/N. Schneider, § 61 Rn. 131; vgl. auch Volpert, RVGreport 2004, 296, 302; § 48 Abs. 5 Rn. 35).

X. Verteidiger- oder Anwaltswechsel

1369 Führt der Wechsel des Anwalts dazu, dass der neue Anwalt nach dem für ihn geltenden neuen Recht eine höhere Vergütung verlangen kann, sind diese **Mehrkosten** bei einem **notwendigen Anwaltswechsel erstattungsfähig** (vgl. AnwKomm-RVG/N. Schneider, § 61 Rn. 139; vgl. auch KG, RVGreport 2007, 193). **Umstritten** ist jedoch, ob diese durch eine Änderung des anwendbaren Vergütungsrechts angefallenen Mehrkosten auch bei einem **nicht notwendigen Anwaltswechsel** erstattungsfähig sind. Nach einer Auffassung sind nur die Kosten erstattungsfähig, die entstanden wären, wenn der zunächst beauftragte Rechtsanwalt das Mandat zu Ende geführt hätte. Wäre dann nur eine niedrigere Vergütung nach altem Recht angefallen, kann auch nur insoweit Erstattung verlangt werden (vgl. KG, RVGreport 2007, 193; LG Duisburg, AGS 2005, 446). Insoweit wird allein auf die Maßstäbe der §§ 464a Abs. 2 Nr. 2 StPO, 91 Abs. 2 Satz 2 ZPO abgestellt. Nach der **Gegenauffassung** sollen stets die höheren Kosten zu erstatten sein, weil es der Partei freisteht, ob und wann sie einen Anwalt beauftragt. Danach wären die Kosten stets bis zur Höhe des höchsten Vergütungsanspruchs nach neuem oder bisherigen Recht zu erstatten

(AnwKomm-RVG/N. Schneider, § 61 Rn. 140; Schons, AGS 2005, 447, in der Anm. zu LG Duisburg, AGS 2005, 446).

XI. Zurückverweisung

Nach § 21 Abs. 1 ist im Fall der Zurückverweisung einer Sache an ein untergeordnetes Gericht das weitere Verfahren vor diesem Gericht als neuer Rechtszug anzusehen. **§ 60 Abs. 1 Satz 2** regelt die Vergütung in den weiteren Rechtszügen, wenn der Rechtsanwalt zum Zeitpunkt des Inkrafttretens einer Gesetzesänderung bereits tätig ist. Zu diesen weiteren Rechtszügen gehört auch eine „zweite" erste Instanz nach einer Zurückverweisung (so schon zur BRAGO OLG Zweibrücken, AGS 2000, 170; OLG Düsseldorf, Rpfleger 1988, 337 = JurBüro 1988, 1352; OLG Stuttgart, JurBüro 1989, 1404). Erfolgt diese **Zurückverweisung** somit **nach dem Inkrafttreten** einer Gesetzesänderung, bestimmen sich die erneut anfallenden Gebühren des Rechtsanwalts nach dem **neuen Recht** (KG, AGS 2005, 449 = RVGreport 2005, 343 = RVGprofessionell 2005, 178). Das gilt auch für die nach der Zurückverweisung erneut anfallenden Gebühren des vor dem Stichtag bestellten **Pflichtverteidigers** (KG, AGS 2005, 44 = RVGreport 2005, 343 = RVGprofessionell 2005 178). 1370

Im Fall der **Zurückverweisung** der Sache **vor dem Stichtag** und der **erstmaligen Beauftragung** eines neuen Rechtsanwalts für das zurückverwiesene Verfahren nach diesem Zeitpunkt gilt der Grundsatz des § 60 Abs. 1 Satz 1. Da der Auftrag nach dem Stichtag erteilt worden ist, findet **neues Recht** Anwendung. 1371

XII. Umsatzsteuersatz, Änderung

Zum 01.01.2007 ist zuletzt eine Erhöhung des Umsatzsteuersatzes auf 19 % erfolgt. Bis zum 31.12.2006 betrug der Umsatzsteuersatz 16 %. Die Höhe des für die Vergütung maßgebenden Umsatzsteuersatzes richtet sich **nicht nach** der **Übergangsvorschrift** des § 60 (Schneider, ZFE 2007, 70). Insbesondere kommt es daher nicht auf den Zeitpunkt der Auftragserteilung an. Über die Höhe des Umsatzsteuersatzes **entscheidet** vielmehr der **Zeitpunkt** der **Ausführung der Leistung** (vgl. § 13 Abs. 1 Nr. 1 UStG). Da es sich bei der anwaltlichen Tätigkeit um eine Dauertätigkeit handelt, kommt es grds. auf die Beendigung der Tätigkeit an. Dieser Zeitpunkt wird häufig mit dem Zeitpunkt der Fälligkeit der Vergütung (vgl. § 8) zusammenfallen, weil auch die Fälligkeit der Vergütung auf die Beendigung der Tätigkeit abstellt (vgl. hierzu OLG Düsseldorf, JurBüro 1982, 1840; OLG Schleswig, JurBüro 1983, 233; OLG Frankfurt am Main, JurBüro 1983, 77; OLG München, JurBüro 1983, 231; OLG Stuttgart, JurBüro 1982, 1189; OLG Hamburg, JurBüro 1982, 862; OLG Koblenz, JurBüro 1983, 76; OLG Köln, JurBüro 1982, 1832; AnwKomm-RVG/N. Schneider, VV 7008 Rn. 50; Hansens, RVGreport 2007, 41; Zorn, VRR 2006, 289; Schneider, ZFE 2007, 70; Onderka, RVGprofessionell 2007, 193). 1372

Übergangsvorschriften (§§ 60 f.)

C. Arbeitshilfen

I. Rechtsprechungsübersicht: Bestellung zum Pflichtverteidiger, maßgebender Zeitpunkt

1373

Gericht	Entscheidung
Zeitpunkt des Erlasses des Beschlusses entscheidet	
OLG Hamm, NStZ-RR 2005, 286 = StraFo 2005, 351 = RVGreport 2005, 261	**BRAGO** bei Bestellung des Pflichtverteidigers vor dem 01.07.2004, auch wenn die Bestellung dem Pflichtverteidiger erst danach zugeht. Die Bestellung wird wirksam mit Erlass des Bestellungsbeschlusses durch den Vorsitzenden. Der Zeitpunkt der Kenntniserlangung (Zugang) durch den Rechtsanwalt ist für die Wirksamkeit ohne Bedeutung.
KG, NJW 2005, 3654 = AGS 2005, 554 = RVGreport 2006, 24	**BRAGO** bei Bestellung des Pflichtverteidigers vor dem 01.07.2004: Bestellung ist die Unterzeichnung der diesbezüglichen Verfügung durch den Vorsitzenden. Auf den Zeitpunkt des Zugangs der Bestellung kommt es nicht an.
OLG Brandenburg, NStZ-RR 2005, 253 = JurBüro 2005, 419 = Rpfleger 2005, 565	Maßgebend ist der Zeitpunkt der gerichtlichen Bestellung i.S.d. Entscheidung des Gerichts über die Bestellung.
Zeitpunkt des Zugangs des Beschlusses entscheidet	
LG Lübeck, AGS 2005, 69	**RVG** bei Bestellung des Pflichtverteidigers vor dem 01.07.2004, wenn die Bestellung dem Pflichtverteidiger erst danach zugeht.
AG Berlin-Tiergarten, JurBüro 2005, 362	**RVG** bei Bestellung des Pflichtverteidigers vor dem 01.07.2004, wenn die Bestellung dem Pflichtverteidiger erst danach zugeht.

II. Rechtsprechungsübersicht: Beiordnung, maßgebender Zeitpunkt

1374

Gericht	Entscheidung
KG, AGS 2006, 79 = RVGreport 2006, 25 = MDR 2006, 477	Maßgebend ist nicht der Zeitpunkt des Erlasses des Beiordnungsbeschlusses, sondern dessen **Zugang** beim Rechtsanwalt.
OLG Hamm, NStZ-RR 2005, 286 = StraFo 2005, 351 = RVGreport 2005, 261	Maßgebend ist nicht der Zeitpunkt des Erlasses des Beiordnungsbeschlusses, sondern dessen **Zugang** beim Rechtsanwalt.

Übergangsvorschriften (§§ 60 f.)

III. Rechtsprechungsübersicht: Freispruch (notwendige Auslagen)

Gericht	Entscheidung
Pflichtverteidigerbestellung entscheidet	
OLG Celle, NStZ-RR 2005, 286 = RVGreport 2005, 277 = RVGprofessionell 2005, 277	Der Anspruch auf Erstattung der Verteidigergebühren im Rahmen der notwendigen Auslagen (§§ 464a Abs. 2 Nr. 2 StPO, 52) bemisst sich nach dem **RVG**, wenn der Rechtsanwalt zwar vor dem 01.07.2004 als Wahlverteidiger tätig, aber erst danach zum Pflichtverteidiger bestellt wurde.
Beauftragung als Wahlverteidiger entscheidet	
KG, RVGreport 2005, 234 = RVGreport 2006, 71	Der vom Beschuldigte an den Pflichtverteidiger abgetretene Anspruch auf Erstattung der Verteidigergebühren im Rahmen der notwendigen Auslagen (§§ 464a Abs. 2 Nr. 2 StPO, 52) bemisst sich nach der **BRAGO**, wenn der Rechtsanwalt zwar nach dem 01.07.2004 zum Pflichtverteidiger bestellt, aber vor dem 01.07.2004 als Wahlverteidiger tätig war.

1375

IV. Rechtsprechungsübersicht: Grundgebühr (§ 48 Abs. 5)

Gericht	Entscheidung
Keine RVG-Grundgebühr bei Einarbeitung vor dem 01.07.2004	
OLG Hamm, RVGreport 2006, 101 = AGS 2006, 229 = JurBüro 2006, 200	Keine RVG-Grundgebühr bei Pflichtverteidigerbestellung ab dem 01.07.2004 und Einarbeitung in das Verfahren vor dem 01.07.2004.
LG Koblenz, RVGreport 2005, 351 = AGS 2005, 396 = JurBüro 2005, 649	Hat der Rechtsanwalt den Angeklagten bereits vor Inkrafttreten des RVG am 01.07.2004 erstinstanzlich vertreten, fällt für seine Tätigkeit als Pflichtverteidiger im Rechtsmittelverfahren keine Grundgebühr gem. Nr. 4100 VV an, da er sich noch vor der Geltung des RVG in den Fall eingearbeitet hat.
OLG Bamberg, RVGreport 2005, 260 = AGS 2005, 399	Keine RVG-Grundgebühr bei Pflichtverteidigerbestellung ab dem 01.07.2004 und Einarbeitung in das Verfahren als Wahlverteidiger vor dem 01.07.2004, sondern Vorverfahrensgebühr nach der BRAGO.
OLG Bamberg, AGS 2006, 124 und 134	Keine RVG-Grundgebühr bei Pflichtverteidigerbestellung ab dem 01.07.2004 und Einarbeitung in das Verfahren als Wahlverteidiger vor dem 01.07.2004, sondern Vorverfahrensgebühr nach der BRAGO.

1376

Übergangsvorschriften (§§ 60 f.)

	RVG-Grundgebühr
OLG Frankfurt am Main, NJW 2005, 377 = StV 2005, 76 = RVGreport 2005, 28	RVG-Grundgebühr, wenn sich der Gebührenanspruch des Verteidigers für die Vorinstanz nach der BRAGO und für die Revisionsinstanz nach dem RVG richtet. Diese Besserstellung der in der Übergangszeit tätigen Rechtsanwälte ist hinzunehmen, da ansonsten eine undurchschaubare Gemengelage zwischen BRAGO und RVG entstünde.
OLG Köln, AGS 2007, 460 = JurBüro 2007, 484	RVG-Grundgebühr, auch wenn die erstmalige Einarbeitung in den Rechtsfall vor Inkrafttreten des RVG erfolgt ist.

V. Rechtsprechungsübersicht: Nebenklägerbeistand, Bestellung (§ 397a Abs. 1, § 406g Abs. 3 Nr. 1 StPO)

1377

Gericht	Entscheidung
Zeitpunkt der Beauftragung entscheidet	
OLG Hamm, RVGreport 2005, 419 = AGS 2005, 556 = JurBüro 2006, 29	**BRAGO**, wenn die unbedingte Beauftragung als Wahlanwalt und Aufnahme der Tätigkeit vor dem 01.07.2004 erfolgt ist. Auf die nach dem 01.07.2004 erfolgte Bestellung kommt es nicht an, weil das Mandatsverhältnis durch die Bestellung nicht erlischt.
OLG Köln, RVGreport 2005, 141 = AGS 2005, 405	**BRAGO**, wenn die unbedingte Beauftragung als Wahlanwalt und Aufnahme der Tätigkeit vor dem 01.07.2004 erfolgt ist. Auf die nach dem 01.07.2004 erfolgte Bestellung kommt es nicht an, weil das Mandatsverhältnis durch die Bestellung nicht erlischt.
OLG Düsseldorf, AGS 2006, 135	**BRAGO**, wenn die unbedingte Beauftragung als Wahlanwalt und Aufnahme der Tätigkeit vor dem 01.07.2004 erfolgt ist. Auf die nach dem 01.07.2004 erfolgte Bestellung kommt es nicht an, weil das Mandatsverhältnis durch die Bestellung nicht erlischt.
KG, AGS 2005, 450 = RVGreport 2005, 262	**BRAGO**, wenn zwar die Bestellung nach dem 01.07.2004, die unbedingte Beauftragung als Wahlanwalt aber vorher erfolgt ist. Etwas anderes gilt dann, wenn kein Mandatsverhältnis besteht und damit auch kein Auftrag zur Vertretung vorliegt.
Zeitpunkt der Bestellung entscheidet	
OLG Jena, AGS 2006, 509 = JurBüro 2006, 545	**RVG** bei Bestellung nach dem 01.07.2004, ein vorher erteiltes Wahlmandat endet mit der Bestellung.
OLG Jena, JurBüro 2006, 424	**RVG** bei Bestellung nach dem 01.07.2004, ein vorher erteiltes Wahlmandat endet mit der Bestellung.

Übergangsvorschriften (§§ 60 f.)

OLG Frankfurt am Main, StraFo 2006, 43	**RVG** bei Bestellung nach dem 01.07.2004, auch bei vorheriger Bestellung als Wahlanwalt.
OLG Brandenburg, NStZ-RR 2005, 253 = JurBüro 2005, 419 = Rpfleger 2005, 565	**RVG** bei Bestellung nach dem 01.07.2004, auch bei vorheriger Beauftragung als Wahlanwalt. Die Anordnung der Rückwirkung der Bestellung auf einen Zeitpunkt vor dem 01.07.2004 ist unbeachtlich (vgl. § 48 Abs. 5).
LG Berlin, RVGreport 2005, 188	**RVG** bei Bestellung nach dem 01.07.2004, auch bei vorheriger Beauftragung als Wahlanwalt.
LG Berlin, AGS 2005, 403	**RVG** bei Bestellung nach dem 01.07.2004, auch bei vorheriger Beauftragung als Wahlanwalt.
LG Dessau, AGS 2005, 558	**RVG** bei Bestellung nach dem 01.07.2004, auch bei vorheriger Tätigkeit als Wahlanwalt.

VI. Rechtsprechungsübersicht: Nebenklägervertreter, Beiordnung im Wege der PKH (§ 397a Abs. 2, § 406g Abs. 3 Nr. 2 StPO)

Gericht	Entscheidung
OLG Hamm, RVGreport 2005, 419 = AGS 2005, 556 = JurBüro 2006, 29	**BRAGO**, wenn die unbedingte Beauftragung als Wahlanwalt und Aufnahme der Tätigkeit vor dem 01.07.2004 erfolgt ist. Auf die nach dem 01.07.2004 erfolgte Beiordnung kommt es nicht an, weil das Mandatsverhältnis durch die Beiordnung nicht erlischt.
KG, AGS 2005, 559	**BRAGO** bei Beauftragung und Aufnahme der Tätigkeit vor dem 01.07.2004, auch wenn die Beiordnung nach dem 01.07.2004 erfolgt ist.
KG, StraFo 2005, 439 = NStZ-RR 2005, 358 = RVGreport 2005, 341	**BRAGO** bei Beauftragung und Aufnahme der Tätigkeit vor dem 01.07.2004, auch wenn die Beiordnung nach dem 01.07.2004 erfolgt ist.
KG, AGS 2005, 450 = RVGreport 2005, 262	**BRAGO**, wenn zwar die Beiordnung nach dem 01.07.2004, die unbedingte Beauftragung als Wahlanwalt aber vorher erfolgt ist. Etwas anderes gilt dann, wenn kein Mandatsverhältnis besteht und damit auch kein Auftrag zur Vertretung vorliegt.
LG Berlin, RVGreport 2005, 188	**BRAGO** bei Beauftragung als Wahlanwalt vor dem 01.07.2004, auch bei Beiordnung nach dem 01.07.2004.
LG Berlin, AGS 2005, 403	**BRAGO** bei Beauftragung als Wahlanwalt vor dem 01.07.2004, auch bei Beiordnung nach dem 01.07.2004.

1378

Übergangsvorschriften (§§ 60 f.)

VII. Rechtsprechungsübersicht: Pflichtverteidiger

1379

Gericht	Entscheidung
Zeitpunkt der Pflichtverteidigerbestellung entscheidet	
OLG Düsseldorf, AGS 2006, 135	**RVG** bei Bestellung nach dem 01.07.2004, ein vorher erteiltes Wahlmandat endet mit der Bestellung.
OLG Hamm, NStZ-RR 2005, 286 = StraFo 2005, 351 = RVGreport 2005, 261	**RVG** bei Bestellung nach dem 01.07.2004, ein vorher erteiltes Wahlmandat endet mit der Bestellung.
OLG Bamberg, RVGreport 2005, 260 = AGS 2005, 399	**RVG** bei Bestellung nach dem 01.07.2004, ein vorher erteiltes Wahlmandat endet mit der Bestellung.
KG, RVGreport 2005, 187	**RVG** bei Bestellung nach dem 01.07.2004, ein vorher erteiltes Wahlmandat endet mit der Bestellung.
KG, StV 2006, 36	**RVG** bei Bestellung nach dem 01.07.2004, ein vorher erteiltes Wahlmandat endet mit der Bestellung.
KG, StraFo 2005, 129 = AGS 2005, 66 = RVGreport 2005, 100	**RVG** bei Bestellung nach dem 01.07.2004, ein vorher erteiltes Wahlmandat endet mit der Bestellung.
OLG Celle, StraFo 2005, 219 = AGS 2005, 393 = RVGreport 2005, 142	**RVG** bei Bestellung nach dem 01.07.2004, ein vorher erteiltes Wahlmandat endet mit der Bestellung.
OLG Düsseldorf, StV 2006, 35	**RVG** bei Bestellung nach dem 01.07.2004, ein vorher erteiltes Wahlmandat endet mit der Bestellung.
OLG Frankfurt am Main, RVGreport 2005, 221 = RVG-Letter 2005, 55	**RVG** bei Bestellung nach dem 01.07.2004, ein vorher erteiltes Wahlmandat endet mit der Bestellung.
OLG Hamm, NStZ-RR 2005, 127 = StraFo 2005, 130 = RVGreport 2005, 68	**RVG** bei Bestellung nach dem 01.07.2004, ein vorher erteiltes Wahlmandat endet mit der Bestellung.
OLG Schleswig, NJW 2005, 234 = NStZ 2005, 176 = RVGreport 2005, 29	**RVG** bei Bestellung nach dem 01.07.2004, ein vorher erteiltes Wahlmandat endet mit der Bestellung.
OLG Koblenz, NStZ-RR 2005, 391 = RVGreport 2006, 60	**RVG** bei Bestellung nach dem 01.07.2004, ein vorher erteiltes Wahlmandat endet mit der Bestellung.
OLG Jena, JurBüro 2005, 538 = StV 2006, 36 = RVGreport 2005, 221	**RVG** bei Bestellung nach dem 01.07.2004, ein vorher erteiltes Wahlmandat endet mit der Bestellung.
LG Berlin, RVGreport 2005, 101	**RVG** bei Bestellung nach dem 01.07.2004, ein vorher erteiltes Wahlmandat endet mit der Bestellung.

Übergangsvorschriften (§§ 60f.)

OLG Köln, AGS 2005, 405 = RVGreport 2005, 141	**RVG** bei Bestellung nach dem 01.07.2004, ein vorher erteiltes Wahlmandat endet mit der Bestellung.
LG Darmstadt, AGS 2005, 402	**RVG** bei Bestellung nach dem 01.07.2004, ein vorher erteiltes Wahlmandat endet mit der Bestellung.
LG Dresden, AGS 2005, 349	**RVG** bei Bestellung nach dem 01.07.2004, ein vorher erteiltes Wahlmandat endet mit der Bestellung.
KG, RVGreport 2005, 186	**RVG** bei Bestellung am oder nach dem 01.07.2004, ein vorher erteiltes Wahlmandat endet mit der Bestellung.
Zeitpunkt der Beauftragung als Wahlverteidiger entscheidet	
OLG Nürnberg, NStZ-RR 2005, 328 = RVGreport 2005, 304 = RVG-Letter 2005, 91	**BRAGO** bei Beauftragung als Wahlverteidiger vor dem 01.07.2004, auch wenn die Pflichtverteidigerbestellung danach erfolgt.

VIII. Rechtsprechungsübersicht: Zeugenbeistand

Gericht	Entscheidung
OLG Jena, JurBüro 2006, 424	**BRAGO** bei Beiordnung vor dem 01.07.2004
KG, StraFo 2005, 439 = RVGreport 2005, 341 = Rpfleger 2005, 694	**RVG** bei Beiordnung nach dem 01.07.2004, auch bei vorheriger Beauftragung als Beistand durch den Zeugen. Ein vorher erteiltes Wahlmandat endet mit der Beiordnung.

1380

IX. Rechtsprechungsübersicht: Zurückverweisung

Gericht	Entscheidung
KG, RVGreport 2005, 343 = AGS 2005, 449 = RVGprofessionell 2005, 178	**RVG** bei Zurückverweisung des Verfahrens durch das Rechtsmittelgericht nach dem 01.07.2004, auch wenn die Pflichtverteidigerbestellung vor dem 01.07.2004 erfolgt ist. Keine erneute Grundgebühr, wenn der Pflichtverteidiger bereits im Ausgangsverfahren tätig war. Das gilt auch dann, wenn insoweit eine Grundgebühr noch nicht geltend gemacht werden konnte (BRAGO).

1381

Siehe auch im Teil A: → Angelegenheiten (§§ 15 ff.), Rn. 66 ff.; → Auslagen aus der Staatskasse [§ 46 Abs. 1 und 2], Rn. 140 ff.; → Kostenfestsetzung und Erstattung in Strafsachen, Rn. 842 ff.; → Mehrere Auftraggeber [§ 7, Nr. 1008 VV], Rn. 956 ff.; → Umfang des Vergütungsanspruchs (§ 48 Abs. 1), Rn. 1382 ff.; → Vergütungsanspruch gegen die Staatskasse, Rn. 1469 ff.; → Vergütungsvereinbarung (§ 3a), Rn. 1502 ff.; → Zurückverweisung (§ 21), Rn. 1687 ff.

Umfang des Vergütungsanspruchs (§ 48 Abs. 1)

Umfang des Vergütungsanspruchs (§ 48 Abs. 1)

§ 48 RVG   **Umfang des Anspruchs und der Beiordnung**

(1) Der Vergütungsanspruch bestimmt sich nach den Beschlüssen, durch die die Prozesskostenhilfe bewilligt und der Rechtsanwalt beigeordnet oder bestellt worden ist.

Übersicht

	Rn.
A. Überblick	1382
I. Umfang des Vergütungsanspruchs	1382
II. Geltungsbereich	1384
B. Anmerkungen	1385
I. Bindungswirkung	1385
1. Nachprüfung	1385
2. Gegenständliche Beschränkung	1386
II. Gebührenrechtliche Beschränkungen des Vergütungsanspruchs in der Beiordnung/Bestellung	1389
1. Beiordnung/Bestellung zu den Bedingungen eines ortsansässigen Rechtsanwalts	1389
2. Anwaltswechsel	1390
a) Prozess- und Verfahrenskostenhilfe	1390
b) Pflichtverteidiger	1391
III. Zeitpunkt der Bestellung/Beiordnung	1393
1. Bestellung nach Beendigung des Verfahrens	1393
a) Pflichtverteidiger	1393
b) Beistand für Nebenkläger/Zeugenbeistand	1395
2. § 48 Abs. 5	1396
IV. Reichweite der Beiordnung/Bestellung	1397
1. Pflichtverteidiger	1397
a) Allgemeines	1397
b) Weiterer Pflichtverteidiger zur Verfahrenssicherung	1398
c) Bestellung für die Revisionshauptverhandlung	1400
2. Beiordnung im Wege der PKH	1401
3. Nebenklägerbeistand	1403
4. Zeugenbeistand	1404
5. Adhäsionsverfahren (Nrn. 4143 VV und 4144 VV)	1405
a) Pflichtverteidiger	1405
b) Nebenklägervertreter	1407
c) Beiordnung für Abschluss eines Vergleichs im Adhäsionsverfahren	1408
6. Einziehung und verwandte Maßnahmen (Nr. 4142 VV)	1409
7. Strafbefehlsverfahren	1410
8. Strafvollstreckung	1411
a) Verhältnis Hauptverfahren zur Strafvollstreckung	1411
b) Mehrere Überprüfungsverfahren (§ 67e StGB)	1412
c) Nachträgliche Gesamtstrafenbildung	1413
d) Verschiedene Angelegenheiten in der Strafvollstreckung	1414
9. Tätigkeiten nach Vorbem. 4 Abs. 5 VV (Kostenfestsetzung/Zwangsvollstreckung)	1417
10. Tätigkeit in Gnadensachen	1418
11. Wiederaufnahmeverfahren	1419
12. Zurückverweisung	1420
13. Verweisung	1422
14. Verbindung	1423
15. Trennung	1424
16. Jugendsachen	1425
a) Tätigkeit nach § 57 JGG	1425
b) Nachverfahren nach §§ 30, 62 JGG/Nachträgliche Änderung von Weisungen und Auflagen nach §§ 11 Abs. 3, 15 Abs. 3 JGG	1426
17. Hebegebühr für Pflichtverteidiger	1427
18. Bußgeldverfahren	1428
C. Arbeitshilfen	1429

| A. Vergütungs-ABC | B. Kommentar |

Umfang des Vergütungsanspruchs (§ 48 Abs. 1)

Literatur:

Al-Jumaili, Festsetzung der Pflichtverteidigervergütung, § 98 BRAGO, JurBüro 2000, 516; *dies.*, Vergütungsansprüche des gerichtlich bestellten Rechtsanwalts, JurBüro 2000, 172; *Burhoff*, Berechnungsbeispiele zum RVG: Allgemeine Gebühren in Straf- und Bußgeldsachen, RVGreport 2005, 16; *ders.*, Die Abrechnung der Tätigkeit des Zeugenbeistands im Strafverfahren, RVGreport 2006, 81; *Kroiß*, Die Vergütung des Pflichtverteidigers nach dem RVG, RVG-Letter 2004, 134; *Lappe*, Erstattung der Kosten des Nebenkläger-Beistands, Rpfleger 2003, 116; *Volpert*, Erstattung der Dolmetscherkosten für vorbereitende Gespräche des Verteidigers, BRAGOprofessionell 2003, 165; *ders.*, Terminsreisekosten in Familien- und Zivilsachen, RVGprofessionell 2006, 51.

A. Überblick

I. Umfang des Vergütungsanspruchs

Der Vergütungsanspruch gegen die Staatskasse (vgl. § 45) bestimmt sich gem. § 48 Abs. 1 nach den Beschlüssen, durch die die PKH bewilligt und der Rechtsanwalt beigeordnet oder durch die er bestellt worden ist. § 48 Abs. 1 regelt somit den **gegenständlichen Umfang** des Vergütungsanspruchs bei gerichtlicher Beiordnung und Bestellung (Gerold/Schmidt/Müller-Rabe, § 48 Rn. 1). Neben dem gegenständlichen Umfang kommt es für den Vergütungsanspruch gegen die Staatskasse und dessen Höhe auch auf den **zeitlichen Umfang** der Beiordnung/Bestellung an. Neben dem gegenständlichen Umfang ist daher stets auch eine etwaige **Rückwirkung** und die **Reichweite** der Beiordnung oder Bestellung zu berücksichtigen. Im Rahmen von § 48 Abs. 1 sind deshalb auch Bestimmungen zum Umfang der Beiordnung oder Bestellung, die in den für die Teile 4 bis 6 VV anwendbaren Verfahrensordnungen enthalten sind (z.B. §§ 140 ff., § 397a StPO, § 119 ZPO) zu berücksichtigen.

1382

Hinsichtlich des **zeitlichen Umfangs** enthält § 48 Abs. 5 für Verfahren nach den Teilen 4 bis 6 VV eine besondere Regelung. Vergütungsansprüche gegen die Staatskasse entstehen grds. erst für Tätigkeiten ab dem Zeitpunkt der Bestellung oder Beiordnung des Rechtsanwalts. **§ 48 Abs. 5** konkretisiert den Umfang des Vergütungsanspruchs des in Angelegenheiten nach den Teilen 4 bis 6 VV beigeordneten oder bestellten Rechtsanwalts, wenn dieser vor der Bestellung bzw. Beiordnung bereits Tätigkeiten erbracht hat oder wenn eine Verbindung von Verfahren erfolgt und der Rechtsanwalt nicht in allen der verbundenen Verfahren beigeordnet oder bestellt war (es wird insoweit auf die Komm. zu § 48 Abs. 5 verwiesen).

1383

II. Geltungsbereich

Die Regelungen in §§ 45 und 48 gehören inhaltlich zusammen (zu § 45 s. Teil A: Vergütungsanspruch gegen die Staatskasse [§§ 44, 45, 50] Rn. 1469 ff.). § 48 Abs. 1 **regelt** daher auch den Umfang des **Vergütungsanspruchs** des in Angelegenheiten nach den Teilen 4 bis 6 VV **beigeordneten oder bestellten Rechtsanwalts gegen die Staatskasse** (vgl. Schneider, in: Hansens/Braun/Schneider, Teil 3, Rn. 9). Es wird festgelegt, welche der vom Anwalt erbrachten Tätigkeiten vom Vergütungsanspruch gegen die Staatskasse erfasst werden. Der Vergütungsanspruch bestimmt sich nach den Beschlüssen, durch die die PKH bewilligt und der Rechtsanwalt beigeordnet oder bestellt worden ist.

1384

Umfang des Vergütungsanspruchs (§ 48 Abs. 1)

B. Anmerkungen

I. Bindungswirkung

1. Nachprüfung

1385 Die **Beiordnung** bzw. Bestellung des Rechtsanwalts ist für das Festsetzungsverfahren **bindend**, vgl. § 48 Abs. 1. Die Beiordnung bzw. Bestellung ist daher vom Urkundsbeamten nicht auf ihre Zulässigkeit hin zu überprüfen. Es ist z.B. nicht zu prüfen, ob

- PKH **überhaupt bewilligt** werden durfte (vgl. OLG Düsseldorf, AGS 2006, 482; AGS 2008, 247 = Rpfleger 2008, 316 = JurBüro 2008, 209; OLG Köln, AGS 2007, 362; OLG Zweibrücken, Rpfleger 2002, 627),

- ob die **Durchführung** des Verfahrens überhaupt **angezeigt** war (Verpflichtung zu kostensparender Tätigkeit,

- ob der Bewilligungszeitpunkt (z.B. bei PKH) nicht auf den Zeitpunkt der Einreichung eines vollständigen Bewilligungsantrags, sondern unzutreffend auf einen davor liegenden Zeitpunkt **zurückverlegt** worden ist.

> **Hinweis:**
>
> Auch eine nach § 46 Abs. 2 im Vorhinein getroffene Feststellung über die Erforderlichkeit von Auslagen und Aufwendungen ist für das Festsetzungsverfahren gem. § 46 Abs. 2 Satz 1 **bindend**. Im Festsetzungsverfahren gem. § 55 ist in diesen Fällen lediglich noch die Höhe der geltend gemachten Kosten zu prüfen (s. auch Teil A: Auslagen aus der Staatskasse [§ 46 Abs. 1 und 2], Rn. 208 ff.).

2. Gegenständliche Beschränkung

1386 Durch die Beiordnung oder Bestellung darf der **Pflichtenkreis** des Rechtsanwalts **gegenständlich** beschränkt werden. Diese Beschränkung ist bei der Festsetzung zu beachten und für die Staatskasse bindend (OLG Frankfurt am Main, FamRZ 1997, 1411; OLG Jena, FamRZ 2000, 100; OLG Köln, FamRZ 2000, 1021; OLG Schleswig, AGS 2009, 34 = SchlHA 2008, 461; vgl. auch OLG Koblenz, StRR 2008, 40 = RVGreport 2008, 139 = AGS 2007, 507).

Zulässig ist daher z.B. die Bewilligung von PKH und Beiordnung nur für einen **Teil des geltend gemachten Anspruchs** (Teil-PKH), weil das Gericht nur insoweit die Erfolgsaussicht der Rechtsverfolgung bejaht hat (AnwKomm-RVG/Schnapp, § 48 Rn. 64 ff.).

Auch die Bestellung für einzelne **Verfahrensabschnitte** ist **zulässig** (vgl. Meyer-Goßner, § 140 Rn. 5 m.w.N.; Burhoff, EV, Rn. 1307 für die Pflichtverteidigung) mit der Folge, dass auch nur für die Tätigkeit in diesen Abschnitten ein Vergütungsanspruch gegen die Staatskasse besteht. Beschränkt sich die Bestellung auf bestimmte Verfahrensabschnitte (z.B. das Ermittlungsverfahren, die erste Instanz, die Revisionshauptverhandlung), ist diese Beschränkung somit auch für den Vergütungsanspruch gegen die Staatskasse zu beachten (OLG Jena, JurBüro 2006, 365).

Umfang des Vergütungsanspruchs (§ 48 Abs. 1)

Weitere gegenständliche Beschränkungen enthalten § 118a Abs. 2 Satz 3 StPO für die mündliche Verhandlung im **Haftprüfungsverfahren** (vgl. dazu OLG Köln, AGS 2007, 452 = RVGreport 2007, 306 = NStZ-RR 2007, 287; s. auch Vorbem. 4.3 VV Rn. 6), § 350 Abs. 3 Satz 1 StPO für die **Hauptverhandlung** in der **Revisionsinstanz** (dazu Rn. 1397, 1400) und § 418 Abs. 4 StPO (für das beschleunigte Verfahren; zum **Strafbefehlsverfahren** – § 408b StPO vgl. Rn. 1410). 1387

Die Beschränkung des **Gebührenerstattungsanspruchs** im Beiordnungs- oder Bestellungsbeschluss ist dagegen grds. nicht zulässig, weil die Frage, welche Gebühren der Rechtsanwalt aus der Staatskasse erstattet verlangen kann, erst in dem späteren Festsetzungsverfahren zu prüfen ist. Eine Beschränkung kann sich nur aus den Vorschriften des RVG ergeben (LG Zwickau, StRR 2009, 242 [Ls.] = VRR 2009, 243 [Ls.]; vgl. auch OLG Düsseldorf, Rpfleger 1993, 351 = JurBüro 1993, 689; OLG Hamm, FamRZ 1995, 748; vgl. dazu ausführlich Rn. 1389 ff.). 1388

II. Gebührenrechtliche Beschränkungen des Vergütungsanspruchs in der Beiordnung/ Bestellung

1. Beiordnung/Bestellung zu den Bedingungen eines ortsansässigen Rechtsanwalts

Zur Frage, ob und ggf. inwieweit der Rechtsanwalt zu den Bedingungen eines **ortsansässigen Rechtsanwalts** bestellt oder beigeordnet werden kann s. Teil A: Auslagen aus der Staatskasse (§ 46) Rn. 175 ff. 1389

2. Anwaltswechsel

a) Prozess- und Verfahrenskostenhilfe

Bindend für die Festsetzung gem. § 55 wird bei einem **Wechsel** des im Wege der **Prozess- oder Verfahrenskostenhilfe** beigeordneten Rechtsanwalts nach allerdings umstrittener Auffassung die Einschränkung angesehen, dass der neu beigeordnete Anwalt nur die Beträge aus der Staatskasse fordern darf, die nicht für den davor beigeordneten Anwalt angefallen sind (OLG Düsseldorf, AGS 2008, 245 = FamRZ 2008, 1767 = JurBüro 2008, 209; **a.A.** OLG Celle, NJW 2008, 2511 = OLGR Celle 2008, 182; OLG Düsseldorf, FamRZ 1993, 819; OLG Hamm, FamRZ 1995, 748; OLG Köln, FamRZ 2004, 123). Der Urkundsbeamte hat insbesondere nicht zu überprüfen, ob die vom Gericht vorgenommene Einschränkung des Vergütungsanspruchs zutreffend erfolgt ist und ob der neu beigeordnete Anwalt auf die bereits für den davor beigeordneten Anwalt angefallenen Gebühren **verzichtet** hat (vgl. dazu OLG Hamm, FamRZ 2006, 1551; OLG Karlsruhe, FamRZ 2007, 645 = OLGR Karlsruhe 2007, 107; zum Verzicht s. Teil A: Vergütungsanspruch gegen die Staatskasse [§§ 44, 45, 50], Rn. 1493 f. und Teil A: Gebühren-/Vergütungsverzicht, Rn. 643 ff.). Ansonsten müsste der Urkundsbeamte die Entscheidung des Gerichts zur Beiordnung überprüfen. Dies liefe nicht nur dem Wesen des Festsetzungsverfahrens zuwider, sondern würde auch die Bestandskraft der Beiordnung infrage stellen (OLG Düsseldorf, AGS 2008, 245 = FamRZ 2008, 1767 = JurBüro 2008, 209; a.A. OLG Köln, FamRZ 2004, 123; OLG Düsseldorf, FamRZ 1993, 819; OLG Hamm, FamRZ 1995, 748). 1390

Umfang des Vergütungsanspruchs (§ 48 Abs. 1)

Deshalb muss die eingeschränkte Beiordnung selbst von der bedürftigen Partei oder dem Anwalt (vgl. OLG Braunschweig, 09.06.2011 - Ws 126/11, JurionRS 2011, 18240; OLG Hamm, FamRZ 2006, 1551; OLG Köln, MDR 2005, 1130) **angefochten** werden (vgl. §§ 379 Abs. 3, 397a Abs. 2 Satz 2 StPO, § 127 ZPO; OLG Schleswig, AGS 2009, 334 = NJW-RR 2009, 1517; zur (Un-)Zulässigkeit der Anfechtung eines Gebührenverzichts s. aber LG Koblenz, RVGreport 2010, 461 = VRR 2011, 238) bzw. das Gericht muss bereits bei der Beiordnung prüfen, ob eine Einschränkung möglich ist (vgl. dazu OLG Celle, NJW 2008, 2511 = OLGR Celle 2008, 182; OLG Karlsruhe, FamRZ 2007, 645). Ist das nicht geschehen, besteht kein Bedürfnis mehr, die Einschränkung im Festsetzungsverfahren gem. § 55 infrage zu stellen (OLG Düsseldorf AGS 2008, 245 = FamRZ 2008, 1767 = JurBüro 2008, 209).

> **Hinweis:**
> - Ordnet das Gericht einen **neuen Rechtsanwalt** ohne Einschränkung bei, steht diesem die volle gesetzliche Vergütung zu (OLG Celle, NJW 2008, 2511 = OLGR Celle 2008, 182).
> - Der Urkundsbeamte muss bei einem **Wechsel** des **beigeordneten Rechtsanwalts** unabhängig davon stets gem. § 54 prüfen, ob aufgrund schuldhaften Verhaltens des zunächst beigeordneten Rechtsanwalts dessen Vergütungsanspruch kraft Gesetzes entfallen ist (s. dazu die Komm. zu § 54).

b) Pflichtverteidiger

1391 Bei einem **Pflichtverteidigerwechsel** muss der Urkundsbeamte stets gem. **§ 54** prüfen, ob aufgrund **schuldhaften Verhaltens** des zunächst bestellten Pflichtverteidigers dessen Vergütungsanspruch **kraft Gesetzes** entfallen ist (vgl. LG Zwickau, StRR 2009, 242 [Ls.] = VRR 2009, 243 [Ls.]). Liegen die Voraussetzungen des § 54 nicht vor, gilt Folgendes:

- Die **Einschränkung** bei der Bestellung, dass sich bei einem **Wechsel** des **Pflichtverteidigers** der neu bestellte Pflichtverteidiger die an den früheren Verteidiger gezahlte **Vergütung anrechnen** lassen muss bzw. nur die Vergütung fordern kann, die nicht schon in der Person des zunächst bestellten Verteidigers angefallen ist, ist **grds. unzulässig** und in der Festsetzung unbeachtlich, weil diese Einschränkung gesetzlich nicht vorgesehen ist (OLG Braunschweig, 09.06.2011 - Ws 126/11, JurionRS 2011, 18240; OLG Frankfurt am Main, NJW 1980, 1703; OLG Jena, Rpfleger 2006, 434 = JurBüro 2006, 366; LG Zwickau, StRR 2009, 242 [Ls.] = VRR 2009, 243 [Ls.]). Eine Einschränkung kann sich nur aus §§ 46 ff., 54 ergeben (OLG Jena, a.a.O.; LG Zwickau, a.a.O.).

- Die Einschränkung ist aber dann zu **beachten**, wenn der neu bestellte Pflichtverteidiger sein **Einverständnis** mit dieser Einschränkung **erklärt** hat (LG Zwickau, a.a.O.; OLG Braunschweig, 09.06.2011 - Ws 126/11, JurionRS 2011, 18240). Der Urkundsbeamte muss somit im Festsetzungsverfahren gem. § 55 ermitteln, ob sich der Anwalt mit der eingeschränkten Bestellung einverstanden erklärt hat. Allerdings besteht die Gefahr, dass dem Urkundsbeamten die Wirkungslosigkeit der Beschränkung und der Ausnahmen hiervon (Einverständnis) nicht bekannt sind. Deshalb wird zutreffend ein Beschwerderecht des Pflichtverteidigers gegen seine eingeschränkte Bestellung bejaht (OLG Braunschweig, 09.06.2011 - Ws 126/11,

Umfang des Vergütungsanspruchs (§ 48 Abs. 1)

JurionRS 2011, 18240; OLG Düsseldorf, NStZ-RR 2009, 348 = JMBl. NW 2009, 128 = Rpfleger 2009, 590).

Das Einverständnis kann auch im **Verzicht** auf die Vergütung liegen, die bereits für den zunächst bestellten Pflichtverteidiger angefallen ist. Der Verzicht ist trotz der Regelung in § 49b Abs. 1 Satz 1 BRAO aus folgenden Gründen auch zulässig (s. zum Verzicht Teil A: Vergütungsanspruch gegen die Staatskasse [§§ 44, 45, 50], Rn. 1493 f. und Teil A: Gebühren-/Vergütungsverzicht, Rn. 643 ff.; zur (Un-)Zulässigkeit der Anfechtung eines Gebührenverzichts s. LG Koblenz, RVGreport 2010, 461 = VRR 2011, 238):

1392

Dem **Wunsch** eines **Angeklagten** auf **Wechsel** des **Pflichtverteidigers** ist nicht nur bei Störung des Vertrauensverhältnisses, sondern auch dann zu entsprechen, wenn der bisherige Pflichtverteidiger mit der Aufhebung seiner Bestellung einverstanden ist und die Bestellung des neuen Verteidigers keine Verfahrensverzögerung und **keine Mehrkosten** für die Staatskasse verursacht (OLG Bamberg, NJW 2006, 1536 = NStZ 2006, 467 = NJW-Spezial 2006, 283; OLG Brandenburg, NStZ-RR 2009; StV 2001, 442; OLG Braunschweig, StraFo 2008, 428; OLG Frankfurt am Main, NStZ-RR 2005, 31; StV 2008, 128 = NStZ-RR 2008, 47= StRR 2008, 69; OLG Hamburg, StraFo 1998, 307 = StV 1999, 588; OLG Köln, StraFo 2008, 348; OLG Naumburg, StraFo 2005, 73; RVGreport 2010, 333 = RVGprofessionell 2010, 133 = StRR 2010, 242; OLG Oldenburg, StV 2010, 351 = NStZ-RR 2010, 210 = StRR 2010, 267).

Mehrkosten entstehen u.a. dann **nicht**, wenn der neue Verteidiger auf doppelt entstehende Gebühren **verzichtet** (OLG Frankfurt am Main, StV 2008, 128 = NStZ-RR 2008, 47= StRR 2008, 69; zur allgemeinen Zulässigkeit des Gebührenverzichts s. auch Teil A: Gebühren-/Vergütungsverzicht, Rn. 643). Bei einem Wechsel des Pflichtverteidigers **zwischen zwei Instanzen** fallen Mehrkosten dabei i.d.R. dadurch an, dass sowohl für den bisherigen als auch für den neu bestellten Pflichtverteidiger die **Grundgebühr** Nr. 4100 VV entsteht, sodass sich der Verzicht häufig auf die Grundgebühr beziehen wird (KG, StRR 2008, 427; OLG Bamberg, NJW 2006, 1536 = NStZ 2006, 467 = NJW-Spezial 2006, 283; OLG Brandenburg, NStZ-RR 2009, 64; OLG Frankfurt am Main, StV 2008, 128 = NStZ-RR 2008, 47= StRR 2008, 69; OLG Köln, StraFo 2008, 348; OLG Düsseldorf, StraFo 2007, 156). Das gilt im Übrigen auch bei einem Verteidigerwechsel **während der Instanz** (OLG Frankfurt am Main, StV 2008, 128 = NStZ-RR 2008, 47= StRR 2008, 69), wobei hier auch die **Verfahrensgebühr(en)** betroffen sein können (OLG Naumburg, RVGreport 2010, 333 = RVGprofessionell 2010, 133 = StRR 2010, 242 [Ls.]).

Hinweis:
Eine doppelte Belastung der Staatskasse hinsichtlich der Grundgebühr kann auch dadurch vermieden werden, dass der Angeklagte seinem Verteidiger einen Vorschuss in Höhe mindestens der Grundgebühr geleistet hat, der gem. **§ 58 Abs. 3** auf den Gebührenanspruch des Pflichtverteidigers zu verrechnen ist (KG, StRR 2008, 427; OLG Köln, StraFo 2008, 348 = NJW-Spezial 2008, 506; OLG Köln, NStZ 2006, 514 = JMBl. NW 2007, 69).

Umfang des Vergütungsanspruchs (§ 48 Abs. 1)

III. Zeitpunkt der Bestellung/Beiordnung

1. Bestellung nach Beendigung des Verfahrens

a) Pflichtverteidiger

1393 Wird der Pflichtverteidiger **im Laufe des Verfahrens** bestellt, gilt für den Vergütungsanspruch vor dem Zeitpunkt der Bestellung § 48 Abs. 5 (vgl. dazu die Komm. bei § 48 Abs. 5).

Eine **rückwirkende Pflichtverteidigerbestellung** nach Beendigung des Verfahrens ist aber **nicht zulässig**. Ist das Verfahren beendet, kommt die Bestellung eines Pflichtverteidigers nicht mehr in Betracht (vgl. BGH, NStZ-RR 2009, 348 = StRR 2010, 29 = VRR 2009, 474; NStZ 1997, 299; StV 1989, 378; KG, StraFo 2006, 200; StV 2007, 343; StV 2007, 372; NStZ-RR 2008, 248, für die Beiordnung eines Vernehmungsbeistandes; OLG Bamberg, NJW 2007, 3796; OLG Celle, JurBüro 1991, 857; OLG Düsseldorf, StraFo 2003, 94; NStZ-RR 1996, 171; OLG Hamm, 20.07.2000 – 1 Ws 206/00, JurionRS 2000, 16847 für die Bestellung nach Rücknahme der Berufung; 27.05.2008 – 5 Ws 184/08, JurionRS 2008, 18692; NStZ-RR 2009, 113; OLG Schleswig, StRR 2008, 349; LG Bremen, StV 2007, 345 [Einstellung nach § 170 Abs. 2 StPO]; LG Dortmund, StV 2007, 344; LG Koblenz, NJW 2004, 962; weitere Nachw. bei Burhoff, EV, Rn. 1328).

Eine rückwirkende Pflichtverteidigerbestellung nach Verfahrensende wird **selbst dann** für ausgeschlossen gehalten, wenn der **Bestellungsantrag** noch **vor Beendigung** des Verfahrens gestellt worden ist (KG, StV 2008, 343; OLG Bamberg, NJW 2007, 3796 = StRR 2007, 322; OLG Hamm, 28.06.2007 – 2 Ws 174/07, JurionRS 2008, 18692; OLG Schleswig, StRR 2008, 349; **a.A.** OLG Koblenz, StV 1995, 537 wonach derjenige, der rechtzeitig alles getan hat, damit sein Anspruch auf Bestellung eines Pflichtverteidigers umgesetzt werden kann, sich darauf verlassen können muss, dass er nicht am Ende für die Verteidigerkosten aufkommen muss; so auch OLG Hamm, StraFo 2008, 311).

1394 Das wird damit **begründet**, dass die Pflichtverteidigung nicht dem kostenmäßigen Interesse des Pflichtverteidigers diene, sondern dem Interesse des Staates an einer ordnungsgemäßen Verteidigung des Beschuldigten/Angeklagten (vgl. u.a. BGH, NStZ-RR 2009, 348 = StRR 2010, 29 = VRR 2009, 474). Eine nachträgliche Bestellung würde dann ausschließlich dem verfahrensfremden Zweck dienen, dem Verteidiger für einen bereits abgeschlossenen Verfahrensabschnitt einen Vergütungsanspruch gegen die Staatskasse zu verschaffen, nicht jedoch eine noch notwendige ordnungsgemäße Verteidigung des Angeklagten zu gewährleisten (BGH, NStZ-RR 2009, 348 = StRR 2010, 29 = VRR 2009, 474; StV 1989, 378; OLG Düsseldorf, StraFo 2003, 94; Meyer-Goßner, § 141 Rn. 8; vgl. hierzu auch ausführlich Burhoff, EV, Rn. 1326 ff., mit zahlr. Hinweisen zur landgerichtlichen Rspr., die teilweise a.A. ist).

> **Hinweis:**
>
> **Voraussetzung** für eine Bestellung nach Beendigung des Verfahrens ist aber auch nach der landgerichtlichen Rechtsprechung, dass der **Beiordnungsantrag vor Abschluss** des Verfahrens gestellt worden ist, ein Fall notwendiger Verteidigung zum Zeitpunkt der Antragstel-

Umfang des Vergütungsanspruchs (§ 48 Abs. 1)

lung vorlag und der Verteidiger tatsächlich tätig geworden ist (vgl. z.B. LG Dortmund, StV 2007, 344; StraFo 2009, 106; LG Erfurt, StV 2007, 346; LG Koblenz, StV 2008, 348 = StRR 2008, 202; LG Stuttgart, StRR 2009, 226).

Erfolgt keine ausdrückliche rückwirkende Bestellung, liegt ggf. eine zum Vergütungsanspruch gegen die Staatskasse führende **stillschweigende Bestellung** vor (s. dazu Teil A: Vergütungsanspruch gegen die Staatskasse [§§ 44, 45, 55], Rn. 1484 ff.).

b) **Beistand für Nebenkläger/Zeugenbeistand**

Die **rückwirkende Bestellung** eines **Nebenklägerbeistands (§ 397a Abs. 2 StPO)** oder eines **Zeugenbeistands** (§ 68b Abs. 2 StPO) nach Beendigung des Verfahrens ist **ebenfalls nicht zulässig**. Diese Bestellung wirkt grds. **nicht zurück** (BGH, StraFo 2008, 332; KG, StRR 2009, 362 = VRR 2009, 403 = JurBüro 2009, 658; NStZ-RR 2008, 248). Allerdings kann nach Instanzende noch eine rückwirkende Beistandsbestellung erfolgen, wenn das Gericht über den Antrag auf Bestellung des Beistands nicht rechtzeitig entschieden und der Antragsteller bereits alles für die Bestellung des Beistands Erforderliche getan hat (BVerfG, NStZ-RR 1997, 69; BGH, NJW 1985, 921 = Rpfleger 1985, 164 = JurBüro 1985, 535; OLG Köln, NStZ-RR 2999, 285; Meyer-Goßner, § 397a Rn. 15). 1395

2. **§ 48 Abs. 5**

Maßgeblich ist der **Zeitpunkt** des **Wirksamwerdens** der **Bestellung** (BGH, NJW 1985, 921 = Rpfleger 1985, 164 = JurBüro 1985, 535). Grds. entstehen Vergütungsansprüche gegen die Staatskasse daher erst für Tätigkeiten ab dem Zeitpunkt der Bestellung oder Beiordnung des Rechtsanwalts (vgl. OLG Hamm, AnwBl. 1995, 562; OLG Düsseldorf, NStZ-RR 1996, 171). Eine **Ausnahme** von diesem Grundsatz ist für in **laufenden Verfahren** nach den Teilen 4 bis 6 VV bestellte oder beigeordnete Rechtsanwälte in **§ 48 Abs. 5** geregelt. Danach erhält der Rechtsanwalt die Vergütung aus der Staatskasse auch für vor dem Zeitpunkt der Bestellung erbrachte Tätigkeiten (zu den Einzelh. s. Komm. zu § 48 Abs. 5). § 48 Abs. 5 gilt dabei auch für den dem Nebenkläger im Wege der PKH beigeordneten Rechtsanwalt (OLG Koblenz, StRR 2008, 40 = RVGreport 2008, 139 = AGS 2007, 507). 1396

IV. **Reichweite der Beiordnung/Bestellung**

1. **Pflichtverteidiger**

a) **Allgemeines**

Die Bestellung zum Pflichtverteidiger gilt bis zur **Rechtskraft** (vgl. OLG Dresden, AGS 2007, 404; OLG Hamm, StRR 2009, 39 = RVGreport 2009, 149; OLG Rostock, RVGreport 2010, 380 = StRR 2010, 479 = RVGprofessionell 2010, 137; Burhoff, EV, Rn. 1307 ff.; zur Strafvollstreckung vgl. Rn. 1411). Enthält der Bestellungsbeschluss keine Einschränkungen (dazu Rn. 1386), gilt die Bestellung zum Pflichtverteidiger **für alle Instanzen** ausschließlich der **Revisionshauptverhandlung**, für die eine besondere Bestellung erfolgen muss (vgl. § 350 Abs. 3 StPO; Burhoff, 1397

Umfang des Vergütungsanspruchs (§ 48 Abs. 1)

EV, Rn. 1308). Bei Bestellung in Berufungsverfahren gilt dies auch im Revisionsverfahren mit Ausnahme der Revisionsverhandlung (OLG Jena, JurBüro 2006, 365). Beschränkt sich die Bestellung auf **bestimmte Verfahrensabschnitte** (z.B. das Ermittlungsverfahren, die erste Instanz, die Revisionshauptverhandlung), ist diese Beschränkung auch für den Vergütungsanspruch gegen die Staatskasse zu beachten und bindend (vgl. Rn. 1386 f.; OLG Jena, a.a.O.).

> **Hinweis:**
>
> Die Tätigkeit des Pflichtverteidigers im **Verfassungsbeschwerdeverfahren** wird nicht mehr von der ursprünglichen Bestellung erfasst, sodass die Vergütung nach § 37 (s. dazu die Komm. zu § 37) nur dann aus der Staatskasse zu zahlen ist, wenn er ausdrücklich für das Verfassungsbeschwerdeverfahren beigeordnet worden ist (OLG Rostock und LG Neubrandenburg, RVGreport 2010, 380 = StRR 2010, 479 = RVGprofessionell 2010, 137; vgl. auch § 37 Rn. 4). Die Tätigkeiten im Vorabentscheidungsverfahren nach Art. 267 AEUV werden hingegen erfasst (vgl. § 38 Rn. 4). Die zahlungspflichtige öffentliche Kasse bestimmt sich nach § 45 Abs. 3.

b) Weiterer Pflichtverteidiger zur Verfahrenssicherung

1398 Die Bestellung eines **weiteren Verteidigers** ist zulässig und kann geboten sein, wenn aufgrund des Umfangs und der Schwierigkeit des Verfahrens ein unabweisbares Bedürfnis dafür besteht, um eine ausreichende Verteidigung zu gewährleisten oder um bei langer Verfahrensdauer ein Weiterverhandeln auch bei vorübergehender Verhinderung eines Verteidigers sicherzustellen (vgl. OLG Hamm, NStZ 2011, 235 = StRR 2011, 25). Wird ein weiterer Pflichtverteidiger zur **Verfahrenssicherung** bestellt, steht grds. beiden Anwälten ein Vergütungsanspruch gegen die Staatskasse zu (vgl. zu mehreren Pflichtverteidigern Burhoff, EV, Rn. 1283 ff.).

1399 Ein zweiter Pflichtverteidiger darf nicht mit der Maßgabe/Einschränkung bestellt werden, dass nur eine Pflichtverteidigervergütung gezahlt wird (vgl. OLG Frankfurt am Main, NJW 1980, 1703; Burhoff, EV, Rn. 1286). Fraglich ist aber, ob eine ggf. dennoch erfolgte Beschränkung im Festsetzungsverfahren gem. § 55 vom Urkundsbeamten zu beachten ist. Insoweit gilt: Sieht man die gegenständliche Beschränkung des Vergütungsanspruchs in der Bestellung als unzulässig an, ist sie unbeachtlich (vgl. auch oben Rn. 1386 ff.).

> **Hinweis:**
>
> Allerdings besteht immer die Gefahr, dass der Urkundsbeamte das anders sieht, sodass es sich empfiehlt, **bereits** der **Beschränkung** an sich **entgegenzutreten**.

c) Bestellung für die Revisionshauptverhandlung

1400 Die Bestellung zum Pflichtverteidiger gilt bis zur Rechtskraft. Sie gilt also für alle Instanzen, erfasst aber nicht die Revisionshauptverhandlung. Für die muss eine besondere Bestellung erfolgen (vgl. § 350 Abs. 3 StPO; Burhoff, EV, Rn. 1308 und oben Rn. 1397). Die für die Revisionshauptverhandlung nach § 350 Abs. 3 StPO erfolgte Bestellung deckt nur die Tätigkeit in der Revisionshauptverhandlung (Meyer-Goßner, § 350 Rn. 7 f.) und ihre Vor- und Nachbereitung ab.

Umfang des Vergütungsanspruchs (§ 48 Abs. 1)

Beispiel:

Der Rechtsanwalt ist Wahlanwalt des Angeklagten beim AG. Der Angeklagte legt gegen seine Verurteilung Sprungrevision ein. Der Rechtsanwalt begründet die Revision. Er wird dann vom OLG „für die Revisionshauptverhandlung" zum Pflichtverteidiger bestellt. Kann der Rechtsanwalt nach Abschluss des Revisionsverfahrens neben der Terminsgebühr nach Nr. 4132 VV auch die Verfahrensgebühr Nr. 4130 VV als gesetzliche Gebühr geltend machen?

*Für die Abrechnung gilt: Die Beschränkung der Bestellung auf die Revisionshauptverhandlung bedeutet, dass der Verteidiger die Verfahrensgebühr Nr. 4130 VV, mit der u.a. die Erstellung der Revisionsbegründung honoriert wird (Nr. 4130 VV Rn. 11 ff.), aufgrund der bislang vorliegenden Bestellung nicht als gesetzliche Gebühr geltend machen kann (Burhoff, RVGreport 2010, 362). Der Verteidiger muss deshalb die **Erweiterung** der Bestellung **beantragen** und zwar rechtzeitig **vor** Abschluss des Revisionsverfahrens und damit eintretender Rechtskraft (vgl. oben Rn. 1393).*

2. Beiordnung im Wege der PKH

Der im Wege der PKH beigeordnete Rechtsanwalt kann die Vergütung aus der Staatskasse grds. nur für solche Tätigkeiten fordern, die er nach dem Wirksamwerden seiner Beiordnung erbracht hat (Ausnahme § 48 Abs. 5, vgl. Komm. zu § 48 Abs. 5). Der Beschluss, mit dem PKH bewilligt und ein Rechtsanwalt beigeordnet worden ist, wird grds. **mit Zugang wirksam** (BGH, NJW 1985, 921 = Rpfleger 1985, 164 = JurBüro 1985, 535; NJW 1992, 839, 840). Allerdings kann die Bewilligung und Beiordnung auf den Zeitpunkt der Antragstellung **zurückwirken**, wenn das Gericht über den Antrag nicht rechtzeitig entschieden und der Antragsteller bereits alles für die Bewilligung der PKH Erforderliche getan hat (BVerfG, NStZ-RR 1997, 69; BGH, NJW 1985, 921 = Rpfleger 1985, 164 = JurBüro 1985, 535; OLG Koblenz, StRR 2008, 40 = RVGreport 2008, 139 = AGS 2007, 507; OLG Köln, NStZ-RR 1999, 285; Meyer-Goßner, § 397a Rn. 15). Voraussetzung einer Rückwirkung auf den Zeitpunkt der Antragstellung ist stets, dass zu diesem Zeitpunkt sämtliche Voraussetzungen für die PKH-Bewilligung vorlagen. Wird die Rückwirkung in der Beiordnung vom Gericht ausgesprochen, ist diese für die Festsetzung bindend (vgl. Rn. 1385).

1401

> **Hinweis:**
>
> Wird dem Nebenkläger ein Rechtsanwalt gem. § 397a Abs. 2 StPO im Wege der PKH beigeordnet, entfaltet die Beiordnung unter Beschränkung auf die Vergütung eines ortsansässigen Rechtsanwalts im Festsetzungsverfahren nach § 55 keine Wirkung. § 121 Abs. 1 bis 3 ZPO wird in § 397a Abs. 2 Satz 3 StPO ausdrücklich nicht in Bezug genommen. Die Beschränkung ist daher unzulässig, weil sie gesetzlich nicht vorgesehen ist (vgl. hierzu Teil A: Auslagen aus der Staatskasse [§ 46], Rn. 184).

Die PKH-Bewilligung erstreckt sich aber nicht wie beim Pflichtverteidiger oder beim Beistand für den Nebenkläger (§ 397a Abs. 1 StPO, Rn. 1397, 1403) auf alle Instanzen, sondern muss **für jeden Rechtszug neu** erfolgen (vgl. § 397a Abs. 2 Satz 2 StPO und § 119 Abs. 1 ZPO; BGH, Rpfleger 2000, 470 = NJW 2000, 3222 = StV 2001, 606; StraFo 2008, 131; KG, RVGreport 2011, 142; OLG Düsseldorf, StraFo 2000, 23 = NStZ-RR 2000, 148; LG Detmold, 19.02.2009 – 4 Qs 22/09, JurionRS 2009, 13314).

1402

Umfang des Vergütungsanspruchs (§ 48 Abs. 1)

> **Hinweis:**
>
> Der im Wege der PKH beigeordnete Rechtsanwalt erhält die Vergütung nach § 37 (s. dazu die Komm. zu § 37) für die Tätigkeit im Verfassungsbeschwerdeverfahren nur, wenn er ausdrücklich für das Verfassungsbeschwerdeverfahren beigeordnet worden ist (vgl. Rn. 1397). Zahlungspflichtig ist gem. § 45 Abs. 1 die Bundeskasse. Wird wie beim Pflichtverteidiger (Rn. 1397) davon ausgegangen, dass die Tätigkeit im **Vorabentscheidungsverfahren** nach Art. 267 AEUV von der ursprünglichen Beiordnung erfasst wird (vgl. § 38 Rn. 4), fehlt es aber an der Bestimmung einer zahlungspflichtigen öffentlichen Kasse durch den Gesetzgeber, weil § 45 Abs. 1 bei PKH nur Verfahren vor Gerichten der Bundesländer und des Bundes erfasst.

3. Nebenklägerbeistand

1403 Die Beistandsbestellung wirkt über die jeweilige Instanz hinaus bis zum rechtskräftigen Abschluss des Verfahrens fort (vgl. BGH, StraFo 2008, 131; StraFo 2005, 343; NStZ-RR 2003, 293). Sie erstreckt sich anders als beim Pflichtverteidiger **auch** auf die **Revisionshauptverhandlung** (BGH, Rpfleger 2000, 470 = NJW 2000, 3222 = StV 2001, 606; StraFo 2005, 343; OLG Düsseldorf, StraFo 2000, 23 = NStZ-RR 2000, 148). Auch hier gilt § 48 Abs. 5.

> **Hinweis:**
>
> Die Bewilligung von PKH wird allerdings nur für die jeweilige Instanz (BGH, a.a.O.; KG, RVGreport 2011, 142).

4. Zeugenbeistand

1404 Folgt man der (unzutreffenden) Auffassung, dass sich die Vergütung des gem. § 68b Abs. 2 StPO beigeordneten Zeugenbeistands nach Teil 4 Abschnitt 3 VV richtet (**Einzeltätigkeit**, s. zum Meinungsstand eingehend Vorbem. 4 Abs. 1 VV, Rn. 5 ff.), wird man davon ausgehen müssen, dass sich die für die Dauer der Vernehmung des Zeugen erfolgte Beiordnung **nicht** auf die **Einlegung** eines **Rechtsmittels** für den Zeugen erstreckt. Eine Vergütung dieser von besonderen Gebührentatbeständen (Teil 4 Abschnitt 3 VV) erfassten Tätigkeiten kann der Rechtsanwalt daher nur verlangen, wenn ihm die entsprechenden Aufgaben mit der Beiordnung übertragen worden sind (KG, NStZ-RR 2009, 327 = StRR 2009, 398 = RVGreport 2009, 310).

5. Adhäsionsverfahren (Nrn. 4143 VV und 4144 VV)

a) Pflichtverteidiger

1405 Ob die Bestellung eines Rechtsanwalts zum Pflichtverteidiger des Angeklagten sich **ohne Weiteres auch** auf das Adhäsionsverfahren erstreckt, ist umstritten (vgl. wegen Rspr.-Nachw. Nr. 4143 VV Rn. 16; s. auch Gerold/Schmidt/Burhoff, VV 4143 Rn. 5).

1406 Die **wohl herrschende Meinung** in der Rechtsprechung geht allerdings davon aus, dass sich die Pflichtverteidigerbestellung **nicht** auf das Adhäsionsverfahren erstreckt, sondern wegen des klaren Wortlauts von § 404 Abs. 5 StPO insoweit nach entsprechender Antragstellung eine gesonderte Bewilligung von PKH nebst Beiordnung des Verteidigers erfolgen muss (vgl. die Nach. bei Nr. 4143 VV Rn. 16; so auch N. Schneider, in: Hansens/Braun/Schneider, Teil 15, Rn. 720). Dies wird im Wesentlichen damit begründet, dass § 404 Abs. 5 StPO eine ausdrückliche Regelung für die Beiordnung eines Rechtsanwalts im Adhäsionsverfahren auch für den Angeschuldigten enthalte. Danach solle dem Angeschuldigten, der einen Verteidiger hat, dieser beigeordnet werden. Mit der einschränkungslosen Verwendung des Begriffes „Verteidiger" enthalte das Gesetz keinen Hinweis dafür, dass nur der Wahlverteidiger einer gesonderten richterlichen Anordnung bedürfe, um auch im Adhäsionsverfahren den Angeschuldigten zu vertreten; anderenfalls hätte das Gesetz bestimmt, dass nicht der „Verteidiger", sondern der „nicht gerichtlich bestellte Verteidiger" (bei Vorliegen der Voraussetzungen nach §§ 114 ff. ZPO) beigeordnet werden solle (zur Kritik an dieser Rechtsprechung s. Nr. 4143 Rn. 16 ff.).

> **Hinweis:**
> Wegen des nicht klaren Meinungsbildes in der Rechtsprechung sollte der Pflichtverteidiger seine Beiordnung im Wege der PKH für die Abwehr der im Adhäsionsverfahren geltend gemachten Ansprüche bzw. die **Erstreckung** seiner Bestellung auf das Adhäsionsverfahren **beantragen**. Die Bewilligung der PKH für den Angeschuldigten muss dann für **jeden Rechtszug besonders** beantragt werden (§ 119 Abs. 1 Satz 1 ZPO; BGH, StraFo 2008, 131; KG, RVGreport 2011, 142). Dem Prozesskostenhilfeantrag sind der amtliche Vordruck (§ 117 Abs. 3 ZPO) sowie die in § 117 Abs. 2 ZPO genannte Erklärung nebst Belegen beigefügt. Auf entsprechendes Verlangen des Gerichts sind die tatsächlichen Angaben glaubhaft zu machen.

b) Nebenklägervertreter

Ist der Rechtsanwalt dem Nebenkläger im Wege der PKH beigeordnet worden (vgl. § 397a Abs. 2 StPO), ist er nur dann befugt, für den Nebenkläger vermögensrechtliche Ansprüche gegen den Angeklagten im Adhäsionsverfahren einzuklagen und seine diesbezüglichen Gebühren gegen die Staatskasse geltend zu machen, wenn er dem Nebenkläger im Rahmen der Gewährung von PKH gem. § 404 Abs. 5 Satz 2 StPO, § 121 Abs. 2 ZPO **ausdrücklich gesondert** für das Adhäsionsverfahren **beigeordnet** worden ist (vgl. BGH, StraFo 2001, 306 = Rpfleger 2001, 370 = NJW 2001, 2486; StraFo 2008, 131; OLG Dresden, AGS 2007, 405; OLG Jena, NJW 2009, 587 = StRR 2010, 114 = RVGreport 2010, 106; OLG München, StV 2005, 38). Dies gilt auch für den Fall, dass der Rechtsanwalt dem Nebenkläger als **Beistand** nach § 397a Abs. 1 StPO bestellt worden ist (vgl. BGH, StraFo 2001, 306 = Rpfleger 2001, 370 = NJW 2001, 2486; OLG Dresden, AGS 2007, 404; OLG Hamm, NStZ-RR 2001, 351 = JurBüro 2001, 530 = Rpfleger 2001, 565 = AGS 2002, 252; wegen weiterer Nachw. s. Nr. 4143 Rn. 15).

1407

> **Hinweis:**
> Der Rechtsanwalt darf nicht vergessen, **ausdrücklich** seine **Beiordnung** auch für das Adhäsionsverfahren zu **beantragen**.

A. Vergütungs-ABC   B. Kommentar

Umfang des Vergütungsanspruchs (§ 48 Abs. 1)

c) Beiordnung für Abschluss eines Vergleichs im Adhäsionsverfahren

1408 Zum Gebührenanspruch, wenn der Rechtsanwalt dem Nebenkläger für den Abschluss eines Vergleichs im Adhäsionsverfahren **beigeordnet** worden ist, vgl. OLG Jena, NJW 2009, 587 = StRR 2010, 114 = RVGreport 2010, 106 und Teil A: Einigungsgebühr (Nrn. 1000, 1003, 1004 VV), Rn. 485.

6. Einziehung und verwandte Maßnahmen (Nr. 4142 VV)

1409 Nr. 4142 VV gilt **auch** für den **Pflichtverteidiger**. Das ergibt sich bereits daraus, dass auch insoweit eine 1,0 Gebühr vorgesehen ist. Eine **besondere Bestellung** für Tätigkeiten im Rahmen der Einziehung ist **nicht** erforderlich (vgl. AnwKomm-RVG/N. Schneider, VV 4142 Rn. 9; Al-Jumaili, JurBüro 2000, 172, 175; Gerold/Schmidt/Burhoff, VV 4142 Rn. 4). Nach Ausbildung der Gebühr Nr. 4142 VV als reine Wertgebühr hat der Gesetzgeber es zu Recht als nicht nachvollziehbar angesehen, warum der gerichtlich bestellte Rechtsanwalt, der für seinen Mandanten im Bereich der Einziehung tätig wird, für diese Tätigkeiten grds. nicht ebenso wie der Wahlanwalt honoriert werden sollte (vgl. dazu BT-Drucks. 15/1971, S. 228; s. auch Nr. 4142 VV Rn. 10, 22 ff., 29). Die Höhe der dem gerichtlich bestellten Rechtsanwalt zustehenden Gebühr wird im Übrigen durch § 49 auf die einem im Wege der PKH beigeordneten Rechtsanwalt zustehenden Gebührenbeträge begrenzt.

7. Strafbefehlsverfahren

1410 Anders als etwa in § 118a Abs. 2 Satz 3 StPO „für die mündliche Verhandlung" im Haftprüfungsverfahren, § 350 Abs. 3 Satz 1 StPO „für die Hauptverhandlung" in der Revisionsinstanz und § 418 Abs. 4 StPO „für das beschleunigte Verfahren" nimmt § 408b StPO zwar nicht ausdrücklich eine Beschränkung der Reichweite der Verteidigerbestellung im Strafbefehlsverfahren vor. Die Bestellung zum Pflichtverteidiger im Strafbefehlsverfahren gilt aber nach wohl herrschender Meinung gleichwohl **nur** für das **Strafbefehlsverfahren** und den **Einspruch** gegen den Strafbefehl, nicht aber für eine sich ggf. anschließende Hauptverhandlung (OLG Düsseldorf, StraFo 2008, 441 = StRR 2008, 358 = RVGreport 2008, 351; NStZ 2002, 390 = StraFo 2002, 169; LG Dresden, 05.07.2006 – 3 Qs 78/06; Burhoff, EV, Rn. 1547; a.A. AG Höxter, NJW 1994, 2842 = StV 1995, 519 wonach die Verteidigerbestellung nur bis zur Entscheidung über den Erlass oder Nichterlass des Strafbefehls gilt). Nach weitergehender Auffassung sind auch die Hauptverhandlung und damit eine Terminsgebühr umfasst (OLG Celle, Beschl. v. 22.02.2011 - 2 Ws 415/10, burhoff.de; OLG Köln, StV 2010, 68 = NStZ-RR 2010, 30 = StRR 2010, 68; KK StPO/Fischer, § 408b Rn. 8; offen gelassen von OLG Oldenburg, StraFo 2010, 430 = RVGreport 2011, 24 = VRR 2011, 39).

> **Hinweis:**
> Die Tätigkeit im Strafbefehlsverfahren ist **keine** unter Teil 4 Abschnitt 3 VV fallende **Einzeltätigkeit**, sondern wird von der Vergütung nach Teil 4 Abschnitt 1 VV erfasst (vgl. dazu und zu weiteren Einzelh. s. Teil A: Strafbefehlsverfahren, Abrechnung, Rn. 1265 ff.; Vorbem. 4.3 VV Rn. 17).

8. Strafvollstreckung

a) Verhältnis Hauptverfahren zur Strafvollstreckung

Die **Pflichtverteidigerbestellung endet** mit der **Rechtskraft** des letzten tatinstanzlichen Urteils (oben Rn. 1397). Sie erstreckt sich daher **nicht** auf die **Strafvollstreckung**. Deshalb muss der im Hauptverfahren bestellte Verteidiger in der Strafvollstreckung ggf. auf eine erneute Pflichtverteidigerbestellung (vgl. insoweit § 463 Abs. 3 Satz 4 und 5 StPO) hinwirken (vgl. hierzu OLG Brandenburg, StV 2007, 95; OLG Hamm, AGS 2002, 91; StRR 2009, 39 = RVGreport 2009, 149; OLG Dresden, AGS 2007, 404; OLG Karlsruhe, StV 1998, 348; OLG Rostock, StRR 2010, 479; Burhoff, EV, Rn. 1307 ff.; Burhoff, RVGreport 2007, 8). Allerdings wirkt die im Hauptverfahren erfolgte Beiordnung eines Pflichtverteidigers auch für das Nachverfahren betreffend eine nachträgliche Gesamtstrafenbildung fort (OLG Köln, StV 2011, 219).

1411

b) Mehrere Überprüfungsverfahren (§ 67e StGB)

In der Rechtsprechung ist umstritten, ob sich die Pflichtverteidigerbestellung auf den jeweils zu entscheidenden Vollstreckungsabschnitt beschränkt und damit für jedes Überprüfungsverfahren erneut erfolgen muss (so KG, NStZ-RR 2005, 127 = RVGreport 2005, 102 = AGS 2005, 393; JurBüro 2002, 75 = NStZ-RR 2002, 63 = StV 2004, 39; OLG Frankfurt am Main, NStZ-RR 2003, 252; OLG Schleswig, StV 2006, 206 = RVGreport 2005, 70 = AGS 2005, 120; SchlHA 1989, 105; OLG Zweibrücken, StraFo 2010, 216 = NStZ 2010, 470 = StRR 2010, 163; StraFo 2008, 40), oder ob die einmal vorgenommene Bestellung für alle Überprüfungsverfahren bis zum Vollstreckungsende gilt bzw. für alle Überprüfungsverfahren vorgenommen werden kann (so OLG Hamm, 10.10.2002 – 1 Ws 235/2002, www.burhoff.de; OLG Naumburg, 27.04.2010 – 1 Ws 144/10, JurionRS 2010, 20901; OLG Stuttgart, NJW 2000, 3367; AGS 2010, 429 = StRR 2010, 438 = RVGreport 2010, 388).

1412

Das Vollstreckungsverfahren läuft so lange, wie die Vollstreckung tatsächlich andauert. Gerade in Unterbringungssachen erscheint die Beschränkung der Verteidigerbestellung auf einen kurzen Verfahrensabschnitt deshalb nicht unbedingt sinnvoll, da einmal in regelmäßigen Zeitabständen über die Fortdauer der Unterbringung zu entscheiden ist und zum anderen Handlungsbedarf auch für den Verurteilten und seinen Verteidiger zur Vorbereitung späterer Entscheidungen – wie etwa die Anregung, Gutachten oder Stellungnahmen einzuholen – bestehen kann (zum Begriff der Angelegenheiten s. Teil A: Angelegenheiten [§§ 15 ff.], Rn. 67). Vorsorglich sollte aber für jedes neue Überprüfungsverfahren die erneute Bestellung zum Pflichtverteidiger ausdrücklich beantragt werden.

c) Nachträgliche Gesamtstrafenbildung

Wird im Strafverfahren ein Pflichtverteidiger bestellt, gilt diese Bestellung für das Verfahren auf **nachträgliche Gesamtstrafenbildung nach § 460 StPO** fort (vgl. KG, 12.04.1999 – 1 AR 333/99 – 3 Ws 184/99; OLG Bamberg, StV 1985, 140; OLG Jena, StraFo 2007, 96; OLG Köln, NStZ-RR 2010, 283). Mit der nachträglichen Gesamtstrafenbildung wird in die Rechtskraft der

1413

Umfang des Vergütungsanspruchs (§ 48 Abs. 1)

ursprünglichen Verurteilung eingegriffen und eine erneute Strafzumessung vorgenommen (vgl. im Übrigen auch Vorbem. 4.2 VV Rn. 22 ff.).

d) Verschiedene Angelegenheiten in der Strafvollstreckung

1414 Ist der Rechtsanwalt in verschiedenen Angelegenheiten in der Strafvollstreckung tätig (s. dazu aus Teil A: Angelegenheiten [§§ 15 ff.], Rn. 66), muss er in jeder der Angelegenheiten bestellt oder beigeordnet worden sein, um einen Anspruch gegen die Staatskasse zu erlangen (s. dazu Vorbem. 4.2 Rn. 28 ff.).

Bei Tätigkeiten im Verfahren nach **§ 35 BtMG** und im anschließenden gerichtlichen Verfahren nach §§ 23 ff. EGGVG ist deshalb zusätzlich zur Pflichtverteidigerbestellung (§ 35 BtMG) die Beiordnung im Wege der PKH im Verfahren nach §§ 23 ff. EGGVG erforderlich.

1415 Die Pflichtverteidigerbestellung für das laufende Verfahren über die Aussetzung der Freiheitsstrafe zur Bewährung (**§ 57 StGB**) erstreckt sich nur auf das laufende Verfahren und endet mit dessen Rechtskraft (vgl. OLG Brandenburg, StV 2007, 95).

1416 Wird der Rechtsanwalt in **zwei Bewährungswiderrufsverfahren** tätig, die dieselbe Strafaussetzung zur Bewährung betreffen, liegen nach Auffassung des LG Magdeburg (StraFo 2010, 172 = StRR 2010, 279 = AGS 2010, 429 = RVGreport 2010, 429) verschiedene Angelegenheiten vor. Für jede Angelegenheit ist dann eine eigene Pflichtverteidigerbestellung erforderlich (LG Magdeburg, a.a.O.).

9. Tätigkeiten nach Vorbem. 4 Abs. 5 VV (Kostenfestsetzung/Zwangsvollstreckung)

1417 Der **beigeordnete** oder **gerichtlich bestellte Rechtsanwalt**, insbesondere also der Pflichtverteidiger, erhält für eine der in **Vorbem. 4 Abs. 5 VV** genannten Tätigkeiten grds. **keine Vergütung** aus der Staatskasse. Die entsprechenden Tätigkeiten sind nicht durch eine Pflichtverteidigerbestellung oder Beiordnung gedeckt (vgl. Vorbem. 4 VV Rn. 106). Das folgt daraus, dass die Tätigkeiten des Abs. 5 nicht im allgemeinen Gebührenkatalog der Nrn. 4100 ff. VV mit den für den beigeordneten oder gerichtlich bestellten Rechtsanwalt vorgesehenen Festgebühren genannt sind. Zudem müsste wegen § 48 Abs. 4 Satz 2 Nr. 1 für die **Zwangsvollstreckung** eine gesonderte Beiordnung erfolgen.

> **Hinweis:**
>
> Der Rechtsanwalt kann aber seine **Beiordnung** im **Rahmen** der **PKH beantragen**. Er erhält dann eine Vergütung nach den Sätzen des § 49 i.V.m. § 13. Bei Bewilligung von PKH für die Zwangsvollstreckung ist § 119 Abs. 2 ZPO zu beachten. Danach kann jedes Vollstreckungsgericht pauschal PKH für die Zwangsvollstreckung im Rahmen seiner Zuständigkeit bewilligen und nicht nur für eine einzelne Vollstreckungsmaßnahme.

Umfang des Vergütungsanspruchs (§ 48 Abs. 1)

10. Tätigkeit in Gnadensachen

Bei der Vertretung in einer Gnadensache ist für den gerichtlich beigeordneten oder bestellten Rechtsanwalt eine Verfahrensgebühr nach Nr. 4303 VV i.H.v. 110,00 € (Festgebühr) vorgesehen. Die ursprüngliche **Pflichtverteidigerbestellung** erstreckt sich nicht auch auf die **Vertretung im Gnadenverfahren** (vgl. zur BRAGO Al-Jumaili, JurBüro 2000, 172 und Gerold/Schmidt/Madert, BRAGO, 15. Aufl., § 97 Rn. 4). Denn die Pflichtverteidigerbestellung endet mit der Rechtskraft des Verfahrens (vgl. Schneider, in: Hansens/Braun/Schneider, Teil 15, Rn. 791). Der Rechtsanwalt muss also seine Beiordnung **ausdrücklich beantragen**.

1418

11. Wiederaufnahmeverfahren

Die ursprüngliche Pflichtverteidigerbestellung wirkt zwar grds. nur bis zum rechtskräftigen Abschluss des Straf- oder Bußgeldverfahrens. Sie gilt aber nach der herrschenden Meinung ausnahmsweise noch für das Wiederaufnahmeverfahren bis zur Entscheidung über den Wiederaufnahmeantrag (vgl. so schon RGSt 29, 278; OLG Düsseldorf, MDR 1983, 428; OLG Schleswig, SchlHA 2005, 255; AnwKomm-RVG/Schnapp, § 48 Rn. 77; AnwKomm-RVG/N. Schneider, VV 4136 – 4140 Rn. 64; Schneider, in: Hansens/Braun/Schneider, Teil 15, Rn. 581; Burhoff, EV, Rn. 1308; vgl. Vorbem. 4.1.4 VV Rn. 6 f; a.A. OLG Oldenburg, StraFo 2009, 242 = NStZ-RR 2009, 208). Falls dem Verurteilten im vorangegangenen Verfahren noch kein Verteidiger bestellt worden ist, kann für die Vorbereitung des Wiederaufnahmeverfahrens ein Pflichtverteidiger bestellt werden (§§ 364a, 364b StPO). Eine Beiordnung zur Vorbereitung des Wiederaufnahmeverfahrens gem. § 364b StPO ist insbesondere dann in Erwägung zu ziehen, wenn weitere Ermittlungen des Sachverhalts notwendig sind. Hinsichtlich des **Abratens von der Stellung eines Wiederaufnahmeantrags** wird auf die Komm. zu §§ 45 Abs. 4 und 46 Abs. 3 verwiesen. Das **wiederaufgenommene Verfahren** stellt nach § 17 Nr. 12 eine besondere Angelegenheit dar, sodass die ursprüngliche Pflichtverteidigerbestellung für die Tätigkeit im wiederaufgenommenen Verfahren **nicht mehr** gilt (vgl. AnwKomm-RVG/N. Schneider, VV 4136 – 4140 Rn. 64).

1419

12. Zurückverweisung

Das Verfahren bis zum Urteil der Vorinstanz und das Verfahren in dieser Instanz nach der Zurückverweisung sind prozessual ein einheitlicher Rechtszug. Gebührenrechtlich liegen wegen § 21 Abs. 1 zwei verschiedene Rechtszüge vor. Die **PKH-Bewilligung** gilt **grds. nur** für den **jeweiligen Rechtszug** (zuletzt BGH StraFo 2008, 131; KG, RVGreport 2011, 143). Wird dem Nebenkläger oder Privatkläger jedoch PKH für die erste Instanz bewilligt und ihm ein Rechtsanwalt beigeordnet (vgl. §§ 379 Abs. 3, 397a Abs. 2 StPO), gilt diese Bewilligung und Beiordnung **fort**, wenn das Urteil in der Rechtsmittelinstanz aufgehoben und die Sache an die erste Instanz **zurückverwiesen** wird. Für das Verfahren nach der Zurückverweisung muss nicht erneut PKH beantragt werden (vgl. OLG Schleswig, JurBüro 1997, 417; OLG Düsseldorf, Rpfleger 1987, 263; AnwKomm-RVG/Schnapp/N. Schneider, § 48 Rn. 22).

1420

Für den **bestellten Rechtsanwalt** dürfte dies **entsprechend** gelten. Gleichwohl ist es zu empfehlen, auf klarstellende Beiordnung und Bestellung hinzuwirken (vgl. zur Zurückverweisung auch Teil A: Zurückverweisung [§ 21], Rn. 1687 ff.).

Umfang des Vergütungsanspruchs (§ 48 Abs. 1)

1421 Soweit eine Sache an ein untergeordnetes Gericht **zurückverwiesen** wird, ist das weitere Verfahren vor diesem Gericht ein neuer Rechtszug (§ 15), § 21 Abs. 1. Wird der Wahlverteidiger, der den Mandanten im ersten Rechtszug sowie im anschließenden (Sprung-)Revisionsverfahren vertreten hatte, nach Zurückverweisung der Sache als Pflichtverteidiger bestellt, so hat er für seine Tätigkeit vor seiner Bestellung keinen Gebührenanspruch gegen die Staatskasse. Hieran ändert auch die Vorschrift des **§ 48 Abs. 5 Satz 2** nichts (vgl. hierzu § 48 Abs. 5 Rn. 12; noch zur BRAGO LG Köln, JurBüro 1996, 531; LG Nürnberg-Fürth, JurBüro 1986, 573).

13. Verweisung

1422 Wird eine Sache i.S.v. § 20 Satz 1 an ein anderes Gericht verwiesen, **wirkt** die **bereits bewilligte PKH** und die **Beiordnung fort**, da es sich um einen einheitlichen Rechtszug handelt (Zöller/Philippi, ZPO, § 119 Rn. 26). Dies gilt auch für die Pflichtverteidigerbestellung. Auch im Fall der Zurückverweisung an ein Gericht eines niedrigeren Rechtszugs – insoweit entsteht nach § 20 Satz 2 eine neue gebührenrechtliche Angelegenheit – dürfte die bereits erfolgte Beiordnung und Bestellung fortgelten (s. auch Teil A: Verweisung/Abgabe [§ 20], Rn. 1630 ff.).

14. Verbindung

1423 Es wird insoweit auf die Komm. zu § 48 Abs. 5 verwiesen.

15. Trennung

1424 Im Fall einer Trennung von Verfahren wird die Auffassung vertreten, dass die Bestellung bzw. Beiordnung für jedes Verfahren fortgilt (vgl. Gerold/Schmidt/Müller-Rabe, § 48 Rn. 65; a.A. OLG Naumburg, BRAGOreport 2001, 189). Es empfiehlt sich aber angesichts der streitigen Auffassungen, auf klarstellende Beiordnung und Bestellung hinzuwirken.

16. Jugendsachen

a) Tätigkeit nach § 57 JGG

1425 Die Aussetzung der Jugendstrafe zur Bewährung wird gem. § 57 JGG im Urteil oder, solange der Strafvollzug noch nicht begonnen hat, **nachträglich** durch **Beschluss** angeordnet. Für den nachträglichen Beschluss ist der Richter zuständig, der in der Sache im ersten Rechtszug erkannt hat; der Staatsanwalt und der Jugendliche sind zu hören. Hat der Richter die Aussetzung im Urteil abgelehnt, so ist ihre nachträgliche Anordnung nur zulässig, wenn seit Erlass des Urteils Umstände hervorgetreten sind, die allein oder i.V.m. den bereits bekannten Umständen eine Aussetzung der Jugendstrafe zur Bewährung rechtfertigen.

Grds. endet die Pflichtverteidigerbestellung mit der Rechtskraft des letzten tatinstanzlichen Urteils (vgl. Rn. 1397). Die Pflichtverteidigerbestellung bleibt jedoch auch für die dem – rechtskräftigen – Urteil nachfolgenden Entscheidungen **wirksam**, soweit diese geeignet sind, den Inhalt der getroffenen Entscheidung zu ändern. Um eine solche Entscheidung, die geeignet ist, den Inhalt des an sich rechtskräftig gewordenen Urteils zu ergänzen oder abzuändern, handelt es sich bei der **nachträglichen Entscheidung** über die **Bewährungsaussetzung** gem. § 57 JGG (vgl.

Umfang des Vergütungsanspruchs (§ 48 Abs. 1)

Meyer-Goßner, § 140 Rn. 33; OLG Karlsruhe, StV 1998, 348). Die Tätigkeit im Rahmen dieser Entscheidung gehört noch nicht zur **Strafvollstreckung** (OLG Karlsruhe, StV 1998, 348; LG Mannheim, AGS 2008, 179 = RVGprofessionell 2008, 26 = StRR 2008, 120 = RVGreport 2008, 145; so auch Gerold/Schmidt/Burhoff, VV Einl. Vorb. 4.2 Rn. 10; s. auch Teil A: Angelegenheiten [§§ 15 ff.], Rn. 94; **a.A.** Mertens/Stuff, Rn. 324, Fn. 166).

Das bedeutet, dass die Tätigkeit insoweit für den (Pflicht-)Verteidiger mit den **Gebühren** des **Strafverfahrens** nach Teil 4 Abschnitt 1 VV **abgegolten** ist, vgl. Vorbem. 4.1 Abs. 2 VV. Es entsteht ggf. noch eine aus der Staatskasse zu erstattende allgemeine Terminsgebühr nach Abschnitt 1 des Teils 4 (**Nr. 4102 Ziff. 1 VV**), wenn der Verteidiger einen gerichtlichen Termin (vgl. § 57 Abs. 1 Satz 2 Halbs. 2 JGG) wahrnimmt (LG Mannheim, AGS 2008, 179 = RVGprofessionell 2008, 26 = StRR 2008, 120 = RVGreport 2008, 145; so auch Gerold/Schmidt/Burhoff, VV Einl. Vorb. 4.2 Rn. 10 und Nr. 4102 VV Rn. 10). Eine Terminsgebühr für einen Hauptverhandlungstermin (Nr. 4108 VV) kann nicht entstehen (LG Mannheim, a.a.O.).

b) Nachverfahren nach §§ 30, 62 JGG/Nachträgliche Änderung von Weisungen und Auflagen nach §§ 11 Abs. 3, 15 Abs. 3 JGG

Das gilt entsprechend für Verfahren über die **Aussetzung der Verhängung der Jugendstrafe zur Bewährung nach § 27 JGG**. Die Entscheidung nach § 30 JGG stellt erst die das Erkenntnisverfahren abschließende Entscheidung dar. Deshalb handelt es sich bei dem Nachverfahren nach §§ 30, 62 JGG um kein neues Verfahren, sondern um eine Nebenentscheidung zur Hauptentscheidung (auch Teil A: Angelegenheiten [§§ 15 ff.], Rn. 94). Es handelt sich **nicht** um **Strafvollstreckung** i.S.v. Teil 4 Abschnitt 2 VV, da eine zu vollstreckende strafrechtliche Erkenntnis noch nicht vorliegt (vgl. Teil A: Angelegenheiten [§§ 15 ff.], Rn. 94 ff.). Vielmehr wird hier das ursprüngliche Erkenntnisverfahren fortgesetzt mit der Folge, dass der Rechtsanwalt für die Teilnahme an dem weiteren Termin eine weitere Terminsgebühr für die Hauptverhandlung nach Teil 4, Abschnitt 1 VV erhält, die ggf. aus der Staatskasse zu erstatten ist.

1426

Nach §§ 11 Abs. 3 Satz 1, 15 Abs. 3 Satz 2 JGG kann Jugendarrest verhängt werden, wenn der Jugendliche Weisungen schuldhaft nicht nachgekommen ist oder Auflagen schuldhaft nicht erfüllt hat. Bei den insoweit gem. § 65 JGG vom Richter des ersten Rechtszugs zu treffenden nachträglichen Entscheidungen handelt es sich nicht um Vollstreckungstätigkeiten (Eisenberg, JGG, § 65 Rn. 5), sodass insoweit keine Gebühren nach Teil 4 Abschnitt 2 VV anfallen. Der Jugendarrest bildet erst die Grundlage für die Vollstreckung. Auf die Erläuterungen zu Rn. 1425 wird verwiesen.

17. Hebegebühr für Pflichtverteidiger

Die Hebegebühr nach Nr. 1009 VV entsteht nach Abs. 1 der Anm. zu Nr. 1009 VV für die Auszahlung oder Rückzahlung von entgegengenommenen Geldbeträgen. Die Hebegebühr kann auch für den Pflichtverteidiger anfallen. Allerdings **erstreckt** sich die Pflichtverteidigerbestellung **nicht** auf Tätigkeiten, für die gesondert Hebegebühren nach Nr. 1009 VV entstehen. Da die der Hebegebühr nach Nr. 1009 VV zugrunde liegende Tätigkeit des Rechtsanwalts als selbstständige gebührenrechtliche Angelegenheit einen besonderen Auftrag voraussetzt, ist dem Pflichtverteidiger

1427

Umfang des Vergütungsanspruchs (§ 48 Abs. 1)

die Hebegebühr aus der Staatskasse nur dann zu erstatten, wenn die Pflichtverteidigerbestellung auf die Aus- und Rückzahlung von Geldbeträgen erweitert worden ist. Die **Pflichtverteidigerbestellung** muss daher auf die Aus- und Rückzahlung von Geldbeträgen **erweitert** worden sein, um insoweit einen Vergütungsanspruch gegen die Staatskasse zu erlangen (vgl. OLG Düsseldorf, RVGreport 2005, 306 = AGS 2005, 501; LG Duisburg, AGS 2005, 501; vgl. zur Hebegebühr auch Teil A: Hebegebühr [Nr. 1009 VV], Rn. 806 ff.).

18. Bußgeldverfahren

1428 Wird ein Pflichtverteidiger durch die **Bußgeldbehörde** bestellt, gilt diese Bestellung nur für das **Verwaltungsverfahren**. Die Bestellung für das **gerichtliche Bußgeldverfahren** obliegt dem **Gericht**, weil diese Bestellung bis zum rechtskräftigen Abschluss des Verfahrens gilt und sich daher auch auf die Einlegung und die Begründung der Rechtsbeschwerde erstreckt (vgl. OLG Saarbrücken, NJW 2007, 309 = VRS 112, 54; zur Pflichtverteidigerbestellung im OWi-Verfahren Burhoff/Burhoff, OWi, Rn. 2020 ff.).

C. Arbeitshilfen

1429 **Muster: Antrag auf Erstreckung der Pflichtverteidigerbestellung auf die Hebegebühr nach Nr. 1009 VV**

> An das
>
> AG .....
>
> In der Strafsache
>
> ..... /. .....
>
> Az. .....
>
> beantrage ich, meine Bestellung zum Pflichtverteidiger vom ..... auch auf die etwaige Auszahlung oder Rückzahlung von entgegengenommenen Geldbeträgen **zu erstrecken**.
>
> Am ..... habe ich bei der Hinterlegungsstelle des Amtsgerichts ..... als Sicherheit für den Fall einer Haftverschonung einen Betrag in Höhe von ..... € eingezahlt.
>
> Ich verweise insoweit auf die als Anlage beigefügte Quittung der Hinterlegungsstelle.
>
> Wird der Betrag im Falle einer Aufhebung des Haftbefehls durch die Hinterlegungsstelle wieder an mich zurückgezahlt, entsteht eine Hebegebühr gem. Nr. 1009 VV, wenn ich den Betrag anschließend an meinen Mandanten auszahle oder zurückzahle.
>
> Ein Anspruch gegen die Staatskasse auf Erstattung der Hebegebühr besteht nur, wenn die Pflichtverteidigerbestellung auf die Aus- und Rückzahlung von Geldbeträgen erweitert worden ist (vgl. OLG Düsseldorf, RVGreport 2005, 306 = AGS 2005, 501; LG Duisburg, AGS 2005, 501).
>
> (Rechtsanwalt)

Umfang des Vergütungsanspruchs (§ 48 Abs. 1)

Muster: Antrag auf Erstreckung der Pflichtverteidigerbestellung bzw. PKH-Bewilligung und Beiordnung auf das Adhäsionsverfahren 1430

> An das
>
> AG .....
>
> In der Strafsache
>
> ..... /. .....
>
> Az. .....
>
> beantrage ich, dem Angeklagten gem. § 404 Abs. 5 StPO für die Rechtsverteidigung im Adhäsionsverfahren Prozesskostenhilfe zu bewilligen und mich insoweit beizuordnen (§ 404 Abs. 5 Satz 2 StPO, § 121 Abs. 2 ZPO).
>
> Durch Beschluss vom ..... bin ich zum Pflichtverteidiger bestellt worden. Rechtsanwalt ..... hat für den Verletzten durch Schriftsatz vom ..... einen Zahlungsanspruch in Höhe von ..... gegen den Angeklagten geltend gemacht.
>
> Die Rechtsprechung geht überwiegend davon aus, dass sich die Pflichtverteidigerbestellung nicht automatisch auf das Adhäsionsverfahren erstreckt, sondern wegen § 404 Abs. 5 StPO insoweit nach entsprechender Antragstellung eine gesonderte Bewilligung von Prozesskostenhilfe nebst Beiordnung des Verteidigers erfolgen muss (vgl. z.B. OLG Hamburg, StRR 2010, 243; OLG Bamberg, NStZ-RR 2009, 114; OLG Brandenburg, AGS 2009, 69; OLG Jena, Rpfleger 2008, 529 = RVGreport 2008, 395; OLG Celle, NStZ-RR 2008, 190; OLG Stuttgart, NStZ-RR 2009, 264; OLG Celle, RVGreport 2008, 102).
>
> Nach § 404 Abs. 5 StPO ist auch dem Angeschuldigten auf Antrag nach Erhebung der Klage durch den Verletzten Prozesskostenhilfe nach denselben Vorschriften wie in bürgerlichen Rechtsstreitigkeiten zu bewilligen. § 121 Abs. 2 ZPO gilt mit der Maßgabe, dass dem Angeschuldigten, der einen Verteidiger hat, dieser beigeordnet werden soll.
>
> Diesem Prozesskostenhilfeantrag sind daher der amtliche Vordruck (§ 117 Abs. 3 ZPO) sowie die in § 117 Abs. 2 ZPO genannte Erklärung nebst Belegen beigefügt. Auf entsprechendes Verlangen des Gerichts werden die tatsächlichen Angaben glaubhaft gemacht.
>
> Die Beiordnung eines Rechtsanwalts ist geboten, weil der Verletzte im Adhäsionsverfahren durch einen Rechtsanwalt vertreten ist (vgl. BGH, StraFo 2008, 131) und der dem Adhäsionsverfahren zugrunde liegende Sachverhalt tatsächlich und rechtlich schwierig ist. Ich bitte mich und keinen anderen Rechtsanwalt zur Abwehr des Adhäsionsantrags beizuordnen, weil ich den Angeschuldigten bereits im Strafverfahren verteidige.
>
> (Rechtsanwalt)

Siehe auch im Teil A: → Auslagen aus der Staatskasse (§ 46 Abs. 1 und 2), Rn. 140 ff. → Teil A: Gebühren-/Vergütungsverzicht, Rn. 643 ff.; → Hebegebühr (Nr. 1009 VV), Rn. 806 ff.; → Vergütungsanspruch gegen die Staatskasse, Rn. 1469 ff.; → Verweisung/Abgabe (§ 20), Rn. 1630 ff.; → Zurückverweisung (§ 21), Rn. 1687 ff.

Verbindung von Verfahren

Übersicht	Rn.
A. Überblick	1431
B. Anmerkungen	1432
I. Abgrenzung Verschmelzungsverbindung/Verhandlungsverbindung	1432
II. Verschmelzungsverbindung	1433
1. Gebührenrechtliche Konsequenzen	1433
2. Beispiele	1435
III. Verhandlungsverbindung	1439
1. Gebührenrechtliche Konsequenzen	1439
2. Beispiel	1440

Literatur:

Burhoff, Die Abrechnung der anwaltlichen Tätigkeit in mehreren Strafverfahren – Teil 1: Verbindung von Verfahren, RVGreport 2008, 405; ***ders.***, Die Abrechnung der anwaltlichen Tätigkeit in mehreren Strafverfahren – Teil 2: Trennung von Verfahren, RVGreport 2008, 444; ***ders.***, So rechnen Sie verbundene Verfahren richtig ab, RVGprofessionell 2009, 78; ***Enders***, Verbindung und Trennung – Teil IV, JurBüro 2007, 393; ***ders.***, Verbindung und Trennung – Teil V, JurBüro 2007, 564; ***ders.***, Verbindung von mehreren Verfahren/Bestellung des Rechtsanwalts zum Pflichtverteidiger, JurBüro 2009, 113; ***N. Schneider***, Gebührenberechnung bei Verbindung mehrerer Strafsachen im gerichtlichen Verfahren, AGS 2003, 432.

A. Überblick

1431 Werden verschiedene Straf- bzw. Bußgeldverfahren zu einem einheitlichen Verfahren verbunden, so erhält der **Rechtsanwalt ab** der **Verbindung** nur noch in dem verbundenen Verfahren **Gebühren**. Es liegt dann nur noch eine Angelegenheit vor, die gebührenrechtlich eigenständig behandelt wird (zu den Angelegenheiten s. Teil A: Angelegenheiten [§§ 15 ff.], Rn. 66).

> **Hinweis:**
>
> Für den Pflichtverteidiger besteht die sich aus § 48 Abs. 5 ergebende besondere Problematik der **Erstreckung** (vgl. dazu die Komm. zu § 48 Abs. 5 Rn. 17 ff.).

B. Anmerkungen

I. Abgrenzung Verschmelzungsverbindung/Verhandlungsverbindung

1432 Die StPO regelt die Verbindung von Strafsachen in den §§ 2, 4 StPO bzw. in § 237 StPO. Die **§§ 2 ff. StPO** erfassen die Verbindung sog. „zusammenhängender Strafsachen". Der Begriff des Zusammenhangs ist in § 3 StPO erläutert: Er ist gegeben, wenn eine Person mehrerer Strafsachen beschuldigt wird oder u.a. dann, wenn bei einer Tat mehrere Personen als Täter oder Teilnehmer in Betracht kommen. Folge der Verbindung nach den §§ 2 ff. StPO ist, dass durch die Verbindung die vorher getrennten Verfahren zu einem neuen Verfahren „verschmolzen" werden (Meyer-Goßner, § 2 Rn. 2). Von dieser „Verschmelzungsverbindung" zu unterscheiden ist die auf **§ 237 StPO** beruhende Verbindung. Diese erfolgt lediglich zum Zwecke gleichzeitiger Verhandlung. Folge ist „lediglich für die Dauer der Hauptverhandlung eine lose Verfahrensverbindung, durch die die Selbständigkeit der verbundenen Sachen nicht berührt wird"; jede Sache folgt weiterhin ihren eigenen Gesetzen (Meyer-Goßner, § 237 Rn. 8).

Verbindung von Verfahren

> **Hinweis:**
>
> Dieser Unterschied hat auch **gebührenrechtliche Konsequenzen**:
>
> - Bei einer Verbindung nach den **§§ 2 ff. StPO** liegt nach der Verbindung auch **nur** noch **eine gebührenrechtliche Angelegenheit** vor, mit der Folge, dass nur noch in dieser einen Angelegenheit Gebühren entstehen können.
> - Bei den lediglich zum Zwecke gleichzeitiger Verhandlung verbundenen Sachen (**§ 237 StPO**) behalten die Verfahren auch ihre **gebührenrechtliche Selbstständigkeit** mit der Folge, dass in jedem Verfahren weiterhin gesonderte Gebühren entstehen können (s. auch Enders, JurBüro 2007, 393, 395).

II. Verschmelzungsverbindung

1. Gebührenrechtliche Konsequenzen

Gebührenrechtlich gilt in den Fällen der §§ 2 ff. StPO: Die einzelnen Verfahren, die miteinander verbunden werden, sind **bis** zur **Verbindung eigenständige gebührenrechtlich getrennte Angelegenheiten**. Auf die hier entstandenen Gebühren hat die Verbindung keinen Einfluss (§ 15 Abs. 4; vgl. oben Rn. 1432; Burhoff, RVGreport 2008, 405; Enders, JurBüro 2007, 393, 394). Diese Gebühren bleiben dem Rechtsanwalt/Verteidiger erhalten (LG Hamburg, AGS 2010, 545; AG Tiergarten, AGS 2010, 132 = RVGreport 2010, 18 = VRR 2010, 120 = StRR 2010, 120). **Nach** der **Verbindung** handelt es sich bei den verbundenen Verfahren nur noch um eine gebührenrechtliche Angelegenheit. In dieser entstehen die Gebühren, deren Tatbestand erst nach Verbindung ausgelöst wird, nur noch einmal und nicht mehr in jedem verbundenen Verfahren gesondert (Enders, a.a.O.; wegen des Entstehens der Grundgebühr s. Beispiel 1). Das gilt **auch**, soweit nach **Teil 7 VV** Auslagentatbestände in den verbundenen Verfahren verwirklicht und insoweit Vergütungsansprüche entstanden sind bzw. nach Verbindung noch entstehen.   1433

> **Hinweis:**
>
> Wird der Beschuldigte nach der Verbindung in Haft genommen, entstehen auch nur die nach der Verbindung noch entstehenden Gebühren und die Verfahrensgebühr für das sog. führende Verfahren mit **Haftzuschlag** nach Vorbem. 4 Abs. 4 VV. Hinsichtlich der Verfahrensgebühren für die anderen verbundenen Verfahren entsteht nicht nachträglich noch der Haftzuschlag. Diese Verfahren sind „erledigt" bzw. in der nun nur noch vorliegenden einen Angelegenheit aufgegangen.

Bei der Anwendung der Kriterien des **§ 14 Abs. 1** zur Bestimmung der Höhe der nach Verbindung entstandenen Gebühren muss immer darauf geachtet werden, ob die Gebühr innerhalb des gesetzlichen Gebührenrahmens nicht deshalb höher zu bemessen ist, weil mehrere Strafverfahren verbunden worden sind: Das erhöht nämlich nicht nur auf jeden Fall den Umfang der anwaltlichen Tätigkeit, sondern auch deren Schwierigkeitsgrad. Die Sache hat i.d.R. für den Mandanten auch eine höhere Bedeutung (vgl. Burhoff, RVGreport 2008, 405, 407; Enders, a.a.O.). Entsprechendes gilt, wenn die Gebühr bereits einmal vor Verbindung entstanden ist, was z.B. bei der gerichtlichen Verfahrensgebühr der Fall sein kann. Auch diese wird dann wegen des größeren   1434

Verbindung von Verfahren

Umfangs der Tätigkeiten des Verteidigers innerhalb des gesetzlichen Rahmens mit einem höheren Betrag anzusetzen sein (vgl. zu den Bemessungskriterien des § 14 auch Teil A: Rahmengebühren [§ 14]; Rn. 1051 ff.).

> **Hinweis:**
>
> Im **verbundenen Verfahren** entsteht aber **keine Grundgebühr** mehr, da in den zugrunde liegenden Verfahren bereits die erstmalige Einarbeitung in den Rechtsfall erfolgt ist (vgl. Nr. 4100 VV Rn. 29).

2. Beispiele

Beispiel 1:

(S. im Übrigen auch noch die Beispiele bei Vorbem. 4 VV Rn. 53 f. für die Verfahrensgebühr und Rn. 73 ff. für die Terminsgebühr):

Gegen den Beschuldigten B wird in drei verschiedenen Verfahren jeweils wegen Diebstahls ermittelt. Die Staatsanwaltschaft erhebt in jedem der Verfahren Anklage beim AG. Dieses verbindet vor der Hauptverhandlung die Verfahren. Das Verfahren 3 führt. Die Hauptverhandlung findet statt. Das ergehende Urteil wird rechtskräftig. B ist von Anfang an von Rechtsanwalt R in allen drei Verfahren verteidigt worden. Alle Merkmale des § 14 Abs. 1 sind durchschnittlich.

Berechnung der Gebühren	Wahlanwalt	Pflichtverteidiger
Vergütung bis zur Verbindung		
Verfahren 1		
Grundgebühr, Nr. 4100 VV	*165,00 €*	*132,00 €*
Verfahrensgebühr, Nr. 4104 VV		
(vorbereitendes Verfahren)	*140,00 €*	*112,00 €*
Postentgeltpauschale	*20,00 €*	*20,00 €*
Verfahrensgebühr, Nr. 4106 VV		
(gerichtliches Verfahren)	*140,00 €*	*112,00 €*
Postentgeltpauschale	*20,00 €*	*20,00 €*
Verfahren 2		
Grundgebühr, Nr. 4100 VV	*165,00 €*	*132,00 €*
Verfahrensgebühr, Nr. 4104 VV		
(vorbereitendes Verfahren)	*140,00 €*	*112,00 €*
Postentgeltpauschale	*20,00 €*	*20,00 €*
Verfahrensgebühr, Nr. 4106 VV		
(gerichtliches Verfahren)	*140,00 €*	*112,00 €*
Postentgeltpauschale	*20,00 €*	*20,00 €*
Verfahren 3		
Grundgebühr, Nr. 4100 VV	*165,00 €*	*132,00 €*

Verbindung von Verfahren

Verfahrensgebühr, Nr. 4104 VV		
(vorbereitendes Verfahren)	140,00 €	112,00 €
Postentgeltpauschale	20,00 €	20,00 €
Verfahrensgebühr, Nr. 4106		
(gerichtliches Verfahren)	140,00 €	112,00 €
Vergütung nach der Verbindung im verbundenen Verfahren 3		
Terminsgebühr, Nr. 4108		
(gerichtliches Verfahren)	230,00 €	184,00 €
Postentgeltpauschale	20,00 €	20,00 €
Anwaltsvergütung netto	<u>1.372,00 €</u>	<u>1.685,00 €</u>

> **Hinweis:**
>
> Bei Anwendung der **Kriterien des § 14 Abs. 1** (vgl. dazu Teil A: Rahmengebühren [§ 14]; Rn. 1051 ff.) muss im vorstehenden Beispielsfall, wenn die Verfahrensgebühr für das vorbereitende Verfahren i.H.d. Mittelgebühr angesetzt wird, die Verfahrensgebühr für das gerichtliche Verfahren im Verfahren 3 wegen der größeren Bedeutung – das Verfahren bezieht sich jetzt auf drei Diebstahlstaten – höher angesetzt werden.
>
> Für die **Auslagen** gilt: Auch die bis zur Verbindung entstandenen Auslagen kann der Rechtsanwalt abrechnen. Die Postentgeltpauschale Nr. 7002 VV entsteht in dem führenden Verfahren 1 nach Verbindung aber nicht noch einmal. Nach der Anmerkung zu Nr. 7002 VV kann diese Pauschale in derselben Angelegenheit nur einmal entstehen. Sie ist aber im Verfahren 1 bereits einmal entstanden. Die Verbindung führt nicht zu einer neuen/weiteren „Angelegenheit nach Verbindung" (Enders, JurBüro 2007, 393, 394; Burhoff, RVGreport 2008, 405, 408). Allerdings können weitere Auslagen, die nach Verbindung entstanden sind, zusätzlich zu den Auslagen, die schon vor der Verbindung in dem führenden Verfahren angefallen sind, abgerechnet werden (Enders, a.a.O.), so z.B. weitere Fotokopien.

Beispiel 2: 1436

Im Beispiel 1 werden die Verfahren nicht vom Amtsrichter, sondern von der Staatsanwaltschaft schon vor Anklageerhebung verbunden, Verfahren 1 führt. B wird in beiden Verfahren von Rechtsanwalt R verteidigt. Es kommt dann zur Anklage beim AG. Beim AG findet nach Terminierung eine eintägige Hauptverhandlung statt.

Die Verfahren 1 und 2 bilden bis zur Verbindung eigenständige Angelegenheiten. Die in diesen Verfahren entstandenen Gebühren gehen Rechtsanwalt R nicht verloren. Entstanden sind jeweils die Grundgebühr Nr. 4100 VV und die Verfahrensgebühr für das vorbereitende Verfahren Nr. 4104 VV. In dem nach der Verbindung führenden Verfahren 1 entstehen dann nur noch die Gebühren, deren Tatbestand erst nach der Verbindung verwirklicht wird. Das ist die gerichtliche Verfahrensgebühr Nr. 4106 VV, die nun – anders als im Beispiel 1 – aber nur einmal entsteht. Im verbundenen führenden Verfahren entsteht nicht noch einmal eine Grundgebühr Nr. 4100 VV (s.o. bei Beispiel 1). Es entsteht aber auch die Terminsgebühr Nr. 4108 VV.

Verbindung von Verfahren

1437 **Beispiel 3:**

Im Beispiel 1 werden die Verfahren nicht vor, sondern erst in der Hauptverhandlung verbunden, Verfahren 1 führt. Es findet dann eine eintägige Hauptverhandlung statt.

Die Ausführungen zu Beispiel 1 gelten hinsichtlich der in den Verfahren 1, 2 und 3 bis zur Verbindung entstandenen Gebühren entsprechend. Für die nach der Verbindung im führenden Verfahren 1 entstehenden Gebühren gilt ebenfalls wie in Beispiel 1, dass nicht noch eine weitere (dritte) Verfahrensgebühr und/oder Grundgebühr entsteht.

Fraglich ist allerdings, wie viele Terminsgebühren entstehen. Das ist davon abhängig, ob in allen Verfahren eine Hauptverhandlung stattgefunden hat. Unerheblich ist es insoweit, ob in allen Sachen eine Hauptverhandlung anberaumt war (vgl. LG Düsseldorf, RVGreport 2007, 108; Vorbem. 4 VV Rn. 76), da eine Terminsgebühr nach dem Wortlaut der Vorbem. 4 Abs. 3 VV nicht nur entsteht, wenn eine Hauptverhandlung anberaumt war (a.A. offenbar Enders, JurBüro 2007, 393, 395, der darauf abstellt, dass „das Gericht in verschiedenen Strafverfahren für denselben Zeitpunkt die Hauptverhandlung terminiert"). Hat in jedem Verfahren eine Hauptverhandlung stattgefunden, entsteht in jeder – zunächst noch nicht verbundenen – Angelegenheit gesondert eine Terminsgebühr. Der Verteidiger muss also darauf achten, dass die Verbindung erst nach Aufruf aller Sachen erfolgt, da dann auch in den hinzuverbundenen Verfahren eine Hauptverhandlung stattgefunden hat (vgl. auch Vorbem. 4 VV Rn. 76 m. Hinw. zur Vorgehensweise). Geht man davon aus, dass im Beispielsfall so vorgegangen worden ist, ist in allen Verfahren eine Terminsgebühr Nr. 4108 VV entstanden (vgl. dazu auch BVerwG, NJW 2010, 1391 = RVGreport 2010, 186; AGS 2010, 228 = JurBüro 2010, 249, wonach die Terminsgebühr [nach Nr. 3104 VV] für die Vertretung in einem Verhandlungstermin entsteht, wenn dieser Termin durch Aufruf der Sache beginnt und der Rechtsanwalt zu diesem Zeitpunkt vertretungsbereit anwesend ist; verbindet das Gericht nach Aufruf der Sache mehrere Verfahren zur gemeinsamen Verhandlung, kann die bereits entstandene Terminsgebühr dadurch nicht mehr beeinflusst werden).

Hinsichtlich der Gebührenhöhe und der Auslagen gelten die Ausführungen zu Beispiel 1 (Rn. 1435) entsprechend. Die Terminsgebühren sind aber nur i.H.d. Mittelgebühr entstanden.

1438 **Beispiel 4:**

Dem Beschuldigten B wird im Verfahren 1 Fahren ohne Fahrerlaubnis und im Verfahren 2 ein Kfz-Diebstahl zur Last gelegt. B wird in beiden Verfahren von Rechtsanwalt R verteidigt. Im vorbereitenden Verfahren des Verfahrens 1 hat sich der B in Untersuchungshaft befunden. Es hat ein Haftprüfungstermin stattgefunden, bei dem der Haftbefehl außer Vollzug gesetzt und B frei gelassen worden ist. Es kommt jeweils zur Anklage beim AG. Im Verfahren 1 findet dann eine Hauptverhandlung statt, die ausgesetzt wird. Der Amtsrichter verbindet dann die Verfahren vor der (neuen) Hauptverhandlung, Verfahren 1 führt. Es findet dann nach der Terminierung im verbundenen Verfahren eine eintägige Hauptverhandlung statt.

Die Verfahren 1 und 2 bilden bis zur Verbindung eigenständige Angelegenheiten. Die in diesen Verfahren entstandenen Gebühren gehen Rechtsanwalt R nicht verloren. Entstanden sind jeweils die Grundgebühr Nr. 4100 VV, die Verfahrensgebühr für das vorbereitende Verfahren Nr. 4104 VV und die gerichtliche Verfahrensgebühr Nr. 4106 VV (vgl. die Anm. zu Nr. 4104 VV).

Im Verfahren ist zusätzlich noch eine Gebühr Nr. 4102 Anm. 1 Ziff. 3 VV für die Teilnahme von Rechtsanwalt R am Haftprüfungstermin entstanden. Zudem sind die Verfahrensgebühren Nr. 4104 VV mit Zuschlag nach Nr. 4105 VV entstanden. Es kommt nicht darauf an, dass B „nur" im Verfahren 1 inhaftiert war. Entstanden ist im Verfahren 1 außerdem die Terminsgebühr Nr. 4108 VV für die erste Hauptverhandlung in diesem Verfahren, die allerdings ohne Zuschlag, da B zur Zeit des Termins nicht mehr inhaftiert war.

In dem nach der Verbindung führenden Verfahren 1 entstehen dann noch die Gebühren, deren Tatbestand erst nach der Verbindung verwirklicht wird. Das ist die Terminsgebühr Nr. 4108 VV. Im Übrigen gelten die Ausführungen zu Beispiel 1 (Rn. 1435).

Verbindung von Verfahren

Berechnung der Gebühren	Wahlanwalt	Pflichtverteidiger
Verfahren 1 bis zur Verbindung		
I. Vorbereitendes Verfahren		
Grundgebühr, Nr. 4100 VV	165,00 €	132,00 €
Verfahrensgebühr, Nrn. 4104, 4105 VV	171,25 €	137,00 €
Vernehmungsterminsgebühr, Nrn. 4102 Ziff. 3, 4103 VV	171,25 €	112,00 €
Postentgeltpauschale, Nr. 7002 VV	20,00 €	20,00 €
II. Gerichtliches Verfahren		
Verfahrensgebühr, Nr. 4106 VV	140,00 €	112,00 €
Terminsgebühr Nr. 4108 VV	230,00 €	184,00 €
Postentgeltpauschale, Nr. 7002 VV	20,00 €	20,00 €
Verfahren 2 bis zur Verbindung		
I. Vorbereitendes Verfahren		
Grundgebühr, Nr. 4100 VV	165,00 €	132,00 €
Verfahrensgebühr, Nrn. 4104, 4105 VV	171,25 €	137,00 €
Postentgeltpauschale, Nr. 7002 VV	20,00 €	20,00 €
II. Gerichtliches Verfahren		
Verfahrensgebühr, Nr. 4106 VV	140,00 €	112,00 €
Postentgeltpauschale, Nr. 7002 VV	20,00 €	20,00 €
Führendes Verfahren 1 nach der Verbindung		
Terminsgebühr, Nr. 4108 VV	276,00 €	184,00 €
Anwaltsvergütung netto	__1.709,75 €__	__1.322,00 €__

III. Verhandlungsverbindung

1. Gebührenrechtliche Konsequenzen

Für die Verbindung nach § 237 StPO gilt: Grds. gelten die Ausführungen zur Verschmelzungsverbindung entsprechend (s.o. Rn. 1433 ff.), allerdings mit folgender Besonderheit: Es liegen auch nach der Verbindung gebührenrechtlich **eigenständige** Angelegenheiten vor. Das hat zur Folge, dass in jedem der verbundenen Verfahren weiterhin eigenständige Gebühren entstehen können. Das gilt insbesondere für die Terminsgebühr. 1439

2. Beispiel

Beispiel: 1440

Dem Beschuldigten B wird im Verfahren 1 Fahren ohne Fahrerlaubnis und im Verfahren 2 ein Kfz-Diebstahl zur Last gelegt. B wird in beiden Verfahren von Rechtsanwalt R verteidigt. Es kommt jeweils zur Anklage beim AG. Der Amtsrichter beschließt nun, die beiden Verfahren zum Zwecke gleichzeitiger Verhandlung gem. § 237 StPO zu verbinden und bestimmt in beiden Verfahren für den gleichen Termin die Hauptverhandlung.

Verfahren nach dem Strafvollzugsgesetz und ähnliche Verfahren

Es gelten für die Verfahren vor der Verbindung die Ausführungen zum o.a. Beispiel 1 bei Rn. 1435. Da es sich nur um eine Verbindung nach § 237 StPO handelt. Da die Verbindung nur zum Zwecke der gleichzeitigen Verhandlung erfolgt ist, bleiben die drei Verfahren gebührenrechtlich gesonderte Angelegenheiten. Es entsteht also in jedem Verfahren die Terminsgebühr Nr. 4108 VV.

Berechnung der Gebühren	Wahlanwalt	Pflichtverteidiger
Verfahren 1 bis zur Verbindung		
I. Vorbereitendes Verfahren		
Grundgebühr, Nr. 4100 VV	165,00 €	132,00 €
Verfahrensgebühr, Nr. 4104 VV	140,00 €	112,00 €
Postentgeltpauschale, Nr. 7002 VV	20,00 €	20,00 €
II. Gerichtliches Verfahren		
Verfahrensgebühr, Nr. 4106 VV	140,00 €	112,00 €
Postentgeltpauschale, Nr. 7002 VV	20,00 €	20,00 €
Verfahren 2 bis zur Verbindung		
I. Vorbereitendes Verfahren		
Grundgebühr, Nr. 4100 VV	165,00 €	132,00 €
Verfahrensgebühr, Nr. 4104 VV	140,00 €	112,00 €
Postentgeltpauschale, Nr. 7002 VV	20,00 €	20,00 €
II. Gerichtliches Verfahren		
Verfahrensgebühr, Nr. 4106 VV	140,00 €	112,00 €
Postentgeltpauschale, Nr. 7002 VV	20,00 €	20,00 €
Führendes Verfahren 1 nach der Verbindung		
Terminsgebühr, Nr. 4108 VV	230,00 €	184,00 €
Verfahren 2 nach der Verbindung		
Terminsgebühr, Nr. 4108 VV	230,00 €	184,00 €
Anwaltsvergütung netto	**1.430,00 €**	**1160,00 €**

Siehe auch im Teil A: → Angelegenheiten (§§ 15 ff.), Rn. 66; → Trennung von Verfahren, Rn. 1311.

Verfahren nach dem Strafvollzugsgesetz und ähnliche Verfahren

	Übersicht	Rn.
A.	Überblick	1441
B.	Anmerkungen	1442
	I. Verfahren nach den §§ 23 ff. EGGVG	1442
	1. Verfahrensüberblick	1442
	2. Vergütung im Verfahren nach den §§ 23 ff. EGGVG	1445
	a) Verfahrensgebühr	1445
	b) Höhe der Gebühr	1447
	II. Verfahren nach dem StVollzG	1449
	1. Verfahrensüberblick	1449

| A. Vergütungs-ABC | B. Kommentar |

Verfahren nach dem Strafvollzugsgesetz und ähnliche Verfahren

    2. Außergerichtliche Vertretung bzw. Vertretung im Verwaltungsverfahren 1450
    3. Verfahren bei der Strafvollstreckungskammer 1452
    4. Verfahren beim OLG 1455
    5. Höhe der Gebühren 1456
    6. Beispielsfall 1460
    7. PKH 1462
    8. Beratungshilfe 1463

Literatur:

Korte, Beratungshilfe für die Verteidigung im Strafvollzug, StV 1982, 448; *Mümmler*, Zur rechtlichen Einordnung von Angelegenheiten des Strafvollzugs, JurBüro 1987, 613; *Onderka*, So greifen Sie die Wertfestsetzung nach § 68 GKG richtig an, RVGprofessionell 2005, 7; *Volpert*, Tätigkeiten im Strafvollzug richtig abrechnen, RVGprofessionell 2006, 214; *ders.*, Beratungshilfegebühren in Angelegenheiten des Strafrechts, StRR 2010, 333; *Zieger*, Vernachlässigte Tätigkeitsfelder der Verteidigung, insbesondere Vollstreckung und Vollzug, StV 2006, 375.

A.   Überblick

Bei den Verfahren nach den **§§ 109 bis 115 StVollzG** handelt es sich der Sache nach um Strafsachen. Dennoch ist Teil 4 VV nicht auf diese Verfahren **anwendbar**, sondern **Teil 3** VV. Dieser gilt nach seiner Überschrift ausdrücklich (auch) für Verfahren nach dem StVollzG (KG, RVGreport 2008, 100 = StraFo 2008, 132 = AGS 2008, 227 = StV 2008, 374; LG Marburg, StraFo 2006, 216 = AGS 2007, 81; AnwKomm-RVG/N. Schneider, VV Vorb. 3 Rn. 301) und ähnliche Verfahren. Bei den ähnlichen Verfahren handelt es sich u.a. um die Verfahren nach den **§§ 23 ff. EGGVG** (OLG Zweibrücken, StraFo 2010, 515 = RVGreport 2011, 140 = StRR 2010, 480 = NStZ-RR 2011, 32 = Rpfleger 2011, 116), für die das RVG in Teil 6 VV keine besondere Regelung getroffen hat (vgl. dazu Rn. 1445 ff. und auch Vorbem. 3 Abs. 7 VV). Das entspricht z.T. der früheren Regelung in § 66a BRAGO.

1441

B.   Anmerkungen

I.   Verfahren nach den §§ 23 ff. EGGVG

1.   Verfahrensüberblick

Die Verfahren nach den §§ 23 ff. EGGVG betreffen u.a. die Entscheidung über die Rechtmäßigkeit der Anordnung von Justizbehörden zur Regelung einer einzelnen Angelegenheit auf dem Gebiet der Strafrechtspflege (§ 23 Abs. 1 Satz 1 EGGVG).

1442

> **Hinweis:**
>
> Fraglich ist, wie Verfahren betreffend die Zurückstellung der Strafvollstreckung nach **§ 35 BtMG** hinsichtlich betäubungsmittelabhängiger Straftäter abgerechnet werden. Insoweit ist zu unterscheiden (vgl. dazu OLG Zweibrücken, StraFo 2010, 515 = RVGreport 2011, 140 = StRR 2010, 480 = NStZ-RR 2011, 32 = Rpfleger 2011, 116): Für das Verfahren gegenüber der Staatsanwaltschaft ist die Nrn. 4024 f. VV abzurechnen, eine Geschäftsgebühr Nr. 2300 VV kann nach Vorbem. 2.3 Abs. 2 VV nicht anfallen (vgl. auch Nr. 4204 VV Rn. 11; Gerold/Schmidt/Burhoff, VV 4204 – 4207 Rn. 4). Wird die ablehnende Entscheidung der Staatsan-

Verfahren nach dem Strafvollzugsgesetz und ähnliche Verfahren

> waltschaft im Verfahren nach den §§ 23 ff. EGGVG angegriffen, fallen für die Tätigkeiten in diesem gerichtlichen Verfahren hingegen noch die Gebühren nach Teil 3 VV an (OLG Zweibrücken, a.a.O.). Diese sind nicht etwa durch die Gebühren nach Teil 4 Abschnitt 2 VV abgegolten.

1443 Das Verfahren nach den §§ 23 ff. EGGVG wird durch einen **Antrag** auf **gerichtliche Entscheidung** eingeleitet (vgl. dazu Burhoff, EV, Rn. 208 ff.). Über diesen Antrag entscheidet das zuständige **OLG** ohne mündliche Verhandlung (§ 29 Abs. 2 EGGVG i.V.m. §§ 304 ff. StPO). Die Entscheidung des OLG ist unanfechtbar.

1444 **Hinweis:**

> In den Verfahren nach den §§ 23 ff. EGGVG bzw. nach dem StVollzG kann **PKH** gewährt werden. In § 29 Abs. 3 EGGVG und in § 120 Abs. 2 StVollzG wird auf die §§ 114 ff. ZPO verwiesen.

2. Vergütung im Verfahren nach den §§ 23 ff. EGGVG

a) Verfahrensgebühr

1445 Im Verfahren nach den §§ 23 ff. EGGVG entsteht eine **Verfahrensgebühr** nach **Nr. 3100 VV** (OLG Zweibrücken, RVGreport 2011, 140 = StRR 2010, 480 = NStZ-RR 2011, 32 = Rpfleger 2011, 116). Diese entsteht für das Betreiben des Geschäfts einschließlich der Information (Vorbem. 3 Abs. 2 VV). Die Formulierung entspricht der in Teil 4 Abs. 2 VV (auf die Anm. bei Vorbem. 4 VV Rn. 33 ff. wird daher verwiesen).

> **Hinweis:**
>
> **Terminsgebühren** können nicht entstehen, da das OLG ohne mündliche Verhandlung entscheidet.

1446 Die Verfahrensgebühr deckt **sämtliche Tätigkeiten** des Rechtsanwalts/Verteidigers im Zusammenhang mit dem Antrag auf gerichtliche Entscheidung ab. Dazu gehören die Informationserteilung ebenso wie die Vorbereitung, Fertigung und Erstellung des Antrags. Auch die Entgegennahme der Entscheidung des OLG und deren Besprechung mit dem Mandanten werden von der Gebühr erfasst.

b) Höhe der Gebühr

1447 Bei der Verfahrensgebühr handelt es sich um eine **Wertgebühr** (vgl. Teil A: Gebührensystem, Rn. 649 und Teil A: Wertgebühren [§§ 13, 49]; Rn. 1679). Sie entsteht i.H.v. 1,3. Endet das Verfahren, bevor der Rechtsanwalt den Antrag auf gerichtliche Entscheidung beim OLG eingereicht hat, erhält er die Verfahrensgebühr Nr. 3100 VV nach Nr. 3101 VV nur i.H.v. 0,8.

A. Vergütungs-ABC   B. Kommentar

Verfahren nach dem Strafvollzugsgesetz und ähnliche Verfahren

> **Hinweis:**
> Es gelten die **„normalen" Gebührensätze** des § 13, obwohl es sich um ein Verfahren beim OLG handelt.

Die Gebührenhöhe richtet sich nach dem **Gegenstandswert**. Insoweit gilt § 30 Abs. 3 EGGVG, der auf § 30 KostO verweist. Der Gegenstandswert wird damit grds. nach freiem Ermessen bestimmt. Er wird vom OLG durch unanfechtbaren Beschluss festgesetzt. **I.d.R.** beträgt der Gegenstandswert **3.000,00 €**, er kann nach Lage des Falls niedriger oder höher festgesetzt werden, darf jedoch die Grenze von 500.000,00 € nicht überschreiten (zur Festsetzung des Gegenstandswertes s. Teil A: Gegenstandswert, Festsetzung [§ 33], Rn. 656). 1448

II. Verfahren nach dem StVollzG

1. Verfahrensüberblick

In Betracht kommt zunächst eine außergerichtliche Vertretung des Verurteilten bzw. dessen Vertretung im Verwaltungsverfahren (vgl. dazu Rn. 1450 f.). Dem schließt sich die (gerichtliche) Überprüfung von Maßnahmen an. Diese ist auf dem Gebiet des Strafvollzugs in den **§§ 109 bis 121 StVollzG** geregelt (vgl. Rn. 1462 ff.). Zuständig ist hier zunächst die **Strafvollstreckungskammer**, die ohne mündliche Verhandlung entscheidet (§ 115 Abs. 1 StVollzG). Gegen deren Entscheidung kann nach § 116 Abs. 1 StVollzG **Rechtsbeschwerde** eingelegt werden, über die das OLG entscheidet. Für diese Verfahren gilt nach Vorbem. 3.2.1 Abs. 1 Nr. 7 VV der Teil 3 Abschnitt 2 Unterabschnitt 1 VV entsprechend. 1449

2. Außergerichtliche Vertretung bzw. Vertretung im Verwaltungsverfahren

Auf die außergerichtliche Vertretung bzw. die Vertretung im Verwaltungsverfahren ist **weder** Teil 4 **Abschnitt 3** VV (Einzeltätigkeiten) **noch** Teil 4 **Abschnitt 2** VV (Strafvollstreckung; Volpert, RVGprofessionell 2006, 214) anwendbar. Die Nrn. 4200 ff. VV greifen nicht, weil dieser Abschnitt nur für die Tätigkeit in der Strafvollstreckung gilt (Vorbem. 4.2 VV Rn. 3 ff.). Die **Strafvollstreckung** umfasst die Herbeiführung und Überwachung der Durchführung des Urteilsinhalts. Der Strafvollzug dient hingegen der praktischen Durchführung und umfasst den Abschnitt von der Aufnahme des Verurteilten bis zur Entlassung. Im Strafvollzug ist der Bereich der Strafvollstreckung bereits verlassen. Die Regelung für die **Einzeltätigkeiten** in den Nrn. 4300 ff. VV kommt **nicht** in Betracht, wenn dem Rechtsanwalt die volle Verteidigung bzw. Vertretung im Strafvollzug und nicht nur eine einzelne Tätigkeit übertragen ist (Vorbem. 4.3 Abs. 1 VV). Selbst bei einer Einzeltätigkeit im Strafvollzug sind Nrn. 4300 ff. VV aber unanwendbar, weil das RVG insoweit eine vorrangige Regelung enthält (Vorbem. 4.3 VV Rn. 14). 1450

Anwendbar ist daher für diese Tätigkeiten der **Teil 2 VV**. Für die Tätigkeit im Strafvollzug außerhalb eines gerichtlichen Verfahrens oder eines Verwaltungsverfahrens, das dem gerichtlichen Verfahren nach § 109 StVollzG vorhergeht, entsteht somit eine Geschäftsgebühr nach Nrn. 2300 ff. VV (AnwKomm-RVG/N. Schneider, VV Vorbem. 4.3 Rn. 4 und 5; Gerold/Schmidt/Müller-Rabe, Vorbem. 3.2.1 VV Rn. 87; Volpert, RVGprofessionell 2006, 214). Vorbem. 2.3 Abs. 2 1451

Verfahren nach dem Strafvollzugsgesetz und ähnliche Verfahren

VV steht dem nicht entgegen. Beim Strafvollzug handelt es sich nicht um eine in Teil 4 bis 6 VV geregelte Angelegenheit (BT-Drucks. Nr. 15/1971, S. 206).

> **Hinweis:**
>
> Ist der Anwalt in einer Strafvollzugssache sowohl außergerichtlich als auch in einem gerichtlichen Verfahren tätig, gilt für die **Anrechnung** der **Geschäftsgebühr** auf die Verfahrensgebühr Nr. 3100 VV die Anrechnungsregelung in Abs. 4 der Vorbem. 3 VV (vgl. Gerold/Schmidt/Müller-Rabe, Vorbem. 3.2.1 VV Rn. 50; Volpert, RVGprofessionell 2006, 214; s. auch Teil A: Anrechnung von Gebühren [§ 15a], Rn. 123).

3. Verfahren bei der Strafvollstreckungskammer

1452 Im (gerichtlichen) Verfahren vor der Strafvollstreckungskammer entsteht zunächst eine **Verfahrensgebühr** nach **Nr. 3100 VV** (KG, RVGreport 2008, 100 = StraFo 2008, 132 = AGS 2008, 227 = StV 2008, 374; LG Marburg, StraFo 2006, 216 = AGS 2007, 81). Zum Abgeltungsbereich gelten die Ausführungen unter Rn. 1445 f. entsprechend.

1453 Auch hier kann **keine Terminsgebühr** für die Teilnahme an **gerichtlichen Terminen** anfallen, da die Strafvollstreckungskammer ohne mündliche Verhandlung entscheidet (§ 115 Abs. 1 StVollzG).

Da sich die Vergütung für anwaltliche Tätigkeiten im Strafvollzug nach Teil 3 VV richtet, dürfte grds. der Anfall einer **Terminsgebühr** nach Vorbem. 3 Abs. 3, 3. Alt. VV für **Besprechungen** mit dem Ziel der **Verfahrensvermeidung** oder Verfahrenserledigung möglich sein. Allerdings setzt das voraus, dass das Vorhandensein eines Gesprächspartners außerhalb des Lagers des eigenen Mandanten bejaht wird, mit dem über die Verfahrensvermeidung oder Verfahrenserledigung gesprochen werden kann (vgl. Gerold/Schmidt/Müller-Rabe, Vorbem. 3 VV Rn. 83 ff.). Dieser Gesprächspartner kann die Vollzugsbehörde bzw. die zuständige Aufsichtsbehörde sein (vgl. § 111 StVollzG). Die Terminsgebühr entsteht nach der Neufassung von Vorbem. 3 Abs. 3 VV mit Wirkung v. 31.12.2006 durch das 2. JuMoG auch dann, wenn das Gericht an der Besprechung mit dem Ziel der Verfahrensvermeidung oder Verfahrenserledigung beteiligt ist.

1454
> **Hinweis:**
>
> Nach § 114 Abs. 2 Satz 2 StVollzG kann das Gericht eine **einstweilige Anordnung** erlassen. Das Verfahren auf deren Erlass bildet **keine besondere Angelegenheit** Es ist auch keine verschiedene Angelegenheit i.S.v. § 17 Nr. 4b RVG, weil die Bestimmung nur für einstweilige Anordnungen in der Zivil-, Verwaltungs- und Finanzgerichtsbarkeit gelten soll (OLG Frankfurt am Main, 31.08.2006 – 2 Ws 44/06; BT-Drucks. 15/1971, S. 191 ff.). Nach a.A. ist § 17 Nr. 4 RVG entsprechend anzuwenden, weil § 114 Abs. 2 Satz 2 Halbs. 2 StVollzG auf die einstweilige Anordnung in der Verwaltungsgerichtsbarkeit nach § 123 VwGO verweist (KG, RVGreport 2008, 100 = StraFo 2008, 132 = AGS 2008, 227 = StV 2008, 374; LG Marburg, StraFo 2006, 216 = AGS 2007, 81, aufgehoben durch den Beschluss des OLG Frankfurt am Main 2 Ws 44/06; Gerold/Schmidt/Müller-Rabe, § 17 Rn. 13; vgl. auch Teil A: Angelegen-

Verfahren nach dem Strafvollzugsgesetz und ähnliche Verfahren

heiten [§§ 15 ff.], Rn. 89). Die Tätigkeit wird also von der Verfahrensgebühr Nr. 3100 VV abgegolten.

4. Verfahren beim OLG

Legt der Betroffene bzw. der Rechtsanwalt gegen die Entscheidung der Strafvollstreckungskammer nach § 116 StVollzG **Rechtsbeschwerde** ein, richten sich die entstehenden Gebühren gem. Vorbem. 3.1.2 Abs. 1 Nr. 7 VV nach Teil 3 Abschnitt 2 Unterabschnitt 1 VV (Volpert, RVG-professionell 2006, 214; Gerold/Schmidt/Müller-Rabe, Vorbem. 3.2.1 VV Rn. 48 ff.). Danach entsteht nach **Nr. 3200 VV** eine **Verfahrensgebühr**. Eine **Terminsgebühr** entsteht **nicht**, da das OLG ohne mündliche Verhandlung entscheidet. 1455

Hinweis:

Wird das Verfahren nach § 119 StVollzG vom OLG an die Strafvollstreckungskammer **zurückverwiesen**, handelt es sich nach § 21 Abs. 1 um eine **neue Angelegenheit**. Die Gebühren bei der Strafvollstreckungskammer entstehen dann noch einmal (Teil A: Zurückverweisung [§ 21], Rn. 1687). Allerdings ist zu berücksichtigen, dass nach Vorbem. 3 Abs. 6 VV bei Zurückverweisung an die Strafvollstreckungskammer, die bereits mit der Sache befasst war, die dort entstandene Verfahrensgebühr auf die Verfahrensgebühr für das Verfahren nach Zurückverweisung anzurechnen ist (vgl. OLG Celle, NStZ 1982, 439 = Rpfleger 1982, 395). Es kann daher durch die Zurückverweisung lediglich hinsichtlich der Terminsgebühr (vgl. Rn. 1453 f.) ein weiterer Gebührenanspruch entstehen.

5. Höhe der Gebühren

Für die Höhe der Gebühren gilt: 1456

Es entstehen **Wertgebühren**. Die Gebühr nach Nr. 3100 VV (s. Rn. 1452, 1445) entsteht nach einem Satz von 1,3, die Gebühr nach Nr. 3200 VV (vgl. Rn. 1455) nach einem Satz von 1,6. Endet der Auftrag vorzeitig (vgl. dazu Nrn. 3101, 3202 VV), gilt nur ein Satz von 0,8 bzw. 1,1.

Die **Höhe** der **Gebühren** richtet sich nach dem **Gegenstandswert**. Insoweit ist zu **unterscheiden**: 1457

- Für die Berechnung des Geschäftswerts im **außergerichtlichen Bereich** bzw. im Verwaltungsverfahren bestehen zwei Möglichkeiten:
Kann die Tätigkeit auch **Gegenstand** eines **gerichtlichen Verfahrens** nach dem StVollzG sein, gelten nach § 23 Abs. 1 Satz 3 die Wertvorschriften des GKG entsprechend. Die Gerichtsgebühren richten sich nach Nrn. 3810 ff. KV GKG, der Wert bestimmt sich nach §§ 60, 52 Abs. 1 bis 3 GKG. Für die Gebühren des Rechtsanwalts im außergerichtlichen Bereich bzw. im Verwaltungsverfahren gilt ein **Regelstreitwert** von 5.000,00 € (a.A. OLG Celle, AGS 2010, 224, das davon ausgeht, dass der Auffangwert des § 52 Abs. 2 GKG regelmäßig nicht zum Tragen kommt, sondern sich der Wert nach der Bedeutung der Sache unter besonderer Berücksichtigung der Lebensverhältnisse von Strafgefangenen usw. bestimmt).
Kann der Gegenstand der außergerichtlichen Tätigkeit im Strafvollzug **nicht Gegenstand** 1458

Verfahren nach dem Strafvollzugsgesetz und ähnliche Verfahren

eines **gerichtlichen Verfahrens** sein, dürfte § 23 Abs. 3 Satz 2 einschlägig sein. Der Wert wird nach billigem Ermessen bestimmt. Mangels genügend tatsächlicher Anhaltspunkte oder bei nichtvermögensrechtlichen Gegenständen, also nicht auf Geld oder Geldwert gerichtet, beträgt der Wert 4.000,00 €. Dieser Ausgangswert kann aber im Einzelfall höher (bis zu 500.000,00 €) oder niedriger ausfallen.

> **Hinweis:**
> Eine **Wertfestsetzung** gem. § 33 ist **nicht möglich**, weil kein gerichtliches Verfahren anhängig ist (vgl. Teil A: Gegenstandswert, Festsetzung [§ 33], Rn. 656). Der Auftraggeber und der Anwalt müssen sich über den Gegenstandswert einigen (Gerold/Schmidt/Mayer, § 33 Rn. 5).

1459 • Für die **Bestimmung** des **Geschäftswerts** im **gerichtlichen Bereich** gilt:
Für das Gerichtsverfahren nach dem StVollzG fallen Gerichtsgebühren nach Nr. 3810 bis 3812 KV GKG (Verfahren nach §§ 109, 114 Abs. 2 StVollzG), Nr. 3820 und 3821 KV GKG (Rechtsbeschwerdeverfahren) und Nr. 3830 KV GKG (vorläufiger Rechtsschutz) an. Der Wert bestimmt sich nach **§§ 60, 52 Abs. 1 bis 3 GKG**, für das Verfahren nach § 4 Abs. 2 StVollzG nach §§ 60, 51 Abs. 1 und 2 GKG. Soweit nichts anderes bestimmt ist, wird der Wert nach pflichtgemäßem Ermessen bestimmt. Maßgeblich ist die sich aus dem Antrag des Antragstellers für ihn ergebende Bedeutung der Sache. Mangels genügender Anhaltspunkte ist der Streitwert mit 5.000,00 € anzunehmen. Sonst ist die beantragte, bezifferte Geldleistung maßgebend (vgl. hierzu Binz/Dörndorfer/Petzold/Zimmermann, § 60 GKG Rn. 2; Volpert, in: Hansens/Braun/Schneider, Teil 5, Rn. 16 f.). Nach Auffassung des KG (AGS 2007, 353 = RVGreport 2007, 312 = JurBüro 2007, 532; NStZ-RR 2002, 62) ist der in § 52 Abs. 2 GKG genannte Betrag von 5.000,00 € nur ein subsidiärer Ausnahmewert. Daher sei der Streitwert in Strafvollzugssachen angesichts der geringen finanziellen Leistungsfähigkeit der meisten Gefangenen niedriger als auf 5.000,00 € festzusetzen, um zu gewährleisten, dass die Anrufung des Gerichts für den Betroffenen nicht mit einem unzumutbar hohen Kostenrisiko verbunden ist. Andererseits müsse auch darauf geachtet werden, dass die gesetzlichen Gebühren hoch genug sind, um die Tätigkeit des Verteidigers wirtschaftlich vertretbar erscheinen zu lassen und dem Gefangenen so die Inanspruchnahme anwaltlichen Beistandes zu ermöglichen.
Nach §§ 63 Abs. 2, 65 GKG wird der Wert in gerichtlichen Verfahren nach dem StVollzG **von Amts wegen festgesetzt** (Binz/Dörndorfer/Petzold/Zimmermann, § 60 GKG Rn. 2). Die Wertfestsetzung für die Gerichtsgebühren Nrn. 3810 ff. KV GKG gilt nach § 32 Abs. 1 entsprechend für die Gebühren des Rechtsanwalts im gerichtlichen Verfahren nach dem StVollzG (§ 23 Abs. 1 Satz 1). Nicht zugestimmt werden kann der Auffassung, dass die Festsetzung des Gegenstandswerts in der Strafvollzugssache nicht isoliert, sondern nur zusammen mit der Hauptsacheentscheidung bzw. der Kostenentscheidung angefochten werden kann, weil die strafvollzugsrechtlichen Verfahrensvorschriften den kostenrechtlichen Bestimmungen (§§ 65, 66, 68 GKG, § 32 Abs. 2 Satz 1) vorgehen (so aber OLG Stuttgart, RVGreport 2006, 157 m. abl. Anm. Hansens; OLG Koblenz, NStZ 1982, 48). Das GKG regelt das Rechtsbehelfsverfahren gegen die Wertfestsetzung eigenständig, sodass verfahrensrechtliche Sonderregelungen daher nicht ergänzend heranzuziehen sind (so auch KG, AGS 2007, 353 =

Verfahren nach dem Strafvollzugsgesetz und ähnliche Verfahren

RVGreport 2007, 312 = JurBüro 2007, 532; OLG Hamm, NStZ 1989, 495; 18.05.2004 – 1 Vollz [Ws] 75/04; Volpert, in: Hansens/Braun/Schneider, Teil 5, Rn. 72).

> **Hinweis:**
>
> Nach § 32 Abs. 2 Satz 1 kann der Rechtsanwalt die Wertfestsetzung aus eigenem Recht mit der **Beschwerde** nach § 68 GKG anfechten (dazu KG, AGS 2007, 353 = RVGreport 2007, 312 = JurBüro 2007, 532; Onderka, RVGprofessionell 2005, 7; s. auch Teil A: Gegenstandswert, Festsetzung (§ 33), Rn. 656).

6. Beispielsfall

Rechtsanwalt R hat bei der Haftanstalt beantragt, V zum offenen Vollzug zuzulassen. Der Antrag wird abgelehnt. Die anwaltliche Tätigkeit war durchschnittlich schwierig und umfangreich. R stellt für V Antrag auf gerichtliche Entscheidung. Die Strafvollstreckungskammer weist den Antrag durch Beschluss zurück und setzt den Wert auf 3.000,00 € fest. Die dagegen eingelegte Rechtsbeschwerde ist erfolgreich. Die Kosten des Verfahrens und die notwendigen Auslagen werden der Staatskasse auferlegt. Der Wert wird für beide Instanzen auf 5.000,00 € festgesetzt. Wie rechnet R seine Tätigkeit ab? (nach Volpert, RVGprofessionell 2005, 216). 1460

Berechnung der Gebühren	
Außergerichtlicher Bereich	
1,3 Geschäftsgebühr Nr. 2300 VV, Wert 5.000,00 €	391,30 €
Postentgeltpauschale	20,00 €
	411,30 €
Verfahren auf Erlass der gerichtlichen Entscheidung	
1,3 Verfahrensgebühr Nr. 3100 VV, Wert 5.000,00 €	391,30 €
Anrechnung nach Vorbem. 3 Abs. 4 VV	./. 195,65 €
Auf die 1,3 Verfahrensgebühr wird die 0,65 Geschäftsgebühr Nr. 2300 VV angerechnet.	195,65 €
Postentgeltpauschale	20,00 €
	215,65 €
Verfahren über die Rechtsbeschwerde	
1,6 Verfahrensgebühr Nr. 3200 VV, Wert 5.000,00 €	481,60 €
Postentgeltpauschale	20,00 €
	501,60 €
Anwaltsvergütung netto	**1.128,55 €**

Aufgrund der vom OLG getroffenen Kostenentscheidung kann R für V als im gerichtlichen Verfahren entstandene Vergütung gem. §§ 121 Abs. 4 StVollzG, 464 ff. StPO aus der Staatskasse 912,90 € netto verlangen. Die durch Vorbem. 3 Abs. 4 VV vorgeschriebene Anrechnung der Geschäftsgebühr auf die Verfahrensgebühr Nr. 3100 VV kommt dabei nur unter den in § 15a Abs. 2 RVG genannten Voraussetzungen in Betracht. Die Staatskasse kann sich also z.B. nur dann auf die Anrechnung der Geschäftsgebühr berufen, wenn sie diese gezahlt hat (vgl. hierzu Volpert VRR 2009, 254, 334 und 372). Etwas anderes kann dann gelten, wenn das Gericht in entsprechender Anwendung von § 162 Abs. 2 VwGO die Zuziehung eines 1461

Verfahren nach dem Strafvollzugsgesetz und ähnliche Verfahren

Rechtsanwalts für das Vorverfahren vor der Vollzugsbehörde für notwendig erklärt hat (vgl. OLG Celle, NStZ 1982, 439 = Rpfleger 1982, 395).

Da das OLG den Wert für das Verfahren auf gerichtliche Entscheidung und das Rechtsbeschwerdeverfahren gem. §§ 65, 63 Abs. 3 GKG auf 5.000,00 € festgesetzt hat, kann dieser Wert gem. § 23 Abs. 1 Satz 3 auch der Geschäftsgebühr für die außergerichtliche Vertretung zugrunde gelegt werden. Für eine von R gegen die erstinstanzliche Wertfestsetzung auf 3.000,00 € ggf. gem. §§ 32 Abs. 2 Satz 1 RVG, 68 GKG in eigener Sache eingelegte Beschwerde entsteht mangels Auftraggebers keine Verfahrensgebühr nach Nr. 3500 VV. Eine Kostenerstattung findet wegen § 68 Abs. 3 Satz 2 GKG ohnehin nicht statt (vgl. hierzu Volpert, in: Hansens/Braun/Schneider, Teil 5, Rn. 65 f.).

7. PKH

1462 Nach § 120 Abs. 2 StVollzG kommt in den **gerichtlichen Verfahren** nach §§ 109 und 116 StVollzG die Bewilligung von PKH nebst Beiordnung eines Rechtsanwalts **in Betracht**. Dazu ist die Einreichung eines Antrags mit der Erklärung über die persönlichen und wirtschaftlichen Verhältnisse des Strafgefangenen erforderlich.

8. Beratungshilfe

1463 Es ist umstritten, ob Angelegenheiten des **Strafvollzugs** dem **Verwaltungsrecht** oder dem **Strafrecht** zuzuordnen sind. Werden sie dem Verwaltungsrecht zugeordnet, kann im Rahmen der Beratungshilfe **Beratung und Vertretung** gewährt werden (vgl. § 2 Abs. 2 BerHG) und damit auch eine Geschäftsgebühr Nr. 2503 VV entstehen (so LG Berlin, AnwBl. 1988, 80 = Rpfleger 1986, 650 = JurBüro 1986, 401; LG Lübeck, StV 1989, 405; AG Frankfurt, StV 1993, 146; Teil A: Beratungshilfe, Rn. 308; Hansens, in: Hansens/Braun/Schneider, Teil 7, Rn. 4; Zieger, StV 2006, 375, 377; Korte, StV 1982, 448). Werden sie dagegen dem **Strafrecht** zugeordnet, kann nur **Beratung** gewährt und nur eine Beratungsgebühr Nr. 2501 VV verlangt werden (so LG Göttingen, Nds.Rpfl. 1983, 161; AG Mainz, Rpfleger 1990, 78; Schoreit/Groß, § 2 BerHG Rn. 26). Für die Zuordnung zum Strafrecht spricht, dass gerichtliche Entscheidungen in Strafvollzugssachen durch die Strafvollstreckungskammer, nicht aber durch das VG getroffen werden, § 110 StVollzG. Das gilt auch bei Entscheidung in einem Verwaltungsvorverfahren gem. § 109 Abs. 3 StVollzG (vgl. Volpert, StRR 2010, 333).

1464 Betrifft die vom Anwalt vorgenommene Beratung **verschiedene Fragen** des **Strafvollzugs** hinsichtlich derselben Freiheitsstrafe (z.B. Fortschreibung des Vollzugsplans, Durchsetzung von Ausgängen aus der JVA und Urlaubsbewilligung), liegt nur eine Angelegenheit vor (LG Berlin, JurBüro 1985, 1667; vgl. Hansens, in: Hansens/Braun/Schneider, Teil 7, Rn. 122).

1465 **Hinweis:**

Umstritten ist, ob Beratungshilfe für einen **ausländischen Strafgefangenen** zur Frage des § 456a StPO (Absehen von weiterer Strafvollstreckung bei Ausweisung und Abschiebung des ausländischen Verurteilten) mit der Begründung verweigert werden kann, dass der Anwaltsverein einmal wöchentlich eine kostenlose Rechtsberatung anbietet (vgl. Zieger, StV 2006, 375, 377).

Siehe auch im Teil A: → Beratungshilfe, Rn. 285; → Gegenstandswert, Festsetzung (§ 33), Rn. 656.

| A. Vergütungs-ABC | B. Kommentar |

Vergütungsanspruch gegen die Staatskasse (§§ 44, 45, 50)

Vergütung, Begriff

Das RVG unterscheidet sich sprachlich von der BRAGO. Während danach das Entgelt für die anwaltliche Tätigkeit nach einer Bundesrechtsanwaltsgebühren**ordnung** berechnet wurde, ist Grundlage des anwaltlichen Einkommens nach dem RVG ein Rechtsanwaltsvergütungs**gesetz**. 1466

> **Hinweis:**
>
> In § 1 Abs. 1 Satz 1 ist die **Legaldefinition** der **anwaltlichen Vergütung** enthalten. Diese setzt sich aus den **Gebühren** und den **Auslagen** (Nrn. 7000 ff. VV) zusammen. Diese Unterscheidung ist z.B. für die Anrechnung von gezahlten Vorschüssen auf die Pflichtverteidigervergütung von Bedeutung (vgl. dazu die Komm. zu § 58 Abs. 3 Rn. 25). Auch bei der Erstreckung nach § 48 Abs. 5 ist darauf zu achten, dass dort in Satz 1 von der „Vergütung" die Rede ist (vgl. § 48 Abs. 5 Rn. 4).

Diese Formulierung, die allerdings im Text der Vorschriften nicht ganz konsequent durchgehalten wird, zeigt die Entwicklung seit dem Inkrafttreten der BRAGO Ende der Fünfziger Jahre des vorigen Jahrhunderts auf. Sie verdeutlicht die **andere Sicht anwaltlicher Tätigkeit**. Eine Gebührenordnung legt immer die Assoziation der „von oben" staatlich verordneten Gebühren nahe. Eine (Rechtsanwalts-)Vergütung macht hingegen deutlich(er), dass anwaltliche Tätigkeit i.d.R. eine privatrechtlich vereinbarte Dienstleistung ist, die wie jede andere Tätigkeit auch zu vergüten ist und „ihren Preis" hat. Hinzu kommt, dass auch die BRAGO keine (Ver-)Ordnung, sondern ein „Gesetz" im eigentlichen Sinne war, das nur „Ordnung" genannt wurde. 1467

Der angesprochene Sichtwandel zeigt sich jetzt auch **deutlich** in der **Neuregelung** in § 34 Satz 1, wonach der Rechtsanwalt, insbesondere wenn er beratend tätig wird, nach Möglichkeit die Vergütung für seine Tätigkeit mit dem Mandanten in einer Gebührenvereinbarung **frei aushandeln** soll (vgl. dazu Teil A: Beratung/Gutachten, Allgemeines, Rn. 223). 1468

Siehe auch Teil A: Allgemeine Vergütungsfragen, Rn. 22.

Vergütungsanspruch gegen die Staatskasse (§§ 44, 45, 50)

§ 44 RVG *Vergütungsanspruch bei Beratungshilfe*

¹*Für die Tätigkeit im Rahmen der Beratungshilfe erhält der Rechtsanwalt eine Vergütung nach diesem Gesetz aus der Landeskasse, soweit nicht für die Tätigkeit in Beratungsstellen nach § 3 Abs. 1 des Beratungshilfegesetzes besondere Vereinbarungen getroffen sind.* ²*Die Beratungshilfegebühr (Nummer 2500 des Vergütungsverzeichnisses) schuldet nur der Rechtsuchende.*

§ 45 RVG *Vergütungsanspruch des beigeordneten oder bestellten Rechtsanwalts*

(1) Der im Wege der Prozesskostenhilfe beigeordnete oder nach § 57 oder § 58 der Zivilprozessordnung zum Prozesspfleger bestellte Rechtsanwalt erhält, soweit in diesem Abschnitt nichts

Vergütungsanspruch gegen die Staatskasse (§§ 44, 45, 50)

anderes bestimmt ist, die gesetzliche Vergütung in Verfahren vor Gerichten des Bundes aus der Bundeskasse, in Verfahren vor Gerichten eines Landes aus der Landeskasse.

(2) Der Rechtsanwalt, der nach § 138 des Gesetzes über das Verfahren in Familiensachen und in den Angelegenheiten der freiwilligen Gerichtsbarkeit, auch in Verbindung mit § 270 des Gesetzes über das Verfahren in Familiensachen und in den Angelegenheiten der freiwilligen Gerichtsbarkeit, beigeordnet oder nach § 67a Abs. 1 Satz 2 der Verwaltungsgerichtsordnung bestellt ist, kann eine Vergütung aus der Landeskasse verlangen, wenn der zur Zahlung Verpflichtete (§ 39 oder § 40) mit der Zahlung der Vergütung im Verzug ist.

(3) [1]Ist der Rechtsanwalt sonst gerichtlich bestellt oder beigeordnet worden, erhält er die Vergütung aus der Landeskasse, wenn ein Gericht des Landes den Rechtsanwalt bestellt oder beigeordnet hat, im Übrigen aus der Bundeskasse. [2]Hat zuerst ein Gericht des Bundes und sodann ein Gericht des Landes den Rechtsanwalt bestellt oder beigeordnet, zahlt die Bundeskasse die Vergütung, die der Rechtsanwalt während der Dauer der Bestellung oder Beiordnung durch das Gericht des Bundes verdient hat, die Landeskasse die dem Rechtsanwalt darüber hinaus zustehende Vergütung. [3]Dies gilt entsprechend, wenn zuerst ein Gericht des Landes und sodann ein Gericht des Bundes den Rechtsanwalt bestellt oder beigeordnet hat.

(4) [1]Wenn der Verteidiger von der Stellung eines Wiederaufnahmeantrags abrät, hat er einen Anspruch gegen die Staatskasse nur dann, wenn er nach § 364b Abs. 1 Satz 1 der Strafprozessordnung bestellt worden ist oder das Gericht die Feststellung nach § 364b Abs. 1 Satz 2 der Strafprozessordnung getroffen hat. [2]Dies gilt auch im gerichtlichen Bußgeldverfahren (§ 85 Abs. 1 des Gesetzes über Ordnungswidrigkeiten).

(5) [1]Absatz 3 ist im Bußgeldverfahren vor der Verwaltungsbehörde entsprechend anzuwenden. [2]An die Stelle des Gerichts tritt die Verwaltungsbehörde.

§ 50 RVG Weitere Vergütung bei Prozesskostenhilfe

(1) [1]Nach Deckung der in § 122 Abs. 1 Nr. 1 der Zivilprozessordnung bezeichneten Kosten und Ansprüche hat die Staatskasse über die Gebühren des § 49 hinaus weitere Beträge bis zur Höhe der Gebühren nach § 13 einzuziehen, wenn dies nach den Vorschriften der Zivilprozessordnung und nach den Bestimmungen, die das Gericht getroffen hat, zulässig ist. [2]Die weitere Vergütung ist festzusetzen, wenn das Verfahren durch rechtskräftige Entscheidung oder in sonstiger Weise beendet ist und die von der Partei zu zahlenden Beträge beglichen sind oder wegen dieser Beträge eine Zwangsvollstreckung in das bewegliche Vermögen der Partei erfolglos geblieben ist oder aussichtslos erscheint.

(2) Der beigeordnete Rechtsanwalt soll eine Berechnung seiner Regelvergütung unverzüglich zu den Prozessakten mitteilen.

(3) Waren mehrere Rechtsanwälte beigeordnet, bemessen sich die auf die einzelnen Rechtsanwälte entfallenden Beträge nach dem Verhältnis der jeweiligen Unterschiedsbeträge zwischen den Gebühren nach § 49 und den Regelgebühren; dabei sind Zahlungen, die nach § 58 auf den Unterschiedsbetrag anzurechnen sind, von diesem abzuziehen.

Vergütungsanspruch gegen die Staatskasse (§§ 44, 45, 50)

	Übersicht	Rn.
A.	Überblick	1469
B.	Anmerkungen	1472
I.	Vergütungsanspruch bei Beratungshilfe (§ 44)	1472
	1. Allgemeines	1472
	2. Anspruch gegen den Rechtsuchenden	1473
	3. Vergütungsanspruch gegen die Landeskasse	1474
	4. Erstattungspflicht des Gegners (§ 9 BerHG)	1476
	5. Vorschuss bei Beratungshilfe (§ 47 Abs. 2)	1477
II.	Vergütungsanspruch des gerichtlich beigeordneten oder bestellten Rechtsanwalts gegen die Staatskasse (§ 45)	1478
	1. Allgemeines	1478
	2. Beiordnung im Wege der PKH	1482
	3. Sonstige Bestellung und Beiordnung	1483
	4. Stillschweigende Bestellung/Rückwirkende Bestellung	1484
	a) Stillschweigende Bestellung	1484
	b) Rückwirkende Bestellung	1486
	5. Höhe des Vergütungsanspruchs gegen die Staatskasse	1487
	6. Beschränkung des Vergütungsanspruchs in der Beiordnung/Bestellung	1488
	7. Pflichtverteidiger zur Verfahrenssicherung	1489
	8. Tätigkeit von Vertretern	1490
	9. Abtretung des Vergütungsanspruchs	1492
	10. Verzicht auf den Vergütungsanspruch	1493
	11. Verlust des Vergütungsanspruchs	1495
	12. Verwirkung/Einwendungen/Verjährung	1497
	13. Abraten von der Stellung eines Wiederaufnahmeantrags (§ 45 Abs. 4)	1498
	14. Bestellung durch Verwaltungsbehörde im Bußgeldverfahren (§ 45 Abs. 5)	1499
	15. Beistandsbestellung (IRG) bei Vollstreckung europäischer Geldsanktionen durch das Bundesamt für Justiz	1500
III.	Weitere Vergütung (§ 50)	1501

Literatur:

Al-Jumaili, Festsetzung der Pflichtverteidigervergütung, § 98 BRAGO, JurBüro 2000, 516; *dies.*, Vergütungsansprüche des gerichtlich bestellten Rechtsanwalts, JurBüro 2000, 172, 175; *Enders*, Vorschuss von PKH-Mandanten, JurBüro 2003, 225; *Hansens*, Gebührenerhöhung nach Nr. 1008 VV RVG bei Mindestgebühren, RVGreport 2005, 372; *Hünnekens*, Überblick zu den Kostenfestsetzungen in Zivilsachen, RpflStud 1992, 115; *Korte*, Beratungshilfe für die Verteidigung im Strafvollzug?, StV 1982, 448; *Kroiß*, Die Vergütung des Pflichtverteidigers nach dem RVG, RVG-Letter 2004, 134; *Lappe*, Erstattung der Kosten des Nebenkläger-Beistands, Rpfleger 2003, 116; *Madert*, Das Recht auf Vorschuß, AGS 1992, 6; *ders.*, Das Recht des Anwalts, Vorschuss zu fordern, AGS 2003, 286; *Neumann*, Entscheidungsmöglichkeiten des Gerichts bei Erinnerung gegen einen zurückgewiesenen Festsetzungsantrag, JurBüro 1999, 400; *Schneider*, Gebührenerhöhung nach Nr. 1008 VV in der Beratungshilfe, ZAP, Fach 24, S. 889; *Volpert*, Erstattung der Dolmetscherkosten für vorbereitende Gespräche des Verteidigers, BRAGOprofessionell 2003, 165; *ders.*, Die Beratungshilfegebühren in Angelegenheiten des Strafrechts, StRR 2010, 333; *Wielgoss*, Vergütung für die Beratungshilfe im Strafrecht, JurBüro 1998, 580; *Zieger*, Vernachlässigte Tätigkeitsfelder der Verteidigung, insbesondere Vollstreckung und Vollzug, StV 2006, 375.

A. Überblick

Abschnitt 8 des RVG (vgl. §§ 44 bis 59) fasst alle Vorschriften zusammen, die Regelungen über die aus der Staatskasse an beigeordnete oder gerichtlich bestellte Rechtsanwälte zu zahlende Vergütungen betreffen. Dort sind auch die Vergütungsregelungen für die Tätigkeit im Fall der Beratungshilfe enthalten. Die nachfolgenden Erläuterungen enthalten **Ausführungen** zu §§ 45, 45 und 50, die auch für die in den Teilen 4 bis 6 VV geregelten Angelegenheiten von Bedeutung sind. Die weiter in Abschnitt 8 enthaltenen Regelungen in §§ 45 Abs. 4, 46 Abs. 3, 48 Abs. 5, 51, 52, 53, 54, 55 Abs. 3, 57 und 58 Abs. 3 werden im Kommentarteil erörtert. Zur Festsetzung der 1469

| A. Vergütungs-ABC | B. Kommentar |

Vergütungsanspruch gegen die Staatskasse (§§ 44, 45, 50)

Vergütung des gerichtlich bestellten oder beigeordneten Rechtsanwalts gegen die Staatskasse vgl. Teil A: Festsetzung gegen die Staatskasse (§ 55), Rn. 579 ff.; zum Umfang des Vergütungsanspruchs des gerichtlich bestellten oder beigeordneten Rechtsanwalts gegen die Staatskasse vgl. Teil A: Umfang des Vergütungsanspruchs (§ 48 Abs. 1), Rn. 1382 ff.

1470 Die Gebühren des gerichtlich bestellten oder beigeordneten Rechtsanwalts ergeben sich wie die Wahlanwaltsgebühren aus den Teilen 4 bis 6 VV. Es wird hinsichtlich der Gebührentatbestände nicht zwischen den Gebühren des Wahlanwalts und denen des beigeordneten oder bestellten Rechtsanwalts unterschieden. Der Höhe nach sind die Gebühren jedoch **unterschiedlich**.

1471 Der in Angelegenheiten nach den Teilen 4 bis 6 VV **gerichtlich bestellte** oder beigeordnete **Rechtsanwalt** erhält aus der Staatskasse **Festgebühren** (vgl. Teil A: Gebührensystem, Rn. 652). Diese Festgebühren basieren auf den Wahlanwaltsgebühren. Der gerichtlich bestellte oder beigeordnete Rechtsanwalt erhält als Festgebühr 80 % der Mittelgebühr eines Wahlanwalts.

> **Hinweis:**
>
> Abschnitt 8 gilt auch, wenn der Rechtsanwalt als Vertreter oder **Beistand** eines **Verletzten** oder eines **Zeugen**, des **Privatklägers**, des **Nebenklägers** oder des Antragstellers im sog. Klageerzwingungsverfahren (§ 172 StPO) beigeordnet oder bestellt worden ist. Abschnitt 8 enthält Regelungen für alle beigeordneten oder bestellten Rechtsanwälte.

B. Anmerkungen

I. Vergütungsanspruch bei Beratungshilfe (§ 44)

1. Allgemeines

1472 In Angelegenheiten des **Strafrechts** und des **Ordnungswidrigkeitenrechts** wird nach § 2 Abs. 2 Satz 2 BerHG nur **Beratung** gewährt (zu Tätigkeiten im Rahmen des Strafvollzugs vgl. Teil A: Verfahren nach dem Strafvollzugsgesetz und ähnlichen Verfahren, Rn. 1441 ff., 1463 ff.; Volpert, StRR 2010, 333). Die **Vertretung** des Rechtsuchenden ist insoweit ausgeschlossen. Dies gilt für die Vertretung bei Straftaten sowohl nach dem StGB als auch nach Nebenstrafrecht z.B. nach § 35 BtMG (AG Hamm, AnwBl. 1986, 294), für die Vertretung des **Privat-** oder **Nebenklägers**, eines **Zeugen** (LG Braunschweig, Nds.Rpfl. 1986, 198; LG Frankfurt, JurBüro 1986, 732; AG Essen, StV 1986, 493; AG Neumünster, JurBüro 1987, 1413; Hansens, in: Hansens/Braun/Schneider, Teil 7, Rn. 9 und 88; **a.A.** Schoreit, in: Schoreit/Groß, BerH/PKH, § 2 BerHG Rn. 23 ff.) und im Bereich der **Strafvollstreckung** (AG Minden, StraFo 2003, 118 = AGS 2003, 318; AG Mainz, Rpfleger 1990, 78; Hansens, in: Hansens/Braun/Schneider, Teil 7, Rn. 9; **a.A.** wohl Gerold/Schmidt/Mayer, VV 2500 – 2508 Rn. 8).

Zu den Einzelheiten des Vergütungsanspruchs bei Beratungshilfe s. im Übrigen Teil A: Beratungshilfe, Rn. 285 ff.; vgl. auch Wielgoss, JurBüro 1998, 580; Volpert, StRR 2010, 333). Zur Entstehung der **Einigungsgebühr** und der **Gebührenerhöhung** nach Nr. 1008 VV bei Vertre-

Vergütungsanspruch gegen die Staatskasse (§§ 44, 45, 50)

tung mehrerer Auftraggeber in der Beratungshilfe vgl. Teil A: Einigungsgebühr (Nrn. 1000, 1003 und 1004 VV), Rn. 489; Teil A: Mehrere Auftraggeber (§ 7, Nr. 1008 VV), Rn. 971 ff.

2. Anspruch gegen den Rechtsuchenden

Der Rechtsanwalt kann die in Nr. 2500 geregelte **Beratungshilfegebühr** nach Nr. 2500 VV i.H.v. 10,00 € nicht gegen die Staatskasse, sondern gem. § 44 Satz 2 **nur** gegen den **Rechtsuchenden** geltend machen. Nach der Anm. zu Nr. 2500 VV kann der Rechtsanwalt neben der Beratungshilfegebühr keine Auslagen fordern. Zu den Auslagen gehört dabei **auch** die **Umsatzsteuer**, die aufgrund ihrer Einstellung in Teil 7 VV (vgl. Nr. 7008 VV) zu den Auslagen gehört. Daher beträgt die Beratungshilfegebühr Nr. 2500 VV für den umsatzsteuerpflichtigen Rechtsanwalt bei einem Umsatzsteuersatz von 19 % 8,40 € (vgl. Hansens, in: Hansens/Braun/Schneider, Teil 7, Rn. 51; AnwKomm-RVG/N. Schneider, VV 2500 Rn. 1).

1473

Gewährt der Rechtsanwalt **mehreren Rechtsuchenden** (mehreren Privat- oder Nebenklägern) Beratungshilfe, kann er die Beratungshilfegebühr von jedem der Rechtsuchenden fordern (vgl. Hansens, in: Hansens/Braun/Schneider, Teil 7, Rn. 50).

Nach Satz 2 der Anm. zu Nr. 2500 VV kann die Gebühr **erlassen** werden. Verzichtet der Rechtsanwalt auf die Gebühr, kann er sie nicht gegenüber der Landeskasse geltend machen.

Eine **Vergütungsvereinbarung** mit dem Mandanten über eine höhere Beratungshilfegebühr ist wegen § 8 BerHG, § 3a Abs. 4 nicht möglich. Danach ist jegliche Vergütungsvereinbarung nichtig (s. auch Teil A: Vergütungsvereinbarung [§ 3a], Rn. 1518).

> **Hinweis:**
> Eine **Festsetzung** der Beratungshilfegebühr nach **§ 11 scheidet aus**, weil die Beratungshilfegebühr nicht zu den Kosten des gerichtlichen Verfahrens gehört (vgl. Teil A: Festsetzung der Vergütung [§ 11], Rn. 539). Auch eine Festsetzung gem. § 55 Abs. 4 ist nicht möglich, weil § 55 lediglich die Festsetzung der aus der Staatskasse zu zahlenden Vergütung regelt (vgl. Hansens, in: Hansens/Braun/Schneider, Teil 7, Rn. 55 f.).

3. Vergütungsanspruch gegen die Landeskasse

Nach § 44 Satz 1 erhält der Rechtsanwalt die Beratungshilfevergütung aus der **Landeskasse**, soweit nicht für die Tätigkeit in Beratungsstellen nach § 3 Abs. 1 BerHG besondere Vereinbarungen getroffen worden sind. Sind für die Tätigkeit von Rechtsanwälten in Beratungsstellen nach § 3 Abs. 1 BerHG mit der Landesjustizverwaltung besondere Vergütungsvereinbarungen getroffen worden, kann der hiervon betroffene Rechtsanwalt den Anspruch gegen die Landeskasse nicht geltend machen, da die Vergütungsvereinbarung vorrangig ist.

1474

Der Rechtsanwalt hat **neben** der Beratungsgebühr nach Nr. 2501 VV gem. § 46 und Teil 7 VV Anspruch auf Ersatz seiner **erforderlichen Auslagen** aus der Landeskasse. Hierzu gehört auch die Umsatzsteuer (vgl. Nr. 7008 VV; BGH, BGHReport 2006, 1447 = Rpfleger 2006, 609 = RVGreport 2006, 392; LAG Rheinland-Pfalz, JurBüro 1997, 29 = FamRZ 1997, 947; Gerold/

1475

Vergütungsanspruch gegen die Staatskasse (§§ 44, 45, 50)

Schmidt/Müller-Rabe, § 55 Rn. 30). Der im Rahmen der Beratungshilfe tätige Rechtsanwalt kann der Staatskasse gegenüber auch **Dolmetscherkosten** und Reisekosten geltend machen, soweit sie für die Erledigung der Beratung notwendig waren (LG Bochum, JurBüro 1986, 403; JurBüro 2002, 147; LG Hannover, JurBüro 86, 120; JurBüro 86, 1214; s. im Übrigen auch Teil A: Auslagen aus der Staatskasse [§ 46 Abs. 1 und 2], Rn. 141 ff., 171; Teil A: Beratungshilfe, Rn. 344).

4. Erstattungspflicht des Gegners (§ 9 BerHG)

1476 Nach § 9 BerHG gehen **Kostenerstattungsansprüche** des Mandanten gegen den Gegner **auf** den **Rechtsanwalt über**. Dieser kann die Kostenerstattungsansprüche im eigenen Namen geltend machen. Durch diesen gesetzlichen Forderungsübergang sind etwaige Kostenerstattungsansprüche sowohl einer Aufrechnung durch den Gegner als auch einer durch einen Dritten entzogen. Der Anspruch besteht i.H.d. gesetzlichen Gebühren, nicht nur der niedrigeren Beratungshilfegebühren. Als **Anspruchsgrundlage** kommen materiell-rechtliche Kostenerstattungsansprüche in Betracht, soweit diese in den in den Teilen 4 bis 6 VV geregelten Angelegenheiten überhaupt entstehen können. Der **Anspruchsübergang** darf **nicht** zum **Nachteil des Rechtsuchenden** geltend gemacht werden. Zahlungen, die der Rechtsanwalt von dem Gegner erhalten hat, sind auf die aus der Landeskasse zu zahlende Vergütung anzurechnen, § 58 Abs. 1. Soweit die Staatskasse die Ansprüche des Rechtsanwalts befriedigt, geht der Anspruch gegen den erstattungspflichtigen Gegner auf die Landeskasse über, § 59 Abs. 1 und 3.

5. Vorschuss bei Beratungshilfe (§ 47 Abs. 2)

1477 Bei Beratungshilfe kann der Rechtsanwalt die Gebühr Nr. 2501 VV nebst Auslagen gem. § 47 Abs. 2 **nicht vorschussweise** aus der Landeskasse verlangen. Auch die Beratungshilfegebühr Nr. 2500 VV kann nicht vorschussweise verlangt werden (vgl. Hansens, in: Hansens/Braun/Schneider, Teil 7, Rn. 52; s. auch Teil A: Vorschuss aus der Staatskasse [§ 47], Rn. 1645 ff.).

II. Vergütungsanspruch des gerichtlich beigeordneten oder bestellten Rechtsanwalts gegen die Staatskasse (§ 45)

1. Allgemeines

1478 **§ 45 Abs. 1** begründet für den im Wege der PKH gerichtlich beigeordneten Rechtsanwalt einen Vergütungsanspruch gegen die Staatskasse. Hierfür ist neben der Bewilligung der PKH daher auch die Beiordnung eines Anwalts (vgl. § 121 ZPO) erforderlich (vgl. OLG Köln, AGS 2006, 39). Der Vergütungsanspruch gegen die Staatskasse ist **nicht subsidiär** gegenüber Ansprüchen, die dem Rechtsanwalt in derselben Angelegenheit ggf. gegenüber dem Mandanten oder dessen Gegner zustehen (z.B. nach §§ 52, 53, § 126 ZPO). Der Rechtsanwalt hat insoweit ein **Wahlrecht** (Gerold/Schmidt/Müller-Rabe, § 45 Rn. 49 f.). Die Staatskasse ist **unmittelbarer Vergütungsschuldner** und kann den Rechtsanwalt nicht auf etwaige andere Ansprüche in der Angelegenheit verweisen (Gerold/Schmidt/Müller-Rabe, § 45 Rn. 48).

Vergütungsanspruch gegen die Staatskasse (§§ 44, 45, 50)

> **Hinweis:**
> Der gerichtlich beigeordnete oder bestellte Rechtsanwalt kann unter den Voraussetzungen der **§§ 52, 53 Abs. 1** seine **Wahlanwaltsgebühren** von seinem Auftraggeber oder dem Verurteilten verlangen. Dieser Anspruch tritt selbstständig neben den Vergütungsanspruch gegen die Staatskasse. Auf die Komm. zu den §§ 52, 53 wird insoweit verwiesen.

Von § 45 Abs. 1 wird z.B. die Beiordnung eines Rechtsanwalts im Wege der PKH für den **Privatkläger** (vgl. § 379 Abs. 3 StPO), den **Nebenkläger** (vgl. § 397a Abs. 2 StPO) oder den **nebenklageberechtigten Verletzten** (vgl. §§ 406g Abs. 3 Nr. 2, 397a Abs. 2 StPO) erfasst. Für den sonst gerichtlich bestellten oder beigeordneten Rechtsanwalt ergibt sich der Vergütungsanspruch gegen die Staatskasse aus § 45 Abs. 3 (vgl. Gerold/Schmidt/Müller-Rabe, § 45 Rn. 2; AnwKomm-RVG/Schnapp, § 45 Rn. 19 ff.). Der Verteidiger, der von der Stellung eines Wiederaufnahmeantrags abrät, fällt unter § 45 Abs. 4 (vgl. die Komm. zu § 45 Abs. 4). **§ 55** regelt einheitlich für alle aus der Staatskasse zu gewährenden Vergütungen das Verfahren bei der **Festsetzung**, also die Zahlbarmachung (s. dazu Teil A: Festsetzung gegen die Staatskasse [§ 55], Rn. 579 ff.). 1479

> **Hinweis:**
> Ein Vergütungsanspruch gegen die Landes- oder Bundeskasse entsteht nach § 45 nur bei **gerichtlicher Beiordnung oder Bestellung**. Wegen § 45 Abs. 5 erwächst darüber hinaus auch bei Beiordnung oder Bestellung durch die Verwaltungsbehörde im Bußgeldverfahren ein Vergütungsanspruch gegen die Staatskasse. Die nach §§ 163 Abs. 3 Satz 2, 68b Abs. 2 StPO mögliche **Beiordnung** eines Zeugenbeistands durch die **Staatsanwaltschaft** führt dagegen nach dem Wortlaut von § 45 nicht zu einem Vergütungsanspruch des Zeugenbeistands gegen die Staatskasse, weil keine gerichtliche Beiordnung vorliegt (vgl. hierzu auch Rn. 1500).

Sonstige gerichtlich **bestellte** oder **beigeordnete Rechtsanwälte** i.S.v. § 45 Abs. 3 sind insbesondere 1480

- der **Pflichtverteidiger** (vgl. § 141 StPO),
- der einem **Zeugen** gem. § 68b Abs. 2 StPO als **Beistand** beigeordnete Rechtsanwalt – es handelt sich nicht um eine unter § 45 Abs. 1 fallende Beiordnung im Wege der PKH (vgl. hierzu auch § 53 Rn. 25),
- der dem Nebenkläger gem. § 397a Abs. 1 StPO bestellte **Beistand**,
- der dem **nebenklageberechtigten Verletzten** gem. §§ 406g Abs. 3 Nr. 1, Abs. 4 397a Abs. 1 StPO bestellte Beistand,
- der gem. § 7 Abs. 1 ThUG im Verfahren nach dem Therapieunterbringungsgesetz **gerichtlich beigeordnete** Rechtsanwalt (Beistand, s. dazu Teil A: Sicherungsverwahrung/Therapieunterbringung, Rn. 1249 ff.).

Darüber hinaus wird geregelt, **wer** zur **Zahlung** der gesetzlichen Vergütung **verpflichtet** ist: Bei der Beiordnung im Wege der PKH in Verfahren vor Gerichten des Bundes die **Bundeskasse** und in Verfahren vor Gerichten eines Landes die Landeskasse (§ 45 Abs. 1). Bei sonstiger Bestellung 1481

Vergütungsanspruch gegen die Staatskasse (§§ 44, 45, 50)

oder Beiordnung erhält der Rechtsanwalt die Vergütung aus der Landeskasse, wenn ihn ein Gericht des Landes bestellt oder beigeordnet hat, im Übrigen aus der Bundeskasse (Abs. 3).

> **Hinweis:**
>
> Soweit sich der Vergütungsanspruch des Rechtsanwalts aus einer gerichtlichen Beiordnung oder Bestellung oder aus einer Tätigkeit im Rahmen bewilligter Beratungshilfe ergibt, regelt das RVG auch den **Grund** des Vergütungsanspruchs (Braun/Volpert, in: Hansens/Braun/Schneider, Teil 1, Rn. 3; Gerold/Schmidt/Madert/Müller-Rabe, § 1 Rn. 2).

2. Beiordnung im Wege der PKH

1482 Die Beiordnung im Wege der PKH setzt im Gegensatz zu der Bestellung als Pflichtverteidiger das **Vorhandensein** eines **privatrechtlichen Vergütungsanspruchs** gegen den Auftraggeber voraus, z.B. den **Abschluss** eines **Anwaltsvertrags/Geschäftsbesorgungsvertrags** (vgl. Gerold/Schmidt/Müller-Rabe, § 45 Rn. 28 ff.; BGH, NJW-RR 2005, 494 = JurBüro 2005, 266; AnwKomm-RVG/Schnapp, § 45 Rn. 30; s. auch Teil A: Allgemeine Vergütungsfragen, Rn. 26 ff.). Den hieraus hervorgehenden vertraglichen Vergütungsanspruch kann der beigeordnete Rechtsanwalt wegen der **Forderungssperre** des § 122 Abs. 1 Nr. 3 ZPO jedoch grds. nicht geltend machen (vgl. §§ 379 Abs. 3, 397a Abs. 2, 406 Abs. 3 Nr. 2 StPO, § 122 Abs. 1 Nr. 3 ZPO; Gerold/Schmidt/Müller-Rabe, § 45 Rn. 64). Etwas anderes gilt nur dann, wenn die Voraussetzungen der §§ 53 Abs. 1, 52 vorliegen (vgl. insoweit die Komm. zu §§ 52 und 53; AnwKomm-RVG/N. Schneider, § 53 Rn. 3) oder wenn die Bewilligung der PKH nach § 124 ZPO aufgehoben worden ist (vgl. BGH, BGHReport 2006, 1447 = Rpfleger 2006, 609 = RVGreport 2006, 392; Gerold/Schmidt/Müller-Rabe, § 45 Rn. 72; AnwKomm-RVG/Schnapp, § 45 Rn. 29; noch zur BRAGO: OLG Frankfurt am Main, NStZ 1986, 43; StV 1987, 55).

Der mit der Partei bestehende Anwalts-/Geschäftsbesorgungsvertrag verschafft dem beigeordneten Rechtsanwalt einen **unmittelbaren**, öffentlich-rechtlichen Vergütungsanspruch gegen die Staatskasse.

> **Hinweise:**
>
> - Bei Bewilligung von PKH kommt keine Beiordnung eines **in eigener Sache auftretenden Rechtsanwalts** in Betracht (BAG, RVGreport 2008, 156). Ein Vergütungsanspruch gegen die Staatskasse kann also nicht entstehen.
>
> - Nach der Rechtsprechung des BGH (NJW 2009, 440 = RVGreport 2009, 78 = AGS 2008, 608) kann bei PKH auch eine **Sozietät** beigeordnet werden. Dann steht auch der Sozietät der Vergütungsanspruch gegen die Staatskasse zu.

3. Sonstige Bestellung und Beiordnung

1483 Wird der Rechtsanwalt z.B. als **Pflichtverteidiger** gerichtlich bestellt, entsteht der **Vergütungsanspruch** gegen die Staatskasse **allein** aufgrund der **gerichtlichen Bestellung**. Ein Anwalts- oder Geschäftsbesorgungsvertrag wie im Fall der Beiordnung im Wege der PKH muss nicht hinzutreten, um einen Vergütungsanspruch gegen die Staatskasse zu erhalten (vgl. BGH, NJW-

Vergütungsanspruch gegen die Staatskasse (§§ 44, 45, 50)

RR 2005, 494 = JurBüro 2005, 266; AnwKomm-RVG/Schnapp, § 45 Rn. 32). Beim gerichtlich **bestellten** Rechtsanwalt (z.B. Pflichtverteidiger) beruht die Tätigkeit auf einem **öffentlich-rechtlichen** Bestellungsakt (OLG Bamberg, StraFo 2009, 350 = StRR 2009, 243 = VRR 2009, 243 = AGS 2009, 320). Die Bestellung begründet einen **öffentlich-rechtlichen Anspruch** des Rechtsanwalts gegen die Staatskasse (OLG München, 06.04.2009 – 6 Ws 2/09; s. auch Teil A: Allgemeine Vergütungsfragen, Rn. 35).

4. Stillschweigende Bestellung/Rückwirkende Bestellung

a) Stillschweigende Bestellung

Nach wohl überwiegender Meinung in Rechtsprechung und Literatur sieht § 141 StPO eine bestimmte Form für die Bestellung des Pflichtverteidigers nicht vor. Die Bestellung zum Pflichtverteidiger muss daher nicht ausdrücklich (vgl. hierzu LG Berlin, 24.01.2008 – 510 Qs 1/08, JurionRS 2008, 20530), sondern kann auch durch schlüssiges Verhalten des Vorsitzenden erfolgen (vgl. BGH, StraFo 2007, 474 = NStZ 2008, 117 = StRR 2007, 242; OLG Hamm, Rpfleger 1998, 440 = JurBüro 1998, 643; OLG Koblenz, StraFo 1997, 256 = NStZ-RR 1997, 384; Meyer-Goßner, § 141 StPO Rn. 7; Burhoff, EV, Rn. 1313). Daher kann in der gesetzlich gebotenen Inanspruchnahme eines Verteidigers, der nicht Wahlverteidiger war, zumindest dann eine **stillschweigende Bestellung** zum Pflichtverteidiger gesehen werden, wenn der Verteidiger die Bestellung beantragt hat, dieser Antrag aber sowohl vom Gericht als auch vom Vorsitzenden übersehen wird, sodass eine ausdrückliche Bestellung im Laufe des Verfahrens nicht erfolgt (vgl. hierzu BGH, NStZ 1997, 299; StraFo 2007, 474 = NStZ 2008, 117 = StRR 2007, 242; NStZ-RR 2009, 348 = StRR 2010, 29 = VRR 2009, 474; OLG Düsseldorf, 19.03.2007 – III – 1 Ws 88/07, JurionRS 2007, 32565; OLG Hamm, AGS 2002, 91; OLG Oldenburg, StV 2004, 587; OLG Saarbrücken, NJW, 2007, 309 = VRS 112, 54; LG Koblenz NJW 2004, 962; s. zu weiteren Einzelh. auch Burhoff, EV, Rn. 1313). Ferner muss es sich natürlich um einen Fall **notwendiger Verteidigung** i.S.v. § 140 StPO gehandelt haben.

1484

Hinweis:

Von einer stillschweigenden Bestellung wird deshalb teilweise dann nicht ausgegangen, wenn ein Antrag auf Pflichtverteidigerbestellung überhaupt nicht gestellt (so auch OLG Düsseldorf, 19.03.2007 – III – 1 Ws 88/07, JurionRS 2007, 32565; StraFo 2003, 94 = JMBl. NW 2003, 58; OLG Saarbrücken, NJW 2007, 309 = VRS 112, 54; LG Koblenz NJW 2004, 962) oder das Wahlmandat nicht niedergelegt worden ist (so OLG Koblenz, StraFo 1997, 256). Eine stillschweigende Bestellung soll im Übrigen nur dann in Betracht kommen, wenn der Beschuldigte noch keinen Verteidiger hat (vgl. OLG Düsseldorf, JurBüro 1990, 1169; vgl. auch Meyer-Goßner, § 141 Rn. 8).

Der in Angelegenheiten nach Teil 4 bis 6 VV beigeordnete oder bestellte Rechtsanwalt hat einen **Vergütungsanspruch** gegen den **Auftraggeber** nur unter den Voraussetzungen der §§ 52, 53. Auf die Komm. zu §§ 52, 53 wird verwiesen.

1485

Vergütungsanspruch gegen die Staatskasse (§§ 44, 45, 50)

b) Rückwirkende Bestellung

1486 Zur Frage, ob eine rückwirkende Pflichtverteidigerbestellung nach Ende des Verfahrens möglich ist vgl. Teil A: Umfang des Vergütungsanspruchs (§ 48 Abs. 1), Rn. 1393 ff.

5. Höhe des Vergütungsanspruchs gegen die Staatskasse

1487 Der im Wege der PKH beigeordnete oder der sonst gerichtlich bestellte oder beigeordnete Rechtsanwalt erhält aus der Staatskasse die **gesetzliche Vergütung** nach dem RVG. Diese besteht aus **Gebühren** und **Auslagen** (vgl. § 1 Abs. 1) und ist dem VV zu entnehmen (s. hierzu auch Teil A: Allgemeine Vergütungsfragen, Rn. 51 ff.). Der Rechtsanwalt hat daher auch Anspruch auf Ersatz der in Nr. 7008 VV geregelten Umsatzsteuer aus der Staatskasse; das gilt auch bei Vorsteuerabzugsberechtigung des Mandanten (vgl. hierzu Teil A: Festsetzung gegen die Staatskasse [§ 55], Rn. 601). Zu berücksichtigen sind u.a. folgende Regelungen:

- zum **Auslagen**erstattungsanspruch s. Teil A: Auslagen aus der Staatskasse [§ 46 Abs. 1 und 2], Rn. 140 ff.,
- zur Höhe der **Wertgebühren** s. Teil A: Wertgebühren [§§ 13 und 49], Rn. 1679 ff.,
- zur Gebührenerhöhung bei Vertretung **mehrerer Auftraggeber** s. Teil A: Mehrere Auftraggeber (§ 7, Nr. 1008 VV), Rn. 956 ff.,
- zur **Einigungsgebühr** s. Teil A: Einigungsgebühr (Nrn. 1000, 1003 und 1004 VV) Rn. 458 ff.,
- zur **Anrechnung** erhaltener Zahlungen auf den Vergütungsanspruch gegen die Staatskasse s. die Erläuterungen zu § 58 Abs. 3,
- zu Beschränkungen des Vergütungsanspruchs s. die Erläuterungen zu § 54 und zu Teil A: Umfang des Vergütungsanspruchs (§ 48 Abs. 1), Rn. 1382 ff.

6. Beschränkung des Vergütungsanspruchs in der Beiordnung/Bestellung

1488 Zur Frage, ob und inwieweit der Vergütungsanspruch in der Beiordnung oder Bestellung eingeschränkt werden kann vgl. Teil A: Umfang des Vergütungsanspruchs (§ 48 Abs. 1), Rn. 1386 ff.; zur Beiordnung oder Bestellung zu den Bedingungen eines **ortsansässigen Rechtsanwalts** s. Teil A: Auslagen aus der Staatskasse (§ 46) Rn. 175 ff.

7. Pflichtverteidiger zur Verfahrenssicherung

1489 Die Bestellung eines **weiteren Verteidigers** ist zulässig und kann geboten sein, wenn aufgrund des Umfangs und der Schwierigkeit des Verfahrens ein unabweisbares Bedürfnis dafür besteht, um eine ausreichende Verteidigung zu gewährleisten oder um bei langer Verfahrensdauer ein Weiterverhandeln auch bei vorübergehender Verhinderung eines Verteidigers sicherzustellen (OLG Hamm, StRR 2011, 25). Wird ein weiterer Pflichtverteidiger zur **Verfahrenssicherung** bestellt, steht grds. beiden Anwälten ein Vergütungsanspruch gegen die Staatskasse zu (vgl. hierzu auch § 54 Rn. 19; zu Beschränkungen bei der Bestellung s. Teil A: Umfang des Vergütungsanspruchs [§ 48 Abs. 1], Rn. 1386 ff.).

Vergütungsanspruch gegen die Staatskasse (§§ 44, 45, 50)

8. Tätigkeit von Vertretern

Nimmt der Rechtsanwalt eine Tätigkeit nicht persönlich vor, sondern lässt sich hierbei von den in **§ 5 genannten Personen** vertreten, besteht insoweit ein Vergütungsanspruch gegen die Staatskasse (vgl. zur Vertretung Teil A: Vertreter des Rechtsanwalts [§ 5], Rn. 1609 ff.). Bei der (zulässigen) Vertretung steht der Vergütungsanspruch gegen die Staatskasse dem bestellten oder beigeordneten Rechtsanwalt und nicht dessen Vertreter zu (OLG Düsseldorf, NJW 1994, 1296). 1490

Lässt sich der Rechtsanwalt durch eine in **§ 5 nicht genannte Person** vertreten, kommt zwar eine angemessene Vergütung gem. § 612 BGB in Betracht (Gerold/Schmidt/Madert/Müller-Rabe, § 1 Rn. 20). Diese schuldet aber nicht die Staatskasse, sondern nur der Mandant (OLG Koblenz, StV 1993, 139; a.A. LG Aachen, JurBüro 1991, 1185; vgl. zu Einzelh. Teil A: Vertreter des Rechtsanwalts [§ 5], Rn. 1609 ff.).

Beim Pflichtverteidiger ist dessen Bestellung grds. auf seine Person beschränkt. Eine **Unterbevollmächtigung** ist insoweit nicht zulässig (vgl. BGH, NStZ 1983, 208; NStZ 1995, 356; zu weiteren Einzelh. Burhoff, EV, Rn. 1309 f.). Zur Frage des Vergütungsanspruchs des **Terminsvertreters** des Pflichtverteidigers s. Vorbem. 4.1. Rn. 17 ff. und Nr. 4100 VV Rn. 6 ff. 1491

9. Abtretung des Vergütungsanspruchs

Die Abtretung des anwaltlichen Vergütungsanspruchs an einen **anderen Rechtsanwalt** ist berufsrechtlich **ohne Einschränkungen** möglich und in ihrer Wirksamkeit auch nicht von der Zustimmung des Mandanten (vgl. § 49b Abs. 4 BRAO) abhängig (BGH, RVGreport 2007, 197 = VRR 2007, 203 = NJW 2007, 1196 = AnwBl. 2007, 453 = AGS 2007, 334; Gerold/Schmidt/Madert/Müller-Rabe, § 1 Rn. 214; Henssler/Prütting/Kilian, § 49b Rn. 215 ff.; s. dazu auch Teil A: Abtretung der Gebührenforderung, Rn. 11 ff.). Zur Abtretung des Vergütungsanspruchs an **Nicht-Rechtsanwälte** s. ausführlich Teil A: Abtretung der Gebührenforderung, Rn. 11 ff., auch zu den Besonderheiten bei der Abtretung des gegen die **Staatskasse** gerichteten Vergütungsanspruchs. Zur Abtretung des **Erstattungsanspruchs** des freigesprochenen Mandanten gegen die Staatskasse an den Verteidiger s. die Erläuterungen zu § 43. 1492

10. Verzicht auf den Vergütungsanspruch

Der beigeordnete oder bestellte Rechtsanwalt kann auf seinen Vergütungsanspruch verzichten. Der Verzicht verstößt nach herrschender Meinung nicht gegen § 49b Abs. 1 Satz 1 BRAO, weil dieses Verbot ausschließlich den Fall einer mit dem Mandanten getroffenen vertraglichen Vereinbarung über die Höhe der Gebühren betrifft, die vorsieht, dass ein geringerer Betrag als im RVG vorgesehen gezahlt wird (OLG Bamberg, NJW 2006, 1536 = NStZ 2006, 467; OLG Braunschweig, StraFo 2008, 428; OLG Frankfurt am Main, StV 2008, 128 = NStZ-RR 2008, 47 = StRR 2008, 69; OLG Köln, StRR 2010, 427; OLG Oldenburg, StV 2010, 351 = NStZ-RR 2010, 210 = StRR 2010, 267; OLG Naumburg, StraFo 2005, 73; a.A. OLG Naumburg, RVGreport 2010, 333; OLG Jena, JurBüro 2006, 365; OLG Köln, StraFo 2008, 348; offen gelassen von OLG Jena, NJW 2008, 421). Dass ein Verzicht zulässig ist, ergibt sich aber bereits daraus, dass gem. § 55 Abs. 1 die Festsetzung gegen die Staatskasse nur auf Antrag erfolgt (OLG Bamberg, NJW 2006, 1536 = NStZ 2006, 467 = NJW-Spezial 2006, 283; OLG Naumburg, StraFo 2005, 1493

Vergütungsanspruch gegen die Staatskasse (§§ 44, 45, 50)

73; **a.A.** OLG Naumburg, StRR 2010, 242 = RVGreport 2010, 333). Wird der Antrag gem. § 55 nicht gestellt, liegt im Ergebnis ein Verzicht auf den Vergütungsanspruch vor. Der Rechtsanwalt kann auch wählen, ob er die erstattungspflichtige Gegenpartei oder die Staatskasse in Anspruch nimmt (s. dazu Rn. 1478; Gerold/Schmidt/Müller-Rabe, § 45 Rn. 50). Die Ausübung dieses **Wahlrechts** kann im Ergebnis auch einen Verzicht auf den Vergütungsanspruch gegen die Staatskasse darstellen.

1494

> **Hinweis:**
>
> Die grds. Zulässigkeit eines Verzichts auf Pflichtverteidigergebühren hat im Übrigen auch das **BVerfG** bejaht (BVerfG, StRR 2009, 276 = RVGreport 2009, 260 = AnwBl. 2009, 551; StraFo 2009, 274 = StV 2010, 87 = JurBüro 2009, 418; vgl. dazu auch § 52 Rn. 28).

11. Verlust des Vergütungsanspruchs

1495 Wird die PKH **aufgehoben** (vgl. § 124 ZPO) oder die Pflichtverteidigerbestellung **widerrufen**, behält der Rechtsanwalt hinsichtlich der bereits entstandenen Vergütung den Anspruch gegen die Staatskasse (vgl. BGH, Rpfleger 2006, 609 = RVGreport 2006, 392; OLG Köln, AGS 2006, 39 = JurBüro 2005, 544; Gerold/Schmidt/Müller-Rabe, § 45 Rn. 71; AnwKomm-RVG/Schnapp, § 45 Rn. 29).

1496 Zum Verlust des Vergütungsanspruchs, wenn der zunächst beigeordnete oder bestellte Rechtsanwalt **schuldhaft** die Beiordnung/Bestellung eines anderen Rechtsanwalts verursacht, wird auf die Erläuterungen zu § 54 Rn. 6 ff. verwiesen (zur Kostentragungspflicht nach § 145 Abs. 1 Satz 1, Abs. 4 StPO vgl. § 54 Rn. 18).

12. Verwirkung/Einwendungen/Verjährung

1497 Zur Frage, welche Einwendungen dem Vergütungsanspruch gegen die Staatskasse entgegengesetzt werden können, zur Verjährung und Verwirkung des Anspruchs vgl. Teil A: Festsetzung gegen die Staatskasse (§ 55), Rn. 595 ff., 612.

13. Abraten von der Stellung eines Wiederaufnahmeantrags (§ 45 Abs. 4)

1498 Zum Vergütungsanspruch, wenn der gerichtlich bestellte oder der gerichtlich beigeordnete Rechtsanwalt von der Stellung eines Wiederaufnahmeantrags abrät, wird auf die Komm. zu § 45 Abs. 4 verwiesen.

14. Bestellung durch Verwaltungsbehörde im Bußgeldverfahren (§ 45 Abs. 5)

1499 Der im Bußgeldverfahren von der **Verwaltungsbehörde** bestellte oder beigeordnete Rechtsanwalt erwirbt nach § 45 Abs. 5, Abs. 3 **ebenfalls** einen Vergütungsanspruch gegen die Staatskasse.

Vergütungsanspruch gegen die Staatskasse (§§ 44, 45, 50)

15. Beistandsbestellung (IRG) bei Vollstreckung europäischer Geldsanktionen durch das Bundesamt für Justiz

Der nach §§ 87e, 53 IRG im Verfahren auf Bewilligung der Vollstreckung einer europäischen Geldsanktion vom **Bundesamt der Justiz** bestellte Beistand erwirbt **keinen Vergütungsanspruch** hinsichtlich der im Verfahren vor dem Bundesamt anfallenden Verfahrensgebühr Nr. 6100 VV gegen die Staatskasse (s. dazu die Komm. zu Vorbem. 6.1.1 VV und Nr. 6100 VV, Rn. 11). Denn Voraussetzung für den Vergütungsanspruch des Beistands gegen die Staatskasse ist gem. § 45 Abs. 3 Satz 1 dessen gerichtliche Bestellung. Der Gesetzgeber hat für das Bundesamt der Justiz keine Regelung wie in § 45 Abs. 5 für die gerichtliche Bestellung oder Beiordnung eines Rechtsanwalts in Bußgeldsachen durch die Verwaltungsbehörde getroffen (vgl. wegen der Einzelh. Vorbem. 6.1.1 VV Rn. 12).

1500

III. Weitere Vergütung (§ 50)

Der einer Partei im Wege der PKH beigeordnete Rechtsanwalt (Nebenklage, Privatklage) kann auch die weitere Vergütung nach § 50 aus der **Staatskasse** erhalten, wenn der von ihm vertretenen Partei PKH mit **Zahlungsbestimmungen** bewilligt worden ist (vgl. Schneider, in: Hansens/Braun/Schneider, Teil 15, Rn. 719). Ob ein Anspruch auf weitere Vergütung besteht und wie dieser geltend gemacht wird, regelt § 50. Bei der weiteren Vergütung handelt es sich um die Differenz zwischen der erhaltenen Grundvergütung des im Wege der PKH beigeordneten Anwalts (Tabelle zu § 49) und der Regel- bzw. Wahlanwaltsvergütung (Tabelle zu § 13) bei Werten über 3.000,00 €. Die weitere Vergütung kommt also nur bei **Wertgebühren** (dazu Teil A: Gebührensystem, Rn. 650 und Teil A: Wertgebühren [§§ 13, 49], Rn. 1679) in Betracht.

1501

Der Anspruch auf weitere Vergütung konkurriert mit einem etwaigen eigenen **Beitreibungsrecht des Anwalts nach § 126 ZPO**, wenn der Gegner der Partei in die Kosten verurteilt ist.

Daneben enthalten die §§ 53, 52 für den in Angelegenheiten nach den Teilen 4 bis 6 VV beigeordneten Rechtsanwalt Sonderregelungen für den Anspruch gegen den Auftraggeber. Auf die Komm. zu §§ 52, 53 wird insoweit verwiesen.

Das Verfahren auf Festsetzung der weiteren Vergütung nach § 50 richtet sich nach § 55 Abs. 6 (vgl. dazu Teil A: Festsetzung gegen die Staatskasse [§ 55] Rn. 579). Die Aufforderung des Urkundsbeamten an den beigeordneten Rechtsanwalt vor der Festsetzung der weiteren Vergütung nach § 55 Abs. 6 muss mit dem vollen Namen des Urkundsbeamten unterzeichnet sein. Die Unterzeichnung mit einer Paraphe reicht nicht aus, da die Aufforderung eine Frist in Gang setzt (vgl. § 56 Abs. 6 Satz 2; OLG Düsseldorf, RVGreport 2007, 30).

Siehe auch im Teil A: → Angelegenheiten (§§ 15 ff.), Rn. 66 ff.; → Auslagen aus der Staatskasse (§ 46 Abs. 1 und 2), Rn. 140 ff.; → Berechnung der Vergütung (§ 10), Rn. 359 ff.; → Einigungsgebühr (Nrn. 1000 ff. VV), Rn. 458 ff.; → Fälligkeit der Vergütung (§ 8), Rn. 519 ff.; → Festsetzung gegen die Staatskasse [§§ 44, 45, 50], Rn. 579 ff.; → Gebührensystem, Rn. 649 ff.; → Gegenstandswert, Festsetzung (§ 33), Rn. 656 ff.; → Gerichtskosten, Rn. 713 ff.; → Hebegebühr (Nr. 1009 VV), Rn. 806 ff.; → Mehrere Auftraggeber (§ 7, Nr. 1008 VV), Rn. 956 ff. → Rechtsmittel gegen die Vergütungsfestsetzung (§§ 56, 33), Rn. 1115 ff.; → Verfahren nach dem Straf-

Vergütungsvereinbarung (§ 3a)

vollzugsgesetz und ähnliche Verfahren, Rn. 1441 ff.; → Umfang des Vergütungsanspruchs (§ 48 Abs. 1), Rn. 1382 ff.; → Vergütungsvereinbarung (§ 3a), Rn. 1502 ff.; → Vorschuss vom Auftraggeber (§ 9), Rn. 1659 ff.; → Wertgebühren (§§ 13 und 49), Rn. 1679

Vergütungsvereinbarung (§ 3a)

§ 3a RVG   Vergütungsvereinbarung

(1) [1]Eine Vereinbarung über die Vergütung bedarf der Textform. [2]Sie muss als Vergütungsvereinbarung oder in vergleichbarer Weise bezeichnet werden, von anderen Vereinbarungen mit Ausnahme der Auftragserteilung deutlich abgesetzt sein und darf nicht in der Vollmacht enthalten sein. [3]Sie hat einen Hinweis darauf zu enthalten, dass die gegnerische Partei, ein Verfahrensbeteiligter oder die Staatskasse im Falle der Kostenerstattung regelmäßig nicht mehr als die gesetzliche Vergütung erstatten muss. [4]Die Sätze 1 und 2 gelten nicht für eine Gebührenvereinbarung nach § 34.

(2) [1]Ist eine vereinbarte, eine nach § 4 Abs. 3 Satz 1 von dem Vorstand der Rechtsanwaltskammer festgesetzte oder eine nach § 4a für den Erfolgsfall vereinbarte Vergütung unter Berücksichtigung aller Umstände unangemessen hoch, kann sie im Rechtsstreit auf den angemessenen Betrag bis zur Höhe der gesetzlichen Vergütung herabgesetzt werden. [2]Vor der Herabsetzung hat das Gericht ein Gutachten des Vorstands der Rechtsanwaltskammer einzuholen; dies gilt nicht, wenn der Vorstand der Rechtsanwaltskammer die Vergütung nach § 4 Abs. 3 Satz 1 festgesetzt hat. [3]Das Gutachten ist kostenlos zu erstatten.

(3) [1]Eine Vereinbarung, nach der ein im Wege der Prozesskostenhilfe beigeordneter Rechtsanwalt für die von der Beiordnung erfasste Tätigkeit eine höhere als die gesetzliche Vergütung erhalten soll, ist nichtig. [2]Die Vorschriften des bürgerlichen Rechts über die ungerechtfertigte Bereicherung bleiben unberührt.

(4) § 8 des Beratungshilfegesetzes bleibt unberührt.

§ 4 RVG   Erfolgsunabhängige Vergütung

(1) [1]In außergerichtlichen Angelegenheiten kann eine niedrigere als die gesetzliche Vergütung vereinbart werden. [2]Sie muss in einem angemessenen Verhältnis zu Leistung, Verantwortung und Haftungsrisiko des Rechtsanwalts stehen.

§ 4b RVG   Fehlerhafte Vergütungsvereinbarung

[1]Aus einer Vergütungsvereinbarung, die nicht den Anforderungen des § 3a Abs. 1 Satz 1 und 2 oder des § 4a Abs. 1 und 2 entspricht, kann der Rechtsanwalt keine höhere als die gesetzliche Vergütung fordern. [2]Die Vorschriften des bürgerlichen Rechts über die ungerechtfertigte Bereicherung bleiben unberührt.

A. Vergütungs-ABC   B. Kommentar

Vergütungsvereinbarung (§ 3a)

	Übersicht	Rn.
A.	Überblick	1502
B.	Anmerkungen	1504
I.	Allgemeine Zulässigkeit einer Vergütungsvereinbarung	1504
II.	Allgemeine (Un-)Wirksamkeit	1505
	1. Geltung der allgemeinen Regeln	1505
	2. Beachtung der AGB-Vorschriften	1511
	3. Unwirksamkeit	1513
	4. Vergütungsvereinbarung des Pflichtverteidigers	1514
	5. Vergütungsvereinbarung bei PKH und Beratungshilfe	1517
III.	Formzwang nach § 3a Abs. 1	1519
	1. Allgemeines	1519
	2. Inhalt der Vergütungsvereinbarung	1521
	3. Textform (Satz 1)	1523
	4. Aufnahme der Erklärung in die Vollmacht? (Satz 2)	1527
	5. Bezeichnung als Vergütungsvereinbarung oder in vergleichbarer Weise (Satz 2)	1528
	6. Trennung von anderen Vereinbarungen (Satz 2)	1529
	7. Hinweis auf Beschränkung der Erstattungsfähigkeit (Satz 3)	1533
IV.	Folgen eines Formverstoßes (§ 4b)	1534
V.	Herabsetzung einer unangemessenen Vergütung (Abs. 2)	1537
	1. Allgemeines	1537
	2. Unangemessen hohe Vergütung im Strafverfahren	1538
	3. Rechtsprechungs-Übersicht: Stundensätze	1544
VI.	Vereinbarung einer niedrigeren als der gesetzlichen Vergütung	1550
VII.	Inhaltliche Ausgestaltung einer Vergütungsvereinbarung	1551
	1. Inhalt der Vergütungsvereinbarung	1551
	2. Checkliste: Inhalt der Vergütungsvereinbarung	1555
VIII.	Vorzeitige Beendigung des Mandats	1557
	1. Allgemeines	1557
	2. „Leitbildvergütung"	1558
	3. Zeit-/Pauschalhonorar	1561
IX.	Vergütungsvereinbarung und Gebührenüberhebung (§ 352 StGB)	1564
C.	Arbeitshilfen	1568
I.	Muster: Allgemeine Vergütungsvereinbarung	1569
II.	Muster: Vergütungsvereinbarung über ein Zeithonorar	1570
III.	Vereinbarung über die pauschale Abgeltung von Fotokopierkosten	1571
IV.	Vereinbarung über eine zusätzliche Auslagenpauschale (Nr. 7002 VV)	1573
V.	Vereinbarung über Geschäfts- und Reisekosten (Nr. 7003 VV)	1575

Literatur:

Burhoff, Änderungen im Recht der Vergütungsvereinbarung und neues Erfolgshonorar, StRR 2008, 252 = VRR 2008, 254; *Enders*, Neues bei Vergütungsvereinbarungen – Erfolgshonorar in welchen Fällen?, JurBüro 2008, 337; *Gieseler*, Anwaltliches Erfolgshonorar – Berufsbild und Berufsethos, JR 2005, 221; *Hansens*, Übergangsprobleme bei Vergütungs- und Erfolgshonorarvereinbarungen, RVGreport 2008, 326; *ders.*, Zeittaktklauseln in Vergütungsvereinbarungen, RVGreport 2009, 164 *Hauskötter*, Zeit- oder Pauschalvergütung – was ist geeigneter?, RVG 2005, 174; *ders.*, Vergütungsvereinbarungen, Formvorschriften und Wirksamkeitsvoraussetzungen, RVGprofessionell 2006, 131; *ders.*, Muster für eine Stundensatzvereinbarung, RVGprofessionell 2006, 109; *ders.*, Stundenhonorar des Strafverteidigers: BGH klärt bislang offene Streitfragen, RVGprofessionell 2011, 76; *Heintze*, Zur Wirksamkeit von Vereinbarungen über Anwaltsvergütungen, NJW 2004, 3670; *Henke*, Urteilsanmerkung zu BGH, 27.01.2005 – IX ZR 273/02 – Fünffache Überschreitung der gesetzlichen Vergütung unangemessen, AnwBl. 2005, 585; *ders.*, OLG Hamm./.BGH: Honorar für Strafverteidiger deckeln?, AnwBl. 2008, 58; *Henssler*, Aktuelle Praxisfragen anwaltlicher Vergütungsvereinbarungen, NJW 2005, 1537; *Henssler/Deckenbrock*, Der (Teil-)Vergütungsanspruch des Rechtsanwalts im Falle vorzeitiger Mandatsbeendigung im Normgefüge des § 628 BGB, NJW 2005, 1; *dies.*, Kostenerstattung bei Beauftragung mehrerer Rechtsanwälte, MDR 2005, 1321; *Heussen*, Wie geht der gute Anwalt beim Honorar mit dem Mandanten um?, AnwBl. 2009, 157; *Hommerich/Kilian*, Die Praxis der Vergütungsvereinbarungen deutscher Rechtsanwältinnen und Rechtsanwälte Zentrale Ergebnisse des Vergütungsbarometers 2009 des Soldan Instituts, BRAK-Mitt. 2009, 223; *dies.*, Stundensätze der

Vergütungsvereinbarung (§ 3a)

deutschen Anwaltschaft Das Vergütungsbarometer des Soldan-Instituts 2009, NJW 2009, 1569; **Hommerich/Kilian/Jackmuth/Wolf**, Vergütungsvereinbarungen von Strafverteidigern – einige rechtstatsächliche Betrachtungen, StV 2007, 320; **Jungbauer**, Vergütungsvereinbarungen in der anwaltlichen Praxis, JurBüro 2006, 171; **Kilian**, Die Leistung auf eine formwidrige Vergütungsvereinbarung, NJW 2005, 3104; **ders.**, Die richterliche Kontrolle der Angemessenheit von Vereinbarungen über die Vergütung von Rechtsanwälten, BB 2009, 2098; **Krämer**, Die Kunst der richtigen Preisbildung, AnwBl. 2006, 154; **Krämer/Wilger**, Preisgestaltung für Anwälte, AnwBl. 2005, 447; **Lutje**, judex non calculat – Das Fünffache der gesetzlichen Gebühren als verbindliche Honorargrenze für Strafverteidigungen?, NJW 2005, 2490; **Madert**, Die Form der Unterschrift gem. § 3 Abs. 1 Satz 1 BRAGO, AGS 1999, 81; **ders.**, Der Verstoß gegen die Formvorschrift des § 3 Abs. 1 Satz 1 BRAGO, AGS 1999, 113; **ders.**, Zulässiges und unzulässiges Erfolgshonorar, AGS 2005, 536; **Mayer**, Die Vergütungsvereinbarung im neuen RVG, NJW 2004, 337; **ders.**, Die neue Vergütungsvereinbarung ab dem 1. Juli 2008, AnwBl. 2008, 479; **Eckhart Müller**, Der Strafverteidiger und sein Honorar. Überlegungen zur Entscheidung des BGH, 27.01.2005, in: Festschrift zu Ehren des Strafrechtsausschusses der Bundesrechtsanwaltskammer, 2006, S. 161; **Müllerschön**, Erfolgreiche Vergütungsverhandlungen – Teil 1 – Grundlagen der Verhandlungsführung, RVGreport 2009, 327; **ders.**, Erfolgreiche Vergütungsverhandlungen – Teil 2 – Die Vorbereitung einer Verhandlung, RVGreport 2009, 371; **ders.**, Erfolgreiche Vergütungsverhandlungen – Teil 3 – Grundlegende Techniken, Argumentations- und Fragetechniken, RVGreport 2009, 411; **ders.**, Erfolgreiche Vergütungsverhandlungen – Teil 4 – Techniken der Einwandbehandlung, Umgang mit Angriffen, Bedeutung der Körpersprache, RVGreport 2009, 446; **ders.**, Erfolgreiche Vergütungsverhandlungen – Teil 5 – Verhandlungstaktiken und Strategien, RVGreport 2010, 4 **ders.**, Erfolgreiche Vergütungsverhandlungen – Teil 6 – Beziehungsaufbau – Überzeugungskraft – Honorargespräch – Umgang mit Preisfeilschern, RVGreport 2010, 43; **Onderka**, Die Vergütungsvereinbarung nach dem RVG (§ 4 RVG), RVG-B 2005, 125; **dies.**, Was Sie bei Honorarvereinbarungen nach § 4 RVG beachten müssen, RVGprofessionell 2005, 38; **Rick**, Angemessenheit und Sittenwidrigkeit der vereinbarten Vergütung – eine Rechtsprechungsübersicht, RVGreport 2006, 441; **Römermann**, Vereinbarung einer höheren Vergütung nach § 4 RVG, MDR 2004, 421; **Schaefer**, Belehrungspflichten des Anwalts bei Abschluss einer Honorarvereinbarung, AGS 2003, 191; **ders.**, Die Notwendigkeit von Honorarvereinbarungen, AGS 2003, 237; **ders.**, Betriebswirtschaftliche Kalkulation von anwaltlicher Tätigkeit, RVGreport 2004, 162; **Schons**, Anwalt, kommst du nach Düsseldorf, lass alle Hoffnungen fahren Bemerkungen zum Urteil des OLG Düsseldorf vom 18. 2. 2010, BRAK-Mitt. 2010, 52; **Schulz**, Anwaltliche Berufspflichtverletzung durch den Abschluss sittenwidriger Vergütungsvereinbarungen?, BRAK-Mitt. 2010, 112; **Streck**, Die Vergütungsvereinbarung für die außergerichtliche anwaltliche Beratung, AnwBl. 2006, 149; **Teubel/Schons**, Erfolgshonorar für Anwälte, Gebühren- und Vergütungsvereinbarungen nach neuem Recht, 2008; **Toussaint**, Formbedürftigkeit der Gebührenvereinbarung für anwaltliche Beratung, AnwBl. 2007, 67; **Tsambikakis**, Die Vergütungsvereinbarung in Strafsachen, StraFo 2005, 446; **Wagner**, Erwägungen zum Einsatz von Honorarvereinbarungen in der anwaltlichen Praxis, ZAP, Fach 24, S. 459; **Wessing**, Anmerkung zum Urteil des BGH, 27.01.2005 – IX ZR 273/02 (Angemessenheit der Vergütung eines Strafverteidigers, JR 2006, 379); **Wrede**, Die gescannte Unterschrift, AGS 1998, 23; s. auch noch die Hinweise in Teil A: Erfolgshonorar (§ 4a und § 49b Abs. 2 BRAO), vor Rn. 499.

A. Überblick

1502 Die Vereinbarung der Vergütung, die in der täglichen Praxis des Strafverteidigers eine **wichtige Rolle** spielt, ist nach den Änderungen durch das „Gesetz zur Neuregelung des Verbots der Vereinbarung von Erfolgshonoraren" v. 12.06.2008 (BGBl. I, S. 1000) in § 3a geregelt (allgemein zum Einsatz einer Honorarvereinbarung als Mittel der Umsatzsteigerung Wagner ZAP, Fach 24, S. 459 ff.; zum neuen Recht Teubel/Schons, Erfolgshonorar für Anwälte, Gebühren- und Vergütungsvereinbarungen nach neuem Recht, 2008; vgl. zum alten Recht noch Gieseler, JR 2005,

Vergütungsvereinbarung (§ 3a)

221; Krämer/Mauer/Kilian, Vergütungsvereinbarung und -management; Krämer/Wilger, AnwBl. 2005, 447; s. auch MAH/Herrmann/Latz, § 34). Dieser regelt die Vergütungsvereinbarungen, die zu höheren als den gesetzlichen Gebühren führen (früher § 4 Abs. 1 a.F.; vgl. Rn. 1504 ff.), und Vergütungsvereinbarungen, die zu niedrigeren als den gesetzlichen Gebühren führen (jetzt § 4 Abs. 2; vgl. Rn. 1550).

Die mit der Vergütungsvereinbarung zusammenhängenden Fragen sind komplex: Sie lassen sich hier daher aus Platzgründen nicht alle darstellen. An dieser Stelle kann nur ein erster **Überblick** gegeben werden (zur Anwendung des § 43 auf die Vergütungsvereinbarung [und den Vorschuss] s. § 43 Rn. 32 ff.). Zur Vertiefung wird auf die o.a. Monografien verwiesen, vor allem, allerdings noch zum alten Recht, auf Schneider, Die Vergütungsvereinbarung, 2006, und auf Teubel/Schons, Erfolgshonorar für Anwälte, Gebühren- und Vergütungsvereinbarungen nach neuem Recht, 2008. Die nachfolgenden Ausführungen behandeln auch nicht die mit der **Vergütungsverhandlung** zusammenhängenden Fragen. Insoweit wird auf die Beitragsreihe von Müllerschön, in RVGreport 2009, 327 ff. verwiesen. 1503

B. Anmerkungen

I. Allgemeine Zulässigkeit einer Vergütungsvereinbarung

Das RVG regelt die allgemeine Zulässigkeit einer Vergütungsvereinbarung nicht, sondern geht von der **grds. Zulässigkeit**, die aus der Vertragsfreiheit folgt, aus (AnwKomm-RVG/Onderka, § 3a Rn. 11; Schneider, Vergütungsvereinbarung, Rn. 159 ff.; vgl. u.a. auch BGHZ 184, 209 = NJW 2010, 1364 = AGS 2010, 267 = StRR 2010, 236). 1504

> **Hinweis:**
>
> Die Vereinbarung **niedrigerer** als die **gesetzlichen Gebühren** ist nach den berufsrechtlichen Vorgaben des § 49b Abs. 1 BRAO allerdings nur eingeschränkt zulässig. Danach ist es verboten, geringere Gebühren und Auslagen zu vereinbaren oder zu fordern, als das RVG vorsieht, soweit dieses nicht anders bestimmt ist. Andere Bestimmungen, die eine Unterschreitung der gesetzlichen Gebühren ermöglichen, finden sich im RVG in § 4 Abs. 1 für den Bereich der außergerichtlichen Tätigkeit (vgl. dazu Rn. 1550) und in § 4a für das (neue) Erfolgshonorar (dazu Teil A: Erfolgshonorar [§ 4a und § 49b Abs. 2 BRAO], Rn. 499).

II. Allgemeine (Un-)Wirksamkeit

1. Geltung der allgemeinen Regeln

Für die **Wirksamkeit** der Vergütungsvereinbarung gelten die **allgemeinen Regeln**, d.h. die allgemeinen Voraussetzungen des BGB für die Wirksamkeit eines Vertrags müssen gegeben sein. Verteidiger und Mandant bzw. ein Dritter (Rn. 1510) müssen sich über den Inhalt der Vergütungsvereinbarung geeinigt haben. Die Vergütungsvereinbarung ist entweder Nebenabrede des Anwaltsvertrags und wird bei dessen Abschluss mit getroffen oder sie wird noch zu einem späteren Zeitpunkt isoliert abgeschlossen. Ein Anwaltsvertrag zwischen Verteidiger und Mandant 1505

Vergütungsvereinbarung (§ 3a)

kommt nicht zustande, wenn der Rechtsanwalt die Annahme des Mandats von dem Abschluss einer von ihm vorbereiteten Vergütungsvereinbarung abhängig macht und der Auftraggeber die ihm übersandte Vereinbarung nicht unterzeichnet (AG München, AGS 2007, 550 m. Anm. N. Schneider). In dem Fall kann der Anwalt auch nicht die gesetzliche Vergütung verlangen (AG München, a.a.O.).

1506 Die Vergütungsvereinbarung darf vor allem **nicht sittenwidrig** sein (vgl. dazu z.B. BGHZ 184, 209 = NJW 2010, 1364 = AGS 2010, 267 = StRR 2010, 236; AG München, RVGreport 2010, 411 = RVG professionell 2011, 13 = AGS 2011, 20 m. Anm. Winkler). Liegen die Voraussetzungen des Wuchers (§ 138 Abs. 2 BGB) vor, so ist die Vereinbarung bereits nichtig, ohne dass es auf die Voraussetzungen des § 3a Abs. 1 ankommt.

1507 Im Übrigen gilt: Die bloße **Anfechtbarkeit** der Vergütungsvereinbarung ist **unbeachtlich** (AnwKomm-RVG/Onderka, § 3a Rn. 14). Im Strafverfahren kann insbesondere die Anfechtung nach § 123 BGB in Betracht kommen, wenn die Vergütungsvereinbarung durch Täuschung oder Drohung erwirkt worden ist. Das ist in der Rechtsprechung z.B. bejaht worden, wenn der Verteidiger unmittelbar vor dem Hauptverhandlungstermin oder vor dem Plädoyer **Druck** ausübt und droht, das Mandat niederzulegen, falls der Mandant nicht eine Vergütungsvereinbarung abschließe (vgl. BGHZ 184, 209 = NJW 2010, 1364 = AGS 2010, 267 = StRR 2010, 236; AG Butzbach, JurBüro 1986, 1033; ähnlich LG Karlsruhe, MDR 1991, 548; s. auch AG München, RVGreport 2010, 411 = RVG professionell 2011, 13 = AGS 2011, 20 m. Anm. Winkler für die durch einen Dritten abgeschlossene Vergütungsvereinbarung; AnwKomm-RVG/N. Schneider, a.a.O.; Mertens/Stuff, Rn. 45), der Rechtsanwalt anderweitig mit der Mandatsniederlegung droht und dem Auftraggeber damit verbundene Nachteile in Aussicht stellt (zur Mandatsniederlegung [zur Unzeit] s. Burhoff, EV, Rn. 166 ff.; zum Zeitpunkt der Vergütungsvereinbarung s. auch Schneider, Vergütungsvereinbarung, Rn. 417 ff.).

1508 **Hinweis:**

Nur die Androhung, das Mandat niederzulegen, wenn eine Gebührenvereinbarung nicht zustande komme, ist nach der **Rechtsprechung** des **BGH** dann **keine rechtswidrige Drohung**, wenn der mit dem Mandat verbundene Aufwand die Höhe der gesetzlichen Vergütung übersteigt (BGH, NJW 2002, 2774 = AGS 2003, 15 m. Anm. Madert).

Bei Vereinbarung einer Vergütung empfiehlt sich für den Verteidiger folgende **Vorgehensweise** (s. auch Burhoff, EV, Rn. 993q f.):

- Der Verteidiger darf den **Mandanten** – schon im Hinblick auf § 138 BGB – **nicht** unter **Druck** setzen (vgl. BGHZ 184, 209 = NJW 2010, 1364 = AGS 2010, 267 = StRR 2010, 236). Deshalb wird er ihm die zu unterzeichnende Vergütungsvereinbarung i.d.R. zusenden, damit der Mandant in Ruhe überlegen kann. Falsch/Unzulässig wäre es, den Mandanten damit unmittelbar vor oder sogar erst in der Hauptverhandlung zu konfrontieren (BGH, a.a.O.).

- Mit dem Abschluss einer Vergütungsvereinbarung sollte der Verteidiger **nicht** bis zu einer für den Mandanten ggf. **entscheidungserheblichen Maßnahme** (richterliche Vernehmung, Erklärung zur Anklage u.a.) **warten** und dann noch sein Tätigwerden von

Vergütungsvereinbarung (§ 3a)

> der Unterzeichnung der Vereinbarung abhängig machen. Das wäre zwar nicht verboten, dürfte aber doch einem Ausnutzen einer Zwangslage und damit § 138 BGB sehr nahe kommen (vgl. BGH, a.a.O.; Mertens/Stuff, Rn. 45 und 134).
>
> - Der Verteidiger kann, wenn er, was bei der Vereinbarung eines Honorars (schon) im Ermittlungsverfahren häufig vorkommt, den genauen Umfang der von ihm zu erbringenden Tätigkeiten nicht überschauen kann, eine Honorarvereinbarung **nach Verfahrensabschnitten** treffen. Das dürfte sich auch im Hinblick auf die geänderte Anrechnungsregelung in § 58 Abs. 3 sogar empfehlen.
>
>   Auch wenn es keine gesetzliche/berufsrechtliche Verpflichtung gibt (vgl. zuletzt AG Gemünden, AGS 2007, 340; AG Wolfratshausen, AGS 2008, 11), darauf hinzuweisen, dass das vereinbarte Honorar von der **gesetzlichen Gebühr abweicht**, sollte der Verteidiger den Mandanten darauf **hinweisen.**). Der Hinweis sollte deutlich sein. Es empfiehlt sich aus Beweisgründen, die Erteilung des Hinweises **schriftlich** festzuhalten, etwa im Schreiben, mit dem die Vergütungsvereinbarung übersandt worden ist oder in der Vergütungsvereinbarung selbst.

§ 3a enthält **keine inhaltlichen Vorgaben** für Vergütungsvereinbarungen. Insoweit gilt daher die frühere Rechtsprechung, insbesondere zur **Bestimmtheit der Vergütungsvereinbarung**, fort (vgl. zum Bestimmtheitsgebot auch Teubel/Schons, § 2 Rn. 91). Die Höhe der Vergütung muss sich aus der Vereinbarung ergeben bzw. aus dieser berechnen lassen; ausreichend ist, wenn sich die Gesamtsumme der Vergütung erst nach Abschluss der anwaltlichen Tätigkeit berechnen lässt (LG Münster, 21.05.2010 – 9 S 87/09, JurionRS 2010, 24125). Sie muss hinreichend klar gefasst sein. So kann z.B. aus einer Regelung für die Verteidigung in der Hauptverhandlung kein Anspruch für das Verfahren außerhalb der Hauptverhandlung hergeleitet werden (AG Spandau, AGS 2003, 444). Für die Wirksamkeit ist die Wahl eines Maßstabs erforderlich, der ohne Schwierigkeit und Unsicherheit die ziffernmäßige Berechnung der Vergütung ermöglicht (OLG Hamm, AnwBl. 1986, 452; AnwKomm-RVG/Onderka, § 3a Rn. 15). Die Anforderungen der Gerichte an die Bestimmtheit sind im Übrigen daran zu prüfen, ob sie die Vergütungsvereinbarung als Ausfluss der Berufsausübungsfreiheit nach Art. 12 GG hinreichend beachten (s. insoweit zum Begriff der „Spesen" die instruktive Entscheidung des BVerfG, AnwBl. 2002, 612 f. zur Entscheidung des OLG Koblenz, AGS 2002, 200).

1509

Eine Vergütungsvereinbarung kann nicht nur mit dem Mandanten geschlossen werden. Auch **Dritte** (z.B. Verwandte, Freunde oder [Haftpflicht-]Versicherungen) können den Rechtsanwalt mit der Verteidigung beauftragen. Mit diesen kann er dann **auch** eine **Vergütung** vereinbaren (vgl. die Fallgestaltung bei AG München, RVGreport 2010, 411 = RVG professionell 2011, 13 = AGS 2011, 20 m. Anm. Winkler; eingehend Schneider, Vergütungsvereinbarung, Rn. 237 ff.).

1510

2. Beachtung der AGB-Vorschriften

Zu beachten ist, dass auf die Vergütungsvereinbarung als zivilrechtlicher Vertrag, soweit **vorformulierte Vertragsbedingungen** enthalten sind (§ 310 Abs. 3 Nr. 2 i.V.m. § 305 Abs. 1 BGB), die Vorschriften über AGB gem. §§ 305 bis 310 BGB Anwendung finden (vgl. dazu Teubel/Schons, § 2 Rn. 95 ff.; Mertens/Stuff, Rn. 48 ff.; Gerold/Schmidt/Mayer, § 3a Rn. 46 ff.).

1511

Vergütungsvereinbarung (§ 3a)

> **Hinweis:**
>
> Zu unterscheiden ist zwischen **Verbraucher**- und **Unternehmerverträgen** (§ 13 BGB; vgl. dazu Teubel/Schons, § 2 Rn. 96): Nach § 13 BGB kommt es darauf an, ob die Vergütungsvereinbarung/der Anwaltsvertrag zu einem Zweck abgeschlossen wird, der weder der gewerblichen noch der selbstständigen beruflichen Tätigkeit des Mandanten zuzurechnen ist. Handelt es sich danach um einen Verbrauchervertrag werden die BGB-Vorschriften über die AGB bereits bei der einmaligen Verwendung vorformulierter Vertragsbedingungen angewendet (§ 310 Abs. 3 BGB). Handelt es sich hingegen um einen Unternehmervertrag gelten die AGB-Regelungen nur für die Vertragsbedingungen, die für eine Vielzahl von Verträgen vorformuliert sind und dem Mandanten bei Vertragsschluss gestellt wurden.

1512 Bei der Formulierung der Vereinbarung ist insbesondere darauf zu achten, dass diese **keine** für den Mandanten überraschende Klausel i.S.d. § 305c BGB enthält. Das bedeutet, dass so zu formulieren ist, dass der Vertragspartner, i.d.R. der Mandant, die entsprechende Klausel ohne besondere Anstrengungen versteht (vgl. Mertens/Stuff, Rn. 50; Teubel/Schons, § 2 Rn. 105 ff.). **Lücken** und **Unklarheiten** gehen i.d.R. zulasten des Verteidigers (Teubel/Schons, § 2 Rn. 109 ff.). Das bedeutet, dass dann, wenn der Verteidiger Auslagen und Umsatzsteuer neben dem eigentlichen Honorar abrechnen will, dies ausdrücklich festgelegt werden muss. Anderenfalls können diese nicht verlangt werden (Schneider, Vergütungsvereinbarung, Rn. 684 ff.; Teubel/Schons, § 2 Rn. 109; Mertens/Stuff, Rn. 51).

> **Hinweis:**
>
> Bei der **Umsatzsteuer** ist darauf zu achten, dass auf den **bei der Abrechnung geltenden Umsatzsteuersatz** Bezug genommen wird, anderenfalls gilt der bei Abschluss der Vereinbarung geltende Satz (OLG Celle, VRR 2011, 83 [Ls.]; LG München, AGS 2010, 284 m. zust. Anm. N. Schneider). Es empfiehlt sich also die Formulierung „zuzüglich der gesetzlichen, zum Zeitpunkt der Fälligkeit der Vergütung maßgeblichen Umsatzsteuer" (N. Schneider, AGS 2010, 287 in der Anm. zu LG München, a.a.O.).

3. Unwirksamkeit

1513 Die Vergütungsvereinbarung darf nicht aus **allgemeinen Gründen unwirksam** sein. Insoweit gilt:

- Unwirksam ist die Vergütungsvereinbarung nach § 4 Abs. 3 Satz 2, wenn die Festsetzung der Vergütung dem **Ermessen eines Vertragsteils** überlassen bleibt. Es gilt dann die gesetzliche Vergütung als vereinbart (vgl. dazu AnwKomm-RVG/Onderka, § 4 Rn. 29 ff.; Gerold/Schmidt/Mayer, § 4 Rn. 22 ff.).

- Die Festsetzung der Vergütung darf auch **nicht** einem **Dritten überlassen** werden (AnwKomm-RVG/Onderka, § 4 Rn. 30. m.w.N. auch zur a.A.).

Vergütungsvereinbarung (§ 3a)

> **Hinweis:**
> Die Festsetzung **kann** nach § 4 Abs. 3 Satz 1 jedoch vom **Vorstand** der **Rechtsanwaltskammer** übernommen werden.

- Es darf grds. **keine niedrigere** Vergütung als die gesetzliche Vergütung vereinbart werden (Ausnahme § 4 Abs. 1; vgl. AG München, 03.03.2011 – 223 C 21648/10, www.burhoff.de). Anderenfalls handelt es sich um einen Verstoß gegen § 49b Abs. 1 BRAO (vgl. dazu AnwKomm-RVG/Onderka, § 4 Rn. 1; Teubel/Schons, § 2 Rn. 217 ff.).
- Der Verteidiger kann grds. auch **kein Erfolgshonorar** vereinbaren. Das würde gegen § 49b Abs. 2 Satz 1 BRAO verstoßen. Ausnahmen von diesem Grundsatz sind nun aber nach § 49b Abs. 2 Satz 2 BRAO i.V.m. § 4a zulässig (vgl. Teil A: Erfolgshonorar [§ 4a und § 49b Abs. 2 BRAO], Rn. 499 ff.: zur Vereinbarung eines Erfolgshonorars in einer Vergütungsvereinbarung Teubel/Schons, § 2 Rn. 203 ff.; s. auch noch – allerdings zum alten Recht – Schneider, Vergütungsvereinbarung, Rn. 323 ff.).

4. Vergütungsvereinbarung des Pflichtverteidigers

Auch der **Pflichtverteidiger kann** mit seinem Auftraggeber eine **Vergütungsvereinbarung treffen**. § 3a Abs. 3 und 4 schließen das nicht aus, sie beziehen sich nur auf PKH und Beratungshilfe (s. dazu Rn. 1517). In § 58 Abs. 3 sind vielmehr – wie früher in § 101 Abs. 1 BRAGO – gerade auch Zahlungen an den Pflichtverteidiger vorgesehen (s. auch § 52 Rn. 54 m.w.N.; zur Zulässigkeit s. BGH, NJW 1980, 1394 = JurBüro 1979, 1793; AnwKomm-RVG/Onderka, § 3a Rn. 24; Schneider, Vergütungsvereinbarung, Rn. 221). 1514

Im Einzelnen gilt für die Vergütungsvereinbarung des Pflichtverteidigers Folgendes (AnwKomm-RVG/Onderka, § 3a Rn. 24 ff.; Mertens/Stuff, Rn. 160 ff.): 1515

- Die Vereinbarung muss vom Beschuldigten **freiwillig getroffen** worden sein (vgl. dazu BGH, NJW 1980, 1394 = JurBüro 1979, 1793; AnwKomm-RVG/Onderka, § 3a Rn. 25). Der Mandant muss also über die gebührenrechtliche Lage informiert sein. Das bedeutet vor allem, dass er wissen muss, dass dem Verteidiger i.d.R. ein unmittelbarer Anspruch gegen ihn gar nicht zusteht. Der Annahme von Freiwilligkeit steht es auch entgegen, wenn auf den Mandanten hinsichtlich des Abschlusses einer Vergütungsvereinbarung dadurch Druck ausgeübt wird, dass ihm der Abschluss in unmittelbarem zeitlichen Zusammenhang mit einer bevorstehenden Hauptverhandlung angetragen wird (vgl. BGHZ 184, 209 = NJW 2010, 1364 = AGS 2010, 267 = StRR 2010, 236; AG Butzbach, JurBüro 1986, 1033; s. auch AG München, RVGreport 2010, 411 = RVGprofessionell 2011, 13 = AGS 2011, 20 m. Anm. Winkler; Schneider, Vergütungsvereinbarung, Rn. 226).

> **Hinweis:**
> Es empfiehlt sich daher, eine Vergütungsvereinbarung **rechtzeitig** zu treffen und nicht etwa erst unmittelbar vor einem Termin, um so den möglichen Einwand, es sei Druck auf den Mandanten ausgeübt worden, zu vermeiden.

Vergütungsvereinbarung (§ 3a)

> Der Verteidiger sollte ggf. auch einen **Hinweis** in die Vereinbarung aufnehmen, dass sie freiwillig abgeschlossen wird (AnwKomm-RVG/Onderka, § 3a Rn. 25; Mertens/Stuff, Rn. 164).

- Der Verteidiger muss, wenn er die vereinbarte Vergütung fordert, **nicht zuvor** nach § 52 Abs. 2 die **Leistungsfähigkeit** des Mandanten feststellen lassen (BGH, NJW 1980, 1394 = JurBüro 1979, 1793). § 52 gilt nicht (vgl. § 52 Rn. 7).
- In einer Vergütungsvereinbarung können **auch Vorschüsse vereinbart** werden (vgl. zum Vorschuss Teil A: Vorschuss vom Auftraggeber [§ 9], Rn. 1659; Schneider, Vergütungsvereinbarung, Rn. 228 f.). § 52 Abs. 1 Satz 1 Halbs. 2 steht dem nicht entgegen. Die Vorschrift betrifft nur den Anspruch aus § 52 Abs. 2. Um einen solchen handelt es sich aber bei der Vergütungsvereinbarung nicht (vgl. auch § 52 Rn. 21).

1516

> **Hinweis:**
>
> Hat der Verteidiger das **Wahlmandat niedergelegt** und sich als Pflichtverteidiger beiordnen lassen, so steht ihm aus einer ggf. getroffenen Vergütungsvereinbarung nur der Teil der vereinbarten Vergütung zu, den er bis zur Bestellung als Pflichtverteidiger verdient hat (AnwKomm-RVG/Onderka, § 3a Rn. 27 m.w.N.). Soll auch für die Tätigkeit als Pflichtverteidiger eine Vergütungsvereinbarung getroffen werden, muss er eine **neue Vereinbarung** abschließen (KG, KGR 1995, 156), die auch den Formerfordernissen von § 3a Abs. 1 entsprechen muss (OLG Bremen, StV 1987, 162; AnwKomm-RVG/Onderka, a.a.O.).

5. Vergütungsvereinbarung bei PKH und Beratungshilfe

1517 Nach § 3a Abs. 3 Satz 1 ist eine **Vergütungsvereinbarung ausgeschlossen**, wenn der Rechtsanwalt im Wege der **PKH** beigeordnet worden ist. Das kann z.B. nach den §§ 406g Abs. 3, 397a StPO beim Nebenkläger oder beim nebenklageberechtigten Verletzten der Fall sein. Auch beim Privatkläger kann PKH in Betracht kommen (§ 379 Abs. 3 StPO). Hat der Auftraggeber allerdings freiwillig und ohne Vorbehalt gezahlt, kann er das Geleistete nach § 3a Abs. 3 Satz 2 nach den Vorschriften des BGB über die ungerechtfertigte Bereicherung zurückfordern. Der Rechtsanwalt kann sich also nur noch auf den Rückforderungsausschluss aus § 814 BGB berufen (vgl. BT-Drucks. 16/8916, S. 17; AnwKomm-RVG/Onderka, § 3a Rn. 124; zur Auslegung der Regelung s. auch RVGreport 2008, 210).

1518 Nimmt der Auftraggeber **Beratungshilfe** in Anspruch, ist eine Vergütungsvereinbarung **nichtig** (§ 3a Abs. 4 i.V.m. § 8 BerHG; eingehend zur Vergütungsvereinbarung und Beratungshilfe Schneider, Vergütungsvereinbarung, Rn. 159 ff.; auch Teil A: Beratungshilfe, Rn. 232 ff. und Teil A: Vergütungsanspruch gegen die Staatskasse [§§ 44, 45, 50], Rn. 1473).

Vergütungsvereinbarung (§ 3a)

III. Formzwang nach § 3a Abs. 1

1. Allgemeines

§ 3a Abs. 1 enthält folgende **Formvorschriften** (zum Formerfordernis bei der Gebührenvereinbarung nach § 34 Abs. 1 Satz 1 s. Teil A: Beratung/Gutachten, Allgemeines [§ 34], Rn. 223 sowie Toussaint, AnwBl. 2007, 67): 1519

- die Erklärung des Auftraggebers bedarf der **Textform** (vgl. Rn. 1523 ff.),
- die Erklärung darf **nicht** in der **Vollmacht** enthalten sein (vgl. Rn. 1527),
- sie muss als **Vergütungsvereinbarung** oder in vergleichbarer Weise bezeichnet sein (vgl. Rn. 1528),
- diese Vergütungsvereinbarung muss von anderen Vereinbarungen **deutlich abgesetzt** sein (vgl. Rn. 1529 ff.).

> **Hinweis:** 1520
>
> Für den **Übergang BRAGO/RVG** sieht das RVG in § 61 Abs. 2 für Vergütungsvereinbarungen einen eigenständigen Anknüpfungstatbestand vor. Die damit zusammenhängenden Fragen, die sich in der Praxis weitgehend erledigt haben dürften, sind dargestellt bei Teil A: Übergangsvorschriften [§ 60 f.], Rn. 1339.
>
> Über die Anwendbarkeit der **Neuregelung** in den §§ 3a ff. besteht Streit. Während nach Auffassung von Enders (JurBüro 2008, 337, 338) und von Mayer (AnwBl. 2008, 479, 483) sich die Anwendbarkeit der Neuregelung nach § 60 Abs. 1 beurteilt, weil die Vorschrift nicht nur Änderungen des RVG selbst, sondern nach dessen Satz 3 auch Vorschriften, die auf das RVG verweisen, wie etwa § 49b Abs. 2 Satz 1 BRAO betrifft, geht Hansens (RVGreport 2008, 326) davon aus, dass die Regelungen auch für vor dem 01.07.2008 geschlossene Vereinbarungen gilt.

2. Inhalt der Vergütungsvereinbarung

§ 4 a.F. sah bis zum 30.06.2008 Formzwang nur für Vergütungsvereinbarungen vor, die zu höheren als den gesetzlichen Gebühren führten (vgl. dazu Vorauflage ABC-Teil: Vergütungsvereinbarung [§ 4], Rn. 18). Diese Einschränkung ist in der Neuregelung des § 3a Abs. 1 entfallen. Der Formzwang gilt jetzt für alle Vergütungsvereinbarungen. Eine Ausnahme besteht nach § 3a Abs. 1 Satz 4 nur noch für die Gebührenvereinbarungen nach § 34 (vgl. dazu Teil A: Beratung(sgebühr) [§ 34], Rn. 272 und Teil A: Beratung/Gutachten, Allgemeines [§ 34], Rn. 223 ff.). 1521

Die Formvorschrift gilt nicht nur für die Vereinbarung höherer Gebühren, sondern **auch** für die **Vereinbarung höherer Auslagen**. In § 3a Abs. 1 Satz 1 ist ausdrücklich von einer „Vergütung" die Rede. Unter Vergütung versteht man jedoch nach § 1 Abs. 1 Satz 1 „Gebühren und Auslagen" (vgl. Teil A: Vergütung, Begriff, Rn. 1466). Daher muss der Verteidiger bei den zu Teil 7 VV vorgeschlagenen Vereinbarungen ebenfalls die nachstehenden Formvorschriften beachten (s. auch AnwKomm-RVG/Onderka, § 3a Rn. 33). 1522

Vergütungsvereinbarung (§ 3a)

> **Hinweis:**
> Das gilt allerdings nicht hinsichtlich einer **Vereinbarung** über die **Anzahl** der zu **fertigenden Kopien**, da nach Nr. 7000 Nr. 1d die Anfertigung im bloßen Einverständnis mit dem Mandanten genügt (vgl. auch Nr. 7000 VV Rn. 26 ff.).

3. Textform (Satz 1)

1523 Nach § 3a Abs. 1 Satz 1 bedarf „die **Vereinbarung** über die Vergütung der Textform". Anders als in § 4 Abs. 1 Satz 1 a.F. wird also nicht mehr (nur) die Erklärung des Auftraggebers, sondern auch die Erklärung des Rechtsanwalts erfasst. Die mündliche Vereinbarung reicht nie.

1524 Mit dem Formerfordernis der Einhaltung der Textform i.S.v. **§ 126b BGB** ist die **einfachste gesetzliche Form** vorgeschrieben. Diese Textform ist nach § 126b BGB eingehalten, wenn die Erklärung in einer Urkunde oder auf andere zur dauerhaften Wiedergabe in Schriftzeichen geeignete Weise abgegeben worden ist, die Person des Erklärenden genannt und der Abschluss der Erklärung durch Nachbildung der Namensunterschrift oder anders erkennbar gemacht wurde. Die Textform setzt lediglich voraus, dass die Erklärung in Schriftzeichen lesbar abgegeben wird (Bamberger/Roth/Wendtland, BGB, § 126b Rn. 2, zu allem auch Gerold/Schmidt-Mayer, § 3a Rn. 5 ff.; AnwKomm-RVG/Onderka, Rn. 35). Erforderlich ist allerdings eine Erklärung in einer Urkunde oder in einer anderen, zur dauerhaften Wiedergabe in Schriftzeichen geeigneten Weise. Geeignete Schriftträger sind somit neben Urkunden also auch elektronische Speichermedien, sofern nur die gespeicherten Daten in Schriftzeichen lesbar sind und der Schriftträger geeignet ist, die Daten dauerhaft festzuhalten (Gerold/Schmidt-Mayer, § 3a Rn. 7 unter Hinw. auf MüKo/Einsele, BGB, § 126 BGB Rn. 4.). Dabei werden an die dauerhafte Wiedergabemöglichkeit der **elektronischen Speichermedien** keine allzu hohen Anforderungen gestellt, die Verkörperung der Erklärung auf einer Festplatte genügt ebenso wie die Speicherung auf einer Diskette oder CD-ROM (Gerold/Schmidt-Mayer, a.a.O.).

> **Hinweis:**
> Eine Vergütungsvereinbarung kann somit wirksam per (Computer-)**Fax** (a.A. für § 4 a.F. OLG Hamm, AGS 2006, 9 = RVGreport 2005, 463) oder **E-Mail** abgeschlossen werden oder auch per **SMS** (Gerold/Schmidt-Mayer, a.a.O., § 3a Rn. 7 m.w.N.; AnwKomm-RVG/Onderka, § 3a Rn. 35; Burhoff, StRR 2008, 252 = VRR 2008, 254).
>
> Wird ein **Erfolgshonorar** vereinbart, müssen nach § 4a weitere Formvorschriften beachtet sein (vgl. dazu Teil A: Erfolgshonorar [§ 4a und § 49b Abs. 2 Satz 1 BRAO], Rn. 499 ff.).

1525 Allerdings verlangt die Textform die **Nennung** der **Person** des **Erklärenden** (MüKo/Einsele, BGB, § 126 Rn. 5), diese muss aber nicht namentlich genannt sein. Es genügt, wenn sich die Person des Erklärenden zweifelsfrei entnehmen lässt, etwa im Kopf oder Inhalt der Erklärung (MüKo/Einsele, a.a.O.). Schließlich muss der Abschluss der Erklärung, z.B. durch Nachbildung der Namensunterschrift in einer faksimilierten Unterschrift, oder anders erkennbar gemacht werden.

Vergütungsvereinbarung (§ 3a)

Wird die **Vergütungsvereinbarung** mit einem **Dritten** getroffen, muss dieser die Formvorschrift des § 3a Abs. 1 Satz 1 erfüllen. 1526

4. Aufnahme der Erklärung in die Vollmacht? (Satz 2)

Die Erklärung darf **nicht in einer Vollmacht enthalten** sein. Gemeint ist damit, dass die Vergütungsvereinbarung nicht in einer Vollmachtsurkunde enthalten sein darf (AnwKomm-RVG/Onderka, § 3a Rn. 43). Es müssen also mindestens zwei Urkunden vorliegen, nämlich die Vollmachtsurkunde und die Urkunde, die die Vergütungsvereinbarung enthält. 1527

5. Bezeichnung als Vergütungsvereinbarung oder in vergleichbarer Weise (Satz 2)

§ 3a Abs. 1 Satz 2 verlangt, dass die Vergütungsvereinbarung als **solche bezeichnet** wird. Neu aufgenommen ist seit dem 01.07.2008 der Zusatz „oder in vergleichbarer Weise". Dadurch sind jetzt auch andere Bezeichnungen als „Vergütungsvereinbarung" erlaubt, sodass sich der Streit über die Wirksamkeit einer Vergütungsvereinbarung, die nicht als solche, sondern z.B. „Honorarvereinbarung" genannt worden ist, erledigt hat (s. schon zum früheren Recht – allerdings ohne nähere Begründung – AG Gemünden, JurBüro 2007, 305 = AGS 2007, 340; AG Wolfratshausen, AGS 2008, 11). 1528

> **Hinweis:**
>
> Insoweit sollte der Rechtsanwalt/Verteidiger das Prinzip des „**sichersten Weges**" auch in eigenen Angelegenheiten beherzigen und eine Vergütungsvereinbarung immer auch als „Vergütungsvereinbarung" bezeichnen, obwohl jetzt z.B. auch die Bezeichnung „Honorarvereinbarung" zulässig ist (s. auch AnwKomm-RVG/Onderka, § 3a Nr. 39). **Vermeiden** sollte er die Bezeichnung „**Gebührenvereinbarung**", da die im Hinblick auf § 1 Abs. 1 Satz 1 dahin ausgelegt werden kann, dass damit nur Gebühren, nicht aber auch Auslagen gemeint sind.

6. Trennung von anderen Vereinbarungen (Satz 2)

Die Vergütungsvereinbarung muss nach § 3a Abs. 1 Satz 2 **deutlich von anderen Vereinbarungen abgesetzt** sein. Damit ist eine Vergütungsvereinbarung, die in Mandatsbedingungen quasi „integriert" oder gar versteckt ist, unzulässig. Sinn und Zweck dieser Regelung ist es, den Auftraggeber durch diese – auch optische Gestaltung – darauf aufmerksam zu machen, dass er mit dem Rechtsanwalt eine gesonderte Vereinbarung über die Vergütung trifft, die von den gesetzlichen Bestimmungen abweicht. Auch diesem Kriterium kommt also neben der Schriftform eine Warnfunktion zu. Mit ihm soll dem Schutzbedürfnis des Auftraggebers Rechnung getragen werden (vgl. dazu BT-Drucks. 15/1971, S. 188 zu § 4 Abs. 1 Satz 2 a.F.). Die Vergütungsvereinbarung muss sich bereits **optisch** von anderen Vereinbarungen und Erklärungen **abheben**, woran jedoch keine überspannten Anforderungen gestellt werden. Ausreichend sind insoweit die Verwendung von Sperrschrift, Fett- oder Farbdruck, Versalschrift, Unterstreichungen, Rahmungen, Schattierungen oder drucktechnisch andersartigen Papiers (so AnwKomm-RVG/Onderka, § 3a Rn. 40 m.w.N.; Schneider, Vergütungsvereinbarung, Rn. 593 ff.; Jungbauer, JurBüro 2006, 174). 1529

A. Vergütungs-ABC   B. Kommentar

Vergütungsvereinbarung (§ 3a)

> **Hinweis:**
>
> **Maßstab** für das Zusammentreffen mit anderen Erklärungen muss es sein, dass der Auftraggeber die **Vereinbarung** einer Vergütung auch als solche **erkennt**.

1530   Vor dem Hintergrund der beabsichtigten Verbraucherschutzfunktion ist der Rechtsanwalt/Verteidiger aus Gründen reiner Vorsorge gut beraten, die Vergütungsvereinbarungen vor allem auch **inhaltlich klar** von den **sonstigen Vereinbarungen** zu **trennen** und diese nicht mit der Auftragserteilung als solcher oder mit sonstigen Vereinbarungen zu mischen (vgl. aber AG Wolfratshausen, AGS 2008, 11, wonach die Auftragserteilung in der Vergütungsvereinbarung keine anderweitige Vereinbarung i.S.v. § 3a Abs. 1 Satz 2 darstellt; vgl. zu allem auch Gerold/Schmidt/Mayer, § 3a Rn. 9 ff.).

1531   Da verschiedene Gerichte in der Vergangenheit (zuletzt u.a. OLG Düsseldorf, AGS 2004, 12 = AnwBl. 2004, 128 m.w.N. noch zu § 3 BRAGO) entschieden haben, dass schon ein in einem Honorarschein enthaltenes **Empfangsbekenntnis** zur Unwirksamkeit der gesamten Vereinbarung führe, sollten derartige Empfangsbekenntnisse – die zudem in aller Regel überflüssig sind – vermieden werden (vgl. auch AnwKomm-RVG/Onderka, § 3a Rn. 28), auch wenn der BGH eine Honorarvereinbarung nicht deswegen als unwirksam ansieht, weil der Mandant darin bestätigt, eine Abschrift der Vereinbarung erhalten zu haben (BGH, NJW 2009, 3301 = AGS 2009, 430). Auch **Haftungsbegrenzungen** sollten in einer Vergütungsvereinbarung vermieden werden. Zwar enthält § 3a Abs. 1 nicht mehr wie in § 3 BRAGO eine Einschränkung dahin gehend, dass die Erklärung des Auftraggebers nicht in einem Vordruck, der auch andere Erklärungen enthält, abgegeben werden darf. Die Vergütungsvereinbarung muss aber deutlich von den übrigen Erklärungen abgegrenzt sein. Es ist nicht auszuschließen, dass die Gerichte bei der Auslegung der neuen Regelung die Auffassung vertreten werden, die Vergütungsvereinbarung müsse auch inhaltlich von den übrigen Mandatsbedingungen abgegrenzt sein (Mayer/Kroiß, § 3a Rn. 45 m.w.N.). Zu vermeiden sind schließlich Vereinbarungen über die Art und Weise der Mandatsbearbeitung, wie z.B. Bearbeitung durch einen bestimmten Anwalt, Unterrichtspflichten und Vereinbarungen über den Ausschluss von Kündigungsrechten (Mayer/Kroiß, a.a.O.).

> **Hinweis:**
>
> Das gilt aus „Sicherheitsgründen" ebenso für „**doppelrelevante Klauseln**", die sowohl für die Vergütung wie auch für das übrige Mandatsverhältnis relevant sind, also etwa eine generelle Gerichtsstandsvereinbarung für Vergütungsklagen und für sonstige Klagen aus dem Mandatsverhältnis.

1532   **Nicht** zu den „**anderen Vereinbarungen**", von denen die Vergütungsvereinbarung deutlich abzusetzen ist, gehören i.Ü. alle Klauseln, die die Vergütung unmittelbar betreffen, wie z.B. Fälligkeitsregelungen, Vorschussregelungen, Regelungen über die Vergütung bei vorzeitiger Beendigung des Mandats sowie Gerichtsstandsvereinbarungen für die Vergütungsklage, soweit rechtlich zulässig (BGH, NJW 2009, 3301 = AGS 2009, 430; Mayer/Kroiß, § 3a Rn. 45; a.A. OLG Düsseldorf, AGS 2008, 12 = JurBüro 2008, 29). Auch eine **Gerichtsstandsvereinbarung** kann in der Vergütungsvereinbarung enthalten sein. Nach der Gesetzesbegründung zu § 4 a.F.

Vergütungsvereinbarung (§ 3a)

(vgl. dazu BT-Drucks. 15/1971, S. 188) sollte mit der Neuregelung gerade verhindert werden, dass Vergütungsvereinbarungen bereits unwirksam sind, wenn der Vordruck z.B. eine Gerichtsstandsvereinbarung für Vergütungsstreitigkeiten enthält. Das dürfte auch für eine Vereinbarung über die Aufbewahrung von **Handakten** (vgl. dazu auch Mayer/Kroiß, § 3a Rn. 45) oder die Einschaltung eines Vertreters gelten, allerdings sollte der Verteidiger insoweit vorsichtig sein, weil in der Literatur (vgl. Gerold/Schmidt/Mayer, § 3a Rn. 10; vgl. dazu auch Mayer/Kroiß, a.a.O.) Vereinbarungen über die Art und Weise der Mandatsbearbeitung als unzulässig angesehen werden. Das OLG Düsseldorf sieht schließlich Vereinbarungen über **Stundung**, **Ratenzahlung**, **Erfüllungsort** und zu vergütende Nebenleistungen sowie eine „Hinweisklausel" bzw. eine salvatorische Klausel als zulässig an (OLG Düsseldorf, AGS 2006, 530 = RVGreport 2006, 420 noch für § 3 Abs. 1 Satz 1 BRAGO). Das AG Wolfratshausen (AGS 2008, 11) hat schließlich die Abtretung des **Kostenerstattungsanspruchs** als unschädlich angesehen.

7. Hinweis auf Beschränkung der Erstattungsfähigkeit (Satz 3)

In § 3a Abs. 1 Satz 3 ist seit dem 01.07.2008 vorgeschrieben, dass die Vergütungsvereinbarung einen Hinweis darauf zu enthalten hat, dass die gegnerische Partei, ein Verfahrensbeteiligter oder die Staatskasse im Fall der Kostenerstattung regelmäßig nicht mehr als die gesetzliche Vergütung erstatten muss. Der Gesetzgeber bezweckt mit dieser Hinweispflicht den **Schutz** des **Rechtsuchenden**, dem verdeutlicht werden soll, dass die Vergütung, soweit diese die gesetzliche Vergütung übersteigt, grds. selbst zu tragen ist (BT-Drucks. 16/8384, S. 10; vgl. dazu auch AnwKomm-RVG/Onderka, § 3a Rn. 45 ff.).

1533

> **Hinweis:**
>
> Aus § 3a Abs. 1 Satz 3 ergibt sich nur eine Hinweispflicht auf die fehlende Erstattungsmöglichkeit. Es bleibt dabei, dass die **vereinbarte Vergütung**, z.B. im Fall des Freispruchs, **niemals erstattungsfähig** ist (Meyer-Goßner, § 46a Rn. 11 m.w.N.; eingehend zu den Erstattungsfragen Enders, JurBüro 2008, 617 ff.).

IV. Folgen eines Formverstoßes (§ 4b)

Ist die **Form** des § 3a Abs. 1 Satz 1 und 2 (s. oben Rn. 1523 ff.) **nicht gewahrt**, ist die Vergütungsvereinbarung dennoch nicht nichtig, sondern **wirksam** (a.A. AnwKomm-RVG/Onderka, § 4b Rn. 7 [nichtig]). Allerdings schuldet der Auftraggeber dann nur die gesetzliche Vergütung (AnwKomm-RVG/Onderka, § 4b Rn. 10; Gerold/Schmidt/Mayer, § 4b Rn. 3 f.).

1534

> **Hinweis:**
>
> Die Aufzählung der Verstöße in § 4b ist **abschließend**. Auf andere Verstöße ist § 4b nicht anwendbar (AnwKomm-RVG/Onderka, § 4b Rn. 4).

Bis zum 30.06.2008 sah § 4 Abs. 1 Satz 3 a.F. vor, dass der Auftraggeber, der trotz der Unwirksamkeit der Vergütungsvereinbarung geleistet hatte, diese Leistung nicht zurückfordern konnte. Diese Regelung ist entfallen. Stattdessen verweist das RVG in § 4b Satz 2 RVG nun nur noch auf

1535

Vergütungsvereinbarung (§ 3a)

die Vorschriften des BGB über die ungerechtfertigte Bereicherung, insbesondere also auf **§ 814 BGB** (vgl. dazu BGH, NJW 2004, 2818 und AnwKomm-RVG/Onderka, § 4b Rn. 19 ff.).

1536 Freiwilligkeit i.S.d. § 814 BGB setzt voraus, dass der Auftraggeber wusste, dass das vereinbarte Honorar die gesetzliche Vergütung übersteigt. Zudem darf der Verteidiger den Mandanten nicht unter Druck gesetzt haben. Das wird z.B. angenommen bei Zahlung erst nach Klageandrohung (AnwKomm-RVG/Onderka, § 4b Rn. 20 m.w.N.) oder wenn die weitere Tätigkeit von der Zahlung eines Vorschusses zu einem **Zeitpunkt** abhängig wird, zu dem dem Mandanten ein Wechsel des Rechtsanwalts nicht zugemutet werden kann (KG, AGS 2005, 492 [für Fristablauf im Steuerverfahren] m. Anm. Schneider, AGS 2005, 493). Das wird im Strafverfahren z.B. der Fall sein, wenn der Beginn der Hauptverhandlung oder eines anderen (gerichtlichen) Termins oder auch der Ablauf einer Rechtsmittelbegründungsfrist unmittelbar bevorsteht.

V. Herabsetzung einer unangemessenen Vergütung (Abs. 2)

1. Allgemeines

1537 Eine vereinbarte oder nach § 3a Abs. 2 Satz 1 vom Vorstand der Rechtsanwaltskammer festgesetzte Vergütung kann, wenn sie unter Berücksichtigung aller Umstände **unangemessen hoch** ist, im Rechtsstreit auf den angemessenen Betrag bis zur Höhe der gesetzlichen Vergütung **herabgesetzt** werden. Zuständig für die Herabsetzung ist das Gericht.

2. Unangemessen hohe Vergütung im Strafverfahren

1538 Die Anpassung kommt nur in Betracht, wenn es sich um eine unangemessen hohe Vergütung handelt (zur darüber liegenden Sittenwidrigkeit s. AnwKomm-RVG/Onderka, § 3a Rn. 102; zur Sittenwidrigkeit auch BGH, NJW 2010, 1364 = AGS 2010, 267 = JurBüro 2010, 305 = StRR 2010, 236 sowie zur Angemessenheit und Sittenwidrigkeit Rick, RVGreport 2006, 441). Wann das der Fall ist, muss im **Einzelfall** unter Berücksichtigung aller Umstände ermittelt werden (wegen der Einzelh. AnwKomm-RVG/Onderka, § 3a Rn. 104 ff.; Schneider, Vergütungsvereinbarung, Rn. 1336 ff.). Die Rechtsprechung geht grds. davon aus, dass eine unangemessen hohe Vergütung vorliegt, wenn bei objektiver Betrachtung ein Festhalten des Auftraggebers an der Vergütungsvereinbarung unter Berücksichtigung aller Umstände gegen Treu und Glauben verstoßen würde (BGH, NJW 2005, 2142 = AGS 2005, 378; AGS 2009, 262 = JurBüro 2009, 427 = RVGreport 2009, 135 = StRR 2009, 236; NJW 2010, 1364 = AGS 2010, 267 = JurBüro 2010, 305 = StRR 2010, 236; OLG Frankfurt am Main, StraFo 2006, 127 = AGS 2006, 127 m. Anm. Madert und Hauskötter, RVGprofessionell 2006, 68; OLG Köln, AGS 1998, 66; OLG München, NJW 1967, 1571; vgl. auch noch AG München, RVGreport 2010, 411 = RVGprofessionell 2011, 13 = AGS 2011, 20 m. Anm. Winkler). Es bietet sich insoweit eine **analoge Anwendung** des § 14 Abs. 1 an, sodass auf den Umfang und die Schwierigkeit der anwaltlichen Tätigkeit sowie die Bedeutung der Sache für den Auftraggeber sowie dessen Einkommens- und Vermögenslage abzustellen ist (vgl. die Bewertung bei BGH, NJW 2010, 1364 = AGS 2010, 267 = JurBüro 2010, 305 = StRR 2010, 236; NJW 2011, 63 = StV 2011, 234 = AGS 2011, 9 m. Anm. Schons = StRR 2011, 161 m. Anm. Lübbersmann; OLG Hamm, AGS 2002, 202; JurBüro 2008, 307 = StRR 2008, 236 = RVGreport 2008, 256; Jungbauer, JurBüro 2006, 176). Auch darf der Rechtsanwalt bei Vereinba-

| A. Vergütungs-ABC | B. Kommentar |

Vergütungsvereinbarung (§ 3a)

rung eines Stundensatzes seinen Aufwand nicht in grober Weise aufblähen und bei den berechneten Einzeltätigkeiten und ihrer Dauer die objektiv gebotene Konzentration und Beschleunigung der Mandatswahrnehmung – das Wirtschaftlichkeitsgebot im Mandanteninteresse – wissentlich außer Acht lassen (OLG Brandenburg, 21.07.2004 – 13 U 40/04; zur „**Aufblähung**" auch OLG Düsseldorf, AGS 2006, 530 = RVGreport 2006, 420). Schaltet der Auftraggeber einen Spezialisten (ggf. Fachanwalt) ein, darf er davon ausgehen, dass die Sache innerhalb eines üblichen Zeitrahmens erledigt wird (BGH, a.a.O.).

Zutreffend war schon in der Vergangenheit das OLG Hamm davon ausgegangen, dass in Strafsachen die Angemessenheit von Vergütungsvereinbarungen insbesondere im Hinblick auf den erforderlichen Zeitaufwand und einen sowohl die Reputation/Qualifikation des Anwalts als auch dessen Gemeinkosten berücksichtigenden Stundensatz zu beurteilen ist (s. nur OLG Hamm, AGS 2002, 268). Der **BGH** hat dann in seiner Entscheidung v. 27.01.2005 aber einen **Quotienten** zugrunde gelegt bzw. eingeführt (vgl. BGH, NJW 2005, 2142 = StV 2005, 621 = AGS 2005, 378 m. abl. Anm. von Madert; Schneider, AGS 2005, 383 ff.; Henke, AnwBl. 2005, 585; Müller, in: FS zu Ehren des Strafrechtsausschusses der BRAK, S. 161 ff., Tsambikakis, StraFo 2005, 446; Lutje, NJW 2005, 2490; Johnigk, StV 2005, 624; Wessing, JR 2006, 379; ähnlich OLG Frankfurt am Main, StraFo 2006, 127 = AGS 2006, 127 m. Anm. Madert und Hauskötter; allgemein abl. zum Quotienten AnwKomm-RVG/Onderka, § 3a Rn. 107). Nach dieser Rechtsprechung spricht bei einer vereinbarten Vergütung, die mehr als das **Fünffache** über den gesetzlichen Höchstgebühren liegt, eine tatsächliche Vermutung für die Unangemessenheit der Vereinbarung. Diese Vermutung soll vom Rechtsanwalt nur entkräftet werden können, wenn der Anwalt ganz ungewöhnliche, geradezu extreme einzelfallbezogene Umstände darlegt, die es möglich erscheinen lassen, bei Abwägung aller für die Herabsetzungsentscheidung maßgeblichen Aspekte die Vergütung nicht als unangemessen hoch anzusehen.

1539

Diese BGH-Rechtsprechung ist allgemein auf **Kritik** gestoßen (überzeugend abl. in der Lit. u.a. Tsambikakis, StraFo 2005, 445; AnwKomm-RVG/Onderka, § 3a Rn. 111; Schneider, Vergütungsvereinbarung, Rn. 1339 ff.; Lutje, NJW 2005, 2490; aus der Rspr. OLG Hamm, StV 2007, 473 = StRR 2007, 319 = AGS 2007, 550 m. Anm. Schons, AGS 2007, 555; JurBüro 2008, 307 = StRR 2008, 236 = RVGreport 2008, 256). Es wird darauf hingewiesen, dass der herangezogene Quotient zu einem falschen Vergleichsmaßstab führt. Zudem sei es nicht zutreffend, wenn eine Relation zu den gesetzlichen Gebühren des Strafverteidigers hergestellt wird, da diese zu unterschiedlich sind, um als geeigneter Maßstab herangezogen werden zu können und teilweise immer noch eine angemessene Vergütung der anwaltlichen Tätigkeit nicht ermöglichen (vgl. Schneider, Vergütungsvereinbarung, Rn. 1342; vgl. auch noch AnwKomm-RVG/Onderka, § 3a Rn. 112 und die Zusammenstellung bei Mertens/Stuff, Rn. 63 ff.).

1540

> **Hinweis:**
> Dem Verteidiger hilft es auch nicht, wenn er aus Sicherheitsgründen seine vereinbarte Vergütung auf den knapp **fünffachen Betrag** der gesetzlichen Höchstgebühren limitiert. Das wird in umfangreichen Verfahren **nicht** dem vom Verteidiger zu erbringenden **Zeitaufwand gerecht**. Denn gerade in solchen, insbesondere in Wirtschaftsstrafverfahren, wird so eine i.d.R. qualitativ hochwertige Arbeit nicht angemessen entlohnt werden (so auch Wessing,

Vergütungsvereinbarung (§ 3a)

> JR 2006, 379 ff.). Das gilt vor allem für das Ermittlungsverfahren. Denn auch dort würde der höchste Gebührenanspruch bei einem inhaftierten Mandanten für die Grundgebühr bei 1.875,00 € (5 × Höchstgebühr aus Nr. 4100, 4101 VV) und für das vorbereitende Verfahren bei max. zusätzlich 1.562,50 € liegen (5 × Höchstgebühr aus Nrn. 4104, 4105 VV), also bei insgesamt 3.437,50 €. Damit dürfte in den Bereich des Art. 12 GG eingegriffen werden (vgl. dazu BVerfG, NJW 2002, 3314 = AGS 2002, 266).

1541 Die Rechtsprechung des BGH ist dann Gegenstand verfassungsrechtlicher Prüfung gewesen: Das **BVerfG** hat sie wegen eines darin liegenden Verstoßes gegen **Art. 12 Abs. 1 GG** als **verfassungswidrig** angesehen (vgl. BVerfG, StraFo 2009, 323 = JurBüro 2009, 641 [Ls.] m. Anm. Madert = StRR 2009, 318 = RVGreport 2009, 299 = StV 2010, 89 m. Anm. Wattenberg). Das BVerfG (a.a.O.) verweist darauf, dass nur wichtige Belange des Allgemeinwohls einen Eingriff in die Berufsausübungsfreiheit des Rechtsanwalts (Art. 12 GG) durch Überprüfung der vereinbarten Vergütung auf ihre Angemessenheit hin rechtfertigen. Der Rechtsanwalt übe einen freien Beruf aus, bei dem sich ein kommerzielles Denken nicht schlechthin verbiete. Der erforderliche Ausgleich zwischen der Berufsausübungsfreiheit des Rechtsanwalts und den Interessen des Gemeinwohls erfolge in Rechtsprechung des BGH nicht angemessen. Diese Rechtsprechung führe dazu, dass nach Überschreiten der Vermutungsgrenze („mehr als das Fünffache über den gesetzlichen Höchstgebühren") in der weit überwiegenden Anzahl der Fälle den Gemeinwohlbelangen pauschal der Vorrang vor der Berufsausübungsfreiheit des Rechtsanwalts eingeräumt werde. Eine derartige einseitige Belastung des Anwalts sei aber allenfalls dann hinzunehmen, wenn sich bei einer Überschreitung der Gebühren um mehr als das Fünffache für das konkrete Mandat eine Vergütung ergebe, die „mehr als angemessen" sei. Dies ist nach Auffassung des BVerfG jedoch nicht der Fall, weil gerade in Strafsachen im Einzelfall aufgrund der auf die Hauptverhandlung ausgerichteten Gebührenstruktur noch nicht einmal gesichert ist, dass der Rechtsanwalt mit dem fünffachen des gesetzlichen Vergütungssatzes auch nur kostendeckend arbeiten könne. Das BVerfG stellt darauf ab, ob die vereinbarte Vergütung im konkreten Fall unter Berücksichtigung aller Umstände, insbesondere der Leistungen und des Aufwands des Rechtsanwalts, aber auch der Einkommens- und Vermögensverhältnisse des Auftraggebers gleichwohl angemessen ist.

1542 Der **BGH** hat seine Rechtsprechung inzwischen „**modifiziert**" (vgl. NJW 2010, 1364 = AGS 2010, 267 = JurBüro 2010, 305 = StRR 2010, 236). Er hält zwar an seiner „Quotientenrechtsprechung" grds. fest (s. auch noch BGH, NJW 2011, 63 = StV 2011, 234 = AGS 2011, 9 m. Anm. Schons = StRR 2011, 161 m. Anm. Lübbersmann), er hat jedoch die Voraussetzungen für die Entkräftung der Vermutung der Unangemessenheit reduziert. Entscheidend ist, dass die vereinbarte Vergütung im konkreten Fall unter Berücksichtigung aller Umstände angemessen ist. Zu berücksichtigende Umstände (vgl. § 14 Abs. 1) seien die Schwierigkeit und der Umfang der Sache, ihre Bedeutung für den Auftraggeber und das Ziel, das der Auftraggeber mit dem Auftrag angestrebt hat. Außerdem sei zu berücksichtigen, in welchem Umfang dieses Ziel durch die Tätigkeit des Rechtsanwalts erreicht worden ist, wie weit also das Ergebnis tatsächlich und rechtlich als Erfolg des Rechtsanwalts anzusehen sei. Ferner seien die Stellung des Rechtsanwalts und die Vermögensverhältnisse des Auftraggebers in die Bewertung einzubeziehen (vgl. BGH, a.a.O.; zur Abwägung auch OLG Hamm, StV 2007, 473 = StRR 2007, 319 = AGS 2007, 550 m. Anm. Schons, AGS 2007, 555; JurBüro 2008, 307 = StRR 2008, 236 = RVGreport 2008, 256;

Vergütungsvereinbarung (§ 3a)

Hartung/Schons/Enders, § 3a Rn. 107). Schließlich kann auch die Frage von Bedeutung sein, inwieweit ggf. Hilfskräfte tätig geworden sind (vgl. BGH, a.a.O.).

> **Hinweis:**
>
> Der Verteidiger sollte gerade, wenn es ein auf einer Vergütungsvereinbarung basierendes Stundenhonorar abrechnet, **besondere Sorgfalt** auf die Berechnung der Vergütung nach § 10 verwenden und im Einzelnen **darlegen**, welcher Zeitaufwand wofür entstanden ist (vgl. dazu BGHZ 184, 209 = NJW 2010, 1384 = AGS 2010, 267 unter B III 2a; BGH, NJW 2011, 63 = StV 2011, 234 = AGS 2011, 9 m. Anm. Schons = StRR 2011, 161 m. Anm. Lübbersmann; OLG Düsseldorf, AGS 2010, 109; OLG Frankfurt am Main, AnwBl. 2011, 300; s. auch Teil A: Berechnung der Vergütung [§ 10], Rn. 359).

Auf Folgendes ist **hinzuweisen**: 1543

> **Hinweis:**
>
> - Die o.a. Rechtsprechung des BGH (BGH, NJW 2005, 2142 = AGS 2005, 378) gilt **nicht** für die Vereinbarung einer **Zeitvergütung** (so auch BVerfG, StraFo 2009, 323 = StRR 2009, 318 = RVGreport 2009, 299 = StV 2010, 89 m. Anm. Wattenberg; OLG Hamm, StV 2007, 473 = StRR 2007, 319 = AGS 2007, 550 m. Anm. Schons, AGS 2007, 555; zweifelnd auch schon BGH, NJW 2009, 3301 = AGS 2009, 430; 243 [Ls.]; vgl. auch Ebert, BRAK-Mitt. 2005, 271; AnwKomm-RVG/Onderka, § 3a Rn. 114; Hauskötter, RVGprofessionell 2011, 76). Deshalb sollte der Verteidiger trotz der Modifikation in der BGH-Rechtsprechung Zeithonorare vereinbaren.
> - Zudem muss der Verteidiger auf jeden Fall den von ihm erbrachten **Zeitaufwand** im Einzelnen **festhalten**. Denn die Rechtsprechung des BGH hat eine Umkehr der Darlegungs- und Beweislast zulasten des Verteidigers zur Folge, wenn das Fünffache der gesetzlichen Gebühren überschritten ist und daher eine Vermutung für die Unangemessenheit der vereinbarten Vergütung spricht. Der Verteidiger muss dann darlegen und evtl. beweisen, welche besonderen Umstände vorliegen, wonach die Vermutung entkräftet wird und daher doch von einer angemessenen Vergütung auszugehen ist.

3. Rechtsprechungs-Übersicht: Stundensätze

Auf folgende **Rechtsprechungsbeispiele** zur Angemessenheit ist hinzuweisen: (nach Anw-Komm-RVG/Onderka, § 3a Rn. 117; Mertens/Stuff, Rn. 74; Hartung/Schons/Enders, § 3a Rn. 93 ff.), 1544

- **Nicht unangemessene Vergütung:** 1545
  - ein Honorar, das das **Fünf- oder Sechsfache** der gesetzlichen Gebühren übersteigt (OLG Köln, AGS 1998, 66; vgl. aber z.B. AG München, RVGreport 2010, 411 = RVGprofessionell 2011, 13 = AGS 2011, 20 m. Anm. Winkler),
  - das **Sechsfache** der gesetzlichen Gebühren in BtM-Sachen (LG Berlin, AnwBl. 1982, 262),

Vergütungsvereinbarung (§ 3a)

- 3.000,00 DM (**1.500,00 €**) je **Verhandlungstag** in einer Strafsache (LG Karlsruhe, AnwBl. 1982, 262),
- 70.000,00 DM (**35.000,00 €**) Verteidigerhonorar bei einem Ermittlungsverfahren wegen Betrugs und einem Aktenumfang von über 100 Leitzordnern (OLG München, NJW-RR 2004, 1573 = AGS 2004, 478),
- 150.000,00 DM (**75.000,00 €**) Verteidigerhonorar für ein erstinstanzliches Verfahren bei Vorwurf des Abrechnungsbetrugs gegen einen Arzt (OLG Köln, 21.02.2001 – 17 U 17/00, n.v.),

1546 • Als **nicht unangemessen** sind folgende **Zeithonorare** angesehen worden (vgl. auch noch Schneider, Vergütungsvereinbarung, Rn. 1408 ff. sowie Hommerich/Kilian, NJW 2009, 1569):

- i.H.v. **150,00 €** für eine außergerichtliche Tätigkeit, und zwar auch dann nicht, wenn durch den erheblichen Zeitaufwand bei Bearbeitung der Angelegenheit der auf Stundenbasis berechnete Zahlungsanspruch denjenigen, der sich bei einer streitwertabhängigen Berechnung ergeben würde, deutlich übersteigt (OLG Celle, AGS 2010, 5 = StRR 2010, 416 = RVGprofessionell 2010, 28),
- i.H.v. **200,00 €/Std.** (AG Hamburg, AGS 2000, 81 in einer Nachbarschaftssache, auch dann, wenn das Honorar das Sechzehnfache der gesetzlichen Gebühren übersteigt),
- bzw. in einem Verfahren im **Wirtschaftsbereich** ein Stundensatz von (mind.) **250,00 €/Std.** (OLG Hamm, StV 2007, 473 = StRR 2007, 319 = AGS 2007, 550 m. Anm. Schons, AGS 2007, 555; JurBüro 2008, 307 = StRR 2008, 236 = RVGreport 2008, 256; OLG Koblenz, AGS 2010, 282 = RVGreport 2010, 252 = RVGprofessionell 2010, 114; AG Köln, zfs 2006, 227; a.A. OLG Düsseldorf, AGS 2010, 109),
- für angestellte Rechtsanwälte ein Stundensatz von **230,00 bzw. 260,00 €** (OLG München, RVGreport 2010, 376 = RVGprofessionell 2010, 148; vgl. auch BGH, NJW 2011, 63 = StV 2011, 234 = AGS 2011, 9, wo bereits für das Jahr 2002 ein Stundensatz von 450,00 DM nicht beanstandet worden ist),
- i.H.v. **300,00 €/Std.** zzgl. USt, mindestens jedoch die gesetzlichen Gebühren nach der BRAGO, ausgehend von dem 3-fachen Jahresgehalt anstelle des 3-fachen Monatsgehalts in einer Arbeitsrechtssache (LG Köln, AGS 1999, 179 = JurBüro 1999, 528 für eine Arbeitsrechtssache, wenn der Anwalt oder die Sozietät auf Arbeitsrecht spezialisiert ist und die Angelegenheit besondere Bedeutung hat),
- eine auf Stundenbasis (noch unter Geltung der BRAGO) abgeschlossene Vergütungsvereinbarung für eine Vertretung in einem Verfahren und einer umfangreichen Hauptverhandlung wegen Subventionsbetrugs kann auch in einer Größenordnung von rund 800.000,00 € noch angemessen, wobei Stundensätze der Verteidiger zwischen **300,00 € und 500,00 €** bei einer wirtschaftsrechtlichen **Großkanzlei** rechtlich nicht zu beanstanden sind, soweit eine transparente Vereinbarung vorgelegen hat und der Mandant hinreichend über etwaige Kostenrisiken aufgeklärt worden ist (OLG Frankfurt am Main, AnwBl. 2011, 300; vorhergehend BGH, NJW 2011, 63 = StV 2011, 234 = AGS 2011, 9 m. Anm. Schons = StRR 2011, 161 m. Anm. Lübbersmann). Ggf. kann allerdings wegen der Höhe der vereinbarten Stundensätze davon auszugehen sein, dass damit auch Un-

Vergütungsvereinbarung (§ 3a)

terstützungsleistungen nachgeordneter juristischer Hilfspersonen abgegolten sind (BGH, a.a.O.).

– das im Ergebnis über dem **3-fachen** der gesetzlichen Gebühren liegt (AG Lüdenscheid, AGS 2000, 91).

> **Hinweis:** 1547
>
> Der BGH hat in seinem Urt. v. 04.02.2010 – allerdings noch zu § 3 BRAGO – (NJW 2010, 1364 = AGS 2010, 267 = JurBüro 2010, 305 = StRR 2010, 236; vgl. auch noch NJW 2011, 63 = StV 2011, 234 = AGS 2011, 9 m. Anm. Schons = StRR 2011, 161 m. Anm. Lübbersmann) sehr deutlich darauf hingewiesen, dass es **nicht zulässig** ist, frei vereinbarte **Stundensätze** nachträglich durch eine richterliche Maßnahme auf Durchschnittssätze **herabzusetzen** (vgl. dazu auch OLG Frankfurt am Main, 12.01.2011 – 4 U 3/08; unzutreffend a.A. OLG Düsseldorf, AGS 2010, 109 in der BGH, NJW 2011, 63 = StV 2011, 234 = AGS 2011, 9 zugrunde liegenden Berufungsentscheidung; zutreffend abl. zu OLG Düsseldorf Schons in AGS 2009, 118 in der Anm. zu OLG Düsseldorf, a.a.O. und in BRAK-Mitt. 2010, 52). Die Frage der Unangemessenheit beurteile sich vielmehr unter dem allgemeinen Gesichtspunkt des § 242 BGB, also danach, ob sich das Festhalten an der getroffenen Vereinbarung unter Berücksichtigung der gesamten Umstände des Einzelfalls als unzumutbar und als ein unerträgliches Ergebnis darstellt. Nach dem der Vorschrift des § 3a in Einklang mit § 242 BGB innewohnenden Rechtsgedanken komme die *„Abänderung einer getroffenen Vereinbarung nur dann in Betracht, wenn es gilt, Auswüchse zu beschneiden. Der Richter ist jedoch nach § 3 Abs. 3 BRAGO nicht befugt, die vertraglich ausbedungene Leistung durch die billige oder angemessene zu ersetzen. Folglich ist nicht darauf abzustellen, welches Honorar im gegebenen Fall als angemessen zu erachten ist, sondern darauf, ob die zwischen den Parteien getroffene Honorarvereinbarung nach Sachlage als unangemessen hoch einzustufen ist. (...) Für eine Herabsetzung ist danach nur Raum, wenn es unter Berücksichtigung aller Umstände unerträglich und mit den Grundsätzen des § 242 BGB unvereinbar wäre, den Mandanten an seinem Honorarversprechen festzuhalten".*

- **Unangemessene Vergütung:** 1548

    – eine mehr als das **fünffache** über den gesetzlichen Höchstgebühren liegende Vergütung (BGH, NJW 2005, 2041 = StV 2005, 621 = AGS 2005, 378; im Grundsatz auch noch BGH, NJW 2010, 1364 = AGS 2010, 267 = JurBüro 2010, 305 = StRR 2010, 236; s. dazu oben Rn. 1538 ff.; OLG Frankfurt am Main, StraFo 2006, 127 = AGS 2006, 127 für Revisionsverfahren; die vereinbarte Vergütung überstieg die gesetzlichen Gebühren um fast das 30-fache),

    – 29.000,00 DM (**14.500,00 €**) für die Verteidigung in einer **durchschnittlichen BtM-Sache** (OLG Düsseldorf, OLGR 1996, 211),

    – eine die gesetzlichen Gebühren um das **17-fache** übersteigende Vergütung (BGH, FamRZ 2003, 1642 f.) bzw. um das 16,6-fache (OLG Brandenburg, 21.07.2004 – 13 U 40/04).

Vergütungsvereinbarung (§ 3a)

1549 **Hinweis:**

Vorsichtig sollte der Verteidiger bei der Vereinbarung von sog. **Zeittaktklauseln** sein. Deren Wirksamkeit wird nämlich in der Rechtsprechung teilweise sehr krit. gesehen (OLG Düsseldorf, AGS 2006, 530 = RVGreport 2006, 420 [eine Zeittaktklausel von 15 Minuten ist bei einem Stundensatz von 400,00 DM (230,00 €) sittenwidrig]; AGS 2009, 109), während andere Gerichte in der Beurteilung der Zulässigkeit großzügiger sind (vgl. OLG Schleswig, AGS 2009, 209 = RVGreport 2009, 179 = AnwBl. 2009, 554; LG München, AGS 2010, 284 = BRAK-Mitt. 2010, 148; s. auch BGH; AGS 2009, 209 [Frage des Einzelfalls], zu allem eingehend Hansens, RVGreport 2009, 164 und Schons BRAK-Mitt. 2010, 52 in der Anm. zu OLG Düsseldorf, AGS 2009, 109).

Das OLG Düsseldorf hat allerdings jetzt (vgl. Urt. v. 08.02.2011 – 24 U 112/09, JurionRS 2011, 14912) die Regelung in einer Vergütungsvereinbarung als **wirksam** angesehen, die vorsieht, dass nur die **letzte pro Tag angefangene Viertelstunde** bei der Zeithonorarabrechnung aufgerundet wird. Die pro Tag einmalige Aufrundung auf eine Viertelstunde lasse sich rechtfertigen, weil der Rechtsanwalt so eine Kompensation für die Reibungsverluste, z.B. wegen zwischenzeitlicher Anrufe Dritter oder Anfragen seines Personals, erlange.

VI. Vereinbarung einer niedrigeren als der gesetzlichen Vergütung

1550 Die Vereinbarung einer geringeren Vergütung als die der gesetzlichen Gebühren ist nach § 49b Abs. 1 Satz 1 BRAO **grds. unzulässig**. Eine solche Vereinbarung ist auch angenommen worden, wenn die Parteien der Vereinbarung einvernehmlich auf ein Mindesthonorar in Höhe der gesetzlichen Gebühr verzichtet haben (AG München, 03.03.2011 – 223 C 21648/10). § 4 Abs. 1 macht von diesem Verbot eine **Ausnahme** für außergerichtliche Angelegenheiten, also für Beratung, Gutachten oder außergerichtliche Vertretung. Eine weitere Ausnahme besteht für die Vereinbarung eines Erfolgshonorars (vgl. dazu Teil A: Erfolgshonorar [§ 4a und § 49b Abs. 2 BRAO], Rn. 499 und zur Frage, inwieweit der Verzicht bzw. die Nichtgeltendmachung der Kosten für die Einholung der Deckungszusage bei der Rechtsschutzversicherung wirksam/zulässig ist, Teil A: Deckungszusage, Einholung bei der Rechtsschutzversicherung, Rn. 418; zum Gebührenverzicht s. Teil A: Gebühren-/Vergütungsverzicht, Rn. 643).

VII. Inhaltliche Ausgestaltung einer Vergütungsvereinbarung

1. Inhalt der Vergütungsvereinbarung

1551 Bei der inhaltlichen Ausgestaltung sind der Verteidiger und der Mandant **weitgehend frei**. Schranken der Gestaltungsfreiheit ergeben sich nur aus dem Erfordernis der Angemessenheit (vgl. Rn. 1538 ff.) sowie aus §§ 134, 138 BGB. In der Praxis möglich und üblich sind vor allem folgende Gestaltungen (vgl. wegen der Einzelh. AnwKomm-RVG/Onderka, § 3a Rn. 52 ff.; Schneider, Vergütungsvereinbarung, Rn. 765 ff.; Jungbauer, JurBüro 2006, 174; Hauskötter, RVGprofessionell 2011, 76 f.):

Vergütungsvereinbarung (§ 3a)

- **Abänderung** der **gesetzlichen Gebührenregelungen** 1552
Vereinbart werden kann z.B. eine **Erhöhung** des **Betragsrahmens**, die Festlegung auf den Höchstbetrag oder auch ein prozentualer Aufschlag auf die gesetzlichen Gebühren (Anw-Komm-RVG/Onderka, § 3a Rn. 53; Hartung/Schons/Enders, § 3a Rn. 73). Auch **Anrechnungsfragen** können Inhalt einer Vergütungsvereinbarung sein (s. Teil A: Anrechnung von Gebühren [§ 15a], Rn. 131 m.w.N.). Ebenfalls kann über die Auslagen eine Regelung getroffen werden (vgl. LG Koblenz, AnwBl. 1984, 206 = JurBüro 1984, 1667; s. auch Nr. 7001 VV Rn. 16 und Nr. 7004 VV Rn. 27 f.).

- Vereinbarung einer **Pauschalvergütung** 1553
Die Vereinbarung einer Pauschalvergütung ist **zulässig** und für den Mandanten, der von vornherein weiß, welches Gebührenrisiko auf ihn zukommt, von erheblichem Vorteil. Für den Verteidiger ist eine solche Vereinbarung allerdings nachteilig, da er i.d.R. bei Abschluss der Vereinbarung den Arbeits- und Zeitaufwand kaum abschätzen kann (vgl. AnwKomm-RVG/Onderka, § 3a Rn. 55; Schneider, Vergütungsvereinbarung, Rn. 920 ff.; Hartung/Schons/Enders, § 3a Rn. 77 ff.; zu den Vor- und Nachteilen. s. Hauskötter, RVGprofessionell 2005, 176).

- Vereinbarung einer **Zeitvergütung**/eines **Stundenhonorars** 1554
Die Vereinbarung eines Zeithonorars ist **zulässig** (AnwKomm-RVG/Onderka, § 3a Rn. 58 ff.; Schneider, Vergütungsvereinbarung, Rn. 966 ff. m.w.N.; zum Zeithonorar auch Mertens/Stuff, Rn. 81 ff. und Hartung/Schons/Enders, § 3a Rn. 83 ff.) und in der Praxis der Strafverteidigung nicht selten. Sie verlangt vom Rechtsanwalt bei der Abrechnung besondere Sorgfalt und Redlichkeit (vgl. BGH, NJW 2011, 63 = StV 2011, 234 = AGS 2011, 9 m. Anm. Schons = StRR 2011, 161 m. Anm. Lübbersmann und die oben bei Rn. 1542 zitierte Rspr. und auch noch Fallgestaltung bei OLG Düsseldorf, AGS 2006, 530 = RVGreport 2006, 420 sowie OLG Frankfurt am Main, AnwBl. 2011, 300; zu den Vor- und Nachteilen. s. Hauskötter, RVGprofessionell 2005, 174). Inhaltlich sollte auf jeden Fall die **Zeiteinheit** festgelegt werden, nach der abgerechnet wird. Vereinbart werden kann eine Erfassung pro Tag oder pro Stunde. Bei der **Taktung** nach Stunden sollte ergänzend niedergelegt werden, wie viele Minuten eine Stunde als Abrechnungseinheit beträgt (45 Minuten oder 60 Minuten), welche Zeiteinheit berechnet wird, wenn eine Tätigkeit entfaltet wird, die keine Stunde ausfüllt, wie z.B. Abrechnung nach 15-Minuten-Takt (vgl. dazu OLG Düsseldorf, AGS 2006, 530 = RVGreport 2006, 420 [unzulässig bei einem Stundensatz von 400,00 DM (230,00 €)]; AGS 2009, 109; OLG Schleswig, AGS 2009, 209 = RVGreport 2009, 179 = AnwBl. 2009, 554; LG München, AGS 2010, 284 = BRAK.-Mitt. 2010, 148; s. auch BGH, AGS 2009, 209 [Frage des Einzelfalls]; zu allem eingehend Hansens, RVGreport 2009, 164), ob Auslagen und/oder Umsatzsteuer gesondert zu zahlen sind (zum Umsatzsteuersatz LG München, a.a.O.) und in welchen Zeitabständen das Zeithonorar abzurechnen ist (vgl. dazu AnwKomm-RVG/Onderka, § 3a Rn. 60; Schneider, Vergütungsvereinbarung, Rn. 983 ff.). Bei der Vereinbarung ist darauf zu achten, dass die Formulierung ggf. so gewählt wird, dass auch die Tätigkeiten von **Hilfskräften** (zu welchen Stundensätzen) erfasst werden. Aus der Vereinbarung „Kosten und Ausgaben" folgt nämlich nicht unbedingt, dass etwaige Hilfsdienste von Referendaren ebenfalls nach Stunden zu vergüten sind (BGH, NJW 2011, 63 = StV 2011, 234 = AGS 2011, 9 m. Anm. Schons = StRR 2011, 161 m. Anm. Lübbersmann). Grds. ist ein Anspruch auf den vereinbarten Stundensatz nämlich nur begründet, wenn der Verteidiger die Leistung persön-

Vergütungsvereinbarung (§ 3a)

lich erbringt (BGH, a.a.O.; KGReport 2000, 111). Klargestellt werden sollte auch, ob nicht nur nur reine Arbeits-, sondern auch **Reisezeiten** zu honorieren sind (vgl. dazu OLG Hamm, AGS 2002, 268 f), und wenn ja, mit welchem Stundensatz (vgl. auch dazu BGH, a.a.O.). Die Parteien müssen auch festlegen, für welche Tätigkeiten eine Zeitvergütung anfallen und vor allem, wie **hoch** der **Stundensatz** sein soll (zu den Stundensätzen Hommerich/Kilian, NJW 2009, 1569 und die oben bei Rn. 1545 ff. angeführte Rspr.). Allgemein verbindliche Sätze gibt es nicht (vgl. AnwKomm-RVG/Onderka, § 3a Rn. 64). Gerold/Schmidt/Mayer (§ 3a Rn. 26 a.E.) halten Stundensätze von bis zu 500 € für nicht unangemessen und darüber liegende nicht für per se unangemessen. Hansens (ZAP, Fach 24, S. 499) sieht einen Betrag von 100,00 € – 200,00 €, in schwierigeren Sachen i.H.v. 200,00 € – 250,00 € und in besonders umfangreichen und besonders schwierigen Sachen i.H.v. 250,00 € – 500,00 € noch als angemessen an. Onderka (AnwKomm-RVG/Onderka, § 3a Rn. 64) geht von einem durchschnittlichen Stundensatz von 182,00 € für das Jahr 2005 aus. Letztlich wird die Höhe des Stundensatzes von den Umständen des **Einzelfalls** abhängen. Dabei werden auch die **örtlichen Verhältnisse** eine Rolle spielen (so Jungbauer, JurBüro 2006, 178). Die Stundensätze werden in einer Großstadt höher liegen als im Umland oder in einer Mittelstadt. Anhaltspunkte bieten auch die bei Rn. 1538 ff. zitierten Entscheidungen der Obergerichte.

2. Checkliste: Inhalt der Vergütungsvereinbarung

1555 An folgende Punkte muss beim Abschluss einer Vergütungsvereinbarung gedacht werden. Sie sollten in einer Vergütungsvereinbarung **auf jeden Fall enthalten** sein (nach Wagner, ZAP, Fach 24, S. 466 f.):

1556 **Checkliste: Vergütungsvereinbarung**

1. Vertragsparteien,
2. Gegenstand der Vereinbarung,
3. Verpflichtung zur konkreten Honorarzahlung (zzgl. der zum Zeitpunkt der Abrechnung gesetzlichen Umsatzsteuer),
4. Hinweis, dass das Honorar geschuldet ist, falls die gesetzlichen Gebühren nicht höher sind,
5. Fälligkeitsvereinbarung,
6. Verzinsung im Verzugsfall/bei Ratenzahlung,
7. Vorbehalt einer weiteren Vergütungsvereinbarung für weitere Verfahrensabschnitte oder weitere Instanzen,
8. Vereinbarung zur Auslagenerstattung, falls eine solche Vereinbarung nicht isoliert getroffen wird,
9. Hinweis, dass der Umfang des Verfahrens ohne Einfluss auf die Höhe der Vergütung ist,
10. Hinweis, dass die vereinbarte Vergütung die Höhe der gesetzlichen Gebühren nach dem RVG übersteigt und dass im Fall der Einstellung oder des Freispruchs nur die gesetzlichen Gebühren anteilig erstattet werden,

Vergütungsvereinbarung (§ 3a)

11. Hinweis, dass für den Fall, dass die vereinbarte Vergütung die gesetzlichen Gebühren nach dem RVG übersteigt, durch die Rechtsschutzversicherung des Mandanten nur die gesetzlichen Gebühren anteilig erstattet werden,
12. Angaben zum Datum des Abschlusses der Vergütungsvereinbarung,
13. Unterschrift des Rechtsanwalts/Verteidigers und des Mandanten.

VIII. Vorzeitige Beendigung des Mandats

1. Allgemeines

In der Praxis ergeben sich Probleme, wenn der dem Rechtsanwalt/Verteidiger erteilte (Verteidigungs-)Auftrag vorzeitig durch Mandatsentziehung, Niederlegung des Mandats o.Ä. endet und in der Vergütungsvereinbarung nicht geregelt ist, welche (Teil-)Vergütung dem Rechtsanwalt/Verteidiger zustehen soll. Bei der Antwort auf diese Frage sind die Fälle, in denen sich die vereinbarte Vergütung am Leitbild des RVG orientiert (vgl. dazu Rn. 1557), von denen, in denen ein Zeit- oder Pauschalhonorar vereinbart worden ist, zu **unterscheiden** (vgl. Rn. 1558; zu allem auch AnwKomm-RVG/Onderka, § 3a Rn. 79 ff.; Mayer/Kroiß, § 3a Rn. 200 ff.).

1557

> **Hinweis:**
> Für die Abrechnung aufgrund einer Vergütungsvereinbarung bei vorzeitiger Beendigung des Anwaltsauftrags gilt zunächst der **Inhalt** dieser **Vereinbarung**: Grds. ist es zulässig, dass vereinbart wird, dass die gesamte Vergütung auch bei vorzeitiger Beendigung geschuldet ist; allerdings ist hier § 307 BGB zu beachten (AnwKomm-RVG/Onderka, § 3a Rn. 85 m.w.N.; Mayer/Kroiß, § 3a Rn. 200).

2. „Leitbildvergütung"

Sind in der Vergütungsvereinbarung lediglich höhere Gebührenbeträge oder höhere Gegenstandswerte vereinbart worden (vgl. z.B. Nr. 4142 VV), ohne dass sich an den abzurechnenden Gebührentatbeständen strukturell etwas geändert hat, **greift § 15 Abs. 4** ein. Die Mandatsbeendigung hat auf die bereits entstandenen Gebühren keinen Einfluss (s. auch AnwKomm-RVG/Onderka, § 3a Rn. 80; Mayer-Kroiß, § 3a Rn. 200 f.). Die vorzeitige Beendigung ist jedoch im Rahmen des Bemessungsmerkmals „Umfang der anwaltlichen Tätigkeit" bei der Bemessung der konkreten Gebühr über **§ 14 Abs. 1 zu berücksichtigen** (vgl. dazu Teil A: Rahmengebühren [§ 14], Rn. 1057).

1558

Beispiel 1:

1559

Der Beschuldigte B und Rechtsanwalt R haben eine Vergütungsvereinbarung getroffen, nach der auf der Grundlage der gesetzlichen Gebührentatbestände abgerechnet wird, die Betragsrahmen jedoch jeweils um 50 % erhöht werden sollen (zur Zulässigkeit vgl. Rn. 1551). R ist im vorbereitenden Verfahren für B tätig. Es gelingt ihm nicht, eine Einstellung des Verfahrens zu erreichen. Als dem B dann vom AG die Anklage wegen eines Verstoßes gegen das BtMG zugestellt wird, entzieht er dem R das Mandat und beauftragt einen anderen Verteidiger.

Vergütungsvereinbarung (§ 3a)

*Bei der **Abrechnung** kann R auf die Vergütungsvereinbarung zurückgreifen. Entstanden sind die Grundgebühr Nr. 4100 VV, die Verfahrensgebühr für das vorbereitende Verfahren und im Zweifel auch (vgl. die Anm. zur Nr. 4104 VV) die Verfahrensgebühr für das gerichtliche Verfahren Nr. 4106 VV. Seiner Abrechnung kann der R die vereinbarten erhöhten Betragsrahmen zugrunde legen. Er muss allerdings bei der Bemessung der Verfahrensgebühr Nr. 4104 VV für das gerichtliche Verfahren berücksichtigen, dass ihm sehr früh in dem Verfahrensabschnitt, der bis zum Ende des gerichtlichen Verfahrens dauert (vgl. Nr. 4106 VV Rn. 4), das Mandat entzogen worden ist.*

1560   **Beispiel 2:**

Der Beschuldigte B und Rechtsanwalt R haben die im Beispiel 1 dargestellte Vergütungsvereinbarung getroffen, die zusätzlich noch eine Regelung für Wertgebühren enthält. Insoweit ist im Verfahren auch im Streit, ob ein bei dem B sichergestellter Bargeldbetrag von 6.000,00 € insgesamt als „Dealgeld" anzusehen ist oder nur ein Teilbetrag. B und R haben vereinbart, dass auch dann von einem Gegenstandswert von 6.000,00 € auszugehen ist, wenn der Wert vom Gericht ggf. niedriger festgesetzt wird. R ist wiederum für B im vorbereitenden Verfahren tätig. Zusätzlich zu den im Beispiel 1 aufgeführten Tätigkeiten berät er den B im vorbereitenden Verfahren noch über den drohenden Verfall des bei dem B sichergestellten Bargeldbetrags von 6.000,00 €. Es gelingt R nicht, eine Einstellung des Verfahrens zu erreichen. B wird vom AG die Anklage zugestellt. Daraufhin entzieht er dem B das Mandat. Das AG setzt dann später entsprechend der Verfallserklärung im Urteil den Gegenstandswert auf 3.000,00 € fest.

***Zusätzlich** zu den in Beispiel 1 erwähnten Gebühren ist nun die Gebühr **Nr. 4142 VV** entstanden, die R auf der Grundlage der getroffenen Vereinbarung gegenüber B geltend machen kann. Auszugehen ist auf jeden Fall von einem Gegenstandswert von 6.000,00 €. Auf die Frage, ob er im Hinblick auf die Festsetzung durch das AG ggf. niedriger anzusetzen ist, kommt es nicht an (vgl. zum Gegenstandswert Nr. 4142 VV Rn. 24ff.).*

3. Zeit-/Pauschalhonorar

1561   Ist ein Zeit- oder ein Pauschalhonorar vereinbart, ist § 15 Abs. 4 nicht anwendbar (BGH, NJW 1987, 315 = JurBüro 1987, 373; OLG Köln, JurBüro 1972, 223; AnwKomm-RVG/Onderka, § 3a Rn. 81). Hier ist vielmehr nach **§ 628 Abs. 1 Satz 1 BGB** zu verfahren und die vereinbarte Vergütung auf einen Teilbetrag herabzusetzen (vgl. Henssler/Dembrock, NJW 2005, 1)

1562   **Beispiel:**

Gegen B ermittelt die Steuerfahndung. Er beauftragt R mit seiner Verteidigung und vereinbart mit ihm ein Pauschalhonorar i.H.v. 30.000,00 € für dessen Tätigkeiten im vorbereitenden Verfahren. Es findet eine erste Besprechung zwischen R und B statt, die etwa zwei Stunden dauert. R meldet sich dann als Verteidiger bei der Steuerfahndung und beantragt Akteneinsicht. Außerdem nimmt er Kontakt zum Steuerberater des B auf, um mit dem steuerliche Fragen zu besprechen. Bevor B die Akteneinsicht gewährt wird, entzieht B dem A das Mandat.

*R muss das vereinbarte Pauschalhonorar unter Anwendung von § 628 Abs. 1 Satz 1 BGB auf den Teil der Vergütung **reduzieren**, der seiner bisherigen Tätigkeit entspricht (BGH, NJW 1987, 315 = JurBüro 1987, 373; AnwKomm-RVG/Onderka, § 3a Rn. 82). Dabei wird zu berücksichtigen sein, dass das Mandat in einem sehr frühen Verfahrensstadium geendet hat. Anhaltspunkt für die Abrechnung können m.E. die erbrachten Stunden sein, die dann mit einem angemessenen Stundensatz (vgl. dazu Rn. 1545ff.) abzurechnen sind (vgl. auch die Fallgestaltungen bei BGH, NJW 2005, 2142 = AGS 2005, 378; AGS 2009, 262 = JurBüro 2009, 427 = RVGreport 2009, 135 = StRR 2009, 236; NJW 2010, 1364 = AGS 2010, 267 = JurBüro 2010, 305 = StRR 2010, 236; OLG Hamm, StV 2007, 473 = StRR 2007, 319 = AGS 2007, 550 m. Anm. Schons, AGS 2007, 555; JurBüro 2008, 307 = StRR 2008, 236 = RVGreport 2008, 256). Untere*

Vergütungsvereinbarung (§ 3a)

Grenze für die Vergütung ist in diesen Fällen die gesetzliche Vergütung, die ohne Vergütungsvereinbarung verdient worden wäre; diese darf nicht unterschritten werden (OLG Düsseldorf, AnwBl. 1985, 259; AnwKomm-RVG/Onderka, § 3a Rn. 86 m.w.N.).

Hinweis: 1563

Für die Abrechnung in diesen Fällen gilt (vgl. auch AnwKomm-RVG/Onderka, § 3a Rn. 83 ff. m.w.N.):

- Hat der **Mandant** durch sein Verhalten die Mandatsbeendigung durch den Rechtsanwalt/Verteidiger **veranlasst**, steht diesem die vereinbarte Vergütung zu; 628 Abs. 1 Satz 1 BGB ist nicht anwendbar. Der Verteidiger muss sich jedoch ersparte Aufwendungen sowie die Möglichkeit, seine Arbeitszeit anderweitig gewinnbringend einzusetzen, anrechnen lassen.

- Hat hingegen der Verteidiger das Mandat vorzeitig **niedergelegt**, **ohne** dazu durch ein **vertragswidriges Verhalten** des Mandanten veranlasst worden zu sein, muss er nach den Grundsätzen des § 628 Abs. 1 Satz 2 BGB seinen Honoraranspruch reduzieren (Henssler/Deckenbrock, NJW 2005, 1, 2).

- Wenn andererseits der Rechtsanwalt/**Verteidiger** durch sein Verhalten die **Kündigung** des (Verteidigungs-)Auftrags durch den Mandanten **herbeigeführt** hat, kann dieser die vereinbarte Vergütung nicht kraft Gesetzes kürzen. Das scheidet im Hinblick auf die Rechtsnatur des Anwaltsvertrages aus (vgl. BGH, NJW 2004, 2817 = AGS 2004, 336; AnwKomm-RVG/Onderka, § 3a Rn. 84 m.w.N.).

IX. Vergütungsvereinbarung und Gebührenüberhebung (§ 352 StGB)

In letzter Zeit haben einige Obergerichte zur **Strafbarkeit** eines Rechtsanwalts wegen Gebührenüberhebung nach § 352 StGB Stellung genommen (vgl. u.a. BGH, NJW 2006, 3219 = StV 2007, 462 = AGS 2007, 599; OLG Braunschweig, NJW 2004, 2006 = RVGreport 2004, 393 = AGS 2004, 334; OLG Hamm, NStZ-RR 2002, 141 = AGS 2002, 130). Die damit zusammenhängenden Fragen können hier nicht alle dargestellt werden; insoweit wird auf die einschlägigen StGB-Kommentare verwiesen. Hier sollen nur die Fragen der Gebührenüberhebung in Zusammenhang mit einer Vergütungsvereinbarung dargestellt werden. Insoweit gilt: 1564

- Rechnet der Rechtsanwalt, dem ein Vergütungsanspruch zusteht, seine Tätigkeit aufgrund einer **Vergütungsvereinbarung** und nicht nach dem RVG ab, fällt sein Verhalten **grds. nicht** unter den Tatbestand des **§ 352 StGB** (BGH, NJW 2006, 3219 = StV 2007, 462 = AGS 2007, 599). Dies gilt allerdings nur dann, wenn sich aus der anzuwendenden Vergütungsordnung jedenfalls dem Grunde nach ein Anspruch ergibt. Der Rechtsanwalt „erhebt" dann keine Vergütung i.S.d. § 352 StGB. Seinen Vergütungsanspruch leitet er allein aus der vertraglichen Vereinbarung her. Das ist für den Fall der die gesetzlichen Gebühren übersteigenden Honorarforderung auch unstreitig (vgl. Träger, in: Leipziger Kommentar StGB, § 352 Rn. 12; Kuhlen, in: Kindhäuser, StGB, § 352 Rn. 17). Gleiches gilt auch, wenn der Rechtsanwalt auf der Grundlage einer unwirksamen Honorarvereinbarung seinen Anspruch beziffert (BGH, NJW 2006, 3219 = StV 2007, 462 = AGS 2007, 599 m.w.N.; Fischer, § 352 Rn. 6 m.w.N.; Kuhlen, in: Kindhäuser, StGB, § 352 Rn. 17; OLG Braunschweig, NJW 2004, 2606 f. für den Fall eine 1565

Vergütungsvereinbarung (§ 3a)

formunwirksamen Honorarvereinbarung; a.A. Träger, in: Leipziger Kommentar StGB, § 352 Rn. 12; BayObLG, NJW 1989, 2901, 2902). Auch insoweit bezieht er sich gerade nicht auf die gesetzlich festgelegte Vergütungsordnung, sondern die Basis seiner Honorarberechnung bleibt die vertragliche Vereinbarung. Er „erhebt" deshalb in diesen Fällen ebenfalls keine Vergütung, weil er den Vergütungsanspruch nicht nach den gesetzlichen Vergütungsordnungen bestimmt (BGH, NJW 2006, 3219).

1566 • Eine Verurteilung wegen **Betrugs** nach § 263 StGB kommt neben § 352 StGB nur in Betracht, wenn zu der Täuschungshandlung, die notwendig zu der Gebührenüberhebung gehört, eine **weitere Täuschung** hinzukommt (BGH, NJW 2006, 3219 = StV 2007, 462 = AGS 2007, 599 m.w.N.; Fischer, § 352 Rn. 11 m.w.N.; so auch schon BGHSt 2, 35; OLG Hamm, NStZ-RR 2002, 141 = AGS 2002, 130). Der Tatbestand des § 352 StGB ist Privilegierungstatbestand, der dem Betrug vorgeht.

1567 **Hinweis:**

Allein der Abschluss einer unzulässigen Vergütungsvereinbarung stellt i.d.R. noch **keine** (**versuchte**) Gebührenüberhebung i.S.v. § 352 StGB dar (KG, 15.12.2005 – [4] 1 Ss 490/04 [202/04]).

C. Arbeitshilfen

1568 Es ist kaum möglich, eine allgemeinverbindliche Vergütungsvereinbarung zu entwerfen bzw. zu empfehlen, da die zu **regelnden Sachverhalte** und damit auch die Gestaltungsmöglichkeiten zu **unterschiedlich** sind. Ich verweise daher wegen der Einzelh. und weiterer Muster auf Schneider, Vergütungsvereinbarung, Rn. 2881 ff., wo eine Vielzahl von Vergütungsvereinbarungen vorgestellt werden. Auf der Homepage des DAV sind ebenfalls Mustertexte zu Vergütungsvereinbarungen eingestellt. Weitere Muster finden sich zudem bei Teubel/Schons, § 6 Rn. 1 ff.

I. Muster: Allgemeine Vergütungsvereinbarung

1569 **Vergütungsvereinbarung**

In dem Ermittlungsverfahren Az. ..... StA Münster

wegen des Verdachts der Hehlerei habe ich

Herrn/Frau Rechtsanwalt .....

zu meinem Verteidiger/meiner Verteidigerin bestellt.

Ich verpflichte mich, ihm/ihr für meine Verteidigung/Vertretung im Ermittlungsverfahren (oder: Vorbereitung der Hauptverhandlung usw.) anstatt der gesetzlichen Gebühren ein Honorar von ..... € (in Worten: ..... €) zu zahlen, und zwar bis zum (oder: und zwar in folgenden Raten .....). Bei nicht rechtzeitiger Zahlung werden Zinsen von x % pro Monat/Jahr berechnet.

Durch dieses Honorar sind alle Tätigkeiten meines Verteidigers/meiner Verteidigerin bis zu einer das Ermittlungsverfahren abschließenden Entscheidung der Staatsanwaltschaft abge-

Vergütungsvereinbarung (§ 3a)

golten. Mir ist bekannt, dass der Umfang der von meinem Verteidiger erbrachten Tätigkeiten keinen Einfluss auf die Höhe des vereinbarten Honorars hat.

Für das sich ggf. anschließende gerichtliche Verfahren ist eine weitere, über die hier vereinbarte Vergütung hinausgehende Vergütung zu zahlen.

Neben diesem Honorar sind alle Auslagen, wie z.B. Reisekosten, Tage- und Abwesenheitsgelder, Postgebühren, Schreibauslagen, und die Umsatzsteuer in der jeweils gültigen Höhe von mir gesondert zu zahlen.

Mir ist bekannt, dass das vereinbarte Honorar die gesetzlichen Gebühren überschreitet und dass im Falle der Einstellung/des Freispruchs eine Erstattungspflicht der Staatskasse nur im Rahmen der gesetzlichen Gebühren gegeben ist. Auch meine Rechtsschutzversicherung wird nur die gesetzlichen Gebühren erstatten.

Münster, den .....

.....

(Unterschrift)

II. Muster: Vergütungsvereinbarung über ein Zeithonorar

(Mit freundlicher Genehmigung entnommen aus Schneider, Vergütungsvereinbarung [Rn. 3075]; s. auch noch Hauskötter, RVGprofessionell 2006, 109).

1570

Vergütungsvereinbarung

zwischen

Herrn Rechtsanwalt .....,

– im Folgenden Anwalt,

und

Herrn .....,

– im Folgenden Auftraggeber.

1. Inhalt des Mandats

Der Auftraggeber beauftragt den Anwalt, ihn in dem Strafverfahren ..... zu verteidigen. Der Verteidigungsauftrag erstreckt sich auf das gesamte Verfahren einschließlich des vorbereitenden Verfahrens, des gerichtlichen Verfahrens und eventueller Rechtsmittelverfahren sowie sämtlicher Nebenverfahren, insbesondere Beschwerdeverfahren, Haftprüfungsverfahren etc.

Sollte es zu einer Trennung des Verfahrens kommen, gilt die nachstehende Vereinbarung ab dann für jedes der getrennten Verfahren.

2. Vergütung

Für die unter Nr. 1 genannten Tätigkeiten erhält der Anwalt anstelle der gesetzlichen Gebühren eine Vergütung i.H.v. 250,00 € (in Worten: zweihundertundfünfzig Euro) je Stunde.

Vergütungsvereinbarung (§ 3a)

Abgerechnet wird für jede angefangene halbe Stunde.

oder *alternativ*:

Abgerechnet wird zeitgenau.

oder *alternativ*:

Bei angefangenen Stunden wird für jede angefangene Zeiteinheit von 6 Minuten (0,1 Stunde) ein Zehntel des vereinbarten Stundensatzes abgerechnet.

Der vereinbarte Stundensatz gilt auch für Fahrt- und Wartezeiten.

Lässt der Anwalt einzelne Tätigkeiten durch einen anderen Anwalt oder andere juristische Mitarbeiter ausführen, werden hierfür folgende Stundensätze in Rechnung gestellt:
- für Sozien des Anwalts 250,00 € (in Worten: zweihundertundfünfzig Euro) je Stunde
- für einen in der Kanzlei des Anwalts angestellten Anwalt 150,00 € (in Worten: einhundertundfünfzig Euro) je Stunde.

3. **Auslagen**

Anstelle der gesetzlichen Auslagen erhält der Anwalt
- je Ablichtung eine Vergütung i.H.v. 1,00 € (in Worten: ein Euro),
- eine Postentgeltpauschale i.H.v. 5 % der vereinbarten Vergütung, maximal jedoch 500,00 € (in Worten: fünfhundert Euro),
- Fahrtkosten für die Reise mit dem PKW i.H.v. 0,50 € (in Worten: fünfzig Cent) je gefahrenem Kilometer,
- für Geschäftsreisen ein Abwesenheitsentgelt bei einer Abwesenheit
  - von bis zu vier Stunden i.H.v. 50,00 € (in Worten: fünfzig Euro),
  - von bis zu acht Stunden i.H.v. 80,00 € (in Worten: achtzig Euro)
  - mehr als acht Stunden i.H.v. 100,00 € (in Worten: einhundert Euro).

Hinzu kommt die zum Zeitpunkt der Abrechnung abzuführende gesetzliche Umsatzsteuer.

Soweit der Anwalt im Verlaufe des Mandats Kosten verauslagt, insbesondere Gerichtskosten, Gerichtsvollzieherkosten, Gebühren für Meldeamts- und Registeranfragen, Aktenversendungspauschalen etc., sind diese vom Auftraggeber auf Anforderung zu erstatten.

Zusätzlich sind vom Auftraggeber Kosten für die Anschaffung erforderlicher Spezialliteratur und Datenbankrecherchen zu erstatten.

4. **Mindestvergütung**

Unabhängig von den Vereinbarungen unter Nr. 2 ist mindestens die gesetzliche Vergütung geschuldet.

5. **Vorschüsse**

Der Rechtsanwalt ist jederzeit berechtigt, angemessene Vorschüsse zu verlangen.

Vergütungsvereinbarung (§ 3a)

6. Fälligkeit

Über die geleisteten Stunden wird dem Auftraggeber monatlich eine Abrechnung erteilt. Die danach jeweils abgerechnete Vergütung wird mit Erteilung der Abrechnung fällig.

7. Genehmigung von Zwischenabrechnungen

Die vom Anwalt abgerechneten Zeiten gelten als anerkannt, wenn der Auftraggeber nicht binnen einer Frist von vier Wochen der Abrechnung widerspricht.

Der Anwalt wird dem Auftraggeber zu Beginn der Widerspruchsfrist auf die vorgesehene Genehmigung durch widerspruchslosen Fristablauf besonders hinweisen.

8. Hinweise an den Auftraggeber

Der Auftraggeber wird darauf hingewiesen, dass

- die vereinbarte Vergütung die gesetzliche Vergütung übersteigt,
- die vereinbarte Vergütung, soweit sie die gesetzliche Vergütung übersteigt, im Obsiegensfalle von der Staatskasse oder einem Verfahrensbeteiligten nicht zu erstatten ist,
- die vereinbarte Vergütung, soweit sie die gesetzliche Vergütung übersteigt, vom Rechtsschutzversicherer nicht übernommen wird.

9. Abtretung von Kostenerstattungsansprüchen

Bis zur Höhe der dem Anwalt nach dieser Vereinbarung zustehenden Vergütung werden ihm bereits jetzt eventuelle Kostenerstattungsansprüche gegen Dritte (insbesondere gegen die Staatskasse) zur Sicherung seiner Vergütungsansprüche abgetreten. Der Anwalt ist berechtigt, die Erstattungsansprüche einzuziehen und auf seine Vergütungsansprüche zu verrechnen.

....., den .....

....
Auftraggeber   Rechtsanwalt

III. Vereinbarung über die pauschale Abgeltung von Fotokopierkosten

Hinweis:

Nach der Rechtsprechung des BGH (vgl. BRAGOreport 2003, 176 = AGS 2003, 349) können auch besonders hohe Fotokopierkosten nicht mehr gegenüber dem Mandanten geltend gemacht werden (allgemein zu den Fotokopierkosten Nr. 7000 VV). Daher wird der Abschluss einer Honorarvereinbarung für Fotokopierkosten empfohlen (vgl. Braun, Gebührenabrechnung, S. 126; zu Vereinbarungen über allgemeine Geschäftskosten s. Schneider, Vergütungsvereinbarung, Rn. 1135 ff.).

1571

Vergütungsvereinbarung (§ 3a)

1572 Muster: Vereinbarung über die pauschale Abgeltung der Fotokopierkosten

> Die Gebühren und Auslagen sind nach dem Rechtsanwaltsvergütungsgesetz (RVG) zu berechnen. Die Erstattung der Auslagen für Ablichtungen ist gesetzlich sowohl dem Grunde als auch der Höhe nach nicht ausreichend geregelt. Neben den nach Nr. 7000 Vergütungsverzeichnis RVG zu entschädigenden Auslagen für Ablichtungen vereinbaren die Parteien eine zusätzliche Fotokopierkostenpauschale i.H.v. 20,00 €.
>
> Der Mandant wurde darauf hingewiesen, dass diese Fotokopierkostenpauschale nicht vom Gegner erstattet wird. Diese Pauschale ist lediglich bei der internen Kostenberechnung mit dem Mandanten maßgeblich.
>
> ....
> (Auftraggeber)   (Rechtsanwalt)

IV. Vereinbarung über eine zusätzliche Auslagenpauschale (Nr. 7002 VV)

1573 Auch der erhöhte Kostenaufwand für Post- und Telekommunikationsdienstleistungen dürfte durch die Pauschale der Nr. 7002 VV kaum gedeckt sein. Insoweit wird sich daher eine **Vergütungsvereinbarung** empfehlen, um diesen erhöhten Kostenaufwand aufzufangen (Braun, Gebührenabrechnung, S. 127; Schneider, Vergütungsvereinbarung, Rn. 1135 ff.).

1574 Muster: Vereinbarung über eine zusätzliche Auslagepauschale

> Die Gebühren und Auslagen sind nach dem Rechtsanwaltsvergütungsgesetz (RVG) zu berechnen. Die Erstattung der Auslagen ist gesetzlich sowohl dem Grunde als auch der Höhe nach nicht ausreichend geregelt. Neben den nach Nr. 7002 Vergütungsverzeichnis RVG zu entschädigenden Auslagen vereinbaren die Parteien eine zusätzliche Auslagenpauschale i.H.v. 20,00 €.
>
> Der Mandant wurde darauf hingewiesen, dass diese Auslagenpauschale nicht vom Gegner erstattet wird. Diese Pauschale ist lediglich bei der internen Kostenberechnung mit dem Mandanten maßgeblich.
>
> ....
> (Auftraggeber)   (Rechtsanwalt)

V. Vereinbarung über Geschäfts- und Reisekosten (Nr. 7003 VV)

1575 Die Sätze für Geschäfts- und Reisekosten in Nr. 7003 VV decken die tatsächlich anfallenden Kosten nicht. Der Rechtsanwalt/Verteidiger sollte daher auch in diesem Bereich eine Vergütungsvereinbarung treffen (vgl. Braun, Gebührenabrechnung, S. 127). Möglich sind z.B. Vereinbarungen über ein bestimmtes Transportmittel bzw. über höhere Kilometerpauschalen (Schneider, Vergütungsvereinbarung, Rn. 1160 ff.; vgl. auch noch Nr. 7004 VV Rn. 27 f.).

Muster: Vereinbarung über eine Abgeltung für Geschäfts- und Reisekosten 1576

Die Gebühren und Auslagen sind nach dem Rechtsanwaltsvergütungsgesetz (RVG) zu berechnen. Die Erstattung der Fahrtkosten sowie Tage- und Abwesenheitsgelder ist gesetzlich sowohl dem Grunde als auch der Höhe nach nicht ausreichend geregelt. Statt der nach Nrn. 7003 und 7005 Vergütungsverzeichnis RVG zu entschädigenden Fahrtkosten sowie Tage- und Abwesenheitsgelder vereinbaren die Parteien Folgendes:

a) Jeder mit einem Kraftfahrzeug gefahrene Kilometer wird mit einem Betrag i.H.v. 0,50 €/ km entschädigt.

b) Bei einer Geschäftsreise wird ein Tage- und Abwesenheitsgeld in folgender Höhe vereinbart:
   - bei nicht mehr als vier Stunden 40,00 €;
   - bei mehr als vier bis acht Stunden 70,00 €;
   - bei mehr als acht Stunden 120,00 €.

Der Mandant wurde darauf hingewiesen, dass diese Beträge nicht, jedenfalls nicht in dieser Höhe, vom Gegner erstattet werden. Diese Pauschale ist lediglich bei der internen Kostenberechnung mit dem Mandanten maßgeblich.

....
(Auftraggeber)   (Rechtsanwalt)

Siehe auch im Teil A: → Berechnung der Vergütung (§ 10), Rn. 359; → Erfolgshonorar (§ 4a und § 49b Abs. 2 BRAO), Rn. 499; → Gebühren/Vergütungsverzicht, Rn. 643; → Rahmengebühren, (§ 14), Rn. 1045.

Verjährung des Vergütungsanspruchs

	Übersicht	Rn.
A.	Überblick	1577
B.	Anmerkungen	1578
I.	Verjährungsfrist (§ 195 BGB)	1578
II.	Hemmung der Verjährung	1579
1.	Hemmung der Verjährung nach § 8 Abs. 2	1579
2.	Hemmung der Verjährung durch gerichtliche Geltendmachung	1581
3.	Hemmung der Verjährung für den gerichtlich beigeordneten Rechtsanwalt/Pflichtverteidiger	1583

Literatur:

N. Schneider, Verjährung von Kostenerstattungsansprüchen, NJW-Spezial 2009, 187.

A. Überblick

Für die Verjährung des anwaltlichen Vergütungsanspruchs enthält das RVG – wie auch früher die BRAGO – keine grds. eigenständige Regelung (s. aber Rn. 1579 ff.). Die Verjährung richtet sich vielmehr nach den **allgemeinen Vorschriften** des **BGB** (vgl. dazu Rn. 1578). 1577

Verjährung des Vergütungsanspruchs

B. Anmerkungen

I. Verjährungsfrist (§ 195 BGB)

1578 Auf den anwaltlichen Vergütungsanspruch ist die allgemeine Verjährungsvorschrift des **§ 195 BGB** anzuwenden (Schneider, NJW-Spezial 2009, 187). Danach verjährt der Anspruch in der regelmäßigen Verjährungsfrist von drei Jahren. Die Verjährungsfrist beginnt nach § 199 Abs. 1 BGB mit dem Ablauf des Kalenderjahrs, in dem die Vergütung fällig geworden ist (vgl. OLG Hamm, AnwBl. 1996, 478 = StraFo 1996, 189 = JurBüro 1996, 642 [für Pauschvergütungsanspruch]; s. auch OLG Hamm, NStZ-RR 2001, 190 = JurBüro 2001, 309 = AGS 2002, 251; zur Fälligkeit s. Teil A: Fälligkeit der Vergütung [§ 8], Rn. 519; zur Verjährung des Pauschgebührenanspruchs s. § 51 Rn. 58 ff.; zur Verjährung des Anspruchs des Pflichtverteidigers gem. § 52 Abs. 1 gegen den Beschuldigten auf Zahlung der Wahlverteidigergebühren s. § 52 Rn. 78).

II. Hemmung der Verjährung

1. Hemmung der Verjährung nach § 8 Abs. 2

1579 **§ 8 Abs. 2 Satz 1** sieht eine eigenständige Regelung für die Hemmung der Verjährung des anwaltlichen Vergütungsanspruchs vor (eingehend dazu AnwKomm-RVG/N. Schneider, § 8 Rn. 121 ff.). Danach ist der Ablauf der Verjährung der **Vergütung** für die **Tätigkeit** in einem **gerichtlichen Verfahren** gehemmt, **solange** das **Verfahren anhängig** ist. Mit dieser Neuregelung wollte der Gesetzgeber die in der Praxis bestehenden Probleme beseitigen, die bei langwierigen Kostenfestsetzungsverfahren entstehen, wenn diese z.B. bis zur Rechtskraft der Entscheidung in der Hauptsache ausgesetzt bzw. nicht betrieben werden (vgl. dazu BT-Drucks. 15/1971, S. 188). Die Instanz endet mit Verkündung des Urteils, während der Auftrag des Rechtsanwalts wegen des Kostenfestsetzungsverfahrens noch monatelang andauern kann. Handelt es sich um ein langwieriges Kostenfestsetzungsverfahren, könnte die Vergütung vor Ende des Kostenfestsetzungsverfahrens verjähren. Wenn das Kostenfestsetzungsverfahren z.B. bis zur Rechtskraft der Hauptsacheentscheidung ausgesetzt wird, weil die Akte dem Rechtsmittelgericht vorliegt, verlängert sich das Kostenfestsetzungsverfahren möglicherweise erheblich. Mit der Regelung in § 8 Abs. 2 Satz 1 werden diese Probleme vermieden. Der Vergütungsanspruch kann vor Ende des Kostenfestsetzungsverfahrens nicht verjähren (vgl. auch Teil A: Kostenfestsetzung und Erstattung in Strafsachen, Rn. 856, 934 und Teil A: Kostenfestsetzung und Erstattung in Bußgeldsachen, Rn. 833).

1580 Die Hemmung **endet** mit der rechtskräftigen Entscheidung oder anderweitigen Beendigung des Verfahrens. Ruht das Verfahren, endet die Hemmung drei Monate nach Eintritt der Fälligkeit (§ 8 Abs. 2 Satz 3).

> **Hinweis:**
> Solange der Rechtsanwalt noch mit **Neben-** und **Abwicklungstätigkeiten** befasst ist, bleibt die Verjährung gehemmt (AnwKomm-RVG/N. Schneider, § 8 Rn. 127).

2. Hemmung der Verjährung durch gerichtliche Geltendmachung

> **Hinweis:**
>
> Dem Rechtsanwalt stehen **zunächst** die **allgemeinen Möglichkeiten** des BGB zur Verfügung, um eine Hemmung des Ablaufs der Verjährungsfrist herbeizuführen (vgl. dazu §§ 203 ff. BGB).

1581

Darüber hinaus wird der Ablauf der Verjährungsfrist auch durch die **Einreichung** eines **Vergütungsfestsetzungsantrags** bei Gericht gehemmt. Der Festsetzungsantrag steht nach § 11 Abs. 7 der Klageerhebung gleich. Ausreichend ist es, wenn dieser bei Gericht eingeht, die Zustellung des Antrags ist nicht erforderlich (s. auch Teil A: Festsetzung der Vergütung [§ 11], Rn. 527).

1582

3. Hemmung der Verjährung für den gerichtlich beigeordneten Rechtsanwalt/Pflichtverteidiger

Für den Vergütungsanspruch des gerichtlich beigeordneten Rechtsanwalts/Pflichtverteidigers gelten für den gesetzlichen Vergütungsanspruch § 45 und für seinen Anspruch gegen den Beschuldigten § 52. Im Einzelnen lässt sich daraus für die Frage der Hemmung der Verjährung ableiten (s. auch § 52 Rn. 78 f.):

1583

- Der **Antrag** des **Pflichtverteidigers** bzw. des im Übrigen gerichtlich beigeordneten/bestellten Rechtsanwalts (§ 53 Abs. 1) auf Festsetzung der gesetzlichen Gebühren nach § 45 Abs. 3 hemmt nach **§ 11 Abs. 7** den Ablauf der Verjährung.

1584

- Wird ein **Antrag** auf **Bewilligung** einer **Pauschvergütung** nach § 51 Abs. 1 gestellt, wird die Verjährung hinsichtlich des Pauschvergütungsanspruchs gehemmt (OLG Hamm, AnwBl. 1996, 478 = StraFo 1996, 189 = JurBüro 1996, 642), nicht aber hinsichtlich des Vergütungsanspruchs nach § 45.

- Ein **Antrag** des **Pflichtverteidigers gegen** den **Beschuldigten** nach § 52 hemmt nach § 52 Abs. 5 Satz 2 den Ablauf der Verjährungsfrist. Die Hemmung endet nach § 52 Abs. 5 Satz 3 sechs Monate nach der Rechtskraft der Entscheidung des Gerichts über den Antrag.

Siehe auch im Teil A: → Berechnung der Vergütung (§ 10), Rn. 359; → Fälligkeit der Vergütung (§§ 15 ff.), Rn. 519.

Verständigung im Straf-/Bußgeldverfahren, Abrechnung

Übersicht	**Rn.**
A. Überblick	1585
B. Anmerkungen	1587
I. Persönlicher Geltungsbereich	1587
II. Die einzelnen Gebühren	1588
1. Grundgebühr (Nr. 4100 VV)	1588
2. Terminsgebühr(en)	1590
a) Verständigung in der Hauptverhandlung (§ 257c Abs. 3 StPO)	1591
b) Teilnahme an Erörterungen des Standes des Verfahrens außerhalb der Hauptverhandlung	1592
aa) Keine besonderen Terminsgebühren	1592
bb) Keine entsprechende Anwendung von Nr. 4102 VV	1597

3. Verfahrensgebühr	1598
4. Zusätzliche Gebühr Nr. 4141 VV	1601
5. Einziehungsgebühr Nr. 4142 VV	1604
6. Adhäsionsverfahren/Einigungsgebühr (Nr. 4143 VV, Nrn. 1000 ff. VV)	1605
7. Einzeltätigkeit	1606
8. Besonderheiten im Bußgeldverfahren (Teil 5 VV)	1607

Literatur:

Burhoff, Verständigung im Strafverfahren – 10 erste W-Fragen und 10 Antworten, StRR 2009, 331; *ders.*, Auch im Verkehrsrecht: Gesetzlichen Neuregelungen durch Abspracheregelung und 2. OpferRRG haben Auswirkungen, VRR 2009, 324; *ders.*, Die (Vernehmungs-)Terminsgebühr nach Nr. 4102, 4103 VV RVG, RVGreport 2010, 282; *ders.*, Anwaltsgebühren bei der Verständigung im Straf- und Bußgeldverfahren, RVGreport 2010, 401; *Schlothauer/Weider*, Das „Gesetz zur Regelung der Verständigung im Strafverfahren" vom 3. August 2009, StV 2009, 600, s. im Übrigen auch die Hinw. bei Vorbem. 4 VV vor Rn. 1.

A. Überblick

1585 Zu den vom Bundestag kurz vor Ende der 16. Legislaturperiode im Mai 2009 beschlossenen Gesetzesvorhaben gehörte auch das „Gesetz zur Regelung der Verständigung im Strafverfahren", das am 04.08.2009 in Kraft getreten ist (BGBl. I, S. 2274). Geregelt worden sind in dem Gesetz aber **nur die verfahrensrechtlichen Vorschriften**, die gebührenrechtlichen Auswirkungen für den Verteidiger, wenn im Straf- bzw. Bußgeldverfahren eine Verständigung zustande kommt, sind nicht erfasst worden. Das bedeutet, dass diese sich nach den allgemeinen Regeln des RVG richten.

1586 Zentrale Vorschrift der Neuregelung ist § 257c StPO. Er enthält nicht nur die Regelung zum zulässigen Gegenstand und zu den Folgen einer (formellen) Verständigung, sondern vor allem auch zu deren Zustandekommen (vgl. § 257 Abs. 3 StPO). Angesiedelt ist die Vorschrift im Bereich der die Hauptverhandlung im Strafverfahren regelnden Vorschriften. Damit ist klargestellt, dass eine (bindende) Verständigung nur in der Hauptverhandlung getroffen werden kann. Alle anderen Verständigungen/Vereinbarungen sind informell (BGH, StRR 2010, 382 = StV 2010, 673) und vom Gesetzgeber an sich nicht mehr gewünscht. Flankiert wird die Regelung in § 257c StPO durch neue Regelungen in den §§ 160b, 202a, 212, 257b StPO, die sog. Erörterungen des Standes des Verfahrens erlauben und vorsehen (eingehend zur Verständigung Burhoff, EV, Rn. 37 ff.; Burhoff, HV, Rn. 63 ff.; vgl. auch Burhoff, StRR 2009, 331; ders., VRR 2009, 324; Schlothauer/Weider, StV 2009, 600 ff.). Für diese Erörterungen können die Gerichte **besondere Termine** anberaumen (vgl. z.B. Burhoff, HV, Rn. 483a ff.), sodass sich hier die Frage stellt, ob dafür ggf. (besondere) Terminsgebühren entstehen. Das ist die m.E. in der Praxis bedeutsamste Frage (vgl. dazu Rn. 1590 ff.). Darüber hinaus ist natürlich das Problem zu lösen, wie der Aufwand, den der Rechtsanwalt/Verteidiger mit der Vorbereitung einer Verständigung hat, abgegolten wird (vgl. dazu Rn. 1592, 1598).

> **Hinweis:**
> Zu einer Verständigung kann es nicht nur in der ersten Instanz kommen. Sie ist auch noch in der **Berufungsinstanz** möglich. Die nachstehend beschriebenen gebührenrechtlichen Fragestellungen und Antworten gelten also für die Berufungsinstanz entsprechend. In der **Revisionsinstanz** scheidet eine Verständigung hingegen aus.

| A. Vergütungs-ABC | B. Kommentar |

Verständigung im Straf-/Bußgeldverfahren, Abrechnung

B. Anmerkungen

I. Persönlicher Geltungsbereich

Die nachstehenden Ausführungen gelten nicht nur für den Rechtsanwalt/**Verteidiger** und Pflichtverteidiger: Sie gelten auch, wenn der Rechtsanwalt z.B. als **Beistand** eines Nebenklägers oder als Vertreter eines Verletzten an einer Verständigung beteiligt ist bzw. an einem Erörterungstermin teilnimmt (vgl. Vorbem. 4 VV Rn. 5 ff. und 22 ff.). 1587

II. Die einzelnen Gebühren

1. Grundgebühr (Nr. 4100 VV)

Die erste Gebühr, die im Strafverfahren für den Verteidiger anfallen kann, ist grds. die Grundgebühr Nrn. 4100, 4101 VV. Durch sie werden alle mit der erstmaligen Einarbeitung im Zusammenhang mit der Übernahme des Mandats erbrachte Tätigkeiten abgegolten (vgl. Nr. 4100 VV Rn. 11; Gerold/Schmidt/Burhoff, VV 4100, 4101 Rn. 9; Burhoff, RVGreport 2009, 361). Alle darüber hinausgehenden Tätigkeiten werden nicht mehr von der Grundgebühr Nr. 4100 VV honoriert, sondern von der jeweiligen Verfahrensgebühr. Aus dieser Abgrenzung folgt, dass sich in der Praxis die Frage, ob und welche gebührenrechtlichen Auswirkungen eine Verständigung auf die Grundgebühr hat, nicht bzw. kaum stellen wird. Denn die Verständigung i.e.S. des § 257c StPO kann nur in der Hauptverhandlung zustande kommen. Dann ist aber der **Abgeltungsbereich** der Grundgebühr längst **verlassen**. 1588

> **Hinweis:**
>
> Wenn es zu (frühen) **Erörterungen** des **Standes** des **Verfahrens** (vgl. die §§ 160b, 202a, 212, 257b StPO) kommen sollte, gilt das entsprechend: Die Teilnahme daran unterfällt mit Sicherheit nicht mehr der (ersten) Einarbeitung in das Verfahren. Ein Verteidiger, der nicht eingearbeitet ist, kann den Stand des Verfahrens nicht erörtern.

Beispiel: 1589

Die Staatsanwaltschaft durchsucht beim Mandanten M und beschlagnahmt Unterlagen. Anschließend wird M von der Staatsanwaltschaft vernommen. Am Tag nach der Vernehmung findet ein Erörterungstermin nach § 160b StPO statt. An dem nimmt Rechtsanwalt R als Verteidiger des M teil.

Die Teilnahme des R an dem Erörterungstermins wird nicht mehr von der Grundgebühr Nr. 4100 VV abgegolten. Es ist längst die Verfahrensgebühr Nr. 4104 VV entstanden. In deren Rahmen ist die Teilnahme an dem Erörterungstermin erhöhend geltend zu machen (vgl. unten Rn. 1598 f.).

2. Terminsgebühr(en)

Die für die Praxis bedeutsame Frage ist, ob und wenn ja, welche Terminsgebühren entstehen. Für die Antwort muss man nach dem Verfahrensstadium und der Art der Verständigung/Erörterung unterscheiden. 1590

Verständigung im Straf-/Bußgeldverfahren, Abrechnung

a) Verständigung in der Hauptverhandlung (§ 257c Abs. 3 StPO)

1591 Nach § 257c StPO kann eine Verständigung i.e.S. nur in der Hauptverhandlung zustande kommen, alle anderen Verständigungen sind informelle und nicht solche i.S.d. § 257c StPO (BGH, StRR 2010, 382 = StV 2010, 673). Wird für das Zustandekommen bzw. die Gespräche zum Zustandekommen einer formellen Verständigung ein besonderer (Hauptverhandlungs-)Termin bestimmt, entsteht für diesen, da es sich um einen **„normalen" Hauptverhandlungstermin** handelt, die jeweilige (Hauptverhandlungs-)**Terminsgebühr**. Eine zusätzliche besondere Gebühr für das Zustandekommen der Verständigung ist nicht vorgesehen.

> **Hinweis:**
>
> Es entsteht insbesondere **nicht** die **Einigungsgebühr** Nr. 1003 VV und auch **nicht** eine zusätzliche Gebühr nach Nr. 4141 VV (vgl. dazu Rn. 1601 und Teil A: Einigungsgebühr [Nr. 1000, 1003 und 1004], Rn. 461).

b) Teilnahme an Erörterungen des Standes des Verfahrens außerhalb der Hauptverhandlung

aa) Keine besonderen Terminsgebühren

1592 In den §§ 160b, 202a, 212, 257b StPO sind sog. Erörterungen des Standes des Verfahrens vorgesehen, die u.a. auch der **Vorbereitung** einer **Verständigung** dienen können/sollen (vgl. dazu Burhoff, EV, Rn. 838aff.; Burhoff, HV, Rn. 483aff.). Diese Erörterungen können stattfinden bei der Staatsanwaltschaft im vorbereitenden Verfahren (§ 160b StPO), im Rahmen des (gerichtlichen) Eröffnungsverfahrens (§ 202a StPO), im gerichtlichen Verfahren nach Eröffnung außerhalb der Hauptverhandlung (§ 212 StPO) und während der Hauptverhandlung (§ 257b StPO). Für diese Termine gilt:

1593 **Besondere Terminsgebühren** sind im RVG für die Teilnahme des Rechtsanwalts/Verteidigers an solchen Erörterungen des Standes des Verfahrens **nicht** eingeführt worden. Für die Honorierung der anwaltlichen Tätigkeit können also nur die bereits in Teil 4 VV enthaltenen Terminsgebühren herangezogen werden. Das sind aber nur die sog. Vernehmungsterminsgebühr Nr. 4102 VV und die jeweiligen (Hauptverhandlungs-)Terminsgebühren. Andere stehen nicht zur Verfügung. Das bedeutet:

- Soweit es sich um eine Erörterung des Standes des Verfahrens nach § 257b StPO **während** eines **Hauptverhandlungstermins** bzw. in einem eigens dafür anberaumten Hauptverhandlungstermin handelt, entsteht für die Teilnahme des Rechtsanwalts/Verteidigers an diesem Termin eine (Hauptverhandlungs-)**Terminsgebühr**.

- Finden während laufender Hauptverhandlung **Erörterungen außerhalb** der Hauptverhandlung statt (§ 212 StPO), entsteht dafür nicht eine (Hauptverhandlungs-)Terminsgebühr. Das gilt auch dann, wenn das Gericht ggf. zu einem „Erörterungstermin gem. § 212 StPO" geladen hat (vgl. zum alten Recht KG, RVGreport 2006, 151, wo in einem außerhalb der Hauptverhandlung stattfindenden Termin „organisatorische Fragen" erörtert worden sind; zur entsprechenden Anwendung von Nr. 4102 VV RVG s. unten Rn. 1597).

- Entsprechendes gilt für einen **während** des **Eröffnungsverfahrens** stattfindenden gerichtlichen Erörterungstermin nach § 202a StPO. Dafür ist eine besondere Gebühr nicht vorgesehen (vgl. aber AG Freiburg, RVGreport 2011, 65 = StRR 2011, 123).
- Auch für den **Erörterungstermin**, der nach § 160b StPO bei der **Staatsanwaltschaft** im vorbereitenden Verfahren stattfindet, entsteht keine Gebühr. Für diese Erörterungen ist eine besondere Gebühr ebenfalls nicht vorgesehen.

Entsteht eine Terminsgebühr für eine Erörterung nach § 257b StPO gilt für deren **Abgeltungsbereich** die allgemeine Regelung (vgl. Vorbem. 4 VV Rn. 58 ff.; Gerold/Schmidt/Burhoff, VV Vorb. 4 Rn. 23 ff.; Burhoff, RVGreport 2010, 3). Durch die Terminsgebühr werden also die Teilnahme des Rechtsanwalts/Verteidigers an der Erörterung (§ 257b StPO) und alle damit zusammenhängenden Vor- und Nachbereitungstätigkeiten erfasst und abgegolten.

1594

Auch für die **Höhe** der **Wahlanwaltsgebühr** gelten die allgemeinen Bemessungsregeln (vgl. dazu Vorbem. 4 VV Rn. 62 ff.). Es kommt somit wesentlich auf die Dauer des (Erörterungs-)Termins an (KG, RVGreport 2007, 181 = StV 2006, 198). Ist der Betragsrahmen nicht ausreichend, muss der Rechtsanwalt/Verteidiger ggf. nach § 42 vorgehen und sich eine Pauschgebühr vom OLG feststellen lassen (vgl. dazu die Komm. bei § 42).

1595

Für den **Pflichtverteidiger** entsteht die jeweilige Festgebühr. Er muss, wenn es sich z.B. um eine besonders lange Erörterung gehandelt hat, ggf. nach § 51 vorgehen und eine Pauschgebühr beantragen. Dabei sollte nicht übersehen werden, dass eine Pauschgebühr auch bezogen nur auf einen Verfahrensabschnitt gewährt werden kann (vgl. dazu § 51 Rn. 31 ff.). Es kann sich also ggf. anbieten, eine „auf den Verfahrensabschnitt Erörterung des Standes des Verfahrens (§ 257b StPO/Terminsgebühr für den Hauptverhandlungstermin am ...") beschränkte Pauschgebühr zu beantragen.

1596

bb) Keine entsprechende Anwendung von Nr. 4102 VV

Soweit für die Teilnahme an den Erörterungsterminen nach §§ 160b, 202a, 212 StPO keine im RVG ausdrücklich vorgesehenen Terminsgebühren entstehen (vgl. dazu Rn. 1592), stellt sich die Frage, ob auf diese Termine nicht die Nr. 4102 VV entsprechend angewendet werden kann. Insoweit gilt aber: Eine **analoge Anwendung** der Vorschrift ist **nicht** zulässig (KG, RVGreport 2006, 151; Gerold/Schmidt/Burhoff, VV 4102, 4103, Rn. 5; Burhoff, RVGreport 2010, 282, 293; so wohl letztlich auch AnwKomm-RVG/N. Schneider, VV 4102 – 4103 Rn. 5, s. aber VV 4102 – 4013 Rn. 8 f.; **a.A.** LG Offenburg, RVGreport 2006, 350 = AGS 2006, 436 = StV 2007, 478 für die Teilnahme des Rechtsanwalts/Verteidigers an einem Explorationsgespräch durch einen Sachverständigen und AG Freiburg, AGS 2011, 69 = RVGreport 2011, 65 = StRR 2011, 123 für einen Termin nach § 202a StPO).

1597

> **Hinweis:**
> Handelt es sich bei der Erörterung des Standes des Verfahrens allerdings um einen Termin, in dem ggf. **zugleich** über einen **Täter-Opfer-Ausgleich verhandelt** wird, entsteht allerdings für den Termin die Nr. 4102 Nr. 4 VV. In allen anderen Fällen hat der Rechtsanwalt/Verteidiger nur die Möglichkeit, die Teilnahme an dem Erörterungstermin außerhalb der

Verständigung im Straf-/Bußgeldverfahren, Abrechnung

> Hauptverhandlung im Rahmen der jeweiligen (gerichtlichen) Verfahrensgebühr gebührenerhöhend geltend zu machen (vgl. dazu Rn. 1598 f.).
>
> Die Frage der entsprechenden Anwendung wird vom AG Freiburg (AGS 2011, 69 = RVGreport 2011, 65 = StRR 2011, 123) für einen Erörterungstermin nach § 202a Satz 1 StPO anders gesehen. Es gewährt für einen solchen Erörterungstermin eine Terminsgebühr **entsprechend Nr. 4102 Nr. 1 und 3 VV**. Die Entscheidung ist zwar grds. zu begrüßen, m.E. aber im Hinblick auf den Ausnahmecharakter der Nr. 4102 VV nicht zutreffend.

3. Verfahrensgebühr

1598 Durch die Verfahrensgebühr werden alle Tätigkeiten des Rechtsanwalts/Verteidigers außerhalb der Hauptverhandlung abgegolten, soweit dafür keine eigenen Gebühren vorgesehen sind (vgl. wegen der Einzelh. Vorbem. 4 VV Rn. 33 ff.; Burhoff, RVGreport 2009, 361 ff.). Zu diesen Tätigkeiten gehören somit auch **sämtliche** in **Zusammenhang** mit einer Verständigung und deren Vorbereitung **stehende Tätigkeiten**, soweit sie nicht ggf. durch eine für einen Erörterungstermin nach § 257b StPO anfallende Terminsgebühr abgegolten sind. Das sind die Teilnahme an der Vorbereitung/Erörterung, Vorgespräche mit (Mit-)Verteidigern, mit dem Mandanten und seinen Familienangehörigen, mit anderen Verfahrensbeteiligten (vgl. aber Nr. 4102 Nr. 4 VV; Rn. 1597), Vorgespräche mit dem Gericht und eben die Teilnahme an den jeweiligen Erörterungen des Standes Verfahrens nach den §§ 160b, 202a, 212 StPO. Das gilt nicht nur für die formelle Verständigung i.S.d. § 257c StPO, sondern insbesondere auch für eine (unzulässige) informelle.

1599 Auch hier gilt für die Höhe der Wahlanwaltsgebühr das **allgemeine Bemessungsschema** (vgl. dazu Vorbem. 4 Rn. 41 ff.). Es kommt also ganz wesentlich auf den Umfang der erbrachten Tätigkeiten und somit wesentlich ggf. auch auf die Dauer eines Erörterungstermins an (vgl. dazu auch oben Rn. 1594).

> **Hinweis:**
> Der Verteidiger sollte den Zeitaufwand für die von ihm erbrachten **Tätigkeiten festhalten**, um sie gegenüber dem Mandanten bei der Abrechnung geltend machen und aufführen zu können.

1600 Für die **§§ 42, 51** gelten die Ausführungen bei der Terminsgebühr (vgl. Rn. 1595 f.) entsprechend.

4. Zusätzliche Gebühr Nr. 4141 VV

1601 Für das Entstehen der zusätzlichen Gebühr Nr. 4141 VV gilt:

Durch das Zustandekommen der **Verständigung** in der **Hauptverhandlung** (§ 257c Abs. 3 StPO) entsteht keine zusätzliche Gebühr Nr. 4141 VV. Denn es wird keine Hauptverhandlung (mehr) entbehrlich i.S.d. Nr. 4141 VV. Soweit durch die zustande gekommene Verständigung weitere Hauptverhandlungstermine entfallen, handelt es sich i.d.R. um Fortsetzungstermine: Für deren Entfallen wird die Nr. 4141 VV aber nicht gewährt (OLG Köln, RVGreport 2006, 152 =

Verständigung im Straf-/Bußgeldverfahren, Abrechnung

AGS 2006, 339; Gerold/Schmidt/Burhoff, VV 4141 Rn. 21; AnwKomm-RVG/N. Schneider, VV 4141 Rn. 45; s. auch Nr. 4141 Rn. 23 Ziff. 9).

Handelt es sich nicht um eine (verbindliche) Verständigung i.S.d. § 257c StPO, sondern um eine (informelle/unverbindliche) Vereinbarung, die im Rahmen einer Erörterung des Standes des Verfahrens nach den **§§ 160b, 202a, 212 StPO** getroffen worden ist und wird deshalb eine Hauptverhandlung entbehrlich/abgesetzt, z.B. weil das Verfahren eingestellt wird (§ 153a StPO), dann gelten die **allgemeinen Regeln** zu Nr. 4141 VV. Wenn der Rechtsanwalt/Verteidiger „mitgewirkt" hat, was in den Fällen i.d.R. der Fall sein wird, entsteht für ihn die Gebühr Nr. 4141 VV. Ist die informelle Verständigung in einer Erörterung des Standes des Verfahrens nach §§ 212, 257b StPO erfolgt und werden dann (nur) weitere Hauptverhandlungstermine abgesetzt, entsteht für deren Entfallen keine zusätzliche Gebühr Nr. 4141 für den Verteidiger (vgl. die vorstehenden Nachweise bei Rn. 1601). 1602

Schließlich: Wird nicht das Verfahren eingestellt, in dem die Verständigung zustande kommt, sondern ein **anderes Verfahren**, z.B. nach § 154 StPO, entsteht dann – wenn die Voraussetzungen vorliegen – eine Gebühr Nr. 4141 VV, allerdings nicht in dem Verfahren, in dem die Verständigung zustande gekommen ist, sondern in dem eingestellten Verfahren. Voraussetzung dafür ist aber, dass der Rechtsanwalt/Verteidiger auch in dem Verfahren Verteidiger ist. 1603

5. Einziehungsgebühr Nr. 4142 VV

Werden in den Gesprächen, die zu einer Verständigung führen bzw. führen sollen, z.B. auch Einziehungs- oder Verfallsfragen (§§ 73 ff. StGB) erörtert – diese können Inhalt einer Verständigung sein (vgl. Meyer-Goßner, § 257c Rn. 10) –, gelten für den Anfall der Nr. 4142 VV die **allgemeinen Regeln**. Bei der Erörterung dieser Fragen handelt es sich um Tätigkeiten, „die sich auf die Einziehung ..." beziehen. Damit ist die Gebühr entstanden (vgl. allgemein zur Nr. 4142 VV die dortige Kommentierung m.w.N.). 1604

> **Hinweis:**
> Der Rechtsanwalt/Verteidiger wird in den Fällen also z.B. einen **Gegenstandswert** gem. den §§ 22 ff. festsetzen lassen (müssen) (vgl. § 33).

6. Adhäsionsverfahren/Einigungsgebühr (Nr. 4143 VV, Nrn. 1000 ff. VV)

Werden im Rahmen eines Strafverfahrens vermögensrechtliche Ansprüche **mit erledigt**, z.B. im Rahmen eines Täter-Opfer-Ausgleichs oder nach § 153a StPO, entstehen Gebühren nach Nrn. 4143, 4144 VV. Dafür ist nicht Voraussetzung, dass ein Adhäsionsverfahren nach §§ 403 ff. StPO anhängig ist (OLG Jena, RVGreport 2010, 106 = StRR 2010, 114 = NJW 2010, 455 = AGS 2009, 587 m.w.N.; Gerold/Schmidt/Burhoff, VV 4143, 4144 Rn. 6). Das gilt auch, wenn diese Ansprüche im Rahmen einer Verständigungsvereinbarung erledigt werden. 1605

Verständigung im Straf-/Bußgeldverfahren, Abrechnung

> **Hinweis:**
>
> Kommt es zu einer Einigung, erhält der Rechtsanwalt/Verteidiger auch eine **Einigungsgebühr** nach Nrn. 1000 ff. VV. Deren Höhe bestimmt sich aber nach Nr. 4146 VV.
>
> In dem Zusammenhang muss der Pflichtverteidiger darauf achten, dass es in der Rechtsprechung höchst umstritten ist, ob die **Pflichtverteidigerbestellung** auch die Tätigkeiten im Adhäsionsverfahren **umfasst**. Er sollte also auf jeden Fall die Erweiterung der Pflichtverteidigerbestellung auch auf diese Tätigkeiten beantragen. Das gilt auch für den Nebenklägerbeistand (vgl. zur „Erstreckungsproblematik" Nr. 4143 VV Rn. 14 ff., s. auch Teil A: Umfang des Vergütungsanspruchs [§ 48 Abs. 1], Rn. 1405).

7. Einzeltätigkeit

1606   I.d.R. wird sich für den Rechtsanwalt die Frage der Abrechnung einer Einzeltätigkeit nicht stellen. Denn im Zweifel wird der Rechtsanwalt voller Verteidiger i.S.d. Teil 4 Abschnitt 1 VV sein, sodass schon wegen der Subsidiaritätsklausel in Vorbem. 4.3 Abs. 1 VV die Abrechnung einer Einzeltätigkeit ausscheidet. Bei den Tätigkeiten in Zusammenhang mit einer Verständigung handelt es sich auch nicht um zusätzliche Tätigkeiten, die durch die Verteidigergebühren aus Teils 4 Abschnitt 1 VV nicht abgegolten wären, sodass auch von daher die Anwendung des Teil 4 Abschnitt 3 VV ausscheidet. Es bleibt somit nur der – in der Praxis wahrscheinlich außerordentlich seltene – Fall, dass der Rechtsanwalt nicht Verteidiger ist und dem Beschuldigten/Angeklagten nur im Rahmen einer Erörterung Beistand leisten soll. Dafür würde dann eine Gebühr **Nr. 4301 Nr. 4 VV bzw. Nr. 4302 Nr. 3 VV** entstehen.

8. Besonderheiten im Bußgeldverfahren (Teil 5 VV)

1607   Die Ausführungen bei den Rn. 1585 bis Rn. 1606 gelten das für Bußgeldverfahren **entsprechend**: Auch hier ist eine Verständigung grds. zulässig/möglich (vgl. Burhoff, EV, Rn. 469a f.; Burhoff, HV, Rn. 350a f.).

1608   Auf eine **Besonderheit** ist allerdings hinzuweisen: Teil 5 VV kennt keine der Vernehmungsterminsgebühr Nr. 4102 VV entsprechende besondere Gebühr. Dafür sind in Vorbem. 5.1.2 VV und Vorbem. 5.1.3 VV allgemeine Terminsgebühren vorgesehen. Es fragt sich, inwieweit die ggf. für Erörterungstermine außerhalb der Hauptverhandlung (vgl. oben Rn. 1592 ff.) anfallen können. Soweit es sich um „informelle" Gespräche/Erörterungen bei der Verwaltungsbehörde handelt, steht wohl der Wortlaut der Vorbem. 5.1.2 VV entgegen. Die Gebühren entstehen nur für die „Teilnahme an Vernehmungen". Die Gebühr nach Vorbem. 5.1.3 VV entsteht hingegen allgemein für die „Teilnahme an gerichtlichen Terminen außerhalb der Hauptverhandlung". Damit werden m.E. auch andere als Vernehmungstermine erfasst (vgl. Vorbem. 5.1.3 VV Rn. 3), sodass gerichtliche Erörterungstermine in Zusammenhang mit einer Verständigung (§ 212 StPO i.V.m. §§ 46, 71 OWiG) über diese Regelung abgerechnet werden könnten.

Vertreter des Rechtsanwalts (§ 5)

§ 5 RVG *Vergütung für Tätigkeiten von Vertretern des Rechtsanwalts*

Die Vergütung für eine Tätigkeit, die der Rechtsanwalt nicht persönlich vornimmt, wird nach diesem Gesetz bemessen, wenn der Rechtsanwalt durch einen Rechtsanwalt, den allgemeinen Vertreter, einen Assessor bei einem Rechtsanwalt oder einen zur Ausbildung zugewiesenen Referendar vertreten wird.

Übersicht

		Rn.
A.	Überblick	1609
B.	Anmerkungen	1610
I.	Allgemeines	1610
II.	Einschaltung von Hilfspersonen	1611
1.	Allgemeiner Grundsatz	1611
2.	Vertretung des Wahlanwalts	1613
a)	Vertretung durch Rechtsanwalt, allgemeinen Vertreter und Stationsreferendar	1613
b)	Vertretung durch den „Assessor bei einem Rechtsanwalt"	1614
c)	Vertretung durch sonstige Personen	1615
d)	Höhe der Vergütung bei Vertretung des Wahlanwalts	1616
3.	Vertretung des gerichtlich bestellten oder beigeordneten Rechtsanwalts	1617
a)	Allgemeines	1617
b)	Vergütungsansprüche	1618
c)	„Terminsvertreter" des Pflichtverteidigers	1619

Literatur:

Jungbauer, Der Rechtsfachwirt als Vertreter des Rechtsanwalts im Sinne des § 5 RVG?, JurBüro 2008, 228; *Schnabl/Keller*, Die Vergütung des Anwalts für Tätigkeiten des Rechtsreferendars, AnwBl. 2008, 131.

A. Überblick

Die Vergütung von Tätigkeiten von Vertretern des Rechtsanwalts ist in § 5 geregelt. Im RVG – anders früher die BRAGO – wird nun **auch** der „**Assessor** bei einem Rechtsanwalt" als möglicher Vertreter ausdrücklich erwähnt (vgl. dazu Rn. 1613 ff.). Im Übrigen ist die Regelung gegenüber § 4 BRAGO nicht geändert worden, sodass die dazu ergangene Rechtsprechung und die vorliegende Literatur anwendbar geblieben sind. — 1609

B. Anmerkungen

I. Allgemeines

Geregelt wird in § 5 die Vergütung des Rechtsanwalts/Verteidigers, der bei der Ausführung seines Auftrags einen **Stellvertreter einsetzt**. — 1610

> **Hinweis:**
>
> Dieser Fall ist von **§ 6** zu **unterscheiden**, der anwendbar ist, wenn mehreren Rechtsanwälten/Verteidigern der Auftrag zur gemeinschaftlichen Erledigung übertragen wird (vgl. dazu Teil A: Mehrere Rechtsanwälte [§ 6], Rn. 1032).

Vertreter des Rechtsanwalts (§ 5)

II. Einschaltung von Hilfspersonen

1. Allgemeiner Grundsatz

1611 Der Rechtsanwalt hat **im Zweifel** nach den §§ 613 Satz 1, 675 BGB seine Dienste **in Person** zu erbringen. Eine Stellvertretung durch andere – Unterbevollmächtigung – ist immer dann zulässig, wenn dies mit dem Mandanten vereinbart ist, was meist in der Vollmacht geschieht (zur Zulässigkeit der Unterbevollmächtigung s. Burhoff, EV, Rn. 1666 ff. m.w.N.). Darüber hinaus ist eine Stellvertretung auch dann zulässig, wenn sich aus den Umständen ergibt, dass sie erforderlich und ein entgegenstehendes Interesse des Mandanten nicht ersichtlich ist.

> **Hinweis:**
>
> In Straf- und Bußgeldsachen dürfte es dem Mandanten im Zweifel darauf ankommen, vom **Rechtsanwalt** seines **Vertrauens** verteidigt zu werden. Deshalb sollte der Verteidiger, wenn er z.B. einen Termin nicht wahrnehmen kann, dies vorab mit dem Mandanten besprechen und sich dessen ausdrückliches Einverständnis betreffend die Unterbevollmächtigung einholen. Das gilt vor allem, wenn der Rechtsanwalt für seine Verteidigungstätigkeiten eine **Vergütungsvereinbarung** getroffen hat. Dann ist er im Zweifel dazu verpflichtet, auch persönlich tätig zu werden. Tut er das nicht, kann er das vereinbarte Honorar nicht verlangen (KG, BRAGOreport 2001, 22 m. Anm. Hansens; AnwKomm-RVG/N. Schneider, § 5 Rn. 53).
>
> Vereinbart der Rechtsanwalt mit dem Auftraggeber eine Vergütung, sollte er daher vorsorglich **klarstellen**, **ob** er die Leistungen **höchstpersönlich** erbringen muss oder ob und ggf. welche Vergütungen für eine Tätigkeit seiner Vertreter anfallen.
>
> In einer Vergütungsvereinbarung kann im Übrigen auch die Vergütung für Leistungen von Hilfspersonen (z.B. Recherchetätigkeiten von juristischen Mitarbeitern, die weder Stationsreferendar noch Assessor sind) vereinbart werden.

1612 Für die Vergütung von Tätigkeiten von Vertretern des Rechtsanwalts ist für das Strafverfahren allerdings zwischen dem **Wahlanwalt** und dem **Pflichtverteidiger** zu **unterscheiden** (vgl. Rn. 1613 ff. und 1617 ff.).

2. Vertretung des Wahlanwalts

a) Vertretung durch Rechtsanwalt, allgemeinen Vertreter und Stationsreferendar

1613 Nach § 5 kann sich der Wahlanwalt durch einen **Rechtsanwalt**, den allgemeinen Vertreter, den „**Assessor** bei einem Rechtsanwalt" (vgl. dazu Rn. 1614) oder einen zur Ausbildung zugewiesenen Referendar **vertreten** lassen. Wird er von einer dieser Personen vertreten, erhält der **Verteidiger** seine Vergütung nach den Teilen 4 bis 6 VV in gleicher Weise, als wenn er selbst verteidigt hätte. § 138 Abs. 2 StPO ist allerdings zu beachten (vgl. dazu Meyer-Goßner, § 138 Rn. 7 ff.). Das gilt insbesondere auch für den sog. Stationsreferendar. Es ist nicht erforderlich, dass der Referendar gerade dem bestimmten Rechtsanwalt zur Ausbildung zugewiesen ist, vielmehr reicht es aus, wenn er einem Anwalt der Kanzlei, der der Rechtsanwalt der vertreten wird, angehört, zugewiesen ist (AnwKomm-RVG/N. Schneider, § 5 Rn. 37; Schnabl/Keller, AnwBl. 2008, 131; OLG Karlsruhe, JurBüro 1988, 74; a.A. OLG Düsseldorf, AGS 2005, 487 m. abl. Anm. N. Schneider = JurBüro 2005, 364).

b) Vertretung durch den „Assessor bei einem Rechtsanwalt"

Nach § 5 kann der Rechtsanwalt **auch** durch den „**Assessor** bei einem Rechtsanwalt" vertreten werden. Die Anwendung der Regelung in § 5 kann in der Praxis allerdings zu Unklarheiten führen. Diese ergeben sich aus dem Wortlaut der Vorschrift i.V.m. der Gesetzesbegründung. Während es im RVG heißt: „einen Assessor bei einem Rechtsanwalt", ist in der Gesetzesbegründung formuliert: „Eine solche Regelung ist für die Tätigkeit eines Assessors in der Übergangszeit bis zur Zulassung als Rechtsanwalt von Bedeutung" (vgl. dazu BT-Drucks. 15/1971, S. 188). An diese unterschiedlichen Formulierungen lässt sich die Diskussion anknüpfen, ob der Tatbestand des § 5 nur erfüllt ist, wenn der Assessor einen Antrag auf Zulassung zur Rechtsanwaltschaft gestellt hat oder ob § 5 auch ohne einen solchen Antrag anwendbar ist (s. Braun, Gebührenabrechnung, S. 28). Da sich jedoch aus dem **eindeutigen Wortlaut** der gesetzlichen Bestimmung keine dahin gehende Einschränkung ergibt, muss die Regelung auch auf solche Assessoren angewandt werden, die ohne Beantragung der Zulassung für den Rechtsanwalt/Verteidiger arbeiten (Burhoff/Kindermann, RVG 2004, Rn. 75; Schneider/Mock, Gebührenrecht, § 4 Rn. 23; AnwKomm-RVG/N. Schneider, § 5 Rn. 35; Gerold/Schmidt/Mayer, § 5 Rn. 5).

1614

c) Vertretung durch sonstige Personen

Wird der Rechtsanwalt durch **andere Personen** vertreten, wie z.B. seinen Bürovorsteher oder einen Rechtsfachwirt, kann er dafür eine Vergütung nach dem **RVG nicht** berechnen (zum Rechtsfachwirt Jungbauer, JurBüro 2008, 228; s. wegen übriger Personen AnwKomm-RVG/N. Schneider, § 5 Rn. 42 ff.). Für die durch solche Vertreter ausgeübten Tätigkeiten kann nur nach § 612 BGB die vereinbarte oder angemessene Vergütung berechnet werden, wenn der Auftraggeber mit dieser Vertretung einverstanden war (LG Wuppertal, JurBüro 1989, 1718).

1615

d) Höhe der Vergütung bei Vertretung des Wahlanwalts

Fraglich ist, ob bei der **Bemessung** der **Vergütung** innerhalb des Betragsrahmens (§ 14 Abs. 1) darauf abgestellt werden darf/kann, dass das Mandat vollständig oder teilweise durch eine der in § 5 genannten Personen wahrgenommen worden ist. Das ist zu verneinen (so auch AnwKomm-RVG/N. Schneider, § 5 Rn. 52). Für den Assessor gilt das schon deshalb, weil er dieselbe juristische Qualifikation wie der vertretene Rechtsanwalt hat (vgl. dazu auch BGH, NJW-RR 2004, 1143 = RVGreport 2006, 272 = AGS 2004, 237; RVGreport 2006, 55). Aber auch dann, wenn der Vertreter z.B. nur ein (Stations-)Referendar ist, wird auf den Umstand bei der Gebührenbemessung nach § 14 Abs. 1 nicht abgestellt werden dürfen. Dass der Rechtsanwalt zur Ausbildung von Referendaren verpflichtet ist, darf nicht zulasten seiner Vergütung gehen (so zutreffend AnwKomm-RVG/N. Schneider, § 5 Rn. 52).

1616

Vertreter des Rechtsanwalts (§ 5)

> **Hinweis:**
>
> Die Rechtsprechung in der Frage, was der Rechtsanwalt als **Vergütung** berechnen kann, wenn er einen **nicht** in § 5 **genannten Vertreter** beauftragt hat, ist sehr **uneinheitlich**. Sie reicht von „nichts" bis zu den vollen Gebühren des Rechtsanwalts (vgl. z.B. OLG Düsseldorf, JurBüro 1991, 671 für Vertretung durch einen Referendar [keine Vergütung] und Schnabl/Keller, AnwBl. 2008, 131, die 50% der nach dem RVG angefallenen Gebühren für angemessen halten; s. im Übrigen die Nachw. zu § 4 BRAGO bei Gebauer/Schneider, BRAGO, § 4 Rn. 54 ff.). Der Rechtsanwalt/Verteidiger sollte in diesen Fällen daher auf jeden Fall eine **Vergütungsvereinbarung** schließen (vgl. Teil A: Vergütungsvereinbarung [§ 3a], Rn. 1502).

3. Vertretung des gerichtlich bestellten oder beigeordneten Rechtsanwalts

a) Allgemeines

1617 Beim gerichtlich bestellten oder beigeordneten Rechtsanwalt, insbesondere also beim Pflichtverteidiger, unterscheidet sich die Rechtslage von der des Wahlanwalts. Die **Beiordnung** des **Pflichtverteidigers** ist auf seine **Person beschränkt**. Eine Unterbevollmächtigung ist nicht zulässig (Meyer-Goßner, § 142 Rn. 15; Burhoff, EV, Rn. 1309, jeweils m.w.N.). Das gilt auch für den Sozius des Pflichtverteidigers. Auch dieser darf die Verteidigung nicht führen (BGH, NJW 1992, 1841).

> **Hinweis:**
>
> Das gilt aber **nicht** für den gem. § 53 BRAO **amtlich** oder vom Verteidiger selbst **bestellten allgemeinen Vertreter**. Dieser, und zwar auch ein Referendar, darf anstelle des beigeordneten Pflichtverteidigers die Pflichtverteidigung führen (BGH, NJW 1992, 1841).

b) Vergütungsansprüche

1618 Für die Vergütungsansprüche des Pflichtverteidigers gilt:

- Der Pflichtverteidiger hat, wenn er sich vertreten lässt, i.d.R. **keinen Vergütungsanspruch gegen** die **Staatskasse**. Das gilt auch für die Pauschgebühr nach § 51 (OLG Hamm, NJW 1969, 946). Etwas anderes gilt bei der Vertretung durch einen amtlich bestellten Vertreter (BGH, NJW 1975, 2351; OLG Düsseldorf, NJW 1994, 1296).
- Etwas anderes soll nach N. Schneider (AnwKomm-RVG, § 5 Rn. 77) und Gerold/Schmidt/Mayer (§ 5 Rn. 20) offenbar gelten, wenn eine **Genehmigung** des **Gerichts** vorliegt. Das ist in der Allgemeinheit so nicht zutreffend, da das Gericht die Vertretung des Pflichtverteidigers durch einen Vertreter nicht genehmigen kann. § 139 StPO gilt nur für den Wahlverteidiger (BGH, NJW 1975, 2351). Die Vertretung durch den amtlich bestellten Vertreter ist allerdings auch ohne Genehmigung des Gerichts zulässig (BGH, NJW 1975, 2351; OLG Düsseldorf, NJW 1994, 1296; LG Berlin, StV 2000, 51).
- In diesen Fällen der „Genehmigung" ist vielmehr eine **stillschweigende Entbindung** des ursprünglichen Pflichtverteidigers und die **stillschweigende Beiordnung** des „Vertreters" zu

Vertreter des Rechtsanwalts (§ 5)

sehen (zur Zulässigkeit der stillschweigenden Beiordnung s. Burhoff, EV, Rn. 1313 m.w.N. und Teil A: Vergütungsanspruch gegen die Staatskasse [§ 55], Rn. 1484 ff.). Jedoch steht dann der Vergütungsanspruch gegen die Staatskasse dem „Vertreter" zu, der durch die Beiordnung selbstständiger Pflichtverteidiger geworden ist. Für die von ihm erbrachten Tätigkeiten kann der ursprüngliche Pflichtverteidiger keine Vergütung verlangen. Insoweit hilft dann ggf. eine Abtretung. Dem „Vertreter" steht dann ggf. auch eine Pauschgebühr nach § 51 zu.

> **Hinweis:**
> Zur **Sicherheit** sollte daher in der Hauptverhandlung **ausdrücklich** die Entbindung des ursprünglichen Pflichtverteidigers und die Beiordnung des als Vertreters erschienenen Rechtsanwalts **beantragt** werden. Das erspart später unnötigen Streit um die Frage, ob eine stillschweigende Beiordnung erfolgt ist oder nicht (zum Vorgehen in der Hauptverhandlung auch Burhoff, HV, Rn. 1094).

- Der **Vergütungsanspruch gegen** den **Mandanten besteht** auch dann, wenn er gegen die Staatskasse ggf. ausgeschlossen sein sollte (AnwKomm-RVG/N. Schneider, § 5 Rn. 83; OLG Zweibrücken, JurBüro 1985, 543).

c) „Terminsvertreter" des Pflichtverteidigers

Fraglich ist, wie der Rechtsanwalt, der vorübergehend als „**Terminsvertreter**" für den eigentlichen Pflichtverteidiger bestellt worden ist (vgl. oben Rn. 1618), seine Gebühren berechnet. Insoweit gilt: 1619

- Auch der Rechtsanwalt, der nur für einen Termin als Terminsvertreter beigeordnet wird, rechnet seine (gesetzlichen) Gebühren nach **Teil 4 Abschnitt 1 VV** ab (u.a. KG, NStZ-RR 2005, 327 = AGS 2006, 177; OLG Hamm, RVGreport 2006, 230; OLG Celle, StraFo 2006, 471 = Rpfleger 2006, 669), und nicht etwa als Einzeltätigkeit nach Teil 4 Abschnitt 3 VV. Er ist für den beschränkten Bereich „voller Vertreter" i.S.v. Vorbem. 4 Abschnitt 1 und 3 VV (vgl. Vorbem. 4.1 VV Rn. 17 ff. m.w.N. aus der Rspr.).

- Fraglich ist, **welche Gebühren** er abrechnen kann. KG (NStZ-RR 2005, 327 = AGS 2006, 177; StraFo 2008, 349 = StRR 2008, 358 = AGS 2008, 387 m. abl. Anm. N. Schneider = RVGreport 2008, 462); OLG Brandenburg (RVGreport 2010, 218 = StRR 2010, 113 = RVGprofessionell 2010, 83) und OLG Celle (StraFo 2006, 471; NStZ-RR 2009, 158 [Ls.] = RVGreport 2009, 226; vgl. auch noch Vorbem. 4.1 VV Rn. 17 ff. m.w.N. aus der Rspr.) gehen davon aus, dass nur die Terminsgebühr für die Teilnahme an dem jeweiligen Termin abgerechnet werden kann. Das ist m.E. nicht zutreffend und inkonsequent. Denn wendet man Teil 4 Abschnitt 1 VV auch auf diese Konstellation an, dann entsteht für den „Vertreter" auch die **Grundgebühr**. Er muss sich in den Rechtsfall einarbeiten (s. auch OLG Düsseldorf, StRR 2009, 157; OLG Karlsruhe, NJW 2008, 2935 = StraFo 2008, 349 = RVGreport 2009, 19 = StRR 2009, 119; OLG Köln, 26.03.2010 – 2 Ws 129/10M; OLG München, RVGreport 2009, 227 = StRR 2009, 120 = NStZ-RR 2009, 32 = RVGprofessionell 2009, 32). Dass für den Vertretenen die Grundgebühr Nr. 4100 VV nicht (noch einmal) entsteht, ist ohne Belang. Die Grundgebühr ist personen- und nicht verfahrensbezogen. Sie kann also im Verfahren mehr als einmal entstehen (vgl. auch Nr. 4100 Rn. 6 ff.). M.E. entsteht auch die **Verfahrens-**

Verwarnungsverfahren, Abrechnung

gebühr, wenn über den Abgeltungsbereich der Grundgebühr hinausgehende Tätigkeiten erbracht werden (a.A. OLG Celle, StraFo 2006, 471). Es gibt keine isolierte Terminsgebühr.

Verwarnungsverfahren, Abrechnung

Vorbemerkung 5.1.2:

(1) Zu dem Verfahren vor der Verwaltungsbehörde gehört auch das Verwarnungsverfahren und das Zwischenverfahren (§ 69 OWiG) bis zum Eingang der Akten bei Gericht.

(2) Die Terminsgebühr entsteht auch für die Teilnahme an Vernehmungen vor der Polizei oder der Verwaltungsbehörde.

Nr.	Gebührentatbestand	Gebühr oder Satz der Gebühr nach § 13 oder § 49 RVG	
		Wahlanwalt	gerichtlich bestellter oder beigeordneter Rechtsanwalt
5115	Durch die anwaltliche Mitwirkung wird das Verfahren vor der Verwaltungsbehörde erledigt oder die Hauptverhandlung entbehrlich: **Zusätzliche Gebühr** (1) Die Gebühr entsteht, wenn 1. das Verfahren nicht nur vorläufig eingestellt wird oder 2. der Einspruch gegen den Bußgeldbescheid zurückgenommen wird oder 3. der Bußgeldbescheid nach Einspruch von der Verwaltungsbehörde zurückgenommen und gegen einen neuen Bußgeldbescheid kein Einspruch eingelegt wird oder	in Höhe der jeweiligen Verfahrensgebühr	

4. sich das gerichtliche Verfahren durch Rücknahme des Einspruchs gegen den Bußgeldbescheid oder der Rechtsbeschwerde des Betroffenen oder eines anderen Verfahrensbeteiligten erledigt; ist bereits ein Termin zur Hauptverhandlung bestimmt, entsteht die Gebühr nur, wenn der Einspruch oder die Rechtsbeschwerde früher als zwei Wochen vor Beginn des Tages, der für die Hauptverhandlung vorgesehen war, zurückgenommen wird, oder
5. das Gericht nach § 72 Abs. 1 Satz 1 OWiG durch Beschluss entscheidet.

(2) Die Gebühr entsteht nicht, wenn eine auf die Förderung des Verfahrens gerichtete Tätigkeit nicht ersichtlich ist.

(3) Die Höhe der Gebühr richtet sich nach dem Rechtszug, in dem die Hauptverhandlung vermieden wurde. Für den Wahlanwalt bemisst sich die Gebühr nach der Rahmenmitte.

Übersicht

		Rn.
A.	Überblick	1620
B.	Anmerkungen	1621
	I. Verfahrensgebühr und Terminsgebühr	1621
	II. Grundgebühr	1624
	III. Verwarnungsverfahren und Befriedungsgebühr Nr. 5115 VV	1625
	1. Einstellung des Verwarnungsverfahrens	1625
	2. Einverständnis mit dem Verwarnungsgeld	1626
	3. Höhe der zusätzlichen Gebühr	1627
	IV. Vergütung bei Anfechtung der Verwarnung	1629

Literatur:

Burhoff, Sind die Befriedungsgebühren Nr. 4114 VV bzw. Nr. 5115 VV Festgebühren?, RVGreport 2005, 401; *ders.*, Gebührenbemessung im OWi-Verfahren, RVGreport 2005, 361; *ders.*, Rechtsprechung zur Gebührenbemessung im OWi-Verfahren, VRR 2006, 333; *ders.*, Abrechnung von Strafverfahren nach dem RVG – erste Erfahrungen, aktuelle Fragen und Brennpunkte, StV 2006, 207; *Hansens*, Keine Berücksichtigung der Höhe der Geldbuße bei der Gebührenbestimmung in Bußgeldsachen, RVGreport 2006, 210; *Volpert*, Die Verteidigervergütung im straßenverkehrsrechtlichen Verwarnungsverfahren gem. §§ 56 ff. OWiG, VRR 2006, 213; *ders.*, Zusätzliche Gebühr bei Entscheidung nach § 411 Abs. 1 Satz 3 StPO?, RVGprofessionell 2007, 30.

A. Überblick

Das bei geringfügigen Ordnungswidrigkeiten zulässige Verwarnungsverfahren nach §§ 56 ff. OWiG ist ein **Vorschaltverfahren eigener Art**, dass durch die Vermeidung eines förmlichen 1620

Verwarnungsverfahren, Abrechnung

Bußgeldverfahrens eine **schnelle und einfache Verfahrenserledigung** zugunsten des Betroffenen und der Verfolgungsbehörden erreichen soll (vgl. Burhoff/Deutscher, OWi, Rn. 2769). Die Verwaltungsbehörde kann eine Verwarnung ohne Verwarnungsgeld aussprechen oder gem. § 56 Abs. 1 Satz 1 OWiG ein Verwarnungsgeld zwischen 5,00 € und 35,00 € erheben. Akzeptiert der Betroffene eine wirksame Verwarnung, ist eine weitere bußgeldrechtliche Verfolgung i.d.R. unzulässig (vgl. hierzu im Einzelnen Burhoff/Deutscher, OWi, Rn. 2770 ff.).

B. Anmerkungen

I. Verfahrensgebühr und Terminsgebühr

1621 Das Verwarnungsverfahren nach §§ 56 ff. OWiG gehört zum **Verfahren vor der Verwaltungsbehörde**. Daher bestimmt Vorbem. 5.1.2 Abs. 1 VV, dass sich die Verfahrensgebühr und Terminsgebühr des Verteidigers nach Abschnitt 1 Unterabschnitt 2 des Teils 5 VV (vgl. Nrn. 5101 bis 5106 VV) richtet. Die Verfahrensgebühr entsteht nach Vorbem. 5 Abs. 2 VV für das **Betreiben** des **Geschäfts** einschließlich der Information, die Terminsgebühr nach Vorbem. 5.1.2 Abs. 2 VV entsteht für die Teilnahme an **Vernehmungen** vor der **Polizei** oder der **Verwaltungsbehörde** (vgl. zum Begriff der Vernehmung Burhoff, EV, Rn. 1836 ff.). Vernehmungen werden jedoch im Verwarnungsverfahren regelmäßig nicht stattfinden, sodass die Terminsgebühr im Verwarnungsverfahren nicht von praktischer Bedeutung sein dürfte.

1622 Die **Höhe** der Verfahrens- und Terminsgebühr in Bußgeldsachen hängt nach Vorbem. 5.1 Abs. 2 Satz 1 VV grds. von der Höhe der zuletzt festgesetzten Geldbuße ab. Im Verwarnungsverfahren ist jedoch noch keine festgesetzte Geldbuße vorhanden. Daher ist z.B. für die Höhe der Verfahrensgebühr im Verwarnungsverfahren bei straßenverkehrsrechtlichen Ordnungswidrigkeiten nach § 24 StVG gem. Vorbem. 5.1 Abs. 2 Satz 3 VV der in der Bußgeldkatalog-Verordnung (BKatV, vgl. § 26a StVG) bestimmte **Regelsatz der Geldbuße maßgebend** (vgl. Vorbem. 5.1 VV Rn. 19 ff., 23 ff.).

1623 > **Hinweis:**
>
> Nach § 26a StVG, § 1 Abs. 1 Satz 2 BKatV ist bei Ordnungswidrigkeiten nach § 24 StVG, für die nach dem Bußgeldkatalog ein **Bußgeld-Regelsatz bis zu 35,00 €** bestimmt ist, ein entsprechendes Verwarnungsgeld zu erheben. Daher entsteht im Verwarnungsverfahren wegen einer straßenverkehrsrechtlichen Ordnungswidrigkeit die Verfahrensgebühr nach Nr. 5101 VV bzw. die Terminsgebühr nach Nr. 5102 VV (Geldbuße von weniger als 40,00 €) also nach der **1. Stufe**.

II. Grundgebühr

1624 Nach Abs. 1 der Anm. zu Nr. 5100 VV entsteht die Grundgebühr als Allgemeine Gebühr unabhängig davon, in welchem Verfahrensabschnitt die erstmalige Einarbeitung in den Rechtsfall erfolgt. Daher erhält der Verteidiger **auch** im **Verwarnungsverfahren** die Grundgebühr für die erstmalige Einarbeitung in den Rechtsfall. Anders als bei der Verfahrens- und Terminsgebühr bleibt der Bußgeld-Regelsatz bei der Bemessung der Grundgebühr außer Betracht, weil der von der Grundgebühr vergütete Arbeitsaufwand des Verteidigers unabhängig von der Höhe der Geldbuße ist (vgl. Nr. 5100 Rn. 3).

III. Verwarnungsverfahren und Befriedungsgebühr Nr. 5115 VV

1. Einstellung des Verwarnungsverfahrens

Da zum Verfahren vor der Verwaltungsbehörde auch das Verwarnungsverfahren gehört (vgl. Vorbem. 5.1.2 Abs. 1 VV), kann nach der ausdrücklichen Regelung in Nr. 5115 VV die zusätzliche Gebühr auch **im Verwarnungsverfahren entstehen**. Die zusätzliche Gebühr entsteht im Verwarnungsverfahren gem. Anm. Abs. 1 Ziff. 1 zu Nr. 5115 VV aber **nur bei** der **Einstellung** des Verfahrens, weil die weiteren in der Anm. Abs. 1 zu Nr. 5115 VV aufgeführten Tatbestände vom vorherigen Erlass eines Bußgeldbescheids ausgehen bzw. eine gerichtliche Entscheidung nach § 72 Abs. 1 Satz 1 OWiG voraussetzen (vgl. Nr. 5115 VV Rn. 16). Wirkt der Verteidiger somit an der Einstellung des Verfahrens durch die Verwaltungsbehörde mit, entsteht die zusätzliche Gebühr nach Nr. 5115 VV.

1625

2. Einverständnis mit dem Verwarnungsgeld

Wird ein Verwarnungsgeld erhoben und vom Betroffenen akzeptiert, wird hierdurch ein förmliches Bußgeldverfahren vermieden. Das Verwarnungsgeld dient damit auch den Interessen der Verwaltungsbehörde, der Polizei und insbesondere der Gerichte, die von im Wege des Verwarnungsverfahrens erledigten Bußgeldsachen entlastet werden (vgl. KK OWiG, Vorbem. §§ 56 bis 58 OWiG Rn. 1). Weil die zusätzliche Gebühr einen Anreiz schaffen soll, das Verfahren möglichst frühzeitig zu erledigen und damit der Entlastung der Gerichte dient (vgl. Erläuterungen zu Nr. 5115 VV Rn. 1 und zu Nr. 4141 VV Rn. 3 m.w.N. aus der Rspr.), könnten **Sinn und Zweck** auch bei Einverständnis mit dem Verwarnungsgeld **für die zusätzliche Gebühr** nach Nr. 5115 VV sprechen (s. auch Nr. 5115 Rn. 26). Zur entsprechenden Anwendung der Nr. 5115 VV, wenn es dem Rechtanwalt gelingt, dass von vornherein ein Bußgeldbescheid erlassen wird, gegen den der Betroffene keinen Einspruch einlegt; s. auch die Regelung in Nr. 5115 Anm. 1 Ziff. 3 VV. Wenn der Rechtsanwalt dem Betroffenen empfohlen hat, das Verwarnungsgeld zu akzeptieren und dadurch das Verfahren vor der Verwaltungsbehörde erledigt wird, liegt auch die nach Nr. 5115 VV erforderliche Mitwirkung und Verfahrensförderung des Verteidigers vor (vgl. zu den Anforderungen an die Mitwirkung zu Nr. 5115 VV Rn. 9 ff. und 15; u.a. LG Stralsund, RVGreport 2005, 272).

1626

> **Hinweis:**
> Zu beachten ist aber, dass in diesem Fall die Entstehung einer zusätzlichen Gebühr nach dem **Wortlaut** von Nr. 5115 VV **nicht** vorgesehen ist.

3. Höhe der zusätzlichen Gebühr

Die zusätzliche Gebühr Nr. 5115 VV entsteht im Verwarnungsverfahren wegen einer straßenverkehrsrechtlichen Ordnungswidrigkeit i.H.d. Verfahrensgebühr Nr. 5101 VV. Wegen Abs. 3 Satz 2 der Anm. zu Nr. 5115 VV bemisst sich die zusätzliche Gebühr nach der Rahmenmitte. Daher

1627

Verweisung/Abgabe (§ 20)

entsteht als zusätzliche Gebühr **stets** die **Mittelgebühr** nach Nr. 5101 VV i.H.v. 55,00 €/vgl. dazu Nr. 5115 Rn. 48.

1628 *Beispiel: Ordnungswidrigkeit mit Regelsatz*

Dem Betroffenen wird vorgeworfen, beim Überholen keinen ausreichenden Seitenabstand eingehalten zu haben. Der Mandant ist nach Beratung durch seinen Verteidiger mit dem von der Verwaltungsbehörde erhobenen Verwarnungsgeld i.H.v. 30,00 € einverstanden.

Welche Vergütung kann R geltend machen (Mittelgebühren)?

Grundgebühr Nr. 5100 VV	85,00 €
Verfahrensgebühr Nr. 5101 VV	55,00 €
Postentgeltpauschale Nr. 7002 VV	20,00 €
Anwaltsvergütung netto	**160,00 €**

Wird die Entstehung der zusätzlichen Gebühr Nr. 5115 VV bejaht, erhält der Verteidiger eine zusätzliche Gebühr i.H.v. 55,00 €. Die Gesamtvergütung beträgt dann 255,85 €.

IV. Vergütung bei Anfechtung der Verwarnung

1629 Die Möglichkeit der Anfechtung der Verwarnung ist insbesondere deshalb stark eingeschränkt, weil die Verwarnung vom Einverständnis des Betroffenen abhängt (vgl. Burhoff/Deutscher, OWi, Rn. 2777). Wird die Verwarnung von der Polizei oder Verwaltungsbehörde aufgrund der Anfechtung nicht zurückgenommen, ist **Antrag** auf **gerichtliche Entscheidung** nach **§ 62 OWiG** zu stellen (vgl. Burhoff/Deutscher, OWi, Rn. 2781). Das Verfahren über diesen Antrag gehört noch zum Verfahren vor der Verwaltungsbehörde und nicht zum gerichtlichen Verfahren i.S.d. Nr. 5107 ff. VV und wird daher mit der **Grundgebühr Nr. 5100 VV** und der **Verfahrensgebühr Nr. 5101 VV abgegolten** (vgl. Vorbem. 5.1.2 Rn. 8 und 10). Eine Terminsgebühr wird auch hier regelmäßig nicht anfallen, weil nach §§ 62 Abs. 2 Satz 2 OWiG, § 309 Abs. 1 StPO die Entscheidung über den Antrag ohne mündliche Verhandlung ergeht.

> **Hinweis:**
>
> Wird der Verteidiger sowohl im Verwarnungsverfahren als auch im Verfahren über den Antrag auf gerichtliche Entscheidung tätig, kann dies gem. **§ 14** bei der Bemessung der Gebühren innerhalb des vorgesehenen Gebührenrahmens berücksichtigt werden.

Siehe auch im Teil A: → Gebührensystem, Rn. 649; → Rahmengebühren (§ 14), Rn. 1045.

Verweisung/Abgabe (§ 20)

§ 20 RVG   Verweisung, Abgabe

¹Soweit eine Sache an ein anderes Gericht verwiesen oder abgegeben wird, sind die Verfahren vor dem verweisenden oder abgebenden und vor dem übernehmenden Gericht ein Rechts-

Verweisung/Abgabe (§ 20)

zug. ²Wird eine Sache an ein Gericht eines niedrigeren Rechtszugs verwiesen oder abgegeben, ist das weitere Verfahren vor diesem Gericht ein neuer Rechtszug.

Übersicht	Rn.
A. Überblick	1630
I. Regelungsgehalt	1631
II. Anwendungsbereich	1632
III. Begrifflichkeiten	1633
1. Verweisung	1633
2. Abgabe	1634
B. Anmerkungen	1635
I. Allgemeines	1635
II. Verweisung/Abgabe innerhalb derselben Instanz (§ 20 Satz 1)	1636
1. Kostenrechtliche Konsequenzen	1636
2. Rechtsanwaltswechsel nach Verweisung	1641
3. Unterschiedlich hohe Gebühren	1642
III. Verweisung/Abgabe an ein Gericht des niedrigeren Rechtszugs (§ 20 Satz 2)	1643
IV. „Verweisung" wegen örtlicher Unzuständigkeit	1644

Literatur:

Burhoff, Welche Vorverfahrensgebühr entsteht bei Verweisung im Strafverfahren vom AG an das LG?, BRAGOprofessionell 2001, 156; *ders.*, Die Verweisung, Abgabe und Zurückverweisung von Verfahren nach §§ 14 und 15 BRAGO, BRAGOprofessionell 1996, 8; *ders.*, Die Abrechnung der anwaltlichen Tätigkeit in mehreren Strafverfahren – Teil 3: Verweisung und Zurückverweisung, RVGreport 2009, 8; *Mümmler*, Aus der Praxis für die Praxis – kostenrechtliche Auswirkung der Diagonalverweisung, JurBüro 1988, 289.

A. Überblick

Das RVG regelt die Verweisung bzw. Abgabe in § 20.   1630

> **Hinweis:**
>
> Wird eine Sache i.S.v. § 20 Satz 1 an ein anderes Gericht verwiesen, wirkt eine bereits bewilligte PKH und die Beiordnung fort, da es sich um einen einheitlichen Rechtszug handelt (vgl. Rn. 1636; Zöller/Philippi, ZPO, § 119 Rn. 26). Dies gilt auch für die Pflichtverteidigerbestellung. Auch im Fall der Zurückverweisung an ein Gericht eines niedrigeren Rechtszugs – insoweit entsteht nach § 20 Satz 2 eine neue gebührenrechtliche Angelegenheit (vgl. Rn. 1643) – dürfte die bereits erfolgte Beiordnung und Bestellung fortgelten (s. auch Teil A: Vergütungsanspruch gegen die Staatskasse [§ 55], Rn. 1469).

I. Regelungsgehalt

§ 20 stellt eine Ergänzung zu § 15 dar, der den Begriff der Angelegenheit regelt und damit den **Abgeltungsbereich der Gebühren** (vgl. Teil A: Abgeltungsbereich der Vergütung [§ 15], Rn. 1). Die Vorschrift legt Umfang und Grenzen des Rechtszugs im Fall der Verweisung und Abgabe fest. Für die **Zurückverweisung** gilt § 21 (vgl. Teil A: Zurückverweisung [§ 21], Rn. 1687). Die Verfahren vor dem verweisenden bzw. abgebenden und dem übernehmenden Gericht bilden einen Rechtszug und damit **eine Angelegenheit**. Die Gebühren entstehen damit grds. nur einmal (AnwKomm-RVG/N. Schneider, § 20 Rn. 3; Gerold/Schmidt/Mayer, § 20 Rn. 5). Sinn ist die Vermeidung einer zu hohen (hier doppelten) Vergütung.   1631

Verweisung/Abgabe (§ 20)

II. Anwendungsbereich

1632 § 20 gilt in jedem gerichtlichen Verfahren, also in Straf- und Bußgeldsachen nach den Teilen 4 und 5 VV und auch in Verfahren, deren Abrechnung in **Teil 6 VV** geregelt ist. Er findet keine Anwendung bei Abgabe von einer **Verwaltungsbehörde** an eine andere, da er – schon vom Wortlaut her – nur das gerichtliche Verfahren betrifft. Vor der Verwaltungsbehörde ist die Frage entscheidend, ob die Angelegenheit vor und nach der Abgabe dieselbe ist. Dies ist im Regelfall zu bejahen.

III. Begrifflichkeiten

1. Verweisung

1633 Das angegangene sachlich oder örtlich unzuständige Gericht verweist das Verfahren mittels Beschluss an das zuständige Gericht. Der Beschluss ist **bindend**.

2. Abgabe

1634 Die formlose Abgabe erfolgt zwischen Spruchkörpern desselben Gerichts (gerichtsinterne Zuständigkeit). Die Abgabe hat **keine Bindungswirkung**.

B. Anmerkungen

I. Allgemeines

1635 Es werden **zwei Arten der Verweisung** bzw. Abgabe geregelt.
- § 20 **Satz 1**: Verweisung bzw. Abgabe **innerhalb derselben Instanz** mit der Rechtsfolge, dass beide Verfahren einen Rechtszug bilden (vgl. dazu Rn. 1636).
- § 20 **Satz 2**: Verweisung bzw. **Abgabe** durch ein Gericht der **Rechtsmittelinstanz** an ein Gericht der Vorinstanz mit der Rechtsfolge, dass das weitere Verfahren einen neuen Rechtszug darstellt (vgl. dazu Rn. 1643).

II. Verweisung/Abgabe innerhalb derselben Instanz (§ 20 Satz 1)

1. Kostenrechtliche Konsequenzen

1636 Die Verfahren vor dem verweisenden und annehmenden Gericht bilden einen Rechtszug und damit nach § 15 Abs. 2 eine Angelegenheit. Der Rechtsanwalt/Verteidiger, der in beiden Verfahren tätig wird, kann die Gebühren für beide Verfahren nur einmal fordern.

Beispiele: Verweisung innerhalb derselben Instanz
- *wegen sachlicher Unzuständigkeit*
  vom AG X → an das LG Y (Strafkammer)
  vom AG X → an das LG Y (Schwurgericht; vgl. OLG Hamburg, JurBüro 1990, 478)
  vom LG X → an das OLG Y

Verweisung/Abgabe (§ 20)

- **wegen funktioneller Unzuständigkeit**
  Abgabe innerhalb des Gerichts von einer Strafkammer an eine andere, weil diese nach der Geschäftsverteilung zuständig ist.
- **wegen örtlicher Unzuständigkeit**
  findet im Strafverfahren nicht statt (vgl. Meyer-Goßner, § 16 Rn. 4 m.w.N.; vgl. zu der gebührenrechtlichen Behandlung der Abgabe/Verweisung wegen örtlicher Unzuständigkeit Rn. 1644 ff.).

Hinweis: 1637

Falls aufgrund der Verweisung/Abgabe **unterschiedlich hohe Betragsrahmen** Anwendung finden, war unter Geltung der BRAGO streitig, nach welchem Rahmen sich die Gebühren richten (vgl. dazu die Nachw. bei AnwKomm-RVG/N. Schneider, § 20 Rn. 19). Für die Anwendung des RVG gilt:

- Der Betragsrahmen der **Grundgebühr** Nr. 4100 VV und der **Verfahrensgebühr** für das vorbereitende Verfahren nach Nr. 4104 VV knüpft nicht mehr an die Ordnung des Gerichts an (vgl. Nr. 4100 VV Rn. 38; Nr. 4104 VV Rn. 20). Die Verweisung hat auf diese Gebühren daher auf keinen Fall mehr Auswirkungen.
- Die **gerichtliche Verfahrensgebühr** richtet sich nach dem Rahmen des höchsten mit der Sache befassten Gerichts.
- Die **gerichtliche Terminsgebühr** knüpft ebenfalls daran an, vor welchem Gericht verhandelt worden ist.

Beispiel 1: 1638

Gegen den B ist beim Schöffengericht ein umfangreiches Verfahren wegen Verkehrsstraftaten anhängig. Dieses wird nach Anklageerhebung vom AG gem. § 225a Abs. 1 StPO der Strafkammer vorgelegt, die es übernimmt. Dort findet eine eintägige Hauptverhandlung statt. B ist von Anfang an von R vertreten worden. Alle Kriterien des § 14 sind durchschnittlich.

Berechnung der Gebühren	*Wahlanwalt*	*Pflichtverteidiger*
Vorbereitendes Verfahren		
Grundgebühr Nr. 4100 VV	*165,00 €*	*132,00 €*
Verfahrensgebühr Nr. 4104 VV (vorbereitendes Verfahren)	*140,00 €*	*112,00 €*
Postentgeltpauschale Nr. 7002 VV	*20,00 €*	*20,00 €*
Gerichtliches Verfahren		
Verfahrensgebühr Nr. 4112 VV	*155,00 €*	*124,00 €*
Terminsgebühr Nr. 4114	*270,00 €*	*216,00 €*
Postentgeltpauschale Nr. 7002 VV	*20,00 €*	*20,00 €*
Anwaltsvergütung netto	*770,00 €*	*624,00 €*

Die Verfahrensgebühr für das gerichtliche Verfahren richtet sich nach der landgerichtlichen Stufe; das LG ist das höchste der mit der Sache im gerichtlichen Verfahren befassten Gerichte.

Verweisung/Abgabe (§ 20)

1639 ***Beispiel 2:***

Gegen den B ist beim Schöffengericht ein umfangreiches Verfahren wegen Verkehrsstraftaten anhängig. Dieses wird vom AG in der Hauptverhandlung gem. § 270 Abs. 1 StPO an die Strafkammer verwiesen. Dort findet eine eintägige Hauptverhandlung statt. B ist von Anfang an von Rechtsanwalt R vertreten worden. Alle Kriterien des § 14 sind durchschnittlich.

Berechnung der Gebühren	Wahlanwalt	Pflichtverteidiger
Vorbereitendes Verfahren		
Grundgebühr Nr. 4100 VV	165,00 €	132,00 €
Verfahrensgebühr Nr. 4104 VV (vorbereitendes Verfahren)	140,00 €	112,00 €
Postentgeltpauschale Nr. 7002 VV	20,00 €	20,00 €
Gerichtliches Verfahren		
Verfahrensgebühr Nr. 4112 VV	155,00 €	124,00 €
Terminsgebühr Nr. 4108 VV (AG)	230,00 €	184,00 €
Terminsgebühr Nr. 4114 VV (LG)	270,00 €	216,00 €
Postentgeltpauschale Nr. 7002 VV	<u>20,00 €</u>	<u>20,00 €</u>
Anwaltsvergütung netto	**1000,00 €**	**808,00 €**

Die Verweisung an das AG hat auf die gerichtlichen Verfahrensgebühr keine Auswirkungen. Diese bleiben dem Rechtsanwalt aus dem landgerichtlichen Rahmen erhalten.

1640 ***Beispiel 3:***

Gegen den B ist ein Strafverfahren wegen Vergewaltigung anhängig. Dieses wird bei der Strafkammer angeklagt. Diese eröffnet aber gem. § 209 Abs. 1 StPO beim AG. Dort findet eine eintägige Hauptverhandlung statt. B ist von Anfang an von Rechtsanwalt R vertreten worden. Alle Kriterien des § 14 sind durchschnittlich.

Berechnung der Gebühren	Wahlanwalt	Pflichtverteidiger
Vorbereitendes Verfahren		
Grundgebühr Nr. 4100 VV	165,00 €	132,00 €
Verfahrensgebühr Nr. 4104 VV (vorbereitendes Verfahren)	140,00 €	112,00 €
Postentgeltpauschale Nr. 7002 VV	20,00 €	20,00 €
Gerichtliches Verfahren		
Verfahrensgebühr Nr. 4112 VV	155,00 €	124,00 €
Terminsgebühr Nr. 4108 VV	230,00 €	184,00 €
Postentgeltpauschale Nr. 7002 VV	<u>20,00 €</u>	<u>20,00 €</u>
Anwaltsvergütung netto	**730,00 €**	**592,00 €**

Das LG ist das höchste mit der Sache befasste Gericht. Daher verbleibt es trotz der Eröffnung des Hauptverfahrens beim AG bei der Verfahrensgebühr Nr. 4112 VV.

Hinweis:

An dem Betragsrahmen **einmal entstandener Gebühren** ändert sich **nichts**, wenn sich der Betragsrahmen durch die Verweisung/Abgabe reduziert. Die danach neu entstehenden Gebühren richten sich allerdings nach dem geringeren Betragsrahmen (s. auch Rn. 1640; s. auch AnwKomm-RVG/N. Schneider, § 20 Rn. 24).

2. Rechtsanwaltswechsel nach Verweisung

Sind vor dem verweisenden/abgebenden und dem annehmenden Gericht unterschiedliche Rechtsanwälte tätig, so entstehen für jeden die **Gebühren gesondert** entsprechend der Ordnung des Gerichts, vor dem der Rechtsanwalt tätig gewesen ist. 1641

3. Unterschiedlich hohe Gebühren

Sind in dem Verfahren vor dem verweisenden Gericht **höhere Gebühren** entstanden, so **bleiben** diese **bestehen**. Im annehmenden Verfahren entstehen die Gebühren nach dem geringeren Betragsrahmen. 1642

III. Verweisung/Abgabe an ein Gericht des niedrigeren Rechtszugs (§ 20 Satz 2)

§ 20 Satz 2 regelt die Verweisung bzw. Abgabe an ein Gericht des niedrigeren Rechtszugs. Das weitere Verfahren vor diesem ist ein **neuer Rechtszug**, in dem die Gebühren noch einmal entstehen. 1643

Beispiel:

Gegen den A wird wegen sexueller Nötigung/Vergewaltigung nach § 177 Abs. 2 StGB bei der Strafkammer Anklage erhoben. A wird verurteilt. Er legt Revision ein. Der BGH hebt das Urteil auf und verweist gem. § 354 Abs. 3 StPO die Sache an das zuständige AG zurück, weil er nur von einer Beleidigung ausgeht.

Das Verfahren vor dem AG ist ein neuer Rechtszug, in dem jetzt die erstinstanzlichen Gebühren noch einmal entstehen, und zwar nach Nrn. 4106 ff. VV (Teil 4 Abschnitt 1 Unterabschnitt 3 VV).

IV. „Verweisung" wegen örtlicher Unzuständigkeit

Fraglich ist die Behandlung der Verfahren, in denen das Verfahren wegen örtlicher Unzuständigkeit an ein anderes Gericht „verwiesen" bzw. abgegeben wird. Es stellt sich dann die Frage, ob ggf. verschiedene Angelegenheiten i.S.d. § 15 vorliegen mit der Folge, dass mehrere (gerichtliche) Verfahrensgebühren entstehen. 1644

Beispiel:

Die Staatsanwaltschaft erhebt gegen den Beschuldigten B Anklage beim AG A. Dieses ist jedoch örtlich unzuständig. Der Amtsrichter weist die Staatsanwaltschaft darauf hin. Diese nimmt daher die Anklage zurück und erhebt eine neue Anklage beim zuständigen AG B.

*Es handelt sich **nicht um zwei verschiedene Angelegenheiten** mit der Folge, dass zwei Verfahrensgebühren Nr. 4106 VV sowie zwei Auslagenpauschalen Nr. 7002 VV entstehen würden. Eine Verweisung des Verfahrens vom AG A an das zuständige AG B ist daran gescheitert, dass wegen § 16 StPO im Strafverfahren eine Verweisung wegen örtlicher Unzuständigkeit nicht möglich ist (vgl. oben Rn. 1636; Meyer-Goßner, § 16 Rn. 5). Die deswegen erforderliche Rücknahme der Anklageschrift durch die Staatsanwaltschaft und die sodann erfolgte erneute Anklageerhebung durch sie führt jedoch nicht zur Bildung verschiedener gebührenrechtlicher Angelegenheiten, weil im Ergebnis doch nur eine „Verweisung" vorliegt.*

Vorschuss aus der Staatskasse (§ 47)

*Hierfür spricht, dass das Strafverfahren **weiterhin** in **derselben gerichtlichen** Instanz anhängig ist, in der nach § 15 Abs. 2 Satz 2 die Gebühren nur einmal gefordert werden können (vgl. Teil A: Abgeltungsbereich der Vergütung [§ 15], Rn. 1). Ferner kann – auch wenn tatsächlich keine Verweisung vorliegt – der in § 20 enthaltene Rechtsgedanke nicht unberücksichtigt bleiben. Aus § 20 Satz 1 ergibt sich der Grundsatz, dass bei einem erforderlichen Wechsel des Gerichts grds. nur ein Rechtszug vorliegt, in dem die Gebühren nach § 15 Abs. 2 Satz 2 insgesamt einmal entstehen. Wenn schon bei der Verweisung wegen sachlicher Unzuständigkeit, die zudem häufig mit einem Ortswechsel verbunden ist, weiterhin derselbe Rechtszug vorliegt (vgl. oben Rn. 1639), ist nicht ersichtlich, warum bei einem Wechsel des Gerichts innerhalb derselben Instanz wegen örtlicher Unzuständigkeit etwas anderes gelten soll. Aus dem strafprozessualen Erfordernis der Rücknahme der zunächst erhobenen Anklage und Einreichung einer neuen Anklage bei dem örtlich zuständigen Gericht erwachsen somit keine verschiedenen gebührenrechtlichen Angelegenheiten.*

Siehe auch im Teil A: →Angelegenheiten (§§ 15 ff.), Rn. 66; →Zurückverweisung (§ 21), Rn. 1687.

Vorschuss aus der Staatskasse (§ 47)

§ 47 RVG   Vorschuss

(1) ¹Wenn dem Rechtsanwalt wegen seiner Vergütung ein Anspruch gegen die Staatskasse zusteht, kann er für die entstandenen Gebühren und die entstandenen und voraussichtlich entstehenden Auslagen aus der Staatskasse einen angemessenen Vorschuss fordern. ²Der Rechtsanwalt, der nach § 138 des Gesetzes über das Verfahren in Familiensachen und in den Angelegenheiten der freiwilligen Gerichtsbarkeit, auch in Verbindung mit § 270 des Gesetzes über das Verfahren in Familiensachen und in den Angelegenheiten der freiwilligen Gerichtsbarkeit, beigeordnet oder nach § 67a Abs. 1 Satz 2 der Verwaltungsgerichtsordnung bestellt ist, kann einen Vorschuss nur verlangen, wenn der zur Zahlung Verpflichtete (§ 39 oder § 40) mit der Zahlung des Vorschusses im Verzug ist.

(2) Bei Beratungshilfe kann der Rechtsanwalt keinen Vorschuss fordern.

Übersicht			Rn.
A.	Überblick		1645
B.	Anmerkungen		1646
	I.	Recht auf Vorschuss	1646
	II.	Höhe des Vorschusses	1647
	III.	Vorschuss auf die Pauschgebühr (§ 51 Abs. 1 Satz 5)	1648
	IV.	Bedeutung des Vorschusses bei Auslagen	1649
	V.	Festsetzung des Vorschusses	1650
	VI.	Abrechnung des Vorschusses	1651
		1. Zeitpunkt der Abrechnung	1651
		2. Rückforderung vom Anwalt	1652
	VII.	Erinnerung und Beschwerde gegen die Festsetzung des Vorschusses (§ 56)	1654
	VIII.	Empfehlungen für die Praxis	1655
C.	Arbeitshilfen		1658

Literatur:

Al-Jumaili, Festsetzung der Pflichtverteidigervergütung, § 98 BRAGO, JurBüro 2000, 516; *dies.*, Vergütungsansprüche des gerichtlich bestellten Rechtsanwalts, JurBüro 2000, 172, 175; *Enders*, Vorschuss von PKH-Mandanten, JurBüro 2003, 225; *Kroiß*, Die Vergütung des Pflichtverteidigers nach dem RVG, RVG-

Vorschuss aus der Staatskasse (§ 47)

Letter 2004, 134; **Madert**, Das Recht auf Vorschuß, AGS 1992, 6; **ders**., Das Recht des Anwalts, Vorschuss zu fordern, AGS 2003, 286; **Neumann**, Entscheidungsmöglichkeiten des Gerichts bei Erinnerung gegen einen zurückgewiesenen Festsetzungsantrag, JurBüro 1999, 400; **Volpert**, Erstattung der Dolmetscherkosten für vorbereitende Gespräche des Verteidigers, BRAGOprofessionell 2003, 165; **ders**., Terminsreisekosten in Familien- und Zivilsachen, RVGprofessionell 2006, 51.

A. Überblick

Das RVG regelt den Anspruch auf Vorschuss des in Angelegenheiten nach den Teilen 4 bis 6 VV gerichtlich **beigeordneten** oder **bestellten** Rechtsanwalts **gegen die Staatskasse** in § 47 Abs. 1 Satz 1. Auch der **Wahlanwalt** kann nach § 9 einen Vorschuss vom Auftraggeber verlangen (s. auch Teil A: Vorschuss vom Auftraggeber [§ 9], Rn. 1659 ff.). 1645

> **Hinweis:**
> Bei **Beratungshilfe** kann der Rechtsanwalt nach § 47 Abs. 2 die Gebühr Nr. 2501 VV nebst Auslagen nicht vorschussweise aus der Landeskasse verlangen. Auch die Beratungshilfegebühr Nr. 2500 VV kann nicht vorschussweise verlangt werden (vgl. Hansens, in: Hansens/Braun/Schneider, Teil 7, Rn. 52; Teil A: Beratungshilfe, Rn. 319).

B. Anmerkungen

I. Recht auf Vorschuss

Der Rechtsanwalt hat nach § 47 Abs. 1 Satz 1 ein **Recht** auf Vorschuss. Ob und in welcher Höhe er einen Vorschuss verlangt, liegt in seinem **Ermessen**, er ist also nicht verpflichtet, einen Vorschuss zu verlangen. Verlangt er ihn aber, liegen die Voraussetzungen des § 47 Abs. 1 vor und enthält der Antrag alle erforderlichen Angaben und Erklärungen, insbesondere gem. § 55 Abs. 5 Satz 2 zu erhaltenen Zahlungen, ist der Vorschuss vom Urkundsbeamten der Geschäftsstelle im Verfahren nach § 55 festzusetzen und anschließend auszuzahlen. Der Antrag auf Festsetzung eines Vorschusses kann vom Urkundsbeamten nur abgelehnt werden, wenn die genannten Voraussetzungen für den Vorschuss nicht vorliegen. Der ordentliche Rechtsweg zur Geltendmachung des Vorschusses ist ausgeschlossen, da der Vorschuss im **Festsetzungsverfahren** nach § 55 geltend zu machen ist, § 55 Abs. 1 Satz 1. Ein Vorschuss auf die **weitere Vergütung** nach § 50 durch den im Wege der PKH beigeordneten Rechtsanwalt bei PKH mit Zahlungsanordnung kann nicht geltend gemacht werden, weil erst nach Verfahrensende feststeht, welche vorrangig aus den Ratenzahlungen zu deckenden Kosten angefallen sind (vgl. OLG Bamberg, JurBüro 1990, 725). Der Eintritt der Fälligkeit (§ 8) ist nicht Voraussetzung für die Geltendmachung des Vorschusses. Denn Vorschusserhebung bedeutet, dass Kosten bereits vor deren Fälligkeit geltend gemacht werden. 1646

II. Höhe des Vorschusses

Der beigeordnete oder der bestellte Anwalt kann für die **entstandenen Gebühren** und die **entstandenen** und **voraussichtlich entstehenden Auslagen** aus der Staatskasse einen **angemesse-** 1647

Vorschuss aus der Staatskasse (§ 47)

nen **Vorschuss** fordern. Angemessen bedeutet, dass der Rechtsanwalt alle bereits entstandenen Gebühren und Auslagen und die vollen voraussichtlich entstehenden Auslagen vorschussweise fordern kann. Der beigeordnete oder bestellte Rechtsanwalt kann also nicht nur auf einen Teilbetrag verwiesen werden. Bei den in den Teilen 4 bis 6 VV bei gerichtlicher Beiordnung oder Bestellung regelmäßig anfallenden Festgebühren besteht der Vorschussanspruch daher in Höhe dieser Gebühren.

Die vorschussweise verlangten **Gebühren** müssen zwar bereits entstanden (vgl. AG Koblenz, AGS 2005, 352), die **Fälligkeit** (vgl. § 8; Teil A: Fälligkeit der Vergütung (§ 8), Rn. 519) muss jedoch noch **nicht** eingetreten sein. Auch der Anspruch auf Ersatz der Auslagen muss noch nicht fällig sein. Die voraussichtlich entstehenden **Auslagen** sind unter Anwendung eines objektiven Maßstabs unter Berücksichtigung aller Umstände des Einzelfalls bei einer weder zu engen noch zu weiten Auslegung zu prüfen. Die **Entstehung** muss **höchstwahrscheinlich** sein (vgl. Anw-Komm-RVG/Schnapp, § 47 Rn. 5).

> **Hinweis:**
>
> Die Höhe der Grundgebühr Nr. 4100 VV sowie der Verfahrensgebühr Nr. 4104 VV für das vorbereitende Verfahren richtet sich **nicht** nach der **Ordnung** des Gerichts (vgl. Nr. 4100 Rn. 33 und 4104 VV Rn. 15). Es sind also nicht mehr wie bei § 84 BRAGO für die Vorschusserhebung Überlegungen dahin gehend anzustellen, bei welchem Gericht voraussichtlich Anklage erhoben werden wird (vgl. dazu z.B. OLG Hamburg, StV 1988, 73).

III. Vorschuss auf die Pauschgebühr (§ 51 Abs. 1 Satz 5)

1648 **Nicht** zu **verwechseln** mit dem Vorschuss nach § 47 Abs. 1 ist der Vorschuss auf die **Pauschgebühr** gem. § 51 Abs. 1 Satz 5. Danach ist dem gerichtlich bestellten oder beigeordneten Rechtsanwalt auf Antrag ein angemessener Vorschuss zu bewilligen, wenn ihm insbesondere wegen der langen Dauer des Verfahrens und der Höhe der zu erwartenden Pauschgebühr nicht zugemutet werden kann, die Festsetzung der Pauschgebühr abzuwarten. Während der Vorschuss auf die Pauschgebühr aber gem. § 51 Abs. 2 vom **OLG** festgesetzt wird, entscheidet über den Vorschuss gem. § 47 Abs. 1 der Urkundsbeamte des gem. § 55 zuständigen Gerichts (zum Vorschuss auf die Pauschgebühr nach § 51 s. § 51 Rn. 64 ff.).

IV. Bedeutung des Vorschusses bei Auslagen

1649 Nach § 46 Abs. 2 kann das Gericht auf Antrag die Feststellung treffen, dass Reisekosten oder Aufwendungen (§ 670 BGB) erforderlich sind (s. Teil A: Auslagen aus der Staatskasse [§ 46], Rn. 208 ff.). Neben dem Feststellungsverfahren nach § 46 Abs. 2 bietet aber auch die Festsetzung eines Vorschusses nach § 47 Abs. 1 die **Möglichkeit** zu **klären**, ob **Auslagen** von der **Staatskasse** erstattet werden. Denn nach § 47 Abs. 1 können im Wege des Vorschusses die voraussichtlich entstehenden Auslagen aus der Staatskasse gefordert werden. Anders als die vorherige positive Feststellung nach § 46 Abs. 2, der Bindungswirkung zukommt, kann die Vorschussfestsetzung aber noch von der Staatskasse angefochten werden.

Vorschuss aus der Staatskasse (§ 47)

V. Festsetzung des Vorschusses

Für das Verfahren zur Festsetzung des Vorschusses gilt **§ 55** (s. hierzu Teil A: Festsetzung gegen die Staatskasse [§ 55], Rn. 579 ff.). Nach Teil I A, Ziff. 1.5 der bundeseinheitlichen Bestimmungen über die Festsetzung der aus der Staatskasse zu gewährenden Vergütung der Rechtsanwälte (vgl. für den Bund die Verwaltungsvorschrift über die Festsetzung der aus der Staatskasse zu gewährenden Vergütung der Rechtsanwälte v. 19.7.2005, BAnz 2005 Nr. 147, S. 1997, zuletzt geändert durch Bekanntmachung v. 26.08.2009, BAnz 2009 Nr. 136, S. 3232; für NRW Festsetzung der aus der Staatskasse zu gewährenden Vergütung der Rechtsanwälte, AV d. JM v. 30.6 2005 (5650 - Z. 20) – JMBl. NRW, S. 181 – i.d.F. v. 13. 8 2009, JMBl. NRW, S. 205 ist der Urkundsbeamte im Fall der Festsetzung eines Vorschusses gehalten, die Fälligkeit der Vergütung (vgl. § 8) zu überwachen und dafür zu sorgen, dass der Vorschuss alsbald abgerechnet wird. Nach Ziff. 1.5 der Verwaltungsbestimmungen sind in den nach Geltendmachung des Vorschusses eingereichten Kostenberechnungen **sämtliche Gebühren** und Auslagen **aufzuführen**, wobei bereits gezahlte Beträge abzusetzen sind.

1650

VI. Abrechnung des Vorschusses

1. Zeitpunkt der Abrechnung

Die Abrechnung des aus der Staatskasse erhaltenen Vorschusses erfolgt bei der abschließenden Festsetzung der aus der Staatskasse zu gewährenden Vergütung. Der Rechtsanwalt muss in dem entsprechenden **Antrag** auch die aus der Staatskasse erhaltenen **Vorschüsse angeben** (vgl. § 55 Abs. 5 Satz 2; s. hierzu – Teil A: Festsetzung gegen die Staatskasse [§ 55], Rn. 602 ff.). Der Hinweis des Anwalts auf die Überzahlung stellt eine Nebenpflicht aus dem besonderen Rechtsverhältnis der Beiordnung oder Bestellung dar.

1651

2. Rückforderung vom Anwalt

Ergibt sich bei dieser aufgrund des Festsetzungsantrags des Rechtsanwalts vorgenommenen Endabrechnung, dass an den beigeordneten oder bestellten Rechtsanwalt bereits eine Überzahlung erfolgt ist, setzt der Urkundsbeamte den an den Rechtsanwalt zu viel gezahlten Betrag als **Rückforderungsbetrag der Staatskasse** fest (vgl. OVG Niedersachsen, JurBüro 1991, 1348; AnwKomm-RVG/Schnapp, § 47 Rn. 2).

1652

Stellt der beigeordnete oder bestellte Rechtsanwalt nach Erhalt des Vorschusses oder der Vorschüsse trotz der sich insoweit aus der Beiordnung oder Bestellung ergebenden Verpflichtung **keinen abschließenden Festsetzungsantrag** mehr, kann der Urkundsbeamte seine Festsetzung(en) hinsichtlich des Vorschusses nicht von Amts wegen ändern und die Festsetzung des Rückforderungsbetrags der **Staatskasse** vornehmen (vgl. Rn. 1652). Es ist vielmehr erforderlich, dass der zuständige Vertreter der Staatskasse **Erinnerung** oder auch **Beschwerde** gem. § 56 mit dem Ziel einlegt, eine Verringerung der Vergütung zu erreichen (vgl. OLG Frankfurt am Main, JurBüro 1991, 1649; s. hierzu Teil A: Festsetzung gegen die Staatskasse [§ 55], Rn. 614, 626; Teil A: Rechtsmittel gegen die Vergütungsfestsetzung [§§ 56, 33], Rn. 1130). Ein Antrag der Staatskasse nach § 55 reicht nicht aus, weil der Staatskasse insoweit kein Antragsrecht einge-

1653

Vorschuss aus der Staatskasse (§ 47)

räumt ist, § 55 Abs. 1 Satz 1. Wird aufgrund des Rechtsmittels der Staatskasse der im Verfahren tatsächlich entstandene Betrag festgesetzt, kann die überzahlte Vergütung nach der Justizbeitreibungsordnung vom beigeordneten oder bestellten Rechtsanwalt eingezogen werden (vgl. Teil I A, Ziff. 1.6 der bundeseinheitlichen Bestimmungen über die Festsetzung der aus der Staatskasse zu gewährenden Vergütung der Rechtsanwälte, Rn. 1650). Allerdings ist bei dem **Rechtsmittelrecht** der **Staatskasse** zu beachten, dass insoweit die Auffassung vertreten wird, dass dieses in entsprechender Anwendung von § 20 GKG **verwirkt** sein kann (s. Teil A: Rechtsmittel gegen die Vergütungsfestsetzung [§§ 56, 33], Rn. 1124 ff.). Daher kommt der in Teil I A, Ziff. 1.5.3 der bundeseinheitlichen Verwaltungsbestimmungen geregelten Überwachungspflicht des Urkundsbeamten bei der Festsetzung und Auszahlung von Vorschüssen eine hohe Bedeutung zu. Der Urkundsbeamte überwacht nach Teil I A, Ziff. 1.5.3 die Fälligkeit der Vergütung und sorgt dafür, dass der Vorschuss alsbald abgerechnet wird. Deshalb muss der Urkundsbeamte nach Festsetzung eines Vorschusses stets eine Wiedervorlagefrist in der Akte anordnen.

> **Hinweis:**
> Ist an den Rechtsanwalt mehr ausgezahlt worden, als für ihn festgesetzt worden ist, kann die Staatskasse den überzahlten Betrag ohne Weiteres zurückfordern. Der Rechtsanwalt kann sich bei einer Rückforderung durch die Staatskasse nicht auf Entreicherung berufen, weil auf den öffentlich-rechtlichen Erstattungsanspruch der Staatskasse § 818 Abs. 3 BGB nicht anwendbar ist (vgl. KG, NJW 2009, 456 = StraFo 2008, 529 = AGS 2009, 178 = JurBüro 2009, 31; OLG Celle, AnwBl. 1981, 455; OLG Düsseldorf, AnwBl. 1991, 409; OLG Zweibrücken, JurBüro 1983, 722).

VII. Erinnerung und Beschwerde gegen die Festsetzung des Vorschusses (§ 56)

1654 Gegen die Festsetzung des Vorschusses durch den Urkundsbeamten der Geschäftsstelle (vgl. § 55 Abs. 1) ist gem. § 56 die **Erinnerung** durch den Rechtsanwalt und die Staatskasse gegeben. Der Anwalt ist durch die Ablehnung oder teilweise Zurückweisung, die Staatskasse durch die Festsetzung des Vorschusses beschwert. Über die Erinnerung entscheidet das Gericht des Rechtszugs, bei dem die Festsetzung erfolgt ist, durch Beschluss. Gegen die Erinnerungsentscheidung ist nach §§ 56 Abs. 2 Satz 1, 33 Abs. 3 die **Beschwerde** zulässig, wenn die Beschwerdesumme 200,00 € übersteigt. Eine **Änderung** der Festsetzung **von Amts wegen** durch den Urkundsbeamten kommt nicht in Betracht (vgl. OLG Bremen, OLGR Bremen 2006, 580 = AGS 2007, 207 = RVGreport 2007, 183; Hansens, in: Hansens/Braun/Schneider, Teil 7, Rn. 161). Der Urkundsbeamte kann daher nicht von sich aus den Rechtsanwalt zur Rückzahlung einer nach seiner Auffassung zu viel gezahlten Vergütung auffordern. I. Ü. wird auf die Erläuterungen im Teil A: Festsetzung gegen die Staatskasse (§ 55) Rn. 626 verwiesen.

VIII. Empfehlungen für die Praxis

1655 Bei jedem Vorschussverlangen sollte der beigeordnete oder bestellte Rechtsanwalt **berücksichtigen**, dass der Antrag in einem **laufenden Verfahren** gestellt wird. Häufig wird der Vorschussantrag dem Urkundsbeamten daher nicht zur Bearbeitung vorgelegt (werden können), weil die Akten an anderer Stelle (Staatsanwaltschaft, Gericht, Sachverständiger) nicht entbehrlich sind.

Vorschuss aus der Staatskasse (§ 47)

Auf der anderen Seite kann die Bearbeitung von Vorschussanträgen durch Anlage separater Kostenbände bei Gericht gefördert und vereinfacht werden. In diesem Fall ist dann nur die einmalige Vorlage der Akten an den Urkundsbeamten erforderlich, der dann Ablichtungen aller für die Festsetzung wesentlichen Unterlagen zu dem Kostenband nehmen kann. Die **Anlage** der **Kostenbände** ist auch **zumutbar**, weil der Anwalt nach § 47 Abs. 1 ein Vorschussrecht hat und über Festsetzungsanträge nach den dazu in den meisten Bundesländern erlassenen Verwaltungsbestimmungen im Allgemeinen unverzüglich zu befinden ist (vgl. hierzu z.B. in NRW AV d. JM v. 20.03.1987 i.d.F. v. 08.06.2004 – 5601 – I B. 3; Schleswig-Holstein AV d. JM v. 31.03. 1988 – V 340 a/5600 – 69 – (SchlHA, S. 63); Mecklenburg – Vorpommern, AV des Ministers für Justiz, Bundes- und Europaangelegenheiten v. 15. Mai 1991 – III 360/5600 – 15 – Fundstelle: AmtsBl. M-V 1991, S. 401, zuletzt geändert durch Verwaltungsvorschrift v. 03.12.2004 (AmtsBl. M-V 2004, S. 1072).

> **Hinweis:**
> Der Anwalt sollte bei der Vorschusserhebung aber **berücksichtigen**, dass insbesondere Anträge auf vorschussweise Festsetzung der Terminsgebühr nach jedem wahrgenommenen Hauptverhandlungstermin in einem Umfangsverfahren einen enormen **Aktenumlauf** und Arbeitsaufwand verursachen, der in seiner Gesamtheit nicht zu einer Beschleunigung, sondern eher zu einer Verlangsamung der Bearbeitung von Festsetzungs- und Vorschussanträgen führt.

1656

Wird auf das Vorschussverlangen des Anwalts nicht reagiert, kann das jedenfalls nach **längerem Zeitablauf** einer Ablehnung der Festsetzung gleichkommen. Hiergegen kann **Erinnerung** gem. § 56 eingelegt werden (OLG Naumburg, NJW 2003, 2921 noch zur BRAGO; AG Duisburg, Rpfleger 2009, 521, zur PKH; Gerold/Schmidt/Müller-Rabe, § 47 Rn. 9; vgl. auch RVGprofessionell 2010, 116); diese ist vorrangig gegenüber dem Antrag auf gerichtliche Entscheidung gem. § 27 Abs. 1 EGGVG (OLG Naumburg, NJW 2003, 2921, noch zur BRAGO). Wird auch auf diese Erinnerung nicht reagiert, ist die Untätigkeitsbeschwerde möglich (vgl. hierzu Zöller/Heßler, § 567 Rn. 21 m.w.N.).

1657

Allerdings werden diese Rechtsbehelfe nur dann Aussicht auf Erfolg haben, wenn dargelegt wird, dass das Verhalten des Gerichts auf **Willkür** beruht und den Tatbestand der Rechtsverweigerung erfüllt (vgl. auch RVGprofessionell 2010, 116). Dazu wird allerdings erhebliche Zeit ins Land gegangen sein müssen (Burhoff, OWi, Rn. 386a m.w.N.).

C. Arbeitshilfen

Muster: Antrag auf Festsetzung eines Vorschusses gem. § 47

1658

> An das
>
> AG ...../LG.....
>
> In der Sache

Vorschuss aus der Staatskasse (§ 47)

..... ./. .....

Az. ..... beantrage ich,

gem. § 47 RVG als Vorschuss die nachstehend berechneten Gebühren und Auslagen festzusetzen.

Die angemeldeten Gebühren sind bereits entstanden.

Ich war vor Eingang

☐ der Anklageschrift oder

☐ des Antrags auf Erlass des Strafbefehls bei Gericht oder im beschleunigten Verfahren bis zum Vortrag der nur mündlich erhobenen Anklage tätig; meine Tätigkeit bestand in .....

☐ Vorschüsse oder sonstige Zahlungen (§ 58 Abs. 3) habe ich

☐ nicht

☐ i.H.v. ..... € erhalten.

Aus der Staatskasse habe ich Vorschüsse (§ 47)

☐ nicht

☐ i.H.v. ..... € erhalten.

☐ Gebühren für Beratungshilfe habe ich

☐ nicht

☐ i.H.v. ..... € erhalten.

Ich werde nach Stellung des Festsetzungsantrages erhaltene Zahlungen unverzüglich anzeigen (§ 55 Abs. 5 Satz 4).

Berechnung:

1. Grundgebühr .....
2. Verfahrensgebühr(en) .....
3. Terminsgebühr(en) .....
4. Postentgeltpauschale Nr. 7002 VV .....
5. Weitere Auslagen .....
6. Zwischensumme: .....
7. 19 % USt., Nr. 7008 VV .....

Summe:

.....

abzgl. Vorschüsse/Zahlungen (s. o.)

.....

Rechtsanwalt

Vorschuss vom Auftraggeber (§ 9)

Siehe auch im Teil A: → Auslagen aus der Staatskasse (§ 46 Abs. 1 und 2), Rn. 140 ff.; → Festsetzung gegen die Staatskasse, Rn. 579 ff.; → Rechtsmittel gegen die Vergütungsfestsetzung (§§ 56, 33), Rn. 1115 ff.; → Umfang des Vergütungsanspruchs (§ 48 Abs. 1), Rn. 1382 ff.; → Vorschuss vom Auftraggeber (§ 9), Rn. 1659 ff.

Vorschuss vom Auftraggeber (§ 9)

§ 9 RVG   Vorschuss

Der Rechtsanwalt kann von seinem Auftraggeber für die entstandenen und die voraussichtlich entstehenden Gebühren und Auslagen einen angemessenen Vorschuss fordern.

	Übersicht	Rn.
A.	Überblick	1659
B.	Anmerkungen	1660
	I. Allgemeines	1660
	II. Vorschussverlangen	1661
	1. Allgemeines	1661
	III. Höhe des Vorschusses	1666
	IV. Berechnung und Einziehung des Vorschusses	1672
	V. Abrechnung des Vorschusses	1674
	VI. Nichtzahlung des Vorschusses	1675
C.	Arbeitshilfen	1676
	I. Muster: Allgemeine Vorschussanforderung	1676
	II. Muster: Erinnerung an Vorschusszahlung mit Androhung der Mandatsniederlegung	1677
	III. Muster: Abrechnung von Vorschusszahlung	1678

Literatur:

von Bühren, Rechtliche Probleme in der Zusammenarbeit mit Rechtsschutzversicherern, NJW 2007, 3606; *Hansens*, Bindung des Rechtsanwalts an die Bestimmung von Rahmengebühren, RENOpraxis 2010, 269; *Jungbauer*, Vorschussanforderungen gegenüber dem rechtsschutzversicherten Mandanten, DAR 2008, 764 (Sonderheft); *Madert*, Das Recht auf Vorschuß, AGS 1992, 6, 14; *ders.*, Das Recht des Anwalts, Vorschuss zu fordern, AGS 2003, 286; *Meyer*, Zur Frage der ordnungsgemäßen Abrechnung von Gebührenvorschüssen auf Honorarforderungen des Rechtsanwalts, JurBüro 2009, 633; *Schneider*, Das Recht auf Vorschuss nach § 9 RVG, ZAP Fach 24, S. 1119.

A. Überblick

Das RVG regelt den Vorschuss des Rechtsanwalts in § 9, der dem früheren § 17 BRAGO wortgleich entspricht. Die aus der Vergangenheit zu § 17 BRAGO vorliegende **Rechtsprechung** und **Literatur** bleibt also anwendbar.   1659

> **Hinweis:**
>
> § 9 gilt **nicht unmittelbar** im Verhältnis des Rechtsanwalts gegenüber der **Rechtsschutzversicherung** des Mandanten. Diese ist nicht Auftraggeber des Rechtsanwalts. Das sich aus § 9 ergebende Vorschussrecht des Rechtsanwalts gegenüber dem Mandanten wirkt sich **mittelbar aber** auch auf das Verhältnis zur Rechtsschutzversicherung aus. Denn wenn der Rechtsanwalt von seinem Mandanten einen Vorschuss fordert/fordern kann, ist die Rechts-

Vorschuss vom Auftraggeber (§ 9)

> schutzversicherung verpflichtet, den Mandanten, ihren Versicherungsnehmer, insoweit freizustellen. Die Rechtsschutzversicherung ist aufgrund des Rechtsschutzversicherungsvertrags nämlich immer dann zahlungspflichtig, sobald der Versicherungsnehmer berechtigterweise in Anspruch genommen wird. Zu einer berechtigten Inanspruchnahme zählt dabei auch die auf § 9 gestützte Vorschussforderung (AG München, AGS 2007, 234 m. Anm. N. Schneider; Gerold/Schmidt/Mayer, § 9 Rn. 28).

B. Anmerkungen

I. Allgemeines

1660 Der Rechtsanwalt hat nach § 9 ein **Recht** auf einen angemessenen **Vorschuss**. Ob und in welcher Höhe er einen Vorschuss verlangt, liegt in seinem (billigen) **Ermessen** (BGH, NJW 2004, 1047; OLG Bamberg, VRR 2011, 123 [Ls.]). Der Rechtsanwalt ist nicht verpflichtet, einen Vorschuss zu verlangen.

II. Vorschussverlangen

1. Allgemeines

1661 Der Rechtsanwalt/Verteidiger kann den **Zeitpunkt bestimmen**, zu dem er einen Vorschuss fordert. Hat er zu Beginn des Mandats noch von der Erhebung des Vorschusses abgesehen, können veränderte Umstände dazu führen, dass er später doch einen Vorschuss fordert. Das ist allerdings nicht mehr möglich, wenn der Rechtsanwalt (ausdrücklich oder konkludent) auf die Zahlung eines Vorschusses verzichtet hat (AnwKomm-RVG/N. Schneider, § 9 Rn. 28 ff.).

> *Beispiel:*
>
> *Rechtsanwalt R verteidigt den Unternehmer U in einem Steuerstrafverfahren. Während des Ermittlungsverfahrens verschlechtern sich die wirtschaftlichen Verhältnisse des U. R will den U nun nur noch weiter verteidigen, wenn dieser einen Vorschuss zahlt.*
>
> *R kann diesen Vorschuss von U verlangen. Allein in der Übernahme des Mandats, ohne dass die Zahlung eines Vorschusses verlangt wird, liegt noch nicht der (konkludente) Verzicht auf einen Vorschuss (AnwKomm-RVG/N. Schneider, § 9 Rn. 29). R darf den Vorschuss allerdings nicht zur Unzeit verlangen (vgl. unten Rn. 1675).*

> **Hinweis:**
>
> Verlangt der vom Versicherungsnehmer beauftragte Rechtsanwalt einen Vorschuss i.S.v. § 9, wird der Kostenbefreiungsanspruch gegenüber dem **Rechtsschutzversicherer** (vgl. Rn. 1659) insoweit fällig (BGH, NJW 2006, 1281 = AGS 2006, 571 = MDR 2006, 87).

1662 Die Vorschrift des § 9 gilt nicht nur für den Rechtsanwalt/Verteidiger, der nach dem RVG abrechnet. Sie gilt **auch** für denjenigen, der eine **Vergütungsvereinbarung** nach § 3a geschlossen hat (AnwKomm-RVG/N. Schneider, § 9 Rn. 92 ff. m.w.N.), es sei denn, das Recht auf Vorschuss

Vorschuss vom Auftraggeber (§ 9)

ist ausdrücklich oder konkludent ausgeschlossen worden (AnwKomm-RVG/N. Schneider, § 9 Rn. 28 ff.).

Ein **Vorschuss** auf eine nach § 42 ggf. für den Wahlanwalt zu erwartende **Pauschgebühr** ist – anders als bei der Pauschgebühr für den Pflichtverteidiger nach § 51 (vgl. dazu § 51 Abs. 1 Satz 5 und die Komm. bei § 51 Rn. 68 ff.) – im Gesetz nicht vorgesehen. Das schließt allerdings nicht aus, dass der Rechtsanwalt nicht auch in diesen Fällen einen Vorschuss verlangen kann, da § 9 keine Einschränkung enthält und auch die Pauschgebühr eine Gebühr i.S.v. § 1 Abs. 1 Satz 1 ist (so auch AnwKomm-RVG/N. Schneider, § 9 Rn. 54). Wird die Pauschgebühr später nicht oder geringer festgesetzt, muss der Rechtsanwalt den Unterschiedsbetrag ggf. zurückzahlen (Anw-Komm-RVG/N. Schneider, § 9 Rn. 55; vgl. auch Teil A: Vorschuss aus der Staatskasse [§ 47], Rn. 1645).

1663

> **Hinweis:**
> Der Verteidiger sollte von seinem **Vorschussrecht Gebrauch machen**. Er sichert damit seine Zahlungsansprüche nicht nur gegen plötzlich eintretende Zahlungsunfähigkeit des Mandanten, sondern, was wichtiger ist, gegen nachlassende Zahlungsbereitschaft. Denn gerade der verurteilte Mandant wird häufig nicht mehr bereit sein, die entstandene Vergütung zu bezahlen.

1664

Das Recht auf Vorschuss steht nicht nur dem Wahlanwalt zu. Auch der **beigeordnete Rechtsanwalt/Pflichtverteidiger** hat einen Anspruch auf einen Vorschuss auf die gesetzlichen Gebühren (§ 47; s. Teil A: Vorschuss aus der Staatskasse [§ 47], Rn. 1659). Er kann allerdings nur insoweit einen Vorschuss verlangen, als die gesetzlichen Gebühren bereits entstanden sind (anders beim Wahlanwalt, vgl. dazu Rn. 1666 ff.). Zur **Anrechnung** des Vorschusses des Mandanten auf die gesetzlichen Gebühren s. die Ausführungen zu § 58 Abs. 3 Rn. 1 ff.

1665

III. Höhe des Vorschusses

Nach § 9 ist der Verteidiger berechtigt, einen „**angemessenen**" Vorschuss zu fordern. Daraus lässt sich jedoch nicht entnehmen, dass er nur berechtigt ist, einen Teil der voraussichtlich entstehenden Vergütung zu verlangen. Er ist vielmehr berechtigt, seinen Vorschuss **i.H.d. gesamten voraussichtlich anfallenden Gebühren** zu berechnen (OLG Bamberg, VRR 2011, 123 [Ls.]; AG Dieburg, AGS 2004, 282 = NJW-RR 2004, 932; AnwKomm-RVG/N. Schneider, § 9 Rn. 42); es gibt keinen Grundsatz dahin gehend, dass die Vorschussforderung hinter der voraussichtlich endgültig entstehenden Gesamtvergütung zurückbleiben muss (OLG Bamberg, a.a.O.; Hartmann, KostG, § 9 RVG Rn. 13). Grundlage und Grenze der Vorschussforderung sind aber die voraussichtlich anfallenden Gebühren.

1666

Das Recht, Vorschuss zu fordern, umfasst nicht nur die Gebühren, sondern **auch** die **Auslagen** nach den Nrn. 7000 ff. VV. Der Verteidiger kann daher einen Vorschuss auf sämtliche ggf. anfallenden Auslagentatbestände verlangen. Das sind i.d.R. die Post- und Telekommunikationsentgelte sowie die Kopierkosten. Bei Reisekosten wird die Anforderung eines Vorschusses davon abhängen, ob eine Reise des Verteidigers konkret zu erwarten ist (zur Umsatzsteuer s. die Komm. bei Nr. 7008 VV).

1667

Vorschuss vom Auftraggeber (§ 9)

> **Hinweis:**
>
> Hansens (vgl. RENOpraxis 2010, 269) empfiehlt, sich im Hinblick auf eine sonst ggf. eintretende Bindungswirkung hinsichtlich der Bestimmung der Gebühren auch im Rahmen einer Vorschussrechnung eine spätere **Gebührenerhöhung** ausdrücklich **vorzubehalten** (zur Bindungswirkung Teil A: Rahmengebühren [§ 14], Rn. 1094 ff.).

1668 Im Einzelnen gilt: Der Verteidiger wird auf jeden Fall die **Grundgebühr**, die entsprechenden **Verfahrensgebühren** und die **Terminsgebühren** für die Hauptverhandlungstermine fordern können, die absehbar sind. **Zusätzliche Gebühren** nach Teil 4 Abschnitt 1 Unterabschnitt 5 VV kann er grds. auch anfordern. Das gilt sicher für die häufig anfallende Nr. 4141 VV (AG Darmstadt, AGS 2006, 212 = RVGreport 2007, 60; Jungbauer, DAR 2008, 764, 765 [Sonderheft]). Die zusätzlichen Gebühren für Einziehung (Nr. 4142 VV) oder für eine Tätigkeit im Adhäsionsverfahren wird er allerdings im Wege der Vorschussanforderung nur geltend machen können, wenn konkret absehbar ist, dass diese Gebühren auch anfallen. Das wäre z.B. der Fall, wenn die Stellung eines Adhäsionsantrags vom Geschädigten angekündigt wird. Auch der (Haft-)Zuschlag nach Vorbem. 4 Abs. 4 VV wird nur gefordert werden können, wenn Anhaltspunkte dafür erkennbar sind, dass es zu einer Inhaftierung des Mandanten kommt.

1669 Der Rechtsanwalt kann allerdings **nur insoweit** Vorschuss verlangen, **wie** er bereits **beauftragt** ist. Hat er z.B. zunächst nur den Auftrag, den Beschuldigten im Ermittlungsverfahren zu vertreten, kann er auch nur für die hier anfallenden Gebühren einen Vorschuss geltend machen. Ist der Rechtsanwalt jedoch bereits (bedingt) auch mit der weiteren Vertretung beauftragt, kann er auch für die folgenden Verfahrensabschnitte einen Vorschuss anfordern (vgl. AG Chemnitz, AGS 2005, 431 m. Anm. N. Schneider, AGS 2006, 213; AG Stuttgart, AGS 2008, 78 = RVGreport 2008, 21 = VRR 2008, 80).

Beispiel:

Rechtsanwalt R ist Verteidiger des Betroffenen B in einer straßenverkehrsrechtlichen OWi-Sache. B beauftragt ihn mit der Einlegung des Einspruchs gegen den Bußgeldbescheid. Außerdem soll R den B dann später auch im gerichtlichen Verfahren vertreten. R macht als Vorschuss die Grundgebühr Nr. 5100 VV, die Verfahrensgebühr für das vorbereitende Verfahren vor der Verwaltungsbehörde und die Verfahrensgebühr für das gerichtliche Verfahren beim AG geltend.

R kann diesen Vorschuss von B verlangen. Das gerichtliche Verfahren ist zwar eine neue Angelegenheit. Der R hat für dieses aber bereits einen (bedingten) Auftrag (vgl. dazu auch AG Chemnitz und AG Stuttgart, a.a.O.).

1670 Bei der Vorschussanforderung muss der Rechtsanwalt sich auch hinsichtlich der **Höhe** an den voraussichtlich anfallenden Gebühren orientieren und bei der Gebührenberechnung **alle** (ihm bereits bekannten) **maßgeblichen Umstände** berücksichtigen (vgl. Teil A: Rahmengebühren [§ 14], Rn. 1051 ff.). I.d.R. wird er in einer durchschnittlichen Sache die **Mittelgebühr** zugrunde legen können/dürfen (BGH, NJW 2004, 1043 = AGS 2004, 145; s. wohl auch OLG Bamberg, VRR 2011, 123 [Ls.]; AG Darmstadt, AGS 2006, 212 = RVGreport 2007, 60; RVGReport 2007, 220 = zfs 2006, 169; AG Dieburg, AGS 2004, 282 = NJW-RR 2004, 932; AG München, RVGreport 2005, 381 = AGS 2006, 213; AG Stuttgart, AGS 2008, 78 = RVGreport 2008, 21 = VRR 2008, 80). Das

Vorschuss vom Auftraggeber (§ 9)

ist auch in einer straßenverkehrsrechtlichen Bußgeldsache nicht ermessensfehlerhaft (AG Chemnitz, AGS 2005, 431; AG München, RVGreport 2005, 381 = AGS 2006, 213; AG Stuttgart, a.a.O.).

> **Hinweis:**
> Insoweit darf aber nicht übersehen werden, dass die für die Gebührenbemessung maßgeblichen Umstände dem Rechtsanwalt erst mit der **Beendigung** der **Angelegenheit bekannt** sind. Erst dann stehen die Kriterien des § 14 fest. Das bedeutet, dass er sich bei der Anforderung eines Vorschusses an diesen allenfalls orientieren kann (unzutreffend daher AG München, AGS 2006, 588 m. krit. Anm. N. Schneider). Im Einzelnen darlegen kann er sie noch nicht.

Den Vorschuss kann der Verteidiger im Ganzen anfordern (AG Dieburg, AGS 2004, 282 = NJW-RR 2004, 932). Er muss sich **nicht** mit **Ratenzahlungen** zufriedengeben. Stellt sich im Laufe des Verfahrens heraus, dass die Vergütung höher werden wird, als der Rechtsanwalt zunächst angenommen hat, z.B. weil weitere Hauptverhandlungstermine anberaumt worden sind, wodurch zusätzliche Terminsgebühren entstehen, kann er einen **weiteren Vorschuss** verlangen (AnwKomm-RVG/N. Schneider, § 9 Rn. 48).

1671

IV. Berechnung und Einziehung des Vorschusses

Für die Berechnung des Vorschusses **gilt nicht § 10** (vgl. dazu Teil A: Berechnung der Vergütung [§ 10], Rn. 359; unzutreffend a.A. AG München, AGS 2006, 588 m. abl. Anm. Schneider). Der Verteidiger kann den Vorschuss von seinem Mandanten also formlos anfordern.

1672

Der Vorschuss kann, wenn der Mandant nicht zahlt, **nicht** nach **§ 11 festgesetzt** werden. Der Verteidiger muss klagen, was allerdings standeswidrig wäre (vgl. AnwKomm-RVG/N. Schneider, § 9 Rn. 74); eine Freistellungsklage gegen den Rechtsschutzversicherer ist allerdings nicht standeswidrig. Ggf. muss er das Mandat niederlegen, um die Fälligkeit herbeizuführen und dann die Vergütung festsetzen zu lassen (s. auch Teil A: Fälligkeit der Vergütung [§ 8], Rn. 519 und Teil A: Festsetzung der Vergütung [§ 11], Rn. 527).

1673

V. Abrechnung des Vorschusses

Wenn die Vergütungsforderung des Verteidigers **fällig** geworden ist (vgl. Teil A: Fälligkeit der Vergütung [§ 8], Rn. 519), muss der Vorschuss **abgerechnet** werden (§ 10 Abs. 2; vgl. dazu auch Meyer, JurBüro 2009, 633). Bei der Abrechnung ist der Rechtsanwalt ebenso wie im Rückforderungsprozess das Zivilgericht nicht an die Kostenfestsetzung durch das für das Straf- oder Bußgeldverfahren zuständige Gericht gebunden. Maßgeblich ist insoweit allein das vertragliche Verhältnis zwischen dem Rechtsanwalt und dessen Mandanten, nicht jedoch die Beurteilung der Kostenhöhe durch das für das Straf- oder Bußgeldverfahren zuständige Gericht, es sei denn, die Parteien hätten eine Vereinbarung dahin gehend getroffen, dass die gerichtliche Kostenfestsetzung die Höhe des Honoraranspruchs begrenzen soll (zuletzt AG Charlottenburg, AGS 2010, 466 m. zust. Anm. N. Schneider für Rückforderung der Rechtsschutzversicherung = VRR 2010, 163 [Ls.]; s. auch BGH, NJW 2004, 1043 = AGS 2004, 145; OLG Koblenz, AGS 2004, 38 = MDR 2004, 55; AG Wiesbaden, AG 2008, 626 = RVGreport 2008, 239 = VRR 2009, 160; a.A. nur AG Aachen, MDR 1973, 308). Zuviel gezahlte Vorschüsse sind dem Mandanten zu erstatten. Ggf.

1674

Vorschuss vom Auftraggeber (§ 9)

kann der Rechtsanwalt/Verteidiger mit anderen Vergütungsforderungen aufrechnen, soweit nicht Aufrechnungsverbote bestehen (vgl. OLG Düsseldorf, OLGR 1998, 435 m.w.N.).

VI. Nichtzahlung des Vorschusses

1675 Wenn der Auftraggeber den Vorschuss nicht pünktlich und vollständig zahlt, kann der Rechtsanwalt weitere Tätigkeiten ablehnen, bis der Vorschuss eingegangen ist, d.h. also die weitere **Verteidigung**/weitere Vertretung grds. **einstellen** (OLG Hamm, RVGreport 2011, 238; OLG Karlsruhe, BRAK-Mitt. 1989, 115) . Bei der Ausübung dieses Zurückbehaltungsrechts (§ 320 BGB) muss er allerdings Folgendes **beachten** (s. im Übrigen Burhoff, EV, Rn. 1167 f.):

- Die Ausübung eines Zurückbehaltungsrechts ist nach **Treu und Glauben** (§ 242 BGB) begrenzt. U.a. muss der Rechtsanwalt dem Verbot widersprüchlichen Verhaltens Rechnung tragen (OLG Hamm und OLG Karlsruhe, jew. a.a.O.). Er darf also z.B. nicht nach Ankündigung der Mandatsniederlegung weitere Informationen beim Mandanten anfordern, da dadurch der Eindruck entsteht, dass er doch weiter für ihn tätig sein wird (vgl. OLG Hamm, a.a.O.).

- I.d.R. muss die **Mandatsniederlegung** wegen Zahlungsschwierigkeiten dem Mandanten **vorher angekündigt** werden, um ihm Gelegenheit zu geben, seiner Zahlungsverpflichtung nachzukommen und ggf. rechtzeitig einen anderen Verteidiger zu beauftragen (zur Niederlegung des Mandats aus Kostengründen auch Dahs, Handbuch des Strafverteidigers, Rn. 1194 ff.). Der Verteidiger wird dem Mandanten daher im Zweifel eine **Frist setzen**. Er wird auch prüfen, ob nicht eine Stundung oder Ratenzahlung in Betracht kommt oder ob er ggf. einen Antrag auf Beiordnung als Pflichtverteidiger stellen sollte.

- Der Verteidiger darf das Mandat **nicht** zur **Unzeit kündigen**. Das wäre z.B. der Fall, wenn er das Mandat so kurzfristig vor der Hauptverhandlung niederlegt, dass der Beschuldigte keinen anderen Verteidiger mehr beauftragen kann und damit eine ordnungsgemäße Verteidigung nicht mehr gewährleistet ist. Kündigt der Verteidiger zu kurz vor einem Termin, kann er verpflichtet bleiben, den Termin für den Mandanten noch wahrzunehmen. Auch darf das Mandat nicht so „kurzfristig" niedergelegt werden, das für den Mandanten die Gefahr besteht, Fristen zu versäumen, weil keine angemessene Zeit zur Leistung des Vorschusses mehr besteht. Dem Mandanten muss jeweils eine ausreichende Gelegenheit verbleiben, seine Rechte noch selber wahrzunehmen oder einen anderen Rechtsanwalt zu beauftragen (OLG Hamm und OLG Karlsruhe, jew. a.a.O.).

C. Arbeitshilfen

I. Muster: Allgemeine Vorschussanforderung

1676

Rechtsanwälte Schlau und Kollegen	48143 Münster, den 09.07.2011
	Aegidiistraße 26

Herrn

Fritz Klau

Schützenstraße 14 – 15

48143 Münster

Sehr geehrter Herr Klau,

für die Übertragung der Vertretung in dem gegen Sie bei der Staatsanwaltschaft Münster anhängigen Verfahren 24 Js 675/10 danke ich. Wie bei der Übernahme des Mandats besprochen, bitte ich, mir für die voraussichtlich entstehenden Gebühren und Auslagen gemäß § 9 RVG

einen Vorschuss von	600,00 €
nebst 19 % USt	114,00 €
insgesamt also	**714,00 €**

auf mein unten angegebenes Konto zu überweisen.

Mit freundlichen Grüßen

.....

Rechtsanwalt

II. Muster: Erinnerung an Vorschusszahlung mit Androhung der Mandatsniederlegung

Rechtsanwälte Schlau und Kollegen   48143 Münster, den 09.08.2011

Aegidiistraße 26

Herrn

Fritz Klau

Schützenstraße 14 – 15

48143 Münster

Sehr geehrter Herr Klau,

mit Schreiben vom 09.07.2011 hatte ich Sie gebeten, den bei Übernahme des Mandats vereinbarten Vorschuss nebst USt., also insgesamt 714,00 €, auf mein Konto zu überweisen. Leider kann ich bis heute einen Zahlungseingang nicht feststellen.

Ich bitte nunmehr nochmals, den Vorschuss zu überweisen. Dafür habe ich mir eine Frist bis zum 19.08.2011 notiert. Sollte diese Frist ohne Zahlungseingang verstreichen, werde ich das Mandat niederlegen und das der Staatsanwaltschaft und dem Amtsgericht mitteilen. Ich werde dann auch nicht den auf den 22. September 2011 anberaumten Hauptverhandlungstermin wahrnehmen.

Mit freundlichen Grüßen

.....

Rechtsanwalt

| A. Vergütungs-ABC | B. Kommentar |

Vorschuss vom Auftraggeber (§ 9)

III. Muster: Abrechnung von Vorschusszahlung

Rechtsanwälte Schlau und Kollegen   48143 Münster, den 24.09.2011
                                              Aegidiistraße 26

Herrn

Fritz Klau

Schützenstraße 14 – 15

48143 Münster

Sehr geehrter Herr Klau,

nachdem das Verfahren 24 Ds 24 Js 675/10 (44/11) AG Münster rechtskräftig abgeschlossen ist, rechne ich meine Tätigkeiten wie folgt ab, wobei jeweils von der Mittelgebühr ausgegangen wird, da keines der in § 14 Abs. 1 RVG genannten Kriterien – u.a. Bedeutung des Verfahrens für Sie, Schwierigkeit des Verfahrens und Ihre Vermögensverhältnisse – über- oder unterdurchschnittlich gewesen sind:

Grundgebühr Nr. 4100 VV RVG	165,00 €
Verfahrensgebühr vorbereitendes Verfahren Nr. 4104 VV RVG	140,00 €
Postentgeltpauschale Nr. 7002 VV RVG	20,00 €
Verfahrensgebühr gerichtliches Verfahren Nr. 4106 VV RVG	140,00 €
Terminsgebühr Hauptverhandlung (22.05.2010) Nr. 4108 VV RVG	230,00 €
215 Kopien gem. Nr. 7000 VV RVG 50,00 x 0,50 € + 165 x 01,5 € =	49,75 €
Postentgeltpauschale Nr. 7002 VV RVG	20,00 €
abzüglich Vorschuss vom 10.03.2011 (netto)	- 600,00 €
verbleiben zu meinen Gunsten	164,75 €
zuzüglich 19 % USt (Nr. 7008 VV RVG)	26,36 €
noch zu zahlen:	**191,11 €**

Ich bitte um Überweisung auf das u.a. Konto.

Mit freundlichen Grüßen

.....

Rechtsanwalt

Siehe auch im Teil A: → Berechnung der Vergütung (§ 10), Rn. 359; → Rahmengebühren (§ 14), Rn. 1045; → Vorschuss aus der Staatskasse (§ 47), Rn. 1645.

Wertgebühren (§§ 13 und 49)

Wertgebühren (§§ 13 und 49)

Wertgebühren (§§ 13 und 49) RVG

(1) Wenn sich die Gebühren nach dem Gegenstandswert richten, beträgt die Gebühr bei einem Gegenstandswert bis 300 € 25 Euro. Die Gebühr erhöht sich bei einem

Gegenstandswert bis ... Euro	für jeden angefangenen Betrag von weiteren ... Euro	um ... Euro
1.500	300	20
5.000	500	28
10.000	1.000	37
25.000	3.000	40
50.000	5.000	72
200.000	15.000	77
500.000	30.000	118
über 500.000	50.000	150

Eine Gebührentabelle für Gegenstandswerte bis 500.000 Euro ist diesem Gesetz als Anlage 2 beigefügt.

(2) Der Mindestbetrag einer Gebühr ist 10 Euro.

§ 49 RVG   Wertgebühren aus der Staatskasse

Wertgebühren aus der Staatskasse Bestimmen sich die Gebühren nach dem Gegenstandswert, werden bei einem Gegenstandswert von mehr als 3.000 Euro anstelle der Gebühr nach § 13 Abs. 1 folgende Gebühren vergütet:

Gegenstandswert bis ... Euro	Gebühr ... Euro
3.500	195
4.000	204
4.500	212
5.000	219
6.000	225
7.000	230
8.000	234
9.000	238
10.000	242
13.000	246
16.000	257

A. Vergütungs-ABC

Wertgebühren (§§ 13 und 49)

19.000	272
22.000	293
25.000	318
30.000	354
über 30.000	391

Übersicht **Rn.**
A. Allgemeines.. 1679
B. Anwendungsbereich.. 1680
    I.   Allgemeines.. 1680
    II.   Höhe der Gebühren... 1681
        1. Volle Gebühr.. 1681
        2. Gegenstandswert... 1682
        3. Mindestgebühr.. 1683
        4. Höchstbetrag... 1685
        5. Rundung der Gebühren... 1686

Literatur:

Onderka, RVG übernimmt weitgehend die Wertgebühren, RVGprofessionell 2004, 42; ***Hansens***, Gebührenerhöhung nach Nr. 1008 VV RVG bei Mindestgebühren, RVGreport 2005, 372; ***Volpert***, Anwaltsvergütung im Zwangsvollstreckungsverfahren, ZAP, Fach 24, S. 907 ff.

A. Allgemeines

1679 In den in den Teilen 4 bis 6 VV geregelten Verfahren (Strafsachen, Bußgeldsachen und sonstige Verfahren) entstehen grds. **Betragsrahmengebühren** (vgl. § 14). Auf die Erläuterungen im Teil A: Gebührensystem, Rn. 649 ff. wird daher verwiesen. Daneben kommen jedoch auch in diesen Verfahren in bestimmten Fällen Gebühren in Betracht, die sich nach dem Gegenstandswert richten (**Wertgebühren**). Wertgebühren sind in den in den Teilen 4 bis 6 VV geregelten Angelegenheiten nur als Gebühren mit einem **feststehenden Gebührensatz** vorgesehen (vgl. Nrn. 4142 ff. VV). Bei der dort nicht vorkommenden **Satzrahmengebühr** (vgl. z.B. 0,5 – 2,5 Geschäftsgebühr Nr. 2300 VV) handelt es sich ebenfalls um eine Wertgebühr.

In Straf- und Bußgeldsachen können Wertgebühren entstehen

- bei Tätigkeiten im Hinblick auf **Einziehung** und verwandte Maßnahmen (vgl. Nr. 4142 VV und Nr. 5116 VV),
- für Tätigkeiten im **Adhäsionsverfahren** (vgl. Nrn. 4143, 4144 VV),
- im Beschwerdeverfahren nach **§ 406 Abs. 5 Satz 2 StPO** (vgl. Nr. 4145 VV),
- im Verfahren nach dem **StrRehaG** (vgl. Nr. 4146 VV).

Entsteht im Strafverfahren eine **Einigungsgebühr** nach den Nrn. 1000 ff. VV (vgl. hierzu die Erläuterungen im Teil A: Einigungsgebühr [Nrn. 1000, 1003 und 1004 VV], Rn. 458 ff.), handelt es sich um eine Wertgebühr. Bei einer Einigung im Privatklageverfahren ist allerdings als Einigungsgebühr eine Betragsrahmengebühr vorgesehen, vgl. Nr. 4147 VV. Für die in den Vorbem. 4 **Abs. 5**, Vorbem. 5 Abs. 4 und Vorbem. 6.2 Abs. 3 VV geregelten Tätigkeiten (u.a. Erinnerungs- und Beschwerdeverfahren gegen einen Kostenfestsetzungsbeschluss und gegen den Gerichts-

Wertgebühren (§§ 13 und 49)

kostenansatz, bei der Zwangsvollstreckung aus bestimmten Entscheidungen) richten sich die Gebühren nach Teil 3 VV (z.B. Nrn. 3500, 3502, 3513, 3309 ff. VV). Auch hierbei handelt es sich um Wertgebühren.

> **Hinweis:**
>
> Für die **Festsetzung** des **Gegenstandswerts** in den in den Teilen 4 bis 6 VV geregelten Angelegenheiten gilt § 33 (vgl. dazu Teil A: Gegenstandswert, Festsetzung [§ 33], Rn. 656 ff.).

B. Anwendungsbereich

I. Allgemeines

Fallen für den Rechtsanwalt in den in den Teilen 4 bis 6 VV geregelten Angelegenheiten Wertgebühren an, gilt grds. die **Gebührentabelle** zu § 13. Für die in den Teilen 4 bis 6 VV regelmäßig anfallenden Betragsrahmengebühren ist § 13 nicht anwendbar, weil sich diese Gebühren nicht nach dem Gegenstandswert richten.

1680

Der vom Gericht **beigeordnete oder bestellte** Rechtsanwalt erhält die in § 13 vorgesehenen Gebühren nur bis zu einem Gegenstandswert von 3.000,00 €. Beträgt der Gegenstandswert mehr als 3.000,00 €, gilt die Tabelle mit den geringeren Beträgen des § 49. § 49 stellt damit eine vorrangige **Sonderregelung** zu § 13 dar (vgl. AnwKomm-RVG/N. Schneider, § 13 Rn. 6 und 10). Bei Werten zwischen 3.000,00 € bis einschließlich 30.000,00 € erhält der gerichtliche beigeordnete oder bestellte Rechtsanwalt geringere Gebühren als nach der Tabelle zu § 13. Bei Werten über 30.000,00 € beträgt die 1,0 Gebühr einheitlich 391,00 €.

II. Höhe der Gebühren

1. Volle Gebühr

Im RVG sind die Wertgebühren im VV im Dezimalsystem ausgewiesen. § 13 und § 49 und die dem RVG als Anlage 2 beigefügte Tabelle zu § 13 gehen von einer Gebühr mit einem Satz von **1,0** aus (**Ausgangsgebühr**). Wenn eine 1,0 Gebühr entstanden ist, kann der Betrag der Gebühr daher unmittelbar aus der Gebührentabelle abgelesen werden. Ist eine Gebühr mit einem **höheren** oder **niedrigeren Gebührensatz** entstanden (z.B. 0,3 Gebühr, 1,5 Gebühr), wird die Höhe dieser Gebühr durch Multiplikation des Tabellenbetrags der vollen Gebühr mit dem jeweiligen Dezimalwert errechnet. Die Gebühr erhöht sich bei höheren Gebührensätzen bzw. ermäßigt sich bei niedrigeren Gebührensätzen entsprechend.

1681

Beispiel 1:

Steht dem Rechtsanwalt eine zusätzliche Gebühr nach Nr. 4143 VV mit einem Gebührensatz von 2,0 zu, beträgt die Gebühr bei einem Wert von 5.000,00 € somit 602,00 € (Tabellenbetrag der vollen Gebühr: 301,00 €; 301,00 € x 2,0 = 602,00 €). Die Staatskasse erstattet eine Gebühr i.H.v. 438,00 €.

Wertgebühren (§§ 13 und 49)

> *Beispiel 2:*
>
> *Steht dem Rechtsanwalt gem. Vorbem. 4 Abs. 5 Nr. 2 VV, Nr. 3309 VV eine 0,3 Verfahrensgebühr für die Zwangsvollstreckung nach einem Wert i.H.v. 2.500,00 € zu, beträgt diese nach der Tabelle zu § 13 nur 48,30 € (Tabellenbetrag der vollen Gebühr: 161,00 €; 161,00 € x 0,3 = 48,30 €). Auch die Staatskasse zahlt eine Gebühr in dieser Höhe weil der Wert nicht mehr als 3.000,00 € beträgt.*

2. Gegenstandswert

1682 Die Höhe der Wertgebühr ist außer vom Gebührensatz auch von der Höhe des Gegenstandswertes **abhängig**. Gem. § 2 Abs. 1 werden die Gebühren nach dem Wert berechnet, den der Gegenstand der anwaltlichen Tätigkeit hat (Gegenstandswert). Nach der Bestimmung des Gegenstandswertes werden die Wertgebühren aus der Tabelle zu § 13 oder im Fall der gerichtlichen Beiordnung oder Bestellung aus der Tabelle zu § 49 abgelesen. Nach der Tabelle Anlage 2 zu § 13 erhöht sich bei zunehmendem Gegenstandswert stufenweise auch der Betrag der vollen Gebühr. Die in der Gebührentabelle enthaltene **Degression** bewirkt, dass sich die einen Gebührensprung auslösenden Wertstufen mit steigenden Gegenstandswerten vergrößern, während sich hierbei gleichzeitig die Gebührensprünge verringern.

Die Gebührentabelle zu § 49 enthält bei Werten über 3.000,00 € eine besondere Degression. Die Gebührensprünge sind bei steigenden Gegenstandswerten deutlich geringer als bei der Tabelle zu § 13. Je höher der Gegenstandswert steigt, desto mehr bleiben die Gebührensprünge hinter der Tabelle zu § 13 zurück. Bei Werten über 30.000,00 € erhält der Rechtsanwalt als volle Gebühr stets nur einen Gebührenbetrag i.H.v. 391,00 € (vgl. zur Überschreitung des Höchstwertes i.H.v. 30.000,00 € bei mehreren Auftraggebern Teil A: Mehrere Auftraggeber, Rn. 1018 ff.).

3. Mindestgebühr

1683 Der **Mindestbetrag** einer Gebühr beträgt **10,00 €** gem. § 13 Abs. 2. Das gilt auch für den gerichtlich beigeordneten oder bestellten Rechtsanwalt. § 13 Abs. 2 bestimmt allgemein den Mindestbetrag jeder selbstständig im Gesetz genannten Gebühr. § 13 Abs. 2 gilt jedoch nicht für die Gebührenerhöhung nach Nr. 1008 VV (vgl. LG Berlin, AGS 2006, 484 = RVGreport 2006, 306; AG Stuttgart, AGS 2005, 331), weil es sich insoweit nicht um einen selbstständigen Gebührentatbestand handelt (vgl. AnwKomm-RVG/N. Schneider, § 13 Rn. 19).

In § 13 Abs. 2 RVG ist nicht bestimmt, dass nur der Mindestbetrag einer 1,0 Gebühr, sondern jeder der im VV aufgeführten Wertgebühren 10,00 € beträgt. Daher gilt der Mindestbetrag von 10,00 € auch für Gebühren, die mit einem geringeren als dem 1,0 Gebührensatz entstehen, also insbesondere z.B. bei der 0,3 Verfahrensgebühr nach Nr. 3309 VV in der Zwangsvollstreckung (vgl. Volpert, in: Hansens/Braun/Schneider, Teil 6, Rn. 219).

> *Beispiel:*
>
> *Steht dem Rechtsanwalt gem. Vorbem. 4 Abs. 5 Nr. 2 VV, Nr. 3309 VV eine 0,3 Verfahrensgebühr für die Zwangsvollstreckung nach einem Wert i.H.v. 250,00 € zu, beträgt diese nach der Tabelle zu § 13 nicht 7,50 € (0,3 von 25,00 €), sondern 10,00 € gem. § 13 Abs. 2.*

Wertgebühren (§§ 13 und 49)

Fraglich ist, wie die **Erhöhung** nach **Nr. 1008 VV** zu berechnen ist, wenn die Gebühr ohne Erhöhung unter der Mindestgebühr nach § 13 Abs. 2 i.H.v. 10,00 € liegt. 1684

Beispiel:

Rechtsanwalt R beantragt für die zwei von ihm vertretenen Gläubiger wegen eines gemeinschaftlichen titulierten Anspruchs über 300,00 € den Erlass eines Pfändungs- und Überweisungsbeschlusses.

Folgende Berechnungsarten sind möglich:

I. Berechnungsart 1

0,6 Verfahrensgebühr, Nr. 3309, 1008 VV (Wert 300,00 €)	**15,00 €**

(0,3 Verfahrensgebühr zuzüglich 0,3 Erhöhung. Es entsteht eine einheitliche 0,6 Verfahrensgebühr, die den Mindestbetrag von 10,00 € gem. § 13 Abs. 2 RVG übersteigt.)

In Nr. 1008 VV ist geregelt, dass sich die Verfahrensgebühr für jede weitere Person um 0,3 erhöht. Daher ist zunächst der Gebührensatz zu bestimmen (= 0,6), danach ist der Wert zu ermitteln und sodann ist die einheitliche erhöhte Verfahrensgebühr aus der Tabelle zu § 13 abzulesen. Es fällt somit von vornherein eine erhöhte Gebühr an. Bei dieser Berechnungsweise kommt es auf die Regelung in § 13 Abs. 2 nicht an.

Aufgrund der Gesetzessystematik ist der Berechnung zu I. (Gebührenbetrag 15,00 €) zu folgen (vgl. Hansens, RVGreport 2005, 372; Volpert, ZAP, Fach 24, S. 907, 911; AnwKomm-RVG/N. Schneider, § 13 Rn. 25; LG Berlin, AGS 2006, 484 = RVGreport 2006, 306; AG Stuttgart, AGS 2005, 331; AG Berlin-Hohenschönhausen, RVGreport 2006, 143). Die Regelung über die Mindestgebühr in § 13 Abs. 2 gilt nicht für die Erhöhung nach Nr. 1008 VV.

II. (Berechnungsart nach Gerold/Schmidt/Madert, 17. Aufl., § 13 Rn. 11)

0,3 Verfahrensgebühr Nr. 3309 VV, § 13 Abs. 2 (Wert 300,00 €)	*7,50 €*
wegen § 13 Abs. 2 aufzurunden auf:	*10,00 €*
0,3 Erhöhung Nr. 1008 VV von 10,00 €:	*3,00 €*
Summe	***13,00 €***

Diese Berechnung berücksichtigt nicht, dass nach Nr. 1008 VV nicht um einen Bruchteil der Ausgangsgebühr, sondern um einen feststehenden Gebührensatz von 0,3 erhöht wird und ist daher **abzulehnen**.

III. Berechnungsart 3

0,3 Verfahrensgebühr Nr. 3309 VV, § 13 Abs. 2 (Wert 300,00 €)	*10,00 €*
0,3 Erhöhung, Nr. 1008 VV, § 13 Abs. 2 (Wert 300,00 €)	*10,00 €*
Summe	***20,00 €***

Nur wenn z.B. aufgrund der Formulierung in Vorbem. 1 VV auch die Erhöhung nach Nr. 1008 VV als selbstständige Gebühr i.S.d. § 13 Abs. 2 angesehen wird, ist auch für die Erhöhung der Mindestbetrag gem. § 13 Abs. 2 i.H.v. 10,00 € zu beachten. Es ist jedoch weitgehend anerkannt, dass die Gebührenerhöhung keinen selbstständigen Gebührentatbestand bildet, sodass diese Berechnung **abzulehnen** ist (vgl. LG Berlin, AGS 2006, 484 = RVGreport 2006, 306; Gerold/Schmidt/Müller-Rabe, Nr. 1008 VV Rn. 3 und § 13 Rn. 11 ff.; Volpert, in: Hansens/Braun/Schneider, Teil 6, Rn. 151, 220).

Wertgebühren (§§ 13 und 49)

4. Höchstbetrag

1685 Die dem RVG als Anlage 2 beigefügte **Tabelle** zu **§ 13** ist auf Gegenstandswerte bis zu einem Betrag i.H.v. **500.000,00 €** begrenzt. Darüber hinaus erhöht sich die Gebühr für jeden weiteren angefangenen Betrag von 50.000,00 € um 150,00 €. Eine Höchstgebühr ist im Gegensatz zur Mindestgebühr zwar nicht vorgesehen. Durch die in § 22 Abs. 2 vorgesehenen Höchstwerte bei der Vertretung eines bzw. mehrerer Auftraggeber (30 Mio. €) ergibt sich jedoch mittelbar eine Höchstgebühr (vgl. AnwKomm-RVG/N. Schneider, § 13 Rn. 27).

Bei Gegenstandswerten über 30.000,00 € erhält der Rechtanwalt aus der Staatskasse nur noch eine **einheitliche Höchstgebühr** von 391,00 €. Übersteigt der Gebührensatz aber 1,0, ist auch die hierdurch entstehende höhere Gebühr aus der Staatskasse zu erstatten. Die bei Werten über 30.000,00 € anfallende 1,0 Fest- oder Höchstgebühr i.H.v. 391,00 € wird auch hier mit dem konkret anfallenden Gebührensatz multipliziert.

> *Beispiel*
>
> *Steht dem Rechtsanwalt aus der Staatskasse eine zusätzliche Gebühr nach Nr. 4143 VV mit einem Gebühreneinsatz von 2,0 zu, beträgt die Gebühr bei einem Wert von 40.000,00 € somit 782,00 € (Tabellenbetrag der vollen Gebühr: 391,00 € x 2,0 = 782,00 €). Die Erstattungspflicht der Staatskasse ist nicht auf 391,00 € begrenzt.*

Diese **Höchstgebühr** wird daher in den Fällen überschritten, in denen die Gebühr mit einem höheren Gebührensatz als 1,0 anfällt. Eine Überschreitung ist in bestimmten Fällen auch dann möglich, wenn der gerichtlich beigeordnete oder bestellte Rechtsanwalt **mehrere Auftraggeber** vertreten hat (s. auch Teil A: Mehrere Auftraggeber [§ 7, Nr. 1008 VV], Rn. 1019 ff.).

5. Rundung der Gebühren

1686 Die Regelung zur Rundung von Gebühren ist nicht in §§ 13, 49 eingestellt, sondern befindet sich in **§ 2 Abs. 2 Satz 2**. Danach werden Gebühren auf den nächstliegenden Cent auf- oder abgerundet; 0,5 Cent werden aufgerundet. Daher ist eine Auf- und Abrundung von Beträgen nur noch ab der dritten Dezimalstelle vorgesehen. Da die Beträge in den Gebührentabellen zu §§ 13 und 49 nur auf volle Beträge lauten und das VV nur Gebührensätze bis zur zweiten Dezimalstelle vorsieht, kann eine Rundung bei den in den Teilen 4 bis 6 VV anfallenden Wertgebühren nicht erforderlich werden (vgl. AnwKomm-RVG/Onderka/N. Schneider, § 2 Rn. 40).

> **Hinweis:**
>
> Nach § 2 Abs. 2 Satz 2 werden nur Gebühren auf- oder abgerundet. **Auslagen** einschließlich der Umsatzsteuer werden auf den Cent **genau abgerechnet**.

Siehe auch im Teil A: → Einigungsgebühr (Nrn. 1000, 1003 und 1004 VV), Rn. 458 ff.; → Gebührensystem, Rn. 649 ff.; → Gegenstandswert, Festsetzung (§ 33), Rn. 656 ff.; → Mehrere Auftraggeber (§ 7, Nr. 1008 VV) Rn. 956 ff.; → Vergütungsanspruch gegen die Staatskasse, Rn. 1469 ff.

Zurückverweisung (§ 21)

Zurückverweisung (§ 21)

§ 21 RVG *Zurückverweisung, Fortführung einer Folgesache als selbständige Familiensache*

(1) Soweit eine Sache an ein untergeordnetes Gericht zurückverwiesen wird, ist das weitere Verfahren vor diesem Gericht ein neuer Rechtszug.

(2) In den Fällen des § 146 des Gesetzes über das Verfahren in Familiensachen und in den Angelegenheiten der freiwilligen Gerichtsbarkeit, auch in Verbindung mit § 270 des Gesetzes über das Verfahren in Familiensachen und in den Angelegenheiten der freiwilligen Gerichtsbarkeit, bildet das weitere Verfahren vor dem Familiengericht mit dem früheren einen Rechtszug.

(3) Wird eine Folgesache als selbständige Familiensache fortgeführt, sind das fortgeführte Verfahren und das frühere Verfahren dieselbe Angelegenheit.

Übersicht

		Rn.
A.	Überblick	1687
B.	Anmerkungen	1688
	I. Anwendungsbereich der Vorschrift	1688
	1. Gerichtliches Verfahren	1688
	2. Rechtsmittel	1689
	II. Begriff der Zurückverweisung	1690
	III. Zurückverweisung und Vergütung (Abs. 1)	1692
	1. Neuer Rechtszug/eigene Angelegenheit	1692
	2. Eigene Auslagenpauschale	1695

Literatur:

Burhoff, Die Abrechnung der anwaltlichen Tätigkeit in mehreren Strafverfahren – Teil 3: Verweisung und Zurückverweisung, RVGreport 2009, 8; *Mümmler*, Anwaltliche Gebühren bei Zurückverweisung in Strafsachen, JurBüro 1981, 1476; *ders.*, Anfall von Anwaltsgebühren nach Zurückverweisung, JurBüro 1992, 150.

A. Überblick

§ 21 ergänzt § 15 Abs. 2 Satz 2. Die Vorschrift **grenzt** den **Begriff** des **Rechtszugs** für den Fall der Zurückverweisung weiter **ein**. Das Verfahren nach der Zurückverweisung wird gebührenrechtlich besonders honoriert, indem es als eigener Rechtszug behandelt wird. Dadurch soll der notwendige Mehraufwand entsprechend angemessener entlohnt werden (zum Rechtszug s. auch Teil A: Rechtszug [§ 19], Rn. 1198).   1687

B. Anmerkungen

I. Anwendungsbereich der Vorschrift

1. Gerichtliches Verfahren

Die Vorschrift gilt in Straf- und Bußgeldsachen nach den Teilen 4 und 5 VV. Sie gilt auch in Verfahren, deren Abrechnung in Teil 6 VV geregelt ist. Für die Zurückverweisung an die Ver-   1688

Zurückverweisung (§ 21)

waltungsbehörde findet § 21 allerdings schon vom Wortlaut her keine Anwendung (AnwKomm-RVG/N. Schneider, § 21 Rn. 5). § 21 findet daher **keine Anwendung**, wenn die Straf- oder Bußgeldsache vom Gericht an die **Staatsanwaltschaft** oder die **Bußgeldbehörde zurückgegeben** wird (z.B. nach § 69 Abs. 5 OWiG). Die entstandene Mehrarbeit ist allerdings im Rahmen des § 14 Abs. 1 zu berücksichtigen (s. auch N. Schneider, AGS 2007, 84 in der Anm. zu AG Viechtach, AGS 2007, 83; zu § 14 s. Teil A: Rahmengebühren [§ 14], Rn. 1045 ff., 1051).

2. Rechtsmittel

1689 Das Rechtsmittelgericht muss **aufgrund eines Rechtsmittels** mit der Angelegenheit befasst worden sein. Bei Beschwerden gilt dies nur, wenn durch die Beschwerde auch die **Hauptsache** an das Rechtsmittelgericht gelangt ist. Um eine Zurückverweisung i.S.d. § 21 handelt es sich auch nicht, wenn sich das Rechtsmittel nur gegen eine Zwischenentscheidung gerichtet hat.

Beispiel 1:

Rechtsanwalt R verteidigt den Angeklagten vor dem AG. Er beantragt seine Beiordnung als Pflichtverteidiger, die abgelehnt wird. Das AG vertagt die Hauptverhandlung. Rechtsanwalt R legt gegen den Ablehnungsbeschluss Beschwerde ein. Er wird vom LG als Pflichtverteidiger beigeordnet. Das LG gibt die Sache an das AG zurück. Vor diesem wird dann weiterverhandelt.

Die Beschwerde des R richtet sich gegen eine Zwischenentscheidung. Es liegt daher keine Zurückverweisung i.S.d. § 21 Abs. 1 vor.

Beispiel 2:

Rechtsanwalt R verteidigt den A in einem verkehrsstrafrechtlichen Verfahren. Während laufender Hauptverhandlung entzieht der Amtsrichter dem A gem. § 111a StPO die Fahrerlaubnis und setzt das Verfahren aus. R legt dagegen Beschwerde ein. Die Beschwerdekammer des LG hebt den § 111a-Beschluss auf und gibt die Sache wieder an das AG zurück.

Die Beschwerde richtet sich auch hier nur gegen eine Zwischenentscheidung. Es liegt keine Zurückverweisung i.S.v. § 21 Abs. 1 vor.

Beispiel 3:

Der Verurteilte V ist vom LG wegen sexueller Nötigung zu einer Freiheitsstrafe von acht Jahren verurteilt worden. Nach Verbüßung von 2/3 der Strafe beantragt er die bedingte Entlassung. Diese wird von der StVK abgelehnt. Rechtsanwalt R, der den A im Strafvollstreckungsverfahren vertritt, legt sofortige Beschwerde ein. Das OLG hebt den Beschluss des LG auf und verweist die Sache an die StVK zurück. Dort wird nun ein Sachverständigengutachten eingeholt.

Die Beschwerde richtet sich hier gegen eine Endentscheidung. Das Verfahren vor der StVK nach Zurückverweisung bildet einen neuen Rechtszug. Rechtsanwalt R erhält in diesem Rechtszug die Gebühren aus Teil 4 Abschnitt 2 VV (Nrn. 4200 ff. VV), also insbesondere die Verfahrensgebühr nach Nr. 4200 VV, noch einmal.

II. Begriff der Zurückverweisung

1690 Unter Zurückverweisung ist eine den **Rechtsmittelzug beendende Entscheidung** des Rechtsmittelgerichts zu verstehen, die einem in dem Instanzenzug untergeordneten Gericht die abschließende Entscheidung überlässt. Der Begriff der Zurückverweisung muss nicht zwingend

Zurückverweisung (§ 21)

gebraucht werden (so zuletzt OLG Koblenz, JurBüro 1997, 642). Entscheidend für eine Zurückverweisung ist, dass sich aus dem Urteil der höheren Instanz die Notwendigkeit einer weiteren Verhandlung vor dem untergeordneten Gericht ergibt (OLG München, 03.02.2011 – 11 W 160/11, für das Zivilrecht).

Die Sache muss durch ein **Rechtsmittel** gegen eine Endentscheidung des zuvor mit der Sache befassten Gerichts in die Rechtsmittelinstanz gelangt sein; also durch Berufung, (Sprung-)Revision, Beschwerde oder Rechtsbeschwerde. 1691

III. Zurückverweisung und Vergütung (Abs. 1)

1. Neuer Rechtszug/eigene Angelegenheit

Handelt es sich um eine Zurückverweisung i.S.v. § 21 Abs. 1, gilt das **nachfolgende Verfahren** als **neuer Rechtszug**. Nach § 15 Abs. 2 Satz 2 gilt jeder Rechtszug als eigene Angelegenheit. Demnach verdient der Rechtsanwalt die Gebühren im nachfolgenden Verfahren gesondert und ggf. zusätzlich zu den Gebühren, die bereits im vorhergehenden Verfahren entstanden sind (OLG Düsseldorf, StV 1993, 653 = Rpfleger 1994, 37). Bei der Bemessung der konkreten (gerichtlichen) Verfahrensgebühr kann nach Zurückverweisung über § 14 Abs. 1 ggf. berücksichtigt werden, dass dem Rechtsanwalt das Verfahren bereits bekannt ist (s. auch Teil A: Rahmengebühren [§ 14], Rn. 1061; vgl. auch AnwKomm-RVG/N. Schneider, § 21 Rn. 69; a.A. für Berufungsverfahren LG Flensburg, JurBüro 1984, 1039). § 48 Abs. 5 Satz 2 RVG erstreckt sich nicht auf Tätigkeiten, die der Rechtsanwalt als Wahlanwalt in früheren Rechtszügen erbracht hat (vgl. § 48 Abs. 5 Rn. 11 ff.). 1692

Beispiel:

Anklage gegen A wegen schweren Raubs bei der Strafkammer. Diese führt an zwei Tagen die Hauptverhandlung durch und verurteilt den Angeklagten. Auf dessen Revision hin wird das Urteil im Rechtsfolgenausspruch aufgehoben und die Sache an das LG zurückverwiesen. Dort wird an einem weiteren Tag erneut die Hauptverhandlung durchgeführt. Der A ist von Anfang des Verfahrens an von Rechtsanwalt R verteidigt worden. Alle Merkmale des § 14 Abs. 1 sind durchschnittlich.

Rechtsanwalt R erhält folgende Gebühren:

Ausgangsverfahren beim LG	*Wahlanwalt*	*Pflichtverteidiger*
Grundgebühr Nr. 4100 VV	*165,00 €*	*132,00 €*
Verfahrensgebühr Nr. 4104 VV (Vorbereitendes Verfahren)	*140,00 €*	*112,00 €*
Postentgeltpauschale Nr. 7002 VV	*20,00 €*	*20,00 €*
Verfahrensgebühr Nr. 4112 VV (Gerichtliches Verfahren)	*155,00 €*	*124,00 €*
Terminsgebühr Nr. 4114 VV (Gerichtliches Verfahren 1. Termin)	*270,00 €*	*216,00 €*
Terminsgebühr Nr. 4114 VV (Gerichtliches Verfahren 2. Termin)	*270,00 €*	*216,00 €*
Postentgeltpauschale Nr. 7002 VV	*20,00 €*	*20,00 €*

A. Vergütungs-ABC   B. Kommentar

Zwangsvollstreckung

Revision

Verfahrensgebühr Nr. 4130 VV	515,00 €	412,00 €
Postentgeltpauschale Nr. 7002 VV	20,00 €	20,00 €
Verfahren nach Zurückverweisung		
Verfahrensgebühr Nr. 4112 (Gerichtliches Verfahren)	155,00 €	124,00 €
Terminsgebühr Nr. 4114 (Gerichtliches Verfahren)	270,00 €	216,00 €
Postentgeltpauschale Nr. 7002 VV	<u>20,00 €</u>	<u>20,00 €</u>
Anwaltsvergütung netto	**2.020,00 €**	**1.632,00 €**

1693 Es entstehen aber nur die Gebühren für das **gerichtliche Verfahren** ggf. noch einmal. Die Verfahrensgebühr für das vorbereitende Verfahren (Nr. 4104 VV) entsteht nicht erneut. Dieser Verfahrensabschnitt ist bereits beendet.

1694 Die **Grundgebühr** nach Nr. 4100 VV entsteht im Verfahren nach Zurückverweisung ebenfalls nicht noch einmal (KG, RVGreport 2005, 343 = AGS 2005, 449). Sie entsteht nur für die erstmalige Einarbeitung in den Rechtsfall (vgl. Nr. 4100 VV Rn. 31). Das gilt auch dann, wenn im Ausgangsverfahren eine Grundgebühr für die „erstmalige Einarbeitung" in den Rechtsfall wegen fehlender entsprechender Gebührenvorschriften in der BRAGO nicht geltend gemacht werden konnte (KG, a.a.O.). Etwas anderes gilt allerdings, wenn der Angeklagte für die Verteidigung nach Zurückverweisung einen Rechtsanwalt beauftragt, der ihn bisher noch nicht vertreten hat. Dieser kann dann die Grundgebühr der Nr. 4100 VV verlangen. Diese ist personen- und nicht verfahrensbezogen einmalig (vgl. Nr. 4100 Rn. 14 f.).

2. Eigene Auslagenpauschale

1695 Da es sich bei dem nachfolgenden Verfahren um eine neue Angelegenheit handelt, entsteht auch **zusätzlich** eine **eigene Auslagenpauschale** nach Nr. 7002 VV i.H.v. regelmäßig 20,00 € (LG Dresden, 30.01.2006 – 4 KLs 116 Js 32004/03, www.burhoff.de).

Siehe auch im Teil A: → Rechtszug (§ 19), Rn. 1198; → Verweisung/Abgabe (§ 20), Rn. 1630.

Zwangsvollstreckung

Übersicht	Rn.
A. Überblick	1696
B. Anmerkungen	1697
I. Wert	1697
II. Gebühren	1700
1. Gebühren in der Zwangsvollstreckung	1700
2. Verfahrensgebühr (Nr. 3309 VV)	1701
a) Allgemeines	1701
b) Mehrere Auftraggeber	1702
3. Terminsgebühr (Nr. 3310 VV)	1703
4. Einigungsgebühr (Nrn. 1000, 1003 VV)	1704
a) Allgemeines	1704
b) Höhe des Gebührensatzes	1705
c) Ratenzahlungsvereinbarung	1706

	d) Erstattungsfähigkeit der Einigungsgebühr	1710
III.	Angelegenheit in der Zwangsvollstreckung	1711
	1. Allgemeines	1711
	2. Beginn der Zwangsvollstreckung	1712
	3. Erstmalige Tätigkeit	1714
	4. Ende der Zwangsvollstreckungsangelegenheit	1715
IV.	PKH	1716
V.	Zwangsvollstreckung gegen Inhaftierte wegen Arbeitsentgelts	1717
VI.	ABC der Zwangsvollstreckung	1718
C.	**Arbeitshilfen**	1772

Literatur:

Burhoff, Abrechnung des Antrags auf gerichtliche Entscheidung gem. § 111f Abs. 5 StPO, RVGreport 2010, 441; *Enders,* Die 2. Zwangsvollstreckungsnovelle und ihre Auswirkungen auf das Anwaltsgebührenrecht, JurBüro 1999, 1; *Hansens,* Terminsgebühr in der Zwangsvollstreckung, RVGreport 2006, 161; *Kessel,* Einigungsgebühr Nr. 1000 VV-RVG und Ratenzahlungsvereinbarung, DGVZ 2004, 179; *Mock,* Die gebührenrechtliche Betrachtung von Ratenzahlungsvereinbarungen bei der Zwangsvollstreckung nach dem RVG, AGS 2004, 469; N. *Schneider,* Die Einigungsgebühr in der Zwangsvollstreckung, AGS 2010, 417 ; *Volpert,* Anwaltsvergütung im Zwangsvollstreckungsverfahren, ZAP, Fach 24, S. 907 (Teil 1), S. 923 (Teil 2); *ders.,* Zwangsvollstreckungsverfahren – Die Vergütung in der Zwangsvollstreckung, RVGreport, 2004, 450 (Teil 1); RVGreport, 2005, 127 (Teil 2).

A. Überblick

Strafrechtliche Urteile können ggf. auch einen zivilrechtlich vollstreckungsfähigen Inhalt haben. Dazu gehört insbesondere die Entscheidung im **Adhäsionsverfahren**, u.U. auch das Privatklageverfahren, wenn es mit einem Vergleich endet, und natürlich die **Zwangsvollstreckung** aus **Kostenfestsetzungsbeschlüssen** gegen den Mandanten. Im Rahmen der Zwangsvollstreckung **entstehen** die **Verfahrensgebühr** Nr. 3309 VV und u.U. die **Terminsgebühr** Nr. 3310 VV jeweils mit einem Gebührensatz von 0,3. Der Wert für die Zwangsvollstreckung ist in einer eigenen Vorschrift, § 25 geregelt. 1696

Statt der Vorschriften Nr. 3309 und Nr. 3310 VV gelten für einige Zwangsvollstreckungsmaßnahmen **besondere Regelungen**. Es handelt sich um die folgenden Spezialverfahren der Zwangsvollstreckung:

- Verfahren der **Zwangsversteigerung**, Zwangsverwaltung (Nrn. 3311, 3312 VV),
- **Insolvenz**, Verteilungsverfahren nach der schifffahrtsrechtlichen Verteilungsordnung (Nrn. 3113 bis 3323 VV),
- **Verteilungsverfahren** außerhalb von Zwangsversteigerung und Zwangsverwaltung (Nr. 3333 VV),
- vorläufige **Einstellung**, Beschränkung oder Aufhebung der **Zwangsvollstreckung** (Nrn. 3328 und 3332 VV),
- Bewilligung, Verlängerung, Verkürzung einer **Räumungsfrist** (Nr. 3334 VV).

B. Anmerkungen

I. Wert

1697 Jede Zwangsvollstreckungsmaßnahme bildet eine eigene Angelegenheit. Daher ist für jede Zwangsvollstreckungsmaßnahme der Wert gesondert zu berechnen. Der Wert ergibt sich aus § 25. **Maßgebend** ist der **Wert** der **Forderung, wegen der vollstreckt** wird, nicht der Wert der Forderung, in die vollstreckt wird. Beantragt der Gläubiger die Vollstreckung nur wegen einer **Teilforderung**, so ist nur diese Teilforderung maßgebend. Soweit eine **Geldforderung** zu vollstrecken ist, wird der Wert aus **Forderung und Nebenforderungen** gebildet. Die Nebenforderungen setzen sich aus Zinsen und Kosten zusammen. Zinsen sind durch das Vollstreckungsorgan zu berücksichtigen bis zum Tag der Ausführung der Vollstreckung. Zu den einzurechnenden Kosten gehören auch Kosten für bisherige Vollstreckungsmaßnahmen (sowohl gerichtliche als auch außergerichtliche), nicht jedoch die Kosten für die aktuelle Maßnahme.

1698 Soll ein bestimmter **Gegenstand gepfändet** werden, so ist nicht der Wert der zu vollstreckenden Forderung, sondern der Wert dieses Gegenstands **maßgeblich**. Auch wenn sich nachträglich herausstellt, dass der gepfändete Gegenstand wertlos ist, richtet sich der Gegenstandswert der dem Rechtsanwalt zustehenden Gebühren, nach den subjektiven Vorstellungen des Vollstreckungsgläubigers vom Wert des Vollstreckungsobjekts zu Beginn der anwaltlichen Tätigkeit. Voraussetzung ist, dass diese Vorstellungen hinreichend plausibel sind und eine nachvollziehbare tatsächliche Basis haben (OLG Karlsruhe, AGS 2010, 539; LG Düsseldorf, AGS 2006, 86; LG Hamburg, AnwBl. 2006, 499; a.A. für zu pfändende Forderung (Wert = Null): LG Hamburg, ZMR 2009, 697).

1699 Für das Verfahren zur Abnahme der **eidesstattlichen Versicherung (§ 807 ZPO)** ist eine Höchstgrenze von 1.500,00 € festgelegt. Diese gilt, solange die zu vollstreckende Forderung höher ist als dieser Betrag.

> **Hinweis:**
> Hier kann über die mit der Zwangsvollstreckung zusammenhängenden Fragen nur ein Überblick gegeben werden. Wegen weiterer Einzelh. wird verwiesen auf Volpert/Schmidt, in: Hansens/Braun/Schneider, Teil 18, Rn. 57 ff.

II. Gebühren

1. Gebühren in der Zwangsvollstreckung

1700 In der Zwangsvollstreckung können die folgenden Gebühren entstehen:

Allgemeine Gebühren:

- Einigungsgebühr Nrn. 1000, 1003 VV mit 1,0 (vgl. dazu N. Schneider, AGS 2010, 417; unten Rn. 1704)
- Mehrvertretungszuschlag Nr. 1008 VV mit 0,3 je weiterem Auftraggeber

Zwangsvollstreckung

Zwangsvollstreckungsverfahren

- Zwangsvollstreckungsverfahrensgebühr Nr. 3309 VV mit 0,3
- Zwangsvollstreckungsterminsgebühr Nr. 3310 VV mit 0,3

Beschwerdeverfahren nach § 793 ZPO

- Beschwerdeverfahrensgebühr Nr. 3500 VV mit 0,5
- Beschwerdeterminsgebühr Nr. 3513 VV mit 0,5

Rechtsbeschwerdeverfahren nach § 574 ZPO

- Verfahrensgebühr Nr. 3502 VV mit 1,0

2. Verfahrensgebühr (Nr. 3309 VV)

a) Allgemeines

Die Verfahrensgebühr i.H.v. 0,3 entsteht für den Rechtsanwalt mit der **ersten Tätigkeit** im Rahmen der Zwangsvollstreckung **nach Auftragserteilung**. Dies dürfte regelmäßig die Entgegennahme der ersten Information sein. Eine nach außen erkennbare Handlung des Rechtsanwalts ist nicht erforderlich. Die Gebühr ist auch bereits mit einer Zahlungsaufforderung mit Vollstreckungsandrohung entstanden (Volpert, in: Hansens/Braun/Schneider, Teil 18, Rn. 11), also bereits ohne Einleitung des Vollstreckungsverfahrens (BGH, BRAGOreport 2003, 200 = AGS 2003, 561). Dies gilt entsprechend für den **Vertreter** des Schuldners. Auch hier wird die Verfahrensgebühr mit dem ersten Tätigwerden verdient. Eine **Ermäßigung** der Verfahrensgebühr für den Fall der vorzeitigen Erledigung ist **nicht möglich**, da es an einer entsprechenden Ermäßigungsvorschrift fehlt.

1701

b) Mehrere Auftraggeber

Bei der Verfahrensgebühr Nr. 3309 VV handelt es sich um eine **erhöhungsfähige Gebühr nach § 7, Nr. 1008 VV**. Es erfolgt demnach für jeden weiteren Auftraggeber eine Erhöhung um 0,3. Voraussetzung ist, dass der Gegenstand der anwaltlichen Tätigkeit derselbe ist. Die Erhöhung berechnet sich aus dem Gegenstand an dem mehrere Auftraggeber gemeinsam beteiligt sind (eingehend Teil A: Mehrere Auftraggeber [§ 7, Nr. 1008 VV] Rn. 458).

1702

Beispiel:

Der Rechtsanwalt beauftragt wegen einer gemeinsamen Forderung von 5.000,00 € im Auftrag der Eheleute G den Gerichtsvollzieher mit der Mobiliarvollstreckung. Es sind die folgenden Gebühren entstanden:

0,3 Verfahrensgebühr, Nr. 3309 VV (Wert 5.000,00 €)	*90,30 €*
Erhöhung mehrere Auftraggeber, Nr. 1008 VV (0,3) (Wert 5.000,00 €)	*90,30 €*
Postentgeltpauschale	*20,00 €*
Anwaltsvergütung netto	***200,60 €***

Zwangsvollstreckung

3. Terminsgebühr (Nr. 3310 VV)

1703 Zusätzlich zur Verfahrensgebühr erhält der Rechtsanwalt eine Terminsgebühr von 0,3, wenn er in einem Verfahren der Zwangsvollstreckung an einem **gerichtlichen Termin** oder an einem Termin vor dem Gerichtsvollzieher zur **Abnahme** der **eidesstattlichen Versicherung teilnimmt**. Andere Termine vor dem Gerichtsvollzieher lösen keine Terminsgebühr aus. Die Terminsgebühr entsteht wie auch die anderen Terminsgebühren für die vertretungsbereite **Anwesenheit** im Termin. Es ist weder eine Verhandlung noch eine Erörterung oder die Stellung eines Antrags für das Entstehen der Gebühr notwendig. Termine, die eine Gebühr auslösen, sind (Hansens, RVGreport 2006, 161):

- **Anhörungstermin** im Rahmen der Zwangsvollstreckung nach **§§ 887 bis 890 ZPO** zur Herausgabe von Sachen und zur Erwirkung von Handlungen und Unterlassungen;
- **Anhörungstermin** im Rahmen der dem Vollstreckungsgericht nach **§ 764 ZPO** zugewiesenen Vollstreckungshandlungen;
- **Anhörungen** im Rahmen von Vollstreckungsschutzmaßnahmen nach § 765a ZPO;
- Termine im **Verteilungsverfahren** nach § 875 ZPO;
- Termine zur **Abnahme** der **eidesstattlichen Versicherung** durch den Gerichtsvollzieher aber auch zur Abnahme der materiell-rechtlich gebotenen eidesstattlichen Versicherung nach § 889 ZPO. Zuständig ist der Rechtspfleger, § 20 Nr. 17 RPflG.

> **Hinweis:**
> Eine Terminsgebühr entsteht demnach **nicht** in den **anderen** in **Vorbem. 3 Abs. 3 VV** genannten **Alternativen**: Die Wahrnehmung eines von einem gerichtlich bestellten Sachverständigen anberaumten Termins oder die Mitwirkung an auf die Vermeidung oder Erledigung des Verfahrens gerichteten Besprechungen.

4. Einigungsgebühr (Nrn. 1000, 1003 VV)

a) Allgemeines

1704 Die Einigungsgebühr entsteht für die Mitwirkung beim Abschluss eines Vertrags, durch den der **Streit** oder die **Ungewissheit der Parteien** über ein Rechtsverhältnis **beseitigt** wird, Anm. Abs. 1 zu Nr. 1000 VV (wegen der Einzelh. s. Teil A: Einigungsgebühr [Nrn. 1000, 1003 und 1004 VV] Rn. 458).

b) Höhe des Gebührensatzes

1705 Durch das 2. JuMoG (seit dem 01.01.2007) wurde der Wortlaut der Nr. 1003 VV um folgenden Satz ergänzt

„Das Verfahren vor dem Gerichtsvollzieher steht einem gerichtlichen Verfahren gleich."

Bis dahin war streitig, ob eine Einigungsgebühr, die in einem Verfahren, dass durch den Gerichtsvollzieher geführt wird, mit einem Gebührensatz von 1,0 oder 1,5 entsteht. Diese Frage

Zwangsvollstreckung

ist durch die Ergänzung im 2. JuMoG dahin geklärt, dass der Rechtsanwalt in der Zwangsvollstreckung also unabhängig davon, ob das Verfahren vor dem Vollstreckungsgericht oder dem Gerichtsvollzieher stattfindet, eine **1,0 Einigungsgebühr** Nr. 1000 i.V.m. Nr. 1003 VV erhält (so auch bisher schon Volpert, in: Hansens/Braun/Schneider, Teil 18, Rn. 42). Nur dann, wenn kein Vollstreckungsauftrag vorliegt, verdient der Rechtsanwalt eine 1,5 Einigungsgebühr zusammen mit der Geschäftsgebühr Nr. 2300 VV.

c) Ratenzahlungsvereinbarung

Fraglich ist, ob im Rahmen der Zwangsvollstreckung für den Abschluss einer Ratenzahlungsvereinbarung eine Einigungsgebühr anfällt. Der **Gesetzgeber** geht in der Begründung zu Nr. 3100 VV davon aus, das auf das Entstehen einer Terminsgebühr für Besprechungen, die auf Erledigung zielen, verzichtet werden kann, weil vielfach die **Einigungsgebühr, insbesondere bei Ratenzahlungsvereinbarungen**, anfallen wird (vgl. BT-Drucks. 15/1971, S. 204). Er geht damit ganz offensichtlich von dem Entstehen einer Einigungsgebühr im Rahmen der Zwangsvollstreckung aus. Dem folgt inzwischen der größere Teil der Literatur (Gerold/Schmidt/Müller-Rabe, VV 1000 Rn. 267; AnwKomm-RVG/Wolf, VV 3309 – 3310 Rn. 85) und auch ein Teil der Rechtsprechung (OLG Jena, RVGreport 2006, 345 = JurBüro 2006, 473; LG Erfurt, 14.05.2009 – 2 T 115/09, n.v.; LG Memmingen, JurBüro 2008, 384).

1706

Eine starke **Gegenmeinung** hält das Entstehen der Einigungsgebühr für eine Ratenzahlungsvereinbarung in der Zwangsvollstreckung für nicht möglich (OLG Hamm, RVGreport 2005, 224; LG Bonn, RVGreport 2005, 265; LG Münster, 03.09.2007 – 5 T 697/07; Hansens, in: Hansens/Braun/Schneider, Teil 6, Rn. 27 ff.). Begründet wird dies mit dem fehlenden Bezug auf § 779 Abs. 2 BGB. Während dort klargestellt wird, dass ein Vergleich auch dann zustande kommt, wenn nur die Verwirklichung eines Rechtsanspruchs zweifelhaft ist, wird in der Nr. 1000 VV allein auf den Abschluss eines Vertrags abgestellt, durch den der Streit oder die Ungewissheit der Parteien über ein Rechtsverhältnis beseitigt wird (vgl. umfangreiche Gegenüberstellung der Rechtsprechung zu den beiden Meinungen bei Volpert, in: Hansens/Braun/Schneider, Teil 18, Rn. 46).

1707

> **Hinweis:**
>
> Zu **folgen** ist der **ersten Ansicht**. Durch den Wegfall des konkreten Bezugs auf § 779 BGB war keinesfalls eine Einengung sondern gerade eine **Erweiterung** des Umfangs der Einigungsgebühr geplant. Daher steht die Unsicherheit über die Verwirklichung eines Anspruchs der Ungewissheit über ein Rechtsverhältnis gleich (KG, RVGreport 2006, 2651; OLG Jena, MDR 2006, 1436; AnwKomm-RVG/Wolf, VV 3309 – 3310 Rn. 85). Dies wird auch gestützt durch die Gesetzesbegründung zu Nr. 3310 VV. Hier wird der geringere Anwendungsrahmen der Terminsgebühr Nr. 3310 VV damit begründet, dass durch den häufigen Anfall der Einigungsgebühr bei Ratenzahlungsvereinbarungen ein Ausgleich geschaffen wird (Gerold/Schmidt/Müller-Rabe, Nr. 1000 Rn. 237).

Nach einer weiteren Ansicht soll die Einigungsgebühr nicht entstehen, wenn der **Schuldner die Ratenzahlungsvereinbarung nicht einhält** (LG Bonn, JurBüro 2005, 77). Auch dem kann

1708

Zwangsvollstreckung

nicht gefolgt werden, da die Gebühr bereits mit dem erfolgreichen Abschluss des Einigungsvertrags entstanden ist. Die Einigungsgebühr ist eine Erfolgsgebühr. Der Erfolg ist der Abschluss der Einigung. Eine einmal entstandene Gebühr kann nicht nachträglich wieder wegfallen (so auch AnwKomm-RVG/Wolf, VV 3309 – 3310 Rn. 88).

1709 Ebenfalls **sehr umstritten** ist die Frage, ob durch die von dem **Gerichtsvollzieher ausgesprochene Ratenzahlungsvereinbarung** eine Einigungsgebühr entsteht. Der **BGH** hat sich der Ansicht angeschlossen, dass die Einigungsgebühr **nicht** entsteht (BGH, NJW 2006, 3640 = RVGreport 2006, 382 = JurBüro 2007, 24 m.w.N.; AnwKomm-RVG/Wolf, VV 3309, 3310 Rn. 90; a.A. Mock, AGS 2004, 469, 473). Der Ansicht des BGH ist zu folgen (so auch Volpert, in: Hansens/Braun/Schneider, Teil 18, Rn. 47). In der Praxis werden durch den Gerichtsvollzieher regelmäßig Ratenzahlungen bewilligt. Er entscheidet hier als selbstständiges Organ der Rechtspflege. Ein Zutun des Rechtsanwalts findet hierbei in aller Regel nicht statt. Dieses Zutun in dem Nichtwidersprechen sehen zu wollen, führt zu weit.

d) Erstattungsfähigkeit der Einigungsgebühr

1710 Die Kosten einer im Vollstreckungsverfahren getroffenen Einigung sind nur insoweit **erstattungsfähig**, als sie vom Schuldner **ausdrücklich übernommen worden** sind. Wurde eine solche Abrede nicht getroffen, so sind die Kosten gem. § 98 ZPO als gegeneinander aufgehoben anzusehen (BGH, NJW 2007, 1213 = RVGreport 2007, 276; BGH, NJW 2006, 1598 = JurBüro 2006, 327; OLG Düsseldorf, Rpfleger 1994, 264).

> **Hinweis:**
>
> Aus diesem Grund sollte der Rechtsanwalt in den Text der (Ratenzahlungs-)Einigung immer eine **Abrede aufnehmen**, aus der sich ergibt, dass der Schuldner die Kosten übernimmt. Die Erstattungsfähigkeit der Kosten für diese Einigung wird ansonsten durch die Gerichte abgelehnt (vgl. Mustervereinbarung, Rn. 1772).

III. Angelegenheit in der Zwangsvollstreckung

1. Allgemeines

1711 Die Gebühren der Nrn. 3309, 3310 VV dürfen in jeder Angelegenheit der Zwangsvollstreckung erneut angesetzt werden. Deshalb ist der Umfang einer Angelegenheit entscheidend (vgl. auch Teil A: Angelegenheiten [§§ 15 ff.] Rn. 66). Durch **§ 18 Nr. 3** wird festgelegt, dass in der Zwangsvollstreckung durch jede Vollstreckungsmaßnahme eine Angelegenheit gebildet wird. Diese setzt sich zusammen aus:

- **Vorbereitungshandlungen** (z.B. Aufforderung mit Androhung, Vorpfändung § 845 ZPO),
- **Vollstreckungsmaßnahme** (z.B. Gerichtsvollzieherauftrag, Antrag auf Sicherungsvollstreckung, Forderungspfändung und -Überweisung usw.) und
- den durch die Vollstreckungsmaßnahme vorbereiteten **weiteren Vollstreckungshandlungen**.

Zwangsvollstreckung

Eine **abschließende Aufzählung** der besonderen Angelegenheiten in der Zwangsvollstreckung enthält **§ 18 Nr. 6 bis 22**. Hinzugekommen ist (gegenüber der BRAGO) im RVG der § 18 Nr. 12 für das Verteilungsverfahren (§ 858 Abs. 5, §§ 872 bis 877, 882 ZPO). Zudem wurde die Ergänzung der Nr. 15 und 18 des § 18 notwendig, da Zwangsgeld und Zwangsmittel nach § 33 FGG nunmehr eine Angelegenheit der Zwangsvollstreckung darstellen (s. Teil 3 Vorbem. 3.3.3 VV).

2. Beginn der Zwangsvollstreckung

Grds. sind durch die Gebühren des vorhergehenden Hauptverfahrens einige Verfahrenshandlungen nach einem **Urteil mit abgegolten**. Dies gilt insbesondere für 1712

- § 19 Abs. 1 Nr. 9: die **Zustellung** oder **Empfangnahme** von **Entscheidungen** oder Rechtsmittelschriften und ihre Mitteilung an den Auftraggeber;
- § 19 Abs. 1 Nr. 9: die **nachträgliche Vollstreckbarerklärung** eines Urteils auf besonderen Antrag, die Erteilung des Notfrist- und des Rechtskraftzeugnisses;
- § 19 Abs. 1 Satz 2 Nr. 9: Antrag auf **Erteilung** von **Notfrist** - und Rechtskraftzeugnissen,
- § 19 Abs. 1 Nr. 11: die vorläufige **Einstellung**, Beschränkung oder Aufhebung der **Zwangsvollstreckung**, wenn nicht eine abgesonderte mündliche Verhandlung hierüber stattfindet;
- erstmalige **Erteilung** der **Vollstreckungsklausel** (§ 19 Abs. 1 Satz 2 Nr. 12),
- **Titelzustellung** (§ 19 Abs. 1 Satz 2 Nr. 15).
- § 19 Abs. 1 Nr. 12: die erstmalige Erteilung der **Vollstreckungsklausel**, wenn deswegen keine Klage erhoben wird;
- § 19 Abs. 1 Nr. 13: die **Kostenfestsetzung** und die Einforderung der Vergütung;
- § 19 Abs. 1 Nr. 15: die **Zustellung** eines **Vollstreckungstitels**, der Vollstreckungsklausel und der sonstigen in § 750 der Zivilprozessordnung genannten Urkunden.

Für den Prozessanwalt wird deshalb durch die genannten Tätigkeiten keine eigene Verfahrensgebühr für die Zwangsvollstreckung nach Nr. 3309 VV ausgelöst (Volpert, ZAP Fach 24, S. 923; Gerold/Schmidt/Müller-Rabe, VV 3309 Rn. 34 f.). Hat er diese Aufgaben erledigt, so endet sein Mandat.

Alle **in § 19 nicht genannten Tätigkeiten** nach Erlass des Urteils gehören bereits zur **Zwangsvollstreckung** und lösen die entsprechenden Gebühren aus (z.B. Androhung der Vollstreckung, Vorpfändung, Aufenthaltsermittlung usw.). 1713

3. Erstmalige Tätigkeit

Wird der Rechtsanwalt jedoch **erstmals in dieser Angelegenheit tätig** und wurde ihm der Vollstreckungsauftrag erteilt, so lösen die o.a. Tätigkeiten bereits die Verfahrensgebühr Nr. 3309 VV aus (Volpert, in: Hansens/Braun/Schneider, Teil 18, Rn. 97). Hat er keinen Vollstreckungsauftrag, so gilt Nr. 3402 VV (Verfahrensgebühr für sonstige Tätigkeiten). 1714

4. Ende der Zwangsvollstreckungsangelegenheit

1715 Die Angelegenheit endet mit der **Befriedigung** des **Gläubigers**, einem fruchtlosen Vollstreckungsversuch, mit der Einstellung oder Aufhebung der Zwangsvollstreckung oder mit der Antragsrücknahme. Bei der **Forderungspfändung** endet die Angelegenheit weiterhin mit Überweisung an Zahlung statt oder mit der Zahlung durch den Drittschuldner, bei der **Herausgabevollstreckung** mit der Übergabe des Gegenstands an den Gläubiger (Gerold/Schmidt/Müller-Rabe, VV 3309 Rn. 42). Die vorläufige Einstellung oder Beschränkung der Zwangsvollstreckung beendet die jeweilige Maßnahme nicht (Gerold/Schmidt/Müller-Rabe, VV 3309 Rn. 43).

IV. PKH

1716 Für die Zwangsvollstreckung muss **gesondert** PKH **bewilligt** werden (§ 48 Abs. 4 Satz 1, 2 Nr. 1). § 119 Abs. 2 ZPO legt den Umfang der PKH in der Zwangsvollstreckung fest. Hiernach umfasst die Bewilligung von PKH für die Zwangsvollstreckung in das bewegliche Vermögen alle Vollstreckungshandlungen im Bezirk des Vollstreckungsgerichts einschließlich des Verfahrens auf Abgabe der eidesstattlichen Versicherung. Nach § 121 Abs. 2 ZPO wird ein Rechtsanwalt beigeordnet, wenn die Vertretung durch einen RA erforderlich erscheint oder der Gegner durch einen Rechtsanwalt vertreten ist. Die Notwendigkeit der Beiordnung ist umstritten. Für Lohn- und Kontenpfändungen darf die Bewilligung jedenfalls nicht pauschal abgewiesen werden, mit dem Hinweis auf andere Hilfemöglichkeiten (LG Berlin, Rpfleger 2003, 35 = FamRZ 2003, 318). Eine pauschale Verweisung in Zwangsvollstreckungsangelegenheiten an die Rechtsantragstelle ist nicht zulässig. Es hat jeweils eine Einzelfallprüfung stattzufinden (BGH, Rpfleger 2003, 591 = BRAGOreport 2003, 205).

V. Zwangsvollstreckung gegen Inhaftierte wegen Arbeitsentgelts

1717 Der Strafgefangene ist grds. zur Arbeit verpflichtet. Das hierfür entstehende Entgelt des Strafgefangenen ist als **Arbeitseinkommen** anzusehen und daher grds. gem. §§ 850 ff. ZPO **pfändbar**. Handelt es sich bei dem Strafgefangenen **nicht** um einen **Freigänger** und geht er einer Arbeit innerhalb der Vollzugsanstalt nach, so ist das Arbeitsentgelt für sich allein betrachtet nicht pfändbar. Der Pfändung unterworfen ist **lediglich das Eigengeld**. Von dem Arbeitsentgelt sind wegen vorheriger Zweckbindung Haushaltsgeld, Haftkostenbeitrag, Unterhaltsbeitrag oder Überbrückungsgeld abzuziehen. Der verbleibende Betrag ist das pfändbare Eigengeld, zu dem auch das bei Strafantritt mitgebrachte und in der Haftzeit zugegangene Geld zählt. Eine Beschränkung der Pfändbarkeit ergibt sich lediglich aus § 51 Abs. 4, 5 StVollzG. Soweit das Eigengeld aus Arbeitsentgelt für eine zugewiesene Beschäftigung gebildet worden ist, finden die **Pfändungsfreigrenzen** des § 850c ZPO und der Pfändungsschutz gem. § 850k ZPO keine Anwendung (BGH, NJW 2004, 3714).

Im Gegensatz dazu schließen **Freigänger** private Arbeitsverträge mit dem jeweiligen Arbeitgeber. Dieses Entgelt ist in den üblichen Grenzen pfändbar, wenn die Vollzugsbehörde nicht nach § 39 Abs. 3 StVollzG Überweisung des Entgelts verlangt hat.

> **Hinweis:**
>
> Das **Eigengeld eines Strafgefangenen** auf seinem Eigengeldkonto (§ 52 StVollzG) ist uneingeschränkt pfändbar. Bei einem **Untersuchungsgefangenen** sind Eigengeld und Arbeitsentgelt pfändbar. Nach § 811 Nr. 8 ZPO bleibt dem U-Häftling aber ein unpfändbares Taschengeld.

VI. ABC der Zwangsvollstreckung

■ Absehen von der Vollstreckung, Abstandnahme   1718

Die Bitte des Schuldners, von der Vollstreckung abzusehen, löst die **Vollstreckungsgebühren** bereits vor Vorliegen der formellen Voraussetzungen (ggf. für beide Rechtsanwälte) aus (OLG Hamm, NJW-RR 1996, 763 = JurBüro 1996, 249).

■ Änderung des pfandfreien Betrags   1719

Bei dem Antrag auf Änderung des pfändungsfreien Betrags nach § 850g ZPO handelt es sich **nicht** um eine **besondere Angelegenheit**. Es werden für den Gläubigervertreter, der bereits den Pfändungs- und Überweisungsbeschluss beantragt hat, keine weiteren Gebühren ausgelöst. Für den Schuldnervertreter, der im Rahmen dieses Antrags erstmals tätig wird, entsteht die Verfahrensgebühr Nr. 3309 VV (LG Konstanz, Rpfleger 2000, 463).

■ Anderweitige Verwertung   1720

Das Verfahren gem. § 825 ZPO (anderweitige Verwertung) ist eine **besondere Angelegenheit** (§ 18 Nr. 10). Ein erneuter Antrag auf anderweitige Verwertung nach Abschluss des ersten Verfahrens (weil z.B. die erste anderweitige Verwertung erfolglos war) stellt eine neue Angelegenheit dar. Soll eine anderweitige Verwertung eines bei Ehegatten als **Gesamtschuldnern** gepfändeten Gegenstands durchgeführt werden, so liegen zwei gesonderte Angelegenheiten vor (Gerold/Schmidt/Müller-Rabe, VV 3309 Rn. 326). Trotz der großen Ähnlichkeit ist das Verfahren nach § 844 ZPO (**andere Art der Verwertung bei Forderungen/Rechten**) wegen der engen Auslegung des § 18 nicht als eigene Angelegenheit zu behandeln (LG Berlin, Rpfleger 1990, 92 = JurBüro 1989, 1684). Nach der Begründung des KostRMoG zum RVG soll die Aufzählung in § 18 abschließend sein.

■ Androhung der Zwangsvollstreckung   1721

Die Androhung der Zwangsvollstreckung lässt die **Verfahrensgebühr** nach Nr. 3309 VV **entstehen**. Sie geht jedoch in den Gebühren für spätere Tätigkeiten in derselben Angelegenheit auf (BGH, Rpfleger 2003, 596; KG, JurBüro 2001, 211; LG München, 19.12.2007 – 6 T 5058/07, n.v.).

Zwangsvollstreckung

1722 ■ **Androhung vor Zustellung – Erstattungsfähigkeit**

Droht der Rechtsanwalt die Zwangsvollstreckung bereits an, **bevor** die **formellen Voraussetzungen** der Zwangsvollstreckung vorliegen (meist fehlt es an der Zustellung des Titels), entsteht zwar die Gebühr Nr. 3309 VV, aber ihre **Erstattungsfähigkeit** kann **fraglich** sein (OLG Köln, Rpfleger 1993, 373 = AGS 1993, 43).

Nach Auffassung des **BGH** ist die Gebühr erstattungsfähig, wenn der Gläubiger eine vollstreckbare Ausfertigung des Titels im Besitz hat und dem Schuldner zuvor ein angemessener Zeitraum zur freiwilligen Erfüllung zur Verfügung stand. Eine vorhergehende Zustellung der vollstreckbaren Ausfertigung ist für die Erstattungsfähigkeit nicht Voraussetzung (BGH, Rpfleger 2003, 596 = NJW-RR 2003, 1581 = AGS 2003, 561). Dies gilt **entsprechend** für alle Vollstreckungstätigkeiten vor Vorliegen der formellen Voraussetzungen, z.B. bei der Vorpfändung.

1723 ■ **Arrestvollziehung oder Vollziehung der einstweiligen Verfügung**

Die Vollziehung des Arrests (oder einer einstweiligen Verfügung) löst die Gebühren nach den **Nrn. 3309 ff. VV** aus. Jede Vollziehungsmaßnahme stellt eine besondere Angelegenheit dar. Dies ist nunmehr ausdrücklich in § 18 Nr. 4 geregelt.

1724 ■ **Aufhebung einer Vollstreckungsmaßnahme**

Die Aufhebung einer Vollstreckungsmaßnahme löst **keine gesonderte Gebühr** aus. Vielmehr gehört die Aufhebung einer Vollstreckungsmaßnahme zum Umfang der Angelegenheit (§ 19 Abs. 2 Nr. 5).

1725 ■ **Auskunft aus dem Schuldnerverzeichnis**

Die Auskunft aus dem Schuldnerverzeichnis zur Vorbereitung einer Zwangsvollstreckungsmaßnahme löst bereits die **Gebühr Nr. 3309 VV** aus. Sie ist allerdings auf die Gebühr für die folgende Maßnahme anzurechnen (AnwKomm-RVG/Wolf, § 18 Rn. 81).

1726 ■ **Austauschpfändung**

Das Verfahren gem. § 811a ZPO ist eine **besondere Angelegenheit** (§ 18 Nr. 9). Es entstehen daher eigenständige Gebühren nach den Nrn. 3309 ff. VV. Für das Verfahren auf Austauschpfändung ist als **Gegenstandswert** der zu schätzende Überschuss, der sich aus der Versteigerung ergeben wird, zu berücksichtigen (Gerold/Schmidt/Müller-Rabe, VV 3309 Rn. 170). Ein **erneuter Antrag** nach Ablehnung des ersten Antrags stellt eine neue Angelegenheit dar (Gerold/Schmidt/Müller-Rabe, VV 3309 Rn. 169).

1727 ■ **Berichtigungsantrag nach § 319 ZPO**

Die Weiterleitung der Gerichtsentscheidung an den Mandanten und die Stellung eines Berichtigungsantrags nach § 319 ZPO lassen die **Verfahrensgebühr** für den Rechtsanwalt des Schuldners entstehen, der bisher noch nicht beauftragt war (OLG Koblenz, Rpfleger 2002, 227).

Zwangsvollstreckung

▪ Bürgschaftsurkunde, Zustellung 1728

Die Zustellung einer Bürgschaftsurkunde nach § 751 Abs. 2 ZPO löst die **Verfahrensgebühr** Nr. 3309 VV aus (Zöller/Stöber, ZPO, § 751 Rn. 9; OLG Düsseldorf, MDR 88, 784; a.A. OLG Frankfurt am Main, Rpfleger 1990, 270 m. abl. Anm. v. Lappe).

▪ Dienstaufsichtsbeschwerde 1729

Die Tätigkeit im Rahmen einer Dienstaufsichtsbeschwerde löst **keine zusätzliche Vollstreckungsgebühr** aus, da sie regelmäßig im Zusammenhang mit einer Zwangsvollstreckungsmaßnahme eingelegt wird. Etwas anderes gilt für den gegnerischen Rechtsanwalt, der erstmals in dieser Angelegenheit tätig wird. Für diesen löst die Beschwerde die Gebühr aus.

▪ Drittschuldnererklärung 1730

Gibt ein bis dahin nicht mit der Sache befasster Rechtsanwalt für den Drittschuldner die erforderliche Erklärung gem. § 840 ZPO ab, ist dies eine Zwangsvollstreckungshandlung und löst die **Verfahrensgebühr** Nr. 3309 VV aus (AnwKomm-RVG/Wolf, VV 3309 – 3310 Rn. 26). Verlangt der Rechtsanwalt des Gläubigers nach Zustellung des Pfändungs- und Überweisungsbeschlusses (an dessen Beantragung er bereits mitgewirkt hat) noch die bisher nicht erfolgte Zustellung der Aufforderung gem. § 840 ZPO an den Drittschuldner, so löst dies keine neue Gebühr aus.

▪ Drittschuldnerprozess 1731

Führt der Gläubiger einen Prozess gegen den Drittschuldner, so sind diese Kosten des Drittschuldnerprozesses keine Kosten der Zwangsvollstreckung (OLG Schleswig, JurBüro 1992, 500; OLG Bamberg, JurBüro 1994, 612). Der Rechtsanwalt verdient spätestens mit der Aufforderung zur Abgabe der Drittschuldnererklärung die **Geschäftsgebühr** Nr. 2300 VV. Ist ihm bereits der Prozessauftrag erteilt worden, so entsteht stattdessen die Verfahrensgebühr Nr. 3100 VV ggf. i.V.m. Nr. 3101 VV. Wurde der Prozess verloren, so ist der Schuldner nicht erstattungspflichtig (OLG Stuttgart, Rpfleger 1996, 117; a.A. OLG Karlsruhe, Rpfleger 1994, 118 m.w.N.).

▪ Duldung und Unterlassung 1732

Auf Antrag des Gläubigers kann der zu einer Unterlassung oder Duldung verpflichtete Schuldner nach § 890 Abs. 1 ZPO zu Ordnungsgeld/-haft verurteilt werden. Dieser Antrag stellt gem. **§ 18 Nr. 16** eine eigene Angelegenheit dar. Die Angelegenheit endet jeweils mit Verurteilung oder mit Zurückweisung des Antrags. Jeder neue Antrag nach § 890 Abs. 1 ZPO stellt eine neue Angelegenheit dar. Anträge nach § 890 Abs. 2 ZPO (Androhung vor Verurteilung) gehören zur Angelegenheit und stellen keine besondere Angelegenheit dar (§ 19 Abs. 2 Nr. 4.).

▪ Durchsuchungsanordnung 1733

Das Erwirken einer Durchsuchungsanordnung nach § 758a ZPO gehört zur Angelegenheit und löst daher **keine eigene Gebühr** aus (§ 19 Abs. 2 Nr. 1).

Zwangsvollstreckung

1734 ■ **Eidesstattliche Versicherung**

Das Verfahren zur Abnahme der eidesstattlichen Versicherung bildet eine **eigene Angelegenheit** und löst damit die **Gebühren Nr. 3309 VV** und ggf. Nr. 3310 VV aus (§ 18 Nr. 18). Zu beachten ist der Höchstwert gem. § 25 Abs. 1 Nr. 4 i.H.v. 1.500,00 €. Die Gebühr deckt das gesamte Verfahren ab, z.B. auch den Antrag auf Erlass eines Haftbefehls und den sich evtl. anschließenden Verhaftungsauftrag. Der Antrag auf Erteilung einer **Abschrift des Vermögensverzeichnisses** löst bereits die Gebühr aus (h.M. vgl. u.a. Volpert, in: Hansens/Braun/Schneider, Teil 18, Rn. 170). Der Antrag auf **wiederholte Abgabe der eidesstattlichen Versicherung** nach § 903 ZPO stellt eine eigene Angelegenheit dar und ist damit gesondert abzurechnen (AnwKomm-RVG/N. Schneider/Wolf, § 18 Rn. 80). Der Antrag auf **Nachbesserung oder Ergänzung** ist keine besondere gebührenrechtliche Angelegenheit, sondern Fortsetzung des vorhergehenden Auftrags (Volpert, in: Hansens/Braun/Schneider, Teil 18, Rn. 170). Der Antrag auf **Löschung der Eintragung im Schuldnerverzeichnis** (§ 915a ZPO) stellt eine eigene Angelegenheit nach § 18 Nr. 19 dar. Die Teilnahme am Termin auf Abgabe der eidesstattlichen Versicherung löst die **Terminsgebühr** Nr. 3310 VV aus.

1735 ■ **Einstellung der Zwangsvollstreckung**

Die Einstellung der Zwangsvollstreckung **beendet** diese und damit auch die **Angelegenheit** (§ 775 ZPO).

1736 ■ **Einstweilige Einstellung der Zwangsvollstreckung**

Die einstweilige Einstellung der Zwangsvollstreckung gem. § 732 Abs. 2 ZPO **beendet** die Zwangsvollstreckung **nicht**. Die Vollstreckungsmaßnahme dauert fort. Es beginnt keine neue Angelegenheit.

1737 ■ **Einwohnermeldeamtsanfrage**

S. Rn. 1740 „Ermittlung des Aufenthaltsortes"

1738 ■ **Entgegennahme des Pfändungsbeschlusses**

Die Entgegennahme des Pfändungsbeschlusses und dessen Weiterleitung an den Schuldner begründet mangels eines entsprechenden Auftrags **nicht** die Entstehung der **Verfahrensgebühr** Nr. 3309 VV für den Schuldnervertreter.

1739 ■ **Erinnerung nach § 766 ZPO**

Durch die allgemeinere Fassung in Nr. 3500 VV soll u.a. auch die Erinnerung nach § 766 ZPO nach dieser Nummer abgegolten werden. Nach den Erläuterungen im KostRMoG soll die Vorschrift nunmehr alle Arten der Erinnerung (z.B. nach § 11 RPflG, §§ 573 und 766 ZPO) erfassen. Damit handelt es sich nicht mehr um eine Angelegenheit der Zwangsvollstreckung. Durch das **2. JuModG** ist jedoch **§ 19 neu gefasst worden**. Nach § 19 Abs. 2 gehört die Erinnerung nach § 766 ZPO nun seit dem 01.01.2007 eindeutig zum **Umfang** der durch sie **angefochtenen Voll-**

streckungsmaßnahme. Es wird keine neue Angelegenheit ausgelöst (so auch BGH, RVGreport 2010, 144 = JurBüro 2010, 325).

■ Ermittlung des Aufenthaltsorts 1740

Bei vorliegendem Vollstreckungsauftrag löst die Ermittlung des Aufenthaltsorts des Schuldners als vorbereitende Maßnahme für die Zwangsvollstreckung die **Verfahrensgebühr** Nr. 3309 VV aus (BGH, RVGreport 2004, 108; Volpert, in: Hansens/Braun/Schneider, Teil 18, Rn. 12). Diese ist allerdings auf die später entstehende Gebühr für den Auftrag anzurechnen. Im Rahmen einer laufenden Zwangsvollstreckung entsteht keine besondere Gebühr, auch ist keine Gebühr gem. der Nrn. 3402, 3403 zu berücksichtigen (noch zu § 120 BRAGO: OLG Zweibrücken, Rpfleger 1998, 444).

Hatte der Rechtsanwalt **keinen Vollstreckungsauftrag**, so kann nicht die Verfahrensgebühr Nr. 3309 VV ausgelöst werden. Vielmehr entsteht die Gebühr **Nr. 2302 VV „Erstellung eines einfachen Schreibens"**. Dies ist vom Gebührensatz her unerheblich, da in beiden Fällen eine 0,3 Gebühr entsteht. Allerdings handelt es sich bei der Gebühr Nr. 2302 VV nicht um eine Gebühr im Rahmen der Zwangsvollstreckung, damit scheidet eine Erstattung durch den Schuldner gem. § 788 ZPO aus. Der Gläubiger sollte in diesem Fall vorher den entsprechenden Auftrag erteilen (Volpert, in: Hansens/Braun/Schneider, Teil 18, Rn. 12).

■ Freigabeerklärung des Gläubigers 1741

Die Freigabeerklärung des Gläubigers beendet die Zwangsvollstreckung; gepfändete Gegenstände werden wieder frei; die Erklärung löst **keine Gebühr** aus, da sie noch zu dem jeweiligen Zwangsvollstreckungsakt/-auftrag gehört.

■ Grundbucheintragung 1742

Wird die Pfändung eines Grundpfandrechts (§ 830 ZPO) oder einer Reallast, Grund- oder Rentenschuld (§ 857 Abs. 6 ZPO) im Grundbuch vermerkt, gehört dies zum Pfändungsverfahren und löst **keine besondere anwaltliche Gebühr** aus.

■ Hilfspfändung 1743

Soll die Herausgabe von Urkunden im Wege der Hilfspfändung (§ 836 Abs. 3 ZPO) bewirkt werden, so gehört diese Maßnahme mit zur laufenden Angelegenheit und löst **keine zusätzliche Gebühr** aus.

■ Kombinierter Zwangsvollstreckungsauftrag (Mobiliar-Pfändung und eidesstattliche Versicherung) 1744

Seit dem Inkrafttreten der zweiten Zwangsvollstreckungsnovelle ist das Verfahren auf Abnahme der eidesstattlichen Versicherung (§§ 807, 900 ZPO) dem Gerichtsvollzieher übertragen. Daher sind nunmehr kombinierte Vollstreckungsaufträge des Inhalts sinnvoll, zunächst die Mobiliarvollstreckung durchzuführen und bei Fruchtlosigkeit oder Verweigerung der Durchsuchung dem

Zwangsvollstreckung

Schuldner im Anschluss hieran ohne weiteren Auftrag die eidesstattliche Versicherung abzunehmen. Bei diesem **kombinierten Vollstreckungsauftrag** handelt es sich um **zwei gesonderte Aufträge**, wobei der auf Abnahme der eidesstattlichen Versicherung gerichtete Antrag lediglich bedingt gestellt ist. Demzufolge liegen, falls beide Verfahren durchgeführt werden, auch zwei unterschiedliche Angelegenheiten vor, die gesondert abzurechnen sind (Enders, JurBüro 1999, 1).

1745 ■ **Mehrere Schuldner**

Erfolgt die Zwangsvollstreckung gegen mehrere Schuldner, so stellt die Vollstreckung gegen jeden Schuldner grds. **eine besondere Angelegenheit** dar (BGH, BGHreport 2006, 1506 = AnwBl. 2006, 856; BGH, BRAGOreport 2003, 200; OLG Frankfurt am Main, JurBüro 2004, 46). Dies gilt auch dann, wenn die Vollstreckung aufgrund eines Titels und eines Auftrags erfolgt (BGH, InVo 2004, 35).

1746 ■ **Mehrere Vollstreckungsmaßnahmen**

Betreibt der Gläubiger wegen derselben Forderung mehrere unterschiedliche Maßnahmen der Zwangsvollstreckung parallel (z.B. Gerichtsvollzieher- und Forderungspfändung), so ist dies zulässig. Es handelt sich um **unterschiedliche Angelegenheiten**, die jeweils eigene Gebühren auslösen (Gerold/Schmidt/Müller-Rabe, VV 3309 Rn. 46). Fraglich kann lediglich die Notwendigkeit dieser Kosten und damit deren Erstattungsfähigkeit sein. Dies ist im Einzelfall zu beurteilen.

1747 ■ **Mehrheit von Forderungen**

Die Pfändung mehrerer Forderungen mit mehreren Pfändungs- und Überweisungsbeschlüssen löst **mehrere Gebühren** aus. Nach der Neufassung des § 829 Abs. 1 Satz 3 ZPO sind die zusätzlichen Kosten jedoch grds. nicht notwendig und damit nicht erstattungsfähig i.S.d. § 788 ZPO, da der Gläubiger die Pfändung mehrerer Forderungen in einem Antrag zusammenfassen soll, wenn nicht das schutzwürdige Interesse der Drittschuldner entgegensteht.

1748 ■ **Nachtzeit, Sonntag, Feiertag**

Der Antrag auf Vollstreckung zur unüblichen Zeit löst **keine gesonderten Gebühren** aus. Der Antrag gem. § 758a Abs. 4 ZPO gehört gem. § 19 Abs. 2 Nr. 1 zur Angelegenheit.

1749 ■ **Ratenzahlungsvereinbarung in der Zwangsvollstreckung**

Die Mitwirkung des Rechtsanwalts zum Zweck des Abschlusses eines Ratenzahlungsvergleichs gehört zur Zwangsvollstreckung (OLG Köln, NJW 1976, 975). Die Frage, ob in der Ratenzahlungsvereinbarung ein wirksamer Vergleich zu sehen ist, ist streitig (s. Einzelh. zur Ratenzahlungsvereinbarung, Rn. 1706 ff.).

1750 ■ **Rechtskraftzeugnis**

Die Erlangung des Rechtskraftzeugnisses löst **keine Gebühr** aus (§ 19 Abs. 1 Satz 2 Nr. 9).

Zwangsvollstreckung

▪ Rücknahme des Vollstreckungsantrags

1751

Die Rücknahme eines Antrags löst **keine zusätzliche Gebühr** aus (§ 19 Abs. 2 Nr. 5).

▪ Schuldnerverzeichnis

1752

Die Bitte um **Auskunft** aus dem Schuldnerverzeichnis zur Vorbereitung einer Zwangsvollstreckungsmaßnahme oder des Verfahrens zur Abgabe der eidesstattlichen Versicherung löst bereits die **Verfahrensgebühr** Nr. 3309 VV aus. Die Gebühr ist auf die dann entstehende Gebühr für den Vollstreckungsauftrag oder das Verfahren zur Abgabe der eidesstattlichen Versicherung anzurechnen. Das Verfahren auf **Löschung** der Eintragung im Schuldnerverzeichnis (§ 915 Abs. 2 ZPO) ist eine **besondere Angelegenheit** (§ 18 Nr. 19). Es entstehen gesonderte Gebühren.

▪ Sicherheitsleistung in der Zwangsvollstreckung

1753

Die Bemühungen um Beschaffung der erforderlichen Sicherheitsleistung sind vorbereitende Maßnahmen für die Zwangsvollstreckung und als solche lösen sie die **Verfahrensgebühr** Nr. 3309 VV aus. Sie bilden allerdings mit dem sich anschließenden Vollstreckungsauftrag eine einheitliche Angelegenheit und die Gebühren gehen in den dort entstehenden Gebühren auf.

▪ Sicherungshypothek

1754

Für den Antrag auf Eintragung einer Zwangssicherungshypothek entsteht die **Verfahrensgebühr** gem. Nr. 3309 VV i.V.m. § 18 Nr. 13. Zu unterscheiden davon ist die Frage der Notwendigkeit. So sind z.B. die Kosten für die Eintragung einer Sicherungshypothek i.H.v. ca. 250.000,00 € auf einem Grundstück mit einem Verkehrswert von 50.000,00 € wohl nur in der Höhe des Verkehrswerts notwendig und erstattungsfähig.

▪ Sicherungsvollstreckung

1755

Die Sicherungsvollstreckung löst die **Verfahrensgebühr** Nr. 3309 VV aus. Der sich evtl. anschließende Verwertungsauftrag löst keine weitere Gebühr aus, da keine neue Angelegenheit vorliegt (LG Wuppertal, DGVZ 1986, 121).

▪ Unzulässigkeit der Zwangsvollstreckung

1756

Bleibt der Titel bestehen und wird nur die Unzulässigkeit der Zwangsvollstreckung gem. § 767 ZPO festgestellt, so sind die Kosten, die vor der Feststellung gem. § 767 ZPO entstanden sind, auch weiterhin festsetzbar und **beitreibbar**, da durch die Entscheidung gem. § 767 ZPO die Eigenschaft als Vollstreckungstitel nicht rückwirkend beseitigt wird (OLG Düsseldorf, Rpfleger 1993, 172).

Zwangsvollstreckung

1757 ■ **Verhaftungsauftrag**

Der Auftrag zur Verhaftung bildet im Fall eines **isolierten Verhaftungsauftrags** mit dem Verfahren auf Abgabe der eidesstattlichen Versicherung eine Einheit, sodass hierfür keine besondere Gebühr entsteht.

Die Kosten des mit einem Verhaftungsauftrag **gleichzeitig gestellten Antrags auf Mobiliarvollstreckung** sind regelmäßig **nicht erstattungsfähig**. Hierbei sind jedoch die Umstände des Einzelfalls zu beachten. Hatte der Schuldner zunächst die Durchsuchung der Wohnung verweigert, so dürfte ein erneuter Auftrag sinnvoll und die hierdurch entstehenden Kosten erstattungsfähig sein. Dies gilt ebenso, wenn der Schuldner in der Zwischenzeit Vermögen erworben hat (LG Paderborn, DGVZ 1984, 13; LG Aachen, Rpfleger 1990, 134; LG Oldenburg, DGVZ 1991, 41).

1758 ■ **Verkauf (freihändiger)**

Bei einem freihändigen Verkauf als Maßnahme im Rahmen des § 825 ZPO handelt es sich um eine **besondere Angelegenheit** nach § 18 Nr. 10. Es entstehen gesonderte Gebühren.

1759 ■ **Verteilungsverfahren (§§ 872 ff. ZPO)**

Die Vertretung im Verteilungsverfahren nach den Vorschriften der §§ 872 ff. ZPO stellt eine eigene Vollstreckungsmaßnahme dar und lässt eine **Verfahrensgebühr** nach Nr. 3309 VV und ggf. auch eine Terminsgebühr nach Nr. 3310 VV entstehen.

1760 ■ **Vertretbare Handlung**

Die Vollstreckung einer Entscheidung zur Vorauszahlung der Kosten, die durch die Vornahme einer Handlung entstehen werden (§ 887 Abs. 2 ZPO), bildet eine eigene Angelegenheit (§ 18 Nr. 14) und löst damit **eigene Gebühren** aus.

1761 ■ **Verwaltung des gepfändeten Vermögensrechts**

Nach § 857 Abs. 4 ZPO kann die Verwaltung eines gepfändeten Vermögensrechts dem Gläubiger übertragen werden. Hierbei handelt es sich um eine **besondere Angelegenheit** der Zwangsvollstreckung nach § 18 Nr. 11. Die gesamte Verwaltung von der ersten Maßnahme bis zur Beendigung stellt eine Angelegenheit dar. Die vorhergehende Pfändung des Vermögensrechts ist gesondert zu vergüten. Eine Anrechnung findet nicht statt.

1762 ■ **Vollstreckungsklausel**

Die erstmalige Beantragung der Klausel löst **keine Gebühr** aus. Sie gehört zum Umfang des Erkenntnisverfahrens (§ 19 Abs. 1 Satz 2 Nr. 12). Eine **Ausnahme** besteht für den Rechtsanwalt nur, wenn er im Erkenntnisverfahren nicht tätig war und nun erstmals tätig wird. Hat er den Auftrag, die Vollstreckung einzuleiten, so wird durch die Beantragung der Vollstreckungsklausel die Verfahrensgebühr ausgelöst. Die Beantragung einer **weiteren vollstreckbaren Ausfertigung** stellt eine eigene Angelegenheit dar (§ 18 Nr. 7). Hat der Rechtsanwalt **nur** den **Auftrag**, eine

Zwangsvollstreckung

vollstreckbare Ausfertigung zu beantragen und war er nicht im vorhergehenden Prozess tätig, so erhält er eine Verfahrensgebühr nach Nr. 3402 VV. Diese entsteht grds. mit einem Satz von 0,8. Damit würde der Rechtsanwalt, der lediglich die Erteilung der vollstreckbaren Ausfertigung beantragt hat, mehr erhalten als der mit der gesamten Vollstreckungsangelegenheit beauftragte Rechtsanwalt. Für diesen Fall sieht § 15 Abs. 6 eine entsprechende Reduzierung vor. Demnach wird in diesem Fall auch lediglich eine **0,3-fache Gebühr** verdient. Die **Klauselumschreibung** ist gebührenrechtlich nicht der Erteilung einer weiteren Klausel gleichzusetzen. Es entsteht keine weitere Gebühr (OLG Hamm, JurBüro 2001, 29 = AGS 2001, 57).

Die Vertretung im Verfahren nach § 732 ZPO (**Einwendungen gegen Klauselerteilung**) löst eigene Gebühren aus, da es sich um eine besondere Angelegenheit handelt (§ 18 Nr. 6). Für das Entstehen der Gebühr reicht die Prüfung des gegnerischen Antrags aus (OLG Koblenz, JurBüro 2000, 77). Die Verfahren über Einwendungen gegen Vollstreckungsklauseln aufgrund gerichtlicher und notarieller Urkunden (§ 797 Abs. 3 ZPO) und gegen Vollstreckungsklauseln aus Vergleichen vor Gütestellen (§ 797a ZPO) sind ebenso zu behandeln wie die Verfahren nach § 732 ZPO. Dies folgt aus ihrer im Wesentlichen rechtlichen Gleichbehandlung (Volpert, in: Hansens/Braun/Schneider, Teil 18, Rn. 137).

■ Vollstreckungsschutz 1763

Mehrere gerichtliche Vollstreckungsschutzverfahren (§§ 732, 765a, 813b, 851a, 851b ZPO) gelten als jeweils **eigene Angelegenheit** (§ 18 Nr. 6 und Nr. 8). Unter § 18 Nr. 6 und Nr. 8 fallen nur gerichtliche Verfahren. Nicht zu diesen Verfahren gehört der **Aufschub durch den Gerichtsvollzieher** nach § 765a Abs. 2 ZPO (Volpert, in: Hansens/Braun/Schneider, Teil 18, Rn. 140).

■ Vormerkung 1764

Die Eintragung einer Vormerkung gem. §§ 894 oder 895 ZPO löst eine Vollziehungsgebühr aus, wenn nicht das Gericht selbst um Eintragung ersucht hat. Da die Nrn. 3309 und 3310 VV auch für die Vollziehung gelten, entsteht somit die **Verfahrensgebühr** (Gerold/Schmidt/Müller-Rabe, VV 3309 Rn. 146, 206).

■ Vorpfändung 1765

Die Vorpfändung gehört zur Zwangsvollstreckung und löst die Verfahrensgebühr Nr. 3309 VV aus. Für die nachfolgende Pfändung entsteht keine neue Gebühr. Vorpfändung und anschließende Pfändung (des gleichen Gegenstands oder Rechts) bilden eine **einheitliche Angelegenheit**.

■ Weiterer Vollstreckungsversuch 1766

Soweit ein Vollstreckungsauftrag nicht oder nicht vollständig zur Befriedigung geführt hat, ist jeder neue Antrag, der in keinem Zusammenhang mit dem früheren Auftrag steht, eine neue (und damit gebührenrechtlich **besondere) Angelegenheit** (Hartmann, KostG, VV 3310 Rn. 44; OLG Frankfurt am Main, Rpfleger 1978, 105 m.w.N.). Es ist unerheblich, ob es sich bei der neuen Vollstreckung um eine gleichartige oder andere Vollstreckungsmaßnahme handelt (Volpert, in: Hansens/Braun/Schneider, Teil 18, Rn. 115).

1767 ■ Wohnungswechsel des Schuldners

Kann die Zwangsvollstreckung nicht durchgeführt werden, weil der Schuldner die **Durchsuchung verweigert** oder weil er **verzogen** ist, so bildet das weitere Verfahren nach Erwirken des Durchsuchungsbeschlusses bzw. nach Ermittlung der neuen Anschrift (auch wenn der Auftrag an einen anderen Gerichtsvollzieher erteilt wird) **keine besondere Angelegenheit** (BGH, RVGreport 2005, 34; OLG Köln, JurBüro 1983, 781; LG Aachen, DGVZ 1985, 114; LG Hamburg, DGVZ 1986, 188). Auch der Umstand, dass zwischen den beiden Anträgen eine Zeitspanne von mehreren Monaten liegt und die Beteiligten zunächst die neue Anschrift ermitteln mussten, spielt insoweit keine Rolle (LG Mannheim, ZMR 2008, 993).

1768 ■ Zahlung vor Antragstellung

Zahlt der Schuldner, nachdem der Rechtsanwalt mit der Durchführung der Zwangsvollstreckung beauftragt wurde, aber bevor die Zwangsvollstreckung von diesem durch entsprechende Anträge eingeleitet wurde, so entsteht gleichwohl die Gebühr **Nr. 3309 VV**. Hier ist allerdings die Erstattungsfähigkeit im Rahmen des § 788 ZPO zu prüfen.

1769 ■ Zurückweisungsentscheidung

Die **Verfahrensgebühr** ist bereits **entstanden**, wenn der Rechtsanwalt in Unkenntnis einer gerichtlichen Zurückweisungsentscheidung einen Schriftsatz einreicht (OLG Koblenz, Rpfleger 2002, 227).

1770 ■ Zustellung von Urteil, Klausel, usw.

Die Zustellung des Urteils, der Klausel und der in § 750 ZPO genannten Urkunden löst grds. **keine Gebühr** aus, da diese Tätigkeiten noch zum Erkenntnisverfahren gehören. Dies gilt jedoch nicht bei Zustellung einer Bürgschaftsurkunde.

1771 ■ Zwangshypothek

Die Eintragung einer Zwangshypothek ist gem. § 18 Nr. 13 eine **eigene Angelegenheit**, die gem. Nr. 3309 VV abzurechnen ist. Zu dieser Angelegenheit gehört auch die nach § 867 Abs. 2 ZPO ggf. notwendige Verteilung der Forderung auf mehrere Grundstücke. Für **vorbereitende Tätigkeiten**, die nicht zur Zwangsvollstreckung gehören, entstehen gesonderte Gebühren. Vorbereitende Tätigkeiten können die Erteilung eines Erbscheins nach § 792 ZPO, Grundbuchberichtigung, Beschaffung behördlicher Genehmigungen und das Zeugnis nach § 27 Abs. 2 ZVG sein (Volpert, in: Hansens/Braun/Schneider, Teil 18, Rn. 159).

C. Arbeitshilfen

Muster: Ratenzahlungsvereinbarung 1772

Ratenzahlungsvereinbarung

Der Vollstreckungsschuldner verpflichtet sich die Forderung aus dem Titel ..... i.H.v. ..... nebst Zinsen ab dem ..... in monatlichen Raten von ..... € spätestens bis zum 15. eines jeden Monats beginnend mit dem ..... an den Gläubiger zu zahlen.

Ist der Schuldner mit einer Rate länger als zehn Tage in Verzug, so wird die gesamte Restforderung sofort fällig.

Der Schuldner übernimmt die Vollstreckungskosten und die Kosten für diese Ratenzahlungsvereinbarung i.H.v. ..... und verpflichtet sich, diese an den Bevollmächtigten des Gläubigers Rechtsanwalt ..... sofort zu zahlen.

Siehe auch im Teil A: →Einigungsgebühr (Nrn. 1000, 1003 und 1004 VV) Rn. 458; →Mehrere Auftraggeber (§ 7, Nr. 1008 VV) Rn. 956.

Verfahren vor den Verfassungsgerichten § 37 RVG

B. Kommentar

§ 37 RVG
Verfahren vor den Verfassungsgerichten

(1) Die Vorschriften für die Revision in Teil 4 Abschnitt 1 Unterabschnitt 3 des Vergütungsverzeichnisses gelten entsprechend in folgenden Verfahren vor dem Bundesverfassungsgericht oder dem Verfassungsgericht (Verfassungsgerichtshof, Staatsgerichtshof) eines Landes:

1. Verfahren über die Verwirkung von Grundrechten, den Verlust des Stimmrechts, den Ausschluss von Wahlen und Abstimmungen,
2. Verfahren über die Verfassungswidrigkeit von Parteien,
3. Verfahren über Anklagen gegen den Bundespräsidenten, gegen ein Regierungsmitglied eines Landes oder gegen einen Abgeordneten oder Richter und
4. Verfahren über sonstige Gegenstände, die in einem dem Strafprozess ähnlichen Verfahren behandelt werden.

(2) ¹In sonstigen Verfahren vor dem Bundesverfassungsgericht oder dem Verfassungsgericht eines Landes gelten die Vorschriften in Teil 3 Abschnitt 2 Unterabschnitt 2 des Vergütungsverzeichnisses entsprechend. ²Der Gegenstandswert ist unter Berücksichtigung der in § 14 Abs. 1 genannten Umstände nach billigem Ermessen zu bestimmen; er beträgt mindestens 4.000 Euro.

Übersicht

	Rn.
A. Überblick	1
B. Kommentierung	4
I. Persönlicher Geltungsbereich	4
II. Sachlicher Geltungsbereich	5
1. Strafprozessähnliche Verfahren (§ 37 Abs. 1)	6
a) Begriff der strafprozessähnlichen Verfahren	6
b) Abrechnungstatbestände	8
2. Sonstige verwaltungsprozessähnliche Verfahren (Abs. 2)	12
a) Begriff der sonstigen verwaltungsprozessähnlichen Verfahren	12
b) Abrechnungstatbestände (Abs. 2 Satz 1)	13
aa) Verfahrensgebühr	13
bb) Terminsgebühr (Nr. 3210 VV)	16
c) Gegenstandswert (Abs. 2 Satz 2)	17
3. Auslagen (Nrn. 7000 ff.)	20
4. Kostenerstattung	21
5. Kostenfestsetzung	23

Literatur:

Burhoff, Verfahren vor den Verfassungsgerichten – So werden sie richtig abgerechnet, RVGprofessionell 2010, 138; *Meyer,* Der Gegenstandswert und die Abrechnung in besonderen Gerichtsbarkeiten und Sondergerichtsbarkeiten, in: Schwerpunktheft Rechtsanwaltsvergütungsgesetz 2004, 263; *Zuck,* Gegenstandswert im Verfassungsbeschwerdeverfahren, AnwBl. 1974, 34; *ders.*, Die Festsetzung des Gegenstandswertes im Verfassungsbeschwerdeverfahren, AnwBl. 1978, 333; *ders.*, Der Zugang vom BVerfG – Was läßt das 5. Änderungsgesetz zum Gesetz über das BVerfG von der Verfassungsbeschwerde noch übrig?, NJW 93, 2641.

A. Überblick

1 § 37 regelt die Gebühren des Rechtsanwalts in Verfahren vor Verfassungsgerichten. Erfasst werden von der Vorschrift **alle Arten** von **Verfahren** und jede Art von anwaltlicher Tätigkeit im Verfahren vor dem BVerfG und den Verfassungsgerichten der Länder.

> **Hinweis:**
>
> Die Regelung erfasst **nicht** die Verfahren vor dem Europäischen Gerichtshof für Menschenrechte (**EMR**). Diese sind im RVG nicht geregelt, und zwar auch nicht durch § 38, der nur Vorabentscheidungsverfahren erfasst (vgl. dazu § 38 Rn. 1 ff.). Der Rechtsanwalt/Verteidiger hat also für Verfahren vor dem EGMR keine andere Möglichkeit als eine Vergütungsvereinbarung nach § 3a abzuschließen (Teil A: Vergütungsvereinbarung [§ 3a], Rn. 1502 ff.). In Betracht zu ziehen ist ggf. auch eine analoge Anwendung der Vorschrift des § 37 (vgl. auch die Vorschläge des DAV/der BRAK zur strukturellen Änderung bzw. Ergänzung des RVG in Nr. 15, in denen eine Erweiterung des § 37 Abs. 1 auf Verfahren vor „dem Europäischen Gerichtshof für Menschenrechte" vorschlagen wird, s. AnwBl. 2011, 120, 121).

2 Für die vom RVG **erfassten Verfahren** gilt:
- Das Verfahren vor dem **BVerfG** regelt das Gesetz über das Bundesverfassungsgericht (BVerfGG). § 13 BVerfGG zählt unter den Nrn. 1 bis 15 die Fälle auf, in denen das BVerfG zuständig ist. Nach § 22 BVerfGG können sich die Beteiligten in jeder Lage des Verfahrens durch einen bei einem deutschen Gericht zugelassenen Rechtsanwalt oder durch einen Lehrer des Rechts an einer deutschen Universität vertreten lassen. In der mündlichen Verhandlung müssen sie sich in dieser Weise vertreten lassen. Nach § 25 Abs. 1 BVerfGG entscheidet das BVerfG, soweit nichts anderes bestimmt ist, aufgrund mündlicher Verhandlung, es sei denn, alle Beteiligten verzichten ausdrücklich auf sie. Nach § 26 Abs. 1 BVerfGG erhebt das BVerfG die zur Erforschung der Wahrheit erforderlichen Beweise.

3
- Das Verfahren vor dem Verfassungsgericht eines **Landes** (Verfassungsgerichtshof, Staatsgerichtshof) wird durch ein Landesgesetz des jeweiligen Landes geregelt.

B. Kommentierung

I. Persönlicher Geltungsbereich

4 Die Vorschrift gilt für den **Wahlanwalt**. Sie gilt aber auch für den im Wege der PKH **beigeordneten Rechtsanwalt**. In Verfahren vor dem BVerfG kann nämlich – vor allem für Verfahren über Verfassungsbeschwerden – **PKH** bewilligt werden. Beigeordnet werden kann jeder vor einem deutschen Gericht zugelassene Rechtsanwalt, auch im schriftlichen Verfahren (BVerfG, AnwBl. 1997, 233). Insoweit gelten dann die Vorschriften der §§ 45 ff. entsprechend (s. Teil A: Vergütungsanspruch gegen die Staatskasse [§§ 44, 45, 50], Rn. 1469).

> **Hinweis**
>
> Beim **Pflichtverteidiger**, der für das Strafverfahren bestellt war, sind die Tätigkeiten, die z.B. im Hinblick auf eine Verfassungsbeschwerde erbracht werden, nicht von der „norma-

len" Pflichtverteidigerbestellung umfasst (OLG Rostock, RVGreport 2010, 380 = StRR 2010, 470 m. Anm. Burhoff = RVGprofessionell 2010, 137; LG Neubrandenburg, RVGreport 2010, 380 = StRR 2010, 479 m. Anm. Burhoff = RVGprofessionell 2010, 137).

II. Sachlicher Geltungsbereich

Für die Gebühren des Rechtsanwalts ist zu **unterscheiden** zwischen Verfahren, die in einem dem strafprozessähnlichen Verfahren behandelt werden (§ 37 Abs. 1; vgl. dazu Rn. 6 ff.) und den sonstigen Verfahren (§ 37 Abs. 2, vgl. Rn. 12 ff.). In den Ersteren erhält der Rechtsanwalt Gebühren wie ein Verteidiger, in den sonstigen Verfahren erhält er Gebühren wie im Verwaltungsrechtsstreit.

1. Strafprozessähnliche Verfahren (§ 37 Abs. 1)

a) Begriff der strafprozessähnlichen Verfahren

Das RVG **definiert** den **Begriff** des „strafprozessähnlichen Verfahrens" **nicht**. § 37 Abs. 1 enthält aber eine Aufzählung der strafprozessähnlichen Verfahren. Dabei handelt es sich um Verfahren, für welche allgemein oder für einzelne Abschnitte, wie z.B. nach § 28 Abs. 1 BVerfGG für die Vernehmung von Zeugen und Sachverständige, die Vorschriften der StPO anzuwenden sind (Gerold/Schmidt/Burhoff, § 37 Rn. 4). Danach handelt es sich um dem Strafverfahren insoweit ähnliche Verfahren, als von dem Gericht über die angeklagte Person oder Personengruppe wegen verfassungswidrigen Verhaltens Rechtsnachteile verhängt werden sollen (AnwKomm-RVG/Wahlen, § 37 Rn. 5; Mayer/Kroiß, 37 Rn. 5). Im Einzelnen werden folgende Verfahren genannt:

- Verfahren über die **Verwirkung** von **Grundrechten**, den Verlust des Stimmrechts, den Ausschluss von Wahlen und Abstimmungen (§ 13 Nr. 1 BVerfGG),
- Verfahren über die **Verfassungswidrigkeit** von **Parteien** (§ 13 Nr. 2 BVerfGG),
- Verfahren über **Anklagen** gegen den **Bundespräsidenten**, gegen ein Regierungsmitglied eines Landes oder gegen einen Abgeordneten oder Richter (§ 13 Nr. 4 und 9 BVerfGG) und
- Verfahren über **sonstige Gegenstände**, die in einem dem Strafprozess ähnlichen Verfahren behandelt werden.

§ 37 Abs. 1 Nr. 4 zeigt, dass die **Aufzählung nicht abschließend** ist. Davon ist bewusst abgesehen worden, um eine Möglichkeit zu haben, die Gebühren in ähnlichen Verfahren vor den Verfassungsgerichten, wenn solche, z.B. durch Landesrecht, neu geschaffen werden, ohne Änderung des RVG in gleicher Weise zu behandeln. Als ähnliches Verfahren kommt z.B. das Verfahren auf Erzwingung der Strafverfolgung wegen eines Verfassungsbruchs oder eines auf Verfassungsbruch gerichteten Unternehmens in Betracht (vgl. § 38 des HessG v. 12.12.1947) (Riedel/Sußbauer, § 37 Rn. 5) oder das Verfahren gegen ein Mitglied des Rechnungshofes (§ 14 Nr. 8 VerfGG Hamburg) (AnwKomm-RVG/Wahlen, § 37 Rn. 6; Gerold/Schmidt/Burhoff, § 37 Rn. 4).

b) Abrechnungstatbestände

Abs. 1 bestimmt für die strafprozessähnlichen Verfahren die **sinngemäße Anwendung** der **Vorschriften** für die **Revision** in Strafsachen in Teil 4 Abschnitt 1 Unterabschnitt 3 VV. Das bedeutet, dass nicht nur auch die Vorbem. 4.1 Abs. 2 Satz 1 VV Anwendung findet und daher durch die anfallenden Gebühren die gesamte Tätigkeit des Rechtsanwalts abgegolten wird (Gerold/

§ 37 RVG *Verfahren vor den Verfassungsgerichten*

Schmidt/Burhoff, § 37 Rn. 5; wegen der Einzelh. vgl. die Komm. bei Vorbem. 4.1 VV), sondern ggf. auch die Vorbem. 4 Abs. 5 VV anzuwenden ist (vgl. dazu Vorbem. 4 VV Rn. 93 ff.).

9 Entstehen können **folgende Gebühren**:
- Der Rechtsanwalt erhält eine **Grundgebühr** nach Nr. 4100 VV für die Einarbeitung in das Verfahren (allgemein zur Grundgebühr die Kommentierung bei Nr. 4100 VV).
- Er erhält dann die **Verfahrensgebühr** Nr. 4130 VV und ggf. die **Terminsgebühr** 4132 VV.
- Die **Vorverfahrensgebühr** nach Nr. 4104 VV entsteht **nicht**. Bei den Verfahren nach §§ 37, 45, 58 Abs. 1, 54 BVerfGG handelt es sich nicht um Vorverfahren i.S.d. Nr. 4104 VV, sondern um gerichtliche Zwischenverfahren, die nach Anhängigkeit beim BVerfG durchgeführt werden (Gerold/Schmidt/Burhoff, § 37 Rn. 5).
- Wenn sich der Mandant nicht auf freiem Fuß befindet, entstehen diese gem. Vorbem. 4 Abs. 4 mit **Haftzuschlag** (vgl. dazu Vorbem. 4 Rn. 83 ff.).

10 Für die **Gebührenhöhe** gilt: Der **Wahlanwalt** erhält eine Verfahrensgebühr Nr. 4130 VV aus einem Betragsrahmen i.H.v. 100,00 – 930,00 €, die Mittelgebühr beträgt 515,00 €. Die Verfahrensgebühr Nr. 4131 VV beträgt 100,00 – 1.162,50 €, die Mittelgebühr beläuft sich auf 631,25 €. Als Terminsgebühr erhält der Rechtsanwalt je (Haupt-)Verhandlungstag nach Nr. 4132 VV eine Gebühr von 100,00 – 470,00 € bzw. eine Mittelgebühr von 285,00 € und mit Zuschlag nach Nr. 4133 VV eine Gebühr von 100,00 € – 587,50 € bzw. eine Mittelgebühr von 343,75 €. Bei Vertretung mehrerer Personen gilt Nr. 1008 VV (vgl. dazu Teil A: Mehrere Auftraggeber [§ 7 Nr. 1008 VV] Rn. 956).

11 Wird der Rechtsanwalt dem Auftraggeber **beigeordnet**, erhält er die o.a. Gebühren als gesetzliche Gebühren, also z.B. als Verfahrensgebühr 412,00 € und als Terminsgebühr 228,00 €. Für eine Hauptverhandlung von mehr als 5 Std. entstehen die Längenzuschläge nach Nrn. 4134 bzw. 4135 VV.

2. Sonstige verwaltungsprozessähnliche Verfahren (Abs. 2)

a) Begriff der sonstigen verwaltungsprozessähnlichen Verfahren

12 § 37 Abs. 2 gilt für sonstige Verfahren vor dem BVerfG oder dem Verfassungsgericht eines Landes. Gemeint sind damit alle Verfahren, die **nicht** unter den Begriff und den Anwendungsbereich der **strafprozessähnlichen Verfahren** nach Abs. 1 fallen, also insbesondere alle die Verfahren aus § 13 BVerfGG, die in Abs. 1 nicht genannt sind (vgl. dazu Rn. 6; Gerold/Schmidt/Burhoff, § 37 Rn. 8). Das sind z.B. Verfassungsstreitigkeiten, die abstrakte Normenkontrolle, das Normenkontrollverfahren auf Antrag des Gerichts nach Art. 100 GG, das **Verfassungsbeschwerdeverfahren**, das Wahlprüfungsverfahren, öffentlich-rechtliche Streitigkeiten zwischen Bund und Ländern, zwischen Ländern oder innerhalb eines Landes usw. Diese Verfahren unterscheiden sich ihrem Gegenstand nach nicht wesentlich von Verfahren, die vor VG gehören. Sie werden i.d.R. prozessual ähnlich wie Verfahren vor den VG ablaufen. Daher sind die Gebühren des Rechtsanwalts wie im Verfahren vor den VG sinngemäß nach den für den Zivilprozess gegebenen Vorschriften des **Teil 3 Abschnitt 2 Unterabschnitt 2 VV** entsprechend bemessen worden. Der Rechtsanwalt erhält also in solchen Verfahren die Verfahrens- und Terminsgebühr. Jedes Verfahren ist eine selbstständige Angelegenheit i.S.d. § 15 Abs. 2 Satz 1. Das gilt auch für das

Verfahren vor den Verfassungsgerichten §*37 RVG*

Normenkontrollverfahren nach Art. 100 Abs. 1 GG (Hartmann, RVG, § 37 Rn. 1; BVerfGE 53, 332).

b) Abrechnungstatbestände (Abs. 2 Satz 1)

aa) Verfahrensgebühr

Nach dem Wortlaut von Abs. 2 Satz 1 entstehen **die (Verfahrens-)Gebühren** für die Revision nach **Teil 3 Abschnitt 2 Unterabschnitt 2 VV** entsprechend. Das RVG verweist damit pauschal auf die Nr. 3206 – 3213 VV. Daher stellt sich die Frage, welche der dort geregelten Verfahrensgebühren anwendbar ist. Zutreffend dürfte es sein, mit Mayer/Kroiß (vgl. § 37 Rn. 12 ff.; s. auch Gerold/Schmidt/Burhoff, § 37 Rn. 9) darin nur eine **Verweisung** auf die Nrn. 3206, 3207 VV zu sehen. Die Nrn. 3212, 3213 VV aber auch die Nrn. 3208, 3209 VV sind Spezialregelungen, die bestimmte Verfahren oder bestimmte persönliche Eigenschaften der Rechtsanwalts voraussetzen. 13

Für das **Entstehen** der **Verfahrensgebühr** gelten die allgemeinen Regeln (vgl. dazu die Erläuterungen bei Gerold/Schmidt/Müller-Rabe, VV 3206). Endet der Auftrag des Rechtsanwalts vorzeitig, entsteht nur eine 1,1-Verfahrensgebühr nach Nr. 3207 VV. Auch insoweit wird auf die Erläuterungen bei Gerold/Schmidt/Müller-Rabe, VV 3207 verwiesen. In einem konkreten Normenkontrollverfahren nach Art. 100 GG gibt das BVerfG nach § 82 Abs. 3 BVerfGG den Beteiligten des ausgesetzten Ausgangsverfahrens Gelegenheit zur Äußerung. Bei Verfassungsbeschwerden gegen eine gerichtliche Entscheidung erhält der durch die Entscheidung Begünstigte nach § 94 Abs. 3 BVerfGG ebenfalls Gelegenheit zur Äußerung. Lässt der Äußerungsberechtigte durch einen Rechtsanwalt einen Schriftsatz mit Rechtsausführungen beim BVerfG einreichen, so erhält dieser Rechtsanwalt die Verfahrensgebühr nach Nr. 3206 VV (Gerold/Schmidt/Burhoff, § 37 Rn. 9). Denn der Bevollmächtigte des Äußerungsberechtigten hat eine dem Prozessbevollmächtigten vergleichbare Rechtsstellung (AnwKomm-RVG/Wahlen, § 37 Rn. 17) 14

Vertritt der Rechtsanwalt **mehrere Auftraggeber**, erhöht sich die Verfahrensgebühr gem. Nr. 1008 VV für jeden weiteren Auftraggeber um 0,3 (wegen der Einzelh. s. die Erläuterungen bei Teil A: Mehrere Auftraggeber [§ 7, Nr. 1008 VV] Rn. 956; vgl. auch VGH Bayern, AnwBl. 1992, 499). Für den Rechtsanwalt, der mehrere Beschwerdeführer in einer von diesen gegen eine Rechtsnorm erhobenen Verfassungsbeschwerde oder gegen einen Rechtsakt vertritt, fällt allerdings keine erhöhte Prozessgebühr nach Nr. 1008 VV an (BVerfG, Rpfleger 1998, 82; RVGreport 2011, 59). 15

bb) Terminsgebühr (Nr. 3210 VV)

Wird vom Verfassungsgericht aufgrund einer mündlichen Verhandlung entschieden, entsteht eine Terminsgebühr nach Nr. 3210 VV. Auf diese Terminsgebühr ist nach der Anm. zu Nr. 3210 VV auch die **Nr. 3104 VV anzuwenden**. Das bedeutet, dass die Terminsgebühr auch dann entsteht, wenn in einem Verfahren, in dem mündliche Verhandlung vorgeschrieben ist (vgl. §§ 25, 94 Abs. 5 BVerfGG), im Einverständnis mit allen Beteiligten ohne mündliche Verhandlung entschieden wird. Ist die mündliche Verhandlung nicht vorgeschrieben (wie z.B. bei Verfassungsbeschwerden), ist Nr. 3104 VV nicht anzuwenden (BVerfGE 35, 34 = Rpfleger 1973, 243; BVerfGE 41, 228; Gerold/Schmidt/Burhoff, § 37 Rn. 10). 16

§ 37 RVG *Verfahren vor den Verfassungsgerichten*

> **Hinweis**
>
> I.d.R. fällt in der Praxis nur eine Verfahrensgebühr an, da die Verfassungsgerichte nur ausnahmsweise aufgrund mündlicher Verhandlung entscheiden. Daher empfiehlt sich der Abschluss einer **Vergütungsvereinbarung** nach § 3a (so auch AnwKomm-RVG/Wahlen, § 37 Rn. 17).

c) Gegenstandswert (Abs. 2 Satz 2)

17 Die Abrechnung nach § 37 Abs. 1 ist vom Gegenstandswert abhängig. In Abs. 2 Satz 2 ist für die Bemessung des Gegenstandswertes für Verfahren vor den Verfassungsgerichten eine eigenständige Regelung aufgenommen worden. Der Gegenstandswert ist nach § 37 Abs. 2 Satz 2 Halbs. 1 unter Berücksichtigung der in **§ 14 Abs. 1** genannten Umstände, insbesondere also des Umfangs und der Schwierigkeit der anwaltlichen Tätigkeit, der Bedeutung der Angelegenheit, sowie der Vermögens- und Einkommensverhältnisse des Auftraggebers nach billigem Ermessen zu bestimmen (vgl. dazu Meyer, Schwerpunktheft Rechtsanwaltsvergütungsgesetz, 2004, 263 f.; u.a. BVerfG, 28.09.2010 – 1 BvR 1179/08, JurionRS 2010, 25407; s. auch Teil A: Rahmengebühren [§ 14], Rn. 1045, 1051 ff.). In objektiver Hinsicht kommt auch dem Erfolg der Verfassungsbeschwerde für die Bemessung des Gegenstandswerts Bedeutung zu. Wird die Verfassungsbeschwerde nicht zur Entscheidung angenommen, über sie also nicht inhaltlich befunden, sieht es das BVerfG i.d.R. als nicht gerechtfertigt an, über den gesetzlichen Mindestwert hinauszugehen (BVerfG, NJW 2000, 1399; BVerfG, 28.09.2010 – 1 BvR 1179/08, JurionRS 2010, 25407).

> **Hinweis:**
>
> Der Gegenstandswert beträgt nach Abs. 2 Satz 2 Halbs. 2 **mindestens 4.000,00 €**. Das gilt bei Normenkontrollverfahren auch dann, wenn das ausgesetzte Verfahren einen erheblich geringeren Wert besitzt (vgl. auch Zuck, AnwBl. 1974, 34; ders., AnwBl. 1978, 333; BVerfG, AnwBl. 1980, 358). Dieser Mindestwert ist für Verfassungsbeschwerden, denen durch Entscheidung der Kammer stattgegeben wird, **angemessen** zu **erhöhen**. Insoweit scheint das BVerfG von einem Gegenstandswert von 8.000,00 € auszugehen (vgl. die Nachw. bei Gerold/Schmidt/Burhoff, § 37 Rn. 11; BVerfG, 06.04.2011 – 1 BvR 3425/08; vgl. wegen weiterer Erhöhungen BVerfG, NJW 1995, 1737 [auf 350.000,00 € erhöht]; s. auch noch BVerfG, NJW 1989, 2048 [Gegenstandswert 700.000,00 €]; 14.04.2011 – 2 BVR 2015/09 [auf 250.000,00 € erhöht in einem Verfahren betreffend Überstellung eines irakischen Staatsangehörigen nach Griechenland]).
>
> Ist vom Mindestgegenstandswert auszugehen, besteht nach der Rechtsprechung des BVerfG **kein Rechtsschutzbedürfnis** für die Festsetzung des Gegenstandswerts (vgl. BVerfGE 79, 365; BVerfG, NJW 2000, 1399; BVerfG, 28.09.2010 – 1 BvR 1179/08, JurionRS 2010, 25407).

18 Allgemeine Anhaltspunkte für die **Bemessung** des Gegenstandswerts der anwaltlichen Tätigkeit im Verfassungsbeschwerdeverfahren können sein (vgl. auch Gerold/Schmidt/Burhoff, § 37 Rn. 11; Teil A: Rahmengebühren [§ 14], Rn. 1051 ff.), welche subjektive Bedeutung der Auftraggeber der Sache beimisst, und/oder auf der objektiven Seite, ob eine bindende Wirkung der Entscheidung für alle Verfassungsorgane des Bundes und der Länder besteht oder ob die Entschei-

Verfahren vor den Verfassungsgerichten § 37 RVG

dung Gesetzeskraft hat, wenn ein Gesetz als mit dem Grundgesetz vereinbar oder unvereinbar oder für nichtig erklärt wird (s. BVerfG, NJW 1989, 2047).

Die **Festsetzung** des Gegenstandswerts hat nach §§ 32, 33 durch das Verfassungsgericht zu erfolgen. Dieses ist an den Antrag nicht gebunden; es gilt vielmehr der Grundsatz der Wahrheit des Gegenstandswertes (Gerold/Schmidt/Burhoff, § 37 Rn. 11; vgl. auch Teil A: Gegenstandswert, Festsetzung [§ 33], Rn. 656). 19

3. Auslagen (Nrn. 7000 ff.)

Der Rechtsanwalt hat Anspruch auf die nach den **Nrn. 7000 ff.** entstehenden Auslagen. Dazu gehört auch die **Postentgeltpauschale Nr. 7002 VV**, da es sich bei den Verfahren vor den Verfassungsgerichten, insbesondere auch bei Verfassungsbeschwerdeverfahren, um eine vom Ausgangsverfahren verschiedene Angelegenheit handelt (inzidenter OLG Rostock, RVGreport 2010, 380 = StRR 2010, 470 m. Anm. Burhoff = RVGprofessionell 2010, 137; LG Neubrandenburg, RVGreport 2010, 380 = StRR 2010, 470 m. Anm. Burhoff = RVGprofessionell 2010, 137). 20

4. Kostenerstattung

Für die Kostenerstattung in Verfahren vor dem BVerfG gilt **§ 34a BVerfGG**. Nach dessen Abs. 1 sind, wenn sich der Antrag auf Verwirkung der Grundrechte (§ 13 Nr. 1 BVerfGG), die Anklage gegen den Bundespräsidenten (§ 13 Nr. 4 BVerfGG) oder einen Richter (§ 13 Nr. 9 BVerfGG) als unbegründet erweist, dem Antragsgegner oder dem Angeklagten die notwendigen Auslagen einschließlich der Kosten der Verteidigung zu ersetzen. Erweist sich eine Verfassungsbeschwerde als begründet, sieht § 35a Abs. 2 BVerfGG vor, dass dem Beschwerdeführer die notwendigen Auslagen ganz oder teilweise zu erstatten sind. In den übrigen Fällen kann das BVerfG volle oder teilweise Erstattung der Auslagen anordnen. Von der in Abs. 3 gewährten Befugnis macht das BVerfG allerdings nur sehr zurückhaltenden Gebrauch (vgl. z.B. BVerfGE 14, 121; 18, 133; 20, 119; 22, 118; NJW 1977, 751; 1992, 816 [Erledigung der Verfassungsbeschwerde, die Erfolg gehabt hätte]; wegen weiterer Beispiele AnwKomm-RVG/Wahlen, § 37 Rn. 29). 21

> **Hinweis:**
> Auch wenn eine **Verfassungsbeschwerde** nach § 93b BVerfGG nicht zur Entscheidung angenommen wird oder aus einem sonstigen Grund nicht erfolgreich ist, kann aus **Billigkeitsgründen** die Auslagenerstattung angeordnet werden (Riedel/Sußbauer, § 37 Rn. 16; BVerfGE 36, 89; 39, 169). Bei erfolgreichen Verfassungsbeschwerden muss nach Abs. 2 die Erstattung der Auslagen, zumindest teilweise, angeordnet werden (wegen der Nachw. s. Gerold/Schmidt/Burhoff, § 37 Rn. 13).

Bislang nicht entschieden war die Frage, ob die Kosten eines Rechtsanwalts, der im Verfassungsbeschwerdeverfahren (s. oben Rn. 12 ff.) den Beschwerdeführer im Hinblick auf die Formulierung einer Verfassungsbeschwerde oder eines Antrags auf Erlass einer einstweiligen Anordnung sowie die Durchführung des Verfahrens vor dem Verfassungsgericht nur beraten hat, ohne zum Verfahrensbevollmächtigten bestellt worden zu sein, erstattungsfähig sind. Dazu hat der VerfGH Berlin (vgl. Beschl. v. 11.03.2001 – VerfGH 85/07, JurionRS 2011, 14482) entschieden, dass diese grds. als „notwendig" i.S.v. § 34 Berliner VerfGHG (wortgleich mit § 34a Abs. 2 BVerfGG) anzusehen sind und daher als erstattungsfähig angesehen werden können. Insoweit ist auch auf die Rechtsprechung und Literatur zu § 91 ZPO zu verweisen, auf den im verfassungsrechtlichen 22

§ 37 RVG *Verfahren vor den Verfassungsgerichten*

Verfahren zurückgegriffen werden kann, soweit die Besonderheiten des verfassungsgerichtlichen Verfahrens dem nicht entgegenstehen (vgl. BVerfGE 46, 321, 323): Danach sind vor- oder außerprozessuale Kosten dann im Kostenfestsetzungsverfahren zu berücksichtigen, wenn die ihnen zugrunde liegende Maßnahme in unmittelbarem Zusammenhang mit dem konkreten Rechtsstreit steht (vgl. BGHZ 153, 235 = NJW 2003, 1398; Giebel, in: Münchener Kommentar zur ZPO, Band 1, § 91 Rn. 34). Die erforderliche Prozessbezogenheit kann danach auch zu bejahen sein, wenn ein Beschwerdeführer sich bei der Formulierung einer – anschließend von ihm persönlich eingereichten – Verfassungsbeschwerde und bei der Durchführung des Verfassungsbeschwerdeverfahrens von einem Rechtsanwalt beraten lässt (VerfGH Berlin, a.a.O.).

> **Hinweis:**
>
> Ein Anspruch auf **Erstattung** der **Zeitversäumnis** des Beschwerdeführers infolge der Ausarbeitung und Abfassung der Verfassungsbeschwerde besteht hingegen nicht (VerfGH Berlin, a.a.O.).
>
> Wegen des größeren Beurteilungsspielraums für die Bewertung von Auslagen als „notwendig" im verfassungsgerichtlichen Verfahren zur Erforderlichkeit der geltend gemachten Kosten ist im Kostenfestsetzungsverfahren jedoch **substantiiert vorzutragen** und die Entstehung der Kosten im Einzelnen glaubhaft zu machen (vgl. zum Bundesrecht BVerfG, NJW 1998, 590; Teil A: Kostenfestsetzung und Erstattung in Strafsachen, Rn. 842 ff.).

5. Kostenfestsetzung

23 **Zuständig** ist nach § 21 Nr. 1 RPflG der Rechtspfleger. Vergütungsfestsetzung gem. § 11 gegen den eigenen Auftraggeber ist zulässig; zuständig ist der Rechtspfleger des Verfassungsgerichts (§ 21 Nr. 2 RPflG). Gegen die Entscheidung des Rechtspflegers ist nach § 21 Abs. 2 RPflG binnen einer Notfrist von zwei Wochen Erinnerung zulässig. Zuständig zur Entscheidung über die Erinnerung ist das Verfassungsgericht selbst (Gerold/Schmidt/Burhoff, § 37 Rn. 15; wegen der Einzelh. s. Teil A: Festsetzung gegen die Staatskasse [§ 55], Rn. 579 ff.).

Verfahren vor dem Gerichtshof der Europäischen Gemeinschaften § 38 RVG

§ 38 RVG
Verfahren vor dem Gerichtshof der Europäischen Gemeinschaften

(1) ¹In Vorabentscheidungsverfahren vor dem Gerichtshof der Europäischen Gemeinschaften gelten die Vorschriften in Teil 3 Abschnitt 2 des Vergütungsverzeichnisses entsprechend. ²Der Gegenstandswert bestimmt sich nach den Wertvorschriften, die für die Gerichtsgebühren des Verfahrens gelten, in dem vorgelegt wird. ³Das vorlegende Gericht setzt den Gegenstandswert auf Antrag durch Beschluss fest. ⁴§ 33 Abs. 2 bis 9 gilt entsprechend.

(2) Ist in einem Verfahren, in dem sich die Gebühren nach Teil 4, 5 oder 6 des Vergütungsverzeichnisses richten, vorgelegt worden, sind in dem Vorabentscheidungsverfahren die Nummern 4130 und 4132 des Vergütungsverzeichnisses entsprechend anzuwenden.

(3) Die Verfahrensgebühr des Verfahrens, in dem vorgelegt worden ist, wird auf die Verfahrensgebühr des Verfahrens vor dem Gerichtshof der Europäischen Gemeinschaften angerechnet, wenn nicht eine im Verfahrensrecht vorgesehene schriftliche Stellungnahme gegenüber dem Gerichtshof der Europäischen Gemeinschaften abgegeben wird.

Übersicht

	Rn.
A. Überblick	1
I. Anwendungsbereich	1
1. Allgemeines	1
2. Vorabentscheidungsverfahren (Art. 267 AEUV)	3
B. Kommentierung	8
I. Persönlicher Geltungsbereich	8
II. Gebührentatbestände	9
III. Anrechnung der Verfahrensgebühr (Abs. 3)	14
IV. Auslagen (Nrn. 7000 ff.)	15
V. Kostenentscheidung/Kostenerstattung/Kostenfestsetzung	16

Literatur:

Kokott/Henze, Verfahren vor dem Europäischen Gerichtshof, AnwBl. 2007, 309; *Meyer*, Der Gegenstandswert und die Abrechnung in besonderen Gerichtsbarkeiten und Sondergerichtsbarkeiten, in: Schwerpunktheft Rechtsanwaltsvergütungsgesetz 2004, 263.

A. Überblick

I. Anwendungsbereich

1. Allgemeines

Der Gerichtshof der Europäischen Gemeinschaften (EuGH) kann in Rechtsstreitigkeiten auf Klage im sog. Vorabentscheidungsverfahren auf Vorlage von Gerichten der Mitgliedstaaten tätig werden. § 38 befasst sich – entgegen seiner weiter gehenden Überschrift – nur mit den Gebühren des Rechtsanwalts, der in einem Vorabentscheidungsverfahren (Art. 267 AEUV [Vertrag über die Arbeitsweise der Europäischen Union, Amtsblatt der Europäischen Union v. 09.05.2008 – C 115/47; früher Art. 234 EGV]) tätig wird.   **1**

§ 38 RVG   *Verfahren vor dem Gerichtshof der Europäischen Gemeinschaften*

> **Hinweis:**
> Bei dem Vorabentscheidungsverfahren handelt es sich um eine vom Ausgangsverfahren **verschiedene Angelegenheit** i.S.d. § 15. Dafür spricht schon die Anrechnungsregelung in § 38 Abs. 3.

2   § 38 **unterscheidet** hinsichtlich der entstehenden Gebühren: Nach Abs. 1 Satz 1 entstehen grds. die Gebühren nach Teil 3 Abschnitt 2 VV (vgl. dazu Gerold/Schmidt/Burhoff, § 38 Rn. 4 ff. und die Ergänzungs-/Änderungsvorschläge des DAV/der BRAK zur strukturellen Änderung bzw. Ergänzung des RVG in Nr. 14, in denen eine Ergänzung um „Unterabschnitt 2" vorgeschlagen wird; s. AnwBl. 2011, 120, 121). Handelt es sich um ein Verfahren, in dem nach **Teilen 4, 5 oder 6 VV** (Straf-, Bußgeld- und sonstige Verfahren) abgerechnet wird, sind nach § 38 Abs. 2 ausnahmsweise die **Nrn. 4130, 4132 VV** anzuwenden (vgl. dazu Rn. 9).

2. Vorabentscheidungsverfahren (Art. 267 AEUV)

3   Das Vorabentscheidungsverfahren ist geregelt in Art. 267 AEUV, in Art. 20 des Protokolls über die Satzung des Gerichtshofes und in Art. 103 der Verfahrensordnung (BGBl. II 1960, S. 451 und BGBl. II 1962, S. 1030; vgl. zu allem auch Gerold/Schmidt/Burhoff, § 38 Rn. 2). Nach Art. 267 **AEUV entscheidet** der Gerichtshof im Wege der Vorabentscheidung über die Auslegung des EG-Vertrages, über die Gültigkeit und die Auslegung von Handlungen der Organe der Gemeinschaft und der EZB und über die Auslegung der Satzungen der durch den Rat geschaffenen Einrichtungen, soweit diese Satzungen dies vorsehen. Wird eine derartige Frage einem Gericht eines Mitgliedstaates gestellt und hält dieses Gericht eine Entscheidung darüber zum Erlass seines Urteils für erforderlich, kann es diese Frage dem Gerichtshof zur Entscheidung vorlegen. Letztinstanzliche Gerichte sind gem. Art. 267 AEUV Abs. 3 des EG-Vertrages zur Vorlage verpflichtet.

4   Die **Parteien** des vor einem Gericht eines Mitgliedstaates anhängigen Verfahrens sind **nicht berechtigt**, die Fragen dem Gerichtshof **vorzulegen**. Sie können nur versuchen, auf das Gericht, bei dem ihr Verfahren anhängig ist, einzuwirken, dass dieses die Frage dem Gerichtshof vorlegt.

5   Das Vorabentscheidungsverfahren nimmt folgenden **Verlauf**: Sobald der Vorlagebeschluss bei dem Gerichtshof eingegangen ist, beginnt das Vorabentscheidungsverfahren. Der Kanzler des Gerichtshofes stellt den Vorlagebeschluss den Parteien des Ausgangsverfahrens, den Mitgliedstaaten, der Kommission und – falls es um die Gültigkeit oder Auslegung einer Handlung des Rates geht – dem Rat zu. Die Genannten können binnen zwei Monaten Schriftsätze einreichen. Nach Fristablauf beraumt der Gerichtshof einen Verhandlungstermin an, in dem durch Urteil entschieden wird.

6   Falls erforderlich, kann der Gerichtshof eine **Beweisaufnahme** durchführen (z.B. durch Einholung von Auskünften).

7   Die Anhörungsberechtigten, insbesondere die **Parteien** des Ausgangsrechtsstreits haben keine Initiativrechte; sie können vor allem **keine Anträge** stellen.

B. Kommentierung

I. Persönlicher Geltungsbereich

8   Die Vorschrift gilt für den **Wahlanwalt/-verteidiger.** Sie gilt aber auch für den im Wege der **PKH beigeordneten** bzw. **bestellten Rechtsanwalt**.

Verfahren vor dem Gerichtshof der Europäischen Gemeinschaften § 38 RVG

> **Hinweis:**
> M.E. sind beim **Pflichtverteidiger**, der für das Strafverfahren bestellt ist, die Tätigkeiten, die z.B. im Hinblick auf ein Vorabentscheidungsverfahren erbracht werden, von der „normalen" Pflichtverteidigerbestellung umfasst. Denn anders als die Verfassungsbeschwerde (vgl. dazu OLG Rostock, RVGprofessionell 2010, 137 = RVGreport 2010, 380; LG Neubrandenburg, RVGprofessionell 2010, 137 = RVGreport 2010, 380; s. auch § 37 Rn. 4) ist das Vorabentscheidungsverfahren Teil des Strafverfahrens, auf dessen Einleitung der Angeklagte keinen Einfluss hat. Der Pflichtverteidiger sollte aber dennoch zur Sicherheit ausdrücklich die Erweiterung der Pflichtverteidigerbestellung oder Klarstellung dahin beantragen, dass diese auch das Vorabentscheidungsverfahren umfasst.
>
> Die Tätigkeiten sind aber **nicht** durch die gesetzlichen Pflichtverteidigergebühren **abgegolten**. Das ergibt sich § 38 Abs. 2.

II. Gebührentatbestände

Kommt es in Verfahren nach den Teilen 4, 5 oder 6 VV zu einem Vorabentscheidungsverfahren vor dem EuGH, sind für die Gebühren des Verteidigers die **Nr. 4130 (Verfahrensgebühr)** und **Nr. 4132 VV (Terminsgebühr)** entsprechend anzuwenden. Das gilt für alle Straf- und Bußgeldsachen sowie für die sonstigen in Teil 6 VV aufgeführten Verfahren, wie z.B. Disziplinarverfahren. **9**

Für den **Abgeltungsbereich** der Gebühren gelten die allgemeinen Regeln (vgl. dazu Vorbem. 4 VV Rn. 33 ff. und 58 ff.). Die Verfahrensgebühr deckt alle mit dem Vorabentscheidungsverfahren zusammenhängenden Tätigkeiten des Rechtsanwalts ab. Die Verfahrensgebühr deckt auch eine ggf. erforderliche Einarbeitung des Rechtsanwalts, der bislang noch nicht mit der Sache befasst war ab. Eine Grundgebühr Nr. 4100 VV entsteht nach dem eindeutigen Wortlaut des § 38 Abs. 2 nämlich nicht. **10**

Der Rechtsanwalt verdient eine **Verfahrensgebühr** nach Nr. 4130 VV i.H.v. 100,00 – 930,00 €; die Mittelgebühr beträgt 515,00 €. Bei der **Bemessung** der Verfahrensgebühr Nr. 4130 VV wird ggf. eine erforderliche Einarbeitung des Rechtsanwalts, der den Angeklagten/Betroffenen bisher noch nicht vertreten hat, zu berücksichtigen sein. I.Ü. wird bei der Bemessung der Gebühren über das Merkmal „Bedeutung der Angelegenheit" gebührenerhöhend zu berücksichtigen sein, dass eine Vorlage zum Gerichtshof der Europäischen Gemeinschaften erfolgt. Das verdeutlicht den objektiven Wert der Angelegenheit. Im Zweifel wird der Betragsrahmen auszuschöpfen sein (so auch AnwKomm-RVG/N. Schneider, § 38 Rn. 16; Gerold/Schmidt/Burhoff, § 38 Rn. 8). **11**

Die **Terminsgebühr** Nr. 4132 VV beträgt 100,00 – 470,00 €, die Mittelgebühr 285,00 € je Verhandlungstag. **12**

M.E. entsteht, wenn sich der Auftraggeber nicht auf freiem Fuß befindet, die jeweilige Gebühr mit **Haftzuschlag** gem. Vorbem. 4 Abs. 4 VV (vgl. Vorbem. 4 VV Rn. 83 ff.). **13**

III. Anrechnung der Verfahrensgebühr (Abs. 3)

In § 38 Abs. 3 ist eine **besondere Anrechnungsregelung** enthalten, die auch für die nach § 38 Abs. 2 abzurechnenden Verfahren gilt (Gerold/Schmidt/Burhoff, § 38 Rn. 9; allgemein Teil A: Anrechnung von Gebühren [§ 15a], Rn. 123 ff.) Danach wird die Verfahrensgebühr des Verfahrens, in welchem vorgelegt worden ist, auf die Verfahrensgebühr des Vorabentscheidungsver- **14**

§ 38 RVG *Verfahren vor dem Gerichtshof der Europäischen Gemeinschaften*

fahrens angerechnet, wenn der Rechtsanwalt nicht eine im Verfahrensrecht vorgesehene schriftliche Stellungnahme gegenüber dem EuGH abgegeben hat. Die Anrechnung unterbleibt, wenn der Rechtsanwalt nach Zustellung des Vorlagebeschlusses des vorlegenden Gerichts durch den Kanzler des EuGH innerhalb der zwei Monate umfassenden Frist nach Art. 23 der Satzung des EuGH einen Schriftsatz oder eine schriftliche Erklärung abgegeben hat. Die Versäumung dieser Frist zur Einreichung eines Schriftsatzes oder zur Abgabe einer schriftlichen Erklärung führt zur Anrechnung der Verfahrensgebühr des Ausgangsrechtsstreits auf die Verfahrensgebühr des Vorabentscheidungsverfahrens (AnwKomm-RVG/N. Schneider, § 38 Rn. 17).

IV. Auslagen (Nrn. 7000 ff.)

15 Der Rechtsanwalt hat Anspruch auf die nach den **Nrn. 7000 ff.** entstehenden Auslagen. Dazu gehört auch die **Postentgeltpauschale Nr. 7002 VV**, da es sich bei dem Vorabentscheidungsverfahren um eine vom Ausgangsverfahren verschiedene Angelegenheit handelt (vgl. inzidenter zu den Verfahren vor den Verfassungsgerichten OLG Rostock, RVGreport 2010, 380 = StRR 2010, 470 m. Anm. Burhoff = RVGprofessionell 2010, 137; LG Neubrandenburg, RVGreport 2010, 380 = StRR 2010, 470 m. Anm. Burhoff = RVGprofessionell 2010, 137).

V. Kostenentscheidung/Kostenerstattung/Kostenfestsetzung

16 Die in den Vorentscheidungsverfahren ergehenden Urteile des EuGH enthalten die (Kosten-)Entscheidung, dass die Auslagen der Regierung des jeweiligen Mitgliedstaates, des Rates und der Kommission der Europäischen Gemeinschaften, die Erklärungen vor dem Gerichtshof abgegeben haben, nicht erstattungsfähig sind und für die Parteien des Ausgangsverfahrens das Verfahren ein Zwischenstreit in dem vor dem nationalen Gericht anhängigen Rechtsstreit ist. Die Kostenentscheidung obliege daher diesem Gericht. Die Kosten des Vorabentscheidungsverfahrens sind somit **Bestandteil** der **Kosten(grund)entscheidung** des Gerichts des **Ausgangsverfahrens** nach Abschluss des Vorabentscheidungsverfahrens. Nach dieser Entscheidung richtet sich auch die Frage der Kostenerstattung der im Vorabentscheidungsverfahren entstandenen Aufwendungen der Parteien (AnwKomm-RVG/N. Schneider, § 38 Rn. 18 f.; Gerold/Schmidt/Burhoff, § 38 Rn. 3).

> **Hinweis:**
> Für Kostenerstattung und -festsetzung gilt also das **deutsche Recht** (s. dazu Teil A: Kostenfestsetzung und Erstattung in Strafsachen, Rn. 833 ff.).

§ 42 RVG
Feststellung einer Pauschgebühr

(1) ¹In Strafsachen, gerichtlichen Bußgeldsachen, Verfahren nach dem Gesetz über die internationale Rechtshilfe in Strafsachen und in Verfahren nach dem IStGH-Gesetz stellt das Oberlandesgericht, zu dessen Bezirk das Gericht des ersten Rechtszugs gehört, auf Antrag des Rechtsanwalts eine Pauschgebühr für das ganze Verfahren oder für einzelne Verfahrensabschnitte durch unanfechtbaren Beschluss fest, wenn die in den Teilen 4 bis 6 des Vergütungsverzeichnisses bestimmten Gebühren eines Wahlanwalts wegen des besonderen Umfangs oder der besonderen Schwierigkeit nicht zumutbar sind. ²Dies gilt nicht, soweit Wertgebühren entstehen. ³Beschränkt sich die Feststellung auf einzelne Verfahrensabschnitte, sind die Gebühren nach dem Vergütungsverzeichnis, an deren Stelle die Pauschgebühr treten soll, zu bezeichnen. ⁴Die Pauschgebühr darf das Doppelte der für die Gebühren eines Wahlanwalts geltenden Höchstbeträge nach den Teilen 4 bis 6 des Vergütungsverzeichnisses nicht übersteigen. ⁵Für den Rechtszug, in dem der Bundesgerichtshof für das Verfahren zuständig ist, ist er auch für die Entscheidung über den Antrag zuständig.

(2) ¹Der Antrag ist zulässig, wenn die Entscheidung über die Kosten des Verfahrens rechtskräftig ist. ²Der gerichtlich bestellte oder beigeordnete Rechtsanwalt kann den Antrag nur unter den Voraussetzungen des § 52 Abs. 1 Satz 1, Abs. 2, auch in Verbindung mit § 53 Abs. 1, stellen. ³Der Auftraggeber, in den Fällen des § 52 Abs. 1 Satz 1 der Beschuldigte, ferner die Staatskasse und andere Beteiligte, wenn ihnen die Kosten des Verfahrens ganz oder zum Teil auferlegt worden sind, sind zu hören.

(3) ¹Der Strafsenat des Oberlandesgerichts ist mit einem Richter besetzt. ²Der Richter überträgt die Sache dem Senat in der Besetzung mit drei Richtern, wenn es zur Sicherung einer einheitlichen Rechtsprechung geboten ist.

(4) Die Feststellung ist für das Kostenfestsetzungsverfahren, das Vergütungsfestsetzungsverfahren (§ 11) und für einen Rechtsstreit des Rechtsanwalts auf Zahlung der Vergütung bindend.

(5) ¹Die Absätze 1 bis 4 gelten im Bußgeldverfahren vor der Verwaltungsbehörde entsprechend. ²Über den Antrag entscheidet die Verwaltungsbehörde. ³Gegen die Entscheidung kann gerichtliche Entscheidung beantragt werden. ⁴Für das Verfahren gilt § 62 des Gesetzes über Ordnungswidrigkeiten.

Übersicht
	Rn.
A. Überblick	1
B. Kommentierung	2
I. Persönlicher Geltungsbereich (Abs. 1)	3
II. Sachlicher Geltungsbereich (Abs. 1)	4
III. Anspruchsvoraussetzungen (Abs. 1)	5
1. „Besonders schwieriges" oder „besonders umfangreiches" Verfahren	5
2. Begriff der Unzumutbarkeit	6
IV. Pauschgebühr auch für einzelne Verfahrensabschnitte (Abs. 1)	10
V. Höhe der Pauschgebühr (Abs. 1)	12
VI. Bewilligungsverfahren (Abs. 2)	15

§ 42 RVG *Feststellung einer Pauschgebühr*

    1. Antrag 15
       a) Antragsbegründung 15
       b) Antragszeitpunkt. 16
    2. Zuständiges Gericht (Abs. 1) 18
       a) Entscheidung durch den Einzelrichter (Abs. 3) 20
       b) Übertragung auf den Senat 21
    3. Verfahren 23
    4. Gerichtliche Entscheidung 25
    5. Bindungswirkung (Abs. 4) 28
VII. Vorschuss. 29
VIII. Verjährung. 30
IX. Geltung im Verfahren vor der Verwaltungsbehörde (Abs. 5). 31

Literatur:

S. die Literaturhinweise bei § 51.

A. Überblick

1 Die Regelung in § 42 sieht vor, dass in Verfahren, die insgesamt oder teilweise besonders umfangreich oder besonders schwierig waren, auch für den Wahlanwalt auf Antrag eine Pauschgebühr für das ganze Verfahren oder für einzelne Verfahrensabschnitte festgestellt werden kann. § 51 ermöglicht nur die Bewilligung einer Pauschgebühr für den beigeordneten oder gerichtlich bestellten Rechtsanwalt (i.d.R. der Pflichtverteidiger).

Diese Regelung ist durch das RVG eingeführt worden. Der Gesetzgeber hat eine dem § 51 vergleichbare Regelung auch für die Tätigkeit des Wahlverteidigers als **sachgerecht** angesehen, um auch in den genannten besonderen Verfahren den erhöhten Arbeitsaufwand des Wahlverteidigers oder -beistandes angemessen(er) zu berücksichtigen. Sie führt dazu, dass die Erstattung vereinbarter Honorare, die höher als die gesetzlichen Gebühren sind, jetzt teilweise möglich ist (Hartung/Römermann/Hartung, § 42 Rn. 3; AnwKomm-RVG/N. Schneider, § 42 Rn. 4). Das war nach der Rechtsprechung zu § 464a Abs. 2 Nr. 2 StPO nicht der Fall (vgl. u.a. Meyer-Goßner, § 464a Rn. 11 m.w.N.; OLG Hamm, MDR 1971, 321).

B. Kommentierung

2 **Hinweis:**

§ 42 entspricht **inhaltlich** im Wesentlichen § 51. Deshalb kann weitgehend auf die dortigen Ausführungen verwiesen werden.

I. Persönlicher Geltungsbereich (Abs. 1)

3 § 42 gilt nach Abs. 1 Satz 1 für den **Wahlanwalt**. Das sind der sog. Wahlverteidiger, und zwar sowohl im Erkenntnis- als auch im Strafvollstreckungsverfahren, sowie der Rechtsanwalt, der den Privatkläger oder -beklagten, den Nebenkläger, den Antragsteller im Klageerzwingungsverfahren oder einen Zeugen als Wahlbeistand vertritt (s. auch § 51 Rn. 3 ff.). Ebenso wie § 51 findet die Regelung auf den Vertreter im strafrechtlichen Rehabilitierungsverfahren Anwendung, da es sich bei den Verfahren auch um „Strafsachen" i.S.d. Teils 4 VV handelt (OLG Jena, RVGreport 2007, 119; zum Begriff der „Strafsachen" s. Vorbem. 4 VV Rn. 7).

Feststellung einer Pauschgebühr §42 RVG

> **Hinweis:**
> Auch der **Pflichtverteidiger** kann ggf. einen **Feststellungsantrag** nach § 42 stellen, und zwar nach § 42 Abs. 2 Satz 2, wenn er von seinem Mandanten nach § 52 die Zahlung der Gebühren eines Wahlverteidigers verlangen will (wegen der Einzelh. s. § 52 Rn. 1 ff.). Sobald der Beschluss nach § 52 Abs. 3 vorliegt, kann dann auch eine Pauschgebühr nach § 42 beantragt werden. Zunächst muss allerdings das Verfahren nach § 52 betrieben werden (s. § 52 Rn. 81; AnwKomm-RVG/N. Schneider, § 42 Rn. 9; Mayer-Kroiß, § 42 Rn. 4; Gerold/Schmidt/Burhoff, § 42 Rn. 5). Stellt der Pflichtverteidiger einen Pauschgebührenantrag nach § 42, ohne auf die Vorschrift des § 52 hinzuweisen, wird sein Antrag ggf. als ein Antrag nach § 51 ausgelegt (OLG Jena, 10.03.2008 – 1 AR [S] 14/07, JurionRS 2008, 14540).

II. Sachlicher Geltungsbereich (Abs. 1)

Die Vorschrift gilt nach Abs. 1 Satz 1 für das **Strafverfahren (Teil 4 VV)**, und zwar auch für das strafrechtliche Rehabilitierungsverfahren (OLG Jena, RVGreport 2007, 119) und für die Einzeltätigkeit nach Teil 4 Abschnitt 3 VV, sowie auch für das **gerichtliche Bußgeldverfahren (Teil 5 VV)**. Nach § 42 Abs. 5 gilt die Vorschrift im Bußgeldverfahren vor der Verwaltungsbehörde entsprechend (zum Verfahren in diesen Fällen s. Rn. 31). Sie gilt ebenfalls in Verfahren nach dem IRG bzw. nach dem IStGH-Gesetz (Teil 6 Abschnitt 1 VV). Sie ist allerdings darüber hinaus **nicht entsprechend** anwendbar (vgl. OLG Celle, AGS 2008, 548 = RVGreport 2009, 137 = RVGprofessionell 2008, 213 für Verfahren nach Teil 6 Abschnitt 3 VV [gerichtliche Verfahren bei Freiheitsentziehung und in Unterbringungssachen]; Nr. 6300 VV Rn. 30; Gerold/Schmidt/Mayer, VV 6300 – 6303 Rn. 30; AnwKomm-RVG/N. Schneider, 6300 – 6303 VV Rn. 56). 4

III. Anspruchsvoraussetzungen (Abs. 1)

1. „Besonders schwieriges" oder „besonders umfangreiches" Verfahren

Die Feststellung einer Pauschgebühr setzt nach § 42 Abs. 1 Satz 1 voraus, dass der Wahlanwalt in einem „**besonders schwierigen**" oder „**besonders umfangreichen**" Verfahren tätig gewesen und die Gebühren des Teils 4 bis 6 VV nicht zumutbar sind (zu Letzterem Rn. 6). Dies entspricht den Voraussetzungen für die Bewilligung einer Pauschgebühr für die Tätigkeit des beigeordneten Rechtsanwalts nach § 51. Es kann daher wegen der Anspruchsvoraussetzungen im Wesentlichen auf die **Komm. zu § 51** (Rn. 8 ff.) verwiesen werden. Der § 42 gilt nach Abs. 1 Satz 2 **nicht** für Tätigkeiten, für die der Rechtsanwalt keine Betragsrahmengebühr nach dem VV erhält, sondern eine **Wertgebühr**. Das sind die Gebühren nach den Nrn. 4142 bis 4145 VV (vgl. dazu bei den jeweiligen Gebührenvorschriften). 5

2. Begriff der Unzumutbarkeit

Zur Feststellung einer Pauschgebühr nach § 42 kommt es für den Wahlanwalt – ebenso wie für den Pflichtverteidiger – nur, wenn die gesetzlichen Gebühren „unzumutbar" sind. Bei der Beurteilung der „Zumutbarkeit" wird man allerdings einen **anderen Maßstab** als bei der Pauschgebühr des Pflichtverteidigers nach § 51 Abs. 1 ansetzen müssen (vgl. dazu § 51 Rn. 24 ff. und BVerfG, NJW 2007, 3420 = AGS 2007, 504 = RVGreport 2007, 263 = StRR 2007, 118). Denn der Wahlanwalt hat die Möglichkeit, zunächst innerhalb des Gebührenrahmens eine (höhere) Gebühr zu bestimmen. Daher wird es zur Feststellung einer Pauschgebühr nach § 42 Abs. 1 nur 6

§ 42 RVG *Feststellung einer Pauschgebühr*

unter strengeren Bedingungen als beim Pflichtverteidiger kommen (BGH, RVGreport 2007, 264 = JurBüro 2007, 531 für Revisionsverfahren; OLG Jena, NJW 2006, 933 = RVGreport 2006, 146 = AGS 2006, 172; RVGreport 2007, 119; Rpfleger 2010, 107 = RVGreport 2010, 24 = StRR 2010, 199; so auch AnwKomm-RVG/N. Schneider, § 42 Rn. 16 f.; Gerold/Schmidt/Burhoff, § 42 Rn. 8; Burhoff, RVGreport 2006, 146 in der Anm. zu OLG Jena, a.a.O.). Im Rahmen der Prüfung der Unzumutbarkeit spielen vor allem die weiteren Umstände, die nach § 14 bei der Bemessung der Rahmengebühren durch den Verteidiger maßgeblich sind, wie die Bedeutung der Angelegenheit sowie die Einkommens- und Vermögensverhältnisse des Auftraggebers, eine erhebliche Rolle (OLG Jena, NJW 2006, 933 = RVGreport 2006, 146 = AGS 2006, 172; RVGreport 2007, 119 zur Pauschgebühr im strafrechtlichen Rehabilitierungsverfahren). Nur wenn man die kennt, kann man beurteilen, ob (auch) der Höchstbetrag der Rahmengebühr für den Verteidiger unzumutbar ist.

7 **Hinweis:**

Auf dieser Grundlage wird eine Pauschgebühr nach § 42 Abs. 1 für den Wahlanwalt nur dann in Betracht kommen, wenn bereits die Bedeutung der Sache für den Angeklagten und/oder die Einkommens- und Vermögensverhältnisse des Auftraggebers überdurchschnittlich sind sowie zusätzlich ein besonderer Umfang der anwaltlichen Tätigkeit bzw. eine besondere Schwierigkeit derselben gegeben ist. Insoweit unterscheidet sich die Feststellung der Pauschgebühr nach § 42 wesentlich von der Festsetzung einer Pauschgebühr gem. § 51, auch wenn der Gesetzeswortlaut fast identisch ist (OLG Jena, NJW 2006, 933 = RVGreport 2006, 146 = AGS 2006, 172). Letztlich bleibt damit die Pauschgebühr nach **§ 42** auf die (**seltenen**) **Fälle beschränkt**, in denen selbst die gesetzlichen Höchstgebühren nicht ausreichen, um die Tätigkeit des Rechtsanwalts für ihn noch zumutbar zu honorieren (KG, JurBüro 2010, 140 = AGS 2010, 223 = RVGreport 2010, 23 = StRR 2010, 112; vgl. auch BGH, RVGreport 2007, 264 = JurBüro 2007, 531 [Ausnahmefälle]; s. auch AnwKomm-RVG/N. Schneider, § 42 Rn. 17; zu verneinten Feststellungen einer Pauschgebühr im Auslieferungsverfahren OLG Karlsruhe, RVGprofessionell 2010, 115).

Andererseits sind aber auch Fälle denkbar, in denen dem Wahlanwalt eher als dem Pflichtverteidiger eine Pauschgebühr zu **gewähren** ist. Das ist z.B. der Fall, wenn der Rechtsanwalt an **besonders langen Hauptverhandlungsterminen** teilgenommen hat, da ihm – anders als dem Pflichtverteidiger – Längenzuschläge nicht zustehen (AnwKomm-RVG/N. Schneider, § 42 Rn. 19; Gerold/Schmidt/Burhoff, § 42 Rn. 8).

8 Bei der Feststellung einer Pauschgebühr nach § 42 Abs. 1 ist danach **zweistufig** zu prüfen (vgl. OLG Jena, NJW 2006, 933 = RVGreport 2006, 146 = AGS 2006, 172; OLG Köln, JurBüro 2009, 254 = RVGreport 2009, 136; Gerold/Schmidt/Burhoff, § 42 Rn. 9).

Feststellung einer Pauschgebühr § 42 RVG

1. Prüfungsstufe: Ist die Rahmengebühr im oberen Bereich anzusiedeln? 9

Auf der ersten Stufe ist unter Berücksichtigung der Kriterien des § 14 Abs. 1 zu prüfen, ob (jeweils) im **oberen Bereich** angesiedelte **Rahmengebühren** des Wahlverteidigers **angemessen** gewesen wären, wenn die anwaltliche Tätigkeit im Übrigen nicht „besonders umfangreich" oder „besonders schwierig", sondern „nur" durchschnittlich schwierig und durchschnittlich umfangreich zu beurteilen wäre (vgl. OLG Jena, NJW 2006, 933 = RVGreport 2006, 146 = AGS 2006, 172; OLG Hamm, 29.05.2008 – 5 [s] Sbd X - 36/08; OLG Köln, JurBüro 2009, 254 = RVGreport 2009, 136; ähnlich OLG Karlsruhe, RVGprofessionell 2010, 115).

2. Prüfungsstufe: „Besonders umfangreich" oder „besonders schwierig"?

Auf der zweiten Stufe ist dann die „**besondere Schwierigkeit**" und/oder der „**besondere Umfang**" der anwaltlichen Tätigkeit zu prüfen. Eine Pauschgebühr ist festzustellen, wenn auch diese Merkmale zu bejahen sind (s. auch AnwKomm-RVG/N. Schneider, § 42 Rn. 16).

IV. Pauschgebühr auch für einzelne Verfahrensabschnitte (Abs. 1)

Ebenso wie die Pauschgebühr für den Pflichtverteidiger kann die Pauschgebühr des § 42 für das 10 ganze Verfahren oder für **einzelne Verfahrensabschnitte** bewilligt werden. Auf die Komm. zu § 51 Rn. 31 ff. wird verwiesen. Auch hier gilt: Verfahrensabschnitt i.S.v. § 42 Abs. 1 Satz 3 ist jeder Teil des Verfahrens, für den besondere Gebühren bestimmt sind (vgl. BT-Drucks. 15/1971, S. 198; vgl. auch § 58 Abs. 3 Rn. 14 ff. m.w.N. zur a.A.). Das sind also die „Grundgebühr", das „vorbereitende Verfahren", das „gerichtliche Verfahren" und jeder Termin, für den eine Terminsgebühr entsteht, also auch die Termine nach Nr. 4102 VV.

Die Feststellung einer Pauschgebühr für einen Verfahrensabschnitt **scheidet** nach § 42 Abs. 1 11 Satz 2 **aus**, wenn der Rechtsanwalt keine Festgebühren, sondern **Wertgebühren** erhält. In den Fällen der Nrn. 4142 bis 4145 VV ist die Feststellung einer Pauschgebühr daher nicht möglich (vgl. dazu bei den jeweiligen Gebührenvorschriften).

V. Höhe der Pauschgebühr (Abs. 1)

Für die Höhe der Pauschgebühr des § 42 gelten die Ausführungen zu § 51 Rn. 35 grds. entspre- 12 chend. Allerdings ist die Pauschgebühr des § 42 der **Höhe** nach auf das **Doppelte** der für die Gebühren des Wahlanwalts geltenden Höchstbeträge nach Teil 4 bis 6 VV **begrenzt**. Unter Berücksichtigung der Ausführungen unter Rn. 6 ff. wird es damit in der Praxis i.d.R. um die Zuerkennung einer weiteren Höchstgebühr gehen. Hinzuweisen ist auf folgende **Rechtsprechungsbeispiele**:

- **BGH**, Beschl. v. 16.10.2007 – 4 StR 62/07: doppelte Höchstgebühr gerechtfertigt, in einem Verfahren, das grundlegende Fragen der Strafbarkeit der ohne behördliche Genehmigung betriebenen gewerblichen Vermittlung von Sportwetten aufgeworfen hat, zu deren Aufarbeitung der Verteidiger ebenso wie zur Vorbereitung und Durchführung der Revisionshauptverhandlung in besonderem Maß beigetragen hat,
- **BGH**, Beschl. v. 25.03.2010 – 4 StR 443/07: wenn der Verteidiger schon in der Tatsacheninstanz mit den materiell-rechtlichen Fragen befasst war, erscheint die doppelte Höchstge-

§ 42 RVG   *Feststellung einer Pauschgebühr*

bühr für die Verfahrensgebühr des Revisionsverfahrens nicht angemessen, sondern nur eine Gebühr von 1.600,00 €,

- **BGH**, Beschl. v. 20.07.2007 – 5 StR 461/06: keine über die gesetzlichen Höchstgebühren hinausgehende Vergütung für eine auf drei Seiten ausgeführte Sachrüge, eine vierseitige Gegenerklärung und die Wahrnehmung der Hauptverhandlung,
- **BGH**, RVGreport 2005, 383: ohne nähere Begründung doppelte Höchstgebühr gewährt.

13 Hinsichtlich der Höhe der Pauschgebühr wendet das OLG Hamm die Rechtsprechung zur Pauschgebühr des Pflichtverteidigers, wonach eine Pauschgebühr schon i.H.d. einfachen Wahlverteidigerhöchstgebühren grds. nur in Betracht kommen soll, wenn die Gebühr in einem **grob unbilligen Missverhältnis** zu der Inanspruchnahme des Pflichtverteidigers stand oder das Verfahren die Arbeitskraft des Verteidigers für längere Zeit ausschließlich oder fast ausschließlich in Anspruch genommen hätte, im Grundsatz entsprechend an (OLG Hamm, 29.05.2008 – 5 [s] Sbd X - 36/08; vgl. dazu § 51 Rn. 39 m.w.N.). Nach Auffassung des OLG Jena (Rpfleger 2010, 107 = RVGreport 2010, 24 = StRR 2010, 199) soll es ausgeschlossen sein, dass der Wahlverteidiger nach § 42 eine höhere Vergütung erhält, als ein Pflichtverteidiger nach § 51. Das ist m.E. so nicht zutreffend, zumal das OLG einem Zirkelschluss unterliegt, wenn es darauf verweist, dass für den Pflichtverteidiger die Beschränkung auf das Doppelte der Wahlanwaltshöchstgebühren nicht gilt (s. auch Gerold/Schmidt/Burhoff, § 42 Rn. 18).

14 **Auslagen** und **Umsatzsteuer** werden nicht mit festgestellt. Sie werden erst im Festsetzungsverfahren festgesetzt oder müssen ggf. im Vergütungsprozess mit eingeklagt werden.

VI. Bewilligungsverfahren (Abs. 2)

1. Antrag

a) Antragsbegründung

15 Die Pauschgebühr wird nach § 42 Abs. 2 **nur** auf **Antrag** festgestellt. Der Wahlverteidiger muss also einen entsprechenden Antrag stellen, der auf Feststellung einer Pauschgebühr gerichtet ist. Diesen sollte er auf jeden Fall begründen.

> **Hinweis:**
> Es empfiehlt sich eine **eingehende Begründung**, für die die gleichen Bedingungen gelten wie für die Begründung des Pauschgebührenantrags des beigeordneten Rechtsanwalts nach § 51 (vgl. daher § 51 Rn. 43 ff.).
>
> Handelt es sich bei dem Verteidiger um einen **Pflichtverteidiger**, der von seinem Mandanten nach § 52 die **Zahlung** der **Gebühren** eines **Wahlverteidigers** verlangen will, muss er in der Antragsbegründung auch die Voraussetzungen des § 52 Abs. 1 Satz 1, Abs. 2 darlegen (Gerold/Schmidt/Burhoff, § 42 Rn. 11). Denn er kann nach § 42 Abs. 2 Satz 2 „nur unter den Voraussetzungen des § 52 Abs. 1 Satz 1, Abs. 2" einen Antrag auf Feststellung der Pauschgebühr stellen (s. dazu § 52 Rn. 30 ff.). Entsprechendes gilt nach § 42 Abs. 2 Satz 2 in den Fällen des § 53 (s. dazu § 53 Rn. 39). Ggf. kann ein Antrag nach § 42 auch als Antrag nach § 51 ausgelegt werden (OLG Jena, 10.03.2008 – 1 AR [S] 14/07, JurionRS 2008, 14540).

Feststellung einer Pauschgebühr § 42 RVG

b) Antragszeitpunkt

Nach § 42 Abs. 2 Satz 1 kann der Antrag erst gestellt werden, wenn die (Grund-)**Entscheidung** 16
über die **Kosten** des **Verfahrens rechtskräftig** ist, also wenn z.B. über die sofortige Beschwerde gegen die Kostenentscheidung des Strafurteils (§ 464 Abs. 3 StPO) durch das Beschwerdegericht entschieden ist. Ein vorher gestellter Antrag wird vom OLG als unzulässig zurückgewiesen (so auch AnwKomm-RVG/N. Schneider, § 42 Rn. 24).

Der Verteidiger muss hinsichtlich des **Zeitpunkts** der Antragstellung Folgendes **beachten**: Der 17
Pauschgebührenantrag nach § 42 ist/wird unzulässig, wenn der Verteidiger nach Ausübung seines Ermessens zur Bestimmung der angefallenen Gebühren gem. § 14 **Kostenfestsetzung beantragt** hat (OLG Celle, StraFo 2008, 398 = AGS 2008, 546 = RVGreport 2008, 382; Gerold/Schmidt/Burhoff, § 42 Rn. 12). Dann ist für einen Antrag auf Feststellung einer Pauschgebühr nach § 42 kein Raum mehr, da der Verteidiger dann an das einmal im Rahmen des § 14 Abs. 1 ausgeübte Ermessen gebunden ist (OLG Celle, a.a.O.; vgl. auch Teil A: Rahmengebühren [§ 14], Rn. 1084 ff. und Gerold/Schmidt/Mayer, § 14 Rn. 4). Das gilt nach der Rechtsprechung erst recht, wenn die Gebühren durch Kostenfestsetzungsbeschluss bereits rechtskräftig **festgesetzt** geworden sind (OLG Bamberg, AGS 2011, 228 = RVGreport 2011, 176 = StRR 2011, 240 = DAR 2011, 237; OLG Celle, 20.03.2008 – 1 ARs 20/08 P; OLG Jena, JurBüro 2008, 82 = AGS 2008, 174 = StRR 2008, 158 = RVGreport 2008, 25; OLG Köln, 04.02.2009 – 2 ARs 2/08), und zwar auch bei gleichzeitigem Antrag auf Feststellung einer Pauschgebühr und Antrag auf Kostenfestsetzung (OLG Jena, JurBüro 2010, 642 = NStZ-RR 2010, 392 = RVGreport 2010, 414 = StRR 2011, 79 m. Anm. Burhoff).

> **Hinweis:**
> Daraus folgt: Der Wahlverteidiger muss (zur Sicherheit) die Pauschgebühr also noch zu einem **Zeitpunkt** beantragen, in dem die durch das OLG zu treffende Feststellung im Kostenfestsetzungsverfahren noch Berücksichtigung finden kann (zur Bindungswirkung s. Rn. 28). Ggf. muss er durch Einlegen von Rechtsmitteln im Kostenfestsetzungsverfahren sicher stellen, dass zunächst das vorrangige Verfahren nach § 42 durchgeführt wird (so ausdrücklich OLG Jena, a.a.O.).

2. Zuständiges Gericht (Abs. 1)

Über die Feststellung der Pauschgebühr entscheidet nach § 42 Abs. 1 Satz 1 das **OLG**, zu des- 18
sen Bezirk das Gericht gehört, bei dem die Strafsache in erster Instanz anhängig war (vgl. dazu § 51 Rn. 51 ff.). Damit kann es nicht zu abweichenden Entscheidungen bei der Feststellung der Pauschgebühr für den Wahlverteidiger und der Gewährung einer Pauschgebühr für den Pflichtverteidiger nach § 51 kommen.

Nach § 42 Abs. 1 Satz 5 ist der **BGH** zuständig, wenn er für „das Verfahren zuständig" ist. § 42 19
Abs. 1 Satz 5 ist damit anders formuliert als die Regelung in § 51 Abs. 2, wonach der BGH nur für die Entscheidung zuständig ist, „soweit er den Rechtsanwalt bestellt hat" (vgl. dazu die Ausführungen bei § 51 Rn. 51 ff.). Der BGH stellt beim Wahlanwalt also nicht nur wie beim Pflichtverteidiger die Pauschgebühr für die Hauptverhandlung fest, sondern für die gesamte Tätigkeit des Wahlanwalts im Verfahren (so wohl auch BGH, NJW 2006, 1535 = NStZ 2006, 409; vgl. dazu auch noch BGH, 22.07.2005 – 1 StR 84/05; s. auch OLG Hamm, JurBüro 2007, 529; Anw-

Komm-RVG/N. Schneider, § 42 Rn. 28). Das wird i.d.R. die gesamte Tätigkeit im **Revisionsverfahren** sein, also vor allem Revisionsbegründung und ggf. Teilnahme an der Revisionshauptverhandlung. Ist der BGH auch erstinstanzlich zuständig (§ 169 Abs. 1 Satz 2 StPO), entscheidet er darüber hinaus auch insoweit über die Pauschgebühr, also ggf. auch über das Ermittlungsverfahren (AnwKomm-RVG/N. Schneider, a.a.O.; Gerold/Schmidt/Burhoff, § 42 Rn. 16).

a) Entscheidung durch den Einzelrichter (Abs. 3)

20 Beim **OLG** entscheidet über den Feststellungsantrag nach § 42 Abs. 3 ein Strafsenat. Dieser ist nach Abs. 3 Satz 1 i.d.R. mit nur **einem Richter** besetzt. Beim **BGH** entscheidet jedoch – anders als beim OLG – ausschließlich eine Spruchgruppe, die mit **fünf Richtern** besetzt ist (BGH, StraFo 2005, 439 = NStZ 2006, 239 = RVGreport 2005, 345 = AGS 2006, 120).

b) Übertragung auf den Senat

21 Nach § 42 Abs. 3 Satz 2 überträgt der Einzelrichter die Sache dem Senat in der Besetzung mit drei Richtern, wenn es zur Sicherung einer einheitlichen Rechtsprechung geboten ist.

22 Diese Regelung **entspricht** teilweise der in **§ 80a Abs. 3 OWiG**. Deshalb kann auf die dazu herrschende Meinung verwiesen werden (vgl. dazu u.a. Göhler/Seitz, OWiG, § 80a Rn. 5; Burhoff/Junker, OWi, Rn. 2219 ff.). Im Einzelnen gilt:

- Die **Übertragung** muss **geboten** sein. Das bedeutet, sie muss sich aufdrängen und nicht nur naheliegen, sie muss aber noch nicht unumgänglich sein (Göhler/Seitz, OWiG, § 80 Rn. 15). Das OLG hat insoweit einen Beurteilungsspielraum.

- Die Übertragung ist zur **Sicherung** einer **einheitlichen Rechtsprechung** geboten, wenn sonst schwer erträgliche Unterschiede in der Rechtsprechung entstehen oder fortbestehen würden (OLG Düsseldorf, VRS 85, 373, 388; Göhler/Seitz, OWiG, § 80 Rn. 4). Dabei kann es sowohl um Unterschiede in der jeweiligen Senats-Rechtsprechung als auch um Unterschiede innerhalb der Rechtsprechung eines OLG als auch um Unterschiede in der Rechtsprechung verschiedener OLG gehen. Entscheidend ist, welche Bedeutung die Entscheidung für die Rechtsprechung im Ganzen hat (BGHSt 24, 15, 22 zu § 80 OWiG). Dabei kann es um Fragen gehen, die sowohl das „Ob" einer Pauschgebühr betreffen als auch auf das „Wie", also die Höhe der Pauschgebühr, Einfluss haben.

- Liegen die Voraussetzungen vor, **muss** der Einzelrichter die Sache auf den Senat **übertragen**. Insoweit gelten die gleichen Grundsätze wie bei § 80a OWiG (vgl. dazu Göhler/Seitz, OWiG, § 80a Rn. 5). Der Senat muss dann in Dreierbesetzung entscheiden, auch wenn er die Auffassung des übertragenden Richters nicht teilt.

3. Verfahren

23 Das Verfahren auf Feststellung einer Pauschgebühr ist ebenso wie das zur Bewilligung der Pauschgebühr des bestellten Rechtsanwalts nach § 51 ein formales gerichtliches Verfahren, in dem den Beteiligten **rechtliches Gehör** gewährt werden muss. Nach § 42 Abs. 2 Satz 3 müssen daher der **Auftraggeber** des Wahlverteidigers, ferner die **Staatskasse** und jeder andere Beteiligte, dem zumindest teilweise die Kosten des Verfahrens auferlegt worden sind, zum Antrag **gehört** werden. Das kann z.B. der Nebenkläger sein. Deren Äußerungen zu dem Feststellungsantrag sind dem Rechtsanwalt vor einer Entscheidung über diesen zur Kenntnis- und Stellungnahme

Feststellung einer Pauschgebühr § 42 RVG

zuzuleiten, damit er, wenn sie dem Antrag entgegengetreten sind, dazu Stellung nehmen kann (BVerfG, Rpfleger 1964, 210 = AnwBl. 1964, 254 m. Anm. Jünnemann zu § 99 BRAGO).

> **Hinweis:**
> Der Rechtsanwalt sollte dann auf jeden Fall Stellung nehmen. Insbesondere, wenn der geltend gemachte **zeitliche Aufwand bestritten** worden ist, kann dem nur der **Rechtsanwalt entgegentreten**. Das gilt insbesondere für Tätigkeiten, die sich nicht unmittelbar aus den Akten ergeben (vgl. dazu auch § 51 Rn. 55).

Von den Beteiligten können **Einwendungen**, die den **Grund** der Vergütungsforderung betreffen, **24** **nicht** geltend gemacht werden. Das OLG stellt allein die Höhe der Pauschgebühr fest. Das Verfahren beim OLG bleibt also frei von der Entscheidung über andere Rechtsfragen als solche, die die Höhe der Pauschgebühr betreffen (s. BT-Drucks. 15/1971, S. 248). Diese müssen in den anderen Verfahren erhoben werden, z.B. im Vergütungsprozess gegen den Mandanten. Einwendungen, die den Grund der Vergütungsforderung betreffen, werden also z.B. nicht vom OLG geprüft.

4. Gerichtliche Entscheidung

Die Entscheidung des i.d.R. zuständigen OLG ergeht durch **unanfechtbaren Beschluss**. Die **25** Unanfechtbarkeit des Beschlusses dient der Verfahrensbeschleunigung. Gegen den Beschluss sind jedoch **Gegenvorstellungen** zulässig (OLG Nürnberg, AnwBl. 1974, 356 = JurBüro 1975, 201 für Beschluss nach § 99 BRAGO). Es gelten die Ausführungen zu § 51 Rn. 55 f.

Die Entscheidung des OLG wird trotz des nicht vorhandenen Rechtsmittels – zumindest kurz – **26 begründet**. Auch insoweit gelten die Ausführungen zu § 51 Rn. 56.

Die Pauschgebühr wird vom OLG nicht bewilligt, sondern **nur festgestellt**. Die Entscheidung **27** des OLG ist daher kein Vollstreckungstitel. Die Festsetzung der Vergütung unter Einschluss der Auslagen soll nach den allgemeinen Vorschriften erfolgen, entweder im Kostenfestsetzungsverfahren nach § 464b StPO, im Vergütungsfestsetzungsverfahren nach § 11 oder im Vergütungsprozess gegen den Mandanten (s. Teil A: Festsetzung der Vergütung [§ 11] Rn. 527 mit Muster bei Rn. 576 und Teil A: Kostenfestsetzung und Erstattung in Bußgeldsachen, Rn. 833).

5. Bindungswirkung (Abs. 4)

Nach § 42 Abs. 4 ist die **Feststellung** der Pauschgebühr **bindend** für: **28**

- ein **Kostenfestsetzungsverfahren** nach § 464b StPO, und zwar sowohl gegen einen erstattungspflichtigen Dritten als auch die erstattungspflichtige Staatskasse (vgl. dazu Teil A: Kostenfestsetzung und Erstattung in Bußgeldsachen, Rn. 833 ff.),
- ein **Vergütungsfestsetzungsverfahren** nach § 11 (Teil A: Festsetzung der Vergütung [§ 11] Rn. 527, 534) oder
- für den **Vergütungsprozess** gegen den Mandanten.

Damit besteht nicht die Gefahr, dass in diesen Verfahren divergierende Entscheidungen zur Entscheidung des OLG ergehen können. Die anderen Gerichte müssen sich auch nicht mehr mit der Frage des „besonderen Umfangs" oder der „besonderen Schwierigkeit" befassen.

> **Hinweis:**
>
> Die Bindungswirkung führt zu einem **zweistufigen Verfahren**:
> - **Zunächst** muss der Rechtsanwalt beim **OLG** die Feststellung der Pauschgebühr beantragen.
> - Der Feststellungsbeschluss ist dann Grundlage der **endgültigen Festsetzung** der Kosten bzw. Vergütung oder eines Vergütungsprozesses. Einwendungen gegen die Höhe können insoweit nicht mehr erhoben werden. Zulässig sind nur noch materiell-rechtliche Einwendungen (AnwKomm-RVG/N. Schneider, § 42 Rn. 44).

VII. Vorschuss

29 Anders als in § 51 Abs. 1 Satz 4 sieht § 42 für den Wahlanwalt die Bewilligung eines Vorschusses **nicht** vor. Die Bewilligung eines Vorschusses wäre auch nicht möglich, da vor rechtskräftigem Abschluss des Verfahrens und Rechtskraft der Kostenentscheidung nicht feststeht, wer nach § 42 Abs. 2 Satz 3 am Verfahren zu beteiligen wäre (vgl. dazu Rn. 28). Allerdings kann der Wahlanwalt nach der **allgemeinen Vorschrift** des § 9 einen Vorschuss verlangen (vgl. dazu Teil A: Vorschuss vom Auftraggeber [§ 9], Rn. 1659).

VIII. Verjährung

30 Für die Verjährung gelten die Ausführungen bei § 51 Rn. 58 ff. entsprechend. Der Pauschgebührenanspruch des Wahlanwalts verjährt nach § 195 BGB innerhalb von **drei Jahren**. Die Verjährung beginnt mit dem Ende des Kalenderjahres, in dem die Pauschvergütung erstmals fällig geworden ist.

> **Hinweis:**
>
> Der **Antrag** auf Bewilligung der Pauschvergütung **hemmt** den Ablauf der Verjährung. Maßgebend ist das Datum des Eingangs des Antrags (OLG Hamm, AnwBl. 1996, 478 = JurBüro 1996, 624 [§ 193 BGB analog]).

IX. Geltung im Verfahren vor der Verwaltungsbehörde (Abs. 5)

31 § 42 Abs. 5 bestimmt, dass die Regelung im Verfahren vor der Verwaltungsbehörde (vgl. dazu im Übrigen Teil 5 Abschnitt 1 Unterabschnitt 2 VV) **entsprechend** anzuwenden ist. Über den Antrag entscheidet nach § 42 Abs. 5 Satz 2 die Verwaltungsbehörde. Ist das Verfahren in das gerichtliche Verfahren übergegangen, gilt § 42 Abs. 1 bis 4. Zuständig ist dann das OLG.

32 Dem Rechtsanwalt steht gegen die Entscheidung der Verwaltungsbehörde der **Antrag auf gerichtliche Entscheidung** nach § 62 OWiG zu (§ 42 Abs. 5 Satz 4). Die Zuständigkeit ergibt sich aus § 68 Abs. 1 Satz 1 OWiG. Zuständig ist das Gericht, in dessen Bezirk die Verwaltungsbehörde ihren Sitz hat. Es gilt der normale Instanzenzug, sodass das **AG** für die Entscheidung über den Antrag zuständig ist, nicht etwa das OLG. Der Beschluss ist **unanfechtbar**, soweit das OWiG nichts anderes bestimmt (§ 62 Abs. 2 Satz 3 OWiG). Das OWiG enthält in den §§ 100 Abs. 2 Satz 2, 108 Abs. 1 Satz 2 Halbs. 2 und 110 Abs. 2 Satz 2 OWiG andere Bestimmungen, diese sind aber hier nicht einschlägig.

§ 43 RVG
Abtretung des Kostenerstattungsanspruchs

¹Tritt der Beschuldigte oder der Betroffene den Anspruch gegen die Staatskasse auf Erstattung von Anwaltskosten als notwendige Auslagen an den Rechtsanwalt ab, ist eine von der Staatskasse gegenüber dem Beschuldigten oder dem Betroffenen erklärte Aufrechnung insoweit unwirksam, als sie den Anspruch des Rechtsanwalts vereiteln oder beeinträchtigen würde. ²Dies gilt jedoch nur, wenn zum Zeitpunkt der Aufrechnung eine Urkunde über die Abtretung oder eine Anzeige des Beschuldigten oder des Betroffenen über die Abtretung in den Akten vorliegt.

Übersicht

	Rn.
A. Überblick	1
I. Entstehung der Norm	1
II. Regelungsgehalt	2
B. Kommentierung	6
I. Sachlicher und persönlicher Anwendungsbereich	6
1. Straf- und Bußgeldverfahren	6
2. Rechtsanwälte	7
3. Gesetzliche Vergütung/Vergütungsvereinbarung	8
4. Anwaltsvergütung	9
5. Andere notwendige Auslagen	10
6. Anspruch der Staatskasse	11
II. Aufrechnung der Staatskasse	12
1. Überblick	12
2. Aufrechnungsforderung der Staatskasse	13
3. Zeitpunkt	14
4. Kein Aufrechnungsverbot bei Geldstrafe	15
5. Keine Aufrechnung i.H.d. Pflichtverteidigervergütung	16
III. Abtretung des Erstattungsanspruchs	17
1. Abtretung	17
2. Abtretung in der Strafprozessvollmacht	18
3. Abtretungsurkunde/Abtretungsanzeige (Satz 2)	19
4. Zeitpunkt der Abtretung (Satz 2)	23
IV. Beeinträchtigung oder Vereitelung des Vergütungsanspruchs (Satz 1)	27
1. Reichweite und Wirkung	27
a) Vereitelung des Vergütungsanspruchs	27
b) Beeinträchtigung des Vergütungsanspruchs	28
2. Rechtsfolgen	29
a) Keine Aufrechnung i.H.d. Pflichtverteidigervergütung	29
b) Vorschusszahlungen	30
c) Vergütungsvereinbarung und Vorschuss	32
d) Verteidigervergütung und andere notwendige Auslagen	34
V. Gerichtliche Überprüfung der Aufrechnung	35
1. Aufrechnung mit Verfahrenskosten	35
2. Aufrechnung mit Geldstrafe	37
VI. Kostenfestsetzung bei Abtretung des Erstattungsanspruchs an den Rechtsanwalt	38
1. Rechtsanwalt als Gläubiger im Kostenfestsetzungsbeschluss	38
2. Verzinsung bei Abtretung des Erstattungsanspruchs	39
3. Anwaltswechsel	40
C. Arbeitshilfen	41

§ 43 RVG   *Abtretung des Kostenerstattungsanspruchs*

   I. Muster für Antrag nach § 30a EGGVG (Anfechtung der Aufrechnung der Staatskasse durch Antrag auf gerichtliche Entscheidung) 41
   II. Muster für Abtretungsurkunde nach § 43 42

Literatur:

Enders, Fragen der Aufrechnung gegen die an den Rechtsanwalt abgetretene Mandantenforderung, JurBüro 2004, 535; *Hansens*, Gebührentipps für Rechtsanwälte, ZAP, Fach 24, S. 407; *ders.*, Zur Aufrechnung durch die Staatskasse bei Anwendung des § 96a BRAGO, Rpfleger 1992, 39; *ders.*, Die Unwirksamkeit der Abtretung des Kostenerstattungsanspruchs in Strafsachen gemäß § 96a BRAGO, StV 1991, 44; *Mümmler*, Beschränkung der Aufrechnungsbefugnis der Staatskasse nach § 96a BRAGO, JurBüro 1978, 1447; *Volpert*, Abtretung von Kostenerstattungsansprüchen in der Strafprozessvollmacht, VRR 2007, 57; *ders.*, Zulässigkeit der Abtretung von Kostenerstattungsansprüchen in der Strafprozessvollmacht, StRR 2007, 174; *ders.*, Die Abtretung des Kostenerstattungsanspruchs an den Verteidiger, RENOpraxis 2004, 4; *ders.*, Die Abtretung von Kostenerstattungsansprüchen in Strafsachen, AGkompakt 2009, 34; *Volpert/Hembach*, Wie der Gebührenanspruch des Verteidigers nach § 96a BRAGO gesichert ist, BRAGOprofessionell 2001, 133; vgl. auch die Hinweise bei Teil A: Abtretung der Gebührenforderung, vor Rn. 1.

A. Überblick

I. Entstehung der Norm

1   § 43 gilt aufgrund der Einstellung in den Straf- und Bußgeldsachen betreffenden Abschnitt 7 des RVG **unmittelbar** sowohl für **Straf-** als auch für **Bußgeldsachen**. Dies verdeutlicht auch der Gesetzestext, der die Abtretung durch den Beschuldigten sowie durch den Betroffenen behandelt (vgl. Rn. 6).

§ 43 Satz 2 ist zur **Klarstellung** zusätzlich in die Vorschrift aufgenommen worden, weil die Frage, bis zu welchem **Zeitpunkt** die Abtretung erfolgen konnte, in der früheren, zu § 96a BRAGO ergangenen Rechtsprechung umstritten war (vgl. hierzu Rn. 14, 19 ff.).

II. Regelungsgehalt

2   Bei einem **Teilfreispruch** (vgl. § 467 StPO), beim **Teilerfolg** eines **Rechtsmittels** (vgl. § 473 Abs. 4 StPO) sowie bei einer erfolgreichen **Berufung** gegen den **Rechtsfolgenausspruch** (vgl. § 473 Abs. 3 StPO) steht dem Angeklagten/Betroffenen ein Anspruch auf Erstattung notwendiger Auslagen gegen die Staatskasse zu, zu denen auch seine Anwaltskosten zählen, vgl. §§ 464b, 464a Abs. 2 Nr. 2 StPO (s. Teil A: Kostenfestsetzung und Erstattung in Strafsachen, Rn. 859, 862 ff.). Dem Erstattungsanspruch steht in den o.g. Fällen allerdings der Anspruch der Staatskasse gegen den Angeklagten auf Zahlung der Kosten des Verfahrens (§ 464a Abs. 1 StPO, s. dazu Teil A: Gerichtskosten, Rn. 713 ff.) und ggf. der Geldstrafe gegenüber. Auch aus anderen gerichtlichen Verfahren können sich aufrechenbare Gegenansprüche der Staatskasse ergeben.

> *Beispiel 1:*
>
> *Der wegen Diebstahls und Unterschlagung Angeklagte wird wegen des Diebstahls zu einer Geldstrafe i.H.v. 25 Tagessätzen zu je 40,00 € = 1000,00 € verurteilt und wegen der ihm vorgeworfenen Unterschlagung freigesprochen. Soweit der Angeklagte verurteilt worden ist, trägt er nach der Kostenentscheidung im Urteil die Kosten des Verfahrens sowie seine notwendigen Auslagen. Soweit er freigesprochen worden ist, trägt die Staatskasse die Verfahrenskosten sowie die notwendigen Auslagen des Angeklagten.*
>
> *Dem Anspruch der Staatskasse auf Zahlung der Geldstrafe sowie Zahlung der auf die Verurteilung entfallenden Verfahrenskosten steht der Anspruch des Angeklagten auf Erstattung der auf den Teilfreispruch*

Abtretung des Kostenerstattungsanspruchs §43 RVG

entfallenden notwendigen Auslagen gegenüber, die nach der Differenztheorie oder gem. § 464d StPO zu ermitteln sind (vgl. OLG Düsseldorf, StV 2001, 634 = JurBüro 2001, 147 = Rpfleger 2001, 96; Meyer-Goßner, § 464d Rn. 1).

Beispiel 2:

Gegen die kostenpflichtige Verurteilung zu einer Geldstrafe über 40 Tagessätze zu je 50,00 € = 2.000,00 € in der ersten Instanz (vgl. § 465 StPO) legt der Verteidiger des Angeklagten die auf die Höhe der Geldstrafe beschränkte Berufung ein, die zur Ermäßigung der Geldstrafe auf 25 Tagessätze zu je 40,00 € = 1.000,00 € führt. Die Kosten und notwendigen Auslagen des Angeklagten für die Berufungsinstanz werden gem. § 473 StPO der Staatskasse auferlegt.

Dem Anspruch des Angeklagten auf Erstattung seiner notwendigen Auslagen für die Berufungsinstanz (Vergütung seines Verteidigers) steht der Anspruch der Staatskasse auf Zahlung der Geldstrafe über insgesamt 1.000,00 € sowie der Verfahrenskosten für die erste Instanz gegenüber.

I.d.R. wird die **Staatskasse** mit ihrem Anspruch auf Zahlung der Geldstrafe und/oder der Verfahrenskosten des vorliegenden oder eines anderen gerichtlichen Verfahrens gegen den Anspruch des Angeklagten/Betroffenen auf Erstattung notwendiger Auslagen die **Aufrechnung** erklären und auf diese Weise ihrer Verpflichtung zur Kostenerstattung nachkommen. Aufgrund der Aufrechnung erlischt – abhängig von der Höhe des Anspruchs der Staatskasse – der Erstattungsanspruch des Angeklagten/Betroffenen ganz bzw. ggf. teilweise. Für den Verteidiger bedeutet dies, dass der Erstattungsanspruch des Mandanten zur **Befriedigung** seines **Honoraranspruchs nicht mehr** zur Verfügung steht. Sofern eine Vorauszahlung des Honorars nicht erfolgt ist, hat der Verteidiger die Mühe der Einforderung des Honorars vom Mandanten und trägt zudem das Risiko, dass der Mandant zahlungsunfähig ist. 3

Beispiel zu § 406 BGB: 4

Bereits bei der Beauftragung vereinbaren Rechtsanwalt R und sein Mandant M schriftlich, dass im Fall des Freispruchs entstehende Erstattungsansprüche von M gegen die Staatskasse an R abgetreten werden. Am 10.08.2006 wird M teilweise rechtskräftig freigesprochen. Die Kosten des Verfahrens und die notwendigen Auslagen trägt im Umfang des Freispruchs die Staatskasse, im Übrigen fallen sie M zur Last. R beantragt aufgrund der Abtretung Erstattung seiner Kosten im Umfang des Freispruchs. Nach Aufstellung der Gerichtskostenrechnung rechnet die Staatskasse gegenüber dem Erstattungsanspruch von R auf.

Die Staatskasse kann gem. § 406 BGB trotz der Abtretung auch gegenüber dem Verteidiger aufrechnen, wenn ihr bei Entstehung ihres Kostenanspruchs am 10.08.2006 die Abtretung des Erstattungsanspruchs durch M an R nicht bekannt ist. Der Kostenanspruch der Staatskasse entsteht mit der Rechtskraft des Verfahrens (§ 8 GKG, § 449 StPO). Der Staatskasse wird i.d.R. die Abtretung nicht bekannt sein, da sowohl der Erstattungsanspruch des Angeklagten/Betroffenen als auch der Anspruch der Staatskasse auf Zahlung der Verfahrenskosten gleichzeitig mit der Rechtskraft der die Kostenentscheidung enthaltenen gerichtlichen Entscheidung entstehen.

Beispiel zu § 407 BGB:

Bereits bei der Beauftragung vereinbaren Rechtsanwalt R und sein Mandant M schriftlich, dass im Fall des Freispruchs entstehende Erstattungsansprüche von M gegen die Staatskasse an R abgetreten werden. Am 10.08.2006 wird M teilweise rechtskräftig freigesprochen. Die Kosten des Verfahrens und die notwendigen Auslagen trägt im Umfang des Freispruchs die Staatskasse, im Übrigen fallen sie M zur Last. Nach Aufstellung der Gerichtskostenrechnung rechnet die Staatskasse gegenüber dem M zustehenden Erstattungsanspruch auf.

§ 43 RVG *Abtretung des Kostenerstattungsanspruchs*

Wenn die Staatskasse nach der Abtretung des Erstattungsanspruchs an den Verteidiger in Unkenntnis der Abtretung gegenüber dem Angeklagten/Betroffenen aufrechnet, muss der Verteidiger diese Aufrechnung nach § 407 BGB gegen sich gelten lassen.

5 Hier liegt der Anwendungsbereich des § 43: Lässt sich der Verteidiger nämlich den Erstattungsanspruch seines Mandanten zur Befriedigung seines Honoraranspruchs abtreten, regelt § 43, in welchen Fällen der Verteidiger die Aufrechnung der Staatskasse nicht gegen sich gelten lassen muss, er also **vor** der **Aufrechnung** durch die Staatskasse **geschützt** ist. Nach § 43 ist die von der Staatskasse gegenüber den Beschuldigten/Betroffenen erklärte Aufrechnung **insoweit unwirksam**, als sie den Anspruch des Rechtsanwalts vereiteln oder beeinträchtigen würde (AnwKomm-RVG/N. Schneider, § 43 Rn. 1 bis 5; Riedel/Sußbauer/Schmahl, § 43 Rn. 4).

> **Hinweis:**
>
> Der Rechtsanwalt ist nicht verpflichtet, sich einen etwaigen Erstattungsanspruch abtreten zu lassen. Macht er von der Möglichkeit der Abtretung keinen Gebrauch, kann ihm später nicht von der Staatskasse vorgehalten werden, er habe sich durch die versäumte Abtretung des Erstattungsanspruchs des Beschuldigten selbst dem Schutz des § 43 entzogen (BVerfG, NJW 2009, 2735 = StV 2010, 87 = StraFo 2009, 274 = StRR 2009, 276; Gerold/Schmidt/Burhoff, § 43 Rn. 2).

B. Kommentierung

I. Sachlicher und persönlicher Anwendungsbereich

1. Straf- und Bußgeldverfahren

6 Die Vorschrift ist in Abschnitt 7 des RVG aufgenommen worden und gilt daher für das **Straf-** und für das **Bußgeldverfahren**. Dies geht auch aus dem Gesetzestext hervor, in dem sowohl der Beschuldigte als auch der Betroffene erwähnt werden (vgl. auch Rn. 1).

2. Rechtsanwälte

7 § 43 gilt nach ihrem Wortlaut nur dann, wenn der Erstattungsanspruch an einen **Rechtsanwalt als Verteidiger** abgetreten wird, **nicht** für eine Abtretung an **sonstige Verteidiger** (AnwKomm-RVG/N. Schneider, § 43 Rn. 8). Der als Verteidiger nach § 138 Abs. 2 StPO zugelassene Kammer-Rechtsbeistand ist ebenfalls erfasst (vgl. AnwKomm-RVG/N. Schneider, § 43 Rn. 7; Gerold/Schmidt/Burhoff, § 43 RVG Rn. 10). § 43 gilt aber nicht, wenn ein **Hochschullehrer** (§ 138 Abs. 1 StPO) oder ein **Referendar/Assessor** (§ 139 StPO) zum Verteidiger bestellt worden ist (vgl. AnwKomm-RVG/N. Schneider, § 43 Rn. 8; Gerold/Schmidt/Burhoff, RVG, § 43 Rn. 3; Riedel/Sußbauer/Schmahl, § 43 Rn. 5; s. dazu auch Teil A: Allgemeine Vergütungsfragen, Rn. 44 ff.). Die Vorschrift gilt über den Rechtsanwalt als Verteidiger – auch in der Strafvollstreckung (Nrn. 4200 ff. VV) – hinaus für sämtliche Rechtsanwälte, die den Beschuldigten im Laufe des Verfahrens vertreten haben, also z.B. auch für den nur mit einer **Einzeltätigkeit** betrauten Rechtsanwalt (Nrn. 4300 ff. VV; vgl. Schneider, in: Hansens/Braun/Schneider, Teil 15, Rn. 54; Gerold/Schmidt/Burhoff, § 43 Rn. 10).

Tritt der Rechtsanwalt nach Abtretung des Erstattungsanspruchs des Beschuldigten diesen an **einen anderen Rechtsanwalt** ab (vgl. dazu Teil A: Abtretung der Gebührenforderung, Rn. 12),

Abtretung des Kostenerstattungsanspruchs §43 RVG

wird sich auch der neue Rechtsanwalt unter den Voraussetzungen von § 43 auf die Abtretung berufen können. Das gilt nicht, wenn der Beschuldigte seinen Erstattungsanspruch gegen die Staatskasse sogleich an einen **Nicht-Rechtsanwalt** (z.B. **Verrechnungsstelle**) abtritt (vgl. § 49b Abs. 5 BRAO). Abgesehen von den hier zu prüfenden Voraussetzungen für eine wirksame Abtretung (vgl. Teil A: Abtretung der Gebührenforderung, Rn. 13 ff.) tritt die Schutzwirkung nach dem Wortlaut von § 43 nur ein, wenn der Erstattungsanspruch an einen Rechtsanwalt abgetreten wird. Das gilt auch dann, wenn der Beschuldigte zunächst an den Rechtsanwalt und dieser an die Verrechnungsstelle abtritt.

3. Gesetzliche Vergütung/Vergütungsvereinbarung

Für **vereinbarte Honorare** gilt § 43 nur insoweit, als die vereinbarte Vergütung die nach dem RVG berechnete gesetzliche Vergütung nicht übersteigt, weil der Mandant nach § 464a Abs. 2 Nr. 2 StPO und § 91 Abs. 2 ZPO sowie § 46 OWiG nur Anspruch auf Erstattung der gesetzlichen und nicht einer mit seinem Verteidiger vereinbarten Vergütung hat (KG, Rpfleger 1992, 39; OLG München, AnwBl. 1991, 71; OLG Koblenz, Rpfleger 1984, 286; AnwKomm-RVG/N. Schneider, § 43 Rn. 16; Gerold/Schmidt/Burhoff, § 43 Rn. 3; Mayer/Kroiß, § 43 Rn. 5). An den Rechtsanwalt wird nur der auf Erstattung der gesetzlichen Verteidigervergütung gerichtete Anspruch abgetreten. 8

> **Hinweis:**
> Ggf. ist auch eine **Pauschgebühr** gem. § 42 erfasst, sodass zur Feststellung der Tragweite einer Aufrechnung das Verfahren nach § 42 durchgeführt werden muss (AnwKomm-RVG/ N. Schneider, § 43 Rn. 16).

4. Anwaltsvergütung

§ 43 gilt nur für die Anwaltskosten, die sich der Angeklagte gem. § 464a Abs. 2 Nr. 2 StPO, § 91 Abs. 2 ZPO als notwendige Auslagen von der Staatskasse erstatten lassen kann. Zu den Anwaltskosten gehören die **Gebühren** und **Auslagen** des Rechtsanwalts i.S.v. § 1 Abs. 1 Satz 1. Erfasst sind daher nicht nur die nach dem RVG berechneten Gebühren und Auslagen, sondern auch die in Vorbem. 7 Abs. 1 VV genannten und nach § 670 BGB zu ersetzenden **Aufwendungen** des Rechtsanwalts (z.B. die Aktenversendungspauschale nach Nr. 9003 KV GKG, vgl. dazu Teil A: Auslagen aus der Staatskasse [§ 46 Abs. 1 und 2] Rn. 197 ff.; AnwKomm-RVG/N. Schneider, § 43 Rn. 17). Ebenfalls erfasst sind die durch Anbringung des Kostenfestsetzungs- und des Verzinsungsantrags im Kostenfestsetzungsverfahren angefallenen **Zinsen** (§ 464b Satz 2 StPO), auch wenn anders als früher bei § 96a BRAGO in § 43 der (redaktionelle) Klammerhinweis auf §§ 464b, 464a Abs. 2 Nr. 2 StPO nicht mehr enthalten ist (vgl. AnwKomm-RVG/N. Schneider, § 43 Rn. 13; vgl. zur Abtretung von Zinsen auch OLG Düsseldorf, JurBüro 2006, 260; Teil A: Kostenfestsetzung und Erstattung in Strafsachen, Rn. 920). 9

5. Andere notwendige Auslagen

Für **andere** dem Angeklagten/Betroffenen entstandene **notwendige Auslagen** (vgl. insoweit § 464a Abs. 2 Nr. 1 StPO, z.B. **Parteiauslagen**: Entschädigung für Zeitversäumnis, Reisekosten, Verdienstausfall, Kosten für Privatgutachten), die an den Verteidiger abgetreten worden sind, gilt § 43 **nicht** (so auch Gerold/Schmidt/Burhoff, § 43 Rn. 5; AnwKomm-RVG/N. Schneider, § 43 10

§ 43 RVG *Abtretung des Kostenerstattungsanspruchs*

Rn. 15; s. auch Teil A: Kostenfestsetzung und Erstattung in Strafsachen, Rn. 899 ff.). Auch für an den Rechtsanwalt abgetretene **Entschädigungsforderungen nach dem StrEG** gilt § 43 nicht (LG Saarbrücken, AGS 2010, 221 = RVGreport 2010, 381 = StRR 2010, 240). Gegen diese Ansprüche kann die Staatskasse daher auch dann wirksam aufrechnen, wenn sie an den Verteidiger abgetreten worden sind. § 43 soll nur den Vergütungsanspruch des Verteidigers schützen (so auch AnwKomm-RVG/N. Schneider, § 43 Rn. 5; Gerold/Schmidt/Burhoff, § 43 Rn. 4; Mertens/Stuff, Rn. 1031).

6. Anspruch der Staatskasse

11 Die Staatskasse muss aus dem vorliegenden oder auch einem anderen (früheren) Verfahren einen fälligen Anspruch auf Zahlung einer Geldstrafe und/oder von Verfahrenskosten (§ 464a Abs. 1 StPO) haben (vgl. OLG Nürnberg, JurBüro 1990, 1167; AnwKomm-RVG/N. Schneider, § 43 Rn. 10, 11; Gerold/Schmidt/Burhoff, § 43 Rn. 9). Der Anspruch der Staatskasse auf Zahlung einer Geldstrafe und/oder von Verfahrenskosten wird mit Rechtskraft des Verfahrens fällig (vgl. § 449 StPO, § 8 GKG).

II. Aufrechnung der Staatskasse

1. Überblick

12 Nach dem **Wortlaut** von Satz 1 schützt § 43 den Rechtsanwalt nur bei Aufrechnung der Staatskasse gegenüber dem Beschuldigten/Betroffenen (§ 407 BGB) nach der Abtretung des Erstattungsanspruchs. Die Regelung geht aber **zugunsten** der **Rechtsanwälte** dennoch **weiter** als die bürgerlich-rechtlichen Vorschriften über die Abtretung; sie soll auch die Aufrechnung der Staatskasse **gegenüber dem Rechtsanwalt (§ 406 BGB)** erfassen (AnwKomm-RVG/N. Schneider, § 43 Rn. 4 f.; Riedel/Sußbauer/Schmahl, § 43 Rn. 4 und 9; BT-Drucks. 15/1971, S. 199). Daher erfasst die Bestimmung sowohl die Aufrechnung der Staatskasse in Unkenntnis der Abtretung gegenüber dem Beschuldigten (§ 407 BGB) als auch die Aufrechnung in Kenntnis der Abtretung gegenüber dem Rechtsanwalt (§ 407 BGB; vgl. Riedel/Sußbauer/Schmahl, § 43 Rn. 4). In beiden Fällen ist eine Aufrechnung zulasten des Rechtsanwalts nach Vorlage einer Abtretungsurkunde bzw. einer Abtretungsanzeige des Beschuldigten nicht mehr möglich. Im Vergleich zur Regelung in § 96a BRAGO führt die Einfügung von § 43 Satz 2 somit insoweit zu einer **Vereinfachung**, als die Feststellung der Unwirksamkeit der Aufrechnung durch die Staatskasse allein von der leicht festzustellenden Tatsache abhängig gemacht wird, ob zum Zeitpunkt der Aufrechnungserklärung der Staatskasse in den Akten eine Abtretungsurkunde oder eine schriftliche Anzeige des Beschuldigten oder Betroffenen über die Abtretung vorliegt.

2. Aufrechnungsforderung der Staatskasse

13 Die Aufrechnung muss nicht auf dasselbe Verfahren beschränkt sein, sondern kann auch **verschiedene Verfahren** betreffen. Daher kann die Staatskasse z.B. mit den in einem Verfahren entstandenen Verfahrenskosten gegen den Anspruch des Beschuldigten auf Erstattung von notwendigen Auslagen aus einem anderen Verfahren aufrechnen (AnwKomm-RVG/N. Schneider, § 43 Rn. 3; Gerold/Schmidt/Burhoff, § 43 Rn. 9).

Abtretung des Kostenerstattungsanspruchs §43 RVG

3. Zeitpunkt

Mit dem **Zeitpunkt der Aufrechnung** in §43 stellt der Gesetzgeber im Übrigen auf den Zeitpunkt der **Aufrechnungserklärung** der Staatskasse und nicht auf den Zeitpunkt ab, an dem sich die Forderungen erstmals aufrechenbar gegenüberstehen (OLG Düsseldorf, JurBüro 1993, 730). Der Rechtsanwalt bleibt geschützt, wenn die Abtretung nach Eintritt der Aufrechnungslage, aber vor der Aufrechnungserklärung der Staatskasse (Zugang nach § 130 BGB) vereinbart wird (vgl. AnwKomm-RVG/N. Schneider, §43 Rn. 25). Daher muss die Abtretungsurkunde bzw. die Abtretungsanzeige des Beschuldigten/Betroffenen bei Zugang der Aufrechnungserklärung in den Akten vorliegen. 14

4. Kein Aufrechnungsverbot bei Geldstrafe

Es ist zulässig, öffentlich-rechtliche und privatrechtliche Forderungen gegeneinander aufzurechnen (BGH, NJW 1955, 497; Palandt/Grüneberg, BGB, § 395 Rn. 1). Der Aufrechnung der Staatskasse mit einer Geldstrafe steht kein gesetzliches Aufrechnungsverbot nach anderen gesetzlichen Regelungen entgegen. Denn nach § 395 BGB ist nur die Aufrechnung **gegen eine Geldstrafe** ausgeschlossen (Palandt/Grüneberg, BGB, § 393 Rn. 2, § 395 Rn. 1). Die Aufrechnung **mit der Geldstrafe** ist dagegen möglich (AG Hannover, NJW 1975, 178; Palandt/Grüneberg, BGB, § 395 Rn. 1). 15

> **Hinweis:**
> Sind hinsichtlich der Geldstrafe von der Staatsanwaltschaft **Zahlungserleichterungen** eingeräumt (§ 459a StPO, Stundung), sind diese zur Durchführung der Aufrechnung von der Staatsanwaltschaft aufzuheben.

5. Keine Aufrechnung i.H.d. Pflichtverteidigervergütung

Hinsichtlich des eigenständigen Anspruchs des Pflichtverteidigers gegen die Staatskasse auf Zahlung der Pflichtverteidigervergütung (§ 45 Abs. 3) kommt der Aufrechnung der Staatskasse keine Wirkung zu (BVerfG, NJW 2009, 2735 = StV 2010, 87 = StraFo 2009, 274 = StRR 2009, 276; s. hierzu Rn. 29). 16

III. Abtretung des Erstattungsanspruchs

1. Abtretung

Der Erstattungsanspruch des Beschuldigten/Betroffenen auf Ersatz seiner notwendigen Auslagen aus der Staatskasse muss auch **formwirksam** gem. § 398 BGB an den Rechtsanwalt abgetreten worden sein (vgl. Schneider, in: Hansens/Braun/Schneider, Teil 15, Rn. 59). Unstreitig ist, dass eine **Geldempfangs- bzw. Inkassovollmacht** die Abtretung des Erstattungsanspruchs nicht ersetzt und daher eine ausdrückliche Abtretung des Erstattungsanspruchs erforderlich ist (vgl. KG, Rpfleger 1980, 402; OLG Braunschweig, Nds.Rpfl. 1985, 147; AG Osnabrück, JurBüro 2004, 535; AnwKomm-RVG/N. Schneider, § 43 Rn. 20; Gerold/Schmidt/Burhoff, § 43 Rn. 12; Riedel/Sußbauer/Schmahl, § 43 Rn. 7). 17

Es muss auch eine **wirksame Abtretung** des Erstattungsanspruchs vorliegen. Werden **Abtretungsverbote** (z.B. nach § 13 Abs. 2 StrEG für die Haftentschädigungsforderung) nicht beachtet,

§ 43 RVG *Abtretung des Kostenerstattungsanspruchs*

ist die gegenüber dem Beschuldigten/Betroffenen erklärte Aufrechnung trotz § 406 BGB wirksam (vgl. LG Saarbrücken, AGS 2010, 221 = RVGreport 2010, 381 = StRR 2010, 240).

> **Hinweis:**
>
> Um späteren Streit zu vermeiden, **empfiehlt** es sich, eine nach § 398 BGB formwirksame Abtretung vorzulegen (**Abtretungsvertrag**; vgl. AnwKomm-RVG/N. Schneider, § 43 Rn. 20 f.). Die Vorlage nur der Abtretungserklärung der Mandanten könnte als nicht ausreichend zurückgewiesen werden.

2. Abtretung in der Strafprozessvollmacht

18 Teilweise wird vertreten, dass die Aufnahme der Abtretung von Kostenerstattungsansprüchen in die **Prozessvollmacht** unzulässig ist und zur Unwirksamkeit der Abtretung führt (vgl. LG Düsseldorf, AGS 2007, 34; LG Konstanz, Rpfleger 2008, 596 = AGkompakt 2009, 9; LG Nürnberg-Fürth, AnwBl. 1976, 166; OLG Koblenz, VersR 2009, 1348 -1350 für das Zivilverfahren]; OVG Nordrhein-Westfalen, NJW 1987, 3029 für das Verwaltungsverfahren; Mayer/Kroiß, § 43 Rn. 7; **a.A.** LG Hamburg, AnwBl. 1977, 70). Das OVG Nordrhein-Westfalen hatte in seiner Entscheidung die Unwirksamkeit der in einer Vollmacht enthaltenen Abtretung deshalb festgestellt, weil eine derartige Abtretung in Verwaltungs- und Verwaltungsstreitverfahren überraschend i.S.v. § 3 AGBG a.F. (vgl. jetzt § 305c BGB) ist. Für Strafsachen dürfte das OVG Nordrhein-Westfalen jedoch davon ausgegangen sein, dass die Aufnahme der Abtretung in die Strafprozessvollmacht nicht überraschend ist (so aber LG Konstanz, Rpfleger 2008, 596 = AGkompakt 2009, 9; vgl. auch OLG Koblenz, a.a.O., für Zivilsachen).

Zutreffend ist es daher anzunehmen, dass die **Aufnahme** der Abtretung des Kostenerstattungsanspruchs in die Strafprozessvollmacht hinsichtlich der Verteidigervergütung **nicht zur Unwirksamkeit** der Abtretung führt, zumal die Möglichkeit der Abtretung des Kostenerstattungsanspruchs in § 43 gesetzlich ausdrücklich vorgesehen ist (so auch LG Leipzig, AGS 2010, 129 = StRR 2010, 239 = RVGreport 2010, 185; OLG Koblenz, Rpfleger 1974, 403 = MDR 1974, 1038 noch zur BRAGO; so auch Gerold/Schmidt/Burhoff, § 43 Rn. 12; AnwKomm-RVG/N. Schneider, § 43 Rn. 21; Mertens/Stuff, Rn. 1035). Es existiert keine gesetzliche Regelung, gegen die durch Aufnahme der Abtretung des Kostenerstattungsanspruchs in eine Strafprozessvollmacht verstoßen wird (vgl. aber Rn. 18). Eine überraschende Klausel i.S.v. § 305c BGB liegt insbesondere dann nicht vor, wenn die Vollmacht übersichtlich und auch nicht so gestaltet ist, dass der Unterschreibende nach dem äußeren Erscheinungsbild des Vertrages nicht mit der Abtretung rechnen könnte (LG Leipzig, AGS 2010, 129 = StRR 2010, 239 = RVGreport 2010, 185). Erstreckt sich die Abtretung in der Strafprozessvollmacht aber auch auf von § 43 nicht erfasste Erstattungsansprüche (z.B. Parteiauslagen, Rn. 10), besteht die Gefahr, dass dies als überraschend i.S.v. § 305c BGB anzusehen ist (Mertens/Stuff, Rn. 1035).

> **Hinweis:**
>
> Die Abtretung sollte deshalb angesichts der abweichenden Auffassungen in der Rechtsprechung **vorsichtshalber** in einer **besonderen Urkunde** erfolgen, um Streit und Unklarheiten zu vermeiden. Zudem kann die stereotype Aufnahme von Abtretungen in die Strafprozessvollmacht im Hinblick auf etwaige Anwaltswechsel zu Problemen auch für den Mandanten führen (LG Leipzig, AGS 2010, 129 = StRR 2010, 239 = RVGreport 2010, 185).

Abtretung des Kostenerstattungsanspruchs § 43 RVG

3. Abtretungsurkunde/Abtretungsanzeige (Satz 2)

§ 43 Satz 2 der Vorschrift ist im Umkehrschluss zu entnehmen, dass die Aufrechnung der Staatskasse immer dann wirksam sein soll, wenn zum Zeitpunkt der Aufrechnung eine **19**

- Abtretungsurkunde oder
- **Anzeige** des Beschuldigten oder Betroffenen über die Abtretung

in den Akten nicht vorliegt. Zum Ausschluss von Zweifeln an der Wirksamkeit einer Aufrechnungserklärung soll somit allein darauf abgestellt werden, ob die Abtretungsurkunde oder eine Abtretungsanzeige des Beschuldigten oder Betroffenen bei dem Gericht oder bei der Verwaltungsbehörde eingegangen ist (Riedel/Sußbauer/Schmahl, § 43 Rn. 7; Gerold/Schmidt/Burhoff, § 43 Rn. 13).

Nach § 43 Satz 2 muss die Abtretungsurkunde bzw. Abtretungsanzeige des Beschuldigten zum **20** Zeitpunkt der Aufrechnungserklärung in den Akten vorliegen. Es muss sich hierbei **nicht** um die **Akten** des **Verfahrens** handeln, aus dem die Aufrechnung erklärt wird, da ansonsten z. B. bei Verfahrenstrennung eine erneute Einreichung der Abtretungsurkunde bzw. der Abtretungsanzeige erforderlich wäre (so auch Gerold/Schmidt/Burhoff, § 43 Rn. 13; Schneider, in: Hansens/ Braun/Schneider, Teil 15, Rn. 67; vgl. auch BT-Drucks. 15/1971, S. 199 [Die Abtretungsurkunde bzw. Abtretungsanzeige muss bei dem Gericht oder der Verwaltungsbehörde eingegangen sein]; Riedel/Sußbauer/Schmahl, § 43 Rn. 13 [Der Nachweis muss in die einschlägigen Akten gelangt sein]). Es reicht deshalb i.d.R. auch aus, eine **Kopie** einzureichen (vgl. KG, JurBüro 2006, 387; so auch AnwKomm-RVG/N. Schneider, § 43 Rn. 31; Gerold/Schmidt/Burhoff, § 43 Rn. 13).

Ausreichend ist statt einer Abtretungsurkunde eine **schriftliche Abtretungsanzeige** des Betroffenen. Eine **mündliche Abtretungsanzeige** oder ein über eine mündliche Abtretungsanzeige gefertigter Aktenvermerk reichen **nicht** aus (vgl. Riedel/Sußbauer/Schmahl, § 43 Rn. 13 f.). Auch eine **Abtretungsanzeige des Verteidigers** wird **nicht** von § 43 erfasst. Angesichts des klaren Wortlauts von § 43 Satz 2 besteht kein Anlass, die Regelung insoweit erweiternd auszulegen (so auch Gerold/Schmidt/Burhoff, § 43 Rn. 14; Riedel/Sußbauer/Schmahl, § 43 Rn. 14; Mertens/ Stuff, Rn. 1036; a.A. AnwKomm-RVG/N. Schneider, § 43 Rn. 32). **21**

Reicht der Verteidiger eine seinen Briefkopf tragende Strafprozessvollmacht ein, die **nur** eine vom Beschuldigten unterschriebene **einseitige Abtretungserklärung** enthält (zur Aufnahme der Abtretung in die Strafprozessvollmacht s. Rn. 18), besteht die Gefahr, dass dieses Schriftstück weder als **Abtretungsurkunde** (es fehlt die Annahmeerklärung des Verteidigers, § 398 BGB) noch als **Abtretungsanzeige des Beschuldigten** anerkannt wird.

> **Hinweis:** **22**
>
> Nach § 43 Satz 2 muss zur Verhinderung der Wirksamkeit der Aufrechnung durch die Staatskasse
>
> - eine **Urkunde** über die **Abtretung** oder
> - eine **schriftliche Anzeige** des **Beschuldigten** oder des **Betroffenen** über die Abtretung
>
> zum **Zeitpunkt der Aufrechnung** in den Akten des Gerichts oder der Verwaltungsbehörde vorliegen.

§ 43 RVG *Abtretung des Kostenerstattungsanspruchs*

> Für den Rechtsanwalt bleibt daher nur die Einreichung der Abtretungsurkunde, um eine wirksame Aufrechnung durch die Staatskasse zu verhindern (vgl. BT-Drucks. 15/1971, S. 247). Es **empfiehlt** sich daher, sich bei jeder Übernahme eines Mandats in Straf- oder Bußgeldsachen frühzeitig (vgl. BT-Drucks. 15/1971, S. 247) einen evtl. **Erstattungsanspruch abtreten** zu lassen und die Abtretungsurkunde **alsbald** bei Gericht oder bei der Verwaltungsbehörde **einzureichen** (so auch Gerold/Schmidt/Burhoff, § 43 Rn. 2). So wird das Risiko vermieden, dass eine spätere Aufrechnung der Staatskasse trotz Abtretung wirksam ist, nur weil versäumt worden ist, die Abtretungsurkunde vorzulegen.

4. Zeitpunkt der Abtretung (Satz 2)

23 Bei der **Anwendung** von § 96a BRAGO war es unstreitig, dass eine Aufrechnung der Staatskasse ins Leere geht, wenn der Erstattungsanspruch vor der Aufrechnung an den Verteidiger abgetreten worden ist. **Umstritten** war allerdings, ob die Abtretung auch nach der Aufrechnung wirksam erfolgen konnte (vgl. hierzu auch Kindermann/Hembach, Gebührenpraxis, Teil 7, Rn. 391 m.w.N.). Teile der Rechtsprechung und der Literatur haben dies bejaht und gingen davon aus, dass die bereits durch Aufrechnung erloschene Erstattungsforderung aufgrund der Abtretung wieder auflebt (OLG Frankfurt am Main, AnwBl. 1992, 394; OLG Karlsruhe, JurBüro 1994, 486; Gerold/Schmidt/Madert, BRAGO, § 96a Rn. 2; Hartmann, KostG, § 96a BRAGO Rn. 7; Hansens, BRAGO, § 96a Rn. 3). Der andere Teil hat dieses Ergebnis abgelehnt, weil nach der Systematik des bürgerlichen Rechts eine bereits erloschene Forderung nicht mehr abgetreten werden könne (OLG Düsseldorf, JurBüro 1993, 730; OLG Schleswig, JurBüro 1997, 313; OLG Stuttgart, JurBüro 1990, 1463; LG Mainz, JurBüro 2001, 93; Riedel/Sußbauer/Fraunholz, BRAGO, § 96a Rn. 8).

24 Zur **Beilegung** dieses **Streits** ist § 43 **Satz 2 zusätzlich** in die Vorschrift aufgenommen worden. Die Regelung in Satz 2 folgt der Systematik des bürgerlichen Rechts, d.h., die Erstattungsforderung muss im Zeitpunkt der Abtretung noch bestehen. Um **Zweifel** an der Wirksamkeit einer Aufrechnungserklärung **auszuschließen**, wird darauf abgestellt, ob zum Zeitpunkt der Aufrechnung die Abtretungsurkunde oder eine Abtretungsanzeige des Beschuldigten oder Betroffenen in den Akten des Gerichts bzw. der Verwaltungsbehörde vorlag (vgl. Rn. 12 f.). Eine Regelung, die auch eine Abtretung nach Erklärung der Aufrechnung noch zulassen würde, ist nicht erfolgt, weil dies für eine unbestimmte Zeit zu einer Unsicherheit aufseiten der Staatskasse führen würde (BT-Drucks. 15/1971, S. 247).

25 Somit ist nach § 43 Satz 2 eine **nach** der **Aufrechnung** der Staatskasse erfolgte **Abtretung** des Erstattungsanspruchs **immer unwirksam**, weil zum Zeitpunkt der Aufrechnungserklärung der Staatskasse in den Akten eine Abtretungsurkunde oder eine Anzeige des Beschuldigten oder Betroffenen über die Abtretung nicht vorliegt (so auch Gerold/Schmidt/Burhoff, § 43 Rn. 17). Die Aufrechnung ist nur dann unwirksam, wenn zum Zeitpunkt der Aufrechnung eine Abtretungsurkunde oder eine Abtretungsanzeige des Beschuldigten oder Betroffenen in der Akte vorliegt (vgl. AnwKomm-RVG/N. Schneider, § 43 Rn. 23 f.; Riedel/Sußbauer/Schmahl, § 43 Rn. 13; Gerold/Schmidt/Burhoff, § 43 Rn. 26). Mit dem **Zeitpunkt der Aufrechnung** stellt der Gesetzgeber auf den Zeitpunkt der **Aufrechnungserklärung** der Staatskasse und nicht auf den Zeitpunkt ab, an dem sich die Forderungen erstmals aufrechenbar gegenüberstanden (vgl. Gerold/Schmidt/Burhoff, § 43 Rn. 16; AnwKomm-RVG/N. Schneider, § 43 Rn. 25; Mertens/Stuff, Rn. 1038).

Abtretung des Kostenerstattungsanspruchs §43 RVG

> **Hinweis:** 26
>
> Die Abtretung kann schon **vor Rechtskraft** des Verfahrens und damit vor Fälligkeit des Kostenerstattungsanspruchs erfolgen (Riedel/Sußbauer/Schmahl, RVG, §43 Rn. 8). Die Abtretung **künftiger Ansprüche** ist zulässig (BGH, NJW 1988, 3204). Allerdings kann einer Abtretung vor Rechtskraft ein Abtretungsverbot entgegenstehen (so z.B. gem. §13 Abs. 2 StrEG für die Abtretung des Strafrechtsentschädigungsanspruchs vor rechtskräftiger Entscheidung im Betragsverfahren, LG Saarbrücken, AGS 2010, 221 = RVGreport 2010, 381 = StRR 2010, 240; LG Flensburg, JurBüro 1985, 571; vgl. hierzu auch Rn. 10).

IV. Beeinträchtigung oder Vereitelung des Vergütungsanspruchs (Satz 1)

1. Reichweite und Wirkung

a) Vereitelung des Vergütungsanspruchs

Die Aufrechnung der Staatskasse ist **insoweit unwirksam**, als sie den Anspruch des Verteidigers 27 **vereitelt** oder **beeinträchtigt**. Dies ist der Fall, wenn Ansprüche auf gesetzliche Gebühren des Verteidigers noch offen sind und somit im Fall der Wirksamkeit der Aufrechnung der Anspruch auf die gesetzliche Vergütung (vgl. dazu Rn. 8 ff.) vereitelt oder beeinträchtigt würde. Der Anspruch des Verteidigers ist der Vergütungsanspruch des Rechtsanwalts als Verteidiger in dieser Sache, nicht der an ihn abgetretene Anspruch auf Erstattung notwendiger Auslagen (AnwKomm-RVG/N. Schneider, §43 Rn. 33 f.; Riedel/Sußbauer/Schmahl, §43 Rn. 10.

Der Rechtsanwalt muss somit zur Durchsetzung seines Vergütungsanspruchs auf den ihm abgetretenen Erstattungsanspruch angewiesen sein (AnwKomm-RVG/N. Schneider, §43 Rn. 34). Ist der Vergütungsanspruch des Verteidigers bereits erfüllt, greift die Schutzwirkung des §43 nicht. Denn aufgrund der Erfüllung wird sein Vergütungsanspruch durch die Aufrechnung nicht vereitelt. Ist der Vergütungsanspruch nur noch teilweise offen, ist die Aufrechnung der Staatskasse nur in Höhe dieses Betrages unwirksam (vgl. auch Gerold/Schmidt/Burhoff, §43 Rn. 20).

b) Beeinträchtigung des Vergütungsanspruchs

Als **Beeinträchtigung** ist jede nicht nur unerhebliche Erschwerung bei der Einziehung des Honorars anzusehen. Der Verteidiger braucht weder eine Verzögerung noch eine besondere Mühe 28 bei der Einziehung seines Honorars hinzunehmen (AnwKomm-RVG/N. Schneider, §43 Rn. 35). §43 ist nicht nur im Fall der Zahlungsunfähigkeit des Mandanten anzuwenden, sondern schon dann, wenn der Anwalt eine **freiwillige Zahlung** des **Auftraggebers nicht erreichen** kann (Riedel/Sußbauer/Schmahl, §43 Rn. 10; AnwKomm-RVG/N. Schneider, §43 Rn. 35). Der Vergütungsanspruch wird schon dann beeinträchtigt, wenn der fällige Anspruch des Rechtsanwalts i.H.d. gesetzlichen Vergütung noch nicht erfüllt oder durch anrechenbare Vorschüsse gedeckt ist und er deshalb einen Titel gegen den Beschuldigten/Betroffenen erwirken oder vollstrecken müsste (AnwKomm-RVG/N. Schneider, §43 Rn. 35; Kindermann/Hembach, Gebührenpraxis, Teil 7, Rn. 387; Hansens, BRAGO, §96a Rn. 5).

> **Hinweis:**
>
> Die **Staatskasse verweist** den Rechtsanwalt häufig auf **Ratenzahlungen** des **Mandanten** und verneint deshalb eine Beeinträchtigung für den Verteidiger. Abgesehen davon, dass

§ 43 RVG *Abtretung des Kostenerstattungsanspruchs*

überhaupt nicht absehbar ist, ob der Mandant die Raten pünktlich und vollständig zahlen wird, stellt bereits die Verweisung auf Ratenzahlungen eine Beeinträchtigung des Honoraranspruchs des Rechtsanwalts dar, weil gegen die Staatskasse ein Anspruch auf sofortige Zahlung des Honorars besteht (so auch AnwKomm-RVG/N. Schneider, § 43 Rn. 35; Gerold/Schmidt/Burhoff, § 43 Rn. 19; Riedel/Sußbauer/Schmahl, § 43 Rn. 10; Hartung/Schons/Enders, § 43 Rn. 27; Mertens/Stuff, Rn. 1039).

2. Rechtsfolgen

a) Keine Aufrechnung i.H.d. Pflichtverteidigervergütung

29 Der Erstattungsanspruch des Beschuldigten (§ 464a Abs. 2 Nr. 2 StPO) und der Vergütungsanspruch des Pflichtverteidigers (§ 45 Abs. 3) gegen die Staatskasse (s. dazu Teil A: Vergütungsanspruch gegen die Staatskasse [§§ 44, 45, 50], Rn. 1469 ff.) stehen selbstständig nebeneinander (so auch OLG Frankfurt am Main, JurBüro 2011, 34 = VRR 2010, 403 [Ls.]; OLG Hamburg, JurBüro 2011, 34 = VRR 2010, 403 [Ls.], für die Ansprüche gem. § 45 Abs. 3 gegen die Staatskasse und gem. § 52 Abs. 1 gegen den Mandanten). Ist der Rechtsanwalt zum Pflichtverteidiger bestellt, ist die Aufrechnung der Staatskasse i.H.d. Pflichtverteidigervergütung deshalb stets unwirksam. Hier fehlt es schon an der Gegenseitigkeit der Forderungen. Gegen den eigenständigen und dem Pflichtverteidiger gegen die Staatskasse zustehenden Vergütungsanspruch kann die Staatskasse deshalb nicht mit Ansprüchen auf Verfahrenskosten oder Geldstrafe aufrechnen (BVerfG, NJW 2009, 2735 = StV 2010, 87 = StraFo 2009, 274 = StRR 2009, 276; Gerold/Schmidt/Burhoff, § 43 Rn. 20).

b) Vorschusszahlungen

30 § 43 greift **nicht** ein, soweit der Rechtsanwalt einen Vorschuss von seinem Mandanten oder von Dritten erhalten hat. Denn i.H.d. Vorschüsse liegt nicht die für den Eintritt der Schutzwirkung des § 43 erforderliche Beeinträchtigung bzw. Vereitelung des Vergütungsanspruchs des Rechtsanwalts vor (Kindermann/Hembach, Gebührenpraxis, Teil 7, Rn. 388 f.). Insoweit ist der Vergütungsanspruch des Rechtsanwalts jedenfalls mit Abrechnung und Verrechnung (§ 10 Abs. 2) erloschen bzw. es fehlt an der Beeinträchtigung, weil der Rechtsanwalt verrechnen kann und muss (vgl. AnwKomm-RVG/N. Schneider, § 43 Rn. 36). Der Rechtsanwalt muss daher spätestens im Rahmen eines etwaigen Verfahrens nach § 30a EGGVG (vgl. dazu Rn. 35) mitteilen, inwieweit er Vorschusszahlungen erhalten hat bzw. noch Vergütungsansprüche offen sind (vgl. Rn. 27).

Hat der Rechtsanwalt noch **keinen Vorschuss** erhalten bzw. liegt die offene Forderung oder Restforderung des Anwalts über dem abgetretenen Erstattungsanspruch, entfaltet die Aufrechnung der Staatskasse keine Wirkung (AnwKomm-RVG/N. Schneider, § 43 Rn. 42).

> *Beispiel 1 (kein Vorschuss):*
>
> *Die gesetzliche Verteidigervergütung beträgt 1.000,00 €. Die Abtretung des Erstattungsanspruchs an den Rechtsanwalt R ist aktenkundig. Die Staatskasse rechnet mit Verfahrenskosten i.H.v. 800,00 € auf und zahlt noch 200,00 € an den Verteidiger aus (1.000,00 € – 800,00 €).*
>
> *Die Aufrechnung der Staatskasse ist in voller Höhe unwirksam, weil sie den Anspruch des Verteidigers beeinträchtigt.*

Abtretung des Kostenerstattungsanspruchs §43 RVG

Denn er hat noch keine Zahlung vom Mandanten erhalten und ist auf den abgetretenen Anspruch zur Deckung seines Honorars angewiesen.

Die Staatskasse muss daher 1.000,00 € auszahlen und kann nicht aufrechnen.

Soweit dem Rechtsanwalt nur noch eine **Restforderung** gegenüber seinem Mandanten (Beschuldigten) zusteht, ist die Aufrechnung der Staatskasse nur in diesem Umfang unwirksam. 31

Beispiel 2 (Teilweise Vorschusszahlung des Mandanten):

Der Anspruch des Angeklagten A gegen die Staatskasse auf Erstattung der Verteidigerkosten beträgt 1.000,00 €. A tritt diesen Anspruch an seinen Rechtsanwalt R ab.

R hat von A bereits 400,00 € als Vorschuss erhalten, sein Resthonorar beträgt daher 600,00 €.

Die Staatskasse erklärt mit ihrem Anspruch auf Zahlung von Verfahrenskosten i.H.v. 800,00 € die Aufrechnung und zahlt aufgrund der Abtretung einen Betrag i.H.v. 200,00 € an den Verteidiger aus (Differenz 1.000,00 € Erstattungsanspruch abzgl. Aufrechnungsbetrag 800,00 €).

Die Aufrechnung beeinträchtigt R, weil er insgesamt an Vergütung lediglich 600,00 € erhält (Vorschuss 400,00 €, Zahlung Staatskasse 200,00 €). Da der ihm abgetretene Erstattungsanspruch 1.000,00 € beträgt, er bereits 400,00 € als Vorschuss erhalten hat, muss die Staatskasse 600,00 € statt 200,00 € an ihn auszahlen.

Die Staatskasse kann daher nur i.H.v. 200,00 € wirksam aufrechnen. Die darüber hinausgehende Aufrechnung beeinträchtigt den Anspruch des Verteidigers.

Hieraus ist zu schließen, dass die von der Staatskasse erklärte Aufrechnung nicht schlechthin unwirksam ist.

c) Vergütungsvereinbarung und Vorschuss

Die Bestimmung gilt für vereinbarte Honorare nur insoweit, als die vereinbarte Vergütung die 32 nach dem RVG berechnete gesetzliche Vergütung nicht übersteigt (vgl. Rn. 8). **Umstritten** ist, wie sich §43 im Fall einer Vereinbarung der Vergütung sowie der Zahlung eines Vorschusses auswirkt (AnwKomm-RVG/N. Schneider, §43 Rn. 42). Teilweise wird die Auffassung vertreten, dass der Vorschuss nur auf die gesetzliche Vergütung anzurechnen ist, mit der Folge, dass die Staatskasse i.H.d. Vorschusses aufrechnen kann (KG, JurBüro 1992, 99; Hansens, StV 1991, 44). Nach a.A. wird der Vorschuss auf den Betrag verrechnet, um den die vereinbarte Vergütung die gesetzliche Vergütung übersteigt (Gerold/Schmidt/Burhoff, §43 Rn. 21). Das hätte zur Folge, dass die Aufrechnung der Staatskasse nur insoweit wirksam ist, als der Vorschuss über die Differenz zwischen vereinbarter und gesetzlicher Vergütung hinausgeht und daher auch auf die gesetzliche Vergütung anzurechnen ist (Kindermann/Hembach, Gebührenpraxis, Teil 7, Rn. 389 f.).

Beispiel:

Der Anspruch des Angeklagten A gegen die Staatskasse auf Erstattung der Verteidigerkosten beträgt 1.000,00 €. A tritt diesen Anspruch an seinen Rechtsanwalt R ab.

Das mit R vereinbarte Honorar beträgt 1.500,00 €.

R hat von A bereits 700,00 € als Vorschuss erhalten.

Die Staatskasse erklärt mit ihrem Anspruch auf Zahlung von Verfahrenskosten i.H.v. 800,00 € die Aufrechnung.

§ 43 RVG *Abtretung des Kostenerstattungsanspruchs*

Lösung 1 (KG, JurBüro 1992, 99; Hansens, StV 1991, 44):

Der Vorschuss über 700,00 € ist zunächst auf die gesetzliche Vergütung i.H.v. 1.000,00 € zu verrechnen, sodass insoweit noch ein Anspruch i.H.v. 300,00 € verbleibt. Die Aufrechnung ist also i.H.v. 300,00 € dem Rechtsanwalt gegenüber unwirksam. I.H.v. 500,00 € ist die Aufrechnung wirksam. R kann den abgetretenen Anspruch noch i.H.v. 300,00 € gegen die Staatskasse geltend machen.

Lösung 2 (Gerold/Schmidt/Burhoff, § 43 Rn. 21):

Der Vorschuss über 700,00 € ist zunächst auf die Differenz zwischen gesetzlicher und vereinbarter Vergütung i.H.v. 500,00 € zu verrechnen. Der Restbetrag des Vorschusses i.H.v. 200,00 € ist auf die gesetzliche Vergütung zu verrechnen, sodass insoweit noch ein Anspruch i.H.v. 800,00 € verbleibt. Die Aufrechnung der Staatskasse mit ihrem Anspruch über 800,00 € ist daher in voller Höhe dem Verteidiger gegenüber unwirksam. R kann den abgetretenen Anspruch noch i.H.v. 800,00 € gegen die Staatskasse geltend machen.

Hinweis:

Bei der Berechnung nach der **1. Lösung** kann der Verteidiger 300,00 € gegen die Staatskasse geltend machen, vom Mandanten kann er aufgrund der Vergütungsvereinbarung noch 500,00 € fordern. Bei der Berechnung nach der 2. Lösung bekommt der Verteidiger 800,00 € aus der Staatskasse, vom Mandanten kann er aufgrund des gezahlten Vorschusses i.H.v. 700,00 € nichts mehr fordern.

Bei der Berechnung nach der 1. Lösung steht dem Verteidiger somit ein um 500,00 € geringerer sicherer Erstattungsanspruch gegen die Staatskasse zu. Der Verteidiger muss also die volle Differenz zwischen gesetzlicher Vergütung und Honorarvereinbarung i.H.v. 500,00 € beim Mandanten durchsetzen.

Für die **Richtigkeit** der Berechnung nach der **2. Lösung** spricht, dass § 43 den Vergütungsanspruch des Rechtsanwalts so weit wie möglich schützen soll (vgl. Rn. 27 ff.). Dieser Schutz wird aber nur dann erreicht, wenn der Vorschuss auf die Differenz zwischen gesetzlicher und vereinbarter Vergütung verrechnet wird. Ferner dürfen der Abschluss einer Vergütungsvereinbarung und die Erlangung eines Vorschusses gerade wegen der Vergütungsvereinbarung nicht dazu führen, dass der Vorschuss auf die gesetzliche Vergütung verrechnet wird und sich hierdurch der Zugriff auf einen abgetretenen Erstattungsanspruch verschlechtert (so auch Gerold/Schmidt/Burhoff, § 43 Rn. 21).

---

33 Es kann auch danach **differenziert** werden, ob bei der Vorschusszahlung eine **Tilgungsbestimmung** gem. § 366 BGB getroffen worden ist (vgl. ausführlich AnwKomm-RVG/N. Schneider, § 43 Rn. 43 bis 46):

- Wird bei der Vorschusszahlung erklärt, dass der Vorschuss auf den Teil der vereinbarten Vergütung verrechnet werden soll, der der gesetzlichen Vergütung entspricht, ist die Berechnung nach der 1. Lösung vorzunehmen. § 43 ist dann nicht mehr anwendbar.
- Wird bei der Vorschusszahlung eine andere Tilgungsbestimmung getroffen, ist der Vorschuss auf die die gesetzliche Vergütung übersteigende vereinbarte Vergütung zu verrechnen. Die Aufrechnung ist dann nach § 43 unwirksam.
- Wird bei der Vorschusszahlung keine Tilgungsbestimmung getroffen, gilt § 366 Abs. 2 BGB: Die Vorschusszahlung ist auf den Teil der Vergütung erfolgt, der die geringere Sicherheit

Abtretung des Kostenerstattungsanspruchs §43 RVG

bietet. Das ist der Betrag, der die gesetzlichen Gebühren überschreitet, da dieser nicht nach § 43 gesichert ist (so auch Mertens/Stuff, Rn. 1032).

> **Hinweis:**
> Um feststellen zu können, ob eine Beeinträchtigung oder Vereitelung des Vergütungsanspruchs vorliegt, muss spätestens im Rahmen der gerichtlichen Überprüfung der Aufrechnung nach § 30a EGGVG (Rn. 35 ff.) mitgeteilt werden, inwieweit der Rechtsanwalt Vorschusszahlungen erhalten hat bzw. noch Vergütungsansprüche offen sind (Rn. 30). Die Staatskasse erlangt schon vorher Kenntnis von erhaltenen Vorschüssen, wenn der Rechtsanwalt im Rahmen der **Pflichtverteidigung** die durch § 55 Abs. 5 Satz 2 vorgeschriebene Zahlungserklärung abgibt (vgl. hierzu Teil A: Festsetzung gegen die Staatskasse [§ 55], Rn. 602 ff.).

d) Verteidigervergütung und andere notwendige Auslagen

§ 43 schützt nur den Anspruch des Rechtsanwalts auf seine Vergütung. Für **andere** dem Angeklagten entstandene **notwendige Auslagen** (vgl. insoweit § 464a Abs. 2 Nr. 1 StPO, z.B. Entschädigung für Zeitversäumnis, Reisekosten) oder Entschädigungsansprüche nach dem StrEG, die an den Verteidiger abgetreten worden sind, gilt § 43 **nicht** (vgl. Rn. 8 ff.). 34

Beispiel:

Der Anspruch des Angeklagten A gegen die Staatskasse auf Erstattung notwendiger Auslagen beträgt insgesamt 1.200,00 €. Davon entfallen 800,00 € auf die Verteidigervergütung und 400,00 € auf eigene Kosten von A. A tritt diesen Anspruch insgesamt an seinen Rechtsanwalt R ab.

Die Staatskasse erklärt mit ihrem Anspruch auf Zahlung von Verfahrenskosten i.H.v. 1.500,00 € die Aufrechnung und zahlt aufgrund der Abtretung einen Betrag i.H.v. 800,00 € an den Verteidiger aus.

Die Aufrechnung beeinträchtigt R lediglich hinsichtlich der Verteidigervergütung i.H.v. 800,00 € und ist daher insoweit unwirksam. Hinsichtlich des restlichen Erstattungsanspruchs i.H.v. 400,00 € ist die Aufrechnung wirksam, weil diesem Anspruch nicht nach dem RVG berechnete Verteidigerkosten, sondern andere Kosten zugrunde liegen (vgl. Rn. 10). Die Staatskasse hat den Auszahlungsbetrag daher richtig ermittelt.

V. Gerichtliche Überprüfung der Aufrechnung

1. Aufrechnung mit Verfahrenskosten

Die Aufrechnung der Staatskasse ist nicht Teil des Kostenfestsetzungsbeschlusses. Sie wird erst nach dessen Erlass von der zuständigen Kasse erklärt. Wird dem vom Verteidiger aufgrund der Abtretung geltend gemachten Erstattungsanspruch entgegengehalten, der Anspruch sei durch Aufrechnung der Staatskasse erloschen und verweigert die Staatskasse deswegen die Zahlung an den Verteidiger, muss der Verteidiger hiergegen im **Verfahren nach § 30a EGVG** vorgehen (LG Saarbrücken, AGS 2010, 221 = RVGreport 2010, 381 = StRR 2010, 240; **bis 24.04.2006 [** Erstes Gesetz über die Bereinigung von Bundesrecht im Zuständigkeitsbereich des BMJ, BGBl. I, S. 866] **:** Art. XI § 1 KostÄndG 57; vgl. OLG Dresden, NStZ-RR 2005, 284; OLG Koblenz, zfs 1993, 28; OLG Nürnberg, NStZ 2000, 466; AnwBl. 1990, 49 = JurBüro 1989, 1685; **a.A.** OLG Bamberg, JurBüro 1990, 1172 [Verfahren entsprechend § 5 GKG a.F. bzw. § 66 GKG n.F.]). 35

§ 43 RVG *Abtretung des Kostenerstattungsanspruchs*

Die Aufrechnung der Staatskasse ist danach durch einen **Antrag** auf **gerichtliche Entscheidung** anzufechten. Es handelt sich um ein **Zivilverfahren** und nicht um ein Strafverfahren (AnwKomm-RVG/N. Schneider, § 43 Rn. 56; vgl. zur früheren Regelung in Art. XI § 1 KostÄndG 57 OLG Nürnberg, AnwBl. 1990, 49 = JurBüro 1989, 1685; OLG Frankfurt am Main, JurBüro 1982, 89). Durch Anfechtung des Kostenfestsetzungsbeschlusses kann nicht gegen die Aufrechnungserklärung der Staatskasse vorgegangen werden.

> **Hinweis:**
> Bei der Stellung des Antrags ist Folgendes zu beachten:
>
> - Der Antrag ist **schriftlich** oder zu Protokoll der Geschäftsstelle bei dem AG zu stellen, in dessen Bezirk die Kasse ihren Sitz hat, die die Aufrechnung erklärt hat.
> - **Antragsberechtigt** ist nur der Verteidiger, da nur dessen Anspruch durch die Aufrechnung vereitelt oder beeinträchtigt wird. Der Antrag darf daher nicht für den Mandanten gestellt werden (so auch Gerold/Schmidt/Burhoff, § 43 Rn. 25).
> - Der Antrag kann nur damit begründet werden, dass die Aufrechnung rechtswidrig sei, weil sie den Antragsteller in seinen Rechten beeinträchtigt (vgl. Rn. 27 ff.). Dies ist **glaubhaft** zu machen (vgl. AnwKomm-RVG/N. Schneider, § 43 Rn. 52; so auch Gerold/Schmidt/Burhoff, § 43 Rn. 26).
> - Im Antrag muss **dargelegt** und **glaubhaft** gemacht werden, dass noch Ansprüche auf Gebühren und Auslagen aus dem vorliegenden Verfahren bestehen (vgl. Rn. 30 ff.; AnwKomm-RVG/N. Schneider, § 43 Rn. 50; Riedel/Sußbauer/Schmahl, § 43 Rn. 11; Gerold/Schmidt/Burhoff, § 43 Rn. 6). Denn bei Abtretung des Erstattungsanspruchs wird der Vergütungsanspruch des Verteidigers vor einer Aufrechnung der Staatskasse nur geschützt, soweit diese Aufrechnung seinen Anspruch vereitelt oder beeinträchtigt. In Höhe erhaltener Zahlungen/Vorschüsse liegt diese Beeinträchtigung nicht (mehr) vor.
> - In dem Antrag ist deshalb **anzugeben**, ob und welche **Vorschüsse** der Verteidiger von seinem Mandanten in diesem Verfahren erhalten hat (Gerold/Schmidt/Burhoff, § 43 Rn. 26; Mertens/Stuff, Rn. 1041). Es ist jedoch nicht darzulegen, warum kein Vorschuss gefordert worden ist (Gerold/Schmidt/Burhoff, § 43 Rn. 26; **a.A.** Riedel/Sußbauer/Schmahl, § 43 Rn. 11).
> - Die Abtretung kann durch **Beifügung** des **Abtretungsvertrags** bzw. der Abtretungserklärung **glaubhaft** gemacht werden (AnwKomm-RVG/N. Schneider, § 43 Rn. 51). Befinden sich diese Unterlagen in der Akte (dazu Rn. 19 ff.), wird die Glaubhaftmachung insoweit keine Probleme bereiten.

36 Die Entscheidung erfolgt durch **begründeten Beschluss**, der zu verkünden oder zuzustellen ist (BGH, NJW 1998, 2066 = Rpfleger 1998, 304). Die **Staatskasse** ist in dem Verfahren gem. § 30a Abs. 2 Satz 2 EGGVG **anzuhören**. Gegen die Entscheidung ist die **Beschwerde** und ggf. die **weitere Beschwerde** nach § 30a Abs. 2 Satz 3 EGGVG, § 14 Abs. 3 bis 5 KostO zulässig. Rechtsmittel können auch von der Staatskasse eingelegt werden (§§ 30a Abs. 2 Satz 3 EGGVG, 14 Abs. 3 Satz 1 KostO). Die Vertretung der Staatskasse richtet sich nach den einschlägigen Verwaltungsbestimmungen der Länder (z.B. für NRW Anordnung über die Vertretung des Landes NRW im Geschäftsbereich des Justizministers, Vertretungsordnung JM NW, AV d. JM v. 25.4.2000 [5002 – I B. 10] i.d.F. v. 19.9.2007).

Für das Verfahren werden **Gerichtskosten** nicht erhoben. Eine **Kostenerstattung** findet nicht statt (vgl. AnwKomm-RVG/N. Schneider, § 43 Rn. 58; Gerold/Schmidt/Burhoff, § 43 Rn. 29; Riedel/Sußbauer/Schmahl, § 43 Rn. 18).

2. Aufrechnung mit Geldstrafe

Bei der Aufrechnung der Staatskasse mit einer **Geldstrafe** gilt eine abweichende Zuständigkeit: Nach der Rechtsprechung des BGH (NJW 1998, 2066 = Rpfleger 1998, 304) richtet sich die Zuständigkeit zur Entscheidung über Einwendungen gegen die Wirksamkeit der Aufrechnung bei Vollstreckung einer Geldstrafe durch Aufrechnung mit einem Kostenerstattungsanspruch nach **§ 462a StPO**. Zuständig für die Entscheidung über die Einwendungen des Verteidigers gegen die Aufrechnung ist daher die **Strafvollstreckungskammer**, in deren Bezirk die Strafanstalt liegt, die für die Vollstreckung der Ersatzfreiheitsstrafe im Fall der Nichtzahlung der Geldstrafe zuständig wäre (AnwKomm-RVG/N. Schneider, § 43 Rn. 54 f.; Gerold/Schmidt/Burhoff, § 43 Rn. 24; **a.A.** Riedel/Sußbauer/Schmahl, § 43 Rn. 17). 37

VI. Kostenfestsetzung bei Abtretung des Erstattungsanspruchs an den Rechtsanwalt

1. Rechtsanwalt als Gläubiger im Kostenfestsetzungsbeschluss

In **Zivilsachen** bedarf der **Rechtsnachfolger** des im Titel ausgewiesenen Kostengläubigers zur Erwirkung eines Kostenfestsetzungsbeschlusses nach § 727 ZPO einer Umschreibung des Titels in Gestalt einer auf ihn lautenden vollstreckbaren Ausfertigung (BGH, RVGreport 2010, 267 = VRR 2010, 399 = MDR 2010, 838; OLG Karlsruhe, JurBüro 1992, 747; OLG München, JurBüro 1993, 222; Zöller/Herget, ZPO, § 104 Rn. 4). Wird in **Straf- oder Bußgeldsachen** der Erstattungsanspruch des Beschuldigten an den Rechtsanwalt abgetreten, ist dagegen **keine vorherige Umschreibung** der Auslagenentscheidung entsprechend **§ 727 ZPO** erforderlich. Voraussetzung für die Kostenfestsetzung gem. § 464b StPO ist lediglich eine Entscheidung darüber, wer die notwendigen Auslagen trägt (§ 464 Abs. 2 StPO; KK StPO/Gieg, § 464b Rn. 1). Anders als in Zivilsachen setzt die Kostenfestsetzung hier somit keinen zur Zwangsvollstreckung geeigneten Titel voraus, die Rechtsprechung des BGH (a.a.O.) kann deshalb nicht auf Straf- und Bußgeldsachen übertragen werden. Nach einer Abtretung ist deshalb der Zessionar selbst antragsberechtigt und die Kostenfestsetzung somit für den Verteidiger vorzunehmen, dieser also statt des Freigesprochenen als erstattungsberechtigter Gläubiger im Rubrum des Kostenfestsetzungsbeschlusses aufzuführen (OLG Düsseldorf, StRR 2010, 276; OLG Koblenz, Rpfleger 1974, 403 = MDR 1974, 1038; LG Düsseldorf, AGS 2007, 34; LG Duisburg, JurBüro 2006, 373, 1. StrK; Meyer/Goßner, StPO, 47. Aufl., § 464b Rn. 2; KK StPO/Gieg, § 464b Rn. 3; Löwe/Rosenberg/Hilger, § 464b Rn. 5; im Ergebnis wohl auch KG, RVGreport 2006, 71; OLG Düsseldorf, JurBüro 2006, 260 = JMBl. NRW 2006, 126). 38

Nach der **abzulehnenden Gegenauffassung** setzt der Erlass des Kostenfestsetzungsbeschlusses für den Zessionar (Verteidiger) auch in Strafsachen voraus, dass die der Kostenfestsetzung zugrunde liegende Auslagenentscheidung auf den Verteidiger als Rechtsnachfolger des Freigesprochenen gem. § 727 ZPO umgeschrieben worden ist. Ansonsten kann danach die Abtretung bei

Erlass des Kostenfestsetzungsbeschlusses nicht berücksichtigt werden (vgl. OLG Saarbrücken, StV 2000, 433 = AGS 2000, 203 = JurBüro 1999, 592; LG Duisburg, AGS 2007, 57 = VRR 2007, 79 = StRR 2007, 79; AnwKomm-RVG/N. Schneider, § 43 Rn. 48).

> **Hinweis:**
> Für den Verteidiger dürfte die Frage, ob der Kostenfestsetzungsbeschluss auf den Mandanten oder aufgrund Abtretung auf ihn auszustellen ist, **im Ergebnis** jedoch **nicht** von **entscheidender Bedeutung** sein. Wird die Abtretung rechtzeitig in der durch § 43 vorgeschriebenen Form aktenkundig gemacht, ist der Verteidiger vor dem Untergang des an ihn abgetretenen Anspruchs durch Aufrechnung der Staatskasse geschützt, soweit diese seinen Vergütungsanspruch vereitelt oder beeinträchtigt (vgl. Rn. 27 ff.). Es kommt dann nicht darauf an, wer im Tenor des Kostenfestsetzungsbeschlusses als Gläubiger angegeben ist.

2. Verzinsung bei Abtretung des Erstattungsanspruchs

39 Auch bei Geltendmachung des Erstattungsanspruchs aus abgetretenem Recht ist der Erstattungsantrag von der Anbringung des Festsetzungsantrags an zu **verzinsen** (§§ 464f. StPO, § 104 Abs. 1 Satz 2 ZPO; vgl. OLG Düsseldorf, JurBüro 2006 = 260 = JMBl. NRW 2006, 126; Teil A: Kostenfestsetzung und Erstattung in Strafsachen, Rn. 920; Teil A: Kostenfestsetzung und Erstattung in Strafsachen, Rn. 920).

3. Anwaltswechsel

40 Hatte der Freigesprochene seinen etwaigen Anspruch auf Erstattung der notwendigen Auslagen für den Fall des Freispruchs bereits an seinen zunächst beauftragten ersten Verteidiger abgetreten, so hat die Abtretung mit der Mandatsbeendigung **nicht** ihre **Wirkung verloren** und hindert die Kostenfestsetzung aus ebenfalls abgetretenem Recht für den danach beauftragten zweiten Verteidiger (LG Düsseldorf, AGS 2007, 34).

C. Arbeitshilfen

I. Muster für Antrag nach § 30a EGGVG (Anfechtung der Aufrechnung der Staatskasse durch Antrag auf gerichtliche Entscheidung)

41 An

das Amtsgericht

– Zivilabteilung –

Ich beantrage gem. § 30a EGGVG festzustellen, dass die Aufrechnung der Gerichtskasse/Staatsanwaltschaft ..... vom ..... rechtswidrig ist, weil sie meinen Vergütungsanspruch aus dem Verfahren ..... vereitelt bzw. beeinträchtigt.

Begründung:

In dem Strafverfahren/Bußgeldverfahren ..... (Az.) gegen ..... habe ich Herrn/Frau ..... als Verteidiger vertreten.

Durch Urteil des ..... gerichts ..... vom ..... wurden die meinem Mandanten entstandenen notwendigen Auslagen der Staatskasse auferlegt. Im Kostenfestsetzungsbeschluss vom .....

Abtretung des Kostenerstattungsanspruchs §43 RVG

sind die notwendigen Auslagen (Verteidigerkosten) auf einen Betrag i.H.v. ..... festgesetzt worden.

Gegen diesen Anspruch auf Erstattung notwendiger Auslagen hat die Gerichtskasse/Staatsanwaltschaft ..... am ..... (Az: .....) die Aufrechnung mit den von meinem Mandanten zu tragenden und durch Kostenrechnung vom ..... mit ..... € bezifferten Verfahrenskosten (Gerichtskosten) sowie der Geldstrafe/Geldbuße erklärt.

Der Erstattungsanspruch ist durch meinen Mandanten am ..... an mich abgetreten worden. Den zwischen mir und meinem Mandanten geschlossenen Abtretungsvertrag habe ich in Ablichtung als Anlage beigefügt. Falls die Vorlage der Urschrift des Vertrages erforderlich sein sollte, bitte ich um einen entsprechenden Hinweis.

Den Abtretungsvertrag habe ich am ..... bei ..... eingereicht, so dass zum Zeitpunkt der Aufrechnung am ..... eine Abtretungsurkunde in den Akten vorlag (§ 43 Satz 2 RVG). Die Aufrechnung der ..... durfte daher nicht erfolgen.

Die Aufrechnung ist rechtswidrig, weil sie mich in meinen Rechten beeinträchtigt, vgl. § 43 RVG:

Für die Tätigkeit als Verteidiger in dem Verfahren steht mir noch ein Vergütungsanspruch i.H.v. ..... zu, der sich wie folgt zusammensetzt:

....
....

Vorschüsse von meinem Mandanten in diesem Verfahren habe ich nicht/habe ich i.H.v. ..... erhalten. Eine Vergütungsvereinbarung ist nicht/ist über einen Betrag i.H.v. ..... getroffen worden. Die Kosten sind vom Mandanten trotz mehrerer Mahnungen bislang nicht gezahlt worden.

Die Aufrechnung der Staatskasse vereitelt bzw. beeinträchtigt daher die Realisierung dieses Vergütungsanspruchs. Etwaige Ratenzahlungen des Mandanten stehen dem nicht entgegen. Abgesehen davon, dass überhaupt nicht absehbar ist, ob der Mandant die Raten pünktlich und vollständig zahlen wird, stellt bereits die Verweisung auf Ratenzahlungen eine Beeinträchtigung des Honoraranspruchs des Rechtsanwalts dar, weil gegen die Staatskasse ein Anspruch auf sofortige Zahlung des Honorars besteht.

.....

(Rechtsanwalt)

§ 43 RVG   *Abtretung des Kostenerstattungsanspruchs*

II. Muster für Abtretungsurkunde nach § 43

Vereinbarung der Abtretung

zwischen

Rechtsanwältin/Rechtsanwalt .....

und

Frau/Herrn .....

In dem Strafverfahren/Bußgeldverfahren gegen ..... (Amtsgericht/Landgericht ....., Aktenzeichen .....)

tritt Frau/Herr ..... ihre/seine ggf. aus diesem Verfahren entstehenden Ansprüche auf Erstattung notwendiger Auslagen gegen die Staatskasse an Rechtsanwältin/Rechtsanwalt ..... ab.

Rechtsanwältin/Rechtsanwalt ..... nimmt die Abtretung an.

Frau/Herr ist damit einverstanden, dass diese Abtretungsurkunde gem. § 43 RVG zu den Verfahrensakten eingereicht wird.

....

Ort, Datum, Unterschrift   Ort, Datum, Unterschrift, ...

Rechtsanwältin/Rechtsanwalt

§ 45 Abs. 4 RVG
Vergütungsanspruch, Abraten, Wiederaufnahmeantrag

(4) ¹Wenn der Verteidiger von der Stellung eines Wiederaufnahmeantrags abrät, hat er einen Anspruch gegen die Staatskasse nur dann, wenn er nach § 364b Abs. 1 Satz 1 der Strafprozessordnung bestellt worden ist oder das Gericht die Feststellung nach § 364b Abs. 1 Satz 2 der Strafprozessordnung getroffen hat. ²Dies gilt auch im gerichtlichen Bußgeldverfahren (§ 85 Abs. 1 des Gesetzes über Ordnungswidrigkeiten).

Übersicht

		Rn.
A.	Überblick	1
I.	Voraussetzungen für den Gebührenanspruch gegen die Staatskasse	1
II.	Höhe des Gebührenanspruchs gegen die Staatskasse	3
B.	Kommentierung	4
I.	Sachlicher Geltungsbereich	4
II.	Besondere Pflichtverteidigerbestellung	5
III.	Bestellung nur bei Mittellosigkeit des Verurteilten	8
IV.	Auslagen	9

A. Überblick

I. Voraussetzungen für den Gebührenanspruch gegen die Staatskasse

Das Gericht bestellt dem Verurteilten, der keinen Verteidiger hat, auf Antrag nach § 364b Abs. 1 Satz 1 StPO einen Verteidiger bereits für die Vorbereitung eines Wiederaufnahmeverfahrens. Ist dem Verurteilten bereits im vorangegangenen Verfahren ein Verteidiger bestellt worden, trifft das Gericht ebenfalls auf entsprechende Antragstellung die Feststellung nach § 364b Abs. 1 Satz 2 StPO, dass die Voraussetzungen des § 364b Abs. 1 Satz 1 StPO vorliegen (vgl. Erläuterungen zu Vorbem. 4.1.4 VV Rn. 7). Die Feststellung des Gerichts erfolgt durch Beschluss. Bestellt das Gericht den Verteidiger nach § 364b Abs. 1 Satz 1 StPO oder trifft es die Feststellung nach § 364b Abs. 1 Satz 2 StPO, erhält der Verteidiger die durch Abraten von der Stellung eines Wiederaufnahmeantrags entstandene Gebühr aus der Staatskasse. Deren **Höhe** ist nicht in § 45 Abs. 4 geregelt, sondern ergibt sich aus **Nr. 4136 VV** (s. die Erläuterungen zu Nr. 4136 VV). Zum Anspruch auf Auslagenerstattung bei Nachforschungen zur Vorbereitung eines Wiederaufnahmeantrags vgl. die Erläuterungen zu § 46 Abs. 3. 1

§ 45 Abs. 4 regelt somit den Vergütungsanspruch gegen die Staatskasse, wenn der Verteidiger von der Stellung eines Wiederaufnahmeantrags abrät. Der Gesetzgeber will mit der Regelung erreichen, dass der Verteidiger nicht allein deshalb zur Durchführung des Wiederaufnahmeverfahrens rät, um hierfür Pflichtverteidigergebühren zu erhalten (Mayer/Kroiß, § 45 Rn. 4). Ob hierfür allerdings eine ausdrückliche Regelung erforderlich war, erscheint zweifelhaft. Denn wenn der Rechtsanwalt gem. § 364b Abs. 1 StPO gerichtlich bestellt worden ist, ergibt sich sein Anspruch gegen die Staatskasse bereits aus § 45 Abs. 3 (AnwKomm-RVG/Schnapp, § 45 Rn. 23). 2

II. Höhe des Gebührenanspruchs gegen die Staatskasse

Während aus §§ 90 Abs. 1 Satz 2 und 97 Abs. 1 Satz 2 BRAGO auch die Höhe des Gebührenanspruchs des Verteidigers für das Abraten von der Stellung eines Wiederaufnahmeantrags ent- 3

§ 45 Abs. 4 RVG *Vergütungsanspruch, Abraten, Wiederaufnahmeantrag*

nommen werden konnte, wird in **§ 45 Abs. 4 nur** geregelt, unter welchen **Voraussetzungen** der Verteidiger die Gebühr für das Abraten von der Stellung eines Wiederaufnahmeantrags aus der Staatskasse erhält. Die Höhe der Gebühr ergibt sich aus **Nr. 4136 VV** i.V.m. § 2 Abs. 2 (vgl. die Erläuterungen zu Nr. 4136 VV).

B. Kommentierung

I. Sachlicher Geltungsbereich

4 § 45 Abs. 4 Satz 1 gilt für das **Strafverfahren** und gem. § 45 Abs. 4 Satz 2 **auch** im **Bußgeldverfahren** (vgl. § 85 Abs. 1 OWiG). Rät der Verteidiger im Bußgeldverfahren von der Stellung eines Wiederaufnahmeantrags ab, erhält er hierfür eine Vergütung aus der Staatskasse, wenn der Verurteilte noch keinen Verteidiger hatte und ein Rechtsanwalt nach § 364b Abs. 1 Satz 1 StPO besonders für die Vorbereitung des Wiederaufnahmeverfahrens bestellt worden ist oder das Gericht für den Fall, dass bereits ein Verteidiger für den Verurteilten bestellt worden war, die Feststellung gem. § 364b Abs. 1 Satz 2 StPO getroffen hat, dass die Voraussetzungen des § 364b Abs. 1 Satz 2 StPO vorliegen. Die Feststellung des Gerichts erfolgt durch **Beschluss**.

II. Besondere Pflichtverteidigerbestellung

5 Die **ursprüngliche Pflichtverteidigerbestellung** gilt nach h.M. auch noch für das Wiederaufnahmeverfahren bis zur Entscheidung über den Wiederaufnahmeantrag (vgl. Teil A: Umfang des Vergütungspruchs [§ 48 Abs. 1], Rn. 1419 m.w.N.; a.A. Kindermann/Hembach, Gebührenpraxis, Teil 7, Rn. 212 m.w.N.). Kommt es hier zur Wiederaufnahme des Verfahrens, **erhält** der Verteidiger daher die Gebühren des Wiederaufnahmeverfahrens aus der Staatskasse (Nrn. 4136 ff. VV).

6 Kommt es **nicht** zur **Wiederaufnahme** des Verfahrens, weil von der Stellung des Wiederaufnahmeantrags abgeraten wird, sind die folgenden beiden Fälle zu unterscheiden:

1. Rät der bereits im **vorangegangenen Verfahren bestellte Verteidiger** von der Stellung des Wiederaufnahmeantrags ab, erhält er die Geschäftsgebühr Nr. 4136 VV nur dann aus der Staatskasse, wenn **zuvor** die Feststellung gem. § 364b Abs. 1 Satz 2 StPO getroffen worden ist, dass die Voraussetzungen des § 364b Abs. 1 Satz 1 StPO vorliegen (Gerold/Schmidt/Burhoff, VV Vorb. 4.1.4 Rn. 8; AnwKomm-RVG/Schnapp, § 45 Rn. 77; s. auch Vorbem. 4.1.4 VV Rn. 7; Teil A: Umfang des Vergütungsanspruchs [§ 48], Rn. 1419; a.A. AnwKomm-RVG/ N. Schneider, VV Vorb. 4.1.4, VV 4136 – 4140 Rn. 68). Insoweit ist somit eine **Erweiterung** der Bestellung aus dem vorangegangenen Verfahren **erforderlich**.

2. Wird **erst** im **Wiederaufnahmeverfahren** ein **Pflichtverteidiger** bestellt, weil der Verurteilte noch keinen Verteidiger hat oder ein anderer Verteidiger im Wiederaufnahmeverfahren tätig ist, erfolgt die Bestellung des Verteidigers nach § 364b Abs. 1 Satz 1 StPO. Die Feststellung nach § 364b Abs. 1 Satz 2 StPO ist hier nicht erforderlich, weil dann bereits im Rahmen der Bestellung die Voraussetzungen des § 364b Abs. 1 Satz 1 StPO geprüft werden. Der Verteidiger erlangt aufgrund seiner Bestellung den Anspruch auf die Gebühr Nr. 4136 VV gegen die Staatskasse (AnwKomm-RVG/N. Schneider, VV Vorb. 4.1.4, VV 4136 – 4140 Rn. 68).

Vergütungsanspruch, Abraten, Wiederaufnahmeantrag § 45 Abs. 4 RVG

> **Hinweis:** 7
> Bereitet der im vorangegangenen Straf- oder Bußgeldverfahren bestellte Pflichtverteidiger auch das Wiederaufnahmeverfahren vor, sollte beim Gericht alsbald gem. § 364b Abs. 1 Satz 2 StPO die **Feststellung beantragt** werden, dass die **Voraussetzungen** für eine Bestellung nach **§ 364b Abs. 1 Satz 1 StPO vorliegen**.

III. Bestellung nur bei Mittellosigkeit des Verurteilten

Anders als die gewöhnliche Pflichtverteidigerbestellung (vgl. § 140 StPO) ist die Bestellung eines Verteidigers für das Verfahren zur Vorbereitung eines Wiederaufnahmeverfahrens von der **wirtschaftlichen Situation** des Mandanten **abhängig**. Sie setzt gem. § 364b Abs. 1 Satz 1 Nr. 3 StPO voraus, dass der Verurteilte außerstande ist, ohne Beeinträchtigung des für ihn und seine Familie notwendigen Unterhalts auf eigene Kosten einen Verteidiger zu beauftragen (vgl. hierzu auch § 52 Abs. 2). Die Vorschrift geht entsprechend den Besonderheiten des Wiederaufnahmeverfahrens davon aus, dass dessen Vorbereitung allein dem Verurteilten überlassen und von ihm zu finanzieren ist. Zur Überprüfung der Mittellosigkeit des Verurteilten gelten nach § 364b Abs. 2 StPO die §§ 117 Abs. 2 bis 4 und 118 Abs. 2 Satz 1, 2 und 4 ZPO entsprechend. Hieraus folgt insbesondere, dass dem Antrag auf Bestellung eine Erklärung des Verurteilten über seine persönlichen und wirtschaftlichen Verhältnisse (Familienverhältnisse, Beruf, Vermögen, Einkommen und Lasten) sowie entsprechende Belege beizufügen sind.

8

> **Hinweis:**
> Sowohl die Bestellung nach § 364b Abs. 1 Satz 1 StPO als auch die Feststellung nach § 364b Abs. 1 Satz 2 StPO setzen u.a. voraus, dass der Verurteilte mittellos ist (§ 364b Abs. 1 Satz 1 Nr. 3 StPO). Dem Antrag auf Bestellung bzw. auf Feststellung sollten daher eine **Erklärung** des **Verurteilten** über seine **persönlichen** und **wirtschaftlichen** Verhältnisse (Familienverhältnisse, Beruf, Vermögen, Einkommen und Lasten) sowie entsprechende Belege beigefügt werden. Für diese Erklärung muss der amtliche Vordruck benutzt werden, vgl. § 364b Abs. 2 StPO, § 117 Abs. 3 und 4 ZPO.

IV. Auslagen

Hinsichtlich der Auslagen, die durch Nachforschungen zur Vorbereitung des Wiederaufnahmeverfahrens entstehen, wird auf die Erläuterungen zu **§ 46 Abs. 3** verwiesen. Im Übrigen gilt für die Auslagenerstattung § 46 Abs. 1 und 2 (s. Teil A: Auslagen aus der Staatskasse [§ 46 Abs. 1 und 2], Rn. 140 ff.).

9

§ 46 Abs. 3 RVG
Auslagen für Nachforschungen zur Vorbereitung eines Wiederaufnahmeverfahrens

(3) ¹Auslagen, die durch Nachforschungen zur Vorbereitung eines Wiederaufnahmeverfahrens entstehen, für das die Vorschriften der Strafprozessordnung gelten, werden nur vergütet, wenn der Rechtsanwalt nach § 364b Abs. 1 Satz 1 der Strafprozessordnung bestellt worden ist oder wenn das Gericht die Feststellung nach § 364b Abs. 1 Satz 2 der Strafprozessordnung getroffen hat. ²Dies gilt auch im gerichtlichen Bußgeldverfahren (§ 85 Abs. 1 des Gesetzes über Ordnungswidrigkeiten).

Übersicht

	Rn.
A. Überblick	1
I. Entstehung der Norm	1
II. Regelungsgehalt	2
1. Voraussetzungen für den Auslagenanspruch gegen die Staatskasse	2
2. Höhe des Auslagenanspruchs gegen die Staatskasse	3
B. Kommentierung	4
I. Anwendungsbereich	4
II. Besondere Pflichtverteidigerbestellung	5
III. Bestellung nur bei Mittellosigkeit des Verurteilten	6
IV. Weitere Voraussetzung für den Auslagenanspruch gegen die Staatskasse	7

A. Überblick

I. Entstehung der Norm

1 § 46 Abs. 3 regelt die Voraussetzungen für die Erstattung der durch Nachforschungen zur Vorbereitung eines Wiederaufnahmeverfahrens entstandenen Auslagen aus der Staatskasse. Im Übrigen gilt für diese Auslagen § 46 Abs. 1, 2 (s. dazu Teil A: Auslagen aus der Staatskasse [§ 46 Abs. 1 und 2], Rn. 140 ff.). Die Höhe des Anspruchs auf Erstattung der Auslagen ist nicht in Abs. 3 geregelt, sondern ergibt sich aus Teil 7 VV. Auf die entsprechenden Erläuterungen wird verwiesen.

II. Regelungsgehalt

1. Voraussetzungen für den Auslagenanspruch gegen die Staatskasse

2 Die Ausführungen bei § 45 Abs. 4 Rn. 1 ff. gelten entsprechend.

2. Höhe des Auslagenanspruchs gegen die Staatskasse

3 In § 46 Abs. 3 ist – ebenso wie in § 45 Abs. 4 für die Gebühr Nr. 4136 VV – nur geregelt, unter welchen Voraussetzungen der Verteidiger die Auslagen aus der Staatskasse erhält. Die Höhe der Auslagen ergibt sich aus § 2 Abs. 2 Satz 1, Teil 7 VV (zum Auslagenerstattungsanspruch des gerichtlich beigeordneten oder bestellten Rechtsanwalts gegen die Staatskasse s. Teil A: Auslagen aus der Staatskasse [§ 46 Abs. 1 und 2] Rn. 140 ff.).

Auslagen, Vorbereitung eines Wiederaufnahmeverfahrens § 46 Abs. 3 RVG

B. Kommentierung

I. Anwendungsbereich

Für den Anwendungsbereich der Vorschrift gelten die Ausführungen bei § 45 Abs. 4 Rn. 4 f. entsprechend. Die Bestimmung gilt gem. § 46 Abs. 3 Satz 2 auch im Bußgeldverfahren. **4**

II. Besondere Pflichtverteidigerbestellung

Die Ausführungen bei § 45 Abs. 4 Rn. 4 ff. gelten entsprechend. Das bedeutet: **5**

Nur wenn **im Wiederaufnahmeverfahren** gem. § 364b Abs. 1 Satz 1 StPO ein Pflichtverteidiger **bestellt** wird, weil der Verurteilte noch keinen Verteidiger hat oder ein anderer Verteidiger im Wiederaufnahmeverfahren tätig ist, werden die durch Nachforschungen zur Vorbereitung eines Wiederaufnahmeverfahrens angefallenen Auslagen von der Staatskasse ersetzt. Ist im Wiederaufnahmeverfahren aber der bereits **im vorangegangenen** Straf- oder Bußgeldverfahren **bestellte Verteidiger** tätig, erhält dieser Verteidiger die Auslagen, die ihm durch Nachforschungen zur Vorbereitung eines Wiederaufnahmeverfahrens entstanden sind nur dann aus der Staatskasse, wenn zuvor die Feststellung gem. § 364b Abs. 1 Satz 2 StPO getroffen worden ist, dass die Voraussetzungen des § 364b Abs. 1 Satz 1 StPO vorliegen.

> **Hinweis:**
> **Insoweit** ist somit eine **Erweiterung** der Bestellung aus dem vorangegangenen Verfahren erforderlich.

III. Bestellung nur bei Mittellosigkeit des Verurteilten

Auch insoweit gelten die Ausführungen bei § 45 Abs. 4 Rn. 8 entsprechend. **6**

IV. Weitere Voraussetzung für den Auslagenanspruch gegen die Staatskasse

Liegen die Voraussetzungen des § 46 Abs. 3 vor, kann der Verteidiger nach § 46 Abs. 1 die Auslagen, die zur sachgemäßen Durchführung der Angelegenheit erforderlich waren, aus der Staatskasse erhalten. Die Erstattung der Auslagen, die durch Nachforschungen zur Vorbereitung des Wiederaufnahmeverfahrens entstanden sind, darf **nicht** mit der Begründung **abgelehnt** werden, dass die Nachforschungen des Rechtsanwalts **nicht notwendig** waren. Es kann nur geprüft werden, ob die im Rahmen der Nachforschungen entstandenen Auslagen zur sachgemäßen Durchführung der Angelegenheit erforderlich waren. **7**

§ 48 Abs. 5 RVG
Umfang des Anspruchs und der Beiordnung in Angelegenheiten nach den Teilen 4 – 6 VV

(5) ¹Wird der Rechtsanwalt in Angelegenheiten nach den Teilen 4 bis 6 des Vergütungsverzeichnisses im ersten Rechtszug bestellt oder beigeordnet, erhält er die Vergütung auch für seine Tätigkeit vor dem Zeitpunkt seiner Bestellung, in Strafsachen einschließlich seiner Tätigkeit vor Erhebung der öffentlichen Klage und in Bußgeldsachen einschließlich der Tätigkeit vor der Verwaltungsbehörde. ²Wird der Rechtsanwalt in einem späteren Rechtszug beigeordnet, erhält er seine Vergütung in diesem Rechtszug auch für seine Tätigkeit vor dem Zeitpunkt seiner Bestellung. ³Werden Verfahren verbunden, kann das Gericht die Wirkungen des Satzes 1 auch auf diejenigen Verfahren erstrecken, in denen vor der Verbindung keine Beiordnung oder Bestellung erfolgt war.

Übersicht

	Rn.
A. Überblick	1
I. Entstehung der Norm	1
II. Regelungsgehalt	3
III. Anwendungsbereich	5
B. Kommentierung	7
I. Erster Rechtszug (Abs. 5 Satz 1)	7
II. Spätere Rechtszüge (Abs. 5 Satz 2)	11
III. Anwendung im Strafvollstreckungsverfahren	15
IV. Verbindung von Verfahren (Abs. 5 Satz 3)	17
1. Allgemeines	17
2. Meinungsstand zur BRAGO	18
3. Erstreckungsregelung in § 48 Abs. 5 Satz 3	20
4. Beispiele	22
5. Verfahren der Erstreckung	27
a) Erstreckungsvoraussetzung	27
b) Antragstellung	29
c) Entscheidung	32
d) Rechtsmittel	33
V. Bedeutung von Abs. 5 für die Pauschgebühr	34
VI. Auswirkung des § 48 Abs. 5 auf die Gebührenberechnung in Übergangsfällen	35
C. Arbeitshilfe	37

Literatur:

Burhoff, Umfang der Beiordnung des Pflichtverteidigers im Strafverfahren – Erstreckung nach § 48 Abs. 5 RVG, RVGreport 2004, 411; *ders.*, Neues zur Erstreckung der Beiordnung und Bestellung nach § 48 Abs. 5 RVG, RVGreport 2008, 129; *Enders*, Verbindung von mehreren Verfahren/Bestellung des Rechtsanwalts zum Pflichtverteidiger, JurBüro 2009, 113.

A. Überblick

I. Entstehung der Norm

1   In § 48 Abs. 5 **Satz 1 hat** das RVG die frühere Regelung in **§ 97 Abs. 3** (auch i.V.m. § 105 Abs. 1 BRAGO) **übernommen**. Die Regelungen in § 48 Abs. 5 Satz 2 (Beiordnung in einem späteren Rechtszug) und in Satz 3 (Erstreckung der Wirkungen des Satzes 1 im Fall der Verfahrensverbin-

Umfang des Anspruchs und der Beiordnung §48 Abs. 5 RVG

dung) sind hingegen neu in das RVG aufgenommen worden. Bei **Satz 2** handelt es sich im Wesentlichen um Klarstellungen von umstrittenen Fallgestaltungen im Rahmen des früheren §97 Abs. 3 BRAGO (vgl. dazu Rn. 11 ff.). **Satz 3** enthält eine (Neu-)Regelung, die für den Pflichtverteidiger bei Verbindung von Verfahren erhebliche praktische Bedeutung hat (vgl. dazu Rn. 17 ff.).

§ 48 Abs. 5 gilt **für alle** in **Angelegenheiten** nach den **Teilen 4 bis 6 VV** (Strafsachen, Bußgeldsachen, sonstige Verfahren) bestellte und beigeordnete Rechtsanwälte, also auch für den in Verfahren nach dem IRG und IStGH-Gesetz und den bei Freiheitsentzug/Unterbringungen bestellten oder beigeordneten Rechtsanwalt (wegen der Einzelh. unten Rn. 5). 2

> **Hinweis:**
> Die Vorschrift hat nur für den bestellten bzw. beigeordneten Rechtsanwalt **Bedeutung**, also vor allem für den **Pflichtverteidiger**.

II. Regelungsgehalt

Grds. entstehen Vergütungsansprüche gegen die Staatskasse erst für Tätigkeiten ab dem Zeitpunkt der Bestellung oder Beiordnung des Rechtsanwalts (vgl. OLG Düsseldorf, NStZ-RR 1996, 171; OLG Hamm, AnwBl. 1995, 562; LG Dresden, RVGreport 2008, 140 = StRR 2008, 80 = RVGprofessionell 2008, 75; vgl. auch Enders, JurBüro 2009, 113). § 48 Abs. 5 enthält als **Ausnahme** von diesem **Grundsatz** besondere Regelungen für den Umfang des Vergütungsanspruchs des in Angelegenheiten nach den Teilen 4 bis 6 VV beigeordneten oder bestellten Rechtsanwalts. Es wird insoweit auf Rn. 7 ff. verwiesen. 3

> **Hinweis:** 4
> Der Rechtsanwalt hat nur dann einen Anspruch auf Vergütung aus der Staatskasse für den vor der Bestellung bzw. Beiordnung liegenden Zeitraum, wenn er vor der Bestellung bzw. Beiordnung **auch tatsächlich tätig geworden** ist (Enders, JurBüro 2009, 113, 114; Gerold/Schmidt/Burhoff, § 48 Rn. 141). § 48 Abs. 5 gewährt **keinen** Vergütungsanspruch für **nicht erbrachte** Tätigkeiten (OLG Hamm, RVGreport 2005, 273 = AGS 2005, 437 = JurBüro 2005, 532; LG Berlin, AGS 2005, 401; LG Koblenz, JurBüro 2005, 255 m. Anm. Enders = Rpfleger 2005, 287. Es ist jedoch nicht erforderlich, dass die Tätigkeit dem Gericht gegenüber erfolgt ist (Gerold/Schmidt/Burhoff, § 48 Rn. 142). Ausreichend ist also ein erstes Gespräch mit dem Mandanten oder eine sonstige Tätigkeit, die nicht gegenüber dem Gericht erfolgt und sich demgemäß nicht aus den Akten ergibt.
>
> Die Regelung des § 48 Abs. 5 erstreckt sich nicht nur auf die Gebühren, sondern auch auf die **Auslagen**. Es ist ausdrücklich von Vergütung die Rede. Der Begriff umfasst auch die Auslagen (vgl. § 1 Abs. 1; vgl. Teil A: Vergütung, Begriff, Rn. 1466).
>
> Für den **allgemeinen Umfang** des Anspruchs und der Beiordnung gelten im Übrigen insbesondere § 48 **Abs. 1 und** 2 (vgl. hierzu Teil A: Vergütungsanspruch gegen die Staatskasse [§§ 44, 45, 50], Rn. 1469 und Teil A: Umfang des Vergütungsanspruchs [§ 48 Abs. 1], Rn. 1382).

§ 48 Abs. 5 RVG   *Umfang des Anspruchs und der Beiordnung*

III. Anwendungsbereich

5   § 48 Abs. 5 findet Anwendung, wenn der Rechtsanwalt in Angelegenheiten nach den **Teilen 4 bis 6 VV** bestellt oder beigeordnet worden ist, also in Strafsachen, Bußgeldsachen und sonstigen Verfahren (Verfahren nach dem IRG und IStGH-Gesetz, Disziplinarverfahren, berufsgerichtliche Verfahren, Verfahren bei Freiheitsentziehungen und Unterbringungen, Verfahren nach Teil 6 Abschnitt 4 VV). Sie ist damit grds. auch im Bereich der Tätigkeiten nach dem **Europäischen Geldsanktionengesetz** (vgl. Vorbem. 6.1.1 VV ff.) anwendbar, allerdings ergibt sich ein Vergütungsanspruch gegen die Staatskasse hinsichtlich der Verfahrensgebühr Nr. 6100 VV (Tätigkeit gegenüber der Bewilligungsbehörde) nur dann, wenn der Rechtsanwalt in dem dem Bewilligungsverfahren gem. § 87g oder § 87i IRG nachfolgenden gerichtlichen Verfahren zum Beistand bestellt wird (vgl. Vorbem. 6.1.1 Rn. 11 f.). Die Vorschrift gilt auch im Bereich der **ThUG** (vgl. Teil A: Sicherungsverwahrung/Therapieunterbringung, Rn. 1253).

6   Der **persönliche** Anwendungsbereich des § 48 Abs. 5 erstreckt sich sowohl auf den **gerichtlich bestellten** (z.B. Pflichtverteidiger) als auch auf den **beigeordneten** Rechtsanwalt (z.B. PKH-Rechtsanwalt, Zeugenbeistand). Die Vorschrift gilt also auch für den im Wege der PKH beigeordneten Nebenklägerbeistand (OLG Koblenz, AGS 2007, 507 = JurBüro 2007, 644 = RVGreport 2008, 139 = StRR 2008, 40). Bei ihm wird wegen der Rückwirkung (vgl. dazu Rn. 7 ff.) nicht auf die allgemeinen Regeln zurückgegriffen (OLG Koblenz, a.a.O.).

B. Kommentierung

I. Erster Rechtszug (Abs. 5 Satz 1)

7   § 48 Abs. 5 Satz 1 enthält die bereits früher in § 97 Abs. 3 BRAGO enthaltene Regelung. Wird der Rechtsanwalt im Laufe des ersten Rechtszugs bestellt, erhält er seine **Vergütung** (Gebühren und Auslagen, vgl. § 1 Abs. 1) auch für seine Tätigkeit **vor** dem **Zeitpunkt** der **Bestellung** oder **Beiordnung** (KG, JurBüro 2009, 531 = RVGreport 2010, 64; OLG Jena, RVGreport 2008, 458 = StRR 2008, 479 = RVGprofessionell 2009, 2; LG Dresden, RVGreport 2008, 140 = StRR 2008, 80 = RVG professionell 2008, 75). Hieraus ergibt sich zunächst, dass § 48 Abs. 5 Satz 1 keinen Vergütungsanspruch für nicht erbrachte Tätigkeiten gewährt (Enders, JurBüro 2009, 113, 114; Gerold/Schmidt/Burhoff, § 48 Rn. 141; vgl. auch Rn. 4). Vor der Beiordnung oder Bestellung muss bereits eine Tätigkeit erfolgt sein. Es ist jedoch nicht erforderlich, dass die Tätigkeit dem Gericht gegenüber erfolgt ist (vgl. Rn. 4). Auf den Zeitpunkt der Beiordnung kommt es nicht an (OLG Schleswig, SchlHA 2006, 301 bei Döllel/Dreßen; vgl. zu § 97 Abs. 3 BRAGO zuletzt OLG Köln, NJW 2003, 2038 = StraFo 2006, 106 = StV 2004, 36).

8   **Hinweis:**

Ausdrücklich klargestellt wird für Strafsachen, dass eine Vergütung aus der Staatskasse auch für die Tätigkeit vor der Erhebung der öffentlichen Klage, also für das **vorbereitende Verfahren** bzw. das Ermittlungsverfahren, erfolgt. Für Bußgeldsachen wird klargestellt, dass auch die Tätigkeit vor der Verwaltungsbehörde aus der Staatskasse vergütet wird. § 48 Abs. 5 gilt aber nicht nur für das Erkenntnisverfahren, sondern **auch** für den Bereich der **Strafvollstreckung** (Teil 4 Abschnitt 2 VV), eine Beschränkung nur auf das Erkenntnisverfahren ist in der Vorschrift nicht enthalten (vgl. dazu unten Rn. 16).

Umfang des Anspruchs und der Beiordnung § 48 Abs. 5 RVG

Beispiel: 9

B werden zahlreiche Diebstähle zur Last gelegt. B wird von Anfang an von Rechtsanwalt R verteidigt. Es wird Anklage beim AG erhoben. R wird erst in der Hauptverhandlung als Pflichtverteidiger beigeordnet. Wie berechnen sich seine gesetzlichen Gebühren?

Aufgrund der Regelung in § 48 Abs. 5 Satz 1 erhält R auch die Gebühren für das vorbereitende Verfahren Nr. 4104 VV und die Grundgebühr Nr. 4100 VV. Es ergibt sich also folgende

Berechnung der Gebühren
(Vorbereitendes Verfahren)

Grundgebühr Nr. 4100 VV	*132,00 €*
Verfahrensgebühr Nr. 4104 VV (vorbereitendes Verfahren)	*112,00 €*
Postentgeltpauschale Nr. 7002 VV	*20,00 €*
(Gerichtliches Verfahren)	
Verfahrensgebühr Nr. 4106 VV (gerichtliches Verfahren)	*112,00 €*
Terminsgebühr Nr. 4108 VV (1. HV-Termin)	*184,00 €*
Postentgeltpauschale Nr. 7002 VV	*20,00 €*
Anwaltsvergütung netto	**580,00 €**

Findet die Beiordnung oder **Bestellung** erst im **zweiten** oder in einem noch späteren **Hauptverhandlungstermin** statt, erfolgt eine Vergütung aus der Staatskasse auch für die Tätigkeit in den davor liegenden Hauptverhandlungsterminen (OLG Schleswig, SchlHA 2006, 301 bei Döllel/Dreßen; vgl. zum vergleichbaren § 97 Abs. 3 BRAGO KG, StV 1997, 424; zuletzt OLG Köln, NJW 2003, 2038 = StraFo 2006, 106 = StV 2004, 36). Es besteht somit keine zeitliche Lücke, die einen Vergütungsanspruch gegen die Staatskasse bei späterer Bestellung oder Beiordnung ausschließen würde. Weder der Wortlaut der Vorschrift noch die Systematik der Gebührentatbestände lassen eine abweichende Handhabung zu (OLG Schleswig, a.a.O.). Entscheidend ist allein das Vorliegen der Voraussetzungen der §§ 140, 141 StPO. Wann ein Wahlverteidiger dann zum Pflichtverteidiger bestellt wird, ist für seinen gesetzlichen Gebührenanspruch unerheblich (OLG Schleswig, a.a.O.). 10

Beispiel 1:

Im vorhergehenden Beispiel finden drei Hauptverhandlungstermine statt. R nimmt an allen Terminen teil. Er wird am dritten Hauptverhandlungstag als Pflichtverteidiger beigeordnet.

R erhält auch seine gesamte vor der Bestellung im dritten Fortsetzungstermin liegende Tätigkeit aus der Staatskasse vergütet.

Beispiel 2:

Der Angeklagte wird von zwei Wahlverteidigern verteidigt. Die Hauptverhandlung wird an insgesamt 30 Terminen geführt. Am 22. Verhandlungstag legen beide Wahlverteidiger das Mandat nieder. Der eine (ehemalige) Wahlverteidiger R bleibt im Verfahren und wird als Pflichtverteidiger beigeordnet. Er nimmt noch an drei weiteren Verhandlungstagen, also insgesamt an 25 Tagen, an der Hauptverhandlung teil (Fall nach OLG Schleswig, SchlHA 2006, 301 bei Döllel/Dreßen).

§ 48 Abs. 5 RVG   *Umfang des Anspruchs und der Beiordnung*

R erhält als gesetzliche Vergütung nicht nur die Terminsgebühren für die drei nach seiner Beiordnung liegenden Hauptverhandlungstage (vgl. OLG Schleswig, a.a.O.). Dass erst die Niederlegung beider Wahlmandate die Beiordnung eines Pflichtverteidigers erforderlich machte, ist ohne Belang. Über § 48 Abs. 5 Satz 1 werden auch davor liegende Tätigkeiten mit den gesetzlichen Gebühren honoriert.

II. Spätere Rechtszüge (Abs. 5 Satz 2)

11   § 48 Abs. 5 Satz 2 **erweitert** den **Anwendungsbereich** des § 48 Abs. 5 Satz 1 auf **spätere Rechtszüge**. Dabei wird aber klargestellt, dass die Beiordnung in einem späteren Rechtszug sich **nur** auf die **Tätigkeit** „in diesem Rechtszug" bezieht. Erfasst werden jedoch auch die Tätigkeiten des Rechtsanwalts, die er in diesem Rechtszug vor dem Zeitpunkt seiner Bestellung erbracht hat (Schneider, in: Hansens/Braun/Schneider, Teil 15, Rn. 77). Das folgt aus § 48 Abs. 5 Satz 1.

Soweit eine Sache an ein untergeordnetes Gericht zurückverwiesen wird, ist das weitere Verfahren vor diesem Gericht ein neuer Rechtszug (§ 15), § 21 Abs. 1. Wird der Wahlverteidiger, der den Mandanten im ersten Rechtszug sowie im anschließenden (Sprung-)Revisionsverfahren vertreten hatte, nach Zurückverweisung der Sache als Pflichtverteidiger bestellt, so hat er für seine Tätigkeit vor seiner Bestellung keinen Gebührenanspruch gegen die Staatskasse. Hieran ändert auch die neu geschaffene Vorschrift des § 48 Abs. 5 Satz 2 nichts (vgl. hierzu § 48 Abs. 5; noch zur BRAGO LG Köln, JurBüro 1996, 531; LG Nürnberg-Fürth, JurBüro 1986, 573).

12   **Hinweis:**

Dem erst in einem späteren Rechtszug bestellten oder beigeordneten Rechtsanwalt wird also über § 48 Abs. 5 Satz 2 **kein Vergütungsanspruch** für seine Tätigkeit **im vorbereitenden Verfahren** gewährt (zur Tätigkeit in vorhergehenden Rechtszügen s. Rn. 14). Das bedeutet, dass der Rechtsanwalt im Rahmen der gesetzlichen Vergütung auch nicht die Grundgebühr Nr. 4100 VV erhält. Die zu deren Entstehen führenden Tätigkeiten sind bereits im vorbereitenden Verfahren bzw. in den vorhergehenden Rechtszügen erbracht (unzutreffend a.A. LG Stuttgart, RVGprofessionell 2007, 177).

13   *Beispiel 1:*

Rechtsanwalt R aus A legt für seinen in der ersten Instanz verurteilten und bereits von ihm vertretenen Mandanten Berufung ein. Im Berufungsverfahren vor dem LG in B nimmt R am ersten Hauptverhandlungstermin teil (Dauer: eine Stunde). Im Fortsetzungstermin (Dauer: eine Stunde) wird R als Pflichtverteidiger bestellt. Anschließend ergeht das Urteil, in dem die Berufung zurückgewiesen wird.

Die Entfernung vom Kanzleisitz des R in A zum LG in B beträgt 50 km.

R macht folgende **Pflichtverteidigervergütung** *gegen die Staatskasse geltend:*

Verfahrensgebühr Nr. 4124 VV	*216,00 €*
Terminsgebühr Nr. 4126 VV	*216,00 €*
Terminsgebühr Nr. 4126 VV	*216,00 €*
Postentgeltpauschale Nr. 7002 VV	*20,00 €*
Fahrtkosten zum ersten Termin Nr. 7003 VV (100 km × 0,30 €)	*30,00 €*
Abwesenheitsgeld für den ersten Termin Nr. 7005 VV	*20,00 €*
Fahrtkosten zum zweiten Termin Nr. 7003 VV (100 km × 0,30 €)	*30,00 €*

A. Vergütungs-ABC	B. Kommentar
	Abschnitt 8 • Beigeordneter oder bestellter RA, Beratungshilfe

Umfang des Anspruchs und der Beiordnung § 48 Abs. 5 RVG

Abwesenheitsgeld für den zweiten Termin Nr. 7005 VV	<u>20,00 €</u>
Anwaltsvergütung netto	**768,00 €**

R erhält nach § 48 Abs. 5 Satz 2 auch die vor seiner Bestellung im zweiten Hauptverhandlungstermin entstandene Vergütung aus der Staatskasse. Hierzu gehören die Terminsgebühr für den ersten Hauptverhandlungstermin und die entsprechenden Reisekosten (Fahrtkosten und Anwesenheitsgeld). Die Wirkung von § 48 Abs. 5 Satz 2 erstreckt sich nicht nur auf die Gebühren, sondern auch auf die Auslagen (§ 1 Abs. 1; vgl. oben Rn. 4). Weitere gesetzliche Gebühren erhält er nicht (vgl. Rn. 12 f.).

Beispiel 2 (nach LG Stuttgart, RVGprofessionell 2007, 177):

Rechtsanwalt R ist Wahlverteidiger des Angeklagten im Verfahren 1. Nachdem der Angeklagte verurteilt worden ist, legt R Berufung ein und beantragt mit Schriftsatz vom 21.02.2006 beim LG, ihn für das Berufungsverfahren als Pflichtverteidiger beizuordnen. Mit Schriftsatz vom 28.02.2006 legitimiert sich der Rechtsanwalt dann als Verteidiger für ein weiteres gegen den Angeklagten beim LG geführtes Berufungsverfahren und beantragt Akteneinsicht. Nach Erhalt der Akteneinsicht führt er mehrere Besprechungen mit dem Angeklagten. Mit Beschluss des LG vom 17.03.2006 werden die beiden Verfahren zur gemeinsamen Verhandlung und Entscheidung verbunden und R als Pflichtverteidiger beigeordnet. Das Verfahren 1 führt. Es findet dann ein Hauptverhandlungstermin statt. Die Berufung wird verworfen. Das Urteil wird rechtskräftig. Welche gesetzlichen Gebühren kann R abrechnen?

Lösung:

Ausgangspunkt für die **Abrechnung** *ist § 48 Abs. 5 Satz 2. Da der Rechtsanwalt erst in der Berufungsinstanz zum Pflichtverteidiger bestellt worden ist, können gesetzliche Gebühren auch erst für die Berufungsinstanz entstehen.*

- *Im* **Verfahren 1** *sind die Verfahrensgebühr Nr. 4124 VV und die Terminsgebühr Nr. 4126 VV für den Hauptverhandlungstermin als gesetzliche Gebühren entstanden. Die Grundgebühr kann R als gesetzliche Gebühr aus der Staatskasse nicht verlangen, da die Einarbeitung in diesem Verfahren schon im vorbereitenden Verfahren bzw. im ersten Rechtszug erfolgt ist und über § 48 Abs. 5 Satz 2 keine Erstreckung insoweit erfolgt. Entsprechendes gilt für die Gebühren für das vorbereitende Verfahren und das gerichtliche Verfahren beim AG (s. oben Rn. 12).*
- *Im* **Verfahren 2** *kann R hingegen eine Grundgebühr Nr. 4100 VV als gesetzliche Gebühr geltend machen. In das Verfahren hat sich der Rechtsanwalt erst in der Berufungsinstanz eingearbeitet. Von der Erstreckung erfasst werden auch die Tätigkeiten des Rechtsanwalts, die er in dem späteren Rechtszug vor dem Zeitpunkt seiner Bestellung erbracht hat (vgl. oben Rn. 11). Außerdem ist im Verfahren 2 noch eine Verfahrensgebühr Nr. 4124 VV als gesetzliche Gebühr entstanden. Eine Terminsgebühr ist nicht entstanden. Die Verfahren sind vor der Hauptverhandlung verbunden worden (vgl. Vorbem. 4 VV Rn. 74 ff.; s. auch Teil A: Verbindung von Verfahren, Rn. 1431 ff.).*

Wird ein Verfahren an ein untergeordnetes Gericht **zurückverwiesen**, ist das weitere Verfahren vor diesem Gericht ein neuer Rechtszug (vgl. Teil A: Zurückverweisung [§ 21], Rn. 1687). Wird der Rechtsanwalt, der als Wahlverteidiger, bereits im ersten Rechtszug sowie im anschließenden Berufungs- oder (Sprung-)Revisionsverfahren tätig gewesen ist, nach Zurückverweisung der Sache nun noch als Pflichtverteidiger bestellt, so hat er für seine Tätigkeit vor seiner Bestellung über § 48 Abs. 5 Satz 2 keinen Gebührenanspruch gegen die Staatskasse. § 48 Abs. 5 Satz 2 erfasst **nicht** die Tätigkeit des Rechtsanwalts in **früheren Rechtszügen** (Teil A: Umfang des Vergütungsanspruchs, Rn. 1421; noch zur BRAGO LG Köln, JurBüro 1996, 531; LG Nürnberg-Fürth, 14

§ 48 Abs. 5 RVG *Umfang des Anspruchs und der Beiordnung*

JurBüro 1986, 573; Kindermann/Hembach, Gebührenpraxis, Teil 7, Rn. 210; Hansens, BRAGO, § 97 Rn. 10).

III. Anwendung im Strafvollstreckungsverfahren

15 § 48 Abs. 5 wird auch im Bereich der **Strafvollstreckung** (Teil 4 Abschnitt 2 VV) angewendet (s. oben Rn. 8). Der Anwendungsbereich ist hier aber nicht so groß wie im Erkenntnisverfahren, da das Strafvollstreckungsverfahren in Teil 4 Abschnitt 2 VV nicht in mehrere Verfahrensabschnitte unterteilt ist und auch immer nur eine Terminsgebühr entstehen kann (vgl. dazu Nr. 4202 VV Rn. 10). In der Anwendung selbst ergeben sich keine Besonderheiten.

16 *Beispiel:*

V ist vom LG zu einer Freiheitsstrafe auf Bewährung verurteilt worden. Er begeht neue Straftaten, die zu einem Widerrufsantrag der Staatsanwaltschaft führen. V lässt sich im Widerrufsverfahren von Rechtsanwalt R vertreten. Dieser nimmt an einem vom LG anberaumten Anhörungstermin teil. In dem kommt es nicht zur Entscheidung, sondern das Widerrufsverfahren wird für sechs Monate ausgesetzt. Danach wird ein neuer Anhörungstermin anberaumt, an dem der R ebenfalls teilnimmt. Die Strafaussetzung zur Bewährung wird widerrufen. R legt gegen den Widerrufsbeschluss sofortige Beschwerde ein. In der Beschwerdeinstanz beraumt das OLG ebenfalls einen Anhörungstermin an, an dem R teilnimmt. In dem danach im schriftlichen Verfahren ergehenden Beschluss wird R in entsprechender Anwendung des § 140 Abs. 2 StPO als Pflichtverteidiger beigeordnet und die Beschwerde vom OLG verworfen. Wie berechnen sich die gesetzlichen Gebühren von R?

§ 48 Abs. 5 gilt auch für die **Abrechnung** *im Vollstreckungsverfahren. Auch hier findet grds. eine Erstreckung auf die vom Pflichtverteidiger vor seiner Beiordnung erbrachten Tätigkeiten nach § 48 Abs. 5 Satz 1 statt. Es gilt aber ebenfalls die Beschränkung nach § 48 Abs. 5 Satz 2 für den Fall der Beiordnung in einem späteren Rechtszug.*

Im Beispielsfall erhält R also an gesetzlichen Gebühren:

- *keine gesetzlichen Gebühren für seine Tätigkeit im* **Widerrufsverfahren** *in der I. Instanz beim* **LG**, *da seine Beiordnung erst im späteren Rechtszug „Beschwerdeverfahren" erfolgt ist (§ 48 Abs. 5 Satz 2; s. oben Rn. 11 ff.),*

- *im* **Beschwerdeverfahren**, *in dem nach Vorbem. 4.2 VV „die Gebühren besonders" entstehen, erhält er die Verfahrensgebühr Nr. 4200 Ziff. 3 VV i.V.m. Vorbem. 4.2 VV sowie die Terminsgebühr Nr. 4202 VV i.V.m. Vorbem. 4.2 VV, obwohl seine Beiordnung erst nach dem Termin erfolgt ist (§ 48 Abs. 5 Satz 1; s. oben Rn. 11 ff.).*

IV. Verbindung von Verfahren (Abs. 5 Satz 3)

1. Allgemeines

17 § 48 Abs. 5 Satz 3 regelt die Frage der Erstreckung im Fall der Verbindung von Verfahren. Diese Fragen werden anders als früher in der BRAGO und von der dazu geltenden herrschenden Meinung in der Rechtsprechung (vgl. dazu Rn. 18) gelöst. Es handelt sich um eine für die Praxis der Pflichtverteidigung gegenüber § 97 Abs. 3 BRAGO **wesentliche (Neu-)Regelung,** die in der Anwendung Schwierigkeiten macht (vgl. dazu eingehend auch Burhoff, RVGreport 2004, 411; ders., RVGreport 2008, 129; Enders, JurBüro 2009, 113).

Umfang des Anspruchs und der Beiordnung § 48 Abs. 5 RVG

2. Meinungsstand zur BRAGO

Für § 97 Abs. 3 BRAGO war anerkannt, dass der Rechtsanwalt die in vorher getrennten Verfahren entstandenen Gebühren aus der Staatskasse erhielt, wenn er in diesen Verfahren gerichtlich bestellt oder beigeordnet war und **nach** der **Bestellung** bzw. Beiordnung die **Verbindung** dieser Verfahren erfolgt ist (vgl. OLG Koblenz, Rpfleger 2001, 514 = BRAGOreport 2002, 42, 121 = JurBüro 2001, 640). Es galt auch hier der **Grundsatz**, dass die einmal entstandenen Gebühren durch die Verfahrensverbindung nicht nachträglich wieder wegfallen (vgl. Teil A: Verbindung von Verfahren, Rn. 1431).

18

> **Hinweis:**
> An dieser Beurteilung hat sich durch § 48 Abs. 5 Satz 3 nichts geändert, weil § 48 Abs. 5 **Satz 3 nur** die Fälle erfasst, in denen in den einzelnen Verfahren **vor der Verbindung keine Beiordnung** oder Bestellung erfolgt war (OLG Hamm, RVGreport 2005, 273 = AGS 2005, 437 = JurBüro 2005, 532; OLG Jena, Rpfleger 2009, 171 = StRR 2009, 43 [LS] = JurBüro 2009, 138 [LS]; LG Aurich, RVGreport 2011, 221 = StRR 2011, 244; LG Bonn, 30.08.2006 – 37 Qs 22/06, www.burhoff.de; LG Dortmund, StraFo 2006, 358; vgl. aber unten Rn. 19).

Im Gegensatz dazu war es im Rahmen der BRAGO **umstritten**, ob der Rechtsanwalt die Vergütung für die verbundenen Verfahren aus der Staatskasse erhielt, wenn er in den einzelnen Verfahren als Wahlverteidiger tätig war und er erst **nach** der **Verbindung** der Verfahren gerichtlich **bestellt** oder beigeordnet worden ist (**pro**: Gerold/Schmidt/Madert, BRAGO, § 83 Rn. 22 m.w.N.; u.a. zuletzt OLG Hamm, JurBüro 2002, 302 = Rpfleger 2002, 379 = StV 2003, 178; OLG Düsseldorf, JurBüro 1985, 413 = StV 1985, 71; AG Tiergarten, StV 1994, 498; **contra** [Vergütung nur einmal]: OLG Koblenz, Rpfleger 2001, 514 = BRAGOreport 2002, 42, 121 = JurBüro 2001, 640; LG Osnabrück, Nds.Rpfl. 1996, 254). Überzeugend war die erstgenannte Auffassung, die dem Rechtsanwalt für die Tätigkeit als Wahlverteidiger in den verbundenen Verfahren eine Vergütung aus der Staatskasse gewährte, weil die zur Verfahrensbeschleunigung und Arbeitserleichterung bei der Justiz vorgenommene Verbindung von Strafverfahren im Laufe der Hauptverhandlung nicht dazu führen kann, dass der Verteidiger um die Gebühren gebracht wird, die er durch seine in der verbundenen Sache entfaltete Tätigkeit verdient hat (vgl. LG Bonn, StV 2000, 437). Danach erhielt der Rechtsanwalt die gesetzliche Vergütung **automatisch** auch in den verbundenen Verfahren, wenn er vor der Verbindung in diesen tätig war.

19

> **Hinweis:**
> **Teilweise** wird in der **Rechtsprechung** inzwischen **wieder** – entsprechend der **früheren Auffassung** zur BRAGO – die Ansicht vertreten, dass auch in den Fällen, in denen erst die Verbindung und dann die Beiordnung erfolgt, eine ausdrückliche Erstreckung erfolgen müsse, da die Vorschrift des § 48 Abs. 5 Satz 3 für alle Verbindungen gelten solle (s. OLG Oldenburg, RVGreport 2011, 220 = RVGprofessionell 2011, 104; ähnlich OLG Celle, Beschl. v. 02.01.2007 – 1 Ws 575/06; OLG Rostock, RVGreport 2009, 304 = StRR 2009, 279 = RVGprofessionell 2009, 155). Diese Auffassung ist m.E. falsch und lässt sich nicht mit der Entstehungsgeschichte des § 48 Abs. 5 Satz 3 begründen (s. aber OLG Oldenburg, a.a.O.).

Abschnitt 8 • Beigeordneter oder bestellter RA, Beratungshilfe

§ 48 Abs. 5 RVG *Umfang des Anspruchs und der Beiordnung*

> Das RVG hat nämlich grds. an der alten Regelung in § 97 Abs. 3 BRAGO festgehalten und hat Streit in der Frage, ob beigeordnet werden musste, vermeiden wollen.
>
> Im Hinblick auf diese Rechtsprechung ist zu **empfehlen**, dass sicherheitshalber in allen Fällen der Verbindung die Erstreckung **beantragt** werden sollte (vgl. dazu auch unten Rn. 27 ff.).

3. Erstreckungsregelung in § 48 Abs. 5 Satz 3

20 Die Wirkungen des § 48 Abs. 5 Satz 1 (vgl. dazu Rn. 7 ff.) treten aufgrund der Neuregelung in § 48 Abs. 5 Satz 3 nicht mehr automatisch (vgl. Rn. 19) ein, wenn Verfahren verbunden werden, sondern nur wenn die Wirkungen des § 48 Abs. 5 Satz 1 (**ausdrücklich**) auch auf diejenigen Verfahren **erstreckt** werden, in denen vor der Verbindung keine Bestellung oder Beiordnung erfolgt war (KG, JurBüro 2009, 531 = RVGreport 2010, 64; LG Dresden, RVGreport 2008, 140 = StRR 2008, 80 = RVGprofessionell 2008, 75).

Zum **Verständnis** von § 48 Abs. 5 Satz 3 ist die Heranziehung der entsprechenden **Gesetzesbegründung** erforderlich (BT-Drucks. 15/1971, S. 201). Dort heißt es:

„Mit Satz 3 soll einerseits klargestellt werden, dass die Rückwirkung sich nicht automatisch auf verbundene Verfahren – nicht gemeint ist hier die Verbindung nach § 237 StPO zum Zwecke der gemeinsamen Verhandlung – erstreckt, in denen bisher kein Pflichtverteidiger bestellt war, andererseits soll dem Gericht aber die Möglichkeit zur Erstreckung eingeräumt werden. Eine Erstreckung kommt insbesondere dann in Betracht, wenn in einem der verbundenen Verfahren eine Bestellung unmittelbar bevorgestanden hätte."

Hieraus ergibt sich, dass § 48 Abs. 5 Satz 3 **nur** für sog. **echte Verfahrensverbindungen** gilt (zum Begriff s. Teil A: Verbindung von Verfahren, Rn. 1431). Die Verbindung nach § 237 StPO zum Zwecke gleichzeitiger Verhandlung ist keine echte Verbindung, da die Verfahren nicht zu einem neuen Verfahren verschmolzen werden (Meyer-Goßner, § 237 Rn. 1; Enders, JurBüro 2007, 395; zur Verbindung s. auch Burhoff, HV, Rn. 926 ff.). Von § 48 Abs. 5 Satz 3 werden daher nur die (echten) Verbindungen, wie z.B. nach §§ 4 und 13 Abs. 2 StPO, erfasst.

21 Im Fall einer Verbindung z.B. nach § 4 StPO (Verbindung zusammenhängender Strafsachen, die bei verschiedenen Gerichten anhängig sind) erstreckt sich die in § 48 Abs. 5 Satz 1 geregelte Rückwirkung der Bestellung und Beiordnung nicht automatisch auf verbundene Verfahren, in denen bisher kein Pflichtverteidiger bestellt oder kein Rechtsanwalt beigeordnet war (KG, JurBüro 2009, 531 = RVGreport 2010, 64; LG Dresden, RVGreport 2008, 140 = StRR 2008, 80 = RVGprofessionell 2008, 75). Durch § 48 Abs. 5 Satz 3 wird dem Gericht in diesen Fällen vielmehr (**nur**) die **Möglichkeit** zur **Erstreckung** – auf Antrag oder von Amts wegen – eingeräumt (zum Verfahren s. Rn. 27 ff.; zu den Auswirkungen der Verbindung und Erstreckung auf die Pauschgebühr nach § 51 s. OLG Jena, RVGreport 2008, 458 = StRR 2008, 479 = RVGprofessionell 2009, 2; s. auch § 51 Rn. 16 und noch OLG Oldenburg, RVGreport 2011, 220 = RVGprofessionell 2011, 104; OLG Celle, Beschl. v. 02.01.2007 – 1 Ws 575/06; OLG Rostock, RVGreport 2009, 304 = StRR 2009, 279 = RVGprofessionell 2009, 155 zur noch weiteren Anwendung des § 48 Abs. 5 Satz 3).

Umfang des Anspruchs und der Beiordnung §48 Abs. 5 RVG

4. Beispiele

Beispiel 1: Tätigkeit in allen Verfahren; Bestellung nach Verbindung 22

Rechtsanwalt R verteidigt den Beschuldigten B in dem Verfahren 1 und in dem Verfahren 2 als Wahlverteidiger. Diese Verfahren werden vom AG vor der Hauptverhandlung verbunden. Rechtsanwalt R wird dann als Pflichtverteidiger beigeordnet.

Lösung:

Rechtsanwalt R erhält die in beiden Verfahren bis zur Verbindung angefallenen Gebühren als gesetzliche Vergütung. Die Verbindung hat darauf keinen Einfluss. Es gilt vielmehr §48 Abs. 5 Satz 1 (OLG Hamm, RVGreport 2005, 273 = AGS 2005, 437 = JurBüro 2005, 532; OLG Jena, 17.03.2008 – 1 AR [S] 3/08, JurBüro 2009, 138 [LS] = Rpfleger 2009, 171 = StRR 2009, 43 [LS]; LG Aurich, RVGreport 2011, 221 = StRR 2011, 244; LG Bonn, 30.08.2006 – 37 Qs 22/06; LG Dortmund, StraFo 2006, 258; a.A. offenbar OLG Rostock, RVGreport 2009, 304 = StRR 2009, 279 = RVGprofessionell 2009, 155). R erhält außerdem die nach der Verbindung in dem verbundenen Verfahren entstandenen Gebühren (zur Verbindung von Verfahren s. auch Teil A: Verbindung von Verfahren, Rn. 1431 und Vorbem. 4 VV Rn. 53 ff., 74 ff.; unzutreffend in dem Zusammenhang LG Berlin, AGS 2005, 401; a.A. auch OLG Oldenburg, RVGreport 2011, 220 = RVGprofessionell 2011, 104; ähnlich OLG Celle, Beschl. v. 02.01.2007 – 1 Ws 575/06; OLG Rostock, RVGreport 2009, 304 = StRR 2009, 279 = RVGprofessionell 2009, 155, die davon ausgehen, dass eine Erstreckung erfolgen müsse; vgl. dazu oben Rn. 19).

> **Hinweis:**
>
> Für die Anwendung der Vorschrift ist also die **zeitliche Abfolge** von **Verbindung** und **Bestellung**/Beiordnung von **Bedeutung**. Werden nämlich die Verfahren zunächst verbunden und erfolgt danach die Bestellung/Beiordnung in dem (verbundenen) (Gesamt-) Verfahren, löst sich diese Problematik hinsichtlich der Honorierung der von dem Rechtsanwalt in den verbundenen Verfahren zuvor erbrachten Tätigkeiten über § 48 Abs. 5 Satz 1 (vgl. die vorstehend zitierte Rechtsprechung). Der Verteidiger muss also ggf. darauf achten, dass zunächst verbunden wird und erst dann die Bestellung im Gesamtverfahren erfolgt (vgl. z.B. die Fallgestaltung bei OLG Hamm, RVGreport 2005, 273 = AGS 2005, 437 = JurBüro 2005, 532).
>
> Entsprechendes gilt, wenn der Rechtsanwalt schon **in allen Verfahren**, die verbunden waren, **vor** deren **Verbindung** zum Pflichtverteidiger bestellt war. Auch dann tritt die Rückwirkung bereits über § 48 Abs. 5 Satz 1 ein (Enders, JurBüro 113, 114; a.A. OLG Oldenburg, OLG Celle, OLG Rostock, jew. a.a.O. [nur nach Erstreckung gem. Satz 3]).

Beispiel 2: Tätigkeit in allen Verfahren; Bestellung nach Verbindung im Ermittlungsverfahren (Fall 23
nach AG Tiergarten, AGS 2010, 132 = RVGreport 2010, 18 = VRR 2010, 120 = StRR 2010, 120):

In dem staatsanwaltschaftlichen Ermittlungsverfahren 1 (Raubvorwurf) hat sich der Verteidiger R mit Schriftsatz vom 15.07.2008 – noch gegenüber der Polizei – gemeldet, Akteneinsicht beantragt und erklärt, dass sein Mandant zunächst keine Stellungnahme abgeben werde. Im Ermittlungsverfahren 2 (Raubvorwurf) meldete sich der Verteidiger bereits mit Schriftsatz vom 28.05.2008, und zwar gleichfalls gegenüber der Polizei. Beide Verfahren wurden durch Verfügung der StA vom 30.09.2008 unter dem führenden Aktenzeichen 2 verbunden. Später wurde durch die Staatsanwaltschaft auch das weitere Verfahren 3 (Sachbeschädigung) verbunden; in jenem Verfahren hatte sich der Verteidiger bis dahin allerdings nicht gemeldet. Unter dem 15.12.2008 erfolgte wegen der drei vorgenannten Tatvorwürfe Anklageerhebung zum AG.

§ 48 Abs. 5 RVG   Umfang des Anspruchs und der Beiordnung

Bereits am 04.09.2008 hatte die Staatsanwaltschaft den Angeklagten im Verfahren 4 (Verwenden von Kennzeichen verfassungswidriger Organisationen) angeklagt. In jenem Verfahren eröffnete das AG durch Beschluss vom 20.10.2008 das Hauptverfahren und beraumte Termin zur Hauptverhandlung für den 19.12.2008 an. Mit Schriftsatz vom 21.10.2008 meldete sich R, der bereits vor Anklageerhebung tätig gewesen war, auch in jenem Verfahren und teilte u.a. die beiden noch offenen, Raubvorwürfe aus den Verfahren 1 und 2 mit, sodass der gesonderte Hauptverhandlungstermin aufgehoben und jenes Verfahren schließlich am 03.03.2009 durch das AG verbunden wurde. Am selben Tag wurde nach der Verbindung der Verteidiger auf seinen Antrag als Pflichtverteidiger beigeordnet. Es findet dann eine Hauptverhandlung statt.

Lösung:

Für die Abrechnung und die Anwendung von § 48 Abs. 5 Satz 1 kommt es nicht darauf an, dass die Verbindung der Verfahren 1 und 2 schon durch die Staatsanwaltschaft und nicht erst durch das AG erfolgt ist. Die Rückwirkung, die ggf. zu mehrfachem Ansatz der von Grundgebühr und (Vor-)Verfahrensgebühr führt, setzt bereits auch dann ein, wenn die (Ermittlungs-)Verfahren bereits vor Anklageerhebung durch die Staatsanwaltschaft verbunden werden. Für die Gebühren des Verteidigers kommt es allein darauf an, in welchem Verfahrenszeitpunkt sich dieser gemeldet hat und tätig geworden ist (AG Tiergarten, a.a.O.).

Dem R stehen also **folgende Gebühren** und **Auslagen** zu (vgl. AG Tiergarten, a.a.O.):

Ehemaliges **Ermittlungsverfahren 1**: Grundgebühr Nr. 4100 VV und Verfahrensgebühr Nr. 4104 VV, Postentgeltpauschale Nr. 7002 VV,

Ehemaliges **Ermittlungsverfahren 2**: Grundgebühr Nr. 4100 VV und Verfahrensgebühr Nr. 4104 VV, Postentgeltpauschale Nr. 7002 VV,

Ehemaliges **Ermittlungsverfahren 3**: Keine Gebühren, da dort nicht tätig geworden,

Ehemaliges **Ermittlungsverfahren 4 – bis** zur **Verbindung**: Grundgebühr Nr. 4100 VV und Verfahrensgebühr Nr. 4104 VV, Postentgeltpauschale Nr. 7002 VV,

Ehemaliges **Ermittlungsverfahren 4 – ab Verbindung** und **Bestellung**: Verfahrensgebühr Nr. 4106 VV und Terminsgebühr Nr. 4108 VV, Postentgeltpauschale Nr. 7002 VV.

24 *Beispiel 3: Keine Tätigkeit im hinzu verbundenen Verfahren; Bestellung nach Verbindung*

Gegen den Beschuldigten B sind die Verfahren 1 und 2 anhängig. Rechtsanwalt R verteidigt den Beschuldigten B nur in dem Verfahren 1 als Wahlverteidiger. Im Verfahren 2 ist er nicht tätig. Die beiden Verfahren werden vom AG vor der Hauptverhandlung verbunden. Rechtsanwalt R wird als Pflichtverteidiger beigeordnet.

Lösung:

Rechtsanwalt R erhält die im Verfahren 1 bis zur Verbindung angefallenen Gebühren als gesetzliche Vergütung. Die Verbindung hat darauf keinen Einfluss. Es gilt § 48 Abs. 5 Satz 1 (zur Verbindung von Verfahren s. auch Vorbem. 4 VV Rn. 53 ff., 74 ff.). Im Verfahren 2 ist er nicht tätig gewesen. Er erhält für dieses Verfahren keine gesetzlichen Gebühren (LG Koblenz, JurBüro 2005, 255 m. Anm. Enders, JurBüro 2005, 256 = Rpfleger 2005, 278). R erhält aber außerdem, die nach der Verbindung entstandenen weiteren Gebühren.

25 *Beispiel 4: Keine Tätigkeit im hinzuverbundenen Verfahren; Bestellung vor Verbindung*

Gegen den Beschuldigten B sind die Verfahren 1 und 2 anhängig. Rechtsanwalt R verteidigt den Beschuldigten B zunächst als Wahlverteidiger nur in dem Verfahren 1. Er wird dann im Verfahren 1 als Pflichtverteidiger beigeordnet. Im Verfahren 2 ist er nicht tätig. Die beiden Verfahren werden vom AG vor der Hauptverhandlung verbunden.

Umfang des Anspruchs und der Beiordnung § 48 Abs. 5 RVG

Lösung:

Rechtsanwalt R erhält die im Verfahren 1 bis zur Verbindung angefallenen Gebühren als gesetzliche Vergütung. Die Verbindung hat darauf keinen Einfluss. Es gilt § 48 Abs. 5 Satz 1. Im Verfahren 2 ist Rechtsanwalt R nicht tätig gewesen. Er erhält für dieses Verfahren deshalb keine gesetzlichen Gebühren. Die Frage der Erstreckung nach § 48 Abs. 5 Satz 3 ist ebenso wie im Beispiel 2 auch für diese Fallgestaltung unerheblich (LG Koblenz, JurBüro 2005, 255 m. Anm. Enders, JurBüro 2005, 256 = Rpfleger 2005, 278). Natürlich erhält R die nach der Verbindung entstandenen Gebühren.

Beispiel 5: Erstreckung erforderlich 26

Gegen den Beschuldigten B sind die Verfahren 1 und 2 anhängig. Rechtsanwalt R verteidigt den Beschuldigten B als Wahlverteidiger in dem Verfahren 1. Er wird dann in diesem Verfahren als Pflichtverteidiger beigeordnet. Im Verfahren 2 ist er nur als Wahlanwalt tätig. Eine Beiordnung als Pflichtverteidiger erfolgt nicht. Die beiden Verfahren werden vom AG vor der Hauptverhandlung verbunden.

Lösung:

*Rechtsanwalt R erhält die im Verfahren 1 bis zur Verbindung angefallenen Gebühren als gesetzliche Vergütung. Die Verbindung hat auf diese Gebühren keinen Einfluss. Im Verfahren 2 ist Rechtsanwalt R zwar vor der Verbindung tätig gewesen, er erhält für dieses Verfahren gesetzliche Gebühren nach § 48 Abs. 5 Satz 3 aber **nur**, wenn die **Erstreckung** ausgesprochen worden ist.*

> **Hinweis:**
>
> Nochmals: Die Problematik der Erstreckung stellt sich **nur**, wenn der Rechtsanwalt in einem von mehreren Verfahren bereits als Pflichtverteidiger bestellt ist/war und zu diesem Verfahren dann weitere Verfahren, in denen er nicht als Pflichtverteidiger bestellt war, er aber **Tätigkeiten** für den Beschuldigten **erbracht** hat, hinzu verbunden werden (vgl. auch Enders, JurBüro 2009, 113, 114; zur teilweise a.A. in der Rspr. s. oben Rn. 19).

5. Verfahren der Erstreckung

a) Erstreckungsvoraussetzung

Nach § 48 Abs. 5 Satz 3 steht die Erstreckung im Ermessen des Gerichts – „kann". Nach der 27 Gesetzesbegründung zu Satz 3 soll die Erstreckung erfolgen, wenn eine **Beiordnung** oder **Bestellung unmittelbar bevorgestanden** hätte, falls die Verbindung unterblieben wäre (vgl. dazu BT-Drucks. 15/1971, S. 201). Was damit gemeint ist, bleibt offen (s. Rn. 28). Teilweise wird in der Rechtsprechung (vgl. LG Berlin, RVGreport 2006, 144 = JurBüro 2006, 29; LG Bielefeld, RVGprofessionell 2008, 154 = StRR 2008, 360) davon ausgegangen, dass eine Erstreckung nur in Betracht kommt, wenn bereits vor Verbindung ein Antrag auf Bestellung als Pflichtverteidiger gestellt war; eine Antragstellung nach Verbindung soll unerheblich sein. Das ist unzutreffend. Denn die Formulierung in der Gesetzesbegründung (BT-Drucks. 15/1971, S. 201) meint nicht das formale Kriterium der Antragstellung, sondern es soll darauf ankommen, ob die materiellen Voraussetzungen für eine Pflichtverteidigerbestellung vorgelegen haben und deshalb dem Beschuldigten auch in dem hinzuverbundenen Verfahren ein Pflichtverteidiger hätte bestellt werden müssen, wenn er dort keinen Wahlverteidiger gehabt hätte. Auf die Frage, ob der Rechtsanwalt bereits einen Beiordnungsantrag gestellt hatte, kann es nicht ankommen. Zudem hängt die Frage, ob ein Pflichtverteidiger beigeordnet werden muss – die Bestellung also „unmittelbar bevorsteht" – nicht von der Antragstellung ab, sondern vom Vorliegen der Voraussetzungen des § 140

StPO (so zutreffend auch LG Kiel, RVGprofessionell 2006, 202; Enders, JurBüro 2009, 113, 115). Zudem hätte die Auffassung des LG Berlin und des LG Bielefeld (jew. a.a.O.) zur Folge, dass die Erstreckung nie von Amts wegen erfolgen könnte, sondern immer einen Antrag des Verteidigers voraussetzt. Das ist jedoch nicht der Fall (vgl. dazu Rn. 28).

28 **Hinweis:**

Wann die **Voraussetzungen** für eine Erstreckung vorliegen, ist nach der Gesetzesbegründung zu Satz 3 (vgl. BT-Drucks. 15/1971, S. 201) weitgehend offen (s. dazu auch LG Dresden, RVGreport 2008, 140 = StRR 2008, 80 = RVGprofessionell 2008, 75; AG Hof, 08.03.2007 – 7 Ls. 28 Js 5186/06, www.burhoff.de). Voraussetzung wird i.d.R. sein, dass auch im hinzuverbundenen Verfahren die Voraussetzungen für eine Pflichtverteidigerbestellung vorgelegen haben (OLG Düsseldorf, RVGreport 2008, 140 = RVGprofessionell 2007, 1759; OLG Oldenburg, RVGreport 2011, 220 = RVGprofessionell 2011, 104). Bei der Beurteilung der Frage, ob zu erstrecken ist, ist eine **Gesamtwürdigung** aller Umstände vorzunehmen (LG Bielefeld, 04.01.2006 – Qs 731/05 III; LG Dortmund, 19.12.2006 – I Qs 87/06, jew. www.burhoff.de). Diese Gesamtwürdigung kann z.B. im Bereich des Jugendstrafrechts eine isolierte Betrachtung des einzelnen Verfahrens verbieten (LG Dortmund, 19.12.2006 – Qs 87/06). Auf den **Umfang** der bereits entfalteten Tätigkeit kommt es aber **nicht** an, **entscheidend** ist allein, ob die Voraussetzungen des § 140 StPO vorliegen (OLG Düsseldorf, RVGreport 2008, 140 = RVGprofessionell 2007, 175; a.A. offenbar AG Hof, 08.03.2007 – 7 Ls. 28 Js 5186/06, www.burhoff.de). Es ist also auch zu erstrecken, wenn die Tätigkeiten des Verteidigers im hinzuverbundenen Verfahren „überschaubar" waren (OLG Düsseldorf, a.a.O.) Die Erstreckung ist auch dann auszusprechen, wenn dem Beschuldigten in dem Verfahren, auf das sich die Erstreckung beziehen soll, zwar bereits ein Pflichtverteidiger beigeordnet worden ist, die Bestellung aber unwirksam war (KG, 26.11.2006 – 5 Ws 575/06, www.burhoff.de).

b) Antragstellung

29 Das RVG sieht zwar nicht ausdrücklich eine Antragstellung vor, i.d.R. wird aber die Erstreckung nur auf **Antrag** erfolgen; zulässig ist aber auch die Erstreckung von Amts wegen (inzidenter KG, JurBüro 2009, 531 = RVGreport 2010, 64). Die Antragstellung kann grds. auch **konkludent** erfolgen (s. aber OLG Celle, 02.01.2007 – 1 Ws 575/06, www.burhoff.de). Sie kann auch noch in einem Vergütungsfestsetzungsantrag des Verteidigers und auch noch in einer Erinnerung gegen die Ablehnung der Vergütungsfestsetzung liegen (LG Freiburg, RVGreport 2006, 183 = RVGprofessionell 2006, 93; offen gelassen für das Vergütungsfestsetzungsverfahren von KG, a.a.O.).

Hinweis:

Auf jeden Fall sollte der Verteidiger **immer** dann, wenn zu einem Verfahren, in dem der Verteidiger bereits als Pflichtverteidiger bestellt ist, weitere Verfahren, in denen er bereits tätig gewesen ist, hinzu verbunden werden sollen, einen **Erstreckungsantrag** stellen, um die Wirkungen des § 48 Abs. 5 Satz 3 i.V.m. Satz 1 herbeizuführen. Das gilt auch, wenn die Verfahren zunächst verbunden worden sind und der Verteidiger erst dann beigeordnet wird (vgl. dazu jetzt OLG Oldenburg, RVGreport 2011, 220 = RVGprofessionell 2011, 104; s. auch oben Rn. 19).

Umfang des Anspruchs und der Beiordnung § 48 Abs. 5 RVG

Der Antrag muss nicht **begründet** werden. Eine Begründung dürfte sich jedoch **empfehlen**. 30

Der Verteidiger sollte den Erstreckungsantrag auf jeden Fall **vor Abschluss** des **Verfahrens** stel- 31
len, um die Diskussion der Frage, ob der Erstreckungsantrag als Regelung im Zusammenhang
mit der Pflichtverteidigerbestellung noch nach Abschluss des Verfahrens gestellt werden kann,
zu vermeiden (offen gelassen von KG, JurBüro 2009, 531 = RVGreport 2010, 64; LG Berlin,
RVGreport 2006, 144 = JurBüro 2006, 29; zur verneinten Möglichkeit der Pflichtverteidigerbestellung nach Abschluss des Verfahrens s. die Nachw. bei Burhoff, EV, Rn. 1328). Allerdings
würde dabei übersehen, dass die Erstreckungsentscheidung rein kostenrechtlicher Natur ist und
keinen Einfluss auf die ordnungsgemäße Verteidigung in einem noch ausstehenden bzw. laufenden Verfahren hat (so zutreffend OLG Düsseldorf, RVGreport 2008, 140 = RVGprofessionell
2007, 175; OLG Hamm, 29.01.2008 – 4 Ws 9/08, www.burhoff.de; LG Dresden, RVGprofessionell 2008, 75 = RVGreport 2008, 140; LG Freiburg, RVGreport 2006, 183 = RVGprofessionell
2006, 93). Im Übrigen spricht für die Zulässigkeit eines ggf. sogar auch noch im Festsetzungsverfahren möglichen Antrags und einer Entscheidung über die Erstreckung gem. § 48 Abs. 5
Satz 3 der strafprozessuale Beschleunigungsgrundsatz, weil dadurch das eigentliche Erkenntnisverfahren in Zweifelsfällen nicht durch den rein kostenrechtlich relevanten Streit über das Vorliegen der Voraussetzungen des § 48 Abs. 5 Satz 3 belastet werden muss (LG Freiburg, a.a.O.).

> **Hinweis:**
> Trotz der (derzeit) verteidigerfreundlichen Tendenz in der Rechtsprechung sollte der Antrag
> im Hinblick auf die Rechtsprechung des KG (a.a.O.; vgl. auch noch LG Bielefeld, RVG-
> professionell 2008, 154 = StRR 2008, 360) im Fall der Verbindung von Verfahren **nicht
> übersehen** und rechtzeitig vor Abschluss des Verfahrens gestellt werden (s. auch OLG Celle,
> 02.01.2007 – 1 Ws 575/06, www.burhoff.de).

c) Entscheidung

Über den Erstreckungsantrag wird das Gericht i.d.R. durch **Beschluss** entscheiden, der im Fall 32
der Ablehnung zu begründen ist. Fraglich ist, ob eine **konkludente** Erstreckung möglich ist.
Das wird in der Rechtsprechung vom OLG Jena (RVGreport 2008, 458 = StRR 2008, 479 =
RVGprofessionell 2009, 2) verneint, vom LG Koblenz (StraFo 2007, 525) und vom LG Dresden
(Beschl. v., 01.03.2007 – 2 Qs 95/06, www. burhoff.de, das in einer Erweiterung einer Pflichtverteidigerbestellung eine konkludente Erstreckung sieht) hingegen bejaht. Das OLG Celle (Beschl.
v. 02.01.2007 – 1 Ws 575/06, www.burhoff.de) hat die Frage offen gelassen. M.E. sind insbesondere die vom LG Koblenz (a.a.O.) angeführten Gründe für eine konkludente Entscheidung
überzeugend. Denn auch die Pflichtverteidigerbestellung selbst kann nach allgemeiner Meinung
konkludent erfolgen (vgl. u.a. OLG Hamm, AGS 2002, 91 m.w.N.; OLG Koblenz, Rpfleger
2001, 541; Teil A: Vergütungsanspruch aus der Staatskasse [§ 55], Rn. 1485 f:, weit. Nachw.
bei Burhoff, EV, Rn. 1313). Für die nach § 48 Abs. 5 Satz 3 RVG zu treffende Entscheidung ist
das Gericht **funktionell zuständig**, also bei der Strafkammer nicht der Vorsitzende allein (OLG
Düsseldorf, RVGreport 2007, 140 = RVGprofessionell 2007, 175).

d) Rechtsmittel

Wird der Erstreckungsantrag abgelehnt, kann dagegen vom Verteidiger aus eigenem Recht **Be-** 33
schwerde eingelegt werden. Das ist inzwischen herrschende Meinung in Rechtsprechung und

§ 48 Abs. 5 RVG *Umfang des Anspruchs und der Beiordnung*

Literatur (OLG Düsseldorf, RVGreport 2007, 140 = RVGprofessionell 2007, 175; OLG Hamm, 29.01.2008 – 4 Ws 9/08, www.burhoff.de; LG Bielefeld, 04.01.2006 – Qs 731/05 III; LG Dortmund, 19.12.2006 – I Qs 87/06, www.burhoff.de; LG Freiburg, RVGreport 2006, 183 = RVGprofessionell 2006, 93; Gerold/Schmidt/Burhoff, § 148 Rn. 153; Enders, JurBüro 2009, 113, 115). Für die Beschwerde gelten die **allgemeinen Regeln** (vgl. dazu Burhoff, EV, Rn. 385 ff. m.w.N.). Hat über den Erstreckungsantrag ggf. der Vorsitzende anstelle der funktionell zuständigen Strafkammer entschieden und die Erstreckung abgelehnt, erlässt der Beschwerdesenat des OLG als das auch der Strafkammer übergeordnete Beschwerdegericht die in der Sache erforderliche Entscheidung gem. § 309 Abs. 2 StPO selbst (OLG Düsseldorf, RVGreport 2007, 140 = RVGprofessionell 2007, 175).

V. Bedeutung von Abs. 5 für die Pauschgebühr

34 In § 51 Abs. 1 Satz 4 ist ausdrücklich geregelt, dass eine Pauschgebühr auch für solche Tätigkeiten gewährt werden kann, für die der Rechtsanwalt einen **Anspruch nach § 48 Abs. 5** hat. Damit ist eindeutig klargestellt, dass bei der Bewilligung einer Pauschgebühr auch die Tätigkeiten des Pflichtverteidigers, die er vor seiner Bestellung zunächst als Wahlverteidiger erbracht hat, zu berücksichtigen sind. Damit werden insbesondere die Tätigkeiten des Pflichtverteidigers, die dieser für seinen Mandanten im Ermittlungsverfahren, in dem häufig eine Bestellung noch nicht erfolgt ist, bei der Bewilligung der Pauschvergütung erfasst (vgl. dazu auch § 51 Rn. 16).

VI. Auswirkung des § 48 Abs. 5 auf die Gebührenberechnung in Übergangsfällen

35 Soweit jetzt noch Übergangsfälle BRAGO/RVG in der Praxis auftreten: Um eine Aufspaltung der anwaltlichen Vergütung zu verhindern, gilt für die Anwaltsvergütung bei Beiordnung oder **Bestellung nach** dem **01.07.2004** auch für die vor diesem Zeitpunkt erbrachten und nach § 48 Abs. 5 zu vergütenden Tätigkeiten das RVG (vgl. BT-Drucks. 15/1971, S. 203; Erläuterungen im Teil A: Übergangsvorschriften [§§ 60 ff.], Rn. 1336 ff., 1354).

36 *Beispiel:*

Rechtsanwalt R hat den Beschuldigten in den Verfahren 1 und 2 bereits vor dem 01.07.2004 vertreten. In einem Verfahren hat bereits eine Hauptverhandlung stattgefunden, die nach Stellung des Beiordnungsantrags mit Hinweis auf das zweite Verfahren ausgesetzt wurde. Es werden beide Verfahren noch vor dem 01.07.2004 verbunden, die Beiordnung des R zum Pflichtverteidiger erfolgt erst nach dem 01.07.2004.

Lösung:

R kann seine gesamte Pflichtverteidigervergütung gem. § 61 nach dem RVG abrechnen, da er nach dem 01.07.2004 zum Pflichtverteidiger bestellt worden ist (vgl. Teil A: Übergangsvorschriften [§§ 60 f.], Rn. 1336 ff.). Das gilt auch für die vor der Bestellung und vor dem Stichtag (01.07.2004) erbrachten Tätigkeiten. § 48 Abs. 5 Satz 3 hat für diese Fallgestaltung keine Bedeutung. Denn die Verfahren sind noch unter Geltung der BRAGO verbunden worden. Die Beiordnung erfolgte erst im verbundenen Verfahren. Es gilt daher § 48 Abs. 5 Satz 1 (s. oben das Beispiel 1 unter Rn. 22).

Umfang des Anspruchs und der Beiordnung §48 Abs. 5 RVG

C. Arbeitshilfe

Musterantrag: Erstreckungsantrag 37

An das

Landgericht Musterstadt

In der Strafsache

gegen Mustermann

Az.: .....

beantrage ich,

die aus § 48 Abs. 5 Satz 1 RVG folgende gebührenrechtliche Rückwirkung der Bestellung zum Pflichtverteidiger gem. § 48 Abs. 5 Satz 3 RVG auch auf das hinzu verbundene Verfahren des LG Musterstadt, Az: ..... zu erstrecken.

Begründung:

Der Angeklagte war in dem Verfahren Landgericht Musterstadt 25 KLs 14/10 V, als dieses noch bei der 2. großen Strafkammer anhängig war, durch die Vorsitzende mit Schreiben vom 06. Dezember 2010, dem formlos eine Abschrift der dortigen Anklage beigefügt war, aufgefordert worden, binnen einer Woche einen Pflichtverteidiger zu benennen. Falls – so die Anfrage – keine Nachricht des Angeklagten eingehe, werde Rechtsanwalt M.F. zum Pflichtverteidiger bestellt werden. Am 20. Dezember 2010 ist das Verfahren von der 5. großen Strafkammer übernommen worden, ohne dass zuvor noch eine Pflichtverteidigerbestellung durch die Vorsitzende der 2. großen Strafkammer erfolgte. Gemäß Verfügung des Vorsitzenden der 5. großen Strafkammer vom 28. Dezember 2010 ist dem in dem Verfahren Landgericht Musterstadt 25 KLs 13/10 V bereits bestellten Pflichtverteidiger Gelegenheit gegeben worden, zu der beabsichtigten Verbindung mit dem Verfahren Landgericht Wuppertal 25 KLs 14/10 V binnen einer Woche Stellung zu nehmen. Nachdem der Pflichtverteidiger am 5. Januar 2011 Einsicht in die ihm bisher nicht bekannten Akten dieses Verfahrens genommen hat, hat er sich mit Schreiben vom selben Tage auch in dieser Sache zum Verteidiger des Angeklagten bestellt und seine Beiordnung als Pflichtverteidiger beantragt. Am 10. Januar 2011 hat er den Angeklagten in der Justizvollzugsanstalt aufgesucht und die „neue" Sache mit ihm besprochen. Sodann ist mit Beschluss vom 12. Januar 2011 die Verbindung der beiden Verfahren erfolgt.

Ohne die Übernahme des Verfahrens Landgericht Musterstadt 25 KLs 14/10 V durch die 5. große Strafkammer wäre Rechtsanwalt M.F. in dieser Sache mit hoher Wahrscheinlichkeit noch Ende Dezember 2010 zum Pflichtverteidiger bestellt worden. Gemäß § 140 Abs. 1 Nr. 1 und Nr. 5 StPO lag aus zwei Gründen ein Fall notwendiger Verteidigung vor. Dass der Angeklagte in dem hinzu verbundenen Verfahren noch nicht gemäß § 201 Abs. 1 StPO zur Erklärung über die Anklageschrift aufgefordert worden war, rechtfertigt auch unter Berücksichtigung des in § 141 Abs. 1 StPO genannten Zeitpunktes keine andere Bewertung. Denn die Vorsitzende der 2. großen Strafkammer hatte offensichtlich die durchaus sachgerechte Absicht, zunächst einen Pflichtverteidiger zu bestellen und die Anklage erst dann mit der nach § 201 Abs. 1 StPO gesetzten Erklärungsfrist förmlich zustellen zu lassen.

Rechtsanwältin/Rechtsanwalt ....

§ 51 RVG
Festsetzung einer Pauschgebühr in Straf- und Bußgeldsachen

(1) ¹In Straf- und Bußgeldsachen, Verfahren nach dem Gesetz über die internationale Rechtshilfe in Strafsachen und in Verfahren nach dem IStGH-Gesetz ist dem gerichtlich bestellten oder beigeordneten Rechtsanwalt für das ganze Verfahren oder für einzelne Verfahrensabschnitte auf Antrag eine Pauschgebühr zu bewilligen, die über die Gebühren nach dem Vergütungsverzeichnis hinausgeht, wenn die in den Teilen 4 bis 6 des Vergütungsverzeichnisses bestimmten Gebühren wegen des besonderen Umfangs oder der besonderen Schwierigkeit nicht zumutbar sind. ²Dies gilt nicht, soweit Wertgebühren entstehen. ³Beschränkt sich die Bewilligung auf einzelne Verfahrensabschnitte, sind die Gebühren nach dem Vergütungsverzeichnis, an deren Stelle die Pauschgebühr treten soll, zu bezeichnen. ⁴Eine Pauschgebühr kann auch für solche Tätigkeiten gewährt werden, für die ein Anspruch nach § 48 Abs. 5 besteht. ⁵Auf Antrag ist dem Rechtsanwalt ein angemessener Vorschuss zu bewilligen, wenn ihm insbesondere wegen der langen Dauer des Verfahrens und der Höhe der zu erwartenden Pauschgebühr nicht zugemutet werden kann, die Festsetzung der Pauschgebühr abzuwarten.

(2) ¹Über die Anträge entscheidet das Oberlandesgericht, zu dessen Bezirk das Gericht des ersten Rechtszugs gehört, und im Fall der Beiordnung einer Kontaktperson (§ 34a des Einführungsgesetzes zum Gerichtsverfassungsgesetz) das Oberlandesgericht, in dessen Bezirk die Justizvollzugsanstalt liegt, durch unanfechtbaren Beschluss. ²Der Bundesgerichtshof ist für die Entscheidung zuständig, soweit er den Rechtsanwalt bestellt hat. ³In dem Verfahren ist die Staatskasse zu hören. ⁴§ 42 Abs. 3 ist entsprechend anzuwenden.

(3) ¹Absatz 1 gilt im Bußgeldverfahren vor der Verwaltungsbehörde entsprechend. ²Über den Antrag nach Absatz 1 Satz 1 bis 3 entscheidet die Verwaltungsbehörde gleichzeitig mit der Festsetzung der Vergütung.

Übersicht

	Rn.
A. Überblick	1
B. Kommentierung	3
I. Persönlicher Geltungsbereich (Abs. 1)	3
II. Sachlicher Geltungsbereich (Abs. 1 und 3)	7
III. Anspruchsvoraussetzungen	8
1. Anwendbarkeit der zu § 99 Abs. 1 BRAGO ergangenen Rechtsprechung	8
2. „Besonderer Umfang" des Verfahrens	13
a) Allgemeines	13
b) Maßgeblicher Zeitraum	15
c) Berücksichtigung „unnötiger" Anträge?	17
3. Besonders schwierige Verfahren	19
a) Allgemeines	19
b) Allgemeine Kriterien	20
c) Besondere Kriterien	22
d) Beurteilung der „besonderen Schwierigkeit"	23
4. Gesetzliche Gebühren nicht zumutbar	24
a) Zumutbarkeitsgesichtspunkt in Abs. 1 Satz 1	24
b) Rechtsprechung des BVerfG zum Sonderopfer	25
c) Stand der Rechtsprechung zu § 51 Abs. 1 Satz 1	27

Festsetzung einer Pauschgebühr in Straf- und Bußgeldsachen §51 RVG

IV. Pauschgebühr auch für einzelne Verfahrensabschnitte (Abs. 1 Satz 1 und 2)	31
V. Höhe der Pauschgebühr	35
1. Pauschgebühr anstelle der gesetzlichen Gebühren	35
2. Keine einheitlichen Richtlinien	37
3. Eckpunkte der Bemessung	39
4. Auslagen	41
5. Verzinsung	42
VI. Bewilligungsverfahren	43
1. Antrag	43
a) Antragsbegründung	43
b) Antragszeitpunkt	48
2. Zuständiges Gericht (Abs. 2)	51
a) Allgemeines	51
b) Entscheidung durch den Einzelrichter (Abs. 2 Satz 3; §42 Abs. 3)	53
3. Verfahren	54
4. Gerichtliche Entscheidung	55
5. Festsetzung der Pauschgebühr	56
6. Verfahren bei der Verwaltungsbehörde	57
7. Verjährung	58
a) Dauer der Verjährungsfrist/Unterbrechung	58
b) Beginn der Verjährungsfrist	59
VII. Vorschuss/Abschlagszahlung (Abs. 1 Satz 5)	64
1. Allgemeines	64
2. Anspruchsvoraussetzungen	65
3. Weiterer Vorschuss	69
4. Verfahren	70
a) Antrag/Zuständiges Gericht	70
b) Angemessener Vorschuss	72
5. Rückforderung eines Vorschusses	73
VIII. Arbeitshilfe: ABC der Pauschgebühr	74

Literatur:

Breyer, Die Pauschalvergütung des Rechtsanwalts im Strafverfahren, RVG-B 2005, 93; ***Burhoff***, Die Pauschvergütung nach §99 BRAGO – ein Rechtsprechungsüberblick mit praktischen Hinweisen, StraFo 1999, 261; ***ders.***, Neue Rechtsprechung zur Pauschvergütung nach §99 BRAGO – mit praktischen Hinweisen, StraFo 2001, 119; ***ders.***, Pauschvergütung des Pflichtverteidigers nach §99 BRAGO für die Verteidigung des inhaftierten Mandanten, StraFo 2001, 230; ***ders.***, Pauschvergütung des Pflichtverteidigers nach §99 BRAGO für die Verteidigung des inhaftierten Mandanten, AGS 2001, 219; ***ders.***, Antrag und Verfahren zur Bewilligung einer Pauschvergütung, AGS 2001, 266; ***ders.***, Verjährung des Pauschvergütungsanspruchs, AGS 2002, 98; ***ders.***, Antrag zur Bewilligung einer Pauschvergütung, BRAGOreport 2003, 2; ***ders.***, Voraussetzungen für die Bewilligung einer Pauschvergütung, BRAGOreport 2003, 42; ***ders.***, Neue Rechtsprechung zur Pauschvergütung nach §99 BRAGO, StraFo 2003, 158; ***ders.***, Die Pauschgebühr in Straf- und Bußgeldsachen (§§42, 51 RVG), RVGreport 2006, 125; ***ders.***, Die Pauschgebühr des Strafverteidigers nach den §§42, 51 RVG, StraFo 2008, 192; ***ders.***, Rechtsprechungsübersicht zum RVG betreffend die §§42, 51 RVG, StRR 2008, 371; ***ders.***, Die Rechtsprechung zur Abrechnung im Straf- und Bußgeldverfahren, insbesondere nach den Teilen 4 und 5 VV RVG, in den Jahren 2006–2009 – Teil 1, StraFo 2009, 353; ***ders.***, Die Rechtsprechung zur Abrechnung im Straf- und Bußgeldverfahren, insbesondere nach den Teilen 4 und 5 VV RVG, in den Jahren 2006–2009 – Teil 2, StraFo 2009, 401; ***ders.***, Rechtsprechungsübersicht zu den Teilen 4–7 RVG aus den Jahren 2008–2010 – Teil 1, RVGreport 2010, 83; ***ders.***, Anwaltsgebühren bei der Verständigung im Straf- und Bußgeldverfahren, RVGreport 2010, 401; ***Eisenberg/Classen***, Beeinträchtigung der notwendigen Verteidigung, dargestellt am Beispiel der Judikatur zu §99 BRAGO, NJW 1990, 1021; ***Gaede***, Pauschvergütung Ade? – Die Zumutbarkeit bei der Vergütung des Pflichtverteidigers, StRR 2007, 89; ***Gaier***, Die Angemessenheit anwaltlicher Vergütung als Grundrechtsproblem, AnwBl. 2010, 73; ***Hannover***, Ein leidiges The-

§ 51 RVG   *Festsetzung einer Pauschgebühr in Straf- und Bußgeldsachen*

ma: Pauschvergütung in Großverfahren, StV 1981, 487; *Leipold*, Voraussetzung für Pauschgebühr, NJW-Spezial 2007, 187; *Marberth*, Die Gebühren des Pflichtverteidigers – neue Entwicklungen, StraFo 1997, 225.

A. Überblick

1   Die Vorschrift ermöglicht die Bewilligung einer Pauschgebühr für den gerichtlich bestellten oder beigeordneten Rechtsanwalt. I.d.R. ist das der Pflichtverteidiger.

Der **praktische Anwendungsbereich** der Vorschrift ist gegenüber dem früheren § 99 BRAGO **eingeschränkt**. Früher konnte eine Pauschvergütung schon dann bewilligt werden, wenn der Pflichtverteidiger in einem „besonders schwierigen" oder „besonders umfangreichen" Verfahren tätig geworden war. § 51 Abs. 1 Satz 1 scheint dem Wortlaut nach nun für die Bewilligung einer Pauschgebühr zusätzlich vorauszusetzen, dass die in Teil 4 bis 6 des VV bestimmten Gebühren wegen „des besonderen Umfangs oder der besonderen Schwierigkeit **nicht zumutbar** sind" (vgl. dazu unten Rn. 24 ff.; BVerfG, NJW 2007, 3420 = AGS 2007, 504 = RVGreport 2007, 263 m.w.N.). Diese Einschränkung geht darauf zurück, dass das RVG einige der Tätigkeiten des Pflichtverteidigers, die früher von den OLG bei der Bewilligung einer Pauschvergütung berücksichtigt worden sind, nun als eigenständige Gebührentatbestände enthält und die **Pauschgebühr** nach dem Willen des Gesetzgebers nur noch **Ausnahmecharakter** haben soll (vgl. BT-Drucks. 15/1971, S. 201; zu weitgehend aber OLG Rostock, NStZ-RR 2010, 326 = RVGreport 2010, 415 = RVGprofessionell 2010, 156, das davon ausgeht, dass eine Pauschgebühr nur noch in „außergewöhnlichen Strafverfahren" gewährt werden soll). Der Gesetzgeber hat die Vorschrift aber im Hinblick auf die Rechtsprechung des BVerfG (vgl. BVerfGE 68, 237, 255) dennoch weiterhin als erforderlich angesehen, um die Fälle, die durch gesetzliche Gebührenregelungen nicht bzw. immer noch nicht ausreichend honoriert werden, ausreichend erfassen zu können (vgl. auch Burhoff, RVGreport 2006, 125, 127 f.; so wohl auch BVerfG, a.a.O.).

2   Bei der **Auslegung**, was „**nicht zumutbar**" ist, muss trotz der in das RVG neu aufgenommenen Gebührentatbestände, die dem Pflichtverteidiger (anders als früher in der BRAGO) teilweise eigene Gebühren zukommen lassen, die Rechtsprechung des BVerfG zum „Sonderopfer" herangezogen werden (BVerfGE 68, 237, 255; vgl. dazu u.a. OLG Hamm, StV 2000, 443 [LS] = StraFo 2000, 285 = NStZ 2000, 555 = wistra 2000, 398 = AGS 2001, 13 [für ein Wirtschaftsstrafverfahren]; zur Angemessenheit der anwaltlichen Vergütung s. Gaier, AnwBl. 2010, 73). Nach wie vor soll und muss die Pauschgebühr grds. gewährleisten, dass der Rechtsanwalt sich auch einem Pflichtmandat mit dem gebotenen, oft sehr erheblichen Zeitaufwand widmen kann, ohne gewichtige wirtschaftliche Nachteile in Kauf nehmen zu müssen. Sie soll zudem verhindern, dass der Pflichtverteidiger im Verhältnis zu seiner Vergütung unzumutbar belastet wird (BVerfG, NJW 2003, 1443; zuletzt NJW 2007, 3420 = AGS 2007, 504 = RVGreport 2007, 263 und auch noch BVerfG, 01.02.2005 – 2 BvR 2456/05 [zu § 99 BRAGO]; OLG Hamm, StraFo 2005, 173 = AGS 2005, 112; s. aber auch OLG Frankfurt am Main, NJW 2006, 457 = RVGreport 2006, 145 und OLG Hamm, 15.08.2006 – 2 [s] Sbd. IX 68/06, wonach die Pauschgebühr dem Rechtsanwalt keinen zusätzlichen Gewinn verschaffen soll; wegen weiterer Einzelh. s. Rn. 2 ff.).

Festsetzung einer Pauschgebühr in Straf- und Bußgeldsachen §51 RVG

B. Kommentierung

I. Persönlicher Geltungsbereich (Abs. 1)

§ 51 gilt nach Abs. 1 Satz 1 für den gerichtlich bestellten oder beigeordneten Rechtsanwalt. Das 3
sind der nach § 140 StPO bestellte **Pflichtverteidiger** sowie der Rechtsanwalt, der dem Privatkläger, dem Nebenkläger oder dem Antragsteller im Klageerzwingungsverfahren im Wege der Bewilligung von PKH **beigeordnet** worden ist, sowie der Rechtsanwalt, der als Beistand des Nebenklägers (§ 397a Abs. 1 StPO) oder des nebenklageberechtigten Verletzten als sog. Verletztenbeistand bzw. Opferanwalt gem. § 406g Abs. 3 Satz 1 StPO **bestellt** worden ist. Auch für den Zeugenbeistand (§ 68b StPO) kommt die Bewilligung einer Pauschgebühr in Betracht.

§ 51 ist **ferner anwendbar**: 4

- für den in einer **Auslieferungssache** nach den Vorschriften des IRG gerichtlich bestellten Rechtsanwalt (s. z.B. § 42 IRG; s. Teil 6 Abschnitt 4.1 VV),
- für den in Verfahren nach dem **IStGH-Gesetz** beigeordneten Rechtsanwalt (s. Teil 6 Abschnitt 1 VV; vgl. Vorbem. 6 Rn. 9),
- für den im Rahmen der **Vollstreckung** einer **ausländischen Geldsanktion** nach den §§ 86 ff. IRG bestellten Beistand (s. Teil 6 Abschnitt 1 VV; vgl. Vorbem. 6 Rn. 9), allerdings wohl nur, wenn eine gerichtliche Bestellung vorliegt (vgl. Vorbem. 6.1.1 VV Rn. 11),
- für den als **Kontaktperson** nach § 34a EGGVG beigeordneten Rechtsanwalt (vgl. dazu auch die Komm. zu Nr. 4304 VV, Rn. 9),
- für den im **strafrechtlichen Rehabilitierungsverfahren** tätigen Rechtsanwalt, da auch das Tätigkeit in einer Strafsache ist (OLG Jena, RVGreport 2007, 119),
- dem Wortlaut nach grds. auch im **Gnadenverfahren**, allerdings wird dort ein Rechtsanwalt nicht beigeordnet (Gerold/Schmidt/Burhoff, § 51 Rn. 4).

> **Hinweis:**
> Darüber hinaus ist die Regelung **nicht entsprechend anwendbar** (vgl. OLG Celle, AGS 2008, 548 = RVGreport 2009, 137 = RVGprofessionell 2008, 213 für Verfahren nach Teil 6 Abschnitt 3 VV [gerichtliche Verfahren bei Freiheitsentziehung und in Unterbringungssachen], Nr. 6300 VV Rn. 29; Gerold/Schmidt/Mayer, 6300 – 6303 VV Rn. 30; AnwKomm-RVG/N. Schneider, 6300 – 6303 VV Rn. 56; Vorbem. 6 VV Rn. 10 und Vorbem. 6.2 VV Rn. 42 für Verfahren nach Teil 6 Abschnitt 2 VV, m.w.N. zur teilweise a.A.). Insbesondere ist auch die früher in § 112 Abs. 4 BRAGO enthaltene Ausdehnung der Pauschgebührenregelung für die gerichtlichen Verfahren bei Freiheitsentziehung entfallen.

Für den **Wahlverteidiger**, den frei gewählten Rechtsanwalt eines Privatklägers oder Nebenklägers oder den im Klageerzwingungsverfahren frei gewählten Rechtsanwalt gilt § 51 nicht, und 5
zwar auch nicht entsprechend (OLG Hamm, AnwBl. 1989, 686 = MDR 1989, 568). Diese haben die Möglichkeit, innerhalb des Gebührenrahmens des VV gem. § 14 die nach ihrer Ansicht angemessene Gebühr selbst zu bestimmen oder die Übernahme der Verteidigung/des Mandats von einer Vergütungsvereinbarung i.S.d. § 3a abhängig zu machen (vgl. dazu Teil A: Rahmengebühren [§ 14], Rn. 1045; Teil A: Vergütungsvereinbarung [§ 3a], Rn. 1502). Außerdem kann sich der

§ 51 RVG *Festsetzung einer Pauschgebühr in Straf- und Bußgeldsachen*

Wahlverteidiger nach § 42 Abs. 1 unter den dort bestimmten Voraussetzungen selbst auch eine Pauschgebühr feststellen lassen (s. dazu die Komm. zu § 42).

6 Wird der **Pflichtverteidiger** vertreten, **gilt**: Für den **Pflichtverteidiger**, der sich durch den für ihn nach § 53 BRAO allgemein bestellten Vertreter hat vertreten lassen, kommt die Bewilligung einer **Pauschgebühr** in Betracht (AnwKomm-RVG/N. Schneider, § 51 Rn. 9; Gerold/Schmidt/Burhoff, § 51 Rn. 5; OLG Hamm, StV 1994, 501), nicht jedoch, wenn der Pflichtverteidiger durch andere Personen vertreten worden ist (OLG Hamm, JurBüro 1979, 520 = AnwBl. 1979, 236; OLG Oldenburg, JurBüro 1979, 681). § 51 wird ebenfalls nicht auf den zum Pflichtverteidiger bestellten **Referendar** angewendet (OLG Hamburg, JurBüro 1989, 208 = Rpfleger 1988, 548; AnwKomm-RVG/N. Schneider, § 51 Rn. 11).

II. Sachlicher Geltungsbereich (Abs. 1 und 3)

7 Die Vorschrift gilt für das Strafverfahren (Teil 4 VV) und auch für das Bußgeldverfahren, wenn dem **Betroffenen** dort gem. § 60 OWiG ein **Pflichtverteidiger** bestellt worden ist (vgl. dazu Burhoff, EV, Rn. 470 m.w.N.). Geht man davon aus, dass die Tätigkeit des Zeugenbeistands nach Teil 4 Abschnitt 3 VV abgerechnet wird (vgl. zum Streitstand Vorbem. 4.1 VV Rn. 5 VV), kann die Bewilligung einer Pauschgebühr auch für eine Einzeltätigkeit nach Nr. 4301 Ziff. 4 VV in Betracht kommen, wenn sich die gesetzliche Gebühr als unangemessen niedrig erweisen sollte; in einem solchen Fall steht auch einem Rechtsanwalt, der nach § 68b StPO einem Zeugen als Vernehmungsbeistand beigeordnet worden ist, eine Pauschgebühr zu (vgl. OLG Jena, 09.02.2009 – 1 Ws 370/08, JurionRS 2009, 37409; 27.01.2011 – 1 AR (S) 69/10, JurionRS 2011, 17370). Die Vorschrift gilt auch für die in Teil 6 Abschnitt 1 VV geregelten Verfahren (vgl. Vorbem. 6 VV Rn. 9) und im strafrechtlichen Rehabilitierungsverfahren (OLG Jena, RVGreport 2007, 119). Nach § 51 Abs. 3 wird die Vorschrift im Bußgeldverfahren vor der Verwaltungsbehörde entsprechend angewendet.

> **Hinweis:**
> § 51 gilt nach Abs. 1 Satz 2 aber nur soweit, wie Festgebühren entstehen. Erhält (auch) der Pflichtverteidiger **Wertgebühren** – also im Fall der Nrn. 4142 ff. VV – scheidet hingegen insoweit die (verfahrensabschnittsweise) Gewährung einer Pauschgebühr aus. Fraglich ist, inwieweit die Tätigkeiten bei der Bemessung der Pauschgebühr mit herangezogen werden können (verneint von AnwKomm-RVG/N. Schneider, § 51 Rn. 43). Es werden aus der Staatskasse auf Wertgebühren erstattete Beträge auch nicht auf eine Pauschgebühr angerechnet (LG Rostock, AGS 2011, 24 = RVGreport 2010, 417 m. Anm. Burhoff für Nr. 4142 VV).

III. Anspruchsvoraussetzungen

1. Anwendbarkeit der zu § 99 Abs. 1 BRAGO ergangenen Rechtsprechung

8 Allgemein ist früher die gesetzliche Vergütung des **Pflichtverteidigers** aufgrund der Vorschriften der **BRAGO** als **ungenügend** angesehen worden. Diese ungenügende Vergütung des Verteidigers gem. § 97 BRAGO wurde in den Verfahren, in denen er dem Angeklagten als Pflichtverteidiger beigeordnet worden ist, als „Opfer" der Anwaltschaft verstanden (OLG Hamburg, MDR 1987, 607 = JurBüro 1987, 722; vgl. dazu auch OLG Koblenz, StraFo 1997, 320). Auch das BVerfG hielt in der Vergangenheit gewisse finanzielle Einbußen zugunsten des Gemeinwohls für zuläs-

A. Vergütungs-ABC	B. Kommentar
	Abschnitt 8 • Beigeordneter oder bestellter RA, Beratungshilfe

Festsetzung einer Pauschgebühr in Straf- und Bußgeldsachen §51 RVG

sig (vgl. BVerfGE 68, 237, 245, 255; vgl. zuletzt auch BVerfGE, 01.02.2005 – 2 BvR 2456/05), allerdings durften diese nicht so groß werden, dass für den Verteidiger ein unzumutbares Sonderopfer entstand. Dies hat das BVerfG in seinem Beschl. v. 20.03.2007 (2 BvR 51/07, NJW 2007, 3420 = AGS 2007, 504 = RVGreport 2007, 263) bestätigt und dabei auf seine frühere Rechtsprechung zu § 99 BRAGO Bezug genommen, die damit auch zu § 51 anwendbar ist.

Nach § 99 Abs. 1 BRAGO konnte eine Pauschvergütung bewilligt werden, wenn der Rechtsanwalt in einem „besonders schwierigen" oder „besonders umfangreichen" Verfahren tätig geworden war. Diese Voraussetzungen mussten nicht kumulativ, sondern alternativ vorliegen (allgemeine Meinung zu § 99 BRAGO; s. u.a. Burhoff, StraFo 1999, 261, 263 m.w.N. in Fn. 25; OLG Hamm, MDR 1991, 1206; OLG Karlsruhe, AnwBl. 1978, 358). Das **RVG** hat an diesen **Voraussetzungen** für die **Bewilligung** einer Pauschgebühr **festgehalten**, während der in der 14. Legislaturperiode eingebrachte Gesetzesentwurf der SPD-Fraktion in § 49 RVG-E vorsah, dass eine Pauschgebühr nur noch dann gewährt werden sollte, wenn die gesetzlichen Gebühren des Teils 4 oder 5 des VV „wegen des besonderen Umfangs **und** der Schwierigkeit nicht mehr zumutbar sind". Die Bewilligung einer Pauschgebühr ist aber gegenüber § 99 BRAGO dadurch **eingeschränkt worden**, dass nach § 51 eine Pauschgebühr nur bewilligt wird, wenn die Gebühren der Teile 4 bis 6 des VV „nicht zumutbar" sind (vgl. dazu unten Rn. 24 ff.). **9**

Diese Einschränkung geht auf die im RVG nun enthaltenen zahlreicheren gesetzlichen Gebührentatbestände zurück und soll den Ausnahmecharakter der Pauschgebühr betonen (vgl. u.a. BVerfG, NJW 2007, 3420 = AGS 2007, 504 = RVGreport 2007, 263; OLG Hamm, NStZ-RR 2006, 392 [LS]; s. eingehend unten Rn. 24 ff.). Sie hat zur Folge, dass die Tätigkeiten des Pflichtverteidigers, für die im RVG gesetzliche Gebührentatbestände geschaffen worden sind (vgl. z.B. Nrn. 4102, 4110, 4111 VV usw.), keine bzw. allenfalls noch eine untergeordnete Bedeutung haben (vgl. dazu die inzwischen st. Rspr. der OLG, wie u.a. OLG Hamm, StraFo 2005, 263; NJW 2006, 74; OLG Jena, StV 2006, 202 = StraFo 2005, 273 = RVGreport 2005, 103; OLG Karlsruhe, RVGreport 2005, 315; StV 2006, 205 = RVGreport 2006, 420). **10**

> **Hinweis:**
> Die **frühere Rechtsprechung** der OLG zu den Voraussetzungen der Gewährung einer Pauschvergütung nach § 99 BRAGO muss also immer **sorgfältig** dahin gehend **geprüft** werden, inwieweit Umstände, für die das RVG gesetzliche Gebührentatbestände geschaffen hat, jeweils allein- oder mitbestimmend für die Gewährung der Pauschvergütung gewesen sind (vgl. u.a. OLG Hamm, StraFo 2005, 263; JurBüro 2006, 255; zur Anwendbarkeit früherer Rspr. auch noch OLG Hamm, StraFo 2005, 130 = RVGreport 2005, 68 = AGS 2005, 117).

Das erlangt insbesondere bei der **Dauer der Hauptverhandlungstermine** Bedeutung, da gerade hier der besondere Zeitaufwand des Pflichtverteidigers durch besondere Zuschläge zur eigentlichen Terminsgebühr berücksichtigt wird (vgl. z.B. Nr. 4116 VV und Nr. 4117 VV; vgl. dazu OLG Hamm, StraFo 2005, 263). Auch für die **Teilnahme an Vernehmungen** (im Ermittlungsverfahren) und für die **Teilnahme an Haftprüfungsterminen** hat das RVG in Nr. 4102 VV einen eigenen Gebührentatbestand geschaffen. Allerdings bleiben diese Tätigkeiten auch nicht völlig außer Betracht. War z.B. die im Ermittlungsverfahren durchgeführte Vernehmung besonders lang, kann das ein Umstand sein, der bei der Beurteilung des Verfahrens als „besonders umfangreich" von Bedeutung ist. Nr. 4102 Ziff. 1 und Ziff. 2 VV stellt nicht auf die Länge der Verneh- **11**

§ 51 RVG *Festsetzung einer Pauschgebühr in Straf- und Bußgeldsachen*

mungen ab. Auch kann es von Bedeutung sein, wenn in einem Verfahren besonders viele besonders lange Hauptverhandlungs-Termine durchgeführt worden sind (vgl. OLG Hamm, JurBüro 2007, 308; OLG Hamm, 02.01.2007 – 2 [s] Sbd. IX-150/06, www.burhoff.de [Berücksichtigung des **„Gesamtgepräges"** des Verfahrens]; OLG Hamm, 16.03.2007 – 2 [s] Sbd. IX-30/07, www.burhoff.de; vgl. auch OLG Stuttgart, RVGreport 2008, 383 = StRR 2008, 359 m. Anm. Burhoff = Rpfleger 2008, 441).

12 **Anders** ist die Frage der „**besonderen Schwierigkeit**" zu beurteilen. Dazu hat das RVG keine Änderung gegenüber der BRAGO erfahren. § 51 Abs. 1 spricht ebenso wie § 99 Abs. 1 BRAGO von „besonders schwierigen" Verfahren. Das bedeutet, dass die von der Rechtsprechung der OLG in der Vergangenheit unter der Geltung des § 99 Abs. 1 BRAGO schon als „besonders schwierig" angesehenen Verfahren auf jeden Fall auch „besonders schwierig" i.S.d. § 51 Abs. 1 sind (OLG Celle, StraFo 2005, 273 = RVGreport 2005, 142 = AGS 2005, 393; OLG Hamm, StraFo 2005, 130 = RVGreport 2005, 68 = AGS 2005, 117; OLG Jena, StraFo 2005 = RVGreport 2005, 103; OLG Karlsruhe, RVGreport 2005, 315). Allerdings gilt auch hier, dass die gesetzliche Vergütung „nicht zumutbar" sein muss (vgl. dazu Rn. 24 ff.).

2. „Besonderer Umfang" des Verfahrens

a) Allgemeines

13 Allgemein ist für die Frage, ob es sich um ein „besonders umfangreiches" Verfahren handelt, auf den **zeitlichen Aufwand** abzustellen, den der Pflichtverteidiger auf die Sache verwenden musste. Dabei sind allerdings die Einschränkungen, die durch die in das RVG neu aufgenommenen Gebührentatbestände eingetreten sind, zu beachten (vgl. dazu z.B. Rn. 11).

Danach ist eine Strafsache „besonders umfangreich", wenn der von dem Verteidiger bzw. Rechtsanwalt erbrachte zeitliche Aufwand **erheblich über** dem **Zeitaufwand** liegt, den er in einer „normalen" Sache zu erbringen hat (allgemeine Meinung zu § 99 BRAGO; vgl. die Nachw. bei Burhoff, StraFo 1999, 261, 263 in Fn. 30). **Vergleichsmaßstab** sind gleichartige Verfahren, z.B. für eine „besonders umfangreiche" Schwurgerichtssache die normalen Schwurgerichtsverfahren oder für eine Sache vor dem erweiterten Schöffengericht die Sachen, die normalerweise vor dem erweiterten Schöffengericht verhandelt werden (BGH, Rpfleger 1996, 169; NStZ 1997, 98 [K]; grundlegend OLG Hamm, JurBüro 1999, 194 = Rpfleger 1999, 235; OLG Koblenz, Rpfleger 1985, 508; OLG München, AnwBl. 1976, 178; Gerold/Schmidt/Burhoff, § 51 Rn. 15). Ist das Verfahren an ein höheres Gericht **verwiesen** worden, findet § 20 sinngemäß Anwendung. Voraussetzung dafür ist jedoch, dass der Pflichtverteidiger zu irgendeinem Zeitpunkt überhaupt in dem Verfahren vor dem übernehmenden Gericht tätig geworden ist (OLG Hamm, JurBüro 1999, 194 = Rpfleger 1999, 235). Ist das nicht der Fall, bleibt es bei dem für das niedrigere Gericht geltenden Vergleichsmaßstab.

Der „besondere Umfang" einer Strafsache wird danach z.B. immer auch bestimmt aus der **Anzahl** der **Hauptverhandlungstermine** und deren **zeitlicher Abfolge**, der Anzahl und Dauer von Besuchen in einer Justizvollzugsanstalt, der Wahrnehmung von – ggf. auswärtigen – Beweisterminen und ggf. auch der vom Verteidiger aufgewendeten Fahrtzeiten, der Anzahl und dem Umfang von Einlassungen und Schriftsätzen, dem Umfang der Anklage und den Gerichtsakten, der Vorbereitung und der Auswertung der Hauptverhandlungstermine, insbesondere auch durch Vorbesprechungen mit (Mit-)Verteidigern, der Vorbereitung des Plädoyers, der Anzahl der ver-

Festsetzung einer Pauschgebühr in Straf- und Bußgeldsachen § 51 RVG

nommenen Zeugen und Sachverständigen, dem Umfang des erstinstanzlichen Urteils sowie ggf. auch der Dauer des Verfahrens über möglicherweise mehrere Jahre (vgl. auch AnwKomm-RVG/ N. Schneider, § 51 Rn. 23 ff.). Daran hat sich durch das RVG nichts geändert, da die Frage, ob das Verfahren „besonders umfangreich" ist, unabhängig von der Frage der Zumutbarkeit der gesetzlichen Gebühren ist. Werden besondere Umstände geltend gemacht, muss sich deren Bewältigung in einem zeitlichen Mehraufwand niedergeschlagen haben (OLG Düsseldorf, 04.05.2009 – III-3 [s] RVG 22/09, www.burhoff.de). Das kann z.B. ein besonderer Betreuungsaufwand sein (OLG Hamm, 29.04.2008 – 5 [s] Sbd. V 23/08, www.burhoff.de, für Nebenklägerbeistand), aber nicht allein der Umstand, dass der Rechtsanwalt mehreren Geschädigten beigeordnet worden ist (OLG Köln, 08.02.3008 – 1 ARs 3/08, StRR 2008, 123 [LS] = JurionRS 2008, 10867), da der dadurch entstehende Mehraufwand durch die Nr. 1008 VV abgegolten wird.

> **Hinweis:**
>
> Wegen der **Einzelh. zum „besonderen Umfang"** wird auf die Arbeitshilfe „**ABC zur Pauschgebühr**" unter Rn. 74 ff. verwiesen.

Bei der **Prüfung** des „besonderen Umfangs" wird von den OLG (teilweise) **zweistufig** vorgegangen (vgl. dazu OLG Hamm, StraFo 2005, 173 = AGS 2005, 112; OLG Jena, StV 2006, 202 = StraFo 2005, 172 = AGS 2005, 341). Grundlage für diese zweistufige Prüfung ist die Überlegung, dass der vom RVG bei den Gebühren des Strafverteidigers im Wesentlichen vorgesehenen verfahrensabschnittsweisen Vergütung (vgl. dazu BT-Drucks. 15/1971, S. 220) auch bei der Bewilligung einer Pauschgebühr Rechnung zu tragen sei. Deshalb wird auch dann, wenn eine Pauschgebühr nicht nur für einen einzelnen Verfahrensabschnitt beantragt wird (zur Zulässigkeit s. § 51 Abs. 1 Satz 1; unten Rn. 31), sondern für das gesamte Verfahren, in einem **ersten Schritt** untersucht, inwieweit der besondere Umfang der anwaltlichen Tätigkeit hinsichtlich einzelner Verfahrensabschnitte zu bejahen ist (so OLG Hamm, StraFo 2005, 173 = AGS 2005, 112; OLG Jena, StV 2006, 202 = StraFo 2005, 172 = AGS 2005, 341; StV 2006, 204 = RVGreport 2006, 423). In einem **zweiten Schritt** wird dann geprüft, ob ggf. zwar nicht ein einzelner Verfahrensabschnitt „besonders umfangreich" gewesen ist, möglicherweise das Verfahren aber „insgesamt" als „besonders umfangreich" einzustufen ist (so OLG Jena, StV 2006, 202 = StraFo 2005, 172 = AGS 2005, 341). Das wird z.B. dann angenommen, wenn die einzelnen Verfahrensabschnitte jeweils noch nicht den Grad des „besonderen Umfangs" erreicht haben, sie aber jeweils so umfangreich sind, dass in der Gesamtschau unter Berücksichtigung der Kriterien des RVG ein „besonderer Umfang" anzunehmen ist (vgl. zu § 99 BRAGO OLG Hamm, StraFo 1997, 286 = AnwBl. 1998, 220; zum „Gesamtgepräge" s. auch OLG Hamm, JurBüro 2007, 308; 02.01.2007 – 2 [s] Sbd. IX-150/06, www.burhoff.de; 16.03.2007 – 2 [s] Sbd. IX-30/07, www.burhoff.de; vgl. auch OLG Stuttgart, RVGreport 2008, 383 = StRR 2008, 359 m. Anm. Burhoff = Rpfleger 2008, 441; s. auch noch OLG Karlsruhe, 30.01.2007 – 2 AR 43/06, www.burhoff.de). 14

b) Maßgeblicher Zeitraum

Maßgeblicher Zeitraum für die Prüfung, ob eine Pauschgebühr zu gewähren ist, ist der Zeitraum **seit Beginn** der **Bestellung** des Pflichtverteidigers bis zum Ende der Beiordnung (s. OLG Hamm, AnwBl. 1998, 614 = AGS 1998, 139 m. Anm. Madert; OLG Jena, RVGreport 2008, 458 = StRR 2008, 283 = RVGprofessionell 2009, 2). Nicht berücksichtigt werden aber z.B. nach einer gem. 15

§ 51 RVG *Festsetzung einer Pauschgebühr in Straf- und Bußgeldsachen*

§ 153 Abs. 2 StPO erfolgten Einstellung des Verfahrens noch in Zusammenhang mit Entschädigungsfragen erbrachte Tätigkeiten des Verteidigers (OLG Hamm, a.a.O.).

16 Der Streit zu § 99 BRAGO, ob über § 97 Abs. 3 BRAGO bei der Gewährung einer Pauschgebühr auch Tätigkeiten des Rechtsanwalts zu berücksichtigen sind, die dieser vor seiner Beiordnung/Bestellung noch als Wahlanwalt erbracht hatte (vgl. dazu Burhoff, StraFo 1999, 261, 263 Fn. 38 ff.) ist in § 51 Abs. 1 Satz 3 i.S.d. zur alten Regelung letztlich wohl herrschenden Meinung erledigt. Nach § 51 Abs. 1 Satz 3 werden ausdrücklich **auch** die **Tätigkeiten** erfasst und für sie eine Pauschgebühr, für die der Rechtsanwalt einen **Anspruch nach § 48 Abs. 5** (früher: § 97 Abs. 3 BRAGO) hat (so schon früher zu § 97 Abs. 3 BRAGO i.V.m. § 99 BRAGO die h.M., vgl. dazu zuletzt OLG Düsseldorf, NStZ-RR 2001, 158 = AGS 2001, 129 = StV 2002, 92; OLG Hamm, NStZ 2001, 498 = AGS 2001, 199 = JurBüro 2001, 526).

> **Hinweis:**
> Bei der Bewilligung einer Pauschgebühr sind also auch die Tätigkeiten des Pflichtverteidigers, die er vor seiner Beiordnung zunächst als Wahlverteidiger erbracht hat, zu berücksichtigen. Damit werden insbesondere die Tätigkeiten des Pflichtverteidigers, die dieser für seinen Mandanten im **Ermittlungsverfahren**, in dem häufig eine Beiordnung noch nicht erfolgt ist, bei der Bewilligung der Pauschgebühr **erfasst**.

c) Berücksichtigung „unnötiger" Anträge?

17 Von praktischer Bedeutung ist die Frage, ob für die Beurteilung des Umfangs des Strafverfahrens der Zeitaufwand für umfangreiche Verfahrens- und/oder Beweisanträge, die aus der **Sicht des Gerichts „unnötig"** waren oder nur der Verfahrensverzögerung dienten, zu berücksichtigen ist. Diese Frage wurde zu § 99 BRAGO von der dazu wohl noch herrschenden Meinung in der Rechtsprechung verneint (vgl. OLG Hamburg, JurBüro 1988, 598 = MDR 1988, 254; StV 1991, 120; OLG Schleswig, SchlHA 1987, 14; NStZ 1996, 443 m. Anm. Widmaier = StraFo 1997, 157 m. Anm. Marberth; OLG Karlsruhe, JurBüro 1981, 721; s. auch die Nachw. bei Hannover, StV 1981, 498; zum RVG wohl dieser Ansicht OLG Dresden, 06.12.2006 – 1 ARs 35/06, www.burhoff.de), in der Literatur jedoch bejaht (vgl. u.a. Eisenberg/Classen, NJW 1990, 1021; Marberth, StraFo 1997, 229; Thomas, in: Pflichtverteidigung und Rechtsstaat, herausgegeben von der AG Strafrecht des DAV, S. 66 f.; Widmaier in der Anm. zu OLG Schleswig, NStZ 1996, 443; Zaczyk, StV 1991, 122 in der Anm. zu OLG Hamburg, JurBüro 1988, 598 = MDR 1988, 254; Gerold/Schmidt/Burhoff, § 51 Rn. 27; Mertens/Stuff, Rn. 521).

18 Der Streit ist durch das RVG nicht erledigt. Der **Literaturmeinung** ist aber nach wie vor **zuzustimmen**. Folgt man der (strengen) Rechtsprechung, besteht die Gefahr, dass der Pflichtverteidiger über die Möglichkeit der Versagung einer Pauschgebühr **in seiner Verteidigungsstrategie beeinflusst** wird. Auch kann und darf in einem der Hauptverhandlung nachfolgenden Kostenfestsetzungsverfahren das Verteidigerverhalten im Prozess nicht beurteilt werden. Es ist zudem nicht Aufgabe des mit der Bewilligung einer Pauschgebühr befassten (Einzel-)Richters, nachträglich zu beurteilen, ob vom Verteidiger i.d.R. im Interesse des Mandanten gestellte Anträge unnötig waren und/oder nur der Verfahrensverzögerung gedient haben (so auch Thomas, a.a.O.). Dieser Auffassung hatte sich zu § 99 BRAGO auch schon das OLG Hamm angeschlossen (vgl. JurBüro 2001, 194 = StV 2002, 93 = NStZ-RR 2002, 95; vgl. auch KG, RVGreport 2008, 302

Festsetzung einer Pauschgebühr in Straf- und Bußgeldsachen §51 RVG

= RVGprofessionell 2008, 171 = StRR 2008, 398; StRR 2009, 239; OLG Brandenburg, AGS 2007, 400 = RVGreport 2007, 182; OLG Düsseldorf, RVGreport 2008, 259 = RVGprofessionell 2008, 189 = StRR 2008, 399; LG Bad Kreuznach, RVGprofessionell 2010, 171; LG Frankfurt an der Oder, RVGreport 2007, 109, zu der vergleichbaren Frage, inwieweit im Kostenfestsetzungsverfahren die Erforderlichkeit der vom Verteidiger veranlassten Auslagen, wie z.B. gefertigte Kopien, überprüft werden kann/darf).

Das bedeutet jedoch nicht, dass dem Verteidiger über eine Pauschgebühr jedes Verteidigungsverhalten „honoriert" wird. Die **Grenze** ist dort zu ziehen, wo der **Bereich angemessener** und **sinnvoller Verteidigung überschritten** wird (so etwa auch Zaczyk, StV 1991, 122 in der Anm. zu OLG Hamburg, StV 1991, 120). Der darüber hinaus erbrachte Zeitaufwand bleibt unberücksichtigt (s. dazu OLG Schleswig, SchlHA 1987, 14). Ob diese Grenze überschritten ist, kann man daran erkennen, ob das Gericht über die als unzulässig und verfahrensverzögernd empfundenen Anträge in der Hauptverhandlung durch Beschluss, z.B. nach § 244 Abs. 3 StPO, entschieden hat (so auch Burhoff, StraFo 1999, 264).

3. Besonders schwierige Verfahren

a) Allgemeines

Nach § 51 Abs. 1 kann eine Pauschgebühr auch dann bewilligt werden, wenn das Verfahren „besonders schwierig" gewesen ist. Insoweit sind ebenfalls die Voraussetzungen für die Bewilligung einer Pauschgebühr nach § 99 Abs. 1 BRAGO beibehalten worden. **19**

> **Hinweis:**
> Die zu § 99 Abs. 1 BRAGO in Zusammenhang mit der „besonderen Schwierigkeit" ergangene **Rechtsprechung** der OLG ist **weiterhin anwendbar**. Denn alle Verfahren, die in der Vergangenheit schon als „besonders schwierig" eingestuft worden sind, sind auch „besonders schwierig" i.S.d. § 51 Abs. 1 (vgl. zur Fortgeltung der „alten" Rspr. OLG Celle, RVGreport 2005, 142 = StraFo 2005, 273; OLG Hamm, JurBüro 2006, 255 [LS] = OLGSt, RVG § 51 Nr. 1; RVGreport 2006, 101 = AGS 2006, 229 = JurBüro 2006, 200; Burhoff, RVGreport 2006, 125).

b) Allgemeine Kriterien

Eine Strafsache ist „besonders schwierig", wenn die Sache aus besonderen Gründen – sei es aus rechtlichen, sei es aus tatsächlichen – **über** das **Normalmaß** hinaus **verwickelt** ist. Die Schwierigkeit muss erheblich sein, sodass es nicht ausreicht, wenn die Sache etwas verwickelter als üblich ist (OLG Karlsruhe, 30.01.2007 – 2 AR 43/06, www.burhoff.de; Burhoff, StraFo 1999, 264 m.w.N.). **20**

Als allgemeine **Anhaltspunkte** für die „besondere Schwierigkeit" einer Sache wird man – wie schon zu § 99 BRAGO – folgende Umstände heranziehen können:

- Die (**Urteils-)Frist**, die das Gericht zur Fertigstellung des schriftlichen Urteils benötigte.
- Für **tatsächliche Schwierigkeiten** kann sprechen, wenn das schriftliche Urteil eine umfangreiche, schwierige Beweiswürdigung enthält, da man daraus ableiten kann, dass sich der

§ 51 RVG   *Festsetzung einer Pauschgebühr in Straf- und Bußgeldsachen*

Pflichtverteidiger auch in der Hauptverhandlung mit diesen Beweisen hat besonders auseinandersetzen müssen.

- Ein **Indiz** für ein „besonders schwieriges" Verfahren ist es auch, wenn dem Angeklagten der Pflichtverteidiger nach § 140 Abs. 2 StPO wegen der Schwierigkeit der Sach- oder Rechtslage beigeordnet worden ist (OLG Hamm, AnwBl. 1998, 416 = AGS 1998, 104).

21 Hat der **Pflichtverteidiger** „**neben**" einem **Wahlverteidiger** verteidigt, kann allein mit dem Umstand, dass der Wahlverteidiger „federführend" die Verteidigung bearbeitet hat, nicht das Merkmal (besondere) Schwierigkeit verneint werden (OLG Hamm, StV 1998, 618 = AGS 1998, 138 = AnwBl. 1998, 612 zu § 99 BRAGO). Die besondere Schwierigkeit lässt sich im Übrigen auch nicht generell damit verneinen, dass eine Strafkammer in der Hauptverhandlung gem. § 76 Abs. 2 GVG nur mit zwei Berufsrichtern besetzt war (OLG Hamm, AGS 2003, 113).

c) **Besondere Kriterien**

22 Als besondere Kriterien für eine **Pauschgebühr wegen besonderer Schwierigkeit** können – teilweise auf der Grundlage der zu § 99 Abs. 1 BRAGO ergangenen Rechtsprechung – in Betracht kommen (s. auch AnwKomm-RVG/N. Schneider, § 51 Rn. 55 ff.; Gerold/Schmidt/Burhoff, § 51 Rn. 31 ff.):

- ggf. **sprachliche Verständigungsschwierigkeiten** mit dem Angeklagten (OLG Bamberg, JurBüro 1982, 1362), wobei allerdings nicht jede Hinzuziehung eines Dolmetschers zu einer Pauschgebühr führt (OLG Hamm, JurBüro 1995, 531). Entscheidend ist, dass durch die Hinzuziehung ein erheblicher Zeit- und Arbeitsaufwand angefallen ist (OLG Hamm, JurBüro 1995, 531; weiter OLG Köln, StraFo 2006, 258 = RVGreport 2006, 221);
- eine **schwierige Beweislage**, wenn
  - z.B. im Verfahren **Indizien** im Vordergrund stehen, zu denen umfangreiche Gutachten eingeholt worden sind (s. z.B. OLG Hamm, StV 1998, 612 = AGS 1998, 136 betr. ein Verfahren wegen sexuellen Missbrauchs; NJW 2007, 857 = StraFo 2007, 128 [für Schwurgerichtsverfahren mit lange zurückliegender Tat]; OLG Bremen, JurBüro 1975, 1222; AGS 2003, 257 betr. ein Schwurgerichtsverfahren mit wechselnden Einlassungen eines bestreitenden Angeklagten und vielen Indizien, die zu bewerten waren; BayObLG, 17.11.2005 – 6 St 006/04 in einer Staatsschutzsache),
  - eine **Wiedererkennungsproblematik**/Gegenüberstellung von Bedeutung ist (OLG Hamm, AGS 2003, 113),
  - eine „**Aussage-gegen-Aussage-Problematik**" von Bedeutung ist (OLG Hamm, AGS 2003, 453 = JurBüro 2003, 356);
- eine **schwierige Persönlichkeit** des Angeklagten (OLG Hamm, AnwBl. 1998, 416; OLG Hamm, StraFo 2001, 107 = JurBüro 2001, 134 für Zeugenbeistand; OLG Stuttgart, Rpfleger 2008, 441 = RVGreport 2008, 383 = StRR 2008, 359; OLG Hamburg, StraFo 2009, 42 [für unter einer Psychose sowie unter Logorrhoe leidenden Angeklagten; Anhebung der gesetzlichen Gebühren von 564,00 € auf 900,00 €]);
- bei einem **Zeugenbeistand** die gesamte, für den Zeugen bedrohliche Verfahrenssituation (OLG Hamm, StraFo 2001, 107 = JurBüro 2001, 134);

Festsetzung einer Pauschgebühr in Straf- und Bußgeldsachen §51 RVG

- (besondere) Kenntnisse des **ausländischen Rechts** (BayObLG, AnwBl. 1987, 619 = JurBüro 1988, 479; OLG Celle, RVGreport 2007, 64 für ein Auslieferungsverfahren);
- häufig **Auslieferungsverfahren** (vgl. dazu OLG Köln, AGS 2006, 380 = NJW-RR 2007, 71; RVGreport 2009, 218 m.w.N.),
- rechtlich und tatsächlich schwierige Fragen der **Abfallbeseitigung** (OLG Hamm, StraFo 2000, 35 = JurBüro 2000, 250) oder des **Umweltrechts** oder des **Außenwirtschaftsrechts** (OLG Hamm, AGS 1998, 138 = StV 1998, 618 = AnwBl. 1998, 612) oder **Patentrechts** (OLG Hamm, StV 1998, 614);
- komplizierte **wirtschaftsrechtliche Fragen** (AnwKomm-RVG/N. Schneider, § 51 Rn. 62);
- **widersprechende Gutachten** hinsichtlich der Schuldfähigkeit und der möglichen Wiederholungsgefahr (OLG Nürnberg, StV 2000, 441; vgl. auch OLG Zweibrücken, StRR 2009, 123 [LS], wonach zum gewöhnlichen Zuschnitt eines Schwurgerichtsverfahrens auch die Auseinandersetzung mit psychiatrischen und psychologischen Sachverständigengutachten gehört);
- wenn der Rechtsanwalt in einem Verfahren wegen **sexuellen Missbrauchs** dem minderjährigen Tatopfer beigeordnet worden ist, auf dessen Aussage es im Hinblick auf den vom Angeklagten bestrittenen Tatvorwurf ankam (OLG Dresden, AGS 2000, 109);
- wenn der Verteidiger erst **kurz vor Beginn** der **Hauptverhandlung** bestellt wird (OLG Karlsruhe, StraFo 1997, 319; OLG Zweibrücken, StV 1991, 123; zweifelhaft, da der besondere Zeitaufwand für die kurzfristige Vorbereitung der Hauptverhandlung eher zur Bejahung des Merkmals „besonderer Umfang" führen wird; s. auch Rn. 93);
- im **Revisionsverfahren**, wenn
    - **erstmals höchstrichterlich grundlegende Fragen** zum Verhältnis zwischen strafprozessualer Aufklärungspflicht und dem Interesse an der Geheimhaltung von Zeugenschutzmaßnahmen zu klären waren (BGH, NJW 2006, 1535 = NStZ 2006, 409 im Verfahren BGHSt 50, 318 = NJW 2006, 793);
    - sich der Verteidiger mit **bedeutsamen materiellen Rechtsfragen** befasst und die Revisionsentscheidung später in BGHSt veröffentlicht wird und außerdem eine neue Norm des StGB zum Gegenstand hat (BGH, 10.05.2006 – 2 StR 120/05, im Verfahren BGHSt 50, 188 = NJW 2005, 3155; ähnlich BGH, StraFo 2004, 254);
    - sich der Verteidiger mit **umfangreichen** und **schwierigen Fragestellungen** (aus dem **Betäubungsmittelstrafrecht**) zu befassen hatte, die bis dahin noch nicht einmal in der Kommentarliteratur erörtert worden waren und in der Revisionshauptverhandlung zwei Sachverständige zur Wirkungsweise der verfahrensgegenständlichen Medikamente gehört worden sind (BGH, 21.02.2011 – 1 StR 579/09, JurionRS 2011, 11951 [2.000,00 € für die Revisionshauptverhandlung]);
    - sich der Rechtsanwalt u.a. neben mehreren umfangreichen Verfahrensrügen mit **schwierigen sachlich-rechtlichen Fragen** zu § 57a StGB zu befassen hat (BGH, RVGreport 2007, 64);
    - aber nicht, wenn eine grundsätzliche Frage bereits Gegenstand des Verfahrens im ersten Rechtszug war und in der Revision keiner **vertieften zusätzlichen Einarbeitung** bedurfte (BGH, JurBüro 2007, 531 = RVGreport 2007, 264).

§ 51 RVG   *Festsetzung einer Pauschgebühr in Straf- und Bußgeldsachen*

- **Staatsschutzsachen** sind i.d.R. als besonders schwierig anzusehen (BayObLG, 17.11.2005 – 6 St 006/04, www.burhoff.de);
- im **Strafvollstreckungsverfahren**, wenn die Persönlichkeit des Verurteilten (besonders) schwierig ist und der Pflichtverteidiger sich nicht nur mit einem fachwissenschaftlichen Gutachten über die Persönlichkeit des Verurteilten auseinandersetzen, sondern auch die umfangreichen Akten und Beiakten einsehen musste (OLG Hamm, JurBüro 2001, 641); **nicht** bei einem Streit um die Vollstreckungsreihenfolge einer lebenslangen Freiheitsstrafe und einer Unterbringung in einem psychiatrischen Krankenhaus (OLG Hamm, 10.08.2006 – 2 [s] Sbd IX-77/06, www.burhoff.de);
- zur besonderen Schwierigkeit in einem **Klageerzwingungsverfahren** (OLG Stuttgart, AGS 2008, 390 = RVGreport 2008, 383 = RVGprofessionell 2008, 123 = StRR 2008, 359);
- **nicht** ein aus fünf miteinander verbundenen Verfahren entstandenes amtsgerichtliches Verfahren, und zwar auch nicht bei erforderlicher Vernehmung von 13 Zeugen (OLG Hamm, StraFo 2002, 414).

> **Hinweis:**
>
> Für **Schwurgerichtsverfahren** wird in der Rechtsprechung ein teilweise anderer Maßstab angelegt. Es wird davon ausgegangen, dass Schwurgerichtsverfahren i.d.R. einen höheren Schwierigkeitsgrad haben, der Gesetzgeber dem aber bereits durch erheblich höhere gesetzliche Gebühren gegenüber sonstigen Strafsachen, die vor einer großen Strafkammer verhandelt werden, Rechnung getragen habe. Ließe man das unberücksichtigt, sei jedes vor dem Schwurgericht verhandelte Verfahren „besonders schwierig" mit der Folge, dass in allen Schwurgerichtsverfahren eine Pauschgebühr zu gewähren wäre (zuletzt zu § 99 BRAGO OLG Hamm, NJW 2003, 3790 = AGS 2004, 200; zu § 51 s. OLG Hamm, JurBüro 2006, 255 [LS]; NJW 2006, 74 = JurBüro 2006, 137; NJW 2007, 857 = StraFo 2007, 128; ähnlich OLG Zweibrücken, StRR 2009, 123 [LS]).
>
> **Entsprechend** wird, nachdem die **Wirtschaftsstrafverfahren** des § 74c GVG den Schwurgerichtsverfahren gebührenrechtlich gleichgestellt worden sind, nun auch für diese argumentiert (vgl. OLG Hamm, NJW 2006, 74 = JurBüro 2006, 137; inzidenter OLG Celle, RVGreport 2005, 142 = StraFo 2005, 273). Ebenso wird in **Strafvollstreckungsverfahren** darauf abgestellt, dass der Gesetzgeber dem besonderen Schwierigkeitsgrad der in Nr. 4200 VV eingeordneten Strafvollstreckungsverfahren schon dadurch Rechnung getragen hat, dass der Verteidiger hier höhere (gesetzliche) Gebühren erhält als in „sonstigen" Strafvollstreckungsverfahren (OLG Hamm, 23.08.2005 – 2 [s] Sbd. VIII-168/05, www.burhoff.de).
>
> Im **Auslieferungsverfahren** führt allein die Ausländereigenschaft des Verfolgten nicht zur Bejahung der „besonderen Schwierigkeit". Dieser Umstand ist bereits bei den gesetzlichen Gebühren des Teil 6 VV berücksichtigt (OLG Celle, RVGreport 2007, 64). Entsprechendes gilt für die i.d.R. nicht einfache Rechtsmaterie (OLG Celle, a.a.O.).

d) Beurteilung der „besonderen Schwierigkeit"

23 Zur Beurteilung der „besonderen Schwierigkeit" des Verfahrens wird in der Praxis wohl allgemein der **Vorsitzende** des **(Tat-)Gerichts** um eine Einschätzung des Schwierigkeitsgrades des Verfahrens gebeten. Das OLG schließt sich bei seiner Antwort auf die Frage, ob es sich um ein

Festsetzung einer Pauschgebühr in Straf- und Bußgeldsachen §51 RVG

„besonders schwieriges" Verfahren gehandelt hat, dann i.d.R. der vom Vorsitzenden des Gerichts abgegebenen Einschätzung an. Dieser kann das Verfahren wegen seiner besonderen Sachnähe – er hat das Verfahren geführt – meistens auch am besten beurteilen (OLG Hamm, JurBüro 2006, 255 [LS] unter Hinweis auf OLG Hamm, AnwBl. 1998, 416 = AGS 1998, 104). Ist die Einschätzung allerdings nach Aktenlage nicht nachvollziehbar, scheidet ein Anschluss an die Einschätzung des Vorsitzenden aus (OLG Hamm, a.a.O.; zuletzt zur BRAGO OLG Hamm, AGS 2003, 113 [Abweichung „zugunsten" des Antragstellers]).

4. Gesetzliche Gebühren nicht zumutbar

a) Zumutbarkeitsgesichtspunkt in Abs. 1 Satz 1

Nach §51 Abs.1 ist eine Pauschgebühr zu bewilligen, wenn die gesetzliche Vergütung des Verteidigers nach den Teilen 4 bis 6 VV wegen des besonderen Umfangs und der besonderen Schwierigkeit „nicht zumutbar sind". Diese **ausdrückliche Betonung des Zumutbarkeitsgesichtspunkts** in §51 Abs.1 soll den Ausnahmecharakter der Pauschgebühr betonen, die diese wegen der neu geschaffenen Gebührentatbestände haben soll (vgl. dazu BT-Drucks. 15/1971, S. 201 f.; eingehend dazu Gaede, StRR 2007, 89). Diese Neuregelung ist verfassungsrechtlich nicht zu beanstanden (BVerfG, NJW 2007, 3420 = AGS 2007, 504 = RVGreport 2007, 263). Der Gesetzgeber hat mit dieser Formulierung die (ausnahmsweise) Gewährung von Pauschgebühren darüber hinaus aber **nicht noch weiter einschränken** wollen (Gerold/Schmidt/Burhoff, §51 Rn.4; a.A. OLG Frankfurt am Main, NJW 2006, 457 = RVGreport 2006, 145; AGS 2009, 537 = NStZ-RR 2009, 296; OLG Rostock, NStZ-RR 2010, 326 = RVGreport 2010, 415 = RVGprofessionell 2010, 156). Die Formulierung stellt vielmehr nur klar, dass die OLG (nach wie vor) auch verpflichtet sind, ggf. durch ausreichend hohe Pauschgebühren dafür Sorge zu tragen, dass im Hinblick auf die Rechtsprechung des BVerfG zur öffentlichen Inanspruchnahme Privater die Einbußen, die der Rechtsanwalt durch die Wahrnehmung des Pflichtverteidigungsmandats erleidet, nicht zu groß werden (zur Rspr. des BVerfG, BVerfGE 47, 285, 325; 54, 251, 271; 68, 237, 255; vgl. zur Angemessenheit der anwaltlichen Vergütung Gaier, AnwBl. 2010, 73). In der Gesetzesbegründung wird daher auch ausdrücklich auf die Rechtsprechung des BVerfG hingewiesen (s. BT-Drucks. 15/1971, S. 201). Dieser Auffassung ist m.E. zu §51 auch das BVerfG in seinem Beschl. v. 20.03.2007 (2 BvR 51/07, NJW 2007, 3420 = AGS 2007, 504 = RVGreport 2007, 263 m.w.N.), wenn es zwar einerseits unter Hinweis auf die Gesetzesbegründung den Ausnahmecharakter der Pauschgebühr betont, andererseits aber auch unter Hinweis auf seine frühere Rechtsprechung vor einem Sonderopfer des Pflichtverteidigers warnt. 24

b) Rechtsprechung des BVerfG zum Sonderopfer

Das **BVerfG** geht in seiner Rechtsprechung (vgl. NJW 2007, 3420 = AGS 2007, 504 = RVGreport 2007, 263 m.w.N.) davon aus, dass für die im öffentlichen Interesse liegende berufliche Inanspruchnahme des Bürgers eine „angemessene Entschädigung" erforderlich ist (BVerfGE 54, 251, 271 [betreffend Entschädigung eines Rechtsanwalts als Berufsvormund]) bzw. ein „annähernd kostendeckender Gebührenrahmen", wenn der Zwang, im öffentlichen Interesse liegende berufliche Leistungen zu erbringen, nicht gegen Art. 12 Abs. 1 GG verstoßen soll (BVerfGE 47, 285, 325 [betreffend Gebührenermäßigungsregelung bei Tätigkeiten der Notare]; zu allem auch BVerfG, AGS 2001, 63; NJW 2005, 3699 = RVGreport 2005, 467 und zuletzt 20.03.2007, 25

§ 51 RVG *Festsetzung einer Pauschgebühr in Straf- und Bußgeldsachen*

a.a.O.). Deshalb war die Rechtsprechung der OLG, die zu § 99 Abs. 1 BRAGO teilweise die Auffassung vertraten/vertreten, die Pauschgebühr brauche nicht kostendeckend zu sein, nicht zutreffend (zuletzt zu § 99 BRAGO u.a. OLG Bamberg, JurBüro 1992, 327; OLG Bremen, StraFo 2000, 323; OLG Düsseldorf, AGS 1999, 71; ähnlich zu § 51 OLG Koblenz, JurBüro 2008, 312, wonach allein eine unwirtschaftliche Tätigkeit für die Annahme der Unzumutbarkeit nicht ausreicht) und ist zu Recht in der Literatur (vgl. u.a. Madert, Rechtsanwaltsvergütung, Rn. 92 m.w.N.; Beck'sches Formularhandbuch Strafverteidiger, 3. Aufl., Herrmann, S. 1192, Ziff. 1), aber auch in der Rechtsprechung kritisiert worden (vgl. OLG Schleswig, SchlHA 1987, 14 m.w.N.; st. Rspr. des OLG Hamm, StV 1998, 616 = AGS 1998, 142 = Rpfleger 1998, 487 = AnwBl. 1998, 613 [betreffend Vorschuss]; vgl. zum Sonderopfer des Pflichtverteidigers auch noch BVerfG, AGS 2001, 63; NJW 2005, 3699 = RVGreport 2005, 467; zuletzt NJW 2007, 3420 = AGS 2007, 504 = RVGreport 2007, 263 m.w.N.).

> **Hinweis:**
>
> Etwas **anderes folgt nicht** aus der Entscheidung des **BVerfG** v. 20.03.2007 (NJW 2007, 3420 = AGS 2007, 504 = RVGreport 2007, 263 m.w.N.). Das BVerfG verweist nämlich ausdrücklich auf die in seiner früheren Rechtsprechung zum Vergütungsanspruch des Pflichtverteidigers entwickelten Grundsätze (vgl. u.a. BVerfGE 39, 238, 241 f.; 68, 237, 253 f.). Danach muss gewährleistet sein, und zwar insbesondere in Strafsachen, die die Arbeitskraft des Pflichtverteidigers ausschließlich oder fast ausschließlich in Anspruch nehmen, dass ihm durch die Pflichtverteidigung kein unzumutbares Opfer abverlangt wird (vgl. BVerfG, a.a.O.) Nach Auffassung des BVerfG stellt § 51 Abs. 1 sicher, dass dieses Ziel auch mit dem RVG erreicht wird.

26 Durch die Verknüpfung der „gesetzlichen Gebühren" mit dem „besonderen Umfang und der besonderen Schwierigkeit" und der „Zumutbarkeit der gesetzlichen Vergütung" wird zudem deutlich darauf hingewiesen, dass **auch wirtschaftliche Gesichtspunkte** und **Auswirkungen** für den Pflichtverteidiger bei der Gewährung einer Pauschgebühr zu **berücksichtigen** sind. Deshalb müssen sich die Gerichte bei der Bewilligung einer Pauschgebühr immer (auch) vor Augen halten, dass sich die Pflichtverteidigung für den Rechtsanwalt auch wirtschaftlich „rechnen muss" (vgl. aber OLG Koblenz, JurBüro 2008, 312, wonach allein eine unwirtschaftliche Tätigkeit für die Annahme der Unzumutbarkeit jedoch nicht ausreichen soll). Das Sonderopfer, das ihm der Gesetzgeber durch die gegenüber der Wahlverteidigung auch nach dem RVG immer noch reduzierten gesetzlichen Gebühren auferlegt, darf nicht zu groß werden (BVerfG, NJW 2007, 3420 = AGS 2007, 504 = RVGreport 2007, 263 m.w.N. und OLG Hamm, StV 1998, 616 = AGS 1998, 142 unter Hinweis auf die Rspr. des BVerfG; vgl. dazu auch noch BVerfG, NJW 2005, 3699 = RVGreport 2005, 467). Das gilt vor allem, wenn der Rechtsanwalt weitgehend durch die Verteidigung in einem Verfahren in Anspruch genommen wird.

c) Stand der Rechtsprechung zu § 51 Abs. 1 Satz 1

27 Die Frage der Unzumutbarkeit wird in der **obergerichtlichen Rechtsprechung** unterschiedlich behandelt. Teilweise wird in den Entscheidungen des BGH oder der OLG auf die Frage der Zumutbarkeit mit keinem Wort eingegangen (so z.B. BGH, NJW 2006, 1535 = NStZ 2006, 409; HRRS 2006, Nr. 665; OLG Düsseldorf, RVGreport 2006, 470; OLG Jena, StraFo 2005 =

Festsetzung einer Pauschgebühr in Straf- und Bußgeldsachen §51 RVG

Rpfleger 2005, 276 = RVGreport 2005, 103). Soweit Stellung genommen wird, besteht hinsichtlich der Auslegung des Merkmals der „Unzumutbarkeit" **Streit**:

- Nach Auffassung des **OLG Hamm** sind die Voraussetzungen der „Unzumutbarkeit" i.S.d. § 51 Abs. 1 Satz 1 offenbar ganz weitgehend schon durch die Prüfung des „besonderen Umfangs" und der „besonderen Schwierigkeit" vorgezeichnet, die bis auf die Einbeziehung der neuen Gebührentatbestände nach der bisherigen Praxis vorzunehmen sein soll. Danach wird „Unzumutbarkeit" zumindest immer schon bejaht, wenn das Verfahren bzw. der Verfahrensabschnitt sowohl als „besonders schwierig" als auch als „besonders umfangreich" anzusehen ist (OLG Hamm, StraFo 2005, 173 = AGS 2005, 112; NJW 2007, 857 = StraFo 2007, 128 noch weitgehend offen gelassen von OLG Hamm, StraFo 2005, 130 = Rpfleger 2005, 214 = AGS 2005, 117 = RVGreport 2005, 68). Zudem ist jedenfalls dann, wenn der Rechtsanwalt entscheidend zur **Abkürzung** des Verfahrens beigetragen hat, auch im Hinblick auf die Zumutbarkeit (nach wie vor) ein großzügiger Maßstab bei der Bewilligung der Pauschgebühr heranzuziehen (OLG Hamm, NJW 2006, 75 = StV 2006, 203 = JurBüro 2006, 138; zur Zumutbarkeit in diesen Fällen auch OLG Karlsruhe, RVGreport 2005, 315 = NStZ-RR 2005, 286, das allerdings keine näheren Ausführungen macht). Anderenfalls würden sich die Justizbehörden – so das OLG Hamm – widersprüchlich verhalten (OLG Hamm, StraFo 2005, 173 = AGS 2005, 112). Ist das Verfahren hingegen nur „besonders schwierig", soll die Gewährung einer Pauschgebühr nicht in Betracht kommen (vgl. OLG Hamm, 10.01.2006 – 2 [s] Sbd. VIII-233/05, www.burhoff.de; anders offenbar OLG Hamm, Beschl. v.27.09.2007 – 2 [s] Sbd. IX-139/07, www.burhoff.de; krit. dazu AnwKomm-RVG/N. Schneider, § 51 Rn. 70; Gaede, StRR 2007, 89; s. aber auch OLG Hamm, 23.05.2005 – 2 [s] Sbd. VIII-104/05).

- Demgegenüber plädieren **andere Stimmen** in Rechtsprechung und Literatur (vgl. vor allem OLG Frankfurt am Main, NJW 2006, 457 = RVGreport 2006, 145; AGS 2009, 537 = NStZ-RR 2009, 296; OLG Rostock, NStZ-RR 2010, 326 = RVGreport 2010, 415 = RVGprofessionell 2010, 156; s. auch OLG Karlsruhe, 14.03.2006 – 2 AR 73/05, www.burhoff.de; wohl auch OLG Jena, 09.01.2006 – AR [S] 149/05, www.burhoff.de; Mayer-Kroiß, § 51 Rn. 10 ff.) für eine **strenge(re)** Auslegung des Merkmals der Unzumutbarkeit. Sie betonen – ebenfalls unter Hinweis auf die Rechtsprechung des BVerfG zur Inanspruchnahme Privater für öffentliche Interessen (vgl. oben Rn. 25) – den Ausnahmecharakter, den die Pauschgebühr nach Auffassung des Gesetzgebers habe soll. Ausreichend sei, dass es nicht zu einem Sonderopfer des als Pflichtverteidiger tätigen Rechtsanwalts komme. Das stehe einer Gleichsetzung mit den Eingangskriterien des „besonderen Umfangs" und der „besonderen Schwierigkeit" entgegen (so OLG Frankfurt am Main, a.a.O.; tendenziell auch OLG Köln, StraFo 2006, 130, das aber zugleich vertritt, überdurchschnittlicher Aufwand des Verteidigers sei auch zu honorieren, und das die Zumutbarkeit schon anhand des etwaigen besonderen [Zeit-] Umfangs prüft, also keine echte Trennung vornimmt). Praktisch bedeutet dieser Ansatz, dass neben der Bejahung des besonderen Umfangs und/oder der besonderen Schwierigkeit stets **noch etwas Zusätzliches** die Pauschgebühr begründen müsste.

Die strengere Auffassung zur Auslegung des Begriffs der „Zumutbarkeit" scheint auch das **28 BVerfG** in seinem Beschl. v. 20.03.2007 (NJW 2007, 3420 = AGS 2007, 504 = RVGreport 2007, 263 m.w.N.) zu vertreten. Sie hat zwar, worauf das BVerfG (a.a.O.) insoweit zutreffend hinweist, den Wortlaut des § 51 Nr. 1 für sich, zugleich aber die frühere (eigene) Rechtspre-

§ 51 RVG *Festsetzung einer Pauschgebühr in Straf- und Bußgeldsachen*

chung des BVerfG gegen sich und wird dieser **nicht gerecht**. Das BVerfG betont in seiner früheren ständigen Rechtsprechung (vgl. die Nachw. bei BVerfG, NJW 2005, 1264 und auch noch BVerfGE 68, 237, 255), dass das Grundrecht aus Art. 12 Abs. 1 GG es gebiete, für besonders umfangreiche oder besonders schwierige Verfahren eine Regelung zu ermöglichen, die der Inanspruchnahme des Pflichtverteidigers Rechnung trage und ihn entsprechend vergüte, um ein angemessenes Verhältnis zwischen Eingriffszweck und Eingriffsintensität sicherzustellen. Als eine solche Regelung wurde in der Vergangenheit § 99 BRAGO angesehen (BVerfGE, NJW 2005, 1264). Eine solche Regelung stellt jetzt § 51 dar (BVerfG, NJW 2005, 3699 = RVGreport 2005, 467 und NJW 2007, 3420 = AGS 2007, 504 = RVGreport 2007, 263 m.w.N.). Die Regelungen in § 99 BRAGO, § 51 wurden/werden also herangezogen, um ein unzumutbares Sonderopfer des Rechtsanwalts, der als Pflichtverteidiger beigeordnet wird, zu verneinen. Sie können dann aber, will man keinem **Zirkelschluss** erliegen, nicht auch noch zusätzlich herangezogen werden, um das in § 51 Abs. 1 Satz 1 ausdrücklich erwähnte Merkmal der „Unzumutbarkeit" auszuschließen (Gaede, StRR 2007, 89; Burhoff, StraFo 2008, 192, 194).

29 In dem Zusammenhang stellt sich zudem die Frage, ob der Gesetzgeber mit diesem Merkmal **überhaupt** eine **weitere Voraussetzung** für die Bewilligung einer Pauschgebühr hat aufstellen wollen: Dafür spricht zwar der Wortlaut (so auch BVerfG, NJW 2007, 3420 = AGS 2007, 504 = RVGreport 2007, 263 m.w.N.), nach dem die Eingangskriterien in die Unzumutbarkeit der Festgebühren münden und nicht umgekehrt. Das ist jedoch nicht zwingend. Denn der Wortlaut des § 51 Abs. 1 Satz 1 lässt sich ohne Weiteres auch i.S.d. Gegenauffassung des OLG Hamm (vgl. oben Rn. 27) begreifen. Die Unzumutbarkeit ist gerade ihrerseits sprachlich zwingend mit den Eingangskriterien verbunden: Die Unzumutbarkeit besteht immer wegen der Erfüllung der Eingangskriterien. Zudem dürfte der Hinweis auf die Rechtsprechung des BVerfG in der Gesetzesbegründung dafür sprechen, dass die Gewährung einer Pauschgebühr sich vor allem immer an den vom BVerfG aufgestellten Kriterien auszurichten hat. Der Gesetzgeber hat nicht die „Eingangskriterien" getrennt neben die Unzumutbarkeit gestellt, sondern beides verknüpft. Die Gefahr der Unzumutbarkeit besteht gerade dann, wenn die Vergütung des Rechtsanwalts nicht mehr in einem noch angemessenen Verhältnis zu den von ihm erbrachten Mitwirkungen im Verfahren steht. Geht man davon aus, dann ist die Rechtsprechung der o.a. OLG, aber auch die des BVerfG im Beschl. v. 20.03.2007 (a.a.O.) auf jeden Fall zu eng (s. auch Burhoff, RVGreport 2006, 127) und stellt einen Eingriff in Art. 12 GG dar (so auch Gaede, StRR 2007, 89; Burhoff, StraFo 2008, 192, 194; Gerold/Schmidt/Burhoff, § 51 Rn. 35).

> **Hinweis:**
> Nach allem ist eine praktikable und die Verfassungsvorgaben rechtssicher abdeckende Auslegung nur zu erzielen, indem man die „Unzumutbarkeit" nicht als eigenes zusätzliches Tatbestandsmerkmal begreift, sondern typisiert über die Kriterien des besonderen Umfangs und der besonderen Schwierigkeit bestimmt. Sind **beträchtliche Mehrbelastungen** des Rechtsanwalts nach dem Umfang und/oder der Schwierigkeit festgestellt, liegt **in aller Regel** auch die **Unzumutbarkeit** vor (so wohl auch OLG Karlsruhe, 30.01.2007 – 2 AR 43/06, www. burhoff.de, das allerdings die Fragen der „besonderen Schwierigkeit" oder des „besonderen Umfangs" mit der Prüfung der „Unzumutbarkeit" vermischt). Konkrete Kriterien, anhand derer die „Unzumutbarkeit" entschieden werden kann, gibt i.Ü. auch das BVerfG in seinem Beschl. v. 20.03.2007 (NJW 2007, 3420 = AGS 2007, 504 = RVGreport 2007, 263 m.w.N.).

Festsetzung einer Pauschgebühr in Straf- und Bußgeldsachen § 51 RVG

nicht. Auf jeden Fall **unzutreffend** ist es aber, wenn das OLG Frankfurt am Main (NJW 2006, 457 = RVGreport 2006, 145; Beschl. v. 12.10.2007 – 2 ARs 77/07) zur Beurteilung der Zumutbarkeit auf einen **Vergleich** der Höhe der nach der **BRAGO** entstandenen Gebühren mit denen nach dem RVG abstellt (so aber auch OLG Hamm, StV 2006, 201 = RVGreport 2005, 351). Maßstab für die Beurteilung eines Sonderopfers können nur die nach dem RVG entstehenden Gebühren sein.

Der Rechtsanwalt sollte immer in folgenden Prüfungsschritten ermitteln, ob ggf. die Gewährung einer Pauschgebühr in Betracht kommt:

1. *Handelt es sich um ein „besonders umfangreiches" oder „besonders schwieriges Verfahren"?*
2. *Welche gesetzlichen Gebühren sind entstanden?*
3. *Sind diese unter Berücksichtigung des „besonderen Umfangs" oder der „besonderen Schwierigkeit" zumutbar?*

Bei der Antragstellung (vgl. dazu Rn. 43 ff.) muss der Rechtsanwalt nach Möglichkeit die von ihm für die Verteidigung **aufgewendete Zeit darlegen** und diese den gesetzlichen Gebühren gegenüberstellen. So wird schneller deutlich, für welchen „Stundensatz" er arbeiten muss, wenn ihm nur die gesetzlichen Gebühren zustehen und dass ihm dies unzumutbar ist. **Hinweisen** sollte er auch auf die sog. **Geldwäscheentscheidung** des BGH (vgl. BGHSt 47, 68).

Formulierungsbeispiel: Pauschgebührantrag nach § 51 30

In seinem Antrag sollte er dann etwa wie folgt formulieren:

„Wenn nach der Geldwäscheentscheidung des BGH als Ausweg zur Vermeidung des Vorwurfs der „Geldwäsche" dem Strafverteidiger nur die Möglichkeit der Beiordnung als Pflichtverteidiger bleibt, muss diesem Dilemma aber durch eine angemessene Pauschgebühr Rechnung getragen werden. Anderenfalls wäre das Recht des Angeklagten auf eine ausreichende Verteidigung in zumutbarer Weise eingeschränkt. ..... (so auch OLG Hamm, StraFo 2003, 66 = StV 2004, 89 m. zust. Anm. Hoffmann = JurBüro 2003, 138)".

IV. Pauschgebühr auch für einzelne Verfahrensabschnitte (Abs. 1 Satz 1 und 2)

Aus der Gesetzesbegründung (vgl. BT-Drucks. 15/1971, S. 201) und aus der Regelung in § 51 Abs. 1 Satz 3 folgt **eindeutig**, dass die **Bewilligung** einer **Pauschgebühr** für einen **Verfahrensabschnitt möglich** ist. Von dieser Möglichkeit wird in der Rechtsprechung der Obergerichte auch Gebrauch gemacht (vgl. u.a. OLG Jena, StV 2006, 202 = StraFo 2006, 172 = AGS 2005, 341, StV 2006, 204 = RVGreport 2006, 423; OLG Hamm, AGS 2006, 498 = JurBüro 2006, 591; OLG Karlsruhe, StV 2006, 205 = RVGreport 2005, 420). 31

Nach § 51 Abs. 1 Satz 2 sind, wenn sich die Bewilligung auf einzelne Verfahrensabschnitte beschränkt, die **Gebühren** nach dem VV, an deren Stelle die Pauschgebühr tritt, **zu bezeichnen**. Damit ist zugleich auch bestimmt, was als „Verfahrensabschnitt" anzusehen ist: Jeder Teil des Verfahrens, für den besondere Gebühren bestimmt sind (vgl. BT-Drucks. 15/1971, S. 198 [Begründung zu § 42; s. auch § 42 Rn. 10]; s. auch § 58 Abs. 3 Rn. 1 ff. m.w.N. zur a.A.). Wird für einen Verfahrensabschnitt eine Pauschgebühr geltend gemacht, muss **nur dieser** Verfahrensab-

§ 51 RVG *Festsetzung einer Pauschgebühr in Straf- und Bußgeldsachen*

schnitt „besonders umfangreich" oder „besonders schwierig" gewesen sein und nicht etwa das gesamte Verfahren (zur zweistufigen Prüfung s. oben Rn. 14 und OLG Jena, StV 2006, 202 = StraFo 2005, 172 = AGS 2005, 341). Letzteres wäre sinnwidrig.

32 Durch die **neue Regelung** ist nicht nur der Streit in Rechtsprechung und Literatur zu § 99 BRAGO, ob und inwieweit die Pauschgebühr auch für einzelne Verfahrensabschnitte bewilligt werden kann, beseitigt (s. BT-Drucks. 15/1971, S. 198, 201). Sie führt vielmehr auch dazu, dass die OLG jetzt die **Bewilligung** von Pauschgebühren für **einzelne Verfahrensabschnitte großzügiger handhaben** müssen (s. auch Gerold/Schmidt/Burhoff, § 51 Rn. 38), da gerade nicht mehr eine Gesamtbetrachtung vorzunehmen ist (a.A. offenbar OLG Düsseldorf, RVGreport 2006, 470). Zudem wird mit einer verfahrensabschnittsweisen Betrachtung dem sog. „**Kompensationsgedanken**" eine **Absage** erteilt. Denn ist eine Bewilligung der Pauschgebühr für einzelne Verfahrensabschnitte nicht nur möglich, sondern erwünscht, scheidet insoweit eine Kompensation der in diesem bestimmten Verfahrensabschnitt erbrachten umfangreichen Tätigkeit durch geringeren Tätigkeitsumfang in anderen Verfahrensabschnitten aus. Eine Kompensation ist daher allenfalls noch innerhalb eines Verfahrensabschnitts zulässig.

> **Hinweis:**
>
> Der Verteidiger muss sich immer überlegen, ob er nicht einen auf einen einzelnen **Verfahrensabschnitt bezogenen Antrag** stellt. Das kann sich insbesondere **empfehlen**, wenn die für diesen Verfahrensabschnitt entstehenden gesetzlichen Gebühren im Verhältnis zum erbrachten Aufwand sehr niedrig sind. Das kann z.B. der Fall sein, wenn der Rechtsanwalt in umfangreiches Aktenmaterial Einsicht nehmen musste, wofür er nur die Grundgebühr nach Nr. 4100 VV und die Verfahrensgebühr nach Nr. 4104 VV erhält (s. auch BT-Drucks. 15/1971, S. 222).

33 Die Bewilligung einer Pauschgebühr nur für einzelne Verfahrensabschnitte und vor Abschluss des Verfahrens kommt auf jeden Fall in Betracht, wenn der Pflichtverteidiger vor endgültigem Abschluss des Verfahrens aus dem Verfahren **endgültig ausgeschieden** ist (OLG Düsseldorf, RVGreport 2006, 470; so auch schon zu § 99 BRAGO OLG Düsseldorf, JurBüro 1993, 538 m. Anm. Mümmler m.w.N.).

34 Die Bewilligung einer Pauschgebühr für einen Verfahrensabschnitt **scheidet** nach § 51 Abs. 1 Satz 2 aber **aus**, wenn der Rechtsanwalt keine Festgebühren, sondern **Wertgebühren** erhält (vgl. auch oben Rn. 7). In den Fällen der Nr. 4142 bis 4145 VV ist die Bewilligung einer verfahrensabschnittsweisen Pauschgebühr daher nicht möglich.

V. Höhe der Pauschgebühr

1. Pauschgebühr anstelle der gesetzlichen Gebühren

35 Liegen die Voraussetzungen des § 51 Abs. 1 für das **gesamte Verfahren** vor, erhält der Pflichtverteidiger, wenn eine Pauschgebühr für das gesamte Verfahren gewährt wird, nicht erhöhte Gebühren für einzelne Tätigkeiten oder Verfahrensabschnitte. Vielmehr wird **ein Pauschbetrag** festgesetzt, der insgesamt an die Stelle der gesetzlichen Gebühren tritt (OLG Koblenz, JurBüro 2000, 251 = NStZ-RR 2000, 128; OLG Hamm, StraFo 1996, 189 = JurBüro 1996, 642 = NStZ 1997, 41; Gerold/Schmidt/Burhoff, § 51 Rn. 39). Mit diesem Pauschbetrag soll die gesamte Tätigkeit des Verteidigers abgegolten werden, wobei **Zeitaufwand** und **Schwierigkeit der Tätig-**

Festsetzung einer Pauschgebühr in Straf- und Bußgeldsachen §51 RVG

keit des Pflichtverteidigers angemessen zu berücksichtigen sind. Die Bemessung der Pauschgebühr erfolgt in einer **Gesamtbetrachtung aller Umstände** (vgl. z.B. OLG Jena, StraFo 1999, 323). Zahlungen, die der Verteidiger vom Mandanten oder einem Dritten erhalten hat, sind nicht zu berücksichtigen, wohl aber Überzahlungen bei der Festsetzung der gesetzlichen Gebühren (OLG Köln, StraFo 2006, 130; zur Nichtberücksichtigung der erhaltenen Wertgebühren, wie z.B. Nr. 4142 VV, LG Rostock, AGS 2011, 24 = RVGreport 2010, 417 m. Anm. Burhoff).

Entsprechendes gilt, wenn die Pauschgebühr für einen **einzelnen Verfahrensabschnitt** festgesetzt wird. Alle für diesen Abschnitt maßgeblichen Umstände sind dabei zu berücksichtigen. Dann wird auch eine Pauschgebühr für den Verfahrensabschnitt, für den die Pauschgebühr geltend gemacht worden ist, gewährt und die entsprechende Gebühr bezeichnet (§ 51 Abs. 1 Satz 3). 36

2. Keine einheitlichen Richtlinien

Für die Bemessung der Pauschvergütung nach § 99 BRAGO gab es **keine einheitlichen Richtlinien** (s. Marberth, StraFo 1997, 225, 229), z.T. ist eine Schematisierung sogar vollständig abgelehnt worden (OLG Hamburg, MDR 1987, 607; StV 1991, 120). Eine gewisse Vereinheitlichung haben in der Vergangenheit das **OLG Schleswig** (OLG Schleswig, JurBüro 1986, 197 = SchlHA 1985, 184; SchlHA 1995, 38; zuletzt StraFo 1998, 393) und das **OLG Celle** (OLG Celle, StraFo 1995, 28) zu erreichen versucht, indem sie bestimmte **Leitlinien** bzw. **Grundsätze** für die Festsetzung der Pauschvergütung aufgestellt und veröffentlicht haben. Auch die **OLG Dresden** und **Brandenburg** haben zu § 99 BRAGO ein bestimmtes Raster zugrunde gelegt (s. z.B. OLG Brandenburg, StV 1998, 92; OLG Dresden, StV 1998, 619 = NStZ-RR 1998, 320, jeweils m.w.N.). 37

An dieser **Praxis** haben – soweit ersichtlich – die OLG **festhalten**. Insbesondere im Hinblick auf die vorgesehene Regelentscheidung durch den Einzelrichter (vgl. § 51 Abs. 2 Satz 3) wäre es allerdings wünschenswert, wenn die OLG im Interesse einer Vereinheitlichung und Vereinfachung der Bemessung von Pauschgebühren ihre Bewertungsmaßstäbe offen legen würden. Die dadurch bedingte größere Transparenz dürfte nicht nur im Interesse der Pflichtverteidiger liegen. Zwar hätten diese damit die Möglichkeit, eine ihnen ggf. zustehende Pauschgebühr zu „errechnen". Dem stehen jedoch sachliche Gründe nicht entgegen. Vielmehr dürfte die Kenntnis der von den OLG angewandten Bewertungs- und Berechnungsmaßstäben unbegründete Pauschgebührenanträge von vornherein verhindern, was auch im Interesse der OLG liegen dürfte. 38

3. Eckpunkte der Bemessung

Folgende Eckpunkte sind für die Bemessung der Pauschgebühr zugrunde zu legen: **Untere Grenze** sind die **gesetzlichen Gebühren** des VV. Diese Grenze muss die Pauschgebühr **überschreiten**. Nach **oben** ist der **Rahmen offen**, da die Pauschgebühr die gesetzlichen Rahmenhöchstgebühren des VV überschreiten darf (st. Rspr. der OLG [zu § 99 BRAGO], s. z.B. OLG Hamm, JurBüro 1994, 101 und die weiteren Nachw. bei Burhoff, StraFo 1999, 261, 272 „Höchstgebühren"). Allerdings hat die Höchstgebühr eines Wahlverteidigers in der Vergangenheit in der Rechtsprechung der OLG meist immer die obere Grenze gebildet (BayObLG, JurBüro 1977, 691; OLG Koblenz, Rpfleger 1992, 268; OLG Hamburg, StV 1991, 120). Überschritten wurde diese Grenze, wenn auch die Wahlverteidigerhöchstgebühr in einem grob unbilligen Missverhältnis zu der Inanspruchnahme des Pflichtverteidigers gestanden hätte, was z.B. bei außergewöhnlich umfangreichen und schwierigen Strafsachen angenommen wurde (Gerold/Schmidt/Madert, BRAGO, § 99 Rn. 10 m.w.N.; z.B. OLG Hamm, StraFo 1998, 215 = AGS 1998, 87 = 39

§ 51 RVG *Festsetzung einer Pauschgebühr in Straf- und Bußgeldsachen*

JurBüro 1998, 413 für umfangreiches Wirtschaftsstrafverfahren; wegen der Einzelh. s. unten bei Rn. 104 ff. im „ABC der Pauschgebühr" und bei **„Höchstgebühr"**, Rn. 107). Bei der Bemessung der Gebühr wird von den OLG i.d.R. berücksichtigt, wenn dem Rechtsanwalt, z.B. durch Verbindung von Verfahren, mehrere Gebühren zustehen (vgl. OLG Jena, Rpfleger 2009, 171 = JurBüro 2009, 138 [LS] = StRR 2009, 43 [LS]).

40 Daran sollten die **OLG nicht festhalten** (s. auch AnwKomm-RVG/N. Schneider, § 51 Rn. 108; vgl. aber OLG Nürnberg, 10.05.2011 – 1 AR 15/11, JurionRS 2011, 16347). Denn § 42 sieht nun auch für Wahlverteidiger unter den gleichen Voraussetzungen wie für den Pflichtverteidiger die Feststellung einer Pauschgebühr vor, die nach § 42 Abs. 1 Satz 4 allerdings das Doppelte der sog. Wahlanwaltshöchstgebühren nicht überschreiten darf. Aus dieser Regelung lässt sich für die Pauschgebühr des gerichtlich bestellten Rechtsanwalts nach § 51 ableiten:

- Der Umstand, dass in § 51 Abs. 1 eine Begrenzung der Pauschgebühr der Höhe nach nicht enthalten ist, bedeutet einerseits, dass diese die **Wahlverteidiger**höchstgebühr **überschreiten** kann.

- Andererseits kann aus der Begrenzung der Höhe der Pauschgebühr in § 42 Abs. 1 Satz 4 aber nicht der Schluss gezogen werden, dass auch die Pauschgebühr des § 51 Abs. 1 nur bis zum Doppelten der Wahlverteidigerhöchstgebühr gewährt werden kann. Das Fehlen jeglicher Begrenzung in § 51 zeigt vielmehr, dass der Gesetzgeber davon ausgegangen ist, dass die Pauschgebühr für den Pflichtverteidiger **auch mehr** als das **Doppelte** der Wahlverteidigerhöchstgebühr betragen kann (OLG Stuttgart, RVGreport 2008, 383 = RVGprofessionell 2008, 123 = StRR 2008, 359 m. Anm. Burhoff = Rpfleger 2008, 441).

Hinweis:

Die Rechtsprechung der OLG scheint – wie auch schon zu § 99 BRAGO – dahin zu gehen, dass die (anwaltliche) (Pausch-)Vergütung nicht **kostendeckend** sein muss (so wohl auch für das RVG OLG Frankfurt am Main, NJW 2006, 457 = RVGreport 2006, 145; OLG Koblenz, JurBüro 2008, 312; OLG Rostock, NStZ-RR 2010, 326 = RVGreport 2010, 415 = RVGprofessionell 2010, 156; vgl. zu § 99 BRAGO u.a. OLG Bamberg, JurBüro 1972, 327; OLG Bremen, JurBüro 1987, 391; OLG Düsseldorf, AGS 1991, 71). Dem wird man sich für das RVG im Hinblick auf das Anliegen des Gesetzgebers, eine angemessene Vergütung insbesondere auch im Bereich der Strafverteidigung sicher zu stellen, nicht anschließen können (krit. auch AnwKomm-RVG/N. Schneider, § 51 Rn. 107; zur Angemessenheit der anwaltlichen Vergütung Gaier, AnwBl. 2010, 70).

4. Auslagen

41 Die Pauschgebühr deckt nur den Gebührenanspruch des Pflichtverteidigers ab. Die ihm entstandenen **Auslagen** sind **gesondert** festzusetzen (vgl. u.a. BGH, 11.01.2007 – 4 StR 319/03), und zwar vom Urkundsbeamten im normalen Kostenfestsetzungsverfahren und nicht vom OLG (s. Gerold/Schmidt/Burhoff, § 51 Rn. 42 m.w.N.; zum Verfahren der Festsetzung der Pauschgebühr s. unten Rn. 56). Neben der Pauschgebühr kann der Pflichtverteidiger also Ersatz seiner **Postauslagen** (Nrn. 7001 f. VV), seiner **Schreibauslagen** (Nr. 7000 VV) und seiner **Reisekosten** (Nrn. 7003 ff. VV) verlangen (OLG Düsseldorf, Rpfleger 1961, 414 [für Aktenauszug]). Die Auslagen, die der Pflichtverteidiger durch einen bestellten Vertreter hatte, können allerdings

nicht neben einer Pauschgebühr verlangt werden (OLG Nürnberg, AnwBl. 1972, 93). Da es sich bei der Pauschgebühr um eine gesetzliche Vergütung handelt, kann der Pflichtverteidiger neben ihr die **Umsatzsteuer** berechnen (vgl. dazu Nr. 7008 VV; zu § 99 BRAGO BGH, Rpfleger 1962, 261 = JurBüro 1962, 341; OLG Koblenz, JurBüro 1985, 417; AnwKomm-RVG/N. Schneider, § 51 Rn. 140; zur Festsetzung s. Rn. 56).

5. Verzinsung

Die Pauschgebühr wird **nicht verzinst** (vgl. aus der Rspr. zu § 99 BRAGO OLG Frankfurt am Main, NJW 1972, 1481; OLG Koblenz, Rpfleger 1974, 269; AnwKomm-RVG/N. Schneider, § 51 Rn. 111). Insbesondere wenn die Entscheidung des OLG lange auf sich warten lässt, ist das für den Verteidiger ungünstig. Das OLG Hamm hat deshalb in einem Verfahren zu § 99 BRAGO, in dem die Pflichtverteidiger mehr als 18 Monate auf die Bewilligung ihrer Pauschvergütung hatten warten müssen, diesen Umstand und den dadurch eingetretenen Zinsverlust bei der Bemessung der Pauschvergütung erhöhend berücksichtigt (OLG Hamm, AGS 2001, 154). Das OLG Hamm geht davon aus, dass die **Erhöhung** der **Pauschgebühr** in **Betracht** kommt, wenn das Bewilligungsverfahren mehr als ein Jahr gedauert hat (OLG Hamm, AGS 2001, 154; a.A. OLG Jena, RVGreport 2008, 458 = StRR 2008, 283 = RVGprofessionell 2009, 2; s. auch GStA Karlsruhe, StV 2004, 40, das einen **Amtshaftungsanspruch** i.H.d. entgangenen Zinsen bejaht hat, wenn im Einzelfall ein pflichtwidriges Handeln des mit der Pflichtverteidigervergütung befassten Mitarbeiters des Gerichts festgestellt werden kann, das zu einer **verspäteten Bearbeitung** des Festsetzungsantrags des Pflichtverteidigers geführt hat). 42

VI. Bewilligungsverfahren

1. Antrag

a) Antragsbegründung

Die Pauschgebühr wird nach § 51 Abs. 1 Satz 1 **nur** auf **Antrag** bewilligt. Der Pflichtverteidiger muss also einen entsprechenden Antrag stellen (zur Bedeutung des Antrags OLG Rostock, RVGreport 2010, 415 = RVGprofessionell 2010, 156 = NStZ-RR 2010, 326 [LS]). Ein (vorsorglicher) Antrag auf Feststellung, dass die Bewilligung einer bestimmten Gebühr/Hauptverhandlungstag berechtigt ist, ist unzulässig (OLG Hamm, JurBüro 2002, 142). Hat der Rechtsanwalt **Vorschüsse** und sonstige Zahlungen erhalten, müssen diese nicht angegeben werden, da sie bei der Bewilligung der Pauschgebühr ohne Belang sind (AnwKomm-RVG/N. Schneider, § 51 Rn. 81). Sie sind erst bei der Festsetzung der Pauschgebühr zu berücksichtigen. 43

Der Pflichtverteidiger muss seinen Antrag **gut** und **eingehend begründen**, da er i.d.R. Grundlage für die Entscheidung des OLG ist (vgl. dazu OLG Rostock, RVGreport 2010, 415 = RVGprofessionell 2010, 156 = StRR 2011, 205 = NStZ-RR 2010, 326 [LS]). Dabei müssen insbesondere die sich nicht aus den Akten ergebenden **Tätigkeiten** für den Mandanten dargelegt werden, also z.B. eingehende, der Vorbereitung der Hauptverhandlung dienende Gespräche mit Familienangehörigen, Studium von anderer als juristischer Literatur, Vorbereitung der Befragung des gerichtlichen Sachverständigen durch Besprechungen mit einem anderen Sachverständigen usw. Insbesondere müssen auch die in Zusammenhang mit der Inhaftierung des Mandanten erbrachten Tätigkeiten, wie z.B. **Besuche** in der **Justizvollzugsanstalt** (Anzahl und Dauer), die sich 44

§ 51 RVG   *Festsetzung einer Pauschgebühr in Straf- und Bußgeldsachen*

nicht aus den Akten ergeben, dargelegt werden. Dazu ist der Pflichtverteidiger unschwer anhand seiner **Handakten** in der Lage (zur Bedeutung dieser Umstände s. unten Rn. 134, s. im Übrigen zur Bedeutung/Erforderlichkeit des Antrags auch OLG Hamm, NStZ-RR 2001, 58 = AGS 2001, 154; zu einem unzulänglich begründeten Antrag s. OLG Rostock, a.a.O.).

45 Die **Anforderungen** an den Vortrag des Pflichtverteidigers zur Begründung eines Pauschgebührenantrags dürfen jedoch **nicht überspannt** werden. Er ist jedenfalls dann ausreichend begründet, wenn sich aufgrund der von dem Pflichtverteidiger gemachten Angaben der für den ehemaligen Angeklagten erbrachte Zeitaufwand, z.B. für Besuche in der Justizvollzugsanstalt, ermitteln bzw. ableiten lässt (OLG Hamm, AGS 2001, 202 = StraFo 2001, 362 = NStZ-RR 2001, 352 = JurBüro 2001, 589, s. aber OLG Hamm, StraFo 2002, 214 und OLG Rostock, RVGreport 2010, 415 = RVGprofessionell 2010, 156 = = StRR 2011, 205 = NStZ-RR 2010, 326 [LS]).

46 Der Rechtsanwalt sollte auch den **Betrag angeben**, der nach seiner Meinung als Pauschgebühr gezahlt werden soll (AnwKomm-RVG/N. Schneider, § 51 Rn. 80). Damit macht er deutlich, wie er selbst seine Tätigkeit – finanziell – bewertet.

> **Hinweis:**
>
> Es empfiehlt sich die Angabe eines **Mindestbetrages**. Das hat den Vorteil, dass das OLG, wenn es eine höhere als die vom Pflichtverteidiger beantragte Pauschgebühr als angemessen ansehen sollte, dann ggf. leichter über den Antrag des Pflichtverteidigers hinausgehen wird und kann. Das OLG ist zwar hinsichtlich der Höhe nicht an den vom Pflichtverteidiger gestellten Pauschgebührenantrag gebunden (OLG Hamm, NStZ-RR 2001, 256 = JurBüro 2001, 413 = AGS 2002, 229; jetzt auch OLG Jena, 17.03.2008 – 1 AR [S] 3/08, www.burhoff.de), i.d.R. werden aber zu niedrige Anträge von den OLG nur ungern überschritten.

Ist der Verteidiger zur Angabe eines (Mindest-)Betrages nicht in der Lage, wird die Zahlung einer „**angemessenen**" **Pauschgebühr** beantragt. Im Antrag sollte schließlich auch um Übersendung der Stellungnahme des Bezirksrevisors gebeten werden (Marberth, StraFo 1997, 225, 229).

47 **Muster: Pauschgebührantrag**

An das

OLG

über das LG/AG (Gericht einsetzen, bei dem die Pflichtverteidigung durchgeführt worden ist).

Betr.: Bewilligung einer Pauschgebühr nach § 51 RVG

in dem Strafverfahren gegen .....

Aktenzeichen:

Ich bin in der vorstehend bezeichneten Strafsache durch Beschluss des Vorsitzenden der IV. Strafkammer des LG Dortmund vom 15.07.2009 zum Pflichtverteidiger bestellt worden. Ich bin bereits vor der Bestellung tätig gewesen.

Meine Pflichtverteidigergebühren würden gem. Teil 4 des VV zum RVG (ohne USt., Fahrtkosten und sonstige Auslagen) 3.804,00 € betragen.

Festsetzung einer Pauschgebühr in Straf- und Bußgeldsachen § 51 RVG

Durch diese Gebühren ist meine Tätigkeit nicht ausreichend vergütet, weil es sich um eine besonders umfangreiche und auch besonders schwierige Strafsache gehandelt hat.

Ich beantrage deshalb, mir gem. § 51 Abs. 1 RVG eine Pauschgebühr von 6.000,00 € zzgl. USt. zu bewilligen.

Ich begründe meinen Antrag wie folgt:

Jahre 2007 – 2009:	Arbeitsaufwand für Aktenstudium mehr als 5.000 Seiten ca. 50 Std.
19.12.2008:	Anwesenheit bei der Beschuldigtenvernehmung durch Herrn KHK P. in der JVA Wetter
22.12.2008:	Haftprüfungstermin AG Hamm – 13 Gs 776/08
07.01.2009:	Mandantin in der JVA Wetter besucht
15.01.2009:	Haftprüfungstermin AG Hamm – 13 Gs 76/09
26.01.2009:	Mandantin in der JVA Wetter besucht
27.01.2009:	4,5-seitige Stellungnahme
01.02.2009:	Mündliche Verhandlung über die Haftbeschwerde LG Dortmund – 14 (1) Qs 8/09
18.03.2009:	Mandantin in der JVA Wetter besucht
19.03.2009:	Anwesenheit bei der richterlichen Vernehmung des Zeugen M. J. vor dem AG Hamm
04.09.2009:	Anwesenheit bei der richterlichen Vernehmung des Zeugen M. J. vor dem AG Hamm
16.09.2009:	Mandantin in der JVA Wetter besucht
17.09.2009:	Beschwerde gegen den Beschluss des AG Hamm vom 15.09.2009 (Ausschluss der Beschuldigten von der Anwesenheit bei der Vernehmung)
21.09.2009	Anwesenheit bei der richterlichen Vernehmung des Zeugen M. J. vor dem AG Hamm – 13 Gs 566/09
24.01.2010:	Beschwerde und Antrag auf Aussetzung der Vollziehung gegen den Beschluss des AG Hamm vom 15.01.2010
11.02.2010:	Anwesenheit bei der richterlichen Vernehmung der Zeugin M. A.
03.04.2010:	Stellungnahme zum Schreiben der Generalstaatsanwaltschaft vom 17.03.2010
01.05.2010:	Anwesenheit bei der Verkündung des Haftbefehls LG Dortmund
20.05.2010:	Mandantin in der JVA Wetter besucht
31.05.2010:	Mandantin in der JVA Wetter besucht
13.06.2010:	Mandantin in der JVA Wetter besucht
22.06.2010:	Mandantin in der JVA Wetter besucht
28.07.2010:	Mandantin in der JVA Gelsenkirchen besucht

§ 51 RVG   *Festsetzung einer Pauschgebühr in Straf- und Bußgeldsachen*

> Die einfache Fahrt von Hamm zur JVA Köln (ca. 122 km) dauert etwa 1,5 Std., zur JVA Wetter (ca. 55 km) etwa 0,75 Std. und zur JVA Gelsenkirchen (ca. 68 km) etwa 1 Std.
>
> Weiterhin muss berücksichtigt werden, dass ich mich in den drei Jahren mehrmals neu in den Sachverhalt einarbeiten musste.
>
> Es fanden darüber hinaus acht Hauptverhandlungstage vor dem LG Dortmund statt. Die Sitzungen begannen jeweils um 9.00 Uhr und endeten im Allgemeinen um 15.30 Uhr oder später. Die Unterbrechungen während der Mittagspausen wurden z.T. genutzt, mit der Mandantin in der Zelle jeweils den Stand des Verfahrens aufzuarbeiten. Das bedeutet, dass ich an zumindest sieben Verhandlungstagen erst am späten Nachmittag in Hamm sein konnte, so dass an diesen Tagen in meinem Büro keine nennenswerte anwaltliche Tätigkeit stattfinden konnte.
>
> Dieses gilt auch für den letzten Verhandlungstag. Zwar lag zwischen den Plädoyers und der Urteilsverkündung eine Pause von mehr als 3,5 Stunden. Das Fahren nach Hamm und zurück hätte sich dennoch nicht gelohnt. Eine Ausnahme bildet lediglich der 17.11.2010, da die Sitzung an diesem Tag erst um 14.00 Uhr begann.
>
> Die von mir für die o.a. Tätigkeiten beantragte Pauschgebühr von 6.000,00 € erscheint angemessen. Die gesetzlichen Gebühren sind angesichts des erheblichen Zeitaufwands für Akteneinsicht und JVA-Besuche unzumutbar.
>
> .....
>
> Rechtsanwalt

b) Antragszeitpunkt

48 Das RVG nennt keinen Zeitpunkt für die Stellung des Antrags. Dazu gilt: Der Pauschgebührenantrag kann grds. erst gestellt werden, wenn die zu vergütende **Tätigkeit abgeschlossen** ist und dafür die gesetzliche Gebühr gem. § 8 fällig ist. I.d.R. wird das dann sein, wenn **zumindest** die **Instanz abgeschlossen** ist (allgemeine Meinung, s.u.a. Gerold/Schmidt/Burhoff, § 51 Rn. 47; AnwKomm-RVG/N. Schneider, § 51 Rn. 77 und 120 ff.; OLG Bamberg, JurBüro 1990, 1282; OLG Düsseldorf, JurBüro 1993, 538; a.A. OLG Düsseldorf, RVGreport 2006, 470 = AGS 2007, 75 [regelmäßig erst nach Rechtskraft]; und die st. Rspr. des OLG Hamm, vgl. zuletzt u.a. StraFo 1996, 158). Etwas anderes gilt zumindest dann, wenn die Pauschgebühr nur für einen bereits abgeschlossenen Verfahrensabschnitt geltend gemacht wird. Denn dann kommt es auf die erforderliche Gesamtschau des Verfahrens, auf die von den OLG z.T. auch unter Geltung des RVG noch abgestellt wird, nicht an. Da eine Pauschgebühr nur für einen bestimmten Verfahrensabschnitt verlangt wird, kommt es nur darauf an, ob dieser „besonders umfangreich" oder „besonders schwierig" war (a.A. wohl OLG Düsseldorf, RVGreport 2006, 470).

49 Unzulässig ist im Übrigen ein während des Verfahrens gestellter (**Feststellungs-**) **Antrag**, mit dem der Rechtsanwalt eine Zusage dahin begehrt, dass bei einer demnächst zu bewilligenden Pauschgebühr bestimmte Mindestbeträge zugrunde gelegt werden (OLG Hamm, StraFo 1997, 286 = AnwBl. 1998, 220 = AGS 1999, 106).

50 **Voraussetzung** für den Antrag nach § 51 ist aber **nicht** der **vorherige Antrag** auf **Festsetzung** oder etwa die Auszahlung der gesetzlichen Pflichtverteidigergebühren; der Pauschgebührenantrag kann im Übrigen auch noch nach Festsetzung der gesetzlichen Gebühren gestellt werden.

Festsetzung einer Pauschgebühr in Straf- und Bußgeldsachen § 51 RVG

Allerdings dient das Verfahren nach § 51 nicht dazu, eine rechtskräftige Kostenfestsetzung, die vom Verteidiger als zu niedrig empfunden wird, nachträglich zu korrigieren. Das OLG ist an diese gebunden (OLG Köln, JurBüro 2002, 303 f.), wenn nicht die Voraussetzungen für die Gewährung einer Pauschgebühr vorliegen (OLG Jena, Rpfleger 2009, 171 = JurBüro 2009, 138 [LS] = StRR 2009, 43 [LS]).

2. Zuständiges Gericht (Abs. 2)

a) Allgemeines

Über den Pauschgebührantrag entscheidet nach § 51 Abs. 2 Satz 1 das **OLG**, zu dessen Bezirk das Gericht gehört, bei dem die Strafsache in erster Instanz anhängig war (zur Zuständigkeit in sog. Staatsschutzsachen s. OLG Hamm, 06.02.2001 – 2 [s] Sbd. 6-240/2000, www.burhoff.de). Im Fall der Beiordnung einer Kontaktperson nach § 34a EGGVG entscheidet das OLG, in dessen Bezirk die JVA liegt (§ 51 Abs. 2 Satz 1 Halbs. 2); für die Zuständigkeit zur Festsetzung gilt ebenfalls § 55 Abs. 3 (vgl. dazu die Komm. zu § 55 Abs. 3). Ist der Pflichtverteidiger gem. § 350 Abs. 3 StPO vom **BGH** für die **Revisionshauptverhandlung bestellt** worden, muss nach § 51 Abs. 2 Satz 2 dieser auch über die Gewährung der Pauschgebühr entscheiden, soweit es um die Tätigkeit vor dem BGH und deren Vorbereitung geht (wegen der Einzelh. s. BGHSt 23, 324 = NJW 1970, 2223). Für die Bewilligung einer Pauschgebühr für die Revisionsbegründung bleibt allerdings das OLG auch dann zuständig, wenn im Revisionsverfahren eine Hauptverhandlung vor dem BGH stattfindet (BGHSt 23, 324 = NJW 1970, 2223; OLG Hamm, AGS 2002, 36 = JurBüro 2003, 24).

51

> **Praxistipp:**
> Über den Pauschgebührenantrag entscheidet zwar das OLG, es ist jedoch zu empfehlen, den Antrag nicht direkt an dieses zu richten. Vielmehr sollte der **Antrag über** die **(letzte) Tatsacheninstanz** an das OLG geschickt werden, damit von dort aus die für die Entscheidung des OLG erforderlichen Sachakten und die Stellungnahme des Gerichtsvorsitzenden sofort beigefügt werden können (Marberth, StraFo 1997, 225, 229).
>
> Dauert die Bearbeitung des Pauschgebührenantrags zu lange, sollte der Rechtsanwalt ggf. einen **Vorschuss** auf eine demnächst zu bewilligende Pauschgebühr beantragen (Marberth, StraFo 1997, 225, 229; ähnlich OLG Hamm, StV 1998, 616; s. auch Rn. 66 ff.).

52

b) Entscheidung durch den Einzelrichter (Abs. 2 Satz 3; § 42 Abs. 3)

Beim OLG entscheidet ein **Strafsenat**. Ebenso wie bei der Feststellung der Pauschgebühr für den Wahlverteidiger nach § 42 ist diese i.d.R. mit nur **einem Richter besetzt**. Er überträgt die Sache dem Senat in der Besetzung mit drei Richtern, wenn es zur Sicherung einer einheitlichen Rechtsprechung geboten ist (§ 42 Abs. 3). Wegen der Einzelh. vgl. die Komm. zu § 42 Rn. 21 f.

53

3. Verfahren

Das Verfahren auf Bewilligung der Pauschgebühr ist ein formales gerichtliches Verfahren, in dem den Beteiligten grds. das **rechtliche Gehör** gewährt werden muss (Gerold/Schmidt/Burhoff, § 51 Rn. 58; AnwKomm-RVG/N. Schneider, § 51 Rn. 87). Daher wird nach § 51 Abs. 2 Satz 3 die **Staatskasse** zum Antrag **gehört**. Deren Äußerung zu seinem Antrag wird dem Rechtsanwalt vor

54

§ 51 RVG   *Festsetzung einer Pauschgebühr in Straf- und Bußgeldsachen*

einer Entscheidung zur Kenntnis- und Stellungnahme zugeleitet, damit er, wenn die Staatskasse dem Antrag entgegengetreten ist, dazu Stellung nehmen kann (BVerfG, Rpfleger 1964, 210 = AnwBl. 1964, 254 m. Anm. Jünnemann).

> **Hinweis:**
> Der Rechtsanwalt sollte dann aber auch Stellung nehmen. Denn insbesondere, wenn der Vertreter der Staatskasse den vom Pflichtverteidiger geltend gemachten **zeitlichen Aufwand bestritten** hat, kann dem nur der **Rechtsanwalt selbst entgegnen**. Tut er das nicht, wird das OLG im Zweifel davon ausgehen, dass die Einwände des Vertreters der Staatskasse zutreffend sind. Ein Anspruch auf Erteilung von Zwischenbescheiden oder Hinweisbeschlüssen besteht nicht (OLG Rostock, RVGreport 2010, 415 = RVGprofessionell 2010, 156 = NStZ-RR 2010, 326 [LS]).

4. Gerichtliche Entscheidung

55 Die Entscheidung des (i.d.R.) zuständigen OLG ergeht durch **Beschluss** (§ 51 Abs. 2 Satz 1). Dieser ist grds. **unanfechtbar**. Gegen den Beschluss sind jedoch **Gegenvorstellungen** zulässig (OLG Nürnberg, AnwBl. 1974, 356 = JurBüro 1975, 201). Eine Änderung der ständigen Rechtsprechung führt aber nicht zu einer Abänderung eines auf der Grundlage dieser Rechtsprechung erlassenen Beschlusses aufgrund der Gegenvorstellung (OLG Hamm, Rpfleger 2002, 45).

> **Hinweis:**
> Der Verteidiger sollte sich nicht scheuen, ggf. **Gegenvorstellungen geltend zu machen**, da die OLG in der Vergangenheit immer wieder auf die Gegenvorstellung hin auch Beschlüsse abgeändert haben (s. einerseits OLG Hamm, StraFo 1996, 94 [Eintritt der Verjährung bejaht], andererseits OLG Hamm, StraFo 1996, 189 = JurBüro 1996, 642 = AnwBl. 1996, 478 = NStZ 1997, 41 m. Anm. Madert, zfs 1997, 32 [Eintritt der Verjährung verneint]).

Die Entscheidung des OLG wird trotz des nicht gegebenen Rechtsmittels i.d.R. – zumindest kurz – **begründet**. Soweit die OLG ihre Entscheidungen nicht begründen, ergeben sich die der Entscheidung zugrunde liegenden Erwägungen aus der Stellungnahme des Vertreters der Staatskasse, die dem Pflichtverteidiger bekannt ist/sein muss (s. die früheren „Richtlinien" des OLG Celle, StraFo 1995, 28).

Der Verteidiger kann ggf. gegen den Beschluss, mit dem eine Pauschgebühr abgelehnt bzw. nach seiner Auffassung eine zu niedrige Pauschgebühr gewährt wird, **Verfassungsbeschwerde** einlegen. Für diese gelten die allgemeinen Regeln. Auf die Begründung ist im Hinblick auf die Rechtsprechung des BVerfG (vgl. AGS 2009, 66 = RVGreport 2009, 59 = StRR 2009, 77 [zu § 99 BRAGO]) **besondere Sorgfalt** zu verwenden. Danach (vgl. BVerfG, a.a.O.) erfordert die Feststellung eines unzumutbaren Eingriffs in die Berufsausübungsfreiheit des Pflichtverteidigers eine ins Einzelne gehende Darlegung der finanziellen Situation der Kanzlei infolge des Pflichtverteidigermandats, etwa anhand einer Einnahmen-Ausgaben-Aufstellung und genaue Angaben zu den Auswirkungen des Verfahrens auf die Möglichkeit des Pflichtverteidigers, andere Mandate zu übernehmen. Allein die Darlegung, dass es sich um ein „besonders umfangreiches Verfahren" gehandelt hat, genügt nicht. Vielmehr muss im Einzelnen dargelegt werden, warum

Festsetzung einer Pauschgebühr in Straf- und Bußgeldsachen §51 RVG

die gesetzlichen Pflichtverteidigergebühren aus verfassungsrechtlichen (!) Gründen unzumutbar sind (s. auch Burhoff, RVGreport 2009, 59 in der Anm. zu BVerfG, a.a.O.).

5. Festsetzung der Pauschgebühr

Wird eine Pauschgebühr bewilligt, muss diese noch auf entsprechende Antragstellung des Rechtsanwalts gem. §55 Abs. 1 durch den **Urkundsbeamten** der Geschäftsstelle des Gerichts des ersten Rechtszugs **festgesetzt** und ausgezahlt werden (KG, NJW 2009, 456 = StraFo 2008, 529 – 530 = AGS 2009, 178). Der Antrag auf Festsetzung der bewilligten Pauschgebühr muss die Erklärung gem. §55 Abs. 5 Satz 2 über erhaltene Zahlungen enthalten. Für Wertgebühren erhaltene gesetzliche Gebühren werden bei der Festsetzung nicht angerechnet (vgl. LG Rostock, AGS 2011, 24 = RVGreport 2010, 417). Die Pauschgebühr wird mit **Umsatzsteuer** (Nr. 7008 VV) festgesetzt, wenn der Rechtsanwalt umsatzsteuerpflichtig ist (KG, a.a.O.; OLG Jena, 22.08.2009 – 1 AR [S] 76/08). Es gilt §308 Abs. 1 Satz 1 ZPO. Auch gegen die Festsetzung der Pauschgebühr durch den Urkundsbeamten ist die Erinnerung nach §56, gegen die weiteren Entscheidungen ggf. die Beschwerde und die weitere Beschwerde nach §§56 Abs. 2 Satz 1, 33 gegeben (vgl. AnwKomm-RVG/N. Schneider, §51 Rn. 137 bis 142; vgl. auch Teil A: Vergütungsanspruch gegen die Staatskasse [§§44, 35, 50], Rn. 1469 und Teil A: Rechtsmittel gegen die Vergütungsfestsetzung [§§56, 33], Rn. 1115).

56

> **Hinweis:**
> Eine unberechtigt zu hoch festgesetzte Pauschgebühr kann von der Staatskasse **zurückgefordert** werden; der Rechtsanwalt kann sich nicht auf den Wegfall der Bereicherung berufen, da §818 Abs. 3 BGB auf einen öffentlich-rechtlichen Erstattungsanspruch nicht anwendbar ist (KG, a.a.O., m.w.N.).

6. Verfahren bei der Verwaltungsbehörde

Nach Abs. 3 Satz 1 gilt §51 im Bußgeldverfahren vor der Verwaltungsbehörde **entsprechend**. Insoweit gilt:

- Geht das Bußgeldverfahren in das **gerichtliche Verfahren** über, gelten §51 Abs. 1 und 2 unmittelbar. Die Pauschgebühr wird dann vom **OLG** festgesetzt.
- Kommt es allerdings **nicht** zum **gerichtlichen Verfahren**, kommt es auch nicht zur Zuständigkeit des OLG. Zuständig für die Entscheidung über die Pauschgebühr ist dann die jeweilige Verwaltungsbehörde, bei der der Antrag zu stellen ist. Gegen deren Entscheidung kann nach §57 vorgegangen werden, der jede Entscheidung der Verwaltungsbehörde erfasst. Dem Verteidiger steht dann also der **Antrag** auf **gerichtliche Entscheidung** nach §62 OWiG zu (wegen der Einzelh. s. die Komm. bei §57).

57

7. Verjährung

a) Dauer der Verjährungsfrist/Unterbrechung

Der Pauschgebührenanspruch unterliegt der (normalen/kurzen) Verjährung von **drei Jahren** nach §195 BGB (u.a. KG, RVGreport 2011, 109 = JurBüro 2011, 255 = StRR 2011, 118; OLG Köln, RVGreport 2006, 148; AnwKomm-RVG/N. Schneider, §51 Rn. 128). Nach Auffassung des OLG Hamm (vgl. BRAGOreport 2001, 170) ist im Bewilligungsverfahren auch die Frage der

58

§ 51 RVG *Festsetzung einer Pauschgebühr in Straf- und Bußgeldsachen*

Verjährung zu prüfen (a.A. AnwKomm-RVG/N. Schneider, § 51 Rn. 134, wonach die Prüfung erst im Festsetzungsverfahren zu beachten ist). Die Verjährungsfrist wird durch den (fristgerechten) Eingang eines Pauschgebührenantrags beim OLG **unterbrochen**. Die Beweislast für den (fristgemäßen) Eingang des Antrags beim OLG trägt der Antragsteller (KG, RVGreport 2011, 176 m.w.N. = JurBüro 2011, 254 = StRR 2011, 162 m. Anm. Burhoff; vgl. Hansens, RVGreport 2009, 294, 295 für den entsprechenden Fall des Eingangs eines Kostenfestsetzungsantrags). Dieser Antrag ist auch dann erforderlich, wenn der Rechtsanwalt zuvor einen Vorschussantrag (vgl. Rn. 64 ff.) gestellt hatte (KG, RVGreport 2011, 109 = JurBüro 2011, 255 = StRR 2011, 118 [noch zu § 99 BRAGO]; zur Rückforderung von Pauschgebühr/Vorschusszahlungen unten Rn. 73).

> **Hinweis:**
>
> Nach Ablauf der Verjährungsfrist ist ein Antrag auf „**Wiedereinsetzung** in den vorigen Stand" für die Stellung eines Pauschvergütungsantrags **nicht** statthaft (KG, RVGreport 2011, 176 = JurBüro 2011, 254 = StRR 2011, 162 m. Anm. Burhoff).

b) Beginn der Verjährungsfrist

59 Zu § 99 BRAGO bestand **Streit, wann** die Verjährungsfrist **beginnt;** diese Streitfrage ist durch das RVG nicht erledigt. Von einem Teil der OLG wurde vertreten, dass der Lauf der Verjährungsfrist des Pauschgebührenanspruchs nach § 99 Abs. 1 BRAGO **nicht vor rechtskräftigem Abschluss** des Strafverfahrens beginnen könne (so st. Rspr. des OLG Hamm, s. zuletzt StraFo 1996, 189; OLG Bamberg, JurBüro 1990, 1281; OLG Jena, StraFo 1997, 253 = AGS 1998, 87; jeweils m.w.N.). Folgt man dem, beginnt die Verjährungsfrist gem. §§ 201, 198 BGB mit Abschluss des Jahres, in dem das Verfahren rechtskräftig abgeschlossen worden ist (s. auch OLG Köln, RVGreport 2006, 148). Demgegenüber wurde von einem anderen Teil der obergerichtlichen Rechtsprechung die Auffassung vertreten, der **rechtskräftige Abschluss** des Verfahrens sei für den Beginn der Verjährungsfrist **nicht erforderlich** (OLG Hamburg, JurBüro 1991, 233; KG, JurBüro 1999, 26; zuletzt OLG Braunschweig, JurBüro 2000, 475 = Nds.Rpfl. 2000, 175, jeweils m.w.N., und auch noch KG, RVGreport 2011, 176 = JurBüro 2011, 254 = StRR 2011, 162, allerdings zur BRAGO; es bleibt abzuwarten, ob das KG zum RVG seine Rechtsprechung ändert; s. auch AnwKomm-RVG/N. Schneider, § 51 Rn. 129; VerfGH Berlin, 25.07.2002 – VerfGH 89/01 und 92/01). Das wurde damit begründet, dass der Pauschgebührenanspruch an die Stelle des Anspruchs auf die gesetzlichen Gebühren trete. Deshalb sei § 16 BRAGO (jetzt § 8) anzuwenden, sodass die Verjährungsfrist mit dem Schluss des Jahres beginne, in dem der Anspruch nach dem ersten in § 16 BRAGO (§ 8) genannten Zeitpunkt fällig geworden ist. Das sei aber der Abschluss der Instanz (zur Fälligkeit Teil A: Fälligkeit der Vergütung [§ 8], Rn. 519).

60 Die **letzte Auffassung** ist für den Pflichtverteidiger i.d.R. **ungünstiger**, weil sie zu einem früheren Beginn der Verjährungsfrist führt.

> *Beispiel:*
>
> *Erstinstanzliches Urteil am 03.12.2010, Eintritt der Rechtskraft am 05.05.2011.*
>
> *Stellt man auf den Erlass des erstinstanzlichen Urteils ab, beginnt die Verjährungsfrist am 31.12.2010 und läuft am 31.12.2013 ab. Sieht man hingegen den Eintritt der Rechtskraft als maßgeblich an, hat der Lauf der Verjährungsfrist erst am 31.12.2011 begonnen und läuft noch bis zum 31.12.2014.*

Festsetzung einer Pauschgebühr in Straf- und Bußgeldsachen § 51 RVG

Die **engere Auffassung** (vgl. oben Rn. 60) ist **abzulehnen** (wie hier auch Gerold/Schmidt/Burhoff, § 51 Rn. 51). Mit dem Abstellen auf den Abschluss der Instanz wird man dem Wesen des Pauschgebührenanspruchs nicht gerecht. Es ist zwar zutreffend, dass der Pauschgebührenanspruch an die Stelle des Anspruchs auf die gesetzlichen Gebühren tritt. Ob das aber der Fall ist, entscheidet sich i.d.R. erst, wenn abschließend darüber entschieden werden kann, ob dem Pflichtverteidiger überhaupt eine Pauschgebühr zusteht. Das ist aber noch nicht nach Abschluss der Instanz der Fall, sondern i.d.R. nach endgültigem Abschluss des Verfahrens, da erst dann die erforderliche **Gesamtschau** aller für die Bewilligung einer Pauschgebühr maßgeblichen Kriterien angestellt werden kann. I.d.R. wird über einen Pauschgebührenanspruch des Pflichtverteidigers – entgegen der Ansicht des OLG Braunschweig (JurBüro 200, 475 = Nds.Rpfl. 2000, 175) – auch erst nach endgültigem Abschluss des Verfahrens entschieden (vgl. dazu u.a. OLG Hamm, StV 1998, 616, 617 = AnwBl. 1998, 613; s. auch Burhoff, AGS 2002, 98). Etwas anderes folgt auch nicht daraus, dass für einzelne Verfahrensabschnitte eine Pauschgebühr gewährt werden kann, da das nicht die Regel ist.

61

> **Hinweis:**
>
> Wegen dieser ungeklärten Problematik empfiehlt es sich **dringend**, mit einem Pauschgebührenantrag **nicht** (zu lange) zu **warten**, sondern ihn möglichst frühzeitig, also ggf. schon nach Abschluss der ersten Instanz, zu stellen (so auch Madert, zfs 1997, 32 in der Anm. zu OLG Hamm, StraFo 1996, 189). Dann kann die 3-jährige Verjährungsfrist des § 195 BGB nicht versäumt werden, sondern wird durch den Antrag gehemmt (§ 8 Abs. 2).

Die **frühzeitige** Antragstellung empfiehlt sich besonders, wenn der Verteidiger während des Verfahrens **entpflichtet** worden ist. Die Verjährungsfrist des Pauschgebührenanspruchs beginnt im Fall der Entpflichtung des Pflichtverteidigers – auch nach der Meinung in Rechtsprechung und Literatur, die die o.a. weitere Auffassung vertreten (vgl. Gerold/Schmidt/Burhoff, § 51 Rn. 51), – nicht erst mit rechtskräftigem Abschluss des Verfahrens, sondern am Ende des Jahres, in dem der Pflichtverteidiger entpflichtet worden ist (OLG Hamm, NStZ-RR 2001, 190 = JurBüro 2001, 309). Auch der Rechtsanwalt, der in einer Maßregelvollzugsache als Pflichtverteidiger bestellt worden ist, kann nicht bis zur Erledigung der Maßregel warten. Denn in **Maßregelvollstreckungssachen** erfolgt die Beiordnung jeweils nur für die konkrete Überprüfung gem. § 67e StGB. Die Verjährung des Pauschgebührenanspruchs beginnt deshalb mit Ablauf des Jahres, in dem das jeweilige Verfahren rechtskräftig abgeschlossen wurde (OLG Köln, RVGreport 2006, 148).

62

> **Hinweis:**
>
> Die Verjährungsproblematik ist durch den (neuen) **§ 8 Abs. 2 entschärft**. Nach § 8 Abs. 2 kann eine vorzeitige Verjährung nicht mehr eintreten (vgl. Teil A: Verjährung des Vergütungsanspruchs, Rn. 519 ff.; zweifelnd aber für die vorzeitige Beendigung des Mandats AnwKomm-RVG/N. Schneider, § 51 Rn. 131).
>
> Der Bewilligungsantrag **hemmt** den Ablauf der Verjährung. § 193 BGB gilt analog (OLG Hamm, JurBüro 1996, 642 = AnwBl. 1996, 478).

63

VII. Vorschuss/Abschlagszahlung (Abs. 1 Satz 5)

1. Allgemeines

64 In der BRAGO war ein gesetzlicher Anspruch des Rechtsanwalts auf Zahlung eines Vorschusses auf eine Pauschvergütung nicht vorgesehen. Die Rechtsprechung gewährte allerdings in sog. „Umfangsverfahren" Vorschüsse, wenn dies der Billigkeit entsprach (Gerold/Schmidt/Madert, BRAGO, §99 Rn.12; Burhoff, StraFo 1999, 261, 267, jeweils m.w.N.; aus der Rspr. vgl. z.B. OLG Bamberg, JurBüro 1982, 94; OLG Düsseldorf, JurBüro 1980, 392; OLG Hamburg, NJW 1967, 2220; OLG Hamm, AGS 1996, 125 m. Anm. Madert, AnwBl. 1998, 219). Im RVG ist in §51 **Abs.1 Satz 5** nun **ausdrücklich** ein **Anspruch** des Pflichtverteidigers auf **angemessenen Vorschuss** auf eine Pauschgebühr normiert.

2. Anspruchsvoraussetzungen

65 Nach §51 Abs.1 Satz 5 hat der Rechtsanwalt einen Anspruch auf einen Vorschuss, wenn ihm, insbesondere wegen der **langen Dauer** des Verfahrens und der **Höhe** der zu erwartenden Pauschgebühr, **nicht zugemutet** werden kann, die Festsetzung der Pauschgebühr **abzuwarten**. Die gesetzlichen Voraussetzungen sind damit verhältnismäßig vage. Allerdings kann die frühere Rechtsprechung zur Vorschussgewährung zur Auslegung der Vorschrift herangezogen werden, da die neue Regelung auf der Rechtsprechung zu §99 BRAGO beruht (vgl. BT-Drucks. 15/1971, S. 202; so KG, AGS 2006, 26). **Ziel** der gesetzlichen Neuregelung war es zudem, dem Rechtsanwalt einen gesetzlichen Anspruch auf einen Vorschuss einzuräumen, seine Rechtsposition sollte also gestärkt werden. Das bedeutet, dass in all den Fällen, in denen in der Vergangenheit schon von der Rechtsprechung ein Vorschuss gewährt worden ist, dies auf jeden Fall auch in Zukunft der Fall sein muss.

66 (Mit-)Entscheidend für einen Vorschuss ist zunächst eine **längere Dauer** des **Verfahrens** (OLG Frankfurt am Main, AGS 2009, 537 = NStZ-RR 2009, 296 [nicht nach nur drei Monaten Verfahrensdauer]). Die Gesetzesbegründung geht davon aus, dass die Pauschgebühr (bereits) „deutlich" über den gesetzlichen Gebühren liegen muss (vgl. dazu BT-Drucks. 15/1971, S. 202). Insoweit wird man im Hinblick auf die Rechtsprechung zur BRAGO von einer Verfahrensdauer von etwa einem Jahr und/oder etwa 50 Verhandlungstagen ausgehen müssen (vgl. zum alten Recht OLG Hamm, StV 1998, 616; s. auch OLG Hamm, AGS 1996, 125 [9.000 Seiten Ermittlungsakten, Anklage 860 Seiten, Pflichtverteidiger bereits seit elf Monaten tätig; nicht absehbare Dauer der Hauptverhandlung]; StraFo 1996, 126; AnwBl. 1998, 219; OLG Köln, StraFo 1995, 91; OLG Düsseldorf, JurBüro 1980, 392; OLG Karlsruhe, StraFo 2001, 339; s. aber OLG Jena, StraFo 2002, 305 [bei 39 Tagen noch nicht]). Außerdem muss eine **höhere Pauschgebühr** mit **Sicherheit zu erwarten** sein und darf durch den weiteren Verfahrensverlauf nicht mehr nach unten beeinflusst werden (zum neuen Recht KG, AGS 2006, 26; OLG Frankfurt am Main, AGS 2009, 537 = NStZ-RR 2009, 296; zur BRAGO OLG Hamm, StV 1998, 616; StV 1997, 427 = StraFo 1997, 254 = NStZ-RR 1997, 223; OLG Nürnberg, AnwBl. 1972, 194). Schließlich muss es für den Pflichtverteidiger **unzumutbar** sein, die Festsetzung der endgültigen Pauschgebühr abwarten zu müssen. In dem Zusammenhang ist von Bedeutung, dass der Pflichtverteidiger nach §47 Abs. 1 einen Anspruch auf angemessenen Vorschuss auf seine gesetzlichen Gebühren hat. Dieser kann die Unzumutbarkeit entfallen lassen (BVerfG, NJW 2005, 3699 = RVGreport 2005, 467; OLG Frankfurt am Main, AGS 2009, 537 = NStZ-RR 2009, 296).

Festsetzung einer Pauschgebühr in Straf- und Bußgeldsachen § 51 RVG

Die Gewährung eines „Vorschusses" kann auch dann noch in Betracht kommen, wenn das **Verfahren** zwar **abgeschlossen** ist, aufgrund des vorliegenden Aktenmaterials der Umfang der Tätigkeit, insbesondere in der Revisionsinstanz, noch nicht vollständig abschließend beurteilt werden kann. Steht zu diesem Zeitpunkt die grds. Bewilligung einer Pauschgebühr aber außer Frage, muss sich der Verteidiger nicht bis zur Vorlage aller Akten vertrösten lassen (OLG Hamm, JurBüro 1999, 639 = AGS 2000, 9; ähnlich auch OLG Hamm, StV 1998, 616). Einen Vorschuss soll(te) es allerdings dann nicht mehr geben, wenn die angefallenen gesetzlichen Gebühren bereits überwiesen sind und mit einem baldigen Abschluss des Verfahrens zu rechnen ist (OLG Bamberg, JurBüro 1990, 1282). Das dürfte im Hinblick auf die häufig langwierigen Bewilligungsverfahren zweifelhaft sein (s. auch OLG Hamm, StV 1998, 616). **67**

Der fehlende Abschluss des Verfahrens und die Frage nach einem Vorschuss erlangt auch dann Bedeutung, wenn das Verfahren in absehbarer Zeit z.B. deshalb nicht beendet werden kann, weil es **vorläufig** nach **§ 205 StPO eingestellt** werden musste. In diesen Fällen haben die Obergerichte – in der Vergangenheit zur BRAGO – eine Abschlagszahlung gewährt, wenn das Verfahren auch nach längerem Zeitablauf nicht fortgesetzt werden kann (OLG Düsseldorf, MDR 1991, 1000; JurBüro 1995, 94 = Rpfleger 1995, 39 = StV 1995, 307 – LS – [2 Jahre]; OLG Koblenz, StV 1994, 501 [LS]). Hier wird nun ein **Vorschuss** zu bewilligen sein. Allerdings kommt seine Bewilligung nur dann in Betracht, wenn das Verfahren zu dem Zeitpunkt schon als „besonders schwierig" und/oder als „besonders umfangreich" anzusehen ist (KG, AGS 2006, 26; OLG Hamm, AGS 2000, 178). **68**

3. Weiterer Vorschuss

In Betracht kommen kann nach Gewährung eines ersten Zuschusses ein weiterer Vorschuss (vgl. dazu zum alten Recht OLG Hamm, AnwBl. 1998, 616). Dafür müssen die **Voraussetzungen** des **§ 51 Abs. 1 Satz 5 erneut erfüllt sein** (vgl. zum alten Recht OLG Hamm, AnwBl. 1998, 616 [nach Bewilligung eines ersten Vorschusses Teilnahme an weiteren 49 Hauptverhandlungsterminen]; s. auch OLG Hamm, AGS 1998, 141). Ein weiterer Zuschuss wird auch dann noch zu gewähren sein, wenn der Rechtsanwalt nach einem ersten Vorschuss an weiteren **52 Hauptverhandlungstagen** teilgenommen hat, das Verfahren zwar zwischenzeitlich erstinstanzlich beendet, der **Abschluss** des **Revisionsverfahrens** beim BGH aber **nicht absehbar** ist (OLG Hamm, wistra 2000, 319 = JurBüro 2000, 586 = AGS 2001, 65 = AnwBl. 2001, 244). **69**

> **Hinweis:**
> Die insoweit zum alten Recht ergangene **Rechtsprechung** zum Vorschuss (vgl. BVerfG, NJW 2007, 1445) **bleibt** auch auf das RVG **anwendbar** (allgemein KG, AGS 2006, 26). Die Neuregelung hat die Position des Rechtsanwalts in diesem Bereich stärken wollen. Zudem lautet die Formulierung in § 51 Abs. 1 Satz 5 „insbesondere wegen der langen Dauer des Verfahrens und der Höhe der zu erwartenden Pauschgebühr nicht zugemutet werden kann". Die erwähnten Vorschussfälle sind also nur beispielhaft.

4. Verfahren

a) Antrag/Zuständiges Gericht

70 Der Vorschuss wird – ebenso wie die Pauschgebühr selbst – nur auf **Antrag** gewährt. Diesen muss der Rechtsanwalt **auf jeden Fall begründen**. In der Begründung muss er nicht nur darlegen, warum (schon jetzt) erkennbar ist, dass nach Abschluss des Verfahrens eine Pauschgebühr zu gewähren sein wird (OLG Hamm, AGS 2000, 202). Er muss darüber hinaus zu den o.a. **Kriterien** für die **Gewährung** eines **Vorschusses** Stellung nehmen. In seinem „Vorschussantrag" muss der Rechtsanwalt daher besonders **eingehend darlegen**, welche konkrete zeitliche Beanspruchung das Verfahren bis dahin für ihn erfordert hat. Anderenfalls kann das OLG nicht beurteilen, ob die Gewährung eines Vorschusses der Billigkeit entspricht bzw. die Verweigerung eine „unzumutbare Härte" darstellt (ähnlich zum alten Recht OLG Hamm, StV 1997, 427; Marberth, StraFo 1997, 225, 229, vgl. auch).

Das BVerfG (vgl. NJW 2007, 1445 f.) verlangt die Vorlage einer „**detaillierten Einnahmen-Ausgaben-Aufstellung** des Kanzleibetriebs" des Rechtsanwalts, da anderenfalls nicht abschließend beurteilt werden könne, ob und welcher Vorschuss dem Rechtsanwalt zuzubilligen sei (ähnlich AGS 2009, 66 = RVGreport 2009, 59 = StRR 2009, 77 für die Begründung der Verfassungsbeschwerde gegen einen Pauschgebührenbeschluss). Das dürfte zu weit gehen, sollte allerdings den Verteidiger veranlassen, einen Vorschussantrag **eingehend zu begründen**.

> **Hinweis:**
> Auch empfiehlt es sich, Ausführungen dazu zu machen, warum der nach **§ 47 Abs. 2** zustehende **Vorschuss** auf die gesetzlichen Pflichtverteidigergebühren **keinen ausreichenden Ausgleich** für die bislang erbrachten Tätigkeiten darstellt (OLG Hamm, StV 1997, 427).

71 Zuständig für die Entscheidung über den Vorschussantrag ist nach § 51 Abs. 2 das Gericht, das **später** auch über die **Gewährung** der endgültigen Pauschgebühr zu befinden hat. Es entscheidet auch hier i.d.R. der **Einzelrichter** (vgl. wegen der Einzelh. oben Rn. 50 ff.).

b) Angemessener Vorschuss

72 Der Vorschuss muss „angemessen" sein, d.h. er muss in seiner Höhe so bemessen sein, dass er dem Verteidiger das **Zuwarten** auf die endgültige Festsetzung der Pauschgebühr **wirtschaftlich** ermöglicht (BVerfG, NJW 2007, 1445).

Maßstab für die **Höhe** des Vorschusses ist die bis dahin vom Pflichtverteidiger erbrachte Leistung. Auf erst noch zu erbringende Leistungen wird kein Vorschuss gezahlt (OLG Hamm, StV 1997, 427; StV 1998, 616; ähnlich OLG Düsseldorf, JurBüro 1980, 392). Bei der Gewährung des Vorschusses ist im Hinblick auf die Rechtsprechung des BVerfG zu berücksichtigen, dass die finanziellen Einbußen des Rechtsanwalts unter Berücksichtigung der von ihm erbrachten Tätigkeiten nicht unverhältnismäßig werden dürfen (OLG Hamm, StV 1998, 616, das eine Tageseinnahme von nur rund 115,00 – 120,00 DM in einem Verfahren, in dem die Hauptverhandlung bereits mehr als ein Jahr gedauert hat und der Pflichtverteidiger i.d.R. an drei Tagen/Woche zur Verfügung stehen musste, als unzumutbar angesehen hat).

Festsetzung einer Pauschgebühr in Straf- und Bußgeldsachen § 51 RVG

> **Hinweis:**
> Wird der Vorschussantrag – zunächst – **abgelehnt**, kann der Verteidiger den Antrag auf Bewilligung einer Pauschgebühr nach endgültigem Abschluss des Verfahrens jedoch ggf. wiederholen (so ausdrücklich das OLG Hamm, StV 1998, 616).

5. Rückforderung eines Vorschusses

Wird später eine Pauschgebühr nicht oder nicht in der Höhe bewilligt, wie dem Rechtsanwalt 73 ein Vorschuss gezahlt worden ist, stellt sich die Frage der (teilweisen) Rückforderung des Vorschusses. Diese wird auf der Grundlage eines öffentlich-rechtlichen Erstattungsanspruchs als **zulässig** angesehen (vgl. z.B. KG, StraFo 2008, 529 = JurBüro 2009, 31 = NJW 2009, 456 = AGS 2009, 178 [allerdings für unberechtigt festgesetzte Pauschgebühr]; KG, RVGreport 2011, 109 = JurBüro 2011, 255 = StRR 2011, 118 [für Pauschgebühr nach § 99 BRAGO]). Gegenüber diesem Rückzahlungsanspruch kann sich der Rechtsanwalt nicht auf Wegfall der **Bereicherung** (§ 818 Abs. 3 BGB) berufen, weil nach allgemeiner Meinung § 818 Abs. 3 BGB auf den öffentlich-rechtlichen Erstattungsanspruch nicht entsprechend anwendbar ist (KG, StraFo 2008, 529 = JurBüro 2009, 31 = NJW 2009, 456 = AGS 2009, 178 m.w.N.). Der Rückzahlungsanspruch **verjährt** gem. §§ 197, 199 Abs. 1 Nr. 1 BGB in drei Jahren; die Verjährungsfrist beginnt mit Eintritt der Verjährung eines dem Rechtsanwalt ggf. zustehenden Pauschgebührenanspruchs (vgl. dazu oben Rn. 58 ff.; s. KG, RVGreport 2011, 109 = JurBüro 2011, 255 = StRR 2011, 118).

> **Hinweis:**
> Ggf. sollte sich der Rechtsanwalt gegenüber einem Rückforderungsanspruch auf **Verwirkung** nach dem Rechtsgedanken der §§ 47, 55 sowie § 7 GKG berufen, wenn die Rückforderung nicht binnen eines Jahres nach dem Eintritt der Verjährung des Pauschgebührenanspruchs geltend gemacht worden ist (vgl. dazu (aber) KG, a.a.O:).
>
> **Verfahrensmäßig** wird der Beschluss, durch den festgestellt wird, dass der Vorschuss zurückzuzahlen ist, und die Verfügung, mit der der Rechtsanwalt dann von der Staatskasse zur Rückzahlung aufgefordert wird, rechtlich als Aufhebung der Verfügung, durch die die Vergütung des Rechtsanwalts entsprechend der Vorschussbewilligung festgesetzt worden ist, angesehen (vgl. KG, AGS 2010, 295 = JurBüro 2010, 364 = RVGreport 2010, 339; RVGreport 2011, 109 = JurBüro 2011, 255 = StRR 2011, 118). Der statthafte Rechtsbehelf dagegen ist die **Erinnerung** gem. § 56 (vgl. KG, AGS 2010, 295 = JurBüro 2010, 364 = RVGreport 2010, 339; s. dazu Teil A: Rechtsmittel gegen die Vergütungsfestsetzung [§§ 56, 33], Rn. 1115).

VIII. Arbeitshilfe: ABC der Pauschgebühr

74 ABC-Übersicht

Abkürzung des Verfahrens Rn. 75
Absprache Rn. 76
Adhäsionsverfahren Rn. 77
Aktenumfang Rn. 78
Anreise zum Termin Rn. 79
Ausländischer Mandant Rn. 80
Auslandsreise Rn. 81
Auslieferungsverfahren Rn. 82
Beschwerdeverfahren Rn. 83
Besondere Fähigkeiten des Pflichtverteidigers Rn. 84
Besprechungen Rn. 85
Betäubungsmittelverfahren Rn. 86
Betreuungsaufwand Rn. 87
Beweiswürdigung, schwierige Rn. 88
Beweisanträge, umfangreiche Rn. 89
Bürokosten des Pflichtverteidigers Rn. 90
Dolmetscher Rn. 91
Eigene Ermittlungen des Verteidigers Rn. 92
Einarbeitungszeit, kurze Rn. 93
„Einmannkanzlei" Rn. 94
Einstellung des Verfahrens Rn. 95
Einziehung Rn. 96
Erörterungen des Standes des Verfahrens Rn. 97
Erweitertes Schöffengericht Rn. 98
Fahrtzeiten Rn. 99
Große Anzahl von Taten Rn. 100
Große Anzahl von Zeugen Rn. 101
Große Strafkammer Rn. 102
Großverfahren Rn. 103
Hauptverhandlung, Allgemeines Rn. 104
Hauptverhandlung, Dauer insgesamt Rn. 105
Hauptverhandlungsdauer, Dauer je Tag Rn. 106
Höchstgebühr Rn. 107
Inhaftierter Angeklagter Rn. 108
Jugendgerichtsverfahren Rn. 109
Kommissarische Vernehmung Rn. 110

Kompensation Rn. 111
Maßregelvollzug/Überprüfungsverfahren Rn. 112
Medieninteresse Rn. 113
Mehrere Nebenkläger Rn. 114
Mehrere Verteidiger Rn. 115
Persönlichkeit, schwierige, des Angeklagten Rn. 116
Plädoyer Rn. 117
Psychiatrische(s) Gutachten Rn. 118
Psychische/Persönliche Belastungen des Pflichtverteidigers/Vertreters Rn. 119
Reisezeiten Rn. 120
Revisionsverfahren Rn. 121
Schriftsätze, umfangreiche Rn. 122
Schwurgerichtsverfahren Rn. 123
Selbstleseverfahren Rn. 124
Spezialrecht Rn. 125
Sprachliche Fähigkeiten des Pflichtverteidigers Rn. 126
Sprachschwierigkeiten Rn. 127
Strafvollstreckungssache Rn. 128
Tätigkeiten außerhalb der Hauptverhandlung Rn. 129
Taubstummer Angeklagter/Antragsgegner Rn. 130
Termine außerhalb der Hauptverhandlung Rn. 131
Terminsdauer Rn. 132
Umfangsverfahren Rn. 133
Uneinsichtiger Angeklagter Rn. 134
Untersuchungshaft Rn. 135
Urteilsumfang Rn. 136
Verfassungsbeschwerde Rn. 137
Verständigung (§ 257c StPO) Rn. 138
Vertretung des Pflichtverteidigers Rn. 139
Vorbereitung der Sache Rn. 140
Wiederaufnahmeverfahren Rn. 141
Wirtschaftsstrafsachen Rn. 142
Zeugenbeistand Rn. 143

Festsetzung einer Pauschgebühr in Straf- und Bußgeldsachen § 51 RVG

Das nachfolgende ABC gibt einen **Überblick**, welche Punkte bei der Antragstellung zu berücksichtigen sind (vgl. im Übrigen auch die Zusammenstellung bei AnwKomm-RVG/N. Schneider, § 51 Rn. 21 ff.). Dabei ist immer zu berücksichtigen, dass sich die Gewährung einer Pauschgebühr meist nicht nur aus einem Gesichtspunkt ergibt, sondern i.d.R. erst eine Gesamtschau aller zu berücksichtigenden Umstände dazu führt, dass ein Verfahren als „besonders schwierig" oder „besonders umfangreich" anzusehen ist (OLG Hamm, AnwBl. 1987, 338; StraFo 1996, 158; OLG München, AnwBl. 1976, 178). Dazu muss der Pflichtverteidiger ggf. vortragen (zur Bedeutung der Antragsbegründung s.o. Rn. 43 ff.).

> **Hinweis:**
> Bei der nachstehend zitierten Rechtsprechung ist zudem zu berücksichtigen, dass diese z.T. noch zu § 99 Abs. 1 BRAGO ergangen ist. Die **Entscheidungen** müssen daher immer **sorgfältig** darauf **geprüft werden**, inwieweit Umstände für die Gewährung der Pauschvergütung (mit-)bestimmend waren, die nun beim Rechtsanwalt/Pflichtverteidiger zu einer eigenen gesetzlichen Gebühr führen. Diese können nicht mehr oder zumindest nicht mehr in vollem Umfang bei der Beurteilung des Verfahrens herangezogen werden (vgl. u.a. OLG Hamm, StraFo 2005, 263; NJW 2006, 74 und die weiteren Nachw. bei Rn. 10 f.).

■ **Abkürzung des Verfahrens** 75

Tätigkeiten, die zu einer erheblichen **Abkürzung** des Verfahrens geführt haben, sind bei der Bewilligung einer Pauschgebühr zu **berücksichtigen.** Das gilt für eine besonders intensive Vorbereitung der Hauptverhandlung (OLG Hamm, StraFo 2000, 214; NJW 2006, 75 = StV 2006, 203 = JurBüro 2006, 138; OLG Karlsruhe, StV 2006, 202 = RVGreport 2005, 315 = AGS 2006, 121) aber auch für besonderen Besprechungsaufwand, um einen bislang bestreitenden Angeklagten zur Abgabe eines Geständnisses zu bewegen (OLG Koblenz, AGS 2008, 30). Dazu zählen schließlich auch Tätigkeiten, die der Rechtsanwalt im Hinblick auf das Zustandekommen einer Verständigung (§ 257c StPO) erbringt, sei es, dass es um zusätzliche Termine geht, so z.B. zur Erörterung des Standes des Verfahrens nach den §§ 160b, 202a, 212 StPO, sei es, dass es um Besprechungen mit dem Mandanten zur Vorbereitung einer Verständigung geht (zu den vergütungsrechtlichen Auswirkungen der Verständigung s. Teil A: Verständigung im Straf-/Bußgeldverfahren, Abrechnung, Rn. 1585; Burhoff, RVGreport 2010, 401; s. auch → „Verständigung (§ 257c StPO)", Rn. 138).

■ **Absprache** 76

s. → „Verständigung (§ 257c StPO)", Rn. 138

■ **Adhäsionsverfahren** 77

Die Bestellung des Pflichtverteidigers gilt nach der hier vertretenen Auffassung **ohne zusätzliche Bestellung** auch für das Adhäsionsverfahren (s. die Rechtsprechungs- und Literaturhinweise bei Nr. 4143 VV Rn. 12 ff.). Bei der Gewährung einer Pauschgebühr wird die – i.d.R. nicht sehr aufwendige – Tätigkeit für das Adhäsionsverfahren in die Vorbereitungs- und die Hauptverhandlungszeit und damit auch die Adhäsionsgebühr der Nr. 4143 VV einzubeziehen sein (OLG Schleswig, SchlHA 1997, 75; OLG Hamm, StraFo 2000, 214; LG Berlin, StraFo 2004, 400).

§ 51 RVG   Festsetzung einer Pauschgebühr in Straf- und Bußgeldsachen

> **Hinweis:**
>
> N. Schneider (AnwKomm-RVG, § 51 Rn. 42) will offenbar wegen der Regelung in § 51 Abs. 1 Satz 3 die Tätigkeit im Hinblick auf vermögensrechtliche Ansprüche nicht berücksichtigen (vgl. auch LG Rostock, AGS 2011, 24 = RVGreport 2010, 417 m. Anm. Burhoff für Nr. 4142 VV). Das ist m.E. nur insoweit zutreffend, als **allein** die Behandlung vermögensrechtlicher Ansprüche **nicht** zur Gewährung einer Pauschgebühr führen kann. Im Übrigen sind die insoweit erbrachten Tätigkeiten aber zu berücksichtigen und es ist selbstverständlich auch die dem Verteidiger zustehende gesetzliche Vergütung bei der Frage, welche gesetzlichen Gebühren dem Rechtsanwalt für seine Tätigkeiten zustehen, mit heranzuziehen. Anders würde man dem Umstand nicht gerecht, dass für den Pflichtverteidiger die Wertgebühren über § 49 begrenzt werden.

78 ■ **Aktenumfang**

Der Aktenumfang ist ein – ggf. **gewichtiges** – **Indiz** dafür, ob eine Sache besonders umfangreich ist oder nicht. Das gilt insbesondere für das Ermittlungsverfahren. Die Gesetzesbegründung geht gerade davon aus, dass durch § 51 insbesondere noch die Fälle erfasst werden, in denen der Pflichtverteidiger im Ermittlungsverfahren in weit überdurchschnittlichem Ausmaß tätig geworden ist, so z.B. beim Studium besonders umfangreicher Akten und Beiakten (BT-Drucks. 15/1971, S. 201). Verlässliche Grundsätze, ab wann eine Pauschgebühr aufgrund des Aktenumfangs gerechtfertigt ist, hat es zu § 99 BRAGO schon nicht gegeben, sie werden sich im Zweifel auch für § 51 nicht feststellen lassen. Aus der Rechtsprechung zu § 99 BRAGO ist hinzuweisen u.a. auf:

- **KG** (KG, AGS 2006, 26): 30 Bände Akten zzgl. Beiakten sind nicht durchschnittlich;
- **OLG Brandenburg** (OLG Brandenburg, AGS 1997, 41): Zum Zeitpunkt der Bestellung existieren bereits über **3.000 Seiten** Verfahrensakten;
- **OLG Celle** (RVGreport 2011, 177 = StRR 2011, 240): 40.000 Blatt Akten weit überdurchschnittlich, sodass das OLG für eine – relativ kurzfristige – Einarbeitung in diese Akten einen Zeitaufwand von 10 Tagen annimmt und bei der Bewilligung einer Pauschgebühr 10 HV-Gebühren ansetzt;
- **OLG Dresden**: Folgende **Sätze** werden zugrunde gelegt (s. auch noch OLG Dresden, AGS 2000, 109 [mehr als 200 Blatt Akten bis zur Hauptverhandlung führen im amtsgerichtlichen Verfahren zum besonderen Umfang]:

AG bis 1. HV-Termin	LG bis 1. HV-Termin	Zusätzliche Gebühr nach Nr. 4100 VV
800 – 1.000 Blatt	1.200 – 1.700 Blatt	0,5
1.001 – 1.400 Blatt	1.701 – 2.300 Blatt	0,1
1.401 – 2.000 Blatt	2.301 – 3.000 Blatt	1,5
2.001 – 3.000 Blatt	3.001 – 5.000 Blatt	2,0
3.001 – 8.000 Blatt	5.001 – 10.000 Blatt	2,5
ab 8.001 Blatt	ab 10.001 Blatt	3,0

Festsetzung einer Pauschgebühr in Straf- und Bußgeldsachen §51 RVG

- OLG Düsseldorf (RVGreport 2006, 470): bei mehr als 3.600 Blatt bei Anklageerhebung anstelle der gesetzlichen Grund- und Verfahrensgebühr eine Pauschgebühr von 2.000,00 €;
- **OLG Hamm**:
  - **mehrere Bände Hauptakten** und Spurenakten (vgl. z.B. Beschl. v. 12.01.2006 – 2[s] Sbd. VIII 235/05 und NJW 2007, 857 = StraFo 2007, 128);
  - **25 Bände Hauptakten**, acht Sonderbände, 28 Sonderordner, 72 Beweismittelordner, 11 Zusatzordner und drei Beiakten oder 9.000 Seiten Ermittlungsakten, **Anklage 860 Seiten** neben nur 75 Hauptverhandlungstagen in nur knapp 16 Monaten (OLG Hamm, JurBüro 1999, 639; s. auch OLG Hamm, AGS 1996, 125 [betr. Vorschuss]);
  - **500 Blatt Akten** bei einem amtsgerichtlichen Verfahren schon komplex (OLG Hamm, StV 1998, 619 = StraFo 1998, 321, 356 = NStZ-RR 1998, 254 = AGS 1998, 140; OLG Hamm, StV 2000, 442; s. aber OLG Hamm, 22.05.2006 – 2 [s] Sbd. IX 53/06 [1.000 Blatt bis zur Hauptverhandlung noch nicht „besonders" umfangreich im Hinblick darauf, dass die Grundgebühr und die Verfahrensgebühr mehrfach angefallen waren]);
  - eine über die Wahlverteidigerhöchstgebühr hinausgehende Pauschgebühr ist dann zuzuerkennen, wenn sich der Pflichtverteidiger u.a. innerhalb von sechs Wochen in einen äußerst umfangreichen Verfahrensstoff eines Wirtschaftsstrafverfahrens einarbeiten musste, und zwar in **1.000 Blatt Hauptakten**, zahlreiche Beweismittelordner und **600.000 Blatt Beiakten** (OLG Hamm, StraFo 2000, 285);
  - **kurzfristige Einarbeitung** in **10 Bände Hauptakten**, fünf Ordner Fallakten, je einen Ordner Vernehmungen, Durchsuchungen/Asservate, **neun Ordner Telefonüberwachungsprotokolle** führt zum besonderen Umfang (OLG Hamm, StraFo 2000, 251);
- OLG Jena (StraFo 1999, 323): Bis zur Hauptverhandlung bereits ein Umfang von acht Bänden mit über **1.000 Seiten** ist (mit-)zuberücksichtigen;
- OLG Köln (StV 2000, 440; StraFo 2006, 130): **13 Bände Akten** und zusätzlich Beiakten, allein 3.000 vom Pflichtverteidiger gefertigte Kopien;
- **OLG Nürnberg**:
  - **1.450 Blatt Akten** bis zur Verfahrenseinstellung führen – neben einer besonderen Beanspruchung des Pflichtverteidigers durch Haftprüfungsverfahren – zu einer Verdoppelung der gesetzlichen Gebühren (OLG Nürnberg, AnwBl. 2000, 56);
  - Verfahren beim AG mit einem Aktenumfang von über **3.900 Seiten** zuzüglich drei Bände Beweismittelakten (OLG Nürnberg, 10.05.2011 – 1 AR 15/11, JurionRS 2011, 16347);
- OLG Stuttgart (AnwBl. 1972, 89): außergewöhnlicher Umfang eines Strafkammerverfahrens bei **allein 2.726 Seiten Protokoll** und **1.689 Seiten Urteilsgründen** bzw. „besonderer Umfang" bei einem amtsgerichtlichen Verfahren mit 456 Blatt (AGS 2007, 174).

Anreise zum Termin 79

→ „Fahrzeiten", Rn. 99

§ 51 RVG   *Festsetzung einer Pauschgebühr in Straf- und Bußgeldsachen*

80 ■ **Ausländischer Mandant**

Wenn es sich bei dem Mandanten um einen Ausländer handelt und dieser Umstand die Zuziehung eines Dolmetschers erforderlich gemacht hat, kann das in **Zusammenhang** mit **anderen Umständen** zur Gewährung einer Pauschgebühr führen (OLG Hamm, StraFo 2000, 251; a.A. wohl KG, AGS 2006, 26; s. aber OLG Celle, RVGreport 2007, 64 für das **Auslieferungsverfahren** [nicht allein wegen Verständigungsschwierigkeiten und der Ausländereigenschaft des Verfolgten]).

81 ■ **Auslandsreise**

Bei der Bemessung der Höhe der Pauschgebühr wird der durch eine Auslandsreise zum entflohenen Mandanten entstandene zusätzliche Zeitaufwand nicht berücksichtigt, wenn das Gericht die **Notwendigkeit** einer derartigen Reise und die Erstattungsfähigkeit entsprechender Auslagen verneint hat, da dann insoweit auch keine Grundlage zur Festsetzung gesetzlicher Gebühren besteht (OLG Hamm, JurBüro 2002, 142; zugleich auch zur Berücksichtigung einer Auslandsreise im Rahmen der Pauschgebühr).

82 ■ **Auslieferungsverfahren**

In Auslieferungsverfahren wird häufig die Gewährung einer Pauschgebühr **geboten** sein, da diese Verfahren i.d.R. besondere tatsächliche oder rechtliche Anforderungen stellen. Zudem ist hier die Vergütung des Pflichtbeistandes (§ 40 IRG) i.d.R. unzureichend, da diesem meist nur die Verfahrensgebühr Nr. 6101 VV zusteht (vgl. OLG Köln, AGS 2006, 380 = NJW-RR 2007, 71; RVGreport 2009, 218). Deshalb wird es hier i.d.R. zur Gewährung einer Pauschgebühr kommen, vor allem dann, wenn der Rechtsanwalt an einem Anhörungstermin beim OLG teilgenommen hat, für den nach herrschender Meinung eine Terminsgebühr nach Nr. 6102 VV nicht entsteht (vgl. dazu die Nachw. bei Nr. 6102 VV Rn. 5 f.). Das OLG Köln (a.a.O.) hat z.B. bei einem sich über acht Monate hinziehenden, erheblichen Betreuungsaufwand mit sich bringenden Mandat, für welches umfangreiches Aktenmaterial bearbeitet und die Rechtsprechung ausländischer oberster Gerichte recherchiert, ausgewertet und dargestellt werden musste und in welchem die Verständigung mit dem Verfolgten nur in einer Fremdsprache stattfinden konnte, die Tätigkeit des Pflichtbeistands mit den gesetzlichen Gebühren zuzüglich einer über dem 6-fachen dieser Gebühren liegenden Pauschgebühr honoriert. Andererseits hat aber das OLG Karlsruhe keine Pauschgebühr abgelehnt in einem Auslieferungsverfahren, in dem der Beistand zwar an einem Eröffnungstermin nach § 28 IRG teilgenommen hat, der jedoch nur 25 Minuten gedauert hatte, bei im Übrigen sehr einfachem tatsächlichen und rechtlichen Sachverhalt (nur Zustimmung nach § 80 Abs. 3 IRG), nur kurzer Verfahrensdauer und auf freiem Fuß befindlichen Verfolgten (OLG Karlsruhe, RVGprofessionell 2010, 115).

83 ■ **Beschwerdeverfahren**

Die Tätigkeit des Rechtsanwalts in Beschwerdeverfahren wird grds. durch die gesetzlichen Gebühren (mit) abgegolten, sodass also die Einlegung einer Beschwerde i.d.R. nicht zur Bewilligung einer Pauschgebühr führen wird (OLG Koblenz, JurBüro 2008, 312 für Haftbeschwerde). Etwas anderes wird gelten, wenn der Rechtsanwalt mehrere und ggf. umfangreiche Beschwerden eingelegt hat (zur Abrechnung von Beschwerdeverfahren s. Teil A: Beschwerdeverfahren,

Abrechnung, Rn. 371; s. auch OLG Düsseldorf, AGS 2011, 70 = RVGreport 2011, 22 = StRR 2011, 38 = RVGprofessionell 2001, 53; OLG Hamm, RVGreport 2009, 149 = StRR 2009, 39; AG Hof, AGS 2011, 68 = VRR 2011, 160).

▪ Besondere Fähigkeiten des Pflichtverteidigers 84

Die besondere Schwierigkeit der Sache kann sich daraus ergeben, dass besondere Fähigkeiten oder Kenntnisse des Pflichtverteidigers erforderlich waren. Das kann z.B. der Fall sein in Sachen, für die sich der Verteidiger die Kenntnisse in **ausländischem Recht** verschaffen muss (s. aber KG, AGS 2006, 26; OLG Celle, RVGreport 2007, 64) oder bei denen, wie z.B. in komplizierten Wirtschaftsstrafverfahren, über das normale Maß hinausgehende **wirtschaftliche, buchhalterische** oder **steuerrechtliche** Kenntnisse erforderlich sind (OLG Koblenz, Rpfleger 1985, 508; → „Sprachliche Fähigkeiten des Pflichtverteidigers", Rn. 124).

▪ Besprechungen 85

Sind **zahlreiche/langwierige Besprechungen** mit dem Angeklagten, (Mit-)Verteidigern anderer Angeklagter und/oder Dritten (Familienangehörigen, Sachverständigen u.a.) erforderlich, kann das die Sache zu einer besonders umfangreichen machen bzw. ist dieser Umstand zu berücksichtigen (OLG Hamm, StV 1998, 619; OLG Koblenz, AGS 2008, 30 für erheblichen Besprechungsaufwand, um einen bestreitenden Angeklagten zur Abgabe eines Geständnisses zu bewegen), vor allem dann, wenn diese Besprechungen während des Ermittlungsverfahrens geführt worden sind. Das gilt auch für Mandantengespräche des gem. § 406g StPO als Beistand beigeordneten Rechtsanwalts (OLG Hamm, StraFo 1998, 175 [für Verfahren wegen sexuellen Missbrauchs]). Nach OLG Hamm sind auch zahlreiche zeitintensive Besprechungen mit dem Mandanten und Mitverteidigern während der Dauer einer 22-tägigen Hauptverhandlung (mit-)zuberücksichtigen (OLG Hamm, StraFo 2000, 285; ähnlich OLG Hamm, 07.06.2000 – 2 [s] Sbd. 6-52/2000, www.burhoff.de). Der besondere Umfang ist schließlich bejaht worden bei wiederholten und nicht einfachen **Vorbesprechungen** mit einem **jugendlichen Mandanten** sowie mit den Verteidigern der Mitangeklagten, kurzfristig notwendig gewordenen Umarbeitens der bereits vorbereiteten schriftlichen Einlassung des Mandanten zur Nachtzeit, des gesteigerten Medieninteresses und der hierdurch bedingten Teilnahme an den vom LG begleiteten Pressekonferenzen (OLG Celle, RVGreport 2005, 142 = StraFo 2005, 273). Und: Auch Besprechungen und Teilnahmen an Terminen, bei denen es um eine Verständigung i.S.d. § 257c StPO geht, sind zu berücksichtigen (→ „Verständigung", Rn. 138).

▪ Betäubungsmittelverfahren 86

Verstöße gegen das BtMG sind heute häufig vorkommende Straftaten, sodass **allein** der Umstand, dass es um ein sog. **BtM-Delikt** geht, eine Pauschgebühr **nicht rechtfertigt** (Hansens, BRAGO, § 99 Rn. 5). Bewilligt worden ist eine Pauschgebühr jedoch in einem BtM-Verfahren mit 1.380 Seiten Akten, 26 Sitzungstagen und der Vernehmung von 74 teils ausländischen Zeugen, für die fünf „Dolmetscher" (s. dazu unten Rn. 90) zugezogen werden mussten (OLG Koblenz, KostRsp., BRAGO, § 99 Nr. 11; hier ergab sich aber wohl schon aufgrund des „Aktenumfangs" [s.o. Rn. 786] und der großen Zahl von Zeugen der besondere Umfang i.S.d. § 99 Abs. 1 Satz 1 BRAGO).

87 ■ Betreuungsaufwand

Grds. kann ein besonderer Betreuungsaufwand, der von einem Rechtsanwalt zu erbringen ist, bei der Gewährung/Bemessung einer Pauschgebühr **berücksichtigt** werden (OLG Hamm, Rpfleger 2007, 502 = JurBüro 2007, 528; 29.04.2008 – 5 [s] Sbd X 23/08, www.burhoff.de; 08.06.2007 – 2 [s] Sbd. IX-87/07). Ein besonderer Betreuungsaufwand, ist z.B. gegeben, wenn in einem Verfahren wegen Tötung eines Kindes der als Beistand der Mutter als Nebenklägerin bestellte Rechtsanwalt bereits im Ermittlungsverfahren wöchentlich mit der Nebenklägerin Besprechungen von jeweils 1 1/2 stündiger Dauer durchführt und dazu die Nebenklägerin mit Rücksicht auf ihre schwere Traumatisierung an ihrem Wohnsitz aufsucht (OLG Hamm, 29.04.2008 – 5 [s] Sbd. X 23/08). Allerdings ist darauf zu achten, dass es sich um einen „besonderen" Betreuungsaufwand handeln muss, nicht ausreichend ist der „normale", der i.d.R. mit der allgemeinen Vorbereitung der Hauptverhandlung und der Vorbereitung und Nachbereitung der jeweiligen Hauptverhandlungstermine, wozu auch die Betreuung des Opfers gehört, von der gerichtlichen Verfahrensgebühr abgegolten ist.

> **Hinweis:**
> Zum Betreuungsaufwand muss der Verteidiger in seinem Pauschgebührenantrag unbedingt **vortragen**.

88 ■ Beweiswürdigung, schwierige

Eine schwierige Beweiswürdigung kann das gesamte Verfahren „besonders schwierig" und/oder „besonders umfangreich" machen. **Maßstab** für die Frage, ob eine Beweiswürdigung schwierig/umfangreich ist, wird in erster Linie die **Anzahl** der zu **würdigenden Beweise** sein (große Anzahl von Zeugen [s. dazu u.a. OLG Hamm, JurBüro 1999, 639 [Vernehmung von 113 bzw. 131 Zeugen]], zahlreiche [umfangreiche] Gutachten und sonstige Beweiserhebungen), bei denen ggf. Indizien im Vordergrund stehen (OLG Hamm, AGS 2003, 257; s. aber KG, AGS 2006, 26), nicht aber die Tatsache, dass der Angeklagte bestreitet (OLG Hamm, NStZ-RR 1999, 31 = Rpfleger 1999, 95). Die besondere Schwierigkeit kann sich im Übrigen auch allein aus der (Glaubwürdigkeits-)Beurteilung nur einer Kinderaussage in einem Verfahren wegen sexuellen Missbrauchs ergeben (zu den Beurteilungskriterien s. OLG Hamm, StV 1998, 612).

89 ■ Beweisanträge, umfangreiche

Diese können mit zu berücksichtigen sein, wenn die Anträge über das **übliche Maß**, das bereits durch die allgemeinen Gebühren abgedeckt ist, **hinausgehen** (AnwKomm-RVG/N. Schneider, § 51 Rn. 27). Der Umstand, ob die Anträge „verfahrensfördernd" oder „unnötig" gewesen sind, wird nur im Ausnahmefall Bedeutung erlangen (s. oben Rn. 17 f.; s. auch noch → „Schriftsätze, umfangreiche", Rn. 122).

90 ■ Bürokosten des Pflichtverteidigers

Die Bürokosten des Pflichtverteidigers sind **kein** bei der Bewilligung der Pauschgebühr zu **beachtender Umstand** (OLG Bremen, 04.08.1975 – II AR 118/75, n.v.).

Festsetzung einer Pauschgebühr in Straf- und Bußgeldsachen § 51 RVG

■ Dolmetscher 91

Die besondere Schwierigkeit der Sache kann darin liegen, dass der **Angeklagte nicht Deutsch sprechen** oder **verstehen** kann (s. z.B. OLG Bamberg, JurBüro 1982, 1362; OLG Hamm, AnwBl. 1970, 177). Allerdings führt nicht allein schon die Hinzuziehung eines Dolmetschers zur Anwendung des § 51 Abs. 1, vielmehr muss gerade durch die Verständigungsschwierigkeiten auch ein erheblicher Zeit- und Arbeitsaufwand beim Pflichtverteidiger anfallen (zuletzt OLG Hamm, NStZ-RR 1999, 31 zu § 99 BRAGO; s. auch OLG Karlsruhe, JurBüro 1987, 391 = Rpfleger 1987, 176 [für einen Angeklagten von chinesischer Herkunft und malaiischer Staatsangehörigkeit, mit dem eine Verständigung nur über einen Dolmetscher für Mandarin möglich war]; ähnlich OLG Koblenz, JurBüro 2008, 312). Die **Ersparnis** von **Dolmetscherkosten** durch den Einsatz eigener Sprachkenntnis ist bei der Bemessung einer Pauschgebühr zu berücksichtigen (so OLG Köln, StraFo 2006, 258 = RVGreport 2006, 221 = AGS 2007, 74; a.A. OLG Celle, RVGreport 2007, 64 = AGS 2007, 74; OLG Düsseldorf, JurBüro 2009, 532; offengelassen von OLG Hamm, StraFo 2007, 218 = Rpfleger 2007, 426 = JurBüro 2007, 309).

■ Eigene Ermittlungen des Verteidigers 92

Die in Zusammenhang mit eigenen Ermittlungen des Pflichtverteidigers, vor allem im Ermittlungsverfahren, erbrachten Tätigkeiten sind zu **berücksichtigen** und können die Sache zu einer „besonders umfangreichen" machen (OLG Frankfurt am Main, NJW 1975, 948 = AnwBl. 1974, 357; AnwKomm-RVG/N. Schneider, § 51 Rn. 29; zur Zulässigkeit eigener Ermittlungen des Verteidigers Burhoff, EV, Rn. 617 ff. m.w.N. aus Rspr. und Lit.).

> **Hinweis:**
> Die für die eigenen Ermittlungen **aufgewandten Kosten** bleiben bei der Pauschgebühr aber **außer Betracht**. Diese sind gem. § 46 geltend zu machen.
>
> Auch eigene Ermittlungen des Pflichtverteidigers lassen sich nicht unbedingt anhand der Akte nachvollziehen, weshalb dazu **vorgetragen** werden muss.

■ Einarbeitungszeit, kurze 93

Steht dem Pflichtverteidiger, weil er erst kurz vor Beginn der Hauptverhandlung bestellt wird, eine nur kurze Einarbeitungszeit zu, soll dieser Umstand das Verfahren „besonders schwierig" machen (OLG Karlsruhe, StraFo 1997, 319; OLG Zweibrücken, StV 1991, 123). Hier handelt es sich aber nicht um einen Umstand, der in erster Linie zur besonderen Schwierigkeit führt, vielmehr dürfte die kurzfristige Beiordnung des Pflichtverteidigers wegen der erforderlichen schnellen und deshalb i.d.R. **arbeitsaufwendigen Vorbereitung** des Verfahrens eher zur Bejahung des „**besonderen Umfangs**" führen (st. Rspr. des OLG Hamm; a.A. offenbar AnwKomm-RVG/N. Schneider, § 51 Rn. 31, wonach dieser Zeitaufwand durch die Grundgebühr Nr. 4100 VV abgedeckt werden soll, wobei jedoch übersehen wird, dass die Grundgebühr nur die „normale" Einarbeitung erfasst, bei der Bewilligung einer Pauschgebühr es sich jedoch um „Mehrarbeit" handelt, die der Pflichtverteidiger erbracht hat). Der besondere Umfang kann sich insbesondere daraus ergeben, dass der Verteidiger erst kurz vor der Hauptverhandlung beigeordnet wurde und sich während der knappen Frist von zwölf Tagen in 10 Bände Hauptakten, 5 Ordner Fallakten, je 1 Ordner Vernehmungen, Durchsuchungen/Asservate, 9 Ordner Telefonüberwachung usw. ein-

§ 51 RVG *Festsetzung einer Pauschgebühr in Straf- und Bußgeldsachen*

arbeiten musste (OLG Hamm, StraFo 2000, 251). Entsprechendes gilt bei einer Einarbeitung in 10.000 Seiten Aktenmaterial in nur rund neun Wochen (OLG Hamm, AGS 2000, 248) oder bei Einarbeitung in eine 300 Seiten starke Akte und ein erstes Gespräch mit dem Mandanten am Wochenende (OLG Hamm, AGS 2006, 498; ähnlich OLG Celle, RVGreport 2011, 177 = StRR 2011, 240). Zu berücksichtigen ist ggf. auch, ob der Pflichtverteidiger vor seiner Bestellung schon als **Wahlverteidiger** mit der Sache **befasst**, sie ihm also nicht völlig fremd war (zur Berücksichtigung von als Wahlverteidiger erbrachten Tätigkeiten s. oben bei Rn. 15 ff. und die dortigen Nachw.).

94 ■ „Einmannkanzlei"

Betreibt der Pflichtverteidiger eine „Einmannkanzlei", rechtfertigt das **keine besondere Pauschgebühr** (OLG Bamberg, JurBüro 1982, 90). Allerdings wird hier in Umfangsverfahren wahrscheinlich häufiger die Höchstgebühr in Betracht kommen, da gerade bei der „Einmannkanzlei" der Einwand des Verlustes anderweitiger Einnahmen nicht selten ausgeschlossen sein wird. Der allein tätige Verteidiger/Rechtsanwalt hat eben keine Möglichkeit, sich bei anderen Mandaten vertreten zu lassen.

95 ■ **Einstellung des Verfahrens**

Wird das Verfahren eingestellt, sind die bis zur Einstellung vom Pflichtverteidiger erbrachten Tätigkeiten, wie z.B. **Besprechungen** mit der StA und anderen Behörden – im Steuerstrafverfahren z.B. mit den Finanzbehörden – zu **berücksichtigen**. Tätigkeiten, die der Pflichtverteidiger nach endgültiger Einstellung des Verfahrens erbringt, werden für die Gewährung der Pauschgebühr jedoch nicht mehr berücksichtigt (OLG Hamm, AnwBl. 1998, 614 = AGS 1998, 139 m. Anm. Madert [für Tätigkeit im Verfahren wegen einer Entschädigung nach dem StrEG]).

96 ■ **Einziehung**

Die Ausführungen zum **Adhäsionsverfahren** (Rn. 77) geltend **entsprechend**.

97 ■ **Erörterungen des Standes des Verfahrens**

Nach der Neuregelung der StPO durch das „Gesetz zur Regelung der Verständigung im Strafverfahren", das am 04.08.2009 in Kraft getreten ist (BGBl. I, S. 2274), sind in der StPO an verschiedenen Stellen sog. Erörterungen des Standes des Verfahrens vorgesehen (vgl. §§ 160b, 202, 212, 257b StPO). Nimmt der Verteidiger daran teil, entstehen keine besonderen Terminsgebühren. Diese sind vom RVG dafür nicht vorgesehen (vgl. Teil A: Verständigung im Straf-/Bußgeldverfahren, Abrechnung, Rn. 1595; Burhoff, RVGreport 2010, 401). Den insoweit erbrachten, ggf. hohen, Zeitaufwand kann/muss der Verteidiger, wenn er nicht ausreichend, was i.d.R. der Fall sein dürfte, durch die entsprechenden Verfahrensgebühren abgegolten wird, im Rahmen einer Pauschgebühr **geltend** machen (vgl. auch „Verständigung (§ 257c StPO)", Rn. 138).

98 ■ **Erweitertes Schöffengericht**

Allein die Tätigkeit in einem Verfahren vor dem erweiterten Schöffengericht führt nicht zum „besonderen Umfang" i.S.v. § 51 Abs. 1. Denn die Begriffe „besonderer Umfang" i.S.d. § 51 Abs. 1 und des § 29 Abs. 2 GVG sind **nicht gleichbedeutend** (OLG Hamm, JurBüro 1979, 552

Festsetzung einer Pauschgebühr in Straf- und Bußgeldsachen § 51 RVG

für die im „Jugendgerichtsverfahren" [s. dort bei Rn. 109] geltende Vorschrift des § 40 Abs. 2 JGG).

■ Fahrtzeiten 99

Ob und ggf. in welchem Umfang Fahrtzeiten zur Bewilligung einer Pauschgebühr führen und/oder wie sie bei der Höhe der Pauschgebühr zu berücksichtigen sind, ist in Rechtsprechung und Literatur **umstritten**. Teilweise wird die Fahrtzeit, die der Pflichtverteidiger für die Anreise von seinem auswärtigen Kanzleisitz zum Gerichtsort aufwenden muss, berücksichtigt (OLG Bremen, StV 1998, 621 = StraFo 1998, 358; OLG Karlsruhe, StV 1990, 369; OLG Köln, NJW 1964, 1334; s. auch AnwKomm-RVG/N. Schneider, § 51 Rn. 35 unter Hinw. auf BVerfG, NJW 2001, 1269 = StV 2001, 241 = AGS 2001, 63), teilweise wird dies überhaupt abgelehnt (zum RVG OLG Celle, StraFo 2005, 273 = RVGreport 2005, 142; OLG Köln, RVGreport 2006, 75; BayObLG, AnwBl. 1987, 619; OLG Bamberg, JurBüro 1982, 90; 1987, 1681; 1987, 1989; OLG Karlsruhe, StraFo 1997, 254; wohl auch, allerdings ohne nähere Begründung, BGH, BRAGOreport 2003, 11; Hansens, BRAGO, § 99 Rn. 4 m.w.N.).

Andere OLG vertreten – zutreffend – eine **differenzierende Auffassung**. Sie berücksichtigen bei der Frage, ob dem Pflichtverteidiger überhaupt eine Pauschgebühr zu bewilligen ist, Fahrtzeiten nicht (OLG Hamm, RVGreport 2005, 70; NJW 2007, 311 = RVGreport 2007, 63; s. zur BRAGO auch OLG Nürnberg, StV 2000, 441). Ist hingegen bereits aus **anderen Gründen** eine **Pauschgebühr** zu gewähren, werden die **Fahrtzeiten** bei der Bemessung der Pauschgebühr **mit herangezogen** (OLG Hamm, RVGreport 2005, 70; NJW 2007, 311 = RVGreport 2007, 63 = StraFo 2007, 88; NJW 2007, 857 = StraFo 2007, 128; OLG Hamm, 13.08.2007 – 2 [s] Sbd. IX 119/07, www.burhoff.de; OLG Köln, StraFo 2006, 130; auch insoweit a.A. BayObLG, OLG Bamberg, jeweils JurBüro 1982, 90; 1987, 1681; 1987, 1989). Zur Begründung dieser verteidigerfreundlichen Berücksichtigung wurde u.a. angeführt, dass der Fahrtzeitaufwand zwar nicht durch die Gebühr nach Nrn. 7003 ff. VV (früher § 28 BRAGO) abgegolten werde, andererseits aber die vom Verteidiger aufzuwendende Fahrtzeit, um zum Gerichtsort zu gelangen, kein verfahrensbezogener Umstand ist und deshalb bei der Frage der Gewährung einer Pauschgebühr außer Betracht bleiben müsse (eingehend dazu OLG Hamm, RVGreport 2005, 70; krit. zu dieser Rspr. Leipold, NJW-Spezial 2007, 187).

> **Praxistipp:**
> Bei Besuchen des Mandanten in der **JVA** bzw. bei der Teilnahme an Haftprüfungsterminen sind jedoch auch die vom Verteidiger für die Anreise von seinem (auswärtigen) Kanzleisitz zur Justizvollzugsanstalt bzw. zum Haftprüfungsgericht aufgewendeten **Fahrtzeiten** ggf. pauschgebührbegründend **anzuerkennen**. Diese sind – so das OLG Hamm – verfahrensbezogene Umstände, da es nicht in der Hand des Pflichtverteidigers und/oder des Mandanten liege, in welcher JVA der Mandant inhaftiert sei bzw. wo sonstige Termine/Vernehmungen stattfinden (OLG Hamm, NStZ-RR 2001, 95; OLG Hamm, 13.08.2007 – 2 [s] Sbd. IX 119/07, www.burhoff.de).

§ 51 RVG *Festsetzung einer Pauschgebühr in Straf- und Bußgeldsachen*

100 ■ **Große Anzahl von Taten**

Eine große Anzahl von Taten kann die Sache zu einer besonders umfangreichen machen, i.d.R. wird dann auch schon ein besonderer „Aktenumfang" (s.o. Rn. 76) vorliegen (vgl. z.B. OLG Brandenburg, AGS 1997, 41).

101 ■ **Große Anzahl von Zeugen**

Eine große Anzahl von Zeugen wird i.d.R. zu einer schwierigen Beweiswürdigung führen und deshalb für die Bewilligung einer Pauschgebühr zumindest mit **herangezogen** werden können (OLG Hamm, JurBüro 1999, 639).

102 ■ **Große Strafkammer**

Allein die Verhandlung einer Sache bei der großen Strafkammer macht die Sache **nicht** „besonders umfangreich" oder „besonders schwierig".

103 ■ **Großverfahren**

Insbesondere in Groß-/Umfangsverfahren wird nach wie vor die Gewährung einer Pauschgebühr in Betracht kommen (ähnlich OLG Celle, RVGreport 2011, 177 = StRR 2011, 240). Dabei wird neben rechtlichen und tatsächlichen Schwierigkeiten, wie sie insbesondere in sog. **Wirtschaftssachen** auftreten, insbesondere die **Anzahl** und die **Dauer** der **Hauptverhandlungstage** das maßgebliche Kriterium für die Zubilligung einer Pauschgebühr sein (s. dazu „Hauptverhandlung (Anzahl der Tage)" und „Hauptverhandlung (Dauer je Tag)"). Allerdings ist zu beachten, dass in **Wirtschaftsstrafverfahren** nun dem Rechtsanwalt nach Nrn. 4118f. VV Gebühren in der gleichen Höhe wie im Schwurgerichtsverfahren zustehen (vgl. dazu OLG Hamm, NJW 2006, 74 = JurBüro 2006, 137). Auch muss bei der Dauer der Hauptverhandlungen der ggf. nach den Nrn. 4110, 4111, 4116, 4117, 4122, 4123 VV zu zahlende Zuschlag beachtet werden.

> **Hinweis:**
>
> Nach Auffassung des OLG Rostock (RVGreport 2010, 415 = RVGprofessionell 2010, 156 = NStZ-RR 2010, 326 [LS]) ist die **lange Dauer** eines **Verfahrens** nur dann für die Zuerkennung einer Pauschvergütung von Bedeutung, wenn der Verteidiger während der gesamten Verfahrensdauer mit dem überwiegenden Teil seiner Arbeitskraft allein durch die Sache gebunden war.

104 ■ **Hauptverhandlung, Allgemeines**

Der „besondere Umfang" des Verfahrens kann sich (nach wie vor) daraus ergeben, dass Hauptverhandlungstermine vornehmlich zu einer Zeit stattgefunden haben, in der Hauptverhandlungen **sonst** i.d.R. **nicht terminiert** werden, z.B. in den Nachmittagsstunden, in denen der Verteidiger sonst seinen Mandanten für Besprechungen zur Verfügung stehen könnte (OLG Hamm, AGS 2001, 154 = StV 2002, 90; ähnlich OLG Hamm, AGS 2002, 128) oder an einem Samstag (OLG Koblenz, AGS 2008, 30).

Festsetzung einer Pauschgebühr in Straf- und Bußgeldsachen §51 RVG

Hauptverhandlung, Dauer insgesamt 105

Die Zahl – und die Dauer – der Hauptverhandlungstage waren zu §99 Abs. 1 BRAGO die wohl **wesentlichsten Kriterien** für die Gewährung einer Pauschgebühr (zur Betrachtungsweise OLG Brandenburg, StV 1998, 92). Einen sicheren Maßstab, der eine einheitliche Rechtsprechung gewährleistete, gab es allerdings nicht. So konnten grds. (allein schon) mehrtägige Hauptverhandlungen zur Bejahung des Merkmals „besonders umfangreich" führen (OLG Brandenburg, StV 1998, 92 [bei der Strafkammer und beim Schwurgericht i.d.R. mehr als fünf Tage]), allerdings wurde meist allein die Anzahl der Hauptverhandlungstage i.d.R. nicht als ausschlaggebend angesehen (OLG Hamm, AGS 2001, 153; a.A. offenbar OLG Brandenburg, StV 1998, 92). In der Rechtsprechung wurde auch bei der Beantwortung der Frage, ob es sich um ein „besonders umfangreiches Verfahren" i.S.v. §99 BRAGO gehandelt hat, hinsichtlich der Dauer der Hauptverhandlung nicht allein auf die durchschnittliche Dauer der Hauptverhandlungstermine, sondern vielmehr auch darauf abgestellt, wie lange die einzelnen Hauptverhandlungstermine gedauert haben (OLG Hamm, AGS 2002, 37 = AnwBl. 2002, 433).

Das hat grds. **auch für §51 Geltung**. Nach wie vor werden dem Rechtsanwalt – wie früher nach den §§83 Abs. 2, 85 Abs. 2, 86 Abs. 2, 97 BRAGO – für jeden weiteren Verhandlungstag zusätzlich gesetzliche Gebühren gewährt, sodass der Zeitaufwand für jeden weiteren Tag durch diese Gebühr an sich abgegolten ist. Hinzu kommt nun, dass nach dem RVG nicht mehr für die weiteren Hauptverhandlungstage eine niedrigere gesetzliche Gebühr als für den sog. ersten Hauptverhandlungstag vorgesehen ist.

Durch diese (zusätzliche) gesetzliche Gebühr wird jedoch der durch eine mehrtägige Hauptverhandlung ggf. erforderliche erhebliche (**zusätzliche**) **Zeitaufwand** für die **Vorbereitung** der Hauptverhandlung **nicht abgegolten**; auch kann der Aufwand, den der Pflichtverteidiger zwischen den einzelnen Hauptverhandlungstagen zusätzlich zur **Nachbereitung** der jeweiligen Hauptverhandlungstermine aufwenden musste, nicht unberücksichtigt bleiben. So ging das OLG Hamm für umfangreiche Wirtschaftsstrafverfahren davon aus, dass für zwei Hauptverhandlungstage/Woche i.d.R. ein zusätzlicher Vor-/Nachbereitungstag zu berücksichtigen sein wird (OLG Hamm, StV 1998, 616; StraFo 2000, 285; AGS 1998, 141 [betr. Vorschuss]). Diese für §99 BRAGO geltenden Maßstäbe sind bei §51 entsprechend anzuwenden.

Von erheblicher Bedeutung ist in diesem Zusammenhang – ebenso wie bei §99 BRAGO – auch die **Terminsfolge**. Folgten die einzelnen Hauptverhandlungstermine zeitlich nah aufeinander, etwa drei oder sogar vier Termine in einer Woche, konnte das zur Bewilligung einer Pauschgebühr führen, wenn der Pflichtverteidiger durch die kurz aufeinanderfolgenden Hauptverhandlungstage seiner **sonstigen Praxistätigkeit** in **beachtlichem Umfang entzogen** wurde (vgl. u.a. OLG Bamberg, JurBüro 1989, 965; OLG Hamm, JurBüro 1994, 101 m.w.N.; StraFo 1996, 189). Das wird auch bei §51 gelten (vgl. insoweit aus der alten Rspr. OLG Hamm, StraFo 2000, 251; s. auch die rechnerischen Leitlinien des OLG Dresden, StV 1998, 619).

Hauptverhandlungsdauer, Dauer je Tag 106

Die durchschnittliche Dauer der Hauptverhandlung/Tag war eines der **wesentlichen Kriterien** für die Gewährung einer Pauschvergütung nach §99 BRAGO. Die Rechtsprechung dazu war kaum überschaubar, zumal häufig noch andere Kriterien mitbestimmend für die Gewährung der Pauschvergütung waren (vgl. zur Rspr. zu §99 BRAGO die Nachw. bei Burhoff, StraFo 1999,

§ 51 RVG   *Festsetzung einer Pauschgebühr in Straf- und Bußgeldsachen*

264, 271; StraFo 2001, 119, 123, StraFo 2003, 158, 161). Insbesondere an dieser Stelle haben die Änderungen durch das **RVG** zu einer **Änderung** der **Rechtsprechung** geführt. Argumentiert wird, dass dann, wenn dem Pflichtverteidiger für eine fünf- bzw. achtstündige Hauptverhandlung ein Zuschlag zur normalen Terminsgebühr zusteht, diese lange Dauer der Hauptverhandlung(en) i.d.R. nur noch ausnahmsweise zu einer Pauschgebühr führen kann (vgl. oben Rn. 11).

Allerdings **verbietet** sich eine **schematische Sichtweise**. Vielmehr ist immer auch das „**Gesamtgepräge**" des Verfahrens zu berücksichtigen (vgl. OLG Celle, RVGreport 2011, 177 = StRR 2011, 240; OLG Hamm, JurBüro 2007, 308; OLG Hamm, 02.01.2007 – 2 [s] Sbd. IX – 150/06, www.burhoff.de; 16.03.2007 – 2 [s] Sbd. IX – 30/07, www.burhoff.de; vgl. auch OLG Stuttgart, RVGreport 2008, 383 = StRR 2008, 359 m. Anm. Burhoff = Rpfleger 2008, 441). So hat das OLG Hamm (Beschl. v. 02.01.2007, a.a.O.) in einem Verfahren, in dem an fünf zeitlich verhältnismäßig dicht aufeinanderfolgenden Tagen Hauptverhandlungstermine durchgeführt worden sind, von denen drei mehr als acht Stunden, einer mehr als sieben und einer sogar fast elf Stunden gedauert haben, die dadurch entstandene zeitliche Belastung als nicht mehr durch die entstandenen Zuschlagsgebühren abgegolten angesehen. Das OLG Celle (a.a.O.) stellt z.B. auf einen Aktenumfang von 40.000 Blatt und einen zu Beginn eines Verfahrens mit über 100 Hauptverhandlungstagen erhöhten Einarbeitungsaufwand ab.

Darüber hinaus kann die **Dauer** der Hauptverhandlung/Tag aber auch in dem Bereich der Hauptverhandlungen bis zu fünf Stunden, für die ein Zuschlag auf die Terminsgebühr nach dem VV nicht gezahlt wird, **nicht völlig unberücksichtigt** bleiben. Schließlich kann sie auch noch im Bereich zwischen fünf und acht Stunden weiter(e) Bedeutung erlangen, da es schon ein Unterschied ist, ob die Hauptverhandlung gerade eben mehr als fünf Stunden oder schon fast acht Stunden gedauert hat (s. auch OLG Stuttgart, AGS 2007, 174 zu einer 13,5 Stunden dauernden Beistandsleistung). Im letzteren Fall kann dann eine Pauschgebühr in Betracht kommen, die sich jedoch an den Zuschlägen des VV orientieren muss. Durch die Grenze „mehr als fünf" bzw. „mehr als acht" Stunden sollte jedenfalls nicht zum Ausdruck gebracht werden, dass die dazwischen liegende Dauer von Hauptverhandlungen ohne Belang für die Pflichtverteidigervergütung sein sollten.

Allgemein wird es auf den Einzelfall ankommen, wobei von folgenden **Richtsätzen** auszugehen und zu berücksichtigen ist, dass allgemein eine **Tendenz** zu **kürzeren Verhandlungszeiten** festzustellen ist:

- In **Schwurgerichtsverfahren** wird eine durchschnittliche Verhandlungsdauer von bis zu fünf Stunden grds. noch als „normal" angesehen werden können (OLG Brandenburg, StV 1998, 92 [bis max. sieben]; s. auch OLG Hamm, JurBüro 1999, 194 [durchschnittliche Verhandlungsdauer von 7 Stunden schon überdurchschnittlich]).

- Auch bei der **Strafkammer** sind ganztägige Verhandlungen an sich nichts Besonderes, allerdings wird die übliche Dauer der Hauptverhandlung hier etwa drei bis vier Stunden betragen (z.B. OLG Jena, StV 1997, 427 = AnwBl. 1997, 125), bei der Berufungskammer etwa drei Stunden.

- Beim **AG** ist eine ganztägige Verhandlung auf jeden Fall besonders lang, die übliche Dauer beträgt hier beim Schöffengericht etwa zwei bis drei Stunden, beim Einzelrichter wird sie erheblich darunter liegen.

Festsetzung einer Pauschgebühr in Straf- und Bußgeldsachen § 51 RVG

> **Hinweis:**
> Bei der Feststellung der täglichen Verhandlungsdauer sind **Verhandlungspausen** grds. **nicht verhandlungszeitmindernd** zu berücksichtigen. Andererseits sind **Wartezeiten** des Pflichtverteidigers bei unpünktlichem Beginn der Hauptverhandlung aufgrund Verzögerung der vorausgegangenen Sache oder weil kurzfristig noch eine andere (Unterbrechungs-) Hauptverhandlung eingeschoben worden ist, bei der Feststellung der zu berücksichtigenden Hauptverhandlungsdauer mit **heranzuziehen**. Insoweit ist die Rechtsprechung der Obergerichte zur Berechnung der für die Gewährung eines „Längenzuschlags" maßgeblichen Dauer der Hauptverhandlungszeit entsprechend heranzuziehen (vgl. dazu Nr. 4110 VV Rn. 8 ff.).

■ **Höchstgebühr** 107

Von Gesetzes wegen ist die Pauschgebühr des Pflichtverteidigers – anders als die des Wahlverteidigers nach § 42 – der Höhe nach nicht beschränkt (s. auch Rn. 39). Das galt auch schon bei § 99 BRAGO. Dennoch wurde in der obergerichtlichen Rechtsprechung die obere **Grenze** der Pauschgebühr i.d.R. bei der einem Wahlverteidiger zustehenden Höchstgebühr gezogen. Die obergerichtliche Rechtsprechung kann daran m.E. nicht festhalten können (vgl. dazu oben Rn. 39 f.; s. auch Leipold, NJW Spezial 2007, 187; vgl. aber OLG Nürnberg, 10.05.2011 – 1 AR 15/11, JurionRS 2011, 16347; OLG Rostock, RVGreport 2010, 415 = RVGprofessionell 2010, 156 = NStZ-RR 2010, 326 [LS]). Das folgt insbesondere auch aus der unterschiedlichen Fassung der Vorschriften, die gerade bei der Pauschgebühr nach § 51 eine Beschränkung der Höhe nicht vorsehen. Die Wahlverteidigerhöchstgebühr kann überschritten werden.

Teilweise haben dies die OLG auch schon zu § 99 BRAGO getan. **Überschritten** wurde die obere Grenze aber nur in **Sonderfällen** (s. u.a. OLG Düsseldorf, AnwBl. 1992, 402; OLG Bremen, JurBüro 1981, 1193; OLG Bamberg, JurBüro 1982, 90; OLG Hamm, JMBl. NW 1974, 94; JurBüro 1994, 101) und zwar dann, wenn auch die Wahlverteidigerhöchstgebühr in einem grob unbilligen Missverhältnis zu der Inanspruchnahme des Pflichtverteidigers stand oder wenn die Strafsache über einen längeren Zeitraum die Arbeitskraft des Verteidigers ausschließlich oder fast ausschließlich in Anspruch genommen hat (so die st. Rspr. des OLG Hamm, s. z.B. StraFo 1997, 63 = JurBüro 1997, 84; OLG Dresden, StV 1998, 619).

Diese **(alte) Rechtsprechung** wird wohl auch auf § 51 **anzuwenden** sein. Dabei ist aber darauf zu achten, ob in den von der Rechtsprechung entschiedenen Fällen nicht (auch) Kriterien herangezogen worden sind, für die das RVG nun eigene Gebührentatbestände geschaffen hat, wie z.B. für die Teilnahme an Vernehmungen im Ermittlungsverfahren (s. Nr. 4102 VV) oder an Haftprüfungen (s. Nr. 4102 VV). Diese werden grds. nicht mehr berücksichtigt werden können. Etwas anderes gilt, wenn in einem Verfahren die Hauptverhandlungstage immer mehr als fünf oder acht Stunden gedauert haben. Zwar erhält der Pflichtverteidiger dann für jeden Hauptverhandlungstag einen Zuschlag auf die „normale" gesetzliche Gebühr, das Verfahren hat aber durch die durchschnittlich lange Dauer der Hauptverhandlungen ein besonderes Gepräge, das die Gewährung einer Pauschgebühr rechtfertigt (vgl. dazu OLG Hamm, 02.01.2007 – 2 [s] Sbd. IX 150/06); zur Überschreitung der Höchstgebühr in der Rechtsprechung zu § 99 BRAGO s. im Übrigen u.a. Burhoff, StraFo 1999, 264, 272).

§ 51 RVG   *Festsetzung einer Pauschgebühr in Straf- und Bußgeldsachen*

108 ■ Inhaftierter Angeklagter

Entstehen für den **Nebenklägervertreter** infolge der Inhaftierung des Angeklagten Erschwernisse, kann der Nebenklägervertreter diese im Rahmen einer Pauschgebühr geltend machen (OLG Hamm, Rpfleger 2007, 502 = JurBüro 2007, 528; → Untersuchungshaft, Rn. 135).

109 ■ Jugendgerichtsverfahren

Die Begriffe „besonderer Umfang" i.S.d. § 51 und i.S.d. **§ 40 Abs. 2 JGG** sind nicht gleichbedeutend (OLG Hamm, JurBüro 1979, 552; zu Zuerkennung einer Pauschgebühr in einer Jugendsache [Verhandlung beim Jugendrichter] s. OLG Saarbrücken, RVGreport 2011, 58 = StRR 2010, 121).

110 ■ Kommissarische Vernehmung

→ Termine außerhalb der Hauptverhandlung, Rn. 31

111 ■ Kompensation

In der Vergangenheit hat die Rechtsprechung zu § 99 BRAGO die Kompensation zugelassen. So konnte bei mehreren Verhandlungstagen **überlanges Verhandeln** an einem Hauptverhandlungstag **kompensiert** werden durch eine nur **kurze Hauptverhandlung** an einem anderen Tag (OLG Bamberg, JurBüro 1983, 876; 1992, 327; OLG Brandenburg, StraFo 1995, 89; OLG Hamburg, Rpfleger 1990, 479). Dagegen ist von Brieske (vgl. Praxis des Strafverfahrens, 1. Aufl., § 22 Rn. 124) nicht zu Unrecht eingewendet worden, dass der Kompensationsansatz wegen des Opfercharakters, den § 99 BRAGO ohnehin schon hatte, als nicht verständlich anzusehen ist. Dem Kompensationseinwand kann der Pflichtverteidiger unter Geltung des RVG nun vor allem dadurch entgehen, dass er nur für einen bestimmten Verfahrensabschnitt eine Pauschgebühr beantragt. Dann kann es auch nur darauf ankommen, ob dieser Teil „besonders umfangreich" gewesen ist. Andere Verfahrensabschnitte, für die es auch nach Auffassung des Pflichtverteidigers bei den gesetzlichen Gebühren bleiben soll, können nicht zum Ausgleich herangezogen werden.

> *Beispiel:*
> *Der Pflichtverteidiger macht für das Ermittlungsverfahren wegen dessen langer Dauer und des erheblichen Umfangs der Akten eine Pauschgebühr geltend. Gegenüber diesem Vorbringen kann sich die Staatskasse nicht darauf berufen, dass das Ermittlungsverfahren zwar „besonders umfangreich" gewesen sei, die Hauptverhandlung aber keinen besonderen Umfang gehabt habe, wodurch der Umfang des Ermittlungsverfahrens kompensiert werde.*

In den „Kompensationsfällen" wird der Pflichtverteidiger immer auch darauf achten müssen, ob nicht (auch) wegen der **besonderen Schwierigkeit** der Sache eine Pauschgebühr gerechtfertigt ist, denn diese kann nicht durch kurzes Verhandeln kompensiert werden (OLG Bamberg, JurBüro 1982, 1362) (s. auch → Mehrere Verteidiger, Rn. 115). Ausgeschlossen ist auch eine **Kompensation** zwischen Tätigkeiten des Pflichtverteidigers, auf die noch die BRAGO anzuwenden ist, mit solchen, auf die das RVG Anwendung findet (OLG Hamm, RVGreport 2005, 263).

112 ■ Maßregelvollzug/Überprüfungsverfahren

Für seine Tätigkeit in dem Überprüfungsverfahren zur Fortdauer der Unterbringung in einem psychiatrischen Krankenhaus kann dem Rechtsanwalt eine Pauschgebühr bewilligt werden (OLG

Festsetzung einer Pauschgebühr in Straf- und Bußgeldsachen § 51 RVG

Düsseldorf, NStZ 2001, 497). Wird der Rechtsanwalt einem Untergebrachten im Überprüfungsverfahren nach § 67e StGB beigeordnet, entsteht der Vergütungsanspruch nicht nur einmal für das gesamte Vollstreckungsverfahren. **Nach Rechtskraft** jedes einzelnen Überprüfungsverfahrens entsteht er vielmehr für ein **weiteres Verfahren von Neuem** (so zutreffend KG, NStZ-RR 2005, 127 = RVGreport 2005, 102 = AGS 2005, 393; OLG Frankfurt am Main, NStZ-RR 2005, 253 = AGS 2006, 76; OLG Hamm, StraFo 2004, 254; OLG Köln, RVGreport 2006, 148; OLG Schleswig, StV 2006, 206 = RVGreport 2005, 70 = AGS 2005, 120; OLG Jena, 22.02.2006 – 1 Ws 228/05).

■ **Medieninteresse** 113

Gesteigertes Medieninteresse und dadurch bedingte Teilnahme an den vom LG begleiteten **Pressekonferenzen** kann für die Bejahung des „besonderen Umfangs" von Bedeutung sein (OLG Celle, RVGreport 2005, 142 = StraFo 2005, 273; s. auch OLG Hamm, AGS 2002, 230 = JurBüro 2002, 419). Im Übrigen sind aber persönliche Belastungen des Verteidigers in Verfahren mit hoher öffentlicher Wahrnehmung und Anteilnahme nicht außergewöhnlich und daher grds. hinzunehmen (OLG Köln, JMBl. NW 2009, 84; → „Psychische/Persönliche Belastung(en) des Verteidigers", Rn. 119).

■ **Mehrere Nebenkläger** 114

Der Umstand, dass ein Rechtsanwalt mehreren Geschädigten als Nebenklägervertreter beigeordnet worden ist, rechtfertigt für sich genommen noch nicht die Bewilligung einer Pauschgebühr. Die bloße Mehrfachvertretung begründet nicht die Unzumutbarkeit der gesetzlichen Gebühren; dem aus der Mehrfachvertretung resultierenden Mehraufwand wird nämlich durch die Erhöhungsgebühr **Nr. 1008 VV** im Grundsatz Rechnung getragen (OLG Köln, 08.02.2008 – 1 ARs 3/08, StRR 2008, 123 [LS] = JurionRS 2008, 10867).

■ **Mehrere Verteidiger** 115

Nehmen mehrere Verteidiger an der Hauptverhandlung teil, kann durch die dann ggf. mögliche **Arbeitsteilung** sowohl hinsichtlich der Schwierigkeit der Sache als auch hinsichtlich des Umfangs eine **Kompensation** erfolgen (OLG Dresden, StV 1998, 619 [für „besondere Schwierigkeit"]; OLG Hamm, StraFo 1998, 215 [für nur teilweise Teilnahme an den Hauptverhandlungen]; StraFo 1998, 431; OLG Rostock, RVGreport 2010, 415 = RVGprofessionell 2010, 156 = NStZ-RR 2010, 326 [LS]). Allerdings führt allein der Umstand, dass der Wahlverteidiger, der „neben" dem Pflichtverteidiger verteidigt hat, die Verteidigung „federführend" bearbeitet hat, nicht zur Verneinung des Merkmals der „besonderen Schwierigkeit" (OLG Hamm, StV 1998, 618), da sich auch der Pflichtverteidiger in die ggf. schwierigen Rechtsfragen einarbeiten muss.

> **Hinweis:**
> Sind in einem Verfahren **mehrere Pflichtverteidiger** tätig (gewesen), von denen der eine seine gesetzlichen Gebühren noch nach der BRAGO erhält, der andere aber schon nach RVG, lässt sich im Übrigen eine höhere als die nach der BRAGO angemessene Pauschgebühr für den Rechtsanwalt, der nach BRAGO abrechnet, auch nicht damit begründen, dass sein Mitverteidiger insgesamt nach dem RVG abrechnet und ihm damit für die gleiche Tätigkeit höhere Gebühren zustehen (OLG Hamm, RVGreport 2005, 419; ähnlich OLG

§ 51 RVG   *Festsetzung einer Pauschgebühr in Straf- und Bußgeldsachen*

> Frankfurt am Main, NJW 2006, 457 = RVGreport 2006, 145; vgl. auch BVerfG, AGS 2009, 66 = RVGreport 2009, 59 = StRR 2009, 77 [Stichtagsregelung aus verfassungsrechtlichen Gründen nicht zu beanstanden]).

116 ■ Persönlichkeit, schwierige, des Angeklagten

Eine schwierige Persönlichkeit des Angeklagten und die sich hieraus ergebende **Schwierigkeit** für den Umgang mit diesem **kann** die Gewährung oder die Erhöhung einer Pauschgebühr **begründen** (OLG Bremen, StV 1998, 621 [für ausgeprägte Dissozialität]; OLG Karlsruhe, StraFo 1997, 319 [für Persönlichkeitsstörung]; OLG Köln, JMBl. NW 2009, 84; OLG Hamburg, StraFo 2009, 42 [für unter einer Psychose sowie unter Logorrhoe leidenden Angeklagten; Anhebung der gesetzlichen Gebühren von 564,00 € auf 900,00 €]) (s. auch unten „Uneinsichtiger Angeklagter", Rn. 134). Das gilt insbesondere, wenn der Pflichtverteidiger wegen der problematischen Persönlichkeit des Angeklagten zu diesem nur mit hohem und überdurchschnittlichem Aufwand Kontakt herstellen konnte (OLG Nürnberg, StV 2000, 441). Bei Schwurgerichtsverfahren wird i.d.R. aber die Auseinandersetzung mit **Sachverständigengutachten** zur Persönlichkeit des Angeklagten zu den üblichen Aufgaben des Pflichtverteidigers gehören (OLG Hamm, StraFo 2000, 286; vgl. auch OLG Zweibrücken, StRR 2009, 123 [LS]).

117 ■ Plädoyer

Die vom Pflichtverteidiger aufgewendete **Vorbereitungszeit** für das in der Hauptverhandlung zu haltende Plädoyer kann mit zur Begründung einer Pauschgebühr herangezogen werden, wenn sie den üblichen Rahmen der Terminsvorbereitung übersteigt (vgl. zur Berücksichtigung des Plädoyers zuletzt u.a. OLG Bamberg, JurBüro 1984, 1191).

118 ■ Psychiatrische(s) Gutachten

Allein die **Mitwirkung** eines **Psychiaters** oder **Psychologen** macht das Verfahren **nicht** grds. (rechtlich) **besonders schwierig** (nicht eindeutig OLG Brandenburg, AGS 1997, 41; a.A. wohl Herrmann, AGS 1997, 41 in der Anm. zu OLG Brandenburg, AGS 1997, 41). Das gilt vor allem für Schwurgerichtsverfahren, in denen i.d.R. psychiatrische Gutachten vorliegen, da anderenfalls fast jedes Schwurgerichtsverfahren „besonders schwierig" wäre (→ „Schwurgerichtsverfahren", Rn. 123). Etwas anderes kann gelten, wenn mehrere, sich ggf. teilweise widersprechende psychiatrische Sachverständigengutachten vorliegen und/oder auch, wenn Gutachten aus Vorverfahren auszuwerten und mit zu berücksichtigen sind (OLG Bremen, StV 1998, 621; OLG Nürnberg, StV 2000, 441), für deren Auswertung/Beurteilung der Verteidiger sich ggf. besondere Kenntnisse aneignen muss (OLG Bremen, JurBüro 1981, 1193; vgl. auch noch OLG Köln, JMBl. NW 2009, 84 zu einer schwierigen Beurteilung der Schuldfähigkeit des Angeklagten).

119 ■ Psychische/Persönliche Belastung(en) des Pflichtverteidigers/Vertreters

Grds. bleiben bei der Bewilligung der Pauschgebühr **in der Person** des Pflichtverteidigers liegende **Momente außer Betracht** (OLG Hamburg, StV 1991, 120; OLG Köln, JMBl. NW 2009, 84), entscheidend ist eine objektive/verfahrensbezogene Bewertung (OLG Hamm, NStZ-RR 1999, 31 [für Fahrtzeit des auswärtigen Verteidigers]). Eine Pauschgebühr lässt sich z.B. nicht damit begründen, dass die Verteidigung des Angeklagten zu besonderen psychischen Belastungen beim Verteidiger geführt habe, wenn dieser etwa einen des Mordes an mehreren Kindern Angeklagten verteidigt (zum gesteigerten „Medieninteresse" s. Rn. 113). Etwas anderes kann z.B. für einen beigeordneten Nebenklägervertreter gelten, der die Eltern der getöteten Kinder vertritt. Hier können die psychischen Belastungen der Eltern einen besonderen Betreuungsaufwand des Vertreters erfordern und die Sache für ihn daher zu einer besonders umfangreichen machen. Es ist in diesen Fällen dringend zu empfehlen, dazu in der **Begründung** des Pauschgebührantrags entsprechend **vorzutragen** (→ „Betreuungsaufwand", Rn. 87).

Außergewöhnliche Umstände können allerdings (mit) zu berücksichtigen sein. Das ist insbesondere der Fall, wenn sie zu einem erhöhten zeitlichen Aufwand führen. Darauf hat das OLG Köln (JMBl. NW 2009, 84) hingewiesen. In dem Verfahren waren bei dem Verteidiger über 800 anonyme Drohungen in verschiedener Form (E-Mails, Briefe, Telefonanrufe) eingegangen. Diese müssten – so das OLG (a.a.O.) – zur Kenntnis genommen, jedenfalls teilweise auch weitergegeben und mit den Ermittlungsbehörden unter dem Aspekt möglicher Sicherheitsmaßnahmen erörtert werden.

▪ Reisezeiten 120

→ Fahrtzeiten, Rn. 99

▪ Revisionsverfahren 121

Eine Pauschgebühr kann auch für das Revisionsverfahren in Betracht kommen (zur Zuständigkeit für die Bewilligung s. o. Rn. 51 ff.). Für die Bewilligung wird auf den **Umfang** des **erstinstanzlichen Protokolls** und des **Urteils** und auch darauf abzustellen sein, ob der Pflichtverteidiger den **Angeklagten bereits** in der **Tatsacheninstanz vertreten** hat (OLG Bamberg, JurBüro 1992, 327). Denn dann sind ihm im Zweifel die wesentlichen Gesichtspunkte der Strafsache bereits aufgrund dieser Tätigkeit bekannt (zur Zuerkennung einer die Wahlverteidigerhöchstgebühr überschreitenden Pauschgebühr für den Pflichtverteidiger, der den Angeklagten nur im Revisionsverfahren vertreten und dort eine umfangreiche Revisionsbegründung erstellt hat, vgl. OLG Hamm, StraFo 2003, 66 = JurBüro 2003, 139). Zu berücksichtigen ist nun, dass auch der Pflichtverteidiger eine **Grundgebühr** erhält, wodurch der durch die Einarbeitung des erst im Revisionsverfahren beauftragten Verteidigers entstehende Aufwand zumindest teilweise abgegolten ist. Natürlich ist der **Umfang** der **Revisionsbegründung** von Bedeutung (BayObLG, AnwBl. 1987, 619; OLG Düsseldorf, StV 1987, 451; OLG Stuttgart, AnwBl. 1972, 89; OLG Köln, StraFo 2008, 442 [u.a. 268 Seiten Revisionsbegründung]). Die Begründung der Revision mit der nicht ausgeführten Sachrüge wird die Tätigkeit des Pflichtverteidigers aber eher als unterdurchschnittlich erscheinen lassen, was dann im Rahmen einer Gesamtschau ggf. zur Minderung der Pauschgebühr führen kann (zur Gesamtschau s. OLG Hamm, StraFo 1996, 158). Auch rechtfertigt allein die Einlegung der Revision nicht die Gewährung einer Pauschgebühr (BGH, 02.04.2007 – 1 StR 579/05).

Dies alles gilt **entsprechend**, wenn es nicht um die **Frage** geht, ob **allein** die **Tätigkeit** im **Revisionsverfahren** zu einer **Pauschgebühr** führt, sondern darum, inwieweit die vom (erstinstanzlichen) Verteidiger auch in der Revision erbrachten Tätigkeiten bei der Gewährung einer Pauschgebühr mit heranzuziehen sind (zur Zuerkennung und Bemessung einer Pauschgebühr bei erheblich überdurchschnittlichem Zeitaufwand des Pflichtverteidigers im Revisionsverfah-

§ 51 RVG   *Festsetzung einer Pauschgebühr in Straf- und Bußgeldsachen*

ren s. OLG Hamm, StraFo 2000, 286; zur „besonderen Schwierigkeit" im Revisionsverfahren s. Rn. 22; s. auch noch BGH, 19.06.2006 – 2 StR 174/05 [1.000,00 € angemessen für den Pflichtverteidiger, der sich zur Vorbereitung und Wahrnehmung der Hauptverhandlung mit mehreren bedeutsamen Verfahrensrügen zu befassen hatte]).

Der BGH hat einem für die **Revisionshauptverhandlung** bestellten Pflichtverteidiger, der sich zur Vorbereitung und Wahrnehmung der Hauptverhandlung mit besonders umfangreichen und schwierigen Fragestellungen zu befassen hatte, ein über die gesetzliche Gebühr der Nr. 4132 VV hinausgehenden Pauschgebühr i.H.v. 500,00 € bewilligt (BGH, RVGreport 2008, 419).

122 ■ **Schriftsätze, umfangreiche**

Die Fertigung umfangreicher Schriftsätze ist bei der Bewilligung einer Pauschgebühr zu berücksichtigen bzw. kann allein zur Gewährung einer Pauschgebühr führen. So hat das OLG Köln (StraFo 2008, 442) eine die Regelgebühr um 1.880,00 € überschreitende Pauschgebühr in einem Verfahren gewährt, in dem der Verteidiger nicht nur eine 268-seitige **Revisionsbegründung** gefertigt hatte, sondern außerdem auch noch einen 25-seitigen Beschwerdeschriftsatz zur Frage der **Pflichtverteidigerbestellung** und einen 100-seitigen **Befangenheitsantrag**.

123 ■ **Schwurgerichtsverfahren**

In Schwurgerichtsverfahren ist bei der Frage der „besonderen Schwierigkeit" grds. zu berücksichtigen, dass der Gesetzgeber dem i.d.R. höheren Schwierigkeitsgrad (und dem größeren Umfang) dieser Verfahren bereits durch **erheblich höhere gesetzliche Gebühren** gegenüber sonstigen Strafsachen, die vor einer großen Strafkammer verhandelt werden, Rechnung getragen hat (OLG Hamm, JurBüro 2006, 255 [LS]; NJW 2007, 857 = StraFo 2007, 128). Die Auseinandersetzung mit psychiatrischen und psychologischen Sachverständigengutachten gehört zum gewöhnlichen Zuschnitt von Schwurgerichtsverfahren (OLG Zweibrücken, StRR 2009, 123 [LS]).

124 ■ **Selbstleseverfahren**

Wird beim Urkundenbeweis gem. § 249 Abs. 2 StPO das sog. Selbstleseverfahren durchgeführt (zu den Möglichkeiten der Ausgestaltung des Selbstleseverfahrens s. Burhoff, HV, Rn. 794 ff.), kann der durch das „Selbstlesen" für den Verteidiger ggf. entstandene (besondere) **Zeitaufwand** bei der Bemessung der Pauschgebühr **berücksichtigt** werden (OLG Köln, StraFo 1995, 91; s. aber auch KG, AGS 2006, 26; OLG Düsseldorf, StraFo 2003, 71 = JurBüro 2003, 23).

125 ■ **Spezialrecht**

→ Besondere Fähigkeiten des Pflichtverteidigers, Rn. 84

126 ■ **Sprachliche Fähigkeiten des Pflichtverteidigers**

Zu § 99 BRAGO ging ein Teil der Rechtsprechung davon aus, dass dann, wenn der Pflichtverteidiger über besondere **sprachliche Fähigkeiten** verfügt, sodass dadurch die Hinzuziehung eines Dolmetschers entbehrlich wird, allein das zur Gewährung einer Pauschgebühr führte (OLG Bamberg, JurBüro 1979, 1527; **a.A.** in st. Rspr. OLG Hamm, zuletzt JurBüro 1997, 195 = NStZ-RR 1997, 188; wohl auch OLG Celle, RVGreport 2007, 64 für eine Pauschgebühr im Auslieferungsverfahren und OLG Hamm, StraFo 2007, 218 = Rpfleger 2007, 426 = JurBüro

Festsetzung einer Pauschgebühr in Straf- und Bußgeldsachen §51 RVG

2007, 309), jedenfalls aber dann, wenn der Pflichtverteidiger dadurch zu einem erheblichen Zeit- und Arbeitsaufwand gezwungen war (OLG Bamberg, JurBüro 1978, 1178; so wohl auch OLG Hamm, JurBüro 1997, 195 = NStZ-RR 1997, 188), indem er sich z.B. für die Korrespondenz mit seinem ausländischen Mandanten durch Verwendung von Fachlexika zeit- und arbeitsintensiv vorbereitet (OLG Hamm, a.a.O.; s. auch → „Dolmetscher", Rn. 91; → Besondere Fähigkeiten des Pflichtverteidigers, Rn. 84).

■ **Sprachschwierigkeiten** 127

→ Dolmetscher, Rn. 91

■ **Strafvollstreckungssache** 128

Es war schon zu § 99 BRAGO übereinstimmende Meinung in der obergerichtlichen Rechtsprechung, dass in Strafvollstreckungssachen, insbesondere im Verfahren nach § 57a StGB, dem Pflichtverteidiger, der dem Verurteilten erstmals in diesem Verfahren beigeordnet worden war, sowohl wegen der „besonderen Schwierigkeit" als auch wegen des „besonderen Umfangs" eine Pauschgebühr zustehen konnte (OLG Hamm, StV 1994, 501 m. Anm. Budde = MDR 1994, 736; StV 1996, 618 = JurBüro 1996, 641 = Rpfleger 1997, 40 = ZAP EN-Nr. 268/97; OLG Koblenz, NStZ 1990, 345 = JurBüro 1990, 879). Diese (alte) **Rechtsprechung** ist grds. auch auf **§ 51 anzuwenden**. Allerdings ist dabei zu berücksichtigen, dass das RVG in den Nrn. 4200 ff. VV bzw. ggf. in den Nrn. 4300 ff. VV nun erstmals spezielle Gebührentatbestände für den im Strafvollstreckungsverfahren tätigen Pflichtverteidiger enthält. In Strafvollstreckungsverfahren darf nicht übersehen werden, dass der Rechtsanwalt auch dann, wenn er an mehreren mündlichen Anhörungen des Verurteilten teilgenommen hat, immer nur eine Terminsgebühr entsteht (vgl. Nr. 4202 Nr. 10 m.w.N.). Das ist bei der Gewährung einer Pauschgebühr zu berücksichtigen (OLG Hamm, AGS 2007, 618 = RVGreport 2007, 426), führt aber nicht automatisch zur Bewilligung einer Pauschgebühr (OLG Hamm, 18.07.2008 – 5 [s] Sbd. X 47/08).

■ **Tätigkeiten außerhalb der Hauptverhandlung** 129

→ Besprechungen, Rn. 85; → Termine außerhalb der Hauptverhandlung, Rn. 131

■ **Taubstummer Angeklagter/Antragsgegner** 130

Das OLG Koblenz hat in einem Sicherungsverfahren (9 Verhandlungstage mit 43 Zeugen) gegen einen Taubstummen mit so **sehr beschränkten Kommunikationsmöglichkeiten**, dass die Verständigung auch mithilfe von drei Taubstummendolmetschern nur unter äußersten Schwierigkeiten möglich war, eine Pauschgebühr gewährt (OLG Koblenz, 18.04.1985 – 1 AR 51/85 Str).

■ **Termine außerhalb der Hauptverhandlung** 131

Auch Termine/Tätigkeiten des Pflichtverteidigers außerhalb der Hauptverhandlung konnten das Verfahren grds. zu einem **besonders umfangreichen** i.S.d. § 99 BRAGO machen (OLG Hamm, StV 1998, 619; → Besprechungen, Rn. 85; zur Berücksichtigung von Besuchen des inhaftierten Mandanten „Untersuchungshaft", Rn. 135). Allerdings ist bei Anwendung der zu § 99 BRAGO ergangenen Rechtsprechung zu berücksichtigen, dass das **RVG** in Nr. 4102 VV für die Teilnahme an Terminen, insbesondere auch an Vernehmungsterminen, **eigene Gebührentatbestände** vorsieht (vgl. die Komm. zu Nr. 4102 VV). Das hat zur Folge, dass die dafür aufgewendete Zeit nur noch bedingt bei der Bewilligung einer Pauschgebühr herangezogen werden kann.

Damit ist auch der frühere Streit in Rechtsprechung und Literatur, ob eine Pauschgebühr auch schon bei **Wahrnehmung** nur eines **einzelnen Beweistermins** außerhalb der Hauptverhandlung, der z.B. als kommissarische Vernehmung durchgeführt wird, zu gewähren ist, erledigt (vgl. dazu grds. ablehnend OLG Nürnberg, JurBüro 1959, 71; OLG Hamburg, JurBüro 1989, 208; für grds. Anerkennung OLG Bamberg, JurBüro 1974, 862; OLG Köln, StraFo 1995, 90). Da für einen solchen Termin eine eigene Gebühr gewährt wird, kann allein der Umstand, dass ein solcher Termin stattgefunden hat, nicht zur Zuerkennung einer Pauschgebühr führen. Etwas anderes gilt, wenn der Termin besonders lange gedauert hat, da die Terminsgebühr der Nr. 4102 VV nicht auch einen „Längenzuschlag" vorsieht.

132 ■ Terminsdauer

→ Hauptverhandlungsdauer, Dauer je Tag, Rn. 106

133 ■ Umfangsverfahren

→ Großverfahren, Rn. 103

134 ■ Uneinsichtiger Angeklagter

Ist ein Angeklagter in hohem Maße uneinsichtig und behindert er dadurch eine ordnungsgemäße Verteidigung erheblich, kann das die **besondere Schwierigkeit** begründen (OLG Bamberg, JurBüro 1974, 862; OLG München, AnwBl. 1961, 462; Gerold/Schmidt/Madert, BRAGO, § 99 Rn. 5; s. auch → Persönlichkeit, schwierige, des Angeklagten, Rn. 116).

135 ■ Untersuchungshaft

Allein der Umstand, dass der Angeklagte in Untersuchungshaft sitzt, rechtfertigte schon nach dem KostÄndG 1994 **nicht** mehr die Bewilligung einer **Pauschgebühr**. Das gilt erst recht nach dem RVG. Denn dieses sieht in noch mehr Fällen als die BRAGO bei Untersuchungshaft des Mandanten infolge eines Zuschlags zu den gesetzlichen Gebühren erhöhte gesetzliche Gebühren vor. Erbringt der Pflichtverteidiger allerdings in Zusammenhang mit der Untersuchungshaft des Angeklagten **besondere Tätigkeiten**, kann das – ebenso wie bisher – die Gewährung einer Pauschgebühr rechtfertigen bzw. erhöhen. In Betracht kommen hier insbesondere häufige **Besuche** des inhaftierten Angeklagten durch den Pflichtverteidiger in der JVA. Zu berücksichtigen sind aber nur die **erforderlichen Besuche**, wobei grds. zugunsten des Pflichtverteidigers großzügig zu verfahren ist. Nur wenn Missbrauch nicht auszuschließen ist, wird eine Absetzung von (einzelnen) Besuchen in Betracht kommen, denn letztlich wird kaum ein Verteidiger aus reinem Zeitvertreib und/oder um eine Pauschgebühr zu begründen/erhöhen, seinen inhaftierten Mandanten besuchen (OLG Hamm, JurBüro 2001, 194 = StV 2002, 93 = NStZ-RR 2002, 95). Von Bedeutung sind zudem auch nur die Besuche, die **über** das **Übliche hinausgehen**. Die übliche Anzahl von Besuchen ist bereits durch die erhöhten gesetzlichen Gebühren abgegolten (OLG Hamm, StV 1998, 619). In der Vergangenheit ist vom OLG Hamm mit jeweils einer erhöhten Gebühr nicht mehr als ein Anstaltsbesuch abgegolten worden (vgl. Rpfleger 2000, 295 = JurBüro 2000, 301 = StV 2000, 439 = AGS 2000, 90 = NStZ-RR 2000, 318). Nicht zulässig ist eine

Festsetzung einer Pauschgebühr in Straf- und Bußgeldsachen § 51 RVG

schematische Berücksichtigung von zusätzlichen Tätigkeiten (etwa: eine erhöhte Gebühr = z.B. ein Besuch in der JVA), vielmehr müssen die vom Pflichtverteidiger erbrachten zusätzlichen Tätigkeiten sorgfältig darauf geprüft werden, ob der dadurch entstandene **zeitliche Mehraufwand** durch die erhöhten gesetzlichen Gebühren abgegolten ist oder nicht (OLG Hamm, NStZ-RR 2001, 95; zu allem auch Burhoff, StraFo 2001, 230 = AGS 2001, 219). So ist eine Pauschgebühr für das Vorverfahren gewährt worden, wenn für mehrere Besuche des Beschuldigten in der Haftanstalt ein Zeitaufwand von etwa zehn Stunden erforderlich gewesen ist und die Verständigung mit dem Angeklagten nur mit einem Dolmetscher möglich war (OLG Karlsruhe, StV 2006, 205 = RVGreport 2005, 420; ähnlich für mehrere Besuche des Angeklagten in der Haftanstalt mit einem Zeitaufwand von etwa sechzehn Stunden OLG Hamm, JurBüro 2005, 649).

> **Hinweis:**
>
> Soweit in der Vergangenheit die Teilnahme an **Haftprüfungen** und (polizeilichen) **Beschuldigtenvernehmungen** des inhaftierten Mandanten für die Bewilligung einer Pauschgebühr (mit-)herangezogen worden ist, ist zu beachten, dass für diese Tätigkeiten nun in Nrn. 4102 f. VV eigene Gebührentatbestände geschaffen worden sind, die die Berücksichtigung nur noch in besonderen Fällen als möglich erscheinen lassen.
>
> Entstehen für den **Nebenklägervertreter** infolge Inhaftierung des Angeklagten Erschwernisse, kann der Nebenklägervertreter diese im Rahmen einer Pauschgebühr geltend machen (OLG Hamm, Rpfleger 2007, 502 = JurBüro 2007, 528).

■ **Urteilsumfang** 136

Der **Umfang** des **erstinstanzlichen Urteils** kann ein **Indiz** für den besonderen Umfang und/oder die besondere Schwierigkeit des Verfahrens sein (OLG Stuttgart, AnwBl. 1972, 89 [zu einem Strafkammerverfahren mit allein 1.689 Seiten Urteilsgründen und 2.726 Seiten Protokoll]).

■ **Verfassungsbeschwerde** 137

Ob der Pflichtverteidiger ggf. eine Verfassungsbeschwerde eingelegt hat, spielt für die Gewährung einer Pauschgebühr **keine Rolle**, da dafür nach § 37 eigene Gebühren entstehen (OLG Celle, RVG professionell 2010, 39 = StRR 2010, 160 = Nds.Rpfl 2010, 95; zu den Gebühren im Verfassungsbeschwerdeverfahren s. die Komm. zu § 37).

■ **Verständigung (§ 257c StPO)** 138

Tätigkeiten, die der Rechtsanwalt in Zusammenhang mit dem Zustandekommen einer Verständigung (§ 257c StPO) erbringt, können zur Gewährung einer Pauschgebühr führen bzw. sind ggf. bei deren Bemessung zu berücksichtigen. Das folgt allein schon daraus, dass mit Einführung des § 257c StPO das RVG nicht geändert worden ist, was zur Folge hat, dass z.B. die Teilnahme des Rechtsanwalts an sog. Erörterungen des Verfahrens (§§ 160b, 202a, 212, 257b StPO) – mit Ausnahme einer Erörterung nach § 257b StPO – nicht besonders vergütet wird, sondern mit der allgemeinen Verfahrensgebühr abgegolten ist (vgl. zu den vergütungsrechtlichen Auswirkungen der Verständigung Teil A: Verständigung im Straf-/Bußgeldverfahren, Abrechnung, Rn. 1585; Burhoff, RVGreport 2010, 401, → Erörterungen des Standes des Verfahrens, Rn. 97).

§ 51 RVG   *Festsetzung einer Pauschgebühr in Straf- und Bußgeldsachen*

> **Hinweis:**
> Will der Verteidiger unter Hinweis auf Teilnahme an Erörterungsterminen und/oder Besprechungen mit dem Mandanten bzw. Mitverteidigern im Hinblick auf das Zustandekommen einer Verständigung eine Pauschgebühr geltend machen, sollte er den zeitlichen Aufwand **detailliert** in seinem Antrag **darlegen**, da gerade der Umfang dieser Tätigkeiten sich häufig nicht aus den Akten ergibt.

139 ■ **Vertretung des Pflichtverteidigers**

Für den Pflichtverteidiger, der sich (in der Hauptverhandlung) durch den für ihn nach § 53 BRAO **allgemein bestellten Vertreter** hat vertreten lassen, kommt die Pauschgebühr in Betracht (s.o. Rn. 6; OLG Hamm, StV 1994, 501), nicht jedoch, wenn der Pflichtverteidiger durch andere Personen vertreten worden ist (OLG Hamm, JurBüro 1979, 520 = AnwBl. 1979, 236).

140 ■ **Vorbereitung der Sache**

Grds. ist es dem pflichtgemäßen Ermessen des Pflichtverteidigers überlassen, in welchem Umfang er eine Vorbereitung der Verteidigung für erforderlich hält. Die entsprechenden Tätigkeiten sind zu berücksichtigen. Dies gilt jedoch nicht, wenn nicht erkennbar wird, weshalb eine Tätigkeit aus der Sicht des Verteidigers erforderlich war, oder wenn der Umfang einer solchen Tätigkeit auch bei Zugrundelegung eines weiten Ermessensspielraum nicht plausibel erscheint (OLG Düsseldorf, AnwBl. 1992, 402 – s.o. – [für zahlreiche Gespräche über medizinische Sach-/Fachfragen]). Eine **intensive Verfahrensvorbereitung** ist, auch wenn sie zur Verkürzung der Hauptverhandlungsdauer geführt hat, in die **Gesamtbetrachtung** des Verfahrens **einzubeziehen** und im Interesse einer effektiven, zeit- und kostensparenden Rechtspflege zu berücksichtigen und zu honorieren (OLG Hamm, StraFo 1997, 30 = JurBüro 1997, 85). Auch wird eine nur kurze Einarbeitungszeit in umfangreiches Aktenmaterial häufig zur Bewilligung einer Pauschgebühr führen (s. die Nachw. → Aktenumfang, Rn. 78 und bei → Einarbeitungszeit, kurze, Rn. 93).

141 ■ **Wiederaufnahmeverfahren**

Auch für die Vertretung im Wiederaufnahmeverfahren kann eine Pauschgebühr **in Betracht** kommen (vgl. dazu früher OLG Karlsruhe, StV 1997, 428; s. auch OLG Hamm, StraFo 2000, 286). Allerdings sind die eigenen Gebührentatbestände der Nrn. 4136 ff. VV zu berücksichtigen.

142 ■ **Wirtschaftsstrafsachen**

Im RVG sind die Wirtschaftsstrafverfahren in den Nrn. 4118 ff. VV den **Schwurgerichtssachen gleichgestellt** worden. Damit sind sie auch hinsichtlich der Gewährung von Pauschgebühren ebenso wie diese zu behandeln (OLG Hamm, NJW 2006, 74 = JurBüro 2006, 137; vgl. dazu oben „Schwurgerichtsverfahren", Rn. 123).

143 ■ **Zeugenbeistand**

Auch einem Zeugenbeistand kann nach § 51 eine Pauschgebühr zugebilligt werden. Das ergibt sich aus Vorbem. 4 Abs. 1 VV.

§ 52 RVG
Anspruch gegen den Beschuldigten oder den Betroffenen

(1) ¹Der gerichtlich bestellte Rechtsanwalt kann von dem Beschuldigten die Zahlung der Gebühren eines gewählten Verteidigers verlangen; er kann jedoch keinen Vorschuss fordern. ²Der Anspruch gegen den Beschuldigten entfällt insoweit, als die Staatskasse Gebühren gezahlt hat.

(2) ¹Der Anspruch kann nur insoweit geltend gemacht werden, als dem Beschuldigten ein Erstattungsanspruch gegen die Staatskasse zusteht oder das Gericht des ersten Rechtszugs auf Antrag des Verteidigers feststellt, dass der Beschuldigte ohne Beeinträchtigung des für ihn und seine Familie notwendigen Unterhalts zur Zahlung oder zur Leistung von Raten in der Lage ist. ²Ist das Verfahren nicht gerichtlich anhängig geworden, entscheidet das Gericht, das den Verteidiger bestellt hat.

(3) ¹Wird ein Antrag nach Absatz 2 Satz 1 gestellt, setzt das Gericht dem Beschuldigten eine Frist zur Darlegung seiner persönlichen und wirtschaftlichen Verhältnisse; § 117 Abs. 2 bis 4 der Zivilprozessordnung gilt entsprechend. ²Gibt der Beschuldigte innerhalb der Frist keine Erklärung ab, wird vermutet, dass er leistungsfähig im Sinne des Absatzes 2 Satz 1 ist.

(4) Gegen den Beschluss nach Absatz 2 ist die sofortige Beschwerde nach den Vorschriften der §§ 304 bis 311a der Strafprozessordnung zulässig.

(5) ¹Der für den Beginn der Verjährung maßgebende Zeitpunkt tritt mit der Rechtskraft der das Verfahren abschließenden gerichtlichen Entscheidung, in Ermangelung einer solchen mit der Beendigung des Verfahrens ein. ²Ein Antrag des Verteidigers hemmt den Lauf der Verjährungsfrist. ³Die Hemmung endet sechs Monate nach der Rechtskraft der Entscheidung des Gerichts über den Antrag.

(6) ¹Die Absätze 1 bis 3 und 5 gelten im Bußgeldverfahren entsprechend. ²Im Bußgeldverfahren vor der Verwaltungsbehörde tritt an die Stelle des Gerichts die Verwaltungsbehörde.

Übersicht

	Rn.
A. Überblick	1
I. Pflichtverteidiger	1
II. Beistand nach dem Therapieunterbringungsgesetz (ThUG)	2
B. Kommentierung	3
I. Anwendungsbereich	3
1. Anspruchsberechtigung	3
2. Anspruch auf Wahlverteidigergebühren außerhalb von § 52	4
a) Umfang des Anspruchs gegen die Staatskasse	4
b) Spätere Pflichtverteidigerbestellung	6
3. Vergütungsvereinbarung	7
4. Anspruchsgegner	8
5. Bußgeldverfahren	9
II. Übersicht über mögliche Ansprüche	10
III. Entstehung des Anspruchs	11
1. Anspruchsvoraussetzungen	11
2. Gesetzliches Schuldverhältnis	12

Volpert

§ 52 RVG — Anspruch gegen den Beschuldigten oder den Betroffenen

- 3. Abhängigkeit von der Pflichtverteidigerbestellung 13
- 4. Ausgang des Verfahrens 14
- 5. Unabhängige Gebührenansprüche 15
- IV. Höhe/Umfang des Anspruchs (Abs. 1) 16
  1. Anspruch auf die Wahlverteidigergebühren 16
  2. Auslagen (Teil 7 VV) 17
     - a) Kein Anspruch gegen den Beschuldigten 17
     - b) Auswärtiger Pflichtverteidiger und Kostenfestsetzung gem. § 464b StPO 18
  3. Umsatzsteuer 19
  4. Vorschuss 20
     - a) Vorschuss ohne Vergütungsvereinbarung 20
     - b) Vergütungsvereinbarung und Vorschusszahlungen 21
  5. Anspruchswegfall durch Zahlung der Staatskasse 22
  6. Tatsächliche Zahlung der Staatskasse/Verrechnung 23
     - a) Geltendmachung der Pflichtverteidigergebühren nach Wahlverteidigergebühren 23
     - b) Anspruchsbeschränkung 24
     - c) Zweck von § 52 Abs. 1 Satz 2 26
     - d) Verfahren in der Praxis 28
- V. Geltendmachung des Anspruchs (Abs. 2) 30
  1. Feststellungsverfahren bei Verurteilung des Beschuldigten 30
     - a) Antrag 31
     - b) Antragsinhalt 32
     - c) Fälligkeit 34
     - d) Zuständigkeit 35
     - e) Verfahren des Gerichts (Abs. 3) 36
     - f) Entscheidung 39
     - g) Leistungsfähigkeit 42
     - h) Kein Vollstreckungstitel 44
  2. Erstattungsanspruch des Beschuldigten gegen die Staatskasse 45
     - a) Allgemeines 45
     - b) Kein Feststellungsverfahren erforderlich 46
     - c) Rechtskraft und Erstattungsanspruch 47
     - d) Höhe des Erstattungsanspruchs des Beschuldigten 48
     - e) Kostenfestsetzung gegen die Staatskasse 49
     - f) Abtretung des Erstattungsanspruchs an den Verteidiger 52
     - g) Auswirkung von Zahlungen der Staatskasse auf den Erstattungsanspruch 54
- VI. Besonderheiten beim Teilfreispruch 56
  1. Allgemeines 56
  2. Anrechnung der aus der Staatskasse gezahlten Pflichtverteidigergebühren 57
     - a) Allgemeines 57
     - b) Vollständige Anrechnung 58
     - c) Teilweise Anrechnung 59
     - d) Realisierbarkeit des Erstattungsanspruchs 64
- VII. Vereinbarte Vergütung 65
- VIII. Beschwerdeverfahren (Abs. 4) 66
  1. Allgemeines 66
  2. Beschwerdeberechtigung 67
     - a) Pflichtverteidiger 67
     - b) Beschuldigter 68
     - c) Staatskasse 69
  3. Beschwerdewert 70
  4. Form und Frist 71
  5. Entscheidung 73
  6. Weitere Beschwerde 74

Anspruch gegen den Beschuldigten oder den Betroffenen § 52 RVG

	7. Erneuter Antrag	75
	8. Aufhebung der Feststellung	76
	9. Kosten des Beschwerdeverfahrens	77
IX.	Verjährung (Abs. 5)	78
X.	Pauschgebühr	80
	1. Pauschgebühr in Straf- und Bußgeldsachen (§ 51)	80
	2. Feststellung einer Pauschgebühr (§ 42)	81
XI.	Bußgeldverfahren (Abs. 6)	82
XII.	Erstattung	83
	1. Höhe der Zahlungspflicht der Staatskasse beim Zusammentreffen von verschiedenen Pflicht- und Wahlverteidigern	83
	2. Ausnahmen	84
	a) Allgemeines	84
	b) Pflichtverteidigerbestellung aus vom Beschuldigten nicht zu vertretenden Gründen bei bestehender Wahlverteidigung	85
	c) Keine Rücknahme der Pflichtverteidigerbestellung durch das Gericht	86
C. Arbeitshilfe		87

Literatur:

Al-Jumaili, Pflichtverteidigung ist keine gerichtliche Sozialhilfe, JurBüro 2001, 116; *Breyer*, Die Vergütung des Pflichtverteidigers nach dem RVG, RVG-B 2005, 45; *Chemnitz*, Ansprüche des gerichtlich bestellten Verteidigers gegen die Staatskasse und den Beschuldigten, AnwBl. 1991, 327; *Kroiß*, Die Vergütung des Pflichtverteidigers nach dem RVG, RVG-Letter 2004, 134; *Madert*, Zur Erstattung der Kosten eines Wahlverteidigers und eines Pflichtverteidigers nach Freispruch, AGS 2003, 419; *Mümmler*, Verfahren nach § 100 BRAGO, JurBüro 1971, 658; *Volpert*, Abrechnung der Wahlverteidigergebühren durch den Pflichtverteidiger bei Verurteilung des Mandanten, BRAGOprofessionell 2002, 164; *ders.*, Abrechnung der Wahlverteidigergebühren durch den Pflichtverteidiger bei Freispruch des Mandanten, BRAGOprofessionell 2003, 12; *ders.*, Wahlanwaltsgebühren für gerichtlich bestellte oder beigeordnete Anwälte nach §§ 52, 53 RVG, RVGreport 2004, 133; *ders.*, Abrechnung der Wahlanwaltsgebühren durch den Pflichtverteidiger bei Freispruch des Mandanten – § 52 RVG, RVGreport 2004, 214.

A. Überblick

I. Pflichtverteidiger

Der **Pflichtverteidiger** hat i.d.R. mangels Abschluss eines Rechtsanwaltsvertrages **keinen ver-** 1
traglichen Vergütungsanspruch gegen den Beschuldigten, sondern erhält seine Vergütung grds. nur aus der Staatskasse (vgl. § 45). Der **Vergütungsanspruch** gegen die Staatskasse entsteht **allein** aufgrund der **gerichtlichen Bestellung**, die - anders als die Bewilligung von PKH **nicht** von den **wirtschaftlichen Verhältnissen** des Mandanten abhängt, da es - so die Rechtsprechung - nicht darum geht, mittellosen Personen den Beistand durch einen Rechtsanwalt zu ermöglichen, sondern dafür Sorge zu tragen, dass der Beschuldigte in bestimmten Fällen durch einen Verteidiger vertreten wird (BGH, AnwBl. 1980, 465). Zur gerichtlichen Bestellung muss ein Anwalts- oder Geschäftsbesorgungsvertrag - wie im Fall der Beiordnung im Wege der PKH - nicht hinzutreten, um einen Vergütungsanspruch gegen die Staatskasse zu erhalten (vgl. BGH, NJW-RR 2005, 494 = JurBüro 2005, 266). Die Tätigkeit des Pflichtverteidigers beruht auf einem **öffentlich-rechtlichen** Bestellungsakt (OLG Bamberg, StraFo 2009, 350 = AGS 2009, 320 = StRR 2009, 243 [Ls] = VRR 2009, 243 [Ls]). Die Bestellung begründet einen **öffentlich-rechtlichen Anspruch** des Rechtsanwalts gegen die Staatskasse (OLG München, 06.04.2009 – 6 Ws 2/09; s. auch Teil A: Allgemeine Vergütungsfragen, Rn. 25, 35).

Dies gilt entsprechend, wenn der Rechtsanwalt zunächst Wahlverteidiger war und dann zum Pflichtverteidiger bestellt wird, weil hierdurch das Wahlmandat endet (vgl. die Nachw. bei Rn. 12). Steht dem Beschuldigten aber ein Erstattungsanspruch gegen die Staatskasse zu oder ist der Beschuldigte nach seinen Einkommens- und Vermögensverhältnissen in der Lage, Wahlverteidigergebühren zu zahlen, räumt § 52 dem Pflichtverteidiger einen Anspruch auf Zahlung der Wahlverteidigergebühren gegen den Beschuldigten ein (**gesetzliches Schuldverhältnis**). Da der Beschuldigte in diesen beiden Fällen wirtschaftlich zur Zahlung von Wahlverteidigergebühren in der Lage ist, wäre es unbillig, dem Pflichtverteidiger einen Anspruch auf Zahlung der Gebühren eines Wahlverteidigers zu verwehren (AnwKomm-RVG/N. Schneider, § 52 Rn. 3). Der Anspruch des Pflichtverteidigers besteht auch dann, wenn er dem Beschuldigten gegen dessen Willen zum Pflichtverteidiger bestellt worden ist (Gerold/Schmidt/Burhoff, § 52 Rn. 1; AnwKomm-RVG/ N. Schneider, § 52 Rn. 9).

> **Hinweis:**
>
> § 52 gilt aber nicht für die Fälle, in denen dem Pflichtverteidiger bereits ohnehin ein Anspruch auf Zahlung der Wahlverteidigergebühren zusteht, z.B. aus einer Vergütungsvereinbarung (vgl. Rn. 7 und 65) oder aufgrund eines vorangegangenen Wahlanwaltsvertrages (vgl. Rn. 4 ff.; AnwKomm-RVG/N. Schneider, § 52 Rn. 1).

II. Beistand nach dem Therapieunterbringungsgesetz (ThUG)

2 Der gem. § 7 Abs. 1 ThUG als **Beistand** im Verfahren nach dem **Therapieunterbringungsgesetz** (ThUG) gerichtlich **beigeordnete** Rechtsanwalt macht unter den in § 52 genannten Voraussetzungen seine Wahlanwaltsgebühren gegen seinen Auftraggeber geltend. Denn § 52 Abs. 1 bis 3 und Abs. 5 ist in § 20 Abs. 2 Satz 1 ThUG für entsprechend anwendbar erklärt worden. Obwohl der beigeordnete Rechtsanwalt gem. § 7 Abs. 2 Satz 1 ThUG die Stellung eines **Beistands** hat, gilt § 53 **Abs. 2** schon deshalb nicht, weil keine Beistandsbestellung für den in § 53 Abs. 2 genannten Personenkreis vorliegt (zu weiteren Einzelh. s. Teil A: Sicherungsverwahrung/Therapieunterbringung, Rn. 1259 ff.; § 53 Rn. 15).

B. Kommentierung

I. Anwendungsbereich

1. Anspruchsberechtigung

3 § 52 gilt für den dem Beschuldigten durch das Gericht bestellten Rechtsanwalt (**Pflichtverteidiger**). Der Anspruch auf die Wahlanwaltsgebühren für im Wege der **PKH beigeordnete** oder als Beistand **bestellte Rechtsanwälte** ist in § 53 geregelt. Für den Anspruch des im Wege der PKH beigeordneten Rechtsanwalts gegen seinen Auftraggeber ist § 52 gem. § 53 Abs. 1 entsprechend anzuwenden. Für den Anspruch des dem Nebenkläger, dem nebenklageberechtigten Verletzten oder dem Zeugen als Beistand bestellten Rechtsanwalts gegen den Verurteilten finden sich abschließende Regelungen in § 53 Abs. 2 (vgl. hierzu die Komm. zu § 53).

Anspruch gegen den Beschuldigten oder den Betroffenen §52 RVG

2. Anspruch auf Wahlverteidigergebühren außerhalb von § 52

a) Umfang des Anspruchs gegen die Staatskasse

§ 52 findet nur **Anwendung** auf Vergütungsansprüche, die der Rechtsanwalt für Tätigkeiten erworben hat, die von der **Bestellung umfasst** bzw. innerhalb der Reichweite der gerichtlichen Bestellung entfaltet worden sind (Riedel/Sußbauer/Schmahl, § 52 Rn. 11; Hartung/Römermann/Schons, § 52 Rn. 79; s. auch Teil A: Umfang des Vergütungsanspruchs [§ 48 Abs. 1], Rn. 1382 ff.). Führt der Rechtsanwalt für den Beschuldigten Tätigkeiten aus, für die er nicht bestellt ist bzw. die von der Bestellung nicht umfasst sind und die daher keinen Vergütungsanspruch gegen die Staatskasse auslösen, gilt § 52 nicht. In diesem Fall kann der Anspruch auf Wahlanwaltsgebühren gegen den Beschuldigten nicht auf § 52 gestützt werden. **4**

Das bedeutet aber nicht, dass der Rechtsanwalt für die von der Bestellung **nicht umfassten Tätigkeiten** keine Wahlgebühren vom Beschuldigten fordern kann. Der Anspruch auf Zahlung der Wahlverteidigergebühren kann insoweit auf einer **anderen rechtlichen Grundlage** beruhen, z.B. einem Dienstvertrag oder einem Geschäftsbesorgungsvertrag (Riedel/Sußbauer/Schmahl, § 52 Rn. 10). In diesen Fällen kann der Rechtsanwalt den Beschuldigten ohne Berücksichtigung der in § 52 aufgeführten Voraussetzungen und ohne die Beschränkungen des § 52 unmittelbar auf Zahlung seiner Wahlanwaltsvergütung in Anspruch nehmen (vgl. AnwKomm-RVG/N. Schneider, § 52 Rn. 11, 17; Gerold/Schmidt/Burhoff, § 52 Rn. 6; Riedel/Sußbauer/Schmahl, § 52 Rn. 10). Das ist z.B. der Fall, wenn der bereits im Strafverfahren tätige Pflichtverteidiger für den Verurteilten auch in der **Strafvollstreckung** tätig wird, dort aber die erforderliche Pflichtverteidigerbestellung nicht erfolgt ist (vgl. Teil A: Umfang des Vergütungsanspruchs [§ 48 Abs. 1], Rn. 1411 ff.). **5**

Wird der Pflichtverteidiger im **Adhäsionsverfahren** für den Beschuldigten tätig, entstehen dem Beschuldigten notwendige Auslagen für seinen Verteidiger. Wird insoweit eine Beiordnung/Bestellung des Pflichtverteidigers für das Adhäsionsverfahren für erforderlich gehalten und ist diese unterblieben (zum Erfordernis der Bestellung vgl. Teil A: Umfang des Vergütungsanspruchs [§ 48 Abs. 1], Rn. 1405 f. und Nr. 4143 VV Rn. 14 ff.), steht dem Pflichtverteidiger gegen den Beschuldigten gleichwohl ein Anspruch auf die Wahlgebühren nach Nrn. 4143, 4144 VV zu (OLG Celle, StraFo 2006, 41 = StV 2006, 33).

> *Beispiel:*
>
> *Rechtsanwalt R war für den Beschuldigten als Pflichtverteidiger im Strafverfahren tätig. Nach rechtskräftiger Verurteilung vertritt er den Beschuldigten auch in einem Verfahren über die Strafaussetzung zur Bewährung (Strafvollstreckung).*
>
> *Für die Tätigkeit im Strafverfahren kann R nur unter den Voraussetzungen des § 52 Wahlverteidigergebühren vom Beschuldigten fordern. Die Pflichtverteidigerbestellung endet nach rechtskräftigem Abschluss des Strafverfahrens und gilt in der Strafvollstreckung nicht mehr (s. auch Teil A: Umfang des Vergütungsanspruchs [§ 48 Abs. 1], Rn. 1411 ff.). Daher kann R für die Tätigkeit in der Strafvollstreckung die Wahlverteidigergebühren ohne Beachtung der Voraussetzungen des § 52 vom Beschuldigten fordern.*

b) Spätere Pflichtverteidigerbestellung

War der Rechtsanwalt **erst Wahlverteidiger** und ist er dann nach Niederlegung des Wahlmandats zum Pflichtverteidiger bestellt worden, erhält er unter den Voraussetzungen des **§ 48 Abs. 5** **6**

§ 52 RVG *Anspruch gegen den Beschuldigten oder den Betroffenen*

seine Vergütung auch für die vor dem Zeitpunkt seiner Bestellung erbrachten Tätigkeiten (zu den Einzelh. vgl. die Komm. zu § 48 Abs. 5). Insoweit wird vertreten, dass der durch die auftragsgemäße Tätigkeit als Wahlverteidiger entstandene und fällige Gebührenanspruch durch die spätere Pflichtverteidigerbestellung nicht nach § 52 eingeschränkt wird, auch wenn wegen § 48 Abs. 5 der vertragliche Wahlgebührenanspruch und der Anspruch auf die Pflichtverteidigergebühren ihre Grundlage in demselben Gebührensachverhalt haben (vgl. OLG Düsseldorf, AnwBl. 1984, 265 = Rpfleger 1984, 287; AnwKomm-RVG/N. Schneider, § 52 Rn. 13; Hartung/Römermann/Schons, § 52 Rn. 81). Zwar findet in diesem Fall ein **Abzug** der aus der **Staatskasse gezahlten Gebühren** gem. § 52 Abs. 1 Satz 2 (vgl. hierzu Rn. 22 ff.) nur auf den Teil der Wahlverteidigergebühren statt, der nach der Pflichtverteidigerbestellung entstanden ist (vgl. auch OLG Hamm, 07.05.2009 – 4 Ws 56/09, JurionRS 2009, 19868). Aber auch von den vor der Pflichtverteidigerbestellung angefallenen Wahlverteidigergebühren sind die entsprechenden Pflichtverteidigergebühren nach den allgemeinen Vorschriften der §§ 362, 268 BGB in Abzug zu bringen (AnwKomm-RVG/N. Schneider, § 52 Rn. 13; so auch OLG Hamm, a.a.O.). Dieser Abzug ist erforderlich, weil der Rechtsanwalt sonst mehr als die Wahlverteidigergebühren erhalten würde. Der Beschuldigte soll insgesamt nicht mehr als die Wahlverteidigergebühren zahlen (vgl. hierzu Rn. 22; § 58 Rn. 36; so auch für die Kostenfestsetzung gem. § 464b StPO OLG Hamburg, Rpfleger 1999, 413; 03.09.2007 – 2 Ws 194/07, JurionRS 2007, 41597; OLG Jena, StRR 2010, 199 = RVGreport 2010, 24 = Rpfleger 2010, 107; AnwKomm-RVG/N. Schneider, § 52 Rn. 13, 24; Hartung/Römermann/Schons, § 52 Rn. 82).

3. Vergütungsvereinbarung

7 § 52 räumt dem Pflichtverteidiger einen Anspruch gegen den Beschuldigten auf die nach dem RVG berechneten **gesetzlichen Wahlverteidigergebühren** ein. Für eine **vereinbarte Vergütung** (§ 3a) gilt § 52 daher **nicht**. Es kommt dabei nicht darauf an, ob die Vergütungsvereinbarung vor oder nach der Bestellung getroffen worden ist (so auch Gerold/Schmidt/Burhoff, § 52 Rn. 3). Bei dem zulässigen Abschluss einer Vergütungsvereinbarung zwischen dem Pflichtverteidiger und dem Beschuldigten kann der Verteidiger die vereinbarte Vergütung daher ohne die Beschränkungen des § 52 vom Beschuldigten fordern. Insbesondere ist es nicht erforderlich, zuvor nach § 52 Abs. 2 die Leistungsfähigkeit des Mandanten feststellen zu lassen (vgl. hierzu BGH, NJW 1980, 1394 = JurBüro 1979, 1793; AnwKomm-RVG/N. Schneider, § 52 Rn. 16; AnwKomm-RVG/Onderka, § 3a Rn. 26, m.w.N.; Mertens/Stuff, Rn. 160 ff.; s. auch Teil A: Vergütungsvereinbarung [§ 3a], Rn. 1514 ff. m.w.N.; a.A. Riedel/Sußbauer/Schmahl, § 52 Rn. 17). Umstritten ist, ob die Vergütungsvereinbarung entgegen § 52 Abs. 1 Satz 1 Halbs. 2 auch die Einforderung eines **Vorschusses** erlaubt (vgl. hierzu Rn. 20; Teil A: Vergütungsvereinbarung [§ 3a], Rn. 1515; vgl. zum Vorschuss Teil A: Vorschuss vom Auftraggeber [§ 9], Rn. 1659 ff.). Bei einer Vergütungsvereinbarung darf die weitere Tätigkeit nicht von der Zahlung der vereinbarten Vergütung abhängig gemacht werden (so AnwKomm-RVG/N. Schneider, § 52 Rn. 16).

> **Hinweis:**
>
> **Keine Einschränkung** nach § 52 gilt daher für Vergütungsansprüche (vgl. Schneider, in: Hansens/Braun/Schneider, Teil 15, Rn. 103)
>
> - aus vom Umfang der Bestellung nicht gedeckten Tätigkeiten, für die aber eine andere rechtliche Grundlage vorliegt (vgl. Rn. 4, 5),

Anspruch gegen den Beschuldigten oder den Betroffenen § 52 RVG

- aus der Zeit vor der gerichtlichen Bestellung (vgl. Rn. 6) und
- aus Vergütungsvereinbarungen (vgl. Rn. 7).

4. Anspruchsgegner

Der Anspruch des Pflichtverteidigers auf Zahlung der Wahlverteidigergebühren richtet sich nur 8 gegen den **Beschuldigten** bzw. im Bußgeldverfahren gegen den **Betroffenen** (Abs. 6).

5. Bußgeldverfahren

§ 52 gilt im **Strafverfahren** und im **Bußgeldverfahren**, vgl. Abs. 6. Im Bußgeldverfahren sind 9 nach § 52 Abs. 6 die Abs. 1 bis 3 und 5 entsprechend anzuwenden. Ist das Bußgeldverfahren bei der Verwaltungsbehörde anhängig, tritt an die Stelle des Gerichts (vgl. § 52 Abs. 2, 3 und 5) die Verwaltungsbehörde (vgl. hierzu Rn. 82).

II. Übersicht über mögliche Ansprüche

Das nachfolgende Schaubild gibt einen Überblick über die dem Pflichtverteidiger, dem Wahlverteidiger und dem freigesprochenen Beschuldigten ggf. zustehenden Ansprüche: 10

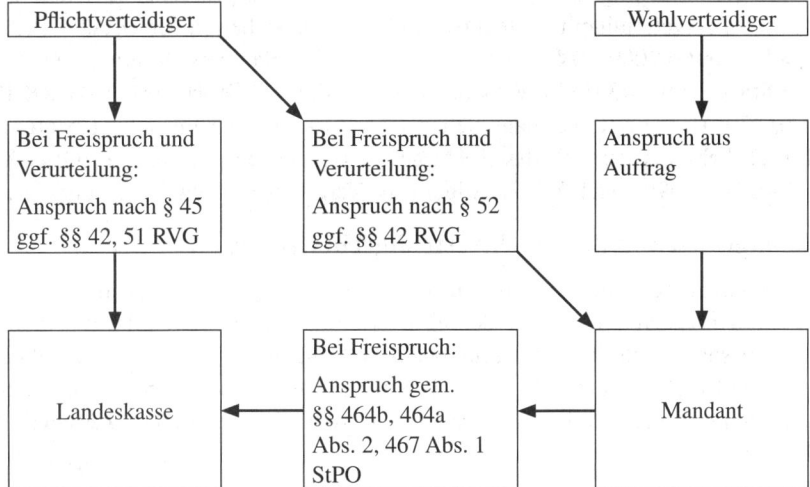

III. Entstehung des Anspruchs

1. Anspruchsvoraussetzungen

Der Pflichtverteidiger kann den Anspruch auf Zahlung der Wahlverteidigergebühren gegen den 11 Beschuldigten geltend machen, wenn dem Beschuldigten ein **Erstattungsanspruch** gegen die Staatskasse zusteht (§ 52 Abs. 2 Satz 1 Halbs. 1; vgl. hierzu Rn. 45), das Gericht die **Leistungsfähigkeit** des Beschuldigten gem. § 52 Abs. 2 Satz 1 Halbs. 2 feststellt (vgl. hierzu Rn. 30 ff.) oder die Leistungsfähigkeit des Beschuldigten gem. § 52 Abs. 3 Satz 2 vermutet wird (vgl. Rn. 37). Der Anspruch gegen den Beschuldigten kann u.U. auf mehreren dieser Anspruchsvoraussetzungen beruhen. Das kann z.B. dann der Fall sein, wenn der Beschuldigte teilweise freigesprochen worden ist und die im Rahmen der notwendigen Auslagen zu erstattenden Verteidigergebühren

§ 52 RVG *Anspruch gegen den Beschuldigten oder den Betroffenen*

niedriger sind als der Wahlverteidigergebührenanspruch des Pflichtverteidigers gegen den Beschuldigten. In diesem Fall kommt neben dem Erstattungsanspruch des Beschuldigten gegen die Staatskasse noch das Feststellungsverfahren in Betracht (Hartung/Römermann/Schons, § 52 Rn. 22).

2. Gesetzliches Schuldverhältnis

12 Die Bestellung des Pflichtverteidigers hängt nicht vom Einverständnis des Beschuldigten ab. Der Pflichtverteidiger kann auch gegen den Willen des Beschuldigten bestellt werden (Rn. 1; AnwKomm-RVG/N. Schneider, § 52 Rn. 10). Im Umfang der Pflichtverteidigerbestellung (vgl. Rn. 4 ff.) wird daher auch kein Geschäftsbesorgungsvertrag bzw. Rechtsanwaltsvertrag mit dem Beschuldigten und daher auch kein vertraglicher Vergütungsanspruch bestehen (Rn. 1, 4 ff.; vgl. BGH, NJW-RR 2005, 494 = JurBüro 2005, 266; AnwKomm-RVG/N. Schneider, § 52 Rn. 2) zumal ein etwaiges Wahlmandat mit der Bestellung erlischt (BGH, NStZ 1991, 94; BVerwG, NZWehrr 2006, 39; OLG Celle, NStZ-RR 2005, 286 = RVGreport 2005, 277 = RVGprofessionell 2005, 118; StV 1996, 222; OLG Hamm, 07.05.2009 – 4 Ws 56/09, JurionRS 2009, 19868; a.A. OLG Frankfurt am Main, StV 1995, 597; KG, Rpfleger 1995, 380). Die **wirksame Pflichtverteidigerbestellung** lässt jedoch gem. § 52 Abs. 1 ein **gesetzliches Schuldverhältnis** zwischen dem Pflichtverteidiger und dem Beschuldigten entstehen (BVerfG, NJW 2009, 2735 = StV 2010, 87 = StraFo 2009, 274 = StRR 2009, 276; OLG Bamberg, StraFo 2009, 350 = AGS 2009, 320 = StRR 2009, 243 [Ls] = VRR 2009, 243 [Ls]; OLG Düsseldorf, NJW-RR 1999, 785 = StV 2000, 430; Hartung/Römermann/Schons, § 52 Rn. 12). Die Bestellung begründet einen **öffentlich-rechtlichen Anspruch** des Rechtsanwalts gegen die Staatskasse (OLG München, 06.04.2009 – 6 Ws 2/09; s. auch Teil A: Allgemeine Vergütungsfragen, Rn. 25 und 35).

3. Abhängigkeit von der Pflichtverteidigerbestellung

13 Da die Pflichtverteidigerbestellung zur Entstehung des Anspruchs gegen den Beschuldigten führt, hängt der Anspruch auf Zahlung der Wahlverteidigergebühren von der Pflichtverteidigerbestellung, insbesondere also vom **Umfang** der **Bestellung** ab. Für Tätigkeiten als Pflichtverteidiger, die keinen Gebührenanspruch gegen die Staatskasse auslösen, können daher unter Berufung auf § 52 keine Wahlverteidigergebühren vom Beschuldigten gefordert werden (vgl. zu den Einzelh. Rn. 4 bis 6).

4. Ausgang des Verfahrens

14 Für die Entstehung des Anspruchs auf Wahlverteidigergebühren gegen den Beschuldigten ist es **unerheblich**, ob der Beschuldigte **freigesprochen** oder **verurteilt** worden oder ob das Verfahren eingestellt worden ist (LG Mühlhausen, 23.06.2009 – 3 Qs 103/09). Allerdings ist ein Freispruch bzw. eine Auslagenentscheidung zulasten der Staatskasse Anspruchsvoraussetzung, wenn kein Feststellungsverfahren (dazu Rn. 30 ff.) durchgeführt wird (AnwKomm-RVG/N. Schneider, § 52 Rn. 10). § 52 Abs. 2 Satz 2 ist zu entnehmen, dass der Anspruch auch dann entsteht, wenn das Verfahren nicht gerichtlich anhängig geworden ist.

5. Unabhängige Gebührenansprüche

15 Der Gebührenanspruch gegen den Beschuldigten (Wahlverteidigergebühren) gem. § 52 tritt selbstständig **neben** den **Gebührenanspruch** gegen die **Staatskasse** gem. §§ 45, 55 (Pflichtver-

Anspruch gegen den Beschuldigten oder den Betroffenen §52 RVG

teidigergebühren). Es handelt sich um **verschiedene Ansprüche** (BVerfG, NJW 2009, 2735 = StV 2010, 87 = StraFo 2009, 274 = StRR 2009, 276; OLG Frankfurt am Main, JurBüro 2011, 34 = VRR 2010, 403 [Ls]; im Ergebnis auch LG Chemnitz, StRR 2008, 118; so auch Gerold/Schmidt/Burhoff, §52 Rn. 2; Hartung/Römermann/Schons, §52 Rn. 14). Der Anspruch gegen den Beschuldigten ist unabhängig von dem Anspruch auf Zahlung der Pflichtverteidigergebühren gegen die Staatskasse, solange die Staatskasse diese nicht gezahlt hat und daher insoweit der Anspruch gegen den Beschuldigten nicht gem. §52 Abs. 1 Satz 2 entfallen ist. Beide Ansprüche stehen daher selbstständig nebeneinander und sind nur durch die Verrechnungspflicht nach §52 Abs. 1 Satz 2 miteinander verknüpft (OLG Düsseldorf, JurBüro 2006, 260 = JMBl. NRW 2006, 126; vgl. Rn. 22 ff. bis 26). Auch der Anspruch auf Zahlung der Pflichtverteidigergebühren gegen die Staatskasse ist unabhängig von dem Anspruch nach §52: Der Anspruch gegen die Staatskasse kann auch dann noch geltend gemacht werden, wenn bereits rechtskräftig im Verfahren nach §52 Abs. 2 festgestellt worden ist, dass der Beschuldigte zur Zahlung der Gebühren eines Wahlverteidigers in der Lage ist (OLG Hamm, MDR 1987, 608 = AnwBl. 1988, 358).

IV. Höhe/Umfang des Anspruchs (Abs. 1)

1. Anspruch auf die Wahlverteidigergebühren

Der Pflichtverteidiger kann vom Beschuldigten die **Gebühren** eines **gewählten Verteidigers** 16 fordern. Die Höhe der Wahlverteidigergebühren ergibt sich aus der jeweiligen Gebührenspalte im Vergütungsverzeichnis. Die Wahlverteidigergebühren werden unter Beachtung von **§14** innerhalb des für die Tätigkeit vorgeschriebenen Gebührenrahmens bemessen.

> **Hinweis:**
> Der Pflichtverteidiger kann gem. §42 Abs. 2 Satz 2 nicht nur die Zahlung der im Vergütungsverzeichnis aufgeführten Wahlverteidigergebühren vom Beschuldigten verlangen, sondern auch einen Antrag auf Feststellung einer diese Wahlverteidigergebühren übersteigenden **Pauschgebühr** stellen (Schneider, in: Hansens/Braun/Schneider, Teil 15, Rn. 100).
> Der Pflichtverteidiger muss in der Begründung des Antrags nach §42 auch die Voraussetzungen des §52 Abs. 1 Satz 1, Abs. 2 darlegen. Er kann nämlich nach §42 Abs. 2 Satz 2 nur unter den Voraussetzungen des §52 Abs. 1 Satz 1, Abs. 2 einen Antrag auf Feststellung der Pauschgebühr stellen. Auf die Erläuterungen zu §42 Rn. 3, 15 und Rn. 80, 81 wird verwiesen.

2. Auslagen (Teil 7 VV)

a) Kein Anspruch gegen den Beschuldigten

Nach dem eindeutigen Wortlaut des §52 kann der Pflichtverteidiger **nur** die **Gebühren** eines 17 Wahlverteidigers vom Beschuldigten fordern. Ein Anspruch auf Zahlung von **Auslagen** nach Teil 7 VV gegen den Beschuldigten besteht **nicht** (OLG Düsseldorf, StRR 2010, 276; OLG Hamm, 07.05.2009 – 4 Ws 56/09, JurionRS 2009, 19868; OLG Frankfurt am Main, NStZ-RR 2008, 264; OLG Jena, Rpfleger 2006, 434 = JurBüro 2006, 366, zu §54; OLG Oldenburg, StraFo 2007, 127 = RVGreport 2007, 469 = StRR 2007, 278; LG Düsseldorf, StRR 2010, 118; LG Mühlhausen, 23.06.2009 – 3 Qs 103/09; AnwKomm-RVG/N. Schneider, §52 Rn. 20; Hartung/Römermann/Schons, §52 Rn. 30; noch zur BRAGO: OLG Celle, JurBüro 2004, 547 = NStZ-RR

2004, 38; OLG Düsseldorf, Rpfleger 2001, 46; AnwBl. 1987, 339 = JurBüro 1986, 573; OLG Köln, JurBüro 2002, 595 = Rpfleger 2003, 97; OLG Oldenburg, JurBüro 2004, 547 = NStZ-RR 2004, 384; OLG Saarbrücken, Rpfleger 2000, 564). Denn die Auslagen erhält der Pflichtverteidiger im Festsetzungsverfahren nach §§ 55, 45 aus der Staatskasse (vgl. OLG Düsseldorf, a.a.O.; OLG Hamm, a.a.O.; OLG Frankfurt am Main, a.a.O.; LG Mühlhausen, a.a.O.; noch zur BRAGO OLG Celle, a. a. O.; OLG Oldenburg, a.a.O.; OLG Köln, a.a.O.; s. auch Teil A: Auslagen aus der Staatskasse [§ 46 Abs. 1 und 2], Rn. 140 ff.).

Daher kann der Beschuldigte im Fall seines Freispruchs im **Kostenfestsetzungsverfahren gem. §§ 464a, 464b StPO** auch keine Auslagen i.S.v. Teil 7 VV aus der Staatskasse fordern, weil ihm insoweit wegen § 52 Abs. 1 Satz 1 überhaupt keine Aufwendungen entstehen können (vgl. OLG Düsseldorf, StRR 2010, 276; OLG Hamm, 07.05.2009 – 4 Ws 56/09, JurionRS 2009, 19868; OLG Frankfurt am Main, NStZ-RR 2008, 264; OLG Oldenburg, StraFo 2007, 127 = RVGreport 2007, 469 = StRR 2007, 278; LG Düsseldorf, StRR 2010, 118; s. auch Teil A: Kostenfestsetzung und Erstattung in Strafsachen, Rn. 866).

> **Hinweis:**
> Sind dem Pflichtverteidiger aber Auslagen entstanden, die die Staatskasse nicht zu ersetzen hat, kann er diese Auslagen – genauso wie Gebühren aus einem neben der Pflichtverteidigerbestellung erteilten Auftrag (Rn. 4 ff.) – gegen den Beschuldigten geltend machen (Gerold/Schmidt/Burhoff, § 52 Rn. 8; AnwKomm-RVG/N. Schneider, § 52 Rn. 20).

b) Auswärtiger Pflichtverteidiger und Kostenfestsetzung gem. § 464b StPO

18 Nach der Rechtsprechung des **OLG Düsseldorf** (NStZ 1997, 605 = StV 1998, 91 = AGS 1998, 88; vgl. auch OLG Düsseldorf, StV 2000, 434 = AnwBl. 2001, 577 = NStZ-RR 2000, 320, zu den Kosten der Besuche des freigesprochenen Angeklagten bei seinem auswärtigen Pflichtverteidiger) sind im Fall der Pflichtverteidigerbestellung eines **auswärtigen Rechtsanwalts** im Kostenfestsetzungsverfahren gem. §§ 464a, 464b StPO neben den Wahlverteidigergebühren **auch** die geltend gemachten **Tage- und Abwesenheitsgelder** (vgl. Nr. 7005 VV; vgl. auch OLG Oldenburg, JurBüro 2004, 547 = NStZ-RR 2004, 384) als notwendige Auslagen des Angeklagten aus der Staatskasse zu erstatten. Es ist in diesem Fall nicht zu prüfen, ob die Inanspruchnahme eines auswärtigen Rechtsanwalts notwendig war. Hierbei bleibt jedoch unberücksichtigt, dass der Pflichtverteidiger nach § 52 Abs. 1 Satz 1 von dem Beschuldigten nur Wahlverteidiger**gebühren**, jedoch keine Auslagen nach Teil 7 VV fordern kann (vgl. Rn. 17). Daher kann der Beschuldigte im Fall seines Freispruchs gem. §§ 464a, 464b StPO auch keine Reisekosten aus der Staatskasse fordern, weil ihm insoweit wegen § 52 Abs. 1 Satz 1 überhaupt keine Aufwendungen entstehen können (vgl. hierzu Rn. 17). Dann ist auch kein Abzug der aus der Staatskasse an den Pflichtverteidiger gezahlten Auslagen vorzunehmen (vgl. Rn. 17).

> **Hinweis:**
> Im Ergebnis werden die Reisekosten aber dann im Kostenfestsetzungsverfahren gem. § 464b StPO berücksichtigt werden können, wenn der Pflichtverteidiger auf deren Geltendmachung gegen die Staatskasse gem. §§ 45, 55 **verzichtet** hat (OLG Hamm, 07.05.2009 – 4 Ws 56/09, JurionRS 2009, 19868; zum Verzicht des Pflichtverteidigers auf Auslagenerstattung aus der Staatskasse s. Teil A: Vergütungsanspruch gegen die Staatskasse [§§ 44, 45, 50], Rn. 1391 f.;

Anspruch gegen den Beschuldigten oder den Betroffenen § 52 RVG

Teil A: Auslagen aus der Staatskasse [§ 46], Rn. 178; Teil A: Gebühren-/Vergütungsverzicht, Rn. 643 ff.).

3. Umsatzsteuer

Die **Umsatzsteuer** gehört zwar zu den Auslagen (vgl. Nr. 7008 VV) gleichwohl kann der Pflichtverteidiger die auf seine Wahlverteidigergebühren entfallende gesetzliche Umsatzsteuer vom Beschuldigten verlangen, weil diese in Abhängigkeit und in einem unlösbaren Zusammenhang mit dem Gebührenanspruch steht (OLG Düsseldorf, StRR 2010, 276; OLG Oldenburg, StraFo 2007, 127 = RVGreport 2007, 469 = StRR 2007, 278; LG Düsseldorf, StRR 2010, 118; noch zur BRAGO OLG Celle, NJW 2004, 2396 = StV 2006, 33 = RVGreport 2004, 397; OLG Düsseldorf, Rpfleger 2001, 46 m.w.N.; OLG Koblenz, MDR 1980, 163; AnwKomm-RVG/N. Schneider, § 52 Rn. 21; Hartung/Römermann/Schons, § 52 Rn. 40). 19

> **Hinweis:**
> Im Fall des **Freispruchs** muss daher auch die Staatskasse die auf die Verteidigergebühren anfallende **Umsatzsteuer** ersetzen (OLG Düsseldorf, StRR 2010, 276; OLG Oldenburg, StraFo 2007, 127 = RVGreport 2007, 469 = StRR 2007, 278).

4. Vorschuss

a) Vorschuss ohne Vergütungsvereinbarung

Der Pflichtverteidiger darf nach Abs. 1 Satz 1 Halbs. 2 **weder ausdrücklich noch konkludent** einen **Vorschuss** auf die Wahlverteidigergebühren von dem Beschuldigten **verlangen**, weil die Geltendmachung eines Vorschusses zu Störungen des Vertrauensverhältnisses zwischen dem Beschuldigten und dem Pflichtverteidiger führen könnte, die mit dem Wesen der Pflichtverteidigung nicht vereinbar wären. In den Verfahren, in denen ein Pflichtverteidiger bestellt wird, muss unabhängig von gebührenrechtlichen Gesichtspunkten eine sachgemäße Verteidigung gewährleistet sein (AnwKomm-RVG/N. Schneider, § 52 Rn. 22). Die Tätigkeit als Pflichtverteidiger darf daher auch nicht von einer Vorschusszahlung des Beschuldigten auf die Wahlgebühren abhängig gemacht werden (Gerold/Schmidt/Burhoff, § 52 Rn. 10; AnwKomm-RVG/N. Schneider, § 52 Rn. 16 und 22). Der Pflichtverteidiger kann daher **nur fällige Gebühren** (§ 8) vom Beschuldigten verlangen. Einen Vorschuss kann der Pflichtverteidiger aber insoweit vom Beschuldigten verlangen, als er für bestimmte Tätigkeiten keine Pflichtverteidigergebühren aus der Staatskasse erhält bzw. den Beschuldigten unbeschadet von § 52 in Anspruch nehmen kann (z.B. für die von der Pflichtverteidigerbestellung nicht umfasste Strafvollstreckung, vgl. insoweit Rn. 4 bis 6; so auch Gerold/Schmidt/Burhoff, § 52 Rn. 10; AnwKomm-RVG/N. Schneider, § 52 Rn. 22). 20

> **Hinweis:**
> Der Pflichtverteidiger kann zwar keinen Vorschuss auf die Wahlgebühren vom Beschuldigten fordern. Gem. § 47 besteht aber ein Recht auf Vorschuss auf die Pflichtverteidigergebühren gegen die **Staatskasse**, das durch § 52 Abs. 1 Satz 1 Halbs. 2 nicht ausgeschlossen ist (s. hierzu ausführlich Teil A: Vorschuss aus der Staatskasse [§ 47], Rn. 1645 ff.; Teil A: Vorschuss vom Auftraggeber [§ 9], Rn. 1665).

§ 52 RVG *Anspruch gegen den Beschuldigten oder den Betroffenen*

Freiwillige und **vorbehaltslose Zahlungen** bzw. Vorschüsse des Beschuldigten darf der Verteidiger jedoch behalten, wenn er den Beschuldigten darüber aufgeklärt hat, dass eine Verpflichtung zur Zahlung nicht besteht (vgl. BGH, JurBüro 1979, 1793 = NJW 1980, 1394, insbesondere zum Merkmal der Freiwilligkeit; Gerold/Schmidt/Burhoff, § 52 Rn. 10; AnwKomm-RVG/N. Schneider, § 52 Rn. 23; Hartung/Römermann/Schons, § 52 Rn. 42). Diese Zahlungen sind ggf. gem. **§ 58 Abs. 3** auf die aus der Staatskasse zu zahlenden bzw. bereits gezahlten Gebühren **anzurechnen** (§ 58 Abs. 3 Rn. 11; OLG Köln, NStZ 2006, 514 = RVG-Letter 2006, 65; AnwKomm-RVG/N. Schneider, § 52 Rn. 23; Hartung/Römermann/Schons, § 52 Rn. 44; Gerold/Schmidt/Burhoff, § 52 Rn. 10).

b) Vergütungsvereinbarung und Vorschusszahlungen

21 **Umstritten** ist, ob das Vorschussverlangen gem. § 52 Abs. 1 Satz 1 Halbs. 2 auch bei **Vergütungsvereinbarungen** des Pflichtverteidigers ausgeschlossen ist (bejahend AnwKomm-RVG/Onderka, § 3a Rn. 26; **a.A.** AnwKomm-RVG/N. Schneider, § 9 Rn. 19 und § 52 Rn. 16; Gerold/Schmidt/Burhoff, § 52 Rn. 3; Teil A: Vergütungsvereinbarung [§ 3a], Rn. 1515; vgl. zum Vorschussverlangen bei Vergütungsvereinbarungen auch AnwKomm-RVG/N. Schneider, § 9 Rn. 92). Jedenfalls dann, wenn die Vergütungsvereinbarung Tätigkeiten umfasst, für die ein Vergütungsanspruch als Pflichtverteidiger nicht besteht, dürfte die **Vorschrift des § 52 Abs. 1 Satz 1 Halbs. 2** der Einforderung eines Vorschusses auch bei Vergütungsvereinbarungen nicht entgegenstehen (vgl. Rn. 4 ff.). Zur **früheren Regelung** in **§ 4 Abs. 1 Satz 3, Abs. 5 Satz 2 a.F.** ist im Übrigen die Auffassung vertreten worden, dass Vorschüsse bei Vergütungsvereinbarungen **keine freiwillige und vorbehaltlose** Leistung darstellen. **Freiwillig und vorbehaltlos geleistete Vorschüsse** haben deshalb keine Heilung i.S.v. § 4 Abs. 1 Satz 3, Abs. 5 Satz 2 a.F. bewirkt und deshalb einen Rückforderungsanspruch des Mandanten auch nicht ausgeschlossen (vgl. OLG Düsseldorf, AGS 2009, 14 = MDR 2009, 654 = AnwBl. 2009, 312; AnwKomm-RVG/N. Schneider, § 9 Rn. 92; a.A. wohl KG, AGS 2005, 492 = MDR 2005, 58; s. auch Teil A: Vergütungsvereinbarung [§ 3a], Rn. 1514 ff.).

> **Hinweis:**
> Deshalb kann im Rahmen von § 52 Abs. 1 Satz 1 Halbs. 2 zwischen freiwilligen Zahlungen ohne Vergütungsvereinbarung und solchen aufgrund einer Vergütungsvereinbarung zu differenzieren sein.

5. Anspruchswegfall durch Zahlung der Staatskasse

22 § 52 Abs. 1 Satz 2 bestimmt, dass der Anspruch auf Zahlung der Wahlverteidigergebühren gegen den Beschuldigten insoweit **entfällt**, als die **Staatskasse Gebühren gezahlt** hat. Anzurechnen sind somit die aus der Staatskasse nach § 45 aufgrund der Pflichtverteidigerbestellung gewährten Gebühren sowie eine Pauschgebühr nach § 51 (OLG Jena, Rpfleger 2010, 107 = StRR 2010, 199 = RVGreport 2010, 24; so auch Gerold/Schmidt/Burhoff, § 52 Rn. 11; AnwKomm-RVG/N. Schneider, § 52 Rn. 24). Aus der Staatskasse gezahlte **Auslagen** (z.B. Reisekosten nach Nrn. 7003 – 7005 VV) sind daher **nicht abzuziehen**, weil § 52 Abs. 1 dem Pflichtverteidiger insoweit auch keinen Anspruch gegen den Beschuldigten einräumt (OLG Düsseldorf, JurBüro 1986, 574; OLG Oldenburg, JurBüro 2004, 547 = NStZ-RR 2004, 384; LG Düsseldorf, StRR 2010, 118; so auch Gerold/Schmidt/Burhoff, § 52 Rn. 11). Sinn dieser Regelung ist, dass der vom

Anspruch gegen den Beschuldigten oder den Betroffenen § 52 RVG

Gericht beigeordnete Rechtsanwalt höchstens die Wahlanwaltsgebühren erhalten soll (Rn. 6; § 58 Abs. 3 Rn. 36; OLG Jena, a.a.O.; OLG Hamburg, Rpfleger 1999, 413; 03.09.2007 – 2 Ws 194/07, JurionRS 2007, 41597; LG Dortmund, Rpfleger 2005, 479; AnwKomm-RVG/N. Schneider, § 52 Rn. 24; Hartung/Römermann/Schons, § 52 Rn. 45; Gerold/Schmidt/Burhoff, § 52 Rn. 12). Denn höchstens diese Gebühren wären entstanden, wenn der Mandant selbst einen Wahlverteidiger beauftragt hätte. Der Anspruch gegen den Auftraggeber besteht somit bei erfolgter Zahlung der Staatskasse i.H.d. Differenz zwischen den Gebühren eines Wahlverteidigers und den aus der Staatskasse gewährten Gebühren zuzüglich Umsatzsteuer (so auch AnwKomm-RVG/N. Schneider, § 52 Rn. 24; Gerold/Schmidt/Burhoff, § 52 Rn. 11). Zur Anrechnung der Zahlung der Staatskasse beim **Teilfreispruch** vgl. Rn. 57 ff.

> **Hinweis:**
>
> Hat der Pflichtverteidiger eine **Pauschgebühr** gem. § 51 aus der Staatskasse erhalten, ist diese ebenfalls nach § 52 Abs. 1 Satz 2 anzurechnen (vgl. OLG Köln, JurBüro 2002, 595 = Rpfleger 2003, 97; Hartung/Römermann/Schons, § 52 Rn. 34). Ist die Pauschgebühr höher als die Wahlverteidigergebühren, kommt die Geltendmachung von Wahlverteidigergebühren gegen den Beschuldigten nicht mehr in Betracht (OLG Köln, a.a.O.; AnwKomm-RVG/N. Schneider, § 52 Rn. 25; Gerold/Schmidt/Burhoff, § 52 Rn. 11; Hartung/Römermann/Schons, § 52 Rn. 82). Allerdings kann noch ein Antrag gem. § 42 Abs. 2 Satz 2 gestellt werden (vgl. Rn. 81).

6. Tatsächliche Zahlung der Staatskasse/Verrechnung

a) Geltendmachung der Pflichtverteidigergebühren nach Wahlverteidigergebühren

Werden im Fall des Freispruchs bzw. des Teilfreispruchs des Beschuldigten zunächst im Kostenfestsetzungsverfahren nach § 464b StPO die **Wahlverteidigergebühren** geltend gemacht und verlangt der Pflichtverteidiger **danach** noch die **Pflichtverteidigervergütung** aus der Staatskasse, ist grds. nach **§ 58 Abs. 3** zu prüfen, ob an den Verteidiger vom Beschuldigten ggf. ausgekehrte Wahlverteidigergebühren bei der Festsetzung der Pflichtverteidigervergütung gegen die Staatskasse zu berücksichtigen sind (Al-Jumaili, JurBüro 2001, 116; Chemnitz, AnwBl. 1991, 307). Die Verpflichtung zur Anzeige der vom Beschuldigten erhaltenen Wahlverteidigergebühren ergibt sich dabei aus § 55 Abs. 5 Satz 2 (s. auch Teil A: Festsetzung gegen die Staatskasse [§ 55], Rn. 602 ff.; § 58 Rn. 39 ff.). Denn nach dem Wortlaut von § 52 Abs. 1 Satz 2 entfällt der Anspruch gegen den Beschuldigten grds. nur insoweit, als die Staatskasse **tatsächlich** Gebühren **gezahlt** hat (vgl. LG Dortmund, Rpfleger 2005, 479; LG Düsseldorf, StRR 2010, 118; LG Duisburg, JurBüro 2006, 425; Hartung/Römermann/Schons, § 52 Rn. 32, 45; vgl. aber Rn. 28 f.). 23

b) Anspruchsbeschränkung

Gleichwohl ist unklar, ob sich der Anspruch des Pflichtverteidigers gegen den Beschuldigten gem. § 52 Abs. 1 von vornherein auf die **Differenz** zwischen den **Pflicht- und den Wahlverteidigergebühren** beschränkt oder ob vom Beschuldigten die Wahlverteidigergebühren grds. **in voller Höhe** verlangt werden können, wenn die Staatskasse noch keine Pflichtverteidigungsgebühren gezahlt hat. 24

§ 52 RVG *Anspruch gegen den Beschuldigten oder den Betroffenen*

25 Die Entscheidung dieser Frage erlangt insbesondere **Bedeutung** für den Fall, dass dem Beschuldigten ein **Kostenerstattungsanspruch** gegen die Staatskasse zusteht (§§ 464a Abs. 2 Nr. 2, 464b StPO). Denn auch hier stellt sich die Frage, ob dieser Erstattungsanspruch von vornherein auf die Differenz zwischen den Pflicht- und den Wahlverteidigergebühren beschränkt ist, wenn der Pflichtverteidiger nur diese Differenz vom Beschuldigten fordern kann, oder ob die Staatskasse die vollen Wahlverteidigergebühren erstatten muss, wenn noch keine Pflichtverteidigergebühren gezahlt worden sind (vgl. hierzu Rn. 28 f.).

c) Zweck von § 52 Abs. 1 Satz 2

26 § 52 Abs. 1 Satz 2 ist zunächst eine **Schutzvorschrift** zugunsten des Beschuldigten, der i.H.d. aus der Staatskasse gezahlten Pflichtverteidigergebühren endgültig von dem Anspruch des Pflichtverteidigers auf Zahlung der Wahlverteidigergebühren freigestellt werden soll. Die Zielrichtung, die Staatskasse in bestimmten Fällen vor einer Geltendmachung der Pflichtverteidigervergütung durch den Pflichtverteidiger zu bewahren, ist der Vorschrift nicht zu entnehmen, denn der Gesetzgeber hat die Anrechnung von Pflichtverteidigergebühren auf Wahlverteidigergebühren nicht generell angeordnet (LG Dortmund, Rpfleger 2005, 479).

27 Allerdings ist zu berücksichtigen, dass die aus der Staatskasse gezahlte Pflichtverteidigervergütung im Fall der kostenpflichtigen Verurteilung dem **Beschuldigten** nach Nr. 9007 KV GKG im Rahmen der Gerichtskosten **in Rechnung** gestellt wird (OLG Düsseldorf, JurBüro 1996, 655; Riedel/Sußbauer/Schmahl, § 52 Rn. 4; s. auch Teil A: Gerichtskosten, Rn. 771 ff.).

d) Verfahren in der Praxis

28 Die Regelung in § 52 Abs. 1 Satz 2 bereitet keine Probleme, wenn der Pflichtverteidiger **zunächst** seine **Pflichtverteidigervergütung** und dann – ggf. aus abgetretenem Recht (vgl. § 43) – den Anspruch auf Erstattung notwendiger Auslagen gem. §§ 464a, 464b StPO geltend macht. Ebenfalls **unproblematisch** ist die gleichzeitige Geltendmachung dieser Ansprüche, weil dann die durch § 52 Abs. 1 Satz 2 vorgeschriebene Anrechnung erfolgen kann.

Problematisch ist aber, wie zu verfahren ist, wenn **zunächst** der Anspruch des Mandanten auf Erstattung notwendiger Auslagen gem. **§§ 464a, 464b StPO** und erst danach die Pflichtverteidigervergütung geltend gemacht wird. Um hier sicherzustellen, dass der Beschuldigte insgesamt nicht mehr als die Wahlverteidigergebühren zahlt und um eine doppelte Inanspruchnahme der Staatskasse zu verhindern – die Staatskasse haftet lediglich in dem Umfang für Verteidigerkosten, in dem sie haften würde, wenn der Beschuldigte einen Wahlverteidiger bestellt hätte (vgl. Rn. 6, 22) –, geht die gerichtliche Praxis zutreffend davon aus, dass sich die Formulierung in § 52 Abs. 1 Satz 2 **nicht nur auf tatsächlich** erhaltene Zahlungen, sondern **von vornherein** nur auf die **Gebührendifferenz** zwischen den Pflicht- und den Wahlverteidigergebühren bezieht. Wird die unmittelbare Anwendbarkeit verneint, ist der Vorschrift jedenfalls zu entnehmen, dass der Verteidiger insgesamt nicht mehr als die Wahlverteidigergebühren erhalten und der Beschuldigte nicht mehr als die Wahlverteidigergebühren zahlen soll (vgl. Rn. 6, 22; § 58 Abs. 3 Rn. 36). Auch für den Fall, dass die Staatskasse tatsächlich noch keine Gebühren gezahlt hat und § 52 Abs. 1 Satz 2 dem Wortlaut nach gilt, kann der Pflichtverteidiger danach vom Beschuldigten und dieser im Fall seines Freispruchs gem. §§ 464a, 464b StPO nur die um die **fiktive Gebührenzahlung** aus der Staatskasse ermäßigten Wahlverteidigergebühren erhalten (vgl. OLG Frankfurt am Main, JurBüro 2011, 34 = VRR 2010, 403 [Ls]; LG Düsseldorf, StRR 2010, 118; LG Duis-

Anspruch gegen den Beschuldigten oder den Betroffenen § 52 RVG

burg, JurBüro 2006, 425; so im Ergebnis auch LG Dortmund, Rpfleger 2005, 479; vgl. auch LG Chemnitz, StRR 2008, 118 wonach der Anspruch auf Wahlverteidigergebühren allenfalls unter gleichzeitiger Zahlbarmachung der Pflichtverteidigergebühren reduziert werden darf).

Das gilt jedenfalls dann, wenn die Staatskasse zur Vermeidung ihrer doppelten Inanspruchnahme vom Pflichtverteidiger erfolglos einen **Verzicht** auf die **Pflichtverteidigergebühren** verlangt hat. Die Einforderung des Verzichts begegnet dabei keinen verfassungsrechtlichen Bedenken (vgl. BVerfG, NJW 2009, 2735 = StV 2010, 87 = StRR 2009, 276; vgl. zum Verzicht auch Teil A: Gebühren-/Vergütungsverzicht, Rn. 643; Teil A: Vergütungsanspruch gegen die Staatskasse [§§ 44, 45, 50], Rn. 1391 f.). Ist der Pflichtverteidiger zur Abgabe dieser Verzichtserklärung nicht bereit bzw. wird er sie nicht abgegeben, dürfen die Gebühren lediglich in dem Umfang festgesetzt werden, in dem sie die fiktiv zu ermittelnden Pflichtverteidigergebühren übersteigen (BVerfG, a.a.O.; OLG Frankfurt am Main, a.a.O.; LG Dortmund, Rpfleger 2005, 479; LG Duisburg, JurBüro 2006, 425). Insoweit wird der Staatskasse dann im Kostenfestsetzungsverfahren nach § 464b StPO somit im Ergebnis ein **Leistungsverweigerungsrecht** i.H.d. Pflichtverteidigergebühren eingeräumt.

> **Hinweis:**
>
> Gibt der Pflichtverteidiger den geforderten Verzicht ab, besteht für ihn die Gefahr, dass der Mandant die Wahlverteidigergebühren aus dem für den Mandanten ergangenen Kostenfestsetzungsbeschluss (§ 464b StPO) nicht an ihn auskehrt. Dem kann durch eine **Abtretung** des Erstattungsanspruchs begegnet werden, die zur Kostenfestsetzung auf den Namen des Verteidigers führt (s. dazu § 43 Rn. 38 ff.).

Macht die Staatskasse von ihrem **Leistungsverweigerungsrecht** keinen Gebrauch und setzt die 29 angemeldeten Wahlverteidigergebühren im Fall des Freispruchs bzw. bei einer Auslagenentscheidung zulasten der Staatskasse vorbehaltlos fest, bleibt der Anspruch des Pflichtverteidigers auf seine Pflichtverteidigergebühren unberührt. Das folgt aus der Eigenständigkeit des Vergütungsanspruchs des Pflichtverteidigers gegen die Staatskasse (§ 45) und dem daneben bestehenden Anspruch gegen den Beschuldigten aus § 52 Abs. 1 (vgl. Rn. 15; vgl. BVerfG, NJW 2009, 2735 = StV 2010, 87 = StRR 2009, 276; OLG Frankfurt am Main, JurBüro 2011, 34 = VRR 2010, 403 [Ls]; LG Dortmund, Rpfleger 2005, 479). In diesen Fällen kann dann nur noch nach **§ 58 Abs. 3** geprüft werden, ob Wahlverteidigergebühren bei der Festsetzung der Pflichtverteidigervergütung gegen die Staatskasse zu berücksichtigen sind. Das setzt natürlich voraus, dass der Pflichtverteidiger tatsächlich Wahlgebühren von seinem Mandanten erhalten hat. Denn die Festsetzung gem. § 464b StPO erfolgt zugunsten des Mandanten.

> **Hinweis:**
>
> Hat sich der Verteidiger im Fall des **Verzichts** auf die Geltendmachung der Pflichtverteidigergebühren den Anspruch seines Mandanten auf Erstattung der notwendigen Auslagen nicht abtreten lassen (vgl. § 43 Rn. 38 ff.), kann die Staatskasse gegen diesen Erstattungsanspruch zwar mit etwaigen gegen den Mandanten bestehenden Kostenforderungen **aufrechnen**. Nach der Rechtsprechung des BVerfG (a.a.O.) behält der Pflichtverteidiger jedoch auch im Fall der **Aufrechnung der Staatskasse** den Anspruch auf die Pflichtverteidigervergütung (§ 45). Die entgegenstehende Rechtsprechung des LG Koblenz (vgl. RVGreport 2010, 461 = JurBüro 2010, 646 = StRR 2010, 363 [Ls]) ist vor diesem Hintergrund daher abzulehnen.

§ 52 RVG — *Anspruch gegen den Beschuldigten oder den Betroffenen*

Durch die Aufrechnung der Staatskasse erlischt in diesen Fällen nur der Anspruch auf Erstattung der Differenz zwischen den Pflicht- und Wahlverteidigergebühren (BVerfG, a.a.O.; zu Einzelh. zur Abtretung/Aufrechnung vgl. die Komm. zu § 43).

V. Geltendmachung des Anspruchs (Abs. 2)

1. Feststellungsverfahren bei Verurteilung des Beschuldigten

30 Im Fall der **Verurteilung** des Beschuldigten kann der Pflichtverteidiger die Wahlverteidigergebühren nur dann und nur insoweit geltend machen, als das Gericht des ersten Rechtszuges feststellt, dass der Beschuldigte ohne Beeinträchtigung des für ihn und seine Familie notwendigen Unterhalts zur Zahlung oder zur Leistung von Raten in der Lage ist (§ 52 Abs. 2 Satz 1 Halbs. 2). Für das Feststellungsverfahren gilt Folgendes:

a) Antrag

31 Das Verfahren wird durch einen **Antrag** des Rechtsanwalts eingeleitet. Der Antrag kann schriftlich oder zu Protokoll der Geschäftsstelle gestellt werden. Eine **Frist** für die Stellung des Antrages auf Feststellung der Leistungsfähigkeit besteht nicht (vgl. aber zur Fälligkeit Rn. 34). Allerdings sollte die **Verjährung** des Anspruchs des Pflichtverteidigers im Auge behalten werden (vgl. Rn. 78 ff.; Gerold/Schmidt/Burhoff, § 52 Rn. 19).

Ein **Rechtsschutzbedürfnis** für den Antrag auf Feststellung der Leistungsfähigkeit besteht nicht, wenn der Beschuldigte freigesprochen worden ist und der Pflichtverteidiger ihn ohnehin nach § 52 Abs. 2 Satz 1 Halbs. 1 in Anspruch nehmen kann. In diesem Fall ist die Feststellung der Leistungsfähigkeit überflüssig (Gerold/Schmidt/Burhoff, § 52 Rn. 14; AnwKomm-RVG/N. Schneider, § 52 Rn. 50; Riedel/Sußbauer/Schmahl, § 52 Rn. 23; vgl. auch Rn. 46). Etwas anderes kann aber im Fall des Teilfreispruchs gelten, wenn der Staatskasse die notwendigen Auslagen des Beschuldigten nur teilweise auferlegt worden sind (vgl. Rn. 63; Riedel/Sußbauer/Schmahl, § 52 Rn. 23).

> **Hinweis:**
> Der Antrag auf Feststellung der Leistungsfähigkeit kann auch noch nach **Eintritt der Verjährung** des Anspruchs des Pflichtverteidigers gestellt werden. Es ist nicht Sache des für die Feststellung der Leistungsfähigkeit zuständigen Gerichts (vgl. Rn. 35), über die Verjährung der Gebührenansprüche zu entscheiden. Hierüber wird erst im **Honorarprozess** entschieden, wenn der Beschuldigte die **Verjährungsreinrede** erhoben hat (AnwKomm-RVG/N. Schneider, § 52 Rn. 52; Gerold/Schmidt/Burhoff, § 58 Rn. 19).

b) Antragsinhalt

32 Der Verteidiger ist **nicht verpflichtet**, in seinem Antrag anzugeben, welchen **Betrag** er dem Beschuldigten innerhalb des Gebührenrahmens in Rechnung stellen will, weil das Gericht nicht über die Höhe des Anspruchs zu entscheiden hat, sondern nur die Zahlungsfähigkeit des Beschuldigten festgestellt werden soll (AnwKomm-RVG/N. Schneider, § 52 Rn. 45; Gerold/Schmidt/Burhoff, § 52 Rn. 18; a.A. Riedel/Sußbauer/Schmahl, § 52 Rn. 19, wonach der Verteidiger den geforderten Betrag substantiiert angeben muss, weil sich die Entscheidung des Gerichts an dem Betrag orientiert, den der Beschuldigte zahlen soll).

Anspruch gegen den Beschuldigten oder den Betroffenen § 52 RVG

> **Hinweis:**
> Da es in der Literatur umstritten ist, ob der Verteidiger im Antrag nach § 52 Abs. 2 den vom Beschuldigten geforderten Betrag angeben muss, **empfiehlt** es sich zur Sicherheit, die **geforderte Summe** zu **nennen** (Hartung/Römermann/Schons, § 52 Rn. 49).

Um dem Gericht **Anhaltspunkte** bzw. eine Grundlage für die Entscheidung zu geben, können im Antrag Angaben zu den **wirtschaftlichen Verhältnissen** des Beschuldigten und zum Wohn- bzw. Aufenthaltsort gemacht werden, soweit dem Verteidiger hierzu etwas bekannt ist. Der Verteidiger sollte zumindest in Umrissen darlegen, warum er seinen Mandanten für zahlungsfähig hält (vgl. hierzu KG, StRR 2007, 239). Es ist allerdings unschädlich, wenn der Antrag des Verteidigers keine Angaben zu den wirtschaftlichen Verhältnissen des Beschuldigten enthält, weil der Beschuldigte ohnehin nach § 52 Abs. 3 verpflichtet ist, seine persönlichen und wirtschaftlichen Verhältnisse dem Gericht darzulegen (insoweit Rn. 37). 33

c) Fälligkeit

Voraussetzung für den Antrag ist die **Fälligkeit** der geforderten Gebühren (§ 8), da ein Vorschuss gem. § 52 Abs. 1 Satz 1 Halbs. 2 nicht gefordert werden darf (AnwKomm-RVG/N. Schneider, § 52 Rn. 48; Riedel/Sußbauer/Schmahl, § 52 Rn. 19; vgl. Teil A: Fälligkeit der Vergütung [§ 8], Rn. 519 ff.). Der Eintritt der **Rechtskraft** des Urteils ist nicht erforderlich (KG, StRR 2007, 239). 34

d) Zuständigkeit

Zuständig für die Entscheidung über den Antrag ist das **Gericht** des **ersten Rechtszugs**. Das ist i.d.R. das Gericht, das mit der erstinstanzlichen Hauptverhandlung zuletzt beschäftigt war. Dies gilt auch dann, wenn der Verteidiger erst in einer **höheren Instanz** bestellt worden ist (Gerold/Schmidt/Burhoff, § 52 Rn. 22; AnwKomm-RVG/N. Schneider, § 52 Rn. 53). Bei Abgabe oder **Verweisung** des Verfahrens wird das Gericht zuständig, an das abgegeben oder verwiesen worden ist (AnwKomm-RVG/N. Schneider, § 52 Rn. 54). Ist das Verfahren **nicht gerichtlich anhängig** geworden, entscheidet das Gericht, das den Pflichtverteidiger bestellt hat, § 52 Abs. 2 Satz 2. Im **Bußgeldverfahren** vor der Verwaltungsbehörde entscheidet die Verwaltungsbehörde, § 52 Abs. 6. 35

e) Verfahren des Gerichts (Abs. 3)

Ob das Gericht nach den Vorschriften der StPO von Amts wegen die Verhältnisse des Beschuldigten zu ermitteln hat (so AnwKomm-RVG/N. Schneider, § 52 Rn. 57; Mayer/Kroiß, § 52 Rn. 13), ist aufgrund der dem Beschuldigten in § 52 Abs. 3 Satz 1 auferlegten Darlegungs- und Nachweispflichten fraglich (vgl. hierzu KG, StRR 2007, 239; so auch Gerold/Schmidt/Burhoff, § 52 Rn. 21). Denn während die frühere Regelung in § 100 Abs. 2 Satz 1 BRAGO nur die Anhörung des Beschuldigten vorsah, wird der Beschuldigte durch die Regelung in § 52 Abs. 3 Satz 1 verpflichtet, seine Einkommens- und Vermögensverhältnisse wie bei einem Antrag auf Bewilligung von PKH darzulegen (vgl. BT-Drucks. 15/1971, S. 202). Gem. § 52 Abs. 3 Satz 2 wird sogar die Leistungsfähigkeit vermutet, wenn der Beschuldigte dieser Verpflichtung nicht nachkommt. 36

Das Gericht setzt dem Beschuldigten nach § 52 **Abs. 3** nach Eingang des Antrages des Verteidigers gem. § 52 Abs. 2 Satz 1 eine **Frist** zur Darlegung seiner Einkommens- und Vermögensverhältnisse. Da für diese Darlegung die entsprechende Anwendung von § 117 Abs. 2 bis 4 ZPO 37 vorgeschrieben ist, muss der Beschuldigte wie bei einem Antrag auf Bewilligung von PKH die Erklärung über seine persönlichen und wirtschaftlichen Verhältnisse (Familienverhältnisse, Beruf, Vermögen, Einkommen und Lasten) auf dem amtlichen Vordruck abgeben und dieser Erklärung die entsprechenden Belege beifügen (vgl. Riedel/Sußbauer/Schmahl, § 52 Rn. 21). Kommt der Beschuldigte der Aufforderung des Gerichts nicht innerhalb der festgesetzten Frist nach, wird gem. § 53 Abs. 3 Satz 2 seine Leistungsfähigkeit vermutet und festgestellt, dass er ohne Beeinträchtigung des für ihn und seine Familie notwendigen Unterhalts zur Zahlung der Wahlverteidigergebühren in der Lage ist. Somit geht die fehlende Mitwirkung des Beschuldigten bei der Ermittlung seiner Leistungsfähigkeit nicht zulasten des Rechtsanwalts (KG, StRR 2007, 239; Riedel/Sußbauer/Schmahl, § 52 Rn. 21).

38 Die **Frist** darf durch das Gericht **nicht zu kurz** bemessen werden. Dem Beschuldigten muss eine angemessene Frist (mind. ein Monat) zur Zusammenstellung der Erklärung nebst Belegen gewährt werden. Die Frist ist **nicht** als **Ausschlussfrist** anzusehen. Auch nach Fristablauf kann der Beschuldigte daher vor der Entscheidung des Gerichts durch Einreichung einer § 117 Abs. 2 bis 4 ZPO entsprechenden Erklärung die Vermutung seiner Leistungsfähigkeit nach Abs. 3 Satz 2 widerlegen. Nach der Entscheidung des Gerichts bleibt dem Beschuldigten nur die Möglichkeit, sofortige Beschwerde gem. Abs. 4 gegen die Feststellung einzulegen (zum Beschwerdeverfahren s. Rn. 66 ff.).

f) Entscheidung

39 Das Gericht entscheidet durch **begründeten Beschluss** über den Antrag des Verteidigers. Da nach Abs. 4 das Rechtsmittel der sofortigen Beschwerde zulässig ist, muss der Beschluss sowohl dem Verteidiger als auch dem Beschuldigten förmlich zugestellt werden (AnwKomm-RVG/N. Schneider, § 52 Rn. 74). An Handlungen oder Erklärungen des Beschuldigten, etwa ein Anerkenntnis oder ein Schuldversprechen, ist das Gericht nicht gebunden (AnwKomm-RVG/N. Schneider, § 52 Rn. 68).

40 Das Gericht kann im Rahmen des Feststellungsverfahrens **lediglich** darüber **entscheiden, ob** der Beschuldigte zur **Zahlung** der Wahlverteidigergebühren ohne Beeinträchtigung des für ihn und seine Familie notwendigen Unterhalts **in der Lage** ist. Das Gericht kann daher weder feststellen, ob die von dem Verteidiger geforderten Gebühren angemessen und billigem Ermessen entsprechend i.S.v. § 14 sind (AnwKomm-RVG/N. Schneider, § 52 Rn. 69), noch kann es den Beschuldigten zur Zahlung der Wahlverteidigergebühren verpflichten (AnwKomm-RVG/N. Schneider, § 52 Rn. 73). Das Gericht kann die Leistungsfähigkeit des Beschuldigten der Höhe nach auf einen bestimmten Betrag begrenzen. Das wird insbesondere dann erforderlich sein, wenn der Beschuldigte nach Auffassung des Gerichts zur Zahlung der gesetzlichen Höchstgebühr nicht in der Lage ist (AnwKomm-RVG/N. Schneider, § 52 Rn. 69; Gerold/Schmidt/Burhoff, § 52 Rn. 22).

41 In der Entscheidung kann auch festgestellt werden, dass der Beschuldigte zur ratenweisen Zahlung der Wahlverteidigergebühren in der Lage ist. Der Beschluss muss dann die **Höhe der Raten** und die **Zahlungstermine** bezeichnen (AnwKomm-RVG/N. Schneider, § 52 Rn. 71; Gerold/Schmidt/Burhoff, § 52 Rn. 22).

Anspruch gegen den Beschuldigten oder den Betroffenen § 52 RVG

g) Leistungsfähigkeit

In dem Feststellungsverfahren wird über die wirtschaftliche Leistungsfähigkeit des Beschuldig- **42** ten entschieden. **Maßgebend** für die Entscheidung sind die **wirtschaftlichen Verhältnisse** zum **Zeitpunkt** der **Entscheidung** (OLG Bamberg, JurBüro 1990, 482; OLG Düsseldorf, Rpfleger 1985, 327 = JurBüro 1985, 725; OLG Hamm, JMBl. NRW 1972, 121; AG Aachen, JurBüro 2002, 308 = BRAGOreport 2002, 171; AnwKomm-RVG/N. Schneider, § 52 Rn. 65; Riedel/Sußbauer/Schmahl, § 52 Rn. 20). Auf die Verhältnisse zur Zeit des Strafverfahrens kommt es nicht an (AnwKomm-RVG/N. Schneider, § 52 Rn. 65; so aber Hartmann, KostG, § 52 RVG Rn. 26; OLG Koblenz, Rpfleger 1995, 83 = JurBüro 1995, 139). Hierfür spricht bereits der Gesetzeswortlaut, weil danach die Feststellung zu treffen ist, wenn der Beschuldigte zur Zahlung oder zur Leistung von Raten in der Lage **ist**. Im Übrigen ist es nicht unbillig, dass der Pflichtverteidiger die Wahlverteidigergebühren verlangen kann, wenn sich die wirtschaftlichen Verhältnisse des Beschuldigten nach dem Strafverfahren verbessert haben (Gerold/Schmidt/Burhoff, § 52 Rn. 23).

> **Hinweis:**
> Eine Wiederholung eines abgelehnten Antrags ist deshalb bei Änderung der Verhältnisse zulässig (Gerold/Schmidt/Burhoff, § 52 Rn. 20; AnwKomm-RVG/N. Schneider, § 52 Rn. 80).

Der Beschuldigte muss in der Lage sein, die Wahlverteidigergebühren ohne Beeinträchtigung des **43** für ihn und seine Familie notwendigen Unterhalts ganz oder ratenweise zu zahlen. Die **§§ 114, 115** oder **850c ZPO** können vom Gericht als **Entscheidungshilfe** herangezogen werden (OLG Celle, Nds.Rpfl. 1982, 224; AnwKomm-RVG/N. Schneider, § 52 Rn. 59).

> **Hinweis:**
> Bei der Beurteilung der Leistungsfähigkeit sind auch **Ansprüche** zu **berücksichtigen**, die der Beschuldigte **gegen Dritte** hat, bspw. Kostenerstattungsansprüche des Beschuldigten gegen den Nebenkläger (AnwKomm-RVG/N. Schneider, § 52 Rn. 60; vgl. auch OLG Celle, JurBüro 1995, 365), Ansprüche gegen den Ehegatten auf vorschussweise Zahlung der Strafverfahrenskosten gem. § 1360a Abs. 4 BGB (AnwKomm-RVG/N. Schneider, § 52 Rn. 60; Riedel/Sußbauer/Schmahl, § 52 Rn. 24), Ansprüche der Kinder gegen ihre Eltern nach § 1610 BGB (AnwKomm-RVG/N. Schneider, § 52 Rn. 61), Ansprüche gegen die Rechtsschutzversicherung (Riedel/Sußbauer/Schmahl, § 52 Rn. 24; krit. AnwKomm-RVG/N. Schneider, § 52 Rn. 63) und Ansprüche nach dem StrEG (LG Hamburg, AnwBl. 1985, 594; AnwKomm-RVG/N. Schneider, § 52 Rn. 62).

h) Kein Vollstreckungstitel

Der Beschluss über die Feststellung der Zahlungsfähigkeit durch das Gericht stellt **keinen Voll- 44 streckungstitel** gegen den Beschuldigten dar. Lehnt der Beschuldigte die Zahlung ab, muss der Rechtsanwalt trotzdem auf Leistung der festgestellten Vergütung klagen (AnwKomm-RVG/ N. Schneider, § 52 Rn. 73; Gerold/Schmidt/Burhoff, § 52 Rn. 22). Zwar ist das Kostenfestsetzungsverfahren gegen den Beschuldigten gem. § 11 Abs. 8 dann zulässig, wenn der Verteidiger die Mindestgebühren geltend gemacht hat (AnwKomm-RVG/N. Schneider, § 52 Rn. 40; a.A. Gerold/Schmidt/Burhoff, § 52 Rn. 22). Die Mindestsätze der Wahlverteidigergebühren liegen aber unter den aus der Staatskasse zu erstattenden Pflichtverteidigergebühren, sodass die Durchfüh-

§ 52 RVG *Anspruch gegen den Beschuldigten oder den Betroffenen*

rung des **Verfahrens nach § 11** gegen den Beschuldigten **nicht sinnvoll** ist. Hat die Staatskasse bereits die Pflichtverteidigergebühren gezahlt, ergibt sich ohnehin keine gegen den Beschuldigten festsetzbare Differenz. Etwas anderes kann dann gelten, wenn der Beschuldigte der Festsetzung höherer Gebühren gem. § 11 Abs. 8 zugestimmt hat (AnwKomm-RVG/N. Schneider, § 52 Rn. 40; s. auch Teil A: Festsetzung der Vergütung [§ 11], Rn. 527 ff.).

2. Erstattungsanspruch des Beschuldigten gegen die Staatskasse

a) Allgemeines

45 Im Fall des **Freispruchs** des Beschuldigten oder wenn der Beschuldigte aus anderen Gründen Erstattung seiner notwendigen Auslagen aus der Staatskasse verlangen kann (vgl. z.B. §§ 153 Abs. 1, 467, 473 StPO), kann der Pflichtverteidiger die Wahlverteidigergebühren insoweit geltend machen, als dem Beschuldigten ein Anspruch auf Erstattung seiner notwendigen Auslagen **gegen die Staatskasse** zusteht (vgl. OLG Düsseldorf, StRR 2010, 276; OLG Frankfurt am Main, JurBüro 2011, 34 = VRR 2010, 403 [Ls]; OLG Hamm, 07.05.2009 – 4 Ws 56/09, JurionRS 2009, 19868; so auch Gerold/Schmidt/Burhoff, § 52 Rn. 14; s. auch Teil A: Kostenfestsetzung und Erstattung in Strafsachen, Rn. 862 ff.).

> **Hinweis:**
>
> **Erstattungsansprüche gegen Dritte** reichen nicht aus, um einen Anspruch des Pflichtverteidigers gegen den Beschuldigten auf Zahlung von Wahlverteidigergebühren zu begründen, weil anders als bei Erstattungsansprüchen gegen die Staatskasse nicht sicher feststeht, ob sie realisierbar sind (Gerold/Schmidt/Burhoff, § 52 Rn. 14). Erstattungsansprüche gegen Dritte können aber im Rahmen der Feststellung der Leistungsfähigkeit nach § 52 Abs. 2 Satz 1 Halbs. 2 Berücksichtigung finden (vgl. Rn. 43; AnwKomm-RVG/N. Schneider, § 52 Rn. 28).

b) Kein Feststellungsverfahren erforderlich

46 Um die Gerichte zu entlasten, ist bei Bestehen eines **Erstattungsanspruchs** des **Beschuldigten gegen die Staatskasse** die gerichtliche Feststellung der Leistungsfähigkeit des Beschuldigten nicht erforderlich (AnwKomm-RVG/N. Schneider, § 52 Rn. 50; Riedel/Sußbauer/Schmahl, § 52 Rn. 23; Gerold/Schmidt/Burhoff, § 52 Rn. 14; Al-Jumaili, JurBüro 2001, 116). Der Erlass eines Beschlusses mit der Feststellung, dass der Beschuldigte in der Lage ist, die Gebühren eines Wahlverteidigers bis zur Höhe des ihm insoweit gegen die Staatskasse zustehenden Erstattungsanspruchs zu zahlen, ist nicht notwendig (Riedel/Sußbauer/Schmahl, § 52 Rn. 23; Gerold/Schmidt/Burhoff, § 52 Rn. 14).

c) Rechtskraft und Erstattungsanspruch

47 Der Erstattungsanspruch des Beschuldigten gegen die Staatskasse setzt voraus, dass die das Verfahren abschließende Entscheidung Rechtskraft erlangt hat, vgl. § 449 StPO (s. auch Teil A: Kostenfestsetzung und Erstattung in Strafsachen, Rn. 845). **Vor** der **Rechtskraft** kann damit auch der Pflichtverteidiger nach § 52 Abs. 2 Satz 1 Halbs. 1 **keine Wahlverteidigergebühren** vom Beschuldigten verlangen, weil noch nicht feststeht, ob diesem ein Erstattungsanspruch gegen die Staatskasse zusteht.

Anspruch gegen den Beschuldigten oder den Betroffenen § 52 RVG

d) Höhe des Erstattungsanspruchs des Beschuldigten

Der Pflichtverteidiger kann den Anspruch auf Zahlung der Wahlverteidigergebühren gegen den **48** Beschuldigten insoweit geltend machen, als dem Beschuldigten ein Anspruch auf Erstattung seiner notwendigen Auslagen gegen die Staatskasse zusteht (OLG Düsseldorf, StRR 2010, 276; OLG Frankfurt am Main, JurBüro 2011, 34 = VRR 2010, 403 [Ls]; OLG Hamm, 07.05.2009 – 4 Ws 56/09, JurionRS 2009, 19868; AnwKomm-RVG/N. Schneider, § 52 Rn. 27; Gerold/Schmidt/Burhoff, § 52 Rn. 14). Zu den notwendigen Auslagen gehören gem. § 464a Abs. 2 Nr. 2 StPO die **Gebühren und Auslagen** eines Verteidigers, soweit sie nach § 91 Abs. 2 ZPO zu erstatten sind. Da der Beschuldigte an seinen Pflichtverteidiger aber nur die Wahlverteidigergebühren und nicht die Auslagen zahlen muss (vgl. Rn. 17, 18), beschränkt sich auch der Erstattungsanspruch des Beschuldigten gegen die Staatskasse auf die Wahlverteidiger**gebühren**. **Auslagen** des Verteidigers (vgl. Teil 7 VV) kann der Beschuldigte im Kostenfestsetzungsverfahren nicht verlangen, weil ihm insoweit keine Aufwendungen entstehen können (OLG Düsseldorf, StRR 2010, 276; OLG Hamm, 07.05.2009 – 4 Ws 56/09, JurionRS 2009, 19868; OLG Frankfurt am Main, NStZ-RR 2008, 264; OLG Oldenburg, StraFo 2007, 127; LG Düsseldorf, StRR 2010, 118; zur BRAGO: OLG Celle, JurBüro 2004, 547 = NStZ-RR 2004, 38; OLG Düsseldorf, Rpfleger 2001, 46; OLG Köln, JurBüro 2002, 595 = Rpfleger 2003, 97; OLG Oldenburg, JurBüro 2004, 547 = NStZ-RR 2004, 384; OLG Saarbrücken, Rpfleger 2000, 564). Daher kann der Pflichtverteidiger vom Beschuldigten nur die Wahlverteidigergebühren verlangen, die dieser aus der Staatskasse erstattet verlangen kann. Die **Umsatzsteuer** gehört zwar zu den Auslagen, vgl. Nr. 7008 VV, gleichwohl muss die Staatskasse im Fall des Freispruchs auch die auf die erstattungsfähigen Verteidigergebühren anfallende Umsatzsteuer ersetzen, weil diese in Abhängigkeit und in einem unlösbaren Zusammenhang mit dem Gebührenanspruch steht (vgl. Rn. 19).

> **Hinweis:**
> Das Gericht ist im Kostenfestsetzungsverfahren gem. § 464b StPO an die vom Pflichtverteidiger gegen den Beschuldigten gem. § 52 geltend gemachten Gebühren **nicht gebunden**, sondern prüft die Höhe der zu erstattenden notwendigen Auslagen selbst (vgl. z.B. OLG Düsseldorf, StRR 2010, 276; Rpfleger 2001, 46; OLG Frankfurt am Main, NStZ-RR 2008, 264; OLG Hamm, 07.05.2009 – 4 Ws 56/09, JurionRS 2009, 19868; OLG Saarbrücken, Rpfleger 2000, 564; s. auch Teil A: Kostenfestsetzung und Erstattung in Strafsachen, Rn. 914ff.). Nach § 52 Abs. 2 Satz 1 **Halbs. 1** kann der Pflichtverteidiger vom Beschuldigten die Wahlverteidigergebühren nur im Umfang des vom Gericht im Kostenfestsetzungsverfahren festgestellten Anspruchs auf Erstattung der Wahlverteidigergebühren verlangen. Daneben besteht jedoch die Möglichkeit der Durchführung des Feststellungsverfahrens nach § 52 Abs. 2 Satz 1 **Halbs. 2**.

e) Kostenfestsetzung gegen die Staatskasse

Der dem Beschuldigten zustehende **Erstattungsanspruch erleichtert** dem Rechtsanwalt die **49** Geltendmachung der Wahlverteidigergebühren, weil das gerichtliche Feststellungsverfahren nach § 52 Abs. 2 nicht erforderlich ist (vgl. Rn. 46). Um feststellen zu können, in welcher Höhe dem Pflichtverteidiger ein Anspruch auf Zahlung der Wahlverteidigergebühren gegen den Beschuldigten zusteht, bedarf es letztlich der Durchführung des Kostenfestsetzungsverfahrens gem. § 464b StPO gegen die Staatskasse. Hier wird der Erstattungsanspruch des freigesprochenen Be-

§ 52 RVG *Anspruch gegen den Beschuldigten oder den Betroffenen*

schuldigten festgestellt. Der Kostenfestsetzungsbeschluss entscheidet daher darüber, in welcher Höhe der Pflichtverteidiger nach § 52 Abs. 2 Satz 1 Halbs. 1 Wahlverteidigergebühren gegen den Beschuldigten geltend machen kann (Hartung/Römermann/Schons, § 52 Rn. 35). Reicht der Erstattungsanspruch des Beschuldigten nicht zur Deckung der Wahlverteidigergebühren aus, kann daneben noch das Feststellungsverfahren durchgeführt werden (vgl. § 52 Abs. 2 Satz 1 Halbs. 2).

50 Zur Stellung des Kostenfestsetzungsantrags durch den **Pflichtverteidiger** vgl. im Einzelnen Teil A: Kostenfestsetzung in Straf- und Bußgeldsachen, Rn. 908.

> **Praxistipp:**
> Der Pflichtverteidiger sollte sich zur Sicherheit für das Kostenfestsetzungsverfahren vom Beschuldigten eine **besondere Vollmacht** erteilen lassen, die auch eine Ermächtigung zur Entgegennahme des festgesetzten Betrages von der Staatskasse enthält (**Geldempfangsvollmacht**).

51 Das Gericht darf im Rahmen des Kostenfestsetzungsverfahrens gegen die Landeskasse nach § 464b StPO nicht verlangen, dass der Beschuldigte glaubhaft macht, dass der Pflichtverteidiger seine Wahlverteidigergebühren bei dem Beschuldigten **tatsächlich geltend gemacht** hat. Denn auch ein Kostenfestsetzungsverfahren ohne Pflichtverteidigerbestellung setzt nicht voraus, dass das Honorar tatsächlich vom Verteidiger gegenüber dem Freigesprochenen geltend gemacht und von diesem gezahlt worden ist.

f) Abtretung des Erstattungsanspruchs an den Verteidiger

52 Stellt der hierfür wirksam bevollmächtigte Pflichtverteidiger für den Beschuldigten den Kostenfestsetzungsantrag gegen die Staatskasse, steht nach Abschluss des Kostenfestsetzungsverfahrens (§ 464b StPO) fest, in welcher Höhe er Wahlverteidigergebühren vom Beschuldigten fordern kann. Zahlt der Beschuldigte die gegen die Staatskasse festgesetzten Wahlverteidigergebühren nicht an den Verteidiger, kann der Verteidiger nur mit einem **Vollstreckungstitel** seinen Anspruch auf Zahlung der Wahlverteidigergebühren gegen den Beschuldigten durchsetzen (vgl. hierzu Rn. 44).

> **Hinweis:**
> Dies lässt sich vermeiden, indem sich der Pflichtverteidiger frühzeitig den Erstattungsanspruch des Beschuldigten gegen die Staatskasse **abtreten** lässt. Zur Frage, ob aufgrund der Abtretung im eigenen Namen Festsetzung seiner Wahlverteidigergebühren gegen die Staatskasse beantragt werden kann (vgl. § 43 Rn. 38; Teil A: Kostenfestsetzung und Erstattung in Strafsachen, Rn. 909). Die Abtretung des Erstattungsanspruchs sollte **möglichst frühzeitig** erfolgen, damit der Verteidiger vor der Aufrechnung durch die Staatskasse geschützt ist (vgl. hierzu § 43 Rn. 19; zur Aufnahme der Abtretung in die Strafprozessvollmacht vgl. § 43 Rn. 18).

53 Aufgrund der Abtretung kann der Pflichtverteidiger **aus der Staatskasse** den **Betrag** an **Wahlverteidigergebühren** erstattet verlangen, den auch der Beschuldigte geltend machen könnte (vgl. hierzu Rn. 17, 18 und Rn. 48).

Anspruch gegen den Beschuldigten oder den Betroffenen § 52 RVG

g) Auswirkung von Zahlungen der Staatskasse auf den Erstattungsanspruch

Der Beschuldigte oder nach Abtretung des Erstattungsanspruchs der Verteidiger (vgl. Rn. 52, 53) kann aus der Staatskasse die Wahlverteidigergebühren grds. in **voller Höhe** verlangen, wenn die Staatskasse noch keine Pflichtverteidigergebühren gezahlt hat. Nach dem Wortlaut des § 52 Abs. 1 Satz 2 entfällt der Anspruch auf Zahlung der Wahlverteidigergebühren nämlich nur insoweit, als die Staatskasse tatsächlich Gebühren gezahlt hat. Insoweit wird auf die Erläuterungen unter Rn. 22 ff. verwiesen. **54**

Hat die Staatskasse Pflichtverteidigergebühren an den Pflichtverteidiger bezahlt, kann dieser nur um diese Zahlung ermäßigte Wahlverteidigergebühren beim Beschuldigten bzw. nach Abtretung des Erstattungsanspruchs gegenüber der Staatskasse geltend machen. Der Erstattungsanspruch des Beschuldigten gegen die Staatskasse wiederum verringert sich um den Betrag der Zahlung der Staatskasse. **55**

VI. Besonderheiten beim Teilfreispruch

1. Allgemeines

Auch im Fall des nur teilweisen Freispruchs steht dem Beschuldigten i.d.R. im Umfang seines Freispruchs ein Anspruch auf Erstattung seiner notwendigen Auslagen gegen die Staatskasse zu (vgl. hierzu auch Teil A: Kostenfestsetzung und Erstattung in Strafsachen, Rn. 940 ff.). Daher kann der Pflichtverteidiger **auch in diesem Fall** seinen Anspruch auf die Wahlverteidigergebühren gegen den Beschuldigten geltend machen, und zwar i.H.d. aufgrund des Teilfreispruchs gegen die Staatskasse bestehenden Erstattungsanspruchs (AnwKomm-RVG/N. Schneider, § 52 Rn. 29). **56**

> **Hinweis:**
> Im Fall des Teilfreispruchs steht der **Staatskasse** ein Anspruch auf Zahlung von Verfahrenskosten insbesondere aus dem jeweiligen Verfahren gegen den Beschuldigten zu, mit dem sie i.d.R. die **Aufrechnung** gegen den Anspruch auf Erstattung notwendiger Auslagen erklären wird. Der Verteidiger sollte sich daher den Erstattungsanspruch des Beschuldigten möglichst **frühzeitig abtreten** lassen, um sich gegen eine Aufrechnung der Staatskasse zu schützen (§ 43 Rn. 17 ff.).

2. Anrechnung der aus der Staatskasse gezahlten Pflichtverteidigergebühren

a) Allgemeines

Bereits in der Rechtsprechung zu § 100 BRAGO war es **umstritten**, ob im Fall eines Teilfreispruchs die gezahlten Pflichtverteidigergebühren **insgesamt** oder nur im **anteiligen Verhältnis** von Freispruch und Verurteilung auf die zu erstattenden Wahlverteidigergebühren anzurechnen sind (vgl. Abs. 1 Satz 2). Unter Aufgabe der in der Voraufl. vertretenen Auffassung ist der vollständigen Anrechnung der Pflichtverteidigergebühren aus den unter Rn. 58 aufgeführten Gründen der Vorzug zu geben. **57**

§ 52 RVG   *Anspruch gegen den Beschuldigten oder den Betroffenen*

b) Vollständige Anrechnung

58 Die vollständige Anrechnung der Pflichtverteidigergebühren wird insbesondere mit dem **Wortlaut** des § 52 Abs. 1 Satz 2 und der Tatsache begründet, dass in § 52 Abs. 1 der Regelungsgehalt des § 100 Abs. 1 BRAGO übernommen werden sollte (vgl. zu § 100 BRAGO BT-Drucks. 2/2545, S. 263; zu § 52 BT-Drucks. 15/1971, S. 202). Danach entfällt der Anspruch des Verteidigers gegen den Beschuldigten insoweit, als die Landeskasse Pflichtverteidigergebühren gezahlt hat, ohne dass dabei unterschieden wird, ob die gezahlten Pflichtverteidigergebühren auf den Verfahrensteil entfallen, für den dem Beschuldigten ein Erstattungsanspruch gegen die Staatskasse zusteht. Das Wort „insoweit" bezieht sich auf die gezahlten Pflichtverteidigergebühren, was dafür spricht, dass die volle Anrechnung gewollt ist. Das Gesetz differenziert dabei nicht, auf welchen Teil der Tätigkeit des Pflichtverteidigers die Gebühren entfallen sind. Ferner ist nach dieser Auffassung nur im Fall der vollständigen Anrechnung der gezahlten Pflichtverteidigergebühren gewährleistet, dass die Staatskasse nicht mehr als die Kosten eines Verteidigers erstattet (vgl. insoweit auch § 58 Rn. 36; Rn. 6). Würden nicht die vollen aus der Staatskasse gezahlten Pflichtverteidigergebühren angerechnet, könnte der Pflichtverteidiger mehr Gebühren als ein Wahlverteidiger verlangen. Es wird im Übrigen lediglich das auch durch Aufrechnung der Staatskasse mit Verfahrenskosten erzielbare Ergebnis vorweggenommen (OLG Düsseldorf [1. Strafsenat], StRR 2010, 276; OLG Frankfurt am Main, NStZ-RR 2008, 264; OLG Hamburg, 03.09.2007 – 2 Ws 194/07, JurionRS 2007, 41597; LG Düsseldorf, StRR 2010, 118; zur BRAGO OLG Düsseldorf [1. Strafsenat], JurBüro 1991, 1532; [2. Strafsenat], Rpfleger 2001, 46; OLG Hamburg, NStZ-RR 1999, 288 = JurBüro 2000, 205 = Rpfleger 1999, 413; OLG Saarbrücken, Rpfleger 2000, 564).

c) Teilweise Anrechnung

59 **Gegen** die vollständige Anrechnung der Pflichtverteidigergebühren spricht, dass hierbei der (ggf. an den Verteidiger abgetretene) **Erstattungsanspruch** eines **teilweise freigesprochenen Angeklagten** in der Mehrzahl der Fälle **ins Leere** geht, weil die für das gesamte Verfahren berechneten Pflichtverteidigergebühren i.d.R. bzw. häufig höher sein werden als der nach der Differenztheorie ermittelte fiktive Erstattungsanspruch. Eine Kostenentscheidung, durch die der Staatskasse die auf den freigesprochenen Teil entfallenden notwendigen Auslagen des Beschuldigten auferlegt werden, wäre dann überflüssig (OLG Celle, NJW 2004, 2396 = StV 2006, 33 = RVGreport 2004, 397; OLG Oldenburg, StraFo 2007, 127 = RVGreport 2007, 469 = StRR 2007, 278). Bei der Anrechnung ist zu berücksichtigen, dass die Pflichtverteidigergebühren sowohl den verurteilenden als auch den freisprechenden Teil betreffen. Der teilweise freigesprochene Angeklagte muss nach dem sich aus § 465 Abs. 2 StPO ergebenden Grundgedanken kostenmäßig so gestellt werden, wie er gestanden hätte, wenn allein die zur Verurteilung führende Tat Gegenstand des Verfahrens gewesen wäre. Er muss von allen Mehrkosten und seinen notwendigen Auslagen freigestellt werden, die durch den Anklagevorwurf veranlasst worden sind, von dem er freigesprochen worden ist. Dieses Ergebnis würde jedoch bei einer vollständigen Anrechnung der Pflichtverteidigergebühren unterlaufen. Ebenso würde die mit § 52 beabsichtigte Gleichstellung des Pflichtverteidigers mit dem Wahlverteidiger nicht erreicht. Die Gesetzesformulierung, der Anspruch entfällt insoweit, als die Staatskasse Gebühren gezahlt hat, lässt gerade offen, ob damit schlechthin alle gezahlten Gebühren gemeint sind oder nur die, die auf den freisprechenden Teil entfallen (vgl. hierzu OLG Celle, NJW 2004, 2396 = StV 2006, 33 = RVGreport 2004, 397; OLG Düsseldorf, 3. Strafsenat, JurBüro 1999, 83 = NStZ-RR 1999, 64; AGS 1999,

Anspruch gegen den Beschuldigten oder den Betroffenen §52 RVG

40; OLG Oldenburg, StraFo 2007, 127 = RVGreport 2007, 469 = StRR 2007, 278; AnwKomm-RVG/N. Schneider, § 52 Rn. 30; Hartung/Römermann/Schons, § 52 Rn. 36).

Beispiel 1 (Differenztheorie): **60**

Rechtsanwalt R ist dem Angeklagten A im Hauptverfahren zum Pflichtverteidiger bestellt worden.

A wird wegen eines ihm vorgeworfenen Diebstahls freigesprochen, wegen eines Raubes wird er zu einer Freiheitsstrafe von einem Jahr verurteilt.

Der Angeklagte hat die Kosten des Verfahrens zu tragen, soweit er verurteilt worden ist; soweit er freigesprochen worden ist, trägt die Staatskasse die Kosten des Verfahrens und die notwendigen Auslagen des Angeklagten.

Rechtsanwalt R macht seine **Pflichtverteidigergebühren** *i.H.v. 428,00 € netto (zuzüglich Postentgeltpauschale und USt) gegen die Landeskasse geltend:*

Grundgebühr Nr. 4100 VV	*132,00 €*
Verfahrensgebühr Nr. 4106 VV	*112,00 €*
Terminsgebühr Nr. 4108 VV	*184,00 €*
Anwaltsvergütung netto	***428,00 €***

Ferner beantragt Rechtsanwalt R unter Hinweis auf die Abtretung von A die Erstattung von **Wahlverteidigergebühren** *i.H.v. insgesamt 650,00 € zuzüglich USt.*

Der Urkundsbeamte setzt die Pflichtverteidigervergütung antragsgemäß fest. Das Gericht hält nach der Differenztheorie von den angemeldeten Gebühren i.H.v. 650,00 € einen Betrag i.H.v. 115,00 € zuzüglich USt für erstattungsfähig (650,00 € abzgl. fiktive Mittelgebühren i.H.v. 535,00 €).

1. *Bei* ***vollständiger Anrechnung*** *der Pflichtverteidigergebühren i.H.v. 428,00 € könnten für den Verteidiger Wahlverteidigergebühren nicht berücksichtigt werden:*
   115,00 € Erstattungsbetrag Wahlverteidigergebühren abzgl. 428,00 € Pflichtverteidigergebühren: 0,00 €

2. *Bei* ***teilweiser Anrechnung*** *würden sich zu erstattende anteilige Wahlverteidigergebühren i.H.v. 46,74 € (brutto) ergeben (vgl. so im Ergebnis auch OLG Oldenburg, StraFo 2007, 127 = RVGreport 2007, 469 = StRR 2007, 278; zur BRAGO OLG Celle, NJW 2004, 2396 = StV 2006, 33 = RVGreport 2004, 397; OLG Düsseldorf, JurBüro 1999, 83 = NStZ-RR 1999, 64):*

Erstattungsfähiger Betrag (netto)	*115,00 €*
abzgl. anteilige Pflichtverteidigergebühr*	*75,72 €*
Restbetrag	***39,28 €***

$$\frac{*115,00 € \text{ (Netto- Erstattungsbetrag notw. Ausl.)} \times 428,00 € \text{ (Netto- Pflichtverteidigergebühr)}}{650,00 € \text{ (Wahlverteidigergebühren)}}$$

Im Fall eines Teilfreispruchs kann der aus der Staatskasse ggf. zu erstattende Betrag an notwendigen Auslagen nicht nur durch Anwendung der **Differenztheorie**, sondern auch durch eine **Auslagenverteilung nach Bruchteilen gem. § 464d StPO** ermittelt werden. Zu den Einzelh. s. auch Teil A: Kostenfestsetzung und Erstattung in Strafsachen, Rn. 943 ff.). **61**

§ 52 RVG   *Anspruch gegen den Beschuldigten oder den Betroffenen*

62 Hat der Rechtspfleger eine **Auslagenverteilung nach Bruchteilen** vorgenommen, dürften auch die aus der Staatskasse gezahlten und auf die Wahlverteidigergebühren anzurechnenden anteiligen Pflichtverteidigergebühren anhand dieser Bruchteile ermittelt werden können.

> **Beispiel 2 (Auslagenverteilung gem. § 464d StPO):**
>
> Der Rechtspfleger hält nach Teilfreispruch des Angeklagten im Kostenfestsetzungsverfahren eine Auslagenverteilung i.H.v. 3/4 (Verurteilung) zu 1/4 (Freispruch) für angemessen.
>
> Das Gericht hält danach von den insgesamt angemeldeten Wahlverteidigergebühren i.H.v. 1.500,00 € einen Betrag i.H.v. 375,00 € zuzüglich USt für erstattungsfähig (1.500,00 €/4). An Pflichtverteidigergebühren wurde ein Betrag i.H.v. 800,00 € (netto) gezahlt.
>
> 1. Bei **vollständiger Anrechnung** der Pflichtverteidigergebühren i.H.v. 800,00 € könnten auch hier für den Verteidiger Wahlverteidigergebühren nicht berücksichtigt werden:
>
>   375,00 € Erstattungsbetrag Wahlverteidigergebühren abzgl. 800,00 € Pflichtverteidigergebühren: 0,00 €
>
> 2. Bei **teilweiser Anrechnung** würden sich zu erstattende anteilige Wahlverteidigergebühren i.H.v. 208,25 € (brutto) ergeben:

Erstattungsfähiger Betrag (netto; 1/4 der Wahlverteidigergebühren i.H.v. 1.500,00 €)	375,00 €
abzgl. 1/4 der Pflichtverteidigergebühren i.H.v. 800,00 €	200,00 €
Netto-Erstattungsbetrag	**175,00 €**

63
> **Hinweis:**
>
> Ergibt sich im Fall der **teilweisen Anrechnung** der aus der Staatskasse gezahlten Pflichtverteidigergebühren auf die anhand der Differenztheorie oder nach § 464d StPO ermittelten erstattungsfähigen notwendigen Auslagen ein Erstattungsanspruch des Beschuldigten gegen die Staatskasse, kann der Pflichtverteidiger nach § 52 Abs. 2 Satz 1 Halbs. 1 in Höhe dieses Erstattungsanspruchs des Beschuldigten seine Wahlverteidigergebühren gegen den Beschuldigten geltend machen. Eines Feststellungsverfahrens (vgl. Rn. 30 ff.) bedarf es insoweit zwar nicht, dieses kann aber ggf. ergänzend durchgeführt werden (AnwKomm-RVG/ N. Schneider, § 52 Rn. 29).
>
> Verbleibt bei **vollständiger Anrechnung** der aus der Staatskasse gezahlten Pflichtverteidigergebühren auf die anhand der Differenztheorie oder nach § 464d StPO ermittelten erstattungsfähigen notwendigen Auslagen kein Erstattungsanspruch gegen die Staatskasse, kann der Pflichtverteidiger diese Wahlverteidigergebühren gleichwohl vom Beschuldigten nach § 52 Abs. 2 Satz 1 Halbs. 2 fordern, wenn dessen Leistungsfähigkeit gerichtlich festgestellt worden ist (vgl. Rn. 30 ff.; AnwKomm-RVG/N. Schneider, § 52 Rn. 30; Riedel/Sußbauer/ Schmahl, § 52 Rn. 23).

d) Realisierbarkeit des Erstattungsanspruchs

64 **Umstritten** ist, ob der Anspruch des Pflichtverteidigers nach § 52 Abs. 1 davon abhängt, dass der Erstattungsanspruch des Beschuldigten gegen die Staatskasse letztlich **durchsetzbar** ist (dafür Hansens, BRAGO, § 100 Rn. 7; Leipold, Anwaltsvergütung in Strafsachen, Rn. 321; dagegen AnwKomm-RVG/N. Schneider, § 52 Rn. 31; Hartung/Römermann/Schons, § 52 Rn. 25). Diese Frage wird sich insbesondere dann stellen, wenn die Staatskasse im Fall des Teilfreispruchs mit

Anspruch gegen den Beschuldigten oder den Betroffenen § 52 RVG

ihrem Anspruch auf Zahlung von Verfahrenskosten die Aufrechnung erklärt, sodass der Erstattungsanspruch des Beschuldigten hierdurch untergeht (vgl. hierzu auch § 43 Rn. 12 ff.; Teil A: Kostenfestsetzung und Erstattung in Strafsachen, Rn. 909, 951). Diese Streitfrage kann dann unentschieden bleiben, wenn sich der Verteidiger den Erstattungsanspruch des Beschuldigten bereits frühzeitig abtreten lässt. Denn hierdurch ist der Verteidiger gem. § 43 vor einer Aufrechnung der Staatskasse geschützt (vgl. die Komm. zu § 43; Riedel/Sußbauer/Schmahl, § 52 Rn. 23).

VII. Vereinbarte Vergütung

Zur Vergütungsvereinbarung wird auf die Erläuterungen zu Rn. 7 verwiesen. 65

VIII. Beschwerdeverfahren (Abs. 4)

1. Allgemeines

Sowohl gegen die ablehnende Entscheidung des Gerichts über die Leistungsfähigkeit des Beschuldigten als auch gegen die Feststellung der Leistungsfähigkeit ist die **sofortige Beschwerde** nach §§ 304 bis 311a StPO gegeben. Gegen Beschlüsse eines OLG oder des BGH nach Abs. 2 ist gem. § 304 Abs. 4 StPO keine Beschwerde möglich (AnwKomm-RVG/N. Schneider, § 52 Rn. 75). Auch die **weitere Beschwerde** ist gem. § 310 Abs. 2 StPO **ausgeschlossen** (OLG Hamm, MDR 1998, 185 = AGS 1998, 27 = JurBüro 1998, 414). 66

2. Beschwerdeberechtigung

a) Pflichtverteidiger

Der Pflichtverteidiger ist beschwerdeberechtigt, wenn sein Feststellungsantrag vom Gericht ganz oder teilweise **zurückgewiesen** worden ist (AnwKomm-RVG/N. Schneider, § 52 Rn. 76). 67

b) Beschuldigter

Der Beschuldigte ist beschwerdeberechtigt, wenn dem **Feststellungsantrag** des Pflichtverteidigers ganz oder teilweise **entsprochen** worden ist. Ergibt sich die Leistungsfähigkeit des freigesprochenen Beschuldigten aus dessen Erstattungsanspruch gegen die Staatskasse (§ 52 Abs. 2 Satz 1, 1. Alt.), ist umstritten, ob der Beschuldigte auch in diesem Fall beschwerdeberechtigt ist (dafür OLG Hamm, JMBl. NRW 1972, 183; dagegen OLG Hamm, AnwBl. 1972, 288; vgl. auch Gerold/Schmidt/Madert, § 52 Rn. 14). Der Freigesprochene ist jedenfalls dann beschwerdeberechtigt, soweit trotz des ihm zustehenden Erstattungsanspruchs gegen die Staatskasse fälschlich ein Feststellungsbeschluss gegen ihn ergangen ist (vgl. Rn. 31). 68

c) Staatskasse

Erstattungspflichtige Dritte, wie beispielsweise die Staatskasse im Fall des Freispruchs und der Auferlegung der notwendigen Auslagen des Beschuldigten, sind **nicht beschwerdeberechtigt**, da sie nur mittelbar betroffen sind (AnwKomm-RVG/N. Schneider, § 52 Rn. 76). 69

3. Beschwerdewert

Umstritten ist, ob die Zulässigkeit der Beschwerde voraussetzt, dass der Wert des Beschwerdegegenstandes **200,00 €** übersteigt. Die Entscheidung der Frage hängt davon ab, ob man die Beschwerde in diesem Verfahren als Beschwerde über Kosten und notwendige Auslagen i.S.v. 70

§ 304 Abs. 3 Satz 2 StPO ansieht. Diese Frage ist indessen zu **verneinen**. Durch die Feststellungsentscheidung des Gerichts nach § 52 Abs. 2 über die Leistungsfähigkeit des Beschuldigten wird noch nicht über die Kosten selbst entschieden, sondern nur über die Voraussetzungen zur Zahlung von Kosten (AnwKomm-RVG/N. Schneider, § 52 Rn. 79; Gerold/Schmidt/Burhoff, § 52 Rn. 14; OLG München, AnwBl. 1978, 265 = JurBüro 1978, 1834; a.A. Hartung/Römermann/Schons, § 52 Rn. 71; Riedel/Sußbauer/Schmahl, § 52 Rn. 25).

4. Form und Frist

71 Die Beschwerde ist **innerhalb einer Woche** ab Zustellung bzw. Bekanntmachung des Beschlusses schriftlich oder zu Protokoll der Geschäftsstelle bei dem Gericht einzulegen, das den Beschluss erlassen hat (§§ 306 Abs. 1, 311 Abs. 2 StPO). Die Einlegung beim Beschwerdegericht reicht zur Fristwahrung nicht aus. Anwaltszwang besteht nicht, § 306 Abs. 1 StPO (AnwKomm-RVG/N. Schneider, § 52 Rn. 77, 78).

72 Die Einlegung der Beschwerde hindert den Verteidiger nicht, den Anspruch auf Zahlung der Wahlverteidigergebühren gegen den Beschuldigten geltend zu machen. Das Beschwerdegericht kann jedoch anordnen, dass die **Vollziehung** der angefochtenen Entscheidung **auszusetzen** ist, § 307 StPO (Riedel/Sußbauer/Schmahl, § 52 Rn. 25).

5. Entscheidung

73 Das Gericht, das die Entscheidung nach § 52 Abs. 2 getroffen hat, ist zu einer **Änderung** der **Entscheidung nicht befugt**, § 311 Abs. 3 Satz 1 StPO. Jedoch kann es der Beschwerde eingeschränkt im Rahmen von § 311 Abs. 3 Satz 2 StPO abhelfen. Anderenfalls legt es die Beschwerde innerhalb von drei Tagen dem Beschwerdegericht zur Entscheidung vor, § 306 Abs. 2 StPO. Das Beschwerdegericht entscheidet durch begründeten **Beschluss** über die Beschwerde.

6. Weitere Beschwerde

74 Die weitere Beschwerde ist gem. § 310 Abs. 2 StPO **nicht statthaft** (OLG Hamm, MDR 1998, 185 = AGS 1998, 27 = JurBüro 1998, 414; AnwKomm-RVG/N. Schneider, § 52 Rn. 75).

7. Erneuter Antrag

75 Im Fall der Ablehnung kann der Antrag bei **Veränderung** der **Verhältnisse** des Beschuldigten neu gestellt werden. Das gilt auch dann, wenn der ersten Entscheidung bewusst falsche Angaben des Beschuldigten über seine Verhältnisse zugrunde liegen (AnwKomm-RVG/N. Schneider, § 52 Rn. 80, 81; Gerold/Schmidt/Burhoff, § 52 Rn. 20).

8. Aufhebung der Feststellung

76 Ist die Leistungsfähigkeit **rechtskräftig festgestellt** worden, kann vom Beschuldigten **keine Aufhebung** wegen **Veränderung** der **Verhältnisse** verlangt werden. Etwas anderes gilt nur dann, wenn dem Beschuldigten Ratenzahlungen bewilligt worden sind und die sich darin vom Gericht angenommenen Verhältnisse verändert haben. Eine Aufhebung kann aber nur für die Zukunft erfolgen. Im Übrigen ist eine Änderung nicht möglich. Der Beschuldigte hätte die Zahlung der Wahlverteidigergebühren während seiner festgestellten Leistungsfähigkeit vornehmen können (AnwKomm-RVG/N. Schneider, § 52 Rn. 84; Gerold/Schmidt/Burhoff, § 52 Rn. 23).

Anspruch gegen den Beschuldigten oder den Betroffenen § 52 RVG

9. Kosten des Beschwerdeverfahrens

Die Zurückweisung oder Verwerfung der Beschwerde löst eine **Gebühr nach Nr. 3602 KV GKG i.H.v. 50,00 €** aus. Von dem Beschuldigten wird eine Gebühr nach der Anm. zu Nr. 3602 KV GKG aber nur erhoben, wenn gegen ihn rechtskräftig auf eine Strafe, auf Verwarnung mit Strafvorbehalt erkannt, eine Maßregel der Besserung und Sicherung angeordnet oder eine Geldbuße festgesetzt worden ist. **Außergerichtliche Kosten** werden nicht erstattet (AnwKomm-RVG/N. Schneider, § 52 Rn. 85; Riedel/Sußbauer/Schmahl, § 52 Rn. 28). 77

IX. Verjährung (Abs. 5)

Für den Anspruch des Pflichtverteidigers gem. § 52 Abs. 1 gegen den Beschuldigten auf Zahlung der Wahlverteidigergebühren gilt die regelmäßige **3-jährige Verjährungsfrist** gem. § 195 BGB (AnwKomm-RVG/N. Schneider, § 52 Rn. 35; zur Verjährung s. Teil A: Verjährung des Vergütungsanspruchs, Rn. 1577). **Verjährungsbeginn** ist der Schluss des Jahres, in dem die das Verfahren abschließende gerichtliche Entscheidung rechtskräftig geworden ist. Ist das Verfahren nicht durch eine gerichtliche Entscheidung beendet worden (vgl. § 52 Abs. 2 Satz 2: nicht anhängig gewordenes Verfahren), beginnt die Verjährungsfrist mit dem Schluss des Jahres, in dem das Verfahren beendet worden ist. Der Lauf der Verjährungsfrist ist nach Abs. 5 von der in § 52 Abs. 2 Satz 1 vorgesehenen Feststellung des Gerichts über die Leistungsfähigkeit des Beschuldigten somit nicht abhängig (Gerold/Schmidt/Burhoff, § 52 Rn. 25). 78

Stellt der Verteidiger einen **Antrag** auf Feststellung der Leistungsfähigkeit des Beschuldigten nach § 52 Abs. 2, tritt hierdurch die **Hemmung** des Laufs der Verjährungsfrist ein. Die Hemmung endet sechs Monate nach dem Zeitpunkt, an dem die Feststellungsentscheidung des Gerichts nach § 52 Abs. 2 rechtskräftig geworden ist (AnwKomm-RVG/N. Schneider, § 52 Rn. 36; s. auch Teil A: Verjährung des Vergütungsanspruchs, Rn. 1577 ff.). Im Vergleich zur Regelung in der BRAGO läuft die Verjährungsfrist während des Verfahrens zur Feststellung der Leistungsfähigkeit des Beschuldigten nicht mehr weiter. 79

> **Hinweis:**
> Für den Anwalt, der dem nebenklageberechtigten Verletzten oder dem Nebenkläger als **Beistand** bestellt worden ist (vgl. § 53 Abs. 2), gilt **ebenfalls** die regelmäßige **3-jährige Verjährungsfrist** gem. § 195 BGB. Da die Geltendmachung des Anspruchs gegen den Verurteilten ein Feststellungsverfahren (vgl. § 52 Abs. 2) nicht voraussetzt, sind die Vorschriften über die Hemmung der Verjährung in § 52 Abs. 5 nicht von Bedeutung.

Beispiel:
Das Strafverfahren, in dem Rechtsanwalt R zum Pflichtverteidiger von A bestellt worden ist, wird durch Urteil vom 10.08.2004 rechtskräftig abgeschlossen. Am 01.03.2005 stellt R einen Feststellungsantrag gem. § 52 Abs. 2. Das Gericht entscheidet über den Antrag nach Anhörung von A am 15.08.2005. A wird die Entscheidung am 24.08.2005 förmlich zugestellt.

Der Lauf der Verjährungsfrist für den Anspruch von R gegen A auf Zahlung der Wahlverteidigergebühren beginnt am 01.01.2005. Die Verjährung tritt somit nach Ablauf von drei Jahren am 31.12.2007 ein. Durch den am 01.03.2005 gestellten Antrag nach § 52 Abs. 2 wird der Lauf der Verjährungsfrist gehemmt. Die Feststellungsentscheidung des Gerichts vom 15.08.2005 ist eine Woche nach Zustellung an A am 24.08.2005 mit Ablauf des 31.08.2005 rechtskräftig geworden (§§ 311 Abs. 2, 43 Abs. 1 StPO). Die

§ 52 RVG   *Anspruch gegen den Beschuldigten oder den Betroffenen*

Hemmung des Laufs der Verjährungsfrist endet sechs Monate später am 28.02.2006. Da die Verjährung insgesamt somit in der Zeit vom 01.03.2005 bis zum 28.02.2006 gehemmt ist, tritt die Verjährung erst ein Jahr später am 31.12.2008 ein.

X. Pauschgebühr

1. Pauschgebühr in Straf- und Bußgeldsachen (§ 51)

80 Der Pflichtverteidiger kann einen Antrag auf Festsetzung einer Pauschgebühr gem. § 51 stellen (wegen der Einzelh. s. die Komm. zu § 51). Für den Rechtsanwalt bietet dieses Verfahren den **Vorteil**, dass über die Festgebühren nach dem Vergütungsverzeichnis hinausgehende Gebühren bewilligt werden können und abhängig von der Höhe der bewilligten Pauschgebühr ggf. die Einforderung der Wahlverteidigergebühren vom Beschuldigten entbehrlich ist. Wird eine Pauschgebühr festgesetzt und von der Staatskasse an den Pflichtverteidiger gezahlt, ist diese Zahlung der Staatskasse auf den Anspruch gegen den Verurteilten gem. § 52 Abs. 1 Satz 2 anzurechnen (vgl. Rn. 22).

2. Feststellung einer Pauschgebühr (§ 42)

81 Neben der Festsetzung einer Pauschgebühr gem. § 51 für den Pflichtverteidiger oder den beigeordneten Rechtsanwalt sieht § 42 auch für den **Wahlanwalt** die **Feststellung** einer Pauschgebühr vor (wegen der Einzelh. s. die Komm. zu § 42). Die Regelung ist nach § 42 Abs. 2 Satz 2 aber auch für den Pflichtverteidiger von **Bedeutung**: Sie eröffnet ihm die Möglichkeit, nicht nur gem. § 52 die Zahlung der im Vergütungsverzeichnis aufgeführten gesetzlichen Wahlanwaltsgebühren vom Beschuldigten zu verlangen, sondern er kann auch einen Antrag auf Feststellung einer diese **Wahlanwaltsgebühren übersteigenden Pauschgebühr** stellen. Diese Pauschgebühr kann bis zum Doppelten der nach dem Vergütungsverzeichnis vorgesehenen Höchstgebühr des Wahlverteidigers betragen (s. im Übrigen § 42 Rn. 1 ff.).

Die **Voraussetzungen** für den Antrag des Pflichtverteidigers auf Feststellung der Pauschgebühr ergeben sich aus §§ 52 Abs. 1 Satz 1 und Abs. 2, 42 Abs. 2 Satz 2. Die Feststellung der Pauschgebühr kann danach erfolgen, wenn das Gericht feststellt, dass der Beschuldigte bzw. Auftraggeber ohne Beeinträchtigung des für ihn und seine Familie notwendigen Unterhalts zur Zahlung der Pauschgebühr – auch in Raten – in der Lage ist.

XI. Bußgeldverfahren (Abs. 6)

82 § 52 Abs. 6 **erstreckt** den **Anwendungsbereich** des § 52 Abs. 1 bis 3 und 5 auf das Bußgeldverfahren. Zuständig zur Entscheidung ist das Gericht des 1. Rechtszugs. Ist es nicht zu einem gerichtlichen Verfahren gekommen, entscheidet nach § 52 Abs. 6 Satz 2 die Verwaltungsbehörde. Gegen deren Entscheidung ist der Rechtsbehelf des § 62 OWiG gegeben (Antrag auf gerichtliche Entscheidung; AnwKomm-RVG/N. Schneider, § 52 Rn. 87).

XII. Erstattung

1. Höhe der Zahlungspflicht der Staatskasse beim Zusammentreffen von verschiedenen Pflicht- und Wahlverteidigern

83 Wird dem Beschuldigten vom Gericht ein Pflichtverteidiger bestellt und ist kein vom Beschuldigten selbst beauftragter Wahlverteidiger im Verfahren tätig oder wird der Wahlverteidiger des

Anspruch gegen den Beschuldigten oder den Betroffenen § 52 RVG

Beschuldigten zu dessen Pflichtverteidiger bestellt, ist durch die **Anrechnungsbestimmung** des § 52 Abs. 1 Satz 2 gewährleistet, dass der Pflichtverteidiger höchstens die Vergütung eines Wahlverteidigers erhält (vgl. OLG Hamm, 07.05.2009 – 4 Ws 56/09, JurionRS 2009, 19868).

Werden Pflicht- und Wahlverteidigung durch **verschiedene Rechtsanwälte** wahrgenommen oder sind für den Beschuldigten **mehrere Pflichtverteidiger** bestellt worden und steht dem Beschuldigten ein Erstattungsanspruch gegen die Staatskasse zu, folgt nach der überwiegenden Meinung in Rechtsprechung und Literatur aus § 464a Abs. 2 Nr. 2 StPO und § 91 Abs. 2 Satz 3 ZPO der Grundsatz, dass die Staatskasse auch im Fall des **Zusammentreffens von Wahlverteidigung und Pflichtverteidigung** grds. insgesamt **nur** zur Erstattung der Kosten für **einen Verteidiger** verpflichtet ist (BVerfG, NStZ 1984, 561 = StV 1984, 344 = JurBüro 1985, 697; NJW 2004, 3319; OLG Hamm, 07.05.2009 – 4 Ws 56/09, JurionRS 2009, 19868; OLG Düsseldorf, 26.04.2011 – III-1 Ws 27/10, n.v.; vgl. auch OLG Köln, 31.01.2008 – 2 Ws 47/08, JurionRS 2008, 23003; OLG Dresden, StraFo 2007, 126; OLG Oldenburg, NStZ-RR 2010, 63 = StRR 2009, 443 [Ls]; zur BRAGO OLG Düsseldorf, NStZ-RR 2002, 317 = JurBüro 2002, 594; OLG Düsseldorf, NStZ-RR 2002, 317 = JurBüro 2002, 594; OLG Hamm, StV 1989, 116; OLG Hamburg, JurBüro 1994, 295; OLG Karlsruhe, NStZ 1981, 404; OLG Nürnberg, NStZ-RR 2000, 163; OLG Zweibrücken, StV 1983, 119; s. zu weiteren Einzelh. auch Teil A: Kostenfestsetzung und Erstattung in Strafsachen, Rn. 889 ff.).

2. Ausnahmen

a) Allgemeines

Die StPO sieht die Bestellung eines Pflichtverteidigers neben einem Wahlverteidiger von Ausnahmen abgesehen nicht vor. Da entweder ein Wahl- oder ein Pflichtverteidiger für den Beschuldigten tätig ist, stellt sich die Frage der Kürzung der Wahlverteidigervergütung um die Pflichtverteidigergebühren **im Regelfall nicht**. Wenn aber aus wichtigen Gründen neben einem Wahlverteidiger ein Pflichtverteidiger bestellt oder die Pflichtverteidigerbestellung nach Bestellung eines Wahlverteidigers aufrechterhalten wird und die Pflichtverteidigerkosten in diesem Fall regelmäßig auf die Kosten des Wahlverteidigers angerechnet werden, wäre dieser Angeklagte kostenmäßig erheblich schlechter gestellt als ein Angeklagter, in dessen Verfahren solche Maßnahmen nicht geboten waren. §§ 464a Abs. 2 Nr. 2 StPO und § 91 Abs. 2 Satz 2 ZPO erlauben daher auch eine Auslegung, wonach die Pflichtverteidigervergütung nicht regelmäßig auf zu erstattende Wahlverteidigerkosten anzurechnen ist (BVerfG, NStZ 1984, 561 = StV 1984, 344 = JurBüro 1985, 697).

84

> **Hinweis:**
> Die folgenden Ausnahmen sind von der Rechtsprechung zugelassen worden, d.h. die Pflichtverteidigergebühren sind nicht auf die Wahlverteidigergebühren anzurechnen.

b) Pflichtverteidigerbestellung aus vom Beschuldigten nicht zu vertretenden Gründen bei bestehender Wahlverteidigung

Wenn das Gericht, obwohl sich für den Beschuldigten bereits ein Wahlverteidiger bestellt hat, allein wegen der Schwierigkeit oder des Umfangs des Verfahrens, zur **Verfahrenssicherung** (§ 145 Abs. 1 Satz 1 StPO) oder aus ähnlichen vom Beschuldigten oder dem Wahlverteidiger

85

§ 52 RVG *Anspruch gegen den Beschuldigten oder den Betroffenen*

nicht zu vertretenen Umständen einen Pflichtverteidiger bestellt, muss die **Staatskasse sowohl die Pflichtverteidigerkosten** als auch die vollen Kosten des **Wahlverteidigers tragen**. Eine Kürzung der Wahlverteidigerkosten für den einen Verteidiger um die Pflichtverteidigerkosten des anderen Verteidigers gem. § 52 Abs. 1 Satz 2 findet dann nicht statt (teilweise zur BRAGO - KG, StV 2003, 175 = AGS 2003, 418 = BRAGOreport 2003, 207; OLG Düsseldorf, NStZ-RR 2002, 317 = JurBüro 2002, 594; StraFo 2005, 349 = StV 2006, 32 = JurBüro 2005, 422 für zwei Pflichtverteidigern; OLG Köln, 31.01.2008 – 2 Ws 47/08, JurionRS 2008, 23003). Hat der Vorsitzende aus eigener Veranlassung neben dem Wahlverteidiger einen (weiteren) Pflichtverteidiger bestellt, so hat der Beschuldigte im Fall eines Freispruchs Anspruch auf Erstattung der Wahlverteidigerkosten auch des (weiteren) Pflichtverteidigers (vgl. OLG Köln, a.a.O. und auch noch StraFo 1998, 250 = AGS 1998, 149 = StV 1998, 621; vgl. aber OLG Köln, JurBüro 2002, 595 = Rpfleger 2003, 97). Würden die Gebühren, welche der Staatskasse durch die Bestellung eines zusätzlichen Pflichtverteidigers entstehen, auf den Erstattungsanspruch des freigesprochenen Beschuldigten angerechnet, wäre dieser kostenmäßig erheblich schlechter gestellt als derjenige Beschuldigte, in dessen Verfahren eine zusätzliche Pflichtverteidigerbestellung nicht erfolgt ist, da er zumindest teilweise die Kosten seines Wahlverteidigers selbst tragen würde. Er könnte sich diesem meist nicht unerheblichen Kostenrisiko nur dadurch entziehen, dass er seinen Wahlverteidiger nicht mehr in Anspruch nimmt. Darin läge aber eine wesentliche Erschwernis in der Wahrnehmung des Rechts, sich durch den frei gewählten Rechtsanwalt verteidigen zu lassen (BVerfG, NStZ 1984, 561; OLG Düsseldorf, NStZ 1985, 235; OLG Hamm, AnwBl. 1983, 223). Etwas anderes gilt aber dann, wenn die zusätzliche Pflichtverteidigerbestellung in einem dem **Beschuldigten** oder seinem **Wahlverteidiger zuzurechnenden Verhalten** ihre Ursache hat (BVerfG, NStZ 1984, 561; OLG Köln, 31.01.2008 – 2 Ws 47/08, JurionRS 2008, 23003).

Beispiel:

Rechtsanwalt R verteidigt den Angeklagten A als Wahlverteidiger im gerichtlich anhängigen Verfahren vor der großen Strafkammer. Das Gericht bestellt aus nicht von A und R zu vertretenen Gründen Rechtsanwalt S zur Verfahrenssicherung zum Pflichtverteidiger. Am Hauptverhandlungstermin nehmen beide Verteidiger teil. Der Angeklagte wird freigesprochen und seine notwendigen Auslagen der Staatskasse auferlegt.

S erhält folgende Pflichtverteidigervergütung aus der Staatskasse:

Grundgebühr Nr. 4100 VV	*132,00 €*
Verfahrensgebühr Nr. 4112 VV	*124,00 €*
Terminsgebühr Nr. 4114 VV	*216,00 €*
Postentgeltpauschale Nr. 7002 VV	*20,00 €*
Anwaltsvergütung netto	**492,00 €**

Da der Angeklagte den Anspruch auf Erstattung notwendiger Auslagen schon zu Beginn des Verfahrens an ihn abgetreten hat, macht R folgende Vergütung (Mittelgebühren) gem. § 464a Abs. 2 Nr. 2 StPO gegen die Staatskasse geltend:

Grundgebühr Nr. 4100 VV	*165,00 €*
Verfahrensgebühr Nr. 4112 VV	*155,00 €*
Terminsgebühr Nr. 4114 VV	*270,00 €*

A. Vergütungs-ABC	B. Kommentar
	Abschnitt 8 • Beigeordneter oder bestellter RA, Beratungshilfe

Anspruch gegen den Beschuldigten oder den Betroffenen § 52 RVG

Postentgeltpauschale Nr. 7002 VV	20,00 €
Anwaltsvergütung netto	**725,90 €**

Da der Pflichtverteidiger S aus nicht dem Angeklagten oder dem Wahlverteidiger zuzurechnenden Gründen (Verfahrenssicherung) bestellt worden ist, sind die vollen Pflicht- und Wahlverteidigerkosten von der Staatskasse zu erstatten (vgl. OLG Düsseldorf, NStZ-RR 2002, 317 = StraFo 2003, 30 = StV 2003, 175; StraFo 2005, 349 = StV 2006, 32 = JurBüro 2005, 422; OLG Rostock, StV 1997, 33 = JurBüro 1997, 37). Erstattung der Kosten eines Wahlverteidigers zusätzlich zu den Pflichtverteidigerkosten bedeutet, dass sowohl die gesamte Pflichtverteidigervergütung (Gebühren und Auslagen) als auch die gesamte Wahlverteidigervergütung (Gebühren und Auslagen) aus der Staatskasse zu erstatten ist.

Unter Berufung auf § 52 macht S noch Wahlverteidigergebühren i.H.v. 136,88 € gegen den freigesprochenen A geltend, die sich wie folgt zusammensetzen:

Grundgebühr Nr. 4100 VV	165,00 €
Verfahrensgebühr Nr. 4112 VV	155,00 €
Terminsgebühr Nr. 4114 VV	270,00 €
	590,00 €
abzgl. aus der Staatskasse erhaltener Pflichtverteidigergebühren	472,00 €
Differenzbetrag	**118,00 €**
zuzüglich 19 % USt Nr. 7008 VV	22,42 €
Summe	**140,42 €**

S kann diesen Differenzbetrag zwischen den Pflichtverteidiger- und den Wahlverteidigergebühren gem. Abs. 2 insoweit verlangen, als dem Angeklagten ein Erstattungsanspruch gegen die Staatskasse zusteht. Zwar hat die Staatskasse hier bereits die notwendigen Auslagen für den Wahlverteidiger R erstattet und ist daher grds. nach § 464a Abs. 2 Nr. 2 StPO und § 91 Abs. 2 Satz 3 ZPO zur Erstattung weiterer Wahlverteidigergebühren nicht verpflichtet. Es dürfte jedoch nicht unberücksichtigt bleiben können, dass die Pflichtverteidigerbestellung aus nicht vom Beschuldigten und seinem Wahlverteidiger zu vertretenden Gründen erfolgt ist und der bestellte Pflichtverteidiger nach § 52 einen gesetzlichen Anspruch auf Zahlung der Wahlverteidigergebühren gegen den Beschuldigten hat. Daher dürfte die Staatskasse auch zur Erstattung der vom Pflichtverteidiger geltend gemachten Differenz zwischen den Pflicht- und den Wahlverteidigergebühren i.H.v. 140,42 € verpflichtet sein. Die Staatskasse trägt daher in diesem Fall im Ergebnis die Aufwendungen für zwei Wahlverteidiger und nicht für einen Wahl- und einen Pflichtverteidiger (OLG Düsseldorf, StraFo 2005, 349 = StV 2006, 32 = JurBüro 2005, 422; a.A. KG, NStZ 1994, 451 = StV 1994, 494 = Rpfleger 1994, 476, Kosten für einen Wahlverteidiger und einen Pflichtverteidiger).

> **Hinweis:**
>
> Die **Erstattungsfähigkeit** der Kosten des Wahlverteidigers neben den Pflichtverteidigerkosten hängt davon ab, ob der Pflichtverteidiger aus Gründen bestellt worden ist, die dem Angeklagten oder dem Verteidiger zuzurechnen sind, oder ob die Gründe in der Gerichtssphäre liegen (OLG Düsseldorf, NStZ-RR 2002, 317 = StraFo 2003, 30 = StV 2003, 175; OLG Köln, JurBüro 2002, 595 = Rpfleger 2003, 97; 31.01.2008 – 2 Ws 47/08, JurionRS 2008, 23003). Erstattung der Kosten eines Wahlverteidigers zusätzlich zu den Pflichtverteidigerkosten bedeutet, dass sowohl die gesamte Pflichtverteidigervergütung (Gebühren und

> Auslagen) als auch die gesamte Wahlverteidigervergütung (Gebühren und Auslagen) aus der Staatskasse zu erstatten sind.

c) Keine Rücknahme der Pflichtverteidigerbestellung durch das Gericht

86 Wenn das Gericht entgegen § 143 StPO die **Bestellung** eines **Pflichtverteidigers nicht zurücknimmt**, obwohl sich ein Wahlverteidiger bestellt hat, muss die Staatskasse ebenfalls **sowohl die Pflichtverteidigerkosten** als **auch** die vollen **Kosten des Wahlverteidigers** tragen (OLG Oldenburg, NStZ-RR 2010, 63 = StRR 2009, 443; zur BRAGO u.a. KG, StV 2003, 175 = AGS 2003, 418 = BRAGOreport 2003, 207). Das Versäumnis des Gerichts, die Pflichtverteidigerbestellung zurückzunehmen, kann nicht dem Beschuldigten insoweit zum Nachteil gereichen, als er sich auf den Anspruch auf Erstattung der Gebühren des Wahlverteidigers die Pflichtverteidigergebühren entsprechend § 52 Abs. 1 Satz 2 anrechnen lassen und damit letztlich einen Teil seiner Aufwendungen für den Wahlverteidiger selbst tragen muss (vgl. OLG Oldenburg, NStZ-RR 2010, 63 = StRR 2009, 443; zur BRAGO OLG Düsseldorf, AnwBl. 1983, 40; OLG Frankfurt am Main, AnwBl. 1983, 41). Etwas anderes gilt aber auch hier dann, wenn die Aufrechterhaltung der Pflichtverteidigerbestellung in einem dem Beschuldigten oder seinem Wahlverteidiger zuzurechnenden Verhalten ihre Ursache hat (BVerfG, NStZ 1984, 561 = StV 1984, 344 = JurBüro 1985, 697; OLG Düsseldorf, 26.04.2011 – III-1 Ws 27/10, n.v.; OLG Köln, JurBüro 2002, 595 = Rpfleger 2003, 97; vgl. hierzu auch LG Koblenz, JurBüro 2010, 475, wenn die Voraussetzungen für die Rücknahme der Pflichtverteidigerbestellung gem. § 143 StPO erst im Termin vorliegen, weil der zweite Verteidiger erst hier erklärt hat, dass er sich als Wahlverteidiger bestellt). Zur Erstattung der Kosten bei **mehreren Pflichtverteidigern** und **mehreren Wahlverteidigern** wird zudem verwiesen auf die Ausführungen im Teil A: Kostenfestsetzung und Erstattung in Strafsachen, Rn. 889 ff.

C. Arbeitshilfe

87 Muster: Feststellungsantrag nach § 52 Abs. 2

> An
>
> das Amtsgericht
>
> .....
>
> In der Strafsache gegen .....
>
> Geschäftszeichen .....
>
> bin ich durch Beschluss des ..... gerichts ..... vom ..... zum Pflichtverteidiger bestellt worden.
>
> Es wird gem. § 52 Abs. 2 RVG beantragt, festzustellen, dass der Beschuldigte ohne Beeinträchtigung des für ihn und seine Familie notwendigen Unterhalts zur Zahlung der Gebühren eines gewählten Verteidigers in der Lage ist.
>
> **Begründung:**
>
> Aus der Staatskasse ist mir am ..... eine Pflichtverteidigervergütung i.H.v. ..... € gezahlt worden.
>
> Durch rechtskräftiges Urteil des ..... gerichts vom ..... sind dem Beschuldigten die Kosten des Verfahrens auferlegt worden.

Anspruch gegen den Beschuldigten oder den Betroffenen §*52 RVG*

Der Beschuldigte hat als ..... einen monatlichen Bruttoverdienst von ..... €.

Er ist ..... Person(en) zum Unterhalt verpflichtet.

Die Anschrift meines Mandanten lautet:

.....

Ich beabsichtige, Wahlverteidigergebühren i.H.v. insgesamt ...... € gegen den Beschuldigten geltend zu machen, die sich wie folgt zusammensetzen:

.....

.....

Unter Berücksichtigung üblicher Zahlungsverpflichtungen dürfte mein Mandant daher in der Lage sein, die Wahlverteidigergebühren zu zahlen.

.....

Rechtsanwalt

§ 53 RVG *Anspruch gegen Auftraggeber, Anspruch des bestellten RA gegen Verurteilten*

§ 53 RVG
Anspruch gegen den Auftraggeber, Anspruch des zum Beistand bestellten Rechtsanwalts gegen den Verurteilten

(1) Für den Anspruch des dem Privatkläger, dem Nebenkläger, dem Antragsteller im Klageerzwingungsverfahren oder des sonst in Angelegenheiten, in denen sich die Gebühren nach Teil 4, 5 oder 6 des Vergütungsverzeichnisses bestimmen, beigeordneten Rechtsanwalts gegen seinen Auftraggeber gilt § 52 entsprechend.

(2) ¹Der dem Nebenkläger, dem nebenklageberechtigten Verletzten oder dem Zeugen als Beistand bestellte Rechtsanwalt kann die Gebühren eines gewählten Beistands nur von dem Verurteilten verlangen. ²Der Anspruch entfällt insoweit, als die Staatskasse die Gebühren bezahlt hat.

(3) ¹Der in Absatz 2 Satz 1 genannte Rechtsanwalt kann einen Anspruch aus einer Vergütungsvereinbarung nur geltend machen, wenn das Gericht des ersten Rechtszugs auf seinen Antrag feststellt, dass der Nebenkläger, der nebenklageberechtigte Verletzte oder der Zeuge zum Zeitpunkt des Abschlusses der Vereinbarung allein auf Grund seiner persönlichen und wirtschaftlichen Verhältnisse die Voraussetzungen für die Bewilligung von Prozesskostenhilfe in bürgerlichen Rechtsstreitigkeiten nicht erfüllt hätte. ²Ist das Verfahren nicht gerichtlich anhängig geworden, entscheidet das Gericht, das den Rechtsanwalt als Beistand bestellt hat. ³§ 52 Absatz 3 bis 5 gilt entsprechend.

Übersicht

	Rn.
A. Überblick	1
B. Kommentierung	3
I. Allgemeines	3
1. Anwendungsbereich	3
2. Auslagen	4
3. Vorschuss	5
4. Anrechnung von Zahlungen (§ 58 Abs. 3)	6
5. Umsatzsteuer	7
6. Vergütungsvereinbarung	8
7. Anspruchsgegner	9
8. Beiordnung/Bestellung	10
II. Vergütungsanspruch des beigeordneten Rechtsanwalts gegen den Auftrageber (Abs. 1)	11
1. Regelungsgehalt von Abs. 1	11
a) Forderungssperre	11
b) Wahlgebührenanspruch gem. § 52	12
2. Von Abs. 1 erfasste Beiordnungen	13
a) Sachlicher Geltungsbereich	13
b) Persönlicher Geltungsbereich	14
c) Beistand nach dem Therapieunterbringungsgesetz (ThUG)	15
3. Entstehung des Anspruchs	16
4. Wahlanwaltsgebühren	17
5. Anspruchswegfall durch Zahlung der Staatskasse	18
6. Tatsächliche Zahlung der Staatskasse	19
7. Erstattungsanspruch	20
8. Feststellungsverfahren/Beschwerdeverfahren/Verjährung	21
III. Vergütungsanspruch des zum Beistand bestellten Rechtsanwalts gegen den Verurteilten (Abs. 2)	22

Anspruch gegen Auftraggeber, Anspruch des bestellten RA gegen Verurteilten   § 53 RVG

       1. Regelungsgehalt von Abs. 2 22
       2. Persönlicher Geltungsbereich von Abs. 2 23
           a) Abschließende Regelung 23
           b) Einstweilige Beistandsbestellung nach § 406g Abs. 4 StPO 24
           c) Zeugenbeistand 25
           d) Beistand im Verfahren nach dem Gesetz über die internationale Rechtshilfe in Strafsachen (IRG) 26
           e) Beistand im Verfahren nach dem Therapieunterbringungsgesetz 27
           f) Beistand im Verfahren auf Vollstreckung europäischer Geldsanktionen nach dem IRG .. 28
       3. Auswirkungen der Beistandsbestellung 29
       4. Rechtskräftige Verurteilung 30
       5. Gebühren eines gewählten Beistands 31
       6. Anspruchswegfall durch Zahlung der Staatskasse 32
       7. Tatsächliche Zahlung der Staatskasse 33
 IV. Erstattungsanspruch des Rechtsanwalts gegen den Verurteilten bei PKH (§ 126 ZPO) 34
       1. Erstattungsanspruch nur bei PKH-Beiordnung 34
       2. Höhe des Erstattungsanspruchs 35
       3. Kostenfestsetzungsverfahren 36
 V. Vergütungsvereinbarung des zum Beistand bestellten Rechtsanwalts (Abs. 3) 37
       1. Regelungszweck 37
       2. Feststellung der Bedürftigkeit 38
 VI. Pauschgebühr für den beigeordneten Rechtsanwalt 39

Literatur:

Al-Jumaili, Pflichtverteidigung ist keine gerichtliche Sozialhilfe, JurBüro 2001, 116; *Breyer*, Die Vergütung des Pflichtverteidigers nach dem RVG, RVG-B 2005, 45; *Chemnitz*, Ansprüche des gerichtlich bestellten Verteidigers gegen die Staatskasse und den Beschuldigten, AnwBl. 1991, 327; *Kaster*, PKH für Verletzte und andere Berechtigte im Strafverfahren, MDR 1994, 1073; *Kroiß*, Die Vergütung des Pflichtverteidigers nach dem RVG, RVG-Letter 2004, 134; *Madert*, Zur Erstattung der Kosten eines Wahlverteidigers und eines Pflichtverteidigers nach Freispruch, AGS 2003, 419; *Mümmler*, Verfahren nach § 100 BRAGO, JurBüro 1971, 658; *Volpert*, Abrechnung der Wahlverteidigergebühren durch den Pflichtverteidiger bei Verurteilung des Mandanten, BRAGOprofessionell 2002, 164; *ders.*, Abrechnung der Wahlverteidigergebühren durch den Pflichtverteidiger bei Freispruch des Mandanten, BRAGOprofessionell 2003, 12; *ders.*, Wahlanwaltsgebühren für gerichtlich bestellte oder beigeordnete Rechtsanwälte nach §§ 52, 53 RVG, RVGreport 2004, 133; *ders.*, Abrechnung der Wahlanwaltsgebühren durch den Pflichtverteidiger bei Freispruch des Mandanten – § 52 RVG, RVGreport 2004, 214.

A. Überblick

§ 53 Abs. 1 und 2 entsprechen der früheren Regelung in §§ 100 Abs. 1, 102 BRAGO. Abs. 2 ist durch Art. 5 Nr. 1 des 2. OpferRRG v. 29.07.2009 (BGBl. I, S. 2280) mit Wirkung v. 01.10.2009 geändert worden. Neben dem Beistand des Nebenklägers sowie des nebenklageberechtigten Verletzten fällt seitdem auch der Zeugenbeistand unter Abs. 2 (s. zum Zeugenbeistand Rn. 25). Die kostenrechtliche Gleichstellung des dem Zeugen gem. § 68b Abs. 2 StPO als Beistand beigeordneten Rechtsanwalts mit dem bestellten Beistand des Nebenklägers oder des nebenklageberechtigten Verletzten hat der Gesetzgeber schon deshalb für erforderlich gehalten, weil in allen Fällen der Rechtsanwalt nicht selbst vom Betroffenen hinzugezogen wird, sondern eine Bestellung erfolgt (BT-Drucks. 16/12098, S. 42).   **1**

§ 53 Abs. 3 ist durch Art. 5 Nr. 2 des **2. OpferRRG** v. 29.07.2009 (BGBl. I, S. 2280) mit Wirkung v. 01.10.2009 eingefügt worden. Für die in § 53 Abs. 2 Satz 1 genannten Beistände wird klargestellt, dass diese Ansprüche aus einer mit dem Nebenkläger, dem nebenklageberechtigten Verletzten oder dem Zeugen geschlossenen Vergütungsvereinbarung nur geltend machen können,   **2**

§ 53 RVG   Anspruch gegen Auftraggeber, Anspruch des bestellten RA gegen Verurteilten

wenn das Gericht vorher festgestellt hat, dass der Vertragspartner nicht bedürftig ist, d.h., dass er nach seinen persönlichen und wirtschaftlichen Verhältnissen keinen Anspruch auf PKH gehabt hätte. Die Regelung lehnt sich an § 52 Abs. 2 an und stellt die bedürftigen Vertragspartner des Rechtsanwalts im Ergebnis kostenrechtlich denjenigen gleich, die für die Kosten der Beiordnung eines Opferanwalts PKH nach § 397a Abs. 2 StPO erhalten und bei denen eine Vergütungsvereinbarung nach § 3a Abs. 3 nichtig ist (BT-Drucks. 16/12098, S. 42, 43).

B. Kommentierung

I. Allgemeines

1. Anwendungsbereich

3 Während in § 52 der Anspruch des **gerichtlich bestellten Rechtsanwalts** (Pflichtverteidiger) gegen den Beschuldigten auf Zahlung der Wahlverteidigergebühren geregelt wird, bestimmt § 53, dass auch für **beigeordnete** (§ 53 Abs. 1) oder dem Nebenkläger, dem nebenklageberechtigten Verletzten oder dem Zeugen **als Beistand bestellte** (§ 53 Abs. 2) Rechtsanwälte ein Anspruch auf die Gebühren eines gewählten Vertreters bzw. eines gewählten Beistands besteht. Für den beigeordneten Rechtsanwalt sind die Höhe dieses Anspruchs und das Verfahren zur Ermittlung dieses Anspruchs in § 52 geregelt. Für den dem Nebenkläger, dem nebenklageberechtigten Verletzten oder dem Zeugen bestellten Beistand finden sich abschließende Regelungen zur Höhe des Anspruchs in § 53 Abs. 2 (vgl. Rn. 4; Hartung/Römermann/Schons, § 53 Rn. 3).

> **Hinweis:**
> § 53 findet nur Anwendung für Vergütungsansprüche, die der Rechtsanwalt für Tätigkeiten erworben hat, die von der Beiordnung oder Bestellung **umfasst** werden (vgl. hierzu § 52 Rn. 4 ff.).

2. Auslagen

4 § 53 lässt nur die Geltendmachung von **Gebühren** eines gewählten Vertreters gegen den Auftraggeber bzw. den Verurteilten zu. Für den zum Beistand bestellten Rechtsanwalt ergibt sich dies aus dem eindeutigen Wortlaut von § 53 Abs. 2, für den beigeordneten Rechtsanwalt aus der Verweisung in § 53 Abs. 1 auf § 52 Abs. 1. Ein Anspruch auf Zahlung von **Auslagen** gegen den Auftraggeber bzw. gegen den Verurteilten (§ 53 Abs. 2) besteht daher nicht. Die Auslagen kann der beigeordnete bzw. zum Beistand bestellte Rechtsanwalt nur gem. §§ 45 und 55 aus der Staatskasse erhalten (vgl. § 52 Rn. 17 ff., 18 und 48).

3. Vorschuss

5 Der beigeordnete Rechtsanwalt darf weder ausdrücklich noch konkludent einen Vorschuss auf die Wahlgebühren von seinem Auftraggeber verlangen (vgl. §§ 53 Abs. 1 und 52 Abs. 1 Satz 1). Es können daher **nur fällige Gebühren** (§ 8) geltend gemacht werden (Teil A: Fälligkeit der Vergütung [§ 8], Rn. 519 ff.). Dies gilt auch für den Beistand (§ 53 Abs. 2). Der Verurteilte ist allerdings ohnehin nur dann zur Zahlung der Wahlgebühren an den Beistand des Nebenklägers bzw. des nebenklageberechtigten Verletzten verpflichtet, wenn seine Verurteilung Rechtskraft erlangt hat (vgl. § 449 StPO und Rn. 22).

Anspruch gegen Auftraggeber, Anspruch des bestellten RA gegen Verurteilten §53 RVG

4. Anrechnung von Zahlungen (§ 58 Abs. 3)

Freiwillige und vorbehaltslose Zahlungen des Auftraggebers aus einer Vergütungsvereinbarung 6
dürfte der beigeordnete Rechtsanwalt unter den Voraussetzungen des § 3a behalten dürfen (vgl. dazu Teil A: Vergütungsvereinbarung [§ 3a], Rn. 1517; vgl. auch zur früheren Rechtslage BGH, JurBüro 1979, 1793 = NJW 1980, 1394; vgl. hierzu ausführlich § 52 Rn. 20 f.). Diese Zahlungen sind allerdings insbesondere im Fall des Abs. 1 gem. § 58 Abs. 3 auf die aus der Staatskasse zu zahlenden bzw. bereits gezahlten Gebühren **anzurechnen** (§ 58 Rn. 11; Hartung/Römermann/Schons, § 53 Rn. 11; AnwKomm-RVG/N. Schneider, § 53 Rn. 9; Gerold/Schmidt/Burhoff, § 53 Rn. 5 und 9).

5. Umsatzsteuer

Die **Umsatzsteuer** gehört zwar zu den Auslagen (vgl. Nr. 7008 VV), gleichwohl kann der bei- 7
geordnete oder als Beistand bestellte Rechtsanwalt die auf seine Wahlgebühren entfallende gesetzliche Umsatzsteuer vom Auftraggeber bzw. vom Beschuldigten verlangen, weil diese in Abhängigkeit und in einem unlösbaren Zusammenhang mit dem Gebührenanspruch steht (vgl. ausführlich § 52 Rn. 19).

6. Vergütungsvereinbarung

§ 53 Abs. 1 räumt dem beigeordneten Rechtsanwalt einen Anspruch auf die nach dem RVG be- 8
rechneten **gesetzlichen Wahlgebühren** gegen seinen Auftraggeber ein. Eine vereinbarte Vergütung (§ 3a) kann der Rechtsanwalt aufgrund dieser Bestimmung nicht von seinem Auftraggeber fordern (vgl. § 52 Rn. 7).

> **Hinweis:**
> Zur Geltendmachung von Ansprüchen aus einer **Vergütungsvereinbarung** durch die nach Abs. 2 bestellten Beistände vgl. § 53 Abs. 3 und Rn. 37 ff.

7. Anspruchsgegner

Der Anspruch auf die Wahlgebühren der in § 53 Abs. 1 genannten beigeordneten Rechtsanwälte 9
richtet sich gegen den **Auftraggeber**. Der Anspruch auf die Wahlgebühren der in § 53 Abs. 2 aufgeführten Beistände richtet sich **nur gegen den Verurteilten** und nicht wie in § 53 Abs. 1 gegen den Auftraggeber (KG, JurBüro 2009, 656; vgl. Rn. 4).

8. Beiordnung/Bestellung

Die **Begriffe** „Beiordnung" in § 53 Abs. 1 und „Bestellung eines Beistands" in § 53 Abs. 2 sind 10
bewusst verwendet worden. Dies bedeutet insbesondere, dass in § 53 Abs. 2 nicht aufgeführte **Beistandsbestellungen** nicht von § 53 erfasst werden und diese Beistände daher keine Wahlgebühren fordern können (vgl. dazu Rn. 23 f.). Ob eine Beiordnung oder Bestellung vorliegt, ergibt sich aus der jeweiligen Norm in dem anzuwendenden Verfahrensgesetz (Einzelh. vgl. Rn. 23 ff.). Die Beiordnung (Abs. 1) und die Beistandsbestellung (Abs. 2) haben **unterschiedliche Auswirkungen**. Bei der **Beiordnung** kann der Rechtsanwalt nach §§ 53 Abs. 1, 52 die Gebühren eines gewählten Vertreters von seinem Auftraggeber verlangen. Bei der Bestellung zum **Beistand** eines Nebenklägers, eines nebenklageberechtigten Verletzten oder eines Zeugen kann der

§ 53 RVG Anspruch gegen Auftraggeber, Anspruch des bestellten RA gegen Verurteilten

Rechtsanwalt die Gebühren eines gewählten Beistands nach § 53 Abs. 2 nur von dem Verurteilten und nicht vom Auftraggeber verlangen (KG, JurBüro 2009, 656). § 52 gilt insoweit nicht (Anw-Komm-RVG/N. Schneider, § 53 Rn. 3).

II. Vergütungsanspruch des beigeordneten Rechtsanwalts gegen den Auftraggeber (Abs. 1)

1. Regelungsgehalt von Abs. 1

a) Forderungssperre

11 Die **Beiordnung im Wege der PKH** setzt im Gegensatz zu der Bestellung als Pflichtverteidiger zwar den Abschluss eines Rechtsanwaltsvertrages mit dem Auftraggeber voraus (s. dazu Teil A: Allgemeine Vergütungsfragen, Rn. 24, 34 und Teil A: Vergütungsanspruch gegen die Staatskasse [§§ 44, 45, 50], Rn. 1482; Hartung/Römermann/Schons, § 53 Rn. 6). Den hieraus hervorgehenden vertraglichen Vergütungsanspruch auf Zahlung von Wahlanwaltsgebühren kann der dem Neben- oder Privatkläger im Wege der PKH **beigeordnete Rechtsanwalt** wegen der **Forderungssperre** des § 122 Abs. 1 Nr. 3 ZPO jedoch grds. nicht geltend machen (vgl. aber Teil A: Vergütungsanspruch gegen die Staatskasse [§§ 44, 45, 50], Rn. 1482). § 122 Abs. 1 Nr. 3 ZPO ist anwendbar, weil §§ 379 Abs. 3, 397a Abs. 2, 406g Abs. 3 Nr. 2 StPO hierauf verweisen (vgl. Gerold/Schmidt/Müller-Rabe, § 59 Rn. 31 ff.; Hartung/Römermann/Schons, § 53 Rn. 8; **a.A.** AnwKomm-RVG/N. Schneider, § 53 Rn. 3).

b) Wahlgebührenanspruch gem. § 52

12 Die Inanspruchnahme des Auftraggebers für die Wahlanwaltsgebühren ist deshalb nur möglich

- im Fall der **Aufhebung der PKH-Bewilligung** (§ 124 ZPO; vgl. BGH, BGHreport 2006, 1447 = Rpfleger 2006, 609 = RVGreport 2006, 392; Gerold/Schmidt/Müller-Rabe, § 45 Rn. 72; AnwKomm-RVG/Schnapp, § 45 Rn. 29; noch zur BRAGO: OLG Frankfurt am Main, NStZ 1986, 43, StV 1987, 55)

- oder wenn **die Voraussetzungen von § 52** vorliegen (vgl. LG Itzehoe, AGS 2008, 233 = NJW-Spezial 2008, 221).

Ist der Auftraggeber nämlich nach seinen Einkommens- und Vermögensverhältnissen in der Lage, Wahlanwaltsgebühren zu zahlen, räumt § 53 Abs. 1 i.V.m. § 52 dem beigeordneten Rechtsanwalt einen Anspruch auf Zahlung dieser Wahlgebühren gegen den Auftraggeber ein. Es wäre unbillig, dem Rechtsanwalt in diesem Fall einen Anspruch auf Zahlung der Gebühren eines gewählten Vertreters zu verwehren. Zum Erstattungsanspruch des dem Privat- oder Nebenkläger im Wege der PKH beigeordneten Rechtsanwalts gegen den Verurteilten gem. §§ 471 und 472 StPO, § 126 ZPO vgl. Rn. 34 ff. Der Anspruch gegen den Auftraggeber **hängt davon ab**, ob diesem ein **Erstattungsanspruch** zusteht (vgl. §§ 53 Abs. 1, 52 Abs. 2 Satz 1 Halbs. 1) oder die gerichtliche Feststellung nach §§ 53 Abs. 1, 52 Abs. 2 Satz 1 Halbs. 2 getroffen wird. Die Feststellung dürfte jedoch nur dann möglich sein, wenn sich die wirtschaftlichen Verhältnisse nach der PKH-Bewilligung und Beiordnung wesentlich verbessert haben (AnwKomm-RVG/N. Schneider, § 53 Rn. 3; Hartung/Römermann/Schons, § 53 Rn. 9).

Anspruch gegen Auftraggeber, Anspruch des bestellten RA gegen Verurteilten § 53 RVG

2. Von Abs. 1 erfasste Beiordnungen

a) Sachlicher Geltungsbereich

§ 53 Abs. 1 gilt für den im **Strafverfahren** und im **Bußgeldverfahren** (Teil 4 und 5 VV) beigeordneten Rechtsanwalt. Zur Anwendung im Bußgeldverfahren vgl. auch § 52 Abs. 6, auf den § 53 Abs. 1 verweist (vgl. § 52 Rn. 82). § 53 findet grds. ebenfalls Anwendung für den Rechtsanwalt, der in Angelegenheiten, in denen sich die Gebühren nach Teil 6 VV richten, beigeordnet worden ist (vgl. aber Rn. 15 und Rn. 26 ff.). **13**

b) Persönlicher Geltungsbereich

§ 53 Abs. 1 gilt nur für **beigeordnete Rechtsanwälte** (zum Beistand nach dem **Therapieunter-** **14** **bringungsgesetz** s. Rn. 15). Erfasst werden zunächst aufgrund ausdrücklicher Erwähnung die Beiordnungen im Wege der PKH für

- den **Privatkläger** gem. § 379 Abs. 3 StPO,
- den **Nebenkläger** gem. § 397a Abs. 2 StPO (vgl. OLG Koblenz, AGS 2007, 507 = StRR 2008, 40 = RVGreport 2008, 139) sowie
- den Antragsteller im **Klageerzwingungsverfahren** gem. § 172 Abs. 3 Satz 2 StPO.

Darüber hinaus findet § 53 Abs. 1 auch Anwendung bei der Beiordnung eines Rechtsanwalts in sonstigen Fällen. Hierzu gehören insbesondere (vgl. auch Hartung/Römermann/Schons, § 53 Rn. 5):

- die Beiordnung für den **Einziehungs-** und **Nebenbeteiligten** gem. § 434 Abs. 2 StPO (zur Vergütung s. Vorbem. 4 Abs. 1 VV),
- die Beiordnung für den (**nebenklageberechtigten**) **Verletzten** gem. §§ 406g Abs. 3 Nr. 2, 397a Abs. 2 StPO (so auch Gerold/Schmidt/Burhoff, § 53 Rn. 3),
- die Beiordnung im Wege der PKH für den Antragsteller oder den Angeschuldigten im **Adhäsionsverfahren** gem. § 404 Abs. 5 StPO,
- die Beiordnung nach §§ 76, 415 ff. FamFG für die Person, der die Freiheit entzogen werden soll (vgl. hierzu Nrn. 6300 – 6303 VV).

> **Hinweis:**
> **Nicht** unter § 53 Abs. 1 fallen:
> - Der gem. § 68b Abs. 2 StPO beigeordnete **Zeugenbeistand:** Dieser fällt aufgrund ausdrücklicher Regelung nicht unter Abs. 1, sondern unter **Abs. 2** (s. dazu Rn. 25).
> - Der gem. § 34a EGGVG als **Kontaktperson** beigeordnete Rechtsanwalt: Dieser fällt nicht unter § 53 Abs. 1, da insoweit lediglich ein Anspruch auf Erstattung einer Festgebühr i.H.v. 3.000,00 € gegen die Staatskasse besteht, vgl. Nr. 4304 VV und Rn. 17; Hartung/Römermann/Schons, § 53 Rn. 5).

c) Beistand nach dem Therapieunterbringungsgesetz (ThUG)

Der gem. § 7 Abs. 1 ThUG als **Beistand** im Verfahren nach dem **Therapieunterbringungsge-** **15** **setz** gerichtlich **beigeordnete** Rechtsanwalt macht unter den in § 52 genannten Voraussetzungen seine Wahlanwaltsgebühren gegen seinen Auftraggeber geltend. Denn § 52 Abs. 1 bis 3 und

Volpert

§ 53 RVG *Anspruch gegen Auftraggeber, Anspruch des bestellten RA gegen Verurteilten*

Abs. 5 ist in § 20 Abs. 2 Satz 1 ThUG für entsprechend anwendbar erklärt worden. Obwohl der beigeordnete Rechtsanwalt gem. § 7 Abs. 2 Satz 1 ThUG die Stellung eines Beistands hat, gilt § 53 **Abs. 2** im Übrigen auch schon deshalb nicht, weil keine Beistandsbestellung für den in § 53 Abs. 2 genannten Personenkreis vorliegt (zu weiteren Einzelheiten s. Teil A: Sicherungsverwahrung/Therapieunterbringung, Rn. 1259 ff.).

3. Entstehung des Anspruchs

16 Neben der Beiordnung ist es für die Entstehung eines Gebührenanspruchs gegen den Auftraggeber erforderlich, dass dem Rechtsanwalt vom Privatkläger, Nebenkläger usw. ein **Auftrag zur Prozessführung** erteilt bzw. ein Geschäftsbesorgungsvertrag oder Rechtsanwaltsvertrag zwischen dem Rechtsanwalt und dem Auftraggeber geschlossen worden ist (s. dazu Rn. 11).

4. Wahlanwaltsgebühren

17 Wahlanwaltsgebühren können nur insoweit geltend gemacht werden, als sie die Gebühren für den gerichtlich beigeordneten Rechtsanwalt **übersteigen**. Das ist bei dem als **Kontaktperson** beigeordneten Rechtsanwalt nicht der Fall (Rn. 15) Die Höhe der Wahlanwaltsgebühren und der Gebühren für den beigeordneten Rechtsanwalt ergibt sich aus der jeweiligen Gebührenspalte im Vergütungsverzeichnis.

> **Hinweis:**
> Der beigeordnete Rechtsanwalt kann gem. § 42 Abs. 2 Satz 2 nicht nur die Zahlung der im Vergütungsverzeichnis aufgeführten Wahlanwaltsgebühren vom Auftraggeber verlangen, sondern auch einen Antrag auf Feststellung einer diese Wahlanwaltsgebühren übersteigenden **Pauschgebühr** stellen (s. dazu § 42 Rn. 3; so auch Gerold/Schmidt/Burhoff, § 42 Rn. 5; AnwKomm-RVG/N. Schneider, § 53 Rn. 4). Diese Pauschgebühr darf aber das Doppelte der Höchstbeträge der Wahlanwaltsgebühren nach dem Vergütungsverzeichnis nicht übersteigen (s. Rn. 39).

5. Anspruchswegfall durch Zahlung der Staatskasse

18 § 52 Abs. 1 Satz 2 bzw. Abs. 2 Satz 2 bestimmen, dass der Anspruch auf Zahlung der Wahlanwaltsgebühren insoweit **entfällt**, als die **Staatskasse Gebühren** gezahlt hat. Anzurechnen sind somit die aus der Staatskasse nach § 45 aufgrund der Beiordnung gewährten Gebühren sowie die Pauschgebühr nach § 51 (vgl. § 52 Rn. 22). Sinn dieser Regelung ist, dass der vom Gericht beigeordnete Rechtsanwalt höchstens die Wahlanwaltsgebühren erhalten soll. Denn höchstens diese Gebühren wären entstanden, wenn der Mandant selbst einen Wahlanwalt beauftragt hätte. Der Anspruch gegen den Auftraggeber besteht somit bei erfolgter Zahlung der Staatskasse i.H.d. Differenz zwischen den Gebühren eines Wahlanwalts und den aus der Staatskasse gewährten Gebühren zuzüglich Umsatzsteuer (vgl. insoweit ausführlich § 52 Rn. 22 ff.).

6. Tatsächliche Zahlung der Staatskasse

19 Der beigeordnete Rechtsanwalt kann somit vom Auftraggeber unter den Voraussetzungen von § 52 grds. die Wahlanwaltsgebühren **in voller Höhe** verlangen, wenn die Staatskasse noch keine Gebühren gezahlt hat. Denn nach dem Wortlaut von §§ 53 Abs. 2 Satz 2 und 52 Abs. 1 Satz 2 entfällt der Anspruch gegen den Auftraggeber nur insoweit, als die Staatskasse **tatsächlich** Ge-

Anspruch gegen Auftraggeber, Anspruch des bestellten RA gegen Verurteilten § 53 RVG

bühren **gezahlt** hat (Hartung/Römermann/Schons, § 53 Rn. 10). Zu der Frage, in welchen Fällen trotz nicht erfolgter Zahlung der Staatskasse die vollen Wahlanwaltsgebühren nicht infrage kommen, wird auf die Ausführungen zu § 52 Rn. 23 ff. verwiesen.

7. Erstattungsanspruch

Ein Erstattungsanspruch **gegen die Staatskasse** wird dem Privatkläger, dem Nebenkläger, dem Antragsteller im Klageerzwingungsverfahren oder einen sonstigen Beteiligten i.d.R. nicht zustehen (vgl. § 52 Abs. 2). § 53 Abs. 1 erklärt § 52 daher insbesondere insoweit für entsprechend anwendbar, als ein Erstattungsanspruch dieser Personen gegen einen anderen Verfahrensbeteiligten besteht (z.B. des Privatklägers [§ 471 Abs. 1 StPO] oder des Nebenklägers [§ 472 Abs. 1 StPO] gegen den rechtskräftig Verurteilten; vgl. aber auch § 470 Satz 2 StPO).   20

8. Feststellungsverfahren/Beschwerdeverfahren/Verjährung

In entsprechender Anwendung von § 52 Abs. 2 kann der beigeordnete Rechtsanwalt den Anspruch auf Zahlung der Gebühren eines gewählten Vertreters gegen den Auftraggeber insoweit geltend machen, als das **Gericht** des ersten Rechtszugs auf Antrag des beigeordneten Rechtsanwalts **feststellt**, dass der Auftraggeber ohne Beeinträchtigung des für ihn und seine Familie notwendigen Unterhalts zur Zahlung oder zur Leistung von Raten in der Lage ist (hinsichtlich des Feststellungsverfahrens und des Beschwerdeverfahrens sowie der Verjährung s. § 52 Rn. 30 ff., 66 ff., 78 ff.).   21

III. Vergütungsanspruch des zum Beistand bestellten Rechtsanwalts gegen den Verurteilten (Abs. 2)

1. Regelungsgehalt von Abs. 2

Abs. 2 regelt den **Sonderfall** der Bestellung als **Beistand** für den Nebenkläger, den **nebenklageberechtigten Verletzten** oder für einen **Zeugen**. Bei **Beiordnung** im Wege der **PKH** gilt Abs. 2 nicht, sondern Abs. 1 (LG Itzehoe, AGS 2008, 233) Danach kann auch der als Beistand bestellte Rechtsanwalt die Gebühren eines gewählten Beistands geltend machen. Ausdrücklich klargestellt ist aber, dass sich der Anspruch auf die Wahlgebühren nur gegen den **Verurteilten** und nicht wie in § 53 Abs. 1 gegen den Auftraggeber (Nebenkläger, nebenklageberechtigter Verletzter oder Zeuge) richtet (KG, JurBüro 2009, 656). Der **Auftraggeber/Vertretene** kann daher auch dann **nicht** nach § 53 Abs. 2 in Anspruch genommen werden, wenn diesem ein Erstattungsanspruch gegen den Verurteilten zusteht (AnwKomm-RVG/N. Schneider, § 53 Rn. 5; Hartung/Römermann/Schons, § 53 Rn. 16).   22

2. Persönlicher Geltungsbereich von Abs. 2

a) Abschließende Regelung

§ 53 Abs. 2 räumt den dem **Nebenkläger**, dem **nebenklageberechtigten Verletzten** oder dem **Zeugen** als Beistand bestellten Rechtsanwalt einen Anspruch auf Zahlung der Wahlanwaltsgebühren gegen den Verurteilten ein (Hartung/Römermann/Schons, § 53 Rn. 14; AnwKomm-RVG/N. Schneider, § 53 Rn. 5, 6). Hierbei sind drei Fälle zu unterscheiden: 23

- Nach § 397a Abs. 1 StPO ist dem **Nebenkläger** bzw. gem. § 406g Abs. 3 Nr. 1 StPO dem nebenklageberechtigten Verletzten bei Vorliegen der in diesen Bestimmungen genannten Voraussetzungen auf Antrag ein Beistand zu bestellen.

- Sofern die Voraussetzungen für die Beistandsbestellung nicht vorliegen, ist dem **Nebenkläger** gem. § 397a Abs. 2 StPO bzw. dem nebenklageberechtigten Verletzten gem. § 406g Abs. 3 Nr. 2 StPO auf Antrag ein Rechtsanwalt im Wege der **PKH** beizuordnen.

- Nach **§ 68b Abs. 2 StPO** ist einem Zeugen, der bei seiner Vernehmung keinen anwaltlichen Beistand hat und dessen schutzwürdigen Interessen nicht auf andere Weise Rechnung getragen werden kann, für deren Dauer ein solcher beizuordnen, wenn besondere Umstände vorliegen, aus denen sich ergibt, dass der Zeuge seine Befugnisse bei seiner Vernehmung nicht selbst wahrnehmen kann (vgl. auch Rn. 25).

Andere, nicht ausdrücklich dort genannte Beistandsbestellungen fallen nicht unter Abs. 2.

b) Einstweilige Beistandsbestellung nach § 406g Abs. 4 StPO

24 Auch die **vorläufige Beistandsbestellung** für den **nebenklageberechtigten Verletzten** nach § 406g Abs. 4 StPO fällt unter § 53 **Abs. 2**. Sie setzt u.a. voraus, dass die Bewilligung von **PKH** (vgl. § 406g Abs. 3 StPO) möglich erscheint, eine rechtzeitige Entscheidung hierüber aber nicht zu erwarten ist. Wird PKH nachträglich bewilligt, erhält die vorläufige Bestellung die Qualität einer rückwirkenden **Beiordnung**. In diesem Fall ist § 53 **Abs. 1** anzuwenden (Hartung/Römermann/Schons, § 53 Rn. 14).

Die vorläufige Beistandsbestellung endet, wenn PKH entweder nicht fristgerecht beantragt oder der Bewilligungsantrag abgelehnt wird (vgl. § 406g Abs. 4 Satz 3 StPO). In diesem Fall ist ein Anspruch gegen den **Auftraggeber** auf Zahlung der Wahlanwaltsgebühren gegeben, wenn neben der gerichtlichen Bestellung zugleich auch ein Anwaltsvertrag geschlossen worden ist. Auf das Vorliegen der Voraussetzungen des § 52 kommt es hier ausnahmsweise nicht an, weil die Bestellung ausgelaufen ist (so AnwKomm-RVG/N. Schneider, § 53 Rn. 6).

c) Zeugenbeistand

25 Der **Zeugenbeistand** ist früher § 53 **Abs. 1** zugeordnet worden, da er **beigeordnet** und nicht bestellt wird (§ 68b Abs. 2 StPO; vgl. KG, NStZ-RR 2009, 327 = StRR 2009, 398 = RVGreport 2009, 310; vgl. hierzu in der Voraufl. die Komm. zu § 53 Rn. 27; Hartung/Römermann/Schons, § 53 Rn. 5). Daran kann aber nicht mehr festgehalten werden, nachdem der Zeugenbeistand nunmehr ausdrücklich in den Wortlaut von § 53 Abs. 2 aufgenommen worden ist. § 68b Abs. 2 StPO spricht zwar von der Beiordnung. Aus der Gesetzesbegründung zur Änderung von Abs. 2 durch das 2. OpferRRG (BT-Drucks. 16/12098, 42; vgl. Rn. 2) ergibt sich aber, dass die Bestellung i.S.v. Abs. 2 gemeint ist. Insoweit dürfte daher ein Redaktionsversehen des Gesetzgebers vorliegen (Gerold/Schmidt/Burhoff, § 53 Rn. 6).

d) Beistand im Verfahren nach dem Gesetz über die internationale Rechtshilfe in Strafsachen (IRG)

26 Nach § 40 i.V.m. §§ 31 Abs. 2 Satz 3, 33 Abs. 3, 36 Abs. 2 Satz 2, 40 Abs. 2, 45 Abs. 6, 52 Abs. 2 Satz 2, 53 Abs. 2, 65 und 71 Abs. 4 Satz 5 IRG ist in Verfahren nach dem Gesetz über die **internationale Rechtshilfe in Strafsachen** die Bestellung eines Beistands für den Verfolgten vor-

gesehen. § 53 findet auf diesen Beistand **keine Anwendung**, da **keine Beiordnung** i.S.v. § 53 Abs. 1 vorliegt und der Rechtsanwalt nicht als Beistand für den in § 53 Abs. 2 aufgeführten Personenkreis bestellt worden ist (so auch Gerold/Schmidt/Burhoff, § 53 Rn. 1; Hartung/Römermann/Schons, § 53 Rn. 14). Die Gebühren in diesen Verfahren ergeben sich aus Nrn. 6101 und 6102 VV.

e) Beistand im Verfahren nach dem Therapieunterbringungsgesetz

Der gem. § 7 ThUG beigeordnete Beistand fällt unter Abs. 1. Auf die Erläuterungen zu Rn. 15 wird insoweit verwiesen. 27

f) Beistand im Verfahren auf Vollstreckung europäischer Geldsanktionen nach dem IRG

In §§ 87e, 53 IRG ist die Bestellung eines Beistands für den Betroffenen in Verfahren auf Bewilligung der Vollstreckung einer europäischen Geldsanktion vorgesehen. Ein Anspruch gegen den Verurteilten nach Abs. 2 scheidet schon deshalb aus, weil der Rechtsanwalt nicht zu den von Abs. 2 erfassten Beiständen gehört. Da in diesen Verfahren der Auftraggeber und der Verurteilte identisch sind, kommt ohnehin nur ein Anspruch nach § 53 Abs. 1 in Betracht. Dieser scheitert aber jedenfalls dem Wortlaut nach daran, dass keine Beiordnung, sondern eine Bestellung vorliegt (vgl. auch Rn. 10). Andererseits soll Abs. 1 für den beigeordneten Rechtsanwalt gelten, der in einer Angelegenheit tätig ist, in der sich die Gebühren nach Teil 6 VV richten. Das ist der Fall (vgl. Vorbem. 6.1.1 VV und Nrn. 6100 ff. VV und die Komm. Hierzu). Zu berücksichtigen ist aber, dass die bloße Beistandsbestellung durch das Bundesamt für Justiz keinen Vergütungsanspruch gegen die Staatskasse auslöst, weil nicht die erforderliche gerichtliche Bestellung vorliegt (vgl. Teil A: Vergütungsanspruch gegen die Staatskasse [§§ 44, 45, 50], Rn. 1500). 28

3. Auswirkungen der Beistandsbestellung

Die Beiordnung und die Beistandsbestellung haben **unterschiedliche Auswirkungen**. Bei der **Beiordnung** kann der Rechtsanwalt nach §§ 53 Abs. 1, 52 die Gebühren eines gewählten Vertreters von seinem Auftraggeber verlangen. Bei der Bestellung zum **Beistand** eines Nebenklägers, eines nebenklageberechtigten Verletzten oder eines Zeugen kann der Rechtsanwalt die Gebühren eines gewählten Beistands nach § 53 Abs. 2 nur von dem Verurteilten und nicht vom Auftraggeber verlangen (KG, JurBüro 2009, 656; vgl. Rn. 10). § 52 gilt insoweit nicht (AnwKomm-RVG/N. Schneider, § 53 Rn. 3). 29

4. Rechtskräftige Verurteilung

Der Verurteilte ist nur dann zur Zahlung der Wahlbeistandsgebühren verpflichtet, wenn seine Verurteilung Rechtskraft erlangt hat, vgl. § 449 StPO (Hartung/Römermann/Schons, § 53 Rn. 17). Aus diesem Grund kann der Beistand auch keinen Vorschuss vom Verurteilten fordern (vgl. Rn. 5). 30

Abschnitt 8 • Beigeordneter oder bestellter RA, Beratungshilfe

§ 53 RVG   Anspruch gegen Auftraggeber, Anspruch des bestellten RA gegen Verurteilten

> **Hinweis:**
> **Voraussetzung** für die Geltendmachung des Anspruchs gegen den Verurteilten ist dessen **rechtskräftige Verurteilung**. Die Geltendmachung des Anspruchs auf Zahlung der Wahlbeistandsgebühren hängt nicht von der Feststellung der Leistungsfähigkeit des Verurteilten entsprechend §§ 53 Abs. 1, 52 Abs. 2 und 3 ab (Hartung/Römermann/Schons, § 53 Rn. 18).

5. Gebühren eines gewählten Beistands

31 Die Ermittlung der Höhe des Anspruchs auf die Wahlgebühren des als Beistand bestellten Rechtsanwalts ist in Abs. 2 abschließend geregelt. Der Rechtsanwalt kann die Gebühren eines gewählten Beistands vom rechtskräftig Verurteilten insoweit verlangen, als die **Staatskasse keine Gebühren bezahlt** hat, § 53 Abs. 2 Satz 2 (vgl. auch Rn. 19). Die Höhe der Gebühren eines gewählten Beistands und der Gebühren für den gerichtlich bestellten Beistand ergibt sich aus der jeweiligen anzuwendenden Gebührenspalte im Vergütungsverzeichnis.

> *Beispiel:*
> *R ist zum Beistand für den Nebenkläger N nach Eingang der Anklageschrift bei dem AG bestellt worden. R nimmt an einem Termin zur Hauptverhandlung teil, der zwei Stunden gedauert hat.*
>
> *Der Angeklagte A wird rechtskräftig verurteilt.*
>
> *R hat folgende Gebühren aus der Staatskasse erhalten (vgl. Vorbem. 4 Abs. 1 VV):*
>
> | | |
> |---|---:|
> | *Grundgebühr Nr. 4100 VV* | *132,00 €* |
> | *Verfahrensgebühr für den ersten Rechtszug vor dem AG Nr. 4106 VV* | *112,00 €* |
> | *Terminsgebühr Nr. 4108 VV* | *184,00 €* |
> | ***Anwaltsvergütung netto*** | ***428,00 €*** |
>
> *Die Gebühren eines Wahlbeistands betragen (mittlere Rahmengebühren, § 14):*
>
> | | |
> |---|---:|
> | *Grundgebühr Nr. 4100 VV* | *165,00 €* |
> | *Verfahrensgebühr für den ersten Rechtszug vor dem AG Nr. 4106 VV* | *140,00 €* |
> | *Terminsgebühr Nr. 4108 VV* | *230,00 €* |
> | ***Anwaltsvergütung netto*** | ***535,00 €*** |
>
> *Die Differenz i.H.v. 107,00 € zuzüglich 19 % USt (535,00 € abzgl. 428,00 €) kann R gegen A aufgrund dessen rechtskräftiger Verurteilung geltend machen.*

6. Anspruchswegfall durch Zahlung der Staatskasse

32 § 53 Abs. 2 Satz 2 bestimmt, dass der Anspruch auf Zahlung der Wahlbeistandsgebühren gegen den Verurteilten insoweit entfällt, als die Staatskasse Gebühren bezahlt hat. **Anzurechnen** sind somit die aus der Staatskasse nach § 45 aufgrund der Beistandsbestellung gewährten Gebühren sowie Pauschgebühren nach § 51. Sinn dieser Regelung ist, dass der vom Gericht als Beistand bestellte Rechtsanwalt höchstens die Wahlbeistandsgebühren erhalten soll. Der Anspruch gegen den Verurteilten besteht somit bei erfolgter Zahlung der Staatskasse i.H.d. Differenz zwischen den Gebühren eines Wahlanwalts und den aus der Staatskasse gewährten Gebühren zuzüglich Umsatzsteuer (vgl. insoweit ausführlich § 52 Rn. 22 ff.; Hartung/Römermann/Schons, § 53 Rn. 19).

Anspruch gegen Auftraggeber, Anspruch des bestellten RA gegen Verurteilten § 53 RVG

7. Tatsächliche Zahlung der Staatskasse

Der Beistand kann vom Verurteilten die Wahlgebühren **in voller Höhe** verlangen, wenn die Staatskasse noch keine Gebühren gezahlt hat. Denn nach dem Wortlaut von § 53 Abs. 2 Satz 2 entfällt der Anspruch gegen den Verurteilten nur insoweit, als die Staatskasse **tatsächlich** Gebühren **gezahlt** hat (Hartung/Römermann/Schons, § 53 Rn. 19). Auf die Ausführungen zu Rn. 19 und § 52 Rn. 23 ff. wird aber verwiesen. **33**

IV. Erstattungsanspruch des Rechtsanwalts gegen den Verurteilten bei PKH (§ 126 ZPO)

1. Erstattungsanspruch nur bei PKH-Beiordnung

Die von Abs. 1 erfassten beigeordneten Rechtsanwälte können ihre Wahlanwaltsgebühren unter den Voraussetzungen von §§ 53 Abs. 1, 52 von ihrem **Auftraggeber** verlangen. Darüber hinaus kann sich für im **Wege der PKH beigeordnete Rechtsanwälte** auch ein Anspruch auf Wahlanwaltsgebühren gegen den **Verurteilten** ergeben. Werden z.B. die dem Privat- oder dem Nebenkläger erwachsenen notwendigen Auslagen gem. §§ 471, 472 StPO rechtskräftig dem Angeklagten auferlegt, kann der dem Privat- oder Nebenkläger **im Wege der PKH** beigeordnete Rechtsanwalt entsprechend §§ 379 Abs. 3, 397a Abs. 2 StPO und **§ 126 ZPO** seine Wahlanwaltsgebühren und Auslagen **im eigenen Namen** unmittelbar gegen den Verurteilten geltend machen (KG, StRR 2007, 11; LG Itzehoe, JurBüro 2008, 233 = NJW-Spezial 2008, 221; AnwKomm-RVG/N. Schneider, § 53 Rn. 2, 7 und 8; Hartung/Römermann/Schons, § 53 Rn. 13; Gerold/Schmidt/Burhoff, § 52 Rn. 10 f.; Schneider, in: Hansens/Braun/Schneider, Teil 15, Rn. 719; noch zur BRAGO: OLG Hamburg, AnwBl. 1975, 404 = Rpfleger 1975, 320). **34**

2. Höhe des Erstattungsanspruchs

Der Anspruch des im Wege der PKH beigeordneten Rechtsanwalts gegen den erstattungspflichtigen Gegner ist durch den Umfang des Kostenerstattungsanspruchs seines Mandanten gegen den Gegner **beschränkt**. Die Beitreibungsmöglichkeit für den beigeordneten Rechtsanwalt gem. § 126 Abs. 1 ZPO beschränkt sich aber nicht auf die aus der Staatskasse zu zahlenden Gebühren, sondern der beigeordnete Rechtsanwalt kann gegen den Gegner die Wahlanwaltsgebühren geltend machen, soweit diese über die ihm aus der Staatskasse erstatteten Gebühren hinausgehen (KG, StRR 2007, 11; LG Itzehoe, JurBüro 2008, 233 = NJW-Spezial 2008, 221; AnwKomm-RVG/N. Schneider, § 53 Rn. 2, 7 und 8; Hartung/Römermann/Schons, § 53 Rn. 13; Gerold/Schmidt/Burhoff, § 52 Rn. 10 f.; noch zur BRAGO OLG Düsseldorf, Rpfleger 1993, 28 = JurBüro 1993, 29 = NJW-RR 1992, 1529). Der beigeordnete Rechtsanwalt hat auch dann einen Anspruch gegen den Gegner, wenn dieser nicht entsprechend § 126 Abs. 1 ZPO in die Kosten verurteilt worden ist, sondern diese **vergleichsweise übernommen** hat (vgl. OLG Düsseldorf, Rpfleger 1993, 28 = JurBüro 1993, 29 = NJW-RR 1992, 1529). **35**

3. Kostenfestsetzungsverfahren

Das **Kostenfestsetzungsverfahren** richtet sich nach **§ 464b StPO** (KG, StRR 2007, 119; LG Itzehoe, AGS 2008, 233). Es kann nur der Betrag an Wahlanwaltskosten festgesetzt werden, der den aus der Staatskasse aufgrund der Beiordnung erstatteten Betrag übersteigt (KG, a.a.O.; LG Itzehoe, a.a.O.; AnwKomm-RVG/N. Schneider, § 53 Rn. 2, 7 und 8; Gerold/Schmidt/Burhoff, **36**

§ 53 RVG   *Anspruch gegen Auftraggeber, Anspruch des bestellten RA gegen Verurteilten*

§ 53 Rn. 11). Ist noch keine Zahlung der PKH-Vergütung aus der Staatskasse erfolgt, kann der beigeordnete Rechtsanwalt die volle Wahlanwaltsvergütung vom Verurteilten verlangen (LG Itzehoe, a.a.O.; Gerold/Schmidt/Burhoff, § 53 Rn. 11). Wird aber nach Kostenfestsetzung gem. § 464b StPO noch die PKH-Vergütung gegen die Staatskasse geltend gemacht, ist vom Rechtspfleger nach Nr. 2.3.2 der Festsetzungs-AV (dazu Teil A: Festsetzung gegen die Staatskasse [§ 55], Rn. 580) zu verfahren: Der Rechtspfleger fordert dann die vollstreckbare Ausfertigung des Kostenfestsetzungsbeschlusses von der- oder demjenigen zurück, zu deren oder dessen Gunsten er ergangen ist. Nach der Festsetzung der aus der Staatskasse zu gewährenden Vergütung vermerkt der Rechtspfleger auf der vollstreckbaren Ausfertigung des Kostenfestsetzungsbeschlusses, um welchen Betrag sich die festgesetzten Kosten mindern und welcher Restbetrag noch zu erstatten ist; falls erforderlich, fügt er eine erläuternde Berechnung bei. Die gleichen Vermerke setzt er auf den Kostenfestsetzungsbeschluss und bescheinigt dort außerdem, dass die vollstreckbare Ausfertigung mit denselben Vermerken versehen und zurückgesandt worden ist.

V. Vergütungsvereinbarung des zum Beistand bestellten Rechtsanwalts (Abs. 3)

1. Regelungszweck

37 § 53 Abs. 3 ist durch Art. 5 Nr. 2 des 2. OpferRRG v. 29.07.2009 (BGBl. I, S. 2280) mit Wirkung v. 01.10.2009 eingefügt worden. Im Fall der Bewilligung von PKH wird der Nebenkläger oder der nebenklageberechtigte Verletzte (§§ 397a Abs. 2, 406g Abs. 3 StPO) durch § 3a Abs. 3 davor **geschützt**, dass der beigeordnete Rechtsanwalt neben den gesetzlichen Gebühren auch höhere Gebühren aus einer mit dem Nebenkläger oder dem nebenklageberechtigten Verletzten abgeschlossenen Vergütungsvereinbarung einfordert. Denn eine solche Vergütungsvereinbarung ist nach § 3a Abs. 3 Satz 1 nichtig (s. auch Teil A: Vergütungsvereinbarung [§ 3a], Rn. 1517). Nebenkläger, nebenklageberechtigte Verletzte und Zeugen (insoweit ist allerdings keine PKH möglich) sind aber nicht geschützt, wenn ihnen der Rechtsanwalt nicht im Wege der PKH beigeordnet, sondern gem. §§ 68b Abs. 2, 397a Abs. 1, 406g StPO als Beistand bestellt wird. In diesen Fällen könnte der Beistand auch bei Bedürftigkeit dieser Personen die in der Vergütungsvereinbarung festgelegten und die die gesetzlichen Gebühren übersteigenden Gebühren fordern. Diese kostenrechtliche Benachteiligung von bedürftigen Nebenklägern, nebenklageberechtigten Verletzten und Zeugen hält der Gesetzgeber nicht für sachgerecht. Diese Personen sollen durch Abs. 3 im Fall ihrer Bedürftigkeit genauso geschützt werden wie Personen, die PKH erhalten hätten. Mit der Vorschrift werden die bedürftigen Vertragspartner des Rechtsanwalts im Ergebnis kostenrechtlich denjenigen gleichgestellt, die für die Kosten der Beiordnung eines Opferanwalts PKH nach § 397a Abs. 2 StPO erhalten und bei denen eine Vergütungsvereinbarung nach § 3a Abs. 3 nichtig ist (BT-Drucks. 16/12098, S. 42).

2. Feststellung der Bedürftigkeit

38 Die in § 53 Abs. 2 Satz 1 genannten Beistände können deshalb Ansprüche aus einer mit dem Nebenkläger, dem nebenklageberechtigten Verletzten oder dem Zeugen geschlossenen Vergütungsvereinbarung **nur** geltend machen, wenn das Gericht **vorher festgestellt** hat, dass der Vertragspartner nicht bedürftig ist, d.h., dass er nach seinen persönlichen und wirtschaftlichen Verhältnissen keinen Anspruch auf PKH gehabt hätte. Abs. 3 lehnt sich dabei an die Regelung

Anspruch gegen Auftraggeber, Anspruch des bestellten RA gegen Verurteilten § 53 RVG

des § 52 Abs. 2 an. Das bedeutet, dass das Gericht nicht von vornherein bei jeder Bestellung eines Beistands unabhängig von den wirtschaftlichen Voraussetzungen des Betroffenen vorsorglich auch prüfen muss, ob dem Nebenkläger, dem nebenklageberechtigten Verletzten oder dem Zeugen dem Grunde nach PKH zu gewähren wäre oder nicht. Die Prüfung erfolgt vielmehr nur, wenn der Rechtsanwalt in diesen Fällen Forderungen aus einer Vergütungsvereinbarung geltend machen möchte.

Hierzu muss der Rechtsanwalt einen entsprechenden **Feststellungs antrag** stellen, über den das **Gericht des ersten Rechtszugs** entscheidet. Ist das Verfahren nicht gerichtlich anhängig geworden, entscheidet das Gericht, das den Rechtsanwalt als Beistand bestellt hat (Abs. 3 Satz 2). Das kann z.B. beim nebenklageberechtigten Verletzten (vgl. § 406g StPO) oder bei einem im Ermittlungsverfahren vernommenen Zeugen und anschließender Verfahrenseinstellung der Fall sein (Gerold/Schmidt/Burhoff, § 53 Rn. 13).

Kommt das Gericht zum Ergebnis, dass zum Zeitpunkt des Abschlusses der Vergütungsvereinbarung beim Vertragspartner des Rechtsanwalts allein aufgrund der persönlichen und wirtschaftlichen Verhältnisse und ohne Rücksicht auf sonstige Voraussetzungen ein Anspruch auf PKH bestanden hätte, kann die Forderung nicht geltend gemacht werden. Die Prüfung erfolgt unter entsprechender Anwendung von §§ 114 ff. ZPO (BT-Drucks. 16/12098, 43). Vom Gericht sind aber ausschließlich die **persönlichen und wirtschaftlichen Verhältnisse**, nicht aber die **Erfolgsaussicht** und die **Mutwilligkeit** zu prüfen (BT-Drucks. 16/12098, 43; so auch Gerold/Schmidt/Burhoff, § 53 Rn. 13).

Für das Verfahren gilt gem. Abs. 3 Satz 3 **§ 52 Abs. 3 bis 5 entsprechend**. Auf die Erläuterungen zu § 52 Rn. 30 ff. kann daher verwiesen werden.

VI. Pauschgebühr für den beigeordneten Rechtsanwalt

Zur Festsetzung einer Pauschgebühr nach §§ 42, 51 für den beigeordneten Rechtsanwalt wird verwiesen auf § 52 Rn. 80, 81. **39**

§ 54 RVG
Verschulden eines beigeordneten oder bestellten Rechtsanwalts

Hat der beigeordnete oder bestellte Rechtsanwalt durch schuldhaftes Verhalten die Beiordnung oder Bestellung eines anderen Rechtsanwalts veranlasst, kann er Gebühren, die auch für den anderen Rechtsanwalt entstehen, nicht fordern.

Übersicht

	Rn.
A. Überblick	1
I. Entstehung der Norm	1
II. Regelungsgehalt	2
III. Anwendungsbereich	3
1. Beiordnung und Bestellung	3
2. Gebührenanspruch	4
3. Anspruch gegen die Staatskasse	5
B. Kommentierung	6
I. Schuldhaftes Verhalten	6
1. Veranlassung eines Anwaltswechsels	6
2. Konkretes Fehlverhalten	7
3. Vorsatz und Fahrlässigkeit/Verschulden	8
4. Zeitpunkt des Fehlverhaltens	9
II. Einzelfälle	10
1. Aufgabe der Zulassung	10
a) Allgemeines	10
b) Krankheits- oder Altersgründe/Tod des Rechtsanwalts	12
c) Eintritt in den Staatsdienst	13
d) Ausschließung aus dem Rechtsanwaltsstand/Vertretungsverbot	14
2. Entpflichtung	15
a) Verschulden des Rechtsanwalts	15
b) Verschulden des Mandanten	17
3. Bestellung eines anderen Verteidigers gem. § 145 Abs. 1 Satz 1 StPO	18
4. Pflichtverteidiger zur Verfahrenssicherung	19
III. Auswirkungen auf den Gebühren- und Auslagenanspruch	20
1. Umfang des Verlustes	20
2. Gebührenverzicht	21
3. Festsetzungsverfahren	22
IV. Beschränkung des Anspruchs des neu beigeordneten Rechtsanwalts	23
V. Verhältnis zu § 15 Abs. 4	24

Literatur:

Hellstab, Die Entwicklung der Prozesskostenhilfe – und Beratungshilferecht seit 2004, Rpfleger 2006, 246; **Henssler/Deckenbrock**, Kostenerstattung bei Beauftragung mehrerer Rechtsanwälte, MDR 2005, 1321; **Schmidt**, Das Verhältnis des § 55 BRAO zu § 125 BRAGO, AnwBl. 1984, 496.

A. Überblick

I. Entstehung der Norm

1 § 54 übernimmt die Regelungen des früheren § 125 BRAGO und erweitert diese. Im Gegensatz zu § 125 BRAGO gilt § 54 nicht nur für beigeordnete, sondern ausdrücklich auch für gerichtlich

Verschulden eines beigeordneten oder bestellten Rechtsanwalts § 54 RVG

bestellte Rechtsanwälte wie den Pflichtverteidiger, weil Abschnitt 8 unmittelbar für jeden beigeordneten oder bestellten Rechtsanwalt gilt (Hartung/Römermann/Schons, § 54 Rn. 4).

II. Regelungsgehalt

§ 54 setzt voraus, dass

- ein neuer Rechtsanwalt beigeordnet oder bestellt wird,
- dies vom bisher beigeordneten/bestellten Rechtsanwalt verschuldet ist und
- hierdurch Gebühren doppelt entstehen, also Mehrkosten anfallen (vgl. OLG Jena, Rpfleger 2006, 434 = JurBüro 2006, 366; LG Zwickau, 22.10.2009 – 2 Qs 82/09, JurionRS 2009, 26004 = StRR 2009, 242 [Ls] = VRR 2009, 243 [Ls]).

Wird kein neuer Rechtsanwalt beigeordnet oder bestellt, trifft den bislang beigeordneten Rechtsanwalt kein Verschulden an einer neuen Beiordnung/Bestellung oder sind keine Mehrkosten feststellbar, ist § 54 nicht anwendbar.

§ 54 greift den Rechtsgedanken des § 628 Abs. 1 Satz BGB auf (OLG Karlsruhe, FamRZ 2007, 645 = OLGR Karlsruhe 2007, 107). Die Bestimmung soll die Zahlung derselben Gebühren durch die Staatskasse an mehrere beigeordnete oder bestellte Rechtsanwälte **verhindern**, wenn diese **Doppelzahlung** ihre Grundlage darin hat, dass der zunächst beigeordnete oder bestellte Rechtsanwalt schuldhaft die Beiordnung oder Bestellung eines anderen Rechtsanwalts veranlasst hat (Gerold/Schmidt/Müller-Rabe, § 54 Rn. 1). Der sich aus §§ 45 ff. ergebende Vergütungsanspruch des zunächst beigeordneten Rechtsanwalts gegen die Staatskasse wird durch § 54 **kraft Gesetzes** entzogen. Die Staatskasse erlangt hierdurch aber keinen darüber hinausgehenden Schadensersatzanspruch gegen den bisherigen Rechtsanwalt (Gerold/Schmidt/Müller-Rabe, § 54 Rn. 26). Der zuerst beigeordnete oder bestellte Rechtsanwalt erhält aus der Staatskasse in diesem Fall nur die Gebühren, die für den neu beigeordneten oder bestellten Rechtsanwalt nicht entstanden sind. § 54 regelt somit nicht den Fall, ob dem beigeordneten Rechtsanwalt wegen eines Verschuldens überhaupt eine Vergütung versagt werden muss (vgl. BVerwG, Rpfleger 1995, 75 für Versäumung der Wiedereinsetzungsfrist für ein verspätet eingelegtes und als unzulässig verworfenes Rechtsmittel; OLG Karlsruhe, JurBüro 1992, 558 = MDR 1992, 619; Gerold/Schmidt/Müller-Rabe, § 54 Rn. 2).

> **Hinweis:**
> Hierdurch wird sichergestellt, dass aus der Staatskasse trotz der Beiordnung oder Bestellung von zwei verschiedenen Rechtsanwälten insgesamt nur die Gebühren für einen beigeordneten oder bestellten Rechtsanwalt erstattet werden. § 54 ist somit **nur** insoweit **einschlägig**, wenn für beide beigeordneten oder bestellten Rechtsanwälte **dieselben Gebühren** entstehen, die Gebührentatbestände somit **deckungsgleich** sind (vgl. OLG Jena, Rpfleger 2006, 434 = JurBüro 2006, 366; LG Zwickau, 22.10.2009 – 2 Qs 82/09, JurionRS 2009, 26004 = StRR 2009, 242 [Ls] = VRR 2009, 243 [Ls]).

§ 54 RVG *Verschulden eines beigeordneten oder bestellten Rechtsanwalts*

III. Anwendungsbereich

1. Beiordnung und Bestellung

3   § 54 gilt sowohl für **jeden** beigeordneten als auch für **jeden** bestellten Rechtsanwalt. Dies ergibt sich zum einen aus der ausdrücklichen Erwähnung des beigeordneten und des gerichtlich bestellten Rechtsanwalts im Gesetzestext und zum anderen aus der Gesetzessystematik, da § 54 in den für beigeordnete oder bestellte Rechtsanwälte geltenden Abschnitt 8 des RVG eingestellt worden ist. § 54 gilt daher insbesondere auch für den **Pflichtverteidiger** (Hartung/Römermann/Schons, § 54 Rn. 4). Insoweit ist allerdings zu berücksichtigen, dass der gerichtlichen Bestellung z.B. des Pflichtverteidigers anders als bei der Beiordnung nicht notwendig ein Mandatsvertrag bzw. ein Auftragsverhältnis zugrunde liegen muss (s. dazu auch Teil A: Allgemeine Vergütungsfragen, Rn. 35; Vergütungsanspruch gegen die Staatskasse [§§ 44, 45, 50], Rn. 1482). Soweit daher nachfolgend von einer Beendigung des Mandats die Rede ist, gilt dies in erster Linie nur für den beigeordneten Rechtsanwalt (vgl. Hartung/Römermann/Schons, § 54 Rn. 9, 10).

2. Gebührenanspruch

4   § 54 führt nach dem eindeutigen Wortlaut „Gebühren" nur zur **Minderung des Gebührenanspruchs** des zunächst beigeordneten oder bestellten Rechtsanwalts, **nicht** aber **zur Minderung** seines Anspruchs auf Erstattung der Auslagen (VV Teil 7) aus der Staatskasse. Gleichwohl ist diese Frage umstritten (nur Gebühren: OLG Jena, Rpfleger 2006, 434 = JurBüro 2006, 366; LG Zwickau, 22.10.2009 – 2 Qs 82/09, JurionRS 2009, 26004 = StRR 2009, 242 [Ls] = VRR 2009, 243 [Ls]; Riedel/Sußbauer/Schmahl, § 54 Rn. 3 und 10; Hartung/Römermann/Schons, § 54 Rn. 33; a.A. Gebühren und Auslagen: Gerold/Schmidt/Müller-Rabe, § 54 Rn. 24; AnwKomm-RVG/Schnapp, § 54 Rn. 13; Mayer/Kroiß, § 54 Rn. 12; OLG Hamburg, Rpfleger 1977, 420; offen gelassen Baumgärtel/Hergenröder/Houben, RVG, § 54 Rn. 4). Nur die Überlegung, dass der Gesetzgeber den Begriff der „Gebühr" in § 54 untechnisch und nicht i.S.v. § 1 Abs. 1 Satz 1 benutzt hat, kann zu dem Ergebnis führen, dass der zuerst bestellte oder beigeordnete Rechtsanwalt nach § 54 auch seinen Auslagenerstattungsanspruch verlieren soll. Es gibt jedoch keine Anhaltspunkte dafür, dass der Gesetzgeber mit dem Begriff der „Gebühr" in § 54 die Vergütung insgesamt (vgl. § 1 Abs. 1 Satz 1: Gebühren und Auslagen; s. auch Teil A: Vergütung, Begriff, Rn. 1466) gemeint hat. Hiergegen spricht auch, dass es für die Verwendung des Begriffs der „Gebühr" in § 52 Abs. 1 allgemeine Meinung ist, dass hier nur die Gebühren i.S.v. § 1 Abs. 1 Satz 1 und nicht die Auslagen gemeint sind (OLG Düsseldorf, StRR 2010, 276; OLG Frankfurt am Main, NStZ-RR 2008, 264; LG Düsseldorf, StRR 2010, 118; vgl. hierzu die Erläuterungen zu § 52 Rn. 17 ff.). Es ist nicht ersichtlich, aus welchem Grund der Gesetzgeber mit der Gebühr in § 54 etwas anderes meinen soll als in § 52 Abs. 1. Der eindeutige Wortlaut von § 54, der unmittelbare Vergleich mit § 52 Abs. 1 und die Differenzierung des Gesetzgebers in § 1 Abs. 1 Satz 1 sprechen daher dafür, dass § 54 nur den Gebührenanspruch und nicht den Auslagenerstattungsanspruch erfasst. Für den Auslagenerstattungsanspruch ist die Anwendung von § 54 auch nicht erforderlich, weil überflüssige Auslagen schon wegen § 46 Abs. 1 nicht zu erstatten sind (so auch OLG Jena, Rpfleger 2006, 434 = JurBüro 2006, 366; LG Zwickau, 22.10.2009 – 2 Qs 82/09, JurionRS 2009, 26004 = StRR 2009, 242 [Ls] = VRR 2009, 243 [Ls]). Im Übrigen ist die Frage praktisch i.d.R. nur für die Dokumentenpauschale Nr. 7000 VV und die Postentgeltpauschale Nr. 7002 VV von Belang.

Verschulden eines beigeordneten oder bestellten Rechtsanwalts § 54 RVG

Reisekosten nach Nrn. 7003 ff. VV entstehen ohnehin für jede Geschäftsreise gesondert, sodass ein Anwaltswechsel hier keine Mehrkosten verursachen wird (vgl. Rn. 20).

3. Anspruch gegen die Staatskasse

Die Bestimmung erfasst nur den Gebührenanspruch des beigeordneten oder bestellten Rechts- 5
anwalts **gegen die Staatskasse** (§§ 45, 48). Sie gilt nicht für den ggf. daneben bestehenden Anspruch des Rechtsanwalts **gegen den Mandanten**, vgl. hierzu §§ 3a Abs. 3, 122 Abs. 1 Nr. 3 ZPO, §§ 52, 53 (vgl. AnwKomm-RVG/Schnapp, § 54 Rn. 1).

B. Kommentierung

I. Schuldhaftes Verhalten

1. Veranlassung eines Anwaltswechsels

§ 54 ist nur einschlägig, wenn **anstelle** des zunächst beigeordneten oder bestellten Rechtsanwalts 6
ein anderer Rechtsanwalt beigeordnet oder bestellt wird (Gerold/Schmidt/Müller-Rabe, § 54 Rn. 6). Es muss demnach ein **Anwaltswechsel** vorliegen (Mayer/Kroiß, § 54 Rn. 3). Die Beiordnung eines anderen Rechtsanwalts setzt i.d.R. voraus, dass Umstände vorliegen, die auch eine vernünftige vermögende Partei dazu veranlasst hätten, einen neuen Rechtsanwalt zu beauftragen (notwendiger Anwaltswechsel). Liegt daher ein **notwendiger Anwaltswechsel** vor, ist dieser Wechsel dem zunächst beigeordneten Rechtsanwalt nicht zurechenbar und schließt die Anwendung von § 54 aus (AnwKomm-RVG/Schnapp, § 54 Rn. 4; OLG Zweibrücken, NJW-RR 1999, 436). Fehlt ein ausreichender Grund für den Anwaltswechsel, ist die Beiordnung eines neuen Rechtsanwalts i.d.R. abzulehnen (Rn. 15 ff.; vgl. Gerold/Schmidt/Müller-Rabe, § 54 Rn. 13).

2. Konkretes Fehlverhalten

Ein schuldhaftes und damit vorwerfbares Verhalten des zuerst beigeordneten oder bestellten 7
Rechtsanwalts liegt dann vor, wenn ein **konkretes Fehlverhalten** festzustellen ist, das dazu geeignet sein muss, die Rechtsposition des von ihm zu vertretenen Mandanten zu gefährden (OLG Nürnberg, AnwBl. 2003, 374 = JurBüro 2003, 471; OLG Frankfurt am Main, JurBüro 1975, 1612; Hartung/Römermann/Schons, § 54 Rn. 6). Die Untätigkeit des Rechtsanwalts kann zwar das Vertrauensverhältnis zur Partei zerstören. Es muss hier aber im Einzelfall geprüft werden, ob hierdurch für den Mandanten auch die Gefahr bestand, erhebliche Rechtsnachteile zu erleiden (vgl. OLG Nürnberg, AnwBl. 2003, 374 = JurBüro 2003, 471).

3. Vorsatz und Fahrlässigkeit/Verschulden

Für die Anwendung von § 54 ist es **unerheblich**, ob der Rechtsanwalt die Beiordnung oder 8
Bestellung des neuen Rechtsanwalts **vorsätzlich** oder **fahrlässig** verschuldet hat (Hartung/Römermann/Schons, § 54 Rn. 24). Es wird nach dem Wortlaut auch nicht zwischen grober oder leichter Fahrlässigkeit unterschieden (AnwKomm-RVG/Schnapp, § 54 Rn. 12; Riedel/Sußbauer/Schmahl, § 54 Rn. 4; OLG Nürnberg, AnwBl. 2003, 374 = JurBüro 2003, 471). Entscheidend ist, dass allein das Verhalten des zuerst beigeordneten oder bestellten Rechtsanwalts zur Beiordnung bzw. Bestellung des neuen Rechtsanwalts geführt hat. Das Verschulden des zunächst beigeordneten oder bestellten Rechtsanwalts muss daher ursächlich für die Beiordnung oder Bestellung des weiteren Rechtsanwalts sein, ein **Mitverschulden** reicht nicht aus (Riedel/Sußbauer/Schmahl,

§ 54 Rn. 4; Mayer/Kroiß, § 54 Rn. 3). Das Verschulden eines Erfüllungsgehilfen ist aber ausreichend (vgl. Riedel/Sußbauer/Schmahl, § 54 Rn. 4; Gerold/Schmidt/Müller-Rabe, § 54 Rn. 8).

4. Zeitpunkt des Fehlverhaltens

9 Auf den **Zeitpunkt** des schuldhaften Verhaltens des zunächst beigeordneten oder bestellten Rechtsanwalts wird nicht abgestellt. § 54 findet daher sowohl Anwendung, wenn der Rechtsanwalt **vor** seiner Beiordnung oder Bestellung nicht rechtzeitig auf mögliche Umstände hinweist, die seine spätere Entpflichtung erforderlich machen können, als auch dann, wenn **nach** der Beiordnung oder Bestellung das Verhalten des Rechtsanwalts die Beiordnung eines neuen Rechtsanwalts erforderlich macht, z.B. wenn er durch eine schuldhafte Handlung seine Zulassung als Anwalt verliert oder das Vertrauensverhältnis zu seiner Partei stört (Gerold/Schmidt/Müller-Rabe, § 54 Rn. 9, 10; Hartung/Römermann/Schons, § 54 Rn. 24). Der Anwalt muss grds. umgehend bzw. unverzüglich auf Umstände hinweisen, die dazu führen können, dass er die Angelegenheit nicht beenden kann (OLG Jena, Rpfleger 2006, 434 = JurBüro 2006, 366). Allerdings muss die Missachtung der Hinweispflicht kausal für den Anwaltswechsel und die dadurch entstandenen zusätzlichen Gebühren sein (OLG Jena, a.a.O.).

> **Hinweis:**
> Voraussetzung für die Anwendung von § 54 ist daher, dass ein **objektiv pflichtwidriges** und **schuldhaftes Verhalten** des zunächst beigeordneten oder bestellten Rechtsanwalts vorliegt. Auf die Schuldform (Vorsatz, grobe oder leichte Fahrlässigkeit) kommt es nicht an.

II. Einzelfälle

1. Aufgabe der Zulassung

a) Allgemeines

10 Gibt der Rechtsanwalt freiwillig seine Zulassung auf und wird hierdurch die Beiordnung oder Bestellung eines neuen Rechtsanwalts erforderlich, soll er **unabhängig von seinen Beweggründen** für die Aufgabe der Zulassung die auch dem neu beigeordneten oder bestellten Rechtsanwalt zustehenden Gebühren nicht aus der Staatskasse fordern können (vgl. OLG Hamburg, MDR 1981, 767 = JurBüro 1981, 1515; OLG München, AnwBl. 2002, 117 = NJW-RR 2002, 353; wohl auch BGH, NJW 1982, 437 = MDR 1982, 189). Die Gegenmeinung folgert aus dem Umstand des Fehlens einer Verpflichtung für den Rechtsanwalt, nach der Übernahme eines Mandats seine Zulassung bei dem Gericht bis zur Beendigung der Angelegenheit aufrechtzuerhalten, dass die freiwillige Aufgabe der Zulassung, auch wenn sie aus wirtschaftlichen Gründen erfolgt, bzw. die Aufgabe der Zulassung aus achtenswerten Gründen **nicht** von vornherein zum Verlust des Gebührenanspruchs des zunächst beigeordneten Rechtsanwalts führt (BGH, NJW 1957, 1152; OLG Hamburg, JurBüro 1993, 351; OLG Hamm, NJW-RR 1996, 1343; OLG Karlsruhe, AnwBl. 1982, 248; OLG Koblenz, MDR 1991, 1098; Riedel/Sußbauer/Schmahl, § 54 Rn. 7; vgl. auch Gerold/Schmidt/Müller-Rabe, § 54 Rn. 16;).

11 Da i.d.R. kein Rechtsanwalt seine Zulassung ohne triftige Gründe aufgeben wird, kann für die Beantwortung der Frage, ob sich der Rechtsanwalt bei Aufgabe der Zulassung schuldhaft verhalten hat, letztlich **nur darauf abgestellt** werden, ob der Rechtsanwalt bereits **zum Zeitpunkt**

Verschulden eines beigeordneten oder bestellten Rechtsanwalts §54 RVG

seiner Beiordnung wusste, dass er die Zulassung während des Rechtsstreits aufgeben wird bzw. dass bei gewöhnlichem Verlauf der Dinge mit hoher Wahrscheinlichkeit seine Zulassung im Laufe des Verfahrens enden wird (OLG Frankfurt am Main, JurBüro 1984, 764; OLG Koblenz, MDR 1991, 1098; AnwKomm-RVG/Schnapp, §54 Rn. 8; Riedel/Sußbauer/Schmahl, §54 Rn. 5; Gerold/Schmidt/Müller-Rabe, §54 Rn. 19, 16). Treten nach der Beiordnung des Rechtsanwalts Umstände ein, die den Rechtsanwalt zur Aufgabe seiner Zulassung zwingen und zur Aufhebung der Beiordnung führen, kann dies dem Rechtsanwalt daher im Rahmen von §54 nicht vorgeworfen werden. Es besteht keine allgemeine Verpflichtung für den Rechtsanwalt, trotz entgegenstehender Gründe seine Zulassung beizubehalten, um den Auftrag zu Ende zu führen (Gerold/Schmidt/v. Eicken/Müller-Rabe, §54 Rn. 16; a.A. OLG München, AnwBl. 2002, 117 = NJW-RR 2002, 353 [Es ist kein Grund ersichtlich, warum eine Veränderung der Berufsziele des Rechtsanwalts zulasten seiner Mandanten gehen soll]).

Nachfolgend sind beispielhaft einige Gründe für die Aufgabe der Zulassung und ihre Auswirkungen auf den Gebührenanspruch des zunächst beigeordneten Rechtsanwalts aufgeführt:

b) Krankheits- oder Altersgründe/Tod des Rechtsanwalts

§54 ist **nicht anwendbar**, wenn der Rechtsanwalt nach seiner Beiordnung oder Bestellung die Zulassung wegen Krankheit oder hohen Alters aufgibt (Gerold/Schmidt/Müller-Rabe, §54 Rn. 18; Riedel/Sußbauer/Schmahl, §54 Rn. 7). Wusste der Rechtsanwalt allerdings bereits zum Zeitpunkt seiner Beiordnung oder Bestellung, dass er im Laufe des Verfahrens seine Zulassung aus Altersgründen aufgeben wird und weist er das Gericht hierauf nicht hin, ist §54 im Fall der Beiordnung oder Bestellung eines neuen Rechtsanwalts einschlägig (OLG Frankfurt am Main, JurBüro 1984, 764; OLG Koblenz, MDR 1991, 1098). Bei **Tod** des Anwalts ist gem. §55 BRAO i.d.R. ein Abwickler zu bestellen, der in die Stellung des verstorbenen beigeordneten oder bestellten Rechtsanwalts eintritt. Gebühren entstehen deshalb nicht erneut, wenn der Abwickler nicht neu bestellt oder beigeordnet wird, sodass kein Anwaltswechsel i.S.v. §54 vorliegen dürfte (Mayer/Kroiß/, §54 Rn. 6, 9). 12

c) Eintritt in den Staatsdienst

Hat sich der Rechtsanwalt um Übernahme in den Staatsdienst beworben, liegt ein schuldhaftes Verhalten i.S.v. §54 nur dann vor, wenn er zum Zeitpunkt seiner Beiordnung oder Bestellung **nicht darauf hingewiesen** hat, dass die Bewerbung erfolgreich sein und er in naher Zukunft in den Staatsdienst berufen wird. Unterlässt es der Rechtsanwalt lediglich, bei der **Beiordnung** oder **Bestellung** auf seine Bewerbung um Aufnahme in den Staatsdienst hinzuweisen, so ist dies im Rahmen von §54 unschädlich, wenn er über den Zeitpunkt der Übernahme keine Gewissheit hat (OLG Bamberg, JurBüro 1984, 1562; OLG Frankfurt am Main, JurBüro 1984, 764 = AnwBl. 1984, 205; Riedel/Sußbauer/Schmahl, §54 Rn. 5; Gerold/Schmidt/Müller-Rabe, §54 Rn. 19). 13

d) Ausschließung aus dem Rechtsanwaltsstand/Vertretungsverbot

Wird der Rechtsanwalt durch ein Anwaltsgericht aus der Anwaltschaft ausgeschlossen oder wird ein Vertretungsverbot verhängt (§114 BRAO), hat der Rechtsanwalt die Beiordnung oder Bestellung eines neuen Rechtsanwalts i.S.v. §54 **verschuldet**. Das gilt auch dann, wenn der Rechtsanwalt der Ausschließung durch Aufgabe der Zulassung oder dadurch zuvorkommt, dass er sich löschen lässt (Gerold/SchmidtMüller-Rabe, §54 Rn. 21; Riedel/Sußbauer/Schmahl, §54 Rn. 7). 14

2. Entpflichtung

a) Verschulden des Rechtsanwalts

15 Der Rechtsanwalt kann gem. § 48 Abs. 2 BRAO beantragen, die Beiordnung im Wege der PKH aufzuheben, wenn hierfür wichtige Gründe vorliegen. § 48 Abs. 2 BRAO gilt für die Pflichtverteidigerbestellung gem. § 49 Abs. 2 BRAO entsprechend. Der beigeordnete oder bestellte Rechtsanwalt kann daher das Mandat niederlegen und nach § 48 Abs. 2 BRAO seine **Entpflichtung** verlangen, wenn ein wichtiger Grund vorliegt. In diesem Fall findet **§ 54 keine Anwendung**, weil der Rechtsanwalt nicht schuldhaft die Beiordnung oder Bestellung eines anderen Rechtsanwalts veranlasst hat (Riedel/Sußbauer/Schmahl, § 54 Rn. 8; Hartung/Römermann/Schons, § 54 Rn. 9).

Aus § 48 Abs. 2 BRAO folgt auch, dass das Mandatsverhältnis nicht gekündigt werden darf, wenn vorher nicht die Aufhebung der Beiordnung (Entpflichtung) erwirkt und der wichtige Grund hierfür dargelegt worden ist. Die Kündigung ist aber trotz dieser anwaltlichen Pflichtverletzung wirksam (OLG Karlsruhe, FamRZ 2007, 645 = OLGR Karlsruhe 2007, 107). Es wird zwar gegen das durch § 48 Abs. 2 BRAO vorgeschriebene Verfahren verstoßen. Diese Pflichtverletzung führt aber nur dann zum Verlust des Honoraranspruchs, wenn diese zusammen mit der Art und Weise des anwaltlichen Vorgehens einen Grund zur Kündigung des Mandanten wegen vertragswidrigem Verhalten i.S.v. § 628 Abs. 1 Satz 2 BGB darstellt. Hat der Anwalt danach seinen Anspruch verloren, kann ein neuer Anwalt beigeordnet werden. Deshalb ist der Anwalt auch im Interesse einer Prüfung der Voraussetzungen von § 54 anzuhalten, seine Entpflichtung zu betreiben und den wichtigen Grund hierfür mitzuteilen (OLG Karlsruhe, a.a.O.).

Legt der zunächst beigeordnete oder bestellte Rechtsanwalt **grundlos** sein Mandat nieder und wird er vom Gericht entpflichtet, kann er gem. § 54 nur die dem neu beigeordneten oder bestellten Rechtsanwalt nicht zustehenden Gebühren aus der Staatskasse fordern (Riedel/Sußbauer/Schmahl, § 54 Rn. 9; AnwKomm-RVG/Schnapp, § 54 Rn. 13). Voraussetzung ist aber stets, dass ein anderer Rechtsanwalt beigeordnet oder bestellt wird. Unterbleibt die neue Beiordnung oder Bestellung, behält der bislang beigeordnete Anwalt seinen Anspruch (Mayer/Kroiß/Klees, § 54 Rn. 3).

> **Hinweis:**
> **Wichtige Gründe** i.S.v. § 48 Abs. 2 BRAO (§ 49 Abs. 2 BRAO) sind beispielsweise (Kindermann, Gebührenpraxis, Teil 1, Rn. 785):
> - eine schwere **Erkrankung** des Rechtsanwalts,
> - das **Vertrauensverhältnis** zwischen Rechtsanwalt und Mandanten ist ohne Verschulden des Rechtsanwalts unwiederbringlich zerstört (BGH, RVGreport 2011, 37; vgl. auch OLG Köln, StraFo 1996, 62),
> - der Mandant **widerruft** ohne Verschulden des Rechtsanwalts die Vollmacht,
> - der Rechtsanwalt würde gegen ein **Tätigkeitsverbot** nach §§ 45 oder 47 BRAO oder gegen das Verbot der Vertretung widerstreitender Interessen gem. § 43a Abs. 4 BRAO verstoßen oder seine Verschwiegenheitspflicht nach § 43a Abs. 2 BRAO verletzen, also sich berufsrechtswidrig verhalten müssen. Auch hier dürfte aber gelten, dass diese Entpflichtungsgründe nicht gelten, soweit sie dem Anwalt bereits bei der Beiordnung bekannt waren.

Verschulden eines beigeordneten oder bestellten Rechtsanwalts §54 RVG

Nach Auffassung des OLG Jena (Rpfleger 2006, 434 = JurBüro 2006, 366) veranlasst der zunächst bestellte Pflichtverteidiger schuldhaft die Bestellung eines neuen Pflichtverteidigers, wenn angesichts des nach Akteneinsicht festgestellten Verfahrensumfangs aufgrund der bestehenden erheblichen Arbeitsbelastung um **Entpflichtung** gebeten wird. Auf die erhebliche Arbeitsbelastung müsse der Verteidiger nämlich bereits bei der Verteidigungsanzeige und der Bitte um Bestellung zum Pflichtverteidiger hinweisen, wenn er den Verfahrensumfang nicht kenne und die Akte vorher nicht eingesehen habe. 16

b) Verschulden des Mandanten

Entzieht der Mandant dem **Rechtsanwalt** aus von dem Rechtsanwalt **zu verantwortenden Gründen** das Mandat und wird die Beiordnung oder Bestellung des Rechtsanwalts deswegen aufgehoben und ein neuer Rechtsanwalt beigeordnet, können gem. § 54 nur die dem neu beigeordneten/bestellten Rechtsanwalt nicht zustehenden Gebühren aus der Staatskasse gefordert werden (OLG Karlsruhe, FamRZ 2007, 645 = OLGR Karlsruhe 2007, 107; Riedel/Sußbauer/Schmahl, §54 Rn. 8; AnwKomm-RVG/Schnapp, §54 Rn. 13; Gerold/Schmidt/Müller-Rabe, §54 Rn. 11). Wenn das **Vertrauensverhältnis** zu dem beigeordneten oder bestellten Rechtsanwalt aber durch sachlich nicht gerechtfertigtes und **mutwilliges Verhalten der Partei zerstört** worden ist und dies die Entpflichtung des Rechtsanwalts verursacht hat (vgl. §48 Abs. 2 BRAO), besteht kein Anspruch auf die Beiordnung eines anderen Rechtsanwalts; ein solches Verlangen ist dann vielmehr rechtsmissbräuchlich (BGH, NJW-RR 1992, 189; OLG Brandenburg, FamRZ 2002, 39; OLG Köln, JurBüro 1992, 619). Im Fall des Widerrufs einer dem beigeordneten Rechtsanwalt durch die PKH-Partei erteilten Vollmacht besteht Anspruch auf Beiordnung eines Anwalts, wenn ein Grund vorliegt, der auch eine auf eigene Kosten prozessierende Partei zu einem Anwaltswechsel veranlasst hätte (OLG Karlsruhe, FamRZ 2007, 645 = OLGR Karlsruhe 2007, 107). 17

> **Hinweis:**
> Wird **gleichwohl** ein **neuer Rechtsanwalt** beigeordnet oder bestellt, sind die Kosten für beide Rechtsanwälte aus der Staatskasse zu erstatten (Gerold/Schmidt/Müller-Rabe, §54 Rn. 5). Zur Beschränkung des Anspruchs des neu beigeordneten oder bestellten Rechtsanwalts vgl. Rn. 23.

3. Bestellung eines anderen Verteidigers gem. § 145 Abs. 1 Satz 1 StPO

Bleibt bei einer notwendigen Verteidigung der Verteidiger in der Hauptverhandlung aus, entfernt er sich zur Unzeit oder weigert er sich, die Verteidigung zu führen, kann das Gericht gem. §145 Abs. 1 Satz 1 StPO nach pflichtgemäßen Ermessen 18

- entweder einen **anderen Pflichtverteidiger (Verteidigerwechsel)** bestellen oder
- nach Satz 2 die **Aussetzung** der Hauptverhandlung beschließen (vgl. Burhoff, HV, Rn. 152).

§ 145 StPO ist keine Bestimmung, welche die **Verfahrenssicherung** im Auge hat (vgl. dazu Rn. 19; Löwe/Rosenberg/Lüderssen/Jahn, §145 Rn. 1).

Die **Aussetzung** der Hauptverhandlung bietet sich insbesondere dann an, wenn der Verteidiger nur kurzfristig ausfällt und dem Angeklagten ein **Verteidigerwechsel** erspart werden soll (Burhoff, HV, Rn. 152).

Volpert

§ 54 RVG *Verschulden eines beigeordneten oder bestellten Rechtsanwalts*

Nach § 145 Abs. 4 StPO sind dem Verteidiger die Kosten aufzuerlegen, die durch die Aussetzung der Hauptverhandlung verursacht worden sind. Voraussetzung ist aber, dass die Aussetzung vom Verteidiger **verschuldet** worden ist, was aber in den Fällen des § 145 Abs. 1 Satz 1 StPO häufig zu bejahen sein wird (vgl. hierzu BVerfG, NJW 2009, 1582; OLG Köln, StV 2001, 389 = StraFo 2001, 290; vgl. zum Verschulden im Einzelnen Burhoff, HV, Rn. 154 f.).

Wird das Verfahren nicht ausgesetzt, sondern nach Abs. 1 Satz 1 ein **anderer Verteidiger** bestellt, kann die Kostentragungspflicht gem. § 145 Abs. 4 StPO nicht ausgesprochen werden, weil sie nur für die Fälle der Aussetzung gilt. Wenn die Bestellung des anderen Verteidigers aber auf dem Verschulden des bisher bestellten Pflichtverteidigers beruht, kann sich ein Verlust des Gebührenanspruchs aus § 54 ergeben, wenn Mehrkosten entstehen (zum Verschulden Burhoff, HV, Rn. 154 f.).

4. Pflichtverteidiger zur Verfahrenssicherung

19 Die Bestellung eines **weiteren Verteidigers** ist zulässig und kann geboten sein, wenn aufgrund des Umfangs und der Schwierigkeit des Verfahrens ein unabweisbares Bedürfnis dafür besteht, um eine ausreichende Verteidigung zu gewährleisten oder um bei langer Verfahrensdauer ein Weiterverhandeln auch bei vorübergehender Verhinderung eines Verteidigers sicherzustellen (OLG Hamm, vgl. dazu die Nachw. bei Burhoff, EV, Rn. 1284 ff.). Wird ein weiterer Pflichtverteidiger zur **Verfahrenssicherung** bestellt, liegt kein Fall des § 54 vor. Denn es liegt schon kein vom zunächst bestellten Verteidiger allein verschuldeter (Rn. 8) Anwaltswechsel vor. Beide Bestellungen bestehen nebeneinander (Mayer/Kroiß, § 54 Rn. 3) und beiden Anwälten steht ein Vergütungsanspruch gegen die Staatskasse zu.

III. Auswirkungen auf den Gebühren- und Auslagenanspruch

1. Umfang des Verlustes

20 Auch wenn festgestellt wird, dass der zunächst beigeordnete oder bestellte Rechtsanwalt schuldhaft die Beiordnung/Bestellung eines anderen Rechtsanwalts veranlasst hat, behält der zunächst beigeordnete/bestellte Rechtsanwalt seinen Gebührenanspruch gegen die Staatskasse. Dieser **Anspruch verringert** sich aber um die **Gebühren**, die auch für den **neuen Rechtsanwalt** entstehen (OLG Jena, Rpfleger 2006, 434 = JurBüro 2006, 366; LG Zwickau, 22.10.2009 – 2 Qs 82/09, JurionRS 2009, 26004 = StRR 2009, 242 [Ls] = VRR 2009, 243 [Ls]; Gerold/Schmidt/Müller-Rabe, § 54 Rn. 25; Riedel/Sußbauer/Schmahl, § 54 Rn. 9; AnwKomm-RVG/Schnapp, § 54 Rn. 13). Das bedeutet:

- Die deckungsgleichen Gebühren erhält nur der neu beigeordnete oder bestellte Rechtsanwalt.
- Nur die Gebühren, die in der Person des neu beigeordneten oder bestellten Rechtsanwalts nicht entstehen, kann der bisherige Anwalt fordern.
- Wird der zunächst beigeordnete oder bestellte Anwalt zwar entpflichtet, aber kein neuer Anwalt bestellt oder beigeordnet, ist der Anspruch des bisherigen Anwalts von der Staatskasse zu erfüllen, § 54 gilt nicht.

Der **Auslagenerstattungsanspruch** des zunächst beigeordneten oder bestellten Rechtsanwalts verringert sich nicht nach § 54, ggf. aber nach § 46 Abs. 1 (**str.** vgl. hierzu Rn. 4). Es kommt für den Umfang des Gebührenverlustes im Übrigen nicht darauf an, ob die Staatskasse einen Rück-

Verschulden eines beigeordneten oder bestellten Rechtsanwalts § 54 RVG

griffsanspruch gegen den erstattungspflichtigen Gegner hat (Gerold/Schmidt/Müller-Rabe, § 54 Rn. 3).

Beispiel:

Rechtsanwalt R1 wird vom inhaftierten M mit der Verteidigung im Strafverfahren beauftragt. Nach dem Eingang der Anklageschrift und der Bestellung zum Pflichtverteidiger nimmt Rechtsanwalt R1 einen Haftprüfungstermin wahr. Der Mandant wird nach diesem Termin aus der Untersuchungshaft entlassen. Nach Eröffnung des Hauptverfahrens und Teilnahme am ersten Hauptverhandlungstermin wird Rechtsanwalt R1 infolge seines Verschuldens entpflichtet.

Das Gericht bestellt Rechtsanwalt R2 zum neuen Pflichtverteidiger, der auch an den beiden weiteren Hauptverhandlungsterminen bis zum Urteil teilnimmt.

Rechtsanwalt R1 und Rechtsanwalt R2 machen jeweils Kopiekosten für die 200 Seiten umfassende Akte geltend. Sowohl Rechtsanwalt R1 als auch Rechtsanwalt R2 sind zu den Terminen zum AG Neustadt aus dem 50 km entfernt liegenden Altstadt angereist. Die Abwesenheit anlässlich aller Hauptverhandlungstermine betrug jeweils bis zu vier Stunden.

Vergütungsanspruch von Rechtsanwalt R2	
Grundgebühr Nr. 4100 VV	*132,00 €*
Verfahrensgebühr Nr. 4106 VV	*112,00 €*
Terminsgebühr Nr. 4108 VV	*184,00 €*
Terminsgebühr Nr. 4108 VV	*184,00 €*
Dokumentenpauschale Nr. 7000 VV	*47,50 €*
Postentgeltpauschale Nr. 7002 VV	*20,00 €*
Fahrtkosten Nr. 7003 VV (200 km × 0,30 €)	*60,00 €*
Abwesenheitsgeld Nr. 7005 VV (2 × 20,00 €)	*40,00 €*
Anwaltsvergütung netto	**779,50 €**
Vergütungsanspruch von Rechtsanwalt R1 gem. § 54	
Grundgebühr Nr. 4101 VV	*162,00 €*
abzgl. Grundgebühr Nr. 4100 VV für Rechtsanwalt R2	*132,00 €*
Rest	**30,00 €**
Verfahrensgebühr Nr. 4107 VV	*137,00 €*
abzgl. Verfahrensgebühr Nr. 4106 VV für Rechtsanwalt R1:	*112,00 €*
Rest	**25,00 €**
Terminsgebühr Nr. 4103 VV	*137,00 €*
Terminsgebühr Nr. 4108 VV	*184,00 €*
Dokumentenpauschale Nr. 7000 VV	*47,50 €*
Postentgeltpauschale Nr. 7002 VV	*20,00 €*
Fahrtkosten Nr. 7003 VV (100 km × 0,30 €)	*30,00 €*
Abwesenheitsgeld Nr. 7005 VV	*20,00 €*
Anwaltsvergütung netto	**493,50 €**

§ 54 RVG   *Verschulden eines beigeordneten oder bestellten Rechtsanwalts*

Erläuterung:

Der zunächst bestellte Pflichtverteidiger R1 kann die Gebühren nicht fordern, die ohne Anwaltswechsel nur einmal angefallen wären. Somit besteht kein Erstattungsanspruch, soweit durch die Bestellung von Rechtsanwalt R2 zum Pflichtverteidiger bereits für Rechtsanwalt R1 angefallene Gebühren erneut entstehen (vgl. auch § 15 Abs. 2). Soweit für Rechtsanwalt R1 angefallene Gebühren aber höher sind als die für Rechtsanwalt R2 erneut angefallenen Gebühren, kann Rechtsanwalt R1 diese Gebührendifferenzen aus der Staatskasse verlangen:

- Die **Grundgebühr** Nr. 4100 VV entsteht für die erstmalige Einarbeitung in den Rechtsfall. Da sie somit sowohl für Rechtsanwalt R1 als auch für Rechtsanwalt R2 anfällt, kann von Rechtsanwalt R1 hier nur die Differenz zwischen der für ihn angefallenen Grundgebühr mit Zuschlag nach Nr. 4101 VV und der für Rechtsanwalt R2 angefallenen Grundgebühr Nr. 4100 VV gefordert werden.

- Die **Verfahrensgebühr** für das gerichtliche Verfahren ist auch für Rechtsanwalt R2 angefallen. Auch hier kann Rechtsanwalt R1 aber die Differenz zwischen der für ihn angefallenen Verfahrensgebühr mit Zuschlag nach Nr. 4107 VV und der für Rechtsanwalt R2 angefallenen Verfahrensgebühr Nr. 4106 VV fordern.

- Die **Terminsgebühren** erhält der Verteidiger für die von ihm wahrgenommenen gerichtlichen Termine (vgl. Vorbem. 4 Abs. 3 VV). § 54 wirkt sich daher auf die Terminsgebühren nicht aus, weil der alte und der neu bestellte Verteidiger nicht dieselben Termine wahrnehmen (Hartung/Römermann/Schons, § 54 Rn. 5, 31. Das gilt sowohl für die allgemeine Terminsgebühr nach Nr. 4102, 4103 VV als auch für die Terminsgebühren für die Teilnahme am Hauptverhandlungstermin.

- Es ist umstritten, ob § 54 auf den **Auslagenerstattungsanspruch** anwendbar ist (vgl. ausführlich die Erläuterungen bei Rn. 4). Aber auch bei Anwendung von § 54 auf den Auslagenerstattungsanspruch erhält Verteidiger R 1 die von ihm geltend gemachten Fahrtkosten und die Abwesenheitsgelder nach Nr. 7003 und Nr. 7005 VV zum Hauptverhandlungstermin ungekürzt, weil für die Fahrt zu diesem Termin Rechtsanwalt R 2 keine Reisekosten entstanden sind. Entsprechendes würde für die **Dokumentenpauschale** gelten, wenn diese für die Fertigung von Kopien von unterschiedlichen Seiten aus der Akte durch Rechtsanwalt R 1 und R 2 angefallen wäre.

- Bei Anwendung von § 54 auf den Auslagenerstattungsanspruch kann Rechtsanwalt R1 die **Postentgeltpauschale** nach Nr. 7002 VV nicht fordern, weil sie auch für Rechtsanwalt R2 angefallen ist (vgl. hierzu ausführlich die Erläuterungen zu Rn. 4).

Hinweis:

Gebühren, die nur für den zunächst beigeordneten oder bestellten Rechtsanwalt angefallen sind oder **Gebührendifferenzen**, die z.B. durch unterschiedlich hohe Gegenstandswerte oder durch den Anfall von Gebühren mit Zuschlag wegen Inhaftierung des Mandanten entstanden sind, kann der zunächst beigeordnete oder bestellte Rechtsanwalt ggf. aus der Staatskasse fordern (vgl. Schneider, in: Hansens/Braun Schneider, Teil 3, Rn. 49).

---

2. Gebührenverzicht

21   Der **neue Rechtsanwalt** kann wirksam auf die Gebühren **verzichten**, die bereits für den zunächst beigeordneten bzw. bestellten Rechtsanwalt entstanden sind. Auf die Ausführungen zu Teil A: Vergütungsanspruch gegen die Staatskasse (§ 45) Rn. 1493 und zu Teil A: Gebühren-/Vergütungsverzicht, Rn. 643 ff. wird insoweit verwiesen. **Verzichtet** daher der **neue Rechtsanwalt** ausdrücklich gegenüber der Staatskasse auf die ihm zustehenden Gebühren oder einen Teil dieser Gebühren, können diese Gebühren auch vom zunächst beigeordneten oder bestellten

Verschulden eines beigeordneten oder bestellten Rechtsanwalts §54 RVG

Rechtsanwalt geltend gemacht werden, soweit sie in seiner Person entstanden sind. Die Staatskasse soll durch § 54 vor einer Doppelzahlung geschützt werden (vgl. Rn. 2), die dann aufgrund des ausdrücklich erklärten Verzichts des neuen Rechtsanwalts nicht eintreten kann.

3. Festsetzungsverfahren

Über die Frage, ob der zuerst beigeordnete oder bestellte Rechtsanwalt eine Kürzung oder Verringerung seines Gebührenanspruchs hinzunehmen hat, ist im Festsetzungsverfahren gem. § 55 durch den Urkundsbeamten zu entscheiden (Hartung/Römermann/Schons, § 54 Rn. 35; vgl. zum Festsetzungsverfahren Teil A: Festsetzung gegen die Staatskasse [§ 55], Rn. 579 ff.). 22

Der zunächst beigeordnete oder bestellte Rechtsanwalt kann seine Gebühren erst aus der Staatskasse erhalten, wenn feststeht, welche Gebühren für den neu beigeordneten/bestellten Rechtsanwalt entstanden sind. Es ist daher zweckmäßig, wenn das Festsetzungsverfahren bis zu diesem Zeitpunkt **ausgesetzt** wird (OLG Nürnberg, AnwBl. 2003, 375; OLG Frankfurt am Main, JurBüro 1975, 1612; Riedel/Sußbauer/Schmahl, § 54 Rn. 11; Gerold/Schmidt/Müller-Rabe, § 54 Rn. 5; Hartung/Römermann/Schons, § 54 Rn. 37 f.). Auch eine Ablehnung der Festsetzung des zunächst beigeordneten Rechtsanwalts kommt in Betracht, wenn sich zu diesem Zeitpunkt noch nicht absehen lässt, welche Gebühren für den neuen Rechtsanwalt entstehen werden (Riedel/Sußbauer/Schmahl, § 54 Rn. 11).

IV. Beschränkung des Anspruchs des neu beigeordneten Rechtsanwalts

Wird der Gebührenanspruch des neuen Rechtsanwalts bei dessen Beiordnung auf die nicht bereits für den ersten beigeordneten Rechtsanwalt entstandenen Gebühren beschränkt, ist diese Beschränkung nach allgemeiner Meinung für das Festsetzungsverfahren gem. § 55 **nicht bindend** und vom Urkundsbeamten der Geschäftsstelle nicht zu beachten, da eine Ermächtigungsgrundlage für die Beschränkung fehlt. Etwas **anderes** gilt aber, wenn der neu beigeordnete Rechtsanwalt mit dieser Beschränkung **einverstanden** ist bzw. ihr zugestimmt hat (vgl. hierzu Teil A: Umfang des Vergütungsanspruchs [§ 48 Abs. 1], Rn. 1389 ff.). 23

> **Hinweis:**
> In der Praxis wird eine Beschränkung der Beiordnung oder Bestellung aber i.d.R. von dem für die Festsetzung der Vergütung zuständigen Urkundsbeamten der Geschäftsstelle beachtet werden. Es **empfiehlt** sich daher, vorsorglich bereits gegen die eingeschränkte Beiordnung und ggf. die Bestellung vorzugehen und Einwendungen hiergegen nicht erst im Festsetzungsverfahren vorzubringen.

V. Verhältnis zu § 15 Abs. 4

§ 54 steht **nicht im Widerspruch** zu § 15 Abs. 4 und stellt auch keine Ausnahme von dieser Bestimmung dar (Riedel/Sußbauer/Schmahl, § 54 Rn. 3). Während § 15 Abs. 4 regelt, dass sich die Beendigung der Angelegenheit oder des Auftrags nicht auf bereits entstandene Gebühren auswirkt, bestimmt § 54, dass sich der Gebührenanspruch des zunächst beigeordneten oder bestellten Rechtsanwalts um die Gebühren verringert, die für den durch sein Verschulden neu beigeordneten oder bestellten Rechtsanwalt entstehen. Während § 15 Abs. 4 den **privatrechtlichen Vergütungsanspruch** gegen den Mandanten regelt, trifft § 54 Bestimmungen für den 24

A. Vergütungs-ABC	B. Kommentar
Abschnitt 8 • Beigeordneter oder bestellter RA, Beratungshilfe	

§ 54 RVG   *Verschulden eines beigeordneten oder bestellten Rechtsanwalts*

Vergütungsanspruch des beigeordneten oder bestellten Rechtsanwalts **gegen die Staatskasse** (AnwKomm-RVG/Schnapp, § 54 Rn. 1; Riedel/Sußbauer/Schmahl, § 54 Rn. 3).

Festsetzung zu zahlender Vergütungen/Beiordnung einer Kontaktperson § 55 Abs. 3 RVG

§ 55 Abs. 3 RVG
Festsetzung der aus der Staatskasse zu zahlenden Vergütungen und Vorschüsse – Beiordnung einer Kontaktperson

(3) Im Fall der Beiordnung einer Kontaktperson (§ 34a des Einführungsgesetzes zum Gerichtsverfassungsgesetz) erfolgt die Festsetzung durch den Urkundsbeamten der Geschäftsstelle des Landgerichts, in dessen Bezirk die Justizvollzugsanstalt liegt.

Übersicht

	Rn.
A. Überblick	1
B. Kommentierung	3
I. Anwendungsbereich	3
II. Verfahren	4

A. Überblick

Insbesondere bei rechtskräftiger Verurteilung wegen Straftaten nach § 129a oder § 129b Abs. 1 StGB (Bildung terroristischer Vereinigungen) oder Bestehen eines Haftbefehls wegen dieser Straftaten kann die Landesregierung oder die von ihr bestimmte oberste Landesbehörde (§ 32 EGGVG) eine Kontaktsperre für den betroffenen Gefangenen anordnen (§ 31 EGGVG). Gem. § 34a EGGVG ist dem Gefangenen dann auf seinen Antrag ein Rechtsanwalt als Kontaktperson beizuordnen. Über die Beiordnung einer Kontaktperson und deren Auswahl aus dem Kreis der im Geltungsbereich des EGGVG zugelassenen Rechtsanwälte entscheidet gem. § 34a Abs. 3 Satz 1 EGGVG der Präsident des LG, in dessen Bezirk die Justizvollzugsanstalt liegt. **1**

Nach der Zuständigkeitsregelung in § 55 Abs. 3 erfolgt die Festsetzung der Vergütung der nach § 34a EGGVG beigeordneten Kontaktperson durch den Urkundsbeamten der Geschäftsstelle des LG, in dessen Bezirk die Justizvollzugsanstalt liegt. Die Zuständigkeit zur Bewilligung einer **Pauschgebühr** für den als Kontaktperson beigeordneten Rechtsanwalt ist in § 51 Abs. 2 Satz 1 geregelt (vgl. auch § 51 Rn. 51). **2**

B. Kommentierung

I. Anwendungsbereich

Voraussetzung für die Anwendung der Bestimmung ist, dass der Rechtsanwalt dem Gefangenen gem. § 34a EGGVG als Kontaktperson beigeordnet worden ist. Eine Beiordnung des Verteidigers des Gefangenen als Kontaktperson darf gem. § 34a Abs. 3 Satz 2 EGGVG nicht erfolgen. Ein Rechtsanwalt kann somit nicht gleichzeitig als Verteidiger und als Kontaktperson für den Gefangenen tätig sein. **3**

II. Verfahren

Die **Höhe der Gebühr** des nach §§ 331 ff. EGGVG als Kontaktperson beigeordneten Rechtsanwalts ist in Nr. 4304 VV geregelt. Die Gebühr beträgt 3.000,00 € (Festgebühr, s. dazu auch Teil A: Gebührensystem, Rn. 652). Im Übrigen wird auf die Erläuterungen zu Nr. 4304 VV verwiesen. Zusätzlich erhält der als Kontaktperson beigeordnete Rechtsanwalt auch Auslagen nach Teil 7 VV, insbesondere also die Postentgeltpauschale Nr. 7002 VV, Reisekosten nach Nrn. 7003 ff. VV **4**

§ 55 Abs. 3 RVG   *Festsetzung zu zahlender Vergütungen/Beiordnung einer Kontaktperson*

und die Umsatzsteuer Nr. 7008 VV. Für die Erstattung der Auslagen gilt § 46 (s. dazu Teil A: Auslagen aus der Staatskasse [§ 46 Abs. 1 und 2], Rn. 140 ff.).

5 Das **Verfahren** bei der Festsetzung ist in § 55 Abs. 5 geregelt (zum Festsetzungsverfahren gem. § 55 s. Teil A: Festsetzung gegen die Staatskasse [§ 55], Rn. 579 ff.). Über Erinnerungen des Rechtsanwalts und der Staatskasse entscheidet nach § 56 Abs. 1 Satz 2 die Strafkammer des LG durch Beschluss. Für das Beschwerdeverfahren gegen den Beschluss des LG gilt § 33 Abs. 3 bis 8 (vgl. § 56 Abs. 2 Satz 1; vgl. Teil A: Rechtsmittel gegen die Vergütungsfestsetzung [§§ 56, 33], Rn. 1141 ff.).

6 **Sachlich und örtlich zuständig** für die Festsetzung der Gebühr Nr. 4304 VV ist das LG, in dessen Bezirk die Justizvollzugsanstalt liegt, in der der Gefangene einsitzt. Die Zuständigkeit folgt damit der Zuständigkeit für die Beiordnung der Kontaktperson nach § 34a Abs. 3 Satz 1 EGGVG. Im Fall der **Verlegung** des Gefangenen ist das LG zuständig, in dessen Bezirk sich der Gefangene im **Zeitpunkt der Fälligkeit der Gebühr** aufhält (vgl. § 8). Bei **Vorschüssen** gilt der Aufenthaltsort im Zeitpunkt der Antragstellung (Riedel/Sußbauer/Schmahl, § 55 Rn. 13).

7 Die **funktionelle Zuständigkeit** zur Festsetzung ergibt sich aus den zwischen den Justizverwaltungen des Bundes und der Länder abgestimmten Bestimmungen über die Festsetzung der aus der Staatskasse zu gewährenden Vergütung der Rechtsanwälte und Steuerberater (s. für den Bund die Verwaltungsvorschrift über die Festsetzung der aus der Staatskasse zu gewährenden Vergütung der Rechtsanwälte v. 19.07.2005, BAnz 2005 Nr. 147 S. 1997, zuletzt geändert durch Bekanntmachung v. 26.08.2009, BAnz 2009 Nr. 136 S. 3232; in Nordrhein-Westfalen AV des Justizministers v. 30.06.2005 – 5650 – Z. 20, Justizministerialblatt NRW 2005, S. 181, i.d.F. v. 13.08.2009, Justizministerialblatt NRW 2009, S. 205). Danach werden die Aufgaben des Urkundsbeamten gem. § 55 Abs. 3 grds. durch die Beamten des gehobenen Dienstes wahrgenommen (s. dazu Teil A: Festsetzung gegen die Staatskasse (§ 55) Rn. 618 ff.).

Rechtsbehelf in Bußgeldsachen vor der Verwaltungsbehörde § 57 RVG

§ 57 RVG
Rechtsbehelf in Bußgeldsachen vor der Verwaltungsbehörde

¹Gegen Entscheidungen der Verwaltungsbehörde im Bußgeldverfahren nach den Vorschriften dieses Abschnitts kann gerichtliche Entscheidung beantragt werden. ²Für das Verfahren gilt § 62 des Gesetzes über Ordnungswidrigkeiten.

Übersicht

	Rn.
A. Überblick	1
B. Kommentierung	2
I. Anwendungsbereich	2
1. Allgemeines	2
2. Persönlicher Anwendungsbereich	3
3. Anfechtbare Entscheidungen	4
II. Verfahren	7

A. Überblick

Wird die Vergütung des gerichtlich bestellten oder beigeordneten Rechtsanwalts festgesetzt, kann dagegen grds. nach § 56 Erinnerung eingelegt werden (vgl. Teil A: Rechtsmittel gegen die Vergütungsfestsetzung [§§ 56, 33], Rn. 1115). Das gilt uneingeschränkt aber nur für Strafsachen (Teil 4 VV) und die sonstigen Verfahren (Teil 6 VV). In Bußgeldverfahren (Teil 5 VV) gilt das nur, wenn es zu einem gerichtlichen Verfahren gekommen ist. Anderenfalls wird die Vergütung nicht vom Gericht, sondern nach § 55 Abs. 7 von der Verwaltungsbehörde festgesetzt (vgl. Teil A: Kostenfestsetzung und Erstattung in Bußgeldsachen, Rn. 833). Dagegen ist eine Erinnerung nach § 56 unzulässig. Um keine Rechtsschutzlücke entstehen zu lassen, verweist § 57 wegen des Rechtsschutzes insoweit auf den Antrag auf gerichtliche Entscheidung nach § 62 OWiG. **1**

B. Kommentierung

I. Anwendungsbereich

1. Allgemeines

§ 57 enthält eine **ausdrückliche Regelung** über die gerichtliche Überprüfung von Entscheidungen im Zusammenhang mit der Festsetzung der Rechtsanwaltsvergütung gegen die Staatskasse im Bußgeldverfahren vor der Verwaltungsbehörde. Gegen diese kann gerichtliche Entscheidung beantragt werden. **Angreifbar** sind **sämtliche Entscheidungen** der Verwaltungsbehörden, die diese im Bereich von Abschnitt 8 des RVG erlässt. Anders als § 56 enthält § 57 keine Einschränkung auf die Erinnerung nur gegen die Entscheidung im Rahmen des Vergütungsfestsetzungsverfahrens (AnwKomm-RVG/N. Schneider, § 57 Rn. 4; Hartung/Römermann/Schons, § 57 Rn. 4). **2**

2. Persönlicher Anwendungsbereich

Die Vorschrift des § 57 gilt für jeden im Bußgeldverfahren **bestellten** oder **beigeordneten Rechtsanwalt**. In Betracht kommt insbesondere der Pflichtverteidiger. Da aber eine Pflichtverteidigerbeiordnung im Bußgeldverfahren immer noch eher die Ausnahme sein dürfte, ist der Anwendungsbereich des § 57 in der Praxis nicht groß. **3**

3. Anfechtbare Entscheidungen

4 Der Antrag auf gerichtliche Entscheidung ist nicht in allen Bußgeldsachen gegeben, sondern nur, wenn das Verfahren ausschließlich vor der Verwaltungsbehörde stattfindet, dort also auch beendet wird. Wird das Verfahren nach § 69 Abs. 4 OWiG nach Einspruch an das AG abgegeben, ist ab diesem Zeitpunkt das AG zur Entscheidung berufen. Anwendbar ist dann § 56 (AnwKomm-RVG/N. Schneider, § 57 Rn. 6 f.; Gerold/Schmidt/Burhoff, § 57 Rn. 4; vgl. dazu Teil A: Festsetzung gegen die Staatskasse [§ 55], Rn. 579)

5 Im Verfahren vor der Verwaltungsbehörde werden folgende Entscheidungen der Verwaltungsbehörde vom **sachlichen Anwendungsbereich** des § 57 erfasst (vgl. auch AnwKomm-RVG/N. Schneider, § 57 Rn. 8 ff.; Gerold/Schmidt/Burhoff, § 57 Rn. 5):

6
- Entscheidung der Verwaltungsbehörde im **Vergütungsfestsetzungsverfahren** nach § 55,
- Entscheidung der Verwaltungsbehörde über die **Notwendigkeit** von **Reisekosten** nach § 46 Abs. 2 Satz 1 und 2,
- Entscheidung der Verwaltungsbehörde über **sonstige Auslagen** nach § 46 Abs. 2 Satz 3,
- Entscheidung über die Bewilligung einer **Pauschgebühr** nach § 51 Abs. 3 Satz 2,
- Entscheidung über die Bewilligung eines **Vorschusses** auf eine **Pauschgebühr** nach § 51 Abs. 1 Satz 5 i. V. m. § 1 Abs. 3 Satz 2,
- Entscheidung über die **Inanspruchnahme** des **Betroffenen** nach § 52 Abs. 6 Satz 2,
- Entscheidung über die Inanspruchnahme des **anderweitig Vertretenen** nach § 53 i. V. m. § 52 Abs. 6 Satz 2,
- Entscheidung über die (**nachträgliche**) **Anrechnung** von Zahlungen nach § 58 Abs. 3 i. V. m. § 55.

II. Verfahren

7 Nach § 57 Satz 2 gilt für das Verfahren **§ 62 OWiG**. Dort ist der **Antrag** auf **gerichtliche Entscheidung** geregelt (wegen der Einzelh. s. Göhler, OWiG, § 62 Rn. 1 ff.; AnwKomm-RVG/N. Schneider, § 57 Rn. 32 ff.; Gerold/Schmidt/Burhoff, § 57 Rn. 6 ff.). Verwiesen wird hier auf die §§ 297 bis 300, 306 bis 309 und 311a StPO.

8 **Zuständig** für das Verfahren ist das AG, in dessen Bezirk die Verwaltungsbehörde ihren Sitz hat. Gem. § 62 Abs. 2 OWiG i. V. m. § 306 Abs. 2 StPO ist die Verwaltungsbehörde berechtigt, dem Antrag auf gerichtliche Entscheidung **abzuhelfen**, entweder insgesamt oder auch teilweise bzgl. einzelner Angriffspunkte (Gerold/Schmidt/Burhoff, § 57 Rn. 13). Das Verschlechterungsverbot ist zu beachten, weil die Verwaltungsbehörde dem Antrag nur abhelfen kann. Eine Änderung zum Nachteil des Antragsgegners ist dagegen nicht möglich; allerdings ist § 308 Abs. 1 StPO zu beachten. Dem Antragsgegner muss rechtliches Gehör eingeräumt werden (zu allem Anw-Komm-RVG/N. Schneider, § 57 Rn. 34 ff.).

9 Der **Antrag** ist grds. **nicht fristgebunden**. Er kann aber verwirkt sein. Es bietet sich insofern an, die Rechtsprechung zur Verwirkung der ebenfalls nicht fristgebundenen Beschwerde nach § 304 StPO entsprechend anzuwenden (vgl. dazu Burhoff, EV, Rn. 388), zumindest aber den Rechtsgedanken des § 12a Abs. 2 Satz 2, wonach die Anhörungsrüge nach einem Jahr nicht mehr erhoben werden kann (vgl. dazu Teil A: Anhörungsrüge [§ 12a], Rn. 114; ähnlich Hartung/Römermann/

Rechtsbehelf in Bußgeldsachen vor der Verwaltungsbehörde § 57 RVG

Schons, § 57 Rn. 6; AnwKomm-RVG/N. Schneider, § 57 Rn. 21; a.A. OLG Koblenz, FamRZ 1999, 1362 [Erinnerung nach Ablauf von drei Monaten nicht mehr zulässig]).

> **Hinweis:**
> Der Verteidiger sollte den Antrag auf gerichtliche Entscheidung **zeitnah** im Anschluss an die Bekanntgabe der anzugreifenden Entscheidung der Verwaltungsbehörde einlegen.

Der Antrag bedarf der **Schriftform**. Er kann aber auch zu Protokoll der Geschäftsstelle erklärt werden (nach § 62 Abs. 2 Satz 2 OWiG i.V.m. § 306 Abs. 1 StPO). **10**

Antragsberechtigt ist derjenige, der durch die anzufechtende Entscheidung der Verwaltungsbehörde beschwert ist. Das wird i.d.R. der Rechtsanwalt sein, der durch die Entscheidung der Verwaltungsbehörde beschwert ist, soweit die festgesetzte Vergütung nicht seinem Antrag entspricht. Handelt es sich um einen Beschluss, durch den der Betroffene in Anspruch genommen wird, kann auch er den Antrag auf gerichtliche Entscheidung stellen (Gerold/Schmidt/Burhoff, § 57 Rn. 11). **11**

Eine (Mindest-)**Beschwer** sieht das RVG nicht vor (AnwKomm-RVG/N. Schneider, § 57 Rn. 22 ff.; Gerold/Schmidt/Burhoff, § 57 Rn. 12). Die Auszahlung der festgesetzten Vergütung führt nicht zum Wegfall der Beschwer (Hartung/Römermann/Schons, § 57 Rn. 8; AnwKomm-RVG/N. Schneider, § 57 Rn. 26; Gerold/Schmidt/Burhoff, § 57 Rn. 12). **12**

Die gerichtliche Entscheidung ergeht nach § 62 Abs. 2 Satz 2 OWiG i.V.m. § 309 Abs. 1 StPO durch zu begründenden **Beschluss**. Die Entscheidung ist nach § 62 Abs. 2 Satz 3 OWiG **unanfechtbar**. **13**

Der Beschluss muss **i.d.R. keine Kostenentscheidung** enthalten (so zutreffend AnwKomm-RVG/N. Schneider, § 57 Rn. 41; Gerold/Schmidt/Burhoff, § 57 Rn. 17). Teilweise wird in der Literatur unter Hinweis auf die in § 62 Abs. 2 Satz 2 OWiG enthaltene Verweisung auf die Vorschriften der StPO über die Auferlegung der Kosten vertreten, dass eine Kostenentscheidung (immer) entfalle (Hartung/Römermann/Schons, § 57 Rn. 23; Mayer/Kroiß, § 57 Rn. 11) weil es sich bei § 57 um einen Rechtsbehelf handle. Dabei wird aber übersehen, dass nach § 62 Abs. 2 Satz 2 OWiG die Vorschriften der StPO nur „sinngemäß" anwendbar sind. **14**

> **Hinweis:**
> Die Frage, ob der Beschluss eine Kostenentscheidung enthalten muss, hat aber in der Praxis **keine große Bedeutung**. Das Verfahren ist **gerichtsgebührenfrei**. Eine Erstattung der Anwaltskosten kommt schon deshalb nicht in Betracht, weil der Rechtsanwalt meist in eigener Sache tätig wird und das Einfordern der Vergütung gem. § 19 Abs. 1 Satz 2 Nr. 13 zum Rechtszug gehört. Nur, wenn Auslagen anfallen, wäre eine Kostenentscheidung erforderlich (AnwKomm-RVG/N. Schneider, § 57 Rn. 41; Gerold/Schmidt/Burhoff, a.a.O.)
>
> Auch eine **Erstattung** von Anwaltsgebühren, wenn der Rechtsanwalt ausnahmsweise einen anderen Beteiligten vertritt, kommt nicht in Betracht (Hartung/Römermann/Schons, § 57 Rn. 26; AnwKomm-RVG/N. Schneider, § 57 Rn. 42; Gerold/Schmidt/Burhoff, a.a.O.).

§ 58 Abs. 3 RVG
Anrechnung und Rückzahlung bei Gebühren nach den Teilen 4 – 6 VV

(3) ¹In Angelegenheiten, in denen sich die Gebühren nach den Teilen 4 bis 6 des Vergütungsverzeichnisses bestimmen, sind Vorschüsse und Zahlungen, die der Rechtsanwalt vor oder nach der gerichtlichen Bestellung oder Beiordnung für seine Tätigkeit für bestimmte Verfahrensabschnitte erhalten hat, auf die von der Staatskasse für diese Verfahrensabschnitte zu zahlenden Gebühren anzurechnen. ²Hat der Rechtsanwalt Zahlungen empfangen, nachdem er Gebühren aus der Staatskasse erhalten hat, ist er zur Rückzahlung an die Staatskasse verpflichtet. ³Die Anrechnung oder Rückzahlung erfolgt nur, soweit der Rechtsanwalt durch die Zahlungen insgesamt mehr als den doppelten Betrag der ihm ohne Berücksichtigung des § 51 aus der Staatskasse zustehenden Gebühren erhalten würde.

Übersicht

	Rn.
A. Überblick	1
B. Kommentierung	4
I. Anwendungsbereich	4
1. Sachlicher Anwendungsbereich	4
2. Persönlicher Anwendungsbereich	5
II. Von Abs. 3 erfasste Vorschüsse und Zahlungen	6
1. Vorschüsse und Zahlungen	6
2. Zahlende Person	8
3. Zahlungsgrund	10
4. Zahlungen nach §§ 52, 53	11
III. Zeitpunkt der Zahlung	12
IV. Anrechenbarkeit von Vorschüssen und Zahlungen	13
1. Dieselbe Angelegenheit	13
2. Zahlungen für bestimmte Verfahrensabschnitte	14
a) Begriff des Verfahrensabschnitts	14
b) Anspruch gegen die Staatskasse	17
c) Bedeutung von § 48 Abs. 5	18
3. Pauschale Zahlung	19
V. Berechnung (Abs. 3 Satz 3)	20
1. Doppelter Betrag	20
2. Nettobeträge	21
3. Berechnung	22
VI. Anrechnung auf Auslagen	25
1. Frühere Rechtslage	25
2. Rechtslage nach dem RVG	26
3. Zahlung auf Auslagen	27
4. Kein Auslagenerstattungsanspruch gegen die Staatskasse	28
5. Anrechnung bei Rückwirkung gem. § 48 Abs. 5	30
6. Zahlung ohne Zahlungsbestimmung	31
a) Anrechnung auch auf Auslagen	31
b) Vergütungsvereinbarung	32
VII. Pauschvergütung (§ 51)	33
VIII. Begrenzung der Gesamtvergütung auf die Wahlverteidigergebühren	36
IX. Ausschluss der Anrechnung und Rückzahlung	37
X. Anrechnungsvereinbarungen	38
XI. Anzeigepflicht des Rechtsanwalts	39
XII. Verfahren bei der Anrechnung	43

Anrechnung und Rückzahlung bei Gebühren nach den Teilen 4 – 6 VV § 58 Abs. 3 RVG

XIII. Verfahren bei der Rückzahlung 44

Literatur:

Al-Jumaili, Vorschuß und dessen Anrechnung auf die Pflichtverteidigervergütung, JurBüro 2000, 565; *Brieske*, Zur Anrechnungspflicht aus § 101 Abs. 2 BRAGO, StV 1995, 331; *Enders*, Honorarvereinbarung des Strafverteidigers und spätere Bestellung zum Pflichtverteidiger, JurBüro 2002, 409; *ders.*, Pflichtverteidiger – Anrechnung von Vorschüssen, JurBüro 1996, 449; *Volpert*, Die Anrechnung von Zahlungen und Vorschüssen, StRR 2007, 136.

A. Überblick

Die Anrechnung von Vorschüssen und Zahlungen vom Mandanten oder von Dritten, die sich der Pflichtverteidiger bzw. der sonst gerichtlich bestellte oder beigeordnete Rechtsanwalt auf die aus der Staatskasse zu gewährende Vergütung ggf. anrechnen lassen muss bzw. die zu einer Rückzahlungspflicht an die Staatskasse führt, ist in § 58 Abs. 3 geregelt. Gegenüber der früheren Regelung in § 101 BRAGO ist der Wortlaut von § 58 Abs. 3 teilweise geändert worden. Nicht zuletzt aus diesem Grund entsteht in der Praxis häufig Streit darüber, ob erhaltene Zahlungen/Vorschüsse Auswirkungen auf die aus der Staatskasse zu gewährende Vergütung haben. § 58 Abs. 3 gilt nur, wenn der Rechtsanwalt Zahlungen oder Vorschüsse auch tatsächlich erhalten hat (OLG Frankfurt am Main, JurBüro 2011, 34 = VRR 2010, 403 [Ls]).

§ 58 Abs. 3 regelt zum einen die **Anrechnung** von **Vorschüssen** und Zahlungen, die der gerichtlich bestellte (z.B. Pflichtverteidiger) oder beigeordnete (z.B. PKH-Rechtsanwalt, Zeugenbeistand) Rechtsanwalt vor oder nach seiner Bestellung oder Beiordnung für seine Tätigkeit für bestimmte Verfahrensabschnitte aus der Staatskasse erhalten hat. Zum anderen wird auch die **Rückzahlung** von aus der Staatskasse erhaltenen Gebühren geregelt, wenn der Rechtsanwalt nach der Gebührenzahlung der Staatskasse Zahlungen empfangen hat (Abs. 3 Satz 2). Die Bestimmung dient der **Kostendämpfung** (OLG Köln, NStZ 2006, 514). Hat der beigeordnete oder bestellte Rechtsanwalt Vorschüsse und Zahlungen erhalten, soll sein Vergütungsanspruch gegen die Staatskasse bei Überschreiten bestimmter Beträge ermäßigt werden bzw. wegfallen.

Die Anrechnungsregelung in **§ 58 Abs. 2** bestimmt für den in Angelegenheiten nach **Teil 3 VV** beigeordneten Rechtsanwalt, dass erhaltene Vorschüsse und Zahlungen zunächst auf die Vergütungen anzurechnen sind, für die ein Vergütungsanspruch gegen die Staatskasse nicht besteht. **§ 58 Abs. 3** ordnet im Gegensatz dazu weiter gehend an, dass Vorschüsse und Zahlungen grds. auf den Gebührenanspruch gegen die Staatskasse anzurechnen sind bzw. dass nach Zahlung durch die Staatskasse erhaltene Zahlungen zu einer Rückzahlungspflicht führen. Dieses Gebot der Anrechnung wird dann erst durch Abs. 3 Satz 3 eingeschränkt.

B. Kommentierung

I. Anwendungsbereich

1. Sachlicher Anwendungsbereich

§ 58 Abs. 3 findet Anwendung, wenn der Rechtsanwalt in Angelegenheiten tätig geworden ist, in denen sich seine Gebühren nach den **Teilen 4 bis 6 VV** richten, also in Strafsachen, Bußgeldsachen und sonstigen Verfahren (z.B. Verfahren nach dem IRG und IStGHG, Disziplinarverfahren, berufsgerichtlichen Verfahren und Verfahren bei Freiheitsentziehungen und Unterbringungen).

§ 58 Abs. 3 RVG   *Anrechnung und Rückzahlung bei Gebühren nach den Teilen 4 – 6 VV*

Ist der Rechtsanwalt in einer Angelegenheit tätig geworden, in der sich seine Gebühren nach Teil 3 VV richten, regelt § 58 Abs. 2 die Anrechnung und Rückzahlung (früher § 129 BRAGO).

2. Persönlicher Anwendungsbereich

5   § 58 Abs. 3 findet sowohl auf den **gerichtlich bestellten** (z.B. Pflichtverteidiger) als auch auf den **beigeordneten** Rechtsanwalt, wie z.B. den im Wege der PKH beigeordneten Rechtsanwalt (§ 379 Abs. 3 StPO, § 397a Abs. 2 StPO) oder den gem. § 68b Abs. 2 StPO beigeordneten Zeugenbeistand, Anwendung (s. dazu auch Teil A: Vergütungsanspruch gegen die Staatskasse [§§ 44, 45, 50], Rn. 1469 ff.). War der Rechtsanwalt zunächst Wahlverteidiger oder Wahlanwalt und ist er dann (nach Niederlegung des Wahlverteidigermandats) zum Pflichtverteidiger bestellt bzw. im Wege der PKH beigeordnet worden, gilt § 58 Abs. 3 grds. ebenfalls (so auch Gerold/Schmidt/Burhoff, § 58 Rn. 57; vgl. insoweit aber Rn. 18 ff.).

II. Von Abs. 3 erfasste Vorschüsse und Zahlungen

1. Vorschüsse und Zahlungen

6   § 58 Abs. 3 erfasst grds. **jede Art** von Vorschuss und Zahlung, die der Rechtsanwalt vom **Beschuldigten** oder einem **Dritten** erhalten hat, also z.B. Barzahlungen, Überweisungen, Scheckzahlungen (OLG Düsseldorf, MDR 1993, 808 = JurBüro 1993, 537 = Rpfleger 1993, 369). Zahlungen erfolgen dabei auf fällige, Vorschüsse auf noch nicht fällige Gebührenansprüche (vgl. § 8; AnwKomm-RVG/Schnapp/N. Schneider, § 58 Rn. 29).

7   **Hinweis:**

Die Bestimmung erfasst nur Vorschüsse und Zahlungen, die der Rechtsanwalt vom Auftraggeber (Beschuldigter, Betroffener usw.) oder von Dritten erhalten hat. Hat der Rechtsanwalt nach § 47 **aus der Staatskasse** einen Vorschuss auf seine aus der Staatskasse zu gewährende Vergütung erhalten, ist dieser Vorschuss **nicht** im Rahmen des § 58 Abs. 3, sondern im Festsetzungsverfahren nach § 55 in voller Höhe auf die aus der Staatskasse zu gewährende Vergütung anzurechnen (s. auch Teil A: Vorschuss aus der Staatskasse [§ 47], Rn. 1651 ff.; Teil A: Festsetzung gegen die Staatskasse [§ 55], Rn. 602; Gerold/Schmidt/Burhoff, § 58 Rn. 58; AnwKomm-RVG/Schnapp/N. Schneider, § 58 Rn. 32). Das gilt auch für die Beratungsgebühr Nr. 2501 VV im Rahmen von Beratungshilfe (vgl. auch Abs. 2 der Anm. zu Nr. 2501 VV; s. auch Teil A: Beratungshilfe, Rn. 348 ff.).

2. Zahlende Person

8   Im Gegensatz zur früheren Regelung in § 101 BRAGO werden der Beschuldigte oder der Dritte nicht mehr ausdrücklich als Zahlende genannt. Das ist aber auch nicht erforderlich, weil es insoweit keine weitere Variante geben kann (OLG Jena, StRR 2010, 199 = RVGreport 2010, 24 = Rpfleger 2010, 107). **Dritter** i.S.v. § 58 Abs. 3 kann z.B. der Ehepartner des Beschuldigten, ein erstattungspflichtiger Dritter (so auch Gerold/Schmidt/Burhoff, § 58 Rn. 60; AnwKomm-RVG/Schnapp/N. Schneider, § 58 Rn. 32, 33) sein. Auch eine **Rechtsschutzversicherung** wird erfasst, weil diese mittelbar (§ 267 Abs. 1 Satz 1 BGB) auf die Vergütungspflicht des Beschuldigten zahlt (AnwKomm-RVG/Schnapp/N. Schneider, § 58 Rn. 33, 35; Mayer/Kroiß, § 58 Rn. 19; Mertens/Stuff, Rn. 495).

Anrechnung und Rückzahlung bei Gebühren nach den Teilen 4 – 6 VV § 58 Abs. 3 RVG

Auch Zahlungen, die dem Mandanten erstattungspflichtige Dritte an den beigeordneten oder bestellten Rechtsanwalt leisten, sind ggf. anzurechnen. Hierbei ist aber stets festzustellen, ob auf den eigenen Vergütungsanspruch des Rechtsanwalts oder zunächst auf den Erstattungsanspruch des von diesem vertretenen Mandanten (vgl. § 464a Abs. 2 Nr. 2 StPO) geleistet wird. Macht der dem Nebenkläger im Wege der PKH beigeordnete Rechtsanwalt daher den Erstattungsanspruch des Nebenklägers gem. § 397a Abs. 2 StPO, § 126 ZPO im eigenen Namen gegen den Verurteilten geltend (vgl. KG, StRR 2007, 11; OLG Hamburg, AnwBl. 1975, 404 = Rpfleger 1975, 320; LG Itzehoe, AGS 2008, 233 = NJW-Spezial 2008, 221; s. dazu auch Teil A: Übergang von Ansprüchen auf die Staatskasse [§ 59] Rn. 1324 f. und die Komm. zu § 53 Rn. 34 ff.), ist dessen Zahlung unmittelbar nach § 58 Abs. 3 anzurechnen.

> *Beispiel:*
> *Der Angeklagte ist rechtskräftig verurteilt worden. Er hat nach der Kostenentscheidung die notwendigen Auslagen des Nebenklägers zu erstatten. Dem Nebenkläger ist Rechtsanwalt R im Wege der PKH beigeordnet worden. R macht aufgrund seiner Beiordnung seinen Vergütungsanspruch gegen die Staatskasse geltend und beantragt für seinen Mandanten die Festsetzung der notwendigen Auslagen gegen den Verurteilten. Der entsprechende Kostenfestsetzungsbeschluss gem. § 464b StPO ergeht, der Verurteilte zahlt die notwendigen Auslagen an den über eine Geldempfangsvollmacht des Nebenklägers verfügenden R.*
>
> *Fraglich ist, ob die Zahlung des Verurteilten aufgrund des Kostenfestsetzungsbeschlusses für die Anrechnung nach § 58 Abs. 3 von Bedeutung ist. Da der Anspruch auf Erstattung der notwendigen Auslagen dem Nebenkläger und nicht R zusteht (§ 464a Abs. 2 Nr. 2 StPO), muss R diese Zahlung nicht anzeigen. Etwas anderes gilt erst dann, wenn R diesen Betrag auch erhält, er ihn also behalten darf. Das kann z.B. der Fall sein, wenn der Nebenkläger seinen Erstattungsanspruch gegen den Verurteilten an R abgetreten hat oder wenn R gegen den Nebenkläger nach § 53 Abs. 1 seinen Anspruch auf die Wahlanwaltsgebühren geltend gemacht und diese erhalten hat (s. dazu auch Rn. 11).*

Der vom Rechtsanwalt **mitvertretene Nebenkläger** ist Dritter i.S.v. § 58 Abs. 3, sodass dessen Zahlungen und Vorschüsse grds. für die Anrechnung oder Rückzahlung von Bedeutung sind. Eine Anrechnung ist aber nur insoweit vorzunehmen, als der vom Rechtsanwalt mitvertretene Nebenkläger nicht ausschließlich auf seine eigene Schuld, sondern die Gesamtschuld der Nebenkläger geleistet hat. Es ist daher nach § 7 Abs. 2, Nr. 1008 VV zu ermitteln, welche Vergütung jeder der Nebenkläger dem Rechtsanwalt schuldet und welche Vergütung der Rechtsanwalt insgesamt von den beiden von ihm vertretenen Nebenklägern fordern kann (AnwKomm-RVG/Schnapp/N. Schneider, § 58 Rn. 34, 48; Hartung/Römermann/Schons, § 58 Rn. 68; Gerold/Schmidt/Burhoff, § 58 Rn. 6; s. auch Teil A: Mehrere Auftraggeber [§ 7, Nr. 1008 VV], Rn. 1024 f.). **9**

3. Zahlungsgrund

Es ist **unerheblich**, ob die Vorschüsse und Zahlungen nach dem RVG (§ 9; s. auch Teil A: Vorschuss vom Auftraggeber [§ 9], Rn. 1659 ff.) aufgrund einer **Vergütungsvereinbarung** (OLG Düsseldorf, MDR 1993, 808 = JurBüro 1993, 537 = Rpfleger 1993, 369; s. auch Teil A: Vergütungsvereinbarung [§ 3a], Rn. 1502 ff.) oder auch aus anderen Gründen geleistet wurden. **10**

> **Hinweis:**
> In § 101 Abs. 1 Satz 1 BRAGO war ausdrücklich bestimmt, dass für die Anrechnung auch die aufgrund einer Vereinbarung erhaltenen Zahlungen von Bedeutung sind. Die Zahlungen aufgrund einer **Vergütungsvereinbarung** (vgl. § 3a) sind in Abs. 3 zwar nicht mehr ausdrück-

§ 58 Abs. 3 RVG   Anrechnung und Rückzahlung bei Gebühren nach den Teilen 4 – 6 VV

lich erwähnt, werden nach Sinn und Zweck der Vorschrift aber erfasst (vgl. OLG Frankfurt am Main, AGS 2007, 193 = StraFo 2007, 219 = StV 2007, 476 = StRR 2007, 158 [Ls]; AnwKomm-RVG/Schnapp/N. Schneider, § 58 Rn. 35; Gerold/Schmidt/Burhoff, § 58 Rn. 58; Mertens/Stuff, Rn. 496; noch zur BRAGO: OLG Düsseldorf, MDR 1993, 808 = JurBüro 1993, 537 = Rpfleger 1993, 369).

Dass der **Pflichtverteidiger Vergütungsvereinbarungen** abschließen darf, ergibt sich aus dem Wortlaut des § 58 Abs. 3, weil dort gerade auch Zahlungen an den Pflichtverteidiger vorgesehen sind (s. auch Teil A: Vergütungsvereinbarung [§ 3a], Rn. 1514 ff.; § 52 Rn. 7). Die Vereinbarung kann vor und auch noch nach der Bestellung zum Pflichtverteidiger abgeschlossen werden. Die Vereinbarung muss freiwillig getroffen werden (BGH, JurBüro 1979, 1793; JurBüro 1983, 689). Zum Abschluss einer Vergütungsvereinbarung durch den im Wege der PKH beigeordneten Rechtsanwalt s. auch Teil A: Vergütungsvereinbarung (§ 3a), Rn. 1517 f.; § 53 Rn. 8, 37 ff.

4. Zahlungen nach §§ 52, 53

11 Auch die **Zahlungen**, die vom Beschuldigten oder Auftraggeber gem. der §§ 52, 53 Abs. 1 **nach Feststellung der Leistungsfähigkeit** an den beigeordneten oder bestellten Rechtsanwalt auf dessen Wahlanwaltsgebührenanspruch geleistet worden sind, werden von Abs. 3 **erfasst** (Hartung/Römermann/Schons § 58 Rn. 69; Gerold/Schmidt/Burhoff, § 58 Rn. 58). Ebenfalls ist die im Fall des § 52 Abs. 2 aus der Staatskasse erfolgte Zahlung auf die Wahlverteidigergebühren, wenn dem Beschuldigten ein Erstattungsanspruch gegen die Staatskasse zusteht, im Rahmen von Abs. 3 zu berücksichtigen. Es wird insoweit verwiesen auf die Komm. zu § 52 Rn. 30 ff. und Rn. 45 ff. und zu § 53 Rn. 20, 21.

III. Zeitpunkt der Zahlung

12 Für die Anrechnung ist es nach dem Wortlaut von § 58 Abs. 3 **unerheblich**, ob der beigeordnete oder bestellte Rechtsanwalt die Vorschüsse und Zahlungen **vor oder nach** der gerichtlichen Bestellung oder Beiordnung erhalten hat (OLG Düsseldorf, MDR 1993, 808 = JurBüro 1993, 537 = Rpfleger 1993, 369; JurBüro 1987, 1800; Gerold/Schmidt/Burhoff, § 58 Rn. 58; Mertens/Stuff, Rn. 496).

> **Hinweis:**
> Dass auch vor der gerichtlichen Bestellung oder Beiordnung erhaltene Vorschüsse und Zahlungen für die Anrechnung von Bedeutung sein können, **benachteiligt** den Rechtsanwalt im Ergebnis **nicht**, da ihm § 48 Abs. 5 für diese Zeiträume i.d.R. auch einen Vergütungsanspruch gegen die Staatskasse gewährt (vgl. hierzu Rn. 18 ff.).

IV. Anrechenbarkeit von Vorschüssen und Zahlungen

1. Dieselbe Angelegenheit

13 Voraussetzung für eine Anrechnung ist zunächst, dass die Zahlung oder der Vorschuss in **derselben gebührenrechtlichen Angelegenheit** erfolgt ist (s. auch Teil A: Angelegenheiten [§§ 15 ff.], Rn. 66 ff.). Sind verschiedene gebührenrechtliche Angelegenheiten betroffen, besteht keine Anrechnungspflicht (AnwKomm-RVG/Schnapp/N. Schneider, § 58 Rn. 36; Gerold/Schmidt/Bur-

Anrechnung und Rückzahlung bei Gebühren nach den Teilen 4 – 6 VV § 58 Abs. 3 RVG

hoff, § 58 Rn. 63). Für eine bestimmte gerichtliche Instanz geleistete Zahlungen oder Vorschüsse sind daher nicht auf eine andere Instanz anzurechnen.

Beispiel:

Rechtsanwalt R war in der ersten Instanz als Wahlverteidiger tätig. In der Berufungsinstanz wird er zum Pflichtverteidiger bestellt.

Die für die Wahlverteidigung in der ersten Instanz erhaltenen Vorschüsse und Zahlungen sind nicht auf die im Berufungsverfahren entstandene Pflichtverteidigervergütung anzurechnen, da die erste Instanz und die Berufungsinstanz gem. § 15 Abs. 2 verschiedene gebührenrechtliche Angelegenheiten bilden (OLG Düsseldorf, JurBüro 1991, 808).

2. Zahlungen für bestimmte Verfahrensabschnitte

a) Begriff des Verfahrensabschnitts

Nach § 58 Abs. 3 sind die für bestimmte Verfahrensabschnitte erhaltenen Zahlungen und Vorschüsse auch nur auf die von der Staatskasse für diese Verfahrensabschnitte zu zahlenden Gebühren anzurechnen. Die Frage, ob eine Anrechnung nach Verfahrensabschnitten zu erfolgen hat, war zu § 101 Abs. 1 und 2 BRAGO unklar bzw. umstritten. Teilweise wurde die Auffassung vertreten, dass eine Zahlung für das Ermittlungsverfahren nicht auf die aus der Staatskasse zu zahlenden Gebühren des Hauptverfahrens anzurechnen war (vgl. hierzu Brieske, StV 1995, 331; Kindermann/Hembach, Gebührenpraxis, Teil 7, Rn. 226 ff.). Die herrschende Meinung lehnte diese Auslegung jedoch aufgrund des in § 101 Abs. 1, 2 BRAGO verwendeten Begriffs „Strafsache" ab und rechnete auch ein für das vorbereitende Verfahren vereinbartes und gezahltes Sonderhonorar an (vgl. OLG Bamberg, JurBüro 1991, 1347; OLG Düsseldorf, JurBüro 1993, 537; OLG Hamm, StV 1996, 619 und StraFo 1997, 287). § 58 Abs. 3 ist gegenüber § 101 Abs. 1, 2 BRAGO insoweit geändert worden, als dort ausdrücklich geregelt ist, dass für Verfahrensabschnitte erfolgte Zahlungen auch nur auf die für diese Verfahrensabschnitte aus der Staatskasse zu zahlenden Gebühren anzurechnen sind. Der Änderung hätte es nicht bedurft, wenn Zahlungen weiterhin innerhalb der gesamten Instanz der Strafsache angerechnet werden sollten.

Es ist letztlich entscheidend, was der Gesetzgeber in den in den Teilen 4 bis 6 VV geregelten Angelegenheiten unter „Verfahrensabschnitt" versteht. Der Begriff des „bestimmten Verfahrensabschnitts" wird in § 58 Abs. 3 zwar nicht weiter erläutert. Das ist jedoch auch nicht erforderlich, weil der Begriff in §§ 42 und 51 ebenfalls verwendet und in der Gesetzesbegründung näher konkretisiert wird (vgl. BT-Drucks. 15/1971, S. 248). Unter „Verfahrensabschnitt" ist danach jeder Teil des Verfahrens zu verstehen, für den besondere Gebühren bestimmt sind. Daher wird in der Rechtsprechung der Obergerichte von der Möglichkeit Gebrauch gemacht, eine Pauschgebühr z.B. für den Verfahrensabschnitt vorbereitendes Verfahren (vgl. OLG Düsseldorf, 07.09.2006 – III-3 (s) RVG 4/06; OLG Hamm, JurBüro 2005, 649; 31.07.2006 – 2 (s) Sbd. IX-75/06, www.burhoff.de; OLG Karlsruhe, RVGreport 2005, 420 = StV 2006, 205) oder für die Verfahrensabschnitte Grundgebühr oder Verfahrensgebühr (OLG Hamm, 28.06.2006 – 2 [s] Sbd. IX 64/06) zu bewilligen.

Es spricht nichts dagegen, die Erläuterungen des Gesetzgebers zum Begriff des „Verfahrensabschnitts" in der Begründung zu § 42 bzw. § 51 heranzuziehen. Es ist nicht ersichtlich, aus welchem Grund der Gesetzgeber mit dem Verfahrensabschnitt in §§ 42 und 51 etwas anderes

§ 58 Abs. 3 RVG   Anrechnung und Rückzahlung bei Gebühren nach den Teilen 4 – 6 VV

gemeint haben soll als in § 58 Abs. 3 (vgl. hierzu auch OLG Köln, StraFo 2008, 399, dass diese Ansicht mit dem Gesetzeswortlaut nicht für unvereinbar hält, aber davon ausgeht, dass sie dem sich aus der Gesetzesbegründung ergebenden gesetzgeberischen Willen widerspricht).

> **Hinweis:**
>
> In **Strafsachen** bilden daher jedenfalls das vorbereitende Verfahren, das gerichtliche Verfahren im ersten Rechtszug, das Berufungsverfahren, das Revisionsverfahren, das Wiederaufnahmeverfahren und die Strafvollstreckung bestimmte Verfahrensabschnitte aber auch die Grundgebühr und jeder Termin, für den eine Terminsgebühr vorgesehen ist (vgl. hierzu OLG Frankfurt am Main, AGS 2007, 193 = StraFo 2007, 219 = StV 2007, 476 = StRR 2007, 158 [Ls]; zur Bewilligung einer Pauschgebühr für den Verfahrensabschnitt „vorbereitendes Verfahren" s. auch § 51 Rn. 31 ff.; OLG Karlsruhe, StV 2006, 205 = RVGreport 2005, 420; OLG Düsseldorf, RVGreport 2006, 470 = StraFo 2006, 473 = NStZ-RR 2006, 391 = JurBüro 2006, 641; s. auch Teil A: Angelegenheiten [§§ 15 ff.], Rn. 90 ff.). Daraus folgt z.B.: Da für den Verfahrensabschnitt „vorbereitendes Verfahren" besondere Gebühren vorgesehen sind (vgl. Nrn. 4104, 4105 VV), ist ein für das Ermittlungsverfahren gezahlter Betrag nur auf die von der Staatskasse für diesen Verfahrensabschnitt zu zahlenden Gebühren anzurechnen (so auch OLG Düsseldorf, RVGreport 2006, 470 = StraFo 2006, 473 = NStZ-RR 2006, 391 = JurBüro 2006, 641; OLG Frankfurt am Main, AGS 2007, 193; Gerold/Schmidt/Burhoff, § 58 Rn. 64; N. Schneider, in: Hansens/Braun/Schneider, Teil 15, Rn. 92; Mertens/Stuff, Rn. 496; offen gelassen KG, 16.10.2007 – 1 Ws 151/07, JurionRS 2007, 56).
>
> In **Bußgeldsachen** sind als Verfahrensabschnitte das Verfahren vor der Verwaltungsbehörde, das Verfahren vor dem AG und das Verfahren über die Rechtsbeschwerde sowie das Wiederaufnahmeverfahren (vgl. Vorbem. 5.2.3 Abs. 2 VV) aber auch die Grundgebühr und jeder Termin, für den eine Terminsgebühr vorgesehen ist, anzusehen.
>
> Entsprechendes gilt für die in **Teil 6 VV** geregelten Disziplinarverfahren und berufsgerichtlichen Verfahren (vgl. dort Abschnitt 2).

16 Nach der mittlerweile wohl **überwiegenden Gegenauffassung** ist unter dem in der einschlägigen Vorschrift des § 58 Abs. 3 verwandten Begriff „Verfahrensabschnitt" allerdings der jeweilige Instanzenzug zu verstehen, das vorbereitende und das gerichtliche Verfahren sind als eine Einheit anzusehen. Danach sind Zahlungen, die ein Pflichtverteidiger für seine Tätigkeit im Ermittlungsverfahren von seinem Mandanten erhalten hat, nach § 58 Abs. 3 auf seine Pflichtverteidigergebühren für die gesamte erste Instanz anzurechnen (so KG, StRR 2008, 477 = StraFo 2009, 84; OLG Düsseldorf, 09.12.2010 – III-1 Ws 303/10, JurionRS 2010, 30142 = StRR 2011, 43 [Ls]; OLG Dresden, 18.07.2007 – 3 Ws 37/07, www.burhoff.de; OLG Hamm, 20.11.2007 – 3 Ws 320/07, JurionRS 2007, 45776; OLG Köln, StraFo 2008, 399; AGS 2009, 585; OLG München, StRR 2010, 319 = RVGreport 2010, 219 = AGS 2010, 325; OLG Oldenburg, StV 2007, 477 = StraFo 2007, 347 = RVGreport 2007, 344 = StRR 2007, 159 [Ls]; OLG Stuttgart, StraFo 2007, 437 = NStZ-RR 2008, 31; s. auch LG Berlin, 20.08.2007 – [515] 68 Js 29104 KLs [22105], JurionRS 2007, 42349; LG Osnabrück, StRR 2007, 158; Mayer/Kroiß, § 58 Rn. 19; offen gelassen KG, 16.10.2007 – 1 Ws 151/07, JurionRS 2007, 56565).

Die **Gegenauffassung** verweist zur Begründung ihrer Ansicht auf die Begründung zu § 58 Abs. 3. Danach übernehme § 58 Abs. 3, die Regelung des § 101 Abs. 1 und 2 BRAGO in redaktionell an-

Anrechnung und Rückzahlung bei Gebühren nach den Teilen 4 – 6 VV § 58 Abs. 3 RVG

gepasster Form (BT-Drucks. 15/1071, S. 203). In § 101 Abs. 1 und 2 BRAGO sei der sehr weit gefasste Begriff der „Tätigkeit in der Strafsache" allgemein dahin verstanden worden, dass der gesamte erstinstanzliche Rechtszug gemeint gewesen sei. Dabei wird aber übersehen, dass in der geänderten Fassung des § 58 Abs. 3 eindeutig von einem „Verfahrensabschnitt" gesprochen wird und nicht wie in § 101 Abs. 1 BRAGO von der „Strafsache". Diese Änderung wäre nicht nötig gewesen, wenn die Anrechnung weiterhin wie in § 101 Abs. 1 BRAGO vorgenommen werden soll. Dass „Verfahrensabschnitt" in § 58 Abs. 3 „Instanz" bedeuten soll, während er in §§ 42, 51 eindeutig anders definiert wird, ist nicht einleuchtend.

> **Hinweis:**
> Das BVerfG (20.09.2007 – 2 BvR 1278/07, JurionRS 2007, 55216) hat eine gegen die Entscheidung des OLG Oldenburg (StV 2007, 477 = StraFo 2007, 347 = RVGreport 2007, 344 = StRR 2007, 159 [Ls]) gerichtete Verfassungsbeschwerde nicht angenommen, weil diese sich nicht mit der auf die Gesetzesbegründung gestützten tragenden Begründung des OLG, eine inhaltliche Änderung der früher geltenden Regelung der BRAGO habe der Gesetzgeber mit § 58 Abs. 3 nicht bezweckt, nicht auseinandergesetzt hat.

b) Anspruch gegen die Staatskasse

Für die Anrechenbarkeit von Vorschüssen und Zahlungen ist es ferner **Voraussetzung**, dass dem Rechtsanwalt **überhaupt** ein **Gebührenanspruch** gegen die Staatskasse für den Verfahrensabschnitt zusteht, für den er einen Vorschuss oder eine Zahlung erhalten hat. Erhält der Rechtsanwalt insoweit keine Gebühren aus der Staatskasse, kann auch keine Anrechnung bzw. Rückzahlung erfolgen. Wird der herrschenden Meinung gefolgt, dass mit dem Begriff „Verfahrensabschnitt" in § 58 Abs. 3 der jeweilige Instanzenzug gemeint ist und deshalb das vorbereitende und das gerichtliche Verfahren als eine Einheit anzusehen sind (vgl. Rn. 16), muss eine Anrechnung auch dann erfolgen, wenn für das Ermittlungsverfahren, für das ein Vorschuss gezahlt worden ist, keine Gebühren aus der Staatskasse verlangt werden (OLG Dresden, 18.07.2007 – 3 Ws 37/07, www.burhoff.de; OLG Köln, AGS 2009, 585; OLG Oldenburg, StRR 2007, 159 = StV 2007, 477 = RVGreport 2007, 344). 17

Ferner sind die **unterschiedlichen Auswirkungen** bzw. der **unterschiedliche Umfang** der **Bestellung** zum **Pflichtverteidiger** und der Beiordnung im Wege der PKH zu **berücksichtigen**. Während die Bewilligung von PKH nebst Beiordnung eines Rechtsanwalts für jeden Rechtszug gesondert erfolgen muss, gilt die Bestellung zum Pflichtverteidiger für alle Instanzen ausschließlich der Revisionshauptverhandlung, für die gem. § 350 Abs. 3 StPO eine besondere Bestellung erfolgen muss (vgl. insoweit nachfolgendes Beispiel 3). Die Pflichtverteidigerbestellung gilt auch für das Wiederaufnahmeverfahren (für das Abraten von der Stellung eines Wiederaufnahmeantrags vgl. die Komm. zu § 45 Abs. 4). Für das wiederaufgenommene Verfahren muss allerdings eine besondere Bestellung erfolgen (s. zur Reichweite von Beiordnungen und Bestellungen ausführlich Teil A: Umfang des Vergütungsanspruchs [§ 48 Abs. 1], Rn. 1397 ff.). Erfolgt daher eine Zahlung für einen Verfahrensabschnitt, für den mangels Wirkung der ursprünglichen Bestellung oder Beiordnung kein Gebührenanspruch gegen die Staatskasse besteht, kommt diese Zahlung für eine Anrechnung nicht in Betracht.

§ 58 Abs. 3 RVG *Anrechnung und Rückzahlung bei Gebühren nach den Teilen 4 – 6 VV*

Beispiel 1: Gnadenverfahren

Rechtsanwalt R war im Strafverfahren zum Pflichtverteidiger bestellt. Er wird später auch im **Gnadenverfahren** *für den Verurteilten tätig. Hierfür zahlt der Verurteilte einen Vorschuss an R.*

Die ursprüngliche Pflichtverteidigerbestellung erstreckt sich nicht auf die Vertretung im **Gnadenverfahren** (s. auch Teil A: Umfang des Vergütungsanspruchs [§ 48 Abs. 1], Rn. 1418). Ein für die Vertretung im Gnadenverfahren erhaltener Vorschuss oder eine insoweit erbrachte Zahlung kommen daher für eine Anrechnung oder Rückzahlung auf die im Strafverfahren erhaltenen Pflichtverteidigergebühren nicht in Betracht (AnwKomm-RVG/Schnapp/N. Schneider, § 58 Rn. 38).

Beispiel 2: Strafvollstreckung

Rechtsanwalt R war im Strafverfahren zum Pflichtverteidiger bestellt. Er wird später auch im Rahmen der **Strafvollstreckung** *für den Verurteilten tätig. Der Verurteilte zahlt R die Vergütung für die Tätigkeit in der Strafvollstreckung.*

Die im Strafverfahren erfolgte Pflichtverteidigerbestellung erstreckt sich nicht auf die **Strafvollstreckung** (s. auch Teil A: Umfang des Vergütungsanspruchs [§ 48 Abs. 1], Rn. 1411 ff.). Zahlt der Beschuldigte dem Verteidiger daher für die Tätigkeiten im Rahmen der Strafvollstreckung seine Vergütung, kommt diese Zahlung für eine Anrechnung oder Rückzahlung auf die im Strafverfahren erhaltenen Pflichtverteidigergebühren nicht in Betracht (AnwKomm-RVG/Schnapp/N. Schneider, § 58 Rn. 38). Erfolgt aber in der Strafvollstreckung ebenfalls eine Pflichtverteidigerbestellung, ist die für den Verfahrensabschnitt Strafvollstreckung erhaltene Zahlung auf die für diesen Verfahrensabschnitt aus der Staatskasse zu zahlenden Gebühren anzurechnen.

Beispiel 3: Revisionshauptverhandlung

Rechtsanwalt R ist im Strafverfahren zum Pflichtverteidiger bestellt worden. Gegen das Urteil legt er für den Beschuldigten Revision ein und nimmt an dem Hauptverhandlungstermin im Revisionsverfahren teil. Der Beschuldigte hat an R für die Wahrnehmung des Hauptverhandlungstermins einen Vorschuss gezahlt.

Die Bestellung zum Pflichtverteidiger gilt für alle Instanzen ausschließlich der Revisionshauptverhandlung, für die eine besondere Bestellung erfolgen muss (vgl. § 350 Abs. 3 StPO). Ohne ausdrückliche Bestellung ist daher die für die Wahrnehmung des Hauptverhandlungstermins angefallene Terminsgebühr Nr. 4132 VV nicht aus der Staatskasse zu erstatten. Zwar ist die Zahlung des Vorschusses im Verfahrensabschnitt „Revisionsverfahren" erfolgt, sodass der Vorschuss grds. für eine Anrechnung in Betracht kommt. Allerdings gilt das nur, wenn insoweit auch insgesamt ein Anspruch gegen die Staatskasse besteht. Der vom Beschuldigten gezahlte Vorschuss auf die Terminsgebühr ist daher nicht auf die aus der Staatskasse zu zahlende Verfahrensgebühr Nr. 4130 VV anzurechnen (AnwKomm-RVG/Schnapp/ N. Schneider, § 58 Rn. 42).

Zu weiteren Einzelh. zum Umfang des Vergütungsanspruchs gegen die Staatskasse s. auch Teil A: Umfang des Vergütungsanspruchs (§ 48 Abs. 1), Rn. 1382 ff.

c) Bedeutung von § 48 Abs. 5

18 Bei der Prüfung der Anrechnung/Rückzahlung der für bestimmte Verfahrensabschnitte geleisteten Zahlungen und Vorschüsse ist auch die Bestimmung des **§ 48 Abs. 5** zu **berücksichtigen** (vgl. noch zur BRAGO OLG Dresden, BRAGOreport 2002, 186; OLG Zweibrücken, NStZ-RR 1998, 63 = StV 1998, 93 = JurBüro 1998, 75 = Rpfleger 1998, 126; OLG Düsseldorf, MDR 1995, 965; so auch Gerold/Schmidt/Burhoff, § 58 Rn. 59). Danach erhält der Rechtsanwalt seine Vergütung auch für seine Tätigkeit vor dem Zeitpunkt seiner Bestellung. Die Pflichtverteidigerbestellung

Anrechnung und Rückzahlung bei Gebühren nach den Teilen 4 – 6 VV §58 Abs. 3 RVG

deckt somit ggf. auch Tätigkeiten in Verfahrensabschnitten ab, in denen der Rechtsanwalt vor der Bestellung als Wahlverteidiger tätig war (zu den Einzelh. vgl. die Komm. zu § 48 Abs. 5 Rn. 7 ff.). Für die Anrechnung kommt es aber nicht darauf an, ob Zahlungen oder Vorschüsse vor oder nach der gerichtlichen Bestellung oder Beiordnung geleistet worden sind (vgl. Rn. 12).

Beispiel 1 (Bestellung umfasst vorhergehende Wahlverteidigertätigkeit):

Rechtsanwalt R ist für den Beschuldigten als Wahlverteidiger im Ermittlungsverfahren tätig und erhält hierfür einen Vorschuss i.H.v. 500,00 €. Nach Eingang der Anklageschrift und Eröffnung des Hauptverfahrens erfolgt im Hauptverhandlungstermin die Pflichtverteidigerbestellung.

Obwohl der Pflichtverteidiger im Ermittlungsverfahren als Wahlverteidiger tätig war, erhält er wegen § 48 Abs. 5 Satz 1 auch für die Tätigkeit im Ermittlungsverfahren Gebühren aus der Staatskasse. Daher unterliegt der Vorschuss i.H.v. 500,00 € der Anrechnung, weil er für einen Verfahrensabschnitt gezahlt worden ist, für den dem Rechtsanwalt über § 48 Abs. 5 Satz 1 ein Gebührenanspruch gegen die Staatskasse zusteht. Der Vorschuss ist aber unter Beachtung von § 58 Abs. 3 Satz 3 nur auf die für das Ermittlungsverfahren aus der Staatskasse gezahlten Gebühren anzurechnen, nicht aber auf die Gebühren, die für das gerichtliche Verfahren gezahlt werden (OLG Frankfurt am Main, AGS 2007, 193 = StraFo 2007, 219 = StV 2007, 476 = StRR 2007, 158 [Ls]; AnwKomm-RVG/Schnapp/N. Schneider, § 58 Rn. 46).

Beispiel 2 (Bestellung umfasst vorhergehende Wahlverteidigertätigkeit nicht):

Rechtsanwalt R war in der ersten Instanz als Wahlverteidiger tätig. Er erhält für die Tätigkeit im ersten Hauptverhandlungstermin im Berufungsverfahren einen Vorschuss. Im zweiten Hauptverhandlungstermin in der Berufungsinstanz wird er zum Pflichtverteidiger bestellt.

Die Pflichtverteidigerbestellung für die Berufungsinstanz gilt für die gesamte Berufungsinstanz, erstreckt sich gem. § 48 Abs. 5 Satz 2 aber nicht auf die erste Instanz (vgl. § 48 Rn. 11 ff.). Der für die Wahrnehmung des ersten Termins im Berufungsrechtszug gezahlte Vorschuss ist daher nur für eine Anrechnung in der Berufungsinstanz von Bedeutung. Hierbei sind aber die gesamten für die Berufungsinstanz aus der Staatskasse zu zahlenden Gebühren zu berücksichtigen (vgl. AnwKomm-RVG/Schnapp/N. Schneider, § 58 Rn. 41, 45).

> **Hinweis:**
> Auch **vor der Bestellung** auf eine **Vergütungsvereinbarung** geleistete Zahlungen sind nach dem ausdrücklichen Wortlaut von § 58 Abs. 3 anzurechnen (vgl. AnwKomm-RVG/Schnapp/N. Schneider, § 58 Rn. 46; a.A. Brieske, StV 1995, 331). Die in § 58 Abs. 3 vorgeschriebene Anrechnung kann nicht durch eine Vereinbarung zwischen dem Pflichtverteidiger und dem Beschuldigten oder einem Dritten ausgeschlossen werden (vgl. Rn. 38).

3. Pauschale Zahlung

Ist eine Zahlung für **mehrere Verfahrensabschnitte** erfolgt, ist die Anrechnung oder Rückzahlung auch für die Gebühren zu prüfen, die der beigeordnete oder bestellte Rechtsanwalt für die mehreren Verfahrensabschnitte aus der Staatskasse erhält bzw. erhalten hat. Erfolgt die Zahlung oder der Vorschuss pauschal für die gesamte Verteidigung, ist die Anrechnung oder Rückzahlung für die Gebühren zu prüfen, die der beigeordnete oder bestellte Rechtsanwalt für die gesamte Verteidigung aus der Staatskasse erhält bzw. erhalten hat (vgl. KG, 16.10.2007 – 1 Ws 151/07, JurionRS 2007, 56565; AnwKomm-RVG/Schnapp/N. Schneider, § 58 Rn. 45). Eine Gesamtbetrachtung der in der Strafsache erhaltenen Zahlungen oder Vorschüsse kommt im Gegensatz zu § 101 BRAGO nur dann in Betracht, wenn eine pauschale Zahlung für die gesamte Strafsache er-

19

§ 58 Abs. 3 RVG *Anrechnung und Rückzahlung bei Gebühren nach den Teilen 4 – 6 VV*

folgt ist. Wird dagegen festgestellt, dass der Anwalt Zahlungen oder Vorschüsse nur für bestimmte Verfahrensabschnitte erhalten hat, kommen nach allerdings umstrittener Ansicht auch nur die für diese Verfahrensabschnitte aus der Staatskasse gezahlten Gebühren für eine Anrechnung in Betracht (vgl. hierzu Rn. 14, 15).

Erhält der Rechtsanwalt eine pauschale Vorschusszahlung, kann diese Zahlung nicht auf die Gebühren für bestimmte Abschnitte oder Teile des Verfahrens angerechnet werden (KG, a.a.O.). Etwas anderes ergibt sich auch nicht aus der in § 366 Abs. 2 BGB geregelten gesetzlichen Tilgungsreihenfolge. Wird bei einer Vorschusszahlung keine Tilgungsbestimmung oder Tilgungsvereinbarung getroffen, führt die Vorauszahlung nicht automatisch zum Erlöschen einer Gebührenforderung im Zeitpunkt ihres Entstehens, sondern ist im Zweifel als Abschlagszahlung auf die Gesamtvergütung anzusehen. Erfüllung tritt bei Vorschusszahlungen erst mit Fälligkeit (§ 8) und Rechnungslegung (§ 10) der Gebühren ein (KG, 16.10.2007 – 1 Ws 151/07, JurionRS 2007, 56565; AnwKomm-RVG/N. Schneider, § 9 Rn. 76; Gerold/Schmidt/Mayer, § 9 Rn. 22; a.A. AnwKomm-RVG/Schnapp/N. Schneider, § 58 Rn. 45; Gerold/Schmidt/Müller-Rabe, § 58 Rn. 18-20).

> **Hinweis:**
>
> Vom Mandanten oder dem Dritten bei der Zahlung **getroffene Bestimmungen** sind bei der Prüfung der Anrechnung bzw. der Rückzahlung aus der Staatskasse erhaltener Beträge zu **berücksichtigen** (KG, 16.10.2007 – 1 Ws 151/07, JurionRS 2007, 56565; s. dazu auch Rn. 31). Zahlt daher der Mandant oder der Dritte z.B. ausdrücklich für ein **bestimmtes Strafverfahren**, ist die Zahlung auch nur hier zu berücksichtigen. Auf ein bestimmtes Aktenzeichen eines Strafverfahrens geleistete Zahlungen des Mandanten können daher nicht nach freiem Belieben auf andere Verfahren verrechnet werden (LG Düsseldorf, StRR 2010, 358).
>
> **Anrechnungsvereinbarungen** zwischen Mandant und Verteidiger sind im Rahmen von § 58 Abs. 3 aber nicht zu berücksichtigen (s. dazu Rn. 38).

V. Berechnung (Abs. 3 Satz 3)

1. Doppelter Betrag

20 Die Anrechnung oder Rückzahlung erfolgt nach § 58 Abs. 3 Satz 3 nur, soweit der bestellte oder beigeordnete Rechtsanwalt durch die Zahlungen insgesamt **mehr als** den **doppelten Betrag** der ihm ohne **Berücksichtigung des § 51 (Pauschgebühr)** aus der Staatskasse zustehenden Gebühren erhalten würde. Es sind somit die Zahlungen und Vorschüsse anzurechnen, die das Doppelte der **gesetzlichen Pflichtverteidigergebühren** übersteigen und nicht lediglich diejenigen, die das Doppelte der **Pauschgebühr** übersteigen (OLG Jena, StRR 2010, 199 = RVGreport 2010, 24 = Rpfleger 2010, 107; vgl. hierzu auch Rn. 33 ff.). Die Formulierung ist inhaltsgleich mit der früheren Formulierung in § 101 Abs. 2 BRAGO, drückt den Sachverhalt aber positiv aus (BT-Drucks. 15/1971, S. 203). Hat der beigeordnete oder bestellte Rechtsanwalt durch die Vorschüsse oder Zahlungen **das Doppelte** oder **weniger als das Doppelte** der ihm zustehenden Gebühren nach den Teilen 4 bis 6 VV erhalten, ergibt sich kein Anrechnungs- bzw. Rückzahlungsbetrag (AnwKomm-RVG/N. Schneider, § 58 Rn. 53). Erhält der Rechtsanwalt eine Zahlung oder einen Vorschuss bis zur Höhe der gesetzlichen Gebühren, findet demnach keine Anrechnung oder Rückzahlung statt.

Anrechnung und Rückzahlung bei Gebühren nach den Teilen 4 – 6 VV §58 Abs. 3 RVG

2. Nettobeträge

Bei der Anrechnung sind nur die **Netto-Gebühren** zu berücksichtigen. Das ergibt sich aus dem Wortlaut von § 58 Abs. 3 Satz 3, wonach bei der Berechnung nur auf die Gebühren (vgl. § 1 Abs. 1 Satz 1) abzustellen ist. Es bleiben daher bei der Berechnung sowohl die zu den Auslagen zählende **Umsatzsteuer** (Nr. 7008 VV) als auch die **Postengeltpauschale** (Nr. 7002 VV) und weitere Auslagen außer Betracht (KG, StRR 2008, 477 = StraFo 2009, 84; OLG Köln, StraFo 2008, 399; LG Düsseldorf, StRR 2010, 358; AnwKomm-RVG/Schnapp/N. Schneider, § 58 Rn. 55, 56; Schneider, in: Hansens/Braun/Schneider, Teil 15, Rn. 92; Gerold/Schmidt/Burhoff, § 58 Rn. 67; noch zur BRAGO OLG Zweibrücken, NStZ-RR 1998, 63 = StV 1998, 93 = JurBüro 1998, 75; OLG Hamm, StV 1996, 334 = JurBüro 1996, 191; OLG Schleswig, StV 1996, 335). Insbesondere ist daher bei der Berechnung der Anrechnung keine **doppelte Auslagenpauschale** anzusetzen (Gerold/Schmidt/Burhoff, § 58 Rn. 67; AnwKomm-RVG/Schnapp/N. Schneider, § 58 Rn. 56; Hartung/Römermann/Schons, § 58 Rn. 78; **a.A.** aber OLG Stuttgart, JurBüro 1996, 134 noch zur BRAGO; Mayer/Kroiß, § 58 Rn. 23).

21

> **Hinweis:**
>
> Hat der Rechtsanwalt Zahlungen oder Vorschüsse erhalten, in denen Umsatzsteuer enthalten ist, sind diese Zahlungen nicht mit den aus der Staatskasse gezahlten Netto-Gebühren zu vergleichen, sondern aus den Zahlungen ist vor Prüfung der Anrechenbarkeit die Umsatzsteuer herauszurechnen. Der Rechtsanwalt muss erhaltene Zahlungen sich nur in dem Umfang anrechnen lassen, in denen er sie nicht quasi als Durchlaufposten an den Fiskus als Umsatzsteuer weiterleiten muss (vgl. KG, StRR 2008, 477 = StraFo 2009, 84; noch zur BRAGO OLG Schleswig, StV 1996, 335; OLG Hamm, StV 1996, 334 = JurBüro 1996, 191; OLG Zweibrücken, NStZ-RR 1998, 63 = StV 1998, 93 = JurBüro 1998, 75). Die **Umsatzsteuer** ist daher erst auf den **Betrag** zu berechnen, der **nach** der **Anrechnung** verbleibt (OLG Köln, StraFo 2008, 399).

Beispiel:

Rechtsanwalt R erhält von seinem Mandanten für die Tätigkeiten im Strafverfahren den angeforderten Vorschuss i.H.v. 595,00 €, der sich aus der Nettosumme i.H.v. 500,00 € sowie der darauf entfallenden Umsatzsteuer i.H.v. 95,00 € (19 %) zusammensetzt. Aufgrund der späteren Pflichtverteidigerbestellung macht R seine Pflichtverteidigergebühren i.H.v. netto 800,00 € gegen die Staatskasse geltend.

Bei der Prüfung der Anrechenbarkeit ist nur der Netto-Vorschuss i.H.v. 500,00 € mit den Netto-Gebühren i.H.v. 800,00 € zu vergleichen.

3. Berechnung

Der Anrechnungsbetrag/Rückzahlungsbetrag kann nach folgender **Formel** ermittelt werden (vgl. LG Düsseldorf, StRR 2010, 358; Hartung/Römermann/Schons, § 58 Rn. 74). Sämtliche vertretenen Berechnungsmethoden (vgl. auch OLG Jena, StRR 2010, 199 = RVGreport 2010, 24 = Rpfleger 2010, 107) führen jedoch zu denselben Ergebnissen:

22

§ 58 Abs. 3 RVG   Anrechnung und Rückzahlung bei Gebühren nach den Teilen 4 – 6 VV

Schritt 1:

Zahlung/Vorschuss

+ einfache Gebühr/en aus der Staatskasse

– doppelte Gebühr/en aus der Staatskasse

= Anrechnungsbetrag/Rückzahlungsbetrag

Verbleibt nach Schritt 1 ein **negativer Betrag**, ergibt sich **kein** Anrechnungsbetrag/Rückzahlungsbetrag. Der Anspruch gegen die Staatskasse besteht ungekürzt.

Verbleibt nach Schritt 1 ein **positiver Betrag**, ergibt sich ein Anrechnungsbetrag. Es ist mit Schritt 2 fortzufahren.

Schritt 2:

einfache Gebühr/en aus der Staatskasse

– Anrechnungsbetrag/Rückzahlungsbetrag

= Restanspruch gegen Staatskasse bzw. Rückzahlungsbetrag

23   *Beispiel 1:*

*Rechtsanwalt R ist für den Angeklagten A als Verteidiger im vorbereitenden Verfahren tätig. A zahlt für die Tätigkeit im vorbereitenden Verfahren einen **Netto-Vorschuss** i.H.v. 1.000,00 € an R. Nach Eingang der Anklageschrift wird R im Eröffnungsbeschluss zum Pflichtverteidiger bestellt. A wird im Hauptverhandlungstermin verurteilt.*

R macht für seine Tätigkeit als Pflichtverteidiger folgende Gebühren gegen die Staatskasse geltend und gibt im Festsetzungsantrag an, von A für das vorbereitende Verfahren einen Vorschuss i.H.v. 1.000,00 € erhalten zu haben:

Grundgebühr Nr. 4100 VV	*132,00 €*
Verfahrensgebühr vorbereitendes Verfahren Nr. 4104 VV	*112,00 €*
Verfahrensgebühr gerichtliches Verfahren Nr. 4106 VV	*112,00 €*
Terminsgebühr Nr. 4108 VV	*184,00 €*
Summe	**540,00 €**

*Wegen § 48 Abs. 5 Satz 1 hat R auch Anspruch auf die **Verfahrensgebühr Nr. 4104 VV** aus der Staatskasse. Nach § 58 Abs. 3 kann der Vorschuss für das vorbereitende Verfahren i.H.v. 1.000,00 € nur auf die Gebühren angerechnet werden, die der Rechtsanwalt für das vorbereitende Verfahren aus der Staatskasse erhält (Anrechnung nach Verfahrensabschnitten). Das ist hier die Verfahrensgebühr Nr. 4104 VV i.H.v. 112,00 €. Die **Grundgebühr** Nr. 4100 VV bleibt für die Anrechnung grds. unberücksichtigt, da sie als allgemeine Gebühr für den Verfahrensabschnitt erstmalige Einarbeitung in den Rechtsfall entsteht. Etwas anderes gilt aber dann, wenn die Zahlung für das vorbereitende Verfahren auch die Grundgebühr berücksichtigt (vgl. AnwKomm-RVG/Schnapp/N. Schneider, § 58 Rn. 45; Schneider, in Hansens/Braun/Schneider, Teil 15, Rn. 92).*

Anrechnung und Rückzahlung bei Gebühren nach den Teilen 4 – 6 VV   *§ 58 Abs. 3 RVG*

Anrechnung unter Berücksichtigung der Formel aus Rn. 22:

Schritt 1

Vorschuss	*1.000,00 €*
zuzüglich einfache Verfahrensgebühr Nr. 4104 VV	*112,00 €*
	1.112,00 €
abzgl. doppelte Verfahrensgebühr Nr. 4104 VV (2 × 112,00 €)	*224,00 €*
Anrechnungsbetrag	***888,00 €***

Schritt 2

einfache Verfahrensgebühr Nr. 4104 VV	*112,00 €*
abzgl. Anrechnungsbetrag	*888,00 €*
Restanspruch gegen Staatskasse	***0,00 €***

Durch die Zahlung i.H.v. 1.000,00 € würde R mehr als den doppelten Betrag der Verfahrensgebühr Nr. 4104 VV erhalten, sodass aufgrund vollständiger Anrechnung die Gebühr aus der Staatskasse nicht mehr zu erstatten ist. Insgesamt erhält R in der Strafsache somit 1.428,00 € (1.000,00 € Vorschuss und 428,00 € Pflichtverteidigervergütung).

*Wurde der Vorschuss über 1.000,00 € für das vorbereitende Verfahren **einschließlich der Grundgebühr** (erstmalige Einarbeitung in den Rechtsfall) geleistet, ergibt sich folgende Berechnung:*

Schritt 1

Vorschuss	*1.000,00 €*
zuzüglich einfache Grundgebühr Nr. 4100 VV	*132,00 €*
zuzüglich einfache Verfahrensgebühr Nr. 4104 VV	*112,00 €*
	1.244,00 €
abzgl. doppelte Grundgebühr Nr. 4100 VV	
(2 × 132,00 €)	*264,00 €*
abzgl. doppelte Verfahrensgebühr Nr. 4104 VV	
(2 × 112,00 €)	*224,00 €*
Anrechnungsbetrag	***756,00 €***

Schritt 2

einfache Grundgebühr Nr. 4100 VV	*132,00 €*
einfache Verfahrensgebühr Nr. 4104 VV	*112,00 €*
abzgl. Anrechnungsbetrag	*756,00 €*
Restanspruch gegen Staatskasse	***0,00 €***

Durch die Zahlung i.H.v. 1.000,00 € würde R mehr als die doppelten Beträge der Grundgebühr Nr. 4100 VV und der Verfahrensgebühr Nr. 4104 VV erhalten, sodass aufgrund vollständiger Anrechnung diese Gebühren aus der Staatskasse nicht mehr zu erstatten sind. Insgesamt erhält R in der Strafsache somit 1.296,00 € (1.000,00 € Vorschuss und 296,00 € Pflichtverteidigervergütung).

Beispiel 2:   **24**

Sachverhalt wie oben Rn. 23, R hat einen Netto-Vorschuss i.H.v. 200,00 € erhalten.

§ 58 Abs. 3 RVG   Anrechnung und Rückzahlung bei Gebühren nach den Teilen 4 – 6 VV

Anrechnung unter Berücksichtigung der Formel aus Rn. 22:

Schritt 1

Vorschuss	200,00 €
zuzüglich einfache Verfahrensgebühr Nr. 4104 VV	<u>112,00 €</u>
	312,00 €
abzgl. doppelte Verfahrensgebühr Nr. 4104 VV	
(2 × 112,00 €)	<u>224,00 €</u>
Anrechnungsbetrag	**88,00 €**

Schritt 2

einfache Verfahrensgebühr Nr. 4104 VV	112,00 €
abzgl. Anrechnungsbetrag	<u>88,00 €</u>
Restanspruch gegen Staatskasse	**24,00 €**

Durch die Zahlung i.H.v. 200,00 € würde R mehr als den doppelten Betrag der Verfahrensgebühr Nr. 4104 VV erhalten, sodass aufgrund Anrechnung die Gebühr nur noch i.H.v. 24,00 € aus der Staatskasse zu erstatten ist. Insgesamt erhält R in der Strafsache somit 652,00 € (200,00 € Vorschuss und 452,00 € Pflichtverteidigervergütung).

VI. Anrechnung auf Auslagen

1. Frühere Rechtslage

25   Zur früheren Regelung in § 101 BRAGO ist überwiegend die Auffassung vertreten worden, dass auch eine Anrechnung auf die aus der Staatskasse zu zahlenden bzw. gezahlten **Auslagen** zu erfolgen hat, wenn auch der Vorschuss bzw. die Zahlung auf Auslagen geleistet worden ist (vgl. OLG Dresden, NStZ-RR 2003, 223 und BRAGOreport 2002, 186; OLG Stuttgart, JurBüro 1996, 134; OLG Zweibrücken, NStZ-RR 1998, 63 = StV 1998, 93 = JurBüro 1998, 75 = Rpfleger 1998, 126; Gerold/Schmidt/Madert, BRAGO, § 101 Rn. 6; **a.A.** [Auslagen sind nicht zu berücksichtigen] OLG Düsseldorf, JurBüro 1986, 573 = Rpfleger 1986, 71; Al-Jumaili, JurBüro 2000, 565). Das wurde u.a. damit begründet, dass der Gesetzgeber in § 101 Abs. 2 BRAGO auf § 97 BRAGO verwiesen hat, der auch den Anspruch des beigeordneten oder bestellten Anwalts auf Ersatz der Auslagen aus der Staatskasse regelt. Daher wurde davon ausgegangen, dass § 101 BRAGO neben den Gebühren auch die Auslagen erfasst (vgl. OLG Stuttgart, JurBüro 1996, 134).

2. Rechtslage nach dem RVG

26   Nach dem klaren **Wortlaut** regelt § 58 Abs. 3 nur die Anrechnung von Zahlungen und Vorschüssen auf die aus der Staatskasse zu zahlenden **Gebühren** (vgl. OLG Oldenburg, StV 2007, 477 = StraFo 2007, 347 = RVGreport 2007, 344 = StRR 2007, 159 [Ls]; vgl. § 1 Abs. 1: Vergütung = Gebühren und Auslagen; Teil A: Vergütung, Begriff, Rn. 1466). Eine Verweisung auf Bestimmungen, die den Auslagenersatzanspruch regeln, erfolgt nicht. Eine nur auf die **Auslagen** geleistete Zahlung bzw. ein **Auslagenvorschuss** darf aber **nicht** auf die aus der Staatskasse zu leistenden **Gebühren** angerechnet werden (AnwKomm-RVG/N. Schneider, § 58 Rn. 47; Hartung/Römermann/Schons, § 58 Rn. 79; vgl. auch LG Düsseldorf, StRR 2010, 358, für die vom Mandanten für ein bestimmtes Strafverfahren geleistete Zahlung).

Anrechnung und Rückzahlung bei Gebühren nach den Teilen 4 – 6 VV § 58 Abs. 3 RVG

3. Zahlung auf Auslagen

Hat der Rechtsanwalt einen Vorschuss oder eine Zahlung auf seine **Auslagen** i.S.v. Teil 7 VV erhalten, ist diese Zahlung ohne die in § 58 Abs. 3 Satz 3 vorgesehene Beschränkung auf die gegen die Staatskasse geltend gemachten Auslagen anzurechnen. Das ist so selbstverständlich, dass es keiner ausdrücklichen Regelung bedurfte. Denn anderenfalls könnten die Auslagen doppelt abgerechnet werden (vgl. OLG Frankfurt am Main, StraFo 2007, 219 = StV 2007, 476 = StRR 2007, 158 [Ls]; OLG Köln, StraFo 2008, 399; OLG Oldenburg, StV 2007, 477 = StraFo 2007, 347 = RVGreport 2007, 344 = StRR 2007, 159 [Ls]; AnwKomm-RVG/N. Schneider, § 58 Rn. 63; Mayer/Kroiß, § 58 Rn. 15).

27

Auch bei der Anrechnung der Auslagen gilt jedoch – wenn man dieser Auffassung folgt, vgl. Rn. 14 ff. – der Grundsatz, dass für bestimmte Verfahrensabschnitte geleistete Zahlungen auf Auslagen auch nur auf die für diese Verfahrensabschnitte aus der Staatskasse zu zahlenden Auslagen anzurechnen sind (OLG Frankfurt am Main, StraFo 2007, 219 = StV 2007, 476 = StRR 2007, 158 [Ls]; Schneider, in: Hansens/Braun/Schneider, Teil 15, Rn. 94; AnwKomm-RVG/Schnapp/N. Schneider, § 58 Rn. 62 ff.).

> **Hinweis:**
> Die in § 58 Abs. 3 **Satz 3** für die Anrechnung der Gebühren vorgesehene **Beschränkung** (doppelter Betrag, vgl. Rn. 20) **gilt** für die Auslagen allerdings **nicht**, weil die im Rahmen der Wahlverteidigung und der Pflichtverteidigung anfallenden Auslagen deckungsgleich sind, sich der Höhe nach also nicht unterscheiden (OLG Köln, StraFo 2008, 399; AnwKomm-RVG/N. Schneider, § 58 Rn. 64). Zahlungen auf Auslagen sind daher voll anzurechnen.

4. Kein Auslagenerstattungsanspruch gegen die Staatskasse

Besteht kein Anspruch auf Zahlung bestimmter Auslagen gegen die Staatskasse, sind auf diese Auslagen geleistete Vorschüsse und Zahlungen für eine Anrechnung nicht von Bedeutung (vgl. Schneider, in: Hansens/Braun/Schneider, Teil 15, Rn. 95, 96; AnwKomm-RVG/Schnapp/N. Schneider, § 58 Rn. 62 ff.).

28

Das gilt entsprechend, wenn die Auslagen, auf die Zahlungen geleistet worden sind, nach Art und Höhe konkret bezeichnet sind und gegen die Staatskasse nur solche konkreten Auslagen zur Festsetzung angemeldet werden, die der Rechtsanwalt weder vom Mandanten noch von Dritten bis zur Antragstellung erhalten hat (KG, StRR 2008, 477 = StraFo 2009, 84; OLG Oldenburg, StV 2007, 477 = StraFo 2007, 347 = RVGreport 2007, 344 = StRR 2007, 159 [Ls]).

29

Beispiel:

Der Pflichtverteidiger macht gegen die Staatskasse an Auslagen die Postentgeltpauschale Nr. 7002 VV sowie Abwesenheitsgelder für die Teilnahme an den Hauptverhandlungsterminen (Nr. 7005 VV) geltend. Im Festsetzungsantrag teilt er unter Vorlage einer detaillierten Aufstellung mit, dass ihm von dritter Seite lediglich die Postentgeltpauschale, die Dokumentenpauschale sowie Fahrtkosten gezahlt worden sind.

Aus der Staatskasse erhält der Verteidiger noch die Abwesenheitsgelder, weil ihm diese weder vom Mandanten noch von dritter Seite gezahlt worden sind.

§ 58 Abs. 3 RVG Anrechnung und Rückzahlung bei Gebühren nach den Teilen 4 – 6 VV

5. Anrechnung bei Rückwirkung gem. § 48 Abs. 5

30 Auch im Rahmen des Anspruchs auf Auslagenersatz gegen die Staatskasse ist § 48 Abs. 5 zu beachten (AnwKomm-RVG/Schnapp/N. Schneider, § 58 Rn. 67; vgl. auch Rn. 18 ff.).

Beispiel:

Der Verteidiger R erhält von der Familie seines Mandanten für die Besuche des Beschuldigten in der JVA im Rahmen des Ermittlungsverfahrens einen Reisekostenvorschuss. Im Hauptverhandlungstermin wird R zum Pflichtverteidiger bestellt.

Werden im Rahmen der Pflichtverteidigervergütung Reisekosten für die JVA-Besuche geltend gemacht, ist die von dritter Seite hierauf geleistete Zahlung in voller Höhe anzurechnen.

6. Zahlung ohne Zahlungsbestimmung

a) Anrechnung auch auf Auslagen

31 Zahlungsbestimmungen des Zahlenden sind zu berücksichtigen (vgl. LG Düsseldorf, StRR 2010, 358 für eine vom Mandanten für ein bestimmtes Strafverfahren geleistete Zahlung; vgl. aber für Anrechnungsvereinbarungen Rn. 38). Ist nicht erkennbar, worauf die Zahlung erfolgt ist (Gebühren/Auslagen), ist im Zweifel auf die Gesamtvergütung (vgl. § 1) gezahlt, sodass eine Anrechnung oder Rückzahlung auch hinsichtlich der aus der Staatskasse gezahlten bzw. zu zahlenden Auslagen erfolgt (OLG Frankfurt am Main, StV 2007, 476 = StRR 2007, 158 = AGS 2007, 193; OLG Köln, StraFo 2008, 399; OLG München, StRR 2010, 319 = RVGreport 2010, 219 = AGS 2010, 325; AnwKomm-RVG/Schnapp/N. Schneider, § 58 Rn. 68).

b) Vergütungsvereinbarung

32 Im Rahmen von § 58 Abs. 3 ist eine Anrechnung von Zahlungen aus **Vergütungsvereinbarungen** auf aus der Staatskasse zu zahlende Auslagen jedenfalls immer dann vorzunehmen, wenn der Rechtsanwalt aufgrund einer entsprechenden Regelung einen ausdrücklichen Anspruch aus der abgeschlossenen Vereinbarung gegen seinen Mandanten hat und eine Zahlung hierauf tatsächlich erfolgt ist (KG, StRR 2008, 477 = StraFo 2009, 84). Ist in einer Vergütungsvereinbarung der Passus über die gesonderte Abrechenbarkeit von Auslagen gestrichen worden, kann das nur so verstanden werden, dass die vereinbarte Vergütung auch die Auslagen beinhaltet (vgl. OLG Frankfurt am Main, StraFo 2007, 219 = StV 2007, 476 = StRR 2007, 158 [Ls]). Die Zahlung aus der Vergütungsvereinbarung ist dann auch auf Auslagen erfolgt und entsprechend auf den Auslagenerstattungsanspruch gegen die Staatskasse anzurechnen. Entsprechendes gilt, wenn die Vereinbarung zur Behandlung von Auslagen keine näheren Angaben enthält. Hier beinhalten die erhaltenen Zahlungen dann auch die angefallenen Auslagen (OLG Köln, StraFo 2008, 399).

> **Hinweis:**
>
> Eine Anrechnung findet aber **nicht** statt, wenn der Rechtsanwalt aus der Vergütungsvereinbarung Zahlungen auf Auslagen erhalten hat, die er gegen die Staatskasse **nicht** geltend gemacht hat (KG, StRR 2008, 477 = StraFo 2009, 84; OLG Oldenburg, StV 2007, 477 = StraFo 2007, 347 = RVGreport 2007, 344 = StRR 2007, 159 [Ls]).

Anrechnung und Rückzahlung bei Gebühren nach den Teilen 4 – 6 VV §58 Abs. 3 RVG

VII. Pauschvergütung (§ 51)

Auch auf die nach § 51 bewilligte und nach § 55 gegen die Staatskasse festgesetzte Pauschgebühr sind geleistete **Zahlungen** und **Vorschüsse** nach Abs. 3 **anzurechnen** bzw. diese führen ggf. zu einer Rückzahlung an die Staatskasse (AnwKomm-RVG/Schnapp/N. Schneider, § 58 Rn. 61). Bei der Entscheidung über die Anrechnung oder Rückzahlung nach Abs. 3 Satz 3 bleibt die Pauschgebühr aber nach dem eindeutigen Wortlaut von § 58 Abs. 3 Satz 3 unberücksichtigt (OLG Jena, Rpfleger 2010, 107 = RVGreport 2010, 24 = StRR 2010, 199; AnwKomm-RVG/Schnapp/N. Schneider, § 58 Rn. 61; Hartung/Römermann/Schons, § 58 Rn. 65; Gerold/Schmidt/Burhoff § 58 Rn 66). Das bedeutet, dass nicht nur die doppelte Pauschgebühr, sondern das Doppelte der die gesetzlichen Pflichtverteidigergebühren übersteigenden Vorschüsse und Zahlungen angerechnet werden (vgl. OLG Jena, a.a.O.; AnwKomm-RVG/Schnapp/N. Schneider, § 58 Rn. 61).

33

Beispiel 1:

34

Rechtsanwalt R hat Pflichtverteidigergebühren i.H.v. 1.000,00 € und eine Pauschgebühr i.H.v. 3.000,00 € aus der Staatskasse erhalten. Der Mandant hat danach noch 500,00 € an R gezahlt, die dieser der Staatskasse angezeigt hat.

Berechnung nach der Formel aus Rn. 22:

Schritt 1

Zahlung	500,00 €
zuzüglich Pflichtverteidigergebühren	<u>1.000,00 €</u>
	1.500,00 €
abzgl. doppelte Pflichtverteidigergebühren	<u>2.000,00 €</u>
Anrechnungsbetrag	**0,00 €**

Der Rechtsanwalt hat Pflichtverteidigergebühren i.H.v. 1.000,00 € und weitere 500,00 € vom Mandanten erhalten, sodass eine Rückzahlung nicht vorzunehmen ist, weil diese Zahlungen unter dem doppelten Betrag der aus der Staatskasse gezahlten Pflichtverteidigergebühren liegen. Die ebenfalls aus der Staatskasse erfolgte Zahlung der Pauschgebühr wird bei der Ermittlung einer evtl. Rückzahlungsverpflichtung nicht berücksichtigt.

Beispiel 2:

35

Sachverhalt wie Beispiel 1; Der Mandant hat danach noch 1.500,00 € an R gezahlt, die dieser der Staatskasse angezeigt hat.

Berechnung nach der Formel aus Rn. 22:

Schritt 1

Zahlung	1.500,00 €
zuzüglich Pflichtverteidigergebühren	<u>1.000,00 €</u>
	2.500,00 €
abzgl. doppelte Pflichtverteidigergebühren	<u>2.000,00 €</u>
Rückzahlungsbetrag	**500,00 €**

§ 58 Abs. 3 RVG Anrechnung und Rückzahlung bei Gebühren nach den Teilen 4 – 6 VV

Der Rechtsanwalt hat Pflichtverteidigergebühren i.H.v. 1.000,00 € und weitere 1.500,00 € vom Mandanten erhalten. Diese Zahlungen liegen über dem doppelten Betrag der aus der Staatskasse gezahlten Pflichtverteidigergebühren i.H.v. 2.000,00 €, sodass sich ein Rückzahlungsbetrag über 500,00 € ergibt. Die ebenfalls aus der Staatskasse erfolgte Zahlung der Pauschgebühr wird bei der Ermittlung einer evtl. Rückzahlungsverpflichtung nicht berücksichtigt.

VIII. Begrenzung der Gesamtvergütung auf die Wahlverteidigergebühren

36 **Unklar** ist, ob § 58 Abs. 3 auch verhindern soll, dass der Anwalt im Einzelfall mehr erhält, als er erhalten würde, wenn er von vornherein als Wahlverteidiger tätig geworden wäre. Nach einer Auffassung ist bei der Festsetzung der Pflichtverteidigervergütung zu berücksichtigen, dass der Pflichtverteidiger neben den vollen Pflichtverteidigergebühren zusammen mit den bereits erhaltenen Zahlungen und Vorschüssen nicht mehr erhält, als ihm als Wahlverteidigervergütung zustehen würde (OLG Jena, StRR 2010, 199 = RVGreport 2010, 24 = Rpfleger 2010, 107; so auch AnwKomm-RVG/Schnapp/N. Schneider, § 58 Rn. 69; Gerold/Schmidt/Burhoff, § 58 Rn. 71). Die andere Auffassung (vgl. OLG Hamm, JurBüro 1979, 71; Mertens/Stuff, Rn. 1134) nimmt in Kauf, dass der Anwalt in bestimmten Fällen mehr als die Wahlverteidigervergütung erhält. **Richtigerweise** wird davon auszugehen sein, dass der Rechtsanwalt **höchstens** die **Wahlverteidigervergütung** erhalten soll. Für die Richtigkeit dieser Überlegung spricht die Regelung in § 52 Abs. 1 Satz 2, wonach die aus der Staatskasse gezahlten Pflichtverteidigergebühren auf den Anspruch gegen den Beschuldigten auf Zahlung der Wahlverteidigergebühren anzurechnen sind. Hierdurch soll erreicht werden, dass der Rechtsanwalt nicht mehr als die Wahlverteidigergebühren erhält (§ 52 Rn. 22; OLG Hamburg, Rpfleger 1999, 413; 03.09.2007 – 2 Ws 194/07, JurionRS 2007, 41597; OLG Jena, StRR 2010, 199 = RVGreport 2010, 24 = Rpfleger 2010, 107; Gerold/Schmidt/Burhoff, § 58 Rn. 71; AnwKomm-RVG/N. Schneider, § 52 Rn. 24).

IX. Ausschluss der Anrechnung und Rückzahlung

37 Die Anrechnung oder Rückzahlung **unterbleibt**, wenn die **Staatskasse** die an den beigeordneten oder bestellten Rechtsanwalt gezahlten Gebühren bereits **vollständig erhalten** bzw. von einem Verfahrensbeteiligten eingezogen hat (AnwKomm-RVG/Schnapp/N. Schneider, § 58 Rn. 50, 51). Das ist z.B. dann der Fall, wenn der Verurteilte die ihn treffenden Kosten des Verfahrens (vgl. §§ 464a Abs. 1, 465 StPO, § 29 Nr. 1 GKG), zu denen nach Nr. 9007 KV GKG an Rechtsanwälte aus der Staatskasse gezahlte Beträge (z.B. Pflichtverteidigervergütungen) gehören, bereits an die Staatskasse gezahlt hat (s. auch Teil A: Gerichtskosten, Rn. 771 ff.). Ferner ist dies der Fall, wenn der beigeordnete oder bestellte Rechtsanwalt selbst die aus der Staatskasse erhaltene Vergütung an diese zurückgezahlt hat (vgl. Al-Jumaili, JurBüro 2000, 565, 567; so auch Gerold/Schmidt/Burhoff, § 58 Rn. 61). In diesem Fall entfällt für den Rechtsanwalt auch die Anzeigepflicht nach Abs. 3 Satz 2, § 55 Abs. 5 Satz 4. Grund für den Ausschluss der Anrechnung und Rückzahlung nach Abs. 3 ist, dass die Staatskasse hier bereits die verauslagten Beträge wiedererhalten hat. Ein darüber hinausgehender Anspruch der Staatskasse besteht nicht (vgl. OLG Zweibrücken, NStZ-RR 1998, 63 = StV 1998, 93 = JurBüro 1998, 75 = Rpfleger 1998, 126; OLG Düsseldorf, MDR 1995, 965).

X. Anrechnungsvereinbarungen

Die durch § 58 Abs. 3 vorgeschriebene Anrechnung bzw. Rückzahlung ist eine echte **Rechts-** **pflicht** des Rechtsanwalts und kann **nicht** durch eine **Vereinbarung** des Verteidigers mit dem Beschuldigten oder einem Dritten **ausgeschlossen** werden (OLG Köln, AGS 2009, 585; OLG Oldenburg, StV 2007, 477 = StraFo 2007, 347 = RVGreport 2007, 344 = StRR 2007, 159 [Ls]; AnwKomm-RVG/Schnapp/N. Schneider, § 58 Rn. 52; so auch Gerold/Schmidt/Burhoff, § 58 Rn. 55; noch zur BRAGO OLG Düsseldorf, JurBüro 1996, 472 = Rpfleger 1996, 368; OLG Hamm, JurBüro 1996, 191 = AnwBl. 1996, 175 = StV 1996, 334). Auch eine vor der Bestellung oder Beiordnung getroffene Vereinbarung, dass im Fall der gerichtlichen Beiordnung oder Bestellung der Rechtsanwalt die erhaltenen Zahlungen und Vorschüsse an den Mandanten oder einen Dritten zurückerstattet, ist unwirksam (Gerold/Schmidt/Burhoff, a.a.O.; vgl. hierzu auch Rn. 35). Die Zusage des Vorsitzenden des Gerichts an den Verteidiger, eine Anrechnung werde unterbleiben, ist für die Staatskasse ohne bindende Wirkung (OLG Düsseldorf, JurBüro 1996, 472 = Rpfleger 1996, 368; so auch AnwKomm-RVG/Schnapp/N. Schneider, § 58 Rn. 52). **38**

XI. Anzeigepflicht des Rechtsanwalts

Nach § 55 Abs. 5 Satz 2 hat der Festsetzungsantrag die Erklärung zu enthalten, **ob und welche** **Zahlungen** der Rechtsanwalt bis zum Tage der Antragstellung erhalten hat. Unerheblich ist, von wem der Rechtsanwalt die Zahlungen erhalten hat. Daher sind auch aus der Staatskasse gem. § 47 erhaltene Vorschüsse oder im Rahmen der Beratungshilfe erhaltene Zahlungen im Festsetzungsantrag anzuzeigen. Der Rechtsanwalt muss auch solche Zahlungen angeben, die seiner Auffassung nach für eine evtl. Anrechnung gem. § 58 Abs. 3 nicht in Betracht kommen. **39**

Die Erklärungs- und Anzeigepflicht des Rechtsanwalts ist daher **nicht** auf die Vorschüsse und Zahlungen **beschränkt**, die für eine Anrechnung oder Rückzahlung **von Bedeutung** sind Die Entscheidung über eine Anrechnung oder Rückzahlung trifft damit allein der Urkundsbeamte im Festsetzungsverfahren nach § 55. Dieser muss durch die vollständige Angabe erhaltener Zahlungen in die Lage versetzt werden, die Prüfung der Anrechnung vorzunehmen (s. zu weiteren Einzelh. Teil A: Festsetzung gegen die Staatskasse [§ 55] Rn. 602 ff.). Verletzt der Pflichtverteidiger die Anzeigepflicht, kann ein **Verstoß** gegen **Berufspflichten** vorliegen (AnwGH Baden-Württemberg, NJW-RR 1998, 1374, noch zu § 101 Abs. 3 BRAGO; AnwKomm-RVG/Schnapp/ N. Schneider, § 58 Rn. 75). **40**

Zahlt der Rechtsanwalt **erhaltene Zahlungen** an die Partei oder einen Dritten **zurück**, um den Anspruch gegen die Staatskasse uneingeschränkt geltend machen zu können, sind auch diese Zahlungen im Festsetzungsantrag anzuzeigen (vgl. hierzu auch Rn. 38). Denn wenn der Vergütungsanspruch gegen die Staatskasse insoweit bereits erloschen war, entsteht er durch die Rückzahlung nicht erneut. Auch unter einem Vorbehalt oder aufgrund einer besonderen Absprache erhaltene Zahlungen sind im Festsetzungsantrag anzuzeigen. In allen diesen Fällen kann der Urkundsbeamte seiner in § 58 Abs. 3 geregelten Prüfungspflicht nur dann nachkommen, wenn Zahlungen mitgeteilt worden sind (s. dazu Teil A: Festsetzung gegen die Staatskasse [§ 55] Rn. 604). **41**

Nach § 55 Abs. 5 Satz 4 sind auch die **nach** dem Tage der **Antragstellung erhaltene Zahlungen** der Staatskasse **unverzüglich anzuzeigen** (vgl. dazu Teil A: Festsetzung gegen die Staatskasse [§ 55] Rn. 609 f.). **42**

§ 58 Abs. 3 RVG   Anrechnung und Rückzahlung bei Gebühren nach den Teilen 4 – 6 VV

XII. Verfahren bei der Anrechnung

43 Die **Entscheidung** über die Anrechnung erfolgt **im Festsetzungsverfahren** nach § 55 (s. dazu Teil A: Festsetzung gegen die Staatskasse [§ 55] Rn. 579). Die Entscheidung über die Anrechnung ist nach § 56 mit der Erinnerung bzw. mit der Beschwerde anfechtbar (vgl. hierzu OLG Frankfurt am Main, AGS 2007, 193 = StRR 2007, 158; OLG Köln, AGS 2009, 585; OLG München, StRR 2010, 319 = RVGreport 2010, 219 = AGS 2010, 325; OLG Oldenburg, StRR 2007, 159 = StV 2007, 477 = RVGreport 2007, 344; AnwKomm-RVG/Schnapp/N. Schneider, § 58 Rn. 80; s. auch Teil A: Rechtsmittel gegen die Vergütungsfestsetzung [§§ 56, 33], Rn. 1115 ff.).

XIII. Verfahren bei der Rückzahlung

44 Zeigt der Rechtsanwalt entsprechend § 55 Abs. 5 Satz 4 an, dass er nach dem Tag der Stellung des Festsetzungsantrags Zahlungen empfangen hat und führen diese Zahlungen gem. § 58 Abs. 3 Satz 2 dazu, dass der Rechtsanwalt zur Rückzahlung an die Staatskasse verpflichtet ist, ist über die **Rückzahlung ebenfalls im Verfahren** nach § 55 durch den Urkundsbeamten zu entscheiden. Anspruchsgrundlage für die Rückzahlung ist § 58 Abs. 3 Satz 2 (AnwKomm-RVG/Schnapp/ N. Schneider, § 58 Rn. 80). Die Einziehung erfolgt nach der JBeitrO, vgl. § 1 Abs. 1 Nr. 8 JBeitrO (s. dazu auch Teil A: Festsetzung gegen die Staatskasse [§ 55], Rn. 579). Das Rechtsmittelverfahren richtet sich nach § 56 (vgl. Rn. 42).

> **Hinweis:**
>
> Der Rechtsanwalt kann die Rückzahlung nicht unter Berufung auf **Entreicherung** verweigern, weil auf den öffentlich-rechtlichen Rückzahlungsanspruch der Staatskasse § 818 Abs. 3 BGB nicht anwendbar ist (AnwKomm-RVG/Schnapp/N. Schneider, § 58 Rn. 79; vgl. auch KG, NJW 2009, 456 = StraFo 2008, 529 = AGS 2009, 178; OLG Düsseldorf, AnwBl. 1991, 409; OLG Zweibrücken, JurBüro 1983, 722; OLG Celle, AnwBl. 1981, 455).

Teil 4

Strafsachen

Vorbemerkung 4:
(1) Für die Tätigkeit als Beistand oder Vertreter eines Privatklägers, eines Nebenklägers, eines Einziehungs- oder Nebenbeteiligten, eines Verletzten, eines Zeugen oder Sachverständigen und im Verfahren nach dem Strafrechtlichen Rehabilitierungsgesetz sind die Vorschriften entsprechend anzuwenden.

(2) Die Verfahrensgebühr entsteht für das Betreiben des Geschäfts einschließlich der Information.

(3) Die Terminsgebühr entsteht für die Teilnahme an gerichtlichen Terminen, soweit nichts anderes bestimmt ist. Der Rechtsanwalt erhält die Terminsgebühr auch, wenn er zu einem anberaumten Termin erscheint, dieser aber aus Gründen, die er nicht zu vertreten hat, nicht stattfindet. Dies gilt nicht, wenn er rechtzeitig von der Aufhebung oder Verlegung des Termins in Kenntnis gesetzt worden ist.

(4) Befindet sich der Beschuldigte nicht auf freiem Fuß, entsteht die Gebühr mit Zuschlag.

(5) Für folgende Tätigkeiten entstehen Gebühren nach den Vorschriften des Teils 3:

1. im Verfahren über die Erinnerung oder die Beschwerde gegen einen Kostenfestsetzungsbeschluss (§ 464b StPO) und im Verfahren über die Erinnerung gegen den Kostenansatz und im Verfahren über die Beschwerde gegen die Entscheidung über diese Erinnerung,

2. in der Zwangsvollstreckung aus Entscheidungen, die über einen aus der Straftat erwachsenen vermögensrechtlichen Anspruch oder die Erstattung von Kosten ergangen sind (§§ 406b, 464b StPO), für die Mitwirkung bei der Ausübung der Veröffentlichungsbefugnis und im Beschwerdeverfahren gegen eine dieser Entscheidungen.

Übersicht
                                                              Rn.

A. Überblick 1
   I. Allgemeine Struktur 1
      1. Allgemeines 1
      2. Allgemeiner Inhalt 3
   II. Persönlicher Geltungsbereich 5
   III. Sachlicher Geltungsbereich 7
   IV. System der Rechtsanwaltsvergütung in Strafsachen 8
      1. Rahmen-/Festbetragsgebühren 8
      2. Verfahrensabschnitte 11
   V. Erstattungsfragen 14
      1. Kostenentscheidung 14
      2. Umfang der Erstattungspflicht 16
      3. Rechtsanwalt als Vertreter in eigener Sache 20
B. Kommentierung 22
   I. Persönlicher Geltungsbereich (Abs. 1) 22
      1. Allgemeines 22

Vorbemerkung 4   *Tätigkeiten in Strafsachen*

    2. Tätigkeit als Zeugenbeistand 23
II. Anwendung im strafrechtlichen Rehabilitierungsverfahren (Abs. 1) 25
    1. Verfahren nach dem strafrechtlichen Rehabilitierungsgesetz 26
    2. Entsprechende Anwendung des RVG auf das Verfahren nach dem strafrechtlichen Rehabilitierungsgesetz 27
III. Verfahrensgebühr (Abs. 2) 31
    1. Allgemeines 31
    2. Abgeltungsbereich 33
        a) Allgemeines 33
        b) Besondere Gebühren 38
        c) Katalog der erfassten Tätigkeiten 40
    3. Höhe der Verfahrensgebühr 41
        a) Bemessung der Verfahrensgebühr 41
        b) Tabelle der Gebührenrahmen 44
        c) Verfahrensgebühr bei Verweisung/Zurückverweisung 45
        d) Verfahrensgebühr bei Trennung 51
        e) Verfahrensgebühr bei Verbindung von Verfahren 53
IV. Terminsgebühr (Abs. 3) 56
    1. Allgemeines 56
    2. Abgeltungsbereich 58
        a) Allgemeines 58
        b) Entstehen der Terminsgebühr 61
    3. Höhe der Terminsgebühr 62
        a) Allgemeines 62
        b) Bemessungskriterien 63
        c) Tabelle der gerichtlichen Gebührenrahmen 70
        d) Terminsgebühr bei Verweisung 71
        e) Terminsgebühr bei Trennung 72
        f) Terminsgebühr bei Verbindung von Verfahren 73
    4. Terminsgebühr bei „geplatztem Termin" (Abs. 3 Satz 2) 77
V. (Haft-)Zuschlag (Abs. 4) 83
    1. Überblick 83
    2. Persönlicher Geltungsbereich 84
    3. Sachlicher Geltungsbereich 86
    4. Voraussetzungen für das Entstehen des Zuschlags 88
    5. Höhe des Zuschlags 91
    6. Höhe der jeweiligen Gebühr 92
VI. Kostenfestsetzung, Zwangsvollstreckung (Abs. 5) 93
    1. Sachlicher Abgeltungsbereich 95
        a) Erinnerung und Beschwerde gegen einen Kostenfestsetzungsbeschluss (Nr. 1, 1. Alt.) .. 95
        b) Erinnerung und Beschwerde gegen den Kostenansatz (Nr. 1, 2. Alt.) 99
        c) Zwangsvollstreckungssachen (Nr. 2) 104
    2. Beigeordneter oder bestellter Rechtsanwalt 106

Literatur:

Burhoff, Vergütung in Straf- und Bußgeldsachen nach dem RVG, RVGreport 2004, 16; *ders.*, Die neue Verfahrensgebühr im Strafverfahren, RVGreport 2004, 127; *ders.*, Die neue Terminsgebühr im Strafverfahren, RVGreport 2004, 177; 361; *ders.*, Die (Vernehmungs)Terminsgebühr Nr. 4102 VV RVG, RVGreport 2004, 245; *ders.*, Abrechnungsbeispiele zum RVG Grundgebühr und Vorbereitendes Verfahrens, RVGreport 2004, 292; *ders.*, Die wesentlichen Neuerungen des Rechtsanwaltsvergütungsgesetzes (RVG) für die anwaltliche Vergütung in Bußgeldsachen, StraFo 2004, 259; *ders.*, Abrechnungsbeispiele zum RVG Gerichtliches Verfahren I. Instanz, RVGreport 2004, 336; *ders.*, Vergütung des Zeugenbeistands im Strafverfahren, RVGreport 2004, 458; *ders.*, Berechnungsbeispiele zum RVG Allgemeine Gebühren in Straf- und Bußgeldsachen, RVGreport 2005, 16; *ders.*,

Tätigkeiten in Strafsachen *Vorbemerkung 4*

Der Längenzuschlag auf die Terminsgebühr für den Pflichtverteidiger, RVGreport 2006, 1; *ders.*, Die Abrechnung der Tätigkeit des Zeugenbeistands im Strafverfahren, RVGreport 2006, 81; *ders.*, Abrechnung von Strafverfahren nach dem RVG – erste Erfahrungen, aktuelle Fragen und Brennpunkte, StV 2006, 207; *ders.*, Die Rechtsprechung zur Abrechnung im Strafverfahren, insbesondere nach den Teilen 4 und 5 VV RVG, in den Jahren 2004 – 2006 (Teil 1), StraFo 2007, 134; *ders.*, Die Rechtsprechung zur Abrechnung in Strafverfahren, insbesondere nach den Teilen 4 und 5 VV RVG in den Jahren 2004 – 2006 (Teil 2), StraFo 2007, 177; *ders.*, Der sogenannte Haftzuschlag nach Vorbem. 4 Abs. 4 VV RVG, StRR 2007, 54; *ders.*, Abrechnung der Tätigkeit des Zeugenbeistands im Straf- und OWi-Verfahren, StRR 2007, 220; *ders.*, Tätigkeit des Zeugenbeistands richtig abrechnen, RVGprofessionell 2007, 187; *ders.*, Die anwaltliche Vergütung im Strafbefehlsverfahren, RVGreport 2008, 201; *ders.*, Gebührenbemessung im OWi-Verfahren, RVGprofessionell 2008, 136; *ders.*, Rechtsprechungsübersicht zu § 14 RVG in Bußgeldsachen (Teil 5 VV RVG), VRR 2008, 333; *ders.*, Rechtsprechungsübersicht zu § 14 RVG in Strafsachen (Teil 4 VV RVG), RVGreport 2008, 333; *ders.*, Die Abrechnung der anwaltlichen Tätigkeit in mehreren Strafverfahren Teil 1: Verbindung von Verfahren, RVGreport 2008, 405; *ders.*, Die Abrechnung der anwaltlichen Tätigkeit in mehreren Strafverfahren Teil 2: Trennung von Verfahren, RVGreport 2008, 444; *ders.*, Die Abrechnung der anwaltlichen Tätigkeit in mehreren Strafverfahren Teil 3: Verweisung und Zurückverweisung, RVGreport 2009, 9; *ders.*, Rechtsprechungsübersicht zu § 14 RVG in Straf- und Bußgeldsachen (Teile 4 und 5 VV RVG), RVGreport 2009, 85; *ders.*, So rechnen Sie verbundene Verfahren richtig ab, RVGprofessionell 2009, 78; *ders.*, Drei Streitfragen zum Begriff der Angelegenheiten im Straf-/Bußgeldverfahren, VRR 2009, 133; *ders.*, 4 Jahre RVG – Baustellen und Probleme bei der Abrechnung der anwaltlichen Vergütung nach Teil 4, 5 oder 6 VV RVG, in: Strafverteidigung im Rechtsstaat 25 Jahre Arbeitsgemeinschaft Strafrecht des Deutschen Anwaltvereins, 2009, S. 107 (im Folgenden kurz: Festschrift ARGE Strafrecht, S.); *ders*, Die Rechtsprechung zur Abrechnung im Straf- und Bußgeldverfahren, insbesondere nach den Teilen 4 und 5 VV RVG, in den Jahren 2006 – 2009, Teil 1, StraFo 2009, 353; *ders.*, Die Rechtsprechung zur Abrechnung im Straf- und Bußgeldverfahren, insbesondere nach den Teilen 4 und 5 VV RVG, in den Jahren 2006 – 2009, Teil 2, StraFo 2009, 401; *ders.*, 5 Jahre RVG – Baustellen/Probleme im Bereich der anwaltlichen Vergütung nach Teil 4 VV RVG, Sonderheft 20 Jahre ZAP, Oktober 2009, S. 15; *ders.*, Die Gebührenfrage: Haftzuschlag – ja oder nein?, StRR 2009, 174; *ders.*, Die Grundgebühr im Straf- bzw. Bußgeldverfahren, RVGreport 2009, 361; *ders.*, Die Verfahrensgebühr im Straf- bzw. Bußgeldverfahren, RVGreport 2009, 443; *ders.*, Die Terminsgebühr im Straf- bzw. Bußgeldverfahren, RVGreport 2010, 3; *ders.*, Rechtsprechungsübersicht zu den Teilen 4 – 7 RVG aus den Jahren 2008 – 2010 – Teil 1, RVGreport 2010, 83; *ders.*, Rechtsprechungsübersicht zu den Teilen 4 – 7 RVG aus den Jahren 2008 – 2010 – Teil 2, RVGreport 2010, 124; *ders.*, Rechtsprechungsübersicht zu den Teilen 4 – 7 RVG aus den Jahren 2008 – 2010 – Teil 3, RVGreport 2010, 163; *ders.*, Was Sie im Strafverfahren zum Haftzuschlag wissen sollten, RVGprofessionell 2010, 77; *ders.*, Fragen aus der Praxis zu aktuellen Gebührenproblemen in Straf- und Bußgeldverfahren, RVGreport 2010, 362; *ders.*, Anwaltsgebühren bei der Verständigung im Straf- und Bußgeldverfahren, RVGreport 2010, 401; *ders.*, Abrechnung des Antrags auf gerichtliche Entscheidung gem. § 111f Abs. 5 StPO, RVGreport 2010, 441; *ders.*, Persönlicher Geltungsbereich des Teils 4 VV RVG, eine Bestandsaufnahme der Rechtsprechung, RVGreport 2011, 85; *ders.*, Rechtsprechungsübersicht zu den Teilen 4 – 7 VV RVG aus dem Jahr 2010 – Teil 1, RVGreport 2011, 122; *ders.*, Rechtsprechungsübersicht zu den Teilen 4 – 7 VV RVG aus dem Jahr 2010 – Teil 2, RVGreport 2011, 162; *ders.*, Der Haftzuschlag nach Vorbem. 4 Abs. 4 VV RVG, RVGreport 2011, 242; *ders.*, ABC der Gegenstandswerte im Straf- und Bußgeldverfahren, RVGreport 2011, 282; *Enders*, Verbindung und Trennung – Teil IV, JurBüro 2007, 383; *Gerhold*, Über die Vergütung des Rechtsanwalts für die Teilnahme an Verhandlungen im Rahmen des Täter-Opfer-Ausgleichs nach Nr. 4102 Ziff. 4 VV und die unausweichliche Konsequenz ihrer zu restriktiven Auslegung, JurBüro 2010, 172; *Kotz*, Eine Lanze für den Underdog Zur Vergütungslage des bestellten Terminsvertreters in Strafsachen, StraFo 2008, 412; *ders.*, Entschädigung für einen geplatzten Termin in Strafsachen – Zugleich Besprechung von OLG München vom 13. 11. 2007 – 1 Ws 986/07, JurBüro 2008, 402; *ders.*, (Haft-)Zuschlag bei stationärem Therapieaufenthalt des Mandanten, JurBüro 2010, 403; *Madert*, Terminsgebühr Nr. VV 4102 Nr. 2 für Vernehmungen durch die Staatsanwaltschaft oder eine andere Strafverfolgungsbehörde, AGS 2005, 277; *Meyer*, Gebühren des nach § 408 b StPO bestellten Verteidigers, JurBüro 2005, 186; *ders.*, Erstattungen einer Terminsgebühr nach Nr. 4108/5106 VV RVG des nicht rechtzeitig benachrichtigten Rechtsanwalts bei kurzfristiger Aufhebung eines Termins aus Amtshaftung?, JurBüro 2009, 126; *Mock*, Gegenüberstellung von BRAGO und RVG: Ein erster Vergleich, AGS 2003, 473; *N. Schneider*, Vergütung des Verteidigers bei Verbindung mehrerer Ermittlungs- oder Strafverfahren, BRAGOreport 2001, 49; *ders.*, Gebührenberechnung bei Verbindung mehrerer Strafsachen im gerichtlichen Verfahren, AGS 2003, 432; *ders.*, Die allgemeinen Regelungen, AGS 2003, 521; *ders.*, Gebühren nach dem RVG in verkehrsrechtlichen Straf- und Bußgeldsachen, zfs 2004,

Vorbemerkung 4 *Tätigkeiten in Strafsachen*

495; *ders.*, Die Gebühren des Verteidigers in Strafsachen, AGS 2004, 133; *ders.*, Die Gebühren des Verteidigers in Strafsachen, AGS 2004, 133; *ders.*, Neue Grundgebühr in Straf- und Bußgeldsachen, RVGprofessionell 2005, 119; *Schönemann*, Wann ist ein Kostenerstattungsanspruch verwirkt?, RVGprofessionell 2004, 177; *ders.*, Was ist zu tun, wenn im Tenor die Kostenregelung vergessen wird?, RVGprofessionell 2006, 31; *ders.*, Erstattungsfähige Kosten in Erinnerungs- und Beschwerdeverfahren, DAR 2008, 759; *ders.*, Vergütung in Verfahren über die Erinnerung und Beschwerde gegen einen Kostenfestsetzungsbeschluss in Strafsachen, AGS-Kompakt 2010, 130; *Volpert*, Richtige Abrechnung verbundener Strafverfahren, BRAGOprofessionell 2004, 19; *ders.*, Die Vergütung im Beschwerdeverfahren in Straf- und Bußgeldsachen, VRR 2006, 453; *ders.*, Die Kostenfestsetzung bei Freispruch oder Teilfreispruch des Mandanten – Teil 1: Das Verfahren, RVGreport 2007, 289; *ders.*, Die Kostenfestsetzung bei Freispruch oder Teilfreispruch des Mandanten – Teil 2: Besonderheiten beim Teilfreispruch, RVGreport 2007, 444; *ders.*, Der Auslagenerstattungsanspruch des gerichtlich beigeordneten oder bestellten Rechtsanwalts – Teil 1, StRR 2008, 55; *ders.*, Der Auslagenerstattungsanspruch des gerichtlich beigeordneten oder bestellten Rechtsanwalts – Teil 2, StRR 2008, 95; *ders.*, Der Auslagenerstattungsanspruch des gerichtlich beigeordneten oder bestellten Rechtsanwalts – Teil 3, StRR 2008, 212; *ders.*, Der Auslagenerstattungsanspruch des gerichtlich beigeordneten oder bestellten Rechtsanwalts – Teil 4, StRR 2008, 293; *ders.*, Das Kostenfestsetzungsverfahren gegen die Staatskasse gem. § 464b StPO – Teil 1, StRR 2008, 412; *ders.*, Das Kostenfestsetzungsverfahren gegen die Staatskasse gem. § 464b StPO – Teil 2, StRR 2009, 16; *ders.*, Das Kostenfestsetzungsverfahren gegen die Staatskasse gem. § 464b StPO – Teil 3, StRR 2009, 52; *ders.*, Die Erstattungspflicht der Staatskasse bei der Kostenfestsetzung gem. § 464b StPO – Teil 1, StRR 2009, 132; *ders.*, Die Erstattungspflicht der Staatskasse bei der Kostenfestsetzung gem. § 464b StPO – Teil 2, StRR 2009, 214; *ders.*, Die Erstattungspflicht der Staatskasse bei der Kostenfestsetzung gem. § 464b StPO – Teil 3, StRR 2009, 293; *ders.*, Die Erstattungspflicht der Staatskasse bei der Kostenfestsetzung gem. § 464b StPO – Teil 4, StRR 2009, 372.

A. Überblick

I. Allgemeine Struktur

1. Allgemeines

1 Das RVG regelte die Gebühren in Strafsachen und im Verfahren nach dem strafrechtlichen Rehabilitierungsgesetz Teil 4 VV. Diese zeichnen sich insbesondere dadurch aus, dass auch Tätigkeiten des Rechtsanwalts im **Ermittlungsverfahren** und die der Hauptverhandlung vorausgehenden Verfahrensabschnitte grds. entsprechend ihrem Umfang und ihrer Bedeutung für das Strafverfahren **stärker** als früher in der BRAGO **berücksichtigt** werden. Das entspricht einem modernen Verständnis von Verteidigung im Strafverfahren, das davon ausgeht, dass schon durch das Ermittlungsverfahren das zukünftige Hauptverfahren entscheidend mitbestimmt wird, wodurch das Ermittlungsverfahren erheblich an Bedeutung für das Schicksal des Beschuldigten gewonnen hat. Das RVG will deshalb auch einen **gebührenrechtlichen Anreiz** für eine möglichst rechtzeitige Einbindung des **Verteidigers** in das Verfahren schaffen, was ggf. zu einer schnelleren Erledigung, insbesondere schwieriger Verfahren, führen kann, wenn frühzeitig **verfahrensverkürzende Verständigungen** vorbereitet werden (können).

2 Die Regelungen des RVG sehen ein strukturell an die einzelnen **Verfahrensabschnitte angepasstes Gebührensystem** vor, das vor allem die Tätigkeit des Rechtsanwalts im Ermittlungsverfahren berücksichtigt (vgl. auch die Komm. zu Vorbem. 4.1 VV Rn. 1 ff.). Darüber hinaus finden weitere Tätigkeiten des Verteidigers, die in der BRAGO nicht oder nur unzureichend honoriert wurden, gebührenrechtlich angemessene Berücksichtigung. Dazu gehört z.B. die in Teil 4 Abschnitt 2 VV eigenständig geregelte Vergütung für die Tätigkeiten des Rechtsanwalts in der Strafvollstreckung.

Tätigkeiten in Strafsachen *Vorbemerkung 4*

2. Allgemeiner Inhalt

Die Vorbem. 4 VV enthält in **fünf Absätzen** die **allgemeinen Regelungen**, die für sämtliche 3
Gebühren nach Teil 4 VV gelten, soweit nichts Abweichendes bestimmt ist. Im Einzelnen:

- Vorbem. 4 **Abs. 1** VV regelt den **persönlichen Anwendungsbereich** der Gebühren (vgl. dazu 4
  Rn. 22 ff.).
- Vorbem. 4 **Abs. 2** VV regelt den Anwendungsbereich der **Verfahrensgebühr** (vgl. wegen
  der Einzelh. Rn. 31 ff.). In Vorbem. 4 Abs. 2 VV ist die Verfahrensgebühr allgemein geregelt. Neben den besonderen Verfahrensgebühren für das vorbereitende und für das gerichtliche Verfahren sind besondere Verfahrensgebühren enthalten – als zusätzliche Gebühren – in
  Nr. 4142 VV für Tätigkeiten, die sich auf Einziehung und verwandte Maßnahmen beziehen,
  in Nrn. 4143 f. VV im Hinblick auf vermögensrechtliche Ansprüche (Nrn. 4143, 4144 VV)
  und schließlich in Nrn. 4145 f. VV Verfahrensgebühren für bestimmte Beschwerdeverfahren,
  die als eigene Angelegenheiten gesondert abzurechnen sind.
- In Vorbem. 4 **Abs. 3** VV ist der Anwendungsbereich der (gerichtlichen) **Terminsgebühr** geregelt (vgl. zur Terminsgebühr Rn. 56 ff.). In Betracht kommt diese als Terminsgebühr für
  Hauptverhandlungstermine und für (gerichtliche) Termine außerhalb der Hauptverhandlung
  (Nr. 4102 VV).
- In Vorbem. 4 **Abs. 4** VV ist ein **(Haft-)Zuschlag** geregelt (dazu eingehend Burhoff, StRR
  2007, 54; ders., RVGprofessionell 2010, 77; ders., RVGreport 2011, 242). In den Fällen, in
  denen dem Verteidiger ein solcher (Haft-)Zuschlag zusteht, ist ein gesonderter Gebührenrahmen vorgesehen, nach dem der Rechtsanwalt auf jeden Fall abrechnen kann, unabhängig
  von dem Grad der durch die Inhaftierung des Mandanten entstandenen Erschwernisse (vgl.
  wegen der Einzelh. Rn. 83 ff.).
- Vorbem. 4 **Abs. 5** VV enthält schließlich Regelungen zur Erinnerung und Beschwerde gegen
  den Kostenansatz und die Kostenfestsetzung, zur **Zwangsvollstreckung** aus Entscheidungen
  über einen der Straftat erwachsenen vermögensrechtlichen Anspruch sowie aus Kostenerstattungsansprüchen und für weitere Beschwerdeverfahren (wegen der Einzelh. Rn. 93 ff.).
  In diesen Fällen gelten die Regelungen des Teil 3 VV (vgl. u.a. Schneider, DAR 2008, 759;
  ders., AGS-Kompakt 2010, 130).

II. Persönlicher Geltungsbereich

Teil 4 VV regelt die Vergütung des Rechtsanwalts sowohl als (Wahl-)**Verteidiger** bzw. **Pflicht-** 5
verteidiger als auch als sonstiger Vertreter des **Beschuldigten** oder eines anderen Beteiligten
des Strafverfahrens. Im Einzelnen:

- Mit Verteidiger meint das RVG den **Vollverteidiger**, also denjenigen Rechtsanwalt, dem die 6
  Verteidigung als Ganzes übertragen ist. Er erhält seine Gebühren nach Teil 4 Abschnitt 1 oder
  2 VV. I.d.R. wird dem Rechtsanwalt die volle Vertretung übertragen und nur ausnahmsweise
  wird er bloß in einer Einzeltätigkeit beauftragt (KG, StraFo 2005, 439 = AGS 2005, 557; ähnlich OLG Schleswig, StV 2006, 206 = RVGreport 2005, 70 = AGS 2005, 120 zur Abgrenzung
  der Tätigkeiten in der Strafvollstreckung von der Einzeltätigkeit; zum Zeugenbeistand und
  zum Terminsvertreter s. Rn. 23 und Vorbem. 4.1 Rn. 5 ff.).

Vorbemerkung 4 *Tätigkeiten in Strafsachen*

- Sind dem Rechtsanwalt nur **Einzeltätigkeiten** übertragen, wird seine Tätigkeit nach Teil 4 Abschnitt 3 VV vergütet (vgl. dazu die Komm. zu Vorbem. 4.3 Rn. 1 ff.).
- Der **Pflichtverteidiger** erhält seine Vergütung ebenfalls nach diesen Abschnitten des Teils 4 VV. Es wird nicht hinsichtlich der Gebührentatbestände zwischen den Gebühren des Wahlverteidigers und denen des Pflichtverteidigers unterschieden. Der Höhe nach sind die Gebühren jedoch unterschiedlich (s. unten Rn. 8 ff.).
- Teil 4 VV regelt auch die Gebühren des Rechtsanwalts als (bestellter) Beistand oder Vertreter des **Privatklägers**, des **Nebenklägers** (vgl. §§ 397a Abs. 1, 406g Abs. 3 StPO), eines **Einziehungs-** oder **Nebenbeteiligten** sowie eines **Verletzten** (zum Begriff des Nebenbeteiligten s. Meyer-Goßner, Einl. Rn. 73; zur Anwendbarkeit des RVG auf den Verfahrensbevollmächtigten eines Antragstellers nach § 111f Abs. 5 StPO Burhoff, RVGreport 2010, 441). Auch in diesen Fällen kann der Rechtsanwalt beigeordnet werden. Er erhält dann die Gebühren der Höhe nach wie ein **Pflichtverteidiger**. Die Gewährung einer **Pauschvergütung** nach § 51 ist dann ebenfalls möglich.
- Ausdrücklich geregelt ist in Vorbem. 4 Abs. 1 auch, dass der Rechtsanwalt als **Beistand** eines **Zeugen** oder **Sachverständigen** ebenfalls die Gebühren wie ein Verteidiger erhält, und zwar entweder die des Vollverteidigers oder die des Pflichtverteidigers, wenn er beigeordnet worden ist (vgl. § 68b StPO). Damit ist der frühere Streit, welcher Gebührentatbestand anzuwenden ist, grds. erledigt. Allerdings ist in Rechtsprechung und Literatur heftig umstritten, ob der als Zeugenbeistand tätige Rechtsanwalt nach Teil 4 Abschnitt 1 oder nach Teil 4 Abschnitt 3 VV abrechnet (vgl. dazu u. Rn. 23 f. und Vorbem. 4.1 Rn. 5 ff.).
- Der Rechtsanwalt, der dem Gefangenen **gem. § 34a EGGVG** als **Kontaktperson** beigeordnet worden ist, erhält seine Vergütung nach Nr. 4304 VV (vgl. wegen der Einzelh. dort). Gem. § 34a Abs. 3 Satz 3 EGGVG kann diese Kontaktperson nie der **Verteidiger** sein.
- Schließlich rechnet auch der gerichtlich zur Vertretung des Betroffenen im **Rehabilitierungsverfahren** zugelassene Rentenberater (§ 7 Abs. 4 StRehaG) nach dem RVG, und zwar nach Teil 4 VV, ab, und zwar auch dann, wenn das Rechtsdienstleistungsgesetz und das Einführungsgesetz hierzu zum Zeitpunkt seiner Beauftragung noch nicht galten (KG, RVGreport 2011, 98 = NStZ-RR 2011, 159 = JurBüro 2011, 136 [LS]).

III. Sachlicher Geltungsbereich

7   Der Begriff der „Strafsache" wird im RVG nicht ausdrücklich geregelt. Er ist wie in der **BRAGO** zu verstehen. Gemeint sind **alle Verfahren**, die als Strafverfahren ausgestaltet sind, d.h. alle Verfahren **nach der StPO**, dem **JGG** und nach landesrechtlichen **Strafvorschriften** sowie die sonstigen Verfahren, für die in Teil 4 VV vergütungsrechtliche Regelungen getroffen worden sind. Das sind z.B. – s. Vorbem. 4 Abs. 1 VV – die Vertretung des Privatklägers im **Privatklageverfahren**, des **Nebenklägers**, eines Verletzten, des **Beistands** eines **Zeugen** und auch die Tätigkeit im Gnadenverfahren (s. Nr. 4303 VV).

> **Hinweis:**
> Teil 4 VV gilt nach Vorbem. Abs. 1 VV ausdrücklich auch für die Verfahren nach dem **StRehaG** (vgl. dazu Rn. 25 ff.); auch das sind Strafsachen (OLG Jena, RVGreport 2007, 119). Teil 4 VV gilt aber **nicht** für die **Strafvollzugsverfahren** nach den §§ 109 bis 115

StVollzG. Für diese gilt **Teil 3 VV** (vgl. dazu Teil A: Verfahren nach dem Strafvollzugsgesetz und ähnliche Verfahren, Rn. 1441 ff.).

IV. System der Rechtsanwaltsvergütung in Strafsachen

1. Rahmen-/Festbetragsgebühren

Das RVG geht für die Abrechnung in Strafsachen von folgendem Gebührensystem aus (vgl. auch Teil A: Gebührensystem, Rn. 649). Der Verteidiger/Rechtsanwalt, der nach Teil 4 VV abrechnet, erhält **Pauschgebühren**, durch die seine gesamte Tätigkeit abgegolten wird (vgl. Vorbem. 4.1 Abs. 2 VV; wegen der Einzelh. s. dort Rn. 23 ff.). 8

Die Gebühren sind für den **Wahlverteidiger** im Wesentlichen als sog. **Rahmengebühren** ausgestaltet. Festgelegt sind die Mindest- und die Höchstgebühr. Innerhalb dieses Rahmens ist unter Anwendung von § 14 die angemessene Gebühr zu ermitteln (vgl. Teil A: Rahmengebühren [§ 14], Rn. 1045 ff.). Die Höhe des Rahmens ist abhängig vom Verfahrensabschnitt und/oder von der Zuständigkeit des Gerichts. 9

Die Gebühren des gerichtlich bestellten oder **beigeordneten** Rechtsanwalts sind als **Festgebühren** ausgestaltet. Sie basieren auf den Wahlanwaltsgebühren. Grundlage der Gebühren ist die Mittelgebühr eines Wahlanwalts. Davon erhält der gerichtlich bestellte Rechtsanwalt 80 %. Durch diese Anbindung der gesetzlichen Gebühren des Pflichtverteidigers an die Mittelgebühr eines Wahlanwalts, die gegenüber der früheren Regelung in § 97 Abs. 1 Satz 1 BRAGO zu einer höheren gesetzlichen Vergütung des Pflichtverteidigers führt, hat das RVG der Forderung nach einer sachgerechten Verteidigung des Beschuldigten und dem Umstand, dass dem Rechtsanwalt nach der Rechtsprechung des BVerfG durch die Übernahme einer Pflichtverteidigung kein ungerechtfertigtes Sonderopfer auferlegt werden darf (BVerfGE 68, 237; zuletzt BVerfG, NJW 2007, 3420 = AGS 2007, 504 = RVGreport 2007, 263 m.w.N.), entsprochen. Sie verdeutlicht zudem, dass die **Pflichtverteidigung nicht** eine **Verteidigung zweiter Klasse** ist (so ausdrücklich BT-Drucks. 15/1971, S. 220). 10

2. Verfahrensabschnitte

Das Entstehen der Gebühren hängt davon ab, dass der Rechtsanwalt/Verteidiger in dem für die jeweilige Gebühr vorgesehenen **Verfahrensabschnitt** tätig geworden ist. Die **Verfahrensabschnitte**, von denen das RVG (einzelne) Gebühren abhängig macht, haben sich gegenüber der BRAGO im Wesentlichen nicht geändert. Für die Tätigkeit in den Verfahrensabschnitten entstehen jeweils Verfahrensgebühren. 11

> **Hinweis:**
> Darüber hinaus entsteht die sog. **Grundgebühr** Nr. 4100 VV, die immer – unabhängig davon, in welchem Verfahrensabschnitt der Rechtsanwalt erstmals tätig geworden ist – anfällt.

Beispiel:
Der Rechtsanwalt wird als Verteidiger erst in der Revision beauftragt.
Der Rechtsanwalt erhält neben den Gebühren der Nrn. 4130 ff. VV auch eine Grundgebühr nach Nr. 4100 VV (wegen der Einzelh. s. Nr. 4100 VV).

Vorbemerkung 4 *Tätigkeiten in Strafsachen*

12 Das RVG kennt das **vorbereitende Verfahren** (Nrn. 4104f. VV) und das **gerichtliche Verfahren** (Nrn. 4106ff. VV) mit dem ersten Rechtszug, der Berufung und der Revision.

> **Hinweis:**
>
> Als eigener Verfahrensabschnitt ist zudem das **Wiederaufnahmeverfahren** geregelt (vgl. die Nrn. 4136ff. VV).

13 Für das **Beschwerdeverfahren** sieht Teil 4 VV grds. – anders als Teil 3 Abschnitt 5 VV – **keine gesonderten** Gebühren vor (BGH, NJW 2009, 2682 = MDR 2009, 1193 = StRR 2009, 385; OLG Düsseldorf, AGS 2011, 70 = RVGreport 2011, 22 = StRR 2011, 38 = RVGprofessionell 2011, 53; OLG Hamm, RVGreport 2009, 149 = StRR 2009, 39; AG Hof, JurBüro 2011, 253 = AGS 2011, 68 = RVGreport 2011, 262 = VRR 2011, 160). Die Tätigkeit des Verteidigers im Beschwerdeverfahren muss vielmehr unter Anwendung des § 14 gelöst werden (OLG Düsseldorf und OLG Hamm, jew. a.a.O.; vgl. dazu allgemein Teil A: Rahmengebühren [§ 14], Rn. 1045, und zur Abrechnung von Beschwerdeverfahren eingehend Teil A: Beschwerdeverfahren, Abrechnung, Rn. 371 ff.; s. auch noch Volpert, VRR 2006, 453). Eine **Ausnahme** bilden die in Vorbem. 4 Abs. 5 VV genannten Verfahren (vgl. dazu die Komm. bei Rn. 93 ff.), die Nr. 4139 VV für das Wiederaufnahmeverfahren und die Vorbem. 4.2 VV für die Gebühren in der Strafvollstreckung (vgl. Vorbem. 4.2 VV Rn. 30 ff.) sowie die Nr. 4.3 Abs. 2 Satz 2 VV für die Einzeltätigkeiten (vgl. Vorbem. 4.3. VV Rn. 34 ff.). In diesen Fällen verdient der Rechtsanwalt auch in Beschwerdeverfahren gesonderte Gebühren (wegen der Einzelh. vgl. bei den jeweiligen Vorschriften).

V. Erstattungsfragen

1. Kostenentscheidung

14 Für die Erstattung der Rechtsanwaltsvergütung im Strafverfahren gilt: **Voraussetzung** ist das **Vorliegen** einer entsprechenden **Kostengrundentscheidung**, die u.a. die notwendigen Auslagen eines Beteiligten, wozu nach § 464a Abs. 2 Nr. 2 StPO die Gebühren und Auslagen eines Rechtsanwalts gehören, einem anderen auferlegt (vgl. dazu Teil A: Kostenfestsetzung und Erstattung in Strafsachen, Rn. 842 ff. und Teil A: Kostenfestsetzung und Erstattung in Bußgeldsachen, Rn. 833 ff.; s. auch Mertens/Stuff, Rn. 733 ff.). Der Kostenbeamte ist im Rahmen des Kostenfestsetzungsverfahrens an eine bestandskräftige Kostengrundentscheidung grds. **gebunden**, selbst wenn diese eine dem geltenden Recht unbekannte und von vornherein unzulässige Rechtsfolge ausspricht, fehlerhaft oder sogar grob gesetzeswidrig ist (LG Koblenz, 24.09.2010 – 4 Qs 56/10, JurionRS 2010, 30405 = StRR 2011, 3 [LS]; LG Saarbrücken, NStZ-RR 2001, 383; Meyer-Goßner, § 464b Rn. 1). Lediglich dann, wenn die Kostengrundentscheidung nach allgemeinen Rechtsgrundsätzen nichtig ist, kann die Entscheidung unbeachtlich sein (LG Koblenz, LG Saarbrücken und Meyer-Goßner, jew. a.a.O.; Teil A: Kostenfestsetzung und Erstattung in Strafsachen, Rn. 845 ff.).

> **Hinweis:**
>
> Fehlt eine **ausdrückliche Auslagenentscheidung** verbleiben die (notwendigen) Auslagen bei demjenigen, dem sie entstanden sind. Eine nachträgliche Ergänzung der Kostenentscheidung ist unzulässig (u.a. KG, NStZ-RR 2004, 190; OLG Oldenburg, NStZ-RR 2006, 191; Meyer-Goßner, § 464 Rn. 12 m.w.N.; Mertens/Stuff, Rn. 884 ff.). Vielmehr muss gegen die

(unvollständige) Kostenentscheidung nach § 464 Abs. 3 StPO **sofortige Beschwerde** eingelegt werden. Nach h.M. kann, wenn gegen die Kostenentscheidung wegen Unanfechtbarkeit der Hauptentscheidung keine sofortige Beschwerde zulässig ist (vgl. § 464 Satz 1 Halbs. 2 StPO), der unterbliebene Kostenausspruch nach § 33a StPO nachgeholt werden (Meyer-Goßner, a.a.O., a.E.; zur Anfechtbarkeit auch noch OLG Köln, AGS 2010, 411 = RVG professionell 2010, 191; zur Zulässigkeit der Anfechtung für den Nebenkläger im Hinblick auf die Beschränkung aus § 400 StPO s. Meyer-Goßner, § 464 Rn. 17a a.E. m.w.N. und u.a. OLG Hamm, AGS 2002, 253; StraFo 2005, 347; AGS 2005, 409 = NStZ-RR 2006, 95; StraFo 2008, 348 = AGS 2008, 618; zur sofortigen Beschwerde s. Burhoff, EV, Rn. 1490 ff.). Ggf. ist die sofortige Beschwerde mit einem **Wiedereinsetzungsantrag** zu verbinden, wenn eine Rechtsmittelbelehrung hinsichtlich der Anfechtbarkeit der Kostenentscheidung (in der Hauptverhandlung) unterblieben ist (zum fehlenden Verschulden bei unterbliebener Rechtsmittelbelehrung OLG Hamm, MDR 1996, 643). Der Verteidiger muss in den Fällen auf die grds. bestehende **Beschwerdefrist** von einer Woche achten (zu allem eingehend Teil A: Kostenfestsetzung und Erstattung in Strafsachen, Rn. 848 ff., m.w.N.).

Im Einzelnen gilt:

- Für den **Angeklagten scheidet** im Fall der Verurteilung **eine Erstattung** seiner notwendigen Auslagen **aus**, da er diese nach § 465 Abs. 1 StPO selbst tragen muss. Häufig übersehen wird § 465 **Abs. 2** StPO. Nach dessen Satz 1 sind dann, wenn durch Untersuchungen zur Aufklärung bestimmter belastender oder entlastender Umstände besondere Auslagen entstanden und diese Untersuchungen zugunsten des Angeklagten ausgegangen sind, vom Gericht die entstandenen Auslagen teilweise oder auch ganz der Staatskasse aufzuerlegen, wenn es unbillig wäre, den Angeklagten damit zu belasten. Das ist z.B. (in einem straßenverkehrsrechtlichen Bußgeldverfahren) angenommen worden, in dem das Gericht auf Antrag des Betroffenen ein Sachverständigengutachten eingeholt hatte, das die Darstellung des Betroffenen von einem Verkehrsverstoß bestätigt und dem das AG in seiner Entscheidung gefolgt ist, in der der Betroffene zwar nicht frei gesprochen worden ist, es aber nur noch zur Verhängung einer Geldbuße gekommen ist (LG Wuppertal, StraFo 2010, 88 = VRR 2010, 158 = VA 2010, 36).
- § 467 Abs. 1 StPO regelt die Erstattung der notwendigen Auslagen durch die Staatskasse im Fall des Freispruchs, Ablehnung der Eröffnung des Hauptverfahrens oder bei Einstellung. Zu beachten ist hier, dass einem Angeklagten auch bei überwiegendem Freispruch alle Verfahrenskosten auferlegt werden können (OLG Köln, StRR 2010, 437 = NStZ-RR 2010, 326 [LS]).
- § 467a Abs. 1 StPO regelt die Erstattung der notwendigen Auslagen durch die Staatskasse bei Rücknahme der Anklage oder des Antrags auf Erlass eines Strafbefehls.
- § 469 Abs. 1 StPO regelt die Erstattung der notwendigen Auslagen durch den Anzeigenden, wenn er das Strafverfahren durch eine vorsätzlich oder leichtfertig erstattete unwahre Anzeige veranlasst hat.
- § 470 Satz 1 StPO regelt die Erstattungspflicht des (Straf-)Antragstellers, wenn das Verfahren wegen Rücknahme des Strafantrags eingestellt wird.
- § 471 Abs. 2 StPO regelt die Erstattungspflicht des Privatklägers, wenn die Klage gegen den Beschuldigten zurückgewiesen oder dieser freigesprochen wird.

Vorbemerkung 4   *Tätigkeiten in Strafsachen*

- § 473 StPO regelt die Erstattungspflicht durch die Staatskasse, den Privat- oder Nebenkläger bei von diesen erfolglos eingelegten Rechtsmitteln und die Erstattungspflicht durch die Staatskasse, wenn ein Rechtsmittel des Beschuldigten Erfolg hatte.

2. Umfang der Erstattungspflicht

16   Den Umfang der Erstattungspflicht regelt § 464a Abs. 2 Nr. 2 StPO. Danach sind die Gebühren und Auslagen eines Rechtsanwalts zu erstatten, soweit sie nach § 91 Abs. 2 ZPO **erstattungsfähig** sind. Aus Platzgründen kann hier nur auf Folgendes hingewiesen werden (wegen der Einzelh. im Übrigen s. Meyer-Goßner, § 464a Rn. 7 ff. m.w.N. und Teil A: Kostenfestsetzung und Erstattung in Strafsachen, Rn. 842 ff. m.w.N.):

17   Erstattet werden nur die **„erstattungsfähigen Auslagen"** i.S.d. § 91 Abs. 2 ZPO.

- Auf die **Notwendigkeit** der **Mitwirkung** des Rechtsanwalts kommt es in dem Zusammenhang nicht an (Meyer-Goßner, § 464a Rn. 9; OLG Düsseldorf, Rpfleger 1982, 390). Entscheidend ist allein, ob die Tätigkeit des Rechtsanwalts zulässig war (Meyer-Goßner, § 464a Rn. 9, m.w.N.). Die Verteidigung muss nicht „notwendig" i.S.v. § 140 Abs. 2 StPO gewesen sein (s. auch Teil A: Kostenfestsetzung und Erstattung in Strafsachen, Rn. 862 ff. m.w.N.).

18   •   Erstattet werden grds. nur die **gesetzlichen Gebühren**. Bei den Betragsrahmengebühren wird die **Angemessenheit** der vom Rechtsanwalt im Rahmen des § 14 getroffenen Bestimmung der Höhe der Gebühr vom Gericht im Kostenfestsetzungsverfahren geprüft. Die Gebühr wird heruntergesetzt, wenn sie unbillig hoch ist. Das wird von den Gerichten angenommen, wenn sie die angemessene Gebühr um mehr als 20 % übersteigt (vgl. u.a. aus der Rspr. der OLG KG, StV 2006, 198 = AGS 2006, 73; OLG Hamm, StraFo 2007, 218 = Rpfleger 2007, 426 = JurBüro 2007, 309; OLG Jena, AnwBl. 2008, 151 = RVGreport 2008, 56; OLG Köln, AGS 2008, 32 = RVGprofessionell 2008, 12 = RVGreport 2008, 5; inzidenter OLG Stuttgart, AGS 2010, 292 = RVGreport 2010, 263 = VRR 2010, 319; wegen weiterer Nachw. aus der Rspr. der LG s. im Übrigen Teil A: Rahmengebühren [§ 14], Rn. 1045 ff.).

> **Hinweis:**
> Hat der Beschuldigte mit seinem Verteidiger eine **Vergütungsvereinbarung** getroffen, entsteht die Erstattungspflicht grds. nur **bis** zur **Höhe** der **gesetzlichen Vergütung** (OLG Düsseldorf, MDR 1986, 167; Meyer-Goßner, § 464a Rn. 11 m.w.N. aus der Rspr.). Auch bei besonderem Umfang oder bei besonderer Schwierigkeit wurde davon in der Vergangenheit keine Ausnahme gemacht (Meyer-Goßner, § 464a Rn. 11, m.w.N. auch aus der Rspr. des BVerfG). Nach Einführung des § 42, der dem Wahlanwalt die Möglichkeit gibt, sich in „besonders schwierigen" und „besonders umfangreichen" Verfahren eine Pauschgebühr feststellen zu lassen, kann daran allerdings nicht mehr festgehalten werden. In den genannten Verfahren sind daher vielmehr auch höhere anwaltliche Vergütungen als die (einfache) Wahlverteidigerhöchstgebühr erstattungsfähig, und zwar **bis** zum **Doppelten** (arg. e § 42; zu den Voraussetzungen des § 42 s. die dortige Komm.).

19   Die Kosten **mehrerer Verteidiger** werden grds. nicht erstattet (vgl. u.a. BVerfG, NJW 2004, 3319 m.w.N.; OLG Hamm, RVGprofessionell 2009, 112; LG Kassel, AGS 2008, 579 = NZV 2008, 420 = zfs 2008, 584 für Bußgeldverfahren; Meyer-Goßner, § 464a Rn. 13 m.w.N.; Burhoff, EV, Rn. 1293a; zu einer Ausnahme s. OLG Düsseldorf, StV 2006, 32; eingehend Teil A: Kosten-

festsetzung und Erstattung in Strafsachen, Rn. 889 ff.). Bei der Beauftragung eines **auswärtigen Verteidigers** wurden die dadurch entstandenen Mehrkosten, z.B. Reisekosten, Tage- und Abwesenheitsgelder nach den Nrn. 7003 ff. VV, bislang häufig nur insoweit erstattet, als durch die Beauftragung des auswärtigen Rechtsanwalts für den Beschuldigten oder sonstigen Verfahrensbeteiligten Aufwendungen der Partei, die nach § 464a Abs. 2 Nr. 1 StPO erstattungsfähig gewesen wären, vermieden worden sind (vgl. zu allem wegen der Einzelh. Meyer-Goßner, § 464a Rn. 12 m.w.N. und Teil A: Kostenfestsetzung und Erstattung in Strafsachen, Rn. 873 ff.). Auch an der Stelle müsste die Rechtsprechung umdenken. Denn nach der Neufassung des § 142 Abs. 1 StPO (Wegfall des Merkmals der Ortsansässigkeit als Auswahlkriterium beim Pflichtverteidiger) darf aus Gleichbehandlungsgründen auch beim Wahlanwalt nicht (mehr) darauf abgestellt werden, dass dieser ggf. nicht ortsansässig war (vgl. dazu OLG Nürnberg, zfs 2011, 220 = StRR 2011, 203; AG Witten, AGS 2010, 326 = RVGreport 2010, 234 = VRR 2010, 280 = StRR 2010, 360; a.A. – ohne nähere Begründung – LG Bochum, StRR 2010, 117).

3. Rechtsanwalt als Vertreter in eigener Sache

Ein Rechtsanwalt, der sich **selbst verteidigt**, kann gegen sich selbst keinen Gebührenanspruch haben. Er ist in dem Verfahren auch nicht Verteidiger (BVerfG, MDR 1988, 552; a.A. OLG Frankfurt am Main, NJW 1973, 1991). Das hat zur Folge, dass dem Rechtsanwalt im Fall des Freispruchs nach herrschender Meinung auch **kein Gebührenerstattungsanspruch** gegen die Staatskasse zusteht (Meyer-Goßner, § 464a Rn. 14 m.w.N. auch zur a.A. zuletzt BGH, NJW 2011, 232 = AGS 2011, 49 = RVGreport 2011, 80; LG Berlin, NJW 2007, 1477; LG Düsseldorf, StRR 2009, 439 = VRR 2010, 79 und Teil A: Kostenfestsetzung und Erstattung in Strafsachen, Rn. 896). **20**

Etwas anderes gilt, wenn der Rechtsanwalt **Privat-** oder **Nebenkläger** ist und er sich selbst vertritt. Dann gilt § 464a Abs. 2 Nr. 2 StPO i.V.m. § 91 Abs. 2 Satz 4 ZPO. Der Rechtsanwalt kann dann die Gebühren und Auslagen eines beauftragten Rechtsanwalts verlangen (OLG Hamm, Rpfleger 1999, 565 m.w.N.; Meyer-Goßner, § 464a Rn. 14; s. auch Teil A: Kostenfestsetzung und Erstattung in Strafsachen, Rn. 898). **21**

B. Kommentierung

I. Persönlicher Geltungsbereich (Abs. 1)

1. Allgemeines

Das RVG unterscheidet – anders als früher die BRAGO – nicht, in welcher Funktion der Rechtsanwalt tätig geworden ist. Die für den (Wahl-)**Verteidiger** vorgesehenen vergütungsrechtlichen Regelungen werden für die Tätigkeit des Rechtsanwalts als **Beistand** oder **Vertreter** eines Privatklägers, eines Nebenklägers, eines Einziehungs- oder Nebenbeteiligten, eines Verletzten, eines Zeugen oder Sachverständigen und im Verfahren nach dem Strafrechtlichen Rehabilitierungsgesetz jeweils entsprechend angewendet (s.o. Rn. 3; Burhoff, RVGreport 2011, 85). **22**

Vorbemerkung 4 *Tätigkeiten in Strafsachen*

> **Hinweis:**
>
> Die Vorschriften gelten auch **entsprechend**, wenn dem Verletzten oder dem Zeugen, dem Privatkläger, dem Nebenkläger oder dem Antragsteller im sog. Klageerzwingungsverfahren (§ 172 StPO) im Rahmen der **PKH** ein Rechtsanwalt **beigeordnet** worden ist.

2. Tätigkeit als Zeugenbeistand

23 Nach Vorbem. 4 Abs. 1 VV erhält der Rechtsanwalt auch im Strafverfahren als **Beistand** für einen **Zeugen** oder **Sachverständigen** die gleichen Gebühren wie ein Verteidiger. Damit ist die für bürgerlich-rechtliche Streitigkeiten und für Streitigkeiten vor Gerichten der öffentlich-rechtlichen Gerichtsbarkeit in Vorbem. 3 Abs. 1 VV enthaltene Regelung für das Strafverfahren übernommen worden. Erstmals ist damit im Strafverfahren die früher streitige Frage der Vergütung des Rechtsanwalts für seine Tätigkeit als Beistand für einen Zeugen oder Sachverständigen gesetzlich geregelt worden (zum alten Rechtsstand s. Gebauer/Schneider, BRAGO, vor §§ 83 bis 103 Rn. 18 m.w.N.).

24 Vorbem. 4 Abs. 1 VV spricht vom „Beistand für einen Zeugen oder **Sachverständigen**". Die Gebühren nach Teil 4 VV stehen damit jedem Rechtsanwalt zu, der für einen Zeugen oder Sachverständigen als sog. Zeugenbeistand tätig wird und **nicht** etwa **nur** dem nach **§ 68b StPO** beigeordneten Vernehmungsbeistand (zum allgemeinen Zeugenbeistand nach § 68b Abs. 1 StPO Burhoff, EV, Rn. 2063 ff. und Burhoff, HV, Rn. 1175 ff.; zum sog. Vernehmungsbeistand nach § 68b Abs. 2 StPO Burhoff, EV, Rn. 1841 ff. und Burhoff, HV, Rn. 1079a). Das RVG sieht diese **Gleichstellung** des Beistands mit dem Verteidiger deshalb als **sachgerecht** an, weil die Gebührenrahmen ausreichenden Spielraum bieten, dem konkreten Arbeitsaufwand des Rechtsanwalts Rechnung zu tragen (vgl. dazu BT-Drucks. 15/1971, S. 220). Bei der Bestimmung der konkreten Gebühr für seine Tätigkeit als Beistand für einen Zeugen oder Sachverständigen muss sich der Rechtsanwalt also an dem üblichen Aufwand eines Verteidigers in einem durchschnittlichen Verfahren messen lassen (vgl. dazu Rn. 42 ff., 63 ff.).

> **Hinweis:**
>
> In der Praxis ist höchst **streitig**, ob der Zeugenbeistand nach Teil 4 **Abschnitt 1 VV** abrechnet oder ob seine Tätigkeit eine „Einzeltätigkeit" i.S.v. Teil 4 **Abschnitt 3 VV** darstellt und die Abrechnung damit nach Teil 4 Abschnitt 3 VV zu erfolgen hat. Die damit zusammenhängenden Fragen sind dargestellt bei Vorbem. 4.1 VV Rn. 5 ff. m.w.N. aus der Rspr. (vgl. auch noch Burhoff, RVGreport 2011, 85).

II. Anwendung im strafrechtlichen Rehabilitierungsverfahren (Abs. 1)

25 Nach Vorbem. 4 Abs. 1 VV findet auf die Tätigkeiten des Rechtsanwalts im Verfahren nach dem StrRehaG **Teil 4 VV entsprechende Anwendung** (s. auch die Rn. 27 ff. und die Komm. zu Nrn. 4112, 4124 VV). Nach Auffassung des KG (RVGreport 2011, 98 = NStZ-RR 2011, 159 = JurBüro 2011, 136 [LS]) rechnet auch der gerichtlich zur Vertretung des Betroffenen im Rehabilitierungsverfahren zugelassene **Rentenberater** (§ 7 Abs. 4 StrRehaG) nach dem RVG ab, und zwar auch dann, wenn das Rechtsdienstleistungsgesetz und das Einführungsgesetz hierzu zum Zeitpunkt seiner Beauftragung noch nicht galten.

Tätigkeiten in Strafsachen *Vorbemerkung 4*

> **Hinweis:**
> Die frühere Regelung in § 96c BRAGO ist nach **Nr. 4146 VV** übernommen worden (vgl. wegen der Einzelh. s. die Komm. bei Nr. 4146 VV).

1. Verfahren nach dem strafrechtlichen Rehabilitierungsgesetz

Das **Verfahren** nach Abschnitt 2 StrRehaG wird durch einen Antrag eingeleitet, über den das zuständige LG zu entscheiden hat. Der Sachverhalt wird von Amts wegen ermittelt. Das LG entscheidet durch Beschluss (§ 12 StrRehaG), und zwar meist ohne mündliche Verhandlung/Erörterung. Das Gericht kann allerdings gem. § 11 Abs. 3 StrRehaG eine mündliche Verhandlung anordnen, wenn es dies zur Aufklärung des Sachverhalts oder aus anderen Gründen für erforderlich hält. Gegen die abschließende Entscheidung kann nach § 13 StrRehaG Beschwerde eingelegt werden, über die das OLG entscheidet. Eine weitere Beschwerde gegen die Entscheidung des OLG ist nicht vorgesehen. **26**

2. Entsprechende Anwendung des RVG auf das Verfahren nach dem strafrechtlichen Rehabilitierungsgesetz

Für die **entsprechende Anwendung** des RVG auf das Verfahren nach Abschnitt 2 StrRehaG gilt: **27**

- Welchen **Beteiligten** im Verfahren nach dem StrRehaG der Rechtsanwalt **vertritt**, ist **unerheblich**. Das kann z.B. sowohl der unmittelbar Betroffene sein (§ 7 Abs. 1 Nr. 1 StrRehaG) als auch der gesetzliche Vertreter oder einer der in § 7 Abs. 1 Nr. 2 StrRehaG genannten Angehörigen.
- Der Rechtsanwalt erhält für die **erstmalige Einarbeitung** eine **Grundgebühr** nach Nr. 4100 VV (vgl. wegen der allgemeinen Einzelh. die Komm. bei Nr. 4100 VV).
- Die **Vorbereitung** des Antrags, mit dem das gerichtliche Verfahren eingeleitet wird, wird mit einer Verfahrensgebühr nach Nr. 4104 VV honoriert.
- Das **gerichtliche Verfahren** beginnt gem. § 8 StrRehaG mit der Antragstellung. In diesem Verfahrensabschnitt erhält der Rechtsanwalt eine Verfahrensgebühr nach Nr. 4112 VV (wegen der allgemeinen Einzelh. s. Rn. 31 ff. und Nr. 4112 VV). **28**
- Findet nach § 11 Abs. 3 StrRehaG eine **mündliche Erörterung** statt, an der der Rechtsanwalt teilnimmt, erhält er eine Terminsgebühr (wegen der allgemeinen Einzelh. s. Rn. 56 ff. und Nr. 4114 VV).
- Für diese Gebühren gelten die **allgemeinen Regeln**. Befindet sich der Mandant also z.B. in Haft, erhält der Rechtsanwalt die Gebühren mit Zuschlag (wegen des Zuschlags s. Rn. 83 ff.).
- Erhält der Rechtsanwalt den Auftrag, in demselben Verfahren **mehrere Rehabilitierungsanträge** gegen mehrere Verurteilungen einzureichen, erhält er die Gebühren nach § 15 Abs. 2 Satz 1 nur einmal (vgl. KG, 23.03.2011 – 2 Ws 83/11 REHA, JurionRS 2011, 18155; OLG Brandenburg, JurBüro 1995, 418; OLG Naumburg, JurBüro 1994, 157). Etwas anderes gilt, wenn die Verfahren selbständig geführt werden (KG, a.a.O.) Vertritt der Rechtsanwalt **mehrere Beteiligte**, erhöht sich die Gebühr gem. Nr. 1008 VV, soweit der Gegenstand der Vertretung derselbe ist (wegen der Einzelh. s. Teil A: Mehrere Auftraggeber [§ 7, Nr. 1008 VV], Rn. 956 ff.). Das ist nur der Fall, wenn sich die mehreren Beteiligten gemeinschaftlich gegen dieselbe Entscheidung richten (a.A. OLG Naumburg, JurBüro 1994, 157; zur ähnlichen Prob- **29**

lematik bei der Vertretung von mehreren Zeugen durch einen Zeugenbeistand s. Vorbem. 4.1 Rn. 13 und Teil A: Mehrere Auftraggeber [§ 7, Nr. 1008 VV], Rn. 985 und 991 m.w.N.).

- Im **Beschwerdeverfahren** erhält der Rechtsanwalt ggf. die Gebühren nach den Nrn. 4124, 4126 VV (vgl. wegen der Einzelh. die Komm. bei Nrn. 4124, 4126 VV).

30 Für die (konkrete) **Gebührenbemessung** im Verfahren nach dem StrRehaG gilt im Hinblick auf **§ 14 Abs. 1**: Bei der **Bedeutung** der **Angelegenheit** ist insbesondere zu berücksichtigen, dass die beantragte Entscheidung Präjudiz für eventuelle Ersatzansprüche nach den §§ 16 ff. StrRehaG ist, die selbst wiederum von der Dauer der Haft abhängig sind. Hansens (BRAGO, § 96b Rn. 10) geht von einer durchschnittlichen **Haftdauer** von zwei Jahren aus, bei der der Ansatz der Mittelgebühr gerechtfertigt ist. Eine Überschreitung dieser Haftzeit rechtfertigt also das Überschreiten der Mittelgebühr. **Ohne Belang** für die Gebührenhöhe ist die **(allgemeine) Schwierigkeit** des strafrechtlichen Rehabilitierungsverfahrens. Diese ist bereits damit berücksichtigt, dass das Verfahren beim LG stattfindet und der Rechtsanwalt damit schon die erhöhten Gebühren der Nr. 4112 VV erhält (vgl. zur ähnlichen Problematik bei der Einordnung von Schwurgerichts-/Wirtschaftsstrafverfahren als „besonders schwierig" bei der Gewährung einer Pauschgebühr OLG Hamm, JurBüro 2006, 255 [LS]; NJW 2006, 74 = JurBüro 2006, 137; NJW 2007, 857 = StraFo 2007, 128). Ist das Verfahren allerdings besonders schwierig, hat das Auswirkungen auf die Gebührenhöhe.

> **Hinweis:**
> Im Übrigen gelten die **allgemeinen Regeln** der **Gebührenbemessung** (vgl. dazu Teil A: Rahmengebühren [§ 14], Rn. 1045 ff.). Also ist auch beim Verfahren nach dem StrRehaG insbesondere der **(zeitliche) Umfang** der anwaltlichen Tätigkeit von Bedeutung.

III. Verfahrensgebühr (Abs. 2)

1. Allgemeines

31 Vorbem. 4 Abs. 2 VV regelt **allgemein** den **Abgeltungsbereich** der Verfahrensgebühr (dazu Burhoff, RVGreport 2009, 443). Diese erhält der Rechtsanwalt für das **Betreiben** des **Geschäfts einschließlich** der **Information** (wegen der Einzelh. s. unten Rn. 33 ff.). Diese Tätigkeiten des Rechtsanwalts wurden in der BRAGO durch die sog. Hauptverhandlungsgebühr (§ 83 BRAGO) (mit-)erfasst. Die Einführung der (besonderen) Verfahrensgebühr durch das RVG ermöglicht – ebenso wie die Einführung der Grundgebühr Nr. 4100 VV (vgl. dazu die Komm. zu Nr. 4100 VV, Rn. 1 ff.) –, den Umfang der verschiedenen Tätigkeiten des Rechtsanwalts besser als nach den Möglichkeiten der BRAGO aufwandsbezogen zu berücksichtigen.

> **Hinweis:**
> Die in Teil 4 Abs. 2 VV enthaltene Definition der Verfahrensgebühr gilt für alle Verfahrensgebühren, die der Rechtsanwalt im Strafverfahren nach Teil 4 VV verdienen kann. Das sind die Verfahrensgebühren:
> - im **vorbereitenden** Verfahren (Nr. 4104 VV),
> - im **gerichtlichen** Verfahren nach Unterabschnitt 3,
> - im **Wiederaufnahmeverfahren** (nach Unterabschnitt 4 in den Nrn. 4136 ff. VV),

Tätigkeiten in Strafsachen *Vorbemerkung 4*

- die „**Zusätzlichen**" Gebühren aus Unterabschnitt 5 (Nrn. 4142 ff. VV),
- in Teil 4 Abschnitt 2 VV „**Strafvollstreckung**" und
- die aus Teil 4 Abschnitt 3 VV „**Einzeltätigkeiten**".

Die Verfahrensgebühren aus Teil 4 Abschnitt 1 Unterabschnitt 3 VV sind im **gerichtlichen Verfahren** des ersten Rechtszugs hinsichtlich der Höhe der Verfahrensgebühr von der **Ordnung des Gerichts**, bei dem der Rechtsanwalt tätig wird, abhängig. Damit wird die Schwierigkeit und Bedeutung des jeweiligen Verfahrens bei der Bemessung der anwaltlichen Gebühren weiterhin berücksichtigt (s. auch unten Rn. 41 ff. und die Komm. bei Nr. 4106 ff. VV). 32

> **Hinweis:**
> Die **übrigen** Verfahrensgebühren sind **nicht** von der Ordnung des Gerichts abhängig.

2. Abgeltungsbereich

a) Allgemeines

Der Rechtsanwalt erhält die Verfahrensgebühr „für das **Betreiben** des **Geschäfts** einschließlich der Information". Diese Formulierung entspricht teilweise der in § 118 Abs. 1 Nr. 1 BRAGO zur früheren Geschäftsgebühr. 33

Durch eine Verfahrensgebühr, die sowohl im vorbereitenden Verfahren (vgl. Nr. 4104 VV) als auch im gerichtlichen Verfahren und dort für jeden Verfahrensabschnitt entstehen kann, ist die **gesamte Tätigkeit** des Rechtsanwalts im **jeweiligen Verfahrensabschnitt** und jeweiligen Rechtszug **abgegolten**, soweit hierfür keine besonderen Gebühren vorgesehen sind (OLG Hamm, RVGreport 2009, 149 = StRR 2009, 39; AnwKomm-RVG/N. Schneider, VV Vorb. 4 Rn. 21; BT-Drucks. 15/1971, S. 220; s. dazu Rn. 38 f. und bei den jeweiligen Verfahrensgebühren). 34

> **Hinweis:**
> Diese Tätigkeiten müssen sich **nicht** aus den **Verfahrensakten ergeben**. Eine Verfahrensgebühr entsteht nicht nur für Tätigkeiten gegenüber dem Gericht (für die Verfahrensgebühr Nr. 4142 VV KG, JurBüro 2005, 531 = RVGreport 2005, 390 = Rpfleger 2005, 698; OLG Dresden, 08.11.2006 – 3 Ws 80/06, www.burhoff.de; OLG Düsseldorf, StRR 2011, 78; OLG Karlsruhe, StraFo 2007, 438 = AGS 2008, 30 = StV 2008, 373; OLG Oldenburg, NJW 2010, 884 = AGS 2010, 128 = RVGreport 2010, 303 = StRR 2010, 356; OLG Koblenz, StV 2008, 372; LG Essen, AGS 2006, 501 = RVGreport 2007, 465; LG Chemnitz, 25.09.2006 – 2 Qs 59/06, www.burhoff.de).

Fraglich ist, ob, wie N. Schneider (AnwKomm-RVG, VV Vorb. 4 Rn. 22) meint, eine Verfahrensgebühr als **Betriebsgebühr immer** entstehen muss, wenn der Rechtsanwalt als Verteidiger tätig wird. Die Antwort hängt insbesondere davon ab, wie man die Grundgebühr Nr. 4100 VV versteht und wie man die Abgeltungsbereiche der Grundgebühr und der Verfahrensgebühr gegeneinander abgrenzt. 35

> *Beispiel:* 36
> *Der Mandant M ruft bei dem Rechtsanwalt R an und teilt ihm mit, er sei beim Fahren ohne Fahrerlaubnis erwischt worden. Er sei jetzt zur Vernehmung geladen worden. R soll ihn verteidigen. R erklärt dem M,*

Vorbemerkung 4 *Tätigkeiten in Strafsachen*

dass er zunächst Akteneinsicht beantragen wolle/müsse. Er werde sich wieder bei M melden, wenn er Akteneinsicht genommen habe. M solle bitte einen Vorschuss von 500,00 € zahlen. Am nächsten Tag meldet sich M erneut und teilt dem R mit, das sei ihm zu teuer. Welche Gebühren kann R abrechnen?

Geht man bei der **Abrechnung** davon aus, dass die Grundgebühr Nr. 4100 VV eine sog. Grundlagengebühr ist und zugleich, unabhängig vom Umfang der vom Verteidiger erbrachten Tätigkeiten, immer auch die jeweilige Verfahrensgebühr als sog. Betriebsgebühr entsteht, kann R Grundgebühr Nr. 4100 VV und Verfahrensgebühr Nr. 4104 VV abrechnen.

Geht man hingegen davon aus, dass die (jeweilige) Verfahrensgebühr erst entsteht, wenn der Abgeltungsbereich der Grundgebühr Nr. 4100 VV überschritten ist, dann ist die Verfahrensgebühr Nr. 4104 VV noch nicht entstanden. Denn R hatte Akteneinsicht noch nicht genommen. Die erste Akteneinsicht gehört zum Abgeltungsbereich der Grundgebühr (vgl. Nr. 4100 VV Rn. 20 ff.).

Die Gesetzesbegründung spricht für letztere Ansicht (vgl. dazu BT-Drucks. 15/1971, S. 2229), da sie der Grundgebühr einen eigenen Abgeltungsbereich (vgl. dazu Nr. 4100 VV Rn. 20 ff.) zuordnet. Eine Verfahrensgebühr kann daher erst dann entstehen, wenn dieser Abgeltungsbereich der Grundgebühr Nr. 4100 VV überschritten ist (KG, RVGreport 2009, 186 = StRR 2009, 239 = RVGprofessionell 2009, 138; a.A. AG Tiergarten, AGS 2009, 322 = RVGreport 2009, 385 = StRR 2009, 237; zum Abgeltungsbereich auch OLG Köln, AGS 2007, 451 = RVGreport 2007, 425 = StRR 2007, 360).

37 **Hinweis:**

Unzutreffend ist allerdings die Auffassung in der Rechtsprechung, die davon ausgeht, es entstehe nur eine Terminsgebühr und **keine Verfahrensgebühr**, wenn der Rechtsanwalt **erst im Hauptverhandlungstermin** zum Verteidiger bestellt und am Ende des einzigen Hauptverhandlungstermins Rechtsmittelverzicht erklärt wird (so OLG Koblenz, AGS 2005, 158 = JurBüro 2005, 199; AG Koblenz, RVGreport 2004, 469 = AGS 2004, 448 für die Beiordnung in der Hauptverhandlung im **Strafbefehlsverfahren**; zutreffend a.A. AG Eckernförde, 31.07.2007 – 5 Ls. jug 567 Js 26487/05 JUG [43/05], www.burhoff.de; s. auch Nr. 4100 VV Rn. 17 zum Entstehen der Grundgebühr). Ob in den Fällen allerdings, wie N. Schneider (jew. in den abl. Anm. zu OLG Koblenz, AGS 2005, 158 = JurBüro 2005, 199 und AG Koblenz, RVGreport 2004, 469 = AGS 2004, 448) und Hansens (in der abl. Anm. zu AG Koblenz, RVGreport 2004, 469) meinen, dass als gesetzliche Gebühr die Grundgebühr Nr. 4100 VV und die Verfahrensgebühr Nr. 4106 VV entstehen, nicht aber die Terminsgebühr Nr. 4108 VV, ist m.E. zweifelhaft (vgl. auch Meyer, JurBüro 2005, 186). Sie übersehen die Besonderheiten der Pflichtverteidigerbestellung im Strafbefehlsverfahren. Welche Gebühren entstehen, ist vom Umfang der Beiordnung des Rechtsanwalts als Pflichtverteidiger abhängig (vgl. dazu Burhoff; EV, Rn. 1547 m.w.N.). Der Verteidiger sollte daher im Strafbefehlsverfahren auch aus gebührenrechtlichen Gesichtspunkten **beantragen**, die **Beiordnung** als Pflichtverteidiger auf die Tätigkeit in der Hauptverhandlung **auszudehnen** (wegen der Einzelh. der Abrechnung im Strafbefehlsverfahren Teil A: Strafbefehlsverfahren, Abrechnung, Rn. 1265 ff.).

b) **Besondere Gebühren**

38 Eine **besondere Gebühr** ist die in Nr. 4100 VV enthaltene **Grundgebühr**, durch die „die erstmalige Einarbeitung in den Rechtsfall" abgegolten wird (vgl. dazu die Komm. zu Nr. 4100 VV Rn. 1 ff.). Die insoweit erbrachten Tätigkeiten werden von der jeweils (ggf. auch) anfallenden

Verfahrensgebühr nicht erfasst. Die erste Information des Rechtsanwalts wird daher von der Grundgebühr erfasst, alle weiteren Informationen hingegen schon von der jeweiligen Verfahrensgebühr (vgl. dazu auch Nr. 4100 Rn. 20 ff.; LG Düsseldorf, 26.07.2006 – XX-31/05, www.burhoff.de). Auch ein Antrag auf Pflichtverteidigerbestellung (vgl. Nr. 4100 VV Rn. 25) liegt bereits außerhalb des Abgeltungsbereichs der Grundgebühr, ebenso eine (ausführliche) Erörterung der Sach- und Rechtslage mit dem Mandanten (LG Braunschweig, StraFo 2010, 513 = RVGreport 2010, 422 = VRR 2010, 359 = StRR 2011, 39).

Von der Verfahrensgebühr auch **nicht erfasst** wird die (jeweilige) **Teilnahme an (gerichtlichen) Terminen**. Für diese sieht das RVG jeweils eine eigene Vorschrift im VV vor (vgl. z.B. Nrn. 4102, 4108, 4114, 4120 VV). Diese Terminsgebühren erhält der Rechtsanwalt für die „Teilnahme an gerichtlichen Terminen". Zum Abgeltungsbereich der jeweiligen Terminsgebühr und nicht zur Verfahrensgebühr gehört **auch** die damit zusammenhängende (konkrete) **Vorbereitung** und **Nachbereitung** dieses Termins (vgl. die Rspr.-Nachweise bei Rn. 60). Etwas anderes folgt nicht aus der Gesetzesbegründung. Zwar heißt es dort zur Verfahrensgebühr, dass der Rechtsanwalt diese im gerichtlichen Verfahren auch für die Vorbereitung der Hauptverhandlung erhält (s. BT-Drucks. 15/1971, S. 220). Das ist jedoch etwas anderes als die Vorbereitung des (Hauptverhandlungs-)Termins. Gemeint ist damit nur die allgemeine Vorbereitung der Hauptverhandlung, wie z.B. das Absprechen der allgemeinen Verteidigungsstrategie, die Frage, ob ggf. eigene Beweismittel in die Hauptverhandlung eingeführt werden müssen oder sollen usw. (s. dazu auch Rn. 40) oder auch umfangreiche Bemühungen im Rahmen der Vorbereitung einer Verständigung (§ 257c StPO)/Absprache, die zu einer Abkürzung der Hauptverhandlung führen.

39

> **Hinweis:**
>
> Es muss also bei der Bestimmung der i.S.d. § 14 angemessenen Verfahrensgebühr zwischen der **allgemeinen Vorbereitung** der ggf. aus mehreren Terminen bestehenden Hauptverhandlung und der **Vorbereitung** des **einzelnen** (Hauptverhandlungs-)**Termins** unterschieden werden (vgl. dazu auch OLG Jena, StV 2006, 204 = RVGreport 2006, 423 = JurBüro 2005, 470, für erhöhten Vorbereitungsaufwand für zusätzliche Fortsetzungstermine nach umfangreicher Beweisaufnahme; vgl. auch Rn. 60).

c) Katalog der erfassten Tätigkeiten

Folgende (**allgemeine**) **Tätigkeiten** werden von der jeweiligen Verfahrensgebühr erfasst, wobei der jeweilige Verfahrensabschnitt zu berücksichtigen ist (vgl. im Übrigen die Komm. bei den Verfahrensgebühren der Nrn. 4104, 4106, 4124, 4130 VV und AnwKomm-RVG/N. Schneider, VV Vorb. 4.1 Rn. 5 sowie Gerold/Schmidt/Burhoff, VV Vorb. 4 Rn. 12):

40

- sog. **Abwicklungstätigkeiten** (vgl. dazu [für das Zivilrecht] OLG Karlsruhe, AGS 2009, 19),
- (allgemeiner) **Schriftverkehr**,
- (weitere/nochmalige) **Akteneinsicht**,
- allgemeine **Beratung** des Mandanten, wie z.B. Erörterungen der Sach- und Rechtslage (LG Braunschweig, StraFo 2010, 513 = RVGreport 2010, 422 = VRR 2010, 359 = StRR 2011, 39),
- **Anhörungsrüge** (§ 356a StPO; vgl. Teil A: Rechtszug [§ 19], Rn. 109 ff.),

Vorbemerkung 4 *Tätigkeiten in Strafsachen*

- **Anträge** auf **gerichtliche Entscheidung** im Zusammenhang mit Akteneinsicht von Dritten und Verletzten (vgl. dazu Burhoff EV, Rn. 205),
- ggf. Beratung über die Erfolgsaussicht eines Rechtsmittels (s. dazu auch Teil A: Beratung über Erfolgsaussicht eines Rechtsmittels [Nrn. 2102 f.], Rn. 261, und Teil A: Rechtszug [§ 19], Rn. 1198 sowie Vorbem. 4.1 VV Rn. 29 ff.),
- **Berichtigungsanträge**, z.B. für Urteil oder **Protokoll**,
- **Besuche** des **inhaftierten** Mandanten in der JVA,
- **Beschaffung** von **Informationen** über Nr. 4100 VV hinaus,
- **Beschwerdeverfahren** mit Ausnahme der in Vorbem. 4 Abs. 5 VV erwähnten Verfahren (eine der Nr. 3500 VV vergleichbare Vorschrift fehlt; vgl. BGH, NJW 2009, 2682 = MDR 2009, 1193 = StRR 2009, 385; OLG Düsseldorf, AGS 2011, 70 = RVGreport 2011, 22 = StRR 2011, 38 = RVGprofessionell 2001, 53; OLG Hamm, RVGreport 2009, 149 = StRR 2009, 39; AG Hof, JurBüro 2011, 253 = AGS 2011, 68 = RVGreport 2011, 262 = VRR 2011, 160; AG Sinzig, JurBüro 2008, 249; s. auch Teil A: Beschwerdeverfahren, Abrechnung, Rn. 371),
- **Besprechungen** mit Verfahrensbeteiligten, wie z.B. Mandant, Gericht und Staatsanwaltschaft,
- Tätigkeit im Hinblick auf **Dienstaufsichtsbeschwerden** (AG Bielefeld, AGS 2006, 439 = VRR 2006, 358 m. zust. Anm. Schneider, AGS 2006, 440; so auch schon LG Köln, JurBüro 2001, 195 m. Anm. Enders),
- **eigene Ermittlungen** des Rechtsanwalts, wie z.B. die Ermittlung von Zeugen (OLG Köln, RVGreport 2009, 136),
- **Einlegung** eines **Rechtsmittels** (§ 19 Abs. 1 Nr. 10),
- **Ergänzungsanträge** für **Urteil** oder Protokoll,
- **Erinnerungen**, mit Ausnahme der in Vorbem. 4 Abs. 5 VV erwähnten Verfahren (vgl. dazu Rn. 93 f.),
- (ausführliche) **Erörterungen** der **Sach** - und **Rechtslage** mit dem Mandanten (LG Braunschweig, StraFo 2010, 513 = RVGreport 2010, 422 = VRR 2010, 359 = StRR 2011, 39),
- **Erörterungen** des **Standes** des **Verfahrens** nach den §§ 160b, 202a, 212 StPO zur Vorbereitung einer Verständigung nach § 257c StPO (vgl. Teil A: Verständigung im Straf- und Bußgeldverfahren, Abrechnung, Rn. 1585),
- Tätigkeiten im Hinblick auf **Entziehung** der Fahrerlaubnis oder auf ein **Fahrverbot** (so auch AnwKomm-RVG/N. Schneider, VV 4142 Rn. 15; Gerold/Schmidt/Burhoff, VV 4142 Rn. 9; OLG Koblenz, RVGreport 2006, 192 = AGS 2006, 236),
- **Information** des Rechtsanwalts durch den Mandanten über Nr. 4100 VV hinaus,
- Anfechtung von **Kostenentscheidungen**,
- **Haftprüfungsanträge** und **Haftbeschwerden** (zu letzterem Teil A: Beschwerden, Abrechnung, Rn. 371),
- **Kostenfestsetzungsanträge** (LG Koblenz, JurBüro 2010, 32); für Erinnerungen und Beschwerden gilt allerdings Vorbem. 4 Abs. 5 VV (vgl. dazu Rn. 93 ff.),
- Tätigkeiten in Zusammenhang mit der **Nachholung** des **rechtlichen Gehörs** (§ 33a StPO),

Tätigkeiten in Strafsachen   *Vorbemerkung 4*

- **Pflichtverteidigerbestellung** bzw. der entsprechende **Beiordnungsantrag**, mit dem der Abgeltungsbereich der Grundgebühr Nr. 4100 überschritten ist,
- **Stellungnahmen** zu Rechtsmittel anderer Verfahrensbeteiligter,
- wenn man davon ausgeht, dass für die Tätigkeiten im **Entschädigungsverfahren** nach dem StrEG keine gesonderten Gebühren entstehen, die insoweit erbrachten Tätigkeiten (OLG Frankfurt am Main, AGS 2007, 619 = RVGreport 2007, 390 = NStZ-RR 2007, 223; OLG Köln, AGS 2009, 483 = NStZ-RR 2010, 64 (LS) = NStZ-RR 2010, 128 (LS); AG Koblenz, 26.10.2010 – 2060 Js 29642/09.25 Ls. [allerdings ggf. Erhöhung der Verfahrensgebühr]),
- Tätigkeiten im Hinblick auf **Einziehung** und verwandte Maßnahmen (Nr. 4142 VV), wenn der **Bagatellgrenzwert** von 25,00 € nicht überschritten ist (im Übrigen: Nr. 4142 VV),
- Tätigkeiten im Hinblick auf Maßnahmen, bei denen die Nr. 4142 VV nicht eingreift, wie z.B. bei der sog. **Rückgewinnungshilfe** (vgl. dazu Nr. 4142 VV Rn. 7; vgl. zur Problematik der Abrechnung der Tätigkeiten in Zusammenhang mit einem Antrag nach § 111f Abs. 5 StPO für den Verfahrensbevollmächtigten des Antragstellers Burhoff, RVGreport 2010, 441),
- Tätigkeiten im Rahmen einer beabsichtigten **Einstellung** des Verfahrens, z.B. allgemein nach § 153a StPO,
- (allgemeine) Tätigkeiten im Rahmen des **Täter-Opfer-Ausgleichs** (§§ 153a Abs. 1 Nr. 5, 155a, 155b StPO),
- Tätigkeiten im Hinblick auf **Fahrerlaubnis** und/oder **Fahrverbot** (vgl. dazu Nr. 4142 VV Rn. 8, 42),
- **Teilnahme** an **Durchsuchungsmaßnahmen**,
- (außergerichtliche) Termine, wie z.B. Erörterungstermine nach den §§ 160b, 202a, 212 StPO,
- **Überprüfung** von Kostenrechnung und Kostenansätzen (LG Koblenz, JurBüro 2010, 32),
- **Verbindungsanträge**, mit denen der Abgeltungsbereich der Grundgebühr Nr. 4100 überschritten ist,
- (allgemeine) **Vorbereitung** von **Haftprüfungsterminen**,
- **Vorbereitung** von **Sühneterminen** nach § 380 StPO,
- Vorbereitung von **Vernehmungsterminen**,
- (allgemeine) **Vorbereitung** der **Hauptverhandlung** (vgl. oben Rn. 40),
- (Vor-)Gespräche mit **Sachverständigen**,
- **Wiedereinsetzungsanträge** und die damit ggf. zusammenhängenden Beschwerdeverfahren (AG Sinzig, JurBüro 2008, 249).

3. Höhe der Verfahrensgebühr

a) Bemessung der Verfahrensgebühr

Für die Verfahrensgebühr des Wahlanwalts stehen ggf. unterschiedliche Gebührenrahmen zur Verfügung, aus denen der **Wahlverteidiger** unter Anwendung der Kriterien des § 14 die jeweils angemessene Gebühr bestimmt. Der Pflichtverteidiger erhält **Festbetragsgebühren**, und zwar 80 % der einem Wahlanwalt zustehenden sog. Mittelgebühr. Der Betragsrahmen der gerichtli-   **41**

Vorbemerkung 4   *Tätigkeiten in Strafsachen*

chen Verfahrensgebühr richtet sich beim Wahlanwalt jeweils nach der Zuständigkeit des jeweiligen Gerichts. Für das Vorverfahren gibt es allerdings nur eine einheitliche Verfahrensgebühr in Nr. 4104 VV (zur Frage, ob die Gerichtszuständigkeit ggf. bei der Bemessung der Gebühr zu berücksichtigen ist, s. Nr. 4104 VV Rn. 20). Der Betragsrahmen erhöht sich ggf. nach Nr. 1008 VV, wenn der Rechtsanwalt mehrere Auftraggeber vertritt, wie z.B. mehrere Nebenkläger oder als Zeugenbeistand mehrere Zeugen (OLG Koblenz, StraFo 2005, 526 = AGS 2005, 504 = JurBüro 2005, 589; wegen der Einzelh. s. Vorbem. 4.1 Rn. 13; Teil A: Mehrere Auftraggeber [§ 7, Nr. 1008], Rn. 985 und 991 m.w.N.).

> *Beispiel:*
>
> *Rechtsanwalt R vertritt im gerichtlichen Verfahren beim AG zwei Nebenkläger. Die Verfahrensgebühr nach Nr. 4106 VV erhöht sich um 0,3 (vgl. auch Teil A: Mehrere Auftraggeber [§ 7, Nr. 1008], Rn. 956 ff.).*

42 Bei der **konkreten Bemessung** der Verfahrensgebühr ist von der Mittelgebühr auszugehen (vgl. KG, StV 2006, 198 = AGS 2006, 73 = RVGreport 2007, 181 [für die Terminsgebühr]; OLG Hamm, StraFo 2007, 218 = Rpfleger 2007, 426 = JurBüro 2007, 309; LG Bochum, 15.10.2009 – 3 Qs 230/09, insoweit nicht in StRR 2010, 117; LG Zweibrücken, RVGreport 2010, 377 = VRR 2010, 360; AG Lüdinghausen, RVGreport 2006, 183; AG Trier, RVGreport 2005, 271 [für die Terminsgebühr]). Auf der Basis sind dann alle erbrachten Tätigkeiten zu berücksichtigen. Dazu gehören insbesondere auch die Tätigkeiten zur **allgemeinen Vorbereitung** der **Hauptverhandlung**, wie z.B. das intensive Bemühen um eine **Verständigung** (§ 257c StPO)/Absprache, die zu einer Abkürzung der Hauptverhandlung geführt hat (s.o. Rn. 40). Das kann z.B. zur Folge haben, dass diese Tätigkeiten zu einer deutlich über der Mittelgebühr liegenden Verfahrensgebühr für das gerichtliche Verfahren führen, demgegenüber aber wegen des geringeren Zeitaufwands in der Hauptverhandlung für die Terminsgebühr allenfalls nur die Mittelgebühr gerechtfertigt ist. Von Bedeutung sind auch die Anzahl der vom Rechtsanwalt ggf. geführten Gespräche, die Schwierigkeit der Beweisführung (AG Lüdinghausen, RVGreport 2006, 183). Der Umfang der Anklageschrift hat bei Strafrichteranklagen, die i.d.R. sehr kurz sind, keine Bedeutung (AG Lüdinghausen, a.a.O.).

43 Die Verfahrensgebühr kann ggf. mit **(Haft-)Zuschlag** entstehen. Voraussetzung ist, dass das RVG dies ausdrücklich vorsieht (allgemein zum [Haft-]Zuschlag s. Rn. 83 ff.). Tätigkeiten, die sich auf **Fahrverbot** oder die Entziehung der **Fahrerlaubnis** beziehen, lassen – anders als früher gem. § 88 Abs. 3 BRAGO – kein Überschreiten des Gebührenrahmens mehr zu, sondern müssen bei der Bestimmung der angemessenen Gebührenhöhe berücksichtigt werden und führen zu einer höheren konkreten Gebühr (vgl. Teil A: Rahmengebühren [§ 14], Rn. 1068 f. und Nr. 4142 Rn. 8).

> **Hinweis:**
>
> Bei der Bemessung der konkreten Gebühr muss sich der Rechtsanwalt von den Kriterien des § 14 Abs. 1 leiten lassen. Dabei kommt es vor allem auf den **Umfang** und die **Schwierigkeit** der anwaltlichen Tätigkeit, die **Bedeutung** der **Angelegenheit**, sowie auf die **Einkommens- und Vermögensverhältnisse** des Mandanten an (vgl. dazu Teil A: Rahmengebühren [§ 14], Rn. 1051 ff.). Reicht die Verfahrensgebühr danach wegen des besonderen Umfangs oder der besonderen Schwierigkeit des Verfahrens nicht aus, den Rechtsanwalt zumutbar zu entlohnen, kommt die Feststellung bzw. Gewährung einer Pauschgebühr nach §§ 42, 51 in Betracht (vgl. dazu die Komm. der §§ 42, 51).

Tätigkeiten in Strafsachen *Vorbemerkung 4*

b) Tabelle der Gebührenrahmen

Zuständigkeit des Gerichts	Gebührenrahmen/Festgebühr (ohne Zuschläge)		
	Wahlverteidiger		**Pflichtverteidiger**
	von	bis	
Vorbereitendes Verfahren	30,00 €	250,00 €	112,00 €
AG ([erw.] Schöffengericht, Jugendschöffengericht, Strafrichter, Jugendrichter)	30,00 €	250,00 €	112,00 €
LG (Große Strafkammer, ohne Schwurgericht und ohne Staatsschutz- und Wirtschaftsstrafkammer, Jugendkammer)	40,00 €	270,00 €	124,00 €
Schwurgericht, Staatsschutz- und Wirtschaftsstrafkammer, Jugendkammer, (soweit Schwurgerichtszuständigkeit) OLG	80,00 €	580,00 €	264,00 €

44

c) Verfahrensgebühr bei Verweisung/Zurückverweisung

Nach § 20 Satz 1 sind, soweit eine Sache an ein anderes Gericht verwiesen oder abgegeben wird, die Verfahren vor dem verweisenden oder abgebenden und vor dem übernehmenden Gericht ein Rechtszug (Teil A: Verweisung/Abgabe [§ 20], Rn. 1630 ff.; zu allem auch Burhoff, RVGreport 2009, 9). Die Gebühren entstehen also nur einmal. Zu § 83 **BRAGO** bestand **Streit**, welcher Gebührenrahmen für die Hauptverhandlungsgebühr anzuwenden war, wenn im Laufe des Verfahrens Gerichte verschiedener Ordnungen mit der (Straf-)Sache befasst waren (vgl. dazu AnwKomm-RVG/N. Schneider, § 20 Rn. 18 ff. m.w.N.). Der Streit hatte seinen Grund darin, dass die Hauptverhandlungsgebühr des § 83 BRAGO eine einheitliche Gebühr war, die für das gesamte gerichtliche Verfahren galt und die Tätigkeiten vor und in der Hauptverhandlung abdeckte. **45**

Dieser **Streit** hat sich hinsichtlich der Verfahrensgebühren des RVG **erledigt**, denn die jeweilige Verfahrensgebühr erfasst nur die Tätigkeiten außerhalb der **Hauptverhandlung** des jeweiligen Verfahrensabschnitts. Diese bilden eine Einheit. Der **Höhe** nach entsteht sie daher nach dem **Gebührenrahmen** des **höchsten** jeweils mit der Sache befassten **Gerichts** (LG Bad Kreuznach, RVGreport 2011, 226 = StRR 2011, 282; zur Verbindung s. Rn. 53 und die Komm. bei Nrn. 4104, 4106, 4112, 4118 VV). Für abgeschlossene Gebührentatbestände bleibt es bei einem ggf. geringeren Gebührenrahmen (OLG Hamburg, JurBüro 1990, 478 = Rpfleger 1999, 223; AnwKomm-RVG/N. Schneider, § 20 Rn. 19; vgl. auch Teil A: Verweisung/Abgabe [§ 20], Rn. 1630 ff.). **46**

Beispiel 1: Verweisung/Vorlage an ein höheres Gericht vor der Hauptverhandlung **47**

Das Verfahren wird vom Schöffengericht nach Anklageerhebung vor der Hauptverhandlung gem. § 225a Abs. 1 StPO der Strafkammer vorgelegt, die es übernimmt. Der Angeklagte wird von Rechtsanwalt R verteidigt.

Vorbemerkung 4 *Tätigkeiten in Strafsachen*

Rechtsanwalt R erhält

- die Verfahrensgebühr für das **vorbereitende Verfahren** nur einmal, und zwar aus dem zuständigkeitsunabhängigen Rahmen der Nr. 4104 VV.
- Für das anschließende **gerichtliche Verfahren** erhält er die gerichtliche Verfahrensgebühr aber nach Nr. 4112 VV.

48 **Beispiel 2: Verweisung/Vorlage an ein höheres Gericht in der Hauptverhandlung**

Das Verfahren wird vom Schöffengericht in der Hauptverhandlung gem. § 270 Abs. 1 StPO an die Strafkammer verwiesen. Der Angeklagte wird von Rechtsanwalt R verteidigt.

Rechtsanwalt R erhält

- die Verfahrensgebühr für das **vorbereitende Verfahren** nur einmal, und zwar wiederum aus dem zuständigkeitsunabhängigen Rahmen der Nr. 4104 VV.
- Für das anschließende **gerichtliche Verfahren** erhält er die gerichtliche Verfahrensgebühr nach Nr. 4112 VV (AnwKomm-RVG/N. Schneider, § 20 Rn. 23; zur Terminsgebühr s. unten Rn. 71 ff.).

49 **Beispiel 3: Eröffnung bei einem Gericht niederer Ordnung**

Das Verfahren wird vor der großen Strafkammer angeklagt. Diese eröffnet nach § 209 Abs. 1 StPO vor dem erweiterten Schöffengericht.

Rechtsanwalt R erhält

- für das **vorbereitende Verfahren** die Verfahrensgebühr nach Nr. 4104 VV. Bei deren Bemessung wird nicht berücksichtigt, dass sich das vorbereitende Verfahren auf ein „Strafkammerverfahren" bezogen hat (vgl. Nr. 4104 Rn. 20).
- Für das **gerichtliche Verfahren** erhält er, da bereits Anklage erhoben ist, die Verfahrensgebühr aus dem Rahmen des höheren Gerichts, also aus Nr. 4112 VV. Diese Gebühr ist bereits entstanden. Die Eröffnung beim Schöffengericht kann darauf nachträglich keinen Einfluss mehr haben (arg. e § 15 Abs. 4; s. auch LG Bad Kreuznach, RVGreport 2011, 226 = StRR 2011, 282). Im Rahmen des § 14 wird man aber den Umfang der jeweiligen Tätigkeit des Verteidigers bei den unterschiedlichen Gerichten berücksichtigen können.

50 Im Fall der **Zurückverweisung** gilt § 21 Abs. 1: Das weitere Verfahren vor dem Gericht, an das zurückverwiesen wird, ist ein neuer Rechtszug. Es entsteht also eine **(neue) gerichtliche Verfahrensgebühr** (Teil A: Zurückverweisung [§ 21], Rn. 1687 ff.; zu allem auch Burhoff, RVGreport 2009, 9).

d) Verfahrensgebühr bei Trennung

51 Wird ein einheitliches Verfahren in verschiedene Verfahren getrennt, so erhält der Rechtsanwalt ab der Trennung für jedes Verfahren **gesonderte Verfahrensgebühren.** Es liegen dann mehrere Angelegenheiten vor, die gebührenrechtlich eigenständig behandelt werden (KG, RVGreport 2007, 239 = StRR 2007, 4 [LS]; LG Itzehoe, AGS 2008, 233 = StraFo 2008, 92; AG Tiergarten, RVGreport 2010, 140 = AGS 2010, 220 = StRR 2010, 400; Burhoff, RVGreport 2008, 444; s. auch Schneider, in: Hansens/Braun/Schneider, Teil 15, Rn. 290, und Teil A: Trennung von Verfahren, Rn. 1311 ff. mit weiteren Beispielen; zu allem auch Burhoff, RVGreport 2008, 444; zur Terminsgebühr s. Rn. 72).

Tätigkeiten in Strafsachen *Vorbemerkung 4*

Beispiel: Trennung eines Verfahrens 52

Gegen den Beschuldigten wird wegen Diebstahls und Trunkenheit im Verkehr ermittelt. Das Verfahren wird beim AG angeklagt. Dieses trennt vor der Hauptverhandlung das Verfahren wegen Diebstahls ab und stellt es später ein.

- Der Verteidiger erhält für das **vorbereitende Verfahren**, das sich noch auf beide Vorwürfe bezog, nur eine Verfahrensgebühr der Nr. 4104 VV. Eine weitere Verfahrensgebühr Nr. 4104 VV entsteht durch die Trennung nicht, da dieser Verfahrensabschnitt bereits abgeschlossen ist.

- Für die **gerichtlichen Verfahren** erhält der Rechtsanwalt allerdings **zwei Verfahrensgebühren** der Nr. 4106 VV, da es nun zwei voneinander unabhängige gerichtliche Verfahren gibt. Bei der Höhe der jeweiligen Gebühr ist im Rahmen des § 14 der Zeitpunkt der Trennung zu berücksichtigen. Je später die Verfahren getrennt worden sind, desto mehr werden sich die Gebühren einander angleichen (s. auch Schneider, in: Hansens/Braun/Schneider, Teil 15, Rn. 290).

e) Verfahrensgebühr bei Verbindung von Verfahren

Werden mehrere Verfahren miteinander verbunden, so erhält der Rechtsanwalt ab der Verbindung im verbundenen Verfahren ggf. nur noch eine Verfahrensgebühr. Bereits in den verbundenen Verfahren **entstandene Verfahrensgebühren bleiben erhalten** (eingehend zur Verbindung Burhoff, RVGreport 2009, 361; s. auch Teil A: Verbindung von Verfahren, Rn. 1431; zur Gebührenberechnung bei Verbindung mehrerer Strafsachen im gerichtlichen Verfahren s. eingehend N. Schneider, AGS 2003, 432 m.w.N. aus der Rechtsprechung und Beispielen sowie Burhoff, RVGreport 2008, 361; zum Pflichtverteidiger s. OLG Hamm, StV 1993, 142; StraFo 2002, 307 = StV 2003, 178 = AGS 2002, 108 m. zust. Anm. Madert; OLG Koblenz, NStZ-RR 2001, 384 = AnwBl. 2001, 693 und der damit zusammenhängenden Erstreckungsproblematik die Komm. bei § 48 Abs. 5). 53

Beispiel 1: Verbindung mehrerer Verfahren vor Anklageerhebung 54

Gegen den Beschuldigten wird in vier Verfahren wegen Diebstahls ermittelt. Die Verfahren werden von der Staatsanwaltschaft vor Anklageerhebung zum AG verbunden.

- Der Verteidiger erhält in jedem der **ursprünglichen Verfahren** jeweils für das **vorbereitende Verfahren** eine **Verfahrensgebühr** der Nr. 4104 VV. Diese entfällt nach § 15 Abs. 4 nicht durch die Verbindung. Bei der Höhe der jeweiligen Gebühr ist im Rahmen des § 14 der Zeitpunkt der Verbindung zu berücksichtigen. Insoweit gilt: Je früher die Verfahren verbunden worden sind, desto höher wird die Verfahrensgebühr im führenden Verfahren ausfallen. Die Gebühren werden sich umso mehr angleichen, je später verbunden worden ist (s. auch das Beispiel bei Schneider, in: Hansens/Braun/Schneider, Teil 15, Rn. 288).

- Für das ggf. nachfolgende **gerichtliche Verfahren** erhält der Rechtsanwalt allerdings nur noch **eine Verfahrensgebühr**, da es nun nur noch ein gerichtliches Verfahren gibt. Diese richtet sich hinsichtlich des Gebührenrahmens nach der Zuständigkeit des Gerichts, bei dem Anklage erhoben wird, also hier nach Nr. 4106 VV.

Beispiel 2: Verbindung mehrerer Verfahren nach Anklageerhebung 55

Gegen den Beschuldigten wird in vier Verfahren wegen Diebstahls ermittelt. Die Verfahren werden vom AG nach Anklageerhebung verbunden.

Vorbemerkung 4   *Tätigkeiten in Strafsachen*

- Der Verteidiger erhält in jedem der **ursprünglichen Verfahren** für das vorbereitende Verfahren jeweils eine **Verfahrensgebühr** Nr. 4104 VV. Diese entfällt nach § 15 Abs. 4 nicht durch die Verbindung. Wegen der Höhe der Gebühr s. Beispiel 1 (Rn. 54).

- Für das ggf. **nachfolgende gerichtliche** Verfahren erhält der Rechtsanwalt in diesem Fall auch **vier** gerichtliche **Verfahrensgebühren** nach Nr. 4106 VV, da die Verfahren erst vom AG nach Anklageerhebung verbunden worden sind. Die **Terminsgebühr** nach Nr. 4108 VV fällt allerdings nur einmal an (s. unten Rn. 73 ff.).

IV. Terminsgebühr (Abs. 3)

1. Allgemeines

56   Vorbem. 4 Abs. 3 VV regelt **allgemein** den **Abgeltungsbereich** der **Terminsgebühr(en)** (dazu Burhoff, RVGreport 2010, 3). Diese erhält der Rechtsanwalt für die Teilnahme an gerichtlichen Terminen, soweit nichts anderes bestimmt ist (wegen der Einzelh. s. unten Rn. 58 ff.). In der BRAGO wurden die entsprechenden Tätigkeiten des Rechtsanwalts durch die sog. Hauptverhandlungsgebühr des § 83 BRAGO erfasst. Mit besonderen Terminsgebühr lassen sich aber – ebenso wie mit der Grundgebühr Nr. 4100 VV und der jeweiligen Verfahrensgebühr – der Umfang der verschiedenen Tätigkeiten des Rechtsanwalts besser als früher nach der BRAGO möglichst aufwandsbezogen berücksichtigen.

57   Die Terminsgebühr ist hinsichtlich ihrer Höhe **abhängig** – ebenso wie die gerichtliche Verfahrensgebühr (vgl. Rn. 33) – von der **Ordnung** des **Gerichts**, bei dem der Rechtsanwalt tätig wird. Damit wird für die Teilnahme an **Hauptverhandlungen** die Schwierigkeit und Bedeutung des jeweiligen Verfahrens bei der Bemessung der anwaltlichen Gebühren angemessen berücksichtigt werden (s. auch unten Rn. 62 ff.).

> **Hinweis:**
> Eine **Ausnahme** gilt für die (Vernehmungs-)Terminsgebühr nach **Nr. 4102 VV**. Deren Gebührenrahmen ist nicht davon abhängig, wo das Verfahren, in dem der Termin außerhalb der **Hauptverhandlung** durchgeführt wird, anhängig ist oder wird.

2. Abgeltungsbereich

a) Allgemeines

58   Der Rechtsanwalt erhält die Terminsgebühr „für die **Teilnahme** an **gerichtlichen Terminen**, soweit nichts anderes bestimmt ist". Die Einschränkung ist erforderlich, weil in Nr. 4102 VV auch die Teilnahme an nicht gerichtlichen Terminen, nämlich z.B. Vernehmungsterminen bei der Staatsanwaltschaft oder einer anderen Strafverfolgungsbehörde oder Termine im Rahmen von Täter-Opfer-Ausgleich-Gesprächen, mit einer Terminsgebühr abgegolten wird (zum Begriff des Termins Gerhold, JurBüro 2010, 172, 173). Vorgesehen sind Terminsgebühren insbesondere für Hauptverhandlungstermine und darüber hinaus für die in Nr. 4102 VV erwähnten (Vernehmungs-)Termine. Für **andere Termine**, z.B. Besprechungstermine mit anderen Verfahrensbeteiligten, entstehen **keine** Terminsgebühren. Die Teilnahme an diesen Terminen muss bei der Bemessung der konkreten (Verfahrens-)Gebühr über § 14 berücksichtigt werden (vgl. zum Abgeltungsbereich der Verfahrensgebühr oben Rn. 40).

Tätigkeiten in Strafsachen *Vorbemerkung 4*

Die Gebühr erfasst nach dem Wortlaut der Vorschrift die **„Teilnahme an"** gerichtlichen Termi- **59** nen. Damit wird zunächst vor allem die **Anwesenheit** des Rechtsanwalts in dem Termin, insbesondere der Hauptverhandlung, abgegolten. Davon geht auch ausdrücklich die Gesetzesbegründung aus, wenn dort formuliert ist, dass die Terminsgebühr die Tätigkeit des Rechtsanwalts „in" der Hauptverhandlung erfassen soll (s. BT-Drucks. 15/1971, S. 220). Die Terminsgebühr erfasst also alle Tätigkeiten in der Hauptverhandlung, wie z.B. auch einen Rechtsmittelverzicht (vgl. AG Koblenz, VRR 2011, 203 [LS; für Terminsgebühr Nr. 4108 VV]). Erforderlich ist grds. die körperliche Teilnahme des Rechtsanwalts an dem Termin (so wohl auch OLG München, AGS 2008, 233 = RVGreport 2008, 109 = StRR 2008, 199; Gerold/Schmidt/Burhoff, VV Vorb. 4 24; a.A., allerdings ohne nähere Begründung, AG Koblenz, RVGreport 2008, 61 = RVGprofessionell 2008, 23; Madert, AGS 2005, 2772 für Vernehmungen durch die Staatsanwaltschaft oder eine andere Strafverfolgungsbehörde).

Die Terminsgebühr erfasst auch **sonstige** mit dem jeweiligen Termin **in Zusammenhang ste-** **60** **hende Tätigkeiten**, wie z.B. die konkrete Vor- und Nachbereitung dieses Termins (OLG Hamm, AGS 2006, 498 = JurBüro 2006, 591 [für Abfassung eines Beweisantrags]; RVGreport 2009, 309 = RVGprofessionell 2009, 157 = StRR 2009, 438; OLG Jena, StV 2006, 204 = RVGreport 2006, 423 = JurBüro 2005, 476; OLG Karlsruhe, StraFo 2008, 439 = NJW 2008, 2935 = RVGreport 2009, 19 = StRR 2009, 11; OLG Köln, AGS 2008, 447 = StRR 2008, 323 [LS]; OLG Oldenburg, JurBüro 2007, 528; OLG Stuttgart, RVGreport 2006, 32 = Rpfleger 2006, 36; LG Dessau-Roßlau, JurBüro 2009, 427 [für OWi-Verfahren]; zust. Schneider, AGS 2006, 499; a.A. noch Schneider, AGS 2004, 485; **a.A.** LG Detmold, 03.02.2009 – 4 Qs 172/08; LG Hannover, Nds.Rpfl 2005, 327; LG Magdeburg, StRR 2008, 480; AG Koblenz, AGS 2004, 484 = JurBüro 2005, 33; AGS 2008, 346 = VRR 2008, 319 = RVGreport 2009, 340; krit. insoweit Enders, JurBüro 2005, 32 in der Anm. zu AG Koblenz, AGS 2004, 484 = JurBüro 2005, 33). Das ergibt sich zumindest insoweit auch aus der Gesetzesbegründung zu Vorbem. 4 Abs. 3 Satz 2 VV, wo zur Begründung der Terminsgebühr für einen „geplatzten Termin" auch auf den zur Vorbereitung dieses „geplatzten Termins" erbrachten Zeitaufwand abgestellt wird (vgl. dazu BT-Drucks. 15/1971, S. 221). Zu den mit der Terminsgebühr also auch abgegoltenen Tätigkeiten können z.B. das nochmalige Aktenstudium, die Überprüfung, ob alle in der Anklageschrift benannten oder vom Verteidiger zur Entlastung benannten Zeugen geladen sind (zur Vorbereitung des Hauptverhandlungstermins s. auch Burhoff, HV, Rn. 1155), zählen. Die darüber hinausgehenden Tätigkeiten, die nicht der Vorbereitung des konkreten Hauptverhandlungstermins gelten, sondern allgemein der Vorbereitung bzw. der Verteidigung in der Hauptverhandlung, werden von der jeweiligen gerichtlichen Verfahrensgebühr abgegolten. Sie gehören zum „Betreiben des Geschäfts" i.S.v. Vorbem. 4 Abs. 2 VV (s.o. Rn. 39 ff.).

b) Entstehen der Terminsgebühr

Voraussetzung für eine Terminsgebühr ist, dass ein gerichtlicher – oder sonstiger – **Termin** **61** **stattgefunden** hat, für den das RVG eine Terminsgebühr vorsieht, und dass der Rechtsanwalt an diesem **teilgenommen** hat (s. im Übrigen auch die Komm. bei den jeweiligen Terminsgebühren). Eine Ausnahme ist in Vorbem. 4 Abs. 3 Satz 2 VV für den „geplatzten Termin" enthalten (vgl. dazu unten Rn. 77 ff.).

Vorbemerkung 4 *Tätigkeiten in Strafsachen*

> **Hinweis:**
>
> **Ausreichend**, aber auch erforderlich für das Entstehen der Gebühr ist i.d.R. die bloße (körperliche) **Anwesenheit** des Rechtsanwalts im Termin (s. aber Nr. 4102 VV Rn. 39; a.A. Madert, AGS 2005, 277 für den Anruf bei der Polizei zu dem Zeitpunkt, zu dem eine Vernehmung nach Nr. 4102 Ziff. 2 VV stattfinden soll). Er muss z.B. keine Anträge gestellt und auch nicht zu bestimmten Fragen Stellung genommen haben (AnwKomm-RVG/N. Schneider, VV Vorb. 4 Rn. 24). Vorbem. 4 Abs. 3 Satz 1 VV verlangt grds. nur die „Teilnahme". Etwas anderes gilt für den Haftprüfungstermin der Nr. 4102 Ziff. 3 VV und den Termin im Rahmen eines Täter-Opfer-Ausgleichs nach Nr. 4102 Ziff. 4 VV. Für diese wird eine „Verhandlung" vorausgesetzt (vgl. Nr. 4102 VV Rn. 31 ff., 35 ff.).

3. Höhe der Terminsgebühr

a) Allgemeines

62 Für die Terminsgebühr stehen ebenfalls unterschiedliche **Gebührenrahmen** zur Verfügung, aus denen der **Wahlverteidiger** unter Anwendung der Kriterien des § 14 die jeweils angemessene Gebühr bestimmen muss (Teil A: Rahmengebühren [§ 14], Rn. 1045 ff.). Der Betragsrahmen richtet sich nach der Zuständigkeit des jeweiligen Gerichts. Die Terminsgebühren nach Nr. 4102 VV sind allerdings zuständigkeitsunabhängig. Der Pflichtverteidiger erhält **Festbetragsgebühren**, und zwar auch hier 80 % der einem Wahlanwalt zustehenden sog. Mittelgebühr. Reicht die „normale" Terminsgebühr wegen des besonderen Umfangs oder der besonderen Schwierigkeit des Verfahrens nicht aus, um den Rechtsanwalt zumutbar zu entlohnen, kommt die Feststellung/Gewährung einer Pauschgebühr nach §§ 42, 51 in Betracht.

> **Hinweis:**
>
> Eine Erhöhung der Terminsgebühr nach Nr. 1008 VV für den Fall, dass der Rechtsanwalt **mehrere Auftraggeber** vertritt (Nr. 1008 VV) kommt nicht in Betracht. Nach Nr. 1008 VV erhöht sich nur die Verfahrensgebühr (Teil A: Mehrere Auftraggeber [§ 7, Nr. 1008 VV], Rn. 956 ff.).

b) Bemessungskriterien

63 Das **wesentliche Bemessungskriterium** für die Höhe einer Terminsgebühr, bei der grds. von der Mittelgebühr auszugehen ist (KG, StV 2006, 198 = AGS 2007, 73 = RVGreport 2007, 180; OLG Hamm, StraFo 2007, 218 = Rpfleger 2007, 426 = JurBüro 2007, 309; LG Bochum, 15.10.2009 – 3 Qs 230/09, insoweit nicht in StRR 2010, 117; LG Zweibrücken, RVGreport 2010, 377 = VRR 2010, 360; AG Trier, RVGreport 2005, 271; AG Lüdinghausen, RVGreport 2006, 183) ist, da die Terminsgebühr für die „Teilnahme" an den gerichtlichen Terminen gezahlt wird, die **zeitliche Dauer** des Termins, an dem der Rechtsanwalt teilgenommen hat. Das wird auch deutlich durch die Gesetzessystematik, die beim **Pflichtverteidiger** allein an den Umstand der zeitlichen Dauer des Termins von „mehr als 5 und bis 8 Stunden" bzw. von „mehr als 8 Stunden" zusätzliche Gebühren anknüpft. Bei der Feststellung der Terminsdauer sind **Wartezeiten** und **Pausen** grds. zu berücksichtigen (KG, a.a.O.; vgl. auch die Rspr.-Nachw. bei Nr. 4110 VV Rn. 9 ff.). Die Terminsdauer ist aber nicht das einzige Kriterium (OLG Jena, RVGreport 2008, 56; a.A. AG Koblenz, AGS 2004, 484). Vielmehr ist auch die Vorbereitung des (konkreten) Hauptverhandlungstermins zu be-

rücksichtigen (s.o. Rn. 60 m.w.N.). Eine umfangreiche Vorbereitung des Hauptverhandlungstermins kann also eine überdurchschnittliche Hauptverhandlungsgebühr rechtfertigen, auch wenn die Kriterien für die Hauptverhandlungszeit selbst nur unterdurchschnittlich sind. Das folgt auch aus dem Rechtsgedanken der Vorbem. 4 Abs. 3 Satz 2 VV. Andererseits fällt dann, wenn die weiteren Bemessungskriterien nach § 14 Abs. 1 Satz 1 überdurchschnittlich sind und der Rechtsanwalt auch bei Fortsetzungsterminen einen überdurchschnittlichen Vorbereitungsaufwand auf die Hauptverhandlung hatte, die Kürze der Hauptverhandlung weniger schwerwiegend ins Gewicht (OLG Jena, a.a.O.; s. aber OLG Hamm, 03.12.2009 – 2 Ws 270/09, JurionRS 2009, 28126).

Für besonders lange Hauptverhandlungstermine sind beim Pflichtverteidiger **Längenzuschläge** vorgesehen (vgl. dazu die Komm. bei Nr. 4110 VV). Diese entstehen allerdings nur beim Pflichtverteidiger, nicht hingegen beim Wahlanwalt. Dieser kann/muss die Dauer des Termins bei der Bemessung der angemessenen Terminsgebühr im Rahmen des § 14 berücksichtigen. Dabei können die **Zeitstufen**, die für den Pflichtverteidiger vorgesehen sind, allerdings **Hilfestellung** geben (KG, StV 2006, 198 = AGS 2006, 73 = RVGreport 2007, 181): Eine über fünf, aber noch keine acht Stunden dauernde Hauptverhandlung wird daher sicherlich, wenn keine besonders mindernden Umstände vorliegen, eine (weit) über der Mittelgebühr liegende Terminsgebühr rechtfertigen, da schon der Pflichtverteidiger trotz des für ihn geltenden Gebührenabschlags eine über der Mittelgebühr des Wahlanwalts liegende Gebühr erhält. Bei einer mehr als acht Stunden dauernden Hauptverhandlung wird damit die Höchstgebühr in Betracht kommen. Denn auch der **Pflichtverteidiger** würde in diesem Fall unter Berücksichtigung der jeweiligen Zuschläge in etwa die Höchstgebühren eines Wahlverteidigers erhalten. 64

Beispiel: 65

Hauptverhandlung in einem bei der großen Strafkammer anhängigen Verfahren

Dauer der Hauptverhandlung: mehr als fünf, aber noch keine acht Stunden:

Berechnung (beschränkt auf die Terminsgebühr für die Hauptverhandlung)	Wahlanwalt	Pflichtverteidiger
Terminsgebühr Nr. 4114 VV	auf jeden Fall mehr als die Mittelgebühr von 270,00 €	216,00 €
Zuschlag Nr. 4116 VV		<u>108,00 €</u>
Summe zzgl. USt		**324,00 €**

Als **durchschnittlich** und damit grds. die Mittelgebühr rechtfertigend wird man heute ansehen können (vgl. auch § 51 Rn. 106 m.w.N. und die m.E. inzwischen überholte Entscheidung des OLG Düsseldorf, 10.01.2006 – III-1 Ws 141/05, www.burhoff.de [noch zur BRAGO]): 66

- in **Schwurgerichtsverfahren** eine durchschnittliche Verhandlungsdauer von fünf Stunden,
- bei der (allgemeinen) **Strafkammer** eine Dauer von etwa drei bis vier Stunden (vgl. auch KG, StV 2006, 198 = AGS 2006, 73 = RVGreport 2007, 181),
- bei der **Berufungskammer** eine Dauer von etwa 2,5 bis 3 Stunden (s. dazu LG Hannover, JurBüro 2011, 304; LG Wiesbaden, JurBüro 2007, 27),
- beim (erweiterten) **Schöffengericht** von etwa zwei bis drei Stunden,
- beim AG-**Einzelrichter** wird sie erheblich darunter liegen und max. eine Stunde betragen.

Vorbemerkung 4 *Tätigkeiten in Strafsachen*

> **Hinweis:**
> Es ist eine **Tendenz** zu **kürzeren** Hauptverhandlungsdauern festzustellen und zu berücksichtigen.

67 Von diesen Werten sind **Abweichungen** nach unten und oben möglich (vgl. die Beispiele bei Rn. 68). So werden Hauptverhandlungen in Berufungsverfahren bei der kleinen Strafkammer häufig, insbesondere bei Strafmaßberufungen, kürzer sein. Auch Hauptverhandlungen in Wirtschaftsstrafverfahren werden häufig kürzer als Hauptverhandlungen in anderen Verfahren sein. Das wird in diesen Fällen aber i.d.R. durch eine zeitintensive Vorbereitung des jeweiligen Termins kompensiert werden.

68 **Rechtsprechungsbeispiele**:

- **KG** (StV 2006, 198 = AGS 2006, 73 = RVGreport 2007, 181): Der **Zeitaufwand**, den der Rechtsanwalt erbracht hat, hat **erhebliche** Bedeutung. Eine Terminsdauer von sechs Stunden und 26 Minuten ist im Hinblick auf die dem Pflichtverteidiger zustehenden „Längenzuschläge" überdurchschnittlich.

- **OLG Hamm** (Beschl. v. 03.12.2009 – 2 Ws 270/09, JurionRS 2009, 28126): Bei kurzen Hauptverhandlungsterminen ist eine Festsetzung von Verteidigergebühren **unterhalb** der **Mittelgebühr** zulässig, auch wenn die Sache insgesamt umfangreich und schwierig gewesen ist (für Urteilsverkündungstermin von 22 Minuten).

- **LG Bochum** (Beschl. v. 15.10.2009 – 23 Qs 230/09): Hauptverhandlungsdauer beim **Jugendrichter** von 45 Minuten und 15 Minuten Wartezeit allenfalls leicht unterdurchschnittlich. **LG Bochum** (Beschl. v. 10.05.2006 – 10 Qs 8/06, www.burhoff.de): Dauer der Hauptverhandlung mit **4:20 Stunden** bzw. **4:25 Stunden** rechtfertigt nicht die Höchstgebühr.

- **LG Detmold** (Beschl. v. 07.05.2008 – 4 Qs 19/08, VRR 2008, 443 [LS] = JurionRS 2008, 34849): Unterdurchschnittliche Dauer des Hauptverhandlungstermins beim AG von nur 15 Minuten rechtfertigt die Herabsetzung der Terminsgebühr unterhalb der Mittelgebühr. **LG Detmold** (Beschl. v. 03.02.2009 – 4 Qs 172/08, JurionRS 2009, 12279): Eine unterdurchschnittliche Dauer der Hauptverhandlung von 13 bzw. 20 Minuten rechtfertigt als Bemessungskriterium „Umfang der Anwaltstätigkeit" und sonstigen im Ergebnis durchschnittlichen Bemessungskriterien die Unterschreitung der Mittelgebühr der Terminsgebühr als Rahmengebühr auf 1/4 bzw. 1/3 des Gebührenrahmens.

- **LG Frankfurt/Oder** (Beschl. v. 21.07.2008 – 23 Qs 33/08, www.burhoff.de): Eine Hauptverhandlung von 3 Minuten im Bußgeldverfahren führt zu einer Terminsgebühr von 30 % unter der Mittelgebühr.

- **LG Hamburg** (JurBüro 2008, 312 = AGS 2008, 343): Eine Berufungshauptverhandlung mit einer Dauer von 35 Minuten ist nicht unterdurchschnittlich, da auch die vorbereitende Tätigkeit zu berücksichtigen ist

- **LG Hannover** (Nds.Rpfl. 2005, 327): Dauer der Hauptverhandlung von 45 Minuten mit Vernehmung von zwei Zeugen nur unterdurchschnittlich; der geladene Sachverständige war nach drei Minuten im allseitigen Einverständnis unvernommen entlassen worden.

- **LG Koblenz** (JurBüro 2006, 364): In einer einfach gelagerten **Strafsache** rechtfertigt eine Hauptverhandlungsdauer von 20 Minuten beim AG nicht den Ansatz der Mittelgebühr, bei "deutlich unterdurchschnittlicher Dauer" von 20 Minuten beim AG nur den Ansatz von 150,00 € (Beschl. v. 22.06.2005 – 10 Qs 65/05). **LG Koblenz** (JurBüro 2009, 253): 7-stündige Hauptverhandlung beim Schöffengericht rechtfertigt die **Höchstgebühr**. **LG Koblenz** (JurBüro 2010, 34): Unterdurchschnittliche Dauer der Hauptverhandlung von 27 Minuten rechtfertigt nicht den Ansatz der Mittelgebühr der **Nr. 4108 VV**, sondern nur einen Betrag von 150,00 €, selbst wenn drei Zeugen kurz vernommen worden sind. **LG Koblenz** (JurBüro 2010, 475): Hauptverhandlungsdauer von 35 Minuten in einer **Strafsache** beim Strafrichter rechtfertigt auch in einem Verfahren von großer Bedeutung nur eine Terminsgebühr von 190,00 €:

- **LG Magdeburg** (JurBüro 2008, 85): Für eine Hauptverhandlung beim **Strafrichter**, die bis zu einer Stunde dauert, ist die Mittelgebühr durchschnittlich gerechtfertigt.
- **LG Rottweil** (AGS 2007, 505): Für eine von 8.40 Uhr bis 19.55 Uhr dauernde Hauptverhandlung beim AG (**Schöffengericht**) ist die Höchstgebühr festzusetzen.
- **LG Wiesbaden** (JurBüro 2007, 27): Ein 3 1/2-stündiger HV-Termin rechtfertigt auch bei einer Strafbemessung in einer rechtlich nicht ganz einfachen und für den Mandanten wegen der Frage der Strafaussetzung zur Bewährung auch bedeutenden Sache die Mittelgebühr.
- **AG Anklam** (Beschl. v. 02.02.2006 – 62 Ds 513 Js 957/05 [378/05], www.burhoff.de): In einer **Strafrichtersache** ist die Mittelgebühr bei einer Terminsdauer von rund 40 Minuten angemessen [15 Minuten Terminsdauer und 25 Minuten zu berücksichtigende Wartezeit]).
- **AG Baden-Baden** (AGS 2006, 120): Für eine **25-minütige** Hauptverhandlung, in der keine Beweisaufnahme stattgefunden hat, sondern lediglich der Angeklagte gehört wurde, sind 180,00 € als Terminsgebühr i. ausreichend und angemessen, für eine **35-minütige Verhandlung** mit kurzer Beweisaufnahme, Erörterung und Antragstellung ist die Mittelgebühr i.H.v. 230,00 € angemessen.
- **AG Bensheim** (NZV 2008, 108): Hauptverhandlungsdauer von **einer Stunde** beim Amtsrichter keinesfalls unterdurchschnittlich; Wartezeiten sind zu berücksichtigen.
- **AG Betzdorf** (Beschl. v. 25.02.2009 – 2070 Js 53842/05.2a Cs): Hauptverhandlungsdauer in einem **Berufungsverfahren** mit einer eher durchschnittlichen Dauer von **71 Minuten** rechtfertigt den Ansatz der Höchstgebühr regelmäßig nicht; lediglich das Zusammentreffen mit einer ausführlichen, rechtlich schwierigen Berufungsbegründung begründet eine Erhöhung der Mittelgebühr auf 340,00 €. AG Betzdorf, (Beschl. v. 23.02.2009 – 2090 Js 28238/08.jug 2 Ds): Deutlich unterdurchschnittliche Dauer der Hauptverhandlung von **10 Minuten** rechtfertigt nur eine Gebühr von 140,00 €.
- **AG Koblenz** (AGS 2004, 484 = JurBüro 2005, 33): Bei ansonsten durchschnittlichen Kriterien ist bei einer Hauptverhandlungsdauer von **30 Minuten** beim AG nur der Ansatz einer Gebühr von 180,00 € gerechtfertigt, bei nur **16 Minuten** Hauptverhandlungsdauer nur 150,00 € (JurBüro 2005, 593). Ähnlich **AG Koblenz** (AGS 2007, 191): Eine Hauptverhandlungsdauer von **10 Minuten** ist erheblich unterdurchschnittlich und rechtfertigt ebenfalls nur eine Gebühr von 105,00 €. Und: **AG Koblenz** (AGS 2008, 346 = VRR 2008, 319 = RVGreport 2009, 340): Hauptverhandlung von nur **2 Minuten** Dauer rechtfertigt den Ansatz einer Gebühr von 215,00 € nicht, sondern es sind nur 90,00 € angemessen.

Vorbemerkung 4 *Tätigkeiten in Strafsachen*

- **AG Koblenz** (JurBüro 2005, 593): Eine Hauptverhandlung von **16 Minuten** ist **unterdurchschnittlich** und rechtfertige nicht den Ansatz der **Mittelgebühr**. Mit einer Gebühr von 150,00 € ist der Rechtsanwalt angemessen honoriert.
- **AG Lüdinghausen** (RVGreport 2006, 183): Bei einer normalen **Strafsache** ist von der „Mittelgebühr" auszugehen, wobei z.B. das **intensive Bemühen** um eine **Verständigung**/Absprache, die zu einer Abkürzung der Hauptverhandlung geführt hat, **berücksichtigt** wird.
- **AG Trier** (RVGreport 2005, 271 = JurBüro 2005, 419): Bei zwar kurzer **30-minütiger** Hauptverhandlung in einem Strafbefehlsverfahren ist der Ansatz der **Mittelgebühr** ggf. gerechtfertigt, weil unbestrafter Angeklagter und als Rechtsanwalt tätiger Belastungszeuge.
- **AG Westerburg** (JurBüro 2007, 310): Durchschnittliche Dauer der Hauptverhandlung in einem Strafverfahren beim AG von 115 Minuten (m.E. **zweifelhaft**) rechtfertigt nur die Mittelgebühr.

> **Hinweis:**
> Gerade bei Terminsgebühren wird nicht selten für den **Wahlanwalt** eine **niedrigere Gebühr** festgesetzt/entstehen als die dem Pflichtverteidiger zustehende **gesetzliche Gebühr**. Das ist nicht unzulässig und Ausfluss des Umstandes, dass der Pflichtverteidiger als gesetzliche Gebühr immer nur einen Festbetrag erhält, während der Wahlanwalt seine Gebühr unter Berücksichtigung sämtlicher Umstände nach billigem Ermessen bestimmen kann (KG, JurBüro 2009, 316 = RVGreport 2009, 231 = StraFo 2009, 260; wohl auch AG Koblenz, JurBüro 2005, 593). Anderenfalls wäre die gesetzliche Gebühr des Pflichtverteidigers immer die Mindestgebühr des Wahlanwalts.

69 Neben der Dauer des Termins ist als Bemessungskriterium auch der **Umfang** der von dem Rechtsanwalt **im Termin** entfalteten Tätigkeit für die Bemessung von Belang. Zu berücksichtigen ist dann auch noch der Zeitaufwand für die **Vorbereitung** des konkreten **Hauptverhandlungstermins** (vgl. die Rspr.-Nachw. oben bei Rn. 39).

c) Tabelle der gerichtlichen Gebührenrahmen

70

Zuständigkeit des Gerichts	Gebührenrahmen/Festgebühr (ohne Zuschläge)		
	Wahlverteidiger		**Pflichtverteidiger**
	von	bis	
Haftprüfungstermin (außerhalb der Hauptverhandlung)	30,00 €	250,00 €	112,00 €
Teilnahme an richterlichen und sonstigen Vernehmungen	30,00 €	250,00 €	112,00 €
Teilnahme an Sühneterminen und Verhandlungen im Rahmen des Täter-Opfer-Ausgleichs	30,00 €	250,00 €	112,00 €

Tätigkeiten in Strafsachen *Vorbemerkung 4*

Zuständigkeit des Gerichts	Gebührenrahmen/Festgebühr (ohne Zuschläge)		Pflichtverteidiger
	Wahlverteidiger		
	von	bis	
Hauptverhandlung beim AG ([erw.] Schöffengericht, Jugendschöffengericht, Strafrichter, Jugendrichter)	60,00 €	400,00 €	184,00 €
Hauptverhandlung beim LG (Große Strafkammer [ohne Schwurgericht und ohne Staatsschutz- und Wirtschaftsstrafkammer], Jugendkammer)	70,00 €	470,00 €	216,00 €
Hauptverhandlung beim Schwurgericht, Staatsschutz- und Wirtschaftsstrafkammer, Jugendkammer (soweit Schwurgerichtszuständigkeit), erstinstanzlich beim OLG	110,00 €	780,00 €	356,00 €
Berufungsverfahren	70,00 €	470,00 €	216,00 €
Revisionsverfahren	100,00 €	470,00 €	228,00 €
Terminsgebühr Nr. 4202 VV	50,00 €	250,00 €	120,00 €
Terminsgebühr Nr. 4206 VV	20,00 €	250,00 €	108,00 €

d) Terminsgebühr bei Verweisung

Sind im Fall einer Verweisung Gerichte verschiedener Ordnung mit dem Verfahren befasst, gilt **allgemein** für die Terminsgebühr Folgendes (s. im Übrigen auch bei Teil A: Verweisung/Abgabe [§ 20], Rn. 1630 ff.; Burhoff, RVGreport 2009, 9): 71

- Wird durch die Verweisung der **Betragsrahmen** der Terminsgebühr **erhöht**, gilt der höhere Gebührenrahmen nur für diejenigen Gebühren, die vor dem höheren Gericht (noch) entstehen. Für bereits abgeschlossene Gebührentatbestände bleibt es hingegen bei dem niedrigeren Rahmen (so auch AnwKomm-RVG/N. Schneider, § 20 Rn. 21 f. m.w.N. aus der Rspr. zur BRAGO und zur a.A.).

Beispiel 1: Verweisung an ein höheres Gericht

Das Verfahren wird vom Schöffengericht in der Hauptverhandlung nach § 270 StPO an die Strafkammer verwiesen, bei der die Hauptverhandlung neu beginnt.

- *Der Verteidiger erhält für die Hauptverhandlung beim **Schöffengericht** die Terminsgebühr der Nr. 4108 VV.*

Vorbemerkung 4   *Tätigkeiten in Strafsachen*

- Für die Hauptverhandlung bei der **Strafkammer** erhält er die Terminsgebühr der Nr. 4114 VV. Wird durch die Verweisung der **Betragsrahmen** der Terminsgebühr **niedriger**, gilt der höhere Gebührenrahmen nur für diejenigen Gebühren, die vor dem höheren Gericht bereits entstanden sind. Für die noch entstehenden Gebührentatbestände gilt hingegen der niedrigere Rahmen (so auch AnwKomm-RVG/N. Schneider, § 20 Rn. 25).

Beispiel 2: Eröffnung vor einem niedrigeren Gericht

Das Verfahren wird von der Strafkammer nach § 209 Abs. 1 StPO beim Schöffengericht eröffnet, bei dem dann die Hauptverhandlung beginnt.

- Der Verteidiger erhält für das vorbereitende Verfahren die Verfahrensgebühr Nr. 4104 VV und für das gerichtliche Verfahren die **Verfahrensgebühr** der Nr. 4112 VV (s. Rn. 46 ff.).
- Für die Hauptverhandlung beim Schöffengericht erhält er die **Terminsgebühr** der Nr. 4108 VV.

e) Terminsgebühr bei Trennung

72 Wird ein einheitliches Verfahren in verschiedene Verfahren getrennt, so erhält der Rechtsanwalt ab der Trennung für jedes Verfahren gesonderte Terminsgebühren (zur Verfahrensgebühr s. Rn. 51 f.; s. auch noch Burhoff, RVGreport 2008, 444 und Teil A: Trennung von Verfahren, Rn. 1311 ff.).

Beispiel 1: Trennung eines Verfahrens vor der Hauptverhandlung

Gegen den Beschuldigten wird wegen Diebstahls und Trunkenheit im Verkehr ermittelt. Das Verfahren wird beim AG angeklagt. Dieses trennt vor der Hauptverhandlung das Verfahren wegen Diebstahls ab und stellt es später ein. Wegen der Trunkenheit im Verkehr findet dann eine Hauptverhandlung statt.

Der Verteidiger erhält nur eine Terminsgebühr nach Nrn. 4108 f. VV. Bei deren Bemessung ist zu berücksichtigen, dass sich die Hauptverhandlung nur noch auf den Vorwurf der Trunkenheit bezog.

Beispiel 2: Trennung eines Verfahrens in der Hauptverhandlung

Gegen den Beschuldigten wird wegen Diebstahls und Trunkenheit im Verkehr ermittelt. Das Verfahren wird beim AG angeklagt. Dieses trennt in der Hauptverhandlung das Verfahren wegen Diebstahls ab. Später findet in diesem Verfahren eine neue Hauptverhandlung statt:

- *Der Verteidiger erhält für das **ursprüngliche Verfahren** eine Terminsgebühr nach Nrn. 4108 f. VV. Es ist zu berücksichtigen, dass sich dieses Verfahren auf mehrere Vorwürfe bezog.*
- *Der Verteidiger erhält eine **weitere Terminsgebühr** nach Nrn. 4108 f. VV für das Verfahren, in dem dann noch einmal wegen Trunkenheit verhandelt wird. Es ist aber zu berücksichtigen, dass sich die Hauptverhandlung in diesem Verfahren nur noch auf einen Vorwurf bezog.*

> **Hinweis:**
>
> Wird die **Hauptverhandlung** in den getrennten Verfahren am **selben Kalendertag fortgesetzt**, hat das auf die Entstehung der Terminsgebühr in dem abgetrennten Verfahren keinen negativen Einfluss. Denn es wird nicht etwa dieselbe Hauptverhandlung in zwei getrennt aufgerufenen Terminen an einem Hauptverhandlungstag durchgeführt, mit der Folge, dass an einem Tag mehrere Hauptverhandlungen stattfinden, sondern es findet jeweils ein Hauptverhandlungstag in jedem der jetzt selbstständigen Verfahren, die selbstständige Angelegenheiten i.S.v. § 15 sind, statt. Das hat zur Folge, dass zwei Terminsgebühren entstehen (KG, RVGreport 2007, 239 = StRR 2007, 4 [LS]; vgl. auch LG Itzehoe, AGS 2008, 233 = StraFo 2008, 92; vgl. auch Teil A: Trennung von Verfahren, Rn. 1311 ff. und Nr. 4108 Rn. 18).

Tätigkeiten in Strafsachen *Vorbemerkung 4*

Beispiel 3: Abtrennung eines Verfahrens und Fortführung der Hauptverhandlung

Gegen mehrere Beschuldigte wird ein Strafverfahren geführt. Im Hauptverhandlungstermin wird das Verfahren gegen den B abgetrennt, da er geständig ist. Gegen die übrigen wird die Hauptverhandlung fortgesetzt. Anschließend findet gegen B im abgetrennten Verfahren die Hauptverhandlung statt (Fallgestaltung nach KG, RVGreport 2007, 239 = StRR 2007, 4 [LS]).

- Der Verteidiger erhält im ursprünglichen Verfahren eine Terminsgebühr.
- Der Verteidiger erhält auch im durch die Abtrennung selbstständig gewordenen Verfahren gegen B eine Terminsgebühr (KG, a.a.O.; ähnlich LG Itzehoe, a.a.O.).

f) Terminsgebühr bei Verbindung von Verfahren

Werden mehrere gerichtliche Verfahren miteinander verbunden, gilt als **Faustregel** für das Entstehen der Terminsgebühr: 73

Der Rechtsanwalt erhält **ab Verbindung** für das verbundene Verfahren, wenn in diesem eine Hauptverhandlung stattfindet, **nur eine Terminsgebühr**. Bereits in den verbundenen Verfahren entstandene Terminsgebühren bleiben jedoch erhalten.

Im **Einzelnen** gilt (Burhoff, RVGreport 2008, 405; zur Gebührenberechnung bei Verbindung mehrerer Strafsachen im gerichtlichen Verfahren s. eingehend auch Schneider, AGS 2003, 432 m.w.N. aus der Rspr. zur BRAGO und vgl. auch Teil A: Verbindung von Verfahren, Rn. 1431 ff.): 74

- Werden die Verfahren **vor Beginn** der **Hauptverhandlung** miteinander verbunden, erhält der Rechtsanwalt nur für das verbundene Verfahren eine Terminsgebühr, da nur in diesem Verfahren eine Hauptverhandlung stattfindet (zur Verfahrensgebühr s. Rn. 54). 75

- Werden die Verfahren **erst in** der **Hauptverhandlung** verbunden, kommt es darauf an, ob in allen Verfahren oder nur in einem Teil eine Hauptverhandlung stattgefunden hat. Ob eine Hauptverhandlung in allen Verfahren anberaumt war, ist unerheblich (LG Düsseldorf, RVGreport 2007, 108; AG Bochum, 30.12.2005 – 26 Ls. 22 Js 204/05-70/05). Eine Terminsgebühr entsteht nach dem eindeutigen Wortlaut des Abs. 3 nämlich nicht nur, wenn eine Hauptverhandlung anberaumt war (vgl. auch Volpert, BRAGOprofessionell 2004, 19). Eine Hauptverhandlung kann vielmehr auch dann stattfinden, wenn der Angeklagte und der Verteidiger auf die dispositiven Förmlichkeiten und Fristen (§§ 216, 217 StPO) verzichten (vgl. OLG Dresden, AGS 2009, 223 = NStZ-RR 2009, 128 = RVGreport 2009, 62; OLG Saarbrücken, JurBüro 1999, 471 f.; LG Düsseldorf, RVGreport 2007, 108; LG Kiel, 05.02.2007 – 31 Qs 6/07; AG Bochum, 30.12.2005 – 26 Ls. 22 Js 204/05-70/05; AG Eckernförde, 31.01.2007 – 5 Ls. jug. 567 Js 26487/05 JuG [43/05]; alle www.burhoff.de). Etwas anderes folgt nicht aus der Formulierung in Abs. 3 Satz 2 VV, wonach eine Terminsgebühr auch dann gewährt wird, wenn ein „anberaumter" Termin ausfällt (vgl. dazu Rn. 77 ff.). Abgesehen davon, dass es sich bei der Regelung zum geplatzten Termin um einen Sonderfall handelt, der sui generis nur eintreten kann, wenn ein Termin „anberaumt" war, rechtfertigt diese Regelung nicht den Schluss, dass bei einem stattfindenden Hauptverhandlungstermin, der zuvor nicht „anberaumt" worden ist, keine Terminsgebühr anfällt (LG Düsseldorf, a.a.O.). 76

Beispiel:

Gegen den Angeklagten sind fünf Diebstahlsverfahren anhängig. In drei Verfahren ist bereits Anklage erhoben und wird vom AG auf denselben Tag der Hauptverhandlungstermin anberaumt. Nach Aufruf der

Vorbemerkung 4 *Tätigkeiten in Strafsachen*

Sachen werden diese drei Verfahren miteinander verbunden. Außerdem werden die beiden anderen Diebstahlsverfahren ebenfalls noch hinzu verbunden. Der Angeklagte wird von Rechtsanwalt R verteidigt.

Rechtsanwalt R erhält als Verteidiger für die drei miteinander verbundenen Verfahren drei Terminsgebühren nach Nr. 4108 VV, da diese erst nach Aufruf miteinander verbunden worden sind, also ein Termin stattgefunden hat. Weitere Terminsgebühren entstehen für die beiden anderen hinzu verbundenen Verfahren nur, wenn in ihnen auch ein Hauptverhandlungstermin stattgefunden hat, also z.B. auf die Ladungsfristen verzichtet worden ist (vgl. dazu LG Düsseldorf, a.a.O.; AG Bochum, a.a.O. [konkludenter Aufruf]). Allerdings ist Voraussetzung für das Entstehen der Terminsgebühr in den beiden Verfahren, dass auch in diesen Verfahren die Prozessvoraussetzungen, wie z.B. ein Eröffnungsbeschluss (§§ 203, 207 StPO), vorliegen. Anderenfalls wäre/ist die Durchführung der Hauptverhandlung unzulässig (zu diesem Sonderfall OLG Dresden, a.a.O.); sie wird insoweit nicht durch den Verzicht auf die (dispositiven) Förmlichkeiten zulässig. Der Rechtsanwalt erhält in den beiden anderen hinzu verbundenen Verfahren auf jeden Fall aber je eine Verfahrensgebühr nach Nr. 4106 VV.

> **Hinweis:**
> Die gleichzeitige Terminierung von Verfahren bedeutet nicht deren **stillschweigende Verbindung** (OLG Köln, JurBüro 2002, 303 = AnwBl. 2002, 113 m.w.N.; LG Hanau, RVGreport 2005, 382). In der Praxis muss der Verteidiger darauf **achten**, dass die **Verbindung** der Verfahren auf jeden Fall erst **nach Aufruf** aller Sachen und dem Vorliegen aller prozessualen Voraussetzungen für die Durchführung der Hauptverhandlung (Eröffnung des Hauptverfahrens; vgl. OLG Dresden, a.a.O.) erfolgt, da anderenfalls in den hinzu verbundenen Verfahren keine Hauptverhandlung stattfindet. Er muss auf einen ausdrücklichen Aufruf auch in den hinzuzuverbindenden Verfahren **drängen**, da erst nach Aufruf der Sache eine Hauptverhandlung stattfindet.
>
> Es **empfiehlt** sich dazu folgende **Vorgehensweise**: I.d.R. wird der ausdrückliche Aufruf nur im (terminierten) Verfahren erfolgen. Soll(en) dann zu diesem Verfahren ein (oder mehrere) Verfahren hinzu verbunden werden, muss der Verteidiger beantragen, das bereits aufgerufene Verfahren zunächst zu unterbrechen und sodann das oder die anderen Verfahren – ggf. nach Eröffnung des Hauptverfahrens – aufzurufen. Es ist darauf zu achten, dass er erst im Anschluss daran ggf. auch für diese(s) Verfahren noch zum Pflichtverteidiger bestellt wird, erst dann auf die Einhaltung sämtlicher Förmlichkeiten und Fristen verzichtet wird (vgl. LG Kiel, 05.02.2007 – 31 Qs 6/07, www.burhoff.de) und erst danach der Verbindungsbeschluss des Gerichts hinsichtlich der weiteren Verfahren ergeht. Bei einem solchen Ablauf der Verhandlung erhält der Verteidiger die zweite bzw. weitere Terminsgebühr(en), da diese(s) Verfahren dann nicht nur aufgerufen, sondern vielmehr auch in eine eigenständige Hauptverhandlung eingemündet wären, in der über die Pflichtverteidigerbestellung und den Verzicht auf Fristen und sonstige Förmlichkeiten verhandelt worden wäre. Dass in dem oder den weiteren Verfahren kein Termin bestimmt worden ist, ist mit Blick auf den Gebührentatbestand der Terminsgebühr unbeachtlich (LG Düsseldorf, RVGreport 2007, 108; AG Bochum, 30.12.2005 – 26 Ls. 22 Js 204/05-70/05, www.burhoff.de).

- Werden mehrere Verfahren erst **verbunden, nachdem** in einem oder mehreren Verfahren bereits ein **Hauptverhandlungstermin stattgefunden** hat, bleiben die bis dahin entstandenen Terminsgebühren erhalten. In dem verbundenen Verfahren entsteht dann aber nur noch eine Terminsgebühr für ggf. stattfindende Termine.

Tätigkeiten in Strafsachen *Vorbemerkung 4*

4. Terminsgebühr bei „geplatztem Termin" (Abs. 3 Satz 2)

Nach Vorbem. 4 Abs. 3 Satz 2 VV erhält der Rechtsanwalt die Terminsgebühr auch, wenn er zu einem anberaumten Termin erscheint, dieser aber aus Gründen, die er nicht zu vertreten hat, für ihn nicht stattfindet, ohne dass es darauf ankommt, ob zur Sache verhandelt worden ist. **77**

Die Gebühr entsteht **immer**, wenn der Rechtsanwalt zu einem anberaumten **Termin erscheint**, dieser aber aus Gründen, die er nicht zu vertreten hat, für ihn **nicht stattfindet**. Gemeint sind hier z.B. zunächst die Fälle, in denen der Angeklagte oder ein Zeuge nicht erschienen oder die Richterbank nicht vollständig besetzt ist, z.B. weil ein Schöffe nicht erschienen ist oder der Vorsitzende (plötzlich) erkrankt ist (BT-Drucks. 15/1971, S. 221) und der Rechtsanwalt erst kurz vor Beginn der Hauptverhandlung erfährt, dass diese nicht stattfinden kann. Erfasst wird aber auch der Fall, dass der Rechtsanwalt nicht oder nicht rechtzeitig abgeladen wird (vgl. die Fallgestaltung bei LG Bonn, AGS 2007, 563 m. Anm. N. Schneider = JurBüro 2007, 590 = RVGreport 2008, 61) bzw., dass der Verteidiger aufgrund eines kurz vor der Hauptverhandlung vor Aufruf geführten Rechtsgesprächs einen Zeugen benannt hat, was dann noch zur kurzfristigen Aussetzung der Hauptverhandlung geführt hat (LG Berlin, StRR 2010, 117 = RVGprofessionell 2010, 8 = RVGreport 2011, 64). Kotz (vgl. JurBüro 2008, 402, 403) geht davon aus, dass die Gebühr auch entsteht, wenn der Rechtsanwalt unverschuldet bei Gericht erst dann erscheint, wenn der Termin bereits stattgefunden hat, er aber dem Gericht gegenüber seine Verspätung bekannt gegeben und begründet hat, das Gericht jedoch nicht auf ihn gewartet hat. Erfasst wird schließlich auch der Fall, dass der als Pflichtverteidiger beigeordnete Rechtsanwalt erscheint und dann vor Aufruf aus von ihm nicht zu vertretenden Gründen entpflichtet wird. Die Gebühr nach Abs. 3 Satz 2 ist „**personenbezogen**" zu verstehen. Entscheidend ist, dass für den Rechtsanwalt der Termin nicht stattfindet. Ob der Termin dann, ggf. mit anderen Beteiligten, durchgeführt wird, ist unerheblich (AG Hagen, AGS 2008, 78 = RVGreport 2007, 426 = RVGprofessionell 2007, 24). Sinn und Zweck der Regelung ist es nämlich, den für den jeweiligen Rechtsanwalt entstandenen nutzlosen Zeitaufwand zu reduzieren (AG Hagen, a.a.O.; s. auch AnwKomm-RVG/N. Schneider, VV Vorb. 4 Rn. 27; Gerold/Schmidt/Burhoff, VV Vorb. 4 Rn. 37). **78**

> *Beispiel (nach AG Hagen, a.a.O.):*
> *Der Rechtsanwalt R wird im Jahr 2006 im vorbereitenden Verfahren als Pflichtverteidiger beigeordnet. Die Hauptverhandlung findet erst mehrere Monate später im Februar 2007 statt. Rechtsanwalt R erscheint. Es erscheint auch ein Wahlverteidiger, den der Mandant inzwischen, ohne den Pflichtverteidiger zu informieren, beauftragt hat. Als der Vorsitzende das bemerkt, entpflichtet er den Pflichtverteidiger R vor Aufruf der Sache. Zu der Hauptverhandlung wird der Mandant dann vom Wahlanwalt verteidigt.*
> - *R erhält i.V.m. Vorbem. 4 Abs. 3 Satz 2 VV eine Terminsgebühr. Für ihn hat ein Termin, zu dem er erschienen ist, aus Gründen, die er nicht zu vertreten hat, nicht stattgefunden. Das ist ein für ihn „geplatzter Termin".*
> - *Hätte der Vorsitzende den R erst nach Aufruf entpflichtet, hätte der Hauptverhandlungstermin auch für R stattgefunden. Auf die Anwendung der Vorbem. 4 Abs. 3 Satz 2 VV käme es nicht an.*

Das RVG formuliert zwar „**erscheinen**". Das bedeutet aber nicht, dass der Rechtsanwalt die Gebühr nur dann erhält, wenn er erst im Gerichtssaal erfährt, dass der Termin nicht stattfindet. Die Gebühr entsteht vielmehr **auch**, wenn ein **Termin aufgehoben** oder **verlegt** wird, die entsprechende **Terminsnachricht** den Rechtsanwalt aber aus Gründen, die er nicht zu vertreten hat, **nicht erreicht** und er deshalb zum Termin noch anreist bzw. erscheint (vgl. zur BRAGO **79**

Vorbemerkung 4 *Tätigkeiten in Strafsachen*

OLG München, AGS 2004, 150 m. Anm. Schneider, AGS 2004, 151). Das lässt sich aus der Vorbem. 4 Abs. 3 Satz 3 VV ableiten. Auch in diesen Fällen hat der Rechtsanwalt nutzlosen Zeitaufwand, den die Vorbem. 4 Abs. 3 Satz 2 und 3 VV honorieren will. **A.A.** ist dazu (jetzt) das OLG München (NJW 2008, 1607 = AGS 2008, 233 = RVGreport 2008, 109 = StRR 08, 199 m. abl. Anm. Burhoff = JurBüro 2008, 418 m. abl. Anm. Kotz; wie das OLG München, AnwKomm-RVG/N. Schneider, VV Vorb. 4 Rn. 28): Diese Auffassung ist jedoch als zu eng abzulehnen (s. auch Gerold/Schmidt/Burhoff, VV Vorb. 4 Rn. 37; Hartung/Schons/Enders, Vorbem. 4 VV Rn. 30; Kotz, JurBüro 2009, 402, 403; Meyer, JurBüro 2009, 126, 127). Sie verkennt den Sinn und Zweck der Terminsgebühr für den „geplatzten Termin", mit der dem Rechtsanwalt nutzloser Zeitaufwand vergütet werden soll. Auch die vom OLG München (a.a.O) angeführte „Vielzahl von Abgrenzungsproblemen" rechtfertigt die zu enge Auslegung der Vorschrift nicht. Sicherlich stellt sich in vergleichbaren Fällen, in denen der Rechtsanwalt nicht körperlich „erscheint", die Frage, wann der Weg zum Termin angetreten ist. Aber diese Probleme lassen sich ohne Schwierigkeiten dadurch regeln, dass sie innerhalb des Gebührenrahmens berücksichtigt werden (vgl. dazu LG Bonn, AGS 2007, 563 m. Anm. N. Schneider = JurBüro 2007, 590 = RVGreport 2008, 61 [Gebühr unterhalb der Mittelgebühr]). Je eher der Verteidiger/Rechtsanwalt von der Aufhebung des Termins erfährt, desto geringer ist der nutzlose Zeitaufwand und desto geringer ist die Höhe der entstehenden Terminsgebühr (s. auch Gerold/Schmidt/Burhoff, a.a.O.). Zutreffend weist zudem Kotz (a.a.O.) darauf hin, dass es der Regelung in Vorbem. 4 Abs. 3 VV, also bei der Terminsgebühr, nicht bedurft hätte, wenn die Fälle des „Nichterscheinens" vom RVG über die Verfahrensgebühr gelöst werden.

80 **Hinweis:**

Eine **Ausnahme** macht **Vorbem. 4 Abs. 3 Satz 3 VV**. Danach entsteht die Terminsgebühr bei „geplatztem Termin" nicht, wenn der Rechtsanwalt **rechtzeitig** von der **Aufhebung** oder **Verlegung** des Termins in **Kenntnis** gesetzt worden ist. Den Begriff „rechtzeitig" definiert das RVG allerdings nicht. „Rechtzeitig" ist der Rechtsanwalt auf jeden Fall immer dann in Kenntnis gesetzt, wenn er die Fahrt zum Termin noch nicht angetreten hat. Hat er sie bereits angetreten und erfährt er erst dann von der Aufhebung oder Verlegung, ist das nicht mehr rechtzeitig, wenn der Rechtsanwalt nicht mehr umkehren kann, um seine Arbeitszeit anderweitig zu nutzen. Sinn und Zweck der Neuregelung ist es ja gerade, den nutzlosen Zeitaufwand, den der Rechtsanwalt bei einem geplatzten bzw. nicht stattfindenden Termin hat, zu dem er aber dennoch erscheint, zu honorieren (BT-Drucks. 15/1971, S. 221). Der Rechtsanwalt ist allerdings verpflichtet, dafür zu sorgen, dass ihn Terminsabladungen rechtzeitig erreichen (OLG München, AGS 2004, 150; AnwKomm-RVG/N. Schneider, VV Vorb. 4 Rn. 29). Hat der Verteidiger kurzfristig einen Aufhebungsantrag gestellt, sollte er sich ggf. vor der Abreise zum Termin erkundigen, ob dieser aufgehoben worden ist und ihn ggf. nur die Abladung noch nicht erreicht hat (vgl. die Fallgestaltung bei LG Neuruppin, RVGreport 2010, 26 = VRR 2009, 320 = StRR 2010, 119 = RVGprofessionell 2009, 140, wo das „Vertretenmüssen" damit begründet worden ist, dass der Verteidiger, der an einem Freitag einen Aufhebungsantrag gestellt hatte, der nach Dienstschluss beim AG eingegangen war, sich vor Abreise zu dem am Montag um 09.30 Uhr terminierten Hauptverhandlungstermin nicht nach Entscheidung über seinen Aufhebungsantrag erkundigt hat). Es kann auch nicht darauf ankommen, wie nahe die Kanzlei des Rechtsanwalts zum Gericht gelegen ist (s. aber wohl

Tätigkeiten in Strafsachen *Vorbemerkung 4*

LG Osnabrück, JurBüro 2008, 649). Deshalb ist es unzutreffend, wenn das LG Osnabrück (a.a.O.) darauf abstellt, dass es bei einer telefonischen Aufhebung des Hauptverhandlungstermins nur der Nähe der Kanzlei des Verteidigers zu verdanken ist, dass er vor dem Gericht nicht erscheint. Entscheidend ist, ob der Rechtsanwalt bereits nutzlos Zeit aufgewendet hat.

> *Beispiel:* 81
>
> *Rechtsanwalt R hat seinen Kanzleisitz in Bremen. Er verteidigt einen Angeklagten bei einer Strafkammer des LG Bonn. Zum um 9.00 Uhr beginnenden Hauptverhandlungstermin reist er am Vortag an. Am Vortag erfährt der Vorsitzende, dass der Hauptbelastungszeuge erkrankt ist. Er verlegt deshalb den Termin. Das erfährt Rechtsanwalt A erst, als er in Bonn eintrifft.*
>
> *Rechtsanwalt R ist nicht rechtzeitig in Kenntnis gesetzt. Dem Verteidiger kann die Anreise am Vortag auch nicht als Verschulden angelastet werden. Wenn ein Termin zur Hauptverhandlung auf den Vormittag anberaumt ist, ist es nicht missbräuchlich, bei weiterer Entfernung am Vortag anzureisen (OLG München, AGS 2004, 150 für Anreise von Düsseldorf nach München). Die Terminsgebühr für die Hauptverhandlung ist also nach Nr. 4112 VV i.V.m. Vorbem. 4 Abs. 3 Satz 2 VV entstanden. Die Ausnahmeregelung des Abs. 3 Satz 3 greift nicht ein.*

Der **geringere Zeitaufwand**, den der Rechtsanwalt in den Fällen des „geplatzten Termins" 82 durch die nicht (mehr) erfolgende „Teilnahme" an der **Hauptverhandlung** erbringt, kann beim Wahlanwalt ohne Weiteres bei der Bemessung der Gebühr nach § 14 innerhalb des **Gebührenrahmens** der jeweiligen Terminsgebühr berücksichtigt werden (LG Bonn, AGS 2007, 563 m. Anm. N. Schneider = JurBüro 2007, 590 = RVGreport 2008, 61 [Gebühr unterhalb der Mittelgebühr]). Beim **Pflichtverteidiger** besteht diese Möglichkeit nicht, da er Festgebühren erhält.

> **Hinweis:**
> Fällt der Hauptverhandlungstermin aus, muss der Mandant die entstehende Terminsgebühr zahlen. Für ihn stellt sich dann aber die Frage, ob und von wem er die Gebühr ggf. **erstattet** verlangen kann. Insoweit kommen gegen einen Zeugen/Sachverständigen die §§ 51 Abs. 1 Satz 1, 72 StPO in Betracht. Ist die Abladung nicht (rechtzeitig) erfolgt, haftet die Staatskasse ggf. aus § 839 BGB (zu allem AnwKomm-RVG/N. Schneider, VV Vorb. 4, Rn. 31; N. Schneider, AGS 2004, 152 in der Anm. zu OLG München, AGS 2004, 150; eingehend jetzt auch Meyer, JurBüro 2009, 126).

V. (Haft-)Zuschlag (Abs. 4)

1. Überblick

Das VV sieht an vielen Stellen Gebühren mit Zuschlag vor (s. z.B. die Nrn. 4101, 4103, 4105, 83 4107 VV usw.). Wann der Rechtsanwalt diese gegenüber der normalen Gebühr mit einem erhöhten Gebührenrahmen ausgestattete Gebühr erhält, regelt grds. Vorbem. 4 Abs. 4 VV. Danach verdient der Rechtsanwalt diese erhöhte Gebühr, wenn sich der Beschuldigte/sein **Mandant nicht** auf **freiem Fuß** befindet. Durch diese erhöhten Gebühren sollen diejenigen Mehrarbeiten des Rechtsanwalts abgegolten werden, die durch die Verteidigung eines sich nicht auf freiem Fuß befindenden Mandanten entstehen (vgl. dazu unten Rn. 87 ff.; eingehend zum Haftzuschlag Burhoff, StRR 2007, 54, ders., RVGprofessionell 2010, 77 und ders., RVGreport 2011, 242).

Vorbemerkung 4 *Tätigkeiten in Strafsachen*

2. Persönlicher Geltungsbereich

84 Der Zuschlag steht ggf. sowohl dem **Wahlanwalt** als auch dem gerichtlich **bestellten** oder **beigeordneten** Rechtsanwalt zu. Er fällt auch bei den Gebühren in der Strafvollstreckung nach den Nrn. 4200 ff. VV an. Für den Rechtsanwalt, der nur mit Einzeltätigkeiten beauftragt worden ist, wird ein Zuschlag hingegen nicht gewährt (vgl. Nrn. 4300 ff. VV).

85 **Hinweis:**

Für den **Vertreter** des **Nebenklägers** gilt nach Vorbem. 4 Abs. 1 VV die Zuschlagsregelung des Abs. 4 „entsprechend". Das bedeutet, dass es in diesen Fällen nicht darauf ankommt, ob der Beschuldigte sich nicht auf freiem Fuß befindet, sondern darauf, ob der **Nebenkläger** in **Haft** ist (so jetzt die h.M. zum RVG, wie (auch) OLG Düsseldorf, RVGreport 2006, 389 = AGS 2006, 435 = JurBüro 2006, 534; OLG Hamm, Rpfleger 2007, 502 = JurBüro 2007, 528; OLG Köln, AGS 2010, 72 = RVGreport 2010, 146 = RVGprofessionell 2010, 39; LG Flensburg, AGS 2008, 340; Gerold/Schmidt/Burhoff, VV Vorb. 4 Rn. 45; a.A. zur BRAGO OLG Düsseldorf, NStZ 1997, 605 = AGS 1999, 135; AnwKomm-RVG/N. Schneider, VV Vorb. 4, Rn. 56 f.). Befindet sich der Beschuldigte in Haft und entstehen dadurch für den Nebenklägervertreter Erschwernisse, so z.B. wenn die Hauptverhandlung wegen einer Erkrankung des Beschuldigten in der Justizvollzugsanstalt stattfinden muss, sind diese Erschwernisse ggf. bei der Terminsgebühr über § 14 erhöhend zu berücksichtigen.

Entsprechendes gilt für die in Vorbem. 4 Abs. 1 VV genannten **anderen Verfahrensbeteiligten**. Entscheidend ist also für das Entstehen des Zuschlags, dass sich der Mandant des Rechtsanwalts nicht auf freiem Fuß befindet.

3. Sachlicher Geltungsbereich

86 Gebühren mit Zuschlag können in **allen Verfahrensabschnitten** entstehen, also im vorbereitenden Verfahren (s. Nr. 4105 VV) und im gerichtlichen Verfahren in jedem Rechtszug. Auch die Grundgebühr kann mit Zuschlag anfallen (vgl. Nr. 4101 VV). Die Gebühr mit Zuschlag entsteht für jeden Hauptverhandlungstag (vgl. z.B. Nr. 4109 VV und die dortige Komm.). Endet das Verfahren durch **Einstellung** oder anderweitig, erhält der Rechtsanwalt die zusätzliche Gebühr nach Nr. 4141 VV i.H.d. jeweiligen Verfahrensgebühr allerdings **ohne Zuschlag**.

87 Der Zuschlag soll die **Erschwernisse abgelten**, die dadurch entstehen, dass sich der Mandant nicht auf freiem Fuß befindet (vgl. dazu auch Rn. 88 ff.).

Hinweis:

Ob **tatsächlich** Erschwernisse **entstanden** sind, ist **ohne Belang** (KG, RVGreport 2007, 149; StraFo 2007, 483 = RVGreport 2007, 462 = StRR 2007, 359 = JurBüro 2007, 644; AGS 2008, 32; OLG Celle, StraFo 2008, 443 = AGS 2008, 490 = StRR 2009, 38 = NStZ-RR 08, 392; OLG Hamm, RVGreport 2009, 149 = StRR 2009, 39 m. zust. Anm. Burhoff; Gerold/Schmidt/Burhoff, VV Vorb. 4 Rn. 44; Hartung/Schons/Enders, VV Vorbem. 4 Rn. 43; unzutreffend a.A. AG Bochum, StRR 2009, 440 m. abl. Anm. Burhoff). Die Gebühr entsteht also immer dann mit Zuschlag, wenn der Beschuldigte in dem jeweiligen Verfahrensabschnitt nicht auf freiem Fuß war. Das folgt schon daraus, dass die Regelung nicht mehr wie § 83

Abs. 3 BRAGO als Ermessensregelung ausgebildet ist. Diese Regelung hat zur Folge, dass der Verteidiger den Zuschlag nicht näher begründen muss.

Abgegolten werden z.B. die Schwierigkeiten bzw. Erschwernisse, die der Rechtsanwalt hat, um Zugang zu seinem Mandanten zu bekommen, um sich mit diesem zu besprechen, insbesondere also Besuche in der Justizvollzugsanstalt. Es werden aber auch die besonderen Verfahren, die ggf. durch eine Inhaftierung ausgelöst werden, wie also z.B. Haftbeschwerden, Beschwerden bzw. Verfahren in Zusammenhang mit den Bedingungen der Untersuchungshaft usw. abgegolten. Durch den Zuschlag **nicht** ausgeglichen wird allerdings der Zeitaufwand, der dem Rechtsanwalt durch die **Teilnahme** an **Haftprüfungsterminen** entsteht. Der dadurch entstehende Zeitaufwand wird vielmehr durch die **eigene Terminsgebühr** erfasst (s. Nr. 4102 Ziff. 3 VV). Auch die psychologische Situation des sich in Haft befindenden Mandanten ist schließlich für die Verteidigung von Bedeutung.

4. Voraussetzungen für das Entstehen des Zuschlags

Die Gebühr mit Zuschlag setzt nur voraus, dass der Beschuldigte sich nicht auf freiem Fuß befindet. **Weshalb** der Beschuldigte nicht auf freiem Fuß ist, ist für das Entstehen der Zuschlagsgebühr **unerheblich**. In der Praxis am häufigsten wird die **Untersuchungshaft** des Beschuldigten sein. Die Vorschrift gilt jedoch – wie schon § 83 Abs. 3 BRAGO – auch dann, wenn der Beschuldigte/Mandant sich in **Strafhaft**, Haft nach § 230 Abs. 2 (inzidenter LG Berlin, RVGreport 2011, 226 = StRR 2011, 4 [LS]), Sicherungsverwahrung, (einstweiliger) Unterbringung, Unterbringung nach dem PsychKG, Auslieferungs- oder Abschiebehaft, Polizeigewahrsam, Unterbringung nach § 72 Abs. 4 JGG i.V.m. § 71 Abs. 2 JGG (OLG Jena, StraFo 2003, 219 = AGS 2003, 313) befindet (AnwKomm-RVG/N. Schneider, VV Vorb. 4 Rn. 45 ff.), und wohl auch, wenn Anordnungen zum Aufenthaltsort des Jugendlichen nach § 71 Abs. 1 JGG getroffen werden. Wird ein **Vorführungshaftbefehl** (z.B. § 230 StPO) vollstreckt, befindet sich der Angeklagte ebenso „nicht auf freiem Fuß" wie der nach §§ 127 Abs. 1, 127b StPO vorläufig Festgenommene (KG, StraFo 2006, 472 = RVGreport 2006, 310 = AGS 2006, 545; StraFo 2007, 482 = RVGreport 2007, 463 = StRR 2007, 359 = AGS 2008, 31; AGS 2008, 32; AG Tiergarten, AGS 2010, 73). Der Zuschlag fällt **auch** dann an, wenn sich der Beschuldigte/Mandant im sog. **offenen Vollzug** befindet (KG, StraFo 2007, 483 = AGS 2007, 619 = RVGreport 2007, 462 = StRR 2007, 359 = JurBüro 2007, 644; OLG Jena, AGS 2009, 385 = NStZ-RR 2009, 224 [LS]; [inzidenter] OLG Stuttgart, AGS 2010, 429 = RVGreport 2010, 388 = RVGprofessionell 2010, 169; LG Aachen/AG Aachen, AGS 2007, 242 = RVGreport 2007, 463 = StRR 2007, 40; Burhoff, StRR 2007, 54; ders., RVGprofessionell 2010, 77; ders., RVGreport 2011, 242; Gerold/Schmidt/Burhoff, VV Vorb. 4 Rn. 46; AnwKomm-RVG/N. Schneider, VV Vorb. 4 Rn. 46; a.A., aber unzutreffend AG Osnabrück, AGS 2006, 232). Auch dann liegen nämlich grds. Erschwernisse vor, da auch dieser Mandant sich z.B. nicht ungehindert zum Verteidiger begeben kann.

> **Hinweis:**
>
> Befindet sich der Beschuldigte im „offenen Vollzug" sollte der Verteidiger/Rechtsanwalt ggf. auf die Rechtsprechung des BGH hinweisen. Dieser geht in NStZ 2005, 265 f. davon aus, dass ein **Freigang** im Rahmen des offenen Vollzugs als **Verwahrung** in der **Anstalt** zu werten ist (ähnlich OLG Köln, StraFo 2007, 345 = NStZ-RR 2007, 213 = VRR 2007, 349; vgl. auch noch BGH, NStZ 2008, 91 = StraFo 2007, 471 = StV 2007, 577).

88

Vorbemerkung 4 *Tätigkeiten in Strafsachen*

Der Zuschlag soll **nicht** anfallen, wenn sich der Mandant einer (**freiwilligen stationären**) (Drogen/Alkohol) **Therapie** (s. z.B. § 35 BtMG) unterzieht (OLG Bamberg, RVGreport 2008, 225 = StRR 2007, 283 [LS]; OLG Hamm, StraFo 2008, 222; LG Berlin, AGS 2007, 562; LG Wuppertal, StraFo 2009, 532; AGS 2010, 16 = JurBüro 2009, 532 = Rpfleger 2009, 697; AG Koblenz, AGS 2007, 138 = JurBüro 2007, 82; AG Neuss, 25.08.2008 – 7 Ds 30 Js 1509/07 [263/07]; AG Osnabrück, AGS 2008, 229; AnwKomm-RVG/N. Schneider, VV Vorb. 4 Rn. 47; Hartung/Schons/Enders, VV Vorbem. 4 Rn. 44). M.E. ist das nicht zutreffend, da sich der Mandant ebenfalls nicht frei bewegen kann und sich der Verteidiger/Rechtsanwalt, wenn er ihn besucht, strengen Kontrollen – wie in der JVA – unterziehen muss. Dass der Mandant die Therapie ggf. jederzeit abbrechen kann, spielt eine untergeordnete Rolle (Gerold/Schmidt/Burhoff, VV Vorb. 4 Rn. 46; Kotz, a.a.O.; a.A. AG Koblenz, AGS 2007, 138). Zutreffend ist es allerdings, wenn davon ausgegangen wird, der Haftzuschlag nicht anfällt, wenn ein in einem psychiatrischen Krankenhaus Untergebrachter bereits dauerhaft in einem externen Pflegeheim wohnt (**betreutes Wohnen**) (KG, RVGreport 2008, 463 = RVGprofessionell 2008, 212 = NStZ-RR 2009, 31 = JurBüro 2009, 83 = StRR 2009, 156; OLG Stuttgart, AGS 2010, 429 = RVGreport 2010, 388 = RVGprofessionell 2010, 169; LG Berlin, AGS 2007, 562 = StRR 2007, 280 = RVGreport 2007, 463). Befindet sich ein Untergebrachter allerdings im Rahmen von Lockerungen (noch) in einem Übergangswohnheim, steht dem Verteidiger im Unterbringungsverfahren der Haftzuschlag zu (OLG Jena, AGS 2009, 385 = NStZ-RR 2009, 224 [LS]).

> **Hinweis:**
> Der Begriff „nicht auf freiem Fuß" ist **weit auszulegen**. Gemeint ist jede (behördliche) Anordnung, die den Betroffenen in der Wahl seines Aufenthaltsortes beschränkt (AG Heilbronn vom AGS 2006, 516). Diese Sinn und Zweck der Regelung erfasst aber auch die Fälle, in denen sich der Beschuldigte selbst Beschränkungen „anordnet", deren Übertreten für ihn persönlich Nachteile hat, wie z.B. den Abbruch einer Therapie.

89 Der Mandant muss sich nach allgemeiner Meinung nicht in der Sache in Haft befinden, wegen der ihn der Rechtsanwalt verteidigt (unter Aufgabe seiner früheren Rspr. in JurBüro 2005, 535 OLG Hamm, RVGreport 2010, 27 = AGS 2010, 17; s. auch OLG Düsseldorf, AGS 2011, 227 = JurBüro 2011, 197 = RVGreport 2011, 143 = RVGprofessionell 2011, 61; AG Bochum, AGS 2009, 325 = StRR 2009, 280; Gerold/Schmidt/Burhoff, VV Vorb. 4 Rn. 46; AnwKomm-RVG/N. Schneider, VV Vorb. 449; zur BRAGO OLG Oldenburg, StV 1996, 165; OLG Düsseldorf, StV 1997, 422). **Auch** wenn er sich in **anderer Sache** in (Untersuchungs-)Haft befindet, entstehen die oben beschriebenen Erschwernisse für den Rechtsanwalt, die die Anwendung der Zuschlagsgebühr rechtfertigen.

90 Für das Entstehen einer Zuschlagsgebühr ist es **unerheblich, wie lange** der Beschuldigte/Mandant sich nicht auf freiem Fuß befunden hat (KG, RVGprofessionell 2007, 41; OLG Celle, StraFo 2008, 443 = AGS 2008, 490 = StRR 2009, 38 = RVGreport 2009, 427; OLG Hamm, RVGreport 2009, 149 = StRR 2009, 39; AG Heilbronn, AGS 2006, 516; AnwKomm-RVG/N. Schneider, VV Vorb. 4, Rn. 50; Gerold/Schmidt/Burhoff, VV Vorb. 4 Rn. 43; vgl. auch das Beispiel bei Nr. 4109 VV Rn. 6). Entscheidend ist allein, dass er in dem Verfahrensabschnitt, für den die Zuschlagsgebühr entstehen soll, überhaupt irgendwann nicht auf freiem Fuß, also i.d.R. inhaftiert oder untergebracht war (u.a. OLG Celle, a.a.O.). Das ist auch der Fall, wenn der Mandant zunächst

Tätigkeiten in Strafsachen — *Vorbemerkung 4*

„nur" vorläufig festgenommen war, dann aber vor Erlass eines Haftbefehls wieder auf freien Fuß gesetzt wird (ähnlich AG Heilbronn, a.a.O.). Dann entsteht z.B. die jeweilige **Verfahrensgebühr** mit Zuschlag. Die Gebühr entsteht auch mit Zuschlag, wenn gegen den in einer Hauptverhandlung abwesenden Angeklagten ein Haftbefehl nach § 230 Abs. 2 StPO ergeht, er sich dann selbst stellt und ihm sodann der Haftbefehl vom Richter verkündet wird, der ihn dann anschließend außer Vollzug setzt. Zwischen der Verkündung des Haftbefehls und der Außervollzugsetzung war dieser Angeklagte zumindest kurzfristig „nicht auf freiem Fuß". Auch ist es **nicht erforderlich**, dass der Mandant während des **gesamten Verfahrensabschnitts**, für den eine Gebühr mit Zuschlag geltend gemacht wird, nicht auf freiem Fuß gewesen ist. Wird der Mandant während des Verfahrensabschnitts aus der Haft entlassen, hat das allenfalls Einfluss auf die Höhe der mit Zuschlag entstandenen Gebühr; die Gebühr mit Zuschlag entfällt hingegen nicht nachträglich. Die Verfahrensgebühr für das vorbereitende Verfahren (Nr. 4104 VV) entsteht im Übrigen auch dann mit Zuschlag, wenn die Anklage zwar ursprünglich schon erhoben war, bevor der Verteidiger für den inhaftierten Mandanten tätig wurde, dann aber zurückgenommen und nach erneuten Ermittlungen eine neue Anklage erhoben worden ist (LG Oldenburg, 25.06.2008 – 5 Qs 230/08, JurionRS 2008, 18765 = www.burhoff.de).

Für das Entstehen einer **Terminsgebühr** mit Zuschlag ist es ausreichend, wenn der Angeklagte erst am Ende des Verhandlungstages, aber vor Beendigung des Hauptverhandlungstermins, in Haft genommen wird (OLG Celle, StraFo 2008, 443 = AGS 2008, 490 = StRR 2009, 38 = NStZ-RR 2008, 392; OLG Düsseldorf, AGS 2011, 227 = JurBüro 2011, 197 = RVGreport 2011, 143 = NStZ-RR 2011, 159 [vor Rechtsmittelbelehrung]; OLG Hamm, RVGreport 2009, 149 = StRR 2009, 39 [vor Rechtsmittelbelehrung]; vgl. auch noch Nr. 4101 VV Rn. 2 ff.; für die Verfahrensgebühr s. Nr. 4107 VV Rn. 3 f. und für die Terminsgebühr bei Nr. 4109 VV Rn. 4 ff.). Die Terminsgebühr entsteht auch mit Zuschlag, wenn der Haftbefehl, z.B. ein Haftbefehl nach § 230 Abs. 2 StPO, während der Hauptverhandlung aufgehoben wird. Entscheidend ist, dass der Mandant dann zumindest während eines Teils der Hauptverhandlung nicht auf freiem Fuß war; der einmal entstandene (Haft-)Zuschlag entfällt nicht durch die Aufhebung der Haftbefehls (§ 15 Abs. 4).

> **Hinweis:**
> Die Voraussetzungen für den Haftzuschlag müssen **nicht** schon beim **Entstehen** der jeweiligen **Gebühr**, für die der Zuschlag bestimmt ist, vorliegen (KG, RVGprofessionell 2007, 41; a.A. Hartung/Römermann/Schons, VV 4100, 4101 Rn. 16). Da der Zuschlag die durch die Inhaftierung entstehenden Erschwernisse abgelten soll, ist entscheidend, dass der Mandant in dem Zeitraum, der durch die geltend gemachte Gebühr abgegolten werden soll, inhaftiert war (vgl. KG, RVGprofessionell 2007, 41). Ob er schon bei Auftragserteilung inhaftiert war, ist unerheblich (KG, a.a.O., für die Grundgebühr, wenn das erste Informationsgespräch nicht zeitnah zur Auftragserteilung erfolgt ist; vgl. auch Nr. 4101 VV Rn. 2). Wird der Mandant nachträglich inhaftiert, hat das auf das Entstehen des Haftzuschlags für Gebühren, die für bereits abgeschlossene Verfahrensabschnitte anfallen, keinen Einfluss (mehr) (insoweit zutreffend LG Offenburg, NStZ-RR 2006, 358 = RVGreport 2006, 350 = AGS 2006, 436).

5. Höhe des Zuschlags

91 Bei einer Gebühr mit Zuschlag ist die **Höchstgebühr** des Betragsrahmens bzw. der Festbetrag jeweils **um 25 %** angehoben. Der Gebührenrahmen ist also gegenüber der jeweiligen „Grund-

gebühr" erhöht. Die Gebühr entsteht, wenn Mandant nicht auf freiem Fuß ist, **immer** aus dem erhöhten Rahmen. Damit wird (unnötiger) Streit im Kostenfestsetzungsverfahren darüber vermieden, ob der Gebührenrahmen der jeweiligen Gebühr ausreichend ist oder nicht. Der Gesetzgeber ist zutreffend davon ausgegangen, dass dadurch, dass sich der Mandant nicht auf freiem Fuß befindet, immer Erschwernisse entstehen, die durch den jeweiligen Zuschlag ausgeglichen werden sollen. Der Umstand der Inhaftierung oder Unterbringung wird im Übrigen aber nicht (mehr) bei der Bemessung der konkreten Gebühr innerhalb des Rahmens nach § 14 besonders berücksichtigt (AnwKomm-RVG/N. Schneider, VV Vorb. 4 Rn. 57).

6. Höhe der jeweiligen Gebühr

92 Die jeweils **angemessene Gebühr** mit Zuschlag ist innerhalb des jeweiligen Gebührenrahmens unter Anwendung der **Kriterien des § 14** zu finden. Grds. wird der Verteidiger auch hier von der Mittelgebühr der um den Zuschlag erhöhten Gebühr ausgehen (dürfen), wenn es sich um eine durchschnittliche Haftsache handelt. Ergeben sich aufgrund der Inhaftierung besondere Schwierigkeit oder ein höherer Umfang kann das zum Überschreiten der Mittelgebühr herangezogen werden (vgl. AnwKomm-RVG/N. Schneider, VV Vorb. 4 Rn. 57). Insoweit können die Grundsätze für die Berücksichtigung von U-Haft bei der Pauschgebühr entsprechend herangezogen werden (vgl. dazu § 51 Rn. 134 m.w.N.). Beim Wahlanwalt ist auch die Länge des Zeitraums von Bedeutung, während dessen sich der Mandant nicht auf freiem Fuß befunden hat. Einfluss haben dann insbesondere auch die sonstigen durch die Haft verursachten Tätigkeiten, wie Beschwerden in Zusammenhang mit der U-Haft, Anzahl der Besuche usw. Insoweit kommt es ggf. zu einer gewissen Schlechterstellung des Wahlanwalts gegenüber dem Pflichtverteidiger. Denn bei diesem kann z.B. eine nur kurze Zeit der Inhaftierung nicht gebührenmindernd berücksichtigt werden, da er Festgebühren erhält.

VI. Kostenfestsetzung, Zwangsvollstreckung (Abs. 5)

93 Vorbem. 4 Abs. 5 VV nennt die Fälle, in denen dem Rechtsanwalt **Gebühren** nach den Vorschriften des **Teils 3 VV** zustehen. Dies ist der Fall

- im Verfahren über die **Erinnerung** oder die **Beschwerde** gegen einen **Kostenfestsetzungsbeschluss** (§ 464b StPO),
- im Verfahren über die **Erinnerung** gegen den **Kostenansatz**,
- im Verfahren über die **Beschwerde** gegen die Entscheidung über diese **Erinnerung**,
- in der **Zwangsvollstreckung** aus Entscheidungen, die über einen aus der Straftat erwachsenen **vermögensrechtlichen Anspruch** oder die Erstattung von Kosten ergangen sind (§§ 406b, 464b StPO),
- in der **Zwangsvollstreckung** für die Mitwirkung bei der Ausübung der Veröffentlichungsbefugnis,
- in der Zwangsvollstreckung im **Beschwerdeverfahren** gegen eine dieser Entscheidungen.

94 Die nach Teil 3 VV abzurechnenden Gebühren entstehen **neben** den **sonstigen Gebühren**, die dem Rechtsanwalt zustehen. Die entsprechenden Tätigkeiten werden nicht durch die Gebühren nach den Nrn. 4100 ff. VV abgegolten. Vorbem. 4.1 Abs. 2 Satz 1 VV gilt insoweit nicht. Der Rechtsanwalt erhält die Gebühren des Abs. 5 gesondert, und zwar auch dann, wenn er im vorangegangenen Verfahren als Verteidiger oder Vertreter eines anderen Beteiligten tätig war

Tätigkeiten in Strafsachen *Vorbemerkung 4*

(AnwKomm-RVG/N. Schneider, VV Vorb. 4 Rn. 61; N. Schneider, DAR 2008, 759; ders., AG-Kompakt 2010, 130 zu allem eingehend auch Teil A: Kostenfestsetzung und Erstattung in Strafsachen, Rn. 833 ff.). Es handelt sich um eigene Angelegenheiten (s. auch N. Schneider, DAR 2008, 759, 760).

> **Hinweis:**
>
> Für das Stellen des **Kostenfestsetzungsantrags** selbst entstehen aber **keine zusätzlichen** Gebühren. Die Tätigkeit ist durch die Verfahrensgebühr abgegolten (LG Koblenz, JurBüro 2010, 32; zur Frage, welche Gebühren in den in Vorbem. 4 Abs. 5 VV geregelten Fällen ggf. für eine **Anhörungsrüge** (§ 356a StPO) und die Nachholung des rechtlichen Gehörs entstehen, s. Nr. 4302 VV Rn. 8).

1. Sachlicher Abgeltungsbereich

a) Erinnerung und Beschwerde gegen einen Kostenfestsetzungsbeschluss (Nr. 1, 1. Alt.)

Erhält der Rechtsanwalt den Auftrag, **gegen** einen **Kostenfestsetzungsbeschluss** (sofortige) Beschwerde nach § 304 Abs. 1 StPO bzw. Erinnerung nach § 11 Abs. 2 RPflG einzulegen oder vertritt er seinen Auftraggeber in einem von einem anderen Beteiligten eingeleiteten Verfahren, entsteht über Vorbem. 4 Abs. 5 Nr. 1, 1. Alt. VV die Gebühr der **Nr. 3500 VV** (unzutreffend a. A. AG Dresden, AGS 2010, 531 [1,3 Verfahrensgebühr nach Nr. 3100 VV, allerdings für Teil 5 VV]; abl. N. Schneider, AGS 2010, 532 in der Anm. zu AG Dresden, a.a.O.). **95**

> **Hinweis:**
>
> Die Gebühr nach Nr. 1, 1. Alt i.V.m. Teil 3 VV entsteht **nicht** für die **Anfechtung** der **Kostenentscheidung**. Die insoweit erbrachte Tätigkeit ist durch die Verfahrensgebühr abgegolten (vgl. oben Rn. 40; N. Schneider, AGS 2010, 432 in der Anm. zu AG Dresden, AGS 2010, 531).
>
> Der **Beschwerdewert** des § 304 Abs. 3 StPO muss mindestens **200,01 €** betragen. Das ist bei Einlegung eines Rechtsmittels zu beachten (vgl. hierzu Teil A: Kostenfestsetzung und Erstattung in Strafsachen, Rn. 833 ff., 925).

Durch diese Gebühr wird die **gesamte Tätigkeit** des Rechtsanwalts bis zur abschließenden Entscheidung über sein Rechtsmittel **abgegolten** (AnwKomm-RVG/N. Schneider, VV Vorb. 4 Rn. 72). Es liegt, auch wenn der Rechtspfleger der Erinnerung des Rechtsanwalts abhelfen sollte (zur Zulässigkeit s. einerseits OLG Hamm, NJW 1999, 3726; andererseits OLG München, Rpfleger 1999, 16; s. auch hierzu Teil A: Kostenfestsetzung und Erstattung in Strafsachen, Rn. 929), nur eine Angelegenheit vor, sodass die Gebühr auch nur einmal entsteht. Etwas anderes gilt, wenn der Rechtspfleger der Erinnerung abhilft und gegen diese Entscheidung nunmehr von anderen Beteiligten Erinnerung eingelegt wird. Dann handelt es sich um zwei Erinnerungsverfahren, sodass die Gebühr der Nr. 3500 VV auch zweimal anfällt (AnwKomm-RVG/N. Schneider, VV Vorb. 4 Rn. 73). Wird im Beschwerdeverfahren zurückverwiesen, können mehrere Beschwerdegebühren anfallen, wenn gegen eine erneute Festsetzung wiederum Beschwerde eingelegt wird. **96**

Vorbemerkung 4   *Tätigkeiten in Strafsachen*

> *Beispiel:*
>
> *Der Rechtsanwalt legt gegen den Kostenfestsetzungsbeschluss, der zugunsten der freigesprochenen Angeklagten ergangen ist, Beschwerde ein. Der Beschluss wird vom LG aufgehoben und die Sache an das AG zurückverwiesen. Dort werden die Kosten neu festgesetzt. Gegen diese Festsetzung legt R erneut Beschwerde ein.*
>
> *Für die* **Abrechnung** *gilt: R verdient für die erste Beschwerde die Verfahrensgebühr Nr. 3500 VV i.V.m. Vorbem. 4 Abs. 5 Nr. 1, 1. Alt. VV. Nach Zurückverweisung gilt § 21 Abs. 2, sodass für die zweite Beschwerde die Gebühr noch einmal entsteht. Es greift jedoch die Anrechnungsregelung der Vorbem. 3 Abs. 6 VV. Für die Beschwerde entsteht jedoch die Gebühr noch einmal (s. auch AnwKomm-RVG/N. Schneider, VV Vorb. 4 Rn. 74).*

97 Nach **Nr. 3500 VV** erhält der Rechtsanwalt eine **Verfahrensgebühr** von **0,5** und ggf. nach **Nr. 3513 VV** eine ebenso hohe **Terminsgebühr**. Bei mehreren Auftraggebern, z.B. mehreren Nebenklägern, erhöht sich die Gebühr nach Maßgabe der Nr. 1008 VV (s. auch Teil A: Mehrere Auftraggeber [§ 7, Nr. 1008 VV], Rn. 956 ff.). **Bemessungsgrundlage** ist der **Gegenstandswert**. Dieser bemisst sich danach, in welchem Umfang eine Abänderung des Festsetzungsbeschlusses mit dem Rechtsmittel beantragt wird (s. auch Teil A: Gegenstandswert, Festsetzung [§ 33], Rn. 656).

98   *Beispiel:*

Rechtsanwalt R hat den Angeklagten im Strafverfahren verteidigt. A wird freigesprochen. R macht gegenüber der Staatskasse Wahlverteidigergebühren i.H.v. 1.500,00 € geltend, von denen aber nur 1.200,00 € festgesetzt werden. R legt gegen den Kostenfestsetzungsbeschluss Rechtsmittel ein. Dieses hat Erfolg. Die Kosten des Rechtsmittels und die notwendigen Auslagen des Angeklagten im Rechtsmittelverfahren werden der Staatskasse auferlegt.

Bei der **Abrechnung** *ist nach § 23 Abs. 2 Satz 1 von einem Gegenstandswert von 300,00 € auszugehen (vgl. auch Teil A: Gegenstandswert, Festsetzung [§ 33], Rn. 656 ff.). Entstanden ist auf der Grundlage dieses Wertes eine 0,5 Verfahrensgebühr Nr. 3500 VV. Außerdem kann R eine Postentgeltpauschale Nr. 7002 VV geltend machen, sodass sich folgende Berechnung ergibt.*

Verfahrensgebühr Nr. 3500 VV i.v.m. Vorbem. 4 Abs. 5 Nr. 1 Alt. 1 VV	*12,50 €*
Postentgeltpauschale Nr. 7022 VV	*2,50 €*
Anwaltsvergütung netto	***15,00 €***

b)   Erinnerung und Beschwerde gegen den Kostenansatz (Nr. 1, 2. Alt.)

99 Gegen den Kostenansatz kann nach § 66 Abs. 1 GKG Erinnerung und, wenn der Wert des Beschwerdegegenstandes 200,00 € übersteigt, nach § 66 Abs. 2 GKG gegen die Entscheidung über die Erinnerung Beschwerde eingelegt werden (s. auch Teil A: Gerichtskosten, Rn. 713 ff.). Wird der Rechtsanwalt mit der Einlegung eines dieser Rechtsmittel beauftragt oder vertritt er seinen Auftraggeber in einem von einem anderen Beteiligten eingeleiteten Rechtsmittelverfahren über den Kostenansatz, erhält er über Abs. 5 Nr. 1, 2. Alt. ebenfalls eine Gebühr nach **Nr. 3500 VV**.

> **Hinweis:**
>
> Wird der Rechtsanwalt für seinen Mandanten im **Verfahren** über den **Kostenansatz** tätig und überprüft er für diesen die gerichtliche Kostenrechnung, entstehen **keine gesonderten Gebühren**. Insoweit gilt die Pauschalcharakterregelung: Diese Tätigkeit wird durch die Ver-

teidigergebühren mit abgegolten. Ist der Rechtsanwalt nicht als Verteidiger mit der Überprüfung der Kostenrechnung beauftragt, gilt Nr. 2100 VV (AnwKomm-RVG/N. Schneider, VV Vorb. 4 Rn. 81).

100 Durch die Gebühr der Nr. 3500 VV wird die **gesamte Tätigkeit** des Rechtsanwalts bis zur abschließenden Entscheidung über sein Rechtsmittel **abgegolten** (AnwKomm-RVG/N. Schneider, VV Vorb. 4 Rn. 85). Hilft der Kostenbeamte der Erinnerung ab und wird gegen diese Entscheidung nunmehr von anderen Beteiligten Erinnerung eingelegt, handelt es sich um zwei Erinnerungsverfahren, sodass die Gebühr auch zweimal anfällt (AnwKomm-RVG/N. Schneider, a.a.O.). Im Beschwerdeverfahren nach § 66 Abs. 2 GKG erhält der Rechtsanwalt die Gebühr noch einmal, da es sich beim Beschwerdeverfahren nach § 15 Abs. 2 um eine neue Instanz handelt.

101 Der **Höhe** nach erhält der Rechtsanwalt eine **Verfahrensgebühr** von **0,5** und ggf. eine ebenso hohe **Terminsgebühr**. Bei mehreren Auftraggebern, z.B. mehreren Nebenklägern, erhöht sich die Gebühr nach Maßgabe der Nr. 1008 VV.

102 **Bemessungsgrundlage** ist der **Gegenstandswert**. Dieser bemisst sich danach, in welchem Umfang eine Abänderung des Festsetzungsbeschlusses mit dem Rechtsmittel beantragt wird; der Gegenstandswert kann im Erinnerungs- und Beschwerdeverfahren also unterschiedlich hoch sein (s. auch Teil A: Gegenstandswert, Festsetzung [§ 33], Rn. 656 ff.).

> *Beispiel:*
> *Dem ausländischen Verurteilten sind in der Gerichtskostenrechnung Dolmetscherkosten i.H.v. 1.000,00 €*
> *in Rechnung gestellt worden. Der Verteidiger legt hiergegen Erinnerung gem. § 66 GKG ein, weil die*
> *Dolmetscherkosten nach Abs. 4 der Anm. zu Nr. 9005 KV GKG nicht in Rechnung gestellt werden dürfen.*
> *Der Gegenstandswert des Erinnerungsverfahrens beträgt 1.000,00 €. Der Rechtsanwalt kann diesen Wert*
> *im Verfahren nach § 33 festsetzen lassen.*

103 Wenn der Rechtsanwalt den Auftraggeber in **mehreren Erinnerungs-** oder Beschwerdeverfahren vertritt, entsteht nur eine Gebühr nach Nr. 3500 VV. Insoweit gilt § 16 Nr. 12. Nach herrschender Meinung galt die Regelung des § 61 Abs. 2 BRAGO für alle Erinnerungsverfahren, unabhängig davon, ob sie sich gegen den Kostenfestsetzungsbeschluss oder den Kostenansatz richten (vgl. u.a. Gerold/Schmidt/Madert, BRAGO, § 96 Rn. 7 m.w.N.). Davon wird man auch für das RVG ausgehen können (a.A. zu § 61 Abs. 2 BRAGO: Gebauer/Schneider, BRAGO, § 96 Rn. 31).

c) Zwangsvollstreckungssachen (Nr. 2)

104 Wenn im Strafverfahren Entscheidungen ergehen, aus denen einer der Beteiligten nach den allgemeinen Vorschriften die Zwangsvollstreckung betreiben kann (z.B. § 406b StPO), erhält der insoweit beauftragte Rechtsanwalt über Vorbem. 4 Abs. 5 Nr. 2 VV **Gebühren** nach **Teil 3 VV** (vgl. Teil A: Zwangsvollstreckung, Rn. 1696 ff.). Dies sind die **Nrn. 3309 ff. VV**. Der Rechtsanwalt erhält also ggf. eine Verfahrensgebühr von 0,3 und, wenn ein Termin stattfinden sollte, nach Nr. 3310 VV eine Terminsgebühr von ebenfalls 0,3. Der Gegenstandswert bemisst sich nach § 25 (s. auch Teil A: Gegenstandswert, Festsetzung [§ 33], Rn. 656). Bei mehreren Auftraggebern gilt Nr. 1008 VV.

105 Wird der Rechtsanwalt in einem **Beschwerdeverfahren** in der Zwangsvollstreckung tätig, erhält er über Vorbem. 4 Abs. 5 Nr. 2 VV zusätzlich die Gebühren nach **Nr. 3500 VV** und ggf. nach

Vorbemerkung 4   *Tätigkeiten in Strafsachen*

Nr. 3513 VV. Nach § 18 Nr. 5 sind Beschwerdeverfahren in Zwangsvollstreckungssachen eigene Angelegenheiten.

2. Beigeordneter oder bestellter Rechtsanwalt

106 Der **beigeordnete** oder gerichtlich **bestellte** Rechtsanwalt, insbesondere also der Pflichtverteidiger, erhält für eine der in Vorbem. 4 Abs. 5 VV genannten Tätigkeiten grds. **keine Vergütung** aus der **Staatskasse**. Die entsprechenden Tätigkeiten sind nicht durch eine Pflichtverteidigerbestellung oder Beiordnung gedeckt (AnwKomm-RVG/N. Schneider, VV Vorb. 4 Rn. 109; Gerold/Schmidt/Burhoff, VV Vorb. 4 Rn. 54). Das folgt daraus, dass die Tätigkeiten des Abs. 5 nicht im allgemeinen Gebührenkatalog der Nrn. 4100 ff. VV mit den für den beigeordneten oder gerichtlich bestellten Rechtsanwalt vorgesehenen Festbetragsgebühren genannt sind.

> **Hinweis:**
>
> Der Rechtsanwalt kann aber seine Beiordnung im Rahmen der **PKH** beantragen. Er erhält dann eine Vergütung nach den Sätzen des **§ 49**; bei höheren Streitwerten gelten also ggf. die in § 49 enthaltenen **Begrenzungen**.

Abschnitt 1

Gebühren des Verteidigers

Die in Teil 4 Abschnitt 1 VV geregelten Gebühren des Verteidigers in Strafsachen sind in **fünf Unterabschnitte** aufgeteilt. Geregelt werden in 1

- Unterabschnitt 1: Allgemeine Gebühren
- Unterabschnitt 2: Vorbereitendes Verfahren
- Unterabschnitt 3: Gerichtliches Verfahren
- Unterabschnitt 4: Wiederaufnahmeverfahren
- Unterabschnitt 5: Zusätzliche Gebühren

Die Gebühren sind je nach Verfahrensstadium in **verschiedene Angelegenheiten** aufgeteilt. Zu unterscheiden sind: 2

- das **Vorbereitende Verfahren**,
- das **gerichtliche Verfahren** erster Instanz vor dem AG, dem LG oder dem OLG,
- das Verfahren über die **Berufung** vor dem LG,
- das Verfahren über die **Revision** vor dem BGH oder dem OLG,
- das **Wiederaufnahmeverfahren**.

> **Hinweis:**
> In jeder dieser Angelegenheiten kann der Rechtsanwalt, da es sich um verschiedene Angelegenheiten handelt, die **Gebühren gesondert** verdienen. Das gilt auch für die Auslagenpauschale der Nr. 7002 VV (vgl. auch Teil A: Angelegenheiten [§§ 15 ff.], Rn. 90 ff.).

In Teil 4 Abschnitt 1 Unterabschnitt 5 VV sind **zusätzliche Gebühren** enthalten, die in allen Verfahrensabschnitten anfallen können. Die in der Praxis bedeutsamste ist die Nr. 4141 VV, die die Mitwirkung des Rechtsanwalts daran, dass eine Hauptverhandlung entbehrlich wird, mit einer (zusätzlichen) Verfahrensgebühr honoriert. 3

Vorbemerkung 4.1 *Gebühren für die Tätigkeit im Strafverfahren*

Vorbemerkung 4.1:

(1) Dieser Abschnitt ist auch anzuwenden auf die Tätigkeit im Verfahren über die im Urteil vorbehaltene Sicherungsverwahrung und im Verfahren über die nachträgliche Anordnung der Sicherungsverwahrung.

(2) Durch die Gebühren wird die gesamte Tätigkeit als Verteidiger entgolten. Hierzu gehören auch Tätigkeiten im Rahmen des Täter-Opfer-Ausgleichs, soweit der Gegenstand nicht vermögensrechtlich ist.

Übersicht

	Rn.
A. Überblick	1
B. Kommentierung	3
I. Allgemeines	3
II. Persönlicher Geltungsbereich	4
1. Allgemeines	4
2. Abrechnung der Tätigkeit des Zeugenbeistands	5
a) Abrechnung nach Teil 4 Abschnitt 1 VV	6
b) Abrechnung durch den beigeordneten Zeugenbeistand (§ 68b Abs. 2 StPO)	10
c) Höhe der Gebühren des Zeugenbeistands	11
d) Abrechnungsbeispiele	12
3. Tätigkeit als sog. Terminsvertreter	17
4. Tätigkeit im Strafbefehlsverfahren als nach § 408b StPO beigeordneter Pflichtverteidiger	19
III. Verfahren über die vorbehaltene Sicherungsverwahrung (Abs. 1)	20
1. Allgemeines	20
2. Anfallende Gebühren	21
IV. Pauschgebührencharakter (Abs. 2)	23
1. Allgemeines	23
2. Abgeltungsbereich der Pauschgebühren	24
a) Allgemeines	24
b) Katalog der erfassten Tätigkeiten	25
c) Besondere Tätigkeiten	28
d) Einlegung eines Rechtsmittels	29
e) Beratung über ein Rechtsmittel	30
V. Anrechnung	36

Literatur:

Burhoff, Vergütung des Zeugenbeistands im Strafverfahren, RVGreport 2004, 458; *ders.*, Die Abrechnung der Tätigkeit des Zeugenbeistands im Strafverfahren, RVGreport 2006, 81; *ders.*, Abrechnung der Tätigkeit des Zeugenbeistands im Straf- und OWi-Verfahren, StRR 2007, 220; *ders.*, Die anwaltliche Vergütung im Strafbefehlsverfahren, RVGreport 2008, 201; *ders.*, Abrechnung der Tätigkeiten des Terminsvertreters im Strafverfahren, RVGprofessionell 2010, 153; *ders.*, Persönlicher Geltungsbereich des Teils 4 VV RVG, eine Bestandsaufnahme der Rechtsprechung, RVGreport 2011, 85; *Kotz*, Eine Lanze für den Underdog Zur Vergütungslage des bestellten Terminsvertreters in Strafsachen, StraFo 2008, 412; *Volpert*, Die richtige Abrechnung der Tätigkeit im Verfahren nach dem Strafrechtsentschädigungsgesetz, BRAGOprofessionell 2003, 91; *ders.*, Die Vergütung im Beschwerdeverfahren in Straf- und Bußgeldsachen, VRR 2006, 453; *ders.*, Richtige Abrechnung der Tätigkeit im strafrechtlichen Beschwerdeverfahren, RVGprofessionell 2007, 101; s. auch die Hinweise bei Vorbem. 4 VV vor Rn. 1.

A. Überblick

1 Teil 4 Abschnitt 1 VV regelt die Gebühren des Rechtsanwaltes als (Voll-)**Verteidiger**, Beistand oder Vertreter im Ermittlungsverfahren, im gerichtlichen Verfahren und im Wiederaufnahmever-

Gebühren für die Tätigkeit im Strafverfahren *Vorbemerkung 4.1*

fahren. Die dem Verteidiger zustehenden Gebühren sind stärker als früher in der BRAGO an den **Gang** des **Verfahrens angepasst** worden (vgl. Vorbem. 4 VV Rn. 2). Im Einzelnen:

- Der Rechtsanwalt verdient zunächst (immer) eine **Grundgebühr** (Nr. 4100 VV).
- Im Ermittlungsverfahren erhält der Rechtsanwalt neben der Grundgebühr zusätzlich eine **Verfahrensgebühr** (Nr. 4104 VV).
- Auch im gerichtlichen Verfahren wird die Tätigkeit des Rechtsanwalts in jedem Rechtszug mit einer **Verfahrensgebühr** (Nrn. 4106, 4112, 4118, 4124, 4130 VV) honoriert.
- Die Teilnahme an Vernehmungen und Haftterminen sowie die Teilnahme an der Hauptverhandlung werden dem Rechtsanwalt daneben durch eine **Terminsgebühr** (Nrn. 4102, 4108, 4114, 4120, 4126, 4132 VV) besonders entgolten.

Diese – gegenüber der BRAGO geänderte – **Gebührenstruktur** berücksichtigt vor allem Tätigkeiten des Verteidigers im Ermittlungsverfahren stärker. Nach § 84 Abs. 1 BRAGO erhielt der Verteidiger für seine Tätigkeiten im Ermittlungsverfahren unabhängig vom Umfang seiner Tätigkeit nur eine halbe Gebühr aus § 83 BRAGO. Nach dem RVG werden die Tätigkeiten des Verteidigers, insbesondere die Teilnahme an Vernehmungsterminen und Haftprüfungen, gesondert honoriert. Der Gesetzgeber wollte damit nicht nur eine gebührenrechtliche Verbesserung, vor allem der Pflichtverteidiger, erreichen, sondern erhofft sich davon auch eine **vermehrte Teilnahme** von **Verteidigern** und Beiständen an **Vernehmungen** und durch diese verstärkte Einbindung des Verteidigers in das Ermittlungsverfahren eine Abkürzung der Verfahrensdauer (vgl. dazu BT-Drucks. 15/1971, S. 222 f.). 2

B. Kommentierung

I. Allgemeines

Die Vorbem. 4.1 VV regelt den **Abgeltungsbereich** der anwaltlichen **Gebühren** in **Strafsachen** (vgl. dazu Vorbem. 4 VV Rn. 7 und hier Rn. 8 ff.). Teil 4 Abschnitt 1 VV ist nach Abs. 1 auch anzuwenden auf die Tätigkeit im Verfahren über die im Urteil vorbehaltene Sicherungsverwahrung und im Verfahren über die nachträgliche Anordnung der Sicherungsverwahrung (§ 275a StPO; vgl. dazu Rn. 20 f.). Die Ausdehnung der Geltung auf das Verfahren über die nachträgliche Anordnung der Sicherungsverwahrung (§§ 66a, 66b StGB; 106 Abs. 3, 5 und 6 JGG) ist durch Art. 7 des „Gesetzes zur Einführung der nachträglichen Sicherungsverwahrung" v. 23.07.2004 erfolgt (BGBl. I, S. 1838). 3

II. Persönlicher Geltungsbereich

1. Allgemeines

Abschnitt 1 gilt nur für den vollen Vertreter/Verteidiger. Dies sind der (Voll-)**Verteidiger/Vertreter**, also der Rechtsanwalt, der den vollen Verteidigungs- bzw. Vertretungsauftrag erhalten hat, und der **Pflichtverteidiger** sowie nach Vorbem. 4 Abs. 1 VV auch der Rechtsanwalt, der Vertreter oder Beistand eines Neben- oder Privatklägers oder der übrigen in Vorbem. 4 Abs. 1 VV genannten Verfahrensbeteiligten (vgl. Vorbem. 4 VV Rn. 18 f.). 4

Vorbemerkung 4.1 *Gebühren für die Tätigkeit im Strafverfahren*

2. Abrechnung der Tätigkeit des Zeugenbeistands

5 Nach Vorbem. 4 Abs. 1 VV erhält der Rechtsanwalt im Strafverfahren als Beistand für einen Zeugen oder Sachverständigen die gleichen Gebühren wie ein Verteidiger (vgl. dazu Vorbem. 4 Rn. 23 ff.). In der Praxis ist allerdings streitig, ob der Zeugenbeistand nach Teil 4 Abschnitt 1 VV abrechnet oder ob seine Tätigkeit eine „Einzeltätigkeit" i.S.v. Teil 4 Abschnitt 3 VV darstellt und die Abrechnung also nach Teil 4 Abschnitt 3 VV zu erfolgen hat.

> **Hinweis:**
> Ist der Rechtsanwalt Beistand eines Zeugen oder Sachverständigen, der vor einem **parlamentarischen Untersuchungsausschuss** vernommen wird, stellt sich die Problematik, ob nach Teil 4 Abschnitt 1 VV oder nach Teil 4 Abschnitt 3 VV abgerechnet wird, nicht. Für die insoweit erbrachten Tätigkeiten gelten nach der ausdrücklichen Verweisung in Vorbem. 2 Abs. 2 Satz 2 VV die Nrn. 4130 ff. VV (vgl. dazu Teil A: Beistand vor einem parlamentarischen Untersuchungsausschuss, Rn. 215).

a) Abrechnung nach Teil 4 Abschnitt 1 VV

6 Die im Grunde einfache **Abgrenzung** zwischen Teil 4 Abschnitt 1 VV und Teil 4 Abschnitt 3 VV macht in der Praxis **erhebliche Schwierigkeiten** (zur Vergütung des Zeugenbeistandes eingehend Burhoff, RVGreport 2004, 458; ders., RVGreport 2006, 81, ders., StRR 2007, 220 und RVGreport 2011, 85). Teilweise wird die Abgrenzung m.E. zu restriktiv zulasten des Rechtsanwalts ausgelegt und von einer Einzeltätigkeit nach Teil 4 Abschnitt 3 VV ausgegangen (s. z.B. OLG Oldenburg, StraFo 2006, 130 = RVGreport 2006, 107; JurBüro 2007, 202 m. Anm. Lohle; OLG Schleswig, NStZ-RR 2006, 255 und aus neuerer Zeit die bei Rn. 9 zitierte Rspr.). In dem Streit um die zutreffende Honorierung stehen sich zwei derzeit etwa gleich starke „Blöcke" gegenüber (s. auch Gerold/Schmidt/Burhoff, Einl. Vorb. Teil 4.1 VV, Rn. 5). Eine einheitliche Linie in der Rechtsprechung ist nicht zu erkennen; z.T. sind sogar die Senate desselben OLG unterschiedlicher Auffassung; sodass der Verteidiger/Rechtsanwalt keine andere Wahl hat, als bei der Abrechnung jeweils zu prüfen, welche Auffassung das gerade für ihn zuständige OLG vertritt.

7 M.E. ist auch auf die **Tätigkeit** des Rechtsanwalts als **Zeugenbeistand** grds. der **Abschnitt 1** des Teil 4 VV anzuwenden (vgl. die u.a. Rspr.-Nachw. und auch noch Burhoff, StRR 2007, 220; ders., RVGreport 2005, 458; ders., RVGreport 2006, 81 sowie RVGreport 2011, 85 f.). Billigkeitserwägungen oder die Überlegung, dass der Rechtsanwalt durch die Anwendung des Teil 4 Abschnitt 1 VV „zu hohe" Gebühren erhalten würde, können insoweit keine Rolle spielen (so zutreffend OLG Koblenz, RVGreport 2006, 232; a.A. jetzt wohl OLG Brandenburg, RVGreport 2011, 259); die gesetzgeberische Entscheidung ist hinzunehmen. Für die Anwendung von Teil 4 Abschnitt 1 VV ist entscheidend, dass dem Rechtsanwalt i.d.R. die volle Vertretung übertragen und er nur ausnahmsweise in einer Einzeltätigkeit beauftragt wird (KG, StraFo 2005, 439 = RVGreport 2005, 341 = AGS 2005, 557; ähnlich OLG Schleswig, StV 2006, 206 = RVGreport 2005, 70 = AGS 2005, 120 zur Abgrenzung der Tätigkeiten in der Strafvollstreckung von der Einzeltätigkeit). Das entspricht auch der ausdrücklichen Intention des Gesetzgebers (KG, StraFo 2007, 41 = AGS 2006, 329; OLG Schleswig, StV 2006, 206, zur ähnlichen Problematik für die Tätigkeit des Rechtsanwalts im Überprüfungsverfahren nach § 67e StGB). Es kann im Übrigen auch nicht darauf abgestellt werden, dass der Rechtsanwalt im Straf- bzw. Bußgeldverfahren als Zeugenbeistand nur in einem Teilbereich tätig wird und es sich deshalb um eine Einzeltätigkeit handelt. Dabei würde nämlich übersehen, was eigentlich die **Angelegenheit** i.S.d. §§ 15 ff. RVG ist, in der der Rechtsanwalt/Verteidiger in diesen Fällen tätig wird. Die „Angelegenheit" ist nicht etwa das gesamte Strafverfahren, in dem der Mandant als Zeuge vernommen werden soll, sondern nur der Bereich der Beistandsleistung, vornehmlich bei der Vernehmung in der Hauptverhandlung (s. auch Burhoff, RVGreport 2006, 81; ders., StRR 2007, 220). Nur auf diese Beistandsleistung bezieht sich der Auftrag. Das wird von den Vertretern der a.A. (vgl. dazu die Rspr.-Nachw. bei Rn. 9) übersehen. Die Tätigkeit des Zeugenbeistands ist sui generis beschränkt. Mehr Tätigkeit wird von dem Rechtsanwalt nicht erwartet. Geht man aber davon aus, dann ist der Rechtsanwalt in diesem Bereich „voller Vertreter", auf den dann Teil 4 Abschnitt 1 VV RVG anzuwenden ist. Dass der Zeugenbeistand nicht auf die Vergütung wegen einer Einzeltätigkeit beschränkt sein soll, ergibt sich im Übrigen auch aus Vorbem. 2 Abs. 2 Satz 2 VV RVG, nach der der Beistand eines Zeugen vor einem parlamentarischen Untersuchungsausschuss wie für die entsprechende Beistandsleistung in einem Strafverfahren des ersten Rechtszuges vor dem OLG zu vergüten ist (OLG Hamm, StraFo 2008, 45 = JurBüro 2008, 83 = StRR 2008, 79 = RVGreport 2008, 108 = AGS 2008, 124; OLG Schleswig, AGS 2007, 192 = NStZ-RR 2007, 126 f.; LG Dresden, Rpfleger 2010, 236; a.A. OLG Düsseldorf, Rpfleger 2009, 528 = JurBüro 2009, 255 [LS]). Schließlich: Geht man nur von Teil 4 Abschnitt 3 VV aus, werden auch die durch das **2. OpferRRG** v. 29.07.2009 (BGBl. I, S. 2280) vorgenommene Stärkung der Rechtsstellung des Zeugenbeistands und der weitere Ausbau des Schutzes des Zeugen/Opfers im Strafverfahren übersehen. Dieses Ziel setzt aber eine angemessene Honorierung der Tätigkeit eines Zeugenbeistands voraus, die durch die Abrechnung nach Teil 4 Abschnitt 3 VV nicht erreicht wird (so auch schon OLG Koblenz, 25.11.2009 – 2 StE 3/09-8 für den Rechtszustand vor Inkrafttreten des 2. OpferRRG).

> **Hinweis:**
>
> Die Anwendung von **Teil 4 Abschnitt 3** VV scheidet auch aufgrund der **Subsidiaritätsklausel** in Vorbem. 4.3 Abs. 1 VV aus (ähnlich OLG Schleswig, StV 2006, 206; a.A. Lohle, JurBüro 2007, 202 in der Anm. zu OLG Oldenburg, JurBüro 2007, 202). Es ist gerade eine besondere Eigenart der Tätigkeit des Zeugenbeistands, dass dieser nur eingeschränkt tätig wird. Diese auf die Beistandsleistung eingeschränkte Tätigkeit führt nicht dazu, dass es sich dabei um eine „Einzeltätigkeit" i.S.d. Teil 4 Abschnitt 3 VV handelt. Etwas anderes kann ggf. dann gelten, wenn ein Rechtsanwalt „vom Gerichtsflur weg" einem Zeugen beigeordnet wird und sich seine gesamte Tätigkeit dann auf die Beistandsleistung im Gerichtssaal beschränkt (offengelassen von OLG Koblenz, RVGreport 2006, 232 = AGS 2006, 598 = NStZ-RR 2006, 254; s. auch LG Bochum, 22.12.2006 – 1 KLs 46 Js 77/05, das davon ausgeht, dass der Rechtsanwalt, der den Zeugen zuvor als Verteidiger in einem Verfahren vertreten hat, als Zeugenbeistand nur im Rahmen einer Einzeltätigkeit tätig wird).

Rechtsprechungsübersicht: Abrechnung Tätigkeit des Zeugenbeistands
Teil 4 Abschnitt 1 VV wenden an: 8
- **BGH**, Beschl. v. 17.04.2007 – StB 1/06, www.burhoff.de;
- **KG**, StraFo 2005, 439 = RVGreport 2005, 341; StraFo 2007, 41 = AGS 2006, 329;

Vorbemerkung 4.1   *Gebühren für die Tätigkeit im Strafverfahren*

- **OLG Dresden** (2. Strafsenat), AGS 2008, 126 = RVGreport 2008, 264; StraFo 2009, 42 = NJW 2009, 455 = RVGreport 2009, 308 = RVGreport 2009, 425;
- **OLG Düsseldorf**, RVGreport 2008, 182 = StRR 2008, 78; Beschl. v. 07.11.2007 – 2 Ws 256/07; Beschl. v. 07.12.2007 – 4 Ws 671/07, www.burhoff.de; AGS 2010, 70 = JurBüro 2010, 33 = RVGprofessionell 2010, 6; StraFo 2011, 116;
- **OLG Hamm** (2. Strafsenat), StraFo 2008, 45 = JurBüro 2008, 83 = StRR 2008, 79 = RVGreport 2008, 108 = AGS 2008, 124;
- **OLG Koblenz**, RVGreport 2006, 232 = AGS 2006, 598 = NStZ-RR 2006, 254; OLG Koblenz, Beschl. v. 25.11.2009 – 2 StE 3/09-8;
- **OLG Köln**, NStZ 2006, 410; AGS 2008, 128 = StraFo 2008, 223 = StRR 2008, 439; StraFo 2008, 350 = RVGreport 2009, 150;
- **OLG München**, AGS 2008, 120; AGS 2008, 449 = RVGreport 2008, 266 = StRR 2008, 320;
- **OLG Rostock**, Beschl. v. 03.05.2006 – 1 Ws 36/06;
- **OLG Schleswig**, NStZ-RR 2007, 126 = AGS 2007, 191;
- **OLG Stuttgart**, NStZ 2007, 343;
- **LG Dresden**, AGS 2008, 120; Rpfleger 2010, 236;
- **LG Hamburg**, RVGreport 2011, 134 = RVGprofessionell 2010, 80;
- **LG München I**, Beschl. v. 19.02.2007 – 12 KLs 247 Js 228539/05, www.burhoff.de;
- **LG Ulm**, StraFo 2007, 219;

9   **Teil 4 Abschnitt 3 VV wenden an:**
- **KG**, Beschl. v. 18.01.2007 – 1 Ws 2/07, www.burhoff.de; AGS 2008, 235 = StRR 2008, 117 = RVGreport 2008, 227;
- **OLG Bamberg**, DAR 2008, 493;
- **OLG Brandenburg**, RVGreport 2011, 259 unter Aufgabe der früheren Rspr. in JurBüro 2007, 482 = NStZ-RR 2007, 287 = RVGreport 2008, 144;
- **OLG Celle**, RVGreport 2008, 144;
- **OLG Dresden**, RVGreport 2008, 265;
- **OLG Düsseldorf** (3. Strafsenat), Rpfleger 2009, 528 = JurBüro 2009, 255 (LS); u.a. auch Beschl. v. 06.11.2009 – III 1 Ws 562/09;
- **OLG Frankfurt am Main**, Beschl. v. 26.02.2007 – 5-1 BJs 322185-2-3105, www.burhoff.de; NStZ-RR 2008, 264 (LS);
- **OLG Hamburg**, NStZ-RR 2010, 327;
- **OLG Hamm** (inzwischen alle Senate), NStZ-RR 2008, 96; RVGreport 2009, 20; Beschl. v. 21.11.2008 – 5 Ws 396/08; StRR 2009, 437 = StraFo 2009, 474 m. abl. Anm. Burhoff = RVGreport 2009, 426;
- **OLG Jena**, Beschl. v. 09.02.2008 – 1 Ws 378/08, JurionRS 2009, 37409;
- **OLG Karlsruhe**, StraFo 2009, 262;

Gebühren für die Tätigkeit im Strafverfahren *Vorbemerkung 4.1*

- **OLG Naumburg**, Beschl. v. 02.05.2006 – 1 Ws 154/06; www.burhoff.de; Beschl. v. 27.08.2009 – 1 Ws 105/09;
- **OLG Nürnberg**, Beschl. v. 19.05.2009 – 2 Ws 646/08;
- **OLG Oldenburg**, RVGreport 2006, 107 = StraFo 2006, 130; Beschl. v. 21.03.2007 – 1 Ws 101/07, www.burhoff.de;
- **OLG Saarbrücken**, Beschl. v. 19.01.2010 – 1 Ws 228/09 und 1 Ws 210/09;
- **OLG Stuttgart**, NStZ-RR 2008, 328 (LS);
- **OLG Zweibrücken**, Beschl. v. 19.02.2008 – 1 Ws 346/07.

b) Abrechnung durch den beigeordneten Zeugenbeistand (§ 68b Abs. 2 StPO)

Die vorstehenden Ausführungen bei den Rn. 5 ff. gelten im Fall der **Beiordnung** nach § 68b Abs. 2 StPO **sinngemäß** (vgl. dazu KG, StraFo 2005, 439 = RVGreport 2005, 341 = AGS 2005, 557; OLG Hamm, StraFo 2008, 45 = JurBüro 2008, 83 = StRR 2008, 79 = RVGreport 2008, 108 = AGS 2008, 124 [inzwischen a.A.]; OLG Schleswig, StV 2006, 206 = RVGreport 2005, 70 = AGS 2005, 120), und zwar auch dann, wenn der Beiordnungsbeschluss nur mit dem Gesetzestext formuliert, der Rechtsanwalt also für die „Dauer der Vernehmung des Zeugen" beigeordnet wird (vgl. z.B. OLG Brandenburg, JurBüro 2007, 482 = NStZ-RR 2007, 287 = RVGreport 2008, 144; OLG Düsseldorf, RVGreport 2008, 182 = StRR 2008, 78; OLG Köln, AGS 2008, 128 = StraFo 2008, 223 = StRR 2008, 439; StraFo 2008, 350 = RVGreport 2009, 150; a.A. die bei Rn. 8 zitierte Rspr. und Lohle, JurBüro 2007, 202 in der Anm. zu OLG Oldenburg, JurBüro 2007, 202; a.A. jetzt auch OLG Brandenburg, RVGreport 2011, 259 unter Aufgabe der früheren Rspr.). Auch aus dieser Formulierung lässt sich nämlich nicht entnehmen, dass es sich nur um eine Einzeltätigkeit handelt (vgl. dazu früher OLG Brandenburg, JurBüro 2007, 482 = NStZ-RR 2007, 287 = RVGreport 2008, 144). Hierbei handelt es sich um den **Gesetzeswortlaut** der StPO, aus dem gebührenrechtliche Folgerungen nicht abgeleitet werden können. Abgesehen davon, dass selbst diese Formulierung immer auch ein Vorgespräch mit dem Mandanten umfassen würde (Meyer-Goßner, § 68b Rn. 5 m.w.N.; Burhoff, EV, Rn. 1841 ff.; s. auch LG Bochum, 22.12.2006 – 1 KLs 46 Js 77/05), darf auch beim beigeordneten Vernehmungsbeistand nicht übersehen werden, dass auch dessen Tätigkeit nur einen Teilbereich des Strafverfahrens umfasst, nämlich den (bloßen) Beistand bei der Vernehmung des Zeugen. Das bedeutet aber nicht, dass der Rechtsanwalt damit etwa nur für eine Einzeltätigkeit beigeordnet worden wäre. Vielmehr ist er in diesem (begrenzten) Tätigkeitsbereich „voller Vertreter", sodass auf seine Tätigkeit gebührenrechtlich Teil 4 Abschnitt 1 VV anzuwenden ist (vgl. dazu auch KG, a.a.O.; s. auch Burhoff, RVGreport 2006, 81 und StRR 2007, 220). Insoweit hilft auch der Hinweis auf § 48 Abs. 1 a.F. für die Begründung der a.A. nicht (s. aber Lohle, a.a.O.). Die Beiordnung nach § 68b Abs. 2 StPO kann wegen der Formulierung der Vorschrift gar nicht anders erfolgen. Gebührenrechtliche Fragen lassen sich damit nicht begründen.

10

> **Hinweis:**
> Z.T. wird eine **vermittelnde Auffassung** vertreten. So geht z.B. das OLG Stuttgart (RVGreport 2010, 340 = StRR 2010, 357) davon aus, dass der (beigeordnete) Zeugenbeistand zwar grds. nur eine Verfahrensgebühr für eine Einzeltätigkeit nach Nr. 4301 Ziff. 4 VV verdient, etwas anderes aber dann gilt, wenn zwar nicht nach dem engen, vom Wortlaut

Vorbemerkung 4.1 *Gebühren für die Tätigkeit im Strafverfahren*

des § 68b StPO vorgesehenen Beiordnungsbeschluss, aber nach Art der übertragenen und tatsächlich ausgeübten Tätigkeit von einer faktisch umfassenden Vertretung des Zeugen auszugehen ist (zur Einzelfallprüfung auch OLG Brandenburg, JurBüro 2007, 482 = NStZ-RR 2007, 287= RVGreport 2008, 144).

Die Beiordnung eines Zeugenbeistands für die Dauer der Vernehmung des Zeugen (§ 68b Abs. 2 StPO) **erstreckt** sich allerdings **nicht** auf die **Einlegung** eines **Rechtsmittels** für den Zeugen, wie z.B. eine Beschwerde gegen Anordnung der Beugehaft. Eine Vergütung dieser Tätigkeiten, kann der Rechtsanwalt nur verlangen, wenn ihm die entsprechenden Aufgaben mit der Beiordnung übertragen worden sind (KG, AGS 2009, 533 = RVGreport 2009, 310 = StRR 2009, 398).

Geht man davon aus, dass die Tätigkeit des Zeugenbeistands nach Teil 4 Abschnitt 3 VV abgerechnet wird, kann die Bewilligung einer **Pauschgebühr** auch für die Einzeltätigkeit nach Nr. 4301 Ziff. 4 VV in Betracht kommen, wenn sich die gesetzliche Gebühr als unangemessen niedrig erweisen sollte (vgl. OLG Jena, 09.02.2009 – 1 Ws 370/08, JurionRS 2009, 37409; 27.01.2011 – 1 AR (S) 69/10, JurionRS 2011, 17370).

c) Höhe der Gebühren des Zeugenbeistands

11 Nach Auffassung des KG (vgl. u.a. StraFo 2005, 439 = RVGreport 2005, 341 = AGS 2005, 439) sollen dem als Zeugenbeistand tätigen Rechtsanwalt, wenn ihm Gebühren nach Teil 4 Abschnitt 1 VV zugebilligt werden, allerdings **grds.** der **Höhe** nach geringere **Gebühren** zustehen als dem Verteidiger. Auch soll ihm die Verfahrensgebühr nicht zustehen (KG, StraFo 2007, 41 = AGS 2006, 329). Dem ist zu widersprechen (vgl. dazu eingehend Burhoff, RVGreport 2005, 341). Abgesehen davon, dass das wegen der Festbetragsregelung beim bestellten Zeugenbeistand nicht möglich wäre, erhält auch der Rechtsanwalt, der als Wahlanwalt seine Tätigkeit als Zeugenbeistand erbringt und abrechnet, nicht grds. andere/niedrigere Gebühren. Er muss sich zwar an der durchschnittlichen Tätigkeit des Verteidigers messen lassen (vgl. Vorbem. 4 VV Rn. 24). Entscheidend für die Höhe der Gebühr ist aber letztlich der konkrete Einzelfall und die richtige Anwendung des § 14 (dazu Teil A: Rahmengebühren [§ 14], Rn. 1051 ff.).

> **Hinweis:**
> Der Zeugenbeistand, der die gerichtliche **Verfahrensgebühr** geltend macht, sollte allerdings wegen seines eingeschränkten Aufgabenbereichs **konkret vortragen**, durch welche von ihm erbrachte Tätigkeit diese entstanden ist, da teilweise davon ausgegangen wird, dass dem als Zeugenbeistand tätigen Rechtsanwalt die Verfahrensgebühr nicht zusteht (vgl. KG, StraFo 2007, 41 = AGS 2006, 329; OLG Köln, StraFo 2008, 223 = AGS 2008, 128 = StRR 2008, 439; StraFo 2008, 350 = AGS 2008, 389; OLG Rostock, 03.05.2006 – 1 Ws 36/2006; www.burhoff.de; OLG Stuttgart, NStZ 2007, 343; LG Ulm, StraFo 2007, 219; a.A. wohl OLG Köln, NStZ 2006, 410; offengelassen von OLG Hamm [2. Strafsenat], RVGreport 2008, 108; OLG Koblenz, RVGreport 2006, 232 = AGS 2006, 598 = NStZ-RR 2006, 254; vgl. auch LG München I, 19.02.2007 – 12 KLs 247 Js 228539/05, www.burhoff.de).

| A. Vergütungs-ABC | B. Kommentar |

Teil 4 • Strafsachen • Abschnitt 1

Gebühren für die Tätigkeit im Strafverfahren   *Vorbemerkung 4.1*

d) Abrechnungsbeispiele

Beispiel 1:   12

Bei Rechtsanwalt R erscheint der Wirtschaftsboss B, bei dem eine Durchsuchung stattgefunden hat und der von der Staatsanwaltschaft nun zur Vernehmung als Zeuge geladen worden ist. Er bittet Rechtsanwalt R, ihn als Zeugenbeistand zu vertreten und ihn auch zur Vernehmung zu begleiten. Nach dem Vernehmungstermin legt R das Mandat nieder. Alle Merkmale des § 14 sind durchschnittlich.

Berechnung	*Wahlanwalt*	*Pflichtverteidiger*
Grundgebühr Nr. 4100 VV	165,00 €	132,00 €
Verfahrensgebühr Nr. 4104 VV	140,00 €	112,00 €
Terminsgebühr Nr. 4102 Ziff. 2 VV	140,00 €	112,00 €
Postentgeltpauschale Nr. 7002 VV	+ 20,00 €	+ 20,00 €
Anwaltsvergütung netto	**465,00 €**	**376,00 €**

Beispiel 2:   13

Dem Beschuldigten wird sexueller Missbrauch zum Nachteil der Kinder K 1, K 2 und K 3 vorgeworfen. Deren Eltern suchen Rechtsanwalt R auf, um ihn mit der Vertretung der Kinder zu beauftragen. R nimmt an einem richterlichen Vernehmungstermin im vorbereitenden Verfahren Teil. Außerdem nimmt er während der Vernehmung der drei Kinder an der Hauptverhandlung beim LG teil. Das ergehende Urteil wird rechtskräftig. Alle Merkmale des § 14 sind durchschnittlich.

Lösung:

Ist der Rechtsanwalt in einer Strafsache mehreren Zeugen als Beistand beigeordnet worden, wird er für diese Auftraggeber in derselben Angelegenheit i.S.v. § 7 Abs. 1 tätig. Er erhält seine Gebühren nur einmal, die Verfahrensgebühr allerdings mit der **Erhöhung** nach **Nr. 1008 VV** (OLG Celle, Nds.Rpfl. 2007, 351 = RVGreport 2008, 144; OLG Düsseldorf, AGS 2010, 71 = JurBüro 2010, 33 = RVG professionell 2010, 6; OLG Koblenz, StraFo 2005, 526 = RVGreport 2006, 430 = AGS 2005, 504; LG Hamburg, RVGreport 2011, 134 = RVGprofessionell 2010, 80; a.A. OLG Hamburg, NStZ-RR 2011, 64 [LS] = wistra 2011, 120; Gerold/Schmidt/Müller-Rabe, VV 1008 Rn. 159; zur Anwendbarkeit der Nr. 1008 VV im Strafverfahren bei Beauftragung des Rechtsanwalts durch mehrere Zeugen s. Teil A: Mehrere Auftraggeber [§ 7, Nr. 1008 VV], Rn. 985 und 991 m.w.N.). Erhöht werden nach dem Wortlaut der Nr. 1008 VV allerdings nur Verfahrens- bzw. Geschäftsgebühr, nicht erhöht werden die Grundgebühr und/oder Terminsgebühr (OLG Düsseldorf, a.a.O.). Der Erhöhungssatz beträgt 0,3 der ursprünglichen Gebühr. Der Rechtsanwalt erhält allerdings sowohl für das vorbereitende als auch für das gerichtliche Verfahren zusätzlich allgemeine Gebühren.

Berechnung	*Wahlanwalt*	*Pflichtverteidiger*
Vorbereitendes Verfahren		
Grundgebühr Nr. 4100 VV	165,00 €	132,00 €
Verfahrensgebühr Nr. 4104 VV	140,00 €	112,00 €
Erhöhung Verfahrensgebühr Nr. 1008 VV		
(2 × 0,3 = 0,6 von 140,00 € =)	84,00 €	67,20 €
Terminsgebühr Nr. 4102 Ziff. 2 VV	140,00 €	122,00 €
Postentgeltpauschale Nr. 7002 VV	20,00 €	20,00 €

Teil 4 • Strafsachen • Abschnitt 1

Vorbemerkung 4.1   *Gebühren für die Tätigkeit im Strafverfahren*

Gerichtliches Verfahren beim LG

Verfahrensgebühr Nr. 4112 VV	155,00 €	124,00 €
Erhöhung Verfahrensgebühr Nr. 1008 VV		
(2 × 0,3 = 0,6 von 155,00 € =)	93,00 €	67,20 €
Terminsgebühr Nr. 4114 VV	270,00 €	216,00 €
Postentgeltpauschale Nr. 7002 VV	<u>20,00 €</u>	<u>20,00 €</u>
Anwaltsvergütung netto	**1.087,00 €**	**880,40 €**

14   *Beispiel 3:*

In Beispiel 2 (vgl. Rn. 13) findet die Vernehmung der drei Zeugen K 1, K 2, und K 3 an drei verschiedenen Hauptverhandlungstagen statt. Ändert sich dadurch die Abrechnung der bei R entstandenen Gebühren?

Die **Abrechnung** ändert sich insofern, als für R nun nicht mehr nur eine Terminsgebühr Nr. 4114 VV entsteht, sondern drei Terminsgebühren. Für die Terminsgebühr gilt zwar nicht ein ggf. anzuwendender Erhöhungssatz nach Nr. 1008 VV, aber die Terminsgebühr entsteht „je Hauptverhandlungstag". Sie fällt also für jede der drei Vernehmungen in der Hauptverhandlung an.

15   *Beispiel 4:*

Der Rechtsanwalt hat den ehemaligen Angeklagten in einem Verfahren wegen Verstoßes gegen das BtM-Gesetz verteidigt. Nach rechtskräftigem Abschluss des Verfahrens wird der ehemalige Angeklagte in der gegen einen früheren Mitbeschuldigten fortgeführten Hauptverhandlung als Zeuge vernommen. An dieser Vernehmung nimmt der Rechtsanwalt als nach § 68b Abs. 2 StPO beigeordneter Vernehmungsbeistand teil (Fallgestaltung nach OLG Koblenz, RVGreport 2006, 232 = AGS 2006, 598 = NStZ-RR 2006, 254 und OLG Düsseldorf, RVGreport 2008, 182 = StRR 2008, 78).

Fraglich ist, ob er für seine Tätigkeit als Zeugenbeistand eine Grundgebühr nach Nr. 4100 VV **abrechnen** kann.

Die Tätigkeit als Zeugenbeistand ist nicht dieselbe Angelegenheit i.S.d. § 15 Abs. 2 wie eine vorausgegangene oder auch zeitlich parallel laufende Verteidigertätigkeit (OLG Koblenz, a.a.O.; OLG Düsseldorf, a.a.O.; s. auch noch OLG Hamm, StraFo 2008, 45 = RVGreport 2008, 108 = JurBüro 2008, 83 = StRR 2008, 79; OLG Köln, AGS 2008, 128 = StraFo 2008, 223 = StRR 2008, 439; OLG München, 29.03.2007 – 1 Ws 354/07, www.burhoff.de; LG Dresden, 07.09.2007 – 5 KLs 109 Js 27593/05, www.burhoff.de; LG München, 19.02.2007 – 2 KLs 247 Js 228539/05, s. auch Teil A: Angelegenheiten [§§ 15 ff.], Rn. 97 f.). Damit fällt für diese Tätigkeit eine gesonderte Vergütung an. Hierzu gehört auch die Grundgebühr (vgl. z.B. OLG Düsseldorf und OLG Köln, jew. a.a.O.). Ohne ausdrückliche Anrechnungsklausel (s. z.B. Vorbem. 3 Abs. 4 VV) ist der Rechtsanwalt in der „anderen Angelegenheit" so zu honorieren als wäre er erstmals für den Mandanten tätig geworden. Genauso wie dem Verteidiger, der bspw. den des Prozessbetruges Beschuldigten schon im Zivilverfahren vertreten hat und deshalb auch mit der nahezu identischen Materie des Strafverfahrens vertraut ist, die Grundgebühr zusteht, steht sie auch dem Zeugenbeistand zu, der in demselben Verfahrenskomplex Verteidiger des Zeugen war oder ist (OLG Koblenz, a.a.O.).

> **Hinweis:**
> Dass die „erstmalige Einarbeitung in den Rechtsfall" unter diesen Umständen weniger aufwendig ist – völlig entfallen wird sie nicht, weil eine neue Verfahrenssituation regelmäßig auch neue Anforderungen stellt –, kann beim **Wahlbeistand** gem. § 14 Berücksichtigung finden. Beim bestellten oder beigeordneten Rechtsanwalt sind die diesem gewährten **Fest-**

Gebühren für die Tätigkeit im Strafverfahren *Vorbemerkung 4.1*

beträge aufwandsunabhängig. Sie können nicht mit dem Argument abgesetzt werden, die Übernahme der Beistandschaft habe „keine – gebührenrechtlich zu vergütende – nennenswerte Mühe" bereitet (OLG Koblenz, a.a.O.; a.A. OLG Koblenz, 05.01.2005 – 2 Ws 842/04). Es liegt im Wesen pauschaler Festbeträge, dass sie gemessen an der konkret entfalteten Tätigkeit in dem einen Fall eine vorteilhafte, in dem anderen Fall dagegen eine ungünstige, evtl. noch nicht einmal kostendeckende Vergütung darstellen können.

Beispiel 5: 16

Der Rechtsanwalt hat den ehemaligen Angeklagten in einem Verfahren wegen Verstoßes gegen das BtM-Gesetz verteidigt. Nach rechtskräftiger Verurteilung des Angeklagten wird er in mehreren gegen seine Abnehmer geführten Verfahren als Zeuge vernommen. An diesen Vernehmungen nimmt der Rechtsanwalt als nach § 68b Abs. 2 StPO beigeordneter Vernehmungsbeistand teil.

*Für die **Abrechnung** der anwaltlichen Tätigkeit ist von Bedeutung, dass es sich bei jedem der Strafverfahren, in denen der frühere Angeklagte als Zeuge vernommen wird um verschiedene Angelegenheiten i.S.d. § 15 Abs. 2 handelt. Das hat zur Folge, dass in jedem der Verfahren für den als Zeugenbeistand tätigen R gesonderte Gebühren entstehen. Das gilt insbesondere auch für die Grundgebühr. Die Argumentation aus OLG Koblenz (RVGreport 2006, 232 = AGS 2006, 598 = NStZ-RR 2006, 254) und OLG Düsseldorf (RVGreport 2008, 182 = StRR 2008, 78) gilt entsprechend.*

3. Tätigkeit als sog. Terminsvertreter

Die Ausführungen bei Rn. 7 ff. gelten entsprechend für den Rechtsanwalt, der nur für einen Termin als Wahlanwalt beauftragt oder als sog. Terminsvertreter nur für einzelne Termine als Vertreter eines (anderen) verhinderten Pflichtverteidigers beigeordnet wird. Auch er rechnet seine (gesetzlichen) Gebühren nach **Teil 4 Abschnitt 1 VV** ab (KG, NStZ-RR 2005, 327 = AGS 2006, 177; RVGreport 2007, 108; StraFo 2008, 349 = AGS 2008, 387 m. abl. Anm. N. Schneider = RVGreport 2008, 349 = StRR 2008, 358; KG, RVGreport 2011, 260 = StRR 2011, 281 m. Anm. Burhoff; OLG Bamberg, NStZ-RR 2011, 223 [LS] = StRR 2011, 167 [LS]; OLG Bremen, 14.12.2009 – Ws 119/09, JurionRS 2009, 37521; OLG Celle, StraFo 2006, 471 = Rpfleger 2006, 669; RVGreport 2007, 71; OLG Dresden, 05.09.2007 – 1 Ws 155/07, www.burhoff.de; OLG Hamm, RVGreport 2006, 230 = AGS 2007, 37; RVGreport 2008, 108; OLG Jena, 08.12.2010 – 1 Ws 318/10, JurionRS 2010, 37049; OLG Karlsruhe, StraFo 2008, 439 = NJW 2008, 2935 = AGS 2008, 489 = JurBüro 2008, 586; OLG Köln, RVGprofessionell 2010, 153; OLG München, NStZ-RR 2009, 32; LG Düsseldorf, RVGprofessionell 2008, 53 = StRR 2008, 159; LG Koblenz, StraFo 2007, 175 für den Fall der Ablösung des Pflichtverteidigers durch den „Vertreter" während des laufenden Hauptverhandlungstermins; LG Köln, 07.12.2010 – 105 Qs 343/10, JurionRS 2011, 31479; vgl. dazu auch Kotz, StraFo 2008, 412; Burhoff, RVGprofessionell 2010, 153; ders., RVGreport 2011, 85, 86). Er ist für den beschränkten Bereich „voller Vertreter" i.S.v. Vorbem. 4 Abschnitt 1 VV (vgl. aber OLG Köln, AGS 2007, 452, wo der Rechtsanwalt von vornherein ausdrücklich lediglich zur Wahrnehmung eines Haftbefehlsverkündungstermins anstelle des verhinderten [Haupt-]Pflichtverteidigers bestellt worden). Insoweit ist sich die **Rechtsprechung einig**. 17

Streitig ist allerdings, **welche** der **Gebühren** der „Terminsvertreter" abrechnen kann, insbesondere, ob die Grundgebühr Nr. 4100 VV anfällt oder ggf. nur die jeweilige Terminsgebühr (vgl. dazu Nr. 4100 Rn. 6 ff.). Insoweit wird z.T. geltend gemacht, dass für den Vertreter deshalb keine 18

Vorbemerkung 4.1 *Gebühren für die Tätigkeit im Strafverfahren*

weiteren Gebühren entstehen können, weil der Vertretene auch nur die Terminsgebühr verdienen könne; zudem könne die Vertretung nicht zulasten der Staatskasse bzw. des Angeklagten gehen, der die Pflichtverteidigergebühren letztlich tragen müsse (Nr. 9007 KV GKG; Meyer-Goßner, § 464a Rn. 1 m.w.N.; zum Anfall des sog. Längenzuschlags vgl. Nr. 4110 Rn. 8 f.).

Das OLG Hamm (RVGreport 2009, 309 = RVGprofessionell 2009, 157 = StRR 2009, 438) stellt darauf ab, ob der Terminsvertreter an einem **vollwertigen Hauptverhandlungstermin** teilgenommen und eine umfassende Tätigkeit als Verteidiger entfaltet hat, die nach ihrer Bedeutung und dem tatsächlich geleisteten Aufwand einer Terminswahrnehmung durch den ordentlichen Pflichtverteidiger gleichsteht. Ist das der Fall, hat der Vertreter Anspruch auf sämtliche im Einzelfall verwirklichten Gebührentatbestände des Teil 4 Abschnitt 1 VV, also ggf. auch auf die Grundgebühr Nr. 4100 VV und die jeweilige Verfahrensgebühr. Das OLG Stuttgart (AGS 2011, 224 = Strafo 2011, 198 = RVGreport 2011, 141) stellt auf den Wortlaut der Verfügung, mit der der Terminsvertreter bestellt worden ist, und die weiteren Umstände ab (wegen der Einzelh. Nr. 4100 VV Rn. 8).

> **Hinweis:**
> Die zeitliche Begrenzung der Beiordnung auf bestimmte Hauptverhandlungstermine ist im Übrigen beim Terminsvertreter kein taugliches **Kriterium** für die **Abgrenzung** zwischen Teil 4 Abschnitt 1 VV und Teil 4 Abschnitt 3 VV (OLG Dresden, AGS 2007, 618; LG Leipzig, 11.06.2007 – 7 KLs 430 Js 51464/05, www.burhoff.de; vgl. aber auch OLG Stuttgart, a.a.O.).

4. Tätigkeit im Strafbefehlsverfahren als nach § 408b StPO beigeordneter Pflichtverteidiger

19 Im Strafbefehlsverfahren ist in **§ 408b StPO** die Bestellung eines Pflichtverteidigers vorgesehen, wenn ein Strafbefehl mit einer Freiheitsstrafe von bis zu einem Jahr unter Strafaussetzung zur Bewährung festgesetzt werden soll (§ 407 Abs. 2 Satz 2 StPO). **Zutreffend** ist es, wenn auch auf die Abrechnung der Tätigkeiten dieses Pflichtverteidigers **Teil 4 Abschnitt 1 VV** angewendet wird (OLG Düsseldorf, StraFo 2008, 441 = AGS 2008, 343 = RVGreport 2008, 351 = JurBüro 08, 587; OLG Köln, AGS 2009, 481 = NStZ-RR 2010, 30 = StRR 2010, 68; OLG Oldenburg, StraFo 2010, 430 = AGS 2010, 491 = RVGreport 2011, 24 = NStZ-RR 2010, 391; unzutreffend a.A. nur LG Aurich, RVGprofessionell 2009, 189 = VRR 2010, 79 = StRR 2010, 116; zur Abrechnung im Strafbefehlsverfahren allgemein Burhoff, RVGreport 2008, 201 und Teil A: Strafbefehlsverfahren, Abrechnung, Rn. 1265; vgl. auch noch Burhoff, RVGreport 2011, 85, 87). Auch er ist nämlich „voller Verteidiger" i.S.v. Vorbem. 4 Abs. 1 VV. Die Tätigkeit des Pflichtverteidigers unterliegt keinen inhaltlichen Beschränkungen mit der Folge, dass ggf. von einer Einzeltätigkeit nach Teil 4 Abschnitt 3 VV auszugehen wäre (so auch Gerold/Schmidt/Burhoff, Einl. Vorb. Teil 4.1, Rn. 10). Eine Beschränkung der Verteidigerbefugnisse besteht wegen der auf das Strafbefehlsverfahren beschränkten Bestellung lediglich in zeitlicher Hinsicht (vgl. auch die o.a. zitierte OLG-Rspr.).

III. Verfahren über die vorbehaltene Sicherungsverwahrung (Abs. 1)

1. Allgemeines

Durch das Gesetz zur Einführung der vorbehaltenen Sicherungsverwahrung v. 21.08.2002 (BGBl. I., S. 3344) ist das Verfahren zur Entscheidung über die im Urteil vorbehaltene Sicherungsverwahrung in die StPO eingefügt worden. Die Vorschriften sind durch Art. 7 des „Gesetzes zur Einführung der nachträglichen Sicherungsverwahrung" v. 23.07.2004 (BGBl. I, S. 1838) auf das Verfahren der nachträglichen Anordnung der Unterbringung in der Sicherungsverwahrung (§§ 66b StGB; 106 Abs. 3, 5 und 6 JGG) ausgedehnt worden. Es handelt sich hierbei um ein **besonderes Verfahren**, das in § 275a StPO geregelt ist. Da es nicht unbedingt als „Strafsache" i.S.d. RVG anzusehen ist, war die Regelung in Abs. 1 der Vorbem. 4.1 VV erforderlich. **20**

> **Hinweis:**
> Der Rechtsanwalt, der für den Untergebrachten nach dem **Therapieunterbringungsgesetz** (ThUG) tätig geworden ist, rechnet gem. § 20 ThUG i.V.m. § 62 nicht nach Teil 4 VV, sondern in entsprechender Anwendung von Teil 6 Abschnitt 3 VV ab (wegen der Einzelh. s. Teil A: Allgemeine Vergütungsfragen, Rn. 23 und Nr. 6300 VV Rn. 4). Für den nach § 7 Abs. 1 ThUG beigeordneten Rechtsanwalt entsteht nach § 20 Abs. 3 ThUG für die Tätigkeit zwischen dem Anordnungs- bzw. Verlängerungsverfahren und einem weiteren Verfahren über die Therapieunterbringung eine (zusätzliche) Verfahrensgebühr nach Nr. 6302 VV (wegen der Einzelh. s. die Komm. bei Nr. 6300 VV). Diese Tätigkeiten stellen eine besondere Angelegenheit dar (vgl. § 20 Abs. 3 Satz 2 ThUG; Teil A: Angelegenheiten [§§ 15 ff.], Rn. 103; wegen der Anwendbarkeit des ThUG nach der Entscheidung des BVerfG v. 04.05.2011 – 2 BvR 2365/09 [2 BvR 740/10, 2 BvR 2333/08, 2 BvR 1152/10 und 2 BvR 571/10] s. den Hinweis bei Teil A: Sicherungsverwahrung/Therapieunterbringung, Rn. 1212, dort auch zu weiteren Einzelh.).

2. Anfallende Gebühren

Das Verfahren zur Entscheidung über die vorbehaltene Sicherungsverwahrung/der nachträglichen Anordnung der Unterbringung in der Sicherungsverwahrung ist – wie der Verweis in § 275a Abs. 2 StPO auf die §§ 213 bis 275 StPO zeigt – ein **reines gerichtliches Erkenntnisverfahren**. Es handelt sich nach § 17 Nr. 11 um ein von dem Strafverfahren, in dem die Entscheidung mit dem Vorbehalt ergangen ist, unterschiedliches Verfahren. Das bedeutet (vgl. auch Gerold/Schmidt/Burhoff, Vorb. 4.1 VV Rn. 2 f.): **21**

- Der Rechtsanwalt, der den Verurteilten im Verfahren nach § 275a StPO vertritt, erhält für seine Tätigkeiten **gesonderte Gebühren**. **22**
- In dem Verfahren nach § 275a StPO können Gebühren nach **Unterabschnitt 2** (Vorbereitendes Verfahren) **nicht** anfallen, da es sich um ein reines gerichtliches Erkenntnisverfahren handelt. Ein vorbereitendes Verfahren gibt es nicht.
- Der Rechtsanwalt enthält ggf. auch Gebühren nach Unterabschnitt 1, und zwar auf jeden Fall eine **Grundgebühr** nach Nr. 4100 VV, im Zweifel mit Zuschlag. Ob der Rechtsanwalt den Verurteilten auch bereits im Strafverfahren verteidigt hat, ist unerheblich. Es handelt sich um ein von diesem unterschiedliches Verfahren, in das sich im Zweifel auch der ehemalige

Vorbemerkung 4.1   *Gebühren für die Tätigkeit im Strafverfahren*

Verteidiger wieder einarbeiten muss, sodass die Grundgebühr der Nr. 4100 VV anfällt. Ggf. erhält der Rechtsanwalt auch noch eine Terminsgebühr nach Nr. 4102 VV, wenn einer der dort erwähnten Gebührentatbestände erfüllt ist (vgl. die Komm. zu Nr. 4102 VV).

- Der Rechtsanwalt erhält für seine Tätigkeiten außerdem noch die **gerichtliche Verfahrensgebühr** und **Terminsgebühr** nach Unterabschnitt 3. Dabei handelt es sich um die Strafkammergebühren (Nrn. 4112 ff. VV) oder die des Schwurgerichts bzw. der Wirtschaftsstrafkammer (Nrn. 4118 ff. VV). Nur diese Gerichte können als Gericht des ersten Rechtszugs über eine vorbehaltene Sicherungsverwahrung entscheiden. Das AG darf nach § 24 Abs. 2 GVG keine Sicherungsverwahrung anordnen. Die Gebühren erhält der Rechtsanwalt ggf. mit Zuschlag.

- Die Entscheidung im Verfahren nach § 275a StPO ergeht durch Urteil. Wird dagegen **Revision** eingelegt, können Gebühren nach Nrn. 4130 ff. VV entstehen.

- Diese Gebühren fallen sowohl für den Rechtsanwalt als **Wahlanwalt** als **auch** für den **Pflichtverteidiger** an.

IV. Pauschgebührencharakter (Abs. 2)

1. Allgemeines

23   Vorbem. 4.1 Abs. 2 VV regelt den (allgemeinen) Abgeltungsbereich der anwaltlichen Gebühren in Strafsachen. Grundlage ist § 15 Abs. 1, dessen Regelungsinhalt auf die Gebührentatbestände des Teils 4 Abschnitt 1 VV übertragen wird. Die hier genannten Gebühren sind also **Pauschgebühren**, die die gesamte Tätigkeit des Verteidigers abgelten, soweit nichts anderes angeordnet ist.

> **Hinweis:**
> Eine Ergänzung zu dieser Regelung befindet sich in § 19 Abs. 1 Satz 2 Nr. 10. Dort ist die **Einlegung** eines **Rechtsmittels** durch den Verteidiger gebührenrechtlich geregelt (vgl. dazu auch Rn. 29).

2. Abgeltungsbereich der Pauschgebühren

a) Allgemeines

24   Die in Teil 4 Abschnitt 1 VV enthaltenen Gebühren der Nrn. 4100 ff. VV gelten die **gesamten Tätigkeiten** des Verteidigers in den nachfolgend behandelten Verfahrensabschnitten ab. Dies sind

- das **vorbereitende Verfahren** (Nrn. 4104 ff. VV),
- das gerichtliche Verfahren des **ersten Rechtszuges** (Nrn. 4106 ff. VV),
- das **Berufungsverfahren** (Nrn. 4124 ff. VV) und
- das **Revisionsverfahren** (Nrn. 4130 ff. VV).

Daneben entstehen noch die **allgemeinen Gebühren** des Unterabschnitts 1 (Nrn. 4100 ff. VV), vor allem also die Grundgebühr.

Gebühren für die Tätigkeit im Strafverfahren *Vorbemerkung 4.1*

b) Katalog der erfassten Tätigkeiten

Innerhalb der jeweiligen Verfahrensabschnitte (s. Rn. 24) wird die **gesamte Tätigkeit** des Rechtsanwalts als Verteidiger von Anfang bis Ende des jeweiligen Verfahrensabschnitts, für den die betreffende Gebühr vorgesehen ist, abgegolten. Das können insbesondere sein (wegen weiterer Einzelh. s. auch AnwKomm-RVG/N. Schneider, VV Vorb. 4.1 Rn. 5 und die Zusammenstellung bei Vorbem. 4 Rn. 40): 25

- **Akteneinsicht,**
- der Antrag auf **Verwerfung** des gegnerischen **Rechtsmittels,**
- Aufnahme der **Information,**
- Beiordnungsverfahren als **Pflichtverteidiger,**
- **Beratung** des Auftraggebers, und zwar auch über die Einlegung von Rechtsmitteln (wegen der Einzelh. s. unten Rn. 29),
- **Beschwerdeverfahren** mit Ausnahme der in Vorbem. 4 Abs. 5 VV erwähnten Verfahren (vgl. dazu Vorbem. 4 VV Rn. 93 ff.), der Nr. 4139 VV für die Beschwerde nach § 372 StPO im Wiederaufnahmeverfahren, der Nr. 4145 VV für die sofortige Beschwerde nach § 406a StPO im Adhäsionsverfahren sowie der Beschwerden bei Einzeltätigkeiten (vgl. Vorbem. 4.3 Abs. 2 Satz 2 VV, dazu Vorbem. 4.3 VV Rn. 10, 34 ff. und Teil A: Beschwerdeverfahren, Abrechnung, Rn. 371; aus der Rspr. BGH, NJW 2009, 2682 = MDR 2009, 1193 = StRR 2009, 385; OLG Düsseldorf, AGS 2011, 70 = RVGreport 2011, 22 = StRR 2011, 38 = RVGprofessionell 2011, 53; OLG Hamm, RVGreport 2009, 149 = StRR 2009, 39; AG Hof, JurBüro 2011, 253 = AGS 2011, 68 = RVGreport 2011, 262 = VRR 2011, 160; AG Sinzig, JurBüro 2008, 249),
- **Besprechungen** mit dem Mandanten und/oder Dritten und dem Gericht,
- eigene **Ermittlungen** des Verteidigers, wie z.B. die Ermittlung von Zeugen,
- **Einlegung** von **Rechtsmitteln,**
- **Haftbesuche,**
- **Kostenfestsetzungsverfahren** mit Ausnahme der in Vorbem. 4 Abs. 5 VV erwähnten Verfahren (vgl. dazu Vorbem. 4 VV Rn. 93 ff.; LG Koblenz, JurBüro 2010, 32),
- **Protokollberichtigungsanträge,**
- **Prüfung** der **Beweismittel** auf ihre Verwertbarkeit,
- **Rechtsmittelbegründung,**
- **Rechtsmittelerwiderung,**
- **Rücknahme** des **Rechtsmittels,**
- **Schriftverkehr** mit Staatsanwaltschaft, Gericht, Mandant und Dritten,
- Tätigkeiten im Rahmen des **Täter-Opfer-Ausgleichs,** also nach den §§ 153a Abs. 1 Nr. 5, 155a, 155b StPO,
- **Teilnahme** an allen **Terminen,** die nicht Hauptverhandlungstermine und nicht Termine aus dem Katalog der Nr. 4102 VV sind,

Vorbemerkung 4.1   *Gebühren für die Tätigkeit im Strafverfahren*

- Tätigkeiten nach den §§ 160b, 202a, 212 StPO zur Vorbereitung einer **Verständigung** nach § 257c StPO (vgl. Teil A: Verständigung im Straf- und Bußgeldverfahren, Abrechnung, Rn. 1585),
- **Vertretung** in der **Hauptverhandlung**,
- ein gegnerisches Rechtsmittel **betreffende (Verwerfungs-)Anträge**,
- **Vorbereitung** der **Hauptverhandlung**,
- **Wiedereinsetzungsanträge** bei Fristversäumungen.

26 **Nicht** erfasst von den Pauschgebühren der Nrn. 4100 ff. VV wird die Tätigkeit des Rechtsanwalts bei **Einziehung** und verwandten Maßnahmen sowie im **Adhäsionsverfahren**. Für die insoweit erbrachten Tätigkeiten erhält der Rechtsanwalt ggf. eine gesonderte Wertgebühr nach Nr. 4142 VV oder nach Nrn. 4143 f. VV. Soweit allerdings der Gegenstandswert der Tätigkeit im Hinblick auf Einziehung usw. unter 25,00 € liegt, wird die Tätigkeit wegen Nr. 4142 Anm. 2 VV durch die jeweilige Verfahrensgebühr mitabgegolten.

27 | **Hinweis:**
Entsprechendes ist unter Geltung der BRAGO für das **Grundverfahren** nach § 9 StrEG angenommen worden. Davon wird man auch für das RVG ausgehen können. Auch dieses enthält keine Regelungen für die Vertretung im Verfahren nach dem StrEG. Diese werden von Nr. 4143 VV erfasst (vgl. auch Nr. 4143 VV Rn. 8 und Nr. 4302 VV Rn. 27 ff. m.w.N. zum Streitstand; a.A. AnwKomm-RVG/N. Schneider, VV Vorb. 41. Rn. 9 [analoge Anwendung der Nrn. 4142 f.]).

c) Besondere Tätigkeiten

28 Welche Tätigkeiten als sog. „**besondere Tätigkeiten**" nicht von den (allgemeinen) Pauschgebühren erfasst werden, regeln u.a. die §§ 15, 20. Das sind im Einzelnen:
- die in Vorbem. 4 Abs. 5 VV genannten **Erinnerungs-** und Beschwerdeverfahren (vgl. dazu Vorbem. 4 VV Rn. 93 ff.),
- ein **erneuter Auftrag**, wenn der Rechtsanwalt bereits früher tätig geworden ist und zwischen der Erledigung des früheren Auftrags und der Erteilung des neuen mehr als zwei Kalenderjahre liegen (vgl. § 15 Abs. 5),
- das Verfahren über **Gnadengesuche** (vgl. dazu Nr. 4304 VV),
- das Verfahren nach **Zurückverweisung** (§ 21 Abs. 1),
- das Verfahren nach **Verweisung** an ein Gericht des **niedrigeren Rechtszuges** (§ 20 Satz 1),
- das **Wiederaufnahmeverfahren** (§ 17 Nr. 17; vgl. dazu Nrn. 4136 ff. VV),
- das nach erfolgreichem Antrag stattfindende **Verfahren nach Wiederaufnahme** (§ 17 Nr. 12),
- die in Vorbem. 4 Abs. 5 VV genannten **Zwangsvollstreckungsverfahren** (vgl. dazu bei Vorbem. 4 VV Rn. 93 ff.),
- die nach dem **ThUG** vom beigeordneten Rechtsanwalt zwischen dem Anordnungs- bzw. Verlängerungsverfahren und einem weiteren Verfahren über die Therapieunterbringung erbrach-

Gebühren für die Tätigkeit im Strafverfahren *Vorbemerkung 4.1*

ten Tätigkeiten (vgl. § 20 Abs. 3 Satz 2 ThUG; Teil A: Angelegenheiten [§§ 15 ff.], Rn. 103; s. Teil A: Sicherungsverwahrung/Therapieunterbringung, Rn. 1211 ff.).

d) Einlegung eines Rechtsmittels

Aus **§ 19 Abs. 1 Satz 2 Nr. 10** folgt **ergänzend** zu Vorbem. 4.1 Abs. 2 VV, dass die **Einlegung von Rechtsmitteln** bei dem Gericht desselben Rechtszugs durch den **Verteidiger**, der in dem **Rechtszug tätig** war, mit der jeweiligen Verfahrensgebühr **abgegolten** ist (OLG Jena, JurBüro 2006, 365; OLG Schleswig, SchlHA 2006, 299 bei Döllel/Dressen s. auch Teil A: Rechtszug [§ 19], Rn. 1198 ff.). Die Begründung des Rechtsmittels und weitere Aktivitäten, wie z.B. die Überprüfung des Urteils auf formelle oder materielle Rechtsfehler, werden hingegen von der Verfahrensgebühr der Rechtsmittelinstanz abgegolten (OLG Jena, JurBüro 2006, 365; OLG Schleswig, SchlHA 2006, 299 bei Döllel/Dressen; s. auch Nr. 4130 VV Rn. 10 ff.). 29

> **Hinweis:**
> Für einen **neuen Verteidiger** gehört zudem auch die Einlegung eines Rechtsmittels zum nächsten Rechtszug.

e) Beratung über ein Rechtsmittel

Fraglich ist die Vergütung des Rechtsanwalts für die **Beratung über** ein **Rechtsmittel**. Bei dieser Problematik ist zu unterscheiden, ob die Beratung durch den Verteidiger erfolgt, der den Mandanten bereits in der Vorinstanz vertreten hat, oder durch einen Rechtsanwalt, der nicht in der Vorinstanz tätig gewesen ist. Die Abgrenzung ist nicht einfach, zumal häufig auch Erstattungsfragen eine Rolle spielen und diese mit den Fragen des Entstehens der Gebühr vermengt werden (vgl. z.B. KG, JurBüro 2010, 599 = RVGreport 2010, 351 = VRR 2010, 479; LG Düsseldorf, 27.04.2010 – 20 KLs 7/06). Es gilt (s. auch Teil A: Beratung über die Erfolgsaussicht eines Rechtsmittels [Nrn. 2102 f. VV], Rn. 261 ff.): 30

- Beratung durch den Verteidiger der **Vorinstanz** 31
  - Beratung über die Aussichten eines **noch nicht eingelegten Rechtsmittels**:
    durch die Verfahrensgebühr der Vorinstanz abgegolten (OLG Hamm, AGS 2006, 547; LG Flensburg, JurBüro 1984, 890; zum Strafbefehlsverfahren s. aber Nr. 4104 Rn. 8),
  - Beratung über die Aussichten eines noch nicht eingelegten Rechtsmittels eines **anderen Verfahrensbeteiligten**:
    durch die Verfahrensgebühr der Vorinstanz abgegolten,
  - **Einlegung** des Rechtsmittels:
    durch die Verfahrensgebühr der Vorinstanz abgegolten (OLG Hamm, AGS 2006, 547; OLG Schleswig, SchlHA 2006, 299 bei Döllel/Dressen [Abwicklungstätigkeit]),
  - Beratung über die Aussichten eines bereits eingelegten Rechtsmittels:
    durch die Verfahrensgebühr der Rechtsmittelinstanz abgegolten (OLG Jena, JurBüro 2006, 365; OLG Schleswig, SchlHA 2006, 299 bei Döllel/Dressen [führt zum Entstehen der Verfahrensgebühr der Rechtsmittelinstanz]; LG Flensburg, JurBüro 1984, 890; s. dazu AnwKomm-RVG/N. Schneider, VV Vorb. 4.1 Rn. 39).
- Beratung durch den **nicht** in der **Vorinstanz** tätigen Rechtsanwalt 32

Vorbemerkung 4.1   *Gebühren für die Tätigkeit im Strafverfahren*

- Beratung über die **Aussichten** eines **noch nicht eingelegten** Rechtsmittels:
  Es entsteht die Verfahrensgebühr der Rechtsmittelinstanz, wenn der Rechtsanwalt mit der **Verteidigung** im **Rechtsmittelverfahren beauftragt worden ist** (AnwKomm-RVG/ N. Schneider, VV Vorb. 4.1 Rn. 47). Der Rechtsanwalt erhält dann auch die Grundgebühr der Nr. 4100 VV, da es zur Übernahme des Mandats gekommen ist.

- Beratung über die **Erfolgsaussichten** eines noch nicht eingelegten Rechtsmittels, wenn der Rechtsanwalt **nur mit** dieser **Beratung beauftragt** ist:
  Es gelten die Nrn. 2102 f. VV. Die Gebühr ist nach der Anm. zu Nr. 2202 VV auf die Gebühr für das Rechtsmittelverfahren anzurechnen (vgl. Teil A: Beratung über die Erfolgsaussicht eines Rechtsmittels [Nrn. 2102 f. VV], Rn. 261 ff.).

33 | **Hinweis:**
War der Rechtsanwalt nicht in der Vorinstanz tätig und ist er **nur mit** der **Einlegung** des Rechtsmittels **beauftragt**, ohne zugleich auch schon die Verteidigung oder Vertretung im Rechtsmittelverfahren übertragen bekommen zu haben, gilt Nr. 4302 Ziff. 1 VV (vgl. dort Rn. 3 ff.). Wird der Rechtsanwalt anschließend mit der Verteidigung oder Vertretung beauftragt, ist diese Gebühr auf die entstehenden Gebühren anzurechnen (Vorbem. 4.3 Abs. 3 VV Rn. 39 ff.; Nr. 4302 VV Rn. 3 ff.).

34 • **Beratung über ein gegnerisches Rechtsmittel**
  Insbesondere hinsichtlich der Beratung über das Rechtsmittel eines anderen Beteiligten, also der Staatsanwaltschaft, eines Neben- oder Privatklägers, ist umstritten, welche Gebühren für den Verteidiger entstehen (vgl. dazu auch AnwKomm-RVG/N. Schneider, VV Vorb. 4.1 Rn. 40 ff.). Insoweit gilt:

- Rechtsmittel des Gegners ist **noch nicht eingelegt**:
- Der Rechtsanwalt wird nur vorbereitend tätig. Seine Tätigkeit zählt noch zur **Ausgangsinstanz**.

- Rechtsmittel des Gegners ist **bereits eingelegt**:
  Für den Verteidiger beginnt der Rechtsmittelrechtszug unabhängig davon, ob er bereits erstinstanzlich tätig war oder nicht, mit seiner ersten Tätigkeit nach Einlegung des Rechtsmittels durch den Gegner (vgl. u.a. KG, AGS 2009, 389 = RVGreport 2009, 346 = StRR 2009, 399 = VRR 2009, 277). Voraussetzung ist allerdings, dass er bereits den Rechtsmittelauftrag erhalten hat. Ist ihm der bereits bedingt vorab erteilt, entsteht die jeweilige Verfahrensgebühr bereits durch die bloße Entgegennahme des gegnerischen Rechtsmittels und die Benachrichtigung des Mandanten (OLG Düsseldorf, JurBüro 1976, 635). Anderenfalls entsteht die Verfahrensgebühr für das Rechtsmittelverfahren mit der ersten Tätigkeit des Rechtsanwalts nach Auftragserteilung (AnwKomm-RVG/N. Schneider, VV Vorb. 4, Rn. 44 zur Erstattungsfähigkeit) insbesondere der Verfahrensgebühr Nr. 4124 VV (für das Berufungsverfahren s. Nr. 4124 Rn. 25 ff.).

- Der Rechtsanwalt soll ohne Verteidigungsauftrag im Rechtsmittelverfahren, **nur** die **Erfolgsaussichten** des Rechtsmittels **prüfen**:
  Es gelten die Nrn. 2102 f. (vgl. Teil A: Beratung über die Erfolgsaussicht eines Rechtsmittels [Nrn. 2102 f. VV], Rn. 261).

- Beratung über **beiderseitige Rechtsmittel**: 35
Wenn der Verteidiger sowohl über ein gegnerisches Rechtsmittel beraten soll als auch über ein eigenes sind die Ausführungen bei Rn. 31 f. und Rn. 34 zu kombinieren. Die Beratung über das eigene Rechtsmittel gehört also ggf. noch zur Verfahrensgebühr der Vorinstanz, die Beratung über das gegnerische Rechtsmittel führt hingegen möglicherweise schon zur Verfahrensgebühr der Rechtsmittelinstanz.

V. Anrechnung

War der Rechtsanwalt zunächst nur mit einer **Einzeltätigkeit** nach Teil 4 Abschnitt 3 VV beauftragt, werden die dafür angefallenen Gebühren gem. Vorbem. 4.3 Abs. 3 VV auf die für die Verteidigung oder Vertretung entstehenden Gebühren **angerechnet** (vgl. Vorbem. 4.3 Abs. 3 VV Rn. 39 ff.). 36

Unterabschnitt 1

Allgemeine Gebühren

1 Teil 4 Abschnitt 1 Unterabschnitt 1 VV ist überschrieben mit „Allgemeine Gebühren". Gemeint sind damit die **Grundgebühr** (Nr. 4100 VV), die ggf. auch mit Zuschlag anfallen kann (Nr. 4101 VV), und die **Terminsgebühr** (Nr. 4102 VV), die der Verteidiger, Vertreter oder Beistand für die Teilnahme an besonderen (Vernehmungs)Terminen, ggf. mit Zuschlag (Nr. 4103 VV), erhält. Die von diesen Gebühren erfassten Tätigkeiten (vgl. dazu die Komm. bei der jeweiligen Gebühr) wurden früher unter Geltung der BRAGO durch die (Hauptverhandlungs-)Gebühr des § 83 BRAGO bzw. durch die Gebühr des § 84 BRAGO mitabgegolten. Die Gebührenstruktur des RVG, die jetzt stärker an den Gang des Verfahrens angepasst ist, führt damit dazu, dass ein Teil der früher erst für das gerichtliche Verfahren anfallenden Gebühren in das Ermittlungsverfahren vorgezogen worden ist. Dies ermöglicht eine bessere, vor allem **aufwandsgerechtere Honorierung** der anwaltlichen Tätigkeit.

2 **Hinweis:**

Die in Unterabschnitt 1 aufgeführten „Allgemeinen Gebühren" können nicht etwa nur im Ermittlungsverfahren entstehen. Die Stellung in diesem Unterabschnitt zeigt vielmehr, dass sie ggf. **auch in späteren Verfahrensabschnitten** entstehen können (vgl. das Beispiel bei Nr. 4100 VV Rn. 12). Das gilt vor allem auch für die Terminsgebühren der Nr. 4102 VV.

Nr. 4100 VV
Grundgebühr

Nr.	Gebührentatbestand	Gebühr oder Satz der Gebühr nach § 13 oder § 49 RVG	
		Wahlanwalt	gerichtlich bestellter oder beigeordneter Rechtsanwalt
4100	Grundgebühr (1) Die Gebühr entsteht für die erstmalige Einarbeitung in den Rechtsfall nur einmal, unabhängig davon, in welchem Verfahrensabschnitt sie erfolgt. (2) Eine wegen derselben Tat oder Handlung bereits entstandene Gebühr 5100 ist anzurechnen.	30,00 bis 300,00 EUR	132,00 EUR

Übersicht

	Rn.
A. Überblick	1
B. Kommentierung	2
I. Abgeltungsbereich der Grundgebühr (Anm. 1)	2
1. Persönlicher Geltungsbereich	3
a) Allgemeines	3
b) Grundgebühr im Strafvollstreckungsverfahren/Wiederaufnahmeverfahren	5
c) Grundgebühr für den „Terminsvertreter"	6
2. Sachlicher Abgeltungsbereich	11
a) Einmaligkeit der Gebühr	11
b) Entstehen der Gebühr	17
c) Katalog der erfassten Tätigkeiten/Abgeltungsbereich	20
aa) Abgrenzung zur Verfahrensgebühr	20
bb) Konkreter Abgeltungsbereich	22
d) Begriff des „Rechtsfalls"	26
3. Grundgebühr in mehreren Verfahren	29
a) Grundgebühr bei Verbindung von Verfahren	29
b) Grundgebühr bei Abtrennung von Verfahren	30
c) Grundgebühr bei Zurückverweisung	31
d) Übergang BRAGO/RVG	32
4. Gebührenhöhe	33
a) Allgemeines	33
b) Bemessung der Wahlanwaltsgebühr	36
II. Anrechnung anderer Gebühren (Anm. 2)	40

Nr. 4100 VV *Grundgebühr*

Literatur:

Burhoff, Die neue Grundgebühr der Nr. 4100 VV RVG-E, RVGreport 2004, 53; *ders.*, Abrechnungsbeispiele zum RVG Grundgebühr und Vorbereitendes Verfahren, RVGreport 2004, 292; *ders.*, Die anwaltliche Vergütung im Strafbefehlsverfahren, RVGreport 2008, 201; *ders.*, Die Grundgebühr in Straf- und Bußgeldverfahren, RVGreport 2009, 361; *ders.*, Abrechnung der Tätigkeiten des Terminsvertreters im Strafverfahren, RVGprofessionell 2010, 153; *ders.*, Persönlicher Geltungsbereich des Teils 4 VV RVG, eine Bestandsaufnahme der Rechtsprechung, RVGreport 2011, 85; *ders.*, Der Abgeltungsbereich der Grundgebühr in Straf- und Bußgeldverfahren, RENOpraxis 2011, 102; *Hansens*, Grundgebühr für den Verteidiger bei vorheriger BRAGO-Tätigkeit, JurBüro 2005, 238; *Kotz*, Eine Lanze für den Underdog Zur Vergütungslage des bestellten Terminsvertreters in Strafsachen, StraFo 2008, 412; *Madert*, Entsteht eine Grundgebühr, wenn die Tätigkeit des Verteidigers in der ersten Instanz nach der BRAGO und seine Tätigkeit in der Rechtsmittelinstanz nach dem RVG abzurechnen ist?, AGS 2005, 239; *Meyer*, Gebühren des nach § 408b StPO bestellten Verteidigers, JurBüro 2005, 186; *N. Schneider*, Neue Grundgebühr in Straf- und Bußgeldsachen, RVGprofessionell 2005, 119; *ders.*, Grundgebühr auch bei vorangegangener Einzeltätigkeit, RENOpraxis 2007, 82; vgl. auch die Hinweise bei Vorbem. 4 VV vor Rn. 1 und bei Vorbem. 4.1 VV vor Rn. 1.

A. Überblick

1 Nr. 4100 VV regelt die Grundgebühr. Eine entsprechende Regelung enthielt die **BRAGO nicht**. Die von der Grundgebühr erfassten Tätigkeiten (vgl. dazu unten Rn. 20) wurden durch die Gebühr des § 83 BRAGO mitabgegolten.

> **Hinweis:**
>
> Das RVG kennt **nur** in **Teil 4 VV** und **Teil 5 VV** eine Grundgebühr. Diese entsteht also nur in Straf- und Bußgeldsachen.

B. Kommentierung

I. Abgeltungsbereich der Grundgebühr (Anm. 1)

2 Die Grundgebühr steht dem Rechtsanwalt für die (**erstmalige**) **Einarbeitung** in den Rechtsfall zu. Mit ihr wird der Arbeitsaufwand abgegolten, der einmalig mit der Übernahme des Mandats entsteht (vgl. dazu Rn. 20 ff.). Die Abgrenzung des Abgeltungsbereichs der Grundgebühr zur Verfahrensgebühr ist nicht einfach und in Rechtsprechung und Literatur umstritten (vgl. auch dazu die Rn. 20 ff.; allgemein auch Burhoff, RVGreport 2009, 361 und RENOpraxis 2011, 102).

1. Persönlicher Geltungsbereich

a) Allgemeines

3 Die Grundgebühr steht sowohl dem **Wahlanwalt** als auch dem **Pflichtverteidiger** sowie auch dem sonstigen **Vertreter** oder **Beistand** eines Verfahrensbeteiligten zu (vgl. dazu Vorbem. 4 VV Rn. 5 ff.). Das gilt insbesondere auch für den Zeugenbeistand, wenn man davon ausgeht, dass er nach Teil 4 Abschnitt 1 VV abrechnet (vgl. dazu Vorbem. 4.1 VV Rn. 6 ff. und auch OLG Dresden, NJW 2009, 455 = StraFo 2009, 42 = AGS 2008, 126 = RVGreport 2008, 264), und zwar auch dann, wenn der Rechtsanwalt zuvor bereits als Verteidiger des Zeugen tätig gewesen ist (vgl. die Nachw. bei Vorbem. 4.1 VV Rn. 15).

4 Der Rechtsanwalt muss aber **in dieser Funktion** tätig werden. Das ergibt sich eindeutig aus der Stellung in Teil 4 Abschnitt 1 VV, der nur die Gebühren des Verteidigers regelt. Der Rechtsan-

Grundgebühr   *Nr. 4100 VV*

walt, der nur mit einer **Einzeltätigkeit** (Teil 4 Abschnitt 3 VV) beauftragt ist, erhält die Grundgebühr **nicht** (OLG Düsseldorf, AGS 2009, 14 = MDR 2009, 654 = AnwBl. 2009, 312; OLG Köln, AGS 2007, 452 = RVGreport 2007, 306 = NStZ-RR 2007, 287; OLG Schleswig, SchlHA 2007, 278; Gerold/Schmidt/Burhoff, VV Vorb. 4.3 Rn. 10; AnwKomm-RVG/N. Schneider, VV Vorb. 4.3 Rn. 36; Vorbem. 4.3 VV Rn. 27).

b)   Grundgebühr im Strafvollstreckungsverfahren/Wiederaufnahmeverfahren

Wird der Rechtsanwalt **erst** im **Strafvollstreckungsverfahren** mit der Verteidigung beauftragt, erhält er seine Vergütung nach Teil 4 Abschnitt 2 VV (OLG Schleswig, StV 2006, 206 = RVGreport 2005, 70 = JurBüro 200, 252). Dort ist eine **Grundgebühr nicht** ausdrücklich erwähnt. Die Systematik des VV verbietet auch den analogen Rückgriff auf die Grundgebühr nach Nr. 4100 VV (KG, NStZ-RR 2009, 31 = JurBüro 2009, 83 = RVGreport 2008, 463 = StRR 2009, 156; OLG Schleswig, a.a.O.; LG Berlin, AGS 2007, 562 = StRR 2007, 280; s. auch Vorbem. 4.2 VV Rn. 20). Diese ist nämlich in Teil 4 Abschnitt 1 VV geregelt. Dieser Teil erfasst nur die Vergütung des Verteidigers, Beistandes oder Vertreters im gerichtlichen Verfahren einschließlich des Wiederaufnahmeverfahrens und im Ermittlungsverfahren (vgl. BT-Drucks. 15/1971, S. 221) und nicht auch die Vergütung im Strafvollstreckungsverfahren, die gesondert in Teil 4 Abschnitt 2 VV geregelt ist. Der Zeitpunkt der Beauftragung des Rechtsanwalts muss aber bei der Bemessung der konkreten Verfahrensgebühr in der Strafvollstreckung (Nrn. 4200 ff. VV) berücksichtigt werden. Der Rechtsanwalt, der den Verurteilten nicht im Erkenntnisverfahren vertreten hat und sich daher stärker in das Verfahren einarbeiten muss, erhält daher eine höhere Gebühr als derjenige, der den Verurteilten von Anfang an vertreten hat (vgl. Nr. 4200 Rn. 14 ff.).

> **Hinweis:**
> Nach der ausdrücklichen Regelung in Vorbem. 4.1.4 VV entsteht eine Grundgebühr auch **nicht im Wiederaufnahmeverfahren** (OLG Köln, NStZ 2006, 410).

c)   Grundgebühr für den „Terminsvertreter"

Die Gebühr steht nur dem Verteidiger bzw. einem der sonst in Vorbem. 4 Abs. 1 VV genannten Vertreter von Verfahrensbeteiligten (vgl. dazu Vorbem. 4 VV Rn. 5 ff.) zu. Das ergibt sich zweifelsfrei aus der Stellung der Gebühr in Abschnitt 1, der die „Gebühren des Verteidigers" regelt (vgl. auch Rn. 3). Für die **Vertretung** des **Verteidigers** gilt:

- Überträgt der Verteidiger einem anderen Rechtsanwalt **lediglich** die (Einzel-)**Vertretung** des Angeklagten, z.B. in der Hauptverhandlung, steht diesem keine Grundgebühr zu. Er erhält dann für diese Einzeltätigkeit vielmehr nur die Verfahrensgebühr nach Nr. 4301 Nr. 4 VV. Der Verteidiger erhält hingegen (s)eine Grundgebühr.

- Etwas anderes gilt, wenn der Rechtsanwalt, dem die Vertretung in der Hauptverhandlung übertragen wird, – unter Beachtung von § 137 StPO – **auch** zum **Verteidiger** bestellt wird, was i.d.R. der Fall sein wird, da dem Rechtsanwalt grds. der volle Verteidigungsauftrag erteilt und nicht nur eine Einzeltätigkeit übertragen wird (KG, NStZ-RR 2005, 327 = JurBüro 2005, 536 = AGS 2006, 177; OLG Celle, StraFo 2006, 471; OLG Hamm, RVGreport 2006, 230). Auch dieser Rechtsanwalt rechnet dann nach Teil 4 Abschnitt 1 VV ab (vgl. Vorbem. 4.1 VV Rn. 17). Er erhält dann ebenfalls die Grundgebühr, denn auch er muss sich in den Rechtsfall einarbeiten (so zutreffend OLG Bamberg, NStZ-RR 2011, 223 [LS] = StRR 2011, 167 [LS]; OLG Düsseldorf, StRR 2009,

Nr. 4100 VV *Grundgebühr*

157; OLG Hamm, RVGreport 2006, 230; OLG Jena, 08.12.2010 – 1 Ws 318/10, JurionRS 2010, 37049; OLG Karlsruhe, StraFo 2008, 349 = NJW 2008, 2935 = JurBüro 2008, 586 = RVGreport 2009, 19 = StRR 2009, 119; OLG München, NStZ-RR 2009, 32 = RVGprofessionell 2009, 32 = StRR 2009, 120; LG Koblenz, StraFo 2007, 175; Gerold/Schmidt/Burhoff, VV 4100, 4101 Rn. 5; Burhoff, RVGreport 2011, 85, 87; Kotz, StraFo 2008, 412; **a.A.** KG, a.a.O.; RVGreport 2007, 108; StraFo 2008, 349 = AGS 2008, 387 m. abl. Anm. N. Schneider = StRR 2008, 358 m. abl. Anm. Burhoff; RVGreport 2011, 260; OLG Brandenburg, RVGprofessionell 2010, 83; OLG Bremen, 14.12.2009 – Ws 119/09; OLG Celle, StraFo 2006, 471 = RVGreport 2007, 71; OLG Dresden, 05.09.2007 – 1 Ws 155/07; OLG Hamm, RVGreport 2007, 108; OLG Koblenz, JurBüro 2005, 199; OLG Köln, AGS 2006, 452 = RVGreport 2007, 306; LG Düsseldorf, RVG-professionell 2008, 53 = StRR 2008, 159; LG Köln, 07.12.2010 – 105 Qs 343/10, JurionRS 2011, 31479; Hartmann, KostG, Nr. 4100 VV RVG Rn. 2). Es entsteht nicht etwa nur die Terminsgebühr (so aber die vorstehende Rspr. wie hier auch Volpert, VRR 2005, 320 in der Anm. zu KG, StV 2006, 206). Das gilt auch, wenn der Rechtsanwalt in einem Termin (nur) durch einen anderen Verteidiger abgelöst wird (LG Koblenz, a.a.O.).

9 • Im Fall der (teilweisen) Beiordnung/Bestellung des Rechtsanwalts als Beistand oder **Pflichtverteidiger** gilt nichts anderes, da auch dieser „**Terminsvertreter**" voller Verteidiger i.S.v. Teil 4 Abschnitt 1 VV ist (OLG Düsseldorf, OLG Karlsruhe, OLG München, jew. a.a.O.). Dass der Vertretene nicht auch (noch einmal) eine Grundgebühr erhalten hätte, ist unerheblich (s. auch Rn. 11 ff.; a.A. offenbar KG, a.a.O.; OLG Bremen, 14.12.2009 – Ws 119/09; OLG Celle, NStZ-RR 2009, 158 [LS] = RVGreport 2009, 226). Das rechtfertigt sich auch nicht mit einem Hinweis auf § 5. Denn der anstelle des (verhinderten) Pflichtverteidigers beigeordnete Rechtsanwalt ist nicht Vertreter i.S.d. Vorschrift, sondern eigenständiger voller Verteidiger i.S.d. Vorbem. 4 Abs. 1 VV.

Beispiel:

Das AG hat dem Beschuldigten B den R als Pflichtverteidiger beigeordnet. Vor Beginn der zweitägigen Hauptverhandlung teilt der mit, er sei am 1. Hauptverhandlungstag verhindert, Rechtsanwalt R 2 werde für ihn erscheinen. Im Hauptverhandlungstermin wird R 2 für die Dauer der Abwesenheit von R als Pflichtverteidiger beigeordnet. Welche gesetzlichen Gebühren kann R 2 abrechnen? (Fallgestaltung nach OLG Düsseldorf, OLG Karlsruhe, OLG München, jew. a.a.O.).

Berechnung der Gebühren	*Pflichtverteidiger*
Grundgebühr Nr. 4100 VV	*132,00 €*
Verfahrensgebühr Nr. 4106 VV	*112,00 €*
Terminsgebühr Nr. 4108 VV	*184,00 €*
Postentgeltpauschale Nr. 7002 VV	*20,00 €*
Anwaltsvergütung netto	*448,00 €*

10 **Hinweis**

Teilweise wird in der Rechtsprechung in diesen Fällen auch auf den **Einzelfall** abgestellt (vgl. OLG Hamm, RVGreport 2009, 309 = RVGprofessionell 2009, 157 = StRR 2009, 438). Danach soll es darauf ankommen, ob der Terminsvertreter an einem vollwertigen Hauptverhandlungstermin teilgenommen und eine umfassende Tätigkeit als Verteidiger entfaltet

Grundgebühr   *Nr. 4100 VV*

hat, die nach ihrer Bedeutung und dem tatsächlich geleisteten Aufwand einer Terminswahrnehmung durch den ordentlichen Pflichtverteidiger gleichsteht; ist das der Fall, wird dem Terminsvertreter ein Anspruch auf sämtliche im Einzelfall verwirklichten Gebührentatbestände des Teil 4 Abschnitt 1 VV zugestanden, also auch auf die Grundgebühr (vgl. OLG Hamm, a.a.O.). Noch einen anderen Weg geht das OLG Stuttgart (AGS 2011, 224 = StraFo 2011, 198 = RVGreport 2011, 141): Nach seiner Auffassung richtet sich die Frage, ob der „Terminsvertreter" zum Vertreter i.S.v. § 5 oder zum weiteren Verteidiger bestellt worden ist, nach dem **Wortlaut** der **Bestellungsverfügung** und den **weiteren Umständen**. Es spreche „die Bestellung von Rechtsanwalt X. für den heutigen Sitzungstag" für den Status als weiterer Pflichtverteidiger. Dafür spreche auch, wenn sich der „Terminsvertreter" in diese Sache habe einweisen lassen müssen und er ein Plädoyer gehalten habe. Folge sei dann, dass neben der Terminsgebühr auch die Grundgebühr entstehe. Lediglich eine Vertretung des eigentlichen Pflichtverteidigers liege hingegen im Zweifel vor, wenn z.B. der zunächst bestellte Verteidiger nur teilweise im Hauptverhandlungstermin verhindert sei und die Beweiserhebung weitgehend einen Mitangeklagten betreffe, es sich um einen „Schiebetermin" handle, an dem lediglich Registerauszüge oder Urteile aus früheren Verfahren verlesen werden (OLG Stuttgart, a.a.O.).

2. Sachlicher Abgeltungsbereich

a) Einmaligkeit der Gebühr

Nach Nr. 4100 Anm. 1 VV entsteht die Grundgebühr im Verfahren **nur einmal**. Das gilt selbstverständlich auch, wenn der Rechtsanwalt zunächst als Wahlanwalt tätig ist und dann als Pflichtverteidiger beigeordnet wird. Für ihn als Pflichtverteidiger entsteht dann die Grundgebühr nicht noch einmal, er kann sie aber über § 48 Abs. 5 Satz 1 als gesetzliche Gebühr geltend machen (OLG Frankfurt am Main, NJW 2005, 377 = StV 2005, 76 = RVGreport 2005, 28; Hartung/Schons/Enders, Nr. 4100, 4101 VV Rn. 10; vgl. auch § 48 Abs. 5 Rn. 7 ff.). Das Entstehen ist jedoch ausdrücklich **unabhängig** davon, in **welchem Verfahrensstadium** die Einarbeitung erfolgt – „in jeder Lage des Verfahrens" – (OLG Frankfurt am Main, a.a.O.).   **11**

Beispiel 1:   **12**

Dem Beschuldigten wird ein Diebstahl zur Last gelegt. Er verteidigt sich beim AG zunächst selbst. Seinen (späteren) Verteidiger Rechtsanwalt R sucht er erst auf, nachdem er vom AG verurteilt worden ist, um ihn mit seiner Verteidigung zu beauftragen. Rechtsanwalt R legt zunächst Berufung ein.

R erhält, obwohl er im Berufungsverfahren erstmals mit der Sache befasst ist, eine Grundgebühr nach Nr. 4100 VV.

Entsprechendes gilt, wenn später ein anderer Rechtsanwalt mit der Einlegung und Begründung der Revision gegen das landgerichtliche Urteil beauftragt wird. Auch er erhält, obwohl er erst im Revisionsverfahren beauftragt wird, eine Grundgebühr nach Nr. 4100 VV (OLG Frankfurt am Main, NJW 2005, 377 = StV 2005, 76 = RVGreport 2005, 28).

Beispiel 2:   **13**

Dem Beschuldigten wird ein Diebstahl zur Last gelegt. Er sucht sofort Rechtsanwalt R auf und beauftragt ihn mit seiner Verteidigung. Rechtsanwalt R führt später auch das Berufungs- und das Revisionsverfahren.

Nr. 4100 VV *Grundgebühr*

R erhält nur einmal eine Grundgebühr nach Nr. 4100 VV, obwohl er für den Beschuldigten in mehreren Verfahrensabschnitten tätig geworden ist. Etwas anderes folgt nicht daraus, dass der R für den B in verschiedenen Angelegenheiten – vorbereitendes Verfahren, gerichtliches Verfahren 1. Instanz, Berufungs- und Revisionsverfahren – tätig geworden ist und nach § 15 an sich in jeder dieser Angelegenheiten die Grundgebühr entstehen könnte. Die Anm. 1 legt in Abweichung davon ausdrücklich fest, dass die Grundgebühr nur einmal entsteht (s. auch OLG Köln, AGS 2007, 451 m. abl. Anm. N. Schneider = JurBüro 2007, 484 = RVGreport 2007, 425).

14 Die Beschränkung „nur einmal" in der Anm. 1 ist jedoch allein **personenbezogen** zu verstehen, sie ist **nicht verfahrensbezogen** mit der Folge, dass die Grundgebühr im Verfahren überhaupt nur einmal entstehen könnte. Das bedeutet, dass die Grundgebühr im Verfahren so oft entstehen kann, wie sich unterschiedliche Verteidiger in die Sache einarbeiten (a.A. offenbar KG, NStZ-RR 2005, 327 = JurBüro 2005, 536 = AGS 2006, 177; RVGreport 2007, 108, jew. betreffend „Terminvertreter"; OLG Celle, RVGreport 2007, 71; OLG Hamm, RVGreport 2007, 108; wie hier OLG Hamm, RVGreport 2006, 230 = AGS 2007, 37; s. auch oben Rn. 6 ff.). Die Formulierung „nur einmal" war wegen der Regelung in § 15 Abs. 2 erforderlich, da der Rechtsanwalt danach sonst in jedem Rechtszug eine Grundgebühr hätte fordern können.

15 *Beispiel 3:*

Dem Beschuldigten B wird ein Diebstahl zur Last gelegt. Er wird beim AG von Rechtsanwalt R 1 verteidigt. Nachdem B vom AG verurteilt worden ist, beauftragt er R 2 mit der Einlegung und Durchführung des Berufungsverfahrens. Die Berufung hat keinen Erfolg. B sucht sich nun noch einen weiteren Verteidiger R 3, der ihn im Revisionsverfahren vertritt.

Sowohl R 1, als auch R 2 und auch R 3 erhalten jeweils die Grundgebühr, da diese nicht verfahrensbezogen nur einmal entsteht, sondern personenbezogen (s. auch Rn. 14).

> **Hinweis:**
> Die Grundgebühr entsteht allerdings in der Person desselben Verteidigers dann mehrmals, wenn ein Fall des **§ 15 Abs. 5 Satz 2** vorliegt, wenn also ein erledigtes Strafverfahren nach Ablauf von zwei Kalenderjahren wieder aufgenommen wird (so auch AnwKomm-RVG/ N. Schneider, VV 4100 – 4101 Rn. 10 [nach Sinn und Zweck des § 15 Abs. 5 Satz 2]).

16 Diskutiert wird (vgl. N. Schneider, RENOpraxis 2007, 82), ob die Grundgebühr auch (noch) entsteht, wenn dem **Rechtsanwalt zunächst nur** eine **Einzeltätigkeit** übertragen war, er dann aber später den vollen Verteidigungsauftrag erhält (vgl. das Beispiel bei N. Schneider, a.a.O.: Zunächst nur Auftrag, die Einlassung des Beschuldigten abzugeben, nachdem daraufhin das Verfahren nicht eingestellt wird, erhält der **Rechtsanwalt** dann denn vollen **Verteidigungsauftrag**). Mit N. Schneider (a.a.O.) ist davon auszugehen, dass auch in dem Fall die Grundgebühr Nr. 4100 entsteht. Zwar ist der **Rechtsanwalt** – teilweise – bereits erstmalig eingearbeitet, es sind jedoch für den vollen Verteidigungsauftrag weitere/darüber hinausgehende Einarbeitungstätigkeiten erforderlich. Zudem würde, wenn man eine Grundgebühr nicht gewähren würde, bei der nach Vorbem. 4.3 Abs. 4 VV erforderlichen Anrechnung der für die Einzeltätigkeit verdienten Gebühr Nr. 4302 Nr. 2 VV auch der darin enthaltene Anteil für die Einarbeitung in die Einzeltätigkeit (vgl. Nr. 4302 VV Rn. 11) angerechnet, ohne dass der **Rechtsanwalt** dafür als **Verteidiger** überhaupt Gebühren verdienen würde. Letzteres wird vermieden, wenn der **Rechtsanwalt** auch die

Grundgebühr verdient und damit die Anrechnung der Gebühr für die Einzeltätigkeit (Vorbem. 4.3 Abs. 4 VV) auf Grund- und Verfahrensgebühr erfolgt (s. auch N. Schneider, a.a.O.).

b) Entstehen der Gebühr

Voraussetzung für das Entstehen der Gebühr ist die **„Übernahme"** des (Voll-)Mandats (so auch die Gesetzesbegründung, vgl. dazu BT-Drucks. 15/1971, S. 222). „Übernahme des Mandats" meint beim Wahlverteidiger den Abschluss eines Vergütungsvertrages. Beim bestellten oder beim sonst beigeordneten Rechtsanwalt wird der Vertragsabschluss durch die Beiordnung durch das Gericht, z.B. als Pflichtverteidiger nach § 140 StPO, oder die sonstige Beiordnung ersetzt. Das hat zur Folge, dass die Grundgebühr auch bei dem nach § 408b StPO als Pflichtverteidiger beigeordneten Rechtsanwalt entsteht (OLG Düsseldorf, StraFo 2008, 441 = JurBüro 2008, 587 = AGS 2008, 343 = RVGreport 2008, 351; OLG Köln, AGS 2009, 481 = StV 2010, 68 = NStZ-RR 2010, 31; OLG Oldenburg, StraFo 2010, 430 = AGS 2010, 491 = RVGreport 2011, 24 = VRR 2010, 39; s. auch Teil 4: Strafbefehlsverfahren, Abrechnung, Rn. 1265 ff.). 17

> **Hinweis:**
> Kommt es **nicht** zum Vertragsschluss/zur **Mandatsübernahme** bzw. wird der Rechtsanwalt nicht beigeordnet/bestellt, erhält der Rechtsanwalt keine Gebühren nach Teil 4 VV. Damit entsteht dann auch **keine Grundgebühr**. Wird in diesen Fällen – was allerdings selten sein dürfte – ausdrücklich oder konkludent ein Beratungsauftrag erteilt, kommt eine Gebühr nach § 34 in Betracht (vgl. Teil A: Beratung/Gutachten Allgemeines [§ 34], Rn. 272 ff.).

Wann der Rechtsanwalt das Mandat **übernimmt**, ist **unerheblich**. Auch dann, wenn er als zufällig im Saal anwesender Rechtsanwalt erst im Hauptverhandlungstermin zum (Pflicht-)Verteidiger bestellt und schon am Ende des ersten Hauptverhandlungstages das Urteil verkündet und Rechtsmittelverzicht erklärt wird, steht dem Verteidiger eine Grundgebühr zu. Auch dieser Verteidiger hat sich einarbeiten müssen, wie kurz die Einarbeitungszeit auch gewesen sein mag und wie gering der Aufwand. Die Frage der Einarbeitung ist unabhängig davon, wann der Verteidiger beauftragt/bestellt wird (a.A. OLG Koblenz, AGS 2005, 158 = JurBüro 2005, 199; AG Koblenz, RVGreport 2004, 469 = AGS 2004, 448 für die Beiordnung in der Hauptverhandlung im Strafbefehlsverfahren m. jeweils abl. Anm. von Hansens und Schneider; vgl. auch Meyer, JurBüro 2005, 186; zum Entstehen der Verfahrensgebühr in diesen Fällen s. Vorbem. 4 Rn. 37). Entsprechendes gilt für die „Ablösung" eines Rechtsanwalts im Termin durch einen anderen (LG Koblenz, StraFo 2007, 175). 18

Die Gebühr **entsteht mit** der **ersten Tätigkeit**, die der Verteidiger **nach Übernahme** des Mandats für den Mandanten erbringt. I.d.R. wird das das erste Informationsgespräch und/oder ein Akteneinsichtsgesuch sein. Auf die „Wertigkeit" dieser Tätigkeit kommt es nicht an. Es reichen also auch die Einarbeitung vorbereitende Tätigkeiten (a.A. AG Koblenz, NStZ-RR 2006, 288; vgl. auch unten Rn. 25). 19

c) Katalog der erfassten Tätigkeiten/Abgeltungsbereich

aa) Abgrenzung zur Verfahrensgebühr

In Rechtsprechung und Literatur ist die **Abgrenzung** des **Abgeltungsbereichs** der Grundgebühr zur **Verfahrensgebühr umstritten**. Z.T. wird davon ausgegangen (vgl. AG Tiergarten, 20

Nr. 4100 VV   *Grundgebühr*

AGS 2009, 322 = RVGreport 2009, 385 = StRR 2009, 237; AnwKomm/N. Schneider VV Vorb. 4 Rn. 22; Hartung/Schons/Enders, Nr. 4100, 4101 VV), dass für den Rechtsanwalt, der sich in einen Strafrechts- (oder OWi-)Fall einarbeitet, nicht nur die Grundgebühr, sondern zugleich immer auch die Verfahrensgebühr entsteht. Diese entstehe daher im Zweifel immer auch neben der Grundgebühr (s. auch noch N. Schneider, RVGprofessionell 2005, 119). Dies ist unzutreffend. Die Auffassung führt nämlich dazu, dass die Grundgebühr keinen eigenen Abgeltungsbereich mehr hätte, da alle Tätigkeiten, die zum Entstehen der Grundgebühr führen, zugleich auch das Entstehen der jeweiligen Verfahrensgebühr zur Folge haben würden. Damit wäre die Grundgebühr aber eine reine „Garantie- bzw. Grundlagengebühr". Gerade das ist aber nach der Gesetzesbegründung nicht vorgesehen. Der Gesetzgeber hat der Grundgebühr vielmehr einen eigenen Abgeltungsbereich – erste Akteneinsicht und die mit der Übernahme des Mandats zusammenhängenden Tätigkeiten – zugewiesen (vgl. dazu BT-Drucks. 15/1971, S. 222; so zutreffend auch KG, AGS 2009, 271 = RVGreport 2009, 186 = StRR 2009, 239 = RVGprofessionell 2009, 138; OLG Köln, AGS 2007, 451 m. abl. Anm. N. Schneider = JurBüro 2007, 484 = RVGreport 2007, 425; s. auch Burhoff, RVGreport 2009, 361; Gerold/Schmidt/Burhoff, VV 4100, 4101 Rn. 9).

21   In der Praxis wird der Unterschied zwischen den beiden Auffassungen **i.d.R.** jedoch **keine Auswirkungen** haben, da im Zweifel der Abgeltungsbereich der Grundgebühr sehr schnell überschritten ist und damit dann die jeweilige Verfahrensgebühr entsteht (s. auch Burhoff, RVGreport 2009, 385 in der Anm. zu AG Tiergarten, AGS 2009, 322 = RVGreport 2009, 385 = StRR 2009, 237; ders.; RENOpraxis 2011, 102 ff.). Es bleibt damit für den o. a. Streit nur ein schmaler Bereich. Das sind vor allem die Fälle, in denen dem Rechtsanwalt das Mandat entzogen wird, bevor er eine Tätigkeit erbracht hat, die dem Abgeltungsbereich der Verfahrensgebühr unterfällt. Auswirkungen hat er auch auf diejenigen Fälle, in denen im Fall der Verbindung die Verbindung erfolgt, bevor der Abgeltungsbereich der Grundgebühr verlassen ist.

> *Beispiel:*
>
> *Der Beschuldigte B ruft bei Rechtsanwalt R an und teilt mit, dass gegen ihn ein Strafverfahren anhängig sein soll. Er bittet R, ihn zu verteidigen. R sagt das zu und fordert den B auf, einen Vorschuss von 500,00 € zu zahlen. Inzwischen werde er Akteneinsicht beantragen. Nach erfolgter Akteneinsicht werde ein Besprechungstermin vereinbart werden. B überlegt sich dann jedoch, lieber einen ihm auch empfohlenen Spezialisten zu beauftragen. Er meldet sich deshalb am anderen Tag bei R und kündigt das Mandat. R, der bis dahin lediglich einen Akteneinsichtsantrag gestellt hat, überlegt nun, ob er neben der Grundgebühr Nr. 4100 VV auch die Verfahrensgebühr Nr. 4104 VV abrechnen kann.*
>
> *Diese Konstellation ist einer der wenigen Fälle, in denen der oben dargestellte Streit (vgl. Rn. 20) Auswirkungen hat. Geht man davon aus, dass die Grundgebühr einen eigenen Abgeltungsbereich hat und die Verfahrensgebühr immer erst dann entsteht, wenn dieser überschritten ist, ist nur die Grundgebühr Nr. 4100 VV entstanden, da deren Abgeltungsbereich noch andauert. Schließt man sich hingegen der Gegenmeinung an, wonach die Verfahrensgebühr immer auch neben der Grundgebühr entstehen soll, dann ist in jedem Fall auch die Verfahrensgebühr Nr. 4104 entstanden.*

bb) Konkreter Abgeltungsbereich

Für den Abgeltungsbereich der Grundgebühr gilt **im Einzelnen**:

22   Mit der Grundgebühr wird nach Abs. 1 zunächst die **erstmalige Einarbeitung** in den Rechtsfall **abgegolten**. Damit ist der Arbeitsaufwand gemeint, der einmalig mit der Übernahme des Mandats entsteht. Das ist zunächst das **erste Gespräch** mit dem Mandanten (vgl. BT-Drucks.

Grundgebühr   Nr. 4100 VV

15/1971, S. 222 zu Nr. 4100 VV). Von der Grundgebühr abgegolten wird nach dem Wortlaut der Regelung aber **nur** das **erste Gespräch** des Rechtsanwalts mit seinem Mandanten, in dem dieser im Zweifel nur pauschal und überschlägig beraten wird. Weitere sich anschließende Gespräche, die z.B. dem konkreten Aufbau einer Verteidigungsstrategie dienen, werden nicht mehr von der Grundgebühr, sondern von der für den sich anschließenden Verfahrensabschnitt entstehenden Verfahrensgebühr abgegolten (LG Braunschweig, StraFo 2010, 513 = RVGreport 2010, 422 = StRR 2011, 39 = VRR 2010, 359, das davon ausgeht, dass die ausführliche Erörterung der Sach- und Rechtslage mit dem Mandanten nicht mehr von der Grundgebühr, sondern von der Verfahrensgebühr erfasst wird; LG Düsseldorf, 06.10.2006 – XII Qs 40/06, und 26.10.2006 – XX-31/05, jeweils www.burhoff.de; AG Neuss, AGS 2008, 598; vgl. zur ähnlichen Abgrenzung bei einer „Erstberatung" nach § 20 BRAGO in Familiensachen AG Augsburg, AGS 1999, 132 m. Anm. Madert).

Die Grundgebühr erfasst auch die **Einarbeitung vorbereitende Tätigkeiten**, wie z.B. ein Akteneinsichtsgesuch (a.A. AG Koblenz, NStZ-RR 2006, 288).   23

> *Beispiel:*
>
> *Dem Beschuldigten B werden zahlreiche Diebstähle zur Last gelegt. Dem bis dahin unverteidigten Beschuldigten wird nach Anklageerhebung vom AG Rechtsanwalt R als Pflichtverteidiger beigeordnet. Dieser schreibt den Mandanten an, um ihn zu bitten, mit ihm einen Besprechungstermin zu vereinbaren, und beantragt beim AG Akteneinsicht. Bevor dem Pflichtverteidiger die Akten zugehen, bestellt sich beim AG ein anderer Rechtsanwalt als Wahlverteidiger. Daraufhin wird vom AG die Bestellung des R als Pflichtverteidiger aufgehoben. Es kommt auch nicht mehr zu einem Besprechungstermin.*
>
> *R kann die Grundgebühr Nr. 4100 VV abrechnen. Zwar ist eine Einarbeitung im eigentlichen Sinn nicht erfolgt, da dem R die Akten noch nicht zugegangen waren, er also noch keine Akteneinsicht hatte nehmen können. Auch hatte ein Informationsgespräch mit B noch nicht stattgefunden. Die Grundgebühr Nr. 4100 VV deckt jedoch auch die Vorarbeiten, die zur Einarbeitung erforderlich sind ab (a.A. AG Koblenz, a.a.O.). Es ist keine Tätigkeit erforderlich, die den „Kernbereich der Verteidigung umfasst" (so aber AG Koblenz, a.a.O.). Dafür gibt der Wortlaut der Vorschrift nichts her.*

Abgegolten wird von der Gebühr auch die **(erste) Beschaffung** der erforderlichen **Informationen** (BT-Drucks. 15/1971, S. 222 zu Nr. 4100 VV). Auch hier ist nach Sinn und Zweck der Vorschrift nur die erste Informationsbeschaffung gemeint. Unter Informationsbeschaffung sind alle Tätigkeiten des Rechtsanwalts zu verstehen, die darauf gerichtet sind, ihm – über das Gespräch mit dem Mandanten hinaus – Informationen zu dem an ihn angetragenen Rechtsfall zu verschaffen. Das ist insbesondere eine **erste Akteneinsicht** nach § 147 StPO (OLG Hamm, StraFo 2005, 130 = Rpfleger 2005, 214 = AGS 2005, 117 = RVGreport 2005, 68; OLG Jena, StV 2006, 202 = StraFo 2005, 172 = AGS 2005, 341 = RVGreport 2005, 103). Weitere, im Verlauf sich anschließender Verfahrensabschnitte durchgeführte Akteneinsichten werden nicht mehr von der Grundgebühr, sondern von der jeweiligen Verfahrensgebühr des vorbereitenden oder des gerichtlichen Verfahrens abgegolten (s. auch Rn. 33 ff.).   24

Darüber hinaus werden **sämtliche übrigen Tätigkeiten**, die in (unmittelbarem) zeitlichen **Zusammenhang** mit der **Übernahme** des Mandats anfallen, von der Grundgebühr erfasst. Das können Telefonate mit Familienangehörigen des Mandanten oder der Polizei bzw. der Staatsanwaltschaft sein, um nach dem Stand der Ermittlungen zu fragen. Im gerichtlichen Verfahren kann das ein Anruf oder eine Anfrage beim Gericht sein, um sich dort nach dem Sachstand zu   25

Nr. 4100 VV *Grundgebühr*

erkundigen. Besteht dieser nahe zeitliche Zusammenhang nicht mehr, dann ist der **Abgeltungsbereich** der Grundgebühr i.d.R. **überschritten**. Das ist z.B. für alle Tätigkeiten anzunehmen, die über die erste Einarbeitung und Informationsbeschaffung hinausgehen und nicht mehr Bestandteil der ersten Einarbeitung in einen (Straf-)Rechtsfall sind, sondern auf der ersten Einarbeitung aufbauen. Diese Tätigkeiten sind dann „Betreiben des Geschäfts" jenseits des Geltungsbereichs der Grundgebühr (AG Tiergarten, AGS 2009, 322 = RVGreport 2009, 385 = StRR 2009, 237).

> **Hinweis:**
> Das gilt vor allem auch für den **Antrag** des Verteidigers, als **Pflichtverteidiger** bestellt zu werden (so zutreffend AG Tiergarten, a.a.O.; a.A., allerdings ohne nähere Begründung, OLG Köln, AGS 2007, 451 m. abl. Anm. N. Schneider = JurBüro 2007, 484 = RVGreport 2007, 425). Dieser Antrag ist, worauf das AG Tiergarten (a.a.O.) zutreffend hinweist, erst möglich/sinnvoll, wenn der Verteidiger den Akteninhalt zur Kenntnis genommen, mit seinem Mandanten besprochen und dessen Darstellung der Geschehnisse dem Akteninhalt gegenübergestellt hat. Erst dann kann er – unter Berücksichtigung seiner rechtlichen Würdigung der Ermittlungsergebnisse und der möglichen Einlassung des Angeklagten – einen entsprechenden Antrag stellen. Entsprechendes gilt bei einem **Verbindungsantrag** des Verteidigers. Auch der setzt eine (beendete) Einarbeitung in den Verfahrensstoff voraus.
>
> Ebenso ist die Tätigkeit im Haftprüfungsverfahren zur Vorbereitung der Vertretung im **Haftprüfungstermin** eine über die grundsätzliche Einarbeitung in das Verfahren hinausgehende Tätigkeit des Verteidigers dar (LG Hamburg, JurBüro 2010, 302; so inzidenter auch KG, AGS 2009, 271 = RVGreport 2009, 186 = StRR 2009, 239 = RVGprofessionell 2009, 138).
>
> Als **Faustregel** gilt danach: Alle die Tätigkeiten des Verteidigers, die auf einer ersten Einarbeitung aufbauen, werden nicht mehr vom Abgeltungsbereich der Grundgebühr erfasst.

d) Begriff des „Rechtsfalls"

26 Den Begriff „Rechtsfall" kannte die BRAGO nicht. Er ist in Nr. 4100 Anm. 1 VV vom RVG neu eingeführt. Mit dieser (neuen) Begrifflichkeit sollten jedoch neben dem Begriff der „Angelegenheit" in § 15 und dem der „Tat" oder „Handlung" in Anm. 2 keine neue/weitere geschaffen werden. Entscheidend für die Eingrenzung des Begriffs des „Rechtsfalls" ist der strafrechtliche Vorwurf, der dem Auftraggeber gemacht wird, und wie er von den Strafverfolgungsbehörden verfahrensmäßig behandelt wird (KG, 23.03.2011 – 2 Ws 83/11 REHA, JurionRS 2011, 18155 für den vergleichbaren Fall mehrerer Rehabilitierungsverfahren nach dem StRehaG; LG Hamburg, AGS 2008, 545; AG Tiergarten, AGS 2010, 132 = RVGreport 2010, 18 = VRR 2010, 120 = StRR 2010, 120; zum Begriff s. auch Gerold/Schmidt/Burhoff, VV 4100, 4101 Rn. 12; Burhoff, RVGreport 2009, 361 und RENOpraxis 2011, 102). Deshalb kann ein Rechtsfall **verschiedene (Tat-)Vorwürfe** zum Gegenstand haben.

27 *Beispiel 1:*

Dem Beschuldigten wird zur Last gelegt, einen Pkw entwendet und mit diesem anschließend alkoholisiert gefahren zu sein. Wegen dieser beiden Vorwürfe wird gegen den Beschuldigten ein Ermittlungsverfahren betrieben.

Es handelt sich um einen Rechtsfall i.S.d. Nr. 4100 VV, sodass nur eine Grundgebühr entsteht, wenn der Beschuldigte einen Rechtsanwalt mit seiner Verteidigung beauftragt.

Grundgebühr

Beispiel 2:

Dem Beschuldigten wird zur Last gelegt, einen Pkw entwendet zu haben. Außerdem soll er mit diesem alkoholisiert gefahren sein, was jedoch erst später bekannt wird. Wegen dieser beiden Vorwürfe sind gegen den Beschuldigten dann (zunächst) zwei Ermittlungsverfahren anhängig.

Es handelt sich um zwei Rechtsfälle/Verfahren i.S.d. Nr. 4100 VV, sodass auch in jedem Verfahren eine Grundgebühr entsteht, wenn der Beschuldigte seinen Rechtsanwalt mit seiner Verteidigung beauftragt (LG Hamburg, AGS 2008, 545 [und zwar auch dann, wenn die beiden Taten zufällig am gleichen Tag begangen werden]; AG Tiergarten, AGS 2010, 132 = RVGreport 2010, 18 = VRR 2010, 120 = StRR 2010, 120). Dass diese Verfahren ggf. später verbunden werden, hat auf die (entstandene) Grundgebühr keinen Einfluss (mehr) (s. dazu Rn. 29; LG Hamburg und AG Tiergarten, jew. a.a.O.). Es gilt die allgemeine Grundregel, dass die Verbindung auf bereits entstandene Gebühren keinen Einfluss hat (vgl. auch Teil A: Verbindung von Verfahren, Rn. 1431 ff.).

Beispiel 3:

Ausgangslage wie im Beispiel 2: Die Polizei gibt die Ermittlungsverfahren an die Staatsanwaltschaft ab, die sie zu einem Verfahren verbindet. Erst danach sucht der Beschuldigte einen Rechtsanwalt auf.

Es handelt sich hier wieder nur um einen Rechtsfall i.S.d. Nr. 4100 VV, sodass auch nur eine Grundgebühr entsteht (s. auch Rn. 29).

Hinweis: 28

Als **Faustregel** ist festzuhalten: Jedes von den Strafverfolgungsbehörden betriebene Ermittlungsverfahren ist ein eigenständiger Rechtsfall i.S.d. Nr. 4100 VV, solange die Verfahren nicht miteinander verbunden sind (KG, 23.03.2011 – 2 Ws 83/11 REHA, JurionRS 2011, 18155; LG Braunschweig, StraFo 2010, 513 = RVGreport 2010, 422 = StRR 2011, 39 = VRR 2010, 359; AG Braunschweig, RVGreport 2010, 69 = RVGprofessionell 2010, 59 = StRR 2010, 200 = VRR 2010, 39). Selbstständige Ermittlungsverfahren führen auch dann (noch) zu mehreren Rechtsfällen i.S.d. Nr. 4100 VV, wenn sie in einem Aktenband geführt werden (KG, a.a.O.). Es handelt sich allerdings um denselben Rechtsfall, wenn die bereits erhobene Anklage zurückgenommen und dann bei einem anderen Gericht (neu) erhoben wird (OLG Köln, AGS 2010, 175 = JurBüro 2010, 362); m.E. keine Frage des „Rechtsfalls", sondern es handelt sich um dieselbe Angelegenheit i.S.d. §§ 15 ff., sodass § 15 Abs. 2 Satz 1 eingreift.

---

3. Grundgebühr in mehreren Verfahren

a) Grundgebühr bei Verbindung von Verfahren

Werden mehrere Verfahren miteinander **verbunden**, erhält der Rechtsanwalt nach den allgemeinen Regeln bis zur Verbindung für jedes Verfahren gesonderte Gebühren, da jedes Verfahren eine eigene Angelegenheit i.S.d. § 15 darstellt. Die Verbindung hat keinen Einfluss auf bis dahin entstandene Gebühren (vgl. zu allem Burhoff, RVGreport 2008, 405; s. auch Teil A: Verbindung von Verfahren, Rn. 1431). 29

Nr. 4100 VV *Grundgebühr*

Beispiel:

Dem Beschuldigten werden in einem Verfahren ein Diebstahl und in einem weiteren Verfahren eine Trunkenheitsfahrt zur Last gelegt. Er beauftragt Rechtsanwalt R mit seiner Verteidigung. Vom AG werden die Verfahren später zur gemeinsamen Verhandlung und Entscheidung verbunden.

Rechtsanwalt R erhält in den Ausgangsverfahren jeweils eine Grundgebühr nach Nr. 4100 VV. Die spätere Verbindung hat darauf keinen Einfluss. In dem verbundenen Verfahren erhält er aber nicht noch eine weitere dritte Grundgebühr. Denn insoweit erbringt er keine „erstmalige Einarbeitung in den Rechtsfall" i.S.d. Nr. 4100 Anm. 1 VV. Der dem verbundenen Verfahren zugrunde liegende Rechtsfall setzt sich nämlich aus den Rechtsfällen der Ursprungsverfahren zusammen. In diese hat sich Rechtsanwalt R aber bereits eingearbeitet, was durch jeweils eine Gebühr nach Nr. 4100 VV abgegolten wird (vgl. auch LG Braunschweig, StraFo 2010, 513 = RVGreport 2010, 422 = StRR 2011, 39 = VRR 2010, 359; LG Hamburg, AGS 2008, 545; AG Braunschweig, RVGreport 2010, 69 = RVGprofessionell 2010, 59 = StRR 2010, 200 = VRR 2010, 39; AG Tiergarten, AGS 2010, 132 = RVGreport 2010, 18 = VRR 2010, 120 = StRR 2010, 120).

b) Grundgebühr bei Abtrennung von Verfahren

30 Wird ein Verfahren in mehrere **selbstständige Verfahren getrennt**, so liegen ab der Trennung verschiedene Angelegenheiten i.S.d. § 15 vor. Das hat grds. zur Folge, dass der Rechtsanwalt in jedem Verfahren eigenständige Gebühren erhält. Allerdings gilt das im Zweifel nicht auch für die Grundgebühr (zu allem Burhoff, RVGreport 2008, 444; s.o. Teil A: Trennung von Verfahren, Rn. 1313).

Beispiel:

Dem Beschuldigten wird in einem Verfahren sowohl ein Diebstahl als auch eine Trunkenheitsfahrt zur Last gelegt. Es wird wegen beider Taten Anklage erhoben. Er beauftragt Rechtsanwalt R mit seiner Verteidigung. Vom AG wird später das Verfahren wegen der Trunkenheitsfahrt abgetrennt.

Rechtsanwalt R erhält für das Ausgangsverfahren eine Grundgebühr nach Nr. 4100 VV. Nach Trennung des Verfahrens erhält er für das abgetrennte Verfahren nicht noch eine weitere Grundgebühr, da er sich in diesem Verfahren nicht erstmalig in den „Rechtsfall" Diebstahl einarbeiten muss (OLG Stuttgart, AGS 2010, 292 = RVGprofessionell 2010, 119). Die Einarbeitung ist bereits in dem Verfahren, das beide Vorwürfe zum Gegenstand hatte, erfolgt.

> **Hinweis:**
>
> Etwas anderes kann gelten, wenn die Verfahren noch vor oder **während** der **Einarbeitung** durch den Rechtsanwalt **getrennt** werden. Dann ist noch keine (abschließende) Einarbeitung erfolgt (AnwKomm-RVG/N. Schneider, VV 4100 – 4101 Rn. 11).

c) Grundgebühr bei Zurückverweisung

31 Wird das Verfahren vom übergeordneten Rechtsmittelgericht zurückverwiesen, ist das Verfahren vor dem untergeordneten Gericht ein neuer Rechtszug. Die **Gebühren** entstehen dort also **erneut** (vgl. Teil A: Zurückverweisung [§ 21], Rn. 1687; Burhoff, RVGreport 2009, 8). Für die **Grundgebühr** gilt das aber **nicht uneingeschränkt**. Diese entsteht „für die erstmalige Einarbeitung in den Rechtsfall nur einmal...." Das bedeutet, dass der Rechtsanwalt, der den Angeklagten schon im Ausgangsverfahren verteidigt hat, nach Zurückverweisung nicht noch einmal eine Grundgebühr erhält (s. auch das Beispiel bei Teil A: Zurückverweisung [§ 21], Rn. 1692). Er

Grundgebühr *Nr. 4100 VV*

muss sich nicht (noch einmal) in die Sache einarbeiten (KG, RVGreport 2005, 343 = AGS 2005, 449 m. Anm. Madert). Die Grundgebühr erhält in diesen Fällen also nur der Rechtsanwalt, der nach Zurückverweisung ggf. neu vom Angeklagten beauftragt worden ist, da er sich erstmalig neu in die Sache einarbeiten muss (zur Wiederaufnahme s. Vorbem. 4.1.4 VV Rn. 3).

> *Beispiel:*
> *Der Angeklagte ist vom LG wegen Betruges verurteilt worden. Bis zu Beendigung des ersten Rechtszuges ist er von Rechtsanwalt R 1 vertreten worden. Da er mit dessen Verteidigung nicht zufrieden war, beauftragt er für das Revisionsverfahren Rechtsanwalt R 2, der Spezialist in Revisionssachen ist. Der BGH hebt das landgerichtliche Urteil auf und verweist das Verfahren an das LG zurück. Der Angeklagte beauftragt nun noch Rechtsanwalt R 3 mit seiner weiteren Verteidigung.*
>
> *R 1 erhält für das Ausgangsverfahren eine Grundgebühr nach Nr. 4100 VV. Auch R 2 erhält eine Grundgebühr nach Nr. 4100 VV, da es für deren Entstehen nicht darauf ankommt, wann der Verteidiger sich erstmalig in den Rechtsfall einarbeitet. Schließlich erhält auch Rechtsanwalt R 3 eine Grundgebühr nach Nr. 4100 VV, da er den Angeklagten im Ursprungsverfahren nicht vertreten hat.*

d) Übergang BRAGO/RVG

Schwierigkeiten im Hinblick auf das Entstehen der Grundgebühr haben sich im Zusammenhang mit dem **Übergang** von der **BRAGO** zum **RVG** ergeben (wegen der Einzelh. Teil A: Übergangsvorschriften [§ 60 f.], Rn. 1353). Insoweit gilt: **32**

- Die Grundgebühr entsteht ebenfalls nicht, wenn die erste Instanz bereits vor dem 30.06.2004 beendet war, die **Zurückverweisung** aber erst nach dem 01.07.2004 erfolgt ist (KG, RVGreport 2005, 343 = AGS 2005, 449; a.A. OLG Frankfurt am Main, StV 2005, 76 = AGS 2005, 69 = NStZ 2005, 469 [zur Vermeidung einer ansonsten entstehenden unüberschaubaren Gemengelage]; Madert, AGS 2005, 239).

- Auch dann, wenn der Rechtsanwalt vor dem 01.07.2004 als Wahlanwalt tätig gewesen ist, seine **Beiordnung** aber erst nach dem Stichtag erfolgte, wird er nach wohl zutreffender Ansicht die Grundgebühr nicht erhalten. Er hat zu RVG Zeiten eine diese Gebühr auslösende Tätigkeit nicht erbracht (KG, RVGreport 2005, 343; OLG Hamm, RVGreport 2006, 101 = AGS 2006, 229; OLG Bamberg, RVGreport 2005, 260 = AGS 2005, 401 m. Anm. Madert; LG Koblenz, RVGreport 2005, 351 = AGS 2005, 396 m. zust. Anm. Schneider; Jungbauer, JurBüro 2005, 32; Schneider, AGS 2005, 240; a.A. OLG Frankfurt am Main, StV 2005, 76; Madert, AGS 2005, 239).

4. Gebührenhöhe

a) Allgemeines

Der **Wahlanwalt** erhält eine **Betragsrahmengebühr** i.H.v. 30,00 € – 300,00 €. Die Mittelgebühr beträgt 165,00 €. Der Betragsrahmen ist **unabhängig** von der **Ordnung** des **Gerichts**, bei dem der „Rechtsfall", in den sich der Rechtsanwalt einarbeitet, später ggf. anhängig wird bzw. bei dem er bereits anhängig ist. Eine dem § 84 Abs. 3 BRAGO vergleichbare Regelung sieht das RVG nicht mehr vor. Das führt – anders als bei der Bestimmung des Gebührenrahmens bei einer Gebühr nach § 84 Abs. 1 BRAGO – zu einer recht einfachen Handhabung der Gebühr. **33**

Der **Pflichtverteidiger** erhält einen **Festbetrag** i.H.v. 132,00 €. **34**

Nr. 4100 VV   *Grundgebühr*

35   Vertritt der Rechtsanwalt **mehrere Auftraggeber**, wie z.B. mehrere Nebenkläger, kommt eine Erhöhung nach Nr. 1008 VV nicht in Betracht. Die Erhöhung der Grundgebühr ist nicht vorgesehen. Es erhöht sich nur die Verfahrensgebühr.

b) Bemessung der Wahlanwaltsgebühr

36   Bei der Bemessung der Höhe der Gebühr sind über § 14 die **Besonderheiten** des jeweiligen **Einzelfalls** zu berücksichtigen (vgl. dazu BT-Drucks. 15/1971, S. 222 zu Nr. 4100 VV; allgemein zur Gebührenbemessung Teil A: Rahmengebühren [§ 14], Rn. 1045 ff.). Die Höhe der Gebühr ist also vor allem abhängig von den vom Rechtsanwalt erbrachten Tätigkeiten, insbesondere also von der Dauer des ersten Gesprächs, das er mit dem Mandanten geführt hat. Insofern wird der Umfang der Vorwürfe, die dem Mandanten gemacht werden, ebenso von Belang sein wie die Schwierigkeit der Sache. Beides hat im Zweifel Einfluss auf die Dauer des Gesprächs. So hat z.B. das OLG Hamm (RVGprofessionell 2010, 120) einem Verteidiger, der nach 2-stündiger Vorbereitung auf das Erstgespräch, dass dann 3 1/2 Stunden gedauert hat, die **Höchstgebühr** von 300,00 € gewährt (ähnlich LG Dresden, 09.08.2006 – 4 Qs 20/06, www.burhoff.de).

37   Erhebliche Bedeutung hat der **Umfang** der **Akten**, in die der Rechtsanwalt erste Einsicht genommen hat. Darauf wird in der Gesetzesbegründung ausdrücklich abgestellt (vgl. dazu BT-Drucks. 15/1971, S. 281). Je umfangreicher die Akten sind, desto höher wird die Grundgebühr ausfallen müssen (vgl. zur Grundgebühr bei einem Aktenumfang von ca. 400 – 500 Seiten, zahlreichen Straftaten und mehreren Beschuldigten OLG Düsseldorf, RVGreport 2011, 57 = StRR 2011, 119 [Anhebung auf 250,00 €]). Auch der Zeitpunkt bzw. das Verfahrensstadium, zu dem bzw. in dem der Rechtsanwalt beauftragt wird, kann auf die Höhe der konkreten Grundgebühr Auswirkungen haben. Je später im Verfahren der Rechtsanwalt mandatiert wird, desto umfangreicher ist der Verfahrensstoff, in den er sich einarbeiten muss (vgl. auch AnwKomm-RVG/N. Schneider, VV 4100 – 4101 Rn. 22).

> **Hinweis:**
> Reicht der Betragsrahmen wegen des erheblichen Umfangs der Akten nicht mehr aus, um die erste Akteneinsicht – und die übrigen Tätigkeiten in diesem Verfahrensabschnitt – angemessen zu entlohnen, muss ggf. eine **Pauschgebühr** nach den §§ 42, 51 beantragt werden. Einen Anhaltspunkt, wann dies der Fall sein kann, gibt die Rechtsprechung der OLG zur Bedeutung des Aktenumfangs im Rahmen des § 99 BRAGO (vgl. dazu § 51 Rn. 76).

38   Die Frage der **Ordnung** des **Gerichts** hat bei der Bemessung der konkreten Gebühr **keine Bedeutung** (ausdrücklich AG Pirna, StRR 2009, 323 [LS] = VRR 2009, 323 [LS], das eine „Amtsgerichtsgebühr" ablehnt; s. auch KG, StV 2006, 198 = AGS 2006, 278 = RVGreport 2007, 180; LG Karlsruhe, 02.11.2005 – 2 Qs 26/05, www.burhoff.de; AnwKomm-RVG/N. Schneider, VV 4100 – 4101, Rn. 21; Gerold/Schmidt/Burhoff, VV 4100, 4101 Rn. 22). Das folgt aus der Gesetzesbegründung, die ausdrücklich darauf abstellt, dass der von der Grundgebühr honorierte Arbeitsaufwand des Rechtsanwalts weitgehend unabhängig von der (späteren) Gerichtszuständigkeit ist (BT-Drucks. 15/1971, S. 222). Die Ordnung des Gerichts kann daher allenfalls mittelbar dadurch Bedeutung erlangen, dass i.d.R. z.B. Schwurgerichtsverfahren schwieriger sind als amtsgerichtliche Verfahren und damit die Schwierigkeit der anwaltlichen Tätigkeit als Bemessungskriterium ein anderes Gewicht erhält (so wohl auch KG und LG Karlsruhe, jew. a.a.O.).

Grundgebühr *Nr. 4100 VV*

Der Gesetzgeber ist bei Schaffung der neuen Gebühr davon ausgegangen, dass der vorgegebene **Betragsrahmen genügend Raum** zur Berücksichtigung der Besonderheiten des jeweiligen Einzelfalls bietet (vgl. dazu BT-Drucks. 15/1971, S. 222). Dies trifft allerdings **nur bedingt** zu. Insbesondere in Verfahren mit umfangreiche(re)n Akten und/oder schwierigem Sachverhalt, wie er bei den Gerichten höherer Ordnung i.d.R. vorliegt, wird die Informationsbeschaffung zu erheblich größerem Zeitaufwand führen als z.B. bei den AG. 39

> **Hinweis:**
>
> Hier wird also die Grundgebühr mit dem nur **geringen Rahmen** von 30,00 € – 300,00 € die anwaltliche Tätigkeit nur teilweise angemessen entlohnen können. Deshalb muss in diesen Verfahren auf jeden Fall ein Ausgleich dadurch erreicht werden, dass der Gebührenrahmen ausgeschöpft wird. Reicht auch das noch nicht aus, muss der Wahlanwalt die Feststellung einer **Pauschgebühr** nach § 42 beantragen, der Pflichtverteidiger muss nach § 51 vorgehen. Ggf. ist der jeweilige Antrag auf den Verfahrensabschnitt „Grundgebühr" zu beschränken (zur Zulässigkeit eines beschränkten Antrags s. § 42 Rn. 10 bzw. § 51 Rn. 31 ff.).

II. Anrechnung anderer Gebühren (Anm. 2)

Ist wegen derselben Tat oder Handlung, die Gegenstand der erstmaligen Einarbeitung im Strafverfahren gewesen ist, bereits ein **OWi-Verfahren** geführt worden und ist insoweit bereits eine Grundgebühr nach **Nr. 5100 VV** entstanden, wird diese nach Nr. 4100 Anm. 2 VV auf die nach Nr. 4100 VV entstehende Grundgebühr für das Strafverfahren angerechnet (zur Anrechnung allgemein s. Teil A: Anrechnung von Gebühren [§ 15a], Rn. 123). Für den Begriff „derselben Tat oder Handlung" gilt der prozessuale Tatbegriff des § 264 StPO (vgl. dazu Meyer-Goßner, § 264 Rn. 1 ff. m.w.N.). Entscheidend ist also, dass das OWi-Verfahren wegen desselben einheitlichen geschichtlichen Vorgangs geführt worden ist. 40

> *Beispiel:*
>
> *Der Beschuldigte hat falsch überholt. Deswegen wird ein Bußgeldverfahren gegen ihn bei der Verwaltungsbehörde geführt. Durch das falsche Überholen ist es zu einem Verkehrsunfall gekommen. Nach dem Unfall hat sich der Beschuldigte unerlaubt vom Unfallort entfernt. Da dies zunächst nicht bekannt war, wird zunächst nur ein OWi-Verfahren geführt. Nach bekannt werden des unerlaubten Entfernens wird das Verfahren von der Bußgeldbehörde gem. § 41 OWiG an die StA abgegeben. Diese führt das Verfahren nun auch wegen eines Verstoßes gegen § 142 StGB.*
>
> *Rechtsanwalt R verteidigt den Betroffenen/Beschuldigten sowohl im OWi-Verfahren als auch im sich anschließenden Strafverfahren. Er erhält zwar über eine entsprechende Anwendung von § 17 Nr. 10 sowohl für das OWi-Verfahren als auch für das Strafverfahren eine Grundgebühr (vgl. dazu auch Vorbem. 5 VV Rn. 5). Auf die im Strafverfahren entstandene Grundgebühr nach Nr. 4100 VV wird jedoch die Grundgebühr des OWi-Verfahrens nach Nr. 5100 VV angerechnet. Beide Verfahren werden wegen „derselben Tat" i.S.d. § 264 StPO betrieben (s. das Beispiel bei Vorbem. 5 VV Rn. 24).*

Nr. 4100 VV *Grundgebühr*

41 | **Hinweis:**
Betreffen Bußgeldverfahren und Strafverfahren unterschiedliche Taten oder Handlungen, entstehen die Grundgebühren nach Nr. 4100 VV und Nr. 5100 VV gesondert. Eine Anrechnung findet nicht statt. Es ist auch unerheblich, in welcher Reihenfolge Straf- und Bußgeldverfahren betrieben werden (AnwKomm-RVG/N. Schneider, VV 4100 – 4101 Rn. 26 ff.; vgl. auch Nr. 5100 VV Rn. 4 ff.).

Nr. 4101 VV
Grundgebühr mit Zuschlag

Nr.	Gebührentatbestand	Gebühr oder Satz der Gebühr nach § 13 oder § 49 RVG	
		Wahlanwalt	gerichtlich bestellter oder beigeordneter Rechtsanwalt
4101	Gebühr 4100 mit Zuschlag	30,00 bis 375,00 EUR	162,00 EUR

Übersicht

	Rn.
A. Überblick	1
B. Kommentierung	2
I. Mandant nicht auf freiem Fuß	2
II. Abgeltungsbereich der Gebühr	3
III. Höhe der Gebühr	4

Literatur:

Burhoff, Der sogenannte Haftzuschlag nach Vorbem. 4 Abs. 4 VV RVG, StRR 2007, 54; *ders.*, Was Sie im Strafverfahren zum Haftzuschlag wissen sollten, RVGprofessionell 2010, 77.

A. Überblick

Geregelt wird die Grundgebühr der Nr. 4100 VV mit **(Haft-)Zuschlag**, wenn sich der Mandant **1** in dem Zeitraum, für den die Grundgebühr der Nr. 4101 VV entsteht (zumindest zeitweilig) **nicht auf freiem Fuß** befindet. Es ist im Hinblick auf den durch die Grundgebühr abgegoltenen Arbeitsaufwand (vgl. dazu Rn. 3) und den Sinn und Zweck des Zuschlags nach Vorbem. 4 Abs. 4 VV (vgl. dazu Vorbem. 4 VV Rn. 83) sachgerecht, auch bei der Grundgebühr eine Erhöhung vorzunehmen.

B. Kommentierung

I. Mandant nicht auf freiem Fuß

Der Zuschlag auf die Grundgebühr entsteht immer dann, wenn der Mandant sich während des **2** Zeitraums, für den die Grundgebühr entsteht, nicht auf freiem Fuß befindet. Insoweit kann wegen der Einzelh. auf Vorbem. 4 VV Rn. 83 ff. verwiesen werden. „Nicht auf freiem Fuß" befindet sich der Mandant im Übrigen auch schon dann, wenn er zunächst „nur" vorläufig festgenommen worden ist und das „Erstgespräch" in den Räumen der Polizei stattfindet, wohin sich der Rechtsanwalt auf Bitten des Mandanten begeben hat (vgl. KG, StraFo 2007, 482 = RVGreport 2007, 463 = StRR 2007, 359 = AGS 2008, 31; AGS 2008, 32; AG Tiergarten, AGS 2010, 73). Für die Entstehung des Zuschlags kommt es im Übrigen nicht darauf an, ob der Mandant ggf. schon bei der Auftragserteilung inhaftiert war (a.A. Hartung/Römermann/Hartung, VV. 4100, 4101 VV

Nr. 4101 VV *Grundgebühr mit Zuschlag*

Rn. 16). Ausreichend ist es, wenn er zu dem Zeitpunkt, in dem der Rechtsanwalt seine Tätigkeit erbringt, nicht auf freiem Fuß ist (KG, RVGprofessionell 2007, 41).

Beispiel:

Gegen den Beschuldigten ist ein Sicherungsverfahren anhängig. In diesem bestellte der Vorsitzende der Strafkammer den Rechtsanwalt am 24.09.2005 zum Pflichtverteidiger. Der Rechtsanwalt nahm am 06.10.2005 Akteneinsicht. Nachdem der Beschuldigte aufgrund eines Unterbringungsbefehls der Strafkammer vom 31.10.2005 am 28.11.2005 festgenommen und anschließend im Maßregelvollzug einstweilig untergebracht worden war, suchte ihn der Rechtsanwalt dort erstmals am 13.12.2005 auf, um ein erstes Informationsgespräch mit dem Beschuldigten zu führen (Fallgestaltung nach KG, RVGprofessionell 2007, 41).

Bei der Abrechnung kann der Rechtsanwalt die Grundgebühr Nr. 4100 VV mit Haftzuschlag ansetzen (KG, RVGprofessionell 2007, 41).

> **Hinweis:**
>
> **Unerheblich** ist es, **wie lange** der Mandant nicht auf freiem Fuß ist. Wird er z.B. nach einer ersten Vernehmung sofort wieder entlassen und kein Haftbefehl gegen ihn beantragt, ist dennoch die Gebühr der Nr. 4101 VV entstanden, wenn er vorläufig festgenommen war (vgl. die ähnliche Fallgestaltung bei AG Heilbronn, AGS 2006, 516; zur vorläufigen Festnahme s. auch KG, StraFo 2007, 482 = RVGreport 2007, 463 = StRR 2007, 359 = AGS 2008, 31; AGS 2008, 32; AG Tiergarten, AGS 2010, 73).

II. Abgeltungsbereich der Gebühr

3 Der Zuschlag nach Nr. 4101 VV honoriert die Erschwernisse, die durch den Umstand, dass der Beschuldigte sich während der ersten Einarbeitung und Informationsbeschaffung nicht auf freiem Fuß befindet, entstehen. Das ist in diesem Verfahrensabschnitt ggf. vor allem der **erschwerte** (erste) **Zugang** zum Mandanten (s. im Übrigen Vorbem. 4 VV Rn. 86 ff.). Ob tatsächlich Erschwernisse entstanden sind, ist aber ohne Belang (vgl. Vorbem. 4 VV Rn. 87 m.w.N.).

III. Höhe der Gebühr

4 Der **Wahlanwalt** erhält eine **Betragsrahmengebühr** i.H.v. 30,00 € – 375,00 €. Die Mittelgebühr beträgt 202,50 €.

5 Bei der Höhe der Grundgebühr mit Zuschlag sind zunächst die **allgemeinen Kriterien** für die Bemessung der Grundgebühr der Nr. 4100 VV von Bedeutung (s. dazu Nr. 4100 VV Rn. 33 ff.). Dazu gehört nicht der Umstand der Inhaftierung oder Unterbringung an sich. Der ist bereits durch den höheren Gebührenrahmen abgegolten (AnwKomm-RVG/N. Schneider, VV Vorb. 4 Rn. 57). Zusätzlich zu den allgemeinen Kriterien sind dann aber ggf. noch besondere durch die Haft hervorgerufene Erschwernisse unter Anwendung des § 14 angemessen zu berücksichtigen (vgl. Vorbem. 4 VV Rn. 92). Auch bei der Bemessung der konkreten Gebühr nach Nr. 4101 VV hat die **Ordnung** des **Gerichts**, bei dem das Verfahren anhängig ist bzw. später wird, **keine Bedeutung**. Der von der Grundgebühr mit Zuschlag honorierte Arbeitsaufwand des Rechtsanwalts ist nämlich, auch wenn der Mandant sich nicht auf freiem Fuß befindet, ebenso weitgehend unabhängig von der (späteren) Gerichtszuständigkeit wie bei der allgemeinen Grundgebühr (vgl. dazu BT-Drucks. 15/1971, S. 222 für die Gebühr nach Nr. 4100 VV). Ggf. muss der **Wahlan-**

Grundgebühr mit Zuschlag   *Nr. 4101 VV*

walt, wenn der Gebührenrahmen nicht ausreicht, um die erbrachten Tätigkeiten angemessen zu honorieren, die Feststellung einer **Pauschgebühr** nach § 42, ggf. auf den Verfahrensabschnitt beschränkt, beantragen (zur Zulässigkeit der beschränkten Antragstellung vgl. § 42 Rn. 10).

Der **Pflichtverteidiger** erhält einen **Festbetrag** i.H.v. 162,00 €. Reicht der nicht aus, um den in diesem Verfahrensabschnitt erbrachten Arbeitsaufwand/angemessen/zumutbar zu honorieren, kann/muss er ggf. einen auf den Verfahrensabschnitt „Grundgebühr" beschränkten **Pauschgebührenantrag** nach § 51 stellen (vgl. dazu § 51 Rn. 31 ff.).   6

Nr. 4102 VV
Terminsgebühr außerhalb der Hauptverhandlung

Nr.	Gebührentatbestand	Gebühr oder Satz der Gebühr nach § 13 oder § 49 RVG	
		Wahlanwalt	gerichtlich bestellter oder beigeordneter Rechtsanwalt
4102	Terminsgebühr für die Teilnahme an 1. richterlichen Vernehmungen und Augenscheinseinnahmen, 2. Vernehmungen durch die Staatsanwaltschaft oder eine andere Strafverfolgungsbehörde, 3. Terminen außerhalb der Hauptverhandlung, in denen über die Anordnung oder Fortdauer der Untersuchungshaft oder der einstweiligen Unterbringung verhandelt wird, 4. Verhandlungen im Rahmen des Täter-Opfer-Ausgleichs sowie 5. Sühneterminen nach § 380 StPO Mehrere Termine an einem Tag gelten als ein Termin. Die Gebühr entsteht im vorbereitenden Verfahren und in jedem Rechtszug für die Teilnahme an jeweils bis zu drei Terminen einmal.	30,00 bis 250,00 EUR	112,00 EUR

Übersicht

	Rn.
A. Überblick	1
B. Kommentierung	3
I. Allgemeines	3
II. Abgeltungsbereich der Gebühr	6
1. Persönlicher Abgeltungsbereich	6
2. Sachlicher Abgeltungsbereich	8
a) Allgemeines	8
b) Teilnahme an richterlichen Vernehmungen und Augenscheinseinnahmen (Ziff. 1)	10
aa) Teilnahme an richterlichen Vernehmungen	10
bb) Teilnahme an richterlichen Augenscheinseinnahmen	14
c) Teilnahme an Vernehmungen der Strafverfolgungsbehörden (Ziff. 2)	19

Terminsgebühr außerhalb der Hauptverhandlung   Nr. 4102 VV

	d) Teilnahme an Haft(prüfungs)terminen außerhalb der Hauptverhandlung (Ziff. 3)	25
	aa) Haft(prüfungs)Termin außerhalb der Hauptverhandlung	25
	bb) „Verhandeln" im Termin	31
	e) Teilnahme an Verhandlungen im Rahmen des Täter-Opfer-Ausgleichs (Ziff. 4)	35
	f) Teilnahme an Sühneterminen nach § 380 StPO (Ziff. 5)	41
	g) Teilnahme an nicht genannten Terminen	45
III.	Beschränkung bei mehreren Terminen (Anm. Satz 1 und 2)	46
	1. Mehrere Termine an einem Tag (Satz 1)	46
	2. Ein Termin an mehreren Tagen	51
	3. Mehrere Termine in einem Verfahrensabschnitt (Satz 2)	52
IV.	Höhe der Terminsgebühr	57
	1. Allgemeines	57
	2. Bemessung der Wahlanwaltsgebühr	59

Literatur:

Burhoff, Die (Vernehmungs)Terminsgebühr nach Nr. 4102 VV RVG, RVGreport 2004, 245; *ders.*, Die (Vernehmungs)Terminsgebühr Nr. 4102, 4103 VV RVG, RVGreport 2010, 282; *ders.*, Anwaltsgebühren bei der Verständigung im Straf- und Bußgeldverfahren, RVGreport 2010, 401; *Gerhold*, Über die Vergütung des Rechtsanwalts für die Teilnahme an Verhandlungen im Rahmen des Täter-Opfer-Ausgleichs nach Nr. 4102 Ziff. 4 VV und die unausweichliche Konsequenz ihrer zu restriktiven Auslegung, JurBüro 2010, 172; *Madert*, Terminsgebühr Nr. VV 4102 Nr. 2 für Vernehmungen durch die Staatsanwaltschaft oder eine andere Strafverfolgungsbehörde, AGS 2005, 277; *N. Schneider*, Schließt die Terminsgebühr für die Teilnahme an der Hauptverhandlung eine weitere Terminsgebühr nach Nr. 4102 VV für denselben Tag aus?, AGS 2007, 165; s. auch die Hinweise bei Vorbem. 4 VV vor Rn. 1.

A.   Überblick

Die **Terminsgebühr** für die in Nr. 4102 VV genannten Termine ist hat insbesondere für das Ermittlungsverfahren Bedeutung und führt dazu, dass die Tätigkeit des Verteidigers gerade in diesem Verfahrensabschnitt besser honoriert wird als nach der BRAGO. Unter Geltung der BRAGO gab es die angeführten Gebührentatbestände nicht. Die vom Rechtsanwalt insoweit erbrachten Tätigkeiten wurden vielmehr über § 12 BRAGO bei der Bemessung der jeweiligen Gebühr nach den §§ 83 ff. BRAGO berücksichtigt. Bei den gesetzlichen Gebühren des Pflichtverteidigers blieben die Tätigkeiten, da dieser Festgebühren erhielt, damit grds. gänzlich unberücksichtigt. Der Pflichtverteidiger konnte nur über einen Pauschvergütungsantrag versuchen, eine Honorierung seiner Teilnahme an Terminen außerhalb der Hauptverhandlung zu erreichen (vgl. dazu z.B. OLG Hamm, NStZ-RR 1998, 254 = StraFo 1998, 321, 356 = AGS 1998, 140 = StV 1998, 619).   **1**

Sinn und **Zweck** der gesetzlichen Regelung ist es nicht nur, die anwaltliche Tätigkeit, insbesondere die des Pflichtverteidigers im Ermittlungsverfahren, grds. **besser** zu **honorieren**, sondern auch die **Bereitschaft** des Verteidigers zu **fördern**, an solchen Terminen teilzunehmen. Der Gesetzgeber hat sich von der Teilnahme des Verteidigers insbesondere an Vernehmungsterminen eine verfahrensabkürzende Wirkung versprochen (vgl. dazu BT-Drucks. 15/1971, S. 222; Burhoff, RVGreport 2010, 281). Ob dieses Ziel erreicht wird/worden ist, erscheint im Hinblick auf den knapp bemessenen Betragsrahmen aber zweifelhaft.   **2**

B.   Kommentierung

I.   Allgemeines

Nr. 4102 VV regelt die Terminsgebühr für die Teilnahme an einem Termin. Gemeint sind damit aber **nur Termine außerhalb der Hauptverhandlung**. Das wird für die Haftprüfungstermine   **3**

Nr. 4102 VV — *Terminsgebühr außerhalb der Hauptverhandlung*

in Nr. 4102 Ziff. 3 VV ausdrücklich normiert und ergibt sich für die übrigen Termine der Nr. 4102 VV schon daraus, dass es sich dabei nur um außerhalb der Hauptverhandlung stattfindende Termine handelt. Zudem entspricht das aber auch dem Sinn und Zweck der Vorschrift, die gerade den bei außerhalb der Hauptverhandlung durchgeführten Terminen entstehenden Zeitaufwand honorieren will. Für die Teilnahme an den Hauptverhandlungsterminen entstehen die jeweiligen Terminsgebühren der gerichtlichen Verfahren. Erfasst von Nr. 4102 VV werden also im Wesentlichen im Ermittlungsverfahren stattfindende Termine, wie z.B. die Vernehmungen des Beschuldigten oder von Zeugen. Die Stellung der Gebühr in Unterabschnitt 1, der „Allgemeine Gebühren" regelt, stellt aber klar, dass die Terminsgebühr auch für **alle weiteren**, insbesondere die gerichtlichen, **Verfahrensabschnitte** gilt (vgl. dazu BT-Drucks. 15/1971, S. 222). Die Gebühr kann also im Laufe des Verfahrens **mehrfach** entstehen. Das folgt auch aus Satz 2 der Anm. zu Nr. 4102 VV.

4 *Beispiel 1:*

Im Verfahren gegen den inhaftierten Angeklagten findet die Hauptverhandlung statt. Nach Vernehmung der Hauptbelastungszeugin stellt Rechtsanwalt R einen Haftprüfungsantrag. Über diesen wird am nächsten Tag außerhalb der Hauptverhandlung in einem Haftprüfungstermin verhandelt. Rechtsanwalt R nimmt an diesem Termin teil.

Rechtsanwalt R erhält für die Teilnahme an dem Haftprüfungstermin neben der/den Terminsgebühr(en) für die Hauptverhandlung eine Terminsgebühr nach Nr. 4102 Ziff. 3 VV.

5 *Beispiel 2:*

Der inhaftierte Angeklagte hat Berufung gegen ein amtsgerichtliches Urteil eingelegt. Rechtsanwalt R hat als Verteidiger Haftprüfung beantragt. Die Berufungskammer führt einen sog. Haftprüfungstermin durch. Rechtsanwalt R nimmt daran teil und nimmt zu den Haftfragen Stellung.

Für die Teilnahme an dem Haftprüfungstermin erhält Rechtsanwalt R – auch im Berufungsverfahren – eine Terminsgebühr nach Nr. 4102 Ziff. 3 VV.

II. Abgeltungsbereich der Gebühr

1. Persönlicher Abgeltungsbereich

6 Die Terminsgebühr nach Nr. 4102 VV steht sowohl dem **Wahlanwalt** als auch dem **Pflichtverteidiger** zu. Sie entsteht insbesondere auch für einen sonstigen **Vertreter** oder **Beistand** eines Verfahrensbeteiligten, also z.B. für den Beistand eines Zeugen (Vorbem. 4 Abs. 1 VV), wenn dieser z.B. an der richterlichen Vernehmung seines Mandanten teilnimmt (zur umstrittenen Abrechnung der Tätigkeit des Zeugenbeistands s. Vorbem. 4.1. VV Rn. 5 ff.).

7 **Hinweis:**

Die Einführung der Terminsgebühr Nr. 4102 VV hat für **Pflichtverteidiger Auswirkungen** auf die Bewilligung einer **Pauschgebühr** nach § 51. Gerade die Teilnahme an Terminen außerhalb der Hauptverhandlung war nämlich ein Umstand, der früher von den OLG bei der Beurteilung des „besonderen Umfangs" des Verfahrens i.S.d. § 99 BRAGO berücksichtigt worden ist. Wenn hierfür nun besondere Gebühren anfallen, wird der durch die Teilnahme an diesen zusätzlichen Terminen entstandene Zeitaufwand bei der Bewilligung einer Pauschgebühr häufig nicht mehr in vollem Umfang herangezogen werden können (wegen

Terminsgebühr außerhalb der Hauptverhandlung *Nr. 4102 VV*

der Einzelh. s. § 51 Rn. 131). Zu berücksichtigen ist aber immer noch die ggf. lange Dauer eines Vernehmungstermins. Insoweit geben die Längenzuschläge der Nrn. 4110, 4111 VV einen Anhaltspunkt (vgl. dazu die Komm. bei Nr. 4110 VV). Zu berücksichtigen kann auch sein, wenn der Vernehmungstermin im Ausland stattgefunden hat.

Entsprechendes gilt für die Feststellung einer Pauschgebühr nach § 42 betreffend den **Wahlanwalt**.

2. Sachlicher Abgeltungsbereich

a) Allgemeines

Wegen des allgemeinen sachlichen Abgeltungsbereichs der Gebühr als Terminsgebühr **8** s. Vorbem. 4 VV Rn. 58 ff. **Honoriert** wird nach dem Wortlaut der Vorschrift mit der Gebühr also die (bloße) „**Teilnahme** an" dem jeweiligen Termin (vgl. dazu Vorbem. 4 VV Rn. 58 ff.). Dazu gehört auch die Vorbereitung dieses Termins (KG, AGS 2009, 271 = RVGreport 2009, 186 = StRR 2009, 239 = RVGprofessionell 2009, 138; OLG Hamm, RVGreport 2009, 309 = RVGprofessionell 2009, 157 = StRR 2009, 438; Gerold/Schmidt/Burhoff, VV 4102, 4103 Rn. 3), darüber hinausgehende Vorbereitungsarbeiten werden von der jeweiligen Verfahrensgebühr erfasst, die in dem entsprechenden Verfahrensabschnitt, in dem die Terminsgebühr anfällt, entsteht (vgl. Vorbem. 4 Rn. 39 f.). Der Rechtsanwalt erhält eine Terminsgebühr nach Nr. 4102 VV auch in den Fällen des „geplatzten Termins" (vgl. Vorbem. 4 Abs. 3 Satz 2, 3 VV; zum „geplatzten Termin" s. Vorbem. 4 VV Rn. 77 ff.).

Beispiel: **9**

Im Verfahren gegen den Beschuldigten B, der von Rechtsanwalt R verteidigt wird, wird auf Antrag des R ein Haftprüfungstermin anberaumt. Dieser soll um 11.00 Uhr beginnen. Um 10.30 Uhr wird B auf Antrag der Staatsanwaltschaft, die inzwischen einen anderen Beschuldigten als Täter ansieht, frei gelassen. R erfährt davon erst, als er beim Ermittlungsrichter erscheint.

R erhält für seine Tätigkeit u.a. die Terminsgebühr Nrn. 4102 Ziff. 3, 4103 VV i.V.m. Vorbem. 4.3 Satz 2 VV. M.E. ist diese Vernehmungsterminsgebühr auch mit Zuschlag entstanden – Nr. 4103 VV. Es kommt für das Anfallen der erhöhten Gebühr nicht darauf an, ob und welche Erschwernisse tatsächlich entstanden sind (zum Haftzuschlag s. Vorbem. 4 Rn. 87 ff.).

b) Teilnahme an richterlichen Vernehmungen und Augenscheinseinnahmen (Ziff. 1)

aa) Teilnahme an richterlichen Vernehmungen

Nach Nr. 4102 Ziff. 1 VV entsteht die Terminsgebühr für die Teilnahme an richterlichen Vernehmungen (außerhalb der Hauptverhandlung). **Wann** und **wo** diese stattfinden, ist für den Anfall der Gebühr **unerheblich** (s. o. Rn. 3). Es kann sich also um eine richterliche Vernehmung im vorbereitenden Verfahren nach § 168a StPO oder im (späteren) gerichtlichen Verfahren handeln. Diese Terminsgebühr entsteht also z. B. auch für die Teilnahme an einer sog. kommissarischen Vernehmung i.S.d. § 223 StPO (vgl. dazu BT-Drucks. 15/1971, S. 222), und zwar auch, wenn diese im Ausland erfolgt (s. wohl auch AnwKomm-RVG/N. Schneider, VV 4104 – 4105 Rn. 18). Der dadurch entstehende Zeitaufwand wird also nicht mehr bei der Verfahrensgebühr für das gerichtliche Verfahren berücksichtigt. Für die Teilnahme am Anhörungstermin im Verfahren gem.

Nr. 4102 VV   *Terminsgebühr außerhalb der Hauptverhandlung*

§ 57 JGG steht dem Verteidiger ebenfalls eine Terminsgebühr nach Nr. 4102 Ziff. 1 VV zu (LG Mannheim, AGS 2008, 179 = RVGreport 2008, 145 = RVGprofessionell 2008, 26 = StRR 2008, 120; vgl. auch Teil A: Umfang des Vergütungsanspruchs [§ 48 Abs. 1]; Rn. 1425). Bei dem Termin muss es sich aber um einen „**Vernehmung** (-stermin)" handeln. Die Teilnahme des Verteidigers an einem Gespräch mit dem Gericht zur Vorbereitung der Hauptverhandlung führt nicht zur Entstehung einer (Vernehmungs-)Terminsgebühr nach Nr. 4102 Ziff. 1 VV (KG, RVGreport 2006, 151). Auch die Teilnahme an Erörterungen mit dem Gericht nach den §§ 202a, 212 StPO zur Vorbereitung des Zustandekommens einer Verständigung (§ 257c StPO) werden nicht mit einer Terminsgebühr nach Nr. 1 honoriert (vgl. auch Teil A: Verständigung im Straf-/Bußgeldverfahren, Abrechnung, Rn. 1585, und Burhoff, RVGreport 2010, 401 ff.).

11   In welcher **Funktion** der Rechtsanwalt an der richterlichen Vernehmung teilnimmt, ist **unerheblich**. Er bekommt die Teilnahme also sowohl honoriert, wenn er als Verteidiger des Beschuldigten an dessen Vernehmung oder an der eines Zeugen teilnimmt, als auch, wenn er als Beistand eines richterlich vernommenen Zeugen (§ 168a Abs. 2 StPO) anwesend ist.

12   **Unerheblich** ist auch, ob der Rechtsanwalt von der richterlichen Vernehmung ausdrücklich gem. § 168c Abs. 5 StPO **benachrichtigt worden** ist oder nicht. Das Anwesenheitsrecht, insbesondere das des Verteidigers, ist von einer Benachrichtigung/Ladung unabhängig (BGHSt 29, 1, 5; Meyer-Goßner, § 168c Rn. 5; Burhoff, EV, Rn. 1448). Erfährt der Verteidiger auf andere Weise von der richterlichen Vernehmung und nimmt er dann daran teil, steht ihm also die Gebühr nach Nr. 4102 Ziff. 1 VV zu.

13   Ebenfalls **unerheblich** ist schließlich, ob der Verteidiger/Rechtsanwalt an der Vernehmung **aktiv teilgenommen** hat, also z.B. Fragen gestellt oder sonst auf den Gang der Vernehmung Einfluss genommen hat (vgl. zum Entstehen einer Terminsgebühr allgemein Vorbem. 4 Rn. 61 f.). Nach dem eindeutigen Wortlaut entsteht die Gebühr nach Nr. 4102 Ziff. 1 VV allein durch die Teilnahme. Auf ein „Verhandeln" kommt es – anders als bei Ziff. 3 – nicht an (vgl. dazu Rn. 25 ff.); allerdings macht allein das Gewähren von rechtlichem Gehör aus einem Vorführungstermin noch keinen Vernehmungstermin (KG, AGS 2009, 480 = RVGreport 2009, 227 = StRR 2009, 277).

bb) Teilnahme an richterlichen Augenscheinseinnahmen

14   Die Gebühr nach Nr. 4102 Ziff. 1 VV entsteht zudem, wenn der Rechtsanwalt an einer **richterlichen Augenscheinseinnahme** teilnimmt. Diese Regelung war im RegE zum RVG (vgl. BT-Drucks. 15/1971) zunächst nicht enthalten. Die Vorschrift ist um diesen Tatbestand im Laufe des Gesetzgebungsverfahrens ergänzt worden.

15   Gemeint sind **nur richterliche Augenscheinseinnahmen** nach § 86 StPO. Das ergibt sich aus der Stellung in Ziff. 1 der Vorschrift, die die Teilnahme an richterlichen Untersuchungshandlungen regelt. Die Augenscheinseinnahme muss **außerhalb** der **Hauptverhandlung** stattfinden. Die Augenscheinseinnahme in der Hauptverhandlung wird mit der für den Termin anfallenden (Hauptverhandlungs-)Terminsgebühr abgegolten.

16   Unter den Begriff der richterlichen Augenscheinseinnahme fällt auch die **Leichenschau** nach § 87 StPO, wenn diese ausnahmsweise von einem Richter vorgenommen wird. Hierbei handelt es sich um eine richterliche Augenscheinseinnahme unter Zuziehung eines Sachverständigen (Meyer-Goßner, § 87 Rn. 3; zur Leichenschau s. auch Burhoff, EV, Rn. 1100).

Terminsgebühr außerhalb der Hauptverhandlung   *Nr. 4102 VV*

Wird die Augenscheinseinnahme nicht durch den Richter vorgenommen, sondern z.B. durch die **17** **Polizei** oder die **Staatsanwaltschaft**, wie z.B. bei einer im Ermittlungsverfahren i.d.R. ohne Beteiligung eines Richters stattfindenden Gegenüberstellung, handelt es sich nicht um eine (richterliche) Augenscheinseinnahme i.S.v. § 86 StPO. Nimmt der Rechtsanwalt an dieser teil, **entsteht** die **Gebühr** der Nr. 4102 Ziff. 1 VV **nicht**. Die Teilnahme an dieser Augenscheinseinnahme muss über die Bemessung der Gebühr nach § 14 berücksichtigt werden. Die Unterscheidung ist berechtigt, da anders als bei der richterlichen Augenscheinseinnahme das Protokoll über eine nichtrichterliche Augenscheinseinnahme in der Hauptverhandlung nicht verlesen werden darf (Meyer-Goßner, § 86 Rn. 18; s. im Übrigen § 249 Abs. 1 Satz 2 StPO).

Für das Entstehen der Gebühr gilt grds. dasselbe wie für die Teilnahme an richterlichen Vernehmungen nach Nr. 4102 Ziff. 1 VV. Auf die **Rn. 8 ff.** kann daher **verwiesen** werden. **18**

c)   Teilnahme an Vernehmungen der Strafverfolgungsbehörden (Ziff. 2)

Nach Nr. 4102 Ziff. 2 VV entsteht die Terminsgebühr für die Teilnahme an Vernehmungen durch **19** die **Staatsanwaltschaft** oder durch eine andere Strafverfolgungsbehörde. „Andere Strafverfolgungsbehörden" sind die **Polizeibehörden** und im Steuerstrafverfahren die **Finanzbehörde** nach §§ 386, 399 Abs. 1 AO.

> **Hinweis:**
> Die Teilnahme an **nichtrichterlichen Augenscheinseinnahmen** wird **nicht** vergütet. Anders als in Nr. 4102 Ziff. 1 VV ist die Augenscheinseinnahme in Nr. 4102 Ziff. 2 VV nicht aufgenommen worden (vgl. auch Rn. 17 f.).

Wann diese Vernehmungen stattfinden, ist für den Anfall der Gebühr **unerheblich**. Es kann **20** sich also um eine staatsanwaltschaftliche Vernehmung im vorbereitenden Verfahren nach § 163a StPO oder um eine im (späteren) gerichtlichen Verfahren handeln, z.B. wenn ein nun erst bekannt gewordener Zeuge zunächst von der Staatsanwaltschaft vernommen wird. Es muss sich aber um einen „**Vernehmungstermin**" i.e.S. handeln und nicht bloß um eine informatorische Anhörung (zum Vernehmungsbegriff s. Burhoff, EV, Rn. 1836 ff.; zum Begriff des Termins Gerhold, JurBüro 2010, 172, 174). Deshalb entsteht für die Teilnahme des Rechtsanwalts an einem bei der Staatsanwaltschaft nach § 160b StPO stattfindenden Termin zur Erörterung des Standes des Verfahrens, ggf. um eine Verständigung nach § 257c StPO vorzubereiten, die Gebühr nicht (vgl. Teil A: Verständigung im Straf-/Bußgeldverfahren, Abrechnung, Rn. 1585, und Burhoff, RVGreport 2010, 401 ff.). Schließlich lässt selbstverständlich auch die bloße Mitteilung des späteren Nebenklägervertreters gegenüber einem Kriminalbeamten über eine Straftat, die Gebühr nicht entstehen (AG Köln, JurBüro 2010, 474).

In welcher **Funktion** der Rechtsanwalt an der Vernehmung teilnimmt, ist **unerheblich**. Er be- **21** kommt seine Teilnahme also sowohl honoriert, wenn er als Verteidiger des Beschuldigten an dessen Vernehmung oder an der eines Zeugen teilnimmt, als auch, wenn er als Beistand eines vernommenen Zeugen (§ 161a StPO) anwesend ist.

Unerheblich ist, ob dem Rechtsanwalt ein **Anwesenheitsrecht** an der Vernehmung zusteht. Die- **22** ses ergibt sich z.B. für die staatsanwaltschaftliche Vernehmung des Beschuldigten aus § 163a Abs. 3 Satz 2 i.V.m. § 168c Abs. 1 StPO (vgl. dazu Burhoff, EV, Rn. 1502), während es für die polizeiliche Vernehmung des Beschuldigten nach herrschender Meinung verneint wird (vgl. Bur-

Nr. 4102 VV *Terminsgebühr außerhalb der Hauptverhandlung*

hoff, EV, Rn. 1352 m.w.N.; Meyer-Goßner, § 163 Rn. 16 m.w.N.). Dem Zeugenbeistand steht nach den Änderungen in § 68b StPO durch das 2. OpferRRG v. 29.07.2009 (BGBl. I, S. 2280) nach § 68b Abs. 1 Satz 2 StPO jetzt ein Anwesenheitsrecht bei der Vernehmung seines Mandaten zu (vgl. dazu eingehend Burhoff, EV, Rn. 1872 ff. m.w.N.). Dem Verteidiger kann die Teilnahme an einer polizeilichen Vernehmung jedoch ausdrücklich gestattet werden. Wird so verfahren, ist es nur sachgerecht, wenn dem Verteidiger dann für die Teilnahme an der Vernehmung auch die Terminsgebühr gewährt wird (vgl. dazu auch BT-Drucks. 15/1971, S. 223).

23 **Unerheblich** ist deshalb auch, ob der Rechtsanwalt, wenn ihm ein Anwesenheitsrecht zusteht, ausdrücklich gem. § 163a Abs. 3 i.V.m. § 168c Abs. 5 StPO **benachrichtigt worden** ist oder nicht. Erfährt er auf andere Weise von der Vernehmung und nimmt er dann daran teil, steht ihm auf jeden Fall die Gebühr nach Nr. 4102 Ziff. 2 VV zu (s.o. Rn. 12 für die richterliche Vernehmung).

24 Ebenfalls **unerheblich** ist es schließlich, ob der Rechtsanwalt an der Vernehmung **aktiv teilgenommen** hat, also z.B. Fragen gestellt oder sonst auf den Gang der Vernehmung, z.B. durch Beanstandung von Fragen, Einfluss genommen hat. Nach dem eindeutigen Wortlaut entsteht die Gebühr nach Nr. 4102 Ziff. 2 VV ebenso wie die nach Nr. 4102 Ziff. 1 VV allein durch die Teilnahme. Deshalb entsteht die Gebühr nicht allein durch den Anruf des Verteidigers bei der Polizei oder der Staatsanwaltschaft zu dem Zeitpunkt, zu der die Vernehmung des Mandanten bei der Polizei/Staatsanwaltschat stattfindet bzw. stattfinden soll (a.A. AG Koblenz, RVGreport 2008, 61 = StRR 2008, 160= RVGprofessionell 2008, 26; Madert, AGS 2005, 277; Schneider, in: Hansens/Braun/Schneider, Teil 15, Rn. 262). Auf ein „Verhandeln" kommt es aber – anders als bei Nr. 4102 Ziff. 3 VV – nicht an (vgl. dazu Rn. 25 ff.).

d) Teilnahme an Haft(prüfungs)terminen außerhalb der Hauptverhandlung (Ziff. 3)

aa) Haft(prüfungs)Termin außerhalb der Hauptverhandlung

25 Nr. 4102 Ziff. 3 VV sieht eine Terminsgebühr für die Teilnahme an einem Termin vor, in dem über die Anordnung oder Fortdauer der Untersuchungshaft (§§ 115, 118 StPO) oder der einstweiligen Unterbringung (§ 126a i.V.m. §§ 115, 118 StPO) verhandelt wird. Das kann auch ein sog. „Vorführtermin" sein (KG, AGS 2007, 241). Nach Nr. 4102 Ziff. 3 VV entsteht die Terminsgebühr nur für die Teilnahme an Haftterminen, die **außerhalb** der **Hauptverhandlung** stattfinden.

26 *Beispiel 1:*

Der inhaftierte Angeklagte ist wegen Raubes angeklagt. Nach Eröffnung des Hauptverfahrens beantragt sein Verteidiger Rechtsanwalt R kurz vor Beginn der Hauptverhandlung mündliche Haftprüfung gem. § 118 StPO. Über die Haftfragen wird während der Hauptverhandlung gesprochen. Rechtsanwalt R beantragt in seinem Schlussvortrag, den Haftbefehl gegen seinen Mandanten aufzuheben. Nach Urteilsverkündung wird der Haftbefehl vom Gericht außer Vollzug gesetzt.

R hat eine Gebühr nach Nr. 4102 Ziff. 3 VV nicht verdient. Es ist zwar in der Hauptverhandlung über die Haftfrage gesprochen/verhandelt worden. Die Terminsgebühr der Nr. 4102 Ziff. 3 VV setzt jedoch einen (Haftprüfungs-)Termin außerhalb der Hauptverhandlung voraus.

27 *Beispiel 2:*

Der inhaftierte Angeklagte ist wegen Raubes angeklagt. Nach einer mehrtägigen Hauptverhandlung wird er vom LG nur zu einer kurzen Freiheitsstrafe verurteilt. Die Strafkammer hebt aber den Haftbefehl nicht

Terminsgebühr außerhalb der Hauptverhandlung   *Nr. 4102 VV*

auf, da noch einige Bewährungsstrafen offen sind. Nach Urteilsverkündung und -begründung beantragt Rechtsanwalt R die Aufhebung des Haftbefehls. Darüber wird dann anschließend in einem Termin verhandelt und der Haftbefehl wird vom Gericht außer Vollzug gesetzt.

In diesem Fall ist die Terminsgebühr der Nr. 4102 Ziff. 3 VV entstanden. Zwar hat der „Termin" unmittelbar im Anschluss an die Hauptverhandlung stattgefunden, es hat sich aber um einen Termin außerhalb der Hauptverhandlung gehandelt. Durch diesen Termin ist auch zusätzlicher Zeitaufwand entstanden. Gerade das soll aber durch die neu eingeführte Gebühr der Nr. 4102 Ziff. 3 VV honoriert werden.

Es greift auch nicht die Beschränkung aus Nr. 4102 Anm. Satz 1 VV. Diese erfasst nur Termine aus Nr. 4102 VV (AG Münster, AGS 2007, 350 m. Anm. Volpert = RVGreport 2007, 303; Schneider, AGS 2007, 165; vgl. auch Rn. 46 ff.).

Beispiel 3:   **28**

Der Beschuldigte wird am 23.03.2006 vorläufig festgenommen. Am 24.03.2006 meldet sich Rechtsanwalt R als sein Verteidiger. Er nimmt am Vorführungstermin beim Ermittlungsrichter teil. Dort gibt der Beschuldigte eine Erklärung zu seinen persönlichen Verhältnissen ab. Der anwesende Staatsanwalt beantragt den Erlass eines Haftbefehls, R beantragt die Zurückweisung des Antrags (Fallgestaltung nach KG, StraFo 2006, 472 = RVGreport 2006, 310 = AGS 2006, 545).

Auch in diesem Fall ist die Terminsgebühr der Nr. 4102 Ziff. 3 VV entstanden. Die Teilnahme an einem Termin gem. § 128 Abs. 1 StPO und die Verhandlung dort über den Erlass eines Haftbefehls führt zur Gebühr Nr. 4102 Ziff. 3 (KG, a.a.O.; KG, 23.06.2006 – 4 Ws 62/06, www.burhoff.de; LG Berlin, StraFo 2006, 472). Unerheblich ist, ob der Beschuldigte schweigt (LG Berlin, a.a.O.; a.A. OLG Hamm, 27.11.2006 – 2 [S] Sbd. IX-117/06, www.burhoff.de; s. auch Rn. 32).

> **Hinweis:**
>
> Die Gebühr Nr. 4102 Ziff. 3 VV setzt **nicht** voraus, dass bereits ein Haftbefehl **vorliegt** (KG, a.a.O.).

In **welchem Verfahrensabschnitt** die Haftprüfungen stattfinden, ist für den Anfall dieser Terminsgebühr **unerheblich**. Es kann sich also um eine Haftprüfung im vorbereitenden Verfahren, aber auch um eine im (späteren) gerichtlichen Verfahren handeln. Entscheidend ist nur, dass sie außerhalb der Hauptverhandlung stattfindet (s.o. Rn. 25 ff.).   **29**

Unerheblich ist auch, ob der Rechtsanwalt von der geplanten Haftprüfung ausdrücklich gem. § 118a Abs. 1 StPO **benachrichtigt worden** ist oder nicht. Erfährt der Verteidiger auf andere Weise von der mündlichen Haftprüfung, z.B. durch seinen Mandanten, und nimmt er dann an ihr teil, steht ihm die Gebühr nach Nr. 4102 Ziff. 3 VV zu.   **30**

bb) „Verhandeln" im Termin

Anders als bei den Terminsgebühren nach Nr. 4102 Ziff. 1 und 2 VV (vgl. dazu Rn. 10 ff., 19 ff.) ist es für das Entstehen der Terminsgebühr nach Nr. 4102 Ziff. 3 VV erforderlich, dass in dem Haftprüfungstermin „über die Anordnung oder Fortdauer der Untersuchungshaft oder der einstweiligen Unterbringung **verhandelt** wird" (KG, AGS 2009, 480 = RVGreport 2009, 227 = StRR 2009, 277; OLG Hamm, AGS 2006, 122 m. Anm. Madert, AGS 2006, 179 = RVGreport 2006, 469 = JurBüro 2006, 136). Sinn und Zweck dieser einschränkenden Regelung ist es, die häufig nur sehr kurzen reinen Haftbefehlsverkündungstermine nicht mit einer Gebühr nach Nr. 4102 Ziff. 3 VV zu honorieren. Schließt sich allerdings an die (zunächst nur vorgesehene) Verkündung   **31** des Haftbefehls eine Verhandlung über die Fortdauer der Untersuchungshaft an, entsteht die Gebühr (so ausdrücklich BT-Drucks. 15/1971, S. 223; vgl. auch KG, StraFo 2006, 472 = RVGreport 2006, 310 = AGS 2006, 545; 31.08.2005 – 4 Ws 101/05).

> **Hinweis:**
> Entscheidend für das Entstehen der Terminsgebühr ist, dass in dem (Haft-)Termin **mehr** geschehen ist als eine **reine Verkündung** des Haftbefehls (KG, AGS 2009, 480 = RVGreport 2009, 227 = StRR 2009, 277; OLG Hamm, AGS 2006, 122 m. Anm. Madert, AGS 2006, 179 = JurBüro 2006, 136 = Rpfleger 2006, 226 = RVGreport 2006, 469; JurBüro 2006, 641; LG Bielefeld, StV 2006, 198; Burhoff, RVGreport 2010, 282). Bei Verkündung eines auf **§ 230 Abs. 2 StPO** gestützten Haftbefehls wird es i.d.R. zu einem „Verhandeln" i.S.d. Ziff. 3 kommen. Denn in diesen Fällen wird meist zu überprüfen sein, ob der Angeklagte der Hauptverhandlung tatsächlich unentschuldigt ferngeblieben ist und anders als in den Fällen der Haftanordnung nach §§ 112 ff. StPO ergeben sich hier die Haftgründe meist nicht aus der Akte. Das hat zur Folge, dass über diese und ggf. neue entlastende Aspekte, die das Fernbleiben in der Hauptverhandlung entschuldigen können, im Termin „verhandelt" wird (vgl. die Fallgestaltung bei LG Berlin, RVGreport 2011, 226 = StRR 2011, 204 = RVGprofessionell 2011, 122 [rkr.]).

32 Es **reicht** aus, wenn der Verteidiger gegenüber dem Gericht für den Beschuldigten zu **Fragen** in **Zusammenhang** mit der Anordnung der **Untersuchungshaft** oder mit dem Bestand des Haftbefehls in irgendeiner Form **Stellung** genommen hat. Widerstreitende Anträge der Staatsanwaltschaft und des Verteidigers führen auf jeden Fall zur Vernehmungsterminsgebühr (KG, StraFo 2006, 472 = RVGreport 2006, 310 = AGS 2006, 545; vgl. auch die Fallgestaltung bei KG, AGS 2007, 241). Unerheblich ist, ob der Anstoß zu der Stellungnahme vom Verteidiger ausgegangen ist oder ob er nur Stellung zu Ausführungen des Gerichts oder des Staatsanwaltes nimmt, der ggf. an dem Termin teilnimmt. Nach Auffassung des LG Bielefeld (StV 2006, 198) reicht es auch aus, wenn der Beschuldigte dem zuständigen Richter vorgeführt wird mit der Möglichkeit, sich zur Sache zu äußern oder nicht auszusagen sowie Tatsachen im Zusammenhang mit der Aufrechterhaltung des Haft- oder Unterbringungsbefehls vorzutragen und er dann auf Anraten seines Verteidigers **schweigt** (ähnlich LG Berlin, StraFo 2006, 472; LG Bielefeld, StV 2006, 198; a.A. KG, RVGreport 2009, 227 = StRR 2009, 277 = AGS 2009, 480; OLG Hamm, JurBüro 2006, 641 = AGS 2007, 240, wonach es sich dann um einen reinen Verkündungstermin handelt). Nach OLG Hamm (a.a.O.) soll es auch nicht ausreichend sein, wenn in dem Termin lediglich ein **Antrag** auf **Akteneinsicht** und die Übergabe der Akten gestellt wird. Das ist m.E. nicht zutreffend (a.A., allerdings ohne nähere Begründung, auch Schneider, in: Hansens/Braun/Schneider, Teil 15, Rn. 265). Die Gesetzbegründung (s. BT-Drucks. 15/1971, S. 223) verlangt für das Entstehen der Gebühr eine Verhandlung über die Fortdauer der Untersuchungshaft. Damit reichen m.E. **alle Erklärungen** und Stellungnahmen sowie Anträge aus, die dazu bestimmt sind, die **Fortdauer** der **Untersuchungshaft** abzuwenden, (KG, AGS 2007, 241), solange sie sachbezogen sind und über die bloße Verkündung des Haftbefehls hinausgehen (vgl. auch LG Düsseldorf, 24.03.2005 – I Qs 9/04). Das kann auch ein Antrag auf Akteneinsicht mit der Ankündigung einer Stellungnahme sein. Aber auch alle **sonstigen Anträge** reichen m.E. aus, da dann im Termin mehr geschieht als die bloße Verkündung des Haftbefehls (a.A. für den Rat des Verteidigers im Vorführungstermin zu schweigen und den Antrag als Pflichtverteidiger beigeordnet zu werden,

Terminsgebühr außerhalb der Hauptverhandlung   Nr. 4102 VV

OLG Hamm, AGS 2007, 241; zu allem Gerold/Schmidt/Burhoff, VV 4102, 4103 Rn. 13; Burhoff, RVGreport 2010, 282 ff.).

In welchem **Umfang** und **wozu** eine „Verhandlung" stattgefunden hat, ist **unerheblich** (vgl. auch Rn. 32). Es kann also z.B. um Fragen des dringenden Tatverdachts, des Haftgrundes oder der Außervollzugsetzung des Haftbefehls gehen (vgl. die Fallgestaltung bei LG Berlin, RVGreport 2011, 226 = StRR 2011, 204 = RVGprofessionell 2011, 122 [rkr.] für die Verkündung eines auf § 230 Abs. 2 StPO-gestützten Haftbefehls). Auch eine Stellungnahme zur Haftfähigkeit des Mandanten reicht aus. Der Verteidiger muss auch nicht einen Antrag, z.B. auf Aufhebung des Haftbefehls, gestellt haben. Für das Entstehen der Gebühr kommt es ebenfalls nicht darauf an, ob am Ende der Haftprüfung eine gerichtliche Entscheidung verkündet worden ist. Der Verteidiger erhält die Gebühr also auch, wenn er seinen schriftlichen Haftprüfungsantrag im Verlauf des Termins zurücknimmt.   33

Für das Entstehen der Gebühr ist es schließlich auch **unerheblich**, **wann** die „Verhandlungen" geführt worden sind. Die Terminsgebühr Nr. 4102 Ziff. 3 VV entsteht also auch dann, wenn vor dem Aufruf der Sache zur Haftbefehlsverkündung längere und auch eingehende sachbezogene Erörterungen, u.a. zu den Möglichkeiten einer Verfahrensbeschleunigung, zu den U-Haft-Bedingungen und dergleichen stattfinden. Denn Sinn und Zweck der Vorschrift ist es, den Zeitaufwand des Rechtsanwalts zu vergüten, der anlässlich eines Haftprüfungstermins über diesen hinausgehende sachbezogene Stellungnahmen abgibt und hiermit zur Verfahrensförderung und -beschleunigung beiträgt. Dies tut er auch dann, wenn solche Erörterungen stattfinden, bevor die Sache aufgerufen wird (LG Düsseldorf, 24.03.2005 – I Qs 9/04, www.burhoff.de). Da auch das unmittelbar sich an den Haftprüfungstermin anschließende sachliche Gespräch von Nr. 4102 Nr. 3 VV erfasst wird, kann bei dem unmittelbar vorausgehenden Gespräch nichts anderes gelten.   34

> **Hinweis:**
> Die Gebühr entsteht auch dann, wenn die **Hauptverhandlung unterbrochen** wird, um am selben Tag eine Haftprüfung durchzuführen. Dann greift nicht etwa die Beschränkung von Satz 1 der Anm. zu Nr. 4102 VV (AG Münster, AGS 2007, 350 m. Anm. Volpert = RVGreport 2007, 303; N. Schneider, AGS 2007, 165; s. auch das Beispiel bei Rn. 37). Entsprechendes gilt, wenn von der Haftprüfung i.S.d. Nr. 4102 Ziff. 3 VV sofort in die Hauptverhandlung übergegangen wird, was etwa im beschleunigten Verfahren der Fall sein kann.

e) Teilnahme an Verhandlungen im Rahmen des Täter-Opfer-Ausgleichs (Ziff. 4)

Nach Nr. 4102 Ziff. 4 VV entsteht die Terminsgebühr für die Teilnahme an Verhandlungen im Rahmen des Täter-Opfer-Ausgleichs. Gemeint ist damit die Teilnahme an (Verhandlungs-)Terminen in den Verfahren nach den §§ **153a Abs. 1 Nr. 5, 155a, 155b StPO** (wie bei Vorbem. 4.1 VV, s. dort Rn. 25; zum Täter-Opfer-Ausgleich s. u.a. Burhoff, EV, Rn. 1556). Dies dient nach Auffassung des Gesetzgebers der sachgerechten Vertretung sowohl des Beschuldigten als auch des Opfers bei diesen Verhandlungen (vgl. dazu BT-Drucks. 15/1971, S. 223). Das Entstehen der Terminsgebühr setzt aber nicht das Vorliegen eines institutionalisierten Täter-Opfer-Ausgleich-Verfahrens nach § 155a StPO voraus; vielmehr ist es ausreichend, dass Verhandlungen zum Tä-   35 ter-Opfer-Ausgleich stattgefunden haben, in welcher Form auch immer (LG Kiel, AGS 2010, 295 = RVGreport 2010, 147 = StRR 2010, 320).

36 **Wann** diese Verhandlungen **stattfinden**, ist für den Anfall der Gebühr **unerheblich**. Nach § 155a Abs. 1 Satz 1 StPO sollen Staatsanwaltschaft und Gericht in jeder Lage des Verfahrens die Möglichkeiten eines Täter-Opfer-Ausgleichs prüfen. Die Gebühr kann also auch noch entstehen, wenn es ggf. erst im Berufungsverfahren zu einem Täter-Opfer-Ausgleich kommt. Unerheblich ist auch, von wem die Initiative zum Täter-Opfer-Ausgleich-Verfahren ausgegangen ist. Auch wenn der Beschuldigte, der Verteidiger oder der Verletzte das Verfahren angeregt hat und dann ein Termin stattfindet, steht dem Verteidiger ggf. die Gebühr nach Nr. 4102 Ziff. 4 VV zu.

> **Hinweis:**
> Es muss sich um ein **Täter-Opfer-Ausgleichs-Verfahren i.S.d. StPO** bzw. um die Vorbereitung eines Täter-Opfer-Ausgleichs i.S.d. StPO handeln. Das bedeutet, dass auch ein Termin, in dem z.B. zwischen dem Verteidiger und dem Geschädigten ohne Beteiligung von Staatsanwaltschaft und Gericht über eine Schadenswiedergutmachung verhandelt wird, zur Gebühr nach Nr. 4102 Ziff. 4 führt (LG Kiel, AGS 2010, 295 = RVGreport 2010, 147 = StRR 2010, 320; s. auch AnwKomm-RVG/N. Schneider, VV 4102 – 4103 Rn. 5; Schneider, in: Hansens/Braun/Schneider, Teil 15, Rn. 262; Gerhold, JurBüro 2010, 172, 173).

37 *Beispiel:*
Der Hauptverhandlungstermin wird auf Antrag des Verteidigers unterbrochen. In der kurzen Pause führt der Verteidiger – wie von ihm beabsichtigt – mit dem Angeklagten und dem geschädigten Zeugen einen Täter-Opfer-Ausgleich durch. Der Angeklagte entschuldigt sich für seine Tat, der Zeuge nimmt die Entschuldigung an und es wird die Zahlung eines Schmerzensgeldes für den Zeugen vereinbart. Diese Vereinbarungen werden bei der Fortsetzung der Hauptverhandlung zu Protokoll gegeben.

Die Gebühr Nr. 4102 Ziff. 4 VV ist entstanden. Es handelt sich um einen Termin außerhalb der (unterbrochenen) Hauptverhandlung. Es kann für das Entstehen der Gebühr keinen Unterschied machen, ob die Hauptverhandlung nur kurz unterbrochen oder länger und ggf. erst an einem anderen Tag fortgesetzt wird. Auch die Beschränkung von Satz 1 der Anm. zu Nr. 4102 VV greift nicht. Die erfasst nur mehrere Termine i.S.d. Nr. 4102 VV (vgl. unten Rn. 50), nicht aber einen Hauptverhandlungstermin nach Nr. 4108 VV und einen Termin nach Nr. 4102 VV (s. auch AG Münster, AGS 2007, 350 m. Anm. Volpert = RVGreport 2007, 303; Schneider, AGS 2007, 165).

38 Voraussetzung für das Entstehen der Gebühr ist die Teilnahme an einem **(Verhandlungs-)Termin** (zum Begriff des Termins Gerhold, JurBüro 2010, 172, 174). Die Gebühr entsteht also für eine mündliche Besprechung zwischen den Beteiligten des Täter-Opfer-Ausgleichs-Verfahrens, in der es inhaltlich um die tatsächlichen und rechtlichen Voraussetzungen dieses Verfahren gegangen ist. Dabei muss es sich **nicht** um ein **streitiges Gespräch** gehandelt haben, in dem die Beteiligten Argumente und Gegenargumente ausgetauscht haben. Die Gebühr entsteht auch bei Teilnahme an einem einvernehmlichen Gespräch bzw. einer bloßen Besprechung mit den Verfahrensbeteiligten. Jede andere Auslegung würde Sinn und Zweck der Vorschrift, die den Zeitaufwand des Rechtsanwalts, der an einem solchen Termin teilnimmt, honorieren will, widersprechen. Das **Ergebnis** des Termins ist für das Entstehen der Gebühr ebenfalls **ohne Belang**. Auch wenn es nicht zur Durchführung des Täter-Opfer-Ausgleichs kommt, fällt die Gebühr, die durch die Teilnahme an dem Termin entstanden ist, nicht nachträglich wieder weg.

Terminsgebühr außerhalb der Hauptverhandlung Nr. 4102 VV

Nach der Gesetzesbegründung soll für eine bloße **telefonische**, kurze **Verhandlung** eine **Ter-** **39** **minsgebühr nicht** entstehen, da die Gebühr die Teilnahme an einem Termin voraussetzt (vgl. dazu BT-Drucks. 15/1971, S. 223). Das ist, wenn man die heute gegebenen technischen Möglichkeiten wie z.B. Telefon- oder Videokonferenz bedenkt, nicht ganz folgerichtig. Die Teilnahme an einer solchen Maßnahme kann, wenn sie terminiert ist, auch „Termin" und „Teilnahme an Verhandlungen" sein (s. auch Gerhold, a.a.O.; Gerold/Schmidt/Burhoff, VV 4102, 4103 Rn. 16). Hinzu kommt, dass Nr. 4102 Ziff. 4 VV nicht auf die Länge des Termins abstellt. Diese Fragen sind daher über die Höhe der Gebühr zu regeln.

> **Hinweis:**
> Es reicht aber **nicht** aus, wenn der Verteidiger (nur) beim Opfer **anruft**, um die Möglichkeit eines Täter-Opfer-Ausgleichs zu erkunden. Anders als in Vorbem. 3 Abs. 3 VV ist dafür eine Terminsgebühr nicht vorgesehen (s. auch Gerhold, JurBüro 2010, 172, 175; a.A. wohl Madert, AGS 2005, 277, der die körperliche Anwesenheit des Rechtsanwalts bei der Vernehmung nicht voraussetzt.

In welcher **Funktion** der Rechtsanwalt an der Verhandlung **teilnimmt**, ist unerheblich. Er be- **40** kommt die Teilnahme also sowohl honoriert, wenn er als Verteidiger/Vertreter des Beschuldigten oder als Vertreter des Opfers anwesend ist und teilnimmt. Unerheblich ist weiter, ob an dem Termin auch ein Vertreter der Staatsanwaltschaft oder der Täter-Opfer-Ausgleichsstelle teilnimmt (Gerhold, JurBüro 2010, 172, 173). Auch ohne diese können Verhandlungen im Rahmen des Täter-Opfer-Ausgleichs geführt werden (LG Kiel, AGS 2010, 295 = RVGreport 2010, 147 = StRR 2010, 320).

f) Teilnahme an Sühneterminen nach § 380 StPO (Ziff. 5)

Nach § 380 StPO setzt die Erhebung der Privatklage voraus, dass zuvor ein erfolgloser Sühne- **41** termin bei einer Vergleichsbehörde stattgefunden hat. Nimmt der Rechtsanwalt an einem solchen Termin teil, steht ihm eine Terminsgebühr nach Nr. 4102 Ziff. 5 VV zu. Das RVG will damit die in diesen Fällen häufig zeitaufwendige Teilnahme des Verteidigers angemessen honorieren und damit zugleich auch die **Teilnahme** des Verteidigers an solchen Terminen **fördern**. Dadurch kann nämlich eher eine Befriedigung der Parteien erreicht werden, als wenn diese ohne anwaltlichen Beistand den Termin nur mit dem Vertreter der Vergleichsbehörde durchführen.

Voraussetzung ist die Teilnahme an „**Sühneterminen** nach § 380 StPO". Das sind Termine, die **42** von den von den Landesjustizverwaltungen nach § 380 Abs. 1 Satz 1 StPO eingerichteten „Vergleichsbehörden" im Rahmen des Privatklageverfahrens anberaumt worden sind (zur Frage, welche Behörden „Vergleichsbehörden" i.S.d. § 380 Abs. 1 Satz 1 StPO sind, s. Meyer-Goßner, § 380 Rn. 2 f.). Es reicht also nicht ein formloses Zusammentreffen der Parteien und ihrer Vertreter, um den ggf. bestehenden Streit beizulegen. Ein solcher Termin hat nur Bedeutung im Rahmen der Bemessung der Verfahrensgebühr nach Nr. 4104 VV nach § 14.

Die **Funktion**, in der der Rechtsanwalt an dem Sühnetermin teilnimmt, ist **ohne Belang**. Der **43** Rechtsanwalt bekommt die Teilnahme also sowohl honoriert, wenn er als Vertreter des Privatklägers und als Beistand des potenziellen Privatbeklagten anwesend ist.

Unerheblich ist auch, ob der Rechtsanwalt an dem Sühnetermin **aktiv teilgenommen** hat, also **44** z.B. auf eine Aussöhnung der Parteien Einfluss genommen und darauf hingewirkt hat. Nach dem eindeutigen Wortlaut entsteht die Gebühr nach Nr. 4102 Ziff. 5 VV allein durch die Teilnahme. Auf ein „Verhandeln" kommt es – anders als bei Nr. 4102 Ziff. 3 und Ziff. 4 VV – nicht an.

> **Hinweis:**
> Kommt es im Sühneverfahren zu einer **Einigung** der Parteien, erhält der Rechtsanwalt auch eine Einigungsgebühr nach Nr. 1000 VV. Deren Höhe bestimmt sich aber nach Nr. 4146 VV (vgl. wegen der Einzelh. dort).

g) Teilnahme an nicht genannten Terminen

45 Fraglich ist, ob über den Wortlaut der Nr. 4102 VV hinaus eine **analoge Anwendung** der Vorschrift auf andere Termine möglich ist mit der Folge, dass die Teilnahme an weiteren Terminen vergütet werden müsste/könnte. Das kann z.B. in Betracht kommen für die Teilnahme des Rechtsanwalts/Verteidigers an einer **Durchsuchungsmaßnahme,** an der **Exploration** des Beschuldigten durch einen psychiatrischen Sachverständigen (vgl. dazu LG Offenburg, AGS 2006, 436 = StV 2007, 478 = NStZ-RR 2006, 358 = RVGreport 2006), für die Teilnahme des Rechtsanwalts an einer Gegenüberstellung oder an Erörterungen des Standes des Verfahrens (§§ 160b, 202a, 212 StPO). Eine **analoge Anwendung** der Vorschrift auf diese Termine **scheidet** jedoch **aus** (KG, RVGreport 2006, 151; LG Düsseldorf, AGS-Kompakt 2011, 6 für Teilnahme an einem Termin des Sachverständigen zur Besichtigung und Gegenüberstellung eines Kfz). Die Nr. 4102 VV RVG stellt schon eine Ausnahmeregelung von dem Grundsatz dar, dass Termine außerhalb der Hauptverhandlung nicht zusätzlich vergütet werden, sondern durch die jeweilige Verfahrensgebühr mit abgegolten sind bzw. dort innerhalb der Kriterien des § 14 RVG geltend gemacht werden müssen. Zudem zeigt die enumerative Aufzählung bestimmter Termine, dass der Gesetzgeber die Teilnahme an anderen Terminen nicht auch zusätzlich vergüten wollte. Auch ist die frühere Vorschrift des § 2 BRAGO entfallen, der eine sinngemäße Anwendung der BRAGO-Vorschriften zuließ. Demgemäß wird auch bislang eine analoge Anwendung der Vorschrift weitgehend abgelehnt (vgl. z.B. KG, a.a.O. für die Teilnahme des Verteidigers an einem Vorgespräch; AnwKomm-RVG/N. Schneider, VV 4102 Rn. 8 für die Durchsuchung, a.A. insoweit noch seine Vorauflage; Gerold/Schmidt-Burhoff, VV 4102, 4103 Rn. 5). In der **Rechtsprechung** wird das z.T. aber auch **anders** gesehen. Das LG Offenburg, (a.a.O.) hat für die Teilnahme des Verteidigers an der Exploration seines Mandanten durch einen psychiatrischen Sachverständigen eine Gebühr nach Nr. 4102 VV gewährt. Das AG Freiburg (AGS 2011, 69 = RVGreport 2011, 65 = StRR 2011, 123) hat für die Teilnahme des Rechtsanwalts an einem Erörterungstermin nach § 202a Satz 1 StPO eine Gebühr entsprechend Nr. 4102 Ziff. 1 und 3 VV festgesetzt (vgl. dazu auch Teil A: Verständigung im Straf-/Bußgeldverfahren, Abrechnung, Rn. 1585).

> **Hinweis:**
> Nimmt der Rechtsanwalt an einem Termin außerhalb der Hauptverhandlung teil, der (nach h.M.) nicht von Nr. 4102 VV erfasst wird, muss er die Teilnahme im Rahmen der jeweiligen (gerichtlichen) **Verfahrensgebühr** gebührenerhöhend geltend machen. Ggf. muss eine Pauschgebühr beantragt werden (§ 42). Letzteres gilt auch für den Pflichtverteidiger (§ 51).

Terminsgebühr außerhalb der Hauptverhandlung Nr. 4102 VV

III. Beschränkung bei mehreren Terminen (Anm. Satz 1 und 2)

1. Mehrere Termine an einem Tag (Satz 1)

Finden **mehrere Termine** i.S.d. Nr. 4102 Ziff. 1 bis 5 ff. VV **an einem Tag** statt, gelten diese nach Satz 1 der Anm. zu Nr. 4102 VV als ein Termin. Der Umstand, dass es sich um mehrere Termine gehandelt hat, ist allerdings bei der Bemessung der Gebühr zu berücksichtigen (s.u. Rn. 57 ff.). 46

Beispiel 1: 47

Im Ermittlungsverfahren gegen den Beschuldigten B vernimmt die Staatsanwaltschaft an einem Tag den Beschuldigten und zwei Zeugen. Rechtsanwalt R nimmt als Verteidiger des Beschuldigten an allen drei Vernehmungen teil.

Nach Satz 1 der Anm. zu Nr. 4102 VV verdient Rechtsanwalt R die Terminsgebühr der Nr. 4200 Ziff. 2 VV nur einmal, obwohl er an drei Vernehmungsterminen teilgenommen hat.

Beispiel 2: 48

Die Staatsanwaltschaft vernimmt den Beschuldigten B und führt ihn anschließend sofort dem Haftrichter vor. Dort wird der Erlass eines Haftbefehls beantragt. Rechtsanwalt R hat sowohl an der Beschuldigtenvernehmung teilgenommen als auch an dem Termin beim Haftrichter. Dort hat er zu Haftfragen Stellung genommen.

R verdient wieder nur eine Terminsgebühr nach Nr. 4102 Ziff. 1 bzw. 2 VV. Nach Satz 1 der Anm. zu Nr. 4102 VV entsteht die Gebühr nur einmal, obwohl er an zwei Terminen i.S.d. Nr. 4102 VV teilgenommen hat.

Die Beschränkung in Satz 1 der Anm. zu Nr. 4102 VV ist jedoch **verfahrensbezogen**. Finden an einem Tag also in verschiedenen Verfahren mehrere Termine statt, entsteht für jedes Verfahren ggf. eine Terminsgebühr. 49

Beispiel 3:

Die Staatsanwaltschaft vernimmt im Ermittlungsverfahren gegen den Beschuldigten B 1 den Beschuldigten und am selben Tag im selbstständigen Ermittlungsverfahren gegen den Mitbeschuldigten B 2 zwei Zeugen. Rechtsanwalt R nimmt als Verteidiger des Beschuldigten B 1 an allen drei Vernehmungen teil.

R hat im Verfahren gegen B 1 eine Terminsgebühr nach Nr. 4102 Ziff. 2 VV verdient. Im Verfahren gegen B 2 entsteht eine weitere Terminsgebühr nach Nr. 4102 Ziff. 2 VV. Es entsteht allerdings nur eine Gebühr, obwohl der Verteidiger an zwei Vernehmungen teilgenommen hat (s. Beispiel 2 bei Rn. 48).

Die Beschränkung in Satz 1 der Anm. zu Nr. 4102 VV gilt auch **nur** für **mehrere Termine i.S.d. Nr. 4102 VV**. Finden an dem Tag weitere (gerichtliche) Termine, z.B. Hauptverhandlungen, statt, lässt sich damit eine Beschränkung der Gebühren nicht rechtfertigen (AG Münster, AGS 2007, 350 m. Anm. Volpert = RVGreport 2007, 303; Schneider, AGS 2007, 165; s. auch oben Rn. 27, 37). Eine entsprechende Beschränkung ist weder in Nr. 4102 VV noch in der Vorbem. 4 VV enthalten. Soweit es bei den gerichtlichen Hauptverhandlungsgebühren „je Hauptverhandlungstag" heißt, ergibt sich schon aus dieser Formulierung, dass damit nur mehrere an einem Tag stattfindende Hauptverhandlungstermine gemeint sind. 50

Beispiel 4:

In einem Strafverfahren beim AG findet die Hauptverhandlung an mehreren Terminstagen statt. Am Vormittag des 26.02.2007 wird die richterliche Vernehmung eines Zeugen durchgeführt. Am Nachmittag desselben Tages findet dann ein weiterer Hauptverhandlungstermin statt. Rechtsanwalt R nimmt als Verteidiger des Angeklagten an beiden Terminen teil.

Nr. 4102 VV   *Terminsgebühr außerhalb der Hauptverhandlung*

> *R hat für den Vernehmungstermin die Gebühr Nr. 4102 Ziff. 1 VV verdient. Für die am Nachmittag stattfindende (fortgesetzte) Hauptverhandlung ist die Terminsgebühr Nr. 4108 VV entstanden. Für diese beiden Termine greift nicht die Beschränkung aus Nr. 4102 Anm. Satz 2 VV, mit der Folge, dass dann etwa nur nach Nr. 4108 VV zu vergüten wäre. Diese gilt nur für mehrere Termine nach Nr. 4102 VV. Nr. 4102 VV dient dazu, zusätzlichen Zeitaufwand, den der Rechtsanwalt für die Teilnahme an Terminen außerhalb der Hauptverhandlung hat, zu vergüten. Dem würde aber eine Anwendung der Beschränkung widersprechen.*

> **Hinweis:**
> Die Argumentation gilt entsprechend, wenn von einem **Haftprüfungstermin** unmittelbar in einen Hauptverhandlungstermin übergegangen wird.

2. Ein Termin an mehreren Tagen

51 Nicht geregelt ist der Fall, dass **ein (Vernehmungs-)Termin** sich über **mehrere Tage** erstreckt. Das kann z.B. der Fall sein, wenn die Vernehmung des Beschuldigten oder von Zeugen nicht an einem Tag beendet werden kann, deshalb unterbrochen werden muss und dann an einem anderen Tag fortgesetzt wird. Es handelt sich dann zwar immer noch um dieselbe Vernehmung, diese findet aber aufgrund der Unterbrechung, die eine zeitliche Zäsur darstellt, an mehreren Terminen statt. Diese Auslegung entspricht Sinn und Zweck der gesetzlichen Regelung, die die Teilnahme des Rechtsanwalts an den in Nr. 4102 VV genannten Terminen, insbesondere an den Vernehmungsterminen, fördern will (vgl. dazu BT-Drucks. 15/1971, S. 223). Dem Rechtsanwalt steht daher für jeden Tag, an dem z.B. die Vernehmung fortgesetzt wird, eine Terminsgebühr zu. Diese unterliegt allerdings den Beschränkungen von Satz 2 der Anm. zu Nr. 4102 VV (vgl. dazu Rn. 52 ff.).

3. Mehrere Termine in einem Verfahrensabschnitt (Satz 2)

52 Satz 2 der Anm. zu Nr. 4102 VV sieht eine **weitere Beschränkung** vor. Danach entsteht die Terminsgebühr im vorbereitenden Verfahren und in jedem Rechtszug für die Teilnahme an jeweils **bis** zu **drei Terminen nur einmal**. Damit will das RVG verhindern, dass (Vernehmungs-)Termine nur aus Gebühreninteresse des Rechtsanwalts herbeigeführt werden (vgl. dazu BT-Drucks. 15/1971, S. 222). Diese Beschränkung ist allerdings **verfahrensabschnitts-** bzw. **rechtszugbezogen**. D.h. im vorbereitenden Verfahren bzw. in einem Rechtszug entstandene Termine können nur im vorbereitenden Verfahren bzw. in dem jeweiligen Rechtszug, in dem sie entstanden sind, zur Anwendung der Beschränkung herangezogen werden bzw. Terminsgebühren aus dem vorbereitenden Verfahren und/oder aus verschiedenen Rechtszügen werden nicht zusammengefasst, um die Beschränkung des Satzes 2 der Anm. zu Nr. 4102 VV herbeizuführen (KG, AGS 2006, 546 m. Anm. Schneider = RVGprofessionell 2006, 47; Gerold/Schmidt/Burhoff, VV 4102, 4103 Rn. 20; AnwKomm-RVG/N. Schneider, VV 4102 – 4103 Rn. 10 f.; vgl. Beispiel 3 bei Rn. 56). Die Termine werden also nicht insgesamt, sondern nur verfahrensabschnittsweise „gebündelt" (KG, a.a.O.).

> **Hinweis:**
> Bei den Terminen, die nach Satz 2 der Anm. zu Nr. 4102 VV zusammengefasst werden, muss es sich auch **nicht** um **Termine derselben Nummer** handeln. Nach dem Wortlaut wird für

Terminsgebühr außerhalb der Hauptverhandlung   *Nr. 4102 VV*

die Beschränkung nicht zwischen den Terminen der Nr. 4102 VV unterschieden. Es werden vielmehr alle in einem Verfahrensabschnitt durchgeführten Termine ggf. zusammengefasst (AnwKomm-RVG/N. Schneider, VV 4102–4103 Rn. 12 unter Hinweis auf § 18 Abs. 1 Nr. 1; Burhoff, RVGreport 2010, 282).

Der Umstand, dass mit der einen Terminsgebühr die Teilnahme an jeweils bis zu drei Terminen abgegolten wird, ist bei der **Bemessung** der Terminsgebühr innerhalb des vorgegebenen Gebührenrahmens zu berücksichtigen (vgl. dazu Rn. 59).   53

Beispiel 1:   54

Im Ermittlungsverfahren gegen den Beschuldigten B wird dieser zunächst von der Staatsanwaltschaft und am nächsten Tag richterlich vernommen. Außerdem werden die beiden Belastungszeugen Z 1 und Z 2 an unterschiedlichen Tagen richterlich vernommen. Rechtsanwalt R hat an allen Terminen teilgenommen.

R erhält zwei Terminsgebühren der Nr. 4102 Ziff. 1 bzw. 2 VV. Es haben zwar insgesamt vier Vernehmungen i.S.d. Nr. 4102 VV stattgefunden, nämlich die staatsanwaltschaftliche Vernehmung des Beschuldigten (Ziff. 2), die richterliche Vernehmung (Ziff. 1) und die beiden richterlichen Vernehmungen der Zeugen (Ziff. 1). Es sind aber dennoch nur zwei Terminsgebühren entstanden. Im vorbereitenden Verfahren entsteht die Terminsgebühr nach Nr. 4102 Anm. Satz 2 VV für jeweils bis zu drei Termine nämlich nur einmal. Für den danach noch „nicht verbrauchten" vierten Termin entsteht eine weitere Terminsgebühr.

Beispiel 2:   55

Im Beispiel 1 werden die beiden Belastungszeugen Z 1 und Z 2 an einem Tag in zwei Vernehmungen richterlich vernommen.

Rechtsanwalt R erhält nur eine Terminsgebühr nach Nr. 4102 Ziff. 1 und 2 VV. Es haben zwar wiederum insgesamt vier Vernehmungen i.S.d. Nr. 4102 VV stattgefunden. Nach Satz 1 der Anm. zu Nr. 4102 VV gelten die Zeugenvernehmungen, da sie an einem Tag stattgefunden haben, jedoch als ein Termin. Zusammen mit den Terminen der staatsanwaltschaftlichen und der richterlichen Vernehmung des Beschuldigten ist damit unter Anwendung von Satz 2 der Anm. zu Nr. 4102 VV nur von drei Terminen auszugehen.

Beispiel 3:   56

Im Ermittlungsverfahren gegen den Beschuldigten B wird dieser von der Staatsanwaltschaft und am nächsten Tag richterlich vernommen. Außerdem werden die beiden Belastungszeugen Z 1 und Z 2 an unterschiedlichen Tagen richterlich vernommen. Während der Hauptverhandlung wird einer der Zeugen noch einmal kommissarisch vernommen. Außerdem findet noch außerhalb der Hauptverhandlung eine mündliche Haftprüfung statt. Rechtsanwalt R hat an allen Terminen teilgenommen.

Rechtsanwalt R hat drei Terminsgebühren nach Nr. 4102 Ziff. 1 bzw. 2 VV verdient.

Es haben insgesamt sechs Termine i.S.d. Nr. 4102 VV stattgefunden, nämlich vier im vorbereitenden Verfahren, und zwar die staatsanwaltschaftliche Vernehmung des Beschuldigten (Ziff. 2) sowie seine richterliche Vernehmung (Ziff. 1) und die beiden richterlichen Vernehmungen der Zeugen (Ziff. 1) sowie außerdem während des gerichtlichen Verfahrens noch die kommissarische Vernehmung (Ziff. 1) und die Haftprüfung (Ziff. 3).

Im vorbereitenden Verfahren sind danach zwei Terminsgebühren entstanden (vgl. dazu oben Beispiel 1 in Rn. 54). Für den Verfahrensabschnitt „Gerichtliches Verfahren"/erster Rechtszug entsteht für die kommissarische Vernehmung und die Haftprüfung unter Anwendung von Satz 2 der Anm. ebenfalls nur eine Terminsgebühr nach Nr. 4102 VV. Der vierte – „freie" – Termin des Ermittlungsverfahrens wird nicht etwa mit den beiden im gerichtlichen Verfahren entstandenen Terminen zu nur einer Terminsgebühr

Nr. 4102 VV   *Terminsgebühr außerhalb der Hauptverhandlung*

zusammengefasst, was die Folge hätte, dass insgesamt nur zwei Terminsgebühren entstanden wären (vgl. KG, AGS 2006, 546 m. Anm. Schneider = RVGprofessionell 2006, 47).

IV. Höhe der Terminsgebühr

1. Allgemeines

57 Der **Wahlanwalt** erhält eine **Betragsrahmengebühr** i.H.v. 30,00 € – 250,00 €. Die Mittelgebühr beträgt 140,00 €. Der Betragsrahmen ist unabhängig von der Ordnung des Gerichts, bei dem das Verfahren, in dem der (Vernehmungs-)Termin durchgeführt wird, später ggf. anhängig wird bzw. bei dem es bereits anhängig ist. Ggf. muss der Wahlanwalt die Feststellung einer Pauschvergütung nach § 42 beantragen (vgl. dazu die Komm. bei § 42).

58 Der **Pflichtverteidiger** erhält einen **Festbetrag** i.H.v. 112,00 €. Reicht der nicht aus, um den durch die Teilnahme an den Terminen erbrachten Arbeitsaufwand zumutbar zu honorieren, muss er ggf. einen auf diesen Verfahrensabschnitt beschränkten Pauschgebührenantrag nach § 51 stellen. Das gilt insbesondere, wenn es sich um **lange Vernehmungen** gehandelt hat, da die Länge des Vernehmungstermins – anders als beim Wahlanwalt – auf die Höhe des dem Pflichtverteidiger zustehenden Festbetrages keinen Einfluss hat. Zudem entstehen für die Gebühr Nr. 4102 VV auch keine sog. Längenzuschläge.

2. Bemessung der Wahlanwaltsgebühr

59 Bei der Bemessung der Höhe der Gebühr sind über § 14 die **Besonderheiten** des jeweiligen **Einzelfalls** zu berücksichtigen (vgl. dazu BT-Drucks. 15/1971, S. 222 zu Nr. 4100 VV; vgl. im Übrigen Teil A: Rahmengebühren [§ 14], Rn. 1051 ff.). Die Höhe der Gebühr ist vor allem abhängig von den vom Rechtsanwalt erbrachten Tätigkeiten, insbesondere also von der **Dauer** des Termins, an dem der Rechtsanwalt teilgenommen hat. Daneben kann die Schwierigkeit des Verfahrensgegenstandes, der sich in der Schwierigkeit der Vernehmung niederschlagen kann, von Belang sein. Zu berücksichtigen ist auch, ob die Teilnahme an mehreren (Vernehmungs-) Terminen durch die Beschränkungen von Satz 1 bzw. 2 der Anm. zu Nr. 4102 VV gebührenrechtlich zu einem Termin zusammengefasst worden sind (KG, RVGreport 2009, 231). Das wird i.d.R. zu einer höheren Gebühr als der Mittelgebühr führen (AnwKomm-RVG/N. Schneider, VV 4102, 4103 Rn. 18). Andererseits wird man, wenn der Rechtsanwalt nur an einem Termin teilgenommen hat, im Zweifel nur von einer Gebühr unter der Mittelgebühr ausgehen können. Jedoch kann in Fällen mit nur einem einzigen (Haftprüfungs-)Termin nicht generell nur eine entsprechend weit unterhalb der Mittelgebühr liegende Gebühr als gerechtfertigt angesehen werden, wenn der eine Termin nur durchschnittliches Format hatte (KG, StV 2006, 198 = AGS 2006, 278). Entscheidend sind auch insoweit die Umstände des Einzelfalls (KG, a.a.O.; vgl. auch KG, RVGreport 2009, 231 [Abschlag von 10 %]; vgl. auch AnwKomm-RVG/N. Schneider, VV 4102 – 4103 Rn. 17).

60 **Hinweis:**

Die Terminsgebühr erfasst **nicht nur** den **Zeitaufwand** durch die **Teilnahme** des Rechtsanwalts an dem Termin, sondern auch die **Vor-** und **Nachbereitung** des konkreten Termins (KG, AGS 2009, 271 = RVGreport 2009, 186 = StRR 2009, 239 = RVGprofessionell 2009,

Terminsgebühr außerhalb der Hauptverhandlung *Nr. 4102 VV*

> 138; OLG Hamm, RVGreport 2009, 309 = RVGprofessionell 2009, 157 = StRR 2009, 438; Gerold/Schmidt/Burhoff, VV 4102, 4103 Rn. 3; vgl. dazu auch Vorbem. 4 VV Rn. 60).

Die Frage der **Ordnung** des **Gerichts** hat bei der Bemessung der konkreten Gebühr **keine Bedeutung**. Der von der Terminsgebühr honorierte Arbeitsaufwand des Rechtsanwalts ist nämlich – ebenso wie bei der Grundgebühr – unabhängig von der (späteren) Gerichtszuständigkeit (vgl. dazu BT-Drucks. 15/1971, S. 222 zu Nr. 4100 VV). **61**

Als **„normal"/durchschnittlich** wird man bei Vernehmungen eine Terminsdauer von bis zu einer Stunde ansehen können, Haftprüfungen sind i.d.R. kürzer. Bei Terminen mit durchschnittlicher Dauer wird die **Mittelgebühr** gerechtfertigt sein (s. aber KG, RVGreport 2009, 231; AnwKomm-RVG/N. Schneider, VV 4102 – 4103, Rn. 17 und oben Rn. 59). Haben zwei oder drei solcher Termine stattgefunden, kann die Höchstgebühr festgesetzt werden. Bei der konkreten Bemessung der Gebühr sind Sinn und Zweck der Terminsgebühr (s.o. Rn. 2; s. auch KG, StV 2006, 198 = AGS 2006, 278) zu beachten. **62**

Nr. 4103 VV   *Terminsgebühr außerhalb der Hauptverhandlung mit Zuschlag*

Nr. 4103 VV
Terminsgebühr außerhalb der Hauptverhandlung mit Zuschlag

Nr.	Gebührentatbestand	Gebühr oder Satz der Gebühr nach § 13 oder § 49 RVG	
		Wahlanwalt	gerichtlich bestellter oder beigeordneter Rechtsanwalt
4103	Gebühr 4102 mit Zuschlag	30,00 bis 312,50 EUR	137,00 EUR

Übersicht

	Rn.
A. Überblick	1
B. Kommentierung	2
I. Mandant nicht „auf freiem Fuß"	2
1. Allgemeines	2
2. Mehrere Termine	3
II. Abgeltungsbereich der Gebühr	4
III. Höhe der Gebühr	5
1. Allgemeines	5
2. Bemessung der Wahlanwaltsgebühr	6

Literatur:

Burhoff, Der sogenannte Haftzuschlag nach Vorbem. 4 Abs. 4 VV RVG, StRR 2007, 54; ***ders.***, Was Sie im Strafverfahren zum Haftzuschlag wissen sollten, RVGprofessionell 2010, 77; s. auch die Hinweise bei Nr. 4102 VV.

A. Überblick

1   Die Vorschrift regelt die Terminsgebühr der Nr. 4102 VV mit **(Haft-)Zuschlag**. Die gegenüber Nr. 4102 VV erhöhte Gebühr entsteht, wenn sich der Mandant nicht auf freiem Fuß befindet. Im Hinblick auf den durch den Haftzuschlag abgegoltenen Arbeitsaufwand ist es sachgerecht, dass das RVG auch bei den in Nr. 4102 VV geregelten Gebührentatbeständen eine Erhöhung vornimmt.

B. Kommentierung

I. Mandant nicht „auf freiem Fuß"

1. Allgemeines

2   Die Terminsgebühr mit Zuschlag entsteht immer dann, wenn der Mandant sich zum **Zeitpunkt** des **Termins nicht** auf **freiem Fuß** befindet (wegen der Einzelh. s. Vorbem. 4 VV Rn. 83 ff.). „Nicht auf freiem Fuß" befindet sich der Mandant auch dann, wenn er, z.B. bei einem Haftttermin, zunächst „nur" vorläufig festgenommen worden ist (vgl. die Fallkonstellation bei KG, StraFo 2006, 472 = RVGreport 2006, 310 = AGS 2006, 545; StraFo 2007, 482 = RVGreport 2007, 463 = StRR 2007, 359 = AGS 2008, 31; AGS 2008, 32; AG Tiergarten, AGS 2010, 73).

Terminsgebühr außerhalb der Hauptverhandlung mit Zuschlag   *Nr. 4103 VV*

> **Hinweis:**
>
> **Unerheblich** ist es, **wie lange** der Mandant nicht auf freiem Fuß ist/war. Wird er z.B. nach einer richterlichen Vernehmung wieder entlassen und kein Haftbefehl gegen ihn beantragt, ist dennoch die Gebühr der Nr. 4102 Ziff. 1, 4103 VV entstanden, wenn er vorläufig festgenommen war. Entscheidend ist, dass er zum Zeitpunkt des Termins „nicht auf freien Fuß" war.

2. Mehrere Termine

Schwierigkeiten kann die Anwendung der Vorschrift machen, wenn nach Satz 1 oder 2 der Anm. zu Nr. 4102 VV **mehrere Termine** gebührenrechtlich zu einem Termin **zusammengefasst** sind, der Mandant sich aber nicht während aller zusammengefassten Termine nicht auf freiem Fuß befunden hat, also die Voraussetzungen für die Entstehung der Gebühr mit Zuschlag nicht für alle Termine vorliegen. Nach Sinn und Zweck des Zuschlags entsteht dann **insgesamt eine Gebühr** nach **Nr. 4103 VV**, damit der Rechtsanwalt in den Genuss des erhöhten Gebührenrahmens kommt. Der Umstand, dass der Mandant sich ggf. nur während ein oder zwei Terminen nicht auf freiem Fuß befunden hat, kann beim Wahlanwalt bei der Bemessung der konkreten Gebühr berücksichtigt werden. Beim Pflichtverteidiger bleibt es, da er einen Festbetrag erhält, bei der Gebühr des Nr. 4103 VV in der vorgegebenen Höhe (allgemein zur Gebührenbemessung bei der [Vernehmungs-]Terminsgebühr Nr. 4102 VV Rn. 57 ff.).   **3**

II. Abgeltungsbereich der Gebühr

Der Zuschlag zur Gebühr Nr. 4102 VV honoriert die **Erschwernisse**, die durch den Umstand, dass der Beschuldigte sich während des Termins nicht auf freiem Fuß befindet, entstehen. Das ist auch hier vor allem der erschwerte Zugang zum Mandanten (allgemein zum Zuschlag Vorbem. 4 VV Rn. 83 ff.). Ob tatsächlich Erschwernisse entstanden sind, ist aber ohne Belang (vgl. Vorbem. 4 VV Rn. 87 m.w.N.).   **4**

III. Höhe der Gebühr

1. Allgemeines

Der **Wahlanwalt** erhält eine **Betragsrahmengebühr** i.H.v. 30,00 € – 312,50 €. Die Mittelgebühr beträgt 171,25 €. Ggf. muss der Wahlanwalt die Feststellung einer Pauschgebühr nach **§ 42** beantragen, wenn der Gebührenrahmen für eine angemessene/zumutbare Honorierung seiner Tätigkeiten nicht ausreicht.   **5**

Der **Pflichtverteidiger** erhält einen **Festbetrag** i.H.v. 137,00 €. Reicht der nicht aus, um den erbrachten Arbeitsaufwand zumutbar zu honorieren, kann/muss er einen auf diesen Verfahrensabschnitt beschränkten **Pauschgebührenantrag** nach § 51 stellen.

2. Bemessung der Wahlanwaltsgebühr

Bei der Bemessung der konkreten Höhe der (Vernehmungs-)Terminsgebühr mit Zuschlag sind zunächst die **allgemeinen Kriterien** für die Bemessung der Terminsgebühr der Nr. 4102 VV von Bedeutung (s. dazu Nr. 4102 VV Rn. 59). Zusätzlich sind die durch die Haft hervorgerufenen (besonderen) Erschwernisse unter Anwendung des § 14 angemessen zu berücksichtigen (vgl. dazu Vorbem. 4 VV Rn. 90 ff.) und ggf., ob mehrere Termine zusammengefasst worden sind   **6**

Nr. 4103 VV *Terminsgebühr außerhalb der Hauptverhandlung mit Zuschlag*

(vgl. dazu oben Rn. 3 und Nr. 4102 VV Rn. 59 f.). Auch bei der Gebühr nach Nr. 4103 VV hat die **Ordnung** des **Gerichts**, bei dem das Verfahren anhängig ist bzw. später wird, bei der Bemessung der konkreten Gebühr **keine Bedeutung**. Der von der Terminsgebühr mit Zuschlag honorierte Arbeitsaufwand des Rechtsanwalts ist nämlich, auch wenn der Mandant sich nicht auf freiem Fuß befindet, ebenso weitgehend unabhängig von der (späteren) Gerichtszuständigkeit wie bei der Terminsgebühr ohne Zuschlag nach Nr. 4102 VV (vgl. dazu BT-Drucks. 15/1971, S. 222 für die Gebühr nach Nr. 4100 VV).

Unterabschnitt 2

Vorbereitendes Verfahren

Literatur:

Burhoff, Die neue Verfahrensgebühr im Strafverfahren, RVGreport 2004, 127; *ders.*, Abrechnungsbeispiele zum RVG Grundgebühr und Vorbereitendes Verfahren, RVGreport 2004, 292; *ders.*, Richtige Abrechnung außergerichtlicher Strafverfahren, RVGprofessionell 2004, 48; *ders.*, Die Abrechnung der anwaltlichen Tätigkeit in mehreren Strafverfahren Teil 1: Verbindung von Verfahren, RVGreport 2008, 405; *ders.*, Die Abrechnung der anwaltlichen Tätigkeit in mehreren Strafverfahren Teil 2: Trennung von Verfahren, RVGreport 2008, 444; *ders.*, Die Abrechnung der anwaltlichen Tätigkeit in mehreren Strafverfahren Teil 3: Verweisung und Zurückverweisung, RVGreport 2009, 9; *ders.*, Die Verfahrensgebühr im Straf- bzw. Bußgeldverfahren, RVGreport 2009, 443; *Madert*, Strafrechtliches Ermittlungsverfahren und Strafverfahren – eine Angelegenheit oder zwei Angelegenheiten? AGS 2006, 105; *Onderka*, Gebührenrechtliche Angelegenheit im RVG, RVGprofessionell 2004, 73; *Schneider*, Gebührenberechnung bei Verbindung mehrerer Strafsachen im gerichtlichen Verfahren, AGS 2003, 432; *ders.*, Zwei Auslagenpauschalen für vorbereitendes und gerichtliches Verfahren, AGS 2005, 7; *Volpert*, Wann erhält der Anwalt eine doppelte Auslagenpauschale, RVGprofessionell 2006, 86; *ders.*, Die Vergütung in Beschwerdeverfahren in Straf- und Bußgeldsachen, VRR 2006, 453; s. auch die Hinweise bei Vorbem. 4 VV vor Rn. 1 und bei Vorbem. 4.1. VV vor Rn. 1.

Teil 4 Abschnitt 1 Unterabschnitt 2 VV regelt die dem Rechtsanwalt im vorbereitenden Verfahren zustehenden Gebühren. Das ist **nur** die Verfahrensgebühr der **Nr. 4104 VV** und die ggf. mit Zuschlag nach **Nr. 4105 VV**. 1

Das vorbereitende Verfahren ist **eigenständig geregelt**. Es ist nicht (mehr) an die Gebühren des gerichtlichen Verfahrens angebunden. Das vorbereitende Verfahren ist gegenüber dem (erstinstanzlichen) gerichtlichen Verfahren eine **eigene Angelegenheit** i.S.d. § 15 (vgl. auch Teil A: Angelegenheiten [§§ 15 ff.], Rn. 90 f. m.w.N. aus der Rspr. und Lit. auch zur a.A.). 2

Im vorbereitenden Verfahren können **entstehen**: 3

- Grundgebühr Nr. 4100 VV,
- Verfahrensgebühr Nr. 4104 VV,
- Terminsgebühr Nr. 4102 VV,
- Zusätzliche Gebühr Nr. 4141 VV (sog. Befriedungsgebühr),
- Zusätzliche Gebühr Nr. 4142 VV (Einziehungsgebühr),
- Gebühren nach Nrn. 1000 ff., 4147 VV bei einer Einigung im Rahmen der Vorbereitung eines Privatklageverfahrens oder über vermögensrechtliche Ansprüche,
- Auslagen nach Nrn. 7000 ff. VV.

> **Hinweis:**
> Eine zusätzliche Gebühr nach **Nr. 4143 VV** kann im vorbereitenden Verfahren **nicht** entstehen. Diese Gebühr fällt ggf. erst im gerichtlichen Verfahren an. Für außergerichtliche Verhandlungen über einen vermögensrechtlichen Anspruch entsteht aber die Gebühr Nr. 2008 VV (s. auch AnwKomm-RVG/N. Schneider, Vor VV 4104 ff. Rn. 10).

Die **Höhe** der Gebühren im vorbereitenden Verfahren ist **nicht** (mehr) an die **Ordnung** des Gerichts gebunden. Es gilt für alle vorbereitenden Verfahren derselbe Gebührenrahmen. 4

Vorbemerkung 4.1.2:
Die Vorbereitung der Privatklage steht der Tätigkeit im vorbereitenden Verfahren gleich.

Literatur:

N. Schneider, Die zusätzliche Verfahrensgebühr der Nr. 4141 RVG-VV im Privatklageverfahren, RVG-B 2005, 156.

1   Im Privatklageverfahren wird – ebenso wie im Strafverfahren die Anklage von der Staatsanwaltschaft – zunächst die **Privatklage** durch den Privatkläger bzw. seinen Vertreter oder Beistand **vorbereitet**. Der Rechtsanwalt, der den Privatbeklagten vertritt, ist demgegenüber ggf. bereits mit der Vorbereitung der Verteidigung auf die Privatklage befasst. Zu § 94 BRAGO war früher in Rechtsprechung und Literatur umstritten, ob und wie die in diesem vorbereitenden Verfahrensstadium erbrachten Tätigkeiten gebührenmäßig zu erfassen waren, da die BRAGO eine ausdrückliche Regelung dafür nicht enthielt. Die Vorbem. 4.1.2 VV stellt diese jetzt ausdrücklich der Tätigkeit im (allgemeinen) **vorbereitenden Verfahren gleich**. Das entspricht der früher herrschenden Meinung zur BRAGO (vgl. die Nachw. bei Gebauer/Schneider, BRAGO, § 94 Rn. 32; vgl. dazu BT-Drucks. 15/1971, S. 283).

2   Auf die Tätigkeit des Vertreters bzw. Beistands des Privatklägers oder des Verteidigers des Privatbeklagten im vorbereitenden Privatklageverfahren sind die **Nrn. 4104 f. VV entsprechend anwendbar**. Durch diese werden sämtliche Tätigkeiten in diesem Stadium bis zur Einreichung der Privatklage beim Gericht (§ 381 StPO) abgegolten (vgl. dazu Nr. 4104 VV Rn. 4 ff.). Die Stellung einer **Strafanzeige** fällt allerdings **nicht** in den Abgeltungsbereich der Nr. 4104 VV. Dafür entsteht vielmehr eine Gebühr nach Nr. 4302 Ziff. 2 VV, die nach Vorbem. 4.3 Abs. 4 VV ggf. auf die Gebühr nach Nr. 4104 VV anzurechnen ist (vgl. dazu die Komm. bei Nr. 4302 Ziff. 2 Rn. 8 VV und bei Vorbem. 4.3 VV Rn. 39 ff.). Zusätzlich erhält der Rechtsanwalt eine **Terminsgebühr** nach Nr. 4102 Ziff. 5 VV, wenn er an einem Sühnetermin nach § 380 StPO teilgenommen hat (vgl. dazu Nr. 4102 VV Rn. 41 ff.). Wird das Privatklageverfahren unter Vermeidung einer Hauptverhandlung eingestellt, entsteht die Gebühr **Nr. 4141 VV** (vgl. dazu eingehend Schneider, RVG-B 2005, 156).

Nr. 4104 VV
Verfahrensgebühr, vorbereitendes Verfahren

Nr.	Gebührentatbestand	Gebühr oder Satz der Gebühr nach § 13 oder § 49 RVG	
		Wahlanwalt	gerichtlich bestellter oder beigeordneter Rechtsanwalt
4104	Verfahrensgebühr Die Gebühr entsteht für eine Tätigkeit in dem Verfahren bis zum Eingang der Anklageschrift, des Antrags auf Erlass eines Strafbefehls bei Gericht oder im beschleunigten Verfahren bis zum Vortrag der Anklage, wenn diese nur mündlich erhoben wird.	30,00 bis 250,00 EUR	112,00 EUR

Übersicht

	Rn.
A. Überblick	1
B. Kommentierung	3
I. Vorbereitendes Verfahren	3
1. Beginn des vorbereitenden Verfahrens	3
2. Ende des vorbereitenden Verfahrens	4
a) Einstellung/Überleitung ins gerichtliche Verfahren	4
b) Wiederaufnahme der Ermittlungen	8
c) Strafbefehlsverfahren	9
II. Abgeltungsbereich der Gebühr	10
1. Persönlicher Abgeltungsbereich	10
2. Sachlicher Abgeltungsbereich	11
a) Allgemeines	11
b) Katalog der erfassten Tätigkeiten	12
III. Verfahrensgebühr bei Verbindung und Trennung von Verfahren	13
IV. Gebührenhöhe	15
1. Allgemeines	15
2. Bemessung der Wahlanwaltsgebühr	18
V. Zusätzliche Gebühren	21

Literatur:

Burhoff, Die neue Verfahrensgebühr im Strafverfahren, RVGreport 2004, 127; *ders.*, Abrechnungsbeispiele zum RVG Grundgebühr und Vorbereitendes Verfahren, RVGreport 2004, 292; *ders.*, Die Verfahrensgebühr im Straf- bzw. Bußgeldverfahren, RVGreport 2009, 443; *Enders*, Gesonderte Gebühr für die Beratung über den Einspruch gegen einen Strafbefehl, JurBüro 2000, 281; *Volpert*, Die Vergütung im Beschwerdeverfahren in Straf- und Bußgeldsachen, VRR 2006, 453; vgl. auch die Hinweise bei Vorbem. 4 VV vor Rn. 1 und bei Teil 4 Abschnitt 1 Unterabschnitt 2 vor Rn. 1.

Nr. 4104 VV   *Verfahrensgebühr, vorbereitendes Verfahren*

A. Überblick

1   Die Nr. 4104 VV regelt die **Verfahrensgebühr** für das **vorbereitende Verfahren**/Ermittlungsverfahren. Zugleich wird in der Anmerkung klargestellt, für welchen Zeitraum dem Rechtsanwalt die Verfahrensgebühr zustehen soll (vgl. dazu Rn. 3 ff.).

2   Während der Rechtsanwalt nach §§ 84 Abs. 1, 83 BRAGO für seine Tätigkeit im vorbereitenden Verfahren die Hälfte der ihm für das gerichtliche Verfahren nach § 83 BRAGO zustehenden Gebühr erhielt, die der Höhe nach abhängig von der Gerichtszuständigkeit war, sieht Nr. 4104 VV aus Gründen der Vereinfachung eine eigene Gebühr vor, die **nicht** mehr an eine **andere Gebühr gekoppelt** ist.

B. Kommentierung

I. Vorbereitendes Verfahren

1. Beginn des vorbereitenden Verfahrens

3   Das vorbereitende Verfahren ist zu unterscheiden vom gerichtlichen Verfahren. Es **beginnt** mit dem **Zeitpunkt** der **Einleitung** einer **strafrechtlichen Untersuchung**. Unerheblich ist, wer die Ermittlung aufgenommen hat. Dies kann die Polizei oder die Staatsanwaltschaft gewesen sein. Es zählt also ggf. nicht nur das in den §§ 158 bis 177 StPO geregelte Ermittlungsverfahren zum vorbereitenden Verfahren, sondern auch ein polizeiliches Ermittlungsverfahren. Dies folgt auch aus Nr. 4102 Ziff. 2 VV, wonach der Rechtsanwalt auch für die Teilnahme an polizeilichen Vernehmungen eine Terminsgebühr erhalten kann (zu allem Gerold/Schmidt/Burhoff, VV 4104, 4105 Rn. 2; AnwKomm-RVG/N. Schneider, VV 4104 – 4105 Rn. 4 f.).

> **Hinweis:**
> Wird zunächst nur wegen des Verdachts einer Ordnungswidrigkeit ermittelt, beginnt das vorbereitende Verfahren des Teil 4 VV erst mit der Abgabe des Verfahrens an die Staatsanwaltschaft nach § 41 OWiG. Bis dahin richtet sich die Vergütung des Rechtsanwalts nach Teil 5 VV. Steht nicht fest, ob wegen einer Ordnungswidrigkeit oder einer Straftat ermittelt wird, so wird **im Zweifel** auch **wegen einer Straftat ermittelt**, sodass Nr. 4104 VV anzuwenden ist (AnwKomm-RVG/N. Schneider, VV 4104 – 4105 Rn. 5).

2. Ende des vorbereitenden Verfahrens

a) Einstellung/Überleitung ins gerichtliche Verfahren

4   Das vorbereitende Verfahren **endet** i.d.R. entweder mit der **Einstellung** des Verfahrens oder der **Überleitung** in das **gerichtliche Verfahren**. Gibt die Staatsanwaltschaft das (Straf-)Verfahren nach Einstellung gem. § 43 OWiG an die Verwaltungsbehörde ab, ist damit das Strafverfahren beendet. Das eingeleitete Bußgeldverfahren ist nach § 17 Nr. 10 eine neue Angelegenheit, sodass für Tätigkeiten des Rechtsanwalts in dem Verfahren nun noch Gebühren nach Teil 5 VV entstehen (vgl. dazu Teil A: Angelegenheiten [§§ 15 ff.], Rn. 87; zur Frage, ob durch die Einstellung des Strafverfahrens die zusätzliche Gebühr Nr. 4141 VV entsteht, s. Nr. 4141 VV Rn. 17 und Teil A: Angelegenheiten [§§ 15 ff.], Rn. 88).

Verfahrensgebühr, vorbereitendes Verfahren **Nr. 4104 VV**

Aus welchem **Grund** das Verfahren **eingestellt** wird, ist **unerheblich**. Auch durch eine nur vor- **5** läufige Einstellung, z.B. nach § 153a StPO oder nach § 170 Abs. 2 StPO, der ggf. eine Wiederaufnahme der Ermittlungen ermöglicht, ist das Verfahren (zunächst) beendet.

Wird das Verfahren nicht eingestellt, endet das vorbereitende Verfahren mit der **Überleitung** in **6** das **gerichtliche Verfahren**. Wann das der Fall ist, erläutert die Anm. zu Nr. 4104 VV. Danach endet das vorbereitende Verfahren

- mit dem **Eingang** der **Anklageschrift** bei Gericht; nicht ausreichend ist der Eingang der Akten beim (Ermittlungs-)Richter zur Entscheidung über eine Beschwerde (AG Hof, JurBüro 2011, 253 = AGS 2011, 68 = VRR 2011, 160 = RVGreport 2011, 262 für Beschwerde gegen einen § 111a StPO-Beschluss), „Gericht" i.S.d. Nr. 4104 VV meint den erkennenden Strafrichter im Hauptverfahren (s. auch Burhoff, RVGreport 2011, 262 in der Anm. zu AG Hof, a.a.O.),
- mit dem **Antrag** auf Erlass eines **Strafbefehls** bei Gericht,
- im **beschleunigten Verfahren** mit dem **Vortrag** der **Anklage** (in der Hauptverhandlung), wenn diese nur **mündlich** erhoben wird (§§ 417 ff. StPO; zur Hauptverhandlung im beschleunigten Verfahren s. Burhoff, HV, Rn. 227 ff.), ansonsten auch im beschleunigten Verfahren mit dem Eingang der Anklageschrift beim AG (§ 418 Abs. 1, 3 StPO).

> **Hinweis:**
> Der **Wortlaut** der Regelung zum beschleunigten Verfahren ist **eindeutig**: Das vorbereitende Verfahren endet erst mit dem mündlichen Vortrag der Anklage in der Hauptverhandlung. Es ist daher **nicht zulässig**, diesen Zeitpunkt **vorzuverlegen** und das vorbereitende Verfahren ggf. bereits mit der Einreichung des Antrags auf Verhandlung im beschleunigten Verfahren enden zu lassen. Damit würde der Sinn und Zweck dieser Regelung konterkariert, da das Vorverfahren im beschleunigten Verfahren bewusst so weit ausgedehnt worden ist, um die Tätigkeiten des Verteidigers, die er im Vorfeld der Hauptverhandlung meist kurzfristig erbringen muss, angemessen honorieren zu können. Das wäre nämlich nicht der Fall, wenn man das Vorverfahren früher enden lassen würde. Dann würden diese Tätigkeiten nämlich durch die Verfahrensgebühr des gerichtlichen Verfahrens erfasst.

Alle **nach** den in der Anm. **genannten Zeitpunkten** vom Rechtsanwalt noch entfalteten Tä- **7** tigkeiten zählen nicht mehr zum vorbereitenden Verfahren, sondern bereits zum **gerichtlichen Verfahren** und werden von der dort anfallenden gerichtlichen Verfahrensgebühr erfasst.

Beispiel:

Rechtsanwalt R war für den Beschuldigten B im vorbereitenden Verfahren als Verteidiger tätig. Er erfährt durch eine Anfrage bei der Staatsanwaltschaft, dass diese bereits Anklage erhoben hat und die Anklageschrift beim AG eingegangen ist. Er setzt sich daraufhin mit dem Richter und dem sachbearbeitenden Staatsanwalt in Verbindung und erreicht, dass das Verfahren nun noch nach § 153a StPO eingestellt wird. Alle Merkmale des § 14 sind durchschnittlich.

Das vorbereitende Verfahren war mit Eingang der Anklageschrift beendet. Rechtsanwalt R erhält daher neben der Gebühr nach Nr. 4104 VV auch die Gebühr nach Nr. 4106 VV (ähnlich für den Antrag auf Erlass eines Strafbefehls: AnwKomm-RVG/N. Schneider, VV 4104 – 4105, Rn. 11).

Nr. 4104 VV   *Verfahrensgebühr, vorbereitendes Verfahren*

Berechnung	*Wahlanwalt*	*Pflichtverteidiger*
Vorbereitendes Verfahren		
Grundgebühr Nr. 4100 VV	*165,00 €*	*132,00 €*
Verfahrensgebühr Nr. 4104 VV	*140,00 €*	*112,00 €*
Postentgeltpauschale Nr. 7002 VV	*20,00 €*	*20,00 €*
Gerichtliches Verfahren		
Verfahrensgebühr Nr. 4106 VV	*140,00 €*	*112,00 €*
Verfahrensgebühr Nr. 4141 Ziff. 1 VV i.V.m. Nr. 4106 VV	*140,00 €*	*112,00 €*
Postentgeltpauschale Nr. 7002 VV	*20,00 €*	*20,00 €*
Anwaltsvergütung netto	***625,00 €***	***508,00 €***

> **Hinweis:**
>
> Das gilt auch im **beschleunigten Verfahren**, wenn dort die Anklage in der Hauptverhandlung mündlich erhoben wird (§ 418 Abs. 3 StPO). In diesem Fall ist der Verteidiger nicht etwa auf die Verfahrensgebühr für das vorbereitende Verfahren beschränkt. Vielmehr entsteht dann auch (noch) die Verfahrensgebühr Nr. 4106 VV für das gerichtliche Verfahren.

b)   Wiederaufnahme der Ermittlungen

8   Werden nach einer Einstellung des Verfahrens die Ermittlungen später wieder aufgenommen, entsteht die Verfahrensgebühr nach Nr. 4104 VV **grds. nicht noch einmal** (AnwKomm-RVG/ N. Schneider, VV 4104 – 4105 Rn. 6). Etwas anderes gilt, wenn zwischen der Einstellung des Verfahrens und der Wiederaufnahme der Ermittlungen mehr als **zwei Kalenderjahre** liegen. Dann gilt § 15 Abs. 5 Satz 2. Das Verfahren nach Wiederaufnahme ist dann eine neue gebührenrechtliche Angelegenheit. Die Gebühr nach Nr. 4104 VV entsteht dann also für das vorbereitende Verfahren erneut (AnwKomm-RVG/N. Schneider, VV 4104 – 4105 Rn. 6; Gerold/Schmidt/Burhoff, VV 4104, 4105 Rn. 3). Etwas anderes gilt auch, wenn nach dem Eingang der Anklageschrift bei Gericht von der Staatsanwaltschaft die Ermittlungen wiederaufgenommen, dann erneut abgeschlossen werden und nach **Rücknahme** der ursprünglichen **Anklage** eine neue Anklage erhoben wird. Dann entsteht für den Rechtsanwalt/Verteidiger, der erst nach Eingang der ursprünglichen/ersten Anklageschrift bei Gericht tätig geworden ist, eine Verfahrensgebühr Nr. 4104 VV.

Beispiel:

Die Staatsanwaltschaft ermittelt gegen den Beschuldigten B wegen Diebstahls. Sie erhebt am 04.02.2011 gegen den B Anklage. Am 15.04.2011 beauftragt der Beschuldigte den Rechtsanwalt R, der für den B eine Stellungnahme abgibt. Daraufhin werden am 09.05.2011 die Ermittlungen wieder aufgenommen. Nach (erneutem) Abschluss der Ermittlungen wird unter Zurücknahme der Anklageschrift vom 04.02.2011 am 31.05.2011 eine erneute Anklage gegen den B, nun wegen Hehlerei, erhoben.

Neben der Grundgebühr Nr. 4100 VV und ggf. der Gebühren für das gerichtliche Verfahren ist für den R auch die Verfahrensgebühr Nr. 4104 VV entstanden (so zutreffend LG Oldenburg, 25.06.2008 – 5 Qs 230/08, JurionRS 2008, 18745, www.burhoff.de). Das zunächst beendete vorbereitende Verfahren ist mit der Wiederaufnahme der Ermittlungen fortgesetzt worden. Damit ist der R, der nach der Wiederaufnahme der Ermittlungen für den B tätig geworden ist, im „vorbereitenden Verfahren" tätig gewesen.

Verfahrensgebühr, vorbereitendes Verfahren *Nr. 4104 VV*

> **Hinweis:**
> Für den Rechtsanwalt, der bereits vor Erhebung der ursprünglichen Anklage tätig war, entsteht in dem Fall die Verfahrensgebühr Nr. 4104 VV nicht noch einmal. Es handelt sich um **dieselbe Angelegenheit**, sodass § 15 Abs. 2 Satz 1 gilt.

c) Strafbefehlsverfahren

Im Strafbefehlsverfahren gehört die **Einlegung** des **Einspruchs** gegen den Strafbefehl bereits zum **gerichtlichen Verfahren** und löst damit die Verfahrensgebühr nach Nr. 4106 VV aus. Aus § 19 Abs. 1 Nr. 10 folgt nichts anderes. Zwar zählt danach die Einlegung des Rechtsmittels bei demselben Gericht noch zum Rechtszug. Für das Strafbefehlsverfahren ergibt sich insoweit aber durch die ausdrückliche Regelung in den Erläuterungen zur Nr. 4104 VV eine Abweichung. Demgemäß zählt auch die **Beratung** über den **Einspruch** gegen einen Strafbefehl schon zum gerichtlichen Verfahren und löst die Gebühr nach Nr. 4106 VV aus (OLG Hamm, AGS 2002, 34 m. Anm. Madert = Rpfleger 2002, 171 = NStZ-RR 2002, 95 [LS]; AG Meinerzhagen, NStZ-RR 2002, 63; Enders, JurBüro 2000, 281; zur Abrechnung im Strafbefehlsverfahren s. Teil A: Strafbefehlsverfahren, Abrechnung, Rn. 1265 ff.). **9**

II. Abgeltungsbereich der Gebühr

1. Persönlicher Abgeltungsbereich

Die Verfahrensgebühr Nr. 4104 VV steht sowohl dem **Wahlanwalt** als auch dem **Pflichtverteidiger** sowie auch dem sonstigen **Vertreter** oder **Beistand** eines Verfahrensbeteiligten zu (Vorbem. 4 VV Rn. 22 ff.). **10**

2. Sachlicher Abgeltungsbereich

a) Allgemeines

Der Rechtsanwalt erhält die Verfahrensgebühr „für das **Betreiben** des **Geschäfts**" einschließlich der Information im **vorbereitenden Verfahren** (vgl. dazu allgemein Vorbem. 4 VV Rn. 33 ff. und Burhoff, RVGreport 2009, 443 ff.). Die Verfahrensgebühr erfasst die gesamte Tätigkeit des Rechtsanwalts im vorbereitenden Verfahren. Durch sie nicht abgegolten werden allerdings die Tätigkeiten, die durch die Grundgebühr der Nr. 4100 VV abgegolten sind (vgl. dazu Nr. 4100 VV Rn. 20 ff.), sowie die Teilnahme an den in Nr. 4102 VV genannten Terminen. Für diese erhält der Rechtsanwalt die jeweilige Terminsgebühr der Nr. 4102 VV. **11**

> **Hinweis:**
> Die vom Rechtsanwalt erbrachten Tätigkeiten müssen nicht gegenüber den Ermittlungsbehörden erbracht worden sein bzw. sich **nicht aus** der **Akte ergeben** (vgl. dazu auch Vorbem. 4 VV Rn. 34 m.w.N.).

b) Katalog der erfassten Tätigkeiten

12 Folgende Tätigkeiten werden von der Verfahrensgebühr erfasst (s. im Übrigen auch Vorbem. 4 VV Rn. 40 und Vorbem. 4.1 VV Rn. 25, sowie AnwKomm-RVG/N. Schneider, VV 4100 – 4105 Rn. 18 und Gerold/Schmidt/Burhoff, VV 4104, 4105 Rn. 7):

- (allgemeiner) Schriftverkehr,
- **Akteneinsicht** über den Abgeltungsbereich der Nr. 4100 VV hinaus (vgl. dazu Nr. 4100 VV Rn. 20 ff.),
- **Beratung** des Mandanten,
- Beschaffung von **Informationen** über Nr. 4100 VV hinaus,
- **Beschwerdeverfahren**, mit Ausnahme der in Vorbem. 4 Abs. 5 VV erwähnten Verfahren (vgl. Vorbem. 4 VV Rn. 96 ff.; Volpert, VRR 2006, 453; s. auch Teil A: Beschwerdeverfahren, Abrechnung, Rn. 371; vgl. dazu aus der Rspr. BGH, NJW 2009, 2682 = MDR 2009, 1193 = StRR 2009, 385; OLG Düsseldorf, 28.10.2010 – III-5 Ws 17/10, AGS 2011, 70 = RVGreport 2011, 22 = StRR 2011, 38 = RVGprofessionell 2011, 53; OLG Hamm, RVGreport 2009, 149 = StRR 2009, 39; AG Sinzig, JurBüro 2008, 249),
- **Besprechungen** mit dem Mandanten und anderen Verfahrensbeteiligten,
- **eigene Ermittlungen** des Rechtsanwalts,
- **Einstellungsanträge**,
- **Information** des Rechtsanwalts durch den Mandanten über Nr. 4100 VV hinaus (vgl. dazu Nr. 4100 VV Rn. 20 ff.),
- Tätigkeiten im Rahmen einer beabsichtigten **Einstellung** des Verfahrens, z.B. allgemein nach § 153a StPO,
- Tätigkeiten im Rahmen des **Täter-Opfer-Ausgleichs** (§§ 153a Abs. 1 Nr. 5, 155a, 155b StPO),
- Tätigkeiten nach den §§ 160b, 202a, 212 StPO zur Vorbereitung einer **Verständigung** nach § 257c StPO (vgl. Teil A: Verständigung im Straf- und Bußgeldverfahren, Abrechnung, Rn. 1585),
- (außergerichtliche) **Termine**, soweit diese nicht von Nr. 4102 VV erfasst werden,
- Vorbereitung von Haftprüfungsterminen,
- **Verhandlungen** mit **Staatsanwaltschaft** und/oder Gericht über den Erlass eines Strafbefehls,
- Vorbereitung von Sühneterminen nach § 380 StPO,
- (allgemeine) **Vorbereitung** von **Vernehmungsterminen**,
- **Wiedereinsetzungsanträge**.

III. Verfahrensgebühr bei Verbindung und Trennung von Verfahren

13 Bei Verbindung und Trennung von Verfahren gelten die allgemeinen Regeln (vgl. dazu Vorbem. 4 VV Rn. 53 ff., sowie Teil A: Verbindung von Verfahren, Rn. 1431, Teil A: Trennung von Verfahren, Rn. 1311, Teil A: Verweisung/Abgabe [§ 20], Rn. 1630, und Teil A: Zurückverweisung [§ 21], Rn. 1687, sowie auch noch Burhoff, RVGreport 2008, 405 und 444). Diese lassen sich in

Verfahrensgebühr, vorbereitendes Verfahren   *Nr. 4104 VV*

der **Faustregel** zusammenfassen: Verbindung oder Trennung von Verfahren haben auf bis dahin bereits entstandene Gebühren keinen Einfluss.

> **Hinweis:**   14
>
> Wird das Verfahren vom **Rechtsmittelgericht** nach § 354 Abs. 2 StPO bzw. nach § 328 Abs. 2 StPO **zurückverwiesen**, entsteht die Verfahrensgebühr für das vorbereitende Verfahren nicht noch einmal. Das vorbereitende Verfahren ist und bleibt abgeschlossen. Es ist nicht Teil des weiteren Verfahrens bei dem Gericht, vor dem nun das gerichtliche Verfahren fortgesetzt wird (vgl. § 21 Abs. 1).

IV. Gebührenhöhe

1. Allgemeines

Der **Wahlanwalt** erhält eine **Betragsrahmengebühr** i.H.v. 30,00 € – 250,00 €. Die Mittelgebühr beträgt 140,00 €. Der Betragsrahmen ist unabhängig von der Ordnung des Gerichts, bei dem das Verfahren, im der Rechtsanwalt vorbereitend tätig wird, anhängig geworden ist bzw. bei dem es im Fall der Einstellung hätte anhängig werden müssen. Ggf. kann der Wahlanwalt eine Pauschgebühr nach **§ 42** beantragen.   15

Der **Pflichtverteidiger** erhält einen **Festbetrag** i.H.v. 112,00 €. Reicht der nicht aus, um den erbrachten Arbeitsaufwand zumutbar zu honorieren, kann er ggf. einen auf den Verfahrensabschnitt „Vorbereitendes Verfahren" beschränkten **Pauschgebührantrag** nach **§ 51** stellen. Es sollte die Möglichkeit der Beschränkung des Antrags auf diesen Verfahrensabschnitt nicht übersehen werden (zur Zulässigkeit § 51 Rn. 31 ff.).   16

Vertritt der Rechtsanwalt **mehrere Auftraggeber**, z.B. mehrere Geschädigte/Zeugen**,** erhöht sich der Gebührenrahmen nach Nr. 1008 VV (so OLG Koblenz, StraFo 2005, 526 = AGS 2005, 504 = JurBüro 2005, 589; Teil A: Mehrere Auftraggeber [§ 7, Nr. 1008 VV], Rn. 956 ff.).   17

2. Bemessung der Wahlanwaltsgebühr

Bei der Bemessung der Höhe der Gebühr sind über § 14 die **Besonderheiten** des jeweiligen **Einzelfalls** zu berücksichtigen (vgl. dazu BT-Drucks. 15/1971, S. 222 zu Nr. 4100 VV; Teil A: Rahmengebühren [§ 14], Rn. 1051 ff.). Die Höhe der Gebühr ist also vor allem abhängig von den vom Rechtsanwalt erbrachten Tätigkeiten. Auch wird der Umfang und das Gewicht des Vorwurfs, der dem Mandanten gemacht wird, ebenso von Belang sein wie die Schwierigkeit der Sache. Ebenso wie bei der Grundgebühr nach Nr. 4100 VV hat auch der Umfang der Akten, in die der Rechtsanwalt ggf. (weitere) Einsicht genommen hat, Einfluss. Je umfangreicher die Akten bei einer weiteren Akteneinsicht sind, desto höher wird die Verfahrensgebühr Nr. 4104 ausfallen müssen (s. im Übrigen auch Vorbem. 4 VV Rn. 41 ff.).   18

> **Hinweis:**   19
>
> Reicht der Betragsrahmen wegen des erheblichen Umfangs der Akten nicht mehr aus, um die (weitere) Akteneinsicht und die übrigen Tätigkeiten in diesem Verfahrenabschnitt angemessen zu entlohnen, muss der **Wahlanwalt** die Feststellung einer **Pauschgebühr** nach § 42 beantragen. Anhaltspunkt, wann dies der Fall sein kann, gibt die bisherige Rechtsprechung der OLG zur Bedeutung des Aktenumfangs im Rahmen des § 99 BRAGO (vgl. dazu § 51

Rn. 76). Ggf. ist der Antrag auf den Verfahrensabschnitt „vorbereitendes Verfahren" zu beschränken (zur Zulässigkeit eines beschränkten Antrags s. § 42 Rn. 10 bzw. § 51 Rn. 31 ff.).

20 Die Frage der **Ordnung** des **Gerichts** hat bei der Bemessung der konkreten Verfahrensgebühr **keine Bedeutung** (ausdrücklich AG Pirna, StRR 2009, 323 [LS] = VRR 2009, 323 [LS], das eine „Amtsgerichtsgebühr" ablehnt; s. auch KG, StV 2006, 198 = AGS 2006, 278 = RVGreport 2007, 180; LG Karlsruhe, 02.11.2005 – 2 Qs 26/05, www.burhoff.de). Ebenso wie bei der Grundgebühr ist nämlich der honorierte Arbeitsaufwand des Rechtsanwalts weitgehend unabhängig von der (späteren) Gerichtszuständigkeit (vgl. dazu BT-Drucks. 15/1971, S. 222 zu Nr. 4100 VV; vgl. dazu auch Nr. 4100 VV Rn. 38). Zudem darf nicht übersehen werden, dass das RVG auf eine dem § 84 Abs. 3 BRAGO entsprechende allgemeine Regelung verzichtet hat; Nr. 4141 Abs. 3 Satz 1 VV enthält eine nur auf die Gebühr der Nr. 4141 VV bezogene Regelung. Hinzu kommt, dass das RVG gerade durch die Schaffung einer eigenständigen, von der Gerichtszuständigkeit unabhängigen Verfahrensgebühr für das vorbereitende Verfahren zur Verfahrensvereinfachung hat beitragen wollen. Dem würde eine Auslegung, die (mit-) entscheidend für die Höhe der Gebühr nun doch auch auf die Ordnung der Gerichts abstellt, widersprechen (AG Pirna, a.a.O.). Auch lässt sich aus dem Umstand, dass das Gesetz im Übrigen für das gerichtliche Verfahren die Höhe der Betragsrahmen von der jeweiligen Ordnung des Gerichts abhängig gemacht hat, für das vorbereitende Verfahren eine entsprechende Regelung aber fehlt, schließen, dass dieser Umstand auf die Verfahrensgebühr für das vorbereitende Verfahren keinen Einfluss haben sollte. Schließlich sprechen **Gleichbehandlungsgrundsätze** gegen eine Berücksichtigung der Ordnung des Gerichts. Während nämlich beim Wahlanwalt dieser Umstand innerhalb des Betragsrahmens Berücksichtigung finden kann, ist das beim Pflichtverteidiger, der einen Festbetrag erhält, nicht möglich.

> **Hinweis:**
>
> Die **Ordnung** des Gerichts kann allenfalls **mittelbar** dadurch Bedeutung erlangen, dass i.d.R. z.B. Schwurgerichtsverfahren schwieriger sind als amtsgerichtliche Verfahren und damit die Schwierigkeit der anwaltlichen Tätigkeit als Bemessungskriterium ein anderes Gewicht erhält (so wohl auch LG Karlsruhe, 02.11.2005 – 2 Qs 26/05, www.burhoff.de).

V. Zusätzliche Gebühren

21 Zusätzlich zu der Verfahrensgebühr der Nr. 4104 VV kann der Rechtsanwalt eine Wertgebühr nach der **Nr. 4142 VV** verdienen, wenn er für seinen Mandanten Tätigkeiten im Hinblick auf „**Einziehung** und verwandte Maßnahmen" erbracht hat. Werden gegen den Beschuldigten **vermögensrechtliche Ansprüche** geltend gemacht, kommt eine Gebühr nach **Nr. 2300 VV** in Betracht. Wird ein Vergleich abgeschlossen, z.B. im Privatklageverfahren, erhält der Rechtsanwalt zusätzlich auch eine Einigungsgebühr nach Nrn. 1000 ff. VV. Diese zusätzlichen Gebühren können sowohl dem Wahlanwalt als auch dem Pflichtverteidiger zustehen (wegen der Einzelh. s. die Komm. der erwähnten Gebührentatbestände). Wird das Verfahren unter Mitwirkung des Rechtsanwalts ohne Hauptverhandlung beendet, kann eine zusätzliche Gebühr Nr. 4141 VV entstehen.

Verfahrensgebühr, vorbereitendes Verfahren, mit Zuschlag Nr. 4105 VV

Nr. 4105 VV
Verfahrensgebühr, vorbereitendes Verfahren, mit Zuschlag

Nr.	Gebührentatbestand	Gebühr oder Satz der Gebühr nach § 13 oder § 49 RVG	
		Wahlanwalt	gerichtlich bestellter oder beigeordneter Rechtsanwalt
4105	Gebühr 4104 mit Zuschlag	30,00 bis 312,50 EUR	137,00 EUR

Übersicht

	Rn.
A. Überblick	1
B. Kommentierung	2
I. Mandant nicht auf freiem Fuß	2
II. Abgeltungsbereich der Gebühr	3
III. Höhe der Gebühr	4

Literatur:

Burhoff, Der sogenannte Haftzuschlag nach Vorbem. 4 Abs. 4 VV RVG, StRR 2007, 54; *ders.*, Was Sie im Strafverfahren zum Haftzuschlag wissen sollten, RVGprofessionell 2010, 77.

A. Überblick

Die Vorschrift regelt die Verfahrensgebühr der Nr. 4104 VV mit **(Haft-)Zuschlag**. Die gegenüber Nr. 4104 VV erhöhte Gebühr entsteht, wenn sich der Mandant des Rechtsanwalts während des vorbereitenden Verfahrens – zumindest zeitweilig – nicht auf freiem Fuß befindet. 1

B. Kommentierung

I. Mandant nicht auf freiem Fuß

Die Verfahrensgebühr mit Zuschlag nach Nr. 4105 VV entsteht immer dann, wenn der Mandant sich **während** des **vorbereitenden Verfahrens nicht** auf **freiem Fuß** befindet (s. wegen der Einzelh. Vorbem. 4 VV Rn. 83 ff.). 2

> **Hinweis:**
>
> **Unerheblich** ist es, **wie lange** der Mandant nicht auf freiem Fuß ist/war. Entscheidend ist, dass er während des vorbereitenden Verfahrens irgendwann, wenn auch nur kurzfristig, „nicht auf freiem Fuß" war (KG, RVGprofessionell 2007, 41; OLG Düsseldorf, JurBüro 1999, 192; vgl. zur Dauer des vorbereitenden Verfahrens Nr. 4104 VV Rn. 4 f.).

II. Abgeltungsbereich der Gebühr

Diese Gebühr **honoriert** mit ihrem erhöhten Betragsrahmen die **Erschwernisse**, die durch den Umstand, dass der Beschuldigte sich während des vorbereitenden Verfahrens nicht auf freiem 3

Nr. 4105 VV   *Verfahrensgebühr, vorbereitendes Verfahren, mit Zuschlag*

Fuß befindet, entstehen. Das ist auch hier vor allem der erschwerte Zugang zum Mandanten, der sich in **U-Haft** befindet. Hinzu kommt Schriftverkehr in Zusammenhang mit der Inhaftierung und Rechtsmittel wie Haftbeschwerde und Haftprüfungsanträge.

III. Höhe der Gebühr

4   Der **Wahlanwalt** erhält eine **Betragsrahmengebühr** i.H.v. 30,00 € – 312,50 €. Die Mittelgebühr beträgt 171,25 €. Reicht der Rahmen nicht aus, um den erbrachten Arbeitsaufwand zumutbar zu honorieren, kann/muss er die Feststellung einer auf diesen Verfahrensabschnitt beschränkten Pauschgebühr nach § 42 beantragen.

5   Bei der **Bemessung** der Verfahrensgebühr mit Zuschlag für den **Wahlanwalt** sind zunächst die allgemeinen Kriterien für die Bemessung der Verfahrensgebühr der Nr. 4104 VV von Bedeutung (s. dazu Nr. 4104 VV Rn. 18 ff.). Zusätzlich sind die durch die Haft oder Unterbringung hervorgerufenen (besonderen) Erschwernisse unter Anwendung des § 14 angemessen zu berücksichtigen (s. auch bei Nr. 4103 VV Rn. 6 und Vorbem. 4 Rn. 94 ff.).

6   Der **Pflichtverteidiger** erhält einen **Festbetrag** i.H.v. 137,00 €. Reicht der nicht aus, um den erbrachten Arbeitsaufwand zumutbar zu honorieren, kann/muss er einen auf diesen Verfahrensabschnitt beschränkten Pauschgebührenantrag nach § 51 stellen.

Unterabschnitt 3

Gerichtliches Verfahren

Literatur:

Burhoff, RVG: Abrechnung gerichtlicher Strafverfahren, RVGprofessionell 2004, 65; *ders.*, Abrechnungsbeispiele zum RVG Gerichtliches Verfahren I. Instanz, RVGreport 2004, 336; *ders.*, Die Abrechnung der anwaltlichen Tätigkeit in mehreren Strafverfahren Teil 1: Verbindung von Verfahren, RVGreport 2008, 405; *ders.*, Die Abrechnung der anwaltlichen Tätigkeit in mehreren Strafverfahren Teil 2: Trennung von Verfahren, RVGreport 2008, 444; *ders.*, Die Abrechnung der anwaltlichen Tätigkeit in mehreren Strafverfahren Teil 3: Verweisung und Zurückverweisung, RVGreport 2009, 9; *ders.*, Die Verfahrensgebühr im Straf- bzw. Bußgeldverfahren, RVGreport 2009, 443; ders., Die Terminsgebühr im Straf- bzw. Bußgeldverfahren, RVGreport 2010, 8; s. auch die Hinweise bei Vorbem. 4 VV vor Rn. 1 und bei Teil 4 Abschnitt 1 Unterabschnitt 2 VV vor Rn. 1.

Teil 4 Abschnitt 1 Unterabschnitt 3 VV regelt im Anschluss an das vorbereitende Verfahren des Unterabschnitts 2 das gerichtliche Verfahren. Das gerichtliche Verfahren ist in **verschiedene Rechtszüge** unterteilt, und zwar in die sog. Erste Instanz, in den Berufungsrechtszug und in das Revisionsverfahren. Teil 4 Abschnitt 1 Unterabschnitt 3 VV enthält in den Nrn. 4106 ff. VV die Verfahrens- und Terminsgebühren für den sog. ersten Rechtszug beim AG, LG oder OLG. Die Nrn. 4124 ff. VV regeln das Berufungsverfahren und die Nrn. 4130 ff. VV das Revisionsverfahren. **1**

Im **ersten Rechtszug** sind die Gebühren der **Höhe** nach von der **Ordnung** des **Gerichts abhängig**. Die Verfahren beim AG werden danach niedriger vergütet als die beim LG – Straf-/Jugendkammer – und die beim LG – Schwurgericht, Jugendkammer als Schwurgericht bzw. als die erstinstanzlichen Sachen beim OLG. Ebenso wie die Letzteren werden die in §§ 74a, 74c GVG erwähnten Verfahren vergütet. Das sind die sog. Staatsschutzsachen und die Wirtschaftsstrafverfahren. **2**

Das gerichtliche Verfahren ist gegenüber dem vorbereitenden Verfahren eine **eigene Angelegenheit** i.S.d. § 15 (vgl. auch Teil A: Angelegenheiten [§§ 15 ff.], Rn. 90 f.). **3**

Im gerichtlichen Verfahren können **entstehen**: **4**

- Grundgebühr Nr. 4100 VV, wenn der Rechtsanwalt erst im gerichtlichen Verfahren beauftragt wird,
- Verfahrensgebühr Nrn. 4106 ff. VV,
- Terminsgebühr Nrn. 4108 ff. VV für die Teilnahme an einem Hauptverhandlungstermin,
- Terminsgebühr Nr. 4102 VV für die Teilnahme an einem der dort genannten Termine,
- Zusätzliche Gebühr Nr. 4141 VV (sog. Befriedungsgebühr),
- Zusätzliche Gebühr Nr. 4142 VV (Einziehungsgebühr),
- Zusätzliche Gebühr Nr. 4143 VV (Adhäsionsverfahren),
- Gebühren nach Nrn. 1000 ff., VV bei einer Einigung im Rahmen eines Adhäsionsverfahrens,
- Auslagen nach Nrn. 7000 ff. VV.

Erster Rechtszug

Nr. 4106 VV
Verfahrensgebühr Amtsgericht

Nr.	Gebührentatbestand	Gebühr oder Satz der Gebühr nach § 13 oder § 49 RVG	
		Wahlanwalt	gerichtlich bestellter oder beigeordneter Rechtsanwalt
4106	Verfahrensgebühr für den ersten Rechtszug vor dem Amtsgericht	30,00 bis 250,00 EUR	112,00 EUR

Übersicht

	Rn.
A. Überblick	1
B. Kommentierung	2
I. Gerichtliches Verfahren	2
1. Beginn des gerichtlichen Verfahrens	2
2. Ende des gerichtlichen Verfahrens	4
II. Abgeltungsbereich	5
1. Persönlicher Abgeltungsbereich	5
2. Sachlicher Abgeltungsbereich	7
a) Allgemeines	7
b) Katalog der erfassten Tätigkeiten	8
III. Verfahrensgebühr bei (Zurück-)Verweisung/Trennung/Verbindung	9
IV. Höhe der Verfahrensgebühr	12
1. Allgemeines	12
2. Bemessung der Wahlanwaltsgebühr	14
V. Zusätzliche Gebühren	16

Literatur:

Burhoff, Die neue Verfahrensgebühr im Strafverfahren, RVGreport 2004, 127; *ders.*, Abrechnungsbeispiele zum RVG Gerichtliches Verfahren I. Instanz, RVGreport 2004, 336; *ders.*, Die Verfahrensgebühr im Straf- bzw. Bußgeldverfahren, RVGreport 2009, 443; s. auch die Hinweise bei Vorbem. 4 VV vor Rn. 1 und bei Nr. 4104 VV vor Rn. 1.

A. Überblick

1 Nr. 4106 VV regelt die **gerichtliche Verfahrensgebühr** für den **ersten Rechtszug** vor dem AG (allgemein zur Verfahrensgebühr Vorbem. 4 VV Rn. 31 ff. und Burhoff, RVGreport 2009, 443).

Verfahrensgebühr Amtsgericht   *Nr. 4106 VV*

B. Kommentierung

I. Gerichtliches Verfahren

1. Beginn des gerichtlichen Verfahrens

Das gerichtliche Verfahren **beginnt** mit dem **Ende** des **vorbereitenden Verfahrens**, es schließt an dieses an. Nach der Anm. zu Nr. 4104 VV endet das vorbereitende Verfahren und beginnt demgemäß das gerichtliche Verfahren,   **2**

- mit dem **Eingang** der **Anklageschrift** bei Gericht,
- mit dem Eingang des **Antrags** auf Erlass eines **Strafbefehls** bei Gericht,
- im **beschleunigten Verfahren** mit dem **Vortrag** der **Anklage**, wenn diese nur mündlich erhoben wird (§§ 417 ff. StPO; zum beschleunigten Verfahren s. Burhoff, HV, Rn. 227 ff.).

Wegen der Einzelh. wird verwiesen auf Nr. 4104 VV Rn. 4 ff.

> **Hinweis:**
>
> Für den Beginn des gerichtlichen Verfahrens und das Entstehen der gerichtlichen Verfahrensgebühr ist es **nicht ausreichend**, wenn die Akte im Laufe des vorbereitenden Verfahrens z.B. **nur** zur Entscheidung über eine **Beschwerde** des Beschuldigten beim (Amts-)Gericht eingeht. Der Wortlaut der Anm. zu Nr. 4104 VV zur Dauer des vorbereitenden und damit zum Beginn des gerichtlichen Verfahrens ist eindeutig (vgl. dazu AG Hof, JurBüro 2011, 253 = AGS 2011, 68 = RVGreport 2011, 262 = VRR 2011, 160 für die Beschwerde gegen einen § 111a-Beschluss).

Alle vor diesen Zeitpunkten erbrachten Tätigkeiten werden noch durch die Verfahrensgebühr des vorbereitenden Verfahrens nach Nr. 4104 VV abgegolten. Alle **nach diesen Zeitpunkten** vom Rechtsanwalt **erbrachten Tätigkeiten** gehören zum **gerichtlichen Verfahren** und lösen die gerichtliche Verfahrensgebühr aus, und zwar auch im beschleunigten Verfahren nach den §§ 417 ff. StPO, wenn dort die Anklage mündlich verlesen wird (vgl. das Beispiel bei Nr. 4104 VV Rn. 7). Zu diesen Tätigkeiten gehört auch die Beratung über den Einspruch gegen einen Strafbefehl und die Einlegung des Einspruchs (OLG Hamm, AGS 2002, 34 m. Anm. Madert = Rpfleger 2002, 171 = NStZ-RR 2002, 95 [LS]; vgl. im Übrigen auch Nr. 4104 VV Rn. 9 und Teil A: Strafbefehlsverfahren, Abrechnung, Rn. 1265). Die Verfahrensgebühr für das gerichtliche Verfahren entsteht im Übrigen auch, wenn der Rechtsanwalt erst im Hauptverhandlungstermin zum Verteidiger bestellt und am Ende des einzigen Hauptverhandlungstermins Rechtsmittelverzicht erklärt wird (a.A. OLG Koblenz, AGS 2005, 158 = JurBüro 2005, 199; AG Koblenz, RVGreport 2004, 469 = AGS 2004, 448 für die Beiordnung in der Hauptverhandlung im **Strafbefehlsverfahren**; wie hier Schneider und Hansens in den abl. Anm. zu AG Koblenz, in AGS 2004, 449 bzw. RVGreport 2004, 469; s. auch Vorbem. 4 Rn. 37).   **3**

2. Ende des gerichtlichen Verfahrens

Das gerichtliche Verfahren im ersten Rechtszug vor dem AG **endet** mit dem **Abschluss des ersten Rechtszuges**. Das ist nicht etwa schon die Verkündung des Urteils oder die Einstellung des Verfahrens, soweit die Verkündung des Urteils nach Einführung der Terminsgebühr überhaupt als Endzeitpunkt für die Verfahrensgebühr angesehen werden kann. Vielmehr werden auch darü-   **4** ber hinausgehende Tätigkeiten noch von der gerichtlichen Verfahrensgebühr erfasst. Dies kann z.B. die Beratung des Mandanten über die Einlegung eines Rechtsmittels sein. Auch die Einlegung des Rechtsmittels wird noch durch die Verfahrensgebühr abgegolten (vgl. Teil A: Rechtszug [§ 19], Rn. 1198 ff.; Vorbem. 4.1. Rn. 30 ff.).

II. Abgeltungsbereich

1. Persönlicher Abgeltungsbereich

5 Die gerichtliche Verfahrensgebühr steht sowohl dem **Wahlanwalt** als auch dem **Pflichtverteidiger** zu sowie auch dem sonstigen Vertreter oder Beistand eines Verfahrensbeteiligten (Vorbem. 4 VV Rn. 22 ff.).

6 Überträgt der Verteidiger die Vertretung in der Hauptverhandlung als Einzeltätigkeit einem anderen Rechtsanwalt, erhält dieser „**Terminsvertreter**" für seine Tätigkeit(en) nicht (auch) eine Verfahrensgebühr nach Nr. 4106 VV, sondern nur nach Nr. 4301 Ziff. 4 VV (Beistandleistung in der Hauptverhandlung als Einzeltätigkeit; s. Nr. 4301 VV Rn. 15 ff.). Wird der Rechtsanwalt, dem die Verteidigung übertragen wird, allerdings (auch) zum Verteidiger i.S.v. § 137 StPO bestellt, steht ihm grds. die Verfahrensgebühr nach Nr. 4106 VV zu. Die Ausführungen zum Anfall der Grundgebühr beim Terminsvertreter (s. Nr. 4100 VV Rn. 6 ff.) gelten entsprechend.

2. Sachlicher Abgeltungsbereich

a) Allgemeines

7 Der Rechtsanwalt erhält die Verfahrensgebühr der Nr. 4106 VV für das **Betreiben** des **Geschäfts** im ersten Rechtszug vor dem **AG** (wegen der allgemeinen Einzelh. zur Verfahrensgebühr s. Vorbem. 4 VV Rn. 31 ff.). Durch die Verfahrensgebühr werden also **alle Tätigkeiten** des Rechtsanwalts im gerichtlichen Verfahren **abgegolten**, soweit dafür keine besonderen Gebühren vorgesehen sind (vgl. unten Rn. 9 ff.). Besondere Gebühren sind ggf. die Grundgebühr nach Nr. 4100 VV (zu deren Abgeltungsbereich Nr. 4100 Rn. 19 ff.), wenn der Rechtsanwalt erst während des gerichtlichen Verfahrens beim AG beauftragt wird, und die Terminsgebühren, und zwar vor allem die für eine **Hauptverhandlung** vor dem **AG** (Nr. 4108 VV), sowie außerdem die Terminsgebühren der Nr. 4102 VV.

> **Hinweis:**
> Die vom Rechtsanwalt erbrachten Tätigkeiten müssen nicht gegenüber dem Gericht erbracht worden sein bzw. sich **nicht aus** der **Akte ergeben** (vgl. auch Vorbem. 4 VV Rn. 34 m.w.N.). Die gerichtliche Verfahrensgebühr entsteht für alle Tätigkeiten des Rechtsanwalts, also z.B. auch für Besprechungen/Telefonate mit dem Mandanten oder Mitverteidigern, die sich naturgemäß nicht aus der Verfahrensakte ergeben. Um Streit bei der Kostenfestsetzung in diesen Fällen vorzubeugen, sollte der Verteidiger – ggf. nach entsprechender Schweigepflichtentbindung durch den Mandanten – im Kostenfestsetzungsantrag die geltend gemachte Verfahrensgebühr kurz begründen. Insoweit ist es jedoch ausreichend, wenn z.B. nur mitgeteilt wird, dass der Verteidiger mit dem Mandanten oder anderen Verfahrensbeteiligten gesprochen hat. Einen Anspruch darauf, auch den Inhalt des Gesprächs zu erfahren, hat die

Staatskasse im Hinblick auf die bestehende Schweigepflicht nicht. Zudem ist der Inhalt eines Gesprächs für das Entstehen der Gebühr ohne Bedeutung.

b) **Katalog der erfassten Tätigkeiten**

Folgende allgemeine Tätigkeiten werden von der gerichtlichen Verfahrensgebühr **im ersten Rechtszug vor dem AG** erfasst (vgl. allgemein zum Abgeltungsbereich der Verfahrensgebühr Vorbem. 4 VV Rn. 33 ff. sowie Rn. 40 und Vorbem. 4.1 VV Rn. 25, sowie Gerold/Schmidt/Burhoff, VV 4106, 4107 Rn. 8 f. und AnwKomm-RVG/N. Schneider, VV 4105 – 4107 Rn. 4):

- sog. **Abwicklungstätigkeiten** (vgl. dazu [für das Zivilrecht] OLG Karlsruhe, AGS 2009, 19),
- (allgemeiner) **Schriftverkehr**,
- Akteneinsicht, z.B. zur Vorbereitung der Hauptverhandlung,
- **allgemeine Beratung** des Mandanten,
- **Beratung** über die Erfolgsaussichten eines **Rechtsmittels** (Berufung oder Sprungrevision; s. dazu auch Teil A: Rechtszug [§ 19], Rn. 1198 ff. und die Komm. bei Vorbem. 4.1 VV Rn. 30 ff.,
- **Berichtigungsanträge**, z.B. für Urteil oder Protokoll,
- Beschaffung von Informationen über Nr. 4100 VV hinaus,
- **Beschwerdeverfahren**, mit Ausnahme der in Vorbem. 4 Abs. 5 VV erwähnten Verfahren (vgl. dazu Vorbem. 4 VV Rn. 96 ff.; Teil A: Beschwerdeverfahren, Abrechnung, Rn. 371 ff. und dazu aus der Rspr. BGH, NJW 2009, 2682 = MDR 2009, 1193 = StRR 2009, 385; OLG Düsseldorf, AGS 2011, 70 = RVGreport 2011, 22 = StRR 2011, 38 = RVGprofessionell 2011, 53; OLG Hamm, RVGreport 2009, 149 = StRR 2009, 39; AG Hof, JurBüro 2011, 253 = AGS 2011, 68 = RVGreport 2011, 262 = VRR 2011, 160; AG Sinzig, JurBüro 2008, 249),
- **Besprechungen** mit Verfahrensbeteiligten, wie Gericht, Staatsanwaltschaft und ggf. Nebenklägervertreter,
- eigene Ermittlungen des Rechtsanwalts,
- **Einlegung** der **Berufung** § 19 Abs. 1 Nr. 10; Teil A: Rechtszug [§ 19], Rn. 1198 ff. und Vorbem. 4.1 VV Rn. 29 ff.),
- Einlegung der **Sprungrevision** § 19 Abs. 1 Nr. 10; Teil A: Rechtszug [§ 19], Rn. 1198 ff. und Vorbem. 4.1 VV Rn. 29 ff.),
- **Ergänzungsanträge** für Urteil oder **Protokoll**,
- **Erinnerungen**, mit Ausnahme der in Vorbem. 4 Abs. 5 VV erwähnten Verfahren (vgl. dazu Vorbem. 4 VV Rn. 96 ff.),
- **Information** des Rechtsanwalts durch den Mandanten über Nr. 4100 VV hinaus,
- **Kostenfestsetzungsverfahren** (LG Koblenz, JurBüro 2010, 32),
- **Nachbereitung** der Hauptverhandlung,
- **Pflichtverteidigerbestellung** und damit ggf. zusammenhängende Rechtsmittel,
- Tätigkeiten im Rahmen einer beabsichtigten Einstellung des Verfahrens, z.B. allgemein nach § 153a StPO,

Nr. 4106 VV *Verfahrensgebühr Amtsgericht*

- Tätigkeiten im Rahmen des **Täter-Opfer-Ausgleichs** (§§ 153a Abs. 1 Nr. 5, 155a, 155b StPO), allerdings nicht die Teilnahme an Terminen i.S.d. Nr. 4102 Ziff. 4 VV,
- Tätigkeiten in Zusammenhang mit der **Untersuchungshaft**,
- Tätigkeiten nach den §§ 202a, 212 StPO zur Vorbereitung einer **Verständigung** nach § 257c StPO (vgl. Teil A: Verständigung im Straf- und Bußgeldverfahren, Abrechnung, Rn. 1585),
- (außergerichtliche) Termine, soweit diese nicht von Nr. 4102 VV erfasst werden,
- **Vorbereitung** von **Haftprüfungsterminen**,
- Vorbereitung von **Vernehmungsterminen**,
- **Vorbereitung** der **Hauptverhandlung** (vgl. dazu Vorbem. 4 Rn. 39),
- **Wiedereinsetzungsanträge**.

III. Verfahrensgebühr bei (Zurück-)Verweisung/Trennung/Verbindung

9 Bei Verbindung und Trennung von Verfahren gelten die **allgemeinen Regeln** (vgl. dazu Vorbem. 4 VV Rn. 45 ff., sowie Teil A: Verbindung von Verfahren, Rn. 1431, Teil A: Trennung von Verfahren, Rn. 1311, Teil A: Verweisung/Abgabe [§ 20], Rn. 1630, und Teil A: Zurückverweisung [§ 21], Rn. 1687, sowie Burhoff, RVGreport 2008, 405 und 444; s. auch noch Anw-Komm-RVG/N. Schneider, VV 4106 – 4107 Rn. 8). Diese lassen sich wie auch für das vorbereitende Verfahren in der **Faustregel** zusammenfassen: Verbindung oder Trennung von Verfahren haben auf bis dahin **bereits entstandene Gebühren keinen Einfluss**.

10 *Beispiel 1:*

Der Beschuldigte B wird von Rechtsanwalt R in einem Verfahren wegen Verstoßes gegen das BtM-Gesetz von Anfang an verteidigt. Es wird Anklage zum AG erhoben. Danach erfährt der zuständige Amtsrichter von der Staatsanwaltschaft, dass gegen den Angeklagten noch zwei weitere BtM-Verfahren anhängig sind, in denen auch bereits Anklage erhoben worden ist. Rechtsanwalt R war in diesen Verfahren im Ermittlungsverfahren nicht tätig. Der Amtsrichter zieht die entsprechenden Akten bei, hört den Angeklagten an und verbindet die Verfahren vor der Hauptverhandlung dann zur gemeinsamen Verhandlung und Entscheidung. B und R zerstreiten sich. Rechtsanwalt R legt daraufhin das Mandat nieder.

Der Rechtsanwalt erhält folgende Gebühren:

- *Im **Ursprungsverfahren** erhält er die Grundgebühr und für das vorbereitende und das gerichtliche Verfahren die Verfahrensgebühren.*
- *Für die **verbundenen Verfahren** gilt: Rechtsanwalt R erhält keine Gebühren für das Vorbereitende Verfahren, da er in diesem Verfahrensabschnitt nicht tätig geworden ist. Er erhält für den Verfahrensabschnitt „Gerichtliches Verfahren" in jedem der beiden Verfahren aber die Grundgebühr nach Nr. 4100 VV und die gerichtliche Verfahrensgebühr nach Nr. 4106 VV.*

Berechnung Ursprungsverfahren	*Wahlanwalt*	*Pflichtverteidiger*
Vorbereitendes Verfahren		
Grundgebühr Nr. 4100 VV	165,00 €	132,00 €
Verfahrensgebühr Nr. 4104 VV	140,00 €	112,00 €
Postentgeltpauschale Nr. 7002 VV	20,00 €	20,00 €

Verfahrensgebühr Amtsgericht *Nr. 4106 VV*

Gerichtliches Verfahren		
Verfahrensgebühr Nr. 4106 VV	*140,00 €*	*112,00 €*
Postentgeltpauschale Nr. 7002 VV	*20,00 €*	*20,00 €*
Verbundenes Verfahren 1		
Grundgebühr Nr. 4100 VV	*165,00 €*	*132,00 €*
Verfahrensgebühr Nr. 4106 VV	*140,00 €*	*112,00 €*
Postentgeltpauschale Nr. 7002 VV	*20,00 €*	*20,00 €*
Verbundenes Verfahren 2		
Grundgebühr Nr. 4100 VV	*165,00 €*	*132,00 €*
Verfahrensgebühr Nr. 4106 VV	*140,00 €*	*112,00 €*
Postentgeltpauschale Nr. 7002 VV	*20,00 €*	*20,00 €*
Anwaltsvergütung netto	***1.135,00 €***	***924,00 €***

> **Hinweis:**
> Für den Gebührenanspruch des **Pflichtverteidigers** im Hinblick auf die hinzuverbundenen Verfahren ist § 48 Abs. 5 Satz 3 zu beachten (Erstreckung; vgl. dazu § 48 Abs. 5 Rn. 17 ff. m.w.N.).

Wird das Verfahren vom Revisionsgericht an das AG nach § 354 Abs. 2 StPO bzw. vom Berufungsgericht nach § 328 Abs. 2 StPO **zurückverwiesen**, entsteht die gerichtliche Verfahrensgebühr neu (vgl. § 21 Abs. 1; Teil A: Zurückverweisung [§ 21], Rn. 1687 ff.). **11**

Beispiel:
Dem Angeklagten wird eine Trunkenheitsfahrt zur Last gelegt. Gegen das ihn verurteilende Urteil des AG legt der Angeklagte Sprungrevision nach § 335 StPO ein. Das OLG hebt das amtsgerichtliche Urteil auf und verweist die Sache an das AG zurück. Rechtsanwalt R hat den Angeklagten sowohl im Ausgangsverfahren als auch im Verfahren nach Zurückverweisung verteidigt.

Rechtsanwalt R erhält in beiden (amtsgerichtlichen) Verfahren eine gerichtliche Verfahrensgebühr nach Nr. 4106 VV (OLG Düsseldorf, StV 1993, 653). Das Verfahren vor dem AG nach Zurückverweisung ist ein neuer Rechtszug i.S.v. § 21 Abs. 1.

Berechnung	*Wahlanwalt*	*Pflichtverteidiger*
Ausgangsverfahren beim AG		
Grundgebühr Nr. 4100 VV	*165,00 €*	*132,00 €*
Verfahrensgebühr Nr. 4104 VV (Vorbereitendes Verfahren)	*140,00 €*	*112,00 €*
Postentgeltpauschale Nr. 7002 VV	*20,00 €*	*20,00 €*
Verfahrensgebühr Nr. 4106 VV (Gerichtliches Verfahren)	*140,00 €*	*112,00 €*
Terminsgebühr Nr. 4108 VV	*230,00 €*	*184,00 €*
Postentgeltpauschale Nr. 7002 VV	*20,00 €*	*20,00 €*
Revision		
Verfahrensgebühr Nr. 4130 VV	*515,00 €*	*412,00 €*
Postentgeltpauschale Nr. 7002 VV	*20,00 €*	*20,00 €*

Nr. 4106 VV   Verfahrensgebühr Amtsgericht

Verfahren nach Zurückverweisung

Verfahrensgebühr Nr. 4106 VV (Gerichtliches Verfahren)	140,00 €	112,00 €
Terminsgebühr Nr. 4108 VV	230,00 €	184,00 €
Postentgeltpauschale Nr. 7002 VV	<u>20,00 €</u>	<u>20,00 €</u>
Anwaltsvergütung netto	**1.640,00 €**	**1.328,00 €**

IV. Höhe der Verfahrensgebühr

1. Allgemeines

12 Der **Wahlanwalt** erhält eine **Betragsrahmengebühr** i.H.v. 30,00 € – 250,00 €. Die Mittelgebühr beträgt 140,00 €.

13 Der **Pflichtverteidiger** erhält einen Festbetrag i.H.v. 112,00 €.

> **Hinweis:**
> Reicht der für den Wahlanwalt vorgesehene Betragsrahmen wegen des erheblichen Umfangs der erbrachten Tätigkeiten nicht aus, um die erbrachten Tätigkeiten zumutbar zu entlohnen, muss der Wahlanwalt ggf. die Feststellung einer **Pauschgebühr** – ggf. beschränkt auf den Verfahrensabschnitt „Gerichtliches Verfahren" – nach § 42 beantragen. Der Pflichtverteidiger hat die Möglichkeit, einen Pauschgebührantrag nach § 51 zu stellen (vgl. dazu § 42 und § 51).

2. Bemessung der Wahlanwaltsgebühr

14 Über § 14 sind bei der Bemessung der Höhe der Verfahrensgebühr des Wahlanwalts die **Besonderheiten** des jeweiligen **Einzelfalls** zu berücksichtigen (BT-Drucks. 15/1971, S. 222 zu Nr. 4100 VV; vgl. auch Teil A: Rahmengebühren [§ 14], Rn. 1051 ff.). Die Höhe der Gebühr ist abhängig von den vom Rechtsanwalt erbrachten Tätigkeiten (s. im Übrigen auch Vorbem. 4 VV Rn. 41 ff.). Auszugehen ist von der **Mittelgebühr** (KG, StV 2006, 198 = AGS 2006, 73 [für die Terminsgebühr]; OLG Hamm, StraFo 2007, 218 = Rpfleger 2007, 426 = JurBüro 2007, 309; AG Lüdinghausen, RVGreport 2006, 183, mit einer sorgfältigen Abwägung der maßgeblichen Kriterien; AG Trier, RVGreport 2005, 271 [für die Terminsgebühr]; wegen weiterer Nachw. s. Teil A: Rahmengebühr [§ 14], Rn. 1091).

15 Vertritt der Rechtsanwalt **mehrere Auftraggeber**, z.B. mehrere Nebenkläger/Zeugen, erhöht sich der Gebührenrahmen nach Nr. 1008 VV (so OLG Koblenz, StraFo 2005, 526 = AGS 2005, 504 = JurBüro 2005, 589; Teil A: Mehrere Auftraggeber [§ 7, Nr. 1008 VV], Rn. 956 ff.).

V. Zusätzliche Gebühren

16 Zusätzlich zu der Verfahrensgebühr Nr. 4006 VV kann der Rechtsanwalt eine der Wertgebühren der **Nr. 4142** bzw. **Nr. 4143 VV** erhalten, wenn er in einem der dort erwähnten Bereiche für seinen Mandanten tätig geworden ist. Die Ausführungen bei Nr. 4104 VV Rn. 21 gelten im Übrigen entsprechend. Wird das Verfahren unter Mitwirkung des Rechtsanwalts ohne Hauptverhandlung beendet, kann eine zusätzliche Gebühr **Nr. 4141 VV** entstehen.

Verfahrensgebühr Amtsgericht mit Zuschlag *Nr. 4107 VV*

Nr. 4107 VV
Verfahrensgebühr Amtsgericht mit Zuschlag

Nr.	Gebührentatbestand	Gebühr oder Satz der Gebühr nach § 13 oder § 49 RVG	
		Wahlanwalt	gerichtlich bestellter oder beigeordneter Rechtsanwalt
4107	Gebühr 4106 mit Zuschlag	30,00 bis 312,50 EUR	137,00 EUR

Übersicht

	Rn.
A. Überblick	1
B. Kommentierung	2
I. Mandant nicht auf freiem Fuß	2
II. Abgeltungsbereich der Gebühr	4
III. Höhe der Gebühr	5

Literatur:

Burhoff, Der sogenannte Haftzuschlag nach Vorbem. 4 Abs. 4 VV RVG, StRR 2007, 54; *ders.*, Was Sie im Strafverfahren zum Haftzuschlag wissen sollten, RVGprofessionell 2010, 77.

A. Überblick

Die Vorschrift regelt die Verfahrensgebühr Nr. 4106 VV mit **(Haft-)Zuschlag**. Die gegenüber Nr. 4106 VV erhöhte Gebühr entsteht, wenn sich der Mandant des Rechtsanwalts während des gerichtlichen Verfahrens nicht auf freiem Fuß befindet.   1

B. Kommentierung

I. Mandant nicht auf freiem Fuß

Die gerichtliche Verfahrensgebühr mit Zuschlag nach Nr. 4107 VV entsteht immer dann, wenn der Mandant sich während des gerichtlichen Verfahrens beim AG – zumindest zeitweilig – **nicht auf freiem Fuß** befindet. Insoweit kann wegen der Einzelh. auf die Komm. bei Vorbem. 4 VV Rn. 83 ff. verwiesen werden. **Unerheblich** ist es, **wie lange** der Mandant nicht auf freiem Fuß ist/war. Entscheidend ist, dass er während des gerichtlichen Verfahrens überhaupt irgendwann „nicht auf freiem Fuß" war (vgl. zur Dauer des gerichtlichen Verfahrens Nr. 4106 Rn. 4).   2

> **Hinweis:**
>
> **Unerheblich** ist auch, **wann** der Mandant nicht auf freiem Fuß ist/war. Entscheidend ist, dass er noch während des gerichtlichen Verfahrens beim AG irgendwann „nicht auf freien Fuß" war (KG, RVGprofessionell 2007, 41; OLG Düsseldorf, JurBüro 1999, 192). Er muss also nicht bereits bei Beginn des Termins „nicht auf freiem Fuß" gewesen sein (KG, a.a.O.).

Nr. 4107 VV   *Verfahrensgebühr Amtsgericht mit Zuschlag*

3   *Beispiel 1:*

Der Angeklagte wird vom AG in Abwesenheit (§ 231 Abs. 2 StPO) verurteilt. Außerdem wird Untersuchungshaft angeordnet. Zwei Tage nach der Hauptverhandlung wird der Angeklagte verhaftet. Rechtsanwalt R, der ihn verteidigt hat, hat noch kein Rechtsmittel eingelegt.

Rechtsanwalt R erhält die gerichtliche Verfahrensgebühr aus dem erhöhten Betragsrahmen nach Nr. 4107 VV, da es sich auch nach Urteilsverkündung noch um „den ersten Rechtszug vor dem AG" handelt.

> **Hinweis:**
> Die gerichtliche Verfahrensgebühr entsteht auch dann mit Zuschlag nach Nr. 4107 VV, wenn der Angeklagte ggf. erst am **Schluss** der **Hauptverhandlung** in Haft genommen wird (vgl. auch OLG Celle, StraFo 2008, 443 = AGS 2008, 490 = StRR 2009, 38 = NStZ-RR 2008, 392; OLG Hamm, RVGreport 2009, 149 = StRR 2009, 39). Er ist dann (noch) im Verfahrensabschnitt „gerichtliches Verfahren" (zu dessen Dauer s. Nr. 4106 VV Rn. 4) „nicht auf freiem Fuß" gewesen. Ob Erschwernisse entstanden sind, ist unerheblich (vgl. Vorbem. 4 VV Rn. 90).

Beispiel 2:

Gegen den Angeklagten wird ein Strafverfahren durchgeführt. Zur ersten terminierten Hauptverhandlung erscheint der Angeklagte nicht. Das AG erlässt daher Vorführungshaftbefehl nach § 230 StPO (vgl. dazu Burhoff, HV, Rn. 1231 ff.). Es wird ein neuer Termin angesetzt. Zu diesem wird der Angeklagte vorgeführt.

Rechtsanwalt R erhält die gerichtliche Verfahrensgebühr aus dem erhöhten Betragsrahmen nach Nr. 4107 VV. Er hat sich während der Zeit, in der ihn die Vorführungsbeamten in Gewahrsam hatten, „nicht auf freiem Fuß" befunden. Auf die Länge des Zeitraums und darauf, ob Erschwernisse entstanden sind, kommt es nicht an (vgl. Vorbem. 4 Rn. 87 ff.; zur Frage des Entstehens der Terminsgebühr mit Zuschlag s. Nr. 4109 Rn. 5 ff.).

II. Abgeltungsbereich der Gebühr

4   Zum Abgeltungsbereich kann auf die Komm. bei Vorbem. 4 VV Rn. 40 ff., 86 ff. und bei Nrn. 4103, 4105 VV verwiesen werden. Die dortigen Erläuterungen gelten **entsprechend**.

III. Höhe der Gebühr

5   Der **Wahlanwalt** erhält eine **Betragsrahmengebühr** i.H.v. 30,00 € – 312,50 €. Die Mittelgebühr beträgt 171,25 €. Reicht der erhöhte Betragsrahmen nicht aus, kann der Wahlanwalt die Feststellung einer Pauschgebühr nach **§ 42** beantragen.

6   Zur Bemessung der konkreten Verfahrensgebühr mit Zuschlag für den Wahlanwalt wird auf die Erläuterungen bei Vorbem. 4 VV Rn. 41 ff. und auf die Komm. bei Nrn. 4103, 4105 VV verwiesen.

7   Der **Pflichtverteidiger** erhält einen **Festbetrag** i.H.v. 137,00 €. Auch er hat die Möglichkeit, ggf. einen – auf diesen Verfahrensabschnitt beschränkten – Pauschgebührenantrag (**§ 51**) zu stellen.

Nr. 4108 VV
Terminsgebühr Amtsgericht

Nr.	Gebührentatbestand	Gebühr oder Satz der Gebühr nach § 13 oder § 49 RVG	
		Wahlanwalt	gerichtlich bestellter oder beigeordneter Rechtsanwalt
4108	Terminsgebühr je Hauptverhandlungstag in den in Nummer 4106 genannten Verfahren	60,00 bis 400,00 EUR	184,00 EUR

Übersicht

	Rn.
A. Überblick	1
B. Kommentierung	2
I. Entstehen der Terminsgebühr	2
1. Hauptverhandlungstermin	2
2. Beginn/Ende der Hauptverhandlung	4
3. Anwesenheit im Termin	6
II. Abgeltungsbereich der Gebühr	9
1. Allgemeines	9
2. Persönlicher Abgeltungsbereich	10
3. Sachlicher Abgeltungsbereich	13
III. Terminsgebühr bei (Zurück-)Verweisung/Trennung/Verbindung	14
IV. Höhe der Gebühr	16
1. Allgemeines	16
2. Bemessung der Gebühr	19
a) Allgemeines	19
b) Bemessung der Wahlanwaltsgebühr	21
V. Zusätzliche Gebühren	27

Literatur:

Burhoff, Die neue Terminsgebühr im Strafverfahren, RVGreport 2004, 177; *ders.*, Abrechnungsbeispiele zum RVG Gerichtliches Verfahren I. Instanz, RVGreport 2004, 336; *ders.*, Die Terminsgebühr im Straf- bzw. Bußgeldverfahren, RVGreport 2010, 3; s. auch die Hinweise bei Vorbem. 4 VV vor Rn. 1.

A. Überblick

Nr. 4108 VV regelt die Terminsgebühr für die Teilnahme des Rechtsanwalts an der **Hauptverhandlung** in **amtsgerichtlichen Verfahren** (§§ 24 ff. GVG). Allgemein ist die Terminsgebühr in Vorbem. 4 Abs. 3 VV geregelt (vgl. dazu Vorbem. 4 VV Rn. 56 ff. und Burhoff, RVGreport 2010, 3). 1

Nr. 4108 VV *Terminsgebühr Amtsgericht*

B. Kommentierung

I. Entstehen der Terminsgebühr

1. Hauptverhandlungstermin

2 Voraussetzung für das Entstehen der (amtsgerichtlichen) Terminsgebühr ist, dass ein **Hauptverhandlungstermin** beim AG stattgefunden und der Rechtsanwalt daran **teilgenommen** hat. Nr. 4108 VV spricht ausdrücklich von „Hauptverhandlungstag". Auch der Verkündungstermin i.S.d. § 268 StPO ist Hauptverhandlung.

3 **Andere Termine** als Hauptverhandlungen werden von der Terminsgebühr Nr. 4108 VV nicht erfasst. Sie werden ggf. nach Nr. 4102 VV vergütet. Das gilt z.B. für eine kommissarische Vernehmung beim beauftragten oder ersuchten Richter, für die eine Gebühr nach Nr. 4102 Ziff. 1 VV entsteht (vgl. dazu Nr. 4102 VV Rn. 10 ff.; AnwKomm-RVG/N. Schneider, VV 4108 – 4111 Rn. 11; BT-Drucks. 15/1971, S. 222).

2. Beginn/Ende der Hauptverhandlung

4 Die **Hauptverhandlung beginnt** nach § 243 Abs. 1 Satz 1 StPO mit dem **Aufruf** zur **Sache**. Die (amtsgerichtliche) (Hauptverhandlungs-)Terminsgebühr entsteht daher, wenn der Rechtsanwalt beim Aufruf der Sache anwesend ist.

> **Hinweis:**
>
> Unterbleibt der **ausdrückliche Aufruf** der Sache, beginnt die Hauptverhandlung mit der Handlung des Vorsitzenden, die als Erste erkennbar macht, dass die Sache verhandelt wird (Burhoff, HV, Rn. 100; zum „konkludenten" Aufruf s. auch LG Düsseldorf, RVGreport 2007, 108; AG Bochum, 30.12.2005 – 26 Ls. 22 Js 204/05-70/05, www.burhoff.de).

Ist der Rechtsanwalt bei **Aufruf** der Sache **(noch) nicht anwesend**, entsteht die Gebühr ab dem Zeitpunkt, ab dem der Rechtsanwalt in seiner Funktion als Verteidiger oder Vertreter eines Verfahrensbeteiligten an der Hauptverhandlung teilnimmt.

5 Die Hauptverhandlung **endet**, wenn der Vorsitzende die Verhandlung schließt. Das ist, wenn der Angeklagte verurteilt worden ist, **i.d.R. nach** der **Rechtsmittelbelehrung** der Fall. Die gebührenrechtliche Lage unterscheidet sich also von § 260 Abs. 1 StPO, wonach die Hauptverhandlung mit der Verkündung des Urteils endet (OLG Düsseldorf, RVGreport 2011, 143 = JurBüro 2011, 197 = NStZ-RR 2011, 159 = RVG professionell 2011, 61). Dieses Verständnis von der Terminsgebühr hat seinen Sinn darin, dass der Verteidiger gehalten ist, den Angeklagten auch noch während der Rechtsmittelbelehrung zu begleiten. Er hat darauf zu achten, dass die Rechtsmittelbelehrung korrekt erfolgt und vom Angeklagten auch verstanden wird (OLG Düsseldorf, a.a.O.). Der Unterschied zu § 260 Abs. 1 StPO ist für das Entstehen der Terminsgebühr mit Zuschlag von Bedeutung. Demgemäß entsteht die erhöhte Gebühr auch dann, wenn der Angeklagte zwar erst nach der Urteilsverkündung, aber noch vor der Rechtsmittelbelehrung festgenommen wird (ebenso OLG Hamm, RVGreport 2009, 149 = StRR 2009, 39; Gerold/Schmidt/Burhoff, VV 4108 – 4111 Rn. 7; Hartmann, KostG, VV 4108, 4109 Rn. 13; a.A. OLG Celle, StraFo 2008, 443 = AGS 2008, 490 = StRR 2009, 38 = NStZ-RR 2008, 392, in einem obiter dictum).

Terminsgebühr Amtsgericht *Nr. 4108 VV*

3. Anwesenheit im Termin

Ausreichend für das Entstehen der Gebühr ist die **bloße Anwesenheit** des Rechtsanwalts im Termin. Er muss z.b. keine Anträge gestellt und auch nicht zu bestimmten Fragen Stellung genommen haben (arg. e Vorbem. 4 Abs. 3 Satz 2 und aus Nr. 4102 Ziff. 3, 4 VV). Deshalb reicht es z.B. aus, wenn nach Aufruf der Sache der Einspruch gegen den Strafbefehl zurückgenommen wird oder wenn der Pflichtverteidiger entpflichtet wird und er dann die Hauptverhandlung verlässt. Der Rechtsanwalt muss auch nicht bis zum Ende der Hauptverhandlung anwesend sein (s. auch AnwKomm-RVG/N. Schneider, VV 4108 – 4111 Rn. 9; Gerold/Schmidt/Burhoff, VV 4108 – 4114 Rn. 8). Unerheblich ist auch, ob der Angeklagte anwesend ist/war (s. z.B. im Fall des § 412 StPO; zum „**geplatzten Termin**" s. Vorbem. 4 VV Rn. 77 ff.). 6

> **Hinweis:** 7
> Der **Umfang** der anwaltlichen Tätigkeit ist also für das Entstehen der Terminsgebühr unerheblich. Er hat nur bei der Bemessung der **konkreten Gebühr** Bedeutung.

Der Rechtsanwalt muss aber in seiner Funktion als Verteidiger oder als Vertreter an der Hauptverhandlung teilnehmen. **Nicht ausreichend** für das Entstehen der Terminsgebühr ist es, wenn er in der Hauptverhandlung nur als **Zuhörer** anwesend ist. 8

Beispiel:

Gegen den Angeklagten ist ein Verfahren wegen Diebstahls anhängig. Er wird zunächst von Rechtsanwalt R als Wahlanwalt verteidigt. Rechtsanwalt R legt dann das Wahlmandat nieder und beantragt die Beiordnung als Pflichtverteidiger. Diese wird vom AG abgelehnt. Rechtsanwalt R nimmt daraufhin nicht an der Hauptverhandlung teil. Er ist jedoch im Zuhörerraum anwesend, um den Ablauf der Hauptverhandlung zu beobachten.

Rechtsanwalt R erhält für diese Tätigkeit keine Terminsgebühr Nr. 4108 VV, da er nicht in seiner Funktion als Verteidiger an dem Hauptverhandlungstermin teilgenommen hat.

II. Abgeltungsbereich der Gebühr

1. Allgemeines

Der Rechtsanwalt verdient die Terminsgebühr der Nr. 4108 VV für die **Teilnahme** als Verteidiger oder Vertreter eines Verfahrensbeteiligten an einem Hauptverhandlungstermin in einem Verfahren beim AG (§§ 24 ff. GVG). Finden daneben während des amtsgerichtlichen Verfahrens noch andere „gerichtliche Termine" außerhalb der Hauptverhandlung statt, wie z.B. eine Haftprüfung oder eine kommissarische Vernehmung, entsteht dafür neben der Terminsgebühr nach Nr. 4108 VV eine nach Nr. 4102 VV (vgl. dazu auch Nr. 4102 Rn. 50). 9

2. Persönlicher Abgeltungsbereich

Die Terminsgebühr gilt nur für den **Wahlanwalt**/Verteidiger und den gerichtlich bestellten oder beigeordneten Rechtsanwalt/Pflichtverteidiger, **nicht** hingegen für den nur mit einer **Einzeltätigkeit beauftragten** Rechtsanwalt. Dieser erhält nur eine Verfahrensgebühr nach Nr. 4301 Ziff. 4 VV, aber keine eigenständige Terminsgebühr (vgl. für die Verfahrensgebühr Nr. 4106 VV Rn. 6 m.w.N.). Diese fällt nur an, wenn der beauftragte Rechtsanwalt „Verteidiger" ist und damit nach Teil 4 Abschnitt 1 VV abrechnet (insoweit zutreffend KG, NStZ-RR 2005, 536 = JurBüro 2005, 10

536 = AGS 2006, 177; OLG Celle, StraFo 2006, 471 = Rpfleger 2006, 669; RVGreport 2007, 71; OLG Dresden, 05.09.2007 – 1 Ws 155/07, www.burhoff.de; OLG Hamm, RVGreport 2006, 230 = AGS 2007, 37; RVGreport 2008, 108; OLG Karlsruhe, StraFo 2008, 439 = NJW 2008, 2935 = AGS 2008, 489 = JurBüro 2008, 586; OLG Köln, RVGprofessionell 2010, 153; OLG München, NStZ-RR 2009, 32; LG Düsseldorf, RVGprofessionell 2008, 53 = StRR 2008, 159).

> **Hinweis:**
> Hat der Wahlanwalt einem anderen Rechtsanwalt die **Vertretung** des Mandanten in der Hauptverhandlung **übertragen**, erhält er selbst, da er nicht an der Hauptverhandlung teilgenommen hat, ebenfalls keine Terminsgebühr.

11 *Beispiel:*

Gegen den A ist beim AG ein Strafverfahren anhängig. Der Verteidiger R des A kann nur am ersten Tag der auf zwei Tage terminierten Hauptverhandlung teilnehmen. R schickt zu diesem Tag den R 1. Welche Terminsgebühren entstehen für diesen Hauptverhandlungstag für R und R 1?

Die Rechtsanwälte erhalten folgende Gebühren:

Fall 1: *R ist Verteidiger und hat R 1 die Vertretung in der Hauptverhandlung ebenfalls als Verteidiger i.S.v. Vorbem. 4 Abs. 1 VV übertragen:*

R erhält, da er nicht an der Hauptverhandlung teilgenommen hat, keine Terminsgebühr.

R 1 erhält, da er Verteidiger ist, die Terminsgebühr Nr. 4108 VV (LG Koblenz, StraFo 2007, 175).

Fall 2: *R ist Verteidiger und hat R 1 die Vertretung in der Hauptverhandlung übertragen, ohne dass dieser Verteidiger geworden ist:*

R erhält, da er nicht an der Hauptverhandlung teilgenommen hat, keine Terminsgebühr.

R 1 erhält, da er nicht Verteidiger i.S.d. Vorbem. 4 Abs. 1 VV ist, ebenfalls keine Terminsgebühr Nr. 4108 VV, sondern nur eine Vergütung nach Nr. 4301 Nr. 4 VV.

Fall 3: *R ist Verteidiger und R 1 nimmt an der Hauptverhandlung als sein Stellvertreter teil:*

R erhält, obwohl er nicht an der Hauptverhandlung teilgenommen hat, über § 5 die Terminsgebühr Nr. 4108 VV (vgl. Teil A: Vertreter des Rechtsanwalts [§ 5], Rn. 1609 ff.).

R 1 hat keinen Vergütungsanspruch.

12 > **Hinweis:**
> Die Rechtsprechung geht davon aus, dass dem Rechtsanwalt grds. der **volle Verteidigungsauftrag** erteilt und nicht nur eine Einzeltätigkeit übertragen wird (KG, NStZ-RR 2005, 327 = JurBüro 2005, 536 = AGS 2006, 177; OLG Celle, StraFo 2006, 471; OLG Hamm, RVGreport 2006, 230). Das gilt auch im Fall der (teilweisen) Beiordnung des Rechtsanwalts als Pflichtverteidiger (KG, a.a.O.; vgl. auch noch Vorbem. 4.1 Rn. 17; Nr. 4100 Rn. 6 ff.; Nr. 4106 Rn. 6).

Terminsgebühr Amtsgericht — *Nr. 4108 VV*

3. Sachlicher Abgeltungsbereich

Mit der amtsgerichtlichen Terminsgebühr wird die „**Teilnahme**" an gerichtlichen Hauptverhandlungsterminen abgegolten. Die Terminsgebühr deckt grds. die gesamte Tätigkeit des Rechtsanwalts im Hauptverhandlungstermin ab (vgl. auch Vorbem. 4 Rn. 56 ff.).

Erfasst wird von der Terminsgebühr **auch** die **Vorbereitung** des konkreten (Hauptverhandlungs-)Termins, nicht hingegen jedoch die allgemeine Vorbereitung der Hauptverhandlung. Die insoweit erbrachten Tätigkeiten werden von der (amtsgerichtlichen) Verfahrensgebühr abgegolten (vgl. allgemein dazu Vorbem. 4 VV Rn. 60; AnwKomm-RVG/N. Schneider, VV 4108 – 4111 Rn. 16 f.; Gerold/Schmidt/Burhoff, VV 4108 – 4111 Rn. 10; Burhoff, RVGreport 2010, 3).

III. Terminsgebühr bei (Zurück-)Verweisung/Trennung/Verbindung

Bei Verbindung und Trennung von Verfahren gelten die **allgemeinen Regeln**. Diese lassen sich in der **Faustregel** zusammenfassen: Verbindung oder Trennung von Verfahren haben auf bis dahin **bereits entstandene Gebühren keinen Einfluss** (vgl. wegen der Einzelh. Vorbem. 4 VV Rn. 71 ff.; Teil A: Verbindung von Verfahren, Rn. 1431, Teil A: Trennung von Verfahren, Rn. 1311, Teil A: Verweisung/Abgabe [§ 20], Rn. 1630, und Teil A: Zurückverweisung [§ 21], Rn. 1687; Burhoff, RVGreport 2008, 405 und 444 sowie RVGreport 2009, 9).

> **Hinweis:**
> Werden mehrere Verfahren erst in der Hauptverhandlung verbunden, ist für das Entstehen mehrerer Terminsgebühren entscheidend, dass die Verbindung erst **nach Aufruf aller Sachen** erfolgt. Erst dann hat in allen Sachen eine Hauptverhandlung stattgefunden (vgl. wegen dieser Problematik die eingehenden Ausführungen bei Vorbem. 4 Rn. 77 ff.). Ob eine Hauptverhandlung in allen Verfahren anberaumt war, ist unerheblich (LG Düsseldorf, RVGreport 2007, 108; AG Bochum, 30.12.2005 – 26 Ls. 22 Js 204/05-70/05, www.burhoff.de).

Wird das Verfahren vom Rechtsmittelgericht nach einer Sprungrevision gem. § 354 Abs. 2 StPO bzw. nach einer Berufung gem. § 328 Abs. 2 StPO **zurückverwiesen** und findet in der Ausgangsinstanz beim AG dann erneut eine Hauptverhandlung statt, entsteht die amtsgerichtliche Terminsgebühr Nr. 4108 VV neu. Es gilt § 21 Abs. 1 (vgl. zur Verfahrensgebühr Nr. 4106 VV Rn. 11; Teil A: Zurückverweisung [§ 21], Rn. 1687 ff.).

IV. Höhe der Gebühr

1. Allgemeines

Das RVG **unterscheidet** hinsichtlich der **Höhe** der Gebühr **nicht** mehr zwischen dem sog. ersten Hauptverhandlungstermin und Fortsetzungsterminen. Vielmehr entsteht für alle Hauptverhandlungstermine beim AG die Terminsgebühr aus dem gleichen Betragsrahmen.

> *Beispiel:*
> *Es findet ein Hauptverhandlungstermin vor dem AG statt. Zu diesem sind drei Zeugen geladen, von denen aber nur zwei erschienen sind. Deshalb wird nach Vernehmung der beiden erschienenen Zeugen die Hauptverhandlung unterbrochen und Fortsetzungstermin in einer Woche bestimmt. In dem wird der dann nochmals geladene und nun erschienene dritte Zeuge vernommen. Rechtsanwalt R hat an beiden Terminen teilgenommen.*

Nr. 4108 VV   *Terminsgebühr Amtsgericht*

Rechtsanwalt R erhält zweimal die Terminsgebühr nach Nr. 4108 VV, und zwar jeweils aus dem gleichen Betragsrahmen bzw. mit dem gleichen Festbetrag, wenn er Pflichtverteidiger war. Der ggf. unterschiedliche Tätigkeitsumfang (Dauer des jeweiligen Termins!) hat nur bei der Bemessung der konkreten Gebühr im Rahmen des § 14 Bedeutung.

17 Befindet sich der Mandant **nicht auf freiem Fuß**, entsteht die Gebühr der Nr. 4108 VV mit **Zuschlag** nach Nr. 4109 VV (vgl. allgemein zu diesem Zuschlag Vorbem. 4 VV Rn. 83 und zur Terminsgebühr die Komm. bei Nr. 4109 VV).

18 Finden **an einem Tag mehrere Hauptverhandlungstermine** statt, erhält der Rechtsanwalt nur eine Terminsgebühr nach Nr. 4108 VV. Das folgt aus der Formulierung, wonach die „Terminsgebühr je Hauptverhandlungstag" entsteht, nicht je „Hauptverhandlung" (AnwKomm-RVG/ N. Schneider, VV 4108 – 4111 Rn. 18; LG Hannover, JurBüro 1996, 190).

Beispiel:

Im Beispiel bei Rn. 16 wird der Fortsetzungstermin nicht für eine Woche später bestimmt, sondern der Hauptverhandlungstermin wird um 11.00 Uhr unterbrochen und Fortsetzungstermin für den gleichen Tag um 14.00 Uhr bestimmt. In dem wird der dann vorgeführte und nun erschienene dritte Zeuge vernommen. Rechtsanwalt R hat an beiden Terminen teilgenommen.

Rechtsanwalt R erhält die Terminsgebühr nach Nr. 4108 VV nur einmal, da es sich nur um einen „Hauptverhandlungstag" handelt. Allerdings muss der Umstand, dass an einem Tag zwei Hauptverhandlungstermine stattgefunden haben, bei der konkreten Bemessung der Gebühr über § 14 berücksichtigt werden.

> *Hinweis:*
>
> *Etwas anderes gilt, wenn ein Verfahren abgetrennt wird und im ursprünglichen Verfahren und im abgetrennten Verfahren am selben Tag die Hauptverhandlung fortgesetzt wird. Es handelt sich nämlich nach der Abtrennung des Verfahrens bei dem abgetrennten Verfahren nicht mehr um dieselbe Angelegenheit, sodass dann in zwei unterschiedlichen Verfahren Hauptverhandlungstermine stattfinden mit der Folge, dass in beiden Verfahren eine Terminsgebühr entsteht (vgl. dazu auch LG Itzehoe, AGS 2008, 233 = StraFo 2008, 92; Teil A: Trennung von Verfahren, Rn. 1311).*

2. Bemessung der Gebühr

a) Allgemeines

19 Der **Wahlanwalt** erhält eine **Betragsrahmengebühr** i.H.v. 60,00 € – 400,00 €. Die Mittelgebühr beträgt 230,00 €. Er hat, falls durch diese Betragsrahmengebühr seine im Hauptverhandlungstermin erbrachten Tätigkeiten nicht zumutbar entlohnt werden, die Möglichkeit der Feststellung einer Pauschgebühr nach **§ 42**.

20 Der **Pflichtverteidiger** erhält einen **Festbetrag** i.H.v. 184,00 €. Darauf erhält er bei besonders langen Hauptverhandlungen ggf. die Zuschläge aus der Nr. 4110 VV bzw. Nr. 4111 VV (wegen der Einzelh. vgl. die Komm. bei Nrn. 4110, 4111 VV). Auch er kann, wenn dadurch seine Tätigkeit nicht ausreichend entlohnt ist, eine Pauschgebühr beantragen (**§ 51**).

b) Bemessung der Wahlanwaltsgebühr

21 Bei der Bemessung der Höhe der Gebühr ist **grds.** von der **Mittelgebühr** auszugehen (KG, StV 2006, 198 = AGS 2006, 73; OLG Hamm, StraFo 2007, 218 = Rpfleger 2007, 426 = JurBüro

Terminsgebühr Amtsgericht *Nr. 4108 VV*

2007, 309; AG Trier, RVGreport 2005, 271; wegen weiterer Nachw. s. Teil A: Rahmengebühren [§ 14], Rn. 1051 ff.).

Berücksichtigt werden über § 14 sodann die **Besonderheiten** des jeweiligen **Einzelfalls** (vgl. zur Abwägung u.a. KG, StV 2006, 198 = AGS 2006, 73; AG Trier, RVGreport 2005, 271; Teil A: Rahmengebühren [§ 14], Rn. 1051 ff.; BT-Drucks. 15/1971, S. 222 zu Nr. 4100 VV). Die Höhe der Gebühr ist abhängig von den vom Rechtsanwalt erbrachten Tätigkeiten. Bei der Terminsgebühr für einen Hauptverhandlungstermin ist, da durch sie der zeitliche Aufwand vergütet werden soll, den der Rechtsanwalt durch die Teilnahme an diesem Termin hat, die zeitliche Dauer der Hauptverhandlung von erheblicher Bedeutung (vgl. allgemein zu den Bemessungskriterien Vorbem. 4 VV Rn. 63 ff. m.w.N. aus der Rspr.; zur durchschnittlichen Terminsdauer s. die Rechtsprechungsbeispiele bei Vorbem. 4 VV Rn. 68; vgl. auch BT-Drucks. 15/1971, S. 224). 22

Insbesondere dann, wenn der Hauptverhandlungstermin **nur kurz** gedauert hat, z.B. weil wegen Ausbleibens eines Zeugen sofort vertagt werden musste, muss der Rechtsanwalt auf die Begründung der **Angemessenheit** der geltend gemachten Terminsgebühr **besondere Sorgfalt** verwenden. Dabei darf nicht übersehen werden, dass die Terminsgebühr nicht nur die eigentliche Teilnahme an dem konkreten Termin honoriert, sondern auch die Vorbereitung des konkreten Termins. Die dafür erbrachten Tätigkeiten sollte er während der Vorbereitung mit Zeitangaben festhalten und seine Terminsgebühr dann etwa wie folgt begründen (s. dazu auch Madert, AGS 2003, 403 in der Anm. zu LG Mühlhausen, AGS 2003, 402). 23

Formulierungsbeispiel: Begründung der Terminsgebühr

> Die Hauptverhandlung hat zwar am ..... nur kurze Zeit gedauert. Zu berücksichtigen ist bei der Bemessung der Terminsgebühr Nr. 4108 VV aber auch, dass mit dieser Gebühr meine gesamte Vorbereitung des konkreten Hauptverhandlungstermins abgegolten wird. Diese bestand in .....

Bei der **konkreten Bemessung** kann/muss sich auch der Wahlanwalt an den **Grenzen** der **Längenzuschläge** Nr. 4110 VV und Nr. 4111 VV orientieren (KG, StV 2006, 198 = AGS 2006, 73). Unter Berücksichtigung – der nur dem gerichtlich bestellten oder beigeordneten Rechtsanwalt zustehenden Zuschläge – der Nrn. 4110, 4111 VV wird eine Hauptverhandlungsdauer von mehr als fünf bis acht Stunden eine erheblich über die **Mittelgebühr** hinausgehende Terminsgebühr rechtfertigen. Wird mehr als acht Stunden verhandelt, ist auf jeden Fall die **Höchstgebühr** gerechtfertigt. Denn auch der Pflichtverteidiger erhält in diesem Fall schon fast die Wahlverteidigerhöchstgebühr. 24

Hinweis:
Der Gesetzgeber ist davon ausgegangen, dass der Wahlanwalt, wenn der Gebührenrahmen bei besonders langen Hauptverhandlungen nicht ausreicht, **Vergütungsvereinbarungen** trifft (s. BT-Drucks. 15/1971, S. 224 zu Nr. 4110 VV).

Wird die **Hauptverhandlung ausgesetzt** und mit ihr **neu begonnen**, entsteht für die erneute Hauptverhandlung wiederum eine Gebühr nach Nr. 4108 VV. Der Verteidiger muss in den Fällen aber beachten, dass sich ggf. Gebühren mindernd auswirken kann, dass er auf die Vorbereitungsarbeiten zur ausgesetzten Hauptverhandlung zurückgreifen kann (AnwKomm-RVG/N. Schnei- 25 der, VV 4108 – 4111 Rn. 21). Inwieweit das möglich ist, wird vom Einzelfall abhängen, so z.B. davon, welcher Zeitraum zwischen Aussetzung und Neubeginn verstrichen ist.

26 Bei der **Bemessung** der Terminsgebühr für einen **Fortsetzungstermin** kann jedoch allein der Umstand, dass es sich um einen sog. Fortsetzungstermin handelt, im Rahmen des § 14 **nicht** zu einer **niedrigeren Gebühr** führen. Das RVG hat nämlich den Unterschied zwischen dem sog. ersten Hauptverhandlungstag und einem Fortsetzungstermin, für den § 83 Abs. 2 BRAGO einen geringeren Gebührenrahmen vorgesehen hat, gerade aufgegeben. Die allgemeine Vorbereitung der Hauptverhandlung, die die höhere Hauptverhandlungsgebühr nach § 83 Abs. 1 BRAGO für den sog. ersten Hauptverhandlungstermin rechtfertigte, wird nach dem RVG über die Verfahrensgebühr (mit) abgegolten und nicht über die Terminsgebühr des ersten Hauptverhandlungstermins. Diese erfasst nur die konkrete Vorbereitung des jeweiligen Termins (vgl. Vorbem. 4 VV Rn. 63 ff.). Das hat zur Folge, dass der Umstand, dass es sich um einen Fortsetzungstermin handelt, bei der Bemessung der für ihn anfallenden Terminsgebühr allein ohne Belang sein muss (s. auch dazu BT-Drucks. 15/1971, S. 224 zu Nr. 4108 VV). Ein Unterschied würde der gesetzgeberischen Intention, alle Hauptverhandlungstage in Zukunft grds. gleichzubehandeln, zuwiderlaufen. Zu berücksichtigen sind daher vielmehr auch beim Fortsetzungstermin alle Umstände des Einzelfalls, vor allem also auch die Terminsdauer.

V. Zusätzliche Gebühren

27 Zusätzliche Gebühren sind die **Längenzuschläge** nach Nr. 4110, 4111 VV, wenn der **Pflichtverteidiger** mehr als fünf bis zu acht Stunden oder mehr als acht Stunden an der **Hauptverhandlung** teilgenommen hat. Zusätzlich zu der Terminsgebühr kann der Verteidiger/Rechtsanwalt auch eine der Wertgebühren der **Nr. 4142 VV** bzw. **Nr. 4143 VV** erhalten, wenn er in einem der dort erwähnten Bereiche für seinen Mandanten tätig geworden ist. Die Ausführungen bei Nr. 4106 VV Rn. 15 gelten entsprechend.

Terminsgebühr Amtsgericht mit Zuschlag *Nr. 4109 VV*

Nr. 4109 VV
Terminsgebühr Amtsgericht mit Zuschlag

Nr.	Gebührentatbestand	Gebühr oder Satz der Gebühr nach § 13 oder § 49 RVG	
		Wahlanwalt	gerichtlich bestellter oder beigeordneter Rechtsanwalt
4109	Gebühr 4108 mit Zuschlag	60,00 bis 500,00 EUR	224,00 EUR

Übersicht

	Rn.
A. Überblick	1
B. Kommentierung	2
I. Mandant nicht auf freiem Fuß	2
II. Abgeltungsbereich der Gebühr	9
III. Höhe der Gebühr	10

Literatur:

Burhoff, Der sogenannte Haftzuschlag nach Vorbem. 4 Abs. 4 VV RVG, StRR 2007, 54; *ders.*, Was Sie im Strafverfahren zum Haftzuschlag wissen sollten, RVGprofessionell 2010, 77.

A. Überblick

Die Gebühr regelt die Terminsgebühr Nr. 4108 VV mit **(Haft-)Zuschlag**. Die gegenüber Nr. 4108 VV erhöhte Gebühr entsteht, wenn sich der Mandant des Rechtsanwalts während der Hauptverhandlung, für die die Terminsgebühr entsteht, nicht auf freiem Fuß befindet. 1

B. Kommentierung

I. Mandant nicht auf freiem Fuß

Die amtsgerichtliche Terminsgebühr mit Zuschlag nach Nr. 4109 VV entsteht immer dann, wenn der Mandant sich während eines Hauptverhandlungstermins beim AG **nicht** auf **freiem Fuß** befindet (s. wegen der Einzelh. des Haftzuschlags Vorbem. 4 VV Rn. 83 ff.). 2

> **Hinweis:** 3
>
> **Unerheblich** ist, ob es sich bei dem Hauptverhandlungstermin um den sog. **ersten** Hauptverhandlungstag, eine **erneute Hauptverhandlung** oder um einen **weiteren Hauptverhandlungstermin/Fortsetzungstermin** handelt. Das RVG unterscheidet insoweit nicht, sodass der zum Anwendungsbereich des § 83 Abs. 3 BRAGO in der Vergangenheit bestehende Streit für das RVG erledigt ist (vgl. zum Streitstand zu § 83 Abs. 3 BRAGO Gebauer/Schneider, BRAGO, § 83 Rn. 53). Die Gebühr mit Zuschlag **entsteht immer**, wenn der Mandant sich während eines Hauptverhandlungstermins nicht auf freiem Fuß befindet.

Nr. 4109 VV   *Terminsgebühr Amtsgericht mit Zuschlag*

4 **Unerheblich** ist es, **wie lange** der Mandant nicht auf freiem Fuß ist/war. Entscheidend ist, dass er während des oder eines Hauptverhandlungstermins irgendwann „nicht auf freiem Fuß" war (vgl. zum Abgeltungsbereich der amtsgerichtlichen Terminsgebühr Nr. 4108 VV Rn. 10 ff.; zur Dauer der Hauptverhandlung s. Nr. 4108 Rn. 4 f.).

> *Beispiel 1:*
>
> *Das AG hat die Hauptverhandlung auf drei Tage terminiert. Der Angeklagte befindet sich in Untersuchungshaft. Nach dem ersten Hauptverhandlungstag wird der Haftbefehl außer Vollzug gesetzt. Rechtsanwalt R hat an allen drei Hauptverhandlungsterminen teilgenommen.*
>
> *Rechtsanwalt R stehen drei Terminsgebühren zu. Die erhöhte Gebühr nach Nr. 4109 VV erhält er aber nur für den ersten Hauptverhandlungstag. Für die beiden weiteren Termine hat er jeweils nur die Terminsgebühr nach Nr. 4108 VV verdient.*

5 **Hinweis:**

> Befindet sich der Angeklagte **bei Aufruf** der Sache nicht auf freiem Fuß, entsteht die Terminsgebühr mit Zuschlag. Es ist ohne Belang, wenn der Angeklagte während der Hauptverhandlung dann entlassen, also z.B. der Haftbefehl aufgehoben wird.

> *Beispiel 2:*
>
> *Gegen den Angeklagten A wird ein Strafverfahren durchgeführt, in dem er von Rechtsanwalt R verteidigt wird. Zur ersten terminierten Hauptverhandlung erscheint der Angeklagte nicht. Das AG erlässt daher Vorführungshaftbefehl nach § 230 StPO (vgl. dazu Burhoff, HV, Rn. 1231 ff.). Es wird neuer Termin angesetzt. Zu diesem wird der Angeklagte vorgeführt. Die Hauptverhandlung wird aufgerufen. Danach werden die Vorführungsbeamten entlassen.*
>
> *Rechtsanwalt R erhält die Terminsgebühr aus dem erhöhten Betragsrahmen nach Nr. 4109 VV. Der A hat sich während der gesamten Zeit, in der ihn die Vorführungsbeamten in Gewahrsam hatten, „nicht auf freiem Fuß" befunden. Dieser Zeitraum hat über den „Aufruf der Sache" hinaus angedauert (vgl. Vorbem. 4 Rn. 90 ff.; zur Frage des Entstehens der gerichtlichen Verfahrensgebühr mit Zuschlag s. Nr. 4107 Rn. 4).*

6 Entsprechendes gilt, wenn der Angeklagte im Verlauf einer mehrtägigen Hauptverhandlung in Haft genommen wird. Die Terminsgebühr mit Zuschlag entsteht immer **nur** für die **Termine, während** derer der Angeklagte sich nicht auf freiem Fuß befunden hat (s. das Beispiel bei Rn. 8).

7 Wird der Angeklagte (noch) **während** eines **Hauptverhandlungstermins** in U-Haft genommen, entsteht schon für diesen Termin die Gebühr nach Nr. 4109 VV, allerdings darf die Hauptverhandlung **noch nicht beendet** sein (OLG Celle, StraFo 2008, 443 = AGS 2008, 490 = StRR 2009, 38 = NStZ-RR 2008, 392; OLG Düsseldorf, JurBüro 2011, 197 = RVGreport 2011, 143 = NStZ-RR 2011, 159 = RVGprofessionell 2011, 61 [vor Rechtsmittelbelehrung]; OLG Hamm, RVGreport 2009, 149 = StRR 2009, 39 [vor Rechtsmittelbelehrung] m. zust. Anm. Burhoff; Gerold/Schmidt/Burhoff, VV Vorb. 4 Rn. 43; s. auch Vorbem. 4 VV Rn. 87). Wird der Angeklagte erst nach dem Ende der Hauptverhandlung in Haft genommen (zur Dauer der Hauptverhandlung s. Nr. 4108 VV Rn. 4 f.), entsteht die Terminsgebühr ohne Zuschlag, die gerichtliche Verfahrensgebühr Nr. 4106 hingegen mit Zuschlag nach Nr. 4107 VV.

8 *Beispiel:*

> *Gegen den Angeklagten ist ein umfangreiches Verfahren wegen Verstoßes gegen das BtM-Gesetz anhängig. A ist (zunächst) auf freiem Fuß. Es findet dann beim LG an zwei Tagen die Hauptverhandlung*

Terminsgebühr Amtsgericht mit Zuschlag   *Nr. 4109 VV*

statt. Am Ende des zweiten Hauptverhandlungstages beantragt der Staatsanwalt in seinem Plädoyer eine 5-jährige Freiheitsstrafe und beantragt den Erlass eines Haftbefehls. Der Verteidiger plädiert auf Freispruch. Das Gericht berät und beschließt, das Urteil erst am nächsten Tag zu verkünden. Es erlässt Haftbefehl gegen den Angeklagten. Der wird noch im Sitzungssaal festgenommen. Am nächsten Tag wird in einem dritten Hauptverhandlungstermin das Urteil gegen den Angeklagten verkündet. Welche Gebühren sind mit Zuschlag entstanden? A ist von Anfang an von Rechtsanwalt R verteidigt worden.

Für das Entstehen des Haftzuschlags gilt.

Grundgebühr Nr. 4100 VV:	**ohne** Zuschlag, da sich der Angeklagte in dem Verfahrensabschnitt nicht in Haft befunden hat,
Verfahrensgebühr vorbereitendes Verfahren Nr. 4104 VV:	**ohne** Zuschlag, da sich der Angeklagte in dem Verfahrensabschnitt nicht in Haft befunden hat,
Verfahrensgebühr gerichtliches Verfahren Nr. 4112 VV:	**mit** Zuschlag, da der Angeklagte noch während des gerichtlichen Verfahrens in Haft genommen worden ist (zur Dauer des gerichtlichen Verfahrens s. Nr. 4106 Rn. 4),
Terminsgebühr 1. Hauptverhandlungstermin Nr. 4114 VV:	**ohne** Zuschlag, da sich der Angeklagte während dieses Termins nicht in Haft befunden hat (s. auch Rn. 4),
Terminsgebühr 2. Hauptverhandlungstermin Nr. 4114 VV oder Nr. 4115 VV:	**ggf. mit** Zuschlag; es kommt darauf an, ob der Angeklagte noch vor der Schließung der Hauptverhandlung durch den Vorsitzenden in Haft genommen worden ist (vgl. zur Dauer der Hauptverhandlung Nr. 4108 VV Rn. 4),
Terminsgebühr 3. Hauptverhandlungstermin Nr. 4115 VV:	**mit** Zuschlag, da sich der Angeklagte während dieses Termins in Haft befunden hat.

II. Abgeltungsbereich der Gebühr

Zum Abgeltungsbereich s. Vorbem. 4 VV Rn. 83 ff. und Nrn. 4103, 4105, 4107 VV. Die dortigen Erläuterungen gelten **entsprechend**.   **9**

III. Höhe der Gebühr

Der **Wahlanwalt** erhält eine **Betragsrahmengebühr** i.H.v. 60,00 € – 500,00 €. Die Mittelgebühr beträgt 280,00 €. Reicht der erhöhte Betragsrahmen nicht aus, um die durch die Haft verursachten Erschwernisse zu entlohnen, muss der Wahlanwalt die Feststellung einer Pauschgebühr nach § 42 beantragen.   **10**

Zur **Bemessung** der konkreten Terminsgebühr mit Zuschlag für den **Wahlanwalt** s. Vorbem. 4 VV Rn. 95 und die Komm. bei Nrn. 4103, 4105, 4107 VV.   **11**

Der **Pflichtverteidiger** erhält einen **Festbetrag** i.H.v. 224,00 €. Auch er hat die Möglichkeit, ggf. einen – auf diesen Verfahrensabschnitt beschränkten – Pauschgebührenantrag (§ 51) zu stellen.   **12**

Nr. 4110 VV   *Zusatzgebühr zur Terminsgebühr Amtsgericht (HV 5 – 8 Stunden)*

Nr. 4110 VV
Zusatzgebühr zur Terminsgebühr Amtsgericht (HV 5 – 8 Stunden)

Nr.	Gebührentatbestand	Gebühr oder Satz der Gebühr nach § 13 oder § 49 RVG	
		Wahlanwalt	gerichtlich bestellter oder beigeordneter Rechtsanwalt
4110	Der gerichtlich bestellte oder beigeordnete Rechtsanwalt nimmt mehr als 5 und bis 8 Stunden an der Hauptverhandlung teil: Zusätzliche Gebühr neben der Gebühr 4108 oder 4109		92,00 EUR

Übersicht

	Rn.
A. Überblick	1
B. Kommentierung	4
I. Abgeltungsbereich der Gebühr	4
1. Allgemeines	4
2. Persönlicher Abgeltungsbereich	5
3. Sachlicher Abgeltungsbereich	6
a) Allgemeines	6
b) Teilnahme an der (besonders) langen Hauptverhandlung	7
c) Berechnung der Hauptverhandlungsdauer	10
aa) Allgemeines	10
bb) Berücksichtigung von Wartezeiten	11
cc) Berücksichtigung von Pausen	13
dd) Beispielsfälle	17
II. Höhe der Gebühr	22
III. Argumentationshilfe für Terminsgebühr mit Längenzuschlag	23

Literatur:

Burhoff, Der Längenzuschlag auf die Terminsgebühr für den Pflichtverteidiger, RVGreport 2006, 1; *Kotz*, Das Leid mit dem Längenzuschlag Aspekte zu Nr. 4110 f., 4122 f., 4128 f., 4134 f. VV RVG, NStZ 2009, 414; s. auch die Hinweise bei Vorbem. 4 vor Rn. 1 und bei Nr. 4108 VV vor Rn. 1.

A. Überblick

1   Die Nr. 4110 VV gewährt dem gerichtlich **bestellten** oder **beigeordneten** Rechtsanwalt zusätzlich zur Gebühr Nr. 4108 VV oder Nr. 4109 VV eine **Zusatzgebühr** zur **Terminsgebühr**, wenn er mehr als fünf und bis acht Stunden an der Hauptverhandlung teilnimmt. Eine solche Regelung war in der BRAGO nicht enthalten. Dort erhielt der gerichtlich bestellte oder beigeordnete Rechtsanwalt für die Teilnahme an der Hauptverhandlung einen Festbetrag, der von der Länge seiner Teilnahme an der Hauptverhandlung unabhängig war. Diese fand nur Berücksichtigung, wenn der Pflichtverteidiger eine Pauschvergütung nach § 99 BRAGO beantragte, da nach der

Zusatzgebühr zur Terminsgebühr Amtsgericht (HV 5 – 8 Stunden)   Nr. 4110 VV

Rechtsprechung der OLG zur Pauschvergütung nach § 99 BRAGO die Dauer der Teilnahme des Rechtsanwalts an der Hauptverhandlung ein ganz wesentliches Moment bei der Beurteilung der Frage, ob es sich um ein „besonders umfangreiches" Verfahren gehandelt hat, war. Der Wahlverteidiger konnte hingegen die Dauer der Teilnahme an der Hauptverhandlung bei der Bestimmung der angemessenen Gebühr berücksichtigen. Diese Ungleichbehandlung hat das RVG (teilweise) beseitigt (zum Sinn und Zweck der Regelung auch Kotz, NStZ 2009, 414).

Die Regelung im RVG hat allerdings u.a. dazu geführt, dass **weniger Pauschgebühren** für 2 den Pflichtverteidiger festgesetzt werden, da der besondere Zeitaufwand des Pflichtverteidigers nun schon bei seinen gesetzlichen Gebühren berücksichtigt wird (vgl. dazu BT-Drucks. 15/1971, S. 224; aus der [st.] Rspr. der OLG, vgl. u.a. OLG Hamm, StraFo 2005, 263; NJW 2006, 74; OLG Jena, StV 2006, 202 = StraFo 2005, 273 = RVGreport 2005, 103; OLG Karlsruhe, RVGreport 2005, 315; StV 2006, 205 = RVGreport 2006, 420; s. aber auch die Ausführungen bei § 51 Rn. 105 ff.).

Die **Regelung** ist allerdings **nicht stimmig**, da die zusätzliche Gebühr für besonders lange 3 Hauptverhandlungen nicht nach der Ordnung des Gerichts, an dem die Hauptverhandlung stattfindet, gestaffelt ist. Der Pflichtverteidiger beim AG erhält die zusätzliche Gebühr ebenso nur, wenn die Hauptverhandlung mehr als fünf und bis acht Stunden gedauert hat, wie der, der bei der Strafkammer verteidigt, obwohl i.d.R. kürzere Hauptverhandlungen durchgeführt werden. Dies führt zu einer **Ungleichbehandlung** der Rechtsanwälte, die beim AG verteidigen.

B. Kommentierung

I. Abgeltungsbereich der Gebühr

1. Allgemeines

Der gerichtliche bestellte oder beigeordnete Rechtsanwalt, i.d.R. also der **Pflichtverteidiger**, er- 4 hält die Gebühr Nr. 4110 VV **zusätzlich neben** der **Terminsgebühr** nach Nr. 4108 VV oder nach Nr. 4109 VV, wenn der Mandant nicht auf freiem Fuß ist. Es handelt sich um eine selbstständige Gebühr, die nicht mit anderen Zuschlägen verrechnet wird.

2. Persönlicher Abgeltungsbereich

Die Gebühr ist auf den gerichtlich bestellten oder beigeordneten Rechtsanwalt, also i.d.R. auf 5 den **Pflichtverteidiger, beschränkt**. Der Wahlanwalt kann sie nicht geltend machen. Der Gesetzgeber hat zu einer Ausdehnung der Gebühr auf den Wahlanwalt keinen Anlass gesehen. Diesem steht für seine Tätigkeiten eine Betragsrahmengebühr zu. Innerhalb des vorgegebenen Rahmens muss er die jeweils angemessene Terminsgebühr bestimmen, wobei die Dauer des jeweiligen Hauptverhandlungstermins eine nicht unerhebliche Rolle spielen wird (vgl. Nr. 4108 VV Rn. 19 ff.).

3. Sachlicher Abgeltungsbereich

a) Allgemeines

Die zusätzliche Gebühr wird gewährt, wenn der gerichtliche bestellte oder beigeordnete Rechts- 6 anwalt an einer Hauptverhandlung **mehr als fünf** und **bis acht Stunden** teilgenommen hat.

Nr. 4110 VV   *Zusatzgebühr zur Terminsgebühr Amtsgericht (HV 5 – 8 Stunden)*

Gemeint ist damit der **jeweilige Hauptverhandlungstermin**. Das ergibt sich durch die Anknüpfung der Nr. 4110 VV an Nr. 4108 VV und damit an die dort verwandte Formulierung „Hauptverhandlungstag" (Gerold/Schmidt/Burhoff, VV 4108, 4114 Rn. 24). Bei einer mehrtägigen Hauptverhandlung wird die zeitliche Dauer der einzelnen Hauptverhandlungstermine nicht addiert (vgl. Beispiel 1).

Beispiel 1:

Die Hauptverhandlung beim AG findet an drei Verhandlungstagen statt. Rechtsanwalt R nimmt als Pflichtverteidiger an allen drei Hauptverhandlungsterminen teil. Der Erste dauert sechs Stunden, der Zweite dauert vier Stunden und der Dritte noch einmal zwei Stunden.

Rechtsanwalt R erhält neben der Terminsgebühr nur eine zusätzliche Gebühr, und zwar nach Nr. 4110 VV für den Termin, der mehr als sechs Stunden gedauert hat, da er nur an diesem Tag mehr als fünf und bis acht Stunden an der Hauptverhandlung teilgenommen hat.

Die Verhandlungsdauer der übrigen Termine bleibt unberücksichtigt. Sie führt weder dazu, dass anstelle des Zuschlags nach Nr. 4110 VV ein solcher nach Nr. 4111 VV angefallen ist noch dazu, dass ein weiterer Zuschlag nach Nr. 4110 VV gerechtfertigt wäre.

Beispiel 2:

Der Rechtsanwalt verteidigt den Angeklagten als Pflichtverteidiger in zwei Verfahren. Diese werden in der Hauptverhandlung nach Aufruf und Verlesung der Anklage zur gemeinsamen Verhandlung verbunden. Die Hauptverhandlung dauert von 09.00 Uhr bis 14.45 Uhr. Rechtsanwalt R überlegt, ob er neben der Festsetzung von zwei Terminsgebühren auch die Festsetzung von zwei Längenzuschlägen nach Nr. 4110 VV beantragen kann.

Zutreffend ist die Ansicht von Rechtsanwalt R, dass zwei Terminsgebühren Nr. 4108 VV abgerechnet werden können (vgl. dazu Vorbem. 4 VV Rn. 76). Es ist jedoch im Zweifel nur eine Zusatzgebühr Nr. 4110 VV entstanden. Nach Verbindung der beiden Verfahren handelt es sich nur noch um eine Angelegenheit, in der die nun einheitliche Hauptverhandlung fortgeführt wird. Damit entsteht die Gebühr Nr. 4110 VV im Zweifel auch nur einmal (vgl. auch § 15 Abs. 2 Satz 1). Etwas anderes gilt lediglich dann, wenn die Verbindung erst nach einer bereits verstrichenen Hauptverhandlungsdauer von mehr als 5 Stunden erfolgt wäre. Dann wäre nämlich in beiden bis zur Verbindung verschiedenen Angelegenheiten jeweils die Nr. 4110 VV entstanden, die dann durch die Verbindung nicht wieder entfallen würde (zur Verbindung von Verfahren vgl. Teil A: Verbindung von Verfahren, Rn. 1431).

b) Teilnahme an der (besonders) langen Hauptverhandlung

7   Für das Entstehen der Zuschlagsgebühr ist **entscheidend, wie lange** der gerichtliche bestellte oder beigeordnete Rechtsanwalt an der **Hauptverhandlung teilgenommen** hat. Das ergibt sich aus dem Wortlaut der Vorschrift und aus ihrem Sinn und Zweck, wonach der Zeitaufwand, den der gerichtlich bestellte oder beigeordnete Rechtsanwalt erbringen muss, besser honoriert werden soll (vgl. dazu BT-Drucks. 15/1971, S. 224). Dass der Hauptverhandlungstermin ggf. länger gedauert hat, als der Rechtsanwalt teilgenommen hat, ist für das Entstehen der Zuschlagsgebühr ohne Belang (OLG Hamm, StV 2006, 201 = RVGreport 2005, 351 = JurBüro 2005, 532; s. auch Gerold/Schmidt/Burhoff, VV 4108 – 4111 Rn. 26; Kotz, NStZ 2009, 414 f.). Die Gebühr ist „zeit-personen-bezogen".

Zusatzgebühr zur Terminsgebühr Amtsgericht (HV 5 – 8 Stunden)   *Nr. 4110 VV*

Beispiel:

Die Hauptverhandlung beim AG beginnt um 9.00 Uhr und dauert bis 15.30 Uhr. Rechtsanwalt R nimmt als Pflichtverteidiger bis 13.00 Uhr teil. Dann muss er wegen eines anderen dringenden Termins die Hauptverhandlung verlassen. Es wird nunmehr sein Sozius Rechtsanwalt S zum Pflichtverteidiger bestellt, der dann bis zum Ende der Hauptverhandlung anwesend ist.

Rechtsanwalt R erhält nur eine Terminsgebühr nach Nr. 4108 VV. Einen Zuschlag nach Nr. 4110 VV erhält er nicht. Zwar hat die Hauptverhandlung mehr als fünf Stunden gedauert. Rechtsanwalt R hat aber nicht mehr als fünf Stunden teilgenommen, sondern nur vier Stunden (vgl. OLG Koblenz, NJW 2006, 1150 = StraFo 2006, 175 = AGS 2006, 285). Auch Rechtsanwalt S erhält keinen Zuschlag, da er ebenfalls nicht mehr als fünf Stunden an der Hauptverhandlung teilgenommen hat.

> **Hinweis:**
>
> Dieses Ergebnis lässt sich auch nicht dadurch vermeiden, dass Rechtsanwalt S als Vertreter des Pflichtverteidigers Rechtsanwalt R weiter an der Hauptverhandlung teilnimmt und dann ggf. über § 5 die Zeiten der jeweiligen Teilnahme zusammengerechnet werden. Eine **Vertretung** des **Pflichtverteidigers** durch einen anderen Rechtsanwalt ist **nicht zulässig** (Meyer-Goßner, § 142 Rn. 15; Burhoff, EV, Rn. 1310, jeweils m.w.N.), und zwar auch nicht durch den Sozius des beigeordneten Rechtsanwalts (BGH, NJW 1992, 1841; Burhoff, a.a.O.; vgl. aber auch das Beispiel 2 bei Rn. 9).

Die Hauptverhandlung **beginnt** nach § 243 Abs. 1 Satz 1 StPO mit dem **Aufruf** der **Sache** und endet, wenn der Vorsitzende die Verhandlung schließt (vgl. Nr. 4108 Rn. 4). Liegen zwischen diesen Zeitpunkten mehr als fünf und bis acht Stunden, in denen der Rechtsanwalt an der Hauptverhandlung teilgenommen hat, steht ihm der Zuschlag nach Nr. 4110 VV zu (s. aber unten Rn. 10 ff.). Nimmt der Rechtsanwalt nur teilweise an der Hauptverhandlung teil, ist entscheidend, ob sich insgesamt eine Teilnahmedauer von mehr als fünf bis zu acht Stunden feststellen lässt.   8

Beispiel 1:   9

Die Hauptverhandlung beim AG beginnt um 9.00 Uhr und dauert bis 17.30 Uhr. Rechtsanwalt R nimmt als Pflichtverteidiger zunächst bis 13.30 Uhr teil. Dann muss er wegen eines anderen dringenden Termins die Hauptverhandlung verlassen. Es wird nunmehr sein Sozius Rechtsanwalt S zum Pflichtverteidiger bestellt, der dann bis 15.30 Uhr anwesend ist. Danach nimmt wieder Rechtsanwalt R bis zum Ende des Termins teil.

Rechtsanwalt R erhält zusätzlich zur Terminsgebühr nach Nr. 4108 VV den Längenzuschlag nach Nr. 4110 VV. Er hat nämlich mehr als fünf Stunden an der Hauptverhandlung teilgenommen. Zwar war er nicht ununterbrochen mehr als fünf Stunden in der Hauptverhandlung anwesend. Das setzt die Vorschrift aber auch nicht voraus.

Beispiel 2:

Rechtsanwalt R ist Pflichtverteidiger des Angeklagten. Da Rechtsanwalt R am Vormittag des 2. Hauptverhandlungstages verhindert ist, erscheint für den Angeklagten Rechtsanwalt V, den der Vorsitzende „für die Dauer der Verhinderung des Pflichtverteidigers Rechtsanwalt R" zum Verteidiger mit der Maßgabe bestellt, „dass keine weitere Gebühr entsteht". Rechtsanwalt R nimmt an der Hauptverhandlung von 9.00 Uhr bis zum Eintritt der Mittagspause um 10.56 Uhr teil, danach ist von 12.36 Uhr bis 17.10 Uhr für den Angeklagten Rechtsanwalt V anwesend. Rechtsanwalt R hat in seinem Antrag auf Festsetzung der Vergütung für den 2. Verhandlungstag neben der Gebühr gem. Nr. 4108 VV eine zusätzliche Gebühr nach

Nr. 4110 VV   *Zusatzgebühr zur Terminsgebühr Amtsgericht (HV 5 – 8 Stunden)*

Nr. 4110 VV mit der Begründung geltend gemacht, dass der Termin mehr als fünf Stunden gedauert und für den Angeklagten stets ein Pflichtverteidiger teilgenommen hat.

Ob R auch einen Längenzuschlag **abrechnen** kann, hängt davon ab, wie man das Verhältnis von Pflichtverteidiger und sog. Terminsvertreter sieht.

- Geht man davon aus, dass der Terminsvertreter **eigenständig** Gebühren verdient (vgl. dazu oben Vorbem. 4.1 VV Rn. 17 f.), dann ist **kein** Längenzuschlag entstanden, da weder R noch V mehr als fünf Stunden an der Hauptverhandlung teilgenommen haben.

- Geht man hingegen – wie die wohl **herrschende Meinung** (vgl. dazu Vorbem. 4.1 VV Rn. 17 f.) – davon aus, dass Pflichtverteidiger und ihn vertretender Terminsvertreter eine Einheit bilden, dann entsteht ein **Längenzuschlag**. Die jeweiligen Teilnahmezeiten sind dann zusammenzurechnen (vgl. KG, RVGreport 2011, 260 = StRR 2011, 281 m. Anm. Burhoff). Die einfache Terminsgebühr und die zusätzliche Gebühr sind in diesen Fällen dann nach dem Anteil der zeitlichen Beanspruchung zwischen dem Pflichtverteidiger und dem Terminsvertreter zu verteilen (KG, a.a.O.).

Hinweis:
Offen gelassen hat das KG (a.a.O.) die Frage, wie die Quote zu bestimmen ist, wenn **einer** der beteiligten Rechtsanwälte **mehr** und der andere weniger als fünf Stunden an der Hauptverhandlung teilnimmt, insbesondere ob dann der Längenzuschlag aus der Bemessungsgrundlage für die Quote herauszunehmen ist und allein demjenigen gebührt, der in seiner Person die Voraussetzungen für den Längenzuschlag erfüllt hat. Ist man konsequent, wird man auch in diesem Fall, Pflichtverteidiger und sog. Terminsvertreter als Einheit ansehen müssen. Das hat zur Folge, dass sich an der vorstehenden Aufteilung nichts ändert, was allerdings für den, der mehr als fünf Stunden an der Hauptverhandlung teilgenommen hat und in seiner Person die Voraussetzungen für die Gewährung des Längenzuschlags erfüllt hat, ungerecht ist.

c) Berechnung der Hauptverhandlungsdauer

aa) Allgemeines

10   Fraglich ist, ob und wie **Wartezeiten** und oder (längere) **Pausen** bei der Ermittlung der für die Gewährung eines Zuschlags zur Terminsgebühr für den gerichtlich bestellten oder beigeordneten Rechtsanwalt maßgeblichen Zeit zu berücksichtigen sind. Die Gesetzesbegründung sagt dazu ausdrücklich nichts (vgl. BT-Drucks. 15/1971, S. 224). Sie verweist allerdings wegen der zeitlichen Grenzen von mehr als fünf und bis acht Stunden auf die (frühere) **Rechtsprechung** der OLG zur **Pauschvergütung** nach § 99 BRAGO (vgl. dazu u.a. OLG Jena, StV 1997, 427 = AnwBl. 1997, 125; OLG Hamm, AGS 1998, 136 m. Anm. Madert). Die Frage, ob und wie Wartezeiten und Pausen zu berücksichtigen sind, ist in der obergerichtlichen Rechtsprechung im Streit. Für die Lösung dieser Streitfrage ist **maßgeblich** der **Sinn** und **Zweck**, den der Gesetzgeber mit der Neuregelung verfolgt hat (vgl. BT-Drucks. 15/1971, S. 224):

Dem Pflichtverteidiger soll „bei langen Hauptverhandlungen ein fester Zuschlag gewährt werden. Dadurch wird auch bei ihm der besondere **Zeitaufwand** für seine anwaltliche Tätigkeit **angemessen honoriert**, und er ist nicht mehr ausschließlich auf die Bewilligung einer Pauschgebühr angewiesen. Die vorgeschlagene Regelung reduziert zudem die Ungleichbehandlung des gerichtlich bestellten Rechtsanwalts im Verhältnis zum Wahlanwalt und fördert damit zusätzlich

Zusatzgebühr zur Terminsgebühr Amtsgericht (HV 5 – 8 Stunden) Nr. 4110 VV

auch eine sachgerechte Verteidigung des Beschuldigten im Fall der notwendigen Verteidigung (§ 140 StPO)."

bb) Berücksichtigung von Wartezeiten

Bei der Berechnung der Dauer der HV werden von der **herrschenden Meinung** in Rechtsprechung und Literatur **Wartezeiten mitgerechnet** (vgl. aus der Lit. s. u.a. AnwKomm-RVG/ N. Schneider, VV 4108 – 4111 Rn. 28; Gerold/Schmidt/Burhoff, VV 4108 – 4111 Rn. 25; Hartmann, KostG, Nr. 4110, 4111 VV RVG Rn. 1; Riedel/Sußbauer/Schmahl, VV, Teil 4, Abschnitt 1 Rn. 64; Hartung/Schons/Enders, Nr. 4108 – 4111 VV Rn. 26; Kotz, NStZ 2009, 414 f.; wegen Rspr.-Nachw. s. Rn. 12). Nach dem **Wortlaut** der Vorschrift ist allerdings Voraussetzung für das Entstehen der Zuschlagsgebühren, dass der Rechtsanwalt an der Hauptverhandlung teilnimmt, was grds. die Auslegung zulässt, dass eine Teilnahme an der Hauptverhandlung erst ab dem Aufruf der Sache möglich sei, weil erst mit diesem die Hauptverhandlung beginnt (§ 243 Abs. 1 Satz 1 StPO; so insbesondere OLG Saarbrücken, NStZ-RR 2006, 191 = AGS 2006, 336; 09.01.2007 – 1 Ws 236/06). Diese Sichtweise verkennt aber den o.a. **Sinn** und **Zweck** der (Neu-) Regelung und ist im Hinblick auf den Gesetzeszweck, nämlich den besonderen Zeitaufwand eines gerichtlich bestellten Rechtsanwalts für seine anwaltliche Tätigkeit angemessen zu honorieren, nicht sachgemäß (so auch KG, RVGreport 2006, 33 = AGS 2006, 123; Kotz, NStZ 2009, 414 f.). Hinzu kommt, dass nicht einleuchtet, warum einem Rechtsanwalt ggf. über Vorbem. 4 Abs. 3 Satz 2 ein Termin, der überhaupt nicht stattfindet, honoriert wird, er aber Wartezeiten, also ebenfalls nutzlos aufgewendete Zeit, nicht vergütet bekommen soll (so die u.a. Rspr.). Zudem ist der Rechtsanwalt verpflichtet, pünktlich zu dem in der Ladung angegebenen Zeitpunkt des Beginns der Hauptverhandlung zu erscheinen. Er ist durch die Sache auch dann in Anspruch genommen und i.d.R. an der Wahrnehmung seiner übrigen Geschäfte gehindert, wenn sich der Aufruf der Sache verzögert (KG, RVGreport 2006, 33 = AGS 2006, 123).

11

> **Hinweis:**
> **Maßgeblich** für den Beginn der Zeitberechnung ist also der **Zeitpunkt**, zu dem geladen ist, wenn der Rechtsanwalt zu diesem Zeitpunkt erschienen ist (vgl. die Rspr.-Nachw. bei Rn. 12).

Rechtsprechungsübersicht: Berücksichtigung von Wartezeiten

- Auf den **terminierten Beginn** der Hauptverhandlung stellen u.a. ab:
  - **KG**, StV 2006, 198 = AGS 2006, 278 = RVGreport 2007, 180; AGS 2006, 123 = RVGreport 2006, 33; RVGreport 2007, 305 = RVGprofessionell 2007, 176 = StRR 2007, 238;
  - **OLG Bamberg**, AGS 2006, 124 m. Anm. N. Schneider;
  - **OLG Celle**, NStZ-RR 2007, 391 = StRR 2007, 203; Beschl. v. 09.07.2008 – 2 Ws 174/08, www.burhoff.de;
  - **OLG Dresden**, Beschl. v. 17.04.2008 – 1 Ws 74/08;
  - **OLG Düsseldorf**, JurBüro 2006, 641 = StV 2007, 480 = RVGreport 2006, 470 = StraFo 2006, 473;

12

Nr. 4110 VV   Zusatzgebühr zur Terminsgebühr Amtsgericht (HV 5 – 8 Stunden)

- **OLG Hamm**, StV 2006, 201 = RVGreport 2005, 351 = JurBüro 2005, 532; AGS 2006, 337;
- **OLG Karlsruhe**, StV 2006, 201 = RVGreport 2005, 315;
- **OLG Koblenz**, NJW 2006, 1150 = StraFo 2006, 175 = AGS 2006, 285 = RVGReport 2007, 305;
- **OLG Naumburg**, Beschl. v. 12.12.2006 – 1 Ws 579/06;
- **OLG Nürnberg**, RVGreport 2008, 143 = RVGprofessionell 2008, 74 = StRR 2008, 200;
- **OLG Oldenburg**, Beschl. v. 03.05.2007 – 1 Ws 169/07, www.burhoff.de;
- **OLG Stuttgart**, StV 2006, 200 = RVGreport 2006, 32 = Rpfleger 2006, 36;
- **OLG Zweibrücken**, Beschl. v. 23.01.2009 – 1 AR 21/08;
- **LG Dresden**, RVGreport 2008, 226 = StRR 2008, 279;
- **LG Essen**, AGS 2006, 287;
- **LG Berlin**, Beschl. v. 23.08.2005 – 534-16/05.

• Auf den tatsächlichen **Beginn** der **Hauptverhandlung** stellen u.a. ab:

- **OLG Rostock** (vgl. Kotz, NStZ 2009, 414 f.);
- **OLG Saarbrücken,** NStZ-RR 2006, 191 = AGS 2006, 336 = JurBüro 2007, 28; **OLG Saarbrücken,** Beschl. v. 09.01.2007 – 1 Ws 236/06, www.burhoff.de.

cc) Berücksichtigung von Pausen

13 Die Frage, ob Hauptverhandlungspausen ggf. abgezogen werden, wird **nicht einheitlich** beantwortet. Teilweise wird zwischen kürzeren und längeren Pausen unterschieden. Insoweit gilt (vgl. auch Gerold/Schmidt/Burhoff, VV 4108 – 4110 Rn. 36; Kotz, NStZ 2009, 414 ff.):

14 Einigkeit besteht, dass **kürzere Pausen** – „zur Vermeidung einer kleinlichen Handhabung der Vorschrift" (OLG Bamberg, AGS 2006, 124) – nicht abgezogen werden (so auch u.a. KG, RVGreport 2006, 33 = AGS 2006, 123; zuletzt Beschl. v. 25.05.2007 – 1 Ws 36/07, www.burhoff.de; OLG Celle, NStZ-RR 2007, 391 = StRR 2007, 203; 09.07.2008 – 2 Ws 174/08; OLG Düsseldorf, JurBüro 2006, 641 = StV 2007, 480 = RVGreport 2006, 470 = StraFo 2006, 473; OLG Jena, RVGreport 2008, 459 = StRR 2008, 478 = RVGprofessionell 2009, 2; OLG Hamm, StraFo 2006, 173 = AGS 2006, 282 = JurBüro 2006, 533 = Rpfleger 2006, 433; OLG Koblenz, NJW 2006, 1150 = StraFo 2006, 175 = AGS 2006, 285; OLG München, RVGreport 2009, 110 = StRR 2009, 199; OLG Naumburg, 12.12.2006 – 1 Ws 579/06; OLG Nürnberg, RVGreport 2008, 143 = RVGprofessionell 2008, 74 = StRR 2008, 200; OLG Oldenburg, AGS 2008, 178; OLG Stuttgart, StV 2006, 200 = RVGreport 2006, 32 = Rpfleger 2006, 36; OLG Zweibrücken, NStZ-RR 2006, 392 = JurBüro 2006, 642 = Rpfleger 2006, 669).

15 Bei **längeren Pausen** ist die Rechtsprechung **nicht einheitlich.** Insoweit gilt (vgl. auch den **Vergütungsatlas** bei Kotz, NStZ 2009, 414, 421):

• **Längere (Mittags-)Pausen** werden vom OLG Bamberg, vom OLG Celle, vom OLG München, vom OLG Nürnberg, vom OLG Oldenburg, vom OLG Zweibrücken sowie vom LG Berlin **immer abgezogen** (vgl. OLG Bamberg, AGS 2006, 124; OLG Celle, NStZ-RR 2007, 391 = StRR 2007, 203; OLG München, RVGreport 2009, 110 = StRR 2009, 199; OLG

A. Vergütungs-ABC	B. Kommentar
	Teil 4 • Strafsachen • Abschnitt 1 • Unterabschnitt 3

Zusatzgebühr zur Terminsgebühr Amtsgericht (HV 5 – 8 Stunden) Nr. 4110 VV

Nürnberg, RVGreport 2008, 143 = RVGprofessionell 2008, 74 = StRR 2008, 200; OLG Oldenburg, AGS 2008, 178; OLG Zweibrücken, NStZ-RR 2006, 392 = JurBüro 2006, 642 = Rpfleger 2006, 669; LG Berlin, 12.03.2007 – (536) 2 StB Js 215/01 KLs [13/04]).

- Das KG (RVGreport 2007, 305 = RVGprofessionell 2007, 176 = StRR 2007, 238) und das OLG Jena (RVGreport 2008, 459 = StRR 2008, 478 = RVGprofessionell 2009, 2) **differenzieren**: Sie ziehen **längere unvorhergesehene Pausen** nicht ab, da sich der Rechtsanwalt in der Zeit für das Gericht zur Verfügung halten müsse, **vorhersehbare längere** (Mittags-)Pausen werden hingegen abgezogen (s. auch LG Osnabrück, 25.02.2011 – 6 Ks/830 Js 55726/08 – 5/09, www.burhoff.de, für eine aufgrund des „umfassenden und zügigen Einlassungsverhalten des Angeklagten" entstandene längere Pause).

- Das OLG Düsseldorf, das OLG Dresden, das OLG Hamm, das OLG Koblenz, das OLG Naumburg und das OLG Stuttgart, stellen bei (extrem) **langen Pausen** darauf, ob und wie der Rechtsanwalt die **freie Zeit sinnvoll** hat **nutzen** können (vgl. OLG Düsseldorf, JurBüro 2006, 641 = StV 2007, 480 = RVGreport 2006, 470 = StraFo 2006, 473; OLG Dresden, StraFo 2008, 133; OLG Hamm, StraFo 2006, 173 = AGS 2006, 282 m. Anm. Madert, AGS 2006, 333 = JurBüro 2006, 533 = RVGreport 2007, 224; OLG Koblenz, NJW 2006, 1150 = StraFo 2006, 175 = AGS 2006, 285 = RVGReport 2007, 305; OLG Naumburg, 12.12.2006 – 1 Ws 579/06 [Pause von 40 Minuten]; OLG Stuttgart, StV 2006, 200 = RVGreport 2006, 32 = Rpfleger 2006, 36).

- In der **Literatur** geht Kotz (vgl. NStZ 2009, 414 ff.) schließlich davon aus, dass bei der Berechnung des Längenzuschlags nur die Pausen in Abzug zu bringen sind, die der Rechtsanwalt zu vertreten hat, entweder weil er sich verspätet oder weil er die Pause selbst beantragt hat. Alle anderen Pausen sollen von der Hauptverhandlungsdauer nicht abgezogen werden, da der Rechtsanwalt auf sie keinen Einfluss habe; sie seien verfahrensbezogen. Das sei auch bei der Mittagspause der Fall.

Hinweis:

Fraglich ist, **wann** von einer **extrem langen Pause** ausgegangen werden muss. Das OLG Stuttgart, a.a.O. scheint davon bei einer Pause von mehr als drei Stunden auszugehen.

Nach Auffassung des OLG Stuttgart, des OLG Koblenz und des OLG Hamm (jew. a.a.O.) ist im Übrigen dem Rechtsanwalt immer (auch) eine **angemessene Mittagspause** von mindestens einer Stunde (so wohl mindestens KG, JurBüro 2010, 363; OLG Stuttgart, a.a.O.) bzw. von zwei Stunden (OLG Koblenz, a.a.O.) zuzubilligen (zur Mittagspause auch Kotz, NStZ 2009, 414, 417). Diese Zeit ist von einer längeren Pause abzuziehen und dann zu fragen, ob der Rechtsanwalt die verbleibende Zeit sinnvoll hat nutzen können (OLG Stuttgart, OLG Koblenz, OLG Hamm, jew. a.a.O.). Dabei sind zahlreiche Umstände von Bedeutung, wie z.B. neben der Länge der Pause auch die Entfernung der Kanzlei zum Gerichtsort, die tatsächliche Fahrtzeit, die zurückzulegen ist, wobei der Rechtsanwalt wählen können muss, ob er öffentliche Verkehrsmittel oder ein Kfz benutzt, und Ähnliches (vgl. OLG Stuttgart, a.a.O.). In der Mehrzahl der Fälle dürften, da i.d.R. kaum längere Mittagspausen gemacht werden, auf der Grundlage dieser Rechtsprechung Abzüge von Mittagspausen i.d.R. nicht in Betracht kommen (so auch Gerold/Schmidt/Burhoff, VV 4108 – 4111 Rn. 26).

Nr. 4110 VV   *Zusatzgebühr zur Terminsgebühr Amtsgericht (HV 5 – 8 Stunden)*

16 **Zutreffend** ist die auf den **Einzelfall** abstellende **Rechtsprechung**, vor allem also die des OLG Stuttgart (a.a.O.; s. auch Burhoff, RVGreport 2006, 1). Sinn und Zweck der gesetzlichen (Neu-) Regelung, die maßgeblich auf den vom Pflichtverteidiger erbrachten Zeitaufwand abstellt, erfordert es gerade, die Zeit, die der Rechtsanwalt nicht sinnvoll für andere Tätigkeiten hat nutzen können durch die Berücksichtigung dieser Zeit bei der Berechnung der Hauptverhandlungsdauer zu honorieren. Es ist zudem nicht konsequent, wenn einerseits „weil eine kleinliche Auslegung dieser Vorschrift zu unfruchtbaren Streitereien führen würde" kurze Pausen nicht abgezogen werden (vgl. u.a. OLG Bamberg, AGS 2006, 124), längere Pausen hingegen ohne Unterschied keine Berücksichtigung finden sollen. Entsprechendes gilt für die Rechtsprechung des KG (RVGreport 2007, 305 = RVGprofessionell 2007, 176 = StRR 2007, 238) und des OLG Jena (RVGreport 2008, 459 = StRR 2008, 478 = RVGprofessionell 2009, 2), die eine von vornherein geplante und in ihrer Länge absehbare Pause abziehen will, ungeplante, überraschende längere Pausen hingegen bei der Berechnung der Hauptverhandlungsdauer offenbar berücksichtigen will.

dd) Beispielsfälle

17 *Beispiel 1:*

Die Hauptverhandlung beim AG ist auf 9.00 Uhr terminiert und dauert bis 14.10 Uhr. Rechtsanwalt R erscheint (verspätet) erst um 9.15 Uhr.

Die Zuschlagsgebühr ist nicht entstanden. Die Hauptverhandlung hat zwar mehr als fünf Stunden gedauert, R hat an ihr jedoch nur 4.55 Stunden teilgenommen. Entscheidend für die Berechnung der Hauptverhandlungsdauer ist auch nach der Rechtsprechung, die Wartezeiten berücksichtigt, immer der Zeitpunkt, zu dem der Rechtsanwalt im Gerichtssaal anwesend ist (OLG Hamm, StV 2006, 201 = RVGreport 2005, 351 = JurBüro 2005, 532; AGS 2006, 337; OLG Düsseldorf, StraFo 2006, 473 = NStZ-RR 2006, 391 = JurBüro 2006, 641; s. auch Kotz, NStZ 2009, 414 ff.).

18 *Beispiel 2:*

Die Hauptverhandlung beim AG ist auf 9.00 Uhr terminiert und dauert bis 14.15 Uhr. Rechtsanwalt R ist pünktlich um 9.00 Uhr erschienen. Wegen der Verspätung eines Schöffen beginnt die Hauptverhandlung jedoch erst um 9.30 Uhr.

Hier kann Rechtsanwalt R die Terminsgebühr mit Zuschlag nach Nr. 4110 VV berechnen. Entscheidend für die Berechnung der Hauptverhandlungsdauer ist der Zeitpunkt, zu dem der Rechtsanwalt im Gerichtssaal anwesend ist (vgl. die Rspr.-Nachw. bei Rn. 12).

19 *Beispiel 3:*

Die Hauptverhandlung beim AG ist auf 9.00 Uhr terminiert und dauert bis 14.15 Uhr. Rechtsanwalt R ist pünktlich um 9.00 Uhr erschienen. Die Hauptverhandlung beginnt auch um 9.00 Uhr. Aus dem Protokoll ergeben sich Sitzungspausen von 9.45 – 9.49 Uhr und von 10. 36 – 10.51 Uhr. Kann der Zuschlag berechnet werden?

Auch hier steht Rechtsanwalt R die Gebühr Nr. 4110 VV zu. Die Sitzungspausen von insgesamt 19 Minuten werden von Hauptverhandlungsdauer nicht abgezogen (vgl. die Rspr.-Nachw. bei Rn. 12 ff.).

20 *Beispiel 4:*

Die Hauptverhandlung beim AG ist auf 9.00 Uhr terminiert und dauert bis 15.45 Uhr. Rechtsanwalt R ist pünktlich um 9.00 Uhr erschienen. Die Hauptverhandlung beginnt auch um 9.00 Uhr und dauert bis 12.17 Uhr. Sie wird dann nachmittags um 15.00 Uhr fortgesetzt und dauert bis 15.45 Uhr.

Zusatzgebühr zur Terminsgebühr Amtsgericht (HV 5 – 8 Stunden) Nr. 4110 VV

Rechtsanwalt R kann auch hier die Terminsgebühr mit Zuschlag berechnen. Zwar hat die Hauptverhandlung an sich nur 4.02 Stunden gedauert. Zu berücksichtigen ist aber auf jeden Fall eine dem Rechtsanwalt zustehende Mittagspause von mindestens 1 Stunde, die von der (extrem) langen Pause abzuziehen ist; die dann noch verbleibende Pausenzeit ist nicht abzuziehen (vgl. insbesondere OLG Stuttgart, StV 2006, 200 = RVGreport 2006, 32 = Rpfleger 2006, 36; im Ergebnis auch Kotz, NStZ 2009, 414, 418; a.A. OLG Bamberg, AGS 2006, 124).

Beispiel 5: 21
Die Hauptverhandlung beim AG ist auf 9.00 Uhr terminiert. Rechtsanwalt R ist pünktlich um 9.00 Uhr erschienen. Die Hauptverhandlung beginnt auch um 9.00 Uhr und dauert bis 11.17 Uhr. Sie wird dann nachmittags um 15.00 Uhr fortgesetzt und dauert bis 17.45 Uhr.

Ob die Gebühr Nr. 4111 VV entstanden ist, hängt davon ab, wie R die Zeit zwischen 11.17 Uhr und 15.00 Uhr hat nutzen können (so insbesondere auch OLG Stuttgart, StV 2006, 200 = RVGreport 2006, 32 = Rpfleger 2006, 36; OLG Koblenz, NJW 2006, 1150 = StraFo 2006, 175 = AGS 2006, 285; teilweise a.A. KG, RVGreport 2007, 305 = RVGprofessionell 2007, 176 = StRR 2007, 238; OLG Jena, RVGreport 2008, 459 = StRR 2008, 478 = RVGprofessionell 2009, 2). Hat er nicht die Möglichkeit gehabt, sinnvolle andere Arbeiten zu verrichten, ist die Gebühr entstanden. Das wird häufig beim nicht ortsansässigen Pflichtverteidiger der Fall sein, Beim ortsansässigen Rechtsanwalt muss berücksichtigt werden, auf welche Weise er sein Büro erreicht (OLG Stuttgart, a.a.O.)

II. Höhe der Gebühr

Die Gebühr steht dem gerichtlich bestellten oder beigeordneten Rechtsanwalt in Form eines **festen Zuschlags** zu der Terminsgebühr Nr. 4108 VV oder Nr. 4109 VV zu. Dieser beträgt 92,00 € und damit 50 % der Terminsgebühr ohne Zuschlag der Nr. 4108 VV. 22

III. Argumentationshilfe für Terminsgebühr mit Längenzuschlag

Der Verteidiger muss der **Nichtberücksichtigung** von Wartezeiten und dem Abzug von Pausen unter Hinweis auf die obergerichtliche Rechtsprechung **entgegentreten** und im Festsetzungsantrag begründen, warum nach seiner Auffassung die Terminsgebühr mit Zuschlag entstanden ist. Entsprechenden Vortrag sollte er im Hinblick darauf, dass eine Beschwerde ggf. unzulässig ist (vgl. § 56 Abs. 2 Satz 1 i.V.m. § 33 Abs. 3) bereits in seinen Festsetzungsantrag aufnehmen und sich nicht auf das Beschwerdeverfahren verlassen. Es empfiehlt sich, folgende Argumente vorzutragen (vgl. dazu auch OLG Stuttgart, StV 2006, 200 = RVGreport 2006, 32 = Rpfleger 2006, 36; Burhoff, RVGreport 2006, 1). 23

- Nach den **Gesetzesmaterialien** (vgl. dazu BT-Drucks. 15/1971, S. 224) soll der **besondere Zeitaufwand** für die anwaltliche Tätigkeit **angemessen honoriert** werden. Insbesondere sollen Rechtsanwälte/innen aufgrund länger dauernder zeitlicher Inanspruchnahme nicht mehr ausschließlich auf die Bewilligung einer **Pauschgebühr angewiesen** sein. Eine maßgebliche Intention des Gesetzgebers war, durch diese neue Regelung eine Verminderung der Fälle herbeizuführen, in denen Pauschgebühren festgesetzt werden müssen (vgl. dazu BT-Drucks. 15/1971, S. 224). Dem würde jedoch ein Abzug von Verspätungen und auch von Verhandlungspausen zuwiderlaufen. 24

- Dem Rechtsanwalt kann auch mit einem Antrag auf Bewilligung einer **Pauschgebühr nicht geholfen** werden. Dessen Erfolg ist nämlich im Hinblick auf die engen Voraussetzungen

Nr. 4110 VV   *Zusatzgebühr zur Terminsgebühr Amtsgericht (HV 5 – 8 Stunden)*

von §§ 42, 51 in hohem Maße fraglich (so ausdrücklich das OLG Stuttgart, StV 2006, 200 = RVGreport 2006, 32 = Rpfleger 2006, 36).

- In der **früheren Rechtsprechung** wurden Verspätungen und kürzere Pausen bei der Berechnung der Dauer einer Hauptverhandlung nicht abgezogen (vgl. OLG Karlsruhe, zfs 1993, 387; OLG Hamburg, StV 1991, 120 f.; OLG Jena, StV 2000, 132 f.). Der Gesetzgeber hat sich mit den zeitlichen Grenzen (fünf bzw. acht Stunden) auch an der früheren Rechtsprechung der OLG im Rahmen der Gewährung von Pauschgebühren nach § 99 BRAGO orientiert (OLG Stuttgart, StV 2006, 200 = RVGreport 2006, 32 = Rpfleger 2006, 36; OLG Bamberg, AGS 2006, 124).

- Die **Wartezeiten** eines Rechtsanwalts werden auch **nicht** etwa durch die **Verfahrensgebühr abgegolten** (so aber OLG Saarbrücken, NStZ-RR 2006, 191 = AGS 2006, 336; 09.01.2007 – 1 Ws 236/06), und zwar selbst dann nicht, wenn man unterstellt, dass der Rechtsanwalt während solcher Pausen mit anderen Beteiligten das Verfahren fördernde Gespräche führt. Zwar werden von der Verfahrensgebühr tatsächlich Besprechungen mit Verfahrensbeteiligten, (außergerichtliche) Termine und auch die (allgemeine) Vorbereitung der Hauptverhandlung (und vieles mehr) erfasst, aber gerade nicht die Teilnahme an gerichtlichen Terminen.

- Dafür, dass Wartezeiten mitberücksichtigt werden, lässt sich vor allem auch die Regelung in der **Vorbem. 4 Abs. 3 Satz 2 VV** heranziehen (s. auch Kotz, NStZ 2009, 414 ff.). Denn wenn dem Rechtsanwalt schon ein Termin vergütet wird, der überhaupt nicht stattgefunden hat, dann ist nicht einzusehen, warum ihm nicht auch Wartezeiten vergütet werden sollen (Burhoff, RVGreport 2006, 1).

- Gegen den Abzug von Pausen sind alle maßgeblichen Umstände ins Feld zu führen: Von Bedeutung sind neben der Länge der Pause vor allem der Umstand, inwieweit der Rechtsanwalt die **Pause für seine anderweitige berufliche Tätigkeit** hat sinnvoll **nutzen** können (vgl. oben Rn. 12 ff.). Es bleibt dem Rechtsanwalt überlassen, mit welchem Verkehrsmittel er sein Büro erreichen will/kann (OLG Stuttgart, StV 2006, 200 = RVGreport 2006, 32 = Rpfleger 2006, 36).

- Bei **Mittagspausen** muss ein ausreichender Zeitraum zur Verköstigung zugebilligt werden. Der ist wiederum von der Dauer der Pause abzuziehen (OLG Stuttgart, StV 2006, 200 = RVGreport 2006, 32 = Rpfleger 2006, 36). Die Mittagspause beträgt mindestens eine Stunde (KG, JurBüro 2010, 363; OLG Stuttgart, a.a.O.).

Zusatzgebühr zur Terminsgebühr Amtsgericht (HV mehr als 8 Stunden)   *Nr. 4111 VV*

Nr. 4111 VV
Zusatzgebühr zur Terminsgebühr Amtsgericht (HV mehr als 8 Stunden)

Nr.	Gebührentatbestand	Gebühr oder Satz der Gebühr nach § 13 oder § 49 RVG	
		Wahlanwalt	gerichtlich bestellter oder beigeordneter Rechtsanwalt
4111	Der gerichtlich bestellte oder beigeordnete Rechtsanwalt nimmt mehr als 8 Stunden an der Hauptverhandlung teil: Zusätzliche Gebühr neben der Gebühr 4108 oder 4109		184,00 EUR

Übersicht

	Rn.
A. Überblick	1
B. Kommentierung	2

Literatur:

Burhoff, Der sogenannte Haftzuschlag nach Vorbem. 4 Abs. 4 VV RVG, StRR 2007, 54; *ders.*, Was Sie im Strafverfahren zum Haftzuschlag wissen sollten, RVGprofessionell 2010, 77.

A.   Überblick

Die Vorschrift gewährt dem gerichtlich bestellten oder beigeordneten Rechtsanwalt – ebenso wie die Gebühr Nr. 4110 VV – zusätzlich zur Gebühr Nr. 4108 VV oder Nr. 4109 VV eine **Zusatzgebühr** zur Terminsgebühr, wenn er mehr als acht Stunden an der Hauptverhandlung teilgenommen hat (s. im Übrigen Nr. 4110 VV Rn. 1 ff.).   1

B.   Kommentierung

Die Zuschlagsgebühr Nr. 4111 VV unterscheidet sich von der Gebühr Nr. 4110 VV nur dadurch, dass diese Gebühr erst entsteht, wenn der gerichtlich bestellte oder beigeordnete Rechtsanwalt **mehr als acht Stunden** an der Hauptverhandlung teilgenommen hat. Im Übrigen besteht kein Unterschied, sodass auf die Ausführungen bei Nr. 4110 VV verwiesen werden kann.   2

> **Hinweis:**
> Wenn die Hauptverhandlung mehr als acht Stunden gedauert hat, erhält der gerichtlich bestellte oder beigeordnete Rechtsanwalt nur die Gebühr aus Nr. 4111 VV. Er erhält **nicht etwa** für die mehr als fünf- bis achtstündige Dauer der Hauptverhandlung zunächst die **Gebühr** nach **Nr. 4110 VV** und dann noch für die darüber hinausgehende Zeit die Gebühr nach Nr. 4111 VV. Das folgt daraus, dass die Gebühr Nr. 4111 VV nur als „zusätzliche Gebühr

Nr. 4111 VV   Zusatzgebühr zur Terminsgebühr Amtsgericht (HV mehr als 8 Stunden)

neben der Gebühr 4108 oder 4109" entsteht und nicht auch noch neben der Gebühr nach Nr. 4110 VV.

Verfahrensgebühr Strafkammer   *Nr. 4112 VV*

Nr. 4112 VV
Verfahrensgebühr Strafkammer

Nr.	Gebührentatbestand	Gebühr oder Satz der Gebühr nach § 13 oder § 49 RVG	
		Wahlanwalt	gerichtlich bestellter oder beigeordneter Rechtsanwalt
4112	**Verfahrensgebühr für den ersten Rechtszug vor der Strafkammer** Die Gebühr entsteht auch für Verfahren 1. vor der Jugendkammer, soweit sich die Gebühr nicht nach Nummer 4118 bestimmt, 2. im Rehabilitierungsverfahren nach Abschnitt 2 StrRehaG.	40,00 bis 270,00 EUR	124,00 EUR

Übersicht

	Rn.
A. Überblick	1
B. Kommentierung	2
I. Allgemeines	2
II. Gerichtliches Verfahren/Abgeltungsbereich	4
III. Höhe der Verfahrensgebühr	5

Literatur:

Burhoff, Die neue Verfahrensgebühr im Strafverfahren, RVGreport 2004, 127; *ders.*, Abrechnungsbeispiele zum RVG Gerichtliches Verfahren I. Instanz, RVGreport 2004, 336; *ders.*, Die Verfahrensgebühr im Straf- bzw. Bußgeldverfahren, RVGreport 2009, 443; s. auch die Hinweise bei Vorbem. 4 VV vor Rn. 1 und bei Nr. 4104 VV vor Rn. 1.

A. Überblick

Nr. 4112 VV regelt die gerichtliche Verfahrensgebühr im **ersten Rechtszug** für ein Verfahren vor der **Strafkammer** (allgemein zur Verfahrensgebühr s. Vorbem. 4 VV Rn. 31 ff.).   1

B. Kommentierung

I. Allgemeines

Der Rechtsanwalt erhält die Verfahrensgebühr Nr. 4112 VV für das **Betreiben** des **Geschäfts** im ersten Rechtszug vor der Strafkammer (wegen der allgemeinen Einzelh. zur Verfahrensgebühr s. Vorbem. 4 VV Rn. 31 ff. und Burhoff, RVGreport 2009, 443).   2

Die Verfahrensgebühr Nr. 4112 VV **entsteht**:   3

- in den in **§ 74 Abs. 1 GVG** geregelten Fällen (allgemeine Strafkammerverfahren),

Nr. 4112 VV   *Verfahrensgebühr Strafkammer*

- im **Fall** des § 41 JGG (**Jugendkammer**; s. Ziff. 1 der Anm. zu Nr. 4112 VV), soweit diese in Sachen entscheidet, die nach den allgemeinen Vorschriften nicht zur Zuständigkeit des Schwurgerichts (§ 74 Abs. 2 GVG) gehören bzw. im Fall des § 74a JGG (Jugendkammer als Jugendschutzkammer),
- im **Rehabilitierungsverfahren** nach Abschnitt 2 StrRehaG (s. Ziff. 2 der Anm. zu Nr. 4112 VV; zum Verfahren nach Abschnitt 2 des StrRehaG s. Vorbem. 4 VV Rn. 25 ff.).

II. Gerichtliches Verfahren/Abgeltungsbereich

4   Die Verfahrensgebühr nach Nr. 4112 VV unterscheidet sich von der **Verfahrensgebühr** für den **ersten Rechtszug** vor dem **AG** nach Nr. 4106 VV nur durch die Ordnung des Gerichts und die Höhe der Gebühr. Im Übrigen besteht **kein Unterschied**, sodass auf die Ausführungen bei Nr. 4106 VV verwiesen werden kann. Diese gelten entsprechend (vgl. wegen der Gebühren[höhe] bei Verweisung eines Verfahrens vom LG an das AG Vorbem. 4 VV Rn. 71).

III. Höhe der Verfahrensgebühr

5   Der **Wahlanwalt** erhält eine **Betragsrahmengebühr** i.H.v. 40,00 € – 270,00 € (im Übrigen s. Nr. 4106 VV Rn. 12 ff.). Die Mittelgebühr beträgt 155,00 €.

6   Der **Pflichtverteidiger** erhält einen Festbetrag i.H.v. 124,00 €.

Nr. 4113 VV
Verfahrensgebühr Strafkammer mit Zuschlag

Nr.	Gebührentatbestand	Gebühr oder Satz der Gebühr nach § 13 oder § 49 RVG	
		Wahlanwalt	gerichtlich bestellter oder beigeordneter Rechtsanwalt
4113	Gebühr 4112 mit Zuschlag	40,00 bis 337,50 EUR	151,00 EUR

Übersicht

	Rn.
A. Überblick	1
B. Kommentierung	2
I. Mandant nicht auf freiem Fuß/Abgeltungsbereich der Gebühr	2
II. Höhe der Gebühr	3

Literatur:

Burhoff, Der sogenannte Haftzuschlag nach Vorbem. 4 Abs. 4 VV RVG, StRR 2007, 54; *ders.*, Was Sie im Strafverfahren zum Haftzuschlag wissen sollten, RVGprofessionell 2010, 77.

A. Überblick

Die Vorschrift bestimmt die Verfahrensgebühr Nr. 4112 VV mit **(Haft-)Zuschlag**. Die gegenüber der Nr. 4112 VV erhöhte Gebühr entsteht, wenn sich der Mandant des Rechtsanwalts während des landesgerichtlichen Verfahrens nicht auf freiem Fuß befindet.   **1**

B. Kommentierung

I. Mandant nicht auf freiem Fuß/Abgeltungsbereich der Gebühr

Die Verfahrensgebühr Nr. 4113 VV unterscheidet sich von der Gebühr Nr. 4107 VV nur dadurch, dass diese Gebühr die gerichtliche Verfahrensgebühr für den ersten **Rechtszug** vor der **Strafkammer** erhöht, wenn der Mandant sich „nicht auf freiem Fuß" befindet. Im Übrigen besteht kein Unterschied, sodass auf die Ausführungen bei Nr. 4107 VV verwiesen werden kann.   **2**

II. Höhe der Gebühr

Der **Wahlanwalt** erhält eine **Betragsrahmengebühr** i.H.v. 40,00 € – 337,50 € (im Übrigen s. Nr. 4107 VV Rn. 5). Die Mittelgebühr beträgt 188,75 €.   **3**

Der **Pflichtverteidiger** erhält einen Festbetrag i.H.v. 151,00 €.   **4**

Nr. 4114 VV
Terminsgebühr Strafkammer

Nr.	Gebührentatbestand	Gebühr oder Satz der Gebühr nach § 13 oder § 49 RVG	
		Wahlanwalt	gerichtlich bestellter oder beigeordneter Rechtsanwalt
4114	Terminsgebühr je Hauptverhandlungstag in den in Nummer 4112 genannten Verfahren	70,00 bis 470,00 EUR	216,00 EUR

Übersicht

	Rn.
A. Überblick	1
B. Kommentierung	2
I. Allgemeines	2
II. Entstehen der Terminsgebühr/Abgeltungsbereich	3
III. Höhe der Terminsgebühr	4

Literatur:

Burhoff, Die neue Terminsgebühr im Strafverfahren, RVGreport 2004, 177; *ders.*, Abrechnungsbeispiele zum RVG Gerichtliches Verfahren I. Instanz, RVGreport 2004, 336; *ders.*, Die Terminsgebühr im Straf- bzw. Bußgeldverfahren, RVGreport 2010, 3; s. auch die Hinweise bei Vorbem. 4 VV vor Rn. 1.

A. Überblick

1 Nr. 4114 VV regelt die gerichtliche **Terminsgebühr** für die Hauptverhandlung im **ersten Rechtszug** vor der **Strafkammer** (allgemein zur Terminsgebühr s. Vorbem. 4 VV Rn. 56 ff. und Burhoff, RVGreport 2010, 3).

B. Kommentierung

I. Allgemeines

2 Der Rechtsanwalt erhält die Terminsgebühr Nr. 4114 VV für die **Teilnahme** an der Hauptverhandlung im **ersten Rechtszug** vor der **Strafkammer** (vgl. dazu Nr. 4112 VV Rn. 4 ff.; wegen der allgemeinen Einzelh. zur Terminsgebühr Vorbem. 4 VV Rn. 56 ff.).

II. Entstehen der Terminsgebühr/Abgeltungsbereich

3 Die Terminsgebühr nach Nr. 4112 VV **unterscheidet** sich von der Terminsgebühr für den ersten Rechtszug vor dem AG nach Nr. 4108 VV nur durch die **Ordnung** des **Gerichts** und die **Höhe** der **Gebühr**. Im Übrigen besteht kein Unterschied, sodass auf die Ausführungen bei Nr. 4108 VV verwiesen werden kann. Diese gelten entsprechend.

Terminsgebühr Strafkammer   Nr. 4114 VV

III. Höhe der Terminsgebühr

Der **Wahlanwalt** erhält eine **Betragsrahmengebühr** i.H.v. 70,00 € – 470,00 €. Die Mittelgebühr beträgt 270,00 € (im Übrigen s. Nr. 4108 VV Rn. 21 ff. und Vorbem. 4 VV Rn. 62 ff.).   **4**

Der **Pflichtverteidiger** erhält einen Festbetrag i.H.v. 216,00 €.   **5**

Nr. 4115 VV
Terminsgebühr Strafkammer mit Zuschlag

Nr.	Gebührentatbestand	Gebühr oder Satz der Gebühr nach § 13 oder § 49 RVG	
		Wahlanwalt	gerichtlich bestellter oder beigeordneter Rechtsanwalt
4115	Gebühr 4114 mit Zuschlag	70,00 bis 587,50 EUR	263,00 EUR

Übersicht

	Rn.
A. Überblick	1
B. Kommentierung	2
I. Mandant nicht auf freiem Fuß/Abgeltungsbereich der Gebühr	2
II. Höhe der Gebühr	3

Literatur:

Burhoff, Der sogenannte Haftzuschlag nach Vorbem. 4 Abs. 4 VV RVG, StRR 2007, 54; *ders.*, Was Sie im Strafverfahren zum Haftzuschlag wissen sollten, RVGprofessionell 2010, 77.

A. Überblick

1 Die Vorschrift bestimmt die Terminsgebühr Nr. 4114 VV mit **(Haft-)Zuschlag**, wenn sich der Mandant des Rechtsanwalts während der Hauptverhandlung, für die die Terminsgebühr entsteht, nicht auf freiem Fuß befindet.

B. Kommentierung

I. Mandant nicht auf freiem Fuß/Abgeltungsbereich der Gebühr

2 Die Zuschlagsgebühr Nr. 4115 VV unterscheidet sich von der Gebühr Nr. 4109 VV nur dadurch, dass diese Gebühr die gerichtliche Terminsgebühr für den ersten Rechtszug vor der Strafkammer erhöht, wenn der Mandant sich „**nicht auf freiem Fuß**" befindet. Im Übrigen besteht kein Unterschied, sodass auf die Ausführungen bei Nr. 4109 VV verwiesen werden kann (s. wegen der Einzelh. des Haftzuschlags Vorbem. 4 VV Rn. 83 ff.).

II. Höhe der Gebühr

3 Der **Wahlanwalt** erhält eine **Betragsrahmengebühr** i.H.v. 70,00 € – 587,50 € (im Übrigen s. die Komm. bei Nr. 4109 VV Rn. 10). Die Mittelgebühr beträgt 328,75 €.

4 Der **Pflichtverteidiger** erhält einen Festbetrag i.H.v. 263,00 €.

Zusatzgebühr zur Terminsgebühr Strafkammer (HV 5 – 8 Stunden)   *Nr. 4116 VV*

Nr. 4116 VV
Zusatzgebühr zur Terminsgebühr Strafkammer (HV 5 – 8 Stunden)

Nr.	Gebührentatbestand	Gebühr oder Satz der Gebühr nach § 13 oder § 49 RVG	
		Wahlanwalt	gerichtlich bestellter oder beigeordneter Rechtsanwalt
4116	Der gerichtlich bestellte oder beigeordnete Rechtsanwalt nimmt mehr als 5 und bis 8 Stunden an der Hauptverhandlung teil: Zusätzliche Gebühr neben der Gebühr 4114 oder 4115		108,00 EUR

Übersicht

	Rn.
A. Überblick	1
B. Kommentierung	2
I. Abgeltungsbereich der Gebühr	2
II. Höhe der Gebühr	3

Literatur:

Vgl. die Nachweise bei Nr. 4110 VV vor Rn. 1.

A. Überblick

Mit dieser Gebühr wird für den gerichtlich bestellten oder beigeordneten Rechtsanwalt **zusätzlich** zur Gebühr Nr. 4114 VV oder Nr. 4115 VV eine Zusatzgebühr zur Terminsgebühr gewährt werden, wenn er mehr als fünf und bis acht Stunden an einem Hauptverhandlungstermin im ersten Rechtszug vor der Strafkammer teilgenommen hat (s. im Übrigen die Komm. bei Nr. 4110 VV).   **1**

B. Kommentierung

I. Abgeltungsbereich der Gebühr

Die Zuschlagsgebühr Nr. 4116 VV unterscheidet sich von der Gebühr Nr. 4110 VV nur dadurch, dass diese Gebühr entsteht, wenn der gerichtlich bestellte oder beigeordnete Rechtsanwalt mehr als fünf und bis acht Stunden an einem Hauptverhandlungstermin im **ersten Rechtszug** vor der **Strafkammer** teilgenommen hat. Im Übrigen besteht kein Unterschied, sodass auf die Ausführungen bei Nr. 4110 VV verwiesen werden kann.   **2**

Nr. 4116 VV Zusatzgebühr zur Terminsgebühr Strafkammer (HV 5 – 8 Stunden)

II. Höhe der Gebühr

3 Der gerichtlich bestellte oder beigeordnete Rechtsanwalt erhält eine zusätzliche Gebühr i.H.v. **108,00 €**.

Zusatzgebühr zur Terminsgebühr Strafkammer (HV mehr als 8 Stunden) **Nr. 4117 VV**

Nr. 4117 VV
Zusatzgebühr zur Terminsgebühr Strafkammer (HV mehr als 8 Stunden)

Nr.	Gebührentatbestand	Gebühr oder Satz der Gebühr nach § 13 oder § 49 RVG	
		Wahlanwalt	gerichtlich bestellter oder beigeordneter Rechtsanwalt
4117	Der gerichtlich bestellte oder beigeordnete Rechtsanwalt nimmt mehr als 8 Stunden an der Hauptverhandlung teil: Zusätzliche Gebühr neben der Gebühr 4114 oder 4115		216,00 EUR

Übersicht

	Rn.
A. Überblick	1
B. Kommentierung	2
I. Abgeltungsbereich der Gebühr	2
II. Höhe der Gebühr	3

Literatur:

Vgl. die Nachweise bei Nr. 4110 VV vor Rn. 1.

A.   Überblick

Die Nr. 4117 VV gewährt dem gerichtlich bestellten oder beigeordneten Rechtsanwalt **zusätz- 1 lich** zur Gebühr Nr. 4114 VV oder Nr. 4115 VV eine Zusatzgebühr zur Terminsgebühr, wenn er mehr als acht Stunden an einem Hauptverhandlungstermin im ersten Rechtszug vor der Strafkammer teilgenommen hat (s. im Übrigen die Komm. bei Nr. 4110, 4111 VV).

B.   Kommentierung

I.   Abgeltungsbereich der Gebühr

Die Zusatzgebühr Nr. 4117 VV unterscheidet sich von der Zusatzgebühr Nrn. 4110, 4111 VV nur 2 dadurch, dass diese Gebühr entsteht, wenn der gerichtlich bestellte oder beigeordnete Rechtsanwalt mehr als acht Stunden an einem **Hauptverhandlungstermin** im **ersten Rechtszug** vor der **Strafkammer** teilgenommen hat. Im Übrigen besteht kein Unterschied, sodass auf die Ausführungen bei Nr. 4110 VV und Nr. 4111 VV verwiesen werden kann.

II.   Höhe der Gebühr

Der gerichtlich bestellte oder beigeordnete Rechtsanwalt erhält eine zusätzliche Gebühr i.H.v. 3 **216,00 €**.

Nr. 4118 VV
Verfahrensgebühr OLG, Schwurgericht u.a.

Nr.	Gebührentatbestand	Gebühr oder Satz der Gebühr nach § 13 oder § 49 RVG	
		Wahlanwalt	gerichtlich bestellter oder beigeordneter Rechtsanwalt
4118	**Verfahrensgebühr für den ersten Rechtszug vor dem Oberlandesgericht, dem Schwurgericht oder der Strafkammer nach den §§ 74a und 74c GVG** Die Gebühr entsteht auch für Verfahren vor der Jugendkammer, soweit diese in Sachen entscheidet, die nach den allgemeinen Vorschriften zur Zuständigkeit des Schwurgerichts gehören.	80,00 bis 580,00 EUR	264,00 EUR

Übersicht

	Rn.
A. Überblick	1
B. Kommentierung	3
I. Allgemeines	3
II. Gerichtliches Verfahren/Abgeltungsbereich	5
III. Höhe der Verfahrensgebühr	6

Literatur:

Burhoff, Die neue Verfahrensgebühr im Strafverfahren, RVGreport 2004, 127; *ders.*, Abrechnungsbeispiele zum RVG Gerichtliches Verfahren I. Instanz, RVGreport 2004, 336; *ders.*, Die Verfahrensgebühr im Straf- bzw. Bußgeldverfahren, RVGreport 2009, 443; s. auch die Hinweise bei Vorbem. 4 VV vor Rn. 1 und bei Nr. 4104 VV vor Rn. 1.

A. Überblick

1 Nr. 4118 VV regelt die gerichtliche Verfahrensgebühr für den ersten Rechtszug vor dem **OLG**, dem **Schwurgericht**, der **Jugendkammer**, wenn sie in Sachen entscheidet, die nach den allgemeinen Vorschriften zur Zuständigkeit des Schwurgerichts gehören, oder der Strafkammer nach den **§§ 74a** und **74c GVG** (allgemein zur Verfahrensgebühr s. Vorbem. 4 VV Rn. 31 ff.).

2 Der erhöhte Gebührenrahmen fällt aber nicht nur in Schwurgerichtssachen an, sondern auch in **Staatsschutzsachen** (§ 74a GVG) und in **Wirtschaftsstrafverfahren** (§ 74c GVG) vor der **Strafkammer**. Mit dieser Neuregelung durch das RVG ist der Gesetzgeber berechtigten Forderungen der Praxis nachgekommen, die schon seit Längerem eine Gleichbehandlung dieser i.d.R. schwierigen und zeitlich aufwendigen Verfahren mit den Schwurgerichtsverfahren gefordert hatte.

Verfahrensgebühr OLG, Schwurgericht u.a. *Nr. 4118 VV*

B. Kommentierung

I. Allgemeines

Der Rechtsanwalt erhält die Verfahrensgebühr Nr. 4118 VV für das **Betreiben** des **Geschäfts** im ersten Rechtszug vor den genannten Gerichten. Wegen der allgemeinen Einzelh. zur Verfahrensgebühr s. Vorbem. 4 VV Rn. 31 ff.). 3

Die Verfahrensgebühr Nr. 4118 VV **entsteht**: 4

- in den in § 120 GVG geregelten Fällen (**OLG als erste Instanz**),
- in den in § 74 Abs. 2 GVG geregelten Fällen (**Schwurgericht**),
- im Fall des § 41 Abs. 1 Nr. 1 JGG (**Jugendkammer** in den Fällen, in denen nach den allgemeinen Vorschriften das **Schwurgericht** entscheidet [s. die Anm. zu Nr. 4118 VV]),
- in den in § 74a GVG geregelten Fällen (**Staatsschutzkammer**),
- in den in § 74c GVG geregelten Fällen (**große Strafkammer** als **Wirtschaftsstrafkammer**).

II. Gerichtliches Verfahren/Abgeltungsbereich

Die Verfahrensgebühr Nr. 4118 VV unterscheidet sich von der Verfahrensgebühr für den ersten Rechtszug vor dem AG nach Nr. 4106 VV oder von der für das gerichtliche Verfahren bei der Strafkammer im ersten Rechtszug nach Nr. 4112 VV nur durch die Ordnung des Gerichts und die Höhe der Gebühr. Im Übrigen besteht kein Unterschied, sodass auf die **Ausführungen** bei Nr. 4106 VV bzw. bei Nr. 4112 VV **verwiesen** werden kann. Diese gelten entsprechend (vgl. auch wegen der Gebühren[höhe] bei Verweisung eines Verfahrens von einem „höherrangigen" Gericht an das Gericht einer niedrigeren Ordnung Vorbem. 4 VV Rn. 45 ff.). 5

III. Höhe der Verfahrensgebühr

Der **Wahlanwalt** erhält eine **Betragsrahmengebühr** i.H.v. 80,00 € – 580,00 € (im Übrigen s. Nr. 4106 Rn. 12). Die Mittelgebühr beträgt 330,00 €. 6

Der **Pflichtverteidiger** erhält einen Festbetrag i.H.v. 264,00 €. 7

> **Hinweis:**
>
> Die **Gleichstellung** der **Staatsschutz-** und **Wirtschaftsstrafsachen** der §§ 74a, 74c GVG mit den **Schwurgerichtssachen** hat zu **Auswirkungen** auf die Gewährung von **Pauschgebühren in Wirtschaftsstrafverfahren** nach den §§ 42, 51 geführt. Diese sind von den OLG unter Geltung des § 99 BRAGO nämlich häufig auch unter Hinweis auf das nicht stimmige Gesamtgefüge der Gebührenrahmen bewilligt worden (vgl. z.B. OLG Hamm, StraFo 2000, 285). Dieses Argument ist nach Anhebung der Gebührenrahmen für Staatsschutz- und Wirtschaftsstrafverfahren weggefallen (vgl. dazu OLG Hamm, JurBüro 2006, 255 [LS]; NJW 2007, 857 = StraFo 2007, 128 [Schwurgerichtsverfahren]); NJW 2006, 74 = JurBüro 2006, 137 [Wirtschaftsstrafverfahren]).

Nr. 4119 VV
Verfahrensgebühr OLG, Schwurgericht u.a. mit Zuschlag

Nr.	Gebührentatbestand	Gebühr oder Satz der Gebühr nach § 13 oder § 49 RVG	
		Wahlanwalt	gerichtlich bestellter oder beigeordneter Rechtsanwalt
4119	Gebühr 4118 mit Zuschlag	80,00 bis 725,00 EUR	322,00 EUR

Übersicht

	Rn.
A. Überblick	1
B. Kommentierung	2
I. Mandant nicht auf freiem Fuß/Abgeltungsbereich der Gebühr	2
II. Höhe der Gebühr	3

Literatur:

Burhoff, Der sogenannte Haftzuschlag nach Vorbem. 4 Abs. 4 VV RVG, StRR 2007, 54; *ders.*, Was Sie im Strafverfahren zum Haftzuschlag wissen sollten, RVGprofessionell 2010, 77.

A. Überblick

1 Die Vorschrift regelt die Verfahrensgebühr Nr. 4118 VV mit (Haft-)Zuschlag. Die Gebühr entsteht, wenn sich der Mandant während der dort genannten besonderen Verfahren nicht auf freiem Fuß befindet.

B. Kommentierung

I. Mandant nicht auf freiem Fuß/Abgeltungsbereich der Gebühr

2 Die Verfahrensgebühr Nr. 4119 VV unterscheidet sich von der Gebühr der Nrn. 4107, 4113 VV nur dadurch, dass diese Gebühr die gerichtliche Verfahrensgebühr für den ersten Rechtszug in den in Nr. 4118 VV genannten Verfahren erhöht, wenn der Mandant sich „nicht auf freiem Fuß" befindet. Im Übrigen besteht kein Unterschied, sodass auf die **Ausführungen** bei Nr. 4107 VV und Nr. 4113 VV **verwiesen** werden kann.

II. Höhe der Gebühr

3 Der **Wahlanwalt** erhält eine **Betragsrahmengebühr** i.H.v. 80,00 € – 725,00 € (im Übrigen s. Nr. 4107 VV Rn. 4 ff.). Die Mittelgebühr beträgt 402,50 €.

4 Der **Pflichtverteidiger** erhält einen Festbetrag i.H.v. 151,00 €.

Nr. 4120 VV
Terminsgebühr OLG, Schwurgericht u.a.

Nr.	Gebührentatbestand	Gebühr oder Satz der Gebühr nach § 13 oder § 49 RVG	
		Wahlanwalt	gerichtlich bestellter oder beigeordneter Rechtsanwalt
4120	Terminsgebühr je Hauptverhandlungstag in den in Nummer 4118 genannten Verfahren	110,00 bis 780,00 EUR	356,00 EUR

Übersicht

	Rn.
A. Überblick	1
B. Kommentierung	2
I. Allgemeines	2
II. Entstehen der Terminsgebühr/Abgeltungsbereich	3
III. Höhe der Terminsgebühr	4

Literatur:

Burhoff, Die neue Terminsgebühr im Strafverfahren, RVGreport 2004, 177; *ders.*, Abrechnungsbeispiele zum RVG Gerichtliches Verfahren I. Instanz, RVGreport 2004, 336; *ders.*, Die Terminsgebühr im Straf- bzw. Bußgeldverfahren, RVGreport 2010, 3; s. auch die Hinweise. bei Vorbem. 4 VV vor Rn. 1.

A. Überblick

Nr. 4120 VV regelt die gerichtliche Terminsgebühr für die **Hauptverhandlung im ersten Rechtszug** vor den in Nr. 4118 VV genannten Gerichten bzw. in den dort genannten Verfahren (allgemein zur Terminsgebühr s. Vorbem. 4 VV Rn. 56 ff. und Burhoff, RVGreport 2010, 3).   **1**

B. Kommentierung

I. Allgemeines

Der Rechtsanwalt erhält die Terminsgebühr Nr. 4120 VV für die **Teilnahme** an der Hauptverhandlung im **ersten Rechtszug** vor den in Nr. 4118 VV genannten Gerichten bzw. in den dort genannten Verfahren (vgl. dazu Nr. 4118 VV Rn. 4; wegen der allgemeinen Einzelh. zur Terminsgebühr s. Vorbem. 4 VV Rn. 56 ff.).   **2**

II. Entstehen der Terminsgebühr/Abgeltungsbereich

Die Terminsgebühr Nr. 4120 VV unterscheidet sich von den übrigen Terminsgebühren für gerichtliche Termine im ersten Rechtszug nach Nrn. 4108, 4114 VV nur durch die Ordnung des Gerichts und die Höhe der Gebühr. Im Übrigen besteht kein Unterschied, sodass auf die Ausführungen bei Nr. 4108 VV und bei Nr. 4114 VV verwiesen werden kann. Diese gelten entsprechend.   **3**

Nr. 4120 VV   *Terminsgebühr OLG, Schwurgericht u.a.*

III. Höhe der Terminsgebühr

4   Der **Wahlanwalt** erhält eine **Betragsrahmengebühr** i.H.v. 110,00 € – 780,00 €. Die Mittelgebühr beträgt 445,00 € (im Übrigen s. Nr. 4108 VV Rn. 21 ff. und Vorbem. 4 VV Rn. 63 ff.).

5   Der **Pflichtverteidiger** erhält einen Festbetrag i.H.v. 356,00 €.

Terminsgebühr OLG, Schwurgericht u.a. mit Zuschlag   *Nr. 4121 VV*

Nr. 4121 VV
Terminsgebühr OLG, Schwurgericht u.a. mit Zuschlag

Nr.	Gebührentatbestand	Gebühr oder Satz der Gebühr nach § 13 oder § 49 RVG	
		Wahlanwalt	gerichtlich bestellter oder beigeordneter Rechtsanwalt
4121	Gebühr 4120 mit Zuschlag	110,00 bis 975,00 EUR	434,00 EUR

Übersicht

	Rn.
A. Überblick	1
B. Kommentierung	2
I. Mandant nicht auf freiem Fuß/Abgeltungsbereich der Gebühr	2
II. Höhe der Gebühr	3

Literatur:

Burhoff, Der sogenannte Haftzuschlag nach Vorbem. 4 Abs. 4 VV RVG, StRR 2007, 54; *ders.*, Was Sie im Strafverfahren zum Haftzuschlag wissen sollten, RVGprofessionell 2010, 77.

A. Überblick

Die Vorschrift regelt die Terminsgebühr Nr. 4120 VV mit **(Haft-)Zuschlag**. Die gegenüber Nr. 4120 VV erhöhte Gebühr entsteht, wenn sich der Mandant des Rechtsanwalts während der Hauptverhandlung, für die die Terminsgebühr entsteht, nicht auf freiem Fuß befindet.   1

B. Kommentierung

I. Mandant nicht auf freiem Fuß/Abgeltungsbereich der Gebühr

Die Zuschlagsgebühr der Nr. 4121 VV unterscheidet sich von der Gebühr der Nrn. 4109, 4115 VV nur dadurch, dass diese Gebühr die **gerichtliche Terminsgebühr** für den ersten Rechtszug vor den in Nr. **4118 VV genannten Gerichten erhöht**, wenn der Mandant sich „nicht auf freiem Fuß" befindet. Im Übrigen besteht kein Unterschied, sodass auf die Ausführungen bei Nr. 4109 VV und Nr. 4115 VV verwiesen werden kann (s. wegen der Einzelh. des Haftzuschlags Vorbem. 4 VV Rn. 83 ff.).   2

II. Höhe der Gebühr

Der **Wahlanwalt** erhält eine **Betragsrahmengebühr** i.H.v. 110,00 € – 975,00 € (im Übrigen s. Nr. 4109 VV Rn. 9). Die Mittelgebühr beträgt 542,50 €.   3

Der **Pflichtverteidiger** erhält einen Festbetrag i.H.v. 434,00 €.   4

Nr. 4122 VV *Zusatzgebühr zur Terminsgebühr OLG, Schwurgericht u.a. (HV 5 – 8 Stunden)*

Nr. 4122 VV
Zusatzgebühr zur Terminsgebühr OLG, Schwurgericht u.a. (HV 5 – 8 Stunden)

Nr.	Gebührentatbestand	Gebühr oder Satz der Gebühr nach § 13 oder § 49 RVG	
		Wahlanwalt	gerichtlich bestellter oder beigeordneter Rechtsanwalt
4122	Der gerichtlich bestellte oder beigeordnete Rechtsanwalt nimmt mehr als 5 und bis 8 Stunden an der Hauptverhandlung teil: Zusätzliche Gebühr neben der Gebühr 4120 oder 4121		178,00 EUR

Übersicht

	Rn.
A. Überblick	1
B. Kommentierung	2
I. Abgeltungsbereich der Gebühr	2
II. Höhe der Gebühr	3

Literatur:

Vgl. die Nachweise bei Nr. 4110 VV vor Rn. 1.

A. Überblick

1 Mit dieser Gebühr wird für den gerichtlich bestellten oder beigeordneten Rechtsanwalt zusätzlich zur Gebühr Nr. 4120 oder Nr. 4121 VV eine **Zusatzgebühr** zur **Terminsgebühr** gewährt werden, wenn er mehr als fünf und bis acht Stunden an der Hauptverhandlung im ersten Rechtszug vor den in Nr. 4118 VV genannten Gerichten teilgenommen hat (s. im Übrigen die Komm. Nr. 4110 VV).

B. Kommentierung

I. Abgeltungsbereich der Gebühr

2 Die Zuschlagsgebühr Nr. 4122 VV unterscheidet sich von der Zuschlagsgebühr der Nrn. 4110, 4116 VV nur dadurch, dass diese Gebühr entsteht, wenn der gerichtlich bestellte oder beigeordnete Rechtsanwalt mehr als fünf und bis zu acht Stunden an der Hauptverhandlung im ersten Rechtszug vor den in **4118 VV genannten Gerichten** teilgenommen hat. Im Übrigen besteht kein Unterschied, sodass auf die Ausführungen zu Nr. 4110 VV und Nr. 4116 VV verwiesen werden kann.

Zusatzgebühr zur Terminsgebühr OLG, Schwurgericht u.a. (HV 5 – 8 Stunden)   *Nr. 4122 VV*

II. Höhe der Gebühr

Der gerichtlich bestellte oder beigeordnete Rechtsanwalt erhält eine zusätzliche Gebühr i.H.v. **178,00 €**.   **3**

Nr. 4123 VV   Zusatzgebühr Terminsgebühr OLG, Schwurgericht u.a. (HV mehr als 8 Stunden)

Nr. 4123 VV
Zusatzgebühr zur Terminsgebühr OLG, Schwurgericht u.a. (HV mehr als 8 Stunden)

Nr.	Gebührentatbestand	Gebühr oder Satz der Gebühr nach § 13 oder § 49 RVG	
		Wahlanwalt	gerichtlich bestellter oder beigeordneter Rechtsanwalt
4123	Der gerichtlich bestellte oder beigeordnete Rechtsanwalt nimmt mehr als 8 Stunden an der Hauptverhandlung teil: Zusätzliche Gebühr neben der Gebühr 4120 oder 4121		356,00 EUR

Übersicht

	Rn.
A. Überblick	1
B. Kommentierung	2
I. Unterschied zu den Gebühren Nr. 4110, 4111, 4116, 4117 VV	2
II. Höhe der Gebühr	3

Literatur:

Vgl. die Nachweise bei Nr. 4110 VV vor Rn. 1.

A. Überblick

1 Nach dieser Vorschrift erhält der gerichtlich bestellte oder beigeordnete Rechtsanwalt zur Gebühr Nr. 4120 oder Nr. 4121 VV eine **Zusatzgebühr** zur Terminsgebühr, wenn er mehr als acht Stunden an der Hauptverhandlung im ersten Rechtszug vor der Strafkammer teilgenommen hat (s. im Übrigen die Komm. zu Nr. 4110 VV und Nr. 4111 VV).

B. Kommentierung

I. Unterschied zu den Gebühren Nrn. 4110, 4111, 4116, 4117 VV

2 Die Gebühr Nr. 4123 VV unterscheidet sich von der Zuschlagsgebühr der Nrn. 4110, 4111, 4116, 4117 VV nur dadurch, dass diese Gebühr entsteht, wenn der gerichtlich bestellte oder beigeordnete Rechtsanwalt mehr als acht Stunden an einem Hauptverhandlungstermin im ersten Rechtszug vor den **in Nr. 4118 VV genannten Gerichten** teilgenommen hat. Im Übrigen besteht kein Unterschied, sodass auf die Ausführungen dort, insbesondere aber zu Nr. 4110 VV und Nr. 4111 VV verwiesen werden kann.

Zusatzgebühr Terminsgebühr OLG, Schwurgericht u.a. (HV mehr als 8 Stunden)   *Nr. 4123 VV*

II. Höhe der Gebühr

Der gerichtliche bestellte oder beigeordnete Rechtsanwalt erhält eine zusätzliche Gebühr i.H.v. **356,00 €**.   **3**

Berufung

Übersicht

	Rn.
A. Überblick	1
B. Kommentierung	2
I. Eigene Angelegenheit	2
II. Gebühren im Berufungsverfahren	5
III. Geltungsbereich	6

Literatur:

Burhoff, Berufung im Strafverfahren So rechnen Sie nach dem RVG ab, RVGprofessionell 2004, 156; ***ders.***, Abrechnungsbeispiele zum RVG Berufungsinstanz, RVGreport 2006, 284; s. auch die Hinweise bei Vorbem. 4 VV vor Rn. 1 und bei Teil 4 Abschnitt 1 Unterabschnitt 3 VV vor Rn. 1.

A. Überblick

1 Die Gebühren für das Berufungsverfahren sind **strukturell ebenso** gegliedert wie die das **erstinstanzliche Verfahren**. Der Verteidiger erhält für das Betreiben des Geschäfts die Verfahrensgebühr und für jeden Hauptverhandlungstag im Berufungsverfahren eine Terminsgebühr. Aus den gleichen Gründen wie im erstinstanzlichen Verfahren werden auf die jeweiligen Gebühren Zuschläge gewährt.

B. Kommentierung

I. Eigene Angelegenheit

2 Das Berufungsverfahren ist gegenüber dem erstinstanzlichen gerichtlichen Verfahren eine **eigene Angelegenheit** i.S.d. § 15 Abs. 2 Satz 1 (vgl. auch Teil: Angelegenheiten [§§ 15 ff.], Rn. 66).

3 Werden **mehrere Berufungen** eingelegt, kommt es darauf an, ob diese sich gegen dieselbe Entscheidung oder gegen verschiedene Entscheidungen richten. Richten sich die Berufungen gegen dieselbe Entscheidung, liegt lediglich eine Angelegenheit vor mit der Folge, dass die Gebühren Nrn. 4124 ff. VV nur einmal entstehen.

4 *Beispiel 1:*

Der Angeklagte wird vom AG verurteilt. Gegen dieses Urteil legt er Berufung ein, um frei gesprochen zu werden. Die Staatsanwaltschaft legt Berufung ein mit dem Ziel einer höheren Bestrafung des Angeklagten.

Da sich beide Berufungen gegen dieselbe Entscheidung richten, ist nur eine Angelegenheit gegeben. Der durch die Berufung der Staatsanwaltschaft entstehende höhere Aufwand muss aber im Rahmen des § 14 berücksichtigt werden (s. auch OLG München, JurBüro 2008, 248 = AGS 2008, 224 = RVGreport 2008, 137 für die Revision; vgl. Teil A: Angelegenheiten [§§ 15 ff.], Rn. 81).

Beispiel 2:

Der Angeklagte wird vom AG verurteilt. Gegen dieses Urteil legt er Berufung ein, um frei gesprochen zu werden. Die Berufungskammer hebt das Urteil wegen Unzuständigkeit des AG auf und verweist nach § 328 Abs. 2 StPO an das zuständige AG. Dort wird A erneut verurteilt. Er legt wieder gegen das Urteil Berufung ein.

Unterabschnitt 3 *Berufung*

Die Berufung richten sind nun gegen unterschiedliche Entscheidungen. Es handelt sich um jeweils selbstständige Angelegenheiten (§ 15 Abs. 2 Satz) mit der Folge, dass die Gebühren Nrn. 4124 ff. VV auch zweimal entstehen.

II. Gebühren im Berufungsverfahren

Im Berufungsverfahren können **entstehen**: 5

- **Grundgebühr** Nr. 4100 VV, wenn der Rechtsanwalt erst im Berufungsverfahren beauftragt wird,
- **Verfahrensgebühr** Nrn. 4124 f. VV,
- **Terminsgebühr** Nrn. 4126 f. VV für die Teilnahme an einem Hauptverhandlungstermin,
- Terminsgebühr Nr. 4102 VV für die Teilnahme an einem der dort genannten Termine, wenn dieser während des Berufungsverfahrens stattfindet,
- Zusätzliche Gebühr Nr. 4141 VV (sog. **Befriedungsgebühr**),
- Zusätzliche Gebühr Nr. 4142 VV (Einziehungsgebühr),
- Zusätzliche Gebühr Nrn. 4143, 4144 VV (Adhäsionsverfahren),
- Zusätzliche Gebühr nach Nrn. 1000 ff. VV bei einer Einigung im Rahmen eines Adhäsionsverfahrens,
- **Auslagen** nach Nr. 7000 ff. VV.

III. Geltungsbereich

Die Nrn. 4124 ff. VV gelten für die in Vorbem. 4 Abs. 1 VV genannten Verfahrensbeteiligten (vgl. 6 dazu Vorbem. 4 VV Rn. 5 ff). Das wird i.d.R. der **Vollverteidiger** sein. Hat der Rechtsanwalt nicht den vollen Verteidigungsauftrag für das Berufungsverfahren erhalten, sondern ist ihm nur eine **Einzeltätigkeit** übertragen worden, gelten nicht die Nrn. 4124 ff. VV sondern Teil 4 Abschnitt 3 VV. Das ist z.B. der Fall, wenn der Rechtsanwalt nur damit beauftragt worden ist, die Berufung einzulegen oder zu begründen (vgl. Nr. 4301 VV Rn. 7 ff.) Aber auch hier gilt: I.d.R. erhält der Rechtsanwalt den vollen Auftrag (vgl. u.a. KG, StraFo 2005, 439 = RVGreport 2005, 341; StraFo 2007, 41 = AGS 2006, 329; OLG Schleswig, StV 2006, 206 = RVGreport 2005, 70 = AGS 2005, 120).

> **Hinweis:**
> Richtet sich die Berufung ausschließlich gegen eine Entscheidung über die **vermögensrechtlichen Ansprüche**, entstehen keine Gebühren nach Nrn. 4124 ff. VV, sondern gem. Vorbem. 4.3 Abs. 2 VV nur die nach Nr. 4144 VV.

Nr. 4124 VV
Verfahrensgebühr Berufung

Nr.	Gebührentatbestand	Gebühr oder Satz der Gebühr nach § 13 oder § 49 RVG	
		Wahlanwalt	gerichtlich bestellter oder beigeordneter Rechtsanwalt
4124	Verfahrensgebühr für das Berufungsverfahren Die Gebühr entsteht auch für Beschwerdeverfahren nach § 13 StrRehaG.	70,00 bis 470,00 EUR	216,00 EUR

Übersicht

	Rn.
A. Überblick	1
B. Kommentierung	3
I. Dauer des Berufungsverfahrens	3
1. Beginn	3
2. Ende	7
II. Abgeltungsbereich	8
1. Persönlicher Abgeltungsbereich	8
2. Sachlicher Abgeltungsbereich	10
a) Allgemeines	10
b) Katalog der erfassten Tätigkeiten	12
III. Verfahrensgebühr bei Zurückverweisung	14
IV. Höhe der Verfahrensgebühr	15
1. Allgemeines	15
2. Bemessung der Wahlanwaltsgebühr	18
V. Zusätzliche Gebühren	21
VI. Kostenerstattung	22
1. Allgemeines	22
2. Umfang der Kostenerstattung	23
VII. Argumente für Erstattungsfähigkeit der Berufungsgebühr	25

Literatur:

Burhoff, Die neue Verfahrensgebühr im Strafverfahren, RVGreport 2004, 127; *ders.*, Berechnungsbeispiele zum RVG: Berufungsinstanz, RVGreport 2006, 284; *ders.*, Die Verfahrensgebühr im Straf- bzw. Bußgeldverfahren, RVGreport 2009, 443; *Volpert/Schönemann*, Erstattungsfähigkeit der Berufungsgebühr in Zivil- und Strafsachen, BRAGOprofessionell 2003, 150; s. auch die Hinweise bei Vorbem. 4 VV vor Rn. 1 und bei Nr. 4104 VV vor Rn. 1.

A. Überblick

1 In Nr. 4124 VV wird die **gerichtliche Verfahrensgebühr** für das **Berufungsverfahren** (§§ 312 ff. StPO) geregelt (allgemein zur Verfahrensgebühr s. Vorbem. 4 VV Rn. 31 ff.).

Verfahrensgebühr Berufung *Nr. 4124 VV*

> **Hinweis:**
> Nach der Anm. zur Nr. 4124 VV entsteht die Verfahrensgebühr ebenfalls im Beschwerdeverfahren nach **§ 13 StRehaG** (zur Anwendung des Teil 4 VV auf das Verfahren nach dem StRehaG s. Vorbem. 4 VV Rn. 25 ff.).

2

B. Kommentierung

I. Dauer des Berufungsverfahrens

1. Beginn

Das Berufungsverfahren schließt sich an das gerichtliche Verfahren des ersten Rechtszuges an. Es **beginnt** mit der **Einlegung** der **Berufung** nach § 314 StPO. Die Gebühr Nr. 4124 VV verdient der Rechtsanwalt, der für den **Angeklagten** schon der ersten Instanz tätig war, wenn er **erstmals nach Auftragserteilung** für den Mandanten (auch) im Berufungsverfahren **tätig** wird. Das kann z.B. eine nicht nach außen erkennbare Tätigkeit sein, wie z.B. die (weitere) Beratung des Mandanten oder die Aufnahme von Gesprächen mit der Staatsanwaltschaft mit dem Ziel, dass diese die von ihr eingelegte Berufung zurücknimmt (LG Köln, StraFo 2007, 305 = AGS 2007, 351 = RVGreport 2007, 224).

3

> **Hinweis:**
> Die **Einlegung** der **Berufung** selbst gehört allerdings für den Verteidiger, der bereits in der ersten Instanz tätig war, nach § 19 Abs. 1 Satz 2 Nr. 10 noch zum gerichtlichen Verfahren des ersten Rechtszuges (OLG Hamm, AGS 2006, 547 [für Revision]; Gerold/Schmidt/Burhoff, VV 4124, 4125 Rn. 5; OLG Karlsruhe, AGS 2009, 19 [für das Zivilrecht]; sog. Abwicklungstätigkeiten; zur Beratung über ein Rechtsmittel s. Vorbem. 4.1 VV Rn. 29 ff.). Jede danach für den Mandanten erbrachte Tätigkeit führt aber zur Verfahrensgebühr Nr. 4124 VV (OLG Jena, JurBüro 2006, 365 [für die Akteneinsicht in der Revisionsinstanz]; Mayer/Kroiß, Nr. 4130–4135 Rn. 9 für die Revision).

War der Verteidiger **erstinstanzlich** überhaupt **noch nicht** oder nicht als **Verteidiger** tätig, beginnt für ihn das Berufungsverfahren mit der Erteilung des Auftrags, das Rechtsmittel einzulegen. Die Einlegung der Berufung wird dann von der Gebühr Nr. 4124 VV erfasst (s. Vorbem. 4.1 VV Rn. 32).

4

Wird von einem **anderen Verfahrensbeteiligten Berufung** eingelegt, beginnt das Berufungsverfahren für den **Verteidiger** mit der Erteilung des Auftrags, den Mandanten im Berufungsverfahren zu vertreten (AnwKomm-RVG/N. Schneider, VV 4124–4125 Rn. 5). Auf den Erhalt oder die Kenntnis von dem gegnerischen Rechtsmittel kann es (allein) nicht ankommen, da entscheidend für das Entstehen der anwaltlichen Gebühr der Auftrag des Mandanten ist (AnwKomm-RVG/N. Schneider, a.a.O.). Die bloße Entgegennahme und Weiterleitung des Berufungsschriftsatzes des anderen Verfahrensbeteiligten führt aber noch nicht zur Gebühr Nr. 4124 VV. Diese entsteht erst, wenn der Rechtsanwalt erstmals nach Auftragserteilung für den Mandanten im Berufungsverfahren tätig ist. Das muss nicht eine nach außen erkennbare Tätigkeit sein. Die Beratung des Mandanten über das Berufungsverfahren genügt (a.A. offenbar KG, StraFo 2006, 432 = RVGreport 2006, 352 = AGS 2006, 375; JurBüro 2010, 599 = RVGreport 2010, 351 =

5

Nr. 4124 VV   *Verfahrensgebühr Berufung*

VRR 2010, 479 = RVGprofessionell 2010, 132; jew. für den vergleichbaren Fall in der Revisionsinstanz; OLG Koblenz, NStZ 2007, 423 = Rpfleger 2006, 670; LG Koblenz, JurBüro 2009, 198; s. auch LG Köln, StraFo 2007, 305 = AGS 2007, 351 = RVGreport 2007, 224). Gerade in diesem Bereich werden Fragen des Entstehens der Gebühr mit Fragen der Erstattungsfähigkeit verwechselt (vgl. auch unten Rn. 23 ff.).

6   Etwas anderes gilt allerdings, wenn der Mandant seinem **Verteidiger** schon **vorab (bedingt)** den **Auftrag erteilt** hat, ihn ggf. auch im Berufungsverfahren zu vertreten (so z.B. in der Vollmacht). Dann ist ein weiterer Auftrag nicht mehr erforderlich, und es reicht für das Entstehen der Gebühr Nr. 4124 VV aus, wenn der Verteidiger nach Einlegung der Berufung durch den anderen Verfahrensbeteiligten tätig wird, indem er z.B. die gegnerische Berufungsschrift in Empfang nimmt oder sich bei Gericht als Verteidiger meldet (so auch AnwKomm-RVG/N. Schneider, VV 4124 – 4125 Rn. 7).

2. Ende

7   Das **Berufungsverfahren endet** mit dem **Abschluss** der **Berufungsinstanz**. Das ist nicht die Verkündung des Urteils oder die Rücknahme der Berufung oder die Einstellung des Verfahrens. Vielmehr werden auch darüber hinausgehende Tätigkeiten noch von der Verfahrensgebühr für das Berufungsverfahren erfasst (sog. **Abwicklungstätigkeiten;** vgl. dazu [für das Zivilrecht] OLG Karlsruhe, AGS 2009, 19). Dies kann z.B. die Beratung des Mandanten über die Einlegung der Revision sein. Auch die Einlegung der Revision wird nach § 19 Abs. 1 Nr. 10 noch durch die Verfahrensgebühr für das Berufungsverfahren abgegolten. Danach erbrachte Tätigkeiten gehören aber nicht mehr zum Berufungsverfahren.

II. Abgeltungsbereich

1. Persönlicher Abgeltungsbereich

8   Die Verfahrensgebühr für das Berufungsverfahren steht sowohl dem **Wahlanwalt** als auch dem **Pflichtverteidiger** zu sowie dem sonstigen (bestellten) Vertreter oder Beistand eines Verfahrensbeteiligten (Vorbem. 4 VV Rn. 22).

9   **Überträgt** der **Verteidiger** seine **Vertretung** in der Berufungshauptverhandlung einem anderen Rechtsanwalt, erhält dieser für seine Tätigkeit(en) nicht auch eine Verfahrensgebühr nach Nr. 4124 VV, sondern nur nach Nr. 4301 Ziff. 4 VV. Wird der Rechtsanwalt, dem die Vertretung übertragen wird, allerdings (auch) zum Verteidiger bestellt, steht ihm die Verfahrensgebühr nach Nr. 4124 VV zu (zum Anfall der Grundgebühr s. Nr. 4100 VV Rn. 6 ff.).

2. Sachlicher Abgeltungsbereich

a) Allgemeines

10   Der Rechtsanwalt erhält die Verfahrensgebühr Nr. 4124 VV für das **Betreiben** des **Geschäfts** im Berufungsverfahren (wegen der allgemeinen Einzelh. zur Verfahrensgebühr Vorbem. 4 VV Rn. 31 ff.).

Verfahrensgebühr Berufung   *Nr. 4124 VV*

> **Hinweis:**   11
>
> Auch wenn der Rechtsanwalt erst im Berufungsverfahren mit der Verteidigung beauftragt wird, erhält er dennoch die **Grundgebühr** Nr. 4100 VV (Burhoff, RVGreport 2004, 53; ders., RVGreport 2009, 361; s. auch Nr. 4100 VV Rn. 9 ff. mit Beispiel bei Rn. 10). Diese erhält er auch, wenn er mit der Verteidigung im Berufungsverfahren bereits beauftragt ist, dem Mandanten dann aber von der Einlegung der Berufung abrät.

Soweit durch die Mitwirkung des Rechtsanwalts eine Berufungshauptverhandlung entbehrlich wird, z.b. durch (fristgerechte) **Rücknahme** der **Berufung**, entsteht dafür nach Nr. 4141 Anm. 1 Ziff. 3 VV eine sog. Befriedungsgebühr i.H.d. Verfahrensgebühr (wegen der Einzelh. vgl. Nr. 4141 VV Rn. 34 ff.).

b) Katalog der erfassten Tätigkeiten

Durch die Verfahrensgebühr werden **alle Tätigkeiten** des Rechtsanwalts im Berufungsverfahren **abgegolten**, soweit dafür keine besonderen Gebühren vorgesehen sind. Besondere Gebühren sind die für einen Hauptverhandlungstermin (Nrn. 4126 f. VV) sowie außerdem die Terminsgebühren der Nr. 4102 VV, die auch noch im Berufungsverfahren entstehen können (wegen der Einzelh. zu diesen Terminsgebühren s. die Komm. zu Nr. 4102 VV). Erfasst werden von der Verfahrensgebühr alle **nach Einlegung** der Berufung bis zum Abschluss der Berufungsinstanz vom Rechtsanwalt **erbrachten Tätigkeiten** (zum Pauschalcharakter vgl. Vorbem. 4.1 VV Rn. 24 ff.).   12

Folgende (**allgemeine**) **Tätigkeiten** werden also von der Verfahrensgebühr nach Nr. 4124 VV erfasst (s. auch Vorbem. 4 VV Rn. 33 ff., 40 und Vorbem. 4.1 VV Rn. 20 f.):   13

- sog. **Abwicklungstätigkeiten** (vgl. dazu [für das Zivilrecht] OLG Karlsruhe, AGS 2009, 19),
- (allgemeiner) **Schriftverkehr**,
- **Akteneinsicht**, z.B. zur Vorbereitung der Hauptverhandlung,
- **Anhörungsrüge/Nachholung des rechtlichen Gehörs** (§ 19 Abs. 1 Satz 2 Nr. 5) (Teil A: Rechtszug [§ 19], Rn. 109 ff.),
- allgemeine **Beratung** des Mandanten,
- ggf. Beratung über die Erfolgsaussichten der Revision (s. wegen der Einzelh. Vorbem. 4.1 VV Rn. 30 ff.),
- **Begründung** der **Berufung**,
- Berichtigungsanträge, z.B. für Urteil oder Protokoll,
- Beschaffung von Informationen, ggf. über Nr. 4100 VV hinaus,
- **Beschwerdeverfahren**, mit Ausnahme der in Vorbem. 4 Abs. 5 VV erwähnten Verfahren (vgl. Vorbem. 4 VV Rn. 93 ff.; Teil A: Beschwerdeverfahren, Abrechnung, Rn. 371 ff.; aus der Rspr. BGH, NJW 2009, 2682 = MDR 2009, 1193 = StRR 2009, 385; OLG Düsseldorf, AGS 2011, 70 = RVGreport 2011, 22 = StRR 2011, 38 = RVGprofessionell 2001, 53; OLG Hamm, RVGreport 2009, 149 = StRR 2009, 39; AG Hof, JurBüro 2011, 253 = AGS 2011, 68 = RVGreport 2011, 262 = VRR 2011, 160; AG Sinzig, JurBüro 2008, 249),
- **Besprechungen** mit Verfahrensbeteiligten, wie Gericht, Staatsanwaltschaft und ggf. Nebenklägervertreter (vgl. z.B. LG Köln, StraFo 2007, 305 = AGS 2007, 351 = RVGreport 2007,

224 für Gespräche mit der Staatsanwaltschaft mit dem Ziel der Rücknahme der von ihr eingelegten Berufung),
- **eigene** Ermittlungen des Rechtsanwalts,
- **Einlegung** der **Revision** (§ 19 Abs. 1 Nr. 10),
- Ergänzungsanträge für Urteil oder Protokoll,
- **Erinnerungen**, mit Ausnahme der in Vorbem. 4 Abs. 5 VV erwähnten Verfahren (vgl. Vorbem. 4 VV Rn. 93 ff.),
- **Erörterungen** des Standes des Verfahrens, ggf. mit dem Ziel einer **Verständigung** (vgl. Teil A: Verständigung im Straf- und Bußgeldverfahren, Abrechnung, Rn. 1585),
- (weitere) Information des Rechtsanwalts durch den Mandanten, ggf. über Nr. 4100 VV hinaus,
- **Kostenfestsetzungsverfahren** (LG Koblenz, JurBüro 2010, 32); für Erinnerungen und Beschwerden gilt allerdings Vorbem. 4 Abs. 5 VV (vgl. dazu Vorbem. 4 VV Rn. 93 ff.),
- **Nachbereitung** der Hauptverhandlung,
- **Pflichtverteidigerbestellung** und damit ggf. zusammenhängende Rechtsmittel,
- **Rücknahme** der **Berufung** (LG Mönchengladbach, StV 2004, 37 [bereits Tätigwerden im Berufungsverfahren]),
- Tätigkeiten im Rahmen einer beabsichtigten Einstellung des Verfahrens, z.B. allgemein nach **§ 153a StPO**,
- Tätigkeiten im Rahmen des **Täter-Opfer-Ausgleichs** (§§ 153a Abs. 1 Nr. 5, 155a, 155b StPO), allerdings nicht die Teilnahme an einem Termin i.S.d. Nr. 4102 Ziff. 4 VV,
- Tätigkeiten in Zusammenhang mit der **Untersuchungshaft**,
- Tätigkeiten zur **Vorbereitung** einer **Verständigung** nach § 257c StPO (vgl. Teil A: Verständigung im Straf- und Bußgeldverfahren, Abrechnung, Rn. 1585),
- Überprüfung des amtsgerichtlichen Urteils,
- (**außergerichtliche**) **Terminswahrnehmung**,
- allgemeine **Vorbereitung** von **Haftprüfungsterminen**,
- Vorbereitung von Vernehmungsterminen,
- (allgemeine) Vorbereitung der Berufungshauptverhandlung,
- **Wiedereinsetzungsanträge**.

III. Verfahrensgebühr bei Zurückverweisung

14 Wird das Verfahren vom Revisionsgericht an das Berufungsgericht nach § 354 Abs. 2 StPO **zurückverwiesen**, entsteht die Verfahrensgebühr für das Berufungsverfahren erneut. Es gilt § 21 Abs. 1 (Teil A: Zurückverweisung [§ 21], Rn. 1687 ff.; vgl. zur Terminsgebühr Nr. 4126 VV Rn. 13).

IV. Höhe der Verfahrensgebühr

1. Allgemeines

Der **Wahlanwalt** erhält eine **Betragsrahmengebühr** i.H.v. 70,00 € – 470,00 €. Die Mittelgebühr beträgt 270,00 €.

Der **Pflichtverteidiger** erhält einen Festbetrag i.H.v. 216,00 €.

> **Hinweis:**
> Reicht der für den Wahlanwalt vorgesehene Betragsrahmen wegen des erheblichen Umfangs der erbrachten Tätigkeiten nicht mehr aus, um die erbrachten Tätigkeiten zumutbar zu entlohnen, muss der Wahlanwalt die Feststellung einer **Pauschgebühr** nach § 42 beantragen. Der Pflichtverteidiger hat die Möglichkeit, einen Pauschgebührenantrag nach § 51 zu stellen (vgl. dazu § 42 und § 51).

2. Bemessung der Wahlanwaltsgebühr

Bei der Bemessung der Höhe der Gebühr sind über § 14 die **Besonderheiten** des **Einzelfalls** zu berücksichtigen (vgl. dazu BT-Drucks. 15/1971, S. 281 zu Nr. 4100 VV; vgl. auch Teil A: Rahmengebühren [§ 14], Rn. 1051 ff.). Die konkrete Höhe der Gebühr ist abhängig von den vom Rechtsanwalt erbrachten Tätigkeiten. Insoweit kann also z.B. von Bedeutung sein, ob und ggf. wie umfangreich der Rechtsanwalt die Berufung begründet oder wie umfangreich die **Berufungsbegründung** des Berufungsgegners war, mit der er sich auseinandersetzen musste. Von Belang ist auch die Schwierigkeit des Tatvorwurfs und ob die Berufung ggf. von Anfang an auf das Strafmaß beschränkt war (vgl. dazu auch LG Hannover, JurBüro 2011, 304) oder ob die Berufung des Nebenklägers ggf. unzulässig war (LG Köln, JurBüro 2011, 307 [100,00 € als Verfahrensgebühr]). Auch der Umfang der (allgemeinen) Vorbereitung der Berufungshauptverhandlung hat Auswirkungen auf die Höhe der Gebühr (s. im Übrigen auch Vorbem. 4 VV Rn. 40 ff.).

Auszugehen ist von der **Mittelgebühr** (KG, StV 2006, 198 = AGS 2006, 73 [für die Terminsgebühr der I. Instanz]; OLG Hamm, StraFo 2007, 218 = Rpfleger 2007, 426 = JurBüro 2007, 309; AG Lüdinghausen, RVGreport 2006, 183, mit einer sorgfältigen Abwägung der maßgeblichen Kriterien für die Verfahrensgebühr des amtsgerichtlichen Verfahrens; AG Trier, RVGreport 2005, 271 [für die Terminsgebühr I. Instanz]; wegen weiterer Nachw. s. Teil A: Rahmengebühr [§ 14], Rn. 1051 ff.).

Vertritt der Rechtsanwalt **mehrere Auftraggeber**, z.B. mehrere Nebenkläger/Zeugen, erhöht sich der Gebührenrahmen nach Nr. 1008 VV (so OLG Koblenz, StraFo 2005, 526 = AGS 2005, 504 = JurBüro 2005, 589; Teil A: Mehrere Auftraggeber [§ 7, Nr. 1008 VV], Rn. 956 ff.).

V. Zusätzliche Gebühren

Zusätzlich zu der Verfahrensgebühr kann der Rechtsanwalt im Berufungsverfahren eine der **Wertgebühren** der Nr. **4142 VV** bzw. Nr. **4143, 4144 VV** erhalten, wenn er in einem der dort erwähnten Bereiche für seinen Mandanten tätig geworden ist. Die Ausführungen bei Nr. 4104 VV Rn. 21 gelten im Übrigen entsprechend. **Nimmt** er die **Berufung zurück**, kann eine zusätzliche Verfahrensgebühr nach Nr. 4141 Anm. 1 Ziff. 3 VV in Betracht kommen (vgl. dazu Nr. **4141** VV Rn. 35 ff.). Auch die zusätzliche Gebühr nach Nrn. 4143, 4144 VV kann entstehen.

Nr. 4124 VV *Verfahrensgebühr Berufung*

VI. Kostenerstattung

1. Allgemeines

22 Über die Kosten des Berufungsverfahrens wird nach § 473 Abs. 1 bis 4 StPO entschieden. Danach treffen die Kosten einer erfolglosen oder zurückgenommenen Berufung denjenigen, der die Berufung eingelegt hat. Wird der Angeklagte im Berufungsverfahren frei gesprochen, gilt § 467 StPO (zur Kostenentscheidung im Berufungsverfahren s. Meyer-Goßner, § 473 Rn. 2 ff. m.w.N.).

2. Umfang der Kostenerstattung

23 Der Umfang der zu erstattenden Kosten richtet sich auch im Berufungsverfahren nach § 464a StPO. Zu den zu erstattenden Kosten gehört grds. auch die Verfahrensgebühr Nr. 4124 VV.

24 Fraglich ist die Kostenerstattung, wenn die **Staatsanwaltschaft** (zuungunsten des Angeklagten) **Berufung** eingelegt, der Angeklagte daraufhin einen Verteidiger beauftragt, die Staatsanwaltschaft dann aber **vor** Begründung ihre Berufung zurücknimmt. Insoweit gilt (vgl. auch Nr. 4300 VV Rn. 22 ff. für die Revision): Mit Auftragserteilung ist für den Rechtsanwalt die Verfahrensgebühr nach Nr. 4124 VV entstanden (vgl. Rn. 3 ff.). Diese ist auch erstattungsfähig i.S.d. §§ 473 Abs. 2 Satz 1, 464a Abs. 2 Nr. 2 StPO i.V.m. § 91 Abs. 2 ZPO. Der Angeklagte hat ab Einlegung der Berufung durch die Staatsanwaltschaft Handlungs- und Beratungsbedarf, z.B. über den weiteren Gang des Verfahrens usw. Dieser hängt nicht etwa von der Begründung der Berufung ab (BGH, NJW 2003, 756 [für Zivilsache]; LG Dresden, 23.05.2011 – 3 Qs 75/07; LG Heidelberg, StV 1998, 607; LG Münster, AGS 2003, 314; LG Düsseldorf, 08.07.2003 – XVII Qs 47/03; **a.A.** z.B. – z.T. für die vergleichbare Konstellation in der Revisionsinstanz – unter Hinweis darauf, dass eine **offensichtlich sinnlose** Tätigkeit keinen Erstattungsanspruch auslöst, KG, StraFo 2006, 432 = RVGreport 2006, 352 = AGS 2006, 375; JurBüro 2010, 599 = RVGreport 2010, 351 = VRR 2010, 479 = RVGprofessionell 2010, 132; 19.05.2011 – 1 Ws 168/10, JurionRS 2011, 17843 [ausdrücklich für die Nr. 4124 VV]; OLG Düsseldorf, JurBüro 1981, 229; OLG Hamm, MDR 1978, 586; OLG Koblenz, NStZ 2007, 423 = Rpfleger 2006, 670; OLG München, JurBüro 1977, 490; LG Bochum, JurBüro 2007, 38 m. abl. Anm. Madert; LG Cottbus, JurBüro 2007, 416 m. abl. Anm. Madert; LG Karlsruhe, 20.10.2010 – 3 Qs 97/09 KO; LG Koblenz, JurBüro 2009, 198; LG Köln, StraFo 2007, 305 = AGS 2007, 351 = RVGreport 2007, 224; JurBüro 2011, 307 für Berufung des Nebenklägers; wie hier auch AnwKomm-RVG/N. Schneider, VV 4124 – 4125 Rn. 14 m.w.N.; Gerold/Schmidt/Burhoff, Einl. VV 4124, 4125 Rn. 6; Hartung/Schons/Enders, VV 4124, 4215 Rn. 11; Meyer-Goßner, § 464a Rn. 10 [i.d.R.]; eingehend auch Volpert/Schönemann, BRAGOprofessionell 2003, 150, 151 f.). Zudem wird der Verteidiger aus der Hauptverhandlung und aus dem dort im Plädoyer der Staatsanwaltschaft gestellten Schlussantrag ableiten können, welches Ziel die Staatsanwaltschaft mit ihrer Berufung verfolgt, sodass er nicht etwa auf die Zustellung der Berufungsbegründung der Staatsanwaltschaft angewiesen ist, um mit dem Mandanten das Ziel der Berufung besprechen zu können (s. aber KG, StraFo 2006, 432 = RVGreport 2006, 352 = AGS 2006, 375; KG, 19.05.2011 – 1 Ws 168/10, JurionRS 2011, 17843). In dem Zusammenhang ist auch von Bedeutung, dass die Staatsanwaltschaft nach Nr. 148 RiStBV nur ausnahmsweise vorsorglich Rechtsmittel einlegen darf (Hartung/Schons/Enders, a.a.O.; vgl. dazu aber auch KG, 19.05.2011 – 1 Ws 168/10, JurionRS 2011, 17843). Der Angeklagte muss also davon ausgehen, dass ein von der Staatsanwaltschaft eingelegtes Rechts-

mittel auch durchgeführt werden wird (s. auch Nr. 148 Ziff. 3 RiStBV; a.A. offenbar LG Bochum, a.a.O.).

VII. Argumente für Erstattungsfähigkeit der Berufungsgebühr

Kommt es zum Streit mit dem Kostenbeamten um die Erstattung der Berufungsgebühren kann der Rechtsanwalt folgende „**Argumente** für die **Erstattung** der **Berufungsgebühr**" (nach Volpert/Schönemann, BRAGOprofessionell 2003, 152) vortragen: 25

- Der Angeklagte darf grds. darauf vertrauen, dass ein von **der Staatsanwaltschaft eingelegtes Rechtsmittel** auch **tatsächlich durchgeführt** wird. Dies ergibt sich aus Nr. 147 RiStBV. Danach soll die Staatsanwaltschaft grds. nur Rechtsmittel einlegen, wenn wesentliche Belange der Allgemeinheit oder der am Verfahren betroffenen Personen es gebieten und wenn das Rechtsmittel aussichtsreich ist (LG Bamberg, DAR 1990, 316).

- Da die **Staatsanwaltschaft** ein **Rechtsmittel nur ausnahmsweise vorsorglich** einlegen soll und in der Rechtsmittelschrift die nur vorsorgliche Einlegung nicht zum Ausdruck kommen darf (Nr. 148 RiStBV), muss der Angeklagte bei der Berufungseinlegung durch die Staatsanwaltschaft davon ausgehen, dass das Berufungsverfahren durchgeführt wird. Es handelt sich daher um eine notwendige Maßnahme zur Rechtsverfolgung, wenn der Angeklagte alsbald nach der Berufungseinlegung einen Verteidiger beauftragt hat (a.A. LG Bochum, JurBüro 2007, 38).

- Im **Zivilverfahren** wird die Berufungsgebühr erstattet, auch wenn die Berufungseinlegung **nur zur Fristwahrung** erfolgte und vor Ablauf der Berufungsbegründungsfrist wieder zurückgenommen wird (BGH, NJW 2003, 756). Es besteht kein nachvollziehbarer Grund, warum dem Angeklagten nicht auch im Strafverfahren die durch eine unmittelbar nach der Berufungseinlegung erfolgte Beauftragung eines Verteidigers entstandenen Kosten erstattet werden sollen.

- Die Begründung der Berufung ist im Strafverfahren nicht erforderlich (§ 317 StPO). Bei der Berufungseinlegung durch die Staatsanwaltschaft steht es daher im pflichtgemäßen Ermessen des Verteidigers, wann und wie er sich darauf vorbereitet (AG Bad Hersfeld, DAR 1985, 62). An das anwaltliche Ermessen ist kein strenger Maßstab zu legen, weil ein Strafverfahren grds. einen **erheblichen Eingriff** für den Angeklagten bedeutet (LG Kassel, DAR 1980, 125).

- Es entspricht dem **Gebot** der **Waffengleichheit** zwischen der Staatsanwaltschaft und der Verteidigung, wenn sich der Angeklagte und sein Verteidiger darüber beraten, welche Aussichten das Rechtsmittel hat und welche zusätzlichen Verteidigungsmittel an Beweismaterial u.a. möglicherweise noch beigezogen werden müssen. Dem Angeklagten muss es überlassen bleiben, wann er sich der Hilfe eines Verteidigers bedient, nachdem er von der Berufungseinlegung durch die Staatsanwaltschaft Kenntnis erlangt hat (§ 137 Abs. 1 Satz 1 StPO [„jederzeit"]).

- Der Angeklagte kann nicht wegen eines **Kostenrisikos gezwungen** werden, seine Verteidigung erst vorzubereiten, wenn er Kenntnis von der Begründung des Rechtsmittels erhalten hat (OLG Celle, NStZ 1983, 129; LG Hannover, NJW 1976, 2031).

Nr. 4124 VV *Verfahrensgebühr Berufung*

- Nimmt die Staatsanwaltschaft das Rechtsmittel zurück, muss die **Staatskasse** die notwendigen Auslagen des Angeklagten tragen (§ 473 Abs. 1 StPO). Hierzu gehören die Gebühren und Auslagen des Verteidigers, soweit sie nach § 91 Abs. 2 ZPO zu erstatten sind (§ 464a Abs. 2 Nr. 2 StPO). § 91 Abs. 1 ZPO gilt nicht (LG Krefeld, AGS 1998, 185).

Nr. 4125 VV
Verfahrensgebühr Berufung mit Zuschlag

Nr.	Gebührentatbestand	Gebühr oder Satz der Gebühr nach § 13 oder § 49 RVG	
		Wahlanwalt	gerichtlich bestellter oder beigeordneter Rechtsanwalt
4125	Gebühr 4124 mit Zuschlag	70,00 bis 587,50 EUR	263,00 EUR

Übersicht

	Rn.
A. Überblick	1
B. Kommentierung	2
I. Mandant nicht auf freiem Fuß	2
II. Abgeltungsbereich der Gebühr	3
III. Höhe der Gebühr	4

Literatur:

Burhoff, Der sogenannte Haftzuschlag nach Vorbem. 4 Abs. 4 VV RVG, StRR 2007, 54; *ders.*, Was Sie im Strafverfahren zum Haftzuschlag wissen sollten, RVGprofessionell 2010, 77.

A. Überblick

Die Vorschrift regelt die Verfahrensgebühr Nr. 4124 VV mit **(Haft-)Zuschlag**, der voraussetzt, dass sich der Mandant des Rechtsanwalts nicht auf freiem Fuß befindet.   **1**

B. Kommentierung

I. Mandant nicht auf freiem Fuß

Die gerichtliche Verfahrensgebühr für das Berufungsverfahren entsteht mit Zuschlag nach Nr. 4125 VV immer dann, wenn der Mandant sich während des Berufungsverfahrens **nicht auf freiem Fuß** befindet (s. insoweit wegen der allgemeinen Einzelh. Vorbem. 4 Abs. 4 VV Rn. 83 ff.). **Unerheblich** ist es, **wie lange** der Mandant nicht auf freiem Fuß ist/war. Entscheidend ist, dass er während des Berufungsverfahrens irgendwann „nicht auf freiem Fuß" war (vgl. für die gerichtliche Verfahrensgebühr 1. Instanz Nr. 4107 Nr. 2 f.; zur Dauer und zum Beginn des Berufungsverfahrens Nr. 4124 VV Rn. 3 ff.).   **2**

II. Abgeltungsbereich der Gebühr

Zum Abgeltungsbereich s. Vorbem. 4 VV Rn. 86 ff. und Nr. 4105 VV, Nr. 4107 VV und Nr. 4113 VV. Die dortigen Erläuterungen gelten **entsprechend**.   **3**

III. Höhe der Gebühr

4 Der **Wahlanwalt** erhält eine **Betragsrahmengebühr** i.H.v. 70,00 € – 587,50 €. Die Mittelgebühr beträgt 328,75 €. Zur Bemessung der konkreten Verfahrensgebühr mit Zuschlag s. ebenfalls Vorbem. 4 VV Rn. 92 und die Komm. bei Nr. 4105 VV und Nr. 4107 VV. Reicht der erhöhte Betragsrahmen nicht aus, muss der Wahlanwalt die Feststellung einer Pauschgebühr nach § 42 beantragen.

5 Der **Pflichtverteidiger** erhält einen **Festbetrag** i.H.v. 263,00 €. Auch er hat die Möglichkeit, ggf. einen – auf diesen Verfahrensabschnitt beschränkten – Pauschgebührenantrag (§ 51) zu stellen.

Nr. 4126 VV
Terminsgebühr Berufung

Nr.	Gebührentatbestand	Gebühr oder Satz der Gebühr nach § 13 oder § 49 RVG	
		Wahlanwalt	gerichtlich bestellter oder beigeordneter Rechtsanwalt
4126	Terminsgebühr je Hauptverhandlungstag im Berufungsverfahren Die Gebühr entsteht auch für Beschwerdeverfahren nach § 13 StrRehaG.	70,00 bis 470,00 EUR	216,00 EUR

Übersicht

	Rn.
A. Überblick	1
B. Kommentierung	3
I. Allgemeines	3
II. Entstehen der Terminsgebühr	5
III. Abgeltungsbereich der Terminsgebühr	10
1. Allgemeines	10
2. Persönlicher Abgeltungsbereich	11
3. Sachlicher Abgeltungsbereich	12
IV. Terminsgebühr bei Zurückverweisung	13
V. Höhe der Gebühr	14
1. Allgemeines	14
2. Bemessung der Gebühr	15
a) Allgemeines	15
b) Bemessung der Wahlanwaltsgebühr	16
VI. Zusätzliche Gebühren	18
VII. Kostenerstattung	19

Literatur:

Burhoff, Die neue Terminsgebühr im Strafverfahren, RVGreport 2004, 177; *ders.*, Berechnungsbeispiele zum RVG: Berufungsinstanz, RVGreport 2006, 284; *ders.*, Die Terminsgebühr im Straf- bzw. Bußgeldverfahren, RVGreport 2010, 3; s. auch die Hinweise bei Vorbem. 4 VV vor Rn. 1.

A. Überblick

Nr. 4126 VV regelt die Terminsgebühr, die allgemein in Vorbem. 4 Abs. 3 VV beschrieben ist, für die Teilnahme des Rechtsanwalts an der Hauptverhandlung im **Berufungsverfahren** und im Beschwerdeverfahren nach § 13 StrRehaG, sofern dort ein gerichtlicher Erörterungstermin (§ 11 Abs. 3 StrRehaG) stattfindet.   **1**

Nr. 4126 VV *Terminsgebühr Berufung*

2 | **Hinweis:**
Soweit durch die Mitwirkung des Rechtsanwalts eine **Berufungshauptverhandlung entbehrlich** geworden ist, z.B. durch (fristgerechte) Rücknahme der Berufung, entsteht nach Nr. 4141 Anm. 1 Ziff. 3 VV eine sof. Befriedungsgebühr in Höhe der Verfahrensgebühr Nr. 4124 VV (wegen der Einzelh. vgl. Nr. 4141 VV Rn. 35 ff.).

B. Kommentierung

I. Allgemeines

3 Der Rechtsanwalt erhält die Terminsgebühr Nr. 4126 VV für die **Teilnahme** an einem Hauptverhandlungstermin im **Berufungsverfahren**. Finden daneben während des Berufungsverfahrens noch andere „gerichtliche Termine" außerhalb der **Hauptverhandlung**, wie z.B. eine Haftprüfung oder eine kommissarische **Vernehmung**, statt, entsteht dafür neben der Terminsgebühr nach Nr. 4126 VV ggf. eine solche nach Nr. 4102 VV.

4 *Beispiel:*

Dem Angeklagten A wird ein Diebstahl zur Last gelegt. Er wird bereits im Ermittlungsverfahren von Rechtsanwalt R vertreten. Dieser nimmt beim AG an einer eintägigen Hauptverhandlung teil. A wird verurteilt. Das AG nimmt den Angeklagten unmittelbar nach der Hauptverhandlung noch im Saal in U-Haft, da er zu einer längeren Freiheitsstrafe verurteilt worden ist. R beantragt beim LG einen Haftprüfungstermin. Er nimmt an der Haftprüfung teil und nimmt zur Haftfrage Stellung. A bleibt in Haft. Er wird erst nach dem Berufungshauptverhandlungstermin entlassen. Das in diesem ergehende Urteil wird rechtskräftig.

*Rechtsanwalt R erhält die Verfahrensgebühr für das **amtsgerichtliche Verfahren** mit Zuschlag. Denn A ist noch im amtsgerichtlichen Verfahren in Haft genommen worden. Das Berufungsverfahren beginnt (erst) mit der Einlegung der Berufung (vgl. Nr. 4124 VV Rn. 3 ff.). Auch die Terminsgebühr für die Hauptverhandlung beim AG entsteht mit Zuschlag, da A während dieses noch andauernden Termins in U-Haft genommen worden ist (vgl. das Beispiel bei Nr. 4109 VV Rn. 8).*

*Im **Berufungsverfahren** entsteht keine Grundgebühr Nr. 4100 VV (vgl. Nr. 4100 Rn. 11 ff.). Diese entsteht für den jeweiligen Rechtsanwalt nur einmal im Laufe des Verfahrens. Die Verfahrensgebühr (Nr. 4124 VV) und die Terminsgebühr (Nr. 4126 VV) entstehen mit Zuschlag, da A sich (auch) während des Berufungsverfahrens nicht auf freiem Fuß befunden hat, also nach Nr. 4125 VV und Nr. 4127 VV.*

R verdient außerdem für die Teilnahme an dem landgerichtlichen Haftprüfungstermin eine Terminsgebühr Nr. 4102 Ziff. 3 VV, und zwar mit Zuschlag, also nach Nr. 4103 VV (vgl. dazu Nr. 4102 VV Rn. 25 ff.). Die Terminsgebühr Nr. 4103 VV ist unabhängig von der Ordnung des Gerichts. Sie entsteht also im Berufungsverfahren in derselben Höhe wie im vorbereitenden Verfahren oder im Verfahren I. Instanz.

Berechnung	*Wahlanwalt*	*Pflichtverteidiger*
Vorbereitendes Verfahren		
Grundgebühr Nr. 4100 VV	165,00 €	132,00 €
Verfahrensgebühr Nr. 4104 VV	140,00 €	112,00 €
Postentgeltpauschale Nr. 7002 VV	20,00 €	20,00 €
Gerichtliches Verfahren I. Instanz		
Verfahrensgebühr Nrn. 4106, 4107 VV	171,25 €	137,00 €

Terminsgebühr Berufung   *Nr. 4126 VV*

Terminsgebühr Nrn. 4108, 4109 VV	280,00 €	224,00 €
Postentgeltpauschale Nr. 7002 VV	20,00 €	20,00 €
Gerichtliches Verfahren II. Instanz		
Verfahrensgebühr Nr. 4125 VV	328,75 €	263,00 €
Terminsgebühr Nrn. 4102 Ziff. 3, 4103 VV	171,25 €	137,00 €
Terminsgebühr Nr. 4127 VV	328,75 €	263,00 €
Postentgeltpauschale Nr. 7002 VV	<u>20,00 €</u>	<u>20,00 €</u>
Anwaltsvergütung netto	**<u>1.645,00 €</u>**	**<u>1.328,00 €</u>**

II. Entstehen der Terminsgebühr

Voraussetzung für das Entstehen der Terminsgebühr ist, dass ein Hauptverhandlungstermin 5 im Berufungsverfahren **stattgefunden** und der Rechtsanwalt **daran teilgenommen** hat (vgl. Nr. 4108 VV Rn. 2 ff.).

Die **Hauptverhandlung beginnt** auch im Berufungsverfahren nach §§ 324 Abs. 1 Satz 1, 243 6 Abs. 1 Satz 1 StPO mit dem **Aufruf** zur **Sache**. Die Terminsgebühr entsteht daher, sofern der Rechtsanwalt beim Aufruf der Sache anwesend ist oder, wenn er beim Aufruf der Sache (noch) nicht anwesend ist, wenn er später in der Berufungshauptverhandlung auftritt/erscheint (vgl. Nr. 4108 VV Rn. 4 ff.).

Ausreichend für das Entstehen der Gebühr ist auch im Berufungsverfahren die **bloße Anwe-** 7 **senheit** des Rechtsanwalts im Termin. Er muss also auch hier keine Anträge gestellt und auch nicht zu bestimmten Fragen Stellung genommen haben. Deshalb reicht es z.B. aus, wenn nach Aufruf der Sache die Berufung zurückgenommen wird. Der Rechtsanwalt muss auch nicht bis zum Ende der Hauptverhandlung anwesend geblieben sein (AnwKomm-RVG/N. Schneider, VV 4108 – 4111 Rn. 9). Unerheblich ist auch, ob der Angeklagte anwesend ist/war (s. z.B. im Fall des § 329 Abs. 1 StPO; zum „geplatzten Termin" s. Vorbem. 4 VV Rn. 77 ff.).

> **Hinweis:** 8
> Der **Umfang** der anwaltlichen Tätigkeit ist also für das Entstehen der Gebühr unerheblich. Er hat nur bei der Bemessung der Höhe der **konkreten Gebühr Bedeutung**.

Die Hauptverhandlung **endet**, wenn der Vorsitzende die **Verhandlung schließt**. Das ist i.d.R. 9 nach der Rechtsmittelbelehrung der Fall (vgl. Nr. 4108 VV Rn. 5).

III. Abgeltungsbereich der Terminsgebühr

1. Allgemeines

Die Terminsgebühr erfasst **die „Teilnahme"** an der **Berufungshauptverhandlung**. Die Ter- 10 minsgebühr unterscheidet sich von den Terminsgebühren für den ersten Rechtszug nur durch den Rechtszug und die Höhe der Gebühr. Im Übrigen besteht kein Unterschied, sodass auf die Ausführungen bei Nrn. 4108, 4114, 4120 VV, insbesondere die bei Nr. 4108 VV, verwiesen werden kann. Diese gelten entsprechend.

2. Persönlicher Abgeltungsbereich

11 Zum persönlichen Abgeltungsbereich s. Nr. 4108 VV Rn. 10.

3. Sachlicher Abgeltungsbereich

12 Mit dieser Terminsgebühr wird die „**Teilnahme**" am **Hauptverhandlungstermin** in der **Berufungsinstanz** abgegolten. Die Terminsgebühr deckt grds. die gesamte Tätigkeit des Rechtsanwalts im Berufungshauptverhandlungstermin ab (vgl. Nr. 4108 VV Rn. 13 ff.; Vorbem. 4 Rn. 58 ff.).

IV. Terminsgebühr bei Zurückverweisung

13 Wird das Verfahren vom Revisionsgericht an das Berufungsgericht nach § 354 Abs. 2 StPO **zurückverwiesen** und findet dort später erneut eine Hauptverhandlung statt, entsteht die Terminsgebühr für das Berufungsverfahren erneut. Es gilt § 21 Abs. 1 (Teil: Zurückverweisung [§ 21], Rn. 1687; vgl. zur Verfahrensgebühr Nr. 4124 VV Rn. 14).

V. Höhe der Gebühr

1. Allgemeines

14 Das RVG **unterscheidet** hinsichtlich der Höhe der Gebühr auch für das Berufungsverfahren **nicht** mehr zwischen einem sog. **ersten Berufungshauptverhandlungstermin** und **Fortsetzungsterminen**. Vielmehr entsteht für alle Hauptverhandlungstermine im Berufungsverfahren ebenso wie im ersten Rechtszug die Terminsgebühr aus dem gleichen Betragsrahmen. Im Übrigen gelten die Ausführungen bei Nr. 4108 VV Rn. 16 ff. entsprechend. Befindet der Mandant sich **nicht auf freiem Fuß**, entsteht die Gebühr (ggf. jeweils) mit **Zuschlag** nach Nr. 4127 VV.

2. Bemessung der Gebühr

a) Allgemeines

15 Der **Wahlanwalt** erhält eine **Betragsrahmengebühr** i.H.v. 70,00 € – 470,00 €. Die Mittelgebühr beträgt 270,00 €.

Der **Pflichtverteidiger** erhält einen Festbetrag i.H.v. 216,00 €. Ergänzend hierzu erhält er bei besonders langen Hauptverhandlungen ggf. die Zuschläge aus der Nr. 4128 VV bzw. Nr. 4129 VV (wegen der Einzelh. vgl. die Komm. dort und bei den Nrn. 4110, 4111 VV).

b) Bemessung der Wahlanwaltsgebühr

16 Bei der Bemessung der Höhe der Gebühr sind über § 14 die **Besonderheiten** des jeweiligen **Einzelfalls** zu berücksichtigen. Insoweit wird auf die Ausführungen bei Nr. 4108 VV Rn. 21 ff. verwiesen. Hat der Rechtsanwalt in der Hauptverhandlung die Berufung auf einzelne Beschwerdepunkte, wie z.B. den Rechtsfolgenausspruch, beschränkt, sollte er darauf hinweisen, dass gerade deshalb während der Vorbereitung des Termins ein erhöhter Zeitaufwand erforderlich gewesen ist (vgl. zu diesem Aspekt LG Mühlhausen, AGS 2003, 402 m. zust. Anm. Madert). Dieser wird i.d.R. in einer besonders eingehenden Erörterung des angefochtenen Urteils mit dem Mandanten liegen. Ins Feld führen kann er in diesem Fall zudem den Umstand, dass er durch die Beschränkung der Berufung zu einer Abkürzung des Verfahrens beigetragen hat. Das ist ein Umstand, den

Terminsgebühr Berufung   *Nr. 4126 VV*

der Gesetzgeber, wie die Regelungen in Nr. 4141 VV und Nr. 5115 VV zeigen, auch finanziell honorieren wollte (LG Mühlhausen, AGS 2003, 402 m. zust. Anm. Madert).

Im Übrigen ist **grds.** von der **Mittelgebühr** auszugehen (vgl. Teil A: Rahmengebühren [§ 14], Rn. 1051 ff.). Für die Bemessung der konkreten Gebühr spielt die Dauer der Berufungshauptverhandlung eine erhebliche Rolle (vgl. auch Vorbem. 4 VV Rn. 63 ff.). Sie dürfte derzeit bei durchschnittlich etwa drei Stunden liegen (vgl. LG Wiesbaden, JurBüro 2007, 27 [3 1/2 Stunden] HV-Dauer führen auch bei Strafmaßberufung zur Mittelgebühr).   **17**

VI. Zusätzliche Gebühren

Zusätzliche Gebühren sind die **(Längen-)Zuschläge** nach Nrn. 4128, 4129 VV, wenn der **Pflichtverteidiger** mehr als fünf bis acht Stunden oder mehr als acht Stunden an der Hauptverhandlung teilgenommen hat. Im Übrigen gilt Nr. 4104 VV Rn. 21.   **18**

VII. Kostenerstattung

Wegen der Kostenerstattung s. Nr. 4124 VV Rn. 22 ff.   **19**

Nr. 4127 VV
Terminsgebühr Berufung mit Zuschlag

Nr.	Gebührentatbestand	Gebühr oder Satz der Gebühr nach § 13 oder § 49 RVG	
		Wahlanwalt	gerichtlich bestellter oder beigeordneter Rechtsanwalt
4127	Gebühr 4126 mit Zuschlag	70,00 bis 587,50 EUR	263,00 EUR

Übersicht

	Rn.
A. Überblick	1
B. Kommentierung	2
I. Mandant nicht auf freiem Fuß	2
II. Höhe der Gebühr	3

Literatur:

Burhoff, Der sogenannte Haftzuschlag nach Vorbem. 4 Abs. 4 VV RVG, StRR 2007, 54; *ders.*, Was Sie im Strafverfahren zum Haftzuschlag wissen sollten, RVGprofessionell 2010, 77.

A. Überblick

1 Nr. 4127 VV regelt die Terminsgebühr Nr. 4126 VV mit **(Haft-)Zuschlag**. Die gegenüber Nr. 4126 VV erhöhte Gebühr entsteht, wenn sich der Mandant während des Abgeltungsbereichs der berufungsgerichtlichen Terminsgebühr nicht auf freiem Fuß befindet.

B. Kommentierung

I. Mandant nicht auf freiem Fuß

2 Die Zuschlagsgebühr der Nr. 4127 VV unterscheidet sich von der Terminsgebühr Nr. 4126 VV nur dadurch, dass diese Gebühr die Terminsgebühr für das Berufungsverfahren **erhöht**, wenn der Mandant sich „nicht auf freiem Fuß" befindet. Im Übrigen besteht kein Unterschied, sodass auf die Ausführungen zu Nr. 4109 VV – Terminsgebühr 1. Rechtszug mit Zuschlag – verwiesen werden kann (s. wegen der Einzelh. des Haftzuschlags Vorbem. 4 VV Rn. 83 ff.).

II. Höhe der Gebühr

3 Der **Wahlanwalt** erhält eine **Betragsrahmengebühr** i.H.v. 70,00 € – 587,50 € (im Übrigen s. Nr. 4109 VV Rn. 8). Die Mittelgebühr beträgt 328,75 € (s. im Übrigen Nr. 4109 VV Rn. 10 f.).

4 Der **Pflichtverteidiger** erhält einen Festbetrag i.H.v. 263,00 € (s. Nr. 4109 VV Rn. 12).

Nr. 4128 VV
Zusatzgebühr zur Terminsgebühr Berufung (HV 5 – 8 Stunden)

Nr.	Gebührentatbestand	Gebühr oder Satz der Gebühr nach § 13 oder § 49 RVG	
		Wahlanwalt	gerichtlich bestellter oder beigeordneter Rechtsanwalt
4128	Der gerichtlich bestellte oder beigeordnete Rechtsanwalt nimmt mehr als 5 und bis 8 Stunden an der Hauptverhandlung teil: Zusätzliche Gebühr neben der Gebühr 4126 oder 4127		108,00 EUR

Übersicht

	Rn.
A. Überblick	1
B. Kommentierung	2
I. Abgeltungsbereich der Gebühr	2
II. Höhe der Gebühr	3

Literatur:

Vgl. die Nachweise bei Nr. 4110 VV vor Rn. 1.

A. Überblick

Mit dieser Gebühr wird für den gerichtlich bestellten oder beigeordneten Rechtsanwalt zusätzlich zur Terminsgebühr Nr. 4126 VV oder Nr. 4127 VV eine **Zusatzgebühr** zur Terminsgebühr gewährt, wenn er mehr als fünf und bis acht Std. an einem Berufungshauptverhandlungstermin teilgenommen hat (s. im Übrigen die Komm. bei Nr. 4110 VV). 1

B. Kommentierung

I. Abgeltungsbereich der Gebühr

Die Zuschlagsgebühr Nr. 4128 VV unterscheidet sich von der Zuschlagsgebühr Nr. 4110 VV nur dadurch, dass diese Gebühr entsteht, wenn der gerichtlich bestellte oder beigeordnete Rechtsanwalt mehr als fünf und bis acht Stunden an einem **Hauptverhandlungstermin** im **Berufungsverfahren** teilgenommen hat. Im Übrigen besteht kein Unterschied, sodass auf die Ausführungen zu Nr. 4110 VV verwiesen werden kann. 2

II. Höhe der Gebühr

Der gerichtliche bestellte oder beigeordnete Rechtsanwalt erhält eine zusätzliche Gebühr i.H.v. **108,00 €**. 3

Nr. 4129 VV
Zusatzgebühr zur Terminsgebühr Berufung (HV mehr als 8 Stunden)

Nr.	Gebührentatbestand	Gebühr oder Satz der Gebühr nach § 13 oder § 49 RVG	
		Wahlanwalt	gerichtlich bestellter oder beigeordneter Rechtsanwalt
4129	Der gerichtlich bestellte oder beigeordnete Rechtsanwalt nimmt mehr als 8 Stunden an der Hauptverhandlung teil: Zusätzliche Gebühr neben der Gebühr 4126 oder 4127		216,00 EUR

Übersicht

	Rn.
A. Überblick	1
B. Kommentierung	2
I. Abgeltungsbereich der Gebühr	2
II. Höhe der Gebühr	3

Literatur:

Vgl. die Nachweise bei Nr. 4110 VV vor Rn. 1.

A. Überblick

1 Die Vorschrift bestimmt für den gerichtlich bestellten oder beigeordneten Rechtsanwalt zusätzlich zur Gebühr Nr. 4126 VV oder Nr. 4127 VV eine **Zusatzgebühr** zur Terminsgebühr, wenn er mehr als acht Stunden an einem **Hauptverhandlungstermin** im Berufungsverfahren teilgenommen hat (s. im Übrigen die Komm. bei Nr. 4110 VV).

B. Kommentierung

I. Abgeltungsbereich der Gebühr

2 Die Zuschlagsgebühr Nr. 4129 VV unterscheidet sich von der Zuschlagsgebühr Nrn. 4110, 4111 VV nur dadurch, dass diese Gebühr entsteht, wenn der gerichtlich bestellte oder beigeordnete Rechtsanwalt **mehr als acht Stunden** an einem Hauptverhandlungstermin im Berufungsverfahren teilgenommen hat. Im Übrigen besteht kein Unterschied, sodass auf die Ausführungen zu Nr. 4110 VV und Nr. 4111 VV verwiesen werden kann.

II. Höhe der Gebühr

3 Der gerichtliche bestellte oder beigeordnete Rechtsanwalt erhält eine zusätzliche Gebühr i.H.v. **216,00 €**.

Nr. 4130 VV
Verfahrensgebühr Revision

Nr.	Gebührentatbestand	Gebühr oder Satz der Gebühr nach § 13 oder § 49 RVG	
		Wahlanwalt	gerichtlich bestellter oder beigeordneter Rechtsanwalt
4130	Verfahrensgebühr für das Revisionsverfahren	100,00 bis 930,00 EUR	412,00 EUR

Übersicht

	Rn.
A. Überblick	1
B. Kommentierung	3
I. Dauer des Revisionsverfahrens	3
1. Beginn des Revisionsverfahrens	3
2. Ende des Revisionsverfahrens	8
II. Abgeltungsbereich	9
1. Persönlicher Abgeltungsbereich	9
2. Sachlicher Abgeltungsbereich	11
2. Erfasste Tätigkeiten	12
a) Allgemeines	12
b) Katalog der erfassten Tätigkeiten	15
III. Höhe der Verfahrensgebühr	17
1. Allgemeines	17
2. Bemessung der Wahlanwaltsgebühr	21
IV. Zusätzliche Gebühren	23
V. Kostenerstattung	24

Literatur:

Burhoff, Die neue Verfahrensgebühr im Strafverfahren, RVGreport 2004, 127; *ders.*, Abrechnungsbeispiele zum RVG Revisionsinstanz, RVGreport 2006, 250; *ders.*, Die Verfahrensgebühr im Straf- bzw. Bußgeldverfahren, RVGreport 2009, 443; *Volpert/Schönemann*, Erstattungsfähigkeit der Berufungsgebühr in Zivil- und Strafsachen, BRAGOprofessionell 2003, 150; s. auch die Hinweise bei Vorbem. 4 VV und Vorbem. 4.1 VV.

A. Überblick

Nr. 4130 VV regelt die gerichtliche **Verfahrensgebühr** für das Revisionsverfahren (§§ 333 ff. StPO) (allgemein zur Verfahrensgebühr s. Vorbem. 4 VV Rn. 31 ff. m.w.N.). 1

> **Hinweis:** 2
>
> Für die **Rücknahme** der Revision durch den Rechtsanwalt kann nach Nr. 4141 Anm. 1 Ziff. 3 VV eine sog. Befriedungsgebühr entstehen. Die Voraussetzungen für den Anfall der Gebühr sind in der obergerichtlichen Rechtsprechung streitig (wegen der Einzelh. vgl. Nr. 4141 VV Rn. 40 ff.).

Nr. 4130 VV *Verfahrensgebühr Revision*

B. Kommentierung

I. Dauer des Revisionsverfahrens

1. Beginn des Revisionsverfahrens

3 Das Revisionsverfahren schließt sich an das gerichtliche Verfahren des ersten Rechtszuges an, wenn die **Hauptverhandlung** erster Instanz bei der **Strafkammer** oder beim **OLG** stattgefunden hat, oder an das gerichtliche Verfahren des zweiten Rechtszuges, wenn gegen ein amtsgerichtliches Urteil Berufung eingelegt worden ist. Im Fall der **Sprungrevision** (§ 335 StPO) schließt es sich an das gerichtliche Verfahren beim AG an (s. auch unten Rn. 6). Das Revisionsverfahren **beginnt** mit dem Ende des vorhergehenden Rechtszuges, also mit der Einlegung der Revision nach § 341 StPO.

> **Hinweis:**
> Die **Einlegung** der **Revision** selbst gehört nach § 19 Abs. 1 Satz 2 Nr. 10 für den Verteidiger, der in dem vorhergehenden Rechtszug bereits tätig war, noch zum gerichtlichen Verfahren dieses Rechtszuges (OLG Hamm, AGS 2006, 547; zur Beratung über ein Rechtsmittel s. Vorbem. 4.1 VV Rn. 29 ff.). Jede danach für den Mandanten erbrachte Tätigkeit führt aber zur Verfahrensgebühr Nr. 4124 VV (OLG Jena, JurBüro 2006, 365 [für die Akteneinsicht]; Mayer/Kroiß, Nr. 4130 – 4135 VV Rn. 9). Das gilt auch dann, wenn der Angeklagte nach Rechtskraft des Urteils infolge Rechtsmittelverzicht im Hauptverhandlungstermin eine (unzulässige) Revision einlegt und in dem „Nachtragsverfahren" der Rechtsanwalt Tätigkeiten entfaltet (LG Tübingen, StraFo 2007, 175).

4 War der Verteidiger im **vorhergehenden Rechtszug** noch **nicht** oder nicht als Verteidiger tätig, beginnt für ihn das Revisionsverfahren mit der Erteilung des Auftrags, Revision einzulegen (Vorbem. 4.1 VV Rn. 32).

5 Wird von einem **anderen Verfahrensbeteiligten Revision** eingelegt, beginnt das Revisionsverfahren für den **Verteidiger** mit der Erteilung des Auftrags, den Mandanten im Revisionsverfahren zu vertreten (AnwKomm-RVG/N. Schneider, VV 4130 – 4131 Rn. 6). Die Ausführungen zur Berufung (Nr. 4124 VV Rn. 5 f.) gelten entsprechend. Nach der obergerichtlichen Rechtsprechung (vgl. zuletzt KG, StraFo 2006, 432 = RVGreport 2006, 352 = AGS 2006, 375; JurBüro 2010, 599 = RVGreport 2010, 351 = VRR 2010, 479 = RVGprofessionell 2010, 132; OLG Koblenz, NStZ 2007, 423 = Rpfleger 2006, 670 m.w.N.; LG Cottbus, JurBüro 2007, 416 m. abl. Anm. Madert; LG Koblenz, JurBüro 2009, 198) soll die Verfahrensgebühr für das Revisionsverfahren allerdings z.B. nicht schon dadurch ausgelöst werden, dass der Verteidiger der **Revision der Staatsanwaltschaft** – vor Abgabe der Revisionsbegründung – mit einem Schriftsatz entgegentritt, in dem er allein darauf hinweist, die Urteilsgründe hielten rechtlicher Nachprüfung stand, und die Verwerfung des Rechtsmittels beantragt. Die Verfahrensgebühr werde erst ausgelöst, wenn der Angeklagte zur Revision der Staatsanwaltschaft nach § 347 Abs. 1 StPO gehört werde; auch die Beratung des Mandanten über das gegnerische Rechtsmittel soll in dem Verfahrensstadium vor Begründung der Revision die Verfahrensgebühr noch nicht auslösen (LG Cottbus, a.a.O.; LG Düsseldorf, 27.04.2010 – 20 KLs 7/06). Dabei wird jedoch übersehen, dass die Verfahrensgebühr durch jede Tätigkeit ausgelöst wird, die nach Auftragserteilung erbracht wird. Dazu gehört z.B. auch die Beratung des Angeklagten über das gegnerische Rechtsmittel und den Gang des

Verfahrensgebühr Revision **Nr. 4130 VV**

Revisionsverfahrens. Die Frage, ob vom Rechtsanwalt erbrachte Tätigkeiten „überflüssig" sind, ist nicht im Zusammenhang mit dem Entstehen der Verfahrensgebühr von Bedeutung, sondern erst im Rahmen einer **Kostenerstattung** von Belang (s. dazu Rn. 23).

Im Fall der **Sprungrevision** gilt: Legt der Verteidiger gegen ein amtsgerichtliches Urteil nach § 335 Abs. 1 StPO Sprungrevision ein und wird dann von einem anderen Verfahrensbeteiligten Berufung eingelegt, wird die Revision des Angeklagten nach § 335 Abs. 3 StPO als Berufung behandelt. Gebührenmäßig wird die Tätigkeit des Verteidigers bis zur Einlegung der Berufung nach Nr. 4130 VV behandelt. Mit der Einlegung der Berufung beginnt eine neue Angelegenheit. Für dieses Berufungsverfahren erhält der Verteidiger dann die Vergütung nach Nr. 4124 VV (s. LG Aachen, JurBüro 1991, 12 = Rpfleger 1991, 431; AnwKomm-RVG/N. Schneider, VV 4130 – 4131 Rn. 4 m.w.N.; a.A. LG Göttingen, JurBüro 1987, 1368). Die Höhe der Verfahrensgebühr Nr. 4130 richtet sich nach den bis zur Einlegung der Berufung vom Verteidiger erbrachten Tätigkeiten. Die Gebühr wird, da im Zweifel die Revision noch nicht begründet worden ist, im unteren Bereich anzusiedeln sein (s. auch AnwKomm-RVG/N. Schneider, VV 4130 – 4131 Rn. 4 m.w.N.). **6**

Wird noch im **Rechtsbeschwerdeverfahren** nach dem OWiG ein **Hinweis** nach § 81 OWiG gegeben und das Bußgeldverfahren in das Strafverfahren übergeleitet (zur Zulässigkeit Göhler, OWiG, § 81 Rn. 25 m.w.N.), beginnt mit diesem Hinweis das Revisionsverfahren (arg. e § 81 Abs. 2 Satz 2 OWiG). Die zuvor im OWi-Verfahren entstandenen Gebühren bleiben dem Verteidiger erhalten. Sie werden – mit Ausnahme der Grundgebühr Nr. 5100 VV – nicht auf die Gebühren des Strafverfahrens angerechnet. Es handelt sich um unterschiedliche Angelegenheiten (§ 17 Nr. 10). Bei der Bemessung der Verfahrensgebühr Nr. 4130 VV kann aber gebührenmindernd die Tätigkeit berücksichtigt werden, für die der Rechtsanwalt auch/schon nach Nr. 5113 VV eine Verfahrensgebühr verdient hat. **7**

2. Ende des Revisionsverfahrens

Das gerichtliche Revisionsverfahren **endet** mit dem **Abschluss** der **Revisionsinstanz**. Das ist, wenn keine Hauptverhandlung stattfindet, nicht die Zustellung des Beschlusses, mit dem das Revisionsgericht gem. § 349 Abs. 2 oder 4 StPO über die Revision entscheidet, bzw. im Fall der Hauptverhandlung die Verkündung des Urteils oder die Rücknahme der Revision oder die Einstellung des Verfahrens durch das Revisionsgericht. Vielmehr werden auch darüber hinausgehende Tätigkeiten noch von der Verfahrensgebühr für das Revisionsverfahren erfasst (sog. Abwicklungstätigkeiten, vgl. dazu OLG Karlsruhe, AGS 2009, 19 [für das Zivilrecht]). Dies kann z.B. die Beratung des Mandanten über die Einlegung einer Verfassungsbeschwerde sein. **8**

II. Abgeltungsbereich

1. Persönlicher Abgeltungsbereich

Die gerichtliche Verfahrensgebühr steht sowohl dem **Wahlanwalt** als auch dem **Pflichtverteidiger** zu sowie auch dem sonstigen (bestellten) Vertreter oder Beistand eines Verfahrensbeteiligten (Vorbem. 4 VV Rn. 22 ff.). **9**

Überträgt der **Verteidiger** die **Vertretung** in der Revisionshauptverhandlung einem anderen Rechtsanwalt, erhält dieser für seine Tätigkeit(en) allerdings nicht auch eine Verfahrensgebühr nach Nr. 4130 VV, sondern nur eine nach Nr. 4301 Ziff. 4 VV. Wird der Rechtsanwalt, dem die **10**

Nr. 4130 VV   *Verfahrensgebühr Revision*

Vertretung übertragen wird, allerdings (auch) zum Verteidiger bestellt, steht ihm die Verfahrensgebühr nach Nr. 4130 VV zu (zum Anfall der Grundgebühr s. Nr. 4100 VV Rn. 6 ff.).

2. Sachlicher Abgeltungsbereich

11   Der Rechtsanwalt erhält die Verfahrensgebühr der Nr. 4130 VV für das **Betreiben** des **Geschäfts** im Revisionsverfahren (wegen der allgemeinen Einzelh. zur Verfahrensgebühr s. Vorbem. 4 VV Rn. 31 ff.)

> **Hinweis:**
>
> Wird der Rechtsanwalt erst im Revisionsverfahren mit der Verteidigung beauftragt, erhält er auch die **Grundgebühr** Nr. 4100 VV (Burhoff, RVGreport 2004, 53; ders., RVGreport 2009, 361; s. auch Nr. 4100 VV Rn. 11 ff. mit entsprechend anwendbarem Beispiel bei Rn. 10), und zwar auch dann, wenn er dem Mandanten von der Einlegung der Revision abrät.
>
> Nimmt der Rechtsanwalt die Revision **zurück**, entsteht dafür nach Nr. 4141 Anm. 1 Ziff. 3 VV ggf. eine sog. Befriedungsgebühr i.H.d. Verfahrensgebühr (wegen der Einzelh. vgl. Nr. 4141 VV Rn. 40 ff.).
>
> Wird das Verfahren auf eine Revision hin an das Tatgericht **zurückverwiesen** und dort erneut verhandelt und ein Urteil verkündet, so erhält der Rechtsanwalt die Gebühren nach Nrn. 4130 ff. VV noch einmal, wenn er gegen dieses wieder Revision einlegt (§ 21 Abs. 1).

2. Erfasste Tätigkeiten

a) Allgemeines

12   Durch die Verfahrensgebühr werden **alle Tätigkeiten** des Rechtsanwalts im Revisionsverfahren **abgegolten**, soweit dafür keine besonderen Gebühren vorgesehen sind. Besondere Gebühren sind die für einen Hauptverhandlungstermin (Nr. 4132 VV) sowie die Terminsgebühren der Nr. 4102 VV, die ggf. auch noch im Revisionsverfahren entstehen können (wegen der Einzelh. zu diesen Terminsgebühren s. die Komm. bei Nr. 4102 VV). Erfasst werden von der Verfahrensgebühr alle **nach Einlegung** der Revision bis zum Abschluss der Revisionsinstanz vom Rechtsanwalt **erbrachten Tätigkeiten** (zum Pauschalcharakter s. Vorbem. 4.1 Abs. 2 VV und dazu Vorbem. 4.1 Rn. 24 ff.). I.d.R. wird das die **Beratung** des Mandanten über den weiteren Gang des Verfahrens sein. Das gilt auch bei einem Rechtsmittel der Staatsanwaltschaft. Der Verteidiger kann und darf den Mandanten unmittelbar nach Kenntnis von der Revisionseinlegung durch die Staatsanwaltschaft beraten, ja er muss es ggf. sogar. Diese Tätigkeiten sind auch nicht nutzlos, sondern sind sinnvolle Vorbereitung des Mandanten auf das Revisionsverfahren und führen daher zum Entstehen der Verfahrensgebühr Nr. 4130 VV (vgl. aber unten Rn. 24).

> **Hinweis:**
>
> Auch die **Überprüfung** des Urteils auf **formelle** und **materielle Fehler** anhand der (mündlichen) Urteilsgründe führt zum Entstehen der Verfahrensgebühr Nr. 4130 VV (so zutreffend OLG Schleswig, SchlHA 2006, 299 bei Döllel/Dressen). Das ist nicht mehr nur „Abwicklungstätigkeit" der vorhergehenden Instanz. Dabei ist ohne Belang, dass die schriftlichen Urteilsgründe noch nicht vorliegen. Denn der Verteidiger muss mit dem Mandanten innerhalb der Wochenfrist des § 341 Abs. 1 StPO entscheiden, ob Revision eingelegt werden soll

Verfahrensgebühr Revision Nr. 4130 VV

oder nicht. Innerhalb dieser Frist liegt das schriftlich begründete Urteil i.d.R. aber noch nicht vor (vgl. auch Rn. 12).

Die Tätigkeit des Verteidigers für den Mandanten im Revisionsverfahren wird sich meist in der **Revisionsbegründung** manifestieren. Das Entstehen der Verfahrensgebühr setzt aber nicht voraus, dass die Revision begründet worden ist. Die Verfahrensgebühr entsteht vielmehr bereits durch die anwaltliche Prüfung und Beratung, ob und ggf. mit welchen Anträgen die – häufig aus Zeitgründen zunächst nur zur Fristwahrung eingelegte – Revision begründet und weiter durchgeführt werden soll (KG, AGS 2009, 389 = RVGreport 2009, 346 = VRR 2009, 277 = StRR 2009, 399). Wird nach dieser Prüfung die Revision nicht begründet und im Einverständnis des Mandanten zurückgenommen, fehlt es zwar an „einer anwaltlichen Kerntätigkeit im Revisionsverfahren". Dadurch entfällt jedoch nicht die bereits entstandene Verfahrensgebühr wieder (KG, a.a.O.). Die Verfahrensgebühr entsteht auch, wenn der Verteidiger sich darauf beschränkt, in der Revisionsschrift **lediglich** die **Verletzung materiellen Rechts** zu rügen (KG, AGS 2006, 435 m. Anm. Madert; OLG Hamm, AGS 2006, 547 = NJW-RR 2007, 72 m.w.N.; LG Dortmund, JurBüro 1974, 342 m.w.N.). Diese formelhafte Sachrüge genügt nach § 344 Abs. 2 StPO zur Begründung des Rechtsmittels, ohne dass die den Mangel begründenden Tatsachen angegeben sein müssen (vgl. Meyer-Goßner, § 344 Rn. 17f.). Ohne eine Rücknahme der Revision muss dann grds. das Revisionsverfahren aufgrund dieser Rüge durchgeführt und das angefochtene Urteil im vollen Umfang überprüft werden. Allerdings wird i.d.R. diese formelhafte Begründung Auswirkungen auf die Höhe der Gebühr haben (vgl. aber unten Rn. 24). **13**

Für das Entstehen der Verfahrensgebühr Nr. 4130 VV ist schließlich auch nicht erforderlich, dass das **schriftliche Urteil** bereits vorliegt. Die Gebühr entsteht also auch dann, wenn der Verteidiger die Revision zu einem Zeitpunkt begründet hat, als das schriftliche Urteil noch **nicht vorlag** (OLG Hamm, AGS 2006, 547 = NJW-RR 2007, 72; StraFo 2006, 433 = AGS 2006, 600 = JurBüro 2007, 30; inzidenter auch OLG Schleswig, SchlHA 2006, 299 bei Döllel/Dressen). Dem Verteidiger und dem Angeklagten sind aufgrund ihrer i.d.R. gegebenen Anwesenheit in der Hauptverhandlung die (mündlichen) Urteilsgründe bekannt. Das reicht grds. aus, die Verletzung materiellen Rechts zu prüfen, zu bejahen und zu rügen. Insoweit kann nicht von einer sachlich unbegründeten, im Ergebnis unsinnigen und überflüssigen Maßnahme ausgegangen werden (a.A. KG, StraFo 2006, 432 = RVGreport 2006, 352 = AGS 2006, 375; OLG Karlsruhe, JurBüro 1981, 1225; OLG Zweibrücken, JurBüro 1978, 256). **14**

> **Hinweis:**
>
> Gerade im Revisionsverfahren stehen die **Obergerichte** vor allem den anwaltlichen Gebühren des Pflichtverteidigers **kritisch** gegenüber (vgl. KG, a.a.O.), was u.a. darauf zurückzuführen sein dürfte, dass die – unabhängig vom tatsächlichen Arbeitsaufwand des Pflichtverteidigers – pauschal gezahlte Verfahrensgebühr nach den Nrn. 4130, 4131 VV im Einzelfall zu einer unangemessen hohen Vergütung führen kann. Zutreffend weist jedoch das KG (a.a.O.) darauf hin, dass es Aufgabe des Gesetzgebers sei, hier bei Bedarf korrigierend einzugreifen.
>
> Der Verteidiger sollte aber, wenn z.B. eine Revision ohne zuvor erfolgte Begründung des Rechtsmittels zurückgenommen wird, einem potenziellen Missbrauchsvorwurf dadurch begegnen, dass er – soweit das mit der Schweigepflicht vereinbar ist – die besonderen **Umstän-**

Nr. 4130 VV   *Verfahrensgebühr Revision*

> **de darlegt**, die zur Revisionseinlegung und deren Rücknahme geführt haben. Von Bedeutung ist insoweit, ob die Einlegung der Revision ggf. auf ausdrücklichen Wunsch des Mandanten erfolgt ist und auch, ob die Revision überhaupt Aussichten auf Erfolg hatte (vgl. KG, a.a.O.). Der Verteidiger sollte zudem **darlegen**, welche Tätigkeiten er im Rahmen der Nr. 4130 VV erbracht hat, um so von vornherein dem Einwand der Nutzlosigkeit vorzubeugen (vgl. oben Rn. 12 ff.; vgl. dazu auch OLG Schleswig, SchlHA 2006, 299 bei Döllel/Dressen).

b)   Katalog der erfassten Tätigkeiten

15   Folgende (**allgemeine**) **Tätigkeiten** werden von Nr. 4130 VV erfasst (s. auch Vorbem. 4.1 VV Rn. 25 f.):

- sog. **Abwicklungstätigkeiten** (vgl. dazu OLG Karlsruhe, AGS 2009, 19 [für das Zivilrecht]),
- (allgemeiner) **Schriftverkehr**,
- **Akteneinsicht**, z.B. zur Vorbereitung der Hauptverhandlung,
- allgemeine **Beratung** des Mandanten,
- ggf. Beratung über die Erfolgsaussichten der Revision (s. wegen der Einzelh. Vorbem. 4.1 VV Rn. 29 ff.),
- **Anhörungsrüge/Nachholung des rechtlichen Gehörs** (§ 19 Abs. 1 Satz 2 Nr. 5) (Teil A: Rechtszug [§ 19], Rn. 1198 ff.),
- **Begründung** der **Revision**,
- Berichtigungsanträge, z.B. für Urteil oder Protokoll,
- Beschaffung von Informationen, ggf. über Nr. 4100 VV hinaus,
- **Beschwerdeverfahren**, mit Ausnahme der in Vorbem. 4 Abs. 5 VV erwähnten Verfahren (s. Vorbem. 4 VV Rn. 96 ff.; Teil A: Beschwerdeverfahren, Abrechnung, Rn. 371 ff.; aus der Rspr. BGH, NJW 2009, 2682 = MDR 2009, 1193 = StRR 2009, 385; OLG Düsseldorf, AGS 2011, 70 = RVGreport 2011, 22 = StRR 2011, 38 = RVGprofessionell 2001, 53; OLG Hamm, RVGreport 2009, 149 = StRR 2009, 39; AG Hof, JurBüro 2011, 253 = AGS 2011, 68 = RVGreport 2011, 262 = VRR 2011, 160; AG Sinzig, JurBüro 2008, 249),
- **Besprechungen** mit Verfahrensbeteiligten, wie Gericht, Staatsanwaltschaft und ggf. Nebenklägervertreter,
- ggf. noch eigene Ermittlungen des Rechtsanwalts,
- ggf. **Einlegung** der **Revision**,
- Ergänzungsanträge für Urteil oder Protokoll,
- **Erinnerungen**, mit Ausnahme der in Vorbem. 4 Abs. 5 VV erwähnten Verfahren (s. Vorbem. 4 VV Rn. 93 ff.),
- (weitere) **Information** des Rechtsanwalts durch den Mandanten, ggf. über Nr. 4100 VV hinaus,
- **Kostenfestsetzungsverfahren** (LG Koblenz, JurBüro 2010, 32); für Erinnerungen und Beschwerden gilt allerdings Vorbem. 4 Abs. 5 VV (vgl. dazu Vorbem. 4 VV Rn. 93 ff.),
- **Nachbereitung** der Hauptverhandlung,
- **Pflichtverteidigerbestellung** (s. z.B. § 350 StPO),

Verfahrensgebühr Revision   *Nr. 4130 VV*

- **Rücknahme** der **Revision**,
- Tätigkeiten im Rahmen einer jetzt noch beabsichtigten Einstellung des Verfahrens,
- Tätigkeiten in Zusammenhang mit der **Untersuchungshaft**,
- Überprüfung des angefochtenen Urteils,
- (außergerichtliche) Terminswahrnehmung,
- Vorbereitung von **Haftprüfungsterminen**,
- (allgemeine) **Vorbereitung** der **Revisionshauptverhandlung**,
- **Wiedereinsetzungsanträge**.

Im Revisionsverfahren wird das Betreiben des Geschäfts **insbesondere** durch die Tätigkeiten bestimmt, die mit der **Begründung** der **Revision** zusammenhängen (vgl. dazu BT-Drucks. 15/1971, S. 226). Das sind aber nicht nur das eigentliche Abfassen/Erstellen der Revisionsbegründungsschrift, sondern insbesondere auch die für die **Vorbereitung** der **Revisionsbegründung** erforderlichen Arbeiten. Dazu zählen vor allem die Prüfung des tatrichterlichen Urteils auf formelle und materielle Fehler und die Prüfung des Protokolls der tatrichterlichen Hauptverhandlung (vgl. oben Rn. 12 ff.). Abgegolten werden auch eine **Stellungnahme** zum **Revisionsantrag** der Generalstaats- bzw. Bundesanwaltschaft. Auch die (allgemeine) **Vorbereitung** eines Revisionshauptverhandlungstermins wird mit der Verfahrensgebühr honoriert (zur Erfassung der Vorbereitung der Hauptverhandlung durch die Verfahrensgebühr allgemein s. Vorbem. 4 VV Rn. 39).   16

III. Höhe der Verfahrensgebühr

1. Allgemeines

Die Gebührenrahmen im Revisionsverfahren sind gegenüber den erstinstanzlichen Gebührenrahmen und gegenüber den Gebührenrahmen für Berufungsverfahren erhöht. Anders als früher in § 86 Abs. 1 Nr. 1 und 2 BRAGO ist der Gebührenrahmen nicht mehr für Revisionsverfahren vor dem **BGH** oder vor dem **OLG** unterschiedlich hoch. Vielmehr werden die Revisionen insgesamt **gleich** bewertet. Das ist zutreffend, denn Revisionen beim OLG haben nicht generell einen geringeren Schwierigkeitsgrad. Zudem fallen durch die Anhebung der Strafgewalt des AG auf bis zu vier Jahre durch das Gesetz zur Entlastung der Rechtspflege v. 11.01.1993 (BGBl. I, S. 50) viele Revisionen, für die früher der BGH zuständig war, jetzt in die Zuständigkeit des OLG. Insbesondere dieser Umstand hat zu der Angleichung der Gebühren geführt (vgl. dazu BT-Drucks. 15/1971, S. 226). Die Frage, welches Revisionsgericht für die Entscheidung zuständig ist, kann für die Bemessung der Gebühr daher keine Bedeutung haben.   17

Der **Wahlanwalt** erhält eine **Betragsrahmengebühr** i.H.v. 100,00 € – 930,00 €. Die Mittelgebühr beträgt 515,00 €. Reicht der vorgesehene Betragsrahmen wegen des erheblichen Umfangs der erbrachten Tätigkeiten nicht aus, um die erbrachten Tätigkeiten zumutbar zu entlohnen, muss der Wahlanwalt die Feststellung einer Pauschgebühr nach § 42 beantragen.   18

Der **Pflichtverteidiger** erhält einen **Festbetrag** i.H.v. 412,00 €. Er hat die Möglichkeit, einen Pauschgebührenantrag nach § 51 zu stellen (vgl. dazu § 51).   19

Nr. 4130 VV   *Verfahrensgebühr Revision*

20 **Hinweis:**
Der Betragsrahmen bzw. die gesetzlichen Gebühren können insbesondere dann nicht ausreichend sein, wenn der Rechtsanwalt eine ganz **besonders umfangreiche Revisionsbegründung** gefertigt hat (vgl. z.B. OLG Hamm, StraFo 2003, 66 = JurBüro 2003, 139 = StV 2004, 94).

2. Bemessung der Wahlanwaltsgebühr

21 Auch im Revisionsverfahren ist **grds.** von der **Mittelgebühr** auszugehen (vgl. die Nachw. zur grds. Maßgeblichkeit der Mittelgebühr bei Nr. 4106 Rn. 14). Bei der Bemessung der konkreten Höhe der Gebühr sind über § 14 die **Besonderheiten** des **Einzelfalls** zu berücksichtigen (vgl. dazu BT-Drucks. 15/1971, S. 222 zu Nr. 4100 VV). Die Höhe der Gebühr ist abhängig von den vom Rechtsanwalt erbrachten Tätigkeiten. Insoweit kann also z.B. von Bedeutung sein, ob und ggf. wie umfangreich der Rechtsanwalt die **Revision begründet**, ob er also die Revision z.B. nur mit der allgemeinen Sachrüge begründet hat. Auch der Umfang der Revisionsbegründung des Revisionsgegners, mit der sich der Verteidiger auseinandersetzen musste, ist ggf. zu berücksichtigen. Von Belang kann auch die Schwierigkeit des Tatvorwurfs sein sowie, ob die Revision ggf. von Anfang an auf das Strafmaß beschränkt war. Schließlich kann auch der Umfang der (allgemeinen) Vorbereitung der möglicherweise anberaumten Revisionshauptverhandlung Auswirkungen auf die Höhe der Gebühr haben (s. im Übrigen auch Vorbem. 4 VV Rn. 39).

22 Dass es sich um eine **Revision** beim **OLG** handelt, darf allein **nicht gebührenmindernd** berücksichtigt werden. Denn das RVG hat die Unterscheidung zwischen Revisionen beim OLG und beim BGH gerade aufgegeben (vgl. Rn. 17). Die (allgemeine) Schwierigkeit des Revisionsverfahrens kann hingegen herangezogen werden (vgl. Gerold/Schmidt/Burhoff, VV 4130, 4141 Rn. 11).

IV. Zusätzliche Gebühren

23 Zusätzlich zu der Verfahrensgebühr kann der Rechtsanwalt auch im Revisionsverfahren eine der **Wertgebühren** der **Nr. 4142 VV** bzw. **Nr. 4144 VV** erhalten, wenn er in einem der dort erwähnten Bereiche für seinen Mandanten tätig geworden ist. Wird die Revision unter seiner Mitwirkung zurückgenommen, kann eine Gebühr nach **Nr. 4141** Ziff. 3 VV entstehen (s. Nr. 4141 VV Rn. 40 ff.). Die Ausführungen zu Nr. 4104 VV Rn. 21 gelten entsprechend.

V. Kostenerstattung

24 Über die **Kosten** und **Auslagen** des Revisionsverfahrens wird nach **§ 473 Abs. 1 bis 4 StPO** entschieden. Insoweit gelten die Ausführungen zu Nr. 4124 VV Rn. 23 ff. entsprechend (vgl. auch Nr. 4300 VV Rn. 22 ff.). Gerade im Revisionsverfahren wird in der obergerichtlichen Rechtsprechung argumentiert, die Verfahrensgebühr Nr. 4130 VV werde nicht schon dadurch ausgelöst, dass der Verteidiger der Revision der Staatsanwaltschaft – vor Abgabe einer Revisionsbegründung – entgegentrete. Das sei erst nach Kenntnis von den Revisionsanträgen und der Revisionsbegründung sinnvoll, sodass eine Erstattung der Verfahrensgebühr nicht in Betracht komme (vgl. aus neuerer Zeit KG, StraFo 2006, 432 = RVGreport 2006, 352 = AGS 2006, 375; JurBüro 2010, 599 = RVGreport 2010, 351 = VRR 2010, 479 = RVGprofessionell 2010, 132; OLG Koblenz, NStZ 2007, 416 = Rpfleger 2006, 670 m.w.N.; LG Cottbus, JurBüro 2007, 416 m. abl. Anm. Ma-

dert; LG Koblenz, JurBüro 2009, 198). Das ist nicht zutreffend, denn dabei wird übersehen, dass nicht erst die Stellungnahme des Verteidigers zur Revision der Staatsanwaltschaft die Verfahrensgebühr auslöst, sondern bereits jede andere vorhergehende Tätigkeit nach Erteilung des Revisionsauftrags (vgl. oben. Rn. 3 ff.). Insoweit ist dann aber i.d.R. auf jeden Fall die Erstattungsfähigkeit der dadurch ausgelösten Verfahrensgebühr zu bejahen (s. auch Burhoff, RVGreport 2006, 352 in der Anm. zu KG, StraFo 2006, 432 = RVGreport 2006, 352 = AGS 2006, 375).

Nr. 4131 VV
Verfahrensgebühr Revision mit Zuschlag

Nr.	Gebührentatbestand	Gebühr oder Satz der Gebühr nach § 13 oder § 49 RVG	
		Wahlanwalt	gerichtlich bestellter oder beigeordneter Rechtsanwalt
4131	Gebühr 4130 mit Zuschlag	100,00 bis 1.162,50 EUR	505,00 EUR

Übersicht

	Rn.
A. Überblick	1
B. Kommentierung	2
I. Allgemeines	2
II. Abgeltungsbereich der Gebühr	3
III. Höhe der Gebühr	4

Literatur:

Burhoff, Der sogenannte Haftzuschlag nach Vorbem. 4 Abs. 4 VV RVG, StRR 2007, 54; *ders.*, Was Sie im Strafverfahren zum Haftzuschlag wissen sollten, RVGprofessionell 2010, 77.

A. Überblick

1 Die Vorschrift gewährt die Verfahrensgebühr Nr. 4130 VV mit **(Haft-)Zuschlag**. Die gegenüber Nr. 4130 VV erhöhte Gebühr entsteht, wenn sich der Mandant des Rechtsanwalts während des Revisionsverfahrens nicht auf freiem Fuß befindet.

B. Kommentierung

I. Allgemeines

2 Die Verfahrensgebühr für das Revisionsverfahren entsteht mit Zuschlag nach Nr. 4130 VV immer dann, wenn der Mandant sich während des Revisionsverfahrens **nicht** auf **freiem Fuß** befindet. Insoweit kann wegen der Einzelh. auf die Komm. bei Vorbem. 4 VV Rn. 86 ff. verwiesen werden. **Unerheblich** ist es, **wie lange** der Mandant nicht auf freiem Fuß ist/war. Entscheidend ist, dass er während des Revisionsverfahrens irgendwann „nicht auf freiem Fuß" war (vgl. zur Dauer und zum Beginn des Revisionsverfahrens Nr. 4130 VV Rn. 3 ff.).

II. Abgeltungsbereich der Gebühr

3 Zum Abgeltungsbereich wird auf Vorbem. 4 VV Rn. 86 ff. und Nr. 4103 VV sowie Nr. 4105 VV verwiesen. Die dortigen Erläuterungen gelten **entsprechend**.

Verfahrensgebühr Revision mit Zuschlag   *Nr. 4131 VV*

III. Höhe der Gebühr

Der **Wahlanwalt** erhält eine **Betragsrahmengebühr** i.H.v. 100,00 € – 1.162,50 €. Die Mittelgebühr beträgt 631,25 €.   **4**

Zur Bemessung der konkreten Verfahrensgebühr mit Zuschlag kann ebenfalls auf Vorbem. 4 VV Rn. 94 f. und auf die Komm. bei Nr. 4103 VV und Nr. 4105 VV verwiesen werden. Reicht der erhöhte Betragsrahmen nicht aus, muss der Wahlanwalt die Feststellung einer **Pauschgebühr** nach § 42 beantragen.   **5**

Der **Pflichtverteidiger** erhält einen **Festbetrag** i.H.v. 505,00 €. Auch er hat die Möglichkeit, ggf. einen – auf diesen Verfahrensabschnitt beschränkten – **Pauschgebührenantrag** (§ 51) zu stellen.   **6**

Nr. 4132 VV
Terminsgebühr Revision

Nr.	Gebührentatbestand	Gebühr oder Satz der Gebühr nach § 13 oder § 49 RVG	
		Wahlanwalt	gerichtlich bestellter oder beigeordneter Rechtsanwalt
4132	Terminsgebühr je Hauptverhandlungstag im Revisionsverfahren	100,00 bis 470,00 EUR	228,00 EUR

Übersicht

	Rn.
A. Überblick	1
B. Kommentierung	3
I. Allgemeines	3
II. Entstehen der Terminsgebühr	4
III. Abgeltungsbereich der Terminsgebühr	9
1. Persönlicher Abgeltungsbereich	9
2. Sachlicher Abgeltungsbereich	11
IV. Höhe der Terminsgebühr	12
1. Allgemeines	12
2. Bemessung der Terminsgebühr	14
V. Zusätzliche Gebühren	18
VI. Kostenerstattung	19

Literatur:

Burhoff, Die neue Terminsgebühr im Strafverfahren, RVGreport 2004, 177; ***ders.***, Abrechnungsbeispiele zum RVG Revisionsinstanz, RVGreport 2006, 250; ***ders.***, Die Terminsgebühr im Straf- bzw. Bußgeldverfahren, RVGreport 2010, 3; s. auch die Hinweise bei Vorbem. 4 VV vor Rn. 1.

A. Überblick

1 Nr. 4132 VV regelt die Terminsgebühr für die **Teilnahme** des Rechtsanwalts an der **Hauptverhandlung** im **Revisionsverfahren**, sofern dort ein gerichtlicher Termin stattfindet (wegen der allgemeinen Einzelh. der Terminsgebühr s. Vorbem. 4 VV Rn. 56 ff.).

2 Hinweis:

Der gegenüber der Verfahrensgebühr Nr. 4130 VV **geringere Gebührenrahmen** ist damit zu erklären, dass im Revisionsverfahren die Hauptverhandlung eine geringere Bedeutung hat. Das Hauptgewicht der anwaltlichen Tätigkeit liegt hier in der Begründung der Revision (vgl. dazu BT-Drucks. 15/1971, S. 226).

Soweit der Rechtsanwalt die Revision zurückgenommen hat, kann dafür ggf. gem. **Nr. 4141 Anm. 1 Ziff. 3 VV** eine sog. Befriedungsgebühr i.H.d. Verfahrensgebühr Nr. 4130 VV entstehen (wegen der Einzelh. vgl. Nr. 4141 VV Rn. 40 ff.).

Terminsgebühr Revision *Nr. 4132 VV*

B. Kommentierung

I. Allgemeines

Der Rechtsanwalt erhält die Terminsgebühr Nr. 4132 VV für die **Teilnahme** an einer **Hauptverhandlung** im **Revisionsverfahren**. Um eine Hauptverhandlung im Revisionsverfahren handelt es sich auch dann, wenn das Revisionsgericht einen Verkündungstermin (§ 356 StPO i.V.m. § 268 StPO) anberaumt. Es gilt dasselbe wie für die Tatsacheninstanz (vgl. Nr. 4108 VV Rn. 2). Etwas anderes folgt für die Revisionsinstanz nicht daraus, dass hier keine Anwesenheitspflicht des Verteidigers besteht. Nimmt er dennoch am Termin teil, entsteht die Terminsgebühr. Finden neben der Hauptverhandlung während des Revisionsverfahrens noch andere „gerichtliche Termine" außerhalb der Hauptverhandlung, wie z.B. eine Haftprüfung, statt, was in der Praxis selten der Fall sein wird, entsteht dafür neben der Terminsgebühr nach Ziff. 4132 VV ggf. eine solche nach Nr. 4102 Nr. 3 VV. 3

II. Entstehen der Terminsgebühr

Voraussetzung für das Entstehen der Terminsgebühr ist, dass eine Hauptverhandlung im Revisionsverfahren **stattgefunden** und der Rechtsanwalt **daran teilgenommen** hat. 4

Die **Hauptverhandlung beginnt** auch im Revisionsverfahren mit dem **Aufruf zur Sache** nach § 243 Abs. 1 Satz 1 StPO. § 351 StPO trifft nur eine Teilregelung (KK StPO/Kuckein, § 351 Rn. 1). Die Terminsgebühr entsteht daher, wenn der Rechtsanwalt beim Aufruf der Sache anwesend ist oder, ist dies (noch) nicht der Fall, wenn er später in der Revisionshauptverhandlung auftritt/erscheint (vgl. Nr. 4108 VV Rn. 4 ff.). 5

Ausreichend für das Entstehen der Gebühr ist die **bloße Anwesenheit** des Rechtsanwalts im Termin. Er muss also auch hier keine Anträge gestellt und auch nicht zu bestimmten Fragen Stellung genommen haben. Deshalb reicht es z.B. aus, wenn nach Aufruf der Sache die Revision zurückgenommen wird. Der Rechtsanwalt muss auch nicht bis zum Ende der Hauptverhandlung anwesend sein (s. auch AnwKomm-RVG/N. Schneider, VV 4108 – 4111 Rn. 9). Unerheblich ist auch, ob der Angeklagte anwesend ist/war (zum „geplatzten Termin" s. Vorbem. 4 VV Rn. 77 ff.). 6

> **Hinweis:** 7
> Der **Umfang** der anwaltlichen Tätigkeit ist für das Entstehen der Gebühr unerheblich. Er hat nur bei der Bemessung der **konkreten Gebühr** Bedeutung (vgl. dazu Rn. 12 ff.).

Die Hauptverhandlung **endet**, wenn der Vorsitzende die **Verhandlung schließt**. Das ist i.d.R. nach Verkündung der abschließenden Entscheidung der Fall. 8

III. Abgeltungsbereich der Terminsgebühr

1. Persönlicher Abgeltungsbereich

Zum persönlichen Abgeltungsbereich gelten die Ausführungen bei Nr. 4108 VV Rn. 10 entsprechend. 9

Überträgt der **Verteidiger** die **Vertretung** in der Revisionshauptverhandlung einem anderen Rechtsanwalt, ohne dass dieser Verteidiger wird, erhält dieser für seine Tätigkeit(en) nicht die Terminsgebühr Nr. 4132 VV, sondern nur eine Gebühr für eine Einzeltätigkeit nach Nr. 4301 10

Nr. 4132 VV *Terminsgebühr Revision*

Ziff. 4 VV. Wird der Rechtsanwalt, dem die Vertretung übertragen wird, allerdings (auch) zum Verteidiger bestellt, steht ihm die Terminsgebühr nach Nr. 4132 VV zu (zum Anfall der Grundgebühr s. Nr. 4100 VV Rn. 6 ff.).

2. Sachlicher Abgeltungsbereich

11 Die Terminsgebühr erfasst die **„Teilnahme"** an der **Revisionshauptverhandlung**. Die Terminsgebühr nach Nr. 4132 VV unterscheidet sich von den Terminsgebühren für den ersten Rechtszug bzw. für das Berufungsverfahren nur dadurch, dass sie im Revisionsrechtszug entsteht sowie durch die Höhe der Gebühr. Im Übrigen besteht kein Unterschied, sodass auf die Ausführungen zu den übrigen Terminsgebühren, insbesondere bei Nr. 4108 Rn. 14 ff. und bei Vorbem. 4 Rn. 56 ff. VV, verwiesen werden kann. Diese gelten entsprechend.

IV. Höhe der Terminsgebühr

1. Allgemeines

12 Das RVG **unterscheidet** hinsichtlich der **Höhe** der Gebühr – ebenso wie bei der Verfahrensgebühr für das Revisionsverfahren (vgl. dazu Nr. 4130 VV Rn. 17) – auch für die Terminsgebühr **nicht** zwischen Revisionen beim **BGH** und beim **OLG**. Unterschieden wird zudem auch für das Revisionsverfahren nicht zwischen einem sog. ersten Revisionshauptverhandlungstermin und Fortsetzungsterminen. Vielmehr entsteht die Terminsgebühr für alle Hauptverhandlungstermine im Revisionsverfahren ebenso wie im ersten Rechtszug mit dem gleichen Betragsrahmen.

13 Befindet der Mandant sich **nicht auf freiem Fuß**, entsteht die Gebühr mit **Zuschlag** nach Nr. 4133 VV (vgl. die Komm. zu Nr. 4133 VV).

2. Bemessung der Terminsgebühr

14 Der **Wahlanwalt** erhält eine **Betragsrahmengebühr** i.H.v. 100,00 € – 470,00 €. Die Mittelgebühr beträgt 285,00 €. Reicht der vorgesehene Betragsrahmen wegen der erheblichen Dauer des Termins nicht aus, um die Teilnahme zumutbar zu entlohnen, muss der Wahlanwalt die Feststellung einer Pauschgebühr nach § 42 beantragen.

15 Bei der Bemessung der Gebühr sind über § 14 die **Besonderheiten** des jeweiligen **Einzelfalls** zu berücksichtigen. Insoweit wird auf die entsprechend anwendbaren Ausführungen zu Nr. 4108 VV Rn. 21 ff. verwiesen. Bei der Bemessung der Höhe der Gebühr ist **grds.** von der **Mittelgebühr** auszugehen (vgl. z.B. KG, StV 2006, 198 = AGS 2006, 73; OLG Hamm, StraFo 2007, 218 = Rpfleger 2007, 426 = JurBüro 2007, 309; AG Trier, RVGreport 2005, 271; wegen weiterer Nachw. Vorbem. 4 VV Rn. 62 ff.).

16 **Zusätzlich** gilt: Revisionshauptverhandlungen haben in der Praxis i.d.R. nur geringe praktische Bedeutung, dauern häufig nur wenige Minuten und laufen rein formalistisch ab. Das rechtfertigt den gegenüber der Verfahrensgebühr niedrigeren Betragsrahmen (s. ausdrücklich BT-Drucks. 15/1971, S. 226). Das hat zur Folge, dass die ggf. nur **geringe Dauer** des **Revisionshauptverhandlungstermins nicht noch einmal** erheblich bei der Bestimmung der angemessenen Gebühr herangezogen werden kann. Das Zeitmoment würde dann nämlich ein zweites Mal verwertet. Auch kann der Umstand, dass die Revisionshauptverhandlung beim OLG und nicht beim BGH stattgefunden hat, nicht gebührenmindernd bei der Bestimmung der Gebühr berücksichtigt werden. Denn diese Unterscheidung hat das RVG gerade aufgegeben. Berücksichtigt werden kann

Terminsgebühr Revision   *Nr. 4132 VV*

natürlich die (allgemeine) Schwierigkeit der Sache (vgl. auch Gerold/Schmidt/Burhoff, VV 4132 – 4135 Rn. 10).

Der **Pflichtverteidiger** erhält einen Festbetrag i.H.v. 228,00 €. Zusätzlich dazu erhält er bei besonders langen Hauptverhandlungen ggf. die Zuschläge aus Nr. 4128 VV bzw. Nr. 4129 VV (wegen der Einzelh. vgl. die Komm. zu Nr. 4110 VV und Nr. 4111 VV). Er hat die Möglichkeit, einen Pauschgebührenantrag nach **§ 51** zu stellen (vgl. wegen der Einzelh. § 51; s. aber auch § 51 Rn. 104 ff.).   **17**

V. Zusätzliche Gebühren

Zusätzliche Gebühren sind die **Zuschläge** nach Nrn. 4134, 4135 VV, wenn der **Pflichtverteidiger** mehr als fünf bis acht Stunden oder mehr als acht Stunden an der Hauptverhandlung teilgenommen hat. Zusätzlich zu der Terminsgebühr kann der Rechtsanwalt auch eine der Wertgebühren der **Nr. 4142 VV** bzw. **Nr. 4144 VV** erhalten, wenn er in einem der dort erwähnten Bereiche für seinen Mandanten tätig geworden ist. Die Ausführungen zu Nr. 4104 VV gelten entsprechend.   **18**

VI. Kostenerstattung

Wegen der Kostenerstattung s. Nr. 4124 VV Rn. 23 ff. und Nr. 4130 Rn. 24.   **19**

Nr. 4133 VV
Terminsgebühr Revision mit Zuschlag

Nr.	Gebührentatbestand	Gebühr oder Satz der Gebühr nach § 13 oder § 49 RVG	
		Wahlanwalt	gerichtlich bestellter oder beigeordneter Rechtsanwalt
4133	Gebühr 4132 mit Zuschlag	100,00 bis 587,50 EUR	275,00 EUR

Übersicht

	Rn.
A. Überblick	1
B. Kommentierung	2
I. Mandant nicht auf freiem Fuß	2
II. Höhe der Gebühr	3

Literatur:

Burhoff, Der sogenannte Haftzuschlag nach Vorbem. 4 Abs. 4 VV RVG, StRR 2007, 54; *ders.*, Was Sie im Strafverfahren zum Haftzuschlag wissen sollten, RVGprofessionell 2010, 77.

A. Überblick

1 Die Vorschrift regelt die Terminsgebühr Nr. 4133 VV mit **(Haft-)Zuschlag**. Die gegenüber Nr. 4133 VV erhöhte Gebühr entsteht, wenn sich der Mandant während des Abgeltungsbereichs der Terminsgebühr für das Revisionsverfahren (vgl. dazu Nr. 4132 VV Rn. 11) nicht auf freiem Fuß befindet.

B. Kommentierung

I. Mandant nicht auf freiem Fuß

2 Die Zuschlagsgebühr der Nr. 4133 VV unterscheidet sich von der Gebühr der Nr. 4132 VV nur dadurch, dass diese Gebühr die **Terminsgebühr** für das Revisionsverfahren **erhöht**, wenn der Mandant sich „nicht auf freiem Fuß" befindet. Im Übrigen besteht kein Unterschied, sodass auf die Ausführungen zu Nr. 4109 VV verwiesen werden kann.

II. Höhe der Gebühr

3 Der **Wahlanwalt** erhält eine **Betragsrahmengebühr** i.H.v. 100,00 € – 587,50 € (im Übrigen s. Nr. 4109 VV Rn. 10 ff.). Die Mittelgebühr beträgt 343,75 €.

4 Der **Pflichtverteidiger** erhält einen Festbetrag i.H.v. 275,00 €.

Zusatzgebühr zur Terminsgebühr Revision (HV 5 – 8 Stunden)   Nr. 4134 VV

Nr. 4134 VV
Zusatzgebühr zur Terminsgebühr Revision (HV 5 – 8 Stunden)

Nr.	Gebührentatbestand	Gebühr oder Satz der Gebühr nach § 13 oder § 49 RVG	
		Wahlanwalt	gerichtlich bestellter oder beigeordneter Rechtsanwalt
4134	Der gerichtlich bestellte oder beigeordnete Rechtsanwalt nimmt mehr als 5 und bis 8 Stunden an der Hauptverhandlung teil: Zusätzliche Gebühr neben der Gebühr 4132 oder 4133		114,00 EUR

Übersicht

	Rn.
A. Überblick	1
B. Kommentierung	2
I. Abgeltungsbereich der Gebühr	2
II. Höhe der Gebühr	3

Literatur:

Vgl. die Nachweise bei Nr. 4110 VV vor Rn. 1.

A. Überblick

Mit dieser Gebühr wird für den gerichtlich bestellten oder beigeordneten Rechtsanwalt zusätzlich zur Gebühr Nr. 4132 VV oder Nr. 4133 VV eine **Zusatzgebühr** zur Terminsgebühr gewährt, wenn er mehr als fünf und bis acht Stunden an einem Revisionshauptverhandlungstermin teilgenommen hat (s. im Übrigen die Komm. bei Nr. 4110 VV).   1

B. Kommentierung

I. Abgeltungsbereich der Gebühr

Die Zuschlagsgebühr der Nr. 4134 VV unterscheidet sich von der Zuschlagsgebühr Nr. 4110 VV nur dadurch, dass diese Gebühr entsteht, wenn der gerichtlich bestellte oder beigeordnete Rechtsanwalt mehr als fünf und bis acht Stunden an einem **Hauptverhandlungstermin** im **Revisionsverfahren** teilgenommen hat. Im Übrigen besteht kein Unterschied, sodass auf die Ausführungen zu Nr. 4110 VV verwiesen werden kann.   2

II. Höhe der Gebühr

Der gerichtliche bestellte oder beigeordnete Rechtsanwalt erhält eine zusätzliche Gebühr i.H.v. **114,00 €**.   3

Nr. 4135 VV   *Zusatzgebühr zur Terminsgebühr Revision (HV mehr als 8 Stunden)*

Nr. 4135 VV
Zusatzgebühr zur Terminsgebühr Revision (HV mehr als 8 Stunden)

Nr.	Gebührentatbestand	Gebühr oder Satz der Gebühr nach § 13 oder § 49 RVG	
		Wahlanwalt	gerichtlich bestellter oder beigeordneter Rechtsanwalt
4135	Der gerichtlich bestellte oder beigeordnete Rechtsanwalt nimmt mehr als 8 Stunden an der Hauptverhandlung teil: Zusätzliche Gebühr neben der Gebühr 4132 oder 4133		228,00 EUR

Übersicht

	Rn.
A. Überblick	1
B. Kommentierung	2
I. Abgeltungsbereich der Gebühr	2
II. Höhe der Gebühr	3

Literatur:

Vgl. die Nachweise bei Nr. 4110 VV vor Rn. 1.

A. Überblick

1 Nach dieser Vorschrift verdient der gerichtlich bestellte oder beigeordnete Rechtsanwalt zusätzlich zur Gebühr Nr. 4132 VV oder Nr. 4133 VV eine **Zusatzgebühr** zur Terminsgebühr, wenn er mehr als acht Stunden an einem Hauptverhandlungstermin im Revisionsverfahren teilgenommen hat (s. im Übrigen die Komm. bei Nr. 4110 VV).

B. Kommentierung

I. Abgeltungsbereich der Gebühr

2 Die Zuschlagsgebühr Nr. 4135 VV unterscheidet sich von der Zuschlagsgebühr Nr. 4111 VV bzw. Nr. 4129 VV nur dadurch, dass diese Gebühr entsteht, wenn der gerichtlich bestellte oder beigeordnete Rechtsanwalt mehr als acht Stunden an einem **Hauptverhandlungstermin** im **Revisionsverfahren** teilgenommen hat. Im Übrigen besteht kein Unterschied, sodass auf die Ausführungen zu Nr. 4111 VV verwiesen werden kann.

II. Höhe der Gebühr

3 Der gerichtliche bestellte oder beigeordnete Rechtsanwalt erhält eine zusätzliche Gebühr i.H.v. **228,00 €**.

Unterabschnitt 4
Wiederaufnahmeverfahren

Vorbemerkung 4.1.4

Eine Grundgebühr entsteht nicht.

Übersicht

	Rn.
A. Überblick	1
B. Kommentierung	2
I. Allgemeines	2
1. Grundgebühr	2
2. Verfahrensabschnitte	4
II. Sachlicher Geltungsbereich	5
III. Persönlicher Geltungsbereich	6
IV. Pauschgebührencharakter	8
V. Höhe der Gebühren	9
1. Gebühren des ersten Rechtszugs	9
2. Gebühr mit Zuschlag/Mehrere Auftraggeber	12
3. Zusätzliche Gebühren	14
4. Pauschgebühr	15
VI. Kosten(erstattung)	16

Literatur:

Burhoff, Wiederaufnahme im Strafverfahren: So rechnen Sie nach dem RVG ab, RVGprofessionell 2004, 103.

A. Überblick

Teil 4 Abschnitt 1 Unterabschnitt 4 VV regelt die Gebühren des Rechtsanwalts im strafverfahrensrechtlichen Wiederaufnahmeverfahren. Früher erhielt der Rechtsanwalt unter Geltung der BRAGO für die Vorbereitung eines Antrags auf Wiederaufnahme des Verfahrens, die Stellung eines solchen Antrags und die Vertretung in dem Verfahren zur Entscheidung über den Antrag insgesamt nur eine Gebühr nach § 90 Abs. 1 BRAGO. Durch diese Gebühr war die gesamte Tätigkeit des Rechtsanwalts bis zur Entscheidung über den Wiederaufnahmeantrag abgegolten. Die vielfältigen, häufig schwierigen und damit zeitaufwendigen Tätigkeiten des Rechtsanwalts wurden durch diese jedoch bei Weitem nicht ausreichend abgegolten. Deshalb waren Rechtsanwälte in der Vergangenheit auch kaum bereit und in der Lage, ohne Vergütungsvereinbarungen Wiederaufnahmeverfahren durchzuführen. Deshalb ist im RVG eine Anhebung und Änderung der Struktur der Gebühren im Wiederaufnahmeverfahren erfolgt, um den Angeklagten, die eine Wiederaufnahme ihres Verfahrens anstreben, aber nicht über die für eine Bezahlung des Rechtsanwalts notwendigen finanziellen Mittel verfügen, ausreichenden rechtlichen Beistand zu gewähren (vgl. dazu BT-Drucks. 15/1971, S. 226). 1

Vorbemerkung 4.1.4   *Grundgebühr Wiederaufnahmeverfahren*

B. Kommentierung

I. Allgemeines

1. Grundgebühr

2 Gebührenrechtlich stellt die Tätigkeit des Rechtsanwalts im Wiederaufnahmeverfahren nach den §§ 359 ff. StPO gem. § 17 Nr. 12 eine **eigene Angelegenheit** dar. Damit stünde dem Rechtsanwalt nach der Gesetzessystematik an sich (auch) eine Grundgebühr nach Nr. 4100 VV zu.

> **Hinweis:**
>
> Der Rechtsanwalt erhält im Wiederaufnahmeverfahren jedoch aufgrund der ausdrücklichen Regelung der Vorbem. 4.1.4 VV **keine Grundgebühr** (OLG Köln, NStZ 2006, 410 = RVGreport 2007, 304), und zwar unabhängig davon, ob er den Verurteilten bereits im vorangegangenen Verfahren vertreten hat oder ihn jetzt erstmals verteidigt. Dafür erhält er die Geschäftsgebühr Nr. 4136. Die Tätigkeiten, die sonst durch die Grundgebühr abgegolten werden (vgl. dazu die Komm. bei Nr. 4100 VV), vornehmlich also die erste Information und Einarbeitung, sind demgemäß bei der **Bemessung** der **Geschäftsgebühr** der Nr. 4136 VV zu **berücksichtigen**.

3 Wird das **Verfahren wieder aufgenommen**, zählt auch das wieder aufgenommene Verfahren als eigene Angelegenheit (§ 17 Nr. 12). In diesem erhält der Rechtsanwalt, der den Verurteilten im vorangegangenen Verfahren verteidigt hat, ebenfalls **keine Grundgebühr**, da er sich nicht (noch einmal) in den Rechtsfall einarbeiten muss (vgl. Nr. 4100 VV Rn. 31 zur Zurückverweisung). Etwas anderes gilt, wenn ein Fall des § 15 Abs. 5 Satz 2 vorliegt (AnwKomm-RVG/N. Schneider, VV 4136 – 4140 Rn. 61). Beauftragt der Verurteilte im wiederaufgenommenen Verfahren einen anderen Verteidiger, erhält dieser allerdings auf jeden Fall die Grundgebühr (vgl. wegen der vergleichbaren Lage bei der Zurückverweisung Nr. 4100 VV Rn. 31).

2. Verfahrensabschnitte

4 Das Wiederaufnahmeverfahren **gliedert** sich in **mehrere Verfahrensabschnitte**, die unterschiedliche Tätigkeiten des Rechtsanwalts erfordern. So kann z.B. die Vorbereitung eines Wiederaufnahmeantrags erhebliche Schwierigkeiten und erheblichen Zeitaufwand erfordern. Es kann z.B. erforderlich sein, dass der Rechtsanwalt eigene Ermittlungen, wie die Anhörung neuer Zeugen, durchführen muss, oder mit Sachverständigen Gespräche zu führen sind. Diese Vorbereitungsarbeiten münden dann in die Stellung des Wiederaufnahmeantrags, der sich – bei Wiederaufnahme zugunsten des Angeklagten – an den Voraussetzungen des § 359 StPO ausrichten muss. Ist der Antrag zulässig, wird gem. § 369 Abs. 1 StPO im weiteren Verfahren die Beweisaufnahme über die im Antrag angetretenen Beweise angeordnet. Dieser Verfahrensabschnitt endet mit der Entscheidung über die Begründetheit des Antrags (§ 370 StPO). Die Gebühren der Nr. 4136 bis 4139 VV entsprechen diesen Verfahrensabschnitten des Wiederaufnahmeverfahrens.

II. Sachlicher Geltungsbereich

5 Teil 4 Abschnitt 1 Unterabschnitt 4 VV gilt nur, wenn der Rechtsanwalt mit der **Vertretung** eines Verfahrensbeteiligten im **gesamten Wiederaufnahmeverfahren beauftragt** worden ist. Hat der Verfahrensbeteiligte ihm nur eine Einzeltätigkeit, wie z.B. die Stellung des Wiederauf-

Grundgebühr Wiederaufnahmeverfahren *Vorbemerkung 4.1.4*

nahmeantrags, übertragen, entsteht nur eine Gebühr nach Nr. 4302 Ziff. 2 VV (vgl. dazu Nr. 4302 VV Rn. 8). Im Übrigen gilt ebenso wie bei der Einlegung eines Rechtsmittels (vgl. dazu Komm. zu Vorbem. 4.1 VV Rn. 29 ff.): Berät der Rechtsanwalt über die Aussichten eines noch nicht gestellten Wiederaufnahmeantrags, entsteht die Geschäftsgebühr nach Nr. 4136 VV, wenn der Rechtsanwalt mit der Vertretung im Wiederaufnahmeverfahren bereits beauftragt worden ist (AnwKomm-RVG/N. Schneider, VV 4136 – 4140 Rn. 5), und zwar auch dann, wenn er von der Stellung eines Antrags abrät (vgl. Nr. 4136 VV Rn. 4). Berät der Rechtsanwalt hingegen nur, ohne schon mit der Vertretung im Wiederaufnahmeverfahren beauftragt worden zu sein, gilt § 34 (vgl. dazu Teil A: Beratung/Gutachten [§ 34], Rn. 223).

III. Persönlicher Geltungsbereich

Teil 4 Abschnitt 1 Unterabschnitt 4 VV gilt nicht nur für den **Verteidiger**, sondern auch für den Rechtsanwalt, der einen **anderen Verfahrensbeteiligten** (vgl. dazu Vorbem. 4 VV Rn. 22 ff.) im Wiederaufnahmeverfahren vertritt. Das kann ein Hinterbliebener des Angeklagten sein, der nach § 361 Abs. 2 StPO die Wiederaufnahme betreibt, oder der Privatkläger, wenn er nach § 390 Abs. 1 Satz 2 StPO das Wiederaufnahmeverfahren anstrengt, bzw. auch der Antragsteller im Adhäsionsverfahren. Für den Vertreter des Nebenklägers haben die Vorschriften hingegen nur geringe Bedeutung, da er das Wiederaufnahmeverfahren nicht selbst betreiben, sondern sich allenfalls dem Wiederaufnahmeantrag eines anderen anschließen kann (Meyer-Goßner, § 365 Rn. 8 m.w.N.; AnwKomm-RVG/N. Schneider, VV 4134 – 4140 Rn. 7). Möglich, in der Praxis aber sicherlich die Ausnahme ist es, dass die Nebenklage ggf. bereits im Wiederaufnahmeverfahren zugelassen wird. Denkbar wäre dies, wenn dem Geschädigten der Vorwurf gemacht wird, er habe falsch ausgesagt. In dem Fall entstehen für den Nebenklägervertreter dann auch die Gebühren der Nr. 4136 VV. 6

Teil 4 Abschnitt 2 Unterabschnitt 4 VV gilt **ebenfalls** für **Pflichtverteidiger**. Die Beiordnung im vorangegangenen Verfahren wirkt für das Wiederaufnahmeverfahren fort (vgl. u.a. OLG Düsseldorf, MDR 1983, 428; OLG Schleswig, SchlHA 2005, 255; AnwKomm-RVG/N. Schneider, VV 4136 – 4140 Rn. 68; Schneider, in: Hansens/Braun/Schneider, Teil 15, Rn. 581; a.A. jetzt OLG Oldenburg, StraFo 2009, 242 = NStZ-RR 2009, 208; s. auch Teil A: Umfang des Vergütungsanspruchs [§ 48 Abs. 1], Rn. 1419). Nach § 45 Abs. 4 erhält der Pflichtverteidiger die Geschäftsgebühr nach Nr. 4136 VV, wenn er von der Stellung des Wiederaufnahmeantrags abrät, allerdings nur, wenn zuvor gem. § 364b Abs. 1 Satz 2 StPO die Voraussetzungen des § 364b Abs. 1 Satz 1 StPO festgestellt worden sind. Wenn der Pflichtverteidiger erst im Wiederaufnahmeverfahren bestellt wird, bedarf es dieser Feststellung nicht (mehr), da die Voraussetzungen des § 364b Abs. 1 Satz 1 StPO bereits bei der Beiordnung geprüft worden sind (AnwKomm-RVG/N. Schneider, VV 4136 – 4140 Rn. 68; vgl. auch die Komm. zu § 45 Abs. 4). 7

IV. Pauschgebührencharakter

Die Gebühren im Wiederaufnahmeverfahren haben ebenfalls **Pauschgebührencharakter** (vgl. Vorbem. 4.1 VV Rn. 23 ff.). Sie entstehen mit der jeweils ersten Tätigkeit in dem jeweiligen Verfahrensabschnitt des Wiederaufnahmeverfahrens und decken die gesamte Tätigkeit während dieses Verfahrensabschnitts ab. 8

Vorbemerkung 4.1.4 *Grundgebühr Wiederaufnahmeverfahren*

V. Höhe der Gebühren

1. Gebühren des ersten Rechtszugs

9   Die anfallenden Gebühren entstehen **jeweils** i.H.d. **Verfahrensgebühr** für den ersten Rechtszug. Der Gebührenrahmen bestimmt sich also jeweils nach der Ordnung des Gerichts, das im ersten Rechtszug des vorangegangenen Verfahrens entschieden hat.

10 *Beispiel 1:*

Der Angeklagte wird vom AG verurteilt. Seine Sprungrevision wird verworfen. Später hat er mit einem Wiederaufnahmeantrag Erfolg. Die Sache wird beim AG erneut verhandelt.

Rechtsanwalt R erhält:

- *für das vorangegangene Verfahren und für das Verfahren nach Wiederaufnahme die Gebühren nach den Nrn. 4106ff. VV;*
- *für das Wiederaufnahmeverfahren erhält er die Gebühren nach den Nrn. 4136ff., und zwar ebenfalls nach der amtsgerichtlichen Stufe der Nrn. 4106ff. VV.*

11 *Beispiel 2:*

Der Angeklagte wird vom AG verurteilt. Er legt Berufung ein und wird rechtskräftig verurteilt. Später hat er mit einem Wiederaufnahmeantrag Erfolg. Die Sache wird beim LG erneut verhandelt.

Rechtsanwalt R erhält:

- *für das vorangegangene Verfahren die Gebühren nach Nrn. 4106ff. VV und nach Nrn. 4124ff. VV;*
- *für das Verfahren nach Wiederaufnahme erhält er die Gebühren nach den Nrn. 4124ff. VV;*
- *für das Wiederaufnahmeverfahren erhält er jedoch nur die Gebühren nach den Nrn. 4106ff. VV, obwohl sich der Wiederaufnahmeantrag gegen ein berufungsgerichtliches Urteil gerichtet hat.*

2. Gebühr mit Zuschlag/Mehrere Auftraggeber

12 Teil 4 Abschnitt 1 Unterabschnitt 4 VV enthält keine ausdrückliche Regelung für Gebühren mit Zuschlag, wenn sich der Mandant während des Wiederaufnahmeverfahrens nicht auf freiem Fuß befindet. In den Gebührenvorschriften für das Wiederaufnahmeverfahren wird jedoch wegen der **Höhe** der Gebühr **allgemein** auf die **Verfahrensgebühr erster Instanz** verwiesen. Das bedeutet, dass die Gebühr für das Wiederaufnahmeverfahren zuzüglich Zuschlag zu gewähren ist, wenn der Verurteilte sich in dem Verfahrensabschnitt, für den die Gebühr anfällt, nicht auf freiem Fuß befindet (so ausdrücklich BT-Drucks. 15/1971, S. 227 zu Nr. 4136 VV; AnwKomm-RVG/ N. Schneider, VV 4136 – 4140 Rn. 47; Gerold/Schmidt/Burhoff, Vorb. 4.1.4 VV Rn. 12; allgemein zum Anfall der Gebühr mit Haftzuschlag Vorbem. 4 VV Rn. 83 ff.).

> **Hinweis:**
>
> Es ist **unerheblich, ob** sich der Mandant in dem Verfahren, dessen **Wiederaufnahme beantragt** wird, nicht auf freiem Fuß befindet oder in einem anderen Verfahren (AnwKomm-RVG/N. Schneider, a.a.O.; Gerold/Schmidt/Burhoff, a.a.O.).

13 Vertritt der Rechtsanwalt **mehrere Auftraggeber**, z.B. im Fall des § 361 Abs. 2 StPO mehrere Hinterbliebene, kommt die Anwendung von § 7 bzw. Nr. 1008 VV in Betracht (wegen der allgemeinen Einzelh. s. Teil A: Mehrere Auftraggeber [§ 7 Nr. 1008 VV], Rn. 956).

Grundgebühr Wiederaufnahmeverfahren *Vorbemerkung 4.1.4*

3. Zusätzliche Gebühren

Im Wiederaufnahmeverfahren **kann** die zusätzliche Gebühr **Nr. 4141 VV** entstehen. Das kann z.B. der Fall sein, wenn die umfangreiche Begründung eines Wiederaufnahmeantrags dazu führt, dass das Gericht später nach § 371 StPO vorgeht und den Verurteilten ohne neue Hauptverhandlung frei spricht (LG Dresden, StraFo 2006, 475). Die zusätzlichen Gebühren nach den **Nrn. 4142, 4143 VV** für die anwaltliche Tätigkeit im Hinblick auf Einziehung und auf vermögensrechtliche Ansprüche können im **Wiederaufnahmeverfahren** hingegen **nicht** entstehen. Verfahrensgegenstand des Wiederaufnahmeverfahrens ist nur die Frage, ob Gründe für eine Wiederaufnahme des rechtskräftig abgeschlossenen Verfahrens vorliegen. Die Sache selbst wird nicht geprüft, sodass auch keine der in den Nrn. 4142, 4143 VV erfassten zusätzlichen Tätigkeiten vom Rechtsanwalt erbracht werden müssen. 14

> **Hinweis:**
> **Nach Wiederaufnahme** des Verfahrens können die zusätzlichen Gebühren der Nrn. 4142, 4143 VV hingegen (wieder) **entstehen**.

4. Pauschgebühr

Auch im Wiederaufnahmeverfahren gelten die §§ 42, 51. Das bedeutet, dass dann, wenn die **gesetzlichen Gebühren unzumutbar** sind, für den Wahlanwalt die Feststellung einer Pauschgebühr nach § 42 und für den Pflichtverteidiger die Gewährung einer Pauschgebühr nach § 51 in Betracht kommt (wegen der Einzelh. s. die Komm. bei §§ 42, 51). 15

VI. Kosten(erstattung)

Hat ein Wiederaufnahmeantrag keinen Erfolg, ist nach § 473 Abs. 1, Abs. 6 Nr. 1 StPO eine **Kostenentscheidung** zulasten des Antragstellers zu treffen. Wird die Wiederaufnahme des Verfahrens angeordnet, wird über die Kosten des Wiederaufnahmeverfahrens nicht im Wiederaufnahmeverfahren entschieden. Dies geschieht vielmehr erst im wieder aufgenommenen Verfahren (s. im Übrigen AnwKomm-RVG/N. Schneider, VV 4136 – 4140 Rn. 73 ff.; Meyer-Goßner, § 473 Rn. 37 m.w.N.). Der Angeklagte hat dem **Nebenkläger**, der sich dem Wiederaufnahmeverfahren angeschlossen hat, dessen dadurch entstandenen notwendigen Auslagen zu erstatten, wenn der Antrag auf Wiederaufnahme erfolgreich war, der Angeklagte in der erneuten Hauptverhandlung aber wiederum wegen eines Nebenklagedelikts verurteilt wird (OLG Celle, 28.04.2011 – 1 Ws 105 und 149/11, JurionRS 2011, 16214 für Wiederaufnahmeantrag mit dem Ziel der Verurteilung nur wegen vorsätzlicher Körperverletzung statt gefährlicher Körperverletzung und zugleich auch **zur Kostenverteilung, wenn die Berufungen des Angeklagten, der Staatsanwaltschaft und des Nebenklägers nach Wiederaufnahme des Verfahrens in der Berufungsinstanz erfolglos sind**). Für den Wiederaufnahmeantrag des Privatklägers gilt § 471 StPO. 16

Ist das Wiederaufnahmeverfahren **erfolglos zuungunsten** des **Verurteilten** (§ 362 StPO) betrieben worden, muss der Antragsteller diesem die notwendigen Auslagen und Kosten, wozu auch die seines Vertreters gehören, erstatten (§§ 473 Abs. 2, 464b StPO). 17

Nr. 4136 VV
Geschäftsgebühr Wiederaufnahmeverfahren

Nr.	Gebührentatbestand	Gebühr oder Satz der Gebühr nach § 13 oder § 49 RVG	
		Wahlanwalt	gerichtlich bestellter oder beigeordneter Rechtsanwalt
4136	Geschäftsgebühr für die Vorbereitung eines Antrags Die Gebühr entsteht auch, wenn von der Stellung eines Antrags abgeraten wird.	in Höhe der Verfahrensgebühr für den ersten Rechtszug	

Übersicht

	Rn.
A. Überblick	1
B. Kommentierung	2
I. Allgemeines	2
1. Entstehen der Gebühr	2
2. Abraten von der Stellung eines Wiederaufnahmeantrags (Satz 2)	4
II. Abgeltungsbereich	5
1. Umfang	5
2. Katalog der erfassten Tätigkeiten	6
III. Persönlicher Geltungsbereich	7
IV. Gebührenhöhe	8
1. Allgemeines	8
2. Bemessung der konkreten Gebühr des Wahlanwalts	11
V. Zusätzliche Gebühren	13
VI. Kosten(erstattung)	14

A. Überblick

1 Im Wiederaufnahmeverfahren erhält der Rechtsanwalt, der den Mandanten erstmals verteidigt, keine Grundgebühr Nr. 4100 VV (OLG Köln, NStZ 2006, 410 = RVGreport 2007, 304). Dies ist ausdrücklich in der Erläuterung zur Vorbem. 4.1.4 VV geregelt (vgl. dazu Vorbem. 4.1.4 VV Rn. 2 f.). Hat der Rechtsanwalt den Mandanten schon im Vorverfahren vertreten, entsteht die Grundgebühr schon deshalb nicht, weil sich der Rechtsanwalt nicht erstmals in den Rechtsfall einarbeitet. Im Übrigen werden die von der Grundgebühr erfassten Tätigkeiten von Nr. 4136 VV (mit-)honoriert (s. auch Vorbem. 4.1.4 VV Rn. 2).

Geschäftsgebühr Wiederaufnahmeverfahren   Nr. 4136 VV

B. Kommentierung

I. Allgemeines

1. Entstehen der Gebühr

Die Geschäftsgebühr steht dem Rechtsanwalt für die Vorbereitung eines Wiederaufnahmeantrags zu. Sie entsteht **unabhängig** davon, ob der Rechtsanwalt den Verurteilten bereits im **vorangegangenen Verfahren vertreten** hat oder ob er erstmals im Wiederaufnahmeverfahren beauftragt worden ist (AnwKomm-RVG/N. Schneider, VV 4136 – 4140 Rn. 18).   2

Die Gebühr entsteht mit der **ersten Tätigkeit nach Erteilung** des **Auftrags** zur Vertretung des Verurteilten im Wiederaufnahmeverfahren. Hat der Rechtsanwalt den Verurteilten bis dahin im vorangegangenen Verfahren nicht vertreten, wird die Gebühr i.d.R. mit der Informationserteilung entstehen. War er im Vorverfahren bereits Verteidiger, entsteht die Gebühr mit jeder sonst auf das Wiederaufnahmeverfahren gerichteten Tätigkeit.   3

2. Abraten von der Stellung eines Wiederaufnahmeantrags (Satz 2)

Der Rechtsanwalt erhält die Geschäftsgebühr nach der Anm. zu Nr. 4136 VV auch, wenn er von der Stellung eines Wiederaufnahmeantrags abrät. Der Rechtsanwalt **muss** also **keinen Wiederaufnahmeantrag stellen**, um die Gebühr Nr. 4136 VV zu verdienen (OLG München, AnwBl. 1973, 87 = JurBüro 1973, 45 = Rpfleger 1973, 70 für die frühere Regelung in § 90 Abs. 1 Satz 2 BRAGO; AnwKomm-RVG/N. Schneider, VV 4136 – 4140 Rn. 22; a.A. OLG Koblenz, AnwBl. 1973, 143 = Rpfleger 1972, 462). Der Rechtsanwalt muss allerdings bereits mit der Vertretung im Wiederaufnahmeverfahren beauftragt worden sein (vgl. wegen der Einzelh. Vorbem. 4.1.4 VV Rn. 5).   4

> **Hinweis:**
> Ist der Rechtsanwalt (noch) nicht mit der Vertretung im Wiederaufnahmeverfahren beauftragt, sondern soll er den Verurteilten **erst** darüber **beraten**, ob ein in Aussicht genommenes Wiederaufnahmeverfahren Aussicht auf Erfolg hat, gilt § 34 Abs. 1, wenn keine Gebührenvereinbarung geschlossen worden ist (vgl. wegen der Einzelh. Teil A: Beratung/Gutachten, Allgemeines [§ 34], Rn. 223).

II. Abgeltungsbereich

1. Umfang

Die Geschäftsgebühr erfasst **alle Tätigkeiten** des Rechtsanwalts für die **Vorbereitung** des **Wiederaufnahmeantrags** bis zur Fertigung des Antrags (vgl. dazu BT-Drucks. 15/1971, S. 227 zu Nr. 4137 VV). Das sind insbesondere Gespräche mit dem Mandanten, eigene Ermittlungen des Rechtsanwalts, wozu die Anhörung von (neuen) Zeugen gehört sowie die Suche nach und Gespräche mit Sachverständigen, sowie sonstige Informationsbeschaffung. Die zur Fertigung und Stellung des Wiederaufnahmeantrags erbrachten Tätigkeiten werden dann von der Verfahrensgebühr nach Nr. 4137 VV erfasst (vgl. dazu BT-Drucks. 15/1971, S. 227).   5

Nr. 4136 VV   *Geschäftsgebühr Wiederaufnahmeverfahren*

> **Hinweis:**
> Die Geschäftsgebühr erfasst also (teilweise) auch den **Tätigkeitsbereich**, der sonst von der **Grundgebühr** Nr. 4100 VV abgegolten wird (vgl. dazu Nr. 4100 VV Rn. 20 ff.). Das hat zur Folge, dass dies bei dem Rechtsanwalt, der den Verurteilten im vorangegangenen Verfahren nicht vertreten hat, zu einer höheren Geschäftsgebühr führen muss als bei demjenigen Rechtsanwalt, der schon im Vorverfahren tätig gewesen ist. Diesem sind das Verfahren und die der Verurteilung zugrunde liegenden Feststellungen bereits bekannt.

2. Katalog der erfassten Tätigkeiten

6   Folgende Tätigkeiten werden von der Geschäftsgebühr u.a. erfasst (vgl. auch Gerold/Schmidt/Burhoff, VV 4136 – 4140 Rn. 7):

- (allgemeiner) **Schriftverkehr**,
- **Akteneinsicht**,
- allgemeine **Beratung** des Mandanten,
- **Anhörung** von neuen und bereits vernommenen **Zeugen**,
- **Auswertung** von **Sachverständigengutachten**,
- **Beratung** durch **Sachverständige**,
- ggf. Beratung über die **Erfolgsaussichten** des Wiederaufnahmeantrags (s.o. Rn. 4),
- (sonstige) **Beschaffung** von **Informationen**,
- **Besprechungen** mit Verfahrensbeteiligten, z.B. mit dem Verteidiger im Vorverfahren, mit Sachverständigen und/oder Zeugen,
- **eigene Ermittlungen** des Rechtsanwalts,
- **Gespräche** mit Familienangehörigen,
- **Haftanträge** (Vollstreckungsaufschub; § 360 Abs. 2 StPO),
- **Information** des Rechtsanwalts durch den Mandanten,
- **Pflichtverteidigerbestellung**,
- Tätigkeiten des Rechtsanwalts in Zusammenhang mit der **Vollstreckung**, wie z.B. ein Aufschubantrag nach § 360 Abs. 2 StPO,
- (außergerichtliche) **Termine**,
- (allgemeine) **Vorbereitung** des Wiederaufnahmeantrags.

III. Persönlicher Geltungsbereich

7   Die Geschäftsgebühr steht sowohl dem **Wahlanwalt** als auch dem **Pflichtverteidiger** sowie auch dem sonstigen **Vertreter** oder **Beistand** eines Verfahrensbeteiligten zu (Vorbem. 4 VV Rn. 22 ff.; s. auch Vorbem. 4.1.4 VV Rn. 6).

Geschäftsgebühr Wiederaufnahmeverfahren   Nr. 4136 VV

IV. Gebührenhöhe

1. Allgemeines

Der **Wahlanwalt** erhält eine **Betragsrahmengebühr** i.H.d. Verfahrensgebühr für den ersten Rechtszug (vgl. dazu oben Vorbem. 4.1.4 VV Rn. 9 ff.). Der Betragsrahmen ist also abhängig von der Ordnung des Gerichts, bei dem das vorangegangene Verfahren im **ersten Rechtszug** anhängig war. Das gilt auch, wenn das Urteil, gegen das sich das Wiederaufnahmeverfahren richtet, ein Urteil aus dem Berufungsverfahren ist. Die Verweisung in Nr. 4136 VV ist eindeutig (zur Anwendung der Nr. 1008 VV s. Vorbem. 4.1.4 VV Rn. 13).   **8**

> *Beispiel:*
> *Der Angeklagte wird im Berufungsverfahren rechtskräftig verurteilt. Er stellt später erfolgreich einen Wiederaufnahmeantrag. Das Verfahren wird erneut vom Berufungsgericht durchgeführt. Nach welcher Gerichtsordnung richten sich die Gebühren des Rechtsanwalts, der den Angeklagten vertreten hat?*
> *Der Rechtsanwalt erhält:*
> - *im Ausgangsverfahren die Gebühren nach Nrn. 4124 ff. VV,*
> - *im Wiederaufnahmeverfahren die Gebühren nach Nrn. 4136 ff. VV i.V.m. Nrn. 4106 ff. VV,*
> - *im wiederaufgenommenen Verfahren die Gebühren nach Nrn. 4124 ff. VV.*

Der **Pflichtverteidiger** erhält einen **Festbetrag** ebenfalls i.H.d. Verfahrensgebühr für den ersten Rechtszug. Ggf. kann er eine **Pauschgebühr** nach § 51 geltend machen (vgl. dazu die Komm. bei § 51).   **9**

Auf dieser Grundlage ergeben sich **folgende Gebühren**:   **10**

Vergütungs-tatbestand:	Wahlanwalt:				Pflichtverteidiger
Entscheidung in der I. Instanz	VV-Nr.	Mindestgebühr	Mittelgebühr	Höchstgebühr	gesetzliche Gebühr
AG	4106	30,00 €	140,00 €	250,00 €	112,00 €
mit Zuschlag	4107	30,00 €	171,25 €	312,50 €	137,00 €
Strafkammer, allgemeine Jugendkammer	4112	40,00 €	155,00 €	270,00 €	124,00 €
mit Zuschlag	4113	40,00	188,75 €	337,50 €	151,00 €

Nr. 4136 VV — *Geschäftsgebühr Wiederaufnahmeverfahren*

Vergütungs-tatbestand:	Wahlanwalt:				Pflichtverteidiger
Entscheidung in der I. Instanz	VV-Nr.	Mindestgebühr	Mittelgebühr	Höchstgebühr	gesetzliche Gebühr
OLG, Schwurgericht, Strafkammer im Verfahren nach §§ 74a, 74c GVG, Jugendkammer als Schwurgericht	4118	80,00	330,00 €	580,00 €	264,00 €
mit Zuschlag	4119	80,00 €	402,50 €	725,00 €	322,00 €

2. Bemessung der konkreten Gebühr des Wahlanwalts

11 Bei der **Bemessung** der Höhe der **konkreten Gebühr** sind über § 14 die Besonderheiten des jeweiligen Einzelfalls zu berücksichtigen (vgl. dazu BT-Drucks. 15/1971, S. 281 zu Nr. 4100 VV). Die Höhe der Gebühr ist damit im Wesentlichen abhängig vom Umfang der vom Rechtsanwalt erbrachten Vorbereitungstätigkeiten. Auch die Schwierigkeit der Sache hat Einfluss auf die Höhe der Geschäftsgebühr. Erhebliche Bedeutung hat der **Umfang der Akten**, in die der Rechtsanwalt ggf. Einsicht genommen hat. Darauf wird in der Gesetzesbegründung zur Grundgebühr ausdrücklich abgestellt (vgl. dazu BT-Drucks. 15/1971, S. 222). Diese Überlegungen gelten für die Geschäftsgebühr, deren Abgeltungsbereich sich zumindest teilweise mit der Grundgebühr deckt, entsprechend (vgl. Nr. 4100 VV Rn. 37).

> **Hinweis:**
> Die Frage der **Ordnung** des **Gerichts** hat bei der Bemessung der konkreten Gebühr **keine** weitere **Bedeutung**. Die Ordnung des Gerichts ist nämlich schon aufgrund der Ankoppelung der Gebühr an die Verfahrensgebühr für den ersten Rechtszug bestimmend für den Gebührenrahmen der Geschäftsgebühr (vgl. oben Rn. 8). Die Ordnung des Gerichts kann daher nicht noch ein weiteres Mal als Kriterium für die konkrete Höhe der Gebühr herangezogen werden.

12 Auch der Umstand, dass der **Mandant** sich **nicht auf freien Fuß** befindet, ist auf die Höhe der konkreten Gebühr **ohne Einfluss**. Der Rechtsanwalt erhält in diesem Fall nämlich eine Gebühr mit (Haft-)Zuschlag (s. Vorbem. 4.1.4 VV Rn. 12), sodass die Haft des Verurteilten nicht noch einmal bei der Bestimmung der konkreten Gebühr herangezogen werden kann (vgl. allgemein Vorbem. 4 VV Rn. 83 ff.).

V. Zusätzliche Gebühren

13 Vgl. dazu Vorbem. 4.1.4 VV Rn. 14.

Geschäftsgebühr Wiederaufnahmeverfahren   Nr. 4136 VV

VI. Kosten(erstattung)

Vgl. dazu Vorbem. 4.1.4 VV Rn. 16.   **14**

Nr. 4137 VV   *Verfahrensgebühr Wiederaufnahmeantrag*

Nr. 4137 VV
Verfahrensgebühr Wiederaufnahmeantrag

Nr.	Gebührentatbestand	Gebühr oder Satz der Gebühr nach § 13 oder § 49 RVG	
		Wahlanwalt	gerichtlich bestellter oder beigeordneter Rechtsanwalt
4137	Verfahrensgebühr für das Verfahren über die Zulässigkeit des Antrags	in Höhe der Verfahrensgebühr für den ersten Rechtszug	

Übersicht

	Rn.
A. Überblick	1
B. Kommentierung	2
I. Entstehen der Gebühr	2
1. Allgemeines	2
2. Mehrfacher Anfall der Verfahrensgebühr	3
II. Sachlicher Abgeltungsbereich	6
1. Allgemeines	6
2. Katalog der erfassten Tätigkeiten	8
III. Persönlicher Geltungsbereich	9
IV. Gebührenhöhe	10
V. Zusätzliche Gebühren	12
VI. Kosten(erstattung)	13

A. Überblick

1 Die „Verfahrensgebühr für das **Verfahren** über die **Zulässigkeit** des Antrags" in Nr. 4137 VV ist die zweite Gebühr, die der Rechtsanwalt im Wiederaufnahmeverfahren verdienen kann.

B. Kommentierung

I. Entstehen der Gebühr

1. Allgemeines

2 Die Verfahrensgebühr Nr. 4137 VV schließt sich an die Geschäftsgebühr Nr. 4136 VV an, die dem Rechtsanwalt für die Vorbereitung eines Wiederaufnahmeantrags zusteht (vgl. Nr. 4136 VV Rn. 2). Die Verfahrensgebühr Nr. 4137 VV **entsteht** also mit der **ersten Tätigkeit** zur (An-)**Fertigung** des Wiederaufnahmeantrags. Wird der Antrag als unzulässig verworfen, **endet** der Verfahrensabschnitt, in dem die Tätigkeiten des Rechtsanwalts im Wiederaufnahmeverfahren durch die Verfahrensgebühr Nr. 4137 VV entgolten werden, mit dieser **Entscheidung**. In Betracht kommen kann dann noch eine (gesonderte) Verfahrensgebühr nach Nr. 4139 VV für das Beschwerdeverfahren, wenn gegen die ablehnende Entscheidung sofortige Beschwerde eingelegt wird. Die Einlegung der Beschwerde gehört allerdings noch zum Abgeltungsbereich der

Verfahrensgebühr Wiederaufnahmeantrag   *Nr. 4137 VV*

Gebühr Nr. 4137 VV (§ 19 Abs. 1 Satz 2 Nr. 10; s. auch Vorbem. 4.1 Rn. 29 ff.). Der Rechtsanwalt erhält dann keine Verfahrensgebühr nach Nr. 4138 VV mehr.

2. Mehrfacher Anfall der Verfahrensgebühr

Die Verfahrensgebühr Nr. 4137 VV kann, wenn gegen die Zurückweisung des Wiederaufnahmeantrags Beschwerde eingelegt wird, ggf. **mehrfach entstehen**. Das hängt vom Inhalt der vom Beschwerdegericht getroffenen Entscheidung ab. Insoweit gilt: 3

Wird die ablehnende Entscheidung des Ausgangsgerichts zur Zulässigkeit vom Beschwerdegericht aufgehoben, weil der Wiederaufnahmeantrag als zulässig angesehen wird, und **entscheidet das Beschwerdegericht selbst**, liegt kein Fall des § 21 Abs. 1 Satz 1 vor. Vielmehr findet das Verfahren über die Zulässigkeit des Wiederaufnahmeantrags mit dieser Entscheidung des Beschwerdegerichts sein Ende und es setzt sich das weitere Wiederaufnahmeverfahren fort. Es entsteht keine weitere Verfahrensgebühr Nr. 4137, sondern nur eine Verfahrensgebühr nach Nr. 4138 VV.   4

Beispiel 1:
A ist vom AG wegen Betruges verurteilt worden. Zwei Jahre nach der Verurteilung ermittelt er einen neuen Zeugen. Er beauftragt Rechtsanwalt R mit seiner Verteidigung/Vertretung im Wiederaufnahmeverfahren. Rechtsanwalt R führt ein Gespräch mit diesem Zeugen und stellt dann den Wiederaufnahmeantrag. Dieser wird vom Gericht als unzulässig zurückgewiesen. Rechtsanwalt R legt dagegen sofortige Beschwerde ein, die beim LG Erfolg hat. Das LG entscheidet über die Zulässigkeit. Das AG setzt das Wiederaufnahmeverfahren fort. Alle Merkmale des § 14 sind durchschnittlich.

Berechnung der Gebühren	*Wahlanwalt*	*Pflichtverteidiger*
Geschäftsgebühr Nr. 4136 VV i.V.m. Nr. 4106 VV	*140,00 €*	*112,00 €*
Postentgeltpauschale Nr. 7002 VV	*20,00 €*	*20,00 €*
Verfahrensgebühr Nr. 4137 VV i.V.m. Nr. 4106 VV	*140,00 €*	*112,00 €*
Postentgeltpauschale Nr. 7002 VV	*20,00 €*	*20,00 €*
Verfahrensgebühr Nr. 4139 VV i.V.m. Nr. 4106 VV (Beschwerde)	*140,00 €*	*112,00 €*
Postentgeltpauschale Nr. 7002 VV	*20,00 €*	*20,00 €*
Verfahrensgebühr Nr. 4138 VV i.V.m. Nr. 4106 VV (weiteres Verfahren)	*140,00 €*	*112,00 €*
Postentgeltpauschale Nr. 7002 VV	*20,00 €*	*20,00 €*
Anwaltsvergütung netto	***640,00 €***	***528,00 €***

Wird hingegen die Entscheidung über die Zulässigkeit aufgehoben und die Sache vom Beschwerdegericht **zurückverwiesen**, ohne dass das Beschwerdegericht eine eigene Zulässigkeitsentscheidung trifft, stellt das Verfahren nach Zurückverweisung **eine neue Angelegenheit** dar, in der dann die Gebühr der Nr. 4137 VV erneut entsteht. Es liegt ein Fall des § 21 Abs. 1 Satz 1 vor (wie hier auch AnwKomm-RVG/N. Schneider, VV 4136 – 4140 Rn. 35; Gerold/Schmidt/Burhoff, VV 4136 – 4140 Rn. 10).   5

Nr. 4137 VV *Verfahrensgebühr Wiederaufnahmeantrag*

> **Hinweis:**
> Es entsteht allerdings **nicht** noch einmal eine neue **Geschäftsgebühr** nach Nr. 4136 VV. Die für die Stellung des Antrags erforderlichen Vorarbeiten sind bereits erbracht und müssen nach Zurückverweisung nicht noch einmal erbracht werden. Es gilt die Argumentation wie für den Anfall der Grundgebühr nach Zurückverweisung (s. Nr. 4100 VV Rn. 31).

Beispiel 2:
Im Beispiel 1 (Rn. 4) hebt das LG die Entscheidung des AG auf und verweist die Sache an das AG zurück, ohne jedoch über die Zulässigkeit zu entscheiden. Beim AG wird das Verfahren nun fortgesetzt. Das AG weist den Wiederaufnahmeantrag als unbegründet zurück. Gegen diese Entscheidung legt Rechtsanwalt R keine sofortige Beschwerde ein. Alle Merkmale des § 14 sind durchschnittlich.

Berechnung der Gebühren	Wahlanwalt	Pflichtverteidiger
Verfahren bis zur Entscheidung des Beschwerdegerichts		
Geschäftsgebühr Nr. 4136 VV i.V.m. Nr. 4106 VV	140,00 €	112,00 €
Postentgeltpauschale Nr. 7002 VV	20,00 €	20,00 €
Verfahrensgebühr Nr. 4137 VV i.V.m. Nr. 4106 VV	140,00 €	112,00 €
Postentgeltpauschale Nr. 7002 VV	20,00 €	20,00 €
Verfahrensgebühr Beschwerde Nr. 4139 VV i.V.m. Nr. 4106 VV	140,00 €	112,00 €
Postentgeltpauschale Nr. 7002 VV	20,00 €	20,00 €
Verfahren nach der Entscheidung des Beschwerdegerichts		
Verfahrensgebühr Nr. 4137 VV i.V.m. Nr. 4106 VV	140,00 €	112,00 €
Postentgeltpauschale Nr. 7002 VV	20,00 €	20,00 €
Verfahrensgebühr Nr. 4138 VV i.V.m. Nr. 4106 VV	140,00 €	112,00 €
Postentgeltpauschale Nr. 7002 VV	20,00 €	20,00 €
Anwaltsvergütung netto	**800,00 €**	**660,00 €**

II. Sachlicher Abgeltungsbereich

1. Allgemeines

6 Die Verfahrensgebühr Nr. 4137 VV steht dem Rechtsanwalt für das **Betreiben** des **Geschäfts** im Verfahren über die Zulässigkeit des Wiederaufnahmeantrags zu (allgemein zur Verfahrensgebühr Vorbem. 4 VV Rn. 31 ff.). Das ist der Verfahrensabschnitt im Wiederaufnahmeverfahren, der durch die **Zulässigkeitsentscheidung** nach § 368 StPO **beendet** wird.

7 Die Verfahrensgebühr erfasst **alle Tätigkeiten** des Rechtsanwalts im Verfahren über die Zulässigkeit des Antrags **bis** zur **Entscheidung** des Gerichts nach **§ 368 Abs. 1 StPO** (vgl. dazu BT-Drucks. 15/1971, S. 288). Dieser Verfahrensabschnitt **beginnt** mit der **Fertigung** des Wiederaufnahmeantrags. Zum Verfahrensabschnitt gehört auch die Stellung des Wiederaufnahmeantrags (vgl. dazu BT-Drucks. 15/1971, S. 227).

Verfahrensgebühr Wiederaufnahmeantrag   Nr. 4137 VV

2. Katalog der erfassten Tätigkeiten

Folgende Tätigkeiten werden von der Verfahrensgebühr u.a. erfasst: 8

- (allgemeiner) **Schriftverkehr**,
- (nochmalige) **Akteneinsicht**,
- allgemeine **Beratung** des Mandanten,
- Beratung des Mandanten über die **Erfolgsaussichten** einer Beschwerde gegen die ablehnende Entscheidung des Gerichts (s. Vorbem. 4.1 VV Rn. 29 ff.),
- **Besprechungen** mit Verfahrensbeteiligten,
- **Einreichung** des Wiederaufnahmeantrags bei Gericht,
- **Fertigung** des Wiederaufnahmeantrags,
- (weitere) **Information** des Rechtsanwalts durch den Mandanten,
- **JVA-Besuche**,
- **Pflichtverteidigerbestellung**,
- (außergerichtliche) **Termine**,
- Tätigkeiten des Rechtsanwalts in Zusammenhang mit der **Vollstreckung** des Urteils, gegen das das Wiederaufnahmeverfahren betrieben wird, wie z.B. ein Antrag auf Aufschub der Vollstreckung nach § 360 Abs. 2 StPO.

III. Persönlicher Geltungsbereich

Die Verfahrensgebühr steht sowohl dem **Wahlanwalt** als auch dem **Pflichtverteidiger** sowie   9
dem sonstigen **Vertreter** oder **Beistand** eines Verfahrensbeteiligten zu (Vorbem. 4 VV; s. auch Vorbem. 4.1.4 VV Rn. 6).

IV. Gebührenhöhe

Wegen der **Gebührenhöhe** s. Vorbem. 4.1.4 VV Rn. 9 ff. und Nr. 4136 VV Rn. 8 ff. Die Ausführungen gelten entsprechend.   10

Auch für die **Bemessung** der Höhe der **konkreten Gebühr** gelten die Ausführungen zu Nr. 4136   11
VV Rn. 11 f. entsprechend. Die Höhe der Gebühr ist also vor allem abhängig von den vom Rechtsanwalt in diesem Verfahrensabschnitt erbrachten Tätigkeiten.

> **Hinweis:**
> Auch diese Gebühr entsteht mit **Zuschlag**, wenn sich der Mandant des Rechtsanwalts **nicht** auf **freiem Fuß** befindet (vgl. Nr. 4136 VV Rn. 12 und Vorbem. 4.1.4 Rn. 12).

V. Zusätzliche Gebühren

Vgl. dazu Vorbem. 4.1.4 VV Rn. 14.   12

VI. Kosten(erstattung)

Vgl. dazu Vorbem. 4.1.4 VV Rn. 16.   13

Nr. 4138 VV
Weitere Verfahrensgebühr Wiederaufnahmeverfahren

Nr.	Gebührentatbestand	Gebühr oder Satz der Gebühr nach § 13 oder § 49 RVG	
		Wahlanwalt	gerichtlich bestellter oder beigeordneter Rechtsanwalt
4138	Verfahrensgebühr für das weitere Verfahren	in Höhe der Verfahrensgebühr für den ersten Rechtszug	

Übersicht

	Rn.
A. Überblick	1
B. Kommentierung	2
I. Entstehen der Gebühr	2
1. Allgemeines	2
2. Mehrfacher Anfall der Gebühr	3
II. Sachlicher Abgeltungsbereich	5
1. Allgemeines	5
2. Katalog der erfassten Tätigkeiten	7
III. Persönlicher Geltungsbereich	8
IV. Gebührenhöhe	9
V. Zusätzliche Gebühren	11
VI. Kosten(erstattung)	12

A. Überblick

1 Die „Verfahrensgebühr für das **weitere Verfahren**" in Nr. 4138 VV ist die zweite Verfahrensgebühr und die dritte Gebühr insgesamt, die der Rechtsanwalt im Wiederaufnahmeverfahren verdienen kann.

B. Kommentierung

I. Entstehen der Gebühr

1. Allgemeines

2 Die Verfahrensgebühr Nr. 4138 VV entsteht mit der **ersten** anwaltlichen **Tätigkeit nach der Entscheidung** über die **Zulässigkeit** des Antrags gem. § 368 Abs. 1 StPO. Das wird i.d.R. die Entgegennahme des Beschlusses über die Zulässigkeit des Wiederaufnahmeantrags sein.

2. Mehrfacher Anfall der Gebühr

3 Die Verfahrensgebühr Nr. 4138 VV **kann** ggf. **mehrfach** entstehen. Möglich ist das, wenn der Verurteilte gegen die Zurückweisung des Wiederaufnahmeantrags als unbegründet Beschwerde eingelegt hat und das Beschwerdegericht nicht in der Sache selbst entscheidet, sondern die Entscheidung des Ausgangsgerichts aufhebt und das Verfahren zur erneuten Entscheidung an das

Weitere Verfahrensgebühr Wiederaufnahmeverfahren   Nr. 4138 VV

Ausgangsgericht zurückverweist. Es findet § 21 Abs. 1 Satz 1 Anwendung mit der Folge, dass alle Gebühren noch einmal entstehen.

Beispiel:

A ist vom AG wegen Diebstahls verurteilt worden. Zwei Jahre nach der Verurteilung ermittelt er einen neuen Zeugen. Er beauftragt Rechtsanwalt R mit seiner Verteidigung/Vertretung im Wiederaufnahmeverfahren. Rechtsanwalt R führt ein Gespräch mit diesem Zeugen und stellt dann den Wiederaufnahmeantrag. Dieser wird vom AG als zulässig angesehen, nach Vernehmung des Zeugen, an der R nicht teilgenommen hat, wird der Wiederaufnahmeantrag als unbegründet zurückgewiesen. Rechtsanwalt R legt dagegen sofortige Beschwerde ein, die beim LG Erfolg hat. Das LG verweist das Verfahren an das AG zurück, wo das Verfahren dann fortgesetzt wird. Das AG weist den Wiederaufnahmeantrag als unbegründet zurück. Gegen diese Entscheidung legt Rechtsanwalt R keine sofortige Beschwerde ein. Alle Merkmale des § 14 sind durchschnittlich.

Berechnung der Gebühren	Wahlanwalt	Pflichtverteidiger
Verfahren bis zur Entscheidung des Beschwerdegerichts		
Geschäftsgebühr Nr. 4136 VV i.V.m. Nr. 4106 VV	140,00 €	112,00 €
Postentgeltpauschale Nr. 7002 VV	20,00 €	20,00 €
Verfahrensgebühr Nr. 4137 VV i.V.m. Nr. 4106 VV	140,00 €	112,00 €
Postentgeltpauschale Nr. 7002 VV	20,00 €	20,00 €
Verfahrensgebühr Nr. 4138 VV i.V.m. Nr. 4106 VV	140,00 €	112,00 €
Postentgeltpauschale Nr. 7002 VV	20,00 €	20,00 €
Verfahrensgebühr Beschwerde Nr. 4139 VV i.V.m. Nr. 4106 VV	140,00 €	112,00 €
Postentgeltpauschale Nr. 7002 VV	20,00 €	20,00 €
Verfahren nach der Entscheidung des Beschwerdegerichts		
Verfahrensgebühr Nr. 4138 VV i.V.m. Nr. 4106 VV	140,00 €	112,00 €
Postentgeltpauschale Nr. 7002 VV	20,00 €	20,00 €
Anwaltsvergütung netto	**800,00 €**	**660,00 €**

> **Hinweis:** 4
>
> Die Geschäftsgebühr Nr. 4136 VV und die Verfahrensgebühr Nr. 4137 VV entstehen nach der Zurückverweisung durch das Beschwerdegericht nicht noch einmal. Die **Verfahrensabschnitte**, für die sie geltend gemacht werden können, sind **abgeschlossen**.

II. Sachlicher Abgeltungsbereich

1. Allgemeines

Diese Verfahrensgebühr steht dem Rechtsanwalt für das Betreiben des Geschäfts im Verfahren 5 **nach** der **Entscheidung** über die **Zulässigkeit** des Wiederaufnahmeantrags (§ 368 Abs. 1 StPO) **bis** zur **Entscheidung** über die **Begründetheit** des Wiederaufnahmeantrags nach § 370 StPO zu (allgemein zur Verfahrensgebühr Vorbem. 4 VV Rn. 31 ff.).

Die Verfahrensgebühr erfasst **alle Tätigkeiten** des Rechtsanwalts im **weiteren Verfahren** nach 6 der Entscheidung des Gerichts über die Zulässigkeit des Antrags bis zur Entscheidung des Ge-

Nr. 4138 VV   *Weitere Verfahrensgebühr Wiederaufnahmeverfahren*

richts über die Begründetheit nach § 370 Abs. 1 StPO bzw. nach § 371 StPO, wenn der Verurteilte bereits verstorben ist (vgl. dazu BT-Drucks. 15/1971, S. 227). Dieser Verfahrensabschnitt **beginnt** i.d.R. mit der **Entgegennahme** des Beschlusses des Gerichts über die Zulässigkeit des Wiederaufnahmeantrags. Wird der Wiederaufnahmeantrag dann später als unbegründet verworfen, **endet** der Verfahrensabschnitt mit dieser Entscheidung. In Betracht kommen kann noch eine Verfahrensgebühr nach Nr. 4139 VV für das Beschwerdeverfahren, wenn gegen die ablehnende Entscheidung sofortige Beschwerde eingelegt wird. Die Einlegung der Beschwerde gehört allerdings noch zum Abgeltungsbereich der Gebühr Nr. 4138 VV (§ 19 Abs. 1 Satz 2 Nr. 10; s. auch Vorbem. 4.1 VV Rn. 29 ff.; zur Zurückverweisung s. Nr. 4137 VV Rn. 4).

> **Hinweis:**
> Findet im Wiederaufnahmeverfahren noch ein Termin statt, erhält der Rechtsanwalt, der daran teilnimmt, zusätzlich eine **Terminsgebühr** nach Nr. 4140 VV.

2. Katalog der erfassten Tätigkeiten

7   Folgende Tätigkeiten werden von der Verfahrensgebühr für das weitere Verfahren u.a. erfasst:

- (allgemeiner) **Schriftverkehr**,
- (nochmalige) **Akteneinsicht**,
- allgemeine **Beratung** des Mandanten,
- Beratung des Mandanten über die **Erfolgsaussichten** einer Beschwerde gegen die ablehnende Entscheidung des Gerichts (s. Vorbem. 4.1 VV Rn. 25 ff.),
- **Besprechungen** mit Verfahrensbeteiligten,
- **Einlegung** der **Beschwerde** gegen die Entscheidung des Gerichts über die Begründetheit (§ 370 StPO),
- weitere **Information** des Rechtsanwalts durch den Mandanten,
- **Pflichtverteidigerbestellung**,
- **Stellungnahmen** zu Erwiderungen anderer Verfahrensbeteiligter,
- (außergerichtliche) **Terminswahrnehmung**,
- Tätigkeiten des Rechtsanwalts in Zusammenhang mit der **Vollstreckung**, wie z.B. ein Aufschubantrag nach § 360 Abs. 2 StPO,
- (allgemeine) **Vorbereitung** eines Termins im Wiederaufnahmeverfahren.

III. Persönlicher Geltungsbereich

8   Die Verfahrensgebühr steht sowohl dem **Wahlanwalt** als auch dem **Pflichtverteidiger** sowie auch dem sonstigen **Vertreter** oder **Beistand** eines Verfahrensbeteiligten zu (Vorbem. 4 Abs. 1 VV; s. auch oben Vorbem. 4.1.4 VV Rn. 6).

IV. Gebührenhöhe

9   Wegen der **Gebührenhöhe** kann auf Vorbem. 4.1.4 VV Rn. 9 und auf Nr. 4136 VV Rn. 8 verwiesen werden. Die dort gemachten Ausführungen gelten entsprechend.

Weitere Verfahrensgebühr Wiederaufnahmeverfahren — Nr. 4138 VV

Auch für die **Bemessung** der Höhe der konkreten Gebühr gelten die Ausführungen zu Nr. 4136 VV Rn. 11 ff. entsprechend. Die Höhe der Gebühr ist abhängig von den vom Rechtsanwalt in diesem Verfahrensabschnitt erbrachten Tätigkeiten. 10

> **Hinweis:**
> Auch diese Gebühr entsteht mit **Zuschlag**, wenn sich der Mandant des Rechtsanwalts **nicht** auf **freiem Fuß** befindet (vgl. Nr. 4136 VV Rn. 12 und Vorbem. 4.1.4 VV Rn. 12).

V. Zusätzliche Gebühren

Vgl. dazu Vorbem. 4.1.4 VV Rn. 14. Geht das Gericht nach § 371 StPO und spricht den Angeklagten ohne erneute Hauptverhandlung frei, dann entsteht, wenn der Rechtsanwalt so umfassend vorgetragen hat, dass deshalb eine Hauptverhandlung im wieder aufgenommenen Verfahren entbehrlich geworden ist, eine zusätzliche Gebühr nach **Nr. 4141 VV** (LG Dresden, StraFo 2006, 475). 11

VI. Kosten(erstattung)

Vgl. dazu Vorbem. 4.1.4 VV Rn. 16. 12

Nr. 4139 VV   *Verfahrensgebühr, Beschwerdeverfahren, Wiederaufnahmeverfahren*

Nr. 4139 VV
Verfahrensgebühr, Beschwerdeverfahren, Wiederaufnahmeverfahren

Nr.	Gebührentatbestand	Gebühr oder Satz der Gebühr nach § 13 oder § 49 RVG	
		Wahlanwalt	gerichtlich bestellter oder beigeordneter Rechtsanwalt
4139	Verfahrensgebühr für das Beschwerdeverfahren (§ 372 StPO)	in Höhe der Verfahrensgebühr für den ersten Rechtszug	

Übersicht

	Rn.
A. Überblick	1
B. Kommentierung	3
I. Entstehen der Gebühr	3
1. Allgemeines	3
2. Mehrfacher Anfall der Gebühr	5
II. Sachlicher Abgeltungsbereich	6
1. Allgemeines	6
2. Katalog der erfassten Tätigkeiten	8
III. Persönlicher Geltungsbereich	9
IV. Gebührenhöhe	10
V. Zusätzliche Gebühren	12
VI. Kosten(erstattung)	13

A. Überblick

1 Die „Verfahrensgebühr für das **Beschwerdeverfahren**" in der Nr. 4139 VV ist die vierte Gebühr, die der Rechtsanwalt im Wiederaufnahmeverfahren verdienen kann.

2 Diese Gebühr stellt eine **Ausnahme** von der für das **Strafverfahren** sonst geltenden **Systematik** dar, die eine der Nr. 3500 VV entsprechende Gebührenvorschrift nicht vorsieht. Das Beschwerdeverfahren im strafverfahrensrechtlichen Bereich wird daher grds. durch die jeweilige Verfahrensgebühr mit abgegolten (Vorbem. 4 VV Rn. 31 ff. und Vorbem. 4.1 VV Rn. 20 ff.; vgl. auch Teil A: Beschwerdeverfahren, Abrechnung, Rn. 371 ff.). Wegen der besonderen Bedeutung der Beschwerde im Wiederaufnahmeverfahren, in dem abschließend über den Wiederaufnahmeantrag entschieden wird mit der Folge, dass vorgebrachte Wiederaufnahmegründe für ein neues Wiederaufnahmeverfahren verbraucht sind, hat der Gesetzgeber von dieser allgemeinen Regel eine Ausnahme gemacht.

Verfahrensgebühr, Beschwerdeverfahren, Wiederaufnahmeverfahren   *Nr. 4139 VV*

B. Kommentierung

I. Entstehen der Gebühr

1. Allgemeines

Die Verfahrensgebühr entsteht mit der **ersten Tätigkeit nach Einlegung** der **Beschwerde** gegen eine aus Anlass eines Antrags auf Wiederaufnahme des Verfahrens erlassene Entscheidung; die Einlegung der Beschwerde gehört noch zum Bereich der Gebühren Nr. 4137 VV bzw. Nr. 4138 VV.   3

Die Vorschrift Nr. 4139 VV **unterscheidet nicht** hinsichtlich der Entscheidung, gegen die sich die Beschwerde richtet. Der Klammerzusatz „(§ 372)" verdeutlicht vielmehr, dass die Beschwerdegebühr **für alle Beschwerden** im Wiederaufnahmeverfahren entsteht. Das sind einmal die Beschwerden gegen nach § 368 StPO bzw. §§ 370, 371 StPO bzw. § 360 Abs. 2 StPO ergangene Entscheidungen gerichteten (sofortigen) Beschwerden sowie die (einfachen) Beschwerden gegen die übrigen Entscheidungen im Wiederaufnahmeverfahren, wie z.B. nach § 364a StPO. Die Gesetzesbegründung stellt zwar sinngemäß nur auf die Beschwerden nach §§ 368, 370 StPO ab (vgl. dazu BT-Drucks. 15/1971, S. 227), aus dem Klammerzusatz folgt das jedoch nicht. Die Bedeutung der Entscheidung, gegen die sich das Rechtsmittel richtet, kann bei der Bemessung der Gebühr berücksichtigt werden (s. auch Gerold/Schmidt/Burhoff, VV 4136 – 4140 Rn. 17).   4

2. Mehrfacher Anfall der Gebühr

Die Verfahrensgebühr für die Beschwerde im Wiederaufnahmeverfahren kann **mehrfach** entstehen. Jedes Beschwerdeverfahren ist eine eigene Angelegenheit i.S.d. § 15 Abs. 2 Satz 2 (Teil A: Angelegenheiten [§§ 15 ff.], Rn. 66; AnwKomm-RVG/N. Schneider, VV 4136 – 4140 Rn. 37).   5

Beispiel:

A ist vom AG wegen Diebstahls verurteilt worden. Zwei Jahre nach der Verurteilung ermittelt er einen neuen Zeugen. Rechtsanwalt R führt ein Gespräch mit diesem Zeugen und stellt dann als Vertreter des A den Wiederaufnahmeantrag. Dieser wird vom Gericht als unzulässig zurückgewiesen. Rechtsanwalt R legt dagegen sofortige Beschwerde ein, die beim LG Erfolg hat. Das LG erklärt den Wiederaufnahmeantrag für zulässig. Daraufhin wird das Verfahren beim AG fortgesetzt. Das AG weist den Wiederaufnahmeantrag dann als unbegründet zurück. Gegen diese Entscheidung legt Rechtsanwalt R erneut sofortige Beschwerde ein, die nun allerdings beim LG erfolglos bleibt. Alle Merkmale des § 14 sind durchschnittlich.

Berechnung der Gebühren	Wahlanwalt	Pflichtverteidiger
Verfahren bis zur 1. Entscheidung des Beschwerdegerichts		
Geschäftsgebühr Nr. 4136 VV i.V.m. Nr. 4106 VV	*140,00 €*	*112,00 €*
Postentgeltpauschale Nr. 7002 VV	*20,00 €*	*20,00 €*
Verfahrensgebühr Nr. 4137 VV i.V.m. Nr. 4106 VV	*140,00 €*	*112,00 €*
Postentgeltpauschale Nr. 7002 VV	*20,00 €*	*20,00 €*
Verfahrensgebühr Beschwerde Nr. 4139 VV i.V.m. Nr. 4106 VV	*140,00 €*	*112,00 €*
Postentgeltpauschale Nr. 7002 VV	*20,00 €*	*20,00 €*

Nr. 4139 VV   *Verfahrensgebühr, Beschwerdeverfahren, Wiederaufnahmeverfahren*

Verfahren nach der Entscheidung des Beschwerdegerichts

Verfahrensgebühr Nr. 4138 VV i.V.m. Nr. 4106 VV	140,00 €	112,00 €
Postentgeltpauschale Nr. 7002 VV	20,00 €	20,00 €
Verfahrensgebühr Beschwerde Nr. 4139 VV i.V.m. Nr. 4106 VV	140,00 €	112,00 €
Postentgeltpauschale Nr. 7002 VV	20,00 €	20,00 €
Anwaltsvergütung netto	**800,00 €**	**660,00 €**

II. Sachlicher Abgeltungsbereich

1. Allgemeines

6 Diese Verfahrensgebühr steht dem Rechtsanwalt für das **Betreiben** des **Geschäfts** im **Beschwerdeverfahren** nach § 372 StPO zu (allgemein zur Verfahrensgebühr Vorbem. 4 Rn. 31 ff.).

7 Die Gebühr erfasst **alle Tätigkeiten** des Rechtsanwalts im **Beschwerdeverfahren** gegen eine im Wiederaufnahmeverfahren ergangene gerichtliche Entscheidung. Der Verfahrensabschnitt **beginnt nach** der **Einlegung** des **Rechtsmittels**. Er endet mit dem Beschluss des Beschwerdegerichts. Wird durch diesen der Beschluss des Gerichts, z.B. über die Unzulässigkeit oder die Unbegründetheit des Wiederaufnahmeverfahrens, aufgehoben und die Sache zurückverwiesen, so entstehen die Verfahrensgebühren der Nrn. 4137, 4138 VV (§ 21 Abs. 1; vgl. dazu das Beispiel bei Nr. 4137 VV Rn. 4).

2. Katalog der erfassten Tätigkeiten

8 Folgende Tätigkeiten werden von der Verfahrensgebühr für das weitere Verfahren u.a. erfasst:

- (allgemeiner) **Schriftverkehr**,
- (nochmalige) **Akteneinsicht**,
- **Begründung** des Rechtsmittels,
- allgemeine **Beratung** des Mandanten,
- Beratung des Mandanten über die Erfolgsaussichten einer Beschwerde gegen die ablehnende Entscheidung des Gerichts (s. Vorbem. 4.1. VV Rn. 29 ff.),
- Besprechungen mit Verfahrensbeteiligten,
- weitere **Information** des Rechtsanwalts durch den Mandanten,
- **Pflichtverteidigerbestellung**,
- **Stellungnahmen** zu Erwiderungen anderer Verfahrensbeteiligter,
- (**außergerichtliche**) **Termine**.

III. Persönlicher Geltungsbereich

9 Die Verfahrensgebühr steht sowohl dem **Wahlanwalt** als auch dem **Pflichtverteidiger** sowie dem sonstigen **Vertreter** oder **Beistand** eines Verfahrensbeteiligten zu (Vorbem. 4 Abs. 1 VV; s. auch oben Vorbem. 4.1.4 VV Rn. 6).

Terminsgebühr Wiederaufnahmeverfahren   *Nr. 4140 VV*

IV. Gebührenhöhe

Wegen der **Gebührenhöhe** s. Vorbem. 4.1.4 VV Rn. 9 und Nr. 4136 VV Rn. 8 ff. Die Ausführungen gelten entsprechend. **10**

Auch für die **Bemessung** der Höhe der konkreten Gebühr gelten die Ausführungen zu Nr. 4136 VV Rn. 11 ff. entsprechend. Die Höhe der Gebühr ist also vor allem abhängig von den vom Rechtsanwalt in diesem Verfahrensabschnitt erbrachten Tätigkeiten. Daneben hat auch die **Schwierigkeit** des Beschwerdeverfahrens, dass ggf. besondere Anforderungen an den Rechtsanwalt stellt, Einfluss auf die Höhe der Gebühr (vgl. dazu BT-Drucks. 15/1971, S. 227). **11**

> **Hinweis:**
> Die Gebühr entsteht mit **Zuschlag**, wenn sich der Mandant des Rechtsanwalts **nicht** auf **freiem Fuß** befindet (vgl. Vorbem. 4.1.4 VV Rn. 12).

V. Zusätzliche Gebühren

Vgl. dazu Vorbem. 4.1.4 VV Rn. 14. **12**

VI. Kosten(erstattung)

Vgl. dazu Vorbem. 4.1.4 VV Rn. 16. **13**

Nr. 4140 VV
Terminsgebühr Wiederaufnahmeverfahren

Nr.	Gebührentatbestand	Gebühr oder Satz der Gebühr nach § 13 oder § 49 RVG	
		Wahlanwalt	gerichtlich bestellter oder beigeordneter Rechtsanwalt
4140	Terminsgebühr für jeden Verhandlungstag	in Höhe der Terminsgebühr für den ersten Rechtszug	

Übersicht

	Rn.
A. Überblick	1
B. Kommentierung	2
I. Entstehen der Gebühr	2
II. Sachlicher Abgeltungsbereich	3
III. Persönlicher Geltungsbereich	6
IV. Gebührenhöhe	7
V. Zusätzliche Gebühren	9
VI. Kosten(erstattung)	10

A. Überblick

1 Die „Terminsgebühr für jeden Verhandlungstag" in Nr. 4140 VV ist die fünfte Gebühr, die der Rechtsanwalt im Wiederaufnahmeverfahren ggf. verdienen kann.

B. Kommentierung

I. Entstehen der Gebühr

2 Die Terminsgebühr **entsteht** mit **Beginn** des Termins. Es ist nicht erforderlich, dass der Rechtsanwalt aktiv am Termin teilnimmt, also z.B. dem Zeugen selbst Fragen stellt. Seine (bloße) Anwesenheit im Termin reicht (vgl. Vorbem. 4 VV Rn. 62 ff.). Der Rechtsanwalt erhält die Gebühr auch für einen sog. „geplatzten" Termin (vgl. dazu Vorbem. 4 VV Rn. 77 ff.).

II. Sachlicher Abgeltungsbereich

3 Diese Terminsgebühr steht dem Rechtsanwalt für die **Teilnahme** an einem **Termin** im Wiederaufnahmeverfahren zu (allgemein zur Terminsgebühr s. Vorbem. 4 VV Rn. 56 ff.). Das ist i.d.R. ein Termin nach § 369 Abs. 1 StPO, in dem nach der Entscheidung über die Zulässigkeit des Wiederaufnahmeantrags die angetretenen Beweise aufgenommen werden. Dieser Termin wird meist vom beauftragten Richter durchgeführt, er kann aber auch ggf. vor dem Kollegialgericht in voller Besetzung stattfinden.

Terminsgebühr Wiederaufnahmeverfahren *Nr. 4140 VV*

> **Hinweis:**
> Bei diesem Termin handelt es sich also um einen **Sonderfall** der **Nr. 4102 Ziff. 1 VV**. Die Terminsgebühr nach Nr. 4102 VV entsteht daher nicht zusätzlich.

Nr. 4140 VV **setzt** für das Entstehen der Gebühr **nicht** eine **Vernehmung voraus**. Die Terminsgebühr entsteht z.B. auch dann, wenn das Gericht, das über die Wiederaufnahme zu entscheiden hat, mit den Verfahrensbeteiligten (nur) Verfahrens- oder sonstige Fragen in einem gerichtlichen Termin erörtern will. Die „Beweisaufnahme nach § 369 Abs. 1 StPO" ist in der Begründung zu Nr. 4140 VV (vgl. dazu BT-Drucks. 15/1971, S. 227) nur beispielhaft aufgeführt.

4

Die Terminsgebühr **erfasst alle Tätigkeiten** des Rechtsanwalts in Zusammenhang mit dem Termin. Das sind neben der Teilnahme insbesondere die Vorbereitung des Termins. Die Gebühr entsteht für jeden „Verhandlungstag", kann also bei Vernehmungen, die an mehreren Tagen stattfinden, mehrfach entstehen.

5

> **Hinweis:**
> Finden im Wiederaufnahmeverfahren **Haftprüfungen** statt, entsteht nach Sinn und Zweck der Vorschrift grds. die dafür vorgesehene Gebühr nach **Nr. 4102 Ziff. 3 VV**. Wird in einem Vernehmungstermin, für den eine Gebühr nach Nr. 4140 VV anfällt, allerdings auch über die Fortdauer der Haft des Verurteilten verhandelt, entsteht die Gebühr nach Nr. 4102 Ziff. 3 VV nicht zusätzlich, sondern nur die Gebühr nach Nr. 4140 VV (s. auch AnwKomm-RVG/N. Schneider, VV 4136 – 4140 Rn. 44; Gerold/Schmidt/Burhoff, VV 4136 – 4140 Rn. 23).

III. Persönlicher Geltungsbereich

Die Terminsgebühr steht sowohl dem **Wahlanwalt** als auch dem **Pflichtverteidiger** sowie auch dem sonstigen **Vertreter** oder **Beistand** eines Verfahrensbeteiligten zu (Vorbem. 4 Abs. 1 VV; s.o. Vorbem. 4.1.4 VV Rn. 6).

6

IV. Gebührenhöhe

Wegen der **Gebührenhöhe** s. Vorbem. 4.1.4 VV Rn. 9 ff. und Nr. 4136 VV Rn. 8 ff. Die Ausführungen gelten entsprechend mit Ausnahme des Hinweises auf Nr. 1008 VV. Die Vorschrift gilt nicht für eine „Terminsgebühr" (vgl. Teil A: Mehrere Auftraggeber [§ 7, Nr. 1008 VV], Rn. 956).

7

Auch für die **Bemessung** der Höhe der konkreten Gebühr gelten die Ausführungen zu Nr. 4136 VV Rn. 11 ff. entsprechend. Die Höhe der Gebühr ist also insbesondere von der Dauer des Termins und dem Umfang der Vorbereitungstätigkeit abhängig.

8

> **Hinweis:**
> Die Terminsgebühr entsteht mit **Zuschlag**, wenn sich der Mandant **nicht** auf **freiem Fuß** befindet (vgl. Vorbem. 4.1.4 VV Rn. 12). Zudem kann dem Pflichtverteidiger wegen **langer Dauer** des Termins ggf. eine Zusatzgebühr entsprechend den Zusatzgebühren zur jeweiligen Terminsgebühr im ersten Rechtszug zustehen (vgl. dazu BT-Drucks. 15/1971, S. 227 und die Komm. zu Nrn. 4110, 4111, 4116, 4117, 4122, 4123 VV).

V. Zusätzliche Gebühren

9 Vgl. dazu Vorbem. 4.1.4 VV Rn. 14. Dem Pflichtverteidiger kann bei langer Dauer des Termins eine **Zuschlagsgebühr** entsprechend den Nrn. 4110, 4111, 4116, 4117, 4122, 4122 VV zustehen.

VI. Kosten(erstattung)

10 Vgl. dazu Vorbem. 4.1.4 VV Rn. 16.

Unterabschnitt 5

Zusätzliche Gebühren

Teil 4 Abschnitt 1 Unterabschnitt 5 VV ist überschrieben mit „Zusätzliche Gebühren". 1
Gemeint ist:

- die **Befriedungsgebühr** (Nr. 4141 VV),
- die Verfahrensgebühr bei **Einziehung** und verwandten Maßnahmen (Nr. 4142 VV),
- die Verfahrensgebühr für Tätigkeiten im **Adhäsionsverfahren** (Nrn. 4143, 4144 VV),
- die Verfahrensgebühr Nr. 4145 VV, die mit Wirkung zum 01.09.2004 als zusätzliche Verfahrensgebühr für die Tätigkeiten im sofortigen **Beschwerdeverfahren** nach § 406a StPO eingeführt worden ist,
- die **Verfahrensgebühr Nr. 4146 VV** für das Verfahren über einen Antrag auf gerichtliche Entscheidung oder über die die Beschwerde gegen eine den Rechtszug beendende Entscheidung nach §§ 25 Abs. 1 Satz 3 bis 5, 13 StrRehaG und
- die **Einigungsgebühr** im **Privatklageverfahren** (Nr. 4146 VV).

> **Hinweis:** 2
> Die in Teil 4 Abschnitt 1 Unterabschnitt 5 VV aufgeführten „Zusätzlichen Gebühren" erhält der Rechtsanwalt **zusätzlich** zu den ihm im Übrigen zustehenden Verfahrens- und Terminsgebühren nach Teil 4 VV. Sie werden **nicht** auf die anderen bei ihm entstandenen Gebühren **angerechnet**.

Bei den zusätzlichen Gebühren handelt es sich um mit Ausnahme der Nr. 4141 VV um **Wertgebühren** (vgl. dazu Teil A: Wertgebühren [§§ 13, 49], Rn. 1679). Die dem Rechtsanwalt zustehenden Gebühren richten sich für den Wahlanwalt nach § 13 und für den gerichtlich bestellten oder beigeordneten Anwalt, i.d.R. der Pflichtverteidiger, nach § 49. 3

Nr. 4141 VV
Gebühr bei Entbehrlichkeit der Hauptverhandlung durch anwaltliche Mitwirkung

Nr.	Gebührentatbestand	Gebühr oder Satz der Gebühr nach § 13 oder § 49 RVG	
		Wahlanwalt	gerichtlich bestellter oder beigeordneter Rechtsanwalt
4141	Durch die anwaltliche Mitwirkung wird die Hauptverhandlung entbehrlich: Zusätzliche Gebühr (1) Die Gebühr entsteht, wenn 1. das Verfahren nicht nur vorläufig eingestellt wird oder 2. das Gericht beschließt, das Hauptverfahren nicht zu eröffnen oder 3. sich das gerichtliche Verfahren durch Rücknahme des Einspruchs gegen den Strafbefehl, der Berufung oder der Revision des Angeklagten oder eines anderen Verfahrensbeteiligten erledigt; ist bereits ein Termin zur Hauptverhandlung bestimmt, entsteht die Gebühr nur, wenn der Einspruch, die Berufung oder die Revision früher als zwei Wochen vor Beginn des Tages, der für die Hauptverhandlung vorgesehen war, zurückgenommen wird. (2) Die Gebühr entsteht nicht, wenn eine auf die Förderung des Verfahrens gerichtete Tätigkeit nicht ersichtlich ist. (3) Die Höhe der Gebühr richtet sich nach dem Rechtszug, in dem die Hauptverhandlung vermieden wurde. Für den Wahlanwalt bemisst sich die Gebühr nach der Rahmenmitte.	in Höhe der jeweiligen Verfahrensgebühr (ohne Zuschlag)	

Gebühr bei Entbehrlichkeit der Hauptverhandlung Nr. 4141 VV

Übersicht

	Rn.
A. Überblick	1
B. Kommentierung	3
I. Allgemeines	3
II. Persönlicher Geltungsbereich	5
III. Anwaltliche Mitwirkung (Anm. 2)	6
1. Umfang der Mitwirkung	6
2. Katalog der Mitwirkungstätigkeiten	7
3. Zeitpunkt der Mitwirkung	9
4. Darlegungs- und Beweislast	10
5. Ursächlichkeit der Mitwirkung	11
IV. Fälle der zusätzlichen Gebühr	12
1. Nicht nur vorläufige Einstellung des Verfahrens (Anm. 1 Ziff. 1)	12
a) Allgemeines	12
b) Begriff der Einstellung	13
c) Rücknahme der Anklage	20
d) Mitwirkung des Verteidigers	21
e) Anwendung in den einzelnen Verfahrensstadien	22
2. Nichteröffnung des Verfahrens (Anm. 1 Ziff. 2)	23
a) Allgemeines	23
b) Mitwirkung des Verteidigers	24
3. Rücknahme des Einspruchs gegen den Strafbefehl (Anm. 1 Ziff. 3)	25
a) Allgemeines	25
b) Begriff der Rücknahme	26
c) Mitwirkung des Verteidigers	27
d) Rücknahmezeitpunkt	29
e) Anwendung in den einzelnen Verfahrensstadien	31
f) Entsprechende Anwendung der Nr. 4141 Anm. 1 Ziff. 3 VV	32
4. Rücknahme der Berufung (Anm. 1 Ziff. 3)	35
a) Allgemeines	35
b) Begriff der Rücknahme	36
c) Mitwirkung des Verteidigers	37
d) Rücknahmezeitpunkt	38
5. Rücknahme der Revision (Anm. 1 Ziff. 3)	40
a) Allgemeines	40
b) Begriff der Rücknahme	41
c) Mitwirkung des Verteidigers	42
d) Rücknahmezeitpunkt	43
e) Anberaumung eines Hauptverhandlungstermins/Begründung der Revision erforderlich?	44
6. Privatklageverfahren	47
V. Gebührenhöhe (Anm. 3)	48
1. Allgemeines	48
2. Zuschlag/mehrere Auftraggeber	50
3. Festgebühr für den Wahlanwalt	52
4. Gerichtlich bestellter oder beigeordneter Rechtsanwalt	53
VI. Kosten(erstattung)	54

Literatur:

Burhoff, Die „Befriedungsgebühr" des § 84 Abs. 2 BRAGO, RENOpraxis 2003, 23; *ders.*, Befriedungs-/Erledigungsgebühr Nr. 4114 VV RVG, RVGreport 2005, 248; *ders*, Sind die Befriedungsgebühren Nr. 4141 VV RVG bzw. 5115 VV RVG Festgebühren?, RVGreport 2005, 401; *ders*, Strafverfahren und sich anschließendes Bußgeldverfahren sind zwei verschiedene Angelegenheiten, RVGreport 2007, 161; *ders.*, Die anwaltliche Vergütung im

Nr. 4141 VV *Gebühr bei Entbehrlichkeit der Hauptverhandlung*

Strafbefehlsverfahren, RVGreport 2008, 201; *ders.*, Drei Streitfragen zum Begriff der Angelegenheiten im Straf-/Bußgeldverfahren, VRR 2009, 133; *ders.*, Was Sie zu Nr. 4141 VV RVG und Nr. 5115 VV RVG wissen sollten, RVGprofessionell 2010, 47; *ders.*, Fragen aus der Praxis zu aktuellen Gebührenproblemen in Straf- und Bußgeldverfahren, RVGreport 2010, 362; *ders.*, Eine zusätzliche Gebühr nach Nr. 4141 VV RVG oder Nr. 5115 VV RVG entsteht auch dann, wenn schon eine Hauptverhandlung stattgefunden hat, diese ausgesetzt wird und danach ein Neubeginn der Hauptverhandlung durch anwaltliche Mitwirkung vermieden wird – Anmerkung zu AG München, Urteil v. 9. 9. 2011 – 155 C 5938/10 – JurBüro 2011, 26 m. Anm. *Mack*, JurBüro 2011, 287; *Burhoff/Schneider*, Wie berechnet sich die zusätzliche Gebühr der Nr. 4141 VV bei Einstellung im vorbereitenden Verfahren?, AGS 2005, 434; *Enders*, Anwendbarkeit des § 84 Abs. 2 BRAGO, wenn Rücknahme des Einspruchs erfolgt, bevor Hauptverhandlungstermin bestimmt war, JurBüro 1996, 281; *ders.*, Zusätzliche Gebühren nach den Nummern 4141 oder 5115 VV RVG auch dann, wenn die Einstellung erst nach dem ersten Hauptverhandlungstermin erfolgt?, JurBüro 2006, 449; *Jungbauer*, Zusätzliche Verfahrensgebühr in Straf- und Bußgeldsachen, DAR-Extra 2008, 757; *Kotz*, Befriedungsgebühr (Nr. 414, 5115 VV RVG) bei Doppeleinstellungen von Straf- und dann Ordnungswidrigkeiten Verfahren – causa finita? – Zugleich Besprechung von BGH, Urteil vom 5. 11. 2009 – IX ZR 237/08 – JurBüro 2010, 132, JurBüro 2010, 228; *Madert*, Die Anwendung des § 84 Abs. 2 in Straf- und Bußgeldverfahren, AGS 2000, 214, 237; *N. Schneider*, Verteidigergebühren bei Einstellung und Einspruchsrücknahme nach der Hauptverhandlung, AGS 2000, 21; *ders.*, Prüfung der Erfolgsaussichten eines Einspruchs gegen den Strafbefehl, BRAGOreport 2001, 38; *ders.*, Die zusätzliche Verfahrensgebühr der Nr. 4141 VV RVG im Privatklageverfahren, RVG-B 2005, 156; *ders.*, Das vergessene schriftliche Verfahren in Strafsachen. Analoge Anwendung der Nr. 4141 VV-RVG?, AnwBl. 2006, 274; *ders.*, Zusätzliche Gebühr bei Rücknahme des Strafbefehls und Neuerlass, AGS 2006, 416; *ders.*, Zusätzliche Gebühr bei Rücknahme des Strafbefehls und Neuerlass, AGS 2006, 416; *ders.*, Die zusätzlichen Gebühren in Straf- und Bußgeldsachen nach den Nr. 4141 und 5115 VV RVG, ZAP F. 24, S. 1073; *ders.*, Berechnung der sog. „Zwei-Wochen-Frist" bei Rücknahme eines Einspruchs oder eines Rechtsmittels in Straf- und Bußgeldsachen, DAR 2007, 671; *ders.*, Zusätzliche Gebühr nach Nr. 4141 VV RVG – Weitere Anwendungsfälle, NJW-Spezial 2008, 251; *ders.*, Zusätzliche Gebühr auch bei Verweisung auf den Privatklageweg, Anwaltsgebühren-Kompakt 2009, 28; *ders.*, Die Einstellung nach der Einstellung, AGS-Kompakt 2011, 19; *Soujon*, Das Strafbefehlsverfahren – ein Gebührendefizit, zfs 2007, 662; *Volpert*, Zusätzliche Gebühr gemäß § 84 BRAGO bei Tätigkeit nach ausgesetzter Hauptverhandlung, BRAGOprofessionell 2003, 177.

A. Überblick

1 Die Regelung in Nr. 4141 VV hat den **Grundgedanken** des früheren **§ 84 Abs. 2 BRAGO** übernommen. Die dort geregelte Befriedungsgebühr war geschaffen worden, um (intensive und zeitaufwendige) Tätigkeiten des Verteidigers, die zu einer Vermeidung der Hauptverhandlung und damit beim Verteidiger zum Verlust der (halben) Hauptverhandlungsgebühr führten, gebührenrechtlich zu honorieren (vgl. dazu BT-Drucks. 12/6962, S. 106). Deshalb erhielt der Rechtsanwalt, wenn durch seine Mitwirkung eine Hauptverhandlung entbehrlich wurde, nicht nur die halbe Gebühr des § 84 Abs. 1 BRAGO, sondern über § 84 Abs. 2 BRAGO die volle Gebühr des § 83 Abs. 1 BRAGO.

2 Diese Regelung wird in **Nr. 4141 VV** aufgegriffen. Anders als § 84 Abs. 2 BRAGO gewährt Nr. 4141 VV dem Rechtsanwalt in den genannten Fällen aber nicht nur eine Erhöhung des Gebührenrahmens der Gebühren wie nach § 84 Abs. 1 BRAGO, sondern billigt ihm nun eine **zusätzliche Gebühr** i.H.d. jeweiligen Verfahrensgebühr zu (zum früheren Recht s. auch OLG Hamm, JurBüro 2002, 640).

> **Hinweis:**
> Diese Gebühr entsteht der **Höhe** nach allerdings **ohne Haftzuschlag**, während früher nach § 84 Abs. 2 Satz 3 BRAGO i.V.m. § 83 Abs. 3 BRAGO die Gebühr mit Zuschlag entstand (vgl. zur Gebührenhöhe unten Rn. 46 ff.).

Gebühr bei Entbehrlichkeit der Hauptverhandlung Nr. 4141 VV

B. Kommentierung

I. Allgemeines

Die Nr. 4141 VV verfolgt das **Ziel**, ggf. intensive und zeitaufwendige **Mitwirkung** des Verteidigers, die dazu führt, dass eine Hauptverhandlung entbehrlich wird, zu **honorieren** (zum Sinn und Zweck der Nr. 4141 VV s. auch AnwKomm-RVG/N. Schneider, VV 4141 Rn. 13 ff.; Gerold/Schmidt/Burhoff, VV 4141 Rn. 1). Der Verteidiger verliert durch solche Tätigkeiten nämlich (s)eine Terminsgebühr. Nr. 4141 VV will durch die zusätzliche Gebühr also einen Anreiz schaffen, sich trotz der Gebühreneinbuße um eine möglichst frühzeitige Erledigung des Verfahrens ohne Hauptverhandlung zu bemühen. Sie dient also insbesondere auch der **Entlastung der Gerichte**. Das gilt vor allem für den Fall der Rücknahme des Einspruchs gegen einen Strafbefehl oder die Berufung. Hier muss der Verteidiger nicht erst den Weg über die Hauptverhandlung suchen, um neben der Verfahrensgebühr auch noch eine Terminsgebühr zu erlangen. Die erhält er als zusätzliche Verfahrensgebühr eben auch im Fall der rechtzeitigen Rücknahme des Einspruchs gegen den Strafbefehl oder der rechtzeitigen Rücknahme der Berufung. 3

Nr. 4141 VV hat die Regelung des **§ 84 Abs. 2 BRAGO** weitgehend **übernommen**. 4

> **Hinweis:**
> Die weitgehende Übereinstimmung mit dem früheren § 84 Abs. 2 BRAGO bedeutet, dass die dazu **vorliegende Literatur** (vgl. wegen weiterer Lit.-Hinweise über die o.a. hinaus AnwKomm-RVG/N. Schneider, VV 4114 vor Rn. 1) und **Rechtsprechung** weiter **angewendet** werden kann.

Allgemein gilt daher im Wesentlichen (nach wie vor):

- **Erforderlich** für das Entstehen der Gebühr ist eine **anwaltliche Mitwirkung** (vgl. dazu Rn. 6).
- Die Gebühr entsteht, wenn das Verfahren **nicht** nur **vorläufig eingestellt** wird (vgl. dazu Rn. 12).
- Die Gebühr entsteht, wenn das Gericht die **Eröffnung** des **Hauptverfahrens ablehnt** (vgl. dazu Rn. 22).
- Die Gebühr entsteht, wenn der **Einspruch** gegen einen **Strafbefehl** rechtzeitig **zurückgenommen** wird (vgl. dazu Rn. 24).
- Die Gebühr entsteht, wenn die **Berufung** rechtzeitig **zurückgenommen** wird (vgl. dazu Rn. 34).
- Die Gebühr entsteht auch, wenn eine **Revision** rechtzeitig **zurückgenommen** wird (vgl. dazu Rn. 39).
- Die Gebühr entsteht **ohne Haftzuschlag** (vgl. dazu Rn. 47).

II. Persönlicher Geltungsbereich

Die Gebühr der Nr. 4141 VV entsteht für den **Wahlanwalt** und den gerichtlich bestellten oder beigeordneten (**Pflicht-**) **Verteidiger**. Sie entsteht auch für sonstige (anwaltliche) Beistände oder Vertreter anderer Verfahrensbeteiligter, also z.B. für den Nebenklägervertreter oder den 5

Nr. 4141 VV   *Gebühr bei Entbehrlichkeit der Hauptverhandlung*

Vertreter des Verletzten. Das folgt schon aus dem Wortlaut – „anwaltliche Mitwirkung" und aus Vorbem. 4 Abs. 1 VV (s. auch MAH/Herrmann/Hellwig, § 23 Rn. 121; Gerold/Schmidt/Burhoff, VV 4141 Rn. 3). Im Fall der Anm. 1 Ziff. 3 gilt sie auch für die Rücknahme der Berufung oder Revision durch einen sonstigen Verfahrensbeteiligten (vgl. auch Rn. 36). Sie gilt über Vorbem. 4 Abs. 1 auch im Privatklageverfahren für den Vertreter/Beistand des Privatklägers (vgl. Rn. 45 und Schneider, RVG-B 2005, 156).

Beispiel:

Der Mandant M wirft dem Beschuldigten eine Beleidigung vor. Der Rechtsanwalt R zeigt im Verfahren gegen den Beschuldigten die Interessensvertretung des mutmaßlich Beleidigten an und erklärt namens und in seinem Auftrag den Anschluss als Nebenkläger (§ 395 Abs. 3 StPO). Bei Auswertung der Akten und den nachfolgenden Gesprächen mit dem Mandanten kommen ihm Zweifel, ob der Vorwurf zutreffend ist. Auf Vorhaltungen des R offenbart sich der Beschuldigte dem Rechtsanwalt, dass alles nicht stimme, und beauftragt diesen, die falschen Angaben der Staatsanwaltschaft zu offenbaren und den Strafantrag gegen den B zurückzunehmen. Nach ausführlicher Belehrung über die strafrechtlichen Konsequenzen, insbesondere für den Beschuldigten, wird der R in dem Sinne tätig. Das Verfahren wird dann nach § 170 Abs. 2 StPO eingestellt.

R kann die zusätzliche Gebühr nach Nr. 4141 VV gegenüber dem Mandanten **abrechnen** *(vgl. auch Burhoff, RVGreport 2010, 362; ähnliches Beispiel bei MAH/Herrmann/Hellwig, § 23 Rn. 121). Die Vorbem. 4 Abs. 1 VV enthält keinerlei Einschränkungen, was zur Folge hat, dass auch die Gebühr Nr. 4141 VV beim Beistand oder Vertreter eines Nebenklägers oder Verletzten entstehen kann. Voraussetzung ist, dass „durch die anwaltliche Mitwirkung die Hauptverhandlung entbehrlich" geworden ist. Insoweit werden an die anwaltliche Tätigkeit aber keine hohen Anforderungen gestellt (vgl. dazu unten Rn. 10). Die Tätigkeit kann auch darin liegen, dass der Mandant über die strafrechtlichen Konsequenzen einer Falschbelastung belehrt und nach Belehrung dann die Staatsanwaltschaft über Falschangaben informiert wird. Führt das zur Einstellung des Verfahrens nach § 170 Abs. 2 StPO, hat der Rechtsanwalt daran „mitgewirkt". Der Fall ist vergleichbar dem, in dem der Verteidiger an der Rücknahme der Revision der Staatsanwaltschaft mitgewirkt hat (vgl. dazu OLG Köln, StraFo 2009, 175 = AGS 2009, 271 = RVGreport 2009, 348 = StRR 2010, 40).*

III. Anwaltliche Mitwirkung (Anm. 2)

1. Umfang der Mitwirkung

6   **Voraussetzung** für das Entstehen der zusätzlichen Verfahrensgebühr ist, dass durch die „anwaltliche Mitwirkung" die Hauptverhandlung entbehrlich wird. Der **Grad** der **anwaltlichen Mitwirkung** ist **unerheblich**. Entscheidend ist, dass überhaupt ein Beitrag des Rechtsanwalts an der Einstellung des Verfahrens oder der Rücknahme des Einspruchs bzw. der Rechtsmittel ersichtlich ist (BGH, AGS 2008, 491 = RVGreport 2008, 431 = JurBüro 08, 639 = DAR 2009, 56 m. Anm. N. Schneider = StRR 2009, 77 m. zust. Anm. Burhoff; OLG Stuttgart, AGS 2010, 202 = RVGreport 2010, 263 = VRR 2010, 320 = StRR 2010, 440; LG Hamburg, AGS 2008, 59 = DAR 2008, 611; LG Köln, AGS 2007, 351 = StraFo 2007, 305; LG Stralsund, AGS 2005, 442 = RVGreport 2005, 272; LG Trier, StraFo 2007, 306; AG Zossen, AGS 2009, 72 = RVGreport 2009, 188 = RVGprofessionell 2009, 77 = VRR 2009, 200 [für Nr. 5115 VV]), der Rechtsanwalt also „mitgewirkt" hat. Der Beitrag muss nach herrschender Meinung nicht (mit) ursächlich gewesen sein (vgl. Rn. 8). Die Mitwirkung muss sich auch nicht in den Akten in Form von Stellungnahmen und Einlassungen oder Ähnlichen niederschlagen. Aus dem Fehlen solcher Vorgänge kann

Gebühr bei Entbehrlichkeit der Hauptverhandlung   Nr. 4141 VV

also nicht auf das Fehlen einer Mitwirkung geschlossen werden. Das hat z.B. zur Folge, dass der Rechtsanwalt, der dem Mandanten nach Einlegung des Einspruchs gegen den Strafbefehl „nur" rät, diesen nicht weiter zu verfolgen, und ihm empfiehlt, den Einspruch zurückzunehmen, die zusätzliche Verfahrensgebühr verdient (vgl. AG Braunschweig, AGS 2000, 54; AnwKomm-RVG/N. Schneider, VV 4141 Rn. 62; Enders, JurBüro 2000, 281; zum „Abraten" s. aber auch OLG Nürnberg, Rpfleger 2009, 645 = VRR 2009, 399 = RVGreport 2009, 464 = StRR 2010, 115; StRR 2010, 443 [LS], wonach allein durch das Abraten, Revision einzulegen, die Nr. 4141 VV nicht entsteht). Unerheblich ist es ebenfalls, wenn das Verfahren auch ohne „Mitwirkung" des Verteidigers eingestellt worden wäre (AG Kempten, AGS 2003, 312 m. Anm. Schneider). Dem Verteidiger steht die Gebühr auch zu, wenn er z.B. in einem Schriftsatz die Nichteröffnung des Hauptverfahrens (unter näherer Darlegung zur Sache) beantragt, das Gericht zeitgleich selbst ebenfalls aber die Nichteröffnung beschlossen hat (LG Arnsberg, JurBüro 2007, 82; a.A. AG Betzdorf, JurBüro 2008, 589).

2. Katalog der Mitwirkungstätigkeiten

In Betracht kommen z.B. **folgende Tätigkeiten** (s. im Übrigen auch Rn. 20, 23, 26, 31, 41):   7

- **Besprechung** mit der **Staatsanwaltschaft** (LG Köln, AGS 2007, 351 = StraFo 2007, 305 für Besprechung mit dem Ziel, dass die Staatsanwaltschaft ihre Berufung zurücknimmt; AG Lörrach, AGS 1999, 70),

- die **Benennung** von **Zeugen**,

- die **Mitteilung**, dass der Beschuldigte sich **nicht** zur **Sache einlassen** wird, da gerade das die Staatsanwaltschaft zur Einstellung des Verfahrens veranlassen kann (BGH, AGS 2011, 128 = VRR 2011, 118 = StRR 2011, 201; AG Bremen, AGS 2003, 29 m. zust. Anm. Schneider; AG Charlottenburg, StraFo 2007, 307 = RVGreport 2007, 273 [auch wenn eine Einlassung zur Sache nach Akteneinsicht vorbehalten bleibt]; AG Hamburg-Barmbek, RVGprofessionell 2011, 86 = VRR 2011, 199; AnwKomm-RVG/N. Schneider, VV 4141 Rn. 34 m.w.N.; a.A. AG Dinslaken, JurBüro 1996, 308 für das OWi-Verfahren; AG Achern, JurBüro 2001, 304; AG Halle, AGS 2007, 77, 85; AG Hannover, JurBüro 2006, 79 m. abl. Anm. Enders; AG Meinerzhagen, AGS 2007, 454 = RVGreport 2008, 146 = RVGprofessionell 2007, 67),

- die Einreichung einer sog. **Schutzschrift** (AG Unna, JurBüro 1998, 410 [für die Einreichung einer außergerichtlichen Vereinbarung zwischen Geschädigtem und Schädiger]),

- **Einlegung** des **Einspruchs** mit Begründung und **Einstellungsantrag** (LG Kiel, zfs 2007, 106 für OWi-Verfahren),

- das **Stellen** von (Beweis-)**Anträgen** (AnwKomm-RVG/N. Schneider, VV 4141 Rn. 31), wie z.B. der Antrag auf Einholung eines **Sachverständigengutachtens** (LG Düsseldorf, 02.11.2009 – 10 Qs 69/09, JurionRS 2009, 37015),

- **ggf. Nichteinlegen** von **Rechtsmitteln** (in einem anderen Verfahren) (so AG Berlin-Tiergarten, AGS 2010, 220 = RVGprofessionell 2010, 40 = RVGreport 2010, 140 = StRR 2010, 400; a.A. für Abraten, ein Rechtsmittel einzulegen OLG Nürnberg, Rpfleger 2009, 645 = VRR 2009, 399 = RVGreport 2009, 464 = StRR 2010, 115; StRR 2010, 443 [LS]),

- der Hinweis des Rechtsanwalts auf den **Tod** des **Mandanten**, der zur Einstellung nach § 206a StPO führt (AG Magdeburg, Rpfleger 2000, 154; AnwKomm-RVG/N. Schneider, VV 4141

Rn. 23; Gerold/Schmidt/Burhoff, VV 4141 Rn. 7; s. aber AG Koblenz, AGS 2008, 345, wenn die Einstellung des Verfahrens nach dem Tod des Mandanten erfolgt, bevor der Verteidiger vom Tod Nachricht erhält),

- der Verteidiger ist im Hinblick auf ein **Verfahrenshindernis** tätig geworden, wie z.B. die Frage der Verjährung (LG Schwerin, DAR 2000, 333; LG Baden-Baden, AGS 2002, 38 m. Anm. Madert; unzutreffend a.A. AG Köln, AGS 2010, 75 = JurBüro 2010, 137, das die zusätzliche Gebühr bei einem Hinweis des Rechtsanwalts auf Verfolgungsverjährung nicht gewährt, da dann die Anwaltstätigkeit nicht kausal geworden sei, weil es dieses Hinweises nicht bedürfe, da die Verjährungsfristen den Bußgeldbehörden grds. bekannt seien) oder ein Beweisverwertungsverbot (LG Düsseldorf, AGS 2010,599 m. zust. Anm. N. Schneider = VRR 2010, 440 = RVGprofessionell 2010, 212),

- **Einreichung** einer **Einlassungsschrift** (AnwKomm-RVG/N. Schneider, VV 4141 Rn. 28; a.A. AG Halle, AGS 2007, 77, 85),

- **Rücknahme** des **Einspruchs/der Berufung** nach **Rücksprache** mit dem Angeklagten (LG Duisburg, RVGreport 2006, 230 = AGS 2006, 234; AG Wiesbaden, AGS 2003, 545 für den Einspruch gegen den Bußgeldbescheid im OWi-Verfahren),

- der Verteidiger signalisiert die **Zustimmung** des Mandanten zu einem bereits angeregten **Täter-Opfer-Ausgleich** (AG Hannover, StV 2006, 201 = Nds.Rpfl. 2006, 222; Gerold/Schmidt/ Burhoff, VV 4141 Rn. 7),

- anwaltliche Mitwirkung auch bei Rücknahme des Rechtsmittels durch die Staatsanwaltschaft, wenn der Verteidiger durch seine **erfolgreiche Revisionseinlegung** darauf hingewirkt hat, dass die **Berufungsentscheidung aufgehoben** und zur erneuten Verhandlung an das LG zurückverwiesen wurde, wo die Staatsanwaltschaft ihr Rechtsmittel dann zurücknimmt (LG Dresden, AGS 2010, 131 = RVGreport 2010, 69 = StRR 2010, 239 = RVGprofessionell 2010, 27; a.A. OLG Dresden, AGS 2011, 66 = RVGreport 2011, 23 = RVGprofessionell 2010, 187 = VRR 2011, 38),

- Teilnahme des Rechtsanwalts an **Erörterungen** nach **§§ 160b, 202a, 212 StPO**, die zu einer Verständigung/Einstellung des Verfahrens führen (Teil A: Verständigung im Straf- und Bußgeldverfahren, Abrechnung, Rn. 1585).

Hinweis:

Insbesondere ist auch das auf Anraten des Verteidigers erfolgende „**gezielte Schweigen**" Mitwirkung i.S.d. Nr. 4141 VV (BGH, AGS 2011, 128 m. teilw. abl. Anm. N. Schneider = RVGreport 2011, 182 = VRR 2011, 118 = StRR 2011, 201 [für Nr. 5115 VV]; AG Charlottenburg, StraFo 2007, 307 = RVGreport 2009, 273 = VRR 2007, 199; AG Hamburg-Barmbek, VRR 2011, 199; s. auch AnwKomm-RVG/N. Schneider, VV 4141 Rn. 34; Gerold/ Schmidt/Burhoff, VV 4141 Rn. 6; Bischof/Uher, Nr. 5115 – 5116 VV Rn. 30b; Mayer/Kroiß, Nr. 5100 – 5200 VV RVG Rn. 18; Hartmann, Kostengesetze, Nr. 5115 VV RVG Rn. 1; Hartung/Schons/Enders, Nr. 5115 VV; inzidenter AG Rotenburg, AGS 2006, 288 m. Anm. Madert). Für die Mitwirkung reicht jeder Rat des Verteidigers. Das ist dann selbstverständlich auch der Rat an den Mandanten zu schweigen. Wenn demgegenüber argumentiert wird, die Einstellung sei in diesen Fällen nicht aufgrund der Mitwirkung des Verteidigers, sondern aufgrund der Entscheidung der jeweiligen Ermittlungsbehörde, keine weiteren Ermittlungen

Gebühr bei Entbehrlichkeit der Hauptverhandlung Nr. 4141 VV

anzustellen, erfolgt, ist das zu vordergründig (so aber AG Halle AGS 2007, 77, 85; AG Hannover, JurBüro 2006, 79 m. Anm. Enders; AG Meinerzhagen, AGS 2007, 454 = RVGreport 2008, 146 = RVGprofessionell 2007, 67). Mit dem Argument könnte der Anfall der Befriedungsgebühr immer verneint werden, das die Einstellung des Verfahrens immer aufgrund einer Entscheidung der Ermittlungsbehörden erfolgt.

Der Rat zum Schweigen soll nach der Rechtsprechung des BGH (a.a.O.) aber dann **nicht** zum Anfall der zusätzlichen Gebühr führen, wenn unabhängig von der Einlassung des Beschuldigten/Betroffenen **offenkundig** ist, dass dieser die ihm vorgeworfene Tat **nicht begangen** haben kann. Die Beweislast dafür trägt der Gebührenschuldner. Diese Rechtsprechung des BGH führt m.E. zu Abgrenzungsschwierigkeiten und letztlich dazu, dass damit inzidenter die Erforderlichkeit der „Ursächlichkeit der Mitwirkung" gefordert wird (vgl. dazu aber Rn. 11; krit. auch N. Schneider, AGS 2011, 129 in der Anm. zu BGH, a.a.O.).

Das AG Hamburg-Barmbek (VRR 2011, 199) geht zudem ausdrücklich unter Hinweis auf die Rechtsprechung des BGH (a.a.O.) davon aus, dass der nur **interne Rat** zum Schweigen **nicht ausreicht.** Deshalb sollte der Verteidiger die Entscheidung des Mandanten, dass er sich nicht zur Sache einlassen wird, den Ermittlungsbehörden mitteilen (vgl. dazu auch die o.a. Rspr. der AG Bremen, AGS 2003, 29 m. zust. Anm. Schneider und AG Charlottenburg, StraFo 2007, 307 = RVGreport 2007, 273).

Nicht ausreichend sind hingegen bzw. sollen sein: 8

- das bloße **Abraten,** ein Rechtsmittel nicht einzulegen (so OLG Nürnberg, Rpfleger 2009, 645 = VRR 2009, 399 = RVGreport 2009, 464 = StRR 2010, 115; StRR 2010, 443 [LS]; s. aber auch für das Nichteinlegen eines Rechtsmittels in einem anderen Verfahren AG Berlin-Tiergarten, AGS 2010, 220 = RVGprofessionell 2010, 40 = RVGreport 2010, 140 = StRR 2010, 400),
- die **bloße Bestellung** (insoweit zutreffend AG Hannover, JurBüro 2006, 79),
- die bloße **Einsichtnahme** in die Ermittlungsakte bzw. der bloße **Akteneinsichtsantrag** (insoweit zutreffend AG Hamburg-Barmbek, VRR 2011, 199; AG Hannover, JurBüro 2006, 79; vgl. auch AnwKomm-RVG/N. Schneider, VV 4141 Rn. 32),
- ein **unbegründeter Einstellungsantrag** (AG Hamburg-Barmbek, a.a.O.; vgl. AG Viechtach, AGS 2006, 289 für Einspruch ohne Begründung),
- der **Hinweis** des Rechtsanwalts auf **Verfolgungsverjährung,** da dann die Anwaltstätigkeit nicht kausal geworden sei, weil es dieses Hinweises nicht bedürfe, da die Verjährungsfristen den Bußgeldbehörden grds. bekannt seien (so unzutreffend AG Köln, AGS 2010, 75 = JurBüro 2010, 137),
- der nur **interne Rat** zum **Schweigen** (AG Hamburg-Barmbek, a.a.O.; s. auch oben Rn. 7).

3. Zeitpunkt der Mitwirkung

Unerheblich ist auch, in welchem **Verfahrensabschnitt** die Mitwirkung erbracht wird. Es genügt, dass ein früherer Beitrag des Verteidigers zur Erledigung in einem späteren Verfahrensabschnitt, in dem es dann zur Erledigung des Verfahrens kommt, noch **fortwirkt.** Der Verteidiger muss sie nicht noch einmal wiederholen. Das wäre „reine Förmelei" (zutreffend BGH, AGS 2008, 491 = RVGreport 2008, 431 = JurBüro 08, 639 = DAR 2009, 56 m. Anm. N. Schneider = 9

Nr. 4141 VV   *Gebühr bei Entbehrlichkeit der Hauptverhandlung*

StRR 2009, 77 m. zust. Anm. Burhoff; OLG Stuttgart, AGS 2010, 202 = RVGreport 2010, 263 = VRR 2010, 320 = StRR 2010, 440; LG Düsseldorf, AGS 2007, 36 = JurBüro 2007, 83; LG Hamburg, AGS 2008, 59 = DAR 2008, 611; LG Köln, AGS 2007, 351 = StraFo 2007, 305; LG Stralsund, AGS 2005, 442 = RVGreport 2005, 272; AG Zossen, AGS 2009, 72 = RVGreport 2009, 188 = RVGprofessionell 2009, 77 = VRR 2009, 200 [für Nr. 5115 VV]; Gerold/Schmidt/Burhoff, VV 4141 Rn. 11; AnwKomm-RVG/N. Schneider, VV 4141 Rn. 46, 55).

Beispiel:

*Der Rechtsanwalt gibt im **vorbereitenden** Verfahren eine Stellungnahme ab. Die Staatsanwaltschaft klagt trotzdem an. Das Gericht stellt das Verfahren im Hinblick auf die Stellungnahme des Verteidigers außerhalb der Hauptverhandlung ein.*

*Der Rechtsanwalt hat die Gebühr der Nr. 4141 Anm. 1 Ziff. 1 VV verdient. Die Stellungnahme musste nicht noch einmal im gerichtlichen Verfahren wiederholt werden. Die aus dem vorbereitenden Verfahren wirkte fort (s. auch AnwKomm-RVG/N. Schneider, VV 4141 Rn. 71 und die o.a. Rechtsprechung). So führt z.B. auch die umfangreiche Begründung eines Wiederaufnahmeantrags, die das Gericht später veranlasst, nach § 371 StPO vorzugehen, dazu, dass der Freispruch des Verurteilten ohne neue Hauptverhandlung zur Anwendung von Nr. 4141 im **Wiederaufnahmeverfahren** führt (LG Dresden, StraFo 2006, 475).*

4. Darlegungs- und Beweislast

10 Nach Anm. 2 entsteht die zusätzliche Gebühr nicht, wenn eine auf die Förderung des Verfahrens gerichtete Tätigkeit nicht ersichtlich ist. Diese Formulierung führt zu einer **Umkehr** der **Darlegungs- und Beweislast**. Es muss also nicht der Rechtsanwalt seine Mitwirkung an der Erledigung beweisen, sondern es wird eine **Mitwirkung** des Rechtsanwalts **vermutet**. Es ist Aufgabe des Gebührenschuldners, also ggf. der Staatskasse, das Fehlen der Mitwirkung darzulegen und zu beweisen (zutreffend KG, AGS 2009, 324; AG Unna, JurBüro 1998, 410; AG Saarbrücken, RVGreport 2006, 181 = AGS 2006, 126 m. Anm. Madert; AnwKomm-RVG/N. Schneider, VV 4141 Rn. 11; Gerold/Schmidt/Burhoff, VV 4141 Rn. 12). Wird das Verfahren eingestellt, weil im OWi-Verfahren die **Akte** auf dem Weg zwischen Verwaltungsbehörde und Gericht in **Verlust geraten** ist und kann aus diesem Grunde nicht mehr nachvollzogen werden, inwieweit der Verteidiger das Verfahren gefördert hat, darf der Verlust der Akten dem Angeklagten/Betroffenen und seinem Verteidiger nicht zum Nachteil gereichen, sodass im Zweifel von einer Mitwirkung auszugehen ist (AG Bielefeld, AGS 2006, 439 = VRR 2006, 358).

Hinweis:

Die Gerichte sehen das häufig anders (AnwKomm-RVG/N. Schneider, VV 4141 Rn. 12 unter Hinweis auf AG Berlin-Tiergarten, AGS 2000, 53). Deshalb sollte der Rechtsanwalt **vorsorglich darlegen**, welche **Tätigkeiten** er im Hinblick auf eine Einstellung oder Rücknahme eines Rechtsmittels erbracht hat (Gerold/Schmidt/Burhoff, a.a.O.). Allerdings dürfen insoweit die Anforderungen nicht überspannt werden, da nicht selten auch der Bereich der anwaltlichen Schweigepflicht tangiert wird (vgl. LG Trier, StraFo 2007, 306). Deshalb ist es zutreffend, wenn in der Rechtsprechung bei einem behaupteten Mandantengespräch mit anschließender Berufungsrücknahme von ausreichender Mitwirkung des Verteidigers ausgegangen wird (LG Trier, a.a.O.).

Gebühr bei Entbehrlichkeit der Hauptverhandlung Nr. 4141 VV

5. Ursächlichkeit der Mitwirkung

Die **Tätigkeit** des Rechtsanwalts muss **nicht ursächlich** für die Einstellung oder die Rücknahme 11
des Rechtsmittels gewesen sein. Es reicht jede auf die Förderung der Erledigung des Verfahrens gerichtete Tätigkeit aus (zutreffend BGH, AGS 2008, 491 = RVGreport 2008, 431 = JurBüro 2008, 639 = DAR 2009, 56 m. Anm. N. Schneider = StRR 2009, 77 m. zust. Anm. Burhoff; OLG Stuttgart, AGS 2010, 202 = RVGreport 2010, 263 = VRR 2010, 320 = StRR 2010, 440; LG Arnsberg, JurBüro 2007, 82; LG Dresden, RVGreport 2010, 69 = StRR 2010, 239 = RVGprofessionell 2010, 27; LG Düsseldorf, AGS 2007, 36 = JurBüro 2007, 83; LG Hamburg, AGS 2008, 59 = DAR 2008, 611; LG Köln, AGS 2007, 351 = StraFo 2007, 305; LG Stralsund, AGS 2005, 442 = RVGreport 2005, 272; AG Köln, AGS 2010, 75 = JurBüro 2010, 137; AG Zossen, AGS 2009, 72 = RVGreport 2009, 188 = RVGprofessionell 2009, 77 = VRR 2009, 200 [für Nr. 5115 VV]; Gerold/Schmidt/Burhoff, VV 4141 Rn. 11; AnwKomm-RVG/N. Schneider, VV 4141 Rn. 10, 32; Hartmann, KostG, Nr. 4141 VV RVG Rn. 8; **a.A.** Riedel/Sußbauer/Schmahl, Nr. 4141 VV Rn. 109; KG, RVGprofessionell 2007, 79 m.w.N. [zumindest mitursächlich]; AG Betzdorf JurBüro 2008, 589, wonach es nicht ausreicht, wenn die Einlassung des Verteidigers noch vor der Erhebung der Anklage erfolgt und das Gericht die Ablehnung der Eröffnung des Hauptverfahrens von Amts wegen beschließt; AG Köln, AGS 2010, 75 = JurBüro 2010, 137 für den Hinweis auf Verfolgungsverjährung im Bußgeldverfahren; **nicht eindeutig** BGH, AGS 2011, 128 m. teilw. abl. Anm. N. Schneider = RVGreport 2011, 182 = VRR 2011, 118 = StRR 2011, 201). Nicht ausreichend ist es aber, wenn das Verfahren ausschließlich von Amts wegen eingestellt wird (AG Viechtach, AGS 2006, 289 m. zust. Anm. Schneider für Einlegung des Einspruchs im OWi-Verfahren ohne Begründung).

IV. Fälle der zusätzlichen Gebühr

1. Nicht nur vorläufige Einstellung des Verfahrens (Anm. 1 Ziff. 1)

a) Allgemeines

Die Anm. 1 Ziff. 1 der Nr. 4141 VV regelt den Fall der Einstellung des Verfahrens. In welchem 12
Verfahrensstadium die Einstellung erfolgt, ist **ohne Belang**. Die Einstellung kann also z.B. auch noch im Berufungsverfahren erfolgen.

b) Begriff der Einstellung

Nr. 4141 Anm. 1 Ziff. 1 VV setzt eine nicht nur vorläufige Einstellung des Verfahrens voraus. 13
Mit diesem Begriff ist nicht der prozessuale Begriff der „vorläufigen Einstellung", wie er z.B. in § 154 Abs. 1 StPO verwandt wird, im Gegensatz zur endgültigen Einstellung gemeint. Der **prozessuale** und der **gebührenrechtliche Begriff** der vorläufigen Einstellung sind vielmehr **verschieden**. Gemeint ist mit „nicht nur vorläufig", dass Staatsanwaltschaft und/oder Gericht subjektiv von einer endgültigen Einstellung ausgegangen sind, sie also das **Ziel** einer **endgültigen Einstellung** hatten (AnwKomm-RVG/N. Schneider, VV 4141 Rn. 18 ff.; Gerold/Schmidt/Burhoff, VV 4141 Rn. 14). Diese Auslegung ergibt sich auch schon aus der BT-Drucks. 12/6962, S. 106, die ausdrücklich auch den Fall des § 154 Abs. 1 StPO als einen Fall der (vorläufigen) Einstellung i.S.d. § 84 Abs. 2 BRAGO erwähnt hat (a.A. zur BRAGO AG Koblenz, AGS 2001, 38 m. abl. Anm. Madert = BRAGOreport 2001, 42 m. abl. Anm. N. Schneider). Der Begriff der

Nr. 4141 VV   *Gebühr bei Entbehrlichkeit der Hauptverhandlung*

„vorläufigen Einstellung" in Abs. 1 Ziff. 1 dient nur zur Abgrenzung gegenüber den Einstellungen, die von vornherein nicht als endgültig anzusehen sind.

14 Dieses Verständnis der Vorschrift hat zur Folge, dass die Gebühr im Laufe des Verfahrens grds. **mehrfach anfallen** kann (AG Düsseldorf, AGS 2010, 224 m. zust. Anm. N. Schneider = RVGreport 2010, 301 = StRR 2010, 359 = RVGprofessionell 2010, 82; N. Schneider, AGS-Kompakt 2011, 19). Voraussetzung ist aber, dass die mehrfachen Einstellungen in verschiedenen Angelegenheiten erfolgen (AnwKomm-RVG/N. Schneider, VV 4141 Rn. 112 f.; N. Schneider, a.a.O.; vgl. die Fallgestaltung bei AG Düsseldorf, a.a.O. für Einstellung im vorbereitenden Verfahren nach § 170 Abs. 2 StPO und für nach Wiederaufnahme der Ermittlungen erfolgte Einstellung im gerichtlichen Verfahren; zum Verhältnis von vorbereitendem Verfahren zum gerichtlichen Verfahren s. Teil A: Angelegenheiten [§§ 15 ff.], Rn. 90).

Beispiel 1:

Der Rechtsanwalt R verteidigt den Beschuldigten im vorbereitenden Verfahren. Das Verfahren wird nach § 170 Abs. 21 StPO eingestellt. Die Staatsanwaltschaft nimmt die Ermittlungen dann aber wieder auf und erhebt Anklage. Im gerichtlichen Verfahren wird das Verfahren dann nach § 154 Abs. 1 StPO eingestellt. Kann R die Nr. 4141 VV mehrfach abrechnen?

Geht man davon aus, was zutreffend ist (vgl. Teil A: Angelegenheiten [§§ 15 ff.], Rn. 90), dass es sich beim vorbereitenden Verfahren und beim gerichtlichen Verfahren um verschiedene Angelegenheiten i.S.d. § 15 handelt, kann R die Nr. 4141 VV zweimal abrechnen. Geht man davon aus, dass es sich um „dieselbe" Angelegenheit handelt, greift § 15 Abs. 2 Satz 1 ein und die Gebühr kann nur einmal abgerechnet werden (vgl. auch N. Schneider, AGS-Kompakt 2011, 19).

Beispiel 2:

Der Rechtsanwalt R verteidigt den Beschuldigten im vorbereitenden Verfahren. Das Verfahren wird nach § 170 Abs. 2 StPO eingestellt. Die Staatsanwaltschaft nimmt die Ermittlungen dann aber wieder auf, stellt das Verfahren jedoch erneut, nun nach § 154 Abs. 1 StPO ein. Die Wiederaufnahme erfolgte mehr als zwei Kalenderjahre nach der ersten Einstellung. Kann R die Nr. 4141 VV mehrfach abrechnen.

Bei dieser Konstellation kann R die Gebühr Nr. 4141 VV zweimal abrechnen. Das folgt aus § 15 Abs. 5 Satz 2. Es handelt sich nach Wiederaufnahme um eine neue Angelegenheit i.S.d. § 15 (vgl. dazu Teil A: Abgeltungsbereich der Vergütung [§ 15], Rn. 1) mit der Folge, dass nun die Nr. 4141 VV mehrfach anfallen kann (AnwKomm-RVG/N. Schneider, VV 4141 Rn. 48, 112; Gerold/Schmidt/Burhoff, VV 4141 Rn. 13). Eine Anrechnung der Gebühren erfolgt nicht (LG Offenburg, JurBüro 1999, 82).

15 Zudem führt die o.a. Auffassung dazu, dass eine einmal entstandene Gebühr Nr. 4141 VV **nicht** durch **nachfolgende Verfahrensvorgänge** wieder **wegfällt**, sondern dem Rechtsanwalt erhalten bleibt.

Beispiel 2:

Der Rechtsanwalt R verteidigt den Beschuldigten im Verfahren A. Das Verfahren wird gem. § 154 Abs. 1 StPO im Hinblick auf das Verfahren B eingestellt. Im Verfahren B ergeht dann Freispruch. Die Staatsanwaltschaft nimmt daraufhin das Verfahren A wieder auf und erhebt Anklage. Was ist mit der Gebühr Nr. 4141 VV?

Diese fällt durch die Wiederaufnahme des Verfahrens nicht nachträglich weg. Bei der Einstellung nach § 154 Abs. 1 StPO handelt es sich um eine nicht nur vorläufige Einstellung i.S.v. Nr. 4141 VV (vgl. Rn. 13). Ist sie einmal entstanden, haben nachträgliche Verfahrensereignisse auf ihr Fortbestehen keinen Einfluss (s. auch § 15 Abs. 4; vgl. auch N. Schneider, AGS-Kompakt 2011, 19).

Gebühr bei Entbehrlichkeit der Hauptverhandlung Nr. 4141 VV

Anm. 1 Ziff. 1 der Nr. 4141 VV **findet** daher **Anwendung** bei (vgl. auch AnwKomm-RVG/ N. Schneider, VV 4141 Rn. 28; Gerold/Schmidt/Burhoff, VV 4141 Rn. 14): 16

- § 153 Abs. 1 und 2 StPO,
- § 153a Abs. 1 und 2 StPO nach – nach herrschender Meinung – erfüllter Auflage (AnwKomm-RVG/N. Schneider, VV 4141 Rn. 25; Gerold/Schmidt/Burhoff, a.a.O.),
- § 153b Abs. 1 und 2 StPO,
- § 153c Abs. 1, 2 und 3 StPO,
- § 154 Abs. 1 und 2 StPO (OLG Stuttgart, AGS 2010, 202 = RVGreport 2010, 263 = VRR 2010, 320 = StRR 2010, 440; LG Köln, StV 2001, 638 [LS]; LG Saarbrücken, StV 2001, 638; AG Mettmann, RVGprofessionell 2011, 58; RVGreport 2011, 228 = StRR 2011, 124 m. Anm. Wacker; offengelassen von KG, RVGprofessionell 2007, 79),
- § 154d Satz 3 StPO,
- § 170 Abs. 2 Satz 1 StPO (LG Köln, StV 2004, 34 = AGS 2003, 544 [auch nach Einstellung nach Rücknahme der Anklage]), und zwar auch dann, wenn die Staatsanwaltschaft gem. Nr. 87 RiStBV „auf den **Privatklageweg** verweist" bzw. darüber belehrt, dass der Verletzte die Sache im Wege der Privatklage weiter verfolgen kann (N. Schneider, ZAP Fach 24, S. 1073; ders., AGS-Kompakt 2009, 28; s. auch unten Rn. 21 Nr. 3),

> **Hinweis:**
> Stellt die Staatsanwaltschaft das Strafverfahren nach § 170 Abs. 2 StPO ein und sieht **gleichzeitig** nach § 47 Abs. 1 OWiG von der Verfolgung einer Ordnungswidrigkeit ab, entsteht nur die Nr. 4141 VV und nicht auch zusätzlich noch die Nr. 5115 VV (arg. e § 40 OWiG).

- § 206a StPO (AG Magdeburg, Rpfleger 2000, 154; AnwKomm-RVG/N. Schneider, VV 4141 Rn. 23; Gerold/Schmidt/Burhoff, VV 4141 Rn. 7; s. auch oben Rn. 10),
- § 206b StPO,
- § 383 Abs. 2 StPO (Einstellung im Privatklageverfahren außerhalb der Hauptverhandlung),
- § 47 JGG (LG Hagen, AGS 2004, 71),
- § 45 JGG im Jugendgerichtsverfahren (s. den Verweis auf § 153 StPO in § 45 Abs. 1 JGG),
- wohl auch im Fall des § 37 BtMG, da sowohl die gerichtliche Einstellung nach § 37 Abs. 2 BtMG als auch das Absehen von der Erhebung der öffentlichen Klage nach § 37 Abs. 1 BtMG als endgültige Maßnahmen gedacht sind (vgl. Körner, BtMG, § 37 Rn. 29, 32), zumindest aber dann, wenn die Verfahren nach Ablauf der 2-Jahres-Fristen des § 37 Abs. 1, 2 BtMG endgültig eingestellt werden.

> **Hinweis:** 17
> Die Gebühr Nr. 4141 VV fällt nach überwiegender Auffassung in der Rechtsprechung auch an, wenn das (Straf-)Verfahren eingestellt wird und anschließend das Verfahren gem. § 43 OWiG an die **Verwaltungsbehörde abgegeben** wird zur Durchführung eines Bußgeldverfahrens (LG Oldenburg, BRAK-Mitt. 2009, 40; LG Osnabrück, zfs 2008, 709 = RVGprofessionell 2008, 7; AG Köln, AGS 2006, 234 = JurBüro 2007, 83 = zfs 2006, 646 m. zust. Anm. Madert; AG Hannover, AGS 2006, 235; AG Köln, AGS 2006, 234 = JurBüro 2007, 83;

Nr. 4141 VV   *Gebühr bei Entbehrlichkeit der Hauptverhandlung*

AG Lemgo, AGS 2009, 28 = RVGreport 2008, 463 = VRR 2009, 200 = JurBüro 2009, 254; AG Bad Kreuznach, 05.05.2006 – 2 C 1747/05; AG Regensburg, StraFo 2006, 88 = AGS 2006, 125 = RVGreport 2007, 225; AG Saarbrücken, AGS 2007, 306 = RVGprofessionell 2007, 118; AG Stuttgart, AGS 2007, 306; Gerold/Schmidt/Burhoff, VV 4100 Rn. 16; Hartung/Schons/Enders, Nr. 4141 VV Rn. 11; Kotz, JurBüro 2010, 228; Reisert, § 3 Rn. 65 ff. bzw. § 2 Rn. 69 ff.).

A.A. ist insoweit inzwischen aber der **BGH** (AGS 2010, 1 m. abl. Anm. N. Schneider = RVGreport 2010, 70 m. abl. Anm. Burhoff = StRR 2010, 109 = JurBüro 2010, 132 m. abl. Anm. Kotz, JurBüro 2010, 228; ebenfalls a.A. – ohne nähere – Begründung AG München, JurBüro 2007, 84 m. Anm. Madert; RVGprofessionell 2006, 203; AG Osnabrück, RVGreport 2008, 190 = RVGprofessionell 2008, 52 = VRR 2008, 119; vgl. auch Teil A: Angelegenheiten [§§ 15 ff.], Rn. 87 und Vorbem. 5 Rn. 22 mit Beispiel). Seine von der fast einhelligen herrschenden Meinung abweichende Auffassung begründet der BGH u.a. damit, dass der Begriff des „Verfahrens" in Nr. 4141 VV nicht eindeutig sei und auch strafrechtliches Ermittlungsverfahren und Bußgeldverfahren umfassen könne. Zudem sei die Einstellung in diesen Fällen der Abgabe nicht endgültig. Diese Begründung des BGH ist nicht zwingend, verkennt m.E. die Systematik des RVG und übersieht den § 17 Nr. 10.

Allerdings wird es nun **kaum noch möglich** sein, in diesen Fälle die Nr. 4141 VV gegenüber der Rechtsschutzversicherung **geltend** zu machen, das die Rechtsschutzversicherer noch weniger als in der Vergangenheit bereit sein werden, diese Gebühr zu zahlen (vgl. aber die Vorschläge des DAV/der BRAK zur strukturellen Änderung bzw. Ergänzung des RVG in Nr. 11d, in denen eine Ergänzung/Erweiterung der Nr. 1 i.S.d. herrschenden Meinung vorgeschlagen wird; s. AnwBl. 2011, 120, 121).

18   **Anm. 1 Ziff. 1 findet keine Anwendung** bei:
- § 153a StPO, solange die **Auflage nicht** erfüllt ist AnwKomm-RVG/N. Schneider, VV 4141 Rn. 25; Gerold/Schmidt/Burhoff, VV 4141 Rn. 14, 17),
- § 154d Satz 1 StPO,
- §§ 154f, 205 StPO, und zwar auch dann nicht, wenn das Verfahren nicht wieder aufgenommen wird (AnwKomm-RVG/N. Schneider, VV 4141 Rn. 25; Gerold/Schmidt/Burhoff, VV 4141 Rn. 17; zur Einstellung nach §§ 154f, 205 StPO Burhoff, EV Rn. 755a, 764 ff.).

19   Die **Teileinstellung** wegen einer einzelnen Tat führt nicht zu einer Gebühr nach der Anm. 1 Ziff. 1 zur Nr. 4141 VV. Das Verfahren ist dann nicht als solches – ohne Hauptverhandlung – endgültig erledigt (LG Bad Kreuznach, RVGreport 2011, 226 = StRR 2011, 282 für die teilweise Nichteröffnung; AnwKomm-RVG/N. Schneider, VV 4141 Rn. 26). Etwas anderes gilt ggf., wenn das gegen **mehrere Beschuldigte** gerichtete Verfahren gegen einen oder mehrere Beschuldigte nicht nur vorläufig/endgültig eingestellt wird (AnwKomm-RVG/N. Schneider, VV 4141 Rn. 27 m.w.N.). Insoweit ist die Vorschrift „**personenbezogen**".

Beispiel:

Das Verfahren richtet sich gegen A und B. Beiden wird eine gemeinschaftlich begangene Körperverletzung vorgeworfen. B werden darüber hinaus noch zwei weitere Körperverletzungen vorgeworfen. Das Verfahren gegen die beiden Beschuldigten wird unter Mitwirkung ihrer Verteidiger außerhalb der Hauptverhandlung eingestellt, soweit ihnen die gemeinschaftlich begangene Körperverletzung zur Last gelegt

Gebühr bei Entbehrlichkeit der Hauptverhandlung Nr. 4141 VV

wird. Außerdem wird das Verfahren gegen B noch wegen einer der beiden anderen Körperverletzungen eingestellt.

Das Verfahren gegen A ist insgesamt eingestellt. Sein Verteidiger hat also die Gebühr nach Nr. 4141 Anm. 1 Ziff. 1 VV verdient.

Das Verfahren gegen B ist hingegen nur teilweise eingestellt. Sein Verteidiger hat die zusätzliche Gebühr nach Nr. 4141 Anm. 1 Ziff. 1 VV nicht verdient. Die Tätigkeiten im Hinblick auf die Einstellung werden aber über § 14 bei der Bemessung der konkreten sonstigen Verfahrensgebühr berücksichtigt.

c) Rücknahme der Anklage

Fraglich ist, ob die Anm. 1 Ziff. 1 zur Nr. 4141 VV auf die **Rücknahme** der **Anklage** oder die Rücknahme des Antrags auf Erlass eines Strafbefehls **analog** angewendet werden kann. Davon kann man **allgemein nicht** ausgehen. Denn nicht jede Rücknahme der Anklage beendet das Verfahren. Die Rücknahme kann auch andere Gründe haben. Deshalb ist in diesen Fällen immer zu prüfen, ob die Rücknahme der Anklage oder die Rücknahme des Antrags auf Erlass des Strafbefehls mit einer „nicht nur vorläufigen Einstellung des Verfahrens" i.S.d. Anm. 1 Ziff. 1 vergleichbar ist, die Staatsanwaltschaft das Verfahren also subjektiv endgültig beenden wollte. Ist diese Frage zu bejahen, kann Anm. 1 Ziff. 1 angewendet werden (OLG Köln, AGS 2010, 175 = JurBüro 2010, 362; zur BRAGO OLG Düsseldorf, AGS 1999, 120; LG Aachen, AGS 1999, 59; LG Düsseldorf, JurBüro 2007, 83 [inzidente für Rücknahme des Strafbefehlsantrags nach ausgesetzter Hauptverhandlung]; LG Osnabrück, AGS 1999, 136; AG Bad Urach, RVGreport 2007, 272 = JurBüro 2007, 361 [ebenfalls inzidenter]; s. auch AnwKomm-RVG/N. Schneider, VV 4141 Rn. 84 f.; zur Frage, welche Gebühren bei **Rücknahme** eines **Strafbefehls** und anschließendem Neuerlass entstehen s. Schneider, AGS 2006, 416 [auf jeden Fall eine zweite Verfahrensgebühr]; vgl. Teil A: Strafbefehlsverfahren, Abrechnung, Rn. 1265). 20

d) Mitwirkung des Verteidigers

Für die vom Verteidiger im Hinblick auf die Förderung des Verfahrens zu erbringende Mitwirkung gelten keine Besonderheiten. Es **reicht** also **jede Tätigkeit** des Verteidigers aus, die geeignet ist, das Verfahren im Hinblick auf eine Erledigung durch Einstellung zu fördern (vgl. u.a. BGH, AGS 2008, 491 = RVGreport 2008, 431 = JurBüro 2008, 639 = DAR 2009, 56 m. Anm. N. Schneider = StRR 2009, 77 m. zust. Anm. Burhoff; OLG Stuttgart, AGS 2010, 202 = RVGreport 2010, 263 = VRR 2010, 320 = StRR 2010, 440 und die weiteren Rspr.-Nachw. oben Rn. 6 ff.; OLG Düsseldorf, JurBüro 1999, 131 = Rpfleger 1999, 149; LG Köln, StV 2004, 34 = AGS 2003, 544; vgl. auch die Fallkonstellation bei LG Arnsberg, JurBüro 2007, 82). Ausreichend ist daher, dass der Verteidiger für seinen Mandanten eine (streitige) Einlassung abgegeben hat (LG Köln, StV 2004, 34; a.A. AG Halle, AGS 2007, 77, 85 m. abl. Anm. N. Schneider) oder er an einer Besprechung mit der Staatsanwaltschaft oder dem Gericht über den Fortgang des Verfahrens teilgenommen hat. Ausreichend ist es auch, wenn er auf Verfahrenshindernisse hingewiesen hat (LG Baden-Baden, AGS 2001, 38 = zfs 2001, 84 für Verjährung; a.A. AG Köln, AGS 2010, 75 = JurBüro 2010, 137). Die **bloße Einsicht** in die **Akten** reicht hingegen **nicht** (s. zu allem auch Rn. 7; AnwKomm-RVG/N. Schneider, VV 4141 Rn. 32; vgl. im Übrigen auch oben Rn. 7). 21

> **Hinweis:**
> Der Rat des Verteidigers zum „**gezielten Schweigen**" reicht als Mitwirkung aus (s.o. Rn. 7).

Nr. 4141 VV   *Gebühr bei Entbehrlichkeit der Hauptverhandlung*

e) Anwendung in den einzelnen Verfahrensstadien

22 Es gilt der **Grundsatz**, dass die Einstellung des Verfahrens in jedem Verfahrensstadium erfolgen kann. Abs. 1 Nr. 1 enthält **keine zeitliche Beschränkung** mit Ausnahme des Umstandes, dass durch die Einstellung eine Hauptverhandlung entbehrlich geworden sein muss. Die Einstellung kann also sowohl im vorbereitenden als auch noch im gerichtlichen Verfahren erfolgen. Unerheblich ist auch, ob die Staatsanwaltschaft oder das Gericht das Verfahren einstellt. Entscheidend ist, dass die Einstellung vor Beginn der Hauptverhandlung erfolgen muss (vgl. dazu und zur Frage, ob auch noch die nach einer ausgesetzten Hauptverhandlung erfolgende Einstellung zur Gebühr Nr. 4141 führt, nachstehend Ziff. 5 und 6). Im Einzelnen gilt Folgendes:

Sachverhalt	Gebühr Nr. 4141 Anm. 1 Ziff. 1 entstanden?
1. Die Staatsanwaltschaft stellt das Verfahren unter Mitwirkung des **Rechtsanwalts** im **vorbereitenden Verfahren** ein.	**Ja**, Gebühr entstanden.
2. Die Staatsanwaltschaft stellt das Verfahren unter Mitwirkung des **Rechtsanwalts** im **vorbereitenden Verfahren** wegen eines Vergehenstatbestandes ein und gibt die Sache an die Bußgeldbehörde ab.	**Ja**, Gebühr nach herrschender Meinung entstanden.

Hinweis:
Die Frage wird entgegen der fast einhelligen herrschenden Meinung in der Rechtsprechung (vgl. die Nachw. bei Rn. 15) vom **BGH anders** gesehen (vgl. AGS 2010, 1 m. abl. Anm. N. Schneider = RVGreport 2010, 70 m. abl. Anm. Burhoff = StRR 2010, 109 = JurBüro 2010, 132 m. abl. Anm. Kotz, JurBüro 2010, 228). Diese Auffassung ist unzutreffend (vgl. auch dazu Rn. 15).

3. Die Staatsanwaltschaft stellt das Verfahren unter Mitwirkung des Verteidigers ein und verweist den Anzeigeerstatter auf den **Privatklageweg**.	**Ja**, Gebühr entstanden. Das Verfahren ist aus Sicht der Staatsanwaltschaft nicht nur vorläufig eingestellt. Dass der Verletzte die Sache aufnehmen und Privatklage erheben kann, steht dem nicht entgegen. Der Fall ist vergleichbar dem der Einstellung nach § 170 Abs. 2 StPO (vgl. dazu Schneider, ZAP Fach 24, S. 1073; ders., AGS-Kompakt 2009, 28).

Gebühr bei Entbehrlichkeit der Hauptverhandlung   Nr. 4141 VV

4.	Anklage ist bereits erhoben. Nun wird die **Anklage zurückgenommen** und das Verfahren nach § 170 Abs. 2 StPO **eingestellt**.	**Ja**, Gebühr nach herrschender Meinung entstanden (OLG Köln, AGS 2010, 175 = JurBüro 2010, 362; zur BRAGO OLG Düsseldorf, Rpfleger 2003, 40; LG Köln, StV 2004, 34 = AGS 2003, 544 m.w.N.; für die Rücknahme der Strafbefehlsantrags LG Düsseldorf, JurBüro 2007, 83; s. auch Rn. 20).
5.	Der **Verteidiger** verteidigt den Mandanten erst, nachdem bereits eine Hauptverhandlung, die **ausgesetzt** werden musste, stattgefunden hat. Dem **Verteidiger** gelingt es, dass das Verfahren nun **noch** außerhalb der **Hauptverhandlung** eingestellt wird.	**Ja**, Gebühr entstanden. Dass bereits eine Hauptverhandlung stattgefunden hat, ist unerheblich. Anm. 1 Ziff. 1 stellt nicht auf einen ersten Hauptverhandlungstermin ab. Vielmehr entsteht die Gebühr auch, wenn nach Aussetzung eines früheren Hauptverhandlungstermins ein neu angesetzter Termin entbehrlich wird (OLG Bamberg, StV 2007, 481 = AGS 2007, 138 = RVGreport 2007, 150 = RVGprofessionell 2007, 66 für Nr. 4141 Anm. 1 Ziff. 3 VV; OLG Hamm, AGS 2008, 228 m. Anm. N. Schneider; LG Düsseldorf, AGS 2007, 36 = JurBüro 2007, 83; LG Oldenburg, 21.07.2008 – 5 Qs 268/08; LG Saarbrücken, NStZ-RR 2001, 191 = StV 2001, 638; AG Dessau, AGS 2006, 240; AG Köln, AGS 2007, 621 = NZV 2007, 637; AG Tiergarten, AGS 2007, 140 m. Anm. N. Schneider = VRR 2007, 130; zfs 2010, 288; AG Bad Urach, JurBüro 2007, 361 = RVGreport 2007, 272, für Rücknahme des Strafbefehlsantrags nach ausgesetzter Hauptverhandlung; AG Wittlich, AGS 2006, 500 = JurBüro 2006, 590; AnwKomm-RVG/N. Schneider, VV 4141 Rn. 44; Hartung/Römermann/Hartung, Nr. 4141 VV Rn. 14; Gerold/Schmidt/Burhoff, VV 4141 Rn. 20; MAH-Herrmann/Hellwig, § 23 Rn. 125; offen gelassen von KG, 24.10.2006 – 4 Ws 131/06, www.burhoff.de). Honoriert wird in diesem Fall, dass dieser neue Termin nicht vorbereitet und/oder nicht durchgeführt wird (s. auch Volpert, BRAGOprofessionell 2003, 177).

Nr. 4141 VV *Gebühr bei Entbehrlichkeit der Hauptverhandlung*

6. Der **Verteidiger** verteidigt den Mandanten von Anfang an. Es findet eine Hauptverhandlung statt, die **ausgesetzt** werden muss. **Dem Verteidiger** gelingt es, dass das Verfahren nun noch außerhalb der **Hauptverhandlung** eingestellt wird.	**Ja**, Gebühr entstanden. Dass bereits eine Hauptverhandlung stattgefunden hat, ist unerheblich (vgl. lfd. Nr. 5 und die dort zitierte Rspr. und LG Bonn, NStZ-RR 2002, 30; LG Frankfurt an der Oder, AGS 2003, 26 = AnwBl. 2002, 662; LG Saarbrücken, NStZ-RR 2001, 191 = StV 2001, 638; LG Verden, StraFo 2004, 110 = AGS 2004, 196 = JurBüro 2005, 259; AnwKomm-RVG/N. Schneider, VV 4141 Rn. 44 ff.; Gerold/Schmidt/Burhoff, VV 4141 Rn. 20; Burhoff, JurBüro 2011, 287; **a.A.** LG Detmold, AGS 2009, 588 m. abl. Anm. Henke = NStZ-RR 2010, 64 = RVGreport 2010, 107 m. abl. Anm. Burhoff = VRR 2010, 119; AG Hannover, 22.11.2007 – 425 C 141444/07; für Nr. 5151 VV AG München, JurBüro 2011, 26 m. zust. Anm. Mack und abl. Anm. Burhoff, JurBüro 2011, 287; AGS 2010, 599 m. abl. Anm. N. Schneider = VRR 2011, 80 m. abl. Anm. Burhoff = RVGprofessionell 2011, 109; zur BRAGO AG Köln, AGS 2000, 151).

Hinweis:
Dass bereits eine Hauptverhandlung stattgefunden hat, steht dem Anfall der Gebühr Nr. 4141 Anm. 1 Ziff. 1 VV nicht entgegen. Es ist **nicht** auf einen „ersten" **Hauptverhandlungstermin** und darauf abzustellen, dass eine Hauptverhandlung „überhaupt" entbehrlich wird, sondern darauf, dass durch die Einstellung Vorbereitungszeit und Arbeitsaufwand bei der Justiz vermeiden wird (s. auch Enders, JurBüro 2006, 449). Deshalb kann auch die Vermeidung eines zweiten oder dritten HV-Termins zur Gebühr Nr. 4141 VV führen sein (vgl. die bei lfd. Nr. 5 ff. zitierte Rspr.; zur Rücknahme der Berufung nach einem bereits durchgeführten Berufungshauptverhandlungstermin s. u. Rn. 39). Denn auch insoweit gilt das für den grds. Anfall der Gebühr geltende „Entlastungsmoment" aufseiten der Justiz (vgl. dazu oben Rn. 3). Für diese Auslegung sprich im Übrigen auch, dass der Rechtsanwalt für jeden Hauptverhandlungstermin eine eigenständige Gebühr verdient.

Beispiel:
Gegen den Angeklagten wird Anklage erhoben. In der Hauptverhandlung ergibt sich aufgrund der Einlassung des Angeklagten die Notwendigkeit weitere Zeugen zu hören und ein Sachverständigengutachten einzuholen. Die Hauptverhandlung wird ausgesetzt. Dem Verteidiger gelingt es dann noch in Gesprächen mit dem zuständigen Staatsanwalt eine Einstellung des Verfahrens nach § 153a StPO zu erreichen.

Es ist kein Grund ersichtlich, warum der Verteidiger nicht auch in dem Fall die Nr. 4141 VV verdient haben soll. Das vom Gesetzgeber schon für die Einführung der Vorgängervorschrift § 84 Abs. 2 BRAGO

Gebühr bei Entbehrlichkeit der Hauptverhandlung Nr. 4141 VV

angeführte „Entlastungsmoment" (vgl. oben Rn. 1 ff.) gilt auch in diesem Fall (Burhoff, JurBüro 2011, 287; a.A. Mack in der Anm. zu AG München. JurBüro 2011, 26).

7.	Der **Verteidiger** verteidigt den Mandanten von Anfang an. Es wird ein Hauptverhandlungstermin anberaumt. Der Termin wird jedoch aufgehoben und verlegt. **Dem Verteidiger** gelingt es nun noch, dass das Verfahren außerhalb der **Hauptverhandlung** eingestellt wird.	**Ja**, Gebühr entstanden. Dass bereits ein Hauptverhandlungstermin terminiert war, ist unerheblich (AG Wiesbaden, AGS 2005, 554 für die Rücknahme des Einspruchs im OWi-Verfahren nach Verlegung des Hauptverhandlungstermins; vgl. auch die Rspr.-Nachw. vorstehend bei Nr. 5 und 6).
8.	Die **Hauptverhandlung** findet statt und in der Hauptverhandlung wird das Verfahren eingestellt. Die Einstellung geht auf Mitwirkung des **Verteidigers** in einer Schutzschrift zurück.	**Nein**, Gebühr nicht entstanden. Die Hauptverhandlung hat stattgefunden, ist also gerade nicht „entbehrlich" geworden. Die Gebühr entsteht für den Rechtsanwalt selbst dann nicht, wenn er nicht an dem Hauptverhandlungstermin teilgenommen hat.
9.	Der **Hauptverhandlungstermin** wird unterbrochen **und ein Fortsetzungstermin** bestimmt. Es gelingt dem **Verteidiger** nun noch, eine Einstellung des Verfahrens zu erreichen.	Nach herrschender Meinung (OLG Köln, RVGreport 2006, 152 = AGS 2006, 339 m. zust. Anm. Madert; AnwKomm-RVG/ N. Schneider, VV 4141 Rn. 45; Gerold/ Schmidt/Burhoff, VV 4100 Rn. 21; Jungbauer, DAR 2008, 738) **nein;** Anm. 1 Ziff. 1 stelle – so die herrschende Meinung – darauf ab, dass „die Hauptverhandlung" entbehrlich geworden sei. Das sei aber bei Unterbrechung und Fortsetzung nicht der Fall. Die Frage der Vermeidung der Hauptverhandlung könne nur einheitlich gesehen werden (OLG Köln, a.a.O.). Diese Auffassung ist, wenn man vom Sinn und Zweck der Nr. 4141 VV ausgeht, nämlich die Mitwirkung des Rechtsanwalts an der Entlastung der Justiz zu honorieren bzw. einen Ausgleich dafür zu schaffen, dass ihm aufgrund seiner Mitwirkung eine Hauptverhandlungsgebühr entgeht, **nicht folgerichtig/konsequent**. Denn auch in diesen Fällen verliert der Rechtsanwalt/Verteidiger die Terminsgebühr(en) für die weiteren Hauptverhandlungstermine; zudem tritt auch eine Entlastung der Justiz ein (wohl a.A. als die h.M. daher Reisert, § 2 Rn. 206 ff.).

Nr. 4141 VV *Gebühr bei Entbehrlichkeit der Hauptverhandlung*

10. Der **Verteidiger** gibt im **vorbereitenden Verfahren** eine Stellungnahme ab, trotzdem klagt die **Staatsanwaltschaft** an. Das Gericht stellt das Verfahren außerhalb der **Hauptverhandlung** im Hinblick auf die Stellungnahme des **Verteidigers** ein.	**Ja.** Die Mitwirkung muss nicht in dem jeweiligen Verfahrensabschnitt entfaltet werden (vgl. die Rspr. oben bei Rn. 9, insbesondere BGH, AGS 2008, 491 = RVGreport 2008, 431 = JurBüro 08, 639 = DAR 2009, 56 m. Anm. N. Schneider = StRR 2009, 77 m. zust. Anm. Burhoff;).
11. Der **Angeklagte** wird verurteilt. Er legt gegen das Urteil **Berufung** ein. Das Urteil wird aufgehoben und die Sache **zurückverwiesen**. Dem Verteidiger gelingt es, nun noch eine Einstellung nach § 153 StPO zu erreichen.	**Ja**, Gebühr entstanden (wie Nr. 5 ff.)
12. Der **Angeklagte** wird verurteilt. Er legt gegen das Urteil **Revision** ein. Das Urteil wird aufgehoben und die Sache **zurückverwiesen**. Dem Verteidiger gelingt es wegen der langen Verfahrensdauer, nun noch eine Einstellung nach § 153 StPO zu erreichen.	**Ja**, Gebühr entstanden. Das Verfahren nach Zurückweisung ist nach § 21 Abs. 1 eine neue gebührenrechtliche Angelegenheit, in der der Rechtsanwalt also neben der jeweiligen „normalen" Verfahrensgebühr die zusätzliche Verfahrensgebühr aus Anm. 1 Ziff. 1 enthält (AnwKomm-RVG/N. Schneider, VV 4141 Rn. 47).
13. Das Verfahren gegen den Mandanten wird nach § 170 Abs. 2 StPO eingestellt. Es wird nach Ablauf von **zwei Kalenderjahren wieder aufgenommen** und dann nach § 153a StPO eingestellt.	**Ja**, die Gebühr Nr. 4141 VV ist zweimal entstanden (s. § 15 Abs. 5 Satz 2; wegen der Einzelh. s.o. Rn. 14).

2. Nichteröffnung des Verfahrens (Anm. 1 Ziff. 2)

a) Allgemeines

23 Nach der Anm. 1 Ziff. 2 der Nr. 4141 VV entsteht eine zusätzliche Verfahrensgebühr auch dann, wenn das Gericht gem. § 204 Abs. 1 StPO die **Eröffnung** des Hauptverfahrens **ablehnt**.

b) Mitwirkung des Verteidigers

24 Der Verteidiger muss an der **Nichteröffnung mitgewirkt** haben. Es gelten für die Mitwirkung die allgemeinen Grundsätze (vgl. Rn. 6 ff.). Es muss also keine besonders intensive Mitwirkung des Verteidigers festzustellen sein. Es reicht aus, wenn er für seinen Mandanten eine Einlassung abgegeben hat. Auch hier genügt die Fortwirkung einer im vorbereitenden Verfahren abgegebenen Einlassung (s.o. Rn. 9). Der Verteidiger muss diese nicht im gerichtlichen Verfahren noch einmal wiederholen (zutreffend BGH, AGS 2008, 491 = RVGreport 2008, 431 = JurBüro 2008, 639 = DAR 2009, 56 m. Anm. N. Schneider = StRR 2009, 77 m. zust. Anm. Burhoff; OLG Stuttgart, AGS 2010, 202 = RVGreport 2010, 263 = VRR 2010, 320 = StRR 2010, 440; AnwKomm-RVG/N. Schneider, VV 4141 Rn. 46, 55; wegen weiterer Nachw. oben Rn. 9). Die Gründe, die

Gebühr bei Entbehrlichkeit der Hauptverhandlung Nr. 4141 VV

das Gericht zur Begründung seiner Nichteröffnungsentscheidung heranzieht, müssen nicht identisch mit denen sein, die der Verteidiger vorgetragen hat (ähnlich LG Arnsberg, JurBüro 2007, 82; vgl. Beispiel 1). Auch hier ist erforderlich, dass das Verfahren **insgesamt nicht eröffnet** wird (vgl. Beispiel 2).

Beispiel 1:

Dem Beschuldigten wird Steuerhinterziehung zur Last gelegt. Der Verteidiger gibt eine umfangreiche Stellungnahme ab, in der er ausführt, dass aus tatsächlichen Gründen eine Anklageerhebung nicht in Betracht kommt. Die Staatsanwaltschaft erhebt dennoch Anklage. Das Gericht stellt das Verfahren wegen Verfolgungsverjährung ein.

Der Verteidiger hat die Gebühr der Nr. 4141 Anm. 1 Ziff. 2 VV verdient. Es ist nicht erforderlich, dass er auf alle Umstände eingeht. Es erhält also auch der „schlechte" Verteidiger die Gebühr.

Beispiel 2:

Die Staatsanwaltschaft erhebt vor dem LG Anklage gegen A wegen sexuellen Missbrauchs eines Kindes in Tatmehrheit mit sexuellem Missbrauch einer Jugendlichen, mit Sich-Verschaffen kinderpornographischer Schriften, mit Besitz kinderpornographischer Schriften und mit sexuellem Missbrauch einer widerstandsunfähigen Person. Nachdem im Zwischenverfahren aussagepsychologische Gutachten zur Frage der Glaubhaftigkeit der Aussagen von Zeuginnen eingeholt worden sind, lässt die Strafkammer die Anklage der Staatsanwaltschaft zur Hauptverhandlung nur zu, soweit dem Angeklagten ein Fall des Sich-Verschaffens kinderpornographischer Schriften zur Last gelegt worden ist und eröffnet insoweit das Hauptverfahren vor dem AG. Im Übrigen, wird die Eröffnung des Hauptverfahrens abgelehnt. Gegen A findet dann beim AG eine Hauptverhandlung statt (Fallgestaltung nach LG Bad Kreuznach, RVGreport 2011, 226):

Das Verfahren gegen A ist das Verfahren nicht insgesamt – ohne Hauptverhandlung – erledigt. Sein Verteidiger hat also die Gebühr nach Nr. 4141 Anm. 1 Ziff. 1 VV nicht verdient. Wird das „restliche Verfahren" allerdings ggf. noch vom AG eingestellt, würde insoweit dann die Nr. 4141 VV entstehen.

3. Rücknahme des Einspruchs gegen den Strafbefehl (Anm. 1 Ziff. 3)

a) Allgemeines

Nach der Anm. 1 Ziff. 3 der Nr. 4141 VV verdient der Verteidiger die Gebühr, wenn er den Einspruch gegen den Strafbefehl zurücknimmt (zur entsprechenden Anwendung der Vorschrift im Strafbefehlsverfahren, insbesondere im Hinblick auf § 411 Abs. 1 Satz 3 StPO, vgl. unten Rn. 32 und Schneider, AnwBl. 2006, 274 sowie Teil A: Strafbefehlsverfahren, Abrechnung, Rn. 1265).   25

b) Begriff der Rücknahme

Es gelten die Ausführungen zur (Teil-)**Einstellung** (s. Rn. 19) **entsprechend**. Voraussetzung für das Entstehen der Gebühr ist also grds., dass der Rechtsanwalt den Einspruch gegen den Strafbefehl **insgesamt zurücknimmt** und damit das Verfahren **insgesamt erledigt** ist (s. aber zu einer Ausnahme unten Rn. 32). Dies erfordern Sinn und Zweck der Vorschrift, die die vollständige Verfahrenserledigung honorieren will. Für das Entstehen reichen also weder eine Teilrücknahme noch die Beschränkung des Einspruchs auf einzelne Taten oder den Rechtsfolgenausspruch. Ausreichend ist es aber, wenn von mehreren Beschuldigten einer den Einspruch gegen (s)einen Strafbefehl zurücknimmt und damit das Verfahren gegen ihn endgültig erledigt ist. Dass das Verfahren gegen Mitbeschuldigte noch fortgesetzt werden muss, ist unerheblich.   26

c) Mitwirkung des Verteidigers

27 Für die Mitwirkung des Verteidigers gelten die allgemeinen Grundsätze (vgl. Rn. 6 ff.). Es sind also auch hier **keine besonders hohen Anforderungen** an seine Mitwirkung zu stellen. Die Rücknahme des Einspruchs nach Rücksprache mit dem Angeklagten reicht aus (LG Duisburg, RVGreport 2006, 230 = AGS 2006, 234 für Berufung; AG Wiesbaden, AGS 2003, 545 für den Einspruch gegen den Bußgeldbescheid im OWi-Verfahren).

28 Der Verteidiger muss die Rücknahme auch **nicht selbst erklären**. Es reicht aus, wenn der Mandant selbst den Einspruch aufgrund der Beratung des Verteidigers zurücknimmt (AnwKomm-RVG/N. Schneider, VV 4141 Rn. 63). Die Beratung des Verteidigers muss nicht aktenkundig sein, was in der Praxis auch kaum durchführbar sein dürfte. Die entsprechenden Tätigkeiten sind i.d.R. auf das Büro des Verteidigers beschränkt (vgl. LG Duisburg, RVGreport 2006, 230 = AGS 2006, 234; AG Braunschweig, AGS 2000, 54).

> **Hinweis:**
> Nimmt der **Verteidiger** den Einspruch **selbst zurück**, reicht das grds. aus, um seine Mitwirkung zu beweisen (AnwKomm-RVG/N. Schneider, VV 4141 Rn. 63).

d) Rücknahmezeitpunkt

29 Im Gegensatz zu Nr. 4141 Anm. 1 Ziff. 1 VV ist die Rücknahme des Einspruchs gegen den Strafbefehl **fristgebunden**, wenn bereits ein Termin zur Hauptverhandlung anberaumt worden ist. Der Einspruch muss dann **zwei Wochen vor** Beginn des Tages, der für die **Hauptverhandlung** vorgesehen war, zurückgenommen werden (zur Fristberechnung eingehend AnwKomm-RVG/N. Schneider, VV 4141 Rn. 64 ff.; N. Schneider, DAR 2007, 671). Entscheidend für die Fristwahrung ist der Eingang der Rücknahmeerklärung bei Gericht, nicht deren Abgabe.

Beispiel:

Die Hauptverhandlung ist für Mittwoch, den 17.08.2011 terminiert. Dann muss die Rücknahme bis Dienstag, den 02.08.2011, 24.00 Uhr beim AG eingegangen sein.

30 Bei der Frist handelt es sich nicht um eine Notfrist. Wenn der Rechtsanwalt also die Frist zur Rücknahme **versäumt** hat, kommt eine **Wiedereinsetzung** in den vorigen Stand **nicht** in Betracht. Unerheblich für die Wahrung der Frist ist auch, wann der Verteidiger von dem Hauptverhandlungstermin Kenntnis erlangt hat.

> **Hinweis:**
> Ist die Frist versäumt oder hat der Verteidiger erst nach Ablauf der Frist von dem Hauptverhandlungstermin Kenntnis erlangt, kann er die Gebühr nach Nr. 4141 Anm. 1 Ziff. 3 VV nur noch erhalten, wenn der Hauptverhandlungstermin jetzt noch **nachträglich verlegt** wird (vgl. Tabelle bei Rn. 31 unter Nr. 4 und 5). Ggf. wird der Verteidiger das beantragen (müssen).

Gebühr bei Entbehrlichkeit der Hauptverhandlung Nr. 4141 VV

e) Anwendung in den einzelnen Verfahrensstadien

Für die **Anwendung** der Nr. 4141 Anm. 1 Ziff. 3 VV gilt im Einzelnen Folgendes: **31**

Sachverhalt	Gebühr Nr. 4141 Anm. 1 Ziff. 3 entstanden?
1. **Hauptverhandlungstermin** war **noch nicht anberaumt**. Einspruch wird unter Mitwirkung des Verteidiger zurückgenommen.	**Ja**, Gebühr entstanden.
2. **Hauptverhandlungstermin** war bereits **anberaumt**. Einspruch wird unter Mitwirkung des Verteidigers innerhalb der Frist zurückgenommen.	**Ja**, Gebühr entstanden.
3. **Hauptverhandlungstermin** war bereits **anberaumt**. Einspruch wird unter Mitwirkung des Verteidigers später als zwei Wochen vor Beginn des Tages, an dem der Termin stattfinden soll, zurückgenommen.	**Nein**, Gebühr nicht entstanden.
4. **Hauptverhandlungstermin** war bereits **anberaumt** und wird **nachträglich verlegt**. Der Einspruch wird nun noch unter Mitwirkung des Verteidigers innerhalb der Frist zurückgenommen.	**Ja**, Gebühr entstanden. Entscheidend ist der jeweilige Termin (LG Köln, AGS 1997, 138 = StV 1997, 425; AG Wiesbaden, AGS 2005, 553 für die Rücknahme des Einspruchs nach Verlegung des Hauptverhandlungstermins im OWi-Verfahren; AnwKomm-RVG/N. Schneider, VV 4141 Rn. 80; vgl. auch die Rspr. bei Rn. 22 Nr. 5 und 6).
5. **Hauptverhandlungstermin** war **anberaumt**, findet statt und wird **ausgesetzt**. Das Gericht bestimmt neuen Hauptverhandlungstermin. Der Einspruch wird nun noch unter Mitwirkung des Verteidigers innerhalb der 2-Wochen-Frist vor dem neuen Hauptverhandlungstermin zurückgenommen.	**Ja**, Gebühr entstanden. Entscheidend ist der jeweilige Termin (vgl. die Rspr.-Nachweise bei Rn. 22 Nr. 5 und 6; AG Bad Urach, JurBüro 2007, 361 = RVGreport 2007, 272 für Rücknahme des Strafbefehlsantrags nach ausgesetzter Hauptverhandlung).
6. Hauptverhandlungstermin war bereits anberaumt. Die **Hauptverhandlung** wird **unterbrochen** und unter Ausnutzung des § 229 Abs. 2 StPO erst nach mehr als zwei Wochen fortgesetzt. Der Einspruch wird nun noch unter Mitwirkung des Verteidigers innerhalb der Frist zurückgenommen.	**Nein**, Gebühr nicht entstanden. Es ist nicht „eine Hauptverhandlung" entbehrlich geworden. Die Fortsetzungstermin bilden eine Einheit (OLG Köln, RVGreport 2006, 152 = AGS 2006, 339 m. zust. Anm. Madert; AnwKomm-RVG/N. Schneider, VV 4141 Rn. 81).

Nr. 4141 VV   *Gebühr bei Entbehrlichkeit der Hauptverhandlung*

Sachverhalt	Gebühr Nr. 4141 Anm. 1 Ziff. 3 entstanden?
7. Es findet nach Einspruch gegen den Strafbefehl die Hauptverhandlung statt. Der Angeklagte wird verurteilt. Er legt gegen das Urteil **Revision** ein. Das Urteil wird aufgehoben und die Sache **zurückverwiesen**. Es wird ein neuer Hauptverhandlungstermin bestimmt. Der Verteidiger des Angeklagten nimmt rechtzeitig vor dem Termin den Einspruch zurück.	**Ja**, Gebühr entstanden. Das Verfahren nach Zurückverweisung ist nach § 21 Abs. 1 eine neue Angelegenheit, in der die Gebühr nach Anm. 1 Ziff. 3 neu entstehen kann (AnwKomm-RVG/N. Schneider, VV 4141 Rn. 83).
8. Nach Einspruch wird vom AG am 14.04.2011 die Hauptverhandlung auf den 25.04.2011 terminiert. Der Verteidiger kündigt die Rücknahme des Einspruchs an. Der Hauptverhandlungstermin wird aufgehoben und dann der Einspruch vom Verteidiger zurückgenommen.	**Ja**, Gebühr entstanden (AG Saarbrücken, AGS 2009, 324 für das Berufungsverfahren unter Hinweis darauf, dass dem Verteidiger Rechtsmissbrauchs in Form der Umgehung der zweiwöchigen Ausschlussfrist nicht vorgehalten werden kann, weil die formellen Voraussetzungen des Gebührentatbestandes nicht durch ein einseitiges Verhalten des Verteidigers geschaffen worden sind, sondern das Gericht hierbei durch Aufhebung des Hauptverhandlungstermins mitgewirkt hat.).

f) Entsprechende Anwendung der Nr. 4141 Anm. 1 Ziff. 3 VV

32 Durch das 1. JuMoG ist in § 411 Abs. 1 Satz 3 StPO die Möglichkeit eingeführt worden, auch im Strafverfahren nicht in einer Hauptverhandlung, sondern in einem **schriftlichen Verfahren** zu entscheiden. Das ist zulässig, wenn der Angeklagte seinen Einspruch gegen einen Strafbefehl auf die Höhe der Tagessätze einer Geldstrafe beschränkt hat. Erforderlich ist allerdings die Zustimmung des Angeklagten zu dieser Verfahrensweise (vgl. dazu Burhoff, EV, Rn. 1549). Hat der Verteidiger an der Zustimmungserklärung des Angeklagten mitgewirkt und wird dadurch eine Hauptverhandlung – trotz Einspruchs – entbehrlich, sind die gebührenrechtlichen Konsequenzen (bislang) vom RVG nicht erfasst. Es besteht somit eine Regelungslücke, die eine **analoge Anwendung** der Nr. 4141 VV zulässt. Das gebietet auch die Interessenlage, da anderenfalls der Verteidiger kaum ein (gebührenrechtliches) Interesse an der Erklärung der Zustimmung haben wird und eher in die Hauptverhandlung gehen wollen wird. Zudem ist ein Grund für die unterschiedliche Behandlung des Verteidigers im schriftlichen Verfahren nach der StPO gegenüber dem im Bußgeldverfahren (s. Nr. 5115 Anm. 1 Nr. 5 VV) und des Vertreters im Disziplinarverfahren und berufsgerichtlichen Verfahren (vgl. Nr. 6216 Anm. 1 VV) nicht ersichtlich (AG Darmstadt, AGS 2008, 344 = VRR 2008, 243 [LS] = StRR 2008, 243 [LS]; AG Köln, AGS 2008, 284 = RVGreport 2008, 226 = StRR 2008, 240 = VRR 2008, 239; s. auch N. Schneider, AnwBl. 2006, 274; AnwKomm-RVG/N. Schneider, VV 4141 Rn. 107 ff.; Gerold/Schmidt/Burhoff, VV 4141 Rn. 30; Soujon, zfs 2007, 661 und schließlich auch die Vorschläge zur strukturellen Än-

Gebühr bei Entbehrlichkeit der Hauptverhandlung   *Nr. 4141 VV*

derung bzw. Ergänzung des RVG in Nr. 11d, s. AnwBl. 2011, 120, 122; **a.A.** OLG Frankfurt am Main, AGS 2008, 487 = RVGreport 2008, 428 = VRR 2009, 80 = StRR 2009, 159; OLG Hamm NStZ-RR 2008, 360 [LS]; LG Darmstadt, 25.06.2008 – 3 Qs 279/08; s. auch Teil A: Strafbefehlsverfahren, Abrechnung, Rn. 1265). Ebenfalls **entsprechend** ist die Nr. 4141 Anm. 1 Ziff. 3 VV anzuwenden, wenn der Rechtsanwalt nach Eröffnung des Hauptverfahrens noch daran mitwirkt, dass in das Strafbefehlsverfahren nach **§ 408a StPO übergegangen** und somit eine Hauptverhandlung entbehrlich wird (AG Bautzen, AGS 2007, 307 m. Anm. Holzauer, AnwKomm-RVG/ N. Schneider, VV 4141 Rn. 110).

Beispiel: 33

Gegen den Beschuldigten B, der bereits im vorbereitenden Verfahren von Rechtsanwalt R verteidigt wird, wird wegen des Verdachts einer Trunkenheitsfahrt ermittelt. Das AG erlässt gegen ihn einen Strafbefehl. Festgesetzt wird eine Geldstrafe von 30 Tagessätzen zu je 60,00 €. R legt Einspruch ein und beschränkt diesen auf die Höhe des Tagessatzes, da der Beschuldigte arbeitslos ist und monatlich lediglich 450,00 € netto zur Verfügung hat. Das AG ist bereit, die Höhe des Tagessatzes auf 10,00 € zu beschränken und schlägt vor, darüber im schriftlichen Verfahren nach § 411 Abs. 1 Satz 3 StPO zu entscheiden. Der R stimmt nach Beratung des Beschuldigten B zu (nach Schneider, AnwBl. 2004, 274, 275; ähnlich die Fallkonstellationen bei AG Darmstadt und AG Köln, jew., a.a.O.).

Berechnung	*Wahlanwalt*
Vorbereitendes Verfahren	
Grundgebühr Nr. 4100 VV	165,00 €
Verfahrensgebühr Nr. 4104 VV	140,00 €
Postentgeltpauschale Nr. 7002 VV	20,00 €
Gerichtliches Verfahren vor dem AG	
Verfahrensgebühr Nr. 4106 VV	140,00 €
Verfahrensgebühr analog Nr. 4141 Anm. 1 Ziff. 3, 4106 VV	140,00 €
Postentgeltpauschale Nr. 7002 VV	<u>20,00 €</u>
Anwaltsvergütung netto	**<u>625,00 €</u>**

Hinweis: 34

Ebenfalls nicht geregelt ist die Frage, ob die Verfahrensgebühr Nr. 4141 VV entsteht, wenn der Verteidiger sich mit der Staatsanwaltschaft und dem Gericht im Rahmen eines „**Deals**" darüber einigt, dass ein **Strafbefehl** ergehen soll, der vom Mandanten anerkannt wird, sodass kein Einspruch eingelegt wird. Auch in diesen Fällen wird eine Hauptverhandlung vermieden, sodass vom Sinn und Zweck der Nr. 4141 VV ebenfalls eine **entsprechende Anwendung** der Vorschrift zu bejahen ist (Gerold/Schmidt/Burhoff, VV 4141 Rn. 30; vgl. auch die Vorschläge zur strukturellen Änderung bzw. Ergänzung des RVG in Nr. 11a, s. AnwBl. 2011, 120, 121). Der Fall ist von der Interessenlage zudem vergleichbar mit der Nr. 5115 Anm. 1 Ziff. 3 VV im Bußgeldverfahren. Ein Grund für eine unterschiedliche Behandlung dieser beiden vergleichbaren Fälle ist nicht ersichtlich (zu Nr. 5115 Anm. 1 Ziff. 3 VV s. dort die Komm. bei Rn. 22 ff.).

Nr. 4141 VV *Gebühr bei Entbehrlichkeit der Hauptverhandlung*

> Der gemeinsame **Vorschlag** der BRAK und des DAV zur Änderung des RVG (u.a. RVGreport 2011, 81) sieht Ergänzungen der Nr. 4141 VV um eine Ziff. 5 vor, in der die o.a. Streitfälle dahin geregelt werden sollen, dass die Nr. 4141 VV entsteht (vgl. AnwBl. 2011, 120, 121).

4. Rücknahme der Berufung (Anm. 1 Ziff. 3)

a) Allgemeines

35 Nach der Anm. 1 Ziff. 3 der Nr. 4141 VV verdient der Verteidiger im Berufungsverfahren die zusätzliche Gebühr, wenn er die **Berufung zurücknimmt** und es daher nicht (mehr) zu einer Hauptverhandlung im Berufungsverfahren kommt.

> **Hinweis:**
>
> Auch im Berufungsverfahren kann die Gebühr nach **Nr. 4141 Anm. 1 Ziff. 1 VV** (vgl. oben Rn. 12 ff.) entstehen, wenn das Gericht – ohne dass die Berufung zurückgenommen worden ist – das Verfahren nicht nur **vorläufig einstellt**.

b) Begriff der Rücknahme

36 Es gelten die Ausführungen zur (Teil-)**Einstellung** (s. Rn. 17 f.) und zur Rücknahme des Einspruchs gegen den Strafbefehl (Rn. 25) entsprechend. Voraussetzung für das Entstehen der Gebühr ist also, dass der Rechtsanwalt die Berufung insgesamt zurücknimmt und damit das **Verfahren insgesamt erledigt** ist. Das erfordern auch hier Sinn und Zweck der Vorschrift. Für das Entstehen reichen also weder eine Teilrücknahme noch die Beschränkung der Berufung auf einzelne Beschwerdepunkte oder den Rechtsfolgenausspruch. Ausreichend ist es aber für das Entstehen der Gebühr im Berufungsverfahren, wenn von mehreren Angeklagten einer seine Berufung zurücknimmt und damit das Verfahren gegen ihn endgültig erledigt ist. Dass das Verfahren gegen Mitbeschuldigte noch fortgesetzt werden muss, ist unerheblich.

c) Mitwirkung des Verteidigers

37 Für die Mitwirkung des Verteidigers gelten die **allgemeinen Grundsätze** (vgl. Rn. 6 ff.); die Gebühr entsteht im Übrigen auch dann, wenn das Berufungsverfahren noch nicht beim Rechtsmittelgericht anhängig ist (zum Beginn des Berufungsverfahrens s. Nr. 4124 VV Rn. 3 ff.). Es sind auch bei der Ziff. 3 **keine besonders hohen Anforderungen** an die Mitwirkung des Verteidigers zu stellen (BGH, AGS 2008, 491 = RVGreport 2008, 431 = JurBüro 2008, 639 = DAR 2009, 56 m. Anm. N. Schneider = StRR 2009, 77 m. zust. Anm. Burhoff; OLG Stuttgart, AGS 2010, 202 = RVGreport 2010, 263 = VRR 2010, 320 = StRR 2010, 440 und oben Rn. 6). Ausreichend ist die Rücknahme als Ergebnis eines „Mandantengesprächs" (LG Duisburg, RVGreport 2006, 230 = AGS 2006, 234). Allerdings reicht es nicht aus, wenn der Verteidiger nur die Berufung zurückgenommen hat, ohne dass erkennbar ist, dass er auf die Willensentschließung des Mandanten Einfluss genommen hat (LG Mönchengladbach, StV 2004, 37). Geht es um die Rücknahme der Berufung eines **anderen Verfahrensbeteiligten**, muss der Verteidiger an dessen Rücknahme mitgewirkt haben (OLG Köln, StraFo 2009, 175 = AGS 2009, 271 = RVGreport 2009, 348 = StRR 2010, 40; zur Geltung der Vorschrift für den Verteidiger auch in diesen Fällen LG Freiburg, AGS 1997, 55 = StV 1997, 617; AnwKomm-RVG/N. Schneider, VV 4141 Rn. 90; Ge-

Gebühr bei Entbehrlichkeit der Hauptverhandlung Nr. 4141 VV

rold/Schmidt/Burhoff, VV 4141 Rn. 32). Das ist z.B. der Fall, wenn er durch zivilrechtliche Zahlungsversprechen den Nebenkläger/Geschädigten zur Rücknahme seiner Berufung bewegt oder er Ausführungen macht, die zur Förderung einer Verfahrenseinstellung geeignet erscheinen, worauf z.B. die Staatsanwaltschaft ihr Rechtsmittel zurücknimmt (LG Köln, AGS 2007, 351 = StraFo 2007, 305; LG Stralsund, RVGreport 2005, 272 = AGS 2005, 442 [für OWi-Verfahren]). Nach Auffassung des LG Dresden (AGS 2010, 131 = RVGreport 2010, 69 = StRR 2010, 239) liegt anwaltliche Mitwirkung bei Rücknahme des Rechtsmittels durch die Staatsanwaltschaft auch dann vor, wenn der Rechtsanwalt durch seine erfolgreiche Revisionseinlegung darauf hingewirkt hat, dass die Berufungsentscheidung aufgehoben und zur erneuten Verhandlung an das LG zurückverwiesen wurde, wo dann die Staatsanwaltschaft ihre Berufung zurücknimmt (a.A. OLG Dresden, AGS 2011, 66 = RVGreport 2011, 23 = RVGprofessionell 2010, 187 = VRR 2011, 38). Im Übrigen gelten die Ausführungen zu Rn. 27 f. entsprechend.

d) Rücknahmezeitpunkt

Auch die Rücknahme der Berufung ist, wenn bereits ein **Termin** zur **Hauptverhandlung anberaumt** worden ist, **fristgebunden**. Der Einspruch muss dann zwei Wochen vor Beginn des Tages, der für die Hauptverhandlung vorgesehen war, zurückgenommen werden. Es gelten insoweit die Ausführungen zu Rn. 29 f. entsprechend. Fraglich ist, ob die Frist in Nr. 4141 Anm. 1 Ziff. 3 Halbs. 2 VV nur für die Rücknahme der Berufung des Angeklagten gilt, oder auch für die Berufungsrücknahme durch die Staatsanwaltschaft. Das LG Dresden (AGS 2010, 131 = RVGreport 2010, 69 = StRR 2010, 239) plädiert mit guten Gründen für eine teleologische Reduktion der Vorschrift dahin, dass sie nur auf die Rücknahme der Berufung seitens des Angeklagten Anwendung findet. Das wird vom OLG Dresden (AGS 2011, 66 = RVGreport 2011, 23 = RVGprofessionell 2010, 187 = VRR 2011, 38) unter Hinweis auf den eindeutigen Wortlaut der Vorschrift abgelehnt.

38

Beispiel:

Das AG hat den Angeklagten wegen eines Verstoßes gegen das BtM-Gesetz zu einer Bewährungsstrafe verurteilt. Dagegen hat die Staatsanwaltschaft Berufung eingelegt, die hinsichtlich des Strafmaßes Erfolg hatte. Auf die Revision des Angeklagten hat das OLG das Berufungsurteil aufgehoben und die Sache an das LG zurückverwiesen. Dort wurde mit Verfügung vom 05.01.2009 der Termin zur Berufungshauptverhandlung auf den 12.01.2009 festgesetzt. Mit Schriftsatz vom 09.01.2009 wurde die Berufung der Staatsanwaltschaft mit der Begründung zurückgenommen, dass der Angeklagte nun gerade zwei Haftstrafen verbüßt habe (Fallgestaltung nach OLG und LG Dresden, a.a.O.).

*Das LG Dresden (a.a.O.) hatte u.a. unter Hinweis darauf, dass bei Anwendung der Ziff. 3 es die **Staatsanwaltschaft** in der Hand habe, durch „richtiges Timing" die Gebühr beim Verteidiger entstehen zu lassen oder nicht. Das OLG Dresden (a.a.O.) hat diese Auffassung wegen des eindeutigen Wortlauts der Vorschrift, der eine teleologische Auslegung/Reduktion nicht zulasse, abgelehnt. Dem wird man sich letztlich nicht verschließen können.*

> **Hinweis:**
> Es bleibt die Frage **offen**, wie denn die Fälle zu lösen sind, in denen so kurzfristig terminiert wird, dass die **Zweiwochen - Frist** überhaupt **nicht eingehalten werden kann**, weil zwischen Terminierung und Termin keine zwei Wochen Zeit bleiben. Soll der **Rechtsanwalt**, wenn er dann noch die Berufung zurücknimmt, auch keine Nr. 4141 VV RVG erhalten? M.E.

Nr. 4141 VV   *Gebühr bei Entbehrlichkeit der Hauptverhandlung*

wird man zumindest in den Fällen „teleologisch" auf die Einhaltung der 2-Wochen-Frist verzichten müssen (s. auch Burhoff, RVGreport 2011, 23 in der Anm. zu OLG Dresden, a.a.O.). Man kann nicht die Einhaltung einer Frist, die gar nicht einzuhalten ist, als Voraussetzung für die Gebühr aufrechterhalten (ähnlich AG Saarbrücken, AGS 2009, 324).

39 Für die Anwendung der Anm. 1 Ziff. 3 im Berufungsverfahren gilt die **Tabelle** bei Rn. 31 **entsprechend**.

> **Hinweis:**
>
> Auch im Berufungsverfahren kommt es **nicht** darauf an, ob **überhaupt eine Hauptverhandlung** vermieden worden ist. Vielmehr entsteht die Gebühr Nr. 4141 Anm. 1 Ziff. 3 VV auch, wenn bereits eine Hauptverhandlung stattgefunden hat, die ausgesetzt wurde, und die neu anzuberaumende Hauptverhandlung entbehrlich wird, weil der Verteidiger die Berufung früher als zwei Wochen vor dem Beginn der neuen Hauptverhandlung zurückgenommen hat (OLG Bamberg, RVGreport 2007, 150 = AGS 2007, 138 = RVGprofessionell 2007, 66; OLG Hamm, AGS 2008, 228 m. Anm. N. Schneider; AG Dessau, AGS 2006, 240; AG Tiergarten; AGS 2007, 140; AG Wittlich, AGS 2006, 500 = JurBüro 2006, 590; wegen weiterer Nachw. – auch zur teilweise vertretenen a.A. – s.o. Rn. 22 Nr. 5 und 6). Auch hier ist immer auf die „nächste Hauptverhandlung" abzustellen.

5. Rücknahme der Revision (Anm. 1 Ziff. 3)

a) Allgemeines

40 Durch das RVG ist die Regelung in § 84 Abs. 2 BRAGO dahin erweitert worden, dass nach Anm. 1 Ziff. 3 für den Verteidiger eine zusätzliche Verfahrensgebühr **auch** im **Revisionsverfahren** entsteht, wenn er die **Revision zurücknimmt** und es daher nicht (mehr) zu einer Hauptverhandlung im Revisionsverfahren kommt. Zur BRAGO war streitig, ob der § 84 Abs. 2 BRAGO auf das Revisionsverfahren entsprechend angewendet werden konnte (zuletzt noch verneint von OLG Zweibrücken, RVGreport 2004, 186 = Rpfleger 2004, 375 m.w.N. zum Streitstand).

> **Hinweis:**
>
> Im Revisionsverfahren kann **auch** die Verfahrensgebühr nach Nr. **4141 Anm. 1 Ziff. 1 VV** (vgl. oben Rn. 12 ff.) entstehen, wenn das Revisionsgericht – ohne dass die Revision zurückgenommen worden ist – das Verfahren nicht nur vorläufig einstellt. Dazu ist es z.B. im Fall des § 153 StPO befugt, nicht aber nach § 153a StPO (Meyer-Goßner, § 353 Rn. 2).

b) Begriff der Rücknahme

41 Für die Rücknahme gelten die Ausführungen zur Rücknahme des Einspruchs gegen den Strafbefehl (Rn. 25 ff.) und zur Rücknahme der **Berufung** (Rn. 35 ff.) **entsprechend**. Voraussetzung für das Entstehen der Gebühr ist also auch im Revisionsverfahren, dass durch die Rücknahme der Revision das Verfahren gegen den jeweiligen Angeklagten **insgesamt erledigt** ist (zur bestehenden Beweispflicht der Staatskasse ausdrücklich KG, AGS 2009, 324).

Gebühr bei Entbehrlichkeit der Hauptverhandlung Nr. 4141 VV

c) Mitwirkung des Verteidigers

Für die Mitwirkung des Verteidigers gelten die allgemeinen Grundsätze (vgl. Rn. 6 ff.). Es werden also bei der Rücknahme der Revision ebenfalls **keine besonders hohen Anforderungen** an die Mitwirkung des Verteidigers gestellt (s. BGH, AGS 2008, 491 = RVGreport 2008, 431 = JurBüro 2008, 639 = DAR 2009, 56 m. Anm. N. Schneider = StRR 2009, 77 m. zust. Anm. Burhoff; OLG Stuttgart, AGS 2010, 202 = RVGreport 2010, 263 = VRR 2010, 320 = StRR 2010, 440 und weitere Rspr.-Nachw. bei Rn. 6). Allerdings reicht es nicht aus, wenn der Verteidiger nur die Revision zurücknimmt, ohne dass sich Anhaltspunkte dafür ergeben, dass er auf die Willensentschließung des Mandanten zur Rücknahme **irgendwie Einfluss** genommen hat. Es gelten die Ausführungen zu Rn. 37 entsprechend. Die Mitwirkung des Verteidigers muss sich jedoch nicht aus den Akten ergeben (OLG Düsseldorf, RVGreport 2006, 67 = AGS 2006, 124 m. zust. Anm. Schneider). Insbesondere ist es nicht erforderlich, dass der Verteidiger sich inhaltlich mit dem Verfahren beschäftigt und er sich (eingehend) mit dem Mandanten über die Erfolgsaussichten der Revision beraten hat (so aber LG Göttingen, AGS 2006, 181). Der Umfang der Mitwirkung kann – wie bei allen anderen Alternativen der Anm. 1 – gering sein. Allein durch das Abraten, Rechtsmittel einzulegen, entsteht die Gebühr allerdings wohl nicht (OLG Nürnberg, Rpfleger 2009, 645 = VRR 2009, 399 = RVGreport 2009, 464 = StRR 2010, 115; StRR 2010, 443 [LS] für die Revision; s. aber auch AG Tiergarten, AGS 2010, 220 = RVGprofessionell 2010, 40 = RVGreport 2010, 140 = StRR 2010, 400). 42

> **Hinweis:**
> Der Verteidiger sollte in den Fällen der Revisionsrücknahme seine „**Mitwirkung**" an der Rücknahme bei Geltendmachung der Gebühr ausdrücklich und möglichst ausführlich **darlegen**. Die Gebühr Nr. 4141 Anm. 1 Ziff. 3 VV ist keine bloße Rücknahmegebühr, sondern erfordert schon Tätigkeiten, die zur Rücknahme der Revision durch den Mandanten geführt haben. Diese muss der Verteidiger aufführen (OLG Hamm, StraFo 2006, 433 = AGS 2006, 600 = JurBüro 2007, 30).

d) Rücknahmezeitpunkt

Auch die Rücknahme der Revision ist, wenn bereits ein **Termin** zur (Revisions-) Hauptverhandlung **anberaumt** worden ist, **fristgebunden**. Es gelten insoweit die Ausführungen zu Rn. 30 ff., 39 entsprechend. 43

e) Anberaumung eines Hauptverhandlungstermins/Begründung der Revision erforderlich?

In Rechtsprechung und Literatur ist **streitig**, ob im Fall der Rücknahme der Revision noch weitere Voraussetzungen für das Entstehen der Gebühr Nr. 4141 Anm. 1 Ziff. 3 VV vorliegen müssen. Der Streitstand lässt sich wie folgt zusammenfassen: 44

- Nach wohl überwiegender Auffassung in der **Rechtsprechung** der **OLG** wird angenommen, dass es für das Entstehen der Gebühr erforderlich sein soll, dass der **Revisionshauptverhandlungstermin anberaumt** ist bzw. zumindest **konkrete Anhaltspunkte dafür** vorhanden sind, dass eine Hauptverhandlung durchgeführt worden wäre – „nahe gelegen hat" –, wenn nicht die Revision zurückgenommen worden wäre (s. KG, 04.05.2006 – 4 Ws

57/06, www.burhoff.de; OLG Brandenburg, AGS 2007, 403 = JurBüro 2007, 484; OLG Düsseldorf, 09.10.2007 – III-2 Ws 228/07, www.burhoff.de; OLG Hamburg, RVGreport 2008, 340 = RVGprofessionell 2008, 192; OLG Hamm [4. Strafsenat], StraFo 2006, 474 = AGS 2006, 548 = JurBüro 2006, 591 = NStZ-RR 2007, 160; OLG Jena, 30.11.2006 – 1 Ws 254/06, www.burhoff.de; OLG Koblenz, 15.05.2008 – 1 Ws 229/08; OLG Köln, AGS 2008, 447 = RVGreport 2008, 428 = StRR 2009, 239; OLG Saarbrücken, JurBüro 2007, 28 m. abl. Anm. Madert; OLG Stuttgart, AGS 2007, 402 = RVGreport 2007, 190 = StRR 2007, 78; OLG Zweibrücken, AGS 2006, 74 m. abl. Anm. Schneider; JurBüro 2007, 28). Davon soll z.B. nicht ausgegangen werden können, wenn die Zurücknahme vor Abfassung des schriftlichen Urteils und vor Vorlage der Sache an das Revisionsgericht erklärt worden ist (OLG Oldenburg, NStZ-RR 2011, 96 = JurBüro 2011, 254 [LS]).

Diese Auffassung ist **abzulehnen**. Sie steht nicht im Einklang mit dem eindeutigen Wortlaut der Nr. 4141 Anm. 1 Ziff. 3 VV. Sie lässt auch sich nicht mit einer erforderlichen „restriktiven Auslegung" (s. OLG Brandenburg, a.a.O.; OLG Zweibrücken, JurBüro 2007, 28) rechtfertigen und ist offensichtlich von rein fiskalischen Erwägungen getragen (abl. auch AnwKomm-RVG/N. Schneider, VV 4141 Rn. 98 ff.; Gerold/Schmidt/Burhoff, VV 4141 Rn. 35 f.).

- **Nicht so stark** vertreten ist in der Rechtsprechung. der **OLG**, wie z.B. KG (vgl. RVGreport 2005, 352 = AGS 2005, 434 m. Anm. Schneider = JurBüro 2005, 533), OLG Bamberg (Beschl. v. 22.03.2006 – 1 Ws 142/06, www.burhoff.de), OLG Braunschweig (vgl. RVGreport 2006, 228 = AGS 2006, 232), OLG Hamm ([2. Strafsenat] StraFo 2006, 433 = AGS 2006, 600 = JurBüro 2007, 30), OLG München (Beschl. v. 11.02.2008 – 4 Ws 008/08 [K]); OLG Nürnberg, (Beschl. v. 30.09.2010 – StRR 2010, 443 [LS]) und u.a. LG Braunschweig, 21.10.2010 – 2 KLs 12/10; LG Braunschweig, 08.06.2011 – 2 KLs 63/10, JurionRS 18372; LG Freiburg, 24.03.2009 – 1 KLs 630 Js 33575/07 AK 4/08 sowie LG Duisburg (RVGreport 2006, 230) die Auffassung, wonach die Verfahrensgebühr Nr. 4141 Anm. 1 Ziff. 3 VV im Revisionsverfahren nicht entstehen soll, wenn die **Revision** nicht **zumindest** bereits **begründet** worden war. Dann sei eine „Mitwirkung" des Verteidigers nicht feststellbar. Auch diese Auffassung **widerspricht** dem eindeutigen **Wortlaut** der gesetzlichen Regelung, die das Entstehen der Gebühr nicht an zusätzliche Bedingungen knüpft.

- Einen **Mittelweg** schlägt das OLG Düsseldorf ein. Es stellt darauf ab, ob sich aus der Stellungnahme der GStA zur Revisionsbegründung neue rechtliche Gesichtspunkte ergeben, die den Verteidiger zum Überdenken seines bis dahin vertretenen Standpunktes zwingen und so eine weitere Prüfung und ggf. Beratung des Mandanten erfordern und damit im Ergebnis zur Rücknahme der Revision führen (vgl. JurBüro 2008, 85).

- **Zutreffend**, weil mit dem weitere Umstände für das Entstehen der Verfahrensgebühr nicht voraussetzenden Wortlaut übereinstimmend, ist die **(Minder) Auffassung** des OLG Düsseldorf (RVGreport 2006, 67 = AGS 2006, 124 m. zust. Anm. N. Schneider) und des LG Hagen (RVGreport 2006, 229 = AGS 2006, 232). Danach ist weder die bevorstehende Terminierung einer Revisionshauptverhandlung erforderlich noch die Begründung der Revision (s. auch AnwKomm-RVG/N. Schneider, VV 4141 Rn. 98 ff.). Dafür spricht auch, dass der Gesetzgeber in Kenntnis des früheren Streits um die Frage, ob die entsprechende Anwendung des § 84 Abs. 2 BRAGO auf § 86 BRAGO voraussetzte, dass zumindest eine Revisionshauptverhandlung anberaumt war (vgl. Gebauer/Schneider, BRAGO, § 86 Rn. 30 m.w.N.), das Entstehen

Gebühr bei Entbehrlichkeit der Hauptverhandlung Nr. 4141 VV

der Verfahrensgebühr im Revisionsverfahren nicht an weitere Voraussetzungen geknüpft hat (s. auch LG Verden, StraFo 2005, 439 = AGS 2005, 551).

Hinweis: 45

Der vorstehend dargestellte Streit hat keine Bedeutung, wenn es um die **Rücknahme** des **Rechtsmittels** der **Staatsanwaltschaft** geht. Dann entsteht die zusätzliche Gebühr, wenn der Verteidiger zu der Revision(sbegründung) der Staatsanwaltschaft bereits Stellung genommen hatte; da im Fall der Revision der Staatsanwaltschaft i.d.R. eine Hauptverhandlung stattfindet (KG, AGS 2009, 324). Allerdings haben in dem Fall die mit der „Mitwirkung" zusammenhängenden Fragen stärkere Bedeutung (vgl. dazu oben Rn. 37; zur Beweislast der Staatskasse (KG; a.a.O.).

Im Hinblick auf die o.a. herrschende Meinung (vgl. Rn. 44) ist dem Verteidiger zu **empfehlen**, aus gebührenrechtlicher Vorsicht auf jeden Fall sofort bei Einlegung der **Revision** diese auch, und zwar zumindest mit der **allgemeinen Sachrüge**, zu begründen. Dann kann bei einer späteren Rücknahme zumindest die fehlende Begründung dem Entstehen der Befriedungsgebühr Nr. 4141 Anm. 1 Ziff. 3 VV nicht entgegengehalten werden.

Allerdings ist für einen **vorsichtigen Umgang** mit der Gebühr Nr. 4141 Anm. 1 Ziff. 3 VV zu plädieren. Der Verteidiger sollte alles **vermeiden**, was den **Eindruck** erwecken könnte, das Rechtsmittel sei nur aus **gebührenrechtlichen Gründen eingelegt** worden. So wird die Einlegung des Rechtsmittels, seine Begründung und die alsbald darauf erfolgende Rücknahme, ohne dass erkennbar ist, welche zwischendurch erworbenen besseren Erkenntnisse den Verteidiger nun davon ausgehen lassen, dass sein Rechtsmittel doch keinen Erfolg haben wird, schnell zum Vorwurf der „**Gebührenschinderei**" führen. Der verantwortungsvolle Umgang mit der Gebühr wird letztlich dafür sorgen, dass die Gebühr erhalten bleibt und nicht wegen steigender Revisionseingänge bei den Tatgerichten geändert oder aufgehoben werden wird (vgl. auch die Ausführungen in KG, NStZ 2007, 119; AGS 2009, 389 = RVGreport 2009, 346 = StRR 2009, 399 = KG VRR 2009, 277).

Bisher nicht behandelt ist in Rechtsprechung und Literatur die Konstellation, dass der Rechtsanwalt/Verteidiger gegen ein in Abwesenheit seines Mandanten ergangenes Urteil, durch das dessen Berufung verworfen worden ist (§ 329 Abs. 1 StPO), nicht nur Wiedereinsetzung in den vorigen Stand beantragt, sondern **vorsorglich Revision** einlegt, diese dann aber **zurücknimmt**, wenn dem Mandanten nach § 329 Abs. 3 StPO Wiedereinsetzung in den vorigen Stand gewährt wird, bzw. die Revision dann gegenstandslos wird (vgl. für den vergleichbaren Fall der Einspruchsverwerfung im Bußgeldverfahren nach § 74 Abs. 2 OWiG Nr. 5115 VV Rn. 38). 46

Beispiel:

Der Angeklagte fehlt in der Berufungshauptverhandlung unentschuldigt. Die Berufungskammer verwirft seine Berufung nach § 329 Abs. 1 StPO. Gegen das Verwerfungsurteil wird gem. § 329 Abs. 3 StPO Wiedereinsetzung in den vorigen Stand beantragt und außerdem Revision eingelegt. Kurz vor Ablauf der Revisionsbegründungsfrist erkundigt sich der Verteidiger beim LG, ob dem Angeklagten ggf. Wiedereinsetzung gewährt wird. Nachdem das bejaht wird, wird die Revision zurückgenommen.

Entstanden sein dürfte eine Nr. 4130 VV, wenn der Verteidiger im Revisionsverfahren mehr Tätigkeiten erbracht hat als nur die Einlegung der Revision. Denn die gehört nach § 19 Abs. 1 Satz 2 Nr. 10 noch zur Berufungsinstanz (vgl. Nr. 4130 VV Rn. 3). Das Entstehen der Nr. 4141 VV ist jedoch fraglich. Das dürfte

Nr. 4141 VV   *Gebühr bei Entbehrlichkeit der Hauptverhandlung*

sowohl aus § 342 StPO folgen als auch daraus, dass die Revision gegenstandslos wird, wenn Wiedereinsetzung gewährt wird.

6. Privatklageverfahren

47 Nr. 4141 VV findet im Privatklageverfahren über Vorbem. 4 Abs. 1 VV **entsprechende Anwendung**. Das bedeutet (vgl. AnwKomm-RVG/N. Schneider, VV 4141 Rn. 102 ff.; N. Schneider, RVG-B 2005, 156):

- Wird das Verfahren **außerhalb** der **Hauptverhandlung** vom Gericht nach § 383 Abs. 2 StPO eingestellt, entsteht die Gebühr nach Nr. 4141 Anm. 1 Ziff. 1 VV.

- Diese Gebühr entsteht auch, wenn im **vorbereitenden Verfahren** ein **Privatklagevergleich** geschlossen wird. Sinn und Zweck der Vorschrift, nämlich die Mitwirkung des Rechtsanwalts bei der Erledigung des Verfahrens ohne Hauptverhandlung zu fördern, gilt auch für diesen Fall. Auch die einvernehmliche Erledigung durch die Parteien erledigt das Verfahren ohne Hauptverhandlung. Der entsprechenden Anwendung steht die ausdrückliche Regelung in Nr. 4141 VV nicht entgegen. Diese führt die Privatklage zwar nicht besonders auf, Teil 4 VV gilt aber für das Privatklageverfahren nach Vorbem. 4 Abs. 1 VV entsprechend (s. auch AnwKomm-RVG/N. Schneider, VV 4141 Rn. 105). Auch die zusätzliche Gebühr nach Nr. 4146 VV führt nicht zu einem anderem Ergebnis, da durch sie andere Fälle erfasst werden als durch Nr. 4141 VV.

- **Nimmt** der Privatkläger seine **Privatklage zurück**, kann das für den Vertreter des Privatklägers in entsprechender Anwendung von Anm. 1 Ziff. 3 zu einer zusätzlichen Gebühr führen (vgl. auch die Vorschläge zur strukturellen Änderung bzw. Ergänzung des RVG in Nr. 11d, s. AnwBl. 2011, 120, 121, in denen eine Erweiterung der Nr. 3 vorgeschlagen wird). Entsprechendes gilt für den Verteidiger des Privatbeklagten, wenn er an der Rücknahme mitgewirkt hat. Ist bereits ein Hauptverhandlungstermin anberaumt, muss die 2-Wochen-Frist gewahrt sein (AnwKomm-RVG/N. Schneider, VV 4141 Rn. 102).

V. Gebührenhöhe (Anm. 3)

1. Allgemeines

48 Als zusätzliche Gebühr erhält der Rechtsanwalt nach Nr. 4141 VV eine **Verfahrensgebühr**. Die Höhe dieser Gebühr **bemisst** sich nach der Instanz, in der die Hauptverhandlung entbehrlich geworden ist (vgl. zur Berechnung Burhoff/Schneider, AGS 2005, 434). Das ist, da dem Verteidiger ja die Terminsgebühr dieser Instanz verloren geht, nur folgerichtig.

Beispiel:

Der Angeklagte wird vom LG verurteilt. Er sucht nun Rechtsanwalt R auf, der für ihn gegen das Urteil Revision einlegt. Nach Zustellung der schriftlichen Urteilsgründe rät Rechtsanwalt R seinem Mandanten, die Revision zurückzunehmen. Die Revision wird zurückgenommen. Alle Merkmale des § 14 sind durchschnittlich.

Berechnung der Gebühren	*Wahlanwalt*	*Pflichtverteidiger*
Grundgebühr Nr. 4100 VV	*165,00 €*	*132,00 €*
Verfahrensgebühr Nr. 4130 VV	*515,00 €*	*412,00 €*

Gebühr bei Entbehrlichkeit der Hauptverhandlung   *Nr. 4141 VV*

Zusätzliche Verfahrensgebühr/Befriedungsgebühr Nr. 4141 Anm. 1 Ziff. 3 VV, deren Höhe sich nach Nr. 4130 VV bemisst und nicht etwa nach Nr. 4112 VV	515,00 €	412,00 €
Postentgeltpauschale Nr. 7002 VV	20,00 €	20,00 €
Anwaltsvergütung netto	**1.215,00 €**	**976,00 €**

> **Hinweis:**   49
>
> Etwas **anderes** gilt für das **vorbereitende Verfahren**. Dort ist nicht auf die Nr. 4104 VV abzustellen, sondern auf die Verfahrensgebühren der Nr. 4106 ff. VV. Es ist also zu fragen, welcher Rechtszug eingeleitet worden wäre, wenn sich das Verfahren nicht erledigt hätte (s. auch Burhoff, AGS 2005, 434; a.A. noch Schneider, AGS 2005, 434; wie hier Anw-Komm-RVG/N. Schneider, VV 4141 Rn. 117; Gerold/Schmidt/Burhoff, VV 4141 Rn. 37).

Beispiel 1:

Das Ermittlungsverfahren wegen einer fahrlässigen Körperverletzung wird eingestellt.
Die zusätzliche Verfahrensgebühr Nr. 4141 Anm. 1 Ziff. 1 VV bestimmt sich nach Nr. 4106 VV, da die Hauptverhandlung, die vermieden worden ist, vor dem AG stattgefunden hätte.

Beispiel 2:

Das Ermittlungsverfahren wegen einer Körperverletzung mit Todesfolge wird eingestellt.
Die zusätzliche Verfahrensgebühr Nr. 4141 Anm. 1 Ziff. 1 VV bestimmt sich nach Nr. 4118 VV, da die Hauptverhandlung, die vermieden worden ist, vor dem Schwurgericht stattgefunden hätte.

2. Zuschlag/mehrere Auftraggeber

Die Gebühr entsteht **ohne Zuschlag**. Der Umstand, dass sich der Mandant ggf. nicht auf freiem Fuß befindet, bleibt also außer Betracht. Das ist ausdrücklich bestimmt.   50

Entsteht die Verfahrensgebühr nach § 7 i.V.m. Nr. 1008 VV erhöht, weil der Rechtsanwalt in derselben Angelegenheit **mehrere Personen** vertritt, erhöht sich auch die Gebühr nach Nr. 4141 VV. Das kann im Strafverfahren namentlich bei Vertretung mehrerer Nebenkläger in Betracht kommen (s. auch Teil A: Mehrere Auftraggeber [§ 7, Nr. 1008 VV], Rn. 976).   51

Beispiel:

Rechtsanwalt R vertritt beim AG im Strafverfahren zwei Nebenkläger, die bei einem Verkehrsunfall verletzt wurden. Das Verfahren wird unter seiner Mitwirkung eingestellt.

Rechtsanwalt R erhält für die Mitwirkung bei der Einstellung die Verfahrensgebühr nach Nr. 4141 Anm. 1 Ziff. 1 i.V.m. Nr. 4106 VV. Die Gebühr aus Nr. 4106 VV ist über Nr. 1008 VV im Rahmen um 30 % erhöht. Daher ist auch die Gebühr nach Nr. 4141 VV erhöht.

3. Festgebühr für den Wahlanwalt

Der **Wahlanwalt** erhält die Gebühr als **Betragsrahmengebühr**. In Abs. 3 Satz 2 ist ausdrücklich festgelegt, dass sich „die Gebühr nach der **Rahmenmitte**" bemisst. Die Umstände des Einzelfalls, die sonst über § 14 zu berücksichtigen wären, sind also ohne Bedeutung (LG Dresden, RVGreport 2010, 454 = RVGprofessionell 2011, 30 [für Nr. 5115 VV]; LG Verden, 07.04.2008 – 1 Qs 218/07 [für Nr. 5115 VV]; AG Hamburg, RVGreport 2006, 351 = AGS 2006, 439; AG   52

Stuttgart, AGS 2008, 547 = RVGreport 2008, 430 = VRR 2008, 400; AG Weilburg, AGS 2007, 561; Burhoff, RVGreport 2005, 401; AnwKomm-RVG/N. Schneider, VV 4141 Rn. 91; Gerold/Schmidt/Burhoff, VV 4141 Rn. 38; Hartman, KostG, Nr. 4141 VV RVG Rn. 12; unzutreffend a.A. – allerdings ohne Begründung – OLG Stuttgart, AGS 2010, 292 m. abl. Anm. N. Schneider, AGS 2010, 295 = RVGreport 2010, 263 = VRR 2010, 320; LG Leipzig, AGS 2010, 19 [st. Rspr.]; AG Viechtach/LG Deggendorf, RVGreport 2005, 431 = AGS 2005, 504 m. Anm. Schneider; AGS 2006, 130; s. aber AGS 2007, 83, wo ohne nähere Begründung – im OWi-Verfahren – die Befriedigungsgebühr i.H.d. Mittelgebühr gewährt worden ist). Etwas anderes folgt im Übrigen nicht aus der Formulierung in der BT-Drucks. 15/1971, S. 228, wo es heißt, dass „grds." die Mittelgebühr maßgebend sein soll. Die Formulierung in Abs. 3 Satz 2 ist vielmehr eindeutig und lässt Ausnahmen nicht zu. Im Übrigen spricht auch der Zweck dieser Regelung, nämlich die Schwierigkeiten einer einzelfallbezogenen Bemessung nach § 14 zu vermeiden, gegen eine ausnahmsweise doch zulässige Berücksichtigung der Umstände des Einzelfalls.

4. Gerichtlich bestellter oder beigeordneter Rechtsanwalt

53 Der gerichtlich bestellte oder **beigeordnete** Rechtsanwalt, i.d.R. der Pflichtverteidiger, erhält den **Festbetrag** der jeweiligen Verfahrensgebühr.

VI. Kosten(erstattung)

54 Vgl. dazu Vorbem. 4 VV Rn. 14 ff.

Nr. 4142 VV
Verfahrensgebühr bei Einziehung und verwandten Maßnahmen

Nr.	Gebührentatbestand	Gebühr oder Satz der Gebühr nach § 13 oder § 49 RVG	
		Wahlanwalt	gerichtlich bestellter oder beigeordneter Rechtsanwalt
4142	Verfahrensgebühr bei Einziehung und verwandten Maßnahmen (1) Die Gebühr entsteht für eine Tätigkeit für den Beschuldigten, die sich auf die Einziehung, dieser gleichstehende Rechtsfolgen (§ 442 StPO), die Abführung des Mehrerlöses oder auf eine diesen Zwecken dienende Beschlagnahme bezieht. (2) Die Gebühr entsteht nicht, wenn der Gegenstandswert niedriger als 25,00 EUR ist. (3) Die Gebühr entsteht für das Verfahren des ersten Rechtszugs einschließlich des vorbereitenden Verfahrens und für jeden weiteren Rechtszug.	1,0	1,0

Übersicht

	Rn.
A. Überblick	1
B. Kommentierung	3
I. Allgemeines	3
II. Anwendungsbereich der Vorschrift	5
1. Einziehung und verwandte Maßnahmen	5
2. Tätigkeiten im Hinblick auf Fahrverbot/Entziehung der Fahrerlaubnis	8
III. Persönlicher Geltungsbereich	9
1. Wahlanwalt und Pflichtverteidiger	9
2. Einzeltätigkeiten	11
IV. Sachlicher Abgeltungsbereich (Anm. 1)	12
1. Allgemeines	12
2. Rechtszugbezogene Gebühr (Anm. 3)	13
3. Zeitpunkt der Tätigkeit	14
4. Erfasste Tätigkeiten	15
a) Allgemeines	15
b) Gerichtliche oder außergerichtliche Tätigkeit	17
V. Gebührenhöhe (Anm. 2)	22
1. Allgemeines	22

Nr. 4142 VV   *Verfahrensgebühr bei Einziehung und verwandten Maßnahmen*

2. Gegenstandswert	24
3. Gebühr im Bagatellbereich (Anm. 2)	28
4. Tabelle der Wertgebühren	29
a) Wahlanwalt	29
b) Gerichtlich bestellter Rechtsanwalt/Pflichtverteidiger	30
VI. Kostenerstattung	31
C. Arbeitshilfen	**33**
I. ABC der Gegenstandswerte	33
II. Gebührentabellen	52
1. Wahlanwalt Wertgebührentabelle	52
2. Pflichtverteidiger Wertgebührentabelle	53

Literatur:

Breyer, Die Vergütung des Verteidigers bei Entziehung der Fahrerlaubnis oder Fahrverbot, RVG-B 2005, 72; *Burhoff*, Die zusätzliche Verfahrensgebühr des Verteidigers bei Einziehung und verwandten Maßnahmen, RVGreport 2006, 412; *ders.*, Zusätzliche Verfahrensgebühr Nr. 4142 VV RVG: Da steckt eine Menge Geld drin, RVGprofessionell 2009, 65; *ders.*, Abrechnung des Antrags auf gerichtliche Entscheidung gem. § 111f Abs. 5 StPO, RVGreport 2010, 441; *ders.*; ABC der Gegenstandswerte im Straf- und Bußgeldverfahren, RVGreport 2011, 282; *Fromm*, Zusätzliche Verfahrensgebühr nach Nr. 5116 VV RVG bei Verfallsverfahren gem. § 29a OWiG, JurBüro 2008, 507; *Henke*, Keine zusätzlichen Gebühren nach Nr. 4142 bzw. 5116 VV bei Entziehung der Fahrerlaubnis oder Fahrverbot, AGS 2007, 545; *Krause*, Zusätzliche Gebühr nach Nr. 4142 VV RVG, auch bei Entziehung einer Fahrerlaubnis, JurBüro 2006, 118; *Meyer*, Zusätzliche Vergütung des Rechtsanwalts für die Vertretung im straf-/bußgeldrechtlichen Einziehungsverfahren pp. – VV RVG 4142, 5116, JurBüro 2005, 355; *Pillmann/Onderka*, Kokain und Falschgeld als Bewertungsgrundlage der Verteidigervergütung? – Die neue Zusatzgebühr nach Nr. 4142 VV RVG, in: Festschrift für *Richter* II, 2006, S. 419; *N. Schneider*, Richtige Gebührenabrechnung bei Entziehung der Fahrerlaubnis und Fahrverbot, RVGprofessionell 2007, 99; *ders.*, Festsetzung des Gegenstandswertes in Strafsachen, AG-Kompakt 2010, 116.

A.   Überblick

1   Die Nr. 4142 VV sieht als **Wertgebühr** eine **zusätzliche Verfahrensgebühr** vor, wenn der Rechtsanwalt bei Einziehung und verwandten Maßnahmen (§ 442 StPO) eine darauf bezogene Tätigkeit für den Beschuldigten ausübt. Sinn und Zweck der Vorschrift ist es, in diesen Fällen die oft zeitaufwendigen und umfangreichen Tätigkeiten des Rechtsanwalts über die Betragsrahmengebühr hinaus angemessen zu honorieren (vgl. aber BGH, BGH, StraFo 2007, 302 = wistra 2007, 232 = RVGreport 2007, 313, der bei hohen Gegenstandswerten ein „berichtigendes Eingreifen" des Gesetzgebers für erforderlich hält; a.A. Pananis in der Anm. zu BGH, a.a.O.). Die Bedeutung der Vorschrift ist, wie die veröffentlichen Entscheidungen zeigen, in der Praxis deutlich gestiegen, was u.a. daran liegt, dass die (Instanz) Gerichte immer mehr Einziehungen bzw. verwandte Maßnahmen anordnen.

> **Hinweis:**
>
> Die Gebühr kann **nicht isoliert** entstehen, etwa für den Verfahrensbevollmächtigten eines Antragstellers nach § 111f Abs. 5 StPO (Burhoff, RVGreport 2010, 441), sondern nur neben einer Verfahrensgebühr. Das folgt aus Vorbem 4.3 Abs. 2 VV. Die dortige Regelung wäre überflüssig, wenn die Nr. 4142 ff. VV ohnehin isoliert anwendbar wären.

Verfahrensgebühr bei Einziehung und verwandten Maßnahmen   *Nr. 4142 VV*

Die Regelung in Nr. 4142 VV **unterscheidet** sich von der der früheren Regelung in § 88 BRAGO **erheblich:**   2

- Die zusätzliche Gebühr Nr. 4142 VV entsteht immer, ohne dass es darauf ankommt, ob der Gebührenrahmen der jeweiligen Verfahrensgebühr, die dem Verteidiger/Rechtsanwalt fürs eine sonstigen Tätigkeiten in dem Verfahrensabschnitt zusteht, ausreicht, um die Tätigkeiten des Rechtsanwalts im Hinblick auf Einziehung und verwandte Maßnahmen ggf. angemessen zu berücksichtigen.
- Die zusätzliche Verfahrensgebühr steht **auch** dem gerichtlich bestellten Rechtsanwalt, also insbesondere dem **Pflichtverteidiger**, und nicht nur dem Wahlanwalt, zu.
- Die Höhe der Gebühr der Nr. 4142 VV ist nur am Gegenstandswert ausgerichtet und ist damit eine **reine Wertgebühr** i.S.d. § 2 (Teil A: Wertgebühren [§ 13 und 49], Rn. 1679 ff.; vgl. dazu unten Rn. 22 ff.).

B. Kommentierung

I. Allgemeines

Nr. 4142 VV ist eine **Verfahrensgebühr**. Sie ist als Wertgebühr ausgestaltet und steht dem   3 Rechtsanwalt nach Anm. 1 **zusätzlich** zu, wenn er bei Einziehung und verwandten Maßnahmen (§ 442 StPO) eine darauf bezogene Tätigkeit für den Mandanten ausübt (vgl. Rn. 15 ff.; s. auch Pillmann/Onderka, in: FS für Richter II, S. 420). Diese Gebühr erhält der Rechtsanwalt nach der Anm. 3 zu Nr. 4142 VV für das Verfahren erster Instanz einschließlich des vorbereitenden Verfahrens und für jeden weiteren Rechtszug (vgl. dazu Rn. 13).

> **Hinweis:**
>
> Diese Gebühr **entsteht immer**, wenn einer der Fälle der Nr. 4142 VV vorliegt. Die Gebühr ist nicht als Ermessensvorschrift ausgebildet und daher nicht davon abhängig, ob der Gebührenrahmen der jeweiligen Verfahrensgebühr ausreicht (Burhoff, RVGreport 2006, 412; Pillmann/Onderka, S. 420; s. jetzt auch Gerold/Schmidt/Burhoff, VV 4142 Rn. 2).

Beispiel: 4
Der Rechtsanwalt R war Pflichtverteidiger des Angeklagten beim AG. Das amtsgerichtliche Urteil wird im Strafausspruch rechtskräftig. Lediglich die im Urteil ausgesprochene Einziehung des Kfz des Angeklagten (§ 21 Abs. 3 StVG) wird mit der Berufung angefochten. Nach rechtskräftigem Abschluss des Verfahrens setzt der R auch für das Berufungsverfahren die Nr. 4142 VV an. Das AG ist der Meinung, dass die Gebühr gem. Nr. 4142 VV nicht angefallen sei mit folgender Begründung: „Eine derartige Gebühr ist dem Pflichtverteidiger nicht entstanden. Gegenstand der Berufung war ausschließlich die Einziehung des Pkw. Für die Tätigkeit im Berufungsverfahren zur Einziehung des Pkw hat der Pflichtverteidiger bereits eine Vergütung verdient. Insoweit kann keine gesonderte Einziehungsgebühr festgesetzt werden. Andernfalls würde der Rechtsanwalt für ein und dieselbe Tätigkeit zwei verschiedene Gebühren erhalten." (Fallgestaltung nach RVGprofessionell 2010, 174).

Der Ansatz der Nr. 4142 VV ist auch in diesem Fall zutreffend. Für das Berufungsverfahren fallen die Verfahrensgebühr Nr. 4124 VV und die Terminsgebühr Nr. 4126 VV an. Diese decken alle (allgemeinen) Tätigkeiten des Verteidigers im Berufungsverfahren ab. Nicht erfasst von diesen Gebühren werden Tätigkeiten des Rechtsanwalts im Hinblick auf Einziehung und verwandte Maßnahmen. Für diese fällt neben den allgemeinen Gebühren als zusätzliche Gebühr die Nr. 4142 VV an. Das RVG sieht diese Ge-

Nr. 4142 VV Verfahrensgebühr bei Einziehung und verwandten Maßnahmen

bühr ausdrücklich als „zusätzliche" Gebühr vor, die nicht auf andere Gebühren angerechnet wird. Auch kommt es nicht auf den Umfang der vom Rechtsanwalt erbrachten Tätigkeiten an, da es sich um eine reine Wertgebühr handelt. Dass ggf. im Berufungsverfahren wegen einer Berufungsbeschränkung (§ 318 StPO) nur noch die Einziehung eine Rolle spielt, ist eine verfahrensrechtliche Besonderheit, die auf die Beschränkung zurückgeht, hat aber auf die Nr. 4142 VV keinen Einfluss.

II. Anwendungsbereich der Vorschrift

1. Einziehung und verwandte Maßnahmen

5   Die Tätigkeit des Rechtsanwalts muss sich auf die **Einziehung** und **verwandte Maßnahmen** richten. Das sind – wie der Klammerzusatz in Anm. 1 deutlich macht – die in § 442 StPO genannten Maßnahmen und die sonstigen in der Anm. 1 zu Nr. 4142 VV aufgeführten Fälle.

> **Hinweis:**
>
> **Entscheidend** für die Anwendung der Nr. 4142 VV ist, ob es sich um eine Maßnahme gehandelt hat, die darauf gerichtet ist, dem Betroffenen den Gegenstand endgültig zu entziehen und dadurch zu einem **endgültigen Vermögensverlust** führen soll (vgl. KG, AGS 2009, 224 = RVGreport 2008, 429 = JurBüro 2009, 30 = StRR 2009, 157; OLG Köln, StraFo 2007, 131 = RVGreport 2007, 131; LG Chemnitz, AGS 2008, 342 m. zust. Anm. Volpert).

6   Damit ist die Nr. 4142 VV im **Einzelnen** (AnwKomm-RVG/N. Schneider, VV 4142 Rn. 11 f.; Gerold/Schmidt/Burhoff, VV 4142 Rn. 7; Burhoff, RVGreport 2006, 413; ders., RVGprofessionell 2009, 65) **anwendbar** bei:

- **Einziehung** nach den §§ 74, 75 StGB und § 7 WiStG, oder nach § 21 Abs. 3 StVG, und zwar auch von Tatwerkzeug (vgl. OLG Dresden, 08.11.2006 – 3 Ws 80/06, www.burhoff.de, für § 74 StGB),
- **Verfall**, wenn er Strafcharakter hat (§§ 73 bis 73d StGB; OLG Hamm AGS 2008, 175; 2008, 341 m. zust. Anm. Volpert) und/oder einem Arrest zur Sicherung eines solchen Verfalls (OLG Hamm, AGS 2008, 175 m. abl. Anm. Onderka = RVGprofessionell 2008, 133),
- **Vernichtung** (§§ 98 Abs. 1, 110 UrhG),
- **Unbrauchbarmachung** (§ 74d StGB, §§ 98 Abs. 2, 110 UrhG),
- **Abführung** des **Mehrerlöses** (§§ 8, 10 WiStG),
- **Beschlagnahme**, welche der Sicherung der vorgenannten Maßnahmen dient (§§ 111b, 111c StPO),
- **ggf.** auch bei einer Beschlagnahme nach **§§ 94, 98 StPO** (vgl. dazu aber grds. Rn. 7), wenn die Sache – zumindest auch – als etwaiger Einziehungsgegenstand von Bedeutung ist (OLG Düsseldorf, RVGreport 2011, 228 = StRR 2011, 78 m. Anm. Volpert für eine in 1. Instanz ausschließlich auf die §§ 94, 98 StPO gestützte Beschlagnahme als Beweismittel, während in 2. Instanz eine alternativ auf Einziehungsrecht gestützte Begründung der Beschlagnahmeanordnung vorliegt),
- ggf. auf den Verfahrensbevollmächtigten eines Antragstellers nach **§ 111f Abs. 5 StPO** (Burhoff, RVGreport 2010, 441).

Verfahrensgebühr bei Einziehung und verwandten Maßnahmen Nr. 4142 VV

Nicht anwendbar bei (vgl. AnwKomm-RVG/N. Schneider, VV 4142 Rn. 13; Gerold/Schmidt/ 7
Burhoff, VV 4141 Rn. 8; Burhoff, RVGreport 2006, 413; ders., RVGprofessionell 2009, 65):

- **Rückerstattung** des **Mehrerlöses** nach § 9 WiStG (insoweit ist Nr. 4143 VV anwendbar),
- Durchsetzung von Ansprüchen nach dem **StrEG**,
- **Verfall** einer **Sicherheit** nach § 128 Abs. 1 StPO,
- **Beschlagnahme** zur Sicherstellung von Beweismitteln nach **§§ 94, 98 StPO** (OLG Hamm, 17.02.2009 – 2 Ws 378/08, JurionRS 2009, 13029; LG Mainz, AGS 2007, 139; vgl. aber OLG Düsseldorf, RVGreport 2011, 228 = StRR 2011, 78 m. Anm. Volpert),
- **Vermögensbeschlagnahme** (§§ 290, 443 StPO),
- **Wertersatz**, wenn er den Charakter eines zivilrechtlichen Schadensersatzes hat
- Anordnung des Arrestes/der Beschlagnahme zum Zwecke der **Rückgewinnungshilfe** (§ 111b Abs. 5 StPO; vgl. KG, AGS 2009, 224 = RVGreport 2008, 429 = JurBüro 2009, 30 = StRR 2009, 157; OLG Hamm, 17.02.2009 – 2 Ws 378/08, JurionRS 2009, 13029; OLG Köln, RVGreport 2007, 273 = StraFo 2007, 131; LG Berlin, 03.12.2007, (514) 83 Js 153/04 KLs (1/06); LG Chemnitz, AGS 2008, 342 m. zust. Anm. Volpert).

Hinweis:
Tätigkeiten, die der Rechtsanwalt im Hinblick auf diese Maßnahmen erbringt, sind ggf. – soweit dafür keine gesonderten Gebühren nach anderen Vorschriften entstehen, über § 14 Abs. 1 bei der Bemessung der Rahmengebühr zu berücksichtigen (vgl. dazu Teil A: Rahmengebühren [§ 14], Rn. 1045 ff.).

2. Tätigkeiten im Hinblick auf Fahrverbot/Entziehung der Fahrerlaubnis

§ 88 Satz 3 BRAGO sah für den Rechtsanwalt einen Zuschlag vor, wenn er eine Tätigkeit aus- 8
übte, die sich auf ein Fahrverbot oder die Entziehung der Fahrerlaubnis erstreckte. Dieser Zuschlag ist im RVG nicht mehr vorgesehen. Dem Rechtsanwalt steht für Tätigkeiten in diesem Bereich nun aber **nicht** eine **Gebühr** nach Nr. 4142 VV zu. Die Entziehung der Fahrerlaubnis ist keine Einziehung i.S.v. Nr. 4142 VV, die Gebühr kann auch nicht entsprechend angewendet werden (OLG Koblenz, RVGreport 2006, 192 = AGS 2006, 236; AG Nordhorn, AGS 2006, 238; AG Weilburg, AGS 2007, 561; Burhoff, RVGreport 2006, 191; ders., RVGprofessionell 2009, 65; Volpert, VRR 2006, 238; Henke, AGS 2007, 545 in der Anm. zu AG Weilburg, a.a.O.; N. Schneider, RVGprofessionell 2007, 99; mit Recht – s. aber BT-Drucks. 15/1971, S. 221 krit. zu der Neuregelung Pillmann/Onderka, S. 426). Die gegenteilige Auffassung von Krause (JurBüro 2006, 118) und Hartmann (KostG, Nr. 4142 VV Rn. 5), entspricht nicht der Gesetzeslage (s. auch AnwKomm-RVG/N. Schneider, VV 4142 Rn. 15; vgl. dazu noch BT-Drucks. 15/1971, S. 221).

Hinweis:
Der Rechtsanwalt/Verteidiger kann die insoweit erbrachten Tätigkeiten nur bei der Bemessung der konkreten Gebühr innerhalb des jeweiligen Gebührenrahmens gem. § 14 RVG berücksichtigen (Burhoff, RVGreport 2006, 191; Volpert, VRR 2006, 238; AnwKomm-RVG/N. Schneider, VV 4142 Rn. 15; N. Schneider, RVGprofessionell 2007, 99; s. auch Teil A: Rah-

Nr. 4142 VV *Verfahrensgebühr bei Einziehung und verwandten Maßnahmen*

mengebühren [§ 14], Rn. 1069). Für die **Einziehung** des **Führerscheinformulars** wird aber eine Gebühr Nr. **4142 VV** diskutiert werden können (s. u. Rn. 45).

III. Persönlicher Geltungsbereich

1. Wahlanwalt und Pflichtverteidiger

9 Die Nr. 4142 VV gilt nach Vorbem. 4 Abs. 1 VV für den Wahlanwalt als **Vollverteidiger**, wobei es genügt, wenn der Rechtsanwalt nur für das sog. objektive Verfahren nach §§ 430 ff. StPO beauftragt worden ist (AnwKomm-RVG/N. Schneider, VV 4142 Rn. 5; Gerold/Schmidt/Burhoff, VV 4142 Rn. 3; zur – bejahten – Frage, ob die Vorschrift anwendbar ist, auf den Bevollmächtigten eines Antragstellers nach § 111f Abs. 5 StPO, Burhoff, RVGreport 2010, 441 [Nebenbeteiligter i.S.d. Vorbem. 4 Abs. 1 VV]). Die Vorschrift gilt ggf. auch für den Beistand oder Vertreter eines Privat- oder Nebenklägers. Das folgt aus Vorbem. 4 Abs. 1 VV.

> **Hinweis:**
> Ergeht eine Maßnahme gegen einen **Nebenbeteiligten** bzw. ist sie gegen einen Nebenbeteiligten beabsichtigt, wird die Nr. 4142 VV für den Verteidiger im Zweifel nicht entstehen. Sein Mandant von der Maßnahme nicht betroffen, sodass er keine „Tätigkeit für den Beschuldigten, die sich auf Einziehung .... bezieht", erbringt (s. auch Fromm JurBüro 2008, 507, 508 zu Nr. 5115 VV).

10 Die Nr. 4142 VV gilt **auch** für den **Pflichtverteidiger** und den beigeordneten Rechtsanwalt (vgl. dazu BT-Drucks. 15/1971, S. 228; zur Höhe der Gebühr s. u. Rn. 22 ff., 29). Eine besondere Bestellung ist nicht erforderlich (AnwKomm-RVG/N. Schneider, VV 4142 Rn. 9; Gerold/Schmidt/Burhoff, VV 4142 Rn. 2, 9, 10; Teil A: Vergütungsanspruch gegen die Staatskasse[§§ 44, 45, 50], Rn. 1469 m.w.N.).

2. Einzeltätigkeiten

11 Die Stellung der Nr. 4142 VV bei den nur für den Vollverteidiger geltenden Vorschriften des Teils 4 Abschnitt 1 VV zeigt, dass die zusätzliche Gebühr für den nur mit einer **Einzeltätigkeit** beauftragten Rechtsanwalt (z.B. Anfertigung einer Berufungs- oder Revisionsbegründung) nicht anfallen kann (vgl. dazu früher einerseits Hansens, BRAGO, § 88 Rn. 2 m.w.N.; andererseits Gebauer/Schneider, BRAGO, § 88 Rn. 6). Bei ihm muss die Tätigkeit, die sich auf die Einziehung bezieht, im **Rahmen** des **§ 14** berücksichtigt werden. Reicht der nicht aus, seine Tätigkeit angemessen zu honorieren, muss er ggf. die Feststellung einer **Pauschgebühr** nach § 42 beantragen. Der Pflichtverteidiger kann eine **Pauschgebühr** nach § 51 beantragen (s. auch AnwKomm-RVG/N. Schneider, VV 4142 Rn. 7 ff.; Gerold/Schmidt/Burhoff, VV 4142 Rn. 5).

IV. Sachlicher Abgeltungsbereich (Anm. 1)

1. Allgemeines

12 Richtet sich die Tätigkeit des Rechtsanwalts auf die Einziehung und verwandte Maßnahmen (s. § 442 StPO und oben Rn. 6 ff.), kann er die besondere Verfahrensgebühr geltend machen. Die Gebühr ist als Verfahrensgebühr bezeichnet und **erfasst sämtliche Tätigkeiten**, die der Rechtsanwalt im Hinblick auf die Einziehung erbringt. Abgegolten wird also das „Betreiben des Ge-

Verfahrensgebühr bei Einziehung und verwandten Maßnahmen   *Nr. 4142 VV*

schäfts" im Hinblick auf die Einziehung oder eine ihr verwandte Maßnahme (allgemein zum Abgeltungsbereich der Verfahrensgebühr s. Vorbem. 4 VV Rn. 34 ff.). Dazu zählen insbesondere Besprechungen mit dem Mandanten betreffend die Maßnahme, aber auch Beschwerden, die mit der (Einziehungs-) Maßnahme zusammenhängen. Insoweit gelten die allgemeinen Regeln.

2. Rechtszugbezogene Gebühr (Anm. 3)

Die Gebühr ist, wie sich aus Nr. 4142 Anm. 3 VV ergibt, **rechtszugbezogen** (d.h., sie erfasst sämtliche in einem Rechtszug erbrachte Tätigkeiten. Die Gebühr entsteht nach Anm. 3 in jedem Rechtszug einmal.   13

> **Hinweis:**
>
> **Vorbereitendes Verfahren** und Verfahren des **ersten Rechtszuges** bilden nach Nr. 4142 Anm. 3 VV eine **Einheit**.

Beispiel:

Dem Angeklagten wird Verstoß gegen das BtMG vorgeworfen. Zum Transport der Drogen soll er seinen Pkw benutzt haben. Die Staatsanwaltschaft will in der Hauptverhandlung die Einziehung beantragen. Zur Sicherung lässt sie im vorbereitenden Verfahren den Pkw nach §§ 111b f. StPO beschlagnahmen. In der Hauptverhandlung wird später vom Sitzungsvertreter die Einziehung des Pkw beantragt und vom Gericht im Urteil angeordnet. Das Urteil wird rechtskräftig.

Rechtsanwalt R erhält als Verteidiger nur einmal die Gebühr nach Nr. 4142 VV. Er ist zwar sowohl im vorbereitenden Verfahren als auch im gerichtlichen Verfahren im Hinblick auf die Einziehung tätig geworden, diese Verfahrensabschnitte bilden jedoch nach Anm. 3 eine Einheit. Die Gebühr entsteht nur einmal.

3. Zeitpunkt der Tätigkeit

Das Entstehen der Gebühr ist **unabhängig** von dem **Zeitpunkt**, zu dem der Rechtsanwalt die auf die Einziehung bezogene Tätigkeit erbringt. Wird der Rechtsanwalt im Rechtszug erstmals im gerichtlichen Termin im Hinblick auf die Einziehung tätig, entsteht dadurch dennoch die Verfahrensgebühr nach Nr. 4142 VV.   14

Beispiel:

Dem Angeklagten wird ein Verstoß gegen das BtMG vorgeworfen. Zum Transport der Drogen hat er einen Pkw benutzt. Da nicht feststeht, ob es sich um den eigenen Pkw des Angeklagten handelt, sieht die Staatsanwaltschaft im vorbereitenden Verfahren von einer Maßnahme nach §§ 111b f. StPO ab. In der Hauptverhandlung wird später aber vom Sitzungsvertreter, nachdem sich herausgestellt hat, dass der Angeklagte Eigentümer des Pkw ist, die Einziehung beantragt.

Rechtsanwalt R erhält als Verteidiger die Gebühr nach Nr. 4142 VV. Zwar ist der Antrag auf Einziehung und die darauf gerichtete Tätigkeit des Rechtsanwalts erst in der Hauptverhandlung erbracht worden, es entsteht aber dennoch die Verfahrensgebühr nach Nr. 4142 VV. Diese deckt den gesamten Rechtszug, also auch den Verfahrensabschnitt „Termin" ab.

Nr. 4142 VV   *Verfahrensgebühr bei Einziehung und verwandten Maßnahmen*

4. Erfasste Tätigkeiten

a) Allgemeines

15 Die Tätigkeit muss sich auf die Einziehung und verwandte Maßnahmen richten. Das sind **alle Tätigkeiten**, die einen Bezug zu den unter Rn. 6 genannten Maßnahmen haben, also z.B. Schriftsätze, Stellungnahmen, Besprechungen, Beschwerden usw. **Entscheidend** ist aber, dass der Rechtsanwalt eine Tätigkeit im Hinblick auf die Maßnahmen erbringt. Allein der Umstand, dass er sich gegen die Verurteilung des Mandanten wehrt, reicht nicht aus, auch wenn im Fall der Verurteilung ggf. eine Einziehung in Betracht kommen würde (Pillmann/Onderka, a.a.O., S. 425). Vielmehr muss es eine Tätigkeit sein, die sich „auf die Einziehung bezieht".

16 **Hinweis:**

Der **Umfang** der vom Rechtsanwalt entfalteten Tätigkeiten ist allerdings **ohne Belang**. Er hat, da es sich um eine reine Wertgebühr handelt, auch keinen Einfluss auf die Gebührenhöhe.

b) Gerichtliche oder außergerichtliche Tätigkeit

17 Die Verfahrensgebühr entsteht für **alle gerichtlichen** und **außergerichtlichen** Tätigkeiten des Rechtsanwalts im Hinblick auf Einziehung oder verwandte Maßnahmen. Die Verfahrensgebühr Nr. 4142 VV wird also **auch** durch eine **bloß beratende** Tätigkeit des Rechtsanwalts ausgelöst (KG, RVGreport 2005, 390 = AGS 2005, 550 = JurBüro 2005, 531; OLG Koblenz StV 2008, 372; LG Essen, AGS 2006, 501 = RVGreport 2007, 465). Dass dann ggf. (anschließend) nicht der Rechtsanwalt, sondern nur der Mandant eine nach außen sichtbare Handlung („objektive Tätigkeit") vornimmt, steht dem Anfall der Gebühr nicht entgegen (KG, a.a.O.; OLG Dresden, 08.11.2006 – 3 Ws 80/06; www.burhoff.de; LG Kiel, StraFo 2007, 307). Ein großer Teil der Arbeit eines Rechtsanwalts besteht aus Aktenstudium und Beratung, d.h. aus außerhalb des Verhältnisses zum Mandanten nicht sichtbaren Handlungen. Mit der Gebühr nach Nr. 4142 VV hat der Gesetzgeber dem Umstand Rechnung getragen, dass zu den im Strafprozess unumgänglichen Überlegungen zur Schuld- und Straffrage eine weitere, die Eigentums- und Vermögenslage des Mandanten berührende Thematik hinzugetreten ist, die i.d.R. Mehrarbeit verursacht (KG, a.a.O.; LG Kiel). Erforderlich, aber auch **ausreichend**, für das Entstehen der zusätzlichen Gebühr ist eine nach **Aktenlage gebotene Beratung** des Mandanten (OLG Düsseldorf, 10.12.2009 – III-1 Ws 654/09, JurionRS 2009, 37013; RVGreport 2011, 228 = StRR 2011, 78 m. Anm. Volpert; OLG Karlsruhe, StraFo 2007, 438 = NStZ-RR 2007, 391 = AGS 2008, 30 = StV 2008, 373; OLG Oldenburg, NJW 2010, 884 = AGS 2010, 128 = StraFo 2010, 132 = RVGreport 2010, 303 = StRR 2010, 356; a.A. offenbar, zumindest aber missverständlich, KG, AGS 2009, 224 = RVGreport 2009, 74 = StRR 2008, 478 = NStZ-RR 2008, 391 = JurBüro 2009, 30). Das wird immer der Fall sein, wenn die Fragen der Einziehung nahe liegen, weil aufgrund der Aktenlage (ggf. Dealgeld) z.B. mit einem Einziehungsantrag in der Hauptverhandlung zu rechnen ist (OLG Karlsruhe, a.a.O.; LG Berlin, LG Kiel, a.a.O.,). oder weil in der Anklage die Einziehung beantragt wird (OLG Düsseldorf, 10.12.2009 – III-1 Ws 654/09, JurionRS 2009, 37013; OLG Oldenburg, a.a.O.).

A. Vergütungs-ABC	B. Kommentar
	Teil 4 • Strafsachen • Abschnitt 1 • Unterabschnitt 5

Verfahrensgebühr bei Einziehung und verwandten Maßnahmen   *Nr. 4142 VV*

Hinweis: 18

Es kommt **nicht** darauf an, ob der Erlass der Maßnahme **rechtlich zulässig** ist (so aber offenbar KG, AGS 2009, 224 = RVGreport 2009, 74 = StRR 2008, 478 = NStZ-RR 2008, 391 = JurBüro 2009, 30). Anderenfalls würde das dazu führen, dass die Tätigkeit des Rechtsanwalts nicht honoriert wird, wenn der Antrag der Staatsanwaltschaft keinen Erfolg hat.

Ebenso ist es **bedeutungslos**, wenn es an einer **gerichtlichen Entscheidung** über die Einziehung **fehlt**. Die Erklärung des Einverständnisses mit der formlosen Einziehung (in der Hauptverhandlung) löst also die Verfahrensgebühr Nr. 4142 VV aus (KG, RVGreport 2005, 390 = AGS 2005, 550 = JurBüro 2005, 531; OLG Düsseldorf, 10.12.2009 – III-1 Ws 654/09, JurionRS 2009, 37013; OLG Koblenz, StV 2008, 372; LG Aschaffenburg, RVGreport 2007, 72; LG Essen, AGS 2006, 50 = RVGreport 2007, 465). Es ist auch nicht erforderlich, dass die Einziehung ausdrücklich beantragt worden ist. Es genügt, dass sie nach Lage der Sache in Betracht kommt (vgl. KG, a.a.O.; LG Berlin, RVGreport 2005, 193 = AGS 2005, 395 m. Anm. Schneider; s. aber auch KG, AGS 2009, 224 = RVGreport 2009, 74 = StRR 2008, 478 = NStZ-RR 2008, 391 = JurBüro 2009, 30).

In den Fällen, in denen der Rechtsanwalt nur beratend tätig ist, sollte er **aktenkundig machen** oder sonst sicher stellen, dass er später den Nachweis führen kann, dass er auch tatsächlich eine Tätigkeit im Hinblick auf die Einziehung erbracht hat. Das gilt besonders in der **Revisionsinstanz**, in der ggf. in der Revisionsbegründung deutlich werden sollte/muss, dass der Rechtsanwalt sich auch mit den Fragen der Einziehung befasst hat. Dann kann ihm später nicht entgegengehalten werden, er habe keine Tätigkeit im Hinblick auf die Einziehung erbracht.

Beispiel 1:   19

Der Rechtsanwalt R war dem Angeklagten in einem Verfahren wegen unerlaubten Handeltreibens mit Betäubungsmitteln als Pflichtverteidiger beigeordnet. Nach Abschluss der Hauptverhandlung beantragt er eine Gebühr nach Nr. 4142 VV für die Besprechung mit dem Mandanten über die Zustimmung zur außergerichtlichen Einziehung eines Geldbetrages, der beim Angeklagten als Dealgeld sichergestellt worden war. Zu Recht?

Das KG (RVGreport 2005, 390 = AGS 2005, 550 = JurBüro 2005, 531) hat in diesem Fall eine Gebühr Nr. 4142 VV gewährt. Es komme weder auf eine gerichtliche Entscheidung noch darauf an, ob die Einziehung ausdrücklich beantragt worden sei.

Beispiel 2:   20

Der Angeklagte wird wegen Diebstahls angeklagt und verurteilt. In der Hauptverhandlung wird die Frage der Einziehung des Einbruchswerkzeugs diskutiert. Der Verteidiger erklärt sich mit der außergerichtlichen Einziehung einverstanden.

Die Gebühr Nr. 4142 VV RVG ist entstanden, allerdings ist ggf. die Beschränkung aus Abs. 2 der Anm. zu Nr. 4142 VV RVG zu beachten (vgl. dazu unten Rn. 27).

Beispiel 3:   21

Der Angeklagte ist vom Vorwurf des unerlaubten Handeltreibens mit Betäubungsmitteln in nicht geringer Menge freigesprochen worden. Die dagegen gerichtete Revision der Staatsanwaltschaft hat der BGH verworfen. Während des Revisionsverfahrens hat die Staatsanwaltschaft beantragt, die Beschlagnahme eines bei dem Angeklagten sichergestellten Geldbetrags zur Sicherung des staatlichen Anspruchs auf

Nr. 4142 VV   *Verfahrensgebühr bei Einziehung und verwandten Maßnahmen*

erweiterten Verfall anzuordnen. Diesen Antrag hat das LG im Hinblick auf den Freispruch abgelehnt. Die dagegen erhobene Beschwerde hat die Staatsanwaltschaft zurückgenommen. Der Verteidiger des Angeklagten hat dann u.a. eine Verfahrensgebühr gem. Nr. 4142 VV für die Revisionsinstanz geltend gemacht. Das KG (AGS 2009, 224 = RVGreport 2009, 74 = StRR 2008, 478 = NStZ-RR 2008, 391 = JurBüro 2009, 30) hat diese nicht gewährt.

Die Entscheidung ist **nicht zutreffend**. Das KG (a.a.O.) stellt darauf ab, dass der Verfall nicht Gegenstand des Revisionsverfahrens gewesen ist. Das ist nur insoweit zutreffend, als die angefochtene landgerichtliche Entscheidung sich nicht zur Einziehung bzw. zum Verfall verhielt. Einziehung bzw. Verfall sind aber insoweit Gegenstand des Revisionsverfahrens gewesen, als der Rechtsanwalt im Verfahren über den Antrag der Staatsanwaltschaft auf Beschlagnahme des sichergestellten Geldbetrages tätig geworden ist. Das ist aber auch eine Tätigkeit, die sich i.S.d. Nr. 4142 VV „auf die Einziehung ..... bezieht". Insoweit reicht nach der Rechtsprechung jede Tätigkeit aus, die Einziehung muss nicht ausdrücklich beantragt worden sein (vgl. z.B. LG Kiel, StraFo 2007, 307; LG Berlin, RVGreport 2005, 193). Die Frage, ob die beantragte Maßnahme überhaupt erlassen werden kann, ist ohne gebührenrechtlichen Belang. Anderenfalls würde das nämlich dazu führen, dass die Tätigkeit des Rechtsanwalts nicht honoriert wird, wenn ein Einziehungsantrag- keinen Erfolg hat.

V. Gebührenhöhe (Anm. 2)

1. Allgemeines

22 Die Gebühr Nr. 4142 VV ist als **reine Wertgebühr** gestaltet. Die Gebühr ist daher **unabhängig** davon, ob der **Gebührenrahmen** der jeweiligen Verfahrensgebühr **ausreicht** oder nicht. Nr. 4142 VV ist nicht als Ermessensvorschrift ausgebildet. Vielmehr entsteht die Gebühr in jedem der in der Vorschrift geregelten Fälle (Pillmann/Onderka, a.a.O., 420).

> **Hinweis:**
>
> Nach § 42 Abs. 1 Satz 2 bzw. § 51 Abs. 1 Satz 2 ist die Feststellung einer **Pauschgebühr** nach § 42 oder die Festsetzung einer Pauschvergütung nach § 51 **ausgeschlossen**, da es sich bei der Gebühr Nr. 4142 um eine Wertgebühr handelt (vgl. dazu § 42 Rn. 5, 11 bzw. § 51 Rn. 4 und 37). Das bedeutet, dass auf eine Pauschgebühr eine zuvor bereits festgesetzte und ausgezahlte Gebühr Nr. 4142 VV nicht angerechnet werden darf, weil die Pauschvergütung nicht an die Stelle der Einzelgebühren tritt (LG Rostock, AGS 2011, 24 = RVGreport 2010, 417 m. Anm. Burhoff; zur Frage, ob und inwieweit die in Zusammenhang mit der Wertgebühr stehenden Tätigkeiten bei der Feststellung und Bemessung der Pauschgebühr berücksichtigt werden können/dürfen § 51 Rn. 96 i.V.m. Rn. 77).

23 Ist der Rechtsanwalt für **mehrere Auftraggeber** wegen desselben Gegenstandes tätig, findet Nr. 1008 VV Anwendung. Es handelt sich um eine Verfahrensgebühr (Teil A: Mehrere Auftraggeber [§ 7, Nr. 1008 VV], Rn. 956 ff.). Bei mehreren Beschuldigten wird jedem der volle Verkehrswert zugerechnet (OLG Bamberg, AGS 2007, 192 = JurBüro 2007, 201; LG Aschaffenburg, RVGreport 2007, 72).

2. Gegenstandswert

24 Die Gebühr berechnet sich nach dem **Gegenstandswert**. Maßgeblich ist also der Wert, den der Gegenstand der anwaltlichen Tätigkeit hat (§ 2). Mehrere Gegenstandswerte in derselben Angelegenheit sind nach § 7 Abs. 2 zusammenzurechnen. Es gelten die §§ 22 ff. (vgl. auch Rn. 32 ff.).

Verfahrensgebühr bei Einziehung und verwandten Maßnahmen Nr. 4142 VV

Der Rechtsanwalt muss ggf. den Wert für die Gebühr der Nr. 4142 VV durch das Gericht nach § 33 festsetzen lassen. Für das Verfahren zur **Wertfestsetzung** gelten die **allgemeinen Regeln** des § 33 (vgl. auch N. Schneider, AGS-Kompakt 2010, 116; Teil A: Gegenstandswert, Festsetzung [§ 33], Rn. 656 ff. m. **Musterantrag** bei Rn. 697; zum maßgeblichen Zeitpunkt s.u. Rn. 26).

> **Hinweis:**
> Den Festsetzungsantrag sollte der Verteidiger **frühzeitig**, ggf. schon in der Hauptverhandlung im Schlussvortrag, stellen.

Maßgebend für den Gegenstandswert ist der **objektive Wert**, das subjektive Interesse des Betroffenen ist ohne Belang (Gerold/Schmidt/Burhoff, VV 4142 Rn. 19). Daraus folgt, dass z.B. auch eine Fälschung einen Wert haben kann (vgl. AnwKomm-RVG/N. Schneider, VV 4142 Rn. 36). Handelt es sich nur um eine vorläufige Maßnahme, wie z.B. eine Beschlagnahme, ist wegen der Vorläufigkeit ein Abschlag vorzunehmen (OLG Hamm, AGS 2008, 175; AGS 2008, 341; OLG München, AGS 2010, 543 = NStZ-RR 2010, 32 [LS]). Z.T. wird auch darauf abzustellen sein, dass Nr. 4142 VV eine Gebühr ist, die die Tätigkeiten des Rechtsanwalts vergütet, die darauf gerichtet sind, dem Beschuldigten erhaltenswerte Gegenstände zu erhalten (vgl. KG, RVGreport 2005, 390 = AGS 2005, 550 = JurBüro 2005, 531; OLG Frankfurt RVGreport 2007, 72 = JurBüro 2007, 201; OLG Hamm, 29.03.2007 – 3 WS 44/07, www.burhoff.de, jeweils für Betäubungsmittel; s. auch u. Rn. 34; krit. AnwKomm-RVG/N. Schneider, VV 4142 Rn. 37; a.A. Madert JurBüro 2007, 202 in der Anm. zu OLG Frankfurt am Main, a.a.O.). 25

Fraglich ist, welcher **Zeitpunkt** für die Bestimmung des Gegenstandswertes von Bedeutung ist. Die Frage ist vor allem dann von Bedeutung, wenn sich der Gegenstandswert im Laufe des Verfahrens geändert hat. Als **Faustregel** gilt: Maßgeblich ist der Gegenstandswert zum Zeitpunkt des Entstehens der Gebühr im jeweiligen Verfahrensabschnitt. Spätere Erhöhungen/Reduzierungen haben auf bereits entstandene zusätzliche Gebühren keinen Einfluss. Das bedeutet, dass z.B. vom **Verkaufswert** bzw. objektiven Verkehrswert möglicher Einziehungsgegenstände auszugehen ist und nicht von einem späteren, ggf. niedrigeren, Versteigerungserlös (OLG Bamberg, AGS 2007, 192 = JurBüro 2007, 201; LG Aschaffenburg, RVGreport 2007, 72). Für eine im Ermittlungsverfahren oder im gerichtlichen Verfahren erbrachte beratende Tätigkeit richtet sich der Gegenstandswert nach den zum Zeitpunkt der Beratung in der der **Verfahrensakte erkennbaren Anhaltspunkten** und nicht nach einem in der Hauptverhandlung gestellten Schlussantrag der Staatsanwaltschaft, der ggf. von niedrigeren Werten ausgeht (KG, NStZ-RR 2005, 358 = JurBüro 2005, 531 = Rpfleger 2005, 698; OLG Karlsruhe, StraFo 2007, 438 = NStZ-RR 2007, 391 = AGS 2008, 30 = StV 2008, 373; OLG Oldenburg, NJW 2010, 884 = AGS 2010, 128 = StraFo 2010, 132 = RVGreport 2010, 303 = StRR 2010, 356; OLG Stuttgart, RVGprofessionell 2010, 170; LG Magdeburg, StRR 2008, 480). 26

> *Beispiel 3:* 27
>
> *Rechtsanwalt R war Pflichtverteidiger des Angeklagten. Gegen ihn wird Anklage erhoben. In der Anklageschrift wird der Verfall von 600 € und der Verfall von Wertersatz i.H.v. 12.405,00 € beantragt. Der Angeklagte wird zu einer Freiheitsstrafe verurteilt. Außerdem wird der Verfall von Wertersatz i.H.v. 2.500,00 € angeordnet. Rechtsanwalt R beantragt später die Festsetzung einer Gebühr nach Nr. 4142: Hinsichtlich des Gegenstandswertes geht er von den in der Anklage genannten Beträgen aus und legt einen Gegenstandswert von 13.025,00 € zugrunde. Das LG setzt den Gegenstandswert nur auf 2.500,00 €*

fest mit der Begründung, durch das Urteil sei auch nur der Verfall von Wertersatz in dieser Höhe angeordnet worden (Fallgestaltung nach OLG Oldenburg, NJW 2010, 884 = AGS 2010, 128 = StraFo 2010, 132 = RVGreport 2010, 303 = StRR 2010, 356).

Die Ansicht des LG ist falsch. Die für die Wertgebühr maßgebende Höhe des Verfalls richtet sich vielmehr nach den zum Zeitpunkt der Beratung erkennbaren Anhaltspunkten in der Verfahrensakte, nicht nach dem in der Hauptverhandlung später gestellten Schlussantrag der Staatsanwaltschaft bzw. danach, in welcher Höhe letztlich das Gericht den Verfall von Wertersatz festgesetzt hat. Maßgebend ist der Zeitpunkt der Anwaltstätigkeit (vgl. OLG Oldenburg, a.a.O.).

3. Gebühr im Bagatellbereich (Anm. 2)

28 Nach Anm. 2 entsteht die Gebühr **nicht**, wenn der **Gegenstandswert niedriger als 25 €** ist. Damit greift die Vorschrift nicht bei der Einziehung von Gegenständen im Bagatellbereich, insbesondere also nicht bei der Einziehung nur geringwertiger Tatwerkzeuge (vgl. dazu BT-Drucks. 15/1971, S. 228). Sinn und Zweck dieser Regelung ist eine Vereinfachung bei der Festsetzung der anwaltlichen Gebühren. Dadurch soll verhindert werden, dass in sehr vielen Verfahren sonst die Mindestgebühr anfallen würde (vgl. Rn. 32 ff.).

> **Hinweis:**
> Die Tätigkeiten, die der Rechtsanwalt im Hinblick auf Einziehung und verwandte Maßnahmen im sog. Bagatellbereich erbringt, sind über **§ 14 Abs. 1** bei der Bemessung der Rahmengebühr zu berücksichtigen (Gerold/Schmidt/Burhoff, VV 4142 Rn. 17; vgl. dazu Teil A: Rahmengebühren [§ 14], Rn. 1045).

4. Tabelle der Wertgebühren

a) Wahlanwalt

29 Für die konkrete Berechnung der Höhe der Gebühr gilt § 13. Danach entsteht also bei einem Gegenstandswert von 25,00 € (vgl. dazu Rn. 27) bis 300,00 € eine **(Mindest-) Gebühr von 25,00 €**. Darüber hinaus gilt die **Tabelle zu § 13** (vgl. wegen der Werte unten Rn. 50).

b) Gerichtlich bestellter Rechtsanwalt/Pflichtverteidiger

30 Für den gerichtlich bestellten Rechtsanwalt/**Pflichtverteidiger** gilt die **Begrenzung** aus § 49. Die ihm zustehende Gebühr ist also auf die einem im Wege der PKH beigeordneten Rechtsanwalt begrenzt. Ab einem Gegenstandswert von 3.000,00 € ergeben sich also niedrigere Gebühren als für den Wahlanwalt (vgl. wegen der Werte unten Rn. 51).

VI. Kostenerstattung

31 **Gegen** den **Mandanten** kann der Rechtsanwalt die Gebühr der Nr. 4142 VV festsetzen lassen. § 11 Abs. 8 steht nicht entgegen, da es sich um eine reine Wertgebühr handelt (AnwKomm-RVG/N. Schneider, VV 4142 Rn. 48, der zweifelt, ob eine isolierte Festsetzung in Betracht kommt, wenn im Übrigen nur Rahmengebühren abzurechnen sind; Gerold/Schmidt/Burhoff, VV 4142 Rn. 23; zur Festsetzung s. Teil A: Festsetzung der Vergütung [§ 11], Rn. 527 ff.).

Verfahrensgebühr bei Einziehung und verwandten Maßnahmen Nr. 4142 VV

Muss die **Staatskasse** die Gebühren erstatten, kann auch Erstattung der Gebühr Nr. 4142 VV 32 verlangt werden (AnwKomm-RVG/N. Schneider, VV 4141 Rn. 49; Gerold/Schmidt/Burhoff, VV 4142 Rn. 22).

C. Arbeitshilfen

I. ABC der Gegenstandswerte

Abführung, Mehrerlös 33

Betrag des abgeführten Mehrerlöses.

Arrest 34

Im Regelfall als Gegenstandswert **1/3** des zu sichernden Hauptanspruchs (OLG Hamm, AGS 2008, 175 m. abl. Anm. Onderka hinsichtlich des Entstehens der Gebühr Nr. 4142 VV; AGS 2008, 341 = wistra 2008, 160; OLG München, AGS 2010, 543 = NStZ-RR 2010, 32 [LS]).

Beschlagnahme, Sache 35

Objektiver Wert der Sache, wegen der Vorläufigkeit der Maßnahme allerdings mit einem Abschlag (vgl. auch „Arrest").

Betäubungsmittel, Einziehung 36

Betäubungsmittel haben i.d.R. **keinen (Handels -) Wert**, daher ist der Gegenstandswert gleich Null (KG, RVGreport 2005, 390 = AGS 2005, 550 = JurBüro 2005, 531; OLG Frankfurt am Main, RVGreport 2007, 71 = JurBüro 2007, 201 m. abl. Anm. Madert und Kroiß RVG-Letter 2007, 33; OLG Hamm, 29.03.2007 – 3 Ws 44/07, www.burhoff.de; OLG Koblenz, StraFo 2006, 215 = AGS 2006, 237 = JurBüro 2005, 255; RVGreport 2006, 191 = AGS 2006, 236, OLG Schleswig, StraFo 2006, 516; LG Göttingen, AGS 2006, 75; LG Osnabrück, Nds.Rpfl. 2005, 158; AG Nordhorn, AGS 2006, 238; vgl. dazu sinngemäß auch BGH, NStZ-RR 2002, 208; Pillmann/Onderka, a.a.O., S. 428; Mayer-Kroiß, Nr. 4142 – 4147 VV Rn. 17; Hartung/Römermann/Schons, Nr. 4142 VV Rn. 14, krit. AnwKomm-RVG/N. Schneider, VV 4142 Rn. 37; a.A. Madert, JurBüro 2007, 202 in der Anm. zu OLG Frankfurt am Main, a.a.O., Meyer, JurBüro 2005, 354 f.).

Anders wird man jedoch argumentieren können, wenn es um **verkehrsfähige** und **verschreibungsfähige Betäubungsmittel**/Handelsformen von Medikamenten der Anlage I bzw. II zu § 1 Abs. 1 BtMG geht, die auf dem legalen Markt gehandelt werden und deshalb einen objektiven Verkehrswert haben (wie z.B. Subutex-Tabletten, vgl. dazu BGHSt 51, 318 = NJW 2007, 2054 = StRR 2007, 271 m. Anm. Kotz, StRR 2007, 272). Bei ihnen wird man den Gegenstandswert anhand des Verkaufspreises in Apotheken zu bestimmen haben (s. auch Kotz, in: BeckOK-RVG Nr. 4142 [Stand: Dezember 2010], Rn. 19; ähnlich für Streckmittel OLG Schleswig, StraFo 2006, 516).

Dasselbe dürfte für **Grundstoffe** gelten, die **legal gehandelt** werden, zugleich aber auch zur Herstellung von Betäubungsmitteln dienen können und deshalb gem. §§ 98 AMG, 31 GÜG der Einziehung unterliegen (Kotz, in: BeckOK-RVG Nr. 4142 [Stand: Dezember 2010], Rn. 21; in dem Sinne OLG Schleswig, a.a.O.; vgl. z.B. für Gamma-Butyrolacton BGHSt 54, 243 = NJW 2010, 2528 = StRR 2010, 232 m. Anm. Kotz).

Für sog. **Streckmittel hat** schließlich das OLG Schleswig (StraFo 2006, 516) ausdrücklich entschieden, dass deren objektiver Wert ohne die durch das unerlaubte Herstellen des Gemisches geschaffene Aussicht auf illegale Verwertungsmöglichkeit bestimmt werden muss und die in der unerlaubten Anmischung für den illegalen Markt begründete Wertschöpfung außer Betracht bleiben muss. Das OLG geht insoweit vom Bezugspreis der reinen Stoffe auf dem legalen Markt aus (OLG Schleswig, a.a.O.).

37 ■ Dealgeld

Nennwert des eingezogenen Geldbetrages/Unrechtserlös (KG, RVGreport 2005, 390 = AGS 2005, 550 = JurBüro 2005, 531 = Rpfleger 2005, 698; OLG Schleswig, StraFo 2006, 516; zum maßgeblichen Zeitpunkt für die Höhe des Gegenstandswertes s. Rn. 26).

38 ■ Diebesgut

Auszugehen ist vom Verkaufswert bzw. **objektiven Verkehrswert** und nicht von einem späteren, ggf. niedrigeren Versteigerungserlös (OLG Bamberg, AGS 2007, 192 = JurBüro 2007, 201; LG Aschaffenburg, RVGreport 2007, 72).

39 ■ Diebeswerkzeug

Wert des Werkzeuges, wobei die Bagatellgrenze von Abs. 2 der Anm. zu Nr. 4142 VV RVG besonders zu beachten ist (vgl. oben Rn. 25 f.).

40 ■ Einziehung

Objektiver Wert des Gegenstandes (zum maßgeblichen Zeitpunkt für die Höhe des Gegenstandswertes s. Rn. 26 und zur Abgrenzung der Feststellung des Gegenstandswertes bei der Einziehung gegenüber der beim Verfall OLG Schleswig, StraFo 2006, 516; zur Einziehung eines Leasingfahrzeugs vgl. OLG Düsseldorf, 10.12.2009 – III-1Ws 654/09, JurionRS 2009, 37013 [ursprünglicher Fahrzeugpreis abzgl. Abschlag für den Wertverlust des Fahrzeugs]).

41 ■ Einziehung einer Sache

Objektiver Wert der eingezogenen Sache, auch Fälschungen können einen Wert haben (OLG Schleswig, StraFo 2006, 516; AnwKomm-RVG/N. Schneider, VV 4141 Rn. 36).

42 ■ Fahrerlaubnis

Der Fall wird nicht von Nr. 4142 VV RVG erfasst, daher kein Gegenstandswert (OLG Koblenz, RVGreport 2006, 191 m. Anm. Burhoff = AGS 2006, 236= VRR 2006, 238; AG Nordhorn, AGS 2006, 238; Volpert, VRR 2006, 238; a.A. Krause, JurBüro 2006, 118; s. auch oben Rn. 8 und unten Rn. 45).

43 ■ Fälschung

Kann ggf. (subjektiven) Wert haben (vgl. oben Rn. 25 und AnwKomm-RVG/N. Schneider, VV 4141 Rn. 36).

Verfahrensgebühr bei Einziehung und verwandten Maßnahmen Nr. 4142 VV

▪ Falschgeld 44

kein Gegenstandswert (OLG Frankfurt am Main, JurBüro 2007, 201 = RVGreport 2007, 71; AnwKomm-RVG/N. Schneider, VV 4142 Rn. 36; nicht eindeutig Riedel/Sußbauer/Schmahl, VV Teil 4 Abschnitt 1 Rn. 128).

▪ Führerscheinformular 45

Das Führerscheinformular, in dem sich die Erlaubnis zum Führen von Kfz verkörpert, hat einen **Vermögenswert**. Der ist danach zu bemessen, welche finanziellen Mittel der Betroffene aufwenden muss, um von der Verwaltungsbehörde ein neues Fahrerlaubnisformular zu erlangen. Das ist nicht der Preis, der ggf. für Fahrstunden und Fahrerlaubnisprüfung zu zahlen ist, sondern der, der als Verwaltungsgebühr bei der Behörde anfällt (Burhoff, RVGreport 2006, 191 in der Anm. zu OLG Koblenz, RVGreport 2006, 191; Volpert, VRR 2006, 238; s. auch oben Rn. 8, 42).

▪ Pkw 46

Objektiver Wert des Pkws (vgl. OLG Düsseldorf, 10.12.2009 – III-1Ws 654/09, JurionRS 2009, 37013 für die Einziehung eines Leasingfahrzeugs, ursprünglicher Fahrzeugpreis abzgl. Abschlag für den Wertverlust des Fahrzeuges).

▪ Schmuggelware 47

s. „Zigaretten, unversteuerte".

▪ Unbrauchbarmachung 48

Objektiver Wert des Gegenstandes.

▪ Verfall 49

Objektiver Wert des Erlangten/Unrechtserlös (OLG Schleswig, StraFo 2006, 516; LG Kiel, 21.07.2006 – 2 Ws 318/06); beim Verfallsbeteiligten nach seinem wirtschaftlichem Interesse an der Abwehr der Maßnahme (vgl. BGH, NStZ 2007, 341 = StraFo 2007, 302 m. Anm. Pananis = wistra 2007, 232 = RVGreport 2007, 313; vgl. auch OLG Köln, StraFo 2007, 525 [15 Mio. €]).

Bei (eingezogenem bzw.) für verfallen erklärtem **Dealgeld** ist der Nennbetrag maßgeblich (KG, RVGreport 2005, 390 = NStZ-RR 2005, 358 = JurBüro 2005, 531 = Rpfleger 2005, 698).

▪ Vernichtung 50

Objektiver Wert der Sache.

▪ Zigaretten, unversteuerte 51

Der Materialwert zuzüglich der üblichen Handelsspanne (LG Essen, AGS 2006, 501 = RVGreport 2007, 465; **a.A.** OLG Brandenburg, wistra 2010, 199 = NStZ-RR 2010, 192 = Rpfleger 2010, 392; LG Berlin, 13.10.2006 – 536 Qs 250/06, www.burhoff.de, rechtskräftig durch Verwerfungsentscheidung des KG, 20.12.2006 – 5 WS 687/06; LG Cottbus, 25.02.2009 – 22 Qs 38/08; LG Würzburg, 16.05.2007 – 5 Qs 117/07; s. auch noch LG Hof, AGS 2008, 80, das vom Schwarzmarktpreis auszugeht, der sich auf ca. 15,00 €/Stange beläuft).

Nr. 4142 VV *Verfahrensgebühr bei Einziehung und verwandten Maßnahmen*

II. Gebührentabellen

1. Wahlanwalt Wertgebührentabelle

52

Gegenstandswert in €	Gebühr	Gegenstandswert in €	Gebühr
300,00	25,00	125.000,00	1.431,00
600,00	45,00	140.000,00	1.508,00
900,00	65,00	155.000,00	1.585,00
1.200,00	85,00	170.000,00	1.662,00
1.500,00	105,00	185.000,00	1.739,00
2.000,00	133,00	200.000,00	1.816,00
2.500,00	161,00	230.000,00	1.934,00
3.000,00	189,00	260.000,00	2.052,00
3.500,00	217,00	290.000,00	2.170,00
4.000,00	245,00	320.000,00	2.288,00
4.500,00	273,00	350.000,00	2.406,00
5.000,00	301,00	380.000,00	2.524,00
6.000,00	338,00	410.000,00	2.642,00
7.000,00	375,00	440.000,00	2.760,00
8.000,00	412,00	470.000,00	2.878,00
9.000,00	449,00	500.000,00	2.996,00
10.000,00	486,00	550.000,00	3.146,00
13.000,00	526,00	600.000,00	3.296,00
16.000,00	566,00	650.000,00	3.446,00
19.000,00	606,00	700.000,00	3.596,00
22.000,00	646,00	750.000,00	3.746,00
25.000,00	686,00	800.000,00	3.896,00
30.000,00	758,00	850.000,00	4.046,00
35.000,00	830,00	900.000,00	4.196,00
40.000,00	902,00	950.000,00	4.346,00
45.000,00	974,00	1.000.000,00	4.496,00
50.000,00	1.046,00	1.050.000,00	4.646,00
65.000,00	1.123,00	1.100.000,00	4.796,00
80.000,00	1.200,00	1.150.000,00	4.946,00
95.000,00	1.277,00	1.200.000,00	5.096,00
110.000,00	1.354,00	1.250.000,00	5.246,00

und fortlaufend je 50.000 € 150 € mehr

Verfahrensgebühr bei Einziehung und verwandten Maßnahmen Nr. 4142 VV

2. Pflichtverteidiger Wertgebührentabelle

53

Gegenstandswert in €	Gebühr	Gegenstandswert in €	Gebühr
300,00	25,00	**6.000,00**	225,00
600,00	45,00	**7.000,00**	230,00
900,00	65,00	**8.000,00**	234,00
1.200,00	85,00	**9.000,00**	238,00
1.500,00	105,00	**10.000,00**	242,00
2.000,00	133,00	**13.000,00**	246,00
2.500,00	161,00	**16.000,00**	257,00
3.000,00	189,00	**19.000,00**	272,00
3.500,00	195,00	**22.000,00**	293,00
4.000,00	204,00	**25.000,00**	318,00
4.500,00	212,00	**30.000,00**	354,00
5.000,00	219,00	**Über 30.000,00**	391,00

Nr. 4143 VV
Verfahrensgebühr erstinstanzliche Verfahren über vermögensrechtliche Ansprüche des Verletzten oder seines Erben

Nr.	Gebührentatbestand	Gebühr oder Satz der Gebühr nach § 13 oder § 49 RVG	
		Wahlanwalt	gerichtlich bestellter oder beigeordneter Rechtsanwalt
4143	Verfahrensgebühr für das erstinstanzliche Verfahren über vermögensrechtliche Ansprüche des Verletzten oder seines Erben (1) Die Gebühr entsteht auch, wenn der Anspruch erstmalig im Berufungsverfahren geltend gemacht wird. (2) Die Gebühr wird zu einem Drittel auf die Verfahrensgebühr, die für einen bürgerlichen Rechtsstreit wegen desselben Anspruchs entsteht, angerechnet.	2,0	2,0

Übersicht

	Rn.
A. Überblick	1
B. Kommentierung	2
I. Allgemeines	2
1. Angelegenheiten	4
II. Anwendungsbereich der Vorschrift (Anm. 1)	6
1. Sachlicher Abgeltungsbereich	6
2. Anwendung im Verfahren nach dem StrEG	8
3. Entstehen der Verfahrensgebühr	10
4. Persönlicher Geltungsbereich	12
a) Verteidiger/Vertreter	12
b) Gerichtlich bestellter oder beigeordneter Rechtsanwalt	14
aa) Nebenklägerbeistand	15
bb) Pflichtverteidiger	16
III. Gebührenhöhe	20
1. Allgemeines	20
2. Berechnung der Gebühr	21
a) Gegenstandswert	21
b) Festsetzung des Wertes	23
3. Höhe der Gebühr	24
4. Einigungsgebühr	26
5. Pauschgebühr (§§ 42, 51)	30
6. Tabelle der Wertgebühren	31
a) Wahlanwalt	31

A. Vergütungs-ABC | **B. Kommentar**
Teil 4 • Strafsachen • Abschnitt 1 • Unterabschnitt 5

Verfahrensgebühr über vermögensrechtliche Ansprüche, 1. Instanz   *Nr. 4143 VV*

b) Bestellter Rechtsanwalt/Pflichtverteidiger	32
IV. Anrechnung (Anm. 2)	33
1. Allgemeines	33
2. Voraussetzungen der Anrechnung	34
3. Umfang und Verfahren der Anrechnung	35
V. Kostenentscheidung/-erstattung	38
C. Arbeitshilfen	41
I. Wertgebührentabelle: Wahlanwalt	41
II. Wertgebührentabelle: Beigeordneter/bestellter Rechtsanwalt (Pflichtverteidiger)	42

Literatur:

Burhoff, ABC der Gegenstandswerte im Straf- und Bußgeldverfahren, RVGreport 2011, 282; *Enders*, Gegenstandswert der Anwaltsgebühren bei Abwehr von Schadensersatzansprüchen, JurBüro 2003, 631; *Hergenröder*, Die Gebühren des Adhäsionsverfahrens, AGS 2006, 158; *Schneider*, Anrechnung der Geschäftsgebühr im Adhäsionsverfahren, AGS 2005, 51; *ders.*, Vergütung im isolierten Adhäsionsverfahren, AGS 2006, 582; *ders.*, Abrechnung im Adhäsionsverfahren, AGS 2009, 1; *Volpert*, Die richtige Abrechnung der Tätigkeit im Verfahren nach dem Strafrechtsentschädigungsgesetz, BRAGOprofessionell 2003, 91.

A. Überblick

Nr. 4143 VV regelt die Vergütung des Rechtsanwalts, der im erstinstanzlichen Strafverfahren mit   **1** der Verfolgung oder Abwehr von vermögensrechtlichen Ansprüchen befasst ist; i.d.R. wird es sich um Tätigkeiten im strafverfahrensrechtlichen Adhäsionsverfahren handeln (§§ 403 ff. StPO; vgl. dazu eingehend Burhoff, HV, Rn. 72 ff.). Vorgesehen ist eine zusätzliche **Verfahrensgebühr**. Diese fällt als **Wertgebühr** an. Sinn und Zweck der Vorschrift ist es, in diesen Fällen die oft zeitaufwendigen und umfangreichen Tätigkeiten des Rechtsanwalts über die Betragsrahmengebühr hinaus angemessen zu honorieren. Nach Anm. 2 der Nr. 4143 VV wird die Gebühr zur Hälfte auf eine Verfahrensgebühr angerechnet, die der Rechtsanwalt wegen desselben Anspruchs in einem später ggf. noch geführten bürgerlichen Rechtsstreit erhält (vgl. dazu die Rn. 33 ff.). Nach § 89 Abs. 2 BRAGO wurden zwei Drittel angerechnet. Mit dieser Reduzierung der Anrechnung und der Erhöhung der im Adhäsionsverfahren anfallenden Gebühren hat der Gesetzgeber die **Bedeutung des Adhäsionsverfahrens**, das in der Praxis keine große Rolle spielte, **stärken** wollen.

> **Hinweis:**
> Ob dieses Ziel erreicht worden ist, ist fraglich, obwohl nicht zu verkennen ist, dass – wie das Ansteigen der veröffentlichten Rechtsprechung zu den Fragen der Nr. 4143 f. VV zeigt – diese Verfahren in der Praxis offenbar zugenommen haben. Das gesetzgeberische Ziel hat aber nicht zur Folge, dass demjenigen Geschädigten, der einen Schmerzensgeldanspruch auf dem Zivilrechtsweg geltend macht, obwohl er – anwaltlich vertreten – dieses Ziel auch im Adhäsionsverfahren hätte verfolgen können, gegenüber seinem PKH-Antrag im Zivilverfahren **Mutwilligkeit** i.S.d. § 114 ZPO vorgehalten werden kann (OLG Rostock, RVGprofessionell 2011, 33).

B. Kommentierung

I. Allgemeines

Nr. 4143 VV ist eine **zusätzliche Verfahrensgebühr**. Sie ist als Wertgebühr ausgestaltet und   **2** steht dem Rechtsanwalt zu, wenn er im Strafverfahren Tätigkeiten im Hinblick auf die Geltend-

Nr. 4143 VV *Verfahrensgebühr über vermögensrechtliche Ansprüche, 1. Instanz*

machung bzw. Abwehr eines aus der Straftat erwachsenen vermögensrechtlichen Anspruchs erbringt. Der Verteidiger bzw. der Vertreter eines Verfahrensbeteiligten erhält die Gebühr Nr. 4143 VV dann zusätzlich zu den ihm im Übrigen zustehenden Gebühren. I.d.R. wird der Rechtsanwalt im (förmlichen) Adhäsionsverfahren nach den §§ 403 ff. StPO für den Mandanten tätig werden. Erforderlich ist das aber nicht. Die Gebühr entsteht also auch, wenn nur vermögensrechtliche Ansprüche im Strafverfahren mit erledigt werden (OLG Jena, AGS 2009, 587 m. Anm. N. Schneider = RVGreport 2010, 106 = StRR 2010, 114 = NJW 2010, 455; Gerold/Schmidt/Burhoff, VV 4143 Rn. 6; Hartung/Römermann/Schons, 4143, 4144 VV Rn. 9; Hartung/Schons/Enders, Nr. 4143, 4144 Rn. 9; nicht ganz eindeutig AnwKomm-RVG/N. Schneider, VV 4143 – 4144, Rn. 7 und Rn. 12 ff.; a.A. hier die Voraufl., was aufgegeben wird). Die Gebühr Nr. 4143 VV setzt also keinen förmlichen Antrag nach § 404 Abs. 1 StPO voraus

3 *Beispiel:*

Im letzten Hauptverhandlungstermin eines Strafverfahrens wird der Geschädigte als Nebenkläger zugelassen. Ihm wird zudem Rechtsanwalt R als Opferanwalt beigeordnet (§ 397a i.V.m. § 395 StPO). Nachdem diesem auf seinen Antrag auch PKH zum Abschluss eines Vergleichs bewilligt worden ist, schließen der Nebenkläger und der Angeklagte zu Protokoll der Hauptverhandlung einen Vergleich über die Zahlung eines Schmerzensgeld i.H.v. 1.500€. Im Kostenfestsetzungsantrag macht R dann später u.a. auch eine Verfahrensgebühr nach Nr. 4143 VV geltend (Fallgestaltung nach OLG Jena, AGS 2009, 587 = RVGreport 2010, 106 = StRR 2010, 114 = NJW 2010, 455).

Die Verfahrensgebühr Nr. 4143 VV ist für den R festzusetzen. Ein förmliches Adhäsionsverfahren ist für ihr Entstehen nicht erforderlich (eingehend OLG Jena, a.a.O.). Außerdem ist eine Einigungsgebühr nach Nr. 1003 VV entstanden (vgl. dazu Rn. 26 ff.)

Hinweis:

Der Rechtsanwalt muss darauf achten, dass nach allgemeiner Meinung beim Nebenkläger die Beiordnung des Rechtsanwalts als Beistand sich nicht auf die die Geltendmachung vermögensrechtlicher Ansprüche des Verletzten erstreckt (vgl. dazu Rn. 15 m.w.N.). Deshalb muss ggf. die **Erweiterung** einer **Beiordnung**/der **PKH** auch für den Abschluss des Vergleichs beantragt werden (OLG Jena, a.a.O.).

1. Angelegenheiten

4 Ob Adhäsionsverfahren bzw. die Verfolgung von vermögensrechtlichen Ansprüchen i.S.d. Nr. 4143 VV und Strafverfahren dieselbe oder verschiedene gebührenrechtliche Angelegenheiten bilden, lässt sich dem RVG nicht entnehmen; in § 17 Nr. 10 ff. ist eine entsprechende Regelung nicht enthalten. Zutreffend dürfte es sein, das (Adhäsions-) Verfahren als Teil des Strafverfahrens anzusehen, das aber nicht der Verwirklichung des staatlichen Strafanspruchs dient, sondern der Geltendmachung der zivilrechtlichen Schadensersatz- und Schmerzensgeldansprüche des Verletzten. Das entspricht im Grunde auch der Intention des Gesetzgebers, aus prozessökonomischen Gründen das zivilrechtlich geprägte Adhäsionsverfahren als Annex an das Strafverfahren anzugliedern. Das hat zur Folge, dass Strafverfahren und Adhäsionsverfahren **dieselbe Angelegenheit** sind (OLG Brandenburg, AGS 2009, 325 = RVGreport 2009, 341; LG Düsseldorf, RVGreport 2011, 104 = StRR 2010, 440 = VRR 2010, 479 m. Anm. Volpert; inzidenter auch OLG Köln, AGS 2009, 29 = StraFo 2009, 87 = RVGreport 2009, 465; so auch Teil A: Angelegenheiten [§§ 15 ff.], Rn. 82; AnwKomm-RVG/N. Schneider, VV 4143 – 4144 im Beispiel bei

Verfahrensgebühr über vermögensrechtliche Ansprüche, 1. Instanz Nr. 4143 VV

Rn. 18 sowie N. Schneider, AGS 2009, 1 ff.; a.A. wohl KG, RVGreport 2009, 302 = AGS 2009, 484 = JurBüro 2009, 529 = VRR 2009, 238).

> **Hinweis:**
> Es entsteht also **nicht** eine (weitere) **Postentgeltpauschale** Nr. 7002 VV (vgl. die Anm. zu Nr. 7002 VV).

War der Rechtsanwalt als Vertreter **mehrerer Nebenkläger** tätig oder mehreren Nebenklägern zur Durchsetzung von Schadensersatz- und Schmerzensgeldansprüchen im Rahmen eines Adhäsionsverfahrens innerhalb desselben Strafverfahrens beigeordnet, wird er Rechtsanwalt in derselben Angelegenheit tätig mit der Folge, dass er die Gebühr Nr. 4143 VV nur einmal erhält (OLG Brandenburg, AGS 2009, 325 = RVGreport 2009, 341). Etwas anderes dürfte dann gelten, wenn es sich bei den Lebenssachverhalten, die Grundlage der Adhäsionsverfahren sind, um unterschiedliche Sachverhalte handelt (vgl. KG, RVGreport 2009, 302 = AGS 2009, 484 = JurBüro 2009, 529 = VRR 2009, 238; zur Berechnung des Gegenstandswertes s. Rn. 21 f.). 5

II. Anwendungsbereich der Vorschrift (Anm. 1)

1. Sachlicher Abgeltungsbereich

Die Tätigkeit des Rechtsanwalts muss sich „auf die Geltendmachung oder Abwehr eines aus der Straftat erwachsenen vermögensrechtlichen Anspruchs" – nicht unbedingt im förmlichen **Adhäsionsverfahren** nach den §§ 403 ff. StPO (vgl. die Nachw. bei Rn. 2 f.) – beziehen. Dabei ist es unerheblich, ob der Rechtsanwalt diese Ansprüche – wie der Verteidiger – abwehrt oder ob er sie – wie der Vertreter des Verletzten, z.B. als Nebenklägervertreter, – aktiv geltend macht. Auch der Umfang der anwaltlichen Tätigkeit ist für die Gebühr ohne Belang. 6

> **Hinweis:**
> Ist der Rechtsanwalt nur mit der Geltendmachung bzw. Abwehr eines aus der Straftat erwachsenen vermögensrechtlichen Anspruchs im Strafverfahren beauftragt (sog. **isoliertes Adhäsionsverfahren**) wird es nicht nach Teil 4 Abschnitt 3 VV als Einzeltätigkeit abgerechnet, sondern es finden nach Vorbem. 4.3 Abs. 2 VV die Nr. 4143 ff. VV entsprechende Anwendung (vgl. dazu die Vorbem. 4.3 Abs. 2 VV Rn. 23 ff.; Schneider, AGS 2006, 582).

Beispiel:

Rechtsanwalt R wird vom Verletzten einer Körperverletzung beauftragt, gegen den Angeklagten im Adhäsionsverfahren ein Schmerzensgeld von 3000,00 € geltend zu machen. In der Hauptverhandlung einigen sich der Angeklagte und der Verletzte auf die Zahlung eines Schmerzensgeldes in dieser Höhe. Der Verletzte verzichtet auf weitere Ansprüche gegen den Angeklagten. Der Gegenstandswert wird vom Gericht auf 3.000,00 € festgesetzt.

Berechnung der Gebühren:

Verfahrensgebühr Nr. 4143 VV i.V.m. Vorbem. 4 Abs. 2 VV (2,0 Gebühr nach einem Gegenstandswert von 3.000,00 €) 378,00 €

Einigungsgebühr Nr. 1003, 1000 VV (1,0 Gebühr nach einem Gegenstandswert von 3.000,00 €) 189,00 €

Nr. 4143 VV   *Verfahrensgebühr über vermögensrechtliche Ansprüche, 1. Instanz*

Postentgeltpauschale Nr. 7002 VV	<u>20,00 €</u>
Anwaltsvergütung netto:	<u>587,00 €</u>

7   Bei der Gebühr Nr. 4143 VV handelt es sich nach der Legaldefinition um eine „**Verfahrensgebühr**". Honoriert wird also das „Betreiben des Geschäfts" (vgl. Vorbem. Teil 4 Abs. 2 VV). Erfasst werden alle mit einem Adhäsionsverfahren oder der Verfolgung/Abwehr vermögensrechtlicher Ansprüche zusammenhängende Tätigkeiten des Rechtsanwalts im **erstinstanzlichen Verfahren**. Die (entsprechenden) Tätigkeiten im Berufungs- und Revisionsverfahren werden durch die Gebühr der Nr. 4144 VV erfasst. Mit der Gebühr Nr. 4143 VV werden auch die Tätigkeiten abgegolten, die der Rechtsanwalt ggf. im Hinblick auf das Adhäsionsverfahren oder die vermögensrechtlichen Ansprüche im erstinstanzlichen Hauptverhandlungstermin und zu dessen Vorbereitung erbringen muss. Das entspricht dem Charakter dieser Gebühr als Pauschgebühr (Vorbem. 4.1 Abs. 2 Satz 1 VV). Nicht erfasst werden von Nr. 4143 VV die mit der sofortigen Beschwerde nach § 406a StPO gegen einen nach § 406 Abs. 5 Satz 2 StPO ergangenen Beschluss zusammenhängenden Tätigkeiten. Dafür sieht das RVG in Abweichung von der sonstigen Regelung in Teil 4 VV eine eigene Gebühr in Nr. 4145 VV vor.

2. Anwendung im Verfahren nach dem StrEG

8   Die Vorschrift wird von der wohl herrschenden Meinung in der Literatur auf das Verfahren nach dem Gesetz über die Entschädigung von Strafverfolgungsmaßnahmen (**StrEG**) **entsprechend** angewendet (AnwKomm-RVG/N. Schneider, VV 4143 – 4144 Rn. 67; so auch schon zur BRAGO Gebauer/Schneider, BRAGO, § 89 Rn. 4 m.w.N.; Gerold/Schmidt/Burhoff, VV Nr. 4143 Rn. 5; Hartung, in: Hartung/Römermann/Schons, Nr. 4143, 4144 VV Rn. 8; Burhoff, RVGreport 2007, 372; Hartmann, KostG, VV 4143, 4144 Rn. 4; Hartung/Schons/Enders, Nr. 4143, 4144 Rn. 8; so wohl Kotz, in: BeckOK-RVG, Nr. 4143 Rn. 10; a.A. Uher, in: Bischof/Jungbauer, RVG, 2. Aufl., VV 4143, 4144; Riedel/Sußbauer/Schmahl, VV 4143, 4144; Meyer, JurBüro 1992, 4; auch Vorbem. 4.3 VV Rn. 15 und Nr. 4302 Rn. 27 ff.; offen gelassen von Kotz, in: BeckOK-RVG, Nr. 4143 Rn. 10); a.A. ist insoweit die **Rechtsprechung** (vgl. OLG Frankfurt am Main, AGS 2007, 619 = RVGreport 2007, 390 = NStZ-RR 2007, 223; OLG Köln, AGS 2009, 483 = NStZ-RR 2010, 64 [LS] und 128 [LS]; AG Koblenz, 26.10.2010 – 2060 Js 29642/09.25 LS, www. burhoff.de; vgl. auch verneinend zur BRAGO OLG Düsseldorf, JurBüro 1986, 869). Sie lehnt eine planwidrige Regelungslücke ab (vgl. OLG Frankfurt am Main, a.a.O.) und will den Aufwand des Rechtsanwalts in Zusammenhang mit Verfolgung/Abwehr von vermögensrechtlichen Ansprüchen über **§ 14** erfassen und ggf. nach den §§ 42, 51 Pauschgebühren gewähren. M.E. ist der **Literatur-Auffassung** der **Vorzug** zu geben. Die Vorschriften des Teil 4 Abschnitt 1 Unterabschnitt 2 bzw. 3 VV sind auf die Geltendmachung vermögensrechtlicher Ansprüche nicht zugeschnitten. Hinzu kommt, dass die entsprechende Anwendung der Vorschrift auch dem gesetzgeberischen Anliegen besser gerecht wird, besondere Tätigkeiten des Rechtsanwalts besser zu honorieren. Sinn und Zweck der Neuregelung des anwaltlichen Vergütungsrechts war aber gerade eine bessere, vor allem aufwandsbezogenere Honorierung der anwaltlichen Tätigkeiten. Zudem wäre eine Erfassung der entsprechenden Tätigkeiten beim Pflichtverteidiger nicht bzw. immer nur über eine Pauschgebühr möglich, weil diesem nur Festbetragsgebühren zustehen.

Verfahrensgebühr über vermögensrechtliche Ansprüche, 1. Instanz **Nr. 4143 VV**

> **Hinweis:** 9
> Dies gilt aber nur für das sog. **Grundverfahren** (AnwKomm-RVG/N. Schneider, VV 4143 – 4144 Rn. 67; Gerold/Schmidt/Burhoff, VV 4143, 4144 Rn. 9). Wird der Verteidiger/ Rechtsanwalt im sog. **Betragsverfahren** tätig, richtet sich seine Vergütung vorgerichtlich nach Nr. 2300 VV. Muss der Rechtsanwalt nach §§ 13 ff. StrEG den **Klageweg** beschreiten, ist Teil 3 VV anwendbar (zu allem auch Vorbem. 4.3 Rn. 15 ff. und Nr. 4302 VV Rn. 28 ff. für den nicht als Verteidiger tätigen Rechtsanwalt; s. auch Volpert, BRAGOprofessionell 2003, 91; vgl. auch Teil I Buchst. B Ziff. II Nr. 2g der bundeseinheitlichen Ausführungsvorschriften zum Gesetz über die Entschädigung für Strafverfolgungsmaßnahmen [Anlage C zu den RiStBV; abgedruckt bei Meyer-Goßner, Anhang 12, wo noch immer auf § 118 BRAGO verwiesen wird). Wegen Einzelheiten zum StrEG-Verfahren, insbesondere auch wegen der Kostenerstattung wird verwiesen auf Nr. 4302 Rn. 28 ff.

3. Entstehen der Verfahrensgebühr

Die Gebühr **entsteht** mit der **ersten Tätigkeit**, die der Rechtsanwalt im **Hinblick** auf die 10 **Verfolgung/Abwehr** vermögensrechtlicher **Ansprüche** entfaltet. Das wird im Zweifel die Information durch den Mandanten sein, was dem Charakter der Gebühr als „Verfahrensgebühr", die der Rechtsanwalt grds. auch für die Information erhält (vgl. Vorbem. 4 Abs. 2 VV), entspricht. Es kommt nicht darauf an, dass der Rechtsanwalt gegenüber dem Gericht tätig wird bzw. geworden ist (AnwKomm-RVG/N. Schneider, VV 4143 – 4144 Rn. 19; inzidenter auch OLG Jena, AGS 2009, 587 m. Anm. N. Schneider = RVGreport 2010, 106 = StRR 2010, 114 = NJW 2010, 455), denn wenn man kein förmliches Adhäsionsverfahren als Voraussetzung für das Entstehen der Gebühr verlangt, folgt daraus, dass die Gebühr Nr. 4143 VV für jede, auch außergerichtliche, Tätigkeit entstehen kann. A.A. ist Hartmann (KostG, Nr. 4143, 4144 VV RVG Rn. 8). Die Ansicht ist jedoch abzulehnen. Würde man dem folgen, würde das dem Charakter der Vorschrift als besonderer „Verfahrensgebühr" widersprechen, die der Rechtsanwalt ausdrücklich „für das erstinstanzliche Verfahren" erhält. Dieses beginnt aber nicht erst mit einem Hauptverhandlungstermin. Zudem ergibt sich dieses Erfordernis nicht aus dem Wortlaut der Vorschrift, die allgemein als Verfahrensgebühr nicht ein Tätigwerden gegenüber dem Gericht voraussetzt (vgl. dazu Vorbem. 4 VV Rn. 34). Die Gebühr entsteht also **auch**, wenn das Gericht später eine **Entscheidung** nach § 405 StPO trifft, von einer Entscheidung über den Adhäsionsantrag also absieht.

Im **vorbereitenden Verfahren** entsteht **keine Gebühr** nach Nr. 4143 VV. Der Wortlaut der Vor- 11 schrift spricht ausdrücklich vom „erstinstanzlichen Verfahren". Dies ist das gerichtliche Verfahren. Die Tätigkeiten des Rechtsanwalts außerhalb des gerichtlichen Verfahrens werden daher durch die Geschäftsgebühr Nr. 2300 VV abgegolten (AnwKomm-RVG/N. Schneider, VV 4143 – 4144 Rn. 14; Hartung/Schons/Enders, Nr. 4143, 4144 Rn. 9; Gerold/Schmidt/Burhoff, VV 4143, 4144 Rn. 8).

4. Persönlicher Geltungsbereich

a) Verteidiger/Vertreter

Die Nr. 4143 VV gilt nach Vorbem. 4 Abs. 1 VV für den Wahlanwalt als **(Voll-) Verteidiger**, wenn 12 er als Verteidiger bei der Verteidigung des Beschuldigten neben der (eigentlichen) Verteidigung auch die gegen den Mandanten nach den §§ 403 ff. StPO erhobenen Ansprüche abwehrt. Sie gilt

Nr. 4143 VV   *Verfahrensgebühr über vermögensrechtliche Ansprüche, 1. Instanz*

auch, wenn der Verteidiger für den Mandanten Ansprüche nach dem StrEG geltend macht (vgl. oben Rn. 8 f.). Über Vorbem. 4.3 Abs. 2 VV gilt die Vorschrift ebenfalls für den Rechtsanwalt, der nur mit der Geltendmachung oder Abwehr eines Anspruchs als Einzeltätigkeit beauftragt ist (sog. **isoliertes Adhäsionsverfahren**, s. Vorbem. 4.3 VV Rn. 23).

13   Die Vorschrift gilt auch für den Vertreter eines **Privat-** oder **Nebenklägers**, der für den Verletzten – im Adhäsionsverfahren – Ansprüche geltend macht (Vorbem. 4 Abs. 1 VV; AnwKomm-RVG/N. Schneider, VV 4143 – 4144 Rn. 11; Gerold/Schmidt/Burhoff, VV 4143, 4144 Rn. 5).

b)   Gerichtlich bestellter oder beigeordneter Rechtsanwalt

14   Die Vorschrift erfasst grds. auch die vom gerichtlich bestellten oder beigeordneten Rechtsanwalt, also insbesondere vom **Pflichtverteidiger** oder **Nebenklägerbeistand**, erbrachten Tätigkeiten. Wegen des Umfangs der Beiordnung muss jedoch **unterschieden** werden: (s. auch Teil A: Umfang des Vergütungsanspruchs [§ 48 Abs. 1], Rn. 1405 ff.).

aa)   Nebenklägerbeistand

15   Für den **Nebenklägerbeistand** gilt: Ist der Rechtsanwalt dem Nebenkläger/Verletzten im Wege der PKH beigeordnet worden, ist er nur dann befugt, für den Nebenkläger auch vermögensrechtliche Ansprüche gegen den Angeklagten, z.B. im Adhäsionsverfahren, und seine entsprechenden Gebühren gegen die Staatskasse geltend zu machen, wenn er dem Nebenkläger im Rahmen der Gewährung von PKH gem. §§ 404 Abs. 5 Satz 2 StPO, 121 Abs. 2 ZPO ausdrücklich auch **gesondert** für das Adhäsionsverfahren **beigeordnet** worden ist (BGH, StraFo 2001, 306 = NJW 2001, 2486 = Rpfleger 2001, 370; NStZ-RR 2009, 253; KG, RVGreport, 2011, 142 = JurBüro 2011, 254 [LS]; OLG Dresden, AGS 2007, 404; OLG Hamm, JurBüro 2001, 530 = Rpfleger 2001, 565 = NStZ-RR 2001, 351 = AGS 2002, 252; OLG Jena, AGS 2009, 587 m. Anm. N. Schneider = RVGreport 2010, 106 = StRR 2010, 114 = NJW 2010, 455). Das gilt auch für den Abschluss eines Vergleichs (OLG Jena, a.a.O.).

> **Hinweis:**
>
> Als Nebenklägervertreter darf der Rechtsanwalt also nicht vergessen, **ausdrücklich** seine **Beiordnung** auch für das Adhäsionsverfahren zu **beantragen**. Voraussetzung der Beiordnung ist nach §§ 114 ff. ZPO, dass der Nebenkläger die insoweit entstehenden Kosten nicht, auch nicht teilweise, aufbringen kann und die Geltendmachung der Ansprüche hinreichende Aussicht auf Erfolg bietet (s. aber § 119 Abs. 1 Satz 2 ZPO!).
>
> Der Rechtsanwalt darf auch nicht übersehen, dass die Bewilligung von PKH immer **nur** für den **jeweiligen Rechtszug** gilt (BGH, NJW 1999, 2380; KG, RVGreport, 2011, 142 m.w.N.; Meyer-Goßner, § 397a Rn. 17). Im Berufungs- und/oder Revisionsverfahren ist ein entsprechender Antrag also zu wiederholen.
>
> Die **Ablehnung** von PKH ist (im Strafverfahren) **unanfechtbar** (KG, Beschl. v. 26.10.2010 – 4 Ws 146/07, JurionRS 2007, 46746; OLG Brandenburg, Beschl. v. 20.10.2010 – 1 Ws 167/10; OLG Düsseldorf, JurBüro 1990, 908; OLG Stuttgart NStZ-RR 2007, 254 m.w.N.), und zwar auch eine ggf. bewilligte Ratenzahlung (KG, a.a.O.).

Verfahrensgebühr über vermögensrechtliche Ansprüche, 1. Instanz Nr. 4143 VV

bb) Pflichtverteidiger

Beim **Pflichtverteidiger** ist die Frage, ob sich seine Bestellung ohne Weiteres auch auf das Adhäsionsverfahren bezieht, heftig **umstritten**: 16

- Die **Literatur** geht weitgehend übereinstimmend, davon aus, dass die **Pflichtverteidigerbestellung** sich auch auf das Adhäsionsverfahren **erstreckt**. (vgl. u.a. Burhoff, EV, Rn. 1308; Meyer-Goßner, § 140 Rn. 5; KK StPO/Laufhütte, § 140 Rn. 4; MAH/Herrmann/Hellwig, § 23 Rn. 141; Gerold/Schmidt/Burhoff, 4143, 4144 VV Rn. 5; Hartung/Schons/Enders, Nr. 4143, 4144 Rn. 5; Mayer/Kroiß, Nr. 4141 – 4147 Rn. 20; offen gelassen von Kotz, in: BeckOK-RVG, Nr. 4143 Rn. 5; AnwKomm-RVG/N. Schneider, VV 4143, 4144 Rn. 60 f.; a.A. nur Göttlich/Mümmler/Rehberg/Xanke, RVG, „Pflichtverteidiger" 2.2). 17

- Die **Rechtsprechung** ist gespalten. Die wohl **überwiegende Auffassung lehnt** eine **Erstreckung ab** (vgl. u.a. KG, RVGreport 2011, 142 = JurBüro 2011, 254 [LS] unter Aufgabe der früheren Rspr.; OLG Bamberg, StRR 2009, 3 = NStZ-RR 2009, 114, jew. LS; OLG Brandenburg, AGS 2009, 69 = StRR 2009, 3 [LS]; OLG Celle, StraFo 2006, 41; RVGreport 2008, 102 = StRR 2008, 33 [LS]; OLG Hamburg [3. Strafsenat], StraFo 2010, 307 = RVGprofessionell 2010, 190; OLG Jena, Rpfleger 2008, 529 = RVGreport 2008, 395 = StRR 2008, 429; OLG München, StV 2004, 38; OLG Oldenburg, StraFo 2010, 306 = AGS 2010, 306; OLG Stuttgart, AGS 2009, 387 = NStZ-RR 2009, 264 [LS]; OLG Zweibrücken, JurBüro 2006, 643 = RVGreport 2006, 429; LG Bückeburg, NStZ-RR 2002, 31, jew. m.w.N.; LG Osnabrück, Beschl. v. 25.02.2011 – 6 Ks / 830 Js 55726/08 – 5/09; LG Potsdam JurBüro 2011, 135). Das wird u.a. mit der unterschiedlichen Zielsetzung von Strafverfahren und Adhäsionsverfahren begründet (vgl. dazu u.a. OLG Oldenburg, a.a.O.). Demgegenüber **a.A.** sind (gewesen) das KG (Beschl. v. 04.09.2006 – 4 Ws 31/06 [aufgegeben in RVGreport 2011, 142 = JurBüro 2011, 254 [LS]]), das OLG Dresden (AGS 2007, 404), das OLG Hamm (vgl. u.a. StraFo 2001, 361 = AGS 2002, 110 = JurBüro 2001, 531 m.w.N.), das OLG Köln (StraFo 2005, 394 = AGS 2005, 436 = RVGreport 2005, 316), das OLG Hamburg (2. Strafsenat; wistra 2006, 37 = NStZ-RR 2006, 347), das LG Berlin (StraFo 2004, 400) und das LG Görlitz (AGS 2006, 502) von einer „automatischen" Erstreckung der Bestellung nach § 140 StPO auch auf das Adhäsionsverfahren aus. 18

Hinweis: 19

Zutreffend ist die Auffassung der Literatur und der OLG, die von einer **automatischen Erstreckung** ausgehen. Denn der Angeklagte kann sich gegen das Adhäsionsverfahren nicht „wehren", sondern muss sich mit den Ansprüchen des Geschädigten auseinandersetzen, die dieser aktiv gegen ihn geltend macht. Dabei spielen auch Verteidigungsfragen ein Rolle. M.E. ist es unzulässig, dem Angeklagten im Rahmen der Beantragung der Erstreckung auszugeben, auch zu den Erfolgsaussichten seiner Verteidigung Stellung nehmen zu lassen. Eine Trennung zwischen der Tätigkeit als Verteidiger einerseits und als anwaltlicher Vertreter im Adhäsionsverfahren andererseits ist i.d.R. nicht möglich. Zudem spricht auch die **Gesetzesbegründung** (vgl. BT-Drucks. 15/1971, S. 228) dafür, dass von einer Erstreckung auszugehen ist. Danach soll der Pflichtverteidiger die Gebühr nach Nr. 4143 VV ebenfalls erhalten.

Nr. 4143 VV   *Verfahrensgebühr über vermögensrechtliche Ansprüche, 1. Instanz*

Allerdings darf der Verteidiger/Rechtsanwalt die abweichende herrschende Meinung in der Rechtsprechung der OLG nicht übersehen. Er sollte daher **auf jeden Fall**, wenn der Geschädigte einen Adhäsionsantrag stellt, eine Erweiterung der **Pflichtverteidigerbestellung** beantragen. Diese ist von dem Gericht auszusprechen, das den Rechtsanwalt beigeordnet hat. Der Pflichtverteidiger muss bei der Antragstellung dann die Voraussetzungen des § 404 Abs. 5 StPO beachten, also zu den Erfolgsaussichten, der Bedürftigkeit und der fehlenden Mutwilligkeit (§§ 114 ff. ZPO) Stellung nehmen. Der Antrag sollte auch dann gestellt werden, wenn das zuständige OLG bislang die Auffassung vertreten hat, dass die Pflichtverteidigerbestellung sich auf das Adhäsionsverfahren erstreckt (vgl. die Fallgestaltung bei OLG Hamburg [3. Strafsenat], StraFo 2010, 307 = RVGprofessionell 2010, 190).

Und: Es gelten die Ausführungen bei Rn. 15 zur ggf. erforderlichen Wiederholung des Beiordnungsantrags in einem neuen Rechtszug (vgl. BGH, NJW 1999, 2380; KG, RVGreport 2011, 142 = JurBüro 2011, 254 [LS]; Meyer-Goßner, § 397a Rn. 17). Im Berufungs- und/oder Revisionsverfahren ist ein entsprechender Antrag also zu **wiederholen**.

III. Gebührenhöhe

1. Allgemeines

20   **Die Ge**bühr der Nr. 4 **143 VV ist – ebens**o wie z.B. die Gebühr der Nr. 4142 VV – als **reine Wertgebühr** ausgestaltet. Der Rechtsanwalt erhält sie zusätzlich zu den Gebühren nach Unterabschnitt 2 und 3. Die Gebühr ist der Höhe nach vom Gegenstandswert abhängig (vgl. dazu Rn. 19 ff.).

> **Hinweis:**
>
> Der **Umfang** der anwaltlichen Tätigkeit ist also für die Höhe der (Wert-)Gebühr **ohne Belang**.

2. Berechnung der Gebühr

a) Gegenstandswert

21   Die Gebühr berechnet sich nach dem **Gegenstandswert** und damit nach dem Wert, den der Gegenstand der anwaltlichen Tätigkeit hat (§ 2; zum Gegenstandswert allgemein Teil A: Gegenstandswert [§ 33], Rn. 656; s. auch Burhoff, RVGreport 2011, 282). Es gelten die allgemeinen Regeln (OLG Köln, AGS 2009, 29 = StraFo 2009, 87 = RVGreport 2009, 465). Maßgebend für den Gegenstandswert ist i.d.R. die Höhe des geltend gemachten bzw. abgewehrten Anspruchs. Wird ein in das Ermessen des Gerichts gestelltes angemessenes Schmerzensgeld verlangt, ist diejenige Summe zugrunde zu legen, die sich bei objektiver Würdigung des Klagevorbringens als angemessen ergibt. Wird die Forderung durch Urteil zugesprochen, werden der Wert für die Anwalts- und die Gerichtsgebühren i.d.R. identisch sein, sodass die Wertfestsetzung dann nach § 32 erfolgt (vgl. dazu KG, StraFo 2009, 306).

Es gelten die **§§ 22 ff.** Mehrere Gegenstandswerte in derselben Angelegenheit (vgl. dazu oben Rn. 5) werden nach § 22 Abs. 2 zusammengerechnet (OLG Brandenburg, AGS 2009, 325 = RVGreport 2009, 341). Das gilt auch, wenn der Rechtsanwalt in demselben Strafverfahren mehrere Nebenkläger vertritt (OLG Brandenburg, a.a.O.).

A. Vergütungs-ABC	B. Kommentar
	Teil 4 • Strafsachen • Abschnitt 1 • Unterabschnitt 5

Verfahrensgebühr über vermögensrechtliche Ansprüche, 1. Instanz　　　　*Nr. 4143 VV*

Entscheidend für die Höhe des Gegenstandswertes ist der **Wert** des geltend gemachten bzw. **22** abgewehrten **Anspruchs**, nicht etwa nur der Wert des letztlich zuerkannten Anspruchs (vgl. die Anm. zu Nr. 3700 KV GKG; AnwKomm-RVG/N. Schneider, VV 4143–4144 Rn. 24; BGHZ 182, 192 = NJW 2009, 2682 = StRR 2009, 385 m.w.N. zur vom BGH abgelehnten a.A.; KG, StraFo 2009, 306 m.w.N. für Vergleich über eine zunächst höher beziffertes Schmerzensgeld). Über § 23 Abs. 1 Satz 1 gelten grds. die Wertvorschriften des GKG, wie z.B. § 42 Abs. 2 GKG bei Geldrenten (vgl. dazu das Beispiel in Teil A: Mehrere Auftraggeber [§ 7, Nr. 1008 VV], Rn. 998 ff.). Über § 48 GKG gilt daher auch § 3 ZPO (KG, StraFo 2009, 306; OLG Hamm, BRAGOreport 2003, 54 = AGS 2003, 320 m. zust. Anm. Hansens). Dies dürfte auch gelten, wenn eine Gerichtsgebühr nach Nr. 3700 KV GKG nicht anfällt, weil dem geltend gemachten Anspruch nicht stattgegeben worden ist (Volpert, in: Hansen/Braun/Schneider, Teil 5 Rn. 111; vgl. auch § 23 Abs. 1 Satz 3).

b)　Festsetzung des Wertes

Der Gegenstandswert für die Gebühr der Nr. 4143 VV ist durch das Gericht festzusetzen. Für das **23** Verfahren zur **Wertfestsetzung** gelten die **allgemeinen Regeln** (s. auch Teil A: Gegenstandswert, Festsetzung [§ 33], Rn. 656 ff.; zur Wertfestsetzung auch AnwKomm-RVG/N. Schneider, VV 4143–4144 Rn. 23 ff.).

> **Hinweis:**
> Der Wert ist für **jede Instanz gesondert** festzusetzen. Es gilt § 23 mit den dort enthaltenen Verweisungen auf das GKG.

3.　Höhe der Gebühr

Der Rechtsanwalt erhält im erstinstanzlichen Verfahren als Gebühr das **Doppelte** der **vollen Gebühr** **24** des § 13, und zwar sowohl der **Wahlanwalt** als auch der gerichtlich bestellte oder **beigeordnete** Rechtsanwalt (vgl. unten 24 f.). Werden die vermögensrechtlichen Ansprüche erstmals im Berufungsverfahren geltend gemacht, gilt nach Anm. 1 ebenfalls Nr. 4143 VV und nicht etwa Nr. 4144 VV (AnwKomm-RVG/N. Schneider, VV 4143–4144 Rn. 3). Die Nr. 4144 VV regelt die Höhe der Gebühren für den Fall „Berufungs- und Revisionsverfahren über vermögensrechtliche Ansprüche", also im Rechtsmittelverfahren. Ein Rechtsmittelverfahren liegt aber nur dann vor, wenn zuvor ein erstinstanzliches Verfahren stattgefunden hat.

Hat der Rechtsanwalt **mehrere Auftraggeber**, z.B. mehrere Nebenkläger, kommt die Erhöhung **25** der Gebühr nach den Grundsätzen der Nr. 1008 VV um jeweils 0,3 in Betracht (AnwKomm-RVG/N. Schneider, VV 4143–4144 Rn. 17 f.; OLG Brandenburg, AGS 2009, 325 = RVGreport 2009, 341; vgl. Teil A: Mehrere Auftraggeber [§ 7, Nr. 1008 VV], Rn. 976 ff.). Das setzt allerdings voraus, dass die Nebenkläger auch gemeinschaftlich beteiligt sind. Handelt es sich bei den Ansprüchen der Nebenkläger um verschiedene Gegenstände, weil sie z.B. jeweils eigene Ersatzansprüche geltend machen, findet nicht die Nr. 1008 VV Anwendung, vielmehr werden die Gegenstandswerte gem. § 22 addiert (OLG Brandenburg, a.a.O.).

4.　Einigungsgebühr

Die **Mitwirkung** bei einer **Einigung** im Adhäsionsverfahren wird mit einer Einigungsgebühr **26** nach Nr. 1000 ff. VV vergütet. Die Nr. 1000 ff. VV sind nach der ausdrücklichen Regelung der

Nr. 4143 VV *Verfahrensgebühr über vermögensrechtliche Ansprüche, 1. Instanz*

Vorbem. 1 VV (immer auch) neben den in anderen Teilen bestimmten Gebühren anwendbar (vgl. Teil A: Einigungsgebühr [Nrn. 1000, 1003 und 1004 VV], Rn. 458).

27 Für die **Berechnung** der Gebühr gelten die **allgemeinen Regeln** zu Nrn. 1000 ff. VV. Insoweit ist zu unterscheiden (vgl. auch Teil A: Einigungsgebühr [Nrn. 1000 und 1003, 1004 VV], Rn. 482 ff.):

- Erfasst die Einigung **Ansprüche**, die im **Adhäsionsverfahren** geltend gemacht worden sind, entsteht nur die Einigungsgebühr der Nr. 1003 VV i.H.v. **1,0**, da dann ein gerichtliches Verfahren anhängig ist (OLG Köln, AGS 2009, 29 = StraFo 2009, 87 = RVGreport 2009, 465). Die Einigungsgebühr Nr. 1003 VV entsteht nach Auffassung des OLG Jena nicht, wenn beim Gericht lediglich ein Vergleich protokolliert wird (vgl. AGS 2009, 587 m. abl. Anm. N. Schneider = RVGreport 2010, 106 = StRR 2010, 114 = NJW 2010, 455 = JurBüro 2010, 82).

- Werden **Ansprüche** in die Einigung **einbezogen**, die nicht gerichtlich anhängig sind, erhält der Rechtsanwalt die Einigungsgebühr Nr. 1000 VV i.H.v. **1,5**. Außerdem erhöht sich der Gegenstandswert für die Gebühr Nr. 4143 VV.

28 Beispiel:

Der Rechtsanwalt ist Verteidiger des A, gegen den ein Strafverfahren wegen Körperverletzung geführt wird. Im gerichtlichen Verfahren beim AG macht der Geschädigte/Nebenkläger zunächst nur eine Schadensersatzforderung i.H.v. 2.000 € geltend. In der Hauptverhandlung einigen sich der Angeklagte und der Nebenkläger dahin gehend, dass auf den Schadensersatz 1.000 € gezahlt werden und auf das bislang noch nicht geltend gemachte Schmerzensgeld weitere 5.000,00 € (nach AnwKomm-RVG/N. Schneider, VV 4143 – 4144 Rn. 32).

Berechnung der Gebühren	Wahlanwalt	Pflichtverteidiger
Grundgebühr Nr. 4100 VV	165,00 €	132,00 €
Verfahrensgebühr Nr. 4106 VV	140,00 €	112,00 €
Terminsgebühr Nr. 4108 VV	230,00 €	184,00 €
Zusätzliche Gebühr Nr. 4143 VV (Wert: 7.000,00 €)	750,00 €	460,00 €
Einigungsgebühr Nr. 1000, 1003 VV (1,0 aus einem Wert von 2.000,00 €)	133,00 €	133,00 €
Einigungsgebühr Nr. 1000 VV (1,5 aus einem Wert von 5.000,00 €)	451,50 €	328,50 €
gem. § 15 Abs. 3 nicht mehr als 1,5 aus 7.000,00 €	562,50 €	345,00 €
Postentgeltpauschale Nr. 7002 VV	20,00 €	20,00 €
Anwaltsvergütung netto	**1.867,50 €**	**1.253,00 €**

29 Hinweis:

Neben die Gebühr nach Nr. 1003 VV und Nr. 4143 VV kann im **Privatklageverfahren** ggf. noch die Gebühr nach Nr. 4147 VV treten.

Verfahrensgebühr über vermögensrechtliche Ansprüche, 1. Instanz   *Nr. 4143 VV*

5. Pauschgebühr (§§ 42, 51)

Die Bewilligung einer Pauschgebühr ist sowohl für den Wahlanwalt als auch für den bestell-   30
ten oder beigeordneten Anwalt **nicht möglich**. Da es sich um eine Wertgebühr handelt, gilt die
Ausschlussregelung nach §§ 42 Abs. 1 Satz 2, 51 Abs. 1 Satz 2. Das bedeutet, dass auf eine dem
Rechtsanwalt im Übrigen bewilligte Pauschgebühr eine zuvor bereits festgesetzte und ausgezahlte Gebühr Nr. 4143 VV nicht angerechnet werden darf, weil die Pauschvergütung insoweit
nicht an die Stelle der Einzelgebühren tritt (LG Rostock, AGS 2011, 24 = RVGreport 2010, 417
m. Anm. Burhoff zu Nr. 4142 VV; zur Frage, ob und inwieweit die in Zusammenhang mit dem
Adhäsionsverfahren stehenden Tätigkeiten bei der Feststellung und Bemessung der Pauschgebühr berücksichtigt werden können/dürfen § 51 Rn. 77).

6. Tabelle der Wertgebühren

a) Wahlanwalt

Für die **konkrete Berechnung** der Höhe der Gebühr der Nr. 4143 VV gilt § 13. Danach entsteht   31
bei einem Gegenstandswert bis 300,00 € eine (Mindest-)Gebühr von 25,00 €. Darüber hinaus gilt
die Tabelle zu § 13 (vgl. wegen der Werte unten Rn. 40).

b) Bestellter Rechtsanwalt/Pflichtverteidiger

Für den gerichtlich bestellten Rechtsanwalt/**Pflichtverteidiger** gilt die **Begrenzung** aus § 49   32
(OLG Köln, AGS 2009, 29 = StraFo 2009, 87 = RVGreport 2009, 465). Die ihm zustehende Gebühr ist auf die einem im Wege der PKH beigeordneten Rechtsanwalt zustehenden Gebührenbeträge begrenzt. Ab einem Gegenstandswert von 3.000,00 € ergeben sich damit für ihn niedrigere
Gebühren als für den Wahlanwalt (vgl. die Tabelle bei Rn. 41).

IV. Anrechnung (Anm. 2)

1. Allgemeines

Kommt es trotz des Adhäsionsverfahrens noch zu einem Rechtsstreit vor einem Zivilgericht, so   33
ist die Gebühr Nr. 4143 VV gem. Anm. 2 ggf. auf die **Verfahrensgebühr** für den **bürgerlichen
Rechtsstreit anzurechnen**. Entgegen der früheren Regelung in § 89 Abs. 2 BRAGO wird nach
Anm. 2 die Gebühr aber nur noch **zu einem Drittel** angerechnet.

2. Voraussetzungen der Anrechnung

Anm. 2 regelt die Anrechnung wie folgt: 34

- Es muss derselbe Rechtsanwalt, der im Adhäsionsverfahren beauftragt worden war, **auch** für
  das **Zivilverfahren** beauftragt ein (AnwKomm-RVG/N. Schneider, VV 4143 – 4144 Rn. 38;
  Gerold/Schmidt/Burhoff, VV 4143, 4144 Rn. 20).

- Die Anrechnungsvorschrift gilt nur für den als **Prozessbevollmächtigten** tätigen Rechtsanwalt (Hartmann, KostG, Nr. 4143, 4144 VV RVG Rn. 16; Gerold/Schmidt/Burhoff, a.a.O.;
  a.A. AnwKomm-RVG/N. Schneider, VV 4143 – 4144 Rn. 38 unter Hinweis darauf, dass anderenfalls der mit einer Einzeltätigkeit im Zivilprozess beauftragte Rechtsanwalt sonst mehr
  verdienen könnte als der Prozessbevollmächtigte).

Nr. 4143 VV   *Verfahrensgebühr über vermögensrechtliche Ansprüche, 1. Instanz*

- Es muss sich um **denselben Antragsteller** bzw. seinen Rechtsnachfolger handeln (Anw-Komm-RVG/N. Schneider, VV 4143 – 4144 Rn. 40; Gerold/Schmidt/Burhoff, VV 4143, 4144).
- Im Zivilverfahren muss **derselbe Anspruch** geltend gemacht werden wie im Adhäsionsverfahren. Das ist z.B. der Fall, wenn im Strafverfahren nach § 405 StPO nicht, nur teilweise oder nur über den Grund des Anspruchs entschieden worden ist und nun vor dem Zivilgericht der Anspruch voll oder der Höhe nach geltend gemacht wird. Entsprechendes gilt für eine bloße Einigung hinsichtlich des Grundes vor dem Strafgericht. Um denselben Anspruch handelt es sich auch, wenn es vor dem Strafgericht überhaupt nicht zur Entscheidung gekommen ist, z.B. weil das Gericht das Verfahren eingestellt hat oder die Staatsanwaltschaft keine Anklage erhoben hat bzw. das Hauptverfahren vom Gericht nicht eröffnet worden ist. Schließlich handelt es sich um denselben Anspruch, wenn der Adhäsionsantrag zurückgewiesen bzw. der Angeklagte freigesprochen worden ist und nun die Ansprüche vor dem Zivilgericht (weiter-) verfolgt werden (zu allem AnwKomm-RVG/N. Schneider, VV 4143 – 4144 Rn. 41).

> **Hinweis:**
>
> **Entscheidend** für „denselben Anspruch" ist der **konkrete Anspruch**, der im Strafverfahren geltend gemacht worden ist. Insoweit muss mit dem des Zivilverfahrens **Identität** bestehen. Wurde z.B. im Strafverfahren vom Verletzten Schmerzensgeld verlangt, im Zivilverfahren hingegen Verdienstausfall geltend gemacht, handelt es sich nicht um denselben Anspruch. Entsprechendes gilt, wenn die Parteien im Zivilverfahren nicht (mehr) um die ursprünglichen Ansprüche streiten, sondern um die Formwirksamkeit eines dort geschlossenen Vergleichs (AnwKomm-RVG/N. Schneider, VV 4143 – 4144 Rn. 43).

3. Umfang und Verfahren der Anrechnung

35   Für Umfang und Verfahren der Anrechnung gilt:

- Angerechnet wird **nur** die **Gebühr** der **ersten Instanz** (s. Nr. 4144 VV Rn. 8).
- Angerechnet wird **nur ein Drittel** der im Adhäsionsverfahren nach Nr. 4143 VV angefallenen Gebühr. Für die Höhe der Anrechnung ist der Wert des nachfolgenden Rechtsstreits maßgeblich (AnwKomm-RVG/N. Schneider, VV 4143 – 4144 Rn. 46 ff.).

36   *Beispiel:*

B wird von der Staatsanwaltschaft wegen einer Körperverletzung zum Nachteil des V angeklagt. Der Rechtsanwalt R verteidigt B erst im gerichtlichen Verfahren. V macht im Adhäsionsverfahren ein Schmerzengeld von 5.000,00 € geltend. Es findet eine eintägige Hauptverhandlung statt. Das AG sieht gem. § 405 StPO von einer Entscheidung über das Schmerzensgeld ab. B lässt das ergehende Urteil rechtskräftig werden. V verklagt den B nun beim Zivilgericht auf ein Schmerzensgeld i.H.v. 3.000,00 €.

Angerechnet werden darf hier nur aus einem Gegenstandswert von 3.000,00 €, da nur insoweit Identität der Ansprüche besteht.

Berechnung der Gebühren	*Wahlanwalt*	*Pflichtverteidiger*
Strafverfahren		
Grundgebühr Nr. 4100 VV	*165,00 €*	*132,00 €*
Verfahrensgebühr Nr. 4106 VV	*140,00 €*	*112,00 €*

A. Vergütungs-ABC	B. Kommentar
	Teil 4 • Strafsachen • Abschnitt 1 • Unterabschnitt 5

Verfahrensgebühr über vermögensrechtliche Ansprüche, 1. Instanz Nr. 4143 VV

Terminsgebühr Nr. 4108 VV	*230,00 €*	*184,00 €*
Zusätzliche Gebühr Nr. 4143 VV (Wert: 5.000,00 €)	*602,00 €*	*438,00 €*
Postentgeltpauschale Nr. 7002 VV	*20,00 €*	*20,00 €*
Anwaltsvergütung netto	***1.157,00 €***	***886,00 €***
Berechnung der Gebühren	*Wahlanwalt*	*Pflichtverteidiger*
Zivilverfahren		
Verfahrensgebühr Nr. 3100 VV (Gegenstandswert: 3.000,00 €)	*245,70 €*	*245,70 €*
nach Nr. 4143 Anm. 2 anzurechnen:		
1/3 aus 2,0 aus einem Gegenstandswert von (nur) 3.000,00 €	*126,00 €*	*126,00 €*
Terminsgebühr Nr. 3104 VV (Gegenstandswert: 3.000,00 €)	*226,80 €*	*226,80 €*
Postentgeltpauschale Nr. 7002 VV	*20,00 €*	*20,00 €*
Anwaltsvergütung netto	***372,80 €***	***372,850 €***

- Eine im Adhäsionsverfahren nach Nr. 1003 VV entstandene **Einigungsgebühr** wird **nicht** angerechnet, da sich die Anrechnungsbestimmung der Anm. 2 nur auf die Gebühr nach Nr. 4143 VV bezieht.
- Angerechnet wird nach dem ausdrücklichen Wortlaut der Anrechnungsbestimmung **nur auf die Verfahrensgebühr**, die im bürgerlichen Rechtsstreit wegen desselben Anspruchs entsteht. Auf eine im Zivilverfahren anfallende Termins- und/oder Einigungsgebühr nach Nr. 1003 VV wird also nicht angerechnet (Gerold/Schmidt/Burhoff, VV 4143, 4144 Rn. 21).

> **Hinweis:**
> Die Anrechnung hat nach § 15 Abs. 5 Satz 2 vollständig zu **unterbleiben**, wenn zwischen der Beendigung des Adhäsionsverfahrens und der Einleitung des Zivilverfahrens **mehr als zwei Kalenderjahre** liegen.

War der Rechtsanwalt **vorgerichtlich** hinsichtlich der Ansprüche des Adhäsionsverfahrens **tätig**, 37 gilt:

- Hat der Rechtsanwalt **bereits** den **Auftrag**, später nach Anklageerhebung im **Adhäsionsverfahren** als Vertreter des Verletzten/Nebenklägers dessen Ansprüche nach §§ 403 ff. StPO geltend zu machen, so richtet sich seine Vergütung nach Nr. 4143 VV. Kommt es nicht zur Anklageerhebung, erhält er allerdings nicht die Gebühr nach Nr. 4143 VV neben den ihm im Übrigen zustehenden Gebühren, da ein gerichtliches (Adhäsions) Verfahren dann nicht stattgefunden hat (AnwKomm-RVG/N. Schneider, VV 4143 – 4144 Rn. 54).
- Hat der Rechtsanwalt **nur** den **Auftrag**, die Ansprüche **außergerichtlich** geltend zu machen, erhält er seine Vergütung aus Nr. 2300 VV. In diesem Fall fehlt ein „Strafverfahren", sodass Teil 2 VV anzuwenden ist (AnwKomm-RVG/N. Schneider, VV 4143 – 4144 Rn. 55). Vorbem. 2 Abs. 3 VV greift nicht, da es mangels „Strafverfahren" keine in Teil 4 VV geregelte Angelegenheit gibt.
- Ist der Rechtsanwalt **außergerichtlich** tätig gewesen und erhält dann den **Auftrag**, die Ansprüche des Mandanten im **Adhäsionsverfahren** geltend zu machen, erhält er für seine außergerichtliche Tätigkeit die Gebühr nach Nr. 2300 VV. Für seine spätere gerichtliche Tätigkeit entsteht die Gebühr nach Nr. 4143 VV. Eine **Anrechnung erfolgt nicht**. Eine § 118

Nr. 4143 VV   *Verfahrensgebühr über vermögensrechtliche Ansprüche, 1. Instanz*

Abs. 2 BRAGO entsprechende Anrechnungsvorschrift fehlt. Vorbem. 3 Abs. 4 VV gilt nur für die in Teil 3 VV geregelten Gebühren (a.A. AnwKomm-RVG/N. Schneider, VV 4143 – 4144 Rn. 56, der die Anrechnungsvorschriften analog anwenden will; N. Schneider, AGS 2005, 51).

V. Kostenentscheidung/-erstattung

38   Für die **Kostenentscheidung** gilt § 472a StPO. Über die im Adhäsionsverfahren nach §§ 403 ff. StPO entstandenen besonderen Kosten und notwendigen Auslagen muss danach besonders entschieden werden (Meyer-Goßner, § 472a Rn. 1).

39   Für die **Erstattung** der notwendigen Auslagen durch den Angeklagten bzw. im Fall der Erfolglosigkeit des Antrags durch den Neben- oder Privatkläger gelten §§ 464a, 464b StPO. Eine (teilweise) Erstattung der notwendigen Auslagen durch die Staatskasse scheidet im Adhäsionsverfahren aus (s. aber OLG Celle, StraFo 2006, 41). Der Staatskasse können nach § 472a Abs. 2 Satz 2 StPO allenfalls die gerichtlichen Auslagen auferlegt werden (Teil A: Kostenfestsetzung und Erstattung im Strafverfahren, Rn. 842).

40   Gegen seinen **Mandanten** kann der Rechtsanwalt die Gebühr der Nr. 4143 VV nach § 11 **festsetzen** lassen (AnwKomm-RVG/N. Schneider, VV 4143 – 4144 Rn. 65, s. aber zweifelnd in Rn. 66 hinsichtlich der Frage, ob eine isolierte Festsetzung der Gebühr möglich ist, wenn im Übrigen Rahmengebühren abzurechnen sind und die Zustimmungserklärung des Auftraggebers fehlt; s. auch Teil A: Festsetzung der Vergütung [§ 11], Rn. 527 ff.).

C. Arbeitshilfen

I. Wertgebührentabelle: Wahlanwalt

41   Für den Wahlanwalt ergeben sich folgende Gebühren:

Gegenstandswert in €	Gebühr	Gegenstandswert in €	Gebühr
300,00	50,00	8.000,00	824,00
600,00	90,00	9.000,00	898,00
900,00	130,00	10.000,00	972,00
1.200,00	170,00	13.000,00	1.052,00
1.500,00	210,00	16.000,00	1.132,00
2.000,00	266,00	19.000,00	1.212,00
2.500,00	322,00	22.000,00	1.292,00
3.000,00	378,00	25.000,00	1.372,00
3.500,00	434,00	30.000,00	1.516,00
4.000,00	490,00	35.000,00	1.630,00
4.500,00	546,00	40.000,00	1.804,00
5.000,00	602,00	45.000,00	1.948,00
6.000,00	676,00	50.000,00	2.092,00
7.000,00	750,00	65.000,00	2.246,00

Verfahrensgebühr über vermögensrechtliche Ansprüche, 1. Instanz   Nr. 4143 VV

Gegenstandswert in €	Gebühr	Gegenstandswert in €	Gebühr
80.000,00	2.400,00	470.000,00	5.752,00
95.000,00	2.554,00	500.000,00	5.992,00
110.000,00	2.708,00	550.000,00	6.292,00
125.000,00	2.862,00	600.000,00	6.592,00
140.000,00	3.016,00	650.000,00	6.89200
155.000,00	3.170,00	700.000,00	7.192,00
170.000,00	3.324,00	750.000,00	7.492,00
185.000,00	3.478,00	800.000,00	7.792,00
200.000,00	3.632,00	850.000,00	8.092,00
230.000,00	3.868,00	900.000,00	8.392,00
260.000,00	4.104,00	950.000,00	8.692,00
290.000,00	4.340,00	1.000.000,00	8.992,00
320.000,00	4.576,00	1.050.000,00	9.292,00
350.000,00	4.812,00	1.100.000,00	9.592,00
380.000,00	5.048,00	1.150.000,00	9.892,00
410.000,00	5.284,00	1.200.000,00	10.192,00
440.000,00	5.520,00	1.250.000,00	10.492,00
und fortlaufend je 50.000 € 300 € mehr			

II. Wertgebührentabelle: Beigeordneter/bestellter Rechtsanwalt (Pflichtverteidiger)

Für den beigeordneten/bestellten Rechtsanwalt, i.d.R. also den Pflichtverteidiger, ergeben sich   **42** folgende Gebühren:

Gegenstandswert in €	Gebühr	Gegenstandswert in €	Gebühr
300,00	50,00	6.000,00	450,00
600,00	90,00	7.000,00	460,00
900,00	130,00	8.000,00	468,00
1.200,00	170,00	9.000,00	476,00
1.500,00	210,00	10.000,00	484,00
2.000,00	266,00	13.000,00	492,00
2.500,00	322,00	16.000,00	514,00
3.000,00	378,00	19.000,00	544,00
3.500,00	390,00	22.000,00	586,00
4.000,00	408,00	25.000,00	636,00
4.500,00	424,00	30.000,00	708,00
5.000,00	438,00	über 30.000,00	782,00

Nr. 4144 VV
Berufungs- und Revisionsverfahren über vermögensrechtliche Ansprüche des Verletzten oder seiner Erben

Nr.	Gebührentatbestand	Gebühr oder Satz der Gebühr nach § 13 oder § 49 RVG	
		Wahlanwalt	gerichtlich bestellter oder beigeordneter Rechtsanwalt
4144	Verfahrensgebühr im Berufungs- und Revisionsverfahren über vermögensrechtliche Ansprüche des Verletzten oder seines Erben	2,5	2,5

Übersicht

	Rn.
A. Überblick	1
B. Kommentierung	2
I. Allgemeines	2
II. Gebührenhöhe	3
1. Allgemeines	3
2. Einigungsgebühr	6
III. Anrechnung	8
C. Arbeitshilfen	9
I. Wertgebührentabelle: Wahlanwalt	9
II. Wertgebührentabelle: Beigeordneter/bestellter Rechtsanwalt (Pflichtverteidiger)	10

Literatur:

s. die Hinweise bei Nr. 4143 vor Rn. 1.

A. Überblick

1 Nr. 4144 VV **regelt** die **Höhe** der **zusätzlichen Verfahrensgebühr** Nr. 4143 VV für das Berufungs- und Revisionsverfahren. Entgegen der früheren Regelung in § 89 Abs. 1 BRAGO scheidet eine Anrechnung dieser Gebühren auf die eines ggf. noch nachfolgenden Zivilverfahrens aus (vgl. unten Rn. 8).

> **Hinweis:**
>
> Es ist darauf zu achten, dass die Bewilligung von PKH für den Adhäsionsantrag unter Beiordnung eines Rechtsanwalts (Nebenklägerbeistand) immer **nur** für den **jeweiligen Rechtszug** gilt (BGH, NJW 1999, 2380; KG, 24.06.2010 – 1 Ws 22/09 m.w.N.; Meyer-Goßner, § 397a Rn. 17). Im Berufungs- und/oder Revisionsverfahren ist ein PKH-Antrag also zu wiederholen. Die Bewilligung und Beiordnung aus dem erstinstanzlichen Verfahren wirkt nicht fort (KG, a.a.O.).

Berufungs- und Revisionsverfahren über vermögensrechtliche Ansprüche   Nr. 4144 VV

B. Kommentierung

I. Allgemeines

Nr. 4144 VV **regelt nur** die **Höhe** der zusätzlichen Verfahrensgebühr Nr. 4143 VV für das Berufungs- und Revisionsverfahren. Für den Anwendungs- und Abgeltungsbereich gelten daher die Ausführungen bei Nr. 4143 VV Rn. 6 ff. und bei Nr. 4124 VV bzw. Nr. 4130 VV entsprechend. Für das Entstehen der erhöhten Gebühr kommt es auf den Umfang der anwaltlichen Tätigkeiten nicht an.   **2**

II. Gebührenhöhe

1. Allgemeines

Für die Berechnung der Gebühr gelten ebenfalls die Ausführungen zu Nr. 4143 VV Rn. 21 ff. entsprechend. Die Gebühr berechnet sich nach dem **Gegenstandswert**, den die Tätigkeit des Rechtsanwalts im Berufungs- und Revisionsverfahren noch hat. Der Wert für die Gebühr Nr. 4144 VV ist durch das Gericht festzusetzen (s. auch Teil A: Gegenstandswert, Festsetzung [§ 33], Rn. 656 ff.).   **3**

Die Höhe der Gebühr beträgt das **2,5-fache** der vollen Gebühr nach § 13 bzw. nach § 49 (vgl. die Gebührenwerte unten Rn. 9 f.). Das gilt nach Nr. 4143 Abs. 1 VV aber nur, wenn die Ansprüche nicht erstmalig im Berufungsverfahren geltend gemacht werden (AnwKomm-RVG/N. Schneider, VV 4143 – 4144 Rn. 3; vgl. auch Nr. 4143 VV Rn. 24).   **4**

> *Beispiel:*
>
> *Gegen den Angeklagten wird Anklage wegen Körperverletzung erhoben. Der Angeklagte wird verurteilt. Der Verletzte schließt sich als Nebenkläger erst im Berufungsverfahren dem Verfahren an und macht Ansprüche auf Schmerzensgeld im Adhäsionsverfahren geltend.*
>
> *Rechtsanwalt R verdient als Verteidiger des Angeklagten neben den übrigen Gebühren nur eine 1,0-Gebühr nach Nr. 4143 VV, da die Ansprüche erstmalig im Berufungsverfahren geltend gemacht worden sind.*

Ob der **Rechtsanwalt erstmalig** im Berufungs- oder Revisionsverfahren tätig wird, ist für die Höhe der Gebühren **unerheblich** (Gerold/Schmidt/Burhoff, VV 4143, 4144 Rn. 14).   **5**

> *Beispiel:*
>
> *Gegen den Angeklagten wird Anklage wegen Körperverletzung erhoben. Der Nebenkläger schließt sich dem Verfahren sofort an und macht Ansprüche auf Schmerzensgeld im Adhäsionsverfahren geltend. Der Angeklagte wird verurteilt und dem Adhäsionsantrag wird stattgegeben. Der Angeklagte legt Berufung ein und wechselt den Verteidiger.*
>
> *Der „neue" Verteidiger des Angeklagten verdient neben seinen übrigen Gebühren eine Gebühr nach Nr. 4143 VV, deren Höhe sich nach Nr. 4144 VV richtet. Zwar ist er erstmalig erst im Berufungsverfahren mit der Sache befasst, es wird aber in Nr. 4143 Anm. 1 VV nicht auf das erstmalige Tätigwerden des Rechtsanwalts abgestellt, sondern darauf, wann die Ansprüche erstmalig geltend gemacht werden. Das war aber schon im erstinstanzlichen Verfahren.*

2. Einigungsgebühr

Auch für eine ggf. anfallende Einigungsgebühr gelten die Ausführungen bei **Nr. 4143** Rn. 26 ff. **entsprechend**. Für eine im Berufungsverfahren zustande gekommene Einigung gilt Nr. 1004 VV   **6**

Nr. 4144 VV   *Berufungs- und Revisionsverfahren über vermögensrechtliche Ansprüche*

(AnwKomm-RVG/N. Schneider, VV 4143 – 4144 Rn. 33). Der Rechtsanwalt erhält das 1,3-fache der Gebühr nach § 13 (zur Einbeziehung nicht rechtshängiger Ansprüche vgl. das Beispiel bei Nr. 4143 Rn. 28 und bei Teil A: Einigungsgebühr [Nrn. 1000, 1003, 1004], Rn. 484).

Beispiel:

Im Berufungstermin wird auch über eine bereits erstinstanzlich geltend gemachte Forderung über 5.000,00 € verhandelt. Anschließend erfolgt eine Einigung der Parteien. Neben den üblichen Gebühren entstehen:

1. *2,5-Verfahrensgebühr, Nr. 4144 VV (Wert: 5.000,00 €)*   *752,50 €*
2. *1,3-Einigungsgebühr, Nrn. 1000, 1004 VV (Wert: 5.000,00 €)*   *391,30 €*

zzgl. Postentgelte und USt

7   Etwas anderes gilt, wenn die – im Adhäsionsverfahren – verfolgten Ansprüche **erstmalig** im **Berufungsverfahren** geltend gemacht wurden. Die Einigungsgebühr Nr. 1003 VV entsteht dann nur nach dem einfachen Gebührensatz der Anm. 1 zu Nr. 4143 VV (AnwKomm-RVG/N. Schneider, VV 4143 – 4144 Rn. 33; Gerold/Schmidt/Burhoff, VV 4143, 4144 Rn. 19).

III. Anrechnung

8   Eine **Anrechnung** der im Berufungs- oder Revisionsverfahren entstandenen Gebühr auf die Verfahrensgebühr wegen desselben Anspruchs im bürgerlichen Rechtsstreit **unterbleibt vollständig**. Nach Nr. 4143 VV Anm. 2 wird nur die für das erstinstanzliche Verfahren entstandene Verfahrensgebühr angerechnet (Gerold/Schmidt/Burhoff, VV 4143, 4144 Rn. 21). In Nr. 4144 VV wird nicht auf Nr. 4143 VV verwiesen. Auch eine ggf. entstandene Verfahrensgebühr Nr. 3200 VV bzw. Nr. 3206 VV bleibt dem Rechtsanwalt vollständig neben einer Gebühr nach Nrn. 4143, 4144 VV erhalten (vgl. auch BT-Drucks. 15/1971, S. 228).

> **Hinweis:**
>
> Für das **erstinstanzliche** Verfahren bleibt es aber bei der **Anrechnung** nach Nr. 4143 Anm. 3 VV (vgl. dazu Nr. 4143 Rn. 33 ff.).

Berufungs- und Revisionsverfahren über vermögensrechtliche Ansprüche Nr. 4144 VV

C. Arbeitshilfen

I. Wertgebührentabelle: Wahlanwalt

Für den Wahlanwalt ergeben sich folgende Gebühren: 9

Gegenstandswert in €	Gebühr	Gegenstandswert in €	Gebühr
300,00	62,50	125.000,00	3.577,50
600,00	112,50	140.000,00	3.770,00
900,00	162,50	155.000,00	3.962,50
1.200,00	212,50	170.000,00	4.155,00
1.500,00	262,50	185.000,00	4.347,50
2.000,00	332,50	200.000,00	4.540,00
2.500,00	402,50	230.000,00	4.835,00
3.000,00	472,50	260.000,00	5.130,00
3.500,00	542,50	290.000,00	5.425,00
4.000,00	612,50	320.000,00	5.720,00
4.500,00	682,50	350.000,00	6.015,00
5.000,00	752,50	380.000,00	6.310,00
6.000,00	845,00	410.000,00	6.605,00
7.000,00	937,50	440.000,00	6.900,00
8.000,00	1.030,00	470.000,00	7.195,00
9.000,00	1.122,50	500.000,00	7.490,00
10.000,00	1.215,00	550.000,00	7.865,00
13.000,00	1.315,00	600.000,00	8.240,00
16.000,00	1.415,00	650.000,00	8.615,00
19.000,00	1.515,00	700.000,00	8.990,00
22.000,00	1.615,00	750.000,00	9.365,00
25.000,00	1.715,00	800.000,00	9.740,00
30.000,00	1.895,00	850.000,00	10.115,00
35.000,00	2.075,00	900.000,00	10.490,00
40.000,00	2.255,00	950.000,00	10.865,00
45.000,00	2.435,00	1.000.000,00	11.240,00
50.000,00	2.615,00	1.050.000,00	11.615,00
65.000,00	2.807,50	1.100.000,00	11.990,00
80.000,00	3.000,00	1.150.000,00	12.365,00
95.000,00	3.192,50	1.200.000,00	12.740,00
110.000,00	3.385,00	1.250.000,00	13.115,00

Nr. 4144 VV *Berufungs- und Revisionsverfahren über vermögensrechtliche Ansprüche*

II. Wertgebührentabelle: Beigeordneter/bestellter Rechtsanwalt (Pflichtverteidiger)

10 Für den beigeordneten/bestellten Rechtsanwalt, i.d.R. also den Pflichtverteidiger, ergeben sich folgende Gebühren:

Gegenstandswert in €	Gebühr	Gegenstandswert in €	Gebühr
300,00	62,50	6.000,00	562,50
600,00	112,50	7.000,00	575,00
900,00	162,50	8.000,00	585,00
1.200,00	212,50	9.000,00	595,00
1.500,00	262,50	10.000,00	605,00
2.000,00	332,50	13.000,00	615,00
2.500,00	402,50	16.000,00	642,50
3.000,00	472,50	19.000,00	680,00
3.500,00	487,50	22.000,00	732,50
4.000,00	510,00	25.000,00	795,00
4.500,00	530,00	30.000,00	862,50
5.000,00	547,50	über 30.000,00	977,50

Beschwerde gegen die Absehensentscheidung, Adhäsionsverfahren   *Nr. 4145 VV*

Nr. 4145 VV
Beschwerde gegen die Absehensentscheidung im Verfahren über vermögensrechtliche Ansprüche des Verletzten oder seiner Erben

Nr.	Gebührentatbestand	Gebühr oder Satz der Gebühr nach § 13 oder § 49 RVG	
		Wahlanwalt	gerichtlich bestellter oder beigeordneter Rechtsanwalt
4145	Verfahrensgebühr für das Verfahren über die Beschwerde gegen den Beschluss, mit dem nach § 406 Abs. 5 Satz 2 StPO von einer Entscheidung abgesehen wird.	0,5	0,5

Übersicht

	Rn.
A. Überblick	1
B. Kommentierung	3
I. Allgemeines	3
II. Persönlicher Abgeltungsbereich	4
III. Sachlicher Abgeltungsbereich	5
IV. Gebührenhöhe	8
1. Berechnung der Gebühr	8
2. Einigungsgebühr	12
3. Pauschgebühr	13
4. Postentgeltpauschale	14
C. Arbeitshilfen	15
I. Wertgebührentabelle: Wahlanwalt	15
II. Wertgebührentabelle: Beigeordneter/bestellter Rechtsanwalt (Pflichtverteidiger)	16

A. Überblick

Die Nr. 4145 VV ist mit Wirkung zum 01.09.2004 durch das **Opferrechtsreformgesetz** vom 24.06.2004 (BGBl. I, S. 1354, 1357) in das RVG **eingefügt** worden. Die vorherigen Nr. 4145, 4146 VV sind zu den Nr. 4146, 4147 VV geworden. Angepasst worden ist außerdem Vorb. 4.3 Abs. 2 VV.   **1**

Die Einfügung der Nr. 4145 VV war aufgrund der durch das Opferrechtsreformgesetz vom 24.06.2004 (BGBl. I, S. 1354, 1357) neu in die StPO aufgenommenen Vorschriften der §§ 406 Abs. 5, 406a StPO erforderlich. Danach kann im **Adhäsionsverfahren** (vgl. dazu Burhoff, HV, Rn. 72 ff.) das Gericht nach Anhörung der Beteiligten gem. § 406 Abs. 5 Satz 1 StPO durch Beschluss entscheiden, dass es von einer Entscheidung über den Adhäsionsantrag absieht (vgl. § 406 Abs. 5 Satz 2 StPO). Gegen diesen Beschluss kann der Antragsteller nach § 406a StPO sofortige Beschwerde einlegen. Für diese sofortige Beschwerde wäre nach den bis zum 01.09.2004 geltenden gebührenrechtlichen Regelungen ein Gebührentatbestand nicht gegeben gewesen, da nach der Pauschalregelung der Vorbem. 4.1 Abs. 2 Satz 1 VV durch die (allgemeinen) Gebüh-   **2**

Nr. 4145 VV   *Beschwerde gegen die Absehensentscheidung, Adhäsionsverfahren*

ren sämtliche Tätigkeiten abgegolten sind. Davon macht Nr. 4145 VV nun eine Ausnahme. Die Beschwerde nach § 406a StPO ist eine eigene Gebührenangelegenheit i.S.d. § 15 Abs. 2 Satz 2 (s. auch AnwKomm-RVG/N. Schneider, VV 4145 Rn. 1; Gerold/Schmidt/Burhoff, VV 4145 Rn. 1). Der Rechtsanwalt erhält für seine Tätigkeit in diesem Beschwerdeverfahren eine gesonderte Vergütung (vgl. sonst Teil A: Beschwerdeverfahren, Abrechnung, Rn. 371 ff.)

B. Kommentierung

I. Allgemeines

3   Bei der Gebühr Nr. 4145 VV handelt es sich um eine **zusätzliche Gebühr**. Sie entsteht im Beschwerdeverfahren nach § 406a StPO gegen einen sog. Absehensbeschluss nach § 406 Abs. 5 Satz 2 StPO. Der Rechtsanwalt erhält die Gebühr neben den Gebühren der Nr. 4100 ff. VV sowie der Gebühr für das Antragsverfahren (Nr. 4143 f. VV). Es handelt sich um eine **Verfahrensgebühr**. Sie entsteht i.H.v. 0,5.

II. Persönlicher Abgeltungsbereich

4   Die Verfahrensgebühr Nr. 4145 VV entsteht für den **Rechtsanwalt** des **Antragstellers**, der für diesen im Adhäsionsverfahren im sofortigen Beschwerdeverfahren nach § 406a StPO tätig wird. Sie entsteht aber auch für den **Verteidiger** des Angeklagten, der für diesen in diesem Beschwerdeverfahren Tätigkeiten ausübt (im Übrigen gelten die Ausführungen bei Nr. 4143 Rn. 12 ff.).

III. Sachlicher Abgeltungsbereich

5   Die Gebühr Nr. 4145 VV ist eine Verfahrensgebühr. Diese erhält der Rechtsanwalt für das **Betreiben** des **Geschäfts** im Beschwerdeverfahren nach § 406a StPO **einschließlich** der **Information**. Die Gebühr gilt also alle im Beschwerdeverfahren nach § 406a StPO erbrachten Tätigkeiten ab (vgl. allgemein zum Abgeltungsbereich der Verfahrensgebühr Vorbem. 4 Rn. 31 ff.). Sie entsteht mit der ersten Tätigkeit, die der Rechtsanwalt im Beschwerdeverfahren nach § 406a StPO erbringt.

6   **Hinweis:**

> Für den Rechtsanwalt des Antragstellers zählt das Einlegen der Beschwerde allerdings nach **§ 19 Abs. 1 Satz 2 Nr. 10** noch zum Ausgangsverfahren, sofern der Rechtsanwalt dort beauftragt ist. Die Verfahrensgebühr entsteht für ihn daher erst mit der ersten weiteren Tätigkeit nach der Einlegung. Ist der Rechtsanwalt im Ausgangsverfahren noch nicht beauftragt, zählt das Einlegen der Beschwerde aber bereits zum Beschwerdeverfahren, da § 19 Abs. 1 Satz 2 Nr. 10 dann nicht gilt.

7   Eine Terminsgebühr sieht das RVG für das Beschwerdeverfahren nach § 406a StPO nicht vor. Das bedeutet, dass die **Teilnahme** des Rechtsanwalts an einem **Termin** im Beschwerdeverfahren, zu dem es in der Praxis allerdings nur selten kommen wird, durch die Verfahrensgebühr Nr. 4145 VV mit abgegolten wird (Gerold/Schmidt/Burhoff, VV 4145 Rn. 5; AnwKomm-RVG/N. Schneider, VV 4145 Rn. 5).

Beschwerde gegen die Absehensentscheidung, Adhäsionsverfahren   Nr. 4145 VV

IV. Gebührenhöhe

1. Berechnung der Gebühr

Es gelten für die Berechnung der Gebühr die allgemeinen Regeln für die Gebühren im Adhäsionsverfahren (vgl. dazu Nr. 4143 VV Rn. 20 ff.). Vertritt der Anwalt **mehrere Auftraggeber**, etwa mehrere Verletzte als Antragsteller, so ist die Gebühr der Nr. 4145 VV gem. Nr. 1008 VV zu erhöhen, sofern der Gegenstand der anwaltlichen Tätigkeit derselbe ist (vgl. Nr. 4143 Rn. 25 und Teil A: Mehrere Auftraggeber [§ 7, Nr. 1008 VV], Rn. 482 ff.).   **8**

Die **Höhe** der Verfahrensgebühr Nr. 4145 VV richtet sich also nach dem **Gegenstandswert**. Maßgebend ist der Wert, hinsichtlich dessen das Gericht nach § 406 Abs. 5 Satz 2 StPO von einer Entscheidung absehen will und hiergegen Beschwerde erhoben wird (AnwKomm-RVG/N. Schneider, VV 4145 Rn. 7; Gerold/Schmidt/Burhoff, VV 4145 Rn. 6). Mehrere Gegenstände werden addiert, so z.B. wenn der Rechtsanwalt mehrere Verletzte vertritt, die jeweils eigene Ansprüche geltend machen (vgl. OLG Brandenburg, AGS 2009, 325 = RVGreport 2009, 341; s. aber auch KG, RVGreport 2009, 302 = AGS 2009, 484 = JurBüro 2009, 529 = VRR 2009, 238 und Teil A: Angelegenheiten [§§ 15 ff.], Rn. 82 ff.).   **9**

Den Gegenstandswert muss das Beschwerdegericht gem. § 33 auf Antrag **festsetzen**, da im Beschwerdeverfahren nur eine Festgebühr von 50,00 € erhoben wird (Nr. 3602 KV GKG; s. auch Teil A: Gegenstandswert, Festsetzung [§ 33], Rn. 656).   **10**

Die **Höhe** der **Gebühren** ergibt sich für den Wahlanwalt nach § 13, für den gerichtlich bestellten oder beigeordneten Anwalt nach § 49 (OLG Köln, AGS 2009, 29 = StraFo 2009, 87 = RVGreport 2009, 465; vgl. Gebührentabellen unten Rn. 15 f.).   **11**

2. Einigungsgebühr

Auch im Beschwerdeverfahren kann ggf. eine Einigungsgebühr nach Nr. 1003 VV entstehen, wenn sich Antragsteller und Angeklagter noch im Beschwerdeverfahren einigen (vgl. auch Nr. 4143 Rn. 26 ff.; Teil A: Einigungsgebühr [Nr. 1000, 1003 und 1004 VV], Rn. 458 ff.).   **12**

3. Pauschgebühr

Die Feststellung/Bewilligung einer **Pauschgebühr** ist sowohl für den Wahlanwalt als auch für den bestellten oder beigeordneten Rechtsanwalt **nicht möglich**. Da es sich bei der Nr. 4145 VV um eine Wertgebühr handelt, gelten die Ausschlussregelungen nach §§ 42 Abs. 1 Satz 2, 51 Abs. 1 Satz 2. Das bedeutet, dass auf eine Pauschgebühr eine zuvor bereits festgesetzte und ausgezahlte Gebühr Nr. 4145 VV nicht angerechnet werden darf, weil die Pauschvergütung insoweit nicht an die Stelle der Einzelgebühren tritt (LG Rostock, AGS 2011, 24 = RVGreport 2010, 417 m. Anm. Burhoff zu Nr. 4142 VV; zur Frage, ob und inwieweit die in Zusammenhang mit dem Adhäsionsverfahren stehenden Tätigkeiten bei der Feststellung und Bemessung der Pauschgebühr berücksichtigt werden können/dürfen § 51 Rn. 77).   **13**

4. Postentgeltpauschale

Das Beschwerdeverfahren nach § 406a StPO ist eine **eigene Angelegenheit** i.S.v. § 15 Abs. 2 Satz 1. Deshalb erhält der Rechtsanwalt gesonderte **Auslagen**, insbesondere eine gesonderte Postentgeltpauschale nach Nr. 7002 VV (AnwKomm-RVG/N. Schneider, VV 4145 Rn. 12).   **14**

Nr. 4145 VV — *Beschwerde gegen die Absehensentscheidung, Adhäsionsverfahren*

C. Arbeitshilfen

I. Wertgebührentabelle: Wahlanwalt

15 Für den Wahlanwalt ergeben sich folgende Gebühren:

Gegenstandswert in €	Gebühr	Gegenstandswert in €	Gebühr
300,00	12,50	125.000,00	715,50
600,00	22,50	140.000,00	754,00
900,00	32,50	155.000,00	792,50
1.200,00	42,50	170.000,00	831,00
1.500,00	52,50	185.000,00	869,50
2.000,00	66,50	200.000,00	908,00
2.500,00	80,50	230.000,00	967,00
3.000,00	94,50	260.000,00	1.026,00
3.500,00	108,50	290.000,00	1.085,00
4.000,00	122,50	320.000,00	1.144,00
4.500,00	136,50	350.000,00	1.203,00
5.000,00	150,50	380.000,00	1.262,00
6.000,00	169,00	410.000,00	1.321,00
7.000,00	187,50	440.000,00	1.380,00
8.000,00	206,00	470.000,00	1.439,00
9.000,00	224,50	500.000,00	1.498,00
10.000,00	243,00	550.000,00	1.573,00
13.000,00	263,00	600.000,00	1.648,00
16.000,00	283,00	650.000,00	1.723,00
19.000,00	303,00	700.000,00	1.798,00
22.000,00	323,00	750.000,00	1.873,00
25.000,00	343,00	800.000,00	1.948,00
30.000,00	379,00	850.000,00	2.023,00
35.000,00	415,00	900.000,00	2.098,00
40.000,00	451,00	950.000,00	2.173,00
45.000,00	487,00	1.000.000,00	2.248,00
50.000,00	523,00	1.050.000,00	2.323,00
65.000,00	561,50	1.100.000,00	2.398,00
80.000,00	600,00	1.150.000,00	2.473,00
95.000,00	638,50	1.200.000,00	2.548,00
110.000,00	677,00	1.250.000,00	2.623,00

Beschwerde gegen die Absehensentscheidung, Adhäsionsverfahren Nr. 4145 VV

II. Wertgebührentabelle: Beigeordneter/bestellter Rechtsanwalt (Pflichtverteidiger)

Für den beigeordneten/bestellten Rechtsanwalt, i.d.R. also den Pflichtverteidiger, ergeben sich folgende Gebühren: **16**

Gegenstandswert in €	Gebühr	Gegenstandswert in €	Gebühr
300,00	12,50	6.000,00	112,50
600,00	22,50	7.000,00	115,00
900,00	32,50	8.000,00	117,00
1.200,00	42,50	9.000,00	119,00
1.500,00	52,50	10.000,00	121,00
2.000,00	66,50	13.000,00	123,00
2.500,00	80,50	16.000,00	128,50
3.000,00	94,50	19.000,00	136,00
3.500,00	97,50	22.000,00	146,50
4.000,00	102,00	25.000,00	159,00
4.500,00	106,00	30.000,00	177,00
5.000,00	109,50	über 30.000,00	195,50

Nr. 4146 VV *Verfahrensgebühr, Verfahren über soziale Ausgleichsleistungen*

Nr. 4146 VV
Verfahrensgebühr, Verfahren über soziale Ausgleichsleistungen

Nr.	Gebührentatbestand	Gebühr oder Satz der Gebühr nach § 13 oder § 49 RVG	
		Wahlanwalt	gerichtlich bestellter oder beigeordneter Rechtsanwalt
4146	Verfahrensgebühr für das Verfahren über einen Antrag auf gerichtliche Entscheidung oder über die Beschwerde gegen eine den Rechtszug beendende Entscheidung nach § 25 Abs. 1 Satz 3 bis 5, § 13 StrRehaG	1,5	1,5

Übersicht

	Rn.
A. Überblick	1
B. Kommentierung	2
I. Allgemeines	2
II. Anwendungsbereich der Vorschrift	4
1. Allgemeines	4
2. Antrag auf gerichtliche Entscheidung (1. Alt.)	6
3. Beschwerdeverfahren (2. Alt.)	7
III. Gebührenhöhe	9
1. Allgemeines	9
2. Berechnung der Gebühr	10
3. Auslagen/Postentgeltpauschale	13
4. Einigungsgebühr	14
IV. Kostenerstattung	15
C. Arbeitshilfen	17
I. Wertgebührentabelle: Wahlanwalt	17
II. Wertgebührentabelle: Beigeordneter/bestellter Rechtsanwalt (Pflichtverteidiger)	18

A. Überblick

1 Nr. 4146 VV regelt die Tätigkeit des Rechtsanwalts im Verfahren über soziale Ausgleichsleistungen nach **Abschnitt 3 des StrRehaG**.

B. Kommentierung.

I. Allgemeines

2 Nr. 4146 VV ist eine **besondere Verfahrensgebühr**. Sie enthält **zwei Gebührentatbestände**: Geregelt wird in der ersten Alternative zunächst die Honorierung der anwaltlichen Tätigkeit im Verfahren über den Antrag auf gerichtliche Entscheidung nach § 25 Abs. 1 Satz 3 bis 5 StrRehaG (vgl. dazu Rn. 6). Die zweite Alternative regelt die Vergütung des Rechtsanwalts, wenn er im

Verfahrensgebühr, Verfahren über soziale Ausgleichsleistungen   Nr. 4146 VV

Verfahren auf gerichtliche Entscheidung nach § 25 Abs. 1 Satz 3 bis Abs. 5 StrRehaG gegen eine den Rechtszug beendende Entscheidung Beschwerde einlegt (vgl. dazu Rn. 7).

Die Gebühr ist als **reine Wertgebühr** ausgestaltet und entsteht jeweils in Höhe des 1,5-fachen der vollen Gebühr (vgl. unten Rn. 9 ff.).   3

II. Anwendungsbereich der Vorschrift

1. Allgemeines

Das Verfahren über soziale Ausgleichsleistungen richtet sich nach Abschnitt 3 des StrRehaG, also nach den §§ 16 bis 25a StrRehaG. Danach können soziale Ausgleichsleistungen in Form einer Kapitalentschädigung gewährt werden. Zuständig dafür sind unterschiedliche Verwaltungsbehörden. Wird der Rechtsanwalt in diesen Verfahren tätig, richtet sich seine Vergütung nach den allgemeinen Vorschriften, insbesondere nach der Nr. 2300 VV. **Nr. 4146 VV** gilt **erst** für das **Rechtsbehelfsverfahren**, wenn der Rechtsanwalt nach § 25 Abs. 1 Satz 3 bis 5 StrRehaG Antrag auf gerichtliche Entscheidung stellt (Gerold/Schmidt/Burhoff, VV 4146 Rn. 1).   4

> **Hinweis:**
>
> Alle **sonstigen (Rechtsmittel-)Verfahren** richten sich nach den allgemeinen Vorschriften des Teil 4 Abschnitt 1 VV. Für das Beschwerdeverfahren in der Hauptsache nach § 13 StrRehaG gelten die Nrn. 4124, 4126 VV.

Bei der Gebühr handelt es sich nach der Legaldefinition um eine „**Verfahrensgebühr**". Sie honoriert das „**Betreiben** des **Geschäfts** einschließlich der Information" (vgl. Vorbem. 4 Abs. 2 VV und zum allgemeinen Abgeltungsbereich Vorbem. 4 VV Rn. 31 ff.) und erfasst somit alle Tätigkeiten, die mit den in der ersten und zweiten Alternative der Nr. 4146 VV genannten Rechtsbehelfen zusammenhängen; es handelt sich um eine **Pauschgebühr** (Vorbem. 4. 1. Abs. 2 Satz 1 VV; AnwKomm-RVG/N. Schneider, VV 4146 Rn. 6).   5

2. Antrag auf gerichtliche Entscheidung (1. Alt.)

Der Rechtsanwalt erhält die Gebühr der Nr. 4146 VV nach der **1. Alt.** „im Verfahren über einen **Antrag** auf **gerichtliche Entscheidung** nach § 25 Abs. 1 Satz 3 bis 5 StrRehaG". Die Gebühr entsteht mit der ersten Tätigkeit, die der Rechtsanwalt im Hinblick auf einen solchen Antrag erbringt. Das ist i.d.R. die Information durch den Mandanten. Dieses entspricht dem Charakter der Gebühr als „Verfahrensgebühr". Die Gebühr deckt die gesamten (nachfolgenden) Tätigkeiten des Rechtsanwalts ab. Unerheblich ist, ob eine mündliche Erörterung durch das Gericht stattfindet und ob der Rechtsanwalt an ihr teilnimmt. Dies hat, da es sich um eine reine Wertgebühr handelt, auch keinen Einfluss auf die Höhe der Gebühr (s. auch AnwKomm-RVG/N. Schneider, VV 4146 Rn. 6).   6

> **Hinweis:**
>
> Teil 4 VV sieht keine Regelung für die **vorzeitige Beendigung** des Auftrags vor, wie sie z.B. in Nr. 3101 Ziff. 1 VV enthalten ist. Das bedeutet, dass der Rechtsanwalt auch dann die volle 1,5-fache Gebühr erhält, wenn sich sein Auftrag vorzeitig erledigt (AnwKomm-RVG/ N. Schneider; VV 4146 Rn. 9; Gerold/Schmidt/Burhoff, VV 4146 Rn. 5).

Nr. 4146 VV   *Verfahrensgebühr, Verfahren über soziale Ausgleichsleistungen*

Eine für den Rechtsanwalt im Verwaltungsverfahren (vgl. Rn. 4) entstandene Geschäftsgebühr Nr. 2300 VV wird **nicht angerechnet**. Das RVG enthält keine Anrechnungsregelung. A.A. zur Anrechnung ist N. Schneider (vgl. AnwKomm-RVG/N. Schneider, VV 4143 – 4144 Rn. 10, der die Anrechnungsvorschriften der Vorbem. 3 Abs. 4 VV entsprechend anwenden will. Das ist jedoch nicht möglich, denn diese gelten nur für die in Teil 3 VV geregelten Gebühren.

3. Beschwerdeverfahren (2. Alt.)

7 Legt der Rechtsanwalt für den Mandanten gegen eine das Verfahren über den Antrag auf gerichtliche Entscheidung **beendende Entscheidung** gem. § 25 Abs. 1 Satz 4 i.V.m. § 13 StrRehaG **Beschwerde** ein, erhält er die Gebühr nach Nr. 4146, 2. Alt VV. Legt er gegen andere Entscheidungen Beschwerde ein, entsteht diese Gebühr nicht (AnwKomm-RVG/N. Schneider, VV 4146 Rn. 21; Teil A: Beschwerdeverfahren, Abrechnung, Rn. 371 ff.).

8 Auch hier gilt: Für den Rechtsanwalt, der bereits **im Ausgangsverfahren** tätig ist, zählt das Einlegen der Beschwerde nach § 19 Abs. 1 Satz 2 Nr. 10 noch zum Ausgangsverfahren, sofern der Rechtsanwalt dort beauftragt ist. Die Verfahrensgebühr entsteht für ihn daher erst mit der ersten weiteren Tätigkeit nach der Einlegung. Ist der Rechtsanwalt im Ausgangsverfahren noch nicht beauftragt, zählt das Einlegen der Beschwerde aber bereits zum Beschwerdeverfahren, da § 19 Abs. 1 Satz 2 Nr. 10 dann nicht gilt.

III. Gebührenhöhe

1. Allgemeines

9 Die Gebühr der Nr. 4146 VV ist als **reine Wertgebühr** ausgestaltet. Sie ist der Höhe nach vom Gegenstandswert abhängig (vgl. dazu Rn. 10 ff.). Die Gebühr entsteht i.H.d. 1,5-fachen der vollen Gebühr, und zwar sowohl für den **Wahlanwalt** als auch für den gerichtlich bestellten oder **beigeordneten** Rechtsanwalt (vgl. die Gebührentabellen bei Rn. 17 f.).

> **Hinweis:**
> Die Bewilligung einer **Pauschgebühr** ist weder für den Wahlanwalt noch für den bestellten oder beigeordneten Anwalt möglich. Da es sich um eine Wertgebühr handelt, gilt die Ausschlussregelung nach §§ 42 Abs. 1 Satz 2, 51 Abs. 1 Satz 2.

2. Berechnung der Gebühr

10 Die Gebühr berechnet sich nach dem **Gegenstandswert**. Maßgebend ist der Wert, den der Gegenstand der anwaltlichen Tätigkeit hat (§ 2). I.d.R. ist das, da es sich bei den Ansprüchen nach § 16 StrRehaG um vermögensrechtliche Ansprüche handelt, die Höhe des geltend gemachten Anspruchs, der mit dem Antrag auf gerichtliche Entscheidung geltend gemacht bzw. im Beschwerdeverfahren weiter verfolgt wird.

11 Für die Vertretung **mehrerer Auftraggeber** gilt: Vertritt der Rechtsanwalt mehrere Beteiligte, erhöht sich die Gebühr nach Nr. 1008 VV, sofern diese gemeinschaftlich beteiligt sind (AnwKomm-RVG/N. Schneider, VV 4146 Rn. 12; Hansens, BRAGO, § 96c Rn. 2). Die Gebühr erhöht sich um jeweils 0,3 (Teil A: Mehrere Auftraggeber [§ 7, Nr. 1008 VV], Rn. 956 ff.). Machen hingegen mehrere Auftraggeber jeweils eigene Ansprüche geltend, ist Nr. 1008 VV nicht anwend-

bar. Vielmehr werden dann die Gegenstandswerte nach § 22 zusammengerechnet (AnwKomm-RVG/N.Schneider, VV 4146 Rn. 12).

Der Wert für die Gebühr der Nr. 4146 VV ist durch das Gericht festzusetzen: Für das Verfahren **12** zur **Wertfestsetzung** gelten die **allgemeinen Regeln** des § 33 (Teil A: Gegenstandswert, Festsetzung [§ 33], Rn. 656 ff.).

> **Hinweis:**
> Der Wert ist für **jede Instanz gesondert** festzusetzen. Es gilt § 23 mit den dort enthaltenen Verweisungen auf das GKG.

3. Auslagen/Postentgeltpauschale

Der Rechtsanwalt erhält seine Auslagen nach den **Nrn. 7000 ff. VV** vergütet. Das Beschwerdeverfahren nach der zweiten Alternative ist eine eigene Angelegenheit i.S.v. § 15 Abs. 2 Satz 2. **13** Deshalb erhält der Rechtsanwaltanwalt gesonderte Auslagen, insbesondere eine gesonderte Postentgeltpauschale nach Nr. 7002 VV (AnwKomm-RVG/N. Schneider, VV 4146 Rn. 25; Gerold/Schmidt/Burhoff, VV 4146 Rn. 10).

4. Einigungsgebühr

Neben der Gebühr nach Nr. 4146 VV kann ggf. die **allgemeine Einigungsgebühr** der Nrn. 1000 ff. **14** VV entstehen, wenn es im Verfahren zu einer Einigung kommen sollte. Für die Berechnung der Gebühr gelten die allgemeinen Regeln zu Nrn. 1000 ff. VV.

IV. Kostenerstattung

Gegen den **Mandanten** kann der Rechtsanwalt die Gebühr der Nr. 4146 VV **festsetzen** lassen. **15**

Für die **Kostenerstattung** gilt über § 25 Abs. 1 Satz 4 StrRehaG § 14 Abs. 2 StrRehaG entspre- **16** chend. Muss daher ggf. die Staatskasse die Gebühren erstatten, kann auch Erstattung der Gebühr der Nr. 4146 VV verlangt werden (AnwKomm-RVG/N. Schneider, VV 4146 Rn. 29; a.A. Hansens, BRAGO, § 96c Rn. 7).

Nr. 4146 VV — *Verfahrensgebühr, Verfahren über soziale Ausgleichsleistungen*

C. Arbeitshilfen

I. Wertgebührentabelle: Wahlanwalt

17 Für den Wahlanwalt ergeben sich folgende Gebühren:

Gegenstandswert in €	Gebühr	Gegenstandswert in €	Gebühr
300,00	37,50	125.000,00	2.146,50
600,00	67,50	140.000,00	2.262,00
900,00	97,50	155.000,00	2.377,50
1.200,00	127,50	170.000,00	2.493,00
1.500,00	157,50	185.000,00	2.608,50
2.000,00	199,50	200.000,00	2.724,00
2.500,00	241,50	230.000,00	2.901,00
3.000,00	283,50	260.000,00	3.078,00
3.500,00	325,50	290.000,00	3.255,00
4.000,00	367,50	320.000,00	3.43200
4.500,00	409,50	350.000,00	3.609,00
5.000,00	451,50	380.000,00	3.786,00
6.000,00	507,00	410.000,00	3.963,00
7.000,00	562,50	440.000,00	4.140,00
8.000,00	618,00	470.000,00	4.317,00
9.000,00	673,50	500.000,00	4.494,00
10.000,00	729,00	550.000,00	4.719,00
13.000,00	789,00	600.000,00	4.944,00
16.000,00	849,00	650.000,00	5.169,00
19.000,00	909,00	700.000,00	5.394,00
22.000,00	969,00	750.000,00	5.619,00
25.000,00	1.029,00	800.000,00	5.844,00
30.000,00	1.137,00	850.000,00	6.069,00
35.000,00	1.245,00	900.000,00	6.294,00
40.000,00	1.353,00	950.000,00	6.519,00
45.000,00	1.461,00	1.000.000,00	6.744,00
50.000,00	1.569,00	1.050.000,00	6.969,00
65.000,00	1.684,50	1.100.000,00	7.194,00
80.000,00	1.800,00	1.150.000,00	7.419,00
95.000,00	1.915,50	1.200.000,00	7.644,00
110.000,00	2.031,00	1.250.000,00	7.869,00

Verfahrensgebühr, Verfahren über soziale Ausgleichsleistungen Nr. 4146 VV

II. Wertgebührentabelle: Beigeordneter/bestellter Rechtsanwalt (Pflichtverteidiger)

Für den beigeordneten/bestellten Rechtsanwalt, i.d.R. also den Pflichtverteidiger, ergeben sich folgende Gebühren: **18**

Gegenstandswert in €	Gebühr	Gegenstandswert in €	Gebühr
300,00	37,50	6.000,00	337,50
600,00	67,50	7.000,00	345,00
900,00	97,50	8.000,00	351,00
1.200,00	127,50	9.000,00	357,00
1.500,00	157,50	10.000,00	363,00
2.000,00	199,50	13.000,00	369,00
2.500,00	241,50	16.000,00	385,50
3.000,00	283,50	19.000,00	408,00
3.500,00	292,50	22.000,00	439,50
4.000,00	306,00	25.000,00	477,00
4.500,00	318,00	30.000,00	531,00
5.000,00	328,50	über 30.000,00	586,50

Nr. 4147 VV
Einigungsgebühr Privatklageverfahren

Nr.	Gebührentatbestand	Gebühr oder Satz der Gebühr nach § 13 oder § 49 RVG	
		Wahlanwalt	gerichtlich bestellter oder beigeordneter Rechtsanwalt
4147	Einigungsgebühr im Privatklageverfahren bezüglich des Strafanspruchs und des Kostenerstattungsanspruchs: Die Gebühr 1000 beträgt Für einen Vertrag über sonstige Ansprüche entsteht eine weitere Einigungsgebühr nach Teil 1.	20,00 bis 150,00 EUR	68,00 EUR

Übersicht

	Rn.
A. Überblick	1
B. Kommentierung	2
I. Allgemeines	2
II. Anwendungsbereich der Vorschrift	3
1. Einigung über Strafanspruch und Kostenerstattungsanspruch	3
2. Vertrag über sonstige Ansprüche	6
III. Gebührenhöhe	8
1. Einigung über Privatklage	8
2. Vertrag über sonstige Ansprüche	12
IV. Kostenerstattung	14

A. Überblick

1 Die Nr. 4147 VV, die dem früheren § 94 Abs. 3 und Abs. 5, 2 Alt. BRAGO entspricht, **regelt** die **Höhe** der **Gebühr**, die der Rechtsanwalt für die **Mitwirkung** an einer **Einigung** im **Privatklageverfahren** nach Nr. 1000 VV verdient. Diese Regelung ist im Teil 4 VV enthalten und nicht in Teil 1 VV bei den sonstigen Einigungsgebühren, weil auch eine Regelung für den gerichtlich bestellten oder beigeordneten Rechtsanwalt erforderlich war, die in Teil 1 VV jedoch nicht erfolgen konnte. Gleichwohl handelt es sich bei der Gebühr aber um eine Einigungsgebühr, wie sie in Nr. 1000 ff. VV geregelt ist (vgl. dazu BT-Drucks. 15/1971, S. 229; zur Einigungsgebühr s. Teil A: Einigungsgebühr [Nr. 1000, 1003 und 1004 VV], Rn. 458, 493 ff.).

B. Kommentierung

I. Allgemeines

2 Geregelt wird in Nr. 4147 VV **nur** die **Höhe** der Einigungsgebühr nach Nr. 1000 VV für eine Einigung im Privatklageverfahren bzgl. des Strafanspruchs und des Kostenerstattungsanspruchs,

Einigungsgebühr Privatklageverfahren   *Nr. 4147 VV*

indem ein abweichender Betragsrahmen angegeben wird (vgl. auch Teil A: Einigungsgebühr [Nr. 1000, 1003 und 1004 VV], Rn. 493 ff.).

> **Hinweis:**
> Nach der Anm. zu Nr. 4147 VV entsteht bei der (weiteren) Einigung über **sonstige Ansprüche** insoweit die Nr. 1000 VV zusätzlich. In Nr. 4147 VV wird zwar nur auf die Nr. 1000 VV verwiesen. Es gelten aber auch die **Nr. 1003, 1005 VV** (AnwKomm-RVG/N. Schneider, VV 4147 Rn. 2).

II. Anwendungsbereich der Vorschrift

1. Einigung über Strafanspruch und Kostenerstattungsanspruch

Nr. 4147 VV regelt die Höhe der Einigungsgebühr der Nr. 1000 VV, wenn es im Privatklageverfahren zu einer Einigung gekommen ist. Nr. 1000 VV ist nach der dortigen Anm. 1 Satz 3 im Privatklageverfahren nicht anwendbar. Immer dann, wenn im Privatklageverfahren eine Einigung bzgl. des Strafanspruchs und des Kostenerstattungsanspruchs erzielt worden ist, richtet sich also die Höhe der dafür anfallenden Einigungsgebühr nach Nr. 4147 VV. Entscheidend für das Entstehen dieser Gebühr ist, dass entweder ein bereits anhängiges Privatklageverfahren beendet oder ein noch nicht eingeleitetes verhindert wird. Entsprechend der Regelung der Nr. 1000 VV kommt es auf ein gegenseitiges Nachgeben nicht (mehr) an (Teil A: Einigungsgebühr [Nr. 1000, 1003 und 1004 VV], Rn. 464 ff.).   3

Bei der Gebühr handelt es sich nach der Legaldefinition um eine „**Einigungsgebühr**". An das **Vorliegen** einer **Einigung** sind nur **geringe Anforderungen** zu stellen. Es reicht jedes Übereinkommen aus, das zur Beendigung des Verfahrens führt und eine Privatklage erledigt oder vermeidet. Erforderlich ist jedoch, dass der Privatkläger die Privatklage nicht nur aus eigenem Entschluss zurücknimmt oder nach Scheitern des Sühneverfahrens von der Privatklage etwa von sich aus Abstand nimmt. Die Beendigung des Verfahrens muss vielmehr aufgrund eines Übereinkommens der Parteien erfolgen. Zumindest eine der Parteien muss von ihrer Rechtsposition abrücken (AnwKomm-RVG/N. Schneider, VV 4147 Rn. 11; Gerold/Schmidt/Burhoff, VV 4147 Rn. 4).   4

Die Gebühr kann **in jedem Stadium** des Verfahrens anfallen, also z.B. nicht nur im Sühneverfahren sondern auch im gerichtlichen Verfahren. Eine Unterscheidung der Höhe nach ist hier im Gegensatz zu den Nr. 1003 ff. VV nicht vorgesehen. Die Gebühr erfasst alle Tätigkeiten, die mit der Einigung zusammenhängen.   5

2. Vertrag über sonstige Ansprüche

Nach der Anmerkung zu Nr. 4147 VV entsteht für einen Vertrag über **sonstige Ansprüche** eine **weitere Einigungsgebühr** nach Teil 1 VV, z.B. nach Nr. 1000 VV bzw. Nr. 1003 VV. Gemeint ist damit insbesondere eine Einigung über (weitere) vermögensrechtliche Ansprüche. Insoweit gelten die allgemeinen Regeln zu Nr. 1000 VV. Ein Vergleich i.S.v. § 779 BGB ist daher auch insoweit nicht erforderlich (Teil A: Einigungsgebühr [Nr. 1000, 1003 und 1004 VV], Rn. 464 ff.).   6

Nr. 4147 VV   *Einigungsgebühr Privatklageverfahren*

7 Neben der **Einigungsgebühr** kann der Rechtsanwalt noch **weitere Gebühren** erhalten, was davon abhängt, welcher Auftrag ihm bis zur Erzielung der Einigung erteilt war (vgl. auch AnwKomm-RVG/N. Schneider, VV 4147 Rn. 18):

- Hatte der Rechtsanwalt **bereits** den **Auftrag**, die Ansprüche im zivilgerichtlichen Verfahren geltend zu machen, erhält er – je nach Verfahrensstadium – eine der bei vorzeitiger Beendigung nach Teil 3 VV anfallenden Verfahrensgebühren, wie z.B. Nr. 3101 VV oder Nr. 3201 VV.
- Hatte der Rechtsanwalt hingegen **nur** den **Auftrag**, die Ansprüche **außergerichtlich** geltend zu machen, erhält er seine Vergütung aus Nr. 2300 VV. Die Beschränkung in Vorbem. 2 Abs. 3 VV gilt nicht, da es ein Strafverfahren nicht gibt.
- Hatte der Rechtsanwalt den Anspruch bereits **gerichtlich geltend** gemacht, erhält er die **Verfahrensgebühr** nach **Teil 3 VV**.
- War bereits ein **Adhäsionsantrag** eingereicht oder hatte der Rechtsanwalt den entsprechenden Auftrag, so steht ihm eine Gebühr nach **Nr. 4143 VV** zu.

> **Hinweis:**
> Für den Vertreter des Privatklägers entstehen selbstverständlich auch die **allgemeinen Gebühren** des Teil 4 Abschnitt 1 VV. V.a. kann auch die Befriedungsgebühr Nr. 4141 VV anfallen (AnwKomm-RVG/N. Schneider, VV 4147 Rn. 25).

III. Gebührenhöhe

1. Einigung über Privatklage

8 Die Gebühr entsteht sowohl für den **Wahlanwalt** als auch für den gerichtlich bestellten oder **beigeordneten** Rechtsanwalt, also i.d.R. für den Pflichtverteidiger.

9 Der **Wahlanwalt** erhält eine **Betragsrahmengebühr** i.H.v. 20,00 € – 150,00 €. Die Mittelgebühr beträgt 85,00 €.

10 Bei der Bemessung der Höhe der Gebühr sind über § 14 die **Besonderheiten** des **Einzelfalls** zu berücksichtigen (vgl. dazu BT-Drucks. 15/1971, S. 222 zu Nr. 4100 VV). Die Höhe der Gebühr ist also abhängig von den vom Rechtsanwalt erbrachten Tätigkeiten.

11 Der **Pflichtverteidiger** erhält einen Festbetrag i.H.v. 68,00 €.

2. Vertrag über sonstige Ansprüche

12 Die Höhe dieser Einigungsgebühr richtet sich nach den **allgemeinen Regeln**. War über den Gegenstand der Einigung bereits ein gerichtliches (Adhäsions-) Verfahren anhängig, erhält der Rechtsanwalt 1,0 der vollen Gebühr (Nr. 1003 VV), war hingegen kein gerichtliches Verfahren anhängig, erhält er 1,5 der vollen Gebühr (Nr. 1000 VV).

13 Die Höhe der Gebühr richtet sich nach dem **Gegenstandswert**. Maßgebend ist der Wert der (vermögensrechtlichen) Ansprüche, über die sich die Parteien verglichen haben. Ist die Einigung im gerichtlichen Verfahren erfolgt, wird der Gegenstandswert vom Gericht nach § 33 festgesetzt (Teil A: Gegenstandswert, Festsetzung [§ 33], Rn. 656 ff.). Bei einer außergerichtlichen Einigung scheidet eine gerichtliche Wertfestsetzung hingegen aus.

Einigungsgebühr Privatklageverfahren   *Nr. 4147 VV*

IV. Kostenerstattung

Gegen den **Mandanten** kann der Rechtsanwalt die Gebühr Nr. 4147 VV **festsetzen** lassen. **14**
(s. Teil A: Festsetzung der Vergütung [§ 11], Rn. 527 ff.).

Abschnitt 2
Gebühren in der Strafvollstreckung

Vorbemerkung 4.2:
Im Verfahren über die Beschwerde gegen die Entscheidung in der Hauptsache entstehen die Gebühren besonders.

Übersicht

	Rn.
A. Überblick	1
B. Kommentierung	3
I. Anwendungsbereich des Teil 4, Abschnitt 2 VV	3
1. Strafvollstreckung	3
a) Begriff	3
b) Erfasste Entscheidungen	4
c) Verfahren	5
2. Jugendliche und Heranwachsende	7
a) Überblick	7
b) Entscheidungen nach §§ 27 und 57 JGG	8
3. Abgrenzung Strafvollstreckung/Strafvollzug	9
4. Abgrenzung Strafvollstreckung/Verfahren nach §§ 23 ff. EGGVG	10
5. Abgrenzung zu Abschnitt 3 (Einzeltätigkeit)	11
a) Einzeltätigkeiten in der Strafvollstreckung	11
b) BRAGO: Einzeltätigkeit	12
c) Überprüfungsverfahren gem. § 67e StGB	13
6. Zwei Gruppen von Verfahren	15
a) Bedeutsame Verfahren	16
b) Sonstige Verfahren	17
II. Persönlicher Geltungsbereich des Teils 4, Abschnitt 2 VV	18
III. Gebühren in Teil 4, Abschnitt 2 VV	19
1. Verfahrens- und Terminsgebühr	19
2. Grundgebühr/Allgemeine Gebühren	20
3. Längenzuschlag/Gebühr mit Zuschlag/Zusätzliche Gebühren	21
IV. Angelegenheit in der Strafvollstreckung	22
1. Grundsatz	22
2. Verfahren nach § 35 BtMG und § 456 StPO	23
3. Überprüfungsverfahren gem. § 67e StGB	24
4. Mehrere Bewährungswiderrufsverfahren	25
a) Dasselbe Urteil	25
b) Verschiedene Urteile	26
5. Strafaussetzung zur Bewährung	27
V. Gerichtliche Bestellung für jede Angelegenheit	28
1. Verhältnis zum Strafverfahren	28
2. Verhältnis mehrerer Strafvollstreckungsverfahren	29
VI. Beschwerdeverfahren in Teil 4, Abschnitt 2 VV	30
1. Besondere Gebühren	30
2. Beschwerde gegen Hauptsacheentscheidung	34
3. Angelegenheit/Postentgeltpauschale	35
VII. Bewilligung einer Pauschgebühr (§§ 51 und 42)	37

Gebühren Beschwerde gegen die Entsch. in der Hauptsache   Vorbemerkung 4.2

VIII. Anspruch gegen den Verurteilten oder den Auftraggeber (§§ 52, 53)	38
IX. Erstattung	39
1. Erste Instanz	39
2. Beschwerdeinstanz	40
C. Arbeitshilfen	42

Literatur:

Burhoff, Die Gebühren in der Strafvollstreckung, RVGreport 2007, 8; *ders.*, Die anwaltliche Vergütung in der Strafvollstreckung, StRR 2010, 93; *ders.*, Abrechnung von Strafverfahren nach dem RVG – erste Erfahrungen, aktuelle Fragen und Brennpunkte, StV 2006, 207; *ders.*, Vergütung in Straf- und Bußgeldsachen nach dem RVG, RVGreport 2004, 16; ***Volpert***, Verkehrsstrafsachen: Die Vergütung des Verteidigers in der Strafvollstreckung, VRR 2005, 179; *ders.* ‚Tätigkeiten im Strafvollzug richtig abrechnen, RVGprofessionell 2006, 214; ***Zieger***, Vernachlässigte Tätigkeitsfelder der Verteidigung, insbesondere Strafvollstreckung und Vollzug, StV 2006, 375; s. auch die Hinweise bei Vorbem. 4 VV vor Rn. 1.

A.   Überblick

Teil 4, Abschnitt 2 VV regelt die Gebühren des Rechtsanwalts **als Verteidiger** in der **Strafvollstreckung**. Diese Gebühren waren in der BRAGO nicht ausdrücklich geregelt. In der BRAGO wurde die Tätigkeit des Rechtsanwalts im Strafvollstreckungsverfahren nur durch eine Gebühr nach § 91 Nr. 1 bzw. Nr. 2 BRAGO honoriert. Dies hat in der Praxis zu unangemessen niedrigen Gebühren geführt, insbesondere wenn es im Zusammenhang mit der Entlassung des Verurteilten zu mündlichen Anhörungen gekommen war, an denen der Verteidiger teilgenommen hatte. Bei dem gerichtlich bestellten Rechtsanwalt (Pflichtverteidiger) hatte sich dies in besonderem Maße ausgewirkt. Der manchmal hohe Zeitaufwand des beigeordneten Rechtsanwalts, der anders als der Wahlanwalt nicht die Möglichkeit hat, eine Honorar-/Vergütungsvereinbarung zu treffen, konnte nur durch die Gewährung einer Pauschgebühr nach § 99 BRAGO honoriert werden. Dazu musste wegen einer fehlenden besonderen Gebührenregelung auf § 91 BRAGO zurückgegriffen werden (KG, NStZ-RR 2002, 63; OLG Frankfurt am Main, StV 2001, 22; OLG Hamm, StV 1996, 618 = JurBüro 1996, 641; Gerold/Schmidt/Madert, BRAGO, § 91 Rn. 2). Bei der Bemessung dieser Pauschgebühr gab es dann häufig Probleme mit der Annäherung an die Wahlverteidigerhöchstgebühr oder deren Überschreiten.   **1**

Um in Strafvollstreckungssachen eine angemessene Verteidigung bzw. Vertretung der Verurteilten sicherzustellen, sind in den Nrn. 4200 ff. VV **besondere „Gebühren in der Strafvollstreckung"** vorgesehen. Ein Grund für die besondere Gebührenregelung ist, dass Strafvollstreckungssachen i.d.R. einen **erheblichen Zeitaufwand** des Rechtsanwalts erfordern. Denn häufig liegen in Strafvollstreckungssachen Sachverständigengutachten vor, die der Verteidiger auswerten muss, nicht selten muss er an Anhörungen des Sachverständigen und seines Mandanten teilnehmen.   **2**

Die Gebührentatbestände entsprechen der **Struktur der strafverfahrensrechtlichen Gebühren in** Teil 4, Abschnitt 1 VV, da der Verteidiger ebenso wie dort eine **Verfahrens-** und eine **Terminsgebühr** erhält. Eine **Grundgebühr** (vgl. Nr. 4100 VV) **entsteht** für den Rechtsanwalt in der Strafvollstreckung allerdings nicht (vgl. hierzu Rn. 20 m.w.N.).

Die Gebührentatbestände gelten auch für den **gerichtlich bestellten** oder beigeordneten Rechtsanwalt (vgl. hierzu Rn. 18).

Vorbemerkung 4.2 *Gebühren Beschwerde gegen die Entsch. in der Hauptsache*

B. Kommentierung

I. Anwendungsbereich des Teil 4, Abschnitt 2 VV

1. Strafvollstreckung

a) Begriff

3 Teil 4, Abschnitt 2 VV gilt für die Tätigkeit des Verteidigers in der **Strafvollstreckung**. Die Aufgaben in der Strafvollstreckung sind im 1. Abschnitt des 7. Buches der StPO unter dem Sammelbegriff „Strafvollstreckung" zusammengefasst (vgl. §§ 449 bis 463d StPO). Erfasst wird daher die unter den Abschnitt „Strafvollstreckung" der StPO fallende Tätigkeit des Verteidigers, die sich an die rechtskräftige Strafentscheidung anschließt (OLG Hamm, StRR 2009, 39 = RVGreport 2009, 149; so auch Gerold/Schmidt/Burhoff, VV Einl. Vorbem. 4.2 Rn. 8). Es werden nach diesen Vorschriften nur **Kriminalstrafen** und **strafrechtliche Maßnahmen** vollstreckt (Meyer-Goßner, vor § 449 Rn. 5). Geregelt sind hier aber nicht nur die Aufgaben der Strafvollstreckung im engeren Sinne, sondern auch weitere Maßnahmen und Anordnungen, die auf Verwirklichung, Abänderung (vgl. z.B. § 459a StPO), befristete oder endgültige Aufhebung (vgl. §§ 455, 456a StPO) der von einem Strafgericht erlassenen Entscheidung gerichtet sind (vgl. Burhoff, RVGreport 2007, 8, 9). So behandeln bspw. die **§§ 453, 453a und 453b StPO** nicht die Strafvollstreckung, sondern enthalten Bestimmungen, die die **Resozialisierung des Verurteilten** fördern sollen. **§ 463 StPO** betrifft nicht die Vollstreckung einer Strafe, sondern die Vollstreckung von **Maßregeln der Besserung und Sicherung** (vgl. hierzu Isak/Wagner, Strafvollstreckung, Anm. 1). Auch diese Maßnahmen und Anordnungen fallen daher unter die Strafvollstreckung.

> **Hinweis:**
> Das **Fahrverbot** wird gem. § 44 Abs. 2 Satz 1 StGB mit der Rechtskraft des Urteils wirksam. Insoweit beschränkt sich die Strafvollstreckung daher auf eine etwaige Beschlagnahme des Führerscheins (Riedel/Sußbauer/Schmahl, VV Teil 4, Abschnitt 2 Rn. 3).

b) Erfasste Entscheidungen

4 Zur Strafvollstreckung gehören alle Maßnahmen und Anordnungen, die auf die Vollstreckung der von einem **Strafgericht erlassenen Entscheidungen** gerichtet sind. Zu diesen Entscheidungen gehören (vgl. Isak/Wagner, Strafvollstreckung, Anm. 9):

- **Urteile** (§§ 260 ff., 417 ff. StPO),
- **Strafbefehle** (§§ 409, 410 StPO),
- Urteile im Sicherungsverfahren (§§ 413 ff. StPO),
- **Beschlüsse** im Einziehungsverfahren (§§ 441, 442 StPO),
- Beschlüsse über nachträglich gebildete Gesamtstrafen (§ 460 StPO),
- Beschlüsse über die Verurteilung zu der vorbehaltenen Strafe (§ 59b Abs. 1 StGB).

Gebühren Beschwerde gegen die Entsch. in der Hauptsache   Vorbemerkung 4.2

c) Verfahren

Die in **§§ 453 und 463 StPO** geregelten Verfahren auf **Widerruf** einer **Strafaussetzung** zur **Bewährung** oder **Widerruf** der **Aussetzung** einer **Maßregel der Besserung und Sicherung** zur **Bewährung** sind in den Anwendungsbereich des Abschnitts 2 im Hinblick auf die Höhe der Gebühren einbezogen worden (arg. e Nr. 4300 Ziff. 3 VV; vgl. Nr. 4200 VV), weil die Tätigkeiten des Verteidigers auch im Widerrufsverfahren erheblichen Zeitaufwand erfordern können. So kann es erforderlich sein, insbesondere wenn es um einen Widerruf wegen Verstoßes gegen Auflagen und Weisungen nach § 56f Abs. 1 Nr. 2 und 3 StGB geht, umfassend vorzutragen, warum ein Auflagenverstoß nicht vorliegt und/oder warum der Auflagenverstoß nicht so schwerwiegend ist, dass er den Widerruf rechtfertigt. In diesen Verfahren kommt es nach § 453 Abs. 1 Satz 3 StPO dann auch regelmäßig zur mündlichen Anhörung des Verurteilten (vgl. BT-Drucks. 15/1971, S. 229).   **5**

Auch die Tätigkeit des Verteidigers im **Überprüfungsverfahren** nach **§§ 463, 454 StPO, 67e StGB** wird grds. von Abschnitt 2 des Teils 4 VV erfasst (arg. e Nr. 4300 Ziff. 3 VV; vgl. KG, NStZ-RR 2005, 127 = RVGreport 2005, 102 = AGS 2005, 393; vgl. auch im Einzelnen Rn. 13, 14).

> **Hinweis:**   **6**
>
> Die Strafvollstreckung ist in den §§ 449 bis 463d StPO geregelt. Teil 4, Abschnitt 2 VV gilt nur dann, wenn der Verteidiger nach diesen Vorschriften im Rahmen der Vollstreckung von Kriminalstrafen und strafrechtlichen Maßnahmen tätig wird. Daher gilt Abschnitt 2 nicht, wenn
>
> - eine gerichtliche Entscheidung nach dem Gesetz über Ordnungswidrigkeiten (**OWiG**; vgl. Teil 5 VV),
> - **Ordnungs-** und **Zwangshaft** in Straf- und Bußgeldsachen (vgl. Vorbem. 4.1 VV und Teil 4, Abschnitt 3 VV),
> - eine Disziplinarmaßnahme nach den **Disziplinargesetzen** (vgl. Teil 6, Abschnitt 2 VV) oder
> - eine europäische Geldsanktion (s. dazu die Komm. zu Vorbem. 6.1.1, Nr. 6200 VV)
>
> vollstreckt wird (Burhoff, RVGreport 2007, 8, 9, s. auch Nr. 5200 VV Rn. 7).

2. Jugendliche und Heranwachsende

a) Überblick

Auch die Vollstreckung von Entscheidungen gegen Jugendliche und Heranwachsende wird von Teil 4, Abschnitt 2 VV **erfasst** (Burhoff, RVGreport 2007, 8, 9; ders., StRR 2010, 93). Der Verteidiger oder sonstige Vollvertreter erhält für die Tätigkeit im Rahmen der Strafvollstreckung gegen Jugendliche und Heranwachsende ebenfalls die in diesem Abschnitt geregelten Gebühren. Die Vollstreckung richtet sich in erster Linie nach den Bestimmungen des JGG (§§ 82 bis 89a JGG). Daneben finden auch die Vorschriften der StPO über die Strafvollstreckung (§§ 449 ff. StPO) Anwendung, soweit ihre Anwendung nicht durch das JGG ausgeschlossen ist (vgl. § 2   **7**

Vorbemerkung 4.2   *Gebühren Beschwerde gegen die Entsch. in der Hauptsache*

JGG). Zu den Entscheidungen, die nach dem JGG vollstreckt werden, gehören z.B. (vgl. Isak/Wagner, Strafvollstreckung, Anm. 19 und 534):

- **Urteile** gegen Jugendliche und Heranwachsende,
- **Beschlüsse** über die Vollstreckung einer Einheitsstrafe (§ 56 JGG),
- Beschlüsse über die Bildung einer Einheitsstrafe (§ 66 JGG).

b)   Entscheidungen nach §§ 27 und 57 JGG

8   Bei der nachträglichen Entscheidung über die **Bewährungsaussetzung gem. § 57 JGG** handelt es sich um eine Entscheidung, die geeignet ist, den Inhalt des an sich rechtskräftig gewordenen Urteils zu ergänzen oder abzuändern (vgl. Meyer-Goßner, § 140 Rn. 33; OLG Karlsruhe, StV 1998, 348). Die Tätigkeit im Rahmen dieser Entscheidung gehört noch nicht zur **Strafvollstreckung** (OLG Karlsruhe, StV 1998, 348; LG Mannheim, AGS 2008, 179 = RVGprofessionell 2008, 26 = StRR 2008, 120 = RVGreport 2008, 145; so auch Gerold/Schmidt/Burhoff, VV Einl. Vorbem. 4.2 Rn. 10; a.A. Mertens/Stuff, Rn. 324, Fn. 166). Das bedeutet, dass die Tätigkeit insoweit für den Verteidiger mit den Gebühren des Strafverfahrens nach Teil 4, Abschnitt 1 VV abgegolten ist (vgl. Vorbem. 4.1 Abs. 2 VV) und ggf. über § 14 geltend gemacht werden muss (Teil A: Rahmengebühren [§ 14], Rn. 1051 ff.). Es entsteht ggf. noch eine allgemeine Terminsgebühr nach Abschnitt 1 des Teils 4 (Nrn. 4102 Ziff. 1 VV), wenn der Verteidiger einen gerichtlichen Termin (vgl. § 57 Abs. 1 Satz 2 Halbs. 2 JGG) wahrnimmt (LG Mannheim, AGS 2008, 179 = RVGprofessionell 2008, 26 = StRR 2008, 120 = RVGreport 2008, 145; so auch Gerold/Schmidt/Burhoff, VV Einl. Vorbem. 4.2 Rn. 10). Eine Terminsgebühr für einen Hauptverhandlungstermin (Nr. 4108 VV) kann nicht entstehen (LG Mannheim, a.a.O.; s. dazu auch Teil A: Umfang des Vergütungsanspruchs [§ 48], Rn. 1425 f., auch zur Verhängung von Jugendarrest gem. § 11 Abs. 3 Satz 1, § 15 Abs. 3 Satz 2 JGG, wenn der Jugendliche Weisungen schuldhaft nicht nachgekommen ist oder Auflagen schuldhaft nicht erfüllt hat).

Teil 4, Abschnitt 2 VV gilt auch **nicht** im Verfahren über die **Aussetzung der Verhängung der Jugendstrafe zur Bewährung nach § 27 JGG**. Es handelt sich nicht um Strafvollstreckung i.S.v. Teil 4, Abschnitt 2 VV, da eine zu vollstreckende strafrechtliche Erkenntnis noch nicht vorliegt (vgl. Teil A: Angelegenheiten [§§ 15 ff.], Rn. 94 ff.; Teil A: Umfang des Vergütungsanspruchs [§ 48], Rn. 1426). Vielmehr wird hier das ursprüngliche Erkenntnisverfahren fortgesetzt mit der Folge, dass der Rechtsanwalt für die Teilnahme an dem weiteren Termin eine weitere Terminsgebühr für die Hauptverhandlung nach Teil 4, Abschnitt 1 VV erhält.

3.   Abgrenzung Strafvollstreckung/Strafvollzug

9   **Strafvollstreckung** bedeutet die Herbeiführung und Überwachung der Durchführung des Urteilsinhalts, **Strafvollzug** nach dem Strafvollzugsgesetz (StVollzG) die praktische Durchführung. Die Strafvollstreckung umfasst den Bereich von der Rechtskraft des Urteils (vgl. § 449 StPO) bis zum Strafantritt mit anschließenden Überwachungsaufgaben (OLG Hamm, StRR 2009, 39 = RVGreport 2009, 149), der Strafvollzug den Abschnitt von der Aufnahme des Verurteilten bis zur Entlassung. Unter den Strafvollzug fallen nur freiheitsentziehende Maßnahmen (Freiheitsstrafe, freiheitsentziehende Maßregeln der Besserung und Sicherung, Strafarrest, Jugendstrafe), nicht aber die Geldstrafe (vgl. Isak/Wagner, Strafvollstreckung, Anm. 2 bis 4).

Gebühren Beschwerde gegen die Entsch. in der Hauptsache Vorbemerkung 4.2

Für Tätigkeiten des Rechtsanwalts im **Strafvollzug** entstehen Gebühren nach **Teil 2 bzw. Teil 3 VV** (so auch Gerold/Schmidt/Burhoff, VV Einl. Vorbem. 4.2 Rn. 11; vgl. zur Vergütung des Anwalts im Strafvollzug Teil A: Verfahren nach dem Strafvollzugsgesetz und ähnliche Verfahren, Rn. 1441 ff.).

4. Abgrenzung Strafvollstreckung/Verfahren nach §§ 23 ff. EGGVG

Gegen **Maßnahmen der Vollstreckungsbehörde** (= Verwaltungsentscheidungen/Justizverwaltungsakte) im Zusammenhang mit der Strafvollstreckung ist grds. der Rechtsweg der eingeschränkten Rechtskontrolle nach § 21 StrVollstrO, §§ 23 ff. EGGVG gegeben, sofern die Maßnahmen nicht **ausnahmsweise** aufgrund gesetzlicher Anordnung in §§ 449 ff. StPO der umfassenden Beurteilung durch das Gericht (**LG/Strafvollstreckungskammer**) unterliegen (vgl. BGH, NJW 1991, 2030 = StV 1991, 224 = NStZ 1991, 205 = Rpfleger 1991, 217; OLG Hamm, StV 2010, 696; OLG Jena, NStZ-RR 2010, 61; OLG Köln, NStZ-RR 2010, 157). Bestimmte Entscheidungen der Vollstreckungsbehörde sind damit nur der eingeschränkten Verwaltungskontrolle im Verfahren nach §§ 23 ff. EGGVG unterworfen. Die Entscheidung trifft gem. § 25 EGGVG das OLG. 10

So wird z.B. die Entscheidung der Vollstreckungsbehörde über die **Zurückstellung der Strafvollstreckung gem. § 35 BtMG** im Verfahren gem. §§ 23 ff. EGGVG überprüft (OLG Hamm, StV 2010, 696; OLG Köln, NStZ-RR 2010, 157; OLG Zweibrücken, StRR 2010, 480 = StraFo 2010, 515 = NStZ-RR 2011, 32 = Rpfleger 2011, 116). Auch der Widerruf einer Verfügung, mit der dem Verurteilten gestattet worden war, die Vollstreckung der Ersatzfreiheitsstrafe durch gemeinnützige Arbeit abzuwenden, ist ein Justizverwaltungsakt auf dem Gebiet der Strafrechtspflege und nach §§ 23 ff. EGGVG anzufechten (OLG Jena, NStZ-RR 2010, 61). Dasselbe gilt für die Ablehnung eines Antrages nach § 456a StPO (Absehen von der weiteren Vollstreckung aufgrund Abschiebung).

Kommt es zur Überprüfung einer Verwaltungsentscheidung der Vollstreckungsbehörde in einem gerichtlichen Verfahren gem. §§ 23 ff. EGGVG, richtet sich die Vergütung des Rechtsanwalts insoweit nicht (mehr) nach Teil 4, Abschnitt 2 VV, weil das Überprüfungsverfahren gem. §§ 23 ff. EGGVG nicht zur Strafvollstreckung im eigentlichen Sinne zählt (vgl. hierzu auch BGH, NStZ-RR 2010, 353 = StraFo 2010, 473 = NJW-Spezial 2010, 600). Mangels ausdrücklicher Regelung in Teil 6 VV richtet sich die Vergütung **im gerichtlichen Verfahren** nach §§ 23 ff. EGGVG daher nach **Teil 3 VV** (vgl. Vorbem. 3 Ab. 7 VV; vgl. OLG Zweibrücken, StRR 2010, 480 = StraFo 2010, 515 = NStZ-RR 2011, 32 = Rpfleger 2011, 116, für die Überprüfung der Zurückstellung gem. § 35 BtMG; s. zur Vergütung im Verfahren nach §§ 23 ff. EGGVG Teil A: Verfahren nach dem Strafvollzugsgesetz und ähnliche Verfahren, Rn. 1441 ff.). Nur die Tätigkeit vor der Staatsanwaltschaft bzw. der Generalstaatsanwaltschaft vor dem gerichtlichen Verfahren gem. §§ 23 ff. EGGVG wird durch die Verfahrensgebühr Nrn. 4204, 4205 VV abgegolten (s. dazu auch Nr. 4204 VV Rn. 12). Eine Geschäftsgebühr Nr. 2300 VV entsteht hier daher nicht.

5. Abgrenzung zu Abschnitt 3 (Einzeltätigkeit)

a) Einzeltätigkeiten in der Strafvollstreckung

Wird der Rechtsanwalt in der **Strafvollstreckung** nur mit **einzelnen Tätigkeiten** beauftragt, gilt Teil 4, Abschnitt 3 VV mit den **Nr. 4300 Ziff. 3, 4301 Ziff. 6 VV**. Diese Bestimmungen fin- 11

Vorbemerkung 4.2   *Gebühren Beschwerde gegen die Entsch. in der Hauptsache*

den aber nur Anwendung auf den Rechtsanwalt, **der nicht Verteidiger** ist (vgl. Vorbem. 4.3 Abs. 1 VV). Die Tätigkeiten des Verteidigers oder Vollvertreters in der Strafvollstreckung fallen unter die Gebührenregelungen in Teil 4, Abschnitt 2 VV, also unter Nrn. 4200 – 4207 VV (vgl. BT-Drucks. 15/1971, S. 230; Burhoff, RVGreport 2004, 16; Gerold/Schmidt/Burhoff, Einl. VV Vorbem. 4.2, Rn. 12; AnwKomm-RVG/N. Schneider, VV Vorbem. 4.2, VV 4200 – 4207 Rn. 1). Der Rechtsanwalt muss aber zur Anwendung der in Abschnitt 2 von Teil 4 VV geregelten Gebühren aufgrund des ihm erteilten **umfassenden Mandats** als Verteidiger bzw. Vollvertreter anzusehen sein. Verteidigertätigkeit kann auch dann vorliegen, wenn der Rechtsanwalt erst im Verfahren über den Widerruf der Strafaussetzung (vgl. § 56f StGB) beauftragt worden ist (OLG Frankfurt am Main, NStZ-RR 2005, 253 = RVGreport 2007, 35 = AGS 2006, 76). Ist der Rechtsanwalt mit der Vertretung im gesamten **Beschwerdeverfahren** in der Strafvollstreckung beauftragt worden, fallen die Gebühren des Beschwerdeverfahrens nach Nr. 4200 VV ff. an (vgl. hierzu Nr. 4200 VV; Rn. 30 ff.; Gerold/Schmidt/Burhoff, Einl. VV Vorbem. 4.2, Rn. 12). Die Verfahrensgebühr Nr. 4302 VV fällt insoweit nur an, wenn der Rechtsanwalt lediglich mit einer **Einzeltätigkeit** beauftragt worden ist, z.B. nur der Einlegung der Beschwerde gegen den Widerruf der Strafaussetzung zur Bewährung, aber nicht mit der weiteren Vertretung im Beschwerdeverfahren (Gerold/Schmidt/Burhoff, Einl. VV Vorbem. 4.2, Rn. 12).

> **Hinweis:**
> Voraussetzung für die **Anwendung** der in **Abschnitt 3** von Teil 4 geregelten Gebühren ist, dass dem Rechtsanwalt **lediglich** ein **Einzelauftrag** und nicht ein umfassendes Mandat erteilt worden ist.

b) BRAGO: Einzeltätigkeit

12 In der **BRAGO** wurde die Tätigkeit von Rechtsanwälten im **Strafvollstreckungsverfahren grds.** als **Einzeltätigkeit** durch eine Gebühr gem. § 91 Nr. 1 bzw. Nr. 2 BRAGO honoriert (vgl. KG, NStZ-RR 2002, 63; OLG Frankfurt am Main, StV 2001, 22; OLG Hamm, StV 1996, 618 = JurBüro 1996, 641; OLG Jena, JurBüro 2006, 536, für das Überprüfungsverfahren nach § 67e StGB; Gerold/Schmidt/Madert, BRAGO, § 91 Rn. 2; BT-Drucks. 15/1971, S. 229). Der Rückgriff auf § 91 BRAGO beruhte aber allein auf dem Fehlen einer ausdrücklichen Vergütungsregelung für die Tätigkeit in der Strafvollstreckung. Hieraus kann also nicht geschlossen werden, dass sich auch im RVG die Vergütung des Anwalts in der Strafvollstreckung nach den inhaltlich §§ 91, 92 BRAGO entsprechenden Vorschriften der Nrn. 4300 ff. VV richtet. Die Anwendung dieser Vorschriften ist vielmehr durch die **vorrangigen** besonderen **Bestimmungen** der **Nrn. 4200 VV ff.** ausgeschlossen (OLG Jena, RVGreport 2006, 470 = AGS 2006, 287; OLG Jena, JurBüro 2006, 366).

c) Überprüfungsverfahren gem. § 67e StGB

13 Dagegen lässt sich auch nicht einwenden, dass mit der Tätigkeit in der Strafvollstreckung i.S.v. Teil 4 Abschnitt 2 VV nur **das gesamte Vollstreckungsverfahren** gemeint sei mit der Folge, dass z.B. die Pflichtverteidigerbestellung nur für das **Überprüfungsverfahren nach § 67e StGB** als Einzeltätigkeit i.S.v. Nrn. 4300 VV ff. anzusehen ist. Insoweit ist gerade keine Bestellung für eine Einzeltätigkeit, sondern für das gesamte Überprüfungsverfahren erfolgt (OLG Frankfurt am Main, NStZ-RR 2005, 253 = RVGreport 2007, 35 = AGS 2006, 76; OLG Jena, JurBüro 2006,

Gebühren Beschwerde gegen die Entsch. in der Hauptsache Vorbemerkung 4.2

366; OLG Schleswig, StV 2006, 206 = RVGreport 2005, 70 = AGS 2005, 120; Gerold/Schmidt/ Burhoff, Einl. VV Vorbem. 4.2, Rn. 12; a.A. offenbar AG Koblenz, JurBüro 2007, 86). Auch aus dem Umstand, dass die Verteidigertätigkeit im Überprüfungsverfahren nach § 67e StGB zeitlich beschränkt ist, weil für jedes Überprüfungsverfahren eine erneute Pflichtverteidigerbestellung erforderlich ist (str., dafür: KG, NStZ-RR 2005, 127 = RVGreport 2005, 102 = AGS 2005, 393; OLG Schleswig, StV 2006, 206 = RVGreport 2005, 70; dagegen: OLG Stuttgart, NJW 2000, 3367; vgl. hierzu auch Teil A: Umfang des Vergütungsanspruchs [§ 48 Abs. 1], Rn. 1412), lässt sich nicht die Anwendung von Nrn. 4300 VV ff. herleiten (KG, NStZ-RR 2005, 127).

Zudem zeigt die Regelung in Nr. 4300 Ziff. 3 VV, dass im Fall eines Auftrages bzw. einer Pflichtverteidigerbestellung für das gesamte **Überprüfungsverfahren nach § 67e StGB** die Nrn. 4200 VV ff. einschlägig sind. Denn danach ist die Anfertigung oder Unterzeichnung einer Schrift in den Verfahren nach §§ 57a und 67e StGB als Einzeltätigkeit mit der Gebühr nach Nr. 4300 Ziff. 3 VV abgegolten. Diese Tätigkeit betrifft aber nur einen Teilbereich möglicher anwaltlicher Tätigkeiten im Überprüfungsverfahren nach § 67e StGB, sodass hieraus geschlossen werden kann, dass ansonsten Teil 4, Abschnitt 2 VV anwendbar ist (KG, NStZ-RR 2005, 127 = RVGreport 2005, 102 = AGS 2005, 393; AnwKomm-RVG/N. Schneider, VV Vorbem. 4.2, VV 4200 – 4207 Rn. 10). 14

> **Hinweis:**
> Maßgeblich für die Abgrenzung ist beim Wahlanwalt der Umfang des erteilten Auftrags und beim Pflichtverteidiger der Umfang der gerichtlichen Bestellung. **Grds.** ist von **voller Vertretung** auszugehen.

6. Zwei Gruppen von Verfahren

Das RVG unterteilt die Verfahren, in denen Gebühren in der Strafvollstreckung entstehen könne, in zwei Gruppen. Das sind einmal die besonders **bedeutsamen Verfahren** der Nr. 4200 VV und zum anderen die **sonstigen Verfahren** der Nr. 4204 VV (OLG Hamm, AGS 2007, 618 = AGS 2008, 176 = RVGreport 2007, 426). Diese werden hinsichtlich der Gebührentatbestände und der allgemeinen Fragen gleich behandelt. Unterschiede bestehen lediglich hinsichtlich der Gebührenhöhe. 15

a) Bedeutsame Verfahren

Zu den bedeutsamen Verfahren der Nr. 4200 VV zählen: 16

- die Erledigung oder Aussetzung der Maßregel der **Unterbringung** (Ziff. 1),
  - in der Sicherungsverwahrung,
  - in einem psychiatrischen Krankenhaus,
  - in einer Entziehungsanstalt,
- die **Aussetzung** des Restes einer zeitigen Freiheitsstrafe oder einer lebenslangen Freiheitsstrafe (Ziff. 2),
- der **Widerruf einer Strafaussetzung** zur Bewährung oder der Widerruf der Aussetzung einer Maßregel der Besserung und Sicherung zur Bewährung (Ziff. 3).

b) Sonstige Verfahren

17 Zu den **sonstigen Verfahren** der Strafvollstreckung, die unter Nr. 4204 VV fallen s. Nr. 4204 VV Rn. 2.

II. Persönlicher Geltungsbereich des Teils 4, Abschnitt 2 VV

18 Die Gebühren des Teils 4, Abschnitt 2 VV (Nrn. 4200 ff. VV) stehen sowohl dem **Wahlanwalt** als auch dem **gerichtlich bestellten** oder **beigeordneten** Rechtsanwalt zu. Im Strafvollstreckungsverfahren ist eine Verteidigerbestellung in § 463 Abs. 3 Satz 4 und 5 StPO zur Vorbereitung der Entscheidungen nach § 67d Abs. 2 und 3 StGB vorgesehen. Im Übrigen kommt eine Verteidigerbestellung in Betracht, wenn die Schwierigkeit der Sach- und Rechtslage oder die Unfähigkeit des Verurteilten, seine Rechte sachgerecht wahrzunehmen, dies gebietet (vgl. dazu u.a. KG, StraFo 2002, 244; StraFo 2007, 94 und 96; OLG Brandenburg, StV 2007, 95; OLG Braunschweig, StV 2003, 684; OLG Frankfurt am Main, NStZ-RR 2003, 252; OLG Hamm, StraFo 2000, 32 = NStZ-RR 2000, 113; StraFo 2001, 394 = StV 2002, 320; OLG Jena, StV 2003, 684; OLG Karlsruhe, StV 1994, 55; OLG Köln, NStZ-RR 2010, 326; s. dazu auch noch EGMR, StV 1993, 88; s. im Übrigen Meyer-Goßner, § 140 Rn. 33 f. m.w.N.).

> **Hinweis:**
>
> Die Rechtswirkung der **Pflichtverteidigerbestellung** für das **Hauptverfahren endet** mit dem **rechtskräftigen Abschluss** dieses Verfahrens. Sie erstreckt sich nicht auf das Strafvollstreckungsverfahren (Meyer-Goßner, § 140 Rn. 33 f. m.w.N.). Deshalb muss der Verteidiger, der im Hauptverfahren bestellt worden ist, für das Strafvollstreckungsverfahren seine Bestellung ausdrücklich beantragen (s. auch Teil A: Umfang des Vergütungsanspruchs [§ 48 Abs. 1], Rn. 1411 ff.).
>
> Für **jedes** eine besondere gebührenrechtliche Angelegenheit bildende Strafvollstreckungsverfahren ist eine **gesonderte** gerichtliche **Bestellung** erforderlich (Rn. 28 ff.).
>
> Auch in der Strafvollstreckung gilt **§ 48 Abs. 5** (zu den Einzelh. vgl. die Komm. zu § 48 Abs. 5 Rn. 15 f.).

III. Gebühren in Teil 4, Abschnitt 2 VV

1. Verfahrens- und Terminsgebühr

19 Die Gebührentatbestände in Teil 4, Abschnitt 2 VV **entsprechen** der (**allgemeinen**) **Struktur** der strafverfahrensrechtlichen Gebühren **in** Teil 4 VV. Der Verteidiger erhält daher grds. **Verfahrens-** und **Terminsgebühr** (vgl. die Nrn. 4200, 4202 VV; Nrn. 4204, 4206 VV). Es wird auf die entsprechenden Erläuterungen zu Nrn. 4200 VV ff. verwiesen.

Abweichend von den Erläuterungen in der Gesetzesbegründung (vgl. BT-Drucks. 15/1971, S. 229) entspricht die Höhe der in Nr. 4202 und 4203 VV geregelten Terminsgebühren nicht der Höhe der Verfahrensgebühren Nr. 4200 und 4201 VV. Aus diesem **Widerspruch** zwischen **Gesetzeswortlaut** und **Gesetzesbegründung** kann aber nicht geschlossen werden, dass für die Höhe der Terminsgebühren nicht Nr. 4202 und 4203 VV, sondern aufgrund des gesetzgeberischen Versehens Nr. 4200 und 4201 entsprechend gelten (OLG Hamm, AGS 2007, 618 = AGS 2008, 176 = RVGreport 2007, 426; so aber Hartung/Römermann/Schons, VV Vorbem. 4.2 – 4207

Gebühren Beschwerde gegen die Entsch. in der Hauptsache *Vorbemerkung 4.2*

Rn. 18; AnwKomm-RVG/N. Schneider, VV Vorbem. 4.2, VV 4200 – 4207 Rn. 20; Schneider, in: Hansens/Braun/Schneider, Teil 15, Rn. 750). Für die Auslegung der Nr. 4202 und 4203 VV durch Heranziehung der Gesetzesbegründung ist vielmehr angesichts des klaren und eindeutigen Wortlauts der Nr. 4202 und 4203 VV kein Raum (vgl. zutreffend OLG Hamm, AGS 2007, 618 = AGS 2008, 176 = RVGreport 2007, 426; Gerold/Schmidt/Burhoff, VV 4200 – 4207 Rn. 17; Riedel/Sußbauer/Schmahl, VV Teil 4, Abschnitt 2 Rn. 17; Mertens/Stuff, Rn. 331). Es ist nicht Aufgabe der Gerichte, einen (vermeintlichen) Fehler des Gesetzgebers durch eine dem eindeutigen Wortlaut widersprechende Anwendung zu reparieren. Das gilt v.a., wenn es sich – wie hier – um der Höhe nach konkret bestimmte Gebührensätze handelt (OLG Hamm, a.a.O.).

2. Grundgebühr/Allgemeine Gebühren

Eine **Grundgebühr** nach Nr. 4100 VV entsteht für die Tätigkeit des Verteidigers oder sonstigen Vertreters im Strafvollstreckungsverfahren **nicht**. In Teil 4, Abschnitt 2 VV ist keine Grundgebühr vorgesehen. Die Systematik des RVG verbietet den Rückgriff auf die in Teil 4, Abschnitt 1 VV geregelte Grundgebühr (vgl. Nr. 4100 VV Rn. 5, auch zur möglichen Auswirkung auf die Höhe der Verfahrensgebühr in der Strafvollstreckung; KG, RVGreport 2008, 463 = JurBüro 2009, 83 = Rpfleger 2009, 49 und 110 = StRR 2009, 156; NStZ-RR 2005, 127 = RVGreport 2005, 102 = AGS 2005, 393; OLG Schleswig, StV 2006, 206 = RVGreport 2005, 70 = AGS 2005, 120; LG Berlin, AGS 2007, 562 = StRR 2007, 280; Burhoff, RVGreport 2007, 8, 10 und StRR 2010, 93; Gerold/Schmidt/Burhoff, VV Einl. Vorbem. 4.2 Rn. 13; AnwKomm-RVG/N. Schneider, VV Vorbem. 4.2, VV 4200 – 4207 Rn. 12; Hartung/Römermann/Schons, VV Vorbem. 4.2 – 4207 Rn. 4; Riedel/Sußbauer/Schmahl, VV Teil 4, Abschnitt 2 Rn. 12; Mertens/Stuff, Rn. 322; vgl. hierzu auch BT-Drucks. 15/1971, S. 229; **a.A.** MAH Hermann/Hellwig, § 23 Rn. 44). **20**

Auch die allgemeine **Terminsgebühr** nach **Nrn. 4102, 4103 VV** kann in der Strafvollstreckung aus den o.g. Gründen **nicht** anfallen (so auch Gerold/Schmidt/Burhoff, VV Einl. Vorbem. 4.2 Rn. 16).

> **Hinweis:**
> Die **erstmalige Einarbeitung** in die Strafvollstreckungsangelegenheit wird daher durch die in Teil 4 Abschnitt 2 VV enthaltenen Verfahrensgebühren abgegolten (Mertens/Stuff, Rn. 327).

3. Längenzuschlag/Gebühr mit Zuschlag/Zusätzliche Gebühren

Die **Längenzuschläge** zur Terminsgebühr (z.B. nach Nrn. 4110, 4111 VV) fallen in der Strafvollstreckung aufgrund der Gesetzessystematik **nicht** an (Riedel/Sußbauer/Schmahl, VV Teil 4, Abschnitt 2 Rn. 18). Das gilt auch für die **zusätzlichen Gebühren** nach Nrn. 4141 VV ff. (so auch Gerold/Schmidt/Burhoff, Einl. VV Vorbem. 4.2 Rn. 16). **21**

Zur Gebühr mit **Zuschlag** nach Vorbem. 4 Abs. 4 VV, wenn der Mandant **nicht auf freiem Fuß** ist s. Nr. 4201 VV Rn. 3 ff.

Vorbemerkung 4.2   *Gebühren Beschwerde gegen die Entsch. in der Hauptsache*

IV. Angelegenheit in der Strafvollstreckung

1. Grundsatz

22   Grds. stellt jedes einzelne Verfahren in der Strafvollstreckung eine **besondere gebührenrechtliche Angelegenheit** i.S.v. § 15 Abs. 1 und 2 dar (vgl. AnwKomm-RVG/N. Schneider, VV Vorbem. 4.2, VV 4200 – 4207 Rn. 4 bis 7; Burhoff, RVGreport 2007, 8, 10 und StRR 2010, 93; Gerold/Schmidt/Burhoff, Einl. VV Vorbem. 4.2 Rn. 4; weitere Einzelh. zur Angelegenheit s. Teil A: Angelegenheiten [§§ 15 ff.], Rn. 100 f. mit Beispiel).

2. Verfahren nach § 35 BtMG und § 456 StPO

23   Stellt der Verteidiger für denselben Mandanten einen Antrag nach **§ 35 BtMG** auf Zurückstellung der Strafvollstreckung einerseits und hilfsweise einen Antrag auf **Aufschub der Strafvollstreckung nach § 456 StPO** andererseits, liegen keine **verschiedenen Angelegenheiten** vor, in denen zwei Verfahrensgebühren nach Nr. 4204 VV (vgl. Nr. 4204 VV Rn. 13) entstehen, wenn der Antrag auf Vollstreckungsaufschub nur einen untergeordneten Hilfsantrag ohne eigenständige Bedeutung darstellt. Das ist der Fall, wenn dieser Antrag nur gestellt wird, um eine Strafvollstreckung bis zur Entscheidung über den Antrag nach § 35 BtMG zu verhindern (OLG Schleswig, SchlHA 2007, 278; s. dazu auch das Beispiel Nr. 4204 VV Rn. 13).

3. Überprüfungsverfahren gem. § 67e StGB

24   Die Tätigkeit in **jedem neuen Überprüfungsverfahren nach § 67e StGB** stellt für den Verteidiger jeweils eine **neue gebührenrechtliche Angelegenheit** dar, in der jeweils die Gebühren nach Nrn. 4200 – 4203 VV entstehen (KG, NStZ-RR 2005, 127 = RVGreport 2005, 102 = AGS 2005, 393; OLG Frankfurt am Main, NStZ-RR 2005, 253 = RVGreport 2007, 35 = AGS 2006, 76; OLG Jena, JurBüro 2006, 366; RVGreport 2006, 470 = AGS 2006, 287; OLG Schleswig, StV 2006, 206 = RVGreport 2005, 70 = AGS 2005, 120; AGS 2005, 444 = RVGreport 2006, 153 = SchlHA 2006, 300; Gerold/Schmidt/Burhoff, Einl. VV Vorbem. 4.2 Rn. 4; vgl. Nr. 4200 VV Rn. 7 f.; s. auch Teil A: Angelegenheiten [§§ 15 ff.], Rn. 100).

4. Mehrere Bewährungswiderrufsverfahren

a) Dasselbe Urteil

25   Wird der Rechtsanwalt in mehreren **aufeinander folgenden Widerrufsverfahren** tätig, die **dieselbe Strafaussetzung zur Bewährung aus demselben Urteil** betreffen, liegen **verschiedene Angelegenheiten** vor, in denen der Rechtsanwalt jeweils die Gebühren nach Nrn. 4200 Ziff. 3 – 4203 VV verdient (LG Magdeburg, StraFo 2010, 172 = StRR 2010, 279 = AGS 2010, 429 = RVGreport 2010, 183; Teil A: Angelegenheiten [§§ 15 ff.], Rn. 100).

b) Verschiedene Urteile

26   Das OLG Köln (RVGreport 2011, 103 m. abl. Anm. Burhoff = AGS 2011, 174 m. abl. Anm. Volpert = StRR 2011, 214 m. abl. Anm. Burhoff) hält verschiedene Angelegenheiten im Fall des Bewährungswiderrufs (Nr. 4200 Ziff. 3 VV) allenfalls dann für gegeben, wenn es um den Widerruf der Bewährung aus **verschiedenen Entscheidungen** geht (vgl. auch LG Aachen, AGS 2010, 428

Gebühren Beschwerde gegen die Entsch. in der Hauptsache   *Vorbemerkung 4.2*

m. abl. Anm. N. Schneider = RVGreport 2010, 379 = StRR 2011, 39; Teil A: Angelegenheiten [§ 15], Rn. 100).

5. Strafaussetzung zur Bewährung

Mehrere Verfahren über die Aussetzung mehrerer parallel vollstreckter Reststrafen zur Bewährung nach § 57 StGB sollen **dieselbe Angelegenheit** bilden, wenn dem Verteidiger nur ein Auftrag erteilt wurde, ein gemeinsamer Tätigkeitsrahmen vorliegt und ein innerer Zusammenhang zwischen den Verfahren besteht (so OLG Köln, RVGreport 2011, 103, m. abl. Anm. Burhoff = AGS 2011, 174 m. abl. Anm. Volpert = StRR 2011, 241 m. abl. Anm. Burhoff; LG Aachen, StRR 2011, 39 = RVGreport 2010, 379, m. abl. Anm. Burhoff = AGS 2010, 428, m. abl. Anm. N. Schneider). Davon ist nach Auffassung des OLG Köln (a.aO.) und des LG Aachen (a.a.O.) auszugehen, wenn die Aussetzung der mehreren Strafen von einer **einheitlich zu treffenden Prognoseentscheidung** abhängt, die in einem Überprüfungsverfahren mit einem einheitlichen Anhörungstermin und einheitlichen Schriftsätzen des Verteidigers erfolgt ist. 27

Diese Auffassung ist **abzulehnen** (vgl. auch Burhoff, a.a.O. und Volpert, a.a.O.): Ob verschiedene gebührenrechtliche Angelegenheiten vorliegen, richtet sich in gerichtlichen Verfahren allein nach § 15 Abs. 2 Satz 2. Danach können Gebühren **in jedem Rechtszug** gefordert werden. Unter Rechtszug ist die Gesamtheit der Prozesshandlungen zu verstehen, die vor dem Gericht einer bestimmten Ordnung stattfinden, um den diesem Gericht unterbreiteten Streitstoff zu erledigen (Gerold/Schmidt/Müller-Rabe, § 15 Rn. 26). Nach der Rechtsprechung des BGH (NJW-RR 2010, 1697 = Rpfleger 2010, 696 = RVGreport 2010, 334) gilt jeder prozessrechtliche Rechtszug als eine besondere gebührenrechtliche Angelegenheit i.S.d. Gebührenrechts. Gebührenrechtlich liegen deshalb mehrere Angelegenheiten vor, wenn mehrere prozessuale Verfahren mit demselben Streitgegenstand nebeneinander geführt werden, solange sie nicht miteinander verbunden sind (so auch OLG Stuttgart, AGS 2001, 251; Hansens, RVGreport 2008, 138; AnwKomm-RVG/N. Schneider, § 15 Rn. 76). Erst wenn mehrere gerichtliche Verfahren miteinander verbunden werden, liegt ab dem Zeitpunkt der Verbindung nur noch eine einzige Angelegenheit i.S.v. § 15 Abs. 2 Satz 2 vor (Teil A: Verbindung von Verfahren, Rn. 1431). Vor diesem Hintergrund ist nicht ersichtlich, warum verschiedene gerichtliche Strafvollstreckungsverfahren, in denen es um die Aussetzung mehrerer Reststrafen zur Bewährung geht, keine verschiedenen Rechtszüge und keine verschiedenen gebührenrechtliche Angelegenheiten sein sollen. Insoweit gilt nichts anderes als für verschiedene **Überprüfungsverfahren gem. § 67e StGB**, für die anerkannt ist, dass sie verschiedene Angelegenheiten bilden (vgl. Rn. 24, vgl. Nr. 4200 VV Rn. 7 ff.; Teil A: Angelegenheiten [§§ 15 ff.], Rn. 101).

> **Hinweis:**
> Das Beschwerdeverfahren in der Strafvollstreckung stellt **keine besondere Angelegenheit** dar. Hier entstehen allerdings die Gebühren der Nrn. 4200 – 4207 VV nach Vorbem. 4.2 VV besonders (s. dazu Rn. 30).

V. Gerichtliche Bestellung für jede Angelegenheit

1. Verhältnis zum Strafverfahren

28 Die gerichtliche Beiordnung bzw. Bestellung für das Hauptverfahren endet mit dessen Rechtskraft, sodass für die Strafvollstreckung eine gesonderte gerichtliche Beiordnung bzw. Bestellung erforderlich ist (OLG Brandenburg, StV 2007, 95; Rn. 18; s. auch Teil A: Umfang des Vergütungsanspruchs [§ 48 Abs. 1], Rn. 1411 ff.).

2. Verhältnis mehrerer Strafvollstreckungsverfahren

29 Im Strafvollstreckungsverfahren kommt es darauf an, ob in jeder besonderen gebührenrechtlichen Angelegenheit in der Strafvollstreckung (s. dazu Rn. 22) auch jeweils eine **besondere gerichtliche Bestellung** oder Beiordnung erfolgt ist. So erstreckt sich z.B. die Pflichtverteidigerbestellung für das laufende Verfahren über die Aussetzung der Freiheitsstrafe zur Bewährung (§ 57 StGB) nur auf das laufende Verfahren und endet mit dessen Rechtskraft (vgl. OLG Brandenburg, StV 2007, 95).

Für jedes **Überprüfungsverfahren nach § 67e StGB** ist eine **erneute Pflichtverteidigerbestellung** erforderlich (**str.**, dafür: OLG Schleswig, StV 2006, 206 = RVGreport 2005, 70; OLG Zweibrücken, StraFo 2008, 40; KG, NStZ-RR 2005, 127 = RVGreport 2005, 102 = AGS 2005, 393; **a.A.** OLG Stuttgart, AGS 2010, 429 = StRR 2010, 438 = RVGreport 2010, 388; vgl. auch die Erläuterungen unter Rn. 24 sowie Teil A: Umfang des Vergütungsanspruchs [§ 48 Abs. 1], Rn. 1411 ff.).

Wird der Rechtsanwalt in **zwei Bewährungswiderrufsverfahren** tätig, die dieselbe Strafaussetzung zur Bewährung betreffen, liegen nach Auffassung des LG Magdeburg (StraFo 2010, 172 = StRR 2010, 279 = AGS 2010, 429 = RVGreport 2010, 429) verschiedene Angelegenheiten vor. Für jede Angelegenheit ist dann eine eigene Pflichtverteidigerbestellung erforderlich (LG Magdeburg, a.a.O.; s. hierzu auch Teil A: Umfang des Vergütungsanspruchs [§ 48 Abs. 1], Rn. 1411 ff.).

VI. Beschwerdeverfahren in Teil 4, Abschnitt 2 VV

1. Besondere Gebühren

30 Die Vorbem. 4.2 VV stellt klar, dass der Rechtsanwalt im Verfahren über die **Beschwerde** gegen die Entscheidung **in der Hauptsache** die Gebühren des Teils 4, Abschnitt 2 VV **besonders** erhält. Die insoweit erbrachten Tätigkeiten sind also nicht wie sonst das strafrechtliche Beschwerdeverfahren aufgrund des Pauschalcharakters der Gebühren nach der Vorbem. 4.1 Abs. 2 Satz 1 VV durch die Gebühren im Ausgangsverfahren mitabgegolten (vgl. OLG Braunschweig, StraFo 2009, 220 = AGS 2009, 327 = RVGreport 2009, 311 = StRR 2009, 203 [Ls]; OLG Düsseldorf, RVGreport 2011, 22 = StRR 2010, 443 = StRR 2011, 38; OLG Frankfurt am Main, NStZ-RR 2005, 253 = RVGreport 2007, 35 = AGS 2006, 76; OLG Schleswig, AGS 2005, 444 = RVGreport 2006, 153 = SchlHA 2006, 300; LG Düsseldorf, StRR 2007, 83 = AGS 2007, 352; Vorbem. 4.1 VV Rn. 25; Teil A: Beschwerdeverfahren, Abrechnung, Rn. 395 ff.; Volpert, VRR 2006, 453; Gerold/Schmidt/Burhoff, VV Vorbem. 4.2 Rn. 1; AnwKomm-RVG/N. Schneider, VV Vorbem. 4.2, VV 4200–4207 Rn. 28 ff.). Das Beschwerdeverfahren in der Strafvollstreckung bildet aber **keine besondere Angelegenheit** (s. dazu Rn. 35).

Gebühren Beschwerde gegen die Entsch. in der Hauptsache   *Vorbemerkung 4.2*

> **Hinweis:**
>
> Zu beachten ist, dass nach § 19 Abs. 1 Satz 2 Nr. 10 die **Einlegung** der Beschwerde für den im erstinstanzlichen Strafvollstreckungsverfahren bereits tätigen Verteidiger noch mit den Gebühren dieses Verfahrens abgegolten ist (Gerold/Schmidt/Burhoff, VV Vorbem. 4.2 Rn. 2; AnwKomm-RVG/N. Schneider, VV Vorbem. 4.2, VV 4200 – 4207 Rn. 28; Mertens/Stuff, Rn. 325; vgl. Teil A: Rechtszug [§ 19], Rn. 1200 ff.).

Die **Gebühren** im **Beschwerdeverfahren** richten sich daher nach **Nr. 4200 bis 4207 VV**, weil insoweit keine besonderen Gebührenregelungen vorhanden sind (OLG Frankfurt am Main, NStZ-RR 2005, 253 = AGS 2006, 76 = RVGreport 2007, 35; OLG Schleswig, AGS 2005, 444 = RVGreport 2006, 153 = SchlHA 2006, 300; LG Düsseldorf, StRR 2007, 83 = AGS 2007, 352; LG Magdeburg, StraFo 2010, 172 = StRR 2010, 279 = AGS 2010, 429 = RVGreport 2010, 429). Ist der Rechtsanwalt in einem der in **Nr. 4200 VV** genannten Verfahren tätig, erhält er für die Tätigkeit im Beschwerdeverfahren also Gebühren nach Nrn. 4200 – 4203 VV und nicht nach Nr. 4204 VV, weil die Tätigkeiten im Hauptverfahren und im Beschwerdeverfahren gleichgestellt sind. Die Vorbem. 4.2 VV ist hinsichtlich des Beschwerdeverfahrens nicht einschränkend auszulegen (OLG Frankfurt am Main, a.a.O.; OLG Schleswig, a.a.O.; LG Magdeburg, a.a.O.). In **sonstigen Verfahren** der Strafvollstreckung gelten im Beschwerdeverfahren Nrn. 4204 – 4207 VV. Ist in der ersten Instanz z.B. eine Verfahrensgebühr Nr. 4204 VV entstanden, entsteht diese Verfahrensgebühr auch im Beschwerdeverfahren.   **31**

Eine Gebühr nach Nr. 4302 VV für die Tätigkeit im Beschwerdeverfahren entsteht nur dann, wenn der Rechtsanwalt mit der Einlegung einer **Beschwerde als Einzeltätigkeit** beauftragt war (OLG Frankfurt am Main, NStZ-RR 2005, 253 = AGS 2006, 76 = RVGreport 2007, 35).   **32**

> **Hinweis:**
>
> Diese Regelung wird der Bedeutung der aufgeführten Verfahren für den Mandanten des Rechtsanwalts und der Tragweite der zu treffenden Entscheidungen gerecht. Sie berücksichtigt zudem, dass häufig in der Beschwerdeinstanz **erheblicher Zeitaufwand** erbracht werden muss. Dieser kann z.B. darauf zurückzuführen sein, dass weitere Sachverständigengutachten eingeholt werden oder erneute Anhörungen stattfinden.

Für die Tätigkeit in der Beschwerdeinstanz **gelten alle** in Teil 4, Abschnitt 2 VV aufgeführten **Gebührentatbestände**. Ist in der ersten Instanz beispielsweise eine Verfahrensgebühr Nr. 4200 Ziff. 2 VV entstanden, fällt diese Verfahrensgebühr auch im Beschwerdeverfahren an (s. Rn. 31).   **33**

Beispiel:

Rechtsanwalt R erhält den Auftrag, den Verurteilten V im Verfahren über die Aussetzung des Restes der verhängten lebenslangen Freiheitsstrafe gem. § 57a StGB zu vertreten. Die Strafvollstreckungskammer bestimmt gem. § 454 Abs. 1 Satz 3 StPO einen Termin zur mündlichen Anhörung des Verurteilten. R nimmt an der Anhörung teil.

Nach der Anhörung weist die Strafvollstreckungskammer das Gesuch um Aussetzung des Strafrestes zurück. V beauftragt R mit der Einlegung der Beschwerde gegen den Beschluss, § 454 Abs. 3 StPO. R legt Beschwerde gegen die Entscheidung ein und begründet diese. Nach erneuter mündlicher Anhörung des Verurteilten unter Beteiligung des Verteidigers lehnt das Beschwerdegericht die Aussetzung ab.

R rechnet folgende Gebühren (Mittelgebühren) ab

Vorbemerkung 4.2   Gebühren Beschwerde gegen die Entsch. in der Hauptsache

Verfahren vor der Strafvollstreckungskammer

Verfahrensgebühr mit Zuschlag Nrn. 4201, 4200 Ziff. 2 VV	375,00 €
Terminsgebühr mit Zuschlag Nr. 4203 VV	<u>181,25 €</u>
Anwaltsvergütung netto	**556, 25 €**

Verfahren vor dem Beschwerdegericht

Verfahrensgebühr mit Zuschlag Nrn. 4201, 4200 Ziff. 2 VV	375,00 €
Terminsgebühr mit Zuschlag Nr. 4203 VV	<u>181,25 €</u>
Anwaltsvergütung netto	**556, 25 €**
Gesamtsumme	<u>**1112,50 €**</u>

zuzüglich 19 % USt und Nr. 7008 VV

2. Beschwerde gegen Hauptsacheentscheidung

34 Die gesonderte Entstehung der Gebühren gilt nur für ein Beschwerdeverfahren, das gegen die Entscheidung **in der Hauptsache** gerichtet ist (OLG Düsseldorf, a.a.O.; Gerold/Schmidt/Burhoff, VV Vorbem. 4.2 Rn. 3). Wird nicht die Hauptsacheentscheidung des Gerichts, sondern eine „**Nebenentscheidung**" oder „**Zwischenentscheidung**" angefochten, ist die Tätigkeit des Rechtsanwalts mit den erstinstanzlichen Gebühren abgegolten (so auch Gerold/Schmidt/Burhoff, VV Vorbem. 4.2 Rn. 3; AnwKomm-RVG/N. Schneider, VV Vorbem. 4.2, VV 4200 – 4207 Rn. 6; Mertens/Stuff, Rn. 325; Teil A: Angelegenheiten [§§ 15 ff.], Rn. 106).

> **Hinweis:**
>
> Eine Hauptsacheentscheidung liegt bspw. vor, wenn die Strafvollstreckungskammer eine Strafaussetzung zur Bewährung widerruft (§ 453 Abs. 2 StPO) oder die Aussetzung des Restes einer Freiheitsstrafe ablehnt (§ 454 Abs. 3 StPO; Burhoff, RVGreport 2007, 8, 12 und StRR 2010, 93). **Keine** Beschwerde gegen eine **Hauptsacheentscheidung** liegt vor, wenn gegen den im Strafvollstreckungsverfahren ergangenen **Kostenfestsetzungsbeschluss** Beschwerde eingelegt wird (Burhoff, RVGreport 2007, 8, 12 und StRR 2010, 93). Der Rechtsanwalt erhält hierfür nicht die Gebühren nach Teil 4, Abschnitt 2 VV besonders, sondern nach Teil 3 VV, vgl. Vorbem. 4 Abs. 5 Ziff. 1 VV (s. auch Teil A: Beschwerdeverfahren, Abrechnung, 402 ff.; Vorbem. 4 VV Rn. 95 ff.).

3. Angelegenheit/Postentgeltpauschale

35 Das Beschwerdeverfahren in **Strafsachen** bildet grds. keine besondere gebührenrechtliche Angelegenheit i.S.v. § 15 Abs. 2 Satz 2 (s. dazu ausführlich Teil A: Beschwerdeverfahren, Abrechnung, Rn. 371 ff.). Dieser Grundsatz gilt auch für das Beschwerdeverfahren in der **Strafvollstreckung**. Vorbem. 4.2 VV bildet hiervon keine Ausnahme. Denn es wird dort nur bestimmt, dass im Beschwerdeverfahren in der Strafvollstreckung die **Gebühren** besonders entstehen, **nicht** aber, dass das Beschwerdeverfahren eine **besondere Angelegenheit** bildet. Im Gegensatz dazu bestimmt Vorbem. 4.3 Abs. 3 Satz 3 VV für **Einzeltätigkeiten** ausdrücklich, dass das Beschwerdeverfahren als besondere Angelegenheit gilt. Es ist zu unterstellen, dass der Gesetzgeber die unterschiedlichen Formulierungen in Vorbem. 4.2 VV und Vorbem. 4.3 Abs. 3 Satz 3 VV bewusst gewählt hat, sodass das Beschwerdeverfahren in der Strafvollstreckung nicht als besondere An-

Gebühren Beschwerde gegen die Entsch. in der Hauptsache Vorbemerkung 4.2

gelegenheit angesehen werden kann (so auch LG Düsseldorf, StRR 2007 83 = AGS 2007, 352; 01.04.2010 – 51 StVK 10/09, n.v.; Gerold/Schmidt/Burhoff, Vorbem. 4.2 VV Rn. 5; so auch AnwKomm-RVG/N. Schneider, VV Vorbem. 4.2, VV 4200 – 4207 Rn. 30, unter Aufgabe der in der 4. Aufl., VV 4200 – 4207 Rn. 30 noch vertretenen gegenteiligen Auffassung).

Vorbem. 4.2 VV wäre auch überflüssig, wenn das Beschwerdeverfahren in der Strafvollstreckung eine besondere Angelegenheit wäre. Gerade weil § 15 Abs. 5 Satz 2 nicht gilt, musste der Gesetzgeber in Vorbem. 4.2 VV bestimmen, dass im Beschwerdeverfahren gegen die Hauptsacheentscheidung in der Strafvollstreckung die in Teil 4, Abschnitt 2 VV geregelten **Gebühren** besonders entstehen.

Im Beschwerdeverfahren in der Strafvollstreckung entstehen deshalb nur die **Gebühren** besonders. Es muss davon ausgegangen werden, dass der Gesetzgeber bewusst lediglich auf die Gebühren und nicht die Vergütung abgestellt hat, die nach § 1 Abs. 1 Satz 1 auch die Auslagen nach Teil 7 VV umfasst (s. dazu auch die Komm. zu § 52 Rn. 18 f. und § 54 Rn. 4). Eine **gesonderte Postentgeltpauschale** Nr. 7002 VV (**Auslage**, vgl. § 1 Abs. 1 Satz 1) fällt im Beschwerdeverfahren deshalb nicht an. Die Entstehung einer gesonderten Postengeltpauschale im strafvollstreckungsrechtlichen Beschwerdeverfahren kann deshalb auch nicht mit der Anm. zu Nr. 7002 VV begründet werden, weil das Beschwerdeverfahren in Strafsachen gerade keine eigene gebührenrechtliche Angelegenheit bildet (so LG Düsseldorf, StRR 2007, 83 = AGS 2007, 352; 01.04.2010 – 51 StVK 10/09, n.v.; AnwKomm-RVG/N. Schneider, VV Vorbem. 4.2, VV 4200 – 4207 Rn. 30; Gerold/Schmidt/Burhoff, Vorbem. 4.2 VV Rn. 5; im Ergebnis wohl auch OLG Düsseldorf, RVGreport 2011, 22 = StRR 2010, 443 = StRR 2011, 38; **a.A.**, allerdings teilweise ohne nähere Begründung, OLG Braunschweig, StraFo 2009, 220 = AGS 2009, 327 = RVGreport 2009, 311 = StRR 2009, 203 [Ls]; OLG Schleswig AGS 2005, 444 = RVGreport 2006, 153 = SchlHA 2006, 300; LG Magdeburg, StraFo 2010, 172 = StRR 2010, 279 = AGS 2010, 429 = RVGreport 2010, 183; Hartung/Römermann/Schons, Vorbem. 4.2 – 4207 Rn. 23).

Für dieses **Ergebnis spricht** auch, dass auch bei den abweichend von § 15 Abs. 1, 2 für die Wahrnehmung jedes Hauptverhandlungstermins besonders anfallenden Terminsgebühren nach Teil 4, Abschnitt 1 VV (vgl. z.B. Nr. 4108 VV) die Postentgeltpauschale nicht mehrfach anfällt. Ferner wird auf die vergleichbare frühere Regelung in § 38 Abs. 2 BRAGO verwiesen. Durch die dort geregelte „Sonderverhandlungsgebühr" entstand anders als bei § 38 Abs. 1 BRAGO keine weitere Postentgeltpauschale (vgl. Gerold/Schmidt/von Eicken, BRAGO, 15. Aufl., § 26 Rn. 5; Kindermann, Gebührenpraxis für Anwälte, Teil 2, Rn. 336; s. auch die Regelung für die Zwangsversteigerung/Zwangsverwaltung in Nr. 3311 VV RVG: Auch wenn zwei Verfahrensgebühren anfallen, liegt dieselbe Angelegenheit vor, in der die Postentgeltpauschale nur einmal anfällt, vgl. Volpert in: Hansens/Braun/Schneider, Teil 18, Rn. 327).

> **Hinweis:**
> Eine Postentgeltpauschale fällt aber dann im Beschwerdeverfahren an, wenn der Rechtsanwalt **erstmals** bzw. **ausschließlich** im **Beschwerdeverfahren** tätig wird.

VII. Bewilligung einer Pauschgebühr (§§ 51 und 42)

Nach § 51 kann auch dem Rechtsanwalt, der in der Strafvollstreckung gerichtlich bestellt oder beigeordnet worden ist, eine Pauschgebühr bewilligt werden (vgl. § 51 Rn. 3; zur Bewilligung

Vorbemerkung 4.2   *Gebühren Beschwerde gegen die Entsch. in der Hauptsache*

s. auch die Erläuterungen zu § 51 Rn. 128). Ferner besteht für den in der Strafvollstreckung tätigen **Wahlanwalt** die Möglichkeit, eine Pauschgebühr nach § 42 feststellen zu lassen (vgl. § 42 Rn. 1 ff. und § 51 Rn. 128). Die Bewilligung einer Pauschvergütung für Tätigkeiten im Strafvollstreckungsverfahren war bereits für § 99 BRAGO als zulässig angesehen worden (vgl. hierzu OLG Köln, StV 1997, 37 = JurBüro 1997, 83; OLG Hamm, JurBüro 2001, 641 = AGS 2001, 201; OLG Braunschweig, Nds.Rpfl. 2000, 295; OLG Koblenz, NStZ 1990, 435 = JurBüro 1990, 879). Hieran hat sich im RVG nichts geändert (Burhoff, RVGreport 2007, 8, 14; AnwKomm-RVG/N. Schneider, VV Vorbem. 4.2, VV 4200 – 4207 Rn. 31; vgl. aber OLG Hamm, RVG-Letter 2006, 126; § 51 Rn. 120 f.).

VIII. Anspruch gegen den Verurteilten oder den Auftraggeber (§§ 52, 53)

38   Der im Strafvollstreckungsverfahren gerichtlich bestellte oder beigeordnete Rechtsanwalt kann unter den Voraussetzungen der §§ 52 und 53 Abs. 1 die Zahlung der Wahlanwaltsgebühren vom Beschuldigten bzw. vom Auftraggeber verlangen (AnwKomm-RVG/N. Schneider, VV Vorbem. 4.2, VV 4200 – 4207 Rn. 33). Auf die Erläuterungen zu § 52 und 53 wird verwiesen.

IX. Erstattung

1. Erste Instanz

39   Nach überwiegender Ansicht in Rechtsprechung und Literatur ist in Verfahren nach §§ 453 ff. StPO für den **ersten Rechtszug** eine **Kostenentscheidung nicht zu** treffen. Beschlüsse, durch die im Strafvollstreckungsverfahren Anträge des Verurteilten oder der Staatsanwaltschaft abgelehnt werden, sind einer Kosten- und Auslagenentscheidung nicht zugänglich, da sie weder verfahrensabschließende Beschlüsse (in dem Sinne, dass sie den Entscheidungen nach § 464 Abs. 1 StPO gleichzustellen wären) darstellen, noch in einem selbstständigen Zwischenverfahren ergangen sind. Eine Entscheidung, die in einem die Strafvollstreckung betreffenden sog. Nachtragsverfahren ergeht (z.B. die Verlängerung der Bewährungsfrist), ist keine das Verfahren i.S.v. § 464 Abs. 2 StPO abschließende Entscheidung und deshalb nicht mit einem Ausspruch über die Kosten und notwendigen Auslagen zu versehen. Dies gilt sogar dann, wenn die Entscheidung zugunsten des Verurteilten ergeht. In der Strafvollstreckung bleibt deshalb die auf § 465 StPO gestützte Kostengrundentscheidung des Urteils maßgebend, in der dem Verurteilten die Verfahrenskosten und seine notwendigen Auslagen auferlegt worden sind (vgl. KG, NStZ 1989, 490; OLG Braunschweig, NStZ-RR 2001, 185; OLG Celle, StV 2006, 30; OLG Frankfurt am Main, NStZ-RR 2005, 253 = AGS 2006, 76 = RVGreport 2007, 35; OLG Hamm, NStZ 1984, 332; OLG Karlsruhe, NStZ 1998, 272 = Rpfleger 1998, 125; OLG Köln, NStZ 1999, 534; Meyer-Goßner, § 464 Rn. 11; **a.A.** OLG Hamm, NStZ 1984, 288; Löwe/Rosenberg/Hilger, § 464 Rn. 8).

2. Beschwerdeinstanz

40   Etwas **anderes** gilt nur für die **Kosten des Beschwerdeverfahrens** und die ggf. in diesem dem Beschwerdeführer entstandenen notwendigen Auslagen (OLG Düsseldorf, JMBl. NRW 1991, 59; OLG Frankfurt am Main, NStZ RR 2005, 253 = AGS 2006, 76 = RVGreport 2007, 35; Meyer-Goßner, § 464 Rn. 11). Insoweit handelt es sich um eine das Verfahren – das Beschwerdeverfahren – abschließende Entscheidung i.S.d. § 464 Abs. 1 StPO. Für die Kostenentscheidung gilt § 473 StPO. War die Beschwerde des Verurteilten erfolgreich, ist die Staatskasse danach zur

Gebühren Beschwerde gegen die Entsch. in der Hauptsache   *Vorbemerkung 4.2*

Tragung der notwendigen Auslagen des Verurteilten verpflichtet. Zu den notwendigen Auslagen gehören die nach Teil 4, Abschnitt 2 VV berechneten Gebühren des Verteidigers im Strafvollstreckungsverfahren.

Werden vom Beschwerdegericht die notwendigen Auslagen des Beschwerdeverfahrens der Staatskasse auferlegt, ist das für das Kostenfestsetzungsverfahren **bindend**.   **41**

Beispiel:
Der Verteidiger hat gegen den Widerruf der Bewährung für den Mandanten erfolgreich Beschwerde eingelegt. Er war bereits im erstinstanzlichen Verfahren vor der Strafvollstreckungskammer tätig. In der Entscheidung des Beschwerdegerichts werden die notwendigen Auslagen des Beschwerdeverfahrens der Staatskasse auferlegt.

Als Pflichtverteidiger erhält der Verteidiger gem. §§ 45, 55 die Vergütung für die erste Instanz sowie wegen Vorbem. 4.2 VV die Gebühr für das Beschwerdeverfahren aus der Staatskasse (Rn. 33). An notwendigen Auslagen für den Mandanten kann aber aufgrund der vom Beschwerdegericht getroffenen Kostenentscheidung nur die im Beschwerdeverfahren angefallene Verfahrensgebühr im Kostenfestsetzungsverfahren gem. § 464b StPO aus der Staatskasse verlangt werden.

Aus dem Umstand, dass die erstinstanzlichen notwendigen Auslagen von der Auslagenentscheidung des Beschwerdegerichts nicht erfasst sind (vgl. Rn. 39), kann nicht geschlossen werden, dass diese nun von der Landeskasse zu tragen sind. Denn der Grundsatz, dass bei **Fehlen** einer Kostenentscheidung die Staatskasse die Kosten trägt, gilt allenfalls für die Verfahrenskosten nach § 464a Abs. 1 StPO. Fehlt eine Entscheidung über die notwendigen Auslagen (§ 464a Abs. 2 StPO), verbleiben diese bei demjenigen, dem sie entstanden sind (s. dazu Teil A: Kostenfestsetzung in Strafsachen, Rn. 848). Deshalb trägt der Verurteilte seine in der erstinstanzlichen Strafvollstreckung angefallenen notwendigen Auslagen stets selbst (Meyer-Goßner, StPO, § 464 Rn. 12).

Vorbemerkung 4.2 Gebühren Beschwerde gegen die Entsch. in der Hauptsache

C. Arbeitshilfen

42 Übersicht der Gebühren in der Strafvollstreckung

Gebühren-tatbestand	Wahlanwalt				gerichtlich bestellter oder beigeordneter Rechtsanwalt
	VV-Nr.	Mindestgebühr	Mittelgebühr	Höchstgebühr	Gesetzliche Gebühr
a) Verfahren nach Nr. 4200 VV					
Widerruf von Strafaussetzung/ Aussetzung lebenslange Freiheitsstrafe u.a.	4200	50,00	305,00	560,00	244,00
Verfahrensgebühr Nr. 4200 VV mit Zuschlag	4201	50,00	375,00	700,00	300,00
Terminsgebühr Widerruf/ Aussetzung lebenslange Freiheitsstrafe u.a.	4202	50,00	150,00	250,00	120,00
Terminsgebühr Nr. 4202 VV mit Zuschlag	4203	50,00	181,25	312,50	145,00
Verfahrensgebühr, Beschwerde (Vorbem. 4.2 VV)	4200	50,00	305,00	560,00	244,00

Gebühren Beschwerde gegen die Entsch. in der Hauptsache   *Vorbemerkung 4.2*

Gebühren-tatbestand	Wahlanwalt				gerichtlich bestellter oder beigeordneter Rechtsanwalt
	VV-Nr.	Mindestgebühr	Mittelgebühr	Höchstgebühr	Gesetzliche Gebühr
Terminsgebühr Nr. 4206 VV mit Zuschlag	4207	20,00	166,25	312,50	133,00
Verfahrensgebühr, Beschwerde (Vorbem. 4.2 VV)	4204	20,00	135,00	250,00	108,00
Verfahrensgebühr mit Zuschlag, Beschwerde (Vorbem. 4.2 VV)	4205	20,00	166,25	312,50	133,00
Terminsgebühr, Beschwerde (Vorbem. 4.2 VV)	4206	20,00	135,00	250,00	108,00
Terminsgebühr mit Zuschlag, Beschwerde (Vorbem. 4.2 VV)	4207	20,00	166,25	312,50	133,00
Terminsgebühr sonstige Verfahren in der Strafvollstreckung	4206	20,00	135,00	250,00	108,00

Nr. 4200 VV
Verfahrensgebühr Strafvollstreckung

Nr.	Gebührentatbestand	Gebühr oder Satz der Gebühr nach § 13 oder § 49 RVG	
		Wahlanwalt	gerichtlich bestellter oder beigeordneter Rechtsanwalt

4200	Verfahrensgebühr als Verteidiger für ein Verfahren über
	1. die Erledigung oder Aussetzung der Maßregel der Unterbringung
	   a) in der Sicherungsverwahrung,
	   b) in einem psychiatrischen Krankenhaus oder
	   c) in einer Entziehungsanstalt,
	2. die Aussetzung des Restes einer zeitigen Freiheitsstrafe oder einer lebenslangen Freiheitsstrafe oder
	3. den Widerruf einer Strafaussetzung zur Bewährung oder den Widerruf der Aussetzung einer Maßregel der Besserung und Sicherung zur Bewährung
		50,00 bis 560,00 EUR	244,00 EUR

Übersicht

	Rn.
A. Überblick	1
B. Kommentierung	2
I. Anwendungsbereich	2
1. Allgemeines	2
2. Erledigung einer freiheitsentziehenden Maßregel der Besserung und Sicherung (Ziff. 1)	3
3. Aussetzung einer freiheitsentziehenden Maßregel der Besserung und Sicherung (Ziff. 1)	4
4. Aussetzung des Strafrestes (Ziff. 2)	5
5. Widerrufsverfahren (Ziff. 3)	6
6. Überprüfungsverfahren gem. § 67e StGB	7
a) Gebühren	7
b) Angelegenheit	8
c) Abgrenzung zum Strafvollzug	10
II. Persönlicher Geltungsbereich	11
III. Abgeltungsbereich der Verfahrensgebühr	12
1. Allgemeines	12
2. Katalog der erfassten Tätigkeiten	13
IV. Entstehen der Gebühren	14
V. Höhe der Verfahrensgebühr	15

Verfahrensgebühr Strafvollstreckung   *Nr. 4200 VV*

VI. Beschwerdeverfahren	19
VII. Angelegenheit	20
VIII. Pauschgebühr/Anspruch gegen den Mandanten/Erstattung	21

Literatur:

S. die Hinweise bei Vorbem. 4.2 VV vor Rn. 1 und Vorbem. 4 VV vor Rn. 1

A. Überblick

Nr. 4200 VV regelt die Verfahrensgebühr in den für den Verurteilten **besonders bedeutsamen**   1
Verfahren in der Strafvollstreckung (vgl. OLG Hamm, AGS 2007, 618 = AGS 2008, 176 = RVGreport 2007, 426). Für diese Verfahren ist wegen ihrer Bedeutung und des i.d.R. höheren Zeitaufwandes des Verteidigers ein höherer Gebührenrahmen vorgesehen als in Nr. 4204 VV für die sonstigen Verfahren in der Strafvollstreckung (vgl. Vorbem. 4.2 Rn. 15 ff.).

B. Kommentierung

I. Anwendungsbereich

1. Allgemeines

Die Verfahrensgebühr nach Nr. 4200 VV entsteht nur in den in dieser Vergütungsnummer **aus-**   2
drücklich aufgeführten Verfahren (so auch Gerold/Schmidt/Burhoff, VV 4200 – 4207 Rn. 3; Hartung/Römermann/Schons, VV Vorbem. 4.2 – 4207 Rn. 7). Für sonstige Verfahren in der Strafvollstreckung, die nicht in Nr. 4200 VV genannt sind, fällt eine Gebühr nach Nr. 4204 VV an (zum Anwendungsbereich von Nr. 4204 VV s. dort Rn. 2 ff.).

Der Rechtsanwalt erhält die Verfahrensgebühr für **das Betreiben des Geschäfts** in einem Verfahren über

- die Erledigung oder Aussetzung der Maßregel der **Unterbringung** (Rn. 3 f.)
  - in der Sicherungsverwahrung,
  - in einem psychiatrischen Krankenhaus oder
  - in einer Entziehungsanstalt,
- die **Aussetzung** des Restes einer zeitigen Freiheitsstrafe oder einer lebenslangen Freiheitsstrafe (Rn. 5) oder
- den **Widerruf** einer Strafaussetzung zur Bewährung oder den Widerruf der Aussetzung einer Maßregel der Besserung und Sicherung zur Bewährung (Rn. 6).

2. Erledigung einer freiheitsentziehenden Maßregel der Besserung und Sicherung (Ziff. 1)

Nr. 4200 Ziff. 1 VV gilt für ein Verfahren über die **Erledigung** einer freiheitsentziehenden Maß-   3
regel der Besserung und Sicherung. Hierzu gehören die Unterbringung in einem **psychiatrischen Krankenhaus** (§ 63 StGB), die Unterbringung in einer **Entziehungsanstalt** (§ 64 StGB) und die Unterbringung in der **Sicherungsverwahrung** (§ 66 StGB). In **Jugendsachen** ist nur die Unterbringung in einem psychiatrischen Krankenhaus oder in einer Entziehungsanstalt zulässig (§ 7 JGG, vgl. zur Vollstreckung §§ 82 ff. JGG). Erfasst werden die Verfahren, in denen

Volpert   1255

- das Gericht gem. § 67c Abs. 2 Satz 5 StGB, §§ 463 Abs. 5 und 462 StPO die Maßregel **für erledigt erklärt**, weil der Zweck der Maßregel erreicht ist (vgl. hierzu Fischer, StGB, § 67c Rn. 7; Isak/Wagner, Strafvollstreckung, Anm. 347),
- das Gericht gem. § 67d Abs. 3 StGB, §§ 463 Abs. 3 Satz 3 bis 5, 454 Abs. 2 StPO bei Vorliegen der dort aufgeführten Voraussetzungen die **Sicherungsverwahrung für erledigt erklärt**, wenn zehn Jahre der Unterbringung in der Sicherungsverwahrung vollzogen worden sind (vgl. hierzu Fischer, StGB, § 67d Rn. 15; Isak/Wagner, Strafvollstreckung, Anm. 342 und 347),
- das Gericht gem. § 67d Abs. 5 StGB, §§ 463 Abs. 5 und 462 StPO die Unterbringung in einer **Entziehungsanstalt für erledigt erklärt**, wenn ihr Zweck aus Gründen, die in der Person des Untergebrachten liegen, nicht erreicht werden kann (vgl. hierzu Fischer, StGB, § 67d Rn. 21 f; Isak/Wagner, Strafvollstreckung, Anm. 348 und 349; vgl. wegen der in § 67d Abs. 5 StGB bestimmten Frist auch BVerfG, NStZ 1994, 578 = BGBl. I 1994, S. 3012).

3. Aussetzung einer freiheitsentziehenden Maßregel der Besserung und Sicherung (Ziff. 1)

4 Nr. 4200 Ziff. 1 VV erfasst ferner folgende **Verfahren** über die **Aussetzung** einer freiheitsentziehenden Maßregel der Besserung und Sicherung (vgl. hierzu Rn. 3) zur Bewährung (zu den Überprüfungsverfahren Rn. 7 ff.):

- Aussetzung der Vollstreckung der Unterbringung nach **§ 67c Abs. 1 StGB**, §§ 463 Abs. 3 Satz 1 und 3, 454 StPO, wenn die Strafe vor der Maßregel vollzogen wird,
- Aussetzung der Vollstreckung der Unterbringung nach **§ 67c Abs. 2 StGB**, §§ 463 Abs. 5 und 462 StPO, wenn auch drei Jahre nach Rechtskraft der Entscheidung die Maßregel noch nicht einmal teilweise vollzogen worden ist, ohne dass ein Fall von § 67c Abs. 1 oder § 67b StGB vorliegt (Fischer, StGB, § 67c Rn. 6),
- Aussetzung der weiteren Vollstreckung der Unterbringung nach **§ 67d Abs. 2 StGB**, §§ 463 Abs. 3, 454 StPO, wenn zu erwarten ist, dass der Untergebrachte außerhalb des Maßregelvollzugs keine rechtswidrigen Taten mehr begehen wird. Hierunter fallen auch die regelmäßigen Überprüfungsverfahren gem. § 67e StGB (vgl. hierzu Rn. 7; Vorbem. 4.2 VV Rn. 5, 13).

> **Hinweis:**
> Für die Aussetzung einer freiheitsentziehenden Maßregel der Besserung und Sicherung im **Gnadenwege** gilt Nr. 4303 VV (Teil 4, Abschnitt 3 VV; so auch Gerold/Schmidt/Burhoff, VV 4200 – 4207 Rn. 3).
>
> Das Verfahren über die Aussetzung eines **Berufsverbotes** (vgl. §§ 61 Nr. 6 und 70 StGB) zur Bewährung (§ 70a StGB) fällt unter Nr. 4204 VV (so auch Mertens/Stuff, Rn. 329; Gerold/Schmidt/Burhoff, VV 4200 – 4207 Rn. 4; Hartung/Römermann/Schons, VV Vorbem. 4.2 – 4207 Rn. 12). Die **Führungsaufsicht** und die **Entziehung der Fahrerlaubnis** können nicht zur Bewährung ausgesetzt werden.

Verfahrensgebühr Strafvollstreckung *Nr. 4200 VV*

4. Aussetzung des Strafrestes (Ziff. 2)

Nr. 4200 Ziff. 2 VV erfasst die Verfahren, in denen es um die Aussetzung der Vollstreckung des Restes einer **zeitigen Freiheitsstrafe** (vgl. § 38 StGB) oder einer **lebenslangen Freiheitsstrafe** zur Bewährung geht:

- Verfahren nach **§ 57 StGB** und **§ 454 StPO** für die zeitige Freiheitsstrafe, auch nach **§ 36 BtMG** (vgl. wegen des Verfahrens auf Zurückstellung der Strafvollstreckung nach § 35 BtMG Nr. 4204 VV Rn. 2 15; vgl. hierzu auch Vorbem. 4.2 Rn. 10 und Rn. 12);
- Verfahren nach **§§ 57b, 58 StGB** und § 454 StPO für die lebenslange Freiheitsstrafe,
- Verfahren nach **§§ 67 Abs. 5**, 57 Abs. 1 Satz 1 Nr. 2 und 3 StGB und § 454 StPO, wenn die Maßregel vor der Strafe vollzogen wird,
- Verfahren über die Festsetzung der **Mindestverbüßungsdauer** einer lebenslangen Freiheitsstrafe sind kostenrechtlich als Teil des Verfahrens über die Aussetzung des Restes einer zeitigen Freiheitsstrafe oder einer lebenslangen Freiheitsstrafe nach Nr. 4200 Ziff. 2 VV anzusehen, so dass Nr. 4200 Ziff. 2 VV gilt (KG, Beschl. v. 01.06.2011 – 1 Ws 39/11, JurionRS 2011, 17357),
- erfasst sind auch Verfahren nach § 88 JGG, in denen es um die Aussetzung des Restes der **Jugendstrafe** zur Bewährung geht.

> **Hinweis:**
> Ferner fallen unter Nr. 4200 Ziff. 2 VV die Verfahren gem. § 57a StGB und § 454 StPO, die die Aussetzung der Vollstreckung des Restes einer **Gesamtstrafe** zur Bewährung betreffen (so auch Hartung/Römermann/Schons, VV Vorbem. 4.2 – 4207 Rn. 11).

5. Widerrufsverfahren (Ziff. 3)

Nr. 4200 Ziff. 3 VV gilt für die **Verfahren** über den **Widerruf** der **Aussetzung** einer Strafe oder einer Maßregel der Besserung und Sicherung zur Bewährung. Bei den Maßregeln können nur die freiheitsentziehenden Maßregeln (vgl. Rn. 3) sowie das Berufsverbot gem. § 70a StGB zur Bewährung ausgesetzt werden, sodass sich das Widerrufsverfahren auch nur auf diese Maßregeln beziehen kann. Erfasst werden daher folgende Verfahren:

- Verfahren über den Widerruf einer Strafaussetzung zur Bewährung nach **§ 56f StGB**, § 453 StPO,
- Verfahren über den Widerruf der Aussetzung einer freiheitsentziehenden Maßregel der Besserung und Sicherung zur Bewährung nach **§ 67g StGB**, §§ 463 Abs. 5 und 462 StPO,
- Verfahren über den Widerruf der Aussetzung eines Berufsverbots zur Bewährung nach **§ 70b StGB**, §§ 463 Abs. 5 und 462 StPO.

Das Gericht kann nach **§ 56f Abs. 2 StGB** von dem Widerruf der Aussetzung zur Bewährung absehen, wenn es ausreicht,

1. weitere Auflagen oder Weisungen zu erteilen, insbesondere die verurteilte Person einer Bewährungshelferin oder einem Bewährungshelfer zu unterstellen, oder
2. die Bewährungs- oder Unterstellungszeit zu **verlängern**.

Nr. 4200 VV *Verfahrensgebühr Strafvollstreckung*

Jedenfalls dann, wenn es in dem Verfahren von vornherein nicht um den Widerruf, sondern ausschließlich um die **Verlängerung der Bewährungszeit** geht, gilt Nr. 4204 VV (so auch Mertens/Stuff, Rn. 329).

> **Hinweis:**
> Nur die Verfahren über den Widerruf der Aussetzung eines Berufsverbots zur Bewährung nach § 70b StGB werden von **Nr. 4200 Ziff. 3 VV** erfasst. Die Verfahren über die Aussetzung eines Berufsverbots zur Bewährung nach § 70a StGB fallen unter **Nr. 4204 VV** (so auch Gerold/Schmidt/Burhoff, VV 4200 – 4207 Rn. 4; Hartung/Römermann/Schons, VV Vorbem. 4.2 – 4207 Rn. 12).

6. Überprüfungsverfahren gem. § 67e StGB

a) Gebühren

7 Nach § 67e StGB muss das Gericht vor Ablauf bestimmter Fristen prüfen, ob die weitere Vollstreckung der Unterbringung in einer Entziehungsanstalt, in einem psychiatrischen Krankenhaus oder in der Sicherungsverwahrung unter den Voraussetzungen des § 67d Abs. 2 StGB zur Bewährung auszusetzen ist. Die Tätigkeit in diesem Überprüfungsverfahren wird daher auch von der **Verfahrensgebühr** nach Nrn. 4200 Ziff. 1, 4201 VV erfasst; für die **Terminsgebühr** gelten Nrn. 4202, 4203 VV (vgl. Rn. 4; KG, NStZ-RR 2005, 127 = RVGreport 2005, 102 = AGS 2005, 393; OLG Frankfurt am Main, NStZ-RR 2005, 253 = RVGreport 2007, 35 = AGS 2006, 76; OLG Jena, JurBüro 2006, 366; RVGreport 2006, 470 = AGS 2006, 287; OLG Schleswig, StV 2006, 206 = RVGreport 2005, 70 = AGS 2005, 120; AGS 2005, 444 = RVGreport 2006, 153 = SchlHA 2006, 300; Gerold/Schmidt/Burhoff, VV 4200 – 4207 Rn. 3; zur Abgrenzung von einer Einzeltätigkeit i.S.d. Nr. 4300 VV ff. vgl. Vorbem. 4.2 VV Rn. 11 ff.).

b) Angelegenheit

8 Lehnt das Gericht die Bewährungsaussetzung ab, **beginnen die Überprüfungsfristen** mit der Beschlussfassung **von neuem** (vgl. hierzu Isak/Wagner, Strafvollstreckung, Anm. 344). Für den Rechtsanwalt stellt jedes neue Überprüfungsverfahren eine **neue Angelegenheit** i.S.v. § 15 Abs. 1 und 2 dar (Gerold/Schmidt/Burhoff, Einl. Vorb. 4.2 VV Rn. 4; Einzelh. zur Angelegenheit s. Vorbem. 4.2 VV Rn. 22 ff.; Teil A: Angelegenheiten [§§ 15 ff.], Rn. 100 f.). Er kann die Verfahrensgebühr nach Nrn. 4200 Ziff. 1, 4201 VV und ggf. die Terminsgebühr Nrn. 4202, 4203 VV daher für jedes Überprüfungsverfahren fordern.

9 *Beispiel:*

Rechtsanwalt R ist dem in einem psychiatrischen Krankenhaus untergebrachten Verurteilten V für das Verfahren zur Prüfung der Aussetzung der weiteren Vollstreckung der Unterbringung zur Bewährung zum Pflichtverteidiger bestellt worden (vgl. hierzu OLG Düsseldorf, NJW 1989, 2338 = StV 1990, 355). Die Strafvollstreckungskammer holt das Gutachten eines Sachverständigen ein und hört den Verurteilten in Anwesenheit seines Pflichtverteidigers mündlich an. Das Gericht lehnt die Bewährungsaussetzung ab.

1 Jahr nach dieser Entscheidung leitet die Staatsanwaltschaft entsprechend § 67e Abs. 2 StGB ein neues Prüfungsverfahren ein. Die Strafvollstreckungskammer bestellt erneut R zum Pflichtverteidiger. Nach Einholung des Gutachtens eines Sachverständigen und der mündlichen Anhörung des Verurteilten in Anwesenheit seines Pflichtverteidigers lehnt das Gericht die Bewährungsaussetzung erneut ab.

Verfahrensgebühr Strafvollstreckung   *Nr. 4200 VV*

R kann folgende Pflichtverteidigergebühren abrechnen

Erstes Überprüfungsverfahren

Verfahrensgebühr mit Zuschlag Nr. 4201 Ziff. 1 VV	300,00 €
Terminsgebühr mit Zuschlag Nr. 4203 VV	145,00 €
Postentgeltpauschale Nr. 7002 VV	20,00 €

Zweites Überprüfungsverfahren

Verfahrensgebühr mit Zuschlag Nr. 4201 Ziff. 1 VV	300,00 €
Terminsgebühr mit Zuschlag Nr. 4203 VV	145,00 €
Postentgeltpauschale Nr. 7002 VV	<u>20,00 €</u>
Anwaltsvergütung netto	**930,00 €**

> **Hinweis:**
> Die **Pflichtverteidigerbestellung** muss für **jedes** Überprüfungsverfahren **erneut** erfolgen (vgl. Vorbem. 4.2 VV Rn. 28 f. und Teil A: Umfang des Vergütungsanspruchs [§ 48 Abs. 1] Rn. 1382 ff.). Vorsorglich sollte daher für jedes **neue Überprüfungsverfahren** die Bestellung zum Pflichtverteidiger **ausdrücklich beantragt** werden.

c) Abgrenzung zum Strafvollzug

Beispiel: **10**

Der Rechtsanwalt ist zum Pflichtverteidiger im Verfahren über die Prüfung der weiteren Unterbringung bestellt worden.

Im Anhörungstermin bittet die Strafvollstreckungskammer den Pflichtverteidiger, auch an einer weiteren Anhörung des Verurteilten mit Vertretern einer sozialtherapeutischen Wohnstätte teilzunehmen. Durch das Gespräch soll geklärt werden, ob der Verurteilte aus der psychiatrischen Klinik in die Wohnstätte verlegt werden bzw. dort aufgenommen werden kann.

Ist der weitere Anhörungstermin nicht mehr der Strafvollstreckung, sondern dem Strafvollzug zuzurechnen, weil es nicht mehr um die Frage der **Fortdauer der Unterbringung**, sondern um die **Art der Unterbringung** geht, ist der Abgeltungsbereich der Verfahrens- und Terminsgebühr nach Nrn. 4200 bis 4203 VV verlassen. Tätigkeiten im Rahmen des Strafvollzugs fallen unter Teil 2 und Teil 3 VV (s. dazu Teil A: Verfahren nach dem Strafvollzugsgesetz und ähnliche Verfahren, Rn. 1441 ff.; s. auch Vorbem. 4.2 VV Rn. 9 ff.).

II. Persönlicher Geltungsbereich

Die Verfahrensgebühr steht sowohl dem **Wahlanwalt** als auch dem **gerichtlich bestellten** oder **11** **beigeordneten** Rechtsanwalt zu. Die Bestellung eines Pflichtverteidigers ist in § 463 Abs. 3 Satz 4 und 5 StPO zur Vorbereitung der Entscheidungen nach § 67d Abs. 2 und 3 StGB vorgesehen (zur Verteidigerbestellung im Übrigen vgl. Vorbem. 4.2 VV Rn. 18). Hierbei handelt es sich um Verfahren, bei denen das Gericht

- bei Vorliegen der Voraussetzungen die Sicherungsverwahrung für erledigt erklären kann, wenn zehn Jahre der Unterbringung in der Sicherungsverwahrung vollzogen worden sind (vgl. Rn. 3),

- die weitere Vollstreckung der Unterbringung nach § 67d Abs. 2 StGB, §§ 463 Abs. 3, 454 StPO zur Bewährung aussetzen kann, wenn zu erwarten ist, dass der Untergebrachte außerhalb des Maßregelvollzugs keine rechtswidrigen Taten mehr begehen wird (vgl. Rn. 4).

III. Abgeltungsbereich der Verfahrensgebühr

1. Allgemeines

12 Der Rechtsanwalt erhält die Verfahrensgebühr nach Vorbem. 4 Abs. 2 VV für das Betreiben des Geschäfts einschließlich der Information. Durch die **Verfahrensgebühr** werden **alle Tätigkeiten** des Rechtsanwalts in den in Nr. 4200 VV aufgeführten Verfahren in der Strafvollstreckung abgegolten (Pauschgebühr), soweit dafür keine besonderen Gebühren vorgesehen sind. Als besondere Gebühr ist die Terminsgebühr vorgesehen (vgl. Nr. 4202 bzw. Nr. 4203 VV), die der Rechtsanwalt für die Teilnahme an gerichtlichen Terminen erhält (vgl. Vorbem. 4 Abs. 3 VV; s. die Komm. bei Vorbem. 4 VV Rn. 31 ff.).

Die Verfahrensgebühr gilt **auch** für die **erstmalige Einarbeitung in den Rechtsfall**. Eine **Grundgebühr** (Nr. 4100 VV) entsteht in der Strafvollstreckung nämlich **nicht** (s. dazu Vorbem. 4.2 VV, Rn. 20). Die Verfahrensgebühr entsteht als Pauschgebühr für alle im ersten Rechtszug des Strafvollstreckungsverfahrens entfalteten Tätigkeiten nur einmal (§ 15 Abs. 2).

> **Hinweis:**
> In den Fällen der Nr. 4200 Ziff. 1 und 2 VV wird sich der Verurteilte nicht auf freiem Fuß befinden, sodass insoweit im Regelfall nur der Anfall der Verfahrensgebühr Nr. 4201 VV mit **Zuschlag** (Vorbem. 4 Abs. 4 VV) statt der Verfahrensgebühr Nr. 4200 VV möglich ist. Für die Verfahrensgebühr nach Nr. 4200 Ziff. 1 und 2 VV kann sich z.B. dann ein praktischer Anwendungsbereich ergeben, wenn ein in einem **psychiatrischen Krankenhaus** Untergebrachter bereits dauerhaft in einem externen Pflegeheim außerhalb des Maßregelvollzugs wohnt oder sich der Mandant freiwillig in einer stationären Therapie bzw. in einer stationären Drogenentwöhnungsbehandlung (vgl. auch § 35 BtMG) befindet (vgl. Nr. 4201 VV Rn. 3).

2. Katalog der erfassten Tätigkeiten

13 Folgende **allgemeine Tätigkeiten** werden von der Verfahrensgebühr nach Nr. 4200 VV **erfasst**:
- die erstmalige Einarbeitung in den Rechtsfall, da keine Grundgebühr entsteht (Rn. 12),
- Aufnahme der **Information**,
- allgemeine **Beratung** des Mandanten,
- **Akteneinsicht**,
- Schriftverkehr,
- Beschaffung von Informationen,
- **Besprechungen** mit Verfahrensbeteiligten,
- eigene Ermittlungen des Rechtsanwalts,
- **JVA-Besuche**.

Verfahrensgebühr Strafvollstreckung   *Nr. 4200 VV*

> **Hinweis:**
> Im **Beschwerdeverfahren** entstehen die Gebühren nach Nrn. 4200 bis 4203 VV besonders (s. hierzu Rn. 19).

IV. Entstehen der Gebühren

Die **Verfahrensgebühr** entsteht für das Betreiben des Geschäfts einschließlich der Information. Die Gebühr entsteht mit der ersten Tätigkeit des Rechtsanwalts, die auf die Ausführung des Auftrages gerichtet ist, bspw. der Informationsaufnahme (Burhoff, RVGreport 2007, 8, 10 und StRR 2010, 93). Für die Entstehung reicht es aus, wenn der Rechtsanwalt im Rahmen der Ausführung des Auftrags eine **erste Tätigkeit** entfaltet hat.   **14**

V. Höhe der Verfahrensgebühr

Für den **Wahlanwalt** ist die Verfahrensgebühr als **Betragsrahmengebühr** ausgebildet. Der gerichtlich bestellte oder **beigeordnete Rechtsanwalt** erhält die Verfahrensgebühr als **Festgebühr** (s. auch Teil A: Gebührensystem, Rn. 649 ff.).   **15**

Der **Wahlanwalt** erhält eine Betragsrahmengebühr i.H.v. 50,00 € – 560,00 €. Die Mittelgebühr beträgt 305,00 € (vgl. hierzu die Gebührenübersicht Vorbem. 4.2 VV Rn. 42). Reicht der vorgesehene Betragsrahmen nicht aus, kommt die Feststellung einer **Pauschgebühr** nach § 42 in Betracht.   **16**

Bei der Bemessung der Höhe der Gebühr sind über § 14 insbesondere die **Besonderheiten** des jeweiligen **Einzelfalls** zu berücksichtigen (vgl. dazu BT-Drucks. 15/1971). Die Höhe der Gebühr ist also von den vom Rechtsanwalt erbrachten Tätigkeiten abhängig (vgl. Vorbem. 4 VV Rn. 41 ff.; allgemein Teil A: Rahmengebühren [§ 14], Rn. 1045 ff.).   **17**

Der gerichtlich bestellte (**Pflichtverteidiger**) oder beigeordnete Rechtsanwalt erhält aus der Staatskasse eine **Festgebühr** i.H.v. 244,00 €. Der gerichtlich bestellte oder beigeordnete Rechtsanwalt hat die Möglichkeit, einen Pauschgebührenantrag nach § 51 zu stellen.   **18**

VI. Beschwerdeverfahren

Nach Vorbem. 4.2 VV entstehen im Verfahren über die **Beschwerde** gegen die Entscheidung **in der Hauptsache** die **Gebühren besonders** (vgl. dazu eingehend Vorbem. 4.2 VV Rn. 30 ff.). Die Verfahrensgebühr entsteht als Pauschgebühr für alle im Beschwerdeverfahren entfalteten Tätigkeiten einmal (vgl. § 15 Abs. 2). Daher entsteht insbesondere für die Einlegung und Begründung der Beschwerde insgesamt nur eine Verfahrensgebühr. Nach § 19 Abs. 1 Satz 2 Nr. 10 ist die **Einlegung** der Beschwerde für den im erstinstanzlichen Strafvollstreckungsverfahren bereits tätigen Verteidiger noch mit den Gebühren dieses Verfahrens abgegolten (Vorbem. 4.2 Rn. 30; Teil A: Rechtszug [§ 19], Rn. 1198).   **19**

> *Beispiel:*
> *Rechtsanwalt R erhält den Auftrag, den Verurteilten V im Verfahren über den Widerruf der Strafaussetzung zur Bewährung gem. § 56f StGB zu vertreten. Die Strafvollstreckungskammer bestimmt gem. § 453 Abs. 1 Satz 3 StPO einen Termin zur mündlichen Anhörung des Verurteilten. R nimmt an der Anhörung teil.*
>
> *Nach der Anhörung widerruft die Strafvollstreckungskammer die Strafaussetzung zur Bewährung. V beauftragt R auch mit der Verteidigung im Beschwerdeverfahren, § 453 Abs. 2 Satz 3 StPO. R legt Beschwer-*

Nr. 4200 VV   *Verfahrensgebühr Strafvollstreckung*

de gegen die Entscheidung ein und begründet diese. Nach erneuter mündlicher Anhörung des Verurteilten unter Beteiligung des Verteidigers hält das Beschwerdegericht den Widerruf aufrecht.

R rechnet folgende Gebühren (Mittelgebühren) ab

Verfahren vor der Strafvollstreckungskammer

Verfahrensgebühr Nr. 4200 Ziff. 3 VV	305,00 €
Terminsgebühr Nr. 4202 VV	150,00 €
Postengeltpauschale Nr. 7002 VV	20,00 €

Verfahren vor dem Beschwerdegericht

Verfahrensgebühr Nr. 4200 Ziff. 3 VV	305,00 €
Terminsgebühr Nr. 4202 VV	<u>150,00 €</u>
Anwaltsvergütung netto	**<u>930,00 €</u>**

Da R umfassend für das gesamte Widerrufsverfahren einschließlich des Beschwerdeverfahrens beauftragt war, richtet sich seine Vergütung im Widerrufsverfahren und im Beschwerdeverfahren nach Nrn. 4200 – 4203 VV (OLG Frankfurt am Main, NStZ-RR 2005, 253 = AGS 2006, 76; RVGreport 2007, 35; LG Düsseldorf, StRR 2007, 83 = AGS 2007, 352; OLG Schleswig, AGS 2005, 444 = RVGreport 2006, 153 = SchlHA 2006, 300; s. dazu auch Vorbem. 4.2 VV Rn. 31 ff.). Im Beschwerdeverfahren fällt keine weitere Postentgeltpauschale Nr. 7002 VV an, vgl. Vorbem. 4.2 Rn. 35. Etwas anderes gilt dann, wenn der Rechtsanwalt erstmals im Beschwerdeverfahren tätig wird.

VII. Angelegenheit

20   Auf die Erläuterungen bei Vorbem. 4. 2 Rn. 22 ff. wird verwiesen (s. auch Teil A: Angelegenheiten [§§ 15 ff.], Rn. 100 f.).

> **Hinweis:**
> Der Pflichtverteidiger muss in jeder gebührenrechtlichen Angelegenheit bestellt werden, um entsprechende Vergütungsansprüche gegen die Staatskasse zu erlangen (vgl. Vorbem. 4.2 Rn. 28).

VIII. Pauschgebühr/Anspruch gegen den Mandanten/Erstattung

21   Zur Pauschgebühr gem. § 51, zum Anspruch des Pflichtverteidigers auf Wahlanwaltsgebühren gem. § 52 und zur Kostenerstattung wird auf die Erläuterungen zu Vorbem. 4.2 VV Rn. 37 ff. verwiesen.

Verfahrensgebühr Strafvollstreckung mit Zuschlag *Nr. 4201 VV*

Nr. 4201 VV
Verfahrensgebühr Strafvollstreckung mit Zuschlag

Nr.	Gebührentatbestand	Gebühr oder Satz der Gebühr nach § 13 oder § 49 RVG	
		Wahlanwalt	gerichtlich bestellter oder beigeordneter Rechtsanwalt
4201	Gebühr 4200 mit Zuschlag	50,00 bis 700,00 EUR	300,00 EUR

Übersicht

	Rn.
A. Überblick	1
B. Kommentierung	3
I. Allgemeines	3
II. Dauer der Freiheitsbeschränkung	4
III. Persönlicher Geltungsbereich	6
IV. Abgeltungsbereich	7
V. Höhe der Gebühr	8
VI. Beschwerdeverfahren	10
VII. Pauschgebühr/Anspruch gegen den Mandanten/Erstattung	11

Literatur:

S. die Hinweise bei Vorbem. 4.2 VV vor Rn. 1 und Vorbem. 4 VV vor Rn. 1

A. Überblick

Nr. 4201 VV regelt den **erhöhten Gebührenrahmen** für den Fall, dass dem Rechtsanwalt die Verfahrensgebühr der Nr. 4200 VV mit Zuschlag zusteht (vgl. Vorbem. 4 Abs. 4 VV). Die gegenüber Nr. 4200 VV erhöhte Gebühr entsteht, wenn sich der Mandant des Rechtsanwalts nicht auf freiem Fuß befindet. 1

Die Erläuterungen zu Nr. 4200 VV gelten auch für Nr. 4201 VV. **Voraussetzung** für die Anwendung von Nr. 4201 VV ist, dass eines der in Nr. 4200 VV aufgeführten Verfahren vorliegt. Auf die Erläuterungen zu Nr. 4200 VV Rn. 2 ff. wird insoweit verwiesen. 2

B. Kommentierung

I. Allgemeines

Die Verfahrensgebühr mit Zuschlag nach Nr. 4201 VV entsteht immer dann, wenn der Mandant sich während der in Nr. 4200 VV aufgeführten Verfahren in der Strafvollstreckung **nicht auf freiem Fuß** befindet. Unerheblich ist, ob die Tätigkeit tatsächlich zu Erschwernissen geführt hat, weil der Mandant nicht auf freiem Fuß war (vgl. Vorbem. 4 VV Rn. 87 m.w.N.). Es kommt auch nicht darauf an, in welchem Verfahren der Mandant nicht auf freiem Fuß ist (wegen der Einzelh. s. Vorbem. 4 Rn. 90). Zu den Voraussetzungen für das Entstehen des Zuschlags, wenn 3

Nr. 4201 VV   *Verfahrensgebühr Strafvollstreckung mit Zuschlag*

sich der Verurteilte in einem Krankenhaus des Maßregelvollzugs, in der Unterbringung und/oder in einer stationären Therapie bzw. in einer stationären Drogenentwöhnungsbehandlung befindet s. Vorbem. 4 VV Rn. 88 ff. m.w.N.

II. Dauer der Freiheitsbeschränkung

4 **Unerheblich** für die Entstehung der Verfahrensgebühr mit Zuschlag ist es, **wie lange** der Mandant während der in Nr. 4200 VV genannten Verfahren nicht auf freiem Fuß war. Entscheidend ist, dass er irgendwann während der in Nr. 4200 VV aufgeführten Verfahren, für die die Zuschlagsgebühr entstehen soll, inhaftiert oder untergebracht war (vgl. wegen der Einzelh. Vorbem. 4 VV Rn. 90 m.w.N.; so auch Gerold/Schmidt/Burhoff, VV Vorb. 4 Rn. 43; AnwKomm-RVG/ N. Schneider, VV Vorb. 4 Rn. 50).

5 *Beispiel:*

Rechtsanwalt R vertritt den Verurteilten V im Verfahren über den Widerruf der Strafaussetzung zur Bewährung. Die Strafvollstreckungskammer widerruft durch Beschl. v. 20.08.2010 die Strafaussetzung zur Bewährung. Der Beschluss wird sowohl dem Verurteilten als auch dem Verteidiger am 24.08.2010 zugestellt. Am 27.08.2010 wird V vorläufig festgenommen.

R kann folgende Gebühr (Mittelgebühren) abrechnen

Verfahrensgebühr mit Zuschlag Nr. 4201 VV   *375,00 €*

Die Verfahrensgebühr mit Zuschlag ist entstanden, weil V noch während der Dauer des Verfahrens inhaftiert worden ist. Das Verfahren endet erst mit der Rechtskraft der Entscheidung am 31.08.2010 (vgl. §§ 453 Abs. 2 Satz 3, 311 StPO).

III. Persönlicher Geltungsbereich

6 Der Zuschlag steht sowohl dem **Wahlanwalt** als auch dem **gerichtlich bestellten** oder **beigeordneten** Rechtsanwalt zu.

IV. Abgeltungsbereich

7 Der Zuschlag nach Nr. 4201 VV honoriert die **Erschwernisse**, die durch den Umstand, dass der Verurteilte sich während der in Nr. 4200 VV genannten Strafvollstreckungsverfahren nicht auf freiem Fuß befindet, entstehen (vgl. Vorbem. 4 VV Rn. 87 f. und im Übrigen Nr. 4200 VV Rn. 12).

V. Höhe der Gebühr

8 Der **Wahlanwalt** erhält eine Betragsrahmengebühr i.H.v. 50,00 € – 700,00 €. Die Mittelgebühr beträgt 375,00 € (vgl. hierzu die Gebührenübersicht Vorbem. 4.2 VV Rn. 42). Reicht der für den Wahlanwalt vorgesehene Betragsrahmen wegen des erheblichen Umfangs der erbrachten Tätigkeiten nicht mehr aus, um die erbrachten Tätigkeiten zumutbar zu entlohnen, kann der Wahlanwalt Feststellung einer **Pauschgebühr** nach § 42 beantragen.

9 Auch bei der Bemessung der Höhe der Verfahrensgebühr mit Zuschlag sind über § 14 die **Besonderheiten** des jeweiligen **Einzelfalls** zu berücksichtigen (vgl. dazu BT-Drucks. 15/1971, S. 212). Die Höhe der Gebühr ist also v.a. von den vom Rechtsanwalt erbrachten Tätigkeiten abhängig (zur Berücksichtigung der Inhaftierung des Verurteilten bei der Gebührenbemessung vgl. Vorbem. 4 VV Rn. 92).

Verfahrensgebühr Strafvollstreckung mit Zuschlag   *Nr. 4201 VV*

Der gerichtlich bestellte (**Pflichtverteidiger**) oder beigeordnete Rechtsanwalt erhält aus der Staatskasse eine **Festgebühr** i.H.v. 300,00 €. Auch er hat die Möglichkeit, ggf. einen – auf diesen Verfahrensabschnitt beschränkten – Pauschgebührenantrag (§ 51) zu stellen.

VI. Beschwerdeverfahren

Entstehen nach Vorbem. 4.2 VV im Verfahren über die Beschwerde gegen die Entscheidung **in der Hauptsache** die Gebühren besonders, entstehen, wenn sich der Mandant nicht auf freiem Fuß befindet, auch diese mit Zuschlag (s. auch Vorbem. 4.2 VV Rn. 30 ff. und Nr. 4200 VV Rn. 19).   **10**

Beispiel:

Rechtsanwalt R erhält den Auftrag, den Verurteilten V im Verfahren über die Aussetzung des Strafrestes zur Bewährung gem. § 57a StGB zu vertreten. Die Strafvollstreckungskammer bestimmt gem. § 454 Abs. 1 Satz 3 StPO einen Termin zur mündlichen Anhörung des Verurteilten. R nimmt an der Anhörung teil.

Nach der Anhörung lehnt die Strafvollstreckungskammer die Aussetzung des Strafrestes zur Bewährung ab. V beauftragt R auch mit der Verteidigung im Beschwerdeverfahren, § 454 Abs. 3 Satz 2 StPO. R legt Beschwerde gegen die Entscheidung ein und begründet diese. Nach erneuter mündlicher Anhörung des Verurteilten unter Beteiligung des Verteidigers hält das Beschwerdegericht den erstinstanzlichen Beschluss aufrecht.

R rechnet folgende Gebühren (Mittelgebühren) ab

Verfahren vor der Strafvollstreckungskammer

Verfahrensgebühr Nrn. 4201, 4200 Ziff. 3 VV	*375,00 €*
Terminsgebühr Nrn. 4203, 4200 Ziff. 3 VV	*181,25 €*
Postentgeltpauschale Nr. 7002 VV	*20,00 €*
Verfahren vor dem Beschwerdegericht	
Verfahrensgebühr Nrn. 4201, 4200 Ziff. 3 VV	*375,00 €*
Terminsgebühr Nrn. 4203, 4200 Ziff. 3 VV	*<u>181,25 €</u>*
Anwaltsvergütung netto	*<u>1132,50 €</u>*

VII. Pauschgebühr/Anspruch gegen den Mandanten/Erstattung

Zur Pauschgebühr gem. § 51, zum Anspruch des Pflichtverteidigers auf Wahlanwaltsgebühren gem. § 52 und zur Kostenerstattung wird auf die Erläuterungen zu Vorbem. 4.2 VV Rn. 37 ff. verwiesen.   **11**

Nr. 4202 VV
Terminsgebühr Strafvollstreckung

Nr.	Gebührentatbestand	Gebühr oder Satz der Gebühr nach § 13 oder § 49 RVG	
		Wahlanwalt	gerichtlich bestellter oder beigeordneter Rechtsanwalt
4202	Terminsgebühr in den in Nummer 4200 genannten Verfahren	50,00 bis 250,00 EUR	120,00 EUR

Übersicht

	Rn.
A. Überblick	1
B. Kommentierung	3
I. Abgeltungsbereich	3
II. Persönlicher Geltungsbereich	4
III. Entstehen der Gebühr	5
IV. Höhe der Gebühr	6
V. Beschwerdeverfahren	9
VI. Mehrere Termine	10
VII. Pauschgebühr/Anspruch gegen den Mandanten/Erstattung	11

Literatur:
S. die Hinw. bei Vorbem. 4.2 VV vor Rn. 1 und Vorbem. 4 VV vor Rn. 1

A. Überblick

1 Nr. 4202 VV regelt die Terminsgebühr für die Teilnahme des Rechtsanwalts an einem gerichtlichen Termin in einem der in Nr. 4200 VV genannten Verfahren in der Strafvollstreckung. Die Terminsgebühr ist allgemein in Vorbem. 4 Abs. 3 VV geregelt (wegen der Einzelheiten s. Vorbem. 4 VV Rn. 56 ff.).

2 Die Terminsgebühr Nr. 4202 VV entsteht **nur** in den in **Nr. 4200 VV genannten Verfahren**. Für dort nicht genannte sonstige Verfahren in der Strafvollstreckung (vgl. Nr. 4204 VV) fällt eine Terminsgebühr nach Nr. 4206 VV bzw. Nr. 4207 VV an. Gerichtliche Termine in den in Nr. 4200 VV aufgeführten Strafvollstreckungsverfahren können bspw. nach §§ 453 Abs. 1 Satz 3, 454 Abs. 1 Satz 3 StPO stattfinden. Hinsichtlich des Anwendungsbereichs wird auf die Erläuterungen zu Nr. 4200 VV Rn. 2 ff. verwiesen.

B. Kommentierung

I. Abgeltungsbereich

3 Der Rechtsanwalt erhält die Terminsgebühr Nr. 4202 VV nur für die Teilnahme an einem **gerichtlichen Termin** (vgl. Vorbem. 4 Abs. 3 VV). Die Teilnahme an anderen als gerichtlichen Terminen (z.B. Termine bei der Staatsanwaltschaft, Besprechungstermine mit anderen Verfah-

Terminsgebühr Strafvollstreckung *Nr. 4202 VV*

rensbeteiligten) ist durch die Verfahrensgebühr Nr. 4200 bzw. Nr. 4201 VV abgegolten (Burhoff, RVGreport 2007, 8, 10 und StRR 2010, 93; allgemein zum Abgeltungsbereich der Terminsgebühr s. Vorbem. 4 VV Rn. 58 ff.). Die Terminsgebühr erfasst auch die **Vorbereitung** des konkreten gerichtlichen Termins (vgl. Vorbem. 4 VV Rn. 39, 60). Das ergibt sich aus der Gesetzesbegründung, in der die Entstehung der Terminsgebühr für einen Termin, der nicht stattfindet, mit dem nicht unerheblichen Zeitaufwand für die Terminsvorbereitung begründet wird (vgl. BT-Drucks. 15/1971, S. 221).

> **Hinweis:**
> Die Teilnahme an anderen als gerichtlichen Terminen muss gem. § 14 bei der Bemessung der jeweiligen Verfahrensgebühr berücksichtigt werden.

II. Persönlicher Geltungsbereich

Die Terminsgebühr steht sowohl dem **Wahlanwalt** als auch dem **gerichtlich bestellten** oder **beigeordneten** Rechtsanwalt zu (vgl. insoweit ausführlich die Komm. zu Vorbem. 4.2 Rn. 18 und Vorbem. 4 VV Rn. 22 ff.). Hat der Wahlanwalt einem anderen Rechtsanwalt die **Vertretung** des Mandanten im (Anhörungs-)Termin übertragen, erhält er selbst keine Terminsgebühr, da er nicht an dem Termin teilgenommen hat (s. auch Teil A: Vertreter des Rechtsanwalts [§ 5], Rn. 1609 ff. und die vergleichbare Problematik bei Vertretung in der Hauptverhandlung bei Nr. 4108 VV Rn. 10 f.). 4

III. Entstehen der Gebühr

Voraussetzung für das Entstehen der Terminsgebühr ist, dass ein gerichtlicher Termin stattgefunden und der Rechtsanwalt daran teilgenommen hat. **Ausreichend** für das Entstehen der Gebühr ist die **bloße Anwesenheit** des Rechtsanwalts im Termin. Er muss z.B. keine Anträge gestellt und auch nicht zu bestimmten Fragen Stellung genommen haben (arg. e Vorbem. 4 Abs. 3 Satz 2 VV). Der Rechtsanwalt muss auch nicht bis zum Ende des Termins anwesend sein. Unerheblich ist auch, ob der **Verurteilte** anwesend war (Burhoff, RVGreport 2007, 8, 10). Die Ausführungen bei Vorbem. 4 VV Rn. 63 f. gelten entsprechend. Es findet auch Vorbem. 4 Abs. 3 Satz 2, 3 VV Anwendung (**geplatzter Termin**, vgl. hierzu Vorbem. 4 VV Rn. 77 ff.). 5

IV. Höhe der Gebühr

Der **Wahlanwalt** erhält eine **Betragsrahmengebühr** i.H.v. 50,00 € – 250,00 €. Die Mittelgebühr beträgt 150,00 € (vgl. hierzu die Gebührenübersicht Vorbem. 4.2 VV Rn. 42; zu dem Widerspruch zwischen den Erläuterungen in der Gesetzesbegründung und dem Wortlaut der Nr. 4202 VV s. Vorbem. 4.2 VV Rn. 19). 6

Bei der Bemessung der Höhe der Gebühr sind über § 14 insbesondere die **Besonderheiten** des jeweiligen **Einzelfalls** zu berücksichtigen (vgl. dazu BT-Drucks. 15/1971; vgl. Vorbem. 4 VV Rn. 41 ff., 63 ff.). Bei der Terminsgebühr wird, da durch sie der zeitliche Aufwand vergütet werden soll, den der Rechtsanwalt durch die Teilnahme an einem gerichtlichen Termin im Strafvollstreckungsverfahren hat, die zeitliche Dauer des Termins von erheblicher Bedeutung sein (vgl. dazu Vorbem. 4 VV Rn. 63 ff. und BT-Drucks. 15/1971, S. 224). Reicht der für den Wahlanwalt vorgesehene Betragsrahmen wegen des erheblichen Umfangs der erbrachten Tätigkeiten nicht 7

Nr. 4202 VV   *Terminsgebühr Strafvollstreckung*

mehr aus, um die erbrachten Tätigkeiten zumutbar zu entlohnen, kann der Wahlanwalt Feststellung einer **Pauschgebühr** nach § 42 beantragen.

8 Der gerichtlich bestellte (**Pflichtverteidiger**) oder beigeordnete Rechtsanwalt erhält aus der Staatskasse eine **Festgebühr** i.H.v. 120,00 €. Der gerichtlich bestellte oder beigeordnete Rechtsanwalt hat die Möglichkeit, einen Pauschvergütungsantrag nach § 51 zu stellen.

V. Beschwerdeverfahren

9 Nach Vorbem. 4.2 VV entsteht die **Terminsgebühr**, wenn der Rechtsanwalt im **Beschwerdeverfahren** gegen die Entscheidung in der Hauptsache an einem gerichtlichen Termin **teilnimmt**, besonders. Auf die Erläuterungen zu Nr. 4200 VV Rn. 19 sowie Vorbem. 4.2 VV Rn. 30 ff. wird verwiesen.

VI. Mehrere Termine

10 Nimmt der Rechtsanwalt im Strafvollstreckungsverfahren in derselben Instanz an **mehreren gerichtlichen** Terminen teil, entsteht die Terminsgebühr nach der gesetzlichen Regelung insgesamt **nur einmal**. Eine Regelung wie bei den in Teil 4, Abschnitt 1 VV geregelten Terminsgebühren, wonach die „Terminsgebühr je Hauptverhandlungstag" entsteht (vgl. auch Anm. zu Nr. 4102 VV), ist in Teil 4, Abschnitt 2 VV nicht getroffen worden. Vielmehr wird in den Regelungen für die Terminsgebühr in Nr. 4202, 4203 VV nur pauschal auf die in Nr. 4200 genannten Verfahren Bezug genommen. Es verbleibt daher bei dem in § 15 Abs. 2 aufgestellten Grundsatz, dass die Gebühr in derselben Angelegenheit in jedem Rechtszug nur einmal gefordert werden kann. Dies entspricht der Regelung für die Terminsgebühr in den von Teil 3 VV erfassten Verfahren (vgl. BT-Drucks. 15/1971, S. 212). In Anbetracht dieser eindeutigen – von sonstigen Gebührentatbeständen in Teil 4 VV gerade abweichenden – Regelung ist für die mehrfache Gewährung einer Terminsgebühr im Rahmen desselben Strafvollstreckungsverfahrens, insbesondere auch im Überprüfungsverfahrens nach § 67e StGB kein Raum (KG, RVGreport 2006, 353 = AGS 2006, 549; OLG Hamm, AGS 2007, 618 = AGS 2008, 176 = RVGreport 2007, 426; so auch Gerold/Schmidt/Burhoff, VV 4200 – 4207 Rn. 8; vgl. hierzu auch OLG Schleswig, SchlHA 2006, 300; LG Magdeburg, StraFo 2010, 172 = StRR 2010, 279 = AGS 2010, 429 = RVGreport 2010, 429; LG Osnabrück, Nds.Rpfl. 2007, 166). Ob diese vom Strafverfahren abweichende Regelung der Terminsgebühr für das Strafvollstreckungsverfahren beabsichtigt war, mag u.U. zweifelhaft sein (vgl. hierzu Burhoff, RVGreport 2007, 8, 10 und StRR 2010, 93). Der eindeutige und klare Wortlaut sowie die Systematik der Regelung lässt aber eine andere Auslegung nicht zu.

> **Hinweis:**
>
> Die Teilnahme an mehreren Terminen in der Strafvollstreckung kann der Wahlverteidiger ggf. gem. **§ 14** bei der Bemessung der Terminsgebühr berücksichtigen (Teil A: Rahmengebühren [§ 14], Rn. 1051 ff.).
>
> Dem Pflichtverteidiger bleibt die Möglichkeit, deswegen die Festsetzung einer **Pauschgebühr** zu beantragen (OLG Hamm, a.a.O.).

VII. Pauschgebühr/Anspruch gegen den Mandanten/Erstattung

Zur Pauschgebühr gem. § 51, zum Anspruch des Pflichtverteidigers auf Wahlanwaltsgebühren gem. § 52 und zur Kostenerstattung wird auf die Erläuterungen zu Vorbem. 4.2 VV Rn. 37 ff. verwiesen. **11**

Nr. 4203 VV
Terminsgebühr Strafvollstreckung mit Zuschlag

Nr.	Gebührentatbestand	Gebühr oder Satz der Gebühr nach § 13 oder § 49 RVG	
		Wahlanwalt	gerichtlich bestellter oder beigeordneter Rechtsanwalt
4203	Gebühr 4202 mit Zuschlag	50,00 bis 312,50 EUR	145,00 EUR

Übersicht

	Rn.
A. Überblick	1
B. Kommentierung	2
I. Allgemeines	2
II. Dauer der Freiheitsbeschränkung	3
III. Persönlicher Geltungsbereich	4
IV. Abgeltungsbereich der Gebühr	5
V. Höhe der Gebühr	6
VI. Beschwerdeverfahren	8
VII. Mehrere Termine	9
VIII. Pauschgebühr/Anspruch gegen den Mandanten/Erstattung	10

Literatur:

S. die Hinweise bei Vorbem. 4.2 VV vor Rn. 1 und Vorbem. 4 VV vor Rn. 1

A. Überblick

1 Nr. 4203 VV regelt den **erhöhten Gebührenrahmen** für den Fall, dass dem Rechtsanwalt die Terminsgebühr der Nr. 4202 VV mit **Zuschlag** zusteht (vgl. dazu Vorbem. 4 Abs. 4 VV und die Erläuterungen bei Vorbem. 4 VV Rn. 83 ff.). Die gegenüber Nr. 4202 VV erhöhte Gebühr entsteht, wenn sich der Mandant des Rechtsanwalts nicht auf freiem Fuß befindet.

B. Kommentierung

I. Allgemeines

2 Die Terminsgebühr mit Zuschlag nach Nr. 4203 VV entsteht immer dann, wenn der Mandant sich **während eines gerichtlichen Termins** in einem der in Nr. 4200 VV aufgeführten Verfahren in der Strafvollstreckung **nicht** auf **freiem Fuß** befindet (wegen der Einzelheiten s. Nr. 4201 VV Rn. 3 sowie Vorbem. 4 VV Rn. 83 ff.).

II. Dauer der Freiheitsbeschränkung

3 **Unerheblich** für die Entstehung der Terminsgebühr mit Zuschlag ist es, **wie lange** der Mandant nicht auf freiem Fuß war. Entscheidend ist, dass er irgendwann während eines gerichtlichen

Terminsgebühr Strafvollstreckung mit Zuschlag   Nr. 4203 VV

Termins in einem der in Nr. 4200 VV aufgeführten Verfahren inhaftiert oder untergebracht bzw. nicht auf freiem Fuß war (vgl. Vorbem. 4 Rn. 90 und die Nachw. bei Nr. 4201 VV Rn. 4).

III. Persönlicher Geltungsbereich

Der Zuschlag steht sowohl dem **Wahlanwalt** als auch dem **gerichtlich bestellten** oder **beigeordneten** Rechtsanwalt zu.   4

IV. Abgeltungsbereich der Gebühr

Der Zuschlag nach Nr. 4203 VV honoriert die **Erschwernisse**, die durch den Umstand, dass der Verurteilte sich während eines gerichtlichen Termins in einem der in Nr. 4200 VV genannten Strafvollstreckungsverfahren nicht auf freiem Fuß befindet, entstehen. Insoweit gelten die Ausführungen bei Vorbem. 4 VV Rn. 86 f. entsprechend.   5

V. Höhe der Gebühr

Der **Wahlanwalt** erhält eine **Betragsrahmengebühr** i.H.v. 50,00 € – 312,50 €. Die **Mittelgebühr** beträgt 181,25 € (vgl. hierzu die Gebührenübersicht Vorbem. 4.2 Rn. 32). Für die Bemessung der Gebühr gelten die Ausführungen bei Nr. 4201 VV Rn. 8 f. entsprechend.   6

Der gerichtlich bestellte (**Pflichtverteidiger**) oder beigeordnete Rechtsanwalt erhält aus der Staatskasse eine **Festgebühr** i.H.v. 145,00 € (s. im Übrigen Nr. 4201 VV Rn. 9).   7

VI. Beschwerdeverfahren

Die Erläuterungen bei Nr. 4200 VV Rn. 19, Nr. 4202 VV Rn. 9 und die bei Vorbem. 4.2. VV Rn. 30 ff. gelten entsprechend.   8

VII. Mehrere Termine

Es wird auf die Erläuterungen zu Nr. 4202 VV Rn. 10 verwiesen.   9

VIII. Pauschgebühr/Anspruch gegen den Mandanten/Erstattung

Zur Pauschgebühr gem. § 51, zum Anspruch gem. § 52 und zur Erstattung wird auf die entsprechende Komm. zu Vorbem. 4.2 VV Rn. 37 ff. verwiesen.   10

Nr. 4204 VV
Verfahrensgebühr für sonstige Verfahren in der Strafvollstreckung

Nr.	Gebührentatbestand	Gebühr oder Satz der Gebühr nach § 13 oder § 49 RVG	
		Wahlanwalt	gerichtlich bestellter oder beigeordneter Rechtsanwalt
4204	Verfahrensgebühr für sonstige Verfahren in der Strafvollstreckung	20,00 bis 250,00 EUR	108,00 EUR

Übersicht

	Rn.
A. Überblick	1
I. Allgemeines	1
II. Anwendungsbereich	2
B. Kommentierung	5
I. Persönlicher Geltungsbereich	5
II. Abgeltungsbereich	6
III. Entstehen der Verfahrensgebühr	7
IV. Höhe der Verfahrensgebühr	8
V. Beschwerdeverfahren	9
VI. Einzelfälle (Beispiele)	10
1. Verkürzung der Sperrfrist bei Entziehung der Fahrerlaubnis	10
2. Aufschub der Strafvollstreckung gem. § 456 StPO	11
3. Verfahren nach § 35 BtMG über die Zurückstellung der Strafvollstreckung	12
VII. Angelegenheit	13
VIII. Einigungsgebühr	14
IX. Pauschgebühr/Anspruch gegen den Mandanten/Erstattung	15

Literatur:

S. die Hinweise bei Vorbem. 4.2 VV vor Rn. 1 und bei Vorbem. 4 VV vor Rn. 1

A. Überblick

I. Allgemeines

1 Nr. 4204 VV regelt die Verfahrensgebühr in den sonstigen – nicht in Nr. 4200 VV genannten – Verfahren in der Strafvollstreckung. Der i.d.R. geringeren Bedeutung dieser Verfahren wird durch einen gegenüber Nr. 4200 VV **abgesenkten Gebührenrahmen** Rechnung getragen.

II. Anwendungsbereich

2 Die Verfahrensgebühr nach Nr. 4204 VV entsteht in den in Nr. 4200 VV nicht aufgeführten Verfahren. Zu diesen **sonstigen Verfahren in der Strafvollstreckung**, in denen der Verteidiger tätig werden kann, gehören z.B. (vgl. auch Burhoff, RVGreport 2007, 8 und StRR 2010, 93; Gerold/Schmidt/Burhoff, VV 4200 – 4207 Rn. 4):

Verfahrensgebühr für sonstige Verfahren in der Strafvollstreckung   Nr. 4204 VV

- Verfahren zur Aussetzung eines **Berufsverbotes** zur Bewährung (vgl. §§ 61 Nr. 6, 70a StGB, §§ 463 Abs. 5 und 462 StPO); der Widerruf der Aussetzung eines Berufsverbots zur Bewährung nach § 70b StGB wird aber von Nr. 4200 Ziff. 3 VV erfasst (vgl. Nr. 4200 VV Rn. 4),
- Verfahren über nachträgliche Entscheidungen über eine **Verwarnung** mit **Strafvorbehalt**, vgl. §§ 56a bis 56g, 58, 59a, 59b StGB, § 453 Abs. 1 StPO,
- Verfahren über die Gewährung von **Zahlungserleichterungen** nach §§ 450a StPO, 42 StGB (Volpert, VRR 2005, 179; vgl. hierzu auch Rn. 8, 14),
- Verfahren über **Einwendungen** gegen Entscheidungen der Vollstreckungsbehörde gem. § 459h StPO, also Einwendungen gegen
  - die Entscheidung der Vollstreckungsbehörde über die Bewilligung von Zahlungserleichterungen bei Geldstrafen gem. § 459a StPO, § 42 StGB,
  - die Entscheidung der Vollstreckungsbehörde über die Beitreibung einer Geldstrafe gem. § 459c StPO,
  - Anordnungen der Vollstreckungsbehörde bzgl. der Vollstreckung einer Ersatzfreiheitsstrafe gem. § 459e StPO,
  - Anordnungen der Vollstreckungsbehörde bzgl. der Vollstreckung von Nebenfolgen (z.B. Verfall und Einziehung), vgl. §§ 462 Abs. 1 Satz 1, 459g und 459h StPO,
- **Verfahren** nach §§ **458 und 462 StPO** (Einwendungen gegen die Zulässigkeit der Strafvollstreckung oder Zweifel über die Auslegung eines Strafurteils oder über die Berechnung der erkannten Strafe),
- Verfahren zur **nachträglichen Bildung** einer **Gesamtstrafe** gem. § 460 StPO (so auch Mertens/Stuff, Rn. 329; Hartung/Römermann/Schons, VV Vorbem. 4.2 – 4207 Rn. 20),
- Verfahren über den Antrag des Verurteilten auf **Aufschub** der Strafvollstreckung nach § 456 StPO (vgl. hierzu auch Rn. 11),
- Verfahren über die **vorzeitige Aufhebung der Sperre** für die Erteilung einer neuen Fahrerlaubnis (Verkürzung der Sperrfrist, vgl. § 69a Abs. 7 StGB; Volpert, VRR 2005, 179, so auch Mertens/Stuff, Rn. 329; vgl. hierzu auch Rn. 10),
- Verfahren nach § **35 BtMG** über die Zurückstellung der Strafvollstreckung (OLG Zweibrücken, StRR 2010, 480 = StraFo 2010, 515 = NStZ-RR 2011, 32 = Rpfleger 2011, 116, nicht aber ein sich anschließendes **gerichtliches Verfahren nach §§ 23 ff. EGGVG**, für das **Teil 3 VV** gilt; zu § 36 BtMG vgl. Nr. 4200 Rn. 5; vgl. hierzu auch Vorbem. 4.2 Rn. 10 und Rn. 12 und Teil A: Verfahren nach dem Strafvollzugsgesetz und ähnliche Verfahren, Rn. 1441),
- **Verfahren** nach § **456a StPO**, in denen die Vollstreckungsbehörde von der Vollstreckung einer Freiheitsstrafe, einer Ersatzfreiheitsstrafe oder einer Maßregel der Besserung und Sicherung absehen kann, wenn der Verurteilte wegen einer anderen Tat einer ausländischen Regierung ausgeliefert, an einen internationalen Strafgerichtshof überstellt oder wenn er aus dem Geltungsbereich dieses Bundesgesetzes ausgewiesen wird (nicht aber ein sich anschließendes **gerichtliches Verfahren nach §§ 23 ff. EGGVG**, für das **Teil 3 VV** gilt; vgl. hierzu auch Vorbem. 4.2 Rn. 10 und Rn. 11),
- Verfahren über Anträge auf Nichtentfallen der **Führungsaufsicht** gem. § 68f StGB und/oder Weisungen gem. § 68b StGB während der Führungsaufsicht,

Nr. 4204 VV   *Verfahrensgebühr für sonstige Verfahren in der Strafvollstreckung*

- Verfahren gem. **§ 56f Abs. 2 StGB**, in denen es um **die Verlängerung der Bewährungszeit** geht (s. dazu Nr. 4200 VV Rn. 6; so auch Mertens/Stuff, Rn. 329).

- Vollstreckungsverfahren gegen **Jugendliche** und **Heranwachsende** nach §§ 83 ff. JGG mit Ausnahme der Verfahren nach **§ 88 JGG** (Aussetzung des Restes der Jugendstrafe zur Bewährung; vgl. insoweit Nr. 4200 VV).

3   Nicht unter Nr. 4204 VV fallen Verfahren über die nachträgliche **Bewährungsaussetzung gem. § 57 JGG** oder über die **Aussetzung der Verhängung der Jugendstrafe zur Bewährung nach § 27 JGG**, weil diese Verfahren noch nicht zur Strafvollstreckung gehören (OLG Karlsruhe, StV 1998, 348; LG Mannheim, AGS 2008, 179 = RVGprofessionell 2008, 26 = StRR 2008, 120 = RVGreport 2008, 145; s. dazu ausführlich Vorbem. 4.2 Rn. 8). Ebenfalls nicht unter Nr. 4204 VV, sondern unter Nr. 4200 Ziff. 2 VV fallen Verfahren über die Festsetzung der **Mindestverbüßungsdauer** einer lebenslangen Freiheitsstrafe (vgl. Nr. 4200 VV Rn. 5; KG, Beschl. v. 01.06.2011 – 1 Ws 39/11, JurionRS 2011, 17357).

Auch **gerichtliche Verfahren nach §§ 23 ff. EGGVG** zur Überprüfung von Maßnahmen der Vollstreckungsbehörde werden nicht von Nr. 4204 VV erfasst; insoweit gilt Teil 3 VV (s. dazu Vorbem. 4.2 Rn. 10).

4   **Hinweis:**

Die Verfahren über die Aussetzung einer freiheitsentziehenden Maßregel der Besserung und Sicherung (Unterbringung in einem psychiatrischen Krankenhaus, in einer Entziehungsanstalt und in der Sicherungsverwahrung) fallen unter Nr. 4200 Ziff. 1 VV. Nur die Verfahren über den Widerruf der Aussetzung eines Berufsverbots zur Bewährung nach **§ 70b StGB** werden von Nr. 4200 Ziff. 3 VV erfasst (so auch Mertens/Stuff, Rn. 329). Die Verfahren über die Aussetzung eines Berufsverbots zur Bewährung nach **§ 70a StGB** fallen unter Nr. 4204 VV. Für die Aussetzung einer freiheitsentziehenden Maßregel der Besserung und Sicherung im **Gnadenwege** gilt **Nr. 4303 VV** (Teil 4, Abschnitt 3 VV).

B. Kommentierung

I. Persönlicher Geltungsbereich

5   Die Verfahrensgebühr steht sowohl dem **Wahlanwalt** als auch dem **gerichtlich bestellten** oder **beigeordneten** Rechtsanwalt zu. Zur Verteidigerbestellung und zur Dauer einer im Hauptverfahren erwogenen Bestellung gelten die Ausführungen bei Vorbem. 4.2 VV Rn. 18 entsprechend. Zur Geltung von **§ 48 Abs. 5** wird auf die Komm. bei § 48 Abs. 5 Rn. 15 f. verwiesen. Ist der Rechtsanwalt in **verschiedenen Angelegenheiten** in der Strafvollstreckung tätig (s. dazu Vorbem. 4.2 Rn. 22 ff.), muss er in jeder der Angelegenheiten **bestellt** oder beigeordnet worden sein, um einen Anspruch gegen die Staatskasse zu erlangen (s. dazu Vorbem. 4.2 Rn. 28 ff.). Bei Tätigkeiten im Verfahren nach § 35 BtMG und im anschließenden gerichtlichen Verfahren nach § 23 EGGVG ist zusätzlich zur **Pflichtverteidigerbestellung** (§ 35 BtMG) die **Beiordnung** im Wege der **PKH** (s. dazu z.B. OLG Hamm, StV 2010, 696; NStZ-RR 2008, 228) im Verfahren nach §§ 23 ff. EGGVG erforderlich.

Verfahrensgebühr für sonstige Verfahren in der Strafvollstreckung Nr. 4204 VV

II. Abgeltungsbereich

Zum Abgeltungsbereich der Verfahrensgebühr Nr. 4204 VV wird verwiesen auf Nr. 4200 VV Rn. 12 f. **6**

III. Entstehen der Verfahrensgebühr

Für das Entstehen der Gebühr gilt Nr. 4200 Rn. 14. Eine Grundgebühr (Nr. 4100 VV) entsteht daneben nicht (s. dazu Vorbem. 4.2 VV Rn. 20). Die erstmalige Einarbeitung in den Rechtsfall der Strafvollstreckung unterfällt deshalb dem Abgeltungsbereich der Verfahrensgebühr. Die Verfahrensgebühr entsteht als Pauschgebühr für alle im ersten Rechtszug des Strafvollstreckungsverfahrens entfalteten Tätigkeiten einmal, § 15 Abs. 2. Nach § 19 Abs. 1 Satz 2 Nr. 10 ist die **Einlegung** der Beschwerde für den im erstinstanzlichen Strafvollstreckungsverfahren bereits tätigen Verteidiger noch mit den Gebühren dieses Verfahrens abgegolten (Vorbem. 4.2 Rn. 30). **7**

IV. Höhe der Verfahrensgebühr

Der **Wahlanwalt** erhält eine **Betragsrahmengebühr** i.H.v. 20,00 € – 250,00 €. Die Mittelgebühr beträgt 135,00 € (vgl. hierzu die Gebührenübersicht Vorbem. 4.2 VV Rn. 42). **8**

Bei der Bemessung der Höhe der Gebühr sind über § 14 die **Besonderheiten** des jeweiligen **Einzelfalls** zu berücksichtigen (vgl. Nr. 4200 VV Rn. 15 ff.).

Beispiel:

Der zu einer Geldstrafe verurteilte V bittet die Staatsanwaltschaft gem. § 459a StPO um Bewilligung von Zahlungserleichterungen/Ratenzahlung, da er die Geldstrafe aufgrund seines geringen Einkommens nicht in einem Betrag zahlen kann. Der zuständige Rechtspfleger bei der Staatsanwaltschaft lehnt die Bewilligung der Ratenzahlung ab, weil V auch auf mehrmalige Erinnerung hin seine persönlichen und wirtschaftlichen Verhältnisse nicht dargelegt hat. V beauftragt daraufhin seinen Verteidiger R, für ihn die Bewilligung der Ratenzahlung zu erreichen. Auch der zur Entscheidung berufene Staatsanwalt (vgl. § 31 Abs. 6 RPflG) lehnt den Antrag von R auf Bewilligung der Ratenzahlung ab. Gegen die Entscheidung des Staatsanwalts erhebt R Einwendungen, denen das Gericht (§ 459h StPO) durch Bewilligung der Ratenzahlungen stattgibt.

R erhält für seine gesamte Tätigkeit eine Verfahrensgebühr nach Nr. 4204 VV. Bei der Bemessung der Gebühr innerhalb des vorgesehenen Gebührenrahmens i.H.v. 20,00 € – 250,00 € kann der Umfang seiner Tätigkeit berücksichtigt werden, da er sowohl gegenüber dem Staatsanwalt als auch gegenüber dem Gericht tätig geworden ist.

Der gerichtlich bestellte (**Pflichtverteidiger**) oder beigeordnete Rechtsanwalt erhält aus der Staatskasse eine **Festgebühr** i.H.v. 108,00 € (vgl. Nr. 4200 VV Rn. 18).

V. Beschwerdeverfahren

Auch im Beschwerdeverfahren gegen die Entscheidung in der Hauptsache in einem sonstigen Verfahren nach Nr. 4204 VV entstehen die Gebühren besonders (vgl. dazu eingehend Vorbem. 4.2 Rn. 30 ff.). Die Verfahrensgebühr entsteht als Pauschgebühr für alle im Beschwerdeverfahren entfalteten Tätigkeiten einmal, vgl. § 15 Abs. 2. So entsteht insbesondere für die Einlegung und Begründung der Beschwerde nur eine Verfahrensgebühr. **9**

Nr. 4204 VV   *Verfahrensgebühr für sonstige Verfahren in der Strafvollstreckung*

Beispiel:

Der zu einer Geldstrafe verurteilte V bittet die Staatsanwaltschaft gem. § 459a StPO um Bewilligung von Zahlungserleichterungen/Ratenzahlung, da er die Geldstrafe aufgrund seines geringen Einkommens nicht in einem Betrag zahlen kann. Der zuständige Rechtspfleger bei der Staatsanwaltschaft lehnt die Bewilligung der Ratenzahlung ab, weil V auch auf mehrmalige Erinnerung hin seine persönlichen und wirtschaftlichen Verhältnisse nicht dargelegt hat. V beauftragt daraufhin seinen Verteidiger R, für ihn die Bewilligung der Ratenzahlung zu erreichen. Auch der zur Entscheidung berufene Staatsanwalt (vgl. § 31 Abs. 6 RPflG) lehnt den Antrag von R auf Bewilligung der Ratenzahlung ab. Gegen die Entscheidung des Staatsanwalts erhebt R Einwendungen, die das Gericht (§ 459h StPO) durch Beschluss zurückweist. R erhebt auftragsgemäß sofortige Beschwerde gegen die Entscheidung des Gerichts, der das Beschwerdegericht entspricht.

R rechnet folgende Gebühren (Mittelgebühren) ab

a) Verfahren vor der Staatsanwaltschaft und dem Gericht Verfahrensgebühr Nr. 4204	*135,00 €*
b) Verfahren vor dem Beschwerdegericht Verfahrensgebühr Nr. 4204	*135,00 €*

Da R umfassend für das gesamte Strafvollstreckungsverfahren einschließlich des Beschwerdeverfahrens beauftragt war, richtet sich seine Vergütung im Strafvollstreckungsverfahren und im Beschwerdeverfahren nach Nrn. 4204 VV ff. (OLG Frankfurt am Main, NStZ-RR 2005, 253 = AGS 2006, 76 = RVGreport 2007, 35; LG Düsseldorf, StRR 2007, 83 = AGS 2007, 352; OLG Schleswig, AGS 2005, 444 = RVGreport 2006, 153 = SchlHA 2006, 300; s. dazu auch Vorbem. 4.2 VV Rn. 31 ff.). Im Beschwerdeverfahren fällt keine weitere Postentgeltpauschale Nr. 7002 VV an; vgl. Vorbem. 4.2 Rn. 35. Etwas anderes gilt dann, wenn der Rechtsanwalt erstmals im Beschwerdeverfahren tätig wird.

VI. Einzelfälle (Beispiele)

1. Verkürzung der Sperrfrist bei Entziehung der Fahrerlaubnis

10 Wird der Verteidiger für den Verurteilten im Verfahren über die vorzeitige Aufhebung der Sperre für die Erteilung einer neuen Fahrerlaubnis tätig (Verkürzung der Sperrfrist, vgl. § 69a Abs. 7 StGB), entsteht eine Verfahrensgebühr Nrn. 4204, 4205 VV und ggf. eine Terminsgebühr Nrn. 4206, 4207 VV. Es handelt sich um sonstige, nicht in Nr. 4200 VV aufgeführte Verfahren in der Strafvollstreckung (Rn. 2; vgl. Volpert, VRR 2005, 179).

Beispiel:

Neben der Verurteilung zu einer Geldstrafe ist V die Fahrerlaubnis entzogen und eine Sperrfrist von einem Jahr angeordnet worden. Aufgrund einer Nachschulung beantragt der Verteidiger R für V nach sechs Monaten, die Sperre vorzeitig aufzuheben. Das Gericht beraumt zur Anhörung von V einen Termin an, an dem auch R teilnimmt.

R erhält für Tätigkeit folgende Vergütung (Mittelgebühr):

Verfahrensgebühr Nr. 4204 VV	*135,00 €*
Terminsgebühr Nr. 4206 VV	*135,00 €*
Postentgeltpauschale Nr. 7002 VV	*20,00 €*
Anwaltsgebühren netto	**_290,00 €_**
zuzüglich 19 % USt Nr. 7008 VV	

Verfahrensgebühr für sonstige Verfahren in der Strafvollstreckung   *Nr. 4204 VV*

2. Aufschub der Strafvollstreckung gem. § 456 StPO

Verfahren über den Antrag des Verurteilten auf Aufschub der Strafvollstreckung nach § 456 StPO   11
fallen unter Nr. 4204 VV ff. Mehrere Anträge auf Aufschub der Strafvollstreckung sind verschiedene **gebührenrechtliche Angelegenheiten** i.S.v. § 15 (vgl. zur Angelegenheit i.S.v. § 15 Teil A: Angelegenheiten [§§ 15 ff.], Rn. 66 ff.; s. auch Vorbem. 4.2 Abs. 2 VV Rn. 22 ff.).

Beispiel:
Der Verurteilte V wird zum Strafantritt geladen. Da er dringend operiert werden muss, wird der vom Verteidiger R für den Verurteilten beantragte Strafaufschub für einen Monat gewährt. Da der Termin zur Operation verschoben werden muss, beantragt R erneut Strafaufschub für einen weiteren Monat, der antragsgemäß gewährt wird.
Es liegen unterschiedliche gebührenrechtliche Angelegenheiten vor.

3. Verfahren nach § 35 BtMG über die Zurückstellung der Strafvollstreckung

Ergibt sich im Fall der Verurteilung wegen einer Straftat zu einer Freiheitsstrafe von nicht mehr   12
als zwei Jahren aus den Urteilsgründen oder steht sonst fest, dass der Verurteilte die Tat aufgrund einer Betäubungsmittelabhängigkeit begangen hat, so kann die Vollstreckungsbehörde nach **§ 35 BtMG** mit Zustimmung des Gerichts des ersten Rechtszugs die Vollstreckung der Strafe, eines Strafrestes oder der Maßregel der Unterbringung in einer Entziehungsanstalt **für längstens zwei Jahre zurückstellen**, wenn der Verurteilte sich wegen seiner Abhängigkeit in einer seiner Rehabilitation dienenden Behandlung befindet oder zusagt, sich einer solchen zu unterziehen, und deren Beginn gewährleistet ist (vgl. auch Teil A: Verfahren nach dem Strafvollzugsgesetz und ähnliche Verfahren, Rn. 1442).

Da das Verfahren auf Zurückstellung der Strafvollstreckung gem. § 35 BtMG nicht in Nr. 4200 VV aufgeführt ist, richtet sich die Vergütung nach Nr. 4204 VV (so auch OLG Zweibrücken, StRR 2010, 480 = StraFo 2010, 515 = NStZ-RR 2011, 32 = Rpfleger 2011, 116; Gerold/Schmidt/Burhoff, VV 4200 – 4207 Rn. 4), obwohl die Zurückstellung der Strafvollstreckung im Ergebnis nach erfolgreicher Behandlung unter den in § 36 BtMG genannten Voraussetzungen auf die in Nr. 4200 Ziff. 2 VV ausdrücklich genannte Aussetzung des Strafrestes zur Bewährung hinauslaufen kann.

Eine entsprechende Anwendung von Nr. 4200 Ziff. 2 VV auf das Verfahren nach § 35 BtMG dürfte nach dem Gesetzeswortlaut jedoch nicht möglich sein, auch wenn der spätere Widerruf einer erfolgten Aussetzung dann von Nr. 4200 Ziff. 3 VV erfasst wird (zum sich an das Verfahren gem. § 35 BtMG ggf. anschließende Verfahren nach §§ 23 ff. EGGVG s. Rn. 3 und Vorbem. 4.2 Rn. 10; zum Verfahren nach § 36 BtMG s. Nr. 4200 VV Rn. 5).

VII. Angelegenheit

Jedes einzelne von Nr. 4204 VV erfasste Verfahren in der Strafvollstreckung (vgl. Rn. 2) stellt   13
grds. eine **besondere gebührenrechtliche Angelegenheit** i.S.v. § 15 Abs. 1 und 2 dar, s. dazu Vorbem. 4.2 Rn. 22 ff.

Nr. 4204 VV   Verfahrensgebühr für sonstige Verfahren in der Strafvollstreckung

Beispiel:

Der Verteidiger stellt für den Mandanten einen Antrag nach § 35 BtMG. Zusätzlich muss ein Antrag auf Aufschub der Strafvollstreckung nach § 456 StPO für den Mandanten gestellt werden, weil der Mandant den Verteidiger erst kurz vor Ablauf der sich aus der Strafantrittsladung ergebenden Frist aufgesucht hat.

Der Verteidiger erhält nur dann zwei Verfahrensgebühren nach Nr. 4204 VV, wenn er in zwei verschiedenen gebührenrechtlichen Angelegenheiten tätig war (s. zur Angelegenheit auch Teil A: Angelegenheiten [§§ 15 ff.], Rn. 6 ff.). Das wird zu verneinen sein, wenn wie hier ein Antrag (§ 456 StPO) nur gestellt wird, um eine Strafvollstreckung bis zur Entscheidung über den Antrag nach § 35 BtMG zu verhindern (OLG Schleswig, SchlHA 2007, 278).

Der Pflichtverteidiger muss in beiden Verfahren bestellt werden, um für beide Verfahren einen Anspruch gegen die Staatskasse gem. § 45 zu erlangen (Vorbem. 4.2 Rn. 28 ff.; s. dazu Teil A: Umfang des Anspruchs [§ 48], Rn. 1411 ff.).

VIII. Einigungsgebühr

14 Wirkt der Rechtsanwalt für den Verurteilten in der Strafvollstreckung an der **Bewilligung von Zahlungserleichterungen** gem. § 459a StPO mit (Ratenzahlung der Geldstrafe), entsteht für diese Tätigkeit eine Verfahrensgebühr nach Nr. 4204 VV (Rn. 2). Die Bewilligung der Zahlungserleichterungen durch den Rechtspfleger der Staatsanwaltschaft löst jedoch für den Verteidiger/Rechtsanwalt des Verurteilten keine Einigungsgebühr nach Nr. 1003 bzw. 1000 VV aus. Es wird insoweit kein Einigungsvertrag mit der Staatsanwaltschaft abgeschlossen und es liegt auch kein streitiges oder ungewisses Rechtsverhältnis vor (s. hierzu auch Teil A: Einigungsgebühr [Nrn. 1000, 1003 und 1004 VV], Rn. 495).

IX. Pauschgebühr/Anspruch gegen den Mandanten/Erstattung

15 Zur Pauschgebühr gem. § 51, zum Anspruch des Pflichtverteidigers auf Wahlanwaltsgebühren gem. § 52 und zur Kostenerstattung wird auf die Erläuterungen zu Vorbem. 4.2 VV Rn. 37 ff. verwiesen.

Verfahrensgebühr für sonstige Verfahren in der Strafvollstreckung mit Zuschlag   Nr. 4205 VV

Nr. 4205 VV
Verfahrensgebühr für sonstige Verfahren in der Strafvollstreckung mit Zuschlag

Nr.	Gebührentatbestand	Gebühr oder Satz der Gebühr nach § 13 oder § 49 RVG	
		Wahlanwalt	gerichtlich bestellter oder beigeordneter Rechtsanwalt
4205	Gebühr 4204 mit Zuschlag	20,00 bis 312,50 EUR	133,00 EUR

Übersicht

	Rn.
A. Überblick	1
B. Kommentierung	2
I. Allgemeines	2
II. Dauer der Freiheitsbeschränkung	3
III. Persönlicher Geltungsbereich	4
IV. Abgeltungsbereich	5
V. Höhe der Gebühr	6
VI. Beschwerdeverfahren	8
VII. Pauschgebühr/Anspruch gegen den Mandanten/Erstattung	9

Literatur:
S. die Hinweise bei Vorbem. 4.2 VV vor Rn. 1 und Vorbem. 4 VV vor Rn. 1

A. Überblick

Nr. 4205 VV regelt den erhöhten Gebührenrahmen für den Fall, dass dem Rechtsanwalt die Verfahrensgebühr der **Nr. 4204 VV mit Zuschlag** zusteht (vgl. dazu Vorbem. 4 Abs. 4 VV und die Erläuterungen bei Vorbem. 4 VV Rn. 83 ff.). Die gegenüber Nr. 4204 VV erhöhte Gebühr entsteht, wenn sich der Mandant des Rechtsanwalts nicht auf freiem Fuß befindet. 1

B. Kommentierung

I. Allgemeines

Die Verfahrensgebühr mit Zuschlag nach Nr. 4205 VV entsteht immer dann, wenn der Mandant sich während eines sonstigen Verfahrens in der Strafvollstreckung (s. dazu Nr. 4204 VV Rn. 2) **nicht** auf **freiem Fuß** befindet (wegen der Einzelheiten s. Vorbem. 4 VV Rn. 83 ff., die entsprechend gelten). 2

II. Dauer der Freiheitsbeschränkung

Unerheblich für die Entstehung der Verfahrensgebühr mit Zuschlag ist es, **wie lange** der Mandant während eines sonstigen Verfahrens in der Strafvollstreckung (Nr. 4204 VV) nicht auf freiem Fuß war. Entscheidend ist, dass er irgendwann während des Verfahrens, für das die Zu- 3

Nr. 4205 VV   Verfahrensgebühr für sonstige Verfahren in der Strafvollstreckung mit Zuschlag

schlagsgebühr entstehen soll, inhaftiert oder untergebracht war (vgl. Vorbem. 4 Abs. 4 Rn. 90 und die Nachw. bei Nr. 4201 VV Rn. 3 f. mit Beispiel bei Rn. 5, das entsprechend gilt).

III.   Persönlicher Geltungsbereich

4   Der Zuschlag steht sowohl dem **Wahlanwalt** als auch dem **gerichtlich bestellten** oder **beigeordneten** Rechtsanwalt zu.

IV.   Abgeltungsbereich

5   Der Zuschlag nach Nr. 4205 VV honoriert die **Erschwernisse**, die durch den Umstand, dass der Verurteilte sich während eines sonstigen Strafvollstreckungsverfahrens nicht auf freiem Fuß befindet, entstehen (vgl. Vorbem. 4 Rn. 86 ff. und im Übrigen Nr. 4204 VV Rn. 5).

V.   Höhe der Gebühr

6   Der **Wahlanwalt** erhält eine Betragsrahmengebühr i.H.v. 20,00 € – 312,50 €. Die Mittelgebühr beträgt 166,25 € (vgl. hierzu die Gebührenübersicht Vorbem. 4.2 VV Rn. 42). Für die Bemessung der Gebühr gelten die Ausführungen bei Vorbem. 4 VV Rn. 92 entsprechend. Ggf. kann ein Antrag nach § 42 gestellt werden.

7   Der gerichtlich bestellte (**Pflichtverteidiger**) oder beigeordnete Rechtsanwalt erhält aus der Staatskasse eine **Festgebühr** i.H.v. 133,00 €. Auch er hat die Möglichkeit, ggf. einen – auf diesen Verfahrensabschnitt beschränkten – Pauschvergütungsantrag (§ 51) zu stellen.

VI.   Beschwerdeverfahren

8   Auf die Erläuterungen zu Nr. 4204 VV Rn. 8 und Vorbem. 4.2 VV Rn. 30 ff. wird verwiesen.

VII.   Pauschgebühr/Anspruch gegen den Mandanten/Erstattung

9   Zur Pauschgebühr gem. § 51, zum Anspruch gem. § 52 und zur Erstattung wird auf die entsprechende Komm. zu Vorbem. 4.2 VV Rn. 37 ff. verwiesen.

Nr. 4206 VV
Terminsgebühr für sonstige Verfahren in der Strafvollstreckung

Nr.	Gebührentatbestand	Gebühr oder Satz der Gebühr nach § 13 oder § 49 RVG	
		Wahlanwalt	gerichtlich bestellter oder beigeordneter Rechtsanwalt
4206	Terminsgebühr für sonstige Verfahren	20,00 bis 250,00 EUR	108,00 EUR

Übersicht

	Rn.
A. Überblick	1
B. Kommentierung	2
I. Abgeltungsbereich	2
II. Persönlicher Geltungsbereich	3
III. Entstehen der Gebühr	4
IV. Höhe der Gebühr	5
V. Beschwerdeverfahren	7
VI. Mehrere Termine	8
VII. Pauschgebühr/Anspruch gegen den Mandanten/Erstattung	9

Literatur:

S. die Hinweise bei Vorbem. 4.2 VV vor Rn. 1 und Vorbem. 4 VV vor Rn. 1

A. Überblick

Nr. 4206 VV regelt die Terminsgebühr für die Teilnahme des Rechtsanwalts an einem gerichtlichen Termin in den sonstigen von der Verfahrensgebühr Nr. 4204 VV erfassten Verfahren in der Strafvollstreckung (s. dazu Nr. 4204 VV Rn. 2). Die Terminsgebühr ist allgemein in Vorbem. 4 Abs. 3 VV geregelt (wegen der Einzelheiten s. Nr. 4204 VV Rn. 3 ff. und Vorbem. 4 VV Rn. 56 ff.). Gerichtliche Termine in den sonstigen Verfahren können bspw. nach §§ 453 Abs. 1 Satz 3, 454 Abs. 1 Satz 3 StPO stattfinden.   **1**

B. Kommentierung

I. Abgeltungsbereich

Der Rechtsanwalt erhält die Terminsgebühr der Nr. 4206 VV für die Teilnahme an einem gerichtlichen Termin. Zum allgemeinen Abgeltungsbereich der Terminsgebühr wird auf Vorbem. 4 VV Rn. 58 ff. und Nr. 4202 VV Rn. 3 verwiesen.   **2**

II. Persönlicher Geltungsbereich

Es wird auf die Erläuterungen zu Nr. 4202 VV Rn. 4 m.w.N. verwiesen.   **3**

Nr. 4206 VV   *Terminsgebühr für sonstige Verfahren in der Strafvollstreckung*

III. Entstehen der Gebühr

4   Die Ausführungen bei Vorbem. 4 VV Rn. 63 f. und bei Nr. 4202 VV Rn. 5 gelten entsprechend.

IV. Höhe der Gebühr

5   Der **Wahlanwalt** erhält eine **Betragsrahmengebühr** i.H.v. 20,00 € – 250,00 €. Die Mittelgebühr beträgt 135,00 € (vgl. hierzu die Gebührenübersicht Vorbem. 4 VV Rn. 42). Vgl. im Übrigen Vorbem. 4.2 VV Rn. 19 und Nr. 4202 VV Rn. 6 ff.

6   Der gerichtlich bestellte (**Pflichtverteidiger**) oder beigeordnete Rechtsanwalt erhält aus der Staatskasse eine **Festgebühr** i.H.v. 108,00 € (vgl. im Übrigen Nr. 4202 VV Rn. 8).

V. Beschwerdeverfahren

7   Die Ausführungen bei Nr. 4202 VV Rn. 9 gelten entsprechend.

VI. Mehrere Termine

8   Die Erläuterungen bei Nr. 4202 VV Rn. 10 gelten entsprechend.

VII. Pauschgebühr/Anspruch gegen den Mandanten/Erstattung

9   Zur Pauschgebühr gem. § 51, zum Anspruch gem. § 52 und zur Erstattung wird auf die entsprechende Komm. zu Vorbem. 4.2 VV Rn. 37 ff. verwiesen.

Terminsgebühr für sonstige Verfahren in der Strafvollstreckung mit Zuschlag   *Nr. 4207 VV*

Nr. 4207 VV
Terminsgebühr für sonstige Verfahren in der Strafvollstreckung mit Zuschlag

Nr.	Gebührentatbestand	Gebühr oder Satz der Gebühr nach § 13 oder § 49 RVG	
		Wahlanwalt	gerichtlich bestellter oder beigeordneter Rechtsanwalt
4207	Gebühr 4206 mit Zuschlag	20,00 bis 312,50 EUR	133,00 EUR

Übersicht

	Rn.
A. Überblick	1
B. Kommentierung	2
I. Allgemeines	2
II. Dauer der Freiheitsbeschränkung	3
III. Persönlicher Geltungsbereich	4
IV. Abgeltungsbereich der Gebühr	5
V. Höhe der Gebühr	6
VI. Beschwerdeverfahren	8
VII. Mehrere Termine	9
VIII. Pauschgebühr/Anspruch gegen den Mandanten/Erstattung	10

Literatur:
S. die Hinweise bei Vorbem. 4.2 VV vor Rn. 1 und Vorbem. 4 VV vor Rn. 1

A. Überblick

Nr. 4207 VV regelt den **erhöhten Gebührenrahmen** für den Fall, dass dem Rechtsanwalt die Terminsgebühr **Nr. 4206 VV mit Zuschlag** zusteht (vgl. dazu Vorbem. 4 Abs. 4 VV und die Erläuterungen bei Vorbem. 4 VV Rn. 83 ff. und bei Nr. 4203 VV Rn. 1). Die gegenüber Nr. 4206 VV erhöhte Gebühr entsteht, wenn sich der Mandant des Rechtsanwalts nicht auf freiem Fuß befindet.   1

B. Kommentierung

I. Allgemeines

Die Terminsgebühr mit Zuschlag nach Nr. 4207 VV entsteht immer dann, wenn der Mandant sich **während eines gerichtlichen Termins** in einem sonstigen Verfahren in der Strafvollstreckung nach Nr. 4204 VV (s. dazu Nr. 4204 VV Rn. 2) **nicht** auf **freiem Fuß** befindet (wegen der Einzelheiten s. Vorbem. 4 VV Rn. 83 ff., die entsprechend gelten).   2

II. Dauer der Freiheitsbeschränkung

Unerheblich für die Entstehung der Terminsgebühr mit Zuschlag ist es, **wie lange** der Mandant nicht auf freiem Fuß war. Entscheidend ist, dass er irgendwann während eines gerichtlichen   3

Nr. 4207 VV   Terminsgebühr für sonstige Verfahren in der Strafvollstreckung mit Zuschlag

Termins in einem der in Nr. 4200 VV aufgeführten Verfahren inhaftiert oder untergebracht bzw. nicht auf freiem Fuß war (vgl. Vorbem. 4 Rn. 90 und die Nachw. bei Nr. 4201 VV Rn. 4).

III. Persönlicher Geltungsbereich

4   Der Zuschlag steht sowohl dem **Wahlanwalt** als auch dem **gerichtlich bestellten** oder **beigeordneten** Rechtsanwalt zu.

IV. Abgeltungsbereich der Gebühr

5   Der Zuschlag nach Nr. 4207 VV honoriert die **Erschwernisse**, die durch den Umstand, dass der Verurteilte sich während eines gerichtlichen Termins in einem der in Nr. 4204 VV genannten sonstigen Strafvollstreckungsverfahren nicht auf freiem Fuß befindet, entstehen. Insoweit gelten die Ausführungen bei Vorbem. 4 VV Rn. 86 f. entsprechend.

V. Höhe der Gebühr

6   **Wahlanwalt** erhält eine **Betragsrahmengebühr** i.H.v. 20,00 € – 312,50 €. Die **Mittelgebühr** beträgt 166,25 € (vgl. hierzu die Gebührenübersicht Vorbem. 4.2 VV Rn. 42). Im Übrigen wird auf Nr. 4201 VV Rn. 8 f. verwiesen.

7   Der gerichtlich bestellte (**Pflichtverteidiger**) oder beigeordnete Rechtsanwalt erhält aus der Staatskasse eine **Festgebühr** i.H.v. 133,00 €. Auf Nr. 4201 VV Rn. 9 wird verwiesen.

VI. Beschwerdeverfahren

8   Die Erläuterungen bei Nr. 4200 VV Rn. 19 und bei Vorbem. 4.2 VV Rn. 30 ff. gelten entsprechend.

VII. Mehrere Termine

9   Es wird auf die Erläuterungen zu Nr. 4202 VV Rn. 10 verwiesen.

VIII. Pauschgebühr/Anspruch gegen den Mandanten/Erstattung

10   Zur Pauschgebühr gem. § 51, zum Anspruch gem. § 52 und zur Erstattung wird auf die entsprechende Komm. zu Vorbem. 4.2 VV Rn. 37 ff. verwiesen.

Abschnitt 3
Einzeltätigkeiten

Vorbemerkung 4.3:

(1) Die Gebühren entstehen für einzelne Tätigkeiten, ohne dass dem Rechtsanwalt sonst die Verteidigung oder Vertretung übertragen ist.

(2) Beschränkt sich die Tätigkeit des Rechtsanwalts auf die Geltendmachung oder Abwehr eines aus der Straftat erwachsenen vermögensrechtlichen Anspruchs im Strafverfahren, so erhält er die Gebühren nach den Nummern 4143 bis 4145.

(3) Die Gebühr entsteht für jede der genannten Tätigkeiten gesondert, soweit nichts anderes bestimmt ist. § 15 RVG bleibt unberührt. Das Beschwerdeverfahren gilt als besondere Angelegenheit.

(4) Wird dem Rechtsanwalt die Verteidigung oder die Vertretung für das Verfahren übertragen, werden die nach diesem Abschnitt entstandenen Gebühren auf die für die Verteidigung oder Vertretung entstehenden Gebühren angerechnet.

Übersicht

	Rn.
A. Überblick	1
B. Kommentierung	4
I. Anwendungsbereich	4
1. Allgemeines	4
2. Keine Übertragung der Verteidigung oder Vertretung (Abs. 1)	6
a) Einzeltätigkeit durch einen nicht mit der Verteidigung oder Vertretung beauftragten Rechtsanwalt	7
b) Einzeltätigkeit durch „Vollverteidiger" oder „Vollvertreter" außerhalb des Abgeltungsbereichs der Verteidiger- bzw. Vertretergebühren	8
aa) Grundsatz/Strafvollstreckung	8
bb) Gesondertes DNA-Feststellungsverfahren	9
cc) Beschwerde nach Instanzbeendigung	10
3. Ausnahme: Vertretung in einer Gnadensache/Kontaktperson	11
4. Tätigkeiten in der Strafvollstreckung	12
5. Tätigkeiten im Strafvollzug	14
6. Tätigkeiten im Strafrechtsentschädigungsverfahren	15
7. Bestellung im Strafbefehlsverfahren gem. § 408b StPO	17
8. Andere Gebührenregelungen	18
9. Zeugenbeistand	19
10. Mehrere Auftraggeber	22
11. Vermögensrechtliche Ansprüche, Adhäsionsverfahren (Abs. 2)	23
12. Tätigkeit als sog. Terminsvertreter	24
II. Persönlicher Geltungsbereich	25
III. Abgeltungsbereich der Gebühren (Abs. 2)	26
IV. Grundgebühr	27
V. Entstehen der Gebühren	28
1. Allgemeines	28
2. Vorzeitige Beendigung der Tätigkeit	29
VI. Angelegenheiten (Abs. 3)	30

Vorbemerkung 4.3 *Gebühren für Einzeltätigkeiten*

1.	Mehrere Tätigkeiten (Abs. 3 Satz 1)	30
	a) Grundsätze	30
	b) Einlegung und Begründung der Berufung oder der Revision	32
2.	Beschwerdeverfahren hinsichtlich einer Einzeltätigkeit (Abs. 3 Satz 3)	34
3.	Beschwerde als Einzeltätigkeit	35
	a) Ausgangspunkt	35
	b) Einlegung und Begründung der Beschwerde	36
	aa) Einheitlicher Auftrag	36
	bb) Getrennte Aufträge	37
4.	Begrenzung auf Vollverteidiger- bzw. Vertretergebühren (Abs. 3 Satz 2 i.V.m. § 15 Abs. 6)	38
VII.	Anrechnung (Abs. 4)	39
VIII.	Bewilligung einer Pauschgebühr (§§ 51 und 42)	42
IX.	Anspruch gegen den Verurteilten oder den Auftraggeber (§§ 52, 53)	43
X.	Beratungstätigkeiten	44
XI.	Erstattungsfähigkeit	45

Literatur:

Burhoff, Vergütung bei Straf- und Bußgeldsachen nach dem RVG, RVGreport 2004,16; *ders.*, Einzeltätigkeiten richtig abrechnen, RVGprofessionell 2005, 52; *ders.*, Die Abrechnung der Tätigkeit des Zeugenbeistands im Strafverfahren, RVGreport 2006, 81; *ders.*, Die Gebühren in der Strafvollstreckung, RVGreport 2007, 8; *ders.*, Anwaltliche Vergütung für die Tätigkeit im strafrechtlichen Entschädigungsverfahren, RVGreport 2007, 273; *ders.*, Abrechnung der Tätigkeit des Zeugenbeistands im Straf- und OWi-Verfahren, StRR 2007, 220; *ders.*, Die anwaltliche Vergütung im Strafbefehlsverfahren, RVGreport 2008, 201; *ders.*, Abrechnung des Antrags auf gerichtliche Entscheidung gern. § 111f Abs. 5 StPO, RVGreport 2010, 441; *ders.*, Abrechnung der Tätigkeiten des Terminsvertreters im Strafverfahren, RVGprofessionell 2010, 153; *ders.*, Die anwaltliche Vergütung in der Strafvollstreckung, StRR 2010, 93; *Enders/Mümmler*, Anwaltsgebühren für die Erstattung einer Strafanzeige/Vertretung der Anzeigenerstatterin, JurBüro 1998, 69; *Hansens*, Aktuelle Änderungen des RVG – Teil 1, RVGreport 2007, 81; *Kotz*, Eine Lanze für den Underdog – Zur Vergütungslage des bestellten Terminsvertreters in Strafsachen, StraFo 2008, 412; *Madert*, Die Gebühren in Strafsachen für einzelne Tätigkeiten – §§ 91, 92 BRAGO, AnwBl. 1982, 176; *Meyer*, Rechtfertigt die Mehrtätigkeit des Verteidigers im Grundverfahren des StrEG eine Gebührenerhöhung nach §§ 88, 89 BRAGO?, JurBüro 1992, 4; *Mümmler*, Beistandsleistung für die Eltern einer Getöteten in einer Jugendgerichtssache, JurBüro 1984, 505; *Schneider*, Anwaltsgebühren im Verfahren über die Erinnerung nach § 766 ZPO – Bisheriges und neues Recht, RVGreport 2007, 87; *Volpert*, Die richtige Abrechnung der Tätigkeit im Verfahren nach dem Strafrechtsentschädigungsgesetz, BRAGOprofessionell 2003, 91; *ders.*, Die Vergütung im Beschwerdeverfahren in Straf- und Bußgeldsachen, VRR 2006, 453; vgl. auch noch die Hinweise bei Vorbem. 4 VV vor Rn. 1.

A. Überblick

1 Teil 4 Abschnitt 3 VV regelt die Vergütung des Rechtsanwalts, dem nicht der volle Verteidigungsauftrag übertragen worden ist, sondern der nur mit einer einzelnen Tätigkeit beauftragt ist. Teil 4 Abschnitt 3 VV findet daher nur Anwendung, wenn dem Rechtsanwalt sonst nicht die Verteidigung oder Vertretung übertragen ist (vgl. Vorbem. 4.3 Abs. 1 VV; zum Anwendungsbereich s. Rn. 4 ff.). Bei den Regelungen in Nrn. 4300 ff. VV handelt es sich daher um subsidiäre Regelungen für bloße Einzeltätigkeiten (OLG Düsseldorf, StraFo 2008, 441 = StRR 2008, 358 = RVGreport 2008, 351; a.A. OLG Düsseldorf, Rpfleger 2009, 528 = JurBüro 2009, 255). Dem Rechtsanwalt muss daher ein Einzelauftrag und nicht ein umfassendes Mandat erteilt worden sein. Maßgeblich für die Abgrenzung ist beim Wahlanwalt der **Umfang bzw. der Inhalt des erteilten Auftrags** und beim Pflichtverteidiger bzw. dem gerichtlich bestellten oder beigeordneten Rechtsanwalt der **Umfang der gerichtlichen Bestellung** bzw. der dabei übertragenen Aufgaben. Auf den Umfang der Tätigkeiten kommt es nicht an (vgl. Rn. 5).

Gebühren für Einzeltätigkeiten *Vorbemerkung 4.3*

Das hat insbesondere Bedeutung für die Abgrenzung zu Teil 4 Abschnitt 2 VV. Insoweit gilt (vgl. auch Vorbem. 4.2 VV Rn. 11): Die Gebührentatbestände in den **Nrn. 4200 ff.** VV (Teil 4 Abschnitt 2 VV) sind nur anwendbar, wenn der Rechtsanwalt als **voller Verteidiger** in der **Strafvollstreckung** tätig wird. Für den nur mit einer **einzelnen Tätigkeit im Strafvollstreckungsverfahren** betrauten Rechtsanwalt gelten hingegen die in den Katalog der Einzeltätigkeiten aufgenommenen Gebührentatbestände für Tätigkeiten in der Strafvollstreckung, und zwar Nr. 4300 Ziff. 3 VV für die Anfertigung oder Unterzeichnung einer Schrift in Verfahren nach den §§ 57a und 67e StGB und Nr. 4301 Ziff. 6 VV für die sonstigen Tätigkeiten in der Strafvollstreckung. Damit ist der in der früheren Rechtsprechung und Literatur zu § 91 BRAGO bestehende Streit erledigt, nach welcher Vorschrift die Tätigkeiten des Rechtsanwalts, der nicht Verteidiger oder sonstiger Vollvertreter ist, im Strafvollstreckungsverfahren vergütet werden (vgl. OLG Düsseldorf, JurBüro 1985, 234; OLG Frankfurt am Main, JurBüro 2000, 306; OLG Hamm, JurBüro 2001, 641; OLG Köln, StV 1997, 37; OLG Stuttgart, MDR 1994, 312 = JurBüro 1994, 602 = StV 1993, 653; BT-Drucks. 15/1971, S. 230; Burhoff, RVGreport 2004, 16;). 2

Hinweis:
Wird der Rechtsanwalt im Verfahren nach dem **Strafvollzugsgesetz** tätig, richtet sich die Vergütung nach Teil 2 bzw. Teil 3 VV (s. auch Teil A: Verfahren nach dem Strafvollzugsgesetz und ähnliche Verfahren, Rn. 1441 ff.). Zur Vergütung bei Tätigkeit im Verfahren nach dem **StrEG** vgl. Rn. 15 f. und die eingehenden **Erläuterungen** zu Nr. 4302 VV Rn. 27 ff.

Bei den in Vorbem. 4.3 Abschnitt 3 VV geregelten Gebühren handelt es sich teilweise um „**Einzelaktgebühren**" (z.B. bei der Verfahrensgebühr Nr. 4302 Ziff. 1 VV für die Einlegung der Berufung oder Revision), teilweise aber auch um „echte Verfahrensgebühren", die die gesamte Tätigkeit in einem Verfahrensabschnitt abgelten (z.B. Verfahrensgebühr Nr. 4301 Ziff. 5 VV für die Beistandsleistung im gerichtlichen Verfahren zur Erzwingung der Anklage; AnwKomm-RVG/ N. Schneider, VV Vorb. 4.3 Rn. 1). 3

Hinweis:
Die grds. Regelungen in der **Vorbem. 4 VV** gelten auch für die in Teil 4 Abschnitt 3 VV geregelten Gebühren für Einzeltätigkeiten. Das **Beschwerdeverfahren** gilt nach Vorbem. 4.3 Abs. 3 Satz 3 VV als **besondere Angelegenheit**.
Der Hinweis in Vorbem. 4.3 Abs. 3 Satz 2 VV auf § 15 dient der **Klarstellung**, da § 15 aufgrund der Stellung in den Allgemeinen Vorschriften (Abschnitt 1) ohnehin Anwendung findet.

B. Kommentierung

I. Anwendungsbereich

1. Allgemeines

Teil 4 Abschnitt 3 VV ist anwendbar, wenn der Rechtsanwalt die Tätigkeit in einer **Strafsache** entfaltet hat (vgl. hierzu Vorbem. 4 VV Rn. 7). Voraussetzung für die Anwendung von **Nrn. 4303 und 4304 VV** ist ferner, dass der Rechtsanwalt in einer **Gnadensache** (vgl. hierzu Nr. 4303 4

Vorbemerkung 4.3 *Gebühren für Einzeltätigkeiten*

VV Rn. 2 – 5) bzw. gem. § 34a EGGVG als **Kontaktperson** tätig geworden ist (vgl. insoweit Nr. 4304 VV Rn. 1).

5 Nimmt der Vollverteidiger oder der sonstige Vertreter, dem die Vertretung vollständig übertragen worden ist, einzelne Tätigkeiten wahr, werden diese Tätigkeiten durch die in Teil 4 Abschnitt 1 bzw. Abschnitt 2 VV geregelten Gebühren entgolten (vgl. hierzu die Erläuterungen zu Vorbem. 4.1 Abs. 2 VV und Vorbem. 4.1 VV; vgl. zur **Beschwerde** des Vollverteidigers oder Vollvertreters gegen eine im Strafverfahren getroffene [Zwischen-]Entscheidung Rn. 10 und Teil A: Beschwerdeverfahren, Abrechnung, Rn. 372 ff.). Der mit der Vollverteidigung oder Vollvertretung beauftragte bzw. der entsprechend gerichtlich bestellte oder beigeordnete Rechtsanwalt erhält die Gebühren nach Teil 4 Abschnitt 1 und 2 VV daher auch dann, wenn er nur einzelne Tätigkeiten bzw. Beistandsleistungen erbringt (OLG Köln, StV 2010, 68 = NStZ-RR 2010, 30 = StRR 2010, 68; OLG Oldenburg, StraFo 2010, 430 = RVGreport 2011, 24 = VRR 2011, 39). Die in **Teil 4 Abschnitt 3 VV** aufgeführten Gebühren für einzelne Tätigkeiten entstehen nur für den Rechtsanwalt, dem sonst die Verteidigung oder Vertretung nicht übertragen ist und dessen Tätigkeit sich **auftragsgemäß** auf **einzelne Tätigkeiten** beschränkt hat.

> **Hinweis:**
> Voraussetzung für die Anwendung der in Teil 4 Abschnitt 3 VV geregelten Gebühren ist stets, dass dem Rechtsanwalt lediglich ein **Einzelauftrag** und nicht ein umfassendes Mandat erteilt worden ist. **Maßgeblich** für die Abgrenzung ist beim **Wahlanwalt** der Umfang bzw. **Inhalt** des erteilten Auftrags und beim gerichtlich bestellten (Pflichtverteidiger) oder beigeordneten Rechtsanwalt der Umfang der gerichtlichen Bestellung (OLG Dresden, StRR 2007, 203 = AGS 2007, 618; OLG Düsseldorf, Rpfleger 2009, 528 = JurBüro 2009, 255; OLG Oldenburg, StraFo 2010, 430 = RVGreport 2011, 24 = VRR 2011, 39; Hartung/Römermann/Schons, Vorbem. 4.3 VV Rn. 7; Gerold/Schmidt/Burhoff, VV Vorb. 4.3 Rn. 1) bzw. die Übertragung der entsprechenden Aufgaben mit der Beiordnung (KG, NStZ-RR 2009, 327 = StRR 2009, 398 = RVGreport 2009, 310). Auf den Umfang der erbrachten Tätigkeiten kommt es nicht an (OLG Oldenburg, a.a.O.).

2. Keine Übertragung der Verteidigung oder Vertretung (Abs. 1)

6 Teil 4 Abschnitt 3 VV regelt die Gebühren für Einzeltätigkeiten, „ohne dass dem Rechtsanwalt **sonst** die Verteidigung oder Vertretung übertragen ist". Eine Beschränkung der Pflichtverteidigerbestellung **in zeitlicher Hinsicht** (z.B. gem. § 408b StPO für das Strafbefehlsverfahren [str.], vgl. Rn. 17, für bestimmte Hauptverhandlungstermine [str.] vgl. Rn. 24, oder für das Überprüfungsverfahren gem. § 67e StGB, vgl. Rn. 12) ist keine Einschränkung der Aufgaben i.S.v. Vorbem. 4.3 Abs. 1 VV. Maßgeblich ist, ob eine **inhaltliche Beschränkung** der anwaltlichen Tätigkeit vorliegt (vgl. OLG Dresden, StRR 2007, 203 = AGS 2007, 618; OLG Düsseldorf, StraFo 2008, 441 = StRR 2008, 358 = RVGreport 2008, 351; vgl. auch OLG Stuttgart, 24.04.2008 - 2 ARs 21/08, wonach keine Gebühren nach Nr. 4301 Ziff. 5 VV sowie Nr. 4302 Ziff. 3 VV anfallen, wenn der Rechtsanwalt dem Antragsteller im Klageerzwingungsverfahren als Beistand bestellt worden ist, sondern die Abrechnung dann nach Teil 4 Abschnitt 1 VV erfolgt).

Gebühren für Einzeltätigkeiten *Vorbemerkung 4.3*

Durch diese Formulierung in Vorbem. 4.3 Abs. 1 VV werden folgende Fallgruppen erfasst (vgl. AnwKomm-RVG/N. Schneider, VV Vorb. 4.3 Rn. 2, 3):

a) Einzeltätigkeit durch einen nicht mit der Verteidigung oder Vertretung beauftragten Rechtsanwalt

Erfasst wird **nur** die **einzelne Tätigkeit** durch einen Rechtsanwalt, der **nur** mit dieser Tätigkeit beauftragt, also **nicht** zum Verteidiger oder sonstigen Vertreter bestellt worden ist (LG Hildesheim, Nds.Rpfl. 2007, 190; LG Koblenz, JurBüro 2010, 32). Es handelt sich um eine einzelne Tätigkeit aus dem Aufgabenbereich eines „Vollverteidigers" oder „Vollvertreters" (AnwKomm-RVG/N. Schneider, VV Vorb. 4.3 Rn. 2; Gerold/Schmidt/Burhoff, VV Vorb. 4.3 Rn. 4; vgl. zu diesen Tätigkeiten Nr. 4300 – 4302 VV: z.B. Einlegung eines Rechtsmittels – Nr. 4302 VV; Anfertigung der Revisionsbegründung – Nr. 4300 Ziff. 1 VV).

7

Beispiel:
Rechtsanwalt R wird vom Angeklagten A beauftragt, die eingelegte Revision zu begründen.
R erhält für die Anfertigung der Revisionsbegründung eine Verfahrensgebühr nach Nr. 4300 Ziff. 1 VV, da er von A nur mit einer einzelnen Tätigkeit aus dem Aufgabenbereich eines Vollverteidigers betraut worden ist.
Wäre R in der Revisionsinstanz Verteidiger von A, würde die Anfertigung der Revisionsbegründung mit der Verfahrensgebühr der Revisionsinstanz nach Nr. 4130 VV abgegolten. Nr. 4300 Ziff. 1 VV wäre dann nicht anwendbar (vgl. Gerold/Schmidt/Burhoff, VV 4300 – 4304 Rn. 5).

b) Einzeltätigkeit durch „Vollverteidiger" oder „Vollvertreter" außerhalb des Abgeltungsbereichs der Verteidiger- bzw. Vertretergebühren

aa) Grundsatz/Strafvollstreckung

Auch Tätigkeiten des „**Vollverteidigers**" oder „Vollvertreters" können von Teil 4 Abschnitt 3 VV erfasst werden, soweit die **Tätigkeiten** nicht durch die in **Teil 4 Abschnitt 1 VV** geregelten Gebühren für die Tätigkeit als „Vollverteidiger" oder „Vollvertreter" nach Vorbem. 4.1 Abs. 2 VV entgolten werden. Teil 4 Abschnitt 3 VV erfasst daher auch solche Tätigkeiten, die erst gar nicht vom Abgeltungsbereich der Gebühren nach Teil 4 Abschnitt 1 VV erfasst werden (vgl. LG Koblenz, JurBüro 2010, 32). Insoweit ist Teil 4 Abschnitt 3 VV dann auch für den Vollverteidiger oder den Vollvertreter anwendbar (AnwKomm-RVG/N. Schneider, VV Vorb. 4.3 Rn. 2; Gerold/Schmidt/Burhoff, VV Vorb. 4.3 Rn. 6; vgl. zu diesen Tätigkeiten Nr. 4300 – 4304 VV). Die Anwendung von Teil 4 Abschnitt 3 VV ist vom OLG Düsseldorf (AGS 2009, 14 = MDR 2009, 654 = AnwBl. 2009, 312) auch dann bejaht worden, wenn eine Verteidigung noch gar nicht möglich war. In dem vom OLG entschiedenen Verfahren hatte das LG die Berufung als unzulässig verworfen, weil in erster Instanz ein Rechtsmittelverzicht erklärt worden ist. Die gegen die Entscheidung des LG eingelegte sofortige Beschwerde des Verteidigers zum OLG hat das OLG Düsseldorf als einen außerordentlichen Rechtsbehelf angesehen, der lediglich dazu diene, die Verteidigung gegen den Strafvorwurf wieder zu eröffnen. Erst nach Erreichen dieses Ziels sei eine Verteidigung möglich, sodass die davor entfaltete Tätigkeit als Einzeltätigkeit anzusehen sei (Gebühr Nr. 4302 VV).

8

Vorbemerkung 4.3 *Gebühren für Einzeltätigkeiten*

Die Tätigkeit des **Verteidigers** oder **sonstigen Vollvertreters** in der **Strafvollstreckung** fällt grds. unter Teil 4 Abschnitt 2 VV und nicht unter Teil 4 Abschnitt 3 VV (vgl. hierzu Rn. 2 und 12). Die Tätigkeit als „Vollverteidiger" oder als „Vollvertreter" endet nach § 19 Abs. 1 Satz 2 Nr. 10 mit der Einlegung eines Rechtsmittels bei dem Gericht desselben Rechtszugs (vgl. §§ 314 Abs. 1 und 341 Abs. 1 StPO) oder aber mit der Rechtskraft der Entscheidung (vgl. Gerold/Schmidt/Burhoff, VV Vorb. 4.3 Rn. 6). Nach diesem Zeitpunkt vom Vollverteidiger oder Vollvertreter auftragsgemäß entfaltete **Einzeltätigkeiten** führen zur Entstehung einer der in Abschnitt 3 aufgeführten Gebühren Nrn. 4300 – 4302 VV (zu Nr. 4303 VV und Nr. 4304 VV vgl. Rn. 11).

Beispielsweise kann folgende Tätigkeit des Vollverteidigers eine zusätzlich nach Nrn. 4300 ff. VV zu vergütende Einzeltätigkeit sein (zum **StrEG-Verfahren** vgl. Rn. 15 und Nr. 4302 VV Rn. 27 ff.):

> *Beispiel:*
>
> *Rechtsanwalt R ist in der ersten Instanz als Verteidiger für den Angeklagten A tätig. In der Berufungsinstanz wird er von A lediglich mit der Begründung der Berufung beauftragt.*
>
> *R erhält für die Fertigung der Berufungsbegründung eine Verfahrensgebühr nach Nr. 4301 Ziff. 2 VV, da er von A in der Berufungsinstanz nur mit einer einzelnen Tätigkeit aus dem Aufgabenbereich eines Vollverteidigers betraut worden ist. R war in der ersten Instanz Verteidiger. In der Berufungsinstanz übt er nur eine Einzeltätigkeit aus. Die Berufungsbegründung ist anders als die Berufungseinlegung – vgl. insoweit § 19 Abs. 1 Satz 2 Nr. 10 – nicht mit den Gebühren der ersten Instanz abgegolten (vgl. hierzu auch Vorbem. 4.1 VV Rn. 24 ff.). Auch die Rücknahme eines eingelegten Rechtsmittels ist nicht mit den Gebühren der Vorinstanz abgegolten.*

bb) Gesondertes DNA-Feststellungsverfahren

9 Für eine **Tätigkeit im DNA-Feststellungsverfahren** nach § 81g Abs. 5, 4 ff. StPO gilt: Das DNA-Feststellungsverfahren ist ein besonderes Verfahren zur Erleichterung der Ermittlungstätigkeit für den eventuellen Fall einer erneuten Täterschaft des Beschuldigten. Das Verfahren ist kein eigenes Strafverfahren und auch kein besonderes Ermittlungsverfahren, sondern ein eigenständiges Verfahren, das rechtlich nicht in Abhängigkeit zu einem bestimmten Strafverfahren steht. Denn es ist zulässig, wenn die betroffene Person wegen der Tat rechtskräftig verurteilt oder nur wegen erwiesener oder nicht auszuschließender Schuldunfähigkeit, auf Geisteskrankheit beruhender Verhandlungsunfähigkeit oder fehlender oder nicht auszuschließender fehlender Verantwortlichkeit (§ 3 JGG) nicht verurteilt worden ist und die entsprechende Eintragung im Bundeszentralregister oder Erziehungsregister noch nicht getilgt ist. In diesem Verfahren kann der den Beschuldigten vertretende Rechtsanwalt nicht als Verteidiger auftreten. Wird er hier tätig, handelt es sich um eine unter **Nr. 4302 Ziff. 3 VV fallende Beistandsleistung** (vgl. Nr. 4302 VV Rn. 13; noch zur BRAGO LG Bielefeld, StraFo 2002, 340 = NStZ-RR 2002, 320; LG Potsdam, NJW 2003, 3001 = NStZ-RR 2003, 383). Die Tätigkeit ist nicht mit den Verteidigergebühren nach Teil 4 Abschnitt 1 VV abgegolten (vgl. auch Gerold/Schmidt/Burhoff, VV Vorb. 4.3 Rn. 6).

cc) Beschwerde nach Instanzbeendigung

10 Wird der Verteidiger oder der Vertreter eines anderen Beteiligten i.S.d. Vorbem. 4 Abs. 1 VV in einem **strafprozessualen Zwischenbeschwerdeverfahren** tätig (z.B. im Beschwerdeverfahren gegen die Entziehung der Fahrerlaubnis gem. § 111a StPO), wird die Tätigkeit in diesem Beschwerdeverfahren durch die in Teil 4 Abschnitt 1 VV geregelten Gebühren abgegolten. Die Tä-

tigkeit in diesen Beschwerdeverfahren fällt daher nicht unter Teil 4 Abschnitt 3 VV, sondern der eventuelle Mehraufwand für die Tätigkeiten im Beschwerdeverfahren kann nur im Rahmen der Bemessung der Gebühren für das Hauptverfahren nach § 14 berücksichtigt werden (vgl. hierzu Vorbem. 4.1 VV Rn. 25; Teil A: Beschwerdeverfahren, Abrechnung, Rn. 377).

Etwas **anderes** kann jedoch für **Beschwerdeverfahren nach Instanzbeendigung** gelten, wenn die Tätigkeit des Rechtsanwalts in der Instanz beendet ist und er danach mit einer Einzeltätigkeit beauftragt wird (vgl. Hartung/Römermann/Schons, Vorbem. 4.3 VV Rn. 7). Mit diesen Beschwerdeverfahren sind nicht die in Vorbem. 4 Abs. 5 VV aufgeführten und nach Teil 3 VV abzurechnenden Beschwerdeverfahren gegen die Kostenfestsetzung oder den Kostenansatz gemeint (vgl. insoweit Rn. 18), sondern z.B. die Beschwerde gem. §§ 268a, 305a StPO gegen die **Anordnung einer Bewährungsauflage** (s. hierzu ausführlich Teil A: Beschwerdeverfahren, Abrechnung, Rn. 381 ff.; so auch Gerold/Schmidt/Burhoff, VV Vorb. 4.3 Rn. 6).

3. Ausnahme: Vertretung in einer Gnadensache/Kontaktperson

Eine **Ausnahme** von der Regelung in Vorbem. 4.3 Abs. 1 VV, dass dem Rechtsanwalt sonst die Verteidigung oder Vertretung nicht übertragen sein darf, besteht nach der Anm. zu Nr. 4303 VV zum einen für den Rechtsanwalt, der den Auftraggeber in einer **Gnadensache** vertreten hat. Dieser Rechtsanwalt erhält die Gebühr nach Nr. 4303 VV auch dann, wenn ihm vorher die **Verteidigung** übertragen war (Nr. 4303 VV Rn. 6). Eine **weitere Ausnahme** gilt für den gem. § 34a EGGVG als **Kontaktperson** beigeordneten Rechtsanwalt. Als Kontaktperson kann gem. § 34a Abs. 3 Satz 2 EGGVG ohnehin nur ein Rechtsanwalt beigeordnet werden, der nicht Verteidiger des Gefangenen ist. Die Regelung in Vorbem. 4.3 Abs. 1 VV geht in diesem Fall ins Leere, es sei denn, dass Gericht bestellt entgegen § 34a Abs. 3 Satz 2 EGGVG den Verteidiger zur Kontaktperson (vgl. zu Nr. 4304 VV Rn. 2).

11

4. Tätigkeiten in der Strafvollstreckung

In der Strafvollstreckung entstehen Verfahrensgebühren nach Nr. 4300 Ziff. 3 VV für die Anfertigung oder Unterzeichnung einer Schrift in Verfahren nach den §§ 57a und 67e StGB und nach Nr. 4301 Ziff. 6 VV für die sonstigen Tätigkeiten in der Strafvollstreckung. Diese Bestimmungen finden aber nur Anwendung auf den Rechtsanwalt, der nicht **Verteidiger** ist (vgl. Vorbem. 4 Abs. 1 VV). Die Tätigkeiten des **Verteidigers** in der Strafvollstreckung fallen demgegenüber unter die Gebührenregelungen in Teil 4 Abschnitt 2 VV, also unter Nrn. 4200 – 4207 VV. (vgl. Vorbem. 4.2 Rn. 11). Das ist der Fall, wenn dem Rechtsanwalt ein umfassendes Mandat erteilt ist. Verteidigertätigkeit i.S.d. Nrn. 4200 ff. VV und keine Einzeltätigkeit kann im Übrigen auch dann vorliegen, wenn der Rechtsanwalt erst im Verfahren über den Widerruf der Strafaussetzung (vgl. § 56f StGB) beauftragt worden ist (OLG Frankfurt am Main, NStZ-RR 2005, 253 = RVGreport 2007, 35 = AGS 2006, 76).

12

Ist der Rechtsanwalt mit der Vertretung im **gesamten Beschwerdeverfahren** in der **Strafvollstreckung** beauftragt worden, fallen die Gebühren des Beschwerdeverfahrens nach Nrn. 4200 VV ff. i.V.m. Vorbem. 4.2 VV an (vgl. hierzu Vorbem. 4.2 Rn. 30 ff.). Die Verfahrensgebühr Nr. 4302 VV i.V.m. Vorbem. 4.3 Abs. 3 Satz 2 VV fällt insoweit nur an, wenn der Rechtsanwalt lediglich mit einer **Einzeltätigkeit** beauftragt worden ist, z.B. nur der Einlegung der Beschwerde gegen den Widerruf der Strafaussetzung zur Bewährung, aber nicht mit der weiteren Vertretung im Beschwerdeverfahren.

Vorbemerkung 4.3 *Gebühren für Einzeltätigkeiten*

> **Hinweis:**
>
> **Keine Einzeltätigkeit** liegt vor, wenn der Rechtsanwalt mit der Vertretung im **Überprüfungsverfahren nach § 67e StGB** beauftragt oder hierfür gerichtlich bestellt worden ist (vgl. Nr. 4300 VV Rn. 10 und Vorbem. 4.2 VV Rn. 13 f. m.w.N.).

13 Es ist zu berücksichtigen, dass **unter Geltung der BRAGO** die Tätigkeit von Rechtsanwälten im Strafvollstreckungsverfahren grds. als **Einzeltätigkeit** durch eine Gebühr gem. § 91 Nr. 1 bzw. Nr. 2 BRAGO honoriert wurde (vgl. u.a. OLG Hamm, StV 1996, 618 = JurBüro 1996, 641; OLG Jena, JurBüro 2006, 536, für das Überprüfungsverfahren nach § 67e StGB; Gerold/Schmidt/Madert, BRAGO, 15. Aufl., § 91 Rn. 2; BT-Drucks. 15/1971, S. 229). Der Rückgriff auf § 91 BRAGO beruhte allein auf dem Fehlen einer ausdrücklichen Vergütungsregelung für die Tätigkeit in der Strafvollstreckung (vgl. zur Pauschgebühr gem. § 99 BRAGO Rn. 42). Hieraus kann aber nicht geschlossen werden, dass sich auch im RVG die Vergütung des Anwalts in der Strafvollstreckung nach den inhaltlich §§ 91, 92 BRAGO entsprechenden Vorschriften der Nr. 4300 ff. VV richtet. Die Anwendung dieser Vorschriften ist durch die **vorrangigen** besonderen Bestimmungen der **Nr. 4200 ff. VV** ausgeschlossen (OLG Jena, RVGreport 2006, 470 = AGS 2006, 287; JurBüro 2006, 366). Daher richtet sich die Vergütung des Rechtsanwalts z.B. dann nach **Teil 4 Abschnitt 2 VV** und nicht nach Abschnitt 3, wenn er mit der gesamten Vertretung im Verfahren über den **Antrag auf vorzeitige Aufhebung der Sperre** für die Wiedererteilung der Fahrerlaubnis gem. § 69a Abs. 7 StGB oder im Verfahren über den Antrag des Verurteilten auf **Aufschub der Strafvollstreckung** nach § 456 StPO beauftragt ist (vgl. Nr. 4204 VV Rn. 11; Burhoff, RVGreport 2007, 8, 10). Nur wenn der Rechtsanwalt in diesen Strafvollstreckungsverfahren mit einer einzelnen Tätigkeit beauftragt worden ist, gilt Nr. 4301 Ziff. 6 VV (sonstiges Verfahren der Strafvollstreckung; vgl. Nr. 4301 VV Rn. 18 f.; Hartung/Römermann/Schons, 4301 VV Rn. 22; AnwKomm-RVG/N. Schneider, VV 4302 Rn. 27, 28).

5. Tätigkeiten im Strafvollzug

14 Wird der Rechtsanwalt im Verfahren nach dem **Strafvollzugsgesetz** tätig, richtet sich die Vergütung nach den vorrangigen Bestimmungen von Teil 2 bzw. Teil 3 VV (s. auch Teil A: Verfahren nach dem Strafvollzugsgesetz und ähnliche Verfahren, Rn. 1441 ff.; AnwKomm-RVG/N. Schneider, VV Vorb. 4.3 Rn. 4; Gerold/Schmidt/Burhoff, VV Vorb. 4.3 Rn. 7).

6. Tätigkeiten im Strafrechtsentschädigungsverfahren

15 Der Rechtsanwalt, der **nicht Verteidiger** war und **nur** mit der (Einzel-)Tätigkeit im **Grundverfahren** nach dem **StrEG** (§§ 1 bis 9 StrEG) beauftragt ist, erhält hierfür die Verfahrensgebühr Nr. 4302 VV Ziff. 3 (so auch Gerold/Schmidt/Burhoff, VV Vorb. 4.3 Rn. 6; vgl. hierzu und zur Vergütung im Höheverfahren nach dem StrEG Nr. 4302 VV Rn. 27 ff.; vgl. auch die **Gebührenübersicht** zu den anwaltlichen Tätigkeiten im StrEG-Verfahren Nr. 4302 VV Rn. 34).

Teilweise werden auf die Tätigkeit des **Verteidigers** im **Grundverfahren** nach dem Gesetz über die Entschädigung von Strafverfolgungsmaßnahmen (vgl. §§ 1 bis 9 **StrEG**) die Nrn. 4143, 4144 VV entsprechend angewendet (vgl. hierzu Nr. 4143 VV Rn. 8; AnwKomm-RVG/N. Schneider, VV 4143 – 4144 Rn. 8; Gerold/Schmidt/Burhoff, VV 4143 Rn. 9; Hartung/Römermann/Schons, VV 4143, 4144 Rn. 8).

Gebühren für Einzeltätigkeiten *Vorbemerkung 4.3*

Gegen die Anwendung von Nr. 4143 VV spricht aber, dass eine Kostenvorschrift analog angewendet wird, obwohl keine planwidrige Regelungslücke besteht. Deshalb ist es zutreffend davon auszugehen, dass die Tätigkeit des **Verteidigers** im **Grundverfahren** nach dem StrEG wegen Vorbem. 4.1 Abs. 2 Satz 1 VV mit den Verteidigergebühren nach Nrn. 4100 ff. VV **abgegolten** ist (OLG Köln, NStZ-RR 2010, 64 und 128 = AGS 2009, 483; OLG Frankfurt am Main, NStZ-RR 2007, 223 = AGS 2007, 619 = RVGreport 2007, 390; vgl. noch zur BRAGO Volpert, BRAGOprofessionell 2003, 91; Meyer, JurBüro 1981, 801; OLG Bremen, MDR 1975, 602; OLG Düsseldorf, JurBüro 1986, 869; OLG Koblenz, MDR 1973, 957; Gerold/Schmidt/Madert, BRAGO, § 87 Rn. 9). Das gilt im Übrigen auch für die Tätigkeit des Verteidigers im **Beschwerdeverfahren gem. § 8 Abs. 3 StrEG** gegen die Grundentscheidung (OLG Düsseldorf, StRR 2011, 38 = RVGreport 2011, 22 = AGS 2011, 70; AG Koblenz, AGSkompakt 2011, 8; vgl. Teil A: Beschwerdeverfahren, Abrechnung, Rn. 407). Das Grundverfahren stellt für den Verteidiger lediglich einen unselbstständigen Annex zum Strafverfahren dar. Die insoweit erbrachte Tätigkeit kann allenfalls im Rahmen der Gebührenbemessung der Verteidigergebühren gem. § 14 Abs. 1 Berücksichtigung finden (OLG Frankfurt am Main, NStZ-RR 2007, 223 = AGS 2007, 619 = RVGreport 2007, 390).

16

> **Hinweis:**
> Hält man Nr. 4143 VV für anwendbar (vgl. Nr. 4143 VV Rn. 8 f.), **beschränkt** sich diese Anwendung aber auf die **Vergütung** für das **Grundverfahren** nach dem StrEG (§§ 1 bis 9 StrEG). Während das Grundverfahren zur Feststellung der grds. Entschädigungspflicht der Staatskasse dient (§§ 8 und 9 StrEG), wird im **Betragsverfahren** (§§ 10 ff. StrEG) die Höhe der dem Beschuldigten zu gewährenden Entschädigung festgesetzt. Die Tätigkeit im **Betragsverfahren** ist nicht mit den Verteidigergebühren abgegolten. Macht der Verteidiger für den Mandanten die im Grundverfahren zugesprochene Entschädigung gem. § 10 StrEG bei der Landesjustizverwaltung geltend, entsteht die **Geschäftsgebühr Nr. 2300 VV**, im gerichtlichen Verfahren gilt **Teil 3 VV** (Gerold/Schmidt/Burhoff, VV 4143, 4144 Rn. 9; AnwKomm-RVG/N. Schneider, VV 4143 – 4144 Rn. 8; vgl. z. B. für NRW auch Teil I Buchst. B Ziff. II Nr. 2g der Ausführungsvorschriften zum Gesetz über die Entschädigung für Strafverfolgungsmaßnahmen – AV des JM v. 05.07.2001 [4221 – III A. 12] – JMBl. NRW, S. 177 – i.d.F. v. 29.01.2006 [zu den einzelnen Länderbestimmungen vgl. bei Meyer-Goßner, RiStBV A 15 Anlage C], wo noch immer auf § 118 BRAGO verwiesen wird; durch den Bund sind Ausführungsvorschriften zum StrEG nicht in Kraft gesetzt worden, vgl. hierzu Nr. 201 RiStBV). Als **Geschäftswert** ist der Geschäftsgebühr Nr. 2300 VV nicht nur der von der Landesjustizverwaltung tatsächlich zuerkannte Entschädigungsbetrag zugrunde zu legen (so aber noch OLG München, OLGR München 2005, 823; LG Flensburg, JurBüro 1997, 501; Meyer, JurBüro 1981, 801, 808), sondern die Höhe des von Gesetzes wegen zu erstattenden Entschädigungsbetrages (BGHZ 182, 192 = NJW 2009, 2682 = StRR 2009, 385). Danach ist dem Erstattungsanspruch des Geschädigten hinsichtlich der ihm entstandenen vorgerichtlichen Anwaltskosten im Verhältnis zum Schädiger grds. der Gegenstandswert zugrunde zu legen, der der berechtigten Schadensersatzforderung entspricht (BGH, a.a.O.; NJW 2008, 1888 = AGS 2008, 107 = VRR 2008, 236).
>
> Die Vergütung des nur mit einer **Einzeltätigkeit** beauftragten Rechtsanwalts im **Höheverfahren** nach dem StrEG richtet sich nach Nr. 4302 (vgl. Nr. 4302 VV Rn. 27 ff.).

Vorbemerkung 4.3 *Gebühren für Einzeltätigkeiten*

7. Bestellung im Strafbefehlsverfahren gem. § 408b StPO

17 Wird im bzw. für das Strafbefehlsverfahren gem. § 408b StPO ein Pflichtverteidiger bestellt, ist sowohl die Tätigkeit des Pflichtverteidigers im Strafbefehlsverfahren als auch die im anschließenden Einspruchsverfahren nicht als Einzeltätigkeit i.S.v. Teil 4 Abschnitt 3 VV (Nr. 4302 Ziff. 3 VV) zu werten (vgl. dazu Vorbem. 4.1 Rn. 19 m.w.N., zur Abrechnung im Strafbefehlsverfahren allgemein Burhoff, RVGreport 2008, 201 und Teil A: Strafbefehlsverfahren, Abrechnung, Rn. 1265; vgl. auch noch Burhoff, RVGreport 2011, 85, 87).

8. Andere Gebührenregelungen

18 Erhält der Rechtsanwalt für seine Einzeltätigkeit bereits eine Gebühr nach einem anderen Gebührentatbestand, sind Nrn. 4300–4304 VV **nicht anwendbar** (AnwKomm-RVG/N. Schneider, VV Vorb. 4.3 Rn. 4). Hierzu gehören beispielsweise Tätigkeiten, die in Vorbem. 4 Abs. 5 VV aufgeführt oder für die in Teil 4 Abschnitt 1 Unterabschnitt 5 VV **zusätzliche Gebühren** vorgesehen sind (Nrn. 4141–4146 VV).

> **Hinweis:**
>
> Wird der Rechtsanwalt nur mit der **Prüfung der Erfolgsaussicht eines Rechtsmittels** beauftragt, kommen Nrn. 2102 f. VV als Gebührentatbestand in Betracht. Eine Anwendung dieser Vergütungsnummern kann aber nur erfolgen, wenn ein nicht in der Vorinstanz tätiger Rechtsanwalt und der nicht für die Rechtsmittelinstanz beauftragte Rechtsanwalt nur mit dieser Prüfung beauftragt wird (vgl. hierzu Vorbem. 4.1 VV Rn. 30 ff.; Teil A: Beratung über die Erfolgsaussicht eines Rechtsmittels [Nrn. 2102 ff. VV], Rn. 261 ff.).

9. Zeugenbeistand

19 In Rechtsprechung und Schrifttum ist **umstritten**, wie der Wahlzeugenbeistand bzw. der nach § 68b Abs. 2 StPO beigeordnete Zeugenbeistand seine für den Zeugen erbrachten Tätigkeiten abrechnet. Dabei geht es insbesondere um die Frage, ob aus der Formulierung „für die Dauer der Vernehmung" zu schließen ist, dass die Tätigkeit des als **Zeugenbeistand** beigeordneten Rechtsanwalts als Einzeltätigkeit anzusehen ist, mit der Folge, dass die Abrechnung nach Teil 4 Abschnitt 3 VV zu erfolgen hätte (so z.B. OLG Braunschweig, Nds.Rpfl. 2010, 339; OLG Oldenburg, StraFo 2006, 130 = RVGreport 2006, 107 = JurBüro 2006, 197; vgl. hierzu ausführlich Vorbem. 4.1 VV Rn. 5 ff.).

20 Nach anderer **zutreffender Auffassung** rechnet der als Zeugenbeistand bestellte Rechtsanwalt wegen Vorbem. 4 Abs. 1 VV grds. nach **Abschnitt 1 von Teil 4 VV** ab und kann somit grds. die Grundgebühr für die erstmalige Einarbeitung in den Rechtsfall, ggf. die Verfahrensgebühr für das Betreiben des Geschäfts (str.) sowie die Terminsgebühr erhalten (vgl. auch insoweit Vorbem. 4.1 VV Rn. 5 ff. m. zahlr. w. N.). Denn der als Zeugenbeistand tätige Rechtsanwalt übernimmt nicht aus dem Aufgabenbereich eines Verteidigers eine einzelne Tätigkeit, sondern ist im Rahmen der Beistandsleistung für den Zeugen voller Vertreter.

21 Nur dann, wenn der **Zeugenbeistand** mit einer **einzelnen Tätigkeit** beauftragt bzw. für eine einzelne Tätigkeit gerichtlich beigeordnet worden ist, bspw. der Anfertigung einer Erklärung, ist Teil 4 Abschnitt 3 VV anwendbar (Nr. 4302 Ziff. 2 VV; Hartung/Römermann/Schons, Vorbem. 4.3 VV Rn. 6; vgl. hierzu OLG Schleswig, NStZ-RR 2007, 126 = AGS 2007, 191). Das

Gebühren für Einzeltätigkeiten *Vorbemerkung 4.3*

dürfte entsprechend gelten, wenn der Zeugenbeistand nicht gem. § 68b StPO für die Dauer der Vernehmung des Zeugen (vgl. hierzu Rn. 19, 20), sondern konkret nur für die Beistandsleistung in einem bestimmten Termin beigeordnet worden ist (vgl. AnwKomm-RVG/N. Schneider, VV 4301 Rn. 16). In diesem Fall wäre als Gebührentatbestand Nr. 4301 Ziff. 4 VV einschlägig.

10. Mehrere Auftraggeber

Vertritt der Rechtsanwalt mehrere Auftraggeber, entsteht die **Verfahrensgebühr** nach § 7 Abs. 1 **nur einmal**. Nach Nr. 1008 VV ist die Verfahrensgebühr jedoch zu erhöhen, wenn in derselben Angelegenheit mehrere Auftraggeber vorhanden sind (vgl. Nr. 4301 VV Rn. 25; AnwKomm-RVG/N. Schneider, VV Vorb. 4.3 Rn. 30; s. auch Teil A: Mehrere Auftraggeber, Rn. 956 ff.). 22

11. Vermögensrechtliche Ansprüche, Adhäsionsverfahren (Abs. 2)

Beschränkt sich die Tätigkeit des Rechtsanwalts auf die Geltendmachung oder Abwehr eines aus der Straftat erwachsenen vermögensrechtlichen Anspruchs im Strafverfahren, so erhält er nach Vorbem. 4.3 Abs. 2 VV die Verfahrensgebühren nach den **Nrn. 4143 VV und 4144 VV**. Teil 4 Abschnitt 3 VV ist somit auf diese Einzeltätigkeiten nicht anzuwenden. Der nur im Adhäsionsverfahren tätige Rechtsanwalt soll somit für dieses Verfahren die gleichen Gebühren erhalten wie ein Rechtsanwalt, der auch als Beistand bzw. Vertreter eines Verletzten oder als Verteidiger im Adhäsionsverfahren tätig ist (vgl. Hartung/Römermann/Schons, Vorbem. 4.3 VV Rn. 10). Eine auf vermögensrechtliche Ansprüche beschränkte Tätigkeit des Rechtsanwalts liegt z.B. vor, wenn die ergangene Entscheidung nach § 406a Abs. 2 StPO ohne den strafrechtlichen Teil des Urteils angefochten wird oder wenn der Beschuldigte den Rechtsanwalt nicht mit der Verteidigung in der Strafsache, sondern nur mit der Abwehr des vermögensrechtlichen Anspruchs beauftragt hat, oder wenn der Rechtsanwalt lediglich mit der Geltendmachung des vermögensrechtlichen Anspruchs beauftragt worden ist. 23

Beispiel:
Der Angeklagte ist vom AG auch zur Zahlung eines Schmerzensgeldes i.H.v. 3.000,00 € verurteilt worden. Er legt ausschließlich gegen diese Verurteilung Berufung ein, nicht auch gegen die strafrechtliche Verurteilung.

Es entsteht wegen Vorbem. 4.3 Abs. 2 VV nur die zusätzliche 2,5 Verfahrensgebühr Nr. 4144 VV. Eine Verfahrensgebühr nach Nr. 4124 VV oder eine Terminsgebühr nach Nr. 4126 VV entstehen nicht, weil das Berufungsverfahren ausschließlich vermögensrechtliche Gegenstände betrifft (Vorbem. 4.1 Abs. 2 VV). Im Übrigen wird auf die Komm. zu Nrn. 4143 und 4144 VV verwiesen.

> **Hinweis:**
> Für die **Anrechnung** der Verfahrensgebühren Nrn. 4143, 4144 VV ist nicht Vorbem. 4.3 Abs. 4 VV, sondern **Nr. 4143 Anm. Abs. 2 VV** maßgebend (vgl. Hartung/Römermann/Schons, Vorbem. 4.3 VV Rn. 11). Danach ist die Gebühr nach Nr. 4143 VV zu einem Drittel auf die Verfahrensgebühr, die für einen bürgerlichen Rechtsstreit wegen desselben Anspruchs entsteht, anzurechnen (vgl. Nr. 4143 VV Rn. 33 ff.).

12. Tätigkeit als sog. Terminsvertreter

24 Der Rechtsanwalt, der nur für einen Termin als Wahlanwalt beauftragt oder als sog. Terminsvertreter nur für einzelne Termine als Vertreter eines (anderen) verhinderten Pflichtverteidigers beigeordnet wird, rechnet seine (gesetzlichen) Gebühren nach Teil 4 Abschnitt 1 VV ab. Er ist für den beschränkten Bereich „voller Vertreter" i.S.v. Vorbem. 4 Abschnitt 1 VV. Welche der Gebühren der „Terminsvertreter" abrechnen kann, ist allerdings str. (vgl. dazu eingehend Vorbem. 4.1 VV Rn. 17 und Nr. 4100 VV Rn. 6 ff.).

II. Persönlicher Geltungsbereich

25 Die in Teil 4 Abschnitt 3 VV geregelten Verfahrensgebühren (Nrn. 4300 – 4303 VV) und Gebühren (vgl. Nr. 4304 VV) stehen sowohl dem **Wahlanwalt** als auch dem **gerichtlich bestellten** oder **beigeordneten** Rechtsanwalt zu. Auch die in Vorbem. 4 Abs. 1 VV aufgeführten Beistände (z.B. der Zeugenbeistand) und Vertreter können Anspruch auf diese Gebühren haben, wenn sie von den dort genannten Personen mit Einzeltätigkeiten beauftragt sind, ohne dass ihnen die Vertretung insgesamt übertragen wurde (Gerold/Schmidt/Burhoff, VV Vorb. 4.3 Rn. 2; AnwKomm-RVG/N. Schneider, VV Vorb. 4.3 Rn. 7; vgl. Vorbem. 4 VV Rn. 5 ff.).

III. Abgeltungsbereich der Gebühren (Abs. 2)

26 Bei den in Teil 4 Abschnitt 3 VV geregelten Gebühren handelt es sich **teilweise** um „**Einzelaktgebühren**", z.B. bei der Verfahrensgebühr Nr. 4302 Ziff. 1 VV für die Einlegung der Berufung oder Revision, teilweise aber auch um „**echte Verfahrensgebühren**", die die gesamte Tätigkeit in einem Verfahrensabschnitt abgelten (z.B. Verfahrensgebühr Nr. 4301 Ziff. 5 VV für die Beistandsleistung im gerichtlichen Verfahren zur Erzwingung der Anklage; AnwKomm-RVG/ N. Schneider, VV Vorb. 4.3 Rn. 1).

Bis auf die aus der Staatskasse zu zahlende **Festgebühr** nach Nr. 4304 VV sind die in Nrn. 4300 – 4303 VV aufgeführten Gebühren einheitlich als **Verfahrensgebühren** ausgebildet worden. Das bedeutet, dass die allgemeine Regelung in **Abs. 2 der Vorbem. 4 VV** über den Abgeltungsbereich der Verfahrensgebühr Anwendung findet. Die jeweilige Verfahrensgebühr entsteht daher für das Betreiben des Geschäfts einschließlich der Information hinsichtlich des Einzelauftrags (s. die Komm. zu Vorbem. 4 VV Rn. 31 ff.; AnwKomm-RVG/N. Schneider, VV Vorb. 4.3 Rn. 34).

> **Hinweis:**
>
> Die in Nrn. 4300 – 4303 VV aufgeführten Verfahrensgebühren haben **Pauschgebührencharakter**. Sie gelten sämtliche vom Rechtsanwalt entfaltete Tätigkeiten ab, die zur Erledigung des erteilten Auftrags erforderlich waren (so auch Gerold/Schmidt/Burhoff, VV Vorb. 4.3 Rn. 10; vgl. auch § 15 Abs. 1; vgl. auch Vorbem. 4.1 Rn. 23 ff.).

IV. Grundgebühr

27 Eine **Grundgebühr** nach Nr. 4100 VV entsteht für den nur mit einer Einzeltätigkeit beauftragten Rechtsanwalt **nicht** (OLG Düsseldorf, AGS 2009, 14 = MDR 2009, 654 = AnwBl. 2009, 312; OLG Köln, AGS 2007, 452 = RVGreport 2007, 306 = NStZ-RR 2007, 287; OLG Schleswig, SchlHA 2007, 278; Gerold/Schmidt/Burhoff, VV Vorb. 4.3 Rn. 10; AnwKomm-RVG/N. Schneider, VV Vorb. 4.3 Rn. 36).

Gebühren für Einzeltätigkeiten *Vorbemerkung 4.3*

V. Entstehen der Gebühren

1. Allgemeines

Die Gebühr entsteht mit der **ersten Tätigkeit** des Rechtsanwalts, die auf die Ausführung des Auftrages gerichtet ist. Für die Entstehung der Verfahrensgebühr ist es nicht erforderlich, dass der Rechtsanwalt den jeweiligen Gebührentatbestand **vollendet** (Gerold/Schmidt/Burhoff, VV Vorb. 4.3 Rn. 21; Hartung/Römermann/Schons, Vorbem. 4.3 VV Rn. 16; s. auch Rn. 29). Beispielsweise ist es für die Entstehung der Gebühr nach Nr. 4301 Ziff. 2 VV nicht Voraussetzung, dass der Rechtsanwalt die Berufungsbegründung tatsächlich anfertigt. Es **reicht aus**, wenn der Rechtsanwalt im Rahmen der Ausführung des Auftrags eine **erste Tätigkeitentfaltet** hat. 28

Beispiel:

Der Rechtsanwalt wird mit der Anfertigung der Revisionsbegründungsschrift beauftragt. In einem Gespräch mit seinem Auftraggeber ermittelt der Rechtsanwalt die hierfür notwendigen Informationen und nimmt anschließend Einsicht in die angeforderte Gerichtsakte.

Mit der Aufnahme der Information beim Mandanten ist die Verfahrensgebühr nach Nr. 4300 Ziff. 1 VV entstanden, weil es sich um die erste auf die Ausführung des Auftrags gerichtete Tätigkeit gehandelt hat. Die Anfertigung der Begründungsschrift ist nicht Voraussetzung für die Entstehung der Gebühr.

2. Vorzeitige Beendigung der Tätigkeit

Es ist **unerheblich** für die Entstehung der in Teil 4 Abschnitt 3 VV aufgeführten Gebühren, ob der Rechtsanwalt die in Auftrag gegebene Tätigkeit **beendet** hat (vgl. Vorbem. 4.3 Abs. 3 Satz 2 VV, § 15 Abs. 4; Hartung/Römermann/Schons, Vorbem. 4.3 VV Rn. 16; s. auch Rn. 28). Die Gebühren entstehen mit jeder auf die Ausführung des Auftrags gerichteten Tätigkeit. Der Umstand, dass die Beendigung der Tätigkeit unterblieben ist, kann gem. § 14 bei der Bemessung der konkreten Gebühr innerhalb des vorgesehenen **Gebührenrahmens** berücksichtigt werden (Gerold/Schmidt/Burhoff, VV Vorb. 4.3 Rn. 21; AnwKomm-RVG/N. Schneider, VV Vorb. 4.3 Rn. 28). 29

VI. Angelegenheiten (Abs. 3)

1. Mehrere Tätigkeiten (Abs. 3 Satz 1)

a) Grundsätze

Vorbem. 4.3 Abs. 3 Satz 1 VV enthält den Grundsatz, dass der Rechtsanwalt die Gebühr für jede der in Nrn. 4300 – 4304 VV genannten Tätigkeiten gesondert erhält, soweit nichts anderes bestimmt ist. Daraus folgt, dass jede Einzeltätigkeit bzw. der zugrunde liegende **Einzelauftrag** grds. zu einer **eigenen gebührenrechtlichen Angelegenheit** i.S.v. § 15 Abs. 1 führt. Der Rechtsanwalt kann dann z.B. auch in jeder Angelegenheit die Postentgeltpauschale Nr. 7002 VV fordern. Eine Ausnahme von diesem Grundsatz ist allerdings in den Anm. zu Nr. 4300 und Nr. 4301 VV enthalten (vgl. hierzu Rn. 32, Einlegung und Begründung von Berufung und Revision). 30

> **Hinweis:**
> Ob mehrere **Angelegenheiten** vorliegen, ist anhand der einschlägigen Kriterien (einheitlicher Auftrag, einheitlicher Tätigkeitsrahmen, innerer Zusammenhang) im Einzelfall zu prü-

Vorbemerkung 4.3 *Gebühren für Einzeltätigkeiten*

fen (s. auch Teil A: Angelegenheiten [§§ 15 ff.], Rn. 66 ff.; AnwKomm-RVG/N. Schneider, VV Vorb. 4.3 Rn. 13).

Es können **gesonderte Gebühren** für unter verschiedenen Vergütungsnummern, für unter derselben Vergütungsnummer und für unter derselben Ziffer einer Vergütungsnummer genannte Tätigkeiten entstehen (AnwKomm-RVG/N. Schneider, VV Vorb. 4.3 Rn. 12).

Beispiel 1: Tätigkeiten unter verschiedenen Vergütungsnummern:

Der Rechtsanwalt wird jeweils beauftragt, eine Strafanzeige und eine Privatklage anzufertigen.

Für die Anfertigung der Strafanzeige entsteht eine Gebühr nach Nr. 4302 Ziff. 1 VV, für die Anfertigung der Privatklage eine Gebühr nach Nr. 4301 Ziff. 1 VV. Es fallen zwei Postentgeltpauschalen nach Nr. 7002 VV an.

Beispiel 2: Tätigkeiten unter einer Vergütungsnummer:

Der Rechtsanwalt erhält jeweils den Auftrag, die Begründung für die eigene Revision und die Erklärung auf die von der Staatsanwaltschaft eingelegte Revision anzufertigen.

Für die Anfertigung der Revisionsbegründungsschrift entsteht eine Gebühr nach Nr. 4300 Ziff. 1 VV, für die Erklärung auf die von der Staatsanwaltschaft eingelegte Revision eine Gebühr nach Nr. 4300 Ziff. 2 VV. Es fallen zwei Postentgeltpauschalen nach Nr. 7002 VV an.

Beispiel 3: Tätigkeiten unter derselben Ziff. einer Vergütungsnummer:

Der Rechtsanwalt wird beauftragt, Strafanzeigen gegen einen in München wohnenden Dieb und gegen einen in Hamburg wohnenden Betrüger anzufertigen.

Für die Anfertigung der Strafanzeigen entstehen zwei Gebühren nach Nr. 4302 Ziff. 2 VV. Es fallen zwei Postentgeltpauschalen nach Nr. 7002 VV an.

31 Gesonderte Gebühren für mehrere in Nr. 4300 – 4304 VV genannte Einzeltätigkeiten entstehen aber nur, wenn diesen Tätigkeiten jeweils ein **Einzelauftrag** bzw. ein besonderer Auftrag zugrunde liegt (AnwKomm-RVG/N. Schneider, VV Vorb. 4.3 Rn. 12). Das ist Folge von § 15 Abs. 1 und 2, der bestimmt, dass die Gebühren grds. die gesamte Tätigkeit des Rechtsanwalts vom Auftrag bis zur Erledigung der Angelegenheit abgelten. Die Anwendbarkeit von § 15 ergibt sich aus Vorbem. 4.3 Abs. 3 Satz 2 VV.

Das gilt entsprechend bei einer **gerichtlichen Bestellung oder Beiordnung** für eine Einzeltätigkeit. Hier ist für jede Einzeltätigkeit eine erneute Bestellung/Beiordnung erforderlich (OLG Braunschweig, Nds.Rpfl. 2010, 339; OLG Düsseldorf, Rpfleger 2009, 528 = JurBüro 2009, 255, beide zum gem. § 68b Abs. 2 StPO beigeordneten Zeugenbeistand).

Beispiel:

Rechtsanwalt R wird gem. § 68b Abs. 2 StPO dem Zeugen für die Dauer seiner Vernehmung im Termin vom 01.11.2010 beigeordnet. Da eine weitere Vernehmung erforderlich ist, erfolgt auch noch eine weitere Beiordnung für die Vernehmung am 01.12.2010.

R erhält zwei Verfahrensgebühren Nr. 4301 Ziff. 4 VV aus der Staatskasse, wenn man seine Tätigkeit als Einzeltätigkeit ansieht (vgl. dazu Rn. 19 ff.). Die etwaige sich aus § 15 Abs. 6 ergebende Begrenzung ist aber zu beachten (vgl. Rn. 48).

Trotz eines **einheitlichen Gesamtauftrags** können **mehrere Angelegenheiten** vorliegen, trotz mehrerer Einzelaufträge kann insgesamt nur eine einheitliche Angelegenheit vorliegen (AnwKomm-RVG/N. Schneider, VV Vorb. 4.3 Rn. 13). Ob dieselbe oder verschiedene Angelegen-

Gebühren für Einzeltätigkeiten — *Vorbemerkung 4.3*

heiten vorliegen, ist anhand der einschlägigen Kriterien (einheitlicher Auftrag, einheitlicher Tätigkeitsrahmen, innerer Zusammenhang; vgl. hierzu BGH, JurBüro 1984, 537; AnwKomm-RVG/N. Schneider, § 15 Rn. 22; s. auch Teil A: Angelegenheiten [§§ 15 ff.], Rn. 67) im Einzelfall zu prüfen.

Beispiel 1:

Der Rechtsanwalt wird beauftragt, eine Strafanzeige gegen einen in München wohnenden Dieb anzufertigen. Nachdem weitere Mittäter ermittelt worden sind, wird der Rechtsanwalt auch mit der Anfertigung der Strafanzeigen gegen die Mittäter beauftragt.

Für die Anfertigung der Strafanzeigen entsteht nur eine Gebühr nach Nr. 4302 Ziff. 2 VV, weil dieselbe Angelegenheit vorliegt. Es besteht ein innerer Zusammenhang, weil nach § 264 StPO beide Mittäter zusammen angeklagt werden müssen (vgl. AnwKomm-RVG/N. Schneider, VV Vorb. 4.3 Rn. 14). Der Mehraufwand des Rechtsanwalts ist bei der Gebührenbemessung gem. § 14 Abs. 1 zu berücksichtigen.

Beispiel 2:

Der Rechtsanwalt erhält den Auftrag, die Begründung für die Revision des Mandanten und die Erklärung auf die von der Staatsanwaltschaft eingelegte Revision anzufertigen.

Für die Anfertigung der Revisionsbegründung und für die Anfertigung der Erklärung auf die von der Staatsanwaltschaft eingelegte Revision entstehen zwei Gebühren nach Nr. 4300 Ziff. 1 bzw. 2 VV (AnwKomm-RVG/N. Schneider, VV 4300 Rn. 8). Der Gebührenrahmen ist für beide Tätigkeiten identisch (50,00 € – 560,00 €). Es ist allerdings Vorbem. 4.3 Abs. 3 Satz 2 VV, § 15 Abs. 6 zu beachten (vgl. Rn. 38). Es kann höchstens eine Gebühr Nr. 4130 VV erhoben werden.

b) Einlegung und Begründung der Berufung oder der Revision

32 Gesonderte Gebühren für mehrere Tätigkeiten entstehen nach Abs. 3 Satz 1 nur, soweit nichts anderes bestimmt ist. Etwas **anderes bestimmt** ist in den Anm. zu Nr. 4300 und Nr. 4301 VV hinsichtlich der Gebühr für die Einlegung der Revision oder der Berufung und der Gebühr für die Begründung der Revision und der Rechtfertigung der Berufung. Als **Ausnahme** von dem in Vorbem. 4.3 Abs. 3 Satz 1 VV aufgestellten Grundsatz, dass die Gebühr für jede der in Nrn. 4300 – 4304 VV aufgeführten Tätigkeiten gesondert anfällt, entsteht neben den Gebühren nach Nr. 4300 Ziff. 1 VV und nach Nr. 4301 Ziff. 2 VV für die **Begründung** der **Revision** oder für die **Rechtfertigung** der **Berufung keine besondere Gebühr** für die **Einlegung** der Revision oder der Berufung nach Nr. 4302 Ziff. 1 VV. Unerheblich ist, ob dem Rechtsanwalt von vornherein der Auftrag zur Einlegung **und** Begründung erteilt wird oder ob zwei getrennte Aufträge zugrunde liegen (AnwKomm-RVG/N. Schneider, VV Vorb. 4.3 Rn. 16).

Die vorstehenden Ausführungen gelten allerdings **nicht** uneingeschränkt für die Einlegung und Begründung einer **Beschwerde** (so auch Gerold/Schmidt/Burhoff, VV Vorb. 4.3 Rn. 16; vgl. hierzu Rn. 36 ff.).

Beispiel:

Der Rechtsanwalt erhält vom Mandanten den Auftrag, Revision einzulegen. Später wird er auch mit deren Begründung beauftragt.

Zunächst ist für den Rechtsanwalt eine Gebühr nach Nr. 4302 Ziff. 1 VV entstanden. Durch die spätere Begründung der Revision erstarkt diese zu der höheren Gebühr Nr. 4300 Ziff. 1 VV.

Vorbemerkung 4.3 *Gebühren für Einzeltätigkeiten*

> **Hinweis:**
>
> Wird der Rechtsanwalt dagegen beauftragt, die **Begründung** für die **Revision** des Mandanten und die **Erklärung** auf die von der **Staatsanwaltschaft** eingelegte Revision anzufertigen, entstehen gesonderte Gebühren nach Nr. 4300 Ziff. 1 VV und Nr. 4300 Ziff. 2 VV (KG, AGS 2006, 435; Gerold/Schmidt/Burhoff, VV Vorb. 4.3 Rn. 15; AnwKomm-RVG/ N. Schneider, VV Vorb. 4.3 Rn. 20).

33 Eine besondere Gebühr für die **Einlegung** der **Berufung** oder der **Revision** kann grds. nur für den Rechtsanwalt entstehen, dem die Verteidigung oder Vertretung sonst nicht übertragen war. Für den **Vollverteidiger** oder den Vollvertreter der **Vorinstanz** kann die Gebühr nach Nr. 4302 Ziff. 1 VV für die Einlegung dieser Rechtsmittel daher nicht entstehen, da die Einlegung dieser Rechtsmittel beim Gericht desselben Rechtszugs (vgl. §§ 314 Abs. 1 und 341 Abs. 1 StPO) nach § 19 Abs. 1 Satz 2 Nr. 10 **Halbs. 1** zum Rechtszug gehört und daher mit den entsprechenden Gebühren für den Rechtszug abgegolten wird (OLG Jena, JurBüro 2006, 365; vgl. Vorbem. 4.1 VV Rn. 24 ff.). Nach diesem Zeitpunkt vom Vollverteidiger oder Vollvertreter der Vorinstanz auftragsgemäß im Rechtsmittelverfahren entfaltete Einzeltätigkeiten (z.B. die Begründung dieser Rechtsmittel, deren Rücknahme) führen dagegen zur Entstehung einer der in Teil 4 Abschnitt 3 VV aufgeführten Gebühren Nrn. 4300 – 4302 VV (vgl. hierzu Rn. 8).

Für den **Vollverteidiger** oder den Vollvertreter der **Rechtsmittelinstanz** gehört die Einlegung der Revision oder der Berufung beim Gericht der Vorinstanz nach § 19 Abs. 1 Satz 2 Nr. 10 **Halbs. 2** zum Rechtszug des Rechtsmittelverfahrens und wird daher mit den Gebühren für das Rechtsmittelverfahren abgegolten (OLG Jena, JurBüro 2006, 365).

2. Beschwerdeverfahren hinsichtlich einer Einzeltätigkeit (Abs. 3 Satz 3)

34 Nach Vorbem. 4.3 Abs. 3 Satz 3 VV gilt das Beschwerdeverfahren **hinsichtlich einer Einzeltätigkeit** als **besondere Angelegenheit**. Die insoweit erbrachten Tätigkeiten sind also nicht wie sonst das strafrechtliche (Zwischen-)Beschwerdeverfahren aufgrund des Pauschalcharakters der Gebühren nach der Vorbem. 4.1 Abs. 2 Satz 1 VV durch die Gebühren im Ausgangsverfahren mitabgegolten (vgl. OLG Schleswig, AGS 2005, 444 = RVGreport 2006, 153 = SchlHA 2006, 300; noch zur BRAGO OLG Düsseldorf, JurBüro 1986, 869; Vorbem. 4.1 VV Rn. 25; LG Bielefeld, StraFo 2002, 340 = NStZ-RR 2002, 320, für das DNA-Feststellungsverfahren nach § 81g Abs. 4, 5 StPO; Teil A: Beschwerdeverfahren, Abrechnung, Rn. 371 ff.). Der Rechtsanwalt erhält daher sowohl für die Einzeltätigkeit als auch für das Beschwerdeverfahren hinsichtlich dieser Einzeltätigkeit besondere Gebühren (Hartung/Römermann/Schons, Vorbem. 4.3 VV Rn. 21; so auch Gerold/Schmidt/Burhoff, VV Vorb. 4.3 Rn. 17). Die Gebühren für das Beschwerdeverfahren hinsichtlich der Einzeltätigkeit richten sich nach der für die Einzeltätigkeit angefallenen Gebühr (AnwKomm-RVG/N. Schneider, VV 4300 Rn. 12; so auch Gerold/Schmidt/Burhoff, VV Vorb. 4.3 Rn. 17).

> *Beispiel:*
>
> *Rechtsanwalt R erhält als Einzeltätigkeit den Auftrag, für den Verurteilten V einen Schriftsatz mit dem Gesuch um Aussetzung des Restes der verhängten lebenslangen Freiheitsstrafe gem. § 57a StGB anzufertigen. Die Strafvollstreckungskammer weist den Antrag zurück.*
>
> *V beauftragt R als Einzeltätigkeit mit der Begründung der vom Verurteilten gegen den Beschluss eingelegten Beschwerde.*

Gebühren für Einzeltätigkeiten *Vorbemerkung 4.3*

R erhält für die Anfertigung des Schriftsatzes eine Verfahrensgebühr nach Nr. 4300 Ziff. 3 VV. Diese Gebühr entsteht auch für die Begründung der Beschwerde. Gem. § 15 Abs. 6 erhält R nicht mehr als die Gebühr nach Nr. 4200 Ziff. 2 VV, wobei zu berücksichtigen ist, dass auch im Beschwerdeverfahren in der Strafvollstreckung nach Vorbem. 4.2 VV die Gebühr Nr. 4200 Ziff. 2 besonders entsteht (vgl. Vorbem. 4.2 VV Rn. 30 ff.).

3. Beschwerde als Einzeltätigkeit

a) Ausgangspunkt

Hiervon zu **unterscheiden** ist aber die Frage, welche Gebühr entsteht, wenn der Rechtsanwalt nicht für das Beschwerdeverfahren **hinsichtlich einer Einzeltätigkeit**, sondern mit der Beschwerdeeinlegung bzw. -begründung **als Einzeltätigkeit** beauftragt worden ist (vgl. Rn. 36; vgl. auch Teil A: Beschwerdeverfahren, Abrechnung, Rn. 386 ff.). Für die Beschwerdeeinlegung entsteht eine Verfahrensgebühr nach Nr. 4302 Ziff. 1 VV, für die Beschwerdebegründung eine Verfahrensgebühr nach Nr. 4302 Ziff. 2 VV (LG Hildesheim, Nds.Rpfl. 2007, 190; vgl. hierzu aber Rn. 37). Werden **verschiedene Entscheidungen** mit der Beschwerde als Einzeltätigkeit angefochten, entstehen mehrere Gebühren nach Nr. 4302 VV (OLG Schleswig, SchlHA 2007, 278, für die Vorschaltbeschwerde im Verfahren nach § 35 BtMG gegen die Entscheidung der Generalstaatsanwaltschaft und den dagegen gerichteten Antrag auf gerichtliche Entscheidung gem. § 23 EGGVG, vgl. aber Nr. 4301 Rn. 18, 20 und Vorbem. 4.2 VV Rn. 10). 35

b) Einlegung und Begründung der Beschwerde

aa) Einheitlicher Auftrag

Bei **gleichzeitiger Beauftragung** mit der Beschwerdeeinlegung und -begründung entsteht von vornherein **nur eine Verfahrensgebühr** nach Nr. 4302 VV, insbesondere dann, wenn Einlegung und Begründung zusätzlich noch in **demselben Schriftsatz** erfolgen (OLG Schleswig, SchlHA 2007, 278; LG Mühlhausen, 26.05.2010, 3 Qs 87/10; so auch Mertens/Stuff, Rn. 391; vgl. auch AnwKomm-RVG/N. Schneider, VV Vorb. 4.3 Rn. 22). Denn bei gleichzeitiger Auftragserteilung gilt die Verfahrensgebühr gem. Vorbem. 4.3 Abs. 3 Satz 2 VV, § 15 Abs. 1 die Tätigkeit des Rechtsanwalts vom Auftrag bis zur Erledigung der Angelegenheit ab. Ferner gilt § 15 Abs. 2. Das bedeutet, dass das Beschwerdeverfahren eine einheitliche Angelegenheit bildet, in der die Verfahrensgebühr insgesamt nur einmal entstehen kann. Für dieselbe Angelegenheit sprechen im Übrigen auch der **einheitliche Auftrag** und ein **einheitlicher Beschwerdeschriftsatz**, vgl. Rn. 31 (LG Mühlhausen, 26.05.2010, 3 Qs 87/10). 36

> **Hinweis:**
> Entsteht dem Anwalt durch Einlegung und Begründung der Beschwerde **erhöhter Aufwand**, kann dies somit nur bei der Bemessung der Verfahrensgebühr Nr. 4302 VV innerhalb des vorgesehenen Rahmens nach **§ 14** berücksichtigt werden (AnwKomm-RVG/N. Schneider, VV Vorb. 4.3 Rn. 22; vgl. auch LG Mühlhausen, 26.05.2010, 3 Qs 87/10).

Beispiel:
Rechtsanwalt R wird von dem Zeugen Z damit beauftragt, das Gesuch um Aufhebung des gegen ihn wegen Nichterscheinens zum Hauptverhandlungstermin ergangenen Ordnungsgeldbeschlusses anzufer-

Vorbemerkung 4.3 *Gebühren für Einzeltätigkeiten*

tigen. Nachdem das Gericht das Gesuch durch Beschluss zurückgewiesen hat, beauftragt der Zeuge R als Einzeltätigkeit gleichzeitig mit der Einlegung und Begründung der Beschwerde gegen den Beschluss.

R kann folgende Gebühren (Mittelgebühren) abrechnen:

Verfahrensgebühr Nr. 4302 Ziff. 2 VV für die Anfertigung des Gesuchs um Aufhebung	135,00 €
Verfahrensgebühr Nr. 4302 Ziff. 1 und 2 VV für die Beschwerdeeinlegung/-begründung	135,00 €
Anwaltsvergütung Netto	**270,00 €**

Das Beschwerdeverfahren ist für den Rechtsanwalt eine besondere Angelegenheit, Vorbem. 4.3 Abs. 3 Satz 2 VV.

bb) Getrennte Aufträge

37 Ist **zunächst** auftragsgemäß **Beschwerde** eingelegt und diese **später** auftragsgemäß **begründet** worden, fallen gem. Vorbem. 4.3 Abs. 3 Satz 1 VV die Verfahrensgebühr Nr. 4302 Ziff. 1 VV für die Einlegung und nach Nr. 4302 Ziff. 2 VV für die **Begründung** der Beschwerde **gesondert** an; denn anders als in den Anm. zu Nrn. 4300 und 4301 ist zu Nr. 4302 VV insoweit nichts anderes bestimmt worden (offen gelassen LG Mühlhausen, 26.05.2010, 3 Qs 87/10; vgl. auch OLG Schleswig, SchlHA 2007, 278, dass zwischen gleichzeitiger und getrennter Auftragserteilung nicht differenziert und die Anm. in Nrn. 4300 und 4301 VV auch auf die Beschwerde anwendet). Die Anm. zu Nrn. 4300 und 4301 VV gelten für das Beschwerdeverfahren nicht entsprechend (AnwKomm-RVG/N. Schneider, VV Vorb. 4.3 Rn. 23; so auch Gerold/Schmidt/Burhoff, VV Vorb. 4.3 Rn. 16). Allerdings ist § 15 Abs. 6 zu beachten (vgl. Rn. 38).

Beispiel 1:

R (kein Verteidiger) legt auftragsgemäß Beschwerde gegen die vorläufige Entziehung der Fahrerlaubnis ein. Später reicht R auftragsgemäß auch deren Begründung ein.

Die Vergütung im Beschwerdeverfahren beträgt (Mittelgebühren):

Verfahrensgebühr Nr. 4302 Ziff. 1 VV (Beschwerdeeinlegung)	135,00 €
Verfahrensgebühr Nr. 4302 Ziff. 2 VV (Beschwerdebegründung)	135,00 €
Postentgeltpauschale Nr. 7002 VV	20,00 €
Anwaltsvergütung Netto	**345,10 €**

Zwei Postentgeltpauschalen nach Nr. 7002 VV dürften nicht entstehen, weil wegen Vorbem. 4.3 Abs. 3 Satz 1 VV nur die Gebühren für die Beschwerdeeinlegung und -begründung gesondert entstehen und das Beschwerdeverfahren nach Vorbem. 4.3 Abs. 3 Satz 3 VV insgesamt dieselbe Angelegenheit bildet (vgl. hierzu auch Vorbem. 4.2 Rn. 35). § 15 Abs. 6 ist aber zu beachten. Deshalb darf nicht mehr als eine Verfahrensgebühr Nr. 4104 VV erhoben werden (vgl. dazu Rn. 38).

Beispiel 2:

Rechtsanwalt R (kein Verteidiger) wird nach Abschluss des Strafverfahrens mit der Stellung des Kostenfestsetzungsantrages beauftragt. Nach Erlass des Kostenfestsetzungsbeschlusses wird er mit der Einlegung der Beschwerde gegen den Kostenfestsetzungsbeschluss beauftragt. Der Beschwerdewert beträgt 500,00 €.

Gebühren für Einzeltätigkeiten *Vorbemerkung 4.3*

R kann folgende Gebühren (Mittelgebühren) abrechnen:

Verfahrensgebühr Nr. 4302 Ziff. 2 VV für die Anfertigung des Kostenfestsetzungsantrages	135,00 €
0,5-fache Verfahrensgebühr Nr. 3500 VV (Wert 500,00 €)	<u>22,50 €</u>
Anwaltsvergütung Netto	**157,00 €**

Für den Verteidiger ist die Tätigkeit im Kostenfestsetzungsverfahren gem. § 19 Abs. 1 Satz 2 Nr. 14 mit den Gebühren der Instanz abgegolten (zur Gebühr für die Stellung des Kostenfestsetzungsantrages vgl. Nr. 4302 VV Rn. 10; LG Koblenz, JurBüro 2010, 32; LG Krefeld, JurBüro 1979, 240 = AnwBl. 1979, 120). Die Verfahrensgebühr für die Einlegung der Beschwerde gegen den Kostenfestsetzungsbeschluss richtet sich gem. Vorbem. 4 Abs. 5 Ziff. 1 VV nach Nr. 3500 VV (vgl. die Erläuterungen zu Vorbem. 4 Abs. 5 VV Rn. 93 ff.; s. auch Teil A: Kostenfestsetzung und Erstattung in Strafsachen, Rn. 936).

4. Begrenzung auf Vollverteidiger- bzw. Vertretergebühren (Abs. 3 Satz 2 i.V.m. § 15 Abs. 6)

Der mit verschiedenen oder mehreren Einzeltätigkeiten i.S.v. Teil 4 Abschnitt 3 VV beauftragte Rechtsanwalt darf gem. **§ 15 Abs. 6 nicht mehr Gebühren** erhalten als der mit der **gesamten Angelegenheit beauftragte Rechtsanwalt**, also der Vollverteidiger oder der Vollvertreter. § 15 Abs. 6 ist anwendbar, weil § 15 nach Abs. 3 Satz 2 unberührt bleibt. Es ist also zu ermitteln, welche Gebühren der Vollverteidiger oder Vollvertreter erhalten würde, wenn er die gleichen Tätigkeiten wie der nur mit Einzeltätigkeiten beauftragte Rechtsanwalt wahrnehmen würde.

38

Die **Einzelgebühren** dürfen **nicht höher** sein als die Gebühr, die dem Verteidiger oder dem Vertreter der in Vorbem. 4 Abs. 1 VV genannten Personen für die gleiche Tätigkeit zustehen würde (vgl. AnwKomm-RVG/N. Schneider, VV Vorb. 4.3 Rn. 23). Hierbei ist aber zu beachten, dass die Gebühren in Teil 4 Abschnitt 3 VV als Verfahrensgebühren ausgebildet sind. Das spricht dafür, dass die **Verfahrensgebühr** des **Rechtszugs**, in dem die Einzeltätigkeit erbracht wird (vgl. Nrn. 4104, 4106, 4107, 4112, 4113, 4118, 4119, 4124, 4125, 4130 und 4131 VV) die **Höchstgrenze** bildet (so Hartung/Römermann/Schons, Vorbem. 4.3 VV Rn. 18, 19; Gerold/Schmidt/Burhoff, VV Vorb. 4.3 Rn. 19). Die **Grundgebühr** Nr. 4100 VV ist jedoch **zusätzlich** zu berücksichtigen (so auch Gerold/Schmidt/Burhoff, VV Vorb. 4.3 Rn. 19; inzidenter auch AnwKomm-RVG/N. Schneider, VV Vorb. 4.3 Rn. 26; § 15 Rn. 283). Unklar ist, ob auch die dem Vollverteidiger oder Vollvertreter zustehende **Terminsgebühr** in die Betrachtung einzubeziehen ist. Denn es ist zu berücksichtigen, dass in Teil 4 Abschnitt 3 VV auch eine Verfahrensgebühr vorgesehen ist, die eine Terminswahrnehmung abgilt. Die Verfahrensgebühr Nr. 4301 Ziff. 4 VV fällt z.B. an, wenn der Rechtsanwalt nur mit der Beistandsleistung bei einer richterlichen Vernehmung, einer Vernehmung durch die Staatsanwaltschaft oder einer anderen Strafverfolgungsbehörde oder sogar in einer Hauptverhandlung beauftragt war. Daher wird bei Prüfung der Begrenzung gem. § 15 Abs. 6 auch die Terminsgebühr des mit der Gesamtvertretung beauftragten Rechtsanwalts zu berücksichtigen sein (so Schneider, in: Hansens/Braun/Schneider, Teil 15 Rn. 767; Gerold/Schmidt/Burhoff, VV Vorb. 4.3 Rn. 19; im Ergebnis auch in AnwKomm-RVG/N. Schneider VV Vorb. 4.3 Rn. 26; a.A. Hartung/Römermann/Schons, Vorbem. 4.3 VV Rn. 18).

Vorbemerkung 4.3   *Gebühren für Einzeltätigkeiten*

Beispiel:

Der Rechtsanwalt fertigt im vorbereitenden Verfahren, ohne dass ihm die Verteidigung übertragen worden ist, auftragsgemäß einen Schriftsatz für den Beschuldigten. Ferner wird er jeweils beauftragt, an zwei verschiedenen Haftprüfungsterminen teilzunehmen.

*Der **Rechtsanwalt** berechnet hierfür folgende Mittelgebühren:*

Verfahrensgebühr Nr. 4302 Ziff. 2 VV (für die Anfertigung des Schreibens)	*135,00 €*
Verfahrensgebühr Nr. 4301 Ziff. 4 VV (für die Teilnahme am Haftprüfungstermin)	*210,00 €*
Verfahrensgebühr Nr. 4301 Ziff. 4 VV (für die Teilnahme am Haftprüfungstermin)	*210,00 €*
Anwaltsvergütung Netto	***555,00 €***

*Der **Vollverteidiger** könnte für diese Tätigkeiten im vorbereitenden Verfahren folgende Mittelgebühren abrechnen:*

Grundgebühr Nr. 4100 VV	*165,00 €*
Terminsgebühr Nr. 4102 Ziff. 3 VV	*140,00 €*
Verfahrensgebühr Nr. 4104 VV (für das vorbereitende Verfahren)	*140,00 €*
Anwaltsvergütung Netto	***445,00 €***

Der Rechtsanwalt darf daher gem. § 15 Abs. 6 lediglich 445,00 € statt 555,00 € fordern, weil Gebühren in dieser Höhe entstanden wären, wenn er als Vollverteidiger tätig geworden wäre. Nach zutreffender Auffassung von N. Schneider (vgl. AnwKomm-RVG, VV Vorb. 4.3 Rn. 26) erhält der Rechtsanwalt allerdings drei Postentgeltpauschalen nach Nr. 7002 VV, weil er in drei verschiedenen Angelegenheiten tätig war und die Begrenzung in § 15 Abs. 6 nur für die Gebühren gilt.

VII. Anrechnung (Abs. 4)

39 Die nach Teil 4 Abschnitt 3 VV für Einzeltätigkeiten **entstandenen** Gebühren werden auf die im Fall der Übertragung der vollen Verteidigung oder Vertretung **entstehenden** Gebühren **angerechnet** (s. zur Gebührenanrechnung Teil A: Anrechnung von Gebühren [§ 15a], Rn. 123 ff.). Die Formulierung „entstehenden" stellt klar, dass eine Anrechnung von Einzelgebühren nur bei **anschließender** oder **späterer** Übertragung der Verteidigung oder Vertretung erfolgt (vgl. BT-Drucks. 15/1971, S. 230; Hartung/Römermann/Schons, Vorbem. 4.3 VV Rn. 22; Schneider, in: Hansens/Braun/Schneider, Teil 15 Rn. 765; Gerold/Schmidt/Burhoff, VV Vorb. 4.3 Rn. 26). Ist dem Rechtsanwalt die Verteidigung oder Vertretung bereits übertragen worden, und nimmt er danach nach Teil 4 Abschnitt 3 VV zu vergütende Einzeltätigkeiten wahr, erfolgt **keine nachträgliche Anrechnung** der Gebühren für die Einzeltätigkeiten auf die Verteidigergebühren (so auch Gerold/Schmidt/Burhoff, VV Vorb. 4.3 Rn. 26).

40 Die Anrechnungsbestimmung ist daher insbesondere für die Gebühr Nr. 4303 VV nicht von Bedeutung, da der **Gnadensache** bereits ein Strafverfahren vorausgegangen ist, in dem ggf. der mit der Vertretung in der Gnadensache beauftragte Rechtsanwalt als Verteidiger tätig war. Der Gnadensache folgt somit kein Verfahren nach, für das dem in der Gnadensache tätigen Rechtsanwalt die Verteidigung oder die Vertretung übertragen werden kann (vgl. Nr. 4303 VV Rn. 18).

41 Eine Anrechnung der Gebühren für die Einzeltätigkeiten kommt zudem **nur** in Betracht, wenn diese Tätigkeiten in den **Abgeltungsbereich** der **Vollverteidiger** - oder Vollvertretergebühren fallen. Gebühren für Einzeltätigkeiten, die auch der Vollverteidiger oder der Vollvertreter neben

Gebühren für Einzeltätigkeiten Vorbemerkung 4.3

den Vollverteidiger- oder Vollvertretergebühren erhalten würde, werden nicht angerechnet. **Voraussetzung** für die Anrechnung ist daher, dass **dieselbe gebührenrechtliche Angelegenheit** vorliegt (vgl. hierzu Teil A: Angelegenheiten [§§ 15 ff.], Rn. 66 ff.). Betrifft die Einzeltätigkeit eine andere gebührenrechtliche Angelegenheit als die spätere Gesamtvertretung, erfolgt keine Anrechnung (AnwKomm-RVG/N. Schneider, VV Vorb. 4.3 Rn. 39; Gerold/Schmidt/Burhoff, VV Vorb. 4.3 Rn. 27; Hartung/Römermann/Schons, Vorbem. 4.3 VV Rn. 22).

Beispiel:
Der Rechtsanwalt wird in der ersten Instanz nur mit der Beistandsleistung in der Hauptverhandlung beauftragt. Nach Verurteilung wird er mit der Verteidigung im Berufungsverfahren beauftragt.
Für die Beistandsleistung in der Hauptverhandlung entsteht eine Gebühr nach Nr. 4301 Ziff. 4 VV. Diese ist nicht auf die danach entstandenen Verteidigergebühren für die Berufungsinstanz anzurechnen, weil verschiedene Angelegenheiten vorliegen (vgl. § 15 Abs. 2).

Hinweis:
Eine Anrechnung findet **nicht** statt, wenn dem Rechtsanwalt der Auftrag zur Verteidigung oder Vertretung **später als zwei Kalenderjahre** nach Erledigung des Auftrages hinsichtlich der Einzeltätigkeit erteilt worden ist (vgl. Vorbem. Abs. 3 Satz 2 VV und § 15 Abs. 5 Satz 2).

VIII. Bewilligung einer Pauschgebühr (§§ 51 und 42)

Nach § 51 kann auch dem Rechtsanwalt, der für eine einzelne Tätigkeit gerichtlich bestellt oder beigeordnet worden ist, eine Pauschgebühr bewilligt werden (vgl. die Komm. zu § 51). Ferner besteht für den mit einer Einzeltätigkeit beauftragten **Wahlanwalt** die Möglichkeit, eine Pauschgebühr nach § 42 feststellen zu lassen (vgl. die Komm. zu § 42; Hartung/Römermann/ Schons, Vorbem. 4.3 VV Rn. 23; AnwKomm-RVG/N. Schneider VV Vorb. 4.3 Rn. 37, 42; Gerold/Schmidt/Burhoff, VV Vorb. 4.3 Rn. 28; vgl. auch OLG Düsseldorf, JurBüro 2000, 27; AGS 2001, 128; OLG Hamm, JurBüro 2001, 641 = AGS 2001, 201; OLG Koblenz, NStZ 1990, 435; OLG Köln, StV 1997, 37 = JurBüro 1997, 83, sämtlich allerdings noch zur Pauschgebühr nach § 99 BRAGO in der früher von § 91 BRAGO erfassten Strafvollstreckung, vgl. Rn. 13). Zur Bewilligung einer Pauschgebühr gem. § 42 für den gerichtlich bestellten oder beigeordneten Rechtsanwalt vgl. die entsprechenden Erläuterungen zu §§ 42, 52 und 53. Im Übrigen wird auf die entsprechenden Erläuterungen zu Nrn. 4300 – 4304 VV verwiesen. 42

IX. Anspruch gegen den Verurteilten oder den Auftraggeber (§§ 52, 53)

Der für eine Einzeltätigkeit gerichtlich bestellte oder beigeordnete Rechtsanwalt kann unter den Voraussetzungen der §§ 52 und 53 Abs. 1 die Zahlung der Wahlanwaltsgebühren vom Beschuldigten bzw. vom Auftraggeber verlangen (s. die Erläuterungen zu §§ 52 und 53). 43

X. Beratungstätigkeiten

Die (ausschließliche) Beratung in strafrechtlichen Fragen ist keine **Einzeltätigkeit** i.S.v. Teil 4 Abschnitt 3 VV (Gerold/Schmidt/Burhoff, VV 4302 Rn. 11). § 34 Abs. 1 Satz 1 ist vielmehr der speziellere Tatbestand und geht den Regelungen in Teil 4 bis 6 VV insoweit vor (AnwKomm-RVG/N. Schneider, VV 4302 Rn. 14; Schneider, in: Hansens/Braun/Schneider, Teil 15 Rn. 779). Von § 34 Abs. 1 Satz 1 nicht erfasst wird hingegen die sog. begleitende Beratung (vgl. dazu 44

Vorbemerkung 4.3   *Gebühren für Einzeltätigkeiten*

Teil A: Beratung[sgebühr] [§ 34], Rn. 277). Wird der Rechtsanwalt nur mit der **Prüfung der Erfolgsaussicht eines Rechtsmittels** beauftragt, kommen Nr. 2102 VV und Nr. 2103 VV als Gebührentatbestand in Betracht (AnwKomm-RVG/N. Schneider, VV 4302 Rn. 14; s. auch Teil A: Beratung über die Erfolgsaussicht eines Rechtsmittels [Nrn. 2102 ff. VV], Rn. 261 ff.).

XI. Erstattungsfähigkeit

45   Hinsichtlich der Erstattungsfähigkeit der Gebühren für Einzeltätigkeiten wird auf die Vorbem. 4 VV Rn. 14 ff., sowie auf die Ausführungen zu den einzelnen Gebührentatbeständen Nrn. 4300 ff. VV verwiesen (s. auch Teil A: Kostenfestsetzung und Erstattung in Strafsachen, Rn. 842 f.). Für die Erstattung der Gebühren des nur mit einzelnen Tätigkeiten beauftragten Rechtsanwalts gelten die Ausführungen zur Erstattungsfähigkeit der Gebühren des Verteidigers oder des sonstigen Vertreters entsprechend.

Nr. 4300 VV
Verfahrensgebühr, Anfertigung, Unterzeichnung einer Schrift

Nr.	Gebührentatbestand	Gebühr oder Satz der Gebühr nach § 13 oder § 49 RVG	
		Wahlanwalt	gerichtlich bestellter oder beigeordneter Rechtsanwalt
4300	Verfahrensgebühr für die Anfertigung oder Unterzeichnung einer Schrift 1. zur Begründung der Revision, 2. zur Erklärung auf die von dem Staatsanwalt, Privatkläger oder Nebenkläger eingelegte Revision oder 3. in Verfahren nach den §§ 57a und 67e StGB	50,00 bis 560,00 EUR	244,00 EUR
	Neben der Gebühr für die Begründung der Revision entsteht für die Einlegung der Revision keine besondere Gebühr.		

Übersicht

	Rn.
A. Überblick	1
I. Entstehung der Norm/Regelungsgehalt	1
II. Anwendungsbereich	2
B. Kommentierung	3
I. Einzeltätigkeiten i.S.d. Nr. 4300 Ziff. 1 bis Ziff. 3 VV	3
1. Anfertigung oder Unterzeichnung einer Schrift zur Begründung der Revision (Ziff. 1)	3
a) Entstehung	3
b) Abgeltungsbereich	4
aa) Begründung durch den Rechtsanwalt der Vorinstanz als Einzeltätigkeit	5
bb) Begründung durch den Rechtsanwalt der Revisionsinstanz	6
cc) Begründung durch Rechtsanwalt ohne sonstigen Vertretungsauftrag	7
2. Anfertigung oder Unterzeichnung einer Schrift zur Erklärung auf die von dem Staatsanwalt, Privatkläger oder Nebenkläger eingelegte Revision (Ziff. 2)	8
3. Revisionsbegründung (Ziff. 1) und Gegenerklärung (Ziff. 2) (wechselseitige Revisionen)	9
4. Verfahren nach §§ 57a und 67e StGB (Ziff. 3)	10
a) Einzeltätigkeit	10
b) Anfertigung/Unterzeichnung einer Schrift und Terminswahrnehmung	11
c) Beschwerdeverfahren	12
II. Entstehen der Gebühr Nr. 4300 VV	13
III. Abgeltungsbereich	14
IV. Persönlicher Geltungsbereich	16
V. Mehrere Auftraggeber	17
VI. Höhe der Gebühr	18

Nr. 4300 VV   *Verfahrensgebühr, Anfertigung, Unterzeichnung einer Schrift*

VII. Anrechnung	20
VIII. Anspruch gegen den Beschuldigten oder den Auftraggeber (§§ 52, 53)	21
IX. Erstattungsfähigkeit	22
1. Allgemeines	22
2. Revision	23
3. Revisionsrücknahme der Staatsanwaltschaft	24

Literatur:

S. die Hinw. bei Vorbem. 4.3 VV vor Rn. 1 und bei Vorbem. 4 VV vor Rn. 1

A. Überblick

I. Entstehung der Norm/Regelungsgehalt

1   Nr. 4300 VV regelt die Verfahrensgebühr für die aufgeführten Einzeltätigkeiten des Rechtsanwalts, ohne dass ihm sonst die Verteidigung oder Vertretung übertragen ist (vgl. Vorbem. 4.3 Abs. 1 VV). Nr. 4300 VV gilt also nur für den Rechtsanwalt, der nicht Verteidiger oder Vollvertreter einer der in Vorbem. 4 Abs. 1 VV genannten Personen ist. Nr. 4300 VV gilt für die **Anfertigung** oder **Unterzeichnung**

- einer Schrift zur Begründung der **Revision** (Ziff. 1),
- zur **Erklärung** auf die von dem **Staatsanwalt**, Privatkläger oder Nebenkläger eingelegten Revision (Ziff. 2) oder
- in Verfahren nach den **§§ 57a** und **67e** StGB (Ziff. 3).

> **Hinweis:**
>
> Geregelt wird in Nr. 4300 **Ziff. 3** VV die Gebühr des Rechtsanwalts, der **nicht Verteidiger** oder sonstiger **Vollvertreter** (z.B. Vertreter des Nebenklägers, Vorbem. 4 Abs. 1 VV) ist, für die Anfertigung oder Unterzeichnung einer Schrift in Verfahren der **Strafvollstreckung** nach **§ 57a StGB** (Aussetzung des Strafrestes bei lebenslanger Freiheitsstrafe) und **§ 67e StGB** (Überprüfung der Aussetzung der weiteren Vollstreckung der Unterbringung zur Bewährung). Für den Verteidiger oder sonstigen Vollvertreter gelten für die Tätigkeit in diesen Strafvollstreckungsverfahren Nrn. 4200 ff. VV. Auf die Erläuterungen zu Vorbem. 4.3 VV Rn. 8 und 12 f. und zu Vorbem. 4.2 VV Rn. 11 ff. wird verwiesen. Zu weiteren Einzeltätigkeiten in der Strafvollstreckung vgl. Nr. 4301 VV Rn. 15 und 18 ff.

II. Anwendungsbereich

2   Es wird insoweit auf die Erläuterungen zur Vorbem. 4.3 VV Rn. 4 ff. verwiesen.

A. Vergütungs-ABC	B. Kommentar
	Teil 4 • Strafsachen • Abschnitt 3

Verfahrensgebühr, Anfertigung, Unterzeichnung einer Schrift — Nr. 4300 VV

B. Kommentierung

I. Einzeltätigkeiten i.S.d. Nr. 4300 Ziff. 1 bis Ziff. 3 VV

1. Anfertigung oder Unterzeichnung einer Schrift zur Begründung der Revision (Ziff. 1)

a) Entstehung

Die Verfahrensgebühr entsteht sowohl für die **Anfertigung** als auch die **Unterzeichnung** der Revisionsbegründung, soweit dem Rechtsanwalt diese Tätigkeiten als Einzeltätigkeiten übertragen worden sind (vgl. § 345 Abs. 2 StPO: Begründung durch Verteidiger oder Rechtsanwalt). Beide Tätigkeiten sind gebührenrechtlich **gleichwertig**. Fertigt der Rechtsanwalt die Revisionsbegründung und unterzeichnet sie dann, fällt die Gebühr nur einmal und nicht doppelt für die Anfertigung und Unterzeichnung an (Hartung/Römermann/Schons, 4300 VV Rn. 3; Gerold/Schmidt/Burhoff, VV 4300 Rn. 3).

3

Der **Entwurf** der Revisionsbegründung (**Anfertigung**) durch den Rechtsanwalt reicht **gebührenrechtlich** für die Entstehung der Verfahrensgebühr aus (vgl. Vorbem. 4.3 Abs. 3 VV, § 15 Abs. 4; vgl. AnwKomm-RVG/N. Schneider, VV 4300 Rn. 4; Gerold/Schmidt/Burhoff, VV 4300 Rn. 4). **Strafprozessual** muss der angefertigte Entwurf wegen § 345 Abs. 2 StPO aber noch von einem Rechtsanwalt **unterzeichnet** werden. Ist dieser mit der Unterzeichnung als Einzeltätigkeit beauftragt, entsteht auch für diesen Rechtsanwalt die Gebühr Nr. 4300 Ziff. 1 VV. Es kann aber gerechtfertigt sein, die bloße Unterzeichnung der von einem anderen Rechtsanwalt gefertigten Revisionsbegründung geringer zu bewerten als deren Anfertigung (Hartung/Römermann/Schons, VV 4300 Rn. 18; Gerold/Schmidt/Burhoff, VV 4300 Rn. 15)

> **Hinweis:**
> Neben der Gebühr für die Revisionsbegründung kann nach der Anm. zu Nr. 4300 VV **keine Gebühr** für die **Einlegung** der Revision nach Nr. 4302 Ziff. 1 VV erhoben werden. Hat der Rechtsanwalt erst Revision eingelegt und dafür eine Gebühr nach Nr. 4302 Ziff. 1 VV verdient, erhöht sich diese nach Begründung zu einer Gebühr Nr. 4300 Ziff. 1 VV.

Für die Entstehung der Verfahrensgebühr ist es unerheblich, ob die Revisionsbegründung den **Zulässigkeitsvoraussetzungen** (vgl. § 344, 345 StPO) entspricht (Hartung/Römermann/Schons, 4300 VV Rn. 9, AnwKomm-RVG/N. Schneider, VV 4300 Rn. 3; Gerold/Schmidt/Burhoff, VV 4300 Rn. 4). Denn für die Entstehung der Gebühr kommt es nur auf die Auftragserteilung durch den Mandanten und die erste danach entfaltete Tätigkeit an (AnwKomm-RVG/N. Schneider, VV 4300 Rn. 3). Außerdem handelt es sich nicht um eine Erfolgsgebühr (Gerold/Schmidt/Burhoff, VV 4300 Rn. 4).

Die **Zustellung des schriftlich begründeten Urteils** ist ebenfalls keine Entstehungsvoraussetzung (KG, AGS 2006, 435; OLG Hamm, NJW-RR 2007, 72 = RVGreport 2006, 352 = AGS 2006, 547; StraFo 2006, 433 = AGS 2996, 600 = JurBüro 2007, 30; OLG Schleswig, SchlHA 2006, 299 bei Döllel/Dreßen; Gerold/Schmidt/Burhoff, VV 4300 Rn. 5). Ausreichend ist auch, wenn in der Revisionsschrift nur allgemein die Verletzung formellen oder sachlichen Rechts gerügt bzw. die **Sachrüge** erhoben wird (KG, AGS 2006, 435, zu Nr. 4130 VV; OLG Schleswig, SchlHA 2006, 299 bei Döllel/Dreßen; Gerold/Schmidt/Burhoff, VV 4300 Rn. 5). Ein durch die

Nr. 4300 VV   *Verfahrensgebühr, Anfertigung, Unterzeichnung einer Schrift*

bloße Erhebung der Sachrüge geringer Arbeitsaufwand ist aber ggf. bei der Gebührenbemessung gem. § 14 Abs. 1 zu berücksichtigen (AnwKomm-RVG/N. Schneider, VV 4300 Rn. 3, zu allem auch Nr. 4130 VV Rn. 12 ff.). Die **spätere Ergänzung** der Begründung nach erhobener Sachrüge löst wegen Vorbem. 4.3 Abs. 3 Satz 2 i.V.m. § 15 Abs. 1 keine weitere Gebühr aus, sondern ist mit der bereits angefallenen Gebühr für die Sachrüge abgegolten (Gerold/Schmidt/Burhoff, VV 4300 Rn. 4). Die **Stellungnahme** des die Revisionsbegründung fertigenden Rechtsanwalts auf die **Gegenerklärung** des Revisionsgegners ist mit der Gebühr für die Revisionsbegründung abgegolten, Vorbem. 4.3 Abs. 3 Satz 2 VV i.V.m. § 15 Abs. 1 (AnwKomm-RVG/N. Schneider, VV 4300 Rn. 5). Fertigt der Rechtsanwalt aber zusätzlich zur Revisionsbegründung auftragsgemäß eine Gegenerklärung zu der Revision eines anderen Beteiligten, fällt eine zusätzliche Verfahrensgebühr nach Nr. 4300 Ziff. 2 VV an (vgl. Rn. 8 und Vorbem. 4.3 Rn. 30 ff.).

b) Abgeltungsbereich

4   Die **Einlegung** eines Rechtsmittels ist nach § 19 Abs. 1 Satz 2 Nr. 10 für den Vollverteidiger oder Vollvertreter mit den Gebühren für die Instanz abgegolten (OLG Jena, JurBüro 2006, 365). Die Verfahrensgebühr nach Nr. 4302 Ziff. 1 VV für die Einlegung eines Rechtsmittels kann daher sowohl für den **Vollverteidiger** oder **Vollvertreter** der Vorinstanz als auch der Rechtsmittelinstanz **nicht** entstehen.

Die Revisionsbegründung gehört anders als die Revisionseinlegung (zur Gebühr s. Nr. 4302 Ziff. 1 VV) bereits zur Revisionsinstanz. Bei der Revisionsbegründung ist deshalb wie folgt zu unterscheiden (so auch Gerold/Schmidt/Burhoff, VV 4300 Rn. 12):

aa) Begründung durch den Rechtsanwalt der Vorinstanz als Einzeltätigkeit

5   Wird die Revisionsbegründung als Einzeltätigkeit durch den Rechtsanwalt angefertigt oder unterzeichnet, der in der Vorinstanz als **Vollverteidiger** oder Vollvertreter tätig war und der insoweit **nicht** für die **Revisionsinstanz beauftragt** ist, fällt hierfür eine Verfahrensgebühr nach **Nr. 4300 Ziff. 1 VV** an (KG, AGS 2006, 435; Hartung/Römermann/Schons, 4300 VV Rn. 12). Die **Einlegung** der Revision ist nach § 19 Abs. 1 Satz 2 Nr. 10 noch mit den Gebühren für die Vorinstanz abgegolten (OLG Jena, JurBüro 2006, 365). Im Übrigen entsteht nach der Anm. zu Nr. 4300 VV für die Einlegung keine gesonderte Gebühr neben der Begründung (vgl. Vorbem. 4.3 VV Rn. 32 f.).

bb) Begründung durch den Rechtsanwalt der Revisionsinstanz

6   Wird die Revisionsbegründung durch den Rechtsanwalt angefertigt oder unterzeichnet, der für die **Revisionsinstanz** mit der **Vollverteidigung** bzw. der Vollvertretung beauftragt ist, fällt hierfür **keine** besondere Verfahrensgebühr nach **Nr. 4300 Ziff. 1 VV** an (KG, AGS 2006, 375 = RVGreport 2006, 352). Das ergibt sich aus § 19 Abs. 1 Satz 2 Nr. 10, wonach für diesen Rechtsanwalt bereits die Einlegung der Revision zur Revisionsinstanz gehört (OLG Jena, JurBüro 2006, 365) und damit sowohl die Einlegung als auch die Begründung der Revision durch die Revisionsgebühren nach Teil 4, Abschnitt 1 Unterabschnitt 3 VV (Nrn. 4130 ff. VV) abgegolten werden (vgl. Vorbem. 4.3 VV Rn. 32 f.).

Verfahrensgebühr, Anfertigung, Unterzeichnung einer Schrift   Nr. 4300 VV

cc) Begründung durch Rechtsanwalt ohne sonstigen Vertretungsauftrag

Wird die Revisionsbegründung als **Einzeltätigkeit** durch einen Rechtsanwalt angefertigt oder unterzeichnet, der weder für die Vorinstanz noch die Revisionsinstanz beauftragt war, fällt hierfür eine Verfahrensgebühr nach **Nr. 4300 Ziff. 1 VV** an. Legt dieser Rechtsanwalt auch die Revision ein, fällt hierfür nach der Anm. zu Nr. 4300 VV keine besondere Verfahrensgebühr nach Nr. 4302 Ziff. 1 VV an (vgl. hierzu auch Vorbem. 4.3 VV Rn. 32 f.).   7

2. Anfertigung oder Unterzeichnung einer Schrift zur Erklärung auf die von dem Staatsanwalt, Privatkläger oder Nebenkläger eingelegte Revision (Ziff. 2)

Die Gebühr entsteht sowohl für die **Anfertigung** als auch die **Unterzeichnung** der Gegenerklärung zur Revision eines anderen Verfahrensbeteiligten. Die Ausführungen bei Rn. 3 gelten entsprechend. Die Gebühr entsteht wegen Vorbem. 4.3 Abs. 3 Satz 2 VV, § 15 Abs. 4 VV auch, wenn der Rechtsanwalt die Gegenerklärung nur **entwirft** und sie der Mandant dann anschließend selbst unterschreibt und bei Gericht einreicht (AnwKomm-RVG/N. Schneider, VV 4300 Rn. 7). Die Unterzeichnung durch den Mandanten reicht aus, vgl. § 347 Abs. 1 StPO. Ebenso reicht es aus, wenn der Mandant die Gegenerklärung entwirft und der Rechtsanwalt diese anschließend unterzeichnet. Lässt der Mandant die von einem Rechtsanwalt angefertigte Gegenerklärung von einem anderen Rechtsanwalt unterzeichnen, hat dieser ggf. ebenfalls Anspruch auf die Gebühr Nr. 4300 Ziff. 2 VV. Allerdings kann im Rahmen von § 14 Abs. 1 insoweit eine geringere Gebühr gerechtfertigt sein. Nicht ausreichend ist nach dem Wortlaut, wenn der Rechtsanwalt die vom Mandanten gefertigte Gegenerklärung nicht unterzeichnet, sondern nur bei Gericht einreicht. Hier liegt dann eher eine sonstige Beistandsleistung nach Nr. 4302 Ziff. 3 VV vor.   8

Die **Erklärung** auf die von dem **Staatsanwalt**, Privatkläger oder Nebenkläger **eingelegte** Revision gehört bereits zur Revisionsinstanz und nicht mehr zum bisherigen Rechtszug (vgl. § 347 StPO). Für den mit der Verteidigung im Revisionsverfahren beauftragten Rechtsanwalt ist diese Tätigkeit mit den Gebühren für die Revisionsinstanz nach Nrn. 4130 ff. VV abgegolten (vgl. § 19 Abs. 1 Satz 2 Nr. 10; so auch Gerold/Schmidt/Burhoff, VV 4300 Rn. 13).

> **Hinweis:**
> Von der Entstehung der Gebühr für die Anfertigung oder Unterzeichnung einer Schrift zur Erklärung auf die von dem Staatsanwalt, Privatkläger oder Nebenkläger eingelegten Revision ist die Frage zu unterscheiden, ob die Gebühr **erstattungsfähig** ist. Dies ist dann umstritten, wenn die Staatsanwaltschaft Revision einlegt und diese sodann ohne Begründung zurücknimmt (vgl. hierzu Rn. 22 ff.).

3. Revisionsbegründung (Ziff. 1) und Gegenerklärung (Ziff. 2) (wechselseitige Revisionen)

Wird der Rechtsanwalt sowohl mit der Fertigung der Revisionsbegründung als auch mit der Abgabe der Gegenerklärung auf die z.B. von der Staatsanwaltschaft eingelegte Revision als Einzeltätigkeit beauftragt, erhält der Rechtsanwalt sowohl die Verfahrensgebühr nach Nr. 4300 Ziff. 1 VV als auch die Verfahrensgebühr nach Nr. 4300 Ziff. 2 VV, da es sich um **zwei eigenständige Einzelaufträge** und damit um zwei verschiedene Angelegenheiten handelt (vgl. AnwKomm-   9

Nr. 4300 VV   *Verfahrensgebühr, Anfertigung, Unterzeichnung einer Schrift*

RVG/N. Schneider, VV 4300 Rn. 8, Hartung/Römermann/Schons, 4300 VV Rn. 11; Gerold/Schmidt/Burhoff, VV 4300 Rn. 7). Das gilt natürlich auch für die bloße **Einlegung** der Revision (insoweit entsteht die Gebühr Nr. 4302 Ziff. 1 VV) und die Gegenerklärung zur Revision eines anderen Verfahrensbeteiligten. Allerdings ist Vorbem. 4.3 Abs. 3 Satz 2 VV i.V.m. § 15 Abs. 6 zu beachten, sodass der Rechtsanwalt nie mehr als eine Gebühr nach Nr. 4130 VV verdienen kann (so auch Gerold/Schmidt/Burhoff, VV 4300 Rn. 7; AnwKomm-RVG/N. Schneider, VV 4300 Rn. 8).

Beispiel:

Rechtsanwalt R, der bereits im ersten Rechtszug als Verteidiger tätig war, wird mit der Einlegung und der Begründung der Revision als Einzeltätigkeit beauftragt. Später erhält er den weiteren Auftrag, auf die von der Staatsanwaltschaft eingelegte Revision zu erwidern.

R kann folgende Gebühren (Mittelgebühren) abrechnen:

Verfahrensgebühr Nr. 4300 Ziff. 1 VV	
(für die Anfertigung der Revisionsbegründung)	*305,00 €*
Verfahrensgebühr Nr. 4300 Ziff. 2 VV	
(für die Anfertigung der Revisionsgegenerklärung)	*305,00 €*
Anwaltsvergütung netto	***610,00 €***

R erhält zudem 2 Postentgeltpauschalen Nr. 7002 VV.

R darf aber nicht mehr an Gebühren berechnen, als er als Verteidiger in der Revisionsinstanz für die gleiche Tätigkeit erhalten würde, vgl. Vorbem. 4.3 Abs. 3 Satz 2 VV und § 15 Abs. 6 (vgl. Vorbem. 4.3 VV Rn. 38).

Der Verteidiger würde erhalten (Mittelgebühr):

Verfahrensgebühr Nr. 4130 VV	*470,00 €*

*R kann daher für die Einzeltätigkeit in der Revisionsinstanz wegen § 15 Abs. 6 statt 610 € **lediglich 470,00 €** zuzüglich einer Postentgeltpauschale (Nr. 7002 VV) fordern. Bei der Vergleichsberechnung kann hier die Grundgebühr nach Nr. 4100 VV nicht berücksichtigt werden, weil R bereits in der Vorinstanz mit der Verteidigung beauftragt war und die Grundgebühr damit bereits dort entstanden ist. Die Grundgebühr kann dann in der Revisionsinstanz nicht erneut berücksichtigt werden (vgl. die Komm. zu Nr. 4100 VV Rn. 14ff.).*

Zum Ansatz von mehreren Gebühren, die unter derselben Vergütungsnummer genannt werden, vgl. Vorbem. 4.3 VV Rn. 30f.

Die Einlegung der Revision gehört gem. § 19 Abs. 1 Satz 2 Nr. 10 zur Vorinstanz und ist daher mit den für diese Instanz verdienten Gebühren abgegolten.

4. Verfahren nach §§ 57a und 67e StGB (Ziff. 3)

a) Einzeltätigkeit

10 Die Regelung erfasst die Anfertigung oder Unterzeichnung einer Schrift in Verfahren nach den **§§ 57a** und **67e** StGB. Sie gilt daher nur in Verfahren, in denen es um die Aussetzung des Strafrestes bei **lebenslanger Freiheitsstrafe** (§ 57a StGB) oder um die Überprüfung der Aussetzung der weiteren Vollstreckung der Unterbringung zur Bewährung (§ 67e StGB) geht. Die Gebühr

Verfahrensgebühr, Anfertigung, Unterzeichnung einer Schrift Nr. 4300 VV

verdient der Rechtsanwalt in diesen Verfahren für die **Anfertigung oder Unterzeichnung** eines **Schriftsatzes** (vgl. zur Anfertigung und Unterzeichnung die Erläuterungen bei Rn. 3). Nur insoweit liegt also eine Einzeltätigkeit vor. Für die Anfertigung oder Unterzeichnung einer Schrift in diesen Verfahren gilt der höhere Gebührenrahmen von Nr. 4300 Ziff. 3 VV, weil es sich hierbei für den Verurteilten um besonders bedeutsame Verfahren handelt (vgl. BT-Drucks. 15/1971, S. 229).

Wird der Rechtsanwalt beauftragt, den Verurteilten im **Überprüfungsverfahren gem. § 67e StGB** zu vertreten bzw. wird er für dieses Verfahren zum Pflichtverteidiger bestellt, liegt **keine Einzeltätigkeit** vor (OLG Frankfurt am Main, NStZ-RR 2005, 253 = RVGreport 2007, 35 = AGS 2006, 76; OLG Jena, JurBüro 2006, 366; OLG Schleswig, StV 2006, 206 = RVGreport 2005, 70 = AGS 2005, 120; Gerold/Schmidt/Burhoff, Einl. VV Vorb. 4.2, Rn. 12; a.A. offenbar AG Koblenz, JurBüro 2007, 86). Auch aus dem Umstand, dass die Verteidigertätigkeit im Überprüfungsverfahren nach § 67e StGB zeitlich beschränkt ist (vgl. dazu auch Vorbem. 4.3 Rn. 6), weil für jedes Überprüfungsverfahren eine erneute Pflichtverteidigerbestellung erforderlich ist (str., vgl. Teil A: Umfang des Vergütungsanspruchs [§ 48 Abs. 1], Rn. 1412), lässt sich nicht die Anwendung von Nrn. 4300 VV ff. herleiten (KG, NStZ-RR 2005, 127).

> **Hinweis:**
>
> **Keine Einzeltätigkeit** liegt vor, wenn der Rechtsanwalt mit der Verteidigung oder Vertretung für das **gesamte** Verfahren nach § 57a StGB oder für das **gesamte** Überprüfungsverfahren nach § 67e StGB beauftragt oder insoweit bestellt worden ist (vgl. hierzu Vorbem. 4.2 VV Rn. 11 ff.; Vorbem. 4.3 VV Rn. 12 f.). Dann richten sich die Gebühren nach Teil 4, Abschnitt 2 VV (vgl. Nr. 4200 VV). Verteidigertätigkeit kann auch dann vorliegen, wenn der Rechtsanwalt erst im Verfahren über den Widerruf der Strafaussetzung (vgl. § 56f StGB) beauftragt worden ist (OLG Frankfurt am Main, NStZ-RR 2005, 253 = RVGreport 2007, 35 = AGS 2006, 76). Nur wenn er insoweit nicht mit der Vertretung im gesamten Verfahren, sondern mit einer einzelnen Tätigkeit betraut ist, richtet sich die Vergütung nach Nr. 4301 Ziff. 6 VV (vgl. hierzu Nr. 4301 VV Rn. 18 ff.).
>
> Nicht in Nr. 4300 Ziff. 3 VV genannte **sonstige Einzeltätigkeiten** in der Strafvollstreckung fallen unter den **Auffangtatbestand in Nr. 4301 Ziff. 6 VV** (s. die entsprechende Komm. Nr. 4301 VV Rn. 18 ff.).

b) Anfertigung/Unterzeichnung einer Schrift und Terminswahrnehmung

Wird der Rechtsanwalt in Verfahren nach §§ 57a, 67e StGB zunächst nur mit der Anfertigung oder Unterzeichnung eines Schriftsatzes beauftragt und erhält er sodann z.B. den Auftrag, den Verurteilten als Einzeltätigkeit auch bei einer **gerichtlichen Anhörung** zu **vertreten**, erhält der Rechtsanwalt für diese weitere Tätigkeit im Strafvollstreckungsverfahren eine weitere Gebühr nach Nr. 4301 Ziff. 4 VV (so auch Gerold/Schmidt/Burhoff, VV 4300 Rn. 9). Einer Anwendung von Nr. 4301 Ziff. 6 VV bedarf es nicht, weil die **Beistandsleistung bei einer gerichtlichen Anhörung** – auch in der Strafvollstreckung – ausdrücklich von Nr. 4301 Ziff. 4 VV erfasst wird (Hartung/Römermann/Schons, 4301 VV Rn. 17). Nr. 4301 Ziff. 6 VV findet nur dann Anwendung, wenn die Tätigkeit des Rechtsanwalts nicht anderweitig ausdrücklich geregelt ist (s. dazu

11

Nr. 4300 VV   *Verfahrensgebühr, Anfertigung, Unterzeichnung einer Schrift*

Nr. 4301 VV Rn. 15 und 18 ff.). Allerdings ist dann § 15 Abs. 6 zu beachten, Vorbem. 4.3 Abs. 3 Satz 2 VV.

c) Beschwerdeverfahren

12 Der Rechtsanwalt erhält sowohl für die Einzeltätigkeit als auch für ein ggf. stattfindendes **Beschwerdeverfahren** hinsichtlich dieser Einzeltätigkeit besondere Gebühren (Hartung/Römermann/Schons, Vorbem. 4.3 VV Rn. 21). Die Gebühren für das Beschwerdeverfahren hinsichtlich der Einzeltätigkeit richten sich nach der für die Einzeltätigkeit angefallenen Gebühr (vgl. Rn. 15; AnwKomm-RVG/N. Schneider, VV 4300 Rn. 12; Gerold/Schmidt/Burhoff, VV 4300 Rn. 10; Vorbem. 4.3 VV Rn. 34).

> **Hinweis:**
> Zu beachten ist, dass der Rechtsanwalt wegen Vorbem. 4.3 Abs. 3 Satz 2 VV i.V.m. **§ 15 Abs. 6** nicht mehr an Gebühren erhalten darf als ein in der Strafvollstreckung tätiger Verteidiger nach Nrn. 4200 ff. VV für die gleiche Tätigkeit an Gebühren erhalten würde.

Beispiel:

Rechtsanwalt R erhält als Einzeltätigkeit den Auftrag, für den Verurteilten V einen Schriftsatz mit dem Gesuch um Aussetzung des Restes der verhängten lebenslangen Freiheitsstrafe gem. § 57a StGB anzufertigen. Nach Anfertigung des Schriftsatzes bestimmt die Strafvollstreckungskammer gem. § 454 Abs. 1 Satz 3 StPO einen Termin zur mündlichen Anhörung des Verurteilten. Der Verurteilte bittet R um Teilnahme an diesem Termin.

Nach der Anhörung weist das Gericht das Gesuch um Aussetzung des Strafrestes zurück. V beauftragt R mit der Einlegung und Begründung der Beschwerde gegen den Beschluss, § 454 Abs. 3 StPO.

R rechnet folgende Gebühren (Mittelgebühren) ab:

Verfahrensgebühr Nr. 4300 Ziff. 3 VV	
(für die Anfertigung des Schriftsatzes)	305,00 €
Verfahrensgebühr Nr. 4301 Ziff. 4 VV	
(für die Teilnahme am Anhörungstermin)	210,00 €
zusätzlich:	
Verfahrensgebühr Nr. 4300 Ziff. 3 VV	
(für die Einlegung der Beschwerde)	<u>305,00 €</u>
Anwaltsvergütung netto:	**820,00 €**

Der **Verteidiger** *könnte für diese Tätigkeiten in der Strafvollstreckung folgende Gebühren (Mittelgebühren) abrechnen:*

Verfahrensgebühr mit Zuschlag Nrn. 4201, 4200 Ziff. 2 VV	375,00 €
Terminsgebühr mit Zuschlag Nr. 4203 VV	181,25 €
zusätzlich:	
Verfahrensgebühr mit Zuschlag Nrn. 4201, 4200 Ziff. 2 VV	
(für die Einlegung/Begründung der Beschwerde)	<u>375,00 €</u>
Anwaltsvergütung netto:	**931,25 €**

Verfahrensgebühr, Anfertigung, Unterzeichnung einer Schrift   *Nr. 4300 VV*

Vorbem. 4.3 Abs. 3 Satz 2 VV i.V.m. § 15 Abs. 6 führen nicht zur Kürzung der Gebühren von R für die Einzeltätigkeiten, weil sie geringer sind als die Gebühren, die ein Verteidiger für diese Tätigkeiten erhalten würde.

II. Entstehen der Gebühr Nr. 4300 VV

Die Verfahrensgebühr entsteht mit der **ersten Tätigkeit** des Rechtsanwalts, die auf die Ausführung des Auftrags gerichtet ist. Als Verfahrensgebühr erfasst sie alle von dem Rechtsanwalt in dem Zusammenhang mit der jeweiligen Einzeltätigkeit erbrachten Tätigkeiten. Die Ausführungen bei Vorbem. 4.3 VV Rn. 28 ff. gelten entsprechend (vgl. im Übrigen auch Rn. 3 und 14 ff.).   13

III. Abgeltungsbereich

Der Rechtsanwalt erhält die Verfahrensgebühr „für das Betreiben des Geschäfts einschließlich der Information" (vgl. Vorbem. 4 VV Rn. 31 ff.). Die Verfahrensgebühr steht dem Rechtsanwalt als **pauschale Gebühr** für die gesamte Tätigkeit zu, die zur Erledigung der in Nr. 4300 Ziff. 1 bis 3 VV aufgeführten Verrichtungen erforderlich ist. Die Verfahrensgebühr gilt sämtliche Tätigkeiten des Rechtsanwaltes ab (vgl. hierzu auch die Erläuterungen zu Vorbem. 4.1 VV Rn. 23 ff.; AnwKomm-RVG/N. Schneider, VV Vorb. 4.3 Rn. 34).   14

Bei dem Beschwerdeverfahren hinsichtlich der Einzeltätigkeit Nr. 4300 VV handelt es sich um eine **besondere Angelegenheit**. Die Ausführungen bei Vorbem. 4.3 Rn. 34 ff. gelten entsprechend (s. auch Rn. 12).   15

IV. Persönlicher Geltungsbereich

Die Verfahrensgebühr steht sowohl dem **Wahlanwalt** als auch dem **gerichtlich bestellten (Pflichtverteidiger)** oder **beigeordneten** Rechtsanwalt zu. Auch die in Vorbem. 4 Abs. 1 VV aufgeführten Beistände und Vertreter haben Anspruch auf die Gebühr, wenn sie für ihren Auftraggeber die aufgeführten Tätigkeiten erledigt haben (vgl. Vorbem. 4 VV Rn. 5 ff.).   16

V. Mehrere Auftraggeber

Die Ausführungen bei Vorbem. 4.3 VV Rn. 22 gelten entsprechend.   17

VI. Höhe der Gebühr

Der **Wahlanwalt** erhält eine **Betragsrahmengebühr** i.H.v. 50,00 € – 560,00 €. Die Mittelgebühr beträgt 305,00 €. Bei der Bemessung der Höhe der Gebühr sind über § 14 die **Besonderheiten** des jeweiligen **Einzelfalls** zu berücksichtigen. Die Höhe der Gebühr ist also v.a. von den vom Rechtsanwalt erbrachten Tätigkeiten abhängig. Es kann z.B. gerechtfertigt sein, die bloße Unterzeichnung einer von einem anderen Rechtsanwalt gefertigten Revisionsbegründung geringer zu bewerten als deren Anfertigung (Hartung/Römermann/Schons, 4300 VV Rn. 18; Gerold/Schmidt/Burhoff, VV 4300 Rn. 15). Auch die bloße Erhebung der Sachrüge im Rahmen der Revisionsbegründung kann gem. § 14 Abs. 1 zu einer geringeren Gebühr führen (AnwKomm-RVG/N. Schneider, VV 4300 Rn. 3).   18

Ein Zuschlag nach Vorbem. 4 Abs. 4 VV, wenn sich der Mandant **nicht auf freiem Fuß** befindet, ist nicht vorgesehen. Die Inhaftierung kann daher nur gem. § 14 Abs. 1 berücksichtigt werden (Gerold/Schmidt/Burhoff, VV 4300 Rn. 16).

Nr. 4300 VV *Verfahrensgebühr, Anfertigung, Unterzeichnung einer Schrift*

Der Wahlanwalt kann, wenn der Betragsrahmen zur Bestimmung der angemessenen Gebühr nicht ausreicht, einen Antrag nach § 42 stellen.

19 Der gerichtlich bestellte (**Pflichtverteidiger**) oder beigeordnete Rechtsanwalt erhält aus der Staatskasse eine **Festgebühr** i.H.v. 244 €. Ggf. kommt die Festsetzung einer **Pauschgebühr** nach § 51 in Betracht (Gerold/Schmidt/Burhoff, VV 4300 Rn. 17; Hartung/Römerman/Schons, 4300 VV Rn. 19).

VII. Anrechnung

20 Nach der Anrechnungsbestimmung in Vorbem. 4.3 Abs. 4 VV wird die für eine Einzeltätigkeit nach Nr. 4300 VV entstandene Verfahrensgebühr auf die für eine **spätere Verteidigung** oder Vertretung **entstehenden** Gebühren angerechnet (vgl. hierzu ausführlich Vorbem. 4.3 VV Rn. 39 ff.). Eine Anrechnung findet aber **nicht** statt, wenn dem Rechtsanwalt der Auftrag zur Verteidigung oder Vertretung später als **zwei Kalenderjahre** nach Erledigung des Auftrages hinsichtlich der Einzeltätigkeit erteilt worden ist (vgl. Vorbem. 4.3 Abs. 3 Satz 2 VV i.V.m. § 15 Abs. 5 Satz 2)

> *Beispiel:*
> *Der Rechtsanwalt wird von dem Angeklagten mit der Anfertigung einer Revisionsbegründungsschrift beauftragt. Später wird der Rechtsanwalt vom Angeklagten beauftragt, die Verteidigung in der Revisionsinstanz zu übernehmen. Im vorherigen Rechtszug war der Rechtsanwalt nicht tätig. Der Rechtsanwalt nimmt an einem Hauptverhandlungstermin teil.*
>
> *Für die Anfertigung der Revisionsbegründung ist zunächst eine mittlere Verfahrensgebühr nach Nr. 4300 Ziff. 1 VV i.H.v. 305 € entstanden, die der Rechtsanwalt gegenüber dem Angeklagten geltend gemacht und erhalten hat.*
>
> *Aufgrund späterer Übertragung der Verteidigung wird diese Gebühr auf die Verteidigergebühren angerechnet.*
>
> *Es können folgende **Verteidigergebühren** geltend gemacht werden (Berechnung ohne Postentgeltpauschalen):*
>
> | | |
> |---|---:|
> | *Grundgebühr Nr. 4100 VV* | *165,00 €* |
> | *Verfahrensgebühr Nr. 4130 VV* | *470,00 €* |
> | *Terminsgebühr Nr. 4132 VV* | *285,00 €* |
> | ***Zwischensumme*** | ***920,00 €*** |
> | *abzgl. erhaltene Verfahrensgebühr nach Nr. 4302 Ziff. 2 VV* | *305,00 €* |
> | ***Restbetrag*** | ***615,00 €*** |

VIII. Anspruch gegen den Beschuldigten oder den Auftraggeber (§§ 52, 53)

21 Es wird auf die Erläuterungen Vorbem. 4.3 VV Rn. 43 verwiesen.

IX. Erstattungsfähigkeit

1. Allgemeines

22 Maßgeblich für die Erstattungsfähigkeit der in Nr. 4300 VV aufgeführten Gebühren ist die **Erstattungsfähigkeit der Gebühren des Vollverteidigers** oder des Vollvertreters. Wenn für dessen Gebühren die Erstattungsfähigkeit zu bejahen ist, sind auch die Gebühren des nur mit den

Verfahrensgebühr, Anfertigung, Unterzeichnung einer Schrift   Nr. 4300 VV

in Nr. 4300 VV aufgeführten Einzeltätigkeiten beauftragten Rechtsanwaltes erstattungsfähig. Für die Erstattung der Gebühren des nur mit einzelnen Tätigkeiten beauftragten Rechtsanwaltes gelten daher die Ausführungen zur Erstattungsfähigkeit der Gebühren des Verteidigers oder des sonstigen Vertreters entsprechend (s. hierzu auch Teil A: Kostenfestsetzung und Erstattung in Strafsachen, Rn. 842 ff. und Kostenfestsetzung und Erstattung in Bußgeldsachen, Rn. 833 ff.; Nr. 4130 VV Rn. 24 sowie Nr. 4124 VV Rn. 22 ff.).

2. Revision

Über die Kosten des Revisionsverfahrens wird nach § 473 Abs. 1 bis 4 StPO entschieden. Danach treffen die Kosten einer erfolglosen oder zurückgenommenen Revision denjenigen, der die Revision eingelegt hat. Wird der Angeklagte im Revisionsverfahren freigesprochen, gilt § 467 StPO. Der **Umfang** der zu **erstattenden Kosten** richtet sich nach **§ 464a Abs. 2 Nr. 2 StPO**. Zu den ggf. zu erstattenden notwendigen Auslagen gehören daher auch die Gebühren nach Nr. 4300 Ziff. 1 VV für die Anfertigung oder Unterzeichnung einer Revisionsbegründungsschrift, nach Nr. 4300 Ziff. 2 VV für die Anfertigung oder Unterzeichnung einer Schrift zur Erklärung auf die von dem Staatsanwalt, Privatkläger oder Nebenkläger eingelegte Revision oder nach Nr. 4302 Ziff. 1 VV für die bloße Einlegung einer Revision.   23

3. Revisionsrücknahme der Staatsanwaltschaft

Legt die Staatsanwaltschaft Revision ein und beauftragt der Angeklagte daraufhin einen Rechtsanwalt mit der Erklärung auf die von der Staatsanwaltschaft eingelegten Revision, entsteht hierdurch eine Verfahrensgebühr nach Nr. 4300 Ziff. 2 VV (vgl. hierzu Rn. 8, 13). Die Gebühr entsteht bereits, wenn der Rechtsanwalt mit der Revisionserwiderung als Einzeltätigkeit beauftragt ist und eine erste Tätigkeit entfaltet hat.   24

Von der **Entstehung** der Gebühr ist jedoch die Frage zu **unterscheiden**, ob die Gebühr **erstattungsfähig** ist (OLG Frankfurt am Main, NStZ-RR 1999, 351).

Die **Erstattungsfähigkeit** ist **umstritten, wenn** die Staatsanwaltschaft ihre Revision ohne Begründung **zurücknimmt**. Insoweit gilt im Einzelnen (vgl. auch Nr. 4124 VV Rn. 22 ff.):   25

- Von der wohl **herrschenden Meinung** wird die Auffassung vertreten, dass der Angeklagte **keinen Anspruch** auf Erstattung der ihm im Revisionsverfahren entstandenen Verteidigerkosten hat, wenn die Staatsanwaltschaft die von ihr eingelegte Revision vor der Einreichung der Revisionsbegründung zurücknimmt. Dies wird u.a. damit begründet, dass eine bis zur Rücknahme der Revision entfaltete anwaltliche Tätigkeit für den Angeklagten nicht verfahrensfördernd sein kann, sondern überflüssig ist, sodass dafür entstandene notwendige Auslagen nicht erstattungsfähig sind (vgl. z.B. KG, 19.05.2011 – 1 Ws 168/10; KG, RVGreport 2006, 352; OLG Koblenz, NStZ 2007, 423 = Rpfleger 2006, 670). Es besteht zwar ein subjektives Beratungsbedürfnis des Angeklagten, nicht aber das für die Erstattung maßgebende objektive Beratungsbedürfnis (vgl. hierzu OLG Rostock, JurBüro 2009, 541; KG, AGS 2006, 375 = RVGreport 2006, 352; OLG Celle, NStZ-RR 1996, 63; OLG Düsseldorf, JurBüro 1998, 424 = AnwBl. 1998, 611 = Rpfleger 1998, 441; OLG Frankfurt am Main, NStZ-RR 1999, 351; OLG Karlsruhe, Rpfleger 1995, 517; OLG Koblenz, NStZ 2007, 423 = Rpfleger 2006, 670; OLG Köln, Rpfleger 2003, 685; JurBüro 1993, 583; OLG Oldenburg, JurBüro 2002, 531; vgl. auch OLG Schleswig, SchlHA 2006, 299; LG Koblenz, JurBüro 2008, 154).

Nr. 4300 VV   *Verfahrensgebühr, Anfertigung, Unterzeichnung einer Schrift*

- Nach der **Gegenmeinung** ist die Begründung der Revision durch die Staatsanwaltschaft nicht Voraussetzung dafür, dass der mit der Gegenerklärung beauftragte Rechtsanwalt eine erstattungsfähige Gebühren auslösende Maßnahme wahrnehmen kann. Sie **gewährt** einen **Anspruch**. Mit der ersten Tätigkeit nach Auftragserteilung ist für den Rechtsanwalt die Verfahrensgebühr nach Nr. 4300 Ziff. 2 VV entstanden (vgl. Rn. 8, 13). Der Angeklagte hat ab Einlegung der Revision durch die Staatsanwaltschaft Handlungs- und Beratungsbedarf. Dieser hängt nicht von der Begründung der Revision ab (vgl. Nr. 4130 VV Rn. 24; OLG Hamburg, JurBüro 1997, 195; OLG Stuttgart, StV 1998, 615; LG Düsseldorf, JurBüro 2003, 646 zur Berufung; LG Heidelberg, StV 1998, 607 zur Berufung; LG Münster, AGS 2003, 314 zur Berufung; LG Zweibrücken, JurBüro 2006, 247; vgl. auch BGH, NJW 2003, 756 zur Erstattungsfähigkeit der Berufungsgebühr für eine in einer Zivilsache zur Fristwahrung eingelegte Berufung; KK StPO/Gieg, § 464a Rn. 10).

Da der mit der Einzeltätigkeit im Revisionsverfahren beauftragte Rechtsanwalt vor Eingang der Revisionsbegründung der Staatsanwaltschaft allerdings i.d.R. wenig zu veranlassen haben wird, ist in diesen Fällen die Gebühr nach Nr. 4300 Ziff. 2 VV gem. § 14 Abs. 1 im unteren Bereich anzusiedeln (AnwKomm-RVG/N. Schneider, VV 4130 – 4131 Rn. 18).

26 | **Hinweis:**

Gegen die Ablehnung der Erstattungsfähigkeit der Gebühr Nr. 4300 Ziff. 2 VV für die Revisionsgegenerklärung können die bei Nr. 4124 VV Rn. 23 ff. aufgeführten Argumente vorgebracht werden:

- § 91 Abs. 1 ZPO gilt im Strafverfahren nicht (LG Krefeld, AGS 1998, 185). Die durch Inanspruchnahme eines Rechtsanwalts entstandene Gebühr ist somit wegen **§ 91 Abs. 2 Satz 1 1. Halbs. ZPO** stets zu erstatten, ohne dass die ansonsten wegen § 91 Abs. 1 ZPO gebotene Notwendigkeitsprüfung anzustellen ist (BGH, NJW 2003, 1532; s. dazu auch Teil A: Kostenfestsetzung und Erstattung in Strafsachen, Rn. 867).

- Dem Angeklagten kann nicht aus Kostengründen **zugemutet** werden, seine Verteidigung erst dann vorzubereiten, wenn er Kenntnis von der Begründung des Rechtsmittels durch die Staatsanwaltschaft erhalten hat (OLG Celle, NStZ 1983, 129; LG Hannover, NJW 1976, 2031).

- Aus **Nr. 147 RiStBV** folgt für die Staatsanwaltschaft die Verpflichtung, ein eingelegtes Rechtsmittel auch tatsächlich durchzuführen. Der Angeklagte darf hierauf vertrauen und daher einen Rechtsanwalt beauftragen.

- Die Staatsanwaltschaft soll ein Rechtsmittel **nur ausnahmsweise vorsorglich** einlegen (vgl. auch Nr. 148 RiStBV). Daher muss der Angeklagte bei der Revisionseinlegung durch die Staatsanwaltschaft davon ausgehen, dass das Revisionsverfahren durchgeführt wird.

Nr. 4301 VV
Verfahrensgebühr für Einzeltätigkeiten (Privatklage u.a.)

Nr.	Gebührentatbestand	Gebühr oder Satz der Gebühr nach § 13 oder § 49 RVG	
		Wahlanwalt	gerichtlich bestellter oder beigeordneter Rechtsanwalt
4301	Verfahrensgebühr für 1. die Anfertigung oder Unterzeichnung einer Privatklage, 2. die Anfertigung oder Unterzeichnung einer Schrift zur Rechtfertigung der Berufung oder zur Beantwortung der von dem Staatsanwalt, Privatkläger oder Nebenkläger eingelegten Berufung, 3. die Führung des Verkehrs mit dem Verteidiger, 4. die Beistandsleistung für den Beschuldigten bei einer richterlichen Vernehmung, einer Vernehmung durch die Staatsanwaltschaft oder eine andere Strafverfolgungsbehörde oder in einer Hauptverhandlung, einer mündlichen Anhörung oder bei einer Augenscheinseinnahme, 5. die Beistandsleistung im Verfahren zur gerichtlichen Erzwingung der Anklage (§ 172 Abs. 2 bis 4, § 173 StPO) oder 6. sonstige Tätigkeiten in der Strafvollstreckung Neben der Gebühr für die Rechtfertigung der Berufung entsteht für die Einlegung der Berufung keine besondere Gebühr.	35,00 bis 385,00 EUR	168,00 EUR

Nr. 4301 VV   *Verfahrensgebühr für Einzeltätigkeiten (Privatklage u.a.)*

Übersicht

                                                                                                              Rn.

A. Überblick 1
    I. Entstehung der Norm/Regelungsgehalt 1
    II. Anwendungsbereich 3
B. Kommentierung 4
    I. Tätigkeiten und Verrichtungen i.S.d. Nr. 4301 Ziff. 1 bis Ziff. 6 VV 4
        1. Anfertigung oder Unterzeichnung einer Privatklage (Ziff. 1) 5
        2. Anfertigung oder Unterzeichnung einer Schrift zur Rechtfertigung der Berufung oder zur Beantwortung der von dem Staatsanwalt, Privatkläger oder Nebenkläger eingelegten Berufung (Ziff. 2) 7
            a) Anfertigung oder Unterzeichnung 7
            b) Berufungsbegründung und Gegenerklärung (wechselseitige Berufungen) 8
        4. Führung des Verkehrs mit dem Verteidiger (Ziff. 3) 9
        5. Beistandsleistung für den Beschuldigten bei einer richterlichen Vernehmung, einer Vernehmung durch die Staatsanwaltschaft oder eine andere Strafverfolgungsbehörde oder in einer Hauptverhandlung, einer mündlichen Anhörung oder bei einer Augenscheinseinnahme (Ziff. 4) 11
            a) Anwendungsbereich 11
            b) Hauptverhandlung 12
            c) Mehrere Termine 14
            d) Strafvollstreckung 15
            e) Zeugenbeistand 16
        6. Beistandsleistung im Verfahren zur gerichtlichen Erzwingung der Anklage – § 172 Abs. 2 bis 4, § 173 StPO (Ziff. 5) 17
        7. Sonstige Tätigkeiten in der Strafvollstreckung (Ziff. 6) 18
            a) Begriff der Strafvollstreckung 18
            b) Abgrenzung zur Verteidigertätigkeit 19
            c) Beschwerdeverfahren/Verfahren nach § 23 EGGVG 20
    II. Entstehen der Gebühr 21
    III. Abgeltungsbereich 22
        1. Allgemeines 22
        2. Beschwerdeverfahren 23
    IV. Persönlicher Geltungsbereich 24
    V. Mehrere Auftraggeber 25
    VI. Höhe der Gebühr 26
    VII. Anrechnung 28
    VIII. Anspruch gegen den Beschuldigten oder den Auftraggeber (§§ 52, 53) 29
    IX. Erstattungsfähigkeit 30
        1. Allgemeines 30
        2. Privatklage 31
        3. Berufung 32
        4. Berufungsrücknahme der Staatsanwaltschaft vor deren Begründung – Gebühr für die Gegenerklärung 33

Literatur:

S. die Hinweise bei Vorbem. 4.3 VV vor Rn. 1 und bei Vorbem. 4 VV vor Rn. 1

Verfahrensgebühr für Einzeltätigkeiten (Privatklage u.a.)   *Nr. 4301 VV*

A. Überblick

I. Entstehung der Norm/Regelungsgehalt

Nr. 4301 VV regelt die Verfahrensgebühr für die aufgeführten Einzeltätigkeiten des Rechtsanwalts, ohne dass ihm sonst die Verteidigung oder Vertretung übertragen ist (vgl. Vorbem. 4.3 Abs. 1 VV). Zu diesen Einzeltätigkeiten gehören   **1**

- die Anfertigung oder Unterzeichnung einer **Privatklage** (Ziff. 1),
- die Anfertigung oder Unterzeichnung einer Schrift zur Rechtfertigung der Berufung oder zur Beantwortung der von dem Staatsanwalt, Privatkläger oder Nebenkläger eingelegten **Berufung** (Ziff. 2),
- die Führung des **Verkehrs** mit dem **Verteidiger** (Ziff. 3),
- die **Beistandsleistung** für den Beschuldigten bei einer richterlichen Vernehmung, einer Vernehmung durch die Staatsanwaltschaft oder eine andere Strafverfolgungsbehörde oder in einer Hauptverhandlung, einer mündlichen Anhörung oder bei einer Augenscheinseinnahme (Ziff. 4),
- die **Beistandsleistung** im Verfahren zur gerichtlichen **Erzwingung** der **Anklage** (§ 172 Abs. 2 bis 4, § 173 StPO; Ziff. 5)
- oder **sonstige Tätigkeiten** in der **Strafvollstreckung** (Ziff. 6).

> **Hinweis:**   **2**
> Geregelt wird in Nr. 4301 Ziff. 6 VV die Gebühr des Rechtsanwaltes, der **nicht Verteidiger** oder **sonstiger Vollvertreter** (z.B. Vertreter des Nebenklägers, vgl. Vorbem. 4.3 Abs. 1 VV) ist, für sonstige Tätigkeiten in der **Strafvollstreckung**. Für den Verteidiger oder sonstigen Vollvertreter gelten für die Tätigkeit in der Strafvollstreckung Nr. 4200 ff. VV. Auf die Erläuterungen zu Vorbem. 4.2 VV Rn. 11 f. und zu Vorbem. 4.3 VV Rn. 12 ff. wird verwiesen.

II. Anwendungsbereich

Es wird insoweit auf die Erläuterungen zur Vorbem. 4.3 VV Rn. 4 ff. verwiesen. Auf den **Beistand eines Zeugen oder Sachverständigen** findet der Gebührentatbestand nur dann Anwendung, wenn der Beistand mit einer Einzeltätigkeit beauftragt worden ist (vgl. dazu ausführlich Vorbem. 4.3 VV Rn. 19 ff.).   **3**

B. Kommentierung

I. Tätigkeiten und Verrichtungen i.S.d. Nr. 4301 Ziff. 1 bis Ziff. 6 VV

Der Rechtsanwalt erhält die Verfahrensgebühr für bestimmte **genau festgelegte** Tätigkeiten und Verrichtungen.   **4**

1. Anfertigung oder Unterzeichnung einer Privatklage (Ziff. 1)

Die Verfahrensgebühr entsteht sowohl für die **Anfertigung** als auch die **Unterzeichnung** der Privatklage. Die Gebühr kann nur entstehen, wenn der Rechtsanwalt **nicht** als **Vollvertreter** des Privatklägers tätig wird (Hartung/Römermann/Schons, 4301 VV Rn. 5). Der Vertreter des Privatklägers erhält die Verteidigergebühren aus Teil 4, Abschnitt 1 VV (vgl. Vorbem. 4 Abs. 1 VV).   **5**

Nr. 4301 VV   *Verfahrensgebühr für Einzeltätigkeiten (Privatklage u.a.)*

Beide Tätigkeiten (Anfertigung/Unterzeichnung) sind gebührenrechtlich gleichwertig. Fertigt der Rechtsanwalt die Privatklage und unterzeichnet sie dann, fällt die Gebühr nur einmal und nicht doppelt für die Anfertigung und Unterzeichnung an (Hartung/Römermann/Schons, 4300 VV Rn. 3; Gerold/Schmidt/Burhoff, VV 4301 Rn. 3). Unterzeichnet der Rechtsanwalt lediglich die nicht von ihm selbst erstellte Privatklage, fällt die Gebühr ebenfalls an.

> **Hinweis:**
>
> Die **Einigungsgebühr Nr. 4146 VV** kann nicht neben der Gebühr nach Nr. 4301 Ziff. 1 VV anfallen, weil der Rechtsanwalt die Einigungsgebühr nur erhält, wenn er im Privatklageverfahren tätig war. Das Privatklageverfahren wird aber durch die Anfertigung oder die Unterzeichnung der Privatklage erst vorbereitet (Hartung/Römermann/Schons, 4301 VV Rn. 6; Gerold/Schmidt/Burhoff, VV 4301 Rn. 4).

6   Nach § 380 Abs. 1 StPO ist die Privatklage wegen Hausfriedensbruchs, Beleidigung, Verletzung des Briefgeheimnisses, Körperverletzung (§§ 223, 229 StGB), Bedrohung und Sachbeschädigung erst zulässig, nachdem von einer durch die Landesjustizverwaltung zu bezeichnenden Vergleichsbehörde die Sühne erfolglos versucht worden ist. Der Rechtsanwalt darf den unbedingten Einzelauftrag zur Anfertigung oder Unterzeichnung der Privatklage daher erst dann **übernehmen**, wenn der **Sühneversuch erfolglos** geblieben ist. Vorher kann eine Gebühr nach Nr. 4301 Ziff. 1 VV nicht berechnet werden (Gerold/Schmidt/Madert, VV 4300 – 4304 Rn. 14).

> **Hinweis:**
>
> Im Fall der **späteren Beauftragung** des Rechtsanwalts mit der Vertretung im Privatklageverfahren ist die Gebühr nach Nr. 4301 Ziff. 1 VV auf die später entstehenden Gebühren nach Nrn. 4100 ff. VV gem. Vorbem. 4.3 Abs. 4 VV **anzurechnen**, soweit dieselbe Angelegenheit betroffen ist (vgl. Vorbem. 4.3 VV Rn. 39 ff.).

2. Anfertigung oder Unterzeichnung einer Schrift zur Rechtfertigung der Berufung oder zur Beantwortung der von dem Staatsanwalt, Privatkläger oder Nebenkläger eingelegten Berufung (Ziff. 2)

a) Anfertigung oder Unterzeichnung

7   Nr. 4301 Ziff. 2 VV fasst die in Nr. 4300 Ziff. 1 und 2 bei der Revision gesondert ausgewiesenen Tatbestände **für die Berufung** zu einem Gebührentatbestand zusammen. Eine inhaltliche Änderung ist damit jedoch nicht verbunden (vgl. Hartung/Römermann/Schons, 4301 VV Rn. 7). Die Gebühr entsteht wegen Vorbem. 4.3 Abs. 3 Satz 2 VV, § 15 Abs. 4 VV auch, wenn der Rechtsanwalt die Begründung nur entwirft und sie der Mandant dann anschließend selbst einreicht (Gerold/Schmidt/Burhoff, VV 4301 Rn. 6). Ebenso reicht es aus, wenn der Mandant die Begründung entwirft und sie der Rechtsanwalt anschließend unterschreibt. Nicht ausreichend ist nach dem Wortlaut, wenn der Rechtsanwalt die vom Mandanten gefertigte Begründung nicht unterzeichnet, sondern nur bei Gericht einreicht (so aber Gerold/Schmidt/Burhoff, VV 4301 Rn. 6; AnwKomm-RVG/N. Schneider, VV 4301 Rn. 5). Hier liegt dann eher eine sonstige Beistandsleistung nach Nr. 4302 Ziff. 3 VV vor.

Verfahrensgebühr für Einzeltätigkeiten (Privatklage u.a.) Nr. 4301 VV

Neben der Gebühr für die **Berufungsbegründung** kann nach der Anm. zu Nr. 4301 VV keine Gebühr für die Einlegung der Berufung (Nr. 4302 Ziff. 1 VV) erhoben werden. Hat der Rechtsanwalt erst Berufung eingelegt und dafür eine Gebühr nach Nr. 4302 Ziff. 1 VV verdient, erhöht sich diese nach Begründung zu einer Gebühr Nr. 4301 Ziff. 2 VV.

Wie bei der Revision erhält der Rechtsanwalt für die Fertigung der **Gegenerklärung**/Erwiderung auf die Berufung eines anderen Verfahrensbeteiligten eine Gebühr nach Nr. 4301 Ziff. 2 VV. Von der Entstehung dieser Gebühr ist allerdings deren Erstattungsfähigkeit zu unterscheiden (vgl. hierzu Rn. 33). Die Stellungnahme des die Berufungsbegründung fertigenden Rechtsanwalts auf die Gegenerklärung des Berufungsgegners ist mit der Gebühr für die Berufungsbegründung abgegolten, Vorbem. 4.3 Abs. 3 Satz 2 VV i.V.m. § 15 Abs. 1 (AnwKomm-RVG/N. Schneider, VV 4300 Rn. 5).

Wegen weiterer Einzelheiten, insbesondere zur Frage, inwieweit die Tätigkeit durch die Gebühren der **Vorinstanz abgegolten** ist, wird auf Nr. 4300 VV Rn. 4–8 verwiesen, die entsprechend gelten.

b)   Berufungsbegründung und Gegenerklärung (wechselseitige Berufungen)

Wird der Rechtsanwalt sowohl mit der Fertigung der Berufungsbegründung als auch mit der Erwiderung auf die z.B. von der Staatsanwaltschaft eingelegte Berufung als Einzeltätigkeit beauftragt, erhält der Rechtsanwalt **zwei Verfahrensgebühren** nach Nr. 4301 Ziff. 2 VV, da es sich um zwei eigenständige Einzelaufträge und damit um zwei verschiedene Angelegenheiten handelt (vgl. AnwKomm-RVG/N. Schneider, VV 4301 Rn. 7). Das gilt natürlich auch für die bloße Einlegung der Berufung (insoweit entsteht die Gebühr Nr. 4302 Ziff. 1 VV) und die Gegenerklärung zur Berufung eines anderen Verfahrensbeteiligten. Die Anm. zu Nr. 4301 VV erfasst diese Fälle nicht. Allerdings ist § 15 Abs. 6 zu beachten, sodass der Rechtsanwalt nie mehr als eine Gebühr nach Nr. 4124 VV verdienen kann (vgl. dazu das Beispiel bei Nr. 4300 VV Rn. 9, das für die Berufung entsprechend gilt). Wegen weiterer Einzelheiten wird auf die Erläuterungen zu Nr. 4300 VV Rn. 8 f. verwiesen, die entsprechend gelten. 8

4.   Führung des Verkehrs mit dem Verteidiger (Ziff. 3)

Die Gebühr Nr. 4301 Ziff. 3 VV ist mit der in Teil 3, Abschnitt 4 VV geregelten **Verkehrsgebühr** Nr. 3400 VV vergleichbar. Der Gebührentatbestand gilt nach dem Wortlaut **nur** für die **Führung** des **Verkehrs** des Beschuldigten mit dem **Verteidiger** durch den mit dieser Einzeltätigkeit betrauten Rechtsanwalt. Erfasst wird aber auch die Führung des Verkehrs z.B. mit dem Vertreter des Nebenklägers oder des Privatklägers, weil Vorbem. 4 Abs. 1 VV bestimmt, dass für diese Vertreter die Vorschriften des Teil 4 VV entsprechend anzuwenden sind (AnwKomm-RVG/ N. Schneider, VV 4301 Rn. 8; Hartung/Römermann/Schons, 4301 VV Rn. 8; Gerold/Schmidt/ Burhoff, VV 4301 Rn. 10). Mit der **Führung des Verkehrs** ist die Beratung des Mandanten, Besprechungen mit ihm und die Korrespondenz mit dem Verteidiger bzw. dem sonstigen Vertreter zu verstehen. Wird der Rechtsanwalt zusätzlich als Einzeltätigkeit mit der Wahrnehmung von Terminen beauftragt, entsteht unter Berücksichtigung von § 15 Abs. 6 (vgl. Vorbem. 4.3 Abs. 3 Satz 2 VV) ggf. zusätzlich die Gebühr nach Nr. 4301 Ziff. 4 VV, vgl. Vorbem. 4.3 Abs. 3 Satz 1 VV (vgl. Vorbem. 4.3 VV Rn. 30; AnwKomm-RVG/N. Schneider, VV 4301 Rn. 10; Gerold/ Schmidt/Burhoff, VV 4301 Rn. 12). 9

Nr. 4301 VV   *Verfahrensgebühr für Einzeltätigkeiten (Privatklage u.a.)*

10 Führt der Rechtsanwalt den Verkehr mit dem Verteidiger oder dem sonstigen Vertreter auftragsgemäß in **mehreren Rechtszügen**, entsteht die **Verkehrsgebühr** nach Nr. 4301 Ziff. 3 VV für **jeden Rechtszug gesondert**. Das ist Ausfluss der Bestimmung in Vorbem. 4.3 Abs. 3 Satz 2 VV, wonach § 15 unberührt bleibt. Nach § 15 Abs. 2 Satz 1 kann auch der **mit Einzeltätigkeiten betraute** Rechtsanwalt die Gebühren in jedem Rechtszug fordern (vgl. Vorbem. 4.3 VV Rn. 31; Hartung/Römermann/Schons, 4301 VV Rn. 9; AnwKomm-RVG/N. Schneider, VV 4301 Rn. 11; Gerold/Schmidt/Burhoff, VV 4301 Rn. 13; zum Begriff des Rechtszugs s. auch Teil A: Rechtszug [§ 19], Rn. 1198 ff.; Teil A: Angelegenheiten [§§ 15 ff.], Rn. 66 ff.).

5. Beistandsleistung für den Beschuldigten bei einer richterlichen Vernehmung, einer Vernehmung durch die Staatsanwaltschaft oder eine andere Strafverfolgungsbehörde oder in einer Hauptverhandlung, einer mündlichen Anhörung oder bei einer Augenscheinseinnahme (Ziff. 4)

a) Anwendungsbereich

11 Der Gebührentatbestand Nr. 4301 Ziff. 4 VV gilt nach dem Wortlaut nur für **die Beistandsleistung** für den **Beschuldigten**. Erfasst wird aber auch die Beistandsleistung für die in Vorbem. 4 Abs. 1 VV aufgeführten sonstigen Verfahrensbeteiligten (z.B. Privat- oder Nebenkläger, Zeugen; vgl. AnwKomm-RVG/N. Schneider, VV 4301 Rn. 13; Hartung/Römermann/Schons, 4301 VV Rn. 9; Gerold/Schmidt/Burhoff, VV 4301 Rn. 14).

Im Fall der **vorzeitigen Beendigung** gilt § 15 Abs. 4 (vgl. Vorbem. 4.3 Abs. 3 Satz 2 VV, vgl. die Erläuterungen zu Vorbem. 4.3 VV Rn. 29). Der Rechtsanwalt erhält die Verfahrensgebühr daher auch dann, wenn es zu einer Beistandsleistung in einem Termin nicht gekommen ist, er aber nach Erteilung des Einzelauftrags bzw. nach seiner Bestellung bereits eine erste Tätigkeit entfaltet hat. Die Anwendung von Vorbem. 4 Abs. 3 Satz 3 VV (geplatzter Termin) ist nicht erforderlich. Zudem bezieht sich die Regelung auch nur auf die Terminsgebühr. Der geringere Umfang der Tätigkeit des Rechtsanwalts ist dann bei der Gebührenbemessung gem. § 14 Abs. 1 zu berücksichtigen (vgl. AnwKomm-RVG/N. Schneider, VV 4301 Rn. 20).

b) Hauptverhandlung

12 Nr. 4301 Ziff. 4 VV gilt ausdrücklich auch für die **Beistandsleistung** in einer **Hauptverhandlung**. Dies kann dann praktisch werden, wenn der auswärtige Verteidiger einen Anwalt am Ort des Prozessgerichts mit der Wahrnehmung des Hauptverhandlungstermins als Einzeltätigkeit beauftragt (vgl. AnwKomm-RVG/N. Schneider, VV 4301 Rn. 15; Hartung/Römermann/Schons, 4301 VV Rn. 14). Insbesondere fallen noch **folgende weitere Beistandsleistungen** unter Nr. 4301 Ziff. 4 VV (vgl. auch Gerold/Schmidt/Burhoff, VV 4301 Rn. 15):

13
- richterliche Vernehmung wegen des Haftbefehls (§§ 115 ff. StPO),
  - Haftprüfungstermin (§§ 118 ff. StPO), für den Vollverteidiger bzw. -vertreter vgl. insoweit Nr. 4102 VV,
  - Verhandlung über die Fortdauer der Untersuchungshaft, § 122 Abs. 2 StPO,
  - Verhandlung über den Unterbringungsbefehl, § 126a StPO,
  - richterliche Zeugenvernehmung nach § 168c StPO,

Verfahrensgebühr für Einzeltätigkeiten (Privatklage u.a.)   Nr. 4301 VV

- Vernehmung vor der Staatsanwaltschaft oder eine anderen Strafverfolgungsbehörde nach § 163a Abs. 3 StPO,
- Vernehmung vor dem beauftragten oder ersuchten Richter nach § 223 StPO,
- Augenscheinseinnahme gem. §§ 86, 87 und 225 StPO,
- Teilnahme an Durchsuchungen (vgl. AnwKomm-RVG/N. Schneider, VV 4301 Rn. 118; Hartung/Römermann/Schons, 4301 VV Rn. 17),
- Beistandsleistung bei einer Anhörung im Strafvollstreckungsverfahren, vgl. Rn. 17 und Nr. 4300 VV Rn. 11 und Rn. 12,
- Termine über die nachträgliche **Bewährungsaussetzung gem. § 57 JGG** oder über die **Aussetzung der Verhängung der Jugendstrafe zur Bewährung nach § 27 JGG**; für den Verteidiger gilt Nr. 4102 VV (vgl. hierzu Teil A: Umfang des Vergütungsanspruch gegen die Staatskasse [§ 48 Abs. 1], Rn. 1425 f.); diese Termine gehören noch nicht zur Strafvollstreckung, vgl. Vorbem. 4.2 VV Rn. 8; vgl. auch OLG Karlsruhe, StV 1998, 348; LG Mannheim, AGS 2008, 179 = RVGprofessionell 2008, 26 = StRR 2008, 120 = RVGreport 2008, 145).

c) Mehrere Termine

Ist der Rechtsanwalt mit der Beistandsleistung als Einzeltätigkeit in **mehreren Terminen** beauftragt, kann die Verfahrensgebühr nach Vorbem. 4.3 Abs. 3 Satz 1 VV zwar grds. **mehrfach** entstehen, allerdings mit der Begrenzung nach § 15 Abs. 6 (vgl. Hartung/Römermann/Schons, 4301 VV Rn. 15). Allerdings ist zu beachten, dass trotz mehrerer Einzelaufträge insgesamt nur eine einheitliche Angelegenheit vorliegen kann (vgl. Vorbem. 4.3 VV Rn. 30 f.; AnwKomm-RVG/ N. Schneider, VV Vorb. 4.3 Rn. 13). Ob dieselbe oder verschiedene Angelegenheiten vorliegen, ist anhand der einschlägigen Kriterien (einheitlicher Auftrag, einheitlicher Tätigkeitsrahmen, innerer Zusammenhang; vgl. hierzu BGH, JurBüro 1984, 537; AnwKomm-RVG/N. Schneider, § 15 Rn. 22; s. auch Teil A: Angelegenheiten [§§ 15 ff.], Rn. 66 ff.) im Einzelfall zu prüfen. Daher kann trotz getrennter Einzelaufträge, mehrere Termine wahrzunehmen, insgesamt dieselbe Angelegenheit vorliegen mit der Folge, dass die Gebühr nach Nr. 4301 Ziff. 4 VV nur einmal anzusetzen ist (AnwKomm-RVG/N. Schneider, VV Vorb. 4.3 Rn. 13, VV 4301 Rn. 21).   **14**

> *Beispiel (vgl. AnwKomm-RVG/N. Schneider, VV 4301 Rn. 21):*
>
> *Rechtsanwalt R wird im vorbereitenden Verfahren mit der Beistandsleistung an einer Zeugenvernehmung vor dem AG Köln beauftragt. Später nimmt er in der Sache auftragsgemäß an einer weiteren Zeugenvernehmung vor dem AG Aachen teil.*
>
> *R erhält zwei Verfahrensgebühren nach Nr. 4301 Ziff. 4 VV, weil er mehrere Einzelaufträge ausgeführt hat. Es darf jedoch gem. § 15 Abs. 6 nicht mehr erhoben werden als die Verteidigergebühren nach Nr. 4100, 4102 und 4104 VV.*

d) Strafvollstreckung

Die **Terminswahrnehmung** in der **Strafvollstreckung** fällt als Einzeltätigkeit unter Nr. 4301 Ziff. 4 VV und nicht unter Nr. 4301 Ziff. 6 VV (Hartung/Römermann/Schons, 4301 VV Rn. 17; AnwKomm-RVG/N. Schneider, VV 4301 Rn. 17; Gerold/Schmidt/Burhoff, VV 4301 Rn. 15). Als Einzeltätigkeit nach Nr. 4301 Ziff. 4 VV kommt z.B. die Beistandsleistung in einem Anhörungstermin zur Frage des **Widerrufs** der Strafaussetzung zur Bewährung, zur Aussetzung des Strafrestes **bei lebenslanger Freiheitsstrafe** (§ 57a StGB) oder im **Überprüfungsverfahren**   **15**

Nr. 4301 VV *Verfahrensgebühr für Einzeltätigkeiten (Privatklage u.a.)*

gem. § 67e StGB in Betracht, wenn der Rechtsanwalt nur hiermit und nicht mit der Vertretung im gesamten Verfahren beauftragt war (vgl. zur Einzeltätigkeit nach §§ 57a, 67e StGB auch Nr. 4300 VV Rn. 10). Dann gelten Nr. 4200 ff. VV.

> **Hinweis:**
> Ist der Rechtsanwalt zunächst mit der Anfertigung oder Unterzeichnung einer Schrift in Verfahren nach den **§§ 57a und 67e StGB** und anschließend mit der Terminswahrnehmung in diesen Verfahren als Einzeltätigkeit beauftragt worden, fallen die Gebühren nach Nr. 4300 Ziff. 3 VV und Nr. 4301 Ziff. 4 VV gesondert an, vgl. Vorbem. 4.3 Abs. 3 Satz 1 VV. Allerdings ist dann § 15 Abs. 6 zu beachten, Vorbem. 4.3 Abs. 3 Satz 2 VV (vgl. Nr. 4300 VV Rn. 10 ff.).

e) Zeugenbeistand

16 Wird der **Zeugenbeistand** nur mit einer **einzelnen Tätigkeit** beauftragt, bspw. der Anfertigung einer Erklärung, ist Teil 4, Abschnitt 3 VV anwendbar (Nr. 4302 Ziff. 2 VV; Hartung/Römermann/Schons, Vorbem. 4.3 VV Rn. 6). Das dürfte entsprechend gelten, wenn der Zeugenbeistand nicht gem. § 68b Abs. 2 StPO für die Dauer der Vernehmung des Zeugen (vgl. hierzu Vorbem. 4 VV und Rn. 11 ff.), sondern konkret nur für die Beistandsleistung in einem bestimmten Termin beigeordnet worden ist (vgl. AnwKomm-RVG/N. Schneider, VV Vorbem. 4.3 Rn. 16; vgl. auch KG, StRR 2008, 117 = RVGreport 2008, 227 = AGS 2008, 130, für den im Auslieferungsverfahren für die Teilnahme an der richterlichen Vernehmung eines Zeugen aufgrund eines auswärtigen Rechtshilfeersuchens beigeordneten Zeugenbeistand, s. dazu aber auch Nr. 6101 VV Rn. 11). In diesem Fall erstattet die Staatskasse nur die Gebühr für die Beistandsleistung in dem Termin nach Nr. 4301 Ziff. 4 VV. Auf darüber hinausgehende Unterstützungshandlungen für den Zeugen erstreckt sich die Bestellung allerdings nicht (KG, NStZ-RR 2009, 327 = StRR 2009, 398 = RVGreport 2009, 310; OLG Hamm, NStZ-RR 2008, 96). Legt daher der nur für die Beistandsleistung in dem Termin bestellte Zeugenbeistand Rechtsmittel für den Zeugen z.B. gegen die Anordnung von Beugehaft ein, ist diese weitere Einzeltätigkeit nicht von der Bestellung umfasst und löst keinen weiteren Anspruch gegen die Staatskasse aus (KG, NStZ-RR 2009, 327 = StRR 2009, 398 = RVGreport 2009, 310). Auf die Erläuterungen zu Vorbem. 4.3 VV Rn. 19 ff. und auf Vorbem. 4.1 VV Rn. 5 ff. wird im Übrigen verwiesen.

6. Beistandsleistung im Verfahren zur gerichtlichen Erzwingung der Anklage – § 172 Abs. 2 bis 4, § 173 StPO (Ziff. 5)

17 Nr. 4301 Ziff. 5 VV gilt sowohl für die Beistandsleistung für den Antragsteller (vgl. § 172 Abs. 2 StPO) als auch für den Beschuldigten, allerdings nur, soweit keine Verteidigertätigkeit vorliegt (§ 173 Abs. 2 StPO; AnwKomm-RVG/N. Schneider, VV 4301 Rn. 25). Unter Nr. 4301 Ziff. 5 VV fällt nur die Beistandsleistung in dem in §§ 172 Abs. 2 bis 4 und 173 StPO geregelten Verfahren (Gerold/Schmidt/Burhoff, VV 4301 Rn. 17; Hartung/Römermann/Schons, 4301 VV Rn. 20). Die Beistandsleistung im **Beschwerdeverfahren** nach § 172 Abs. 1 StPO fällt unter Nr. 4302 Ziff. 3 VV (Gerold/Schmidt/Burhoff, VV 4301 Rn. 17; Hartung/Römermann/Schons, VV 4301 Rn. 20) bzw. unter Nr. 4302 Ziff. 1 und 2 VV (AnwKomm-RVG/N. Schneider, VV 4301 Rn. 23). Wird der Rechtsanwalt nur mit der Einlegung der Beschwerde nach § 172 Abs. 1 StPO beauftragt, entsteht eine Gebühr nach Nr. 4302 Ziff. 1 VV (so auch Gerold/Schmidt/Burhoff, VV 4301 Rn. 17;

Verfahrensgebühr für Einzeltätigkeiten (Privatklage u.a.)   Nr. 4301 VV

vgl. aber auch OLG Stuttgart, 24.04.2008 - 2 ARs 21/08, wonach keine Gebühren nach Nr. 4301 Ziff. 5 VV sowie Nr. 4302 Ziff. 3 VV anfallen, wenn der Rechtsanwalt dem Antragsteller im Klageerzwingungsverfahren als Beistand bestellt worden ist, sondern die Abrechnung dann nach Teil 4 Abschnitt 1 VV erfolgt).

> **Hinweis:**
>
> Es liegen **verschiedene Angelegenheiten** vor, wenn der Rechtsanwalt als Einzeltätigkeit sowohl mit der Beschwerde nach § 172 Abs. 1 StPO als auch im Verfahren nach §§ 172 Abs. 2, 173 StPO beauftragt wird (AnwKomm-RVG/N. Schneider, VV 4301 Rn. 24). Die Gebühren nach Nr. 4301 Ziff. 5 VV und Nr. 4302 VV entstehen dann nebeneinander.

7. Sonstige Tätigkeiten in der Strafvollstreckung (Ziff. 6)

a) Begriff der Strafvollstreckung

Unter den Gebührentatbestand Nr. 4301 Ziff. 6 ff. fallen **nur** die **sonstigen Einzeltätigkeiten**   18
in der **Strafvollstreckung**. Es muss sich somit um eine Einzeltätigkeit in der **Strafvollstreckung** handeln (vgl. dazu und insbesondere zur Abgrenzung zum **Strafvollzug** Vorbem. 4.2 Rn. 3 ff.). Einzelne Anträge oder einzelne Tätigkeiten nach dem **StVollzG** werden daher weder von Nr. 4301 Ziff. 6 VV noch von einer anderen Bestimmung in Teil 4, Abschnitt 3 VV erfasst (a.A. aber wohl AnwKomm-RVG/N. Schneider, VV 4301 VV Rn. 28, Anträge auf Haftvergünstigung). Sie fallen unter Teil 3 VV (Nr. 3403 VV; Gerold/Schmidt/Müller-Rabe, VV 3403 Rn. 3) Ebenfalls nicht unter Nr. 4301 Ziff. 6 VV fällt die Stellung eines Antrags gem. §§ 23 ff. EGGVG aufgrund eines Einzelauftrags gegen **Maßnahmen der Vollstreckungsbehörde** im Zusammenhang mit der Strafvollstreckung, sofern die Maßnahmen nicht **ausnahmsweise** aufgrund gesetzlicher Anordnung in §§ 449 ff. StPO der umfassenden Beurteilung durch das Gericht (**LG/Strafvollstreckungskammer**) unterliegen (vgl. Vorbem. 4.2 VV Rn. 10). So wird z.B. die Entscheidung der Vollstreckungsbehörde über die Zurückstellung der Strafvollstreckung gem. § 35 BtMG im Verfahren gem. **§§ 23 ff. EGGVG** überprüft. Die Gebühr für die Stellung eines Antrages nach § 23 ff. EGGVG als Einzeltätigkeit richtet sich nach Teil 3 VV (Nr. 3403 VV; vgl. hierzu auch Teil A: Verfahren nach dem Strafvollzugsgesetz und ähnliche Verfahren, Rn. 1441 ff.).

Nicht erfasst wird von Nr. 4301 Ziff. 6 VV die Anfertigung oder Unterzeichnung einer Schrift in Verfahren nach den **§§ 57a und 67e StGB**, weil insoweit Nr. 4300 Ziff. 3 VV eine besondere Verfahrensgebühr enthält. Auf die entsprechende Komm. zu Nr. 4300 VV Rn. 10 ff. wird verwiesen. Die **Terminswahrnehmung** in der **Strafvollstreckung** fällt als Einzeltätigkeit unter Nr. 4301 Ziff. 4 VV und nicht unter Nr. 4301 Ziff. 6 VV (vgl. Rn. 15). Bei Nr. 4301 Ziff. 6 VV handelt es sich somit um einen **Auffangtatbestand** (so auch AnwKomm-RVG/N. Schneider, VV 4302 Rn. 28). Auf die Erläuterungen zu Nr. 4204 VV Rn. 2 wird verwiesen.

Erfasst von der Regelung werden die Einzeltätigkeiten in allen sonstigen im Abschnitt „Strafvollstreckung" der StPO (vgl. §§ 449 bis 463d StPO) geregelten Verfahren. Nr. 4301 Ziff. 6 VV gilt also, wenn der Rechtsanwalt nicht Verteidiger in der Strafvollstreckung ist (dann gelten Nrn. 4200 ff. VV) und Nr. 4300 Ziff. 3 VV und Nr. 4301 Ziff. 4 nicht einschlägig sind. Hierzu gehören daher z.B. **Einzeltätigkeiten** in Verfahren

Nr. 4301 VV *Verfahrensgebühr für Einzeltätigkeiten (Privatklage u.a.)*

- gem. § 453 StPO, die sich auf eine Strafaussetzung zur Bewährung oder eine Verwarnung mit Strafvorbehalt beziehen (vgl. §§ 56a bis 56g, 58, 59a, 59b StGB),
- gem. § 454 StPO über die Aussetzung der Vollstreckung des Restes einer Freiheitsstrafe zur Bewährung (§§ 57 bis 58 StGB), soweit nicht § 57a StGB einschlägig ist und die Voraussetzungen von Nr. 4300 Ziff. 3 VV vorliegen,
- gem. §§ 455, 456 StPO (Aufschub der Strafvollstreckung)
- gem. § 456a StPO (Absehen von der Strafvollstreckung)
- gem. § 458 StPO, wenn über die Auslegung eines Strafurteils oder über die Berechnung der erkannten Strafe Zweifel entstehen oder wenn Einwendungen gegen die Zulässigkeit der Strafvollstreckung erhoben werden,
- gem. § 459a StPO über die Bewilligung von Zahlungserleichterungen bei Geldstrafen (§ 42 StGB).

Die Stellung eines Antrags nach § 35 BtMG auf Zurückstellung der Strafvollstreckung als Einzeltätigkeit fällt ebenfalls unter Nr. 4302 Ziff. 6 VV (vgl. OLG Schleswig, SchlHA 2007, 278; zum Antrag gem. §§ 23 ff. EGGVG vgl. Rn. 20).

> **Hinweis:**
> **Keine sonstige Einzeltätigkeit** in der Strafvollstreckung liegt vor, wenn der Rechtsanwalt mit der Verteidigung oder Vertretung für das **gesamte** jeweilige Strafvollstreckungsverfahren beauftragt oder insoweit bestellt worden ist (vgl. hierzu Vorbem. 4.2 VV Rn. 9 ff.; Vorbem. 4.3 VV Rn. 12 f.). Hier richten sich die Gebühren nach Teil 4, Abschnitt 2 VV, insbesondere also nach Nrn. 4204 ff. VV. Verteidigertätigkeit kann daher auch dann vorliegen, wenn der Rechtsanwalt erst im Verfahren über den Widerruf der Strafaussetzung (vgl. § 56f StGB) beauftragt worden ist (OLG Frankfurt am Main, NStZ-RR 2005, 253 = RVGreport 2007, 35 = AGS 2006, 76).

b) Abgrenzung zur Verteidigertätigkeit

19 Der Rechtsanwalt muss somit zur Anwendung der in **Teil 4 Abschnitt 2 VV** geregelten Gebühren aufgrund des ihm erteilten **umfassenden Mandats** als Verteidiger bzw. Vollvertreter anzusehen sein. Verteidigertätigkeit kann auch dann vorliegen, wenn der Rechtsanwalt erst im Verfahren über den Widerruf der Strafaussetzung (vgl. § 56f StGB) beauftragt worden ist (OLG Frankfurt am Main, NStZ-RR 2005, 253 = RVGreport 2007, 35 = AGS 2006, 76). Nur wenn er insoweit nicht mit der Vertretung im gesamten Verfahren, sondern mit einer einzelnen Tätigkeit betraut ist, richtet sich die Vergütung nach Nr. 4301 Ziff. 6 VV.

Wird der Rechtsanwalt zunächst mit der Anfertigung oder Unterzeichnung eines Schriftsatzes in einem nicht in Nr. 4300 Ziff. 3 VV aufgeführten Verfahren beauftragt und erhält er sodann den Auftrag, den Verurteilten auch bei einer gerichtlichen Anhörung zu vertreten, erhält der Rechtsanwalt neben der Gebühr nach Nr. 4301 Ziff. 6 VV für die Anfertigung des Schriftsatzes für die Teilnahme an der Anhörung eine weitere Gebühr nach Nr. 4301 Ziff. 4 VV. Einer Anwendung von Nr. 4301 Ziff. 6 VV bedarf es hier nicht, weil die **Beistandsleistung bei einer gerichtlichen Anhörung** ausdrücklich von Nr. 4301 Ziff. 4 VV erfasst wird (vgl. Hartung/Römermann/Schons,

Verfahrensgebühr für Einzeltätigkeiten (Privatklage u.a.) *Nr. 4301 VV*

4301 VV Rn. 17; Gerold/Schmidt/Burhoff, VV 4301 Rn. 15; AnwKomm-RVG/N. Schneider, VV 4301 Rn. 17).

> **Hinweis:**
> Sonstige Einzeltätigkeiten in der Strafvollstreckung werden von dem **Auffangtatbestand** in Nr. 4301 Ziff. 6 VV erfasst. Ziff. 6 findet dann Anwendung, wenn die Tätigkeit des Rechtsanwalts nicht anderweitig ausdrücklich geregelt ist. So fällt die Beistandsleistung in einer richterlichen Vernehmung unter die ausdrückliche Regelung in Nr. 4301 Ziff. 4 VV und nicht unter Nr. 4301 Ziff. 6 VV. Die Gebühr nach Nr. 4300 Ziff. 3 VV entsteht ausschließlich nur für die Anfertigung oder Unterzeichnung einer Schrift in Verfahren nach den §§ 57a und 67e StGB.

c) Beschwerdeverfahren/Verfahren nach § 23 EGGVG

Der Rechtsanwalt erhält sowohl für die Einzeltätigkeit als auch für das **Beschwerdeverfahren** hinsichtlich dieser Einzeltätigkeit besondere Gebühren (Hartung/Römermann/Schons, Vorbem. 4.3 VV Rn. 21). Die Gebühren für das Beschwerdeverfahren hinsichtlich der Einzeltätigkeit richten sich nach der für die Einzeltätigkeit angefallenen Gebühr (vgl. Rn. 26; AnwKomm-RVG/N. Schneider, VV 4300 Rn. 12; Vorbem. 4.3 VV Rn. 34 ff.). 20

Für die Anfechtung einer Entscheidung **gem. § 35 BtMG** mit der **Beschwerde** entsteht daher ebenfalls eine Gebühr nach Nr. 4301 Ziff. 6 VV, wegen Vorbem. 4.3 Abs. 3 Satz 3 VV ggf. gesondert. Wird die Entscheidung der Generalstaatsanwaltschaft über diese Vorschaltbeschwerde anschließend mit einem Antrag auf gerichtliche Entscheidung nach **§ 23 EGGVG** angefochten, soll hierfür eine weitere Gebühr Nr. 4301 Ziff. 6 VV anfallen (OLG Schleswig, SchlHA 2007, 278). Im Verfahren nach §§ ff. 23 EGGVG gilt aber auch für die Einzeltätigkeit des Rechtsanwalts Teil 3 VV (Rn. 18; vgl. hierzu Vorbem. 4.2 VV Rn. 10; vgl. auch Teil A: Verfahren nach dem Strafvollzugsgesetz und ähnliche Verfahren, Rn. 1441 ff.).

> **Hinweis:**
> Zu beachten ist, dass der Rechtsanwalt wegen Vorbem. 4.3 Abs. 2 Satz 3 VV i.V.m. § 15 Abs. 6 nicht mehr an Gebühren erhalten darf als ein in der Strafvollstreckung tätiger Verteidiger nach Nrn. 4200 ff. VV für die gleiche Tätigkeit an Gebühren erhalten würde. Das Beispiel bei Nr. 4300 VV Rn. 12 gilt entsprechend.

II. Entstehen der Gebühr

Die Verfahrensgebühr entsteht mit der **ersten Tätigkeit** des Rechtsanwalts, die auf die Ausführung des Auftrags gerichtet ist. Als Verfahrensgebühr erfasst sie alle von dem Rechtsanwalt in dem Zusammenhang mit der jeweiligen Einzeltätigkeit erbrachten Tätigkeiten. Die Ausführungen bei Vorbem. 4.3 VV Rn. 21 ff. gelten entsprechend.(vgl. im Übrigen auch Rn. 4 und 22 ff.). 21

III. Abgeltungsbereich

1. Allgemeines

Der Rechtsanwalt erhält die Verfahrensgebühr „für das Betreiben des Geschäfts einschließlich der Information" (vgl. Vorbem. 4 VV Rn. 33). Die Verfahrensgebühr steht dem Rechtsanwalt 22

Nr. 4301 VV *Verfahrensgebühr für Einzeltätigkeiten (Privatklage u.a.)*

als **pauschale Gebühr** für die gesamte Tätigkeit zu, die zur Erledigung der in Nr. 4301 Ziff. 1 bis 6 VV aufgeführten Tätigkeiten erforderlich ist. Die Verfahrensgebühr gilt sämtliche Tätigkeiten des Rechtsanwaltes ab (vgl. hierzu auch die Erläuterungen zu Vorbem. 4.1 VV Rn. 23 ff.; AnwKomm-RVG/N. Schneider, VV Vorb. 4.3 Rn. 34; Vorbem. 4.3 Rn. 26 ff.).

2. Beschwerdeverfahren

23 Auf die Erläuterungen zu Nr. 4300 VV Rn. 15 wird verwiesen.

> *Beispiel:*
>
> *Die dem Verurteilten V gewährte Strafaussetzung zur Bewährung wird widerrufen. V erteilt Rechtsanwalt R den Einzelauftrag, gegen den Beschluss Beschwerde einzulegen.*
>
> *R erhält hier für die Einlegung der Beschwerde keine Gebühr nach Nr. 4302 Ziff. 1 VV, sondern nach Nr. 4301 Ziff. 6 VV, weil es sich um eine sonstige Tätigkeit in der Strafvollstreckung handelt.*

IV. Persönlicher Geltungsbereich

24 Die Verfahrensgebühr steht sowohl dem **Wahlanwalt** als auch dem **gerichtlich bestellten (Pflichtverteidiger)** oder **beigeordneten** Rechtsanwalt zu. Auch die in Vorbem. 4 Abs. 1 VV aufgeführten Beistände und Vertreter haben Anspruch auf die Gebühr, wenn sie für ihren Auftraggeber die aufgeführten Tätigkeiten erledigt haben (vgl. Vorbem. 4 VV Rn. 5 ff.).

V. Mehrere Auftraggeber

25 Vertritt der Rechtsanwalt mehrere Auftraggeber, entsteht die Verfahrensgebühr nach § 7 Abs. 1 nur einmal. Nach Nr. 1008 VV ist die Verfahrensgebühr jedoch zu erhöhen, wenn in derselben Angelegenheit mehrere Auftraggeber vorhanden sind (AnwKomm-RVG/N. Schneider, VV Vorb. 4.3 Rn. 30, VV 4301 Rn. 2; s. auch Teil A: Mehrere Auftraggeber [§ 7, Nr. 1008 VV], Rn. 956 ff.).

> *Beispiel:*
>
> *Die Privatkläger A und B beauftragen den Rechtsanwalt gemeinsam mit der Anfertigung der Privatklage.*
>
> *Der Gebührenrahmen der Nr. 4301 Ziff. 1 VV, aus dem der Rechtsanwalt seine Gebühr bestimmen kann, beträgt nicht 35,00 € – 385,00 €, sondern wegen Nr. 1008 VV 45,50 € – 500,50 €. Der Mindest- und der Höchstbetrag des Betragsrahmens werden jeweils um 30 % erhöht. Die Mittelgebühr beträgt daher 273,00 € statt 210,00 € (Erhöhung um 30 %).*

VI. Höhe der Gebühr

26 Der **Wahlanwalt** erhält eine **Betragsrahmengebühr** i.H.v. 35,00 € – 385,00 €. Die Mittelgebühr beträgt 210,00 €. Bei der Bemessung der Höhe der Gebühr sind über § 14 die **Besonderheiten** des jeweiligen **Einzelfalls** zu berücksichtigen. Die Höhe der Gebühr ist also v.a. von den vom Rechtsanwalt erbrachten Tätigkeiten abhängig. Es kann gerechtfertigt sein, die bloße Unterzeichnung einer von einem anderen Rechtsanwalt gefertigten Berufungsbegründung (vgl. Nr. 4301 Ziff. 2 VV) geringer zu bewerten als deren Anfertigung (Hartung/Römermann/Schons, 4300 VV Rn. 18). Findet im Fall der Nr. 4301 Ziff. 4 VV die Beistandsleistung im Termin nicht statt (vgl. Rn. 11), kann der geringere Umfang der Tätigkeit des Rechtsanwalts bei der Gebührenbemessung gem. § 14 Abs. 1 berücksichtigt werden (AnwKomm-RVG/N. Schneider, VV 4301 Rn. 20). Ein Zuschlag nach Vorbem. 4 Abs. 4 VV, wenn sich der Mandant **nicht auf freiem Fuß**

Verfahrensgebühr für Einzeltätigkeiten (Privatklage u.a.)   Nr. 4301 VV

befindet, ist nicht vorgesehen. Die Inhaftierung kann daher nur gem. § 14 Abs. 1 berücksichtigt werden (Gerold/Schmidt/Burhoff, VV 4301 Rn. 25).

Der gerichtlich bestellte (**Pflichtverteidiger**) oder beigeordnete Rechtsanwalt erhält aus der Staatskasse eine **Festgebühr** i.H.v. 168,00 €. Ggf. kommt die Festsetzung einer **Pauschgebühr** nach § 51 in Betracht (Hartung/Römermann/Schons, 4301 VV Rn. 25; Gerold/Schmidt/Burhoff, VV 4301 Rn. 25). Entsteht die Gebühr nach Ziff. 4 für die Beistandsleistung in einer Hauptverhandlung, sind zusätzlich zu der Gebühr Nr. 4301 VV keine **Längenzuschläge** aus Teil 4, Abschnitt 1 VV zu berücksichtigen, weil dieser Abschnitt nur für den Verteidiger und den Vollvertreter gilt (Gerold/Schmidt/Burhoff, VV 4301 Rn. 25).   **27**

> **Hinweis:**
> Reicht der für den Wahlanwalt vorgesehene Betragsrahmen wegen des erheblichen Umfangs der erbrachten Tätigkeiten nicht mehr aus, um die erbrachten Tätigkeiten zumutbar zu entlohnen, kann der Wahlanwalt Feststellung einer **Pauschgebühr** nach § 42 beantragen. Der gerichtlich bestellte oder beigeordnete Rechtsanwalt hat die Möglichkeit, einen Pauschvergütungsantrag nach § 51 zu stellen (vgl. dazu die Komm. zu § 42 und zu § 51; Vorbem. 4.3 VV Rn. 42; Hartung/Römermann/Schons, 4301 VV Rn. 25; Gerold/Schmidt/Burhoff, VV 4301 Rn. 25).

VII. Anrechnung

Für die Anrechnung einer für eine Einzeltätigkeit nach Nr. 4301 VV **entstandenen** Verfahrensgebühr auf die für eine spätere Verteidigung oder Vertretung **entstehende** Gebühr gelten die **allgemeinen Regeln**. Es kann daher auf die entsprechend geltenden Ausführungen bei Vorbem. 4.3 VV Rn. 39 ff. verwiesen werden.   **28**

VIII. Anspruch gegen den Beschuldigten oder den Auftraggeber (§§ 52, 53)

Es wird auf die Erläuterungen Vorbem. 4.3 VV Rn. 43 verwiesen.   **29**

IX. Erstattungsfähigkeit

1. Allgemeines

Es wird auf die Erläuterungen zu Nr. 4300 VV Rn. 22 verwiesen.   **30**

2. Privatklage

Nach § 471 Abs. 1 StPO hat der Verurteilte auch die dem Privatkläger erwachsenen notwendigen Auslagen zu erstatten. Wird die Privatklage zurückgewiesen oder wird der Beschuldigte freigesprochen oder wird das Verfahren eingestellt, so fallen dem Privatkläger die Kosten des Verfahrens sowie die dem Beschuldigten erwachsenen notwendigen Auslagen zur Last. Der **Umfang** der zu erstattenden Kosten richtet sich auch im Privatklageverfahren nach **§ 464a StPO**. Zu den vom Beschuldigten ggf. zu erstattenden notwendigen Auslagen gehört daher auch die Gebühr nach **Nr. 4301 Ziff. 1 VV** für die Anfertigung oder Unterzeichnung einer Privatklage.   **31**

Nr. 4301 VV   *Verfahrensgebühr für Einzeltätigkeiten (Privatklage u.a.)*

3. Berufung

32 Über die Kosten des Berufungsverfahrens wird nach § 473 Abs. 1 bis 4 StPO entschieden. Danach treffen die Kosten einer erfolglosen oder zurückgenommenen Berufung denjenigen, der die Berufung eingelegt hat. Wird der Angeklagte im Berufungsverfahren freigesprochen, gilt § 467 StPO. Der **Umfang** der zu erstattenden Kosten richtet sich nach **§ 464a Abs. 2 Nr. 2 StPO**. Zu den ggf. zu erstattenden notwendigen Auslagen gehört daher auch die Gebühr nach **Nr. 4301 Ziff. 2 VV** für die Anfertigung oder Unterzeichnung einer Berufungsbegründungsschrift oder bei bloßer Berufungseinlegung die Gebühr Nr. 4302 Ziff. 1 VV.

4. Berufungsrücknahme der Staatsanwaltschaft vor deren Begründung – Gebühr für die Gegenerklärung

33 Nimmt die Staatsanwaltschaft die von ihr eingelegte Berufung vor ihrer Begründung zurück, ist zwischen der **Entstehung** der Verfahrensgebühr nach Nr. 4301 Ziff. 2 VV für die Anfertigung oder Unterzeichnung einer Schrift zur Beantwortung der von der Staatsanwaltschaft eingelegten Berufung und deren **Erstattungsfähigkeit** zu unterscheiden. Die Gebühr entsteht bereits, wenn der Rechtsanwalt mit der Berufungserwiderung als Einzeltätigkeit beauftragt ist und eine erste Tätigkeit entfaltet hat (vgl. Rn. 21). Nach wohl herrschender Meinung in der Rechtsprechung besteht aber vor der Berufungsbegründung durch die Staatsanwaltschaft keine Notwendigkeit für eine Verteidigertätigkeit im Berufungsverfahren, sodass die dadurch entstandene Gebühr dann nicht erstattungsfähig ist (so aus neuerer Zeit KG, 19.05.2011 – 1 Ws 168/10; LG Bochum, JurBüro 2007, 38; LG Koblenz, JurBüro 2009, 198; LG Köln, StraFo 2007, 305 = StV 2007, 481 = RVGreport 2007, 224, m. abl. Anm. Burhoff = VRR 2007, 203; **a.A.** LG Düsseldorf, JurBüro 2003, 646; LG Krefeld, AGS 1998, 185; LG Münster, AGS 2003, 314; LG Heidelberg, StV 1998, 607). Insoweit gelten die Ausführungen bei Nr. 4300 VV Rn. 24 ff. mit den dortigen Hinweisen entsprechend. Die Gebühr Nr. 4301 Ziff. 2 VV ist jedenfalls dann erstattungsfähig, wenn der Rechtsanwalt Gespräche mit der Staatsanwaltschaft geführt hat, die zum Ziel hatten, die Rücknahme der von dieser eingelegten Berufung zu erreichen (LG Köln, StraFo 2007, 305 = StV 2007, 481 = RVGreport 2007, 224 = VRR 2007, 203). Das setzt natürlich voraus, dass man davon ausgeht, dass der dem Rechtsanwalt erteilte Einzelauftrag zur Fertigung der Gegenerklärung auf die Berufung auch diese Gespräche umfasst. Wird das verneint, entsteht die Gebühr nicht und die Frage der Erstattungsfähigkeit stellt sich nicht. Wird die Erstattungsfähigkeit aber grds. bejaht, wenn der Betroffene sogleich nach Einlegung der Berufung durch die Staatsanwaltschaft zur Vorbereitung seiner Verteidigung einen Rechtsanwalt mit der Anfertigung der Gegenerklärung als Einzeltätigkeit beauftragt, ist die Tätigkeit des Rechtsanwalts allerdings weder tatsächlich noch rechtlich aufwendig und somit durch eine geringe Gebühr abgegolten (§ 14 Abs. 1; LG Düsseldorf, JurBüro 2003, 646; so auch AnwKomm-RVG/N. Schneider, VV 4124, 4125, der für die Verfahrensgebühr Nr. 4124 VV davon ausgeht, dass die anwaltlichen Tätigkeiten vor Berufungsbegründung lediglich eine Gebühr Nr. 4124 VV im unteren Bereich des vorgesehenen Gebührenrahmens rechtfertigen).

Verfahrensgebühr für Einzeltätigkeiten (Einlegung Rechtsmittel u.a.)   Nr. 4302 VV

Nr. 4302 VV
Verfahrensgebühr für Einzeltätigkeiten (Einlegung Rechtsmittel u.a.)

Nr.	Gebührentatbestand	Gebühr oder Satz der Gebühr nach § 13 oder § 49 RVG	
		Wahlanwalt	gerichtlich bestellter oder beigeordneter Rechtsanwalt
4302	Verfahrensgebühr für 1. die Einlegung eines Rechtsmittels, 2. die Anfertigung oder Unterzeichnung anderer Anträge, Gesuche oder Erklärungen oder 3. eine andere nicht in Nummer 4300 oder 4301 erwähnte Beistandsleistung	20,00 bis 250,00 EUR	108,00 EUR

Übersicht

	Rn.
A. Überblick	1
I. Entstehung der Norm/Regelungsgehalt	1
II. Anwendungsbereich	2
B. Kommentierung	3
I. Einzeltätigkeiten i.S.d. Nr. 4302 Ziff. 1 bis Ziff. 3 VV	3
1. Einlegung eines Rechtsmittels (Ziff. 1)	3
a) Grundsätze	3
b) Bestimmte Rechtsmittel	4
c) Einlegung von Berufung und Revision	5
d) Besonderheiten bei der Beschwerde als Einzeltätigkeit	6
e) Weitere erfasste Rechtsmittel	7
2. Anfertigung oder Unterzeichnung anderer Anträge, Gesuche oder Erklärungen (Ziff. 2)	8
a) Überblick	8
b) Kostenfestsetzungsverfahren	10
c) Sonstige Tätigkeiten bei Zwangsvollstreckung/Arrest/Beschlagnahme	11
aa) Zwangsvollstreckung/Arrest bei einem aus der Straftat erwachsenen vermögensrechtlichen Anspruch	11
bb) Beschlagnahme	12
3. Andere nicht in Nrn. 4300 und 4301 VV erwähnte Beistandsleistungen (Ziff. 3)	13
II. Entstehen der Gebühr	15
III. Abgeltungsbereich	16
1. Allgemeines	16
2. Beschwerdeverfahren	17
IV. Persönlicher Geltungsbereich	18
V. Mehrere Auftraggeber	19
VI. Höhe der Gebühr	20
VII. Anrechnung	22
VIII. Anspruch gegen den Beschuldigten oder den Auftraggeber (§§ 52, 53)	23

Nr. 4302 VV *Verfahrensgebühr für Einzeltätigkeiten (Einlegung Rechtsmittel u.a.)*

IX. Erstattungsfähigkeit.. 24
    1. Allgemeines.. 24
    2. Strafanzeige... 25
    3. Berufung.. 26
X. Beistandsleistung im Strafrechtsentschädigungsverfahren............. 27
    1. Allgemeines.. 27
    2. Aufbau des Strafrechtsentschädigungsverfahrens................. 28
    3. Einzeltätigkeit: Abwehr einer vorläufigen Strafverfolgungsmaßnahme und/oder Tätigkeit im Grundverfahren.. 29
    4. Einzeltätigkeit im Grundverfahren und im Beschwerdeverfahren.... 30
    5. Tätigkeit im Betragsverfahren................................... 31
    6. Tätigkeit im Klageverfahren..................................... 32
    7. Tätigkeit im Grund- und im Betragsverfahren..................... 33
C. Arbeitshilfe... 34

Literatur:

S. die Hinw. bei Vorbem. 4.3 VV

A. Überblick

I. Entstehung der Norm/Regelungsgehalt

1 Nr. 4302 VV regelt die Verfahrensgebühr für die aufgeführten Einzeltätigkeiten des Rechtsanwaltes, ohne dass ihm sonst die Verteidigung oder Vertretung übertragen ist (vgl. Vorbem. 4.3 Abs. 1 VV). Zu diesen Einzeltätigkeiten **gehört**

- die **Einlegung** eines **Rechtsmittels** (Ziff. 1),

- die **Anfertigung** oder **Unterzeichnung anderer Anträge**, Gesuche oder Erklärungen (Ziff. 2) oder

- **andere nicht** in Nr. 4300 oder 4301 VV **erwähnte Beistandsleistungen**.

II. Anwendungsbereich

2 Es wird insoweit auf die Erläuterungen zur Vorbem. 4.3 VV Rn. 4 ff. verwiesen. Auf den **Beistand** eines Zeugen oder Sachverständigen findet der Gebührentatbestand nur dann Anwendung, wenn der Beistand mit einer Einzeltätigkeit beauftragt worden ist (vgl. Vorbem. 4.3 VV Rn. 19 ff.).

B. Kommentierung

I. Einzeltätigkeiten i.S.d. Nr. 4302 Ziff. 1 bis Ziff. 3 VV

1. Einlegung eines Rechtsmittels (Ziff. 1)

a) Grundsätze

3 Unter Einlegung eines Rechtsmittels ist die bloße **Erklärung**, dass ein Rechtsmittel eingelegt wird, zu verstehen. Eine Begründung oder eine Antragstellung sind nicht erforderlich (vgl. Anw-Komm-RVG/N. Schneider, VV 4302 Rn. 3; Gerold/Schmidt/Burhoff, VV 4302 Rn. 3). Zu den Rechtsmitteln i.S.v. Nr. 4302 Ziff. 1 VV gehören die **Berufung**, die **Revision**, die **Beschwerde** und auch der Einspruch gegen einen Strafbefehl (vgl. Rn. 7).

Verfahrensgebühr für Einzeltätigkeiten (Einlegung Rechtsmittel u.a.)   *Nr. 4302 VV*

> **Hinweis:**
> Die **Einlegung** eines Rechtsmittels ist nach § 19 Abs. 1 Satz 2 Nr. 10 für den Vollverteidiger oder Vollvertreter mit den Gebühren für die Instanz abgegolten (OLG Jena, JurBüro 2006, 365). Die Verfahrensgebühr nach Nr. 4302 Ziff. 1 VV kann daher sowohl für den **Vollverteidiger** oder **Vollvertreter** der Vorinstanz als auch der Rechtsmittelinstanz **nicht** entstehen. Zu der Frage, inwieweit auch die **Begründung** des Rechtsmittels durch die Gebühren der Vorinstanz abgegolten ist, wird auf Nr. 4300 VV Rn. 4–8 verwiesen.

b) Bestimmte Rechtsmittel

Die Einlegung der **Erinnerung** oder der **Beschwerde** gegen einen **Kostenfestsetzungsbeschluss**   4
(§ 464b StPO), die Einlegung der Erinnerung gegen den Gerichtskostenansatz (§ 66 Abs. 1 GKG), die Einlegung der Beschwerde gegen die Entscheidung über diese Erinnerung und die Einlegung der Beschwerde gegen eine Entscheidung, die über einen aus der Straftat erwachsenen vermögensrechtlichen Anspruch oder die Erstattung von Kosten ergangen ist (§§ 406b, 464b StPO), fällt **nicht** unter **Nr. 4302** Ziff. 1 VV (vgl. Vorbem. 4.3 VV Rn. 18). Für die Einlegung dieser Rechtsmittel entstehen nämlich nach Vorbem. 4 Abs. 5 VV Gebühren nach den Vorschriften des Teil 3 VV (vgl. hierzu im Einzelnen die Komm. zu Vorbem. 4 VV Rn. 93 ff.).

c) Einlegung von Berufung und Revision

Die auftragsgemäße **Einlegung** der **Berufung** oder **Revision** als **Einzeltätigkeit** fällt unter   5
Nr. 4302 Ziff. 1 VV. Für die **Einlegung** der **Berufung** oder der **Revision** entsteht aber nur dann die Verfahrensgebühr nach Nr. 4302 Ziff. 1 VV, wenn die Berufung oder Revision nicht auch **begründet** wird. Im Fall der **Einlegung und Begründung** der Berufung und Revision (auch mit der Sachrüge) entsteht die Verfahrensgebühr für die Begründung der Revision nach Nr. 4300 Ziff. 1 VV oder für die Rechtfertigung der Berufung nach Nr. 4300 Ziff. 2 VV (vgl. hierzu Vorbem. 4.3 VV Rn. 32 ff., Nr. 4300 VV Rn. 5 ff.).

d) Besonderheiten bei der Beschwerde als Einzeltätigkeit

Bei **gleichzeitiger Beauftragung** mit der Beschwerdeeinlegung und -begründung entsteht von   6
vornherein **nur eine Verfahrensgebühr** nach Nr. 4302 VV, insbesondere dann, wenn Einlegung und Begründung zusätzlich noch in **demselben Schriftsatz** erfolgen (OLG Schleswig, SchlHA 2007, 278; LG Mühlhausen, 26.05.2010, 3 Qs 87/10). Ist **zunächst** auftragsgemäß **Beschwerde** eingelegt und diese **später** auftragsgemäß **begründet** worden, fallen gem. Vorbem. 4.3 Abs. 3 Satz 1 VV die Verfahrensgebühr Nr. 4302 Ziff. 1 VV für die Einlegung und nach Nr. 4302 Ziff. 2 VV für die **Begründung** der Beschwerde **gesondert** an; denn anders als in den Anm. zu Nrn. 4300 und 4301 VV ist zu Nr. 4302 VV insoweit nichts anderes bestimmt worden.
Auf die Erläuterungen zu Vorbem. 4.3 Rn. 35 ff. wird verwiesen.

Nr. 4302 VV *Verfahrensgebühr für Einzeltätigkeiten (Einlegung Rechtsmittel u.a.)*

e) Weitere erfasste Rechtsmittel

7 **Weitere** unter Nr. 4302 Ziff. 1 VV fallende **Rechtsmittel** sind nicht nur die formellen, strafverfahrensrechtlichen Rechtsmittel wie die Berufung und Revision, sondern z.B. auch (vgl. auch AnwKomm-RVG/N. Schneider, VV 4302 Rn. 4; Gerold/Schmidt/Burhoff, VV 4302 Rn. 5):

- **Einspruch** gegen den **Strafbefehl**; keine Einzeltätigkeit ist aber die des gem. § 408b StPO im Strafbefehlsverfahren bestellten Pflichtverteidigers, der seine Gebühren nach Teil 4, Abschnitt 1 VV erhält (s. hierzu Vorbem. 4.3 Rn. 17),
- Beschwerde gegen den Beschluss über den **Bewährungswiderruf** (vgl. Vorbem. 4.3 VV Rn. 10; Teil A: Beschwerdeverfahren, Abrechnung, Rn. 381 ff.),
- Beschwerde gegen einen **Ordnungsmittelbeschluss** (OLG Düsseldorf, AnwBl. 1983, 135 = Rpfleger 1982, 442; OLG Karlsruhe, MDR 1992, 894),
- Beschwerde nach **§ 172 Abs. 1 StPO** (vgl. Nr. 4301 VV Rn. 17 ff.);
- Beschwerde gegen die **vorläufige Entziehung** der **Fahrerlaubnis** nach § 111a StPO (vgl. Teil A: Beschwerdeverfahren, Abrechnung, Rn. 375 ff.),
- Beschwerde gegen die **Ablehnung** der **Strafverfolgung**,
- Beschwerde gem. § 383 Abs. 2 Satz 3 StPO gegen die **Einstellung** des **Privatklageverfahrens**.

2. Anfertigung oder Unterzeichnung anderer Anträge, Gesuche oder Erklärungen (Ziff. 2)

a) Überblick

8 Die Gebühr entsteht sowohl für die **Anfertigung** als auch die **Unterzeichnung**, wenn dem Rechtsanwalt diese Tätigkeiten als Einzeltätigkeiten übertragen sind. Beide Tätigkeiten sind gebührenrechtlich **gleichwertig**. Unterzeichnet der Rechtsanwalt ein nicht von ihm verfasstes Schriftstück, fällt die Gebühr somit an. Fertigt der Rechtsanwalt das Schriftstück an und unterzeichnet er es anschließend, fällt die Gebühr nur einmal und nicht doppelt für die Anfertigung und Unterzeichnung an (Hartung/Römermann/Hartung, 4302 VV Rn. 6). Die Entwurfsfertigung reicht für die Entstehung der Verfahrensgebühr aus, vgl. Vorbem. 4.3 Abs. 3 VV, § 15 Abs. 4. Es reicht also aus, wenn der Rechtsanwalt den Antrag, das Gesuch oder die Erklärung nur entwirft und der Mandant das Schriftstück anschließend einreicht (vgl. AnwKomm-RVG/N. Schneider, VV 4302 Rn. 2; Gerold/Schmidt/Burhoff, VV 4302 Rn. 8). Die bloße Einreichung eines vom Mandanten gefertigten Gesuchs pp. ohne Unterzeichnung durch den Rechtsanwalt (Botentätigkeit des Rechtsanwalts) dürfte nicht unter Ziff. 2 (so aber AnwKomm-RVG/N. Schneider, VV 4302 Rn. 3; Gerold/Schmidt/Burhoff, VV 4302 Rn. 8), sondern unter Ziff. 3 (sonstige Beistandsleistung) fallen.

Zu den **anderen Anträgen**, Gesuchen oder Erklärungen gehören **beispielsweise** (vgl. auch AnwKomm-RVG/N. Schneider, VV 4302 Rn. 10; Gerold/Schmidt/Burhoff, VV 4302 Rn. 9):

- **Strafanzeigen** (vgl. KG, JurBüro 1982, 1251 = AnwBl. 1983, 565; LAG Schleswig, AGS 2001, 75 = AnwBl. 2001, 185),
- **Rücknahme** von Rechtsmitteln,

Verfahrensgebühr für Einzeltätigkeiten (Einlegung Rechtsmittel u.a.) Nr. 4302 VV

- einzelne **Beweisanträge**, soweit das praktisch überhaupt denkbar ist (vgl. Gerold/Schmidt/Burhoff, VV 4302 Rn. 9),
- **Strafanträge**,
- Anträge auf Bewilligung von **PKH**,
- **Anschlusserklärung** des **Nebenklägers**,
- Antrag auf **Freigabe** einer **Sicherheit** für den Bürgen oder einen sonstigen Dritten nach § 123 StPO,
- Antrag auf Aufhebung eines gegen einen Zeugen, Sachverständigen oder sonstigen Beteiligten ergangenen **Ordnungsmittels** (zur Beschwerde gegen einen Ordnungsmittelbeschluss vgl. aber Rn. 7),
- **Anhörungsrügen** (§ 356a StPO) und Nachholung des rechtlichen Gehörs (§ 33a StPO, s. dazu auch Teil A: Rechtszug [§ 19], Rn. 1207 ff.; Teil A: Anhörungsrüge [§ 12a], Rn. 109 ff.). Nr. 3330 VV (0,5 Verfahrensgebühr) ist grds. nicht anwendbar, weil die Bestimmung nur für die Anhörungsrüge (§ 321a ZPO) in Angelegenheiten gilt, die von Teil 3 VV erfasst werden (AnwKomm-RVG/N. Schneider, VV 3330 Rn. 2 ff., der allerdings von einer Gebühren nach Nr. 4302 Ziff. 3 VV ausgeht und ferner die Auffassung vertritt, dass bei der Entstehung von Wertgebühren in Strafsachen und in den Fällen der Vorbem. 4 Abs. 5 VV Nr. 3330 VV einschlägig ist).

Bei Nr. 4302 Ziff. 2 VV handelt es sich um einen **Auffangtatbestand**. Die Anwendung kommt nur in Betracht, wenn für die Einzeltätigkeit keine andere vorrangige Gebührenvorschrift besteht (vgl. z.B. für die Anfertigung der Privatklage Nr. 4301 Ziff. 1 VV). 9

> **Hinweis:**
> Wird der Rechtsanwalt nur mit der Anfertigung des Antrags auf **Wiederaufnahme** des Verfahrens als Einzeltätigkeit oder mit einer sonstigen Einzeltätigkeit im Wiederaufnahmeverfahren beauftragt, fällt diese Tätigkeit unter Nr. 4302 Ziff. 2 VV. Ansonsten gelten bei voller Beauftragung für das Wiederaufnahmeverfahren Nrn. 4136 – 4140 VV (so auch Gerold/Schmidt/Burhoff, VV 4302 Rn. 9; a.A. AnwKomm-RVG/N. Schneider, VV 4302 Rn. 12).

b) Kostenfestsetzungsverfahren

Die Tätigkeit des Rechtsanwalts im **Kostenfestsetzungsverfahren** gehört nach § 19 Abs. 1 Satz 2 Nr. 14, Vorbem. 4.1 Abs. 2 Satz 1 VV für den **Verteidiger** bzw. den **sonstigen Vertreter** eines Beteiligten zum **Rechtszug** und wird mit den entsprechenden Gebühren abgegolten. Stellt der Rechtsanwalt für den Mandanten aufgrund eines Einzelauftrags den **Kostenfestsetzungsantrag** oder wird er sonst mit einer Einzeltätigkeit im **Kostenfestsetzungsverfahren** beauftragt, gilt § 19 Abs. 1 Satz 2 Nr. 14 nicht. Es entsteht dann eine Verfahrensgebühr nach Nr. 4302 Ziff. 2 VV (LG Krefeld, JurBüro 1979, 240 = AnwBl. 1979, 120; AnwKomm-RVG/E. Schneider, § 19 Rn. 126, VV 4302 Rn. 10; vgl. auch LG Koblenz, JurBüro 2010, 32). Allerdings erhält der Rechtsanwalt für die Tätigkeit im Erinnerungs- und Beschwerdeverfahren gegen einen Kostenfestsetzungsbeschluss Gebühren nach Teil 3 VV (vgl. insoweit die Komm. zu Vorbem. 4 Abs. 5 VV Rn. 93 ff.). Dies könnte auch für die Anwendung von Nr. 3403 VV im Kostenfestsetzungsverfahren sprechen. 10

Nr. 4302 VV   *Verfahrensgebühr für Einzeltätigkeiten (Einlegung Rechtsmittel u.a.)*

c) Sonstige Tätigkeiten bei Zwangsvollstreckung/Arrest/Beschlagnahme

aa) Zwangsvollstreckung/Arrest bei einem aus der Straftat erwachsenen vermögensrechtlichen Anspruch

11 Betreibt der **Verletzte** wegen **eines aus der Straftat erwachsenen vermögensrechtlichen Anspruchs** (Adhäsionsverfahren) die **Zwangsvollstreckung** oder vollzieht er einen Arrest in ein Grundstück, in welches ein Arrest nach § 111d StPO vollzogen ist, so kann er nach § 111h StPO verlangen, dass die durch den Vollzug dieses Arrestes begründete Sicherungshypothek hinter seinem Recht im **Rang zurücktritt**. Es handelt sich somit um die vorzeitige Befriedigung beim Arrest. Für die Stellung des Antrags durch einen Rechtsanwalt als Einzeltätigkeit ist früher § 91 BRAGO angewandt worden (vgl. OLG Stuttgart, NStZ-RR 1999, 383). Nr. 4302 Ziff. 2 VV ist allerdings nicht einschlägig, weil nach Vorbem. 4 Abs. 5 Nr. 2 VV bei der Zwangsvollstreckung aus Entscheidungen, die über einen aus **der Straftat erwachsenen vermögensrechtlichen Anspruch** ergangen sind, Gebühren nach Teil 3 VV anfallen (vgl. insoweit Vorbem. 4 VV Rn. 104 f.: Gebühren nach Nrn. 3309, 3310 VV; s. auch Teil A: Zwangsvollstreckung, Rn. 1696 ff.). Das spricht zumindest bei der Zwangsvollstreckung eher für die Anwendbarkeit von Nrn. 3309 und 3310 VV, die über Vorbem. 4 Abs. 1 VV auch für den Vertreter des Verletzten gelten (vgl. hierzu auch Burhoff, RVGreport 2010, 441, zum Antrag nach § 111f Abs. 5 StPO).

bb) Beschlagnahme

12 Nach **§ 111e Abs. 2 Satz 3 StPO** kann der Betroffene in allen Fällen der §§ 111b, 111c, 111d StPO jederzeit nach § 111e Abs. 2 Satz 3 StPO die Entscheidung des Gerichts beantragen. Die Stellung des Antrags dürfte **als Einzeltätigkeit** ebenfalls von Nr. 4302 Ziff. 2 VV erfasst sein (vgl. Rn. 11). Auf die Erläuterungen zu Nr. 4142 VV Rn. 5 – 7 wird verwiesen (zur Anwendbarkeit von Nr. 4142 VV bei Tätigkeiten des Verteidigers im Rahmen des dinglichen Arrestes, wenn die Voraussetzungen des Verfalls oder der Einziehung von Wertersatz [§§ 111b Abs. 2, 111d StPO] vorliegen vgl. OLG Hamm, AGS 2008, 341; AGS 2008, 175; Nr. 4142 Rn. 6; zur Anwendbarkeit von Nr. 4142 VV bei Tätigkeiten des Verteidigers im Rahmen einer Beschlagnahme zum Zwecke der Rückgewinnungshilfe gem. §§ 111b Abs. 5, 111d StPO vgl. KG, AGS 2009, 224 = RVGreport 2008, 429 = JurBüro 2009, 30 = StRR 2009, 157; OLG Hamm, 17.02.2009 – 2 Ws 378/08, JurionRS 2009, 13029; OLG Köln, StraFo 2007, 131 = RVGreport 2007, 273; LG Chemnitz, AGS 2008, 342; Nr. 4142 VV Rn. 6).

Gem. **§ 111f Abs. 5 StPO** kann der Betroffene auch gegen Maßnahmen, die in Vollziehung der Beschlagnahme oder des Arrestes getroffen werden, jederzeit die gerichtliche Entscheidung beantragen. Bei dieser Entscheidung handelt es sich nicht um eine Entscheidung im Zwangsvollstreckungsverfahren, sondern um eine **strafprozessuale Entscheidung**, sodass Teil 3 VV über Vorbem. 4 Abs. 5 VV nicht anwendbar ist (vgl. hierzu OLG Düsseldorf, StV 2009, 233 = wistra 2009, 207; OLG Hamburg, StV 2008, 625 = StraFo 2008, 426; OLG Naumburg, 10.05.2010 – 2 Ws 228/10; Meyer/Goßner, § 111f Rn. 15; Burhoff, RVGreport 2010, 441). Stellt der Verfahrensbevollmächtigte des Eigentümers des beschlagnahmten Gegenstands (nicht Beschuldigter) den Antrag nach § 111f Abs. 5 StPO, kommt die Abrechnung nach Teil 4, Abschnitt 1 VV oder nach Nr. 4302 Ziff. 3 VV in Betracht (Burhoff, RVGreport 2010, 441). Wird darauf abgestellt, dass der Rechtsanwalt im Verfahren nach § 111f Abs. 5 StPO voller Vertreter des Mandanten ist

Verfahrensgebühr für Einzeltätigkeiten (Einlegung Rechtsmittel u.a.) Nr. 4302 VV

und nicht nur in einem Teilbereich des Strafverfahrens tätig wird, gelten Nrn. 4100 ff. VV (so Burhoff, RVGreport 2010, 441).

3. Andere nicht in Nrn. 4300 und 4301 VV erwähnte Beistandsleistungen (Ziff. 3)

Es handelt sich um ein **Auffangvorschrift** bzw. eine **Generalklausel** für alle nicht ausdrücklich in Nrn. 4300, 4301 und 4302 Ziff. 1 und 2 VV geregelten Beistandsleistungen. Zu diesen anderen Beistandsleistungen gehören beispielsweise (vgl. auch Gerold/Schmidt/Burhoff, VV 4302 Rn. 10; AnwKomm-RVG/N. Schneider, VV 4302 Rn. 13): 13

- Tätigkeit im **DNA-Feststellungsverfahren** nach § 81g Abs. 5, 4 StPO (noch zur BRAGO LG Bielefeld, StraFo 2002, 340 = NStZ-RR 2002, 320; LG Potsdam, NJW 2003, 3001 = NStZ-RR 2003, 383; vgl. hierzu Vorbem. 4.3 VV Rn. 9),
- **Beistandsleistung in einer Jugendgerichtssache**, in der die Nebenklage nach § 80 Abs. 3 JGG unzulässig ist (AnwKomm-RVG/N. Schneider, VV 4302 Rn. 13; Mümmler, JurBüro 1984, 505),
- **Beistandsleistung im Beschwerdeverfahren nach § 172 Abs. 1 StPO**: Nr. 4301 Ziff. 5 VV gilt nur für die Beistandsleistung in den in §§ 172 Abs. 2 bis 4 und 173 StPO geregelten Verfahren (vgl. Nr. 4301 VV Rn. 17 ff.). Wird der Rechtsanwalt nur mit der Einlegung der Beschwerde nach § 172 Abs. 1 StPO beauftragt, entsteht eine Gebühr nach Nr. 4302 Ziff. 1 VV (vgl. Rn. 6),
- **Beistandsleistung im Grundverfahren nach dem Gesetz über die Entschädigung von Strafverfolgungsmaßnahmen** als Einzeltätigkeit (Grundverfahren nach dem StrEG; Volpert, BRAGOprofessionell 2003, 91; vgl. auch Vorbem. 4.3 VV Rn. 15 f. zur Tätigkeit des **Verteidigers** im Grundverfahren nach dem StrEG; zu Einzelh. vgl. Rn. 27 ff.),
- Vertretung des Verletzten im Verfahren nach **§ 111k StPO** (LG Kiel, JurBüro 1982, 564),
- **Einsichtnahme in Ermittlungsakten** als Einzeltätigkeit, soweit im Fall der Auftragserteilung durch einen Versicherer nicht das „Abkommen über das Honorar für Akteneinsicht und Aktenauszüge aus Unfallstrafakten für Versicherungsgesellschaften" gilt (vgl. AnwKomm-RVG/N. Schneider, Anhang VI, S. 2445 ff.; Volpert, RVGprofessionell 2004, 169),
- Tätigkeit als **Zustellungsbevollmächtigter**, wenn die Polizei im Rahmen einer Überprüfung von einem ausländischen Pkw-Fahrer eine Sicherheitsleistung entgegengenommen hat und die Polizei dem Anwalt daraufhin einen kurzen Aktenauszug übersendet.

Die (ausschließliche) **Beratung** in strafrechtlichen Fragen ist keine **Beistandsleistung** i.S.v. Nr. 4302 Ziff. 3 VV (vgl. dazu Vorbem. 4.3 Rn. 44). Ebenfalls keine sonstige Beistandsleistung i.S.v. Nr. 4302 Ziff. 3 VV ist die des gem. **§ 408b StPO** im Strafbefehlsverfahren bestellten Pflichtverteidigers. Dieser rechnet seine Tätigkeit nach Teil 4, Abschnitt 1 VV ab (s. hierzu Vorbem. 4.3 Rn. 17 und Vorbem. 4.1 VV Rn. 19). Zur Beistandsleistung für einen Zeugen oder Sachverständigen vgl. die Erläuterungen zu Vorbem. 4.3 VV Rn. 19 ff. und Nr. 4301 VV Rn. 16. 14

II. Entstehen der Gebühr

Die Verfahrensgebühr entsteht mit der **ersten Tätigkeit** des Rechtsanwalts, die auf die Ausführung des Auftrags gerichtet ist. Als Verfahrensgebühr erfasst sie alle von dem Rechtsanwalt 15

Nr. 4302 VV *Verfahrensgebühr für Einzeltätigkeiten (Einlegung Rechtsmittel u.a.)*

in dem Zusammenhang mit der jeweiligen Einzeltätigkeit erbrachten Tätigkeiten. Die Ausführungen bei Vorbem. 4.3 VV Rn. 26, 28 ff. gelten entsprechend (vgl. im Übrigen auch Rn. 3 und 16 ff.).

III. Abgeltungsbereich

1. Allgemeines

16 Der Rechtsanwalt erhält die Verfahrensgebühr „für das Betreiben des Geschäfts einschließlich der Information" im Rahmen der Einzeltätigkeit (vgl. zur Verfahrensgebühr Vorbem. 4 VV Rn. 31 ff.). Die Verfahrensgebühr steht dem Rechtsanwalt als **pauschale Gebühr** für die gesamte Tätigkeit zu, die zur Erledigung der in Nr. 4302 Ziff. 1 bis 3 VV aufgeführten Verrichtungen erforderlich ist. Die Verfahrensgebühr gilt sämtliche Tätigkeiten des Rechtsanwalts ab (vgl. hierzu auch die Erläuterungen zu Vorbem. 4.1 VV Rn. 25 ff.; AnwKomm-RVG/N. Schneider, VV Vorb. 4.3 Rn. 34). Im Fall der vorzeitigen Auftragsbeendigung gilt gem. Vorbem. 4.3 Abs. 3 Satz 2 VV § 15 Abs. 4.

2. Beschwerdeverfahren

17 Für das Beschwerdeverfahren **hinsichtlich einer Einzeltätigkeit** wird auf die Erläuterungen zu Nr. 4300 VV Rn. 15, Nr. 4301 VV Rn. 23 sowie Vorbem. 4.3 VV Rn. 34 ff.. Für die Beschwerde **als Einzeltätigkeit** vgl. Vorbem. 4.3 VV Rn. 35 ff.

IV. Persönlicher Geltungsbereich

18 Die Verfahrensgebühr steht sowohl dem **Wahlanwalt** als auch dem **gerichtlich bestellten** oder **beigeordneten** Rechtsanwalt zu, der für den Beschuldigten oder eine der in Vorbem. 4 Abs. 1 VV aufgeführten Personen eine der in Nr. 4302 VV aufgeführten Einzeltätigkeiten erledigt, ohne mit der Verteidigung oder gesamten Vertretung beauftragt zu sein (Gerold/Schmidt/Burhoff, VV 4302 Rn. 12).

V. Mehrere Auftraggeber

19 Vertritt der Rechtsanwalt mehrere Auftraggeber, entsteht die **Verfahrensgebühr** nach § 7 Abs. 1 **nur einmal**. Nach Nr. 1008 VV ist die Verfahrensgebühr jedoch zu erhöhen, wenn in derselben Angelegenheit mehrere Auftraggeber vorhanden sind (AnwKomm-RVG/N. Schneider, VV 4302 Rn. 2; s. auch Teil A: Mehrere Auftraggeber, Rn. 956 ff.).

> *Beispiel:*
> *Die Nebenkläger A und B beauftragen den Rechtsanwalt gemeinsam mit der Einlegung der Berufung.*
> *Der Gebührenrahmen der Nr. 4302 Ziff. 1 VV, aus dem der Rechtsanwalt seine Gebühr bestimmen kann, beträgt nicht 20,00 € – 250,00 €, sondern wegen Nr. 1008 VV 26,00 € – 325,00 €. Der Mindest- und der Höchstbetrag des Betragsrahmens werden jeweils um 30 % erhöht. Die Mittelgebühr beträgt daher 175,50 € statt 135,00 € (Erhöhung um 30 %).*

VI. Höhe der Gebühr

20 Der **Wahlanwalt** erhält eine **Betragsrahmengebühr** i.H.v. 20,00 € – 250,00 €. Die Mittelgebühr beträgt 135,00 €. Die Ausführungen zu Nr. 4301 Rn. 26 f. gelten entsprechend.

Verfahrensgebühr für Einzeltätigkeiten (Einlegung Rechtsmittel u.a.)   Nr. 4302 VV

> **Hinweis:**   21
> Reicht der für den Wahlanwalt vorgesehene Betragsrahmen wegen des erheblichen Umfangs der erbrachten Tätigkeiten nicht mehr aus, um die erbrachten Tätigkeiten zumutbar zu entlohnen, kann der Wahlanwalt Feststellung einer **Pauschgebühr** nach § 42 beantragen. Der gerichtlich bestellte oder beigeordnete Rechtsanwalt hat die Möglichkeit, einen Pauschvergütungsantrag nach § 51 zu stellen (vgl. dazu die Komm. zu § 42 und § 51; Vorbem. 4.3 VV Rn. 42; Gerold/Schmidt/Burhoff, VV 4302 Rn. 17; Hartung/Römermann, 4302 VV Rn. 14).

VII. Anrechnung

Die Ausführungen bei Nr. 4301 Rn. 28 mit dem Verweis auf Vorbem. 4.3 VV Rn. 39 ff. gelten entsprechend.   22

VIII. Anspruch gegen den Beschuldigten oder den Auftraggeber (§§ 52, 53)

Es wird auf die Erläuterungen Vorbem. 4.3 VV Rn. 43 verwiesen.   23

IX. Erstattungsfähigkeit

1. Allgemeines

Es wird für die Revision auf die Erläuterungen zu Nr. 4300 VV Rn. 22 ff., für die Berufung auf die Erläuterungen zu Nr. 4301 VV Rn. 30 ff. verwiesen.   24

2. Strafanzeige

Nach § 469 StPO hat das Gericht dem Anzeigenden die Kosten des Verfahrens und die dem Beschuldigten erwachsenen notwendigen Auslagen aufzuerlegen, wenn diese durch eine vorsätzlich oder leichtfertig erstattete unwahre Anzeige veranlasst worden sind. Der **Umfang** der zu erstattenden Kosten richtet sich nach **§ 464a StPO**. Zu den vom Anzeigenden ggf. zu erstattenden notwendigen Auslagen gehört daher auch die Gebühr nach **Nr. 4302 Ziff. 2 VV** für die Anfertigung einer Stellungnahme oder einer Erwiderung auf eine Strafanzeige (vgl. Rn. 8).   25

3. Berufung

Über die Kosten des Berufungsverfahrens wird nach § 473 Abs. 1 bis 4 StPO entschieden. Danach treffen die Kosten einer erfolglosen oder zurückgenommenen Berufung denjenigen, der die Berufung eingelegt hat. Wird der Angeklagte im Berufungsverfahren freigesprochen, gilt § 467 StPO. Der **Umfang** der zu erstattenden Kosten richtet sich nach **§ 464a StPO**. Zu den ggf. zu erstattenden notwendigen Auslagen gehört daher auch die Gebühr nach **Nr. 4302 Ziff. 1 VV** für die Einlegung der Berufung (vgl. hierzu im Übrigen Nr. 4301 VV Rn. 33).   26

X. Beistandsleistung im Strafrechtsentschädigungsverfahren

1. Allgemeines

Zur Vergütung des im Grundverfahren nach dem StrEG tätigen **Verteidigers** wird auf die Erläuterungen zu Vorbem. 4.3 VV Rn. 15, 16 verwiesen.   27

Nr. 4302 VV *Verfahrensgebühr für Einzeltätigkeiten (Einlegung Rechtsmittel u.a.)*

2. Aufbau des Strafrechtsentschädigungsverfahrens

28 Gegenstand der Entschädigung nach dem StrEG ist u.a. der durch eine Strafverfolgungsmaßnahme verursachte Vermögensschaden, vgl. § 7 Abs. 1 StrEG.

Das StrEG sieht die Gewährung einer Entschädigung aus der Staatskasse für Schäden vor,
- die durch eine rechtskräftige **strafgerichtliche Verurteilung** (vgl. § 1 StrEG) oder
- durch den **Vollzug einer vorläufigen Strafverfolgungsmaßnahme** (z.B. Untersuchungshaft, Unterbringung, vorläufige Festnahme nach § 127a StPO, vorläufige Entziehung der Fahrerlaubnis, vgl. Aufzählung in § 2 StrEG) vor dem rechtskräftigen Abschluss des Verfahrens (§§ 2 bis 4 StrEG) entstanden sind (Meyer, StrEG, § 2 Rn. 1).

Das Strafrechtsentschädigungsverfahren besteht zum einen aus dem **Grundverfahren** (§§ 1 bis 9 StrEG) und zum anderen aus dem **Betragsverfahren** (§§ 10 ff. StrEG). Während das Grundverfahren zur Feststellung der grundsätzlichen Entschädigungspflicht der Staatskasse dient (§§ 8 und 9 StrEG), wird im Betragsverfahren die Höhe der dem Beschuldigten zu gewährenden Entschädigung festgesetzt. Es gelten **unterschiedliche Zuständigkeiten** und damit **unterschiedliche Vergütungsbestimmungen**. Die Feststellung der Entschädigungspflicht der Staatskasse im Grundverfahren erfolgt nach § 8 Abs. 1 StrEG durch das Strafgericht zusammen mit der Kosten- und Auslagenentscheidung für das Hauptsacheverfahren in der das Strafverfahren abschließenden Entscheidung. Das Grundverfahren ist somit Teil des Hauptsacheverfahrens (vgl. hierzu im Einzelnen Meyer, StrEG, A 11 zu § 8 ZSEG). Deshalb ist die dort vom **Verteidiger** entfaltete Tätigkeit mit den Gebühren des Strafverfahrens abgegolten; es entsteht für die Tätigkeit im Grundverfahren insbesondere keine Gebühr nach Nr. 4143 VV (vgl. Vorbem. 4.3 Rn. 15, 16; vgl. aber Nr. 4143 VV Rn. 8). Gegen die Entscheidung über die Entschädigungspflicht ist gem. § 8 Abs. 3 StrEG die sofortige Beschwerde gegeben. Auch die Tätigkeit des **Verteidigers** in diesem Beschwerdeverfahren ist mit den Gebühren des Strafverfahrens nach Teil 4, Abschnitt 1 VV abgegolten (vgl. hierzu Vorbem. 4.3 Rn. 15, 16). Über die Höhe der dem Beschuldigten zu gewährenden Entschädigung entscheidet im selbstständigen Betragsverfahren gem. § 10 Abs. 2 StrEG die **Landesjustizverwaltung**. Ist der Beschuldigte mit der Entscheidung der Landesjustizverwaltung nicht einverstanden, ist gem. § 13 Abs. 1 StrEG der ordentliche Rechtsweg zu den Zivilgerichten (LG) gegeben.

Gebührenrechtlich sind unterschiedliche Gebührenbestimmungen zu beachten. Im Einzelnen:

3. Einzeltätigkeit: Abwehr einer vorläufigen Strafverfolgungsmaßnahme und/oder Tätigkeit im Grundverfahren

29 Wird der Rechtsanwalt nur zur Abwehr einer vorläufigen Strafverfolgungsmaßnahme beauftragt **oder** wird dem Rechtsanwalt nur die **Vertretung** im **Grundverfahren** als Einzeltätigkeit übertragen, entsteht für seine Tätigkeit eine Gebühr nach Nr. 4302 Ziff. 3 VV (LG Bamberg, JurBüro 1984, 65, m. zust. Anm. Mümmler; AnwKomm-RVG/N. Schneider, VV 4302 Rn. 13; wohl auch Gerold/Schmidt/Burhoff, VV Vorb. 4.3 Rn. 6).

Erhält der Rechtsanwalt besondere Aufträge zur Abwehr der Strafverfolgungsmaßnahme **und** zur **Vertretung** im **Grundverfahren**, dürfte er nach der Vorbem. 4.3 Abs. 3 Satz 1 VV Anspruch auf zwei Gebühren nach Nr. 4302 Ziff. 3 VV haben, weil er zwei verschiedene Einzeltätigkeiten

Verfahrensgebühr für Einzeltätigkeiten (Einlegung Rechtsmittel u.a.)   Nr. 4302 VV

für den Beschuldigten wahrgenommen hat (vgl. Vorbem. 4.3 VV Rn. 30 f.). Vorbem. 4.3 Abs. 2 Satz 2 VV i.V.m. § 15 Abs. 6 ist zu beachten (vgl. Vorbem. 4.3 VV Rn. 38 ff.).

> **Hinweis:**
> Der **erhöhte Umfang** der Tätigkeit im Rahmen der Abwehr der Strafverfolgungsmaßnahme und der Tätigkeit im Grundverfahren kann gem. § 14 bei der Bemessung der Gebühr nach Nr. 4302 Ziff. 3 VV berücksichtigt werden.

4. Einzeltätigkeit im Grundverfahren und im Beschwerdeverfahren

Der für das Grundverfahren beauftragte Rechtsanwalt erhält neben der Gebühr nach Nr. 4302 Ziff. 3 VV für das Grundverfahren für die Einlegung der Beschwerde gem. § 8 Abs. 3 StrEG gegen die Grundentscheidung eine weitere Gebühr nach Nr. 4302 Ziff. 1 VV. Denn nach Abs. 3 Satz 3 der Vorbem. 4.3 VV gilt das **Beschwerdeverfahren** hinsichtlich einer einzelnen Tätigkeit als **besondere Angelegenheit**.   30

> **Hinweis:**
> Legt dagegen der **Verteidiger** gegen die Entscheidung des Strafgerichts gem. § 8 Abs. 3 StrEG sofortige Beschwerde ein, entsteht für die Tätigkeit im Beschwerdeverfahren wegen Vorbem. 4.1 Abs. 2 Satz 1 VV für ihn keine besondere Gebühr (OLG Düsseldorf, StRR 2011, 38 = RVGreport 2011, 22 = AGS 2011, 70; AG Koblenz, AGkompakt 2011, 8; vgl. Vorbem. 4.3 Rn. 15 f.). Die Tätigkeit des Verteidigers im Beschwerdeverfahren nach § 8 Abs. 3 StrEG wird mit den Gebühren für das Strafverfahren **abgegolten** (vgl. auch § 19 Abs. 1 Satz 2 Nr. 10). Die im Rahmen des Beschwerdeverfahrens gegen die Grundentscheidung vom Verteidiger entfaltete anwaltliche Tätigkeit kann jedoch bei der Bemessung der Gebühr(en) für das Strafverfahren nach **§ 14** berücksichtigt werden (s. auch Teil A: Beschwerdeverfahren, Abrechnung, Rn. 407).

5. Tätigkeit im Betragsverfahren

Macht der Rechtsanwalt für den Mandanten die im Grundverfahren zugesprochene **Entschädigung** gem. § 10 StrEG bei der **Landesjustizverwaltung geltend**, entsteht die **Geschäftsgebühr** Nr. 2300 VV, im gerichtlichen Verfahren gilt **Teil 3 VV** (so auch AnwKomm-RVG/N. Schneider, VV 4143 – 4144 Rn. 8; Gerold/Schmidt/Burhoff, VV 4143, 4144 Rn. 9; VV 4143, 4144 Rn. 8; vgl. dazu auch Vorbem. 4 Rn. 16). Zu den Grundlagen der Ermittlung des **Geschäftswert**s für die **Geschäftsgebühr** Nr. 2300 VV wird auf Vorbem. 4 VV Rn. 16 m.w.N. verwiesen.   31

6. Tätigkeit im Klageverfahren

Ist der Beschuldigte mit der Entscheidung der Landesjustizverwaltung über die **Höhe** seiner **Entschädigung nicht einverstanden**, steht ihm gegen die Entscheidung gem. § 13 Abs. 1 Satz 1 StrEG der **ordentliche Rechtsweg** zu. Zuständig für die Entscheidung über die Klage ist das LG ohne Rücksicht auf den Wert des Streitgegenstands, § 13 Abs. 1 Satz 2 StrEG. Dem Rechtsanwalt stehen für dieses Klageverfahren die **Gebühren** des **Teil 3 VV** zu. Der Streitwert bestimmt sich nach dem mit der Klage verlangten Betrag. Die im Verfahren vor der Landesjustizverwaltung nach Nr. 2300 VV entstandene Geschäftsgebühr ist unter Beachtung der Voraussetzungen von   32

Nr. 4302 VV   Verfahrensgebühr für Einzeltätigkeiten (Einlegung Rechtsmittel u.a.)

Vorbem. 3 Abs. 4 VV auf die im Klageverfahren entstandene Verfahrensgebühr Nr. 3100 VV anzurechnen (s. dazu auch Teil A: Anrechnung von Gebühren [§ 15a], Rn. 123 ff.).

7. Tätigkeit im Grund- und im Betragsverfahren

33 Die im Grundverfahren (Einzeltätigkeit) und im Betragsverfahren entstandenen Gebühren darf der Rechtsanwalt **anrechnungsfrei** behalten.

Beispiel:

A ist wegen eines ihm vorgeworfenen Diebstahls freigesprochen worden. Den von Rechtsanwalt R (nicht zum Verteidiger bestellt) gestellten Antrag, eine Entschädigung nach dem StrEG zuzusprechen, weist das Gericht zurück. Auf die hiergegen von Rechtsanwalt R eingelegte sofortige Beschwerde stellt das Beschwerdegericht fest, dass A Anspruch auf Entschädigung nach dem StrEG hat. Im Auftrag des A macht R bei der Landesjustizverwaltung eine Entschädigung i.H.v. 2.000,00 € geltend. Zugesprochen wird A eine Entschädigung i.H.v. 1.000,00 €. Im Namen von A erhebt R Klage beim zuständigen LG auf Gewährung einer weiteren Entschädigung i.H.v. 1.000,00 €. Nach streitiger Verhandlung im Termin wird A die Entschädigung durch Endurteil zuerkannt.

R kann für die Vertretung von A folgende Gebühren abrechnen:

Verfahrensgebühr Nr. 4302 Ziff. 3 VV – Mittelgebühr – (für die Beistandsleistung im Grundverfahren)	*135,00 €*
Verfahrensgebühr Nr. 4302 Ziff. 3 VV – Mittelgebühr – (für die Beistandsleistung im Beschwerdeverfahren)	*135,00 €*
1,3-fache Geschäftsgebühr Nr. 2300 VV	
(für das Betragsverfahren vor der Landesjustizverwaltung; Wert 2.000,00 €)	*172,90 €*
1,3-fache Verfahrensgebühr Nr. 3100 VV	
(im Klageverfahren; Wert 1.000,00 €)	*110,50 €*
abzgl. anzurechnende 0,65 Geschäftsgebühr Nr. 2300 VV	
nach 1.000,00 € (Vorbem. 3 Abs. 4 VV)	*55,25 €*
verbleiben als Verfahrensgebühr Nr. 3100 VV	*55,25 €*
1,2-fache Terminsgebühr Nr. 3104 VV	
(im Klageverfahren; Wert: 1.000,00 €)	<u>*102,00 €*</u>
Anwaltsvergütung netto	**<u>600,15 €</u>**
Zuzüglich vier Postentgeltpauschalen Nr. 7002 VV	
i.H.v. 80,00 €, da vier Angelegenheiten vorliegen	**<u>80,00 €</u>**
Zuzüglich 19 % USt	**<u>129,23 €</u>**
Summe:	**<u>809,38 €</u>**

Verfahrensgebühr für Einzeltätigkeiten (Einlegung Rechtsmittel u.a.)   *Nr. 4302 VV*

C. Arbeitshilfe

Übersicht über die im **StrEG-Verfahren entstehenden Gebühren** (vgl. AGkompakt 2011, 9):   **34**

Verfahren	Verteidiger	Kein Verteidiger (Einzeltätigkeit)
Grundverfahren	Keine besondere Gebühr, Nr. 4143 VV gilt nicht; Abgeltung bei Verteidigergebühren (§ 14)	Nr. 4302 Ziff. 3 VV
Beschwerde im Grundverfahren (§ 8 Abs. 3 StrEG)	Keine besondere Gebühr, Nr. 4143 VV gilt nicht; Abgeltung bei Verteidigergebühren (§ 14)	Nr. 4302 Ziff. 2 VV; Beschwerdeverfahren ist besondere Angelegenheit (Vorbem. 4.3 Abs. 3 Satz 3 VV)
Betragsverfahren vor der Landesjustizverwaltung	Geschäftsgebühr Nr. 2300 VV	Geschäftsgebühr Nr. 2300 VV
Klageverfahren vor dem LG	Nrn. 3100 ff. VV; Anrechnung der Geschäftsgebühr nach Nr. 2300 VV	Nrn. 3100 ff. VV; Anrechnung der Geschäftsgebühr nach Nr. 2300 VV
Berufung/Revision	Nrn. 3200 ff. VV	Nrn. 3200 ff. VV

Nr. 4303 VV
Verfahrensgebühr Gnadensache

Nr.	Gebührentatbestand	Gebühr oder Satz der Gebühr nach § 13 oder § 49 RVG	
		Wahlanwalt	gerichtlich bestellter oder beigeordneter Rechtsanwalt
4303	Verfahrensgebühr für die Vertretung in einer Gnadensache Der Rechtsanwalt erhält die Gebühr auch, wenn ihm die Verteidigung übertragen war.	25,00 bis 250,00 EUR	110,00 EUR

Übersicht

	Rn.
A. Überblick	1
B. Kommentierung	2
I. Sachlicher Anwendungsbereich	2
II. Entstehen der Gebühr	6
1. Umfang der Angelegenheit	6
2. Erneutes Gnadengesuch	7
3. Einzeltätigkeit	8
III. Abgeltungsbereich	9
1. Allgemeines	9
2. Katalog der erfassten Tätigkeiten	10
3. Beschwerdeverfahren	11
4. Grundgebühr nach Nr. 4100 VV	12
IV. Persönlicher Geltungsbereich	13
V. Vertretung mehrerer Verurteilter/Mehrere Auftraggeber	14
VI. Höhe der Gebühr	15
VII. Anrechnung	18
VIII. Bewilligung einer Pauschgebühr	19
IX. Anspruch gegen den Verurteilten oder den Auftraggeber	20
X. Verhältnis von Nr. 4303 VV zu anderen Gebühren nach Teil 4 VV	21

Literatur:

S. die Hinweise bei Vorbem. 4.3

A. Überblick

1 Nr. 4303 VV regelt die Verfahrensgebühr für die Vertretung in einer Gnadensache. Streng genommen handelt es sich bei der Vertretung in einer Gnadensache aber gar nicht um eine Einzeltätigkeit. Es gibt insoweit anders als in den Fällen der Nrn. 4300 – 4302 VV **kein umfassenderes Verfahren** (AnwKomm-RVG/N. Schneider, VV 4303 Rn. 17).

Verfahrensgebühr Gnadensache **Nr. 4303 VV**

Auch dem gerichtlich bestellten (**Pflichtverteidiger**) oder dem **beigeordneten Rechtsanwalt** ist für die Vertretung in einer Gnadensache ein Gebührenanspruch gegen die Staatskasse eingeräumt worden (vgl. hierzu aber Rn. 17).

B. Kommentierung

I. Sachlicher Anwendungsbereich

Der Rechtsanwalt muss den Verurteilten in einer **Gnadensache** vertreten haben. Zu den von Nr. 4303 VV erfassten Gnadensachen gehören nur die Gnadenverfahren, die in den **Gnadenordnungen** für **Strafsachen** geregelt sind und bei denen es darum geht, das Gnadenrecht des Staatsoberhaupts durch dieses oder durch Stellen, denen es besonders übertragen worden ist, auszuüben (Gerold/Schmidt/Burhoff, VV 4303 Rn. 2). Nach § 452 StPO steht das Gnadenrecht dem Bund zu, sofern im ersten Rechtszug ein Bundesgericht entschieden hat. Sonst haben die Länder das Begnadigungsrecht, deren Gerichte im ersten Rechtszug entschieden haben. 2

Soweit aufgrund der anzuwendenden Gnadenordnung **Gnadenstellen** bei einem **Gericht** (LG) bestehen (z.B. in Nordrhein-Westfalen), gehört das Verfahren vor diesen Gnadenstellen zu den Gnadensachen i.S.v. **Nr. 4303 VV** (vgl. AnwKomm-RVG/N. Schneider, VV 4303 Rn. 9; vgl. zu den Gnadenordnungen der einzelnen Bundesländer sowie der Übertragung des Gnadenrechts durch landesrechtliche Regelungen die Fundstellennachweise in Schönfelder, Ordnungsnr. 90 – StPO, Anm. zu § 452). 3

Keine Gnadensachen sind Verfahren vor dem Gericht (sofern dieses nicht als Gnadenstelle tätig wird, vgl. Rn. 3), Verfahren vor der Vollstreckungsbehörde oder dem Vollstreckungsleiter (vgl. § 82 JGG), in denen es nicht um eine im Gnadenweg angestrebte Milderung, Reduzierung oder den Erlass einer Strafe geht. Hierzu gehören z.B. Tätigkeiten im Hinblick auf eine Einstellung des Strafverfahrens (AnwKomm-RVG/N. Schneider, VV 4303 Rn. 7). Ferner sind keine Gnadensachen: 4

- Verfahren wegen einer **Strafaussetzung** zur Bewährung, vgl. §§ 56ff. StGB, § 453 StPO, § 88 JGG.
- Verfahren wegen der **Aussetzung des Strafrestes** nach §§ 57 bis 58 StGB, § 454 StPO.
- Verfahren zur **Stundung** oder zur Bewilligung von Zahlungserleichterungen für eine Geldstrafe gem. § 4 StGB, § 459a StPO.
- Verfahren zur Erwirkung von **Tilgungen** in Strafregister oder auf Anordnung beschränkter Auskunft (vgl. §§ 23, 47 BZRG).

> **Hinweis:** 5
> In den ersten drei oben genannten Fällen wird der Rechtsanwalt in der Strafvollstreckung tätig und erhält als **Verteidiger** die Gebühren nach Teil 4, Abschnitt 2 VV. Ist der Rechtsanwalt insoweit nur mit einer **Einzeltätigkeit** in der Strafvollstreckung beauftragt, gelten Nr. 4300 Ziff. 3 oder Nr. 4301 Ziff. 6 VV (vgl. Schneider, in: Hansens/Braun/Schneider, Teil 15, Rn. 782). Werden die Anträge vor der die Instanz abschließenden Entscheidung gestellt (vgl. § 260 Abs. 4 StPO), werden sie mit den Gebühren nach Nrn. 4100ff. VV abgegolten (AnwKomm-RVG/N. Schneider, VV 4303 Rn. 7).

In dem vierten aufgeführten Beispiel richtet sich die Vergütung für die **außergerichtliche Tätigkeit** nach Nrn. 2300 ff. VV und für die Tätigkeit im gerichtlichen Überprüfungsverfahren nach Nrn. 3100 ff. VV (vgl. AnwKomm-RVG/N. Schneider, VV 4303 Rn. 7). Dies gilt entsprechend, wenn die **Anfechtung** der **Gnadenentscheidung** im **Verwaltungsrechtsweg** erfolgt (vgl. AnwKomm-RVG/N. Schneider, VV 4303 Rn. 8).

II. Entstehen der Gebühr

1. Umfang der Angelegenheit

6 Voraussetzung für das Entstehen der Verfahrensgebühr ist, dass der Rechtsanwalt den Verurteilten in einer **Gnadensache** vertreten hat. Die Gnadensache beginnt mit dem Auftrag an den Rechtsanwalt, in der Gnadensache tätig zu werden und der Entgegennahme der Informationen durch den Rechtsanwalt (vgl. Vorbem. 4 Abs. 2 VV). Beendet wird die Gnadensache mit der Entscheidung der zuständigen Gnadenbehörde. Das **Beschwerdeverfahren** gegen die Entscheidung der Gnadenbehörde gilt nach Abs. 3 Satz 3 der Vorbem. 4.3 VV als **besondere Angelegenheit** (vgl. hierzu Rn. 11).

> **Hinweis:**
> Nach der Anm. zu Nr. 4303 VV steht die Gebühr **auch** dem Rechtsanwalt zu, dem vorher die **Verteidigung übertragen** war. Vorbem. 4.3 Abs. 1 VV gilt daher hier nicht. Daraus folgt, dass die Vertretung im Gnadenverfahren eine **besondere gebührenrechtliche Angelegenheit** bildet (Gerold/Schmidt/Burhoff, VV 4303 Rn. 1).

2. Erneutes Gnadengesuch

7 Stellt der Rechtsanwalt nach endgültiger Ablehnung des Gnadengesuchs auftragsgemäß ein **neues Gnadengesuch**, liegt eine neue Gnadensache vor, in der die Gebühr nach Nr. 4303 VV erneut anfallen kann (vgl. Vorbem. 4.3 Abs. 2 Satz 1 – 2 VV i.V.m. § 15). Das **neue Gnadengesuch** muss sich aber **inhaltlich** von dem abgelehnten Gnadengesuch **unterscheiden**. Das ist z.B. dann der Fall, wenn das neue Gnadengesuch auf andere Gründe gestützt wird als das abgelehnte Gnadengesuch (Riedel/Sußbauer/Schmahl, VV Teil 4, Abschnitt 3 Rn. 33; **a.A.** AnwKomm-RVG/N. Schneider, VV 4303 Rn. 12; Gerold/Schmidt/Burhoff, VV 4303 Rn. 4). Als neuer Grund dürfte aber bereits genügen, dass der Verurteilte seit der Ablehnung des früheren Gnadengesuchs einen weiteren, nicht ganz unbeträchtlichen Teil seiner Strafe verbüßt, sich auch weiterhin ordentlich geführt und sich dadurch jetzt als gnadenwürdig erwiesen hat (vgl. Riedel/Sußbauer/Schmahl, VV Teil 4, Abschnitt 3 Rn. 33).

> **Hinweis:**
> Eine **neue Angelegenheit** liegt gem. § 15 Abs. 5 Satz 2 aber vor, wenn das frühere Gnadengesuch seit mehr als zwei Kalenderjahren erledigt ist.

3. Einzeltätigkeit

8 Wird der Rechtsanwalt nicht mit der **gesamten Vertretung**, sondern nur mit einer **einzelnen Tätigkeit** in der Gnadensache beauftragt, beispielsweise der Anfertigung des Gnadengesuchs, entsteht keine Verfahrensgebühr nach Nr. 4303 VV für die Vertretung in einer Gnadensache, son-

Verfahrensgebühr Gnadensache   *Nr. 4303 VV*

dern eine Gebühr nach Nr. 4302 Ziff. 2 oder 3 VV für die Anfertigung eines Gesuchs (Gerold/Schmidt/Burhoff, VV 4303 Rn. 8; Schneider, in: Hansens/Braun/Schneider, Teil 15, Rn. 784). Ist der Rechtsanwalt mit **mehreren Einzeltätigkeiten** im Gnadenverfahren beauftragt, darf er nach Vorbem. 4.3 Abs. 3 Satz 2 VV, § 15 Abs. 6 keine höhere Gebühr als der mit der gesamten Tätigkeit im Gnadenverfahren beauftragte Rechtsanwalt erhalten (Höchstgebühr i.H.v. 250,00 €; vgl. Schneider, in: Hansens/Braun/Schneider, Teil 15, Rn. 788).

III. Abgeltungsbereich

1. Allgemeines

Der Rechtsanwalt erhält die Verfahrensgebühr „für das Betreiben des Geschäfts einschließlich der Information" (vgl. Vorbem. 4 VV Rn. 33). Die Verfahrensgebühr steht dem Rechtsanwalt für seine gesamte Tätigkeit in der Gnadensache zu. Es handelt sich um eine **pauschale Gebühr**, die sämtliche Tätigkeiten des Rechtsanwalts im Rahmen der Vertretung des Verurteilten abgilt (vgl. hierzu auch Vorbem. 4.1 Rn. 23 ff.).   9

> **Hinweis:**
> Die Verfahrensgebühr nach Nr. 4303 VV gilt die gesamte Tätigkeit des Rechtsanwalts für die Vertretung in einer Gnadensache ab. Es fallen insbesondere keine **Grundgebühr** und keine **Terminsgebühren** für die Teilnahme an Terminen im Gnadenverfahren an (vgl. Rn. 12; Gerold/Schmidt/Burhoff, VV 4303 Rn. 9; AnwKomm-RVG/N. Schneider, VV 4303 Rn. 15, 16).

2. Katalog der erfassten Tätigkeiten

Folgende Tätigkeiten werden von der Verfahrensgebühr insbesondere erfasst: 10

- **Schriftverkehr**,
- **Akteneinsicht**,
- **Beratung** des Mandanten,
- Beschaffung von Informationen,
- eigene Ermittlungen des Rechtsanwalts,
- Information des Rechtsanwalts durch den Mandanten,
- **JVA-Besuche**,
- Wahrnehmung von **Terminen**,
- Vertretung im Gnadenverfahren.

3. Beschwerdeverfahren

Wegen Vorbem. 4.3 Abs. 3 Satz 3 VV gilt das Beschwerdeverfahren in einer Gnadensache als **besondere Angelegenheit**. Der Rechtsanwalt erhält daher für die Vertretung des Verurteilten in der Beschwerdeinstanz eine besondere Gebühr nach Nr. 4303 VV (Gerold/Schmidt/Burhoff, VV 4303 Rn. 11; Riedel/Sußbauer/Schmahl, VV Teil 4, Abschnitt 3 Rn. 31; nicht ganz eindeutig AnwKomm-RVG/N. Schneider, VV 4303 Rn. 18 [besondere Angelegenheit]; anders aber VV 4303   11

Rn. 10 [keine besondere Angelegenheit]; **a.A.** Schneider, in: Hansens/Braun/Schneider, Teil 15, Rn. 785; Schneider/Mock, Gebührenrecht, § 25 Rn. 294; zur Höhe der Gebühr vgl. Rn. 15 ff.).

4. Grundgebühr nach Nr. 4100 VV

12 Eine Grundgebühr Nr. 4100 VV für die Tätigkeit im Gnadenverfahren erhält der Rechtsanwalt **nicht**, da diese **nur** dem **Verteidiger** zusteht (Gerold/Schmidt/Burhoff, VV 4303 Rn. 10; AnwKomm-RVG/N. Schneider, VV 4303 Rn. 16). Das ergibt sich eindeutig aus der Stellung der Grundgebühr in Teil 4 VV Abschnitt 1, der die „Gebühren des Verteidigers" regelt. Der Rechtsanwalt, der den Verurteilten in einer Gnadensache vertritt, wird nicht als Verteidiger tätig (vgl. Vorbem. 4.3 Abs. 1 VV). War der Rechtsanwalt für den Verurteilten bereits im zugrunde liegenden Strafverfahren als Verteidiger tätig (vgl. die Anm. zu Nr. 4303 VV), hat er hierfür bereits die Grundgebühr erhalten.

IV. Persönlicher Geltungsbereich

13 Die Verfahrensgebühr steht allen mit der Vertretung im gesamten Gnadenverfahren **beauftragten** Rechtsanwälten zu. Nach der Anm. zu Nr. 4303 VV steht die Gebühr **auch** dem Rechtsanwalt zu, dem **vorher** die **Verteidigung** übertragen war. Ist der Rechtsanwalt lediglich mit einer Einzeltätigkeit im Gnadenverfahren beauftragt worden, entsteht eine Gebühr nach Nr. 4302 Ziff. 2 oder 3 VV (vgl. Rn. 8). Auch für den **gerichtlich bestellten** oder **beigeordneten** Rechtsanwalt ist eine Verfahrensgebühr i.H.v. 110,00 € für die Vertretung in einer Gnadensache vorgesehen (vgl. insoweit aber Rn. 17).

V. Vertretung mehrerer Verurteilter/Mehrere Auftraggeber

14 Vertritt der Rechtsanwalt mehrere Verurteilte in einer Gnadensache, entstehen für jeden Verurteilten **besondere Verfahrensgebühren** nach Nr. 4303 VV. Es liegt für jeden Verurteilten eine **besondere Angelegenheit** vor, da die Gnade für jeden Verurteilten individuell bewilligt wird (so auch AnwKomm-RVG/N. Schneider, VV 4303 Rn. 13; Gerold/Schmidt/Burhoff, VV 4303 Rn. 5; Riedel/Sußbauer/Schmahl, VV Teil 4, Abschnitt 3 Rn. 29). Jeder Gnadenantrag betrifft individuell jeden Verurteilten, sodass es an dem für die Bejahung derselben Angelegenheit i.S.v. § 15 erforderlichen inneren Zusammenhang und dem gleichen Tätigkeitsrahmen fehlt (vgl. AnwKomm-RVG/N. Schneider, VV 4303 Rn. 13).

VI. Höhe der Gebühr

15 Der **Wahlanwalt** erhält eine **Betragsrahmengebühr** i.H.v. 25,00 € – 250,00 €. Die Mittelgebühr beträgt 137,50 €.

16 Bei der Bemessung der Höhe der Gebühr sind über § 14 die **Besonderheiten** des jeweiligen **Einzelfalls** zu berücksichtigen. Die Höhe der Gebühr ist also v.a. abhängig von den vom Rechtsanwalt erbrachten Tätigkeiten.

> **Hinweis:**
> Für die Bemessung der Gebühr kommt es nach **§ 14 Abs. 1** auf die Bedeutung der Angelegenheit, den Umfang und die Schwierigkeit der anwaltlichen Tätigkeit sowie auf die Einkommens- und Vermögensverhältnisse des Mandanten an. Reicht der für den Wahlanwalt vorgesehene Betragsrahmen wegen des erheblichen Umfangs der erbrachten Tätigkeiten

Verfahrensgebühr Gnadensache   Nr. 4303 VV

nicht mehr aus, um die erbrachten Tätigkeiten zumutbar zu entlohnen, kann der Wahlanwalt Feststellung einer **Pauschgebühr** nach §42 beantragen (vgl. Rn. 19).

Bei der Vertretung in einer Gnadensache ist für den **gerichtlich beigeordneten** oder **bestellten** **17** Rechtsanwalt eine Verfahrensgebühr nach Nr. 4303 VV i.H.v. 110,00 € (**Festgebühr**) vorgesehen. Die ursprüngliche Pflichtverteidigerbestellung erstreckt sich nicht auch auf die Vertretung im Gnadenverfahren (s. auch Teil A: Umfang des Vergütungsanspruchs [§48 Abs. 1], Rn. 1418; AnwKomm-RVG/N. Schneider, VV 4303 Rn. 20). Die Pflichtverteidigerbestellung endet mit der Rechtskraft des Verfahrens (vgl. Schneider, in: Hansens/Braun/Schneider, Teil 15, Rn. 791). Eine selbstständige Pflichtverteidigerbestellung oder PKH-Bewilligung nebst Beiordnung eines Anwalts für das Gnadenverfahren dürfte nicht in Betracht kommen, sodass der Anwendungsbereich der Festgebühr über 110,00 € unklar ist (vgl. AnwKomm-RVG/N. Schneider, VV 4303 Rn. 20, 22; Gerold/Schmidt/Burhoff, VV 4303 Rn. 12).

VII. Anrechnung

Die Anrechnungsbestimmung in Vorbem. 4.3 Abs. 4 VV ist für die Gebühr Nr. 4303 VV **nicht** **18** **von Bedeutung**, da der Gnadensache bereits ein Strafverfahren vorausgegangen ist, in dem ggf. ein Verteidiger aufgetreten ist. Auf die Erläuterungen zu Vorbem. 4.3 Abs. 4 VV Rn. 39 wird verwiesen. Der Gnadensache folgt somit kein Verfahren nach, für das dem in der Gnadensache tätigen Rechtsanwalt die Verteidigung oder die Vertretung übertragen werden kann (vgl. auch Gerold/Schmidt/Burhoff, VV 4303 Rn. 13; AnwKomm-RVG/N. Schneider, VV 4303 Rn. 17). Eine Anrechnung soll nur dann erfolgen, wenn dem Rechtsanwalt später die Verteidigung oder Vertretung übertragen wird.

> **Hinweis:**
> Die Verfahrensgebühr nach Nr. 4303 VV ist **nicht** auf die **vorher** ggf. für die Verteidigung oder Vertretung im zugrunde liegenden Strafverfahren **entstandenen Gebühren anzurechnen**. Vorbem. 4.3 Abs. 4 VV sieht lediglich eine Anrechnung auf entstehende und nicht auf entstandene Gebühren vor. Nach der Anm. zu Nr. 4303 VV erhält der für die Gnadensache beauftragte Rechtsanwalt die Gebühr auch dann, wenn er vorher als Verteidiger tätig war.

VIII. Bewilligung einer Pauschgebühr

Für den in einer Gnadensache tätigen **Wahlanwalt** besteht die Möglichkeit, eine Pauschgebühr **19** nach §42 feststellen zu lassen (vgl. AnwKomm-RVG/N. Schneider, VV 4303 Rn. 19). Wenn eine **gerichtliche Beiordnung** oder **Bestellung** eines Rechtsanwalts in einer Gnadensache nicht in Betracht kommt, scheidet auch die Bewilligung einer Pauschgebühr nach §51 aus (vgl. hierzu Rn. 17; AnwKomm-RVG/N. Schneider, VV 4303 Rn. 21).

IX. Anspruch gegen den Verurteilten oder den Auftraggeber

Wenn eine gerichtliche Beiordnung oder Bestellung eines Rechtsanwalts in einer Gnadensache **20** nicht in Betracht kommt (vgl. Rn. 17), scheidet die Inanspruchnahme des Verurteilten oder Auftraggebers nach §§52 und 53 Abs. 1 aus (vgl. AnwKomm-RVG/N. Schneider, VV 4303 Rn. 21).

X. Verhältnis von Nr. 4303 VV zu anderen Gebühren nach Teil 4 VV

21 Der Rechtsanwalt erhält die Verfahrensgebühr Nr. 4303 VV zusätzlich zu den Verteidigergebühren (vgl. Anm. zu Nr. 4303 VV) und zusätzlich zu den Gebühren für sonstige Einzeltätigkeiten (vgl. Vorbem. 4.3 Abs. 4 VV).

Gebühr für Beiordnung als Kontaktperson *Nr. 4304 VV*

Nr. 4304 VV
Gebühr für Beiordnung als Kontaktperson

Nr.	Gebührentatbestand	Gebühr oder Satz der Gebühr nach § 13 oder § 49 RVG	
		Wahlanwalt	gerichtlich bestellter oder beigeordneter Rechtsanwalt
4304	Gebühr für den als Kontaktperson beigeordneten Rechtsanwalt (§ 34a EGGVG)		3.000,00 EUR

Übersicht

	Rn.
A. Überblick	1
B. Kommentierung	3
I. Entstehen der Gebühr	3
II. Abgeltungsbereich	4
1. Pauschale Gebühr	4
2. Andere Gebühren	5
III. Persönlicher Geltungsbereich	6
IV. Mehrere Auftraggeber	7
V. Auslagen und Umsatzsteuer	8
VI. Bewilligung einer Pauschgebühr (§ 51)	9
VII. Anspruch gegen den Gefangenen	10
VIII. Vorschuss	11
IX. Festsetzungsverfahren	12
X. Anrechnung	13

Literatur:

Krekeler, Änderung des sogenannten Kontaktsperregesetzes, NJW 1986, 417.

A. Überblick

Nr. 4304 VV regelt die Gebühr für den als Kontaktperson nach **§ 34a EGGVG** beigeordneten 1 Rechtsanwalt. Der durch den Präsidenten des örtlich zuständigen LG als Kontaktperson beigeordnete Rechtsanwalt erhält eine **Festgebühr** über **3.000,00 €** aus der Staatskasse. Der beigeordnete Rechtsanwalt darf gem. § 34 Abs. 3 Satz 2 EGGVG nicht Verteidiger sein. Es kommt nur die Beiordnung eines Rechtsanwalts in Betracht.

Die Gebühr entsteht nur dann, wenn dem als Kontaktperson beigeordneten Rechtsanwalt nicht 2 sonst die Verteidigung oder Vertretung übertragen worden ist (vgl. Vorbem. 4.3 Abs. 1 VV). Eine Beiordnung des Verteidigers des Gefangenen als Kontaktperson darf gem. § 34a Abs. 3 Satz 2 EGGVG allerdings ohnehin nicht erfolgen. Ein Rechtsanwalt kann somit nicht gleichzeitig als Verteidiger und als Kontaktperson für den Gefangenen tätig sein.

Nr. 4304 VV   *Gebühr für Beiordnung als Kontaktperson*

B. Kommentierung

I. Entstehen der Gebühr

3   Die in Nr. 4304 VV geregelte Festgebühr entsteht mit der ersten Tätigkeit nach Beiordnung als Kontaktperson. Entsprechend Vorbem. 4 Abs. 2 VV wird das i.d.R. die Entgegennahme der Information sein (vgl. AnwKomm-RVG/N. Schneider, VV 4304 Rn. 5). Eine **vorzeitige Erledigung** der Tätigkeit hat daher keinen Einfluss auf die bereits entstandene Gebühr (vgl. Schneider, in: Hansens/Braun/Schneider, Teil 15, Rn. 723; krit. aber in AnwKomm-RVG/N. Schneider, VV 4304 Rn. 14). Der Umfang der anwaltlichen Tätigkeit ist für die Gebühr ohne Bedeutung (Gerold/Schmidt/Burhoff, VV 4304 Rn. 4).

II. Abgeltungsbereich

1. Pauschale Gebühr

4   Die Gebühr steht dem beigeordneten Rechtsanwalt für seine gesamte Tätigkeit als Kontaktperson zu. Es handelt sich um eine **pauschale Gebühr**, die sämtliche Tätigkeiten des Rechtsanwaltes im Rahmen der rechtlichen Betreuung des Gefangenen abgilt. Zur rechtlichen Betreuung gehört insbesondere (vgl. hierzu § 34a EGGVG, so auch AnwKomm-RVG/N. Schneider, VV 4304 Rn. 6):

- Erstellung von **Anträgen** und **Anregungen**, die auf die Ermittlung entlastender Tatsachen und Umstände hinwirken, die im Interesse des Gefangenen unverzüglicher Aufklärung bedürfen,
- **Mitteilungen** an das **Gericht** und die **Staatsanwaltschaft** über die bei dem Gespräch mit dem Gefangenen und im weiteren Verlauf der Tätigkeit gewonnenen Erkenntnisse, falls der Gefangene hiermit einverstanden ist,
- Stellung von Anträgen im Namen des Gefangenen,
- **Teilnahme** an **Vernehmungen** und **Ermittlungshandlungen**, bei denen der Verteidiger nach § 34 Abs. 3 Nr. 3, 4 Satz 1 und 5 Satz 1 nicht anwesend sein darf und der Gefangene mit der Teilnahme einverstanden ist,
- **Kontaktaufnahme** mit **Dritten**, soweit dies zur Erfüllung der Aufgaben nach § 34a Abs. 1 EGGVG unabweisbar ist.

2. Andere Gebühren

5   Die pauschale Gebühr und Festgebühr nach Nr. 4304 VV gilt die gesamte Tätigkeit des Rechtsanwalts als Kontaktperson ab. Es fallen insbesondere **keine** besonderen **Terminsgebühren** für die Teilnahme an Terminen an (vgl. AnwKomm-RVG/N. Schneider, VV 4304 Rn. 8; so auch Gerold/Schmidt/Burhoff, VV 4304 Rn. 3). Auch eine **Grundgebühr** nach Nr. 4100 VV, der **Haftzuschlag** (vgl. Vorbem. 4 Abs. 4 VV) sowie die **zusätzlichen Gebühren** nach Nrn. 4141 ff. VV können **nicht** entstehen, da diese nur für den Verteidiger vorgesehen sind (vgl. AnwKomm-RVG/N. Schneider, VV 4304 Rn. 8, 9; so auch Gerold/Schmidt/Burhoff, VV 4304 Rn. 3).

Der Gebührenanspruch des als Kontaktperson beigeordneten Rechtsanwalts beschränkt sich somit auf die in Nr. 4304 VV geregelte **Festgebühr** i.H.v. 3.000,00 € (s. auch Teil A: Gebührensystem, Rn. 652).

Gebühr für Beiordnung als Kontaktperson Nr. 4304 VV

III. Persönlicher Geltungsbereich

Die Gebühr steht nur dem als Kontaktperson beigeordneten Rechtsanwalt zu. Für den **Wahlanwalt** ist **keine** Gebühr vorgesehen, weil er nicht Kontaktperson sein kann. 6

IV. Mehrere Auftraggeber

Eine **Erhöhung** der aus der Staatskasse zu zahlenden Gebühr für den gem. § 34a EGGVG als Kontaktperson beigeordneten Rechtsanwalt i.H.v. 3.000,00 € kommt **nicht** in Betracht. Die Erhöhung scheitert zum einen daran, dass es sich bei der Gebühr nicht um eine erhöhungsfähige Verfahrensgebühr i.S.v. Nr. 1008 VV RVG handelt. Zum anderen ist die Beiordnung eines Rechtsanwalts als Kontaktperson für mehrere Gefangene ausgeschlossen, sodass eine Auftraggebermehrheit i.S.v. Nr. 1008 VV RVG nicht entstehen kann (vgl. Volpert, in: Hansens/Braun/Schneider, Teil 6, Rn. 177; Meyer/Goßner, § 34a EGGVG Rn. 2; AnwKomm-RVG/N. Schneider, VV 4304 Rn. 13). 7

V. Auslagen und Umsatzsteuer

Der als Kontaktperson beigeordnete Rechtsanwalt hat **Anspruch** auf Ersatz der aufgrund seiner Tätigkeit angefallenen **Auslagen** und der auf die Vergütung entfallenden Umsatzsteuer (vgl. Nrn. 7000 ff. VV). Der Anspruch des als Kontaktperson beigeordneten Rechtsanwalts auf Ersatz der Auslagen und der Umsatzsteuer ergibt sich unmittelbar aus den §§ 1, 45 Abs. 3, 46 und Teil 7 VV. Insbesondere besteht daher Anspruch auf Ersatz der im Rahmen der Besuche des Gefangenen in der JVA anfallenden Reisekosten (s. auch Teil A: Auslagen aus der Staatskasse [§ 46 Abs. 1 und 2], Rn. 186). 8

VI. Bewilligung einer Pauschgebühr (§ 51)

§ 51 Abs. 2 Satz 1 ist zu entnehmen, dass auch dem gem. § 34a EGGVG als Kontaktperson beigeordneten Rechtsanwalt eine **Pauschgebühr bewilligt** werden kann, wenn die Gebühr i.H.v. 3.000,00 € im Einzelfall nicht ausreicht, um die Tätigkeit des Anwalts angemessen zu vergüten (vgl. AnwKomm-RVG/N. Schneider, VV 4304 Rn. 15; Gerold/Schmidt/Burhoff, VV 4304 Rn. 11). Zuständig ist das OLG, in dessen Bezirk die Justizvollzugsanstalt liegt, in der der Gefangene einsitzt. Zum Verfahren der Bewilligung einer Pauschgebühr wird auf die Erläuterungen zu § 51 verwiesen. 9

VII. Anspruch gegen den Gefangenen

Dem gem. § 34a EGGVG als Kontaktperson beigeordnete Rechtsanwalt steht **kein Anspruch** auf Zahlung von Wahlgebühren gem. § 53 Abs. 1 gegen den Gefangenen zu, da er lediglich eine Festgebühr i.H.v. 3.000,00 € aus der Staatskasse verlangen kann und damit keine einforderbare Differenz zwischen den Gebühren der Staatskasse und den Gebühren eines gewählten Vertreters besteht (vgl. § 53 Rn. 17; so auch AnwKomm-RVG/N. Schneider, VV 4304 Rn. 19; Riedel/Sußbauer/Schmahl, VV Teil 4, Abschnitt 3 Rn. 36). Auch eine Vergütungsfestsetzung nach § 11 scheidet aus, weil der Rechtsanwalt nicht von dem Gefangenen beauftragt wird (vgl. AnwKomm-RVG/N. Schneider, VV 4304 Rn. 18). 10

VIII. Vorschuss

11 Der als Kontaktperson beigeordnete Rechtsanwalt kann entsprechend § 47 einen **Vorschuss** aus der Staatskasse **verlangen** (vgl. AnwKomm-RVG/N. Schneider, VV 4304 Rn. 22; s. auch Teil A: Vorschuss [§ 47], Rn. 1645 ff.). Ein Vorschuss kann nach § 47 allerdings nur für bereits entstandene Gebühren gewährt werden. Da die Gebühr entsprechend Vorbem. 4 Abs. 2 VV i.d.R. bereits mit der Entgegennahme der Information anfallen wird, wird die Vorschussgewährung insoweit unproblematisch sein (vgl. Rn. 3; AnwKomm-RVG/N. Schneider, VV 4304 Rn. 5). Zwar sieht § 47 die Gewährung eines **angemessenen Vorschusses** vor. Unklar ist, ob hieraus geschlossen werden kann, dass der als Kontaktperson beigeordnete Rechtsanwalt im Rahmen des Vorschusses zunächst nur einen **Abschlag** oder einen Teil der Gebühr nach Nr. 4304 VV verlangen kann (vgl. Schneider, in: Hansens/Braun/Schneider, Teil 15, Rn. 726). Das wird man angesichts des Pauschalcharakters der Gebühr verneinen müssen, sodass der gesamte Betrag als Vorschuss zu zahlen ist (Gerold/Schmidt/Burhoff, VV 4304 Rn. 10).

IX. Festsetzungsverfahren

12 Hinsichtlich des Verfahrens zur Festsetzung der Gebühr wird auf die Kommentierung zu § 55 Abs. 3 verwiesen (s. im Übrigen auch Teil A: Festsetzung gegen die Staatskasse [§ 55], Rn. 579 ff.). Über **Erinnerungen** des Rechtsanwalts und der Staatskasse gegen die Festsetzung entscheidet nach § 56 Abs. 1 Satz 2 die Strafkammer des LG durch Beschluss. Für das Beschwerdeverfahren gegen den Beschluss des LG gilt § 33 Abs. 3 bis 8 (vgl. § 56 Abs. 2 Satz 1; s. auch Teil A: Rechtsmittel gegen die Vergütungsfestsetzung [§§ 56, 33], Rn. 1115 ff.).

X. Anrechnung

13 Nach Vorbem. 4.3 Abs. 4 VV sind die nach Teil 4, Abschnitt 3 VV anfallenden Gebühren auf die für die Verteidigung entstehenden Gebühren **anzurechnen**. Dies gilt nach dem Wortlaut daher auch für die dem als Kontaktperson beigeordneten Rechtsanwalt aus der Staatskasse gezahlte Gebühr i.H.v. 3.000,00 €, wenn diesem später die Verteidigung übertragen wird. § 34a Abs. 3 Satz 2 EGGVG schließt nur die Beiordnung des Verteidigers des Gefangenen als Kontaktperson aus. Nur wenn unterstellt wird, dass der als Kontaktperson beigeordnete Rechtsanwalt auch später nicht Verteidiger des Gefangenen werden kann, ist die Anrechnungsvorschrift ohne Bedeutung (vgl. AnwKomm-RVG/N. Schneider, VV 4304 Rn. 17). Ist eine spätere Verteidigertätigkeit dagegen zulässig, ist anzurechnen (Gerold/Schmidt/Burhoff, VV 4304 Rn. 12).

Teil 5
Bußgeldsachen

Vorbemerkung 5:

(1) Für die Tätigkeit als Beistand oder Vertreter eines Einziehungs- oder Nebenbeteiligten, eines Zeugen oder eines Sachverständigen in einem Verfahren, für das sich die Gebühren nach diesem Teil bestimmen, entstehen die gleichen Gebühren wie für einen Verteidiger in diesem Verfahren.

(2) Die Verfahrensgebühr entsteht für das Betreiben des Geschäfts einschließlich der Information.

(3) Die Terminsgebühr entsteht für die Teilnahme an gerichtlichen Terminen, soweit nichts anderes bestimmt ist. Der Rechtsanwalt erhält die Terminsgebühr auch, wenn er zu einem anberaumten Termin erscheint, dieser aber aus Gründen, die er nicht zu vertreten hat, nicht stattfindet. Dies gilt nicht, wenn er rechtzeitig von der Aufhebung oder Verlegung des Termins in Kenntnis gesetzt worden ist.

(4) Für folgende Tätigkeiten entstehen Gebühren nach den Vorschriften des Teils 3:

1. für das Verfahren über die Erinnerung oder die Beschwerde gegen einen Kostenfestsetzungsbeschluss, für das Verfahren über die Erinnerung gegen den Kostenansatz, für das Verfahren über die Beschwerde gegen die Entscheidung über diese Erinnerung und für Verfahren über den Antrag auf gerichtliche Entscheidung gegen einen Kostenfestsetzungsbescheid und den Ansatz der Gebühren und Auslagen (§ 108 OWiG),

2. in der Zwangsvollstreckung aus Entscheidungen, die über die Erstattung von Kosten ergangen sind, und für das Beschwerdeverfahren gegen die gerichtliche Entscheidung nach Nummer 1.

Übersicht

	Rn.
A. Überblick	1
I. Allgemeine Struktur der Rechtsanwaltsvergütung in Bußgeldsachen	1
II. Persönlicher Geltungsbereich des Teils 5 VV (Abs. 1)	2
III. Sachlicher Geltungsbereich	4
IV. System der Rechtsanwaltsvergütung in Bußgeldsachen	5
1. Pauschalgebühren	5
2. Dreiteilung der Gebühren	6
3. Verfahrensabschnitte	7
4. Pauschgebühren (§§ 42, 51)	8
V. Erstattungsfragen	9
1. Kostenentscheidung	9
2. Umfang der Erstattungspflicht	10
3. Rechtsanwalt als Vertreter in eigener Sache	11
B. Kommentierung	12
I. Persönlicher Geltungsbereich (Abs. 1)	12
1. Allgemeines	12
2. Beistand eines Zeugen oder Sachverständigen	14

Vorbemerkung 5 *Tätigkeiten in Bußgeldsachen*

II. Verfahrensgebühr (Abs. 2) 15
   1. Allgemeines 15
   2. Abgeltungsbereich 16
   3. Höhe der Verfahrensgebühr 18
      a) Allgemeines 18
      b) Bemessung der Verfahrensgebühr 19
      c) Tabelle der Gebührenrahmen 20
      d) Verkehrsrechtliche Bußgeldsachen 21
      e) Verfahrensgebühr nach Einstellung des Strafverfahrens und weiterer Verfolgung der Tat als Ordnungswidrigkeit 22
      f) Verfahrensgebühr nach Übernahme des Bußgeldverfahrens durch die StA als Strafsache .. 24
III. Terminsgebühr (Abs. 3) 26
   1. Allgemeines 26
   2. Abgeltungsbereich 27
      a) Allgemeines 27
      b) Entstehen der Terminsgebühr 29
   3. Höhe der Terminsgebühr 30
      a) Allgemeines 30
      b) Bemessungskriterien 32
      c) Tabelle der Gebührenrahmen 35
IV. (Haft-) Zuschlag 37
V. Kostenfestsetzung/Zwangsvollstreckung (Abs. 4) 38
VI. Exkurs: Gebührenbemessung im straßenverkehrsrechtlichen OWi-Verfahren 39
   1. Allgemeines 39
   2. Argumentation für den Ansatz der Mittelgebühr 40
      a) Dreiteilung der Gebühren 40
      b) Anknüpfungspunkt: Höhe der Geldbuße 41
   3. Umstände des Einzelfalls 42
C. Arbeitshilfen 43
   I. Allgemeine Checkliste: Begründung Gebührenhöhe 43
   II. Rechtsprechungs-ABC 45

Literatur:

Burhoff, Vergütung in Straf- und Bußgeldsachen nach dem RVG, RVGreport 2004, 16; *ders*., Gebührenrechtliche Neuerungen im Straf- und OWi-Verfahren durch das Rechtsanwaltsvergütungsgesetz, ZAP F. 24, S. 795; *ders*., Das neue Gebührenrecht im Straf- und OWi-Verfahren, DAR 2004, 361; *ders*., Die wesentlichen Neuerungen des Rechtsanwaltsvergütungsgesetzes (RVG) für die anwaltliche Vergütung in Bußgeldsachen, StraFo 2004, 259; Gebührenbemessung im OWi-Verfahren, RVGreport 2005, 361; *ders*., Rechtsprechung zur Gebührenbemessung im OWi-Verfahren, VRR 2006, 333; *ders*., Strafverfahren und anschließendes Bußgeldverfahren sind verschiedene Angelegenheiten, RVGreport 2007, 161; *ders*., Gebührenbemessung im straßenverkehrsrechtlichen OWi-Verfahren, RVGreport 2007, 252; *ders*., Aktuelle Streitfragen zum Begriff der Angelegenheiten im Straf-/Bußgeldverfahren, RENOpraxis 2008, 2; *ders*., Gebührenbemessung im OWi-Verfahren, RVGprofessionell 2008, 136; *ders*., Rechtsprechungsübersicht zu § 14 RVG in Bußgeldsachen (Teil 5 VV RVG), VRR 2008, 333; *ders*., Vergütung des Verteidigers im OWi-Verfahren, – Teil 1: Allgemeine Fragen, ZAP Fach 24, S. 1137; *ders*., Rechtsprechungsübersicht zu § 14 RVG in Straf- und Bußgeldsachen (Teile 4 und 5 VV RVG), RVGreport 2009, 85; *ders*., Drei Streitfragen zum Begriff der Angelegenheiten im Straf-/Bußgeldverfahren, VRR 2009, 133; *ders*., Die Grundgebühr im Straf- bzw. Bußgeldverfahren, RVGreport 2009, 361; *ders*., Die Verfahrensgebühr im Straf- bzw. Bußgeldverfahren, RVGreport 2009, 443; *ders*., Vergütung des Verteidigers im OWi-Verfahren, – Teil 2: Grund-, Verfahrens- und Terminsgebühr, ZAP Fach 24, S. 1167; *ders*., Die Terminsgebühr im Straf- bzw. Bußgeldverfahren, RVGreport 2010, 3; Rechtsprechungsübersicht zu den Teilen 4-7 RVG aus den Jahren 2008 – 2010 – Teil 1, RVGreport 2010, 83; *ders*., Rechtsprechungsübersicht zu den Teilen 4-7 RVG aus den Jahren 2008 – 2010 – Teil 2, RVGreport 2010, 124; *ders*., Rechtsprechungsübersicht zu den Teilen 4-7 RVG aus den Jahren 2008 – 2010 – Teil 3, RVGreport 2010, 163; *ders*., Fragen aus der Praxis zu aktuellen Gebührenproblemen in Straf- und

Tätigkeiten in Bußgeldsachen   *Vorbemerkung 5*

Bußgeldverfahren, RVGreport 2010, 362; *ders.*; ABC der Gegenstandswerte im Straf- und Bußgeldverfahren, RVGreport 2011, 282; *Fromm*, Zusätzliche Verfahrensgebühr nach Nr. 5116 VV RVG bei Verfallsverfahren gem. § 29a OWiG, JurBüro 2008, 507; *ders.*, „Immer Ärger mit dem Bezirksrevisor" – Zur Höhe der anwaltlichen Vergütung bei Freisprüchen in Bußgeldverfahren, DAR 2010, 489; *Hansens*, Keine Berücksichtigung der Höhe der Geldbuße bei der Gebührenbestimmung in Bußgeldsachen, RVGreport 2006, 210; *Jungbauer*, Zur Frage der Mittelgebühr in OWi-Sachen – gleichzeitig Anmerkung zum Beitrag von Pfeiffer in DAR 2006, 653, DAR 2007, 56; *Meyer*, Anwaltsvergütung für Anträge auf gerichtliche Entscheidung gegen einen Kostenbescheid nach § 25a StVG (Halterhaftung), SVR 2008, 94; *Pfeiffer*, Zur sogenannten Mittelgebühr in Bußgeldverfahren aus Sicht eines Rechtsschutzversicherers, DAR 2006, 653; *Schneider*, Bemessung der Verteidigergebühren in Verkehrs-Bußgeldsachen, ZAP F. 24, S. 429; *ders.*, Gebührenberechnung bei Einstellung des Strafverfahrens und späterer Einstellung des Bußgeldverfahrens, AGS 2004, 6; *ders.*, Gebühren nach dem RVG in verkehrsrechtlichen Straf- und Bußgeldsachen, zfs 2004, 495; *ders.*, Vertretung des Halters im Bußgeldverfahren, RVGprofessionell 2007, 189; *ders.*, Übergang vom Bußgeld- ins Strafverfahren, DAR-Extra 2008, 754; *Volpert*, Verwarnungsverfahren richtig abrechnen, RVGprofessionell 2006, 12; *ders.*, Die Verteidigervergütung im straßenverkehrsrechtlichen Verwarnungsverfahren gem. §§ 56ff. OWiG, VRR 2006, 213; *ders.*, Vergütung im Beschwerdeverfahren in Straf- und Bußgeldsachen, VRR 2006, 453; s. auch die Literaturhinweise bei ABC-Teil: Rahmengebühren (§ 14), vor Rn. 1045 und bei Vorbem. 4 VV vor Rn. 1.

A. Überblick

I. Allgemeine Struktur der Rechtsanwaltsvergütung in Bußgeldsachen

Das RVG regelt die Rechtsanwaltsvergütung in Bußgeldsachen in einem eigenständigen Teil 5 VV. Die dort vorgesehene Gebührenstruktur **entspricht** weitgehend der für das **Strafverfahren** (zum System der Gebühren s. unten Rn. 5 ff.). Die Gebühren sind jedoch vollkommen eigenständig geregelt. Die Bußgeldsachen sind nicht nur der „kleine Bruder" der Strafsachen.   **1**

> **Hinweis:**
>
> Das **Verwarnungsverfahren** nach §§ 56 ff. OWiG gehört nach Vorbem. 5.1.2 VV zum Verfahren vor der Verwaltungsbehörde. Die Gebühren des Verteidigers im Verwarnungsverfahren bestimmen sich also nach Teil 5 Abschnitt 1 Unterabschnitt 2 VV (vgl. dazu eingehend Teil A: Verwarnungsverfahren, Abrechnung, Rn. 1620 ff. und Volpert, VRR 2006, 213; Meyer, SVR 2008, 94).

II. Persönlicher Geltungsbereich des Teils 5 VV (Abs. 1)

Teil 5 VV regelt die Vergütung des Rechtsanwalts sowohl als **(Wahl-)Verteidiger** sowie als Vertreter eines Einziehungs- und Nebenbeteiligten bzw. als **Pflichtverteidiger** des Betroffenen als auch als Beistand für einen Zeugen oder Sachverständigen in einem Verfahren, in dem sich die Gebühren nach Teil 5 VV bestimmen. Im Einzelnen (vgl. auch Vorbem. 4 VV Rn. 5 f.):   **2**

- Mit Verteidiger meint das RVG den **Vollverteidiger**, also denjenigen Rechtsanwalt, dem die Verteidigung als Ganzes übertragen ist. Er erhält seine Gebühren nach Teil 5 Abschnitt 1 VV. Wird der Rechtsanwalt im Bußgeldverfahren nur beratend tätig, also z.B. im Rahmen der Vertretung des Halters im straßenverkehrsrechtlichen Bußgeldverfahren, entstehen keine Gebühren nach Teil 5 VV. Diese Tätigkeit ist ggf. über § 34 abzurechnen (N. Schneider, RVG-professionell 2007, 189; vgl. dazu Teil A: Beratung/Gutachten, Allgemeines [§ 34], Rn. 223).   **3**

- Sind dem Rechtsanwalt nur **Einzeltätigkeiten** übertragen, wird seine Tätigkeit nach Teil 5 Abschnitt 2 VV vergütet (vgl. dazu die Komm. zu Nr. 5200 VV und zu Vorbem. 4 Abschnitt 3 VV).

Vorbemerkung 5 *Tätigkeiten in Bußgeldsachen*

- Hat der Betroffene im Bußgeldverfahren gem. § 60 OWiG einen **Pflichtverteidiger**, was in der Praxis nicht häufig der Fall sein dürfte (vgl. aber z.B. OLG Bremen, DAR 2009, 710 = VA 2009, 175 = VRR 2009, 357 = StRR 2009, 343; OLG Saarbrücken, NJW 2007, 309 = NStZ 2007, 240 = VRS 112, 54; LG Mainz, AGS 2010, 134 = NZV 2009, 404 = StRR 2009, 307 =VRR 2009, 395) erhält dieser seine Vergütung ebenfalls nach Teil 5 VV (zum Pflichtverteidiger in straßenverkehrsrechtlichen OWi-Verfahren s. Burhoff, OWi, Rn. 1567 ff.).

- Ausdrücklich geregelt ist auch, dass der Rechtsanwalt auch als **Beistand** eines **Zeugen** oder Sachverständigen die Gebühren wie ein Verteidiger erhält, und zwar entweder die des Vollverteidigers oder die des Pflichtverteidigers, wenn er beigeordnet worden ist (vgl. § 46 OWiG, § 68b StPO). Insoweit ist (zu Teil 4 VV) strittig, ob dieser wie der Vollverteidiger nach Teil 4 Abschnitt 1 VV oder nach Teil 4 Abschnitt 3 VV nur eine Einzeltätigkeit abrechnet. Wegen der Einzelh. wird verwiesen auf Vorbem. 4 VV Rn. 23 und Vorbem. 4.1 VV Rn. 5 ff. sowie auf Vorbem. 4.3 VV Rn. 19 ff., jew. m.w.N. aus der Rspr.).

- Ist der Rechtsanwalt „**Terminsvertreter**" rechnet er ebenfalls nach Teil 5 VV ab. Auch insoweit gelten die Ausführungen zum „Terminsvertreter" im Strafverfahren entsprechend (vgl. dazu Vorbem. 4.1 VV Rn. 17 f.), und zwar nach Teil 5 Abschnitt 1 VV. Es handelt sich i.d.R. nicht etwa nur um eine Einzeltätigkeit nach Teil 5 Abschnitt 2 VV mit der Folge, dass ggf. nur eine Nr. 5200 VV entsteht und für die Teilnahme am Hauptverhandlungstermin zusätzlich daneben eine Terminsgebühr nach Teil 5 Abschnitt 1 VV (s. aber LG Wuppertal, AGS 2010, 492 m. zutr. abl. Anm. N. Schneider = RVGreport 2010, 463 m. zutr. abl. Anm. Burhoff = VRR 2011, 79).

III. Sachlicher Geltungsbereich

4 Das RVG definiert den Begriff der „Bußgeldsache" nicht ausdrücklich. Gemeint sind damit **alle Verfahren**, die sich **verfahrensmäßig** nach dem **OWiG** richten (Gerold/Schmidt/Burhoff, VV Einl. Teil 5 Rn. 2). Die **Abgrenzung** zum **Strafverfahren** (vgl. zum Begriff insoweit Vorbem. 4 VV Rn. 7) richtet sich danach, in welcher Richtung ermittelt wird. Liegt also materiell-rechtlich eine Straftat vor, wird diese jedoch nur als Ordnungswidrigkeit verfolgt, richtet sich die anwaltliche Vergütung nach Teil 5 VV. Ermitteln die Ermittlungsbehörden hingegen wegen einer Straftat, obwohl tatsächlich nur eine Ordnungswidrigkeit vorliegt, ist für die anwaltliche Vergütung Teil 4 VV maßgebend. Steht nicht fest, ob wegen einer Ordnungswidrigkeit oder einer Straftat ermittelt wird, so wird im Zweifel auch wegen einer Straftat ermittelt, sodass (zunächst) Teil 4 VV anzuwenden ist.

Beispiel:

Nach einem Verkehrsunfall, bei dem einer der beteiligten Fahrzeugführer verletzt worden ist, wird gegen den anderen nur wegen eines Verstoßes gegen § 1 StVO ermittelt, obwohl an sich die Voraussetzungen für eine fahrlässige Körperverletzung nach § 230 StGB vorliegen. Der Rechtsanwalt erhält seine Gebühren nach Teil 5 VV.

Wird hingegen nach einer Trunkenheitsfahrt gegen den Fahrzeugführer wegen eines Verstoßes gegen § 316 StGB ermittelt, obwohl nur die Voraussetzungen für einen Verstoß gegen § 24a StVG vorliegen, erhält der Rechtsanwalt seine Gebühren nach Teil 4 VV.

Tätigkeiten in Bußgeldsachen *Vorbemerkung 5*

IV. System der Rechtsanwaltsvergütung in Bußgeldsachen

1. Pauschalgebühren

Der Rechtsanwalt erhält auch nach dem RVG **Pauschalgebühren**, durch die die gesamte Tätigkeit des Rechtsanwalts als Verteidiger in Bußgeldsachen entgolten wird. Wegen der Einzelh. s. Vorbem. 4.1 VV Rn. 24 ff. und Vorbem. 5.1 VV Rn. 6. Die dortigen Ausführungen gelten entsprechend. 5

2. Dreiteilung der Gebühren

In Bußgeldsachen sieht das RVG für die Bemessung der anwaltlichen Vergütung eine **Dreiteilung** der Gebühren bzw. **drei Stufen** vor. Bußgeldverfahren wegen einer Geldbuße von weniger als 40,00 € – das entspricht der Punktegrenze für Eintragungen in das Verkehrszentralregister – sind in die Stufe 1 eingeordnet. Für Bußgeldverfahren mit darüber liegenden Geldbußen bis 5.000,00 € ist die Stufe 2 vorgesehen. Bußgeldverfahren mit darüber liegenden Geldbußen werden nach der Stufe 3 vergütet. Das RVG geht insoweit von einer entsprechend hohen Bedeutung für den Betroffenen und i.d.R. hohem anwaltlichem Aufwand aus. Angeknüpft wird hier an die Regelung im OWiG. Nach § 80a Abs. 1 OWiG sind bei Geldbußen von mehr als 5.000,00 € die Bußgeldsenate der OLG im Rechtsbeschwerdeverfahren mit drei Richtern besetzt, bei geringeren Geldbußen hingegen nur mit einem Richter. 6

> **Hinweis:**
> Im Verfahren über die **Rechtsbeschwerde** ist die Verfahrensgebühr allerdings nicht von der Höhe der Geldbuße abhängig. Nr. 5113 VV sieht vielmehr eine einheitliche Verfahrensgebühr vor. Auch die **Grundgebühr** Nr. 5100 VV ist von der Höhe der (drohenden) Geldbuße unabhängig.

3. Verfahrensabschnitte

Die **Verfahrensabschnitte**, von denen das RVG (einzelne) Gebühren abhängig macht, gliedern sich wie folgt: 7

- das **Verfahren** vor der **Verwaltungsbehörde**, zu dem auch das sog. Verwarnungsverfahren und das Zwischenverfahren nach § 69 OWiG bis zum Eingang der Akten bei Gericht gehören (Unterabschnitt 2; zum Verwarnungsverfahren eingehend Teil A: Verwarnungsverfahren, Abrechnung, Rn. 1620 ff. sowie Volpert, VRR 2006, 213; Meyer, SVR 2008, 94),
- das **gerichtliche Verfahren** im ersten Rechtszug (Unterabschnitt 3),
- das Verfahren über die **Rechtsbeschwerde** (Unterabschnitt 4).

> **Hinweis:**
> Auch in Bußgeldsachen ist in Nr. 5100 VV einen **Grundgebühr** vorgesehen, die immer – unabhängig davon, in welchem Verfahrensabschnitt der Rechtsanwalt tätig geworden ist, – anfällt (vgl. die Komm. bei Nr. 5100 VV Rn. 1 und bei Nr. 4100 VV Rn. 11 ff.).
>
> Das vorbereitendes Verfahren vor der Verwaltungsbehörde und das gerichtliche Verfahren im ersten Rechtszug sind **verschiedene Angelegenheiten** (vgl. die Nachw. – auch zur a.A. – in Teil A: Angelegenheiten [§§ 15 ff.], Rn. 90 ff.).

Vorbemerkung 5   *Tätigkeiten in Bußgeldsachen*

> *Beispiel:*
>
> *Rechtsanwalt R wird als Verteidiger erst kurz vor der Hauptverhandlung beim AG beauftragt.*
>
> *Rechtsanwalt R erhält neben den Gebühren der Nrn. 5107 ff. VV auch eine Grundgebühr nach Nr. 5100 VV (wegen der Einzelh. s. Nr. 5100 VV).*

4. Pauschgebühren (§§ 42, 51)

8   Reichen die gesetzlichen Gebühren, die der beigeordnete oder gerichtlich bestellte Rechtsanwalt, i.d.R. also der Pflichtverteidiger, erhält, nicht aus, um die von ihm erbrachte Tätigkeit zumutbar zu honorieren, kann auch für das OWi-Verfahren eine **Pauschgebühr** nach § 51 beantragt werden. Der Wahlanwalt hat die Möglichkeit, nach § 42 die Feststellung einer Pauschgebühr zu beantragen. Es gelten die Ausführungen zu §§ 42, 51 entsprechend.

V. Erstattungsfragen

1. Kostenentscheidung

9   Für die Erstattung der Rechtsanwaltsvergütung in Bußgeldsachen gilt: **Voraussetzung** ist das Vorliegen einer entsprechenden **Kostengrundentscheidung**, die u.a. die notwendigen Auslagen eines Beteiligten, wozu nach § 464a Abs. 2 Nr. 2 StPO die Gebühren und Auslagen eines Rechtsanwalts gehören, einem anderen auferlegt (zur Kostengrundentscheidung im Bußgeldverfahren eingehend Burhoff/Gübner, OWi, Rn. 1842 ff.). An eine bestandskräftige Kostengrundentscheidung ist der Kostenbeamte grds. **gebunden**, selbst wenn diese eine dem geltenden Recht unbekannte und von vornherein unzulässige Rechtsfolge ausspricht, fehlerhaft oder sogar grob gesetzeswidrig ist (LG Koblenz, 24.09.2010 – 4 Qs 56/10; LG Saarbrücken, NStZ-RR 2001, 383; Meyer-Goßner, § 464b Rn. 1). Im Einzelnen gilt (vgl. auch Teil A: Kostenfestsetzung und Erstattung in Bußgeldsachen, Rn. 842 ff. sowie auch noch Vorbem. 4 VV Rn. 14 ff. und Burhoff/Gübner, OWi, Rn. 1842):

- Kommt es lediglich zu einer **Verwarnung** durch die Verwaltungsbehörde, wird weder über die Kosten noch über die notwendigen Auslagen des Betroffenen entschieden. Der Betroffene muss diese vielmehr selbst tragen (AG Hannover, Nds.Rpfl. 1988, 64).

- Wird ein **Bußgeldbescheid erlassen**, werden in diesem dem Betroffenen die Kosten des Bußgeldverfahrens und die notwendigen Auslagen auferlegt.

- **Stellt** die **Verwaltungsbehörde** das Bußgeldverfahren **ein**, fallen die Kosten des Verfahrens gem. § 105 OWiG der Staatskasse zur Last, nicht hingegen auch die notwendigen Auslagen des Betroffenen. Auf § 467 StPO wird in § 105 OWiG nicht verwiesen.

- **Hebt** die **Verwaltungsbehörde** einen **Bußgeldbescheid** auf den Einspruch des Betroffenen hin **auf** und stellt das Verfahren ein, fallen die Kosten des Verfahrens gem. § 105 OWiG i.V.m. § 467a StPO der Staatskasse zur Last. Die Verwaltungsbehörde muss also wegen der notwendigen Auslagen des Betroffenen eine Kostenentscheidung treffen. Für Ausnahmefälle gilt über § 46 OWiG § 467a Abs. 1 Satz 2 i.V.m. § 467 Abs. 2 StPO.

- Hebt die **Staatsanwaltschaft** im **Zwischenverfahren** einen Bußgeldbescheid auf den Einspruch des Betroffenen hin auf und stellt das Verfahren ein, fallen die Kosten des Verfahrens gem. § 108a OWiG i.V.m. § 467a StPO der Staatskasse zur Last. Die Staatsanwaltschaft muss also wegen der notwendigen Auslagen des Betroffenen eine Kostenentscheidung treffen.

Tätigkeiten in Bußgeldsachen   Vorbemerkung 5

- Nimmt der **Betroffene** seinen **Einspruch** gegen den Bußgeldbescheid **zurück**, trägt er nach § 109 OWiG die Kosten des Verfahrens, wozu auch seine notwendigen Auslagen gehören.
- Stellt das AG das Verfahren nach **§ 47 Abs. 2 OWiG** ein, richtet sich die Kostenentscheidung nach § 46 Abs. 1 OWiG i.V.m. § 467 Abs. 4 StPO. Die Kosten können entweder dem Betroffenen oder der Staatskasse auferlegt werden.
- Für den **Betroffenen** scheidet im Fall der **Verurteilung** eine Erstattung seiner notwendigen Auslagen aus; diese muss er nach § 465 Abs. 1 StPO **selbst** tragen. Übersehen wird häufig § 465 Abs. 2 Satz 1 StPO. Danach können, wenn durch Untersuchungen zur Aufklärung bestimmter belastender oder entlastender Umstände besondere Auslagen entstanden und diese Untersuchungen zugunsten des Angeklagten ausgefallen sind, vom Gericht die entstandenen Auslagen teilweise oder auch ganz der Staatskasse auferlegt werden, wenn es unbillig wäre, den Angeklagten damit zu belasten. Diese Regelung hat das LG Wuppertal (StraFo 2010, 88 = VRR 2010, 158) in einem straßenverkehrsrechtlichen Bußgeldverfahren angewendet, in dem das AG auf Antrag des Betroffenen ein Sachverständigengutachten eingeholt hatte, das die Darstellung des Betroffenen von einem Verkehrsverstoß bestätigt hatte und dem das AG in seiner Entscheidung gefolgt ist, in der der Betroffene zwar nicht frei gesprochen wurde, es aber nur noch zur Verhängung einer Geldbuße gekommen ist.
- Entscheidet das **AG** durch **Urteil**, gelten über die Verweisung in § 46 Abs. 1 OWiG die Vorschriften der **§§ 464 ff. StPO** (vgl. wegen der Einzelh. Vorbem. 4 VV Rn. 14 ff. und Teil A: Kostenfestsetzung und Erstattung in Strafsachen, Rn. 842 ff.).
- Im **Rechtsbeschwerdeverfahren** gelten über § 79 Abs. 3 OWiG die Vorschriften der §§ 464 ff., 473 StPO.

2. Umfang der Erstattungspflicht

Den Umfang der Erstattungspflicht regelt auch im Bußgeldverfahren über § 46 Abs. 1 OWiG die Vorschrift des **§ 464a Abs. 2 Nr. 2 StPO**. Danach sind die Gebühren und Auslagen eines Rechtsanwaltes zu erstatten, soweit sie nach § 91 Abs. 2 ZPO **erstattungsfähig** sind. Die Ausführungen bei Vorbem. 4 VV Rn. 15 ff. gelten entsprechend (vgl. auch und Teil A: Kostenfestsetzung und Erstattung in Strafsachen, Rn. 842 ff. und Teil A: Kostenfestsetzung und Erstattung in Bußgeldsachen, Rn. 833 ff.).

10

> **Hinweis:**
> **Zwei Ausnahmen** von der Erstattungspflicht enthält **§ 109a OWiG**. Nach Abs. 1 sind, wenn gegen den Betroffenen eine **Geldbuße** von nicht mehr als **10,00 €** verhängt worden ist, die durch die Hinzuziehung eines Rechtsanwalts entstandenen Kosten grds. nicht erstattungsfähig. Etwas anderes gilt nur, wenn die Rechtslage besonders schwierig oder die Sache von grundsätzlicher Bedeutung war (wegen der Einzelh. s. Göhler, OWiG, § 109a Rn. 1 ff. und im Teil A: Kostenfestsetzung und Erstattung in Bußgeldsachen, Rn. 833; s. auch Burhoff/Gübner, OWi, Rn. 1842). Nach Abs. 2 kann von der Erstattung solcher Auslagen des Betroffenen abgesehen werden, die er durch **rechtzeitiges Vorbringen** entlastender Umstände hätte vermeiden können (vgl. dazu z.B. LG Braunschweig, JurBüro 2008, 367, wonach der Verteidiger bei Terminsanberaumung davon ausgehen kann, dass das AG der Ansicht ist, dass eine Verfolgungsverjährung nicht eingetreten ist).

Vorbemerkung 5   *Tätigkeiten in Bußgeldsachen*

3. Rechtsanwalt als Vertreter in eigener Sache

11 Auch im Bußgeldverfahren kann ein Rechtsanwalt, der sich selbst verteidigt, gegen sich selbst keinen Vergütungsanspruch haben. Er ist in dem Verfahren auch nicht Verteidiger (BVerfG, MDR 1988, 552; a.A. OLG Frankfurt am Main, NJW 1973, 1991). Das hat zur Folge, dass dem Rechtsanwalt im Fall des Freispruchs auch im Bußgeldverfahren **kein Gebührenerstattungsanspruch** gegen die Staatskasse zusteht (Meyer-Goßner, §464a Rn. 14 m.w.N. auch zur a.A.; zuletzt BGH, NJW 2011, 232 = AGS 2011, 49 = RVGreport 2011, 80; LG Berlin, NJW 2007, 1477; LG Düsseldorf, StRR 2009, 439 = VRR 2010, 79 und Teil A: Kostenfestsetzung und Erstattung in Bußgeldsachen, Rn. 833 ff.).

B. Kommentierung

I. Persönlicher Geltungsbereich (Abs. 1)

1. Allgemeines

12 Vorbem. 5 Abs. 1 VV regelt die Vergütung des Rechtsanwalts sowohl als (Wahl-) Verteidiger bzw. als Pflichtverteidiger als auch als sonstiger Vertreter des Betroffenen oder eines Einziehungs- und Nebenbeteiligten (s. dazu Göhler, OWiG, §87 Rn. 2 ff.). Im Einzelnen (vgl. auch Vorbem. 4 VV Rn. 22 ff.):

13
- Mit Verteidiger meint das RVG den **Vollverteidiger**, also denjenigen Rechtsanwalt, dem die Verteidigung als Ganzes übertragen ist. Er erhält seine Gebühren nach Teil 5 Abschnitt 1 VV.
- Sind dem Rechtsanwalt nur **Einzeltätigkeiten** übertragen, wird seine Tätigkeit nach Teil 5 Abschnitt 2 VV, also nach Nr. 5200 VV, honoriert.

> **Hinweis:**
> **I.d.R.** wird dem Rechtsanwalt die **volle Vertretung** übertragen und nur ausnahmsweise wird er lediglich in einer Einzeltätigkeit beauftragt (KG, StraFo 2005, 439 = AGS 2005, 557; ähnlich OLG Schleswig, StV 2006, 206 = RVGreport 2005, 70 = AGS 2005, 120 zur Abgrenzung der Tätigkeiten in der Strafvollstreckung von der Einzeltätigkeit; s. auch noch Vorbem. 4.1. VV Rn. 7).

- Hat der Betroffene im Bußgeldverfahren gem. §60 OWiG einen **Pflichtverteidiger**, erhält dieser seine Vergütung ebenfalls nach Teil 5 VV. Es wird auch im OWi-Verfahren hinsichtlich der Gebührentatbestände nicht zwischen den Gebühren des Wahlverteidigers und denen des Pflichtverteidigers unterschieden. Der Höhe nach sind die Gebühren jedoch unterschiedlich (vgl. z.B. Rn. 18 ff.).

2. Beistand eines Zeugen oder Sachverständigen

14 Nach Vorbem. 5 Abs. 1 VV erhält der Rechtsanwalt auch im Bußgeldverfahren als **Beistand** für einen **Zeugen** (vgl. z.B. §68b StPO) oder **Sachverständigen** die gleichen Gebühren wie ein Verteidiger. Damit ist die für bürgerlich-rechtliche Streitigkeiten und für Streitigkeiten vor Gerichten der öffentlich-rechtlichen Gerichtsbarkeit in der Vorbem. 3 Abs. 1 VV vorgesehene Regelung auch für das Bußgeldverfahren übernommen worden. Dies entspricht der Regelung für

Tätigkeiten in Bußgeldsachen — *Vorbemerkung 5*

das Strafverfahren in Vorbem. 4 Abs. 1 VV (s. Vorbem. 4 VV Rn. 23 ff., Vorbem. 4.1 VV Rn. 5 ff. und Vorbem. 4.3 VV Rn. 19 ff.).

II. Verfahrensgebühr (Abs. 2)

1. Allgemeines

Vorbem. 5 Abs. 2 VV regelt allgemein den Abgeltungsbereich der Verfahrensgebühr. Diese erhält der Rechtsanwalt für das **Betreiben** des **Geschäfts einschließlich** der **Information**. Die Formulierung entspricht der für das **Strafverfahren** in Vorbem. 4 Abs. 2 VV, sodass wegen der Einzelh. auf die Komm. dort verwiesen werden kann (vgl. Vorbem. 4 VV Rn. 31 ff.). Diese gilt **entsprechend**. 15

Im OWi-Verfahren ist der Betragsrahmen und damit die Höhe der Verfahrensgebühr von der **Höhe** der **Geldbuße** abhängig (vgl. die Regelungen in Teil 5 Abschnitt 1 Unterabschnitt 2 und 3 VV). Damit soll die Schwierigkeit und Bedeutung der Sache für den Betroffenen bei der Bemessung der anwaltlichen Gebühren angemessener als nach der BRAGO berücksichtigt werden.

2. Abgeltungsbereich

Durch die Verfahrensgebühr, die sowohl im Verfahren vor der Verwaltungsbehörde (vgl. Nrn. 5101 ff. VV) als auch im gerichtlichen Verfahren (vgl. Nrn. 5107 ff. VV) und im Verfahren über die Rechtsbeschwerde (vgl. Nr. 5113 VV) entsteht, ist die **gesamte Tätigkeit** des Rechtsanwalts im jeweiligen Verfahrensabschnitt und jeweiligen Rechtszug **abgegolten**, soweit hierfür keine besonderen Gebühren vorgesehen sind (BT-Drucks. 15/1971, S. 221). Insoweit gilt dasselbe wie für das Strafverfahren in Vorbem. 4 Abs. 2 VV. Auf die dortige Komm. kann daher verwiesen werden (vgl. Vorbem. 4 VV Rn. 33 ff. und auch noch Burhoff, RVGreport 2009, 443). 16

> **Hinweis:** 17
>
> Eine besondere Gebühr ist auch im Bußgeldverfahren die in Nr. 5100 VV enthaltene **Grundgebühr**, durch die „die erstmalige Einarbeitung in den Rechtsfall" abgegolten wird (vgl. dazu Nr. 5100 VV Rn. 1 ff.).
>
> Erfasst wird von der Verfahrensgebühr auch nicht die Teilnahme an **Vernehmungsterminen** vor der Polizei, der Verwaltungsbehörde und dem Gericht im Verfahren vor der Verwaltungsbehörde. Dafür entstehen die **Terminsgebühren** des Unterabschnitts 2 (Vorbem. 5.1.2 Abs. 2 VV). Auch im gerichtlichen Verfahren entstehen für Termine außerhalb der **Hauptverhandlung** nach Vorbem. 5.1.3 VV Terminsgebühren. Die Teilnahme an der Hauptverhandlung wird durch die Terminsgebühr im Verfahren vor dem AG oder im Verfahren über die Rechtsbeschwerde abgegolten (vgl. Nr. 5108 ff. VV bzw. Nr. 5114 VV).

3. Höhe der Verfahrensgebühr

a) Allgemeines

Für die Verfahrensgebühr stehen unterschiedliche Gebührenrahmen zur Verfügung, deren Höhe sich nach der Höhe der verhängten Geldbuße richtet (vgl. Rn. 6; vgl. aber auch Vorbem. 5.1 Abs. 2 VV). Innerhalb dieser Gebührenrahmen muss der **Wahlverteidiger** unter Anwendung der Kriterien des **§ 14 Abs. 1** die jeweils angemessene Gebühr bestimmen (s. Teil: Rahmengebühren 18

[§ 14], Rn. 1051 ff.). Der Pflichtverteidiger erhält **Festgebühren**, und zwar – ebenso wie in Strafsachen – 80 % der einem Wahlanwalt zustehenden sog. Mittelgebühr.

b) Bemessung der Verfahrensgebühr

19 Wegen der **konkreten Bemessung** der Verfahrensgebühr kann auf die Ausführungen bei Vorbem. 4 VV Rn. 41 ff. verwiesen werden. Die Höhe der (verhängten) Geldbuße kann – wenn überhaupt – nur noch bedingt für die Bemessung der Verfahrensgebühr herangezogen werden. Diese hat nämlich als Anknüpfungspunkt für die zu wählende Gebührenstufe schon Auswirkungen auf die Höhe des Betragsrahmens und kann daher innerhalb des jeweiligen Betragsrahmens allenfalls noch eine untergeordnete Rolle spielen. Die Höhe der Geldbuße wäre sonst zweimal von Bedeutung. Dagegen spricht ein „**gebührenrechtliches Doppelverwertungsverbot**" (so auch Jungbauer, DAR 2007, 56; Burhoff, RVGreport 2005, 361; ders., VRR 2006, 333; ders., RVGreport 2007, 252; ders., RVGprofessionell 2008, 136; Hansens, RVGreport 2006, 210; AnwKomm-RVG/N. Schneider, Vor Vorb. 5.1 Rn. 6; a.A. Pfeiffer, DAR 2006, 653 f.). Grds. ist auch im Bußgeldverfahren von der sog. **Mittelgebühr** auszugehen (Gerold/Schmidt/Burhoff, VV Einl. Teil 5 Rn. 17; Hartung/Römermann/Schons, 5101 – 5106 VV Rn. 15; Hartmann, KostG, § 14 RVG Rn. 14, MAH/Herrmann/Hellwig, § 24 Rn. 5 ff.; u.a. LG Leipzig, RVGreport 2009, 61 = VRR 2009, 119 = RVGprofessionell 2009, 133); das wird jedoch teilweise von den Gerichten, insbesondere im straßenverkehrsrechtlichen OWi-Verfahren, anders gesehen (vgl. z.B. LG Hannover, RVGreport 2008, 182; wegen der Gebührenbemessung im OWi-Verfahren s. Rn. 39 ff.).

> **Hinweis:**
> Im RVG gibt es – anders als früher nach § 88 Satz 3 BRAGO – nicht mehr die Möglichkeit, ggf. den Gebührenrahmen zu überschreiten, wenn der Rechtsanwalt eine Tätigkeit ausgeübt hat, die sich auf das **Fahrverbot** oder die **Entziehung** der **Fahrerlaubnis** erstreckt. Die entsprechenden Tätigkeiten sind nach dem RVG innerhalb des „normalen" Gebührenrahmens bei der Bestimmung der konkreten Gebühr unter Anwendung der Kriterien des **§ 14** zu berücksichtigen. Auf diesen Fall ist auch nicht Nr. 5116 VV entsprechend anzuwenden (vgl. zur gleichen Problematik im Strafverfahren Nr. 4142 VV Rn. 8 m.w.N. aus der Rspr.).

20 ### c) Tabelle der Gebührenrahmen

Höhe der Geldbuße	Gebührenrahmen/Festgebühr		
	Wahlverteidiger		Pflichtverteidiger
	von	bis	
Verfahren vor der Verwaltungsbehörde			
Geldbuße von weniger als 40,00 €	10,00 €	100,00 €	44,00 €
Geldbuße von 40,00 € bis 5.000,00 €	20,00 €	250,00 €	108,00 €
Geldbuße von mehr als 5.000,00 €	30,00 €	250,00 €	112,00 €
Gerichtliches Verfahren im ersten Rechtszug			
Geldbuße von weniger als 40,00 €	10,00 €	100,00 €	44,00 €

Tätigkeiten in Bußgeldsachen   Vorbemerkung 5

Höhe der Geldbuße	Gebührenrahmen/Festgebühr		
	Wahlverteidiger		Pflichtverteidiger
	von	bis	
Geldbuße von 40,00 € bis 5.000,00 €	20,00 €	250,00 €	108,00 €
Geldbuße von mehr als 5.000,00 €	40,00 €	300,00 €	136,00 €
Verfahren über die Rechtsbeschwerde	70,00 €	470,00 €	216,00 €

d) Verkehrsrechtliche Bußgeldsachen

Ein besonderes **Problem** stellt in Bußgeldsachen die konkrete **Gebührenbemessung** in ver-   21
kehrsrechtlichen **Bußgeldsachen** dar (vgl. dazu eingehend Rn. 39 ff.; s. auch AnwKomm-
RVG/N. Schneider, vor VV Teil 5 Rn. 64; Gerold/Schmidt/Burhoff, Einl. Teil 5 VV Rn. 19;
Burhoff, RVGreport 2005, 361; ders., VRR 2006, 333; ders.; RVGreport 2007, 252; ders., RVG-
professionell 2008, 136; Hansens, RVGreport 2006, 210; Jungbauer, DAR 2007, 56; sehr restriktiv aus Sicht der Rechtsschutzversicherungen Pfeiffer, DAR 2006, 653). In der Vergangenheit
hat es unter Geltung der BRAGO dazu eine einheitliche Linie der AG und LG nicht gegeben was
für das RVG auch wieder der Fall ist. Die Einzelheiten sind mit einem **Rechtsprechungs-ABC**
dargestellt bei Rn. 39 ff.

e) Verfahrensgebühr nach Einstellung des Strafverfahrens und weiterer Verfolgung der Tat als Ordnungswidrigkeit

Hat der Beschuldigte/Betroffene gleichzeitig eine Straftat und eine Ordnungswidrigkeit verwirk-   22
licht und wird ggf. später das staatsanwaltschaftliche Ermittlungsverfahren eingestellt, muss die
StA das Verfahren, soweit eine Ordnungswidrigkeit in Betracht kommt, gem. § 43 OWiG an
die zuständige Ordnungsbehörde abgeben, die dann ein Bußgeldverfahren einleitet. **§ 17 Nr. 10**
bestimmt für die Fälle ausdrücklich, dass es sich um **verschiedene Angelegenheiten** handelt
(Teil A: Angelegenheiten [§§ 15 ff.], Rn. 87 ff.; Burhoff, RVGreport 2007, 161; ders., RENOpraxis 2008, 2). Der Rechtsanwalt, der den Beschuldigten/Betroffenen sowohl im Strafverfahren
als auch in einem sich anschließenden Bußgeldverfahren vertritt, erhält also neben den im Strafverfahren verdienten Gebühren zusätzlich noch die entsprechenden Gebühren des Bußgeldverfahrens. Eine Anrechnung findet nicht statt. Allerdings entsteht die Grundgebühr der Nr. 5100
VV nicht, wenn in dem vorangegangenen Strafverfahren für dieselbe Handlung oder Tat die
strafverfahrensrechtliche Gebühr der Nr. 4100 VV entstanden ist (vgl. die Komm. zu Nr. 5100
VV). Zu den Gebühren, die im Strafverfahren entstehen, gehört nach herrschender Meinung
auch die **Nr. 4141 VV** (vgl. die Rspr.-Nachweise bei Nr. 4141 Rn. 18; aus der Lit. u.a. Gerold/
Schmidt/Burhoff, VV 4100 Rn. 16; Burhoff, RVGreport 2007, 161 s. wegen weit. Nachw. bei
Nr. 4141 Rn. 16). Das wird allerdings inzwischen vom BGH anders gesehen (AGS 2010, 1 m.
abl. Anm. N. Schneider = RVGreport 2010, 70 m. abl. Anm. Burhoff = StRR 2010, 109 = JurBüro
2010, 132 m. abl. Anm. Kotz, JurBüro 2010, 228; zur Kritik an dieser Rspr. Nr. 4141 VV Rn. 17
und Teil A: Angelegenheiten [§§ 15 ff.], Rn. 87).

Vorbemerkung 5 *Tätigkeiten in Bußgeldsachen*

Beispiel:
Der Beschuldigte B hat infolge falschen Überholens einen Verkehrsunfall verursacht. Nach dem Unfall hat er sich vom Unfallort entfernt. Das Verfahren wird zunächst auch wegen des Vorwurfs des unerlaubten Entfernens vom Unfallort nach § 142 StGB geführt. Die Ermittlungen ergeben jedoch, dass dem Beschuldigten ein Schuldvorwurf insoweit nicht gemacht werden kann. Die StA stellt das Verfahren ein und gibt es wegen des Verstoßes gegen § 5 StVO an die Verwaltungsbehörde ab. B ist von Anfang an von Rechtsanwalt R vertreten worden.

Die Verwaltungsbehörde setzt gegen den Betroffenen im OWi-Verfahren eine Geldbuße von 100,00 € fest. Rechtsanwalt R legt Einspruch ein, das Verfahren wird dem AG vorgelegt. Dort findet eine Hauptverhandlung statt. B wird verurteilt. Er lässt das Urteil rechtskräftig werden.

Berechnung der Gebühren

	Wahlanwalt	Pflichtverteidiger
Tätigkeit im Strafverfahren		
Grundgebühr Nr. 4100 VV	165,00 €	132,00 €
Verfahrensgebühr Nr. 4104 VV	140,00 €	112,00 €
Befriedigungsgebühr Nr. 4141 Anm. 1 Ziff. 1 VV i.V.m. Nr. 4104 VV (vgl. dazu Nr. 4141 Rn. 17 und BGH, AGS 2010, 1 m. abl. Anm. N. Schneider = RVGreport 2010, 70 m. abl. Anm. Burhoff = StRR 2010, 109 = JurBüro 2010, 132 m. abl. Anm. Kotz, JurBüro 2010, 228)	140,00 €	112,00 €
Postentgeltpauschale Nr. 7002 VV	20,00 €	20,00 €
Tätigkeit im Bußgeldverfahren nach Abgabe an die Verwaltungsbehörde		
Verfahrensgebühr Nr. 5103 VV (Verfahren vor der Verwaltungsbehörde)	135,00 €	108,00 €
Postentgeltpauschale Nr. 7002 VV	20,00 €	20,00 €
Verfahrensgebühr Nr. 5109 VV (gerichtliches Verfahren)	135,00 €	108,00 €
Terminsgebühr Nr. 5110 VV (gerichtliches Verfahren)	215,00 €	172,00 €
Postentgeltpauschale Nr. 7002 VV	20,00 €	20,00 €
Anwaltsvergütung netto	**990,00 €**	**804,00 €**

23 **Hinweis:**
Führt die **Staatsanwaltschaft** die **Ermittlungen** wegen der **Ordnungswidrigkeit selbst** fort (§ 42 OWiG), entstehen neben den Gebühren nach Teil 4 VV **keine Gebühren** nach **Teil 5 VV.** Es handelt sich nicht um eine gesonderte „Bußgeldsache" i.S.d. Teil 5 VV, sondern nur um eine einzige Angelegenheit. Entsprechendes gilt für die Überleitung des Bußgeldverfahrens in ein Strafverfahren nach § 81 OWiG (Gerold/Schmidt/Madert, BRAGO, § 105 Rn. 20 a.E.).

Tätigkeiten in Bußgeldsachen *Vorbemerkung 5*

f) Verfahrensgebühr nach Übernahme des Bußgeldverfahrens durch die StA als Strafsache

Dieselbe **Problematik** wie nach Einstellung des Strafverfahrens durch die Staatsanwaltschaft und weiterer Verfolgung der Tat als Ordnungswidrigkeit durch die Verwaltungsbehörde entsteht, wenn die Staatsanwaltschaft das Bußgeldverfahren übernimmt und als Strafsache fortführt. Auch hier stellt sich die Frage, ob eine oder verschiedene Angelegenheiten gegeben sind. Diese Frage ist vom RVG nicht entschieden worden. In dem insoweit bestehenden früheren Streit in Literatur und Rechtsprechung (vgl. die Nachw. bei Gebauer/Schneider, BRAGO, § 105 Rn. 89 ff.) wird man sich aber auf jeden Fall der weiteren Auffassung anschließen müssen. Das RVG regelt die Gebühren für das Strafverfahren und das Bußgeldverfahren nicht nur in eigenständigen Teilen des VV und hat auf eine Anrechnungsregelung verzichtet. Es hat nun auch den umgekehrten Fall in § 17 Nr. 10 ausdrücklich geregelt. Zudem wäre auch die Anrechnungsregelung in Nr. 4100 Anm. 2 VV kaum verständlich. Der Rechtsanwalt erhält also auch in diesem Fall **neben** den bereits verdienten Gebühren für das **Bußgeldverfahren** die entsprechenden **Gebühren** aus **Teil 4 VV** (s. auch AnwKomm-RVG/N. Schneider, vor VV Teil 5 Rn. 8; Gerold/Schmidt/Burhoff, VV Einl. Teil 5 Rn. 4; Hartung/Schons/Enders, § 17 Rn. 50). 24

Beispiel:
Der Beschuldigte/Betroffene ist alkoholisiert gefahren. Die entnommene Blutprobe hat eine Blutalkoholkonzentration von 0,5‰ ergeben. Die Verwaltungsbehörde ist zunächst nur von einem Verstoß gegen § 24a StVG ausgegangen. Nachdem jedoch mehrere Zeugen vernommen worden sind, wird relative Fahruntüchtigkeit bejaht und die Sache an die Staatsanwaltschaft abgegeben. Diese führt das Verfahren wegen eines Verstoßes gegen § 316 StGB fort. Der Beschuldigte/Betroffene ist von Anfang an von Rechtsanwalt R vertreten worden, der auch für den Betroffenen gegenüber der Verwaltungsbehörde bereits eine Einlassung abgegeben hat. Rechtsanwalt R legt das Mandat vor Anklageerhebung nieder. Alle Merkmale des § 14 sind durchschnittlich; wegen der Gebührenstufe, vgl. Vorbem. 5.1 VV Rn. 11; maßgebend ist die drohende Geldbuße von 500,00 €.

Berechnung der Gebühren	*Wahlanwalt*	*Pflichtverteidiger*
Tätigkeit im Bußgeldverfahren		
Grundgebühr Nr. 5100 VV	*85,00 €*	*68,00 €*
Verfahrensgebühr Nr. 5103 VV	*135,00 €*	*108,00 €*
Auslagenpauschale Nr. 7002 VV	*20,00 €*	*20,00 €*
Tätigkeit im Strafverfahren nach Übernahme durch die Staatsanwaltschaft		
Grundgebühr Nr. 4100 VV	*140,00 €*	*112,00 €*
abzgl. Grundgebühr Nr. 5100 VV	*85,00 €*	*68,00 €,*
Verfahrensgebühr Nr. 4104 VV	*140,00 €*	*112,00 €*
Postentgeltpauschale Nr. 7002 VV	*20,00 €*	*20,00 €*
Anwaltsvergütung netto	*455,00 €*	*372,00 €*

Wird die Sache von der Staatsanwaltschaft **später an** die **Verwaltungsbehörde zurückgegeben**, z.B. weil diese nun der Ansicht ist, dass doch keine Straftat vorliegt, entsteht dadurch **keine neue Angelegenheit**. Die ursprüngliche Bußgeldsache wird fortgesetzt. Es gilt § 15 Abs. 5 Satz 1, so- 25

Vorbemerkung 5 *Tätigkeiten in Bußgeldsachen*

dass keine neuen Gebühren entstehen (s. auch Teil A: Abgeltungsbereich der Gebühren [§ 15], Rn. 1 ff.).

III. Terminsgebühr (Abs. 3)

1. Allgemeines

26 Vorbem. 5 Abs. 3 VV regelt **allgemein** den **Abgeltungsbereich** der **Terminsgebühr** in Bußgeldsachen. Diese erhält der Rechtsanwalt – ebenso wie in Strafsachen nach Teil 4 VV – für die Teilnahme an gerichtlichen Terminen, soweit nichts anderes bestimmt ist (wegen der Einzelh. s. u. Rn. 27 ff.). Der für die Höhe der Terminsgebühr maßgebliche Betragsrahmen und damit die Höhe der (konkreten) Terminsgebühr ist von der **Höhe** der (verhängten) **Geldbuße** abhängig (vgl. zu den Stufen oben Rn. 6 und Vorbem. 5.1.2 VV).

2. Abgeltungsbereich

a) Allgemeines

27 Der Rechtsanwalt erhält die Terminsgebühr „für die **Teilnahme an gerichtlichen** Terminen, soweit nichts anderes bestimmt ist". Die Einschränkung ist erforderlich, weil in Vorbem. 5.1.2 Abs. 2 VV auch die Teilnahme an nicht gerichtlichen Terminen mit einer Terminsgebühr abgegolten wird. Vorgesehen sind im Bußgeldverfahren Terminsgebühren für **Vernehmungstermine** im Verfahren vor der Verwaltungsbehörde (Nr. 5102, 5104, 5106 VV i. V. m. Vorbem. 5.1.2 Abs. 2 VV), für **Hauptverhandlungstermine** im Verfahren vor dem AG (Nr. 5108, 5110, 5112 VV), für Termine außerhalb der Hauptverhandlung (Vorbem. 5.1.3 Abs. 1 VV) und im Rechtsbeschwerdeverfahren (Nr. 5114 VV) sowie ggf. im **Wiederaufnahmeverfahren** (s. Vorbem. 5.1.3 Abs. 2 VV).

28 Für den **Abgeltungsbereich** der Terminsgebühr im Bußgeldverfahren gilt dasselbe **wie** für das **Strafverfahren** (s. dazu Vorbem. 4 VV Rn. 56 ff.).

b) Entstehen der Terminsgebühr

29 **Voraussetzung** für die Gewährung einer Terminsgebühr im Bußgeldverfahren ist grds., dass ein gerichtlicher – oder sonstiger – **Termin stattgefunden** hat, für den das RVG eine Terminsgebühr vorsieht, und dass der Rechtsanwalt an diesem **teilgenommen** hat (s. im Übrigen auch die Komm. bei den jeweiligen Terminsgebühren). Eine Ausnahme ist in Vorbem. 5 Abs. 3 Satz 2 VV für den „geplatzten Termin" enthalten (vgl. dazu Rn. 36).

3. Höhe der Terminsgebühr

a) Allgemeines

30 Für die Terminsgebühr stehen für das Verfahren vor dem AG unterschiedliche **Gebührenrahmen** zur Verfügung, aus denen der **Wahlverteidiger** unter Anwendung der Kriterien des § 14 Abs. 1 die jeweils angemessen Gebühr bestimmt (s. Teil: Rahmengebühren [§ 14], Rn. 1051 ff.). Die Höhe der Gebührenrahmen ist abhängig von der Höhe der (verhängten/drohenden) Geldbuße.

Tätigkeiten in Bußgeldsachen   Vorbemerkung 5

Der Pflichtverteidiger erhält **Festgebühren**, und zwar auch hier 80 % der einem Wahlanwalt zu-   31
stehenden sog. Mittelgebühr. Im Bußgeldverfahren sind – anders als im Strafverfahren (vgl. z.B.
Nrn. 4110, 4111 VV) – für besonders lange Hauptverhandlungen **keine Zuschläge** vorgesehen.
Eine entsprechende Anwendung der Vorschriften des Teils 4 VV kommt wegen der eigenständigen Regelung des Teils 4 VV nicht in Betracht.

b) Bemessungskriterien

Das **wesentliche Bemessungskriterium** für die Höhe einer Terminsgebühr ist auch im Bußgeld-   32
verfahren die **zeitliche Dauer** des Termins, an dem der Rechtsanwalt teilgenommen hat (s. auch
unten Rn. 52; zur Bemessung der Terminsgebühr im Strafverfahren s. Vorbem. 4 VV Rn. 63 ff.;
allgemein Teil A: Rahmengebühren [§ 14], Rn. 1051).

> **Hinweis:**   33
>
> Als **durchschnittlich** und damit grds. die Mittelgebühr rechtfertigend wird man heute – vor allem auch in verkehrsrechtlichen Bußgeldsachen (vgl. zur Gebührenbemessung – eine Verhandlungsdauer von **10 bis 20 Minuten** ansehen können. Länger wird vor den AG, wie die Praxis zeigt, i.d.R. nicht verhandelt (zutreffend daher schon früher LG Bochum, AnwBl. 1977, 79; LG Koblenz, zfs 1992, 134; auch noch AG Stadtroda, zfs 1997, 68). Wenn demgegenüber in der Rechtsprechung teilweise erheblich längere Zeiträume als „durchschnittlich" angesehen worden sind (vgl. z.B. LG Hannover, RVGreport 2008, 182 [eine Std.]; LG Leipzig, RVGreport 2010, 182; LG Osnabrück, JurBüro 2008, 143; LG Wiesbaden, JurBüro 1977, 1087), geht das an den Erfahrungen der Praxis vorbei.
>
> Es ist auch **nicht gerechtfertigt**, die Terminsgebühr in verkehrsrechtlichen Bußgeldsachen allein wegen des Verfahrensgegenstandes **grds. geringer** zu bemessen (vgl. auch AG Fulda, AGS 2003, 353 [grds. die Mittelgebühr]; zur Gebührenbemessung in straßenverkehrsrechtlichen Bußgeldverfahren eingehend s. Rn. 39 ff.).

Neben der Dauer des Termins ist als Bemessungskriterium auch der **Umfang** der von dem   34
Rechtsanwalt in der Hauptverhandlung entfalteten Tätigkeit für die Bemessung von Belang.
Zu berücksichtigen sind dann auch noch der Zeitaufwand für die konkrete **Vorbereitung** des
Hauptverhandlungstermins (s. die Rspr.-Nachw. bei Vorbem. 4 VV Rn. 41 ff., 63 ff.).

c) Tabelle der Gebührenrahmen   35

Höhe der Geldbuße	Gebührenrahmen/Festgebühr		
	Wahlverteidiger		Pflichtverteidiger
	von	bis	
Verfahren vor der Verwaltungsbehörde			
Geldbuße von weniger als 40,00 €	10,00 €	100,00 €	44,00 €
Geldbuße von 40,00 € bis 5.000,00 €	20,00 €	250,00 €	108,00 €
Geldbuße von mehr als 5.000,00 €	30,00 €	250,00 €	112,00 €

Vorbemerkung 5 *Tätigkeiten in Bußgeldsachen*

Höhe der Geldbuße	Gebührenrahmen/Festgebühr		Pflichtverteidiger
	Wahlverteidiger		
	von	bis	
Gerichtliches Verfahren im ersten Rechtszug			
Geldbuße von weniger als 40,00 €	20,00 €	200,00 €	88,00 €
Geldbuße von 40,00 € bis 5.000,00 €	30,00 €	400,00 €	172,00 €
Geldbuße von mehr als 5.000,00 €	70,00 €	470,00 €	216,00 €
Verfahren über die Rechtsbeschwerde			
	70,00 €	470,00 €	216,00 €
Wiederaufnahmeverfahren			
Geldbuße von weniger als 40,00 €	20,00 €	200,00 €	88,00 €
Geldbuße von 40,00 € bis 5.000,00 €	30,00 €	400,00 €	172,00 €
Geldbuße von mehr als 5.000,00 €	70,00 €	470,00 €	216,00 €

36 Nach **Vorbem. 5 Abs. 3 Satz 2 VV** erhält der Rechtsanwalt die Terminsgebühr auch dann, wenn er zu einem anberaumten Termin erscheint, dieser aber aus Gründen, die er nicht zu vertreten hat, **nicht stattfindet** (sog. geplatzter Termin). Diese Regelung entspricht der für das Strafverfahren in Vorbem. 4 Abs. 3 Satz 2 VV. Es kann daher auf die Komm. bei Vorbem. 4 VV Rn. 77 ff. verwiesen werden.

IV. (Haft-) Zuschlag

37 Vorbem. 5 VV enthält – anders als Vorbem. 4 Abs. 4 VV für das Strafverfahren – **keine Regelung** für Gebühren mit Zuschlag für den Fall, dass sich der Mandant **nicht** auf **freiem Fuß** befindet. Der Rechtsanwalt erhält also in diesem Fall keine erhöhten Gebühren. Eine entsprechende Anwendung der strafverfahrensrechtlichen Zuschlagsregelungen auf das Bußgeldverfahren scheidet wegen der eigenständigen Regelung in Teil 5 VV aus. Der Umstand, dass sich der Betroffene ggf. in Haft befindet und dadurch für den Rechtsanwalt im Bußgeldverfahren ein erhöhter Zeitaufwand entsteht, muss daher bei der **Bemessung** der **konkreten Gebühr innerhalb** des vorgegebenen **Gebührenrahmens** berücksichtigt werden (Teil A: Rahmengebühren [§ 14], Rn. 1051 ff.; AnwKomm-RVG/N. Schneider, vor VV Teil 5 Rn. 5; Gerold/Schmidt/Burhoff, VV Vorb. 5 Rn. 15).

V. Kostenfestsetzung/Zwangsvollstreckung (Abs. 4)

38 Vorbem. 5 Abs. 4 VV nennt die Fälle, in denen dem Rechtsanwalt für bestimmte Tätigkeiten im Rahmen der Kostenfestsetzung und der Zwangsvollstreckung Gebühren nach den Vorschriften des Teil 3 VV zustehen. Dies entspricht der Regelung in Vorbem. 4 Abs. 5 VV, sodass auf die dazu vorliegende Komm. verwiesen werden kann (s. dazu Vorbem. 4 VV Rn. 93 ff.; zur Höhe der AG Dresden, AGS 2010, 431 m. abl. Anm. N. Schneider, das unzutreffend davon ausgeht, dass im Verfahren über den Antrag gerichtliche Entscheidung gegen einen Kostenfestsetzungsbescheid eine 1,3- Verfahrensgebühr nach Nr. 3100 VV entsteht).

Tätigkeiten in Bußgeldsachen   *Vorbemerkung 5*

VI. Exkurs: Gebührenbemessung im straßenverkehrsrechtlichen OWi-Verfahren

1. Allgemeines

In der Vergangenheit ist zur BRAGO in der Rechtsprechung weitgehend die Auffassung vertreten worden, dass straßenverkehrsrechtliche Bußgeldverfahren gegenüber anderen Bußgeldverfahren grds. geringer/unterdurchschnittlich zu bewerten sind. Deshalb wurde meist die Festsetzung der sog. Mittelgebühr abgelehnt (vgl. die zahlreichen Rspr.-Nachw. zum alten Recht bei Gebauer/Schneider, BRAGO, § 105 Rn. 146 ff.). Teilweise hat sich diese Rechtsprechung unter Geltung des RVG fortgesetzt (vgl. z.B. LG Berlin, VRS 111, 434 [i.d.R. nicht einmal Durchschnitt]; LG Cottbus, zfs 2007, 529 m. teilweise abl. Anm. Hansens; LG Dortmund, RVGreport 2005, 465 unter ausdrücklichem Hinw. auf die „Rechtsprechung zur alten Rechtslage"; LG Dresden, RVGreport 2010, 454 = RVGprofessionell 2011, 33, das sogar grds. nur 40 % unter der Mittelgebühr liegende Gebühren gewähren will; LG Essen, RVGreport 2009, 218 = RVGprofessionell 2009, 3 = VRR 2009, 119; LG Göttingen, VRR 2006, 239; LG Hannover, RVGreport 2008, 182; LG Leipzig RVGreport 2010, 182; LG Weiden, 01.08.2005 – 1 Qs 60/05). Diese Auffassung ist unzutreffend. Vielmehr ist auch für das straßenverkehrsrechtliche Bußgeldverfahren davon auszugehen, dass **grds.** der Ansatz der **Mittelgebühr** gerechtfertigt und davon bei der Bemessung der konkreten Gebühr auszugehen ist (s. auch AnwKomm-RVG/N. Schneider, Vor VV Teil 5 Rn. 54 ff.; Gerold/Schmidt/Burhoff, VV Einl. Teil 5 Rn. 19; Burhoff, RVGreport 2007, 252; Jungbauer, DAR 2007, 56 ff.; Hansens, RVGreport 2006, 210; Leipold, Anwaltsvergütung in Strafsachen, Rn. 495; s. dazu auch LG Düsseldorf, 04.08.2006, I Qs 83/06 BuK; LG Kiel, AGS 2007, 140 = zfs 2007, 106 m. zust. Anm. Hansens; LG Leipzig; RVGreport 2009, 61 = VRR 2009, 119; LG Stralsund, zfs 2006, 407; AG Altenburg, RVGreport 2006, 182, AG Chemnitz, AGS 2006, 113; AG Darmstadt, AGS 2006, 212 = zfs 2006, 169; AG Frankenthal, RVGreport 2005, 271 = VRR 2005, 280 = AGS 2005, das die Mittelgebühr zumindest immer dann gewähren will, wenn es im Verfahren um die Verhängung eines Fahrverbotes geht oder dem Betroffenen Punkte im VZR drohen; AG München, RVGreport 2005, 381 = AGS 2005, 430; AGS 2007, 81; AG Pinneberg, AGS 2005, 552; AG Saarbrücken, RVGreport 2006, 181 = AGS 2006, 126; AG Saarlouis, RVGreport 2006, 182 = AGS 2006, 126; AG Stadtroda, RVGprofessionell 2010, 163; AG Viechtach, RVGreport 2006, 341; AGS 2007, 83; teilweise **a.A.** die unten bei Rn. 45 ff. zitierte [amtsgerichtliche] Rspr.).

39

> **Hinweis:**
> Die Ansicht, dass bei Verkehrsordnungswidrigkeiten immer von einer unter der Mittelgebühr liegenden Gebühr auszugehen sei, ist **überholt** (s. auch noch AG Viechtach, VRR 2006, 349; ähnlich AG Fürstenwalde, 24.10.2006 – 3 Jug OWi 291 Js-OWi 40513/05 [26/05]; zur **a.A.** s. die oben zitierte LG-Rspr.; a.A. auch Pfeiffer, DAR 2006, 653, der davon ausgeht, dass es nach dem RVG überhaupt keine Mittelgebühr mehr gibt; vgl. auch das „Rechtsprechungs-ABC" bei Rn. 45 ff.).
>
> Für die Anforderung eines **Vorschusses** gelten in den straßenverkehrsrechtlichen Bußgeldsachen die allgemeinen Regeln (vgl. dazu Teil A: Vorschuss vom Auftraggeber [§ 9], Rn. 1659 ff.). Grds. ist auch in einer Verkehrsordnungswidrigkeitensache der Ansatz einer Mittelgebühr angemessen (AG Chemnitz AGS 2005, 431; AG München, RVGreport 2005,

> 381 = AGS 2006, 213; AG Stuttgart, AGS 2008, 78 =RVGreport 2008, 21; vgl. auch BGH, NJW 2004, 1043).

2. Argumentation für den Ansatz der Mittelgebühr

a) Dreiteilung der Gebühren

40 Für den grds. zulässigen Ansatz der Mittelgebühr spricht zunächst schon die vom RVG vorgenommene Dreiteilung der Gebühren. Wenn der Gesetzgeber zur Begründung dieser Dreiteilung der Gebühren in Bußgeldsachen nämlich u.a. darauf abstellt (vgl. BT-Drucks. 15/1971, S. 230), dass gerade die bei 40,00 € liegende Punktegrenze für Eintragungen in das Verkehrszentralregister **Anknüpfungspunkt** für den bis dahin **niedrigeren Betragsrahmen** der Anwaltsgebühren ist, zeigt das sehr deutlich, dass darüber hinaus der Umstand „verkehrsrechtliche Bußgeldsache" nicht noch zusätzlich zum Anlass genommen werden darf, um die konkrete Gebühr in diesen Verfahren niedriger zu bemessen. Zudem lässt sich dem RVG an keiner Stelle entnehmen, dass die Vergütung des Rechtsanwalts in Bußgeldsachen – über die geschaffene Stufenregelung hinaus – zusätzlich noch weiter über die Geldbuße von dem Gegenstand des Verfahrens, in dem der Rechtsanwalt tätig wird, abhängig sein soll (Jungbauer, DAR 2006, 56; ähnlich AG Viechtach, 04.04.2007 – 6 II OWi 00467/07). Es ist zudem ein Trugschluss, dass straßenverkehrsrechtliche Bußgeldverfahren vom Rechtsanwalt grds. geringeren Aufwand erfordern (so auch Jungbauer, DAR 2007, 56; a.A. Pfeiffer, DAR 2006, 653) und für den Mandanten geringere Bedeutung haben. Vielmehr ist angesichts der umfangreichen und teilweise komplizierten Rechtsprechung der Obergerichte in straßenverkehrsrechtlichen Bußgeldsachen eher das Gegenteil der Fall.

b) Anknüpfungspunkt: Höhe der Geldbuße

41 Es ist gerade auch im straßenverkehrsrechtlichen Bußgeldverfahren **unzulässig**, wenn bei der Bemessung der konkreten Gebühr über das in § 14 genannte Kriterium der „Bedeutung der Sache" maßgeblich an die Höhe der **Geldbuße angeknüpft** wird. Diese ist bereits Grundlage für die Wahl der jeweiligen Stufe des Teils 5 VV, nach der sich im OWi-Verfahren die anwaltlichen Gebühren berechnen. Die Höhe der Geldbuße darf dann nicht noch einmal herangezogen werden, um innerhalb des Gebührenrahmens die Gebühr (ggf. noch weiter) abzusenken (so auch bereits Burhoff, RVGreport 2005, 361; ders., VRR 2006, 333; ders., RVGreport 2007, 252; s. auch Hansens, RVGreport 2006, 210; **a.A.** u.a. LG Deggendorf, RVGreport 2006, 341 [entscheidender Anknüpfungspunkt]; LG Dortmund, RVGreport 2005, 465; LG Göttingen, VRR 2006, 239 = RVGreport 2007, 454). Das gilt gerade und vor allem auch für die verkehrsrechtlichen Sachen, bei denen die Stufe 2 – Geldbuße von 40 bis 5.000,00 € – gilt. Allein mit diesem weitem Rahmen und einer nur geringen Höhe der Geldbuße lässt sich nicht begründen, dass die i.d.R. geringeren Geldbußen für Verkehrsordnungswidrigkeiten dazu führen, dass in diesen Sachen grds. nicht die Mittelgebühr gerechtfertigt ist. Dabei wird nämlich übersehen, dass gerade in Verkehrsordnungswidrigkeitensachen die Mehrzahl der Geldbußen im unteren Bereich bis etwa 250,00 € festgesetzt werden, es sich also insoweit um die durchschnittlichen Fälle handelt (s. auch AnwKomm/ N. Schneider, Vor VV Teil 5 Rn. 54 ff.; Jungbauer, DAR 2007, 56; AG Cloppenburg, 14.06.2011 – 25 OWi 785 Js 12168/10 (212/10), JurionRS 2011, 18232; AG Fürstenwalde, 24.10.2006 – 3 Jug OWi 291 Js-OWi 40513/05 [26/05]; AG Bad Segeberg, VRR 2010, 240). Alles andere verschiebt und verkennt auch im Bereich des straßenverkehrsrechtlichen OWi-Rechts das gebührenrechtliche Gesamtgefüge (a.A. offenbar LG Göttingen, VRR 2006, 239). Das gilt insbesondere auch im unteren Gebührenrahmen, da die Verfahren mit einer geringen Geldbuße schon von Gesetzes wegen niedrig honoriert werden. Wird dann die Geldbuße noch einmal als Anknüpfungspunkt für die Höhe der anwaltlichen Gebühren herangezogen, erhält sie ein Gewicht, das ihr nach der gesetzlichen Regelung nicht zugedacht ist (vgl. auch AnwKomm-RVG/N. Schneider, VV Vorb. 5.1 Rn. 5 ff.). Häufig ist zudem auch die Höhe der Geldbuße für den Mandanten von geringer(er) Bedeutung, da es ihm vor allem auf die Vermeidung von Punkten bzw. deren Anfall im Verkehrszentralregister ankommt (s. auch AG Viechtach, VRR 2006, 359; AGS 2007, 83) bzw. auf die Vermeidung eines Fahrverbotes.

> **Hinweis:**
> Die Höhe des Bußgeldes darf daher **ausschließlich** im **verkehrsrechtlichen Zusammenhang** gesehen werden (AG Darmstadt, AGS 2006, 212; ähnlich AG Cloppenburg, 14.06.2011 – 25 OWi 785 Js 12168/10 (212/10), JurionRS 2011, 18232; a.A. LG Göttingen, VRR 2006, 239 = RVGreport 2007, 454).

3. Umstände des Einzelfalls

Zu Recht weist N. Schneider (s. AnwKomm-RVG, Vor VV Teil 5 Rn. 59) darauf hin, dass es 42 für den Rechtsanwalt nur wenig Nutzen bringt, wenn er bei seiner konkreten Abrechnung versucht, seine **Gebührenbemessung** mit allgemeinen Erwägungen zu begründen. Entscheidend sind vielmehr die **konkreten Umstände**, die zur Begründung der Gebührenbemessung dann auch vorgetragen werden sollten. Dabei sind vor allem der Umfang und die Schwierigkeit der anwaltlichen Tätigkeit, die Bedeutung der Angelegenheit sowie die Einkommens- und Vermögensverhältnisse des Mandanten von entscheidender Bedeutung (vgl. zu den Kriterien Teil A: Rahmengebühren [§ 14], Rn. 1045 ff.).

> **Hinweis:**
> Auch die (amtsgerichtliche) **Rechtsprechung** stellt **zunehmend** auf die (Gesamt) **Umstände** des **Einzelfalles** ab (LG Kiel, AGS 2007, 140 = zfs 2007, 106 m. zust. Anm. Hansens; instruktiv AG München, AGS 2007, 83; AG Pinneberg, AGS 2005, 552; AG Saarbrücken, 19.05.2006 – 42 C 377/05 [allein zutreffende Auslegung]; AG Viechtach, RVGreport 2005, 420 = AGS 2006, 239; StraFo 2008, 351 = RVGreport 2008, 338 = VRR 2008, 440 und die u.a. im „Rechtsprechungs-ABC" bei Rn. 45 ff. zitierten amtsgerichtlichen Entscheidungen; s. auch z.B. Jungbauer, DAR 2007, 56) und berücksichtigt deren Gewicht im Einzelnen. Insoweit lässt sich aber zu der jeweiligen Bewertung der einzelnen Kriterien keine allgemeine Aussage treffen, da diese in den Entscheidungen unterschiedlich gewichtet werden. Der Verteidiger hat daher keine andere Möglichkeit als die vorliegende Rechtsprechung auszuwerten und auf der gefundenen Grundlage den von ihm als angemessen angesehenen Gebührenbetrag zu begründen (vgl. z.B. AG München, a.a.O.).

Vorbemerkung 5   *Tätigkeiten in Bußgeldsachen*

C. Arbeitshilfen

I. Allgemeine Checkliste: Begründung Gebührenhöhe

43 Der Verteidiger muss – entweder gegenüber der Rechtsschutzversicherung, im Fall der Einstellung bzw. des Freispruchs gegenüber der Staatskasse oder auch gegenüber seinem Mandanten – seine Gebührenbemessung begründen (vgl. dazu u.a. AG München, AGS 2007, 81; s. auch Teil A: Rahmengebühren [§ 14]; Rn. 1092 ff.). Dazu sollte er sich, damit er keine der jeweiligen Besonderheit des Verfahrens vergisst, an folgende allgemeine Checkliste halten (s. im Übrigen aber auch das Rechtsprechungs-ABC bei Rn. 45 ff.):

44 **Besonderheiten des Verkehrsverstoßes**

- ☐ durchschnittlicher Verstoß
- ☐ erheblicher Verstoß
- ☐ geringer Verstoß
- ☐ Verstoß mit (hohem?) Sachschaden?
- ☐ Verstoß mit Personenschaden
- ☐ besondere/außergewöhnliche Verkehrsordnungswidrigkeit

Drohende Sanktionen

- ☐ Fahrverbot droht
- ☐ Punkte im VZR drohen
- ☐ Nachschulung droht
- ☐ Entziehung der Fahrerlaubnis droht?

Besonderheiten in der Person des Mandanten

- ☐ nicht vorbelastet
- ☐ vorbelastet (droht ggf. Entziehung der Fahrerlaubnis?)
- ☐ beruflich (allgemein) auf Fahrerlaubnis angewiesen
- ☐ Berufskraftfahrer
- ☐ persönlich auf Fahrerlaubnis angewiesen (z.B. Schwerbehinderung)
- ☐ nahe Angehörige zu versorgen?
- ☐ Teilnahme an einer verkehrspsychologischen Maßnahme, was vorbereitet werden musste

Besonderheiten im Verfahren

- ☐ mehrere Ordnungswidrigkeiten
- ☐ Aktenumfang
- ☐ (mehrere) Besprechungen mit Mandanten
- ☐ Besprechungen mit der Straßenverkehrsbehörde im Hinblick auf ein Absehen vom Fahrverbot?

Tätigkeiten in Bußgeldsachen — Vorbemerkung 5

- ☐ Mandant ist Ausländer
- ☐ Ortsbesichtigung
- ☐ Sachverständigengutachten zur Messung
- ☐ Auswertung von sonstigen Sachverständigengutachten
- ☐ zahlreiche Zeugen
- ☐ widersprechende Zeugenaussagen
- ☐ umfangreiche Schriftsätze
- ☐ lange Dauer des Verfahrens
- ☐ für Terminsgebühr: Dauer der Hauptverhandlung
- ☐ Wiedereinsetzungsanträge
- ☐ Antrag auf gerichtliche Entscheidung
- ☐ Dienstaufsichtsbeschwerde?
- ☐ sonstige Umstände, die das Verfahren vom „Durchschnittsfall" unterscheiden
- ☐ Verjährungsproblematik.

II. Rechtsprechungs-ABC

Bei der Anwendung des ABC ist zu berücksichtigen, dass i.d.R. nicht nur einer der erwähnten Umstände allein zur Gewährung der Mittelgebühr geführt hat, sondern von den Gerichten meist mehrere der aufgeführten Gesichtspunkte zur Begründung der jeweiligen Gebührenbemessung herangezogen worden sind (vgl. z.B. LG Kiel, AGS 2007, 140 = zfs 2007, 106 m. zust. Anm. Hansens). Es verbietet sich also eine schematische Übertragung der Entscheidungen auf den „eigenen Fall". 45

> **Hinweis:**
> Die nachstehend aufgeführte unveröffentlichte Rechtsprechung ist z.T. im Volltext eingestellt auf **www.burhoff.de** bei § 14 unter RVG-Entscheidungen; z.T. befindet sie sich auch auf der **beiliegenden CD**. Auf www.burhoff.de wird fortlaufend weitere Rechtsprechung eingestellt, über die sich der Verteidiger kostenlos informieren kann.

Aktenumfang 46

Ist zu **berücksichtigen**, vgl.: LG Düsseldorf, 04.08.2006 – I Qs 83/06 BuK (geringer Aktenumfang reduziert die Höhe der Grundgebühr; LG Leipzig, RVGreport 2009, 61 = VRR 2009, 119 [Aktenumfang von nur 9 Seiten führt bei der Grundgebühr zu einer unter der Mittelgebühr liegenden Gebühr]; AG München, AGS 2007, 81 [Aktenumfang 26 Seiten]; AG München, 26.01.2007 – 132 C 2248/06 [Aktenumfang nur 16 Seiten]).

> **Hinweis:**
> Bei der Berücksichtigung des Umfangs der Akten darf gerade im straßenverkehrsrechtlichen im OWi-Verfahren aber nicht übersehen werden, dass die Akten in diesen Bußgeldverfahren **i.d.R. keinen erheblichen Umfang** haben. Ein geringer Aktenumfang wird daher meist den Durchschnitt darstellen. Das gilt vor allem bei Einsichtnahme noch im Verfahren bei der

Vorbemerkung 5 *Tätigkeiten in Bußgeldsachen*

Verwaltungsbehörde, in dem die Akten erfahrungsgemäß „dünn" sind (deshalb unzutreffend LG Leipzig, a.a.O.).

47 ■ **Ausländischer Mandant**

Vgl. dazu AG Altenburg, RVGreport 2006, 182 = AGS 2006, 128.

48 ■ **Besondere Verkehrsordnungswidrigkeit**

Mittelgebühr gerechtfertigt: LG Kiel, RVGreport 2007, 24 = AGS 2007, 140 = zfs 2007, 106 m. zust. Anm. Hansens für Überschreitung des zulässigen Gesamtgewichts einer Sattelzugmaschine.

49 ■ **Beruflich auf Fahrerlaubnis angewiesen**

(Überschreiten der) **Mittelgebühr** gerechtfertigt: AG Erding, Beschl. v. 16.06.2008 – 003 OWi 18 Js 21740/07 (überdurchschnittliche Bedeutung, wenn ein Fahrverbot droht, wenn der Betroffene als Fahrer bei einem Autobauer tätig und dringend auf seine Fahrerlaubnis angewiesen ist); AG Rheinbach AGS 2002, 225 JurBüro 2002, 469 = zfs 2002, 492 = NZV 2003, 50 m. Anm. Schneider; AG Viechtach, Beschl. v. 27.04.2006 – 7 II OWi 550/06 (Rotlichtverstoß, mindestens durchschnittliche Angelegenheit, es drohte dem Betroffenen, der Berufskraftfahrer war, eine Geldbuße von 100,00 € mit drei Punkten im VZR. Der polizeiliche Sachbearbeiter hatte ein Fahrverbot vorgeschlagen, für den Fall einer erneuten Zuwiderhandlung wurde ein Fahrverbot angedroht.); AG Viechtach, AGS 2007, 83 (Betroffener war Polizeibeamter); vgl. auch LG Kiel, Beschl. v. 11.01.2006, 46 Qs – OWi 31/05 (110,00 € Geldbuße, Fahrverbot, Taxifahrer, Gebühren **über Mittelgebühr** angehoben) und AG München, AGS 2007, 81 (Selbstständiger, Aktenumfang 26 Seiten, Einholung eines SV-Gutachtens, Punkte drohen).

50 ■ **Besprechungen mit dem Mandanten, mehrere**

Mittelgebühr gerechtfertigt: AG Altenburg, RVGreport 2006, 182 = AGS 2006, 128 (Tätigkeit zwar nicht besonders schwierig, aber fünf Besprechungstermine mit einem Zeitaufwand von 2 Stunden 40 Minuten und Verständigungsschwierigkeiten mit der ausländischen Ehefrau des Betroffenen; Voreintragung von zehn Punkten im VZR; zwei weitere Punkte drohen); AG Saarbrücken RVGreport 2006, 181 = AGS 2006, 126 m. Anm. Madert (Geldbuße von (nur) 40,00 €, Vorbelastung im VZR und drohende weitere Eintragung eines Punktes im VZR und fünf Besprechungstermine, davon zwei mit dem Arbeitgeber, Anforderungen der Ermittlungsakte).

51 ■ **Beweiswürdigung bei widersprechenden Zeugendarstellungen**

Mittelgebühr gerechtfertigt: AG Köln, AnwBl. 1982, 267.

52 ■ **Dauer der Hauptverhandlung**

Mittelgebühr gerechtfertigt (vgl. auch AnwKomm-RVG/N. Schneider, Vor VV Teil 5 Rn. 84; s. im Übrigen auch oben Rn. 32 und Vorbem. 4 VV Rn. 68):

- LG Hannover RVGreport 200 2008, 182 (Verhandlungsdauer von **1 Stunde** und Vernehmung von 3 – 4 Zeugen ist durchschnittlich):
- LG Hildesheim, zfs 2004, 376 (**1 Stunde und 10 Minuten**);

Tätigkeiten in Bußgeldsachen Vorbemerkung 5

- LG Koblenz, zfs 2004, 332 (**40 Minuten**);
- AG Fürstenwalde, Beschl. v. 24.10.2006 – 3 Jug OWi 291 Js-OWi 40513/05 (26/05) (**64 Minuten** überdurchschnittlich);

Unterhalb der Mittelgebühr:

- LG Dessau-Roßlau, JurBüro 2009, 427: (Hauptverhandlungsdauer zwar nur **9 Minuten**, aber Terminsvorbereitung durch Sachverständigengutachten; Gebühr für Nr. 5110 VV RVG von 210,00 € noch angemessen);
- LG Detmold, Beschl. v. 07.05.2008 – 4 Qs 19/08 und Beschl. v. 03.02.2009 – 4 Qs 172/08 (Hauptverhandlungsdauer von **15 Minuten** beim AG rechtfertigt nur eine unterhalb der Mittelgebühr liegende Gebühr);
- LG Karlsruhe, Beschl. v. 19.04.2005 – 1 Qs 5/05 (**10 Minuten**);
- LG Koblenz, JurBüro 2008, 589 = RVGreport 2009, 97 = VRR 2009, 40 (die unterdurchschnittliche Dauer der Hauptverhandlung von **10 Minuten** rechtfertigt nur den Ansatz einer Gebühr Nr. 5112 VV in Höhe 270,00 €);
- LG Leipzig RVGprofessionell 2009, 33 = RVGreport 2009, 61 = VRR 2009, 119 = RVGreport 2009, 218 (Hauptverhandlungsdauer **10 Minuten**, zwei geladene Zeugen werden ungehört entlassen, führt zu einer Gebühr von 20 % unterhalb der Mittelgebühr);
- LG Leipzig RVGreport 2010, 182 (Hauptverhandlungsdauer von **15 Minuten** unterdurchschnittlich, aber Mittelgebühr, wenn Fahrverbot droht und die schwierige Frage der Unterbrechung der Verjährung durch Zustellung an den Verteidiger eine Rolle spielt);
- LG Osnabrück, JurBüro 2008, 143 (Hauptverhandlungen von **7, 10** oder auch **30 Minuten** Dauer sind im OWi-Verfahren unterdurchschnittlich);
- AG Andernach, JurBüro 2005, 95 (**20 Minuten**);
- AG Koblenz, AGS 2004, 484 (180,00 € für **30 Minuten** angemessen);
- AG Koblenz, AGS 2008, 346 = VRR 2008, 319 = RVGreport 2009, 340 (eine erheblich unterdurchschnittliche Dauer der Hauptverhandlung von nur **2 Minuten** rechtfertigt nur den Ansatz einer Gebühr von 90,00 €);

■ **Einarbeitung, besondere** 53

Mittelgebühr gerechtfertigt; das Merkmal korrespondiert i.d.R. mit nicht alltäglichen Verkehrsordnungswidrigkeiten, s. LG Kiel, AGS 2007, 140 = zfs 2007, 106 m. zust. Anm. Hansens für Überschreitung des zulässigen Gesamtgewichts einer Sattelzugmaschine (vgl. auch AG Cloppenburg, 14.06.2011 – 25 OWi 785 Js 12168/10 (212/10), JurionRS 2011, 18232 – Beweisverwertungsverbot beim Messverfahren Leivtec).

■ **Einlassung fehlt im Einspruch** 54

Keine Minderung der Gebühren Nr. 5100, 5103 VV: AG Rotenburg, AGS 2006, 288 m. Anm. Madert); s. aber LG Düsseldorf, Beschl. v. 04.08.2006 – I Qs 83/06 BuK.

Vorbemerkung 5 *Tätigkeiten in Bußgeldsachen*

55 ■ **Einspruchsbegründung fehlt**

Keine Minderung der Gebühren Nr. 5100, 5103 VV: AG Rotenburg, AGS 2006, 288 m. Anm. Madert; s. aber LG Düsseldorf, Beschl. v. 04.08.2006 – I Qs 83/06 BuK; AG Düsseldorf, 13.01.2006 – 51 C 9886/05.

56 ■ **Eintragung im Gewerbezentralregister droht**

Mittelgebühr gerechtfertigt: AG Düsseldorf zfs 2004, 86.

57 ■ **Entziehung der Fahrerlaubnis nach dem StVG droht**

s. „Eintragung im Verkehrszentralregister droht" (Rn. 58).

58 ■ **Eintragung im Verkehrszentralregister droht**

Mittelgebühr gerechtfertigt: LG Wuppertal zfs 2005, 39 (ein drohender Punkt); vgl. dazu auch AG Altenburg, RVGreport 200 6, 182 = AGS 2006, 128 (zwei Punkte); AG Bad Segeberg, VRR 2010, 240 (drei Punkte); AG Eilenburg, JurBüro 2010, 35 (drei Punkte); AG Frankenthal, RVGreport 2006, 271 = AGS 2005, 292; AG Fürstenwalde, Beschl. v. 24.10.2006 – 3 Jug OWi 291 Js-OWi 40513/05 (26/05) (ein Punkt durchschnittlich); AG Halle, Urt. v. 19.09.2006 – 2 C 131/06 (11 Punkte); AG Leipzig, Beschl. v. 23.03.2007 – 219 OWi 503 Js 22959/06 (drei Punkte und drohendes Fahrverbot); AG München, AGS 2007, 81; AG Pinneberg; AGS 2005, 552; AG Rotenburg, AGS 2006, 288; AG Saarlouis, RVGreport 2006, 182 = AGS 2006, 127; AG Viechtach, RVGreport 2005, 420 = AGS 2006, 239 (u.a. bei bereits eingetragenen neun Punkte, drei weitere drohen); AG Viechtach, Beschl. v. 30.03.2006 – 7 II OWi 00334/06 (ein Punkt eingetragen, drei weitere drohen); s.a. noch AG Karlsruhe; AGS 2008, 492, wonach bei einem Fahrverbot, dem drohenden Eintrag von vier Punkten im Verkehrszentralregister und zu befürchtenden weiteren führerscheinrechtlichen Konsequenzen von einer weit überdurchschnittlichen Bedeutung der Sache auszugehen ist und eine Verfahrensgebühr von 200,00 € jedenfalls nicht als unbillig angesehen wurde (s.a. „Vorbelastungen, erhebliche" Rn. 72).

Mittelgebühr nicht gerechtfertigt: LG Regensburg, Beschl. v. 26.10.2006 – 2 Qs 190/06 (zwar drohen drei Punkte, aber nur weit durchschnittliche Tätigkeit des Verteidigers); AG Düsseldorf, Urt. v. 13.01.2006 – 51 C 9886/05 (nicht bei zwei Punkten ohne danach drohende Entziehung der Fahrerlaubnis); AG München, Urt. v. 27.06.2006 – 251 C 9315/06 (noch nicht bei einem Punkt, sondern erst, wenn die konkrete Gefahr der Entziehung der Fahrerlaubnis droht); AG Viechtach, Beschl. v. 27.09.2005 – 7 II OWi 01501/05 (Rotlichtverstoß; nur geringe Bedeutung für den Betroffenen; drei Punkte drohen, aber keine Entziehung der Fahrerlaubnis nach dem StVG).

59 ■ **Fahrverbot droht**

(**Mindestens**) **Mittelgebühr** gerechtfertigt: OLG Oldenburg, AnwBl. 1976, 255; LG Kiel, Beschl. v. 11.01.2006 – 46 Qs-OWi 31/05 (bei Taxifahrer über Mittelgebühr); LG Stralsund, zfs 2006, 407; AG Bühl, NZV 2009, 401 (Überschreitung der Mittelgebühr um 20%); AG Chemnitz, AGS 2005, 431; insoweit zutr. AG Dresden, AGS 2010, 431 m. abl. Anm. N. Schneider; AG Frankenthal, RVGreport 2006, 271 = AGS 2005, 292; AG Leipzig, Beschl. v. 23.03.2007 – 219 OWi 503 Js 22959/06 (drei Punkte und drohendes Fahrverbot); AG München AGS 2005, 430 = RVGreport 2005, 381; AG München, Urt. v. 26.10.2006, 191 C 33490/05; AG Saarlouis,

Tätigkeiten in Bußgeldsachen   Vorbemerkung 5

RVGreport 2006, 182 = AGS 2006, 127; AG Völklingen RVGprofessionell 2008, 125 (Überschreitung der Mittelgebühr um 20 %); s. aber AG Charlottenburg, Urt. v. 03.03.2010 – 207 C 463/09 (allein ein [drohendes] Fahrverbot führt nicht zur Mittelgebühr).

■ Geschwindigkeitsüberschreitung   60

Mittelgebühr gerechtfertigt: AG Rotenburg, AGS 2006, 288 m. Anm. Madert (Geldbuße von 50,00 € für eine [geringere] Geschwindigkeitsüberschreitung, weitere drei Punkte im VZR, dann insgesamt sechs Punkte); vgl. auch AG Cloppenburg, 14.06.2011 – 25 OWi 785 Js 12168/10 (212/10), JurionRS 2011, 18232 – Beweisverwertungsverbot bei Leivtec).

■ Höhe der Geldbuße   61

Nicht zu **verwerten** bzw. allenfalls noch eingeschränkt: AG Pinneberg, AGS 2005, 552 (75,00 €); AG Viechtach, RVGreport 2005, 420 (50,00 €); AG Viechtach, Beschl. v. 04.04.2007 – 6 II OWi 00467/07 (50,00 €); s. auch AG Saarbrücken, RVGreport 2006, 181 = AGS 2006, 126 m. Anm. Madert (Mittelgebühr bei einer Geldbuße von [nur] 40,00 €, Vorbelastung im VZR und drohende weitere Eintragung eines Punktes im VZR und 5 Besprechungstermine, davon 2 mit dem Arbeitgeber, Anforderungen der Ermittlungsakte); s. auch LG Kiel, AGS 2007, 140 = zfs 2007, 106 m. zust. Anm. Hansens, das bei seiner Abwägung die Höhe der verhältnismäßig geringen Geldbuße von 95,00 € nicht herangezogen hat; **a.A.** LG Berlin, VRS 111, 434 (Kostenbescheid über 18, 19,00 €); LG Deggendorf, RVGreport 2006, 341 (entscheidender Anknüpfungspunkt); s. auch LG Weiden, Beschl. v. 01.08.2005 – 1 Qs 60/05 (bei einer Geldbuße von 15,00 €, Grundgebühr Nr. 4100 VV deutlich unter der Mittelgebühr, Verfahrens- und Terminsgebühr aber grds. i.H.d. Mittelgebühr); AG Aachen, Urt. v. 13.07.2010 – 100 C 386/09 (bei einer Geldbuße von nur 40,00 € nur unterdurchschnittliche Bedeutung).

> **Hinweis:**
> Nach zutreffender Auffassung des AG Darmstadt ist **ausschließlich** ein **verkehrsrechtlicher Zusammenhang** herzustellen (AGS 2006, 212 m. Anm. Schneider; a.A. LG Göttingen, VRR 2006, 239; LG Berlin, VRS 111, 434). Deshalb ist z.B. eine Geldbuße von 200,00 € nicht gering.

■ Nachforschungen erforderlich   62

Mittelgebühr gerechtfertigt: LG Kiel, RVGreport 2007, 24 = AGS 2007, 140 = zfs 2006, 106 für Nachforschungen nach Ausnahmegenehmigungen beim Vorwurf der Überschreitung des zulässigen Gesamtgewichts einer Sattelzugmaschine.

■ Nachschulung droht   63

Mittelgebühr gerechtfertigt: AG Düsseldorf, zfs 1996, 231.

■ Parkverstoß   64

unterhalb der **Mittelgebühr**: AG Lüdinghausen, StraFo 2008, 45 = JurBüro 2008, 83 = StRR 2008, 79 = VRR 2008, 119: Verkehrs-OWi wegen eines Parkverstoßes ist deutlich unterdurchschnittlich; Geldbuße betrug nur 15,00 €.

Vorbemerkung 5 *Tätigkeiten in Bußgeldsachen*

65 ■ **Qualifikation, besondere, Verteidiger**

LG München JurBüro 2008, 249: die besondere Qualifikation des Verteidigers gehört nicht zu den gebührenrechtlichen Merkmalen (a.A. Fromm, DAR 2010, 489, 490).

66 ■ **Reduzierung der Geldbuße**

Mittelgebühr angemessen, wenn der Rechtsanwalt eine Verringerung der Geldbuße von 50,00 € auf 35,00 € erreicht (AG Limburg, AGS 2009, 161 m. abl. Anm. Onderka = RVGreport 2009, 98 = VRR 2009, 159 = StRR 2009, 200).

67 ■ **Schwerbehinderter**

Erhebliche Bedeutung (AG Stadtroda, zfs 1997, 69).

68 ■ **Schwierige Rechtsmaterie**

Mittelgebühr gerechtfertigt: AG Viechtach, RVGreport 2005, 420 = AGS 2006, 239 (Rechtsfragen im Zusammenhang mit der Zustellung); ähnlich LG Kiel, AGS 2007, 140 = zfs 2007, 106 m. zust. Anm. Hansens und AG Cloppenburg, 14.06.2011 – 25 OWi 785 Js 12168/10 (212/10), JurionRS 2011, 18232 – Beweisverwertungsverbot bei Leivtec).

69 ■ **Täteridentifizierung/erforderlicher Nachweis**

Zu **berücksichtigen**: LG Karlsruhe, Beschl. v. 19.04.2005 – 1 Qs 5/05; AG Viechtach, Beschl. v. 27.09.2005 – 7 II OWi 01501/05 (Rotlichtverstoß; nur geringe Bedeutung für den Betroffenen; drei Punkte drohen, aber keine Entziehung der Fahrerlaubnis nach dem StVG]; s. auch LG Düsseldorf, Beschl. v. 04.08.2006 – I Qs 83/06 BuK, wo u.a. gebührenmindernd darauf abgestellt wird, dass der Betroffene „ersichtlich" nicht der Fahrer war, was m.E. ex post nicht zutreffend ist, da im Verfahren immer noch eine Verurteilung droht.

70 ■ **Umfang der anwaltlichen Tätigkeit**

Spielt eine **erhebliche Rolle**: s. z.B. AG Düsseldorf, Urt. v. 25.07.2006 – 116 C 673/05 (Vertretung eines Sozietätskollegen]; AG Saarbrücken, RVGreport 2006, 181 = AGS 2006, 126, wo der Verteidiger u.a. eine Tachoscheibe selbst ausgewertet hatte; s. auch „Vorbereitung der Hauptverhandlung, umfangreiche".

71 ■ **Vollstreckung droht**

Mittelgebühr gerechtfertigt: AG Viechtach, RVGreport 2005, 420 = AGS 2006, 239 m. Anm. Madert.

72 ■ **Vorbelastungen, erhebliche**

Mittelgebühr: AG Eilenburg, JurBüro 2010, 34 m. Anm. C. Schneider = RVGreport 2010, 60 = AGS 2010, 74 bzw. AG Eilenburg, JurBüro 2010, 35 (bei einer Geldbuße von 40,00 € und erheblicher Vorbelastung des Betroffenen bzw. von 60,00 € und drei drohenden Punkten im VZR liegt gebührenrechtlich eine durchschnittliche Sache vor]; s.a. „Eintragung im Verkehrszentralregister droht", Rn. 58).

Tätigkeiten in Bußgeldsachen   *Vorbemerkung 5*

■ **Vorbereitung der Hauptverhandlung, umfangreiche**   73

Mittelgebühr gerechtfertigt: AG Pinneberg, AGS 2005, 552; AG Saarbrücken, RVGreport 2006, 181 = AGS 2006, 126 durch Gespräche mit Sachverständigen oder Mandanten.

■ **Wartezeiten beim Hauptverhandlungstermin**   74

Zu **berücksichtigen**, sodass bei einer Wartezeit von 25 Minuten ein Termin von 15 Minuten Dauer nicht deutlich unterdurchschnittlich ist (AG Anklam, 02.02.2006 – 62 Ds 513 Js 957/05 [378/05], www.burhoff.de).

■ **Wiedereinsetzungsantrag**   75

Mittelgebühr gerechtfertigt: AG Viechtach, RVGreport 2005, 420; durchschnittlicher Fall, wenn im Übrigen nur geringe Geschwindigkeitsüberschreitung und Geldbuße von bloß 30,00 € (AG Viechtach, 30.03.2006 – 7 II OWi 00447/06).

■ **Zustellungsproblematik**   76

Mittelgebühr gerechtfertigt: AG Viechtach, RVGreport 2005, 420 = AGS 2006, 239.

Abschnitt 1 *Gebühren des Verteidigers*

Abschnitt 1

Gebühren des Verteidigers

1 Die in Teil 5 Abschnitt 1 VV geregelten Gebühren des Verteidigers in Bußgeldsachen sind in **fünf Unterabschnitte** aufgeteilt. Geregelt werden in
- Unterabschnitt 1: Allgemeine Gebühr;
- Unterabschnitt 2: Gebühren im Verfahren vor der Verwaltungsbehörde;
- Unterabschnitt 3: Gebühren im gerichtlichen Verfahren im ersten Rechtszug;
- Unterabschnitt 4: Gebühren im Verfahren über die Rechtsbeschwerde;
- Unterabschnitt 5: Zusätzliche Gebühren.

2 Ebenso wie in Strafsachen (vgl. Vorbem. 4.1 VV Rn. 2) sind die Gebühren in Bußgeldsachen je nach Verfahrensstadium in verschiedene Angelegenheiten aufgeteilt (vgl. Teil A: Angelegenheiten [§§ 15 ff.], Rn. 90 m.w.N.)

Zu unterscheiden sind:
- das **Verfahren** vor der **Verwaltungsbehörde**,
- das **gerichtliche Verfahren** im **ersten Rechtszug**,
- das Verfahren über die **Rechtsbeschwerde** einschließlich des Verfahrens auf **Zulassung der Rechtsbeschwerde**,
- das **Wiederaufnahmeverfahren**.

> **Hinweis:**
> Das vorbereitendes Verfahren vor der Verwaltungsbehörde und das gerichtliche Verfahren im ersten Rechtszug sind **verschiedene Angelegenheiten** (vgl. die Nachw. – auch zur a.A. – in Teil A: Angelegenheiten [§§ 15 ff.], Rn. 90).

3 In Teil 5 Abschnitt 1 Unterabschnitt 5 VV sind **zusätzliche Gebühren** geregelt, die in allen Verfahrensabschnitten anfallen können. Die in der Praxis bedeutsamste ist die Nr. 5115 VV.

4 Für das Verfahren vor der Verwaltungsbehörde und des gerichtlichen Verfahren des ersten Rechtszugs sind die **Gebühren** je **nach Höhe** der **Geldbuße gestaffelt** (wegen der Einzelh. wird verwiesen auf Vorbem. 5.1 VV Rn. 11; zur Gebührenbemessung s. Vorbem. 5 VV Rn. 21 ff., 39 ff.).

Gebühren für die Tätigkeit im Bußgeldverfahren Vorbemerkung 5.1

Vorbemerkung 5.1:

(1) Durch die Gebühren wird die gesamte Tätigkeit als Verteidiger entgolten.

(2) Hängt die Höhe der Gebühren von der Höhe der Geldbuße ab, ist die zum Zeitpunkt des Entstehens der Gebühr zuletzt festgesetzte Geldbuße maßgebend. Ist eine Geldbuße nicht festgesetzt, richtet sich die Höhe der Gebühren im Verfahren vor der Verwaltungsbehörde nach dem mittleren Betrag der in der Bußgeldvorschrift angedrohten Geldbuße. Sind in einer Rechtsvorschrift Regelsätze bestimmt, sind diese maßgebend. Mehrere Geldbußen sind zusammenzurechnen.

Übersicht

	Rn.
A. Überblick	1
B. Kommentierung	3
I. Allgemeines	3
II. Persönlicher Geltungsbereich	4
III. Pauschgebührencharakter (Abs. 1)	5
1. Allgemeines	5
2. Abgeltungsbereich der Pauschalgebühren	6
a) Allgemeines	6
b) Besondere Tätigkeiten	9
c) Einlegung der Rechtsbeschwerde/Beratung über die Rechtsbeschwerde	10
IV. Staffelung der Gebührenrahmen (Abs. 2)	11
1. Allgemeines	11
2. Grundsatz (Abs. 2 Satz 1)	12
a) Zuletzt festgesetzte Geldbuße	12
b) Zeitlicher Geltungsbereich	14
3. Mehrere Geldbußen (Abs. 1 Satz 4)	16
4. Noch nicht festgesetzte Geldbuße (Abs. 1 Satz 2 und 3)	19
a) Allgemeines	19
b) Mindest-/Höchstbetrag	21
c) Regelsätze	23
5. Anwendungsbeispiele	24

Literatur:

Burhoff, Abhängigkeit der anwaltlichen Vergütung im Bußgeldverfahren von der Höhe der Geldbuße; RVGprofessionell 2004, 121; *Fromm*, Zusätzliche Verfahrensgebühr nach Nr. 5116 VV RVG bei Verfallsverfahren gem. § 29a OWiG, JurBüro 2008, 507; s. auch die Hinweise bei Vorbem. 5 VV vor Rn. 1.

A. Überblick

Teil 5 Abschnitt 1 VV regelt die Gebühren des (Voll-)Verteidigers, Beistandes oder des Vertreters eines Neben- und Einziehungsbeteiligten in den Verfahrensabschnitten des OWi-Verfahrens, und zwar im Verfahren vor der Verwaltungsbehörde (Unterabschnitt 2), im gerichtlichen Verfahren des ersten Rechtszugs (Unterabschnitt 3) und im Wiederaufnahmeverfahren (s. Vorbem. 5.1.3 VV) sowie im Verfahren über die Rechtsbeschwerde (Unterabschnitt 4). Die **Gebührenstruktur entspricht** der für das Strafverfahren in **Teil 4 VV** und ist somit auch im OWi-Verfahren stärker als früher nach der BRAGO an den Gang des Verfahrens angepasst worden (Vorbem. 4 VV Rn. 1 ff.). Eine Abweichung gegenüber der Regelung der BRAGO ist die **Dreiteilung der Gebühren** nach der Höhe der Geldbuße (vgl. dazu Vorbem. 5 VV Rn. 6 und unten Rn. 11 ff.). 1

Vorbemerkung 5.1   *Gebühren für die Tätigkeit im Bußgeldverfahren*

2   Im Einzelnen kann der Verteidiger im OWi-Verfahren ggf. folgende Gebühren verdienen:
- Der Verteidiger erhält zunächst die **Grundgebühr** (Nr. 5100 VV).
- Im **Verfahren** vor der **Verwaltungsbehörde** erhält der Verteidiger ggf. Verfahrens- und Terminsgebühr (vgl. Nr. 5101 ff. VV).
- Auch im **gerichtlichen Verfahren** wird die Tätigkeit des Rechtsanwalts in jeder Instanz mit einer **Verfahrensgebühr** (Nr. 5107 ff., 5113 VV) honoriert.
- Die Teilnahme an Vernehmungen sowie die Tätigkeit in der Hauptverhandlung wird dem Verteidiger daneben durch eine **Terminsgebühr** (Vorbem. 5.1.3 Abs. 1, Nr. 5102 ff., 5108 ff., 5114 VV) besonders entgolten.

B.   Kommentierung

I.   Allgemeines

3   Vorbem. 5.1 **Abs. 1** VV regelt den **Abgeltungsbereich** der anwaltlichen Gebühren in OWi-Sachen (vgl. dazu Rn. 6 ff.). Vorbem. 5.1 Abs. 2 VV bestimmt, welcher **Betrag** der **Geldbuße** für die Bemessung der Gebühren **ausschlaggebend** sein soll. Diese Regelung ist erforderlich aufgrund der vom RVG eingeführten Abhängigkeit der Höhe der Anwaltsvergütung von der Höhe der Geldbuße (vgl. dazu Rn. 11 ff.).

II.   Persönlicher Geltungsbereich

4   Teil 5 Abschnitt 1 VV gilt nicht nur für den (Voll-)**Verteidiger**/Wahlanwalt und den im OWi-Verfahren ggf. beigeordneten oder gerichtlich bestellten Rechtsanwalt, i.d.R. der **Pflichtverteidiger**, sondern auch für den Rechtsanwalt als Vertreter eines Neben- oder Einziehungsbeteiligten und den in Vorbem. 5 Abs. 1 VV ebenfalls genannten Beistand für einen Zeugen oder Sachverständigen (vgl. dazu Vorbem. 5 VV Rn. 14 m.w.N.).

> **Hinweis:**
> Ist der Rechtsanwalt im OWi-Verfahren nur mit einer **Einzeltätigkeit** beauftragt, erhält er seine Tätigkeit nach **Nr. 5200 VV** vergütet (zur Abgrenzung s. Vorbem. 5 VV Rn. 13 und die Komm. bei Vorbem. 4.3 VV).

III.   Pauschgebührencharakter (Abs. 1)

1.   Allgemeines

5   Der Abgeltungsbereich der anwaltlichen Gebühren in Bußgeldsachen wird in Vorbem. 5.1 Abs. 1 VV auf der Grundlage des § 15 Abs. 1 geregelt. Die aufgeführten Gebühren sind **Pauschalgebühren**, die die gesamte Tätigkeit des Verteidigers abgelten, soweit nichts anderes angeordnet ist (s. Teil A: Abgeltungsbereich der Vergütung [§ 15], Rn. 1 ff.).

> **Hinweis:**
> Eine Ergänzung zu dieser Regelung befindet sich in § 19 Abs. 1 Satz 2 Nr. 10. Dort ist die **Einlegung** eines Rechtsmittels, im OWi-Verfahren also der Rechtsbeschwerde, durch den Verteidiger gebührenrechtlich geregelt hat (s. Teil A: Rechtszug [§ 19], Rn. 1198 ff. und Vorbem. 4.1 VV Rn. 29 ff.).

Gebühren für die Tätigkeit im Bußgeldverfahren *Vorbemerkung 5.1*

2. Abgeltungsbereich der Pauschalgebühren

a) Allgemeines

Für den Abgeltungsbereich der Gebühren im OWi-Verfahren gelten die Ausführungen zum Strafverfahren bei Vorbem. 4.1 VV Rn. 23 ff. entsprechend. Die Gebühren der Nr. 5100 ff. VV gelten also die **gesamten Tätigkeiten** des Verteidigers in den nachfolgend behandelten Verfahrensabschnitten des OWi-Verfahrens ab. Dies sind das Verfahren vor der Verwaltungsbehörde (Nr. 5101 ff. VV), das gerichtliche Verfahren erster Instanz (Nr. 5107 ff. VV) und das Verfahren über die Rechtsbeschwerde (Nr. 5113 f. VV) sowie ggf. das Wiederaufnahmeverfahren (Vorbem. 5.1.3 Abs. 2 VV). Auch im OWi-Verfahren ist als allgemeine Gebühr die Grundgebühr der Nr. 5100 VV und Terminsgebühren für (Vernehmungs-)Termine im Verfahren vor der Verwaltungsbehörde (Nrn. 5102, 5104, 5106 VV i.V.m. Vorbem. 5.1.2 Abs. 2 VV) und für Termine außerhalb der Hauptverhandlung (Vorbem. 5.1.3 Abs. 1 VV) vorgesehen. Erhält der Rechtsanwalt nach Unterabschnitt 4 zusätzliche (Verfahrens-)Gebühren decken auch die alle von ihnen erfasste Tätigkeiten ab. 6

Innerhalb der jeweiligen Verfahrensabschnitte wird die **gesamte Tätigkeit** des Rechtsanwalts als Verteidiger von Anfang bis Ende des jeweiligen Verfahrensabschnitts, für den die betreffende Gebühr vorgesehen ist, abgegolten. Wegen des Katalogs der dadurch erfassten Tätigkeiten kann auf Vorbem. 4.1 VV Rn. 25 ff. verwiesen werden. Die dort aufgeführten Tätigkeiten gelten für das OWi-Verfahren entsprechend. Abgegolten durch die Gebühren werden insbesondere auch die Tätigkeiten des Rechtsanwalts im **Verwarnungs-** und im **Zwischenverfahren** (§ 69 OWiG) sowie auch die mit einem ggf. gestellten **Antrag** auf **gerichtliche Entscheidung** nach § 62 OWiG oder einem Wiedereinsetzungsantrag zusammenhängenden. Auch die Tätigkeit im Kostenfestsetzungsverfahren wird erfasst (vgl. LG Koblenz, JurBüro 2010, 32; s. aber Vorbem. 5 Rn. 38). 7

> **Hinweis:** 8
>
> Nicht erfasst von den Pauschgebühren der Nr. 5100 ff. VV wird die Tätigkeit des Rechtsanwalts im Hinblick auf **Einziehung** und verwandte Maßnahmen. Für die insoweit erbrachten Tätigkeiten erhält der Rechtsanwalt eine **zusätzliche Gebühr** nach Nr. 5116 VV i.H.e. vollen Gebühr aus dem Wert des Einziehungsgegenstandes (Nr. 5116 VV i.V.m. § 13; wegen der Einzelh. s. Nr. 5116 VV und Fromm, JurBüro 2008, 507).

b) Besondere Tätigkeiten

Auch für das OWi-Verfahren regeln die §§ 15, 20, welche Tätigkeiten als sog. „besondere Tätigkeiten" nicht von den (allgemeinen) Pauschgebühren erfasst werden. Das sind im Einzelnen (s. auch Teil A: Abgeltungsbereich der Vergütung [§ 15], Rn. 1 ff.): 9

- die in Vorbem. 5 Abs. 4 VV genannten **Erinnerungs-** und Beschwerdeverfahren (vgl. dazu die Komm. bei Vorbem. 5 VV Rn. 38 m.w.N.),

- ein **erneuter Auftrag**, wenn der Rechtsanwalt bereits früher tätig geworden ist und zwischen der Erledigung des früheren Auftrags und der Erteilung des neuen mehr als zwei Kalenderjahre liegen (vgl. § 15 Abs. 5 Satz 2),

- das Verfahren nach **Zurückverweisung** (§ 21 Abs. 1; s. auch Teil A: Zurückverweisung [§ 21], Rn. 1687 ff.),

Vorbemerkung 5.1 *Gebühren für die Tätigkeit im Bußgeldverfahren*

- das **Wiederaufnahmeverfahren** (Vorbem. 5.1.3 VV und dazu Vorbem. 5.1.3, VV Rn. 5 ff.),
- die in Vorbem. 5 Abs. 4 VV genannten **Zwangsvollstreckungsverfahren** (vgl. dazu Vorbem. 5 VV Rn. 38 m.w.N.).

c) Einlegung der Rechtsbeschwerde/Beratung über die Rechtsbeschwerde

10 § 19 Abs. 1 Satz 2 Nr. 10 gilt auch für das OWi-Verfahren. Damit gelten für die Einlegung der Rechtsbeschwerde gegen das amtsgerichtliche Urteil und für die Beratung über die Rechtsbeschwerde die Ausführungen bei Vorbem. 4.1 VV Rn. 29 ff. entsprechend (s. Teil A: Rechtszug [§ 19], Rn. 1198 ff.).

IV. Staffelung der Gebührenrahmen (Abs. 2)

1. Allgemeines

11 Die vom RVG für das Bußgeldverfahren vorgesehene Abhängigkeit der Höhe der Betragsrahmengebühr des Wahlanwalts bzw. des Festbetrages des Pflichtverteidigers von der Höhe der Geldbuße erfordert eine **Regelung** darüber, welche **Höhe** der **Geldbuße maßgeblich** ist, wenn im Laufe des Verfahrens unterschiedlich hohe Geldbußen festgesetzt worden sind. Zudem war eine Regelung für den Fall erforderlich, dass der Rechtsanwalt schon im Verfahren vor der Verwaltungsbehörde, wenn eine Geldbuße noch nicht festgesetzt worden ist, beauftragt war. Diese Regelungen sind in Vorbem. 5.1 Abs. 2 VV enthalten (vgl. dazu auch Burhoff, RVGprofessionell 2004, 121).

> **Hinweis:**
>
> Für die **Grundgebühr** und das **Rechtsbeschwerdeverfahren** ist die Höhe der Geldbuße für die Höhe der anwaltlichen Vergütung **unerheblich**.

2. Grundsatz (Abs. 2 Satz 1)

a) Zuletzt festgesetzte Geldbuße

12 Vorbem. 5.1 Abs. 2 Satz 1 VV enthält den Grundsatz für die Abhängigkeit der Gebührenhöhe von der Geldbuße. **Maßgebend** ist danach die zum **Zeitpunkt** des **Entstehens** der Gebühr **zuletzt festgesetzte Geldbuße**. Ausschlaggebend ist also nicht die im Verfahren zuletzt rechtskräftig festgesetzte Geldbuße, sondern die zum Zeitpunkt des Entstehens der Gebühr „zuletzt festgesetzte Geldbuße" (AG Stuttgart, AGS 2008, 547 = RVGreport 2008, 430 = VRR 2008, 400; vgl. dazu BT-Drucks. 15/1971, S. 230).

13 *Beispiel:*

Dem Betroffenen wird eine Geschwindigkeitsüberschreitung vorgeworfen. Er soll die Geschwindigkeit innerhalb geschlossener Ortschaft um 21 km/h überschritten haben. Es wird gegen ihn nach Nr. 11.3.4 der Tabelle 1 zur BußgeldkatalogVO eine Geldbuße i.H.v. 50,00 € festgesetzt. Der Betroffene legt Einspruch ein. Die Akten werden dem AG vorgelegt. Dort wird nun die Hauptverhandlung anberaumt. Der Betroffene beauftragt Rechtsanwalt R mit seiner Verteidigung. In der Hauptverhandlung stellt sich heraus, dass das Messgerät, mit dem die vom Betroffenen gefahrene Geschwindigkeit gemessen worden ist, zum Vorfallszeitpunkt nicht mehr gültig geeicht war. Der Amtsrichter nimmt daher einen höheren Sicherheitsabschlag vor. Es ergibt sich für den Betroffenen nun nur noch eine vorwerfbare Geschwindig-

Gebühren für die Tätigkeit im Bußgeldverfahren *Vorbemerkung 5.1*

keit von 20 km/h. Demgemäß verhängt das AG nach 11.3.3 der Tabelle 1 zur BußgeldkatalogVO nur eine Geldbuße von 35,00 €. Der Betroffene lässt das amtsgerichtliche Urteil rechtskräftig werden.

Lösung:

Die **Gebühren** von Rechtsanwalt R, der nur im gerichtlichen Verfahren tätig geworden ist (vgl. Vorbem. 5.1.2 VV Rn. 5 ff.), richten sich nach folgender Stufe:

Maßgebend für die Höhe der Verfahrens- und Terminsgebühr im gerichtlichen Verfahren ist die Stufe 2 (von 40,00 € bis 5.000,00 €), obwohl letztlich nur eine Geldbuße von 35,00 € verhängt worden ist. Das hat jedoch auf die ausschlaggebende Stufe keinen Einfluss. Es kommt auf die „zum Zeitpunkt des Entstehens der Gebühr zuletzt festgesetzte Geldbuße" und nicht etwa auf die rechtskräftig festgesetzte Geldbuße an. Zum Zeitpunkt des Entstehens der gerichtlichen Verfahrensgebühr (vgl. dazu Nr. 5107 VV Rn. 4 f.) bzw. der gerichtlichen Terminsgebühr (vgl. dazu Nr. 5108 VV Rn. 5 f.) betrug die „zuletzt festgesetzte Geldbuße" aber noch 50,00 €. Die 35,00 € sind erst im Urteil festgesetzt worden. Zu diesem Zeitpunkt waren Verfahrens- und Terminsgebühr bereits entstanden.

b) Zeitlicher Geltungsbereich

Vorbem. 5.1 Abs. 2 Satz 1 VV gilt als Grundsatz für das **gesamte Bußgeldverfahren**, sofern zum Zeitpunkt des Entstehens der jeweiligen Gebühr bereits eine Geldbuße festgesetzt worden ist. Ist das nicht der Fall, greift Vorbem. 5.1 Abs. 2 Satz 2 und 3 VV ein (vgl. dazu Rn. 16 ff.). Entscheidend für die Höhe der Gebühr ist dann der Zeitpunkt des Entstehens der Gebühr (vgl. dazu bei den jeweiligen Gebühren). Wird der Rechtsanwalt mit der **Verteidigung beauftragt**, **nachdem** ein **Bußgeldbescheid** erlassen wurde, ist die darin festgesetzte Geldbuße zugrunde zu legen (Gerold/Schmidt/Burhoff, VV Vorb. 5.1 Rn. 8; vgl. BT-Drucks. 15/1971, S. 230 und unten Beispiel 3 bei Rn. 26). **14**

Ändert sich **nach** dem **Zeitpunkt** des Entstehens der Gebühr die **Höhe** der **Geldbuße**, hat das auf die Höhe der Gebühr bzw. auf die maßgebliche Stufe **keinen Einfluss** (mehr) (Gerold/Schmidt/Burhoff, VV Vorb. 5.1 Rn. 8). Vorbem. 5.1 Abs. 2 VV stellt nach seinem eindeutigen Wortlaut auf „die zum Zeitpunkt des Entstehens" festgesetzte Gebühr ab. Nachträgliche Änderungen bleiben also außer Betracht. Sie müssen aber – insbesondere, wenn es sich um Erhöhungen der Geldbuße handelt – bei der Bemessung der konkreten Gebühr im Rahmen des § 14 berücksichtigt werden, da dann die Bedeutung der Sache für den Mandanten größer ist (vgl. die Beispiele bei Rn. 21 und 27). **15**

3. Mehrere Geldbußen (Abs. 1 Satz 4)

Nach dem durch das Anhörungsrügengesetz v. 09.12.2004 (BGBl. I, S. 3220) in Vorbem. 5.1 Abs. 1 VV eingefügten Satz 4 werden **mehrere Geldbußen zusammengerechnet**. Dabei muss allerdings im Hinblick auf die Regelung der §§ 19, 20 OWiG unterschieden werden, ob es sich um Tateinheit (§ 19 OWiG) oder um Tatmehrheit (§ 20 OWiG) handelt. Denn nur im Fall der Tatmehrheit drohen auch mehrere Geldbußen, die zusammengerechnet werden können. Im Fall der Tateinheit droht hingegen nach § 19 OWiG nur „eine einzige Geldbuße" (wegen der Einzelh. zu §§ 19, 20 OWiG s. die Komm. bei Göhler), da dann nach § 19 Abs. 2 OWiG auf den höchsten Bußgeldtatbestand abzustellen ist. Darauf, welche Geldbuße letztlich verhängt wird, kommt es auch hier nicht an (vgl. das Beispiel Rn. 13). **16**

Vorbemerkung 5.1 **Gebühren für die Tätigkeit im Bußgeldverfahren**

17 *Beispiel 1:*

Die Verwaltungsbehörde ermittelt gegen den Betroffenen wegen zwei Verstößen gegen die StVZO, und zwar einmal wegen eines Verstoßes gegen § 29 StVZO (unterlassene Anmeldung zur Hauptuntersuchung um mehr als zwei Monate) und außerdem noch wegen eines Verstoßes gegen § 36 Abs. 2a Satz 1, 2 StVZO (unzulässige Ausrüstung des Pkw mit Diagonal/Radialreifen). Der erste Verstoß würde zu einer Geldbuße von 25,00 € (Nr. 186.1.2 BußgeldkatalogVO), der zweite nach Nr. 209 BußgeldkatalogVO zu einer Geldbuße von 30,00 € führen, also insgesamt 55,00 €.

Lösung:

Es werden, da es sich um tatmehrheitlich begangene Verstöße handelt, die beiden Geldbußen addiert, da nach § 20 OWiG auch zwei Geldbußen festgesetzt werden. Damit ist der Gebührenrahmen der Stufe 2 von 40,00 € bis 5.000,00 € gegeben, und zwar unabhängig davon, ob wegen beider Verstöße ein Bußgeldbescheid ergeht (vgl. Rn. 13).

18 *Beispiel 2:*

Dem Betroffenen wird eine Geschwindigkeitsüberschreitung außerorts um 20 km/h vorgeworfen. Außerdem hatte er den Sicherheitsgurt nicht angelegt. Dafür drohen nach der Tabelle 1, lfd. Nr. 11.3.3, eine Geldbuße von 30,00 € und für den Verstoß gegen § 21a Abs. 1 Satz 1 StVO ebenfalls eine Geldbuße von 30,00 €.

Lösung:

Da es sich um tateinheitlich begangene Verstöße handelt, können die beiden Geldbuße nicht addiert werden. Maßgebend ist also die Androhung von 30,00 €. Damit ist die Stufe 1 (Geldbuße bis 40,00 €) für die Berechnung der anwaltlichen Gebühren heranzuziehen.

4. Noch nicht festgesetzte Geldbuße (Abs. 1 Satz 2 und 3)

a) Allgemeines

19 Vorbem. 5.1 Abs. 2 Satz 2 und 3 VV enthält eine **Sonderregelung** für den Fall, dass zum Zeitpunkt des Entstehens der Gebühr im Verfahren vor der Verwaltungsbehörde eine **Geldbuße noch nicht festgesetzt** ist. Diese Regelung gilt (nur) für den Fall, dass der Rechtsanwalt bereits im Verfahren vor der Verwaltungsbehörde, bevor diese einen Bußgeldbescheid erlassen hat, beauftragt worden ist. Danach ist bereits eine Geldbuße festgesetzt und es richtet sich daher die Höhe der Gebühren nach Vorbem. 5.1 Abs. 2 Satz 1 VV nach der Höhe dieser festgesetzten Geldbuße. Abs. 2 Satz 2 erfasst also nur den Fall, dass der Rechtsanwalt bereits bei Anhörung durch die Verwaltungsbehörde beauftragt wird/war (vgl. dazu BT-Drucks. 15/1971, S. 230 und unten die Beispiele bei Rn. 24 und 25).

20 Nach Vorbem. 5.1 Abs. 2 Satz 2 VV sind in diesem Fall die **konkrete Bußgeldvorschrift**, um die es im Verfahren geht, und die in ihr angedrohte Geldbuße **maßgebend**. Vorbem. 5.1 Abs. 2 Satz 1 VV ist also so zu lesen, dass es in diesem Fall anstelle der „zum Zeitpunkt des Entstehens zuletzt festgesetzten Gebühr" auf die „zum Zeitpunkt des Entstehens zuletzt drohende Gebühr" ankommt. Das gilt auch dann, wenn eine Geldbuße nicht festgesetzt und stattdessen nur eine Verwarnung ausgesprochen wird; die Änderung hat keine Auswirkungen auf die bereits entstandene anwaltliche Vergütung (AG Stuttgart, AGS 2008, 547 = RVGreport 2008, 430 = VRR 2008, 400; Gerold/Schmidt/Burhoff, VV Vorb. 5.1 Rn. 9). Mehrere Geldbußen werden zusammengerechnet (Vorbem. 5.1 Abs. 2 Satz 4 VV; s.o. Rn. 16 ff.).

Gebühren für die Tätigkeit im Bußgeldverfahren *Vorbemerkung 5.1*

Beispiel:

Der K verursacht schuldhaft einen Verkehrsunfall. Gegen ihn wird ein Bußgeldverfahren eingeleitet, das später unter Mitwirkung des vom K beauftragten Verteidigers eingestellt wird. Bei der Abrechnung seiner Gebühren gegenüber der Rechtsschutzversicherung des K geht der Verteidiger von der Gebührenstufe 2 aus, weil für den vom K begangenen Verkehrsverstoß im BKat eine Geldbuße von 50,00 € vorgesehen war. Die Rechtsschutzversicherung ist demgegenüber der Auffassung, es sei bei der Abrechnung die Gebührenstufe 1 zugrunde zu legen. Die Verwaltungsbehörde habe den Verstoß nur mit 35,00 € Verwarnungsgeld belegen wollen (Fallgestaltung nach AG Stuttgart, a.a.O.).

Lösung:

Die Ansicht des Verteidigers ist zutreffend. Denn entscheidend für die Höhe der anwaltlichen Gebühren ist der Zeitpunkt des Entstehens der Gebühr. Zu dem Zeitpunkt musste der Betroffene K aber mit einer Geldbuße von 50,00 € rechnen. Dass die Verwaltungsbehörde später nur eine geringeres Verwarnungsgeld festsetzen wollte, ist unbeachtlich. Dieser Umstand hat auf die bereits entstandene Gebühr keinen Einfluss mehr (AG Stuttgart, a.a.O.).

b) Mindest-/Höchstbetrag

Ist die Geldbuße als Mindest- und Höchstbetrag angedroht, richtet sich die Gebührenhöhe gem. Vorbem. 5.1 Abs. 2 Satz 2 VV nach dem **mittleren Betrag**. Dieser wird durch Addition des Mindest- und des Höchstbetrags und anschließender Division durch zwei errechnet (vgl. dazu BT-Drucks. 15/1971, S. 230). 21

Beispiel:

Dem Betroffenen wird als eine Steuerordnungswidrigkeit gem. § 383a AO die zweckwidrige Verwendung des Identifikationsmerkmals nach § 139a AO zur Last gelegt. Diese Vorschrift sieht in § 383a Abs. 2 AO eine Geldbuße von bis zu 10.000,00 € vor. Der Betroffene beauftragt Rechtsanwalt R, der ihn schon bei der Anhörung durch die Verwaltungsbehörde im Verfahren vor Verwaltungsbehörde vertritt.

Für die Ermittlung der Stufe, nach der sich die Höhe der Anwaltsgebühren richtet, sind folgende Überlegungen anzustellen:

- *Anzuwenden ist zunächst Vorbem. 5.1 Abs. 2 Satz 2 VV, da eine Geldbuße noch nicht festgesetzt ist.*
- *Auszugehen ist von § 383a Abs. 2 AO. Dieser sieht zwar eine Geldbuße von bis zu 10.000,00 € vor. Über § 17 Abs. 1 OWiG ist die Geldbuße aber auch als Mindestbetrag von mindestens 5,00 € angedroht, sodass sie sich nicht nach dem Höchstbetrag, sondern nach dem mittleren Betrag richtet. Zu rechnen ist also:*
5,00 € + 10.000,00 € = 10.005,00 €
10.005,00 €: 2 = 5.002,50 €.

Ergebnis: Danach ist für die Gebührenhöhe die Stufe 3 (mehr als 5.000,00 €) maßgebend.

> **Hinweis:** 22
> Ist eine Geldbuße noch nicht festgesetzt, kann es also für den Rechtsanwalt ggf. zu **höheren Gebühren** als nach der ersten Festsetzung einer Geldbuße kommen. Das ist aber deshalb gerechtfertigt, weil für den Mandanten alle Geldbußen bis zum Höchstbetrag im Raum stehen. Entsprechend hoch ist in diesem Stadium dann auch die **Bedeutung** des **Verfahrens** für den Mandanten (vgl. dazu BT-Drucks. 15/1971, S. 292).

Vorbemerkung 5.1   *Gebühren für die Tätigkeit im Bußgeldverfahren*

c) Regelsätze

23 Vorbem. 5.1 Abs. 2 Satz 3 VV regelt schließlich die Gebührenhöhe, wenn für die Bemessung der Geldbuße **Regelsätze** bestimmt sind. Ist das der Fall, sind diese für die Bemessung der Gebühr **maßgebend**. Erfasst werden von der Regelung alle Fälle, in denen sich die Höhe einer Geldbuße nach einem Bußgeldkatalog oder einem vergleichbaren Regelwerk richtet. Das ist z.B. die für den Bereich des Straßenverkehrs erlassene BußgeldkatalogVO. Das RVG geht in Vorbem. 5.1 Abs. 2 Satz 3 VV davon aus, dass „in einer Rechtsvorschrift Regelsätze bestimmt" sind. Gemeint ist damit aber nicht nur ein aufgrund einer gesetzlichen Ermächtigung in Form einer Rechtsverordnung erlassener Bußgeldkatalog, wie z.B. die aufgrund der Ermächtigung in § 26a StVG erlassene straßenverkehrsrechtliche BußgeldkatalogVO v. 13.11.2001 (BGBl. I, S. 3033). Vielmehr sind **auch** die in Form von **internen Richtlinien** für die Verwaltungsbehörden erlassenen Bußgeldkataloge erfasst (s. die Zusammenstellung bei Göhler, OWiG vor 59 Rn. 168). Das folgt aus Sinn und Zweck der Regelung in Vorbem. 5.1 Abs. 2 Satz 2 und 3 VV, die (nur) das Verfahren vor der Verwaltungsbehörde betreffen, solange noch keine Geldbuße festgesetzt ist. Maßgebend für die Höhe der Gebühren des Rechtsanwalts soll dann die Höhe der Geldbuße sein, die für den Betroffenen im Raum steht (vgl. dazu BT-Drucks. 15/1971, S. 230). Das ist, wenn ein als Richtlinie für die Verwaltungsbehörde erlassener Bußgeldkatalog existiert, dann aber die dort für den konkreten Verstoß, der dem Betroffenen vorgeworfen wird, vorgesehene Regelgeldbuße. Denn die entsprechenden Richtlinien sind für die Verwaltungsbehörde hinsichtlich der Höhe der festzusetzenden Geldbuße bindend (Göhler, OWiG, § 17 Rn. 32).

5. Anwendungsbeispiele

24 Die Anwendung des Vorbem. 5.1 Abs. 2 VV verdeutlichen noch folgende Beispiele:

Beispiel 1: Geldbuße des Bußgeldbescheides wird im gerichtlichen Verfahren reduziert

Dem Betroffenen wird ein Geschwindigkeitsüberschreitung vorgeworfen. Er soll die Geschwindigkeit innerhalb geschlossener Ortschaft um 21 km/h überschritten haben. Er wird von der Verwaltungsbehörde angehört. Gegen den Betroffenen wird dann im Bußgeldbescheid eine Geldbuße von 50,00 € festgesetzt. Der Betroffene legt Einspruch ein. In der Hauptverhandlung stellt sich heraus, dass das Messgerät, mit dem die vom Betroffenen gefahrene Geschwindigkeit gemessen worden ist, zum Vorfallszeitpunkt nicht mehr gültig geeicht war. Der Amtsrichter nimmt daher einen höheren Sicherheitsabschlag vor. Es ergibt sich für den Betroffenen nun nur noch eine vorwerfbare Geschwindigkeit von 20 km/h. Demgemäß verhängt das AG nach 11.3.3 der Tabelle 1 zur BußgeldkatalogVO nur eine Geldbuße von 35,00 €. Der Betroffene lässt das amtsgerichtliche Urteil rechtskräftig werden. Der Betroffene ist von Anfang an von Rechtsanwalt R verteidigt worden.

Lösung:

*Die **Gebühren** von Rechtsanwalt R richten sich nach folgenden **Stufen** bzw. es sind folgende Geldbußenhöhen ausschlaggebend.:*

- *Im **Verfahren vor der Verwaltungsbehörde** richtet sich die Höhe der Verfahrensgebühr nach Stufe 2 (von 40,00 € bis 5.000,00 €). Maßgebend ist die in Nr. 11.3.4 der Tabelle 1 zur BußgeldkatalogVO angedrohte Geldbuße von 70,00 €. Das folgt aus Vorbem. 5.1 Abs. 2 Satz 2 und 3 VV. Denn zum Zeitpunkt des Entstehens der Gebühr (vgl. dazu Nr. 5101 VV Rn. 2 und Vorbem. 5.1.2 VV Rn. 5 ff.) war eine Geldbuße noch nicht festgesetzt, also findet Satz 2 Anwendung. Maßgebend ist nach Satz 3 der Regelsatz der BußgeldkatalogVO, also die in Tabelle 1 Nr. 11.3.4 angedrohten 70,00 €. Dass vom AG*

| A. Vergütungs-ABC | B. Kommentar |

Teil 5 • Bußgeldsachen • Abschnitt 1

Gebühren für die Tätigkeit im Bußgeldverfahren   *Vorbemerkung 5.1*

später nur eine Geldbuße von 35,00 € verhängt worden ist, ist nach dem Wortlaut von Vorbem. 5.1 Abs. 2 Satz 1 VV unerheblich (vgl. auch AG Stuttgart, AGS 2008, 547 = RVGreport 2008, 430 = VRR 2008, 400). Es kommt nicht auf die letztlich rechtskräftig festgesetzte Geldbuße an, sondern auf die „zum Zeitpunkt des Entstehens der Gebühr zuletzt festgesetzte Geldbuße". Maßgebend ist daher die von der Verwaltungsbehörde angedrohte Geldbuße von 70,00 €.

- Im **gerichtlichen Verfahren** richten sich Verfahrens- und Terminsgebühr ebenfalls nach der Stufe 2 (von 40,00 € bis 5.000,00 €), obwohl letztlich nur noch eine Geldbuße von 35,00 € verhängt worden ist. Insoweit gilt das Beispiel bei Rn. 13 entsprechend.

Beispiel 2: Im Verfahren vor der Verwaltungsbehörde stand zunächst eine höhere Geldbuße im Raum   **25**

Dem Betroffenen wird ein Geschwindigkeitsüberschreitung vorgeworfen. Er soll die Geschwindigkeit innerhalb geschlossener Ortschaft um 21 km/h überschritten haben. Er wird von der Verwaltungsbehörde angehört. Der Betroffene macht geltend, dass er zum Vorfallszeitpunkt überhaupt nicht Fahrer des Pkw gewesen und dass das Messgerät nicht mehr gültig geeicht gewesen sei. Die Bußgeldbehörde geht jedoch davon aus, dass der Betroffene den Pkw geführt hat und erlässt gegen ihn einen Bußgeldbescheid. Es wird aber nur eine Geldbuße i.H.v. 35,00 € festgesetzt, da sich herausgestellt hat, dass das Messgerät zum Vorfallszeitpunkt tatsächlich nicht mehr gültig geeicht war. Der Betroffene, der seine Fahrereigenschaft nach wie vor bestreitet, legt gegen den Bußgeldbescheid Einspruch ein. Er wird vom AG als Fahrer identifiziert und zu einer Geldbuße von 35,00 € verurteilt. Der Betroffene lässt das amtsgerichtliche Urteil rechtskräftig werden. Der Betroffene ist von Anfang an von Rechtsanwalt R verteidigt worden.

Lösung:

Die Gebühren von Rechtsanwalt R richten sich nach folgenden Stufen bzw. es sind folgende Geldbußenhöhen ausschlaggebend:

- Im **Verfahren vor der Verwaltungsbehörde** ist für die Höhe der Verfahrensgebühr die in Nr. 11.3.4 der Tabelle 1 zur BußgeldkatalogVO angedrohte Geldbuße von 70,00 € maßgebend. Das folgt aus Vorbem. 5.1 Abs. 2 Satz 2 und 3 VV, die das Verfahren vor der Verwaltungsbehörde, in dem eine Geldbuße nicht festgesetzt worden ist, regeln, und aus Satz 1, wonach die zum Zeitpunkt des Entstehens der Gebühr zuletzt festgesetzte Gebühr maßgebend ist. Zum Zeitpunkt des Entstehens dieser Verfahrensgebühr ging es aber noch um eine Geldbuße i.H.v. 70,00 €. Dass im Bußgeldbescheid nur eine Geldbuße von 35,00 € verhängt worden ist, ist unerheblich.

- Im **gerichtlichen Verfahren** richten sich Verfahrens- und Terminsgebühr jedoch nur nach der Stufe 1 (weniger als 40,00 €). Es kommt auf die „zum Zeitpunkt des Entstehens der Gebühr zuletzt festgesetzte Geldbuße" an. Zum Zeitpunkt des Entstehens der gerichtlichen Verfahrensgebühr (vgl. dazu Nr. 5107 VV Rn. 4f.) bzw. der gerichtlichen Terminsgebühr (vgl. dazu Nr. 5108 VV Rn. 5f.) betrug die „zuletzt festgesetzte Geldbuße" aber nur noch 35,00 € wie die im Bußgeldbescheid bereits festgesetzte Geldbuße.

Beispiel 3: Rechtsanwalt wird nach Erlass des Bußgeldbescheides beauftragt   **26**

Im Beispiel 2 (Rn. 25) wird Rechtsanwalt R vom Betroffenen erst beauftragt, nachdem der Bußgeldbescheid erlassen worden ist. Er legt dann Einspruch ein und verteidigt den Betroffenen im amtsgerichtlichen Verfahren.

Die Gebühren von Rechtsanwalt R richten sich dann nach folgenden Stufen bzw. es sind folgende Geldbußenhöhen ausschlaggebend:

- Im **Verfahren vor der Verwaltungsbehörde**, das erst mit dem Eingang der Akten bei Gericht endet (vgl. Vorbem. 5.1.2 Abs. 1 VV), ist nun die im Bußgeldbescheid bereits festgesetzte Geldbuße von

Vorbemerkung 5.1 *Gebühren für die Tätigkeit im Bußgeldverfahren*

35,00 € maßgebend. Vorbem. 5.1 Abs. 2 Satz 2 VV findet keine Anwendung mehr, denn es ist bereits eine Geldbuße festgesetzt.

- Im **gerichtlichen Verfahren** richten sich Verfahrens- und Terminsgebühr auch wieder nach der Stufe 1 (vgl. dazu Beispiel 2 [Rn. 25]).

27 **Beispiel 4: Gericht setzt höhere Geldbuße als im Bußgeldbescheid fest (s. auch Nr. 5107 VV Rn. 13)**

Dem Betroffenen wird ein Geschwindigkeitsüberschreitung vorgeworfen. Er soll die Geschwindigkeit innerorts um 20 km/h überschritten haben. Er wird von der Verwaltungsbehörde angehört und es wird gegen ihn ein Bußgeldbescheid mit einer Geldbuße i.H.v. 35,00 € festgesetzt. Der Betroffene legt Einspruch ein. In der Hauptverhandlung weist der Amtsrichter darauf hin, dass er ggf. wegen einiger Voreintragungen die Geldbuße auf 60,00 € erhöhen wolle. Der Betroffene nimmt seinen Einspruch nicht zurück. Er wird dann auch zu einer Geldbuße von 60,00 € verurteilt.

Lösung:

Die **Gebühren** von Rechtsanwalt R richten sich nach folgenden **Stufen** bzw. es sind folgende Geldbußenhöhen ausschlaggebend:

- Im **Verfahren vor der Verwaltungsbehörde** ist für die Höhe der Verfahrensgebühr die in Nr. 11.3.3 der Tabelle 1 zur BußgeldkatalogVO angedrohte Geldbuße von 35,00 € maßgebend. Das folgt aus Vorbem. 5.1 Abs. 2 Satz 2 und 3 VV, die das Verfahren vor der Verwaltungsbehörde, in dem eine Geldbuße nicht festgesetzt worden ist, regeln, und aus Vorbem. 5.1 Abs. 2 Satz 1 VV (s.o. Beispiel 2 [Rn. 25]).

- Im **gerichtlichen Verfahren** richten sich die Verfahrens- und Terminsgebühr auch nur nach der Stufe 1 (weniger als 40,00 €). Es kommt auf die „zum Zeitpunkt des Entstehens der Gebühr zuletzt festgesetzte Geldbuße" an. Zum Zeitpunkt des Entstehens der gerichtlichen Verfahrensgebühr (vgl. dazu Nr. 5107 VV Rn. 4f.) bzw. der gerichtlichen Terminsgebühr (vgl. dazu Nr. 5108 VV Rn. 5f.) betrug die „zuletzt festgesetzte Geldbuße" aber nur die im Bußgeldbescheid bereits festgesetzte Geldbuße von 35,00 €. Das Gericht hat zwar im Urteil die Geldbuße erhöht, zu diesem Zeitpunkt waren Verfahrens- und Terminsgebühr aber schon entstanden. Hinsichtlich der Gebührenhöhe kommt es nach dem eindeutigen Wortlaut der Vorschrift auf den Zeitpunkt des Entstehens an. Die während des Abgeltungsbereichs der Gebühr eingetretene Erhöhung der Geldbuße, die zum Überschreiten der Grenze zur nächsten Stufe führt, muss über § 14 im Rahmen der Bemessung der konkreten Gebühren berücksichtigt werden (s. auch Gerold/Schmidt/Burhoff, VV Vorb. 5.1 Rn. 8; a.A. AnwKomm-RVG/ N. Schneider, Vor VV 5107 ff. Rn. 8, der Vorbem. 5.1. Abs. 2 Satz 2 VV entsprechend anwenden will).

28 **Beispiel 5: Gericht setzt eine höhere Geldbuße als im Bußgeldbescheid fest; Betroffener legt Rechtsbeschwerde ein; es wird dann eine niedrigere Geldbuße festgesetzt**

Im Beispiel 4 (Rn. 27) legt der Betroffene gegen das amtsgerichtliche Urteil Rechtsbeschwerde ein. Das OLG hebt das Urteil auf, weil die vom AG der Erhöhung zugrunde gelegten Voreintragungen tilgungsreif waren. Das Verfahren wird zurückverwiesen und beim AG erneut verhandelt. Der Betroffene wird nun zu einer Geldbuße von 35,00 € verurteilt.

Lösung:

Die **Gebühren** von Rechtsanwalt R richten sich nach folgenden **Stufen** bzw. es sind folgende Geldbußenhöhen ausschlaggebend:

- Für das **Verfahren vor der Verwaltungsbehörde** gelten die Ausführungen bei Beispiel 4 (Rn. 27) entsprechend.

A. Vergütungs-ABC	B. Kommentar
	Teil 5 • Bußgeldsachen • Abschnitt 1

Gebühren für die Tätigkeit im Bußgeldverfahren *Vorbemerkung 5.1*

- Im **ersten amtsgerichtlichen Verfahren** gelten ebenfalls die Ausführungen bei Beispiel 4 (Rn. 27) entsprechend.
- Im Verfahren über die **Rechtsbeschwerde** erhält Rechtsanwalt R die Verfahrensgebühr nach Nr. 5113 VV, die unabhängig von der Höhe der festgesetzten Geldbuße ist.
- Im **amtsgerichtlichen Verfahren nach Zurückverweisung** richtet sich die Höhe der Geldbuße nach der Stufe 2 (von 40,00 € bis 5.000,00 €). Das folgt aus Vorbem. 5.1 Abs. 2 Satz 1 VV. Die zum Zeitpunkt des Entstehens zuletzt festgesetzte Geldbuße beträgt nämlich 60,00 €, die spätere Reduzierung hat keine Auswirkungen mehr (s.o. Beispiel bei Rn. 13), sodass es nicht zur Anwendung der Stufe 1 kommt.

Unterabschnitt 1

Allgemeine Gebühr

1 Teil 5 Abschnitt 1 Unterabschnitt 1 VV ist auch im Bußgeldverfahren überschrieben mit „Allgemeine Gebühr". Enthalten ist in diesem Unterabschnitt aber nur die **Grundgebühr** Nr. 5100 VV.

2 Im Bußgeldverfahren ist darauf ein (Haft-)**Zuschlag nicht** vorgesehen (vgl. die andere Regelung für das Strafverfahren in Nr. 4101 VV; zum Zuschlag im Bußgeldverfahren s. Vorbem. 5 VV Rn. 37).

3 Vorgesehen ist in diesem Unterabschnitt auch **keine besondere Terminsgebühr** (s. die andere Regelung für das Strafverfahren in Nr. 4102 VV). Darauf ist ausdrücklich verzichtet worden (vgl. BT-Drucks. 15/1971, S. 230). Die Terminsgebühren für das „Verfahren vor der Verwaltungsbehörde" sind in Vorbem. 5.1.2 Abs. 2 VV eingestellt. Für das gerichtliche Verfahren sind besondere gerichtliche Terminsgebühren in Vorbem. 5.1.3 Abs. 1 VV vorgesehen. Terminsgebühren für nicht gerichtliche Termine sind nicht vorgesehen, weil im gerichtlichen Bußgeldverfahren i.d.R. keine außergerichtlichen Termine mehr stattfinden dürften (BT-Drucks. 15/1971, S. 230).

> **Hinweis:**
> Kommt es im gerichtlichen Bußgeldverfahren zu einer **kommissarischen Vernehmung** eines Zeugen oder wird ein Zeuge, der benannt worden ist, ggf. auf Ersuchen des Gerichts zunächst von der Polizei vernommen, um dann zu entscheiden, ob er geladen werden soll, erhält der Rechtsanwalt für die kommissarische Vernehmung eine (Termins-) Gebühr, wenn er an dem Vernehmungstermin teilnimmt. Für die Teilnahme an der polizeilichen Vernehmung verdient er keine Vergütung (s. im Übrigen Vorbem. 5.1.2 VV Rn. 12 ff. und Nr. 5107 VV Rn. 12).

Grundgebühr Bußgeldverfahren   *Nr. 5100 VV*

Nr. 5100 VV
Grundgebühr Bußgeldverfahren

Nr.	Gebührentatbestand	Gebühr oder Satz der Gebühr nach § 13 oder § 49 RVG	
		Wahlanwalt	gerichtlich bestellter oder beigeordneter Rechtsanwalt
5100	Grundgebühr (1) Die Gebühr entsteht für die erstmalige Einarbeitung in den Rechtsfall nur einmal, unabhängig davon, in welchem Verfahrensabschnitt sie erfolgt. (2) Die Gebühr entsteht nicht, wenn in einem vorangegangenen Strafverfahren für dieselbe Handlung oder Tat die Gebühr 4100 entstanden ist.	20,00 bis 150,00 EUR	68,00 EUR

Übersicht

	Rn.
A. Überblick	1
B. Kommentierung	2
I. Abgeltungsbereich (Anm. 1)	2
II. Bemessung der Gebühr	3
III. Vorangegangenes Strafverfahren (Anm. 2)	4

Literatur:

Burhoff, Die neue Grundgebühr der Nr. 4100 VV RVG-E, RVGreport 2004, 53; *ders*.; Die Grundgebühr in Straf- und Bußgeldverfahren, RVGreport 2009, 361; *ders*., Der Abgeltungsbereich der Grundgebühr in Straf- und Bußgeldverfahren, RENOpraxis 2011, 102; s. im Übrigen auch die Hinweise bei Vorbem. 5 VV vor Rn. 1 und bei Nr. 4100 VV vor Rn. 1.

A. Überblick

Die Gebühr Nr. 5100 VV in Teil 5 Abschnitt 1 Unterabschnitt 1 VV „Allgemeine Gebühr" sieht für das **Bußgeldverfahren** – ebenso wie für das Strafverfahren die Nr. 4100 VV – eine Grundgebühr vor.   **1**

B. Kommentierung

I. Abgeltungsbereich (Anm. 1)

Die Grundgebühr steht dem Rechtsanwalt für die (**erstmalige**) **Einarbeitung** in den **Rechtsfall** zu. Mit ihr soll der Arbeitsaufwand abgegolten werden, der einmalig mit der Übernahme des Mandats entsteht.   **2**

Nr. 5100 VV *Grundgebühr Bußgeldverfahren*

> **Hinweis:**
> Der Wortlaut der Nr. 5100 Anm. 1 VV entspricht Nr. 4100 Anm. 1 VV, die die Grundgebühr für das Strafverfahren regelt. Es kann daher auf die Komm. bei **Nr. 4100 VV** verwiesen werden. Die dortigen **Ausführungen** gelten **entsprechend**.

II. Bemessung der Gebühr

3   Auch für die Bemessung der Grundgebühr gelten die Ausführungen zur strafverfahrensrechtlichen Grundgebühr Nr. 4100 entsprechend (vgl. dort vor allem die Rn. 33 ff.). Auszugehen ist grds. von der Mittelgebühr (LG Stralsund, zfs 2006, 407). Erhebliche Bedeutung hat auch im OWi-Verfahren der **Umfang** der **Akten**, in die der Rechtsanwalt erste Einsicht genommen hat. Darauf wird in der Gesetzesbegründung, allerdings zu Nr. 4100 VV, ausdrücklich abgestellt (vgl. dazu BT-Drucks. 15/1971, S. 281). Je umfangreicher die Akten sind, desto höher wird die Grundgebühr ausfallen müssen. Dabei ist für das straßenverkehrsrechtliche OWi-Verfahren allerdings darauf zu achten, dass diese i.d.R. keinen sehr erheblichen Umfang haben werden, vor allem, wenn der Rechtsanwalt noch im Verfahren bei der Verwaltungsbehörde Akteneinsicht nimmt. Dies ist bei der Gebührenbemessung zu berücksichtigen (zur Gebührenbemessung im straßenverkehrsrechtlichen Bußgeldverfahren s. Vorbem. 5 VV Rn. 39 ff.; unzutreffend daher LG Leipzig, RVGreport 2009, 61 = VRR 2009, 119 = RVGprofessionell 2009, 33, wo auf einen Aktenumfang von nur 9 Seiten bzw. AG München, 26.01.2007 – 132 C 2248/06, wo auf einen Aktenumfang von nur 16 Seiten abgestellt worden ist; zutreffend anders AG München, AGS 2007, 81 [26 Seiten]).

> **Hinweis:**
> Die **Höhe** der verhängten oder drohenden **Geldbuße** ist **kein Kriterium** für die Bemessung der Gebühr (Gerold/Schmidt/Burhoff, VV 5100 Rn. 4). Der Umstand, dass die Grundgebühr vom RVG ausdrücklich nicht von der Höhe der Geldbuße abhängig gemacht worden ist, während andere Gebühren davon abhängig sind (s. Unterabschnitt 2 und 3) zeigt, dass die Höhe der Geldbuße auch nicht über den Umweg der Bemessung der Gebühr für die Grundgebühr doch Bedeutung erlangen kann (unzutreffend daher LG Weiden, 01.08.2005 – 1 Qs 60/05).

III. Vorangegangenes Strafverfahren (Anm. 2)

4   Ist wegen derselben Tat oder Handlung, die Gegenstand der erstmaligen Einarbeitung im OWi-Verfahren ist, bereits ein Strafverfahren geführt worden und ist insoweit bereits eine Grundgebühr nach Nr. 4100 VV entstanden, entsteht für das OWi-Verfahren nach Nr. 5100 **Anm. 2 VV** die **Gebühr** nach **Nr. 5100 VV nicht noch einmal**. Das entspricht der in Nr. 4100 Anm. 2 VV vorgesehenen Anrechnungsregelung für den umgekehrten Fall und ist Folge davon, dass das Strafverfahren und ein sich ggf. anschließendes OWi-Verfahren nach § 17 Nr. 10 nunmehr ausdrücklich als verschiedene Angelegenheiten behandelt werden (vgl. dazu Teil: Angelegenheiten [§§ 15 ff.], Rn. 87 und Nr. 4100 VV Rn. 40 f.).

5   Für den **Begriff „derselben Tat** oder Handlung" gilt der prozessuale Tatbegriff des § 264 StPO (vgl. dazu Meyer-Goßner, § 264 Rn. 1 ff. m.w.N.; Göhler, OWiG, vor § 59 Rn. 50 ff.). Entschei-

Grundgebühr Bußgeldverfahren   *Nr. 5100 VV*

dend ist also, dass das OWi-Verfahren wegen desselben einheitlichen geschichtlichen Vorgangs geführt wird.

Beispiel 1:   6

Der Beschuldigte hat infolge falschen Überholens einen Verkehrsunfall verursacht. Nach dem Unfall hat er sich unerlaubt vom Unfallort entfernt. Das Verfahren wird zunächst auch wegen des Vorwurfs des unerlaubten Entfernens vom Unfallort nach § 142 StGB geführt. Die Ermittlungen ergeben jedoch, dass dem Beschuldigten ein Schuldvorwurf insoweit nicht gemacht werden kann. Die StA stellt das Verfahren ein und gibt es wegen des Verstoßes gegen die StVO an die Verwaltungsbehörde ab, die nunmehr noch ein OWi-Verfahren gegen den Betroffenen betreibt.

Wenn Rechtsanwalt R den Betroffenen/Beschuldigten sowohl im Strafverfahren als auch im sich anschließenden OWi-Verfahren verteidigt, erhält er zwar wegen § 17 Nr. 10 für beide Verfahren Gebühren (vgl. dazu auch Vorbem. 5 VV Rn. 22 f.). Da jedoch bereits im Strafverfahren eine Grundgebühr nach Nr. 4100 VV entstanden ist, entsteht nach Nr. 5100 Anm. 2 VV für das OWi-Verfahren keine Grundgebühr mehr. Beide Verfahren haben „dieselbe Tat" i.S.d. § 264 StPO zum Gegenstand.

Beispiel 2:   7

Der Beschuldigte hat infolge falschen Überholens einen Verkehrsunfall verursacht. Nach dem Unfall hat er sich unerlaubt vom Unfallort entfernt. Das Verfahren wird jedoch, da dem Beschuldigten ein Schuldvorwurf insoweit nicht gemacht werden kann, von der StA eingestellt. Da im Lauf der Ermittlungen jedoch festgestellt worden ist, dass der Beschuldigte die Frist zur Anmeldung seines Pkw zur Hauptuntersuchung überschritten hat (Verstoß gegen § 29 StVZO), wird das Verfahren an die Verwaltungsbehörde abgegeben. Diese betreibt nunmehr noch ein OWi-Verfahren gegen den Beschuldigte wegen dieses Verstoßes.

Wenn Rechtsanwalt R den Betroffenen/Beschuldigten sowohl im Strafverfahren als auch im OWi-Verfahren verteidigt, erhält er wegen § 17 Nr. 10 für beide Verfahren Gebühren. In diesem Fall entsteht im OWi-Verfahren auch eine weitere Grundgebühr Nr. 5100 VV. Es handelt sich bei dem Gegenstand des OWi-Verfahrens nicht um „dieselbe Tat oder Handlung" i.S.d. § 264 StPO. Damit greift die Anrechnungsregelung der Nr. 5100 Anm. 2 VV nicht.

Unterabschnitt 2

Verfahren vor der Verwaltungsbehörde

1 Teil 5 Abschnitt 1 Unterabschnitt 2 VV regelt die Gebühren im OWi-Verfahren für das Verfahren vor der Verwaltungsbehörde. Die Gebühren sind strukturell ebenso gegliedert wie für das vorbereitende Verfahren im Strafverfahren nach Teil 4 VV. Der Verteidiger erhält für das Betreiben des Geschäfts die **Verfahrensgebühr** und für seine Teilnahme an Vernehmungsterminen ggf. eine **Terminsgebühr**.

Verwaltungsverfahren/Zwischenverfahren/Vernehmung *Vorbemerkung 5.1.2*

Vorbemerkung 5.1.2:

(1) Zu dem Verfahren vor der Verwaltungsbehörde gehört auch das Verwarnungsverfahren und das Zwischenverfahren (§ 69 OWiG) bis zum Eingang der Akten bei Gericht.

(2) Die Terminsgebühr entsteht auch für die Teilnahme an Vernehmungen vor der Polizei oder der Verwaltungsbehörde.

Übersicht

	Rn.
A. Überblick	1
B. Kommentierung	2
I. Allgemeines	2
II. Umfang des Verfahrens vor der Verwaltungsbehörde (Abs. 1)	5
1. Beginn und Ende des Verfahrens	5
2. Verwarnungs-/Zwischenverfahren; Antrag auf gerichtliche Entscheidung	8
a) Verwarnungsverfahren (§§ 56 ff. OWiG)	8
b) Zwischenverfahren	9
c) Antrag auf gerichtliche Entscheidung	10
III. Terminsgebühr (Abs. 2)	11
1. Vernehmungen vor der Polizei oder der Verwaltungsbehörde	12
2. Gerichtliche Vernehmungen	14

Literatur:

Burhoff, Aktuelle Streitfragen zum Begriff der Angelegenheiten im Straf-/Bußgeldverfahren, RENOpraxis 2008, 2; *ders.*, Drei Streitfragen zum Begriff der Angelegenheiten im Straf-/Bußgeldverfahren, VRR 2009, 133; *N. Schneider*, Zwei Auslagenpauschalen für vorbereitendes und gerichtliches Verfahren?, AGS 2005, 7; *Volpert*, Die Verteidigervergütung im straßenverkehrsrechtlichen Verwarnungsverfahren gem. §§ 56 ff. OWiG, VRR 2006, 213; s. im Übrigen die Hinw. bei Vorbem. 5 VV vor Rn. 1.

A. Überblick

Vorbem. 5.1.2 VV klärt in **Abs. 1** den sachlichen Abgeltungsbereich der Gebühren im „**Verfahren vor der Verwaltungsbehörde**" und in **Abs. 2** die Frage, wann die in Nrn. 5102, 5104 und 5106 VV vorgesehenen **Terminsgebühren** entstehen.   **1**

B. Kommentierung

I. Allgemeines

Teil 5 Abschnitt 1 Unterabschnitt 2 VV enthält die Regelung der anwaltlichen Vergütung im Verfahren vor der Verwaltungsbehörde/**Vorverfahren** des **OWi-Verfahrens**. Dieser Verfahrensabschnitt dauert von der Einleitung des OWi-Verfahrens bis zum Eingang der Akten bei Gericht. Damit beginnt dann das gerichtliche Verfahren im ersten Rechtszug, die Gebühren richten sich dann nach Teil 5 Abschnitt 1 Unterabschnitt 3 VV.   **2**

Das OWi-Verfahren **beginnt** ebenso wie das Strafverfahren mit einem **außergerichtlichen Verfahren**. Dieses findet gem. §§ 53 ff. OWiG i.d.R. vor der Verwaltungsbehörde statt, es kann aber gem. §§ 63 ff. OWiG auch bei der Staatsanwaltschaft stattfinden. Teil 5 Abschnitt 1 Unterabschnitt 2 VV ist ausdrücklich nur überschrieben mit „Verfahren vor der Verwaltungsbehörde". Der Rechtsanwalt erhält seine Vergütung aber auch dann nach Teil 5 VV, wenn das außergerichtliche OWi-Verfahren nach §§ 63 ff. OWiG bei der Staatsanwaltschaft stattfindet. Es fallen dann   **3**

Vorbemerkung 5.1.2 *Verwaltungsverfahren/Zwischenverfahren/Vernehmung*

nicht etwa Gebühren nach Teil 4 VV an. **Anknüpfungspunkt** für die anwaltlichen Gebühren ist nicht die ermittelnde Behörde, sondern die **Ermittlungsrichtung** (vgl. Vorbem. 5 VV Rn. 4).

4 Das **außergerichtliche Verfahren** vor der Verwaltungsbehörde ist gebührenrechtlich **getrennt** von dem späteren **gerichtlichen Verfahren** im ersten Rechtszug. Die Vergütung der anwaltlichen Tätigkeit im gerichtlichen Verfahren ist nur in Teil 5 Abschnitt 1 Unterabschnitt 3 VV geregelt.

> **Hinweis:**
> Das vorbereitende Verfahren vor der Verwaltungsbehörde und das gerichtliche Verfahren sind **verschiedene Angelegenheiten** (vgl. die Nachw. – auch zur a.A. – in Teil A: Angelegenheiten [§§ 15 ff.], Rn. 90). Das hat zur Folge, dass die Auslagenpauschale Nr. 7002 VV zweimal entsteht.

II. Umfang des Verfahrens vor der Verwaltungsbehörde (Abs. 1)

1. Beginn und Ende des Verfahrens

5 Das Verfahren vor der Verwaltungsbehörde bzw. der Staatsanwaltschaft (vgl. dazu Rn. 3) **beginnt** entweder mit der Aufnahme der **Ermittlungen** von Amts wegen oder aufgrund einer **Ordnungswidrigkeitenanzeige** durch bzw. bei der Verwaltungsbehörde, der Polizei oder der Staatsanwaltschaft. Das Verfahren beginnt zudem mit der Abgabe des Strafverfahrens von der Staatsanwaltschaft an die Verwaltungsbehörde gem. § 43 OWiG (vgl. auch Gerold/Schmidt/Burhoff, VV Vorb. 5.1.2 Rn. 3).

6 Das Verfahren vor der Verwaltungsbehörde **endet spätestens** mit dem **Eingang** der **Akten** bei **Gericht** (§ 69 Abs. 3 Satz 1 OWiG) bzw. **vorher** mit einer sonstigen **verfahrensbeendenden Maßnahme**. Das kann sein die Einstellung des Verfahrens durch die Verwaltungsbehörde bzw. die Staatsanwaltschaft (§§ 47 Abs. 1, 69 Abs. 4 OWiG), die Abgabe des Verfahrens an die Staatsanwaltschaft zur Verfolgung als Straftat gem. § 41 OWiG, mit der Zustellung des Bußgeldbescheides, wenn der Betroffene dagegen keinen Einspruch einlegt oder mit der Rücknahme des Einspruchs gegen den Bußgeldbescheid, wenn dieser noch vor Eingang der Akten bei Gericht zurückgenommen wird (§ 67 OWiG).

7 Im Gegensatz zum Strafbefehlsverfahren (vgl. Nr. 4104 VV Rn. 9) gehört im Bußgeldverfahren der **Einspruch noch** zum außergerichtlichen „**Verfahren** vor der **Verwaltungsbehörde**" (Gerold/Schmidt/Burhoff, VV Vorb. 5.1.2 Rn. 4; AnwKomm-RVG/N. Schneider, VV Vorb. 5.1.2 Rn. 5). Das ergibt sich ausdrücklich aus dem Verweis in Vorbem. 5.1.2 Abs. 1 VV auf § 69 OWiG, der das **Zwischenverfahren** regelt. Denn gehören die dort geregelten behördlichen Tätigkeiten, wie z.B. Prüfung der Rechtzeitigkeit des Einspruchs noch zum „Verfahren vor der Verwaltungsbehörde", gilt das auch für den Einspruch gegen den Bußgeldbescheid. Dieser wird zudem – anders als im Strafbefehlsverfahren der Strafbefehl – auch noch von der Verwaltungsbehörde und nicht vom AG erlassen.

> **Hinweis:**
> Das Verfahren vor der Verwaltungsbehörde **endet** also **nicht** mit dem Erlass des Bußgeldbescheides oder mit dem **Einspruch** gegen diesen.

Verwaltungsverfahren/Zwischenverfahren/Vernehmung *Vorbemerkung 5.1.2*

2. Verwarnungs-/Zwischenverfahren; Antrag auf gerichtliche Entscheidung

a) Verwarnungsverfahren (§§ 56 ff. OWiG)

Zum „Verfahren vor der Verwaltungsbehörde" gehört auch das sog. **Verwarnungsverfahren** 8 nach den §§ 56 ff. OWiG. Das stellt Vorbem. 5.1.2 Abs. 1 VV ausdrücklich fest. Wird in diesem Verfahren vom Betroffenen die Verwarnung in dem beschränkt zulässigen Umfang angefochten (vgl. dazu Göhler, OWiG, § 56 Rn. 31 ff.), richtet sich das Verfahren nach §§ 62 ff. OWiG. Der danach zulässige Antrag auf gerichtliche Entscheidung gehört noch mit zum „Verfahren vor der Verwaltungsbehörde" (vgl. Rn. 10) und leitet nicht etwa das gerichtliche Verfahren nach Unterabschnitt 3 ein (zum Verwarnungsverfahren eingehend Teil A: Verwarnungsverfahren, Abrechnung, Rn. 1620 ff.).

b) Zwischenverfahren

Auch das sich an den Einspruch anschließende **Zwischenverfahren** gehört nach der ausdrückli- 9 chen Regelung in Vorbem. 5.1.2 Abs. 1 VV noch zum „Verfahren vor der Verwaltungsbehörde". Dieses endet erst mit dem Eingang der Akten bei Gericht (§ 69 Abs. 4 Satz 2 OWiG). Das bedeutet, dass alle anwaltlichen Tätigkeiten im Zwischenverfahren durch die nach Unterabschnitt 2 entstehenden Gebühren abgegolten sind/werden. Das gilt also z.B. für einen „Zwischenstreit" über die Rechtzeitigkeit des Einspruchs (§ 69 Abs. 1 OWiG) oder, wenn die Verwaltungsbehörde aufgrund des Einspruchs weitere Ermittlungen anordnet oder selbst vornimmt (§ 69 Abs. 2 Nr. 1 OWiG). Die vom Rechtsanwalt insoweit erbrachten Tätigkeiten sind bei der Bemessung der konkreten Gebühr (vgl. dazu Nr. 5101 VV Rn. 5 und Vorbem. 5 VV Rn. 18 ff.) zu berücksichtigen.

> **Hinweis:**
> Wird das Verfahren nach **§ 69 Abs. 5 Satz 1 OWiG** vom AG wegen offensichtlich ungenügender Aufklärung an die Verwaltungsbehörde zurückverwiesen, entsteht dadurch nicht eine weitere Verfahrensgebühr für das Verfahren vor der Verwaltungsbehörde. Es handelt sich nicht um eine Zurückverweisung i.S.v. § 21 Abs. 1 (vgl. dazu Teil A: Zurückverweisung [§ 21], Rn. 1687), sondern um eine Fortsetzung des Verfahrens bei der Verwaltungsbehörde. Der Rechtsanwalt muss die zusätzlichen Tätigkeiten über **§ 14** geltend machen.

c) Antrag auf gerichtliche Entscheidung

Findet im Zwischenverfahren aufgrund eines **Antrags** auf **gerichtliche Entscheidung** nach § 62 10 OWiG ein gerichtliches Verfahren statt, führt dieses nicht zum Entstehen einer Gebühr nach Unterabschnitt 3. Vielmehr gehören die vom Rechtsanwalt erbrachten Tätigkeiten **noch** zum „**Verfahren vor** der **Verwaltungsbehörde**", da dieses erst mit Eingang der Akten beim AG, wenn diese am Ende des Zwischenverfahrens nach § 69 Abs. 4 Satz 2 OWiG übersandt werden, endet. Erst dann findet nämlich eine gerichtliche Prüfung in der Sache im gerichtlichen Verfahren statt. Ist das AG hingegen bereits vorher mit dem Verfahren befasst, prüft es immer nur Teilbereiche, wie z.B. die Frage der Rechtzeitigkeit des Einspruchs und, ob dem Betroffenen z.B. Wiedereinsetzung zu gewähren ist (so auch Gebauer/Schneider, BRAGO, § 105 Rn. 18).

Vorbemerkung 5.1.2   *Verwaltungsverfahren/Zwischenverfahren/Vernehmung*

> **Hinweis:**
> Etwas anderes gilt für **Anträge** auf **gerichtliche Entscheidung** gegen einen **Kostenfestsetzungsbescheid** und den Ansatz der Gebühren und Auslagen nach § 108 OWiG. Für diese gelten gem. Vorbem. 5 Abs. 4 Nr. 1 VV die Gebühren nach Teil 3 VV, und zwar die Nr. 3500 VV (s. auch AnwKomm-RVG/N. Schneider, VV Vorb. 5.1.2 Rn. 4; unzutreffend a.A. AG Dresden, AGS 2010, 431 m. abl. Anm. N. Schneider, das von einer 1,3 Verfahrensgebühr nach Nr. 3100 VV ausgeht; s. auch Vorbem. 4 VV Rn. 96 ff.).

III. Terminsgebühr (Abs. 2)

11   In Nrn. 5102, 5104, 5106 VV sind für das vorbereitende (OWi-)Verfahren vor der Verwaltungsbehörde Terminsgebühren vorgesehen. Vorbem. 5.1.2 Abs. 2 VV regelt, wann diese entstehen (vgl. dazu Rn. 12 ff. und die Komm. bei Nrn. 5102, 5104, 5106 VV). Im Übrigen gelten für diese Terminsgebühren die allgemeinen Ausführungen bei Vorbem. 5 VV Rn. 26 ff. (s. auch Vorbem. 4 VV Rn. 56 ff.).

1. Vernehmungen vor der Polizei oder der Verwaltungsbehörde

12   Nach Vorbem. 5.1.2 Abs. 2 VV entsteht im „Verfahren vor der Verwaltungsbehörde" eine Terminsgebühr **(auch)** für die **Teilnahme** an **Vernehmungen** vor der **Polizei** oder der Verwaltungsbehörde. Vernehmungen vor der **Staatsanwaltschaft** werden nicht ausdrücklich erwähnt (zu gerichtlichen Vernehmungen s. Rn. 14 f.). Findet jedoch das außergerichtliche OWi-Verfahren nach §§ 63, 42 OWiG vor der Staatsanwaltschaft statt, hat diese die Funktion der „Verwaltungsbehörde". Vernehmungen vor ihr führen daher dann ggf. auch zu einer Terminsgebühr nach Nrn. 5102, 5104, 5106 VV (Gerold/Schmidt/Burhoff, VV Vorb. 5.1.2 Rn. 7).

13   Vorbem. 5.1.2 Abs. 2 VV **regelt** im Wesentlichen **denselben Bereich** wie **Nr. 4102 Ziff. 1 und 2 VV**. Das bedeutet, dass die dort gemachten Ausführungen entsprechend gelten. Entscheidend ist daher das Stattfinden eines Termins i.e.S. Wer in diesem Termin vernommen wird, ist unerheblich. Der Rechtsanwalt erhält die Gebühr sowohl für die Teilnahme an der Vernehmung des Betroffenen als auch für die an der eines Zeugen oder Sachverständigen. Es ist auch unerheblich, in welcher Funktion der Rechtsanwalt an dem Termin teilnimmt, ob er also als Verteidiger des Betroffenen anwesend ist oder als Beistand des vernommenen Zeugen oder Sachverständigen, und ob der Rechtsanwalt aktiv an dem Termin teilnimmt (vgl. zu allem Vorbem. 5 VV Rn. 26 ff.; Vorbem. 4 VV Rn. 56 ff. und Nr. 4102 VV Rn. 1 ff.).

2. Gerichtliche Vernehmungen

14   Die Teilnahme an **gerichtlichen Vernehmungen** im Verfahren vor der Verwaltungsbehörde führt gem. Nrn. 5102, 5104, 5106 VV zu einer Terminsgebühr.

> *Beispiel:*
> *Gegen den Betroffenen ist ein Bußgeldverfahren wegen einer Geschwindigkeitsüberschreitung anhängig. Er soll aufgrund eines bei dem Verkehrsverstoß gefertigten Radarfotos identifiziert werden. Bei seiner schriftlichen Anhörung erklärt der Betroffene, dass nicht er, sondern sein Bruder zum Zeitpunkt des Verkehrsverstoßes den Pkw geführt habe. Die Bußgeldbehörde beantragt beim AG nunmehr einen Termin zur richterlichen Vernehmung des Bruders. An diesem Termin nimmt Rechtsanwalt R als Verteidiger des Betroffenen teil.*

Verwaltungsverfahren/Zwischenverfahren/Vernehmung   *Vorbemerkung 5.1.2*

Nach Vorbem. 5.1.2 Abs. 2 VV i.V.m. Nrn. 5102 ff. VV entsteht für die Teilnahme des R an dieser Vernehmung eine Terminsgebühr nach Nrn. 5102 ff. VV.

Dem Wortlaut nach erfassen die Nrn. 5102 ff. VV i.V.m. Vorbem. 5 Abs. 3 VV nicht nur gerichtliche Vernehmungstermine – formuliert ist allgemein „Termin", – sodass daher an sich auch die Teilnahme an **anderen Terminen** als Vernehmungsterminen vergütet würde. Allerdings werden in der Praxis andere Termine als Vernehmungstermine nicht anfallen. Insbesondere gibt es im Bußgeldverfahren keine Haftprüfungstermine. Die Verhaftung des Betroffenen ist nach § 46 Abs. 3 Satz 1 OWiG ausgeschlossen. **15**

Nr. 5101 VV   *Verfahrensgebühr Verwaltungsbehörde (Geldbuße bis 40 €)*

Nr. 5101 VV
Verfahrensgebühr Verwaltungsbehörde (Geldbuße bis 40 €)

Nr.	Gebührentatbestand	Gebühr oder Satz der Gebühr nach § 13 oder § 49 RVG	
		Wahlanwalt	gerichtlich bestellter oder beigeordneter Rechtsanwalt
5101	Verfahrensgebühr bei einer Geldbuße von weniger als 40,00 EUR	10,00 bis 100,00 EUR	44,00 EUR

Übersicht

	Rn.
A. Überblick	1
B. Kommentierung	2
I. Entstehen der Gebühr	2
II. Abgeltungsbereich	4
III. Höhe der Verfahrensgebühr	5
IV. Zusätzliche Gebühr	7

Literatur:

Burhoff, Die neue Verfahrensgebühr im Strafverfahren, RVGreport 2004, 127; *ders.*, Die Verfahrensgebühr im Straf- bzw. Bußgeldverfahren, RVGreport 2009, 443; s. auch die Hinweise bei Vorbem. 5 VV vor Rn. 1.

A. Überblick

1 Nr. 5101 VV regelt die Verfahrensgebühr für das Verfahren vor der Verwaltungsbehörde (vgl. dazu Vorbem. 5 VV Rn. 15 ff. m.w.N.), wenn die (zuletzt festgesetzte) Geldbuße **weniger als 40,00 €** beträgt.

B. Kommentierung

I. Entstehen der Gebühr

2 Der Rechtsanwalt erhält die Verfahrensgebühr Nr. 5101 VV für das **Betreiben** des **Geschäfts** im Verfahren vor der Verwaltungsbehörde (vgl. dazu Vorbem. 5.1.2 VV Rn. 5 f.), wenn die Geldbuße weniger als 40,00 € beträgt. Wegen der allgemeinen Einzelh. zu dieser Verfahrensgebühr kann auf die entsprechend geltenden Ausführungen zu Vorbem. 4 VV Rn. 31 ff. und zu Vorbem. 5 VV Rn. 15 ff. verwiesen werden.

3 Die Verfahrensgebühr **entsteht** mit der **ersten Tätigkeit** des Rechtsanwalts im Verfahren vor der Verwaltungsbehörde. Das wird im Zweifel die über den Abgeltungsbereich der Grundgebühr Nr. 5100 VV hinausgehende **Information** durch den Mandanten sein. Alle danach bis zum Beginn des gerichtlichen Verfahrens erbrachten Tätigkeiten werden durch diese Gebühr abgegolten (vgl. dazu auch Vorbem. 5.1.2 VV Rn. 5 ff.).

Verfahrensgebühr Verwaltungsbehörde (Geldbuße bis 40 €) Nr. 5101 VV

II. Abgeltungsbereich

Durch die Gebühr werde **alle** vom Verteidiger im „Verfahren vor der Verwaltungsbehörde" erbrachten Tätigkeiten abgegolten. Dazu gehören insbesondere auch die Tätigkeiten im gerichtlichen Zwischenverfahren. Nicht abgegolten wird allerdings die Teilnahme des Rechtsanwalts an einem Vernehmungstermin vor der Polizei oder der Verwaltungsbehörde oder beim AG. Diese wird zusätzlich mit einer Terminsgebühr nach Nr. 5102 VV vergütet (wegen des Abgeltungsbereichs s. auch Vorbem. 5 VV Rn. 16 und Vorbem. 4 VV Rn. 33 ff.). 4

III. Höhe der Verfahrensgebühr

Der **Wahlanwalt** erhält eine **Betragsrahmengebühr** i.H.v. 10,00 € – 100,00 € (im Übrigen s. Vorbem. 5 VV Rn. 18 ff. und Nr. 4104 VV Rn. 15 ff.). Die Mittelgebühr beträgt 55,00 €. Wegen der Bemessung der Gebühr wird verwiesen auf Vorbem. 5 Rn. 39 ff. Zu berücksichtigen ist über § 14 ggf., wenn der Mandant nicht auf freiem Fuß ist (vgl. Vorbem. 5 VV Rn. 37; allgemein zur Bewertung der anwaltlichen Tätigkeiten Teil A: Rahmengebühren [§ 14] Rn. 1051 ff.). Wegen der Frage, inwieweit bei der Bestimmung der konkreten Gebühr die Höhe der Geldbuße noch eine Rolle spielen kann, s. Vorbem. 5 VV Rn. 41. 5

Der **Pflichtverteidiger** erhält einen Festbetrag i.H.v. 44,00 €. 6

IV. Zusätzliche Gebühr

Zusätzlich zu der Verfahrensgebühr kann der Rechtsanwalt eine **Wertgebühr** nach Nr. 5116 VV erhalten, wenn er im OWi-Verfahren „bei **Einziehung** und verwandten Maßnahmen" tätig geworden ist. Wegen der Einzelh. insoweit s. die Komm. zu Nr. 5116 VV m.w.N. Wird ein **Vergleich** abgeschlossen, erhält der Rechtsanwalt auch im OWi-Verfahren ggf. eine **Einigungsgebühr** nach Nrn. 1000 ff. VV (zur Einigungsgebühr Teil A: Einigungsgebühr [Nrn. 1000, 1003, 1004 VV], Rn. 956). Diese zusätzlichen Gebühren stehen sowohl dem Wahlanwalt als auch dem Pflichtverteidiger zu. 7

> **Hinweis:** 8
> Wird durch die anwaltliche Mitwirkung das **Verfahren** vor der Verwaltungsbehörde **erledigt**, erhält der Rechtsanwalt nach **Nr. 5115 Anm. 1 Ziff. 1 VV** eine zusätzliche Gebühr i.H.d. Verfahrensgebühr (vgl. wegen der Einzelh. Nr. 5115 VV Rn. 11 ff.). Entsprechendes gilt, wenn der Einspruch gegen den Bußgeldbescheid zurückgenommen wird (**Nr. 5115 Anm. 1 Ziff. 2, 3 VV**).

Nr. 5102 VV *Terminsgebühr Verwaltungsbehörde (Geldbuße bis 40 €)*

Nr. 5102 VV
Terminsgebühr Verwaltungsbehörde (Geldbuße bis 40 €)

Nr.	Gebührentatbestand	Gebühr oder Satz der Gebühr nach § 13 oder § 49 RVG	
		Wahlanwalt	gerichtlich bestellter oder beigeordneter Rechtsanwalt
5102	Terminsgebühr für jeden Tag, an dem ein Termin in den in Nummer 5101 genannten Verfahren stattfindet	10,00 bis 100,00 EUR	44,00 EUR

Übersicht

	Rn.
A. Überblick	1
B. Kommentierung	2
I. Allgemeines	2
II. Abgeltungsbereich der Gebühr	3
III. Höhe der Terminsgebühr	6

Literatur:

Burhoff, Die neue Terminsgebühr im Strafverfahren, RVGreport 2004, 177; *ders.*, Die Terminsgebühr im Straf- bzw. Bußgeldverfahren, RVGreport 2010, 3; s. auch die Hinweise bei Vorbem. 5 VV vor Rn. 1.

A. Überblick

1 Nr. 5102 VV regelt die Terminsgebühr für die **Teilnahme** an außergerichtlichen (Vorbem. 5.1.2 Abs. 2 VV) und gerichtlichen **Vernehmungen** im „vorbereitenden Verfahren" in den Bußgeldverfahren, in denen eine Geldbuße von **weniger als 40,00 €** verhängt worden ist (allgemein zur Terminsgebühr Vorbem. 5 VV Rn. 26 ff. und Vorbem. 4 VV Rn. 56 ff.).

B. Kommentierung

I. Allgemeines

2 Der Rechtsanwalt erhält die Terminsgebühr Nr. 5102 VV für jeden Tag, an dem ein (Vernehmungs-)Termin stattfindet. Der Termin muss während des **Verfahrens vor** der **Verwaltungsbehörde** stattfinden (vgl. dazu Vorbem. 5.1.2 VV Rn. 5 ff.).

II. Abgeltungsbereich der Gebühr

3 "Termine" i.S.d. Nr. 5102 VV sind nach Vorbem. 5.1.2 Abs. 2 VV (auch) die Vernehmungen vor der **Polizei** oder der **Verwaltungsbehörde**. Termine sind im Übrigen die gerichtlichen Termine. Bei diesen muss es sich nicht um einen Vernehmungstermin handeln. Der Wortlaut bezieht sich **uneingeschränkt** auf **gerichtliche Termine** (Nr. 5102 VV i.V.m. Vorbem. 5 Abs. 3 VV). Vergütet wird also auch die Teilnahme des Rechtsanwalts an sonstigen gerichtlichen Terminen, soweit diese im OWi-Verfahren überhaupt anfallen können. Der Rechtsanwalt erhält die Gebühr für

Terminsgebühr Verwaltungsbehörde (Geldbuße bis 40 €)   *Nr. 5102 VV*

die **Teilnahme** „für **jeden Tag**, an dem ein Termin ... stattfindet". Das bedeutet, dass auch dann, wenn an einem Tag mehrere Vernehmungen in derselben Angelegenheit stattfinden sollten, die Terminsgebühr nur einmal anfällt.

Anders als bei Nr. 4102 VV ist die Terminsgebühr **darüber hinaus** aber **nicht begrenzt**. Finden also zwei Vernehmungen an unterschiedlichen Tagen statt, erhält der Rechtsanwalt zweimal die Terminsgebühr (AnwKomm-RVG/N.Schneider, VV Vorb. 5.1.2 Rn. 10; Gerold/Schmidt/Burhoff, VV 5101 – 5106 Rn. 10). Die Regelung in Nr. 4102 Anm. 2 Satz 2 VV, wonach im Strafverfahren die Gebühr für jeweils drei Termine/Verfahrensabschnitt/Rechtszug nur einmal entsteht (vgl. dazu Nr. 4102 VV Rn. 52 ff.) ist für das OWi-Verfahren nicht übernommen worden. Sie kann auch wegen der eigenständigen Regelung der beiden Teile 4 bzw. 5 VV nicht entsprechend angewendet werden.   **4**

Die Terminsgebühr nach Nr. 5102 VV unterscheidet sich von der Terminsgebühr Nr. 4102 VV im Übrigen nur dadurch, dass es sich um Vernehmungen vor der Polizei, der Verwaltungsbehörde oder dem AG im (vorbereitenden) OWi-Verfahren vor der Verwaltungsbehörde handelt, wenn die Geldbuße weniger als 40,00 € beträgt. Im Übrigen besteht, insbesondere hinsichtlich des Abgeltungsbereichs und des Entstehens der Gebühr, kein Unterschied, sodass auf die **Ausführungen zu Nr. 4102 VV Rn. 6 ff.** verwiesen werden kann. Diese gelten **entsprechend**.   **5**

III. Höhe der Terminsgebühr

Der **Wahlanwalt** erhält eine **Betragsrahmengebühr** i.H.v. 10,00 € – 100,00 €. Die Mittelgebühr beträgt 55,00 € (zur Höhe im Übrigen s. Vorbem. 5 VV Rn. 30 ff.).   **6**

Der **Pflichtverteidiger** erhält einen Festbetrag i.H.v. 44,00 €.   **7**

Nr. 5103 VV   *Verfahrensgebühr Verwaltungsbehörde (Geldbuße 40 – 5.000 €)*

Nr. 5103 VV
Verfahrensgebühr Verwaltungsbehörde (Geldbuße 40 – 5.000 €)

Nr.	Gebührentatbestand	Gebühr oder Satz der Gebühr nach § 13 oder § 49 RVG	
		Wahlanwalt	gerichtlich bestellter oder beigeordneter Rechtsanwalt
5103	Verfahrensgebühr bei einer Geldbuße von 40,00 EUR bis 5.000,00 EUR	20,00 bis 250,00 EUR	108,00 EUR

Übersicht

	Rn.
A. Überblick	1
B. Kommentierung	2
I. Höhe der Verfahrensgebühr	3
II. Zusätzliche Gebühr	5

A. Überblick

1 Nr. 5103 VV regelt die Verfahrensgebühr für das Verfahren vor der Verwaltungsbehörde (vgl. dazu Vorbem. 5.1.2 VV Rn. 5 ff.) in Verfahren mit einer Geldbuße von 40,00 € – 5.000,00 €.

B. Kommentierung

2 Der Rechtsanwalt erhält die Verfahrensgebühr Nr. 5103 VV für das **Betreiben** des **Geschäfts** im Verfahren vor der Verwaltungsbehörde bei einer Geldbuße von **40,00 € – 5.000,00 €**. Wegen der allgemeinen Einzelheiten zu dieser Verfahrensgebühr s. Vorbem. 4 VV Rn. 31 ff. und Vorbem. 5 VV Rn. 15 ff.

I. Höhe der Verfahrensgebühr

3 Der **Wahlanwalt** erhält eine **Betragsrahmengebühr** i.H.v. 20,00 € – 250,00 €. Wegen der Höhe der Verfahrensgebühr kann auf die Komm. bei Nr. 5101 Rn. 5 und im Übrigen auf Vorbem. 5 VV Rn. 18 ff. und bei Nr. 4104 VV Rn. 15 ff. verwiesen werden. Das gilt insbesondere auch wegen der Frage, inwieweit bei der Bestimmung der konkreten Gebühr die Höhe der Geldbuße noch eine Rolle spielen kann. Die Mittelgebühr des Wahlanwalts beträgt 135,00 €.

4 Der **Pflichtverteidiger** erhält einen Festbetrag i.H.v. 108,00 €.

II. Zusätzliche Gebühr

5 Wegen einer zusätzlichen Gebühr, wenn der Rechtsanwalt „bei **Einziehung** und verwandten Maßnahmen" tätig geworden ist bzw. das Verfahren unter Mitwirkung des Rechtsanwalts erledigt worden ist, s. Nr. 5101 VV Rn. 7 f.

Terminsgebühr Verwaltungsbehörde (Geldbuße 40 – 5.000 €)   Nr. 5104 VV

Nr. 5104 VV
Terminsgebühr Verwaltungsbehörde (Geldbuße 40 – 5.000 €)

Nr.	Gebührentatbestand	Gebühr oder Satz der Gebühr nach § 13 oder § 49 RVG	
		Wahlanwalt	gerichtlich bestellter oder beigeordneter Rechtsanwalt
5104	Terminsgebühr für jeden Tag, an dem ein Termin in den in Nummer 5103 genannten Verfahren stattfindet	20,00 bis 250,00 EUR	108,00 EUR

Übersicht

	Rn.
A. Überblick	1
B. Kommentierung	2
I. Abgeltungsbereich der Gebühr	2
II. Höhe der Terminsgebühr	3

A. Überblick

Nr. 5104 VV regelt die **Terminsgebühr** für die Teilnahme an Vernehmungen im „vorbereitenden Verfahren" in den OWi-Verfahren, in denen eine **Geldbuße von 40,00 € – 5.000,00 €** verhängt worden ist (allgemein zur Terminsgebühr Vorbem. 5 VV Rn. 26 ff. und Vorbem. 4 VV Rn. 56 ff.).   **1**

B. Kommentierung

I. Abgeltungsbereich der Gebühr

Die Terminsgebühr nach Nr. 5104 VV unterscheidet sich von der Terminsgebühr Nr. 5102 VV nur dadurch, dass die Vernehmungen vor der Polizei, der Verwaltungsbehörde oder dem AG im OWi-Verfahren vor der Verwaltungsbehörde in Verfahren stattgefunden haben müssen, in denen die Geldbuße 40,00 € – 5.000,00 € beträgt. Im Übrigen besteht, insbesondere hinsichtlich des Abgeltungsbereichs und des Entstehens der Gebühr, kein Unterschied, sodass auf die **Ausführungen bei Nr. 5102 VV** und bei **Nr. 4102 VV** verwiesen werden kann. Diese gelten **entsprechend**.   **2**

II. Höhe der Terminsgebühr

Der **Wahlanwalt** erhält eine **Betragsrahmengebühr** i.H.v. 20,00 € – 250,00 €. Die Mittelgebühr beträgt 135,00 € (im Übrigen s. Nr. 5102 VV Rn. 4 und Vorbem. 5 VV Rn. 30 ff.).   **3**

Der **Pflichtverteidiger** erhält einen **Festbetrag** i.H.v. 108,00 €.   **4**

Nr. 5105 VV   *Verfahrensgebühr Verwaltungsbehörde (Geldbuße mehr als 5.000 €)*

Nr. 5105 VV
Verfahrensgebühr Verwaltungsbehörde (Geldbuße mehr als 5.000 €)

Nr.	Gebührentatbestand	Gebühr oder Satz der Gebühr nach § 13 oder § 49 RVG	
		Wahlanwalt	gerichtlich bestellter oder beigeordneter Rechtsanwalt
5105	Verfahrensgebühr bei einer Geldbuße von mehr als 5.000,00 EUR	30,00 bis 250,00 EUR	112,00 EUR

Übersicht

	Rn.
A. Überblick	1
B. Kommentierung	2
I. Höhe der Verfahrensgebühr	3
II. Zusätzliche Gebühr	5

A. Überblick

1 Nr. 5105 VV regelt die Verfahrensgebühr für das Verfahren vor der Verwaltungsbehörde (vgl. dazu Vorbem. 5.1.2 VV Rn. 5 ff.) in Verfahren mit einer **Geldbuße** von **mehr als 5.000,00 €**.

B. Kommentierung

2 Der Rechtsanwalt erhält die Verfahrensgebühr der Nr. 5105 VV für das **Betreiben** des **Geschäfts** im Verfahren vor der Verwaltungsbehörde bei einer Geldbuße von mehr als 5.000,00 €. Wegen der allgemeinen Einzelh. zu dieser Verfahrensgebühr s. die entsprechend geltenden Ausführungen bei Vorbem. 4 VV Rn. 31 ff. und Vorbem. 5 VV Rn. 15 ff.

I. Höhe der Verfahrensgebühr

3 Der **Wahlanwalt** erhält eine **Betragsrahmengebühr** i.H.v. 30,00 € – 250,00 € (im Übrigen s. Vorbem. 5 VV Rn. 18 ff. und Nr. 4104 VV Rn. 15; wegen der Frage, inwieweit bei der Bestimmung der konkreten Gebühr die Höhe der Geldbuße noch eine Rolle spielen kann, Vorbem. 5 VV Rn. 40). Die Mittelgebühr beträgt 140,00 €.

4 Der **Pflichtverteidiger** erhält einen Festbetrag i.H.v. 112,00 €.

II. Zusätzliche Gebühr

5 Wegen einer zusätzlichen Gebühr, wenn der Rechtsanwalt „bei **Einziehung** und verwandten Maßnahmen" tätig geworden ist, bzw. das Verfahren unter Mitwirkung des Rechtsanwalts erledigt worden ist, s. Nr. 5101 VV Rn. 7 f.

Terminsgebühr Verwaltungsbehörde (Geldbuße mehr als 5.000 €)   Nr. 5106 VV

Nr. 5106 VV
Terminsgebühr Verwaltungsbehörde (Geldbuße mehr als 5.000 €)

Nr.	Gebührentatbestand	Gebühr oder Satz der Gebühr nach § 13 oder § 49 RVG	
		Wahlanwalt	gerichtlich bestellter oder beigeordneter Rechtsanwalt
5106	Terminsgebühr für jeden Tag, an dem ein Termin in den in Nummer 5105 genannten Verfahren stattfindet	30,00 bis 250,00 EUR	112,00 EUR

Übersicht

	Rn.
A. Überblick	1
B. Kommentierung	2
I. Abgeltungsbereich der Gebühr	2
II. Höhe der Terminsgebühr	3

A. Überblick

Nr. 5106 VV regelt die **Terminsgebühr** für die Teilnahme an Vernehmungen in den Verfahren, in denen eine **Geldbuße** von **mehr als 5.000,00 €** verhängt worden ist (allgemein zur Terminsgebühr s. Vorbem. 5 VV Rn. 12 ff. und Vorbem. 4 VV Rn. 56 ff.).   **1**

B. Kommentierung

I. Abgeltungsbereich der Gebühr

Die Terminsgebühr nach Nr. 5106 VV unterscheidet sich von der Terminsgebühr Nr. 5102 – 5104 VV nur dadurch, dass die Vernehmungen vor der Polizei, der Verwaltungsbehörde oder dem AG im OWi-Verfahren vor der Verwaltungsbehörde in Verfahren stattgefunden haben müssen, in denen die Geldbuße mehr als 5.000,00 € beträgt. Im Übrigen besteht, insbesondere hinsichtlich des Abgeltungsbereichs und des Entstehens der Gebühr, kein Unterschied, sodass auf die **Ausführungen zu Nr. 5102 – 5104 VV** und zu **Nr. 4102 VV** verwiesen werden kann. Diese gelten entsprechend.   **2**

II. Höhe der Terminsgebühr

Der **Wahlanwalt** erhält eine **Betragsrahmengebühr** i.H.v. 30,00 € – 250,00 €. Die Mittelgebühr beträgt 140,00 € (s. im Übrigen Vorbem. 5 VV Rn. 30 ff.).   **3**

Der **Pflichtverteidiger** erhält einen **Festbetrag** i.H.v. 112,00 €.   **4**

Unterabschnitt 3 *Gerichtliches Verfahren im ersten Rechtszug*

Unterabschnitt 3

Gerichtliches Verfahren im ersten Rechtszug

1 Teil 5 Abschnitt 1 Unterabschnitt 3 VV regelt die Gebühren im Bußgeldverfahren für das gerichtliche Verfahren im ersten Rechtszug. Die Gebühren sind strukturell ebenso gegliedert wie für die gerichtlichen Verfahren im Strafverfahren. Der Verteidiger erhält für das Betreiben des Geschäfts die **Verfahrensgebühr** und für jeden Hauptverhandlungstag im Verfahren vor dem AG eine **Terminsgebühr**.

2 Bei Einführung des RVG war übersehen worden, dass in Verfahren wegen Ordnungswidrigkeiten gem. § 81 GWB, § 60 WpÜG sowie § 95 EnWG (§ 83 GWB, § 62 WpÜG, § 98 EnWG) nicht das AG, sondern das **OLG erstinstanzlich zuständig** ist. Es fehlte für diese Verfahren eine Regelung, weil die frühere Überschrift zum Unterabschnitt 3 nur „Verfahren vor dem Amtsgericht" erfasste. Damit waren entweder die Regelungen zu den Gebühren des Rechtsanwalt im gerichtlichen Verfahren vor dem AG Unterabschnitt 3 a.F. oder zu den Gebühren des Rechtsbeschwerdeverfahrens aus Unterabschnitt 4 analog anzuwenden (s. AnwKomm-RVG/N. Schneider, Vor VV 5107 ff. Rn. 2 [Unterabschnitt 3]. Die Frage ist durch das 2. JuMoG (BGBl. 2006 I, 3416) geklärt. Die geänderte Überschrift: „Gerichtliches Verfahren im ersten Rechtszug" erfasst auch die Bußgeldverfahren, die in erster Instanz vor dem OLG stattfinden. Nicht angepasst worden ist allerdings der Wortlaut der Nr. 5116 VV (vgl. dazu Nr. 5116 VV Rn. 4).

Termin außerhalb der HV/Wiederaufnahme *Vorbemerkung 5.1.3*

Vorbemerkung 5.1.3:

(1) Die Terminsgebühr entsteht auch für die Teilnahme an gerichtlichen Terminen außerhalb der Hauptverhandlung.

(2) Die Gebühren dieses Abschnitts entstehen für das Wiederaufnahmeverfahren einschließlich seiner Vorbereitung gesondert; die Verfahrensgebühr entsteht auch, wenn von der Stellung eines Wiederaufnahmeantrags abgeraten wird.

Übersicht

	Rn.
A. Überblick	1
B. Kommentierung	2
I. Terminsgebühr für Termine außerhalb der Hauptverhandlung (Abs. 1)	2
1. Allgemeines	2
2. Termine außerhalb der Hauptverhandlung	3
II. Wiederaufnahmeverfahren (Abs. 2)	5
1. Allgemeines	5
2. Persönlicher Abgeltungsbereich	6
3. Verfahrensgebühr im Wiederaufnahmeverfahren	7
a) Allgemeines	7
b) Entstehen der Verfahrensgebühr	8
c) Abgeltungsbereich der Verfahrensgebühr	9
d) Abraten von der Stellung eines Wiederaufnahmeantrags	10
e) Höhe der Verfahrensgebühr	11
4. Terminsgebühr im Wiederaufnahmeverfahren	15
a) Entstehen der Gebühr	16
b) Abgeltungsbereich	19
c) Höhe der Terminsgebühr	20
5. Zusätzliche Gebühren	22
6. Pauschgebühr	23
7. Kosten(erstattung)	24

A. Überblick

Vorbem. 5.1.3 VV regelt in Abs. 1 regelt die Terminsgebühr für die Teilnahme an **gerichtlichen** **1** **Terminen** außerhalb der Hauptverhandlung und in Abs. 2 die dem Verteidiger zustehenden Gebühren im **Wiederaufnahmeverfahren** in Bußgeldsachen.

B. Kommentierung

I. Terminsgebühr für Termine außerhalb der Hauptverhandlung (Abs. 1)

1. Allgemeines

In Nrn. 5108, 5110, 5112 VV sind im gerichtlichen Verfahren des ersten Rechtszugs, das i.d.R. **2** vor dem AG stattfindet, für die Teilnahme an einem Hauptverhandlungstermin Terminsgebühren vorgesehen. Vorbem. 5.1.3 Abs. 1 VV regelt, dass auch für die Teilnahme an **gerichtlichen Terminen außerhalb** der **Hauptverhandlung** diese Terminsgebühren entstehen können (zu gerichtlichen Terminen im vorbereitenden Verfahren vgl. Vorbem. 5.1.2 VV Rn. 12 ff. und die Komm. bei Nrn. 5102, 5104, 5106 VV).

Vorbemerkung 5.1.3   *Termin außerhalb der HV/Wiederaufnahme*

Im Übrigen gelten für diese Terminsgebühren die allgemeinen Ausführungen bei Vorbem. 5 VV Rn. 26 ff. und bei Vorbem. 4 VV Rn. 56 ff.

2. Termine außerhalb der Hauptverhandlung

3 Die Terminsgebühren entstehen für die Teilnahme an gerichtlichen Terminen außerhalb der Hauptverhandlung. Dabei wird es sich i.d.R. um **Vernehmungstermine** handeln, also z.B. die Vernehmung eines Zeugen vor einem auswärtigen Gericht (sog. kommissarische Vernehmung). Nach dem Wortlaut der Vorschrift, der keinerlei Beschränkungen hinsichtlich der Art der Termine enthält, werden aber grds. auch andere gerichtliche Termine von der Regelung erfasst. Allerdings können wegen § 46 Abs. 3 Satz 1 OWiG z.B. keine Haftprüfungstermine anfallen (zur Bemessung der Terminsgebühr s. bei Nr. 5108 Rn. 12 f.).

4 Vorbem. 5.1.3 Abs. 1 VV regelt im Wesentlichen **denselben Bereich** wie **Nr. 4102 Ziff. 1 und 2 VV**. Das bedeutet also, dass die dort gemachten Ausführungen entsprechend gelten (vgl. zu allem auch Vorbem. 5.1.2 VV Rn. 12 ff.; Vorbem. 4 VV Rn. 56 ff. und Nr. 4102 VV Rn. 1 ff.).

Im Einzelnen gilt (vgl. auch Nr. 4102 VV Rn. 8 ff.):

- Entscheidend ist das **Stattfinden** eines Termins i.e.S.
- **Wer** in diesem Termin **vernommen** wird, ist unerheblich. Der Rechtsanwalt erhält die Gebühr also sowohl für die Teilnahme an der Vernehmung des Betroffenen als auch an der eines Zeugen oder Sachverständigen.
- Es ist unerheblich, in welcher **Funktion** der **Rechtsanwalt** an dem Termin teilnimmt, ob er also als Verteidiger des Betroffenen anwesend ist oder als Beistand des vernommenen Zeugen oder Sachverständigen.
- Unerheblich ist auch, ob der **Rechtsanwalt aktiv** an dem Termin teilnimmt.

II. Wiederaufnahmeverfahren (Abs. 2)

1. Allgemeines

5 Vorbem. 5.1.3 Abs. 2 VV regelt die Gebühren für das **bußgeldrechtliche Wiederaufnahmeverfahren** anders als die Nrn. 4136 ff. VV für das **Strafverfahren**. Während dort dem Verteidiger entsprechend den Verfahrensabschnitten des Wiederaufnahmeverfahrens ggf. bis zu fünf Gebühren zustehen können, erhält er im Bußgeldverfahren allenfalls **bis zu zwei Gebühren**. Vorbem. 5.1.3 Abs. 2 VV bestimmt nämlich ausdrücklich, dass „die Gebühren dieses Abschnitts ... für das Wiederaufnahmeverfahren einschließlich seiner Vorbereitung gesondert" entstehen. Gebühren dieses Abschnitts sind aber nur **eine Verfahrensgebühr und eine Terminsgebühr**, die jeweils abhängig sind von der Höhe der (verhängten) Geldbuße und mit denen die jeweiligen Tätigkeiten insgesamt abgegolten werden. Das RVG verzichtet also für das Wiederaufnahmeverfahren in Bußgeldsachen auf eine verfahrensabschnittsmäßige Honorierung der Tätigkeit des Rechtsanwalts.

> **Hinweis:**
> Durch die Bezugnahme auf „die Gebühren dieses Abschnitts" ist auch entschieden, dass der Rechtsanwalt, der im Wiederaufnahmeverfahren tätig wird, eine **Grundgebühr nicht** erhält. Das entspricht der Anm. zu Vorbem. 4.1.4 VV. Die durch diese sonst honorierten Tätig-

keiten werden also durch die Verfahrensgebühr mit abgegolten. A.A. ist AnwKomm-RVG/ N. Schneider, VV Vorb. 5.1.3 Rn. 7, wonach die Formulierung „dieses Abschnitts" auch die Grundgebühr nach Nr. 5100 VV umfasst. Das ist m.E. nicht zutreffend, weil man die Formulierung „dieses Abschnitts" nicht auf den gesamten Abschnitt 1 beziehen kann, sondern nur auf den Unterabschnitt 3, in dem das Wiederaufnahmeverfahren geregelt ist (s. auch AnwKomm-RVG/N. Schneider, VV Vorb. 5.1.3 Rn. 6). Diese Auslegung gebietet auch ein Vergleich mit Teil 4 Abschnitt 4 VV. Es ist kein Grund ersichtlich, warum im strafrechtlichen Wiederaufnahmeverfahren nach der ausdrücklichen Regelung in Vorbem. 4.1.4 VV eine Grundgebühr nicht entstehen, diese für das bußgeldrechtliche Wiederaufnahmeverfahren aber anfallen soll (wie hier Gerold/Schmidt/Burhoff, Vorb. 5.1.3 VV Rn. 7).

2. Persönlicher Abgeltungsbereich

Die Gebühren stehen sowohl dem **Wahlanwalt** als auch dem **Pflichtverteidiger** zu (Vorbem. 5 VV Rn. 12 ff.; s. auch Vorbem. 4.1.4 VV Rn. 6 ff.). 6

3. Verfahrensgebühr im Wiederaufnahmeverfahren

a) Allgemeines

Die Verfahrensgebühr steht dem Rechtsanwalt **unabhängig** davon zu, ob er den Verurteilten 7 bereits im **vorangegangenen Verfahren vertreten** hat oder ob er erstmals im Wiederaufnahmeverfahren beauftragt worden ist. Nach Vorbem. 5.1.3 VV entsteht die Gebühr „gesondert" (vgl. auch § 17 Nr. 12; Teil A: Angelegenheiten [§§ 15 ff.], Rn. 99).

b) Entstehen der Verfahrensgebühr

Die Gebühr entsteht mit der **ersten Tätigkeit nach Erteilung** des **Auftrags** zur Vertretung des 8 Verurteilten im Wiederaufnahmeverfahren. Hat der Rechtsanwalt den Verurteilten bis dahin im vorangegangenen Verfahren nicht vertreten, wird die Gebühr i.d.R. mit der Informationserteilung entstehen. War er im Vorverfahren bereits Verteidiger, entsteht die Gebühr mit jeder sonst auf das Wiederaufnahmeverfahren gerichteten Tätigkeit.

c) Abgeltungsbereich der Verfahrensgebühr

Die Verfahrensgebühr erfasst **alle** mit dem Wiederaufnahmeverfahren zusammenhängenden **Tä-** 9 **tigkeiten** des Rechtsanwalts, die dieser während der einzelnen Abschnitte des Verfahrens erbringt.
Dies sind:
- die **Vorbereitung** des Antrags (vgl. dazu Nr. 4136 VV Rn. 1 ff.),
- Tätigkeiten im Verfahren über die **Zulässigkeit** des **Antrags** (vgl. dazu Nr. 4137 VV Rn. 1 ff.),
- Tätigkeiten im **weiteren Verfahren** (vgl. dazu Nr. 4138 VV Rn. 1 ff.),
- Tätigkeiten im **Beschwerdeverfahren** (vgl. dazu Nr. 4139 VV Rn. 1 ff.).

> **Hinweis:**
> Die **Ausnahmevorschrift** der Nr. 4139 VV, wonach im strafrechtlichen Wiederaufnahmeverfahren eine (besondere) Verfahrensgebühr für das Beschwerdeverfahren anfällt, ist

Vorbemerkung 5.1.3 *Termin außerhalb der HV/Wiederaufnahme*

für das OWi-rechtliche Wiederaufnahmeverfahren **nicht übernommen** worden. Es bleibt also insoweit bei dem **Grundsatz** der **Vorbem. 5.1 Abs. 1 VV** (vgl. dazu Vorbem. 5.1 VV Rn. 7). Werden Rechtsmittel eingelegt, ist das durch die Verfahrensgebühr mit abgegolten (Gerold/Schmidt/Burhoff, VV Vorb. 5.1.3 Rn. 8; Teil A: Beschwerdeverfahren, Abrechnung, Rn. 371 ff.).

Nicht von der Verfahrensgebühr **erfasst** wird die Teilnahme des Rechtsanwalts im Wiederaufnahmeverfahren an einem **Termin**. Dafür erhält er ggf. gesondert eine Terminsgebühr (vgl. dazu Rn. 15 ff.).

d) Abraten von der Stellung eines Wiederaufnahmeantrags

10 Vorbem. 5.1.3 Abs. 2 Halbs. 2 VV enthält eine **ausdrückliche Regelung** für den Fall, dass der Rechtsanwalt von der Stellung eines Wiederaufnahmeantrags im bußgeldrechtlichen Wiederaufnahmeverfahren **abrät**. Diese Regelung entspricht der für das Strafverfahren in der Anmerkung zu Nr. 4136 VV. Deshalb kann auf die dortigen Ausführungen bei Rn. 4 verwiesen werden. Der Rechtsanwalt muss also keinen Wiederaufnahmeantrag stellen (OLG München, AnwBl. 1973, 87 = JurBüro 1973, 45 = Rpfleger 1973, 70; AnwKomm-RVG/N. Schneider, VV 4136 – 4140 Rn. 22; a.A. OLG Koblenz, AnwBl. 1973, 143 = Rpfleger 1972, 462). Er muss allerdings bereits mit der Vertretung im Wiederaufnahmeverfahren beauftragt worden sein (vgl. wegen der Einzelh. Vorbem. 4.1.4 VV Rn. 5).

e) Höhe der Verfahrensgebühr

11 Der **Wahlanwalt** erhält eine **Betragsrahmengebühr** i.H.d. amtsgerichtlichen Verfahrensgebühr. Diese ist abhängig von der Höhe der Geldbuße, die in dem Urteil festgesetzt worden ist, das mit dem Wiederaufnahmeantrag beseitigt werden soll (wegen der Höhe vgl. die Tabelle bei Vorbem. 5 VV Rn. 20).

12 Bei der **Bemessung** der Höhe der **konkreten Gebühr** sind über § 14 die Besonderheiten des jeweiligen Einzelfalls zu berücksichtigen (vgl. dazu BT-Drucks. 15/1971, S. 222 zu Nr. 4100 VV; s. auch Teil A: Rahmengebühren [§ 14], Rn. 1051 ff.). Die Höhe der Gebühr ist vor allem abhängig von den vom Rechtsanwalt erbrachten Tätigkeiten, die vielfältig sein können (s.o. Rn. 10 f.). Erhebliche Bedeutung hat auch der **Umfang** der **Akten**, in die der Rechtsanwalt ggf. Einsicht genommen hat. Darauf wird in der Gesetzesbegründung zur Grundgebühr ausdrücklich abgestellt (vgl. dazu BT-Drucks. 15/1971, S. 222). Diese Überlegungen gelten für die („Wiederaufnahme-")Verfahrensgebühr, deren Abgeltungsbereich sich zumindest teilweise mit dem der Grundgebühr deckt, entsprechend (vgl. Nr. 5100 VV Rn. 3 und Nr. 4100 VV Rn. 36 ff.).

> **Hinweis:**
> Die **Höhe** der verhängten **Geldbuße** hat bei der Bemessung der konkreten Gebühr **keine Bedeutung** (mehr). Diese ist nämlich schon aufgrund der Ankoppelung der Gebühr an die Verfahrensgebühr des amtsgerichtlichen Verfahrens bestimmend für den Gebührenrahmen der Verfahrensgebühr. Sie darf daher nicht noch ein weiteres Mal als Kriterium für die konkrete Höhe der Gebühr herangezogen werden (vgl. dazu Vorbem. 5 VV Rn. 19).

13 Befindet sich der **Mandant nicht auf freiem Fuß**, hat das ggf. Einfluss auf die Höhe der konkreten Gebühr. Der Rechtsanwalt erhält nämlich im OWi-Verfahren für das Verfahren vor dem

Termin außerhalb der HV/Wiederaufnahme *Vorbemerkung 5.1.3*

AG keine Gebühr mit (Haft-)Zuschlag, sodass die Haft des Verurteilten bei der Bestimmung der konkreten Gebühr herangezogen werden kann, wenn die Haft zu Erschwernissen für den Rechtsanwalt geführt hat (vgl. allgemein Vorbem. 4 VV Rn. 83 ff.).

Der **Pflichtverteidiger** erhält einen **Festbetrag** ebenfalls i.H.d. Verfahrensgebühr für das Verfahren vor dem AG (wegen der Höhe vgl. die Tabelle bei Vorbem. 5 VV Rn. 20). **14**

4. Terminsgebühr im Wiederaufnahmeverfahren

Nimmt der Rechtsanwalt im bußgeldrechtlichen Wiederaufnahmeverfahren an einem **gerichtlichen Termin** teil, steht ihm eine **Terminsgebühr** zu (allgemein zur Terminsgebühr Vorbem. 5 VV Rn. 26 ff. und Vorbem. 4 VV Rn. 56 ff.). Diese erhält er für jeden Terminstag. **15**

a) Entstehen der Gebühr

Findet im Wiederaufnahmeverfahren ein Termin statt, wird es sich i.d.R. um einen Termin nach § 46 OWiG, § 369 Abs. 1 StPO handeln, in dem nach der Entscheidung über die Zulässigkeit des Wiederaufnahmeantrags die **angetretenen Beweise aufgenommen** werden. Diesen Termin wird im Bußgeldverfahren grds. der Richter durchführen, der auch über den Wiederaufnahmeantrag zu entscheiden hat. Der Termin kann aber auch von einem anderen beauftragten Richter am AG durchgeführt werden. **16**

Die **Terminsgebühr** entsteht aber nicht nur in einem Beweis- oder Vernehmungstermin, sondern z.B. **auch** dann, wenn das Gericht, das über die Wiederaufnahme zu entscheiden hat, mit den Verfahrensbeteiligten **Verfahrens-** oder **sonstige Fragen** in einem gerichtlichen Termin **erörtern** will. Aus der Begründung zu der vergleichbaren Terminsgebühr der Nr. 4140 VV folgt nichts anderes. Die Erläuterung „Beweisaufnahme nach § 369 Abs. 1 StPO" ist in der Begründung zu dieser Vorschrift nur beispielhaft aufgeführt (BT-Drucks. 15/1971, S. 227; vgl. dazu auch Nr. 4140 VV Rn. 4). **17**

Die Terminsgebühr **entsteht** mit **Beginn** des **Termins**. Es ist nicht erforderlich, dass der Rechtsanwalt aktiv am Termin teilnimmt, also z.B. dem Zeugen selbst Fragen stellt. Seine (bloße) Anwesenheit im Termin reicht (vgl. Vorbem. 5 VV Rn. 29 und Vorbem. 4 VV Rn. 58 ff.). Der Rechtsanwalt erhält die Gebühr auch für einen sog. „geplatzten" Termin (vgl. dazu Vorbem. 5 VV Rn. 36). **18**

b) Abgeltungsbereich

Die Terminsgebühr erfasst **alle Tätigkeiten** des Rechtsanwalts im Zusammenhang mit dem Termin. Das sind neben der Teilnahme insbesondere **auch** die **Vorbereitung** des Termins. Die Gebühr entsteht für jeden „Verhandlungstag", kann also bei Vernehmungen, die an mehreren Tagen stattfinden, mehrfach entstehen. **19**

c) Höhe der Terminsgebühr

Wegen der **Gebührenhöhe** kann oben auf Rn. 11 zur Verfahrensgebühr und auf die jeweilige Terminsgebühr der Nrn. 5108, 5110 VV bzw. Nr. 5112 VV verwiesen werden. Die dort gemachten Ausführungen gelten entsprechend. **20**

Auch für die **Bemessung** der Höhe der **konkreten Gebühr** gelten die Ausführungen oben zu Rn. 12 und bei Nrn. 5108, 5110 VV bzw. Nr. 5112 VV entsprechend. Die Höhe der Gebühr ist **21**

Vorbemerkung 5.1.3   *Termin außerhalb der HV/Wiederaufnahme*

also vor allem abhängig von den vom Rechtsanwalt erbrachten Tätigkeiten, also insbesondere von der Dauer des Termins und dem Umfang der Vorbereitungstätigkeit (s. auch Vorbem. 4 VV Rn. 62 ff.).

5. Zusätzliche Gebühren

22   Für das Entstehen einer zusätzlichen Gebühr nach Nr. 5116 VV im bußgeldrechtlichen Wiederaufnahmeverfahren gelten die Ausführungen bei Vorbem. 4.1.4 VV Rn. 14 entsprechend. Die Gebühr **entsteht nicht**. Entstehen kann allerdings ggf. die Nr. 5115 VV (vgl. LG Dresden, StraFo 2006, 475 für die Nr. 4141 VV und Nr. 4139 VV Rn. 11). Der Pflichtverteidiger erhält bei einem besonders langen Termin auch keinen Längen-Zuschlag.

6. Pauschgebühr

23   Auch im bußgeldrechtlichen Wiederaufnahmeverfahren nach Vorbem. 5.1.3 VV gelten die §§ 42, 51. Das bedeutet, dass dann, wenn die **gesetzlichen Gebühren unzumutbar** sind, für den Wahlanwalt die Feststellung einer Pauschgebühr nach § 42 und für den Pflichtverteidiger die Gewährung einer Pauschgebühr nach § 51 in Betracht kommt (wegen der Einzelh. s. die Komm. bei §§ 42, 51).

7. Kosten(erstattung)

24   Vgl. dazu die entsprechend geltenden Ausführungen zu Vorbem. 4.1.4 VV Rn. 16.

Nr. 5107 VV
Verfahrensgebühr erster Rechtszug (Geldbuße bis 40 €)

Nr.	Gebührentatbestand	Gebühr oder Satz der Gebühr nach § 13 oder § 49 RVG	
		Wahlanwalt	gerichtlich bestellter oder beigeordneter Rechtsanwalt
5107	Verfahrensgebühr bei einer Geldbuße von weniger als 40,00 EUR	10,00 bis 100,00 EUR	44,00 EUR

Übersicht

	Rn.
A. Überblick	1
B. Kommentierung	2
I. Allgemeines	2
II. Sachlicher Abgeltungsbereich	3
1. Allgemeines	3
2. Dauer des gerichtlichen Verfahrens	4
3. Katalog der erfassten Tätigkeiten	6
III. Persönlicher Abgeltungsbereich	7
IV. Verfahrensgebühr bei (Zurück-)Verweisung/Trennung/Verbindung	9
V. Höhe der Verfahrensgebühr	11
1. Wahlanwalt	11
2. Gerichtlich bestellter oder beigeordneter Rechtsanwalt	15
VI. Zusätzliche Gebühr	16

Literatur:

Burhoff, Die neue Verfahrensgebühr im Strafverfahren, RVGreport 2004, 127; *ders.*, Die Verfahrensgebühr im Straf- bzw. Bußgeldverfahren, RVGreport 2009, 443; s. auch die Hinweise bei Vorbem. 5 VV vor Rn. 1.

A. Überblick

In Nr. 5107 VV wird die **gerichtliche Verfahrensgebühr** in Bußgeldsachen für das gerichtliche Verfahren im ersten Rechtszug geregelt, wenn die Geldbuße weniger als 40,00 € beträgt. Das Verfahren wird i.d.R. vor dem **AG** durchgeführt. In Verfahren wegen Ordnungswidrigkeiten gem. § 81 GWB, § 60 WpÜG sowie § 95 EnWG (§ 83 GWB, § 62 WpÜG, § 98 EnWG) ist jedoch nicht das AG, sondern das **OLG erstinstanzlich** zuständig. Auch diese Verfahren werden erfasst, nachdem durch das 2. JuMoG (BGBl. 2006 I, S. 3416) die Überschrift des Unterabschnitt 3 in: „Gerichtliches Verfahren im ersten Rechtszug" geändert worden ist (vgl. dazu Teil 5 Abschnitt 1 Unterabschnitt 3 Rn. 2).

> **Hinweis:**
> Erledigt sich das gerichtliche Verfahren durch **Rücknahme** des **Einspruchs**, erhält der Rechtsanwalt eine (**zusätzliche**) **Verfahrensgebühr** nach Nr. 5115 Anm. 1 Ziff. 4 VV. Ist bereits ein Hauptverhandlungstermin anberaumt, ist die 2-Wochen-Frist zu beachten (wegen der Einzelheiten s. Nr. 5115 VV Rn. 29 ff.).

Nr. 5107 VV *Verfahrensgebühr erster Rechtszug (Geldbuße bis 40 €)*

B. Kommentierung

I. Allgemeines

2 Der Rechtsanwalt erhält die gerichtliche Verfahrensgebühr Nr. 5107 VV für das **Betreiben** des **Geschäfts** im Verfahren des **ersten Rechtszuges** (wegen der allgemeinen Einzelh. zur Verfahrensgebühr s. Vorbem. 5 VV Rn. 15 ff. und vgl. Vorbem. 4 VV Rn. 31 ff.).

II. Sachlicher Abgeltungsbereich

1. Allgemeines

3 Durch die Verfahrensgebühr werden – wie bei der gerichtlichen Verfahrensgebühr im Strafverfahren – **alle Tätigkeiten** des **Rechtsanwalts** im gerichtlichen Verfahren **abgegolten**, soweit dafür keine besonderen Gebühren vorgesehen sind. Eine besondere Gebühr ist die Terminsgebühr, die für die Teilnahme an der **Hauptverhandlung** im **ersten Rechtszug entsteht** (vgl. dazu Nrn. 5108, 5110, 5112 VV).

> **Hinweis:**
> Weitere **besondere Gebühren** sind die Terminsgebühren, die nach Vorbem. 5.1.3 Abs. 1 VV ggf. für die Teilnahme an gerichtlichen (**Vernehmungs-**) **Terminen** außerhalb der Hauptverhandlung entstehen (s.o. Vorbem. 5.1.3 VV Rn. 3 ff.).

2. Dauer des gerichtlichen Verfahrens

4 Das gerichtliche Verfahren schließt sich an das (vorbereitende) Verfahren vor der Verwaltungsbehörde an. Es **beginnt** also mit dessen Ende. Das ist nach Vorbem. 5.1.2 Abs. 1 VV mit dem **Eingang** der **Akten** beim **AG** erreicht. Alle nach diesem Zeitpunkt vom Rechtsanwalt erbrachten Tätigkeiten gehören zum gerichtlichen Verfahren und werden durch die gerichtliche Verfahrensgebühr erfasst (vgl. zur Dauer des Verfahrens vor der Verwaltungsbehörde auch Vorbem. 5.1.2 VV Rn. 5 ff.).

5 Das gerichtliche Verfahren des ersten Rechtszuges **endet** mit dem **Abschluss** der **Instanz** beim AG bzw. beim OLG. Diese endet entweder mit der Einstellung des Verfahrens nach § 47 Abs. 2 OWiG, mit der Rücknahme oder der Verwerfung des Einspruchs (§ 70 OWiG) oder mit Erlass des Beschlusses nach § 72 OWiG bzw. mit dem in der Hauptverhandlung verkündeten Urteil. Allerdings werden ggf. auch darüber hinausgehende Tätigkeiten noch von der gerichtlichen Verfahrensgebühr erfasst. Dies kann z.B. die Beratung des Mandanten über die Einlegung der Rechtsbeschwerde sein. Auch die Einlegung der Rechtsbeschwerde durch den Verteidiger des ersten Rechtszuges wird noch durch die Verfahrensgebühr abgegolten (vgl. § 19 Abs. 1 Satz 2 Nr. 10; Teil A: Rechtszug [§ 19], Rn. 1198 ff.).

3. Katalog der erfassten Tätigkeiten

6 Folgende allgemeine Tätigkeiten werden von der gerichtlichen Verfahrensgebühr im Verfahren des ersten Rechtszuges **erfasst**:

- (allgemeiner) **Schriftverkehr**,
- **Akteneinsicht**, z.B. zur Vorbereitung der Hauptverhandlung,

Verfahrensgebühr erster Rechtszug (Geldbuße bis 40 €) Nr. 5107 VV

- Anhörungsrüge (§ 19 Abs. 1 Satz 2 Nr. 5; s. auch Teil A: Anhörungsrüge [§ 12a], Rn. 109 ff.),
- allgemeine **Beratung** des Mandanten,
- Beratung über die Erfolgsaussichten der Rechtsbeschwerde (s. dazu auch Vorbem. 5.1.2 VV Rn. 10),
- **Berichtigungsanträge**, z.B. für Urteil oder Protokoll,
- **Beschaffung** von **Informationen** über Nr. 5100 VV hinaus,
- Beschwerdeverfahren, mit Ausnahme der in Vorbem. 5 Abs. 4 VV erwähnten Verfahren,
- **Besprechungen** mit Verfahrensbeteiligten, wie Gericht, StA und Verwaltungsbehörde,
- eigene **Ermittlungen** des Rechtsanwalts,
- **Einlegung** der **Rechtsbeschwerde** (§ 19 Nr. 10),
- **Ergänzungsanträge** für Urteil oder Protokoll,
- **Erinnerungen**, mit Ausnahme der in Vorbem. 5 Abs. 4 VV erwähnten Verfahren,
- **Information** des Rechtsanwalts durch den Mandanten über Nr. 5100 VV hinaus,
- **Kostenfestsetzungsverfahren** (LG Koblenz, JurBüro 2010, 32); für Erinnerungen und Beschwerden gilt allerdings Vorbem. 5 Abs. 4 (vgl. dazu Vorbem. 4 VV Rn. 93 ff.),
- **Nachbereitung** der Hauptverhandlung,
- **Nachholung** des rechtlichen **Gehörs**,
- **Pflichtverteidigerbestellung** und damit ggf. zusammenhängende Rechtsmittel,
- Tätigkeiten im Rahmen einer beabsichtigten **Einstellung** des Verfahrens, z.B. nach § 47 Abs. 2 OWiG,
- Tätigkeiten in Zusammenhang mit der Vorbereitung einer **Verständigung** (§ 257c StPO),
- (außergerichtliche) **Termine**,
- (allgemeine) **Vorbereitung** der **Hauptverhandlung**,
- **Wiedereinsetzungsanträge**.

III. Persönlicher Abgeltungsbereich

Die gerichtliche Verfahrensgebühr steht sowohl dem **Wahlanwalt** als auch dem **Pflichtverteidiger** bzw. einem sonstigen Vertreter eines Verfahrensbeteiligten zu (Vorbem. 5 VV Rn. 12 ff.). 7

Überträgt der **Verteidiger** die **Vertretung** in der Hauptverhandlung einem anderen Rechtsanwalt, erhält dieser für seine Tätigkeit(en) allerdings nicht auch eine Verfahrensgebühr nach Nr. 5107 VV, sondern nur nach Nr. 5200 VV. Wird der Rechtsanwalt, dem die Verteidigung übertragen wird, jedoch (auch) zum Verteidiger bestellt, steht ihm die Verfahrensgebühr nach Nr. 5107 VV zu (zum Anfall der Grundgebühr s. die für Nr. 5100 VV entsprechend geltenden Ausführungen bei Nr. 4100 VV Rn. 6 ff.; unzutreffend teilweise a.A. LG Wuppertal, AGS 2010, 492 m. abl. Anm. N. Schneider = RVGreport 2010, 463 = VRR 2011, 79). Die Gebühr nach Nr. 5200 VV ist dann anzurechnen (Nr. 5200 Anm. 3 VV). 8

Nr. 5107 VV *Verfahrensgebühr erster Rechtszug (Geldbuße bis 40 €)*

IV. Verfahrensgebühr bei (Zurück-)Verweisung/Trennung/Verbindung

9 Bei Verbindung und Trennung von Verfahren gelten die allgemeinen Regeln (vgl. dazu Vorbem. 4 VV Rn. 51 ff. und Teil A: Verbindung von Verfahren, Rn. 1431, und Teil A: Trennung von Verfahren, Rn. 1311). Diese lassen sich in der **Faustregel** zusammenfassen: Verbindung oder Trennung von Verfahren haben auf bis dahin **bereits entstandene Gebühren keinen Einfluss**.

10 Wird das Verfahren vom OLG bzw. BGH an das AG bzw. das OLG nach § 79 Abs. 3 OWiG, § 354 Abs. 2 StPO **zurückverwiesen**, entsteht die gerichtliche Verfahrensgebühr neu (vgl. § 21 Abs. 1; AnwKomm-RVG/N. Schneider, Vor VV 5107 ff. Rn. 10; Teil A: Zurückverweisung [§ 21], Rn. 1687).

V. Höhe der Verfahrensgebühr

1. Wahlanwalt

11 Der **Wahlanwalt** erhält eine **Betragsrahmengebühr** i.H.v. 10,00 € – 100,00 €. Die Mittelgebühr beträgt 55,00 €.

12 Bei der Bemessung der Höhe der Gebühr sind über § 14 die **Besonderheiten** des jeweiligen **Einzelfalls** zu berücksichtigen (vgl. dazu BT-Drucks. 15/1971, S. 222 zu Nr. 4100 VV). Die Höhe der Gebühr ist abhängig von den vom Rechtsanwalt für den Mandanten erbrachten Tätigkeiten (s. im Übrigen auch Vorbem. 5 VV Rn. 20 ff.). Bei der Bemessung ist zu berücksichtigen, wenn sich der Mandant nicht auf freiem Fuß befunden und das zu Erschwernissen bei dem Rechtsanwalt geführt hat, da dafür eine (besondere) Gebühr mit Zuschlag im OWi-Verfahren nicht gezahlt wird. **Außer Betracht** bleibt bei der Bemessung der konkreten Gebühr die **Höhe** der **Geldbuße**, da diese bereits auf die Bestimmung des konkreten Gebührenrahmens Einfluss hat (vgl. dazu Vorbem. 5 VV Rn. 19, 39 ff.).

13 Fraglich ist, aus welcher Stufe die Verfahrensgebühr zu bemessen ist, wenn im gerichtlichen Verfahren eine **höhere Geldbuße** angedroht wird, als im Bußgeldbescheid festgesetzt worden ist.

> *Beispiel (s. auch Vorbem. 5.1 VV Rn. 27):*
>
> *Dem Betroffenen wird eine Geschwindigkeitsüberschreitung vorgeworfen. Er soll die Geschwindigkeit innerorts um 20 km/h überschritten haben. Der Bußgeldbescheid geht von einem fahrlässigen Verstoß aus und es wird gem. lfd. Nr. 11.3.3 der Tabelle 1 zur BußgeldkatalogVO eine Geldbuße i.H.v. 35,00 € festgesetzt. In der Hauptverhandlung weist der Amtsrichter den Betroffenen darauf hin, dass Vorsatz in Betracht komme und dann die Geldbuße auf 50,00 € erhöht werde.*
>
> *AnwKomm-RVG/N. Schneider, Vor VV 5107 ff. Rn. 8 geht für diesen Fall von einer analogen Anwendung der Vorbem. 5.1 Abs. 2 Satz 2 VV aus und wendet die sich aus der „Androhung" ergebende Gebührenstufe an. M.E. steht das nicht im Einklang mit dem eindeutigen Wortlaut der Vorbem. 5.1. Abs. 2 Satz 1 VV. Es kommt auf die zum Zeitpunkt des Entstehens der Gebühr „festgesetzte Geldbuße" an. Das ist aber die niedrigere. Den Übergang in eine andere Gebührenstufe während eines Verfahrensabschnitts lässt sich **nur** über § 14 lösen (vgl. dazu auch Vorbem. 5.1 VV Rn. 27 m.w.N.).*

14 **Hinweis:**

Werden **Verfahren verbunden**, gilt Vorbem. 5.1 Abs. 2 Satz 4. Die Geldbuße aus den verbundenen Verfahren werden für die nach der Verbindung noch entstehenden Gebühren zusammengerechnet (vgl. dazu Vorbem. 5.1 VV Rn. 16 f.).

Verfahrensgebühr erster Rechtszug (Geldbuße bis 40 €)   Nr. 5107 VV

> Reicht der für den Wahlanwalt vorgesehene Betragsrahmen wegen des besonderen Umfangs der erbrachten Tätigkeiten oder der besonderen Schwierigkeit der Sache nicht aus, um den Rechtsanwalt zumutbar zu entlohnen, muss/kann der Wahlanwalt Feststellung einer **Pauschgebühr** nach § 42 beantragen (vgl. wegen der Einzelh. dort).

2. Gerichtlich bestellter oder beigeordneter Rechtsanwalt

Der gerichtliche bestellte oder beigeordnete Rechtsanwalt, i.d.R. also der **Pflichtverteidiger**, erhält einen Festbetrag i.H.v. 44,00 €. Der Pflichtverteidiger hat die Möglichkeit, einen Pauschgebührenantrag nach § 51 zu stellen (vgl. dazu die Komm. bei § 51).   15

VI. Zusätzliche Gebühr

Zusätzlich zu der gerichtlichen Verfahrensgebühr kann der Rechtsanwalt bei auf „Einziehung und verwandte Maßnahmen" gerichteten Tätigkeiten eine Wertgebühr nach **Nr. 5116 VV** verdienen. Die Ausführungen zu Nr. 4104 VV Rn. 21 gelten entsprechend (vgl. auch die Komm. bei Nr. 5116 VV). Wird das Verfahren unter Mitwirkung des Rechtsanwalts eingestellt, entsteht ggf. die Nr. 5115 VV (vgl. die dortige Komm.).   16

Nr. 5108 VV *Terminsgebühr erster Rechtszug (Geldbuße bis 40 €)*

Nr. 5108 VV
Terminsgebühr erster Rechtszug (Geldbuße bis 40 €)

Nr.	Gebührentatbestand	Gebühr oder Satz der Gebühr nach § 13 oder § 49 RVG	
		Wahlanwalt	gerichtlich bestellter oder beigeordneter Rechtsanwalt
5108	Terminsgebühr je Hauptverhandlungstag in den in Nummer 5107 genannten Verfahren	20,00 bis 200,00 EUR	88,00 EUR

Übersicht

	Rn.
A. Überblick	1
B. Kommentierung	2
I. Allgemeines	2
II. Sachlicher Abgeltungsbereich	3
1. Allgemeines	3
2. Entstehen der Terminsgebühr	5
III. Persönlicher Abgeltungsbereich	7
IV. Terminsgebühr bei (Zurück-)Verweisung/Trennung/Verbindung	8
V. Höhe der Terminsgebühr	10
1. Allgemeines	10
2. Bemessung der Terminsgebühr	12
a) Wahlanwalt	12
b) Gerichtlich bestellter oder beigeordneter Rechtsanwalt	14
VI. Zusätzliche Gebühr	15

Literatur:

Burhoff, Die neue Terminsgebühr im Strafverfahren, RVGreport 2004, 177; *ders.*, Die Terminsgebühr im Straf- bzw. Bußgeldverfahren, RVGreport 2010, 3; s. auch die Hinweise bei Vorbem. 5 VV vor Rn. 2.

A. Überblick

1 Nr. 5108 VV regelt die **Terminsgebühr** für die Teilnahme des Rechtsanwalts an der Hauptverhandlung im Bußgeldverfahren im ersten Rechtszug, also i.d.R. vor dem AG, wenn die Geldbuße **weniger als 40,00 €** beträgt. Erfasst wird aber auch die Hauptverhandlung, die in den Verfahren wegen Ordnungswidrigkeiten gem. § 81 GWB, § 60 WpÜG sowie § 95 EnWG (§ 83 GWB, § 62 WpÜG, § 98 EnWG) erstinstanzlich vor dem OLG durchgeführt wird (vgl. Nr. 5107 VV Rn. 1 und Teil 5 Abschnitt 1 Unterabschnitt 3 Rn. 2). Allgemein ist die Terminsgebühr in Bußgeldsachen in Vorbem. 5 Abs. 3 VV geregelt (vgl. dazu die Ausführungen bei Vorbem. 5 VV Rn. 26 ff. und die entsprechend geltenden bei Vorbem. 4 VV Rn. 56 ff.).

Terminsgebühr erster Rechtszug (Geldbuße bis 40 €)   Nr. 5108 VV

B. Kommentierung

I. Allgemeines

Der Rechtsanwalt erhält die Terminsgebühr Nr. 5108 VV für die **Teilnahme an** der erstinstanzlichen **Hauptverhandlung** in den o.a. Verfahren. Finden daneben während des Verfahrens im ersten Rechtszug noch andere „gerichtliche Termine" **außerhalb** der **Hauptverhandlung** statt, entstehen neben der Terminsgebühr Nr. 5108 VV noch Terminsgebühren nach Vorbem. 5.1.3 Abs. 1 VV (vgl. dazu Vorbem. 5.1.3 VV Rn. 2 ff.).   **2**

II. Sachlicher Abgeltungsbereich

1. Allgemeines

Die Terminsgebühr honoriert die „**Teilnahme an**" gerichtlichen Hauptverhandlungsterminen.   **3**

> **Hinweis:**
> Termine vor dem **beauftragten** oder **ersuchten Richter**, z.B. zur Vernehmung von Zeugen, sind keine „Hauptverhandlung". Für sie entsteht also nicht die gerichtliche Terminsgebühr nach Nr. 5108 VV, sondern die nach Vorbem. 5.1.3 Abs. 1 VV.

Erfasst wird auch die **Vorbereitung** des konkreten (Hauptverhandlungs-)Termins, nicht hingegen die allgemeine Vorbereitung der Hauptverhandlung. Die insoweit erbrachten Tätigkeiten werden von der Verfahrensgebühr abgegolten (vgl. allgemein dazu Vorbem. 5 VV Rn. 15 ff. vor allem aber auch die entsprechend geltenden Ausführungen bei Vorbem. 4 VV Rn. 58 ff.).   **4**

2. Entstehen der Terminsgebühr

Voraussetzung für das Entstehen der Terminsgebühr ist, dass eine **Hauptverhandlung** beim AG oder beim OLG stattgefunden und der Rechtsanwalt daran **teilgenommen** hat. Nr. 5108 VV spricht ausdrücklich von „Hauptverhandlungstag".   **5**

Für den **Beginn** und das **Ende** des Hauptverhandlungstermins und für den Umfang der im Termin vom Rechtsanwalt zu erbringenden Tätigkeiten gelten die Ausführungen bei Nrn. 4108 VV Rn. 2 ff. entsprechend.   **6**

III. Persönlicher Abgeltungsbereich

Die Terminsgebühr gilt nur für den Wahlanwalt/Verteidiger und den gerichtlich bestellten oder beigeordneten Rechtsanwalt, **nicht** hingegen für den mit **Einzeltätigkeiten beauftragten** Rechtsanwalt (unzutreffend teilweise a.A. LG Wuppertal, AGS 2010, 492 m. abl. Anm. N. Schneider = RVGreport 2010, 463 = VRR 2011, 79). Dieser erhält nur eine Verfahrensgebühr nach Nr. 5200 VV, aber keine eigenständige Terminsgebühr (vgl. zur vergleichbaren Problematik im Strafverfahren Nr. 4106 VV Rn. 6). Hat der Wahlanwalt einem anderen Rechtsanwalt die **Vertretung** des Mandanten in der Hauptverhandlung **übertragen**, erhält er selbst, da er nicht an der Hauptverhandlung teilgenommen hat, ebenfalls keine Terminsgebühr.   **7**

IV. Terminsgebühr bei (Zurück-)Verweisung/Trennung/Verbindung

Bei Verbindung und Trennung von Verfahren gelten für die Terminsgebühr ebenfalls die allgemeinen Regeln. Diese lassen sich in der **Faustregel** zusammenfassen: Verbindung oder Trennung   **8**

Nr. 5108 VV   *Terminsgebühr erster Rechtszug (Geldbuße bis 40 €)*

von Verfahren haben auf bis dahin bereits entstandene Gebühren keinen Einfluss (vgl. wegen der Einzelh. im Übrigen Vorbem. 4 VV Rn. 71 ff. und Teil A: Trennung von Verfahren, Rn. 1311 ff., und Teil A: Verbindung von Verfahren, Rn. 1431 ff.).

9   Wird das Verfahren vom OLG oder vom BGH an das AG oder das OLG nach § 79 Abs. 3 OWiG, § 354 Abs. 2 StPO **zurückverwiesen** und findet dort später erneut eine Hauptverhandlung statt, entsteht die amtsgerichtliche Terminsgebühr neu. Es gilt § 21 Abs. 1 (vgl. zur Verfahrensgebühr Nr. 5107 VV Rn. 10).

V. Höhe der Terminsgebühr

1. Allgemeines

10   Wegen der **Höhe** der **Gebühr** gelten die allgemeinen Ausführungen bei Nr. 4108 VV Rn. 16 ff. entsprechend. Auch im OWi-Verfahren wird also nicht mehr zwischen dem sog. ersten Hauptverhandlungstag und Fortsetzungshauptverhandlungen unterschieden. Der Rechtsanwalt erhält nur eine Terminsgebühr nach Nr. 5108 VV, wenn an einem Tag mehrere Hauptverhandlungstermine stattfinden. Die Terminsgebühr entsteht „je Hauptverhandlungstag" (s. auch Nr. 4108 VV Rn. 18).

11   **Hinweis:**

Befindet sich der Mandant **nicht auf freiem Fuß**, entsteht die Terminsgebühr – anders als im Strafverfahren (vgl. z.B. Nr. 4109 VV) – **nicht** mit **Zuschlag**. Der Zuschlag wegen Inhaftierung des Mandanten ist im OWi-Verfahren nicht vorgesehen.

2. Bemessung der Terminsgebühr

a) Wahlanwalt

12   Der **Wahlanwalt** erhält eine **Betragsrahmengebühr** i.H.v. 20,00 € – 200,00 €. Die Mittelgebühr beträgt 110,00 €.

13   Bei der Bemessung der Höhe der Gebühr sind über § 14 die **Besonderheiten** des jeweiligen **Einzelfalls** zu berücksichtigen (vgl. dazu BT-Drucks. 15/1971, S. 221 zu Nr. 4100 VV). Die Höhe der Gebühr ist abhängig von den vom Rechtsanwalt erbrachten Tätigkeiten. Bei der Terminsgebühr wird, da durch sie der zeitliche Aufwand vergütet werden soll, den der Rechtsanwalt durch die Teilnahme am Hauptverhandlungstermin hat, die zeitliche Dauer der Hauptverhandlung von erheblicher Bedeutung sein (vgl. dazu Vorbem. 4 VV Rn. 62 ff.; Vorbem. 5 VV Rn. 26 ff. und Rn. 39 ff.; Nr. 4108 VV Rn. 22; vgl. auch BT-Drucks. 15/1971, S. 224). Bei der Bemessung der Terminsgebühr bleibt der Umstand, dass nur eine **Geldbuße** von weniger als 40,00 € verhängt worden ist, **außer Betracht**, da dieser Umstand schon bei der Bestimmung des konkreten Gebührenrahmens Bedeutung erlangt hat (vgl. Vorbem. 5 Rn. 26 f., 39 ff.).

Hinweis:

Der Gesetzgeber geht davon aus, dass der Wahlanwalt, wenn der Gebührenrahmen bei besonders langen Hauptverhandlungen nicht ausreicht, **Vergütungsvereinbarungen** trifft (s. dazu BT-Drucks. 15/1971, S. 224 zu Nr. 4110 VV).

Terminsgebühr erster Rechtszug (Geldbuße bis 40 €) Nr. 5108 VV

b) Gerichtlich bestellter oder beigeordneter Rechtsanwalt

Der gerichtlich bestellte oder beigeordnete Rechtsanwalt, also i.d.R. der **Pflichtverteidiger** erhält einen **Festbetrag** i.H.v. 88,00 €. Darauf erhält er im OWi-Verfahren bei besonders langen Hauptverhandlungen – anders als im Strafverfahren – z.B. nach Nr. 4110 VV bzw. Nr. 4111 VV **keine Zuschläge**. 14

> **Hinweis:**
> Sowohl Wahlanwalt als auch Pflichtverteidiger haben die Möglichkeit, falls durch die vorgesehenen Gebühren bzw. den Gebührenrahmen ihre im Hauptverhandlungstermin erbrachten Tätigkeiten nicht zumutbar entlohnt werden, auch im OWi-Verfahren die Feststellung einer **Pauschgebühr** nach § 42 bzw. die Gewährung einer Pauschgebühr nach § 51 zu beantragen (vgl. dazu § 42 und § 51).

VI. Zusätzliche Gebühr

Zusätzlich zu der Terminsgebühr kann der Rechtsanwalt auch eine Wertgebühr nach **Nr. 5116 VV** erhalten, wenn er im Hinblick auf „Einziehung oder verwandte Maßnahmen" tätig geworden ist. Die Ausführungen bei Nr. 4108 VV Rn. 27 gelten entsprechend (vgl. auch die Komm. bei Nr. 5116 VV). 15

Nr. 5109 VV   *Verfahrensgebühr erster Rechtszug (Geldbuße 40 € – 5.000 €)*

Nr. 5109 VV
Verfahrensgebühr erster Rechtszug (Geldbuße 40 € – 5.000 €)

Nr.	Gebührentatbestand	Gebühr oder Satz der Gebühr nach § 13 oder § 49 RVG	
		Wahlanwalt	gerichtlich bestellter oder beigeordneter Rechtsanwalt
5109	Verfahrensgebühr bei einer Geldbuße von 40,00 EUR bis 5.000,00 EUR	20,00 bis 250,00 EUR	108,00 EUR

Übersicht

	Rn.
A. Überblick	1
B. Kommentierung	2
I. Allgemeines	2
II. Höhe der Verfahrensgebühr	3
III. Zusätzliche Gebühr	5

A. Überblick

1 Nr. 5109 VV regelt die **Verfahrensgebühr** für das erstinstanzliche Verfahren vor dem AG oder dem OLG bei einer **Geldbuße** von **40,00 € – 5.000,00 €** (allgemein zur Verfahrensgebühr Vorbem. 5 VV Rn. 15 ff. und Vorbem. 4 VV Rn. 31 ff.; zur Anwendbarkeit auf die Bußgeldverfahren, die in erster Instanz vor dem OLG laufen, s. Teil 3 Abschnitt 1 Unterabschnitt 3 Rn. 2).

B. Kommentierung

I. Allgemeines

2 Der Rechtsanwalt erhält die Verfahrensgebühr Nr. 5109 VV für das **Betreiben** des **Geschäfts** im o.a. Verfahren vor dem AG. Wegen der allgemeinen Einzelh. zur Verfahrensgebühr kann auf die entsprechend geltenden Ausführungen bei Vorbem. 4 VV Rn. 31 ff. und insbesondere bei Vorbem. 5 VV Rn. 15 ff. verwiesen werden.

II. Höhe der Verfahrensgebühr

3 Der **Wahlanwalt** erhält eine **Betragsrahmengebühr** i.H.v. 20,00 € – 250,00 € (im Übrigen s. Nr. 5107 VV Rn. 12 ff., und Vorbem. 5 VV Rn. 18 ff. sowie Nr. 4106 VV Rn. 15). Die Mittelgebühr beträgt 135,00 €. Wegen der Frage, inwieweit bei der Bestimmung der konkreten Gebühr die Höhe der Geldbuße noch eine Rolle spielen kann, vgl. Vorbem. 5 Rn. 19 f., 39 ff.

4 Der **Pflichtverteidiger** erhält einen Festbetrag i.H.v. 108,00 €.

III. Zusätzliche Gebühr

5 Wegen einer zusätzlichen Gebühr, wenn der Rechtsanwalt „bei **Einziehung** und verwandten Maßnahmen" tätig geworden ist, s. Nr. 5101 VV Rn. 7 f. und die Komm. bei Nr. 5116 VV. Wird

Verfahrensgebühr erster Rechtszug (Geldbuße 40 € – 5.000 €) Nr. 5109 VV

das Verfahren unter Mitwirkung des Rechtsanwalts eingestellt, entsteht ggf. die Nr. 5115 VV (vgl. die dortige Komm.).

Nr. 5110 VV *Terminsgebühr erster Rechtszug (Geldbuße 40 € – 5.000 €)*

Nr. 5110 VV
Terminsgebühr erster Rechtszug (Geldbuße 40 € – 5.000 €)

Nr.	Gebührentatbestand	Gebühr oder Satz der Gebühr nach § 13 oder § 49 RVG	
		Wahlanwalt	gerichtlich bestellter oder beigeordneter Rechtsanwalt
5110	Terminsgebühr je Hauptverhandlungstag in den in Nummer 5109 genannten Verfahren	30,00 bis 400,00 EUR	172,00 EUR

Übersicht

	Rn.
A. Überblick	1
B. Kommentierung	2
I. Abgeltungsbereich der Gebühr	2
II. Höhe der Terminsgebühr	3
III. Zusätzliche Gebühr	5

A. Überblick

1 In Nr. 5110 VV wird die Terminsgebühr für die **Teilnahme** an **Hauptverhandlungen** im ersten Rechtszug (vgl. dazu Teil 5 Abschnitt 1 Unterabschnitt 3 Rn. 2) in den OWi-Verfahren, in denen es um eine **Geldbuße** von **40,00 € – 5.000,00 €** geht, geregelt (allgemein zur Terminsgebühr Vorbem. 5 VV Rn. 26 ff. und Vorbem. 4 VV Rn. 56 ff.; s. auch Nr. 5108 VV Rn. 1 ff.).

B. Kommentierung

I. Abgeltungsbereich der Gebühr

2 Die Terminsgebühr nach Nr. 5110 VV unterscheidet sich von der Terminsgebühr der Nr. 5108 VV nur dadurch, dass die Hauptverhandlung im ersten Rechtszug in den Verfahren stattgefunden hat, in denen die Geldbuße 40,00 € – 5.000,00 € beträgt. Im Übrigen besteht, insbesondere hinsichtlich des Abgeltungsbereichs und des Entstehens der Gebühr, kein Unterschied, sodass auf die **Ausführungen** bei **Nr. 5108 VV** und bei **Nr. 4108 VV** verwiesen werden kann. Diese gelten **entsprechend**.

II. Höhe der Terminsgebühr

3 Der **Wahlanwalt** erhält eine **Betragsrahmengebühr** i.H.v. 30,00 € – 400,00 €. Die Mittelgebühr beträgt 215,00 € (s. im Übrigen Vorbem. 5 VV Rn. 26 ff. und Nr. 5108 VV Rn. 12 f.).

4 Der **Pflichtverteidiger** erhält einen **Festbetrag** i.H.v. 172,00 €.

III. Zusätzliche Gebühr

5 Wegen einer **zusätzlichen Gebühr** zur Terminsgebühr s. Nr. 5108 VV Rn. 15.

Verfahrensgebühr erster Rechtszug (Geldbuße von mehr als 5.000 €) Nr. 5111 VV

Nr. 5111 VV
Verfahrensgebühr erster Rechtszug (Geldbuße von mehr als 5.000 €)

Nr.	Gebührentatbestand	Gebühr oder Satz der Gebühr nach § 13 oder § 49 RVG	
		Wahlanwalt	gerichtlich bestellter oder beigeordneter Rechtsanwalt
5111	Verfahrensgebühr bei einer Geldbuße von mehr als 5.000,00 EUR	40,00 bis 300,00 EUR	136,00 EUR

Übersicht

	Rn.
A. Überblick	1
B. Kommentierung	2
I. Allgemeines	2
II. Höhe der Verfahrensgebühr	3
III. Zusätzliche Gebühr	5

A. Überblick

Nr. 5111 VV regelt die **Verfahrensgebühr** für das **erstinstanzliche** Verfahren vor dem AG oder dem OLG bei einer **Geldbuße** von **mehr als 5.000,00 €** (allgemein zur Verfahrensgebühr Vorbem. 5 VV Rn. 15 ff. und Vorbem. 4 VV Rn. 31 ff.; zur Anwendbarkeit auf die Bußgeldverfahren, die in erster Instanz vor dem OLG laufen, s. Teil 5 Abschnitt 1 Unterabschnitt 3 Rn. 2). 1

B. Kommentierung

I. Allgemeines

Der Rechtsanwalt erhält die Verfahrensgebühr Nr. 5111 VV für das **Betreiben** des **Geschäfts** im o.a. Verfahren vor dem AG bzw. dem OLG. Wegen der allgemeinen Einzelh. zur Verfahrensgebühr kann auf die entsprechend geltenden Ausführungen bei Vorbem. 4 VV Rn. 31 ff. und insbesondere bei Vorbem. 5 VV Rn. 15 ff. verwiesen werden 2

II. Höhe der Verfahrensgebühr

Der **Wahlanwalt** erhält eine **Betragsrahmengebühr** i.H.v. 40,00 € – 300,00 € (im Übrigen s. Nr. 5107 VV Rn. 12 ff., und Vorbem. 5 VV Rn. 18 ff. sowie Nr. 4106 VV Rn. 15). Die Mittelgebühr beträgt 170,00 €. Wegen der Frage, inwieweit bei der Bestimmung der konkreten Gebühr die Höhe der Geldbuße noch eine Rolle spielen kann, vgl. Vorbem. 5 Rn. 19 ff., 39 ff.). 3

Der **Pflichtverteidiger** erhält einen Festbetrag i.H.v. 136,00 €. 4

III. Zusätzliche Gebühr

Wegen einer zusätzlichen Gebühr, wenn der Rechtsanwalt „bei **Einziehung** und verwandten Maßnahmen" tätig geworden ist, s. Nr. 5101 VV Rn. 7 f. und die Komm. bei Nr. 5116 VV. Wird 5

Nr. 5111 VV   *Verfahrensgebühr erster Rechtszug (Geldbuße von mehr als 5.000 €)*

das Verfahren unter Mitwirkung des Rechtsanwalts eingestellt, entsteht ggf. die Nr. 5115 VV (vgl. die dortige Komm.).

Terminsgebühr erster Rechtszug (Geldbuße von mehr als 5.000 €)   Nr. 5112 VV

Nr. 5112 VV
Terminsgebühr erster Rechtszug (Geldbuße von mehr als 5.000 €)

Nr.	Gebührentatbestand	Gebühr oder Satz der Gebühr nach § 13 oder § 49 RVG	
		Wahlanwalt	gerichtlich bestellter oder beigeordneter Rechtsanwalt
5112	Terminsgebühr je Hauptverhandlungstag in den in Nummer 5111 genannten Verfahren	70,00 bis 470,00 EUR	216,00 EUR

Übersicht

	Rn.
A. Überblick	1
B. Kommentierung	2
I. Abgeltungsbereich der Gebühr	2
II. Höhe der Terminsgebühr	3
III. Zusätzliche Gebühr	5

A. Überblick

In Nr. 5112 VV wird die **Terminsgebühr** für die **Teilnahme** an **Hauptverhandlungen** im ersten Rechtszug (vgl. dazu Teil 5 Abschnitt 1 Unterabschnitt 3 Rn. 2) in den OWi-Verfahren, in denen eine **Geldbuße von mehr als 5.000,00 €** verhängt worden ist, geregelt. Im Übrigen gelten die Ausführungen und Verweisungen bei **Nr. 5108 VV Rn. 1** entsprechend.   1

B. Kommentierung

I. Abgeltungsbereich der Gebühr

Die Terminsgebühr nach Nr. 5112 VV unterscheidet sich von der Terminsgebühr Nr. 5108 VV nur dadurch, dass die Hauptverhandlung im ersten Rechtszug in Verfahren stattgefunden hat, in denen die Geldbuße mehr als 5.000,00 € beträgt. Daher kann, insbesondere hinsichtlich des Abgeltungsbereichs und des Entstehens der Gebühr, auf die **Ausführungen** bei **Nr. 5108 VV** und zu **Nr. 4108 VV** verwiesen werden. Diese gelten **entsprechend**.   2

II. Höhe der Terminsgebühr

Der **Wahlanwalt** erhält eine **Betragsrahmengebühr** i.H.v. 70,00 € – 470,00 €. Die Mittelgebühr beträgt 270,00 € (s. im Übrigen Vorbem. 5 VV Rn. 26 ff. und Nr. 5108 VV Rn. 12 f.).   3

Der **Pflichtverteidiger** erhält einen **Festbetrag** i.H.v. 216,00 €.   4

III. Zusätzliche Gebühr

Wegen einer **zusätzlichen Gebühr** zur Terminsgebühr s. Nr. 5108 VV Rn. 15.   5

Unterabschnitt 4

Verfahren über die Rechtsbeschwerde

Übersicht

	Rn.
A. Überblick	1
B. Kommentierung	3
I. Eigene Angelegenheit	3
II. Gebühren im Rechtsbeschwerdeverfahren	5

Literatur:

Burhoff, Revision im Strafverfahren So rechnen Sie nach dem RVG richtig ab, RVGprofessionell 2004, 174; *ders.*, Abrechnungsbeispiele zum RVG Revisionsinstanz, RVGreport 2006, 250; *N. Schneider*, Vergütung im Rechtsbeschwerdeverfahren, DAR-Extra 2008, 753; s. auch die Hinweise bei Vorbem. 4 VV und bei Unterabschnitt 2 VV und bei Vorbem. 5 VV vor Rn. 1 sowie bei Vorbem. 4 VV vor Rn. 1.

A. Überblick

1   Unterabschnitt 4 enthält die Regelungen für die Vergütung des Rechtsanwalts als Verteidiger im Rechtsbeschwerdeverfahren. Diese Gebühren sind **strukturell ebenso** gegliedert wie die für das **amtsgerichtliche Verfahren**. Der Verteidiger erhält für das Betreiben des Geschäfts die Verfahrensgebühr Nr. 5113 VV und für jeden Hauptverhandlungstag im Rechtsbeschwerdeverfahren eine Terminsgebühr (Nr. 5114 VV).

2   Der **Betragsrahmen** ist nicht abhängig von der Höhe der Geldbuße. Unerheblich ist, ob über die Rechtsbeschwerde nach § 79 OWiG durch das OLG oder nach § 83 GWB durch den BGH entschieden wird, wenn das OLG erstinstanzlich zuständig war (vgl. dazu Teil 5 Abschnitt 1 Unterabschnitt 3 Rn. 2).

B. Kommentierung

I. Eigene Angelegenheit

3   Das Rechtsbeschwerdeverfahren ist gegenüber dem gerichtlichen Verfahren der ersten Instanz eine **eigene Angelegenheit** i.S.d. § 15 Abs. 2 Satz 1 (Gerold/Schmidt/Burhoff, Vor VV 5115, 5114 Rn. 2 vgl. auch Teil A: Angelegenheiten [§§ 15 ff.], Rn. 66).

> **Hinweis:**
>
> Das Verfahren über die **Zulassung** der **Rechtsbeschwerde** nach § 79 Abs. 1 Satz 2 OWiG ist **keine eigene Gebührenangelegenheit** i.S.v. § 17 Nr. 9. Das Rechtsbeschwerdegericht entscheidet selbst über die Zulassung der Rechtsbeschwerde, sodass § 16 Nr. 11 eingreift. Dieses Zulassungsverfahren zählt zur Angelegenheit (Teil A: Angelegenheiten [§§ 15 ff.], Rn. 66). Die beginnt mit Stellung des Antrags auf Zulassung der Rechtsbeschwerde (Anw-Komm-RVG/N. Schneider, Vor VV 5113 f., Rn. 10).

Verfahren über die Rechtsbeschwerde   *Unterabschnitt 4*

Werden **mehrere Rechtsbeschwerden** eingelegt, gelten die Ausführungen bei Teil 4 Abschnitt 1 Unterabschnitt 3 VV Rn. 3 ff. entsprechend (vgl. auch AnwKomm-RVG/N. Schneider, Vor VV 5113 f. Rn. 14).   **4**

II. Gebühren im Rechtsbeschwerdeverfahren

Im Rechtsbeschwerdeverfahren können **entstehen**:   **5**

- **Grundgebühr** Nr. 5100 VV, wenn der Rechtsanwalt erst im Rechtsbeschwerdeverfahren beauftragt wird,
- **Verfahrensgebühr** Nr. 5113 VV,
- **Terminsgebühr** Nr. 5115 VV für die Teilnahme an einem Hauptverhandlungstermin,
- zusätzliche Gebühr Nr. 5115 VV (sog. **Befriedungsgebühr**),
- zusätzliche Gebühr Nr. 5116 VV (**Einziehungsgebühr**),
- **Auslagen** nach Nrn. 7000 ff.

> **Hinweis:**
>
> Gebühren für Termine **außerhalb** der **Hauptverhandlung** können **nicht** entstehen. Eine der Vorbem. 5.1.3 Abs. 2 VV vergleichbare Regelung fehlt.

Nr. 5113 VV
Verfahrensgebühr Rechtsbeschwerdeverfahren

Nr.	Gebührentatbestand	Gebühr oder Satz der Gebühr nach § 13 oder § 49 RVG	
		Wahlanwalt	gerichtlich bestellter oder beigeordneter Rechtsanwalt
5113	Verfahrensgebühr	70,00 bis 470,00 EUR	216,00 EUR

Übersicht

	Rn.
A. Überblick	1
B. Kommentierung	3
I. Allgemeines	3
II. Sachlicher Abgeltungsbereich	5
1. Allgemeines	5
2. Dauer des Rechtsbeschwerdeverfahrens	6
a) Beginn des Rechtsbeschwerdeverfahrens	6
b) Ende des Rechtsbeschwerdeverfahrens	8
3. Erfasste Tätigkeiten	9
a) Allgemeines	9
b) Katalog der erfassten Tätigkeiten	11
III. Persönlicher Abgeltungsbereich	12
IV. Höhe der Verfahrensgebühr	14
1. Allgemeines	14
2. Wahlanwalt	15
3. Gerichtlich bestellter oder beigeordneter Rechtsanwalt	17
V. Zusätzliche Gebühr	19
VI. Kostenerstattung	20

Literatur:

Burhoff, Die neue Grundgebühr der Nr. 4100 VV RVG-E, RVGreport 2004, 53; ***ders.***, Die neue Verfahrensgebühr im Strafverfahren, RVGreport 2004, 127; ***ders.***, Die Grundgebühr in Straf- und Bußgeldverfahren, RVGreport 2009, 361; ***ders.***, Die Verfahrensgebühr im Straf- bzw. Bußgeldverfahren, RVGreport 2009, 443; s. auch die Hinweise bei Teil 5 Abschnitt 1 Unterabschnitt 4 vor Rn. 1 und bei Vorbem. 5 VV vor Rn. 1.

A. Überblick

1 Nr. 5115 VV regelt die **gerichtliche Verfahrensgebühr** für das **Rechtsbeschwerdeverfahren** nach §§ 79 ff. OWiG bzw. für das Rechtsbeschwerdeverfahren für Rechtsbeschwerden beim BGH, wenn erstinstanzlich das OLG zuständig war (vgl. § 83 GWB) (allgemein zur Verfahrensgebühr Vorbem. 4 VV Rn. 31 ff. und Vorbem. 5 VV Rn. 15 ff.).

2 **Hinweis:**

Soweit durch die Mitwirkung des Rechtsanwalts eine **Hauptverhandlung** im Rechtsbeschwerdeverfahren **entbehrlich** geworden ist, z.B. durch Rücknahme der Rechtsbeschwer-

Verfahrensgebühr Rechtsbeschwerdeverfahren   *Nr. 5113 VV*

de, ist dieser Fall in Nr. 5115 Anm. 1 Ziff. 4 VV ebenso geregelt wie für die Revision im Strafverfahren in Nr. 4141 Anm. 1 Ziff. 3 VV (vgl. dazu Nr. 5115 VV Rn. 33 ff.).

B. Kommentierung

I. Allgemeines

Der Rechtsanwalt erhält die Verfahrensgebühr Nr. 5113 VV für das **Betreiben** des **Geschäfts** im Rechtsbeschwerdeverfahren (wegen der allgemeinen Einzelh. zur Verfahrensgebühr s. Vorbem. 4 VV Rn. 31 ff. und Vorbem. 5 VV Rn. 15 ff.).   3

> **Hinweis:**   4
> Wird der Rechtsanwalt erst im Rechtsbeschwerdeverfahren mit der Verteidigung beauftragt, erhält er auch die **Grundgebühr** Nr. 5100 VV (Burhoff, RVGreport 2004, 53; ders., RVGreport 2009, 361; zur Grundgebühr Nr. 5100 VV Rn. 1 ff. und Nr. 4100 VV Rn. 1 ff.).

II. Sachlicher Abgeltungsbereich

1. Allgemeines

Durch die Verfahrensgebühr werden **alle Tätigkeiten** des **Rechtsanwalts** im Rechtsbeschwerdeverfahren **abgegolten**, soweit dafür keine besonderen Gebühren vorgesehen sind. Eine besondere Gebühr ist die für einen Hauptverhandlungstermin in Nr. 5114 VV (wegen der Einzelh. zur Terminsgebühr s. Nr. 5114 VV). Zum Rechtsbeschwerdeverfahren gehört **auch** das Verfahren über die **Zulassung** der **Rechtsbeschwerde** nach § 80 OWiG. Dies folgt aus § 16 Nr. 13 (s. auch Teil A: Angelegenheiten [§§ 15 ff.], Rn. 79; s. auch Teil 5 Abschnitt 1 Unterabschnitt 4 Rn. 3).   5

> **Hinweis:**
> Wird das Verfahren vom Rechtsbeschwerdegericht aufgrund der Rechtsbeschwerde an das Tatgericht **zurückverwiesen** und dort erneut verhandelt und ein Urteil verkündet, erhält der Rechtsanwalt die Gebühren nach Nrn. 5113 ff. VV **noch einmal**, wenn er gegen dieses neue Urteil erneut Rechtsbeschwerde einlegt (§ 21 Abs. 1; AnwKomm-RVG/N. Schneider, Vor VV 5113 f. Rn. 15; N. Schneider, DAR-Extra 2008, 753, 754).

2. Dauer des Rechtsbeschwerdeverfahrens

a) Beginn des Rechtsbeschwerdeverfahrens

Das Rechtsbeschwerdeverfahren schließt sich an das amtsgerichtliche Verfahren an. Es **beginnt** i. d. R. mit der **Einlegung** der **Rechtsbeschwerde** nach § 79 Abs. 3 OWiG, § 341 StPO.   6

> **Hinweis:**
> Die **Einlegung** der **Rechtsbeschwerde** selbst gehört aber nach § 19 Abs. 1 Satz 2 Nr. 10 für den Verteidiger, der in der ersten Instanz bereits tätig war, noch zum amtsgerichtlichen Verfahren. War der Verteidiger erstinstanzlich noch nicht oder nicht als Verteidiger tätig, beginnt für ihn das Rechtsbeschwerdeverfahren mit der Erteilung des Auftrags, Rechtsbeschwerde

Nr. 5113 VV   *Verfahrensgebühr Rechtsbeschwerdeverfahren*

> einzulegen (s. im Übrigen Vorbem. 5.1 VV Rn. 10 und Vorbem. 4.1 VV Rn. 29 ff.; Teil A: Rechtszug [§ 19], Rn. 1198).

7   Wird von einem **anderen Verfahrensbeteiligten Rechtsbeschwerde** eingelegt, beginnt das Rechtsbeschwerdeverfahren für den Verteidiger mit der Erteilung des Auftrags, den Mandanten im Rechtsbeschwerdeverfahren zu vertreten (AnwKomm-RVG/N. Schneider, Vor VV 5113 f. Rn. 7). Auf den Erhalt oder die Kenntnis von dem gegnerischen Rechtsmittel kommt es nicht an, da entscheidend für das Entstehen der anwaltlichen Gebühr der Auftrag des Mandanten ist. Etwas anderes gilt allerdings dann, wenn der Mandant seinem Verteidiger schon vorab (bedingt) den Auftrag erteilt hat, ihn ggf. auch im Rechtsbeschwerdeverfahren zu vertreten. Dann reicht es aus, wenn der Verteidiger nach Einlegung der Rechtsbeschwerde durch den anderen Verfahrensbeteiligten tätig wird, sich also z.B. bei Gericht als Verteidiger meldet (s. auch Vorbem. 4.1 VV Rn. 24 ff.).

b)   Ende des Rechtsbeschwerdeverfahrens

8   Das gerichtliche Rechtsbeschwerdeverfahren **endet** mit dem **Abschluss** der **Rechtsbeschwerdeinstanz**. Insoweit gilt dasselbe wie für das Ende des Revisionsverfahrens (vgl. daher Nr. 4130 VV Rn. 8). Wird noch im **Rechtsbeschwerdeverfahren** nach dem OWiG ein **Hinweis** nach § 81 OWiG gegeben und das Bußgeldverfahren in das Strafverfahren übergeleitet, endet mit diesem Hinweis das Rechtsbeschwerdeverfahren und es beginnt das Revisionsverfahren (arg. e § 81 Abs. 2 Satz 2 OWiG). Die zuvor im OWi-Verfahren entstandenen Gebühren für die Rechtsbeschwerde bleiben dem Verteidiger erhalten. Sie werden – mit Ausnahme der Grundgebühr Nr. 5100 VV – nicht auf die Gebühren des Strafverfahrens angerechnet. Es handelt sich um unterschiedliche Angelegenheiten (§ 17 Nr. 10; vgl. auch Nr. 4130 VV Rn. 7).

3.   Erfasste Tätigkeiten

a)   Allgemeines

9   Alle **nach Einlegung** der Rechtsbeschwerde bis zum Abschluss der Rechtsbeschwerdeinstanz vom Rechtsanwalt **erbrachte Tätigkeiten** gehören zum Rechtsbeschwerdeverfahren und werden durch dessen Verfahrensgebühr erfasst.

10   Im Rechtsbeschwerdeverfahren wird das Betreiben des Geschäfts insbesondere durch die Tätigkeiten bestimmt, die mit der **Begründung** der **Rechtsbeschwerde** zusammenhängen (vgl. dazu BT-Drucks. 15/1971, S. 226 für die Revision). Das sind aber nicht nur das eigentliche Abfassen/Erstellen der Rechtsbeschwerdebegründungsschrift, sondern insbesondere auch die für die **Vorbereitung** der Rechtsbeschwerdebegründung erforderlichen Arbeiten. Dazu zählen vor allem die Prüfung des tatrichterlichen Urteils auf formelle und materielle Fehler (OLG Schleswig, SchlHA 2006, 299 bei Döllel/Dressen für Nr. 4130 VV) und die Prüfung des Protokolls der tatrichterlichen Hauptverhandlung. Abgegolten wird auch die **Stellungnahme** zum Rechtsbeschwerdeantrag der **Generalstaatsanwaltschaft** bzw. der Bundesanwaltschaft. Auch die (allgemeine) **Vorbereitung** eines Rechtsbeschwerdehauptverhandlungstermins wird mit der Verfahrensgebühr honoriert (zur Erfassung der Vorbereitung der Hauptverhandlung durch die Verfahrensgebühr allgemein s. Vorbem. 4 VV Rn. 31 ff.). Das Entstehen der Verfahrensgebühr setzt aber nicht voraus, dass die Revision begründet worden ist. Die Verfahrensgebühr entsteht vielmehr bereits durch die anwaltliche Prüfung und Beratung, ob und ggf. mit welchen Anträgen

Verfahrensgebühr Rechtsbeschwerdeverfahren *Nr. 5113 VV*

die – häufig aus Zeitgründen zunächst nur zur Fristwahrung eingelegte – Revision begründet und weiter durchgeführt werden soll (KG, AGS 2009, 389 = RVGreport 2009, 346 = VRR 2009, 277 = StRR 2009, 399 für Nr. 4130 VV). Im Übrigen gelten die Ausführungen bei Nr. 4130 VV Rn. 12 ff. entsprechend.

b) Katalog der erfassten Tätigkeiten

Folgende (**allgemeine**) **Tätigkeiten** werden von der Verfahrensgebühr nach Nr. 5113 VV erfasst (s. auch Vorbem. 5 VV Rn. 15 ff. und Vorbem. 5.1 VV Rn. 6 ff. und Nr. 4130 VV Rn. 15 ff.): 11

- sog. **Abwicklungstätigkeiten** (vgl. dazu OLG Karlsruhe, AGS 2009, 19 [für das Zivilrecht]),
- (allgemeiner) **Schriftverkehr**,
- **Akteneinsicht**, z.B. zur Vorbereitung einer ggf. stattfindenden Hauptverhandlung,
- **Anhörungsrüge** (§ 19 Abs. 1 Nr. 5; Teil A: Anhörungsrüge [§ 12a]; Rn. 109),
- **allgemeine Beratung** des Mandanten,
- ggf. Beratung über die **Erfolgsaussichten** der Rechtsbeschwerde (s. wegen der Einzelh. Vorbem. 4.1 VV Rn. 24 ff.; s. Teil A: Beratung über die Erfolgsaussicht eines Rechtsmittels [Nrn. 2102 f. VV], Rn. 261),
- **Begründung** der Rechtsbeschwerde,
- **Berichtigungsanträge**, z.B. für Urteil oder Protokoll,
- Beschaffung von **Informationen**, ggf. über Nr. 5100 VV hinaus,
- **Beschwerdeverfahren**, mit Ausnahme der in Vorbem. 5 Abs. 4 VV erwähnten Verfahren (s. Vorbem. 4 VV Rn. 93 ff.; Teil A: Beschwerdeverfahren, Abrechnung, Rn. 371 ff.; aus der Rspr. BGH, NJW 2009, 2682 = MDR 2009, 1193 = StRR 2009, 385; OLG Düsseldorf, AGS 2011, 70 = RVGreport 2011, 22 = StRR 2011, 38 = RVGprofessionell 2001, 53; OLG Hamm, RVGreport 2009, 149 = StRR 2009, 39; AG Hof, AGS 2011, 68 = VRR 2011, 160; AG Sinzig, JurBüro 2008, 249),
- ggf. jetzt noch stattfindende **Besprechungen** mit Verfahrensbeteiligten, wie Gericht, Staatsanwaltschaft,
- **Ergänzungsanträge** für Urteil oder Protokoll,
- **Erinnerungen**, mit Ausnahme der in Vorbem. 5 Abs. 4 VV erwähnten Verfahren,
- (weitere) Information des Rechtsanwalts durch den Mandanten, ggf. über Nr. 5100 VV hinaus,
- **JVA-Besuche**,
- **Kostenfestsetzungsverfahren** (LG Koblenz, JurBüro 2010, 32; für Erinnerungen und Beschwerden gilt allerdings Vorbem. 5 Abs. 4 VV (vgl. dazu Vorbem. 4 VV Rn. 93 ff.),
- **Nachholung** des rechtlichen Gehörs
- **Rücknahme** der Rechtsbeschwerde,
- Tätigkeiten im Rahmen einer beabsichtigten **Einstellung** des Verfahrens, z.B. nach § 47 Abs. 2 OWiG,
- Tätigkeiten im Zulassungsverfahren,

Nr. 5113 VV   *Verfahrensgebühr Rechtsbeschwerdeverfahren*

- **Überprüfung** des amtsgerichtlichen Urteils,
- (außergerichtliche und gerichtliche) **Termine**, soweit sie nicht von Nr. 5115 VV erfasst werden,
- (allgemeine) Vorbereitung der Rechtsbeschwerdehauptverhandlung,
- **Wiedereinsetzungsanträge**.

> **Hinweis:**
> Unterabschnitt 4 enthält keine Regelung für (in der Praxis in diesem Verfahrensstadium sehr seltene) **Termine außerhalb** der **Hauptverhandlung** (vgl. dazu für den ersten Rechtszug Vorbem. 5.1.3 Abs. 2 VV). Die Teilnahme an solchen Terminen wird daher durch die Verfahrensgebühr mit abgegolten (s. auch AnwKomm-RVG/N. Schneider, VV 5113 – 5114 Rn. 15).

III. Persönlicher Abgeltungsbereich

12 Die Verfahrensgebühr steht sowohl dem **Wahlanwalt** als auch dem Pflichtverteidiger zu sowie auch dem sonstigen Vertreter oder Beistand eines Verfahrensbeteiligten (vgl. dazu Vorbem. 5 VV Rn. 12 ff.).

13 **Überträgt** der **Verteidiger** die **Vertretung** in der Rechtsbeschwerdehauptverhandlung einem anderen Rechtsanwalt als Einzeltätigkeit, erhält dieser für seine Tätigkeit(en) allerdings nicht auch eine Verfahrensgebühr nach Nr. 5113 VV, sondern nur nach Nr. 5200 VV. Wird der Rechtsanwalt, dem die Verteidigung übertragen wird, jedoch (auch) zum Verteidiger bestellt, steht ihm dann die Verfahrensgebühr nach Nr. 5113 VV zu (zum Anfall der Grundgebühr s. Nr. 4100 VV Rn. 8). Allerdings ist auf diese nach Nr. 5200 Anm. 3 VV die Verfahrensgebühr der Nr. 5200 VV anzurechnen.

> **Hinweis:**
> Auch hier gilt für die Abgrenzung der Einzeltätigkeit vom vollen Auftrag: **I.d.R.** erhält der Rechtsanwalt den **vollen Auftrag** (vgl. u.a. KG, StraFo 2005, 439 = RVGreport 2005, 341; StraFo 2007, 41 = AGS 2006, 329; OLG Schleswig, StV 2006, 206 = RVGreport 2005, 70 = AGS 2005, 120 für die Abgrenzung beim Zeugenbeistand).

IV. Höhe der Verfahrensgebühr

1. Allgemeines

14 Der **Gebührenrahmen** im Rechtsbeschwerdeverfahren ist gegenüber dem erstinstanzlichen Verfahren vor dem AG **angehoben**.

2. Wahlanwalt

15 Der **Wahlanwalt** erhält eine **Betragsrahmengebühr** i.H.v. 70,00 € – 470,00 €. Die Mittelgebühr beträgt 270,00 €.

16 Bei der Bemessung der Höhe der Gebühr sind über § 14 die **Besonderheiten** des **Einzelfalls** zu berücksichtigen (vgl. dazu BT-Drucks. 15/1971, S. 222 zu Nr. 4100 VV). Die Höhe der Gebühr ist abhängig von den erbrachten Tätigkeiten. Insoweit kann auf Nr. 4130 VV Rn. 17 ff. verwiesen werden (s. im Übrigen auch Vorbem. 5 VV Rn. 18 ff.). Von Bedeutung für die Bemessung der Ge-

Verfahrensgebühr Rechtsbeschwerdeverfahren   *Nr. 5113 VV*

bühr kann insbesondere auch sein, ob sich der Mandant ggf. nicht auf freiem Fuß befunden hat, da das Bußgeldverfahren einen Zuschlag dafür nicht vorsieht. Das RVG unterscheidet – ebenso wie im Teil 4 VV im Strafverfahren bei der Revision – nicht, ob das Rechtsbeschwerdeverfahren beim OLG oder beim BGH durchgeführt wird. Die Frage der Zuständigkeit hat für die Bemessung der Gebühr keine Bedeutung (vgl. dazu Nr. 4130 VV Rn. 16).

3. Gerichtlich bestellter oder beigeordneter Rechtsanwalt

Der **Pflichtverteidiger** erhält einen Festbetrag i.H.v. 216,00 €.   17

> **Hinweis:**   18
> Wegen einer **Pauschgebühr** gilt § 42 bzw. § 51. Diese kann insbesondere dann in Betracht kommen, wenn der Rechtsanwalt eine ganz besonders umfangreiche Rechtsbeschwerdebegründung gefertigt hat (vgl. zur Revisionsbegründung OLG Hamm, StraFo 2003, 66 = JurBüro 2003, 139 = StV 2004, 94).

V. Zusätzliche Gebühr

Zusätzlich zu der Verfahrensgebühr kann der Rechtsanwalt auch im Rechtsbeschwerdeverfahren die **Wertgebühr** Nr. 5116 VV verdienen, wenn er für den Mandanten „bei Einziehung und verwandten Maßnahmen" (§ 87 OWiG) tätig geworden ist. Die Ausführungen bei Nr. 5107 VV Rn. 16 gelten entsprechend. Entstehen kann außerdem die Nr. 5151 VV.   19

VI. Kostenerstattung

Über die **Kosten** des **Rechtsbeschwerdeverfahrens** wird nach § 79 Abs. 3 OWiG, § 473 Abs. 1 bis 4 StPO bzw. i.V.m. § 84 GWB entschieden. Soweit das OLG bzw. der BGH das angefochtene Urteil aufhebt und den Betroffenen freispricht, sind die Kosten einschließlich der notwendigen Auslagen gem. § 467 Abs. 1 StPO der Staatskasse aufzuerlegen. Wird die Rechtsbeschwerde verworfen, trägt der Betroffene gem. § 473 Abs. 1 StPO die Kosten des Verfahrens einschließlich seiner notwendigen Auslagen. Im Übrigen kann auf die Ausführungen zu Nr. 4124 VV Rn. 23 ff., die entsprechend gelten, verwiesen werden.   20

Nr. 5114 VV
Terminsgebühr Rechtsbeschwerdeverfahren

Nr.	Gebührentatbestand	Gebühr oder Satz der Gebühr nach § 13 oder § 49 RVG	
		Wahlanwalt	gerichtlich bestellter oder beigeordneter Rechtsanwalt
5114	Terminsgebühr je Hauptverhandlungstag	70,00 bis 470,00 EUR	216,00 EUR

Übersicht

	Rn.
A. Überblick	1
B. Kommentierung	3
I. Allgemeines	3
II. Abgeltungsbereich der Terminsgebühr	4
1. Entstehen der Terminsgebühr	4
2. Persönlicher Abgeltungsbereich	5
III. Höhe der Terminsgebühr	6
1. Wahlanwalt	6
2. Gerichtlich bestellter oder beigeordnete Rechtsanwalt	9
IV. Zusätzliche Gebühr	11
V. Kostenerstattung	12

Literatur:

Burhoff, Die neue Terminsgebühr im Strafverfahren, RVGreport 2004, 177; ***ders.***, Abrechnungsbeispiele zum RVG Revisionsinstanz, RVGreport 2006, 250; ***ders.***, Die Terminsgebühr im Straf- bzw. Bußgeldverfahren, RVGreport 2010, 3; s. auch die Hinweise bei Vorbem. 4 VV vor Rn. 1 und bei Vorbem. 5 VV vor Rn. 1.

A. Überblick

1 Nr. 5114 VV bestimmt die Terminsgebühr, die für das Bußgeldverfahren allgemein in Vorbem. 5 Abs. 3 VV geregelt ist (vgl. wegen der allgemeinen Einzelh. daher Vorbem. 5 VV Rn. 26 ff. und Vorbem. 4 VV Rn. 56 ff.), für die **Teilnahme** des Rechtsanwalts an der **Hauptverhandlung** im Rechtsbeschwerdeverfahren, sofern dort ein solcher gerichtlicher Termin stattfindet. Das ist in der Praxis wegen der gesetzlichen Regelung in § 79 Abs. 5, 6 OWiG allerdings nur selten der Fall.

2 **Hinweis:**

Soweit durch die Mitwirkung des Rechtsanwalts die Rechtsbeschwerdehauptverhandlung entbehrlich geworden ist, z.B. durch **Rücknahme** der Rechtsbeschwerde, ist dieser Fall in Nr. 5115 Anm. 1 Ziff. 4 VV ebenso wie im Strafverfahren für die Rücknahme der Revision geregelt (vgl. Nr. 5115 VV Rn. 33 ff.). Der Rechtsanwalt erhält dann ggf. eine zusätzliche Verfahrensgebühr Nr. 5115 VV.

Terminsgebühr Rechtsbeschwerdeverfahren *Nr. 5114 VV*

B. Kommentierung

I. Allgemeines

Der Rechtsanwalt erhält die Terminsgebühr Nr. 5114 VV für die **Teilnahme** an der Hauptverhandlung im Rechtsbeschwerdeverfahren. Diese Terminsgebühr unterscheidet sich von den Terminsgebühren für den ersten Rechtszug nur dadurch, dass sie im Verfahren über die Rechtsbeschwerde entsteht und durch die Höhe der Gebühr. Im Übrigen besteht kein Unterschied, sodass auf die Ausführungen bei den erstinstanzlichen Terminsgebühren, insbesondere also bei Nr. 5108 VV sowie bei Nr. 4108 VV, verwiesen werden kann. Diese gelten entsprechend. 3

II. Abgeltungsbereich der Terminsgebühr

1. Entstehen der Terminsgebühr

Für das Entstehen der Terminsgebühr gelten die Ausführungen bei der Terminsgebühr im strafverfahrensrechtlichen Revisionsverfahren entsprechend (s. dazu Nr. 4132 VV Rn. 4 ff.). 4

2. Persönlicher Abgeltungsbereich

Zum persönlichen Abgeltungsbereich s. die Ausführungen zu Nr. 5113 VV Rn. 12 f. und Vorbem. 5 VV Rn. 12 ff. 5

III. Höhe der Terminsgebühr

1. Wahlanwalt

Der **Wahlanwalt** erhält eine **Betragsrahmengebühr** i.H.v. 70,00 € – 470,00 €. Die Mittelgebühr beträgt 270,00 €. Anders als bei der Terminsgebühr für die strafverfahrensrechtliche Revisionshauptverhandlung nach Nr. 4132 VV ist der Betragsrahmen gegenüber der Verfahrensgebühr nicht abgesenkt (vgl. zu Nr. 4132 VV die Gesetzesbegründung in BT-Drucks. 15/1971, S. 226). 6

Bei der Bemessung der Höhe der Gebühr sind über § 14 die **Besonderheiten** des jeweiligen **Einzelfalls** zu berücksichtigen. Insoweit wird auf die entsprechend anwendbaren Ausführungen bei Nr. 4132 VV Rn. 14 ff. und bei Nr. 5113 VV Rn. 16 verwiesen. Da der Betragsrahmen – anders als bei der Revision im Strafverfahren – gegenüber der Verfahrensgebühr nicht unter Hinweis auf die in der Praxis nur geringe Dauer der Hauptverhandlung gesenkt ist (vgl. dazu bei der Revision BT-Drucks. 15/1971, S. 226), kann bei Nr. 5114 VV eine ggf. nur geringe Dauer der Rechtsbeschwerdehauptverhandlung zur Bestimmung der konkreten Höhe der Gebühr herangezogen werden. 7

Wegen einer **Pauschgebühr** ist auf § 42 zu verweisen. 8

2. Gerichtlich bestellter oder beigeordnete Rechtsanwalt

Der gerichtlich bestellte oder beigeordnete Rechtsanwalt, also i.d.R. der **Pflichtverteidiger**, erhält einen Festbetrag i.H.v. 216,00 €. Darauf erhält er bei besonders langen Hauptverhandlungen **keine Zuschläge**. 9

Wegen einer **Pauschgebühr** ist hier auf § 51 zu verweisen. 10

Nr. 5114 VV   *Terminsgebühr Rechtsbeschwerdeverfahren*

IV. Zusätzliche Gebühr

11   Zusätzlich zu der Terminsgebühr kann der Rechtsanwalt auch die Wertgebühr Nr. 5116 VV verdienen, wenn er für den Mandanten im Hinblick auf „**Einziehung** oder verwandte Maßnahmen" tätig geworden ist. Die Ausführungen zu Nr. 5108 VV Rn. 15 gelten entsprechend. Zur zusätzlichen Gebühr Nr. 5115 VV s.o. Rn. 2.

V. Kostenerstattung

12   Wegen der Kostenerstattung wird auf die Ausführungen zu Nr. 5113 VV Rn. 20 **verwiesen**.

Unterabschnitt 5
Zusätzliche Gebühren

Vorbemerkung

Teil 5 Abschnitt 1 Unterabschnitt 5 VV ist überschrieben mit „Zusätzliche Gebühren". Gemeint sind damit – z.T. wie im Strafverfahren (vgl. dort Teil 4 Abschnitt 1 Unterabschnitt 5 VV) – die zusätzliche Verfahrensgebühr/**Befriedungsgebühr** (Nr. 5115 VV) und die „**Verfahrensgebühr bei Einziehung** und verwandten Maßnahmen" (Nr. 5116 VV). **1**

> **Hinweis:** **2**
>
> Die in Teil 5 Abschnitt 1 Unterabschnitt 5 VV aufgeführten „Zusätzlichen Gebühren" erhält der Rechtsanwalt – ebenso wie im Strafverfahren – **zusätzlich** zu den ihm im Übrigen zustehenden Verfahrens- und Terminsgebühren. Es findet **keine Anrechnung** statt.

Nr. 5115 VV Gebühr bei Entbehrlichkeit der Hauptverhandlung durch anwaltliche Mitwirkung

Nr.	Gebührentatbestand	Gebühr oder Satz der Gebühr nach § 13 oder § 49 RVG	
		Wahlanwalt	gerichtlich bestellter oder beigeordneter Rechtsanwalt
5115	**Durch die anwaltliche Mitwirkung wird das Verfahren vor der Verwaltungsbehörde erledigt oder die Hauptverhandlung entbehrlich:** Zusätzliche Gebühr (1) Die Gebühr entsteht, wenn 1. das Verfahren nicht nur vorläufig eingestellt wird oder 2. der Einspruch gegen den Bußgeldbescheid zurückgenommen wird oder 3. der Bußgeldbescheid nach Einspruch von der Verwaltungsbehörde zurückgenommen und gegen einen neuen Bußgeldbescheid kein Einspruch eingelegt wird oder 4. sich das gerichtliche Verfahren durch Rücknahme des Einspruchs gegen den Bußgeldbescheid oder der Rechtsbeschwerde des Betroffenen oder eines anderen Verfahrensbeteiligten erledigt; ist bereits ein Termin zur Hauptverhandlung bestimmt, entsteht die Gebühr nur, wenn der Einspruch oder die Rechtsbeschwerde früher als zwei Wochen vor Beginn des Tages, der für die Hauptverhandlung vorgesehen war, zurückgenommen wird, oder 5. das Gericht nach § 72 Abs. 1 Satz 1 OWiG durch Beschluss entscheidet.	in Höhe der jeweiligen Verfahrensgebühr	

Gebühr bei Entbehrlichkeit der Hauptverhandlung durch anwaltliche Mitwirkung   Nr. 5115 VV

(2) Die Gebühr entsteht nicht, wenn eine auf die Förderung des Verfahrens gerichtete Tätigkeit nicht ersichtlich ist.

(3) Die Höhe der Gebühr richtet sich nach dem Rechtszug, in dem die Hauptverhandlung vermieden wurde. Für den Wahlanwalt bemisst sich die Gebühr nach der Rahmenmitte.

Übersicht

	Rn.
A. Überblick	1
B. Kommentierung	3
I. Allgemeines	3
1. Sinn und Zweck der Nr. 5115 VV	3
2. Anwendbarkeit der Nr. 5115 VV	5
3. Nr. 5115 VV nach vorangegangenem Strafverfahren	6
II. Persönlicher Geltungsbereich	8
III. Anwaltliche Mitwirkung (Anm. 1, 2)	9
IV. Fälle der zusätzlichen Gebühr	11
1. Nicht nur vorläufige Einstellung des Verfahrens (Anm. 1 Nr. 1)	11
a) Allgemeines	11
b) Begriff der Einstellung	12
c) Mitwirkung des Verteidigers	15
d) Anwendung in den einzelnen Verfahrensstadien	16
2. Rücknahme des Einspruchs gegen den Bußgeldbescheid (Anm. 1 Nr. 2)	18
a) Geltungsbereich	18
b) Begriff der Rücknahme	19
c) Mitwirkung des Verteidigers	20
d) Rücknahmezeitpunkt	21
3. Kein Einspruch gegen neuen Bußgeldbescheid (Anm. 1 Nr. 3)	22
a) Allgemeines	22
b) Mitwirkung des Verteidigers	23
c) Kein neuer Einspruch	24
d) Entsprechende Anwendung der Nr. 5115 Anm. 1 Nr. 3 VV	25
4. Rücknahme des Einspruchs gegen den Bußgeldbescheid im gerichtlichen Verfahren (Anm. 1 Nr. 4)	29
a) Allgemeines	29
b) Begriff der Rücknahme	30
c) Mitwirkung des Verteidigers	31
d) Rücknahmezeitpunkt	32
5. Rücknahme der Rechtsbeschwerde (Anm. 1 Nr. 4)	33
a) Allgemeines	33
b) Begriff der Rücknahme	34
c) Mitwirkung des Verteidigers	35
d) Rücknahmezeitpunkt	36
e) Weitere Voraussetzungen	37
f) Wiedereinsetzung in den vorigen Stand/vorsorgliche Rechtsbeschwerde	38
6. Entscheidung im Beschlussverfahren nach § 72 OWiG (Anm. 1 Nr. 5)	39
a) Allgemeines	39
b) Unterlassen des Widerspruchs	40

Nr. 5115 VV   Gebühr bei Entbehrlichkeit der Hauptverhandlung durch anwaltliche Mitwirkung

	c) Mitwirkung des Verteidigers	42
V.	Gebührenhöhe (Anm. 3)	43
	1. Allgemeines	43
	2. Festgebühr für den Wahlanwalt	48
	3. Gerichtlich bestellter oder beigeordneter Rechtsanwalt	49
VI.	Kosten(erstattung)	50

Literatur:

Burhoff, Die „Befriedungsgebühr" des § 84 Abs. 2 BRAGO, RENOpraxis 2003, 23; *ders.*, Befriedungs-/Erledigungsgebühr Nr. 4114 VV RVG, RVGreport 2005, 248; *ders.*, Sind die Befriedungsgebühren Nr. 4141 VV RVG bzw. 5115 VV RVG Festgebühren?, RVGreport 2005, 401; *ders.*, Strafverfahren und anschließendes Bußgeldverfahren sind verschiedene Angelegenheiten, RVGreport 2007, 161; *ders.*, Drei Streitfragen zum Begriff der Angelegenheiten im Straf-/Bußgeldverfahren, VRR 2009, 133; *ders.*, Was Sie zu Nr. 4141 VV RVG und Nr. 5115 VV RVG wissen sollten, RVGprofessionell 2010, 47; *ders.*, Fragen aus der Praxis zu aktuellen Gebührenproblemen in Straf- und Bußgeldverfahren, RVGreport 2010, 362; *ders.*, Eine zusätzliche Gebühr nach Nr. 4141 VV RVG oder Nr. 5115 VV RVG entsteht auch dann, wenn schon eine Hauptverhandlung stattgefunden hat, diese ausgesetzt wird und danach ein Neubeginn der Hauptverhandlung durch anwaltliche Mitwirkung vermieden wird – Anmerkung zu AG München, Urteil v. 9. 9. 2011 – 155 C 5938/10 – JurBüro 2011, 26 m. Anm. *Mack*, JurBüro 2011, 287; *Burhoff/Schneider*, Wie berechnet sich die zusätzliche Gebühr der Nr. 4141 VV bei Einstellung im vorbereitenden Verfahren? AGS 2005, 434; *Enders*, Anwendbarkeit des § 84 Abs. 2 BRAGO, wenn Rücknahme des Einspruchs erfolgt, bevor Hauptverhandlungstermin bestimmt war, JurBüro 1996, 281; *ders.*, Zusätzliche Gebühren nach den Nrn. 4141 oder 5115 VV RVG auch dann, wenn die Einstellung erst nach dem ersten Hauptverhandlungstermin erfolgt?, JurBüro 2006, 449; *Jungbauer*, Zusätzliche Verfahrensgebühr in Straf- und Bußgeldsachen, DAR-Extra 2008, 757; *Kotz*, Befriedungsgebühr (Nrn. 4141, 5115 VV RVG) bei Doppeleinstellungen von Straf- und dann Ordnungswidrigkeiten Verfahren – causa finita? – Zugleich Besprechung von BGH, Urteil vom 5. 11. 2009 – IX ZR 237/08 – JurBüro 2010, 132, JurBüro 2010, 228; *Madert*, Die Anwendung des § 84 Abs. 2 in Straf- und Bußgeldsachen, AGS 2000, 214, 237; *Schneider*, Verteidigergebühren bei Einstellung und Einspruchsrücknahme nach der Hauptverhandlung, AGS 2000, 21; *ders.*, Prüfung der Erfolgsaussichten eines Einspruchs gegen den einen Strafbefehl, BRAGOreport 2001, 38; *ders.*, Die zusätzliche Verfahrensgebühr der Nr. 4141 VV RVG im Privatklageverfahren, RVG-B 2005, 156; *ders.*, Das vergessene schriftliche Verfahren in Strafsachen. Analoge Anwendung der Nr. 4141 VV-RVG?, AnwBl. 2006, 274; *ders.*, Zusätzliche Gebühr bei Rücknahme des Strafbefehls und Neuerlass, AGS 2006, 416; *ders.*, Die zusätzlichen Gebühren in Straf- und Bußgeldsachen nach den Nrn. 4141 und 5115 VV RVG, ZAP Fach 24, S. 1073; *ders.*, Berechnung der sog. „Zwei-Wochen-Frist" bei Rücknahme eines Einspruchs oder eines Rechtsmittels in Straf- und Bußgeldsachen, DAR 2007, 671; *ders.*, Zusätzliche Gebühr auch bei Verweisung auf den Privatklageweg, Anwaltsgebühren-Kompakt 2009, 28; *Volpert*, Zusätzliche Gebühr gem. § 84 BRAGO bei Tätigkeit nach ausgesetzter Hauptverhandlung, BRAGOprofessionell 2003, 177.

A. Überblick

1   Die Nr. 5115 VV enthält die sog. **Befriedungsgebühr** für das Bußgeldverfahren. Sinn und Zweck der Vorschrift ist es, auch im Bußgeldverfahren intensive und zeitaufwendige Tätigkeiten des Verteidigers, die zu einer Vermeidung der Hauptverhandlung und damit beim Verteidiger zum Verlust der (halben) Hauptverhandlungsgebühr geführt haben, während durch die Vermeidung der Hauptverhandlung die Justiz und die Staatskasse entlastet werden, gebührenrechtlich zu honorieren (vgl. im Übrigen Nr. 4141 VV Rn. 1).

2   Auch Nr. 5115 VV gewährt dem Rechtsanwalt in den genannten Fällen nicht mehr nur eine Erhöhung des Gebührenrahmens der Gebühren (vgl. früher §§ 105, 84 Abs. 1 BRAGO), sondern billigt ihm nun eine **zusätzliche Gebühr** i.H.d. jeweiligen (gerichtlichen) Verfahrensgebühr zu.

Gebühr bei Entbehrlichkeit der Hauptverhandlung durch anwaltliche Mitwirkung   Nr. 5115 VV

B. Kommentierung

I. Allgemeines

1. Sinn und Zweck der Nr. 5115 VV

Nr. 5115 VV **entspricht** weitgehend **Nr. 4141 VV**. 3

> **Hinweis:**
> Die **Ausführungen** zu **Nr. 4141 VV** gelten **entsprechend** und können zur Auslegung und Erläuterung der bußgeldrechtlichen Befriedungsgebühr ergänzend herangezogen werden.

Die Nr. 5115 VV verfolgt das **Ziel**, ggf. **intensive** und **zeitaufwendige Mitwirkung** des Verteidigers, die dazu führt, dass eine Hauptverhandlung entbehrlich wird, zu **honorieren** (zum Sinn und Zweck der Nr. 5115 VV s. auch AnwKomm-RVG/N. Schneider, VV 5115 Rn. 2 ff. und Nr. 4141 VV Rn. 3). Der Verteidiger verliert durch solche Tätigkeiten nämlich (s)eine Terminsgebühr. Nr. 5115 VV will durch die zusätzliche Gebühr daher einen Anreiz schaffen, sich trotz der Gebühreneinbuße dennoch um eine möglichst frühzeitige Erledigung des Verfahrens ohne Hauptverhandlung zu bemühen. Die Vorschrift dient also insbesondere auch der **Entlastung der Gerichte**. Das gilt vor allem für den Fall der Rücknahme des Einspruchs gegen den Bußgeldbescheid und die neu in das RVG aufgenommene Anm. 1 Nr. 3. 4

2. Anwendbarkeit der Nr. 5115 VV

Nr. 5115 VV hat die **Regelung** der **§§ 105, 84 Abs. 2 BRAGO weitgehend übernommen**: 5

> **Hinweis:**
> Diese weitgehende Übereinstimmung mit dem früheren Rechtszustand bedeutet, dass die dazu vorliegende **Literatur** und **Rechtsprechung** auch im Bußgeldverfahren **weiterhin Geltung** hat (vgl. wegen weiterer Literatur-Hinweise über die o.a. hinaus AnwKomm-RVG/N. Schneider, VV 5115 Rn. 1).

Allgemein gilt daher im Wesentlichen (nach wie vor):

- Erforderlich für das Entstehen der Gebühr ist eine **anwaltliche Mitwirkung** (vgl. dazu Rn. 9).
- Die Gebühr kann **sowohl** im Verfahren vor der **Verwaltungsbehörde**, im **Verwarnungsverfahren**, im **Zwischenverfahren** als auch im **gerichtlichen Verfahren** des ersten Rechtszugs beim AG oder beim OLG oder im Verfahren über die Rechtsbeschwerde, wozu nach § 16 Nr. 13 auch das Zulassungsverfahren gehört, entstehen (vgl. zum Verwarnungsverfahren Teil A: Verwarnungsverfahren, Abrechnung, Rn. 1620 ff.; zum Rechtsbeschwerdezulassungsverfahren vgl. Teil 5 Unterabschnitt 4 Rn. 3).
- Die Gebühr entsteht ggf. auch noch nach **Zurückverweisung** (§ 21 Abs. 1; Teil A: Zurückverweisung [§ 21], Rn. 1687) und im wiederaufgenommenen Verfahren, wenn das Verfahren dann noch eingestellt wird (vgl. auch AnwKomm-RVG/N. Schneider, VV 5115 Rn. 17). Im Wiederaufnahmeverfahren scheidet sie tatbestandlich aus (AnwKomm-RVG/N. Schneider, VV 5115 Rn. 9; vgl. aber LG Dresden, StraFo 2006, 475 und Nr. 4138 VV Rn. 11).
- Die Gebühr entsteht, wenn das Verfahren **nicht nur vorläufig eingestellt** wird (vgl. dazu Rn. 12).

Nr. 5115 VV   Gebühr bei Entbehrlichkeit der Hauptverhandlung durch anwaltliche Mitwirkung

- Die Gebühr entsteht, wenn der **Einspruch** gegen den Bußgeldbescheid im Verfahren vor der Verwaltungsbehörde **zurückgenommen** wird (vgl. dazu Rn. 18).
- Die Gebühr entsteht, wenn der Bußgeldbescheid nach einem Einspruch von der Verwaltungsbehörde zurückgenommen und **gegen** einen **neuen Bußgeldbescheid nicht** wieder **Einspruch** eingelegt wird (vgl. Rn. 23).
- Die Gebühr entsteht, wenn sich das gerichtliche Verfahren durch (rechtzeitige) **Rücknahme** des **Einspruchs** gegen den Bußgeldbescheid oder die **Rechtsbeschwerde** erledigt (Rn. 25).
- Die Gebühr entsteht auch, wenn das AG im **Beschlussverfahren** nach § 72 Abs. 1 Satz 1 OWiG entscheidet (vgl. dazu Rn. 35).

3.   Nr. 5115 VV nach vorangegangenem Strafverfahren

6   Nr. 5115 VV entsteht **auch**, wenn zuvor wegen derselben Tat ein **Strafverfahren stattgefunden** hat, das eingestellt worden ist (zur [Streit-]Frage, ob dann im Strafverfahren zuvor auch die Nr. 4141 VV entsteht vgl. Nr. 4141 VV Rn. 17 m.w.N. aus der Rspr.). Nach § 17 Nr. 10 sind Strafverfahren und sich anschließendes Bußgeldverfahren unterschiedliche Angelegenheiten (vgl. Teil A: Angelegenheiten [§§ 15 ff.], Rn. 87; Burhoff, RVGreport 2007, 161 und VRR 2009, 133), was zur Folge hat, dass in jeder Angelegenheit eigenständige Gebühren entstehen (können).

7   *Beispiel:*

Der Beschuldigte B hat infolge falschen Überholens einen Verkehrsunfall verursacht. Nach dem Unfall hat er sich vom Unfallort entfernt. Das Verfahren wird zunächst auch wegen des Vorwurfs des unerlaubten Entfernens vom Unfallort nach § 142 StGB geführt. Die Ermittlungen ergeben jedoch, dass dem Beschuldigten ein Schuldvorwurf insoweit nicht gemacht werden kann. Die Staatsanwaltschaft stellt das Verfahren ein und gibt es wegen des Verstoßes gegen § 5 StVO an die Verwaltungsbehörde ab. B ist von Anfang an von Rechtsanwalt R vertreten worden.

Die Verwaltungsbehörde setzt gegen den Betroffenen im OWi-Verfahren nach lfd. Nr. 17 BKat eine Geldbuße von 100,00 € fest. Rechtsanwalt R legt Einspruch ein. Es gelingt ihm, die Verwaltungsbehörde davon zu überzeugen, dass der Verstoß nicht außerorts, sondern innerorts begangen wurde. Die Verwaltungsbehörde nimmt den Bußgeldbescheid daraufhin zurück und erlässt einen neuen mit der Festsetzung einer Geldbuße von nur 30,00 € (lfd. Nr. 16 BKat). Gegen diesen legt R nicht noch einmal Einspruch ein.

Berechnung der Gebühren	Wahlanwalt	Pflichtverteidiger
Tätigkeit im Strafverfahren		
Grundgebühr Nr. 4100 VV	165,00 €	132,00 €
Verfahrensgebühr Nr. 4104 VV	140,00 €	112,00 €
Befriedigungsgebühr Nr. 4141 Anm. 1 Ziff. 1 VV		
i.V.m. Nr. 4104 VV (vgl. dazu Nr. 4141 Rn. 17)	140,00 €	112,00 €
Postentgeltpauschale Nr. 7002 VV	20,00 €	20,00 €
Tätigkeit im Bußgeldverfahren nach Abgabe an die Verwaltungsbehörde		
Verfahrensgebühr Nr. 5103 VV		
(Verfahren vor der Verwaltungsbehörde)	135,00 €	108,00 €

	A. Vergütungs-ABC	B. Kommentar
		Teil 5 • Bußgeldsachen • Abschnitt 1 • Unterabschnitt 5

Gebühr bei Entbehrlichkeit der Hauptverhandlung durch anwaltliche Mitwirkung   Nr. 5115 VV

Verfahrensgebühr Nr. 5115 Anm. 1 Ziff. 3 VV		
i.V.m. Nr. 5107 VV (vgl. dazu Rn. 43 ff.)	55,00 €	44,00 €
Postentgeltpauschale Nr. 7002 VV	<u>20,00 €</u>	<u>20,00 €</u>
Anwaltsvergütung netto:	**675,00 €**	**548,00 €**

II. Persönlicher Geltungsbereich

Die Gebühr Nr. 5115 VV entsteht für den **Wahlanwalt** und den gerichtlich bestellten oder beigeordneten **(Pflicht-)Verteidiger**. Im Fall der Nr. 5115 Anm. 1 Ziff. 4 VV gilt die Vorschrift auch für die Rücknahme der Rechtsbeschwerde durch einen Nebenbeteiligten. Für diesen gelten nach Vorbem. 5 Abs. 1 VV die Vorschriften des Teil 5 VV entsprechend.   8

III. Anwaltliche Mitwirkung (Anm. 1, 2)

Voraussetzung für das Entstehen der zusätzlichen Verfahrensgebühr ist, dass sich durch die „anwaltliche Mitwirkung" das Verfahren vor der Verwaltungsbehörde erledigt oder die Hauptverhandlung entbehrlich wird. Insoweit gelten die Ausführungen zu Nr. 4141 VV Rn. 6 ff. entsprechend. Der **Grad** der anwaltlichen **Mitwirkung** ist im Bußgeldverfahren – ebenso wie im Strafverfahren – **unerheblich**, insbesondere reicht es aus, wenn eine in einem zuvor durchgeführten Strafverfahren bzw. in einem vorherigen Verfahrensabschnitt des Bußgeldverfahrens abgegebene Einlassung **fortwirkt** und (auch) zur (späteren) Einstellung des Bußgeldverfahrens führt (BGH, AGS 2008, 491 = RVGreport 2008, 431 = JurBüro 08, 639 = DAR 2009, 56 m. Anm. N. Schneider = StRR 2009, 77 m. zust. Anm. Burhoff; OLG Stuttgart, AGS 2010, 202 = RVGreport 2010, 263 = VRR 2010, 320 = StRR 2010, 440; LG Hamburg, AGS 2008, 59 = DAR 2008, 611; LG Köln, AGS 2007, 351 = StraFo 2007, 305; LG Stralsund, AGS 2005, 442 = RVGreport 2005, 272; LG Trier, StraFo 2007, 306; AG Zossen, AGS 2009, 72 = RVGreport 2009, 188 = RVGprofessionell 2009, 77 = VRR 2009, 200). Die **Umkehr** der **Darlegungs-** und **Beweislast** hinsichtlich der Mitwirkung gilt ebenfalls.   9

Die Tätigkeit des Rechtsanwalts muss auch **nicht ursächlich** für die Einstellung oder die Rücknahme des Rechtsmittels gewesen sein. Es reicht jede auf die Förderung der Erledigung des Verfahrens gerichtete Tätigkeit aus (vgl. zutreffend BGH, AGS 2008, 491 = RVGreport 2008, 431 = JurBüro 08, 639 = DAR 2009, 56 m. Anm. N. Schneider = StRR 2009, 77 m. zust. Anm. Burhoff; OLG Stuttgart, AGS 2010, 202 = RVGreport 2010, 263 = VRR 2010, 320 = StRR 2010, 440; LG Kiel, RVGreport 2007, 24 = AGS 2007, 140 = zfs 2007, 106; a.A. KG, RVGprofessionell 2007, 79 m.w.N. [mitursächlich]; wegen weiterer Nachweise s. Nr. 4141 VV Rn. 11; vgl. jetzt aber AGS 2011, 128 m. teilw. abl. Anm. N. Schneider = VRR 2011, 118 = StRR 2011, 199, jew. m. Anm. Burhoff). So genügt das Einlegen des Einspruchs und dessen Begründung verbunden mit einem Einstellungsantrag, wenn das Verfahren dann später nach § 47 OWiG eingestellt wird (LG Kiel, a.a.O). Nicht ausreichend ist es jedoch, wenn das Verfahren ausschließlich von Amts wegen eingestellt (AG Viechtach, AGS 2006, 289 m. zust. Anm. N. Schneider für Einlegung des Einspruchs ohne Begründung; ähnlich AG Hamburg-Barmbek, VRR 2011, 199) oder nur Akteneinsicht beantragt wird (AG Hamburg-Barmbek, a.a.O.). **Ausreichend** ist aber auch der Hinweis des Rechtsanwalts auf ein **Verfahrenshindernis** (vgl. LG Düsseldorf, AGS 2010, 599 m. zust. Anm. N. Schneider = VRR 2010, 440 = RVGprofessionell 2010, 212 für den Hinweis auf ein Beweisverwertungsverbot). Das gilt auch für den Hinweis auf den Eintritt der Verfolgungs-   10

Teil 5 • Bußgeldsachen • Abschnitt 1 • Unterabschnitt 5

Nr. 5115 VV   Gebühr bei Entbehrlichkeit der Hauptverhandlung durch anwaltliche Mitwirkung

verjährung (unzutreffend a.A. AG Köln, AGS 2010, 75 = JurBüro 2010, 137, das davon ausgeht, dass die Anwaltstätigkeit nicht kausal sei, weil es dieses Hinweises nämlich i.d.R. nicht bedürfe, da die Verjährungsfristen den Bußgeldbehörden grds. bekannt seien).

> **Hinweis:**
> Der Verteidiger sollte es sich zur Gewohnheit machen, seine erste Eingabe im Bußgeldverfahren immer mit einem (begründeten) **Einstellungsantrag** zu verbinden. Dann ist, insbesondere, wenn der Einstellungsantrag auch noch begründet wird, seine Mitwirkung an einer späteren Einstellung nur schwer zu widerlegen.

IV. Fälle der zusätzlichen Gebühr

1. Nicht nur vorläufige Einstellung des Verfahrens (Anm. 1 Nr. 1)

a) Allgemeines

11   Nr. 5115 Anm. 1 Nr. 1 VV regelt den Fall der **nicht nur vorläufigen** Einstellung des Bußgeldverfahrens.

b) Begriff der Einstellung

12   Nr. 5115 Anm. 1 Nr. 1 VV setzt ebenso wie Nr. 4141 Anm. 1 Nr. 1 VV eine nicht nur vorläufige Einstellung des Verfahrens voraus. Die Ausführungen bei Nr. 4141 VV Rn. 13 ff. gelten entsprechend. Gemeint ist also auch im OWi-Verfahren **nicht** eine **prozessual endgültige Einstellung**, sondern diejenige, bei der Verwaltungsbehörde oder Gericht subjektiv von einer endgültigen Einstellung ausgegangen sind.

13   Nr. 5115 Anm. 1 Nr. 1 VV **findet** daher **Anwendung** bei:

- §§ 46 Abs. 1 OWiG, **170 Abs. 2 Satz 1 StPO**,
- §§ 46 Abs. 1 OWiG, **154 StPO**,
- §§ 46 Abs. 1 OWiG, 206a StPO (AG Magdeburg, Rpfleger 2000, 154; AnwKomm-RVG/ N. Schneider, VV 5115 Rn. 34; Gerold/Schmidt/Burhoff, VV 4141 Rn. 7),
- **§ 47 OWiG**,

nicht hingegen bei:

- §§ 46 Abs. 1 OWiG, **154d Satz 1 StPO**,
- §§ 46 Abs. 1 OWiG, **154f, 205 StPO**, und zwar auch dann nicht, wenn das Verfahren nicht wieder aufgenommen wird (AnwKomm-RVG/N. Schneider, VV 5115 Rn. 25; zur Einstellung nach § 205 StPO Burhoff, EV, Rn. 764 ff.),
- Abgabe an die Staatsanwaltschaft zur Übernahme des Verfahrens wegen des Verdachts einer Straftat nach **§ 41 OWiG**, da mit der Abgabe keine Einstellung verbunden ist (s. auch AnwKomm-RVG/N. Schneider, VV 5115 Rn. 22; zum Übergang vom Bußgeldverfahren ins Strafverfahren s. auch Vorbem. 5 VV Rn. 24).

14   Wegen einer **Teileinstellung** und der Einstellung des Verfahrens gegen einen Betroffenen, wenn sich das Verfahren gegen mehrere Betroffene richtet, gilt die Komm. bei Nr. 4141 VV Rn. 19.

Gebühr bei Entbehrlichkeit der Hauptverhandlung durch anwaltliche Mitwirkung Nr. 5115 VV

c) Mitwirkung des Verteidigers

Für die vom Verteidiger im Hinblick auf die Förderung der Einstellung zu erbringende Mitwirkung gelten keine Besonderheiten. Es **reicht jede Tätigkeit** des Verteidigers aus, die geeignet ist, die Einstellung des Verfahrens zu fördern (vgl. u.a. BGH, AGS 2008, 491 = RVGreport 2008, 431 = JurBüro 08, 639 = DAR 2009, 56 m. Anm. N. Schneider = StRR 2009, 77 m. zust. Anm. Burhoff; OLG Stuttgart, AGS 2010, 202 = RVGreport 2010, 263 = VRR 2010, 320 = StRR 2010, 440 und die weiteren Rspr.-Nachw. oben Rn. 9; im Übrigen s. Nr. 4141 VV Rn. 21 und Rn. 7).

15

> **Hinweis:**
>
> Auch im Bußgeldverfahren reicht der Rat des Verteidigers zum „**gezielten Schweigen**" als Mitwirkung (ausdrücklich BGH, 20.01.2011 – IX ZR 123/10, AGS 2011, 128 m. teilw. abl. Anm. N. Schneider = RVGreport 2011, 182 = VRR 2011, 118 = StRR 2011, 199, jew. m. Anm. Burhoff; s. Gerold/Schmidt/Burhoff, VV 4141 Rn. 6 und die weiteren Nachw. bei Nr. 4141 Rn. 7; auch AnwKomm-RVG/N. Schneider, VV 4141 Rn. 32; AG Charlottenburg, VRR 2007, 199; AG Hamburg-Barmbek, VRR 2011, 199; inzidenter AG Rotenburg, AGS 2006, 288 m. Anm. Madert; a.A. AG Achern, JurBüro 2001, 304; AG Halle, AGS 2007, 77, 85; AG Hannover, JurBüro 2006, 79 m. abl. Anm. Enders; AG Meinerzhagen, AGS 2007, 454 = RVGreport 2008, 146 = RVGprofessionell 2007, 67, vgl. auch Nr. 4141 VV Rn. 7 ff.). **Nicht** ausreichend ist die **bloße Bestellung** (insoweit zutr. AG Hannover, JurBüro 2006, 79) oder allein die **Einsichtnahme** in die Ermittlungsakte (insoweit zutr. AG Hannover, a.a.O.; AnwKomm-RVG/N. Schneider, VV 4141 Rn. 29) bzw. ein Akteneinsichts- oder unbegründeter Einstellungsantrag (AG Hamburg-Barmbek, a.a.O.; zu allem auch Nr. 4141 VV Rn. 7 f.). Nach der Rechtsprechung des BGH (a.a.O.) soll der Rat zum Schweigen auch dann nicht ausreichen, wenn unabhängig von der Einlassung des Betroffenen offenkundig ist, dass dieser die ihm vorgeworfene Ordnungswidrigkeit nicht begangen haben kann (zur Kritik an dieser Rechtsprechung s. Nr. 4141 VV Rn. 7). Auch nach Auffassung des AG Hamburg-Barmbek (a.a.O.) reicht allein der interne Rat zum Schweigen für das Entstehen der Gebühr nicht aus.
>
> Der Verteidiger sollte also der Verwaltungsbehörde die **Entscheidung** seines Mandanten **mitteilen**.

d) Anwendung in den einzelnen Verfahrensstadien

Es gilt der **Grundsatz**, dass die Einstellung des Verfahrens in jedem Verfahrensstadium erfolgen kann. Nr. 5115 Anm. 1 Nr. 1 VV enthält **keine zeitliche Beschränkung** mit Ausnahme des Umstandes, dass durch die Einstellung eine Hauptverhandlung entbehrlich geworden sein muss (AnwKomm-RVG/N. Schneider, VV 5115 Rn. 11; Gerold/Schmidt/Burhoff, VV 5115 Rn. 10). Die Einstellung kann also sowohl im Verwarnungsverfahren, im vorbereitenden Verfahren vor der Verwaltungsbehörde, im Zwischenverfahren (§ 69 OWiG) als auch noch im gerichtlichen Verfahren des ersten Rechtszugs beim AG oder beim OLG oder im Verfahren über die Rechtsbeschwerde beim OLG bzw. beim BGH erfolgen. Unerheblich ist auch, ob im Verfahren vor der Verwaltungsbehörde die Staatsanwaltschaft oder die Verwaltungsbehörde das Verfahren einstellen. Entscheidend ist allein, dass die Einstellung rechtzeitig vor Beginn einer ggf. termi-

16

Nr. 5115 VV   Gebühr bei Entbehrlichkeit der Hauptverhandlung durch anwaltliche Mitwirkung

nierten Hauptverhandlung erfolgen muss. Im Rechtsbeschwerdeverfahren ist unerheblich, ob die Rechtsbeschwerde bereits zugelassen ist. Die Gebühr entsteht auch, wenn die Einstellung im Verfahren auf **Zulassung** der **Rechtsbeschwerde** (§ 80 OWiG) erfolgt (AnwKomm-RVG/ N. Schneider, VV 5115 Rn. 16; vgl. auch Teil 5 Unterabschnitt 4, Rn. 3).

17 Wegen der **Einzelh.** kann im Übrigen auf die Tabelle bei Nr. 4141 VV (Rn. 22) verwiesen werden. Diese gilt für das OWi-Verfahren entsprechend.

> **Hinweis:**
>
> Auch im Bußgeldverfahren steht dem Anfall der Gebühr Nr. 5115 Anm. 1 Nr. 1 VV nicht entgegen, dass bereits eine Hauptverhandlung stattgefunden hat. Es ist nicht auf einen „ersten" Hauptverhandlungstermin abzustellen, sondern darauf, dass durch die Einstellung **überhaupt** ein **Hauptverhandlungstermin entbehrlich** wird (s. auch Enders, JurBüro 2006, 449). Das kann auch ein zweiter oder dritter Termin sein (vgl. aus der Rspr. – teilweise zu Teil 4 VV – OLG Bamberg, StV 2007, 481 = AGS 2007, 138 = RVGreport 2007, 150 = RVGprofessionell 2007, 66 für Nr. 4141 Anm. 1 Nr. 3 VV; LG Düsseldorf, AGS 2007, 36 = JurBüro 2007, 83; LG Oldenburg, 21.07.2008 – 5 Qs 268/08; LG Saarbrücken, NStZ-RR 2001, 191 = StV 2001, 638; AG Dessau, AGS 2006, 240; AG Köln, AGS 2007, 621 = NZV 2007, 637 für Beschlussverfahren nach ausgesetzter Hauptverhandlung; AG Tiergarten, AGS 2007, 140 m. Anm. N. Schneider = VRR 2007, 130; zfs 2010, 288; AG Wiesbaden, AGS 2005, 554; AG Bad Urach, JurBüro 2007, 361 = RVGreport 2007, 272; AG Wittlich, AGS 2006, 500 = JurBüro 2006, 590; AnwKomm-RVG/N. Schneider, VV 5115 Rn. 46 ff.; Hartung/Römermann/Hartung, Nr. 4141 VV Rn. 14; Gerold/Schmidt/Burhoff, VV 5115 Rn. 10; MAH-Herrmann/Hellwig, § 23 Rn. 125; offen gelassen von KG, 24.10.2006 – 4 Ws 131/06, www.burhoff.de; unzutreffend **a.A.** LG Detmold, AGS 2009, 588 m. abl. Anm. Henke = NStZ-RR 2010, 64 = RVGreport 2010, 107 m. abl. Anm. Burhoff = VRR 2010, 119; AG Hannover, 22.11.2007 – 425 C 141444/07; für Nr. 5151 VV AG München, JurBüro 2011, 26 m. zust. Anm. Mack und abl. Anm. Burhoff, JurBüro 2011, 287; AGS 2010, 599 m. abl. Anm. N. Schneider = VRR 2011, 80 m. abl. Anm. Burhoff = RVGprofessionell 2011, 109). Denn auch insoweit gilt das für den grds. Anfall der Gebühr geltende „Entlastungsmoment" aufseiten der Justiz (vgl. dazu oben Rn. 1). Etwas anderes folgt auch nicht aus dem Wortlaut der Vorschrift, der mit „die Hauptverhandlung" formuliert. Sinn und Zweck der Regelung ist es auch einen Anreiz zur Entlastung der Justiz zu schaffen. Der tritt aber auch ein, wenn ein späterer Hauptverhandlungstermin vermieden wird (vgl. das Beispiel bei Nr. 4141 Rn. 22 Nr. 6. Warum die Hauptverhandlung nicht zu Ende geführt wurde, ist unerheblich, sodass es nicht darauf ankommt, ob der Termin verlegt oder die Hauptverhandlung ggf. ausgesetzt worden ist. Entscheidend für den Anfall der Gebühr ist allein, dass ein weiterer/neuer Hauptverhandlungstermin vermieden wurde (vgl. auch Nr. 4141 VV Rn. 22 unter lfd. Nrn. 4 ff.). Nach herrschender Meinung darf es sich dabei aber **nicht nur** um einen **Fortsetzungstermin** handeln (vgl. dazu Nr. 4141 VV Rn. 22 Nr. 9).

Gebühr bei Entbehrlichkeit der Hauptverhandlung durch anwaltliche Mitwirkung Nr. 5115 VV

2. Rücknahme des Einspruchs gegen den Bußgeldbescheid (Anm. 1 Nr. 2)

a) Geltungsbereich

Nach Nr. 5115 Anm. 1 Nr. 2 VV verdient der Verteidiger die Gebühr, wenn er den Einspruch 18 gegen den Bußgeldbescheid zurücknimmt. Nr. 5115 Anm. 1 Nr. 2 VV gilt, wie sich aus der Regelung in Nr. 5115 Anm. 1 Nr. 4 VV ergibt, nur für das **Verfahren** vor der **Verwaltungsbehörde** (AnwKomm-RVG/N. Schneider, VV 5115 Rn. 12, 61 f.; Gerold/Schmidt/Burhoff, VV 5115 Rn. 11). Das Verfahren vor der Verwaltungsbehörde **dauert bis** zum Eingang der Akten beim Gericht (s. Vorbem. 5.1.2 Abs. 1 VV Rn. 5 ff.). Dieses Verfahren muss sich durch die Rücknahme des Bußgeldbescheides **erledigen**. Wird der Einspruch nach Eingang der Akten bei Gericht, also im gerichtlichen Verfahren, zurückgenommen, gilt Nr. 5115 Anm. 1 Nr. 4 VV (vgl. Rn. 29 ff.).

b) Begriff der Rücknahme

Es gelten die Ausführungen bei **Nr. 4141** VV Rn. 20 und bei Nr. 4141 VV Rn. 26 zur Rücknahme 19 des Einspruchs gegen den Strafbefehl **entsprechend**. Voraussetzung für das Entstehen der Gebühr ist also, dass der Rechtsanwalt den **Einspruch** gegen den Bußgeldbescheid **insgesamt zurücknimmt** und damit das Verfahren insgesamt erledigt ist (vgl. LG Bad Kreuznach, RVGreport 2011, 226 für die teilweise Nichteröffnung im Strafverfahren).

c) Mitwirkung des Verteidigers

Für die Mitwirkung des Verteidigers gelten die allgemeinen Grundsätze (vgl. Rn. 9 ff.). Es sind 20 auch hier **keine besonders hohen Anforderungen** an die Mitwirkung des Verteidigers zu stellen. Die Rücknahme des Einspruchs nach Rücksprache mit dem Betroffenen reicht aus (LG Duisburg, RVGreport 2006, 230 = AGS 2006, 234 für Berufung; AG Charlottenburg, VRR 2007, 199; AG Wiesbaden, AGS 2003, 545). Im Übrigen kann auch auf die Komm. bei Nr. 4141 VV Rn. 27 f. verwiesen werden.

d) Rücknahmezeitpunkt

Die Rücknahme des Einspruchs gegen den Bußgeldbescheid ist im Verfahren vor der Verwaltungsbehörde **nicht fristgebunden**. Er kann auch noch unmittelbar vor Eingang der Akten bei 21 Gericht zurückgenommen werden. Sind die Akten dort allerdings bereits eingegangen, greift Nr. 5115 Anm. 1 Nr. 4 ein (vgl. auch AG Viechtach, zfs 2005, 577).

3. Kein Einspruch gegen neuen Bußgeldbescheid (Anm. 1 Nr. 3)

a) Allgemeines

Nach Nr. 5115 Anm. 1 Nr. 3 VV verdient der Verteidiger eine zusätzliche Gebühr, wenn er ge- 22 gen einen **neuen Bußgeldbescheid**, der von der Bußgeldbehörde erlassen worden ist, nachdem sie den ursprünglichen Bußgeldbescheid zurückgenommen hat, **nicht (wieder) Einspruch** einlegt. Diese Regelung ist durch das RVG eingeführt worden und soll die Kompromissbereitschaft bei einem Entgegenkommen der Verwaltungsbehörde fördern (vgl. dazu BT-Drucks. 15/1971, S. 230; zum früheren Recht s. AG Freiburg, AGS 2003, 30 = AnwBl. 2002, 663).

Nr. 5115 VV   Gebühr bei Entbehrlichkeit der Hauptverhandlung durch anwaltliche Mitwirkung

b) Mitwirkung des Verteidigers

23   Für die Mitwirkung des Verteidigers gelten die allgemeinen Grundsätze (vgl. Rn. 9 ff.). Es können auch hier **keine besonders hohen Anforderungen** an die Mitwirkung des Verteidigers gestellt werden (im Übrigen s. Rn. 9 ff. und Nr. 4141 VV Rn. 6 ff., 28 ff.).

c) Kein neuer Einspruch

24   Sinn und Zweck der Vorschrift Nr. 5115 VV ist es, die Bereitschaft des Verteidigers an einer (außergerichtlichen) Erledigung des gesamten Verfahrens zu fördern. Das bedeutet für Nr. 5115 Anm. 1 Nr. 3 VV, dass nach Erlass des neuen Bußgeldbescheides **insgesamt** auf einen **erneuten Einspruch verzichtet** werden muss (Gerold/Schmidt/Burhoff, VV 5115 Rn. 15). Auch wenn der neue Bußgeldbescheid nur teilweise angegriffen werden sollte, z.B. hinsichtlich der festgesetzten Rechtsfolgen, kommt es nicht zum Entstehen der Gebühr der Nr. 5115 Anm. 1 Nr. 3 VV. Das Verfahren ist dann gerade nicht insgesamt erledigt, sondern muss wegen der Rechtsfolgen noch fortgesetzt werden.

> *Beispiel:*
>
> *Die Verwaltungsbehörde erlässt gegen den Betroffenen wegen einer Geschwindigkeitsüberschreitung einen Bußgeldbescheid in dem eine Geldbuße festgesetzt und ein Fahrverbot von einem Monat verhängt wird. Rechtsanwalt R legt Einspruch ein. Es gelingt ihm nun, die Verwaltungsbehörde davon zu überzeugen, dass die Voraussetzungen für ein Absehen vom Fahrverbot vorliegen. Die Verwaltungsbehörde nimmt daraufhin den Bußgeldbescheid zurück und erlässt einen neuen, in dem ein Fahrverbot nicht mehr verhängt wird. Es wird allerdings wegen des Absehens vom Fahrverbot eine erhöhte Geldbuße festgesetzt.*
>
> *Rechtsanwalt R legt nun erneut Einspruch gegen den Bußgeldbescheid ein, da ihm diese zu hoch erscheint. Die Gebühr Nr. 5115 Anm. 1 Nr. 3 VV entsteht nicht, da das Verfahren nicht insgesamt erledigt ist. Würde die Verwaltungsbehörde nun aber auch den zweiten Bußgeldbescheid zurücknehmen und einen neuen mit einer niedrigeren Geldbuße erlassen, gegen den R dann nicht mehr Einspruch einlegt, würde die Gebühr Nr. 5115 Anm. 1 Nr. 3 VV entstehen. Das Entstehen der Gebühr setzt nicht voraus, dass nur nach Erlass eines ersten Bußgeldbescheides gegen einen zweiten kein Einspruch mehr eingelegt wird. Der „neue Bußgeldbescheid" kann auch ein dritter oder vierter Bußgeldbescheid sein. Insoweit gelten die Überlegungen für die Einspruchsrücknahme nach ausgesetzter Hauptverhandlung entsprechend (vgl. dazu oben Rn. 17).*

d) Entsprechende Anwendung der Nr. 5115 Anm. 1 Nr. 3 VV

25   Nr. 5115 Anm. 1 Nr. 3 VV spricht dem Wortlaut nach ausdrücklich davon, dass der Bußgeldbescheid von der Verwaltungsbehörde **nach Einspruch** zurückgenommen wird. Vom Wortlaut nicht erfasst ist, dass die Verwaltungsbehörde den Bußgeldbescheid **ohne Einspruch** zurücknimmt. Diesen Fall wird man aber, zumindest wenn die Einspruchsfrist noch läuft, entsprechend behandeln müssen. Er wäre in der Tat „unnötige Förmelei" (s. AnwKomm-RVG/N. Schneider, VV 5115 Rn. 56), wenn man für das Entstehen der Gebühr verlangen würden, dass der Rechtsanwalt zuvor erst noch Einspruch einlegen müsste.

26   Sinn und Zweck der Vorschrift ist es, die Kompromissbereitschaft des Verteidigers bei einem Entgegenkommen der Verwaltungsbehörde fördern (vgl. dazu BT-Drucks. 15/1971, S. 230) aber auch – so der Obersatz – der Vermeidung von Hauptverhandlungen dienen zu wollen. Die Vorschrift muss daher auch dann entsprechend angewendet werden, wenn es dem Rechtsanwalt in

Gebühr bei Entbehrlichkeit der Hauptverhandlung durch anwaltliche Mitwirkung   Nr. 5115 VV

Verhandlungen mit der **Verwaltungsbehörde** gelingt, dass **von vornherein** ein **Bußgeldbescheid** erlassen wird, gegen den **kein Einspruch** eingelegt wird. Auch das führt zu einer Abkürzung des Verfahrens und zu einer Entlastung sowohl bei den Verwaltungsbehörden als auch bei den Gerichten (vgl. auch Gerold/Schmidt/Burhoff, VV 5115 Rn. 16).

Beispiel: **27**
Der Betroffene begeht eine Geschwindigkeitsüberschreitung, für die ihm eine Geldbuße und die Verhängung eines Fahrverbotes drohen. Er mandatiert noch im Anhörungsverfahren Rechtsanwalt R. Diesem gelingt es, ein Absehen vom Fahrverbot zu erreichen. Die Verwaltungsbehörde erlässt einen Bußgeldbescheid, in dem ein Fahrverbot nicht verhängt wird. Es wird allerdings wegen des Absehens vom Fahrverbot eine erhöhte Geldbuße festgesetzt. Rechtsanwalt legt gegen diesen Bußgeldbescheid keinen Einspruch ein.

Vom Wortlaut her ist die Gebühr Nr. 5115 Anm. 1 Nr. 3 VV nicht entstanden. Allerdings ist es nicht zur Hauptverhandlung gekommen, weil von vornherein unter Mitwirkung des Verteidigers ein Bußgeldbescheid erlassen worden ist, den der Betroffene akzeptiert hat. Das rechtfertigt eine entsprechende Anwendung der Vorschrift (ähnlich für den Erlass eines „abgesprochenen Strafbefehls" Nr. 4141 VV Rn. 35; vgl. auch die BT-Drucks. 15/1971, S. 230 zur Begründung für die ausdrückliche Regelung der Nr. 5115 Anm. 1 Nr. 5, deren Anwendungsbereich bereits durch die allgemeine Formulierung der Nr. 5115 VV gedeckt wäre). Es wäre auch in diesem Fall „reine Förmelei", wenn für das Entstehen der Gebühr Nr. 5115 Anm. 1 Nr. 3 VV verlangt würde, dass erst ein für den Betroffenen nachteiliger Bußgeldbescheid erlassen wird, gegen den dann Einspruch eingelegt werden muss, um dann in Verhandlungen eine für den Betroffenen günstigere Rechtsfolge in einem neuen Bußgeldbescheid zu erreichen.

Hinweis:
In diesen Fällen ist jedoch ein besonderes Augenmerk auf die „**Mitwirkung**" des Verteidigers an der Verhinderung des nachteiligen Bußgeldbescheides zu richten. Eine entsprechende Anwendung der Nr. 5115 Anm. 1 Nr. 3 VV kommt wohl **nicht** in Betracht, wenn **lediglich** gegen einen Bußgeldbescheid **kein Einspruch eingelegt** wird oder der Rechtsanwalt davon abrät (zum Abraten, ein Rechtsmittel nicht einzulegen, s. – für Teil 4 VV – OLG Nürnberg, Rpfleger 2009, 645 = VRR 2009, 399 = RVGreport 2009, 464 = StRR 2010, 115; StRR 2010, 443 [LS]; s. aber auch AG Tiergarten, AGS 2010, 220 = RVGprofessionell 2010, 40 = RVGreport 2010, 140 = StRR 2010, 400).

Eine **entsprechende Anwendung** der Nr. 3 kommt auch dann in Betracht, wenn die Verwaltungsbehörde nach Einspruchseinlegung und Rücknahme des Einspruchs, keinen neuen Bußgeldbescheid erlässt, sondern die **Festsetzung** nur eines **Verwarnungsgeldes** „anbietet", was vom Betroffenen/Verteidiger akzeptiert wird. Sinn und Zweck der Regelung in Nr. 3 gebieten diese entsprechende Anwendung. Erfasst werden sollen durch sie gerade die Fälle, in denen nach Einspruchseinlegung durch eine neue vom Betroffenen/Verteidiger akzeptierte Entscheidung der Verwaltungsbehörde das Bußgeldverfahren endgültig erledigt wird.   **28**

Nr. 5115 VV Gebühr bei Entbehrlichkeit der Hauptverhandlung durch anwaltliche Mitwirkung

4. Rücknahme des Einspruchs gegen den Bußgeldbescheid im gerichtlichen Verfahren (Anm. 1 Nr. 4)

a) Allgemeines

29 Nach Nr. 5115 Anm. 1 Nr. 4 VV verdient der Verteidiger die Gebühr, wenn er im **gerichtlichen Verfahren** den Einspruch gegen den Bußgeldbescheid zurücknimmt.

b) Begriff der Rücknahme

30 Es gelten die Ausführungen bei Rn. 19 und die dortigen Verweisungen auf Nr. 4141 VV Rn. 20, Rn. 26 **entsprechend**. Voraussetzung für das Entstehen der Gebühr ist also, dass der Rechtsanwalt den **Einspruch** gegen den Bußgeldbescheid **insgesamt zurücknimmt** und damit das Verfahren insgesamt erledigt ist.

c) Mitwirkung des Verteidigers

31 Für die Mitwirkung des Verteidigers gelten ebenfalls die allgemeinen Grundsätze bei Rn. 9 ff. Es sind daher auch hier **keine besonders hohen Anforderungen** an die Mitwirkung des Verteidigers zu stellen. Die Rücknahme des Einspruchs nach Rücksprache mit dem Betroffenen reicht aus (LG Duisburg, RVGreport 2006, 230 = AGS 2006, 234 für Berufung; AG Wiesbaden, AGS 2003, 545). Im Übrigen kann auch auf die Komm. bei Nr. 4141 VV Rn. 27 f. verwiesen werden.

d) Rücknahmezeitpunkt

32 Die Rücknahme des Einspruchs gegen den Bußgeldbescheid (erst) im gerichtlichen Verfahren des ersten Rechtszugs ist ebenso wie die Rücknahme des Einspruchs gegen den Strafbefehl in Nr. 4141 Anm. 1 Nr. 3 VV **fristgebunden, wenn** bereits ein **Termin** zur **Hauptverhandlung** anberaumt worden ist. Der Einspruch muss dann ebenfalls **zwei Wochen vor Beginn** des Tages, der für die **Hauptverhandlung** vorgesehen war, zurückgenommen werden (zur Fristberechnung eingehend AnwKomm-RVG/N. Schneider, VV 5115 Rn. 64 ff.; N. Schneider, DAR 2007, 671). Es gelten daher die Ausführungen bei Nr. 4141 VV Rn. 29 f. entsprechend. Im Rechtsbeschwerdeverfahren kommt eine Rücknahme des Einspruchs nicht mehr in Betracht (Göhler, OWiG, § 71 Rn. 6 f. m.w.N.).

> **Hinweis:**
>
> Die Gebühr entsteht **auch** dann, wenn bereits ein **Hauptverhandlungstermin stattgefunden** hat und dann noch der Einspruch zurückgenommen wird (vgl. oben Rn. 17).
>
> Hat der Verteidiger die 2-Wochen-Frist versäumt, kann ggf. ein **Verlegungsantrag** „helfen". Denn wird auf diesen hin der Hauptverhandlungstermin verlegt, gilt eine neue 2-Wochen-Frist bezogen auf eine neu terminierte Hauptverhandlung (AG Wiesbaden, AGS 2005, 553; AnwKomm-RVG/N. Schneider, VV 5115 Rn. 79; vgl. auch Nr. 4114 Rn. 22 lfd. Nr. 4 ff.).

5. Rücknahme der Rechtsbeschwerde (Anm. 1 Nr. 4)

a) Allgemeines

33 Nach Nr. 5115 Anm. 1 Nr. 4 VV verdient der Verteidiger im Rechtsbeschwerdeverfahren die zusätzliche Gebühr, wenn er die **Rechtsbeschwerde zurücknimmt** und es daher nicht (mehr)

Gebühr bei Entbehrlichkeit der Hauptverhandlung durch anwaltliche Mitwirkung   Nr. 5115 VV

zu einer Hauptverhandlung im Rechtsbeschwerdeverfahren kommt. Die Gebühr entsteht auch, wenn im Zulassungsverfahren der Antrag auf Zulassung der Rechtsbeschwerde zurückgenommen wird. Mit dem Zulassungsantrag ist automatisch vorsorglich Rechtsbeschwerde eingelegt (vgl. §80 Abs.3 Satz2 OWiG). Wird der Zulassungsantrag zurückgenommen, enthält dieser dann auch die Rücknahme der (vorsorglich eingelegten) Rechtsbeschwerde.

> **Hinweis:**
> Im Rechtsbeschwerdeverfahren kann im Übrigen **auch** die Gebühr nach **Nr. 5115 Anm. 1 Nr. 1 VV** (vgl. oben Rn. 11 ff.) entstehen, wenn das OLG – ohne dass die Rechtsbeschwerde zurückgenommen worden ist – das Verfahren nicht nur vorläufig einstellt.

b) Begriff der Rücknahme

Es gelten die Ausführungen bei Rn. 19. und die dortigen Verweisungen auf Nr. 4141 VV Rn. 20, Rn. 26 f. entsprechend. Voraussetzung für das Entstehen der Gebühr ist, dass der Rechtsanwalt die Rechtsbeschwerde insgesamt zurücknimmt und damit das **Verfahren insgesamt erledigt** ist. Die Beschränkung der Rechtsbeschwerde auf die Rechtsfolgen löst also die zusätzliche Gebühr nicht aus.   **34**

c) Mitwirkung des Verteidigers

Für die Mitwirkung des Verteidigers gelten die **allgemeinen Grundsätze** (vgl. Rn. 9 ff.). Es sind **keine** besonders **hohen Anforderungen** an die Mitwirkung des Verteidigers zu stellen (zum Grad der Mitwirkung BGH, AGS 2008, 491 = RVGreport 2008, 431 = JurBüro 2008, 639 = DAR 2009, 56 m. Anm. N. Schneider = StRR 2009, 77 m. zust. Anm. Burhoff; OLG Stuttgart, AGS 2010, 202 = RVGreport 2010, 263 = VRR 2010, 320 = StRR 2010, 440; LG Hamburg, AGS 2008, 59 = DAR 2008, 611; LG Köln, AGS 2007, 351 = StraFo 2007, 305; LG Stralsund, AGS 2005, 442 = RVGreport 2005, 272; LG Trier, StraFo 2007, 306; AG Zossen, AGS 2009, 72 = RVGreport 2009, 188 = RVGprofessionell 2009, 77 = VRR 2009, 200). Allerdings reicht es nicht aus, wenn der Verteidiger nur die Rechtsbeschwerde zurückgenommen hat, ohne dass seine Einflussnahme auf die Willensentschließung des Mandanten irgendwie erkennbar ist. Die Rücknahme der Rechtsbeschwerde nach Rücksprache mit dem Betroffenen ist aber ausreichend (LG Duisburg, RVGreport 2006, 230 = AGS 2006, 234 für Berufung; AG Wiesbaden, AGS 2003, 545). Umfassender kann der Verteidiger im Rechtsbeschwerdeverfahren auch nicht mitwirken, da zusätzliche Stellungnahmen und Erklärungen in diesem Verfahrensstadium überflüssig sind. Die Mitwirkung des Verteidigers muss sich auch nicht aus den Akten ergeben (OLG Düsseldorf, RVGreport 2006, 67 = AGS 2006, 124 m. zust. Anm. Schneider; vgl. auch Nr. 4141 VV Rn. 28). Geht es um die **Rücknahme** der **Rechtsbeschwerde** der **Staatsanwaltschaft**, muss der Verteidiger an deren Rücknahme mitgewirkt haben. Das ist z.B. der Fall, wenn er Ausführungen macht, die zur Förderung einer Verfahrenseinstellung geeignet erscheinen, woraufhin dann die Staatsanwaltschaft ihr Rechtsmittel zurücknimmt (LG Stralsund, RVGreport 2005, 272 = AGS 2005, 442).   **35**

d) Rücknahmezeitpunkt

Auch die Rücknahme der Rechtsbeschwerde ist, wenn bereits ein Termin zur **Hauptverhandlung anberaumt** worden ist, **fristgebunden**. Der Einspruch muss zwei Wochen vor Beginn des   **36**

Nr. 5115 VV   Gebühr bei Entbehrlichkeit der Hauptverhandlung durch anwaltliche Mitwirkung

Tages, der für die Hauptverhandlung vorgesehen war, zurückgenommen werden. Es gelten insoweit die Ausführungen bei Rn. 32 entsprechend und bei Nr. 4141 VV Rn. 29 ff. entsprechend.

e)   Weitere Voraussetzungen

37 Ist ein **Hauptverhandlungstermin nicht anberaumt**, kann die Rechtsbeschwerde bis zum Ende des Rechtsbeschwerdeverfahrens, das mit der Entscheidung des Rechtsbeschwerdegerichts endet, zurückgenommen werden. An **weitere Voraussetzungen** ist das Entstehen der Gebühr **nicht** geknüpft (vgl. zur vergleichbaren Problematik bei der Rücknahme der Revision Nr. 4141 VV Rn. 45). Auch Nr. 5115 Anm. 1 Nr. 4 VV ist insbesondere nicht einschränkend dahin auszulegen, dass die Gebühr im Rechtsbeschwerdeverfahren nur entstehen kann, wenn ausnahmsweise eine Hauptverhandlung anberaumt worden ist. Die a.A. in der Rechtsprechung (i.d.R. zu Nr. 4141 Anm. Nr. 3 VV) ist nicht zutreffend. Der Vorschrift der Nr. 5115 Anm. 1 Nr. 4 VV selbst lässt sich eine solche Beschränkung nicht entnehmen. Es ist zwar einzuräumen, dass wegen der gegenüber dem Strafverfahren noch geringeren Zahl von Hauptverhandlungen im Rechtsbeschwerdeverfahren die Vorschrift noch mehr den Charakter einer reinen Rücknahmevorschrift hat. Das rechtfertigt aber nicht, über den eindeutigen Wortlaut hinaus den Anwendungsbereich der Vorschrift zu beschränken, zumal die Vorschrift gerade auch für eine Entlastung der Rechtsbeschwerdegerichte sorgen soll (vgl. insoweit für das Revisionsverfahren BT-Drucks. 15/1971, S. 228 zu Nr. 4141 VV; vgl. auch AnwKomm-RVG/N. Schneider, VV 5115 Rn. 90 ff.). Die Problematik stellt sich allerdings nur dann, wenn das AG durch Urteil und nicht gem. § 72 OWiG nur durch Beschluss entschieden hat. Denn nur bei einer amtsgerichtlichen Urteilsentscheidung kann gem. § 79 Abs. 5 Satz 2 OWiG das Rechtsbeschwerdegericht überhaupt durch Urteil aufgrund einer Hauptverhandlung entscheiden (s. auch LG Verden, 07.04.2008 – 1 Ws 218/07).

> **Hinweis:**
> Auch im Rechtsbeschwerdeverfahren sollte der Verteidiger aus gebührenrechtlicher Vorsicht auf jeden Fall sofort bei Einlegung der **Rechtsbeschwerde** diese auch, und zwar zumindest mit der **allgemeinen Sachrüge**, begründen. Dann kann ihm bei einer späteren Rücknahme die fehlende Begründung dem Entstehen der Befriedungsgebühr Nr. 5115 Anm. 1 Nr. 4 VV nicht entgegengehalten werden. Allerdings ist auch im Bußgeldverfahren für einen **vorsichtigen Umgang** mit der Gebühr Nr. 5115 Anm. 1 Nr. 4 VV zu plädieren.

f)   Wiedereinsetzung in den vorigen Stand/vorsorgliche Rechtsbeschwerde

38 Bisher nicht behandelt ist in Rechtsprechung und Literatur die Konstellation, dass der Rechtsanwalt/Verteidiger gegen ein in Abwesenheit seines Mandanten ergangenes amtsgerichtliches Urteil, durch das dessen Einspruch verworfen worden ist (§ 74 Abs. 2 OWiG), nicht nur Wiedereinsetzung in den vorigen Stand beantragt (§ 74 Abs. 4 OWiG), sondern vorsorglich **Rechtsbeschwerde** einlegt, diese dann aber zurücknimmt, wenn dem Mandanten nach § 74 Abs. 4 OWiG Wiedereinsetzung in den vorigen Stand gewährt wird (vgl. für den vergleichbaren Fall der **Berufungsverwerfung** Nr. 4141 VV Rn. 46).

Beispiel:
Der Betroffene bleibt in der amtsgerichtlichen Hauptverhandlung unentschuldigt aus. Das AG verwirft seinen Einspruch nach § 74 Abs. 2 OWiG. Gegen das Verwerfungsurteil wird gem. § 74 Abs. 4 OWiG Wiedereinsetzung in den vorigen Stand beantragt und außerdem Rechtsbeschwerde eingelegt. Kurz vor

Gebühr bei Entbehrlichkeit der Hauptverhandlung durch anwaltliche Mitwirkung   Nr. 5115 VV

Ablauf der Rechtsbeschwerdebegründungsfrist erkundigt sich der Verteidiger beim AG, ob dem Betroffenen ggf. Wiedereinsetzung gewährt wird. Nachdem der Amtsrichter das zusagt, nimmt er die Rechtsbeschwerde zurück.

Entstanden sein dürfte eine Nr. 5113 VV, wenn der Verteidiger im Rechtsbeschwerdeverfahren mehr Tätigkeiten erbracht hat als nur die Einlegung der Rechtsbeschwerde. Denn die gehört nach § 19 Abs. 1 Satz 2 Nr. 10 gebührenrechtlich noch zur ersten Instanz beim AG (vgl. Nr. 5113 VV Rn. 6). Das Entstehen der Nr. 5115 VV ist jedoch fraglich. Das dürfte sowohl aus § 342 StPO folgen, der im Rechtsbeschwerdeverfahren entsprechend angewendet wird (vgl. Göhler, OWiG, § 74 Rn. 49 m.w.N.) als auch daraus, dass die Rechtsbeschwerde gegenstandslos wird, wenn Wiedereinsetzung gewährt wird.

6. Entscheidung im Beschlussverfahren nach § 72 OWiG (Anm. 1 Nr. 5)

a) Allgemeines

Die **Regelung** in Nr. 5115 Anm. 1 Nr. 5 VV ist **neu** in das RVG aufgenommen worden. Danach soll der Verteidiger eine zusätzliche Gebühr auch dann erhalten, wenn er der Entscheidung ohne Hauptverhandlung nicht widerspricht und so eine Hauptverhandlung entbehrlich macht. Zwar würde die allgemeine Formulierung der Nr. 5115 VV bereits die Zusatzgebühr auslösen, der Gesetzgeber hat sich jedoch aus Gründen der Klarstellung für die ausdrückliche Regelung entschieden (vgl. dazu BT-Drucks. 15/1971, S. 230).   39

b) Unterlassen des Widerspruchs

Die Gebühr entsteht, wenn das **AG** im **Beschlusswege** nach § 72 OWiG entscheiden kann. Das ist nur möglich, wenn weder die Staatsanwaltschaft noch der Betroffene dieser Verfahrensweise widersprechen (zum Verfahren nach § 72 OWiG s. Burhoff, OWi, Rn. 273 ff.; Göhler, OWiG, § 72 Rn. 11 ff.). Macht der Verteidiger Einwendungen gegen das Verfahren geltend und kommt es deshalb zur Hauptverhandlung, greift Nr. 5115 Anm. 1 Nr. 5 VV grds. nicht ein (s. aber Rn. 40).   40

Nr. 5115 Anm. 1 Nr. 5 VV dient ebenso wie die übrigen Fälle der Nr. 5115 VV der Förderung der außergerichtlichen Erledigung des Verfahrens und der Vermeidung einer Hauptverhandlung. Das bedeutet, dass der Verteidiger die Gebühr nach Nr. 5115 Anm. 1 Nr. 5 VV **immer dann** verdient, wenn das Gericht aufgrund des Verhaltens des Verteidigers die Möglichkeit hat, im **Beschlusswege** zu entscheiden und dadurch eine Hauptverhandlung entbehrlich wird. Das kann sein (s. auch AnwKomm-RVG/N. Schneider, VV 5115 Rn. 85; Gerold/Schmidt/Burhoff, VV 5115 Rn. 22):   41

- ein zulässiger **Verzicht** des Verteidigers auf die Möglichkeit des Widerspruchs,
- die **Rücknahme** eines zunächst erklärten Widerspruchs, da dieser bindend ist und dem Gericht die Möglichkeit gibt, nun im Beschlusswege zu entscheiden,
- ein **verspäteter Widerspruch**, wenn das Gericht diesen zum Anlass nimmt, im Beschlusswege zu entscheiden (vgl. dazu Göhler, OWiG, § 72 Rn. 44),
- nach Sinn und Zweck der Vorschrift und unter Berücksichtigung des Rechtsgedankens aus Nr. 5115 Anm. 1 Nr. 3 VV, wenn der Betroffene/der Verteidiger nach einem **verspäteten Widerspruch** gegen den daraufhin vom Gericht erlassenen Beschluss **nicht** mit einem **Wiedereinsetzungsantrag** nach § 72 Abs. 2 Satz 2 Halbs. 1 OWiG vorgeht.

Nr. 5115 VV   Gebühr bei Entbehrlichkeit der Hauptverhandlung durch anwaltliche Mitwirkung

> **Hinweis:**
> Auch diese Gebühr entsteht, wenn der Übergang in das Beschlussverfahren **nach** einem bereits durchgeführten und ausgesetzten **Hauptverhandlungstermin** erfolgt (LG Cottbus zfs 2007, 529; AG Dessau, AGS 2006, 240; AG Köln, AGS 2007, 621 = NZV 2007, 637; AG Saarbrücken, AGS 2010, 20).

c) Mitwirkung des Verteidigers

42   Für die Mitwirkung des Verteidigers gelten die allgemeinen Grundsätze (vgl. Rn. 9 f.). Es sind also auch hier **keine hohen Anforderungen** an die Mitwirkung des Verteidigers zu stellen.

V. Gebührenhöhe (Anm. 3)

1. Allgemeines

43   Als zusätzliche Gebühr erhält der Rechtsanwalt nach Nr. 5115 VV eine **Verfahrensgebühr**. Die Höhe dieser Gebühr **bemisst** sich – wie im Strafverfahren – nach der Instanz, in der die Hauptverhandlung entbehrlich geworden ist. Das ist also entweder eine Verfahrensgebühr für das Verfahren des ersten Rechtszuges beim AG oder OLG nach den Nrn. 5107 ff. VV oder bei Rücknahme der Rechtsbeschwerde eine Verfahrensgebühr nach Nr. 5113 VV.

44   Entsteht die Gebühr nach den Nrn. 5107 ff., sind die unterschiedlichen **Stufen** zu **beachten**, wenn eine Reduzierung der Geldbuße eingetreten sein sollte. Entscheidend für die Anknüpfung der Nr. 5115 VV ist nicht die Verfahrensgebühr der Stufe, in dem sich das Verfahren erledigt, sondern die Verfahrensgebühr der Stufe, in dem bei Nichterledigung die Hauptverhandlung stattgefunden hätte. Das folgt aus Nr. 5115 Anm. 3 Satz 1 VV (s. auch AnwKomm-RVG/N. Schneider, VV 5115 Rn. 93 f.; Gerold/Schmidt/Burhoff, VV 5115 Rn. 26).

45   *Beispiel 1:*

Gegen den Beschuldigten ist ein Bußgeldverfahren wegen falschen Überholens (§ 5 StVO) anhängig. Die Verwaltungsbehörde setzt gegen den Betroffenen nach lfd. Nr. 17 BKat eine Geldbuße von 100,00 € fest. Rechtsanwalt R legt Einspruch ein. Es gelingt ihm, die Verwaltungsbehörde davon zu überzeugen, dass der Verstoß nicht außerorts, sondern innerorts begangen wurde. Die Verwaltungsbehörde nimmt den Bußgeldbescheid daraufhin zurück und erlässt einen neuen mit der Festsetzung einer Geldbuße von nur 30,00 € (lfd. Nr. 16 BKat). Gegen diesen legt R nicht noch einmal Einspruch ein.

Berechnung der Gebühren	Wahlanwalt	Pflichtverteidiger
Tätigkeit im Bußgeldverfahren		
Grundgebühr Nr. 5100 VV	85,00 €	68,00 €
Verfahrensgebühr Nr. 5103 VV (Stufe 2)		
(Verfahren vor der Verwaltungsbehörde)	135,00 €	108,00 €
Verfahrensgebühr Nr. 5115 Anm. 1 Ziff. 3 VV i.V.m. Nr. 5107 VV		
(Stufe 1)	55,00 €	44,00 €
Postentgeltpauschale Nr. 7002 VV	20,00 €	20,00 €
Anwaltsvergütung netto:	**295,00 €**	**240,00 €**

Gebühr bei Entbehrlichkeit der Hauptverhandlung durch anwaltliche Mitwirkung   Nr. 5115 VV

Die Verfahrensgebühr Nr. 5103 VV für das Verfahren vor der Verwaltungsbehörde richtet sich nach der Stufe 2, da dort eine Geldbuße von 50,00 € drohte (vgl. Vorbem. 5.1 VV Rn. 19 ff.). Die zusätzliche Gebühr Nr. 5115 Anm. 1 Nr. 3 VV richtet sich jedoch nur nach der Stufe 1. Im gerichtlichen Verfahren, in dem die Hauptverhandlung vermieden worden ist, ist nur noch eine Geldbuße von 35,00 € im Spiel.

Beispiel 2: 46

Gegen den Beschuldigten ist ein Bußgeldverfahren wegen einer Geschwindigkeitsüberschreitung anhängig. Die Verwaltungsbehörde setzt gegen den Betroffenen nach der BKat eine Geldbuße von 160,00 € fest und verhängt ein Fahrverbot. Rechtsanwalt R legt Einspruch ein, nimmt diesen aber vor Ablauf der 2-Wochen-Frist vor der Hauptverhandlung zurück.

Die Verfahrensgebühr für das gerichtliche Verfahren im ersten Rechtszug richtet sich nach der Stufe 2, da dort eine Geldbuße von 160,00 € drohte, also nach Nr. 5109 VV. Die zusätzliche Gebühr Nr. 5115 Anm. 1 Ziff. 3 VV richtet sich ebenfalls nach Nr. 5109 VV.

Die zusätzliche Gebühr Nr. 5115 VV entsteht wie alle Gebühren im OWi-Verfahren **ohne** (Haft-)**Zuschlag**. 47

2.   Festgebühr für den Wahlanwalt

Der **Wahlanwalt** erhält die Gebühr als **Betragsrahmengebühr**. In Nr. 5115 Anm. 3 Satz 2 VV ist ebenso wie in Nr. 4141 Anm. 3 Satz 2 VV jedoch ausdrücklich festgelegt, dass diese Gebühr sich nach der Rahmenmitte bemisst, es sich also um eine **Festgebühr** handelt. Die Kriterien des § 14 haben daher keine Bedeutung (LG Dresden, RVGreport 2010, 454 = RVGprofessionell 2011, 33; LG Verden, 07.04.2008 – 1 Qs 218/07; AG Hamburg, RVGreport 2006, 351 = AGS 2006, 439; AG Karlsruhe, AGS 2008, 492; AG Stuttgart, AGS 2008, 547 = RVGreport 2008, 430 = VRR 2008, 400; AG Weilburg, AGS 2007, 561; Burhoff, RVGreport 2005, 401; AnwKomm-RVG/N. Schneider, VV 5115 Rn. 95 f.; unzutreffend a.A. – allerdings ohne Begründung – OLG Stuttgart, AGS 2010, 292 m. abl. Anm. N. Schneider, AGS 2010, 295 = RVGreport 2010, 263 = VRR 2010, 320; LG Leipzig, AGS 2010, 19 [st. Rspr.]; AG Viechtach/LG Deggendorf, RVGreport 2005, 431 = AGS 2005, 504 m. Anm. Schneider; s. jetzt aber AG Viechtach, AGS 2007, 83 m. Anm. Schneider, wo das AG Viechtach, allerdings ohne ausdrückliche Begründung, für die Gebühr Nr. 5115 VV von der Mittelgebühr ausgegangen ist; Hartmann, KostG, RVG Nr. 5115 VV Rn. 11 f.). Die Komm. bei Nr. 4141 VV Rn. 52 gilt im Übrigen entsprechend. 48

3.   Gerichtlich bestellter oder beigeordneter Rechtsanwalt

Der gerichtlich bestellte oder **beigeordnete** Rechtsanwalt, also i.d.R. der Pflichtverteidiger, erhält den **Festbetrag** der jeweiligen Verfahrensgebühr. 49

VI.   Kosten(erstattung)

Vgl. dazu Vorbem. 5 VV Rn. 9 ff. 50

Nr. 5116 VV
Verfahrensgebühr bei Einziehung und verwandten Maßnahmen

Nr.	Gebührentatbestand	Gebühr oder Satz der Gebühr nach § 13 oder § 49 RVG	
		Wahlanwalt	gerichtlich bestellter oder beigeordneter Rechtsanwalt
5116	**Verfahrensgebühr bei Einziehung und verwandten Maßnahmen** (1) Die Gebühr entsteht für eine Tätigkeit für den Betroffenen, die sich auf die Einziehung oder dieser gleichstehende Rechtsfolgen (§ 46 Abs. 1 OWiG, § 442 StPO) oder auf eine diesen Zwecken dienende Beschlagnahme bezieht. (2) Die Gebühr entsteht nicht, wenn der Gegenstandswert niedriger als 25,00 EUR ist. (3) Die Gebühr entsteht nur einmal für das Verfahren vor der Verwaltungsbehörde und dem Amtsgericht. Im Rechtsbeschwerdeverfahren entsteht die Gebühr besonders.	1,0	1,0

Übersicht

	Rn.
A. Überblick	1
B. Kommentierung	4
I. Allgemeines	4
II. Persönlicher Anwendungsbereich	5
III. Sachlicher Abgeltungsbereich	7
IV. Gebührenhöhe/Pauschgebühr	9

Literatur:

Breyer, Die Vergütung des Verteidigers bei Entziehung der Fahrerlaubnis oder Fahrverbot, RVG-B 2005, 72; *Burhoff*, Die zusätzliche Verfahrensgebühr des Verteidigers bei Einziehung und verwandten Maßnahmen, RVGreport 2006, 412; *Fromm*, Zusätzliche Verfahrensgebühr nach Nr. 5116 VV RVG bei Verfallsverfahren gem. § 29a OWiG, JurBüro 2008, 507; *Meyer*, Zusätzliche Vergütung des Rechtsanwalts für die Vertretung im straf-/bußgeldrechtlichen Einziehungsverfahren pp. – VV RVG 4142, 5116, JurBüro 2005, 355.

A. Überblick

1   Nr. 5116 VV sieht im Bußgeldverfahren – ebenso wie im Strafverfahren in der Nr. 4142 VV – als **Wertgebühr** eine **besondere Verfahrensgebühr** vor, wenn der Rechtsanwalt bei Einziehung

Verfahrensgebühr bei Einziehung und verwandten Maßnahmen   *Nr. 5116 VV*

und verwandten Maßnahmen (§ 442 StPO; vgl. auch Nr. 4142 VV Rn. 5 ff.) eine darauf bezogene Tätigkeit für den Betroffenen ausübt. Sinn und Zweck der Vorschrift ist es, auch im Bußgeldverfahren die im Hinblick auf Einziehung und verwandte Maßnahmen oft zeitaufwendigen und umfangreichen Tätigkeiten des Rechtsanwalts über die Betragsrahmengebühr hinaus angemessen zu honorieren. Die Bedeutung der Vorschrift hat auch im OWi-Verfahren in der Praxis zugenommen, da die Gerichte immer mehr Einziehungen bzw. verwandte Maßnahmen anordnen (vgl. dazu Fromm, JurBüro 2008, 507, 508).

Die Regelung in Nr. 5116 VV hat gegenüber der Regelung in §§ 105, 88 BRAGO **erhebliche**   2
Änderungen erfahren. Wegen der Einzelh. wird auf Nr. 4142 VV Rn. 2 verwiesen. Diese Ausführungen gelten entsprechend.

> **Hinweis:**   3
> Diese Gebühr entsteht jetzt immer, wenn einer der Fälle der Nr. 5116 VV vorliegt. Die Gebühr ist **nicht** mehr als **Ermessensvorschrift** ausgebildet und nicht (mehr) davon abhängig, ob der Gebührenrahmen der jeweiligen Verfahrensgebühr ausreicht.

B. Kommentierung

I. Allgemeines

Nr. 5116 VV ist eine **besondere Verfahrensgebühr**. Sie ist als **Wertgebühr** ausgestaltet und   4
steht dem Rechtsanwalt **zusätzlich** zu, wenn er bei Einziehung und verwandten Maßnahmen (§ 442 StPO) eine darauf bezogene Tätigkeit für den Betroffenen oder einen Nebenbeteiligten ausübt (Anm. 1 VV). Die Gebühr erhält der Rechtsanwalt nach dem Wortlaut Nr. 5116 Anm. 3 VV „für das Verfahren vor der Verwaltungsbehörde und dem Amtsgericht" sowie für das Rechtsbeschwerdeverfahren jeweils einmal. Sie kann also im OWi-Verfahren insgesamt zweimal entstehen.

> **Hinweis:**
> Der Wortlaut der Vorschrift ist nicht an die Änderung der Überschrift von Unterabschnitt 3 in „Gerichtliches Verfahren erster Rechtszug" durch das 2. JuMoG (BGBl. 2006 I, 3416) angepasst worden. Konsequenterweise hätte der Wortlaut geändert werden müssen in „... und im Gerichtlichen Verfahren des erstes Rechtszugs", um die erstinstanzlichen Bußgeldverfahren vor den **OLG** ebenfalls zu erfassen (vgl. dazu Teil 5 Abschnitt 1 Unterabschnitt 3 VV Rn. 3). Denn auch in diesen kann die Einziehungsgebühr im gerichtlichen Verfahren entstehen. Es ist nicht ersichtlich, dass diese von der dieser Gebühr ausgenommen werden sollten. Daher wird man auf diese Verfahren die Gebühr Nr. 5116 VV **entsprechend** anwenden müssen.

II. Persönlicher Anwendungsbereich

Die Nr. 5116 VV gilt nach Vorbem. 5 Abs. 1 VV für den **Wahlanwalt** als Vollverteidiger. Sie   5
gilt auch für einen Einziehungs- und/oder Verfallsbeteiligten (§ 29a OWiG; vgl. dazu Fromm, JurBüro 2008, 507).

Nr. 5116 VV   *Verfahrensgebühr bei Einziehung und verwandten Maßnahmen*

> **Hinweis:**
>
> Ergeht eine Einziehungsentscheidung nach § 29a OWiG gegen einen anderen als den Betroffenen, wird die Nr. 5116 VV für den Verteidiger im Zweifel nicht entstehen. Sein Mandant ist von der Maßnahme nicht betroffen, sodass er keine „Tätigkeit für den Betroffenen, die sich auf Einziehung ... bezieht", erbringt (s. auch Fromm, JurBüro 2008, 507, 508).

6   Die Nr. 5116 VV gilt auch für den **Pflichtverteidiger** und den beigeordneten Rechtsanwalt (vgl. dazu BT-Drucks. 15/1971, S. 228).

III. Sachlicher Abgeltungsbereich

7   Nr. 5116 VV ist wortgleich der für das Strafverfahren geltenden Vorschrift **Nr. 4142 VV** formuliert. Es kann daher wegen der Komm. auf die dortigen **Ausführungen** verwiesen werden. Diese **gelten entsprechend**.

8   **Hinweis:**

> Das gilt insbesondere auch für die Ausführungen, die sich auf die Anwendung der Nr. 4142 VV für eine Tätigkeit beziehen, die der Rechtsanwalt im Hinblick auf die Entziehung der Fahrerlaubnis ausübt (vgl. Rn. 4142 VV Rn. 8). Diese gelten für Tätigkeiten im Hinblick auf ein **Fahrverbot** im Bußgeldverfahren entsprechend. Dem Rechtsanwalt steht, wenn er im Hinblick auf ein Fahrverbot tätig wird, also **keine Gebühr** nach **Nr. 5116 VV** zu (vgl. OLG Koblenz, RVGreport 2006, 192 = AGS 2008, 236; AG Nordhorn, AGS 2006, 238; AG Weilburg, AGS 2007, 561; Burhoff, RVGreport 2006, 191; ders., RVGprofessionell 2009, 65; Volpert, VRR 2006, 238 jeweils für die Entziehung der Fahrerlaubnis; AnwKomm-RVG/N. Schneider, VV 5116 Rn. 2; a.A. u.a. Hartmann, KostG, Nr. 4142 VV RVG Rn. 5; vgl. dazu auch BT-Drucks. 15/1971, S. 280).
>
> Der Rechtsanwalt/Verteidiger kann die insoweit erbrachten Tätigkeiten nur bei der Bemessung der konkreten Gebühr innerhalb des jeweiligen Gebührenrahmens gem. § 14 RVG berücksichtigen (Burhoff, RVGreport 2006, 191; Volpert, VRR 2006, 238; AnwKomm-RVG/N. Schneider, VV 5116 Rn. 2; s. auch Teil A: Rahmengebühren [§ 14], Rn. 1051 ff.).

IV. Gebührenhöhe/Pauschgebühr

9   Für die Gebührenhöhe und eine Pauschgebühr gelten die Ausführungen bei **Nr. 4142 VV** Rn. 22 ff. entsprechend (zur Gebührenhöhe s. auch Fromm, JurBüro 2008, 507 f.).

Verfahrensgebühr Einzeltätigkeiten   *Nr. 5200 VV*

     V.   Höhe der Verfahrensgebühr 17

Literatur:
S. die Hinweise bei Vorbem. 4. 3 VV vor Rn. 1 und bei Vorbem. 5 VV vor Rn. 1.

A.   Überblick

Nr. 5200 VV sieht eine **Verfahrensgebühr** vor, wenn der Rechtsanwalt, dem sonst nicht die   1
Verteidigung in einer Bußgeldsache übertragen ist, für den Betroffenen oder einen sonstigen Beteiligten eine einzelne Tätigkeit erbringt. Nach Nr. 5200 Anm. 4 VV entsteht die Gebühr für die Vertretung in der Vollstreckung bzw. in einer Gnadensache auch dann, wenn dem Rechtsanwalt die Verteidigung übertragen war.

B.   Kommentierung

I.   Allgemeines

Nr. 5200 VV ist eine **Verfahrensgebühr**. Die Gebühr erhält der Rechtsanwalt, dem die Verteidi-   2
gung im Bußgeldverfahren sonst nicht übertragen worden ist, für von ihm erbrachte Einzeltätigkeiten (vgl. dazu Rn. 10). Im Übrigen entsteht sie, wenn der Verteidiger aus dem Bußgeldverfahren in der Vollstreckung bzw. in einer Gnadensache tätig wird (Nr. 5200 Abs. 4 VV).

> **Hinweis:**   3
> Nr. 5200 VV **entspricht im Wesentlichen** der **Vorbem. 4.3. VV**. Das bedeutet, dass die Komm. zu Vorbem. 4.3 VV entsprechend gilt und auf diese verwiesen werden kann. Eine Regelung wie in Vorbem. 4.3 Abs. 3 Satz 2 VV – **Beschwerde** ist besondere Angelegenheit – **fehlt** allerdings. Das bedeutet, dass im Bußgeldverfahren die Beschwerde durch die Verfahrensgebühr Nr. 5200 VV mit abgegolten ist (Gerold/Schmidt/Burhoff, VV 5200 Rn. 11). Die Regelung aus Vorbem. 4.3 Abs. 3 Satz 2 VV ist wegen der eigenständigen Regelung des Bußgeldverfahrens nicht entsprechend anwendbar.

Zusätzlich zur Gebühr Nr. 5200 VV erhält der Rechtsanwalt seine **Auslagen** nach Teil 7 VV. Ist   4
er in mehreren Einzeltätigkeiten tätig, handelt es sich um mehrere Angelegenheiten (s. Nr. 5200 Anm. 2 VV). Es kann dann jeweils eine Auslagenpauschale Nr. 7002 VV entstehen (Gerold/Schmidt/Burhoff, VV 5200 Rn. 13; vgl. Vorbem. 4.3 VV Rn. 30 ff.).

II.   Anwendungsbereich

1.   Einzeltätigkeiten in einer Bußgeldsache

a)   Auftrag Einzeltätigkeit (Anm. 1)

Nr. 5200 VV ist dann anwendbar, wenn der Rechtsanwalt die **Einzeltätigkeit in** einer **Bußgeld-**   5
sache erbracht hat (vgl. hierzu Vorbem. 5 VV Rn. 4).
Nimmt der Vollverteidiger, dem die Verteidigung vollständig übertragen worden ist, einzelne   6
Tätigkeiten wahr, werden diese Tätigkeiten durch die in Teil 5 Abschnitt 1 VV geregelten Gebühren entgolten (vgl. Vorbem. 5.1 VV Rn. 5 ff.). Die in Nr. 5200 VV geregelte Gebühr für einzelne Tätigkeiten kann daher grds. nur für den Rechtsanwalt entstehen, dem sonst die Verteidigung nicht übertragen ist und dessen Tätigkeit sich **auftragsgemäß** auf nur **einzelne Tätigkeiten** be-

schränkt hat (vgl. Nr. 5200 Anm. 1 VV; vgl. auch Vorbem. 4.3 VV Rn. 4 ff.). Die Nr. 5200 VV ist also subsidiär (Gerold/Schmidt/Burhoff, VV 5200 Rn. 5).

b) Tätigkeiten des Vollverteidigers (Anm. 4)

7 Tätigkeiten des Vollverteidigers werden von Nr. 5200 VV allerdings **dann** erfasst, wenn die Tätigkeiten **nicht** durch die in **Teil 5 Abschnitt 1 VV** geregelten Gebühren für die Tätigkeit als Verteidiger nach Vorbem. 5.1 Abs. 1 VV entgolten werden (s. auch Vorbem. 4.3 VV Rn. 8 ff.).

Eine **Ausnahme** von der Regelung in Nr. 5200 Anm. 1 VV gilt nach Abs. 4 der Anm. für den Rechtsanwalt, der den Auftraggeber in einer bußgeldrechtlichen **Vollstreckungs-** und in einer **Gnadensache** vertreten hat. Dieser Rechtsanwalt erhält die Gebühr nach Nr. 5200 VV auch dann, wenn ihm **vorher** die **Verteidigung** übertragen war (vgl. zur Gnadensache auch Nr. 4303 VV). Vertretung in der Vollstreckung und Vertretung in einer Gnadensache müssen nicht kumulativ („und") vorliegen. Die Formulierung in der Anm. 4 ist ein offenbares Redaktionsversehen.

> **Hinweis:**
> Die Tätigkeit des Verteidigers im **bußgeldrechtlichen Vollstreckungsverfahren** wird also als **Einzeltätigkeit** abgerechnet.

Beispiel:

Rechtsanwalt R vertritt den Betroffenen in einem straßenverkehrsrechtlichen Bußgeldverfahren. Der Betroffene lässt den Bußgeldbescheid, der eine Geldbuße festsetzt, bestandskräftig werden. Nach längerer Zeit erhält der Betroffene eine Mahnung hinsichtlich der Zahlung der Geldbuße. Der Betroffene verfügt über keine Unterlagen mehr. Er wendet sich an Rechtsanwalt R. Der erhält Akteneinsicht und beruft sich danach in einem Schreiben an die Bußgeldbehörde auf den inzwischen erfolgten Ablauf der Vollstreckungsverjährungsfrist des § 34 OWiG. Rechtsanwalt R erhält kurz darauf ein Schreiben der Bußgeldbehörde, dass sich die Sache wegen Ablaufs der Vollstreckungsverjährung erledigt habe.

Rechtsanwalt R muss seine Tätigkeit als Einzeltätigkeit nach Nr. 5200 VV abrechnen. Er war zwar Verteidiger des Betroffenen im Bußgeldverfahren es greift aber die Ausnahme aus Nr. 5200 Abs. 4 VV.

> **Hinweis:**
> Zur „Vollstreckung" i.S.d. Nr. 5200 VV gehört aber **nicht** die Tätigkeit des Rechtsanwalts im Hinblick auf die Tätigkeit im Verfahren zur Vollstreckung **ausländischer Geldsanktionen** nach §§ 86 ff. IRG. Die dort erbrachten Tätigkeiten werden nach Teil 6 Abschnitt 1 VV abgerechnet (s. die dort. Komm.).

2. Persönlicher Geltungsbereich

8 Die Verfahrensgebühr Nr. 5200 VV steht sowohl dem **Wahlanwalt** als auch dem **gerichtlich bestellten** oder **beigeordneten** Rechtsanwalt zu. Auch die in Vorbem. 5 Abs. 1 VV erwähnten Beistände (Zeugenbeistand) und Vertreter haben ggf. Anspruch auf diese Gebühren. Grds. rechnet der Zeugenbeistand aber nach Teil 5 Abschnitt 1 VV ab (Burhoff, RVGreport 2004, 16; ders., RVGreport 2006, 81; ders., StRR 2007, 220; Vorbem. 5 VV Rn. 12 ff.). Für den **Terminsvertreter**, der an der Hauptverhandlung teilnimmt gilt: Ist er Verteidiger, rechnet er nach Teil 5 Abschnitt 1 VV ab und nicht etwa nach der Nr. 5200 VV und zusätzlich noch für die Teilnahme am Termin eine Terminsgebühr (so aber unzutreffend LG Wuppertal, AGS 2010, 492 m. abl.

Verfahrensgebühr Einzeltätigkeiten *Nr. 5200 VV*

Anm. N. Schneider = RVGreport 2010, 463 m. abl. Anm. Burhoff = VRR 2011, 79, das übersieht, dass einer solchen Abrechnungsweise schon die Subsidiaritätsklausel der Anm. 1 entgegensteht). Nur dann, wenn der Rechtsanwalt als Einzeltätigkeit nur mit der Wahrnehmung des Termins beauftragt worden ist, entsteht die Gebühr Nr. 5200 VV. Dann entsteht aber auch nur die Nr. 5200 VV und nicht auch noch eine Terminsgebühr nach Teil 5 Abschnitt 1 VV (a.A. LG Wuppertal, a.a.O.).

3. Sachlicher Abgeltungsbereich der Gebühr

a) Allgemeines

Das RVG hat die Gebühr für die „einzelnen Tätigkeiten" als **eine Verfahrensgebühr** ausgebildet. Das bedeutet, dass die allgemeine Regelung in Vorbem. 5 Abs. 2 VV über den Abgeltungsbereich der Verfahrensgebühr Anwendung findet. Die Verfahrensgebühr der Nr. 5200 VV entsteht daher für das **Betreiben** des **Geschäfts** einschließlich der Information (s. dazu Vorbem. 5 VV Rn. 15 ff., Vorbem. 4 VV Rn. 32 ff., Vorbem. 4.3 VV Rn. 26). Erfasst werden sowohl Tätigkeiten, die zur Abgeltung einzelner Tätigkeiten und Verrichtungen des Rechtsanwalts (z.B. Einlegung eines Rechtsmittels, Anfertigung einer Rechtsbeschwerdebegründung) bestimmt sind als auch mehrere zusammenhängende Verrichtungen des Rechtsanwalts, z.B. Beistandsleistungen (s. aber Vorbem. 4.3 VV Rn. 30 ff.).

9

b) Katalog der Einzeltätigkeiten

Die Vorschrift **nennt keine bestimmten Einzeltätigkeiten** ausdrücklich, sondern bestimmt nur, dass „für einzelne Tätigkeiten" die Verfahrensgebühr verdient wird. Das bedeutet, dass die Verfahrensgebühr für alle Tätigkeiten entstehen kann, die dem Rechtsanwalt im OWi-Verfahren als Einzeltätigkeit übertragen werden können bzw. die für den Verteidiger nicht durch eine der Gebühren des Teil 5 Abschnitt 1 VV abgegolten sind.

10

> **Hinweis:**
> Nr. 5200 VV spricht nur von einer „Verfahrensgebühr". Das bedeutet aber nicht, dass der Rechtsanwalt nicht **auch** die **Teilnahme** an einem **Termin** bzw. die Vertretung/Beistandsleistung in einem Termin vergütet bekommt, wenn ihm das als Einzeltätigkeit übertragen worden ist.

Folgende **Einzeltätigkeiten** können z.B. für den Rechtsanwalt anfallen (vgl. auch Vorbem. 4.3 VV Rn. 7 ff.):

- **Anfertigung** von **Anträgen**, wie z.B. einen Ratenzahlungsantrag,
- Antrag auf gerichtliche Entscheidung nach § 62 OWiG,
- **Begründung** der **Rechtsbeschwerde** (vgl. Nr. 4300 Ziff. 1 VV),
- Begründung des Einspruchs gegen den Bußgeldbescheid,
- **Beistandsleistung** für den Betroffenen in einem **Hauptverhandlungstermin** (vgl. Nr. 4301 Ziff. 4 VV),
- **Beistandsleistung** für einen **Zeugen**, wenn der Rechtsanwalt nicht voller Vertreter i.S.v. Teil 5 Abschnitt 1 VV ist,

Nr. 5200 VV   *Verfahrensgebühr Einzeltätigkeiten*

- **Einlegung** der **Rechtsbeschwerde** (vgl. Nr. 4302 Ziff. 1 VV),
- Einlegung des Einspruchs gegen den Bußgeldbescheid,
- **Gegenerklärung** auf die von der Staatsanwaltschaft eingelegte Rechtsbeschwerde,
- **isolierte Akteneinsicht**,
- schriftliche **Stellungnahme** im Verfahren vor der **Verwaltungsbehörde**,
- Stellungnahme zum Verwerfungsantrag der Generalstaatsanwaltschaft (§ 79 Abs. 3 OWiG, § 349 Abs. 2 StPO),
- **Ratenzahlungsantrag**,
- **Teilnahme** an einem **Vernehmungstermin** bei der Polizei, Staatsanwaltschaft oder der Verwaltungsbehörde und dem Gericht,
- Tätigkeiten in der **Strafvollstreckung**.

4. Entstehen der Gebühr (Anm. 2)

11 Die Gebühr entsteht mit der **ersten Tätigkeit** des Rechtsanwalts, die auf die Ausführung des Auftrages gerichtet ist. Die Ausführungen bei Vorbem. 4.3 VV Rn. 28 ff. gelten entsprechend.

12 Für das Entstehen der Gebühr ist es insbesondere **nicht erforderlich**, dass der Rechtsanwalt den jeweiligen Gebührentatbestand **vollendet** (vgl. Vorbem. 4.3 VV Rn. 29).

Beispiel:

Der Betroffene B ist vom AG verurteilt worden. Er legt selbst Rechtsbeschwerde gegen das Urteil ein und beauftragt dann Rechtsanwalt R, für ihn die Rechtsbeschwerdebegründung zu fertigen. Bevor dieser die Begründungsschrift endgültig erstellt hat, nimmt B die Rechtsbeschwerde zurück.

Rechtsanwalt R hat eine Gebühr nach Nr. 5200 VV verdient. Für das Entstehen der Gebühr ist es nicht erforderlich, dass er die Rechtsbeschwerdebegründung tatsächlich anfertigt. Es reicht aus, dass er als Rechtsanwalt im Rahmen der Ausführung des Auftrags eine erste Tätigkeit *entfaltet hat (s. auch Vorbem. 4.3 VV Rn. 28.).*

5. Mehrere (Einzel) Tätigkeiten

13 Nach Nr. 5200 Anm. 2 Satz 1 VV erhält der Rechtsanwalt die Gebühr für **jede Tätigkeiten gesondert**, soweit nichts anderes bestimmt ist. Die Ausführungen bei Vorbem. 4.3 VV Rn. 30 ff. gelten entsprechend.

> **Hinweis:**
>
> Auch im Bußgeldverfahren ist **Voraussetzung** für das Entstehen gesonderter Gebühren, dass den entsprechenden Tätigkeiten **jeweils** ein **Einzelauftrag** bzw. ein besonderer Auftrag zugrunde liegt. Für die vom Rechtsanwalt erbrachten Einzeltätigkeiten müssen daher entsprechende Einzelaufträge erteilt worden sein (vgl. Vorbem. 4.3 VV Rn. 31). Das ist Folge von § 15 Abs. 1 und 2 (Gerold/Schmidt/Burhoff, VV 5200 Rn. 11).

6. Beschwerdeverfahren

14 In Strafsachen gilt das Beschwerdeverfahren bei Einzeltätigkeiten nach Vorbem. 4.3 Abs. 2 Satz 2 VV als besondere Angelegenheit (vgl. Vorbem. 4.3 VV Rn. 34). Für OWi-Verfahren ist diese Regelung nicht übernommen worden. Es gilt also die **allgemeine Regel**, dass das Beschwerdever-

Verfahrensgebühr Einzeltätigkeiten *Nr. 5200 VV*

fahren aufgrund des Pauschgebührencharakters der Gebühr mit abgegolten ist (vgl. Vorbem. 5.1 VV Rn. 6; Teil A: Beschwerdeverfahren, Abrechnung, Rn. 371; vgl. auch oben Rn. 4 und Gerold/Schmidt/Burhoff, VV 5200 Rn. 11).

III. Begrenzung auf Vollverteidigergebühren (Anm. 2 Satz 2 VV i.V.m. § 15 Abs. 6)

Der mit verschiedenen oder mehreren Einzeltätigkeiten i.S.v. Nr. 5200 VV beauftragte Rechtsanwalt darf gem. § 15 Abs. 6 nicht mehr Gebühren erhalten als der mit der gesamten Angelegenheit beauftragte Rechtsanwalt, also der Vollverteidiger. **§ 15 Abs. 6 ist anwendbar**, weil nach Nr. 5200 Anm. 2 Satz 2 VV die Vorschrift des § 15 unberührt bleibt. Es ist also immer zu ermitteln, welche Gebühren der Vollverteidiger oder Vollvertreter erhalten würde, wenn er die gleichen Tätigkeiten wie der nur mit Einzeltätigkeiten beauftragte Rechtsanwalt wahrnehmen würde (vgl. dazu auch eingehend Vorbem. 4.3 VV Rn. 38). 15

> *Beispiel (s. auch das Beispiel bei Vorbem. 4.3 VV Rn. 38):*
> *Rechtsanwalt R fertigt im Verfahren vor der Verwaltungsbehörde, ohne dass ihm die Verteidigung übertragen worden ist, einen Schriftsatz für den Betroffenen. Er wird außerdem jeweils beauftragt, an einer Vernehmung bei der Verwaltungsbehörde teilzunehmen und Einspruch gegen einen Bußgeldbescheid einzulegen. Alle Merkmale des § 14 sind durchschnittlich. Es fallen Gebühren nach der Stufe 1 an.*

Berechnung der Gebühren für die Einzeltätigkeiten	Wahlanwalt	Pflichtverteidiger
Verfahrensgebühr Nr. 5200 VV (Schriftsatz)	55,00 €	44,00 €
Verfahrensgebühr Nr. 5200 VV (Teilnahme am Vernehmungstermin)	55,00 €	44,00 €
Verfahrensgebühr Nr. 5200 V (Einlegung des Einspruchs)	<u>55,00 €</u>	<u>44,00 €</u>
Anwaltsvergütung netto	**165,00 €**	**132,00 €**

Berechnung der Gebühren des Vollverteidigers	Wahlanwalt	Pflichtverteidiger
Grundgebühr Nr. 5100 VV	85,00 €	68,00 €
Verfahrensgebühr Nr. 5101 VV	55,00 €	44,00 €
Terminsgebühr Nr. 5102 VV	<u>55,00 €</u>	<u>44,00 €</u>
Anwaltsvergütung netto	**195,00 €**	**156,00 €**

> *Rechtsanwalt R kann die für die drei Einzeltätigkeiten entstandenen Gebühren voll fordern. § 15 Abs. 6 steht nicht entgegen.*

IV. Anrechnung (Anm. 3)

Die Regelung Nr. 5200 Anm. 3 VV **entspricht** der **Vorbem. 4.3 Abs. 3 VV**. Daher kann auf die Ausführungen bei Vorbem. 4.3 VV Rn. 39 ff. verwiesen werden (Teil A: Anrechnung von Gebühren [§ 15a], Rn. 123). 16

V. Höhe der Verfahrensgebühr

17 Für jede der o.a. aufgeführten Einzeltätigkeiten entsteht eine gesonderte Verfahrensgebühr. Der **Wahlanwalt** erhält sie als **Betragsrahmengebühr**. Der Betragsrahmen beträgt 10,00 € – 100,00 €, die Mittelgebühr beträgt 55,00 €. Die Höhe der Geldbuße spielt – anders als in Teil 5 Abschnitt 1 VV – keine Rolle. Der gerichtlich bestellte oder **beigeordnete** Rechtsanwalt erhält die Verfahrensgebühr als **Festgebühr** i.H.v. 44,00 €.

> **Hinweis:**
> Reicht der Betragsrahmen bzw. die Festgebühr nicht aus, um die vom Rechtsanwalt erbrachten Einzeltätigkeiten zumutbar zu entlohnen, kann gem. **§§ 42, 51** die Feststellung einer Pauschgebühr bzw. die Gewährung einer Pauschgebühr beantragt werden.

18 Für die **Bemessung** der **konkreten Gebühr** sind die Kriterien des § 14 anzuwenden. Es gelten die allgemeinen Regeln, d.h. maßgeblich ist auf den vom Rechtsanwalt erbrachten Zeitaufwand abzustellen (vgl. Vorbem. 5 VV Rn. 18 ff.).

Teil 6
Sonstige Verfahren

Vorbemerkung 6:

(1) Für die Tätigkeit als Beistand für einen Zeugen oder Sachverständigen in einem Verfahren, für das sich die Gebühren nach diesem Teil bestimmen, entstehen die gleichen Gebühren wie für einen Verfahrensbevollmächtigten in diesem Verfahren.

(2) Die Verfahrensgebühr entsteht für das Betreiben des Geschäfts einschließlich der Information.

(3) Die Terminsgebühr entsteht für die Teilnahme an gerichtlichen Terminen, soweit nichts anderes bestimmt ist. Der Rechtsanwalt erhält die Terminsgebühr auch, wenn er zu einem anberaumten Termin erscheint, dieser aber aus Gründen, die er nicht zu vertreten hat, nicht stattfindet. Dies gilt nicht, wenn er rechtzeitig von der Aufhebung oder Verlegung des Termins in Kenntnis gesetzt worden ist.

Übersicht

	Rn.
A. Überblick	1
I. Entstehung der Norm/Regelungsgehalt	1
II. Anwendungsbereich	2
B. Kommentierung	3
I. Allgemeines	3
II. Persönlicher Geltungsbereich	4
III. Verfahrensgebühr (Abs. 2)	5
IV. Terminsgebühr (Abs. 3)	6
V. Einzeltätigkeiten	7
VI. Anspruch auf Wahlanwaltsgebühren (§ 53)	8
VII. Pauschgebühren	9
VIII. Außergerichtliche Tätigkeiten	11
IX. Erstattung	12

Literatur:

Hansens, Die Vergütung des Rechtsanwalts in ehren- und berufsgerichtlichen Verfahren, JurBüro 1989, 1625; *ders.*, Die Vergütung des Rechtsanwalts in gerichtlichen Verfahren bei Freiheitsentziehungen, JurBüro 1989, 903; *Hartung*, Die Vergütung des Rechtsanwalts im berufsgerichtlichen Verfahren – Dargestellt am Berufsrecht der rechts- und steuerberatenden Berufe, NJW 2005, 3093; *Klüsener*, Die Anwaltsbeiordnung im Unterbringungsverfahren, FamRZ 1994, 487; *Mayer*, Die wichtigsten Neuerungen bei den RVG- Gebührentatbeständen: Teil 6 und 7 Vergütungsverzeichnis, NJ 2005, 159; *Mümmler*, Anwaltliche Tätigkeit im Disziplinarverfahren, JurBüro 1990, 291; *N. Schneider*, Zusatzgebühr bei Einstellung eines Disziplinarverfahrens im außergerichtlichen Verfahren, AGS 2007, 225; *Schlöpke*, Vergütung von Verfahrenspflegern in Unterbringungssachen, Rpfleger 1993, 435.

A. Überblick

I. Entstehung der Norm/Regelungsgehalt

1 Teil 6 VV fasst die Gebühren für die Tätigkeit des Rechtsanwalts in sonstigen Verfahren zusammen, die **nicht** in den **anderen Teilen** des **VV** geregelt sind und die nach den für das Strafverfahren geltenden Gebührengrundsätzen behandelt werden sollen.

Die Gebühren in den **Abschnitt**en **1 und 2** (Verfahren nach dem Gesetz über die internationale Rechtshilfe in Strafsachen [IRG] und nach dem Gesetz über die Zusammenarbeit mit dem internationalen Strafgerichtshof [IStGH-Gesetz]; Disziplinarverfahren und berufsgerichtliche Verfahren) sind an die Gebührenstruktur in Strafsachen angepasst (vgl. insoweit Teil 4 VV). Auch die in **Abschnitt 3 und 4** vorgesehene Gebührenstruktur entspricht weitestgehend der Gebührenstruktur für das Strafverfahren.

II. Anwendungsbereich

2 Teil 6 VV findet für die Tätigkeit des Rechtsanwalts in folgenden Verfahren Anwendung (zu Einzelh. vgl. Vorbem. 6.1.1 VV Rn. 9, Nr. 6101 VV Rn. 3 ff., Vorbem. 6.2 VV Rn. 7 ff., Nr. 6300 VV Rn. 4 ff.; Vorbem. 6.4 VV Rn. 2 und Nr. 6500 VV Rn. 2 ff.):

Abschnitt 1:

Verfahren nach dem Gesetz über die internationale Rechtshilfe in Strafsachen (**IRG**) v. 23.12.1982 (BGBl. I, S. 2071), zuletzt geändert durch Artikel 1 des Gesetzes vom 18. Oktober 2010 (BGBl. I, S. 1408) und in Verfahren nach dem Gesetz über die Zusammenarbeit mit dem Internationalen Strafgerichtshof (**IStGH-Gesetz**) v. 21.06.2002 (BGBl. I, S. 2144).

Abschnitt 2:

Disziplinarverfahren, z. B.

- nach dem Bundesdisziplinargesetz (BDG) sowie nach den Landesdisziplinargesetzen bzw. Landesdisziplinarordnungen,
- der Wehrdisziplinarordnung (WDO),
- dem Deutschen Richtergesetz (DRiG) sowie den Richtergesetzen der Bundesländer,
- der Bundesnotarordnung (BNotO) und
- nach dem Zivildienstgesetz (ZDG).

Berufsgerichtliche Verfahren wegen der Verletzung einer Berufspflicht, z. B.

- vor den Anwaltsgerichten der Rechtsanwälte nach der BRAO,
- vor den Gerichten für Patentanwaltssachen nach der PatO,
- vor den nach Landesrecht errichteten Berufsgerichten der Ärzte, Zahnärzte, Tierärzte und Apotheker (vgl. hierzu BayObLG, JurBüro 2002, 475),
- vor den Kammern und Senaten für Wirtschaftsprüfer und vereidigte Buchprüfer nach der Wirtschaftsprüferordnung,
- vor den Kammern und Senaten für Steuerberater und Steuerbevollmächtigte nach dem Steuerberatungsgesetz,
- vor den nach Landesrecht für Architekten eingerichteten Gerichten.

Abschnitt 3:

Gerichtliche Verfahren bei **Freiheitsentziehung** und in **Unterbringungssachen** in Freiheitsentziehungssachen nach § 415 FamFG, in Unterbringungssachen nach § 312 FamFG und bei Unterbringungsmaßnahmen nach § 151 Nr. 6 und 7 FamFG.

Abschnitt 4:

Verfahren nach der Wehrbeschwerdeordnung (WBO); bis zur Änderung des Abschnitts 4 durch das Wehrrechtsänderungsgesetz 2008 (BGBl. I 2008, S. 1629) mit Wirkung v. 01.02.2009 regelte Abschnitt 4 die Gebühren in besonderen Verfahren und **Einzeltätigkeiten** in den in Vorbem. 6.4 VV a.F. im Einzelnen aufgeführten Verfahren.

Abschnitt 5:

Einzeltätigkeiten und Verfahren auf Aufhebung oder Änderung einer Disziplinarmaßnahme. Der Abschnitt ist durch das Wehrrechtsänderungsgesetz 2008 (BGBl. I 2008, S. 1629) mit Wirkung v. 01.02.2009 neu eingefügt worden.

B. Kommentierung

I. Allgemeines

Vorbem. 6 VV **entspricht** der **Vorbem. 4 Abs. 1 bis 3 VV**, sodass grds. auf die entsprechenden Komm. **verwiesen** werden kann.   3

II. Persönlicher Geltungsbereich

Teil 6 VV regelt die Vergütung des Rechtsanwalts als **Wahlanwalt/Verteidiger** oder als Verfahrensbevollmächtigter. Der gerichtlich **bestellte** oder **beigeordnete Rechtsanwalt** erhält seine Vergütung ebenfalls nach Teil 6 VV.   4

Der Rechtsanwalt erhält auch in den in Teil 6 VV geregelten sonstigen Verfahren als **Beistand** für einen **Zeugen** oder für einen **Sachverständigen** die gleichen Gebühren wie ein Verfahrensbevollmächtigter in diesen Verfahren (vgl. hierzu Vorbem. 4 VV Rn. 23 ff.; Vorbem. 4.1 VV Rn. 5 ff.). Damit ist die für bürgerlich-rechtliche Streitigkeiten und für Streitigkeiten vor Gerichten der öffentlich-rechtlichen Gerichtsbarkeit in Vorbem. 3 Abs. 1 VV und in Straf- und Bußgeldsachen in Vorbem. 4 und 5 Abs. 1 VV vorgesehene Regelung auch für die in Teil 6 VV geregelten sonstigen Verfahren übernommen und sind auch in diesen Verfahren die Gebühren des Rechtsanwalts für seine Tätigkeit als Beistand für einen Zeugen oder Sachverständigen gesetzlich geregelt worden. Bei der **Bestimmung** der **konkreten Gebühr** für seine Tätigkeit als Beistand für einen Zeugen oder Sachverständigen muss sich der Rechtsanwalt im Übrigen an dem üblichen Aufwand eines Verfahrensbevollmächtigten in einem durchschnittlichen Verfahren messen lassen (vgl. AnwKomm-RVG/N. Schneider, Vorb. VV 6100 ff. Rn. 1).

Nach abzulehnender Auffassung des KG (vgl. StRR 2008, 117 = RVGreport 2008, 227 = AGS 2008, 130) gilt für die Vergütung für den im **Auslieferungsverfahren** nach dem IRG bestellten Zeugenbeistand (vgl. Teil 6, Abschnitt 1 VV) für die Teilnahme an der richterlichen Vernehmung eines Zeugen aufgrund eines auswärtigen Rechtshilfeersuchens Nr. 4301 Ziff. 4 VV entsprechend (s. dazu Nr. 6101 VV Rn. 11). Wird die Tätigkeit des für die Dauer der Vernehmung eines Zeugen gerichtlichen beigeordneten Zeugenbeistands auch in Verfahren nach Teil 6 VV als Einzeltätigkeit angesehen (vgl. dazu für Strafsachen ausführlich Vorbem. 4.1 VV Rn. 5 ff.), entsteht

Vorbemerkung 6 *Tätigkeiten in sonstigen Verfahren*

jedenfalls seit dem 01.02.2009 (Wehrrechtsänderungsgesetz 2008, BGBl. I, S. 1629) hierfür die in Nr. 6500 VV geregelte Verfahrensgebühr.

> **Hinweis:**
> Die Vorschriften gelten **auch** entsprechend, wenn der Rechtsanwalt dem Zeugen oder Sachverständigen als Beistand **gerichtlich bestellt** oder **beigeordnet** worden ist.

III. Verfahrensgebühr (Abs. 2)

5 Vorbem. 6 Abs. 2 VV regelt **allgemein** den **Abgeltungsbereich** der **Verfahrensgebühr**. Danach entsteht die Verfahrensgebühr in Teil 6 VV ebenso wie in den anderen Teilen des VV für das **Betreiben des Geschäfts** einschließlich der **Information** (vgl. hierzu Vorbem. 4 VV Rn. 31 ff.).

IV. Terminsgebühr (Abs. 3)

6 Vorbem. 6 Abs. 3 VV regelt **allgemein** den **Abgeltungsbereich** der **Terminsgebühr**. Diese entsteht grd. nur für die **Teilnahme an gerichtlichen Terminen**, soweit nichts anderes bestimmt ist (vgl. hierzu Vorbem. 4 VV Rn. 56 ff.). Die Einschränkung ist erforderlich, weil in Nr. 6201 VV auch die Teilnahme an **außergerichtlichen** Anhörungsterminen und außergerichtlichen Terminen zur Beweiserhebung mit einer Terminsgebühr abgegolten wird. Vorgesehen sind Terminsgebühren insbesondere für Verhandlungstermine und darüber hinaus für die in Nr. 6201 VV erwähnten Termine. Für andere dort **nicht erwähnte Termine** entstehen **keine** Terminsgebühren. Insbesondere entsteht keine Terminsgebühr für die Teilnahme an auf die Erledigung oder Vermeidung eines Verfahrens gerichteten Besprechungen, weil eine Regelung wie in Vorbem. 3 Abs. 3 Alt. 3 VV fehlt. Die Teilnahme an anderen Terminen als gerichtlichen Terminen muss bei der Bemessung der konkreten Verfahrensgebühr berücksichtigt werden (vgl. hierzu insbesondere Nr. 6100 Rn. 15 für Termine vor dem Bundesamt für Justiz und Nr. 6102 VV Rn. 7 für Termine vor dem AG nach §§ 20 ff. IRG).

Voraussetzung für die Entstehung einer Terminsgebühr ist, dass ein gerichtlicher – oder sonstiger (vgl. Nr. 6201 VV) – **Termin stattgefunden** hat, für den das RVG eine Terminsgebühr vorsieht, und dass der **Rechtsanwalt** an diesem **teilgenommen** hat (vgl. im Übrigen auch die Erläuterungen bei den jeweiligen Terminsgebühren). Eine Ausnahme ist in Vorbem. 6 Abs. 3 Satz 2 VV für den „geplatzten Termin" enthalten (vgl. hierzu Vorbem. 4 VV Rn. 77 ff. mit entsprechend geltendem Beispiel).

V. Einzeltätigkeiten

7 Auf die Erläuterungen zu Nr. 6500 VV Rn. 4 ff. wird verwiesen.

VI. Anspruch auf Wahlanwaltsgebühren (§ 53)

8 Zum Anspruch des gerichtlich bestellten oder beigeordneten Rechtsanwalts auf Zahlung der Wahlanwaltsgebühren gegen den Auftraggeber gem. §§ 53, 52 wird auf die entsprechenden Erläuterungen zu den Abschnitten 1 bis 4 VV aus Teil 6 VV verwiesen (vgl. Vorbem. 6.2 VV Rn. 32; Nr. 6300 Rn. 33; Nr. 6500 VV Rn. 22). In Verfahren nach der Wehrbeschwerdeordnung (Abschnitt 4, Nrn. 6400 ff. VV) erfolgt keine Beiordnung im Wege der PKH, sodass sich die Frage nach der Anwendung von § 53 nicht stellt (vgl. Vorbem. 6.4 VV Rn. 21).

VII. Pauschgebühren

Nach § 51 kann nur dem Rechtsanwalt, der in den in Teil 6, Abschnitt 1 VV geregelten Verfahren nach dem **IRG** sowie dem **IStGH-Gesetz** gerichtlich als Beistand bestellt worden ist, eine Pauschgebühr bewilligt werden (vgl. ausführlich § 51 Rn. 4; vgl. hierzu OLG Celle, NStZ 2007, 342 = AGS 2007, 74 = RVGreport 2007, 64; StRR 2010, 160 = Nds.Rpfl. 2010, 95 = RVGprofessionell 2010, 39; OLG Dresden, StraFo 2007, 176; OLG Karlsruhe, RVGprofessionell 2010, 115; OLG Köln, NJW-RR 2007, 71 = AGS 2006, 380; RVGreport 2006, 147; RVGreport 2009, 218). Ferner besteht für den in Verfahren nach dem IRG und dem IStGH-Gesetz tätigen **Wahlanwalt** die Möglichkeit, eine Pauschgebühr nach § 42 feststellen zu lassen (vgl. § 42 Rn. 4; vgl. hierzu auch OLG Jena, StRR 2008, 158 = AGS 2008, 174 = Rpfleger 2008, 98). 9

Den Anwälten, die in Verfahren nach **Teil 6, Abschnitt 2 bis 4 VV** tätig werden, kann **keine** Pauschgebühr nach § 42 oder § 51 gewährt werden, weil diese Verfahren in §§ 42 und 51 nicht erwähnt werden (vgl. §§ 42, 51; Schneider, in: Hansens/Braun/Schneider, Teil 17, Rn. 24). Die fehlende Möglichkeit der Bewilligung einer Pauschvergütung wird für den gerichtlich bestellten oder beigeordneten Rechtsanwalt aber (teilweise) **kompensiert** durch die Erhöhung der aus der Staatskasse gewährten Festgebühren und bei längerer Dauer der Verhandlung durch die Zusatzgebühren zu den Terminsgebühren beispielsweise nach Nr. 6205 VV (vgl. Nr. 6205 VV Rn. 1; Schneider, in: Hansens/Braun/Schneider, Teil 17, Rn. 24). 10

VIII. Außergerichtliche Tätigkeiten

Der in Verfahren nach Teil 6 VV tätige Rechtsanwalt hat nach Vorbem. 2 Abs. 3 VV ggf. auch Anspruch auf die Gebühren nach Nrn. 2102, 2103 VV (Gebühren für Prüfung der Erfolgsaussicht eines Rechtsmittels) und nach Nrn. 2500 und 2501 VV (Beratungshilfegebühr und Beratungsgebühr bei Beratungshilfe; vgl. hierzu auch BT-Drucks. 16, 7955, S. 37; s. hierzu auch Teil A: Beratung über die Erfolgsaussicht eines Rechtsmittels [Nrn. 2102 f. VV], Rn. 261 ff.; s. Teil A: Beratungshilfe, Rn. 285 ff.). 11

Zur Geschäftsgebühr nach Teil 2, Abschnitt 4 VV in Verfahren nach der **Wehrbeschwerdeordnung** vgl. Vorbem. 6.4 Rn. 11.

IX. Erstattung

Insoweit wird auf die entsprechenden Erläuterungen zu den Abschnitten 1 bis 4 VV **verwiesen**. 12

Abschnitt 1

Verfahren nach dem Gesetz über die internationale Rechtshilfe in Strafsachen und Verfahren nach dem Gesetz über die Zusammenarbeit mit dem Internationalen Strafgerichtshof

Vor Teil 6 Abschnitt 1

1   Die Verfahren nach dem Gesetz über die internationale Rechtshilfe in Strafsachen (**IRG**) sind **keine Strafverfahren** i.S.d. Teil 4 VV, sondern es handelt sich bei ihnen um Verfahren eigener Art, die teils der Strafrechtspflege ausländischer Staaten Rechtshilfe leisten, teils die Interessen der Betroffenen wahren (BGHSt 2, 44; 6, 236). Auch die Verfahren nach dem **IStGH-Gesetz** sind **keine** Strafverfahren i.S.v. Teil 4 VV. Die Gebührenstruktur in Abschnitt 1 ist aber an die Gebührenstruktur in Strafsachen angepasst.

2   Der Gesetzgeber hat Abschnitt 1 durch das am 28.10.2010 in Kraft getretene „Gesetz zur Umsetzung des Rahmenbeschlusses 2005/214/JI des Rates v. 24.02.2005 über die Anwendung des Grundsatzes der gegenseitigen Anerkennung von Geldstrafen und Geldbußen" (**Europäisches Geldsanktionengesetz**; BGBl. I, S. 1408) in zwei Unterabschnitte aufgeteilt und in Unterabschnitt 1 die neue Vorbem. 6.1.1 VV und die neue Verfahrensgebühr Nr. 6100 VV eingefügt. Diese beiden Bestimmungen regeln die Vergütung des im Verwaltungsverfahren vor dem Bundesamt für Justiz tätigen Rechtsanwalts. Die bisher in Nrn. 6100 und 6101 VV a.F. geregelten Gebühren befinden sich nunmehr als Nr. 6101 und Nr. 6102 VV in Unterabschnitt 2. Dort sind die Gebühren für die Tätigkeit im gerichtlichen Verfahren geregelt.

Unterabschnitt 1
Verfahren vor der Verwaltungsbehörde

Vorbemerkung 6.1.1:
Die Gebühr nach diesem Unterabschnitt entsteht für die Tätigkeit gegenüber der Bewilligungsbehörde in Verfahren nach Abschnitt 2 Unterabschnitt 2 des Neunten Teils des Gesetzes über die internationale Rechtshilfe in Strafsachen.

Nr.	Gebührentatbestand	Gebühr	
		Wahlverteidiger oder Verfahrensbevollmächtigter	gerichtlich bestellter oder beigeordneter Rechtsanwalt
6100	Verfahrensgebühr	40,00 bis 290,00 EUR	132,00 EUR

Übersicht

	Rn.
A. Überblick	1
I. Entstehung	1
II. Regelungsgehalt	2
III. Stichtagsregelung	3
IV. Verfahrensgang	4
1. Allgemeines	4
2. Prüfungsverfahren	5
3. Anhörungsverfahren	6
4. Gerichtliches Verfahren	7
5. Vollstreckungsverfahren	8
B. Kommentierung	9
I. Anwendungsbereich	9
II. Persönlicher Geltungsbereich	10
1. Bestellung eines Beistands	10
2. Kein Vergütungsanspruch bei Bestellung durch das Bundesamt für Justiz	11
3. Bedeutung von § 48 Abs. 5	12
III. Abgeltungsbereich der Verfahrensgebühr	13
1. Verwaltungsverfahren	13
2. Keine Grundgebühr	14
3. Keine Terminsgebühr	15
4. Abgrenzung des Bewilligungsverfahrens vom gerichtlichen Verfahren	16
5. Vollstreckung	19
IV. Höhe der Gebühr	22
V. Einzeltätigkeit	23
VI. Sonstige Gebühren	24
VII. Pauschgebühr	25

Vorbemerkung 6.1.1   *Verfahren vor der Verwaltungsbehörde*

Literatur:

Burhoff, Abrechnung nach dem Geldsanktionsgesetz, RVGprofessionell 2010, 202; *ders.*, Die Vollstreckung ausländischer Geldsanktionen nach dem GeldsanktionenG, VA 2010, 213; *ders.*, Die Vollstreckung ausländischer Geldsanktionen, VRR 2010, 448; *ders.*, Die Vollstreckung ausländischer Geldsanktionen, StRR 2010, 444; *ders.*, Die Vollstreckung ausländischer Geldsanktionen, ZAP F. 22, S. 530; *ders.*, Das Verfahren bei der Vollstreckung ausländischer Geldsanktionen, VA 2011, 17; *ders.*, Anwaltsvergütung in Verfahren betreffend die Vollstreckung ausländischer Geldsanktionen RVGreport 2011, 42; *ders.*, Die anwaltlichen Gebühren in Verfahren betreffend die Vollstreckung ausländischer Geldsanktionen, StRR 2011, 13; *ders.*, Die anwaltlichen Gebühren in Verfahren betreffend die Vollstreckung ausländischer Geldsanktionen, VRR 2011, 134; *Hackner/Trautmann*, Die Vollstreckung ausländischer Geldstrafen und Geldbußen nach dem Gesetzesentwurf der Bundesregierung zu einem Europäischen Geldsanktionsgesetz, DAR 2010, 71; *Riedmeyer*, Die Vollstreckung von verkehrsstrafrechtlichen Geldstrafen und Geldbußen aus EU-Mitgliedsstaaten in Deutschland, zfs 2011, 68; *H. Schneider*, Kostenrechtliche Auswirkungen des Gesetzes zur Umsetzung des Rahmenbeschlusses über die Anwendung des Grundsatzes der gegenseitigen Anerkennung von Geldstrafen und Geldbußen, JurBüro 2011, 61; *N. Schneider*, Anwalts- und Gerichtskosten in Verfahren auf Betreibung ausländischer Geldsanktionen, DAR 2010, 768; *Trautmann*, Das neue europäische Geldsanktionsgesetz – Vollstreckung ausländischer Geldsanktionen, NZV 2011, 57; *Volpert*, Die Anwaltsvergütung in Verfahren betreffend die Vollstreckung ausländischer Geldsanktionen (europaweite Vollstreckung von Geldstrafen und Geldbußen), AGS 2010, 573

A. Überblick

I. Entstehung

1   Am 28.10.2010 ist das „Gesetz zur Umsetzung des Rahmenbeschlusses 2005/214/JI des Rates vom 24.2.2005 über die Anwendung des Grundsatzes der gegenseitigen Anerkennung von Geldstrafen und Geldbußen" (**Europäisches Geldsanktionengesetz**; BGBl. I, S. 1408) in Kraft getreten. Ziel ist die grenzüberschreitende Vollstreckung von Geldstrafen und Geldbußen in der EU. Das gilt sowohl für in Deutschland verhängte als auch für ausländische Geldsanktionen. Bislang existierte eine funktionierende, auch die Vollstreckung von Sanktionen wegen Verkehrsordnungswidrigkeiten einschließende bilaterale Regelung lediglich im Verhältnis zu Österreich. Die Umsetzung des Rahmenbeschlusses erfolgt durch Regelungen im Gesetz über die internationale Rechtshilfe in Strafsachen (IRG), insbesondere durch die Neufassung von §§ 86 und 87 IRG und die Einfügung der neuen §§ 87a bis 87p IRG (wegen der Einzelh. s. die o.a. Lit.-Hinw. und Rn. 4 ff.). Die Einnahmen aus der Vollstreckung ausländischer Geldsanktionen fließen gem. § 87n Abs. 1 Satz 1 IRG grds. in die Bundeskasse, nach Durchführung eines gerichtlichen Verfahrens gem. §§ 87h oder 87i IRG jedoch in die Kasse des Bundeslandes, in dem das zuständige AG seinen Sitz hat.

II. Regelungsgehalt

2   Das **Europäische Geldsanktionengesetz** enthält darüber hinaus auch Änderungen kostenrechtlicher Bestimmungen, nämlich der JVKostO, des GKG und des RVG. Im RVG sind für das Verfahren vor der Verwaltungsbehörde (Bundesamt für Justiz) Vorbem. 6.1.1 VV und Nr. 6100 VV neu eingefügt worden. Die früheren Regelungen aus Nr. 6100 und Nr. 6101 VV befinden sich nunmehr in Nr. 6101 und Nr. 6102 VV.

Die Vertretung des Mandanten im Verfahren vor dem Bundesamt für Justiz (§§ 87 bis 87f IRG) ist zwar eine **außergerichtliche Tätigkeit** bzw. ein **Verwaltungsverfahren** i.S.v. Teil 2 VV. Teil 2, Abschnitt 3 oder 4 VV (Nrn. 2300, 2400 f. VV) sind jedoch nicht anwendbar, weil nach Vorbem. 2.3 Abs. 2 VV die Nrn. 2300 f. VV nicht für die in den Teilen 4 bis 6 VV geregelten An-

Verfahren vor der Verwaltungsbehörde   *Vorbemerkung 6.1.1*

gelegenheiten gelten. Nrn. 2400 f. VV sind wegen Vorbem. 2.4 Abs. 1 Nr. 2 VV nicht anwendbar (s. auch Vorbem. 6 VV Rn. 13).

Teil 6 Abschnitt 1 VV galt bislang nur für **gerichtliche Verfahren** nach dem Gesetz über die internationale Rechtshilfe (IRG). Deshalb musste der Gesetzgeber für die Tätigkeit im **außergerichtlichen Verwaltungsverfahren** vor dem Bundesamt für Justiz in Verfahren betreffend die Vollstreckung ausländischer Geldsanktionen einen neuen Gebührentatbestand einführen (BT-Drucks. 17/1288, S. 37). Die neue Verfahrensgebühr Nr. 6100 VV entsteht nach Vorbem. 6.1.1 VV für die Tätigkeit gegenüber der Bewilligungsbehörde in Verfahren nach dem Neunten Teil, Abschnitt 2 Unterabschnitt 2 IRG (§§ 87 bis 87n IRG).

III. Stichtagsregelung

§ 98 IRG enthält eine **Stichtagsregelung**. Danach sind die §§ 86 ff. IRG nur anwendbar, wenn   3
die Geldsanktionen in den Fällen des § 87 Abs. 2 Nr. 1 und 4 IRG **nach dem 27.10.2010** rechtskräftig geworden sind bzw. wenn in den Fällen des § 87g Abs. 2 Nr. 2 und 3 IRG die nicht gerichtliche Entscheidung über die Geldsanktion nach dem 27.10.2010 ergangen ist. Ausländische behördliche Entscheidungen dürfen somit nur vollstreckt werden, wenn sie nach dem 27.10.2010 erlassen, bzw. – bei gerichtlichen Entscheidungen – nach diesem Zeitpunkt rechtskräftig wurden.

> **Hinweis:**
> Die Anwendung der **Übergangsregelung in § 60** ist damit nicht erforderlich. Liegt ein Verfahren auf Bewilligung der Vollstreckung europäischer Geldsanktionen vor, finden die Regelungen in Vorbem. 6.1.1 VV bzw. Nrn. 6100 ff. VV Anwendung.

IV. Verfahrensgang

1. Allgemeines

§§ 87 bis 87n IRG regeln das Verfahren bei **eingehenden Ersuchen**, während sich § 87o IRG   4
mit dem Verfahren bei **ausgehenden Ersuchen** beschäftigt. Es ist zunächst zu unterscheiden zwischen dem

- **Verfahren vor der Bewilligungsbehörde** (§ 87c IRG),
- **erstinstanzlichen Verfahren vor dem AG** (§ 87g Abs. 1 Satz 2 und 3 IRG) sowie
- dem **Rechtsbeschwerdeverfahren vor dem OLG** (§ 87l IRG).

Bewilligungsbehörde ist im Verfahren auf Bewilligung der Vollstreckung einer ausländischen Geldsanktion gem. § 74 Abs. 1 Satz 4 IRG das **Bundesamt für Justiz** in Bonn.

Im Verfahren auf Bewilligung der Vollstreckung einer ausländischen Geldsanktion sind folgende **Verfahrensabschnitte** vorgesehen:

2. Prüfungsverfahren

Geht ein Ersuchen um Vollstreckung einer Geldsanktion beim Bundesamt für Justiz ein, prüft   5
das Bundesamt zunächst, ob die nach dem Umsetzungsgesetz erforderlichen Unterlagen vorliegen (§ 87a IRG). Anschließend prüft das Bundesamt, ob der Vollstreckung abweichend vom Grundsatz der gegenseitigen Anerkennung ausnahmsweise ein Ablehnungsgrund entgegensteht. Das Gesetz unterscheidet zwischen **Zulässigkeitsvoraussetzungen** und dem behördlichen Er-

Vorbemerkung 6.1.1 *Verfahren vor der Verwaltungsbehörde*

messen unterliegenden **Bewilligungshindernissen**. Verneint das Bundesamt die Zulässigkeit der Vollstreckung oder macht es ein Bewilligungshindernis geltend, so lehnt es die Vollstreckung der Geldsanktion ab (§ 87c Abs. 2 Nr. 1 und 2 IRG).

3. Anhörungsverfahren

6 Wird das Verfahren nach Prüfung fortgesetzt, prüft das Bundesamt, ob ein Antrag auf Umwandlung der ausländischen Entscheidung durch das zuständige AG zu stellen ist (vgl. §§ 87c Abs. 2 Nr. 3, 87i Abs. 1 IRG). Eine solche Antragspflicht besteht, wenn die übermittelte Entscheidung gegen einen bestimmten, im Gesetz aufgeführten Kreis von Betroffenen gerichtet ist oder wenn der andere Mitgliedstaat eine Sanktion verhängt hat, die das deutsche Recht nicht kennt. Unterbleibt ein solcher Antrag, werden die vollständigen Unterlagen dem Betroffenen gem. § 87c Abs. 1 IRG zur **Gewährung rechtlichen Gehörs** zugestellt. Nach Ablauf einer Zwei-Wochen-Frist entscheidet das Bundesamt über die Bewilligung. Zahlt der Betroffene, ist das Verfahren beendet.

> **Hinweis:**
> Bei Ersuchen wegen der Vollstreckung einer Entscheidung, der aus deutscher Sicht eine im **Inland konkret verfolgbare Tat** zugrunde liegen könnte, wird das Bundesamt für Justiz nach Maßgabe von in den RiVASt zu treffenden Regelungen verpflichtet werden, sich vor der Entscheidung über die Bewilligung mit der für den möglichen Inlandstatort zuständigen Staatsanwaltschaft oder Verwaltungsbehörde ins Benehmen zu setzen (BT-Drucks. 17/1288, S. 19).

4. Gerichtliches Verfahren

7 Gegen eine Bewilligung der Vollstreckung durch das Bundesamt kann der Betroffene nach §§ 87g ff. IRG auch **form- und fristgebunden Einspruch** einlegen und eine gerichtliche Überprüfung der Bewilligung durch das zuständige AG herbeiführen. Das AG entscheidet nach § 87h IRG durch Beschluss. Gegen diese gerichtliche Entscheidung ist nach § 87j IRG die **Rechtsbeschwerde** zum OLG statthaft. Die Rechtsbeschwerde bedarf der Zulassung (§ 87k IRG). Eine Entscheidung durch das AG ist auch auf Antrag des Bundesamtes gem. § 87i IRG möglich.

5. Vollstreckungsverfahren

8 Zahlt der Betroffene nach Bewilligung der Vollstreckung durch das Bundesamt nicht und setzt er sich gegen diese auch nicht zur Wehr, **vollstreckt das Bundesamt**. Hat das Gericht nach Entscheidung über den Einspruch des Betroffenen (§ 87h IRG) oder dem Antrag des Bundesamtes auf gerichtliche Entscheidung (§ 87i IRG) eine Entscheidung getroffen, ist die Staatsanwaltschaft bei dem LG, in dessen Bezirk das AG seinen Sitz hat, **Vollstreckungsbehörde**.

B. Kommentierung

I. Anwendungsbereich

9 Die in Nr. 6100 VV geregelte Verfahrensgebühr entsteht nach Vorbem. 6.1.1 VV nur im **Bewilligungs- bzw. Prüfungsverfahren** (vgl. § 87c IRG) vor dem Bundesamt für Justiz. Denn nach Vorbem. 6.1.1 VV gilt Nr. 6100 VV nur für die Tätigkeit gegenüber der Bewilligungsbehörde in

Verfahren vor der Verwaltungsbehörde *Vorbemerkung 6.1.1*

Verfahren nach Teil 9 Abschnitt 2 Unterabschnitt 2 des IRG (§§ 87 bis 87n IRG). **Keine Anwendung** findet Nr. 6100 VV damit in den in anderen Abschnitten und Unterabschnitten des IRG geregelten Verfahren und in Verfahren nach dem IStGH-Gesetz, soweit ein Verfahren vor einer Verwaltungsbehörde insoweit überhaupt vorgesehen bzw. möglich ist.

> **Hinweis:**
> Für die **außergerichtliche Tätigkeit** im Verwaltungsverfahren vor dem Bundesamt für Justiz nach §§ 87 bis 87f IRG entsteht nach Vorbem. 2.3 Abs. 2 VV und Vorbem. 2.4 Abs. 1 Nr. 2 VV keine Geschäftsgebühr nach Nr. 2300 oder Nr. 2400 VV (vgl. Rn. 2; so auch Burhoff, StRR 2011, 13; H. Schneider, JurBüro 2011, 61; N. Schneider, DAR 2010, 768; s. auch Vorbem. 6 VV und Vorbem. 6.4 VV Rn. 11).

II. Persönlicher Geltungsbereich

1. Bestellung eines Beistands

Nach §§ 87e, 53 IRG ist die Bestellung eines **Beistands** für den Betroffenen im gesamten Verfahren auf Bewilligung der Vollstreckung möglich (Burhoff, ZAP Fach 22, S. 530 und StRR 2010, 444; ders., StRR 2011, 13; a.A. H. Schneider, JurBüro 2011, 61, der im gerichtlichen Verfahren wegen §§ 86, 77 IRG, § 46 OWiG und § 140 StPO von einer Pflichtverteidigerbestellung ausgeht). Eine Beiordnung im Wege der PKH ist in Verfahren nach dem IRG nicht vorgesehen (OLG Hamm, NStZ-RR 2002, 159 = StV 2003, 96; s. auch Nr. 6101 VV Rn. 8). Die Bestellung kann auch durch das Bundesamt für Justiz erfolgen.

10

2. Kein Vergütungsanspruch bei Bestellung durch das Bundesamt für Justiz

Die nach Vorstellung des Gesetzgebers bereits im Bewilligungsverfahren mögliche Bestellung des anwaltlichen Beistands (BT-Drucks. 17/1288, S. 28) durch das Bundesamt für Justiz verschafft dem Beistand **keinen Vergütungsanspruch** hinsichtlich der im Verfahren vor dem Bundesamt anfallenden Verfahrensgebühr Nr. 6100 VV gegen die **Staatskasse** (a.A. wohl H. Schneider, JurBüro 2011, 61). Denn Voraussetzung für den Vergütungsanspruch des Beistands gegen die Staatskasse ist gem. § 45 Abs. 3 Satz 1 dessen **gerichtliche Bestellung**. Der Gesetzgeber hat für das Bundesamt der Justiz keine Regelung wie in § 45 Abs. 5 für die gerichtliche Bestellung oder Beiordnung eines Rechtsanwalts in Bußgeldsachen durch die Verwaltungsbehörde („An die Stelle des Gerichts tritt die Verwaltungsbehörde") getroffen. § 45 Abs. 5 gilt nicht, weil das Bewilligungsverfahren vor dem Bundesamt kein Bußgeldverfahren ist. Bußgeldverfahren sind Verfahren, die sich verfahrensmäßig originär nach dem OWiG richten, nicht aber Verfahren, in denen einzelne Vorschriften des OWiG für entsprechend oder sinngemäß anwendbar erklärt werden (vgl. z.B. § 87n Abs. 2 IRG; vgl. Vorbem. 5 VV Rn. 4).

11

> **Hinweis:**
> In Verfahren nach dem IRG ist die Bewilligung einer **Pauschgebühr** gem. § 51 zwar grds. möglich. Weil aber bei der Bestellung durch das Bundesamt **keine gerichtliche Bestellung** vorliegt, ist die Bewilligung einer **Pauschgebühr** nach dem Wortlaut von § 51 ausgeschlossen. Der Gesetzgeber hat für das Bundesamt der Justiz auch keine Regelung wie in § 51

Vorbemerkung 6.1.1   *Verfahren vor der Verwaltungsbehörde*

> Abs. 3 für die gerichtliche Bestellung eines Rechtsanwalts in **Bußgeldsachen** durch die Verwaltungsbehörde („An die Stelle des Gerichts tritt die Verwaltungsbehörde") getroffen.

3. Bedeutung von § 48 Abs. 5

12 Ein Vergütungsanspruch gegen die Staatskasse hinsichtlich der Verfahrensgebühr Nr. 6100 VV ergibt sich daher nur dann, wenn der Rechtsanwalt in dem dem Bewilligungsverfahren gem. § 87g oder § 87i IRG nachfolgenden gerichtlichen Verfahren zum Beistand bestellt wird. Denn nach § 48 Abs. 5 Satz 1 erhält der gerichtlich bestellte Rechtsanwalt auch in Angelegenheiten nach Teil 6 VV eine Vergütung für seine Tätigkeit vor dem Zeitpunkt seiner Bestellung. Daran ändert auch die für Straf- und Bußgeldsachen in § 48 Abs. 5 Satz 1 aufgenommene Ergänzung nichts, dass der Rechtsanwalt in Straf- und Bußgeldsachen eine Vergütung auch für seine Tätigkeit vor Anklageerhebung bzw. vor der Verwaltungsbehörde erhält. Denn hierbei handelt es sich lediglich um eine Klarstellung des Gesetzgebers.

Zahlungspflichtig ist im Fall des § 48 Abs. 5 Satz 1 die Kasse des Bundeslandes, in dem das zuständige AG seinen Sitz hat (§ 45 Abs. 3 Satz 1).

Beispiel:

Der Rechtsanwalt vertritt den bereits Betroffenen im Bewilligungsverfahren vor dem Bundesamt. Gegen die Bewilligungsentscheidung legt der Rechtsanwalt auftragsgemäß Einspruch ein. Das Bundesamt hilft dem Einspruch nicht ab und übersendet die Akten an das zuständige AG. Der Rechtsanwalt wird vom AG zum Beistand bestellt.

Nur wegen § 48 Abs. 5 Satz 1 erhält der Rechtsanwalt auch die Verfahrensgebühr Nr. 6100 VV aus der Landeskasse. Kommt es nicht zum gerichtlichen Verfahren und damit auch nicht zur gerichtlichen Bestellung, kann diese Verfahrensgebühr nicht gegen die Staatskasse geltend gemacht werden.

III. Abgeltungsbereich der Verfahrensgebühr

1. Verwaltungsverfahren

13 Die Verfahrensgebühr Nr. 6100 VV deckt gem. Vorbem. 6 Abs. 2 VV die gesamte Tätigkeit **im Verfahren vor dem Bundesamt für Justiz** ab. Es kann daher auf die Erläuterungen zu der gleichlautenden Vorbem. 4 Abs. 2 VV verwiesen werden (s. auch Vorbem. 6 Rn. 5). Die Gebühr entsteht bereits mit der ersten Tätigkeit, i.d.R. der Entgegennahme der Information. Erfasst sind daher z.B. die Akteneinsicht, die Fertigung von Schriftsätzen sowie Gespräche mit dem Betroffenen (so auch Burhoff, StRR 2011, 13; N. Schneider, DAR 2010, 768).

Für die Tätigkeit im **gerichtlichen Verfahren** entsteht die Verfahrensgebühr Nr. 6101 VV (vgl. hierzu Nr. 6101 VV Rn. 5, 16). Zur Frage, wann das Verwaltungsverfahren endet und der Abgeltungsbereich der Verfahrensgebühr Nr. 6100 VV verlassen wird vgl. Rn. 16 ff.

2. Keine Grundgebühr

14 Die Verfahrensgebühr gilt auch die **erstmalige Einarbeitung** in den Rechtsfall ab, weil eine **Grundgebühr** in den von Teil 6 Abschnitt 1 VV erfassten Verfahren nicht vorgesehen ist. Weder die Grundgebühren aus den Teilen 4 und 5 VV (Straf- und Bußgeldsachen) noch die Grundgebühr nach Nr. 6200 VV für das Disziplinarverfahren können aufgrund der Gesetzessystematik herangezogen werden (vgl. Nr. 6101 VV Rn. 15; so auch Burhoff, StRR 2011, 13; vgl. zur ähnlich

Verfahren vor der Verwaltungsbehörde — Vorbemerkung 6.1.1

gelagerten Thematik bei der Strafvollstreckung – Teil 4 Abschnitt 2 VV – auch KG, RVGreport 2008, 463 = JurBüro 2008, 83; OLG Schleswig, AGS 2005, 120 = RVGreport 2005, 70).

3. Keine Terminsgebühr

Nach Vorbem. 6 Abs. 3 VV entsteht die Terminsgebühr bei Wahrnehmung gerichtlicher Termine. Eine **Terminsgebühr** enthält Teil 6 Abschnitt 1 Unterabschnitt 1 VV für das Verfahren vor dem Bundesamt nicht, zumal das IRG auch keine Vernehmungstermine des Bundesamtes für Justiz vorsieht (vgl. BT-Drucks. 17/1288, S. 37; Burhoff, StRR 2011, 13; H. Schneider, JurBüro 2011, 61; N. Schneider, DAR 2010, 768). Wäre eine Terminsgebühr im Verfahren vor dem Bundesamt vorgesehen, würden Besprechungen mit dem Bundesamt die Terminsgebühr aber nicht auslösen, weil Vorbem. 6 Abs. 3 VV diese Fälle im Gegensatz zur Vorbem. 3 Abs. 3 VV nicht erfasst (vgl. Vorbem. 6 Rn. 6; so auch Burhoff, StRR 2011, 13).

15

4. Abgrenzung des Bewilligungsverfahrens vom gerichtlichen Verfahren

Zum gerichtlichen Verfahren vor dem AG kann es nach Einlegung des Einspruchs des Betroffenen gegen die Bewilligung der Vollstreckung durch das Bundesamt (vgl. § 87h IRG) und aufgrund des Antrags des Bundesamtes gem. § 87i IRG kommen. Beide Verfahren schließen sich gegenseitig aus, da die Bewilligungsentscheidung der Behörde nach einer Entscheidung des Gerichts auf Antrag des Bundesamtes gem. § 87i Abs. 6 Satz 2 IRG unanfechtbar ist. Die Verfahrensgebühr für das gerichtliche Verfahren vor dem AG kann deshalb **nur einmal anfallen** (so auch N. Schneider, DAR 2010, 768).

16

Hilft die Bewilligungsbehörde dem Einspruch des Betroffenen gegen die Bewilligung der Vollstreckung (§ 87f IRG) nicht ab, so entscheidet gem. § 87g Abs. 1 Satz 2 IRG das nach § 87g Abs. 2 IRG zuständige AG. Das zuständige AG entscheidet gem. § 87g Abs. 1 Satz 3 IRG ferner, wenn die Bewilligungsbehörde einen Antrag gem. § 87i IRG stellt. In Betracht kommen gem. § 87g Abs. 1 Satz 2 und 3 IRG somit **zwei verschiedene** erstinstanzliche gerichtliche Verfahren, nämlich das Verfahren,

- das auf den Einspruch des Betroffenen nach § 87f Abs. 4 IRG gem. §§ 87g ff. IRG folgt und
- das Verfahren auf gerichtliche Entscheidung auf Antrag der Bewilligungsbehörde über die Umwandlung der Entscheidung eines anderen Mitgliedstaates durch das Gericht nach § 87i IRG.

§ 87g Abs. 2 Satz 4 IRG schreibt vor, dass für die örtliche Zuständigkeit des AG im Fall der Einspruchseinlegung gegen die Bewilligungsentscheidung (§ 87h IRG) auf den Zeitpunkt des Eingang des Einspruchs bei Gericht und bei einem Antrag des Bundesamtes gem. § 87i IRG auf den Zeitpunkt des Antragseingangs bei Gericht abgestellt wird. Diese Regelung macht deutlich, dass nach Vorstellung des Gesetzgebers das Verfahren vor dem Bundesamt (vgl. Vorbem. 6.1.1 VV) mit dem **Eingang des Einspruchs** des Betroffenen bzw. mit **Eingang des Antrags** der Bewilligungsbehörde nach § 87i IRG beim AG endet (so auch Burhoff, StRR 2011, 13).

17

Der **gebührenrechtliche Beginn** des gerichtlichen Verfahrens vor dem AG (vgl. § 87g Abs. 1 Satz 2 und 3 IRG) ist in Teil 6, Abschnitt 1 Unterabschnitt 1 und 2 VV anders als in der Anm. zu Nr. 4104 VV, in Abs. 2 der Anm. zu Nr. 6202 VV und in der für Bußgeldsachen geltenden Vorbem. 5.1.2 Abs. 1 VV zwar nicht geregelt worden. Auf den Inhalt der zuletzt genannten und für das ähnlich gestaltete und vergleichbare Bußgeldverfahren geltenden Bestimmung kann je-

Vorbemerkung 6.1.1 *Verfahren vor der Verwaltungsbehörde*

doch vor dem Hintergrund der Regelung in § 87g Abs. 2 Satz 4 IRG für das dem Bewilligungsverfahren vor dem Bundesamt nachfolgende gerichtliche Verfahren zurückgegriffen werden. Der Rückgriff auf Vorbem. 5.1.2 Abs. 1 VV erscheint vertretbar, weil für das Verfahren teilweise auf Bestimmungen des OWiG verwiesen wird und es dem **Bußgeldverfahren** ähnelt (vgl. z.B. §§ 87g Abs. 1 Satz 4, 87n Abs. 2 IRG; BT-Drucks. 17/1288, S. 32, 33).

18 Das Verfahren vor dem Bundesamt **endet** somit mit **Eingang der Akten** beim Gericht nach Stellung eines Antrags gem. § 87i IRG bzw. **Einlegung eines Einspruchs** gem. § 87g IRG (so auch Burhoff, RVGreport 2011, 42; a.A. N. Schneider, DAR 2010, 769). Etwas anderes ergibt sich auch nicht aus der vom Gesetzgeber gewählten **Überschrift** zu § 87g IRG („Gerichtliches Verfahren"; so aber wohl N. Schneider, a.a.O.). Denn dort ist nur geregelt, unter welchen Voraussetzungen ein gerichtliches Verfahren stattfinden kann, nicht aber, wann es in **verfahrens- und gebührenrechtlicher Hinsicht** beginnt.

> **Hinweis:**
>
> Daher gehört die Einlegung des Einspruchs gegen die Bewilligung der Vollstreckung durch das Bundesamt noch zum Verfahren vor dem Bundesamt und damit zum Abgeltungsbereich der Verfahrensgebühr Nr. 6100 VV (so auch Burhoff StRR 2011, 13; vgl. für Bußgeldsachen LG Düsseldorf, VRR 2006, 357; Vorbem. 5.1.2 VV Rn. 7).

Beispiel:

Der Rechtsanwalt vertritt den Betroffenen im Bewilligungsverfahren vor dem Bundesamt. Gegen die Bewilligungsentscheidung legt der Rechtsanwalt auftragsgemäß Einspruch ein. Das Bundesamt hilft dem Einspruch ab und hebt die Entscheidung auf.

Entstanden ist lediglich eine Verfahrensgebühr Nr. 6100 VV, da das gerichtliche Verfahren erst mit Eingang der Akten beim AG nach Einspruchseinlegung beginnt.

5. Vollstreckung

19 Kommt es nach der Bewilligung anschließend zur Durchführung der Vollstreckung durch das Bundesamt für Justiz, handelt es sich insoweit nicht um eine neue selbstständige Angelegenheit. Insbesondere enthält Teil 6 VV für die Vollstreckung nach § 87n IRG keine gesonderten Vergütungstatbestände. Die Tätigkeit wird durch die Verfahrensgebühr Nr. 6100 VV abgegolten (so auch Burhoff, StRR 2011, 13; a.A. N. Schneider, DAR 2010, 770).

20 Bereits die Gesetzessystematik verbietet einen Rückgriff auf die Gebühren in der Strafvollstreckung nach Nrn. 4200 ff. (so aber N. Schneider, DAR 2010, 770). Denn es liegt keine Strafsache i.S.v. Teil 4 VV vor. Hierzu gehören nur die Verfahren, die sich nach der StPO, dem JGG und nach landesrechtlichen Strafvorschriften richten (vgl. Vorbem. 4 VV Rn. 7). Gegen die entsprechende Anwendung von Nrn. 4200 ff. VV spricht auch, dass für die Vollstreckung in § 87n Abs. 2 IRG nur auf Vorschriften des OWiG Bezug genommen wird. Dabei wird nicht nach der Art der zu vollstreckenden Sanktion unterschieden (BT-Drucks. 17/1288, S. 33), sodass auch bei der Vollstreckung einer Geldsanktion aus einer strafbaren Handlung (vgl. § 87 Abs. 3 IRG) keine Strafvollstreckung i.S.v. Nrn. 4200 ff. VV vorliegen kann.

21 Aufgrund der Gesetzessystematik kann auch die für die Vollstreckung in Bußgeldsachen geltende Nr. 5200 Ziff. 4 VV nicht herangezogen werden (so aber N. Schneider, DAR 2010, 770). Teil 5 VV gilt nur für Bußgeldsachen. Das sind Verfahren, die sich verfahrensmäßig originär nach dem

OWiG richten, nicht aber Verfahren, in denen einzelne Vorschriften des OWiG für entsprechend oder sinngemäß anwendbar erklärt werden (vgl. z.B. § 87n Abs. 2 IRG; vgl. Vorbem. 5 VV Rn. 4).

IV. Höhe der Gebühr

Für die Vertretung gegenüber dem Bundesamt für Justiz erhält der Anwalt nach Nr. 6100 VV eine Verfahrensgebühr i.H.v. 40,00 € bis 290,00 €. Die **Mittelgebühr** beläuft sich auf 165,00 €. Der Gesetzgeber hielt im Hinblick auf das stark formalisierte Prüfungsverfahren der Bewilligungsbehörde eine Vergütung der anwaltlichen Tätigkeit i.H.d. Hälfte des für das gerichtliche Verfahren vorgesehenen Betragsrahmens (vgl. Nr. 6100 VV a.F., jetzt Nr. 6101 VV) für angemessen (BT-Drucks. 17/1288, S. 37). 22

Bei der **Bemessung** der Rahmengebühr sind die Kriterien des § 14 Abs. 1 anzuwenden. Von Belang sind also v.a. der **Umfang der anwaltlichen Tätigkeit** und die **Schwierigkeit** der Tätigkeit, wie z.B. die anstehende Frage einer **ausländischen Halterhaftung** (vgl. dazu § 87b Abs. 3 Nr. 9 IRG; Burhoff, StRR 2011, 13). Der erbrachte zeitliche Aufwand sollte detailliert dargelegt werden können (vgl dazu Teil A: Rahmengebühren [§ 14], Rn. 1045 ff.).

Von einer **Staffelung** der Gebühr nach der Höhe der Sanktion, wie etwa bei den Gebühren nach Teil 5 VV, hat der Gesetzgeber abgesehen. Die Höhe der Sanktion oder die Frage, ob eine ausländische Geldbuße oder Geldstrafe vollstreckt wird, kann daher im Rahmen des § 14 Abs. 1 bei der Bestimmung der im Einzelfall maßgebenden Gebühr von Bedeutung sein (Burhoff, StRR 2011, 13; N. Schneider, DAR 2010, 768).

Die Gebühr entsteht, wenn der Mandant sich nicht auf freiem Fuß befindet, **ohne Zuschlag** (zum Zuschlag allgemein Vorbem. 4 Abs. 4 VV); dieser Umstand wird daher bei der Bemessung der Gebühr schließlich ebenfalls zu berücksichtigen sein (Burhoff, StRR 2011, 13).

Die Bewilligung einer **Pauschgebühr** gem. § 42 für den Wahlanwalt ist möglich, weil ein Verfahren nach dem IRG vorliegt (Burhoff, StRR 2011, 13).

Nur wenn der Rechtsanwalt gerichtlich zum Beistand bestellt worden ist, besteht Anspruch auf Erstattung der insoweit vorgesehenen **Festgebühr** i.H.v. 132,00 € aus der Staatskasse (vgl. Rn. 10, auch zur Pauschgebühr gem. § 51).

V. Einzeltätigkeit

Muss der Rechtsanwalt im Bewilligungsverfahren auftragsgemäß nur eine **Einzeltätigkeit** erbringen (z.B. Anfertigung eines Schriftsatzes), richtet sich die Gebühr nach Nr. 6500 VV (a.A. noch Burhoff, StRR 2011, 13, Abrechnung nach Teil 6 Abschnitt 1 VV). Mit Wirkung vom 01.02.2009 ist durch das Wehrrechtsänderungsgesetz 2008 (BGBl. I 2008, S. 1629) der neue Abschnitt 5 mit der Verfahrensgebühr Nr. 6500 VV eingefügt worden. Aufgrund der geänderten Gesetzessystematik regelt Nr. 6500 VV nunmehr die Gebühr für Einzeltätigkeiten des Rechtsanwalts **in allen** von den Abschnitten 1 bis 4 des Teils 6 VV erfassten Verfahren (so auch Gerold/Schmidt/Mayer, VV 6500 Rn. 1; vgl. hierzu auch Nr. 6500 VV Rn. 4 ff.). 23

VI. Sonstige Gebühren

Sonstige oder weitere Gebühren sind in Verfahren betreffend die Vollstreckung ausländischer Geldsanktionen nicht vorgesehen. Insbesondere kann **keine zusätzliche Gebühr** entstehen, wenn sich das Verfahren unter Mitwirkung des Rechtsanwalts endgültig erledigt. Denn die 24

Nrn. 4141 und 5115 VV (Straf- und Bußgeldsachen) und auch die in Teil 6, Abschnitt 2 VV enthaltene Gebühr Nr. 6216 VV (zusätzliche Gebühr im Disziplinarverfahren) sind hier aufgrund der Gesetzessystematik nicht anwendbar (so auch Burhoff, StRR 2011, 13; N. Schneider, DAR 2010, 768). Eine vergleichbare Gebühr sieht Teil 6, Abschnitt 1 VV nicht vor.

VII. Pauschgebühr

25 vgl. hierzu Rn. 10f. und 22.

Verfahrensgebühr für IRG- und IStGH-Gesetz-Verfahren   *Nr. 6101 VV*

Unterabschnitt 2
Gerichtliches Verfahren

Verfahren nach dem Gesetz über die internationale Rechtshilfe in Strafsachen und Verfahren nach dem IStGH-Gesetz

Nr. 6101 VV
Verfahrensgebühr für IRG- und IStGH-Gesetz-Verfahren

Nr.	Gebührentatbestand	Gebühr	
		Wahlverteidiger oder Verfahrensbevollmächtigter	gerichtlich bestellter oder beigeordneter Rechtsanwalt
6101	Verfahrensgebühr	80,00 bis 580,00 EUR	264,00 EUR

Übersicht

	Rn.
A. Überblick	1
I. IRG und IStGH-Gesetz- Verfahren	1
II. Vollstreckung europäischer Geldsanktionen	2
B. Kommentierung	3
I. Anwendungsbereich	3
1. Gerichtliche Auslieferungs- und Durchlieferungsverfahren	3
2. Gerichtliche Verfahren nach dem IStGH-Gesetz	4
3. Gerichtliche Verfahren betreffend die Vollstreckung europäischer Geldsanktionen	5
4. Tätigkeit im Verwaltungsverfahren	6
II. Persönlicher Geltungsbereich	7
1. Wahlanwalt	7
2. Gerichtliche Bestellung	8
3. Zeugenbeistand	11
III. Abgeltungsbereich	12
1. Allgemeines	12
2. Abgrenzung zum Verwaltungsverfahren (Nr. 6100 VV)	13
3. Katalog der erfassten Tätigkeiten	14
4. Keine Grundgebühr	15
IV. Entstehen der Gebühr	16
V. Angelegenheit	17
1. Nachprüfungsverfahren nach § 33 IRG	17
2. Erweiterung der Auslieferungsbewilligung nach § 35 IRG	18
3. Bewilligung der Vollstreckung europäischer Geldsanktionen (§§ 87 – 87n IRG)	19
a) Verwaltungsverfahren, gerichtliches Verfahren und Rechtsbeschwerde	19
b) Verfahren auf Zulassung der Rechtsbeschwerde	20

c) Verfahren nach Zurückverweisung	21
d) Postentgeltpauschale Nr. 7002 VV	22
e) Vollstreckung durch das Bundesamt	23
VI. Gebühr im Rechtsbeschwerdeverfahren betreffend die Bewilligung der Vollstreckung europäischer Geldsanktionen (§§ 87 bis 87n IRG)	24
1. Umfang der Angelegenheit	24
2. Gebühr	25
VII. Höhe der Gebühr	26
VIII. Mehrere Auftraggeber	29
IX. Einzeltätigkeit	30
X. Sonstige Gebühren	31
XI. Anspruch auf Wahlanwaltsgebühren gegen den Verfolgten (§ 53)	32
XII. Pauschgebühr	33
XIII. Festsetzung gegen die Staatskasse	34
1. Verfahren gem. § 55	34
2. Erinnerung (§ 56)	35
XIV. Erstattung	36

Literatur:

Burhoff, Die anwaltliche Vergütung in Verfahren nach Teil 6, Abschnitt 1 VV, StRR 2010, 143; *ders*., Anwaltsvergütung in Verfahren betreffend die Vollstreckung ausländischer Geldsanktionen RVGreport 2011, 42; *ders*., Die anwaltlichen Gebühren in Verfahren betreffend die Vollstreckung ausländischer Geldsanktionen StRR 2011, 13; *ders*., Die anwaltlichen Gebühren in Verfahren betreffend die Vollstreckung ausländischer Geldsanktionen, VRR 2011, 134; **Hufnagel**, Zum Anfall der Terminsgebühr gemäß Nr. 6101 VV RVG bei Anhörungen in Auslieferungsverfahren nach dem IRG, JurBüro 2007, 455; **Mayer**, Die wichtigsten Neuerungen bei den RVG-Gebührentatbeständen: Teil 6 und 7 Vergütungsverzeichnis, NJW 2005, 159; **N. Schneider**, Anwalts- und Gerichtskosten in Verfahren auf Betreibung ausländischer Geldsanktionen, DAR 2010, 768; **H. Schneider**, Kostenrechtliche Auswirkungen des Gesetzes zur Umsetzung des Rahmenbeschlusses über die Anwendung des Grundsatzes der gegenseitigen Anerkennung von Geldstrafen und Geldbußen, JurBüro 2011, 61; **Volpert**, Die Anwaltsvergütung in Verfahren betreffend die Vollstreckung ausländischer Geldsanktionen (europaweite Vollstreckung von Geldstrafen und Geldbußen), AGS 2010, 573; vgl. auch die Hinweise bei Vorbem. 6.1.1. VV vor Rn. 1.

A. Überblick

I. IRG und IStGH-Gesetz-Verfahren

1   Die Verfahren nach dem Gesetz über die internationale Rechtshilfe in Strafsachen (**IRG**) sind **keine Strafverfahren** i.S.d. Teil 4 VV, sondern es handelt sich bei ihnen um Verfahren eigener Art, die teils der Strafrechtspflege ausländischer Staaten Rechtshilfe leisten, teils die Interessen der Betroffenen wahren (BGHSt 2, 44; 6, 236). Auch die Verfahren nach dem IStGH-Gesetz sind keine Strafverfahren i.S.v. Teil 4 VV. Der Rechtsanwalt erhält wie in Strafsachen eine **Verfahrensgebühr** und ggf. eine **Terminsgebühr**, aber keine **Grundgebühr** (vgl. Nrn. 4100, 5100, 6200 VV).

II. Vollstreckung europäischer Geldsanktionen

2   Unterabschnitt 2 ist durch das am 28.10.2010 in Kraft getretene „Gesetz zur Umsetzung des Rahmenbeschlusses 2005/214/JI des Rates v. 24.2.2005 über die Anwendung des Grundsatzes der gegenseitigen Anerkennung von Geldstrafen und Geldbußen" (Europäisches Geldsanktionengesetz; BGBl. I, S. 1408) entstanden. Abschnitt 1 ist durch dieses Gesetz in zwei Unterabschnitte aufgeteilt worden. Unterabschnitt 1 enthält die Vorbem. 6.1.1. VV und die Verfahrensgebühr Nr. 6100 VV, die die Vergütung des im Verwaltungsverfahren vor dem Bundesamt für

Verfahrensgebühr für IRG- und IStGH-Gesetz-Verfahren   *Nr. 6101 VV*

Justiz tätigen Rechtsanwalts regeln (s. dazu Vorbem. 6.1.1 und Nr. 6100 VV Rn. 13 ff.). Die bis zum 27.10.2010 in Nrn. 6100 und 6101 VV a.F. geregelten Gebühren befinden sich nunmehr als Nr. 6101 und Nr. 6102 VV in Unterabschnitt 2. Danach entstehen im gerichtlichen Verfahren nach dem IRG – dazu gehört auch das gerichtliche Verfahren auf Bewilligung der Vollstreckung europäischer Geldsanktionen (§§ 87 ff. IRG) – und dem IStGH-Gesetz die Verfahrens- und ggf. die Terminsgebühr für die Wahrnehmung gerichtlicher Termine.

B. Kommentierung

I. Anwendungsbereich

1. Gerichtliche Auslieferungs- und Durchlieferungsverfahren

Nrn. 6101 und 6102 VV gelten für folgende **gerichtliche Verfahren** nach dem **IRG** (so auch   **3** Burhoff, StRR 2010, 143):

- Verfahren zur **Auslieferung** eines Ausländers an die Behörde eines ausländischen Staates zur Strafverfolgung oder Strafvollstreckung (§§ 2 bis 42 IRG),
- Verfahren über die **Durchlieferung** eines Ausländers durch die BRD (§§ 43 bis 47 IRG),
- Verfahren über die Rechtshilfe durch **Vollstreckung** ausländischer Erkenntnisse (§§ 48 bis 58 IRG),
- Verfahren über die **sonstige Rechtshilfe** (§§ 59 bis 67a IRG),
- Verfahren über **ausgehende Ersuchen** (§§ 68 bis 72 IRG).

2. Gerichtliche Verfahren nach dem IStGH-Gesetz

Zu den Verfahren nach dem **IStGH-Gesetz** i.S.v. Nrn. 6100, 6101 VV gehören insbesondere (so   **4** auch Burhoff, StRR 2010, 143):

- Verfahren zur **Überstellung** von Personen an den Gerichtshof zur Strafverfolgung oder Strafvollstreckung (§§ 2 bis 33 IStGH-Gesetz),
- Verfahren zur **Durchbeförderung** von Personen zur Strafverfolgung oder Strafvollstreckung durch das Bundesgebiet (§§ 34 bis 39 IStGH-Gesetz),
- Verfahren über die Rechtshilfe durch **Vollstreckung** von Entscheidungen und Anordnungen des Gerichtshofes (§§ 40 bis 46 IStGH-Gesetz),
- Verfahren über die **sonstige Rechtshilfe** (§§ 47 bis 63 IStGH-Gesetz),
- Verfahren über **ausgehende Ersuchen** (§§ 64 bis 67 IStGH-Gesetz).

3. Gerichtliche Verfahren betreffend die Vollstreckung europäischer Geldsanktionen

Nrn. 6101 und 6102 VV gelten auch für das gerichtliche Verfahren betreffend die **Bewilli-**   **5** **gung der Vollstreckung europäischer Geldsanktionen** (vgl. hierzu Rn. 2; zum Verfahren s. Vorbem. 6.1.1 und Nr. 6100 VV Rn. 4 ff.). Das Bewilligungsverfahren ist in §§ 87 bis 87n IRG geregelt. Zum gerichtlichen Verfahren vor dem AG kann es nach Einlegung des Einspruch des Betroffenen gegen die Bewilligung der Vollstreckung durch das Bundesamt für Justiz (vgl. § 87h IRG) und aufgrund des Antrags des Bundesamtes für Justiz gem. § 87i IRG kommen. Beide

Nr. 6101 VV   *Verfahrensgebühr für IRG- und IStGH-Gesetz-Verfahren*

Verfahren schließen sich gegenseitig aus, da die Bewilligungsentscheidung der Behörde nach einer Entscheidung des Gerichts auf Antrag des Bundesamtes gem. § 87i Abs. 6 Satz 2 IRG unanfechtbar ist. Die Verfahrensgebühr Nr. 6101 VV für das gerichtliche Verfahren vor dem AG kann deshalb nur einmal anfallen (so auch N. Schneider, DAR 2010, 768).

4. Tätigkeit im Verwaltungsverfahren

6   Nrn. 6101 und 6102 VV gelten nur für **gerichtliche Verfahren** nach dem IRG und IStGH-Gesetz. Die in Nr. 6100 VV geregelte Verfahrensgebühr gilt nur für das **Bewilligungs- bzw. Prüfungsverfahren** betreffend europäische Geldsanktionen (vgl. § 87c IRG) vor dem Bundesamt für Justiz (vgl. Vorbem. 6.1.1, Nr. 6100 VV Rn. 9). Soweit in den in anderen Abschnitten und Unterabschnitten des IRG geregelten Verfahren und in Verfahren nach dem IStGH-Gesetz, ein außergerichtliches bzw. ein Verfahren vor einer Verwaltungsbehörde überhaupt vorgesehen bzw. möglich ist, finden weder Nr. 6100 VV noch Nrn. 2300 ff. bzw. Nrn. 2400 ff. VV (Geschäftsgebühr) Anwendung (vgl. Vorbem. 2.3 Abs. 2 VV und Vorbem. 2.4 Abs. 1 Nr. 2 VV).

II. Persönlicher Geltungsbereich

1. Wahlanwalt

7   Die Verfahrensgebühr Nr. 6101 VV steht sowohl dem **Wahlanwalt** als auch dem **gerichtlich bestellten** Rechtsanwalt zu. Auch die in Vorbem. 6 Abs. 1 VV aufgeführten **Beistände** eines Zeugen und eines Sachverständigen haben grds. Anspruch auf die in Abschnitt 1 geregelten Gebühren. Nr. 6101 VV gilt grds. nur für den **Rechtsanwalt**. Nach § 40 Abs. 3 IRG und § 138 StPO kann auch ein **Hochschullehrer** als Beistand gewählt werden, für dessen Vergütung Nr. 6101 VV aber nicht gilt, sondern § 612 BGB. Insoweit kann jedoch die Geltung von Nr. 6101 VV vereinbart werden (AnwKomm-RVG/N. Schneider, VV 6100 – 6101 Rn. 4; s. auch Teil A: Allgemeine Vergütungsfragen, Rn. 46).

2. Gerichtliche Bestellung

8   In Verfahren nach dem IRG und dem IStGH-Gesetz ist in verschiedenen Bestimmungen die **gerichtliche Bestellung** eines Rechtsanwalts als **Beistand** für den Verfolgten geregelt, vgl. §§ 31 Abs. 2 Satz 3, 33 Abs. 3, 36 Abs. 2 Satz 2, 40 Abs. 2, 45 Abs. 6, 52 Abs. 2 Satz 2, 53 Abs. 2, 65 und 71 Abs. 4 Satz 5 IRG, §§ 31 Abs. 2, 37 Abs. 6, 46 Abs. 4 IStGH-Gesetz. Die gerichtliche **Beiordnung** eines Rechtsanwalts im Wege der **PKH** ist im IRG und im IStGH-Gesetz **nicht** vorgesehen (OLG Hamm, NStZ-RR 2002, 159 = StV 2003, 96; so auch AnwKomm-RVG/N. Schneider, VV 6100 – 6101 Rn. 6; Burhoff, StRR 2010, 143). Durch die gerichtliche Bestellung erwirbt der bestellte Rechtsanwalt einen **Vergütungsanspruch** gegen die **Staatskasse** (vgl. auch Teil A: Vergütungsanspruch gegen die Staatskasse [§§ 44, 45, 55], Rn. 1469 ff.).

9   Auch im Verfahren auf Bewilligung der **Vollstreckung europäischer Geldsanktionen** ist in §§ 87e, 53 IRG die Bestellung eines Beistands für den Betroffenen in Verfahren auf Bewilligung der Vollstreckung vorgesehen. Erfolgt die Bestellung des Beistands durch das *AG*, erhält der bestellte Rechtsanwalt wegen § 48 Abs. 5 auch die im Bewilligungsverfahren vor dem Bundesamt für Justiz entstandene Verfahrensgebühr Nr. 6100 VV aus der Landeskasse. Liegt nur eine Beistandsbestellung durch das **Bundesamt** vor, entsteht **kein Vergütungsanspruch** gegen die Landeskasse (Vorbem. 6.1.1, Nr. 6100 VV Rn. 11; vgl. auch die Komm. zu § 48 Abs. 5).

Verfahrensgebühr für IRG- und IStGH-Gesetz-Verfahren Nr. 6101 VV

Für die sog. **vertragslose sonstige Rechtshilfe** i.S.d. §§ 59 ff. IRG und §§ 47 ff. IStGH-Gesetz 10
ist in § 62 Abs. 1 IRG bzw. § 50 Abs. 2 IStGH-Gesetz zwar ausdrücklich geregelt, dass sich der
Verfolgte eines Beistands bedienen kann. Weil eine den §§ 31 Abs. 2 Satz 3, 33 Abs. 3, 36 Abs. 2
Satz 2, 40 Abs. 2, 45 Abs. 6, 52 Abs. 2 Satz 2, 53 Abs. 2, 65, 71 Abs. 4 Satz 5 IRG bzw. §§ 31
Abs. 2, 37 Abs. 6, 46 Abs. 4 IStGH-Gesetz entsprechende Regelung über die **gerichtliche Bestellung** eines Beistands hier aber fehlt, entsteht kein Vergütungsanspruch gegen die Staatskasse
(§ 45 Abs. 3).

3. Zeugenbeistand

Wegen Vorbem. 6 Abs. 1 VV können die Gebühren nach Nrn. 6101 und 6102 VV auch für den in 11
Verfahren nach dem IRG und IStGH-Gesetz tätigen Zeugenbeistand entstehen. Für den in Strafsachen für die Vernehmungsdauer des Zeugen gem. § 68b Abs. 2 StPO beigeordneten Zeugenbeistand wird teilweise die Auffassung vertreten, dass insoweit eine Einzeltätigkeit vorliegt und
sich die Vergütung deshalb nach Teil 4, Abschnitt 3 VV richtet (Nr. 4302 VV; s. dazu Vorbem. 4
Rn. 23 f.; Vorbem. 4.1 VV Rn. 5 ff). Wird dieser Auffassung gefolgt, richtet sich z.B. die Vergütung für den im Auslieferungsverfahren nach dem IRG für die Teilnahme an der richterlichen
Vernehmung eines Zeugen aufgrund eines auswärtigen Rechtshilfeersuchens bestellten Zeugenbeistand nach der für Einzeltätigkeiten in sonstigen Verfahren nach Teil 6 VV geltenden Nr. 6500
VV (s. zu Nr. 6500 VV Rn. 30; vgl. dazu Nr. 6500 VV Rn. 4 ff.). Ein Rückgriff auf die Gebühren
für Einzeltätigkeiten in Teil 4, Abschnitt 3 VV (so noch KG, StRR 2008, 117 = RVGreport 2008,
227 = AGS 2008, 130; AnwKomm-RVG/N. Schneider, VV 6100-610 Rn. 7) ist deshalb nicht
mehr erforderlich.

III. Abgeltungsbereich

1. Allgemeines

Der Rechtsanwalt erhält die Verfahrensgebühr nach Vorbem. 6 Abs. 2 VV für das Betreiben des 12
Geschäfts einschließlich der Information. Durch die **Verfahrensgebühr** werden **alle Tätigkeiten** des Rechtsanwalts in den Verfahren nach dem IRG und dem IStGH-Gesetz abgegolten, soweit dafür keine besonderen Gebühren vorgesehen sind (vgl. OLG Hamm, StraFo 2007, 218
= Rpfleger 2007, 426 = StV 2007, 476). Als besondere Gebühr ist die Terminsgebühr Nr. 6101
VV vorgesehen, die der Rechtsanwalt für die Teilnahme an gerichtlichen Terminen erhält (vgl.
Vorbem. 6 Abs. 3 VV).

Wegen der Einzelh., auch wegen des Pauschgebührencharakters der Gebühr, kann verwiesen
werden auf Vorbem. 4 VV Rn. 33 ff. und Vorbem. 4.1 VV Rn. 25 ff.; vgl. auch Vorbem. 6.1.1 VV,
Nr. 6101 VV Rn. 13 f.; OLG Hamm, StraFo 2007, 218 = Rpfleger 2007, 426 = StV 2007, 476).

2. Abgrenzung zum Verwaltungsverfahren (Nr. 6100 VV)

Wegen der **Abgrenzung des Bewilligungsverfahrens** zur Vollstreckung europäischer Geldsank- 13
tionen vor dem Bundesamt für Justiz (§§ 87 ff. IRG) vom **gerichtlichen Verfahren** vor dem AG
vgl. Vorbem. 6.1.1, Nr. 6100 VV Rn. 16 ff.

Nr. 6101 VV   *Verfahrensgebühr für IRG- und IStGH-Gesetz-Verfahren*

3. Katalog der erfassten Tätigkeiten

14   Insbesondere werden folgende allgemeine Tätigkeiten von der Verfahrensgebühr nach Nr. 6100 VV erfasst:

- Aufnahme der **Information**,
- allgemeine **Beratung** des Mandanten,
- **Akteneinsicht**,
- Schriftverkehr,
- Beschaffung von Informationen,
- **Besprechungen** mit Verfahrensbeteiligten,
- eigene Ermittlungen des Rechtsanwalts,
- **JVA-Besuche** (OLG Hamm, StraFo 2007, 218 = Rpfleger 2007, 426 = StV 2007, 476),
- Einlegung eines Rechtsmittels (§ 19 Abs. 1 Satz 2 Nr. 10),
- ggf. **Beschwerdeverfahren** (diese bilden in Verfahren nach Teil 6 VV keine besondere Angelegenheit, vgl. § 18 Nr. 3),
- außergerichtliche Termine,
- Verfahren über Einwendungen des Verfolgten (§ 23 IRG).

4. Keine Grundgebühr

15   Die Verfahrensgebühr Nr. 6101 VV gilt auch die **erstmalige Einarbeitung** in den Rechtsfall ab, weil eine **Grundgebühr** in den von Teil 6, Abschnitt 1 Unterabschnitt 2 VV erfassten gerichtlichen Verfahren nicht vorgesehen ist. Weder die Grundgebühren aus den Teilen 4 und 5 VV (Nrn. 4100 und 5100 VV) noch die Grundgebühr nach Nr. 6200 VV für das Disziplinarverfahren können aufgrund der Gesetzessystematik herangezogen werden (so auch Burhoff, StRR 2011, 13 und StRR 2010, 142; Riedel/Sußbauer/Schneider, VV Teil 6, Rn. 3; Gerold/Schmidt/Mayer, VV 6100, 6101 Rn. 2; Schneider, in: Hansens/Braun/Schneider, Teil 17, Rn. 11; vgl. zur ähnlich gelagerten Thematik bei der Strafvollstreckung – Teil 4, Abschnitt 2 VV – auch KG, RVGreport 2008, 463 = JurBüro 2008, 83; OLG Schleswig, AGS 2005, 120 = RVGreport 2005, 70; vgl. auch Vorbem. 4.2 VV Rn. 20).

IV. Entstehen der Gebühr

16   Die Verfahrensgebühr entsteht nach Vorbem. 6 Abs. 2 VV für das Betreiben des Geschäfts einschließlich der Information. Die Gebühr entsteht mit der **ersten Tätigkeit** des Rechtsanwalts, die auf die Ausführung des Auftrags gerichtet ist, beispielsweise der Informationsaufnahme (Anw-Komm-RVG/N. Schneider, VV 6100 – 6101 Rn. 10; Burhoff, StRR 2010, 143 und StRR 2011, 13). Für die Entstehung reicht es aus, wenn der Rechtsanwalt im Rahmen der Ausführung des Auftrags eine erste Tätigkeit entfaltet hat (zur Einzeltätigkeit des Rechtsanwalts vgl. Rn. 30). Die Einlegung des Einspruchs gegen die Bewilligung der Vollstreckung durch das Bundesamt gehört noch zum Verfahren vor dem Bundesamt und damit zum Abgeltungsbereich der Verfahrensgebühr Nr. 6100 VV (vgl. Rn. 17). Auch das in § 87g Abs. 1 Satz 2 IRG geregelte Abhilfeverfahren des Bundesamtes bei Einlegung des Einspruchs gegen die Bewilligung der Vollstreckung sowie

Verfahrensgebühr für IRG- und IStGH-Gesetz-Verfahren Nr. 6101 VV

ein etwaiges Wiedereinsetzungsverfahren bei nicht rechtzeitiger Einspruchseinlegung gehören noch zum Verfahren vor dem Bundesamt (vgl. Vorbem. 6.1.1, Nr. 6100 VV Rn. 16 ff.).

> **Hinweis:**
> Die Verfahrensgebühr Nr. 6100 VV ist nicht auf die Verfahrensgebühr Nr. 6101 VV **anzurechnen**. Beide Gebühren entstehen gesondert.

V. Angelegenheit

1. Nachprüfungsverfahren nach § 33 IRG

Das **Nachprüfungsverfahren** nach **§ 33 IRG** leitet für den Rechtsanwalt **keine neue Angelegenheit** i.S.v. § 15 ein, sodass die Verfahrensgebühr insoweit nicht erneut anfällt (AnwKomm-RVG/N. Schneider, VV 6100 – 6101 Rn. 13; so auch Burhoff, StRR 2010, 143; Gerold/Schmidt/Mayer, VV 6100, 6101 Rn. 17). Der erweiterte Umfang der anwaltlichen Tätigkeit kann aber bei der Bemessung der Verfahrensgebühr gem. § 14 berücksichtigt werden. Nimmt der Rechtsanwalt an einem weiteren gerichtlichen Termin teil, fällt aber die Terminsgebühr Nr. 6102 VV erneut an (Terminsgebühr je Verhandlungstag, vgl. Nr. 6102 VV Rn. 4). 17

2. Erweiterung der Auslieferungsbewilligung nach § 35 IRG

Das Verfahren auf **Erweiterung** der **Auslieferungsbewilligung** nach **§ 35 IRG** (Zustimmung zur Verfolgung oder Vollstreckung einer Strafe oder einer sonstigen Sanktion) bildet eine **neue Angelegenheit**, wenn dem Verfahren eine weitere Tat zugrunde liegt, für die die Auslieferung nicht bewilligt worden war (AnwKomm-RVG/N. Schneider, VV 6100 – 6101 Rn. 14; Gerold/Schmidt/Mayer, VV 6100, 6101 VV Rn. 17). Die Verfahrensgebühr Nr. 6101 VV entsteht in diesem Verfahren also erneut. 18

3. Bewilligung der Vollstreckung europäischer Geldsanktionen (§§ 87 – 87n IRG)

a) Verwaltungsverfahren, gerichtliches Verfahren und Rechtsbeschwerde

Das Verfahren vor dem **Bundesamt für Justiz**, das **erstinstanzlichen Verfahren** vor dem **AG** sowie das **Rechtsbeschwerdeverfahren vor dem OLG** bilden verschiedene gebührenrechtliche Angelegenheiten (so auch Burhoff, StRR 2011, 13; so auch N. Schneider, DAR 2010, 768; a.A. H. Schneider, JurBüro 2011, 61 [das Verfahren vor dem Bundesamt und das gerichtliche Verfahren bilden eine einheitliche Angelegenheit]; zum Verfahrensgang s. Vorbem. 6.1.1, Nr. 6100 VV Rn. 4 ff.; zur Abgrenzung des Bewilligungsverfahren vor dem Bundesamt vom gerichtlichen Verfahren vgl. Vorbem. 6.1.1, Nr. 6100 VV Rn. 16 ff.). Das gerichtliche erstinstanzliche Verfahren stellt gegenüber dem Verfahren vor dem Bundesamt eine **besondere gebührenrechtliche Angelegenheit** dar, in der die Gebühren erneut entstehen. Wäre dieselbe Angelegenheit gegeben, wäre der Anfall der Verfahrensgebühren Nr. 6100 VV für das Verfahren vor dem Bundesamt und Nr. 6101 VV für das gerichtliche Verfahren nebeneinander nicht möglich (§ 15 Abs. 2 Satz 2; allgemein zur Angelegenheit Teil A: Angelegenheiten [§§ 15 ff.], Rn. 66 ff.). 19

Das Rechtsbeschwerdeverfahren bildet gegenüber dem erstinstanzlichen Verfahren eine eigene Angelegenheit. Das ergibt sich ebenfalls aus der allgemeinen Regelung in § 15 Abs. 2 Satz 2, sodass eine gesonderte Regelung in Teil 6, Abschnitt 1 VV entbehrlich war. Hiervon ist der Ge-

Nr. 6101 VV   *Verfahrensgebühr für IRG- und IStGH-Gesetz-Verfahren*

setzgeber in seiner Begründung auch ausdrücklich ausgegangen (BT-Drucks. 17/1288, S. 37; so auch Burhoff, StRR 2011, 13; N. Schneider, DAR 2010, 768; H. Schneider, JurBüro 2011, 61).

b) Verfahren auf Zulassung der Rechtsbeschwerde

20   Ist die Rechtsbeschwerde nicht bereits kraft Gesetzes zulässig und ist sie auch nicht zugelassen worden, so kann ein Antrag auf Zulassung der Rechtsbeschwerde gestellt werden (§ 87k IRG). Da der Antrag auf Zulassung und ein eventuell durchzuführendes Rechtsmittelverfahren nach § 16 Nr. 11 als eine Angelegenheit gelten, entstehen durch den Antrag auf Zulassung der Rechtsbeschwerde bereits die Gebühren nach Nrn. 6101, 6102 VV. Wird dem Zulassungsantrag stattgegeben und das Rechtsbeschwerdeverfahren durchgeführt, fallen jedoch keine weiteren Gebühren an (so auch N. Schneider, DAR 2010, 768). Die Gebühren entstehen für das Verfahren auf Zulassung der Rechtsbeschwerde und die Rechtsbeschwerde selbst insgesamt nur einmal (§ 15 Abs. 2 Satz 1; allgemein zur Angelegenheit Teil A: Angelegenheiten [§§ 15 ff.], Rn. 66 ff.).

c) Verfahren nach Zurückverweisung

21   Hebt das OLG auf die Rechtsbeschwerde hin die Entscheidung des AG auf und verweist es die Sache zur erneuten Entscheidung an das AG zurück (§ 87j Abs. 5 IRG), so gilt § 21 Abs. 1. Das Verfahren vor dem AG ist eine neue Angelegenheit, in der die Gebühren nach Nrn. 6101, 6102 VV erneut entstehen (§ 21 Abs. 1; so auch N. Schneider, DAR 2010, 768). Eine Anrechnung der im Verfahren vor Zurückverweisung entstandenen Verfahrensgebühr ist im Gegensatz zu den Verfahren nach Teil 3 VV (Vorbem. 3 Abs. 6 VV) nicht vorgesehen (so auch N. Schneider, DAR 2010, 768; s. auch Teil A: Zurückverweisung [§ 21], Rn. 1687 ff.).

d) Postentgeltpauschale Nr. 7002 VV

22   Im Strafverfahren ist es umstritten, ob das vorbereitende Verfahren und das Hauptverfahren dieselbe oder verschiedene gebührenrechtliche Angelegenheiten bilden und deshalb wegen der Anm. zu Nr. 7002 VV eine oder zwei Postentgeltpauschalen anfallen. Derselbe Streit besteht in Bußgeldsachen für das Verfahren vor der Verwaltungsbehörde und das gerichtliche Verfahren (s. dazu Teil A: Angelegenheiten [§§ 15 ff.], Rn. 71, 90 ff.). Die dort ausgetauschten Argumente werden teilweise auch auf das Verfahren vor dem Bundesamt und dem anschließenden gerichtlichen Verfahren vor dem AG übertragen (vgl. H. Schneider, JurBüro 2011, 61). Denn auch hier fehlt es an einer entsprechenden gesetzlichen Regelung. Zutreffend ist es davon auszugehen, dass verschiedene Angelegenheiten gegeben sind (vgl. Rn. 19).

e) Vollstreckung durch das Bundesamt

23   Kommt es nach der Bewilligung zur Durchführung der Vollstreckung durch die Staatsanwaltschaft bzw. den Jugendrichter (vgl. § 87n IRG), handelt es sich insoweit nicht um eine neue selbstständige Angelegenheit, in der die Verfahrensgebühr Nr. 6101 VV erneut entsteht (s. dazu ausführlich Vorbem. 6.1.1, Nr. 6100 VV Rn. 19 ff.).

Verfahrensgebühr für IRG- und IStGH-Gesetz-Verfahren Nr. 6101 VV

VI. Gebühr im Rechtsbeschwerdeverfahren betreffend die Bewilligung der Vollstreckung europäischer Geldsanktionen (§§ 87 bis 87n IRG)

1. Umfang der Angelegenheit

Wird gegen die Entscheidung des AG **Rechtsbeschwerde** eingelegt, unabhängig davon, ob der Anwalt für den Mandanten gegen eine Entscheidung über einen Einspruch nach §§ 87f Abs. 4, 87g ff. IRG, gegen einen Umwandlungsbeschluss nach § 87i IRG oder die Behörde gegen eine ablehnende Entscheidung gegen einen Umwandlungsantrag nach § 87i IRG Rechtsbeschwerde einlegt, erhält der Anwalt hierfür eine gesonderte Vergütung, da das Rechtsbeschwerdeverfahren ein neuer Rechtszug und damit eine **besondere gebührenrechtliche Angelegenheit** ist (vgl. Rn. 21). War zuvor erfolgreich ein Antrag auf Zulassung der Rechtsbeschwerde gestellt worden (§ 87k IRG), ist diese Tätigkeit durch die Vergütung im Rechtsbeschwerdeverfahren mit abgegolten, da es sich insoweit um eine einheitliche Angelegenheit handelt (§ 16 Nr. 11; vgl. Rn. 20). 24

> **Hinweis:**
> Werden **mehrere Rechtsbeschwerden** erhoben, z.B. gegen eine Entscheidung im Verfahren über eine Umwandlung und später in Verfahren auf einen Einspruch oder eine erneute Entscheidung nach Zurückverweisung, entstehen die Gebühren gesondert, da dann nach § 15 Abs. 2 Satz 2 eine neue Angelegenheit vorliegt (N. Schneider, DAR 2010, 768).

2. Gebühr

Im Rechtsbeschwerdeverfahren entstehen die gleichen Gebühren wie im Verfahren vor dem AG. Der Gesetzgeber hat insoweit in Teil 6 Abschnitt 1 VV keine besonderen Gebührentatbestände vorgesehen. Daher richtet sich die Verfahrensgebühr nach Nr. 6101 VV. Diese Gebühr kann ggf. wegen der i.d.R. höheren Schwierigkeit im Rechtsbeschwerdeverfahren höher angesetzt werden als die erstinstanzliche Gebühr (Burhoff StRR 2011, 13; N. Schneider, DAR 2010, 768). Die **Einlegung** der Rechtsbeschwerde ist gem. § 19 Abs. 1 Satz 2 Nr. 10 für den erstinstanzlichen Rechtsanwalt noch mit der erstinstanzlichen Vergütung abgegolten. Der Rechtsanwalt muss also über die bloße Einlegung der Rechtsbeschwerde hinausgehende Tätigkeiten entfalten (N. Schneider, DAR 2010, 768). 25

Eine **Terminsgebühr** nach Nr. 6202 VV kann im Rechtsbeschwerdeverfahren anfallen, wenn ein gerichtlicher Termin vor dem OLG stattfindet und der Rechtsanwalt hieran teilnimmt.

VII. Höhe der Gebühr

Der **Wahlanwalt** erhält eine **Betragsrahmengebühr** i.H.v. 80,00 € – 580,00 €. Die Mittelgebühr beträgt 330,00 €. Ein Zuschlag für den Fall, dass sich der Mandant **nicht auf freiem Fuß** befindet (vgl. Vorbem. 4 Abs. 4 VV), ist nicht vorgesehen (vgl. Schneider, in: Hansens/Braun/Schneider, Teil 17, Rn. 10; Burhoff, StRR 2011, 13). Hat sich der Mandant in Haft befunden, muss das über § 14 berücksichtigt werden (vgl. OLG Hamm, StraFo 2007, 218 = Rpfleger 2007, 426 = StV 2007, 476; Burhoff, a.a.O.). Von Bedeutung kann auch sein, dass der anwaltliche Beistand über Kenntnisse der Muttersprache des Verfolgten verfügt, die es ihm ermöglicht haben, mit dem Verfolgten ohne Zuziehung eines Dolmetschers zu korrespondieren und zu sprechen (OLG Hamm, StraFo 2007, 218 = Rpfleger 2007, 426 = StV 2007, 476). 26

Nr. 6101 VV   *Verfahrensgebühr für IRG- und IStGH-Gesetz-Verfahren*

27   Bei der Bemessung der Höhe der Gebühr sind über § 14 insbesondere die **Besonderheiten** des jeweiligen **Einzelfalls** zu berücksichtigen (Teil A: Rahmengebühren [§ 14], Rn. 1051 ff.). Die Höhe der Gebühr ist also v. a. abhängig von den vom Rechtsanwalt erbrachten Tätigkeiten. Dabei ist die Teilnahme an Terminen nach §§ 21, 22 und 28 IRG vor dem AG zu berücksichtigen, wenn man dafür dem Wahlanwalt keine Terminsgebühr nach Nr. 6102 VV gewährt (vgl. dazu Nr. 6102 VV Rn. 5 f.; OLG Hamm, StraFo 2007, 218 = Rpfleger 2007, 426 = StV 2007, 476; OLG Karlsruhe, RVGprofessionell 2010, 115; OLG Köln, NJW-RR 2007, 71 = AGS 2006, 380;). Der Wahlanwalt kann einen Antrag nach § 42 stellen (vgl. Burhoff, StRR 2010, 143 und StRR 2011, 13; vgl. hierzu auch OLG Jena, StRR 2008, 158 = AGS 2008, 174 = Rpfleger 2008, 98).

28   Der **gerichtlich bestellte Rechtsanwalt** erhält aus der Staatskasse eine **Festgebühr** i. H. v. 264,00 €. Ein **Zuschlag** für den Fall, dass sich der Mandant **nicht** auf freiem **Fuß** befindet (vgl. Vorbem. 4 Abs. 4 VV), ist nicht vorgesehen (vgl. Schneider, in: Hansens/Braun/Schneider, Teil 17, Rn. 10; Burhoff, StRR 2011, 13). Er kann ggf. einen **Pauschgebührenantrag** gem. § 51 stellen (OLG Celle, StRR 2010, 160 = Nds.Rpfl. 2010, 95 = RVGprofessionell 2010, 39; NStZ 2007, 342 = AGS 2007, 74 = RVGreport 2007, 64; OLG Karlsruhe, RVGprofessionell 2010, 115; OLG Köln, RVGreport 2009, 218; NJW-RR 2007, 71 = AGS 2006, 380; RVGreport 2006, 147; Burhoff, StRR 2011, 13; vgl. Vorbem. 6.1.1 VV, Nr. 6101 VV Rn. 10, 22 m.w.N.).

VIII. Mehrere Auftraggeber

29   Das Verbot der Mehrfachverteidigung nach § 146 StPO gilt nicht, sodass sich die **Verfahrensgebühr** innerhalb derselben Angelegenheit nach **Nr. 1008 VV erhöht**, wenn der Rechtsanwalt mehrere Auftraggeber vertreten hat (AnwKomm-RVG/N. Schneider, VV 6100 – 6101 Rn. 17, 18; so auch Gerold/Schmidt/Mayer, 6100, 6101 VV Rn. 13, 19). Vertritt der Rechtsanwalt einen Auftraggeber z. B. im **Auslieferungsverfahren** und den anderen Auftraggeber im **Durchlieferungsverfahren**, liegt kein einheitliches Verfahren und damit auch nicht dieselbe gebührenrechtliche Angelegenheit vor. Der Rechtsanwalt erhält hier keine Gebührenerhöhung nach Nr. 1008 VV, sondern getrennte Gebühren (vgl. AnwKomm-RVG/N. Schneider, VV 6100 – 6101 Rn. 17, 18; Gerold/Schmidt/Mayer, 6100, 6101 VV Rn. 19). Für den Wahlanwalt **erhöht** sich der **Betragsrahmen** um jeweils 30 % je weiterem Auftraggeber, für den gerichtlich bestellten oder beigeordneten Rechtsanwalt erhöht sich die Festgebühr um 30 % für jeden weiteren Auftraggeber (s. auch Teil A: Mehrere Auftraggeber [§ 7, Nr. 1008 VV], Rn. 1005 ff. und 1010 ff.).

IX. Einzeltätigkeit

30   Muss der Rechtsanwalt im gerichtlichen Verfahren nach dem IRG oder dem IStGH-Gesetz auftragsgemäß nur eine **Einzeltätigkeit** erbringen (z. B. die Anfertigung eines Schriftsatzes), richtet sich die Gebühr nach Nr. 6500 VV (a.A. noch Burhoff, StRR 2011, 13; Burhoff, StRR 2010, 143; Gerold/Schmidt/Mayer, VV 6100, 6101 Rn. 20). Mit Wirkung v. 01.02.2009 ist durch das Wehrrechtsänderungsgesetz 2008 (BGBl. I 2008, S. 1629) der neue Abschnitt 5 mit der für Einzeltätigkeiten vorgesehenen Verfahrensgebühr Nr. 6500 VV eingefügt worden. Aufgrund der geänderten Gesetzessystematik regelt Nr. 6500 VV nunmehr die Gebühr für Einzeltätigkeiten des Rechtsanwalts **in allen** von den Abschnitten 1 bis 4 des Teils 6 VV erfassten Verfahren. Das ergibt sich aus der Regelung in Abs. 4 der Anm. zu Nr. 6500 VV.

Verfahrensgebühr für IRG- und IStGH-Gesetz-Verfahren   *Nr. 6101 VV*

> **Hinweis:**
> An der **früheren Auffassung**, dass der mit Einzeltätigkeiten in Verfahren nach dem IRG oder dem IStGH-Gesetz beauftragte Rechtsanwalt ebenfalls eine Verfahrensgebühr Nr. 6100 VV a.F. verdient bzw. eine Verfahrensgebühr Nr. 6404 VV a.F. erhält (so AnwKomm-RVG/ N. Schneider, 4. Aufl., VV 6100 – 6101 Rn. 11) kann aufgrund der Regelung der Verfahrensgebühr für Einzeltätigkeiten in einem eigenen Abschnitt von Teil 6 VV **nicht mehr festgehalten** werden (vgl. hierzu vgl. hierzu auch Nr. 6500 VV Rn. 4 ff.).

X. Sonstige Gebühren

Sonstige oder weitere Gebühren sind in Verfahren nach Teil 6, Abschnitt 1 VV nicht vorgesehen. Insbesondere kann keine zusätzliche Gebühr entstehen, wenn sich das Verfahren unter Mitwirkung des Rechtsanwalts endgültig erledigt. Denn die Nr. 4141 und 5115 VV (Straf- und Bußgeldsachen) und auch die Nr. 6216 VV (zusätzliche Gebühr im Disziplinarverfahren) sind hier nicht anwendbar (Burhoff, RVGreport 2011, 13).   **31**

Beispiel:
Der Rechtsanwalt legt die vom AG zugelassene Rechtsbeschwerde ein. Nach Rücksprache mit dem Betroffenen wird die Rechtsbeschwerde zurückgenommen.

Es ist lediglich die Verfahrensgebühr Nr. 6101 VV im Rechtsbeschwerdeverfahren angefallen. Für die Mitwirkung des Rechtsanwalts bei der Rücknahme ist keine zusätzliche Gebühr vorgesehen.

XI. Anspruch auf Wahlanwaltsgebühren gegen den Verfolgten (§ 53)

Die gerichtliche **Beiordnung** eines Rechtsanwalts im Wege der PKH ist in Verfahren nach dem IRG und dem IStGH-Gesetz **nicht** vorgesehen (vgl. Rn. 8). Daher steht dem in diesen Verfahren zum Beistand bestellten Rechtsanwalt ein Anspruch auf Zahlung der Gebühren eines gewählten Beistands gegen den Verfolgten nach **§ 53 nicht** zu (vgl. OLG Hamm, NStZ-RR 2002, 159 = StV 2003, 96; AnwKomm-RVG/N. Schneider, VV 6100 – 6101 Rn. 6). § 53 findet auf die nach dem IRG und IStGH-Gesetz bestellten Beistände **keine Anwendung**, da keine Beiordnung i.S.v. § 53 Abs. 1 vorliegt und der Rechtsanwalt nicht als Beistand für den in § 53 Abs. 2 aufgeführten Personenkreis bestellt worden ist (Nebenkläger, nebenklageberechtigter Verletzter und Zeuge; vgl. auch § 53 Rn. 10; Hartung/Römermann/Hartung, § 53 Rn. 14). **§ 52** gilt nicht (a.A. AnwKomm-RVG/N. Schneider, VV 6100 – 6101 Rn. 5), weil diese Vorschrift dem gerichtlich bestellten Rechtsanwalt einen Anspruch auf die Wahlanwaltsgebühren gegen den **Beschuldigten** einräumt. Verfahren nach dem IRG betreffen jedoch den **Verfolgten** (vgl. z.B. § 40 IRG).   **32**

> **Hinweis:**
> Erhält der gerichtlich bestellte oder beigeordnete Rechtsanwalt Zahlungen oder Vorschüsse, richtet sich deren **Anrechnung** nach **§ 58 Abs. 3**. Auf die entsprechende Komm. wird verwiesen.

XII. Pauschgebühr

Auf Vorbem. 6 VV Rn. 9 f., Rn. 27 und § 51 Rn. 7 wird verwiesen.   **33**

XIII. Festsetzung gegen die Staatskasse

1. Verfahren gem. § 55

34 Die Festsetzung der Vergütung des gerichtlich bestellten Beistands (vgl. Rn. 8 ff.) im Verfahren nach dem IRG und dem IStGH-Gesetz erfolgt durch den **Urkundsbeamten der Geschäftsstelle des OLG** (vgl. hierzu OLG Bamberg, JurBüro 2007, 484; OLG Dresden, StraFo 2007, 176 = AGS 2007, 355 = RVGreport 2007, 307; OLG Koblenz, NStZ-RR 2008, 263 = JurBüro 2008, 313 = Rpfleger 2008, 442). Denn das OLG ist in diesen Verfahren erstinstanzliches Gericht, § 55 Abs. 1 Satz 1 (vgl. § 13 IRG und § 7 IStGH-Gesetz; so auch Gerold/Schmidt/Mayer, VV 6100, 6101 Rn. 15). Ausgenommen sind Verfahren nach §§ 87 bis 87n IRG auf Bewilligung der Vollstreckung europäischer Geldsanktionen. **Erstinstanzliches Gericht ist hier das AG**, vgl. § 87g IRG (s. zur Festsetzung auch Teil A: Festsetzung gegen die Staatskasse [§ 55], Rn. 579 ff.).

2. Erinnerung (§ 56)

35 Gegen die Entscheidung des Urkundsbeamten ist die **Erinnerung** gem. § 56 zulässig (OLG Brandenburg, NStZ-RR 2009, 392 = Rpfleger 2010, 48). Über die Erinnerung gegen die Festsetzung des Urkundsbeamten bei dem OLG (vgl. Rn. 34) entscheidet gem. §§ 56 Abs. 2 Satz 1, 33 Abs. 8 Satz 1 grds. der **Einzelrichter** des zuständigen Strafsenats, der die Entscheidung aber dem Senat übertragen kann (OLG Bamberg, JurBüro 2007, 484; OLG Dresden, StraFo 2007, 176 = AGS 2007, 355 = RVGreport 2007, 307; OLG Koblenz, NStZ-RR 2008, 263 = JurBüro 2008, 313 = Rpfleger 2008, 442; a.A. Gerold/Schmidt/Mayer, VV 6100, 6101 Rn. 15, der Vorsitzende des Strafsenats). Die Erinnerungsentscheidung des OLG ist **unanfechtbar**, vgl. §§ 56 Abs. 2 Satz 1, 33 Abs. 4 Satz 3 (s. dazu und zum Erinnerungsverfahren gem. § 56 Teil A: Rechtsmittel gegen die Vergütungsfestsetzung [§§ 56, 33], Rn. 1115 ff. und OLG Brandenburg, 05.05.2011 – (1) 53 AuslA 43/10 (20/10), JurionRS 2011, 16677).

XIV. Erstattung

36 Aus der Begründung zu § 77 IRG ergibt sich, dass dem Verfolgten gem. § 77 IRG i.V.m. §§ 467 ff. StPO ein Anspruch auf Erstattung der Gebühren und Auslagen eines Wahlverteidigers zustehen kann, soweit sich im Verfahren die **Unzulässigkeit** der Auslieferung ergibt. Ob im Übrigen eine **Kostenerstattung** in Betracht kommt, ist **umstritten** (vgl. BT-Drucks. 9/1338, S. 34, 60, 98; vgl. hierzu BGH, NJW 1984, 1309; OLG Hamburg, NStZ 1988, 370; OLG Hamm, StraFo 2003, 325; StraFo 2007, 218 = Rpfleger 2007, 426 = StV 2007, 476; OLG Jena, NStZ-RR 2008, 63 = StRR 2008, 39 = JurBüro 2008, 82; OLG Köln, NStZ-RR 2003, 319; OLG Zweibrücken, NStZ 1989, 289 = Rpfleger 1989, 125 = MDR 1989, 377; AnwKomm-RVG/N. Schneider, VV 6100 – 6101 Rn. 35). Dies dürfte wegen § 72 IStGH-Gesetz auch für Verfahren nach dem IStGH-Gesetz gelten.

Nach § 40 Abs. 1 IRG und § 31 Abs. 1 IStGH-Gesetz kann sich der Verfolgte in jeder Lage des Verfahrens eines Beistands bedienen. Dessen Kosten sind notwendige Auslagen des Verfolgten. Eine ausdrückliche Regelung über die Kostentragungspflicht enthalten das IRG und das IStGH-Gesetz nicht. Nach § 77 IRG und § 72 IStGH-Gesetz finden daher die Bestimmungen der StPO entsprechende Anwendung. Bei Gleichstellung des Antrags auf Entscheidung über die Zulässigkeit der Auslieferung bzw. der Überstellung mit der Erhebung der öffentlichen Klage durch die Staatsanwaltschaft ist § 467a StPO anwendbar. Nach dieser Bestimmung richtet sich der An-

Verfahrensgebühr für IRG- und IStGH-Gesetz-Verfahren   *Nr. 6101 VV*

spruch des Verfolgten auf Erstattung seiner notwendigen Auslagen. Die dem Verfolgten entstandenen notwendigen Auslagen sind daher gem. § 77 IRG, §§ 467 und 467a StPO der **Staatskasse** aufzuerlegen, wenn der ersuchende Staat den Verfolgten zu **Unrecht beschuldigt** hat und die unberechtigte Verfolgung nicht von den Behörden der Bundesrepublik zu vertreten ist (BGHSt 30, 152 ff.; 32, 221, 227 = MDR 1984, 420; OLG Düsseldorf, MDR 1987, 1049; OLG Karlsruhe, NStZ-RR 2005, 252; StV 2007, 151).

Im Übrigen gilt: 37

- Wird ein **Auslieferungsverfahren vor** der Entscheidung des OLG über die **Zulässigkeit** der Auslieferung dadurch **abgeschlossen**, dass die Bundesregierung die Bewilligung der Auslieferung verweigert, so können die dem Verfolgten – der nach der Erklärung der Bundesregierung unverzüglich freigelassen wurde – entstandenen notwendigen Auslagen jedenfalls dann nicht der Staatskasse überbürdet werden, wenn der Verfolgte von dem um Auslieferung ersuchenden Staat nicht zu Unrecht beschuldigt wurde, sondern ein hinreichender Tatverdacht gegen ihn bestand (vgl. OLG Düsseldorf, MDR 1987, 1049; vgl. im Übrigen auch OLG Karlsruhe, StV 2007, 151).

- Wird die **Zulässigkeit** der Auslieferung (hier: in die Türkei) im Auslieferungsverfahren ausdrücklich **bejaht**, der **Auslieferungshaftbefehl** aber wegen der verweigerten Genehmigung der Bundesregierung zur Auslieferung **aufgehoben**, so fallen dem Verfolgten die ihm erwachsenen notwendigen Auslagen zur Last. Für eine entsprechende Anwendung der §§ 467, 467a StPO i.V.m. § 77 IRG mit der Folge der Kostenüberbürdung auf die Staatskasse ist in einem solchen Fall kein Raum (OLG Koblenz, MDR 1983, 691). Nach Auffassung des OLG Hamburg (NJW 1980, 1239) fehlt es für die Erstattung der im Auslieferungsverfahren erwachsenen notwendigen Auslagen auch dann an einer Rechtsgrundlage, wenn der ersuchende Staat sein Auslieferungsersuchen zurückgenommen hat (s. auch OLG Karlsruhe, StV 2007, 151).

- Die aus der Staatskasse an den nach den Bestimmungen des IRG als Beistand bestellten Rechtsanwalt gezahlten Beträge können **vom Verfolgten nicht zurückgefordert** werden (vgl. OLG Hamm, StV 2003, 96). Dies dürfte entsprechend für die nach dem IStGH-Gesetz an den als Beistand bestellten Rechtsanwalt gezahlten Beträge gelten.

Nr. 6102 VV
Terminsgebühr für IRG- und IStGH-Gesetz-Verfahren

Nr.	Gebührentatbestand	Gebühr	
		Wahlverteidiger oder Verfahrensbevollmächtigter	gerichtlich bestellter oder beigeordneter Rechtsanwalt
6102	Terminsgebühr je Verhandlungstag	110,00 bis 780,00 EUR	356,00 EUR

Übersicht

	Rn.
A. Überblick	1
B. Kommentierung	2
I. Allgemeines	2
II. Abgeltungsbereich	3
1. Gerichtliche Termine	3
2. Pro Verhandlungstag	4
3. Termine vor dem AG nach §§ 20, 21, 22, 28 IRG	5
4. Termine im gerichtlichen Verfahren auf Bewilligung der Vollstreckung europäischer Geldsanktionen (§§ 87 ff. IRG)	7
a) Erste Instanz	7
b) Rechtsbeschwerde	8
III. Angelegenheit	9
IV. Persönlicher Geltungsbereich	10
V. Entstehen der Gebühr	11
VI. Höhe der Terminsgebühr	12
VII. Einzeltätigkeit	15
VIII. Anspruch auf Wahlanwaltsgebühren gegen den Verfolgten (§ 53)	16
IX. Pauschgebühren	17
X. Festsetzung/Erstattung	18

Literatur:

S. die Nachweise bei Nr. 6101 VV vor Rn. 1.

A. Überblick

1 Nr. 6101 VV regelt die Terminsgebühr je Verhandlungstag für die **Teilnahme** des Rechtsanwalts an **gerichtlichen Terminen** in Verfahren nach dem Gesetz über die internationale Rechtshilfe in Strafsachen (**IRG**) und in Verfahren nach dem Gesetz über die Zusammenarbeit mit dem Internationalen Strafgerichtshof (**IStGH-Gesetz**). Auf die Erläuterungen zu Nr. 6101 VV Rn. 1 ff. wird verwiesen.

B. Kommentierung

I. Allgemeines

2 Der Rechtsanwalt erhält die Terminsgebühr für die Wahrnehmung **eines gerichtlichen Termins** (vgl. Vorbem. 6 Abs. 3 VV) in Verfahren nach dem IRG oder in Verfahren nach dem IStGH-

Terminsgebühr für IRG- und IStGH-Gesetz-Verfahren   Nr. 6102 VV

Gesetz. Die Terminsgebühr ist allgemein in Vorbem. 6 Abs. 3 VV geregelt (vgl. Vorbem. 6 VV Rn. 6). Gerichtliche Termine sind in Verfahren nach dem IRG beispielsweise in §§ 21 Abs. 1 und 2, 22 Abs. 2, 28 Abs. 2, 30 Abs. 2 und 3 IRG vorgesehen. Im IStGH-Gesetz sind gerichtliche Termine u.a. in §§ 14 Abs. 2, 15 Abs. 1 und 10 vorgesehen. Zu der Frage, ob der Rechtsanwalt für die Teilnahme an Vernehmungsterminen vor dem AG (vgl. §§ 21, 22 oder 28 IRG) ebenfalls eine Terminsgebühr nach Nr. 6102 VV erhält vgl. Rn. 5 m.w.N. Eine besondere Terminsgebühr für die Teilnahme an Haftprüfungsterminen wie in Strafsachen (vgl. Nr. 4102 VV) ist in Teil 6 VV nicht vorgesehen.

II. Abgeltungsbereich

1. Gerichtliche Termine

Der Rechtsanwalt erhält die Terminsgebühr der Nr. 6102 VV für die **Teilnahme** an einem **gerichtlichen Termin** (vgl. Vorbem. 6 Abs. 3 VV Rn. 6). Die Teilnahme an anderen als gerichtlichen Terminen (z.B. Termin bei der Generalstaatsanwaltschaft, Besprechungstermine mit anderen Verfahrensbeteiligten, außergerichtliche Termine) ist durch die Verfahrensgebühr Nr. 6100 VV abgegolten (AnwKomm-RVG/N. Schneider, VV 6100 – 6101 Rn. 19; Burhoff, RVGreport 2011, 43; ders., StRR 2010, 143; N. Schneider, DAR 2010, 768). Im Verwaltungsverfahren vor dem Bundesamt für Justiz (§§ 87 ff. IRG) kann deshalb keine Terminsgebühr entstehen (Vorbem. 6.1.1, Nr. 6100 VV Rn. 15).   3

Die Terminsgebühr erfasst **auch** die **Vorbereitung** des konkreten gerichtlichen Termins (vgl. dazu Vorbem. 4 VV Rn. 33 ff.; 58 ff.).

2. Pro Verhandlungstag

Der Rechtsanwalt erhält die Terminsgebühr **für jeden Verhandlungstag**, an dem er teilnimmt (AnwKomm-RVG/N. Schneider, VV 6100 – 6101 Rn. 23). Das entspricht der Regelung für die Wahrnehmung von Hauptverhandlungsterminen in Strafsachen in Teil 4, Abschnitt 1 VV und ist eine Ausnahme von dem in § 15 Abs. 2 aufgestellten Grundsatz, dass jede Gebühr in gerichtlichen Verfahren in demselben Verfahren nur einmal entstehen kann.   4

3. Termine vor dem AG nach §§ 20, 21, 22, 28 IRG

Sofern Termine vor dem AG stattfinden, in denen **lediglich** der **Auslieferungshaftbefehl verkündet**, der Verfolgte **vernommen** wird oder die Belehrung des Verfolgten nach § 41 IRG erfolgt (vgl. §§ 20, 21, 22, 28 IRG), erhält der Rechtsanwalt für die Teilnahme an diesen Terminen nach **herrschender Meinung keine Terminsgebühr** nach Nr. 6102 VV (vgl. KG, StRR 2008, 117 = AGS 2008, 130 und 235 = RVGreport 2008, 227; OLG Bamberg, JurBüro 2007, 484; OLG Brandenburg, NStZ-RR 2009, 392 = Rpfleger 2010, 48; OLG Bremen, RVGreport 2005, 317 = AGS 2006, 290; OLG Celle, StRR 2010, 160 = Nds.Rpfl. 2010, 95 = RVGprofessionell 2010, 39; OLG Dresden, StraFo 2007, 176 = AGS 2007, 355 = RVGreport 2007, 307; OLG Hamburg, AGS 2006, 290; OLG Hamm, StraFo 2006, 259 = RVGreport 2006, 231 = AGS 2006, 343; OLG Karlsruhe, RVGprofessionell 2010, 115; OLG Köln, NJW-RR 2007, 71 = AGS 2006, 380; OLG Stuttgart, AGS 2008, 34 = RVGreport 2007, 466; Gerold/Schmidt/Mayer, VV 6100, 6101 Rn. 7, ohne nähere Begründung; Riedel/Sußbauer/Schneider, VV Teil 6, Rn. 11). Danach wird die Tätigkeit in diesen Terminen vor dem AG mit der Verfahrensgebühr Nr. 6101 VV abgegolten   5

Nr. 6102 VV   *Terminsgebühr für IRG- und IStGH-Gesetz-Verfahren*

und es soll eine Terminsgebühr nur für die **Verhandlungstermine** vor dem OLG nach §§ 30 Abs. 3, 31 IRG anfallen. Dies wird im Wesentlichen damit begründet, dass nach Nr. 6102 VV eine Terminsgebühr „**je Verhandlungstag**" entstehe, was dafür spreche, dass nur die Teilnahme an Verhandlungsterminen vor dem OLG, nicht aber an Verkündungs- und Vernehmungsterminen vor dem AG die Terminsgebühr auslöse. Weil außerdem in Teil 6, Abschnitt 1 VV eine Regelung wie in Nr. 4102 Ziff. 3 VV fehle, nach der in Strafsachen für die Wahrnehmung gerichtlicher Termine außerhalb der Hauptverhandlung eine Terminsgebühr entstehe, sei daraus zu schließen, dass für die Wahrnehmung dieser Termine in Verfahren nach dem IRG vom Gesetzgeber keine Terminsgebühr vorgesehen sei.

6   Gegen diese Auffassung spricht der **Wortlaut** von Vorbem. 6 Abs. 3 VV. Nach Vorbem. 6 Abs. 3 VV entsteht die Terminsgebühr für die Teilnahme an einem **gerichtlichen Termin**. Gerichtliche Termine nach dem IRG sind jedoch nicht nur die mündlichen Verhandlungen nach §§ 30 Abs. 3, 31 IRG. Auch die Vernehmungs- oder Belehrungstermine bzw. Haftprüfungstermine vor dem AG nach §§ 11, 20, 21, 22, 28, 41 IRG sind gerichtliche Termine i.S.v. Vorbem. 6 Abs. 3 VV, sodass die Teilnahme an diesen Terminen die Terminsgebühr auslöst (so auch OLG Jena, NStZ-RR 2008, 63 = StRR 2008, 39 = JurBüro 2008, 82, für Termine nach § 28 IRG; AnwKomm-RVG/ N. Schneider, VV 6100 – 6101 Rn. 21; Schneider, in: Hansens/Braun/Schneider, Teil 17, Rn. 14; Hufnagel, JurBüro 2007, 455; Burhoff, Anm. zu OLG Hamm, RVGreport 2006, 231; ders., Anm. zu OLG Bremen, RVGreport 2005, 317).

> **Hinweis:**
>
> Die **Formulierung „Terminsgebühr je Verhandlungstag"** steht dem nicht entgegen. Diese Regelung schränkt Vorbem. 6 Abs. 3 VV nicht ein, sondern stellt lediglich klar, dass abweichend von dem in § 15 Abs. 2 aufgestellten Grundsatz durch die Teilnahme an jedem Termin die Terminsgebühr erneut entsteht (vgl. Rn. 4).

Auch aus der für Strafsachen geltenden Regelung in Nr. 4102 Ziff. 3 VV folgt für die Termine nach dem IRG vor dem AG nichts anderes. Der Gesetzgeber regelt für Strafsachen in Nr. 4102 VV abweichend von Vorbem. 4 Abs. 3 VV zwar ausdrücklich, dass die Terminsgebühr auch für die Teilnahme an Terminen außerhalb der Hauptverhandlung entsteht (vgl. BT-Drucks. 15/1971, S. 222). Durch die Aufnahme von Nr. 4102 Ziff. 3 VV wollte der Gesetzgeber aber in erster Linie lediglich klarstellen, dass die Terminsgebühr auch für alle gerichtlichen Verfahrensabschnitte gelten soll, also z.B. auch für die Teilnahme an entsprechenden Terminen nach Beginn der Hauptverhandlung (BT-Drucks. 15/1971, S. 222). Letztlich dürfte daher eine **gesetzliche Klarstellung geboten** sein (so Burhoff, Anm. zu OLG Hamm, RVGreport 2006, 231).

> **Hinweis:**
>
> Folgt man der herrschenden Meinung, dass die genannten Termine vor dem AG keine Terminsgebühr nach Nr. 6102 VV auslösen, muss für den **gerichtlich bestellten Rechtsanwalt** die Teilnahme an diesen Terminen vor dem AG bei der Bemessung der **Pauschgebühr** nach § 51 berücksichtigt werden (OLG Dresden, StraFo 2007, 176 = AGS 2007, 355 = RVGreport 2007, 307; OLG Hamm, StraFo 2006, 259 = RVGreport 2006, 231 = AGS 2006, 343; OLG Karlsruhe, RVGprofessionell 2010, 115; OLG Köln, NJW-RR 2007, 71 = AGS 2006, 380; RVGreport 2006, 147; Schneider, in: Hansens/Braun/Schneider, Teil 17, Rn. 15). Die Teilnahme an einem solchen Termin wird durch die Verfahrensgebühr Nr. 6101 VV abgegolten

Terminsgebühr für IRG- und IStGH-Gesetz-Verfahren **Nr. 6102 VV**

und ist dort für den **Wahlanwalt** gebührenerhöhend (§ 14 Abs. 1) zu berücksichtigen (vgl. Nr. 6101 VV Rn. 27 m.w.N.).

4. Termine im gerichtlichen Verfahren auf Bewilligung der Vollstreckung europäischer Geldsanktionen (§§ 87 ff. IRG)

a) Erste Instanz

Das AG kann im Verfahren über den Einspruch gegen die Bewilligung der Vollstreckung einen mündlichen Verhandlungstermin anberaumen (vgl. § 87g Abs. 4 Satz 6 IRG; BT-Drucks. 17/1288, S. 30; vgl. zum Verfahrensgang Vorbem. 6.1.1, Nr. 6100 VV Rn. 4 ff.). Nimmt der Rechtsanwalt an diesem gerichtlichen Termin teil, so erhält er nach Nr. 6102 VV die Terminsgebühr (Burhoff, RVGreport 2011, 43; N. Schneider, DAR 2010, 769). Bei der Teilnahme an mehreren Verhandlungsterminen entsteht die Terminsgebühr mehrfach (Rn. 4). 7

Beispiel:
Der Rechtsanwalt vertritt den bereits Betroffenen im Bewilligungsverfahren vor dem Bundesamt für Justiz. Gegen die Bewilligungsentscheidung legt der Rechtsanwalt auftragsgemäß Einspruch ein. Das Bundesamt hilft dem Einspruch nicht ab und übersendet die Akten an das zuständige AG. Rechtsanwalt R nimmt im gerichtlichen Verfahren an dem vom AG anberaumten Verhandlungstermin teil.
Der Rechtsanwalt erhält die Verfahrensgebühren Nrn. 6100 und 6101 VV sowie die Terminsgebühr Nr. 6102 VV.

b) Rechtsbeschwerde

Das Rechtsbeschwerdeverfahren bildet gem. § 15 Abs. 2 eine besondere Angelegenheit, in der die Terminsgebühr Nr. 6202 VV entsteht, wenn ein gerichtlicher Termin vor dem OLG stattfindet und der Rechtsanwalt hieran teilnimmt (vgl. Nr. 6101 VV Rn. 19, 25). 8

III. Angelegenheit

Auf die Erläuterungen zu Nr. 6101 VV Rn. 19 ff. wird verwiesen. 9

IV. Persönlicher Geltungsbereich

Die Terminsgebühr steht sowohl dem **Wahlanwalt** als auch dem **gerichtlich bestellten** Rechtsanwalt zu. Auf die Ausführungen zu Nr. 6101 VV Rn. 7 ff. wird verwiesen. 10

V. Entstehen der Gebühr

Ausreichend für das Entstehen der Terminsgebühr ist die **bloße Anwesenheit** des **Rechtsanwalts** im Termin. Er muss z.B. keine Anträge gestellt und auch nicht zu bestimmten Fragen Stellung genommen haben (arg. e Vorbem. 6 Abs. 3 Satz 2 VV). Der Rechtsanwalt muss auch nicht bis zum Ende des Termins anwesend sein (AnwKomm-RVG/N. Schneider, VV 6100 – 6101 Rn. 24). Unerheblich ist auch, ob der Rechtsanwalt anwesend war (AnwKomm-RVG/ N. Schneider, VV 6100 – 6101 Rn. 25; Burhoff, RVGreport 2011, 43). Die Terminsgebühr fällt nur bei der Teilnahme an einem gerichtlichen Termin an. Eine Besprechung mit dem Gericht reicht nicht aus, da Vorbem. 6 Abs. 3 VV diese Fälle im Gegensatz zur Vorbem. 3 Abs. 3 VV nicht erfasst (s. dazu Rn. 3). 11

Nr. 6102 VV   *Terminsgebühr für IRG- und IStGH-Gesetz-Verfahren*

Nach der Vorbem. 6 Abs. 3 Satz 2 und 3 VV erhält der Rechtsanwalt die Terminsgebühr auch dann, wenn er zu einem gerichtlichen Termin erscheint, dieser aber aus Gründen, die er nicht zu vertreten hat, nicht stattfindet (**geplatzter Termin**). Eine Ausnahme hiervon gilt nur für den Fall, dass der Rechtsanwalt rechtzeitig von der Aufhebung oder Verlegung des Termins Kenntnis hatte (vgl. zu allem Vorbem. 4 VV Rn. 58 ff.; 77 ff. und Vorbem. 6 VV Rn. 6).

VI. Höhe der Terminsgebühr

12   Der **Wahlanwalt** erhält eine **Betragsrahmengebühr** i.H.v. 110,00 € – 780,00 €. Die Mittelgebühr beträgt 445,00 €.

13   Bei der Bemessung der Höhe der Gebühr sind über § 14 insbesondere die **Besonderheiten** des jeweiligen **Einzelfalls** zu berücksichtigen (vgl. Teil A: Rahmengebühren [§ 14], Rn. 1051 ff.). Die Höhe der Gebühr ist also v.a. abhängig von den vom Rechtsanwalt erbrachten Tätigkeiten. Bei der Terminsgebühr wird, da durch sie der zeitliche Aufwand vergütet werden soll, den der Rechtsanwalt durch die Teilnahme an einem gerichtlichen Termin in Verfahren nach dem IRG hat, die zeitliche Dauer des Termins von erheblicher Bedeutung sein (vgl. dazu Vorbem. 4 VV Rn. 63 ff.).

Da der Rahmen der Terminsgebühr Nr. 6102 VV sowohl für die Teilnahme an Terminen vor dem AG als auch vor dem OLG gilt (vgl. Rn. 5 ff.), kann bei Terminen vor dem AG die Terminsgebühr **geringer** zu bemessen sein.

14   Der **gerichtlich bestellte Rechtsanwalt** erhält aus der Staatskasse eine **Festgebühr** i.H.v. 356,00 €. Der gerichtlich bestellte Rechtsanwalt hat die Möglichkeit, nach § 51 einen Pauschgebührantrag zu stellen.

VII. Einzeltätigkeit

15   Auf die Erläuterungen unter Rn. 30 zu Nr. 6101 VV wird verwiesen.

VIII. Anspruch auf Wahlanwaltsgebühren gegen den Verfolgten (§ 53)

16   Auf die Erläuterungen unter Rn. 32 zu Nr. 6101 VV wird verwiesen.

IX. Pauschgebühren

17   Auf die Erläuterungen unter Rn. 33 zu Nr. 6101 VV wird verwiesen.

X. Festsetzung/Erstattung

18   Auf die Erläuterungen unter Rn. 34 ff. zu Nr. 6101 VV wird verwiesen.

Abschnitt 2

Disziplinarverfahren, berufsgerichtliche Verfahren wegen der Verletzung einer Berufspflicht

Vorbemerkung 6.2:

(1) Durch die Gebühren wird die gesamte Tätigkeit im Verfahren abgegolten.

(2) Für die Vertretung gegenüber der Aufsichtsbehörde außerhalb eines Disziplinarverfahrens entstehen Gebühren nach Teil 2.

(3) Für folgende Tätigkeiten entstehen Gebühren nach Teil 3:

1. für das Verfahren über die Erinnerung oder die Beschwerde gegen einen Kostenfestsetzungsbeschluss, für das Verfahren über die Erinnerung gegen den Kostenansatz und für das Verfahren über die Beschwerde gegen die Entscheidung über diese Erinnerung,
2. in der Zwangsvollstreckung aus einer Entscheidung, die über die Erstattung von Kosten ergangen ist, und für das Beschwerdeverfahren gegen diese Entscheidung.

Übersicht

	Rn.
A. Überblick	1
I. Entstehung der Norm	1
II. Regelungsgehalt	2
B. Kommentierung	7
I. Anwendungsbereich	7
1. Disziplinarverfahren	7
2. Berufsgerichtliche Verfahren wegen der Verletzung einer Berufspflicht	10
a) Tätigkeit in einem berufsgerichtlichen Verfahren	10
b) Berufsgerichte	13
c) Gerichtsgebühren	15
II. Persönlicher Geltungsbereich	16
III. Pauschgebührencharakter (Abs. 1)	18
1. Allgemeines	18
2. Abgeltungsbereich der Pauschgebühren	19
a) Allgemeines	19
b) Katalog der erfassten Tätigkeiten	20
c) Besondere Tätigkeiten	21
d) Einlegung eines Rechtsmittels	22
IV. Tätigkeit außerhalb eines Disziplinarverfahrens (Abs. 2)	23
1. Allgemeines	23
2. Verfahren nach der Wehrdisziplinarordnung	24
3. Verfahren nach dem Bundesdisziplinargesetz	26
V. Gebühren nach Teil 3 VV (Kostenfestsetzung/Kostenansatz/Zwangsvollstreckung – Abs. 3)	28
1. Allgemeines	28
2. Sachlicher Abgeltungsbereich	30
a) Erinnerung und Beschwerde gegen einen Kostenfestsetzungsbeschluss (Nr. 1, 1. Alt.)	30
b) Erinnerung und Beschwerde gegen den Kostenansatz (Nr. 1, 2. Alt.)	31
c) Zwangsvollstreckungssachen (Nr. 2)	35
3. Beigeordneter oder bestellter Rechtsanwalt	37

Vorbemerkung 6.2   *Tätigkeiten Disziplinarverfahren*

VI. Einzeltätigkeiten	38
1. Frühere Rechtslage	38
2. Neuregelung in Nr. 6500 VV	40
VII. Anspruch auf Wahlanwaltsgebühren (§§ 52, 53 Abs. 1)	41
VIII. Pauschgebühren	42
IX. Zusätzliche Gebühren	43
X. Erstattung	44
1. Berufsgerichtliches Verfahren nach der BRAO	44
2. Berufsgerichtliches Verfahren nach der PatAnwO	46
3. Verfahren nach der Wehrdisziplinarordnung	48
4. Verfahren nach dem StBerG und der WiPrO	49
5. Verfahren nach dem Bundesdisziplinargesetz	52

Literatur:

Hansens, Die Vergütung des Rechtsanwalts in ehren- und berufsgerichtlichen Verfahren, JurBüro 1989, 1625; *Hartung*, Die Vergütung des Rechtsanwalts im berufsgerichtlichen Verfahren – Dargestellt am Berufsrecht der rechts- und steuerberatenden Berufe, NJW 2005, 3093; *Mayer*, Die wichtigsten Neuerungen bei den RVG- Gebührentatbeständen: Teil 6 und 7 Vergütungsverzeichnis, NJ 2005, 159; *Mümmler*, Anwaltliche Tätigkeit im Disziplinarverfahren, JurBüro 1990, 291; *Rick*, Gerichtsgebühren für Berufsgerichtliche Verfahren, AnwBl. 2007, 213; *Schneider*, Zusatzgebühr bei Einstellung eines Disziplinarverfahrens im außergerichtlichen Verfahren?, AGS 2007, 225.

A. Überblick

I. Entstehung der Norm

1 Die Gebühren in Teil 6 Abschnitt 2 VV (Nrn. 6200 – 6216 VV) sind an die **Gebührenstruktur in Strafsachen angepasst.** Die Verfahrensgebühr entspricht der Verfahrensgebühr für den jeweiligen Rechtszug in Strafsachen. Die Verfahrensgebühr Nr. 6203 VV für den ersten Rechtszug entspricht der Verfahrensgebühr für den ersten Rechtszug in Strafsachen (s. z.B. Nr. 4112 VV), die Verfahrensgebühr Nr. 6207 VV für den zweiten Rechtszug entspricht der Verfahrensgebühr Nr. 4124 VV für die Berufung in Strafsachen und die Verfahrensgebühr Nr. 6211 VV für den dritten Rechtszug der Verfahrensgebühr Nr. 4130 VV für die Revision in Strafsachen. Die Gebühren für die zweite und dritte Instanz entstehen unabhängig davon, ob es sich um eine Berufung, Revision oder Beschwerde gegen eine den Rechtszug beendende Entscheidung handelt (vgl. BT-Drucks. 15/1971, S. 231).

II. Regelungsgehalt

2 Vorbem. 6.2 **Abs. 1** VV regelt den **Abgeltungsbereich** der anwaltlichen Gebühren in **Disziplinarverfahren** und **berufsgerichtlichen Verfahren wegen Verletzung einer Berufspflicht** (vgl. hierzu Rn. 10 ff.). Vorbem. 6.2 Abs. **2** VV bestimmt, dass für die Vertretung gegenüber der Aufsichtsbehörde außerhalb eines **Disziplinarverfahrens** Gebühren nach Teil 2 VV entstehen (vgl. hierzu Rn. 23 ff.). Vorbem. 6.2 Abs. **3 VV** erklärt für bestimmte Tätigkeiten die Gebührenregelungen in Teil 3 VV für anwendbar (vgl. hierzu Rn. 28 ff.).

3 Geregelt werden in **Abschnitt 2** die Gebühren im außergerichtlichen Verfahren (Verfahren vor der Disziplinarbehörde, Unterabschnitt 2), im gerichtlichen Verfahren (Unterabschnitt 3) und im Wiederaufnahmeverfahren (s. Vorbem. 6.2.3 VV). Im Einzelnen kann der Rechtsanwalt im Disziplinarverfahren und im berufsgerichtlichen Verfahren ggf. folgende Gebühren erhalten:

Tätigkeiten Disziplinarverfahren *Vorbemerkung 6.2*

- Der Rechtsanwalt erhält zunächst als **allgemeine Gebühren** die **Grundgebühr** (Nr. 6200 VV) und die **Terminsgebühr** (Nr. 6201 VV) für die Teilnahme an außergerichtlichen Anhörungsterminen und außergerichtlichen Terminen zur Beweiserhebung.
- Im **außergerichtlichen** Verfahren (Verfahren vor der Disziplinarbehörde) erhält der Rechtsanwalt eine Verfahrensgebühr (vgl. Nr. 6202 VV).
- Im **gerichtlichen** Verfahren wird die Tätigkeit des Rechtsanwalts in jeder Instanz mit einer Verfahrensgebühr (Nrn. 6203, 6207, 6211 VV) honoriert.
- Seine Teilnahme an **gerichtlichen** Terminen wird daneben durch eine Terminsgebühr (Nrn. 6204 ff., 6208 ff., 6213 ff. VV) besonders entgolten.
- Der Rechtsanwalt kann nach Nr. 6216 VV eine **zusätzliche Gebühr** erhalten, wenn durch seine Mitwirkung die mündliche Verhandlung entbehrlich wird.
- In Nr. 6215 VV ist die **Verfahrensgebühr** für die Tätigkeit im Nichtzulassungsbeschwerdeverfahren geregelt.

Die Gebühren für die **zweite** und **dritte Instanz** (vgl. Nrn. 6207 – 6215 VV) entstehen unabhängig davon, ob es sich um eine Berufung, Revision oder Beschwerde gegen eine den Rechtszug beendende Entscheidung handelt. Die Höhe der Gebühren entspricht der für das Strafverfahren, in erster Instanz der für das Strafverfahren vor der **Strafkammer** vorgesehenen **Gebührenhöhe** (vgl. Nrn. 4112 ff. VV). 4

Das RVG kennt **für das Disziplinarverfahren** das behördliche bzw. außergerichtliche Verfahren (Nr. 6202 VV) und das gerichtliche Verfahren (Nrn. 6203 ff. VV) mit dem ersten, zweiten und dritten Rechtszug. Für das **berufsgerichtliche Verfahren** sind die Gebühren für das gerichtliche Verfahren mit dem ersten, zweiten und dritten Rechtszug vorgesehen. Auch die Gebühr für das außergerichtliche Verfahren kommt ggf. in Betracht. Teil 6 VV kennt – anders als Teil 3, Abschnitt 5 VV – keine gesonderten Gebühren für das **Beschwerdeverfahren** mit Ausnahme von Vorbem. 6.2 Abs. 3 VV (vgl. dazu Rn. 28 ff.). Die Tätigkeit in dort nicht aufgeführten Beschwerdeverfahren muss also unter Anwendung des § 14 gelöst werden (vgl. hierzu Teil A: Beschwerdeverfahren, Abrechnung, Rn. 377). 5

> **Hinweis:**
> Das **Wiederaufnahmeverfahren** bildet einen eigenen Verfahrensabschnitt (vgl. die Vorbem. 6.2.3 VV).

Eine **Anrechnung** der im behördlichen Disziplinarverfahren und im Verfahren vor dem Dienstvorgesetzten entstandenen Verfahrensgebühr auf die Gebühren des gerichtlichen Disziplinarverfahrens ist nicht vorgesehen (vgl. dazu Nr. 6202 VV Rn. 18). 6

B. Kommentierung

I. Anwendungsbereich

1. Disziplinarverfahren

Im **Disziplinarverfahren** werden Pflichtverletzungen verfolgt, die Richter des Bundes oder der Länder, Beamte des Bundes, eines Landes, einer Gemeinde oder einer öffentlichen Körperschaft, Anstalt oder Stiftung, Notare oder Soldaten begangen haben. Für die Vertretung außerhalb eines 7

Vorbemerkung 6.2 *Tätigkeiten Disziplinarverfahren*

Disziplinarverfahrens gilt Teil 2 VV (vgl. Vorbem. 6.2 Abs. 2 VV und Rn. 23 ff.). Die unter Abschnitt 2 fallenden Disziplinarverfahren sind u.a. in **folgenden Gesetzen** geregelt:

- Bundesdisziplinargesetz (BDG) für Bundesbeamte vom 09.07.2001 (BGBl. I, S. 1510),
- Wehrdisziplinarordnung (WDO) für Soldaten i.d.F. vom 16.08.2001 (BGBl. I, S. 2093; vgl. insoweit auch Vorbem. 6.4 VV und Abs. 4 der Anm. zu Nr. 6500 VV),
- Deutsches Richtergesetz (DRiG) für Berufsrichter,
- Bundesnotarordnung (BNotO) für Notare,
- Disziplinarordnungen/Disziplinargesetze und Richtergesetze der Bundesländer für Landesbeamte und Landesrichter,
- Zivildienstgesetz (ZDG) v. 17.05.2005 (BGBl. I, S. 1346; vgl. Hartung/Römermann, Vorbem. 6.2 VV Rn. 5; vgl. auch das am 03.05.2011 in Kraft getretene Gesetz über den Bundesfreiwilligendienst – Bundesfreiwilligendienstgesetz, BGBl. I 2011, S. 687).

> **Hinweis:**
> Verfahren nach § 9 BBesG wegen Feststellung des **Verlusts** der **Dienstbezüge** sind nicht den Disziplinarkammern, sondern den **VG** im Verfahren nach der VwGO zugewiesen (vgl. §§ 23, 57 BDG). Anwendbar ist daher insoweit Teil 3 VV. Das gilt auch dann, wenn Landesdisziplinarordnungen oder Landesdisziplinargesetze noch Regelungen enthalten, die die Zuständigkeit der Disziplinarkammern begründen (vgl. AnwKomm-RVG/Wahlen, VV Vorbem. 6.2 Rn. 8, 9).

8 Teil 6 Abschnitt 2 VV findet **keine Anwendung**, soweit der Rechtsanwalt in den in Teil 6 Abschnitt 4 VV geregelten besonderen Verfahren in Disziplinarangelegenheiten tätig wird, also in Verfahren

- über **Beschwerden** von **Soldaten** und ehemaligen Soldaten gegen Disziplinarmaßnahmen und Entscheidungen des Disziplinarvorgesetzten, auf die nach § 42 WDO die Wehrbeschwerdeordnung Anwendung findet (vgl. hierzu Vorbem. 6.4 VV Rn. 3 ff.),
- nach §§ 43, 44 WDO vor dem Disziplinarvorgesetzten über die **Aufhebung** oder Änderung einer **Disziplinarmaßnahme** und im gerichtlichen Verfahren vor dem **Wehrdienstgericht** (vgl. hierzu Abs. 4 der Anm. zu Nr. 6500 VV).

9 > **Hinweis:**
> **Richteranklagen** nach Art. 98 Abs. 2 GG und Verfahren gegen Bundesverfassungsrichter (§ 105 BVerfGG) fallen nicht unter Teil 6 Abschnitt 2 VV, sondern gem. § 37 Abs. 1 Nr. 3 unter die Nrn. 4130 – 4135 VV (Hartung/Römermann/Schons, Vorbem. 6.2 VV Rn. 6; Riedel/Sußbauer/Schneider, VV Teil 6 Rn. 19; Gerold/Schmidt/Mayer, Vorbem. 6.2 VV Rn. 2; vgl. die Komm. zu § 37).
>
> Verfahren zur Ahndung von Verstößen durch **akademische Disziplinarbehörden** oder **Religionsgesellschaften** werden nicht von Teil 6 Abschnitt 2 VV erfasst, da sie nicht auf staatlichem Recht beruhen. Die Gebühr richtet sich insoweit nach Nr. 2300 VV (vgl. hierzu Riedel/Sußbauer/Schneider, VV Teil 6, Rn. 19; Hartung/Römermann/Schons, Vorbem. 6.2 VV Rn. 5; Schneider, in: Hansens/Braun/Schneider, Teil 17, Rn. 19; a.A. AnwKomm-RVG/

Wahlen, VV Vorbem. 6.2 Rn. 6, Gerold/Schmidt/Mayer, Vorbem. 6.2 VV Rn. 2, Teil 6, Abschnitt 2 VV ist anwendbar).

2. Berufsgerichtliche Verfahren wegen der Verletzung einer Berufspflicht

a) Tätigkeit in einem berufsgerichtlichen Verfahren

Voraussetzung für die Anwendung von Teil 6 Abschnitt 2 VV ist, dass der Rechtsanwalt in einem **berufsgerichtlichen Verfahren** tätig ist. Für die Anwendung von § 110 BRAGO war anerkannt, dass ein berufsgerichtliches Verfahren bspw. **noch nicht** vorliegt, wenn der Rechtsanwalt im **Rügeverfahren** nach § 74 BRAO, § 70 PatAnwO, § 63 WiPrO oder § 81 StBerG oder im **Einspruchsverfahren** (vgl. §§ 74 Abs. 5 BRAO, § 70 Abs. 5 PatAnwO, § 63 Abs. 5 WiPrO und § 81 Abs. 5 StBerG) gegen die erteilte Rüge tätig geworden ist (vgl. hierzu Riedel/Sußbauer/Fraunholz, BRAGO, § 110 Rn. 11; Gerold/Schmidt/Madert, BRAGO, 16. Aufl., § 110 Rn. 4). Die Gebühren richteten sich nach § 118 BRAGO. Begründet wurde diese Auffassung damit, dass das berufsgerichtliche Verfahren hier erst mit der Stellung des Antrags auf Entscheidung des Anwaltsgerichts, der zuständigen Kammer für Steuerberatersachen oder Wirtschaftsprüfersachen des LG nach der Zurückweisung des Einspruchs gegen den Rügebescheid beginnt, vgl. § 74a BRAO, § 70a PatAnwO, § 82 StBerG, § 63a WiPrO. Für die Tätigkeit im Rüge- und im Einspruchsverfahren würde nach dieser Auffassung daher nunmehr Teil 2 VV gelten (vgl. Hartung/Römermann/Schons, Vorbem. 6.2 VV Rn. 10). 10

Allerdings ist der **Gesetzesbegründung** zu Teil 6 Abschnitt 2 VV (BT-Drucks. 15/1971, S. 231) zu entnehmen, dass die Gebühren für das **gesamte berufsrechtliche Verfahren** (wegen der Verletzung einer Berufspflicht) an die Gebührenstruktur in Strafsachen angepasst werden. Danach dürfte **nunmehr auch** das **Rüge- und Einspruchsverfahren** von Teil 6 Abschnitt 2 VV erfasst sein. Für diese Auffassung spricht zum einen das vom Gesetzgeber angestrebte Ziel der Vereinfachung und Zusammenführung von Gebührenvorschriften. Zum anderen ist in Nr. 6202 VV die Verfahrensgebühr des Rechtsanwalts im außergerichtlichen Verfahren geregelt, die für die Tätigkeit im Verfahren bis zum Eingang des Antrags bei Gericht entsteht (vgl. Anm. Abs. 2 zu Nr. 6202 VV). Diese Regelung ist für das anwaltsgerichtliche Verfahren nur dann sinnvoll, wenn man bspw. das Rüge- und Einspruchsverfahren als außergerichtliches Verfahren i.S.v. Nr. 6202 VV ansieht, das mit dem Eingang des Antrags auf gerichtliche Entscheidung nach § 74a BRAO, § 70a PatAnwO, § 82 StBerG und § 63a WiPrO bei Gericht endet (so auch Hartung, NJW 2005, 3093; Hartung/Römermann/Schons, Vorbem. 6.2 VV Rn. 11; Gerold/Schmidt/Mayer, Vorbem. 6.2 VV Rn. 13; a.A. AnwKomm-RVG/Wahlen, VV Vorbem. 6.2 Rn. 15 [Vergütung nach Teil 2 VV]). 11

Unter Teil 6 Abschnitt 2 VV fallen ferner **nur berufsgerichtliche Verfahren** wegen der Verletzung einer Berufspflicht. Entscheidet das Berufsgericht **nicht** über die **Verletzung einer Berufspflicht**, sondern beispielsweise über Zulassungsfragen (vgl. z.B. §§ 9 Abs. 2, 11 Abs. 2, 16 Abs. 5, 35 Abs. 2 BRAO; §§ 16 Abs. 2, 18 Abs. 2, 23 Abs. 5 PatAnwO), bei der Verweigerung der Erlaubnis zur Errichtung einer Zweigstelle nach § 28 Abs. 3 BRAO oder § 28 Abs. 3 PatAnwO, bei der Befreiung von der Kanzleipflicht nach § 29 Abs. 3 BRAO bzw. § 27 Abs. 4 PatAnwO, über die Anfechtung von Verwaltungsakten nach § 111 BNotO, § 223 BRAO, § 184 PatAnwO oder über die Anfechtung von Wahlen und Beschlüssen nach §§ 90, 91 BRAO, §§ 83, 84 PatAnwO, so richten sich die Gebühren des Rechtsanwalts nicht nach Teil 6 Abschnitt 2 VV, sondern nach Teil 3 VV (vgl. auch Vorbem. 3 Abs. 7 VV; AnwKomm-RVG/Wahlen, VV Vorbem. 6.2 Rn. 13; 12

Vorbemerkung 6.2 *Tätigkeiten Disziplinarverfahren*

Hartung/Römermann/Schons, Vorbem. 6.2 VV Rn. 9; Gerold/Schmidt/Mayer, Vorbem. 6.2 VV Rn. 13).

> **Hinweis:**
>
> **Rechtsmittelverfahren** in berufsgerichtlichen Verfahren, die **nicht** die **Verletzung** einer **Berufspflicht** betreffen, waren früher als Beschwerdeverfahren ausgestaltet (vgl. §§ 43 ff. BRAO) und deshalb nach Nrn. 3500, **3513 VV** zu behandeln. Nunmehr sind sie wie Berufungsverfahren geregelt (§ 112e BRAO, § 94d PatAnwO, § 111d BNotO), sodass nach zutr. Auffassung von Wahlen (vgl. AnwKomm-RVG/Wahlen, VV Vorbem. 6.2 Rn. 15) Vorbem. 3 Abs. 2 VV einschlägig ist.

b) Berufsgerichte

13 Zu den **Berufsgerichten** i.S.d. Abschnitts gehören nur die aufgrund eines Landes- oder eines Bundesgesetzes eingerichteten Gerichte (AnwKomm-RVG/Wahlen, VV Vorbem. 6.2 Rn. 10). Ein Berufsgericht tritt als Spruchkörper auf und entscheidet in einem justizförmigen Verfahren. Berufsgerichte sind z.B. in folgenden Gesetzen geregelt (vgl. AnwKomm-RVG/Wahlen, Vorbem. 6.2 Rn. 11; Gerold/Schmidt/Mayer, VV Vorbem. 6.2 Rn. 12):

- **Anwaltsgerichte** (Anwaltsgerichtshof, BGH) nach der Bundesrechtsanwaltsordnung (BRAO) für Rechtsanwälte,
- Kammer für Patentanwaltssachen (LG München I; Senat für Patentanwaltssachen OLG München und BGH) nach der Patentanwaltsordnung (PatAnwO),
- nach Landesrecht errichtete **Berufsgerichte** der **Ärzte**, **Zahnärzte**, Tierärzte und Apotheker (vgl. hierzu BayObLG, JurBüro 2002, 475),
- Kammern und Senate für **Wirtschaftsprüfer** und vereidigte Buchprüfer nach dem Gesetz über eine Berufsordnung für Wirtschaftsprüfer (Wirtschaftsprüferordnung – WiPrO),
- Kammern und Senate für **Steuerberater** und Steuerbevollmächtigte nach dem Steuerberatungsgesetz (StBerG),
- nach Landesrecht eingerichtete Gerichte für **Architekten**,
- das OLG in den Fällen der **§§ 138a bis 138d StPO** (OLG Koblenz, MDR 1980, 78; AnwKomm-RVG/Wahlen, VV Vorbem. 6.2 Rn. 11).

14 > **Hinweis:**
>
> Berufsgerichte, die nicht aufgrund einer gesetzlichen Ermächtigung tätig werden, fallen **nicht** unter Teil 6 Abs. 2 VV, z.B. **Sportgerichte**, **Vereinsgerichte** oder **Ehrengerichte** studentischer Vereinigungen. Diese Gerichte werden nicht kraft Gesetzes, sondern nur aufgrund einer Satzung tätig. Das gilt auch für die von dem Deutschen Fußballbund eingerichteten Sportgerichte (Hartung/Römermann/Schons, Vorbem. 6.2 VV Rn. 8). Der Rechtsanwalt erhält für die Tätigkeiten in diesen Verfahren Gebühren nach Teil 2 VV, soweit es sich um Schiedsgerichte handelt nach § 36 (AnwKomm-RVG/Wahlen, VV Vorbem. 6.2 VV Rn. 12; Riedel/Sußbauer/Schneider, VV Teil 6, Rn. 27; Gerold/Schmidt/Mayer, VV Vorbem. 6.2 Rn. 12).

c) Gerichtsgebühren

Das **anwaltsgerichtliche Verfahren** war bis zum 30.12.2006 gerichtsgebührenfrei, vgl. § 195 BRAO a.F. Durch das 2. JuMoG (vgl. dort Art. 8; BGBl. I, Nr. 66; 30.12.2006, S. 3416) ist § 195 BRAO mit Wirkung vom 31.12.2006 geändert worden. Danach werden auch in diesen Verfahren **Gerichtsgebühren** nach dem Gebührenverzeichnis der Anlage zur BRAO erhoben (vgl. hierzu Rick, AnwBl. 2007, 213). Im Übrigen sind die für Kosten in Strafsachen geltenden Vorschriften des GKG entsprechend anzuwenden. Die Auslagenerhebung richtet sich daher nach Teil 9 KV GKG.

Auch für die bislang gerichtsgebührenfreien berufsgerichtlichen Verfahren nach der **Patentanwaltsordnung** (vgl. § 148 PatAnwO), nach dem **Steuerberatungsgesetz** (vgl. § 146 StBerG) und nach der **Wirtschaftsprüferordnung** (vgl. § 122 WiPrO) sind durch das 2. JuMoG Gerichtsgebühren eingeführt worden. Auch insoweit richten sich die **Gerichtsgebühren** jeweils nach einem den Gesetzen als Anlage beigefügten Gebührenverzeichnis. Im Übrigen sind auch hier die für Kosten in Strafsachen geltenden Vorschriften des GKG entsprechend anzuwenden. Die Auslagenerhebung richtet sich daher nach Teil 9 KV GKG (s. auch Teil A: Gerichtskosten, Rn. 713 ff.).

II. Persönlicher Geltungsbereich

Teil 6 Abschnitt 2 VV gilt nicht nur für den **Wahlverteidiger** oder Verfahrensbevollmächtigten und den ggf. **beigeordneten** oder **gerichtlich bestellten Rechtsanwalt**, sondern auch für den Rechtsanwalt als Beistand eines Zeugen oder Sachverständigen (vgl. dazu Vorbem. 6 Abs. 1 VV Rn. 4). Es wird hinsichtlich der Gebührentatbestände nicht zwischen den Gebühren des Wahlverteidigers bzw. des Verfahrensbevollmächtigten und denen des gerichtlich bestellten oder beigeordneten Rechtsanwalts unterschieden. Der Höhe nach sind die Gebühren jedoch noch unterschiedlich.

Die **gerichtliche Bestellung** eines Rechtsanwalts als Verteidiger ist beispielsweise in § 90 Wehrdisziplinarordnung (**WDO**) durch den Vorsitzenden der Truppendienstkammer für das gerichtliche Disziplinarverfahren vorgesehen. Auch im **anwaltsgerichtlichen Verfahren** besteht nach § 117a BRAO die Möglichkeit, dem Rechtsanwalt einen Verteidiger zu bestellen (vgl. hierzu Feuerich/Weyland, BRAO, § 117a Rn. 2 ff.). Entsprechendes gilt nach dem inhaltlich § 117a BRAO entsprechenden § 107 StBerG für berufsgerichtliche Verfahren gegen einen **Steuerberater** oder einen Steuerbevollmächtigten und nach § 100 PatO für berufsgerichtliche Verfahren gegen Patentanwälte (Feuerich/Weyland, BRAO, § 100 PAO Rn. 14 ff.; a.A. AnwKomm-RVG/Wahlen VV Vorbem. 6.2 Rn. 48).

> **Hinweis:**
> Die Bewilligung von **PKH** kommt in Disziplinarsachen **grds. nicht** in Betracht, weil die ZPO nicht anwendbar ist. Lediglich die Bewilligung von Beratungshilfe für die Vertretung (Geschäftsgebühr Nr. 2503 VV) ist möglich (AnwKomm-RVG/Wahlen, VV Vorbem. 6.2 Rn. 45).

Vorbemerkung 6.2 *Tätigkeiten Disziplinarverfahren*

III. Pauschgebührencharakter (Abs. 1)

1. Allgemeines

18 Vorbem. 6.2 Abs. 1 VV regelt den Abgeltungsbereich der anwaltlichen Gebühren in Disziplinarverfahren und berufsgerichtlichen Verfahren. Grundlage für diese Regelung ist § 15 Abs. 1. Die Regelung in § 15 Abs. 1 wird somit auf die Gebührentatbestände von Teil 6, Abschnitt 2 VV übertragen (vgl. insoweit auch die Komm. Vorbem. 4.1 Abs. 2 VV). Die hier genannten Gebühren sind also **Pauschgebühren**, die die gesamte Tätigkeit des Rechtsanwalts abgelten, soweit nichts anderes angeordnet ist (vgl. BVerwG, AGS 2010, 226 = StRR 2010, 318 = RVGreport 2010, 226).

2. Abgeltungsbereich der Pauschgebühren

a) Allgemeines

19 Die Gebühren der Nrn. 6200 ff. VV gelten die **gesamten Tätigkeiten** des Rechtsanwalts in den nachfolgend behandelten **Verfahrensabschnitten** ab (vgl. BVerwG, AGS 2010, 226 = StRR 2010, 318 = RVGreport 2010, 226).

Dies sind im Disziplinarverfahren das außergerichtliche (Nr. 6202 VV) und das gerichtliche Verfahren mit dem erstem Rechtszug (Nrn. 6203 ff. VV), dem zweiten Rechtszug (Nrn. 6207 ff. VV) und dem dritten Rechtszug (Nrn. 6211 ff. VV).

Die in Teil 1 VV enthaltenen **allgemeinen Gebühren** können daneben entstehen (vgl. Vorbem. 1 VV; so auch Gerold/Schmidt/Mayer, VV Vorbem. 6.2 Rn. 14).

b) Katalog der erfassten Tätigkeiten

20 Innerhalb der jeweiligen Abschnitte und Verfahrensabschnitte (vgl. Rn. 19) wird die **gesamte Tätigkeit** des Rechtsanwalts von Anfang bis Ende des jeweiligen Verfahrensabschnitts durch die hierfür vorgesehene Gebühr abgegolten. Das können sein:

- **Akteneinsicht**,
- der Antrag auf **Verwerfung** des gegnerischen **Rechtsmittels**,
- Aufnahme der **Information**,
- Beiordnungsverfahren als **Pflichtverteidiger**,
- **Beratung** des Auftraggebers, und zwar auch über die Einlegung von Rechtsmitteln (wegen der Einzelh. s. Rn. 22),
- **Beschwerdeverfahren** (s. dazu Teil A: Beschwerdeverfahren, Abrechnung, Rn. 371 ff.) mit Ausnahme der in Vorbem. 6.2 Abs. 3 VV erwähnten Verfahren (Rn. 28) und der Beschwerden gegen eine den Rechtszug beendende Entscheidung (vgl. Rn. 21),
- **Besprechungen** mit dem Mandanten und/oder Dritten und dem Gericht,
- eigene **Ermittlungen** des Rechtsanwalts, wie z.B. die Ermittlung von Zeugen,
- **Einlegung** von **Rechtsmitteln** (§ 19 Abs. 1 Satz 2 Nr. 10; vgl. Teil A: Rechtszug [§ 19], Rn. 1198 und Vorbem. 4.1 VV Rn. 29 ff.),
- **Haftbesuche**,

Tätigkeiten Disziplinarverfahren *Vorbemerkung 6.2*

- **Kostenfestsetzungsverfahren** mit Ausnahme der in Vorbem. 6.2 Abs. 3 VV erwähnten Verfahren (Rn. 28 ff.),
- **Protokollberichtigungsanträge**,
- **Prüfung** der **Beweismittel** auf ihre Verwertbarkeit,
- **Rechtsmittelbegründung**,
- **Rechtsmittelerwiderung**,
- **Rücknahme** des **Rechtsmittels**,
- **Schriftverkehr** mit Disziplinarbehörde, Dienstvorgesetztem, Gericht, Mandant und Dritten,
- **Teilnahme** an allen **Terminen**, die nicht Hauptverhandlungstermine und nicht Termine aus dem Katalog der Nr. 6201 VV sind,
- **Vertretung** in der **Hauptverhandlung**,
- **Vorbereitung** der **Hauptverhandlung**,
- **Wiedereinsetzungsanträge** bei Fristversäumungen.
- **Beweissicherungsverfahren nach §§ 148, 149 BRAO.**

> **Hinweis:**
> Im **Wiedereinsetzungsverfahren** einschließlich seiner Vorbereitung entstehen die Gebühren nach den Nrn. 6203 – 6206 VV gesondert. Auf die entsprechenden Erläuterungen bei Vorbem. 6.2.3 VV Rn. 1 ff. wird verwiesen.

c) Besondere Tätigkeiten

Welche Tätigkeiten als sog. „**besondere Tätigkeiten**" nicht von den (allgemeinen) Pauschgebühren erfasst werden, regeln u.a. die §§ 15 und 20 und die Nrn. 6400 – 6500 VV. Das sind im Einzelnen: **21**

- die in Vorbem. 6.2 Abs. 3 VV genannten **Erinnerungs-** und **Beschwerdeverfahren** (vgl. dazu Rn. 28 ff.),
- Beschwerdeverfahren gegen eine den Rechtszug beendende Entscheidung; insoweit gelten die Gebührentatbestände für den zweiten Rechtszug nach den Nr. 6207 ff. VV (vgl. Rn. 4; BT-Drucks. 15/1971, S. 231),
- ein **erneuter Auftrag**, wenn der Rechtsanwalt bereits früher tätig geworden ist und zwischen der Erledigung des früheren Auftrags und der Erteilung des neuen mehr als zwei Kalenderjahre liegen (vgl. § 15 Abs. 5),
- Verfahren nach **Zurückverweisung** (§ 21 Abs. 1; s. auch Teil A: Zurückverweisung [§ 21], Rn. 1687 ff.),
- Verfahren nach **Verweisung** an ein Gericht des **niedrigeren Rechtszugs** (§ 20; s. auch Teil A: Verweisung/Abgabe [§ 20], Rn. 1630 ff.),
- **Wiederaufnahmeverfahren** (Vorbem. 6.2.3 VV),
- die in Vorbem. 6.2 Abs. 3 VV genannten **Zwangsvollstreckungsverfahren** (vgl. dazu Rn. 35 f.).

d) Einlegung eines Rechtsmittels

22 Die Einlegung von Rechtsmitteln bei dem Gericht desselben Rechtszugs durch den **Rechtsanwalt**, der in dem **Rechtszug tätig** war, ist mit den Gebühren der Vorinstanz mit **abgegolten**, § 19 Abs. 1 Satz 2 Nr. 10 (vgl. wegen der Einzelh. die Komm. bei Vorbem. 4.1. VV Rn. 24 ff.; s. auch Teil A: Rechtszug, Rn. 1200 ff.; AnwKomm-RVG/Wahlen, VV Vorbem. 6.2 VV Rn. 17). Zur **Beratung über ein Rechtsmittel** wird auf die Komm. zu Vorbem. 4.1 VV Rn. 30 ff. verwiesen (s. auch Teil A: Beratung über die Erfolgsaussicht eines Rechtsmittels [Nr. 2102 f. VV], Rn. 261 ff.).

IV. Tätigkeit außerhalb eines Disziplinarverfahrens (Abs. 2)

1. Allgemeines

23 Vorbem. 6.2 Abs. 2 VV stellt klar, dass die Gebühren dieses Abschnitts der anwaltlichen Tätigkeit nur dann zugrunde zu legen sind, wenn der Rechtsanwalt den Mandanten innerhalb eines Disziplinarverfahrens vertritt. Wird der Rechtsanwalt **außerhalb** eines Disziplinarverfahrens gegenüber der Aufsichtsbehörde tätig, entstehen je nach der entfalteten Tätigkeit die Gebühren des **Teils 2 VV** (Hartung/Römermann/Schons, Vorbem. 6.2 VV Rn. 14; AnwKomm-RVG/Wahlen, VV Vorbem. 6.2 Rn. 19; Gerold/Schmidt/Mayer, VV Vorbem. 6.2 Rn. 15). In erster Linie kommen für die Vertretung gegenüber der Aufsichtsbehörde somit die in Teil 2 Abschnitt 3 VV geregelten Vertretungsgebühren in Betracht (Nr. 2300 ff. VV). Vertritt der Rechtsanwalt z.B. einen Notar im Rahmen der regelmäßigen Prüfung und Überwachung der Amtsführung des Notars durch die Aufsichtsbehörde gem. §§ 92, 93 BNotO, so entstehen für diese Tätigkeiten Gebühren nach Nrn. 2300 ff. VV.

> **Hinweis:**
> Wird der Rechtsanwalt **nach Einleitung** des **Disziplinarverfahrens zugezogen**, erhält er Gebühren nach Teil 6, Abschnitt 2 VV (Nrn. 6200 – 6202 VV), ansonsten nach Teil 2 VV (AnwKomm-RVG/Wahlen, VV Vorbem. 6.2 VV Rn. 20).

2. Verfahren nach der Wehrdisziplinarordnung

24 Hinsichtlich Beginn und Ende des Verfahrens ist wie folgt zu unterscheiden:

Das Disziplinarverfahren nach der Wehrdisziplinarordnung (WDO) beginnt nach §§ 32, 92 WDO mit der Aufklärung des Sachverhalts durch die erforderlichen Ermittlungen des Disziplinarvorgesetzten, wenn Tatsachen bekannt werden, die den Verdacht eines Dienstvergehens rechtfertigen, bzw. mit den Vorermittlungen des Wehrdisziplinaranwalts oder der Einleitungsverfügung der Einleitungsbehörde (§ 93 WDO). Der Disziplinarvorgesetzte kann Dienstvergehen nach § 23 Soldatengesetz (SG) durch **einfache Disziplinarmaßnahmen** nach § 22 WDO ahnden. Für die Verhängung der in § 58 WDO aufgeführten **gerichtlichen Disziplinarmaßnahmen** ist das Wehrdienst- bzw. Truppendienstgericht zuständig. Nach § 98 WDO kann auch der Soldat die Einleitung eines gerichtlichen Disziplinarverfahrens gegen sich beantragen, um sich von dem Verdacht eines Dienstvergehens zu reinigen.

Tätigkeiten Disziplinarverfahren *Vorbemerkung 6.2*

Das **außergerichtliche Disziplinarverfahren** nach der **WDO** zur Verhängung einer einfachen Disziplinarmaßnahme endet mit dem Absehen von der Verhängung einer Disziplinarmaßnahme (§ 36 WDO) oder der Verhängung einer Disziplinarmaßnahme (§ 37 WDO). 25

Das außergerichtliche Disziplinarverfahren nach der **WDO** zur Verhängung einer **gerichtlichen Disziplinarmaßnahme endet** mit der Einstellungsverfügung bei Einstellung des Verfahrens (vgl. § 98 WDO) oder der Vorlage einer Anschuldigungsschrift an das Truppendienstgericht durch den Wehrdisziplinaranwalt (vgl. § 99 WDO), wenn das gerichtliche Disziplinarverfahren nicht nach § 98 WDO eingestellt worden ist.

3. Verfahren nach dem Bundesdisziplinargesetz

Das außergerichtliche Disziplinarverfahren **endet** bspw. mit der Einstellungsverfügung bei **Einstellung** des Verfahrens (vgl. § 32 BDG), dem Erlass einer **Disziplinarverfügung** (§§ 33, 35 BDG), der Erhebung der **Disziplinarklage** nach § 34 BDG, wenn gegen den Beamten auf Zurückstufung, auf Entfernung aus dem Beamtenverhältnis oder auf Aberkennung des Ruhegehalts erkannt werden soll, oder dem Eingang der Klage des Beamten gegen den Widerspruchsbescheid (vgl. §§ 41 ff. BDG; vgl. hierzu auch Nr. 6202 VV Rn. 9 ff.). 26

Wird der Rechtsanwalt **nach Einleitung** des Disziplinarverfahren zugezogen, erhält er Gebühren nach Teil 6 **Abschnitt 2 VV** (Nrn. 6200 – 6202 VV), ansonsten nach Teil 2 VV (AnwKomm-RVG/Wahlen, VV Vorbem. 6.2 VV Rn. 20). Nach Beendigung des behördlichen Disziplinarverfahrens entstehen ggf. Gebühren nach Nrn. 6203 ff. VV (s. dazu Nr. 6202 VV Rn. 9 ff., Nr. 6203 VV Rn. 7).

Hinsichtlich **Beginn** und **Ende** des Verfahrens ist wie folgt zu **unterscheiden**: 27

Das Disziplinarverfahren nach dem Bundesdisziplinargesetz (BDG) **beginnt** gem. § 17 BDG mit der Einleitung eines Disziplinarverfahrens durch den Dienstvorgesetzten, wenn zureichende tatsächliche Anhaltspunkte vorliegen, die den Verdacht eines Dienstvergehens rechtfertigen. Zudem kann der Beamte gem. § 18 BDG die Einleitung eines Disziplinarverfahrens gegen sich selbst beantragen, um sich von dem Verdacht eines Dienstvergehens zu entlasten. Die Einleitung des Disziplinarverfahrens ist aktenkundig zu machen (vgl. § 17 Abs. 2 Satz 2 BDG).

> **Hinweis:**
> Gebühren nach Teil 2 VV (z.B. Nr. 2300 VV) kommen somit nur für Tätigkeiten des Rechtsanwalts in Betracht, die noch vor dem Beginn des behördlichen Disziplinarverfahrens nach §§ 17 ff. BDG bzw. §§ 32, 92 WDO und den disziplinarrechtlichen Vorermittlungen nach den Disziplinarordnungen der Länder liegen. Der Rechtsanwalt erhält daher z.B. dann eine **Geschäftsgebühr** nach Nr. **2300 VV**, wenn er den Beamten im Rahmen der Abgabe einer dienstlichen Äußerung zu einer Fach- oder Dienstaufsichtsbeschwerde oder bei einer informellen Sachverhaltsaufklärung des Dienstvorgesetzten außerhalb eines behördlichen Disziplinarverfahrens oder disziplinarrechtlicher Vorermittlungen vertritt (AnwKomm-RVG/Wahlen, VV Vorbem. 6.2 VV Rn. 21). Gleiches gilt für die Vertretung eines Kommunalbeamten gegen Maßnahmen der Kommunalaufsicht (Rechts- oder Fachaufsicht; vgl. dazu AnwKomm-RVG/Wahlen, VV Vorbem. 6.2 VV Rn. 22; Gerold/Schmidt/Mayer, VV Vorbem. 6.2 Rn. 15).

Vorbemerkung 6.2 *Tätigkeiten Disziplinarverfahren*

V. Gebühren nach Teil 3 VV (Kostenfestsetzung/Kostenansatz/Zwangsvollstreckung – Abs. 3)

1. Allgemeines

28 Vorbem. **6.2 Abs. 3 VV** nennt die Fälle, in denen dem Rechtsanwalt **Gebühren** nach den Vorschriften des **Teils 3 VV** zustehen:

- im Verfahren über die Erinnerung oder die Beschwerde gegen einen Kostenfestsetzungsbeschluss,
- im Verfahren über die Erinnerung gegen den Kostenansatz,
- im Verfahren über die Beschwerde gegen die Entscheidung über diese Erinnerung,
- in der Zwangsvollstreckung aus einer Entscheidung, die über die Erstattung von Kosten ergangen ist,
- im Beschwerdeverfahren gegen eine dieser Entscheidungen.

29 Diese nach Teil 3 VV entstehenden Gebühren entstehen **neben** den **sonstigen Gebühren**, die dem Rechtsanwalt zustehen. Die entsprechenden Tätigkeiten werden nicht durch die Gebühren nach den Nrn. 6200 ff. VV abgegolten. Vorbem. 6.2 Abs. 1 VV gilt insoweit nicht. Der Rechtsanwalt erhält die Gebühren nach Vorbem. 6.2 Abs. 3 VV gesondert, und zwar auch dann, wenn er im vorangegangenen Verfahren als Verteidiger oder Vertreter eines anderen Beteiligten tätig war (vgl. auch § 18 Nr. 5). Es wird auf die Komm. bei Vorbem. 4 VV Rn. 93 ff. verwiesen.

> **Hinweis:**
> Der Rechtsanwalt erhält für die **Tätigkeit** im **Kostenfestsetzungsverfahren** keine besondere Gebühr. Die nach Teil 6 Abschnitt 2 VV für die Tätigkeit in der Hauptsache entstandene Gebühr gilt nach § 19 Abs. 1 Satz 2 Nr. 13 die Tätigkeit im Kostenfestsetzungsverfahren ab (LG Koblenz, JurBüro 2010, 32; vgl. auch Teil A: Kostenfestsetzung und Erstattung in Strafsachen, Rn. 936 ff.).

2. Sachlicher Abgeltungsbereich

a) Erinnerung und Beschwerde gegen einen Kostenfestsetzungsbeschluss (Nr. 1, 1. Alt.)

30 Der Erlass eines Kostenfestsetzungsbeschlusses ist in Disziplinarverfahren und berufsgerichtlichen Verfahren z.B. wie folgt vorgesehen:

- im Verfahren nach der Wehrdisziplinarordnung nach **§ 142 WDO**,
- im Verfahren nach dem Bundesdisziplinargesetz nach **§§ 77, 78 BDG**, §§ 154 ff., 151 VwGO,
- im **anwaltsgerichtlichen Verfahren** nach §§ 199, 116 Satz 2 BRAO, § 464b StPO,
- im Disziplinarverfahren gegen **Notare** nach § 96 BNotO und z.B. § 116 Abs. 2 Disziplinarordnung NW vom 01.05.1981,
- im berufsgerichtlichen Verfahren gegen **Steuerberater** und Steuerbevollmächtigte nach § 153 StBerG, § 464b StPO,
- im berufsgerichtlichen Verfahren gegen **Wirtschaftsprüfer** nach § 127 WiPrO, § 464b StPO.

Erhält der Rechtsanwalt den Auftrag, gegen einen **Kostenfestsetzungsbeschluss** (sofortige) Beschwerde bzw. (sofortige) Erinnerung (vgl. § 116 Satz 2 BRAO, § 153 StBerG, § 127 WiPrO, § 464b Satz 3 StPO, § 104 Abs. 3 ZPO, § 199 Abs. 2 BRAO, § 142 Satz 2 WDO, § 11 Abs. 2 RPflG) einzulegen oder vertritt er seinen Auftraggeber in einem von einem anderen Beteiligten eingeleiteten Verfahren, so entsteht über Vorbem. 6.2 Abs. 3 Nr. 1, 1. Alt. VV die 0,5 Verfahrensgebühr der Nr. 3500 VV und ggf. die 0,5 Terminsgebühr nach Nr. 3513 VV. Bei mehreren Auftraggebern erhöht sich die Verfahrensgebühr Nr. 3500 VV nach Maßgabe der Nr. 1008 VV (s. auch Teil A: Mehrere Auftraggeber [§ 7, Nr. 1008 VV], Rn. 995 ff.).

> **Hinweis:**
> Problematisch ist aber, dass nach § 18 Nr. 5 nur Erinnerungsverfahren gegen eine vom **Rechtspfleger** vorgenommene Kostenfestsetzung eine besondere Angelegenheit bilden. Im **anwaltsgerichtlichen Verfahren** erfolgt die **Kostenfestsetzung** nach § 199 BRAO durch den **Vorsitzenden** gegen dessen Entscheidung die Erinnerung gegeben ist (vgl. auch § 142 WDO Erinnerung gegen Kostenfestsetzungsbeschluss des Urkundsbeamten; §§ 164, 165, 151 VwGO: Antrag auf gerichtliche Entscheidung gegen Festsetzung des Urkundsbeamten). Weil § 18 Nr. 5 dem Wortlaut nach nicht für Erinnerungen gegen Entscheidungen des Richters oder des Urkundsbeamten gilt, gehört die Tätigkeit im Verfahren über die Erinnerung gegen den Kostenfestsetzungsbeschluss gem. § 19 Abs. 1 Satz 1 RVG zum Gebührenrechtszug und löst keine besonderen Gebühren aus. Es ist zweifelhaft, ob dies vom Gesetzgeber so gewollt war (Vgl. hierzu Hansens, RVGreport 2006, 81, 84).

Bemessungsgrundlage ist der **Gegenstandswert**. Dieser bemisst sich danach, in welchem Umfang eine Abänderung des Kostenfestsetzungsbeschlusses mit dem Rechtsmittel beantragt wird. Wegen weiterer Einzelh. wird auf die Komm. bei Vorbem. 4 VV Rn. 93 ff. verwiesen (s. auch Teil A: Kostenfestsetzung und Erstattung in Strafsachen, Rn. 938).

b)   Erinnerung und Beschwerde gegen den Kostenansatz (Nr. 1, 2. Alt.)

Es ist zu **beachten**, dass der Kostenansatz für die in Teil 6 Abschnitt 2 VV geregelten Disziplinarverfahren und berufsgerichtlichen Verfahren bis zum 31.12.2006 i.d.R. nur die Auslagen umfasst hat, da die Verfahren **gerichtsgebührenfrei** waren (vgl. § 78 Abs. 1 BDG, § 137 WDO, § 195 BRAO, § 96 BNotO, z.B. § 111 Disziplinarordnung NW vom 01.05.1981, § 146 StBerG, § 122 WiPrO). Durch das 2. JuMoG (vgl. dort Art. 8; BGBl. I Nr. 66 v. 30.12.2006, S. 3416) ist aber **§ 195 BRAO** mit Wirkung zum 31.12.2006 **geändert** worden. Danach werden auch im **anwaltsgerichtlichen Verfahren Gerichtsgebühren** nach dem Gebührenverzeichnis der Anlage zur BRAO erhoben. Im Übrigen sind die für Kosten in Strafsachen geltenden Vorschriften des GKG entsprechend anzuwenden. Die Auslagenerhebung richtet sich daher nach Teil 9 KV GKG (vgl. Rick, AnwBl. 2007, 213). Auch für die bislang gerichtsgebührenfreien **berufsgerichtlichen Verfahren** nach der **Patentanwaltsordnung** (vgl. § 148 PatAnwO), nach dem **Steuerberatungsgesetz** (vgl. § 146 StBerG) und nach der **Wirtschaftsprüferordnung** (vgl. § 122 WiPrO) sind durch das 2. JuMoG Gerichtsgebühren eingeführt worden. Auch insoweit richten sich die **Gerichtsgebühren** jeweils nach einem den Gesetzen als Anlage beigefügten Gebührenverzeichnis. Im Übrigen sind auch hier die für Kosten in Strafsachen geltenden Vorschriften des GKG entsprechend anzuwenden. Die Auslagenerhebung richtet sich daher auch hier nach Teil 9 KV GKG (s. auch Teil A: Gerichtskosten, Rn. 713 ff.).

Vorbemerkung 6.2 *Tätigkeiten Disziplinarverfahren*

> **Hinweis:**
>
> Verfahren nach der **Wehrdisziplinarordnung** sind gem. § 137 Abs. 1 WDO gerichtsgebührenfrei. Es werden gem. § 137 Abs. 2 WDO nur Auslagen erhoben.
>
> In gerichtlichen Disziplinarverfahren nach dem **BDG** werden gem. §§ 78, 85 Abs. 11 BDG in ab dem 01.01.2010 anhängig werdenden Verfahren Gebühren nach dem Gebührenverzeichnis der Anlage zum BDG erhoben (vgl. BVerwG, StRR 2010, 318 = RVGreport 2010, 226 = AGS 2010, 226).

32 In Verfahren nach der Wehrdisziplinarordnung erfolgt der Kostenansatz durch **Beschluss**, vgl. hierzu §§ 142, 140, 137 WDO (Dau, WDO, §§ 134/142 Rn. 1). Auch die Kosten des erstinstanzlichen Verfahrens vor dem Anwaltsgericht werden gem. § 199 Abs. 1 BRAO vom Vorsitzenden festgesetzt. Kosten, die vor dem Anwaltsgerichtshof oder dem BGH entstanden sind, werden nach § 116 Satz 2 BRAO, § 464b StPO wie Kosten im Strafverfahren festgesetzt und gem. § 205 Abs. 2 BRAO nach den Bestimmungen für die Beitreibung von Gerichtskosten eingezogen (vgl. Feuerich/Weyland, BRAO, § 199 Rn. 1). Für die Erinnerung oder Beschwerde gegen diesen Kostenansatz kann daher auf die Ausführungen zu Rn. 30 ff. verwiesen werden, da der Kostenansatz in diesen Verfahren im Wege der Kostenfestsetzung erfolgt (vgl. § 199 Abs. 2 BRAO; AnwKomm-RVG/Wahlen, VV Vorbem. 6.2 Rn. 32).

33 In berufsgerichtlichen Verfahren gegen **Steuerberater** und **Steuerbevollmächtigte**, Wirtschaftsprüfer und Patentanwälte gelten nach § 153 StBerG, § 127 WiPrO und § 98 PatAnwO die Vorschriften des **GKG** entsprechend. Gegen den Kostenansatz ist danach entsprechend § 66 GKG Erinnerung und ggf. Beschwerde einzulegen (vgl. Gehre, StBerG, § 153 Rn. 4; AnwKomm-RVG/Wahlen, VV Vorbem. 6.2 Rn. 32, 33). Wird der Rechtsanwalt mit der Einlegung eines dieser Rechtsmittel beauftragt oder vertritt er seinen Auftraggeber in einem von einem anderen Beteiligten eingeleiteten Rechtsmittelverfahren über den Kostenansatz, erhält er über Vorbem. 6.2 Abs. 3 Nr. 1, 2. Alt. VV ebenfalls eine Gebühr nach Nr. 3500 VV.

> **Hinweis:**
>
> **Überprüft** der Rechtsanwalt für den Mandanten die **Entscheidung** über den **Kostenansatz**, entstehen keine gesonderten Gebühren. Insoweit gelten Vorbem. 6.2 Abs. 1 VV bzw. § 19 Abs. 1 Satz 2 Nr. 13: Diese Tätigkeit wird durch die Gebühren in der Hauptsache mit abgegolten (AnwKomm-RVG/Wahlen, VV Vorbem. 6.2 Rn. 31).

34 Der **Höhe** nach erhält der Rechtsanwalt eine 0,5 Verfahrensgebühr nach Nr. 3500 VV und ggf. eine ebenso hohe Terminsgebühr Nr. 3513 VV (AnwKomm-RVG/Wahlen, VV Vorbem. 6.2 Rn. 35). Bei mehreren Auftraggebern erhöht sich die Gebühr nach Maßgabe der Nr. 1008 VV (s. Teil A: Mehrere Auftraggeber [§ 7, Nr. 1008 VV], Rn. 995 ff.).

Bemessungsgrundlage ist der **Gegenstandswert**. Dieser bemisst sich danach, in welchem Umfang eine Abänderung des Kostenansatzes mit dem Rechtsmittel beantragt wird; der Gegenstandswert kann im Erinnerungs- und Beschwerdeverfahren also unterschiedlich hoch sein.

Wegen weiterer Einzelh. wird auf die Komm. bei Vorbem. 4 VV Rn. 99 ff. verwiesen (s. auch Teil A: Kostenfestsetzung und Erstattung in Strafsachen, Rn. 938).

c) Zwangsvollstreckungssachen (Nr. 2)

Wenn in sonstigen Verfahren eine Entscheidung über die Erstattung von Kosten ergangen ist, aus denen einer der Beteiligten die Zwangsvollstreckung betreiben kann, erhält der insoweit beauftragte Rechtsanwalt über Vorbem. 6.2 Abs. 3 Nr. 2 VV Gebühren nach **Teil 3 VV**. Dies sind die Nrn. 3309 ff. VV. Der Rechtsanwalt erhält also ggf. eine Verfahrensgebühr von 0,3 und, wenn ein Termin stattfinden sollte, nach Nr. 3310 VV eine Terminsgebühr von ebenfalls 0,3 (AnwKomm-RVG/Wahlen, VV Vorbem. 6.2 Rn. 38). Der Gegenstandswert bemisst sich nach § 25 (vgl. hierzu Teil A: Gegenstandswert, Festsetzung [§ 33], Rn. 693). Bei mehreren Auftraggebern gilt Nr. 1008 VV. Wegen der Einzelh. wird auf den Teil A: Zwangsvollstreckung, Rn. 1701 ff., verwiesen. 35

Wird der Rechtsanwalt in einem **Beschwerdeverfahren** in der **Zwangsvollstreckung** tätig, erhält er über Vorbem. 6.2 Abs. 3 Nr. 2 VV zusätzlich die Verfahrensgebühr nach Nr. **3500 VV** und ggf. nach Nr. 3513 VV die Terminsgebühr. Nach § 18 Nr. 5 sind Beschwerdeverfahren in Zwangsvollstreckungssachen besondere Angelegenheiten (AnwKomm-RVG/Wahlen, VV Vorbem. 6.2 Rn. 39). 36

3. Beigeordneter oder bestellter Rechtsanwalt

Der gerichtlich beigeordnete oder gerichtlich bestellte Rechtsanwalt erhält für eine der in Vorbem. 6.2 Abs. 3 VV genannten Tätigkeiten grds. **keine Vergütung** aus der Staatskasse. Die entsprechenden Tätigkeiten sind nicht durch eine gerichtliche Bestellung oder Beiordnung gedeckt (vgl. Vorbem. 4 VV Rn. 106; AnwKomm-RVG/N. Schneider, VV Vorbem. 4 Rn. 109 f.). Für das RVG folgt das daraus, dass die Tätigkeiten nach Vorbem. 6.2 Abs. 3 VV nicht im allgemeinen Gebührenkatalog der Nrn. 6200 ff. VV mit den für den beigeordneten oder gerichtlich bestellten Rechtsanwalt vorgesehenen Festgebühren genannt sind. Zudem müsste wegen § 48 Abs. 4 Satz 2 Nr. 1 für die Zwangsvollstreckung eine gesonderte Beiordnung erfolgen (s. auch Teil A: Umfang des Vergütungsanspruchs [§ 48 Abs. 1], Rn. 1417). 37

> **Hinweis:**
> Der Rechtsanwalt kann aber seine Beiordnung im Rahmen der **PKH beantragen**. Er erhält dann eine Vergütung nach den Sätzen des § 49 i.V.m. § 13. Bei Bewilligung von PKH für die Zwangsvollstreckung ist § 119 Abs. 2 ZPO zu beachten. Danach kann jedes Vollstreckungsgericht pauschal PKH für die Zwangsvollstreckung im Rahmen seiner Zuständigkeit bewilligen und nicht nur für eine einzelne Vollstreckungsmaßnahme.

VI. Einzeltätigkeiten

1. Frühere Rechtslage

Ist der Rechtsanwalt in den in Teil 6 Abschnitt 2 VV geregelten **berufsgerichtlichen Verfahren** wegen der Verletzung einer Berufspflicht nur mit einer einzelnen Tätigkeit beauftragt worden, erhielt er früher je nach Art der erbrachten Tätigkeit grds. ebenfalls die in diesem Abschnitt geregelten Gebühren, also z.B. eine Verfahrensgebühr (Nrn. 6202, 6203, 6207 und 6211 VV) und, soweit er nur mit der Wahrnehmung eines Termins beauftragt worden ist, eine Terminsgebühr (vgl. AnwKomm-RVG/Wahlen, VV Vorbem. 6.2 Rn. 18, VV 6400–6404 Rn. 11; Hartung, NJW 2005, 3093, 3094, 3096; a.A. AnwKomm-RVG/N. Schneider, Vorbem. zu VV 6100ff. Rn. 5; Schneider, in: Hansens/Braun/Schneider, Teil 17, Rn. 112 [Anwendung von Nr. 6404 VV]). Eine 38

Vorbemerkung 6.2 *Tätigkeiten Disziplinarverfahren*

den Nrn. 4300 – 4304 VV für Einzeltätigkeiten in Strafsachen und Nr. 5200 VV für Einzeltätigkeiten in Bußgeldsachen entsprechende Regelung war für die Einzeltätigkeit des Rechtsanwalts in berufsgerichtlichen Verfahren nicht vorgesehen. Nr. 6404 VV a.F. fand insoweit keine Anwendung (vgl. Voraufl. Vorbem. 6.2 VV Rn. 39). Der unterschiedliche Umfang der Arbeit und der Verantwortung des Rechtsanwalts konnte bei der Bemessung der Gebühr innerhalb des vorgesehenen Rahmens gem. § 14 berücksichtigt werden (AnwKomm-RVG/Wahlen, VV Vorbem. 6.2 Rn. 18; Hartung, NJW 2005, 3093). Die in Nr. 6404 VV a.F. geregelten Gebühren für Einzeltätigkeiten galten nach Vorbem. 6.4 VV a.F. nur für die in dieser Vorbem. aufgeführten Verfahren (AnwKomm-RVG/Wahlen, VV 6400 – 6404 Rn. 11; vgl. auch die Voraufl. Nr. 6404 VV Rn. 10 ff.).

39 Für die **Disziplinarverfahren** enthielt Nr. 6404 VV a.F. eine Gebührenregelung für Einzeltätigkeiten. Der Rechtsanwalt erhielt danach für Einzeltätigkeiten in den in der Vorbem. 6.4 VV a.F. aufgeführten besonderen Verfahren eine Verfahrensgebühr nach Nr. 6404 VV a.F., Nr. 6404 VV a.F. galt aber nicht für Einzeltätigkeiten in anderen als den in Vorbem. 6.4 VV a.F. aufgeführten besonderen Disziplinarverfahren, weil nach der Vorbem. 6.4 VV a.F. Teil 6, Abschnitt 4 VV a.F. nur für die aufgeführten Verfahren Anwendung gefunden hat (AnwKomm-RVG/Wahlen, VV 6400 – 6404 Rn. 11; vgl. Voraufl. Nr. 6404 VV Rn. 10 ff.).

2. Neuregelung in Nr. 6500 VV

40 Mit Wirkung vom **01.02.2009** ist durch das Wehrrechtsänderungsgesetz 2008 (BGBl. I 2008, S. 1629) der neue Abschnitt 5 mit der Verfahrensgebühr Nr. 6500 VV eingefügt worden. Aufgrund der geänderten Gesetzessystematik regelt Nr. 6500 VV nunmehr die Gebühr für **Einzeltätigkeiten** des Rechtsanwalts **in allen** von den **Abschnitten 1 bis 4 des Teils 6 VV** erfassten Verfahren. Danach erhält der in Disziplinarsachen oder berufsgerichtlichen Verfahren wegen Verletzung einer Berufspflicht mit einer Einzeltätigkeit betraute Rechtsanwalt die Verfahrensgebühr Nr. 6500 VV (s. dazu ausführlich die Erläuterungen zu Nr. 6500 VV; **a.A.** AnwKomm-RVG/Wahlen, Vorbem. 6.2 VV Rn. 18, der davon ausgeht, dass Nr. 6500 VV nur für die früher in Nr. 6404 VV genannten Verfahren gilt; Gerold/Schmidt/Mayer, VV Vorbem. 6.2 Rn. 14). Übergangsfälle richten sich nach § 60 (vgl. Teil A: Übergangsvorschriften [§ 60 f.], Rn. 1336).

VII. Anspruch auf Wahlanwaltsgebühren (§§ 52, 53 Abs. 1)

41 Wird der Rechtsanwalt z.B. entsprechend § 90 WDO, § 117a BRAO oder § 107 StBerG zum Verteidiger **bestellt**, kann er nach **§ 52** die Zahlung der Gebühren eines gewählten Verteidigers oder Verfahrensbevollmächtigten verlangen. Hinsichtlich der Voraussetzungen für die Geltendmachung dieses Anspruchs wird auf die Komm. zu § 52 und ggf. zu § 53 Abs. 1, sofern der Rechtsanwalt beigeordnet worden ist, verwiesen. Ein Erstattungsanspruch i.S.v. § 52 Abs. 2 steht dem Mandanten auch in diesen Verfahren zu, wenn er freigesprochen worden ist, vgl. § 140 WDO, § 116 Satz 2 BRAO, § 467 StPO (Feuerich/Weyland, BRAO, § 199 Rn. 4; Hansens, JurBüro 1989, 1626). Im Fall des Freispruchs im anwaltsgerichtlichen Verfahren richtet sich der Erstattungsanspruch nicht gegen die Staatskasse, sondern gegen die Rechtsanwaltskammer (vgl. BGH, NJW 1986, 3150 = AnwBl. 1987, 549; AnwKomm-RVG/Wahlen, VV Vorbem. 6.2 Rn. 48).

VIII. Pauschgebühren

Den Anwälten, die in Verfahren nach Teil 6, Abschnitt 2 VV tätig werden, kann **keine** Pauschgebühr nach § 42 oder § 51 gewährt werden, weil diese Verfahren in §§ 42 und 51 nicht erwähnt werden (AnwKomm-RVG/Wahlen, VV Vorbem. 6.2 Rn. 18; Hartung/Römermann/Schons, 6200, 6201 VV Rn. 13; a.A. Mayer/Kroiß, Nr. 6200 – 6216 VV Rn. 6). Die fehlende Möglichkeit der Bewilligung einer Pauschvergütung wird für den gerichtlich bestellten oder beigeordneten Rechtsanwalt aber (teilweise) kompensiert durch die Erhöhung der aus der Staatskasse gewährten Festgebühren und bei längerer Dauer der Verhandlung durch die Zusatzgebühren zu den Terminsgebühren bspw. nach Nr. 6205 VV (vgl. Nr. 6205 VV Rn. 1; Schneider, in: Hansens/Braun/Schneider, Teil 17, Rn. 24; Hartung/Römermann/Schons, 6200, 6201 VV Rn. 14).

42

IX. Zusätzliche Gebühren

Der in Verfahren nach Teil 6 VV tätige Rechtsanwalt hat ggf. auch Anspruch auf die Gebühren nach Nrn. 2102, 2103 VV (Gebühren für Prüfung der Erfolgsaussicht eines Rechtsmittels) und nach Nrn. 2500 und 2501 VV (Beratungshilfegebühr und Beratungsgebühr bei Beratungshilfe; s. hierzu auch Teil A: Beratung über die Erfolgsaussicht eines Rechtsmittels [Nr. 2102 f. VV], Rn. 261 ff.; Beratungshilfe, Rn. 285 ff.).

43

X. Erstattung

1. Berufsgerichtliches Verfahren nach der BRAO

Im Fall des **Freispruchs** trägt die notwendigen Auslagen des Rechtsanwalts entsprechend §§ 197, 116 Satz 2 BRAO, § 467 StPO die **Rechtsanwaltskammer** (vgl. BGH, NJW 1986, 3150 = AnwBl. 1987, 549; NJW 1967, 894 = MDR 1967, 509). Zu den notwendigen Auslagen des Rechtsanwalts gehören auch die Kosten für seinen Verteidiger (Hansens, JurBüro 1989, 1626; AnwKomm-RVG/Wahlen, VV Vorbem. 6.2 Rn. 46).

44

> **Hinweis:**
> Verteidigt sich der Rechtsanwalt im anwaltsgerichtlichen Verfahren selbst –, soweit dies überhaupt möglich ist (vgl. Feuerich/Weyland, § 117a BRAO Rn. 3), – hat er **keinen Anspruch** auf Erstattung der Gebühren und Auslagen, die ein als Verteidiger bevollmächtigter Rechtsanwalt erstattet verlangen könnte. § 91 Abs. 2 Satz 4 ZPO ist nicht entsprechend anwendbar (BGH, BRAGOreport 2003, 15; AnwGH Celle, BRAK-Mitt. 2002, 147; AnwGH Berlin, BRAK-Mitt. 1997, 176; AnwKomm-RVG/Wahlen, VV Vorbem. 6.2 Rn. 47; Feuerich/Weyland, BRAO, § 199 Rn. 4 und § 197 Rn. 16; Hansens, JurBüro 1989, 1626; s. hierzu auch Teil A: Kostenfestsetzung und Erstattung in Strafsachen, Rn. 896 ff.).

Die notwendigen Auslagen des Rechtsanwalts sind nach § 197a BRAO der Rechtsanwaltskammer aufzuerlegen, wenn der **Rügebescheid** nach § 74 BRAO, den Fall des § 74a Abs. 3 Satz 2 BRAO ausgenommen, aufgehoben wird oder wenn die Unwirksamkeit der Rüge wegen eines Freispruchs des Rechtsanwalts im anwaltsgerichtlichen Verfahren oder aus den Gründen des § 115a Abs. 2 Satz 2 festgestellt wird (§ 74a Abs. 5 Satz 2 BRAO).

45

Vorbemerkung 6.2 *Tätigkeiten Disziplinarverfahren*

2. Berufsgerichtliches Verfahren nach der PatAnwO

46 Im Fall des **Freispruchs** trägt die notwendigen Auslagen des Patentanwalts entsprechend §§ 150, 98 PatAnwO, § 467 StPO die **Patentanwaltskammer** (vgl. BGH, NJW 1986, 3150 = AnwBl. 1987, 549; NJW 1967, 894 = MDR 1967, 509). Zu den notwendigen Auslagen des Patenanwalts gehören auch die Kosten für seinen Verteidiger (AnwKomm-RVG/Wahlen, VV Vorbem. 6.2 Rn. 46; Hansens, JurBüro 1989, 1626). Insofern gelten dieselben Grundsätze wie im berufsgerichtlichen Verfahren nach der BRAO.

47 Die notwendigen Auslagen des Rechtsanwalts sind nach § 150a PatAnwO der Patentanwaltskammer aufzuerlegen, wenn der **Rügebescheid** nach § 70a Abs. 3 PatAnwO aufgehoben wird oder wenn die Unwirksamkeit der Rüge festgestellt wird (§ 70a Abs. 5 Satz 2 PatAnwO).

3. Verfahren nach der Wehrdisziplinarordnung

48 Im Fall des **Freispruchs** des Soldaten oder Einstellung des gerichtlichen Disziplinarverfahrens aus anderen als den in § 138 Abs. 2 WDO bezeichneten Gründen trägt **der Bund** nach § 140 WDO die notwendigen Auslagen des Soldaten. Zu den notwendigen Auslagen gehören nach § 140 Abs. 8 WDO u.a. die Gebühren und Auslagen eines Rechtsanwalts, soweit sie nach § 91 Abs. 2 ZPO zu erstatten wären.

4. Verfahren nach dem StBerG und der WiPrO

49 Im Fall des **Freispruchs** dürfte die **Steuerberaterkammer** gem. § 150 StBerG bzw. die **Wirtschaftsprüferkammer** gem. § 125 WiPrO für die notwendigen Auslagen des Steuerberaters bzw. Wirtschaftsprüfers haften (vgl. für den Rechtsanwalt BGH, NJW 1986, 3150 = AnwBl. 1987, 549). Zu den notwendigen Auslagen können die Gebühren und Auslagen eines Rechtsanwalts gehören (vgl. § 153 StBerG, § 127 WiPrO, § 467 StPO; AnwKomm-RVG/Wahlen, VV Vorbem. 6.2 Rn. 46).

50 Wird der **Rügebescheid** – den Fall des § 63a Abs. 3 Satz 2 WiPrO ausgenommen – aufgehoben oder wird die Unwirksamkeit der Rüge wegen eines Freispruchs des **Wirtschaftsprüfers** im berufsgerichtlichen Verfahren oder aus den Gründen des § 69 Abs. 2 Satz 2 WiPrO festgestellt (§ 63a Abs. 5 Satz 2 WiPrO), so sind die notwendigen Auslagen des Wirtschaftsprüfers gem. § 124a WiPrO der Wirtschaftsprüferkammer aufzuerlegen.

51 Wird der **Rügebescheid** – den Fall des § 82 Abs. 3 Satz 2 StBerG ausgenommen – aufgehoben oder wird die Unwirksamkeit der Rüge wegen eines Freispruchs des **Steuerberaters** oder Steuerbevollmächtigten im berufsgerichtlichen Verfahren oder aus den Gründen des § 91 Abs. 2 Satz 2 StBerG festgestellt (§ 82 Abs. 5 Satz 2 StBerG), so sind die notwendigen Auslagen des Steuerberaters oder Steuerbevollmächtigten gem. § 149 StBerG der Steuerberaterkammer aufzuerlegen.

5. Verfahren nach dem Bundesdisziplinargesetz

52 Nach § 77 Abs. 4 BDG gelten für die Kostentragungspflicht der Beteiligten die Bestimmungen der **VwGO**. Nach §§ 37 Abs. 4, 44 Abs. 4, 78 BDG sind die gesetzlichen Gebühren und Auslagen für einen im behördlichen oder gerichtlichen Disziplinarverfahren zugezogenen Rechtsanwalt stets erstattungsfähig. Im Fall des Freispruchs kann daher Kostenfestsetzung entsprechend

§§ 154 ff., 164 VwGO gegen die unterlegene Seite (Dienstherr) beantragt werden (AnwKomm-RVG/Wahlen, VV Vorbem. 6.2 Rn. 41).

Unterabschnitt 1
Allgemeine Gebühren

Nr. 6200 VV
Grundgebühr Disziplinarverfahren etc.

Nr.	Gebührentatbestand	Gebühr	
		Wahlverteidiger oder Verfahrensbevollmächtigter	gerichtlich bestellter oder beigeordneter Rechtsanwalt
6200	Grundgebühr Die Gebühr entsteht für die erstmalige Einarbeitung in den Rechtsfall nur einmal, unabhängig davon, in welchem Verfahrensabschnitt sie erfolgt.	30,00 bis 300,00 EUR	132,00 EUR

Übersicht

	Rn.
A. Überblick	1
I. Entstehung der Norm/Regelungsgehalt	1
II. Anwendungsbereich	2
B. Kommentierung	3
I. Allgemeines	3
II. Persönlicher Geltungsbereich	4
III. Abgeltungsbereich	5
1. Allgemeines	5
2. Einzeltätigkeit	6
3. Katalog der erfassten Tätigkeiten	7
4. Begriff des „Rechtsfalls"	8
5. Grundgebühr bei Verbindung und Trennung von Verfahren	9
IV. Höhe der Grundgebühr	11
V. Erstattung	16

Literatur:

S. die Hinweise bei Nr. 4100 VV vor Rn. 1 und bei Vorbem. 6.2 VV vor Rn. 1.

A. Überblick

I. Entstehung der Norm/Regelungsgehalt

1 Die Grundgebühr gehört zu den „Allgemeinen Gebühren", die der Verteidiger, Verfahrensbevollmächtigte oder Beistand nach Teil, Unterabschnitt 1 VV erhält.

Nr. 6200 VV   *Grundgebühr Disziplinarverfahren etc.*

Verfahren (Nrn. 6203 ff. VV) hat R nur einmal Anspruch auf die Grundgebühr nach Nr. 6200 VV, obwohl er in mehreren Verfahrensabschnitten tätig geworden ist.

2. Einzeltätigkeit

6 Ist der Rechtsanwalt nur mit einer **Einzeltätigkeit** in den von Teil 6, Abschnitt 2 VV erfassten Verfahren beauftragt worden, entsteht hierfür die Verfahrensgebühr Nr. 6500 VV. Eine **Grundgebühr** erhält der mit der Einzeltätigkeit beauftragte Rechtsanwalt neben der Verfahrensgebühr Nr. 6500 VV **nicht** (s. dazu auch Vorbem. 4.3 Rn. 27 und Nr. 4100 VV Rn. 4). Auf die Grundgebühr Nr. 6200 VV kann aufgrund der Gesetzessystematik nicht zurückgegriffen werden.

An der in der Voraufl. vertretenen Auffassung, dass auch der nur mit einer Einzeltätigkeit betraute Rechtsanwalt die Grundgebühr verdient, wird deshalb aufgrund der Einführung der Verfahrensgebühr für Einzeltätigkeiten durch das Wehrrechtsänderungsgesetz 2008 zum 01.02.2009 (s. dazu Nr. 6500 VV Rn. 1 ff.) nicht mehr festgehalten (a.A. aber AnwKomm-RVG/Wahlen, VV 6200 – 6201 Rn. 2; Gerold/Schmidt/Mayer, VV 6200 – 6201 Rn. 2). Denn diese Auffassung war nur deshalb vertretbar, weil der früher in Verfahren nach Teil 6 VV tätige Rechtsanwalt, der nur mit einer Einzeltätigkeit beauftragt worden ist, grds. die allgemeinen Vertretungsgebühren des Teils 6 VV erhalten hat, weil eine den Nrn. 4300 – 4304 VV für Einzeltätigkeiten in Strafsachen und Nr. 5200 VV für Einzeltätigkeiten in Bußgeldsachen entsprechende Regelung für die Einzeltätigkeit des Rechtsanwalts in Disziplinarverfahren und berufsgerichtlichen Verfahren **nicht vorgesehen** war. Die in Nr. 6404 VV a.F. geregelten Gebühren für Einzeltätigkeiten galten nach Vorbem. 6.4 VV a.F. nur für die in dieser Vorbem. aufgeführten Verfahren (vgl. hierzu Vorbem. 6.2 VV Rn. 38 f.).

3. Katalog der erfassten Tätigkeiten

7 Mit der Grundgebühr soll nach der Anm. zu Nr. 6200 VV die erstmalige Einarbeitung in den Rechtsfall abgegolten werden. Auf die entsprechenden Ausführungen zu Nr. 4100 VV Rn. 20 ff. wird verwiesen.

4. Begriff des „Rechtsfalls"

8 Mit dem Begriff des Rechtsfalls in der Anm. zu Nr. 6200 VV soll neben dem Begriff der Angelegenheit in § 15 keine neue Begrifflichkeit geschaffen werden (vgl. Nr. 4100 VV Rn. 26 ff.). **Entscheidend** für die **Eingrenzung** des **Begriffs** ist der disziplinarrechtliche bzw. berufsrechtliche Vorwurf, der dem Auftraggeber gemacht wird und wie er von den Disziplinarbehörden bzw. den Berufsgerichten verfahrensmäßig behandelt wird. Deshalb kann ein Rechtsfall verschiedene Vorwürfe zum Gegenstand haben (vgl. hierzu Nr. 4100 VV Rn. 26 ff.).

Beispiel 1:

Dem Beamten wird zur Last gelegt, für dienstliche Zwecke angeschafftes Büromaterial privat weiterverkauft zu haben. Bei einer Fahrt mit dem Dienstwagen stellt die Polizei zudem fest, dass der Beamte alkoholisiert gefahren ist. Wegen dieser beiden Vorwürfe wird gegen den Beamten ein Disziplinarverfahren eingeleitet.

Es handelt sich um einen Rechtsfall i.S.d. Nr. 6200 VV, sodass nur eine Grundgebühr entsteht, wenn der Beamte einen Rechtsanwalt mit seiner Verteidigung beauftragt.

Grundgebühr Disziplinarverfahren etc. Nr. 6200 VV

> **Hinweis:**
> Die Entstehung der in Teil 6 Unterabschnitt 1 VV aufgeführten „Allgemeinen Gebühren" ist nicht auf bestimmte Verfahrensabschnitte beschränkt. Die Stellung in diesem Unterabschnitt zeigt vielmehr, dass sie in allen Verfahrensabschnitten entstehen können. Das gilt v.a. auch für die Terminsgebühr der Nr. 6201 VV.

II. Anwendungsbereich

Es wird insoweit verwiesen auf die entsprechenden Erläuterungen zu Vorbem. 6.2 VV Rn. 7 ff. 2

B. Kommentierung

I. Allgemeines

Die Grundgebühr steht dem Rechtsanwalt für die (**erstmalige**) **Einarbeitung** in den Rechtsfall 3
zu. Mit ihr soll der Arbeitsaufwand abgegolten werden, der einmalig mit der Übernahme des Mandats entsteht. Die Gebühr entsteht unabhängig davon, wann die Einarbeitung und in welchem Verfahrensabschnitt sie erfolgt (vgl. die entsprechend geltende Komm. zu Nr. 4100 VV).

II. Persönlicher Geltungsbereich

Die Grundgebühr steht sowohl dem **Wahlverteidiger** bzw. Verfahrensbevollmächtigten als auch 4
dem gerichtlich **bestellten** oder **beigeordneten Rechtsanwalt** zu. Auch der **Beistand** eines Zeugen oder Sachverständigen hat nach Vorbem. 6 Abs. 1 VV Anspruch auf die Grundgebühr. Auf die entsprechenden Ausführungen zu Vorbem. 6 VV Rn. 4 wird verwiesen.

III. Abgeltungsbereich

1. Allgemeines

Nach der Anm. zu Nr. 6200 VV entsteht die Grundgebühr im Verfahren für den Rechtsanwalt **nur** 5
einmal. Das Entstehen ist jedoch ausdrücklich unabhängig davon, wann die Einarbeitung erfolgt (Hartung/Römermann/Schons, 6200, 6201 VV Rn. 1; AnwKomm-RVG/Wahlen, VV 6200 – 6201 Rn. 2; vgl. im Einzelnen auch Nr. 4100 VV Rn. 11 ff.). Sie entsteht daher auch, wenn die erstmalige Einarbeitung im behördlichen Disziplinarverfahren erfolgt (VG Berlin, 09.02.2007 – 80 Dn 47.05). Das Betreiben des Geschäfts ist eine über die mit der Grundgebühr abgegoltene erste Einarbeitung hinausgehende Tätigkeit des Rechtsanwalts, die – auch im behördlichen Disziplinarverfahren (s. dazu Nr. 6202 VV Rn. 13 ff.) – eine Verfahrensgebühr auslöst (VG Berlin, a.a.O.).

Beispiel 1:

Rechtsanwalt R wird im gerichtlichen Disziplinarverfahren erst im dritten Rechtszug als Verteidiger beauftragt. Neben den Gebühren der Nrn. 6211 ff. VV für die Tätigkeit im dritten Rechtszug hat R auch Anspruch auf die Grundgebühr nach Nr. 6200 VV.

Beispiel 2:

Rechtsanwalt R wird bereits im behördlichen Disziplinarverfahren vor dem Dienstvorgesetzten mit der Verteidigung beauftragt. R wird dann auch im gerichtlichen Disziplinarverfahren in drei Rechtszügen als Verteidiger tätig. Neben den Gebühren nach Teil 6, Unterabschnitt 3 VV für die Tätigkeit im gerichtlichen

Grundgebühr Disziplinarverfahren etc. *Nr. 6200 VV*

Beispiel 2:

Dem Beamten wird zur Last gelegt, für dienstliche Zwecke angeschafftes Büromaterial privat weiterverkauft zu haben. Außerdem soll er mit dem Dienstwagen alkoholisiert gefahren sein, was erst später bekannt wird. Wegen dieser beiden Vorwürfe sind gegen den Beamten dann (zunächst) zwei Disziplinarverfahren anhängig.

Es handelt sich um zwei Rechtsfälle/Verfahren i.S.d. Nr. 6200 VV, sodass auch in jedem Verfahren eine Grundgebühr entsteht, wenn der Beamte einen Rechtsanwalt mit seiner Verteidigung beauftragt. Dass diese Verfahren ggf. später verbunden werden, hat auf das Entstehen der Grundgebühren keinen Einfluss.

Beispiel 3:

Ausgangslage wie im Beispiel 2: Nach Erhebung der Disziplinarklagen verbindet das VG die beiden Verfahren. Erst danach sucht der Beamte einen Rechtsanwalt auf.

Es handelt sich hier wieder nur um einen Rechtsfall i.S.d. Nr. 6200 VV, sodass auch hier nur eine Grundgebühr entsteht.

5. Grundgebühr bei Verbindung und Trennung von Verfahren

Werden mehrere Verfahren miteinander **verbunden**, erhält der Rechtsanwalt nach den allgemeinen Regeln bis zur Verbindung für jedes Verfahren gesonderte Gebühren, da jedes Verfahren eine eigene Angelegenheit i.S.d. § 15 darstellt. Die Verbindung hat keinen Einfluss auf bis dahin entstandene Gebühren (vgl. Nr. 4100 VV Rn. 29; Teil A: Verbindung von Verfahren, Rn. 1431 und Teil A: Trennung von Verfahren, Rn. 1311). 9

Beispiel:

Dem Beamten wird zur Last gelegt, für dienstliche Zwecke angeschafftes Büromaterial privat weiterverkauft zu haben. Außerdem soll er mit dem Dienstwagen alkoholisiert gefahren sein, was erst später bekannt wird. In beiden Verfahren wird der Beamte durch Rechtsanwalt R vertreten. Vom VG werden die Verfahren später zur gemeinsamen Verhandlung und Entscheidung verbunden.

Rechtsanwalt R erhält in den Ausgangsverfahren jeweils eine Grundgebühr nach Nr. 6200 VV. Die spätere Verbindung hat darauf keinen Einfluss. In dem neu entstandenen verbundenen Verfahren erhält er aber nicht noch eine weitere dritte Grundgebühr. Denn insoweit erbringt er keine erstmalige Einarbeitung in den Rechtsfall i.S.d. Anm. zu Nr. 6200 VV. Der dem verbundenen Verfahren zugrunde liegende Rechtsfall setzt sich nämlich aus den Rechtsfällen der Ursprungsverfahren zusammen. In diese hat sich Rechtsanwalt R aber bereits eingearbeitet, was durch jeweils eine Gebühr nach Nr. 6200 VV abgegolten wird.

Wird ein Verfahren in mehrere selbstständige Verfahren **getrennt**, so liegen ab dann verschiedene Angelegenheiten i.S.d. § 15 vor. Das hat grds. zur Folge, dass der Rechtsanwalt in jedem Verfahren eigenständige Gebühren erhält. Allerdings gilt das im Zweifel nicht auch für die Grundgebühr (vgl. hierzu Nr. 4100 VV Rn. 30, zur Zurückverweisung Rn. 31). 10

Beispiel:

Dem Beamten wird in einem Disziplinarverfahren vorgeworfen, für dienstliche Zwecke angeschafftes Büromaterial privat weiterverkauft zu haben und bei einer Fahrt mit dem Dienstwagen alkoholisiert gefahren zu sein. Er beauftragt Rechtsanwalt R mit seiner Verteidigung. Vom VG wird später das Verfahren wegen der Trunkenheitsfahrt abgetrennt.

Rechtsanwalt R erhält für das Ausgangsverfahren eine Grundgebühr nach Nr. 6200 VV. Nach Trennung des Verfahrens erhält er für das abgetrennte Verfahren nicht noch eine weitere Grundgebühr, da er sich

Nr. 6200 VV *Grundgebühr Disziplinarverfahren etc.*

in diesem Verfahren nicht erstmalig in den „Rechtsfall Trunkenheitsfahrt" einarbeiten muss. Die Einarbeitung ist bereits in dem Verfahren, das beide Vorwürfe zum Gegenstand hatte, erfolgt.

IV. Höhe der Grundgebühr

11 Der **Wahlanwalt** erhält eine **Betragsrahmengebühr** i.H.v. 30,00 € – 300,00 €. Die Mittelgebühr beträgt 165,00 €.

12 Bei der Bemessung der Höhe der Gebühr sind über § 14 die **Besonderheiten** des jeweiligen **Einzelfalls** zu berücksichtigen (vgl. Nr. 4100 VV Rn. 36 ff.; zur Bemessung s. auch BVerwG, RVGreport 2006, 21; VG Berlin, 09.02.2007 – 80 Dn 47.05).

13 Erhebliche Bedeutung hat der **Umfang** der **Akten**, in die der Rechtsanwalt erste Einsicht genommen hat. Denn die Grundgebühr entsteht für die erstmalige Einarbeitung in den Rechtsfall, die häufig anhand der Akte erfolgt. Darauf wird in der Gesetzesbegründung zu Nr. 4100 VV ausdrücklich abgestellt (vgl. dazu BT-Drucks. 15/1971, S. 222). Je umfangreicher die Akten sind, desto höher wird die Grundgebühr ausfallen müssen (vgl. hierzu die Erläuterungen zu Nr. 4100 VV Rn. 37).

14 Unerheblich für die Höhe der Grundgebühr ist, ob die erstmalige Einarbeitung im außergerichtlichen oder im gerichtlichen Verfahren im ersten, zweiten oder dritten Rechtszug erfolgt. Die Grundgebühr ist der Höhe nach nicht von der **Ordnung** des **Gerichts** abhängig (AnwKomm-RVG/Wahlen, VV 6200 – 6201 Rn. 2; vgl. hierzu die Ausführungen zu Nr. 4100 VV Rn. 38 f.).

15 Der **gerichtlich bestellte oder beigeordnete Rechtsanwalt** erhält einen **Festbetrag** i.H.v. 132,00 €.

V. Erstattung

16 Insoweit wird auf die Ausführungen zu 6.2 VV Rn. 44 ff. verwiesen.

Terminsgebühr Disziplinarverfahren etc. **Nr. 6201 VV**

Nr. 6201 VV
Terminsgebühr Disziplinarverfahren etc.

Nr.	Gebührentatbestand	Gebühr	
		Wahlverteidiger oder Verfahrensbevollmächtigter	gerichtlich bestellter oder beigeordneter Rechtsanwalt
6201	Terminsgebühr für jeden Tag, an dem ein Termin stattfindet Die Gebühr entsteht für die Teilnahme an außergerichtlichen Anhörungsterminen und außergerichtlichen Terminen zur Beweiserhebung.	30,00 bis 312,50 EUR	137,00 EUR

Übersicht

	Rn.
A. Überblick	1
I. Entstehung der Norm/Regelungsgehalt	1
II. Anwendungsbereich	2
B. Kommentierung	3
I. Allgemeines	3
II. Persönlicher Geltungsbereich	4
III. Abgeltungsbereich	5
1. Allgemeines	5
2. Sachlicher Abgeltungsbereich	6
IV. Mehrere Termine	8
1. Mehrere Termine an einem Tag	8
2. Anhörung oder Beweisaufnahme über mehrere Tage	10
V. Höhe der Terminsgebühr	11
VI. Erstattung	16

Literatur:
S. die Literaturhinweise bei Nr. 6200 VV vor Rn. 1 und Vorbem. 6.2 VV vor Rn. 1.

A. Überblick

I. Entstehung der Norm/Regelungsgehalt

Nr. 6201 VV sieht eine Terminsgebühr für die Teilnahme an den in Nr. 6201 VV genannten außergerichtlichen Anhörungsterminen und außergerichtlichen Terminen zur Beweiserhebung vor. Sinn und Zweck der gesetzlichen Regelung ist es nicht nur, die anwaltliche Tätigkeit im außergerichtlichen Verfahren grds. besser zu honorieren, sondern auch die Bereitschaft des Rechtsanwalts zu fördern, an solchen Terminen teilzunehmen. Nach der Begründung zur vergleichbaren Terminsgebühr Nr. 4102 VV in Strafsachen verspricht sich der Gesetzgeber durch die Teilnahme des Rechtsanwalts eine **verfahrensabkürzende Wirkung** (vgl. dazu BT-Drucks. 15/1971, S. 222 f.). 1

II. Anwendungsbereich

2   Es wird insoweit auf die entsprechenden Erläuterungen zu Vorbem. 6.2 Rn. 7 ff. verwiesen.

B. Kommentierung

I. Allgemeines

3   Nr. 6201 VV regelt die Terminsgebühr für die Teilnahme an außergerichtlichen Anhörungsterminen und außergerichtlichen Terminen zur Beweiserhebung. Gemeint sind hier **nur Termine außerhalb** der **Hauptverhandlung** ohne Beteiligung des Gerichts. Für die Teilnahme an den Hauptverhandlungsterminen (vgl. z.B. § 60 BDG, § 103 WDO, § 134 BRAO) entstehen die jeweiligen Terminsgebühren der gerichtlichen Verfahren (vgl. Nrn. 6204, 6208 und 6212 VV). Erfasst werden von Nr. 6201 VV also beispielsweise mündliche Vernehmungen durch den Disziplinarvorgesetzten nach § 32 WDO oder Anhörungen und Beweiserhebungen im behördlichen Disziplinarverfahren (§§ 20, 24, 30 BDG). Die Stellung der Gebühr in Teil 6, Unterabschnitt 1 VV, der die sog. „Allgemeinen Gebühren" regelt, stellt klar, dass die Terminsgebühr auch für **alle weiteren**, insbesondere die gerichtlichen **Verfahrensabschnitte**, gilt (vgl. dazu Teil 4 Abschnitt 1 Unterabschnitt 1 VV Rn. 2; Nr. 4102 VV Rn. 3 ff.; AnwKomm-RVG/Wahlen, VV 6200 – 6201 Rn. 3).

II. Persönlicher Geltungsbereich

4   Die Terminsgebühr steht sowohl dem **Wahlverteidiger** bzw. Verfahrensbevollmächtigten als auch dem gerichtlich **bestellten** oder **beigeordneten Rechtsanwalt** zu. Auch der **Beistand** eines Zeugen oder Sachverständigen hat nach Vorbem. 6 Abs. 1 VV Anspruch auf die Grundgebühr. Auf die entsprechenden Ausführungen bei Vorbem. 6 VV Rn. 4 f. wird verwiesen.

III. Abgeltungsbereich

1. Allgemeines

5   Wegen des allgemeinen Abgeltungsbereichs der Terminsgebühr kann auf Vorbem. 6 VV Rn. 6 und Vorbem. 4 VV Rn. 56 ff. verwiesen werden.

2. Sachlicher Abgeltungsbereich

6   Die Terminsgebühr entsteht für die Teilnahme an **außergerichtlichen Anhörungsterminen** und **außergerichtlichen Terminen zur Beweiserhebung**. Wann diese stattfinden, ist für den Anfall der Gebühr unerheblich. Die Gebühr entsteht somit auch, wenn diese Termine während eines gerichtlichen Verfahrens ohne Beteiligung des Gerichts erfolgen (AnwKomm-RVG/Wahlen, VV 6200 – 6201 Rn. 3, 8; so auch Gerold/Schmidt/Mayer, VV 6200, 6201 Rn. 4). Der insoweit entstehende Zeitaufwand wird also nicht etwa bei der Verfahrensgebühr für das gerichtliche Verfahren berücksichtigt.

7   Erforderlich ist, dass außergerichtlich eine **Anhörung** oder eine **Beweiserhebung** stattgefunden hat. Eine **Anhörung** setzt voraus, dass der **Betroffene** an dem Termin beteiligt ist bzw. im Fall des „geplatzten Termins" (vgl. Vorbem. 6 Abs. 3 Satz 2 und 3 VV) an dem Termin teilnehmen sollte. Außergerichtliche Termine ohne Beteiligung bzw. ohne beabsichtigte Beteiligung des Betroffenen sind **keine Anhörungstermine**. Der Rechtsanwalt erhält somit dann keine Terminsge-

Terminsgebühr Disziplinarverfahren etc. *Nr. 6201 VV*

bühr, wenn er bspw. ohne den Betroffenen eine Besprechung mit dem Dienstvorgesetzten durchführt (Hartung/Römermann/Schons, 6200, 6201 VV Rn. 8; so auch Gerold/Schmidt/Mayer, VV 6200, 6201 Rn. 4; vgl. auch Nr. 4102 VV Rn. 8 ff.).

IV. Mehrere Termine

1. Mehrere Termine an einem Tag

Finden mehrere Termine i.S.d. Nr. 6201 VV an einem Tag statt, gelten diese als ein Termin. Das ergibt sich aus der Formulierung „Terminsgebühr für jeden Tag, an dem ein Termin stattfindet". Pro Tag kann die Terminsgebühr also nur einmal entstehen (vgl. auch Nr. 4102 VV Rn. 46 ff.; AnwKomm-RVG/Wahlen, VV 6200 – 6201 Rn. 8). Der Umstand, dass es sich um mehrere Termine gehandelt hat, ist allerdings bei der Bemessung der Gebühr zu berücksichtigen. **8**

> *Beispiel:*
>
> *Im Disziplinarverfahren hört der Dienstvorgesetzte an einem Tag den Beschuldigten an und vernimmt zwei Zeugen. Rechtsanwalt R nimmt als Verteidiger des Beschuldigten an allen drei Anhörungen bzw. Vernehmungen teil.*
>
> *Es entsteht nur einmal die Terminsgebühr der Nr. 6201 VV, obwohl der Verteidiger an drei Vernehmungen teilgenommen hat. Die Terminsgebühr entsteht für jeden Tag, an dem ein Termin stattfindet, nur einmal.*

Diese Beschränkung ist jedoch **verfahrensbezogen**. Finden an einem Tag also in **verschiedenen Verfahren** mehrere Termine statt, entsteht für jedes Verfahren ggf. eine Terminsgebühr (vgl. § 15 Abs. 2 Satz 1). **9**

> *Beispiel:*
>
> *Im Disziplinarverfahren gegen A hört der Dienstvorgesetzte an einem Tag den Beschuldigten A an und vernimmt im Disziplinarverfahren gegen B zwei Zeugen. Rechtsanwalt R nimmt als Verteidiger der Beschuldigten A und B an den Anhörungen bzw. Vernehmungen teil.*
>
> *Die Terminsgebühr der Nr. 6201 VV entsteht zweimal, weil der Verteidiger in zwei verschiedenen Angelegenheiten an zwei Terminen teilgenommen hat.*

2. Anhörung oder Beweisaufnahme über mehrere Tage

Erstreckt sich ein außergerichtlicher **Anhörungstermin oder Termin zur Beweisaufnahme** über **mehrere Tage**, entsteht die Terminsgebühr jeweils besonders. Insoweit gelten die Ausführungen bei Nr. 4102 VV Rn. 51 entsprechend. Dem Rechtsanwalt steht daher für jeden Tag, an dem eine Anhörung oder Vernehmung fortgesetzt wird, eine Terminsgebühr zu. **10**

> **Hinweis:**
>
> Eine **Beschränkung** der Zahl der Terminsgebühren wie nach Satz 2 der Anm. zu Nr. 4102 VV für die Terminsgebühr in Strafsachen gibt es nicht (AnwKomm-RVG/Wahlen, VV 6200 – 6201 Rn. 8; Hartung/Römermann/Schons, 6200, 6201 VV Rn. 9; so auch Gerold/ Schmidt/Mayer, VV 6200, 6201 Rn. 4; vgl. auch Nr. 4102 VV Rn. 46 ff.).

V. Höhe der Terminsgebühr

Der **Wahlanwalt** erhält eine **Betragsrahmengebühr** i.H.v. 30,00 € – 312,50 €. Die Mittelgebühr beträgt 171,25 €. **11**

Nr. 6201 VV *Terminsgebühr Disziplinarverfahren etc.*

12 Bei der Bemessung der Höhe der Gebühr sind über § 14 die **Besonderheiten** des jeweiligen **Einzelfalls** zu berücksichtigen (vgl. dazu auch Teil A: Rahmengebühren [§ 14], Rn. 1045 ff.). Die Höhe der Gebühr ist v.a. abhängig von den vom Rechtsanwalt erbrachten Tätigkeiten, insbesondere also von der Dauer des Termins, an dem der Rechtsanwalt teilgenommen hat (Hartung/Römermann/Schons, 6200, 6201 VV Rn. 12). Daneben kann die Schwierigkeit des Verfahrensgegenstands, der sich in der Schwierigkeit der Anhörung oder Vernehmung niederschlagen kann, von Belang sein.

13 **Unerheblich** für die Höhe der Terminsgebühr ist, ob der Rechtsanwalt an einem außergerichtlichen Termin im außergerichtlichen Verfahren oder im gerichtlichen Verfahren im ersten, zweiten oder dritten **Rechtszug** teilgenommen hat.

14 Als durchschnittlich wird man eine Terminsdauer von ein bis zwei Stunden ansehen können. Das wird die **Mittelgebühr** i.H.v. 171,25 € rechtfertigen. Haben zwei oder drei solcher Termine an einem Tag stattgefunden, wird die Höchstgebühr gerechtfertigt sein (vgl. zur Höchstgebühr auch BDH, AGS 1993, 7). Bei der konkreten Bemessung der Gebühr sind Sinn und Zweck der Terminsgebühr zu beachten (s. auch KG, StV 2006, 198 = AGS 2006, 278 = RVGreport 2007, 181).

15 Der **gerichtlich bestellte oder beigeordnete Rechtsanwalt** erhält einen **Festbetrag** i.H.v. 137,00 €. Die Gewährung einer Pauschgebühr scheidet aus (vgl. Vorbem. 6.2 VV Rn. 42).

VI. Erstattung

16 Insoweit wird auf die Erläuterungen zu Vorbem. 6.2 VV Rn. 44 ff. verwiesen.

Unterabschnitt 2
Außergerichtliches Verfahren

Nr. 6202 VV
Verfahrensgebühr Disziplinarverfahren etc., außergerichtliches Verfahren

Nr.	Gebührentatbestand	Gebühr	
		Wahlverteidiger oder Verfahrensbevollmächtigter	gerichtlich bestellter oder beigeordneter Rechtsanwalt
6202	Verfahrensgebühr	30,00 bis 250,00 EUR	112,00 EUR
	(1) Die Gebühr entsteht gesondert für eine Tätigkeit in einem dem gerichtlichen Verfahren vorausgehenden und der Überprüfung der Verwaltungsentscheidung dienenden weiteren außergerichtlichen Verfahren.		
	(2) Die Gebühr entsteht für eine Tätigkeit in dem Verfahren bis zum Eingang des Antrags oder der Anschuldigungsschrift bei Gericht.		

Übersicht

	Rn.
A. Überblick	1
I. Regelungsgehalt	1
II. Anwendungsbereich	2
B. Kommentierung	3
I. Allgemeines	3
II. Persönlicher Geltungsbereich	4
III. Beginn und Dauer des außergerichtlichen Verfahrens (Anm. Abs. 2)	5
1. Allgemeines	5
2. Verfahren nach der Wehrdisziplinarordnung	6
3. Verfahren nach dem Bundesdisziplinargesetz	7
4. Berufsgerichtliche Verfahren	8
5. Eingang des Antrags oder der Anschuldigungsschrift	9
a) Einzelfälle	10
b) Besondere Verfahren nach §§ 62, 63 BDG	11
c) Disziplinarklage	12
IV. Abgeltungsbereich der Gebühr	13
1. Allgemeines	13
2. Katalog der erfassten Tätigkeiten	14
3. Gesonderte Entstehung (Anm. Abs. 1)	15

Nr. 6202 VV   *Verfahrensgebühr Disziplinarverfahren etc., außergerichtliches Verfahren*

  4. Verschiedene Angelegenheiten 17
  5. Keine Anrechnung der Verfahrensgebühr 18
 V. Verfahrensgebühr bei Verbindung und Trennung von Verfahren/Zurückverweisung 19
 VI. Gebührenhöhe 20
 VII. Erstattung 23

Literatur:

S. Literaturhinweise bei Nr. 6200 VV vor Rn. 1 und Vorbem. 6.2 VV vor Rn. 1.

A. Überblick

I. Regelungsgehalt

1 Teil 6 Unterabschnitt 2 VV regelt die Vergütung des Rechtsanwalts im **außergerichtlichen Verfahren** der von **Teil 6 Abschnitt 2 VV** erfassten Verfahren. Einziger Gebührentatbestand ist insoweit die Verfahrensgebühr Nr. 6202 VV. Der Rechtsanwalt erhält nach Abs. 1 der Anm. zu Nr. 6202 VV die Verfahrensgebühr Nr. 6202 VV **gesondert** für eine Tätigkeit in einem dem gerichtlichen Verfahren **vorausgehenden** und der Überprüfung der Verwaltungsentscheidung dienenden weiteren **außergerichtlichen Verfahren**. Daraus folgt, dass im außergerichtlichen Verfahren zwei Verfahrensgebühren nach Nr. 6202 VV anfallen können. Dies entspricht der für das Verwaltungsverfahren in Teil 2, Abschnitt 3 VV enthaltenen Systematik (vgl. hierzu Nrn. 2300 und 2301 VV, § 17 Nr. 1). Erfasst wird von dieser Regelung beispielsweise das **Widerspruchsverfahren** nach §§ 41 bis 44 BDG und das vorausgegangene Verwaltungsverfahren (AnwKomm-RVG/Wahlen, VV 6202 Rn. 9).

II. Anwendungsbereich

2 Es wird insoweit auf die entsprechenden Erläuterungen zu Vorbem. 6.2 VV Rn. 7 ff. verwiesen.

B. Kommentierung

I. Allgemeines

3 Der Gebührentatbestand legt die **Verfahrensgebühr** für die Tätigkeit des Rechtsanwalts im **außergerichtlichen Verfahren** fest. Sie kann sowohl im Verwaltungsverfahren als auch in dem der Überprüfung der Verwaltungsentscheidung dienenden Verwaltungsverfahren (Widerspruchsverfahren) entstehen (vgl. Rn. 13). Zugleich wird in Abs. 2 der Anm. Nr. 6202 VV klargestellt, in welchen Zeitraum der Rechtsanwalt die Verfahrensgebühr erhalten kann (VG Berlin, 09.02.2007 – 80 Dn 47.05; vgl. dazu Rn. 5 ff. bzw. Vorbem. 6.2 VV Rn. 23 ff.).

II. Persönlicher Geltungsbereich

4 Die Verfahrensgebühr steht sowohl dem **Wahlverteidiger** bzw. Verfahrensbevollmächtigten als auch dem **gerichtlich bestellten** oder **beigeordneten** Rechtsanwalt zu. Auch der **Beistand** eines Zeugen oder Sachverständigen hat nach Vorbem. 6 Abs. 1 VV Anspruch auf die Grundgebühr. Auf die entsprechenden Ausführungen bei Vorbem. 6 VV Rn. 4 f. wird verwiesen.

> **Hinweis:**
> Die Bestimmung ist **nur anwendbar**, soweit nicht in Abs. 4 der Anm. zu Nr. 6500 VV eine besondere Gebühr vorgesehen ist. Danach entsteht für Verfahren nach §§ 43, 44 WDO, die

Verfahrensgebühr Disziplinarverfahren etc., außergerichtliches Verfahren Nr. 6202 VV

ebenfalls der außergerichtlichen Überprüfung einer Verwaltungsentscheidung dienen, eine Verfahrensgebühr nach Nr. 6500 VV.

III. Beginn und Dauer des außergerichtlichen Verfahrens (Anm. Abs. 2)

1. Allgemeines

Das außergerichtliche Verfahren **beginnt** mit dem **Zeitpunkt** der **Einleitung** einer disziplinar- bzw. berufsrechtlichen Untersuchung und dauert bis zum Beginn des gerichtlichen Verfahrens. Vorbem. 6.2 Abs. 2 VV stellt klar, dass die Gebühren des Abschnitts 2 der anwaltlichen Tätigkeit nur dann zugrunde zu legen sind, wenn der Rechtsanwalt den Mandanten **innerhalb eines Disziplinarverfahrens** vertritt. Wird der Rechtsanwalt **außerhalb** eines Disziplinarverfahrens gegenüber der Aufsichtsbehörde tätig, entstehen je nach der entfalteten Tätigkeit die Gebühren des Teils 2 VV (Hartung/Römermann/Schons, Vorbem. 6.2 VV Rn. 14; AnwKomm-RVG/Wahlen, VV Vorb. 6.2 Rn. 19; Gerold/Schmidt/Mayer, VV 6202 Rn. 1). In erster Linie kommen für die Vertretung gegenüber der Aufsichtsbehörde somit die in Teil 2, Abschnitt 3 VV geregelten Vertretungsgebühren in Betracht (Nrn. 2300 ff. VV). In Verfahren nach Teil 6, Abschnitt 4 VV entsteht die Verfahrensgebühr nach Nr. 2400 oder Nr. 2401 VV (vgl. dazu Vorbem. 6.4 VV Rn. 11).

5

2. Verfahren nach der Wehrdisziplinarordnung

Zum **Beginn** und zum **Ende** des Verfahrens nach der Wehrdisziplinarordnung wird verwiesen auf Vorbem. 6.2 VV Rn. 24 f.

6

3. Verfahren nach dem Bundesdisziplinargesetz

Zum Beginn und Ende des Verfahrens nach dem BDG wird verwiesen auf Vorbem. 6.2 VV Rn. 26 f. Zu den Anträgen nach §§ 62, 63 BDG vgl. Rn. 11.

7

4. Berufsgerichtliche Verfahren

In **berufsgerichtlichen Verfahren** wegen der Verletzung einer Berufspflicht (vgl. Vorbem. 6.2 VV Rn. 10 ff.) gibt es ein außergerichtliches, das gerichtliche Verfahren vorbereitende Verfahren i.S.v. Nr. 6202 VV nicht (vgl. AnwKomm-RVG/Wahlen, VV 6202 Rn. 5, ausgenommen sind Verfahren nach § 123 BRAO, § 116 StBerG, § 87 WPO). Hält man die Vorschriften von Teil 6, Abschnitt 2 VV auch für das **Rüge- und Einspruchsverfahren** nach § 74 BRAO, § 63 WiPrO oder § 81 StBerG für anwendbar (vgl. Vorbem. 6.2 VV Rn. 10 f.), endet das Rüge- und Einspruchsverfahren als außergerichtliches Verfahren i.S.v. Nr. 6202 VV mit dem Eingang des Antrags auf gerichtliche Entscheidung nach § 74a BRAO, § 82 StBerG und § 63a WiPrO bei Gericht (so auch Hartung/Römermann/Schons, 6202 VV Rn. 5, 6).

8

5. Eingang des Antrags oder der Anschuldigungsschrift

Abs. 2 der Anm. zu Nr. 6202 VV **begrenzt** das behördliche Verfahren auf den Zeitpunkt des Antrags oder der Anschuldigungsschrift bei Gericht. Die Regelung stellt, wie in Strafsachen die Anm. zu Nr. 4104 VV, klar, auf welchen Zeitraum sich die Gebühr Nr. 6202 VV erstreckt (VG Berlin, 09.02.2007 – 80 Dn 47.05).

9

Nr. 6202 VV   *Verfahrensgebühr Disziplinarverfahren etc., außergerichtliches Verfahren*

a) Einzelfälle

10 Das außergerichtliche Verfahren endet jeweils mit dem Eingang des **Antrags** oder mit dem Eingang der **Anschuldigungsschrift** bei Gericht. Insbesondere werden folgende Fälle erfasst:

- Vorlage einer **Anschuldigungsschrift** durch den Wehrdisziplinaranwalt an das Truppendienstgericht nach § 99 WDO,
- **Antrag** des Soldaten auf **gerichtliche Entscheidung** durch das Truppendienstgericht nach § 101 WDO,
- Einreichung einer **Anschuldigungsschrift** durch die Staatsanwaltschaft bei dem Anwaltsgericht nach § 121 BRAO,
- **Antrag** auf **gerichtliche Entscheidung** des Anwaltsgerichtshofs durch den Vorstand der Rechtsanwaltskammer gegen den Bescheid der Staatsanwaltschaft nach § 122 BRAO,
- **Antrag** auf **gerichtliche Entscheidung** des Anwaltsgerichtshofs durch den Rechtsanwalt gegen den Bescheid der Staatsanwaltschaft nach § 123 BRAO,
- **Antrag** auf **gerichtliche Entscheidung** nach § 74a BRAO, § 82 StBerG und § 63a WiPrO (vgl. Rn. 8).

b) Besondere Verfahren nach §§ 62, 63 BDG

11 §§ 62, 63 BDG enthalten Regelungen **zu besonderen gerichtlichen Verfahren**. Nach § 62 BDG kann der Beamte bei dem Gericht die gerichtliche Bestimmung einer Frist zum Abschluss des Disziplinarverfahrens beantragen, wenn ein behördliches Disziplinarverfahren nicht innerhalb von sechs Monaten seit der Einleitung durch Einstellung, durch Erlass einer Disziplinarverfügung oder durch Erhebung der Disziplinarklage abgeschlossen worden ist. Nach § 63 BDG kann der Beamte die Aussetzung der vorläufigen Dienstenthebung und der Einbehaltung von Dienst- oder Anwärterbezügen beim Gericht beantragen. Es handelt sich um ein eigenständiges gerichtliches Fristsetzungsverfahren bzw. ein vorläufiges Rechtsschutzverfahren. Die Einstellung beider Verfahren in Teil 4 des BDG zeigt, dass es sich um eigenständige gerichtliche Verfahren handelt (vgl. BVerwG, StRR 2010, 318 = RVGreport 2010, 226 = AGS 2010, 226). Mit dem **Eingang** der Anträge nach §§ 62, 63 BDG bei Gericht endet somit der Abgeltungsbereich der Verfahrensgebühr Nr. 6202 VV.

c) Disziplinarklage

12 Auch der **Eingang** der **Disziplinarklage** nach § 34 BDG oder der **Klage** des **Beamten** gegen den Widerspruchsbescheid beendet das außergerichtliche Verfahren. Der Eingang der Klage ist zwar in Anm. 2 zu Nr. 6202 VV nicht erwähnt, wird aber nach Sinn und Zweck der Norm ebenfalls erfasst sein (vgl. auch Hartung/Römermann, 6202 VV Rn. 3). Alle **nach** dem Eingang des Antrags, der Anschuldigungsschrift oder der Klage vom Rechtsanwalt noch entfaltete Tätigkeiten zählen nicht mehr zum außergerichtlichen Verfahren, sondern bereits zum **gerichtlichen Verfahren** und werden von der dort ebenfalls anfallenden Verfahrensgebühr Nr. 6203 VV erfasst.

Beispiel:

Rechtsanwalt R war für den Soldaten B im Disziplinarverfahren gegenüber der Einleitungsbehörde als Verteidiger tätig. Er erfährt durch eine Anfrage bei dem Wehrdisziplinaranwalt, dass dieser bereits eine

Verfahrensgebühr Disziplinarverfahren etc., außergerichtliches Verfahren **Nr. 6202 VV**

> **Hinweis:**
>
> Die Gebühr nach Nr. 6202 VV entsteht im **außergerichtlichen Verfahren** innerhalb eines Disziplinarverfahrens (vgl. Rn. 5), und zwar sowohl im Verwaltungsverfahren als auch in dem Verfahren, das dem gerichtlichen Verfahren vorausgeht und der Überprüfung dieser Verwaltungsentscheidung dient.
>
> **Nach Eingang** des **Antrags** oder der Anschuldigungsschrift bei Gericht entstehen die Gebühren nach Nrn. 6203 ff. VV, ggf. die allgemeine Terminsgebühr nach Nr. 6201 VV sowie die Grundgebühr Nr. 6200 VV, soweit sie vorher im außergerichtlichen Disziplinarverfahren noch nicht entstanden ist (vgl. § 17 Nr. 1).
>
> Entsprechend der Regelung in § 17 Nr. 1 können daher die Verfahrensgebühren Nr. 6202 VV zweimal und die Verfahrensgebühr Nr. 6203 VV einmal anfallen, und zwar anrechnungsfrei (Rn. 18). Weil gem. § 17 Nr. 1 verschiedene Angelegenheiten vorliegen, entsteht die Postentgeltpauschale dreimal.

5. Keine Anrechnung der Verfahrensgebühr

Eine **Anrechnung** der Verfahrensgebühr Nr. 6202 VV erfolgt nicht. Insbesondere die Anrechnungsregelung in Vorbem. 3 Abs. 4 VV gilt nicht, weil sie nur für die Geschäftsgebühr Nrn. 2300 ff. VV und die nach Teil 3 VV berechnete Verfahrensgebühr gilt (vgl. AnwKomm-RVG/Wahlen, VV 6202 Rn. 3). **18**

Die beiden Verfahrensgebühren Nr. 6202 VV, die ggf. im außergerichtlichen Bereich entstehen können (vgl. Rn. 15), werden deshalb nicht aufeinander angerechnet. Auch eine Anrechnung auf die im nachfolgenden gerichtlichen Verfahren anfallenden Gebühren (Verfahrensgebühr Nr. 6203 VV) ist nicht vorgesehen (VG Berlin, 09.02.2007 – 80 Dn 47.05). Der durch die Tätigkeit in dem früheren Verfahrensabschnitt ersparte Aufwand kann bei der Bestimmung der Gebühr innerhalb des Rahmens berücksichtigt werden kann (vgl. VG Berlin, 09.02.2007 – 80 Dn 47.05; Hartung/Römermann/Schons, 6202 VV Rn. 8; vgl. auch BT-Drucks. 15/1971, S. 231).

V. Verfahrensgebühr bei Verbindung und Trennung von Verfahren/Zurückverweisung

Bei Verbindung und Trennung von Verfahren gelten die allgemeinen Regeln. Diese lassen sich in der **Faustregel** zusammenfassen: Verbindung oder Trennung von Verfahren haben auf bis dahin bereits entstandene Gebühren keinen Einfluss. **19**

> **Hinweis:**
>
> Wird das Verfahren vom Rechtsmittelgericht an das erstinstanzliche Gericht **zurückverwiesen** (vgl. z.B. §§ 120 Abs. 1 Nr. 2, 121 Abs. 2 WDO), entsteht die Verfahrensgebühr für das außergerichtliche Verfahren nicht noch einmal. Das außergerichtliche Verfahren ist und bleibt abgeschlossen. Es ist nicht Teil des weiteren Verfahrens, vor dem nun das gerichtliche Verfahren fortgesetzt wird (vgl. § 21 Abs. 1; s. auch Teil A: Zurückverweisung [§ 21], Rn. 1687 ff.).

Nr. 6202 VV   Verfahrensgebühr Disziplinarverfahren etc., außergerichtliches Verfahren

VI. Gebührenhöhe

20 Der **Wahlanwalt** erhält eine **Betragsrahmengebühr** i.H.v. 30,00 € – 250,00 €. Die Mittelgebühr beträgt 140,00 €. Fällt die Verfahrensgebühr auch in dem der Überprüfung der vorher getroffenen Verwaltungsentscheidung dienenden Verfahren an (Abs. 1 der Anm. zu Nr. 6202 VV Rn. 15 f.), fehlt eine Nr. 2301 VV oder auch Nr. 6401 VV vergleichbare gesetzliche Regelung, nach der die weitere Gebühr aus einem ermäßigten Rahmen zu entnehmen ist. Deshalb wird der durch die Tätigkeit in dem zur Verwaltungsentscheidung führenden Verfahren ersparte Aufwand bei der Bestimmung der Gebühr innerhalb des Rahmens von Nr. 6202 VV gebührenmindernd zu berücksichtigen sein (VG Berlin, 09.02.2007 – 80 Dn 47.05; BT-Drucks. 15/1971, S. 231). Das ist hier auch nicht entsprechend Abs. 1 der Anm. zu Nr. 2301 VV oder der Anm. zu Nr. 6401 VV ausgeschlossen, weil anders als in Nr. 2301 VV oder Nr. 6401 VV gerade kein eigenständiger ermäßigter Gebührenrahmen zur Verfügung steht.

21 Für die Bemessung der Höhe der Gebühr gelten die allgemeinen Regeln (vgl. Vorbem. 4 VV Rn. 41 ff.; vgl. auch Teil A: Rahmengebühren [§ 14], Rn. 1051 ff.).

22 Der **gerichtlich bestellte oder beigeordnete Rechtsanwalt** erhält einen **Festbetrag** i.H.v. 112,00 €.

VII. Erstattung

23 Nach § 37 Abs. 2 BDG trägt im Fall der **Einstellung** des außergerichtlichen Disziplinarverfahrens der Dienstherr die entstandenen Auslagen. Nach § 37 Abs. 4 Satz 2 BDG sind auch die Gebühren und Auslagen des von dem Beamten beauftragten Rechtsanwalts erstattungsfähig. Im **Widerspruchsverfahren** gem. §§ 41 ff. BDG trägt nach § 44 Abs. 1 BDG der unterliegende Teil die entstandenen Auslagen. Nach § 44 Abs. 4 BDG i.V.m. § 37 Abs. 4 Satz 2 BDG sind ggf. auch die Gebühren und Auslagen des von dem Beamten für das Widerspruchsverfahren beauftragten Rechtsanwalts erstattungsfähig.

24 Sieht die Einleitungsbehörde von der Einleitung eines gerichtlichen Disziplinarverfahrens ab oder stellt sie das gerichtliche Disziplinarverfahren ein, können auf **Antrag** des Soldaten gem. § 141 Abs. 4 WDO die notwendigen Auslagen dem **Bund** auferlegt werden (vgl. § 140 Abs. 1 WDO).

Gebühren Wiederaufnahmeverfahren *Vorbemerkung 6.2.3*

Unterabschnitt 3
Gerichtliches Verfahren
Erster Rechtszug

Vorbemerkung 6.2.3:
Die nachfolgenden Gebühren entstehen für das Wiederaufnahmeverfahren einschließlich seiner Vorbereitung gesondert.

Übersicht

	Rn.
A. Überblick	1
I. Entstehung der Norm/Regelungsgehalt	1
II. Anwendungsbereich	3
B. Kommentierung	4
I. Angelegenheit	4
II. Persönlicher Geltungsbereich	5
III. Grundgebühr	6
IV. Einzeltätigkeit	7
V. Verfahrensgebühr im Wiederaufnahmeverfahren	8
1. Entstehen/Abgeltungsbereich	8
2. Abraten von der Stellung eines Wiederaufnahmeantrags	9
3. Höhe der Verfahrensgebühr	10
VI. Terminsgebühr im Wiederaufnahmeverfahren	12
1. Entstehen der Gebühr/Abgeltungsbereich	12
2. Höhe der Terminsgebühr	13
VII. Zusätzliche Gebühren	16
VIII. Erstattung	17

Literatur:
S. Literaturhinweise bei Nr. 6200 VV vor Rn. 1 und Vorbem. 6.2 VV vor Rn. 1.

A. Überblick

I. Entstehung der Norm/Regelungsgehalt

Vorbem. 6.2.3 VV regelt die dem Rechtsanwalt zustehenden Gebühren im Wiederaufnahmeverfahren, in Disziplinarverfahren und berufsgerichtlichen Verfahren wegen der Verletzung einer Berufspflicht. **1**

Vorbem. 6.2.3 VV regelt die Gebühren für dieses **Wiederaufnahmeverfahren** jedoch **anders** als die Nrn. 4136 ff. VV für das **Strafverfahren**. Die Regelung entspricht im Wesentlichen der im Bußgeldverfahren in Vorbem. 5.1.3 Abs. 2 VV, sodass auf die Erläuterungen zu Vorbem. 5.1.3 VV Rn. 5 ff. verwiesen werden kann. **2**

Vorbemerkung 6.2.3 *Gebühren Wiederaufnahmeverfahren*

II. Anwendungsbereich

3 Das Wiederaufnahmeverfahren ist in den in Teil 6, Abschnitt 2 VV erfassten Verfahren (vgl. dazu Vorbem. 6.2 VV Rn. 7 ff.) z.B. geregelt in §§ 129 ff. **WDO** und §§ 71 ff. des **BDG**. Für die Wiederaufnahme eines rechtskräftig abgeschlossenen **anwaltsgerichtlichen** Verfahrens wegen der Verletzung einer Berufspflicht gelten nach § 116 BRAO die Vorschriften der §§ 359 ff. StPO sinngemäß (vgl. BGH, NJW 1991, 2916 = MDR 1991, 1097; für Patentanwälte vgl. Feuerich/Weyland, BRAO, § 98 PatAnwO Rn. 10). Zwar sind die Vorschriften der ZPO über die Wiederaufnahme des Verfahrens in **Zulassungssachen** betreffenden gerichtlichen Verfahren nach der BRAO entsprechend anwendbar (vgl. BGH, NJW 1994, 2751 = MDR 1994, 947). Anwaltsgerichtliche Verfahren über Zulassungsfragen fallen jedoch nicht unter Teil 6, Abschnitt 2 VV (vgl. Vorbem. 6.2 VV Rn. 12).

B. Kommentierung

I. Angelegenheit

4 Richten sich die Gebühren nach Teil 4 oder Teil 5 VV (Straf- und Bußgeldsachen), stellen das Wiederaufnahmeverfahren und das wiederaufgenommene Verfahren nach **§ 17 Nr. 12 verschiedene Angelegenheiten** dar. Aufgrund der gleichlautenden Regelungen in den Vorbem. 5.1.3 Abs. 2 Satz 1 VV und Vorbem. 6.2.3 VV dürfte die **fehlende Erwähnung** des Wiederaufnahmeverfahrens nach Teil 6 Abschnitt 2 VV in § 17 Nr. 12 auf einem **Redaktionsversehen** des Gesetzgebers beruhen (vgl. Hartung/Römermann/Schons, Vorbem. 6.2.3 VV Rn. 3; so auch Gerold/Schmidt/Mayer, VV 6203 – 6206 VV Rn. 1).

II. Persönlicher Geltungsbereich

5 Die Gebühren stehen sowohl dem **Wahlverteidiger** bzw. Verfahrensbevollmächtigten als auch dem gerichtlich **bestellten** oder **beigeordneten** Rechtsanwalt zu. Auch der **Beistand** eines Zeugen oder Sachverständigen hat nach Vorbem. 6 Abs. 1 VV Anspruch auf diese Gebühren. Auf die entsprechenden Ausführungen bei Vorbem. 6 VV Rn. 4 f. wird verwiesen.

III. Grundgebühr

6 Durch die Bezugnahme auf „die nachfolgenden Gebühren" wird klargestellt, dass der Rechtsanwalt, der im Wiederaufnahmeverfahren einschließlich seiner Vorbereitung tätig wird, **keine Grundgebühr** nach Nr. 6200 VV erhält (Hartung/Römermann/Schons, Vorbem. 6.2.3 VV Rn. 3; so auch Gerold/Schmidt/Mayer, VV 6203 – 6206 VV Rn. 1; a.A. AnwKomm-RVG/Wahlen, VV Vorbem. 6.2.3 Rn. 9). Die Überlegungen bei Vorbem. 5.1.3 VV Rn. 5 gelten entsprechend (vgl. auch Gerold/Schmidt/Burhoff, Vorbem. 5.1.3 VV Rn. 7; a.A. AnwKomm-RVG/N. Schneider, VV Vorbem. 5.1.3 Rn. 7).

> **Hinweis:**
> Im **wiederaufgenommenen Verfahren** kann der dort tätige Rechtsanwalt ggf. erneut eine Grundgebühr erhalten, weil das wiederaufgenommene Verfahren eine **eigene Angelegenheit** darstellt (vgl. Rn. 4, zum Entstehen der Grundgebühr s. Vorbem. 4.1.4 VV Rn. 3; AnwKomm-RVG/N. Schneider, VV 4136 - 4110 Rn. 61; Hartung/Römermann/Schons, Vorbem. 6.2.3 VV Rn. 3).

IV. Einzeltätigkeit

Wird der Rechtsanwalt im Wiederaufnahmeverfahren nur mit einer einzelnen Tätigkeit beauftragt, beispielsweise der Fertigung des Antrags auf Wiederaufnahme (vgl. § 131 WDO, § 73 BDG), entsteht hierfür die Verfahrensgebühr **Nr. 6500 VV** (vgl. hierzu Vorbem. 6.2 VV Rn. 38 ff.; Nr. 6500 VV Rn. 1 ff.). 7

V. Verfahrensgebühr im Wiederaufnahmeverfahren

1. Entstehen/Abgeltungsbereich

Die Verfahrensgebühr Nr. 6203 VV steht dem Rechtsanwalt **unabhängig** davon zu, ob er den Mandanten im **vorangegangenen Verfahren** vertreten hat oder ob er erstmals im Wiederaufnahmeverfahren beauftragt worden ist. Nach Vorbem. 6.2.3 VV entsteht die Gebühr „gesondert". 8

Zum Entstehen und zum Abgeltungsbereich der Verfahrensgebühr kann auf die **entsprechend** geltenden Ausführungen bei Vorbem. 5.1.3 VV Rn. 8 ff. verwiesen werden.

2. Abraten von der Stellung eines Wiederaufnahmeantrags

Die Vorbem. 6.2.3 VV enthält – anders als die Anm. zu Nr. 4136 VV oder Vorbem. 5.1.3 Abs. 2 Satz 2 VV – **keine ausdrückliche Regelung** für den Fall, dass der Rechtsanwalt von der Stellung eines Wiederaufnahmeantrags abrät. Die BRAGO regelte dies in dem durch die Verweisung in §§ 109 Abs. 1 und 110 Abs. 1 BRAGO anwendbaren § 90 Abs. 1 Satz 2 BRAGO (vgl. Gerold/Schmidt/Madert, BRAGO, 15. Aufl., § 109 Rn. 3, § 110 Rn. 8). Es wird jedoch davon auszugehen sein, dass das RVG hier **keine Änderung zulasten** des Rechtsanwalts bringen soll. Deshalb entsteht die Verfahrensgebühr auch dann, wenn der Rechtsanwalt von einem Wiederaufnahmeverfahren abrät. Denn auch in diesem Fall hat der Rechtsanwalt eine auf das Wiederaufnahmeverfahren gerichtete Tätigkeit entfaltet. Er muss also keinen Wiederaufnahmeantrag stellen. Der Rechtsanwalt muss allerdings bereits mit der Vertretung im Wiederaufnahmeverfahren beauftragt worden sein (Hartung/Römermann/Schons, Vorbem. 6.2.3 VV Rn. 6; so auch Gerold/Schmidt/Mayer, VV 6203 – 6206 VV Rn. 1; vgl. wegen der Einzelh. die Erläuterungen zu Vorbem. 4.1.4 VV Rn. 1 ff., Nr. 4136 VV Rn. 4). 9

3. Höhe der Verfahrensgebühr

Der **Wahlanwalt** erhält eine **Betragsrahmengebühr** i.H.v. 40,00 € – 270,00 € (vgl. Nr. 6203 VV). Die Mittelgebühr beträgt 155,00 €. Auf die Ausführungen bei Vorbem. 5.1.3 VV Rn. 12 wird verwiesen. 10

Der im Wiederaufnahmeverfahren einschließlich seiner Vorbereitung **gerichtlich bestellte** oder **beigeordnete Rechtsanwalt** erhält einen **Festbetrag** i.H.v. 124,00 €. 11

VI. Terminsgebühr im Wiederaufnahmeverfahren

1. Entstehen der Gebühr/Abgeltungsbereich

Nimmt der Rechtsanwalt im Wiederaufnahmeverfahren an einem gerichtlichen Termin teil, steht ihm eine Terminsgebühr zu (vgl. allgemein zur Terminsgebühr Vorbem. 6 Abs. 3 VV). Diese erhält er für **jeden Terminstag**. Im Übrigen wird auf die entsprechend anwendbaren Ausführungen bei Vorbem. 5.1.3 VV Rn. 15 ff. verwiesen. 12

Vorbemerkung 6.2.3   *Gebühren Wiederaufnahmeverfahren*

2. Höhe der Terminsgebühr

13 Der **Wahlanwalt** erhält eine **Betragsrahmengebühr** i.H.v. 70,00 € – 470,00 € (vgl. Nr. 6204 VV). Die Mittelgebühr beträgt 270,00 €.

14 Für die **Bemessung** der Höhe der konkreten Gebühr gelten die Ausführungen bei Nr. 6204 VV entsprechend. Die Höhe der Gebühr ist also v.a. abhängig von den vom Rechtsanwalt erbrachten Tätigkeiten, also insbesondere von der Dauer des Termins und dem Umfang der Vorbereitungstätigkeit.

15 Der **gerichtlich bestellte** oder **beigeordnete** Rechtsanwalt erhält eine **Festgebühr** von 216,00 €.

VII. Zusätzliche Gebühren

16 Der gerichtlich bestellte Rechtsanwalt hat im Wiederaufnahmeverfahren auch Anspruch auf die „**Längenzuschläge**" nach Nrn. 6205, 6206 VV, wenn er mehr als fünf bzw. mehr als acht Stunden an einem gerichtlichen Termin teilnimmt.

VIII. Erstattung

17 Die Kostentragungspflicht für das Wiederaufnahmeverfahren ist in **§ 139 Abs. 5 WDO** und insbesondere **§ 140 Abs. 9 WDO** geregelt. Hat ein Wiederaufnahmeantrag **keinen Erfolg**, ist nach § 139 Abs. 5, 2 WDO eine Kostenentscheidung zulasten des Antragstellers zu treffen. Der Antragsteller trägt seine notwendigen Auslagen selbst. Wird die Wiederaufnahme des Verfahrens **angeordnet**, wird über die Kosten des Wiederaufnahmeverfahrens nicht im Wiederaufnahmeverfahren entschieden. Dies geschieht vielmehr erst im wiederaufgenommenen Verfahren (vgl. zur StPO Meyer-Goßner, § 473 Rn. 37 m.w.N.). Ist das Wiederaufnahmeverfahren erfolglos zuungunsten des Soldaten betrieben worden, muss der Antragsteller diesem die notwendigen Auslagen und Kosten, wozu auch die seines Vertreters gehören, erstatten (§§ 140 Abs. 9, 3 WDO). Entsprechendes gilt für das Verfahren nach dem BDG, vgl. § 77 Abs. 1 BDG, § 154 Abs. 4 VwGO.

Nr. 6203 VV
Verfahrensgebühr Disziplinarverfahren etc., erster Rechtszug

Nr.	Gebührentatbestand	Gebühr	
		Wahlverteidiger oder Verfahrensbevollmächtigter	gerichtlich bestellter oder beigeordneter Rechtsanwalt
6203	Verfahrensgebühr	40,00 bis 270,00 EUR	124,00 EUR

Übersicht

	Rn.
A. Überblick	1
I. Entstehung der Norm/Regelungsgehalt	1
II. Anwendungsbereich	2
B. Kommentierung	3
I. Persönlicher Geltungsbereich	4
II. Einzeltätigkeit	5
III. Abgeltungsbereich	6
1. Allgemeines	6
2. Dauer des gerichtlichen Verfahrens	7
3. Katalog der erfassten Tätigkeiten	8
IV. Verfahrensgebühr bei Trennung/Verbindung/Zurückverweisung	9
V. Höhe der Verfahrensgebühr	11
VI. Zusätzliche Gebühren	14
VII. Erstattung	15

Literatur:

S. Literaturhinweise bei Nr. 6200 VV und Vorbem. 6.2 VV.

A. Überblick

I. Entstehung der Norm/Regelungsgehalt

Nr. 6203 VV regelt die gerichtliche Verfahrensgebühr **für den ersten Rechtszug** im **Disziplinarverfahren** vor dem **VG** (vgl. § 45 BDG), dem **Truppendienstgericht** (§ 68 WDO) und den **Richterdienstgerichten** der Bundesländer (vgl. z.B. für Nordrhein-Westfalen § 35 Abs. 2 LRiG: Richterdienstgericht beim LG Düsseldorf) und im **berufsgerichtlichen Verfahren** wegen der Verletzung einer Berufspflicht vor dem Anwaltsgericht (vgl. § 119 Abs. 1 BRAO), der **Patentanwaltskammer** beim LG München I (vgl. § 85 Abs. 1 PatAnwO) oder der Kammer für Steuerberater- und Steuerbevollmächtigtensachen bzw. Wirtschaftsprüfersachen beim örtlich zuständigen LG (vgl. § 85 StBerG und § 72 WiPrO).

1

> **Hinweis:**
>
> In **Disziplinarsachen** der **Richter im Bundesdienst** entscheidet nach §§ 61, 62 Abs. 1 Nr. 1 DRiG als Dienstgericht des Bundes ein besonderer Senat des BGH. Hierbei handelt es sich um das Verfahren im ersten Rechtszug, für das sich die Verfahrensgebühr nach Nr. 6203 VV

richtet (so auch Hartung/Römermann/Schons, 6203 – 6206 VV Rn. 1). In Disziplinarverfahren gegen **Notare** entscheidet nach § 99 BNotO im ersten Rechtszug das OLG. Auch hier richtet sich die Verfahrensgebühr nach Nr. 6203 VV (so auch Hartung/Römermann/Schons, a.a.O.).

II. Anwendungsbereich

2 Es wird auf die entsprechenden Erläuterungen zu Vorbem. 6.2 VV Rn. 7 ff. verwiesen.

B. Kommentierung

3 Der **Rechtsanwalt** erhält die Verfahrensgebühr der Nr. 6203 VV für das **Betreiben des Geschäfts** im ersten Rechtszug (Vorbem. 6 Abs. 2 VV; wegen der allgemeinen Einzelh. zur Verfahrensgebühr vgl. die entspr. Erläuterungen zu Vorbem. 6 VV Rn. 5 und Vorbem. 4 VV Rn. 31 ff.).

I. Persönlicher Geltungsbereich

4 Es wird auf die Erläuterungen zu Vorbem. 6 VV Rn. 4 und Vorbem. 4 VV Rn. 5 f. verwiesen.

II. Einzeltätigkeit

5 Wird der Rechtsanwalt im ersten Rechtszug nur mit einer einzelnen Tätigkeit beauftragt, entsteht hierfür die Verfahrensgebühr **Nr. 6500 VV**. Es wird auf die Ausführungen bei Vorbem. 6.2 Rn. 38 ff. und Nr. 6500 VV Rn. 1 ff. verwiesen. Wie im Strafverfahren (vgl. Nrn. 4300 ff. VV) und im Bußgeldverfahren (vgl. Nr. 5200 VV) enthält Abschnitt 6 VV seit der Änderung durch das Wehrrechtsänderungsgesetz 2008 Gebühren für Einzeltätigkeiten des Rechtsanwalts.

III. Abgeltungsbereich

1. Allgemeines

6 Durch die Verfahrensgebühr werden **alle Tätigkeiten** des Rechtsanwalts im gerichtlichen Verfahren **abgegolten**, soweit dafür keine besonderen Gebühren vorgesehen sind. Besondere Gebühren sind die Terminsgebühren, und zwar v.a. die für eine Hauptverhandlung vor dem Gericht (Nr. 6204 VV) sowie die allgemeine Terminsgebühr der Nr. 6201 VV. Für die erstmalige Einarbeitung in den Rechtsfall entsteht die Grundgebühr nach Nr. 6200 VV.

2. Dauer des gerichtlichen Verfahrens

7 Das gerichtliche Verfahren schließt sich an das außergerichtliche Verfahren an. Es **beginnt** also **mit** dessen **Ende**. Das ist nach Abs. 2 der Anm. zu Nr. 6202 VV (vgl. Erläuterungen zu Nr. 6202 VV Rn. 5 ff.; Vorbem. 6.2 VV Rn. 24 ff.) der Fall
- mit dem Eingang des Antrags bei Gericht,
- mit dem Eingang der Anschuldigungsschrift bei Gericht,
- mit dem Eingang der Klage bei Gericht.

Alle **nach** diesen **Zeitpunkten** vom Rechtsanwalt **erbrachten Tätigkeiten** gehören zum gerichtlichen Verfahren und werden durch die gerichtliche Verfahrensgebühr erfasst. Die Stellung bzw. Vorbereitung eines Antrags nach §§ 62, 63 BDG gehört daher noch zum Abgeltungsbereich der Verfahrensgebühr Nr. 6202 (VG Berlin, AGS 2010, 426; vgl. Nr. 6202 VV Rn. 10 ff)

A. Vergütungs-ABC	B. Kommentar
	Teil 6 • Sonstige Verfahren • Abschnitt 2 • Unterabschnitt 3

Verfahrensgebühr Disziplinarverfahren etc., erster Rechtszug Nr. 6203 VV

Nach Eingang der Anträge entfaltete Tätigkeiten unterfallen Nr. 6203 VV. Dass das gegen eine vorläufige Dienstenthebung und die Einbehaltung von Bezügen gem. § 38 Abs. 1 Satz 1 BDG gerichtete gerichtliche Verfahren nach § 63 Abs. 1 BDG zum gerichtlichen Disziplinarverfahren gehört, ergibt sich bereits daraus, dass dieses Verfahren in Teil 4 des BDG geregelt ist, der für das gerichtliche Disziplinarverfahren gilt (BVerwG, AGS 2010, 226 = StRR 2010, 318 = RVGreport 2010, 226).

Das gerichtliche Verfahren im ersten Rechtszug **endet** mit dem Abschluss der ersten Instanz (vgl. dazu Nr. 4106 VV Rn. 4)

3. Katalog der erfassten Tätigkeiten

Folgende allgemeine Tätigkeiten werden u.a. von der gerichtlichen Verfahrensgebühr im ersten Rechtszug erfasst (zum Abgeltungsbereich der Verfahrensgebühr vgl. im Übrigen auch Nr. 4106 VV Rn. 7f.): **8**

- **Beschwerdeverfahren** (vgl. Vorbem. 6.2 VV Rn. 5; hierzu Teil A: Beschwerdeverfahren, Abrechnung, Rn. 371 ff.), mit Ausnahme der in Vorbem. 6.2 Abs. 3 VV erwähnten Verfahren und der Beschwerdeverfahren gegen eine den Rechtszug beendende Entscheidung; insoweit gelten die Gebührentatbestände für den zweiten Rechtszug nach den Nrn. 6207 ff. VV (vgl. BT-Drucks. 15/1971, S. 231),
- **Besprechungen** mit Verfahrensbeteiligten wie Disziplinarbehörde, Dienst- oder Disziplinarvorgesetztem, Gericht, Staatsanwaltschaft, und Wehrdisziplinaranwalt,
- **Erinnerungen**, mit Ausnahme der in Vorbem. 6.2 Abs. 3 VV erwähnten Verfahren,
- **Information** des **Rechtsanwalts** durch den Mandanten über Nr. 6200 VV hinaus,
- **(außergerichtliche) Termine**, soweit sie nicht unter Nr. 6201 VV fallen.

Die Ausnahmevorschrift der Nr. 4139 VV (Verfahrensgebühr für das **Beschwerdeverfahren**, § 372 StPO) ist für das **Wiederaufnahmeverfahren** in Disziplinarverfahren und berufsgerichtlichen Verfahren nicht übernommen worden (Hartung/Römermann/Schons, Vorbem. 6.2.3 VV Rn. 5). Es bleibt also insoweit bei dem Grundsatz der Vorbem. 6.2 Abs. 1 VV, dass die Verfahrensgebühr die Tätigkeit des Rechtsanwalts in diesen Beschwerdeverfahren abgilt (vgl. Vorbem. 6.2 Rn. 5; Hartung/Römermann/Schons, 6203 – 6206 VV Rn. 6). Zum Abgeltungsbereich der Verfahrensgebühr vgl. im Übrigen Nr. 4106 VV Rn. 7f.

IV. Verfahrensgebühr bei Trennung/Verbindung/Zurückverweisung

Bei Verbindung und Trennung von Verfahren gelten die allgemeinen Regeln (vgl. dazu die Erläuterungen zu Vorbem. 4 VV Rn. 45 ff. sowie Teil A: Trennung von Verfahren, Rn. 1311 ff.; Teil A: Verbindung von Verfahren, Rn. 1431 ff. und Teil A: Zurückverweisung [§ 21], Rn. 1687 ff.). Diese lassen sich wie auch für das außergerichtliche Verfahren (vgl. Nr. 6202 VV Rn. 19) in der **Faustregel** zusammenfassen: Verbindung oder Trennung von Verfahren haben auf bis dahin **bereits entstandene Gebühren keinen Einfluss**. **9**

Wird das Verfahren vom Rechtsmittelgericht an das erstinstanzliche Gericht **zurückverwiesen** (vgl. z.B. §§ 20 Abs. 1 Nr. 2, 121 Abs. 2 WDO), entsteht die gerichtliche Verfahrensgebühr neu (vgl. § 21 Abs. 1). **10**

Nr. 6203 VV   *Verfahrensgebühr Disziplinarverfahren etc., erster Rechtszug*

Beispiel:
Dem Soldaten wird ein Dienstvergehen zur Last gelegt. Gegen das ihn verurteilende Urteil legt der Angeklagte Berufung ein. Das BVerwG hebt das erstinstanzliche Urteil auf und verweist die Sache an das Truppendienstgericht zurück.

Rechtsanwalt R, der den Angeklagten sowohl im Ausgangsverfahren als auch im Verfahren nach Zurückverweisung verteidigt hat, erhält in beiden Verfahren vor dem Truppendienstgericht eine gerichtliche Verfahrensgebühr nach Nr. 6203 VV. Das Verfahren vor dem Truppendienstgericht nach Zurückverweisung ist ein neuer Rechtszug i.S.v. § 21 Abs. 1.

V. Höhe der Verfahrensgebühr

11 Der **Wahlanwalt** erhält eine **Betragsrahmengebühr** i.H.v. 40,00 € – 270,00 €. Die Mittelgebühr beträgt 155,00 €.

12 Bei der Bemessung der Höhe der Gebühr sind über § 14 die **Besonderheiten** des jeweiligen **Einzelfalls** zu berücksichtigen. Die Höhe der Gebühr ist abhängig von den vom Rechtsanwalt erbrachten Tätigkeiten (vgl. Teil A: Rahmengebühren [§ 14]; Rn. 1051 ff.).

13 Der **gerichtlich bestellte** oder **beigeordnete Rechtsanwalt** erhält einen **Festbetrag** i.H.v. 124,00 €.

VI. Zusätzliche Gebühren

14 Zusätzlich zu der Verfahrensgebühr kann der Rechtsanwalt eine Gebühr nach Nr. 6216 VV erhalten, wenn durch seine Mitwirkung die **mündliche Verhandlung entbehrlich** geworden ist.

VII. Erstattung

15 Insoweit wird auf die Erläuterungen zu Vorbem. 6.2 VV Rn. 44 ff. verwiesen.

Terminsgebühr Disziplinarverfahren etc., erster Rechtszug   Nr. 6204 VV

Nr. 6204 VV
Terminsgebühr Disziplinarverfahren etc., erster Rechtszug

Nr.	Gebührentatbestand	Gebühr	
		Wahlverteidiger oder Verfahrensbevollmächtigter	gerichtlich bestellter oder beigeordneter Rechtsanwalt
6204	Terminsgebühr je Verhandlungstag	70,00 bis 470,00 EUR	216,00 EUR

Übersicht

	Rn.
A. Überblick	1
I. Entstehung der Norm/Regelungsgehalt	1
II. Anwendungsbereich	2
B. Kommentierung	3
I. Allgemeines	3
II. Persönlicher Geltungsbereich	4
III. Einzeltätigkeit	5
IV. Abgeltungsbereich	6
1. Allgemeines	6
2. Entstehen der Terminsgebühr	7
V. Terminsgebühr bei Trennung/Verbindung/Zurückweisung	8
VI. Mehrere Verhandlungstermine	10
VII. Höhe der Terminsgebühr	11
VIII. Zusätzliche Gebühren	14
IX. Erstattung	15

Literatur:
S. Literaturhinweise bei Nr. 6200 VV vor Rn. 1 und Vorbem. 6.2 VV vor Rn. 1.

A. Überblick

I. Entstehung der Norm/Regelungsgehalt

Nr. 6204 VV regelt die Terminsgebühr des Rechtsanwalts für die **Teilnahme** an gerichtlichen Terminen im **ersten Rechtszug** in den bei Nr. 6203 VV Rn. 1 genannten Verfahren.   **1**

II. Anwendungsbereich

Es wird auf die entsprechenden Erläuterungen zu Vorbem. 6.2 VV Rn. 7 ff. verwiesen.   **2**

B. Kommentierung

I. Allgemeines

Der Rechtsanwalt erhält die Terminsgebühr der Nr. 6204 VV für die **Teilnahme** an einer gerichtlichen **Verhandlung** bzw. **Hauptverhandlung** im ersten Rechtszug (Vorbem. 6 Abs. 3 VV). Finden daneben während des erstinstanzlichen Verfahrens noch außergerichtliche Anhörungs-   **3**

Nr. 6204 VV   *Terminsgebühr Disziplinarverfahren etc., erster Rechtszug*

termine oder außergerichtliche Termine zur Beweiserhebung statt, entsteht dafür neben der Terminsgebühr nach Nr. 6204 VV eine Terminsgebühr nach Nr. 6201 VV.

II. Persönlicher Geltungsbereich

4   Es wird auf die Erläuterungen zu Vorbem. 6 VV Rn. 4 und Vorbem. 4 VV Rn. 5 f., verwiesen.

III. Einzeltätigkeit

5   Es wird auf Vorbem. 6.2 VV Rn. 38 f., Nr. 6203 VV Rn. 5 und Nr. 6500 Rn. 1 ff. verwiesen.

IV. Abgeltungsbereich

1. Allgemeines

6   Die Terminsgebühr erfasst die Teilnahme des Rechtsanwalts an gerichtlichen Hauptverhandlungsterminen. Die Terminsgebühr gilt **auch** die **Vorbereitung** des konkreten Verhandlungstermins ab, nicht hingegen die allgemeine Vorbereitung der Verhandlung. Die insoweit erbrachten Tätigkeiten werden von der erstinstanzlichen Verfahrensgebühr Nr. 6203 VV abgegolten (vgl. allgemein dazu die Erläuterungen zu Vorbem. 6 VV Rn. 6 und Vorbem. 4 Rn. 58 ff.).

2. Entstehen der Terminsgebühr

7   Voraussetzung für das Entstehen der Terminsgebühr ist, dass eine gerichtliche **Verhandlung** im ersten Rechtszug stattgefunden und der **Rechtsanwalt daran teilgenommen** hat. Nr. 6204 VV spricht ausdrücklich von „Verhandlungstag".

Die Verhandlung **beginnt** nach § 3 BDG, § 103 Abs. 1 VwGO mit der Eröffnung durch den Vorsitzenden bzw. gem. §§ 91 und 105 WDO, § 116 Satz 2 BRAO, § 98 Satz 2 PatAnwO, § 243 Abs. 1 StPO **mit dem Aufruf der Sache**. Die Terminsgebühr im ersten Rechtszug entsteht daher, wenn der Rechtsanwalt bei der Eröffnung der Verhandlung bzw. beim Aufruf der Sache anwesend ist oder wenn er später in der Verhandlung auftritt. Im Übrigen gelten die Ausführungen bei Nr. 4108 VV Rn. 4 ff. entsprechend

V. Terminsgebühr bei Trennung/Verbindung/Zurückweisung

8   Bei Verbindung und Trennung von Verfahren gelten die allgemeinen Regeln. Diese lassen sich in der **Faustregel** zusammenfassen: Verbindung oder Trennung von Verfahren haben auf bis dahin **bereits entstandene Gebühren keinen Einfluss** (vgl. wegen der Einzelh. die Erläuterungen bei Vorbem. 4 VV Rn. 45 ff., 71 ff.). Haben die Termine begonnen (Rn. 7) und findet danach die Verbindung statt, entstehen die Terminsgebühren bis zur Verbindung gesondert und fallen nicht nachträglich weg (vgl. § 15 Abs. 4).

9   Wird das Verfahren vom Rechtsmittelgericht an das erstinstanzliche Gericht **zurückverwiesen** (vgl. z.B. §§ 20 Abs. 1 Nr. 2, 121 Abs. 2 WDO) und findet dort später erneut eine Verhandlung statt, entsteht die Terminsgebühr für den ersten Rechtszug nach § 21 Abs. 1 neu.

VI. Mehrere Verhandlungstermine

10   Nimmt der Rechtsanwalt an mehreren Terminen teil, entsteht die Terminsgebühr mehrfach. Das folgt aus der Formulierung „je Verhandlungstag", die insoweit eine Durchbrechung des Grundsatzes aus § 15 Abs. 2 darstellt. Finden **an einem Tag** mehrere Verhandlungstermine statt, erhält

Terminsgebühr Disziplinarverfahren etc., erster Rechtszug Nr. 6204 VV

der Rechtsanwalt **nur eine Terminsgebühr** nach Nr. 6204 VV. Das folgt eindeutig aus der Formulierung, wonach die „Terminsgebühr je Verhandlungstag" entsteht. Pro Tag kann also die Terminsgebühr nur einmal entstehen. Der Umstand, dass es sich um mehrere Termine gehandelt hat, kann allerdings bei der Bemessung der Gebühr berücksichtigt werden (vgl. auch Nr. 4108 VV Rn. 18 m.w.N.).

Beispiel:

Es findet die Verhandlung vor dem Anwaltsgericht statt. Zu dieser sind drei Zeugen geladen, von denen aber nur zwei erschienen sind. Deshalb wird die Verhandlung um 11.00 Uhr unterbrochen und der Fortsetzungstermin für den gleichen Tag um 14.00 Uhr bestimmt. In dem Termin wird der dann nochmals geladene und nun erschienene dritte Zeuge vernommen.

Rechtsanwalt R, der an beiden Terminen teilgenommen hat, erhält die Terminsgebühr nach Nr. 6204 VV nur einmal, da es sich nur um einen „Verhandlungstag" handelt. Allerdings muss der Umstand, dass zwei Verhandlungstermine stattgefunden haben, bei der konkreten Bemessung der Gebühr berücksichtigt werden.

VII. Höhe der Terminsgebühr

Der **Wahlanwalt** erhält eine **Betragsrahmengebühr** i.H.v. 70,00 € – 470,00 €. Die Mittelgebühr beträgt 270,00 €. 11

Bei der Bemessung der Höhe der Gebühr sind über § 14 die **Besonderheiten** des jeweiligen **Einzelfalls** zu berücksichtigen. Die Höhe der Gebühr ist abhängig von den vom Rechtsanwalt erbrachten Tätigkeiten und ggf. der Terminsdauer. Auf die Erläuterungen zu Nr. 4108 VV Rn. 19 ff. wird verwiesen (vgl. auch noch Teil A: Rahmengebühren [§ 14], Rn. 1051 ff.). 12

Der **gerichtlich bestellte** oder **beigeordnete Rechtsanwalt** erhält einen **Festbetrag** i.H.v. 216,00 €. Darauf erhält er bei besonders langen Hauptverhandlungen ggf. die Zuschläge aus den Nrn. 6205 bzw. 6206 VV (wegen der Einzelh. vgl. die Erläuterungen bei Nr. 6205 und 6206 VV). 13

VIII. Zusätzliche Gebühren

Zusätzliche Gebühren sind die **Zuschläge** nach Nrn. 6205 und 6206 VV, wenn der **gerichtlich bestellte Rechtsanwalt** mehr als fünf bis zu acht Std. oder mehr als acht Std. an der Hauptverhandlung teilgenommen hat. Zusätzlich zu der Terminsgebühr kann der Rechtsanwalt eine Gebühr nach Nr. **6216 VV** erhalten, wenn durch seine Mitwirkung die mündliche Verhandlung entbehrlich geworden ist. 14

IX. Erstattung

Insoweit wird auf die Ausführungen zu Vorbem. 6.2 VV Rn. 44 ff. verwiesen. 15

Nr. 6205 VV
Zusatzgebühr Disziplinarverfahren etc., erster Rechtszug (HV 5 – 8 Std.)

Nr.	Gebührentatbestand	Gebühr	
		Wahlverteidiger oder Verfahrensbevollmächtigter	gerichtlich bestellter oder beigeordneter Rechtsanwalt
6205	Der gerichtlich bestellte Rechtsanwalt nimmt mehr als 5 und bis 8 Stunden an der Hauptverhandlung teil: Zusätzliche Gebühr neben der Gebühr 6204		108,00 EUR

Übersicht

	Rn.
A. Überblick	1
I. Entstehung der Norm/Regelungsgehalt	1
II. Anwendungsbereich	2
B. Kommentierung	3
I. Allgemeines	3
II. Höhe der Gebühr	5

Literatur:
S. die Literaturhinweise bei Nr. 6200 VV vor Rn. 1, bei Vorbem. 6.2 VV vor Rn. 1 und bei Nr. 4110 VV vor Rn. 1.

A. Überblick

I. Entstehung der Norm/Regelungsgehalt

1 Mit dieser Gebühr soll dem gerichtlich bestellten Rechtsanwalt **zusätzlich** zur Terminsgebühr Nr. 6204 VV eine Zusatzgebühr zur Terminsgebühr gewährt werden, wenn er im ersten Rechtszug **mehr als fünf und bis zu acht Std.** an der Hauptverhandlung teilnimmt. Auf die Erläuterungen zu Nr. 4110 VV Rn. 1 ff. wird verwiesen.

II. Anwendungsbereich

2 Es wird insoweit auf die Erläuterungen zu Vorbem. 6.2 VV Rn. 7 ff. verwiesen.

B. Kommentierung

I. Allgemeines

3 Der gerichtlich bestellte Rechtsanwalt erhält die Gebühr der Nr. 6205 VV **zusätzlich** neben der Terminsgebühr nach Nr. 6204 VV. Es handelt sich um eine selbstständige Gebühr, die nicht mit anderen Gebühren verrechnet wird.

Zusatzgebühr Disziplinarverfahren etc., erster Rechtszug (HV 5 – 8 Std.)   Nr. 6205 VV

Die Formulierung der Nr. 6205 VV entspricht der **Formulierung** der **Nrn. 4110, 4116, 4122, 4128, 4134 VV**. Es kann daher, insbesondere auch zur Berechnung der Hauptverhandlungsdauer, auf die Ausführungen bei diesen Vorschriften, insbesondere bei Nr. 4110 VV verwiesen werden.   4

II. Höhe der Gebühr

Die Gebühr steht dem gerichtlich bestellten Rechtsanwalt in Form eines **festen Zuschlags** zu der Terminsgebühr der Nr. 6204 VV zu. Dieser beträgt **108,00 €**.   5

Nr. 6206 VV   Zusatzgebühr Disziplinarverfahren etc., erster Rechtszug (HV mehr als 8 Std.)

Nr. 6206 VV
Zusatzgebühr Disziplinarverfahren etc., erster Rechtszug (HV mehr als 8 Std.)

Nr.	Gebührentatbestand	Gebühr	
		Wahlverteidiger oder Verfahrensbevollmächtigter	gerichtlich bestellter oder beigeordneter Rechtsanwalt
6206	Der gerichtlich bestellte Rechtsanwalt nimmt mehr als 8 Stunden an der Hauptverhandlung teil: Zusätzliche Gebühr neben der Gebühr 6204		216,00 EUR

Übersicht

	Rn.
A. Überblick	1
B. Kommentierung	2
I. Allgemeines	2
II. Höhe der Gebühr	3

Literatur:

S. Literaturhinweise bei Nr. 6200 VV vor Rn. 1, bei Vorbem. 6.2 VV vor Rn. 1 und bei Nr. 4110 VV vor Rn. 1.

A. Überblick

1 Nr. 6206 VV gewährt dem gerichtlich bestellten Rechtsanwalt **zusätzlich** zur Terminsgebühr Nr. 6204 VV eine Zusatzgebühr, wenn er **im ersten Rechtszug** mehr als **acht Stunden** an der Hauptverhandlung teilgenommen hat. Im Übrigen wird auf die Erläuterungen zu Nr. 6205 VV Rn. 1 ff. verwiesen.

B. Kommentierung

I. Allgemeines

2 Die Zuschlagsgebühr der Nr. 6206 VV unterscheidet sich von der Zuschlagsgebühr der Nr. 6205 VV nur dadurch, dass diese Gebühr erst entsteht, wenn der gerichtlich bestellte Rechtsanwalt mehr als acht Stunden an der Hauptverhandlung teilgenommen hat. Im Übrigen besteht kein Unterschied, sodass auf die Ausführungen zu Nr. 6205 VV Rn. 1 ff., 5 verwiesen werden kann.

> **Hinweis:**
>
> Wenn die Hauptverhandlung mehr als acht Stunden gedauert hat, erhält der gerichtlich bestellte Rechtsanwalt nur die Gebühr aus Nr. 6206 VV. Er erhält nicht etwa für die mehr als fünf- bis zu achtstündige Dauer der Hauptverhandlung zusätzlich zunächst die Gebühr nach Nr. 6205 VV und dann noch für die darüber hinausgehende Zeit die Gebühr nach Nr. 6206

Zusatzgebühr Disziplinarverfahren etc., erster Rechtszug (HV mehr als 8 Std.)   *Nr. 6206 VV*

VV. Das folgt daraus, dass die Gebühr als „zusätzliche Gebühr neben der Gebühr 6204" entsteht und nicht auch noch neben der Gebühr nach Nr. 6205 VV (vgl. Nr. 4111 VV Rn. 2).

II. Höhe der Gebühr

Die Gebühr steht dem **gerichtlich bestellten Rechtsanwalt** in Form eines **festen Zuschlags** zu der Terminsgebühr der Nr. 6204 VV zu. Dieser Zuschlag beträgt 216,00 €. Bei der Teilnahme an einer mehr als acht Stunden dauernden Hauptverhandlung erhält der Rechtsanwalt somit im Ergebnis **zwei Terminsgebühren**.   3

Zweiter Rechtszug

Nr. 6207 VV
Verfahrensgebühr Disziplinarverfahren etc., zweiter Rechtszug

Nr.	Gebührentatbestand	Gebühr	
		Wahlverteidiger oder Verfahrensbevollmächtigter	gerichtlich bestellter oder beigeordneter Rechtsanwalt
6207	Verfahrensgebühr	70,00 bis 470,00 EUR	216,00 EUR

Übersicht

	Rn.
A. Überblick	1
I. Entstehung der Norm/Regelungsgehalt	1
II. Anwendungsbereich	2
B. Kommentierung	3
I. Allgemeines	3
II. Persönlicher Geltungsbereich	4
III. Einzeltätigkeit	5
IV. Abgeltungsbereich	6
1. Allgemeines	6
2. Dauer des gerichtlichen Verfahrens	7
3. Katalog der erfassten Tätigkeiten	8
V. Höhe der Verfahrensgebühr	9
VI. Zusätzliche Gebühren	12
VII. Erstattung	13

Literatur:

S. die Literaturhinweise bei Nr. 6200 VV vor Rn. 1, bei Vorbem. 6.2 VV vor Rn. 1, bei Vorbem. 4 VV vor Rn. 1 und bei Teil 4 Abschnitt 1 Unterabschnitt 3 Berufung vor Rn. 1.

A. Überblick

I. Entstehung der Norm/Regelungsgehalt

1   Nr. 6207 VV regelt die gerichtliche Verfahrensgebühr **für den zweiten Rechtszug** im **Disziplinarverfahren** vor dem **OVG** (vgl. §§ 64, 67, 68 BDG), dem BVerwG (§§ 114, 115 WDO) und den **Richterdienstgerichten** der Bundesländer (vgl. z.B. für Nordrhein-Westfalen §§ 35 Abs. 2, 38 LRiG: Dienstgerichtshof beim OLG Hamm) und im **berufsgerichtlichen Verfahren** wegen der Verletzung einer Berufspflicht vor dem Anwaltsgerichtshof (vgl. §§ 142 Abs. 1, 143 Abs. 1 BRAO), dem Senat für Patentanwaltssachen beim OLG München (vgl. §§ 86 Abs. 1, 124, 125 PatAnwO) oder dem Senat für Steuerberater- und Steuerbevollmächtigtensachen bzw. Wirtschaftsprüfersachen beim örtlich zuständigen OLG (vgl. §§ 96, 126, 127 StBerG und §§ 73, 104, 105 WiPrO).

Verfahrensgebühr Disziplinarverfahren etc., zweiter Rechtszug Nr. 6207 VV

> **Hinweis:**
> Die Gebühren für die zweite Instanz entstehen **unabhängig** davon, ob es sich um eine **Berufung** oder **Beschwerde** gegen eine den Rechtszug beendende Entscheidung handelt (vgl. BT-Drucks. 15/1971, S. 231; so auch Gerold/Schmidt/Mayer, 6207 – 6210 VV Rn. 1). In Disziplinarverfahren gegen **Notare** entscheidet nach § 99 BNotO im zweiten Rechtszug der **BGH**. Auch hier richtet sich die Verfahrensgebühr nach Nr. 6207 VV (Hartung/Römermann/Schons, 6207 – 6210 VV Rn. 2; so auch Gerold/Schmidt/Mayer, 6207 – 6210 VV Rn. 1).

II. Anwendungsbereich

Es wird auf die entsprechenden Erläuterungen zu Vorbem. 6.2 VV Rn. 7 ff. verwiesen. 2

B. Kommentierung

I. Allgemeines

Der **Rechtsanwalt** erhält die Verfahrensgebühr der Nr. 6207 VV für das Betreiben des Geschäfts 3
im zweiten Rechtszug (Vorbem. 6 Abs. 2 VV; wegen der allgemeinen Einzelh. zur Verfahrensgebühr vgl. die entsprechenden Erläuterungen zu Vorbem. 6 VV Rn. 5; 4 VV Rn. 31 ff.).

> **Hinweis:**
> Wird der Rechtsanwalt erstmalig in der zweiten Instanz mit der Vertretung beauftragt, erhält er auch die **Grundgebühr** der Nr. 6200 VV (vgl. Nr. 6200 VV Rn. 5; Nr. 4100 VV Rn. 11 ff., 18 f.).

II. Persönlicher Geltungsbereich

Es wird auf die Erläuterungen zu Vorbem. 6 VV Rn. 4 und Vorbem. 4 VV Rn. 5 f. verwiesen. 4

III. Einzeltätigkeit

Wird der Rechtsanwalt im zweiten Rechtszug **nur** mit einer einzelnen Tätigkeit beauftragt, bei- 5
spielsweise der Einlegung der Berufung oder deren Begründung, entsteht hierfür die Verfahrensgebühr Nr. 6500 VV. Es wird auf die Ausführungen bei Vorbem. 6.2 Rn. 38 ff., Nr. 6203 VV Rn. 5 und Nr. 6500 VV Rn. 1 ff. verwiesen.

IV. Abgeltungsbereich

1. Allgemeines

Durch die Verfahrensgebühr werden **alle Tätigkeiten** des Rechtsanwalts im gerichtlichen Ver- 6
fahren in der zweiten Instanz **abgegolten**, soweit dafür keine besonderen Gebühren vorgesehen sind. Besondere Gebühren sind die Terminsgebühren, und zwar v.a. die für eine Hauptverhandlung vor Gericht (Nr. 6208 VV) sowie die allgemeine Terminsgebühr der Nr. 6201 VV. Für die erstmalige Einarbeitung in den Rechtsfall entsteht die Grundgebühr nach Nr. 6200 VV, soweit sie für den Rechtsanwalt nicht bereits in den Vorinstanzen angefallen ist (vgl. Nr. 4100 VV Rn. 11 ff.).

2. Dauer des gerichtlichen Verfahrens

Es wird insoweit auf die Erläuterungen zu Nr. 4124 VV Rn. 3 ff. verwiesen. 7

3. Katalog der erfassten Tätigkeiten

8 Folgende allgemeine Tätigkeiten werden u.a. von der gerichtlichen Verfahrensgebühr im zweiten Rechtszug erfasst: zum Abgeltungsbereich der Verfahrensgebühr vgl. im Übrigen die Ausführungen zu Nr. 4124 VV Rn. 13 f.

- **Besprechungen** mit Verfahrensbeteiligten wie Disziplinarbehörde, Dienst- oder Disziplinarvorgesetztem, Gericht, Staatsanwaltschaft, und Wehrdisziplinaranwalt,
- **Erinnerungen**, mit Ausnahme der in Vorbem. 6.2 Abs. 3 VV erwähnten Verfahren,
- Information des **Rechtsanwalts** durch den Mandanten über Nr. 6200 VV hinaus,
- **Nachbereitung** der Berufungshauptverhandlung,
- (außergerichtliche) Termine, soweit sie nicht unter Nr. 6201 VV fallen,
- **Rücknahme** der Revision oder Beschwerde.

V. Höhe der Verfahrensgebühr

9 Der **Wahlanwalt** erhält eine **Betragsrahmengebühr** i.H.v. 70,00 € – 470,00 €. Die Mittelgebühr beträgt 270,00 €.

10 Bei der Bemessung der Höhe der Gebühr sind über § 14 die **Besonderheiten** des jeweiligen **Einzelfalls** zu berücksichtigen. Auf Nr. 4124 VV Rn. 18 ff. und Teil A: Rahmengebühren (§ 14), Rn. 1051 ff. wird verwiesen.

11 Der **gerichtlich bestellte** oder **beigeordnete Rechtsanwalt** erhält einen **Festbetrag** i.H.v. 216,00 €.

VI. Zusätzliche Gebühren

12 Zusätzlich zu der Verfahrensgebühr kann der Rechtsanwalt auch im Berufungs- und Beschwerdeverfahren gegen eine den Rechtszug beendende Entscheidung eine Gebühr nach Nr. **6216 VV** erhalten, wenn durch seine Mitwirkung die mündliche Verhandlung entbehrlich geworden ist. Ist in der zweiten Instanz die Revision nicht zugelassen worden, entsteht in dem eine besondere Angelegenheit bildenden Beschwerdeverfahren gegen die Nichtzulassung der Revision die Verfahrensgebühr Nr. 6215 VV gesondert (vgl. die Erläuterungen zu Nr. 6215 VV).

VII. Erstattung

13 Insoweit wird auf die Ausführungen zu Vorbem. 6.2 VV Rn. 44 ff. verwiesen.

Terminsgebühr Disziplinarverfahren etc., zweiter Rechtszug   *Nr. 6208 VV*

Nr. 6208 VV
Terminsgebühr Disziplinarverfahren etc., zweiter Rechtszug

Nr.	Gebührentatbestand	Gebühr	
		Wahlverteidiger oder Verfahrensbevollmächtigter	gerichtlich bestellter oder beigeordneter Rechtsanwalt
6208	Terminsgebühr je Verhandlungstag	70,00 bis 470,00 EUR	216,00 EUR

Übersicht

	Rn.
A. Überblick	1
I. Entstehung der Norm/Regelungsgehalt	1
II. Anwendungsbereich	2
B. Kommentierung	3
I. Allgemeines	3
II. Persönlicher Geltungsbereich	4
III. Einzeltätigkeit	5
IV. Abgeltungsbereich	6
1. Allgemeines	6
2. Entstehen der Terminsgebühr	7
V. Mehrere Verhandlungstermine	8
VI. Höhe der Terminsgebühr	9
VII. Zusätzliche Gebühren	12
VIII. Erstattung	13

Literatur:

S. die Literaturhinweise bei Nr. 6207 VV vor Rn. 1 und bei Vorbem. 6.2 VV vor Rn. 1.

A. Überblick

I. Entstehung der Norm/Regelungsgehalt

Nr. 6208 VV regelt die gerichtliche Terminsgebühr **für den zweiten Rechtszug** in den bei Nr. 6207 VV Rn. 1 genannten Verfahren.   **1**

II. Anwendungsbereich

Es wird auf die entsprechenden Erläuterungen zu Vorbem. 6.2 VV Rn. 7 ff. verwiesen.   **2**

B. Kommentierung

I. Allgemeines

Der Rechtsanwalt erhält die Terminsgebühr der Nr. 6208 VV für die **Teilnahme an** einer gerichtlichen Verhandlung bzw. Hauptverhandlung im zweiten Rechtszug (Vorbem. 6 Abs. 3 VV). Finden daneben während des Verfahrens im zweiten Rechtszug noch außergerichtliche Anhö-   **3**

Nr. 6208 VV *Terminsgebühr Disziplinarverfahren etc., zweiter Rechtszug*

rungstermine oder außergerichtliche Termine zur Beweiserhebung statt, entsteht dafür neben der Terminsgebühr nach Nr. 6208 VV eine Terminsgebühr nach Nr. 6201 VV.

II. Persönlicher Geltungsbereich

4 Es wird auf die Erläuterungen zu Vorbem. 6 VV Rn. 4 und Vorbem. 4 VV Rn. 5 f. verwiesen.

III. Einzeltätigkeit

5 Es wird auf Vorbem. 6.2 VV Rn. 38 f., Nr. 6203 VV Rn. 5 und Nr. 6500 Rn. 1 ff. verwiesen.

IV. Abgeltungsbereich

1. Allgemeines

6 Die Terminsgebühr erfasst die Teilnahme des Rechtsanwalts an gerichtlichen Verhandlungsterminen im zweiten Rechtszug. Im Übrigen wird auf Nr. 6204 VV Rn. 6 und Nr. 4126 VV Rn. 10 verwiesen.

2. Entstehen der Terminsgebühr

7 Voraussetzung für das Entstehen der Terminsgebühr ist, dass eine gerichtliche **Verhandlung** im zweiten Rechtszug **stattgefunden** und der Rechtsanwalt daran teilgenommen hat. Nr. 6208 VV spricht ausdrücklich von „Verhandlungstag". S. im Übrigen Nr. 6204 VV Rn. 7 und Nr. 4108 VV Rn. 4 ff.

V. Mehrere Verhandlungstermine

8 Es wird auf die Ausführungen zu Nr. 6204 VV Rn. 10 verwiesen.

VI. Höhe der Terminsgebühr

9 Der **Wahlanwalt** erhält eine **Betragsrahmengebühr** i.H.v. 70,00 € – 470,00 €. Die Mittelgebühr beträgt 270,00 €.

10 Bei der Bemessung der Höhe der Gebühr sind über § 14 die **Besonderheiten** des jeweiligen **Einzelfalls** zu berücksichtigen. Es wird im Übrigen auf die Erläuterungen zu Nr. 4108 VV Rn. 18 ff. und auf Teil A: Rahmengebühren (§ 14), Rn. 1051 ff. verwiesen.

11 Der **gerichtlich bestellte** oder **beigeordnete Rechtsanwalt** erhält einen **Festbetrag** i.H.v. 216,00 €. Darauf erhält er bei besonders langen Hauptverhandlungen ggf. die Zuschläge aus den Nrn. 6209 bzw. 6210 VV (wegen der Einzelh. vgl. die Erläuterungen bei Nr. 6209 und 6210 VV).

VII. Zusätzliche Gebühren

12 Zusätzliche Gebühren sind die **Zuschläge** nach Nr. 6209 und 6210 VV, wenn der **gerichtlich bestellte Rechtsanwalt** mehr als fünf bis zu acht Std. oder mehr als acht Std. an der Hauptverhandlung teilgenommen hat. Zusätzlich zu der Terminsgebühr kann der Rechtsanwalt eine Gebühr nach Nr. **6216 VV** erhalten, wenn durch seine Mitwirkung die mündliche Verhandlung entbehrlich geworden ist.

VIII. Erstattung

13 Es wird auf die Ausführungen zu Vorbem. 6.2 VV Rn. 44 ff. verwiesen.

Zusatzgebühr Disziplinarverfahren etc., zweiter Rechtszug (HV 5 – 8 Std.)   Nr. 6209 VV

Nr. 6209 VV
Zusatzgebühr Disziplinarverfahren etc., zweiter Rechtszug (HV 5 – 8 Std.)

Nr.	Gebührentatbestand	Gebühr	
		Wahlverteidiger oder Verfahrensbevollmächtigter	gerichtlich bestellter oder beigeordneter Rechtsanwalt
6209	Der gerichtlich bestellte Rechtsanwalt nimmt mehr als 5 und bis 8 Stunden an der Hauptverhandlung teil: Zusätzliche Gebühr neben der Gebühr 6208		108,00 EUR

Übersicht

	Rn.
A. Überblick	1
B. Kommentierung	2
I. Allgemeines	2
II. Höhe der Gebühr	3

A. Überblick

Nr. 6209 VV gewährt dem gerichtlich bestellten Rechtsanwalt **zusätzlich** zur Terminsgebühr Nr. 6208 VV eine Zusatzgebühr, wenn er **im zweiten Rechtszug mehr** als **fünf und bis zu acht Stunden** an der Hauptverhandlung teilgenommen hat. Im Übrigen wird auf die Erläuterungen zu Nr. 6205 VV verwiesen.   1

B. Kommentierung

I. Allgemeines

Der gerichtlich bestellte Rechtsanwalt erhält die Gebühr der Nr. 6209 VV **zusätzlich** neben der Terminsgebühr nach Nr. 6208 VV. Es handelt sich um eine selbstständige Gebühr, die nicht mit anderen Gebühren verrechnet wird. Wegen der Einzelheiten wird auf die Anmerkungen zu Nr. 4110 VV verwiesen.   2

II. Höhe der Gebühr

Die Gebühr steht dem **gerichtlich bestellten Rechtsanwalt** in Form eines **festen Zuschlags** zu der Terminsgebühr der Nr. 6208 VV zu. Dieser beträgt 108,00 €.   3

Nr. 6210 VV   Zusatzgebühr Disziplinarverfahren etc., zweiter Rechtszug (HV mehr als 8 Std.)

Nr. 6210 VV
Zusatzgebühr Disziplinarverfahren etc., zweiter Rechtszug (HV mehr als 8 Std.)

Nr.	Gebührentatbestand	Gebühr	
		Wahlverteidiger oder Verfahrensbevollmächtigter	gerichtlich bestellter oder beigeordneter Rechtsanwalt
6210	Der gerichtlich bestellte Rechtsanwalt nimmt mehr als 8 Stunden an der Hauptverhandlung teil: Zusätzliche Gebühr neben der Gebühr 6208		216,00 EUR

Übersicht

	Rn.
A. Überblick	1
B. Kommentierung	2
I. Allgemeines	2
II. Höhe der Gebühr	3

Literatur:

S. die Literaturhinweise bei Nr. 6200 VV und Vorbem. 6.2 VV.

A. Überblick

1   Nr. 6210 VV gewährt dem gerichtlich bestellten Rechtsanwalt **zusätzlich** zur Terminsgebühr Nr. 6208 VV eine Zusatzgebühr, wenn er **im zweiten Rechtszug mehr** als **acht Stunden** an der Hauptverhandlung teilgenommen hat (s. im Übrigen die Erläuterungen zu Nrn. 6205 und 6209 VV).

B. Kommentierung

I. Allgemeines

2   Die Zusatzgebühr der Nr. 6210 VV unterscheidet sich von der Zusatzgebühr der Nr. 6209 VV nur dadurch, dass diese Gebühr erst entsteht, wenn der gerichtlich bestellte Rechtsanwalt **mehr als acht Stunden** an der Hauptverhandlung teilgenommen hat. Im Übrigen besteht kein Unterschied, sodass auf die Ausführungen bei Nr. 6205 und 6209 VV verwiesen werden kann (vgl. auch Nr. 6206 VV Rn. 2).

II. Höhe der Gebühr

3   Die Gebühr steht dem **gerichtlich bestellten Rechtsanwalt** in Form eines **festen Zuschlags** zu der Terminsgebühr der Nr. 6208 VV zu. Dieser Zuschlag beträgt 216,00 €.

Verfahrensgebühr Disziplinarverfahren etc., dritter Rechtszug   *Nr. 6211 VV*

Dritter Rechtszug

Nr. 6211 VV
Verfahrensgebühr Disziplinarverfahren etc., dritter Rechtszug

Nr.	Gebührentatbestand	Gebühr	
		Wahlverteidiger oder Verfahrensbevollmächtigter	gerichtlich bestellter oder beigeordneter Rechtsanwalt
6211	Verfahrensgebühr	100,00 bis 930,00 EUR	412,00 EUR

Übersicht

	Rn.
A. Überblick	1
I. Entstehung der Norm/Regelungsgehalt	1
II. Anwendungsbereich	2
B. Kommentierung	3
I. Allgemeines	3
II. Persönlicher Geltungsbereich	4
III. Einzeltätigkeit	5
IV. Abgeltungsbereich	6
1. Allgemeines	6
2. Dauer des gerichtlichen Verfahrens	7
V. Höhe der Verfahrensgebühr	8
VI. Zusätzliche Gebühren	11
VII. Erstattung	12

Literatur:
S. die Literaturhinweise bei Nr. 6200 VV und Vorbem. 6.2 VV.

A. Überblick

I. Entstehung der Norm/Regelungsgehalt

Nr. 6211 VV regelt die gerichtliche Verfahrensgebühr **für den dritten Rechtszug im Disziplinarverfahren** vor dem BVerwG (vgl. §§ 69 ff. BDG), vor dem Dienstgericht des Bundes beim BGH (vgl. § 79 Abs. 3 DRiG i.V.m. z.B. für Nordrhein-Westfalen § 53 LRiG) und im **berufsgerichtlichen Verfahren** wegen der Verletzung einer Berufspflicht in Anwaltssachen vor dem BGH (vgl. § 145 BRAO), in Patentanwaltssachen vor dem BGH (vgl. § 127 PatO) oder dem Senat für Steuerberater- und Steuerbevollmächtigtensachen bzw. Wirtschaftsprüfersachen beim BGH (vgl. § 97 StBerG und § 107a WiPrO).   1

> **Hinweis:**
>
> Im Verfahren nach der **Wehrdisziplinarordnung** (WDO) ist nur das Verfahren im ersten Rechtszug vor dem Truppendienstgericht und im zweiten Rechtszug vor dem BVerwG vor-

Nr. 6211 VV *Verfahrensgebühr Disziplinarverfahren etc., dritter Rechtszug*

gesehen (vgl. §§ 115 ff. WDO). Gebühren für den dritten Rechtszug entstehen daher in diesen Verfahren nicht (Hartung/Römermann/Hartung, 6211 – 6215 VV Rn. 3; so auch Gerold/Schmidt/Mayer, VV 6211 – 6215 Rn. 1).

In Disziplinarverfahren gegen **Notare** ist nach § 99 BNotO nur das Verfahren im ersten Rechtszug vor dem OLG und im zweiten Rechtszug vor dem BGH vorgesehen. Gebühren für den dritten Rechtszug entstehen daher in diesen Verfahren nicht (Hartung/Römermann, 6211 – 6215 VV Rn. 3; so auch Gerold/Schmidt/Mayer, VV 6211 – 6215 Rn. 1).

In Disziplinarsachen der **Richter im Bundesdienst** entscheidet nach §§ 61, 62 Abs. 1 Nr. 1 DRiG als Dienstgericht des Bundes ein besonderer Senat des BGH. Hierbei handelt es sich um das Verfahren im **ersten Rechtszug**, für das sich die Verfahrensgebühr nach Nr. 6203 VV richtet (Hartung/Römermann/Schons, 6211 – 6215 VV Rn. 3; so auch Gerold/Schmidt/Mayer, VV 6211 – 6215 Rn. 1).

Die Gebühren für die dritte Instanz entstehen unabhängig davon, ob es sich um eine Revision oder um eine **Beschwerde gegen eine den Rechtszug beendende Entscheidung** handelt (vgl. BT-Drucks. 15/1971, S. 231; so auch Gerold/Schmidt/Mayer, VV 6211 – 6215 Rn. 1).

II. Anwendungsbereich

2 Es wird auf die entsprechenden Erläuterungen zu Vorbem. 6.2 VV Rn. 7 ff. verwiesen.

B. Kommentierung

I. Allgemeines

3 Der **Rechtsanwalt** erhält die Verfahrensgebühr der Nr. 6211 VV für das Betreiben des Geschäfts im dritten Rechtszug (Vorbem. 6 Abs. 2 VV; wegen der allgemeinen Einzelh. zur Verfahrensgebühr vgl. die entsprechenden Erläuterungen zu Vorbem. 6 VV Rn. 5 und 4 VV Rn. 31 ff.).

> **Hinweis:**
> Wird der Rechtsanwalt erstmalig in der dritten Instanz mit der Vertretung beauftragt, erhält er auch die **Grundgebühr** der Nr. 6200 VV (vgl. Nr. 6200 VV Rn. 5 und 4100 VV Rn. 11 ff., 18 f.).

II. Persönlicher Geltungsbereich

4 Es wird auf die Erläuterungen zu Vorbem. 6 VV Rn. 4 und Vorbem. 4 VV Rn. 5 f. verwiesen.

III. Einzeltätigkeit

5 Wird der Rechtsanwalt im dritten Rechtszug nur mit einer einzelnen Tätigkeit beauftragt, bspw. der Einlegung der Revision oder deren Begründung, so entsteht hierfür die Verfahrensgebühr Nr. 6500 VV. Es wird auf die Ausführungen bei Vorbem. 6.2 Rn. 38 ff., Nr. 6203 VV Rn. 5 und Nr. 6500 VV Rn. 1 ff. verwiesen.

Verfahrensgebühr Disziplinarverfahren etc., dritter Rechtszug *Nr. 6211 VV*

IV. Abgeltungsbereich

1. Allgemeines

Durch die Verfahrensgebühr werden **alle Tätigkeiten** des Rechtsanwalts im gerichtlichen Verfahren in der dritten Instanz abgegolten, soweit dafür keine besonderen Gebühren vorgesehen sind, Vorbem. 6 Abs. 2 VV. Besondere Gebühren sind die Terminsgebühren, und zwar v.a. die für eine Hauptverhandlung vor dem Gericht (Nr. 6212 VV) sowie die allgemeine Terminsgebühr Nr. 6201 VV. Für die erstmalige Einarbeitung in den Rechtsfall entsteht die **Grundgebühr** nach Nr. 6200 VV, soweit sie für den Rechtsanwalt nicht bereits in den Vorinstanzen angefallen ist. 6

2. Dauer des gerichtlichen Verfahrens

Es wird insoweit auf die Erläuterungen zu Nr. 4130 VV Rn. 3 ff. verwiesen. 7

V. Höhe der Verfahrensgebühr

Der **Wahlanwalt** erhält eine **Betragsrahmengebühr** i.H.v. 100,00 € – 930,00 €. Die Mittelgebühr beträgt 515,00 €. 8

Bei der Bemessung der Höhe der Gebühr sind über § 14 die **Besonderheiten** des jeweiligen **Einzelfalls** zu berücksichtigen. Auf Nr. 4310 VV Rn. 21 f. und auf Teil A: Rahmengebühren (§ 14), Rn. 1051 ff. wird verwiesen. 9

Der **gerichtlich bestellte** oder **beigeordnete Rechtsanwalt** erhält einen **Festbetrag** i.H.v. 412,00 €. 10

VI. Zusätzliche Gebühren

Zusätzlich zu der Verfahrensgebühr kann der Rechtsanwalt auch im Revisions- und Beschwerdeverfahren gegen eine den Rechtszug beendende Entscheidung eine Gebühr nach Nr. **6216 VV** erhalten, wenn durch seine Mitwirkung die mündliche Verhandlung entbehrlich geworden ist. Ferner kann im Beschwerdeverfahren gegen die Nichtzulassung der Revision die Verfahrensgebühr Nr. 6215 VV entstehen. 11

VII. Erstattung

Es wird auf die Ausführungen zu Vorbem. 6.2 VV Rn. 44 ff. verwiesen. 12

Nr. 6212 VV *Terminsgebühr Disziplinarverfahren etc., dritter Rechtszug*

Nr. 6212 VV
Terminsgebühr Disziplinarverfahren etc., dritter Rechtszug

Nr.	Gebührentatbestand	Gebühr	
		Wahlverteidiger oder Verfahrensbevollmächtigter	gerichtlich bestellter oder beigeordneter Rechtsanwalt
6212	Terminsgebühr je Verhandlungstag	100,00 bis 470,00 EUR	228,00 EUR

Übersicht

	Rn.
A. Überblick	1
I. Entstehung der Norm/Regelungsgehalt	1
II. Anwendungsbereich	2
B. Kommentierung	3
I. Allgemeines	3
II. Persönlicher Geltungsbereich	4
III. Einzeltätigkeit	5
IV. Abgeltungsbereich	6
1. Allgemeines	6
2. Entstehen der Terminsgebühr	7
V. Mehrere Verhandlungstermine	8
VI. Höhe der Terminsgebühr	9
VII. Zusätzliche Gebühren	12
VIII. Erstattung	13

Literatur:

S. die Literaturhinweise bei Nr. 6200 VV und Vorbem. 6.2 VV.

A. Überblick

I. Entstehung der Norm/Regelungsgehalt

1 Nr. 6212 VV regelt die gerichtliche Terminsgebühr **für den dritten Rechtszug** in den bei Nr. 6211 VV Rn. 1 genannten Verfahren.

II. Anwendungsbereich

2 Es wird auf die entsprechenden Erläuterungen zu Vorbem. 6.2 VV Rn. 7 ff. verwiesen.

B. Kommentierung

I. Allgemeines

3 Der Rechtsanwalt erhält die Terminsgebühr der Nr. 6212 VV für die **Teilnahme** an einer Verhandlung bzw. Hauptverhandlung im dritten Rechtszug (Vorbem. 6 Abs. 3 VV). Finden daneben während des Verfahrens im dritten Rechtszug noch außergerichtliche Anhörungstermine oder

Terminsgebühr Disziplinarverfahren etc., dritter Rechtszug Nr. 6212 VV

außergerichtliche Termine zur Beweiserhebung statt, entsteht dafür neben der Terminsgebühr nach Nr. 6212 VV eine Terminsgebühr nach Nr. 6201 VV.

II. Persönlicher Geltungsbereich

Es wird auf die Erläuterungen zu Vorbem. 6 VV Rn. 4 und Vorbem. 4 VV Rn. 5 f. verwiesen. **4**

III. Einzeltätigkeit

Es wird auf Vorbem. 6.2 VV Rn. 38 f., Nr. 6203 VV Rn. 5 und Nr. 6500 Rn. 1 ff. verwiesen. **5**

IV. Abgeltungsbereich

1. Allgemeines

Die Terminsgebühr erfasst die Teilnahme des Rechtsanwalts an gerichtlichen Verhandlungsterminen im dritten Rechtszug. Im Übrigen wird auf Nr. 6204 VV Rn. 6 und Nr. 4132 VV Rn. 4 ff. verwiesen. **6**

2. Entstehen der Terminsgebühr

Voraussetzung für das Entstehen der Terminsgebühr ist, dass eine gerichtliche **Verhandlung** im dritten Rechtszug **stattgefunden** und der Rechtsanwalt daran **teilgenommen** hat. Nr. 6212 VV spricht ausdrücklich von „Verhandlungstag". S. im Übrigen Nr. 6204 VV Rn. 7 und Nr. 4132 VV Rn. 5 ff. **7**

V. Mehrere Verhandlungstermine

Es wird auf die Erläuterungen zu Nr. 6204 VV Rn. 10 verwiesen. **8**

VI. Höhe der Terminsgebühr

Der **Wahlanwalt** erhält eine **Betragsrahmengebühr** i.H.v. 100,00 € – 470,00 €. Die Mittelgebühr beträgt 285,00 €. **9**

Bei der Bemessung der Höhe der Gebühr sind über § 14 die **Besonderheiten** des jeweiligen **Einzelfalls** zu berücksichtigen. Es wird im Übrigen auf die Ausführungen zu Nr. 4108 VV Rn. 18 ff. und auf Teil A: Rahmengebühren (§ 14), Rn. 1051 ff. verwiesen. **10**

Der **gerichtlich bestellte** oder **beigeordnete Rechtsanwalt** erhält einen **Festbetrag** i.H.v. 228,00 €. Darauf erhält er bei besonders langen Hauptverhandlungen ggf. die Zuschläge aus den Nr. 6213 bzw. 6214 VV (wegen der Einzelh. vgl. die Erläuterungen bei Nrn. 6213 und 6214 VV). **11**

VII. Zusätzliche Gebühren

Zusätzliche Gebühren sind die **Zuschläge** nach Nrn. 6213 und 6214 VV, wenn der gerichtlich bestellte Rechtsanwalt mehr als fünf bis zu acht Stunden oder mehr als acht Stunden an der Hauptverhandlung teilgenommen hat. Zusätzlich zu der Terminsgebühr kann der Rechtsanwalt eine Gebühr nach Nr. **6216 VV** erhalten, wenn durch seine Mitwirkung die mündliche Verhandlung entbehrlich geworden ist. **12**

VIII. Erstattung

Es wird auf die Erläuterungen zu Vorbem. 6.2 VV Rn. 44 ff. verwiesen. **13**

Nr. 6213 VV   *Zusatzgebühr Disziplinarverfahren etc., dritter Rechtszug (HV 5 – 8 Std.)*

Nr. 6213 VV
Zusatzgebühr Disziplinarverfahren etc., dritter Rechtszug (HV 5 – 8 Std.)

Nr.	Gebührentatbestand	Gebühr	
		Wahlverteidiger oder Verfahrensbevollmächtigter	gerichtlich bestellter oder beigeordneter Rechtsanwalt
6213	Der gerichtlich bestellte Rechtsanwalt nimmt mehr als 5 und bis 8 Stunden an der Hauptverhandlung teil: Zusätzliche Gebühr neben der Gebühr 6212		114,00 EUR

Übersicht

	Rn.
A. Überblick	1
B. Kommentierung	2

A. Überblick

1 Nr. 6213 VV gewährt dem gerichtlich bestellten Rechtsanwalt **zusätzlich** zur Terminsgebühr Nr. 6212 VV eine Zusatzgebühr, wenn er **im dritten Rechtszug mehr** als **fünf und bis zu acht Stunden** an der Hauptverhandlung teilgenommen hat. Im Übrigen wird auf die Erläuterungen zu Nrn. 6205, 6209 VV verwiesen.

B. Kommentierung

2 Der gerichtlich bestellte Rechtsanwalt erhält die Gebühr der Nr. 6213 VV **zusätzlich** neben der Terminsgebühr nach Nr. 6212 VV. Es handelt sich um eine selbstständige Gebühr, die nicht mit anderen Gebühren verrechnet wird. Wegen der Einzelheiten wird auf die Anmerkungen zu Nr. 4110 VV verwiesen.

3 Die **Gebühr** steht dem **gerichtlich bestellten Rechtsanwalt** in Form eines **festen Zuschlags** zu der Terminsgebühr der Nr. 6212 VV zu. Dieser beträgt 114,00 €.

Zusatzgebühr Disziplinarverfahren etc., dritter Rechtszug (HV mehr als 8 Stunden) Nr. 6214 VV

Nr. 6214 VV
Zusatzgebühr Disziplinarverfahren etc., dritter Rechtszug (HV mehr als 8 Stunden)

Nr.	Gebührentatbestand	Gebühr	
		Wahlverteidiger oder Verfahrensbevollmächtigter	gerichtlich bestellter oder beigeordneter Rechtsanwalt
6214	Der gerichtlich bestellte Rechtsanwalt nimmt mehr als 8 Stunden an der Hauptverhandlung teil: Zusätzliche Gebühr neben der Gebühr 6212		228,00 EUR

Übersicht

	Rn.
A. Überblick	1
B. Kommentierung	2
I. Allgemeines	2
II. Höhe der Gebühr	3

A. Überblick

Nr. 6214 VV gewährt dem gerichtlich bestellten Rechtsanwalt **zusätzlich** zur Terminsgebühr Nr. 6212 VV eine Zusatzgebühr, wenn er **im dritten Rechtszug mehr** als **acht Stunden** an der Hauptverhandlung teilgenommen hat. Im Übrigen wird auf die Erläuterungen zu Nrn. 6205, 6209 und 6213 VV verwiesen. **1**

B. Kommentierung

I. Allgemeines

Die Zuschlagsgebühr Nr. 6214 VV unterscheidet sich von der Zuschlagsgebühr Nr. 6213 VV nur dadurch, dass diese Gebühr erst entsteht, wenn der gerichtlich bestellte Rechtsanwalt **mehr als acht Stunden** an der Hauptverhandlung teilgenommen hat. Im Übrigen besteht kein Unterschied, sodass auf die Ausführungen bei Nrn. 6205, 6206 und 6213 VV verwiesen werden kann (vgl. auch Nr. 6206 VV Rn. 2). **2**

> **Hinweis:**
> Wenn die Hauptverhandlung mehr als acht Stunden gedauert hat, erhält der gerichtlich bestellte Rechtsanwalt nur die Gebühr aus Nr. 6214 VV. Er erhält nicht etwa für die mehr als fünf- bis zu achtstündige Dauer der Hauptverhandlung zusätzlich zunächst die Gebühr nach Nr. 6213 VV und dann noch für die darüber hinausgehende Zeit die Gebühr nach Nr. 6214 VV. Das folgt daraus, dass die Gebühr als „zusätzliche Gebühr neben der Gebühr 6212" entsteht und nicht auch noch neben der Gebühr nach Nr. 6213 VV (vgl. Nr. 4111 VV Rn. 2).

Nr. 6214 VV Zusatzgebühr Disziplinarverfahren etc., dritter Rechtszug (HV mehr als 8 Stunden)

II. Höhe der Gebühr

3 Die Gebühr steht dem **gerichtlich bestellten Rechtsanwalt** in Form eines **festen Zuschlags** zu der Terminsgebühr der Nr. 6212 VV zu. Dieser Zuschlag beträgt 228,00 €.

Verfahrensgebühr Disziplinarverfahren etc., dritter Rechtszug Nr. 6215 VV

Nr. 6215 VV
Verfahrensgebühr Disziplinarverfahren etc., dritter Rechtszug
(Nichtzulassung der Revision)

Nr.	Gebührentatbestand	Gebühr	
		Wahlverteidiger oder Verfahrensbevollmächtigter	gerichtlich bestellter oder beigeordneter Rechtsanwalt
6215	Verfahrensgebühr für das Verfahren über die Beschwerde gegen die Nichtzulassung der Revision	60,00 bis 930,00 EUR	396,00 EUR

Übersicht

	Rn.
A. Überblick	1
I. Regelungsgehalt	1
II. Anwendungsbereich	2
B. Kommentierung	3
I. Allgemeines	3
II. Persönlicher Geltungsbereich	4
III. Einzeltätigkeit	5
IV. Einlegung der Nichtzulassungsbeschwerde (§ 19 Abs. 1 Satz 2 Nr. 10)	6
V. Abgeltungsbereich	7
1. Allgemeines	7
2. Verhältnis zur Verfahrensgebühr Nr. 6211 VV (Angelegenheit)	8
3. Dauer des Beschwerdeverfahrens	9
VI. Höhe der Verfahrensgebühr	10

Literatur:
S. Literaturhinweise bei Nr. 6200 VV vor Rn. 1 und bei Vorbem. 6.2 VV Rn. 1.

A. Überblick

I. Regelungsgehalt

Nr. 6215 VV bestimmt, dass der Rechtsanwalt für die Tätigkeit im Verfahren über die Beschwerde gegen die Nichtzulassung der Revision in den von Teil 6 Abschnitt 2 VV erfassten Verfahren eine Verfahrensgebühr erhält. Aufgrund der Stellung in Teil 6, Abschnitt 2 VV ist Nr. 6215 VV sowohl für die **Nichtzulassungsbeschwerde** im **Disziplinarverfahren** als auch im **berufsgerichtlichen Verfahren** wegen der Verletzung einer Berufspflicht **anzuwenden** (vgl. Rn. 1; AnwKomm-RVG/Wahlen, VV 6211 – 6215 Rn. 15; vgl. auch Vorbem. 6.2 VV Rn. 7 ff.).   **1**

Nr. 6215 VV   *Verfahrensgebühr Disziplinarverfahren etc., dritter Rechtszug*

II. Anwendungsbereich

2 Die **Nichtzulassungsbeschwerde** ist z.B. **vorgesehen** in:

- §§ 81 Abs. 1, 2 DRiG für Disziplinarverfahren gegen Landesrichter, soweit die Landesgesetzgebung die Revision an das Dienstgericht des Bundes vorgesehen hat (vgl. z.B. für Nordrhein-Westfalen § 53 LRiG),
- § 145 Abs. 3 BRAO für anwaltsgerichtliche Verfahren,
- § 69 BDG, §§ 132, 133 VwGO für das Disziplinarverfahren gegen Bundesbeamte,
- § 127 Abs. 3 PatAnwO für berufsgerichtliche Verfahren gegen Patentanwälte,
- § 129 Abs. 3 StBerG für berufsgerichtliche Verfahren gegen Steuerberater und Steuerbevollmächtigte,
- § 107 Abs. 3 WiPrO für berufsgerichtliche Verfahren gegen Wirtschaftsprüfer.

> **Hinweis:**
>
> Im Verfahren nach der **Wehrdisziplinarordnung** ist nur das Verfahren im ersten Rechtszug vor dem Truppendienstgericht und im zweiten Rechtszug vor dem BVerwG vorgesehen (vgl. §§ 115 ff. WDO). Gebühren für den dritten Rechtszug einschließlich der Gebühr für die Nichtzulassungsbeschwerde entstehen daher in diesen Verfahren nicht.
>
> In Disziplinarverfahren gegen **Notare** ist nach § 99 BNotO nur das Verfahren im ersten Rechtszug vor dem OLG und im zweiten Rechtszug vor dem BGH vorgesehen. Eine Gebühr für die Nichtzulassungsbeschwerde entsteht daher in diesen Verfahren ebenfalls nicht.

B. Kommentierung

I. Allgemeines

3 Der **Rechtsanwalt** erhält die Verfahrensgebühr der Nr. 6215 VV nach Vorbem. 6 Abs. 2 VV für das Betreiben des Geschäfts im Verfahren über die Beschwerde gegen die Nichtzulassung der Revision (wegen der allgemeinen Einzelh. zur Verfahrensgebühr vgl. die entsprechenden Erläuterungen bei Vorbem. 6 VV Rn. 5 und 4 VV Rn. 31 ff.).

> **Hinweis:**
>
> Wird der Rechtsanwalt erst mit der Vertretung im Verfahren über die Nichtzulassungsbeschwerde beauftragt, erhält er auch die **Grundgebühr** der Nr. 6200 VV (vgl. Nr. 6200 VV Rn. 5).

II. Persönlicher Geltungsbereich

4 Es wird auf die Erläuterungen zu Vorbem. 6 VV Rn. 4 und Vorbem. 4 VV Rn. 5 f. verwiesen.

III. Einzeltätigkeit

5 Wird der Rechtsanwalt nur mit einer Einzeltätigkeit im Verfahren der Nichtzulassungsbeschwerde beauftragt (z.B. Einlegung der Beschwerde), entsteht die Verfahrensgebühr Nr. 6500 VV. Es wird auf die Erläuterungen zu Vorbem. 6.2 VV Rn. 38 f., Nr. 6203 VV Rn. 5 und zu Nr. 6500 VV Rn. 1 ff. verwiesen.

Verfahrensgebühr Disziplinarverfahren etc., dritter Rechtszug Nr. 6215 VV

IV. Einlegung der Nichtzulassungsbeschwerde (§ 19 Abs. 1 Satz 2 Nr. 10)

Wird der **Verteidiger/Verfahrensbevollmächtigter der zweiten Instanz** nur mit der **Einlegung** 6
der Nichtzulassungsbeschwerde beauftragt, ist diese Tätigkeit gem. § 19 Abs. 1 Satz 2 Nr. 10
durch die Gebühren für die zweite Instanz **abgegolten**. Es fällt weder die Gebühr Nr. 6215 VV
noch eine Gebühr Nr. 6500 VV hierfür an (vgl. Nr. 4300 VV Rn. 4). Eine besondere Verfahrensgebühr nach Nr. 6215 VV entsteht für diesen Rechtsanwalt nur dann, wenn er auch im Verfahren
über die Nichtzulassungsbeschwerde tätig wird. **Begründet** er z. B. **die Nichtzulassungsbeschwerde**, entsteht die Verfahrensgebühr Nr. 6215 VV, weil die Begründung eines Rechtsmittels
nach § 19 Abs. 1 Satz 2 Nr. 10 nicht mehr mit den Gebühren für die zweite Instanz abgegolten
wird. Wird er nur mit der Begründung als **Einzeltätigkeit** beauftragt, entsteht die Verfahrensgebühr Nr. 6500 VV (vgl. Rn. 5).

V. Abgeltungsbereich

1. Allgemeines

Durch die Verfahrensgebühr werden **alle Tätigkeiten** des Rechtsanwalts im gerichtlichen Ver- 7
fahren über die Beschwerde gegen die Nichtzulassung der Revision abgegolten, soweit dafür
keine besonderen Gebühren vorgesehen sind. Eine besondere Gebühr ist z. B. die allgemeine
Terminsgebühr der Nr. 6201 VV.

2. Verhältnis zur Verfahrensgebühr Nr. 6211 VV (Angelegenheit)

Nach § 17 Nr. 9 bilden das erfolgreiche Verfahren über die Beschwerde gegen die Nichtzulas- 8
sung der Revision einerseits und das Revisionsverfahren andererseits für den Anwalt **verschiedene Angelegenheiten** (AnwKomm-RVG/Wahlen, VV 6211 – 6215 Rn. 15). Der Rechtsanwalt
erhält die Verfahrensgebühr Nr. 6215 VV für die Tätigkeit im Verfahren über die Nichtzulassungsbeschwerde **gesondert**; sie ist nicht auf die Verfahrensgebühr Nr. 6211 VV für das sich bei
Zulassung der Revision anschließende Revisionsverfahren **anzurechnen** (vgl. Hartung/Römermann/Schons, 6211 – 6215 VV Rn. 20; AnwKomm-RVG/Wahlen, VV 6211 – 6215 Rn. 15; VG
Schleswig-Holstein, AnwBl. 2001, 693). Eine weitere besondere Angelegenheit gegenüber der
Nichtzulassungsbeschwerde und dem Revisionsverfahren bildet das zweitinstanzliche Verfahren.
Ist die **Nichtzulassungsbeschwerde erfolglos**, kommt es also nicht zur Durchführung des Revisionsverfahrens, bilden das Verfahren über die Nichtzulassungsbeschwerde sowie das zweitinstanzliche Verfahren **verschiedene Angelegenheiten** (§ 15 Abs. 2 Satz 2; vgl. Gerold/Schmidt/
Müller-Rabe, § 17 Rn. 50).

3. Dauer des Beschwerdeverfahrens

Das Verfahren über die Nichtzulassungsbeschwerde und damit der Abgeltungsbereich der Ver- 9
fahrensgebühr Nr. 6215 VV **endet** mit der Zustellung der der Nichtzulassungsbeschwerde stattgebenden Entscheidung, da mit der Zustellung der Lauf der Revisionsfrist beginnt (vgl. § 145
Abs. 5 Satz 4 BRAO, § 127 Abs. 5 Satz 4 PatAnwO, § 81 Abs. 2 Satz 8 DRiG).

VI. Höhe der Verfahrensgebühr

Der **Wahlanwalt** erhält eine **Betragsrahmengebühr** i. H. v. 60,00 € – 930,00 €. Die Mittelgebühr 10
beträgt 495,00 €.

Nr. 6215 VV   *Verfahrensgebühr Disziplinarverfahren etc., dritter Rechtszug*

11 Bei der Bemessung der Höhe der Gebühr sind über § 14 die **Besonderheiten** des jeweiligen **Einzelfalls** zu berücksichtigen (vgl. auch Rahmengebühren [§ 14], Rn. 1051 ff.).

12 Der **gerichtlich bestellte** oder **beigeordnete Rechtsanwalt** erhält einen **Festbetrag** i.H.v. 396,00 €.

Unterabschnitt 4
Zusatzgebühr

Nr. 6216 VV
Zusätzliche Gebühr (mündliche Verhandlung entbehrlich)

Nr.	Gebührentatbestand	Gebühr	
		Wahlverteidiger oder Verfahrensbevollmächtigter	gerichtlich bestellter oder beigeordneter Rechtsanwalt
6216	Durch die anwaltliche Mitwirkung wird die mündliche Verhandlung entbehrlich: Zusätzliche Gebühr (1) Die Gebühr entsteht, wenn eine gerichtliche Entscheidung mit Zustimmung der Beteiligten ohne mündliche Verhandlung ergeht oder einer beabsichtigten Entscheidung ohne Hauptverhandlungstermin nicht widersprochen wird. (2) Die Gebühr entsteht nicht, wenn eine auf die Förderung des Verfahrens gerichtete Tätigkeit nicht ersichtlich ist. (3) Die Höhe der Gebühr richtet sich nach dem Rechtszug, in dem die Hauptverhandlung vermieden wurde. Für den Wahlanwalt bemisst sich die Gebühr nach der Rahmenmitte.	in Höhe der jeweiligen Verfahrensgebühr	

Nr. 6216 VV *Zusätzliche Gebühr (mündliche Verhandlung entbehrlich)*

Übersicht

	Rn.
A. Überblick	1
I. Regelungsgehalt	1
II. Anwendungsbereich	2
1. Erfasste Verfahren	2
2. Kein Vorliegen eines gerichtlichen Verfahrens	3
B. Kommentierung	5
I. Allgemeines	5
II. Persönlicher Geltungsbereich	6
III. Fälle der zusätzlichen Gebühr	7
1. Gerichtliche Entscheidung ohne mündliche Verhandlung (Anm. Abs. 1 Halbs. 1)	7
a) Allgemeines	7
b) Begriff der gerichtlichen Entscheidung	8
c) Zustimmung der Beteiligten	10
d) Ohne mündliche Verhandlung	11
2. Kein Widerspruch gegen beabsichtigte Entscheidung ohne Termin (Anm. Abs. 1 Halbs. 2)	12
a) Allgemeines	12
b) Begriff der „beabsichtigten Entscheidung"	13
c) Widerspruch und Hauptverhandlungstermin	14
3. Außergerichtlicher Bereich	15
IV. Anwaltliche Mitwirkung (Anm. Abs. 2)	16
1. Mitwirkung des Verteidigers	16
2. Tätigkeiten	17
3. Auf Förderung des Verfahrens gerichtete Tätigkeit	18
V. Gebührenhöhe (Anm. 3)	19
VI. Erstattung	22

Literatur:

N. Schneider, Zusatzgebühr bei Einstellung eines Disziplinarverfahrens im außergerichtlichen Verfahren?, AGS 2007, 225; s. auch die Literaturhinweise bei Nr. 4141 VV vor Rn. 1, bei Nr. 5115 VV vor Rn. 1 und bei Vorbem. 6.2 VV vor Rn. 1.

A. Überblick

I. Regelungsgehalt

1 **Vergleichbar** den Regelungen im Strafverfahren und im Bußgeldverfahren (vgl. **Nrn. 4141, 5115 VV**) soll durch die Zusatzgebühr nach Nr. 6216 VV die besondere Bemühung des Rechtsanwalts honoriert werden, die eine mündliche Verhandlung im gerichtlichen Verfahren entbehrlich macht. Der Rechtsanwalt erhält insoweit nicht nur eine erhöhte Gebühr, sondern eine **zusätzliche Gebühr**. Sinn und Zweck der Vorschrift ist es, intensive und zeitaufwendige Tätigkeiten des Rechtsanwalts, die zu einer Vermeidung der Hauptverhandlung und damit beim Rechtsanwalt zum Verlust der Terminsgebühr führen, gebührenrechtlich zu honorieren (vgl. im Übrigen Nr. 4141 VV Rn. 1).

II. Anwendungsbereich

1. Erfasste Verfahren

2 Der Gebührentatbestand kommt nach der Vorstellung des Gesetzgebers **insbesondere** in Betracht in den Fällen des **§ 59 BDG** und des **§ 102 WDO** (vgl. BT-Drucks. 15/1971, S. 231). Sofern

Zusätzliche Gebühr (mündliche Verhandlung entbehrlich)   *Nr. 6216 VV*

andere gesetzliche Bestimmungen über Disziplinarverfahren und berufsgerichtliche Verfahren wegen der Verletzung einer Berufspflicht gerichtliche Entscheidungen ohne Hauptverhandlungstermin vorsehen, kann Nr. 6216 VV aber ebenfalls anwendbar sein (Hartung/Römermann/Schons, 6216 VV Rn. 3).

2. Kein Vorliegen eines gerichtlichen Verfahrens

Während die Regelungen in Nrn. 4141, 5115 VV den Grundgedanken der früheren Regelung in § 84 Abs. 2 BRAGO (für Bußgeldverfahren i.V.m. § 105 Abs. 2 BRAGO) übernommen haben und auch schon die anwaltliche Mitwirkung an einer Verfahrenserledigung im vorbereitenden bzw. im Verfahren vor der Verwaltungsbehörde honorieren (vgl. die Komm. zu Nr. 4141 VV Rn. 22 und Nr. 5115 VV Rn. 16), wurde § 84 Abs. 2 BRAGO für die in § 109 BRAGO geregelten Disziplinarverfahren und die in § 110 BRAGO geregelten berufsgerichtlichen Verfahren nur dann für anwendbar gehalten, wenn das **Verfahren bereits bei Gericht anhängig** war (vgl. Gerold/Schmidt/Madert, BRAGO, § 109 Rn. 4). Auch der **Wortlaut** von Abs. 1 der Anm. zu Nr. 6216 VV legt den Schluss nahe, dass die Zusatzgebühr nur bei **Vorliegen eines gerichtlichen Verfahrens** in Betracht kommt.   3

Sinn und Zweck der Zusatzgebühr sprechen hierfür jedoch **nicht**. Es wird dann kein Anreiz geschaffen, bereits im außergerichtlichen Bereich zu einer Beendigung des Verfahrens beizutragen, um dadurch eine mündliche Verhandlung zu vermeiden. Man wird deshalb davon ausgehen müssen, dass die Zusatzgebühr auch dann entsteht, wenn bereits im außergerichtlichen Verfahren durch die anwaltliche Mitwirkung die mündliche Verhandlung entbehrlich wird. Der Rechtsanwalt, der bereits hier zu einer Verfahrenserledigung beiträgt, erspart dem Gericht mehr Arbeit als der Anwalt, der erst im gerichtlichen Verfahren die mündliche Verhandlung entbehrlich macht. Auch die Gesetzessystematik spricht für dieses Ergebnis. Die Zusatzgebühr Nr. 6216 VV ist in den eigenen Unterabschnitt 4 des Abschnitts 2 von Teil 6 VV eingestellt worden. Deshalb kann sie in den **Unterabschnitten 2 und 3** entstehen (N. Schneider, AGS 2007, 225; so auch AnwKomm-RVG/Wahlen, VV 6216 Rn. 2; Gerold/Schmidt/Mayer, VV 6216 Rn. 1).   4

B. Kommentierung

I. Allgemeines

Bis auf die in Nr. 6216 Anm. 1 VV aufgeführten Entstehungsvoraussetzungen entspricht Nr. 6216 VV **weitgehend** den **Nrn. 4141, 5115 VV**. Die dortigen Ausführungen gelten also entsprechend und können zur Auslegung und Erläuterung der Zusatzgebühr im Disziplinarverfahren und berufsgerichtlichen Verfahren wegen der Verletzung einer Berufspflicht ergänzend herangezogen werden.   5

II. Persönlicher Geltungsbereich

Es wird auf die Erläuterungen zu Vorbem. 6 VV Rn. 4 und Vorbem. 4 VV Rn. 5 f. verwiesen.   6

Nr. 6216 VV   *Zusätzliche Gebühr (mündliche Verhandlung entbehrlich)*

III. Fälle der zusätzlichen Gebühr

1. Gerichtliche Entscheidung ohne mündliche Verhandlung (Anm. Abs. 1 Halbs. 1)

a) Allgemeines

7 Die Zusatzgebühr entsteht nach Abs. 1 Halbs. 1 der Anm. zu Nr. 6216 VV, wenn

- eine gerichtliche Entscheidung
- mit Zustimmung der Beteiligten
- **ohne mündliche Verhandlung**

ergeht. Erfasst wird von dieser Formulierung die Entscheidung im gerichtlichen Disziplinarverfahren nach **§ 59 BDG** (so auch AnwKomm-RVG/Wahlen, VV 6216 Rn. 3).

b) Begriff der gerichtlichen Entscheidung

8 Nach § 59 Abs. 1 BDG kann das VG durch **Beschluss** die auch dem Dienstvorgesetzten nach § 33 BDG zustehenden Disziplinarmaßnahmen verhängen oder die Disziplinarklage abweisen. Der rechtskräftige Beschluss steht einem rechtskräftigen Urteil gleich (vgl. § 59 Abs. 2 BDG). Der Beschluss kann auch im Berufungsverfahren getroffen werden (vgl. § 65 Abs. 1 BDG) und dürfte auch im Revisionsverfahren möglich sein (vgl. § 70 Abs. 1 BDG). Wird die Entscheidung im zweiten oder dritten Rechtszug getroffen, hat dies Einfluss auf die Höhe der Gebühr (vgl. Rn. 19 ff.).

9 Auch bei der **Anfechtungsklage** des Beamten nach Durchführung des Widerspruchsverfahrens findet § 59 BDG Anwendung. Das Gericht kann danach durch Beschluss die auch dem Dienstvorgesetzten nach § 33 BDG zustehenden Disziplinarmaßnahmen verhängen oder die Klage des Beamten abweisen.

c) Zustimmung der Beteiligten

10 Nach § 59 Abs. 1 Satz 1 BDG ist die Zustimmung der Beteiligten **Voraussetzung** für die Beschlussfassung des Gerichts ohne mündliche Verhandlung. Die Zustimmung der Beteiligten i.S.v. Anm. 1 Halbs. 1 zu Nr. 6216 VV gilt als erteilt, wenn das Gericht den Beteiligten eine Frist zur Zustimmung gesetzt hat und diese ohne Widerspruch der Beteiligten abgelaufen ist (vgl. § 59 Abs. 1 Satz 2 BDG).

d) Ohne mündliche Verhandlung

11 Voraussetzung für die Anwendung der Nr. 6216 VV ist, dass die Entscheidung des Gerichts **ohne mündliche Verhandlung** ergeht (vgl. hierzu Nr. 4141 VV Rn. 22 ff.). Die Verhängung der Disziplinarmaßnahme oder die Abweisung der Disziplinarklage kann nach § 59 Abs. 1 Satz 1 BDG auch dann noch durch Beschluss erfolgen, wenn die **mündliche Verhandlung** bereits **eröffnet** war. In diesem Fall ist Nr. 6216 VV **nicht anwendbar**, weil Sinn und Zweck der Regelung gerade darin liegen, die anwaltliche Mitwirkung an der **Vermeidung** einer mündlichen Verhandlung zu honorieren (vgl. Rn. 1; vgl. auch Nr. 4141 VV Rn. 22 Ziff. 8). Der Rechtsanwalt erhält aufgrund der Eröffnung der mündlichen Verhandlung nach Vorbem. 6 Abs. 3 VV bereits eine Terminsgebühr (vgl. Nr. 6204 VV Rn. 7 bis 9), sodass eine zusätzliche Gebühr nicht mehr entsteht.

Zusätzliche Gebühr (mündliche Verhandlung entbehrlich)   *Nr. 6216 VV*

2. Kein Widerspruch gegen beabsichtigte Entscheidung ohne Termin (Anm. Abs. 1 Halbs. 2)

a) Allgemeines

Die Zusatzgebühr entsteht nach Abs. 1 Halbs. 2 der Anm. zu Nr. 6216 VV, wenn einer beabsichtigten Entscheidung   **12**

- **ohne Hauptverhandlungstermin**
- **nicht widersprochen** wird.

Erfasst wird von dieser Formulierung die Entscheidung im gerichtlichen Disziplinarverfahren nach **§ 102 WDO** (so auch AnwKomm-RVG/Wahlen, VV 6216 Rn. 3).

b) Begriff der „beabsichtigten Entscheidung"

Nach § 102 Abs. 1 WDO kann das Truppendienstgericht durch **Disziplinargerichtsbescheid**   **13**

- einfache Disziplinarmaßnahmen nach § 22 WDO und gerichtliche Disziplinarmaßnahmen nach § 58 Abs. 1 Nr. 1 und 2 WDO verhängen,
- auf Freispruch erkennen oder
- das Verfahren aus den in § 98 Abs. 1 Nr. 1 bis 3 WDO aufgeführten Gründen einstellen.

Der rechtskräftige Disziplinargerichtsbescheid steht einem rechtskräftigen Urteil gleich (vgl. § 102 Abs. 2 Satz 2 WDO).

c) Widerspruch und Hauptverhandlungstermin

Weitere Voraussetzung für die Anwendung von Nr. 6216 VV ist, dass der beabsichtigten Entscheidung **ohne Hauptverhandlungstermin nicht widersprochen** wird. Zu den Widerspruchsberechtigten gehören der Soldat sowie der Wehrdisziplinaranwalt (vgl. § 102 Abs. 1 Satz 2 WDO). Der Wehrdisziplinaranwalt kann nur dann vom Widerspruch gegen eine Entscheidung ohne Hauptverhandlung absehen, wenn die Einleitungsbehörde (vgl. hierzu § 94 WDO) zustimmt.   **14**

> **Hinweis:**
> Die Zusatzgebühr kann nach Abs. 1 der Anm. zu Nr. 6216 VV nur entstehen, wenn **§ 59 BDG** und **§ 102 WDO** die Möglichkeit der Entscheidung ohne mündliche Verhandlung bzw. ohne Hauptverhandlungstermin eröffnen.

3. Außergerichtlicher Bereich

Wird der Auffassung gefolgt, dass die Zusatzgebühr auch dann entsteht, wenn bereits im außergerichtlichen Verfahren durch die anwaltliche Mitwirkung die mündliche Verhandlung entbehrlich wird (vgl. Rn. 3), wird die Gebühr z.B. durch die **Einstellung** des **Verfahrens** ausgelöst (vgl. z.B. § 32 BDG; AnwKomm-RVG/Wahlen, VV 6216 Rn. 5). Auf die in Abs. 1 der Anm. zu Nr. 6216 VV aufgeführten Fälle kann dann gerade nicht abgestellt werden, weil diese ein gerichtliches Verfahren voraussetzen.   **15**

IV. Anwaltliche Mitwirkung (Anm. Abs. 2)

1. Mitwirkung des Verteidigers

16 **Voraussetzung** für das Entstehen der zusätzlichen Gebühr ist, dass durch die anwaltliche **Mitwirkung** mit Zustimmung der Beteiligten eine gerichtliche Entscheidung ohne mündliche Verhandlung ergeht bzw. einer beabsichtigten Entscheidung ohne Hauptverhandlungstermin nicht widersprochen wird. Der **Grad** der **anwaltlichen Mitwirkung** ist **unerheblich**.

Es sind **keine besonders hohen Anforderungen** an die Mitwirkung des Rechtsanwalts zu stellen. Auf die Erläuterungen zu Nr. 4141 VV Rn. 6 ff. wird verwiesen.

Der Rechtsanwalt **wirkt** im Fall des § 59 BDG an der **Vermeidung** der mündlichen Verhandlung **mit**, wenn er bei einem der Beteiligten darauf hinwirkt, dass die Zustimmung zur Entscheidung ohne mündliche Verhandlung durch Beschluss erteilt bzw. bei der Fristsetzung durch das Gericht nach § 59 Abs. 1 Satz 2 BDG von der Einlegung des Widerspruchs abgesehen wird. Im Fall des § 102 WDO ist eine anwaltliche Mitwirkung gegeben, wenn der Rechtsanwalt darauf Einfluss nimmt, dass dem Erlass eines Disziplinargerichtsbescheids ohne Hauptverhandlungstermin nicht widersprochen wird. Es **reicht** also **jede Tätigkeit** des Rechtsanwalts aus, die geeignet ist, das Verfahren im Hinblick auf eine gerichtliche Entscheidung ohne mündliche Verhandlung unter Zustimmung der Beteiligten oder im Hinblick auf das Absehen von einem Widerspruch gegen eine beabsichtigte Entscheidung ohne Hauptverhandlungstermin zu fördern. Auch die vom Anwalt dem Gericht mitgeteilte Zustimmung zur Entscheidung ohne mündliche Verhandlung oder die Mitteilung, dass einer Entscheidung ohne Hauptverhandlungstermin nicht widersprochen wird, reicht aus (AnwKomm-RVG/Wahlen, VV 6216 Rn. 4).

2. Tätigkeiten

17 In Betracht kommen z.B. **folgende Tätigkeiten**:

- **Besprechung** mit dem **Wehrdisziplinaranwalt** (vgl. zur Besprechung mit dem Staatsanwalt AG Lörrach, AGS 1999, 70),
- die Benennung von Zeugen,
- der Rechtsanwalt ist im Hinblick auf das Disziplinarmaßnahmeverbot wegen Zeitablaufs nach § 15 BDG tätig geworden (zur Frage der Verjährung in Strafsachen vgl. LG Schwerin, DAR 2000, 333; LG Baden-Baden, AGS 2002, 38),
- **Besprechung** mit dem **Beamten** im Hinblick auf die **Zustimmung** zur Verhängung einer Disziplinarmaßnahme durch Beschluss nach § 59 Abs. 1 Nr. 1 BDG,
- Besprechung mit dem Soldaten im Hinblick auf das Absehen von einem Widerspruch gegen die Verhängung einer der in § 102 Abs. 1 Nr. 1 WDO aufgeführten Disziplinarmaßnahmen durch Disziplinargerichtsbescheid.

3. Auf Förderung des Verfahrens gerichtete Tätigkeit

18 Nach Abs. 2 der Anm. zu Nr. 6216 VV entsteht die zusätzliche Gebühr nicht, wenn eine auf die Förderung des Verfahrens gerichtete anwaltliche Tätigkeit nicht ersichtlich ist (vgl. hierzu Nr. 4141 VV Rn. 10). Erforderlich ist daher zumindest ein **mitursächlicher Beitrag** des Rechtsanwalts (VG Berlin, RVGreport 2011, 144 = RVGprofessionell 2011, 119 = StRR 2011, 3 [Ls];

Zusätzliche Gebühr (mündliche Verhandlung entbehrlich) *Nr. 6216 VV*

zur Frage der (Mit)Ursächlichkeit Nr. 4141 VV Rn. 11 m.w.N.). Hat sich der Rechtsstreit materiell erledigt – Aufhebung der angegriffenen Disziplinarverfügung durch die Behörde und der damit einhergehenden materiellen Erledigung des Rechtsstreits aufgrund eines gerichtlichen Hinweises auf eine eingetretene Änderung der Rechtslage – und hat der Rechtsanwalt danach die prozessual noch erforderliche Erledigungserklärung abgegeben, entsteht keine Zusatzgebühr Nr. 6216 VV (so VG Berlin, a.a.O.).

V. Gebührenhöhe (Anm. 3)

Als zusätzliche Gebühr erhält der Rechtsanwalt nach Nr. 6216 VV eine **Verfahrensgebühr**. Die Höhe dieser Gebühr bemisst sich nach dem Rechtszug, in dem die Hauptverhandlung vermieden wurde. Das ist, da dem Rechtsanwalt die Terminsgebühr dieser Instanz verloren geht, nur folgerichtig (vgl. Rn. 1; vgl. auch Nr. 4141 VV Rn. 48). 19

Der **Wahlanwalt** bzw. Verfahrensbevollmächtigte erhält die Gebühr als **Betragsrahmengebühr**. In Anm. 3 Satz 2 zu Nr. 6216 VV ist aber ausdrücklich festgelegt, dass die Gebühr sich nach der **Rahmenmitte bemisst**. Die Umstände des Einzelfalls, die sonst über § 14 zu berücksichtigen wären, sind also ohne Bedeutung (vgl. hierzu Nr. 4141 Rn. 48 ff., 52). Es handelt sich also um eine „**Festgebühr**". Die Formulierung in Anm. 3 Satz 2 zu Nr. 6216 VV ist eindeutig und lässt Ausnahmen nicht zu. Im Übrigen spricht auch der Zweck dieser Regelung, nämlich die Schwierigkeiten einer einzelfallbezogenen Bemessung nach § 14 zu vermeiden, gegen eine ausnahmsweise doch zulässige Berücksichtigung der Umstände des Einzelfalls (vgl. dazu auch Nr. 4141 VV Rn. 52). 20

Der **gerichtlich bestellte** oder **beigeordnete Rechtsanwalt** erhält den **Festbetrag** der jeweiligen Verfahrensgebühr. 21

VI. Erstattung

Es wird auf die Erläuterungen zu Vorbem. 6.2 VV Rn. 44 ff. verwiesen. 22

Abschnitt 3
Gerichtliche Verfahren bei Freiheitsentziehung und in Unterbringungssachen

Nr. 6300 VV
Verfahrensgebühr bei erstmaliger Freiheitsentziehung und bei Unterbringungsmaßnahmen

Nr.	Gebührentatbestand	Gebühr	
		Wahlverteidiger oder Verfahrensbevollmächtigter	gerichtlich bestellter oder beigeordneter Rechtsanwalt
6300	Verfahrensgebühr in Freiheitsentziehungssachen nach § 415 FamFG, in Unterbringungssachen nach § 312 FamFG und bei Unterbringungsmaßnahmen nach § 151 Nr. 6 und 7 FamFG Die Gebühr entsteht für jeden Rechtszug.	30,00 bis 400,00 EUR	172,00 EUR

Übersicht

	Rn.
A. Überblick	1
I. Regelungsgehalt	1
II. Anwendungsbereich	4
1. Gerichtliche Freiheitsentziehungssachen nach § 415 FamFG	4
a) Bundes- oder landesrechtliche Freiheitsentziehung	4
b) Freiheitsentziehung aufgrund von Bundesrecht	6
aa) Freiheitsentziehungen im Aufenthalts- und Asylverfahrensrecht (AufenthG, AsylVfg)	7
bb) Gerichtliches Verfahren nach dem Infektionsschutzgesetz	8
cc) Gerichtliches Verfahren bei Polizeigewahrsam	9
2. Unterbringungssachen nach § 312 und § 151 Nr. 6 und 7 FamFG	10
3. Therapieunterbringung/Vollzug der Unterbringung	11
B. Kommentierung	12
I. Allgemeines	12
II. Persönlicher Geltungsbereich	15
1. Allgemeines	15
2. Beiordnung im Wege der PKH/Verteidigerbestellung	16
3. Anwaltlicher Verfahrenspfleger oder Verfahrensbeistand in Freiheitsentziehungs- und Unterbringungssachen	18
a) Anspruch auf RVG-Gebühren	18
b) Verschiedene Angelegenheiten	19
c) Mittellosigkeit des Betroffenen	20
III. Abgeltungsbereich	22

Verfahrensgebühr bei erstmaliger Freiheitsentziehung/Unterbringungssachen **Nr. 6300 VV**

1. Allgemeines	22
2. Entstehen der Gebühr	23
3. Katalog der erfassten Tätigkeiten	24
4. Entstehung für jeden Rechtszug	26
5. Einstweilige Anordnungsverfahren	27
a) Besondere Angelegenheit	27
b) Beschwerdeverfahren	28
IV. Höhe der Verfahrensgebühr	29
V. Einzeltätigkeiten	32
VI. Anspruch auf Wahlanwaltsgebühren (§§ 52, 53)	33
VII. Erstattung	34

Literatur:

Hansens, Die Vergütung des Rechtsanwalts in gerichtlichen Verfahren bei Freiheitsentzug, JurBüro 1989, 903; **Klüsener**, Die Anwaltsbeiordnung im Unterbringungsverfahren, FamRZ 1994, 487; **Mayer**, Die wichtigsten Neuerungen bei den RVG-Gebührentatbeständen: Teil 6 und 7 Vergütungsverzeichnis, NJ 2005, 159; **Möller**, Richtige Gebührenabrechnung des als Verfahrenspfleger bestellten Rechtsanwaltes, BRAGOprofessionell 2003, 68; **Schlöpke**, Vergütung von Verfahrenspflegern in Unterbringungssachen, Rpfleger 1993, 435; **Wielgoss**, Der Rechtsanwalt als Verfahrenspfleger, JurBüro 2004, 71.

A. Überblick

I. Regelungsgehalt

Teil 6 Abschnitt 3 VV regelt die Gebühren des Rechtsanwalts, der in gerichtlichen Verfahren bei **Freiheitsentziehung** und in **Unterbringungssachen** tätig wird. Durch das am 01.09.2009 in Kraft getretene Gesetz zur Reform des Verfahrens in Familiensachen und in den Angelegenheiten der freiwilligen Gerichtsbarkeit v. 17.12.2008 (FGG-Reformgesetz – FGG-RG; BGBl. I, S. 2586) ist das Gesetz über das gerichtliche Verfahren bei Freiheitsentziehungen (FEVG) aufgehoben worden (Art. 111 FGG-RG). Das Verfahren ist nunmehr in Buch 7 des FamFG (§§ 415 ff. FamFG) geregelt, das an die Stelle des Gesetzes über das gerichtliche Verfahren bei Freiheitsentziehungen (FEVG) getreten ist. § 70 Abs. 1 FGG a.F. ist ebenfalls durch das FGG-RG weggefallen und durch die Regelungen in §§ 312 ff. FamFG für Volljährige betreffende Unterbringungssachen bzw. durch § 151 Nr. 6 und 7 FamFG für die Unterbringung Minderjähriger abgelöst worden. Diese Änderungen durch das FGG-RG haben die Anpassung des Wortlauts von Nrn. 6300 ff. VV erforderlich gemacht.

Teil 6 Abschnitt 3 VV ist **anwendbar**, wenn ein ordentliches Gericht aufgrund der bundesrechtlichen oder landesrechtlichen Regelung über eine Freiheitsentziehung oder Unterbringung entscheidet (vgl. BayObLG, Rpfleger 1980, 120; OLG Frankfurt am Main, JurBüro 2000, 306 = StV 2001, 22 = AGS 2000, 71; LG Marburg, JurBüro 2000, 74; Hartung/Römermann/Schons, 6300 – 6303 VV Rn. 4).

Geregelt werden in Nrn. 6300 und **6301** VV zunächst die Verfahrens- und Terminsgebühr des Rechtsanwalts, der in gerichtlichen Verfahren bei erstmaliger Freiheitsentziehung nach § 415 FamFG, in Unterbringungssachen nach § 312 FamFG und bei Unterbringungsmaßnahmen nach § 151 Nr. 6 und 7 FamFG tätig wird. **2**

Nrn. 6302 und **6303** VV regeln die Verfahrens- und Terminsgebühr in sonstigen Fällen, und zwar in Verfahren über die Verlängerung oder Aufhebung einer Freiheitsentziehung nach §§ 425 und 426 FamFG oder einer Unterbringungsmaßnahme nach §§ 329 und 330 FamFG. **3**

Volpert

Nr. 6300 VV   *Verfahrensgebühr bei erstmaliger Freiheitsentziehung/Unterbringungssachen*

Ist der Rechtsanwalt im gerichtlichen Verfahren nur mit einer **Einzeltätigkeit** beauftragt, richtet sich die Gebühr nach Nr. 6500 VV (vgl. Nr. 6500 VV Rn. 1 ff.).

II. Anwendungsbereich

1. Gerichtliche Freiheitsentziehungssachen nach § 415 FamFG

a) Bundes- oder landesrechtliche Freiheitsentziehung

4   Teil 6, Abschnitt 3 VV ist **anwendbar**, wenn der Rechtsanwalt in **gerichtlichen Verfahren** bei Freiheitsentziehung nach §§ 415 ff. FamFG (früher FEVG, vgl. Rn. 1) tätig wird. Freiheitsentziehungssachen sind gem. § 415 Abs. 1 FamFG Verfahren, die die aufgrund von **Bundesrecht** angeordnete Freiheitsentziehung betreffen, soweit das Verfahren bundesrechtlich nicht abweichend geregelt ist. § 415 FamFG und damit Nr. 6300, 6301 VV erfassen alle Freiheitsentziehungen, die auf der Grundlage bundesrechtlicher Vorschriften anzuordnen sind, soweit dafür nicht vorrangige Regelungen getroffen sind.

> **Hinweis:**
>
> Die Nrn. 6300 ff. VV gelten aber **auch** für auf **Landesrecht beruhende Freiheitsentziehungen**, soweit die landesrechtlichen Vorschriften auf §§ 415 ff. FamFG verweisen (vgl. hierzu Keidel/Engelhardt, § 167 Rn. 6: z.B. NRW, PsychKG v. 17.12.1999, GV.NRW, S. 662; Niedersachen, NPsychKG v. 16.06.1997, Nds.GVBl., S. 272; AnwKomm-RVG/N. Schneider, VV 6300 – 6303 Rn. 9; Gerold/Schmidt/Mayer, VV 6300 – 6303 Rn. 1). Unschädlich ist, wenn landesrechtliche Vorschriften wegen fehlender Anpassung an das FGG-RG noch auf das FEVG verweisen (Keidel/Budde, § 415 Rn. 1).
>
> Die Nrn. 6300 ff. VV gelten **nur** für die anwaltliche Tätigkeit im gerichtlichen Verfahren hinsichtlich der Freiheitsentziehung.

5   In folgenden Fällen findet Teil 6, Abschnitt 3 VV daher **keine Anwendung** (vgl. auch Keidel/Budde, § 415 Rn. 1):

- auf Freiheitsentziehungen/Unterbringungen im **Strafverfahren**, z.B. soweit der Rechtsanwalt in Verfahren nach § 81 StPO (Einweisung in eine Heil- und Pflegeanstalt zur Untersuchung auf die strafrechtliche Verantwortung des Beschuldigten), in Haftprüfungsterminen und in den Fällen der §§ 126a, 453c, 463 StPO, §§ 71 Abs. 2, 72 Abs. 3, 73 JGG tätig wird (AnwKomm-RVG/N. Schneider, VV 6300 – 6303 Rn. 11; Hartung/Römermann/Schons, 6300 – 6303 VV Rn. 4; Gerold/Schmidt/Mayer, VV 6300 – 6303 Rn. 1; OLG Frankfurt am Main, JurBüro 2000, 306 = StV 2001, 22 = AGS 2000, 71);

- auf Freiheitsentziehungen/Unterbringungen im **Strafvollstreckungsverfahren**, weil die Gebühren des im Strafvollstreckungsverfahren tätigen Rechtsanwalts in Teil 4, Abschnitt 2 VV (Nrn. 4200 – 4207 VV) abschließend geregelt sind. Insbesondere die Tätigkeit des Rechtsanwalts in den Überprüfungsverfahren nach §§ 67d und 67e StGB wird nicht von Nrn. 6400 ff. VV, sondern von Nrn. 4200 ff. VV erfasst (AnwKomm-RVG/N. Schneider, VV 6300 – 6303 Rn. 11; Gerold/Schmidt/Mayer, VV 6300 – 6303 Rn. 1). Auf die Erläuterungen zu Vorbem. 4.2 VV Rn. 5, Nr. 4200 VV Rn. 7 wird verwiesen;

Verfahrensgebühr bei erstmaliger Freiheitsentziehung/Unterbringungssachen   Nr. 6300 VV

- auf die Freiheitsentziehung nach dem IRG oder dem IStGH-Gesetz (**Auslieferungshaft**, vgl. die Erläuterungen zu Nrn. 6100 und 6101 VV);
- im Verfahren vor der **Verwaltungsbehörde**, in denen die Freiheitsentziehung vorbereitet wird. Die Gebühren für die Tätigkeit des Rechtsanwalts in diesem Verfahren richten sich nach Teil 2 VV (Geschäftsgebühr Nr. 2300 VV; vgl. AnwKomm-RVG/N. Schneider, VV 6300 – 6303 Rn. 12; Gerold/Schmidt/Mayer, VV 6300 – 6303 Rn. 1);
- auf die **Zivilhaft** (Ordnungs- und Zwangshaft, vgl. z.B. §§ 888 bis 890 ZPO, § 33 FGG).

b)   Freiheitsentziehung aufgrund von Bundesrecht

Nrn. 6300 und 6301 VV gelten insbesondere für die anwaltliche Tätigkeit in folgenden Verfahren, in denen die Freiheitsentziehung auf bundesgesetzlichen Regelungen beruht: **6**

aa)   Freiheitsentziehungen im Aufenthalts- und Asylverfahrensrecht (AufenthG, AsylVfg)

Teil 6 Abschnitt 3 VV findet **Anwendung**, wenn der Rechtsanwalt in Verfahren tätig ist (Keidel/ Budde, § 415 Rn. 2; BT-Drucks. 16/6308, S. 291), in denen es um **7**

- die **Zurückweisungshaft** (§ 15 Abs. 6 AufenthG),
- die **Zurückschiebungshaft** nach §§ 57 Abs. 3, 62 AufenthG,
- **die Abschiebehaft** nach § 62 AufenthG,
- die Freiheitsentziehung zur Erzwingung der Vorführung nach § 82 Abs. 4 Satz 3 AufenthG und
- die **Verbringungshaft** nach § 59 Abs. 2, § 89 Abs. 2 AsylVfg

geht (vgl. hierzu AnwKomm-RVG/N. Schneider, VV 6300 – 6303 Rn. 9; Hartung/Römermann/ Schons, 6300 – 6303 VV Rn. 4; vgl. auch zur früheren Rechtslage BayObLG, JurBüro 1988, 1663; OLG Düsseldorf, JurBüro 1981, 234; OLG Frankfurt am Main, JurBüro 2000, 306 = StV 2001, 22 = AGS 2000, 71; LG Koblenz, Rpfleger 1998, 130 = JurBüro 1998, 192 = AnwBl. 1998, 215). Das Verfahren richtet sich gem. § 106 Abs. 2 AufenthG nach §§ 415 ff. FamFG.

bb)   Gerichtliches Verfahren nach dem Infektionsschutzgesetz

Ferner ist Teil 6, Abschnitt 3 VV bei der Tätigkeit des Rechtsanwalts in Verfahren nach dem **Infektionsschutzgesetz (IfSG) anwendbar**, vgl. § 30 Abs. 2 IfSG (so auch Gerold/Schmidt/Mayer, VV 6300 – 6303 Rn. 1; Hartung/Römermann/Schons, 6300 – 6303 VV Rn. 4). Das Verfahren richtet sich in diesen Fällen gem. § 30 Abs. 2 Satz 4 IfSG nach §§ 415 ff. FamFG. Es handelt sich um ein gerichtliches Verfahren, wenn für die zwangsweise Unterbringung eine richterliche Anordnung benötigt wird (vgl. § 417 FamFG). **8**

cc)   Gerichtliches Verfahren bei Polizeigewahrsam

Soweit die Polizeigesetze der Bundesländer für die richterliche Entscheidung über die Zulässigkeit und **Fortdauer** der **Freiheitsentziehung** auf §§ 415 ff. FamFG **verweisen**, fällt die Tätigkeit des Rechtsanwalts in diesen Verfahren unter Teil 6 **Abschnitt 3 VV**. Erfasst sind daher Freiheitsentziehungen aufgrund der Ermächtigungen in §§ 23 Abs. 3 Satz 4, 25 Abs. 3, 39 Abs. 1 und 2 und § 43 Abs. 5 des Bundespolizeigesetzes (BPolG) sowie Ingewahrsamnahmen nach § 21 Abs. 7 **9**

Nr. 6300 VV   Verfahrensgebühr bei erstmaliger Freiheitsentziehung/Unterbringungssachen

des Bundeskriminalamtgesetzes (BKAG) und durch das Zollkriminalamt nach § 23 Abs. 1 Satz 2 Nr. 8 des Zollfahndungsdienstgesetzes (ZFdG). § 40 Abs. 2 Satz 2 BPolG, § 21 Abs. 7 BKAG und § 23 Abs. 1 ZFdG verweisen für diese Freiheitsentziehungen auf §§ 415 ff. FamFG.

2. Unterbringungssachen nach § 312 und § 151 Nr. 6 und 7 FamFG

10 Teil 6, Abschnitt 3 VV ist ferner **anwendbar**, wenn der Rechtsanwalt in gerichtlichen Verfahren über **Unterbringungsmaßnahmen** nach § 312 FamFG und für Minderjährige in Unterbringungssachen nach § 151 Nr. 6 und 7 FamFG tätig wird (AnwKomm-RVG/N. Schneider, VV 6300 – 6303 Rn. 10; Hartung/Römermann/Schons, 6300 – 6303 VV Rn. 4). Zu den unter Teil 6, Abschnitt 3 VV fallenden Unterbringungssachen, für die das **Betreuungsgericht** bzw. bei Unterbringungssachen betreffend Minderjährige das **FamG** zuständig ist (vgl. § 23c GVG, §§ 111 Nr. 2, 151 Nr. 6 und 7 FamFG, § 23b GVG) gehören Verfahren, die

- die Genehmigung einer freiheitsentziehenden **Unterbringung** eines Betreuten (§ 1906 Abs. 1 bis 3 BGB) oder einer Person, die einen Dritten zu ihrer freiheitsentziehenden Unterbringung bevollmächtigt hat (§ 1906 Abs. 5 BGB),
- die Genehmigung einer freiheitsentziehenden Maßnahme nach **§ 1906 Abs. 4 BGB,**
- eine freiheitsentziehende Unterbringung eines Volljährigen nach den **Landesgesetzen** über die **Unterbringung psychisch Kranker**,
- die Genehmigung der freiheitsentziehenden Unterbringung eines Minderjährigen (§§ 1631b, 1800 und 1915 BGB) oder
- die Anordnung der freiheitsentziehenden Unterbringung eines Minderjährigen nach den **Landesgesetzen** über die Unterbringung psychisch Kranker (vgl. Rn. 4)

betreffen.

> **Hinweis:**
> Der Rechtsanwalt erhält in den Verfahren nach Teil 6 Abschnitt 3 VV eine Verfahrensgebühr und für die Wahrnehmung gerichtlicher Termine eine Terminsgebühr. Eine **Grundgebühr** wie in den in Teil 4 VV geregelten Strafsachen (vgl. Nr. 4100 VV) und in den in Teil 5 VV geregelten Bußgeldverfahren ist **nicht** vorgesehen (vgl. auch Nr. 6200 VV).

3. Therapieunterbringung/Vollzug der Unterbringung

11 Die Gebühren richten sich nach Nrn. 6300 ff. VV, wenn der Rechtsanwalt im Verfahren nach dem **Therapieunterbringungsgesetz** (ThUG) tätig wird. Zu Einzelheiten vgl. Teil A: Sicherungsverwahrung/Therapieunterbringung, Rn. 1211 ff.

Nach § 327 FamFG kann der Betroffene gegen eine Maßnahme zur Regelung einzelner Angelegenheiten im **Vollzug der Unterbringung** nach § 312 Nr. 3 FamFG (Unterbringung nach den PsychKG der Bundesländer) eine Entscheidung des Gerichts beantragen. Wird für den Betroffenen in diesem Vollzugsverfahren ein Rechtsanwalt tätig, richtet sich die Vergütung nicht nach Teil 6, Abschnitt 3 VV. Weil die Vorschrift verfahrensrechtlich derjenigen des § 23 EGGVG nachgebildet ist (vgl. Keidel/Budde, § 327 Rn. 1), dürfte die Vergütung des Anwalts in diesen Vollzugssachen unter Teil 3 VV fallen (vgl. Teil A: Verfahren nach dem Strafvollzugsgesetz und ähnliche Verfahren, Rn. 1441 ff.).

Verfahrensgebühr bei erstmaliger Freiheitsentziehung/Unterbringungssachen Nr. 6300 VV

B. Kommentierung

I. Allgemeines

Nr. 6300 VV regelt die Verfahrensgebühr, wenn der Rechtsanwalt bei erstmaliger Freiheitsentziehung nach § 415 FamFG und bei Unterbringungsmaßnahmen nach §§ 312, 151 Nr. 6 und 7 FamFG tätig wird. Der Rechtsanwalt erhält die Verfahrensgebühr für **das Betreiben des Geschäfts** (vgl. hierzu Vorbem. 6 VV Rn. 5, Vorbem. 4 VV Rn. 31 ff. und die entsprechenden Erläuterungen). 12

Eine erstmalige **Freiheitsentziehung** oder **freiheitsentziehende Unterbringung** liegt vor, wenn einer Person gegen ihren Willen oder im Zustand der Willenlosigkeit in einer Justizvollzugsanstalt, einem Haftraum, einer abgeschlossenen Verwahranstalt, einer abgeschlossenen Anstalt der Fürsorge, einer abgeschlossenen Krankenanstalt oder einem abgeschlossenen Teil einer Krankenanstalt die Freiheit entzogen (vgl. § 415 Abs. 2 FamFG) bzw. sie dort untergebracht werden soll. Zur **erstmaligen Freiheitsentziehung gehören**: 13

- das Anordnungsverfahren (vgl. §§ 415 ff., 312 ff. FamFG),
- das Verfahren auf richterliche Entscheidung über eine Verwaltungsmaßnahme, die eine Freiheitsentziehung darstellt (§ 428 Abs. 1 FamFG; AnwKomm-RVG/N. Schneider, VV 6300 – 6303 Rn. 18),
- das Verfahren auf nachträgliche Feststellung der Rechtswidrigkeit einer behördlichen Freiheitsentziehung nach § 428 Abs. 2 FEVG (vgl. AnwKomm-RVG/N. Schneider, VV 6300 – 6303 Rn. 18),
- das Verfahren auf Erlass einer **einstweiligen Anordnung** über die Freiheitsentziehung (§ 427 FamFG) oder die Unterbringung (§§ 331 ff. FamFG; AnwKomm-RVG/N. Schneider, VV 6300 – 6303 Rn. 20; vgl. zur Angelegenheit insoweit Rn. 28).

Auch die Verfahren auf erstmalige Anordnung der Freiheitsentziehung nach dem AufenthG und dem AsylVfg, dem Infektionsschutzgesetz, den Polizeigesetzen des Bundes sowie den landesrechtlichen **Vorschriften über** Freiheitsentziehungen und Unterbringungssachen sind Verfahren i.S.v. Nr. 6300 VV (vgl. hierzu Rn. 6 ff.). 14

II. Persönlicher Geltungsbereich

1. Allgemeines

Die Verfahrensgebühr steht sowohl dem **Wahlanwalt** als auch dem **gerichtlich bestellten** oder **beigeordneten** Rechtsanwalt eines der in Vorbem. 6 Abs. 1 VV genannten Beteiligten zu (AnwKomm-RVG/N. Schneider, VV 6300 – 6303 Rn. 13). Wird der Rechtsanwalt in den in Teil 6, Abschnitt 3 VV geregelten Verfahren ggf. als **Beistand** eines Zeugen oder eines Sachverständigen tätig, besteht wegen Vorbem. 6 Abs. 1 VV Anspruch auf die in Teil 6, Abschnitt 3 VV geregelten Gebühren. Die gerichtliche Beiordnung bzw. Bestellung erstreckt sich auf das gesamte Verfahren einschließlich des Beschwerdeverfahrens (AnwKomm-RVG/N. Schneider, VV 6300 – 6303 Rn. 63; Gerold/Schmidt/Mayer, VV 6300 – 6303 Rn. 13). 15

2. Beiordnung im Wege der PKH/Verteidigerbestellung

16 Gem. §§ 76 ff. FamFG, §§ 114 ff. ZPO kann dem Betroffenen in Freiheitsentziehungs- und Unterbringungssachen auf Antrag im Wege der **Verfahrenskostenhilfe** ein Rechtsanwalt beigeordnet werden (vgl. hierzu Horndasch/Viefhues, § 158 Rn. 15; Keidel/Budde, § 317 Rn. 5 und § 419 Rn. 4; Keidel/Engelhardt, § 158 Rn. 41). Eine Beiordnung im Wege der PKH ist auch in **Abschiebehaftsachen** nach § 62 AufenthG möglich (vgl. OLG München, NJW-RR 2006, 931 = RVGreport 2006, 57 = Rpfleger 2006, 186; zur früheren Rechtslage auch BGH, NJW 1998, 2829; BayObLG, InfAuslR 2001, 178; OLG Frankfurt am Main, 23.11.2000 – 20 W 344/00, JurionRS 2000, 20324).

17 **Hinweis:**

Ob in Freiheitsentziehungs- und Unterbringungssachen die **Bewilligung** von **PKH** nebst Beiordnung eines Rechtsanwalts angesichts der Möglichkeit der Bestellung eines **Verfahrenspflegers** (vgl. §§ 317, 419 FamFG) bzw. eines **Verfahrensbeistands** (§ 158 FamFG) zulässig ist, ist in Rechtsprechung und Literatur **umstritten** (bejahend Keidel/Budde, § 317 Rn. 5 und § 419 Rn. 4; Keidel/Engelhardt, § 158 Rn. 41; vgl. zur früheren Rechtslage Marschner/Volckart, Freiheitsentziehung und Unterbringung, Abschnitt D, § 70b FGG Rn. 5; OLG Köln, FamRZ 2000, 635; LG Berlin, BtPrax 2002, 175; LG Braunschweig, FamRZ 1994, 524; LG Hannover, FamRZ 1993, 216; Klüsener, FamRZ 1994, 487; s. auch Rn. 18 ff.). Soweit in diesen Verfahren aber ein Rechtsanwalt im Wege der PKH beigeordnet wird, kann der Rechtsanwalt die Verfahrensgebühr aus der Staatskasse verlangen (a.A. LG Braunschweig, a.a.O.).

3. Anwaltlicher Verfahrenspfleger oder Verfahrensbeistand in Freiheitsentziehungs- und Unterbringungssachen

a) Anspruch auf RVG-Gebühren

18 § 419 FamFG sieht in Freiheitsentziehungssachen und § 317 FamFG in Unterbringungssachen die Bestellung eines Verfahrenspflegers für den Betroffenen vor. Sowohl der **Verfahrensbeistand** als auch der **Verfahrenspfleger** erhalten die im FamFG geregelte Vergütung stets aus der **Staatskasse** (vgl. hierzu § 158 Abs. 7 FamFG, § 318 i.V.m. § 277 FamFG, §§ 419 Abs. 5, 277 FamFG). Nach diesen Bestimmungen rechnet auch der **anwaltliche Verfahrenspfleger oder Verfahrensbeistand** mit der Staatskasse ab. Ein als Verfahrenspfleger oder Verfahrensbeistand bestellter Rechtsanwalt kann wegen § 1 Abs. 2 Satz 1 Aufwendungen grds. nicht nach dem RVG abrechnen, sodass Nr. 6300 – 6303 VV insoweit nicht gelten. Nach § 1 Abs. 2 Satz 2, § 1835 Abs. 3 BGB kann **der anwaltliche Verfahrenspfleger oder Verfahrensbeistand** jedoch ausnahmsweise Aufwendungsersatz in Gestalt einer Vergütung nach dem RVG verlangen, soweit er seine spezifische anwaltliche Qualifikation für Aufgaben einsetzt, für deren Erfüllung ein rechtsunkundiger Laie als Verfahrenspfleger oder Verfahrensbeistand wegen der besonderen rechtlichen Schwierigkeit und der Bedeutung vernünftigerweise einen Anwalt hätte beauftragen müssen (vgl. hierzu BGH, NJW 2011, 453 = MDR 2011, 72 = JurBüro 2011, 130; OLG Düsseldorf, AGS 2007, 338; OLGR Köln, 2008, 334; OLG München, NJW-RR 2009, 355 = Rpfleger 2008, 574 = MDR 2008, 976; RVGreport 2006, 57; OLG Rostock, Rpfleger 2010, 77 = JurBüro 2010, 592 = MDR 2010, 1079; LG Limburg, Rpfleger 2009, 232; vgl. zum alten Recht – FGG –

Verfahrensgebühr bei erstmaliger Freiheitsentziehung/Unterbringungssachen Nr. 6300 VV

BVerfG, Rpfleger 2001, 23 = JurBüro 2001, 43; BayObLG, NJW-RR 2003, 1372). Der Umstand, dass § 277 Abs. 1 FamFG nur auf §§ 1835 Abs. 1 und 2 BGB, nicht aber auf § 1835 Abs. 3 BGB verweisen, steht dem nicht entgegen. Denn es ergeben sich keine Anhaltspunkte dafür, dass der Gesetzgeber im Rahmen von § 277 Abs. 1 FamFG von den Vorgaben des BVerfG (Rpfleger 2001, 23 = JurBüro 2001, 43) zur Abrechnung anwaltsspezifischer Dienstleistungen durch den anwaltlichen Verfahrenspfleger abweichen wollte (BGH, NJW 2011, 453 = MDR 2011, 72 = JurBüro 2011, 130; OLG München, NJW-RR 2009, 355 = Rpfleger 2008, 574 = MDR 2008, 976; OLG Rostock, Rpfleger 2010, 77 = JurBüro 2010, 592 = MDR 2010, 1079). Stellt das Gericht fest, dass die Verfahrenspflegschaft eine anwaltsspezifische Tätigkeit erfordert, ist das für die Kosten- bzw. Vergütungsfestsetzung bindend (BGH, a.a.O.; OLG Schleswig, MDR 2008, 1366 = NJW-RR 2009, 79; OLG Stuttgart, NJW-RR 2004, 424).

> **Hinweis:**
> Der zum Verfahrenspfleger oder Verfahrensbeistand bestellte Rechtsanwalt hat insoweit ein **Wahlrecht**. Er kann gem. § 1 Abs. 2 Satz 2, § 1835 Abs. 3 BGB nach dem RVG (Nrn. 6300 – 6303 VV) abrechnen oder die in §§ 158 Abs. 7, 277 FamFG vorgesehene Vergütung geltend machen (BayObLG, BtPrax 2004, 70; OLG Frankfurt am Main, FamRZ 2002, 59; OLG Köln, OLGR 2004, 53 = NJW-RR 2003, 712).

b) Verschiedene Angelegenheiten

Wenn der Rechtsanwalt sowohl im Verfahren auf Erlass einer **einstweiligen Anordnung** zur vorläufigen Unterbringung (§§ 331 ff. FamFG) bzw. zur vorläufigen Freiheitsentziehung (§ 427 FamFG) als auch im **Hauptsacheverfahren** zur endgültigen Unterbringung tätig wird, wird er in verschiedenen gebührenrechtlichen Angelegenheiten tätig. Beide Verfahren bilden nach § 17 Nr. 4b **verschiedene Angelegenheiten**. Kann der Rechtsanwalt gem. § 1 Abs. 2 Satz 2, § 1835 Abs. 3 BGB nach dem RVG abrechnen, entstehen auch für den Verfahrenspfleger gesonderte Gebühren nach Nrn. 6300 – 6303 VV (OLG München, NJW-RR 2006, 931 = RVGreport 2006, 57 = Rpfleger 2006, 186; vgl. hierzu auch Rn. 27). 19

c) Mittellosigkeit des Betroffenen

Im Fall der **Mittellosigkeit** des Betroffenen kann der anwaltliche Verfahrenspfleger oder Verfahrensbeistand gem. § 1 Abs. 2 Satz 2, § 1835 Abs. 3 BGB aber gegenüber der Staatskasse nur die für den gerichtlich beigeordneten oder bestellten Rechtsanwalt vorgesehenen Festgebühren in Nrn. 6300 ff. VV abrechnen (OLG München, RVGreport 2006, 57 = Rpfleger 2006, 186; so für den Betreuer eines mittelosen Betreuten auch BGH, NJW 2007, 844 = Rpfleger 2007, 197; OLG Düsseldorf, 23.10.2008 – I-25 WX 88/08, n.v.; OLG Köln, NJW-RR 2003, 712). 20

> **Hinweis:** 21
> Auch dann, wenn der Rechtsanwalt seinen Aufwendungsersatzanspruch für die Tätigkeit als Verfahrenspfleger nach dem **RVG** abrechnen kann, bleibt es für den Anspruch bei der in § 2 VBVG; § 1835 Abs. 1 BGB geregelten **Ausschlussfrist**, die nach Ablauf zum **Erlöschen des Anspruchs** führt. Danach erlöschen Ersatzansprüche, wenn sie nicht binnen 15 Monaten nach ihrer Entstehung gerichtlich geltend gemacht werden. Diese Regelung geht

Nr. 6300 VV   Verfahrensgebühr bei erstmaliger Freiheitsentziehung/Unterbringungssachen

der allgemeinen Verjährung nach dem BGB vor (BayObLG, BRAGOreport 2003, 235; OLG Frankfurt am Main, RVGreport 2004, 73 = NJW 2003, 3642).

III. Abgeltungsbereich

1. Allgemeines

22 Der Rechtsanwalt erhält die Verfahrensgebühr nach Abs. 2 der Vorbem. 6 VV für das Betreiben des Geschäfts einschließlich der Information (vgl. hierzu Vorbem. 4 Rn. 31 ff.). Durch die **Verfahrensgebühr** werden **alle Tätigkeiten** des Rechtsanwalts bei der erstmaligen Freiheitsentziehung nach § 415 FamFG und in Unterbringungssachen nach §§ 312, 151 Nr. 6 und 7 FamFG abgegolten, soweit dafür keine besonderen Gebühren vorgesehen sind (Hartung/Römermann/Schons, 6300 – 6303 VV Rn. 6). Als besondere Gebühr ist die Terminsgebühr Nr. 6301 VV vorgesehen, die der Rechtsanwalt für die Teilnahme an gerichtlichen Terminen erhält (vgl. Vorbem. 6 Abs. 3 VV).

Eine **Grundgebühr** wie in den in Teil 4 VV geregelten Strafsachen (vgl. Nr. 4100 VV) und in den in Teil 5 VV geregelten Bußgeldverfahren ist **nicht** vorgesehen (vgl. auch Nr. 6200 VV).

> **Hinweis:**
> Die in Nr. 6300 VV aufgeführte Verfahrensgebühr hat **Pauschgebührencharakter**. Sie gilt sämtliche vom Rechtsanwalt entfaltete Tätigkeiten ab, die zur Erledigung des erteilten Auftrags erforderlich waren, vgl. auch § 15 Abs. 1. Nicht abgegolten wird durch die Verfahrensgebühr die Teilnahme an gerichtlichen Terminen, da hierfür nach Nr. 6301 VV eine besondere Gebühr entsteht.

2. Entstehen der Gebühr

23 Die Gebühr entsteht mit der ersten Tätigkeit des Rechtsanwalts, die auf die Ausführung des Auftrags gerichtet ist, beispielsweise der Informationsaufnahme (OLG München, NJW-RR 2006, 931 = RVGreport 2006, 57 = Rpfleger 2006, 186; AnwKomm-RVG/N. Schneider, VV 6300 – 6303 Rn. 17). Für die Entstehung reicht es aus, wenn der Rechtsanwalt im Rahmen der Ausführung des Auftrags eine **erste Tätigkeit** entfaltet hat (zu Einzeltätigkeiten des Rechtsanwalts vgl. Rn. 32).

3. Katalog der erfassten Tätigkeiten

24 Insbesondere werden folgende allgemeine Tätigkeiten von der Verfahrensgebühr nach Nr. 6300 VV **erfasst** (s. auch Vorbem. 4 VV Rn. 31 ff.):

- Aufnahme der Information,
- allgemeine **Beratung** des Mandanten,
- **Besprechung** mit dem Auftraggeber (OLG München, NJW-RR 2006, 931 = RVGreport 2006, 57 = Rpfleger 2006, 186), mit dem behandelnden Arzt (OLG München, NJW-RR 2006, 931 = RVGreport 2006, 57 = Rpfleger 2006, 186), mit Verfahrensbeteiligten,
- **Akteneinsicht,**
- **Schriftverkehr** (OLG München, NJW-RR 2006, 931 = RVGreport 2006, 57 = Rpfleger 2006, 186),

Verfahrensgebühr bei erstmaliger Freiheitsentziehung/Unterbringungssachen   Nr. 6300 VV

- Beschaffung von Informationen,
- Prüfung eines ärztlichen Gutachtens (OLG München, NJW-RR 2006, 931 = RVGreport 2006, 57 = Rpfleger 2006, 186),
- **eigene Ermittlungen** des Rechtsanwalts,
- Besuche in der JVA bzw. der Unterbringungseinrichtung,
- Einlegung eines Rechtsmittels (§ 19 Abs. 1 Satz 2 Nr. 10; vgl. aber Rn. 26),
- Wahrnehmung **außergerichtlicher Termine,**
- Tätigkeit im Anordnungsverfahren nach §§ 415 ff. FamFG, auch im Verfahren vor der Verwaltungsbehörde zur Vorbereitung der Freiheitsentziehung, da kein besonderes behördliches Verfahren stattfindet, § 19 Abs. 1 Satz 2 Nr. 1 (AnwKomm-RVG/N. Schneider, VV 6300 – 6303 Rn. 18; vgl. auch Rn. 25),
- **Anfechtung** von Maßnahmen der Verwaltungsbehörde nach § 428 Abs. 2 FamFG (AnwKomm-RVG/N. Schneider, VV 6300 – 6303 Rn. 18),
- Verhandlungen mit der Verwaltungsbehörde während des laufenden Verfahrens (AnwKomm-RVG/N. Schneider, VV 6300 – 6303 Rn. 18),
- im **Beschwerdeverfahren** fällt für die vom beigeordneten Rechtsanwalt neben der sofortigen Beschwerde gegen die Anordnung der Abschiebehaft eingelegte Beschwerde gegen die Anordnung der sofortigen Wirksamkeit keine zusätzliche Beschwerdegebühr an (vgl. zur alten Rechtslage LG Koblenz, NJW-RR 1998, 787 = JurBüro 1998, 192 = Rpfleger 1998, 130; s. dazu auch Rn. 26).

Hinweis: 25
Wird der Rechtsanwalt im Verfahren vor der **Verwaltungsbehörde** tätig, in denen die Freiheitsentziehung vorbereitet wird, richten sich die Gebühren für die Tätigkeit des Rechtsanwalts nach **Teil 2 VV** (**Geschäftsgebühr Nr. 2300 VV**; vgl. AnwKomm-RVG/N. Schneider, VV 6300 – 6303 Rn. 12; Gerold/Schmidt/Mayer, VV 6300 – 6303 Rn. 1).

4. Entstehung für jeden Rechtszug

Nach der Anm. zu Nr. 6300 VV entsteht die Verfahrensgebühr **für jeden Rechtszug**. Diese Klarstellung entspricht der allgemeinen Regelung in § 15 Abs. 2 Satz 2. Daher erhält der Rechtsanwalt im **Beschwerdeverfahren** (vgl. §§ 58 ff. FamFG), im **Rechtsbeschwerdeverfahren** (zur Zulässigkeit in Freiheitsentziehungs- und Unterbringungssachen vgl. § 70 Abs. 3 FamFG) sowie im erstinstanzlichen Verfahren ebenfalls die Verfahrensgebühr Nr. 6300 VV (AnwKomm-RVG/N. Schneider, VV 6300 – 6303 Rn. 32; Gerold/Schmidt/Mayer, VV 6300 – 6303 Rn. 3). Die Verfahrensgebühr entsteht mit der ersten anwaltlichen Tätigkeit im Beschwerde- oder Rechtsbeschwerdeverfahren. Der Rechtsanwalt muss das Rechtsmittel nicht selbst einlegen, um die Gebühr zu verdienen. Die **Postentgeltpauschale** entsteht in dem weiteren Rechtszug erneut, da wegen § 15 Abs. 2 verschiedene Angelegenheiten betroffen sind, vgl. die Anm. zu Nr. 7002 VV. 26

Nach § 19 Abs. 1 Satz 2 Nr. 10 ist die **Einlegung** der **Beschwerde** (§§ 58 ff. FamFG) beim Gericht desselben Rechtszugs (vgl. § 64 Abs. 1 FamFG) für den in der ersten **Instanz** tätigen Rechtsanwalt mit der Verfahrensgebühr für diese Instanz abgegolten. Für den erstmals in der Beschwer-

Nr. 6300 VV   *Verfahrensgebühr bei erstmaliger Freiheitsentziehung/Unterbringungssachen*

deinstanz bestellten Rechtsanwalt gehört die Einlegung zum Beschwerderechtszug und wird mit der dort verdienten Verfahrensgebühr abgegolten.

Zu beachten ist, dass die **Rechtsbeschwerde** in Freiheitsentziehungs- und Unterbringungssachen gem. § 71 Abs. 1 FamFG beim **Rechtsbeschwerdegericht** einzulegen ist. Der bereits in der Beschwerdeinstanz tätige Rechtsanwalt verdient somit die Gebühr Nr. 6300 VV für das Rechtsbeschwerdeverfahren bereits durch die Einlegung der Rechtsbeschwerde beim Rechtsbeschwerdegericht, weil § 19 Abs. 1 Satz 2 Nr. 10 nicht gilt.

> **Hinweis:**
> Ein **neuer Rechtszug** i.S.d. § 15 Abs. 2 Satz 2 und Nr. 6300 VV, für den der Rechtsanwalt eine gesonderte Vergütung verlangen kann, wird durch ein Rechtsmittel nur dann eröffnet, wenn dieses sich gegen die eine **Instanz beendende, gerichtliche Sachentscheidung** richtet. Bei Beschwerden gegen Entscheidungen, die die Instanz nicht beenden (Zwischen- und Nebenentscheidungen), gehört die Tätigkeit des Rechtsanwalts im Beschwerdeverfahren noch zur Vorinstanz und wird mit den dort ggf. verdienten Pauschgebühren abgegolten (z.B. Beschwerde gegen Zurückweisung eines PKH-Antrages; OLG Düsseldorf, JurBüro 1985, 729; AnwKomm-RVG/N. Schneider, VV 6300 – 6303 Rn. 37, Beschwerde nach § 428 Abs. 2 FamFG; Gerold/Schmidt/Mayer, VV 6300 – 6303 Rn. 3; a.A. Hartung/Römermann/Schons, VV 6300 – 6303 Rn. 8, 19). Keine Zwischenentscheidung ist die einstweilige Anordnung (vgl. Rn. 27 ff.).

5. Einstweilige Anordnungsverfahren

a) Besondere Angelegenheit

27 Wenn der Rechtsanwalt sowohl im Verfahren auf einstweilige Anordnung zur **vorläufigen Unterbringung** oder **Freiheitsentziehung** (§§ 331 ff., 427 FamFG) als auch im Hauptsacheverfahren zur **endgültigen Unterbringung** (§§ 312 ff. FamFG) oder **Freiheitsentziehung** (§ 415 ff. FamFG) tätig wird, liegen gem. § 17 Nr. 4b zwei verschiedene gebührenrechtliche Angelegenheiten vor. Es entstehen daher gesonderte Gebühren nach Nrn. 6300 ff. VV (OLG München, NJW-RR 2006, 931 = RVGreport 2006, 57 = Rpfleger 2006, 186; AnwKomm-RVG/N. Schneider, VV 6300 – 6303 Rn. 4, 36; Gerold/Schmidt/Mayer, VV 6300 – 6303 Rn. 10).

b) Beschwerdeverfahren

28 Wird gegen eine **einstweilige Anordnung Beschwerde** eingelegt (§§ 58 ff. FamFG), bildet dieses Beschwerdeverfahren eine **besondere Angelegenheit**, weil ein neuer Rechtszug vorliegt. Wegen der Anm. zu Nr. 6300 VV bzw. § 15 Abs. 2 entstehen daher auch bei der Beschwerde gem. §§ 58 ff. FamFG gegen eine einstweilige Anordnung die Gebühren nach Nrn. 6300 ff. VV ebenfalls erneut (AnwKomm-RVG/N. Schneider, VV 6300 – 6303 Rn. 36; Gerold/Schmidt/Mayer, VV 6300 – 6303 Rn. 10). Anders als nach der bis zum Inkrafttreten des FamFG zum 01.09.2009 geltenden Rechtslage handelt es sich bei der über die einstweilige Anordnung getroffenen Entscheidung um eine den Rechtszug beendende Entscheidung (vgl. Rn. 26; zur früheren Rechtslage vgl. BGH, FamRZ 2003, 1551). Denn § 51 Abs. 3 FamFG stellt klar, dass das Verfahren der einstweiligen Anordnung auch bei Anhängigkeit eines Hauptsacheverfahrens ein selbstständiges Verfahren darstellt, die Verfahren also getrennt voneinander zu betrachten sind. Da das Verfahren der

Verfahrensgebühr bei erstmaliger Freiheitsentziehung/Unterbringungssachen   *Nr. 6300 VV*

einstweiligen Anordnung gegenüber dem Hauptsacheverfahren ein selbstständiges Verfahren ist, bildet die einstweilige Anordnung eine Endentscheidung i.S.v. § 38 FamFG (Reinken in: Horndasch/Viefhues, § 38 Rn. 4), die mit der Beschwerde gem. §§ 58 ff. FamFG anzufechten ist (OLG Celle, FamRZ 2010, 1844 = MDR 2010, 291; OLG Stuttgart, ZFE 2010, 30 = NJW 2009, 3733).

IV. Höhe der Verfahrensgebühr

Der **Wahlanwalt** erhält eine **Betragsrahmengebühr** i.H.v. 30,00 € – 400,00 €. Die Mittelgebühr beträgt 215,00 €.   **29**

Bei der Bemessung der Höhe der Gebühr sind über § 14 insbesondere die **Besonderheiten** des jeweiligen **Einzelfalls** zu berücksichtigen. Die Höhe der Gebühr ist also v.a. abhängig von den vom Rechtsanwalt erbrachten Tätigkeiten (vgl. hierzu die Erläuterungen zu Vorbem. 4 VV Rn. 41 ff. und bei Teil A: Rahmengebühren [§ 14], Rn. 1051 ff.). Da keine **Grundgebühr** vorgesehen ist (vgl. Nr. 4100, 5100, 6200 VV), muss die erstmalige Einarbeitung in die Sache bei der Bemessung der Verfahrensgebühr berücksichtigt werden.

Der **gerichtlich bestellte Rechtsanwalt** erhält aus der Staatskasse eine **Festgebühr** i.H.v. 172,00 €.   **30**

> **Hinweis:**
>
> Den Anwälten, die in Verfahren nach Teil 6 Abschnitt 3 VV tätig werden, kann **keine Pauschgebühr** nach § 42 oder § 51 gewährt werden, weil diese Verfahren in §§ 42 und 51 nicht erwähnt werden (OLG Celle, NJW-RR 2008, 1599 = AGS 2008, 548 = RVGreport 2009, 137; vgl. Vorbem. 6 VV Rn. 9 f.).

Wird der Rechtsanwalt für **mehrere Auftraggeber** tätig, erhöht sich für den Wahlanwalt der Betragsrahmen um jeweils 30 % je weiterem Auftraggeber, für den gerichtlich bestellten oder beigeordneten Rechtsanwalt erhöht sich die Festgebühr um 30 % für jeden weiteren Auftraggeber (AnwKomm-RVG/N. Schneider, VV 6300 – 6303 Rn. 23; s. auch Teil A: Mehrere Auftraggeber [§ 7, Nr. 1008 VV], Rn. 1005 ff.).   **31**

V. Einzeltätigkeiten

Wegen der Vergütung für Einzeltätigkeiten wird auf die Komm. zu Nr. 6500 VV verwiesen. Der mit einer Einzeltätigkeit in Verfahren nach Teil 6, Abschnitt 3 VV betraute Anwalt verdient die Verfahrensgebühr Nr. 6500 VV (so auch Gerold/Schmidt/Mayer, VV 6300 – 6303 Rn. 11).   **32**

VI. Anspruch auf Wahlanwaltsgebühren (§§ 52, 53)

Wird der Rechtsanwalt (z.B. in Abschiebehaftsachen) dem Betroffenen im Wege der **PKH beigeordnet** (vgl. hierzu Rn. 15 ff.), kann er nach **§§ 53 Abs. 1, 52** die Zahlung der Gebühren eines Wahlanwalts vom Betroffenen verlangen (AnwKomm-RVG/N. Schneider, VV 6300 – 6303 Rn. 61; Hartung/Römermann/Schons, 6300 – 6303 VV Rn. 31; Gerold/Schmidt/Mayer, VV 6300 – 6303 Rn. 13). Hinsichtlich der Voraussetzungen für die Geltendmachung dieses Anspruchs wird auf die Komm. zu § 52 und zu § 53 Abs. 1 verwiesen.   **33**

Nr. 6300 VV   Verfahrensgebühr bei erstmaliger Freiheitsentziehung/Unterbringungssachen

> **Hinweis:**
>
> Dem zum **Verfahrenspfleger oder Verfahrensbeistand bestellten Rechtsanwalt** steht auch dann kein Anspruch auf Zahlung der Wahlanwaltsgebühren zu, wenn er nach § 1835 Abs. 3 BGB, § 1 Abs. 2 Satz 2 Gebühren nach dem RVG verlangen kann (vgl. Rn. 18 ff.). Denn er gehört nicht zu den beigeordneten und bestellten Anwälten i.S.v. §§ 52 und 53 (Hartung/Römermann/Schons, VV 6300 – 6303 Rn. 51). Auf die Erläuterungen zu §§ 52 und 53 wird im Übrigen verwiesen.
>
> Der Verfahrenspfleger ist auch dann kein beigeordneter Rechtsanwalt i.S.v. § 53 Abs. 1, wenn er vom Gericht nicht bestellt, sondern beigeordnet worden ist (vgl. hierzu OLG Oldenburg, JurBüro 1993, 412 m. abl. Anm. Mümmler).

VII. Erstattung

34 Lehnt das Gericht den **Antrag** der **Verwaltungsbehörde** auf **Freiheitsentziehung** ab oder wird der Antrag zurückgenommen und hat das Verfahren ergeben, dass ein begründeter Anlass zur Stellung des Antrags nicht vorlag, hat das Gericht die Auslagen des Betroffenen, soweit sie zur zweckentsprechenden Rechtsverfolgung notwendig waren, der Körperschaft aufzuerlegen, der die Verwaltungsbehörde angehört, § 430 FamFG.

Gem. § 85 FamFG gelten für die Kostenfestsetzung die Vorschriften der §§ 103 bis 107 ZPO entsprechend. Die Höhe der Auslagen wird auf Antrag des Betroffenen durch den Rechtspfleger **festgesetzt**.

35 In Unterbringungssachen kann das Gericht gem. § 337 FamFG die Auslagen des Betroffenen, soweit sie zur zweckentsprechenden Rechtsverfolgung notwendig waren, ganz oder teilweise der Staatskasse auferlegen, wenn eine Unterbringungsmaßnahme nach § 312 Nr. 1 und 2 FamFG abgelehnt, als ungerechtfertigt aufgehoben, eingeschränkt oder das Verfahren ohne Entscheidung über eine Maßnahme beendet wird.

Wird ein Antrag auf eine Unterbringungsmaßnahme nach den Landesgesetzen über die Unterbringung psychisch Kranker nach § 312 Nr. 3 FamFG abgelehnt oder zurückgenommen und hat das Verfahren ergeben, dass für die zuständige Verwaltungsbehörde ein begründeter Anlass, den Unterbringungsantrag zu stellen, nicht vorgelegen hat, hat das Gericht die Auslagen des Betroffenen der Körperschaft aufzuerlegen, der die Verwaltungsbehörde angehört.

Gem. § 85 FamFG gelten für die Kostenfestsetzung ebenfalls die Vorschriften der §§ 103 bis 107 ZPO entsprechend.

Nr. 6301 VV
Terminsgebühr bei erstmaliger Freiheitsentziehung und bei Unterbringungsmaßnahmen

Nr.	Gebührentatbestand	Gebühr	
		Wahlverteidiger oder Verfahrensbevollmächtigter	gerichtlich bestellter oder beigeordneter Rechtsanwalt
6301	Terminsgebühr in den Fällen der Nummer 6300 Die Gebühr entsteht für die Teilnahme an gerichtlichen Terminen.	30,00 bis 400,00 EUR	172,00 EUR

Übersicht

	Rn.
A. Überblick	1
I. Entstehung der Norm/Regelungsgehalt	1
II. Anwendungsbereich	2
B. Kommentierung	3
I. Allgemeines	3
II. Persönlicher Geltungsbereich	4
III. Einzeltätigkeit	5
IV. Abgeltungsbereich	6
1. Allgemeines	6
2. Entstehen der Terminsgebühr	7
3. Entstehung für jeden Rechtszug	8
4. Mehrere Termine	9
5. Einstweilige Anordnungsverfahren	10
V. Höhe der Terminsgebühr	11
VI. Anspruch auf Wahlgebühren, Pauschgebühren, Erstattung	14

Literatur:
S. Literaturhinweise bei Nr. 6300 VV vor Rn. 1.

A. Überblick

I. Entstehung der Norm/Regelungsgehalt

Nr. 6301 VV regelt die **Terminsgebühr** für die in Nr. **6300 VV genannten Verfahren** bei erstmaliger Freiheitsentziehung nach § 415 FamFG, bei Unterbringungssachen nach § 312 FamFG und bei Unterbringungsmaßnahmen nach § 151 Nr. 6 und 7 FamFG. 1

II. Anwendungsbereich

Zum Anwendungsbereich wird auf Nr. 6300 VV Rn. 4 bis 11 verwiesen. 2

Nr. 6301 VV   Terminsgebühr bei erstmaliger Freiheitsentziehung/Unterbringungsmaßnahmen

B. Kommentierung

I. Allgemeines

3   Der **Rechtsanwalt** erhält die Terminsgebühr der Nr. 6301 VV für die Teilnahme an **gerichtlichen Terminen** in den von Nr. 6300 VV erfassten genannten Fällen/Verfahren. Das ergibt sich aus Vorbem. 6 Abs. 3 Satz 1 VV und aus der Anm. zu Nr. 6301 VV. In den Freiheitsentziehungssachen nach § 415 FamFG und in den Unterbringungssachen finden vor allem **Anhörungstermine** statt, vgl. z.B. §§ 319, 420 FamFG.

II. Persönlicher Geltungsbereich

4   Die Terminsgebühr steht sowohl dem **Wahlverteidiger** oder Verfahrensbevollmächtigtem als auch dem **gerichtlich bestellten** oder **beigeordneten** Rechtsanwalt zu. Wird der Rechtsanwalt in den in Teil 6, Abschnitt 3 VV geregelten Verfahren ggf. als **Beistand** eines Zeugen oder eines Sachverständigen tätig, besteht wegen Vorbem. 6 Abs. 1 VV Anspruch auf die in Teil 6, Abschnitt 3 VV geregelten Gebühren (s. im Übrigen Nr. 6300 VV Rn. 15 ff.).

III. Einzeltätigkeit

5   Wird der Rechtsanwalt in den genannten Verfahren **nur** mit einer einzelnen Tätigkeit beauftragt, bspw. mit der Teilnahme an einem gerichtlichen Termin, entsteht hierfür die Gebühr Nr. 6500 VV (s. Nr. 6300 VV Rn. 32 und die Komm. zu Nr. 6500 VV).

IV. Abgeltungsbereich

1. Allgemeines

6   Die Terminsgebühr entsteht für die Teilnahme des Rechtsanwalts an gerichtlichen Terminen in den von Nr. 6300 VV erfassten Verfahren (vgl. dazu Nr. 6300 Rn. 4 ff.). Im Übrigen kann auf die Erläuterungen zu Vorbem. 4 VV Rn. 58 ff. und Vorbem. 6 Abs. 3 VV verwiesen werden.

2. Entstehen der Terminsgebühr

7   Es kann auf Vorbem. 6 VV Rn. 6 und Vorbem. 4 VV Rn. 58 ff. verwiesen werden.

3. Entstehung für jeden Rechtszug

8   Nach Nr. 6300 VV entsteht die Verfahrensgebühr für jeden Rechtszug. Eine entsprechende Anm. findet sich bei Nr. 6301 VV zwar nicht. Da die Anm. zu Nr. 6300 VV aber lediglich der allgemeinen Regelung in § 15 Abs. 2 Satz 2 entspricht, entsteht auch die Terminsgebühr **in weiteren Rechtszügen neu**, soweit der Rechtsanwalt in diesen Rechtszügen an gerichtlichen Terminen teilnimmt, z.B. im Beschwerdeverfahren gegen eine den Rechtszug beendende Entscheidung (AnwKomm-RVG/N. Schneider, VV 6300 – 6303 Rn. 35; Hartung/Römermann/Hartung, 6300 – 6303 VV Rn. 12; vgl. zu Einzelh. Nr. 6300 VV Rn. 26 ff.).

4. Mehrere Termine

9   Nimmt der Rechtsanwalt an mehreren Terminen teil, erhält er gleichwohl **nur eine** Terminsgebühr nach Nr. 6301 VV. Das folgt eindeutig aus der Formulierung, wonach die Terminsgebühr „für die Teilnahme an gerichtlichen Terminen" entsteht und aus § 15 Abs. 2 Satz 1. Eine Rege-

Terminsgebühr bei erstmaliger Freiheitsentziehung/Unterbringungsmaßnahmen   Nr. 6301 VV

lung wie in Nrn. 6101, 6201, 6204 usw. VV, nach der die Terminsgebühr **für jeden Verhandlungstag** entsteht, ist in Nr. 6301 VV nicht enthalten (vgl. hierzu KG, RVGreport 2006, 353 = AGS 2006, 549; so auch AnwKomm-RVG/N. Schneider, VV 6300 – 6303 Rn. 25; Hartung/Römermann/Schons, 6300 – 6303 VV Rn. 13; Gerold/Schmidt/Gerold/Schmidt/Mayer, VV 6300 – 6303 Rn. 5; vgl. auch Nr. 4202 VV Rn. 10). Der Umstand, dass es sich ggf. um mehrere Termine gehandelt hat, muss allerdings bei der Bemessung der Gebühr gem. § 14 Abs. 1 berücksichtigt werden (vgl. Teil A: Rahmengebühren [§ 14], Rn. 1045 ff.).

5. Einstweilige Anordnungsverfahren

Die Terminsgebühr kann auch bei Teilnahme an gerichtlichen Terminen im einstweiligen Anordnungsverfahren anfallen. Es wird auf Nr. 6300 VV Rn. 27 f. verwiesen.   10

V. Höhe der Terminsgebühr

Der **Wahlanwalt** bzw. Verfahrensbevollmächtigte erhält eine **Betragsrahmengebühr** i.H.v.   11
30,00 € – 400,00 €. Die Mittelgebühr beträgt 215,00 €.

Bei der Bemessung der Höhe der Gebühr sind über § 14 die **Besonderheiten** des jeweiligen   12
Einzelfalls zu berücksichtigen (vgl. im Übrigen Vorbem. 4 VV Rn. 63 ff. und Teil A: Rahmengebühren [§ 14], Rn. 1045 ff.).

Der **gerichtlich bestellte Rechtsanwalt** erhält aus der Staatskasse eine **Festgebühr** i.H.v.   13
172,00 €.

> **Hinweis:**
>
> Den Anwälten, die in Verfahren nach Teil 6, Abschnitt 3 VV tätig werden, kann **keine Pauschgebühr** nach § 42 oder § 51 gewährt werden, weil diese Verfahren in §§ 42 und 51 nicht erwähnt werden (OLG Celle, NJW-RR 2008, 1599 = AGS 2008, 548 = RVGreport 2009, 137; vgl. Vorbem. 6 VV Rn. 9 f.).

VI. Anspruch auf Wahlgebühren, Pauschgebühren, Erstattung

Es wird auf die Erläuterungen zu Nr. 6300 VV Rn. 33 ff. verwiesen.   14

Nr. 6302 VV
Verfahrensgebühr in sonstigen Fällen

Nr.	Gebührentatbestand	Gebühr	
		Wahlverteidiger oder Verfahrensbevollmächtigter	gerichtlich bestellter oder beigeordneter Rechtsanwalt
6302	Verfahrensgebühr in sonstigen Fällen Die Gebühr entsteht für jeden Rechtszug des Verfahrens über die Verlängerung oder Aufhebung einer Freiheitsentziehung nach den §§ 425 und 426 FamFG oder einer Unterbringungsmaßnahme nach den §§ 329 und 330 FamFG.	20,00 bis 250,00 EUR	108,00 EUR

Übersicht

	Rn.
A. Überblick	1
I. Entstehung der Norm/Regelungsgehalt	1
II. Anwendungsbereich	2
1. Allgemeines	2
2. Verfahren über die Verlängerung einer Freiheitsentziehung (§ 425 FamFG)	3
3. Verfahren über die Aufhebung einer Freiheitsentziehung (§ 426 FamFG)	4
4. Verfahren über die Verlängerung oder Aufhebung einer Unterbringungsmaßnahme nach §§ 329, 330 FamFG	5
B. Kommentierung	6
I. Persönlicher Geltungsbereich	6
II. Einzeltätigkeit	7
III. Abgeltungsbereich	8
1. Allgemeines	8
2. Entstehen der Gebühr	9
3. Katalog der erfassten Tätigkeiten	10
4. Verlängerung und Aufhebung in demselben Verfahren	11
5. Entstehung für jeden Rechtszug	12
6. Einstweilige Anordnungsverfahren	13
IV. Höhe der Verfahrensgebühr	14
V. Anspruch auf Wahlgebühren, Pauschgebühren, Erstattung	17

Literatur:

S. Literaturhinweise bei Nr. 6300 VV vor Rn. 1.

A. Überblick

I. Entstehung der Norm/Regelungsgehalt

1 Nr. 6302 VV regelt die Verfahrensgebühr, wenn der Rechtsanwalt in den dort aufgeführten Verfahren tätig wird (vgl. hierzu im Einzelnen Rn. 2 ff.; vgl. auch Nr. 6300 VV Rn. 4 ff.).

Verfahrensgebühr in sonstigen Fällen Nr. 6302 VV

II. Anwendungsbereich

1. Allgemeines

Nr. 6302 VV ist **anwendbar** in Verfahren (vgl. im Übrigen auch Nr. 6300 VV Rn. 4 ff.): 2
- über die **Verlängerung** einer Freiheitsentziehung nach § 425 FamFG (Rn. 3)
- über die **Aufhebung** einer Freiheitsentziehung nach § 426 FamFG (Rn. 4),
- über die **Verlängerung** einer Unterbringungsmaßnahme nach § 329 FamFG (Rn. 5) und
- **Aufhebung** einer Unterbringungsmaßnahme nach § 330 FamFG (Rn. 5).

2. Verfahren über die Verlängerung einer Freiheitsentziehung (§ 425 FamFG)

Das Verfahren über die Verlängerung einer Freiheitsentziehung ist in § 425 FamFG geregelt. Die 3
Vorschrift findet ggf. auch in anderen bundesgesetzlich oder landesgesetzlich geregelten Freiheitsentziehungsverfahren Anwendung, die auf § 425 FamFG verweisen (vgl. Nr. 6300 VV Rn. 4 ff.). Der in diesen Verfahren tätige Rechtsanwalt erhält eine Verfahrensgebühr nach Nr. 6302 VV.

3. Verfahren über die Aufhebung einer Freiheitsentziehung (§ 426 FamFG)

Das Verfahren über die Aufhebung einer Freiheitsentziehung ist in § 426 FamFG geregelt. Die 4
Aufhebung ist von Amts wegen oder auf Antrag möglich. Daneben ist nach § 424 FamFG auch die Aussetzung des Vollzugs der Freiheitsentziehung möglich. Der in diesen Verfahren tätige Rechtsanwalt erhält **ebenfalls** eine **Verfahrensgebühr** nach Nr. 6302 VV und ggf. eine Terminsgebühr nach Nr. 6303 VV (AnwKomm-RVG/N. Schneider, VV 6300 – 6303 Rn. 47; noch zur früheren Regelung in § 10 Abs. 3 FEVG: Hartung/Römermann/Hartung, 6300 – 6303 VV Rn. 17; Hansens, JurBüro 1989, 903). Auch Verfahren auf Widerruf der vorläufigen Entlassung aus der Freiheitsentziehung werden erfasst (AnwKomm-RVG/N. Schneider, VV 6300 – 6303 Rn. 47).

4. Verfahren über die Verlängerung oder Aufhebung einer Unterbringungsmaßnahme nach §§ 329, 330 FamFG

Der Rechtsanwalt erhält eine Verfahrensgebühr Nr. 6302 VV, wenn er nach **§§ 329, 330 FamFG** 5
im Verfahren über die Verlängerung oder Aufhebung einer Unterbringungsmaßnahme tätig wird.

B. Kommentierung

I. Persönlicher Geltungsbereich

Die Verfahrensgebühr steht sowohl dem **Wahlverteidiger** oder Verfahrensbevollmächtigtem als 6
auch dem **gerichtlich bestellten** oder **beigeordneten** Rechtsanwalt zu. Wird der Rechtsanwalt in den in Teil 6, Abschnitt 3 VV geregelten Verfahren ggf. als **Beistand** eines Zeugen oder eines Sachverständigen tätig, besteht wegen Vorbem. 6 Abs. 1 VV Anspruch auf die in Teil 6, Abschnitt 3 VV geregelten Gebühren (s. im Übrigen Nr. 6300 VV Rn. 15 ff.).

II. Einzeltätigkeit

Wird der Rechtsanwalt in den genannten Verfahren **nur** mit einer einzelnen Tätigkeit beauf- 7
tragt, bspw. mit der Stellung des Antrags auf Aufhebung der Freiheitsentziehung nach § 10

Abs. 2 FEVG, entsteht hierfür die Gebühr Nr. 6500 VV (s. Nr. 6300 VV Rn. 32 und die Komm. zu Nr. 6500 VV).

III. Abgeltungsbereich

1. Allgemeines

8 Der Rechtsanwalt erhält die Verfahrensgebühr nach Vorbem. 6 Abs. 2 VV für das Betreiben des Geschäfts einschließlich der Information in den in Nr. 6502 VV genannten Fällen (vgl. Rn. 3 ff.). Durch die **Verfahrensgebühr** werden **alle Tätigkeiten** des Rechtsanwalts in diesen Verfahren abgegolten, soweit dafür keine besonderen Gebühren vorgesehen sind. Als besondere Gebühr ist die Terminsgebühr Nr. 6303 VV vorgesehen, die der Rechtsanwalt für die Teilnahme an gerichtlichen Terminen erhält (vgl. Vorbem. 6 Abs. 3 VV; s. auch Nr. 6300 VV Rn. 22 ff.).

> **Hinweis:**
> Die in Nr. 6302 VV aufgeführte Verfahrensgebühr hat **Pauschgebührencharakter**. Sie gilt sämtliche vom Rechtsanwalt entfaltete Tätigkeiten ab, die zur Erledigung des erteilten Auftrags erforderlich waren, vgl. auch § 15 Abs. 1. Nicht abgegolten wird durch die Verfahrensgebühr die Teilnahme an gerichtlichen Terminen, da hierfür nach Nr. 6303 VV eine besondere Gebühr entsteht.

2. Entstehen der Gebühr

9 Die Gebühr entsteht mit der ersten Tätigkeit des Rechtsanwalts, die auf die Ausführung des Auftrags gerichtet ist (vgl. dazu Nr. 6300 VV Rn. 23 m.w.N.).

3. Katalog der erfassten Tätigkeiten

10 Von der Verfahrensgebühr nach Nr. 6302 VV werden u.a. die bei Nr. 6300 VV Rn. 24 aufgezählten Tätigkeiten erfasst (vgl. im Übrigen noch Vorbem. 4 VV Rn. 31 ff.).

4. Verlängerung und Aufhebung in demselben Verfahren

11 Mehrere Verfahren über Verlängerung oder Aufhebung der Freiheitsentziehung bzw. der Unterbringung sind verschiedene Angelegenheiten (AnwKomm-RVG/N. Schneider, VV 6300 – 6303 Rn. 45).

Die Verfahrensgebühr Nr. 6202 VV entsteht aber nur einmal, wenn über die **Aufhebung** der Freiheitsentziehung **von Amts wegen** gem. § 426 Abs. 1 FamFG und gem. § 426 Abs. 2 FamFG auf Antrag in demselben Verfahren zu entscheiden ist, vgl. § 15 Abs. 2 Satz 1 (Gerold/Schmidt/Mayer, VV 6300 – 6303 Rn. 7; noch zu alten Rechtslage Riedel/Sußbauer/Schneider, VV Teil 6, Rn. 51). Wird der Rechtsanwalt **in demselben Verfahren** hinsichtlich **Verlängerung** (§ 425 FamFG) und **Aufhebung** (§ 426 FamFG) tätig, entsteht die Gebühr Nr. 6302 VV ebenfalls nur einmal (Gerold/Schmidt/Mayer, VV 6300 – 6303 Rn. 7).

Wird die Aufhebung bereits im Anordnungsverfahren beantragt, entsteht die Verfahrensgebühr nach Nr. 6300 VV (so zutr. Gerold/Schmidt/Mayer, VV 6300 – 6303 Rn. 7; a.A. AnwKomm-RVG/N. Schneider, VV 6300 – 6303 Rn. 46, Gebühr Nr. 6302 VV, die gem. § 14 Abs. 1 höher zu bemessen ist).

Verfahrensgebühr in sonstigen Fällen   *Nr. 6302 VV*

> **Hinweis:**
> Ist ein Verfahren über die Verlängerung oder Aufhebung der Freiheitsentziehung bzw. der Unterbringung **abgeschlossen** worden, sind **spätere Verfahren**, in denen erneut über die Verlängerung oder Aufhebung der Freiheitsentziehung bzw. der Unterbringung entschieden wird, **neue Angelegenheiten** i.S.v. § 15 Abs. 1 (Gerold/Schmidt/Mayer, VV 6300 – 6303 Rn. 7; noch zur früheren Rechtslage Riedel/Sußbauer/Schneider, VV Teil 6, Rn. 50).

5. Entstehung für jeden Rechtszug

Nach der Anm. zu Nr. 6302 VV entsteht die Verfahrensgebühr **für jeden Rechtszug**. Insoweit gelten die Ausführungen bei Nr. 6300 VV Rn. 26 entsprechend.   **12**

6. Einstweilige Anordnungsverfahren

Wenn der Rechtsanwalt sowohl im Verfahren auf einstweilige Anordnung über die Verlängerung der **vorläufigen Unterbringung** als auch im **Hauptsacheverfahren** tätig wird, wird er in verschiedenen gebührenrechtlichen Angelegenheiten tätig. Beide Verfahren bilden nach § 17 Nr. 4b **verschiedene Angelegenheiten**. Es entstehen daher gesonderte Gebühren nach Nrn. 6300 ff. VV. Im Übrigen wird auf die Erläuterungen zu Nr. 6300 VV Rn. 27 ff. verwiesen.   **13**

IV. Höhe der Verfahrensgebühr

Der **Wahlanwalt** erhält eine **Betragsrahmengebühr** i.H.v. 20,00 € – 250,00 €. Die Mittelgebühr beträgt 135,00 €.   **14**

Bei der Bemessung der Höhe der Gebühr sind über § 14 insbesondere die **Besonderheiten** des jeweiligen **Einzelfalls** zu berücksichtigen. Die Höhe der Gebühr ist also v.a. abhängig von den vom Rechtsanwalt erbrachten Tätigkeiten (vgl. hierzu die Erläuterungen bei Vorbem. 4 VV Rn. 41 ff. und Teil A: Rahmengebühren [§ 14], Rn. 1045 ff.).

Der **gerichtlich bestellte Rechtsanwalt** erhält aus der Staatskasse eine **Festgebühr** i.H.v. 108,00 €.   **15**

> **Hinweis:**
> Den Anwälten, die in Verfahren nach Teil 6, Abschnitt 3 VV tätig werden, kann **keine Pauschgebühr** nach § 42 oder § 51 gewährt werden, weil diese Verfahren in §§ 42 und 51 nicht erwähnt werden (OLG Celle, NJW-RR 2008, 1599 = AGS 2008, 548 = RVGreport 2009, 137; vgl. Vorbem. 6 VV Rn. 9 f.).

Wird der Rechtsanwalt für **mehrere Auftraggeber** tätig, erhöht sich für den Wahlanwalt der Betragsrahmen um jeweils 30 % je weiterem Auftraggeber, für den gerichtlich bestellten oder beigeordneten Rechtsanwalt erhöht sich die Festgebühr um 30 % für jeden weiteren Auftraggeber (AnwKomm-RVG/N. Schneider, VV 6300 – 6303 Rn. 44; s. auch Teil A: Mehrere Auftraggeber [§ 7, Nr. 1008 VV], Rn. 1005 ff.).   **16**

V. Anspruch auf Wahlgebühren, Pauschgebühren, Erstattung

Es wird auf die Ausführungen zu Nr. 6300 VV Rn. 33 ff. verwiesen.   **17**

Nr. 6303 VV
Terminsgebühr in sonstigen Fällen

Nr.	Gebührentatbestand	Gebühr	
		Wahlverteidiger oder Verfahrenbevollmächtigter	gerichtlich bestellter oder beigeordneter Rechtsanwalt
6303	Terminsgebühr in den Fällen der Nummer 6302 Die Gebühr entsteht für die Teilnahme an gerichtlichen Terminen.	20,00 bis 250,00 EUR	108,00 EUR

Übersicht

	Rn.
A. Überblick	1
I. Entstehung der Norm/Regelungsgehalt	1
II. Anwendungsbereich	2
B. Kommentierung	3
I. Allgemeines	3
II. Persönlicher Geltungsbereich	4
III. Einzeltätigkeit	5
IV. Abgeltungsbereich	6
1. Allgemeines	6
2. Entstehen der Terminsgebühr	7
3. Entstehung für jeden Rechtszug	8
4. Mehrere Termine	9
5. Einstweilige Anordnungsverfahren	10
V. Höhe der Terminsgebühr	11
VI. Anspruch auf Wahlgebühren, Pauschgebühren, Erstattung	14

A. Überblick

I. Entstehung der Norm/Regelungsgehalt

1 Nr. 6303 VV regelt die **Terminsgebühr** für die in Nr. **6302 VV genannten Verfahren** über die Verlängerung oder Aufhebung einer Freiheitsentziehung nach den §§ 425 und 426 FamFG oder einer Unterbringungsmaßnahme nach den §§ 329 und 330 FamFG.

II. Anwendungsbereich

2 Die Terminsgebühr gilt nur für die Wahrnehmung von **gerichtlichen Terminen** in den von Nr. 6302 VV erfassten Verfahren. Die Teilnahme an Terminen in den von Nr. 6300 VV erfassten Verfahren bei erstmaliger Freiheitsentziehung nach § 415 FamFG und bei Unterbringungssachen- bzw. maßnahmen nach §§ 312, 151 Nr. 6 und 7 FamFG fällt unter Nr. 6301 VV.

Terminsgebühr in sonstigen Fällen *Nr. 6303 VV*

B. Kommentierung

I. Allgemeines

Der **Rechtsanwalt** erhält die Terminsgebühr Nr. 6303 VV für die Teilnahme an gerichtlichen Terminen in den erfassten Verfahren. In diesen Verfahren können v.a. **Anhörungstermine** stattfinden, vgl. z.B. §§ 329 i.V.m. 319, §§ 425 i.V.m. 420 FamFG. 3

II. Persönlicher Geltungsbereich

Insoweit kann verwiesen werden auf Nr. 6301 VV Rn. 4. 4

III. Einzeltätigkeit

Wird der Rechtsanwalt in den genannten Verfahren **nur** mit einer einzelnen Tätigkeit beauftragt, bspw. mit der Teilnahme an einem gerichtlichen Termin, entsteht hierfür die Gebühr Nr. 6500 VV (s. Nr. 6300 VV Rn. 32 und die Komm. zu Nr. 6500 VV). 5

IV. Abgeltungsbereich

1. Allgemeines

Die Terminsgebühr entsteht für die Teilnahme des Rechtsanwalts an gerichtlichen Terminen in den von Nr. 6302 VV erfassten Verfahren (vgl. dazu Nr. 6302 VV Rn. 3 ff.). Im Übrigen wird auf Vorbem. 4 VV Rn. 58 ff. sowie die Erläuterungen zu Vorbem. 6 Abs. 3 VV verwiesen. 6

2. Entstehen der Terminsgebühr

Es kann auf Vorbem. 6 VV Rn. 6 und Vorbem. 4 VV Rn. 58 ff. verwiesen werden. 7

3. Entstehung für jeden Rechtszug

Die Ausführungen bei Nr. 6301 VV Rn. 8 gelten entsprechend (vgl. auch AnwKomm-RVG/ N. Schneider, VV 6300 – 6303 Rn. 35). 8

4. Mehrere Termine

Nimmt der Rechtsanwalt an mehreren Terminen teil, erhält er gleichwohl **nur eine** Terminsgebühr nach Nr. 6303 VV. Die Ausführungen bei Nr. 6301 VV Rn. 9 gelten entsprechend. 9

5. Einstweilige Anordnungsverfahren

Es wird auf Nr. 6302 Rn. 13 und Nr. 6300 VV Rn. 27 f. verwiesen. 10

V. Höhe der Terminsgebühr

Der **Wahlanwalt** bzw. Verfahrensbevollmächtigte erhält eine **Betragsrahmengebühr** i.H.v. 20,00 € – 250,00 €. Die Mittelgebühr beträgt 135,00 €. 11

Bei der Bemessung der Höhe der Gebühr sind über § 14 die **Besonderheiten** des jeweiligen **Einzelfalls** zu berücksichtigen (vgl. im Übrigen Vorbem. 4 VV Rn. 63 ff. und Teil A: Rahmengebühren [§ 14], Rn. 1045 ff.). 12

Der **gerichtlich bestellte Rechtsanwalt** erhält aus der Staatskasse eine **Festgebühr** i.H.v. 108,00 €. 13

Nr. 6303 VV *Terminsgebühr in sonstigen Fällen*

> **Hinweis:**
> Den Anwälten, die in Verfahren nach Teil 6, Abschnitt 3 VV tätig werden, kann **keine Pauschgebühr** nach § 42 oder § 51 gewährt werden, weil diese Verfahren in §§ 42 und 51 nicht erwähnt werden (OLG Celle, NJW-RR 2008, 1599 = AGS 2008, 548 = RVGreport 2009, 137; vgl. Vorbem. 6 VV Rn. 9 f.).

VI. Anspruch auf Wahlgebühren, Pauschgebühren, Erstattung

14 Es wird auf die Ausführungen zu Nr. 6300 VV Rn. 33 ff. verwiesen.

Verfahren nach der Wehrbeschwerdeverordnung *Vorbemerkung 6.4*

Abschnitt 4
Verfahren nach der Wehrbeschwerdeordnung

Vorbemerkung 6.4:
Die Gebühren nach diesem Abschnitt entstehen in Verfahren auf gerichtliche Entscheidung nach der WBO, auch i. V. m. § 42 WDO, wenn das Verfahren vor dem Truppendienstgericht oder vor dem Bundesverwaltungsgericht an die Stelle des Verwaltungsrechtswegs gemäß § 82 SG tritt.

Übersicht

	Rn.
A. Überblick	1
B. Kommentierung	3
I. Verfahren auf gerichtliche Entscheidung nach der WBO, auch i.V.m. § 42 WDO	3
1. Verfahrensgang	3
a) Beschwerde des Soldaten	3
b) Weitere Beschwerde	4
c) Entscheidung des Truppendienstgerichts	5
d) Entscheidung des BVerwG	6
e) Rechtsbeschwerde	7
f) Nichtzulassungsbeschwerde	8
2. Erfasste gerichtliche Verfahren nach der WBO und § 42 WDO (§ 82 SG)	9
3. Gebühren für die Vertretung im Beschwerdeverfahren und im Verfahren über die weitere Beschwerde nach der WBO	11
a) Geschäftsgebühr Nrn. 2400, 2401 VV	11
b) Geschäftsgebühr Nrn. 2300, 2301 VV (verwaltungsrechtliches Vorverfahren)	12
c) Angelegenheit	13
d) Anrechnung der Geschäftsgebühren Nrn. 2400, 2401 VV	14
4. Besonderheiten bei Anwendung der WBO gem. § 42 WDO	15
a) Gerichtliches Verfahren	15
b) Beschwerdeverfahren	16
II. Persönlicher Geltungsbereich	17
III. Abgeltungsbereich	18
IV. Angelegenheiten	19
V. Einzeltätigkeit	20
VI. Anspruch auf Wahlanwaltsgebühren (§§ 52, 53 Abs. 1)	21
VII. Pauschgebühren	22
VIII. Erstattung	23
1. Gerichtliches Verfahren	23
2. Kosten des Beschwerdeverfahrens und des Verfahrens über die weitere Beschwerde	24

A. Überblick

Teil 6 Abschnitt 4 VV ist mit Wirkung v. 01.02.2009 durch das **Wehrrechtsänderungsgesetz** v. 31.07.2008 (BGBl. I 2008, S. 1629) neu gefasst worden. Teil 6 Abschnitt 4 VV gilt danach nur noch für die Tätigkeit in Verfahren auf **gerichtliche Entscheidung** nach der **Wehrbeschwerdeordnung** (WBO), auch i.V.m § 42 WDO, wenn das Verfahren vor dem Truppendienstgericht oder vor dem BVerwG an die Stelle des Verwaltungsrechtswegs gem. § 82 SG tritt. In diesen Ver-

Vorbemerkung 6.4 *Verfahren nach der Wehrbeschwerdeverordnung*

fahren richten sich die Gebühren nach Nrn. 6400 – 6405 VV. Früher galten insoweit Vorbem. 6.4 Ziff. 1, Nrn. 6400 – 6403 VV a.F.

2 Ferner erfasste Teil 6 Abschnitt 4 **früher** neben den Verfahren auf gerichtliche Entscheidung nach der Wehrbeschwerdeordnung (WBO), auch i.V.m. § 42 WDO (vgl. Vorbem. 6.4 Nr. 1 VV a.F.) auch die weiteren in Vorbem. 6.4 Nr. 2 – 4 VV a.F. genannten Verfahren. Die Gebühr in diesen Verfahren richtete sich nach Nr. 6404 VV (vgl. dazu die Voraufl. Nr. 6404 Rn. 2 und Vorbem. 6.4 VV Rn. 7 ff.). Die Regelung für das Verfahren auf Abänderung oder Neubewilligung eines Unterhaltsbeitrags (Vorbem. 6.4 Nr. 2 VV a.F.) wurde durch das Wehrrechtsänderungsgesetz 2008 aufgehoben, weil dieses Verfahren bereits mit dem Gesetz zur Neuordnung des Bundesdisziplinarrechts v. 09.07.2001 (BGBl. I, S. 1510) und dem Zweiten Gesetz zur Neuordnung des Wehrdisziplinarrechts und zur Änderung anderer Vorschriften v. 16.08.2001 (BGBl. I, S. 2093) weggefallen ist (BT-Drucks. 16/7955, S. 38). Die Gebühr in **Verfahren** vor den **Disziplinarvorgesetzten** oder dem **Wehrdienstgericht** über die Aufhebung oder Änderung einer Disziplinarmaßnahme (vgl. Vorbem. 6.4 Nr. 3 und 4 VV a.F.) ergibt sich nicht mehr aus Nr. 6404 VV, sondern nach Abs. 4 der Anm. zu Nr. 6500 VV aus **Nr. 6500 VV** (BT-Drucks. 16/7955, S. 38). Nr. 6500 VV gilt darüber hinaus für **Einzeltätigkeiten** in den von Teil 6 VV erfassten Verfahren. Die Gebühren nach **Nrn. 6400 – 6402 VV** gelten für das Verfahren auf gerichtliche Entscheidung vor dem Truppendienstgericht, die **Nrn. 6403 – 6405** gelten im Verfahren auf gerichtliche Entscheidung vor dem Bundesverwaltungsgericht (BVerwG) oder im Verfahren über die Rechtsbeschwerde.

B. Kommentierung

I. Verfahren auf gerichtliche Entscheidung nach der WBO, auch i.V.m. § 42 WDO

1. Verfahrensgang

a) Beschwerde des Soldaten

3 § 1 WBO regelt das Beschwerderecht des Soldaten. Danach kann der **Soldat Beschwerde** einlegen, wenn er glaubt, von Vorgesetzten oder von Dienststellen der Bundeswehr unrichtig behandelt oder durch pflichtwidriges Verhalten von Kameraden verletzt zu sein. Darüber hinaus gilt die WBO gem. **§ 42 WDO** auch für die Beschwerden der Soldaten und früheren Soldaten gegen Disziplinarmaßnahmen sowie gegen sonstige Maßnahmen und Entscheidungen des Disziplinarvorgesetzten und vorläufige Festnahmen nach der WDO. Nach § 5 WBO ist die Beschwerde bei dem nächsten **Disziplinarvorgesetzten** des Beschwerdeführers einzulegen. Über die Beschwerde entscheidet nach § 9 WBO der Disziplinarvorgesetzte, der den Gegenstand der Beschwerde zu beurteilen hat. Nach § 12 WBO wird über die Beschwerde schriftlich durch begründeten Bescheid entschieden.

b) Weitere Beschwerde

4 Nach § 16 WBO kann gegen den Beschwerdebescheid **weitere Beschwerde** eingelegt werden, über die gem. § 16 Abs. 3 WBO der **nächsthöhere Disziplinarvorgesetzte** entscheidet. In den

Verfahren nach der Wehrbeschwerdeverordnung   *Vorbemerkung 6.4*

Fällen des § 42 WDO entscheidet über die weitere Beschwerde das **Truppendienstgericht**, § 42 Nr. 4 WDO.

c) Entscheidung des Truppendienstgerichts

Nach § 17 WBO kann der Beschwerdeführer unter den dort aufgeführten Voraussetzungen die **Entscheidung des Truppendienstgerichts** beantragen, wenn die **weitere Beschwerde** (§ 16 WBO) erfolglos geblieben ist.   5

d) Entscheidung des BVerwG

Das Truppendienstgericht kann gem. § 18 Abs. 4 WBO Rechtsfragen von **grundsätzlicher Bedeutung** dem **BVerwG** zur Entscheidung vorlegen, wenn nach seiner Auffassung die Fortbildung des Rechts oder die Sicherung einer einheitlichen Rechtsprechung es erfordert. Gem. § 21 WBO kann gegen Entscheidungen oder Maßnahmen des Bundesministers der Verteidigung einschließlich der Entscheidungen über Beschwerden oder weitere Beschwerden vom Beschwerdeführer unmittelbar die Entscheidung des **BVerwG** beantragt werden.   6

e) Rechtsbeschwerde

Gegen den Beschluss des Truppendienstgerichts steht dem Beschwerdeführer und dem Bundesministerium der Verteidigung gem. § 22a Abs. 1 WBO die **Rechtsbeschwerde** an das **BVerwG** zu, wenn diese in der Entscheidung des Truppendienstgerichts oder auf Beschwerde gegen die Nichtzulassung durch das BVerwG zugelassen wird. Die Rechtsbeschwerde zum BVerwG ist durch das Wehrrechtsänderungsgesetz 2008 eingeführt worden.   7

f) Nichtzulassungsbeschwerde

Bei Nichtzulassung der Rechtsbeschwerde durch das Truppendienstgericht steht dem Beschwerdeführer und dem Bundesministerium der Verteidigung gem. § 22b WBO die **Nichtzulassungsbeschwerde** an das BVerwG zu.   8

2. Erfasste gerichtliche Verfahren nach der WBO und § 42 WDO (§ 82 SG)

Teil 6 Abschnitt 4 VV gilt nur, wenn das Verfahren vor dem Truppendienstgericht oder vor dem BVerwG an die Stelle des Verwaltungsrechtswegs gem. § 82 SG tritt. Gem. § 82 Soldatengesetz (SG) ist für Klagen von Soldaten, der Soldaten im Ruhestand, der früheren Soldaten, der Dienstleistungspflichtigen gem. § 59 Abs. 3 Satz 1 SG und der Hinterbliebenen aus dem Wehrdienstverhältnis der **Verwaltungsrechtsweg** gegeben, soweit nicht ein anderer Rechtsweg gesetzlich vorgeschrieben ist. Ein anderer Rechtsweg ist für das Verfahren auf gerichtliche Entscheidung nach der WBO bestimmt. Denn das Verfahren auf gerichtliche Entscheidung durch das **Truppendienstgericht** tritt gem. § 17 Abs. 2 WBO an die Stelle des Verwaltungsrechtsweges. Das gilt entsprechend, wenn gem. § 21 WBO gegen Entscheidungen oder Maßnahmen des Bundesministers der Verteidigung einschließlich der Entscheidungen über Beschwerden oder weitere Beschwerden vom Beschwerdeführer unmittelbar die Entscheidung des **BVerwG** beantragt wird. Denn § 21 Abs. 2 WBO verweist insoweit auf § 17 Abs. 2 WBO. Auch für die in **§ 42 WDO** genannten Beschwerden ist der Rechtsweg zum Truppendienstgericht und nicht der Verwaltungsrechtsweg eröffnet, weil in § 42 WDO auf die Vorschriften der WBO und damit auch auf §§ 17 Abs. 2 und 21 Abs. 2 WBO verwiesen wird.   9

Vorbemerkung 6.4   *Verfahren nach der Wehrbeschwerdeverordnung*

10 **Erfasst** werden somit folgende Verfahren auf Erlass einer gerichtlichen Entscheidung nach der WBO:

- Nach § 17 Abs. 1 WBO kann der Beschwerdeführer die Entscheidung des **Truppendienstgerichts** beantragen, wenn die **weitere Beschwerde** gem. § 16 WBO gegen den Beschwerdebescheid gem. § 12 WBO erfolglos geblieben ist.
- Nach § 18 Abs. 4 WBO kann das Truppendienstgericht **Rechtsfragen** von **grundsätzlicher Bedeutung** dem BVerwG zur Entscheidung vorlegen, wenn nach seiner Auffassung die Fortbildung des Rechts oder die Sicherung einer einheitlichen Rechtsprechung es erfordert.
- Nach § 21 Abs. 1 WBO kann gegen Entscheidungen oder **Maßnahmen** des **Bundesministers** der **Verteidigung** einschließlich der Entscheidungen über Beschwerden oder weitere Beschwerden unmittelbar die Entscheidung des **BVerwG** beantragt werden. Ebenfalls erfasst wird das gerichtliche Verfahren über die weitere Beschwerde eines Soldaten gegen Entscheidungen des nächsten Disziplinarvorgesetzten, auf die nach § 42 Ziff. 4 WDO das Truppendienstgericht bzw. das BVerwG und nicht der nächsthöhere Dienstvorgesetzte entscheidet (vgl. Rn. 14).

3. Gebühren für die Vertretung im Beschwerdeverfahren und im Verfahren über die weitere Beschwerde nach der WBO

a) Geschäftsgebühr Nrn. 2400, 2401 VV

11 Die Gebühren nach Teil 6 Abschnitt 4 VV entstehen nur für das Verfahren auf gerichtliche Entscheidung nach der WBO (auch i.V.m. § 42 WDO), also für das **gerichtliche Verfahren vor** dem **Truppendienstgericht** oder ggf. vor dem **BVerwG**. Ist der Rechtsanwalt im **Beschwerdeverfahren** nach § 5 WBO (vgl. auch § 42 Nr. 3 WDO) vor dem **Disziplinarvorgesetzten** oder im Verfahren über die **weitere Beschwerde** nach § 16 WBO vor dem **nächsthöheren Disziplinarvorgesetzten** tätig, gilt Teil 6 Abschnitt 4 VV daher nicht, sondern es entsteht insoweit eine **Geschäftsgebühr** nach **Teil 2 VV** und **Nr. 2400 VV** oder **Nr. 2401 VV**. Das ergibt sich aus der mit Wirkung v. 01.02.2009 durch das Wehrrechtsänderungsgesetz 2008 geänderten Vorbem. 2.4 Abs. 1 Nr. 2 VV. Danach richtet sich die Geschäftsgebühr in Verfahren nach der WBO nach Teil 2, Abschnitt 4 VV, wenn im gerichtlichen Verfahren das Verfahren vor dem Truppendienstgericht oder vor dem BVerwG an die Stelle des Verwaltungsrechtswegs gem. § 82 SG tritt. Nrn. 2400, 2401 VV sollen demnach **nur** in **truppendienstlichen Angelegenheiten** angewendet werden (BT-Drucks. 16/7955, S. 38). Teil 4, Abschnitt 2 VV gilt auch für Beschwerden gem. § 42 WDO (vgl. auch § 42 Nr. 3 WDO), weil auch insoweit das gerichtliche Verfahren vor dem Truppendienstgericht stattfindet (so auch AnwKomm-RVG/Wahlen, VV Vorbem. 2.4 Rn. 5).

> **Hinweis:**
> Teil 6, Abschnitt 4 VV gilt **nur** für das **gerichtliche Verfahren** nach der WBO, auch i.V.m. § 42 WDO. Die Tätigkeit des Rechtsanwalts im Verfahren über die Beschwerde oder die weitere Beschwerde nach der WBO fällt unter Teil 2, Abschnitt 4 VV. Das gilt entsprechend für das Beschwerdeverfahren gegen Disziplinarmaßnahmen nach § 42 WDO.

Verfahren nach der Wehrbeschwerdeverordnung *Vorbemerkung 6.4*

b) Geschäftsgebühr Nrn. 2300, 2301 VV (verwaltungsrechtliches Vorverfahren)

Ist für eine Klage aus dem Wehrdienstverhältnis der **Verwaltungsrechtsweg** gegeben (vgl. § 82 SG), tritt gem. § 23 WBO das **Beschwerdeverfahren** nach der **WBO** an die Stelle des verwaltungsrechtlichen Vorverfahrens. Für die Tätigkeit in diesem Beschwerdeverfahren nach der WBO entsteht keine Geschäftsgebühr nach Nrn. 2400, 2401 VV, weil im gerichtlichen Verfahren nicht der Rechtsweg zum Truppendienstgericht eröffnet ist, Vorbem. 2.4 Abs. 1 Nr. 2. Vielmehr richtet sich die **Geschäftsgebühr** hier nach **Nrn. 2300, 2301 VV** (vgl. BT-Drucks. 16/7955, S. 38; so auch AnwKomm-RVG/Wahlen, VV Vorbem. 2.4 Rn. 6). **12**

c) Angelegenheit

Die Verfahren über die Beschwerde und die weitere Beschwerde nach der WBO bilden gem. § 17 Nr. 1 **verschiedene Angelegenheiten**. Ist der Rechtsanwalt in **beiden Beschwerdeverfahren** tätig, erhält er für die Tätigkeit im Beschwerdeverfahren (§§ 1 ff. WBO) die Geschäftsgebühr Nr. 2400 VV und im Verfahren über die weitere Beschwerde (§ 16 WBO) die geringere Geschäftsgebühr Nr. 2401 VV. Bei der Bemessung der Gebühr Nr. 2401 VV gem. § 14 Abs. 1 ist nach Abs. 1 der Anm. zu Nr. 2401 VV nicht zu berücksichtigen, dass der Umfang der Tätigkeit infolge der Tätigkeit im Verwaltungsverfahren oder im Beschwerdeverfahren nach der WBO geringer ist. Eine **Anrechnung** der beiden Geschäftsgebühren aufeinander erfolgt **nicht**. **13**

> **Hinweis:**
> Wird der Rechtsanwalt erst im Verfahren über die weitere Beschwerde nach der WBO tätig, entsteht die Geschäftsgebühr Nr. 2400 VV. Nr. 2401 VV gilt nur, wenn eine Tätigkeit im Beschwerdeverfahren nach der WBO vorausgegangen ist.

d) Anrechnung der Geschäftsgebühren Nrn. 2400, 2401 VV

Eine **Anrechnung** der in Nrn. 2400, 2401 VV geregelten Geschäftsgebühren auf die in Teil 6 Abschnitt 4 VV geregelten Gebühren ist zwar **nicht vorgeschrieben**. **14**

Wenn eine Tätigkeit im Verfahren über die Beschwerde oder die weitere Beschwerde vor einem Disziplinarvorgesetzten vorausgegangen und hierdurch die Geschäftsgebühr Nrn. 2400, 2401 VV angefallen ist, entstehen die Verfahrensgebühren Nr. 6400 und Nr. 6403 VV aber nur mit den in Nr. 6401 und Nr. 6404 VV vorgesehenen **ermäßigten Gebührenrahmen** (zur Anrechnung im Übrigen Teil A: Anrechnung von Gebühren [§ 15a], Rn. 123).

4. Besonderheiten bei Anwendung der WBO gem. § 42 WDO

a) Gerichtliches Verfahren

Die Gebühren nach Teil 6 Abschnitt 4 VV entstehen auch in Verfahren auf gerichtliche Entscheidung nach der WBO, sofern die WBO gem. § 42 WDO Anwendung findet. Im Gegensatz zum originären Verfahren nach der WBO – hier entscheidet über die **weitere Beschwerde** gem. § 16 Abs. 3 WBO der nächsthöhere Disziplinarvorgesetzte – entscheidet hier über die weitere Beschwerde nach § 42 Ziff. 4 WDO bereits das **Truppendienstgericht** oder ggf. das BVerwG. Ist der Rechtsanwalt daher im Verfahren über die weitere Beschwerde gegen die Beschwerdeentscheidung des nächsten Disziplinarvorgesetzten tätig (vgl. § 42 Nr. 3 WDO), findet Teil 6 Abschnitt 4 VV Anwendung. **15**

Vorbemerkung 6.4 *Verfahren nach der Wehrbeschwerdeverordnung*

b) Beschwerdeverfahren

16 Im Beschwerdeverfahren gem. § 42 WDO (vgl. auch § 42 Nr. 3 WDO) entsteht die **Geschäftsgebühr Nr. 2400 VV**, weil insoweit das gerichtliche Verfahren vor dem Truppendienstgericht stattfindet (vgl. Rn. 11; so auch AnwKomm-RVG/Wahlen, VV Vorbem. 2.4 Rn. 5). Die Geschäftsgebühr Nr. 2401 VV kann nicht entstehen, weil das Verfahren der weiteren Beschwerde bereits vor dem Truppendienstgericht stattfindet (Gebühr Nrn. 6400 ff. VV).

Für die Vertretung des Soldaten im **Verfahren vor** dem **Dienstvorgesetzten** nach der WDO bestimmt sich die Vergütung nach Teil 6 Abschnitt 2 VV (vgl. AnwKomm-RVG/Wahlen, VV Vorbem. 6.4 Rn. 8; Vorbem. 6.2 Rn. 23 ff.). Geht es aber um ein Verfahren nach der WDO vor einem Disziplinarvorgesetzten auf Aufhebung oder Änderung einer Disziplinarmaßnahme oder ein gerichtliches Verfahren vor dem Wehrdienstgericht, richtet sich die Gebühr nach Nr. 6500 VV, vgl. Abs. 4 der Anm. zu Nr. 6500 VV.

II. Persönlicher Geltungsbereich

17 Gebühren für einen **gerichtlich bestellten Rechtsanwalt** sind für die in Vorbem. 6.4 VV aufgeführten Verfahren **nicht** vorgesehen. Das war früher auch nicht erforderlich, weil die WBO die gerichtliche Bestellung eines Rechtsanwalts entsprechend § 90 Abs. 1 Satz 2 WDO im gerichtlichen Antragsverfahren nach der WBO nicht vorsah (vgl. hierzu BVerwG, NZWehr 1970, 20; Böttcher/Dau, 4. Aufl., WBO, § 1 Rn. 25; so auch noch AnwKomm-RVG/Wahlen, VV Vorbem. 6.4 Rn. 2; Gerold/Schmidt/Mayer, VV 6400 – 6405 Rn. 1). Mit Wirkung v. 01.02.2009 wurde durch das Wehrrechtsänderungsgesetz v. 31.07.2008 (BGBl. I, S. 1629) § 23a WBO neu eingefügt. Hierdurch ist klargestellt worden, dass die Vorschriften der Wehrdisziplinarordnung (WDO) über die Verteidigung (§ 90 WDO) auch in Verfahren nach der WBO gelten (Dau, WBO, § 1 Rn. 41). § 23a WBO, § 90 Abs. 1 Satz 2 WDO sehen daher eine gerichtliche Verteidigerbestellung vor (Dau, WBO, § 1 Rn. 41), ohne dass dem im RVG durch Einfügung entsprechender Gebührentatbestände Rechnung getragen worden ist.

Die Bestimmungen über die **PKH** finden im Verfahren nach der WBO nach herrschender Meinung **keine Anwendung** (Dau, WBO, § 20 Rn. 4 m.w.N.; AnwKomm-RVG/Wahlen, VV Vorbem. 6.4 Rn. 2; vgl. auch BT-Drucks. 15/1971, S. 231). Dies gilt auch für Beschwerden der Soldaten und der früheren Soldaten gegen Disziplinarmaßnahmen sowie sonstige Maßnahmen und Entscheidungen des Disziplinarvorgesetzten, weil für diese Beschwerden nach § 42 WDO ebenfalls die Vorschriften der WBO anzuwenden sind (Schneider, in: Hansens/Braun/Schneider, Teil 98; so auch Gerold/Schmidt/Mayer, VV 6400 – 6405 Rn. 1).

III. Abgeltungsbereich

18 Bei den in Teil 6, Abschnitt 4 enthaltenen Gebühren handelt es sich um Verfahrens- und Terminsgebühren. Sie gelten die **gesamten**, vom Rechtsanwalt jeweils erbrachten **Tätigkeiten** ab (allgemein dazu Vorbem. 4 VV Rn. 31 ff. und Rn. 56 ff.; vgl. auch die Erläuterungen zu Vorbem. 6).

Eine **Grundgebühr** erhält der Rechtsanwalt in diesen Verfahren **nicht** (Schneider, in: Hansens/Braun/Schneider, Teil 17, Rn. 98; Gerold/Schmidt/Mayer, VV 6400 – 6405 Rn. 1; AnwKomm-RVG/Wahlen, VV 6400 – 6405 Rn. 6, 12).

IV. Angelegenheiten

Nach §§ **15 Abs. 2, 17 Nr. 1** bilden das

- Beschwerdeverfahren nach der WBO (§§ 1 ff. WBO; Geschäftsgebühr Nr. 2400 VV),
- das Verfahren über die weitere Beschwerde nach der WBO (§ 16 WBO; Geschäftsgebühr Nr. 2400 oder Nr. 2401 VV),
- das Verfahren auf gerichtliche Entscheidung vor dem Truppendienstgericht oder dem BVerwG (§§ 17, 21 WBO),
- das Rechtsbeschwerdeverfahren gegen die Entscheidung des Truppendienstgerichts (§ 22a WBO)

verschiedene Angelegenheiten (so auch AnwKomm-RVG/Mock/N. Schneider/Wahlen, § 17 Rn. 18). Die **Postentgeltpauschale** Nr. 7002 VV entsteht daher jeweils gesondert. Anrechnungen finden nicht statt. Für die Gebühren gilt bei vorausgegangenen Tätigkeiten allerdings ein ermäßigter Gebührenrahmen (vgl. Nr. 2401 VV, Nrn. 6401, 6404 VV).

Legt der Rechtsanwalt gem. § 22b WBO Beschwerde gegen die **Nichtzulassung** der **Rechtsbeschwerde** durch das Truppendienstgericht ein, bilden gem. §§ 15 Abs. 2, 17 Nr. 9 nach deren erfolgreicher Zulassung das Rechtsbeschwerdeverfahren und das Verfahren über die Beschwerde gegen die Nichtzulassung der Rechtsbeschwerde verschiedene Angelegenheiten. Die Gebühren für die Nichtzulassungsbeschwerde richten sich ebenfalls nach Teil 6, Abschnitt 4 VV (Nrn. 6403, 6404 VV),

V. Einzeltätigkeit

Die Gebühr des Rechtsanwalts für eine **Einzeltätigkeit** in den von Teil 6, Abschnitt 4 VV erfassten Verfahren ergibt sich aus **Nr. 6500 VV** (früher Nr. 6404 VV; vgl. die Erläuterungen zu Nr. 6500 VV).

VI. Anspruch auf Wahlanwaltsgebühren (§§ 52, 53 Abs. 1)

§ 52 ist in Verfahren nach der **WBO** einschlägig, wenn man davon ausgeht, dass über § 23a WBO die gerichtliche Bestellung eines Rechtsanwalts möglich ist (vgl. hierzu Rn. 17).

VII. Pauschgebühren

Nach § 51 kann **nur** dem Rechtsanwalt, der in den in Teil 6 Abschnitt 1 VV geregelten Verfahren nach dem **IRG** sowie dem **IStGH-Gesetz** gerichtlich als Beistand bestellt worden ist, eine Pauschgebühr bewilligt werden (vgl. Vorbem. 6 Rn. 9). Ferner besteht nur für den in Verfahren nach dem IRG und dem IStGH-Gesetz tätigen **Wahlanwalt** die Möglichkeit, eine Pauschgebühr nach § 42 feststellen zu lassen (vgl. § 51 Rn. 4 und § 42 Rn. 4; Hartung/Römermann/Schons, 6400 – 6404 VV Rn. 32).

VIII. Erstattung

1. Gerichtliches Verfahren

Nach § **20 Abs. 1 WBO** sind die dem Beschwerdeführer im Verfahren vor dem Truppendienstgericht **einschließlich der im vorgerichtlichen Verfahren** erwachsenen notwendigen Auslagen dem **Bund** aufzuerlegen, soweit dem Antrag nach § 17 WBO stattgegeben wird. Dies gilt nicht

Vorbemerkung 6.4   *Verfahren nach der Wehrbeschwerdeverordnung*

für notwendige Auslagen, die dem Beschwerdeführer durch schuldhafte Säumnis erwachsen sind. Zu den notwendigen Auslagen i.S.d. § 20 Abs. 1 Satz 1 WBO gehören auch die Gebühren und Auslagen eines Rechtsanwalts, soweit sie nach § 91 Abs. 2 ZPO zu erstatten wären (§ 23a WBO, § 140 Abs. 8 Nr. 2 WDO; vgl. BVerwG, 01.12.1981 – 1 WB 166/80, n.v.; AnwKomm-RVG/Wahlen, VV Vorbem. 6.4 Rn. 10).

Die Höhe der Kosten, die nach der Kostenentscheidung zu erstatten sind, wird gem. §§ 23a WBO, 142 WDO vom Urkundsbeamten der Geschäftsstelle des Truppendienstgerichts festgesetzt. Auf Erinnerung gegen die Festsetzung entscheidet der Vorsitzende der Truppendienstkammer endgültig.

2. Kosten des Beschwerdeverfahrens und des Verfahrens über die weitere Beschwerde

24 Nach der Rechtsprechung des BVerwG (vgl. AnwBl. 1998, 540; NJW 1975, 1938) konnten bis zur Änderung der WBO durch das Wehrrechtsänderungsgesetz 2008 im Beschwerdeverfahren nach § 5 WBO bzw. im weiteren Beschwerdeverfahren nach § 16 WBO entstandene Aufwendungen nicht gegen den Bund festgesetzt werden (vgl. Vorauflage. Nr. 6400 VV Rn. 13 f.). § 20 WBO ist dahin gehend ergänzt worden, dass auch die dem Beschwerdeführer **im vorgerichtlichen Verfahren** erwachsenen notwendigen Auslagen dem **Bund** aufzuerlegen sind. Die Erstattung hat der Gesetzgeber zur weiteren Verbesserung des Rechtsschutzes eingeführt (BT-Drucks. 16/7955, S. 24)

25 Soweit die Beschwerde in truppendienstlichen Angelegenheiten erfolgreich ist, sind dem Beschwerdeführer darüber hinaus gem. § 16a WBO die ihm zur zweckentsprechenden Rechtsverfolgung oder Rechtsverteidigung erwachsenen notwendigen Aufwendungen zu **erstatten**, auch wenn es nicht zu einem gerichtlichen Verfahren gekommen ist. Die Vergütung eines Rechtsanwalts oder eines sonstigen Bevollmächtigten ist aber nur dann erstattungsfähig, wenn die Hinzuziehung notwendig war.

Auch hier möchte der Gesetzgeber die Rechte der Soldatinnen und Soldaten stärken, indem die im vorgerichtlichen Beschwerdeverfahren entstandenen notwendigen Aufwendungen bei erfolgreicher Beschwerde in Angleichung an das verwaltungsgerichtliche Vorverfahren erstattet werden. Die Kostenfestsetzung erfolgt auch in diesem vorgerichtlichen Bereich gem. §§ 16a Abs. 6 WBO, 141 Abs. 8 und 142 WDO durch den Urkundsbeamten der Geschäftsstelle des Truppendienstgerichts (BT-Drucks. 16/7955, S. 35).

Verfahrensgebühr Wehrbeschwerdeordnung Truppendienstgericht Nr. 6400 VV

Nr. 6400 VV
Verfahrensgebühr Wehrbeschwerdeordnung Truppendienstgericht

Nr.	Gebührentatbestand	Gebühr	
		Wahlverteidiger oder Verfahrensbevollmächtigter	gerichtlich bestellter oder beigeordneter Rechtsanwalt
6400	Verfahrensgebühr für das Verfahren auf gerichtliche Entscheidung vor dem Truppendienstgericht	70,00 bis 570,00 EUR	

Übersicht

	Rn.
A. Überblick	1
I. Regelungsgehalt	1
II. Anwendungsbereich	2
B. Kommentierung	3
I. Allgemeines	3
II. Persönlicher Geltungsbereich	4
III. Einzeltätigkeit	5
IV. Abgeltungsbereich	6
1. Abgeltungsbereiche	6
2. Dauer des gerichtlichen Verfahrens	7
3. Katalog der erfassten Tätigkeiten	8
4. Angelegenheit	9
V. Verfahrensgebühr bei Trennung/Verbindung/Verweisung	10
VI. Höhe der Verfahrensgebühr	11
VII. Erstattung/Pauschgebühr	13

A. Überblick

I. Regelungsgehalt

Nr. 6400 VV regelt die **Verfahrensgebühr** für das Verfahren auf **gerichtliche Entscheidung** nach der Wehrbeschwerdeordnung (WBO) vor dem **Truppendienstgericht** (vgl. Vorbem. 6.4 VV). 1

II. Anwendungsbereich

Die Verfahrensgebühr gilt **nur** für die in Vorbem. 6.4 VV aufgeführten Verfahren auf gerichtliche Entscheidung nach der WBO, also auch für die Verfahren nach § 42 WDO (vgl. Vorbem. 6.4 VV Rn. 9 ff.). Die Verfahrensgebühr richtet sich nach dem Gebührenrahmen der Nr. 6400 VV, wenn nach § 17 WBO die Entscheidung des **Truppendienstgerichts** beantragt wird (vgl. dazu Vorbem. 6.4 VV Rn. 3 ff.). Nr. 6400 VV gilt auch, wenn in den Fällen des § 42 WDO das Truppendienstgericht über die weitere Beschwerde gegen die Entscheidung des Dienstvorgesetzten entscheidet (vgl. Vorbem. 6.4 Rn. 15). Für das Verfahren auf gerichtliche Entscheidung vor dem BVerwG (vgl. § 21 Abs. 1 WBO) gilt Nr. 6403 VV. 2

Nr. 6400 VV Verfahrensgebühr Wehrbeschwerdeordnung Truppendienstgericht

B. Kommentierung

I. Allgemeines

3 Der Rechtsanwalt erhält die Verfahrensgebühr der Nr. 6400 VV für das **Betreiben des Geschäfts** im gerichtlichen Verfahren vor dem Truppendienstgericht (wegen der allgemeinen Einzelh. zur Verfahrensgebühr vgl. die entsprechenden Erläuterungen bei Vorbem. 6 VV Rn. 5 und Vorbem. 4 VV Rn. 31 ff.).

II. Persönlicher Geltungsbereich

4 Auf die Erläuterungen zu Vorbem. 6.4 Rn. 17 wird verwiesen.

III. Einzeltätigkeit

5 Auf die Erläuterungen zu Vorbem. 6.4 Rn. 20 wird verwiesen.

IV. Abgeltungsbereich

1. Abgeltungsbereiche

6 Die Verfahrensgebühr entsteht für das **Betreiben des Geschäfts** einschließlich der Information (vgl. die Erläuterungen zu Vorbem. 6 Abs. 2 VV; vgl. hierzu Vorbem. 4 VV Rn. 31 ff.). Durch die Verfahrensgebühr werden alle Tätigkeiten des Rechtsanwalts im gerichtlichen Verfahren abgegolten, soweit dafür keine besonderen Gebühren vorgesehen sind (AnwKomm-RVG/Wahlen, VV 6400 – 6404 Rn. 5). Eine besondere Gebühr ist die Terminsgebühr nach Nr. 6401 VV, die für jeden Verhandlungstag vor dem **Truppendienstgericht** entsteht. Eine Grundgebühr entsteht nicht (Vorbem. 6.4 VV Rn. 18).

2. Dauer des gerichtlichen Verfahrens

7 Das gerichtliche Verfahren schließt sich an das Verfahren über die weitere Beschwerde nach § 16 WBO durch den Antrag auf gerichtliche Entscheidung durch das Truppendienstgericht (§ 17 WBO) bzw. im Fall des § 42 Ziff. 3 WDO an das Beschwerdeverfahren an (vgl. Vorbem. 6.4 VV Rn. 3 ff.). Es **beginnt** mit der Stellung des Antrags auf gerichtliche Entscheidung nach § 17 WBO bzw. mit der Einlegung der weiteren Beschwerde im Fall des § 42 Nr. 3 WDO. § 19 Abs. 1 Satz 2 Nr. 10 gilt bei § 42 Nr. 3 WDO nicht, weil die Beschwerde nicht bei einem Gericht desselben Rechtszugs, sondern beim Truppendienstgericht eingelegt wird (§§ 16 Abs. 4, 5 Abs. 1 WBO).

3. Katalog der erfassten Tätigkeiten

8 Zu den von der Verfahrensgebühr erfassten Tätigkeiten wird verwiesen auf Vorbem. 4 VV Rn. 31, 40 ff.

4. Angelegenheit

9 Die Gebühr entsteht **nur** für das Verfahren auf gerichtliche Entscheidung **vor** dem **Truppendienstgericht**. Für die Tätigkeit im **Beschwerdeverfahren** oder im Verfahren über die weitere Beschwerde vgl. Vorbem. 6.4 VV Rn. 11 ff. Zu den betroffenen Angelegenheiten vgl. Vorbem. 6.4 VV Rn. 19.

Verfahrensgebühr Wehrbeschwerdeordnung Truppendienstgericht   *Nr. 6400 VV*

V. Verfahrensgebühr bei Trennung/Verbindung/Verweisung

Bei Verbindung und Trennung von Verfahren gelten die **allgemeinen Regeln** (vgl. dazu die Erläuterungen zu Vorbem. 4 VV Rn. 45 ff. und Teil A: Verbindung von Verfahren, Rn. 1431, Teil A: Trennung von Verfahren, Rn. 1311).   10

Wird das Verfahren vom Truppendienstgericht gem. § 18 Abs. 3 WBO an das VG oder SG **verwiesen**, bilden die Verfahren vor dem verweisenden und vor dem übernehmenden Gericht einen Rechtszug (vgl. § 20 Satz 1; s. auch Teil A: Verweisung/Abgabe [§ 20], Rn. 1630 ff.).

VI. Höhe der Verfahrensgebühr

Der **Wahlanwalt** bzw. Verfahrensbevollmächtigte erhält eine **Betragsrahmengebühr** i.H.v. 70,00 € – 570,00 €. Die Mittelgebühr beträgt 320,00 €.   11

Bei der Bemessung der Höhe der Gebühr sind über § 14 die **Besonderheiten** des **Einzelfalls** zu berücksichtigen. Die Höhe der Gebühr ist abhängig von den vom Rechtsanwalt erbrachten Tätigkeiten (vgl. dazu allgemein Vorbem. 4 VV Rn. 41 ff. und Teil A: Rahmengebühren [§ 14], Rn. 1051 ff.). Das BVerwG hat in mehreren Entscheidungen (noch zu § 12 BRAGO) zur Bestimmung der Höhe der Gebühr Stellung genommen (vgl. z.B. BVerwG, NZWehrr 2004, 259; Rpfleger 2002, 98 = BRAGOreport 2002, 25 – 27 = NZWehrr 2002, 39; AnwBl. 1998, 540).   12

VII. Erstattung/Pauschgebühr

Auf die Erläuterungen zu Vorbem. 6.4 Rn. 21 ff. wird verwiesen.   13

Nr. 6401 VV *Verfahrensgebühr Wehrbeschwerdeordnung Truppendienstgericht*

Nr. 6401 VV
Verfahrensgebühr Wehrbeschwerdeordnung Truppendienstgericht
Vorausgegangene Tätigkeit

Nr.	Gebührentatbestand	Gebühr	
		Wahlverteidiger oder Verfahrensbevollmächtigter	gerichtlich bestellter oder beigeordneter Rechtsanwalt
6401	Es ist eine Tätigkeit im Verfahren über die Beschwerde oder die weitere Beschwerde vor einem Disziplinarvorgesetzten vorausgegangen: Die Gebühr 6400 beträgt Bei der Bemessung der Gebühr ist nicht zu berücksichtigen, dass der Umfang der Tätigkeit infolge der Tätigkeit im Verfahren über die Beschwerde oder die weitere Beschwerde vor einem Disziplinarvorgesetzten geringer ist.	35,00 bis 405,00 EUR	

Übersicht

	Rn.
A. Überblick	1
I. Regelungsgehalt	1
II. Anwendungsbereich	2
B. Kommentierung	3
I. Abgeltungsbereich	3
II. Höhe der Verfahrensgebühr	4

A. Überblick

I. Regelungsgehalt

1 Nr. 6401 VV regelt die **Verfahrensgebühr** für das Verfahren auf **gerichtliche Entscheidung** nach der Wehrbeschwerdeordnung (WBO) vor dem **Truppendienstgericht** (vgl. Vorbem. 6.4 VV), wenn eine Tätigkeit im Verfahren über die Beschwerde oder die weitere Beschwerde vor einem Disziplinarvorgesetzten vorausgegangen ist.

II. Anwendungsbereich

2 Nr. 6401 VV gilt in den von Nr. 6400 VV erfassten Verfahren vor dem Truppendienstgericht (vgl. hierzu Nr. 6400 VV Rn. 2).

Verfahrensgebühr Wehrbeschwerdeordnung Truppendienstgericht   *Nr. 6401 VV*

B. Kommentierung

I. Abgeltungsbereich

Die Verfahrensgebühr Nr. 6401 VV entsteht für das **Betreiben des Geschäfts** einschließlich   3
der Information (vgl. die Erläuterungen zu Vorbem. 6 Abs. 2 VV; vgl. hierzu Vorbem. 4 VV
Rn. 31 ff.), wenn der Rechtsanwalt im Verfahren auf gerichtliche Entscheidung vor dem Truppendienstgericht tätig wird. Zusätzlich muss bereits eine Tätigkeit im Verfahren über die Beschwerde oder die weitere Beschwerde vor dem Disziplinarvorgesetzten (dazu Vorbem. 6.4 Rn. 3 ff.) vorausgegangen sein. Ist das nicht der Fall, gilt Nr. 6400 VV.

II. Höhe der Verfahrensgebühr

Der **Wahlanwalt** bzw. Verfahrensbevollmächtigte erhält eine **Betragsrahmengebühr** i.H.v.   4
35,00 € – 405,00 €. Die Mittelgebühr beträgt 220,00 €.

Der Rechtsanwalt erhält die Gebühr aus einem **gegenüber** der Gebühr **Nr. 6400 VV ermäßigten**   5
Gebührenrahmen, weil der Rechtsanwalt bereits im Verfahren vor dem Disziplinarvorgesetzten tätig war. Der Gesetzgeber geht davon aus, dass hierdurch die Tätigkeit im gerichtlichen Verfahren erleichtert ist. Zugleich wird der durch die vorangegangene Tätigkeit ersparte Aufwand von vornherein durch Anwendung eines geringeren Rahmens und nicht bei der Bemessung der konkreten Gebühr gem. § 14 Abs. 1 berücksichtigt. Daraus folgt aber, dass bei der Bemessung der Gebühr gem. § 14 Abs. 1 nicht mehr berücksichtigt werden darf, dass der Umfang der Tätigkeit infolge der Tätigkeit im Verfahren über die Beschwerde oder die weitere Beschwerde vor einem Disziplinarvorgesetzten geringer ist (vgl. die Anm. zu Nr. 6401 VV).

Im Übrigen wird auf die Erläuterungen zu Nr. 6300 VV verwiesen, die entsprechend gelten.

Nr. 6402 VV
Terminsgebühr Wehrbeschwerdeordnung Truppendienstgericht

Nr.	Gebührentatbestand	Gebühr	
		Wahlverteidiger oder Verfahrensbevoll-mächtigter	gerichtlich bestellter oder beigeordneter Rechtsanwalt
6402	Terminsgebühr je Verhandlungstag in den in Nummer 6400 genannten Verfahren	70,00 bis 570,00 EUR	

Übersicht

	Rn.
A. Überblick	1
I. Entstehung der Norm/Regelungsgehalt	1
II. Anwendungsbereich	2
B. Kommentierung	3
I. Allgemeines	3
II. Persönlicher Geltungsbereich	4
III. Einzeltätigkeit	5
IV. Abgeltungsbereich	6
1. Allgemeines	6
2. Entstehen der Terminsgebühr	7
V. Mehrere Verhandlungstermine	8
VI. Höhe der Terminsgebühr	9
VII. Erstattung/Angelegenheit/Pauschgebühr	11

A. Überblick

I. Entstehung der Norm/Regelungsgehalt

1 Nr. 6402 VV regelt die **Terminsgebühr** für das Verfahren auf gerichtliche Entscheidung vor dem **Truppendienstgericht** (vgl. Vorbem. 6.4 VV).

II. Anwendungsbereich

2 Die Terminsgebühr gilt **nur** für die von Teil 6, Abschnitt 4 **VV** erfassten Verfahren auf gerichtliche Entscheidung nach der WBO, also auch für die Verfahren nach § 42 WDO. Es wird auf die entsprechenden Erläuterungen zu Vorbem. 6.4 VV Rn. 9 f. verwiesen.

> **Hinweis:**
>
> Die Terminsgebühr richtet sich nach dem Gebührenrahmen der Nr. **6402 VV**, wenn nach § 17 WBO die Entscheidung des **Truppendienstgerichts** beantragt wird (vgl. dazu Vorbem. 6.4 VV Rn. 3 ff.). Nr. 6402 VV gilt auch, wenn in den Fällen des § 42 WDO das Truppendienstgericht über die weitere Beschwerde gegen die Entscheidung des Dienstvorgesetzten entscheidet (vgl. Vorbem. 6.4 Rn. 15). Für das Verfahren auf gerichtliche Entscheidung nach der WBO vor dem **BVerwG** (vgl. § 21 Abs. 1 WBO) gilt Nr. 6405 VV.

Terminsgebühr Wehrbeschwerdeordnung Truppendienstgericht *Nr. 6402 VV*

B. Kommentierung

I. Allgemeines

Der Rechtsanwalt erhält die Terminsgebühr der Nr. 6402 VV für die **Teilnahme** an einem **gerichtlichen Termin** (vgl. die Erläuterungen Vorbem. 6 Abs. 3 VV) vor dem Truppendienstgericht im Verfahren auf gerichtliche Entscheidung nach der WBO. Nach § 18 Abs. 2 Satz 3 WBO entscheidet das Truppendienstgericht ohne mündliche Verhandlung, kann aber mündliche Verhandlung anberaumen, wenn es dies für erforderlich hält. Die mündliche Verhandlung der WBO ist keine Hauptverhandlung i.S.d. WDO (Dau, WBO, § 18 Rn. 52). 3

II. Persönlicher Geltungsbereich

Auf die Erläuterungen zu Vorbem. 6.4 Rn. 17 wird verwiesen. 4

III. Einzeltätigkeit

Wird der Rechtsanwalt im Verfahren auf gerichtliche Entscheidung nach der WBO **nur** mit einer einzelnen Tätigkeit beauftragt, bspw. mit der Teilnahme am Verhandlungstermin, entsteht hierfür die Verfahrensgebühr Nr. **6500 VV** (vgl. die Erläuterungen zu Vorbem. 6.4 VV Rn. 20). 5

IV. Abgeltungsbereich

1. Allgemeines

Die Terminsgebühr erfasst die **Teilnahme** des Rechtsanwalts an **gerichtlichen Verhandlungsterminen** vor dem **Truppendienstgericht** in Verfahren auf gerichtliche Entscheidung nach der WBO (vgl. Vorbem. 6 Abs. 3 VV; vgl. allgemein zum Abgeltungsbereich der Terminsgebühr Vorbem. 4 VV Rn. 58 ff.). 6

2. Entstehen der Terminsgebühr

Voraussetzung für das Entstehen der Terminsgebühr ist, dass eine **gerichtliche Verhandlung** vor dem Truppendienstgericht **stattgefunden** und der Rechtsanwalt daran **teilgenommen** hat. Nr. 6402 VV spricht ausdrücklich von „Verhandlungstag". Die Terminsgebühr entsteht für jeden Verhandlungstag. Für das Entstehen der Gebühr kann im Übrigen verwiesen werden auf die entsprechend geltenden Erläuterungen bei Vorbem. 4 VV Rn. 61. Unerheblich ist, ob der Soldat anwesend ist/war (Dau, WBO, § 18 Rn. 52). 7

V. Mehrere Verhandlungstermine

Nimmt der Rechtsanwalt an mehreren Terminen teil, entsteht die Terminsgebühr mehrfach. Das folgt aus der Formulierung „je Verhandlungstag", die insoweit eine Durchbrechung des Grundsatzes aus § 15 Abs. 2 darstellt. Finden an einem Tag mehrere Verhandlungstermine statt, erhält der Rechtsanwalt **nur eine Terminsgebühr** nach Nr. 6401 VV. 8

VI. Höhe der Terminsgebühr

Der **Wahlanwalt** bzw. Verfahrensbevollmächtigte erhält eine **Betragsrahmengebühr** i.H.v. 70,00 € – 570,00 €. Die Mittelgebühr beträgt 320,00 €. 9

Nr. 6402 VV   *Terminsgebühr Wehrbeschwerdeordnung Truppendienstgericht*

10   Bei der Bemessung der Höhe der Gebühr sind über § 14 die **Besonderheiten** des **Einzelfalls** zu berücksichtigen (vgl. allgemein zur Bemessung der Terminsgebühr Vorbem. 4 VV Rn. 63 ff. und bei Nr. 4108 VV Rn. 19 ff. sowie noch Teil A: Rahmengebühren [§ 14], Rn. 1051 ff.). Das BVerwG hat in mehreren Entscheidungen (zu § 12 BRAGO) zur Bestimmung der Höhe der Gebühr Stellung genommen (vgl. z.B. BVerwG, NZWehrr 2004, 259; Rpfleger 2002, 98 = BRAGOreport 2002, 25 – 27 = NZWehrr 2002, 39; AnwBl. 1998, 540).

VII. Erstattung/Angelegenheit/Pauschgebühr

11   Auf die Erläuterungen zu Vorbem. 6.4 VV Rn. 19 ff. wird verwiesen.

Nr. 6403 VV
Verfahrensgebühr Wehrbeschwerdeordnung Bundesverwaltungsgericht
Rechtsbeschwerde

Nr.	Gebührentatbestand	Gebühr	
		Wahlverteidiger oder Verfahrensbevollmächtigter	gerichtlich bestellter oder beigeordneter Rechtsanwalt
6403	Verfahrensgebühr für das Verfahren auf gerichtliche Entscheidung vor dem Bundesverwaltungsgericht oder im Verfahren über die Rechtsbeschwerde	85,00 bis 665,00 EUR	

Übersicht

		Rn.
A.	Überblick	1
I.	Regelungsgehalt	1
II.	Anwendungsbereich	2
B.	Kommentierung	3
I.	Allgemeines	3
II.	Höhe der Verfahrensgebühr	4
III.	Angelegenheit	6

A. Überblick

I. Regelungsgehalt

Nr. 6403 VV regelt die Verfahrensgebühr für das Verfahren auf **gerichtliche Entscheidung** nach der Wehrbeschwerdeordnung (**WBO**) vor dem BVerwG oder im Verfahren über die Rechtsbeschwerde, § 22a WBO (vgl. Vorbem. 6.4 VV). 1

II. Anwendungsbereich

Die Verfahrensgebühr Nr. 6403 VV gilt für Verfahren auf gerichtliche Entscheidung nach § 21 WBO vor dem **BVerwG**. Das gilt entsprechend, wenn gegen die Entscheidungen der in § 22 WBO genannten Personen gerichtliche Entscheidung des BVerwG beantragt wird. 2

Nr. 6403 VV gilt darüber hinaus auch im **Rechtsbeschwerdeverfahren** vor dem BVerwG nach § 22a WBO. Die Rechtsbeschwerde zum BVerwG ist durch das Wehrrechtsänderungsgesetz 2008 (vgl. Vorbem. 6.4 VV Rn. 1 f.) eingeführt worden.

Die Verfahrensgebühr Nr. 6403 VV entsteht **ferner**, wenn gegen Entscheidungen des Truppendienstgerichts gem. § 42 Nr. 4, 5 WDO Rechtsbeschwerde zum BVerwG eingelegt wird bzw. wenn gegen die Beschwerdeentscheidungen (§ 42 Nr. 3 WDO) der in §§ 21 und 22 WBO Genannten gem. § 42 Nr. 4 Satz 3 und § 42 Nr. 5 Satz 2 WDO die Entscheidung des BVerwG beantragt wird.

Nr. 6403 VV *Verfahrensgebühr Wehrbeschwerdeordnung Bundesverwaltungsgericht*

Die Verfahrensgebühr richtet sich lediglich nach dem Gebührenrahmen der Nr. **6400 VV**, wenn ein Verfahren auf gerichtliche Entscheidung des **Truppendienstgerichts** vorliegt.

> **Hinweis:**
> Legt der Rechtsanwalt gem. § 22b WBO Beschwerde gegen die **Nichtzulassung** der **Rechtsbeschwerde** durch das Truppendienstgericht ein, richten sich die Gebühren für die Nichtzulassungsbeschwerde ebenfalls nach Nrn. 6403, 6404 VV. Denn die Nichtzulassungsbeschwerde zum höheren Gericht begründet einen neuen Rechtszug.

B. Kommentierung

I. Allgemeines

3 Die Verfahrensgebühr Nr. 6403 VV **unterscheidet** sich von der Verfahrensgebühr nach Nr. 6400 VV nur dadurch, dass die Verfahrensgebühr statt für das gerichtliche Verfahren vor dem Truppendienstgericht für das gerichtliche Verfahren **vor** dem BVerwG bzw. für das Rechtsbeschwerdeverfahren (§ 22a WBO) entsteht. Im Übrigen besteht kein wesentlicher Unterschied, sodass auf die Ausführungen bei Nr. 6400 VV verwiesen werden kann.

II. Höhe der Verfahrensgebühr

4 Der **Wahlanwalt** bzw. Verfahrensbevollmächtigte erhält eine **Betragsrahmengebühr** i.H.v. 85,00 € – 665,00 €. Die Mittelgebühr beträgt 375,00 €.

5 Bei der Bemessung der Höhe der Gebühr sind über § 14 die **Besonderheiten** des jeweiligen **Einzelfalls** zu berücksichtigen (vgl. dazu BT-Drucks. 15/1971, S. 224, zu Nr. 4100 VV). Auch insoweit kann auf Nr. 6400 VV verwiesen werden.

III. Angelegenheit

6 Wegen § 15 Abs. 2 (vgl. auch § 17 Nr. 1) bilden das

- das Verfahren auf gerichtliche Entscheidung vor dem Truppendienstgericht bzw. das Verfahren über die weitere Beschwerde vor dem Truppendienstgericht (§ 42 Nr. 4 WDO) und
- das Rechtsbeschwerdeverfahren gegen die Entscheidung des Truppendienstgerichts (§ 22a WBO)

verschiedene Angelegenheiten (so auch AnwKomm-RVG/Mock/N. Schneider/Wahlen, § 17 Rn. 18). Die Postentgeltpauschale Nr. 7002 VV entsteht daher jeweils gesondert.

Anrechnungen finden nicht statt. Für die Gebühren gilt bei vorausgegangenen Tätigkeiten allerdings ein ermäßigter Gebührenrahmen (vgl. Nrn. 6401 VV, Nr. 6404 VV).

Legt der Rechtsanwalt gem. § 22b WBO Beschwerde gegen die **Nichtzulassung** der **Rechtsbeschwerde** durch das Truppendienstgericht ein, bilden gem. § 17 Nr. 9 nach deren erfolgreicher Zulassung das Rechtsbeschwerdeverfahren und das Verfahren über die Beschwerde gegen die Nichtzulassung der Rechtsbeschwerde **verschiedene Angelegenheiten**. Die Gebühren für die Nichtzulassungsbeschwerde richten sich ebenfalls nach Nrn. 6403, 6404 VV.

Verfahrensgebühr Wehrbeschwerdeordnung Truppendienstgericht   Nr. 6404 VV

Nr. 6404 VV
Verfahrensgebühr Wehrbeschwerdeordnung Truppendienstgericht

Nr.	Gebührentatbestand	Gebühr	
		Wahlverteidiger oder Verfahrensbevollmächtigter	gerichtlich bestellter oder beigeordneter Rechtsanwalt
6404	Es ist eine Tätigkeit im Verfahren über die Beschwerde oder die weitere Beschwerde vor einem Disziplinarvorgesetzten oder im Verfahren vor dem Truppendienstgericht vorausgegangen: **Die Gebühr 6403 beträgt** Bei der Bemessung der Gebühr ist nicht zu berücksichtigen, dass der Umfang der Tätigkeit infolge der Tätigkeit im Verfahren über die Beschwerde oder die weitere Beschwerde vor einem Disziplinarvorgesetzten oder im Verfahren vor dem Truppendienstgericht geringer ist.	40,00 bis 460,00 EUR	

Übersicht

	Rn.
A. Überblick	1
I. Regelungsgehalt	1
II. Anwendungsbereich	2
B. Kommentierung	3
I. Abgeltungsbereich	3
II. Höhe der Verfahrensgebühr	4

A. Überblick

I. Regelungsgehalt

Nr. 6404 VV regelt die **Verfahrensgebühr** für das Verfahren auf **gerichtliche Entscheidung**   **1** nach der Wehrbeschwerdeordnung (WBO) vor dem **Truppendienstgericht** (vgl. Vorbem. 6.4 VV), wenn eine Tätigkeit im Verfahren über die Beschwerde oder die weitere Beschwerde vor einem Disziplinarvorgesetzten oder im Verfahren vor dem Truppendienstgericht vorausgegangen ist. Das Truppendienstgericht ist genannt, weil in den Fällen des § 42 BDO das Verfahren über die weitere Beschwerde nicht vor dem nächsten Dienstvorgesetzten, sondern gem. § 42 Nr. 3 WDO bereits vor dem Truppendienstgericht stattfindet.

Nr. 6404 VV   *Verfahrensgebühr Wehrbeschwerdeordnung Truppendienstgericht*

II. Anwendungsbereich

2 Nr. 6404 VV gilt in den von **Nr. 6403 VV erfassten** Verfahren auf gerichtliche Entscheidung vor dem BVerwG (§ 21 WBO) oder im Verfahren über die Rechtsbeschwerde (vgl. § 22a WBO; vgl. hierzu Vorbem. 6.4 VV Rn. 3 ff. und Nr. 6403 VV Rn. 2). Nr. 6404 VV gilt ggf. auch im Verfahren über die Nichtzulassungsbeschwerde (vgl. Vorbem. 6.4 VV Rn. 19 und Nr. 6403 VV Rn. 2).

B. Kommentierung

I. Abgeltungsbereich

3 Die Verfahrensgebühr Nr. 6404 VV entsteht für das **Betreiben des Geschäfts** einschließlich der Information (vgl. die Erläuterungen zu Vorbem. 6 Abs. 2 VV; vgl. hierzu Vorbem. 4 VV Rn. 31 ff.), wenn der Rechtsanwalt im Verfahren auf gerichtliche Entscheidung vor dem BVerwG (§ 21 WBO), im Verfahren über die Rechtsbeschwerde (vgl. § 22a WBO) oder ggf. auch im Verfahren über die Nichtzulassungsbeschwerde (§ 22b WBO) tätig wird. Zusätzlich muss bereits eine Tätigkeit im Verfahren über die Beschwerde oder die weitere Beschwerde vor einem Disziplinarvorgesetzten oder im Verfahren vor dem Truppendienstgericht vorausgegangen sein. Ist das nicht der Fall, gilt Nr. 6403 VV.

II. Höhe der Verfahrensgebühr

4 Der **Wahlanwalt** bzw. Verfahrensbevollmächtigte erhält eine **Betragsrahmengebühr** i.H.v. 40,00 € – 460,00 €. Die Mittelgebühr beträgt 250,00 €.

5 Der Rechtsanwalt erhält die Gebühr aus einem gegenüber der Gebühr **Nr. 6403 VV ermäßigten Gebührenrahmen**, weil der Rechtsanwalt bereits im Verfahren vor den Disziplinarvorgesetzten bzw. dem Truppendienstgericht tätig war. Der Gesetzgeber geht davon aus, dass hierdurch die Tätigkeit im gerichtlichen Verfahren erleichtert ist. Zugleich wird der durch die vorangegangene Tätigkeit ersparte Aufwand von vornherein durch Anwendung eines geringeren Rahmens und nicht bei der Bemessung der konkreten Gebühr gem. § 14 Abs. 1 berücksichtigt. Daraus folgt aber, dass bei der Bemessung der Gebühr gem. § 14 Abs. 1 nicht mehr berücksichtigt werden darf, dass der Umfang der Tätigkeit infolge der Tätigkeit im Verfahren über die Beschwerde oder die weitere Beschwerde vor einem Disziplinarvorgesetzten oder im Verfahren vor dem Truppendienstgericht geringer ist (vgl. die Anm. zu Nr. 6404 VV). Im Übrigen wird auf die Erläuterungen zu **Nr. 6403 VV** verwiesen, die **entsprechend** gelten.

Nr. 6405 VV
Terminsgebühr Wehrbeschwerdeordnung Bundesverwaltungsgericht

Nr.	Gebührentatbestand	Gebühr	
		Wahlverteidiger oder Verfahrensbevollmächtigter	gerichtlich bestellter oder beigeordneter Rechtsanwalt
6405	Terminsgebühr je Verhandlungstag in den in Nummer 6403 genannten Verfahren	85,00 bis 665,00 EUR	

Übersicht

	Rn.
A. Überblick	1
I. Entstehung der Norm/Regelungsgehalt	1
II. Anwendungsbereich	2
B. Kommentierung	3
I. Entstehen der Terminsgebühr	3
II. Höhe der Terminsgebühr	4

A. Überblick

I. Entstehung der Norm/Regelungsgehalt

Nr. 6405 VV regelt die **Terminsgebühr** für das Verfahren auf **gerichtliche Entscheidung** vor dem BVerwG bzw. im Rechtsbeschwerdeverfahren vor dem BVerwG (vgl. Vorbem. 6.4 VV).   **1**

II. Anwendungsbereich

Die Terminsgebühr Nr. 6405 VV gilt nur für die Verfahren auf gerichtliche Entscheidung nach der **WBO** vor dem **BVerwG** (§ 21 WBO) oder im Rechtsbeschwerdeverfahren (§ 22a WBO; vgl. auch Vorbem. 6.4 VV Rn. 3 f.). Die Terminsgebühr richtet sich jedoch nach dem Gebührenrahmen der Nr. 6402 VV, wenn nach § 17 WBO die Entscheidung des Truppendienstgerichts beantragt wird. Nr. 6405 VV gilt auch, wenn in den Fällen des § 42 WDO Rechtsbeschwerde gegen die Entscheidung des Truppendienstgerichts eingelegt wird (vgl. Vorbem. 6.4 Rn. 15).   **2**

> **Hinweis:**
> Das Verfahren über die Rechtsbeschwerde bildet eine **besondere Angelegenheit** (vgl. Vorbem. 6.4 Rn. 19).

B. Kommentierung

I. Entstehen der Terminsgebühr

Die Terminsgebühr unterscheidet sich von der Terminsgebühr nach Nr. 6402 VV nur dadurch, dass die Terminsgebühr statt für die Terminswahrnehmung vor dem **Truppendienstgericht** für   **3**

Nr. 6405 VV *Terminsgebühr Wehrbeschwerdeordnung Bundesverwaltungsgericht*

die Terminswahrnehmung vor dem BVerwG entsteht. Im Übrigen besteht kein wesentlicher Unterschied, sodass auf die Ausführungen bei Nr. 6402 VV verwiesen werden kann

II. Höhe der Terminsgebühr

4 Der **Wahlanwalt** bzw. Verfahrensbevollmächtigte erhält eine **Betragsrahmengebühr** i.H.v. 85,00 € – 665,00 €. Die Mittelgebühr beträgt 375,00 €.

5 Bei der Bemessung der Höhe der Gebühr sind über § 14 die **Besonderheiten** des **Einzelfalls** zu berücksichtigen. Auch insoweit kann auf die Komm. zu Nr. 6402 VV Rn. 10 m.w.N. verwiesen werden.

Abschnitt 5

Einzeltätigkeiten und Verfahren auf Aufhebung oder Änderung einer Disziplinarmaßnahme

Nr. 6500 VV
Einzeltätigkeiten/Aufhebung oder Änderung einer Disziplinarmaßnahme

Nr.	Gebührentatbestand	Gebühr	
		Wahlverteidiger oder Verfahrensbevollmächtigter	gerichtlich bestellter oder beigeordneter Rechtsanwalt
6500	Verfahrensgebühr	20,00 bis 250,00 EUR	108,00 EUR
	(1) Für eine Einzeltätigkeit entsteht die Gebühr, wenn dem Rechtsanwalt nicht die Verteidigung oder Vertretung übertragen ist.		
	(2) Die Gebühr entsteht für jede einzelne Tätigkeit gesondert, soweit nichts anderes bestimmt ist. § 15 RVG bleibt unberührt.		
	(3) Wird dem Rechtsanwalt die Verteidigung oder Vertretung für das Verfahren übertragen, werden die nach dieser Nummer entstandenen Gebühren auf die für die Verteidigung oder Vertretung entstehenden Gebühren angerechnet.		
	(4) Eine Gebühr nach dieser Vorschrift entsteht jeweils auch für das Verfahren nach der WDO vor einem Disziplinarvorgesetzten auf Aufhebung oder Änderung einer Disziplinarmaßnahme und im gerichtlichen Verfahren vor dem Wehrdienstgericht.		

Nr. 6500 VV   Einzeltätigkeiten/Aufhebung oder Änderung einer Disziplinarmaßnahme

Übersicht

	Rn.
A. Überblick	1
B. Kommentierung	2
I. Anwendungsbereich	2
1. Einzeltätigkeiten	3
a) Rechtslage bis 31.01.2009	3
b) Rechtslage ab 01.02.2009	4
2. Verfahren nach der WDO (Anm. Abs. 4)	5
II. Abgeltungsbereich der Verfahrensgebühr	6
1. Allgemeines	6
2. Entstehung	7
3. Weitere Gebühren	8
4. Angelegenheit	9
a) Bei Einzeltätigkeiten	9
b) Verfahren nach §§ 43, 44 WDO	10
III. Einzeltätigkeiten	12
1. Abgrenzung zur Verteidigung oder Vollvertretung	12
2. Katalog der Einzeltätigkeiten	15
3. Mehrere Einzeltätigkeiten (Anm. Abs. 2 Satz 1)	17
4. Begrenzung auf Vollverteidigergebühren (Anm. Abs. 2 Satz 2 i.V.m. § 15 Abs. 6)	18
5. Anrechnung (Anm. Abs. 3)	19
IV. Höhe der Verfahrensgebühr	20
V. Anspruch auf Wahlanwaltsgebühren (§§ 52, 53 Abs. 1)	22
VI. Erstattung	23

A. Überblick

1 Mit Wirkung v. 01.02.2009 ist durch das **Wehrrechtsänderungsgesetz** 2008 (BGBl. I 2008, S. 1629) der neue Abschnitt 5 mit der Verfahrensgebühr Nr. 6500 VV eingefügt worden. Teil 6 Abschnitt 5 VV **übernimmt** die früheren Regelungen aus **Vorbem. 6.4 Nr. 3 und 4 VV a.F.** sowie aus **Nr. 6404 VV a.F.** Die Gebühr in den in Vorbem. 6.4 Nr. 2 – 4 VV a.F. genannten Verfahren richtete sich früher nach Nr. 6404 VV a.F. (vgl. dazu die Voraufl. Nr. 6404 Rn. 2 und Voraufl. Vorbem. 6.4 VV Rn. 7 ff.). Die Regelung für das Verfahren auf Abänderung oder Neubewilligung eines Unterhaltsbeitrags (Vorbem. 6.4 Nr. 2 VV a.F.) wurde durch das Wehrrechtsänderungsgesetz 2008 aufgehoben, weil dieses Verfahren bereits mit dem Gesetz zur Neuordnung des Bundesdisziplinarrechts v. 09.07.2001 (BGBl. I, S. 1510) und dem Zweiten Gesetz zur Neuordnung des Wehrdisziplinarrechts und zur Änderung anderer Vorschriften v. 16.08.2001 (BGBl. I, S. 2093) weggefallen ist (BT-Drucks. 16/7955, S. 38). Die Gebühr in Verfahren vor den Disziplinarvorgesetzten oder dem Wehrdienstgericht über die Aufhebung oder Änderung einer Disziplinarmaßnahme (vgl. Vorbem. 6.4 Nr. 3 und 4 VV a.F.) richtet sich gem. Abs. 4 der Anm. zu Nr. 6500 VV nach Nr. 6500 VV (BT-Drucks. 16/7955, S. 38).

> **Hinweis:**
> Nr. 6500 VV gilt darüber hinaus für **alle Einzeltätigkeiten** in den von Teil 6 VV erfassten Verfahren (vgl. hierzu Rn. 3 f.).

Einzeltätigkeiten/Aufhebung oder Änderung einer Disziplinarmaßnahme   Nr. 6500 VV

B. Kommentierung

I. Anwendungsbereich

Nr. 6500 VV hat zwei Anwendungsbereiche. Die Bestimmung gilt für   2
- **alle Einzeltätigkeiten** in den von Teil 6 VV erfassten Verfahren sowie
- für Verfahren nach der WDO vor einem Disziplinarvorgesetzten auf Aufhebung oder Änderung einer Disziplinarmaßnahme und im gerichtlichen Verfahren vor dem Wehrdienstgericht (Abs. 4 der Anm. zu Nr. 6500 VV).

1. Einzeltätigkeiten

a) Rechtslage bis 31.01.2009

Ist der Rechtsanwalt in den in Teil 6 VV geregelten Verfahren nur mit einer einzelnen Tätig-   3
keit beauftragt worden, hat er hierfür früher (bis 31.01.2009) ebenfalls die **in diesen Abschnitten geregelten Verfahrensgebühren** erhalten (z.B. Nrn. 6100, 6202 VV; vgl. Gerold/Schmidt/Madert, RVG, 17. Aufl., 6100, 6101 VV Rn. 20; Baumgärtel/Hergenröder/Houben, Nr. 6404 VV Rn. 1; Riedel/Sußbauer/Schneider, VV Teil 6, Rn. 10; AnwKomm-RVG/Wahlen, 4. Aufl., VV 6400 – 6404 Rn. 11; AnwKomm-RVG/N. Schneider, 4. Aufl., VV Vorb. 6.2 Rn. 18; Hartung, NJW 2005, 3093, 3094, 3096; **a.A.** AnwKomm-RVG/N. Schneider. 4. Aufl., VV 6100 – 6101 Rn. 11, VV 6300 – 6303 Rn. 52; Schneider, in: Hansens/Braun/Schneider, Teil 17, Rn. 113 [Anwendung von Nr. 6404 VV]). Eine den Nrn. 4300 – 4304 VV für Einzeltätigkeiten in Strafsachen und Nr. 5200 VV für Einzeltätigkeiten in Bußgeldsachen entsprechende Regelung war für die Einzeltätigkeit des Rechtsanwalts in diesen Verfahren nicht vorgesehen. Für die Einzeltätigkeit des Rechtsanwalts in Verfahren nach dem IRG und dem IStGH-Gesetz entsprach dies der bereits zu § 106 BRAGO gültigen Rechtslage (vgl. Gerold/Schmidt/Madert, BRAGO, 15. Aufl., § 106 Rn. 12). Die in **Nr. 6404 VV a.F.** geregelte Verfahrensgebühr für Einzeltätigkeiten galt nur für die in Vorbem. 6.4 VV a.F. aufgeführten Verfahren (AnwKomm-RVG/Wahlen, 4. Aufl., VV 6400 – 6404 Rn. 11; vgl. in der Vorauﬂ. Nr. 6100 VV Rn. 16 ff.; Nr. 6404 VV Rn. 10 ff.). Der unterschiedliche Umfang der Arbeit und der Verantwortung des Rechtsanwalts musste deshalb bei Einzeltätigkeiten in Verfahren Teil 6 VV bei der **Bemessung** der **Gebühr** innerhalb des vorgesehenen Rahmens gem. § 14 **berücksichtigt** werden.

b) Rechtslage ab 01.02.2009

Mit Wirkung v. 01.02.2009 ist durch das Wehrrechtsänderungsgesetz 2008 (BGBl. I 2008, 1629)   4
der neue Abschnitt 5 mit der Verfahrensgebühr Nr. 6500 VV eingefügt worden. Aus der geänderten Gesetzessystematik – Einstellung in einen eigenen Abschnitt des Teils 6 VV – sowie dem **Wortlaut** von Abs. 4 der Anm. zu Nr. 6500 VV („Eine Gebühr nach dieser Vorschrift entsteht jeweils **auch**...") ergibt sich, dass Nr. 6500 VV nunmehr die **Gebühr** für **Einzeltätigkeiten** des Rechtsanwalts **in allen** von den **Abschnitten 1 bis 4 des Teils 6 VV erfassten Verfahren** regelt (a.A. aber Gerold/Schmidt/Mayer, VV 6100, 6101 Rn. 20; Gerold/Schmidt/Mayer, VV Vorb. 6.2 Rn. 14, anders aber für Verfahren nach Teil 6 Abschnitt 3 VV, vgl. VV 6300 – 6303 Rn. 11; AnwKomm-RVG/Wahlen, VV Vorb. 6.2 Rn. 18).

Wie in Strafsachen (Teil 4 Abschnitt 3 VV) und in Bußgeldsachen (Teil 5 Abschnitt 2 VV) existiert damit nunmehr auch für alle von Teil 6 VV erfassten sonstigen Verfahren ein eigener Abschnitt mit einer Gebührenregelung für Einzeltätigkeiten. Ein Rückgriff auf die Gebühren für Einzeltätigkeiten in Teil 4 Abschnitt 3 VV (so z.B. noch KG, StRR 2008, 117 = RVGreport 2008, 227 = AGS 2008, 130, für den Zeugenbeistand in einem Auslieferungsverfahren nach dem IRG, vgl. Vorbem. 6 VV Rn. 5 und Nr. 6101 VV Rn. 11), ist deshalb nicht mehr erforderlich. Wird der in Strafsachen stark umstrittenen Auffassung gefolgt, dass der für die Vernehmungsdauer des Zeugen gerichtlich beigeordnete Beistand mit einer Einzeltätigkeit betraut ist (vgl. dazu Vorbem. 4.1 Rn. 5 ff.), richtet sich die Gebühr daher nunmehr nach Nr. 6500 VV.

> **Hinweis:**
> In **Übergangsfällen** richtet sich die Anwendung von Nr. 6500 VV nach § 60 (s. auch Teil A: Übergangsvorschriften [§§ 60 ff.], Rn. 1336 ff.).

2. Verfahren nach der WDO (Anm. Abs. 4)

5 In der WDO ist die Aufhebung oder Änderung einer Disziplinarmaßnahme in §§ 43, 44 WDO vorgesehen. Nach § 43 WDO kann auf Antrag des Soldaten die Disziplinarmaßnahme aufgehoben, nach § 44 WDO kann auf Antrag des Dienstvorgesetzten oder des Soldaten die Disziplinarmaßnahme aufgehoben oder abgeändert werden. Über den Antrag auf Aufhebung oder Änderung einer Disziplinarmaßnahme entscheidet das **Wehrdienstgericht** durch Beschluss, § 45 Abs. 1 WDO. Für das Verfahren gelten gem. § 45 Abs. 2 Satz 1 WDO die Beschwerdevorschriften (§ 42 WDO) entsprechend.

Die Gebühr in Verfahren nach §§ 43 ff. WDO richtet sich nach **Nr. 6500 VV** (so auch AnwKomm-RVG/Wahlen, VV 6500 Rn. 4 f.).

II. Abgeltungsbereich der Verfahrensgebühr

1. Allgemeines

6 Da nach Nr. 6500 VV eine **Verfahrensgebühr** entsteht, gilt die allgemeine Regelung in Vorbem. 6 Abs. 2 VV über den Abgeltungsbereich der Verfahrensgebühr. Die Verfahrensgebühr nach Nr. 6500 VV entsteht daher auch bei Einzeltätigkeiten für das **Betreiben** des **Geschäfts** einschließlich der Information. Das gilt auch, wenn sie nach Abs. 4 der Anm. zu Nr. 6500 VV im Verfahren nach §§ 43, 44 WDO anfällt. Auf die Komm. bei Vorbem. 4 VV Rn. 31 ff. und bei Vorbem. 6 Abs. 2 VV wird verwiesen.

2. Entstehung

7 Die Verfahrensgebühr entsteht mit der **ersten Tätigkeit** des Rechtsanwalts, die auf die Ausführung des Auftrags gerichtet ist. Für Einzeltätigkeiten gelten die Ausführungen bei Vorbem. 4.3 VV Rn. 28 ff. entsprechend. Für das Entstehen der Gebühr ist es **nicht erforderlich**, dass der Rechtsanwalt die Tätigkeit, mit der er beauftragt ist, **vollendet** (vgl. Abs. 2 Satz 2 der Anm. zu Nr. 6500 VV, § 15 Abs. 4).

3. Weitere Gebühren

8 In den Verfahren nach §§ 43, 44 WDO (Abs. 4 der Anm.) wird i.d.R. schriftlich entschieden werden (vgl. §§ 45 Abs. 1 und 2 WDO, 18 Abs. 2 Satz 5 WBO; Dau, WDO, § 45 Rn. 1; Dau, WBO, § 18 Rn. 42 ff.), sodass eine **Terminsgebühr** für diese Verfahren nicht vorgesehen ist.

Einzeltätigkeiten/Aufhebung oder Änderung einer Disziplinarmaßnahme Nr. 6500 VV

Eine **Grundgebühr** erhält der Rechtsanwalt neben der Verfahrensgebühr Nr. 6500 VV **nicht**. Auf die Grundgebühren nach Nrn. 4100, 5100 und 6200 VV kann aufgrund der Gesetzessystematik nicht zurückgegriffen werden (vgl. auch Vorbem. 6.4 VV Rn. 18, Vorbem. 4.2 VV Rn. 20).

4. Angelegenheit

a) Bei Einzeltätigkeiten

Aus Abs. 2 der Anm. zu Nr. 6500 VV ergibt sich, dass der Rechtsanwalt die Gebühr für jede Einzeltätigkeit gesondert erhält, soweit nichts anderes bestimmt ist. Daraus folgt, dass jede Einzeltätigkeit bzw. der zugrunde liegende **Einzelauftrag** grds. zu einer **eigenen gebührenrechtlichen Angelegenheit** i.S.v. § 15 Abs. 1 führt. Der Rechtsanwalt kann dann z.B. auch in jeder Angelegenheit die Postentgeltpauschale Nr. 7002 VV fordern. Gesonderte Gebühren für mehrere Einzeltätigkeiten entstehen aber nur, wenn diesen Tätigkeiten jeweils ein **Einzelauftrag** bzw. ein besonderer Auftrag zugrunde liegt. Das ist Folge von § 15 Abs. 1 und 2, der bestimmt, dass die Gebühren grds. die gesamte Tätigkeit des Rechtsanwalts vom Auftrag bis zur Erledigung der Angelegenheit abgelten, Abs. 2 Satz 2 der Anm. zu Nr. 6500 VV. 9

b) Verfahren nach §§ 43, 44 WDO

Die Gebühr nach Nr. 6500 VV entsteht nach Abs. 4 der Anm. zu Nr. 6500 VV **jeweils** für das Verfahren nach der WDO vor einem Disziplinarvorgesetzten auf Aufhebung oder Änderung einer Disziplinarmaßnahme und im gerichtlichen Verfahren vor dem Wehrdienstgericht. Nach dem Wortlaut fällt die Gebühr somit gesondert für die Tätigkeit vor einem Disziplinarvorgesetzten einerseits und vor dem Wehrdienstgericht andererseits an. 10

Gegen die Entscheidung des Wehrdienstgerichts (Truppendienstgerichts, § 68 BDO) nach § 45 Abs. 1 WDO ist **Rechtsbeschwerde** (§ 22a WBO) bzw. die **Nichtzulassungsbeschwerde** (§ 22b WBO) statthaft (vgl. Dau, WDO, § 45 Rn. 1). Die Tätigkeit im Rechtsbeschwerdeverfahren bzw. im Verfahren über die Nichtzulassungsbeschwerde bildet gegenüber dem Verfahren vor dem Truppendienstgericht gem. § 15 Abs. 2 eine besondere Angelegenheit, in der die Gebühr Nr. 6500 VV erneut entsteht. 11

Legt der Rechtsanwalt gem. § 22b WBO Beschwerde gegen die **Nichtzulassung** der **Rechtsbeschwerde** durch das Truppendienstgericht ein, bilden gem. § 17 Nr. 9 nach deren erfolgreicher Zulassung das Rechtsbeschwerdeverfahren und das Verfahren über die Beschwerde gegen die Nichtzulassung der Rechtsbeschwerde **verschiedene Angelegenheiten**. Die Gebühr Nr. 6500 VV entsteht dann sowohl im Verfahren der Rechtsbeschwerde als auch in der Nichtzulassungsbeschwerde.

III. Einzeltätigkeiten

1. Abgrenzung zur Verteidigung oder Vollvertretung

Die Gebühr Nr. 6500 VV erhält der Rechtsanwalt, dem nicht die Verteidigung oder Vertretung in den in Teil 6 VV aufgeführten Verfahren übertragen ist, für von ihm auftragsgemäß erbrachte Einzeltätigkeiten (Anm. Abs. 1). Dem Rechtsanwalt muss daher ein Einzelauftrag und nicht ein umfassendes Mandat erteilt worden sein. Maßgeblich für die Abgrenzung ist beim Wahlanwalt der **Umfang bzw. der Inhalt des erteilten Auftrages** und beim gerichtlich bestellten oder bei- 12

Nr. 6500 VV   Einzeltätigkeiten/Aufhebung oder Änderung einer Disziplinarmaßnahme

geordneten Rechtsanwalt der **Umfang der gerichtlichen Bestellung** bzw. der dabei übertragenen Aufgaben. Auf den Umfang der tatsächlich erbrachten Tätigkeiten kommt es nicht an. Eine Beschränkung der Bestellung **in zeitlicher Hinsicht** ist keine Einschränkung der Aufgaben i.S.v. Nr. 6500 VV. Maßgeblich ist, ob eine **inhaltliche Beschränkung** der anwaltlichen Tätigkeit vorliegt.

13   Auch Tätigkeiten des „**Vollverteidigers**" oder „**Vollvertreters**" können von Nr. 6500 VV erfasst werden, soweit die **Tätigkeiten** nicht durch die in **Teil 6 Abschnitt 1 bis 4 VV** geregelten Gebühren für die Tätigkeit als „Vollverteidiger" oder „Vollvertreter" entgolten werden. Nr. 6500 VV erfasst daher auch solche Tätigkeiten, die erst gar nicht vom Abgeltungsbereich der Gebühren nach Teil 6 Abschnitt 1 bis 4 VV erfasst werden.

14   **Hinweis:**
Die Anm. zu Nr. 6404 VV entspricht im Wesentlichen der Vorbem. 4.3 VV. Auf die Komm. zu Vorbem. 4.3 VV kann daher verwiesen werden.

2. Katalog der Einzeltätigkeiten

15   Nr. 6500 VV nennt **keine bestimmten Einzeltätigkeiten** ausdrücklich, sondern bestimmt nur, dass für eine Einzeltätigkeit die Verfahrensgebühr entsteht. Das bedeutet, dass die Verfahrensgebühr für alle Tätigkeiten entstehen kann, die dem Rechtsanwalt in den von Teil 6 Abschnitt 1 bis 4 VV erfassten Verfahren als Einzeltätigkeit übertragen werden können (Hartung/Römermann/Schons, 6400 – 6404 VV Rn. 23).

Hinweis:
Nr. 6500 VV spricht nur von einer „Verfahrensgebühr". Das bedeutet aber nicht, dass der Rechtsanwalt nicht **auch** die **Teilnahme** an einem **Termin** bzw. die Vertretung/Beistandsleistung in einem Termin nach Nr. 6500 VV vergütet bekommt, wenn ihm das als Einzeltätigkeit übertragen worden ist.

16   Folgende **Einzeltätigkeiten** können z.B. für den Rechtsanwalt anfallen:
- Anfertigung von Anträgen,
- **Beistandsleistung** in einem **Termin**,
- **isolierte Akteneinsicht**,
- schriftliche Stellungnahme im Verfahren.

3. Mehrere Einzeltätigkeiten (Anm. Abs. 2 Satz 1)

17   Nach Abs. 2 Satz 1 der Anm. zu Nr. 6500 VV erhält der Rechtsanwalt die Gebühr für **jede einzelne Tätigkeit gesondert**, soweit nichts anderes bestimmt ist. Die Ausführungen bei Vorbem. 4.3 VV Rn. 30 f. gelten entsprechend.

Hinweis:
Auch bei Nr. 6500 VV ist Voraussetzung für das Entstehen gesonderter Gebühren, dass den entsprechenden Tätigkeiten jeweils ein **Einzelauftrag** bzw. ein **besonderer Auftrag** zugrunde liegt. Für die vom Rechtsanwalt erbrachten Einzeltätigkeiten müssen daher entspre-

Einzeltätigkeiten/Aufhebung oder Änderung einer Disziplinarmaßnahme   *Nr. 6500 VV*

chende Einzelaufträge erteilt worden sein (vgl. Vorbem. 4.3 VV Rn. 30 f.). Das ist Folge von § 15 Abs. 1 und 2.

4. Begrenzung auf Vollverteidigergebühren (Anm. Abs. 2 Satz 2 i.V.m. § 15 Abs. 6)

Der mit verschiedenen oder mehreren Einzeltätigkeiten beauftragte Rechtsanwalt darf gem. § 15 Abs. 6 nicht mehr Gebühren erhalten als der mit der gesamten Angelegenheit beauftragte Rechtsanwalt. **§ 15 Abs. 6** ist **anwendbar**, weil nach Abs. 2 Satz 2 der Anm. zu Nr. 6500 VV die Vorschrift des § 15 unberührt bleibt. Es ist also zu ermitteln, welche Gebühren der Vollverteidiger oder Vollvertreter erhalten würde, wenn er die gleichen Tätigkeiten wie der nur mit Einzeltätigkeiten beauftragte Rechtsanwalt wahrnehmen würde. Begrenzt wird die Summe der durch mehrere Einzeltätigkeiten verdienten mehreren Verfahrensgebühren somit durch die in Teil 6, Abschnitt 1 bis 4 VV geregelten Betragsrahmengebühren bzw. Festgebühren bei gerichtlicher Bestellung oder Beiordnung (vgl. Hartung/Römermann/Schons, 6400 – 6404 VV Rn. 28; vgl. auch Vorbem. 4.3 VV Rn. 38).   **18**

5. Anrechnung (Anm. Abs. 3)

Die Regelung in Abs. 3 der Anm. zu Nr. 6500 VV **entspricht Vorbem. 4.3 Abs. 3 VV**. Daher kann auf die Ausführungen bei Vorbem. 4.3 VV Rn. 39 ff. verwiesen werden.   **19**

IV. Höhe der Verfahrensgebühr

Der **Wahlanwalt** bzw. Verfahrensbevollmächtigte erhält eine **Betragsrahmengebühr** i.H.v. 20,00 € – 250,00 €. Die Mittelgebühr beträgt 135,00 €. Bei der **Bemessung** der Höhe der Gebühr sind über § 14 die Besonderheiten des Einzelfalls zu berücksichtigen.   **20**

Der **gerichtlich bestellte** oder **beigeordnete Rechtsanwalt** erhält gem. § 45 Abs. 3 eine **Festgebühr** i.H.v. 108,00 € aus der Bundeskasse (vgl. §§ 68, 69 WDO). Die Festsetzung erfolgt gem. § 55 Abs. 1 durch den Urkundsbeamten des Truppendienstgerichts.   **21**

> **Hinweis:**
> Den Anwälten, die die Verfahrensgebühr Nr. 6500 VV verdienen, kann **keine Pauschgebühr** nach § 42 oder § 51 gewährt werden, weil diese Verfahren in §§ 42 und 51 nicht erwähnt werden (vgl. hierzu Vorbem. 6.4 VV Rn. 22).

V. Anspruch auf Wahlanwaltsgebühren (§§ 52, 53 Abs. 1)

Wird der Rechtsanwalt für die Einzeltätigkeit gerichtlich bestellt oder beigeordnet, kann er nach **§§ 52, 53 Abs. 1** die Zahlung der Gebühren eines gewählten Verteidigers oder Verfahrensbevollmächtigten verlangen. Hinsichtlich der Voraussetzungen für die Geltendmachung dieses Anspruchs wird verwiesen auf die Komm. zu § 52 und zu § 53 Abs. 1. Ein Erstattungsanspruch i.S.d. § 52 Abs. 2 gegen die Staatskasse kann dem Mandanten auch in diesen Verfahren zustehen, wenn sein Antrag erfolgreich war (vgl. § 45 WDO i.V.m. § 20 WBO).   **22**

VI. Erstattung

Wird einem Antrag auf nachträgliche Aufhebung einer Disziplinarmaßnahme nach §§ 43, 44 Abs. 3 WDO vom Truppendienstgericht **stattgegeben**, so sind nach §§ 45 Abs. 2 Satz 2 WDO,   **23**

Teil 6 • Sonstige Verfahren • Abschnitt 5

Nr. 6500 VV   Einzeltätigkeiten/Aufhebung oder Änderung einer Disziplinarmaßnahme

20 WBO die notwendigen Auslagen dem **Bund** aufzuerlegen. Das gilt nach § 45 Abs. 2 Satz 2 WDO nicht, wenn der Disziplinarvorgesetzte den Aufhebungsantrag gem. § 44 Abs. 1 oder 2 WDO gestellt hat.

Teil 7
Auslagen

Vorbemerkung 7:
(1) Mit den Gebühren werden auch die allgemeinen Geschäftskosten entgolten. Soweit nachfolgend nichts anderes bestimmt ist, kann der Rechtsanwalt Ersatz der entstandenen Aufwendungen (§ 675 i.V.m. § 670 BGB) verlangen.

(2) Eine Geschäftsreise liegt vor, wenn das Reiseziel außerhalb der Gemeinde liegt, in der sich die Kanzlei oder die Wohnung des Rechtsanwalts befindet.

(3) Dient eine Reise mehreren Geschäften, sind die entstandenen Auslagen nach den Nummern 7003 bis 7006 nach dem Verhältnis der Kosten zu verteilen, die bei gesonderter Ausführung der einzelnen Geschäfte entstanden wären. Ein Rechtsanwalt, der seine Kanzlei an einen anderen Ort verlegt, kann bei Fortführung eines ihm vorher erteilten Auftrags Auslagen nach den Nummern 7003 bis 7006 nur insoweit verlangen, als sie auch von seiner bisherigen Kanzlei aus entstanden wären.

Übersicht

	Rn.
A. Überblick	1
I. Regelungsgehalt	1
II. Anwendungsbereich	4
B. Kommentierung	5
I. Auslagenersatz	5
1. Allgemeines	5
2. Kostenerstattung und -festsetzung	7
3. Geschäftskosten	8
4. Ausdrücklich zur Vergütung gehörende Auslagen	10
5. Weitere Auslagen	11
a) Allgemeines	11
b) Aktenversendungspauschale	12
c) Dolmetscherkosten	13
6. Auslagenersatz und Rechtsschutzversicherung	14
7. Vergütungsvereinbarung	15
II. Geschäftsreisen	16
1. Allgemeines	16
2. Reisen durch anwaltliche Tätigkeit bedingt	17
3. Reise für eine Tätigkeit in eigener Angelegenheit	18
4. Wohnort	19
5. Kanzlei am Ort einer Zweigstelle des Gerichts	21
6. Reisen am Wohnort oder Kanzleiort	22
7. Rechtsanwalt als Zeuge oder Sachverständiger	24
8. Reise eines Vertreters des Rechtsanwalts	25
9. Reise zu auswärtigen Beweisterminen	26
10. Reisen zur Informationsbeschaffung/Tatortbesichtigung/JVA-Besuche	27
11. Zweigstelle der Kanzlei	30
III. Reise für mehrere Geschäfte (Abs. 3 Satz 1)	32
1. Allgemeines	32

Vorbemerkung 7 *Aufwendungen/Geschäftsreise/mehrere Geschäfte*

    2. Begriff des Geschäfts (Abs. 3 Satz 1)... 33
    3. Berechnung der Anteile 34
    4. Vergütungsvereinbarung 36
    5. Haftung bei mehreren Auftraggebern 37
    6. Zusammentreffen von Rechtsanwalts- und Notarreisekosten 38
    7. Kostenerstattung... 39
    8. Mehrere Geschäfte an demselben Ort 40
    9. Nutzung der Geschäftsreise auch zu anderen Zwecken................. 41
IV. Verlegung der Kanzlei (Abs. 3 Satz 2)... 42
    1. Allgemeines... 42
    2. Verlegung.. 43
    3. Folgen der Verlegung.. 44
    4. Schließung der Niederlassung einer überörtlichen Sozietät 46

Literatur:

Burhoff, Zum Abgeltungsbereich der Aktenversendungspauschale der Nr. 9003 GKG KostVerz., RVGreport 2006, 41; ***Hansens***, Anfall und Erstattungsfähigkeit der Kosten einer Auskunft der Creditreform, BRAGOreport 2000, 10; ***Reck***, Zum Ausschluss der Auslagenerstattung des Rechtsanwalts für Geschäftsreisen innerhalb der Gemeinde, Rpfleger 2010, 256-258; s. auch die Hinweise bei Teil A: Auslagen aus der Staatskasse (§ 46 Abs. 1 und 2), Kostenfestsetzung und Erstattung in Strafsachen und Kostenfestsetzung und Erstattung in Bußgeldsachen.

A. Überblick

I. Regelungsgehalt

1 In Teil 7 VV sind alle Regelungen über die Erhebung von Auslagen zusammengefasst. Nach Vorbem. 7 Abs. **1 Satz 1 VV** sind die allgemeinen Geschäftskosten grds. durch die Gebühren abgegolten. Mit Vorbem. 7 Abs. **1 Satz 2** soll klargestellt werden, dass § 675 i.V.m. § 670 BGB über den Ersatz von Aufwendungen grds. anwendbar bleibt. Dies entsprach bereits der allgemeinen Auffassung zur Regelung nach der BRAGO (Gerold/Schmidt/Müller-Rabe, Vorbem. 7 VV Rn. 1; vgl. auch Teil A: Auslagen aus der Staatskasse [§ 46 Abs. 1 und 2], Rn. 140 ff.).

2 **Grundlage** der Geltendmachung der Auslagen ist der **Geschäftsbesorgungsvertrag** des Rechtsanwalts mit dem Mandanten. Aus den §§ 675, 670 BGB ergibt sich, dass der Rechtsanwalt für Aufwendungen, die er den Umständen nach für erforderlich halten durfte, Ersatz vom Auftraggeber verlangen kann. Dieser grundsätzliche Anspruch wird für die in den Nrn. 7000 ff. VV besonders genannten Auslagen gesetzlich **eingeschränkt**. Es ist also durchaus möglich, dass dem Rechtsanwalt nach materiellem Recht höhere Auslagen zustehen, die er aber aufgrund der einschränkenden Regelungen des RVG nicht von seinem Mandanten oder dem Gegner erstattet verlangen kann.

> *Beispiel:*
>
> *Für eine achtstündige Abwesenheit sind dem Rechtsanwalt für eine Mahlzeit in einem Restaurant und zwei Kaffeepausen insgesamt 50,00 € entstanden. Nach dem RVG kann er über Nr. 7005 VV lediglich 35,00 € erstattet verlangen.*

3 Ist der Auftrag noch nicht erteilt und fallen Auslagen in der „**Mandats-Anbahnungsphase**" an (z.B. für Telefonate, Kopien, usw.), hat der Rechtsanwalt **keinen Anspruch** auf Auslagenersatz. Gleiches gilt, wenn die Tätigkeit nicht durch den Auftrag abgedeckt ist.

Aufwendungen/Geschäftsreise/mehrere Geschäfte   Vorbemerkung 7

Beispiel:
Der Rechtsanwalt R macht die Übernahme eines Strafmandats abhängig von weiteren Informationen, insbesondere von der Akteneinsicht. Nachdem er Akteneinsicht genommen hat, lehnt er das Mandat ab. Die entstandenen Auslagen (z.B. Aktenversendungspauschale) kann der R mangels Auftrag nicht vom potenziellen Auftraggeber erstattet verlangen.

Ausnahme 1: *Mit dem potenziellen Mandanten wurde etwas anderes vereinbart.*

Ausnahme 2: *Der potenzielle Mandant bittet nachträglich um Überlassung der ggf. gefertigten Kopien. Auch wenn es nicht zum Auftragsverhältnis kam, muss der R nach dem RVG (also hier Nr. 7000 VV) abrechnen, da es sich bei seiner Tätigkeit um eine anwaltliche Tätigkeit i.S.d. § 1 Abs. 1 gehandelt hat.*

II. Anwendungsbereich

Wird der Rechtsanwalt i.S.v. § 1 Abs. 1 anwaltlich **tätig**, so stehen ihm die Auslagen aus Teil 7 VV zu. Es gilt dann Vorbem. 7 VV, deren Aufgabe es ist, wesentliche Begrifflichkeiten, die zumindest für mehrere Nummern des Vergütungsverzeichnisses gelten, vorab zu klären (z.B. den Begriff der Geschäftsreise).   **4**

B. Kommentierung

I. Auslagenersatz

1. Allgemeines

Dem Rechtsanwalt steht grds. Ersatz für alle notwendigen Auslagen zu. Die Auslagen sind in **drei Gruppen** mit unterschiedlicher Behandlungsweise aufzuteilen.   **5**

- **Geschäftskosten**
  Nach Abs. 1 Satz 1 der Vorbem. 7 VV werden die allgemeinen Geschäftskosten bereits durch die Gebühren abgegolten. Ein weiterer Ersatz scheidet damit aus.

- **Auslagen nach dem RVG**
  Für die in Teil 7 VV ausdrücklich aufgeführten Auslagen dürfen nur die hier genannten Beträge verlangt werden. Eine ggf. darüber hinausgehende Erstattung ist ausgeschlossen, es sei denn, es wurde eine entsprechende Vergütungsvereinbarung getroffen (vgl. Teil A: Vergütungsvereinbarung [§ 3a], Rn. 1502 ff.).

- **Sonstige Auslagen im Rahmen des Auftragsverhältnisses**
  Alle weiteren durch den Rechtsanwalt im Rahmen des Auftragsverhältnisses ausgelösten Aufwendungen hat der Mandant nach den materiell-rechtlichen Grundsätzen zu erstatten. Diese Auslagen sind ggf. auch durch Landeskasse oder Gegner zu erstatten.

Auch ein **Vertreter des Rechtsanwalts** kann die Auslagen nach dem Teil 7 abrechnen, sofern diese Person grds. nach dem RVG abrechnen kann (§ 5; Teil A: Vertreter des Rechtsanwalts [§ 5], Rn. 1609). Andere Personen (z.B.: der Bürovorsteher nimmt einen Termin wahr) können lediglich Auslagenersatz nach § 670 BGB verlangen.   **6**

> **Hinweis:**
> Eine **Erstattung** von Auslagen kommt jedoch immer nur dann in Betracht, wenn sie **notwendig** waren oder ein ausdrücklicher Auftrag vorlag. Maßgeblich ist, ob der Rechtsanwalt die Entstehung der Auslagen nach den Umständen für erforderlich halten durfte, § 670 BGB.

Vorbemerkung 7 *Aufwendungen/Geschäftsreise/mehrere Geschäfte*

2. Kostenerstattung und -festsetzung

7 Sowohl die Auslagen nach dem VV als auch die sonstigen Auslagen im Rahmen des Auftrags sind erstattungsfähig und können im **Kostenfestsetzungsverfahren** gegen den Gegner bzw. die Staatskasse geltend gemacht werden. In allen Fällen gilt jedoch, dass die Entstehung dieser Kosten notwendig gewesen sein muss (vgl. § 91 ZPO bzw. § 464a Abs. 2 StPO; s. auch Teil A: Auslagen aus der Staatskasse [§ 46 Abs. 1 und 2], Rn. 140 und Kostenfestsetzung und Erstattung in Strafsachen, Rn. 842 und Kostenfestsetzung und Erstattung in Bußgeldsachen, Rn. 833).

3. Geschäftskosten

8 Vorbem. 7 Abs. 1 Satz 1 VV stellt klar, dass der Rechtsanwalt die Erstattung **allgemeiner Geschäftskosten nicht neben** den Gebühren zusätzlich verlangen kann. Zu den Geschäftskosten, die durch die Gebühren **abgedeckt** sind, gehören die Auslagen, die durch den **allgemeinen Bürobetrieb** entstehen. Auslagen, die für die Bearbeitung eines bestimmten Mandats entstehen, werden dagegen gesondert abgerechnet.

9 Folgende Auslagen gehören u.a. zu den allgemeinen Geschäftskosten und sind damit bereits **durch die Gebühren abgedeckt**:

- **Bahncard** (ebenso weitere Dauerkarten wie „Ticket 2000") (OLG Düsseldorf, StRR 2008, 399 = RVGreport 2008, 259 m. zust. Anm. Burhoff; OVG Nordrhein-Westfalen, NJW 2006, 1897; OLG Celle, RVGreport 2005, 151; VG Köln, RVGreport 2006, 154; vgl. auch Nr. 7004 Rn. 14),
- **Büromaschinen** (einschließlich Hard- und Software; Anschaffung und Unterhaltung), Fachvereinigungen (Mitgliedsbeiträge) (AnwKomm-RVG/N. Schneider, VV Vorb. 7 Rn. 16),
- **Fahrzeug** (Anschaffung und Unterhaltung),
- Fahrtkosten innerhalb der Gemeinde (AnwKomm-RVG/N. Schneider, VV Vorb. 7 Rn. 13),
- Formulare, **Briefpapier**, Umschläge, usw. (Anschaffung),
- **Gehälter** der Angestellten,
- **Allgemeine Zugänge** zu **juristischen Datenbanken**, **nicht** aber für den **Einzelfall** besonders entstandene Recherchekosten (Hansens, BRAGOreport 2000, 10; Gerold/Schmidt/Müller-Rabe, Vorbem. 7 Rn. 8),
- **Kopiekosten** soweit die Freigrenze für die Dokumentpauschale (100 Stück) nicht überschritten wird (vgl. auch Nr. 7000 VV Rn. 56, 67),
- **Kreditauskunft** (Mitgliedsbeiträge; vgl. KG, BRAGOreport 2000, 9), **nicht** jedoch die Kosten für eine **Einzelabfrage** (Hansens, BRAGOreport 2000, 10; AnwKomm-RVG/N. Schneider, VV Vorb. 7 Rn. 17),
- Literaturanschaffung (OLG Karlsruhe, BRAGOreport 2000, 9),
- **Miete** für Büroräume,
- **Porto** für die Übersendung der **Anwaltsrechnung**, wofür der Ersatz durch Nr. 7001 Anm. 2 VV ausgeschlossen ist (AnwKomm-RVG/N. Schneider, VV Vorb. 7 Rn. 12),
- **Telefon**, Fax, Internetzugang, usw. (Anschaffung, Unterhaltung und Grundgebühr),

- **Verpackungsmaterialien** (**Ausnahme**: im Einzelfall mussten **Spezialmaterialien** beschafft werden, vgl. Gerold/Schmidt/Müller-Rabe, Vorbem. 7 VV Rn. 8).

4. Ausdrücklich zur Vergütung gehörende Auslagen

Das VV zählt die auf jeden Fall zur Vergütung gehörenden Auslagen auf. Sie gehören zur gesetzlichen Vergütung und können **neben** den **Gebühren erstattet** verlangt werden. Es sind die folgenden Auslagen: **10**

- Nr. 7000 VV: Dokumentenpauschale,
- Nr. 7001 VV: Post- und Telekommunikationsdienstleistungen in tatsächlicher Höhe oder alternativ Nr. 7002 VV: Post- und Telekommunikationsdienstleistungspauschale,
- Nr. 7002 VV: Post- und Telekommunikationsdienstleistungspauschale,
- Nr. 7003 VV: Fahrtkosten – eigener Pkw,
- Nr. 7004 VV: Fahrtkosten – andere Verkehrsmittel,
- Nr. 7005 VV: Tage- und Abwesenheitsgelder,
- Nr. 7006 VV: Sonstige Auslagen für Geschäftsreisen,
- Nr. 7007 VV: Haftpflichtversicherungsprämien,
- Nr. 7008 VV: Umsatzsteuer auf die Vergütung.

5. Weitere Auslagen

a) Allgemeines

Durch die Formulierung in Vorbem. 7 Abs. 1 Satz 2 ist der **Bereich der festsetzbaren Auslagentatbestände erweitert** worden. Insbesondere kommt durch eine vergleichbare Formulierung des § 11 die Möglichkeit der Festsetzung dieser weiteren Auslagen gegen den eigenen Mandanten in Betracht, wenn diese Auslagen zum gerichtlichen Verfahren gehören. Demzufolge ist die **Aufzählung** in den Nrn. 7000 ff. VV **nicht mehr abschließend**. **Weitere Auslagen**, die der Rechtsanwalt unter den Voraussetzungen der §§ 675, 670 BGB vom Auftraggeber ersetzt verlangen kann, sind z.B.: **11**

- **Aktenversendungspauschale** (s. auch Teil A: Auslagen aus der Staatskasse [§ 46 Abs. 1 und 2], Rn. 169, 197 ff.; vgl. dazu jetzt BGH, 06.04.2011 – IV ZR 232/08, JurionRS 2011, 15129),
- **sonstige Akteneinsichtskosten** (Hansens, in: Hansens/Braun/Schneider, Teil 19, Rn. 5, a.A. FG Hessen, EFG 1997, 427),
- Kosten für die **Anschriftenermittlung** von Zeugen, Schuldner, usw.,
- Kosten für **Botendienste**,
- **Detektivkosten** (AnwKomm-RVG/N. Schneider, VV Vorb. 7 Rn. 21),
- Kosten für Fotos zur Beweissicherung,
- Gerichtvollzieherkosten, soweit durch den Rechtsanwalt vorgeschossen,
- **Gerichtskosten**, soweit durch den Rechtsanwalt vorgeschossen (Gerold/Schmidt/Müller-Rabe, Vorb. 7 VV Rn. 8),

- Kosten für juristische Mitarbeiter, sofern sie extra für diesen Fall hinzugezogen wurden, um sehr umfangreiches Aktenmaterial zu sichten (OLG Brandenburg, StraFo 1997, 30 [Assessorin bei einem Pflichtverteidiger]),
- **Recherchekosten** in juristischen Datenbanken, soweit sie für den **Einzelfall** entstanden sind (nicht jedoch die Grundgebühren) (OLG Brandenburg, StV 1996, 615 = StraFo 1997, 30; Hansens, BRAGOreport 2000, 10),
- Kosten für **Registerauskünfte** (Handelsregister, Grundbuch, usw.), (AnwKomm-RVG/ N. Schneider, VV Vorb. 7 Rn. 21),
- **Dolmetscher** - und Übersetzungskosten (s. unten Rn. 13) (OLG Karlsruhe, AGS 2000, 176; vgl. auch Teil A: Dolmetscherkosten, Erstattung, Rn. 426),
- Verpackungskosten im Einzelfall, soweit sie im Anwaltsbetrieb unüblich sind (z.B. Transport von Maschinen in Kisten als Beweisstücke) (Hansens, in: Hansens/Braun/Schneider, Teil 19 Rn. 5).

b) Aktenversendungspauschale

12 Für die antragsgemäße Aktenversendung durch die Staatsanwaltschaft oder das Gericht entsteht eine Aktenversendungspauschale gem. Nr. 9003 Nr. 1 KV GKG. Diese kann entgegen einer teilweise vertretenen Ansicht **neben** der **Pauschale** nach Nr. **7002 verlangt** werden (vgl. dazu jetzt BGH, 06.04. 2011 – IV ZR 232/08, StRR 2001, JurionRS 2011, 15129; KG, zfs 2009, 169; LG Dresden, RVGreport 2010, 454 = RVGprofessionell 2011, 30; AG Lahr, AGS 2008, 338; Gerold/ Schmidt/Müller-Rabe, VV Vorb. 7 Rn. 8; Hansens, zfs 2009, 170 in der Anm. zu KG, a.a.O.; Just NJ 2009, 282; unzutreffend a.A. LG Leipzig, RVGprofessionell 2009, 33 = RVGreport 2009, 61 = VRR 2009, 119; RVGreport 2010, 182; LG Zweibrücken, Beschl. v. 23.09.2009 – Qs 12/09; AG Eilenburg, RVGprofessionell 2009, 204 [Ls.] = JurBüro 2010, 34 m. abl. Anm. C. Schneider = RVGreport 2010, 60 = AGS 2010, 74 m. abl. Anm. N. Schneider, AG Starnberg AGS 2009, 113; wegen der Einzelh. s. Teil A: Gerichtskosten, Rn. 741 ff. und Burhoff/Burhoff, OWi, Rn. 203).

c) Dolmetscherkosten

13 Nach Art. 6 Abs. 3 Buchst. e) EMRK steht dem der Gerichtssprache nicht kundigen Angeklagten unabhängig von seiner finanziellen Lage für das gesamte Strafverfahren und damit auch für vorbereitende Gespräche mit einem Verteidiger ein Anspruch auf unentgeltliche Zuziehung eines Dolmetschers zu. Dies gilt auch dann, wenn kein Fall der notwendigen Verteidigung i.S.d. § 140 StPO oder des Art. 6 Abs. 3 Buchst. c) EMRK gegeben ist (BVerfG, NJW 2004, 50 = StV 2004, 28; BGHSt 46, 178 = NJW 2001, 309 = StV 2001, 1). Für das Bußgeldverfahren gelten dieselben Grundsätze (EGMR, NJW 1985, 1273; zu allem eingehend Burhoff, EV, Rn. 2093, und Burhoff, HV, Rn. 1226 sowie Teil A: Dolmetscherkosten, Erstattung, Rn. 426).

Der **Pflichtverteidiger** kann seine Auslagen für einen von ihm beigezogenen Dolmetscher (bis zur Höhe der Sätze nach dem JVEG) aus der Staatskasse erstattet erhalten (AnwKomm-RVG/ Schnapp, § 46 Rn. 34; OLG Brandenburg, StraFo 2005, 415 = StV 2006, 28 = RVGreport 2006, 276; OLG Hamm, AGS 1999, 59). Dies gilt auch für den **Wahlverteidiger** (KK StPO/Franke, § 464a Rn. 4a). Der Dolmetscher selbst hat keinen Anspruch gegen die Landeskasse, da er durch den Pflichtverteidiger und nicht das Gericht beauftragt wurde (Teil A: Auslagen aus der Staatskasse [§ 46 Abs. 1 und 2], Rn. 140, und Teil A: Dolmetscherkosten, Erstattung, Rn. 426).

Aufwendungen/Geschäftsreise/mehrere Geschäfte Vorbemerkung 7

> **Hinweis:**
> Wenn neben der unentgeltlichen Zuziehung eines Dolmetschers nach Art. 6 Abs. 3 Buchst. e) EMRK eine Übersetzung einer Einlassung des Angeklagten notwendig ist, muss der Verteidiger die Notwendigkeit der Kosten einer Übersetzung darlegen (KG, zfs 2008, 713 = JurBüro 2009, 31).

Zur Frage der Dolmetscher- und Übersetzungskosten s. auch ausführlich Teil A: Dolmetscherkosten, Erstattung, Rn. 426 und Teil A: Gerichtskosten, Rn. 763 ff.

6. Auslagenersatz und Rechtsschutzversicherung

Die Auslagen gehören als Bestandteil der gesetzlichen Vergütung (§ 1 Abs. 1) zum **Umfang der** durch die **Rechtsschutzversicherungen** jeweils zu **erstattenden Vergütung**. Hiernach wird die gesetzliche Vergütung eines am Ort des zuständigen Gerichtes ansässigen Rechtsanwalts getragen. Damit sind die in den Nrn. 7000 ff. VV ausdrücklich genannten **Auslagen umfasst**. Dies gilt **nicht** für die **weiteren Auslagen** nach den §§ 675, 670 BGB, da sie nicht zur gesetzlichen Vergütung gehören. 14

> **Hinweis:**
> Bei der **Aktenversendungspauschale** (vgl. oben Rn. 12) ist der Rechtsanwalt/Verteidiger Kostenschuldner, der die bei ihm entstehende Pauschale dem Mandanten in Rechnung stellen kann. Dieser bzw. seine Rechtsschutzversicherung hat sie zu erstatten, und zwar zuzüglich Umsatzsteuer (vgl. auch AnwKomm-RVG/N. Schneider, VV Vorb. 7 Rn. 22 ff.; vgl. dazu jetzt BGH, 06.04.2011 – IV ZR 232/08, JurionRS 2011, 15129; wegen weit. Nachw. s. bei Nr. 7008 VV).

7. Vergütungsvereinbarung

Die gesetzlichen Beschränkungen der Nrn. 7000 VV ff. können durch den Abschluss einer entsprechenden Vergütungsvereinbarung ausgeschlossen werden. Diese muss den Formerfordernissen des § 3a genügen (wegen der Einzelh. zur Vergütungsvereinbarung s. auch Teil A: Vergütungsvereinbarung [§ 3a] Rn. 1502 ff. mit Muster bei Rn. 1573 f.). 15

Beispiele:

- *Das Entgelt für jeden im Rahmen des Mandats zurückgelegten Pkw-Kilometer beträgt 0,50 € nebst USt.*
- *Das Entgelt für jede im Rahmen des Mandats gefertigte Kopie beträgt 0,50 € nebst USt. Es steht dem Mandanten frei, die notwendigen Kopien in eigener Regie anderweitig anfertigen zu lassen.*
- *Es wird eine Pauschale von 50,00 € nebst USt für alle im Rahmen des Mandats entstehenden Post- u. Telekommunikationsdienstleistungen vereinbart.*

II. Geschäftsreisen

1. Allgemeines

Die **Definition** der **Geschäftsreise** wurde unverändert aus § 28 Abs. 1 Satz 2 BRAGO in Vorbem. 7 Abs. 2 VV übernommen. Eine Geschäftsreise liegt demnach vor, wenn das Reiseziel **außerhalb** der **Gemeinde** liegt, in der sich die **Kanzlei** oder die **Wohnung** des Rechtsanwalts 16 befindet (AnwKomm-RVG/N. Schneider, VV Vorb. 7 Rn. 37; Gerold/Schmidt/Madert/Müller-Rabe, VV 7003, 7004 Rn. 2; vgl. zuletzt u.a. OLG Dresden, NJW 2011, 869 = RVGreport 2011, 145 = RVGprofessionell 2011, 87). Entscheidend ist allein, dass das Ziel der Reise außerhalb der Gemeindegrenzen liegt, auf den Zweck der Reise kommt es nicht an. Auch die früher teilweise vertretene Ansicht (OLG Düsseldorf, Rpfleger 1990, 390 = JurBüro 1990, 862), dass es auf die Länge der Fahrtstrecke ankommt, ist überholt. Von dem Begriff „Kanzlei" wird dabei auch die Zweigstelle einer Rechtsanwaltskanzlei erfasst. Fahrtkosten für eine Geschäftsreise zu einem Ziel innerhalb der Gemeinde, in der die Zweigstelle unterhalten wird, sind deshalb nicht erstattungsfähig (OLG Dresden, a.a.O.).

2. Reisen durch anwaltliche Tätigkeit bedingt

17 Nimmt der Rechtsanwalt die Reise nicht in Ausübung seines anwaltlichen Berufs wahr, sondern z.B. als **Vormund, Betreuer, Insolvenzverwalter, Testamentsvollstrecker**, so handelt es sich **nicht** um eine **Geschäftsreise** i.S.d. Vorbem. 7 VV. Die Vergütung muss dann über die allgemeinen Vorschriften nach den §§ 675, 670 BGB erfolgen (Gerold/Schmidt/Madert/Müller-Rabe, VV 7003 Rn. 2). Nimmt er jedoch als eine der o.g. Personen eine anwaltliche Tätigkeit wahr, so handelt es sich um eine Geschäftsreise und es entstehen die entsprechenden Auslagen (BGH, NJW 2011, 453 = FamFR 2011, 13 = MDR 2011, 72; OLG Frankfurt am Main, Rpfleger 1972, 180; LG Limburg, Rpfleger 2009, 232 = FamRZ 2009, 1006).

Beispiel:
Der Rechtsanwalt ist zum Betreuer bestellt. Er vertritt den Betreuten auch in einer Strafsache vor Gericht. Diese Tätigkeit ist nicht durch die Betreuervergütung abgedeckt. Der anwaltliche Betreuer rechnet nach dem RVG ab. Für ihn gilt auch die obige Definition der Geschäftsreise.

3. Reise für eine Tätigkeit in eigener Angelegenheit

18 Nimmt der Rechtsanwalt Reisen anlässlich **eigener Rechtssachen** vor, handelt es sich um Geschäftsreisen, deren Kosten Auslagen nach Nrn. 7003 bis 7006 VV sind (Gerold/Schmidt/Madert/Müller-Rabe, VV 7003 Rn. 2). Er kann diese Kosten auch über § 91 Abs. 2 Satz 3 ZPO vom Gegner bzw. der Staatskasse erstattet verlangen (BGH, NJW 2003, 1534 = BRAGOreport 2003, 16).

4. Wohnort

19 Der Rechtsanwalt muss nach § 27 Abs. 1 BRAO innerhalb des Bezirks der RAK, deren Mitglied er ist, eine Kanzlei einrichten und unterhalten. Wohnt der Rechtsanwalt an einem andern Ort als dem Kanzleiort, handelt es sich also bei **Wohnort** und **Kanzleiort nicht um denselben Ort**, so sind Reisen vom Wohnort zum Kanzleiort und umgekehrt **keine Geschäftsreisen** (AnwKomm-RVG/N. Schneider, VV Vorb. 7 Rn. 38; Gerold/Schmidt/Madert/Müller-Rabe, VV 7003, 7004 Rn. 5; s. zu den Reisekosten eines **auswärtigen** Pflichtverteidigers Teil A: Auslagen aus der Staatskasse, Rn. 171 ff. m.w.N.).

Das Wohnen an einem weiteren Ort begründet einen **weiteren Wohnsitz** nach § 7 BGB. Auch dieser Wohnsitz gilt als Wohnung des Rechtsanwalts i.S.d. Vorbem. 7 (Gerold/Schmidt/Madert/Müller-Rabe, Nr. 7003 Rn. 5), sodass Reisen an oder zu diesem Ort ebenfalls keine Geschäftsreisen sind.

Aufwendungen/Geschäftsreise/mehrere Geschäfte   Vorbemerkung 7

Wohnort am Sitz der Zweigstelle des Gerichts: Wohnt der Rechtsanwalt am Sitz einer **Zweigstelle des Gerichts**, so sind Reisen vom Kanzleiort zum Ort der Zweigstelle des Gerichts aber Geschäftsreisen und damit zu vergüten (Gerold/Schmidt/Madert/Müller-Rabe, VV 7003 Rn. 5; Schneider, MDR 1983, 811).   **20**

> *Beispiel:*
> *Der Kanzleisitz ist in Münster. Eine Strafkammer des LG Münster tagt regelmäßig im AG Bocholt. Hier hat der Rechtsanwalt auch seinen Wohnsitz. Damit sind die Fahrten des Rechtsanwalts aus Münster zu den Terminen der Strafkammer in Bocholt zu vergütende Geschäftsreisen.*

5. Kanzlei am Ort einer Zweigstelle des Gerichts

Hat der Rechtsanwalt seine Kanzlei am Ort einer Zweigstelle des Gerichts, so sind **Reisen zum Hauptgericht Geschäftsreisen** (OLG München, NJW-RR 2000, 443 = AGS 2000, 17; zum Begriff der Zweigstelle zuletzt OLG Dresden, NJW 2011, 869 = RVGreport 2011, 145 = RVGprofessionell 2011, 87). Auch bei **Zulassung** des Rechtsanwalts **bei mehreren Gerichten** ist für die Frage des Vorliegens einer Geschäftsreise auf den Ort der Kanzlei abzustellen. Reisen zu einem anderen Gericht, bei dem der Rechtsanwalt zwar zugelassen ist, aber nicht seinen Kanzleisitz hat, sind damit Geschäftsreisen und zu vergüten.   **21**

6. Reisen am Wohnort oder Kanzleiort

Bei Reisen am Wohnort oder dem Ort der Kanzlei handelt es sich **nicht** um **Geschäftsreisen** (Gerold/Schmidt/Madert/Müller-Rabe, VV 7003, 7004 Rn. 3). Die Auslagen hierfür gehören damit nicht zur Vergütung. Dies gilt unabhängig von der Größe des Orts und der Dauer der Fahrt innerhalb des Orts. So sind Fahrten innerhalb Berlins keine Geschäftsreise (LG Berlin, JurBüro 1980, 1078). Wird durch eine kommunale Neugliederung die **Vereinigung zweier Orte** herbeigeführt, so gilt der vereinte Ort als ein Ort i.S.d. Vorbem. 7 Abs. 2 VV und die Auslagen sind nicht mehr als Auslagen einer Geschäftsreise anzusetzen (Hansens, in: Hansens/Braun/Schneider, Teil 19, Rn. 69).   **22**

Maßgebend für die Frage des Vorliegens einer Geschäftsreise ist damit allein die Frage, ob der Rechtsanwalt **innerhalb** der **Grenzen der politischen Gemeinde** reist oder nicht. Eine Geschäftsreise ist nur dann gegeben, wenn der Rechtsanwalt über die Grenzen seiner Wohnort- oder seiner Kanzleiortsgrenzen hinweg reist. Liegen der Kanzleiort und der Wohnsitz des Rechtsanwalts in verschiedenen politischen Gemeinden, so handelt es sich bei den Fahrten zum Kanzleiort oder Wohnsitzort nicht um eine Geschäftsreise. Etwas anderes gilt dann, wenn der Rechtsanwalt vom Wohnsitz aus einen auswärtigen Termin wahrnimmt und anschließend in seine Kanzlei fährt (Hansens, in: Hansens/Braun/Schneider, Teil 19, Rn. 69; AnwKomm-RVG/ N. Schneider, VV Vorb. 7 Rn. 38).

Reisebeginn am weiter entfernten Kanzleisitz/Wohnort: Entscheidend für die Geschäftsreise ist der Ort, von dem aus tatsächlich die Reise begonnen wird. Dies kann sowohl die Wohnung als auch der Kanzleisitz sein. Dies gilt auch dann, wenn die Reise am weiter entfernten Ort begonnen wird. Maßgeblich sind hier die **tatsächlich gefahrenen Kilometer**. Der Gesetzgeber hat hier Kanzlei und Wohnsitz gleich bewertet und auf eine gesetzliche Einschränkung verzichtet. Es liegen damit keine Anhaltspunkte für eine anderweitige Auslegung vor.   **23**

Vorbemerkung 7 *Aufwendungen/Geschäftsreise/mehrere Geschäfte*

7. Rechtsanwalt als Zeuge oder Sachverständiger

24 Reisen des Rechtsanwalts als Zeuge oder Sachverständiger sind **keine Geschäftsreisen** nach Vorbem. 7 Abs. 2 VV. Dies gilt auch dann, wenn er über seine Wahrnehmung als Rechtsanwalt aussagen soll. Die Vergütung richtet sich stattdessen nach dem Justizvergütungs- und Entschädigungsgesetz – JVEG (Gerold/Schmidt/Madert/Müller-Rabe, VV 7003 Rn. 15).

8. Reise eines Vertreters des Rechtsanwalts

25 Reist nicht der Rechtsanwalt selbst, sondert beauftragt er einen Vertreter, so kann die Reise dennoch nach dem RVG abgerechnet werden, wenn es sich bei dem Vertreter um eine der in § 5 aufgezählten Personen handelt (zu den Einzelh. s. Teil A: Vertreter des Rechtsanwalts [§ 5] Rn. 1609). Für andere Personen kann nur Ersatz der tatsächlichen Aufwendungen verlangt werden.

9. Reise zu auswärtigen Beweisterminen

26 Dem Prozessbevollmächtigten steht es grds. frei, auswärtige Beweistermine selbst wahrzunehmen. Er ist **nicht verpflichtet**, einen **Terminsvertreter einzuschalten**. Eine Ausnahme ist nur dann gegeben, wenn der Streitgegenstand und die durch die Geschäftsreise ausgelösten Kosten in auffälligem Missverhältnis zueinanderstehen. In diesem Falle müsste ein Terminsvertreter vor Ort beauftragt werden. Es empfiehlt sich, in Streitfällen den Mandanten hierauf hinzuweisen und mit ihm die Vorgehensweise zu klären.

10. Reisen zur Informationsbeschaffung/Tatortbesichtigung/JVA-Besuche

27 Zu den Geschäftsreisen, die der Rechtsanwalt im Rahmen seines Mandats wahrnimmt, gehört nicht nur die Wahrnehmung von Gerichtsterminen. **Auch** sonstige **Reisen** zur **Informationsbeschaffung** können dazugehören. Hierbei kann es sich z.B. um eine Besichtigung des Tatorts, der Unfallstelle oder ein Informationsgespräch mit Zeugen handeln. Sofern diese Reisen notwendig sind für die Rechtsverfolgung, kann auch die Festsetzung gegen Gegner oder Staatskasse erfolgen.

28 Nach Ansicht des OLG Köln sind die Kosten einer Informationsreise zur **Tatortbesichtigung** i.d.R. nur bei besonderen Umständen erstattungsfähig. Diese sind nicht gegeben bei einem ausführlichen Tatortfundbericht und hierzu gefertigten Lichtbildern. Damit ist eine Reise zur Besichtigung des Tatortes i.d.R. nicht erforderlich (OLG Köln, AGS 2009, 585).

29 Der Rechtsanwalt entscheidet nach pflichtgemäßem Ermessen über die Notwendigkeit eines Besuchs des Mandanten in der **JVA**. Es ist damit von der Notwendigkeit und demzufolge auch der Erstattungsfähigkeit der Reisen auszugehen. Die Staatskasse kann die **Notwendigkeit der Reisen nach § 46 RVG** überprüfen. Allerdings trägt grds. die Staatskasse die Beweislast dafür, dass die Auslagen des Pflichtverteidigers zur sachgerechten Wahrnehmung der Interessen der Partei nicht erforderlich gewesen sind. Nur wenn sich Anhaltspunkte ergeben, die auf einen Missbrauch der kostenschonenden Prozessführung des Pflichtverteidigers hindeuten, kann die grds. den Staat treffende Darlegungs- und Beweislast auf den Verteidiger verlagert werden (OLG Brandenburg, RVGreport 2007, 182; OLG Düsseldorf, RVGreport 2008, 259 = StRR 2008, 399; OLG Hamm, JurBüro 2001, 194 = StV 2002, 93; LG Frankfurt an der Oder, RVGreport 2007, 109).

Rn. 43). Richtig ist, dass die Haftung aus dem Auftragsverhältnis weiterhin fortbesteht und der Rechtsanwalt im Fall der Nichtzahlung die Reisekosten von seinem Mandanten verlangen kann, die nur für diesen entstanden wären.

Bezogen auf das obige Beispiel (Rn. 35) bedeutet dies:
Entstanden sind tatsächlich 120,00 €. A und B haften jeweils für max. 80,00 €. C haftet max. für 95,00 €. Falls sich also B und C als zahlungsunfähig herausstellen, kann der Rechtsanwalt von dem Mandanten A insgesamt 80,00 € fordern.
Für die gegnerische Partei gilt diese Haftungshöchstgrenze nicht. Sie haftet nur i.H.d. tatsächlich entstandenen anteiligen Reisekosten, sodass hier nur eine Festsetzung des Anteils (37,65 €) infrage kommt (Gerold/Schmidt/Madert/Müller-Rabe, VV 7005, 7006 Rn. 12).
Der Mandant A ist zur Geltendmachung seiner Ausgleichsansprüche gegen B und C auf den Klageweg angewiesen.

6. Zusammentreffen von Rechtsanwalts- und Notarreisekosten

Nimmt der Rechtsanwaltsnotar im Rahmen einer Geschäftsreise sowohl Rechtsanwalts- als auch Notargeschäfte wahr, so sind die **Reisekosten** unter Beachtung der Entfernung und des Zeitaufwands zu **verteilen**. Auch hier sind die Gesamtkosten im Verhältnis der fiktiven Einzelreisen zu verteilen. Dabei berechnen sich die Reisekosten für anwaltliche Aufträge nach dem RVG, die für notarielle Aufträge nach der KostO. Für die Reisekosten des Notars gelten die §§ 137 Nr. 7, 153 Abs. 2 KostO. **38**

7. Kostenerstattung

Der Gegner/die Staatskasse haftet lediglich für die anteiligen Kosten nach Vorbem. 7 Abs. 3 Satz 1 VV, die nach Verteilung der Gesamtkosten auf den jeweiligen Auftraggeber entfallen. Seine eventuelle Erstattungspflicht erstreckt sich nicht auf die erweiterte Haftung des Auftraggebers, die sich bei getrennter Wahrnehmung der Aufträge ergibt (s. auch Teil A: Kostenfestsetzung und Erstattung in Strafsachen, Rn. 842 und Kostenfestsetzung und Erstattung in Bußgeldsachen Rn. 833). **39**

8. Mehrere Geschäfte an demselben Ort

Nimmt der Rechtsanwalt z.B. mehrere Termine in demselben Gericht wahr, so kann er, wenn sich die Dauer der Termine nicht unterscheidet und damit keine unterschiedlichen Kosten für die einzelnen Reisen ausgelöst werden, die **Kosten** der Geschäftsreise nach der Anzahl der wahrgenommenen Aufträge **verteilen**. Dies ist **nicht** mehr möglich, wenn für die einzelnen Aufträge **unterschiedliche Reisekosten** entstanden wären, z.B. durch höhere Abwesenheitsgelder, weil ein Termin länger dauerte als die anderen Termine. **40**

9. Nutzung der Geschäftsreise auch zu anderen Zwecken

Nimmt der Rechtsanwalt anlässlich einer Geschäftsreise auch andere Geschäfte wahr, bei denen es sich nicht um Geschäfte i.S.d. RVG handelt, so hat dies kostenrechtlich keine Auswirkungen. Insbesondere ist hierdurch **keine anteilige Kürzung** gerechtfertigt. Die Vorbem. 7 Abs. 3 Satz 1 RVG stellt eine abschließende Regelung dar, die nicht auf andere Zwecke einer Reise übertragen werden kann (LAG Berlin-Brandenburg, RVGreport 2009, 77 = AGS, 2009, 177). **41**

IV. Verlegung der Kanzlei (Abs. 3 Satz 2)

1. Allgemeines

42 Verlegt ein Rechtsanwalt den Sitz seiner Kanzlei an einen **anderen politischen Ort**, kann er bei Fortführung eines ihm vorher erteilten Auftrags die Auslagen nach Nrn. 7003 bis 7006 VV nur insoweit verlangen, als sie auch von seiner bisherigen Kanzlei entstanden wären. Diese Regelung findet sich in Vorbem. 7 Abs. 3 Satz 2 VV. Der Rechtsanwalt soll durch den Umzug für laufende Aufträge nicht mehr Reisekosten erhalten, als ihm ohne Umzug zustünden.

> **Hinweis:**
> Diese für den Rechtsanwalt einschränkende Regelung kann durch eine **Vergütungsvereinbarung** ausgeschlossen werden. Diese Vereinbarung stellt jedoch keine Verpflichtung für Dritte (Gegner, Landeskasse) dar, die höheren Kosten zu erstatten.

2. Verlegung

43 Eine Verlegung der Kanzlei **innerhalb** derselben **politischen Gemeinde** ist **unerheblich**. Dies gilt auch dann, wenn sich hierdurch die Reisekosten ändern. Bei einer **Verlegung des Gerichts** findet Vorbem. 7 Abs. 3 Satz 2 VV keine Anwendung. In diesem Fall hat der Auftraggeber die tatsächlichen Kosten der Reise zu tragen.

> **Hinweis:**
> Durch Vorbem. 7 Abs. 3 Satz 2 VV **nicht** abgedeckt ist die Verlegung des **Wohnsitzes**. Daher können hierdurch entstehende höhere Reisekosten ohne Einschränkungen geltend gemacht werden (Hansens, in: Hansens/Braun/Schneider, Teil 19, Rn. 105).

3. Folgen der Verlegung

44 Erhöhen sich die Reisekosten, darf der Rechtsanwalt Reisekosten nur i.H.d. Kosten ansetzen, die auch **vom alten Kanzleisitz** aus entstanden wären (AnwKomm-RVG/N. Schneider, VV Vorb. 7 Rn. 48). Verringern sich die Reisekosten, sind die geringeren Reisekosten anzusetzen (Hansens, in: Hansens/Braun/Schneider, Teil 19, Rn. 104).

45 Es ist nicht auf die einzelne Reise **abzustellen**, sondern die **gesamten** im Rahmen des Mandats entstandenen **Reisekosten**, da ansonsten der Rechtsanwalt ohne sachlichen Grund benachteiligt wird (AnwKomm-RVG/N. Schneider, VV Vorb. 7 Rn. 49). Es ist damit eine Vergleichsrechnung durchzuführen mit den fiktiven Reisekosten, die vom bisherigen Kanzleiort aus entstanden wären, mit den Reisekosten, die vom neuen Kanzleiort aus entstanden sind.

4. Schließung der Niederlassung einer überörtlichen Sozietät

46 In Rechtsprechung und Literatur wird die Frage der Schließung einer Niederlassung einer überörtlichen Sozietät während eines laufenden Mandats und die Fortführung des Mandats vom Sitz der Hauptniederlassung aus nicht erwähnt. Das **OLG Dresden** (Rpfleger 2005, 569 [Prozess und Sitz der Niederlassung: Leipzig, Hauptsitz: München, Auftrag an die Sozietät]) hat hier ohne weitere Problematisierung die zusätzlichen Reisekosten für drei Reisen für erstattungsfähig gehalten. Es sollte jedoch die **Vorstellungswelt** des Mandanten berücksichtigt werden. Für

Aufwendungen/Geschäftsreise/mehrere Geschäfte   *Vorbemerkung 7*

diesen dürften die beiden Vorgänge Schließung der Niederlassung oder Verlegung einer Kanzlei gleichbedeutend sein. Der Rechtsanwalt muss in beiden Fällen von einem weiter entfernten Ort zum Termin anreisen. Sinn der Vorbem. 7 Abs. 3 VV ist der **Schutz des Auftraggebers** vor unkalkulierbaren Kosten. Aus diesem Grunde hat der Mandant sich eines örtlichen Rechtsanwalts bedient. In aller Regel wird er weder von der geplanten Verlegung noch von der Schließung Kenntnis gehabt haben. Diese richtige und vom Gesetz gewollte Vorgehensweise soll geschützt werden. Es erscheint daher angebracht, den Fall der Schließung mit dem der **Verlegung gleichzusetzen** und in beiden Fällen die Beschränkung der Reisekosten anzunehmen.

Nr. 7000 VV
Dokumentenpauschale

Nr.	Auslagentatbestand	Höhe
7000	Pauschale für die Herstellung und Überlassung von Dokumenten:	
	1. für Ablichtungen und Ausdrucke	
	a) aus Behörden- und Gerichtsakten, soweit deren Herstellung zur sachgemäßen Bearbeitung der Rechtssache geboten war,	
	b) zur Zustellung oder Mitteilung an Gegner oder Beteiligte und Verfahrensbevollmächtigte auf Grund einer Rechtsvorschrift oder nach Aufforderung durch das Gericht, die Behörde oder die sonst das Verfahren führende Stelle, soweit hierfür mehr als 100 Seiten zu fertigen waren,	
	c) zur notwendigen Unterrichtung des Auftraggebers, soweit hierfür mehr als 100 Seiten zu fertigen waren,	
	d) in sonstigen Fällen nur, wenn sie im Einverständnis mit dem Auftraggeber zusätzlich, auch zur Unterrichtung Dritter, angefertigt worden sind:	
	für die ersten 50 abzurechnenden Seiten je Seite	**0,50 EUR**
	für jede weitere Seite	**0,15 EUR**
	2. für die Überlassung von elektronisch gespeicherten Dateien an Stelle der in Nummer 1 Buchstabe d genannten Ablichtungen und Ausdrucke:	
	je Datei	**2,50 EUR**
	Die Höhe der Dokumentenpauschale nach Nummer 1 ist in derselben Angelegenheit und in gerichtlichen Verfahren in demselben Rechtszug einheitlich zu berechnen. Eine Übermittlung durch den Rechtsanwalt per Telefax steht der Herstellung einer Ablichtung gleich.	

Übersicht

	Rn.
A. Überblick	1
I. Regelungsgehalt	1
II. Inhalt der Norm	2
1. Änderungen	2
2. Struktur der Dokumentenpauschale	3
3. Begrifflichkeit	4
4. Entstehung und Erstattungsfähigkeit	6
B. Kommentierung	7

| A. Vergütungs-ABC | B. Kommentar |

Teil 7 • Auslagen

Dokumentenpauschale   **Nr. 7000 VV**

I. Allgemeines...	7
1. Gesamte anwaltliche Tätigkeit...................................	7
2. Für jede Angelegenheit gesondert – 50 Kopien..................	8
3. Höhe der Pauschbeträge..	9
4. Glaubhaftmachung..	10
5. Mehrere Auftraggeber..	11
6. Art der Herstellung/Art des Dokuments.........................	12
a) Allgemeines...	12
b) Erstellung durch Einscannen und Abspeichern.............	13
c) Größe der Ablichtung.....................................	14
d) Farbdrucke...	15
e) Telefax...	17
II. Ablichtungen aus Behörden- oder Gerichtsakten (Nr. 7000 Ziff. 1a VV)....................	19
1. Allgemeines...	19
2. Gebotenheit der Ablichtung....................................	22
3. (Rechtsprechungs-)Beispiele zur Gebotenheit...................	31
4. Ablichtungen aus Strafakten....................................	42
a) Verteidiger..	42
b) Angeklagter...	47
c) Versicherungsgesellschaften/Akteneinsicht.................	49
d) Übergabe der Handakten..................................	52
e) Anschließender Zivilprozess...............................	54
5. Preiswertere Herstellung.......................................	55
III. Ablichtungen für Zustellung, Mitteilung an Gegner, Beteiligte und Verfahrensbevollmächtigte (Nr. 7000 Ziff. 1b VV)...	56
1. Allgemeines...	56
2. Beteiligte, Gegner und Verfahrensbevollmächtigte..............	58
3. Zustellung oder Mitteilung aufgrund Rechtsvorschrift..........	61
4. Notwendigkeit der Ablichtungen...............................	64
a) Allgemeines...	64
b) Einzelfälle zur fehlenden Notwendigkeit...................	65
5. Zustellung oder Mitteilung nach Aufforderung..................	66
6. 100 Ablichtungen..	67
7. Preiswertere Herstellung.......................................	69
IV. Ablichtungen zur notwendigen Unterrichtung des Auftraggebers (Nr. 7000 Ziff. 1c VV)......	70
1. Allgemeines...	70
2. Unterrichtung des Auftraggebers...............................	71
3. Fehlende Ablichtungen..	72
4. Ablichtungen für die Handakten................................	73
5. Notwendige Unterrichtung.....................................	74
6. 100 Ablichtungen..	75
7. Preiswertere Herstellung.......................................	76
8. Unterrichtung mehrerer Auftraggeber..........................	77
V. Ablichtungen in sonstigen Fällen im Einverständnis mit dem Auftraggeber (Nr. 7000 Ziff. 1d VV)..	78
1. Zusätzliche Ablichtungen......................................	78
2. Einverständnis..	81
3. Preiswertere Herstellung.......................................	83
4. Fehlende Ablichtungen..	85
5. Ablichtungen von Entscheidungen.............................	86
6. Mehrere Auftraggeber...	88
VI. Überlassung elektronisch gespeicherter Dateien (Nr. 7000 Ziff. 2 VV)...................	89
1. Allgemeines...	89
2. Überlassung..	92

Schmidt

Nr. 7000 VV *Dokumentenpauschale*

    3. Missverhältnis von Dateiüberlassung und Dokumentenpauschale 97
    4. Übersendung von Dateien auf Anordnung des Gerichts 98
  VII. Erstattungsfähigkeit der Dokumentenpauschale 99
    1. Allgemeines 99
    2. Einzelfälle zur Erstattungsfähigkeit 104
       a) Ablichtungen von Literatur 104
       b) Ablichtungen von Protokollen und Entscheidungen 106
       c) Fehlende Ablichtungen 107
       d) Haftpflichtversicherung 108
       e) Preiswertere Herstellung 109
       f) Pauschale Reduzierung 110
       g) Aktenauszug für Mandanten 111
  VIII. PKH, Pflichtverteidigung und Dokumentenpauschale 113
C. Arbeitshilfe 114

Literatur:

Hansens, Die Dokumentenpauschale nach dem RVG, AGS 2004, 402; *ders.*, Anrechnung von Vorschüssen und Zahlungen auf die Pflichtverteidigervergütung, BRAGOreport 2002, 186; *N. Schneider*, Vergütung für Aktenauszüge aus Unfallakten, ZAP, Fach 24, S. 559. S. im Übrigen auch die weiterführenden Hinweise bei Vorbem. 7 VV.

A. Überblick

I. Regelungsgehalt

1 Die Kosten für die Erstellung und Überlassung von Dokumenten (Dokumentenpauschale – früher Schreibauslagen) gehören **grds.** zu den **allgemeinen Bürokosten** und sind insoweit durch die Gebühren abgegolten (Vorbem. 7 Abs. 1 VV Rn. 5 ff.). Für die Herstellung und Überlassung von Ablichtungen und Ausdrucken ist jedoch mit Nr. **7000 VV** eine **besondere Regelung** getroffen worden, sodass die hiernach entstandenen Auslagen gesondert vergütet verlangt werden können.

II. Inhalt der Norm

1. Änderungen

2 Mit der teilweise gegenüber der früheren Regelung in der BRAGO inhaltlich neuen Fassung der Nr. 7000 Ziff. 1b und 1c VV bezweckt der Gesetzgeber einen sachgerechteren und häufig auch **höheren Auslagenersatz** als früher. Ausschlaggebend ist nunmehr allein die Anzahl der konkret notwendigen Ablichtungen. Die Anzahl der Auftraggeber, Gegner oder Beteiligten spielt keine Rolle mehr.

Allerdings soll bzgl. der Nr. 7000 Ziff. 1b und 1c VV nur die **Anfertigung** von **mehr als 100 Ablichtungen** die **Ersatzpflicht** auslösen. Dafür sind im Gegenzug die Gebühren im Vergleich zur BRAGO auch wegen dieser „Freiexemplare" deutlich erhöht worden. Es ist daher in diesen Fällen angemessen, die Anfertigung von weniger als 100 Ablichtungen als mit den Gebühren abgegolten anzusehen (vgl. Vorbem. 7 Abs. 1 Satz 1 VV). Die **ersten 100 Ablichtungen** gehören damit je Angelegenheit bzgl. der Ziff. 1b und 1c der Nr. 7000 VV immer (!) zu den allgemeinen **Geschäftskosten** (s. auch AnwKomm-RVG/N. Schneider, VV 7000 Rn. 42, 47).

Dokumentenpauschale   *Nr. 7000 VV*

2. Struktur der Dokumentenpauschale

Die Nr. 7000 VV ist in **vier Gruppen** aufgeteilt, die die Dokumentenauslagen nach Zweck und Adressat differenzieren.   3

Ziff. 1a	Ablichtungen aus Behörden-/Gerichtsakten
Ziff. 1b	Zustellung/Mitteilung an Gegner/Beteiligten/Verfahrensbevollmächtigte
Ziff. 1c	Unterrichtung des Auftraggebers
Ziff. 1d	Sonstige Fälle
Ziff. 2	Überlassung elektronischer Dateien anstelle der Dokumente nach Nr. 1d

3. Begrifflichkeit

Die Ersetzung des bisherigen Wortes „Schreiben" aus § 27 BRAGO durch „**Dokument**" soll   4
klarstellen, dass neben den üblichen Schreiben **auch elektronische** Dokumente erfasst sein sollen. Durch die Benutzung des Wortes „**Pauschale**" soll dokumentiert werden, dass hierdurch alle mit der Herstellung und Überlassung verbundenen Kosten (z.B. Papier, Vordrucke, Personal, Kopierer, usw.) abgegolten sein sollen.

Aus dem bisherigen Wortlaut „**Abschriften und Ablichtungen**" wurde „**Ablichtungen und**   5
Ausdrucke". Eine inhaltliche Veränderung ist mit dem Wegfall des Begriffs Abschrift nicht bezweckt worden (Gerold/Schmidt/Müller-Rabe, 7000 VV Rn. 5). Vielmehr dürfte der Begriff der Abschrift in der Praxis bedeutungslos geworden sein. Er war damit folgerichtig zu streichen. Der Begriff des Ausdrucks musste hinzugefügt werden, weil ein Ausdruck (je nach Drucker) technisch keine Ablichtung darstellt und damit durch diesen Begriff nicht erfasst ist (krit. zum Begriff AnwKomm-RVG/N. Schneider, VV 7000 Rn. 20).

4. Entstehung und Erstattungsfähigkeit

Das Gesetz regelt grds. nur, in welchen Fällen im **Verhältnis** von Rechtsanwalt zum **Auftragge-**   6
ber eine Pauschale für die Herstellung und Überlassung von Dokumenten entsteht (OLG Rostock, MDR 2001, 115 = JurBüro 2001, 194). Zu **trennen** hiervon ist die Frage der **Erstattungsfähigkeit** dieser Kosten durch Landeskasse oder Gegner (s. hierzu Rn. 99 ff.).

> **Hinweis:**
> Ist eine Pauschale entstanden, so ist sie grds. durch den Mandanten zu tragen. Nur dann, wenn es sich um notwendige Kosten der Rechtsverfolgung handelt, müssen Landeskasse oder Gegner diese Auslagen auch erstatten. Diese **Notwendigkeit** ist in jedem **Einzelfall** erneut zu **prüfen**.

B. Kommentierung

I. Allgemeines

1. Gesamte anwaltliche Tätigkeit

Die Dokumentpauschale gilt **uneingeschränkt** für den gesamten Bereich der **anwaltlichen Tä-**   7
tigkeit durch Rechtsanwalt i.S.v. § 1 Abs. 1. Dies gilt auch für Verfahren, die hinsichtlich der

Nr. 7000 VV   *Dokumentenpauschale*

Gebühren Einschränkungen unterworfen sind, wie die PKH oder die Beratungshilfe. Das ergibt sich aus der Stellung der Regelungen der Auslagen in Teil 7 VV, der sich uneingeschränkt auf sämtliche vorhergehenden Teile bezieht (Gerold/Schmidt/Müller-Rabe, 7000 VV Rn. 4).

> **Hinweis:**
> Demzufolge stehen auch dem Beratungshilfe gewährenden Rechtsanwalt die **Auslagen in gleicher Weise** zu wie einem Rechtsanwalt im Rahmen der **PKH**. Nach den §§ 44, 46, Nrn. 7000 ff. VV sind z.B. Entgelte für Post- und Telekommunikationsdienstleistungen, Umsatzsteuer, Dokumentenpauschale, Dolmetscherkosten, Gutachtenkosten und Reisekosten, soweit sie zur sachgemäßen Wahrnehmung der Interessen des Rechtsuchenden erforderlich waren, zu erstatten (AG Halle [Saale], AGS 2010, 189; vgl. auch Teil A: Beratungshilfe, Rn. 285).

2. Für jede Angelegenheit gesondert – 50 Kopien

8 Den **zeitlichen Rahmen** der jeweiligen Pauschale bildet jeweils **dieselbe Angelegenheit** bzw. im gerichtlichen Verfahren derselbe Rechtszug. Demzufolge orientiert sich die Obergrenze von 50 Ablichtungen/Ausdrucken zum Preis von 0,50 € an der jeweiligen Angelegenheit und die Zählung beginnt mit jeder neuen Angelegenheit erneut zu laufen.

> *Beispiel:*
>
> *Ein Strafverfahren (Fahrerflucht) wird eingestellt und zur weiteren Verfolgung an die Verwaltungsbehörde abgegeben. Hier kommt es nach Einspruch zum Bußgeldverfahren. Im Strafverfahren werden nach Nr. 7000 Ziff. 1b VV 130 Kopien gefertigt. Im Verfahren vor der Verwaltungsbehörde werden nach Nr. 7000 Ziff. 1b VV 140 Kopien erstellt. Auch im gerichtlichen Bußgeldverfahren werden 40 Kopien nach Nr. 7000 Ziff. 1b VV erstellt.*
>
> *In jeder Angelegenheit sind die ersten 100 Kopien durch die Gebühren abgegolten und damit abzuziehen. Es verbleiben damit für die Abrechnung:*
>
> *Strafverfahren:*
>
> *Das Strafverfahren stellt eine gesonderte Angelegenheit dar (§ 17 Nr. 10; vgl. Teil A: Angelegenheiten, Rn. 87). Die Dokumentenpauschale zählt hier gesondert. Es sind damit hierfür entstanden:*
>
>   *30 Seiten à 0,50 € =*   **15,00 €**
>
> *Verfahren vor Verhandlungsbehörde/gerichtliches Verfahren:*
>
> *Geht man davon aus, dass das Verfahren vor der Verwaltungsbehörde und das gerichtliche Verfahren eine Angelegenheit bilden (vgl. die Nachw. bei Teil A: Angelegenheiten [§§ 15 ff.], Rn. 90) gilt: Für diese Verfahren gilt dann eine gemeinsame Dokumentenpauschale. Hier sind entstanden:*
>
>   *50 Seiten à 0,50 € und 30 Seiten à 0,15 € =*   **29,50 €**
>
> *Geht man davon aus, dass das Verfahren vor der Verwaltungsbehörde und das gerichtliche Verfahren unterschiedliche Angelegenheiten sind (vgl. die vorstehenden Nachweise) gilt: Es zählen die Dokumentenpauschalen gesondert. Für das Verfahren vor der Verwaltungsbehörde sind entstanden (im gerichtlichen Verfahren wird die Mindestzahl von 100 Ablichtungen nicht erreicht):*
>
>   *40 Seiten á 0,50 € =*   **20,00 €**

Dokumentenpauschale *Nr. 7000 VV*

> **Hinweis:**
> Die Einschränkung, dass sich die Berechnung der Dokumentenpauschale für Nr. 7000 Ziff. 1a bis 1d VV **einheitlich** berechnet, gilt **nur** für die **Obergrenze** von 50 Ablichtungen zum Preis von 0,50 €. Die Grenze nach Nr. 7000 Ziff. 1b und 1c VV gilt dort jeweils nur allein für die hiernach gefertigten Ablichtungen. Demnach darf die Anzahl der Ablichtungen nach Nr. **1b** und **1c nicht addiert** werden, um den Schwellenwert von 100 zu übersteigen. Die Ablichtungen müssen in jedem Bereich allein die Zahl von 100 übersteigen.

Beispiel:

1. Ablichtungen aus den Gerichtsakten — 30
2. Ablichtungen zur Mitteilung an den Gegner — 80
3. Ablichtungen für den Auftraggeber — 150
4. Sonstige Ablichtungen — 30

Die Ablichtungen zu 1. werden voll berücksichtigt, sind jedoch mit den anderen bzgl. des Schwellenwerts von 50 zu addieren.

Die Ablichtungen zu 2. bleiben unberücksichtigt, da sie den Schwellenwert von 100 nicht übersteigen.

Die Ablichtungen zu 3. werden berücksichtigt, soweit sie 100 übersteigen.

Die Ablichtungen zu 4. werden vollständig berücksichtigt.

Es sind damit insgesamt 110 Ablichtungen zu berücksichtigen.

Es entstehen damit 50 Seiten mit 0,50 € =	*25,00 €*
und 60 Seiten mit 0,15 € =	*9,00 €*
	34,00 €

3. Höhe der Pauschbeträge

Der Rechtsanwalt erhält: 9

- bei Ablichtungen für die **ersten 50 Seiten** je Seite **0,50 €**
- bei Ablichtungen für **jede weitere** Seite **0,15 €**
- und für die Überlassung **elektronisch gespeicherter Dateien** anstelle der Entgelte für Ablichtungen i.S.d. Nr. 7000 Ziff. 1d VV **2,50 € je Datei**.

Durch die Angabe der konkreten Beträge in Nr. 7000 VV hat eine Entkoppelung von der Dokumentenpauschale im GKG stattgefunden.

Eine **Anrechnung** von Dokumentenpauschalen ist im Gesetz **nicht** vorgesehen. Sie bleiben daher von der Anrechnung der Gebühren in den unterschiedlichen Angelegenheiten unberührt.

4. Glaubhaftmachung

Da die einzelnen Ziffern der Nr. 7000 VV ganz unterschiedliche Entstehungsvoraussetzungen haben, sind diese im Rahmen der Kostenfestsetzung auch gesondert geltend zu machen. Es muss **vorgetragen** werden, zu welcher Ziffer wie viele Ablichtungen erstellt wurden. Erst wenn der Schuldner die Entstehung bzw. Erstattungsfähigkeit bestreitet, müssen die Auslagen im Einzelnen dargelegt und glaubhaft gemacht. 10

5. Mehrere Auftraggeber

11 Wird der Rechtsanwalt für mehrere Auftraggeber tätig, so ist **fraglich**, ob die in Nr. 7000 VV genannten Grenzen von 50 Seiten zum Preis von 0,50 € und von 100 Seiten als **Mindestanzahl** an Seiten jeweils für den Einzelnen oder einmalig für die mehreren Auftraggeber gemeinsam gilt. Insoweit stellt aber § 7 Abs. 2 klar, dass auch für den Fall, dass eine Ablichtung nur für die Unterrichtung eines Auftraggebers gefertigt wurde, die Auslagen hierfür allen Auftraggebern zur Last fallen. Die **Obergrenze** von 50 Seiten **gilt** dementsprechend **für alle Auftraggeber** als **gemeinsame Obergrenze** (Gerold/Schmidt/Müller-Rabe, VV 7000 Rn. 118). In gleicher Weise ist zu verfahren, wenn die Mindestanzahl von 100 Ablichtungen nach Nr. 7000 Ziff. 1b und 1c VV fraglich ist.

6. Art der Herstellung/Art des Dokuments

a) Allgemeines

12 Die Art der Herstellung des Dokuments spielt **keine Rolle**. Die Dokumentenpauschale ist nicht eng auf die Begriffe Ablichtung und Ausdruck zu reduzieren. Die Herstellung kann demnach als Durchschlag, als Kopie, als Druck, als Scann oder in beliebiger anderer Art und Weise erstellt werden (Gerold/Schmidt/Müller-Rabe, VV 7000 Rn. 6; Hansens, in: Hansens/Braun/Schneider, Teil 19, Rn. 14 vgl. auch Rn. 13). Die Vergütung durch die Dokumentenpauschale erfolgt unabhängig von den tatsächlich entstandenen Kosten.

> **Hinweis:**
> Für die Frage der Erstattungsfähigkeit kann die Frage der Herstellung der Dokumente jedoch von Bedeutung sein, wenn es deutlich preiswertere Möglichkeiten der Erstellung gibt. Allerdings stellt sich diese Frage nur bei Auslagen nach Nr. 7000 Ziff. 1d VV (s. unten Rn. 79 ff.).

b) Erstellung durch Einscannen und Abspeichern

13 In der Praxis von großer Bedeutung ist die Frage, ob auch das **Einscannen** und **Abspeichern von Dokumenten** die Auslagenpauschale auslöst. Hierbei wird keine Ablichtung in der herkömmlichen Papierform erstellt. Die Ablichtung besteht in der Herstellung eines elektronischen Dokuments ohne dessen Versendung/Ausdruck. Bisher mangelte an einer klarstellenden Entscheidung.

Zahlreiche Anwaltskanzleien besonders im strafrechtlichen Bereich stellen ihre Aktenführung immer mehr auf eine **elektronische Aktenführung** um und führen diese zumindest neben der Papierakte. Dies bietet zahlreiche Vorteile, erfordert jedoch einen deutlich höheren Aufwand. Soweit es sich um das Einscannen von Dokumenten i.S.v. Nr. 7000 VV handelt, stellt sich die Frage ob dieser Mehraufwand durch die Dokumentenpauschale ausgeglichen werden kann. Dies kann der Fall sein bei Auslagen nach Nr. 7000 Ziff. 1a VV als **Ablichtungen aus Behörden und Gerichtsakten**.

> **Hinweis:**
> Die **Ziff. 1b, 1c und 1d** der Nr. 7000 VV stellen für das Entstehen der Auslagen auf die **Überlassung** des Dokuments an Dritte ab. Diese Voraussetzung ist bei dem reinen Einscan-

Dokumentenpauschale   *Nr. 7000 VV*

nen und Abspeichern nicht gegeben. Damit sind diese Nummern von der Problematik nicht erfasst.

Das **OLG Bamberg** (NJW 2006, 3504 = StraFo 2006, 389) hat mit seiner richtungsweisenden Entscheidung die Entstehung der **Dokumentpauschale bejaht**. Hiernach entsteht die Dokumentenpauschale gem. Nr. 7000 VV auch dann, wenn die Vervielfältigung durch Einscannen und Abspeichern als Datei hergestellt wird. Die angeführten Argumente überzeugen. Das OLG Bamberg verweist darauf, dass es **keinen Hinweis im Gesetz darauf gibt, der die Papierform eines Dokuments verlangt**. Nach Auffassung des Gerichts **handelt es sich bei der gespeicherten Datei um ein Dokument**, weil die abgespeicherten Daten dem Verteidiger den Zugriff auf den Akteninhalt ermöglichen und diesen damit dokumentieren würden. Bei dem Scannvorgang handele es sich im Wortsinne um eine Ablichtung, da der Scanner ein Gerät zur optischen Datenerfassung ist, dass mittels eines Lichtstrahls ein Dokument abtastet und die Informationen digitalisiert. Diese Ansicht vertreten auch das LG Dortmund und Würzburg (LG Dortmund, RVGreport 2010, 108 = StRR 2010, 43 [Ls]; LG Würzburg, 29.03.2006 – 5 KLs 721 Js 22916/04).

Widersprochen hat dem bisher nur das **SG Dortmund** (AGS 2010, 13 = StRR 2009, 283 [Ls]). Als wesentliches Argument nennt das SG, dass die **Erstellung einer Ablichtung zwingend auch einen Ausdruck erfordert**. Dies werde aus der Gesetzesformulierung in Nr. 7000 VV „Ablichtungen und Ausdrucke" deutlich. Diese sei kumulativ zu verstehen. Es müsse also die Bedingung „Ablichtung" und die Bedingung „Ausdruck" erfüllt sein. Dieses Verständnis ist abwegig. Tatsächlich handelt es sich um eine Aufzählung der beiden unabhängigen Alternativen „Ablichtung" und „Ausdruck". Dies beweist zwingend der folgende Umkehrschluss: Wird von einem Papierdokument eine Ablichtung in Form einer Fotokopie erstellt, so ist auch dies technisch gesehen kein Ausdruck. Nach der Argumentation des SG entstünde damit keine Auslage. Versteht das SG jedoch auch unter der Erstellung einer Fotokopie einen Ausdruck, so ist der Begriff der „Ablichtung" überflüssig, da eine auslagenpflichtige Ausgabe des Dokuments dann nur mittels Ausdruck erstellt werden könnte.

Auch **Sinn und Zweck** der Vorschrift sprechen **für** das **Entstehen** der Dokumentenpauschale:

- Die Dokumentenpauschale soll den Aufwand an Arbeitszeit und an Material für die Erstellung von Dokumenten abgelten. Der **zeitliche Aufwand** des Scannens ist mit dem des **Kopierens gleichzusetzen**. Der Materialaufwand für die Geräte ist vergleichbar, wenn nicht sogar identisch, da moderne Kopierer inzwischen auch Scanner sind. Es entfällt allerdings der Materialaufwand für das Papier. Dafür muss entsprechender Datenspeicher vorgehalten werden für das Dokument und die notwendigen Sicherungskopien.

- Sowohl das **Kopieren** als auch das **Einscannen dienen demselben Zweck**. Beides ermöglicht den ständigen Zugriff des Rechtsanwalts auf den Inhalt der Akte. Beide Methoden sind vom Ergebnis her gleichwertig. Eine unterschiedliche Behandlung bzgl. der Auslagen ist daher nicht nachvollziehbar. Im Gegenteil, eine unterschiedliche Behandlung könnte dazu führen, dass die Dateien nach dem Scannen zusätzlich ausgedruckt werden. Diese kontraproduktive Handhabung würde für den Rechtsanwalt keinen zeitlichen Mehraufwand bedeuten, aber das Entstehen der Dokumentenpauschale gewährleisten.

c) Größe der Ablichtung

14 Das **Gesetz** trifft hinsichtlich des Formats der Ablichtung **keine Regelung**. **Standardmäßig** besitzen die abzulichtenden Originale Formate bis **DIN-A 4**. Fraglich ist jedoch der Umgang mit **größeren Formaten** bis hin zu Ablichtungen von überdimensionalen Bauplänen. Nach Hansens (vgl. Hansens/Braun/Schneider, Teil 19, Rn. 16) geht der Gesetzgeber vom Format DIN-A 4 aus. Größere Seiten sollen daher mit einem entsprechenden Vielfachen zu vergüten sein. Das doppelt so große Format DIN-A 3 entspräche demnach zwei „normalen" Ablichtungen. Für größere Formate werden dem Rechtsanwalt in aller Regel die technischen Möglichkeiten fehlen. Er wird hierfür spezialisierte Unternehmen beauftragen müssen. Diesen Auftrag erteilt er als Vertreter namens seines Mandanten, sodass dieser Kostenschuldner ist. Damit ergeben sich keine Probleme für den Rechtsanwalt bei der Abrechnung der Auslagen. Der Mandant kann diese Kosten ggf. als **sonstige Auslagen** nach §§ 675, 670 BGB als Kosten der notwendigen Rechtsverfolgung gegen den Gegner bzw. die Staatskasse festsetzen lassen.

d) Farbdrucke

15 Das Gesetz unterscheidet nicht zwischen Schwarzweiß- und Farbdrucken. Es kommt daher nur die Gleichbehandlung im Rahmen der Nr. 7000 VV in Betracht. Für beide Arten der Herstellung entstehen damit die **gleichen Auslagen** (OLG Stuttgart, JurBüro 2002, 195; a.A. OLG Düsseldorf, RVGreport 2005, 232 das ohne nähere Begründung von einer Pauschale von 1,00 € je Druck ausgeht; s. aber auch § 7 Abs. 2 JVEG, wo als Entschädigung für einen Farbausdruck ein Betrag von 2,50 € je Ausdruck gewährt wird).

Die Notwendigkeit der Erstellung einer farbigen Ablichtung eines Bebauungsplans wurde anerkannt, weil sie für die sachgemäße Prozessvertretung erforderlich war. Allerdings erfolgte die Abrechnung nicht über die Nr. 7000 Ziff. 1a VV, sondern über die tatsächlich entstandenen Kosten i.H.v. 26,98 € (LAG Rheinland-Pfalz, JurBüro, 2010, 370).

Sinnvoll erscheint folgende **Differenzierung**: Das Gesetz spricht von der Herstellung von Dokumenten. Ein Dokument kann wie folgt abgegrenzt werden: Das Dokument umfasst eine Einheit von Texten und Bildern, die zusammengehören. Es handelt sich um ein einzelnes Schriftstück, das papiergebunden oder elektronisch erstellt ist. Dieser Definition folgend, handelt es sich bei einem isolierten **Foto ohne weiteren Text nicht** um ein **Dokument** (ähnlich AnwKomm-RVG/ N. Schneider, VV 7000 Rn. 23; Gerold/Schmidt/Müller-Rabe, Nr. 7000 Rn. 12). Der entsprechende Ausdruck eines Fotos löst damit **keine Dokumentenpauschale** aus. Die für diesen Ausdruck entstehenden Kosten sind damit sonstige Auslagen deren Erstattung nach **§§ 675, 670 BGB** verlangt werden kann (vgl. Hansens, in: Hansens/Braun/Schneider, Teil 19, Rn. 13; AnwKomm-RVG/N. Schneider, VV 7000 Rn. 23). Damit würden die Kosten der Farbausdrucke behandelt wie die Kosten eines Foto-Entwicklungslabors. Dies erscheint sachgerecht. Für andere Fälle als Fotos ist die Erstellung eines Farbausdrucks in aller Regel auch nicht notwendig.

16 | **Hinweis:**
Soweit es bei der Dokumentenpauschale um Fragen des **Einscannens**, der **Größe oder der Farbe der Ablichtung** geht, besteht in Rechtsprechung und Literatur Streit. Es empfiehlt sich daher, seinen Mandanten auf mögliche Probleme hinzuweisen und eine entsprechende **Vergütungsvereinbarung** (Einzelh. zur Vergütungsvereinbarung s. Teil A: Vergütungs-

Dokumentenpauschale — Nr. 7000 VV

> vereinbarung [§ 3a] Rn. 1502) zu treffen. Soweit Größe und Farbe betroffen sind, kann der Mandant die Ablichtungen ggf. selbst erstellen. Jedenfalls sind durch eine entsprechende Vereinbarung die anwaltlichen Interessen gewahrt. Es kann dann nur noch Streit darüber entstehen, ob diese Kosten auch durch den Gegner bzw. die Landeskasse zu erstatten sind.

e) Telefax

Bisher war es streitig, ob das **Versenden von Telefaxen** auch als Herstellung einer Ablichtung zu werten ist. Durch das 2. JuMoG hat der Gesetzgeber diese Frage geklärt. Mit Wirkung vom 31.12.2006 regelt Nr. **7000 Ziff. 2 Satz 2 VV ausdrücklich**, dass eine Übermittlung durch den Rechtsanwalt per Telefax der Herstellung einer **Ablichtung gleichsteht**. Hierbei zählt jedes Blatt als eigene Ablichtung. Der **empfangende Rechtsanwalt** und damit derjenige, der im herkömmlichen Sinne die Ablichtung tatsächlich herstellt, ist nicht berechtigt, den Empfang eines Telefaxes im Rahmen der Dokumentpauschale anzusetzen (KG, RVGreport 2007, 391; AnwKomm-RVG/N. Schneider, VV 7000 Rn. 21). Hier fehlt es an der notwendigen Übermittlung. Die Vergütung erhält damit nur der **versendende Rechtsanwalt**. 17

Häufig werden Schriftsätze dem Gegner oder dem Auftraggeber bereits **vorab per Telefax** bekannt gemacht. Die Ablichtungen werden anschließend zudem per Post zugesandt. Da das Telefax rechtlich einer Ablichtung gleichsteht, werden die Dokumente letztendlich doppelt versandt. Der Unterrichtungspflicht ist aber bereits mit der Versendung per Telefax genüge getan. Es handelt es sich bei der Übersendung der weiteren Ablichtungen daher nicht mehr um eine 18

- notwendige Unterrichtung des Auftraggebers gem. Ziff. 1c,
- notwendige Zustellung/Mitteilung an den Gegner.

Es kann nur eine Form der Ablichtung vergütet werden – entweder per Telefax oder per „normaler" Übermittlung. Eine doppelte Abrechnung kommt nicht in Betracht.

Etwas anderes kann möglicherweise dann gelten, wenn der Empfang der Telefaxe zweifelhaft ist oder wenn die zusätzliche Übermittlung im Einverständnis mit dem Mandanten erfolgte – Ziff. 1d.

II. Ablichtungen aus Behörden- oder Gerichtsakten (Nr. 7000 Ziff. 1a VV)

1. Allgemeines

Für die Anwendung der Nr. 7000 Ziff. 1a VV muss es sich um Ablichtungen aus einer **Behörden- oder Gerichtsakte** handeln. Hierzu gehören auch zum Aktenbestandteil erklärte gerichtliche Dokumentationssammlungen (OVG Bremen, JurBüro 1988, 972), Auszüge aus dem Straf- oder Verkehrszentralregister, soweit sie Bestandteil der Akte sind. Erfasst werden auch Ablichtungen von Originalunterlagen, bevor diese zum Gericht gesandt und dort Bestandteil der Akte werden (so auch AnwKomm-RVG/N. Schneider, VV 7000 Rn. 57 m.w.N.). Es kann nicht richtig sein, dass nur deshalb weitere Kosten (Aktenversendung usw.) ausgelöst werden müssen, damit die Dokumentenpauschale auch ihrem Wortlaut und nicht nur nach ihrem Sinn entsteht (zu allem eingehend auch Teil A: Auslagen aus der Staatskasse [§ 46 Abs. 1 und 2], Rn. 145 ff. m.w.N.). 19

Nicht zu den durch Nr. 7000 Ziff. 1a VV gedeckten Ablichtungen gehören solche, die aus **anderen Akten**, z.B. den Handakten des Rechtsanwalt oder einer Versicherung gefertigt werden. Dies 20

Schmidt

gilt auch dann, wenn es sich um Bestandteile handelt, die auch Gegenstand der Gerichtsakte sind (LG Berlin, JurBüro 1982, 230 = Rpfleger 1982, 159).

21 Die **Anzahl** der nach Nr. 7000 Ziff. 1a VV gefertigten Kopien spielt in Bezug auf eventuelle „Freiexemplare" **keine Rolle**. Es können hier durchaus weniger als 100 Ablichtungen sein, da die Begrenzung für Nr. 7000 Ziff. 1a VV nicht gilt (vgl. Rn. 2 ff., 56, 67). Es wird jede Kopie – bereits ab der ersten – vergütet.

2. Gebotenheit der Ablichtung

22 Die Ablichtung muss nach Nr. 7000 Ziff. 1a VV zur **sachgemäßen Bearbeitung** der Rechtssache „**geboten**" gewesen sein. Der Gesetzgeber benutzt hier nicht den ansonsten üblichen Begriff der „Notwendigkeit" i.S.d. § 91 ZPO (= notwendig zur zweckentsprechenden Rechtsverfolgung). Die erstellten Ablichtungen müssen daher nicht notwendig i.S.v. § 91 ZPO gewesen sein.

Maßstab für die Gebotenheit der Ablichtung ist nicht die Ansicht des Rechtsanwalt oder des Auftraggebers, sondern die eines **verständigen, sachkundigen, durchschnittlich erfahrenen Rechtsanwalt** (OLG Düsseldorf, JurBüro 2000, 359 = AGS 2000, 84). Dem Rechtsanwalt steht ein Ermessensspielraum zu, den er pflichtgemäß zu nutzen hat (OLG Koblenz, Rpfleger 2003, 467; vgl. auch SG Berlin, AGS 2011, 232 für das sozialgerichtliche Verfahren). Bei der Prüfung sollen die Gerichte keinen kleinlichen Maßstab anlegen (BGH, NJW 2005, 2317 = RVGreport 2005, 274 = AGS 2005, 306 = JurBüro 2005, 480). Im Zweifel ist von der Erforderlichkeit der Anfertigung der Kopien auszugehen (OLG Brandenburg, RVGreport 2007, 182; OLG Düsseldorf, JurBüro 2002, 307; OLG Koblenz, JurionRS 2009, 36455; LG Bad Kreuznach, RVGprofessionell 2010, 171 = RVGreport 2011, 25 = StRR 2011, 284; AG Mettmann, AG kompakt 2010, 90; vgl. auch noch AG Bremen, RVGreport 2011, 229 = VRR 2011, 119 = StRR 2011, 163 m. Anm. Burhoff = NStZ-RR 2011, 127 und AG Bochum, NStZ-RR 2008, 296 = RVGreport 2008, 141 = StRR 2008, 440; zu allem eingehend noch Teil A: Auslagen aus der Staatskasse [§ 46 Abs. 1 und 2], Rn. 145 ff. m.w.N).

> **Hinweis:**
> Das **Einverständnis** des Auftraggebers spielt hier **keine** Rolle. Es kommt auch **nicht** darauf an, ob es sich um **zusätzliche** Ablichtungen handelt. Dies sind Begriffe die aus der BRAGO herrühren und an dieser Stelle nicht von Belang sind.

Für die Frage des „Gebotensein" gilt **allgemein**:

23 • Bei der Beurteilung der Frage der Gebotenheit ist auf den **Zeitpunkt der Erstellung** der Ablichtungen abzustellen (vgl. OLG Düsseldorf, JurBüro 2000, 359 = AGS 2000, 84). Eine nachträgliche Betrachtung ist nicht angebracht. Häufig erlangen zunächst nebensächlich erscheinende Fakten später besonderes Gewicht. Hierauf muss der Rechtsanwalt vorbereitet sein. Falls sich die Erstellung der Ablichtungen nachträglich als überflüssig herausstellt, ändert dies nichts an der Gebotenheit der Ablichtung.

24 • Grds. ist für den Rechtsanwalt **nicht zumutbar**, beim Ablichten **jede einzelne Seite vollständig zu lesen** (OLG Düsseldorf, JurBüro 2000, 359 = AGS 2000, 84). Ihm ist hinsichtlich des Kopierens ein Ermessenspielraum zuzubilligen. Bei seiner Vorbereitung muss er sich auf alle sinnvollen Eventualitäten vorbereiten (Gerold/Schmidt/Müller-Rabe, VV 7000 Rn. 23).

| A. Vergütungs-ABC | B. Kommentar |

Teil 7 • Auslagen

Dokumentenpauschale   *Nr. 7000 VV*

- Insbesondere bei umfangreichen Sachakten obliegt es dem Verteidiger **nicht** schon bei der Auswahl der abzulichtenden Seiten, **jede einzelne Seite vollständig zu lesen** und auf die Notwendigkeit der Ablichtung zu überprüfen. Eine **grobe Prüfung und vorläufige Bewertung ist ausreichend**, aber auch erforderlich, bei der ersichtlich für die weitere Sachbearbeitung nicht bedeutsame Akteile von der Ablichtung auszunehmen sind. Insbesondere ist dem Rechtsanwalt nicht im Nachhinein zumutbar, die Auswahl der entsprechenden Aktenseiten zu begründen (LG Leipzig, RuP 2010, 100).   **25**

- Das LSG Sachsen hat entschieden, dass der Rechtsanwalt Anspruch auf Ersatz der Fotokopiekosten (= Dokumentenpauschale) hat. Was den Umfang angeht, so ist es hiernach sachgerecht, die gesamte bis dahin vorliegende Sozialgerichtsakte zu kopieren (= 106 Seiten; vgl. aber SG Berlin, AGS 2011, 232 für den Fall, dass der Rechtsanwalt die gesamte Akte hat kopieren lassen). Es ist dem Rechtsanwalt **nicht zuzumuten**, dies nicht dem Kanzleipersonal zu überlassen, sondern **eigenhändig vorzunehmen** und bei jedem Blatt Überlegungen anzustellen, ob dessen Ablichtung wirklich erforderlich ist bzw. erforderlich werden könnte (LSG Sachsen, AGS 2008, 287 = RVGreport 2008, 187).   **26**

- Kann der Rechtspfleger oder der Festsetzungsbeamte nach kurzer Prüfung feststellen, dass der Verteidiger bei der Anfertigung der notwendigen Kopien eine Auswahl getroffen hat und nicht kritiklos die gesamte Akte hat fotokopieren lassen, hat der Rechtspfleger oder der Festsetzungsbeamte keinen Anlass jedes einzelne Blatt daraufhin zu „überprüfen", ob die Kopie gerade dieses Blattes für die Verteidigung notwendig war. In diesen Fällen ist eine weitere **stichprobenartige Prüfung völlig ausreichend**, bei welcher grds. die Entscheidung des Verteidigers über die Notwendigkeit der Kopie zur Verteidigung hinzunehmen ist, wenn nicht ein offensichtlicher Missbrauchsfall (z.B. leere Blätter, Anklage und Beschlüsse, die dem Verteidiger schon zugestellt wurden) vorliegt (LG Bochum, StRR 2008, 440 = NStZ-RR 2008, 296 = RVGreport 2008, 141).   **27**

- Unzulässig ist die **pauschale Kürzung der Ablichtungskosten** (z.B. um 25%) oder die Begrenzung auf 5% der Rechtsanwaltsvergütung (OLG Düsseldorf, Rpfleger 2002, 224 = JurBüro 2002, 307; s. auch AnwKomm-RVG/N. Schneider, VV 7000 Rn. 34).   **28**

- Auch soweit ein **beigeordneter Rechtsanwalt** im Rahmen der **PKH** die Vergütung dieser Auslagen aus der Staatskasse begehrt, ist die Frage der Gebotenheit der Ablichtungen in erster Linie nach dem Interesse der Partei an guter anwaltlicher Vertretung zu entscheiden, fiskalische Interessen sind nicht vorrangig ausschlaggebend.   **29**

- Es ist eine **grobe Prüfung** und **vorläufige Bewertung** für die Frage der Gebotenheit **ausreichend**, aber auch erforderlich, bei der ersichtlich für die weitere Sachbearbeitung nicht bedeutsame Akteile von der Ablichtung auszunehmen sind (OLG Düsseldorf, JurBüro 2000, 359 = AGS, 2000, 84). Hierbei hat das Kopieren **offensichtlich irrelevanter** Aktenbestandteile zu unterbleiben (BGH, NJW 2005, 2317 = RVGreport 2005, 274 = AGS 2005, 306 = JurBüro 2005, 480 = MDR 2005, 956; vgl. auch SG Berlin, AGS 2011, 232 für das sozialgerichtliche Verfahren). Hierzu können gehören, z.B. (vgl. aber AG Bremen, RVGreport 2011, 229 = VRR 2011, 119 = StRR 2011, 163 m. Anm. Burhoff = NStZ-RR 2011, 127):   **30**
  - gerichtsinterne Verfügungen, Empfangsbekenntnisse, doppelt übersandte Schriftsätze, Fristverlängerungsanträge (OLG Brandenburg, AGS 2003, 497 = NJW 2003, 603),

Schmidt   1669

Nr. 7000 VV *Dokumentenpauschale*

- doppelte Schriftsätze (per Fax vorab übersandte Schriftsätze),
- Akteninhalte, über die die Akten des bisherigen Verteidigers/Bevollmächtigten ein geordnetes Bild nach § 50 BRAO ergeben müssen (BGH, a.a.O.),
- eigene Schriftsätze oder andere bereits vorhandene Dokumente.

> **Hinweis:**
> Davon gelten Ausnahmen, wenn sich aus den kopierten Aktenbestandteilen **verfahrensrelevante Umstände** ableiten lassen können. So kann der Eingangsstempel auf einem Schriftsatz des Verteidigers Bedeutung haben. Auch Verfügungen der Staatsanwaltschaft können verteidigungsrelevante Rückschlüsse zulassen (vgl. auch AG Bremen, a.a.O., und AG Bochum, NStZ-RR 2008, 296 = RVGreport 2008, 141 = StRR 2008, 440).

3. (Rechtsprechungs-)Beispiele zur Gebotenheit

31 ■ **Aktenauszug des vorhergehenden Verteidigers**

Ein zur Verfahrenssicherung bestellter, weiterer Pflichtverteidiger muss sich nicht auf die von einem vorhergehenden Verteidiger gefertigten Ablichtungen verweisen lassen (OLG Köln, StRR 2010, 278 = StraFo 2010, 131 = RVGreport 2010, 99).

32 ■ **Aktendeckelkopien**

Aktendeckel können einen **erheblichen Informationsgehalt** für den Verteidiger haben, weil auf diesen mit einem Blick z.B. zu sehen ist, welche Verfahren miteinander verbunden wurden, ob ein Beschwerdeverfahren stattgefunden hat, welche Beteiligten anfangs in dem Verfahren waren, ob ein Wechsel des Aktenzeichens stattgefunden hat und Ähnliches. Ein Aktendeckel enthält daher regelmäßig Informationen, die zur Verteidigung notwendig sind. Die Kopien sind damit geboten und lösen die Dokumentenpauschale aus (AG Bochum, StRR 2008, 440 = NStZ-RR 2008, 296 = RVGreport 2008, 141; AG Bremen, RVGreport 2011, 229 = VRR 2011, 119 = StRR 2011, 163 m. Anm. Burhoff).

33 ■ **Auslieferungsverfahren, vollständige Aktenkopie**

Im Auslieferungsverfahren kann es notwendig sein, die gesamte Akte zu kopieren. Bereits zur **Fristüberwachung** ist es notwendig, festzustellen, wann welche Unterlagen bei welcher Stelle im Original oder nur in Kopie vorlagen, was sinnvollerweise durch die chronologisch geordnete und vollständige Akte zu ermitteln ist. Daher sind **auch die doppelt vorliegenden Schreiben** zu kopieren, da anderenfalls diese weiteren, hier wichtigen Informationen, verloren gingen. Aber auch bei den Beschlüssen und eigenen Schriftstücken kann es wegen des **Nachweises des Zugangs und dessen Zeitpunkt** wesentlich sein, sie paginiert in der kompletten Akte zur Verfügung zu haben. Im Auslieferungsverfahren ist wegen der dort herrschenden Eilbedürftigkeit regelmäßig dem Anwalt nur sehr **knappe Einsichtszeit** bewilligt. Daher ist es auch aus diesem Grunde nicht zu beanstanden, wenn in derartigen Fällen die komplette Akte abgelichtet wird (OLG Nürnberg, StraFo 2010, 396 = RVGprofessionell 2010, 213).

Dokumentenpauschale *Nr. 7000 VV*

■ Beschleunigung 34

Kann sich der Rechtsanwalt durch die Ablichtung eine Beschleunigung der Angelegenheit erhoffen, so ist die Ablichtung **geboten** (KG, Rpfleger 1975, 107).

■ Digitalisierte Akten 35

Der Rechtsanwalt kann nicht in jedem Fall auf eine digitalisierte Akte verwiesen werden. Die Fertigung eines vollständigen Aktenauszuges ist auch dann erforderlich, wenn die Gerichtsakten zwar in digitalisierter Form zur Verfügung stehen, in dieser Fassung aber vereinzelt Seiten übersprungen werden (OLG Köln, StRR 2010, 278 = StraFo 2010, 131= RVGreport 2010, 99). Kritisch hierzu Burhoff, soweit das OLG von der Annahme ausgeht, dass ein Verweis auf die digitalisierte Akte grds. möglich ist. Es muss dem Rechtsanwalt selbst überlassen bleiben, ob er mit einer elektronischen oder einer Papierakte arbeitet (RVGreport 2010, 99).

■ Literatur/Entscheidungen 36

Ablichtungen von Entscheidungen aus anderen Gerichtsakten können **ausnahmsweise geboten** sein (Mümmler, JurBüro 1983, 491). Dies gilt z.B. bei schwer zugänglicher Literatur oder unveröffentlichten Entscheidungen.

■ Prozentsatz 37

Der Rechtsanwalt darf nicht auf die Zulässigkeit der Ablichtung lediglich eines bestimmten Prozentsatzes der Akte verwiesen werden. Die Gebotenheit der Ablichtungen ist **im Einzelfall** zu entscheiden (OLG Düsseldorf, StV 2003, 176 = NStZ-RR 2002, 158 = Rpfleger 2002, 224).

■ Streitverkündung 38

Soll durch die Ablichtung eine Streitverkündung vermieden werden, kann die Ablichtung geboten sein (AG Wuppertal, Rpfleger 1981, 368).

■ Verhältnismäßigkeit 39

Ob die Zahl der Ablichtungen nicht mehr im Verhältnis zur Sache selbst steht, spielt keine Rolle. Allein die Gebotenheit der Ablichtung ist entscheidend.

■ Vollständige Kopie 40

Der Rechtsanwalt darf grds. nicht ohne nähere Prüfung die gesamte Akte kopieren. Allerdings ist auch nicht jede einzelne Seite gesondert zu prüfen (OLG Düsseldorf, JurBüro 2000, 360 = AGS 2000, 84; AG Bochum, NStZ-RR 2008, 296 = RVGreport 2008, 141 = StRR 2008, 440; vgl. oben Rn. 25 f.). Allerdings ist in Strafsachen von Bedeutung, dass der Verteidiger nicht ohne Weiteres über Ermittlungsergebnisse informiert wird, sodass er sich i.d.R. einen Aktenauszug wird anfertigen müssen (so auch AnwKomm-RVG/N. Schneider, VV 7000 Rn. 34; vgl. auch Rn. 40).

■ Zeitmangel 41

Wird dem Rechtsanwalt die Akte nur drei Tage zur Verfügung gestellt, so ist die Gebotenheit der Anfertigung von Ablichtungen **großzügiger** zu bemessen (AG Wuppertal, StraFo 1999, 285).

4. Ablichtungen aus Strafakten

a) Verteidiger

42 Die Einsichtnahme in die Akten und handschriftliche Notizen sind durch die Gebühren abgegolten. Der Rechtsanwalt kann jedoch **nicht** auf die Erstellung **handschriftlicher Notizen** verwiesen werden (OLG Frankfurt am Main, AnwBl. 1978, 183). Dies gilt auch nicht für weniger umfangreiche Angelegenheiten.

43 Im Regelfall muss sich der Verteidiger oder der Nebenklägervertreter einen **möglichst umfassenden Aktenausdruck** erstellen können, um seine Aufgaben angemessen wahrnehmen zu können (vgl. aber BGH, NJW 2005, 2317 = RVGreport 2005, 274 = AGS 2005, 306 = JurBüro 2005, 480 = MDR 2005, 956). Der Umfang des Aktenauszugs richtet sich nach dem jeweiligen Einzelfall. Inzwischen ist es zum Regelfall geworden, dass der Verteidiger eine Kopie der gesamten Akte anfertigt, da sich zum maßgeblichen Zeitpunkt der Akteneinsicht meist nicht abschließend beurteilen lässt, welche Bestandteile im Laufe der Ermittlungen/des Verfahrens noch Bedeutung erlangen werden (LG Oldenburg, StraFo 2004, 253 = RVG-Letter 2004, 83). Diese Auffassung setzt sich zunehmend in der Rechtsprechung durch. Hiernach ist die Frage der Notwendigkeit von Fotokopien nicht „kleinlich" zu sehen. Es ist auszugehen von der **Entscheidung des Verteidigers**, was er für eine sachgerechte Strafverteidigung benötigt (OLG Düsseldorf, AGS 2000, 84; 2002, 61; LG Aurich, StraFo 2004, 147; AG Bochum, StRR 2008, 440 = NStZ-RR 2008, 296 = RVGreport 2008, 141; AG Bremen, RVGreport 2011, 229 = VRR 2011, 119 = StRR 2011, 163 m. Anm. Burhoff; AG Duisburg, AGS 2001, 183; AG Mettmann, AGkompakt 2010, 90; StRR 2011, 124 = AGkompakt 2011, 14; StRR 2011, 124 = RVGprofessionell 2011, 58). Das AG Minden (StV 2001, 637 = StraFo 2006, 127) stellt dies auch für durch den Rechtsanwalt **selbst eingereichte Aktenbestandteile** klar, wenn nur so der Durchblick über den Verfahrensgang gewahrt bleibt. Eine Ablehnung der Erstattungsfähigkeit ist nur dann zulässig, wenn bereits bei Anfertigung der Kopien zweifelsfrei feststeht, dass sie für eine sachgerechte Verteidigung nicht benötigt werden (OLG Düsseldorf, StRR 2007 = 199 AGS 2007, 243). Der Verteidiger, muss darauf achten, dass er auch Inhalte kopiert, die später evtl. von Bedeutung sein können, um nicht wiederholt um Akteneinsicht nachsuchen zu müssen (OLG Düsseldorf, a.a.O.).

44 Die Fertigung eines **Aktenauszugs** ist i.d.R. **sachgerecht**. Dies gilt insbesondere in Folgeinstanzen, wenn vorher kein Prozessbevollmächtigter tätig war (BGH, RVGreport 2005, 275 = AGS 2005, 573; zur Herstellung eines Aktenauszugs für den jederzeitigen Zugriff auf die bisherigen Ermittlungsergebnisse vgl. auch LG Hannover, Nds.Rpfl. 2004, 355 zur Gebotenheit).

45 Grds. kann der Rechtsanwalt die Akten daher **ohne Rücksicht** auf die **Anzahl** der **Seiten** kopieren. Soweit Hansens (vgl. Hansens/Braun/Schneider, Teil 19, Rn. 21) die vollständige Erstellung eines Aktendoppels durch einen Pflichtverteidiger (mit Bezug auf KG, RVGreport 2006, 109) für regelmäßig nicht erforderlich hält, wird übersehen, dass diese Entscheidung die genannte Einschränkung nur für ein weiteres Aktendoppel für den Angeklagten (hier immerhin über 5.000 Seiten) aufstellt und nicht für das obligatorische Doppel des Verteidigers. Die Erstellung des Aktenauszugs für den Verteidiger selbst wird hier als selbstverständlich nur am Rande erwähnt.

46 Auch Aktenbestandteile wie der **Aktendeckel**, **Verfügungen** von Gericht, Staatsanwaltschaft, Polizei und **Zustellungsurkunden** können für das Verfahren von Bedeutung und damit zu kopieren sein. Auch das Kopieren eigener Schriftsätze des Verteidigers kann wichtig sein in Bezug

Dokumentenpauschale *Nr. 7000 VV*

auf das Eingangsdatum (AG Bremen, RVGreport 2011, 229 = VRR 2011, 119 = StRR 2011, 163 m. Anm. Burhoff).

b) Angeklagter

Die Frage der **Erstattungsfähigkeit** der Kosten der Erstellung eines weiteren Aktendoppels für den Mandanten ist **umstritten** (vgl. insoweit auch Teil A: Auslagen aus der Staatskasse [§ 46 Abs. 1 und 2], Rn. 145 ff.; Burhoff, EV, Rn. 65 ff.). Insoweit gilt: **47**

- Die **Literatur** (z.B. Gerold/Schmidt/Müller-Rabe, VV 7000 Rn. 15; AnwKomm-RVG/ N. Schneider, VV 7000 Rn. 36) **bejaht** die Notwendigkeit eines weiteren Aktendoppels für den Angeklagten im Regelfall, da der Angeklagte ebenfalls über den Sachstand informiert ist und die Sache ordnungsgemäß vorbesprochen werden kann. Dem wird man, wenn die Erstellung des zweiten Aktendoppels zur sachgemäßen Verteidigung erforderlich war, zustimmen können.

- Das gilt jedenfalls für ein **umfangreiches Strafverfahren mit schwieriger Beweislage**, in dem der Verteidiger auf den dauernden Besitz eines Aktenauszugs angewiesen war (OLG Saarbrücken, StV 1998, 91). Ebenfalls zu bejahen ist die Notwendigkeit bei Vorliegen **gravierender Straftaten**, weil dem Angeklagten zugebilligt werden muss, sich selbst über den Anklagevorwurf zu informieren (LG Landshut, StV 2004, 32 = AGS 2004, 211; AnwKomm-RVG/N. Schneider, VV 7000 Rn. 103; ähnlich Heimann in der Anm. zu LG Landshut, a.a.O.).

- In BtM-Verfahren ist die Erstellung von zusätzlichen Kopien der **Telefonüberwachungsprotokolle** für den Angeklagten geboten, da regelmäßig zwischen den Beteiligten ein Gesprächscode entwickelt wurde, den der Rechtsanwalt nicht erfassen kann und bei dem es auf jedes einzelne Wort ankommen kann (OLG Brandenburg, RVGreport 2007, 182 = RVG professionell 2010, 171; LG Bad Kreuznach, RVGprofessionell 2010, 171 = RVGreport 2011, 25 = StRR 2011, 284).

- Die **Rechtsprechung** argumentiert demgegenüber, dass es gerade bei umfangreichen Ermittlungen Aufgabe des Verteidigers ist, die Punkte für den Beschuldigten zu extrahieren, auf die es ankommt. Danach handelt es sich bei den Kosten des weiteren Aktendoppels regelmäßig nicht um notwendige Kosten (KG, RVGreport 2006, 109; OLG Düsseldorf, StV 2003, 176 = AGS 2002, 91; OLG Frankfurt am Main, NStZ 2002, 164; AG Duisburg, zfs 2001, 327). Nur dann, wenn der Angeklagte auf den genauen Wortlaut der Schriftstücke angewiesen ist und/oder sie zur Vorbereitung seiner Verteidigung ständig zur Hand haben muss, gewährt das KG dem Angeklagten ein eigenes Aktendoppel (KG, StraFo 2009, 260 = JurBüro 2009, 316).

> **Hinweis:**
> Der **Pflichtverteidiger** hat die Möglichkeit, nach **§ 46 Abs. 2 Satz 3** vorzugehen und vorab feststellen lassen, dass die entsprechenden Kopien und die dadurch entstehenden Auslagen erforderlich sind (Hansens, BRAGOreport 2002, 186; vgl. dazu Teil A: Auslagen aus der Staatskasse [§ 46 Abs. 1 und 2], Rn. 145 ff.).

Falls die Notwendigkeit der Erstellung eines weiteren Aktendoppels für den Mandanten gegeben ist, handelt es sich bei den Kopien um **Ablichtungen nach Nr. 7000 Ziff. 1a VV** (Gerold/Schmidt/Müller-Rabe, VV 7000 Rn. 15). Sofern vertreten wird, diese Kopien nach Nr. 7000 Ziff. 1d VV abzurechnen, ist dies nicht zutreffend (so AnwKomm-RVG/N. Schneider, VV 7000 **48**

Rn. 36), da es sich hierbei um eine Auffangvorschrift handelt, die aber nicht greift, da bereits Nr. 7000 Ziff. 1a VV vorliegt. Im Ergebnis ist dieser Streit allerdings belanglos, da in beiden Fällen alle Kopien vergütet werden.

c) Versicherungsgesellschaften/Akteneinsicht

49 Haftpflichtversicherungen sind in aller Regel nicht berechtigt Akteneinsicht zu nehmen. Sie müssen sich hierzu eines Rechtsanwalts bedienen. Regelmäßig wird dafür eine **pauschale Vergütung** von **26,00 €** nebst Auslagen angesetzt. Diese berechnet sich nach dem Abkommen zwischen DAV und HUK-Verband über das Honorar für Akteneinsicht und Aktenauszüge aus Unfallstrafakten für Versicherungsgesellschaften. Die sog. DAV-Empfehlungen zur Abrechnung mit den Versicherungen selbst gelten nicht mehr, was jedoch nicht für das Abkommen zur Akteneinsicht gilt.

> **Hinweis:**
>
> Das Abkommen zwischen DAV und HUK-Verband über das „Honorar für Akteneinsicht und Aktenauszüge aus Unfallstrafakten für Versicherungsgesellschaften" (wirksam seit 01.01.1970, vgl. AnwBl. 1969, 431) hat in der letzten Fassung folgenden Wortlaut:
>
> „1. a) *Der Anwalt erhält für die Einsichtnahme in Unfallakten und für die Herstellung eines Auszuges zur Abgeltung seiner persönlichen Arbeitsleistung und der üblicherweise mit der Erledigung eines solchen Auftrages verbundenen Kosten (Porto und Telefon – außer Ferngesprächen, die besonders berechnet werden) ein Pauschalhonorar i.H.v. 26 Euro für jede Sache.*
>
> b) *Er erhält außerdem für jede Seite des Aktenauszuges (auch Fotokopie) die Schreibgebühr gem. § 27 BRAGO*
>
> c) *Wird eine Ergänzung des Aktenauszuges gewünscht, die sich auf nach dem Zeitpunkt der ersten Akteneinsicht zur Akte gelangten Aktenteile oder Beiakten bezieht, so erhält der Rechtsanwalt für diese Tätigkeit ein Pauschalhonorar von 13 Euro zzgl. der Schreibgebühren.*
>
> 2. *Durch diese Pauschale sind nicht abgegolten:*
>
> a) *Gerichtskosten und sonstige außergewöhnliche Kosten des Auftraggebers, die vom Rechtsanwalt verauslagt worden sind.*
>
> b) *Außergewöhnliche Aufwendungen, die zu einer vom Auftraggeber gewünschten beschleunigten Ausführung des Auftrages aufgewandt worden sind.*
>
> c) *die auf die obige Vergütung zu zahlende Umsatzsteuer (Mehrwertsteuer) oder der stattdessen dem Anwalt nach § 25 Abs. 2 BRAGO zustehende Ausgleichsbetrag."*

50 Die **Gültigkeit** dieser Vereinbarung ist **umstritten**. Eine Auffassung sieht die Vereinbarung mit dem Inkrafttreten des RVG am 01.01.2004 als hinfällig an. Entsprechende Aufträge seien nach der Nr. 2300 VV zu vergüten. Die Gegenauffassung widerspricht dem zu Recht (vgl. AnwKomm-RVG/N. Schneider, Anh. VI, S. 2445). Das Abkommen ist nicht aufgehoben worden. Müller-Rabe geht von einer Aufhebung aus, konstatiert jedoch, dass die Praxis noch immer nach diesem Abkommen abrechnet (Gerold/Schmidt/Müller-Rabe, Nr. 7008 VV Rn. 72).

Dokumentenpauschale   *Nr. 7000 VV*

Wird ein Rechtsanwalt durch eine Versicherungsgesellschaft mit der Akteneinsicht und der Anfertigung entsprechender **Aktenauszüge** beauftragt, so sind diese durch die Versicherung gem. Nr. **7000 Ziff. 1a VV** zu erstatten. Dies gilt auch, wenn die Kosten im Vorfeld des Prozesses entstanden sind (AG Siegburg, BRAGOreport 2000, 46 m. zust. Anm. N. Schneider). Für einen **Ergänzungsauftrag** zur Anfertigung eines weiteren Aktenauszugs entsteht eine Pauschalgebühr i.H.v. 13,00 €. Bei dem Hauptauftrag und dem Ergänzungsauftrag handelt es sich um eine Angelegenheit i.S.v. § 15. Daher ist die Anzahl der Kopien zu addieren um die 50-Stück-Grenze zu ermitteln – s. das nachfolgende Beispiel (AnwKomm-RVG/N. Schneider, Anh. VI, Rn. 11). Der Rechtsanwalt verdient die Pauschale nur dann, wenn er bisher nicht in dieser Angelegenheit tätig war. Anderenfalls ist seine Tätigkeit durch die Verfahrensgebühr bzw. Geschäftsgebühr abgegolten (AG Albstadt, AnwBl. 1978, 317).   **51**

Neben der **Pauschale** steht dem Rechtsanwalt Ersatz für seine **Auslagen**, insbesondere für die Dokumentauslagen zu. Hierbei handelt es sich um Auslagen nach der Nr. 7000 Ziff. 1a VV für Ablichtungen aus Gerichts- und Behördenakten. Nach dem Wortlaut des Abkommens sind die Auslagen für Post und Telekommunikation durch die Pauschale abgegolten (Ausnahme: Ferngespräche). Es kann damit keine Auslagenpauschale angesetzt werden (Rückschluss aus Nr. 1a der Vereinbarung).

Beispiel:

Der Rechtsanwalt fertigt für die Haftpflichtversicherung des Auftraggebers einen Auszug mit den notwendigen Seiten der Gerichtsakte. Dies sind 30 Seiten. Später bittet die Versicherung um einen Ergänzungsauszug. Dieser umfasst ebenfalls 30 Seiten. Das Gericht hat jeweils eine Aktenversendungspauschale von 12,00 € erhoben.

Auszug

Pauschalhonorar gem. Abkommen	26,00 €
Dokumentenpauschale Nr. 7000 Ziff. 1a VV (30 × 0,50 €)	15,00 €
Anwaltsvergütung netto	***41,00 €***
Aktenversendungspauschale*	*12,00 €*
Gesamt	***53,00 €***

Ergänzungsauszug

Pauschalhonorar für Ergänzungsauszug gem. Abkommen	13,00 €
Dokumentenpauschale Nr. 7000 Ziff. 1a VV	
(20 × 0,50 € + 10 × 0,15 €)	11,50 €
Anwaltsvergütung netto	***24,50 €***
Aktenversendungspauschale*	*12,00 €*
Gesamt	***36,50 €***

*Anmerkung: Der Rechtsanwalt hat hier die Aktenversendung nicht im eigenen Namen beantragt. Es handelt sich damit um einen nicht umsatzsteuerpflichtigen durchlaufenden Posten (s. Nr. 7008 VV Rn. 21).

d) Übergabe der Handakten

52 Kommt es zum **Verteidigerwechsel**, so soll die Fertigung eines zusätzlichen Aktenauszugs nicht notwendig sein, wenn die Handakten eines früheren Prozessbevollmächtigten nach § 50 Abs. 1 BRAO hierüber ein geordnetes Bild ergeben müssen. Die Fertigung eigener Kopien aus der Gerichtsakte komme in diesem Fall erst dann in Betracht, wenn und soweit vorhandene Ablichtungen und Abschriften eines vorhergehenden Rechtsanwalt nicht rechtzeitig zu dem Prozessbevollmächtigten gelangen (BGH, NJW 2005, 2317 = RVGreport 2005, 274 = AGS 2005, 306 = JurBüro 2005, 480). **Weigert** sich der Pflichtverteidiger die **Handakten herauszugeben** mit der Begründung, dass Sie mit Notizen versehen seien, die der Geheimhaltung unterliegen, so will ihm die Rechtsprechung den Erstattungsanspruch aberkennen. Kein Pflichtverteidiger könne ausschließen, dass er die Fotokopien aus den Akten, etwa im Fall einer Erkrankung, einem anderen Pflichtverteidiger überlassen muss. Er dürfe die Fotokopien daher unter Beachtung des Gebots, die Kosten niedrig zu halten, von vornherein nicht mit Bemerkungen versehen, von denen ein anderer keine Kenntnis erlangen solle (OLG Hamburg, Rpfleger 1977, 420; a.A. Dahs, AnwBl. 1979, 73, der darauf hinweist, dass der Verteidiger Eigentümer der Aktenauszüge wird).

53 Das OLG Köln hat für den Fall der **Verfahrenssicherung durch einen weiteren Pflichtverteidiger** die grundsätzliche Erstattungsfähigkeit des weiteren Aktenauszugs festgestellt. Hiernach muss ein zur Verfahrenssicherung bestellter, weiterer Pflichtverteidiger sich nicht auf die von dem „Erst-Verteidiger" gefertigten Ablichtungen verweisen lassen (OLG Köln, StraFo 2010, 131= RVGreport 2010, 99 = StRR 2010, 278 m. Anm. Burhoff).

e) Anschließender Zivilprozess

54 Für den dem Strafprozess folgenden Zivilprozess ist die Kenntnis des strafprozessualen Akteninhalts **notwendig**. Ablichtungen der wesentlichen Teile der Akte können damit geboten sein. Häufig werden dem Rechtsanwalt jedoch die Akten hinreichend bekannt sein, da bereits Ablichtungen aus dem Strafprozess vorliegen (Gerold/Schmidt/Müller-Rabe, 7000 VV Rn. 32).

5. Preiswertere Herstellung

55 Für die Ablichtungen nach Nr. 7000 Ziff. 1a VV ist es **unerheblich**, ob der Mandant diese ggf. hätte preiswerter erstellen können. Das Gesetz stellt nur auf die Gebotenheit der Ablichtung ab. Zudem darf dem Mandanten die dem Rechtsanwalt anvertraute Gerichtsakte nicht ohne Weiteres übergeben werden, um selbst die Ablichtungen zu fertigen (Gerold/Schmidt/Müller-Rabe, VV 7000 Rn. 24).

III. Ablichtungen für Zustellung, Mitteilung an Gegner, Beteiligte und Verfahrensbevollmächtigte (Nr. 7000 Ziff. 1b VV)

1. Allgemeines

56 Der Rechtsanwalt erhält die Dokumentpauschale nach Nr. 7000 Ziff. 1b VV für Ablichtungen und Ausdrucke zur **Zustellung** oder **Mitteilung** an **Gegner** oder Beteiligte und Verfahrensbevollmächtigte aufgrund einer Rechtsvorschrift oder nach Aufforderung durch das Gericht, die Behörde oder die sonst das Verfahren führende Stelle, soweit hierfür mehr als 100 Seiten zu fertigen waren. Aufwendungen für Abschriften eigener Schriftsätze und der Schriftsatzanlage sind nunmehr erfasst, da es im Gegensatz zur Regelung in § 27 BRAGO keine weitere Einschränkung

Dokumentenpauschale   Nr. 7000 VV

gibt (vgl. insoweit auch frühere Rechtsprechung des BGH, BRAGOreport 2003, 50 = AGS 2003, 153).

Auf das **Einverständnis** des **Auftraggebers** kommt es **nicht an**. Dies ist nur dann maßgebend, wenn es im Gesetz ausdrücklich gefordert wird (Gerold/Schmidt/Müller-Rabe, VV 7000 Rn. 56).   57

2. Beteiligte, Gegner und Verfahrensbevollmächtigte

Mit der Regelung in Nr. 7000 Ziff. 1b VV entstehen nunmehr neben den Auslagen für Gegner und Beteiligte auch Auslagen für Kopien für die Verfahrensbevollmächtigten anderer Verfahrensbeteiligter. Unter Beteiligten sind hier nur die Verfahrensbeteiligten in solchen Verfahren zu verstehen, in denen sich keine Parteien als Gegner gegenüberstehen. Im Strafverfahren kommt der **Nebenkläger** als Beteiligter infrage (Gerold/Schmidt/Müller-Rabe, VV 7000 Rn. 43). Nach Meyer-Goßner (vor § 48 Rn. 8) ist der Zeugenbeistand kein Verfahrensbeteiligter und damit auch nicht Beteiligter nach Nr. 7000.   58

Nicht unter Nr. 7000 Ziff. 1b VV fallen der **Verkehrsanwalt** oder der **Terminsvertreter** des Gegners. Diese sind keine Verfahrensbevollmächtigten. Zudem existieren keine Vorschriften, die Mitteilungen an diese vorschreiben (Hansens, in: Hansens/Braun/Schneider, Teil 19, Rn. 27).   59

In der Aufzählung unter Nr. 7000 Ziff. 1b VV wird das **Gericht** nicht als Empfänger genannt. Dem Gericht werden keine Ablichtungen der Schriftsätze, sondern die Urschriften selbst übersandt. Die **Erstellung** der **Urschriften** selbst bleibt **kostenfrei**, da sie durch die Gebühren abgegolten ist. Werden dem Gericht mit den Urschriften auch Kopien der Anlagen übersandt, so sind diese kostenfrei. Auslagen entstehen hierfür nicht.   60

Ebenso wenig wie Ablichtungen für das Gericht fallen Ablichtungen für Beteiligte aus dem „**Lager des Auftraggebers**" unter die Dokumentenpauschale nach Nr. 7000 Ziff. 1b VV. Gemeint sind damit Terminsvertreter, Verkehrsanwalt, Rechtsschutzversicherung, Steuerberater, usw. Die Dokumentenpauschale kann jedoch ggf. nach der Nr. 7000 Ziff. 1d VV abgerechnet werden (s. dort Rn. 78 ff.).

3. Zustellung oder Mitteilung aufgrund Rechtsvorschrift

Die Ablichtungen müssen der **Zustellung** oder **Mitteilung** an Beteiligte, Gegner oder Verfahrensbevollmächtigte **dienen**. Sie müssen durch eine Rechtsvorschrift oder nach Aufforderung durch Gericht/Behörde oder eine sonst verfahrensleitende Stelle veranlasst sein. Vorschriften i.d.S. sind für den **Privatkläger**:   61

§ 381 StPO

Sonstige Vorschriften:

- §§ 88 Abs. 1 Satz 2, 86 VwGO,
- § 93 Satz 1 SGO
- §§ 64 Abs. 2 Satz 1, 77 Abs. 1 Satz 3 FGO
- §§ 131 Abs. 1, 133 Abs. 1, 253 Abs. 5 ZPO

Das Privatklageverfahren ist strukturell dem Zivilverfahren angenähert. Dies wird durch § 381 StPO deutlich. Die geforderten Abschriften sind für den Beschuldigten und für die Staatsanwaltschaft bestimmt. Sie lösen damit die Dokumentenpauschale nach Ziff. 1b aus (Voraussetzung mind. 100 Stück).

62 **Zivilverfahren**: Nach § 133 Abs. 1 Satz 1 ZPO sollen die Parteien den Schriftsätzen, die sie bei Gericht einreichen, die für die Zustellung erforderliche Zahl von Ablichtungen der Schriftsätze und deren Anlagen beifügen. **§ 133 ZPO** verlangt demnach nur die **Beifügung einer Ablichtung für den gegnerischen Rechtsanwalt oder** für den **Mandanten** selbst, wenn dieser nicht anwaltlich vertreten ist. Nach allgemeiner Übung wurden dem Gericht bisher jedoch Kopien der Schriftsätze und Anlagen für den Gegner und den gegnerischen Rechtsanwalt übersandt und, falls mehrere Gegner oder Anwälte beteiligt sind, auch an diese (Hansens, in: Hansens/Braun/Schneider, Teil 19, Rn. 28).

63 Der eindeutige Wortlaut zur Dokumentpauschale hat dazu geführt, dass viele Rechtsanwälte ihren Schriftsätzen, die sie bei Gerichte einreichen, neben der Kopie für den gegnerischen Anwalt keine weitere Kopie für den Gegner beifügen, da diese Ablichtung regelmäßig in den 100 Freiexemplaren enthalten sein wird und damit voraussichtlich nicht geltend gemacht werden kann. Damit ist der gegnerische Anwalt verpflichtet, diese Ablichtungen für seinen Auftraggeber selbst zu erstellen. Er kann diese Ablichtungen jedoch nicht nach Nr. 7000 Ziff. 1b VV, sondern nur nach Ziff. 1c zur **Unterrichtung des Auftraggebers** vergütet erhalten. Aber auch hier ist Voraussetzung, dass die 100 Freiexemplare überschritten sind.

4. Notwendigkeit der Ablichtungen

a) Allgemeines

64 Durch die Dokumentenpauschale wird die Entschädigung für unnötige Kopien nicht abgedeckt. Dies ergibt sich teilweise aus den gesetzlichen Vorschriften selbst (z.B. § 133 ZPO). Bei der Beurteilung der Frage der Notwendigkeit ist aufseiten des Gerichts eine großzügige Handhabung angezeigt, da hier eine Prüfung bis auf die letzte Seite hin nur zur Produktion unnötiger Kosten auf beiden Seiten führt, die regelmäßig weit über den Kosten der betroffenen Kopien liegen. Der Rechtsanwalt hat bei der Erstellung der Ablichtung einen gewissen Spielraum. Auch sind hier die Grundsätze der Verfahrensbeschleunigung und Prozessökonomie zu beachten (Gerold/Schmidt/Müller-Rabe, VV 7000 Rn. 22).

Kann **nicht festgestellt** werden, dass der Prozessbevollmächtigte bei der Herstellung von Ablichtungen/Ausdrucken, die zur Zustellung an den Beklagten und seinen Prozessbevollmächtigten bestimmt waren, den ihm **zustehenden Ermessensspielraum überschritten** hat, sind die entsprechend abrechenbaren Dokumentenpauschalen zu erstatten (OLG Oldenburg, JurBüro 2007, 208).

Nicht durch die Vorschrift des § 133 Abs. 1 Satz 1 ZPO **abgedeckt** ist die Anfertigung von Anlagen, die dem Gegner **bereits bekannt** oder die von **bedeutendem Umfang** sind (§ 131 Abs. 3 ZPO). Hierfür kann demnach auch keine Dokumentenpauschale entstehen. Das Gleiche gilt, wenn zur Unterrichtung **ein Auszug aus der Urkunde ausgereicht** hätte (§ 131 Abs. 2 ZPO). Diese Einschränkung gilt nicht, wenn durch die Ablichtung eine wesentliche **Vereinfachung oder Beschleunigung** des Prozesses zu erwarten war und ein Auszug nicht ausreichte (Gerold/Schmidt/Müller-Rabe, VV 7000 Rn. 54). Für das **Privatklageverfahren** fehlt es an klarstellenden Vorschriften wie §§ 131, 133 ZPO. Trotzdem kann hier nicht bedingungslos jede Ablichtung als notwendig betrachtet werden. Zum Schutz der Beteiligten sind auch hier zumindest die Rechtsgedanken der §§ 131, 133 ZPO entsprechend anzuwenden.

Dokumentenpauschale *Nr. 7000 VV*

b) Einzelfälle zur fehlenden Notwendigkeit

- **Ablichtung ersetzt Sachvortrag:** Der Rechtsanwalt ersetzt durch Bezugnahme auf Anlagen einen eigenen Sachvortrag. Für diese Erleichterung der Arbeit steht dem Rechtsanwalt nicht auch noch zusätzlich eine Dokumentenpauschale zu (BVerfG, NJW 1996, 382; OLG München, MDR 2010, 114).
- **Inhalt ist ohne Belang** für das Verfahren (OLG Braunschweig, JurBüro 1999, 300 = OLGR Braunschweig 1999, 146).
- **Anlagen zu unstreitigen Fragen:** Falls hier Streit auftritt, kann die Vorlage ggf. nachgeholt werden.
- Urkunden werden **im vollen Umfang eingereicht**, obwohl ein Auszug ausgereicht hätte (§ 131 Abs. 3 ZPO; Hansens, in: Hansens/Braun/Schneider, Teil 19, Rn. 29).
- Urkunden sind dem **Gegner bereits bekannt** (§ 131 Abs. 3 ZPO). Der Rechtsanwalt muss allerdings keine Ermittlungen anstellen, ob bestimmte Schriftstücke dem Gegner vorliegen (Gerold/Schmidt/Müller-Rabe, VV 7000 Rn. 54). Im Zweifel sind diese abzulichten.
- Bei **Anlagen von bedeutendem Umfang** hätte nach § 131 Abs. 3 ZPO die genaue Bezeichnung mit dem Angebot, Einsicht zu gewähren, ausgereicht. Ausnahme: Durch das Ablichten ist eine Beschleunigung oder Vereinfachung des Verfahrens zu erwarten (Gerold/Schmidt/ Müller-Rabe, 7000 VV Rn. 54).

65

5. Zustellung oder Mitteilung nach Aufforderung

Die Dokumentenpauschale entsteht auch dann, wenn die Ablichtungen nicht aufgrund einer Vorschrift, sondern wegen einer **Aufforderung** durch das **Gericht**, die Behörde oder die sonst das Verfahren führende Stelle erfolgt. Auch in diesem Fall gilt die **Einschränkung** der **100 Freiexemplare**. In Falle der Aufforderung ist die Frage der Notwendigkeit der Ablichtung in Rahmen einer späteren Festsetzung nicht mehr zu prüfen.

66

6. 100 Ablichtungen

Die Anzahl der Verfahrensbeteiligten spielt im Rahmen der Nr. 7000 Ziff. 1b VV keine Rolle mehr. Stattdessen ist nun die **Zahl** der **gefertigten Ablichtungen entscheidend**. Der Rechtsanwalt erhält die Dokumentenpauschale – sobald er mehr als 100 Ablichtungen für Zustellungen und Mitteilungen erstellt. Bei 110 Ablichtungen nach Nr. 7000 Ziff. 1b VV werden zehn Ablichtungen der Auslagen ersetzt. Die **ersten 100 Ablichtungen** gelten demnach als durch die Gebühren **abgegolten** (Vorbem. 7 Abs. 1 VV; LG Berlin, RVGreport 2005, 391 = AGS 2006, 72; a.A. OLG Hamburg, RVGreport 2007, 36; s. auch Rn. 68).

67

> **Hinweis:**
> Zu beachten ist, dass der **Rahmen**, für den die 100 Freiexemplare gelten, auch hier die **Angelegenheit** ist. Damit muss in jeder Angelegenheit erneut mit dem Zählen der Freiexemplare begonnen werden.

Beispiel:
Im Strafverfahren hat der Rechtsanwalt für den Nebenklägervertreter 50 Seiten Ablichtungen erstellt. Im folgenden Zivilprozess erstellt er für den Verfahrensbevollmächtigten weitere 60 Ablichtungen.

Nr. 7000 VV *Dokumentenpauschale*

Da es sich um zwei Angelegenheiten handelt, müssen die 100 Freiexemplare für jede Angelegenheit gesondert berechnet werden. Damit steht dem RA für beide Angelegenheiten keine Dokumentenpauschale zu, da die Grenze von jeweils 100 Exemplaren nicht überschritten wird.

68 Teilweise wird die Ansicht vertreten, dass bei **Überschreiten** der **Grenze** von 100 Freiexemplaren nicht nur die darüber hinausgehenden Exemplare anzusetzen sind, sondern dass in diesem Falle alle entstandenen Exemplare abzurechnen sind (so OLG Hamburg, RVGreport 2007, 36; Hartmann, KostG, VV 7000 Rn. 25). Diese Auffassung ist aber eine Einzelmeinung geblieben und nicht haltbar, da sich bereits aus dem Wortlaut der Gesetzesbegründung (BR-Drucks. 830/03, S. 293) eindeutig ergibt, dass ein Vergütungsanspruch erst mit der 101 Ablichtung beginnt.

> **Praxistipp:**
> Sofern die Anwaltssoftware keine entsprechenden Funktionalitäten vorsieht oder der Kopierer kein Aktenzeichen mitspeichert, sollte der Rechtsanwalt die Kopien auf einem **Beiblatt** in der Akte **vermerken**, da anderenfalls eine nachträgliche konkrete Angabe der Anzahl der Ablichtungen nicht mehr als eine Schätzung sein oder nur mit erheblichem Aufwand nachvollzogen werden kann (s. hierzu das anliegende Muster Rn. 115).

7. Preiswertere Herstellung

69 Auch bei Ablichtungen nach Nr. 7000 Ziff. 1b VV ist es **unerheblich**, ob der Mandant die Kopien ggf. günstiger hätte erstellen können. Der Gesetzgeber hat die Entstehungsvoraussetzungen der Dokumentenpauschale geregelt und das Kriterium nicht aufgenommen.

IV. Ablichtungen zur notwendigen Unterrichtung des Auftraggebers (Nr. 7000 Ziff. 1c VV)

1. Allgemeines

70 Der Rechtsanwalt erhält durch Nr. 7000 Ziff. 1c VV (früher § 27 Abs. 1 Nr. 2 letzter Halbs.) seine Auslagen vergütet, sofern sie für die **notwendige Unterrichtung** des **Auftraggebers** entstanden sind. Voraussetzung ist, dass **mehr als 100 Ablichtungen** zu fertigen waren. Die Anzahl der Auftraggeber spielt keine Rolle mehr. Ebenso wenig kommt es auf eine **Zustimmung durch den Auftraggeber** zur Ablichtung an.

2. Unterrichtung des Auftraggebers

71 Nr. 7000 Ziff. 1c VV erfasst nur Ablichtungen zur Unterrichtung des **Auftraggebers**. **Nicht** als Auftraggeber gelten **andere Personen**, die auf der **Seite** des **Auftraggebers** stehen, wie z.B. Verkehrsanwalt, Terminsvertreter, Rechtsschutzversicherung, Haftpflichtversicherung. Sie sind selbst keine Auftraggeber. Eine Ausnahme liegt dann vor, wenn einer der genannten Personen die Ablichtung anstelle des Auftraggebers übergeben wird. Statt einer Vergütung der Ablichtungen nach Nr. 7000 Ziff. 1c VV kommt hier jedoch eine Vergütung nach Ziff. 1d in Betracht.

3. Fehlende Ablichtungen

72 Übersendet der **Gegner** Schriftsätze und Anlagen **nicht** in der **notwendigen Anzahl** und fertigt der Rechtsanwalt eine entsprechende Ablichtung hiervon für den Mandanten, so handelt es sich zwar um zusätzlich gefertigte Ablichtungen, diese dienen jedoch der notwendigen Unterrichtung

Dokumentenpauschale   Nr. 7000 VV

des Auftraggebers und fallen damit unter die **Nr. 7000 Ziff. 1c VV**. Insoweit ist N. Schneider (vgl. AnwKomm-RVG, VV 7000 Rn. 58, 59) nicht zuzustimmen, der dann Nr. 7000 Ziff. 1d VV für einschlägig hält.

4. Ablichtungen für die Handakten

Für die **Handakten** des Rechtsanwalts gefertigte Ablichtungen fallen **nicht** unter Nr. 7000 Ziff. 1c VV. Sie dienen nicht der Unterrichtung des Auftraggebers. Sie können nur bei Ablichtungen aus der Gerichtsakte unter die Ziffern der Nr. 7000 VV (Ziff. 1a) subsumiert werden. Ansonsten fallen diese Kosten **grds.** unter die **allgemeinen Geschäftsunkosten** (OLG Hamm, JurBüro 2002, 201 = AGS 2002, 69) und lösen keine gesonderte Dokumentenpauschale aus. Denkbar ist auch eine zusätzliche Anfertigung mit Einverständnis des Auftraggebers. In diesem Fall kann die Abrechnung nach Nr. 7000 Ziff. 1d VV erfolgen.   73

5. Notwendige Unterrichtung

Eine Dokumentenpauschale nach Nr. 7000 Ziff. 1c VV entsteht nur dann, wenn die **Unterrichtung** des Auftraggebers **notwendig** ist. Die Frage der Notwendigkeit bezieht sich hier sowohl auf die Unterrichtung des Mandanten als auch auf die Fertigung der konkreten Ablichtungen (Gerold/Schmidt/Müller-Rabe, VV 7000 Rn. 72). Hiernach ist es erforderlich, dass der Mandant unterrichtet wird von: 74

- eigenen Schriftsätzen seines Rechtsanwalts;
- Schriftsätzen und Anlagen des Gegners (z.B. auch im Privatklageverfahren);
- Entscheidungen von Gerichten/Behörden, sofern diese nicht in ausreichender Stückzahl übersandt werden;
- gerichtlichen Gutachten, sofern nur eine Ausfertigung für den Rechtsanwalt übersandt wird.

6. 100 Ablichtungen

Die Dokumentenpauschale entsteht erst dann, wenn die Ablichtungen für die Unterrichtung des Auftraggebers **100 Stück übersteigen**. Hierbei sind die Ablichtungen nach Nr. 7000 Ziff. 1b und 1c VV getrennt zu behandeln. Die Grenze von 100 Ablichtungen gilt jeweils gesondert. Die Ablichtungen aus beiden Anlässen sind nach dem eindeutigen Wortlaut nicht zu addieren, sondern **isoliert** zu betrachten.   75

> *Beispiel:*
> *Der Rechtsanwalt hat 60 Kopien als Mitteilung an den Gegner gefertigt sowie weitere 70 Kopien zur Unterrichtung des Auftraggebers.*
> *Der Rechtsanwalt erhält hierfür* **keine** *Dokumentenpauschale, da die Grenze von jeweils 100 Ablichtungen nicht überschritten wird.*

7. Preiswertere Herstellung

Auch bei Ablichtungen nach Nr. 7000 Ziff. 1c VV ist es unerheblich, ob der Mandant die Kopien ggf. günstiger hätte erstellen können (vgl. Rn. 69).   76

8. Unterrichtung mehrerer Auftraggeber

77 Grds. haftet jeder Auftraggeber nur für die Auslagen und Gebühren, die entstanden wären, wenn der Rechtsanwalt nur für ihn tätig geworden wäre. Für den Fall der Nr. 7000 Ziff. 1c VV gilt jedoch die Besonderheit, dass nach § 7 Abs. 2 jeder Auftraggeber die Dokumentenpauschale nach Nummer 7000 VV auch insoweit schuldet, wie diese nur durch die Unterrichtung mehrerer Auftraggeber entstanden ist. Damit **haftet jeder Auftraggeber** für die **gesamten Ablichtungen** zur Unterrichtung aller Auftraggeber. Da Nr. 7000 Ziff. 1a und Ziff. 1b VV nicht die Unterrichtung des Auftraggebers betreffen, können hier nur die Fälle der Ziff. 1c und in Ausnahmefällen auch nach Ziff. 1d gemeint sein. Damit ist für den Fall der Nr. 7000 Ziff. 1c VV auch die Grenze der 100 Freiexemplare für mehrere Auftraggeber gemeinsam zu berechnen (Gerold/Schmidt/Müller-Rabe, VV 7000 Rn. 82).

Beispiel:

Rechtsanwalt R vertritt A und B wegen desselben Gegenstands. Er übersendet A 80 Ablichtungen die ihn allein betreffen. An B übersendet er 100 Ablichtungen die diesen allein betreffen. 30 weitere Ablichtungen betreffen beide gemeinsam.

A und B haften als Gesamtschuldner für 210 Ablichtungen. Davon sind 100 bereits durch die Gebühren abgegolten, sodass A und B im Außenverhältnis als Gesamtschuldner für 110 Ablichtungen und einen Betrag von 34,00 € tragen (50 × 0,50 € + 60 × 0,15 €). Im Innenverhältnis haften Sie, soweit nichts anderes bekannt ist, im Verhältnis Ihrer Haftungsmassen (A = 110; B = 130). Die 34,00 € sind damit im Verhältnis 110 zu 130 auf A und B zu verteilen. A trägt 15,58 €. B trägt 18,42 €.

V. Ablichtungen in sonstigen Fällen im Einverständnis mit dem Auftraggeber (Nr. 7000 Ziff. 1d VV)

1. Zusätzliche Ablichtungen

78 **Andere Ablichtungen** als die in den unter Nr. 7000 Ziff. 1a bis Ziff. 1c VV genannten Fällen können nur dann eine Dokumentenpauschale auslösen, wenn sie **im Einverständnis** mit dem Auftraggeber **zusätzlich** gefertigt worden sind. Bei den Ablichtungen nach den Ziff. 1a bis 1c ist ein Einverständnis des Auftraggebers nicht notwendig. Die entsprechenden Kosten sind unabhängig hiervon zu erstatten. Auf den **Zweck** der Ablichtungen kommt es nach dem Wortlaut der Vorschrift **nicht** an. Ein Schutz des Auftraggebers ist hier auch nicht notwendig, da sein Einverständnis für das Entstehen der Pauschale notwendig ist. Ist er nicht einverstanden, entsteht auch keine Dokumentenpauschale. Fraglich ist hier auch bei Vorliegen des Einverständnisses natürlich immer die Erstattungsfähigkeit. Diese Frage stellt sich unabhängig von der Entstehung der Auslagen.

79 Folgende zusätzlich gefertigte Ablichtungen sind z.B. denkbar:
- **weitere** Ablichtungen für den **Auftraggeber**;
- Ablichtungen zur Unterrichtung Dritter, z.B. für:
  - **Verkehrsanwalt, Terminsvertreter** (Ausnahme: Er erhält die Ablichtung anstelle des Auftraggebers, dann gilt Nr. 7000 Ziff. 1c VV);
  - **Haftpflichtversicherung, Rechtsschutzversicherung**;
  - **Arbeitgeber**;

Dokumentenpauschale **Nr. 7000 VV**

– **Jugendamt, Sozialamt** und andere Behörden;
– Entsendestaaten nach dem **NATO-Truppenstatut**;
– **Steuerberater**.

Nicht hierher gehören Ablichtungen die gefertigt werden müssen, weil der **Gegner** oder das **80** Gericht **nicht** die **notwendigen Doppel** von Entscheidungen, Schriftsätzen, Anlagen an den Rechtsanwalt übersandt hat. Diese sind zu vergüten unter Nr. 7000 1c VV als zur Unterrichtung des Auftraggebers notwendig (a.A. AnwKomm-RVG/N. Schneider, VV 7000 Rn. 59, 60: Vergütung nach Nr. 1d).

2. Einverständnis

Nicht ausreichend für das Entstehen der Dokumentenpauschale nach Nr. 7000 Ziff. 1d VV ist **81** das **grundsätzliche Einverständnis** mit der Prozessführung. Das Einverständnis muss sich auf die Anfertigung der Ablichtungen beziehen. Eine **nachträgliche Erklärung** des Einverständnisses ist **ausreichend**. Das Einverständnis kann ausdrücklich oder stillschweigend erfolgen. Vielfach ergibt es sich aus den Umständen. Eine grundsätzliche Unterstellung des Einverständnisses ist nicht möglich. Es muss im Einzelfall entschieden werden, ob eine stillschweigende Zustimmung unterstellt werden kann (Gerold/Schmidt/Müller-Rabe, 7000 VV Rn. 97).

Das Einverständnis kann auch **generell** erteilt werden, und zwar für alle Ablichtungen die zur **82** sachgerechten Bearbeitung durch den Rechtsanwalt notwendig sein werden. Für diese Erklärung soll nicht die Einhaltung der Formvorschrift des § 3a notwendig sein, da es sich nicht um eine Vergütungsvereinbarung, sondern um eine Einverständniserklärung handelt (so Gerold/Schmidt/Müller-Rabe, VV 7000 Rn. 96).

3. Preiswertere Herstellung

Im Rahmen der Frage, ob eine preiswertere Herstellung durch den Auftraggeber möglich war, ist **83** die Unterscheidung zwischen der Entstehung und der Erstattungsfähigkeit der Dokumentenpauschale entscheidend. Der Auftraggeber muss, wenn die Ablichtungen mit seinem Einverständnis zusätzlich gefertigt worden sind, diese Kosten tragen – unabhängig von dem Zweck der Ablichtung. Landeskasse oder Gegner müssen diese Kosten nur dann tragen, wenn die Kosten zur zweckentsprechenden Rechtsverfolgung notwendig waren.

> **Hinweis:**
> Um dem Auftraggeber nicht unnötige Kosten aufzuladen, sollte der Mandant auf mögliche Probleme der Erstattungsfähigkeit hingewiesen werden. Wenn es fraglich ist, ob die Kosten erstattungsfähig sind (z.B. bei Kopien für den Steuerberater) sollte geprüft werden, ob nicht der Mandant willens und in der Lage ist, die Ablichtungen selbst preiswerter anzufertigen.

Hat der Auftraggeber jedoch der Erstellung durch den Rechtsanwalt **zugestimmt**, so hat er die **84** Dokumentenpauschale zu tragen (Gerold/Schmidt/Müller-Rabe, VV 7000 Rn. 98) und kann sich nicht nachträglich auf eine mögliche preiswertere Art der Herstellung berufen.

4. Fehlende Ablichtungen

Übersendet der Gegner Schriftsätze und Anlagen nicht in der notwendigen Anzahl und fertigt **85** der Rechtsanwalt eine entsprechende Ablichtung hiervon für den Mandanten, so handelt es sich

Nr. 7000 VV *Dokumentenpauschale*

zwar um **zusätzlich gefertigte Ablichtungen**, diese dienen jedoch der notwendigen Unterrichtung des Auftraggebers und fallen damit nicht unter die Nr. 7000 Ziff. 1d VV (a.A. AnwKomm-RVG/ N. Schneider VV 7000 Rn. 59, 60). Sie sind richtigerweise unter Nr. 7000 Ziff. 1c VV abzurechnen.

5. Ablichtungen von Entscheidungen

86 Legt der Rechtsanwalt in einem Verfahren für die Angelegenheit wesentliche ausländische Entscheidungen in Ablichtung vor, um die Klagebefugnis nachzuweisen, so sind ihm die hierfür entstandenen Schreibauslagen zu erstatten (AG Biesigheim, JurBüro 2001, 431).

87 **Entscheidungskopien:** Kopien von dem Gericht zugänglichen Entscheidungen sind nur erstattungsfähig, wenn der Antragsteller darlegt, warum ein Hinweis auf die Entscheidung und deren Fundstelle in der konkreten Prozesssituation unzureichend war (OLG Koblenz, NJW-RR 2008, 375 = RVGreport 2008, 28).

6. Mehrere Auftraggeber

88 Jeder Auftraggeber haftet nur für die von ihm veranlassten Ablichtungen. Die Ausnahme des § 7 Abs. 2 Satz 1 Halbs. 2 betrifft nur die Ablichtungen i.S.v. Nr. 7000 Ziff. 1c VV (Gerold/Schmidt/ Müller-Rabe, VV 7000 Rn. 65).

VI. Überlassung elektronisch gespeicherter Dateien (Nr. 7000 Ziff. 2 VV)

1. Allgemeines

89 Der Rechtsanwalt erhält nach Nr. 7000 Ziff. 2 VV für die Überlassung elektronisch gespeicherter Dateien anstelle der in Nr. 7000 Ziff. 1d VV genannten Ablichtungen **je Datei 2,50 €**. Mit dieser Regelung ist keine Erweiterung der Dokumentpauschale bezweckt. Vielmehr soll die Vorschrift an die Stelle der Ziff. 1d treten, wenn die dort genannten Ablichtungen nicht auf herkömmlichem Wege, sondern als Datei versandt werden.

90 Nr. 7000 Ziff. 2 VV verweist ausdrücklich auf die in Nr. 7000 Ziff. 1d VV genannten Ablichtungen und Ausdrucke, wodurch keine Dokumentenpauschale für die Übersendung von Dokumenten nach Ziff. 1a bis Ziff. 1c entsteht. Durch die **allgemeinen Gebühren** abgegolten und nicht gesondert über Nr. 7000 Ziff. 2 VV zu vergüten sind demnach insbesondere Auslagen für die **elektronische Übersendung** von Schriftsätzen an den Mandanten und den gegnerischen Anwalt per E-Mail (Gerold/Schmidt/Müller-Rabe, VV 7000 Rn. 103). Auf die zunächst geplante Einbindung von Ziff. 1b und Ziff. 1c in die Nr. 7000 Ziff. 2 VV ist aus Praktikabilitätsgründen verzichtet worden.

91 Die Auslagenpauschale für die elektronische Datei-Versendung entsteht nur, wenn die Voraussetzungen nach Nr. 7000 Ziff. 1d VV vorliegen. Dies sind:

- die Übersendung **zusätzlicher** Ablichtungen
- mit **Zustimmung** des Auftraggebers.

2. Überlassung

92 Als Übermittlungswege kommen die **Speicherung** auf einem **Datenträger** (z.B. CD, DVD, USB-Stick, Diskette – aber auch Handy und dessen **Übergabe/Versendung** an den Empfänger oder die **Übersendung** der Datei als **E-Mail** in Betracht. Unabhängig von der Art der Überlas-

A. Vergütungs-ABC	B. Kommentar
	Teil 7 • Auslagen

Dokumentenpauschale Nr. 7000 VV

sung entstehen jeweils 2,50 €. Dies gilt auch bei der erheblich günstigeren Methode der Versendung als E-Mail.

Beispiel:

Der Rechtsanwalt telefoniert während einer Zugreise mit dem Mandanten und schickt ihm mit seinem IPhone einen Schriftsatzentwurf zu. Anschließend wird der Entwurf besprochen und der Rechtsanwalt übersendet das überarbeitete Dokument erneut via IPhone.

Es sind 2 x 2,50 € nach Nr. 7000 Ziff. 2 VV entstanden.

> **Hinweis:**
> Soweit nach dem bisherigen Wortlaut der Nr. 7000 VV a.F. auch bei einem Telefax von einer elektronischen Übersendung ausgegangen wurde, ist diese Ansicht durch die Neufassung des Gesetzes aufgrund des 2. JuMoG erledigt. Das **Telefax** gilt nunmehr als „normale" Ablichtung und ist damit nach Nr. **7000 Ziff. 1 VV** zu vergüten.

Übersendet der Rechtsanwalt die **Datei mehrfach**, so löst dies auch mehrfach die entsprechende Dokumentenpauschale aus, da der Aufwand für die Bereitstellung (z.B. Brennvorgang auf CD) und Versendung der Datei hier mehrfach entstanden ist. Es liegt kein Grund vor, diesen Vorgang anders zu behandeln als das wiederholte Erstellen einer Ablichtung. 93

Ebenso wie bei der Erstellung von Ablichtungen kann auch bei der Versendung von Dateien **Missbrauch** getrieben werden, der zu einer höheren Vergütung für die Dokumentenpauschale führt. 94

Beispiel:

Der Rechtsanwalt versendet ein einhundertseitiges Dokument als Datei. Es entsteht eine Dokumentenpauschale i.H.v. 2,50 €.

Der Rechtsanwalt teilt dieses Dokument vor dem Versenden in 100 Dateien mit jeweils einer Seite auf. Es werden 100 Dateien versandt. Die Dokumentenpauschale beträgt 250,00 €.

Offen ist die Frage, wie mit sog. **ZIP-Dateien** umzugehen ist. Sie dienen dazu, zahlreiche einzelne Dateien zu einem Paket zusammenzufassen und anschließend als ein „Gesamtpaket" zu versenden. Die ZIP-Dateien werden komprimiert und die Dateigrenzen hierbei vorübergehend aufgelöst. Physikalisch wird nur eine Datei versandt. Der Empfänger kann dieses Paket jedoch „auspacken" und erhält wieder seine Einzeldateien. Die Versendung mittels ZIP-Datei hat einige technische Vorteile und ist ein allgemein bekannter Standard zur Dateiversendung. 95

Das RVG stellt hier nicht auf die Erstellung der Datei ab, sondern auf den Vorgang der Versendung. Eng am **Wortlaut** bleibend, wird hier nur eine Datei versandt, wodurch auch **nur eine Dokumentenpauschale** entsteht (so auch Hansens, in: Hansens/Braun/Schneider, Teil 19, Rn. 17; a.A. Gerold/Schmidt/Müller-Rabe, VV 7000 Rn. 113). Dem ist zu folgen, da während des Versendevorgangs tatsächlich nur eine Datei vorhanden ist. Die Dateigrenzen sind aufgelöst. Die in dem Paket enthaltenen Dateien sind als solche in dem „gezippten" Zustand nicht ansprechbar. Der Ursprungszustand der Datei muss nach dem Erhalt durch den Empfänger erst wieder hergestellt werden. Ohne das entsprechende Dekomprimierungsprogramm kann die Datei nicht wieder hergestellt werden (so auch Hansens, in: Hansens/Braun/Schneider Teil 19, Rn. 17, a.A. Gerold/Schmidt/Müller-Rabe, VV 7000 Rn. 113).

96 Die Auswirkungen der Regelung zur Überlassung elektronischer erstellter Dateien sind im **Einzelfall** zu bewerten. Die unterschiedlichen **Konsequenzen** beleuchtet das anliegende Beispiel:

Beispiel:

Das Gericht überlässt dem Verteidiger eine CD mit 5000 Dateien aus einer Telefonüberwachung mit der Aufforderung, diese auch dem Verteidiger eines Mitangeklagten zukommen zu lassen. Ein Ausdruck dieser Dateien ist ohne besondere Software nicht möglich, da es sich um Audiodateien handelt; damit scheidet die Erstellung von Ablichtungen zunächst aus.

Möglichkeiten:

- *Der Rechtsanwalt speichert die Dateien auf seinem Rechner: Es wird keine Dokumentenpauschale ausgelöst.*
- *Der Rechtsanwalt übersendet eine Kopie der CD mit 5000 Dateien an den Rechtsanwalt des Mitangeklagten: Es handelt sich nicht um einen Fall der Nr. 7000 Ziff. 1d VV, sondern um Dokumente deren Ausdrucke nach Nr. 7000 Ziff. 1b VV zu vergüten wären. Es entsteht keine Dokumentenpauschale.*
- *Der Rechtsanwalt übersendet die CD an den Auftraggeber. Es handelt sich nicht um einen Fall der Nr. 7000 Ziff. 1d VV, sondern um Ablichtungen die nach Nr. 7000 Ziff. 1c VV zu vergüten wären. Es entsteht keine Dokumentenpauschale.*
- *Der Rechtsanwalt übersendet die CD mit den 5.000 Dateien im* **Auftrag des Mandanten** *an den Verkehrsanwalt. Hier werden zusätzliche „Ablichtungen" mit Einverständnis des Auftraggebers elektronisch versandt. Da ein Fall der Nr. 7000 Ziff. 1d VV vorliegt, wird die Dokumentenpauschale mit 5.000 × 2,50 € = 12.500,00 € ausgelöst.*

3. Missverhältnis von Dateiüberlassung und Dokumentenpauschale

97 Es verbleibt bei einem Aufwendungsersatzanspruch i.H.d. **tatsächlichen Aufwands**, wenn der tatsächliche Aufwand für die Überlassung von elektronisch gespeicherten Dateien in einem **krassen Missverhältnis** zu der Dokumentenpauschale steht, die sich rechnerisch nach Nr. 7000 Ziff. 2 VV ergibt (OLG Düsseldorf, NJW 2008, 2058 = NStZ-RR 2008, 328 = Rpfleger 2008, 532; OLG Köln, NStZ 2010, 414 = AGS 2009, 536).

4. Übersendung von Dateien auf Anordnung des Gerichts

98 Übersendet der Pflichtverteidiger mit Genehmigung des Gerichts eine Daten-CD an einen **weiteren Pflichtverteidiger**, so liegt kein Fall der Ziff. 2 vor, weil diese Regelung in dem Verhältnis zwischen Pflichtverteidiger und Staatskasse nicht anwendbar ist (OLG Düsseldorf, NJW 2008, 2058 – 2059 = NStZ-RR 2008, 328 =Rpfleger 2008, 532).

VII. Erstattungsfähigkeit der Dokumentenpauschale

1. Allgemeines

99 Die Frage der **Entstehung** der Dokumentenpauschale ist streng von der Frage ihrer **Erstattungsfähigkeit** zu **trennen**. Nur entstandene Auslagen können auch erstattungsfähig sein. Bei Ablichtungen, die durch die allgemeinen Geschäftskosten abgedeckt sind, kommt eine Erstattungspflicht des Gegners nicht in Betracht. Das Bestehen einer Pflicht zur Erstattung setzt zwangsläufig zunächst die Entstehung der Auslagen und sodann deren Notwendigkeit voraus. Die Anfertigung der Ablichtung muss zur zwecksprechenden Rechtsverfolgung notwendig

Dokumentenpauschale *Nr. 7000 VV*

gewesen sein (vgl. auch Teil A: Kostenfestsetzung und Erstattung in Strafsachen, Rn. 842, sowie Teil A: Kostenfestsetzung und Erstattung in Bußgeldsachen, Rn. 833).

Mit der Einführung der Dokumentenpauschale nach Nr. 7000 VV ist das Merkmal der **Notwendigkeit** bereits in den **Gesetzestext** aufgenommen worden. **100**

Nr. 7000 Ziff. 1a VV	... zur **sachgemäßen** Bearbeitung der Rechtssache **geboten**...
Nr. 7000 Ziff. 1b VV	... aufgrund einer **Rechtsvorschrift** oder nach **Aufforderung** durch das Gericht ...
Nr. 7000 Ziff. 1c VV	... zur **notwendigen** Unterrichtung

Damit ist bereits für die Entstehung der Dokumentenpauschale Voraussetzung, dass die Ablichtungen notwendig waren. Demzufolge sind entstandene Dokumentpauschalen nach Nr. 7000 Ziff. 1a bis Ziff. 1c VV grds. erstattungsfähig.

> **Hinweis:**
> Etwas anderes gilt für die Auslagen nach der Nr. **7000 Ziff. 1d VV**. Hier ist im **Einzelfall** zu prüfen, ob diese zur Prozessführung notwendig waren.

Die **Erstattungsfähigkeit** der Auslagen ergibt sich aus **§ 91 Abs. 2 ZPO**. Diese Vorschrift ist über § 464a Abs. 2 Nr. 2 StPO für Strafsachen entsprechend anwendbar (zu Allem auch Teil A: Auslagen aus der Staatskasse [§ 48 Abs. 1 und 2] Rn. 140 und Teil A: Kostenfestsetzung und Erstattung in Strafsachen Rn. 842 und Kostenfestsetzung und Erstattung in Bußgeldsachen Rn. 833). **101**

Dem Rechtsanwalt steht bei der Beurteilung der Frage der **Notwendigkeit** ein Ermessensspielraum zu. Eigene Ermittlungen zur Frage, ob dem Gegner bestimmte Schriftstücke bereits vorliegen, sind nicht erforderlich, wenn die Verhältnismäßigkeit zu den Kosten für die Ablichtungen nicht mehr gewahrt ist (Gerold/Schmidt/Müller-Rabe, 7000 VV Rn. 22). **102**

Für die Prüfung der Erstattungsfähigkeit ist auf den **Zeitpunkt der Erstellung** der Ablichtungen abzustellen. **103**

2. Einzelfälle zur Erstattungsfähigkeit

a) Ablichtungen von Literatur

Ablichtungen von Literatur gehören grds. zu den **allgemeinen Geschäftskosten** und sind durch die allgemeinen Gebühren abgegolten (OLG Nürnberg, BRAGOreport 2001, 10 = MDR 2001, 114). Dies gilt ausnahmsweise dann nicht, wenn die Literatur schwer zugänglich ist (z.B. ausländische oder nicht veröffentliche Literatur) und das Gericht diese Ablichtungen auch benutzt hat. Ist dies gegeben (z.B. bei Zitierung im Urteil), so sind die Kosten für diese Ablichtungen erstattungsfähig (AnwKomm-RVG/N. Schneider, VV 7000 Rn. 100). **104**

Legt der Rechtsanwalt in einem Verfahren für die Angelegenheit wesentliche **ausländische Entscheidungen** in Ablichtung vor, um die Berechtigung, ein Recht geltend zu machen, nachzuweisen, so sind ihm die hierfür entstandenen Schreibauslagen zu erstatten (AG Biesigheim, JurBüro 2001, 431). **105**

Schmidt

Nr. 7000 VV *Dokumentenpauschale*

> **Hinweis:**
> Es kann sich hierbei nur um Auslagen nach Nr. 7000 Ziff. 1d VV handeln. Damit ist das **Einverständnis** des Auftraggebers **Entstehungsvoraussetzung**.

b) Ablichtungen von Protokollen und Entscheidungen

106 Der Rechtsanwalt erhält vom Gericht jeweils eine Abschrift aller Protokolle und Entscheidungen für die Unterrichtung seines Mandanten und für seine Akten. Da er diese kostenfrei vom Gericht erhält, ist eine hierfür entstandene Dokumentenpauschale **nicht erstattungsfähig** (OLG München, AnwBl. 1981, 507). Nur wenn das Gericht diese vergessen haben sollte, können entsprechende Ablichtungen notwendig sein.

c) Fehlende Ablichtungen

107 Ablichtungen, die für Anlagen gefertigt wurden, die im Nachhinein **fehlten**, lösen eine **Dokumentenpauschale** aus. Infrage kommt hier insbesondere die Anfertigung von Ablichtungen von Schriftsätzen und Anlagen zur Unterrichtung des Auftraggebers nach Nr. 7000 Ziff. 1c VV. Für diese Ablichtungen ist das Merkmal der Notwendigkeit bereits im Gesetzestext enthalten. Sie entstehen demnach auch nur dann, wenn sie notwendig und damit erstattungsfähig sind (SG Münster, AnwBl. 1993, 44).

d) Haftpflichtversicherung

108 Haftpflichtversicherungen sind in aller Regel nicht berechtigt Akteneinsicht zu nehmen (vgl. wegen der Einzelh. Rn. 49 ff.). Kosten für Ablichtungen aus den Strafakten, die dem Haftpflichtversicherer im Rahmen der **Prozessvorbereitung** vor Prozessbeginn entstanden sind, sind **erstattungsfähig**. Dies gilt auch dann, wenn der Versicherer nicht Partei ist. Wurden die Ablichtungen jedoch zum Zwecke der außergerichtlichen Regulierung erstellt oder dienten sie als Entscheidungshilfe, ob der Rechtsstreit aufgenommen werden sollte, so sind diese Kosten nicht erstattungsfähig (AnwKomm-RVG/N. Schneider, Anhang VI, Rn. 21). Dies gilt ebenso, wenn der Versicherte selbst die Ablichtungen für die Versicherung hat anfertigen lassen.

e) Preiswertere Herstellung

109 Hat der Mandant für die Fertigung zusätzlicher Kopien nach Nr. **7000 Ziff. 1d VV** die Möglichkeit, notwendige Ablichtungen preiswerter zu erstellen, so sind die wesentlich höheren Kosten für die Ablichtungen durch den Rechtsanwalt nicht durch den Gegner zu erstatten. Verfügt die **Partei** über ein **eigenes Fotokopiergerät**, so soll von ihr verlangt werden können, dass sie die notwendigen Ablichtungen eigens erstellt (so OLG Frankfurt am Main, JurBüro 2001, 425 m. abl. Anm. Enders = BRAGOreport 2002, 15 m. abl. Anm. Hansens). Zutreffend verweist Enders dazu auf § 91 Abs. 2 Satz 1 ZPO, wonach die Gebühren und Auslagen eines Rechtsanwalts kraft Gesetzes notwendige Kosten der Rechtsverfolgung sind (ebenso Gerold/Schmidt/Müller-Rabe, VV 7000 Rn. 128). Ebenfalls dürfte die praktische Umsetzung dieser Forderung auf Probleme stoßen. Etwas **anderes** muss jedenfalls für die Ablichtungen nach den Nr. **7000 Ziff. 1b und 1c VV** gelten. Hiernach sind die ersten 100 Ablichtungen jeweils durch die allgemeinen Gebühren abgegolten. Es kann dem Rechtsanwalt nicht zugemutet werden, die ersten 100 Ablichtungen auf eigene Kosten zu fertigen – da sie durch die Gebühren abgedeckt sind – und ihn anschließend auf den preiswerteren Weg zu verweisen, diese Auslagen durch den Mandanten fertigen zu lassen.

Dokumentenpauschale *Nr. 7000 VV*

Die Ablichtungen sind einheitlich zu behandeln, wobei der Gesetzgeber davon ausgeht, dass die Ablichtungen grds. durch den Rechtsanwalt erstellt werden (Hansens, BRAGOreport 2002,15). Zudem würde eine Einbeziehung des Mandanten für die Anfertigung von Kopien in vielen Fällen zu Verzögerungen führen. Auch müssen die zu kopierenden Schriftstücke durch den Mandanten abgeholt und zurückgebracht werden. Auch dies löst Kosten aus, die bei der Frage der Notwendigkeit zu berücksichtigen sind.

f) Pauschale Reduzierung

Eine pauschale Reduzierung um 25% der vom Pflichtverteidiger als Auslagen geltend gemachten Dokumentenpauschale ist ohne konkrete Prüfung **nicht zulässig**. Die Erstattungsfähigkeit ist nur dann abzulehnen, wenn die Auslagen nicht notwendig waren. Zweifel gehen zulasten der Staatskasse (OLG Düsseldorf, BRAGOreport 2002, 79 = Rpfleger 2002, 224). 110

g) Aktenauszug für Mandanten

Die Kosten eines Auszugs aus den Strafakten lediglich für die Arbeitserleichterung des Mandanten sind nach der Rechtsprechung neben einem eigenen Auszug für den Pflichtverteidiger grds. **nicht erstattungsfähig** (OLG Frankfurt am Main, NStZ 2002, 164 = BRAGOreport 2002, 185 [hier 1.800 Seiten]). Ausnahmsweise können auch für den angeklagten Mandanten Ablichtungen aus den Akten notwendig sein (Bode, MDR 1981, 287). 111

Ein vollständiges Aktendoppel für den Angeklagten ist i.d.R. nicht erstattungsfähig (KG, RVGreport 2006, 109; vgl. auch Burhoff, EV, Rn. 65 und Teil A: Auslagen aus der Staatskasse, Rn. 145 ff.). Ein vollständiges Aktendoppel kann erforderlich sein bei gravierenden Straftaten (vgl. Rn. 47 f.; LG Landshut, AGS 2004, 211; AnwKomm-RVG/N. Schneider, VV 7000 Rn. 103; s. auch Burhoff, EV, Rn. 67a). Nur dann, wenn der Angeklagte auf den genauen Wortlaut der Schriftstücke angewiesen ist und/oder sie zur Vorbereitung seiner Verteidigung ständig zur Hand haben muss, gewährt das KG dem **Angeklagten ein eigenes Aktendoppel** (KG, StraFo 2009, 260 = JurBüro 2009, 316). 112

In BtM-Verfahren ist die Erstellung von zusätzlichen Kopien der **Telefonüberwachungsprotokolle** für den Angeklagten geboten, da regelmäßig zwischen den Beteiligten ein Gesprächscode entwickelt wurde, den der Rechtsanwalt nicht erfassen kann und bei dem es auf jedes einzelne Wort ankommen kann (OLG Brandenburg, RVGreport 2007, 182 = JurionRS 2010, 22371 = RVG professionell 2010, 171).

VIII. PKH, Pflichtverteidigung und Dokumentenpauschale

Wurde der Rechtsanwalt im Wege der **PKH** oder als **Pflichtverteidiger** beigeordnet, so sind dessen Auslagen für Ablichtungen durch die **Staatskasse** zu tragen (§ 46; s. auch Teil A: Auslagen aus der Staatskasse [§ 46 Abs. 1 und 2] Rn. 140 ff.). Dies gilt nicht, wenn die Auslagen zur sachgemäßen Wahrnehmung der Interessen der Partei oder des Angeklagten **nicht erforderlich** waren. Das Einverständnis der Partei ist hier nicht maßgebend, da anderenfalls Rechtsanwalt und Mandant zulasten der Staatskasse Ablichtungen fertigen lassen könnten. 113

Dem **Pflichtverteidiger** stehen Ablichtungen aus den Strafakten in gleicher Weise wie dem Verteidiger zu. Die entsprechenden Kosten sind durch die Staatskasse zu ersetzen. Insoweit gelten keine Besonderheiten.

C. Arbeitshilfe

114 Der Rechtsanwalt ist durch die Reglung der Nr. 7000 VV gezwungen, die gefertigten Ablichtungen nachzuhalten, um bei Abrechnung des Mandates feststellen zu können, ob die Freigrenzen von 100 Kopien im Einzelnen überschritten sind. Wenn dies nicht in der Anwaltssoftware geschieht, sollte ein Formular nach anliegendem Muster für jede Angelegenheit geführt werden.

115 Muster: Erfassung der Dokumentenpauschale

Auslagen-tatbestand Nr. 7000 VV	Schriftstück	Anzahl	Frei-exemplare	Zu ver-gütende Exemplare
Ziff. 1a: Gerichts- und Behördenakten	• 44 DS 101/011	238		238
Ziff. 1b: Gegner, Beteiligte, Verfahrensbe-vollmächtigte	• Schriftsatz v. 13.01.11 (20) • Anlagen zu obigem Schriftsatz (80) • Schriftsatz v. 24.03.11 (12)	112	100	12
Ziff. 1c: Auftraggeber	• Schriftsatz v. 24.03.11 (8)	8	100	0
Ziff. 1d: Zusätzlich mit Einverständnis	• Steuerberater: Schriftsatz v. 13.01.11 (20) • Steuerberater: Anlagen zu obigem Schriftsatz (80) • Steuerberater: Schriftsatz v. 24.03.11 (8)	108		108
				insgesamt: 358 50 Seiten × 0,50 = 25,00 € 308 Seiten × 0,15 = 46,20 €
				Summe: 71,20 €

Nr. 7001 VV
Entgelte für Post- und Telekommunikationsdienstleistungen

Nr.	Auslagentatbestand	Höhe
7001	Entgelte für Post- und Telekommunikationsdienstleistungen Für die durch die Geltendmachung der Vergütung entstehenden Entgelte kann kein Ersatz verlangt werden.	in voller Höhe

Übersicht

	Rn.
A. Überblick	1
I. Regelungsgehalt	1
II. Anwendungsbereich	2
B. Kommentierung	3
I. Wahlrecht zwischen tatsächlichem Betrag und Pauschale	3
II. Kosten i.S.d. Nr. 7001 VV	5
III. Keine Kosten i.S.d. Nr. 7001 VV	6
IV. Höhe der Kosten	10
V. Steuerliche Behandlung	11
VI. USt für Portoauslagen	12
VII. Angelegenheit	14
VIII. Mehrere Mandanten	15
IX. Vergütungsvereinbarung	16
X. Zugang zu juristischen Online-Recherchedatenbanken	17
XI. Anschaffungskosten	18
XII. Laufende Kosten für Unterhaltung	19
XIII. Geltendmachung/Erstattungsfähigkeit	20
XIV. Anwaltswechsel	22
XV. Rechtsschutzversicherung	23
XVI. PKH	24
C. Arbeitshilfen	25

Literatur:

Hansens, Wann entsteht die Postentgeltpauschale bei Beratungsmandaten, RVGreport 2004, 24; *ders.*, Anfall und Erstattungsfähigkeit einer Auskunft der Creditform, BRAGOreport 2000, 10; *Kaiser*, Reduzierung der monatlichen Fixkosten für Porto und Telefon durch gekonnte Auslagenerfassung, BRAGOprofessionell, 2002, 166; *N. Schneider*, Entgelte für Post- und Telekommunikationsdienstleistungen, ZAP, Fach 24 S. 585.

A. Überblick

I. Regelungsgehalt

Die Entgelte für Post- und Telekommunikationsleistungen (im folgenden Postentgelte) werden nicht durch die **allgemeinen Gebühren** abgegolten. Sie können **zusätzlich** zu diesen angesetzt werden. Der Rechtsanwalt hat die **Wahl** zwischen dem Ansatz der tatsächlich entstandenen Kosten gem. Nr. 7001 VV und der Geltendmachung einer Pauschale gem. Nr. 7002 VV (s. auch Rn. 3 und Teil A: Auslagen aus der Staatskasse [§ 46 Abs. 1 und 2], Rn. 165 ff.).   1

Nr. 7001 VV   *Entgelte für Post- und Telekommunikationsdienstleistungen*

> **Hinweis:**
> Ausdrücklich festgestellt ist in der Anm., dass für die durch **Übersendung** der **Vergütungsberechnung** entstehenden Entgelte **kein Ersatz** verlangt werden kann.

II. Anwendungsbereich

2 Nach Nr. 7001 VV können **sämtliche Postentgelte**, die bei der Ausführung des Auftrags innerhalb derselben Angelegenheit entstanden sind, angesetzt werden. Für eine anwaltliche Tätigkeit, sei es z.B. als Verteidiger, Zeugenbeistand (KG, RVGreport 2005, 341), Verkehrsanwalt, Terminsvertreter entstehen die Auslagen nach dem RVG.

B. Kommentierung

I. Wahlrecht zwischen tatsächlichem Betrag und Pauschale

3 Dem Rechtsanwalt steht das **Wahlrecht** zwischen dem Ansatz der tatsächlich entstandenen Postentgelte nach Nr. 7001 VV und der Postentgeltpauschale nach Nr. 7002 VV (20 % der Gebühren, höchstens jedoch 20,00 €; wegen der Einzelh. s. Komm. Nr. 7002 VV Rn. 1 ff.) zu. Die Pauschale kann jedoch nur dann verlangt werden, wenn in dieser Angelegenheit **tatsächlich** Postentgelte **entstanden** sind, also zumindest ein Telefonat gehalten oder ein Brief versandt wurde (Gerold/Schmidt/Müller-Rabe, 7001, 7002 VV Rn. 19). Das Wahlrecht kann nur durch den Rechtsanwalt ausgeübt werden. Der Auftraggeber hat keinen Einfluss auf diese Entscheidung (AnwKomm-RVG/N. Schneider, VV Nr. 7001, 7002 Rn. 11).

4 Das Wahlrecht kann für **jede Angelegenheit erneut** und **anders** ausgeübt werden. Die einmal getroffene Entscheidung für oder gegen die Pauschale kann nachträglich wieder geändert werden, solange nicht eine nicht mehr änderbare Entscheidung ergangen ist, nach der der Auftraggeber, der Gegner oder die Landeskasse die Kosten zu tragen haben oder der Anspruch verwirkt ist (Gerold/Schmidt/Müller-Rabe, VV 7001 Rn. 14).

Beispiel:

Außergerichtliches Verfahren	*Postentgeltpauschale*	*20,00 €*
1. Rechtszug	*tatsächliche Postentgelte*	*80,01 €*
2. Rechtszug	*Postentgeltpauschale*	*20,00 €*
3. Rechtszug	*tatsächliche Postentgelte*	*32,77 €*

> **Hinweis:**
> In zahlreichen Angelegenheiten werden die tatsächlichen **Postentgelte** die **Pauschale überschreiten**. Durch die Anschaffung entsprechender Zusatzmodule zur Anwaltssoftware können die Portokosten automatisch zur Akte gebucht werden. Bei Abschluss des Verfahrens schlägt die Software den jeweils höheren Betrag vor.
>
> Wer diese relativ aufwändige Möglichkeit nicht anwenden möchte, sollte zumindest in den Fällen, in denen höhere Postentgelte zu erwarten sind (z.B. mehrere Auftraggeber, mehrere Termine), die einzelnen Versendungen auf einem *Sonderblatt* oder Aktendeckel protokollieren lassen. Für die Ermittlung der tatsächlichen Kosten vgl. das Musterformular zur Erfassung von Porto-/Telefonkosten unter Rn. 25.

Entgelte für Post- und Telekommunikationsdienstleistungen Nr. 7001 VV

II. Kosten i.S.d. Nr. 7001 VV

Zu den **Kosten**, die im Rahmen von Nr. 7001 VV durch den Auftraggeber zu erstatten sind, **gehören**: 5

- Leitungskosten der Internetprovider (= Telefonkosten),
- Porto- und Telefonkosten aus organisatorischen Gründen (Terminsverlegung),
- Porto für Briefe, Pakete, usw.,
- Porto für Rücksendung von Mandantenunterlagen (Hansens, RVGreport 2004, 24),
- Telefonkosten,
- Telegrammkosten,

soweit die Kosten für diesen Auftrag entstanden sind.

III. Keine Kosten i.S.d. Nr. 7001 VV

Nicht berücksichtigt werden können bei den Postentgelten: 6

- Aktenversendungspauschale (9003 KV GKG),
- Expressgutkosten,
- Frachtkosten,
- Grundgebühr für das Telefon,
- Telefonate/Portokosten vor Erteilung des Mandats (Hansens, RVGreport 2004, 24),
- Portokosten für Versendung der Kostenrechnung,
- Kosten für besondere Boten, sofern andere Möglichkeiten bestanden (z.B. Fahrradkurier; OLG Köln, JurBüro 2002, 591)

Die **Erstattungsfähigkeit** dieser Kosten ist damit nicht grds. ausgeschlossen. Sie ergibt sich nur nicht aus Nr. 7001 VV, sondern u.U. aus den §§ **670, 675 BGB**.

Soweit das OLG Köln (JurBüro 2002, 591) Kosten für die Versendung von **Telefaxen** zu den Telekommunikationsauslagen (ge)zählt (hat), ist dies durch die Änderung des Wortlauts der Nr. 7000 VV letzter Satz erledigt. Das Gesetz weist diese Auslagen nunmehr der Dokumentenpauschale zu. Sie sind dort abzurechnen (s. Nr. 7000 VV Rn. 17 f.). Dies muss auch dann gelten, wenn für das jeweilige Telefax ausnahmsweise keine Dokumentenpauschale nach der Nr. 7000 VV entsteht, da keiner der dortigen Tatbestände erfüllt ist. In diesem Fall ist die Versendung per Fax als allgemeine Geschäftsunkosten durch die Gebühren abgegolten. Eine alternative Abrechnung über die Post- und Telekommunikationsauslagen scheidet aus. 7

Die **Versendung** der **Vergütungsrechnung** gehört nicht mehr zur Ausführung des Auftrags selbst. Der Gesetzgeber hat daher in der Anm. zu Nr. 7001 VV festgelegt, dass für die durch die Geltendmachung der Vergütung entstehenden Entgelte **kein Ersatz** verlangt werden kann. Die Versendung der Rechnung ist damit durch die Gebühren abgegolten. Sie löst keine zusätzlich abrechenbare Auslage nach Nr. 7001 VV aus. 8

Für die **Rücksendung** der Akten nach der Akteneinsicht entstehen Portokosten, die das Gericht nicht übernimmt. Sie sind durch den Rechtsanwalt zu tragen und fallen unter die Auslagen nach Nr. 7000 VV (OLG Celle, StraFo 2006, 475; OLG Naumburg, 21.04.2008 – 6 W 35/08, JurionRS 9

Nr. 7001 VV *Entgelte für Post- und Telekommunikationsdienstleistungen*

2008, 14667; vgl. zu Rücksendekosten auch OLG Hamm, NJW 2006, 306; 2006, 1076; OLG Koblenz, JurBüro 2006, 207; AG Cloppenburg, NJW 2006, 309).

> **Hinweis:**
> Etwas anderes muss gelten, wenn dem Auftraggeber – z.B. im Rahmen eines Beratungsmandats – auch die **Beratungsergebnisse zusammengefasst gemeinsam mit der Rechnung** übersandt werden. Hier handelt es sich nicht vorrangig um die Versendung der Rechnung. Die entstehenden Kosten bzw. die Pauschale können/kann angesetzt werden (so wohl auch Gerold/Schmidt/Müller-Rabe, 7001, 7002 VV Rn. 18).

IV. Höhe der Kosten

10   Es dürfen in allen Fällen nur die **tatsächlich entstandenen Kosten** angesetzt werden. Maßgebend sind die Tarife, die bei der Entstehung der Kosten galten. Spätere Tarifveränderungen sind unbeachtlich. Eine **Verteilung der Telefongrundgebühr** auf die einzelnen Einheiten ist nicht zulässig. Die Grundgebühr gehört zu den laufenden Geschäftskosten und ist durch die Gebühren abgegolten (Hansens, in: Hansens/Braun/Schneider, Teil 19, Rn. 49)

V. Steuerliche Behandlung

11   Postentgelte, die als Auslagen geltend gemacht werden, werden damit Bestandteil der Vergütung. Eine zusätzliche Geldendmachung als **Betriebskosten** im Rahmen der Steuerfestsetzung ist **nicht möglich**.

VI. USt für Portoauslagen

12   Die **Deutsche Post AG** erhebt **keine Umsatzsteuer** auf die Portokosten (§ 4 Nr. 11 Buchst. b) UStG). Hiernach sind die unmittelbar dem Postwesen dienenden Umsätze der Deutschen Post AG umsatzsteuerfrei. Dies ist bei der Geltendmachung der tatsächlich entstandenen Auslagen zu beachten.

13   **Private Anbieter** für Postdienstleistungen berechnen jedoch **Umsatzsteuer** Hierauf ist ggf. zu achten. Die betroffenen Einzelposten sind mit ihrem Nettobetrag in die Rechnung aufzunehmen. Die hierauf entfallende Umsatzsteuer wird gem. Nr. 7008 VV gemeinsam ausgeworfen.

VII. Angelegenheit

14   **Maßstab** für die **Zuordnung** der entstandenen Postentgelte ist die Angelegenheit. Sämtliche Postentgelte, die im Laufe einer Angelegenheit entstanden sind, sind auch für diese abzurechnen. Dies gilt sowohl für das gerichtliche Verfahren, für außergerichtliche Verfahren als auch für Beratungstätigkeiten.

VIII. Mehrere Mandanten

15   Vertritt der Rechtsanwalt mehrere Mandanten, so besteht für Postentgelte grds. **Gesamtschuldnerschaft**. Dies gilt nicht, wenn die Auslagen zumindest teilweise durch einen der Mandanten allein veranlasst worden sind. In diesem Fall trägt dieser die Auslagen allein.

Entgelte für Post- und Telekommunikationsdienstleistungen Nr. 7001 VV

IX. Vergütungsvereinbarung

Bei dem Abschluss der Vergütungsvereinbarung ist ausdrücklich festzustellen, ob die Auslagen Bestandteil der vereinbarten Vergütung sein oder zusätzlich entstehen sollen (s. auch Teil A: Vergütungsvereinbarung [§ 3a], Rn. 1551 ff.). Enthält die Vergütungsvereinbarung hierzu **keine Aussagen**, so muss davon ausgegangen werden, dass die **Auslagen** bereits **Bestandteil der Vergütung** sind und nicht zusätzlich angesetzt werden können. Der Mandant wird nach allgemeiner Anschauung davon ausgehen können, dass mit dem vereinbarten Honorar die gesamten Kosten des Rechtsanwalts abgegolten sind (LG Koblenz, AnwBl. 1984, 206 = JurBüro 1984, 1667; Schneider, Vergütungsvereinbarung, Rn. 1069 ff.). 16

X. Zugang zu juristischen Online-Recherchedatenbanken

Die **Grundgebühr** für einen Zugang zu einer juristischen Online-Recherchedatenbank, aber auch die Kosten für die jeweilige Recherche, gehören zu den **allgemeinen Betriebskosten** und können daher nicht als Postentgelte vergütet werden. Dies gilt ebenso für andere Anbieter von juristischen Internetangeboten. Etwas **anderes** gilt für die bei der Nutzung des Onlineangebots anfallenden **Telefonleitungskosten**. Bei diesen handelt es sich um Telekommunikationsdienstleistungen die, sofern ermittelbar, als Auslagen zu vergüten sind (Hansens, BRAGOreport 2000, 10). 17

XI. Anschaffungskosten

Die **Anschaffungskosten** für Geräte zur Postbearbeitung oder Anlagen zur Telekommunikation gehören zu den **allgemeinen Betriebskosten** und können nicht, auch nicht anteilig, auf den Auftraggeber übertragen werden (AnwKomm-RVG/N. Schneider, VV 7001, 7002 Rn. 7). Ausnahmen können nur dann gelten, wenn bestimmte Geräte nur für ein bestimmtes Mandat angeschafft wurden und eine darüber hinausgehende Nutzung nicht erfolgt. Dies ist z.B. denkbar bei Leasingkosten für eine Anlage zur Führung von **Videokonferenzen**, wenn diese nur für die bestimmte Angelegenheit entstanden sind. 18

> **Hinweis:**
> Sollte der Mandant oder das Gericht diese Entgelte nicht als Postentgelte gem. Nr. 7001 VV akzeptieren, so handelt es sich jedenfalls um Aufwendungen, die der Auftraggeber gem. **§§ 670, 675 BGB** erstatten muss.

XII. Laufende Kosten für Unterhaltung

Laufende Kosten für die Unterhaltung der Telekommunikationsanlage, Poststempelmaschinen, Faxgeräten usw. dürfen nicht auf die einzelnen Mandate umgelegt werden. Sie gehören zu den **allgemeinen Bürounkosten** und werden durch die Gebühren abgegolten. 19

XIII. Geltendmachung/Erstattungsfähigkeit

Die Postentgelte gehören zur gesetzlichen Vergütung des Rechtsanwalts Sie sind zu erstatten (vgl. Teil A: Auslagen aus der Staatskasse [§ 48 Abs. 1 und 2] Rn. 165 ff.). Sofern die tatsächlich entstanden Kosten vom Mandanten oder der Landeskasse erstattet verlangt werden, genügt zum **Nachweis** des Entstehens die **Versicherung des Rechtsanwalts**, dass diese Kosten entstanden sind gem. §§ 464b Satz 3 StPO, 104 Abs. 2 Satz 2 ZPO (AG Magdeburg, JurBüro 2005, 651; Gerold/Schmidt/Müller-Rabe, VV 7001 Rn. 44; AnwKomm-RVG/N. Schneider, VV 7001, 7002 20

Rn. 56). Nach Ansicht von Hansens (vgl. Hansens/Braun/Schneider, Teil 19, Rn. 65) reicht die anwaltliche Versicherung nicht aus. Vielmehr sei zunächst die Entstehung der Kosten darzulegen. Dies könne durch Vorlage eines Ausdrucks der Frankiermaschine oder der Telefonanlage erfolgen.

21 Die Erklärung **reicht** jedoch **dann** nicht zur Festsetzung aus, wenn die **Notwendigkeit** dieser Kosten **bestritten** wird. Ist dies der Fall, muss der Rechtsanwalt die Notwendigkeit der Kosten im Einzelnen nachweisen (OLG Frankfurt am Main, Rpfleger 1982, 199 = JurBüro 1982, 555). Ausnahmsweise lassen Teile der Rechtsprechung trotzdem die anwaltliche Versicherung genügen, wenn die Höhe der Kosten und der Prozessstoff im angemessenen Verhältnis zueinander stehen (OLG München, MDR 92, 1004 = Rpfleger 1993, 39).

Wird die **Notwendigkeit nicht bejaht**, so hat der Auftraggeber keinen Erstattungsanspruch gegen den Gegner. Dieser kann damit nicht in Anspruch genommen werden, da es sich nicht um notwendige Kosten der Rechtsverfolgung handelt (§ 91 ZPO). Verbleiben jedoch noch irgendwelche notwendigen Postentgelte, so kann immer die Pauschale nach Nr. 7002 VV angesetzt werden. Es ist keinesfalls Aufgabe des Gerichts, von sich aus ins Einzelne gehende Notwendigkeitsprüfungen anzustellen (OLG München, AnwBl. 1983, 569). Dies gilt jedenfalls, solange die Auslagen nicht in einem offensichtlichen Missverhältnis zur Angelegenheit stehen (VGH Baden-Württemberg, JurBüro 1990, 1001).

XIV. Anwaltswechsel

22 Wurde ein **notwendiger Anwaltswechsel** (vgl. Teil A: Kostenfestsetzung und Erstattung in Strafsachen, Rn. 899 f.) durchgeführt, so sind die Auslagen beider Rechtsanwälte erstattungsfähig (OLG Oldenburg, JurBüro 1982, 718).

XV. Rechtsschutzversicherung

23 Die Kosten nach der Nr. 7001 VV gehören zu den Kosten, die von den Rechtsschutzversicherungen zu **tragen** sind, da sie zur anwaltlichen Vergütung nach § 1 Abs. 1 gehören.

XVI. PKH

24 Wird der Rechtsanwalt im Wege der PKH oder als Pflichtverteidiger tätig, so werden seine Auslagen nach § 46 nicht vergütet, wenn sie zur sachgemäßen Durchführung der Angelegenheit nicht erforderlich waren. Durch die hier gewählte negative Formulierung in § 46 wird eine **Beweislast für die Staatskasse** dahin gehend begründet, dass Auslagen zur sachgemäßen Wahrnehmung der Interessen der Partei nicht erforderlich waren. Im Zweifel ist die Notwendigkeit der Auslagen durch das Gericht anzuerkennen. Es ist nicht Aufgabe des Gerichts, seine eigene Auffassung an die Stelle der Meinung des Rechtsanwalts zu setzen. Für die sachgemäße Wahrnehmung der Interessen der Partei ist er allein verantwortlich (vgl. zu allem Teil A: Auslagen aus der Staatskasse [§ 48 Abs. 1 und 2] Rn. 140 ff.).

Entgelte für Post- und Telekommunikationsdienstleistungen *Nr. 7001 VV*

C. Arbeitshilfen

Musterformular: Erfassung von Porto-/Telefonkosten 25

Gesch.-Nr.:						
In Sachen ..... /						
Tatsächliche Auslagen gem. Nr. 7001 VV:						
Datum	Gegenstand	Empfänger/ Gesprächs- partner	Porto	Telefon	Sonstiges (mit Begrün- dung)	
		Summe:				

Nr. 7002 VV
Pauschale für Entgelte für Post- und Telekommunikationsdienstleistungen

Nr.	Auslagentatbestand	Höhe
7002	Pauschale für Entgelte für Post- und Telekommunikationsdienstleistungen Die Pauschale kann in jeder Angelegenheit an Stelle der tatsächlichen Auslagen nach Nummer 7001 gefordert werden.	20% der Gebühren – höchstens 20,00 EUR

Übersicht

	Rn.
A. Überblick	1
I. Regelungsgehalt	1
II. Anwendungsbereich	2
B. Kommentierung	4
I. Allgemeines	4
II. Gesonderte Pauschale je Angelegenheit	8
1. Allgemeines	8
2. Verschiedene Angelegenheiten mit strafrechtlichem Bezug	9
a) Adhäsionsverfahren	9
b) Beratung	10
c) Einstellung Ermittlungsverfahren und Bußgeldverfahren	11
d) Einzeltätigkeiten	12
e) Fortsetzung nach zwei Jahren	14
f) Hebegebühr	15
g) Rechtszug	16
h) Vorbereitendes Verfahren und gerichtliches Verfahren	17
i) Strafverfahren und Sicherungsverwahrung	18
j) Strafvollstreckung und Beschwerdeverfahren	19
k) Sühneversuch	20
l) Verweisung/Abgabe	21
m) Wiederaufnahmeverfahren	22
n) Zurückverweisung	23
III. Berechnung der Pauschale	24
IV. Anrechnung der Pauschale	26
V. Pauschale in der Beratungshilfe	28
VI. Pauschale bei Verbindung und Trennung	30
VII. Vergütungsvereinbarung	32
VIII. Pflichtverteidiger/PKH	33
IX. Erstattungsfähigkeit	34

Literatur:

S. die Hinweise bei Nr. 7000, 7001 VV und die weiterführenden Nachw. bei Vorbem. 7 VV.

| A. Vergütungs-ABC | B. Kommentar |

Teil 7 • Auslagen

Pauschale für Entgelte für Post- und Telekommunikationsdienstleistungen Nr. 7002 VV

A. Überblick

I. Regelungsgehalt

Nr. 7002 VV dient der **Vereinfachung** des Verfahrens zur Abrechnung der Post- und Telekommunikationsauslagen. Statt der tatsächlich in dieser Angelegenheit entstandenen Auslagen darf der Rechtsanwalt die sog. „Postentgeltpauschale" geltend machen. Sie beträgt 20 % der Gebühren, max. jedoch 20,00 €. Der Rechtsanwalt hat das Recht der **freien Wahl** zwischen dem Ansatz der Pauschale und der Abrechnung der tatsächlich entstandenen Kosten (vgl. Komm. Nr. 7001 VV). **Voraussetzung** für den Ansatz der Pauschale ist lediglich, dass in dieser Angelegenheit überhaupt Post- oder Telekommunikationsauslagen entstanden sind. Ein Brief oder ein Telefonat ist dabei ausreichend. Bei der Wahl der Pauschale kommt es auf die tatsächliche Höhe der Aufwendungen nicht an (so zuletzt: VG Gera, JurBüro 2010, 656 m.w.N.). 1

II. Anwendungsbereich

In **jeder Angelegenheit**, in der entsprechende Auslagen entstanden sind, darf die Pauschale nach Nr. 7002 VV einmal angesetzt werden. Maßgebend ist der gebührenrechtliche Begriff der Angelegenheit (vgl. Teil A: Angelegenheiten [§§ 15 ff.] Rn. 66). Diesem kommt besondere Bedeutung zu. Hier gibt es zahlreiche Streitpunkte (s. unten Rn. 8 ff.). Im gerichtlichen Verfahren gilt jeder Rechtszug als eine Angelegenheit (§ 15 Abs. 2). 2

Wird der **Rechtsanwalt** nicht **als solcher tätig**, sondern z.B. als Vormund, Pfleger, Testamentsvollstrecker, Insolvenzverwalter usw., berechnet sich seine Vergütung nicht nach dem RVG; die Vorschrift Nr. 7002 VV ist damit nicht anwendbar. Ihm steht in diesen Fällen lediglich Auslagenersatz nach dem BGB zu. 3

B. Kommentierung

I. Allgemeines

Nr. 7002 VV hat im Gegensatz zum früheren § 26 Satz 1 BRAGO in zwei Punkten eine Änderung erfahren. Die **Obergrenze von 20,00 €** gilt auch für Strafsachen. 4

Zum anderen wurde der **Prozentsatz** der **Pauschale** von 15 % auf **20 %** erhöht. Der Wirkungsbereich dieser Änderung ist jedoch nur gering. Lediglich dann, wenn das Gebührenaufkommen in einer Angelegenheit niedriger als 100,00 € ist, macht sich diese Änderung bemerkbar. 5

Zum **Wahlrecht** zwischen der Geltendmachung der tatsächlichen Auslagen nach Nr. 7001 VV und der Pauschale nach Nr. 7002 VV vgl. die Komm. Nr. 7001 VV Rn. 3 f. 6

Zur **Aktenversendungspauschale** wird verwiesen auf Teil A: Auslagen aus der Staatskasse (§ 46 Abs. 1 und 2), Rn. 197 und Teil A: Gerichtskosten, Rn. 741 ff. 7

II. Gesonderte Pauschale je Angelegenheit

1. Allgemeines

Das Gesetz billigt dem Rechtsanwalt den Ansatz **gesonderter Pauschalen** zu. Dies gilt immer dann, wenn festgestellt wird, dass es sich bei der jeweiligen Angelegenheit um eine „verschiedene" oder „besondere" Angelegenheit handelt. Die entsprechenden Verfahren sind in den §§ 17 8

Schmidt

Nr. 7002 VV   Pauschale für Entgelte für Post- und Telekommunikationsdienstleistungen

und 18 aufgezählt. In diesen Fällen ist in **jeder Angelegenheit** eine **eigene Pauschale** anzusetzen (Teil A: Angelegenheiten [§§ 15 ff.], Rn. 66 ff.).

Beispiel:

Der Rechtsanwalt berät den Mandanten und führt hierzu ein Telefongespräch. Es kommt zum strafrechtlichen Ermittlungsverfahren, das jedoch eingestellt wird. Ein Bußgeldverfahren schließt sich an.

Es sind drei Pauschalen entstanden (die 2. und 3. entsteht gem. § 17 Nr. 10).

2. Verschiedene Angelegenheiten mit strafrechtlichem Bezug

a) Adhäsionsverfahren

9   Die Vertretung im Strafverfahren und die Vertretung im Adhäsionsverfahren bilden **eine Angelegenheit**. Eine weitere Pauschale entsteht nicht (zum Umfang der Beiordnung des Pflichtverteidigers zuletzt u.a. OLG Köln, StraFo 2005, 394 = RVGreport 2005, 316 = AGS 2005, 436; vgl. auch Nr. 4143 VV Rn. 14 m.w.N.; Teil A: Umfang des Vergütungsanspruchs [§ 48 Abs. 1], Rn. 1405 ff.).

b) Beratung

10   Die reine Beratung stellt grds. eine **eigene Angelegenheit** im Verhältnis zur außergerichtlichen Vertretung bzw. zum Gerichtsverfahren dar. Voraussetzung ist die Erteilung eines entsprechenden Auftrags. Lag von Beginn an ein Vertretungsauftrag vor, so ist die Beratung Bestandteil dieses Auftrags und keine gesonderte Angelegenheit.

c) Einstellung Ermittlungsverfahren und Bußgeldverfahren

11   Das strafrechtliche Ermittlungsverfahren und ein nach dessen Einstellung sich anschließendes Bußgeldverfahren stellen verschiedene Angelegenheiten dar (§ 17 Nr. 10; s. ausführlich Teil A: Angelegenheiten [§§ 15 ff.], Rn. 90 m.w.N. auch zur a.A.). Der Rechtsanwalt erhält zwei Auslagenpauschalen.

d) Einzeltätigkeiten

12   Nimmt der Rechtsanwalt Einzeltätigkeiten i.S.v. Teil 4 Abschnitt 3 VV wahr, so handelt es sich hierbei im Verhältnis zu einer nachfolgenden Tätigkeit als Verteidiger um **verschiedene Angelegenheiten**. Dies ergibt sich aus Vorbem. 4.3 Abs. 4 VV. Hiernach sind die Gebühren aufeinander anzurechnen. Einer solchen Vorschrift hätte es nicht bedurft, wenn nur eine Angelegenheit vorläge.

13   *Beispiel:*

Rechtsanwalt R legt für den Mandanten zunächst nur ein Rechtsmittel ein. Anschließend erhält er den Verteidigungsauftrag für das Berufungsverfahren. Das Verfahren endet nach Termin mit Urteil.

Berechnung der Gebühren

Vergütung für Einzeltätigkeit

Verfahrensgebühr (Rechtsmitteleinlegung) Nr. 4302 Ziff. 1 VV	*135,00 €*
Postentgeltpauschale Nr. 7002 VV	*20,00 €*
Anwaltsvergütung netto	**155,00 €**

Pauschale für Entgelte für Post- und Telekommunikationsdienstleistungen   Nr. 7002 VV

Vergütung für Verteidigung im Berufungsverfahren
Grundgebühr Nr. 4100 VV	*165,00 €*
Verfahrensgebühr Nr. 4124 VV	*270,00 €*
Terminsgebühr Nr. 4126 VV	*270,00 €*
Postentgeltpauschale Nr. 7001 bzw. 7002 VV	*20,00 €*
Zwischensumme	*725,00 €*
Anrechnung der Gebühr Nr. 4302 Ziff. 1. VV	*135,00 €*
Anwaltsvergütung netto	*590,00 €*

Zur Klarstellung: die Auslagenpauschale bleibt vollständig erhalten. Zur Auslagenpauschale in Anrechnungsfällen s. ausführlich Rn. 26.

e) Fortsetzung nach zwei Jahren

Wird eine Angelegenheit erst zwei Jahre nach ihrer Beendigung fortgesetzt, liegt eine **neue Angelegenheit** vor – § 15 Abs. 5 (AnwKomm-RVG/N. Schneider, § 15 Rn. 272; Gerold/Schmidt/Mayer, § 15 Rn. 96; Teil A: Angelegenheiten [§§ 15 ff.], Rn. 66). 14

f) Hebegebühr

Tätigkeiten, die die Hebegebühr Nr. 1009 VV auslösen, stellen bei entsprechendem Auftrag eine **gesonderte Angelegenheit** dar (Gerold/Schmidt/Müller-Rabe, VV 7002 Rn. 25). Es entsteht damit eine weitere Auslagenpauschale neben der für die Hauptsache (zur Hebegebühr s. Teil A: Hebegebühr [Nr. 1009 VV], Rn. 806 ff. m.w.N. aus der Rspr.). 15

g) Rechtszug

Jeder Rechtszug ist eine **eigene Angelegenheit** (§ 15 Abs. 2). Die Pauschale entsteht jeweils gesondert. 16

h) Vorbereitendes Verfahren und gerichtliches Verfahren

Vorbereitendes Verfahren und gerichtliches Verfahren sind unterschiedliche Angelegenheiten (zuletzt LG Konstanz, AGS 2010, 175 = zfs 2010, 167) (vgl. dazu Teil A: Angelegenheiten [§§ 15 ff.], Rn. 90 f., auch zur a.A.). 17

i) Strafverfahren und Sicherungsverwahrung

Nach § 17 Nr. 11 sind das Strafverfahren und das Verfahren über die im Urteil nach § 275 StPO vorbehaltene Sicherungsverwahrung **verschiedene Angelegenheiten**. Es entstehen zwei Auslagenpauschalen. 18

j) Strafvollstreckung und Beschwerdeverfahren

Zur Frage, ob im Strafvollstreckungsverfahren das Ausgangsverfahren und das Beschwerdeverfahren verschiedene Angelegenheiten sind vgl. Vorbem. 4.2 Rn. 35 m.w.N. und Teil A: Angelegenheiten (§§ 15 ff.), Rn. 107 (bejahend OLG Braunschweig, StraFo 2009, 220 = RVGreport 2009, 31 m. Anm. Burhoff; AGS 2009, 327). 19

k) Sühneversuch

20 Der Sühneversuch (§ 380 StPO) ist im Verhältnis zur Privatklage eine **eigene Angelegenheit** (Gerold/Schmidt/Müller-Rabe, VV 7002 Rn. 25). Demnach entstehen zwei Auslagenpauschalen (s. auch Teil A: Angelegenheiten [§§ 15 ff.], Rn. 92).

l) Verweisung/Abgabe

21 Wird eine Sache an ein Gericht eines niederen Rechtszugs verwiesen oder abgegeben, ist das weitere Verfahren vor diesem Gericht ein **neuer Rechtszug**. Es entsteht eine weitere Auslagenpauschale. Erfolgt die Verweisung oder Abgabe nicht an ein Gericht eines niedrigeren Rechtszugs, so wird keine neue Angelegenheit eröffnet. Es verbleibt dann bei **einer** Postpauschale (s. ausführlich hierzu Teil A: Verweisung/Abgabe [§ 20], Rn. 1636 ff.).

m) Wiederaufnahmeverfahren

22 Nach § 17 Nr. 12 sind das Wiederaufnahmeverfahren und das wiederaufgenommene Verfahren verschiedene Angelegenheiten (AnwKomm-RVG/Mock/N. Schneider/Wahlen, § 17 Rn. 279). Auch das vorhergehende Strafverfahren ist eine eigene Angelegenheit (Gerold/Schmidt/Müller-Rabe, § 17 Rn. 65).

n) Zurückverweisung

23 Das Verfahren nach der Zurückverweisung und das ursprüngliche Verfahren vor diesem Gericht bilden nach § 21 Abs. 1 **unterschiedliche Rechtszüge** und damit auch unterschiedliche Angelegenheiten (s. Teil A: Zurückverweisung [§ 21], Rn. 1687 ff.). Die Pauschale entsteht damit jeweils im Ursprungsverfahren, in der Rechtsmittelinstanz und im Verfahren nach Zurückverweisung.

III. Berechnung der Pauschale

24 Die Postpauschale beträgt 20 % der Gebühren, höchstens jedoch 20,00 €. Für die Berechnung der Pauschale ist die **Summe aller Gebühren** zu ermitteln. Hierzu gehören **auch besondere Gebühren** wie z.B. die Hebegebühr (Nr. 1009 VV) oder die Verfahrensgebühr inklusive des Mehrvertretungszuschlags (Nr. 1008 VV). Der Höchstbetrag selbst wird für die mehreren Auftraggeber jedoch nicht erhöht. Zu beachten ist, dass jeder Auftraggeber die Auslagenpauschale nur soweit schuldet, wie sie angefallen wäre, wenn dieser Mandant den Rechtsanwalt allein beauftragt hätte, § 7 Abs. 2.

Ab einer Gebührensumme von 100,00 € ist die **Höchstpauschale von 20,00 €** zu berücksichtigen. Die praktische Relevanz der 20 %-Grenze ist damit gering. Eine Ausnahme gilt nur für die Beratungshilfeangelegenheiten. Die Gebühren sind hier so gering (30,00 € bzw. 70,00 €), dass regelmäßig nur die 20 %ige Pauschale anzusetzen ist.

> **Hinweis:**
> Bei Rahmengebühren ist die jeweils **im Einzelfall berechnete Gebühr** zu berücksichtigen.

25 Die Pauschale ist ggf. auf zwei Nachkommastellen zu runden. Maßgebend ist die **kaufmännische Rundung**. § 2 Abs. 2 ist analog anzuwenden (AnwKomm-RVG/N. Schneider, VV 7001, 7002 Rn. 20).

A. Vergütungs-ABC	B. Kommentar
	Teil 7 • Auslagen

Pauschale für Entgelte für Post- und Telekommunikationsdienstleistungen   Nr. 7002 VV

Die Pauschale beträgt mindestens 2,00 € da nach § 13 Abs. 2 die Mindestgebühr 10,00 € beträgt. Eine Ausnahme gilt für die Hebegebühr nach Nr. 1009 VV. Hier beträgt die Mindestgebühr 1,00 € (Gerold/Schmidt/Müller-Rabe, VV 7001, 7002 Rn. 29).

IV. Anrechnung der Pauschale

Eine **Anrechnung** der Auslagenpauschale ist grds. **abzulehnen**. Das Gesetz spricht in allen Fällen immer nur von der Anrechnung der Gebühr, niemals von der Anrechnung der Auslagen (LG Essen, JurBüro 2002, 246; Hansens, in: Hansens/Braun/Schneider, Teil 19, Rn. 58; AnwKomm-RVG/N. Schneider, VV 7001, 7002 Rn. 39; Gerold/Schmidt/Müller-Rabe, VV 7001, 7002 Rn. 36, 37). Damit ist die gegenteilige Ansicht überholt und es ist inzwischen herrschende Meinung, dass lediglich die Gebühr angerechnet wird. Die hierfür entstandene **Auslagenpauschale bleibt unverändert** bestehen. Eine anteilige Reduzierung der Auslagenpauschale erfolgt nicht. 26

> **Hinweis:** 27
> Macht der Rechtsanwalt nicht die Pauschale, sondern **tatsächlich entstandene Auslagen** geltend, so besteht **Einigkeit** bzgl. der „**Nichtanrechenbarkeit**" der Auslagen. Einen Grund für eine andere Behandlung der Pauschale im Vergleich zu den tatsächlich entstandenen Kosten ist aber nicht ersichtlich. Gerade die Möglichkeit des Ansatzes der Pauschale soll das Verfahren erleichtern. Durch eine „Anrechnung" der Pauschale würde der Rechtsanwalt gezwungen, die tatsächlichen Kosten zu ermitteln und anzusetzen.

V. Pauschale in der Beratungshilfe

Die Gebühr Nr. **2500 VV** schließt den **Ansatz** der **Auslagen** aus. Hiernach sind sämtliche Auslagen in der Pauschalgebühr von 10,00 € enthalten. Es können keine weiteren Auslagen geltend gemacht werden. 28

Neben der **Beratungsgebühr Nr. 2501 VV** werden **i.d.R. keine Auslagen** anfallen, da die Angelegenheit mit dem Beratungsgespräch meist ohne das Entstehen von Auslagen beendet wird. Sobald jedoch eine Auslage entsteht, kann die Pauschale angesetzt werden. Dies ist beispielweise der Fall, wenn der Mandant um einen Rückruf bittet oder wenn das Beratungsergebnis schriftlich übersandt wird.

Neben der **Geschäftsgebühr** für die anwaltliche Vertretung im Rahmen der Beratungshilfe werden die Auslagen abgerechnet. In aller Regel wird hierzu auch die Auslagenpauschale gehören, da Merkmal der Vertretung das nach außen gerichtete Tätigwerden des Rechtsanwalts ist und dieses regelmäßig durch einen Schriftsatz oder doch zumindest durch ein Telefonat erfolgt.

Neuerdings wird die Auffassung vertreten (**OLG Nürnberg**, RVGreport 2007, 150 = JurBüro 2007, 209; AG Köln, RVGreport 2006, 68 = AGS 2006, 25), dass sich die Post- und Telekommunikationspauschale nicht nach den ermäßigten Beratungshilfegebühren, sondern nach den **normalen gesetzlichen Gebühren** eines Wahlanwalts bemessen soll. Danach könnten nicht nur 20% der Beratungshilfegebühren angesetzt werden, sondern 20% der Wahlanwaltsgebühren. Damit wäre i.d.R. die Höchstpauschale von 20,00 € zu berücksichtigen. Für diese Vorgehensweise gibt es jedoch **keine Grundlage** im Gesetz. Die Höhe der Pauschale richtet sich nach den Gebühren. Hierunter können nur die tatsächlich entstandenen Gebühren verstanden werden. Für eine weiter gehende Auslegung fehlt es an Anhaltspunkten. Zudem wird hierdurch das 29

Nr. 7002 VV   *Pauschale für Entgelte für Post- und Telekommunikationsdienstleistungen*

Festsetzungsverfahren erheblich belastet. Der Rechtspfleger müsste die fiktiven Kosten für die Beratung/Vertretung ermitteln, z.B. Wert und Umfang/Schwierigkeit der Angelegenheit. Diese Ansicht ist damit unpraktikabel (so auch Hansens, RVGreport 2006, 68). Zudem mangelt es seit dem 01.07.2006 wegen der Neuregelung der Beratungsvergütung durch den § 34 an einer gesetzlichen Gebühr für die Beratung. Es fehlt daher eine entsprechende Referenzgebühr für die Gebühr Nr. 2501 VV (AnwKomm-RVG/N. Schneider, VV Nr. 7001, 7002 Rn. 25, 51).

VI. Pauschale bei Verbindung und Trennung

30 Werden mehrere Verfahren verbunden, so handelte es sich bis zur Verbindung um **mehrere Angelegenheiten**. Es sind somit mehrere Postentgeltpauschalen entstanden. Diese bleiben **nebeneinander** bestehen (s. auch Teil A: Verbindung von Verfahren Rn. 1431 ff.).

Beispiel:

Entstehung

Verfahren A	20,00 € Postentgeltpauschale
Verfahren B	20,00 € Postentgeltpauschale

Abrechnung

Die beiden Verfahren werden verbunden. Das Verfahren A ist die führende Angelegenheit. Hier wird bei Fälligkeit die Postentgeltpauschale aus dem Verfahren A abgerechnet: *20,00 € Postentgeltpauschale*

In dem einbezogenen Verfahren B entstehen keine weiteren Kosten mehr. Allerdings bleiben die entstandenen Kosten bestehen. Daher kann hier u.a. bei Fälligkeit auch die Postentgeltpauschale aus dem Verfahren B geltend gemacht werden: *20,00 € Postentgeltpauschale*

31 Im Fall der Trennung sind dieselben Prinzipien anzuwenden. **Bis** zur **Trennung** entsteht **nur eine** Postentgeltpauschale. Nach der Trennung entstehen so viele Pauschalen, wie Verfahren vorhanden sind. Allerdings muss die vor der Trennung entstandene Pauschale in einem der Verfahren „weitergeführt" werden. Sie darf nicht zusätzlich entstehen (Gerold/Schmidt/Müller-Rabe, VV 7001, 7002 Rn. 28; zur Trennung auch Teil A: Trennung von Verfahren Rn. 1311 ff.).

VII. Vergütungsvereinbarung

32 Ist eine Vergütungsvereinbarung geschlossen worden, kann eine Auslagenpauschale nach Nr. 7002 VV neben dieser Vergütung nur berechnet werden, wenn die Pauschale ausdrücklich **zusätzlich** zu der Vergütung vereinbart worden ist. Bei der vereinbarten Vergütung handelt es sich nicht um die gesetzlichen Gebühren. Nr. 7002 VV verlangt nicht mehr die gesetzlichen Gebühren. Es wird allgemein von Gebühren gesprochen. Hierunter kann auch eine vereinbarte Vergütung gefasst werden. Demnach ist für die Berechnung der 20%-Grenze die vereinbarte Vergütung maßgebend (Gerold/Schmidt/Müller-Rabe, VV 7001, 7002 Rn. 40; a.A. AnwKomm-RVG/N. Schneider, VV 7001, 7002 Rn. 22).

VIII. Pflichtverteidiger/PKH

33 Nr. 7002 VV gilt grds. auch für den Fall, dass dem Rechtsanwalt **PKH** bewilligt oder er dem Mandanten als **Pflichtverteidiger** beigeordnet worden ist.

Pauschale für Entgelte für Post- und Telekommunikationsdienstleistungen Nr. 7002 VV

Grundlage für die Berechnung sind die **konkreten Gebühren**, also die reduzierte Vergütung (Hansens, in: Hansens/Braun/Schneider, Teil 19, Rn. 63; AnwKomm-RVG/N. Schneider, VV 7001, 7002 Rn. 48, der zu Recht darauf hinweist, dass diese Streitfrage in der Praxis kaum eine praktische Bedeutung hat; a.A. Gerold/Schmidt/Müller-Rabe, 7002 VV, 7001 Rn. 33; OLG Nürnberg, JurBüro 2010, 40 = AGS 2010, 137).

IX. Erstattungsfähigkeit

Die Pauschale ist **grds. erstattungsfähig**. Sobald überhaupt Post- oder Telekommunikationsauslagen entstanden sind, kann die Pauschale in voller Höhe angesetzt werden. Landeskasse oder Gegner müssen diese Kosten erstatten. Der Gegenbeweis, dass Kosten in dieser Höhe nicht entstanden sind, ist nicht möglich. Die Kosten sind i.H.d. Pauschale in jedem Verfahren als notwendig und damit erstattungsfähig anzusehen. Voraussetzung ist jedoch, dass zumindest ein entsprechendes Entgelt angefallen ist, da ansonsten auch keine Pauschale entsteht (AnwKomm-RVG/N. Schneider, VV 7000 Rn. 18). Eine Pauschale die nicht entstanden ist, ist auch nicht vom Gegner zu erstatten. U.U. muss der Rechtsanwalt zumindest eine Auslagenposition glaubhaft machen (vgl. auch Teil A: Auslagen aus der Staatskasse [§ 46 Abs. 1 und 2], Rn. 165 ff. und Teil A: Kostenfestsetzung und Erstattung in Strafsachen, Rn. 842 ff. und Kostenfestsetzung und Erstattung in Bußgeldsachen, Rn. 833 ff.).

Bei einem **Anwaltswechsel** entsteht die Postpauschale für jeden Rechtsanwalt gesondert. Sie bemisst sich nach den Gebühren, die der jeweilige Rechtsanwalt verdient hat. Wenn es sich um einen notwendigen Anwaltswechsel handelt, sind auch beide Auslagenpauschalen erstattungsfähig.

Nr. 7003 VV
Fahrtkosten für eine Geschäftsreise mit dem eigenen Kfz

Nr.	Auslagentatbestand	Höhe
7003	Fahrtkosten für eine Geschäftsreise bei Benutzung eines eigenen Kraftfahrzeugs für jeden gefahrenen Kilometer	0,30 EUR
	Mit den Fahrtkosten sind die Anschaffungs-, Unterhaltungs- und Betriebskosten sowie die Abnutzung des Kraftfahrzeugs abgegolten.	

Übersicht

	Rn.
A. Überblick	1
I. Regelungsgehalt	1
II. Anwendungsbereich	2
B. Kommentierung	4
I. Geschäftsreise	4
II. Wahlrecht zwischen eigenem Kfz oder einem anderen Verkehrsmittel	6
III. Eigenes Kfz	7
IV. Höhe der Fahrtkosten	10
V. Anschaffungs-, Unterhaltungs- und Betriebskosten	14
VI. Erstattungsfähigkeit von Fahrtkosten	15
1. Allgemeines	15
2. Anzahl der Reisen	16
3. Auswärtiger Rechtsanwalt	17
a) Allgemeines	17
b) Besondere Bedeutung	20
c) Große Entfernung	22
d) Rechtsmittelverfahren	23
e) Besondere Fachkenntnisse/Vertrauensverhältnis	24
aa) Besonderes Fachwissen	24
bb) Guter Ruf	26
cc) Vertrauensverhältnis	27
f) Fehlende Erstattungsfähigkeit	30
4. Besichtigung von Tatort/Unfallstelle	34
5. Fahrtkosten für mehrere Anwälte	36
6. PKH	37
7. Sockelverteidigung	38
8. Verweisung/Abgabe	39
9. Termin findet nicht statt bzw. kann nicht wahrgenommen werden	39a
VII. Pflichtverteidigerbesuche in der JVA	40

Literatur:

Hansens, Die Geschäftsreise des Rechtsanwalts, JurBüro 1988, 1266; ***Müller***, Sockelverteidigung, StV 2001, 649; ***Reck***, Zum Ausschluss der Auslagenerstattung des Rechtsanwalts für Geschäftsreisen innerhalb der Gemeinde, Rpfleger 2010, 256; ***Schneider***, Die Abrechnung von Geschäftsreisen, ZAP, Fach 24, S. 507; ***Sommermeyer***, Die Erstattbarkeit von Reisekosten des auswärtigen Verteidigers, NStZ 1990, 267.

Fahrtkosten für eine Geschäftsreise mit dem eigenen Kfz   *Nr. 7003 VV*

A. Überblick

I. Regelungsgehalt

Reisekosten setzen sich **zusammen** aus   1
- Fahrtkosten,
- Tage- und Abwesenheitsgeldern sowie
- sonstigen Auslagen.

Durch das **RVG** wurden die Reisekosten **verteilt** auf die Nrn. 7003 VV (Pkw-Fahrtkosten), 7004 VV (Fahrtkosten anderer Verkehrsmittel), 7005 VV (Tage- und Abwesenheitsgeld) und 7006 VV (sonstige Auslagen für Geschäftsreisen). Die Entschädigung für jeden gefahrenen Kilometer ist von 0,27 € auf 0,30 € erhöht worden.

II. Anwendungsbereich

Vorbem. 7 Abs. 1 VV legt fest, dass die allgemeinen Geschäftskosten grds. durch Gebühren abgegolten sind. Dies gilt nicht, soweit in den der Vorbem. 7 VV folgenden Nummern des VV eine **besondere Regelung** getroffen ist. Dies ist für die Fahrtkosten anlässlich von Geschäftsreisen mit dem eigenen Kfz in Nr. 7003 VV der Fall. Diese Auslagen können, wie auch bisher, **zusätzlich** neben den Gebühren verlangt werden.   2

Die Vorschrift gilt nur im Rahmen der **anwaltlichen Tätigkeit** des Verteidigers. Für sonstige Tätigkeiten gilt sie nicht. Dann gelten ggf. §§ 675, 670 ff. BGB.   3

B. Kommentierung

I. Geschäftsreise

Zum **Begriff** der Geschäftsreise s. ausführlich Vorbem. 7 VV Rn. 16 ff.   4

Zur Frage der **Verteilung** der Fahrtkosten bei Vorliegen einer Reise für mehrere Geschäfte s. ausführlich Vorbem. 7 VV Rn. 32 ff.   5

II. Wahlrecht zwischen eigenem Kfz oder einem anderen Verkehrsmittel

Der Rechtsanwalt kann grds. **selbst entscheiden, mit welchem Verkehrsmittel** er die Geschäftsreise durchführen möchte. Es ist nicht in jedem Einzelfall eine Vergleichsprüfung vorzunehmen. Der Rechtsanwalt kann auch nicht gezwungen werden, sein Kfz zu benutzen (AG Norden, JurBüro 2000, 76; Hansens, JurBüro 1988, 1266). Der Rechtsanwalt darf grds. Geschäftsreisen mit dem **eigenen Pkw** unternehmen. Die Kosten für Flüge von sog. Billigfluglinien sind zur Berechnung fiktiver Reisekosten nicht geeignet (OLG Stuttgart, RVGreport 2005, 319 = JurBüro 2005, 367). Der Rechtsanwalt darf das für ihn **bequemste** und **zeitlich günstigste** Verkehrsmittel wählen. Diese Wahl ist auch für die Erstattungspflicht maßgebend. In der Benutzung des eigenen Kfz darf allerdings kein Missbrauch zu sehen sein. Ein solcher liegt vor, wenn durch die Benutzung des eigenen Kfz unverhältnismäßig höhere Kosten ohne einen sachlich vertretbaren Grund entstehen (OLG Bamberg, JurBüro 1981, 1350). Falls ein solcher Missbrauch vorliegt, hat der Rechtsanwalt für die entstandenen Mehrkosten keinen Erstattungsanspruch gegen den eigenen Mandanten.   6

Nr. 7003 VV *Fahrtkosten für eine Geschäftsreise mit dem eigenen Kfz*

III. Eigenes Kfz

7 Der Begriff des **Kfz** wird in § 1 Abs. 2 StVG definiert. Umfasst sind damit durch Maschinenkraft bewegte Landfahrzeuge, die nicht an Bahngleise gebunden sind. Hierunter fallen neben dem Pkw auch Motorrad, Moped oder Mofa. **Andere Verkehrsmittel** (z.B. Schiffe, Flugzeuge, Schienenfahrzeuge) fallen **nicht** unter die Nr. 7003 VV. Die hierfür entstehenden Auslagen können über die Nr. 7004 VV abgerechnet werden. Für die Benutzung eines **Fahrrades** können lediglich Auslagen nach Nrn. 7004, 7006 VV berücksichtigt werden. Der Fußweg wird in keiner Weise vergütet (Gerold/Schmidt/Müller-Rabe, VV 7003, 7004 Rn. 27).

8 Für die Frage, ob ein **eigenes Kfz** benutzt wurde, ist die **Haltereigenschaft entscheidend**, weil nur den Halter die tatsächlichen Kosten des Kfz (Steuern, Versicherungen, Wartungen usw.) treffen, die durch die Pauschale abgegolten werden. Halter ist die Person, die das Kfz für eigene Rechnung in Gebrauch hat und die die notwendige Verfügungsgewalt besitzt. Damit gilt, dass die Benutzung eines geleasten Kfz nach Nr. 7003 VV abgerechnet werden kann (AnwKomm-RVG/N. Schneider, VV 7003 – 7006 Rn. 15). Für einen **Mietwagen** hingegen können die entstandenen Auslagen nur nach Nr. 7006 VV berücksichtigt werden. Der Ansatz der Kilometerpauschale der Nr. 7003 VV ist nicht möglich.

9 Der Rechtsanwalt muss bei der Benutzung seines Kfz nicht prüfen, ob ein anderes Fahrzeug günstiger gewesen wäre. Es gilt lediglich die **Missbrauchsgrenze** (OLG Saarbrücken, NJW-RR 2009, 1008 = VRR 2009, 283). Soweit das OLG Celle einen Vergleich von Bahn- und Kfz-Kosten fordert und verlangt, das billigste sei zu nehmen, irrt es (OLG Celle, RVGreport 2009, 153). Richtig ist, das der Rechtsanwalt frei wählen darf (Gerold/Schmidt/Madert/Müller-Rabe, Nr. 7003, 7004, 21).

IV. Höhe der Fahrtkosten

10 Die Höhe der Kilometerpauschale ist an die **Wegstreckenentschädigung angepasst** worden, die einem **Beamten** nach § 1 Abs. 1 Nr. 3 Buchst. b) aa) der Verordnung zu § 6 Abs. 2 Bundesreisekostengesetz für eine Dienstreise mit seinem eigenen Kfz, das im überwiegenden dienstlichen Interesse gehalten wird, zu gewähren ist. Sie beträgt 0,30 € je gefahrenen Kilometer. Ein Betrag in dieser Höhe wird auch steuerlich bei der Benutzung privater Kfz anerkannt. Der **Pauschalbetrag** gilt unabhängig von der Größe des Fahrzeugs und damit auch unabhängig von der Höhe der tatsächlich entstandenen Kosten. Die Ermittlung der gefahrenen Kilometer kann mit üblichen Routenplanern (z.B. von Shell, Falk und Google maps) erfolgen (LSG Bayern, 02.01.2007 – L 3 U 195/06; n.v.).

11 **Maßgebend** ist die **tatsächlich zurückgelegte Wegstrecke**, d.h. die Summe der Kilometer aus Hin- und Rückfahrt. Ergibt sich hierbei ein angefangener Kilometer, so ist dieser aufzurunden (Gerold/Schmidt/Madert, VV 7003, 7004 Rn. 19). Der Rechtsanwalt kann nicht auf die Entfernung Ortsmitte zu Ortsmitte verwiesen werden.

12 Der Rechtsanwalt kann den nach seiner Ansicht **zweckmäßigen, verkehrsüblichen Weg wählen**. So ist beispielsweise ein maßvoller Umweg über eine Autobahn durchaus vertretbar (LG Rostock, StraFo 2009, 439 = NJW-Spezial 2009, 715, ca. 47 statt 41 km ohne Zeitgewinn aber zweckmäßig; VG Würzburg, JurBüro 2000, 77). Die Mehrkosten eines auch größeren **Umwegs** sind erstattungsfähig, wenn die kürzere Strecke mit erheblich höherem Zeitaufwand verbunden und damit nicht zumutbar war (OLG Naumburg, StRR 2009, 3 = VRR 2009, 3 = RVGreport

Fahrtkosten für eine Geschäftsreise mit dem eigenen Kfz Nr. 7003 VV

2009, 110; KG, BRAGOreport 2003, 139 = AGS 2004, 12, hier 54 Minuten je Wegstrecke). Auch vernünftige andere Gründe können die Wahl der Strecke und damit deren Länge beeinflussen. Dies ist der Fall, wenn aufgrund der Winterszeit und üblichen Verkehrsbedingungen eine andere Strecke gewählt wird (OLG Hamm, JurBüro 1981, 1681).

Eine **Erstattungsfähigkeit** zusätzlicher Fahrtkosten für eine **längere Fahrtstrecke** ist jedenfalls dann gegeben, wenn sich durch die längere Fahrtstrecke eine kürzere Fahrtzeit ergibt und hieraus – weil eine Schwelle nach Nr. 7005 VV unterschritten wird – auch ein geringeres Abwesenheitsgeld resultiert. 13

Beispiel:

Rechtsanwalt R benutzt für eine Geschäftsreise von Siegen nach Wuppertal die längere Autobahnstrecke (gefahrene Kilometer insgesamt: 240 km, Fahrtzeit insgesamt: 2,5 Std.) anstatt der Landstraße (190 km, Fahrtzeit: 3,5 Std.). Hierbei entsteht für Hin- und Rückweg eine Zeitersparnis von 1 Std. Der Termin selbst dauert eine Stunde.

1. Fahrtkosten (eigenes Kfz), Nr. 7003 VV Siegen – Wuppertal (240 km)   72,00 €
2. Tage- und Abwesenheitsgeld, Nr. 7005 VV (3,5 Std.)   20,00 €

Bei Benutzung des kürzeren Weges wären entstanden:

1. Fahrtkosten (eigenes Kfz), Nr. 7003 VV Siegen – Wuppertal (190 km)   57,00 €
2. Tage- u. Abwesenheitsgeld, Nr. 7005 VV (4,5 Std.)   35,00 €

In beiden Fällen ist die Gesamtsumme der Auslagen mit 92,00 € gleich. Eine Kürzung der Kilometerpauschale kommt nicht infrage.

V. Anschaffungs-, Unterhaltungs- und Betriebskosten

Nach der Anm. zu Nr. 7003 VV sind die Anschaffungs-, Unterhaltungs- und Betriebskosten durch die Pauschale von 0,30 € je Kilometer **abgegolten**. **Nicht** durch die Fahrtkostenpauschale abgegolten sind die weiteren baren Auslagen, wie z.B. **Parkgebühren**. Sie können gesondert angesetzt werden und im Rahmen der Nr. 7006 VV berücksichtigt werden. 14

VI. Erstattungsfähigkeit von Fahrtkosten

1. Allgemeines

Auch für die Fahrtkosten gilt der Grundsatz des § 91 ZPO. Danach sind **nur** die **notwendigen Kosten** der Rechtsverfolgung **erstattungsfähig**. Solange also die Fahrtkosten notwendig waren, sind sie erstattungsfähig. Der Rechtsanwalt unterliegt daher der Verpflichtung, die Kosten für die Fahrten möglichst gering zu halten. 15

Grundsatz: Die Staatskasse trägt grds. die **Beweislast** dafür, dass Auslagen des Pflichtverteidigers zur sachgerechten Wahrnehmung der Interessen der Partei nicht erforderlich gewesen sind. Nur wenn sich Anhaltspunkte ergeben, die auf einen Missbrauch der kostenschonenden Prozessführung des Pflichtverteidigers hindeuten, kann sich die Beweislast auf den Verteidiger verlagern (BVerfG NJW 2003, 1443; KG, StRR 2008, 398 = RVGreport 2008, 302; OLG Brandenburg, RVGreport 2007, 182).

2. Anzahl der Reisen

16 Die Beurteilung, wie viele Gespräche mit dem Mandanten zur Vorbereitung des Prozesses notwendig sind, liegt in dem **Ermessen** der Verteidigung. Nur im Fall eines offensichtlichen Missbrauchs ist eine Nachprüfung durch das Gericht ohne unzulässigen Eingriff in die Rechte der Verteidigung möglich (OLG Brandenburg, RVGreport 2007, 182; OLG Hamm, StV 2002, 93 = NStZ-RR 2002, 95; RVGreport 2006, 230; LG Frankfurt an der Oder, RVGreport 2007, 109). Nach Auffassung des LG Frankfurt an der Oder (a.a.O.) ist es bis an die Grenze des noch zu Vertretenden hinzunehmen, dass ein Verteidiger trotz durchschnittlich gelagerten Strafvorwurf seinen Mandanten häufiger in der JVA besucht. Hierbei sei zu berücksichtigen, dass es nicht nur um die Verteidigungsstrategie gehe, sondern auch eine Fürsorgepflicht des Verteidigers gegenüber seinem Mandanten bestehe. Die Notwendigkeit über das sonst übliche Maß hinausgehende Besprechungen mit einem Mandanten wahrzunehmen, könne auch darin begründet sein, dass sich ein Mandant uneinsichtig oder aus sonstigen persönlichen Gründen als schwierig erweise. Im zu entscheidenden Fall hatte der Rechtsanwalt den Mandanten während einer knapp fünfmonatigen Untersuchungshaft siebenmal besucht.

Die Ansicht, dass bei einer dreimonatigen Untersuchungshaft lediglich zwei Besuche des Pflichtverteidigers in der JVA erforderlich sind (AG Kempen, StRR 2010, 280), ist damit abwegig (OLG Brandenburg, RVGreport 2007, 182). Andererseits wurden 28 Reisen in die JVA innerhalb von acht Monaten noch als nicht zu beanstanden betrachtet (OLG Düsseldorf, StRR 2008, 399 = RVGreport 2008, 259; s. hierzu auch die umfassende Darstellung in Burhoff, EV, Rn. 1196 ff.).

3. Auswärtiger Rechtsanwalt

a) Allgemeines

17 Relativ häufig kommt es dazu, dass ein auswärtiger Rechtsanwalt als Verteidiger **bestellt** wird (Teil A: Auslagen aus der Staatskasse [§ 46 Abs. 1], Rn. 171 ff. und Kostenfestsetzung und Erstattung in Strafsachen, Rn. 873 ff.).

Beispiele:

- *Die Hauptverhandlung findet nicht am Wohnort des Angeklagten statt. Dieser bestellt jedoch einen Rechtsanwalt an seinem Wohnort.*
- *Das Verfahren wird nachträglich an ein anderes Gericht verwiesen. Der Mandant hat aber einen Rechtsanwalt am ursprünglichen Prozessort bestellt.*
- *Gegen das Urteil wird Rechtsmittel eingelegt. Der Wohnsitz-Rechtsanwalt der ersten Instanz reist zum Rechtsmittelgericht.*
- *Am Wohnsitz des Mandanten ist kein Anwalt tätig, dem der Mandant vertraut. Er bestellt einen auswärtigen Spezialisten.*

18 Die für den auswärtigen Rechtsanwalt entstehenden **Reisekosten** entstehen **zusätzlich**. Es stellt sich daher die Frage, wer diese zu tragen hat. Klar ist, dass die zusätzlichen Reisekosten durch den Auftraggeber zu zahlen sind. Fraglich ist aber, ob diese Kosten auch von der Landeskasse im Fall der Pflichtverteidigung oder eines Freispruchs zu übernehmen sind (vgl. auch Teil A: Auslagen aus der Staatskasse [§ 46 Abs. 1 und 2], Rn. 171 und Teil A: Umfang des Vergütungsanspruchs [§ 48 Abs. 1], Rn. 1382). Dies ist der Fall, wenn es sich um **notwendige Kosten** nach § 464a Abs. 2 StPO i.V.m. § 91 Abs. 2 ZPO handelt. Demzufolge sind die Reisekosten des

Fahrtkosten für eine Geschäftsreise mit dem eigenen Kfz Nr. 7003 VV

Rechtsanwalts dann zu erstatten, wenn die Beauftragung eines auswärtigen Rechtsanwalts zur zweckentsprechenden Rechtverfolgung (hier: Verteidigung) notwendig war (LG Hamburg, zfs 2006, 470).

Folgende **Kriterien** spielen hier eine Rolle:
- Bedeutung der Angelegenheit für den Mandanten,
- Entfernung von Wohn- und Gerichtsort,
- besondere Kenntnisse des Rechtsanwalts oder ein bestehendes Vertrauensverhältnis,
- Höhe der entstehenden Reisekosten.

Die Frage, inwieweit die Reisekosten eines auswärtigen Rechtsanwalts **erstattungsfähig** sind, ist **umstritten** (vgl. auch Teil A: Kostenfestsetzung und Erstattung in Strafsachen, Rn. 873 ff.). Das BVerfG hat hierzu entschieden, dass im Fall der Beiordnung des auswärtigen Rechtsanwalts als Pflichtverteidiger grds. dessen **Mehrkosten erstattungsfähig** sind, die dadurch entstehen, dass er seinen Wohn- oder Kanzleisitz nicht am Prozessort hat. Entscheidend ist, dass die Frage, ob die Bestellung eines auswärtigen Rechtsanwalts als Verteidiger erforderlich ist, bereits bei der Auswahl des Verteidigers nach § 142 Abs. 1 Satz 1 StPO geprüft wird. Beschließt daher das Gericht die Bestellung eines auswärtigen Rechtsanwalts als Verteidiger, sind grds. auch diejenigen Mehrkosten erstattungsfähig, die dadurch entstehen, dass der bestellte Verteidiger seinen Wohnsitz oder seine Kanzlei nicht am Gerichtsort hat (BVerfG, NJW 2001, 1269 = StV 2001, 241 = BRAGOreport 2001, 60; OLG Frankfurt am Main, JMBl. HE 2001, 580; LG Bochum, StRR 2010, 117; für PKH: KG, NJW-Spezial 2010 = AGS 2010, 612; zur Frage, welche Auswirkungen die Neufassung des § 142 StPO hat, s. Teil A: Kostenfestsetzung und Erstattung in Strafsachen, Rn. 875 ff.). Die Beiordnung eines ortsfernen Rechtsanwalts als Beistand unter Beschränkung auf die Vergütung eines ortsansässigen Rechtsanwalts ist unzulässig (OLG Brandenburg, StV 2007, 484 = StraFo 2006, 214 = RVGreport 2006, 422 = AGS 2007, 77; vgl. auch Teil A: Umfang des Vergütungsanspruch [§ 48 Abs. 1], Rn. 1397 und Teil A: Auslagen aus der Staatskasse (§ 46) Rn. 175 ff.). Die Gegenauffassung sieht in einer entsprechenden Beschränkung eine bindende Regelung für das Kostenfestsetzungsverfahren (OLG München, AGS 2001, 191, 261 = Rpfleger 2001, 86). Noch weiter geht das OLG Naumburg, das selbst bei uneingeschränkter Beiordnung bei der Vergütungsfestsetzung prüfen will, ob die Voraussetzungen für die Erstattung der Reisekosten vorliegen (OLG Naumburg, MDR 2002, 177).

b)   Besondere Bedeutung

Liegt ein Fall mit **besonderer Bedeutung** für den Mandanten vor, ist die Hinzuziehung eines spezialisierten Rechtsanwalts mit einem guten Ruf auf dem Gebiet der Strafsachen eine nachvollziehbare Handlung zur notwendigen Verteidigung (s. z.B. LG Dessau, StraFo 1999, 395 [Dem Angeklagten wurde ein Meineid zur Last gelegt und ihm wäre bei einer Verurteilung gekündigt worden; die Beauftragung eines Verteidigers, dessen Kanzlei 160 km vom Gerichtsort entfernt ist, ist nicht zu beanstanden.]).

Auch wenn ein auswärtiger Rechtsanwalt in einer **normalen Strafsache** zum Verteidiger bestellt wird, sind dessen Reisekosten im Fall eines Freispruchs regelmäßig durch die Landeskasse zu erstatten. Entschließt sich der Mandant trotz des Kostenrisikos, den teureren Rechtsanwalt zu beauftragen, so muss er beachtliche Gründe für seine Auswahl haben. Diese Gründe sind auch

Nr. 7003 VV *Fahrtkosten für eine Geschäftsreise mit dem eigenen Kfz*

durch das Gericht zu respektieren. Die Reisekosten sind damit i.d.R. festzusetzen (LG Aurich, StraFo 2004, 147; OLG Koblenz, NJW 1971, 1147; Gerold/Schmidt/Madert, VV 7005 – 7007 Rn. 65). Im Strafverfahren ist ein **unmittelbarer persönlicher Kontakt** zwischen Verteidiger und Beschuldigtem von großer Bedeutung, sodass die Wahl eines am Wohnort des Beschuldigten ansässigen Verteidigers grds. vernünftig und nachvollziehbar und deshalb zu respektieren ist (LG Potsdam, 15.01.2004 – 24 Qs 14/03, n.v.).

c) Große Entfernung

22 Die Kosten eines auswärtigen Rechtsanwalts können erstattungsfähig sein, wenn der **Mandant** seinen **Wohnsitz weit entfernt** vom **Prozessort** hat (LG Flensburg, JurBüro 1984, 1537) oder weil er bei der Beauftragung des Rechtsanwalts davon ausgehen konnte, dass der Prozess an seinem Wohnort stattfinden würde (OLG Celle, StV 1986, 208).

d) Rechtsmittelverfahren

23 Die Beauftragung des Rechtsanwalts der **ersten Instanz** ist in jedem Fall **notwendig**. Dem Auftraggeber kann ein Anwaltswechsel nicht zugemutet werden. Im Fall des Obsiegens oder bei Pflichtverteidigung sind die Reisekosten des auswärtigen Rechtsanwalts zu erstatten (LG Freiburg, AnwBl. 1970, 243; Gerold/Schmidt/Madert/Müller-Rabe, VV 7005 – 7006 Rn. 67). Sollte es dennoch zu Problemen mit der Erstattungsfähigkeit kommen, so ist immer auch zu berücksichtigen, dass im Fall der Beauftragung eines neuen Rechtsanwalts für die nächste Instanz auch eine **neue Grundgebühr** zusätzlich verdient wird. Diese Kosten werden durch den vorbefassten Rechtsanwalt erspart.

Dies gilt sowohl für die Berufung als auch für die Revision (LG Düsseldorf, AnwBl. 1970, 109; LG Hildesheim, MDR 1970, 439 [LS]; Gerold/Schmidt/Madert/Müller-Rabe, VV 7005 – 7006 Rn. 68).

e) Besondere Fachkenntnisse/Vertrauensverhältnis

aa) Besonderes Fachwissen

24 Grds. bestehen **keine Bedenken** gegen die Notwendigkeit der Beauftragung eines auswärtigen Rechtsanwalts, wenn es in der Hauptverhandlung auf dessen **Spezialwissen**, sei es in tatsächlicher oder in rechtlicher Hinsicht, **ankommt**. In diesem Fall sind die Kosten in jedem Fall zu erstatten (Gerold/Schmidt/Madert, VV 7005 – 7006 Rn. 69).

25 Grund für die Beiordnung eines auswärtigen Rechtsanwalts als Pflichtverteidiger können dessen **besondere Fachkenntnisse** auf einem Spezialgebiet sein (OLG Bamberg, JurBüro 1987, 558; 1989, 241; OLG Düsseldorf, StV 1987, 240). Entschieden wurden auch die Fälle der Beiordnung, weil es am Prozessort keinen **Fachanwalt für Strafrecht** (AG Staufen, NStZ 2001, 109 = StV 2001, 124 [Die Beauftragung eines Fachanwaltes für Strafrecht ist aus der Sicht des Angeklagten generell als zur zweckentsprechenden Rechtsverfolgung oder Rechtsverteidigung notwendig anzusehen]) – ebenso für **Steuerrecht** (OLG Jena, StraFo 2001, 387 = StV 2001, 242) gab.

Die Kosten können auch bei einem **auswärtigen Rechtsanwalt im Bußgeldverfahren** erstattet werden, z.B., wenn der auswärtige Verteidiger bereits im Vorverfahren vor der Verwaltungsbehörde für den Betroffenen tätig war, nachdem er ihn bereits zuvor in Fragen mit umwelt-

Fahrtkosten für eine Geschäftsreise mit dem eigenen Kfz Nr. 7003 VV

rechtlichem Einschlag betreut hatte und daher mit dem Sachgebiet ebenso vertraut war wie mit dem Betrieb des Betroffenen. Zudem handelte es sich nicht um eine Bagatellangelegenheit (LG Darmstadt, StraFo 1999, 394 = AGS 1999, 154).

bb) Guter Ruf

Das Gleiche gilt, von Ausnahmen abgesehen, auch dann, wenn der auswärtige Rechtsanwalt **auf-** **grund** seines **guten Rufes** beauftragt wird. Madert (vgl. Gerold/Schmidt/Madert/Müller-Rabe, VV 7005 – 7006 Rn. 69) begründet dies damit, dass der Mandant damit rechnen muss, dass er den Prozess verliert und somit auch die Kosten seines Rechtsanwalts zu trägen hätte. Entschließt er sich trotz dieser drohenden Kostenlast für die Beauftragung des „teureren" Rechtsanwalts, so ist von beachtlichen Gründen für diese Beauftragung auszugehen, die auch die Gerichte zu respektieren haben (OLG Koblenz, NJW 1971, 1147; OLG Nürnberg, AnwBl. 1970, 323 = JurBüro 1979, 935). 26

cc) Vertrauensverhältnis

Die Frage, inwieweit ein **Vertrauensverhältnis** oder der besonders **gute Ruf des Verteidigers** von Belang ist, wurde in Rechtsprechung und Literatur in der Vergangenheit nicht ganz einheitlich gesehen (vgl. einerseits Meyer-Goßner, § 464a Rn. 12; andererseits BVerfG, NJW 2001, 3695 sowie BGH, NJW 2001, 237; OLG Rostock, StraFo 2008, 206 = StV 2008, 531; OLG Zweibrücken, StV 2002, 238; LG Magdeburg, StRR 2008, 311; LG München, StV 2008, 347). Der Grund für den Streit lag darin, dass früher in § 142 Abs. 1 Satz 1 StPO a.F. geregelt war, dass der Rechtsanwalt, der als Pflichtverteidiger bestellt werden sollte, „möglichst aus der Zahl der in dem Gerichtsbezirk niedergelassenen Rechtsanwälte ausgewählt" werden sollte. Hier hat das 2. OpferRRG vom 29.07.2009 (BGBl. I, S. 2280) mit der Neufassung des § 142 StPO eine ganz wesentliche Änderung gebracht, indem sowohl das Auswahlverfahren als auch die Auswahlkriterien geändert worden sind (vgl. dazu eingehend Burhoff, EV, Rn. 1195 ff.). Das Merkmal der Ortsansässigkeit des beizuordnenden Rechtsanwalts ist entfallen (vgl. zu den Gründen BT-Drs. 16/12098, S. 31 f.). Bei der Frage, welcher Rechtsanwalt dem Beschuldigten beizuordnen ist, sind vielmehr weitere Faktoren zu berücksichtigen. Insoweit weist die Gesetzesbegründung (BT-Drucks. 16/12098, a.a.O) ausdrücklich darauf hin, dass für die Bestellung eines Pflichtverteidigers ein besonderes Vertrauensverhältnis zwischen dem Beschuldigten und dem Rechtsanwalt von erheblicher Bedeutung ist. 27

Unter Berücksichtigung dieser Änderungen wird man auf der Grundlage der Grundlage der Rechtsprechung zu § 142 StPO a.F. einem besonderen Vertrauensverhältnis den **Vorrang** einräumen:

- wenn es sich um einen **schwerwiegenden Vorwurf** handelt. Dies ist insbesondere bei Schwurgerichtsverfahren der Fall (OLG Celle, StV 1993, 135; so auch Meyer-Goßner, a.a.O.; zum neuen Recht OLG Oldenburg, StV 2010, 351 = NStZ-RR 2010, 211 = StRR 2010, 267; vgl. auch noch OLG Köln, NStZ-RR 2011, 49). Die Beauftragung des auswärtigen (Pflicht)Verteidigers ist z.B. auch notwendig bei wiederholter Verteidigung gegen den Vorwurf schwerwiegender Sexualstraftaten (OLG Oldenburg, NStZ-RR 2004, 384 = JurBüro 2004, 547; Meyer-Goßner, a.a.O.). Damit sind auch dessen Reisekosten erstattungsfähig.

Nr. 7003 VV   *Fahrtkosten für eine Geschäftsreise mit dem eigenen Kfz*

- Von einem **besonderen Vertrauensverhältnis**, das die Beiordnung eines **auswärtigen Verteidigers** i.d.R. **rechtfertigt**, ist im Übrigen – wie in der Vergangenheit – immer schon dann auszugehen, wenn der in dem anhängigen Verfahren bislang tätige Wahlverteidiger um seine Bestellung als Pflichtverteidiger bittet (LG Magdeburg, StRR 2008, 311; OLG Frankfurt am Main, StV 1985, 315; OLG München, StV 1993, 180 f.; OLG Zweibrücken, StV 2002, 238; OLG Düsseldorf, StV 1991, 508; Burhoff, EV, Rn. 1196 m.w.N.). Zudem gebietet bereits das verfassungsrechtliche Gleichheitsgebot (Art. 3 Abs. 1 GG), dem Beschuldigten den Anwalt seines Vertrauens als Pflichtverteidiger beizuordnen, wenn dem nicht wichtige Gründe entgegenstehen (BVerG, NJW 2001, 3695 = StV 2001, 601 = NStZ 2002, 99 = ZAP EN-Nr. 30/2002).

> **Hinweis:**
> Die Bestellung des von dem Beschuldigten gewünschten Rechtsanwalts zum Pflichtverteidiger kann daher nicht allein deshalb abgelehnt werden, weil es sich um einen Rechtsanwalt mit **auswärtigem Kanzleisitz** handelt. Hierbei tritt der Gesichtspunkt der Ortsnähe, der zwar auch als wichtiger Grund i.S.d. § 142 Abs. 1 Satz 3 StPO anzusehen ist, im Rahmen der gebotenen Interessenabwägung grds. gegenüber dem besonderen Vertrauensverhältnis des Beschuldigten zu seinem Verteidiger zurück (OLG Stuttgart, StraFo 2006, 112).

28 **Anerkannt** wurden die Reisekosten des auswärtigen Rechtsanwalts in folgenden Fällen (s. auch Burhoff, EV, Rn. 1195):

- in **Schwurgerichtssachen** (OLG Oldenburg, StV 2010, 351 = NStZ-RR 2010, 211 = StRR 2010, 267; OLG Schleswig, JurBüro 1979, 1332; vgl. auch noch OLG Köln, NStZ-RR 2011, 49),
- bei einem **schweren Schuldvorwurf** (OLG Köln, NJW 1992, 586 = StV 1993, 135; OLG Köln, JurBüro 1994, 30),
- in einem **schwierigen Strafverfahren**, dass die Fachkenntnisse eines spezialisierten Rechtsanwalts erfordert (OLG Köln, NJW 1992, 586 = StV 1993, 135),
- wenn die Kosten nur unwesentlich erhöht werden (OLG Schleswig, StV 1987, 478),
- wenn der Beschuldigte am **auswärtigen Kanzleisitz** des Verteidigers **inhaftiert** ist (vgl. BGHSt 43, 153; OLG Rostock, StraFo 2002, 85),
- aus **Gleichbehandlungsgründen** auch für den **Wahlverteidiger** mit dem Argument, dass die Reisekosten mit der Neufassung des § 142 StPO für den Pflichtverteidiger bei Vorliegen eines besonderen Vertrauensverhältnisses nach der Gesetzesbegründung immer erstattungsfähig seien (AG Witten, StRR 2010, 360 m. zust. Anm. Burhoff = ZAP EN-Nr. 60/2011).

29 Werden die Kosten für einen auswärtigen Rechtsanwalt grds. für erstattungsfähig gehalten, so sind damit seine **gesamten Reisekosten erstattungsfähig**. Dies gilt auch dann, wenn die Kosten eines Unterbevollmächtigten niedriger wären (BGH, RVGreport 2005, 476 = Rpfleger 2006, 39; **a.A.** OLG München, RVGreport 2005, 155 = AGS 2005, 43 – 44).

f) Fehlende Erstattungsfähigkeit

30 Stellt das Gericht fest, dass die Kosten des auswärtigen Rechtsanwalts nicht erstattungsfähig sind, ist **immer** noch zu **prüfen**, ob durch die Einschaltung des auswärtigen Rechtsanwalts **nicht**

Fahrtkosten für eine Geschäftsreise mit dem eigenen Kfz   *Nr. 7003 VV*

andere Kosten eingespart worden sind. In dieser Höhe wären dann jedenfalls die Kosten des auswärtigen Rechtsanwalts zu erstatten. In aller Regel wird durch die Einschaltung des auswärtigen Rechtsanwalts zumindest eine Informationsreise des Auftraggebers (wohl eher mehrere) eingespart. Die hierfür eingesparten Kosten sind zu ermitteln und den Reisekosten des auswärtigen Rechtsanwalts gegenüberzustellen (LG Kiel, zfs 2002, 351; LG Neuruppin, 16.09.2003 – 12 Qs 27/03, n.v.).

Beispiel:
Der Mandant M aus Köln ist in einen Verkehrsunfall in Münster verwickelt. Der M beauftragt Rechtsanwalt R an seinem Wohnort Köln mit der Verteidigung. Nach dem Erstinformationsgespräch wird während des längeren Ermittlungsverfahrens ein weiteres Informationsgespräch notwendig. Zudem treffen sich der M und R vor der Hauptverhandlung zu einer weiteren Informationsbesprechung. Der M wird freigesprochen. Die Kosten trägt die Landeskasse.

Die drei Informationsgespräche haben jeweils eine Stunde gedauert. Die Entfernung Köln – Münster beträgt 150 km. Die Reise zum Termin dauerte 4,5 Stunden. Eine telefonische Unterrichtung des R durch den M war nicht möglich. Für den M gilt der Höchstsatz des Stundenverdienstes nach § 22 JVEG.

Dem Rechtsanwalt sind an Fahrtkosten zum Termin entstanden:

Fahrtkosten Nr. 7003 VV (eigenes Kfz: Köln-Münster, 300 km)	90,00 €
Tage- u. Abwesenheitsgeld Nr. 7005 VV (4,5 Std.)	<u>35,00 €</u>
Anwaltsvergütung netto	**<u>125,00 €</u>**

Hätte der Mandant direkt einen Rechtsanwalt in Münster beauftragt, wären drei Informationsreisen Köln – Münster notwendig geworden. Diese wären auch erstattungsfähig gewesen. Hierfür wären entstanden nach dem JVEG, dass über § 91 ZPO Anwendung findet:

Fahrtkosten § 5 JVEG (3 × 300 km × 0,25 €)	225,00 €
Verdienstausfall § 22 JVEG (3 × 4,5 Std. × 17,00 €)	<u>229,50 €</u>
Parteiauslagen netto	**<u>454,50 €</u>**

Damit ist offensichtlich, dass die Kosten des auswärtigen Rechtsanwalts in voller Höhe erstattungsfähig sind, da durch seine Beauftragung erheblich höhere Kosten eingespart wurden.

31 Informationsreisen dürfen ausnahmsweise dann **nicht angesetzt** werden, wenn die **Sach- und Rechtslage** ausgesprochen **einfach** ist, sodass eine Besprechung Rechtsanwalt – Mandant nicht notwendig ist. Hier spielen neben den Umständen des Falls auch die geistigen Möglichkeiten des Mandanten eine Rolle. Häufig wird eine telefonische Information auch bei einfacher Lage nicht möglich sein, weil der Mandant nicht in der Lage ist, die Angelegenheit am Telefon strukturiert zu schildern. Zudem steht es jedem Mandanten frei, sich einen Rechtsanwalt auszusuchen und diesen auch persönlich kennenzulernen. Damit ist in aller Regel **zumindest eine Informationsreise erstattungsfähig** (BGH, Rpfleger 2006, 570 – 571 = AGS 2006, 518 = NJW-RR 2006, 1563).

> **Hinweis:** **32**
> In einem Strafverfahren ist ein Fall, in dem ein persönliches Gespräch mit dem Verteidiger nicht erforderlich ist und eine **telefonische Information ausreicht**, **kaum denkbar**. Das gilt v.a. in einem Verfahren, in dem es vermutlich zu einer Prozesssituation kommt, in

Nr. 7003 VV   *Fahrtkosten für eine Geschäftsreise mit dem eigenen Kfz*

> der Aussage gegen Aussage steht. In dem Verfahren muss der Verteidiger zuvor einen persönlichen Eindruck von seinem Mandanten gewonnen haben (LG Neuruppin, 16.09.2003 – 12 Qs 27/03, n.v.).
>
> Sollte das Gericht die Kosten des auswärtigen Rechtsanwalts nicht für erstattungsfähig halten, so ist eine **Vergleichsberechnung** nach dem obigen Muster durchzuführen. Zu diesem Zwecke empfiehlt es sich, die konkrete Anzahl der Informationsbesuche des Mandanten festzustellen und auch zu begründen, warum diese Besuche notwendig waren.

33   Neben den Kosten der Informationsreise kann zu den durch den auswärtigen Rechtsanwalt ersparten Kosten auch eine **Gebühr** nach **§ 34 hinzukommen**. Es ist durchaus verständlich, wenn der Mandant nach Erhalt der Anklage, einen Rechtsanwalt an seinem Wohnort aufsucht, sich zunächst von diesem beraten lässt und erst anschließend einen Rechtsanwalt am Prozessort beauftragt. Hierfür entsteht zusätzlich eine **Beratungs-Gebühr nach § 34** (vgl. Teil A: Beratung/Gutachten, Allgemeines [§ 34], Rn. 223 m.w.N.). Auch diese kann u.U. bei den fiktiven ersparten Kosten berücksichtigt werden (Gerold/Schmidt/Madert/Müller-Rabe, VV 7005 – 7006 Rn. 769). Die entsprechenden Kosten hätten in dem obigen Beispiel (vgl. Rn. 30) bei der Berechnung der fiktiven Kosten noch zusätzlich berücksichtigt werden können.

4. Besichtigung von Tatort/Unfallstelle

34   Wenn der Verteidiger im Rahmen seines Mandats meint, sich von den Örtlichkeiten der Unfallstelle durch Augenschein Kenntnis verschaffen zu müssen, handelt es sich nicht um eigene Ermittlungen, die dem Verteidiger erlaubt sind, deren Kosten regelmäßig jedoch nicht erstattungsfähig sind (vgl. Burhoff, EV, Rn. 617 ff.). Der für die Tatortbesichtigung notwendige Zeitaufwand ist dahingegen bei der Beurteilung des Umfangs der rechtsanwaltlichen Tätigkeit zu berücksichtigen. Damit gehören die hierfür entstandenen Reisekosten zu den zu **erstattenden Auslagen** (LG Cottbus, AGS 2006, 129 m. Anm. Schneider).

35   Wenn jedoch die Akten einen ausführlichen Tatortfundbericht und hierzu gefertigte Lichtbilder enthalten, so ist eine Reise zur Besichtigung des Tatortes nicht erforderlich (OLG Köln, AGS 2009, 585).

5. Fahrtkosten für mehrere Anwälte

36   Es wird verwiesen auf Teil A: Kostenfestsetzung und Erstattung in Strafsachen Rn. 889 ff., Teil A: Kostenfestsetzung und Erstattung in Bußgeldsachen, Rn. 839 und Meyer-Goßner, § 464a Rn. 13, jeweils m.w.N. Mehrere für unterschiedliche Mandanten zu Pflichtverteidigern bestellte Rechtsanwälte können im Übrigen **nicht** darauf verwiesen werden, ihre Fahrten zu den Mandanten in die JVA **gemeinsam durchzuführen**. Dies gilt auch dann nicht, wenn die beiden Rechtsanwälte aus einer Kanzlei kommen. Dies gilt ebenso wenig für die Fahrten zur JVA als auch die Fahrten zum Hauptverhandlungstermin (LG Cottbus, AGS 2006, 463 m. Anm. Schneider).

Überörtliche Sozietät: Auch wenn der sachbearbeitende Rechtsanwalt einer überörtlichen Sozietät angehört, die auch am Sitz des Prozessgerichts vertreten ist, sind die durch die Terminswahrnehmung anfallenden Reisekosten eines am Wohn- oder Geschäftssitz der auswärtigen Partei ansässigen Prozessbevollmächtigten regelmäßig als zur zweckentsprechenden Rechtsverfolgung notwendig anzusehen und damit erstattungsfähig (BGH, NJW 2008, 2122; Rpfleger 2008, 443; JurBüro 2008, 430).

Fahrtkosten für eine Geschäftsreise mit dem eigenen Kfz *Nr. 7003 VV*

Unterbevollmächtigter: Wenn die Einschaltung eines Unterbevollmächtigten nicht erforderlich gewesen ist, sind die hierfür entstandenen Kosten nur in Höhe von max. 100 % der fiktiven Reisekosten des Hauptbevollmächtigten zu erstatten (OLG Oldenburg, MDR 2008, 532; JurBüro 2008, 321).

Verkehrsanwalt bei **ausländischem Mandanten**: Eine ausländische Partei mit einem ausländischen Verkehrsanwalt ist im Regelfall gehalten, einen inländischen Prozessbevollmächtigten am Sitz des Prozessgerichts zu beauftragen. Reisekosten des inländischen Prozessbevollmächtigten am dritten Ort sind nicht erstattungsfähig (OLG Stuttgart, OLGR Stuttgart 2009, 452; Justiz 2009, 292).

6. PKH

Fahrtkosten, die im **PKH-Bewilligungsverfahren** (z.B. im Privatklageverfahren § 379 Abs. 3 StPO) entstehen, werden nicht erstattet, da eine Titulierung der Kosten **nicht** stattfindet. Etwas anderes gilt, wenn es anschließend zum Prozess kommt. In diesem Fall werden die Fahrtkosten Prozesskosten, da das Bewilligungsverfahren und die Hauptsache eine Angelegenheit bilden. Hier kann auch eine entsprechende Erstattungspflicht entstehen. 37

7. Sockelverteidigung

Durch die sog. „Sockelverteidigung" (zum Begriff Müller, StV 2001, 649) können sich die Verteidigungschancen deutlich erhöhen. Daher kann es sich bei den Reisekosten zu den Besprechungen der Verteidiger im Rahmen der Sockelverteidigung um **erstattungsfähige notwendige Auslagen** handeln (KG, StraFo 2003, 147). 38

8. Verweisung/Abgabe

Im Fall einer Verweisung oder Abgabe sind die entstehenden Reisekosten des Rechtsanwalts **erstattungsfähig**, wenn die Partei die Anrufung des unzuständigen Gerichts nicht zu verantworten hat. 39

Beispiel:
Die Staatsanwaltschaft hat Anklage vor dem AG erhoben. Der Rechtsanwalt wird zum Pflichtverteidiger bestellt. Das AG verweist die Strafsache in der Hauptverhandlung wegen fehlender sachlicher Zuständigkeit an das LG. Das LG ist 25 km vom AG und Sitz der Kanzlei des Verteidigers entfernt. Es finden zwei Termine vor dem LG statt. Die Geschäftsreise zur Hauptverhandlung beim LG dauert drei Stunden. Es sind folgende erstattungsfähige Reisekosten entstanden, die der Pflichtverteidiger mit der Staatskasse abrechnet.

Fahrtkosten Nr. 7003 VV (2 × 50 km)	30,00 €
Tage- u. Abwesenheitsgeld Nr. 7005 VV (2 × bis zu 4 Std.)	<u>50,00 €</u>
Anwaltsvergütung netto	<u>80,00 €</u>

9. Termin findet nicht statt bzw. kann nicht wahrgenommen werden

Fahrkosten sind grds. erstattungsfähig, wenn sie notwendig sind. Findet der Termin nicht statt und sind dennoch bereits Kosten entstanden, so ist entscheidend, ob die Kosten vermeidbar gewesen sind. Hat der Rechtsanwalt die Reise bereits angetreten, so sind die Kosten nicht ver- 39a meidbar. Wird beispielsweise eine Klage vor einem auswärtigen Gericht erst einen Tag vor der mündlichen Verhandlung zurückgenommen und befindet sich der Rechtsanwalt des Beklagten bereits auf der Reise zu dem auswärtigen Gericht, sind die Reisekosten unvermeidlich und damit angefallen (OLG München, NJW-RR 2004, 714; AGS 2004, 150).

Findet dahingegen der Termin statt, verpasst der Rechtsanwalt ihn jedoch unverschuldet wegen einer mehrstündigen Autobahnsperrung, sind die Reisekosten trotzdem erstattungsfähig (OLG Celle, NJW-RR 2004, 716; AGS 2004, 796).

VII. Pflichtverteidigerbesuche in der JVA

40 Auch der auswärtige Pflichtverteidiger hat **Anspruch** auf Erstattung seiner Reisekosten für Besuche des in U-Haft befindlichen Angeklagten (BVerfG, NJW 2001, 1269 = StV 2001, 241= BRAGOreport 2001, 60; s. auch Teil A: Auslagen aus der Staatskasse [§ 46 Abs. 1], Rn. 186). So wurden 28 Reisen in die JVA innerhalb von acht Monaten noch als nicht zu beanstanden betrachtet (OLG Düsseldorf, StRR 2008, 399 = RVGreport 2008, 259; vgl. auch § 51 Rn. Rn. 99, 135).

Zur Anzahl der notwendigen Reisen im Rahmen der Pflichtverteidigung s. oben Rn. 15 ff.

Fahrtkosten für andere Verkehrsmittel   Nr. 7004 VV

Nr. 7004 VV
Fahrtkosten für andere Verkehrsmittel

Nr.	Auslagentatbestand	Höhe
7004	Fahrtkosten für eine Geschäftsreise bei Benutzung eines anderen Verkehrsmittels, soweit sie angemessen sind	in voller Höhe

Übersicht

	Rn.
A. Überblick	1
I. Regelungsgehalt	1
II. Anwendungsbereich	2
B. Kommentierung	4
I. Geschäftsreise	4
II. Andere Verkehrsmittel	6
III. Sonstige Auslagen	8
IV. Angemessenheit	9
1. Angemessenheit allgemein	9
2. Angemessenheit für den Pflichtverteidiger	10
3. Bahnfahrten	11
a) Allgemeines	11
b) Zuschläge, Reservierungen u.a.	12
c) Benutzung der ersten Klasse	13
d) Bahncard	14
4. Flugkosten	15
a) Allgemeines	15
b) Business-Klasse	17
c) Billigflüge	19
d) Stornierungskosten für Billigflüge	20
e) Wahl eines „teureren" Gerichtstands	21
5. Schifffahrtskosten	22
6. Taxikosten	23
V. Zugang/Abgang zum Verkehrsmittel	24
C. Arbeitshilfen	25

Literatur:

S. die Hinweise bei Nr. 7003 VV vor Rn. 1.

A. Überblick

I. Regelungsgehalt

Der Verteidiger kann **wählen, mit welchem Verkehrsmittel** er seine Geschäftsreisen ausführen   1
möchte. Die Wahl darf jedoch nicht missbräuchlich sein. Aus Vereinfachungsgründen wurde
für die Benutzung des eigenen Kfz eine Kilometerpauschale eingeführt. Dies ist bei der großen
Bandbreite der Kosten anderer Verkehrsmittel nicht sinnvoll möglich, aber auch nicht notwendig. Bei der Benutzung anderer Verkehrsmittel hat der Rechtsanwalt i.d.R. einen Zahlungsbeleg,
der die tatsächlichen Kosten wiedergibt. Diese Kosten sind zu erstatten. Der Gesetzgeber hat die
Erstattung nur durch das Kriterium der **Angemessenheit eingeschränkt**.

Nr. 7004 VV — *Fahrtkosten für andere Verkehrsmittel*

II. Anwendungsbereich

2 Vorbem. 7 Abs. 1 VV legt fest, dass die allgemeinen Geschäftskosten grds. durch Gebühren abgegolten sind. Dies gilt nicht, soweit in den der Vorbem. 7 VV folgenden Nummern des VV eine **besondere Regelung** getroffen ist. Dies ist für die Fahrtkosten anlässlich von Geschäftsreisen mit anderen Verkehrsmitteln als dem eigenen Kfz in Nr. 7004 VV der Fall. Diese Auslagen können, wie auch bisher, zusätzlich neben den Gebühren verlangt werden.

3 Zum persönlichen Geltungsbereich s. Vorbem. 7 VV Rn. 4 und Nr. 7003 VV Rn. 3.

B. Kommentierung

I. Geschäftsreise

4 Zum **Begriff** der Geschäftsreise s. ausführlich Vorbem. 7 VV Rn. 16 ff.

5 Zur Frage der **Verteilung** der Fahrtkosten bei Vorliegen einer Reise für mehrere Geschäfte s. ausführlich Vorbem. 7 VV Rn. 32 f.

II. Andere Verkehrsmittel

6 Zur Frage des **Wahlrechts zwischen eigenem Kfz und anderem Verkehrsmittel** s. ausführlich Nr. 7003 Rn. 6. Der Rechtsanwalt kann grds. selbst entscheiden, mit welchem Verkehrsmittel er die Geschäftsreise durchführen möchte.

7 Die Nr. 7004 VV enthält keine einschränkenden Vorgaben für die Auswahl des Verkehrsmittels. **Kriterium** ist **allein** die **Angemessenheit der Kosten**. Unter diese Verkehrsmittelaufwendungen fallen z.B. Kosten für

- die Bahn incl. Zuschläge, Liegegebühren, Reservierungen und Schlafwagen (Gerold/Schmidt/Madert/Müller-Rabe, VV 7003, 7004 Rn. 21; s. auch Rn. 11 ff.),
- Flugscheine mit den notwendigen Zusatzkosten (s. Rn. 15 ff.),
- Schifffahrtskarten ggf. mit Kabinenzuschlägen (s. Rn. 22),
- Busfahrkarten und Straßenbahnfahrkarten (AnwKomm-RVG/N. Schneider, VV 7003 – 7006 Rn. 21),
- Taxifahrten (s. Rn. 23).

Dem Rechtsanwalt steht die **Benutzung der 1. Klasse** der Bahn frei. Entsprechende Kosten sind angemessen und zu erstatten, wenn sie entstanden sind (s. Rn. 13).

III. Sonstige Auslagen

8 Das RVG sieht für sonstige Auslagen anlässlich einer Geschäftsreise eine **gesonderte Auslage** in Nr. 7006 VV vor (vgl. Nr. 7006 VV Rn. 6).

IV. Angemessenheit

1. Angemessenheit allgemein

9 Der Rechtsanwalt soll seinem **Berufsstand angemessen** reisen. Dies bedeutet weder eine luxuriöse noch eine schäbige Reise. Zu den angemessenen Kosten gehören die Kosten der 1. Klasse

Fahrtkosten für andere Verkehrsmittel — Nr. 7004 VV

(VG Freiburg, AnwBl. 1996, 589 [jedenfalls auf längeren Strecken]). Zur Frage der 1. Klasse auch auf Kurzreisen s. auch Rn. 13.

> **Hinweis:**
> Der Prozessbevollmächtigte, der zu einem auswärtigen Gerichtstermin anzureisen hat, ist bei der **Auswahl** des öffentlichen Verkehrsmittels **grds. frei**; er kann sich auch für das Flugzeug entscheiden. Grenze ist lediglich die Frage der Angemessenheit nach Nr. 7004 VV (BGH, RVGreport 2007, 308).

2. Angemessenheit für den Pflichtverteidiger

Für den **PKH-Rechtsanwalt** oder **Pflichtverteidiger** ist eine **Einschränkung nicht** gerechtfertigt. Dies gilt insbesondere auch unter dem Aspekt, dass das Justizvergütungs- und Entschädigungsgesetz (JVEG) in § 5 Abs. 1 auch z.B. den Zeugen und Sachverständigen die Benutzung der 1. Klasse gestattet. Soweit das OLG Frankfurt am Main (AnwBl. 1976, 306) dem Pflichtverteidiger nur die Benutzung einer niedrigeren Klasse als dem Wahlverteidiger zubilligt, ist dem zu widersprechen. Die Gebühren des Pflichtverteidigers sind durch das Gesetz reduziert. Der Gesetzgeber hat davon abgesehen, auch die Auslagen entsprechend zu reduzieren. Die Angemessenheit für Reisekosten des Pflichtverteidigers ist daher nicht anders zu bewerten als die eines Wahlverteidigers. 10

3. Bahnfahrten

a) Allgemeines

Die Kosten einer Bus- oder Bahnfahrt sind immer zu erstatten, da die Möglichkeit der Benutzung der öffentlichen Verkehrsmittel **immer angemessen** ist. Der Rechtsanwalt kann nicht gezwungen werden, den eigenen Pkw zu nutzen (AnwKomm-RVG/N. Schneider, VV 7003 – 7006 Rn. 21). Ebenso wenig können seine tatsächlichen Kosten auf die fiktiven Kosten einer Pkw-Reise reduziert werden. 11

b) Zuschläge, Reservierungen u.a.

Zu den Kosten der Bahnfahrt gehören neben den reinen Fahrgeldern grds. auch die Kosten für **Platzreservierungen**, **ICE-Zuschläge** und **Schlafwagenzuschläge**. 12

Reisekosten für einen **Schlafwagen** sind jedoch nur dann erstattungsfähig, wenn die Benutzung eines Tageszuges nicht mehr möglich ist (BPatG, 09.02.1970 – 28 W [pat] 26/69, n.v.). Allerdings ist bei der Benutzung eines Schlafwagens zu berücksichtigen, dass hierdurch in aller Regel **Übernachtungskosten** in einem **Hotel eingespart** werden. Da die Schlafwagenkosten geringer sind, als die eines angemessenen Hotels, stellt sich die Frage der Angemessenheit/Erstattungsfähigkeit nicht mehr, weil es sich bei der Benutzung des Schlafwagens um die für den Mandanten günstigste Alternative handelt.

> *Beispiel:*
> *Für eine Fahrt Hamburg – München kommen ca. 90,00 € Aufpreis für die Übernachtung im Einzelabteil hinzu (Stand Februar 2011). Dies liegt unter den Kosten eines angemessenen Hotels (angemessen sind für Frankfurt 170,00 € pro Nacht – OLG Frankfurt am Main, RVGreport 2008, 395).*

c) Benutzung der ersten Klasse

13 Der Rechtsanwalt ist berechtigt, angemessen zu reisen. Hierzu **gehört** insbesondere die **Benutzung** der **1. Klasse** bei Benutzung der Bahn (OLG Köln, JurBüro 2010, 480 = Rpfleger 2010, 549; OLG Stuttgart, Rpfleger 2010, 548 = NJW-Spezial 2010, 571; Gerold/Schmidt/Madert/Müller-Rabe, VV 7003, 7004 Rn. 22). Er ist nicht verpflichtet sich auf kurzen Strecken mit der Touristenklasse zufriedenzugeben (a.A. AnwKomm-RVG/N. Schneider, VV 7003 – 7006 Rn. 21 unter Bezug auf OLG Frankfurt am Main, NJW 1971, 160). Es gibt hierfür weder eine gesetzliche Grundlage, noch macht diese Einschränkung Sinn. Für kurze Strecken ist die Preisersparnis eher gering (z.B.: Düsseldorf – Köln im EC 2. Klasse = 11,00 €/1. Klasse = 18,00 € – Stand: April 2011). Weiterhin sind gerade die Züge im Nahverkehr – um diese handelt es sich regelmäßig bei kurzen Verbindungen – besonders überlastet. Ein Sitzplatz ist hier keinesfalls sicher, da eine Platzreservierung regelmäßig nicht möglich ist. Will der Rechtsanwalt beispielsweise die Fahrtzeit noch für die Terminsvorbereitung nutzen, so ist er, um sicher zu gehen, auf die erste Klasse angewiesen. Zudem dürfte es ausgesprochen unterschiedliche Auffassungen darüber geben, was eine kurze Reise ist. Unter Einbeziehung dieser Punkte ist es zutreffend, davon auszugehen, dass für den Rechtsanwalt von Beginn an die Fahrt in der ersten Klasse angemessen ist.

d) Bahncard

14 Die Kosten der Anschaffung der Bahncard sind nicht durch das Mandat veranlasst. Sie gehören auch nicht anteilig zu den Fahrtkosten, sondern sind **Bestandteil** der **allgemeinen Geschäftskosten** (VG Berlin, 10.06.2009 – 14 KE 183.06, 10 A 140.02, n.v.; KG, BRAGOreport 2003, 9 = AGS 2003, 301; OLG Celle, RVGreport 2005, 151; OLG Karlsruhe, Rpfleger 2000, 129 = JurBüro 2000, 145; OVG Nordrhein-Westfalen, NJW 2006, 1897 = Rpfleger 2006, 443; VG Ansbach, AnwBl. 2001, 185; Gerold/Schmidt/Madert/Müller-Rabe, VV 7003, 7004 Rn. 23; Hansens, in: Hansens/Braun/Schneider, Teil 19, Rn. 80). Ist der Rechtsanwalt Inhaber einer Bahncard100 und kann er die Bahn kostenfrei nutzen, so entstehen ihm keine berechenbaren Kosten (VG Köln, RVGreport 2006, 154). Nach **a.A.** sind die anteiligen Kosten der Bahncard zu schätzen und in dem jeweils betroffenen Mandat abzurechnen (OLG Koblenz, Rpfleger 1994, 85; AnwKomm-RVG/N. Schneider, VV 7003 – 7006 Rn. 23). Selbst bei dieser zwangsläufig ungenauen Schätzung des Rechtsanwalts, steht der Mandant immer noch besser, als wenn der Rechtsanwalt die vollen Kosten abrechnen würde, denn er ist nicht zur Anschaffung einer Bahncard verpflichtet (VG Freiburg, AnwBl. 1996, 589).

> **Hinweis:**
> Wegen dieser unbefriedigenden Situation sollte der Rechtsanwalt als Inhaber einer Bahncard eine entsprechende **Reisekostenregelung mit** seinem **Auftraggeber** treffen (vgl. Mustervereinbarungen, Rn. 26 ff.). Diese hat zwar keine Auswirkungen auf die Erstattungsfähigkeit gegenüber Gegner oder Landeskasse, sichert aber zumindest die Vergütungsansprüche gegenüber dem eigenen Mandanten.

Fahrtkosten für andere Verkehrsmittel   Nr. 7004 VV

4. Flugkosten

a) Allgemeines

Die Kosten einer Flugreise liegen inzwischen in dem Bereich einer Bahnfahrt der ersten Klasse und häufig sogar darunter. Beachtet man zudem die eintretende Zeitersparnis, so sind die Kosten einer Flugreise auch bei Inlandsflügen **regelmäßig erstattungsfähig**. Dies entspricht inzwischen der herrschenden Meinung (s. hierzu die unten folgenden Nachweise). Nur wenn die Flugkosten deutlich über den Bahnkosten liegen und nicht im Verhältnis zur Zeitersparnis und Bedeutung der Sache liegen, sind die Flugkosten nicht mehr angemessen i.S.d. Nr. 7004 VV und damit nicht erstattungsfähig.   **15**

Demnach gilt, dass Flugreisekosten des Anwalts erstattungsfähig sind, soweit sie in einem angemessenen Verhältnis zu den Kosten einer Bahnreise in der ersten Wagenklasse stehen (OLG Köln, JurBüro 2010, 480 = Rpfleger 2010, 549).

> **Hinweis:**
> Sind die Flugkosten für das **einzelne Geschäft** nicht erstattungsfähig, so kann sich das Ergebnis ändern, wenn der Rechtsanwalt mit einer Flugreise **mehrere Termine** wahrgenommen hat und die Kosten entsprechend zu verteilen sind (OLG Köln, JurBüro 2010, 480 = Rpfleger 2010, 549).

Diese Ansicht wird gestützt durch die **folgenden Entscheidungen**:

- Flugkosten München – Saarbrücken mit 470 km (OLG Saarbrücken, NJW-RR 2009, 1423 = RVGreport 2009, 194).
- Flugkosten sind grds. erstattungsfähig. Wenn die Buchung nur kurzfristig möglich ist, sind auch die Mehrkosten für ein entsprechend teureres Ticket erstattungsfähig (OLG Stuttgart, OLGR Stuttgart 2009, 531).
- Für die Strecke Düsseldorf – Hamburg ist die Zeitersparnis so erheblich, dass die entstehenden Mehrkosten gerechtfertigt sind (OLG Hamburg, 03.03.2010 – 4 W 249/09, JurionRS 2010, 30786).
- Bei Flugverbindungen ist entsprechend der Anzahl der Möglichkeiten und der Terminnähe eine preiswerte Flugmöglichkeit zu wählen (OLG Köln, 01.12.2008, 17 W 211/08, JurionRS 2008, 32142).
- Angemessen sind die Flugkosten für die Strecke Frankfurt – Hamburg (LAG Hamburg, RVGreport 2010, 33 = JurBüro 2010, 309).
- Flugkosten sind regelmäßig zu erstatten für die Strecke München – Frankfurt (OLG Frankfurt am Main, RVGreport 2008, 395).
- Flugkosten sind erstattungsfähig bei einer Zeitersparnis von drei Stunden (OLG Hamburg, Rpfleger 2008, 445 = RVGreport 2008, 396).
- Flugkosten sind erstattungsfähig bei einer Zeiteinsparung von vier Stunden (LG Leipzig, StV 2003, 177 = JurBüro 2001, 586).
- Flugkosten sind erstattungsfähig, wenn durch die Flugreise die Geschäftsreise innerhalb eines Tages abgewickelt werden kann (VG Leipzig, JurBüro 2000, 359).

Nr. 7004 VV *Fahrtkosten für andere Verkehrsmittel*

- Flugkosten sind für die Strecke Berlin – Frankfurt regelmäßig notwendig (LAG Hessen, BRAGOreport 2001, 190).

16 Auch werden durch die Benutzung eines Flugzeugs häufig ein oder sogar zwei **Übernachtungen erspart**. Diese ersparten Kosten sind bei der Frage der Angemessenheit der Reisekosten zu berücksichtigen. So hat das LG Freiburg (NJW 2003, 3359 = AGS 2004, 106) die Benutzung eines Fluges der Economy-Klasse für den Pflichtverteidiger für angemessen gehalten, weil sonst dem Anwalt ein Aufwand von zwei aufeinanderfolgenden Nächten mit Umsteigevorgängen und Wartezeiten entstanden wäre. Für eine Reise von München nach Leipzig stellt z.B. die Anreise per Bahn anstelle einer Flugreise keine kostengünstigere Möglichkeit dar, da die Hin- und Rückfahrt länger als zehn Stunden dauert und somit neben den Reisekosten auch Übernachtungskosten angefallen wären, die bei der Ermittlung der Reisekosten zu berücksichtigen gewesen wären (OLG Dresden, Rpfleger 2005, 569 = GRUR 2005, 976).

Die Kosten eines Fluges sind nur dann **nicht ersatz-** und **erstattungsfähig**, wenn sie zusammen mit den Folgekosten (etwa Mietwagen, Taxi) die Kosten eines anderen Verkehrsmittels **erheblich übersteigen** (so Hansens, in: Hansens/Braun/Schneider, Teil 19, Rn. 79; OLG Celle, AGS 2005, 174). Bei dieser Vergleichsberechnung müssen auch eingesparte Übernachtungskosten berücksichtigt werden. Für die Ermittlung des angemessenen Verhältnisses sind allerdings nicht die fiktiven Kosten einer Bahnfahrt, sondern die Kosten der Benutzung des eigenen Pkw den Flugkosten gegenüberzustellen, da der Rechtsanwalt grds. berechtigt ist, diesen zu benutzen (OLG Naumburg, JurBüro 2006, 87).

b) Business-Klasse

17 Dem Rechtsanwalt werden bei Geschäftsreisen die Kosten der 1. Klasse für Bahn- oder Schiffsreisen erstattet. Daraus folgt jedoch **kein Anspruch** des Verteidigers darauf, auch bei einer **Flugreise** grds. die Kosten der **1. Klasse** geltend machen zu können (OLG Frankfurt am Main, NJW 1971, 160). Ausgangspunkt für die Begründung ist, dass der Rechtsanwalt nicht schlechter aber auch nicht besser gestellt werden darf als Personen mit der Befähigung zum Richteramt. Deshalb ist das entsprechende Dienstrecht für Beamte zum Vergleich heranzuziehen. Aus diesem Vergleich ergibt sich, dass ihm ein Erstattungsanspruch für die **Business-Klasse nicht** zusteht, denn nach § 5 Landesreisekostengesetz haben Angehörige der Besoldungsgruppen R 1 bis R 10 im Fall des Benutzens von Luftfahrzeugen lediglich einen Erstattungsanspruch für die Touristen- oder Economy-Klasse (VGH Baden-Württemberg, VGHBW-LS 2000, Beilage 9, B 4; Hansens, in: Hansens/Braun/Schneider, Teil 19, Rn. 79 [für Inlandsflüge ist grds. die Economy-Klasse erstattungsfähig, bei Auslandsflügen die Business-Klasse]).

Für die Erstattung lediglich der **Economy-Class**:

- Business Class muss im Verhältnis zu den Kosten der Bahnfahrt 1. Klasse stehen. Das ist bei der Strecke München Frankfurt nicht der Fall (OLG Frankfurt am Main, RVGreport 2008, 395).
- Bei einem innerdeutschen Kurzstreckenflug sind die Kosten der „Business Class" nicht erstattungsfähig, sondern lediglich die der „Economy Class". Der Rechtsanwalt ist jedoch nicht verpflichtet, einen Billigflug zu nutzen. Bei nicht feststehendem Flugpreis in der „Economy Class" sind ihm fiktiv jedenfalls die bei Benutzung der 1. Klasse der Bahn anfallenden Kos-

Fahrtkosten für andere Verkehrsmittel   Nr. 7004 VV

ten zuzüglich denen einer erforderlichen Übernachtung zu erstatten (OLG Stuttgart, MDR 2010, 898 = Rpfleger 2010, 548).

- Eine wirtschaftlich vernünftig denkende Partei hätte eine erheblich günstigere „Economy Class" gebucht. Deren Kosten sind um ca. 44% günstiger als diejenigen in der „Business Class". Auf einen sog. Billigflug, bei dem regelmäßig nicht umgebucht werden kann, kann der Rechtsanwalt nicht verwiesen werden (OLG Düsseldorf, NJW-RR 2009, 1422 = Rpfleger 2009, 279 – 280 = JurBüro 2009, 199 – 200).
- Es kann nur ein Flugpreistarif gewählt werden, der die Möglichkeit zur kurzfristigen Umbuchung des Fluges gewährleistet. I.d.R. steht allenfalls die Wahl eines Economy-Fluges im angemessenen Verhältnis zu den Kosten einer Bahnreise. Die Möglichkeit der Aktenbearbeitung ist unbeachtlich (OLG Hamburg, 03.03.2010 – 4 W 249/09, JurionRS 2010, 30786).
- Es sind nur die Kosten der Economy-Class zu erstatten (OLG Frankfurt am Main, 27.07.2009 – 6 W 63/09, JurionRS 2009, 20844).

Für die grundsätzliche **Erstattung der Business-Class**:   **18**

- Im Flugzeug ist lediglich in der Business-Class ein vom Nachbarn uneinsehbares Arbeiten möglich, sodass der Anwalt nicht auf einen Billigflug oder einen Economy-Flug der Lufthansa zu verweisen ist (OLG Hamburg, RVGreport 2008, 396 [m. abl. Anm. für Inlandsflüge Hansens] = StRR 2009, 159 – 160 = Rpfleger 2008, 445).
- Die Erstattungsfähigkeit der Flugreisekosten ist nicht auf die Kosten eines Flugs in der Economy Class beschränkt. Je nach Buchungszeitpunkt können die Kosten der Business-Class sogar geringer als die der Economy-Class sein. Zudem besteht die Möglichkeit der Umbuchung. Ebenso wie bei der Bahnfahrt ist daher die erste Klasse gerechtfertigt (OLG Saarbrücken, 02.04.2009 – 5 W 58/09 – K9, 5 W 58/09, n.v.).

c) Billigflüge

Es besteht **keine Verpflichtung** für den Rechtsanwalt sog. **„Billig"-Flüge** in Anspruch zu nehmen. Ebenso wenig können ihm im Nachhinein die niedrigeren Kosten für einen solchen Flug entgegengehalten werden. Derartige Flüge sind nicht planbar. Ihre Eignung hängt zwingend vom Buchungszeitpunkt ab. Es steht nur eine begrenzte Anzahl an Plätzen zur Verfügung, die regelmäßig schnell vergriffen sind. Zudem stehen diese Flüge nur zu bestimmten Terminen zur Verfügung (OLG Stuttgart, RVGreport 2005, 319 = JurBüro 2005, 367). Es muss zudem einem Rechtsanwalt grds. selbst überlassen bleiben, erst relativ kurz vor dem Termin zu entscheiden, ob er überhaupt an der Verhandlung teilnehmen will. Eine frühzeitige Buchung und damit die Möglichkeit der Benutzung eines Billigfluges scheiden demzufolge aus (BVerwG, JurBüro 1989, 1456; ebenso: OLG Düsseldorf, NJW-RR 2009, 1422 = Rpfleger 2009, 279 – 280 = JurBüro 2009, 199; OLG Stuttgart, MDR 2010, 898 = Rpfleger 2010, 548; RVGreport 2005, 319 = JurBüro 2005, 367, wonach aufgrund der Abhängigkeit dieser Flugpreise von Angebot, Buchungszeitpunkt und Flugzeit eine nachträgliche fiktive Berechnung der Flugkosten für einen bestimmten Termin praktisch unmöglich ist).   **19**

d) Stornierungskosten für Billigflüge

Hat der Rechtsanwalt mit einem Billigflug den kostengünstigsten Weg gewählt, so stellt sich die Frage wie mit den Stornierungskosten bei einer Terminsverlegung/-Absage umzugehen ist.   **20**

Billigflüge sind in aller Regel nicht flexibel. Eine Umbuchung ist ausgeschlossen. Hierzu ist festzustellen, dass dem Rechtsanwalt seine kostensparende Verhaltensweise, die sich **nachträglich** als falsch erwies, nicht angelastet werden darf. Grds. erstattungsfähige Flugkosten sind daher auch dann erstattungsfähig, wenn ein Gerichtstermin kurzfristig aufgehoben wird. Daher sind Reisekosten der Partei bzw. ihres Rechtsanwalts gleichwohl festzusetzen, soweit sie unvermeidbar waren. Das gilt auch für solche Reisekosten, die wegen der kurzfristigen Stornierung nicht mehr zurückerstattet werden (OLG Bremen, 08.03.2010 – 2 W 13/10, JurionRS 2010, 11532; LG Leipzig, MDR 2007, 433).

e) Wahl eines „teureren" Gerichtstands

21 Flugkosten sind auch dann erstattungsfähig, wenn der Kläger auch bei einem **anderen (= näheren) Gericht hätte klagen können**. Dem Kläger dürfen durch die Ausübung seines Wahlrechts gem. § 35 ZPO keine kostenrechtlichen Nachteile erwachsen. Die Zweckmäßigkeit der Gerichtsstandswahl ist im Kostenfestsetzungsverfahren nicht zu überprüfen (OLG Frankfurt am Main, 27.07.2009 – 6 W 63/09, JurionRS 2009, 20844)

5. Schifffahrtskosten

22 Auch die **angemessenen Kosten** einer Schifffahrt sind dem Rechtsanwalt zu **ersetzen** (Hansens, in: Hansens/Braun/Schneider, Teil 19, Rn. 82; AnwKomm-RVG/N. Schneider VV 7003 – 7006, Rn. 25). Dies gilt jedenfalls bei Linienschiffen im Inland. Bei einer Schifffahrt nach Übersee dürfte die Angemessenheit zweifelhaft sein, da im Vergleich zu einem Flug keine Ersparnis und zudem ein erheblicher Zeitverlust eintritt (Hansens, in: Hansens/Braun/Schneider Teil 19, Rn. 82).

6. Taxikosten

23 Der Rechtsanwalt kann grds. **bei kürzeren Entfernungen** auch ein Taxi benutzen (AnwKomm-RVG/N. Schneider, VV 7003 – 7006 Rn. 24). Dies gilt insbesondere für den **Zu- und Abgang anderer Verkehrsmittel** (OLG Köln, StRR 2009, 320 = StraFo 2009, 43 = RVGreport 2009, 189; LG Berlin, JurBüro 1999, 526). Bei längeren Fahrten ist er allerdings auf die Benutzung der öffentlichen Verkehrsmittel angewiesen, da diese letztlich erheblich günstiger sind.

V. Zugang/Abgang zum Verkehrsmittel

24 Zu den Fahrtkosten gehören auch **sämtliche weiteren**, aus Anlass der Reise **entstandenen Kosten** für den Einsatz von Verkehrsmitteln. Soweit diese Kosten tatsächlich entstanden sind, gehören hierzu z.B. die Kosten für:

- das Taxi zum Flughafen (OLG Köln, StRR 2009, 320 = StraFo 2009, 43 = RVGreport 2009, 189; LG Berlin, JurBüro 1999, 526),
- die Fahrt mit dem eigenen Pkw zum Parkplatz am Bahnhof,
- die Anfahrt mit dem Bus zum Bahnhof usw.

Fahrtkosten für andere Verkehrsmittel Nr. 7004 VV

C. Arbeitshilfen

Inhalt einer **Vergütungsvereinbarung** zum Ausgleich der nichterstattungsfähigen Kosten der 25
Bahncard können folgende Formulierungsvorschläge sein:

Muster 1: Ausgleich der nichterstattungsfähigen Kosten der Bahncard – 1. Var. 26

> Die Kosten der Anschaffung einer Bahncard werden nicht erstattet. Setzt der Rechtsanwalt dennoch zum Vorteil des Mandanten seine Bahncard für Reisen ein, so stehen dem Rechtsanwalt 30 % der im Einzelfall ersparten Reisekosten als anteilige Anschaffungskosten für die Bahncard zu. Dem Mandaten verbleiben 70 % des Vorteils. .....

Muster 2: Ausgleich der nichterstattungsfähigen Kosten der Bahncard – 2. Var. 27

> Aus Gründen einer einfachen und nachvollziehbaren Abrechnung der Reisekosten stehen dem Rechtsanwalt als Fahrtkosten, unabhängig von der Wahl des jeweiligen Fahrzeugs, eine Kilometerpauschale von 0,30 € je gefahrenen Kilometer zu. .....

Muster 3: Ausgleich der nichterstattungsfähigen Kosten der Bahncard – 3. Var. 28

> Setzt der Rechtsanwalt seine Bahncard zum Vorteil des Mandanten ein, so sind deren Kosten nicht vom Mandanten zu tragen. Der Rechtsanwalt kann jedoch für jeden Einsatz der Bahncard eine Pauschale von 20,00 € für die Anschaffung der Bahncard in Rechnung stellen. .....

Nr. 7005 VV
Tage- und Abwesenheitsgeld

Nr.	Auslagentatbestand	Höhe
7005	**Tage- und Abwesenheitsgeld bei einer Geschäftsreise**	
	1. von nicht mehr als 4 Stunden	20,00 EUR
	2. von mehr als 4 bis 8 Stunden	35,00 EUR
	3. von mehr als 8 Stunden	60,00 EUR
	Bei Auslandsreisen kann zu diesen Beträgen ein Zuschlag von 50% berechnet werden.	

Übersicht

	Rn.
A. Überblick	1
I. Regelungsgehalt	1
II. Anwendungsbereich	2
B. Kommentierung	4
I. Geschäftsreise	4
II. Pauschale	6
III. Höhe der Pauschale im Inland und Ausland	7
IV. Dauer der Geschäftsreise	8
V. Auslandsreisen	10

Literatur:

S. die Hinweise bei Nr. 7003 VV vor Rn. 1

A. Überblick

I. Regelungsgehalt

1 Als Ersatz der weiteren auf einer Geschäftsreise entstehenden Kosten bietet das RVG den Ansatz von **Tage- und Abwesenheitsgeldern**. Diese können **pauschal gestaffelt** nach der Dauer der Geschäftsreise angesetzt werden. Es sollen die anlässlich der Geschäftsreise entstehenden Mehrkosten, insbesondere für Verpflegung und Unterkunft (ohne Übernachtung), entgolten werden. Zudem ist in dem Tage- und Abwesenheitsgeld eine Entschädigung dafür zu sehen, dass der Rechtsanwalt nicht seinen weiteren Geschäften nachgehen kann (BayObLG, MDR 1987, 870).

Nr. 7005 VV entspricht inhaltlich dem § 28 Abs. 3 Satz 1 BRAGO. Lediglich die **Pauschbeträge** wurden der wirtschaftlichen Entwicklung **angepasst**.

II. Anwendungsbereich

2 Die **allgemeinen Geschäftskosten** sind grds. durch Gebühren **abgegolten** (s. Vorbem. 7 Abs. 1 VV). Dies gilt nicht, soweit in den der Nr. 7000 VV folgenden Nummern des VV eine **besondere Regelung** getroffen ist. Dies ist für Tage- und Abwesenheitsgelder anlässlich von Geschäftsreisen in Nr. 7005 VV der Fall. Diese Auslagen können, wie auch bisher, zusätzlich neben den Gebühren verlangt werden.

Tage- und Abwesenheitsgeld *Nr. 7005 VV*

Wird der Rechtsanwalt i.S.d. § 1 Abs. 1 tätig, so stehen ihm diese **Pauschalen** zu (vgl. Vorbem. 7 VV Rn. 4). Dies gilt für alle Personen, die zum Kreis des § 5 gehören, so auch Schneider (RVGreport 2007, 52). Wieso Mayer (Gerold/Schmidt/Mayer, § 5 Rn. 9) dem Assessor und dem Stationsreferendar als Vertreter kein Abwesenheitsgeld nach Nr. 7005 gewähren will, bleibt schleierhaft. 3

B. Kommentierung

I. Geschäftsreise

Zum **Begriff** der Geschäftsreise s. ausführlich Vorbem. 7 VV Rn. 16 ff. 4

Zur Frage der **Verteilung** der Reisekosten bei Vorliegen einer Reise für mehrere Geschäfte s. ausführlich Vorbem. 7 VV Rn. 32 ff. 5

II. Pauschale

Durch die Pauschale für Tage- und Abwesenheitsgeld werden die Kosten abgegolten für Verpflegung, Unterkunft (ohne Übernachtung), Benutzung von Verkehrsmitteln am Geschäftsort (ohne Fahrtkosten für Zu- oder Abgang, s. Nr. 7004 VV Rn. 24). Sind **tatsächlich niedrigere Kosten** entstanden, so ist dies **unerheblich**. Dies gilt ebenfalls für höhere Kosten. Sind diese höheren Kosten vorhersehbar, so bleibt nur die Möglichkeit einer entsprechenden Vergütungsvereinbarung. 6

III. Höhe der Pauschale im Inland und Ausland

Die Auslagenpauschale ist **pauschal** gestaffelt **nach der Dauer** der Abwesenheit. Zudem kann nach der Anm. zu Nr. 7005 VV ein 50%iger Zuschlag im Fall von Auslandsreisen erhoben werden. 7

Reisedauer	Inland	Ausland
von nicht mehr als vier Stunden	20,00 €	30,00 €
von mehr als vier bis acht Stunden	35,00 €	52,50 €
von mehr als acht Stunden	60,00 €	90,00 €

IV. Dauer der Geschäftsreise

Die Pauschale entsteht **in drei Stufen**, die sich an der Dauer der Geschäftsreise orientieren. Ab einer Dauer von vier Stunden und einer Minute bzw. acht Stunden und einer Minute entsteht die Pauschale der nächsthöheren Stufe. **Maßgebend** für die Dauer der Geschäftsreise sind das **Verlassen** der **Kanzlei** (bzw. Wohnung) und deren Wiederbetreten. **Zugverspätungen** sind einzurechnen, da es allein auf die tatsächliche Dauer der Reise ankommt (Gerold/Schmidt/Madert/Müller-Rabe, VV 7005 Rn. 2). Die Zeiten für ein **Mittagessen** des Rechtsanwalts sind einzurechnen, wenn die Reise in die Mittagszeit fällt (VG Stuttgart, AnwBl. 1984, 323, 562). Es ist unerheblich, ob die Geschäftsreise an einem Werk- oder einem **Sonn- oder Feiertag** stattfindet. 8

Bei **mehrtägigen Geschäftsreisen** sind die Abwesenheitszeiten **für jeden Tag** gesondert zu berechnen (OLG Düsseldorf, JurBüro 1993, 674; Hansens, in: Hansens/Braun/Schneider, Teil 19, 9

Nr. 7005 VV *Tage- und Abwesenheitsgeld*

Rn. 89; AnwKomm-RVG/N. Schneider, VV 7003 – 7006 Rn. 31). Dies gilt ebenso für den Tag der An- und Abreise.

Beispiel:

Rechtsanwalt R verlässt seine Kanzlei am Montag um 20.30 Uhr und beginnt seine Reise. Den Dienstag verbringt er am Terminsort und kehrt am Mittwochmorgen um 11.00 Uhr in die Kanzlei zurück.

Der Rechtsanwalt rechnet ab:

Montag:	*Abwesenheit bis zu vier Stunden*	20,00 €
Dienstag:	*Abwesenheit über acht Stunden*	60,00 €
Mittwoch:	*Abwesenheit über acht Stunden*	60,00 €

V. Auslandsreisen

10 Verlässt der Rechtsanwalt im Rahmen seiner Geschäftsreise die Grenzen des Inlands, so kann er nach der Anm. zu Nr. 7005 VV zu den üblichen Beträgen einen **Zuschlag von 50 %** berechnen. Dieser Zuschlagssatz wurde durch das RVG auf 50 % reduziert. Der Rechtsanwalt hat nach seinem **Ermessen** zu entscheiden, ob er diesen Satz verlangen möchte. Macht er ihn geltend, hat er einen Anspruch auf die Zahlung der erhöhten Sätze. Es handelt sich trotz der Benutzung des Wortes „kann" nicht um eine Kann-Vorschrift, sondern um einen **Festbetrag**. Das Wort „kann" bezieht sich auf die Berechnung, nicht auf die Höhe des Zuschlags, dessen Höhe der Gesetzgeber mit 50 % fixiert hat. Anstatt Formulierungen wie „bis zu 50 %" zu benutzen, die dem Rechtsanwalt ein Ermessen bei der Höhe des Zuschlags eingeräumt hätten, hat der Gesetzgeber diese Fixierung gewählt. Dem Rechtsanwalt steht damit **kein Ermessen hinsichtlich der Höhe** des Auslandszuschlags zu. Der Rechtsanwalt kann **nur entscheiden**, ob er den Zuschlag geltend macht. Macht er ihn geltend, so ist der Satz mit 50 % nicht disponibel. Eine entsprechende Anwendung von § 14 ist damit ausgeschlossen (Hansens, in: Hansens/Braun/Schneider, Teil 19, Rn. 87; Gerold/Schmidt/Madert/Müller-Rabe, VV 7005, 7006 Rn. 3; **a.A.** AnwKomm-RVG/ N. Schneider, VV 7003 – 7006 Rn. 32).

Hinweis:

Auslandsreisen liegen vor, sobald die **Grenzen des Bundesgebiets verlassen** werden. Andere Beurteilungskriterien für den Auslandsbegriff sind unbeachtlich.

Sonstige Auslagen für Geschäftsreisen   *Nr. 7006 VV*

Nr. 7006 VV
Sonstige Auslagen für Geschäftsreisen

Nr.	Auslagentatbestand	Höhe
7006	Sonstige Auslagen anlässlich einer Geschäftsreise, soweit sie angemessen sind	in voller Höhe

Übersicht

	Rn.
A. Überblick	1
I. Regelungsgehalt	1
II. Anwendungsbereich	2
B. Kommentierung	4
I. Geschäftsreise	4
II. Sonstige Auslagen	6
III. Angemessenheit	9
IV. Übernachtungskosten	10
1. Notwendigkeit einer Übernachtung	10
2. Angemessenheit des Hotels	11
3. Schlafwagen	15
4. Kostenfreie Übernachtung	16
5. Trinkgelder	17
6. Hotelfrühstück	18
7. Tatsächliche Aufwendungen – fiktive Aufwendungen	19

Literatur:

S. die Hinweise bei Nr. 7003 VV.

A. Überblick

I. Regelungsgehalt

Die Vorschrift Nr. 7006 VV umfasst den Inhalt der bisherigen Vorschrift § 28 Abs. 3 Satz 2 BRAGO bzgl. der Übernachtungskosten, ist jedoch im RVG durch die Formulierung „sonstige Auslagen" sehr viel weiter gefasst worden. Nunmehr können **sämtliche Auslagen**, die anlässlich von Geschäftsreisen entstanden sind, als Auslagen angesetzt werden. Einzige Einschränkung ist die Angemessenheit der Aufwendungen.   **1**

II. Anwendungsbereich

Die allgemeinen Geschäftskosten sind grds. durch Gebühren abgegolten (s. Vorbem. 7 Abs. 1 VV). Dies gilt nicht, soweit in den der Vorbem. 7 VV folgenden Nummern des VV eine besondere Regelung getroffen ist. Eine solche Regelung trifft das RVG mit der Nr. 7006 VV für die sonstigen **Auslagen anlässlich einer Geschäftsreise.** Diese Kosten können damit **neben den Gebühren und anderen Auslagen** verlangt werden. Wird der Rechtsanwalt i.S.v. § 1 Abs. 1 tätig, so stehen ihm diese Auslagen zu, soweit sie angemessen sind.   **2**

Zum persönlichen Geltungsbereich wird verwiesen auf Vorbem. 7 VV Rn. 4.   **3**

Nr. 7006 VV   *Sonstige Auslagen für Geschäftsreisen*

B. Kommentierung

I. Geschäftsreise

4   Zum **Begriff** der Geschäftsreise s. ausführlich Vorbem. 7 VV Rn. 16 ff.

5   Zur Frage der **Verteilung** der Fahrtkosten bei Vorliegen einer **Reise für mehrere Geschäfte** s. ausführlich Vorbem. 7 VV Rn. 32 ff.

II. Sonstige Auslagen

6   Unter den sonstigen Auslagen sind **sämtliche Kosten** zu verstehen, die **anlässlich** der **Geschäftsreise** entstanden sind. Als sonstige Auslagen können z.B. die folgenden Kosten entstehen und angesetzt werden, sofern diese **angemessen** (vgl. Rn. 9) sind:

- Flugunfallversicherung,
- Gepäckbeförderung,
- Gepäckaufbewahrung,
- Gepäckversicherung,
- Kurtaxe,
- Mautgebühren,
- Parkgebühren,
- Passgebühren,
- Reiseversicherung,
- Straßenbenutzungsgebühren,
- Trinkgelder,
- Übernachtungskosten (s. ausführlich unten Rn. 10 ff.).

7   **Nicht** zu den zu erstattenden Auslagen gehören Aufwendungen, die nicht regelmäßig entstehen und damit **nur einzelfallbezogen** sind. Dies gilt beispielsweise für **Abschleppkosten** im Fall einer Panne oder eines **Bußgeldes** für zu schnelles Fahren. Die Kosten einer **Vignette** sollen nicht erstattungsfähig sein, da diese für einen längeren Zeitraum als die Reise selbst gilt und damit auch privat genutzt werden kann (so Hansens, in: Hansens/Braun/Schneider, Teil 19, Rn. 91). Dieser Standpunkt erscheint zweifelhaft. Der Rechtsanwalt ist zum Kauf der Vignette gezwungen, wenn er die entsprechenden Autobahnen benutzen will. Dass die kleinste Einheit i.d.R. ein 10-Tages-Ticket ist, ändert nichts daran, dass der Kauf der Vignette notwendig war (so auch AnwKomm-RVG/N. Schneider, VV 7003 – 7006 Rn. 41). Denkbar ist zumindest eine **Vergleichsrechnung** zwischen den Kosten einer Vignette und der Benutzung der Landstraßen und dem damit verbundenen Zeitverlust.

8   **Nicht zu den sonstigen Auslagen** anlässlich einer Geschäftsreise gehören ebenso:
- Entgelte für **Fähren** (diese sind nach Nr. 7004 VV abzurechnen; a.A. Abrechnung nach Nr. 7006 VV Hansens, in: Hansens/Braun/Schneider, Teil 19, Rn. 91)
- Kosten im Zusammenhang mit der Bahnfahrt wie **Platzreservierung**, **ICE-Zuschläge**, **Schlafwagen**, usw. (diese sind nach Nr. 7004 VV abzurechnen; a.A. Abrechnung nach Nr. 7006 VV Hansens, in: Hansens/Braun/Schneider, Teil 19, Rn. 91)

Sonstige Auslagen für Geschäftsreisen Nr. 7006 VV

III. Angemessenheit

Die sonstigen Auslagen für Geschäftsreisen sind nur dann durch den Mandanten und ggf. den 9
Gegner oder die Landeskasse zu erstatten, wenn sie angemessen sind. Die Frage der **Angemessenheit** ist anhand der Gegebenheiten des Einzelfalles zu entscheiden. **Kriterien für die Entscheidung** sind:

- die allgemeine Verkehrsanschauung,
- das für Richter geltende Reisekostenrecht (OLG Karlsruhe, JurBüro 1986, 390 = AnwBl. 1986, 110),
- das für den Auftraggeber selbst als angemessen zu betrachtende Vorgehen (OLG Dresden, StraFo 2002, 246 = BRAGOreport 2002, 127),
- das für den jeweiligen Gegner/Verhandlungspartner angemessene Vorgehen,
- die Bedeutung der Angelegenheit,
- Besonderheiten in der Person des Rechtsanwalts (Gerold/Schmidt/Madert/Müller-Rabe, VV 7005, 7006 Rn. 4).

> **Hinweis:**
> Der Rechtsanwalt sollte, wenn er diesen Rahmen überschreiten will oder unsicher ist, ob die Kosten angemessen sind, die **Zustimmung** des Auftraggebers einholen und ggf. eine Vergütungsvereinbarung abschließen. Stimmt der Auftraggeber zu, so hat zumindest dieser die Kosten zu tragen. Für die Erstattungspflicht gegenüber Landeskasse/Gegner ist die Zustimmung des Auftraggebers aber ohne Belang. Der Pflichtverteidiger kann jedoch vorab die Erforderlichkeit einer Reise gem. § 46 Abs. 2 feststellen lassen.

IV. Übernachtungskosten

1. Notwendigkeit einer Übernachtung

Der Rechtsanwalt entscheidet im Rahmen seines **pflichtgemäßen Ermessens, ob** und **wie** er 10
während der Geschäftsreise übernachtet. Ist der Auftraggeber nicht mit den Übernachtungskosten einverstanden, so trifft diesen die Beweislast. Die bloße **Zweckmäßigkeit** einer Übernachtung **reicht** für die Ansetzbarkeit der Kosten **aus**. Eine Übernachtung ist allerdings dann wohl nicht mehr zweckmäßig, wenn der Rechtsanwalt bis ca. 22.00 Uhr wieder in der Kanzlei bzw. seiner Wohnung sein konnte (Hansens, JurBüro 1988, 1266). Die Zeitangabe von 22.00 Uhr schwankt je nach den Umständen des Einzelfalls. So kann z.B. für ältere oder kränkliche Anwälte diese Grenze unterschritten werden (Gerold/Schmidt/Madert/Müller-Rabe, VV 7005, 7006 Rn. 4). Fraglich ist, ob Übernachtungskosten, die dadurch entstehen, dass der Rechtsanwalt nicht bereits um 5.00 Uhr aufgestanden ist, im Einzelfall nicht erstattungsfähig sind (so KG, BRAGOreport 2003, 37 = AGS 2003, 498). Das dürfte kaum zumutbar sein. Zudem sollte als Kriterium nicht das Aufstehverhalten, sondern der Reiseantritt/das Reiseende herangezogen werden. Demgemäß wird man die Kosten einer Übernachtung dann als erstattungsfähig ansehen müssen, wenn der Reisebeginn nach 21.00 Uhr und vor 06.00 Uhr läge. Es zählt hierbei das Verlassen der Wohnung als Reisebeginn (OLG Hamburg, 03.03.2010 – 4 W 249/09, JurionRS 2010, 30786; OLG Karlsruhe, NJW-RR 2003, 1654 = AGS 2003, 498; LG Koblenz, JurBüro 2009, 432).

Nr. 7006 VV   *Sonstige Auslagen für Geschäftsreisen*

Ebenso: Übernachtungskosten sind bei der Ermittlung der (fiktiven) Reisekosten in Ansatz zu bringen, wenn die Reise zur **Nachtzeit** i.S.v. § 758a Abs. 4 Satz 2 ZPO hätte **begonnen** werden müssen (OLG Celle, RVGreport 2009, 193).

Das **OLG Saarbrücken** geht nicht vom Beginn der Reise aus, sondern wählt einen anderen Ansatz, wenn es feststellt, dass bei einem höheren Zeitaufwand als zehn Stunden für den Hin- und Rückweg grds. Übernachtungskosten erstattungsfähig sind (OLG Saarbrücken, NJW-RR 2009, 1423 = RVGreport 2009, 194).

2. Angemessenheit des Hotels

11   Unter Beachtung der Kriterien „Verkehrsanschauung" und des „für Richter geltenden Reisekostenrechts" ist die Übernachtung in einem **Luxushotel** grds. **nicht** mehr **angemessen** (OLG Karlsruhe, JurBüro 1986, 390 = AnwBl. 1986, 110). Dies kann jedoch anders zu beurteilen sein, wenn der Mandant selbst in Luxushotels verkehrt oder der Gegner nur dort zu Verhandlungen bereit ist. Im Rahmen der Übernachtungskosten ist für den Rechtsanwalt jedenfalls ein Zimmer mit eigenem Direktwahltelefon und Faxanschluss angemessen. Wenn der Rechtsanwalt entsprechend vorträgt, muss dies sicher auch für einen Internetanschluss gelten. Dies ergibt sich aus Notwendigkeit der ständigen ungestörten Kontaktmöglichkeit mit dem Büro/Auftraggeber.

12   Bei einem **jungen, unbekannten Rechtsanwalt** grds. Angemessenheitsabschläge vorzunehmen, ist nicht angebracht. Er hat die gleichen Aufgaben wahrzunehmen und unterliegt hierbei den gleichen Vorgaben wie ein älterer Kollege. Die Frage der Angemessenheit kann ausnahmsweise bei einem **älteren/kranken Rechtsanwalt** anders zu beurteilen sein, wenn sich aus dem Alter oder Krankheit besondere Umstände ergeben. Hier können höhere Kosten eher gerechtfertigt erscheinen als bei anderen Anwälten.

13   Bei der Beurteilung der Frage der Angemessenheit von Übernachtungskosten sind auch die **wirtschaftlichen Verhältnisse** des **Auftraggebers** zu berücksichtigen. Bei äußerst bescheidenen wirtschaftlichen Verhältnissen des Auftraggebers sind dann ggf. nur die Kosten einer Übernachtung des Strafverteidigers in einem Einzelzimmer eines guten Mittelklassehotels mit modernem Komfort angemessen (so OLG Dresden, StraFo 2002, 246 = BRAGOreport 2002, 127 [im Jahr 2000 zum Preis von 240,00 DM]).

14   Die **Rechtsprechung** zur Angemessenheit des Hotels ist **uneinheitlich**, z.B.:
- In Frankfurt sind – jedenfalls außerhalb von Messezeiten – Übernachtungskosten i.H.v. höchstens 170,00 € erstattungsfähig (OLG Frankfurt am Main, RVGreport 2008, 395).
- 150,00 € werden als angemessener Preis für eine Hotelübernachtung in Köln angenommen (OLG Köln, JurBüro 2010, 480 = Rpfleger 2010, 549).
- Die Kosten eines guten Leipziger Hotels mit **90,00 €** (November 2003) für ein Einzelzimmer sind erstattungsfähig. Falls ein solches Zimmer nicht zur Verfügung steht und daher ein teureres gebucht werden muss, so ist dies glaubhaft zu machen (BVerwG, RVGreport 2006, 98).
- Im Jahr 2000 hat das BPatG Übernachtungskosten i.H.v. **159,00 €** (316,00 DM) für angemessen gehalten (BPatG, 01.04.2004 – 10 W [pat] 7/01, n.v.).
- Im Bezirk des OLG Karlsruhe sind höchstens **75,00 €** als Übernachtungskosten erstattungsfähig (OLG Karlsruhe, NJW-RR 2003, 1654 = AGS 2003, 498).

Sonstige Auslagen für Geschäftsreisen   Nr. 7006 VV

3. Schlafwagen

Die Kosten eines **Schlafwagens** werden bereits durch die Fahrtkosten nach Nr. 7004 VV abgegolten. Sie sind grds. erstattungsfähig, da sie geringer sind als die eines angemessenen Hotels (s. Komm. Nr. 7004 VV unter Rn. 12).   15

4. Kostenfreie Übernachtung

Übernachtungskosten werden nur erstattet, wenn sie auch **tatsächlich entstanden** sind. Eine Übernachtung ohne Kosten, z.B. bei Freunden, verursacht keine ansetzbaren Kosten (OLG Hamm, JurBüro 1981, 1681).   16

5. Trinkgelder

Die **üblichen** Trinkgelder sind ebenfalls **zu erstatten** (Gerold/Schmidt/Madert/Müller-Rabe, VV 7003, 7004 Rn. 34; AnwKomm-RVG/N. Schneider, VV 7003 – 7006 Rn. 40).   17

6. Hotelfrühstück

Die Kosten für das ggf. in der Hotelrechnung enthaltene Frühstück gehören nicht zu den Übernachtungskosten. Sie werden durch das **Tage-** und **Abwesenheitsgeld abgegolten**. Ggf. muss der Rechtsanwalt diesen Betrag aus der Hotelrechnung herausrechnen (KG, Rpfleger 1994, 430).   18

7. Tatsächliche Aufwendungen – fiktive Aufwendungen

Grds. können immer nur die tatsächlich entstanden Kosten angesetzt werden. Ausnahmsweise sind die fiktiven Kosten einer Reise zu berücksichtigen, wenn die tatsächlichen Kosten nicht mehr angemessen waren (AnwKomm-RVG/N. Schneider, VV 7003, 7004 Rn. 42).   19

> *Beispiel:*
>
> *Am Montag und Dienstag finden zwei Termine in Münster statt. Rechtsanwalt R aus Köln hat eine Hotelübernachtung (Preis 150,00 €) am Terminsort Münster (einfache Entfernung 150 km) vorgenommen, obwohl eine Heimreise und erneute Anreise am Folgetag durchaus möglich gewesen wäre.*
>
> *Wenn das Gericht die Hotelübernachtung selbst nicht für erstattungsfähig halten sollte, müsste die folgende Vergleichsrechnung durchgeführt werden: Es wurden durch die Übernachtung die ansonsten notwendigen Kosten einer zweiten Anreise erspart. I.H.d. ersparten fiktiven Fahrtkosten sind die Hotelkosten erstattungsfähig.*
>
> *Erspart wurden hier: fiktive Fahrtkosten nach Nr. 7003 VV für 300 km mit 100,00 €. Damit sind die Übernachtungskosten i.H.v. 150,00 € lediglich mit 100,00 € erstattungsfähig.*

Nr. 7007 VV
Prämien für eine besondere Haftpflichtversicherung

Nr.	Auslagentatbestand	Höhe
7007	Im Einzelfall gezahlte Prämie für eine Haftpflichtversicherung für Vermögensschäden, soweit die Prämie auf Haftungsbeträge von mehr als 30 Millionen EUR entfällt Soweit sich aus der Rechnung des Versicherers nichts anderes ergibt, ist von der Gesamtprämie der Betrag zu erstatten, der sich aus dem Verhältnis der 30 Millionen EUR übersteigenden Versicherungssumme zu der Gesamtversicherungssumme ergibt.	in voller Höhe

Übersicht

	Rn.
A. Überblick	1
B. Kommentierung	3

A. Überblick

1 Nach der **neuen Nr. 7007 VV** erhält der Rechtsanwalt die **im Einzelfall gezahlte** Prämie für eine Vermögensschadenhaftpflichtversicherung, soweit die Prämie auf Haftungsbeträge oberhalb von 30 Mio. € entfällt.

2 Diese Obergrenze korreliert mit der Grenze nach § 22 Abs. 2. Hiernach sieht das RVG im Gegensatz zur BRAGO eine Wertobergrenze i.H.v. 30 Mio. € in derselben Angelegenheit vor. Damit erhält der Rechtsanwalt bei einem Mandanten für eine Tätigkeit von mehr als 30. Mio. € keine weitere Vergütung. Bei mehreren Mandanten liegt die Obergrenze bei max. 100 Mio. €. Dieser **Gebührenbegrenzung** wird ein **neuer Auslagentatbestand** gegenübergestellt.

B. Kommentierung

3 Die allgemeinen Geschäftsunkosten sind grds. durch Gebühren abgegolten (s. Vorbem. 7 Abs. 1 VV). Dies gilt nicht soweit in den der Vorbem. 7 VV folgenden Nummern des VV eine **besondere Regelung** getroffen ist. Eine besondere Regelung trifft das RVG mit der Nr. 7007 VV erstmals auch für die Prämien der anwaltlichen Haftpflichtversicherung, soweit sie für Haftungsbeträge von mehr als 30 Mio. € gezahlt wird. Diese Prämien können damit neben den Gebühren verlangt werden. Sie gehören zur gesetzlichen Vergütung. Die Prämien für eine besondere Haftpflichtversicherung sind straf- und bußgeldrechtlich ohne nennenswerte Relevanz, da vermögensrechtliche Ansprüche in dieser Höhe nur schwer konstruierbar sind. Es soll daher hier der Hinweis genügen auf die entsprechenden Ausführungen von Hansens, in: Hansens/Braun/Schneider, Teil 19, Rn. 120.

4 Zum persönlichen Geltungsbereich wird verwiesen auf Vorbem. 7 VV Rn. 4.

Nr. 7008 VV
Umsatzsteuer auf Vergütung

Nr.	Auslagentatbestand	Höhe
7008	Umsatzsteuer auf die Vergütung Dies gilt nicht, wenn die Umsatzsteuer nach § 19 Abs. 1 UStG unerhoben bleibt.	in voller Höhe

Übersicht

	Rn.
A. Überblick	1
I. Regelungsgehalt	1
II. Anwendungsbereich	2
B. Kommentierung	4
I. Allgemeines	4
II. Umsatzsteuerpflicht des Rechtsanwalts	5
1. Allgemeines	5
2. Rechtsanwalt als Kleinunternehmer (§ 19 Abs. 1 UStG)	6
3. Ausländischer Auftraggeber	7
4. Ausländischer Gegner	8
5. Umsatzsteuersatz	9
6. Änderung des Steuersatzes	10
a) Allgemeines	10
b) Vorschuss	12
7. Rechtsanwalt in eigener Sache	13
a) Berufliche Tätigkeit	14
b) Private Tätigkeit	16
c) Mischung berufliche und private Tätigkeit	18
III. Umsatzsteuerpflicht des Auftraggebers	19
IV. Umsatzsteuerpflichtige Vergütung	20
1. Allgemeines	20
2. Aktenversendungspauschale	21
3. Umsatzsteuer auf Reisekosten	23
V. Vergütungsvereinbarung	24
VI. Erstattungspflicht	25
1. Ausländischer Mandant	25
2. Prüfungspflicht des Gerichts zur Vorsteuerabzugsberechtigung	26
VII. Pflichtverteidigung/PKH/Beratungshilfe	27

Literatur:

Euba, Beratungshilfegebühr nach Nr. 2500 VV RVG und Umsatzsteuer, RVGreport 2009, 281; *Onderka*, Welche Auswirkungen hat die Umsatzsteuererhöhung zum 01.01.07?, RVGprofessionell 2006, 193; *Schneider*, Umsatzsteuererhöhung zum 01.01.2007, ZFE 2007, 70; *Singer*, Die Anhebung des allgemeinen Umsatzsatzes zum 1.1.2007, RENOpraxis 2006, 150; *Sterzinger*, Umsatzsteuer auf Auslagen des Rechtsanwalts?, NJW 2008, 1254; *Zorn*, Mehrwertsteuererhöhung zum 01.01.2007 – Vorbeugung gegen Haftung und steuerliche Nachforderungen, VRR 2006, 289.

Nr. 7008 VV *Umsatzsteuer auf Vergütung*

A. Überblick

I. Regelungsgehalt

1 Der Rechtsanwalt hat **grds.** einen **Anspruch** auf Erstattung der Umsatzsteuer, die auf seine Vergütung entfällt. Der Anspruch besteht nicht, wenn der Rechtsanwalt selbst keine Umsatzsteuer zahlt § 19 Abs. 1 UStG. Dies hat inhaltlich unverändert Eingang gefunden in die Nr. 7008 VV.

II. Anwendungsbereich

2 Die allgemeinen Geschäftskosten sind grds. durch Gebühren abgegolten. Auslagen können hierfür nicht geltend gemacht werden (s. Vorbem. 7 Abs. 1 VV). Dies gilt nicht, soweit in den der Vorbem. 7 VV folgenden Nummern des Vergütungsverzeichnisses eine **besondere Regelung** getroffen ist. Eine besondere Regelung trifft das RVG mit der Nr. 7008 VV für die anwaltliche **Umsatzsteuer**. Soweit Umsatzsteuer auf seine Vergütung zu zahlen ist, kann er sie von Auftraggeber und ggf. Landeskasse oder Gegner ersetzt verlangen. Sie gehören zur gesetzlichen Vergütung. Wird der Rechtsanwalt i.S.v. § 1 Abs. 1 tätig, so steht ihm ein entsprechender Ersatz zu.

3 Wird er allerdings nur in der Funktion einer der Personen nach **§ 1 Abs. 2** (Vormund, Betreuer, Pfleger, Verfahrenspfleger) tätig, so gilt das RVG nicht. Er ist auf die Geltendmachung seiner Auslagen nach den allgemeinen Vorschriften der §§ 670, 675, 1835 Abs. 3 BGB angewiesen.

B. Kommentierung

I. Allgemeines

4 Die **Regelungen** für den Rechtsanwalt zur Geltendmachung von Umsatzsteuer folgen dem **Steuerrecht**. Sich ergebende Probleme sind unter Beachtung der einschlägigen Steuervorschriften zu lösen. Bei Schwierigkeiten ist zunächst auf die Frage der Umsatzsteuerpflicht abzustellen. Hierbei muss differenziert werden zwischen der Umsatzsteuerverpflichtung/Berechtigung zum Vorsteuerabzug des Rechtsanwalts, des Auftraggebers und des Gegners.

II. Umsatzsteuerpflicht des Rechtsanwalts

1. Allgemeines

5 **Maßgebend** für die Umsatzsteuerverpflichtung ist das Umsatzsteuergesetz (**UStG**). Der Rechtsanwalt ist gem. § 1 UStG umsatzsteuerpflichtig, da zwischen ihm und dem Auftraggeber ein Leistungsaustausch stattfindet. Nur dann, wenn auch tatsächlich Umsatzsteuer nach dem UStG entstanden ist, kann aber der Rechtsanwalt diese nach Nr. 7008 VV auch von seinem Mandanten erstattet verlangen. Da der Rechtsanwalt keine Lieferungen erbringt, erbringt er für seinen Auftraggeber **sonstige Leistungen** i.S.d. § 3 UStG. Die Umsatzsteuer entsteht dann, wenn der Rechtsanwalt seine Leistung im Inland erbringt. Hierfür ist grds. maßgeblich der Leistungsort. Dies ist für den Rechtsanwalt regelmäßig die Kanzlei.

2. Rechtsanwalt als Kleinunternehmer (§ 19 Abs. 1 UStG)

6 Der Rechtsanwalt kann als Kleinunternehmer von der Zahlung von **Umsatzsteuer befreit** sein, wenn sein Umsatz die Grenzen nach § 19 Abs. 1 UStG nicht übersteigen. Dies ist der Fall, wenn sein Umsatz zuzüglich der darauf entfallenden Steuer

Umsatzsteuer auf Vergütung   *Nr. 7008 VV*

- im **vergangenen Kalenderjahr 17.500,00 €**,
- im **laufenden Kalenderjahr** voraussichtlich nicht **50.000,00 €**

übersteigen wird. Der Rechtsanwalt kann in diesem Fall die Umsatzsteuer seinem Auftraggeber nicht in Rechnung stellen.

> **Hinweis:**
> Eine **Ausnahme** liegt vor, wenn der Rechtsanwalt gem. § 19 Abs. 2 UStG auf die Anwendung des § 19 Abs. 1 UStG **verzichtet** hat. Er ist dann voll umsatzsteuerpflichtig und kann damit auch die Umsatzsteuer auf seine Vergütung nach der Nr. 7008 VV ersetzt verlangen.

3. Ausländischer Auftraggeber

Der deutsche Rechtsanwalt darf dem Auftraggeber nach § 3a UStG **keine deutsche Umsatzsteuer** in Rechnung stellen, wenn dieser   7

- ausländischer Unternehmer oder
- eine außerhalb des EWG-Raums ansässige Privatperson ist,

denn der Leistungsort liegt dann außerhalb Deutschlands. Der Auftraggeber kann demzufolge auch keine Umsatzsteuer von dem Gegner erstattet verlangen, da er selbst keine zu entrichten hatte (KG, AnwBl. 1997, 451).

> *Beispiel:*
> *Der Rechtsanwalt wird als Pflichtverteidiger bestellt für eine Person, die ihren Wohnsitz nicht im EWG-Raum hat. Die anwaltliche Leistung ist damit nach deutschem Recht nicht umsatzsteuerpflichtig (AG Hof, Rpfleger 2002, 536).*

Etwas **anderes** gilt, wenn der Mandant seinen **Wohnsitz** im **EWG-Raum** hat. In diesem Fall ist nicht der Wohnort der Person der maßgebliche Leistungsort, sondern der Ort, von dem aus das Unternehmen betrieben wird (§ 3a Abs. 1 UStG), hier also der Sitz der Kanzlei. Liegt dieser in Deutschland, ist auch die Umsatzsteuer anzusetzen (OLG Saarbrücken, OLGR 2000, 49; OLG Schleswig, OLGR 2001, 146).

4. Ausländischer Gegner

Der erstattungsberechtigte Mandant, z.B. der Nebenkläger, kann seine Umsatzsteuer von dem   8
verurteilten Angeklagten auch dann erstattet verlangen, wenn dieser selbst nicht der deutschen Umsatzsteuerpflicht unterliegt (OLG Koblenz, JurBüro 1992, 307).

5. Umsatzsteuersatz

Der Umsatzsteuersatz beträgt seit dem 01.01.2007 regelmäßig **19 %**.   9

6. Änderung des Steuersatzes

a) Allgemeines

Maßgebend für die Höhe des Steuersatzes ist nicht der Zeitpunkt der Auftragserteilung oder der   10
Entstehung der Gebühr, sondern allein der **Zeitpunkt der Leistungserbringung**. Die anwaltliche Tätigkeit stellt eine Dauertätigkeit dar. Hierbei entsteht die Vergütung erst mit dem Ende

Nr. 7008 VV *Umsatzsteuer auf Vergütung*

dieser Dauertätigkeit. Dies ist für den Rechtsanwalt die Fälligkeit der Vergütung gem. § 8 (wegen der Einzelh. s. Teil A: Fälligkeit der Vergütung [§ 8], Rn. 519; Übergangsvorschriften, Rn. 1371; vgl. auch Zorn, VRR 2006, 289).

11 | **Hinweis:**
Damit muss während eines **Übergangszeitraums** ein besonderes Augenmerk auf den Steuersatz gelegt werden. Besonderes Augenmerk ist auf die Fälle der unterschiedlichen Angelegenheiten zu richten (vgl. dazu Teil A: Angelegenheiten [§§ 15 ff.] Rn. 84 ff.).

b) Vorschuss

12 Erhebt der Rechtsanwalt in einer Angelegenheit, die 2006 beginnt und 2007 endet, noch in 2006 einen Vorschuss, so ist dieser mit 16 % zu versteuern. Bei rechtzeitiger Zahlung ist die Steuer auch noch für 2006 als Vorauszahlung abzuführen. Die Endabrechnung hat jedoch bei Fälligkeit im Jahr 2007 und damit mit 19 % zu erfolgen (vgl. dazu Zorn, VRR 2006, 289 ff.). **Wichtig** ist die **richtige Verrechnung** des in 2006 gezahlten Vorschusses. Hierbei ist darauf zu achten, dass sich beide Umsatzsteuerbeträge einwandfrei und nachvollziehbar aus der Endabrechnung ergeben. Aus diesem Grunde sollte die Kostenrechnung zum Abschluss in einem nachrichtlichen Teil die Umsatzsteuerzahlungen zusammenfassend darstellen (ebenso Onderka, RVGprofessionell 2006, 193; Singer, RENOpraxis 2006, 150; zum Vorschuss s. Teil A: Vorschuss vom Auftraggeber [§ 9], Rn. 1659).

Beispiel (zivilrechtliche Fallgestaltung):

Rechtsanwalt R wird im November 2006 mit der Durchsetzung einer Forderung beauftragt. Der Gegenstandswert beträgt 5.000,00 €. Er erhebt eine 1,3 Gebühr nebst Auslagen als Vorschuss. Dieser wird gezahlt. Die Angelegenheit endet im Jahr 2007 mit Zahlung der Forderung durch den Gegner.

Vorschussrechnung:

Geschäftsgebühr (1,3) Nr. 2300 VV (Wert: 5.000,00 €)	391,30 €
Post- u. Telekommunikationsdienstleistungspauschale Nr. 7002 VV	20,00 €
Anwaltsvergütung netto	*411,30 €*
16 % USt Nr. 7008 VV	65,81 €
Gesamtbetrag	*477,11 €*

Nach Beendigung der Angelegenheit:

Geschäftsgebühr (1,3) Nr. 2300 VV (Wert: 5.000,00 €)	391,30 €
Post- u. Telekommunikationsdienstleistungspauschale Nr. 7002 VV	20,00 €
Anwaltsvergütung netto	*411,30 €*
19 % USt Nr. 7008 VV	78,15 €
Zwischensumme	*489,45 €*
abzgl. Vorschuss	
Geschäftsgebühr lt. Vorschussrechnung = 411,30 €	
16 % USt lt. Vorschussrechnung = 65,81 €	477,10 €
Gesamtbetrag	*12,35 €*

Umsatzsteuer auf Vergütung Nr. 7008 VV

Damit enthält die obige Rechnung 16% USt aus der Vorschussrechnung (65,81 €) und 19% USt aus der abschließenden Rechnung (12,34 €).

7. Rechtsanwalt in eigener Sache

Der Rechtsanwalt kann in zweierlei Hinsicht in eigener Sache tätig werden: 13
- wegen Ansprüchen aus anwaltlicher Tätigkeit,
- wegen Ansprüchen aus privater Tätigkeit.

Diese Fälle sind steuerrechtlich zu **differenzieren**.

a) Berufliche Tätigkeit

Wird der Rechtsanwalt in **beruflichen Angelegenheiten in eigener Sache** tätig, z.B. bei der 14 Erhebung einer Honorarklage, so entsteht **keine Umsatzsteuer** (OLG Hamburg, BRAGOreport 2002, 159 = AGS 2002, 84; LG Berlin, JurBüro 2000, 364). Gleiches gilt, wenn der Rechtsanwalt zugleich Steuerberater ist und sein Steuerberaterhonorar geltend macht. Voraussetzung ist allerdings, dass die Tätigkeiten innerhalb eines Unternehmens ausgeführt werden (OLG München, BRAGOreport 2003, 136 m. ausführlichen Anm. Hansens). Eine Tätigkeit aus dem beruflichen Bereich des Rechtsanwalts ist keine umsatzsteuerliche sonstige Leistung gegen Entgelt für Zwecke, die außerhalb des Unternehmens liegen. Ein solches Innengeschäft unterliegt nach § 3 Abs. 9a UStG nicht der Umsatzsteuer.

Beruflich veranlasste Tätigkeiten können sein:
- eigene berufsrechtliche Streitigkeiten (EGH Koblenz, AnwBl. 1981, 415),
- Geltendmachung von Honoraransprüchen (OLG Schleswig, JurBüro 1989, 399),
- Streitigkeiten aus Mietverträgen (z.B. bzgl. der eigenen Kanzlei),
- Streitigkeiten mit Mitarbeitern,
- Streitigkeiten bzgl. des Firmen-Fahrzeugs,
- Verteidigung gegen einen Regressanspruch (OLG Saarbrücken, NJW-Spezial 2009, 492 = AGS 2009, 319).

Macht der Rechtsanwalt in einem solchem Fall trotzdem die Umsatzsteuer geltend, so ist diese 15 abzusetzen. Hierbei ist auch eine entsprechende Erklärung nach § 104 Abs. 2 Satz 3 ZPO unerheblich. Voraussetzung für den Ansatz der Umsatzsteuer ist in jedem Fall, dass diese auch entstanden ist. Das ist nicht der Fall, wenn der Rechtsanwalt in eigener beruflicher Sache tätig wird (BGH, NJW-RR 2005, 363 = RVGreport 2005, 35).

b) Private Tätigkeit

Wird der Rechtsanwalt dahingegen in **privaten Angelegenheiten** tätig, die **keinen Bezug zu** 16 **seinem Beruf** haben, ist die Tätigkeit grds. umsatzsteuerpflichtig. Bemessungsgrundlage für die Berechnung der Umsatzsteuer ist jedoch nicht die Vergütung des Rechtsanwalts, sondern die ihm tatsächlich entstanden Kosten (OLG München, BRAGOreport 2003, 136 m. ausführlicher Anm. Hansens).

Die **Höhe** dieser Kosten ist **streitig**. Sie schwankt von 0% (LG Bremen, Rpfleger 1991, 390) bis 17 100% (FG Baden-Württemberg, EFG 1983, 629). Nach LG Berlin (Rpfleger 1998, 173) beträgt

Nr. 7008 VV — *Umsatzsteuer auf Vergütung*

die Bemessungsgrundlage für die Umsatzsteuer, wenn der Rechtsanwalt keine höhere Belastung konkret glaubhaft macht, 50 % des fiktiven Nettoentgelts.

c) Mischung berufliche und private Tätigkeit

18 Für die Fälle in denen sowohl die berufliche als auch die private Sphäre des Rechtsanwalts betroffen ist, gilt Folgendes: Sobald **auch der private Bereich** betroffen ist, entsteht für den Rechtsanwalt **in eigener Sache Umsatzsteuer**. Es entsteht damit ein entsprechender Kostenerstattungsanspruch. Zur Glaubhaftmachung auch des privaten Bereichs genügt die anwaltliche Versicherung, dass er den geltend gemachten Unterlassungsanspruch dem privaten Bereich zuordne und daher Umsatzsteuer abzuführen habe (KG, RVGreport 2004, 354 für den Fall von Erotikwerbung per E-Mail an die Kanzleiadresse).

III. Umsatzsteuerpflicht des Auftraggebers

19 Unterliegt der **Auftraggeber nicht** der **Umsatzsteuerpflicht**, so kann er die Umsatzsteuer, die ihm sein Rechtsanwalt in Rechnung gestellt hat, vom erstattungspflichtigen Gegner bzw. der Landeskasse erstattet verlangen. Hierbei spielt es keine Rolle, ob der Gegner z.B. im Privatklageverfahren Unternehmer oder eine ausländische Partei ist.

IV. Umsatzsteuerpflichtige Vergütung

1. Allgemeines

20 Der Rechtsanwalt erhebt Umsatzsteuer auf seine **Vergütung**. Diese setzt sich zusammen aus Gebühren und Auslagen. Hierzu gehören:

- die gesetzlichen Gebühren und Auslagen,
- Vorschüsse (vgl. Teil A: Vorschuss vom Auftraggeber [§ 9], Rn. 1645),
- ein vereinbartes Honorar (vgl. Teil A: Vergütungsvereinbarung [§ 3a], Rn. 1502).

Nicht umsatzsteuerpflichtig sind demnach durchlaufende Gelder wie:

- eingezogene Forderungen,
- Fremdgelder,
- Gerichts- und Gerichtsvollzieherkosten,
- Zinsen auf bereits festgesetzte Vergütung nach § 104 Abs. 1 Satz 2 ZPO, § 464b Satz 2 StPO (EuGH, NJW 1983, 505),
- weitere Aufwendungen, die nicht zur Vergütung gehören (Detektivkosten, Anschriftenermittlung, Registerauskünfte, Fotos zur Beweissicherung, Übersetzungskosten).

2. Aktenversendungspauschale

21 Die Frage, ob die sog. Aktenversendungspauschale nach Nr. 9003 GKG einen **umsatzsteuerfreien durchlaufenden Posten** darstellt oder ob der Rechtsanwalt darauf Umsatzsteuer zu zahlen hat, weil er Kostenschuldner der Aktenversendungspauschale ist, war in der Vergangenheit umstritten. Zum Teil wurde in der Rechtsprechung davon ausgegangen, dass insoweit Umsatzsteuer nicht anfällt (vgl. AG Dessau, StRR 2007, 200 = AnwBl. 2007, 239; AG Chemnitz, DAR 2008, 117; AG Stuttgart, AGS 2008, 337), während die **herrschende Meinung** die **Umsatzsteuer-**

Umsatzsteuer auf Vergütung   *Nr. 7008 VV*

pflicht bejaht hat (vgl. BVerwG, zfs 2010, 467 = RVGreport 2010, 304 = AGS 2010, 383; OFD Karlsruhe, Verfügung vom 15.08.2007 – S 7200, RVGreport 2007, 401; OLG Bamberg, AGS 2009, 320 = StraFo 2009, 350 = StRR 2009, 243; OLG Naumburg, RVGreport 2009, 110 = RVGprofessionell 2009, 76; LG Dresden, RVGreport 2010, 454 = RVGprofessionell 2011, 30; OVG Lüneburg, AGS 2010, 126 = JurBüro 2010, 305; AG Dortmund, AGS 2009, 113; AG Köthen, Beschl. v. 15.07.2009, 12 II 301/07; AG Lahr, AGS 2008, 264).

Diese Frage ist inzwischen im Sinne der herrschenden Meinung vom **BGH entschieden**   22
(RVGreport 2011 = 215 m. Anm. Hansens = StRR 2011, 279 m. Anm. Volpert). Der BGH geht davon aus, dass Schuldner der nach den § 28 Abs. 2 GKG, § 107 Abs. 5 OWiG erhobenen Aktenversendungspauschale allein derjenige ist, der mit seiner Antragserklärung gegenüber der aktenführenden Stelle die Aktenversendung unmittelbar veranlasst. Der BGH geht weiter davon aus, dass die Inrechnungstellung der vom Rechtsanwalt verauslagten Aktenversendungspauschale nach § 10 Abs. 1 UStG der **Umsatzsteuer** unterliegt und insoweit kein durchlaufender Posten i.S.v. § 10 Abs. 1 Satz 6 UStG vorliegt.

> **Hinweis:**
> Die auf die Aktenversendungspauschale entfallende Umsatzsteuer zählt deshalb zur gesetzlichen Vergütung des Rechtsanwalts, die der **Rechtsschutzversicherer** seinem Versicherungsnehmer nach §§ 1, 5 (1) Buchst. a der Allgemeinen Bedingungen für die Rechtsschutzversicherung (hier ARB 2002) zu **erstatten** hat (BGH, a.a.O.).

3.   Umsatzsteuer auf Reisekosten

In den **Auslagen** für Reisekosten sind regelmäßig Bestandteile enthalten, auf die **bereits Um-**   23
satzsteuer entrichtet wurde (z.B. Fahrkarten, Hotelkosten). Wenn der Rechtsanwalt diese brutto – also inkl. der Umsatzsteuer – mit in seine Rechnung aufnimmt, darf er hierauf erneut auch die Umsatzsteuer nach Nr. 7008 VV berechnen (BDisG Frankfurt, Rpfleger 1987, 218 = MDR 1987, 467; Hansens, in: Hansens/Braun/Schneider, Teil 19, Rn. 139). Folgt man dieser Auffassung, „verdient" der Rechtsanwalt an seinen Auslagen.

Nach a.A. sind von dem vorsteuerabzugsberechtigten Rechtsanwalt zunächst nur die **Nettobeträge** der Reisekosten einzustellen. Anschließend ist hierauf zusammen mit den Gebühren die Umsatzsteuer zu berechnen (Gerold/Schmidt/Müller-Rabe, VV 7008, 18; AnwKomm-RVG/ N. Schneider, VV 7003 – 7006 Rn. 43).

V.   Vergütungsvereinbarung

Im Rahmen einer Vergütungsvereinbarung sollte besonders klargestellt werden, dass die Um-   24
satzsteuer nicht in dem vereinbarten Pauschalbetrag enthalten ist. Nach der allgemeinen Verkehrsauffassung wird dies häufig angenommen. Dies gilt für sämtliche Auslagen. Es **empfiehlt** sich daher, in der Vereinbarung ausdrücklich klarzustellen, dass die Auslagen neben der vereinbarten Vergütung zusätzlich entstehen (vgl. OLG Karlsruhe, JurBüro 1990, 396 = OLGZ 1990, 230; Teil A: Vergütungsvereinbarung [§ 3a], Rn. 1512, 1522, 1528, 1554).

VI. Erstattungspflicht

1. Ausländischer Mandant

25 Die Erklärung nach § 104 Abs. 2 Satz 3 ZPO, wonach der ausländische Auftraggeber nicht zum Vorsteuerabzug berechtigt ist, entbindet nicht von der Prüfung der Frage, ob ein deutscher Rechtsanwalt seinem ausländischen Auftraggeber **überhaupt** Umsatzsteuer **in Rechnung stellen darf**. Ist dies nicht der Fall, so ist sie auch nicht erstattungsfähig (OLG Karlsruhe, OLGR 1998, 323).

2. Prüfungspflicht des Gerichts zur Vorsteuerabzugsberechtigung

26 Das Gericht ist **ausnahmsweise nicht** an die Erklärung des Antragstellers nach § 104 Abs. 2 Satz 3 ZPO **gebunden**, wenn diese Erklärung nicht plausibel oder gar offensichtlich falsch ist (BGH, NJW 2003, 1534; OLG Düsseldorf, Rpfleger 2005, 573 = AGS 2006, 199; OLG Nürnberg, NJW-RR 2002, 1728 = BRAGOreport 2003, 77). Dies kann daran erkennbar sein, das die Partei Umsatzsteuer mit eingeklagt hat. Wenn hierfür keine Begründung geliefert werden kann, ist die Umsatzsteuer abzusetzen (KG, RVGreport 2008, 151 = JurBüro 2008, 152).

VII. Pflichtverteidigung/PKH/Beratungshilfe

27 Der im Wege der PKH beigeordnete Rechtsanwalt und der Pflichtverteidiger haben gegen die Staatskasse einen Anspruch auf Zahlung der gesetzlichen Vergütung. Zu dieser gehört auch die Umsatzsteuer nach Nr. 7008 VV.

Berechnungsgrundlage sind die Gebühren (nebst Auslagen) aus der PKH-Tabelle des § 49 bzw. die Pflichtverteidigergebühren. Wurde dem Pflichtverteidiger eine **Pauschvergütung** bewilligt, so ist diese die Grundlage der Steuerberechnung (BGH, JurBüro 1962, 341).

28 Dies gilt entsprechend für die **Beratungshilfe**, mit der Ausnahme, dass in der Beratungshilfegebühr Nr. 2500 VV i.H.v. 10,00 € bereits sämtliche Auslagen enthalten sind. Hierauf darf demnach keine weitere Umsatzsteuer erhoben werden. Die Gebühr beträgt demnach netto nur 8,40 €. Der Rechtsanwalt muss die in dieser Gebühr enthaltene Umsatzsteuer natürlich abführen.

29 Nach Ansicht von Euba (Euba, RVGreport, 2009, 281) handelt es sich bei verfassungs- und EU-rechtskonformer Auslegung bei der Leistung, welche im Rahmen der **Beratungshilfe** die Gebühr nach Nr. 2500 VV auslöst, um eine solche, welche von der Umsatzsteuer befreit ist. Nr. 2500 VV stellt damit einen Umsatzsteuerbefreiungstatbestand außerhalb des UStG dar. Der Rechtsanwalt muss bei der Rechnungslegung lediglich darauf hinweisen, dass die zugrunde liegende Leistung umsatzsteuerfrei ist (§ 14 Abs. 4 Nr. 7 und 8 UStG; zur Beratungshilfe s. Teil A: Beratungshilfe, Rn. 285 ff.).

Anlagen

A. Rechtsprechungsübersicht zum RVG Teile 4–7 VV

A. Tabellarische Rechtsprechungsübersicht zum RVG Teile 4–7 VV RVG

Die nachfolgende Tabelle enthält die wesentliche veröffentlichte, aber auch nicht veröffentlichte Rechtsprechung zu den Teilen 4–7 VV RVG, die nach dem Inkrafttreten des RVG bekannt geworden ist. Aufgenommen ist außerdem die Rechtsprechung zum sog. „§§-Teil" des RVG, soweit die Entscheidungen für die Teile 4–7 VV RVG von Bedeutung sind oder die allgemeinen Fragen auch auf die Teile 4–7 VV RVG Auswirkungen haben.

Die Rechtsprechungsübersicht sowie ein großer Teil der hier zusammengestellten Entscheidungen befinden sich einschließlich Verlinkungen auf den Volltext auf der beiliegenden CD. Die anderen Entscheidungen sind zum Teil eingestellt auf meiner Homepage www.burhoff.de unter „RVG-Entscheidungen". Die Entscheidungen sind dort ebenfalls bei den jeweiligen Paragrafen oder der Nr. des VV eingeordnet und lassen sich daher schnell auffinden.

Norm	Gericht/Aktenzeichen/Fundstelle	Inhalt
§ 1 RVG	KG, RVGreport 2011, 98 = NStZ-RR 2011, 159 = JurBüro 2011, 136 (Ls.)	Ein gerichtlich zur Vertretung des Betroffenen im Rehabilitierungsverfahren zugelassener Rentenberater kann auch dann nach dem RVG liquidieren, wenn das Rechtsdienstleistungsgesetz und das Einführungsgesetz hierzu zum Zeitpunkt seiner Beauftragung noch nicht galten.
§ 3a RVG § 4 RVG a.F.	BGHZ 162, 98 = StV 2005, 621 = NJW 2005, 2490 m. Anm. von u.a. Tsambikakis, StraFo 2005, 446 und Johnigk, StV 2005, 446; ähnlich BGH, RVGreport 2009, 135 = StRR 2009, 236 = AGS 2009, 262 = JurBüro 2009, 427; OLG Frankfurt, StraFo 2006, 127 = AGS 2006, 113 für das Revisionsverfahren.	Bei einer vereinbarten Vergütung, die mehr als das Fünffache über den gesetzlichen Höchstgebühren liegt, spricht eine tatsächliche Vermutung dafür, dass sie unangemessen hoch und das Mäßigungsgebot des § 3 Abs. 3 BRAGO verletzt ist. Die Vermutung kann aber durch den Rechtsanwalt entkräftet werden, wenn er auch ungewöhnliche, geradezu extreme einzelfallbezogene Umstände darlegt.

A. Rechtsprechungsübersicht zum RVG Teile 4–7 VV

BVerfG, StRR 2009, 318 = RVGreport 2009, 299 = RVGprofessionell 2009, 156 = StraFo 2009, 323 = JurBüro 2009, 641 (Ls.) m. Anm. Madert = StV 2010, 89 m. Anm. Wattenberg	Die Rechtsprechung, nach der eine tatsächliche Vermutung dafür spricht, dass eine von einem Rechtsanwalt bei Strafverteidigungen vereinbarte Vergütung, die mehr als das Fünffache über den gesetzlichen Höchstgebühren liegt, unangemessen hoch und damit zu kürzen ist, verstößt gegen das Grundrecht der Berufsfreiheit und ist deshalb verfassungswidrig.
BGH, NJW 2009, 3301 = AGS 2009, 430 = StRR 2009, 243 (Ls.)	Der Senat hat ausdrücklich darauf hingewiesen, dass es sich bei der Entscheidung BGHZ 162, 98 um ein gemischtes Pauschal/Zeithonorar gehandelt habe; wie es sich bei einem reinen Zeithonorar verhält, hat der Senat noch nicht entschieden.
BGH, NJW 2009, 3301 = AGS 2009, 430 = StRR 2009, 243 (Ls.)	Eine Honorarvereinbarung ist nicht deswegen unwirksam, weil der Mandant darin bestätigt, eine Abschrift der Vereinbarung erhalten zu haben (zu § 3 Abs. 1 BRAGO a.F.; vgl. jetzt § 3a Abs. 1 Satz 2 RVG).
BGHZ 184, 209 = NJW 2010, 1364 = StV 2010, 261 (Ls.) = StraFo 2010, 172 (Ls.) = StRR 2010, 236 = RVGprofessionell 2010, 91 = AGS 2010, 267 = JurBüro 2010, 305	Die aus dem Überschreiten des fünffachen Satzes der gesetzlichen Gebühren herzuleitende Vermutung der Unangemessenheit eines vereinbarten Verteidigerhonorars kann durch die Darlegung entkräftet werden, dass die vereinbarte Vergütung im konkreten Fall unter Berücksichtigung aller Umstände angemessen ist (Modifikation von BGHZ 162, 98).
BGH, NJW 2011, 63 = AGS 2011, 9 m. Anm. Schons = StV 2011, 234 = StRR 2011, 161 m. Anm. Lübbersmann	Zur Herabsetzung eines Stundenhonorars; 450 DM sind nicht beanstandet worden.
OLG Frankfurt/Main, StraFo 2006, 127 = AGS 2006, 113; OLG Frankfurt AnwBl. 2011, 300	**Herabsetzung** einer vereinbarten Vergütung

A. Rechtsprechungsübersicht zum RVG Teile 4–7 VV

OLG Frankfurt/Main, RVGreport 2009, 338 = MDR 2010, 176	Die Regelung „Für eine weitere beraterische Tätigkeit werden die anwaltlichen Gebühren nach dem deutschen Recht gem. der RVG-Tabelle (1,8-Gebühren) berechnet" ist wegen Verletzung des Transparenzgebotes unwirksam.
OLG Hamm, StV 2007, 473 = StRR 2007, 319 = AGS 2007, 550 m. Anm. Schons, AGS 2007, 555	Eine **aufwandsangemessene Zeithonorarvereinbarung** verletzt auch bei einem Strafverteidigerhonorar weder das Sittengesetz noch ist es nach § 4 Abs. 4 S. 1 RVG (früher § 3 Abs. 3 S. 1 BRAGO) herabzusetzen (Abgrenzung zu BGHZ 162, 98 = NJW 2005, 2142).
OLG Hamm, JurBüro 2008, 307 = StRR 2008, 236 = RVGreport 2008, 256	Die Vereinbarung über die Höhe der Vergütung eines Rechtsanwalts muss grundsätzlich nicht auf ein Fünffaches der gesetzlichen Gebühren begrenzt werden; es sollen vielmehr **alle Umstände** hinsichtlich der Vergütung **Berücksichtigung** finden, womit sich eine allgemein verbindliche, nur im Extremfall überwindbare Honorarhöchstgrenze nicht vereinbaren lässt.
OLG Celle, RVGprofessionell 2010, 28 = AGS 2010, 5 = StRR 2010, 416	Vergütungsvereinbarung, nach der der Rechtsanwalt für seine außergerichtliche Tätigkeit ein Honorar in Höhe von 150 € je Stunde erhält, ist auch dann nicht nach § 138 BGB sittenwidrig, wenn durch den erheblichen Zeitaufwand bei Bearbeitung der Angelegenheit der auf Stundenbasis berechnete Zahlungsanspruch denjenigen, der sich bei einer streitwertabhängigen Berechnung ergeben würde, deutlich übersteigt.
OLG Koblenz, RVGprofessionell 2010, 114 = AGS 2010, 283 = RVGreport 2010, 252 = JurBüro 2010, 416 = NStZ-RR 2010, 326 = StV 2011, 234	Ein Stundensatz bis zu 250 € in der Vergütungsvereinbarung mit einem Strafverteidiger begegnet grundsätzlich keinen Bedenken.

A. Rechtsprechungsübersicht zum RVG Teile 4–7 VV

OLG München, RVGprofessionell 2010, 148 = RVGreport 2010, 376	1. Grds. sind für Anwaltskanzleien, die sich auf Wirtschaftsrecht spezialisiert haben, Stundensätze in Höhe von 260,-- € bzw. 225,-- € für angestellte Rechtsanwälte nicht zu beanstanden. 2. Auch ist der Abschluss einer Honorarvereinbarung kein Verstoß gegen die Schadensminderungspflicht (§ 254 BGB).
OLG Frankfurt, AnwBl. 2011, 300	Bei einer wirtschaftsrechtlichen Großkanzlei sind Stundensätze i.H.v. 300,00 € nicht zu beanstanden.
LG Bremen, 28.10.2008 - 4 S 277/08, JurionRS 2008, 30145	Rechtsprechung des BGH, bedeutet nicht, dass eine Honorarvereinbarung allein deswegen angemessen ist, weil sie das Fünffache der gesetzlichen Höchstgebühren nicht erreicht.
AG München, RVGreport 2010, 411 = RVGprofessionell 2011, 13 = AGS 2011, 20 m. Anm. Winkler	Zur Angemessenheit eines vereinbarten Stundenhonorars
OLG Hamm, RVGreport 2005, 463 = AGS 2006, 9 zu § 4 RVG a.F.	**Schriftform** bei bloßer Übersendung eines Telefaxes nicht gewahrt; Berufung auf den Formmangel i.d.R. nicht treuwidrig
LG Münster, 21.05.2010 - 9 S 87/09; JurionRS 2010, 24125	Eine Vergütungsvereinbarung ist auch dann hinreichend bestimmt, wenn sich die Gesamtsumme der Vergütung erst nach Abschluss der anwaltlichen Tätigkeit berechnen lässt.
AG Gemünden am Main, JurBüro 2007, 305 = AnwBl. 2007, 550 = AGS 2007, 340 m. Anm. N. Schneider, AGS 2007, 340; AG Wolfratshausen, AGS 2008, 11	**Bezeichnung** als Vergütungsvereinbarung zur Wirksamkeit einer anwaltlichen Honorarvereinbarung nicht erforderlich
AG Wolfratshausen, AGS 2008, 11	**Auftragserteilung** in der Vergütungsvereinbarung ist **keine anderweitige Vereinbarung** i.S.v. § 4 Abs. 1 Satz 2 RVG.

Anlagen

A. Rechtsprechungsübersicht zum RVG Teile 4–7 VV

	OLG Düsseldorf, AGS 2010, 109 = StV 2010, 261	Die Angemessenheit eines Zeithonorars ist danach zu beurteilen, ob im konkreten Fall diese Honorarform, der ausgehandelte Stundensatz und die Bearbeitungszeit angemessen sind und in welchem Verhältnis das abgerechnete Honorar zu der gesetzlichen Vergütung steht.
	OLG Düsseldorf, RVGreport 2006, 420 = AGS 2006, 530; OLG Düsseldorf, AGS 2010, 109 = StV 2010, 261	**Zeittaktklausel von 15 Minuten** bei einem Stundensatz von 400 DM (230 €) als sittenwidrig angesehen
	LG München, AGS 2010 285	Eine Zeittaktklausel in einer Vergütungsvereinbarung, wonach je angefangene 15 Minuten abzurechnen ist, begegnet keinen Bedenken.
		Eine Vereinbarung, wonach zuzüglich zu der vereinbarten Vergütung die „gesetzliche Umsatzsteuer" zu zahlen ist, bezieht sich nur auf den zum Zeitpunkt des Abschlusses geltenden Umsatzsteuersatz. Eine nach Vertragsschluss eingetretene Erhöhung des Umsatzsteuersatzes ist daher für die Abrechnung mit dem Auftraggeber unbeachtlich.
	AG München, RVGreport 2010, 411 = RVGprofessionell 2011, 13	Die Grundsätze eines sittenwidrigen Rechtsgeschäftes finden auch auf Honorarvereinbarungen von Rechtsanwälten Anwendung. Die subjektive Tatbestandsvoraussetzung, das bewusste Ausnutzen der Überlegenheit des Anwalts zu seinem Vorteil, wird vermutet, sofern ein auffälliges Missverhältnis zwischen der Leistung des Anwalts und der Höhe der vereinbarten Vergütung besteht. Das bewusste Ausnutzen einer Notlage besteht hingegen nicht, wenn dem Mandant ebenfalls ein Pflichtverteidiger beigeordnet worden ist.
§ 4a RVG	LG Berlin, AGS 2011, 15 m. Anm. Schons = RVGreport 2011, 55 m. Anm. Hansens = JurBüro 2011, 128	Zu den Voraussetzungen für die Vereinbarung eines **Erfolgshonorars** nach § 4a RVG.

A. Rechtsprechungsübersicht zum RVG Teile 4–7 VV

§ 7 RVG	OLG Düsseldorf, zfs 2009, 707 = RVGprofessionell 2010, 6 = JurBüro 2010, 33 = AGS 2010, 71; OLG Koblenz, RVGreport 2006, 430 = JurBüro 2005, 589 = AGS 2005, 504 = StraFo 2005, 526 = AnwBl. 2006, 148; LG Hamburg, RVGreport 2011, 134 = RVGprofessionell 2010, 80 aufgehoben durch OLG Hamburg, NStZ-RR 2011, 64 (Ls.) = wistra 2011, 120 (Ls.)	**Beistand** in einer Hauptverhandlung **für mehrere Zeugen** ist Tätigkeit für mehrere Auftraggeber in derselben Angelegenheit; Gebühren fallen mit Erhöhung nach Nr. 1008 VV RVG nur einmal an.
§ 8 RVG	OLG Düsseldorf, AGS 2010, 109 = StV 2010, 261 m. abl. Anm. Schons AGS 2010, 118	Ein vereinbartes und fälliges Zeithonorar ist erst dann einforderbar, wenn dem Mandanten eine schriftliche Berechnung mitgeteilt worden ist, die den Anforderungen für die Abrechnung gesetzlicher Vergütungen entspricht und knappe Leistungsbeschreibungen enthält, die dem Mandanten die Prüfung der anwaltlichen Tätigkeit ermöglichen.
§ 9 RVG	BGH, NJW 2004, 1043 AG Chemnitz, AGS 2005, 431 m. Anm. N. Schneider; AGS 2006, 213; AG Darmstadt, AGS 2006, 212 = RVGreport 2007, 60 und 2007, 220 = zfs 2006, 169; AG Dieburg, AGS 2004, 282; AG München, RVGreport 2005, 381 = RVGprofessionell 2005, 188 = AGS 2006, 213;	Bei der Bemessung des angemessenen Vorschusses sind die gesamten **voraussichtlich anfallenden Gebühren** in Höhe der Mittelgebühr zugrunde zu legen.

A. Rechtsprechungsübersicht zum RVG Teile 4–7 VV

AG Stuttgart, RVGreport 2008, 21 = AGS 2008, 78	
OLG Bamberg, Rpfleger 2011, 351 = VRR 2011, 123 (Ls.);	**Vorschuss** auch auf solche Gebühren, deren Berechnungsvoraussetzungen erst im weiteren Verlauf der zu erwartenden anwaltlichen Tätigkeit vorliegen
AG Darmstadt, RVGreport 2007, 60, 220 = zfs 2006, 169 m. Anm. Madert = AGS 2006, 212 m. Anm. N. Schneider	
OLG Bamberg, VRR 2011, 123 (Ls.)	Die Höhe der Vorschussanforderung unterliegt dem billigen Ermessen des Rechtsanwalts, wobei es keinen Grundsatz dahingehend gibt, dass die Vorschussforderung hinter der voraussichtlich endgültig entstehenden Gesamtvergütung zurückbleiben muss.
AG Charlottenburg, AGS 2010, 466–468 = VRR 2010, 163 (Ls.)	Für die Beurteilung der Angemessenheit der gesetzlichen Gebühren ist, wenn von der Rechtsschutzversicherung ein Vorschuss (teilweise) zurückgefordert wird, allein das vertragliche Verhältnis zwischen dem beklagten Rechtsanwalt und dessen Mandanten bzw. der klagenden Rechtsschutzversicherung und dem Mandanten, nicht jedoch die Beurteilung der Kostenhöhe durch das für das Bußgeld-/Strafverfahren zuständige Gericht.
OLG Köln, AGS 2009, 525 = RVGreport 2010, 138 = VRR 2010, 43 (Ls.)	Wenn ein Rechtsanwalt vor der Fälligkeit seines Vergütungsanspruchs anfordert, ohne dabei kenntlich zu machen, dass es sich nur um einen Honorarvorschuss handelt, bleibt er bei seiner Schlussrechnung grds. an den abgerechneten Gebührensatz gebunden (für Rahmengebühr - 1,3 Geschäftsgebühr - bei der Rechtsschutzversicherung des Mandanten in einer Arzthaftungssache).

A. Rechtsprechungsübersicht zum RVG Teile 4–7 VV

§ 10 RVG	BGHZ 184, 209 = NJW 2010, 1384 = AGS 2010, 267; BGH, NJW 2011, 63 = AGS 2011, 9 m. Anm. Schons = StV 2011, 234 = StRR 2011, 161 m. Anm. Lübbersmann OLG Düsseldorf, StV 2010, 261; OLG Frankfurt, AnwBl. 2011, 300	§ 10 RVG gilt auch für eine Vergütungsvereinbarung. Es ist (zumindest) stichwortartig in einer auch im Nachhinein verständlichen Weise niederzulegen, welche konkrete Tätigkeit vom Verteidiger innerhalb eines bestimmten Zeitraums erbracht worden sind. Ein vereinbartes und fälliges Zeithonorar ist erst dann einforderbar, wenn dem Mandanten eine schriftliche Berechnung mitgeteilt worden ist, die den Anforderungen für die Abrechnung gesetzlicher Vergütungen entspricht und knappe Leistungsbeschreibungen enthält, die dem Mandanten die Prüfung der anwaltlichen Tätigkeit ermöglichen.
§ 11 RVG	LG Kiel, 08.03.2007, 31 Qs 3/07, www.burhoff.de LG Zweibrücken, JurBüro 2010, 140 (Ls.) = AGS 2010, 239 m. zust. Anm. N. Schneider	**Richter der Instanz** ist in das Rechtsmittelverfahren nach § 11 Abs. 2 RPflG nur noch eingeschaltet, wenn nach den allgemeinen verfahrensrechtlichen Vorschriften ein Rechtsmittel nicht gegeben ist. Als Zustimmung zur Höhe der zur Festsetzung nach § 11 RVG gegenüber dem eigenen Auftraggeber angemeldeten Betragsrahmengebühren aus der Verteidigung in einer Strafsache reicht es nicht aus, wenn der Auftraggeber zu Beginn des Mandats mit dem Rechtsanwalt vereinbart hat, dass in Straf-/OWi-Sachen die jeweilige Mittelgebühr als vereinbart gilt.
Strafverfahren **§ 14 RVG:** **Begriff der Unbilligkeit**	KG, StV 2006, 198 = AGS 2006, 278 = RVGreport 2007, 180; KG, RVGreport 2011, 174 = Rpfleger 2011, 347 = StRR 2011, 3 (Ls.); OLG Düsseldorf, RVGreport 2011, 57 = StRR 2011, 119;	**Unbillig** im Sinne des § 14 Abs. 1 Satz 4 RVG ist Gebührenbestimmung, wenn sie um **20%** oder **mehr** von der Gebühr abweicht, die sich unter Berücksichtigung aller in § 14 Abs. 1 Satz 1 RVG genannten Bemessungsgrundlagen ergibt.

A. Rechtsprechungsübersicht zum RVG Teile 4–7 VV

OLG Hamm, StraFo 2007, 218 = Rpfleger 2007, 426 = JurBüro 2007, 309 = StV 2007, 476 (Ls.);

OLG Hamm, 25.04.2007 - 3 Ws 179/07, www.burhoff.de;

OLG Jena, AnwBl. 2008, 151 = RVGreport 2008, 56;

OLG Koblenz, 10.09.2007 - 1 Ws 191/07, www.burhoff.de;

OLG Köln, AGS 2008, 32 = RVGprofessionell 2008, 12 = RVGreport 2008, 55;

OLG Köln, AGS 2008, 76;

Inzidenter OLG Stuttgart, AGS 2010, 292 = RVGreport 2010, 263 = VRR 2010, 319;

LG Bochum, 15.10.2009 - 23 Qs 230/09, www.burhoff.de

LG Detmold, 09.06.2008 - 4 Qs 47/08;

LG Essen, AGS 2008, 225 = StV 2008, 375;

LG Hamburg, JurBüro 2008, 312 = AGS 2008, 343;

A. Rechtsprechungsübersicht zum RVG Teile 4–7 VV

LG Leipzig, RVGprofessionell 2009, 33 = RVGreport 2009, 61 = VRR 2009, 119; LG Mühlhausen, RVGreport 2009, 187 = VRR 2009, 320; LG Saarbrücken, AGS 2005, 245; LG Saarbrücken, 04.12.2008 - 4 II 50/06 I LG Zweibrücken, JurBüro 2008, 311; AG Bensheim, NZV 2008, 108 AG Bühl, NZV 2009, 401; AG Charlottenburg, 03.03.2007 - 210 C 463/09; VG Berlin RVGreport 2011, 144 = RVGprofessionell 2011, 119 = StRR 2011, 3 (Ls.)	
LG Chemnitz, 22.10.2009 - 2 Qs 82/09	Auch bei nur geringerer, unter der sog. 20 %-Grenze liegender Überschreitung der Bestimmung der Festsetzung der Wahlanwaltsgebühren ist diese nicht bindend, wenn sie mit sachfremden Erwägungen ohne Ermessensausübung erfolgte in der Meinung, in diese Bestimmung unter der 20 %-Grenze könne nicht eingegriffen werden.

A. Rechtsprechungsübersicht zum RVG Teile 4–7 VV

	LG Potsdam, AGS 2009, 590;	Toleranzgrenze von **30%** ist **angemessen**.
	AG Limburg, RVGreport 2009, 98 = VRR 2009, 159 = AGS 2009, 161 m. abl. Onderka = StRR 2009, 200; AG Saarbrücken, RVGreport 2006, 181	
	OLG Köln, RVGreport 2010, 138; AG Koblenz, JurBüro 2008, 312	Eine einmal getroffene Gebührenbestimmung ist bindend; es sei denn der Rechtsanwalt hat einen Gebührentatbestand versehentlich übersehen oder wenn sich nachträglich wesentliche Änderungen hinsichtlich der für die Bestimmung des Gebührensatzes maßgeblichen Umstände ergeben haben, die bei Rechnungsstellung noch nicht bekannt gewesen sind.
	LG Zweibrücken, JurBüro 2008, 311 = Rpfleger 2008, 390	**Korrektur** der Gebührenbemessung eines Rechtsanwalts nur dann als unbillig, wenn sie auch **deutlich unbillig** hoch ist.
	KG, StRR 2011, 3 (Ls.)	**Basiswert** für die Überprüfung, ob die vom Rechtsanwalt angesetzte Gebühr der Billigkeit entspricht, ist nicht, die vom Rechtsanwalt geltend gemachte Gebühr abzüglich 20%, sondern die angemessene Gebühr, die nicht um 20% oder mehr überschritten werden darf.
Strafverfahren **§ 14 RVG:** **Allgemeines**	OLG Jena, RVGreport 2008, 58 = AnwBl. 2008, 151; LG Mülhausen, RVGreport 2009, 187 = StRR 2009, 163 = VRR 2009, 319	Der Wahlverteidiger kann die Rahmenhöchstgebühren auch ohne Ausführungen zur Begründung geltend machen, wenn jedenfalls in der Gesamtbetrachtung offensichtlich und aktenkundig ist, dass die nach § 14 RVG zu berücksichtigen Umstände (Umfang und Schwierigkeit der anwaltlichen Tätigkeit, Bedeutung der Angelegenheit sowie die Einkommens- und Vermögensverhältnisse des Antragstellers) von weit überdurchschnittlichen Gewicht sind.

A. Rechtsprechungsübersicht zum RVG Teile 4–7 VV

KG, StV 2006, 198 = AGS 2006, 278 = RVGreport 2007, 180; OLG Hamm, StraFo 2007, 218 = Rpfleger 2007, 426 = JurBüro 2007, 309 = StV 2007, 476 (Ls.); OLG Hamm, 25.04.2007 - 3 Ws 179/07, www.burhoff.de; OLG Köln, AGS 2008, 32 = RVGprofessionell 2008, 12 = RVGreport 2008, 55; OLG Köln, AGS 2008, 76; AG Baden-Baden, AGS 2006, 120	Bei der Feststellung der angemessenen Gebühr nach § 14 Abs. 1 RVG ist eine **Abwägung aller Umstände**, d. h. der gebührenerhöhenden und - mindernden vorzunehmen; dabei ist jeweils von der Mittelgebühr auszugehen.
KG, StV 2006, 198 = AGS 2006, 278 = RVGreport 2007, 180	**Entscheidendes** Kriterium für den „Umfang der anwaltlichen Tätigkeit" ist vor allem der **zeitliche Aufwand**, den der Verteidiger auf die Führung des Mandats verwendet hat, was vor allem bei der Terminsgebühr von Bedeutung ist.
OLG Köln, JurBüro 2009, 254 = StRR 2010, 79	Ein über das Erstgespräch hinausgehender Zeitaufwand von etwas mehr als 3 ½ Stunden zur Ermittlung und Befragung von Entlastungszeugen rechtfertigt nicht die Feststellung einer gesonderten Pauschgebühr für den Wahlverteidiger, aber die Zuerkennung der Höchstgebühr.
LG Bochum, 10.05.2006 - 10 Qs 8/06, www.burhoff.de	Die Frage, ob **Höchstgebühren** angemessen sind, ist eine Einzelfallentscheidung; der Höchstwert des Rahmens ist nur bei überdurchschnittlichen Einkommens- und Vermögensverhältnissen und einer besonderen Schwierigkeit der anwaltlichen Tätigkeit anzusetzen, nicht schon dann, wenn die Sache zwar eine erhebliche wirtschaftliche Bedeutung hat, rechtlich aber einfach gelagert ist.

LG Nürnberg-Fürth, NZV 2008, 163	Bei überdurchschnittlichem Umfang (500 Seiten Verfahrensakte) und überdurchschnittlicher Bedeutung der Angelegenheit (fahrlässige Tötung) für den Nebenklägervertreter die **Höchstgebühr**
LG Osnabrück, JurBüro 2008, 143	In **Verkehrsordnungswidrigkeitenverfahren** grundsätzlich nur Anspruch auf Gebühren **unterhalb der Mittelgebühr**
LG Koblenz, JurBüro 2008, 144	Gebühr unterhalb der Mittelgebühr bei einem einfachen Vorwurf der ungenügenden Ladungssicherung; Akte nur 43 Blatt, Hauptverhandlung nur 30 Minuten
LG Leipzig, RVGprofessionell 2009, 33 = RVGreport 2009, 61 = VRR 2009, 119	Mittelgebühr ist als Arbeitsgrundlage auch in Bußgeldsachen wegen Verkehrsordnungswidrigkeiten jedenfalls dann angemessen, wenn dem Betroffenen ein **Fahrverbot** droht.
LG Saarbrücken, StraFo 2009, 174 = RVGreport 2009, 424	Wenn ein Freispruch in der **Berufungsinstanz** erkennbar auf eine **verbesserte Verteidigungsstrategie** zurückzuführen ist, welche im Ergebnis zu einer anderen Bewertung der Beweismittel durch das Berufungsgericht führt, kann es gerechtfertigt sein, für die Berufungsinstanz höhere Rahmengebühren als für die erste Instanz als angemessen anzusehen.
LG Zweibrücken, VRR 2010, 360 = RVGreport 2010, 377 = RVGprofessionell 2011, 34	Bei der Gebührenbestimmung auf der Grundlage des § 14 RVG ist in Strafsachen i.d.R. von der Mittelgebühr auszugehen.
KG, 05.12.2008 - 1 Ws 283/08	Bei der Bemessung der Gebühr **Nrn. 4102, 4103 VV RVG** ist zu berücksichtigen, dass der Gebührenrahmen für drei Termine pro Verfahrensabschnitt ausgelegt ist.

A. Rechtsprechungsübersicht zum RVG Teile 4–7 VV

	VG Berlin RVGreport 2011, 144 = RVGprofessionell 2011, 119 = StRR 2011, 3 (Ls.)	In **Disziplinarverfahren** (Teil 6 VV RVG) ist im Hinblick auf die Erstattungsfähigkeit der Gebühren eines Rechtsanwalts für durchschnittliche Fälle vom Mittelwert des jeweiligen Rahmens auszugehen. Ein Spielraum für die Erhebung einer höheren Gebühr besteht erst und nur, wenn besondere Umstände eine Erhöhung über den Mittelwert hinaus rechtfertigen. Ein Zuschlag zur Mittelgebühr von 20 Prozent ist daher nicht anerkennungsfähig, wenn besondere Umstände für eine Erhöhung über den Mittelwert weder vorgetragen sind noch nach Aktenlage bestehen.
Strafverfahren § 14 RVG: Bedeutung der Angelegenheit	OLG Düsseldorf, RVGreport 2011, 57 = StRR 2011, 119	Die Angelegenheit ist von einschneidender Bedeutung, wenn eine langjährige Haftstrafe droht (hier: Haftbefehl mit 22 Fällen, Haftrahmen 1 bis 10 Jahre).
		Auch in Anbetracht der einschneidenden Bedeutung sind im Hinblick auf einen eher durchschnittlichen Umfang der anwaltlichen Tätigkeit und insbesondere schlechter finanzieller Verhältnisse (hier: teilmöblierte Ein-Zimmer-Wohnung, 800 € Monatseinkommen als Reinigungskraft) aber keine höheren Gebühren als Terminsgebühren in Höhe der Mittelgebühren und al als leicht erhöhte Verfahrensgebühren gerechtfertigt.
	LG Essen, AGS 2008, 225 = StV 2008, 375	Nicht allein deshalb weit unterdurchschnittlich, weil nur eine Verurteilung nach Jugendstrafrecht droht.
	LG Koblenz, JurBüro 2010, 32	Nicht das subjektive Empfinden ist für die Bedeutung der Angelegenheit maßgeblich, sondern das, was es aus der Sicht eines unbeteiligten Dritten bedeutet, nicht oder nicht so hoch bestraft zu werden.
	LG Koblenz, JurBüro 2010, 34	Unterdurchschnittlicher Umfang und Schwierigkeit werden durch die hohe Bedeutung der Sache für den Betroffenen (zu erwartende Freiheitsstrafe in einer Verkehrsstrafsache) kompensiert; Ansatz der Mittelgebühr gerechtfertigt.

A. Rechtsprechungsübersicht zum RVG Teile 4–7 VV

	AG Bensheim, NZV 2008, 108	Überdurchschnittlich bei einem Verfahren, in dem nach einem Verkehrsunfall eine Geldstrafe von mindestens 50 Tagessätzen und ein Fahrverbot nach § 44 StGB drohte; außerdem Auswirkungen auf einen Zivilrechtsstreit.
	AG München, AGS 2009, 178	**Überdurchschnittlich**, wenn im Bußgeldbescheid ein **Fahrverbot** von 2 Monaten vorgesehen und der Betroffene unstreitig als **Selbständiger** entscheidend auf seinen Führerschein angewiesen ist.
	AG Pforzheim, RVGprofessionell 2008, 140	**Geringe Höhe** der Geldbuße rechtfertigt **nicht** von einer **geringen Bedeutung** auszugehen; abzustellen ist vielmehr auf drohende Punkte im VZR, eine etwaige Vorbelastung, ein drohendes Fahrverbot bzw. eine Entziehung der Fahrerlaubnis.
	LG Braunschweig, 17.04.2008 - 2 Qs 40/08	Macht der Verteidiger **keine Angaben** zur Bedeutung des Verfahrens, ist von einem **unterdurchschnittlichen Verfahren** auszugehen.
	LG Koblenz, JurBüro 2010, 475	(Strafrichter)Verfahren für einen Angeklagten, der unter zweifacher Bewährung steht und bei einer Verurteilung mit dem Widerruf rechnen muss, von großer Bedeutung.
Strafverfahren § 14 RVG: Mindestgebühr	LG Zweibrücken, VRR 2010, 360 = RVGreport 2010, 377 = RVGprofessionell 2011, 34	Die Mindestgebühr kommt nur bei ganz einfachen Sachen von geringem Umfang in Betracht, wenn zudem die Schwierigkeit der anwaltlichen Tätigkeit und die Bedeutung der Angelegenheit für den Beschuldigten unterdurchschnittlich sind.
Strafverfahren § 14 RVG: Schwierigkeit der Angelegenheit	AG Bensheim, NZV 2008, 108	durchschnittlich (Angeklagter hat keine Angaben zur Sache gemacht; Kontroverse in rechtlichen Fragen); Freispruchantrag der Staatsanwaltschaft ohne Bedeutung

A. Rechtsprechungsübersicht zum RVG Teile 4–7 VV

Strafverfahren **§ 14 RVG:** **Einkommensverhältnisse**	LG Essen, AGS 2008, 225 = StV 2008, 375	Bei Jugendlichen sind bestehende Unterhaltsansprüche gem. §§ 1601, 1610 BGB zu berücksichtigen.
	AG Bensheim, NZV 2008, 108	900 € unterdurchschnittlich
	OLG Hamm, RVGprofessionell 2009, 112	beim Vater einer minderjährigen Tochter mit 1.600 € netto durchschnittlich
Strafverfahren **§ 14 RVG:** **Vermögensverhältnisse**	LG Essen, AGS 2008, 225 = StV 2008, 375	Bei einem Kind ohne Vermögen ist auf das Vermögen der Eltern abzustellen.
	LG Koblenz, JurBüro 2010, 32	Leicht überdurchschnittliche Vermögensverhältnisse werden bei einer Hausfrau dadurch kompensiert, dass sie über kein eigenes Einkommen verfügt.
Strafverfahren **§ 14 RVG:** **Grundgebühr**	OLG Hamm, RVGprofessionell 2009, 112	Vorbereitung von 2 Stunden auf Erstgespräch und 3 ½ Stunden dauerndes Erstgespräch führt zu einer Grundgebühr von 300 €.
	LG Dresden, 09.08.2006 - 4 Qs 20/06, www.burhoff.de	zur Zuerkennung der **Wahlanwaltshöchstgebühr** bei Einstellung des Verfahrens aufgrund einer umfangreichen Schutzschrift des Verteidigers
	LG Karlsruhe, 02.11.2005 - 2 Qs 26/05	Bei der Bemessung der Grundgebühr sind **Vergleichsmaßstab** sämtliche Strafverfahren.

Anlagen

A. Rechtsprechungsübersicht zum RVG Teile 4–7 VV

	LG Leipzig, RVGprofessionell 2009, 33 = RVGreport 2009, 61 = VRR 2009, 119	**Aktenumfang** von 9 Seiten bei erster Akteneinsicht führt zu einer unter der Mittelgebühr liegenden Gebühr.
	LG Osnabrück, JurBüro 2008, 143	bei Geschwindigkeitsüberschreitung mit Geldbuße 50 €, kein Fahrverbot, geringer Aktenumfang Grundgebühr von 50 €
	AG Pirna, 02.07.2009 - 6 Ds 191 Js 51097/07	Bei der Bemessung der Grundgebühr sind Strafverfahren vor dem Amtsgericht nicht grundsätzlich dem unteren Gebührenrahmen zuzuordnen.
Strafverfahren § 14 RVG: Verfahrensgebühr	KG, StV 2006, 198 = AGS 2006, 278 = RVGreport 2007, 180	**Schwerhörigkeitsbedingte** Verständigungsschwierigkeiten mit dem Mandanten können bei der für die Bestimmung der Verfahrensgebühren vorzunehmenden Bewertung des Schwierigkeitsgrads der anwaltlichen Tätigkeit erheblich ins Gewicht fallen.
	OLG Hamm, StraFo 2007, 218 = Rpfleger 2007, 426 = JurBüro 2007, 309 = StV 2007, 476 (Ls.);	Bei der Bemessung der **Verfahrensgebühr Nr. 6100 VV RVG** a.F. (jetzt Nr. 6101 VV RVG n.F.) ist die Teilnahme des Beistands an dem Termin beim Amtsgericht zur Verkündung des Auslieferungshaftbefehls zu berücksichtigen.
	LG Detmold, StRR 2008, 243 (Ls.) = VRR 2008, 243 (Ls.)	Der Schriftsatz, in dem sich der Verteidiger gegen die beantragte vorläufige **Entziehung der Fahrerlaubnis** wendet, rechtfertigt keine Erhöhung der Verfahrensgebühr um mehr als 50 Prozent gegenüber der Mittelgebühr.
	LG Dresden, 09.08.2006, 4 Qs 20/06, www.burhoff.de	zur Zuerkennung der **Wahlanwaltshöchstgebühr** bei Einstellung des Verfahrens aufgrund einer umfangreichen Schutzschrift des Verteidigers
	LG Karlsruhe, 02.11.2005 - 2 Qs 26/05	Bei der Bemessung der Verfahrensgebühr für das **vorbereitende Verfahren** sind Vergleichsmaßstab sämtliche Strafverfahren.

A. Rechtsprechungsübersicht zum RVG Teile 4–7 VV

	AG Lüdinghausen, RVGreport 2006, 183	Die **Ordnung** des **Gerichts**, bei dem das gerichtliche Verfahren anhängig ist, ist bei der Bemessung der gerichtlichen Verfahrensgebühr nicht zu berücksichtigen.
	AG Sinzig, JurBüro 2008, 249	Erhöhung der Mittelgebühr um 15%, wenn der Rechtsanwalt in einem Verfahren über die Beschwerde gegen die Zurückweisung eines Wiedereinsetzungsantrags tätig war.
Strafverfahren § 14 RVG: Terminsgebühr	KG, StV 2006, 198 = AGS 2006, 278 = RVGreport 2007, 180; OLG Köln, AGS 2008, 32 = RVGprofessionell 2008, 12 = RVGreport 2008, 55; LG Bochum, 10.05.2006 - 10 Qs 8/06, www.burhoff.de	Die **Zeitstufen**, die bezüglich des Pflichtverteidigers festgelegt sind, geben Hilfestellung bei der Bemessung der Terminsgebühr für die Einordnung im Gebührenrahmen.
	KG, 05.12.2008 - 1 Ws 283/08; OLG Hamm, RVGprofessionell 2009, 112	zur Bemessung der Terminsgebühr
	OLG Jena, StV 2006, 204 = RVGreport 2006, 423 = JurBüro 2005, 470; s. aber OLG Jena, RVGreport 2008, 56; OLG Hamm, AGS 2006, 498 = JurBüro 2006, 591 (für Abfassung eines Beweisantrages); OLG Oldenburg, JurBüro 2007, 528;	Die Terminsgebühr deckt auch **sonstige** mit dem jeweiligen Termin in **Zusammenhang stehende Tätigkeiten**, wie z.B. die konkrete Vorbereitung dieses Termins, ab.

A. Rechtsprechungsübersicht zum RVG Teile 4–7 VV

LG Hamburg, JurBüro 2008, 312 = AGS 2008, 343;	Zum zu berücksichtigenden Zeitaufwand zählen nicht nur die Zeiten, die der Verteidiger faktisch an bzw. in der Sache gearbeitet hat, sondern auch der nutzlos erbrachte Aufwand, wie z.B. **Wartezeiten**.
a.A. AG Koblenz, RVGprofessionell 2008, 124 = AGS 2008, 346 = VRR 2008, 319 = RVGreport 2009, 340	
KG, StV 2006, 198 = AGS 2006, 278 = RVGreport 2007, 180;	
AG Anklam, 02.02.2006 - 62 Ds 513 Js 957/05 (378/05), www.burhoff.de	
OLG Jena, RVGreport 2008, 56	**Dauer** eines **Hauptverhandlungstermins** ist nicht das alleinige Kriterium für die Bemessung der Terminsgebühr, namentlich dann, wenn die weiteren Bemessungskriterien nach § 14 Abs. 1 Satz 1 RVG überdurchschnittlich sind und der Rechtsanwalt auch bei Fortsetzungsterminen einen überdurchschnittlichen Vorbereitungsaufwand auf die Hauptverhandlung hatte, welcher durch die Verfahrensgebühr für das Hauptverfahren nicht allein abgegolten werden kann, fällt die Kürze der Hauptverhandlung weniger schwerwiegend ins Gewicht.
OLG Hamm, 03.12.2009 - 2 Ws 270/09, JurionRS 2009, 28126	Bei kurzen Hauptverhandlungsterminen ist eine Festsetzung von Verteidigergebühren unterhalb der Mittelgebühr zulässig, auch wenn die Sache insgesamt umfangreich und schwierig gewesen ist (für Urteilsverkündungstermin von 22 Minuten).
LG Bochum, 15.10.2009 - 23 Qs 230/09, www.burhoff.de	Hauptverhandlungsdauer beim Jugendrichter von **45 Minuten** und **15 Minuten** Wartezeit allenfalls leicht unterdurchschnittlich
LG Hamburg, JurBüro 2008, 312 = AGS 2008, 343;	Eine **Berufungshauptverhandlung** mit einer Dauer von 35 Minuten ist nicht unterdurchschnittlich, da auch die vorbereitende Tätigkeit zu berücksichtigen ist.

A. Rechtsprechungsübersicht zum RVG Teile 4–7 VV

LG Hannover, JurBüro 2011, 304	Im **Berufungsverfahren** ist eine Hauptverhandlung mit 2 – 2 ½ Stunden und der Vernehmung von 3 bis 4 Zeugen durchschnittlich.
LG Koblenz, JurBüro 2006, 364	In einer einfach gelagerten Strafsache rechtfertigt eine Hauptverhandlungsdauer von **20 Minuten** beim AG nicht den Ansatz der Mittelgebühr.
LG Koblenz, JurBüro 2009, 253	Siebenstündige Hauptverhandlung beim Schöffengericht rechtfertigt die Höchstgebühr.
LG Koblenz, JurBüro 2010, 34	Unterdurchschnittliche Dauer der Hauptverhandlung von 27 Minuten rechtfertigt nicht den Ansatz der Mittelgebühr der Nr. 4108 VV RVG, sondern nur einen Betrag von 150€, selbst wenn drei Zeugen kurz vernommen worden sind.
LG Koblenz, JurBüro 2010, 475	HV-Dauer von 35 Minuten in einer Strafsache beim Strafrichter rechtfertigt auch in einem Verfahren von großer Bedeutung nur eine Terminsgebühr von 190€.
LG Magdeburg, JurBüro 2008, 85	Für eine Hauptverhandlung beim **Strafrichter**, die bis zu einer Stunde dauert, ist die Mittelgebühr durchschnittlich gerechtfertigt.
LG Rottweil, AGS 2007, 505	Für eine von **8.40 Uhr bis 19.55 Uhr** dauernde Hauptverhandlung beim AG (Schöffengericht) ist die Höchstgebühr festzusetzen.
LG Bochum, 10.05.2006 - 10 Qs 8/06, www.burhoff.de	Die Dauer der Hauptverhandlung mit **4:20 Stunden** bzw. **4:25 Stunden** rechtfertigt nicht die Höchstgebühr.
AG Anklam, 02.02.2006 - 62 Ds 513 Js 957/05 (378/05), www.burhoff.de	In einer Strafrichtersache ist bei einer Terminsdauer von **rund 40 Minuten** die Mittelgebühr angemessen.
AG Betzdorf, 25.02.2009 - 2070 Js 53842/05.2a Cs	Eine Hauptverhandlungsdauer in einem Berufungsverfahren mit einer eher durchschnittlichen Dauer von **71 Minuten** rechtfertigt den Ansatz der Höchstgebühr regelmäßig nicht; lediglich das Zusammentreffen mit einer ausführlichen, rechtlich schwierigen Berufungsbegründung begründet eine Erhöhung der Mittelgebühr auf 340€.

A. Rechtsprechungsübersicht zum RVG Teile 4–7 VV

AG Koblenz, AGS 2007, 191	In einer einfach gelagerten Strafsache rechtfertigt eine Hauptverhandlungsdauer von **10 Minuten** beim AG nicht den Ansatz der Mittelgebühr.
AG Koblenz, AGS 2004, 484 m. Anm. N. Schneider	Für eine Hauptverhandlungsgebühr kommt es nur auf den Umfang der Hauptverhandlung selbst an, nicht auch auf den Umfang des übrigen Verfahrens; für eine **30-minütige Hauptverhandlung** ist eine Terminsgebühr von 180,00 € angemessen.
AG Koblenz, RVGprofessionell 2008, 124 = AGS 2008, 346 = VRR 2008, 319 = RVGreport 2009, 340	**Hauptverhandlung** von nur **zwei Minuten** Dauer rechtfertigt den Ansatz einer Gebühr von 215 € nicht, sondern es sind nur 90 € angemessen.
AG Baden-Baden, AGS 2006, 120	Für eine **25-minütige Hauptverhandlung**, in der keine Beweisaufnahme stattgefunden hat, sondern lediglich der Angeklagte gehört wurde, sind 180 € als Terminsgebühr ausreichend und angemessen.
AG Baden-Baden, AGS 2006, 120	Für eine **35-minütige Verhandlung** mit kurzer Beweisaufnahme, Erörterung und Antragstellung ist Mittelgebühr i.H.v. 230,00 € angemessen.
AG Bensheim, NZV 2008, 108	Hauptverhandlungsdauer von **einer Stunde** beim Amtsrichter keinesfalls unterdurchschnittlich; Wartezeiten sind zu berücksichtigen.
AG Betzdorf, 23.02.2009 - 2090 Js 28238/08.jug 2 Ds	Deutlich unterdurchschnittliche Dauer der Hauptverhandlung von 10 Minuten rechtfertigt den Ansatz der Gebühr in Höhe von 230,00 € regelmäßig nicht. Mit einer Gebühr von 140,00 € ist die Verteidigertätigkeit angemessen honoriert.
AG Lüdinghausen, RVGreport 2006, 183	Bei einer normalen Strafsache ist von der „Mittelgebühr" auszugehen, wobei z.B. das intensive Bemühen um eine **Absprache**, die zu einer Abkürzung der Hauptverhandlung geführt hat, berücksichtigt wird.
AG Westerburg, JurBüro 2007, 310	Durchschnittliche Dauer der Hauptverhandlung in einem Strafverfahren beim AG von 115 Minuten (m.E. zweifelhaft) rechtfertigt nur die Mittelgebühr).

A. Rechtsprechungsübersicht zum RVG Teile 4–7 VV

Bußgeldverfahren § 14 RVG Allgemeines	LG Cottbus, zfs 2007, 529 mit teilweise ablehnender Anmerkung Hansens	I.d.R. **unterhalb der Mittelgebühr** (75 %), wenn bis auf die verhängte Geldbuße keine weiteren Auswirkungen für den Betroffenen zu erwarten sind.
	LG Deggendorf, RVGreport 2006, 341; LG Dortmund, RVGreport 2005, 465; ähnlich: LG Göttingen, VRR 2006, 239 = RVGreport 2007, 454; AG Hamburg-St. Georg, 25.05.2009 - 922 C 198/09	Neben den Bewertungskriterien des § 14 RVG und dem Maße der Mitwirkung der Verteidigung ist die **Höhe der Geldbuße ein entscheidendes Kriterium** für die Bewertung, welche Vergütungshöhe ein Rechtsanwalt für die Vertretung in einem Verkehrsordnungswidrigkeitenverfahren in Ansatz bringen kann. Die Vergütung ist normalerweise im **unteren Bereich** des gesetzlichen Gebührenrahmens anzusiedeln.
	LG Kleve, 01.04.2011 - 111 Qs 9/11, JurionRS 2011, 16787	Einfache, alltägliche Verkehrsordnungswidrigkeiten wie z.B. eine Geschwindigkeitsüberschreitung, die mit einer Geldbuße von 80,00 € geahndet werden sollte, sind nach den in § 14 RVG genannten Maßstäben im unteren Bereich des Bemessungsrahmens einzuordnen.
	LG Düsseldorf, 04.08. 2006 - I Qs 83/06 BuK	**Ausgangspunkt** beim Wahlverteidiger ist grds. die Mittelgebühr; es haben alle Umstände Bedeutung, und zwar, wenn auch untergeordnet, auch noch die Höhe der Geldbuße.
	LG Essen, RVGprofessionell 2009, 3 = VRR 2009, 119 = RVGreport 2009, 218	zur Bemessung der Gebühren unterhalb der Mittelgebühr
	LG Hannover, RVGreport 2008, 182	In verkehrsordnungsrechtlichen Bußgeldverfahren entsteht nicht grundsätzlich die Mittelgebühr.
	LG Kiel, zfs 2007, 106 m. zust. Anm. Hansens = AGS 2007, 140	Mittelgebühr, wenn es um eine nicht im normalen Bereich vorkommende Verkehrsordnungswidrigkeit (Überschreitung des zulässigen Gesamtgewichts einer Sattelzugmaschine) geht.

A. Rechtsprechungsübersicht zum RVG Teile 4–7 VV

LG Leipzig, RVGprofessionell 2009, 33 = RVGreport 2009, 61 = VRR 2009, 119 = RVGreport 2009, 218	Heranziehung der Mittelgebühr ist als Arbeitsgrundlage auch in Bußgeldsachen wegen Verkehrsordnungswidrigkeiten jedenfalls dann angemessen, wenn dem Betroffenen ein Fahrverbot droht.
LG Dresden, RVGreport 2010, 454 = RVGprofessionell 2011, 30 = AG-Kompakt 2011, 15	In Verkehrsordnungswidrigkeitensachen sind i.d.R. nur Gebühren unterhalb der Mittelgebühr angemessen.
LG Landshut, 23.03.2010 - 2 Qs 326/09	in Verkehrsordnungswidrigkeiten merklich unter dem Durchschnitt
LG Leipzig, RVGreport 2010, 182	In straßenverkehrsrechtlichen Bußgeldverfahren i.d.R. Gebühren unterhalb der Mittelgebühr; aber Mittelgebühr angemessen, wenn Fahrverbot droht und die schwierige Frage der Unterbrechung der Verjährung durch Zustellung an den Verteidiger eine Rolle spielt.
AG Aachen, 13.07.2010 - 100 C 386/09	Weist die anwaltliche Tätigkeit in einem verkehrsrechtlichen Verfahren nur geringen Umfang auf und ist lediglich eine Geldbuße von 40,00 EUR Verfahrensgegenstand und steht ein Fahrverbot nicht im Raum, handelt es sich um eine Angelegenheit von deutlich unterdurchschnittlicher Bedeutung, in der der Ansatz der Mittelgebühr unbillig zu hoch und nicht verbindlich ist.
AG Bielefeld, 10.06.2011 – 8 OWi 116/11 [b]	Der Umstand, dass ab einer Geldbuße von 40,00 € eine Eintragung ins Verkehrszentralregister droht, führt dazu, dass die Angelegenheit für den Betroffenen von überdurchschnittlicher Bedeutung ist. Dadurch kann unterdurchschnittlicher Aufwand ausgeglichen werden.
AG Bad Segeberg, VRR 2010, 240	Die Mittelgebühr ist angemessen, wenn die Ahndung zu 3 Punkten führt. Die Höhe der Geldbuße ist für die Bestimmung der Gebühr ohne Belang.
AG Bühl. 27.10.2010 - 3 C 142/10	Nicht immer, aber typischerweise eine Gebühr unter der Mittelgebühr.
AG Charlottenburg, 03.03.2010 - 207 C 463/09	Allein ein (drohendes) Fahrverbot führt nicht zur Mittelgebühr.

A. Rechtsprechungsübersicht zum RVG Teile 4–7 VV

AG Cloppenburg. RVGprofessionell 2011, 143	Bei der Bemessung der Wahlanwaltsgebühren im straßenverkehrsrechtlichen OWi-Verfahren darf nicht allein auf den Betrag der Geldbuße abgestellt werden. Ferner ist der **Vergleich** mit **Geldbußen** von über **5.000 € einseitig** und unvollständig, weil diese hohen Geldbußen üblicherweise nicht mit Punkten im Verkehrszentralregister verbunden sind.
AG Dresden, AGS 2010, 431 m. abl. Anm. N. Schneider	Mittelgebühr ist nur ausnahmsweise angezeigt, wenn gegen den Betroffenen ein Fahrverbot im Bußgeldbescheid festgesetzt war.
AG Eilenburg, RVGprofessionell 2009, 204 (Ls.) = JurBüro 2010, 34 m. Anm. C. Schneider = RVGreport 2010, 60 = AGS 2010, 74; AG Eilenburg, JurBüro 2010, 35	Bei einer Geldbuße von 40,00 € und erheblicher Vorbelastung des Betroffenen bzw. von 60,00 € und drei drohenden Punkten im VZR liegt gebührenrechtlich eine durchschnittliche Sache vor.
AG Erding, 16.06.2008, 003 OWi 18 Js 21740/07	Überdurchschnittliche Bedeutung, wenn ein Fahrverbot droht, wenn der Betroffene als Fahrer bei einem Autobauer tätig und dringend auf seine Fahrerlaubnis angewiesen ist.
AG Frankenthal, RVGreport 2006, 271 = AGS 2005, 292	Mittelgebühr zu überschreiten, wenn ein Fahrverbot in Rede steht oder Eintragungen in das VZR, die zum Verlust der **Fahrerlaubnis** führen können.
AG Fürstenwalde, 24.10.2006 - 3 jug OWi 291 Js-Owi 40513/05 (26/05)	Ordnungswidrigkeitenverfahren sind **nicht generell** als **einfach** bzw. einfacher gelagert anzusehen. Entscheidend für die Gebührenbemessung ist der konkrete Einzelfall.
AG Karlsruhe, AGS 2008, 492	Bei einem Fahrverbot, dem drohenden Eintrag von vier Punkten im Verkehrszentralregister und zu befürchtenden weiteren führerscheinrechtlichen Konsequenzen ist von einer eine **weit überdurchschnittlichen Bedeutung** der Sache auszugehen (Verfahrensgebühr von 200 € jedenfalls nicht unbillig).

A. Rechtsprechungsübersicht zum RVG Teile 4–7 VV

AG Limburg, RVGreport 2009, 98 = VRR 2009, 159 = AGS 2009, 161 m. abl. Anm. Onderka = StRR 2009, 200	Mittelgebühr angemessen, wenn der Rechtsanwalt eine Verringerung der Geldbuße von 50 € auf 35 € erreicht.
AG Bühl, NZV 2009, 401	Überschreiten der Mittelgebühr um 20 % bei drohendem Fahrverbot nicht unbillig.
LG Magdeburg, JurBüro 2008, 85	Wenn außer der verhängten Geldbuße keine weiteren Auswirkungen, ist nur eine unter der Mittelgebühr liegende Gebühr gerechtfertigt.
LG München, JurBüro 2008, 249	Die **besondere Qualifikation** des Verteidigers gehört **nicht** zu den gebührenrechtlichen Merkmalen.
LG Neuruppin, 08.02.2010 - 16 Qs 9/10	Wird ein Bußgeldverfahren wegen Geschwindigkeitsüberschreitung mit Festsetzung einer Geldbuße von 130 Euro und drei Punkten im Verkehrsregister wegen Doppelverfolgung auf Kosten der Staatskasse eingestellt und beschränkt sich die Verteidigung auf die Sichtung einer VHS-Videokassette, die Rüge der Zuständigkeit des Gerichts und die Geltendmachung des Einwands der Doppelverfolgung in zwei einseitigen Schriftsätzen, so handelt es sich gebührenrechtlich um eine weit unterdurchschnittliche Angelegenheit. Die Gebühren können demnach nicht in Höhe der Mittelgebühr festgesetzt werden. Angemessen ist vielmehr eine Festsetzung auf 50 Prozent unter der Mittelgebühr.
AG München, AGS 2007, 81	Grds. ist auch im OWi-Verfahren die **Mittelgebühr** angemessen; i.Ü. Berücksichtigung aller Umstände des Einzelfalls.
AG Leipzig, 23.03.2007 - 219 OWi 503 Js 22959/06	**Mittelgebühr** bei 3 Punkten im VZR und drohendem Fahrverbot
AG Leipzig, 22.10.2010 - 118 C 6514/10	**Mittelgebühr** bei überdurchschnittlicher Bedeutung für den Mandanten wegen Voreintragungen im VZR

A. Rechtsprechungsübersicht zum RVG Teile 4–7 VV

	AG Pinneberg, AGS 2005, 552	Auch in Bußgeldverfahren ist eine Einzelfallbetrachtung angezeigt; **Mittelgebühr grds. gerechtfertigt.** Im Einzelfall sind neben der Höhe der Geldbuße auch die Nebenentscheidungen zu berücksichtigen sowie auch die vom Verteidiger eingereichten Schriftsätze.
	AG Rotenburg, AGS 2006, 288 m. Anm. Madert, AGS 2006, 342	grds. **Mittelgebühr**; Geschwindigkeitsüberschreitung, Geldbuße von 50 €, weitere drei Punkte im VZR, dann insgesamt 6 Punkte
	AG Saarlouis, RVGreport 2006, 182 = AGS 2006, 127	**Mittelgebühr**; wenn Fahrverbot oder Eintragungen im VZR im Raum stehen, ist der Ansatz der Mittelgebühr gerechtfertigt.
	AG Stadtroda, RVGprofessionell 2010, 163	i.d.R. die Mittelgebühr
	AG Viechtach, StraFo 2008, 351 = RVGreport 2008, 338 = VRR 2008, 440	In Verkehrsordnungswidrigkeitensachen ist **nicht immer** von einer **unterhalb** der **Mittelgebühr** liegenden Gebühr auszugehen; abzustellen ist vielmehr u.a. auf die drohende Punkte im Verkehrszentralregister, eine etwaige Vorbelastung, ein drohendes Fahrverbot bzw. Fahrerlaubnisentzug und etwaige Schadensersatzansprüche sowie das Angewiesensein des Betroffenen auf die Fahrerlaubnis.
	AG Völklingen, RVGprofessionell 2008, 125	Gebühr von 20 % oberhalb der Mittelgebühr ist für die Vertretung in einem Bußgeldverfahren nicht zu beanstanden, wenn die Angelegenheit aufgrund eines Fahrverbotes für den Mandanten überdurchschnittliche Bedeutung hat.
	LG Leipzig, RVGprofessionell 2009, 33 = RVGreport 2009, 61 = VRR 2009, 119 = RVGreport 2009, 218	Aktenumfang von nur 9 Seiten führt zu einer unter der Mittelgebühr liegenden Gebühr.
Bußgeldverfahren **§ 14 RVG:** **Grundgebühr**	LG Stralsund, zfs 2006, 407	In straßenverkehrsrechtlichen Bußgeldverfahren ist bei der Grundgebühr Nr. 5100 VV RVG grds. die **Mittelgebühr** angemessen.

A. Rechtsprechungsübersicht zum RVG Teile 4–7 VV

	LG Weiden, 01.08.2005 - 1 Qs 60/05	Bei der Bemessung der Grundgebühr ist die Geldbuße zu berücksichtigen; bei einer **Geldbuße von 15 €** als Grundgebühr Nr. 5100 VV RVG nur 40 €.
	LG Landshut, 23.03.2010 - 2 Qs 326/09	Merklich unter dem Durchschnitt in Verkehrsordnungswidrigkeitensache, auch Fahrverbot und Voreintragungen rechtfertigen keine Erhöhung (auf die Mittelgebühr).
Bußgeldverfahren **§ 14 RVG:** **Verfahrensgebühr**	AG Altenburg, RVGreport 2006, 182 = AGS 2006, 128	**Mittelgebühr**; Tätigkeit zwar nicht besonders schwierig, aber fünf Besprechungstermine mit einem Zeitaufwand von 2 Stunden 40 Minuten und Verständigungsschwierigkeiten mit der ausländischen Ehefrau des Betroffenen; Voreintragung von 10 Punkten im VZR; zwei weitere Punkte drohen.
	AG Hamburg-St.Georg, 19.12.2006 - 912 C 278/06	Es entsteht nicht grds. die Mittelgebühr. Gebührenhöhe hängt von vielen Einzelpunkten ab; **Rotlichtverstoß**; Geldbuße von 50 €, keine besonderen Schwierigkeiten, kein Messverfahren, sondern Zeuge.
	AG Lüdinghausen, StraFo 2008, 45 = JurBüro 2008, 83 = StRR 2008, 79 = RVGprofessionell 2008, 51 = VRR 2008, 119	Verkehrs-OWi wegen eines **Parkverstoßes** ist deutlich unterdurchschnittlich; Gebühren unterhalb der Mittelgebühr; Geldbuße betrug nur 15 €.
	AG Saarbrücken, RVGreport 2006, 181 = AGS 2006, 126 m. Anm. Madert AGS 2006, 127	**Mittelgebühr**: Geldbuße von (nur) 40 €, Vorbelastung im VZR und drohende weitere Eintragung eines Punktes im VZR und 5 Besprechungstermine, davon 2 mit dem Arbeitgeber, Anforderungen der Ermittlungsakte.

A. Rechtsprechungsübersicht zum RVG Teile 4–7 VV

	LG Stralsund, zfs 2006, 407	Bei der Verfahrens- und Terminsgebühren sind die für den **Pflichtverteidiger** vorgesehenen Gebühren grds. als **Richtwert** einer billigen Gebührenbemessung anzunehmen; ist ein Fahrverbot verhängt worden oder droht wegen hoher „Punktezahl" die Entziehung der Fahrerlaubnis, ist auch bei der Verfahrens- und der Terminsgebühr grds. die Mittelgebühr zu berücksichtigen.
	AG Viechtach, RVGreport 2005, 420 = AGS 2006, 239 m. Anm. Madert	**Mittelgebühr**; Geldbuße von (nur) 50€, mit 9 Punkten im VZR vorbelastet, 3 weitere Punkte drohen; nicht nur Einspruch des Verteidigers, sondern auch Wiedereinsetzungsantrag.
	AG Viechtach, RVGreport 2006, 341 = VRR 2006, 359	**Mittelgebühr**; Überschreitung der zulässigen Höchstgeschwindigkeit um 23 km/h, Geldbuße 80,- €. Ein Punkt im VZR droht.
	AG Viechtach, RVGreport 2006, 341 = VRR 2006, 359	Gebühr **unterhalb der Mittelgebühr**; Überschreitung der zulässigen Höchstgeschwindigkeit außerhalb geschlossener Ortschaft um 17 km/h, Geldbuße von 30,- €. Umfang und Schwierigkeit der anwaltlichen Tätigkeit durchschnittlich.
	AG Viechtach, RVGreport 2006, 341 = VRR 2006, 359	Mittelgebühr; **Rotlichtverstoß**, mindestens durchschnittliche Angelegenheit, es drohte eine Geldbuße von 100,– € mit 3 Punkten im VZR.
	LG Weiden, 01.08.2005 - 1 Qs 60/05	Bei der Bemessung der Verfahrensgebühr ist die **Höhe der Geldbuße nicht** zu berücksichtigen; es ist grds. der Ansatz der Mittelgebühr gerechtfertigt.
Bußgeldverfahren § 14 RVG: **Terminsgebühr**	LG Dessau-Roßlau, JurBüro 2009, 427	Hauptverhandlungsdauer zwar nur 9 Minuten, aber Terminsvorbereitung durch Sachverständigengutachten. Gebühr für Nr. 5110 VV RVG von 210€ noch angemessen.
	LG Detmold, 07.05.2008 - 4 Qs 19/08	Hauptverhandlungsdauer von **15 Minuten** beim AG rechtfertigt nur eine unterhalb der Mittelgebühr liegende Gebühr.
	LG Detmold, 03.02.2009 - 4 Qs 172/08	

A. Rechtsprechungsübersicht zum RVG Teile 4–7 VV

LG Frankfurt/Oder, 21.07.2008 – 23 Qs 33/08	Eine Hauptverhandlung von 3 Minuten im Bußgeldverfahren führt zu einer Terminsgebühr von 30% unter der Mittelgebühr.
LG Koblenz, JurBüro 2008, 589 = VRR 2009, 40 = RVGreport 2009, 97	Die unterdurchschnittliche Dauer der Hauptverhandlung (10 Minuten) rechtfertigt den Ansatz einer Gebühr Nr. 5112 VV RVG von 450,00 € regelmäßig nicht; mit einer Gebühr von 270,00 € ist die Verteidigertätigkeit dann angemessen honoriert.
LG Landshut, 23.03.2010 - 2 Qs 326/09	Hauptverhandlung von 30 Minuten kurz
LG Leipzig, RVGprofessionell 2009, 33 = RVGreport 2009, 61 = VRR 2009, 119= RVGreport 2009, 218	Hauptverhandlungsdauer 10 Minuten, zwei geladene Zeugen werden ungehört entlassen, führt zu einer Gebühr von 20% unterhalb der Mittelgebühr.
LG Leipzig, RVGreport 2010, 182	Hauptverhandlungsdauer von 15 Minuten unterdurchschnittlich, aber Mittelgebühr, wenn Fahrverbot droht und die schwierige Frage der Unterbrechung der Verjährung durch Zustellung an den Verteidiger eine Rolle spielt.
LG Mühlhausen, RVGreport 2009, 187 = VRR 2009, 320	Die Terminsgebühr lässt sich im OWi-Verfahren nicht unter Hinweis darauf kürzen, dass der Rechtsanwalt einen Hinweis auf bereits eingetretene Verjährung unterlassen habe.
LG Weiden, 01.08.2005 - 1 Qs 60/05	Bei der Bemessung der Terminsgebühr ist die Höhe der Geldbuße nicht zu berücksichtigen; es ist **grds.** der **Ansatz der Mittelgebühr** gerechtfertigt.
LG Hannover, RVGreport 2008, 182	durchschnittliche Hauptverhandlung bei einer Verhandlungsdauer von 1 Stunde und der Vernehmung von 3 - 4 Zeugen
LG Osnabrück, JurBüro 2008, 143	Hauptverhandlungen von 7, 10 oder auch 30 Minuten Dauer sind im OWi-Verfahren unterdurchschnittlich
AG Koblenz, RVGprofessionell 2008, 124 = AGS 2008, 346 = VRR 2008, 319= RVGreport 2009, 340	Eine erheblich unterdurchschnittliche Dauer der Hauptverhandlung von nur 2 Minuten rechtfertigt nur den Ansatz einer Gebühr von 90,00 €.

A. Rechtsprechungsübersicht zum RVG Teile 4–7 VV

	AG Viechtach, 04. 04.2007, 6 II OWi 00467/07	Mittelgebühr, die Höhe der **Geldbuße** spielt **keine Rolle**.
§ 15 RVG	KG RVGreport, 2008, 339 = StraFo 2009, 84 = StRR 2008, 477;	**Strafverfahren; vorbereitendes und gerichtliches Verfahren** sind dieselbe Angelegenheit.
	OLG Köln, AGS 2009, 585;	
	OLG, Saarbrücken RVGreport 2007, 181 = AGS 2007, 78 = StraFo 2007, 127 = Rpfleger 2007, 342;	
	LG Düsseldorf, RVGreport 2005, 344;	
	LG Hannover, 18.03.2008 - 48 Qs (Owi) 37/08;	
	LG Köln, 01.10.2008 - 20 S 15/08;	
	LG Magdeburg, JurBüro 2008, 85;	
	AG Lüdinghausen, 14.02.2006 - 16 Cs 82 Js 998/05 (105/05), www.burhoff.de;	
	AG Köln, AGS 2008, 79;	
	AG München, AGS 2008, 599	
	LG Düsseldorf, VRR 2006, 357;	Strafverfahren; vorbereitendes und gerichtliches Verfahren sind **verschiedene Angelegenheiten**.
	AG Neuss, AGS 2008, 598	

A. Rechtsprechungsübersicht zum RVG Teile 4–7 VV

OLG Düsseldorf, StRR 2008, 78 = RVGreport 2008, 182;	Tätigkeit als **Zeugenbeistand** nicht dieselbe Angelegenheit i.S.d. § 15 Abs. 2 RVG wie eine vorausgegangene oder auch zeitlich parallel laufende **Verteidigertätigkeit**.
OLG Hamm, StraFo 2008, 45 = JurBüro 2008, 83 = StRR 2008, 79 = RVGprofessionell 2008, 51 = NStZ-RR 2008, 96 (Ls.) = RVGreport 2008, 108 = AGS 2008, 124	
OLG Koblenz, RVGreport 2006, 430 = JurBüro 2005, 589 = AGS 2005, 504 = StraFo 2005, 526 = AnwBl. 2006, 148;	
OLG Köln, AGS 2008, 126;	
OLG München, 29.03.2007 - 1 Ws 354/07, www.burhoff.de;	
LG Dresden, 07.09.2007 - 5 KLs 109 Js 27593/05, www.burhoff.de;	
LG München I, 19.02.2007 - 12 KLs 247 Js 228539/05. www.burhoff.de	
KG, RVGprofessionell 2007, 139 = StRR 2007, 4 (Ls.);	Mit der **Trennung** von Verfahren werden die abgetrennten Verfahren selbständige Verfahren mit der Folge, dass mehrere Verfahrensgebühren entstehen und mehrere Terminsgebühren anfallen können.
LG Itzehoe, AGS 2008, 233;	
AG Tiergarten, RVGprofessionell 2010, 40 = RVGreport 2010, 140 = NStZ-RR 2010, 128 (Ls.) = AGS 2010, 220 = StRR 2010, 400	

A. Rechtsprechungsübersicht zum RVG Teile 4–7 VV

OLG Dresden, RVGreport 2009, 62 = wistra 2009, 80 (Ls.) = NStZ-RR 2009, 128 = AGS 2009, 223	Wird zu einem Strafverfahren nach dem Aufruf der der Sache ein weiteres Verfahren **hinzuverbunden**, das durch das Gericht zu diesem Zweck erst unmittelbar vor der Verbindung in der Hauptverhandlung **eröffnet** worden ist, so kann er auch für das hinzuverbundene Verfahren bestellte Pflichtverteidiger keine Terminsgebühr für dieses Verfahren beanspruchen.
KG, RVGreport 2005, 102 = NStZ-RR 2005, 127 = JurBüro 2005, 251 = AGS 2005, 393; OLG Schleswig, RVGreport 2005, 70 = AGS 2005, 120 = JurBüro 2005, 252	Jedes einzelne **Widerrufsverfahren** oder Überprüfungsverfahren nach § 67e StGB Vollstreckungsverfahren stellt eine gesonderte Angelegenheit i.S.v. § 15 RVG dar.
OLG Celle, RVGreport 2011, 19 = StRR 2011, 37 = RVGprofessionell 2011, 31 = NStZ-RR 2011, 32 (Ls.) = AGS 2011, 25	Vertritt ein Rechtsanwalt in einem Strafverfahren den Angeklagten, welcher als Nebenkläger zugelassen ist, sowohl als Verteidiger als auch als Vertreter der Nebenklage, handelt es sich bei dieser Tätigkeit gebührenrechtlich jedenfalls dann um dieselbe Angelegenheit i.S.v. § 15 Abs. 2 Satz 1 RVG, wenn Verteidigung und Nebenklage dieselbe prozessuale Tat betreffen.
LG Magdeburg, StraFo 2010, 172 = RVGreport 2010, 183 = StRR 2010, 279 = AGS 2010, 429	**Mehrere Verfahren** zur Entscheidung über einen **Bewährungswiderruf** sind unterschiedliche gebührenrechtliche Angelegenheiten.
OLG Braunschweig, RVGprofessionell 2009, 83 = StRR 2009, 203 (Ls.) = StraFo 2009, 220 = AGS 2009, 327 m. abl. Anm. Volpert = RVGreport 2009, 311; OLG Schleswig, SchlHA 2006, 300 bei Döllel/Dreßen;	Die Pauschale für Entgelte für Post- und Telekommunikationsleistungen ist im Strafvollstreckungsverfahren sowohl für das Ausgangsverfahren als auch für die **Beschwerdeinstanz** zu **berücksichtigen** (§ 15 Abs. 2 Satz 2, Nr. 7002 VV RVG).

A. Rechtsprechungsübersicht zum RVG Teile 4–7 VV

	Bußgeldverfahren; vorbereitendes Verfahren vor der Verwaltungsbehörde und das gerichtliche Verfahren sind dieselbe Angelegenheit.
LG Düsseldorf, AGS 2007, 352;	
LG Magdeburg, StraFo 2010, 172 = RVGreport 2010, 183 = StRR 2010, 279	
LG Frankfurt/Oder, 21.07.2008 – 23 Qs 33/08;	
LG Hamburg, AGS 2006, 503 = JurBüro 2006, 644;	
LG Koblenz, AGS 2006, 174;	
LG Köln, 01.10.2008 - 20 S 15/08;	
LG Leipzig, AGS 2010, 129 m. Anm. Volpert;	
AG Bitterfeld-Wolfen, AGS 2010, 225;	
AG Bühl, 27.10.2010 – 3 C 132/10;	
AG Düsseldorf, 02.12.2009 - 30 C 6632/09;	
AG Emmendingen, 07.06.2009 - 5 OWi 440 Js 28265 (132/08);	
AG Linz/Rhein, 07.04.2011 - 2080 Js 65451/10-3 Owi; www.burhoff.de	
AG Lüdinghausen, 15.01.2007 - 10 OWi 89 Js 1679/06 (140/06);	

A. Rechtsprechungsübersicht zum RVG Teile 4–7 VV

AG Hamburg-Sankt-Georg, 25.05.2009 - 922 C 198/09;	**Bußgeldverfahren**; vorbereitendes Verfahren vor der Verwaltungsbehörde und das gerichtliche Verfahren sind **verschiedene Angelegenheiten**.
AG Luckenwalde, JurBüro 2011, 256;	
AG München, DAR 2008, 612	
LG Konstanz, zfs 2010, 167 = AGS 2010, 175;	
AG Aachen, VRR 2009, 400 = StRR 2009, 363 (Ls.) = AGS 2009, 485 = RVGprofessionell 2010, 7 = RVGreport 2009, 466;	
AG Detmold, zfs 2007, 405;	
AG Düsseldorf, VRR 2006, 399;	
AG Frankenberg/Eder, AGS 2011, 326;	
AG Friedberg, AGS 2009, 225 = NJW-RR 2009, 560;	
AG Gelnhausen, AGS 2007, 453;	
AG Gronau, 13.03.2009 - 12 C 7/09;	
AG Herford, RVGprofessionell 2011, 103;	
AG Nauen, zfs 2007, 407 = AGS 2007, 405;	

A. Rechtsprechungsübersicht zum RVG Teile 4–7 VV

AG Saarbrücken, RVGprofessionell 2007, 118; AG Siegburg, AGS 2011, 325; AG Siegburg, 07.06.2011 – 113 C 129/11, JurionRS 18243; AG Wildeshausen, RVGprofessionell 2010, 173 = NZV 2011, 91	
OLG München, RVGprofessionell 2008, 71 = JurBüro 2008, 248 = AGS 2008, 224 = NStZ-RR 2008, 192 = RVGreport 2008, 137	Auch wenn das Revisionsgericht über die **Revision** des **Angeklagten** durch Beschluss gem. § 349 Abs. 2 StPO entscheidet und die gegen dasselbe Urteil gerichteten **Revisionen** des **Nebenklägers** und der **Staatsanwaltschaft** durch Urteil verwirft, handelt es sich gebührenrechtlich um dieselbe Angelegenheit.
AG Osnabrück, AGS 2009, 113 m. zust. Anm. N. Schneider	Gebühr nach **Nr. 4141 VV RVG** nur einmal, wenn das Verfahren nicht nur vorläufig nach § 154 StPO eingestellt, dann wieder aufgenommen und dann noch einmal eingestellt wird, da die Gebühr in einer Angelegenheit nur einmal entstehen kann.
OLG Köln, AGS 2011, 174 m. abl. Anm. Volpert = RVGreport 2011, 103 m. abl. Anm. Burhoff = StRR 2011, 241 = RVGprofessionell 2011, 145	Das Verfahren über die Aussetzung mehrerer Reststrafen zur Bewährung gem. § 57 StGB stellt nur eine gebührenrechtliche Angelegenheit i. S. d. § 15 Abs. 2 S. 1 RVG dar.
LG Aachen, AGS 2010, 428 m. abl. Anm. N. Schneider = RVGreport 2010, 379 = StRR 2011, 39	Wird gegen den Verurteilten in zwei Verfahren die Maßregel der Unterbringung in einem psychiatrischen Krankenhaus angeordnet, so erhält der in beiden Verfahren bestellte Pflichtverteidiger die Vergütung insgesamt nur einmal.
OLG Köln, AGS 2011, 321 = JurionRS 2010, 36857	**Ruht** das Verfahren **mehr als zwei Kalenderjahre**, so gilt die weitere Tätigkeit des Rechtsanwalts nicht als neue Angelegenheit; § 15 Abs. 5 Satz 2 RVG ist nicht anwendbar

A. Rechtsprechungsübersicht zum RVG Teile 4–7 VV

§ 17 RVG	KG, 23.03.2011, 2 Ws 83/11 REHA, JurionRS 2011, 18155	Selbstständige Ermittlungsverfahren führen auch dann (noch) zu Angelegenheiten, wenn sie in einem Aktenband geführt werden (für mehrere Rehabilitierungsverfahren nach dem StrReHAG).
	KG, RVGreport 2008, 100 = StraFo 2008, 132 = AGS 2008, 227 = StV 2008, 374	Zur Frage, ob mit der Einstellung des Strafverfahrens und der Abgabe der Verfahrens an die Bußgeldstelle die Gebühr Nr. 4141 VV RVG entsteht, siehe bei Nr. 4141 VV RVG.
	AG Osnabrück, JurBüro 2008, 588	Eilverfahren gem. § 114 Abs. 2 **StVollzG** und das Hauptsacheverfahren über den Antrag auf gerichtliche Entscheidung nach § 109 StVollzG sind in entsprechender Anwendung des § 17 Nr. 4c RVG als gebührenrechtlich verschiedene Angelegenheiten zu behandeln.
	OLG Brandenburg, RVGreport 2009, 341 = AGS 2009, 325; LG Düsseldorf, RVGprofessionell 2010, 189 = StRR 2010, 440 = VRR 2010, 479 = RVGreport 2011, 104; AG Ratingen RVGreport 2011, 104; a.A. KG, VRR 2009, 238 = RVGreport 2009, 302 = AGS 2009, 484	**Wieder aufgenommenes Verfahren**, das nach § 154 Abs. 2 StPO eingestellt war, bildet keine neue Angelegenheit i.S.v. § 17 Nr. 17 RVG. Das **Adhäsionsverfahren** ist keine vom Strafverfahren verschiedene Angelegenheit i.S.d. § 17 RVG.
§ 19 RVG	OLG Schleswig, SchlHA 2006, 299	**Einlegung der Revision** wird gem. § 19 Abs. 1 Nr. 10 RVG von der Verfahrensgebühr der Ausgangsinstanz erfasst.
§ 21 RVG	LG Dresden, AGS 2006, 169	Das **Verfahren nach Zurückverweisung** bildet nach § 21 Abs. 1 RVG einen neuen Rechtszug, in dem alle Gebühren, auch die Auslagenpauschale, noch einmal entstehen.

Anlagen

A. Rechtsprechungsübersicht zum RVG Teile 4–7 VV

§ 22 RVG	KG, RVGprofessionell 2009, 113 = RVGreport 2009, 302 = AGS 2009, 484 = JurBüro 2009, 529 = VRR 2009, 238; OLG Brandenburg, AGS 2009, 325 = RVGreport 2009, 341	„Dieselbe Angelegenheit" i.S.d. § 22 RVG liegt (nur) dann vor, wenn ein **einheitlicher Auftrag** vorliegt, die Tätigkeit des Rechtsanwalts sich in gleichem Rahmen hält und zwischen den einzelnen Handlungen ein innerer Zusammenhang besteht (hier: Zwei Adhäsionsklagen in einer Hauptverhandlung).
§ 32 RVG	KG, RVGreport 2007, 312 = AGS 2007, 353 m. Anm. Volpert	Streitwert in **Strafvollzugssachen** eher niedriger festzusetzen (1.000 €)
§ 33 RVG	OLG Düsseldorf, 10.12.2009 - III-1 Ws 654/09; OLG Bamberg, AGS 2007, 192 = JurBüro 2007, 201; LG Aschaffenburg, RVGreport 2007, 72	Der Gegenstandswert entspricht bei der Einziehung dem **objektivem Verkehrswert** der Sache, ein nachträglich in einer Versteigerung erzielter niedrigerer Wert ist unbeachtlich.
	KG, NStZ-RR 2005, 358 = JurBüro 2005, 531 = Rpfleger 2005, 698; OLG Karlsruhe, StraFo 2007, 438 = NStZ-RR 2007, 391 = AGS 2008, 30; OLG Oldenburg, RVGprofessionell 2010, 29 = NJW 2010, 884 = AGS 2010, 128 = StraFo 2010, 132 = RVGreport 2010, 303 = StRR 2010, 356; OLG Stuttgart, RVGprofessionell 2010, 170; LG Magdeburg, StRR 2008, 480	Der Gegenstandswert für eine im Ermittlungsverfahren oder im gerichtlichen Verfahren erbrachte Tätigkeit im Hinblick auf Einziehung oder Verfall richtet sich nach den zum Zeitpunkt der Beratung erkennbaren Anhaltspunkten in der der Verfahrensakte und **nicht nach** dem in der Hauptverhandlung gestellten **Schlussantrag** der Staatsanwaltschaft.

A. Rechtsprechungsübersicht zum RVG Teile 4–7 VV

BGH, wistra 2009, 282	Der Gegenstandswert für die Tätigkeit des Vertreters der Verfallsbeteiligten im Revisionsverfahren bemisst sich nach dem wirtschaftlichen Interesse der Verfallsbeteiligten an der Aufhebung und dem Entfallen der erstinstanzlichen Verfallsanordnung.
OLG Hamm, AGS 2008, 341 = wistra 2008, 160; OLG Hamm, AGS 2008, 175; OLG Köln, 10.09.2004 - 2 Ws 370/04 (zur BRAGO); OLG München, AGS 2010, 543 = NStZ-RR 2010, 32 (Ls.)	Bei einer Entscheidung über einen **dinglichen Arrest** (gem. §§ 111b Abs.2, 111d StPO) ist im Regelfall als Gegenstandswert 1/3 des zu sichernden Hauptanspruchs angemessen festgesetzt.
KG, RVGreport 2005, 390 = NStZ-RR 2005, 358 = JurBüro 2005, 531 = Rpfleger 2005, 698; OLG Frankfurt, RVGreport 2007, 71 = JurBüro 2007, 201 m. abl. Anm. Madert und Kroiß RVG-Letter 2007, 33; OLG Hamm, 29.03.2007 - 3 Ws 44/07, www.burhoff.de; OLG Koblenz, AGS 2006, 237 = StraFo 2006, 215 = JurBüro 2006, 255; OLG Schleswig, StraFo 2006, 516; LG Göttingen, AGS 2006, 75 m. Anm. Madert;	Der Wert von zwecks Einziehung sichergestellten **Betäubungsmitteln** ist gleich Null.

A. Rechtsprechungsübersicht zum RVG Teile 4–7 VV

AG Nordhorn, AGS 2006, 238	
OLG Brandenburg, wistra 2010, 199 = NStZ-RR 2010, 192 = Rpfleger 2010, 392;	Der Gegenstandswert eingezogener unversteuerter **Zigaretten** ist Null.
LG Berlin, 13.10.2006 - 536 Qs 250/06, rechtskräftig durch Verwerfungsbeschluss des KG v. 20.12.2006 - 5 Ws 687/06, www.burhoff.de;	
LG Cottbus, 25.02.2009 - 22 Qs 38/08;	
LG Würzburg, 16.05.2007 - 5 Qs 117/07	
LG Essen, AGS 2006, 501 = RVGreport 2007, 465;	Der Wert von unversteuerten und unverzollten **Zigaretten** richtet sich nach dem Materialwert zuzüglich der üblichen Handelsspanne.
LG Hof, AGS 2008, 80	Bei unversteuerten und unverzollten **Zigaretten** ist vom Schwarzmarktpreis auszugehen, der sich auf ca. 15 €/Stange beläuft.
KG, RVGreport 2005, 390 = NStZ-RR 2005, 358 = JurBüro 2005, 531 = Rpfleger 2005, 698	Bei eingezogenem bzw. für verfallen erklärtem **Dealgeld** ist der Nennbetrag maßgeblich.
BGH, NStZ 2007, 341 = wistra 2007, 232 = RVGreport 2007, 313 = StraFo 2007, 302	Beim **Verfallsbeteiligten** richtet sich der Gegenstandswert nach seinem wirtschaftlichen Interesse an der Abwehr der Maßnahme.
OLG Frankfurt, RVGreport 2007, 71 = JurBüro 2007, 201	**Falschgeld** hat keinen Verkehrswert.
OLG Koblenz, RVGreport 2006, 191 = AGS 2006, 236 = VRR 2006, 238;	Fahrverbot und Entziehung der **Fahrerlaubnis** haben keinen Gegenstandswert.
AG Nordhorn, AGS 2006, 238	

A. Rechtsprechungsübersicht zum RVG Teile 4–7 VV

	Für den Gegenstandswert **Zeitpunkt** des Entstehens der Gebühr entscheidend	LG Mosbach, StraFo 2006, 517
	Die für die Wertgebühr maßgebende Höhe der Einziehungs- bzw. Verfallsanordnung richtet sich nach den zum **Zeitpunkt** der **Beratung** erkennbaren Anhaltspunkten in der Verfahrensakte.	OLG Karlsruhe, StraFo 2007, 438
	Jedem Beschuldigten wird der volle Wert zugerechnet.	OLG Bamberg, AGS 2007, 192 = JurBüro 2007, 200; LG Aschaffenburg, RVGreport 2007, 72
	Zur Zuständigkeit des Einzelrichters in Kostenfestsetzungssachen und zu den Folgen eines Verstoßes gegen das Einzelrichterprinzip durch Entscheidung des Gesamtspruchkörpers.	OLG Hamm, 05.05.2009 - 3 Ws 68/09
	das einmal verwirkte Erinnerungsrecht der Landeskasse gegen eine Pflichtverteidigervergütung lebt durch einen Pauschgebührenantrag nicht wieder auf.	OLG Hamm, 26. 5. 2009 - 2 Ws 103/09
§ 37 RVG	Die Bestellung als Pflichtverteidiger erfasst nicht auch Tätigkeiten im Rahmen der Verfassungsbeschwerde.	OLG Rostock, RVGprofessionell 2010, 137 = RVGreport 2010, 380 = StRR 2010, 479; LG Neubrandenburg RVGprofessionell 2010, 137 = RVGreport 2010, 380 = StRR 2010, 479
§ 42 RVG	**Unzumutbarkeit** bei § 42 RVG seltener als bei § 51 RVG	BGH, RVGreport 2007, 264 = JurBüro 2007, 531; OLG Jena, NJW 2006, 933 = RVGreport 2006, 146 = AGS 2006, 173; OLG Jena, RVGreport 2007, 119;

A. Rechtsprechungsübersicht zum RVG Teile 4–7 VV

OLG Jena, RVGreport 2010, 24 = Rpfleger 2010, 107 = JurBüro 2010, 81 (Ls.) =StRR 2010, 199	
OLG Jena, NJW 2006, 933 = RVGreport 2006, 146 = AGS 2006, 173; OLG Köln, RVGreport 2009, 136 = JurBüro 2009, 254	**Zweistufige Prüfung** für die Feststellung einer Pauschgebühr nach § 42 RVG
OLG Hamm, 29.05.2008 - 5 (s) Sbd X - 36/08	Die **Rechtsprechung**, wonach eine Pauschgebühr schon in Höhe der einfachen Wahlverteidigerhöchstgebühren grds. nur in Betracht kommt, wenn die Gebühr in einem grob unbilligen Missverhältnis zu der Inanspruchnahme des Pflichtverteidigers stand oder das Verfahren die Arbeitskraft des Verteidigers für längere Zeit ausschließlich oder fast ausschließlich in Anspruch genommen hätte, erscheint für die Feststellung der absoluten Höchstgrenzen nach § 42 RVG jedenfalls im Grundsatz **übertragbar.**
KG, RVGreport 2010, 23 = StRR 2010, 112 = JurBüro 2010, 140 = AGS 2010, 223	Die Anwendung des § 42 Abs. 1 Satz 1 RVG ist auf **seltene Fälle beschränkt**, in denen selbst die gesetzlichen Höchstgebühren nicht ausreichen, um die Tätigkeit des Rechtsanwalts für ihn noch zumutbar zu honorieren.
BGH, RVGreport 2005, 345	**Volle Besetzung des BGH-Senats** bei der Entscheidung über die Feststellung einer Pauschgebühr
BGH, NJW 2006, 1535 = NStZ 2006, 409; BGH, 22.07.2005 - 1 StR 84/05; OLG Hamm, JurBüro 2007, 529	**Zuständigkeit** des BGH für die Feststellung einer Pauschgebühr für die Tätigkeit des Wahlanwalts im gesamten Revisionsverfahren

A. Rechtsprechungsübersicht zum RVG Teile 4–7 VV

OLG Hamm, JurBüro 2005, 649;	Begriff des **Verfahrensabschnitts**; s. auch noch die Rechtsprechung bei § 58 RVG
OLG Karlsruhe, RVGreport 2005, 420 = StV 2006, 205 = Rpfleger 2005, 694;	
OLG Düsseldorf, RVGreport 2006, 470 = StraFo 2006, 473 = NStZ-RR 2006, 391 = JurBüro 2006, 641;	
OLG Düsseldorf, StRR 2011, 37	
OLG Bamberg, RVGreport 2011, 176 = StRR 2011, 240 = DAR 2011, 237 = AGS 2011, 228 = NStZ-RR 2011, 191 (Ls.);	Antrag auf Feststellung einer Pauschgebühr nach § 42 RVG nicht mehr zulässig, wenn die gesetzlichen Gebühren bereits festgesetzt sind.
OLG Celle, 20.03.2008, 1 ARs 20/08 P;	
OLG Jena, JurBüro 2008, 82 = NStZ-RR 2008, 96 (Ls.) = RVGprofessionell 2008, 76 = AGS 2008, 174 = StRR 2008, 158 = Rpfleger 2008, 98 = RVGreport 2008, 25	
OLG Celle, StraFo 2008, 398 = RVGreport 2008, 382 = AGS 2008, 546 = StRR 2008, 363 (Ls.) = DAR 2008, 730 = NStZ-RR 2009, 31	Für einen Antrag auf Feststellung einer Pauschgebühr nach § 42 RVG bereits dann kein Raum mehr, wenn der Verteidiger nach Ausübung seines Ermessens zur Bestimmung der angefallenen Gebühren **Kostenfestsetzung beantragt** hat.
OLG Köln, 04.02.2009 - 2 ARs 2/08	**Nach Rechtskraft** des Kostenfestsetzungsbeschlusses ist für eine Feststellung von Pauschgebühren keine Raum mehr.

A. Rechtsprechungsübersicht zum RVG Teile 4–7 VV

OLG Jena, JurBüro 2010, 642 = NStZ-RR 2010, 392 = RVGreport 2010, 414 = StRR 2011, 79 m. Anm. Burhoff = RVGprofessionell 2011, 50 = AGS 2011, 287	Der Wahlverteidiger muss in Folge der in § 42 Abs. 4 RVG statuierten Bindungswirkung die Pauschgebühr zu einem Zeitpunkt beantragen, in dem die durch das OLG zu treffende Feststellung im Kostenfestsetzungsverfahren noch Berücksichtigung finden kann. Auch bei gleichzeitigem Antrag auf Feststellung einer Pauschgebühr und Antrag auf Kostenfestsetzung steht ein rechtskräftiger Kostenfestsetzungsbeschluss der Entscheidung nach § 42 Abs. 1 RVG entgegen. Es liegt in der Hand des Verteidigers durch Einlegen von Rechtsmitteln im Kostenfestsetzungsverfahren zu sichern, dass zunächst das vorrangige Verfahren nach § 42 RVG durchgeführt wird.
OLG Jena, 10.03.2008 - 1 AR (S) 14/07	**Auslegung** eines Antrags auf Feststellung einer Pauschgebühr als Antrag nach § 51 RVG
OLG Celle, RVGprofessionell 2008, 213 = AGS 2008, 548 = RVGreport 2009, 137	**Keine entsprechende Anwendung** des § 42 RVG in Verfahren nach Nrn. 6300 - 6303 VV RVG
OLG Köln, JurBüro 2009, 254 = StRR 2010, 79	Ein über das Erstgespräch hinausgehender Zeitaufwand von etwas mehr als 3 ½ Stunden zur Ermittlung und Befragung von Entlastungszeugen rechtfertigt nicht die Feststellung einer gesonderten Pauschgebühr für den Wahlverteidiger.
OLG Jena, RVGreport 2010, 24 = Rpfleger 2010, 107 = JurBüro 2010, 81 (Ls.) = StRR 2010, 199	Es ist ausgeschlossen, dass ein Wahlverteidiger nach § 42 RVG eine höhere Vergütung erhält, als ein Pflichtverteidiger nach § 51 RVG.
BGH, 25.03.2010 - 4 StR 443/07	Doppelte Höchstgebühr für die Verfahrensgebühr des Revisionsverfahrens nicht angemessen, wenn der Verteidiger schon in der Tatsacheninstanz mit den materiell-rechtlichen Fragen befasst war; Festsetzung von 1.600 €.

A. Rechtsprechungsübersicht zum RVG Teile 4–7 VV

§ 43 RVG	OLG Koblenz, r+s 2010, 341-342 = VersR 2009, 1348-1350;	Abtretung des Kostenerstattungsanspruchs in der **Vollmacht** nicht zulässig
	LG Düsseldorf, AGS 2007, 34 m. Anm. Volpert;	
	LG Konstanz, Rpfleger 2008, 596	
	LG Leipzig, RVGprofessionell 2010, 57 = RVGreport 2010, 185 = StRR 2010, 239	Abtretung in der **Vollmachtsurkunde** grds. zulässig, aber nicht empfehlenswert
	LG Düsseldorf, 05.07. 2007 - 14 Qs 65/07, www.burhoff.de	Nach Abtretung des Kostenerstattungsanspruchs Zahlung mit **schuldbefreiender Wirkung** nur noch an den Verteidiger.
	LG Düsseldorf, AGS 2007, 34 m. Anm. Volpert	Hatte der Freigesprochene seinen etwaigen Anspruch auf Erstattung der notwendigen Auslagen für den Fall des Freispruchs bereits an seinen zunächst beauftragten Verteidiger abgetreten, so hat die Abtretung mit der Mandatsbeendigung nicht ihre Wirkung verloren und hindert die Kostenfestsetzung aus ebenfalls abgetretenem Recht für den neuen Verteidiger.
	LG Saarbrücken, StRR 2010, 201 = AGS 2010, 221 m. Anm. Volpert = RVGreport 2010, 381	Die Vorschrift greift dann nicht ein, wenn die Gerichtskasse gegen eine – angeblich dem Rechtsanwalt abgetretene – Haftentschädigungsforderung aufrechnet.
		Das in § 13 Abs. 2 StrEG geregelte Abtretungsverbot gilt bis zu der Bestandskraft des Bescheides in dem Entschädigungsverfahren.

A. Rechtsprechungsübersicht zum RVG Teile 4–7 VV

§ 45 RVG	BVerfG, StRR 2009, 276 = StraFo 2009, 274 = VRR 2009, 318 = JurBüro 2009, 418 = NJW 2009, 2735 = RVGprofessionell 2009, 167 = StV 2010, 87	Der Anspruch des Pflichtverteidigers auf gesetzliche Vergütung und der Anspruch gegen den Angeklagten auf Erstattung der Wahlanwaltsgebühren sind **unterschiedliche Ansprüche**. Nach Festsetzung der Wahlverteidigervergütung und Aufrechnung der Staatskasse gegen den Erstattungsanspruch des Angeklagten kann daher dem Antrag auf Festsetzung der Pflichtverteidigervergütung nicht entgegengehalten werden, eine Auszahlung der Pflichtverteidigervergütung komme nicht mehr in Betracht, da das zu einer Doppelbelastung der Staatskasse führe.
	LG Koblenz, RVGreport 2010, 461 = VRR 2011, 238	Hat der Pflichtverteidiger zur Vermeidung einer „Doppelzahlung" aus der Staatskasse auf die Pflichtverteidigervergütung vor Festsetzung der Wahlverteidigervergütung **verzichtet** und werden daraufhin die festgesetzten Wahlverteidigergebühren wegen offener Gerichtskosten seitens der Staatskasse aufgerechnet, hat der Pflichtverteidiger keinen Anspruch mehr auf Festsetzung der Pflichtverteidigervergütung. Ein vorbehaltlos abgegebener Verzicht ist nicht anfechtbar, selbst wenn bei Abgabe der Erklärung eine mögliche Aufrechnung seitens der Staatskasse nicht bedacht wurde.
§ 46 RVG	KG, RVGreport 2008, 302 = RVGprofessionell 2008, 171 = StRR 2008, 398; KG, StRR 2009, 239; OLG Brandenburg, RVGreport 2007, 182 = AGS 2007, 400 = RVGprofessionell 2007, 119; OLG Düsseldorf, RVGreport 2008, 259 = RVGprofessionell 2008, 189 = StRR 2008, 399;	Staatskasse hat die **Beweislast** dafür, dass **Auslagen** zur sachgemäßen Wahrnehmung der Interessen der Partei nicht erforderlich gewesen sind.

A. Rechtsprechungsübersicht zum RVG Teile 4–7 VV

OLG Koblenz, 16.11.2009 – 2 Ws 526/09, JurionRS 2009, 36455; LG Bad Kreuznach, RVGprofessionell 2010, 171 = RVGreport 2011, 25; LG Frankfurt/Oder, RVGreport 2007, 109; AG Mettmann, AG-Kompakt 2010, 90	Notwendigkeit von Aufwendungen muss **hinreichend dargetan** werden (für Übersetzungskosten).
KG, RVGprofessionell 2008, 172 = zfs 2008, 713 = JurBüro 2009, 31 = RVGreport 2009, 16 = StRR 2009, 278 OLG Düsseldorf, StRR 2007, 199 = AGS 2007, 243 AG Bremen, RVGreport 2011, 229 = VRR 2011, 119 = StRR 2011, 163 m. Anm. Burhoff = NStZ-RR 2011, 127	Für die Beurteilung der Notwendigkeit der Anfertigung von **Ablichtungen** kommt es grds. auf den Zeitpunkt der Anfertigung an. Bei der Beurteilung, was zur Bearbeitung der Sache, insbesondere auch zur Vermeidung von unnötigen Verzögerungen, sachgemäß ist und welcher Aktenbestandteil deshalb zu kopieren ist, ist auf die **Sicht** eines **verständigen** und **durchschnittlich** erfahrenen **Rechtsanwalt** haben kann, wenn er sich mit der betreffenden Gerichtsakte beschäftigt und alle Eventualitäten bedenkt, die bei der dann noch erforderlichen eigenen Bearbeitung der Sache auftreten können. Dabei darf **kein kleinlicher Maßstab** angelegt werden.
OLG Nürnberg, RVGprofessionell 2010, 213 = RVGreport 2011, 26 = StraFo 2010, 350	Im **Auslieferungsverfahren** wird es i.d.R. für den Beistand des Verfolgten erforderlich sein, die gesamten Verfahrensakten zu kopieren.
LG Bad Kreuznach, RVGprofessionell 2010, 171 = RVGreport 2011, 25 = StRR 2011, 284	In **Betäubungsmittelverfahren** sind Auslagen für die doppelte Ablichtung von Telefonüberwachungsprotokollen i.d.R. erstattungsfähig.

A. Rechtsprechungsübersicht zum RVG Teile 4–7 VV

AG Mettmann, RVGreport 2011, 228 = StRR 2011, 124 = AG-Kompakt 2011, 14;	Die Beurteilung der Frage, welche **Kopien** erforderlich sind, ist grundsätzlich dem Rechtsanwalt überlassen.
AG Mettmann, StRR 2011, 124 = RVGprofessionell 2011, 58	
OLG Köln, RVGprofessionell 2010, 42 = zfs 2010, 106 = RVGreport 2010, 99 = StraFo 2010, 131 = StRR 2010, 278	Der zur Verfahrenssicherung bestellte weitere Pflichtverteidiger muss sich zur Akteneinsicht nicht auf vom „Erstverteidiger" gefertigte Ablichtungen verweisen lassen; Kopierkosten in Höhe von 15.657 € für 104.226 Ablichtungen können in einem Umfangsverfahren erforderliche Auslagen i.S.d. § 46 RVG sein.
OLG Köln, AGS 2009, 585	Kosten einer **Informationsreise** sind i.d.R. nur bei besonderen Umständen erstattungsfähig.
LG Cottbus, AGS 2006, 463 m. Anm. N. Schneider	Mehrere **Pflichtverteidiger** aus derselben Kanzlei können nicht darauf verwiesen werden, zu Terminen gemeinsam anzureisen.
OLG Jena, JurBüro 2006, 366 = Rpfleger 2006, 434; vgl. dazu auch AG Kempen, StRR 2010, 280	**Reisekosten für JVA-Besuche** sind zu erstatten.
KG, RVGreport 2008, 302 = RVGprofessionell 2008, 171 = StRR 2008, 398	Notwendigkeit von **Fahrtkosten** des Pflichtverteidigers
OLG Nürnberg, RVGreport 2011, 189 = zfs 2011, 220 = StRR 2011, 203 = RVGprofessionell 2011, 108 AG Witten, RVGreport 2010, 234 = VRR 2010, 280 = AGS 2010, 326 = StRR 2010, 360;	Wenn der als Wahlanwalt für den Angeklagten tätige Rechtsanwalt gemäß §§ 141, 142 StPO n.F. als Pflichtverteidiger hätte bestellt werden können, dürfen seine als Wahlverteidiger geltend gemachten Auslagen dahinter nicht zurückbleiben. Dies gilt insbesondere auch für die **Reisekosten**.

	a.A. LG Bochum, StRR 2010, 117;	
	LG Düsseldorf, AGS 2011, 206	
	OLG Schleswig, SchlHA 2006, 301	Feststellung der Erforderlichkeit kann auch für **Dolmetscherkosten** für vorbereitende Gespräche erfolgen.
	OLG Dresden, 19.04.2011 - 2 Ws 96/11	Der Anspruch des Beschuldigten auf ein faires Verfahren beinhaltet nicht den Anspruch auf **Übersetzung der gesamten Verfahrensakte**, sondern nur der Unterlagen, deren Kenntnis zur ordnungsgemäßen Verteidigung erforderlich ist. Für die Frage der Erforderlichkeit einer Übersetzung und damit der Erstattungsfähigkeit ist maßgeblich auf die ex-ante-Sicht im Zeitpunkt der Auftragserteilung abzustellen.
	OLG Celle, 09.03.2011, 1 Ws 102/11, JurionRS 2011, 144458	1. Nach § 187 Abs. 1 GVG hat ein der deutschen Sprache nicht mächtiger Beschuldigter Anspruch auf Beiordnung eines Dolmetschers oder Übersetzers durch das Gericht sowohl für die mündliche als auch die schriftliche Kommunikation mit seinem Verteidiger außerhalb der Hauptverhandlung. 2. Ein Antrag hierauf kann nicht mit der Begründung abgelehnt werden, dass sich der Anspruch auf unentgeltliche Zuziehung eines Dolmetschers und Übersetzers für das gesamte Strafverfahren bereits aus Art. 6 Abs. 3 lit. e EMRK und Art. 3 Abs. 3 GG ergebe und für die Erstattung der hierdurch entstandenen Kosten eine vorherige Grundentscheidung im Sinne eines Feststellungsbeschlusses nicht erforderlich sei.
§ 48 RVG	OLG Koblenz, AGS 2007, 507 = JurBüro 2007, 644 = AGS 2008, 139 = RVGreport 2008, 139 = StRR 2008, 40	Vorschrift gilt auch für den im Wege der Prozesskostenhilfe dem Nebenkläger **beigeordneten Rechtsanwalt**.
	OLG Schleswig, SchlHA 2006, 301 bei Döllel/Dreßen	Der **Zeitpunkt der Beiordnung** ist für die Anwendung von § 48 Abs. 5 Satz 1 RVG nicht maßgeblich.

LG Stuttgart, RVGprofessionell 2007, 177		Zur Festsetzung von Grundgebühr und Verfahrensgebühr bei **Verbindung von** Verfahren im Berufungsverfahren.
AG Tiergarten, RVGprofessionell 2009, 203 = RVGreport 2010, 18 = VRR 2010, 120 = AGS 2010, 132		(Vor-)Verfahrens- und Grundgebühr entstehen bereits dann mehrfach, wenn ursprünglich getrennte Ermittlungsverfahren bereits vor Anklageerhebung durch die Staatsanwaltschaft verbunden werden. Es kommt allein darauf an, in welchem Verfahrenszeitpunkt der Verteidiger sich gemeldet hat und tätig geworden ist.
KG, JurBüro 2009, 531 = NStZ-RR 2009, 360 (Ls.) = RVGreport 2010, 64;		Problematik der **Erstreckung** nach § 48 Abs. 5 S. 3 RVG stellt sich nicht, wenn mehrere Verfahren zunächst verbunden werden und dann die Beiordnung des Rechtsanwalts als Pflichtverteidiger erfolgt.
OLG Hamm, RVGreport 2005, 273 = AGS 2005, 437 = JurBüro 2005, 532;		
OLG Jena, 17.03.2008 - 1 AR (S) 3/08;		
OLG Jena, JurBüro 2009, 138 (Ls.) = Rpfleger 2009, 171 = NStZ-RR 2009, 160 (Ls.) = StRR 2009, 43;		
LG Aurich, RVGreport 2011, 221 = StRR 2011, 244;		
LG Bonn, 30.08.2006 - 37 Qs 22/06, www.burhoff.de;		
LG Dortmund, StraFo 2006, 358		

A. Rechtsprechungsübersicht zum RVG Teile 4–7 VV

Dem bestellten oder beigeordneten Verteidiger stehen gesetzliche Gebühren für seine frühere Tätigkeit in hinzuverbundenen Verfahren, in denen er nicht zum Verteidiger bestellt oder als Beistand beigeordnet worden war, auch dann nur nach ausdrücklicher Erstreckung gem. § 48 Abs. 5 Satz 3 RVG zu, wenn die Verfahren vor der Verteidigerbestellung verbunden worden waren. Eine dahingehende Ermessensausübung ist aber i.d.R., wenn in den hinzuverbundenen Verfahren eine Verteidigerbestellung notwendig war.	OLG Oldenburg, RVGreport 2011, 220 = RVGprofessionell 2011, 104; **ähnlich:** OLG Celle, 02.02.2007 - 1 Ws 575/06; OLG Rostock, StRR 2009, 279 = RVGreport 2009, 304 = RVGprofessionell 2009, 155
Keine Pflichtverteidigervergütung für **vor der Verfahrensverbindung** erbrachte Tätigkeiten, wenn keine Erstreckung erfolgt ist.	KG, JurBüro 2009, 531 = NStZ-RR 2009, 360 (Ls.) = RVGreport 2010, 64
Keine Gebühren, wenn der Rechtsanwalt in dem hinzu **verbundenen Verfahren** nicht tätig gewesen ist.	LG Koblenz, Rpfleger 2005, 278 = JurBüro 2005, 255 m. Anm. Enders
Erstreckung **hängt nicht** von der vorherigen Stellung eines **Beiordnungsantrages ab.**	LG Kiel, RVGprofessionell 2006, 202
Erstreckung **hängt** von der **vorherigen** Stellung eines Beiordnungsantrages **ab.**	LG Berlin, RVGreport 2006, 144 = JurBüro 2006, 29; LG Bielefeld, RVGprofessionell 2008, 154 = StRR 2008, 360
Für die Erstreckung ist eine **Gesamtwürdigung aller Umstände** vorzunehmen.	OLG Düsseldorf, RVGreport 2008, 140 = RVGprofessionell 2007, 175; LG Bielefeld, 04.01.2006 - Qs 731/05 III, www.burhoff.de; LG Dortmund, 19.12.2006 - I Qs 87/06, www.burhoff.de
Antragstellung i.d.R. ausdrücklich, ggf. aber auch **konkludent** möglich	OLG Celle, 02.01.2007 - 1 Ws 575/06, www.burhoff.de

Ausdrückliche Entscheidung über Erstreckungsantrag erforderlich	OLG Jena, RVGreport 2008, 459 = StRR 2008, 479 = RVGprofessionell 2009, 2;
	a.A. LG Koblenz, StraFo 2007, 525
Antragstellung auch noch **nach Verfahrensabschluss** zulässig, da es sich um eine rein vergütungsrechtliche Frage handelt.	OLG Düsseldorf, RVGreport 2008, 140= RVGprofessionell 2007, 175;
	OLG Hamm, 29.01.2008 - 4 Ws 9/08, www.burhoff.de;
	LG Dresden, RVGreport 2006, 183 = RVGreport 2008,140;
	LG Freiburg, RVGreport 2006, 183 = RVGprofessionell 2006, 93
	offen gelassen von KG, JurBüro 2009, 531 = NStZ-RR 2009, 360 (Ls.) = RVGreport 2010, 64
Pflichtverteidiger kann **aus eigenem Recht** gegen die Ablehnung der Erstreckung **Beschwerde** einlegen; funktionelle Zuständigkeit des Gerichts zur Entscheidung über den Antrag.	OLG Düsseldorf, RVGreport 2007, 140 = RVGprofessionell 2007, 175;
	OLG Hamm, 29.01.2008 - 4 Ws 9/08, www.burhoff.de;
	LG Bielefeld, 04.01.2006 - Qs 731/05 III, www.burhoff.de;
	LG Dortmund, 19.12.2006 - I Qs 87/06, www.burhoff.de

A. Rechtsprechungsübersicht zum RVG Teile 4–7 VV

§ 51 RVG	OLG Hamm, RVGreport 2005, 68 = Rpfleger 2005, 214 = StraFo 2005, 130 = JurBüro 2005, 196 = AGS 2005, 117	**Voraussetzungen** der Bewilligung einer **Pauschgebühr** grds. wie nach § 99 Abs. 1 BRAGO; Frage der „Zumutbarkeit" offen gelassen
	OLG Jena, 17.03.2008 - 1 AR (S) 3/08	Voraussetzung für eine Pauschgebühr ist der **Antrag** des Pflichtverteidigers; dieser **bindet** das OLG jedoch **nicht** hinsichtlich der **Höhe**.
	BVerfG, NJW 2007, 3420 = RVGreport 2007, 263 = JurBüro 2007, 529 = AGS 2007, 504 = NStZ-RR 2007, 351	Zusätzliches Merkmal der „**Unzumutbarkeit**" aus **verfassungsrechtlichen** Gründen nicht zu beanstanden; Kriterien der „Unzumutbarkeit" aber offen gelassen.
	OLG Hamm, StraFo 2005, 173 = AGS 2005, 112;	**Unzumutbarkeit** zumindest immer dann zu bejahen, wenn das Verfahren „besonders schwierig" und „besonders umfangreich" war.
	OLG Hamm, NJW 2007, 857 = StraFo 2007, 128	
	OLG Koblenz, JurBüro 2008, 312	Allein **unwirtschaftliche Tätigkeit** reicht für die Annahme der Unzumutbarkeit nicht aus.
	OLG Rostock, RVGprofessionell 2010, 156 = NStZ-RR 2010, 326 (Ls.) = RVGreport 2010, 415 = StRR 2011, 242	Eine Erhöhung der Vergütung des Pflichtverteidigers auf den Höchstbetrag der Wahlverteidigergebühren im Rahmen der Gewährung einer Pauschgebühr kommt nur in außergewöhnlichen Strafverfahren und eine Überschreitung der Wahlverteidiger-Höchstgebühr allenfalls in extrem umfangreichen und schwierigen Verfahren in Betracht.
	OLG Hamm, StraFo 2005, 173 = AGS 2005, 112;	**Großzügiger Maßstab**, wenn der Rechtsanwalt zur Abkürzung des Verfahrens beigetragen hat, allerdings ist ein zusätzlicher zeitlicher Aufwand erforderlich.
	OLG Hamm, NJW 2006, 75 = JurBüro 2006, 138 = StV 2006, 203;	
	OLG Hamm, JurBüro 2005, 535;	
	OLG Karlsruhe, RVGreport 2005, 315 = StV 2006, 205 = NStZ-RR 2005, 286	

Anlagen

A. Rechtsprechungsübersicht zum RVG Teile 4–7 VV

OLG Frankfurt, RVGreport 2006, 145 = NStZ-RR 2006, 63 = NJW 2006, 457	**Anwendungsbereich** der Bewilligung einer Pauschgebühr nach § 51 RVG gegenüber § 99 BRAGO erheblich eingeschränkt; § 51 RVG soll nur unzumutbare Benachteiligung verhindern.
OLG Karlsruhe, RVGreport 2005, 315 = StV 2006, 205 = NStZ-RR 2005, 286	**Verfahrensabkürzende Besprechungen** vor der Hauptverhandlung sind zu berücksichtigen.
OLG Köln, JurBüro 2009, 254 = StRR 2010, 79	Ein über das Erstgespräch hinausgehender Zeitaufwand von etwas mehr als 3 ½ Stunden zur Ermittlung und Befragung von Entlastungszeugen rechtfertigt nicht die Feststellung einer gesonderten Pauschgebühr für den Wahlverteidiger.
OLG Hamm, JurBüro 2005, 650;	Pflichtverteidiger muss die für die Bewilligung einer Pauschgebühr maßgeblichen Umstände, die sich nicht aus der Akte ergeben, **darlegen**.
OLG Hamm, AGS 2007, 618 = AGS 2008, 176 = RVGreport 2007, 426	
OLG Rostock, RVGprofessionell 2010, 156 = NStZ-RR 2010, 326 (Ls.) = RVGreport 2010, 415 = StRR 2011, 242	Die Antragsbegründung des Verteidigers stellt im Pauschgebührenverfahren zwar eine wesentliche, aber nicht die einzige Prüfungsgrundlage für die Gewährung einer Pauschgebühr dar. Es ist jedoch nicht Aufgabe des Oberlandesgerichts, den Verteidiger in Form eines Zwischenbescheids oder sonst auf eventuelle Unzulänglichkeiten seines Vortrags hinzuweisen und ihm – ggf. sogar mehrfach - Gelegenheit zu geben, seinen Antrag sukzessiv nachzubessern, um doch noch die Zuerkennung einer Pauschvergütung in der von ihm gewünschten Höhe zu ermöglichen.
OLG Celle, RVGreport 2005, 142 = StraFo 2005, 219 = AGS 2005, 393;	Bei Bewilligung der Pauschgebühr ist auf die in den **einzelnen Verfahrensabschnitten** erbrachten Tätigkeiten abzustellen.
OLG Hamm, StraFo 2005, 173 = AGS 2005, 112;	
OLG Jena, RVGreport 2005, 135	

A. Rechtsprechungsübersicht zum RVG Teile 4–7 VV

OLG Hamm, StraFo 2005, 263; OLG Düsseldorf, JurBüro 2009, 532; OLG Karlsruhe, RVGreport 2005, 420 = StV 2005, 205 = Rpfleger 2005, 694; OLG Karlsruhe, 30.01.2007 - 2 AR 43/06, www.burhoff.de; OLG Köln, StraFo 2008, 442	Berücksichtigung der neu eingeführten Gebührentatbestände; insbesondere die **Dauer der Hauptverhandlungstermine** als Zeitmoment steht nur noch in Ausnahmefällen zur Verfügung.
OLG Celle, RVGreport 2011, 177 = StRR 2011, 240; OLG Hamm JurBüro 2007, 308; OLG Hamm, 02.01.2007 - 2 (s) Sbd. IX 150/06, www.burhoff.de.	Das „**Gesamtgepräge**" des **Verfahrens** spielt bei der Bewilligung einer Pauschgebühr eine Rolle.
OLG Hamm, 01.06.2006 - 2 (s) Sbd. IX 56/06, www.burhoff.de	Die zur BRAGO ergangene Rechtsprechung betreffend die Berücksichtigung von **JVA-Besuchen** gilt auch für das RVG.
OLG Celle, RVGreport 2005, 142 = StraFo 2005, 273; OLG Hamm, RVGreport 2005, 68 = StraFo 2005, 130 = Rpfleger 2005, 214 = JurBüro 2005, 196 = AGS 2005, 117; OLG Hamm, RVGreport 2007, 63 = StraFo 2007, 88 = NJW 2007, 311 = JurBüro 2007, 86; OLG Köln, StraFo 2006, 130	Festhalten hinsichtlich der Berücksichtigung von **Fahrtzeiten** an der Rechtsprechung zu § 99 BRAGO: Fahrtzeiten also nicht maßgebend für die Frage, ob Pauschgebühr bewilligt wird, sondern erst bei der Bemessung der Pauschgebühr ggf. erhöhend zu berücksichtigen.

OLG Hamm JurBüro 2005, 649	**Bemessung** der Höhe der Pauschgebühr orientiert sich abgesehen von außergewöhnlich umfangreichen oder schwierigen Strafsachen grundsätzlich an den gesetzlichen Gebühren des Wahlverteidigers.
BGH, RVGreport 2005, 345 = StraFo 2005, 439 = AGS 2006, 120 = NStZ 2006, 239;	**Einzelfälle** der Bewilligung einer Pauschgebühr, insbesondere auch für das **Vorverfahren**
BGH, RVGreport 2008, 419 (500 € für Revisionshauptverhandlung);	
BGH, RVGreport 2005, 383;	
BayObLG, 17.11.2005 - 6 St RR 6/04, www.burhoff.de;	
OLG Koblenz, AGS 2008, 30;	
OLG Karlsruhe, RVGreport 2005, 420 = StV 2005, 205 = Rpfleger 2005, 694;	
OLG Köln, StraFo 2006, 130;	
OLG Köln, RVGreport 2006, 221 = StraFo 2006, 258 = NStZ-RR 2006, 192 = AGS 2007, 74;	
OLG Köln, RVGreport 2006, 147;	

OLG Köln, 13.06.2008 - 1 ARs 29/08 (die Regelgebühr um 1.800 € übersteigende Pauschgebühr für die Fertigung einer 268-seitigen Revisionsbegründungsschrift neben weiteren Schriftsätzen)	
OLG Nürnberg, 10.05.2011 - 1 ARs 15/11	Zur Zuerkennung der Wahlanwaltshöchstgebühr in einem Verfahren mit einem Aktenumfang von über 3.900 Seiten zuzüglich drei Bände Beweismittelakten.
BGH, 14.09.2010 - 3 StR 552/08	Für zwei Hauptverhandlungstage sind wegen des besonderen Umfangs und der Schwierigkeit der Sache, in der grundlegende Fragen sowohl des Strafverfahrensrechts, wie Verwendbarkeit von Daten im Strafverfahren, die durch eine akustische Wohnraumüberwachung auf der Grundlage einer polizeirechtlichen Ermächtigung zur Gefahrenabwehr gewonnen worden sind, als auch des materiellen Strafrechts, wie Begründung der Mitgliedschaft in einer ausländischen terroristischen Vereinigung; Betrug durch Abschluss von Lebensversicherungsverträgen, zu behandeln waren, 1.500 € angemessen.
BGH, StraFo 2011, 246	Der Verteidiger musste sich mit umfangreichen und schwierigen Fragestellungen aus dem Betäubungsmittelstrafrecht befassen, die bis dahin noch nicht einmal in der Kommentarliteratur erörtert worden waren und in der Revisionshauptverhandlung sind zwei Sachverständige zur Wirkungsweise der verfahrensgegenständlichen Medikamente gehört worden (2.000 € für die Revisionshauptverhandlung).

A. Rechtsprechungsübersicht zum RVG Teile 4–7 VV

OLG Köln, StRR 2008, 123 (Ls.) = JurionRS 2008, 10687	Der Umstand, dass ein **Nebenklägervertreter** vom Gericht **mehreren Geschädigten beigeordnet** worden ist, rechtfertigt für sich genommen, d.h. ohne dass den Akten oder der Begründung des Antragsschrift ein besonderer Umfang oder besondere Schwierigkeiten der Sache entnommen werden können, noch nicht die Bewilligung einer Pauschvergütung gem. § 51 RVG; Mehraufwand wird durch die Erhöhung nach Nr. 1008 VV RVG abgegolten.
OLG Köln, AGS 2006, 380 = NJW-RR 2007, 71	Pauschgebühr im Auslieferungsverfahren; Berücksichtigung von **Vernehmungsterminen** nach §§ 21, 22 oder § 28 IRG
OLG Celle, RVG professionell 2010, 39 = StRR 2010, 160 = Nds.Rpfl. 2010, 95	Pauschgebühr im **Auslieferungsverfahren** (Verfassungsbeschwerde spielt keine Rolle, da dafür nach § 37 RVG eigene Gebühren entstehen).
OLG Karlsruhe, RVGprofessionell 2010, 115	(Keine) Pauschgebühr im Auslieferungsverfahren, da zwar Teilnahme an einem Eröffnungstermin nach § 28 IRG, der jedoch nur 25 Minuten gedauert hat, und im Übrigen sehr einfacher tatsächlicher und rechtlicher Sachverhalt (nur Zustimmung nach § 80 Abs. 3 IRG) im Streit, kurze Verfahrensdauer und Verfolgte auf freiem Fuß.
OLG Jena, StraFo 2011, 291 (Ls.) = JurionRS 2011, 17370	Die Bewilligung einer Pauschgebühr kann auch für eine **Einzeltätigkeit** nach Nr. 4301 Ziff. 4 VV RVG beantragt werden, wenn sich die gesetzliche Gebühr als unangemessen niedrig erweisen sollte. In einem solchen Fall steht auch einem Rechtsanwalt, der nach § 68b StPO einem Zeugen als Vernehmungsbeistand beigeordnet worden ist, eine Pauschgebühr zu. Im Rahmen der Prüfung nach § 51 RVG ist der Umfang der Beiordnung maßgeblich. Darüber hinaus entfaltete Tätigkeiten sind bei der Festsetzung einer Pauschgebühr nicht zu berücksichtigen.
OLG Hamm, Rpfleger 2007, 502 = JurBüro 2007, 528	Erschwernisse des **Nebenklägervertreters** infolge Inhaftierung des Angeklagten kann der Nebenklägervertreter im Rahmen der Pauschgebühr geltend machen.

A. Rechtsprechungsübersicht zum RVG Teile 4–7 VV

OLG Hamm, 29.04.2008 - 5 (s) Sbd. X 23/08, www.burhoff.de	Besonderer Betreuungsaufwand für einen **Nebenkläger** kann bei der Pauschgebühr zu berücksichtigen sein.
OLG Düsseldorf, JurBüro 2009, 532;	Von der Staatskasse **ersparte Aufwendungen** sind kein Maßstab für die Bewilligung einer Pauschgebühr (für Dolmetscherkosten).
OLG Hamm, 18.07.2008 - 5 (s) Sbd. X - 47/08, www.burhoff.de	Teilnahme an zwei Anhörungsterminen im **Vollstreckungsverfahren** führt nicht automatisch zu einer Pauschgebühr.
OLG Saarbrücken, RVGreport 2011, 58 = StRR 2011, 121	Zur Zuerkennung einer Pauschgebühr in einer **Jugendsache** (Verhandlung beim Jugendrichter).
OLG Celle, StRR 2011, 240	Zur Zuerkennung einer Pauschgebühr in einem sog. Großverfahren
OLG Celle, AGS 2005, 393; OLG Hamm, StraFo 2005, 130 = Rpfleger 2005, 214 = JurBüro 2005, 196 = AGS 2005, 117 = RVGreport 2005, 68; OLG Hamm, NJW 2006, 255 (Ls.); OLG Jena, RVGreport 2005, 103 = Rpfleger 2005, 276 = JurBüro 2005, 258 = StV 2006, 204; OLG Karlsruhe, RVGreport 2005, 315 = StraFo 2006, 205 = NStZ-RR 2005, 286	Alte Rechtsprechung zur „**besonderen Schwierigkeit**" bleibt anwendbar.
OLG Hamm, NJW 2006, 74 = JurBüro 2006, 137	Kriterien für die Beurteilung der „besonderen Schwierigkeit" von Schwurgerichtsverfahren gelten für die Einordnung von **Wirtschaftsstrafverfahren** entsprechend.

A. Rechtsprechungsübersicht zum RVG Teile 4–7 VV

OLG Hamm, 10.08.2006 - 2 (s) Sbd. IX 77/06, www.burhoff.de; OLG Hamm, AGS 2007, 618 = AGS 2008, 176 = RVGreport 2007, 426	Kriterien für die Beurteilung der „besonderen Schwierigkeit" von Schwurgerichtsverfahren gelten für die Einordnung von **Strafvollstreckungsverfahren** der Nr. 4200 VV RVG entsprechend.
BGH, 10.05.2006 - 2 StR 120/05, www.burhoff.de	Zur „besonderen Schwierigkeit" einer **Revisionshauptverhandlung**
OLG Stuttgart, RVGprofessionell 2008, 123 = StRR 2008, 359 = AGS 2008, 390 = RVGreport 2008, 383	Zur besonderen Schwierigkeit eines **Klageerzwingungsverfahrens**
OLG Zweibrücken, StRR 2009, 123 (Ls.)	Nur in besonders umfangreichen oder schwierigen Strafsachen ist dem Pflichtverteidiger auf Antrag eine Pauschvergütung zu bewilligen, durch die eine über das Maß der normalen Inanspruchnahme erheblich hinausgehende Verteidigung entlohnt wird. Dabei ist auf das jeweilige Niveau des Gerichts abzustellen, vor dem die Sache verhandelt wurde. Zum gewöhnlichen **Zuschnitt** eines **Schwurgerichtsverfahrens** gehört auch die Auseinandersetzung mit psychiatrischen und psychologischen Sachverständigengutachten.
OLG Koblenz, JurBüro 2008, 312	Keine Pauschgebühr nur wegen Durchführung schwieriger, mit Hilfe eines **Dolmetschers** durchgeführter Mandantengespräche.
OLG Hamm, RVGreport 2005, 419 = JurBüro 2006, 29	Höhe der Pauschgebühr bei **mehreren Pflichtverteidigern**, von denen der eine noch nach BRAGO abrechnet.
OLG Jena, JurBüro 2009, 138 (Ls.) = StRR 2009, 42 (Ls.)	Entstehen bei **Verfahrensverbindung** mehrere Gebühren, ist dies im Rahmen der Abwägung nach §51 RVG zu berücksichtigen.
OLG Hamm, RVGreport 2005, 263 = JurBüro 2005, 537 = AGS 2005, 440	**Keine Kompensation** der überdurchschnittlichen Tätigkeit der 1. Instanz durch nur unterdurchschnittlichen Tätigkeiten in der 2. Instanz und die dort entstandenen hohen RVG-Gebühren.

A. Rechtsprechungsübersicht zum RVG Teile 4–7 VV

	Keine Begrenzung der Höhe des Pauschgebührenanspruchs eines bestellten Beistandes/Verteidigers in analoger Anwendung von § 42 Abs. 1 Satz 4 RVG auf das **Doppelte** der **Höchstgebühr** eines **Wahlverteidigers**.	OLG Stuttgart, RVGprofessionell 2008, 123 = StRR 2008, 359 = AGS 2008, 390 = RVGreport 2008, 383
	Anhebung der gesetzlichen Gebühren von 564 € auf 900 € wegen erheblicher Schwierigkeiten bei der Verteidigung des unter eines **Psychose** sowie unter **Logorrhoe** leidenden ehemaligen Angeklagten.	OLG Hamburg, StraFo 2009, 42
	Anhebung der Verfahrensgebühr Nr. 6100 VV RVG a.F. (jetzt Nr. 6101 VV RVG n.F.) um das **Sechsfache** für Tätigkeiten im **Auslieferungsverfahren**.	OLG Köln, RVGreport 2009, 218
	Zumutbarkeit des **Wartens auf die endgültige Bewilligung** einer Pauschgebühr kann mit dem Hinweis auf den zustehenden **Vorschuss** auf die gesetzlichen Gebühren nach § 47 Abs. 1 RVG bejaht werden.	BVerfG, RVGreport 2005, 467 = NJW 2005, 3699
	Pflichtverteidiger muss, wenn er mit der **Verfassungsbeschwerde** rügt, ein ihm gewährter Vorschuss sei zu niedrig, konkret darlegen, dass und warum der ihm zugebilligte Vorschuss auf die Pauschgebühr zu niedrig und damit unangemessen ist.	BVerfG, NJW 2007, 1445
	Für die Bewilligung eines **Vorschusses** nach § 51 Abs. 1 Satz 4 RVG ist auf die Kriterien abzustellen, die die Rechtsprechung zum Vorschuss auf eine Pauschgebühr unter Geltung der BRAGO entwickelt hat.	KG, AGS 2006, 26 = RVGreport 2007, 455
	Regelmäßige **Verjährung** des Pauschgebührenanspruchs nach § 195 BGB n. F.: 3 Jahre; Beginn der Frist	OLG Köln, RVGreport 2006, 148 = StraFo 2006, 129 = NStZ 2006, 410 = AGS 2006, 281
	Berücksichtigung von **Überzahlungen** bei den gesetzlichen Gebühren bei der Bewilligung einer Pauschgebühr	OLG Köln, RVGreport 2006, 152 = AGS 2006, 339

A. Rechtsprechungsübersicht zum RVG Teile 4–7 VV

Fundstelle	Inhalt
OLG Köln, RVGreport 2006, 221 = StraFo 2006, 258 = AGS 2007, 74	Berücksichtigung der **Ersparnis von Dolmetscherkosten** durch den Einsatz eigener Sprachkenntnis bei der Bemessung einer Pauschgebühr
OLG Celle, AGS 2007, 74 = RVGreport 2007, 64 = NStZ 2007, 342; OLG Düsseldorf, JurBüro 2009, 532	**Fremdsprachkenntnisse** des Verteidigers, die es ihm ermöglichen mit dem Angeklagten in dessen Muttersprache habe kommunizieren können, was zu einer Ersparnis von Kosten für einen Dolmetscher geführt habe, rechtfertigen nicht die Bewilligung einer Pauschvergütung.
OLG Düsseldorf, AGS 2007, 75 = JurBüro 2006, 315 (Ls.) = NStZ-RR 2006, 224 (Ls.)	**Fälligkeit** des Anspruchs auf Bewilligung einer Pauschgebühr erst mit dem rechtskräftigen Abschluss des Strafverfahrens
KG, RVGreport 2011, 176 = StRR 2011, 162 m. Anm. Burhoff = JurBüro 2011, 254 = NStZ-RR 2011, 191	1. Die Beweislast für den Eingang eines die Verjährungsfrist unterbrechenden Pauschvergütungsantrags bei dem OLG trägt der Antragsteller. 2. Der Antrag auf „Wiedereinsetzung in den vorigen Stand" für die Stellung eines Pauschvergütungsantrags nach Ablauf der Verjährungsfrist ist nicht statthaft.
OLG Celle, 04.07.2008 - 22 W 1/08 P	**Keine** entsprechende Anwendung (des § 42 RVG) in **Verfahren nach Nrn. 6300 - 6303 VV RVG**.
BVerfG, RVGprofessionell 2009, 1 = StRR 2009, 77 = RVGprofessionell 2009, 1 = AGS 2009, 66	Zur Begründung der **Verfassungsbeschwerde** gegen eine (teilweise) Ablehnung einer Pauschgebühr ist eine **ins Einzelne** gehende **Begründung** erforderlich.
KG, StraFo 2008, 529 = JurBüro 2009, 31 = NJW 2009, 456 = AGS 2009, 178	Empfänger einer unberechtigt festgesetzten Pauschgebühr kann sich gegenüber einem Rückforderungsverlangen der Staatskasse nicht auf den **Wegfall der Bereicherung** berufen.
KG, RVGreport 2011, 109 = JurBüro 2011, 255 = StRR 2011, 118 = RVGprofessionell 2011, 121	Zur Rückforderung des Vorschusses auf eine Pauschvergütung, nachdem Verjährung betreffend die Stellung des Pauschvergütungsantrags eingetreten ist.

A. Rechtsprechungsübersicht zum RVG Teile 4–7 VV

	OLG Frankfurt, NStZ-RR 2009, 296 = AGS 2009, 537	Vorschuss nur noch, wenn die spätere Festsetzung einer Pauschgebühr mit Sicherheit zu erwarten ist, wobei zu berücksichtigen ist, dass eine Pauschgebühr in Abweichung von der früheren Rechtslage nur noch zu bewilligen ist, wenn die im Vergütungsverzeichnis bestimmten Gebühren wegen des besonderen Umfangs oder der besonderen Schwierigkeit der Sache nicht zumutbar sind.
	LG Rostock, RVGreport 2010, 417 = AGS 2011, 24	Bei der Gebühr Nr. 4142 VV RVG handelt es sich um eine Wertgebühr, die gem. § 51 Abs. 1 Satz 2 RVG nicht durch eine Pauschvergütung erhöht werden kann, so dass die Pauschvergütung nicht an ihre Stelle tritt und insoweit erstattete Beträge auch nicht auf die Pauschvergütung anzurechnen sind.
§ 52 RVG	KG, RVGreport 2005, 235 und 2006, 71; a.A. OLG Celle, RVGreport 2005, 277 = NStZ-RR 2005, 286	Auslagenerstattung nach Freispruch nach **BRAGO**, auch wenn sich die Pflichtverteidigervergütung sich nach **RVG** richten würde.
	KG, StRR 2007, 239	**Feststellung der Zahlungsfähigkeit** bereits mit Fälligkeit der Vergütung zulässig
	BVerfG, RVGreport 2009, 260 = AnwBl 2009, 551 = StRR 2009, 276 = VRR 2009, 317 = RVGprofessionell 2009, 167	Der Anspruch des Pflichtverteidigers auf gesetzliche Vergütung und der Anspruch gegen den Angeklagten auf Erstattung der Wahlanwaltsgebühren sind **unterschiedliche Ansprüche**. Nach Festsetzung der Wahlverteidigervergütung und Aufrechnung der Staatskasse gegen den Erstattungsanspruch des Angeklagten kann daher dem Antrag auf Festsetzung der Pflichtverteidigervergütung nicht entgegengehalten werden, eine Auszahlung der Pflichtverteidigervergütung komme nicht mehr in Betracht, da das zu einer Doppelbelastung der Staatskasse führe.

A. Rechtsprechungsübersicht zum RVG Teile 4–7 VV

OLG Jena, RVGreport 2010, 24 = Rpfleger 2010, 107 = JurBüro 2010, 81 (Ls.) = StRR 2010, 199	Bei der Festsetzung der Pflichtverteidigervergütung ist sicherzustellen, dass der Pflichtverteidiger neben den vollen Pflichtverteidigergebühren zusammen mit den bereits erhaltenen Zahlungen und Vorschüssen nicht mehr erhält, als ihm als Wahlverteidigervergütung zustünde. Hierfür spricht die Regelung in § 52 Abs. 1 Satz 2 RVG, wonach die aus der Staatskasse gezahlten Pflichtverteidigergebühren auf den Anspruch gegen den Beschuldigten auf Zahlung der Wahlverteidigergebühren anzurechnen sind.
OLG Frankfurt/Main, JurBüro 2010, 34 = VRR 2010, 403 (Ls.)	Es besteht kein Anspruch auf volle Festsetzung von Wahlverteidigergebühren ohne Verzicht des Anwalts auf die Pflichtverteidigergebühren.
LG Saarbrücken, 05.04.2011 - 6 Qs 3/11, JurionRS 2011, 18974	Erfolgt, wenn der Pflichtverteidiger nach einem Freispruch die Wahlanwaltsvergütung geltend macht, ein Verzicht auf die Pflichtverteidigervergütung, so muss dieser Verzicht unbedingt erklärt werden. Eine von dem Verteidiger vorgenommene Einschränkung auf die antragsgemäße Festsetzung der Wahlverteidigervergütung führt nicht zu hinreichender Rechtssicherheit und ist daher nicht ausreichend zur Festsetzung der vollen Wahlverteidigervergütung.
LG Düsseldorf, 23.03.2009 7 Qs 34/08	1. Bei Pflichtverteidigung steht dem freigesprochenen Angeklagten gem. § 464a Abs. 2 Nr. 2 StPO abgesehen von der Umsatzsteuer (Nr. 7008 VV RVG) wegen § 52 Abs. 1 Satz 1 RVG kein Anspruch auf Erstattung von nach Teil 7 VV RVG berechneten Auslagen aus der Staatskasse zu.

A. Rechtsprechungsübersicht zum RVG Teile 4–7 VV

2. Macht der von einem Pflichtverteidiger verteidigte Angeklagte nach seinem Teilfreispruch in dessen Umfang Wahlverteidigergebühren geltend, so ist der ihm zustehende Anspruch um die vollen und nicht nur um die anteiligen, auf den Teilfreispruch entfallenden Pflichtverteidigergebühren zu kürzen. Sind noch keine Pflichtverteidigergebühren gezahlt worden, kann der Freigesprochene nur die um die fiktiven Pflichtverteidigergebühren ermäßigten Wahlverteidigergebühren verlangen (§ 52 Abs. 1 Satz 2 RVG).	LG Chemnitz, StRR 2008, 118	
Hat die Staatskasse dem Angeklagten nach einem Freispruch aufgrund der Kostenentscheidung des Urteils dessen notwendige Auslagen zu erstatten und macht der Verteidiger mit seiner Abrechnung unter Vorlage einer Vollmacht und einer Abtretungserklärung ausdrücklich die Gebühren und Auslagen eines Wahlverteidigers geltend, steht der Staatskasse weder aus unmittelbarer noch aus entsprechender Anwendung von § 428 BGB ein Wahlrecht zu, ob sie die Gebühren und Auslagen des Wahlverteidigers erstattet oder die Pflichtverteidigergebühren festsetzt, weil die Pflichtverteidigervergütung und die Wahlverteidigervergütung, selbst wenn sie abtretungsbedingt dem Verteidiger zustehen, keine einheitliche Leistung sind.		
§ 54 RVG erfasst ausschließlich **Gebühren** und ist auf Auslagen nicht anzuwenden.	OLG Jena, Rpfleger 2006, 434 = JurBüro 2006, 366 (Ls.)	§ 54 RVG
Festsetzung der an den Pflichtverteidiger zu zahlenden Vergütung erfolgt **nach § 55 RVG** und nicht nach § 464b StPO; Einschränkung nur nach §§ 54, 46 RVG.	OLG Jena, Rpfleger 2006, 434 = JurBüro 2006, 366 (Ls.)	§ 55 RVG
keine Verzinsung der Pflichtverteidigervergütung	AG Neuss, RVGreport 2008, 142	
Entscheidung über den **Rechtsbehelf** gegen den Beschluss des Urkundsbeamten über die Festsetzung der Pflichtverteidigervergütung durch das Gericht des ersten Rechtszuges	OLG Hamm, 09.08.2005 - 4 Ws 323/05, www.burhoff.de	§ 56 RVG

A. Rechtsprechungsübersicht zum RVG Teile 4–7 VV

	OLG Jena, Rpfleger 2006, 434 = JurBüro 2006, 366 (Ls.)	**Keine Frist für Erinnerung** nach § 56 Abs. 1 RVG
	OLG Jena, JurBüro 2006, 536 (Ls.)	Anwendbares Recht im Verfahren über die gerichtliche Festsetzung anwaltlicher Vergütungsansprüche
	OLG Brandenburg, StRR 2010, 113 = RVGprofessionell 2010, 83 = RVGreport 2010, 218 = AGS 2011, 280	1. Die Erinnerung nach § 56 RVG ist nicht fristgebunden. 2. Grds. ist eine Nach- oder Rückforderung von Anwaltsgebühren dann nicht mehr möglich, wenn die Geltendmachung so lange verzögert wird, dass die Kostenberechnung längst abgewickelt ist und sich alle Beteiligten darauf eingestellt haben. 3. Das Erinnerungsrecht der Staatskasse erlischt jedoch in entsprechender Anwendung des § 20 Abs. 1 GKG mit Ablauf des auf die Kostenfestsetzung folgenden Kalenderjahres.
	OLG Brandenburg, JurBüro 2010, 307	Maßgeblicher Zeitpunkt für den Beginn der Frist hinsichtlich des Erlöschens des Erinnerungsrechts der Staatskasse ist die endgültige Festsetzung, nicht bereits eine nur vorläufige Vorschussabrechnung.
§ 58 RVG	OLG Düsseldorf, RVGreport 2006, 470 = StraFo 2006, 473 = NStZ-RR 2006, 391 = JurBüro 2006, 641; OLG Frankfurt/Main, NJW 2007, 219 = AGS 2007, 193 m. Anm. Volpert = StV 2007, 476	Nur verfahrensabschnittsweise **Anrechnung von Vorschüssen**; Begriff des Verfahrensabschnitts; s. auch noch die Nachweise bei § 42 RVG
	KG, RVGprofessionell 2008, 207 = StRR 2008, 477 = StraFo 2009, 84 m. abl. Anm. Burhoff; OLG Dresden, 18.07.2007 - 3 Ws 37/07, www.burhoff.de;	Zahlungen, die ein Pflichtverteidiger - auch vor seiner Bestellung - im Ermittlungsverfahren erhalten hat, sind gem. § 58 Abs. 3 RVG auf die Pflichtverteidigergebühren für den ersten Rechtszug anzurechnen.

A. Rechtsprechungsübersicht zum RVG Teile 4–7 VV

OLG Düsseldorf, NStZ-RR 2011, 191 = StRR 2011, 43 (Ls.); OLG Hamm, 20.11.2007 – 3 Ws 320/07; OLG Köln, StraFo 2008, 399; OLG Köln, AGS 2009, 585; OLG München, RVGreport 2010, 219 = AGS 2010, 325 = StRR 2010, 319; OLG Oldenburg, StRR 2007, 159 = JurBüro 2007, 415 = StV 2007, 477 = RVGreport 2007, 344; OLG Stuttgart, StraFo 2007, 437 = NStZ-RR 2008, 31 = AGS 2008, 117; LG Berlin, 20.08.2007 – (515) 68 Js 29104 KLs (22105); LG Osnabrück, StRR 2007, 158 OLG Jena, RVGreport 2010, 24 = JurBüro 2010, 81 (Ls.) = Rpfleger 2010, 107 = StRR 2010, 199 = AGS 2011, 282	Anrechnungsvorschrift des § 58 Abs. 3 Satz 3 RVG ist so anzuwenden, dass zunächst das Doppelte der Pflichtverteidigervergütung – ohne Berücksichtigung der Pauschvergütung – zu berechnen ist. Sodann ist der Betrag zu ermitteln, der zugunsten des Pflichtverteidigers aus der Staatskasse festgesetzt worden ist, und die Anrechnung vorzunehmen, soweit dieser Betrag einschließlich der Zahlung, über deren Anrechnung zu befinden ist, den doppelten Betrag der Pflichtverteidigervergütung übersteigt.

A. Rechtsprechungsübersicht zum RVG Teile 4–7 VV

	KG, 16.10.2007 – 1 Ws 151/07	**Bei pauschalen (Vorschuss-)Zahlungen** des Mandanten an den Rechtsanwalt scheidet deren Anrechnung auf bestimmte Abschnitte oder Teile des Verfahrens aus. Daher müssen Forderungen aus einzelnen Gebührentatbeständen bei der Anrechnung nach § 58 Abs. 3 RVG jedenfalls dann unberücksichtigt bleiben, wenn es bei der Zahlung des Vorschusses an einer Tilgungsvereinbarung fehlt.
	LG Düsseldorf, StRR 2010, 358	1. Auf ein bestimmtes Aktenzeichen (Verfahren) vom Mandanten eingezahlte Vorschüsse können nicht nach freiem Belieben auf andere Verfahren verrechnet werden. Insoweit kommt es entscheidend darauf an, wie die Zahlungen des Mandanten bestimmt waren. 2. Bei der Anrechnung sind entweder nur Netto- oder nur Bruttobeträge zu berücksichtigen.
§ 61	BVerfG, RVGprofessionell 2009, 1 = StRR 2009, 79 = RVGreport 2009, 59 = AGS 2009, 69	**Stichtagsregelung** beim Übergang von der BRAGO zum RVG führt zu keiner verfassungswidrigen Ungleichbehandlung.
	KG, AGS 2010, 295 = JurBüro 2010, 364 = RVGreport 2010, 339; KG, JurBüro 2010, 363	Mit dem Inkrafttreten des RVG ist dessen Verfahrensrecht auch dann anzuwenden, wenn in den Fällen des § 61 Abs. 1 Satz 1 RVG die Vergütung des Rechtsanwalts nach dem materiellen Gebührenrecht der BRAGO zu berechnen ist.
Nr. 1003 VV RVG	OLG Köln, AGS 2009, 29 = StraFo 2009, 87 = RVGreport 2009, 465	Höhe der Einigungsgebühr beträgt nur 1,0, wenn über den Einigungsgegenstand bereits ein Adhäsionsverfahren anhängig ist.
	OLG Jena, AGS 2009, 587 m. abl. Anm. N. Schneider = RVGprofessionell 2010, 4 = RVGreport 2010, 106 = StRR 2010, 114 = NJW 2010, 455 = JurBüro 2010, 82	Einigungsgebühr entsteht nach Nr. 1003 VV RVG nur, wenn beim Gericht nicht lediglich ein Vergleich protokolliert wird.

A. Rechtsprechungsübersicht zum RVG Teile 4–7 VV

Nr. 1008 VV RVG	OLG Koblenz, RVGreport 2006, 430 = JurBüro 2005, 589 = AGS 2005, 504 = StraFo 2005, 526 = AnwBl 2006, 148	**Beistand** in einer Hauptverhandlung für **mehrere Zeugen** ist Tätigkeit für mehrere Auftraggeber in derselben Angelegenheit; Gebühren fallen mit Erhöhung nach Nr. 1008 VV RVG nur einmal an.
Nr. 1009 VV RVG	OLG Düsseldorf, RVGreport 2005, 306 = AGS 2005, 501; LG Duisburg, AGS 2005, 501	**Hebegebühr** aus der Staatskasse für den Pflichtverteidigerbestellung nur dann, wenn die Beiordnung auf die Aus- und Rückzahlung von Geldbeträgen erweitert worden ist.
III. Teil 2 VV RVG		
Nr. 2102 VV RVG	KG, AGS 2006, 433 = RVGreport 2007, 347 m. abl. Anm. Hansens; KG, 13.09.2006 - 4 Ws 93/06, www.burhoff.de; a.A. LG Berlin, AGS 2006, 73 m. Anm. N. Schneider	Anfall der Gebühr nur, wenn ein bislang **noch nicht gerichtlich** tätig gewordener Rechtsanwalt die Prüfung des Rechtsmittels vornimmt.
Nr. 2300 VV RVG	LG Koblenz, JurBüro 2010, 32	Für die Stellung eines Antrags auf Festsetzung der Kosten gegenüber der Staatskasse fällt im Strafverfahren nicht die Gebühr Nr. 2300 VV RVG an.
Nr. 2503 VV RVG	AG Köln, RVGreport 2007, 301 = AGS 2007, 468	**Vertretung** eines **ausländischen JVA**-Häftlings und Besuch in der JVA geht über eine Beratung i.S.v. § 3 Abs. 2 BerHG hinaus.
III. Teil 3 VV RVG		
Nr. 3100 VV RVG	OLG Zweibrücken, StRR 2010, 480 = StraFo 2010, 513 = RVGreport 2011, 139 = NStZ-RR 2011, 32 = Rpfleger 2011, 116 = RVGprofessionell 2011, 88	Auch soweit ein Verfahren nach den Vorschriften im Einführungsgesetz zum Gerichtsverfassungsgesetz über die Anfechtung von Justizverwaltungsakten die Zurückstellung der Strafvollstreckung nach der Vorschrift bezüglich der Zurückstellung der Strafvollstreckung gegen betäubungsmittelabhängige Straftäter betrifft, richtet sich die Vergütung des im Wege der Prozesskostenhilfe beigeordneten Rechtsanwalts nach Nr. 3100 VV RVG und nicht nach Nr. 4204.

Anlagen

A. Rechtsprechungsübersicht zum RVG Teile 4–7 VV

IV. Teil 4 VV RVG		
Vorbem. 4 Abs. 1 VV RVG	BGH, 17.04.2007 - StB 1/06, www.burhoff.de;	Tätigkeit des Rechtsanwalts als **Zeugenbeistand** wird i.d.R. nach Teil 4 Abschnitt 1 VV RVG abgerechnet.
	KG, StraFo 2005, 439 = RVGreport 2005, 341;	
	KG, StraFo 2007, 41 = AGS 2006, 329;	
	OLG Brandenburg, JurBüro 2007, 482 = NStZ-RR 2007, 287 = RVGreport 2008, 145 (aufgegeben in OLG Brandenburg, RVGreport 2011, 259);	
	Dresden, (2. Strafsenat), AGS 2008, 126 = RVGreport 2008, 264	
	OLG Dresden, (2. Strafsenat), StraFo 2009, 42 = NJW 2009, 455 = wistra 2009, 80 (Ls.) = RVGreport 2009, 308 = RVGreport 2009, 425;	
	OLG OLG Düsseldorf, RVGreport 2008, 182 = StRR 2008, 78;	
	OLG Düsseldorf, 07.12.2007 - 4 Ws 671/07, www.burhoff.de; OLG Düsseldorf, zfs 2009, 707 = RVGprofessionell 2010, 6 = JurBüro 2010, 33 = AGS 2010, 70;	
	OLG Düsseldorf, StraFo 2011, 116;	

A. Rechtsprechungsübersicht zum RVG Teile 4–7 VV

OLG Hamm, StraFo 2008, 45 = JurBüro 2008, 83 = StRR 2008, 79 = RVGprofessionell 2008, 51 = NStZ-RR 2008, 96 (Ls.) = RVGreport 2008, 108 = AGS 2008, 124;

OLG Koblenz, RVGreport 2006, 232 = AGS 2006, 598 = NStZ-RR 2006, 254;

OLG Koblenz, 25.11.2009 - 2 StE 3/09-8;

OLG Köln, NStZ 2006, 410;

OLG Köln, AGS 2008, 128 = StraFo 2008, 222 = StRR 2008, 439

OLG Köln, StraFo 2008, 350 = RVGreport 2009, 150;

OLG München, AGS 2008, 120;

OLG München, RVGreport 2008, 266 = JurBüro 2008, 367 (Ls.) = StRR 2008, 320 = AGS 2008, 449;

OLG Rostock, 03.05.2006 - 1 Ws 36/06;

OLG Schleswig, NStZ-RR 2007, 126 = AGS 2007, 191;

OLG Stuttgart, NStZ 2007, 343;

A. Rechtsprechungsübersicht zum RVG Teile 4–7 VV

LG Dresden, AGS 2008, 120; LG Dresden, Rpfleger 2010, 236; LG Hamburg, RVGreport 2011, 134 = RVGprofessionell 2010, 80; LG München I, 19.02.2007 - 12 KLs 247 Js 228539/05, www.burhoff.de; LG Ulm, StraFo 2007, 219 KG, 18.01.2007 - 1 Ws 2/07, www.burhoff.de; KG, AGS 2008, 235 = StRR 2008, 117 = NJ 2008, 184 = RVGreport 2008, 227; OLG Bamberg, DAR 2008, 493; OLG Brandenburg, RVGreport 2011, 259; OLG Celle, RVGreport 2008, 144; OLG Braunschweig, Nds.Rpfl. 2010, 339; OLG Dresden, RVGreport 2008, 265; OLG Düsseldorf (3. Strafsenat), Rpfleger 2009, 528 = JurBüro 2009, 255 (Ls.);	Tätigkeit des Rechtsanwalts als **Zeugenbeistand** wird i.d.R. nach Teil 4 Abschnitt 3 VV RVG als Einzeltätigkeit abgerechnet.

A. Rechtsprechungsübersicht zum RVG Teile 4–7 VV

OLG Düsseldorf, 06.11.2009 - III 1 Ws 562/09;

OLG Frankfurt/Main, 26.02.2007 - 5-1 BJs 322185-2-3105, www.burhoff.de;

OLG Frankfurt/Main, NStZ-RR 2008, 264 (Ls.);

OLG Hamburg, NStZ-RR 2010, 327;

OLG Hamburg, NStZ-RR 2011, 64 (Ls.) = wistra 2011, 120 (Ls.);

OLG Hamm, NStZ-RR 2008, 96;

OLG Hamm, 17.07.2007 - 3 Ws 307/07, www.burhoff.de;

OLG Hamm, RVGreport 2009, 20;

OLG Hamm, 21.11.2008 - 5 Ws 396/08;

OLG Hamm, StRR 2009, 437 = StraFo 2009, 474 m. abl. Anm. Burhoff = RVGreport 2009, 426;

OLG Jena, 09.02.2008 - 1 Ws 378/08;

OLG Karlsruhe, StraFo 2009, 262;

OLG Naumburg, 02.05.2006 - 1 Ws 154/06; www.burhoff.de;

A. Rechtsprechungsübersicht zum RVG Teile 4 – 7 VV

OLG Naumburg, 27.08.2009 - 1 Ws 105/09;

OLG Nürnberg, 19.05.2009, 2 Ws 646/08;

OLG Oldenburg, RVGreport 2006, 107 = StraFo 2006, 130;

OLG Oldenburg, 21.03.2007 - 1 Ws 101/07, www.burhoff.de;

OLG Saarbrücken, 19.01.2010 - 1 Ws 228/09 und 1 Ws 210/09;

OLG Schleswig, NStZ-RR 2006, 255;

OLG Stuttgart, NStZ-RR 2008, 328 (Ls.);

OLG Zweibrücken, 19.02.2008 - 1 Ws 346/07;

LG Berlin, 23.10.2006 - (514) 83 Js 153/04 KLs (1/06), www.burhoff.de;

LG Bochum, 22.12.2006 - 1 KLs 46 Js 77/05, www.burhoff.de;

LG Osnabrück, 11.10.2005 - 3 KLs 30/04, www.burhoff.de;

A. Rechtsprechungsübersicht zum RVG Teile 4–7 VV

LG Chemnitz, 10.08.2010 - 2 Qs 129/10 (Vernehmungsbeistand)	
LG Regensburg, 03.12.2008 - 1 Qs 13/08;	
AG Lingen, AGS 2006, 175;	
OLG Brandenburg, JurBüro 2007, 482 = NStZ-RR 2007, 287 = RVGreport 2008, 145 (aufgegeben in OLG Brandenburg, 21.02.2011 - 1 Ws 123/10);	**Formulierung** des **Beiordnungsbeschlusses** nach § 68b StPO nur mit dem Gesetzestext führt nicht zur Annahme einer Einzeltätigkeit.
OLG Köln, AGS 2008, 128 = StraFo 2008, 223	
OLG Stuttgart, StRR 2010, 357 = RVGreport 2010, 340	Grds. erhält der beigeordnete Zeugenbeistand nur eine Verfahrensgebühr für eine Einzeltätigkeit nach Nr. 4301 Ziff. 4 VV RVG; etwas anderes gilt dann, wenn zwar nicht nach dem engen, vom Wortlaut des § 68 b StPO vorgesehenen Beiordnungsbeschluss, aber nach Art der übertragenen und tatsächlich ausgeübten Tätigkeit von einer faktisch umfassenden Vertretung des Zeugen mit der Folge der Verneinung einer bloßen Einzeltätigkeit auszugehen ist.
KG, AGS 2009, 533 = RVGreport 2009, 310 = StRR 2009, 398 = NStZ-RR 2009, 327	Die Beiordnung eines Zeugenbeistands für die Dauer der Vernehmung des Zeugen (§ 68b Abs. 2 StPO) erstreckt sich nicht auf die Einlegung eines Rechtsmittels für den Zeugen, wie z.B. eine Beschwerde gegen Anordnung der Beugehaft; Eine Vergütung dieser Tätigkeiten, kann der Rechtsanwalt nur verlangen, wenn ihm die entsprechenden Aufgaben mit der Beiordnung übertragen worden sind.
KG, RVGreport 2005, 341 = StraFo 2005, 439 = AGS 2005, 557	Zeugenbeistand erhält grds. **geringere Gebühren** als der Verteidiger.

A. Rechtsprechungsübersicht zum RVG Teile 4–7 VV

	Zeugenbeistand muss/sollte bei Geltendmachung der gerichtlichen Verfahrensgebühr **konkret** zu seinen Tätigkeiten **vortragen**, da diese nicht automatisch entsteht.
KG, RVGreport 2006, 107 = AGS 2006, 176;	
KG, 01.02.2006 - 5 Ws 506/05, www.burhoff.de;	
OLG Rostock, 03.05.2006 - 1 Ws 36/2006; www.burhoff.de;	
OLG Stuttgart, NStZ 2007, 343;	
OLG Köln, StraFo 2008, 350 = AGS 2008, 389;	
LG Dresden, 07.09.2007 - 5 KLs 109 Js 27593/05, www.burhoff.de;	
LG München, I, 19.02.2007 - 12 KLs 247 Js 228539/05, www.burhoff.de;	
LG Ulm, StraFo 2007, 219;	
a.A. wohl OLG Köln, NStZ 2006, 410; offen gelassen von OLG Koblenz, RVGreport 2006, 232 = AGS 2006, 598 = NStZ-RR 2006, 254;	
OLG Hamm (2. Strafsenat), RVGreport 2008, 108	

A. Rechtsprechungsübersicht zum RVG Teile 4–7 VV

Der nur für einen Termin als **Terminsvertreter** beigeordnete Rechtsanwalt rechnet nach Teil Abschnitt 1 VV RVG ab.	KG, NStZ-RR 2005, 327 = JurBüro 2006, 536 = AGS 2006, 177; KG, StraFo 2008, 349 = StRR 2008, 358 = AGS 2008, 387 m. abl. Anm. N. Schneider = RVGprofessionell 2008, 190 = RVGreport 2008, 349; KG, RVGreport 2011, 260 = StRR 2011, 281 m. Anm. Burhoff; OLG Bamberg, NStZ-RR 2011, 223 (Ls.) = StRR 2011, 167 (Ls.); OLG Bremen, 14.12.2009 - Ws 119/09; OLG Celle, RVGreport 2007, 71; OLG Celle, StraFo 2006, 471 = Rpfleger 2006, 669; OLG Dresden, 05.09.2007 - 1 Ws 155/07, www.burhoff.de; OLG Hamm, RVGreport 2006, 230; OLG Jena, 08.12.2010 - 1 Ws 318/10, JurionRS 37049; OLG Karlsruhe, StraFo 2008, 439 = NJW 2008, 2935 = RVGprofessionell 2008, 208 = AGS 2008, 489 = JurBüro 2008, 586;

A. Rechtsprechungsübersicht zum RVG Teile 4–7 VV

		Für den Terminsvertreter entsteht **nur die Terminsgebühr**.
OLG Köln, RVGprofessionell 2010, 153;		
OLG München, NStZ-RR 2009, 32;		
LG Düsseldorf, RVGprofessionell 2008, 53 = StRR 2008, 159;		
LG Köln, 07.12.2010 - 105 Qs 343/10, JurionRS 2011, 31479		
KG, RVGreport 2008, 108;		
KG, StraFo 2008, 349 = StRR 2008, 358 = AGS 2008, 387 m. abl. Anm. N. Schneider = RVGprofessionell 2008, 190 = RVGreport 2008, 462;		
KG, RVGreport 2011, 260 = StRR 2011, 281 m. Anm. Burhoff;		
OLG Bremen, 14.12.2009 - Ws 119/09;		
OLG Brandenburg, StRR 2010, 113 = RVGprofessionell 2010, 83 = RVGreport 2010, 218 = AGS 2011, 280;		
OLG Celle, Rpfleger 2006, 669 = StraFo 2006, 471 = RVGreport 2007, 71;		
OLG Celle, NStZ-RR 2009, 158 (Ls.) = RVGreport 2009, 226;		

A. Rechtsprechungsübersicht zum RVG Teile 4–7 VV

	Für den Terminsvertreter entsteht **nicht nur die Terminsgebühr**.
OLG Dresden, 05.09.2007 - 1 Ws 155/07; OLG Hamm, RVGreport 2007, 107; LG Düsseldorf, RVGprofessionell 2008, 53 = StRR 2008, 159 OLG Bamberg, NStZ-RR 2011, 223 (Ls.) = StRR 2011, 167 (Ls.); OLG Jena, 08.12.2010 - 1 Ws 318/10, JurionRS 2010, 37049; OLG Karlsruhe, StraFo 2008, 349 = NJW 2008, 2935 = RVGprofessionell 2008, 208 = JurBüro 2008, 586 = RVGreport 2009, 19 = StRR 2009, 119; OLG Köln, RVGreport 2010, 462 = RVGprofessionell 2010, 153 = AGS 2011, 286; OLG Düsseldorf, 29.10.2008 - III-1 Ws 318/08; OLG München, NStZ-RR 2009, 32 = RVGprofessionell 2009, 32 = StRR 2009, 120 = RVGreport 2009, 227; LG Köln, 07.12.2010 - 105 Qs 343/10	

A. Rechtsprechungsübersicht zum RVG Teile 4–7 VV

OLG Stuttgart, StraFo 2011, 198 = RVGreport 2011, 411 = RVGprofessionell 2011, 106 = AGS 2011, 224	Ob der „Terminsvertreter" des Pflichtverteidigers nach Teil 4 Abschnitt1 VV RVG oder nach Teil 4 Abschnitt 3 VV RVG abrechnet, richtet sich in erster Linie nach dem Wortlaut der „Bestellungsverfügung"; im Übrigen haben die weiteren Umstände des Verfahrens Bedeutung.
OLG Celle, NStZ-RR 2009, 158 (Ls.) = RVGreport 2009, 226	Die Beiordnung eines Rechtsanwaltes als Vertreter des Pflichtverteidigers ist zulässig, die **Gebühren** entstehen aber insgesamt **nur einmal**.
OLG Hamm, RVGreport 2009, 309 = RVGprofessionell 2009, 157 = StRR 2009, 438	Sofern der Terminsvertreter jedenfalls an einem **vollwertigen Hauptverhandlungstermin** teilnimmt und eine umfassende Tätigkeit als Verteidiger entfaltet, die nach ihrer Bedeutung und dem tatsächlich geleisteten Aufwand einer Terminswahrnehmung durch den ordentlichen Pflichtverteidiger gleichsteht, hat er Anspruch auf sämtliche im Einzelfall verwirklichten Gebührentatbestände des Teil 4 Abschnitt 1 VV RVG.
OLG Dresden, AGS 2007, 618; LG Leipzig, 11.06.2007 - 7 KLs 430 Js 51464/05, www.burhoff.de	Die **zeitliche Begrenzung** der **Beiordnung** auf bestimmte Hauptverhandlungstermine kein taugliches Kriterium für die Abgrenzung zwischen Teil 4 Abschnitt 1 VV RVG und Teil 4 Abschnitt 3 VV RVG beim Terminsvertreter.
KG, RVGreport 2011, 260 = StRR 2011, 281 m. Anm. Burhoff;	Nehmen sowohl der Pflichtverteidiger als auch der Terminsvertreter (nacheinander) jeweils weniger als fünf Stunden bzw. weniger als bis zu acht Stunden an einem insgesamt mehr als fünf bzw. acht Stunden dauernden Hauptverhandlungstermin teil, entsteht ein sog. Längenzuschlag. Die einfache Terminsgebühr und die zusätzliche Gebühr sind nach dem Anteil der zeitlichen Beanspruchung zwischen dem Pflichtverteidiger und dem Terminsvertreter zu verteilen.

A. Rechtsprechungsübersicht zum RVG Teile 4–7 VV

	(inzidenter) OLG Celle, StraFo 2011, 291 = JurionRS 2011, 17561 OLG Düsseldorf, AGS 2008, 343 = RVGreport 2008, 351 = StraFo 2008, 441 = JurBüro 2008, 587; OLG Köln, AGS 2009, 481 = NStZ-RR 2010, 31 = StRR 2010, 68 = StV 2010, 68; OLG Oldenburg, StraFo 2010, 430 = AGS 2010, 491 = RVGprofessionell 2010, 211 = NStZ-RR 2010, 391 = VRR 2011, 39 = RVGreport 2011, 24; unzutreffend a.A. LG Aurich, RVGprofessionell 2009, 189 = VRR 2010, 79 = StRR 2010, 116	Der nach **§ 408b StPO** bestellte Pflichtverteidiger ist ein „Vollverteidiger", dessen Tätigkeit nicht nach den subsidiären Regelungen für bloße Einzeltätigkeiten zu vergüten ist; für ihn entsteht ggf. auch die Terminsgebühr (vgl. OLG Celle, a.a.O.).
Vorbem. 4 Abs. 2 VV RVG	OLG Hamm, AGS 2006, 498 = JurBüro 2006, 591; OLG Hamm, RVGreport 2009, 309 = RVGprofessionell 2009, 157 = StRR 2009, 438; OLG Jena, StV 2006, 204 = RVGreport 2006, 423 = JurBüro 2005, 470; OLG Stuttgart, RVGreport 2006, 32 = Rpfleger 2006, 36	Die (gerichtlichen) **Verfahrensgebühren** gelten nur die allgemeine Vorbereitung der Hauptverhandlung ab.

A. Rechtsprechungsübersicht zum RVG Teile 4–7 VV

		Entstehen und Abgeltungsbereich der Verfahrensgebühr
OLG Hamm, StRR 2009, 39 = RVGreport 2009, 149;		
OLG Koblenz, JurBüro 2005, 199 = AGS 2005, 158 = AnwBl. 2005, 587		
OLG Köln, RVGreport 2009, 136		Verfahrensgebühr gilt eigene **Ermittlungen** des Verteidigers ab; Ermittlungen von rund 3 ½ Stunden Dauer rechtfertigen die Höchstgebühr.
KG, RVGreport 2009, 186 = StRR 2009, 239 = AGS 2009, 271 = JurBüro 2009, 311;		Voraussetzung für das Entstehen der Verfahrensgebühr ist, dass der Rechtsanwalt eine Tätigkeit erbracht hat, die über den **Abgeltungsbereich** der Grundgebühr hinausgeht.
LG Hamburg, JurBüro 2010, 302		
LG Koblenz, JurBüro 2010, 32		Die **Stellung** eines **Antrags** auf **Festsetzung** der **Kosten** gegenüber der Staatskasse wird von der Verfahrensgebühr erfasst.
LG Braunschweig, VRR 2010, 359 = RVGreport 2010, 422 = StRR 2011, 39 = StraFo 2010, 513		Erörtert der Rechtsanwalt die Sach- und Rechtslage ausführlich mit seinem Mandanten, wird diese Tätigkeit nicht mehr von der Grundgebühr, sondern von der Verfahrensgebühr umfasst.
AG Betzdorf, VRR 2009, 240 = AGS 2009, 390 = StRR 2010, 80		Tätigkeiten im **Wiedereinsetzungsverfahren** werden durch die jeweilige Verfahrensgebühr abgegolten und nicht etwa im Bußgeldverfahren durch eine Gebühr Nr. 5113 VV RVG.
AG Sinzig, JurBüro 2008, 249		Verfahrensgebühr gilt die Tätigkeit des Rechtsanwalts in einem Verfahren über die Beschwerde gegen die Zurückweisung eines **Wiedereinsetzungsantrags** ab; allerdings Erhöhung der Mittelgebühr.
LG Bad Kreuznach, RVGreport 2011, 226 = StRR 2011, 282		Die Verfahrensgebühr entsteht der Höhe nach immer aus dem Gebührenrahmen des höchsten mit der Sache befassten Gerichts.

A. Rechtsprechungsübersicht zum RVG Teile 4–7 VV

Vorbem 4 Abs. 3 VV RVG	OLG Hamm, AGS 2006, 498 = JurBüro 2006, 591;	Die **Terminsgebühr** erfasst auch die konkrete Vorbereitung und Nachbereitung des Termins.
	OLG Hamm, RVGreport 2009, 309 = RVGprofessionell 2009, 157 = StRR 2009, 438;	
	OLG Jena, StV 2006, 204 = RVGreport 2006, 423 = JurBüro 2005, 470;	
	OLG Oldenburg, JurBüro 2007, 528;	
	OLG Stuttgart, RVGreport 2006, 32 = Rpfleger 2006, 36;	
	OLG Karlsruhe, StraFo 2008, 439 = NJW 2008, 2935 = RVGprofessionell 2008, 208 = JurBüro 2008, 586 = RVGreport 2009, 19 = StRR 2009, 11;	
	OLG Köln, AGS 2008, 447 = StRR 2008, 323 (Ls.);	
	LG Dessau-Roßlau, JurBüro 2009, 427 (für OWi-Verfahren)	
	a.A.	
	LG Detmold, 03.02.2009 - 4 Qs 172/08;	
	LG Hannover, Nds.Rpfl. 2005, 327;	
	LG Magdeburg, StRR 2008, 480;	

A. Rechtsprechungsübersicht zum RVG Teile 4–7 VV

AG Koblenz, RVGprofessionell 2008, 124 = AGS 2008, 346 = VRR 2008, 319 = RVGreport 2009, 340	Ist ein Hauptverhandlungstermin nicht anberaumt worden, fällt keine Terminsgebühr Nr. 4108 VV RVG durch die Vorbereitung eines Hauptverhandlungstermins an. Die Hauptverhandlung beginnt nach § 243 Abs. 1 StPO erst mit dem Aufruf der Sache und nicht mit der gerichtlichen Sachaufklärung.
LG Düsseldorf, 24.09.2009 - 12 Qs 48/08	
AG Koblenz, RVGprofessionell 2008, 23 = RVGreport 2008, 61	Eine fernmündliche Erörterung steht in gebührenrechtlicher Hinsicht der Teilnahme an einem (Vorführ-)Termin gleich.
KG, StV 2006, 198 = AGS 2006, 278 = RVGreport 2007, 180 = StV 2007, 476 (Ls.);	**Wesentliches Kriterium** für die konkrete Bemessung der Gebühr ist die Terminsdauer; Wartezeiten und Pausen sind grds. zu berücksichtigen.
AG Trier, RVGreport 2005, 271	
KG, StV 2006, 198 = AGS 2006, 78 = RVGreport 2007, 180 = AGS 2007, 476 (Ls.);	**Ausgangspunkt** für die Bemessung ist die Mittelgebühr; Längenzuschläge für den Pflichtverteidiger geben Hilfestellung bei der Bemessung.
AG Lüdinghausen, RVGreport 2006, 183	
LG Bonn, RVGreport 2008, 61 = AGS 2007, 563	Der Verurteilte hat dem Nebenkläger die Terminsgebühr für einen **geplatzten Termin** i.S.v. Vorbem. 4 Abs. 3 Satz 2 VV RVG zu erstatten.
AG Hagen, RVGreport 2007, 426 = RVGprofessionell 2007, 24 = AGS 2008, 78	Für Terminsgebühr nach Vorbem. 4 **Abs. 3 Satz 2** VV RVG ist entscheidend, ob der Termin für den jeweiligen Rechtsanwalt „nicht stattgefunden hat", unerheblich ist, wenn der Termin ggf. mit einem anderen Rechtsanwalt durchgeführt worden ist.

A. Rechtsprechungsübersicht zum RVG Teile 4–7 VV

	Eine Terminsgebühr für einen sog. „**geplatzten Termin**" (Vorbem. 4 Abs.3 S. 2 VV RVG) entsteht nur, wenn der Rechtsanwalt körperlich im Gerichtsgebäude mit dem Ziel der Teilnahme an dem Termin erscheint; das bloße Antreten der Anreise reicht nicht aus.	OLG München, RVGreport 2008, 109 = NStZ-RR 2008, 159 = RVGprofessionell 2008, 104 = AGS 2008, 233 = StRR 2008, 199 = NJW 2008, 1607 = JurBüro 2008, 418 m. abl. Anm. Kotz
	Eine Terminsgebühr fällt auch dann – entsprechend Vorbem. 4 Abs. 3 Satz 2, Nr. 4114 VV RVG – an, wenn der Verteidiger eines Angeklagten in einem gegen Dritte gerichteten Parallelverfahren, in dem er bislang nicht beteiligt ist, eine Terminsbenachrichtigung mit dem Hinweis erhält, dass beabsichtigt sei, im Termin des Parallelverfahrens beide Verfahren zu verbinden, auch wenn die Verfahrensverbindung anschließend wegen Ausbleibens der Angeklagten unterbleibt..	OLG Celle, 06.07.2011 - 1 Ws 209/11, www.burhoff.de
	Telefonische Aufhebung des Hauptverhandlungstermins erst eine halbe Stunde vor Beginn der Hauptverhandlung führt nicht zur Terminsgebühr, wenn es nur der Nähe des Kanzlei des Verteidigers zu verdanken ist, dass er vor dem Gericht nicht erscheint.	LG Osnabrück, JurBüro 2008, 649
	Verteidiger muss sich, wenn er an einem Freitag einen Aufhebungsantrag stellt, der nach Dienstschluss eingeht, vor Abreise zu dem am Montag um 9.30 Uhr stattfindenden Termin erkundigen, ob der stattfindet oder aufgehoben worden ist.	LG Neuruppin, RVGprofessionell 2009, 140 = RVGreport 2010, 26 = VRR 2009, 320 = StRR 2010, 119
	Das Vertretenmüssen i.S.d. Vorbem. 4 Abs. 3 Satz 2 VV RVG lässt sich nicht damit begründen, dass der Verteidiger aufgrund eines kurz vor der Hauptverhandlung geführten Rechtsgesprächs einen Zeugen benannt hat, was zur Aussetzung der HV geführt hat.	LG Berlin, RVGprofessionell 2010, 8 = StRR 2010, 117 = RVGreport 2011, 64 = AGS 2011, 284
Vorbem. 4 Abs. 4 VV RVG	**Haftzuschlag** für den Vertreter des Nebenklägers nur, wenn sich der Nebenkläger in Haft befunden hat.	OLG Düsseldorf, AGS 2006, 435 = RVGreport 2006, 389 OLG Hamm, Rpfleger 2007, 502 = JurBüro 2007, 528;

OLG Köln, RVGprofessionell 2010, 39 = AGS 2010, 72 = RVGreport 2010, 146;		
LG Flensburg, AGS 2008, 340		
KG, RVGprofessionell 2007, 41	Mandant muss nicht schon bei **Entstehen** der jeweiligen Gebühr in Haft sein.	
OLG Hamm, RVGprofessionell 2009, 204 (Ls.) = RVGreport 2010, 27 = AGS 2010, 17;	Es ist **unerheblich**, **in welchem Verfahren** sich der Mandant in Haft befunden hat.	
LG Bochum, 10.06.2009 - 1 Qs 49/09;		
AG Bochum, RVGprofessionell 2009, 80 = StRR 2009, 280 = AGS 2009, 325		
KG, StraFo 2007, 483 = RVGreport 2007, 462 = AGS 2007, 619 = StRR 2007, 359 = JurBüro 2007, 644;	Haftzuschlag auch, wenn sich der Mandant im **offenen Vollzug** befindet.	
OLG Jena, AGS 2009, 385 = NStZ-RR 2009, 224 (Ls.);		
(inzidenter) OLG Stuttgart, RVGprofessionell 2010, 169 = AGS 2010, 429 = RVGreport 2010, 388;		
LG Aachen, AGS 2007, 242 = StRR 2007, 40 = RVGreport 2007, 463;		
AG Aachen, AGS 2007, 242 = StRR 2007, 40;		

A. Rechtsprechungsübersicht zum RVG Teile 4–7 VV

OLG Bamberg, StRR 2007, 283 (Ls.) = RVGreport 2008, 225; OLG Hamm, StraFo 2008, 222; LG Berlin, AGS 2007, 562; LG Wuppertal, StraFo 2009, 528; AG Koblenz, JurBüro 2007, 82 = AGS 2007, 138; AG Osnabrück, AGS 2006, 232; AG Osnabrück, AGS 2008, 229	**Kein Haftzuschlag, wenn sich der Mandant freiwillig in einer stationären Therapie oder im offenen Vollzug befindet.**
LG Wuppertal, AGS 2010, 16 = JurBüro 2009, 532 = Rpfleger 2009, 697; AG Neuss, 25.08.2008 - 7 Ds 30 Js 1509/07 (263/07)	Der Aufenthalt in einer stationären Therapie zur Drogenentwöhnung nach § 35 BtMG ist nicht mit einem die Freizügigkeit beschränkenden Aufenthalt in einer geschlossenen Anstalt gleichzusetzen, sodass die Gebühren ohne Zuschlag entstehen.
KG, RVGreport 2008, 463 = RVGprofessionell 2008, 212 = NStZ-RR 2009, 31 = JurBüro 2009, 83 = StRR 2009, 156; OLG Stuttgart, RVGprofessionell 2010, 169 = AGS 2010, 429 = RVGreport 2010, 388; LG Berlin, AGS 2007, 562 = StRR 2007, 280 = RVGreport 2007, 463	Kein Haftzuschlag, wenn ein in einem psychiatrischen Krankenhaus Untergebrachter bereits dauerhaft in einem externen Pflegeheim wohnt (betreutes Wohnen).

OLG Jena, NStZ-RR 2009, 224 (Ls.) = AGS 2009, 385	Haftzuschlag, wenn sich ein Untergebrachter im Rahmen von Lockerungen in einem **Übergangswohnheim** befindet.
OLG Celle, StraFo 2008, 443 = AGS 2008, 490 = StRR 2009, 38 = NStZ-RR 2008, 392 = RVGreport 2009, 427; OLG Düsseldorf, RVGprofessionell 2011, 56 = StRR 2011, 203; OLG Hamm, StRR 2009, 39 = RVGreport 2009, 149; AG Heilbronn, StraFo 2006, 516	Ausreichend, wenn der Mandant in dem jeweiligen Verfahrensabschnitt **irgendwann** nicht auf freiem Fuß war.
KG, StraFo 2007, 482 = RVGreport 2007, 463 = StRR 2007, 359 = JurBüro 2007, 643 = AGS 2008, 31; KG, AGS 2008, 32; AG Tiergarten, AGS 2010, 73	Auch der (nach §§ 127 Abs. 1, 127 b StPO) **vorläufig Festgenommene** befindet sich nicht auf freiem Fuß.
KG, 10.11.2006 - 4 Ws 166/06, www.burhoff.de; KG, 12.12.2006 - 3 Ws 213/06; www.burhoff.de; KG, RVGreport 2007, 462 = StraFo 2007, 483; OLG Celle, StraFo 2008, 443 = AGS 2008, 490 = StRR 2009, 38 = NStZ-RR 2008, 392;	Zuschlag setzt **nicht** voraus, dass Erschwernisse tatsächlich entstanden sind.

A. Rechtsprechungsübersicht zum RVG Teile 4–7 VV

	OLG Hamm, StRR 2009, 39 = RVGreport 2009, 149;	
	AG Hanau, 19.05.2009 - 50 Ds 4200 Js 20340/07;	
	AG Tiergarten, AGS 2010, 73; a.A. AG Bochum, StRR 2009, 440 = RVGreport 2009, 464 = AGS 2010, 19 m. abl. Anm. N. Schneider	Zuschlag zur Terminsgebühr auch dann; wenn der Angeklagte erst am Ende des Verhandlungstages, aber **vor Beendigung des Hauptverhandlungstermins**, in **Haft** genommen wird.
	OLG Celle, StraFo 2008, 443 = AGS 2008, 490 = StRR 2009, 38 = NStZ-RR 2008, 392;	
	OLG Düsseldorf, AnwBl. 2011, 318 = NStZ-RR 2011, 159 = RVGprofessionell 2011, 61 = RVGreport 2011, 143 = JurBüro 2011, 197 = AGS 2011, 227 (vor Rechtsmittelbelehrung);	
	OLG Hamm, StRR 2009, 39 = RVGreport 2009, 149	
	LG Oldenburg, 25.06.2008 - 5 Qs 230/08	Die Verfahrensgebühr für das vorbereitende **Verfahren** entsteht auch dann mit **Zuschlag**, wenn die Anklage zwar ursprünglich schon erhoben war, bevor der Verteidiger tätig wurde, dann aber zurückgenommen und nach erneuten Ermittlungen eine neue **Anklage erhoben** wurde.
Vorbem. 4 Abs. 5 VV RVG	LG Koblenz, JurBüro 2010, 32	Für die Stellung eines Antrags auf Festsetzung der Kosten gegenüber der Staatskasse entstehen keine gesonderten Gebühren.

A. Rechtsprechungsübersicht zum RVG Teile 4–7 VV

Vorbem. 4.1	Für die anwaltliche Vertretung im strafverfahrensrechtlichen **Beschwerdeverfahren** fällt eine besondere Verfahrensgebühr nur in den im RVG geregelten **Fällen** an. § 8 Abs. 3 StrEG zählt nicht dazu. Eine entsprechende Anwendung der Nr. 4143 VV RVG scheidet aus (vgl. auch Vorbem. 4.1 Abs. 1 VV RVG).	OLG Düsseldorf, RVGreport 2011, 22 = StRR 2011, 38 = RVGprofessionell 2011, 53 = AGS 2011, 70
	Die Verfahrensgebühr erfasst auch Tätigkeiten, die der Rechtsanwalt im Hinblick auf Beschwerdeverfahren erbringt.	AG Hof, AGS 2011, 68 = RVGreport 2011, 262 = VRR 2011, 160 = JurBüro 2011, 253
Nr. 4100 VV RVG	Anfall der Grundgebühr mit der Tätigkeit des Verteidigers im ersten Verfahrensabschnitt, danach nicht noch einmal.	OLG Köln, NStZ-RR 2007, 287 = AGS 2007, 451 m. abl. Anm. N. Schneider = JurBüro 2007, 484 = RVGreport 2007, 425
	(Nochmals) **Grundgebühr** für den Rechtsanwalt in seiner Funktion als Zeugenbeistand, auch wenn er zuvor bereits als Verteidiger für den Zeugen tätig gewesen ist.	OLG Koblenz, RVGreport 2006, 430 = JurBüro 2005, 589 = AGS 2005, 504 = StraFo 2005, 526 = AnwBl. 2006, 148; LG München I, 19.02.2007 - 12 KLs 247 Js 228539/05, www.burhoff.de
		KG, AGS 2005, 449;
	Der Rechtsanwalt, der bei einer Zurückverweisung der Sache den Angeklagten bereits im Ausgangsverfahren verteidigt hat, erhält nicht nochmals eine Grundgebühr, da er sich nicht erneut in die Sache einarbeiten muss.	KG, 08.05.2008 - 1 Ws 134/08, www.burhoff.de
	Keine Grundgebühr im **Strafvollstreckungsverfahren**	KG, RVGreport 2008, 463 = RVGprofessionell 2008, 212 = NStZ-RR 2009, 31 = JurBüro 2009, 83 = StRR 2009, 156; OLG Schleswig, RVGreport 2005, 70 = AGS 2005, 120 = JurBüro 2005, 252 = StV 2006, 206;

A. Rechtsprechungsübersicht zum RVG Teile 4–7 VV

Abgeltungsbereich der Grundgebühr

LG Berlin, AGS 2007, 562 = StRR 2007, 280.	
OLG Hamm, StraFo 2005, 130 = Rpfleger 2005, 214 = JurBüro 2005, 196 = AGS 2005, 117 = RVGreport 2005, 68;	
OLG Jena, RVGreport 2005, 103 = StraFo 2005, 172 = Rpfleger 2005, 276 = JurBüro 2005, 258 = AGS 2005, 341 = StV 2006, 202;	
LG Düsseldorf, 26.07.2006 - XX 31/05, www.burhoff.de	
LG Braunschweig, VRR 2010, 359 = RVGreport 2010, 422 = StRR 2011, 39 = StraFo 2010, 513	Erörtert der Rechtsanwalt die Sach- und Rechtslage ausführlich mit seinem Mandanten, wird diese Tätigkeit nicht mehr von der Grundgebühr, sondern von der Verfahrensgebühr umfasst.
KG, RVGreport 2009, 186 = StRR 2009, 239 = RVGprofessionell 2009, 138	Die Grundgebühr hat einen eigenen **eigenen Abgeltungsbereich**, erst wenn der überschritten ist, entsteht eine Verfahrensgebühr.
LG Braunschweig, VRR 2010, 359 = RVGreport 2010, 422 = StRR 2011, 39 = StraFo 2010, 513;	Jedes Ermittlungsverfahren ist so lange ein eigenständiger Rechtsfall i.S.d. Nr. 4100 VV RVG wie nicht die Verbindung mit anderen Verfahren erfolgt ist. Allein die Absicht der Staatsanwaltschaft, später die Verbindung mit anderen Verfahren herbeizuführen, nimmt dem Verfahren aber nicht die Qualität als eigenständiger Rechtsfall.
AG Braunschweig, RVGreport 2010, 69 = RVGprofessionell 2010, 59 = StRR 2010, 200 = VRR 2010, 39	

A. Rechtsprechungsübersicht zum RVG Teile 4–7 VV

KG, 23.03.2011 - 2 Ws 83/11 REHA, JurionRS 2011, 18155	Selbständige Ermittlungsverfahren führen auch dann (noch) zu mehreren Rechtsfällen i.S.d. Nr. 4100 VV, wenn sie in einem Aktenband geführt werden (für mehrere Rehabilitierungsverfahren nach dem StrReHAG).	
OLG Stuttgart, RVGprofessionell 2010, 119 = AGS 2010, 292	Wird ein Strafverfahren abgetrennt, entsteht im **abgetrennten** Verfahren **keine neue Grundgebühr**.	
LG Hamburg, JurBüro 2010, 302	Die Tätigkeit im Haftprüfungsverfahren zur Vorbereitung der Vertretung im Haftprüfungstermin stellt eine über die grundsätzliche Einarbeitung in das Verfahren hinausgehende Tätigkeit des Verteidigers dar.	
AG Tiergarten, StRR 2009, 237 = AGS 2009, 322 = RVGreport 2009, 385	Für den Rechtsanwalt, der sich in einen Strafrechtsfall **einarbeitet**, entsteht nicht nur die Grundgebühr sondern zugleich **auch die Verfahrensgebühr**.	
OLG Köln. NStZ-RR 2007, 287 = AGS 2007, 451 m. abl. Anm. N. Schneider = JurBüro 2007, 484 = RVGreport 2007, 425	Systematischer Abgeltungsbereich der Grundgebühr und der Verfahrensgebühr bei hinzuverbundenen Verfahren	
LG Karlsruhe, 21.10.2010 - 3 Qs 61/10, JurionRS 2010, 33258	Zum Entstehen und zur Höhe der Grundgebühr bei einer nachträglichen Ausweitung des Rechtsfalls	
KG, NStZ-RR 2005, 327 = JurBüro 2005, 536 = AGS 2006, 177 m. Anm. N. Schneider; KG, RVGreport 2007, 108; KG, StraFo 2008, 349 = StRR 2008, 358 = AGS 2008, 387 m. abl. Anm. N. Schneider = RVGprofessionell 2008, 190;	Keine Grundgebühr für den (bloßen) „**Terminsvertreter**"	

A. Rechtsprechungsübersicht zum RVG Teile 4–7 VV

OLG Celle, RVGreport 2007, 71 = StraFo 2006, 471 = Rpfleger 2006, 669; OLG Celle, 10.10.2006 - 2 Ws 258/06, www.burhoff.de; OLG Dresden, 05.09.2007 - 1 Ws 155/07; OLG Hamm, RVGreport 2007, 108; OLG Koblenz, JurBüro 2005, 199; OLG Köln, RVGreport 2007, 306 = AGS 2006, 452 m. zust. Anm. N. Schneider; LG Düsseldorf, RVGprofessionell 2008, 53 = StRR 2008, 159 OLG Karlsruhe, StraFo 2008, 349 = NJW 2008, 2935 = RVGprofessionell 2008, 208 = JurBüro 2008, 586 = RVGreport 2009, 19 = StRR 2009, 119; OLG Düsseldorf, StRR 2009, 157; OLG München, NStZ-RR 2009, 32 = RVGprofessionell 2009, 32 = StRR 2009, 120	Grundgebühr auch für den Terminsvertreter	
LG Koblenz, StraFo 2007, 175		Bei „**Ablösung**" eines Rechtsanwalts im Termin durch einen anderen entsteht die Grundgebühr.

A. Rechtsprechungsübersicht zum RVG Teile 4–7 VV

	KG, StV 2006, 198 = AGS 2006, 278 = RVGreport 2007, 180 = StV 2007, 476 (Ls.);	**Bemessung der Grundgebühr**; bei der Bemessung der Grundgebühr sind sämtliche Strafverfahren Vergleichsmaßstab.
	LG Karlsruhe, 02.11.2005 - 2 Qs 26/05, www.burhoff.de	
	LG Hamburg, AGS 2008, 545;	Grds. stellt **jedes Ermittlungsverfahren** einen **Rechtsfall** i.S.d. Nr. 4100 VV RVG dar, woran sich nichts dadurch ändert, wenn mehrere Taten zufällig am gleichen Tage begangen worden sind, wenn wegen dieser unterschiedliche Verfahren geführt werden.
	AG Tiergarten, AGS 2010, 132 = RVGreport 2010, 18 = VRR 2010, 120 = StRR 2010, 120	
	LG Mühlhausen, RVGreport 2009, 187 = StRR 2009, 163 (Ls.) = VRR 2009, 319	Bei der Bemessung der Grundgebühr spielt die **Höhe** der verhängten/ drohenden **Geldbuße** keine Rolle.
Nr. 4102 VV RVG	KG, RVGreport 2006, 151;	**Keine analoge Anwendung** auf andere als die angeführten Termine
	LG Düsseldorf, AG-Kompakt 2001, 6 (für Teilnahme an einem Termin des Sachverständigen zur Besichtigung und Gegenüberstellung eines Kfz);	
	a.A. LG Offenburg, RVGreport 2006, 350 = AGS 2006, 436 = NStZ-RR 2006, 358 = StV 2007, 478	
	AG Freiburg, RVGreport 2011, 65 = StRR 2011, 123 = AGS 2011, 69	Bei Teilnahme des notwendigen Verteidigers an einem Erörterungstermin nach § 202a Satz 1 StPO entsteht eine Terminsgebühr entsprechend Nr. 4102 Nr. 1 und 3 VV RVG.

A. Rechtsprechungsübersicht zum RVG Teile 4–7 VV

AG Köln, JurBüro 2010, 474	Die Gebühr wird nicht dadurch ausgelöst, dass der spätere Nebenklägervertreter einem Polizeibeamten von einer Straftat berichtet, wenn ein laufendes Ermittlungsverfahren, in dem es zu einer Erörterung hätte kommen können, noch gar nicht existiert.
KG, RVGreport 2009, 227 = StRR 2009, 277 = AGS 2009, 480; OLG Hamm, RVGreport 2006, 469 = AGS 2006, 122 m. Anm. Madert = AGS 2006, 179 = Rpfleger 2006, 226 = JurBüro 2006, 136	Bloße **Verkündung** des Haftbefehls reicht für ein Verhandeln i.S.d. Ziff. 3 nicht aus.
KG, RVGreport 2009, 231	Bei der Bemessung der Gebühr ist zu berücksichtigen, dass der Gebührenrahmen für drei Termine pro Verfahrensabschnitt ausgelegt ist.
LG Düsseldorf, 25.03.2005 - Qs 9/05, www.burhoff.de	**Erörterungen vor Aufruf** der Sache können ausreichend für ein Verhandeln i.S.d. Ziff. 3 sein.
LG Berlin, RVGreport 2011, 226 = StRR 2011, 204 = RVGprofessionell 2011, 122	In den Fällen eines Haftbefehls nach § 230 Abs. 2 StPO wird bei dessen Verkündung eine Verhandlung zur Sache i.S.d. Nr. 4012 Ziff. 3 VV RVG in der Regel sehr nahe liegen.
AG Koblenz, RVGprofessionell 2008, 23 = RVGreport 2008, 61 = StRR 2008, 160	Zwei vor Beginn des Termins mit dem Richter, der sich noch in seinen Diensträumen befindet, geführte Telefonate sind kein „Verhandeln".
KG, RVGreport 2009, 227 = StRR 2009, 277 = AGS 2009, 480; OLG Hamm, AGS 2007, 240 = JurBüro 2006, 641; a.A. LG Bielefeld, StV 2006, 198	Bloße **Möglichkeit der Äußerung** ist kein Verhandeln.
OLG Hamm, AGS 2007, 240 = JurBüro 2006, 641	**Antrag auf Akteneinsicht** und die Übergabe von Akten im Termin ist kein Verhandeln.

A. Rechtsprechungsübersicht zum RVG Teile 4–7 VV

	Widerstreitende Anträge zu Haftfragen in einem Vorführungstermin führen zur Gebühr nach Nr. 4102 Ziff. 3 VV RVG.	KG, RVGreport 2006, 310 = AGS 2006, 545 = StraFo 2006, 472;
		LG Berlin, StraFo 2006, 472
	Antrag auf **Beiordnung** zum **Pflichtverteidiger** kein **Verhandeln**	OLG Hamm, AGS 2007, 241
	Gebühr Nr. 4102 Ziff. 4 VV RVG entsteht auch dann, wenn ein **Täter-Opfer-Ausgleich** in einer Hauptverhandlungspause durchgeführt.	AG Münster, RVGreport 2007, 303 = AGS 2007, 350 m. Anm. Volpert
	Die durchgeführten Termine werden nicht insgesamt, sondern für jeden Verfahrensabschnitt, in dem sie stattgefunden haben, **gesondert addiert**.	KG, AGS 2006, 546 = RVGprofessionell 2006, 46
	Anhörungstermin nach **§ 57 JGG** führt zur Gebühr Nr. 4102 Ziff. 1 VV RVG.	LG Mannheim, RVGprofessionell 2008, 26 = StRR 2008, 120 = AGS 2008, 179 = RVGreport 2008, 145
	Gebühr Nr. 4102 Ziff. 4. VV RVG setzt nicht das Vorliegen eines institutionalisierten Täter-Opfer-Ausgleichs-Verfahrens nach § 155a StPO voraus; vielmehr ist es ausreichend, dass Verhandlungen zum Täter-Opfer-Ausgleich stattgefunden haben, in welcher Form auch immer.	LG Kiel, RVGprofessionell 2010, 59 = RVGreport 2010, 147 = AGS 2010, 295 = StRR 2010, 320
Nr. 4104 VV RVG	Bei der **Bemessung** der **Verfahrensgebühr** für das vorbereitende Verfahren sind sämtliche Strafverfahren Vergleichsmaßstab.	LG Karlsruhe, 02.11.2005 - 2 Qs 26/05, www.burhoff.de
	Zum Entstehen der **Verfahrensgebühr** Nr. 4104 VV RVG, wenn die **Anklage** nach Eingang beim Gericht **zurückgenommen** wird.	LG Oldenburg, 25.06.2008 - 5 Qs 230/08
Nr. 4106 VV RVG	Der in der **Hauptverhandlung** zufällig anwesende und dem Angeklagten als Pflichtverteidiger beigeordnete Rechtsanwalt erhält keine Verfahrensgebühr, sondern nur eine Terminsgebühr.	OLG Koblenz, AGS 2005, 158 m. abl. Anm. N. Schneider = JurBüro 2005, 199;
		AG Koblenz, AGS 2004, 448 m. abl. Anm. N. Schneider = RVGreport 2005, 469 m. abl. Anm. Hansens

A. Rechtsprechungsübersicht zum RVG Teile 4–7 VV

Nr. 4108 VV RVG	AG Hof, AGS 2011, 68 = VRR 2011, 160 = JurBüro 2011, 253	Wird der Verteidiger in einem staatsanwaltlichen Ermittlungsverfahren auch bezüglich des Beschlusses der vorläufigen Entziehung der Fahrerlaubnis tätig, wird die gesamte Tätigkeit einschließlich einer Beschwerde mit der Verfahrensgebühr im Rahmen des vorbereitenden Verfahrens abgegolten; eine gesonderte Verfahrensgebühr für ein gerichtliches Verfahren entsteht nicht.
	AG Koblenz, 01.03.2011 - 2090 Js 55658/09.27 Ls	Die Terminsgebühr der Nr. 4108 VV RVG deckt die gesamte Tätigkeit des Verteidigers in der Hauptverhandlung ab. Einlegung und Rücknahme der Berufung sowie Erklärung des Rechtsmittelverzichts in der Hauptverhandlung können daher weder die Gebühr Nr. 4124 VV RVG noch die Gebühr Nr. 4141 VV RVG auslösen.
Nr. 4110 VV RVG	KG, StV 2006, 198 = AGS 2006, 278 = RVGreport 2007, 180 = StV 2007, 476 (Ls.);	Berücksichtigung von **Wartezeiten** bei der Feststellung der für den Längenzuschlag maßgeblichen Hauptverhandlungsdauer
	KG, RVGreport 2006, 33 = AGS 2006, 123;	
	KG, RVGreport 2007, 305 = RVGprofessionell 2007, 176 = StRR 2007, 238;	
	OLG Bamberg, AGS 2006, 124 m. Anm. N. Schneider;	
	OLG Celle, NStZ-RR 2007, 391 = StRR 2007, 203;	
	OLG Celle, 09.07.2008 - 2 Ws 174/08;	
	OLG Dresden, 17.04.2008 - 1 Ws 74/08;	

A. Rechtsprechungsübersicht zum RVG Teile 4–7 VV

OLG Düsseldorf RVGreport 2006, 470 = StraFo 2006, 473 = NStZ-RR 2006, 391 = JurBüro 2006, 641 = StV 2007, 480;

OLG Hamm, RVGreport 2005, 351 = JurBüro 2005, 532 = StV 2006, 201;

OLG Hamm, AGS 2006, 337;

OLG Karlsruhe, RVGreport 2005, 315 = StV 2006, 201;

OLG Koblenz, RVGreport 2007, 305 = NJW 2006, 1150 = StraFo 2006, 175 = AGS 2006, 285;

OLG Naumburg, 12.12.2006 - 1 Ws 579/06;

OLG Nürnberg, RVGprofessionell 2008, 74 = RVGreport 2008, 143 = StRR 2008, 200;

OLG Oldenburg, 03.05.2007 - 1 Ws 169/07, www.burhoff.de;

OLG Stuttgart, RVGreport 2006, 32 = Rpfleger 2006, 36 = StV 2006, 200 = StV 2007, 479;

OLG Zweibrücken, StRR 2009, 123 (Ls.);

A. Rechtsprechungsübersicht zum RVG Teile 4–7 VV

LG Dresden, RVGreport 2008, 226 = StRR 2008, 279;	**Kürzere Pausen** werden nicht abgezogen.
LG Essen AGS 2006, 287;	
LG Berlin, 23.08.2005 - 534-16/05;	
a.A. OLG Saarbrücken, NStZ-RR 2006, 191 = AGS 2006, 336 = JurBüro 2007, 28;	
OLG Saarbrücken, 09.01.2007 - 1 Ws 236/06, www.burhoff.de	
KG, RVGreport 2006, 33 = AGS 2006, 123;	
OLG Bamberg, AGS 2006, 124 m. Anm. N. Schneider;	
OLG Celle, 09.07.2008 - 2 Ws 174/08;	
OLG Düsseldorf, RVGreport 2006, 470 = StraFo 2006, 473 = NStZ-RR 2006, 391 = JurBüro 2006, 641 = StV 2007, 480;	
OLG Jena, RVGreport 2008, 459 = StRR 2008, 478 = RVGprofessionell 2009, 2;	
OLG München, RVGreport 2009, 110;	

A. Rechtsprechungsübersicht zum RVG Teile 4–7 VV

Längere (Mittags-)Pausen werden immer abgezogen.

OLG Naumburg, 12.12.2006 - 1 Ws 579/06;

OLG Nürnberg RVGprofessionell 2008, 74 = RVGreport 2008, 143 = StRR 2008, 200;

OLG Oldenburg, AGS 2008, 178;

OLG Stuttgart, RVGreport 2006, 32 = Rpfleger 2006, 36 = StV 2006, 200 = StV 2007, 479;

OLG Zweibrücken, Rpfleger 2006, 669 = RVGreport 2006, 470

OLG Bamberg, AGS 2006, 124;

OLG Celle, NStZ-RR 2007, 391 = StRR 2007, 203;

OLG Celle, 09.07.2008 - 2 Ws 174/08;

OLG München, 12.11.2007 - 2 Ws 807-809/07 (K);

OLG München, StRR 2009, 199;

OLG Nürnberg, RVGprofessionell 2008, 74 = RVGreport 2008, 143 = StRR 2008, 200;

OLG Oldenburg, AGS 2008, 178;

A. Rechtsprechungsübersicht zum RVG Teile 4–7 VV

OLG Oldenburg, AGS 2008, 177; OLG Saarbrücken, NStZ-RR 2008, 96 (Ls.); OLG Zweibrücken, RVGreport 2006, 470 = Rpfleger 2006, 669; LG Berlin, 12.03.2007 - (536) 2 StB Js 215/01 KLs (13/04) www.burhoff.de	
KG, RVGreport 2007, 305 = RVGprofessionell 2007, 176 = StRR 2007, 238; OLG Jena, RVGreport 2008, 459 = StRR 2008, 478 = RVGprofessionell 2009, 2; LG Osnabrück, StRR 2011, 207 (Ls.) = JurionRS 2011, 15445	**Längere unvorhergesehene Pausen** werden nicht abgezogen, geplante (Mittags-)Pausen wohl.
KG, JurBüro 2010, 363	Sitzungspausen – hier Mittagspause – sind für die Bestimmung des sog. Längenzuschlags bei der Terminsgebühr nicht einzurechnen, wenn sie für die Dauer von mindestens einer Stunde angeordnet wurden. Auf die Art und den Anlass der vom Verteidiger in der Pause ausgeübten Tätigkeit kommt es nicht an.
OLG Düsseldorf, RVGreport 2006, 470 = StraFo 2006, 473 = NStZ-RR 2006, 391 = JurBüro 2006, 641 = StV 2007, 480; OLG Dresden (3. Strafsenat), StraFo 2008, 133;	Für die Berücksichtigung von Pausen ist **entscheidend**, wie der Rechtsanwalt die **freie Zeit** hat **nutzen** konnte; Mittagspause von mindestens einer Stunde ist zuzubilligen.

A. Rechtsprechungsübersicht zum RVG Teile 4–7 VV

	OLG Hamm, RVGreport 2007, 224 = StraFo 2006, 173 = Rpfleger 2006, 433 = AGS 2006, 282 m. Anm. Madert AGS 2006, 333 = JurBüro 2006, 533; OLG Koblenz, RVGreport 2007, 305 = NJW 2006, 1150 = StraFo 2006, 175 = AGS 2006, 285; OLG Naumburg, 12.12.2006 - 1 Ws 579/06 (Pause von 40 Minuten); OLG Stuttgart, RVGreport 2006, 32 = Rpfleger 2006, 36 = StV 2006, 200; LG Hamburg, 02.02.2010 - 624 Qs 6/10, JurBüro 2010, 302 AG Betzdorf, JurBüro 2009, 427 KG, RVGreport 2011, 260 = StRR 2011, 281 m. Anm. Burhoff	Nehmen sowohl der Pflichtverteidiger als auch der Terminsvertreter (nacheinander) jeweils weniger als fünf Stunden bzw. weniger als bis zu acht Stunden an einem insgesamt mehr als fünf bzw. acht Stunden dauernden Hauptverhandlungstermin teil, entsteht ein sog. Längenzuschlag. Die einfache Terminsgebühr und die zusätzliche Gebühr sind nach dem Anteil der zeitlichen Beanspruchung zwischen dem Pflichtverteidiger und dem Terminsvertreter zu verteilen.
Nr. 4124 VV RVG	LG Köln, RVGreport 2007, 224 = AGS 2007, 351 = StraFo 2007, 305 = StV 2007, 481 (Ls.)	**Gespräche** mit der **Staatsanwaltschaft**, mit dem Ziel der Rücknahme der Berufung, führen zur Verfahrensgebühr.

A. Rechtsprechungsübersicht zum RVG Teile 4–7 VV

Nr. 4130 VV RVG	OLG Schleswig, SchlHA 2006, 299 bei Döllel/Dreßen	Begründung der Revision mit der **einfachen Sachrüge** bzw. die Überprüfung des Urteils auf formelle bzw. materielle Fehler führt zur Verfahrensgebühr.
	KG, AGS 2006, 435 m. Anm. Madert; OLG Hamm, RVGreport 2006, 352 = AGS 2006, 547 = NJW-RR 2007, 72; OLG Hamm, StraFo 2006, 433 = AGS 2006, 600 = JurBüro 2007, 30 = Rpfleger 2007, 112; zur Erstattungsfähigkeit s. aber: KG, RVGreport 2006, 352 = AGS 2006, 375; LG Cottbus, JurBüro 2007, 416 m. abl. Anm. Madert	Auch **Begründung vor Zustellung** des Urteils führt zur Verfahrensgebühr.
	KG, VRR 2009, 277 = AGS 2009, 389 = RVGprofessionell 2009,169 = RVGreport 2009, 346 = StRR 2009, 399	Die Verfahrensgebühr entsteht nicht erst durch die Revisionsbegründung, sondern bereits durch die anwaltliche Prüfung und Beratung, ob und gegebenenfalls mit welchen Anträgen die – häufig aus Zeitgründen zunächst nur zur Fristwahrung eingelegte – Revision begründet und weiter durchgeführt werden soll; wird die Revision nicht begründet und im Einverständnis des Mandanten zurückgenommen, fehlt es zwar an „einer anwaltlichen Kerntätigkeit im Revisionsverfahren", jedoch ohne dass dadurch die bereits entstandene Verfahrensgebühr wieder entfiele. Zur Prüfung der rechtsmissbräuchlichen Einlegung des Rechtsmittels, bei dem die anwaltliche Tätigkeit nicht vom Verteidigungswillen getragen wird, sondern allein dem Vergütungsinteresse dient.

A. Rechtsprechungsübersicht zum RVG Teile 4–7 VV

	KG, RVGprofessionell 2010, 132 = RVGreport 2010, 351 = JurBüro 2010, 599 = VRR 2010, 479 = Rpfleger 2010, 696 = zfs 2011, 166	Zur **Erstattungsfähigkeit** der Verfahrensgebühr für das Revisionsverfahren, wenn die Staatsanwaltschaft die von ihr eingelegte Revision gegen das Urteil vor deren Begründung zurücknimmt.
	LG Düsseldorf, 27.04.2010 - 20 KLs 7/06, JurionRS 2010, 28193	Dem Pflichtverteidiger ist keine Verfahrensgebühr Nr. 4130 VV RVG aus der Staatskasse zu **erstatten**, wenn eine rein vorsorgliche Erörterung und Besprechung mit dem Mandanten über eine seitens der Staatsanwaltschaft eingelegte, aber noch nicht begründete Revision erfolgt.
Vorbem. 4.1.4 VV RVG	OLG Köln, RVGreport 2007, 304 = NStZ 2006, 410	**Keine Grundgebühr** im Wiederaufnahmeverfahren
Nr. 4141 VV RVG	LG Dresden, StraFo 2006, 475	Gebühr kann **auch** im **Wiederaufnahmeverfahren** entstehen.
	BGH, VRR 2010, 38 = RVGprofessionell 2010, 25 = AnwBl. 2010, 140 = AGS 2010, 1 m. Anm. N. Schneider = RVGreport 2010, 70 = zfs 2010, 103 = StRR 2010, 109 = = JurBüro 2010, 132 = DAR 2010, 235 = JurBüro 2010, 228 m. abl. Anm. Kotz;	Die Gebühr nach Nr. 4141 VV RVG fällt nicht an, wenn ein strafrechtliches Ermittlungsverfahren durch die anwaltliche Mitwirkung eingestellt und die Sache zur Verfolgung der Tat als Ordnungswidrigkeit an die Verwaltungsbehörde abgegeben wird.
	AG München, JurBüro 2007, 84;	
	AG München, Urt. v. 28.09.2007, 141 C 18336/07;	
	AG Osnabrück, RVGprofessionell 2008, 52 = VRR 2008, 119 = RVGreport 2008, 190;	

A. Rechtsprechungsübersicht zum RVG Teile 4–7 VV

zutreffend a. A. LG Oldenburg, BRAK-Mitt. 2009, 40;

LG Osnabrück, RVGprofessionell 2008, 7 = zfs 2008, 709;

AG Bad Kreuznach, Urt. v. 05.05.2006 - 2 C 1747/05;

AG Gelnhausen, Urt. v. 20.04.2007 - 55 C 851/06, www.burhoff.de;

AG Hannover, AGS 2006, 235;

AG Köln, AGS 2006, 234 = JurBüro 2007, 83;

AG Lemgo, zfs 2008, 712 = RVGreport 2008, 463 = AGS 2009, 28 = VRR 2009, 200 = JurBüro 2009, 254;

AG Nettetal, AGS 2007, 404;

AG Regensburg, RVGreport 2007, 225 = AGS 2006, 125 = StraFo 2006, 88;

AG Saarbrücken, AGS 2007, 306 = RVGprofessionell 2007, 118;

AG Stuttgart, AGS 2007, 306;

A. Rechtsprechungsübersicht zum RVG Teile 4–7 VV

AG Düsseldorf, RVGprofessionell 2010, 82 = AGS 2010, 224 m. zust. Anm. N. Schneider = VRR 2010, 279 = RVGreport 2010, 302 = StRR 2010, 359	Zusätzliche Gebühr nach Nr. 4141 VV RVG kann in einem Verfahren grds. mehrfach anfallen.
OLG Stuttgart, RVGprofessionell 2010, 119 = AGS 2010, 202 = RVGreport 2010, 263 = VRR 2010, 320 = StRR 2010, 440;	Einstellung nach § 154 Abs. 2 StPO führt zum Entstehen der Gebühr.
AG Mettmann, RVGreport 2011, 228 = StRR 2011, 124 = AG-Kompakt 2011, 14;	
AG Mettmann, StRR 2011, 124	
AG Osnabrück, AGS 2009, 113 m. zust. Anm. N. Schneider	Gebühr nach Nr. 4141 VV RVG nur einmal, wenn das Verfahren nicht nur vorläufig nach § 154 StPO eingestellt, dann wieder aufgenommen und dann noch einmal eingestellt wird, da die Gebühr in einer Angelegenheit nur einmal entstehen kann.
LG Bad Kreuznach, RVGreport 2011, 226 = StRR 2011, 282	Die zusätzliche Gebühr Nr. 4141 VV RVG entsteht nicht, wenn das zunächst mit der Sache befasste Landgericht die Eröffnung des Hauptverfahrens infolge der anwaltlichen Mitwirkung teilweise ablehnt und den verbleibenden Anklagevorwurf gem. § 209 Abs. 1 StPO vor dem dann zuständigen Amtsgericht eröffnet.
BGH, VRR 2008, 438 = RVGprofessionell 2008, 205 = AGS 2008, 491 = RVGreport 2008, 431 = zfs 2008, 709 = JurBüro 2008, 639 = DAR 2009, 56 m. Anm. N. Schneider = StRR 2009, 77;	Für Mitwirkung reicht **jede** zur **Förderung** der Einstellung geeignete Tätigkeit.

A. Rechtsprechungsübersicht zum RVG Teile 4–7 VV

LG Hamburg, DAR 2008, 611 = AGS 2008, 597;	
LG Köln, AGS 2007, 351 = StraFo 2007, 305;	
LG Stralsund, RVGreport 2005, 272 = AGS 2005, 442	
KG, RVGprofessionell 2007, 79	Anwaltliche Mitwirkung muss **zumindest mitursächlich** für Einstellung gewesen sein.
AG Betzdorf, JurBüro 2008, 589	Die Mitwirkung muss **zumindest mitursächlich** für die Einstellung gewesen sein, was nicht der Fall ist, wenn die Einlassung des Verteidigers noch vor der Erhebung der Anklage erfolgt und das Gericht die Ablehnung der Eröffnung des Hauptverfahrens von Amts wegen beschließt.
OLG Stuttgart, RVGprofessionell 2010, 119 = AGS 2010, 202 = RVGreport 2010, 263 = VRR 2010, 320 = StRR 2010, 440	Für die anwaltliche Mitwirkung im Sinne der Nr. 4141 Abs. 1 Nr. 1 VV RVG genügt jede auf die Förderung des Verfahrens gerichtete Tätigkeit, die objektiv geeignet ist, das Verfahren im Hinblick auf eine Verfahrensbeendigung außerhalb der Hauptverhandlung zu fördern. Weitergehende Anforderung an die Quantität oder Qualität der Mitwirkung, insbesondere im Sinne einer intensiven und zeitaufwändigen anwaltlichen Mitwirkung bestehen nicht (entgegen KG, Berlin RVGprofessionell 2007, 79).
AG Viechtach, AGS 2006, 289 m. Anm. N. Schneider	**Einstellung** allein **von Amts wegen** nicht ausreichend für Mitwirkung
AG Köln, JurBüro 2010, 137	Keine Mitwirkung, wenn mit einem Bestellungsschriftsatz lediglich um Akteneinsicht gebeten und angekündigt wird, dass gegen einen Bußgeldbescheid Einspruch eingelegt wird und dann das Verfahren von der Verwaltungsbehörde wegen Verfolgungsverjährung eingestellt wird.

A. Rechtsprechungsübersicht zum RVG Teile 4–7 VV

BGH, AGS 2011, 128 m. teilw. abl. Anm. N. Schneider = RVGreport 2011, 182 = VRR 2011, 118 = StRR 2011, 201 = RVGprofessionell 2011, 85 = JurBüro 2011, 244	Für die Mitwirkung an der Erledigung des Verfahrens kann es genügen, wenn der Verteidiger seinem Mandanten rät, zu dem erhobenen Vorwurf zu schweigen, und dies der Verwaltungsbehörde mitteilt. Dies gilt nicht, wenn unabhängig von der Einlassung des Betroffenen offenkundig ist, dass dieser die ihm vorgeworfene Ordnungswidrigkeit nicht begangen haben kann.	
AG Hamburg-Barmbek, VRR 2011, 199 = RVGprofessionell 2011, 86	Die zusätzliche Gebühr Nr. 4141 bzw. Nr. 5115 VV RVG entsteht nicht nur aufgrund eines Akteneinsichtsantrags des Verteidigers. Sie entsteht auch nicht bei einem unbegründeten Einstellungsantrag des Verteidigers. Sie fällt schließlich auch nicht bei dem nur internen Rat zum Schweigen an.	
OLG Köln, StraFo 2009, 175 = AGS 2009, 271 = RVGreport 2009, 348 = StRR 2010, 40	Infolge **Rücknahme der Revision** der **Staatsanwaltschaft** entsteht die Gebühr für den Verteidiger nur, wenn er an der Rücknahme des Rechtsmittels mitgewirkt hat.	
LG Dresden, RVGprofessionell 2010, 27 = RVGreport 2010, 69 = StRR 2010, 239 = AGS 2010, 131; OLG Dresden, , RVGprofessionell 2010, 187 = VRR 2011, 38 = RVGreport 2011, 23 = AGS 2011, 66	Anwaltliche Mitwirkung bei Rücknahme des Rechtsmittels durch die Staatsanwaltschaft liegt auch dann vor, wenn der Rechtsanwalt durch seine erfolgreiche Revisionseinlegung darauf gewirkt hat, dass die Berufungsentscheidung aufgehoben und zur erneuten Verhandlung an das Landgericht zurückverwiesen wurde, wo dann die Staatsanwaltschaft ihre Berufung zurücknimmt.	
LG Duisburg, AGS 2006, 234 = RVGreport 2006, 230; AG Hannover, JurBüro 2006, 79; LG Göttingen, AGS 2006, 180 m. Anm. N. Schneider = RVGreport 2007, 464;	**Fälle** von Mitwirkung	

A. Rechtsprechungsübersicht zum RVG Teile 4–7 VV

LG Hamburg, DAR 2008, 611 = AGS 2008, 597;	
LG Trier, StraFo 2007, 306	
BGH, AGS 2011, 128 m. teilw. abl. Anm. N. Schneider = RVGreport 2011, 182 = VRR 2010, 118 = StRR 2011, 201 = RVGprofessionell 2011, 85 = JurBüro 2011, 244;	„**Gezieltes Schweigen**" ist Mitwirkung, dies gilt nicht, wenn unabhängig von der Einlassung des Betroffenen offenkundig ist, dass dieser die ihm vorgeworfene Ordnungswidrigkeit nicht begangen haben kann.
AG Charlottenburg, RVGreport 2007, 273 = StraFo 2007, 307 = VRR 2007, 199;	
AG Rotenburg, AGS 2006, 288 m. Anm. Madert;	
AG Köln, AGS 2007, 621 = NZV 2007, 637;	
a.A. AG Hannover, JurBüro 2006, 79 m. Anm. Enders;	
AG Halle, AGS 2007, 77, 85;	
AG Meinerzhagen, RVGprofessionell 2007, 67 = AGS 2007, 454 = RVGreport 2008, 146	
LG Düsseldorf, 02.11.2009 - 10 Qs 69/09, JurionRS 2009, 37015	Der Antrag auf Einholung eines Sachverständigengutachtens ist eine auf die Förderung des Verfahrens gerichtete anwaltliche Tätigkeit i.S.v. Abs.2 der Anm. zu Nr. 4141 VV RVG. Eine Ursächlichkeit der Mitwirkung für die Einstellung ist nicht erforderlich.

A. Rechtsprechungsübersicht zum RVG Teile 4–7 VV

AG Tiergarten, RVGprofessionell 2010, 40 = RVGreport 2010, 140 = NStZ-RR 2010, 128 (Ls.) = AGS 2010, 220 = StRR 2010, 400;	Auch eine „Nicht-Handlung" (Nichteinlegung eines Rechtsmittels) kann verfahrensabschließende Mitwirkung sein.
s. aber OLG Nürnberg, Rpfleger 2009, 645 = VRR 2009, 399 = RVGreport 2009, 464 = StRR 2010, 115 und StRR 2010, 443 (Ls.)	
OLG Bamberg, RVGreport 2007, 150 = StraFo 2007, 130 = AGS 2007, 138 = NStZ-RR 2007, 159 = StV 2007, 481;	Entscheidend ist, dass ein weiterer (Berufungs-)Hauptverhandlungstermin vermieden wird, es kommt **nicht** darauf an, dass **überhaupt** eine **Hauptverhandlung vermieden** wird.
OLG Hamm, AGS 2008, 228 m. Anm. N. Schneider;	
LG Düsseldorf, AGS 2007, 36 = JurBüro 2007, 83 m. Anm. Madert;	
LG Oldenburg, 21.07.2008 - 5 Qs 268/08;	
LG Oldenburg, 17.05.2011 - 5 Qs 109/11, www.burhoff.de	
AG Dessau, AGS 2006, 240 m. Anm. N. Schneider;	
AG Köln, AGS 2007, 160;	
AG Oldenburg, 23.06.2008 - 43 Ds 441 Js 17420/06 (101/06);	

A. Rechtsprechungsübersicht zum RVG Teile 4–7 VV

AG Tiergarten, AGS 2007, 140 m. Anm. N. Schneider = VRR 2007, 130;	
AG Tiergarten, zfs 2010, 288;	
AG Bad Urach, JurBüro 2007, 361 = RVGreport 2007, 272;	
AG Wittlich, AGS 2006, 500 m. Anm. N. Schneider = JurBüro 2006, 590;	
offen gelassen von KG, 24.10.2006 - 4 Ws 131/06, www.burhoff.de	
LG Detmold, AGS 2009, 588 m. abl. Anm. Henke = NStZ-RR 2010, 64 = RVGreport 2010, 107 = VRR 2010, 119;	Es muss überhaupt eine **Hauptverhandlung vermieden** worden sein.
AG Hannover, Urt. v. 22.11.2007 - 425 C 141444/07	
AG Saarbrücken, AGS 2009, 324	Gebühr entsteht auch dann, wenn der Hauptverhandlungstermin weniger als zwei Wochen vor dem anberaumten Termin aufgehoben und dann die Berufung zurückgenommen wird.
OLG Dresden, RVGprofessionell 2010, 187 = VRR 2011, 38 = RVGreport 2011, 23 = AGS 2011, 66;	Die Frist in Nr. 4141 Abs. 1 Nr. 3 Halbs. 2 VV RVG kann nicht teleologisch dahingehend reduziert werden, dass sie nur auf die Rücknahme der Berufung seitens des Angeklagten Anwendung findet.
a.A. LG Dresden, RVGprofessionell 2010, 27 = RVGreport 2010, 69 = VRR 2010, 239	

A. Rechtsprechungsübersicht zum RVG Teile 4–7 VV

Entfallen von **Fortsetzungsterminen** führt nicht zur Befriedungsgebühr.	OLG Köln, RVGreport 2006, 152 = AGS 2006, 339
Beweispflicht für fehlende Mitwirkung beim Gebührenschuldner	KG, AGS 2009, 324;
	AG Saarbrücken, zfs 2006, 108
Bei Rücknahme der Revision ist für das Entstehen der Gebühr erforderlich, dass die Anberaumung eines **Revisionshauptverhandlungstermins zumindest nahe** lag.	KG, 04.05.02006 - 4 Ws 57/06, www.burhoff.de;
	OLG Brandenburg AGS 2007, 403 = JurBüro 2007, 484;
	OLG Düsseldorf, 09.10.2007 - III-2 Ws 228/07, www.burhoff.de;
	OLG Hamburg, RVGreport 2008, 340 = RVGprofessionell 2008, 192;
	OLG Hamm (4. Strafsenat), StraFo 2006, 474 = AGS 2006, 548 = JurBüro 2006, 519 = NStZ-RR 2007, 160;
	OLG Jena, 30.11.2006 - 1 Ws 254/06, www.burhoff.de;
	OLG Koblenz, 15.05.2008 - 1 Ws 229/08;
	OLG Köln, RVGprofessionell 2008, 192 = AGS 2008, 447 = RVGreport 2008, 428 = StRR 2009, 239;

A. Rechtsprechungsübersicht zum RVG Teile 4–7 VV

OLG Saarbrücken, JurBüro 2007, 28 m. abl. Anm. Madert;	
OLG Stuttgart, RVGreport 2007, 190 = StRR 2007, 78 = JurBüro 2007, 200 = AGS 2007, 402;	
OLG Zweibrücken, AGS 2006, 74;	
OLG Zweibrücken, JurBüro 2007, 28	
OLG Oldenburg, NStZ-RR 2011, 96 = JurBüro 2011, 254 (Ls.)	Durch die Zurücknahme einer bereits bei Einlegung mit der allgemeinen Sachrüge begründeten Revision entsteht eine Gebühr nach Nr. 4141 VV RVG (sog. Befriedungsgebühr) nur, wenn Anhaltspunkte dafür vorliegen, dass es ansonsten zu einer Revisionshauptverhandlung gekommen wäre. Davon kann nicht ausgegangen werden, wenn die Zurücknahme vor Abfassung des schriftlichen Urteils und vor Vorlage der Sache an das Revisionsgericht erklärt worden ist.
OLG Düsseldorf, AGS 2006, 124 = VRR 2005, 438;	Die Anberaumung eines **Revisionshauptverhandlungstermins** ist **nicht erforderlich**; Die zusätzliche Verfahrensgebühr entsteht immer dann, wenn der Rechtsanwalt eine eingelegte Revision begründet hat.
LG Braunschweig, RVGprofessionell 2011, 144 = JurionRS 2011, 18372;	
LG Hagen, RVGreport 2006, 229 = AGS 2006, 232	
KG (5. Strafsenat), RVGreport 2005, 352 = JurBüro 2005, 533 = AGS 2005, 434 m. Anm. N. Schneider;	Gebühr entsteht durch Rücknahme der Revision nicht, wenn diese nicht (zumindest) **begründet** worden ist.
KG, 04.04.2006 - 4 Ws 28/06, www.burhoff.de;	

A. Rechtsprechungsübersicht zum RVG Teile 4–7 VV

OLG Bamberg, 22.03.2006 - 1 Ws 142/06, www.burhoff.de; OLG Braunschweig, RVGreport 2006, 228 = AGS 2006, 232; OLG Hamm, StraFo 2006, 433 = AGS 2006, 600 = JurBüro 2007, 30 = Rpfleger 2007, 112 = StV 2007, 482; OLG München, 11.02.2008 - 4 Ws 008/08 (K); OLG Nürnberg, 30.09.2010 - StRR 2010, 443 (Ls.); LG Duisburg, RVGreport 2006, 230; LG Braunschweig, 21.10.2010 - 2 KLs 12/10 KG, AGS 2009, 324	Befriedungsgebühr entsteht im Fall der **Rücknahme** der von der **Staatsanwaltschaft eingelegten Revision**, wenn der Verteidiger zu dieser bereits Stellung genommen hatte; da im Fall der Revision der Staatsanwaltschaft i.d.R. eine Hauptverhandlung stattfindet.	
OLG Düsseldorf, JurBüro 2008, 85	Es ist darauf abzustellen, ob sich aus der Stellungnahme der GStA zur Revisionsbegründung **neue rechtliche Gesichtspunkte** ergeben, die den Verteidiger zum Überdenken seines bis dahin vertretenen Standpunktes zwingen und so eine weitere Prüfung und ggf. Beratung des Mandanten erfordern und im Ergebnis zur Rücknahme der Revision führen.	

A. Rechtsprechungsübersicht zum RVG Teile 4–7 VV

OLG Nürnberg, Rpfleger 2009, 645 = VRR 2009, 399 = RVGreport 2009, 464 = StRR 2010, 115; OLG Nürnberg, StRR 2010, 443 (Ls.)	Allein durch das Abraten, Revision einzulegen, entsteht die Gebühr nicht.
OLG Frankfurt, NStZ-RR 2008, 360 (Ls.) = AGS 2008, 487 = RVGreport 2008, 428 = VRR 2009, 80 = StRR 2009, 159 = RVGprofessionell 2009, 139; OLG Hamm, NStZ-RR 2008, 360 (Ls.); LG Darmstadt, 25.06.2008 - 3 Qs 279/08	**Keine analoge Anwendung** der Nr. 4141 Anm. 1 Ziff. 3 VV RVG im Fall der **Beschränkung des Einspruchs** gegen einen **Strafbefehl** auf die Höhe der Tagessätze einer Geldstrafe.
AG Darmstadt, AGS 2008, 344 = VRR 2008, 243 (Ls.) = StRR 2008, 243 (Ls.); AG Köln, RVGreport 2008, 226 = AGS 2008, 284 = RVGprofessionell 2008, 135 = StRR 2008, 240 = VRR 2008, 239	**Analoge Anwendung** der Nr. 4141 Anm. 1 Ziff. 3 VV RVG, wenn der Angeklagte über § 411 Abs. 1 Satz 3 StPO – nach Beschränkung des Einspruchs auf die Höhe des Tagessatzes – hinaus nicht nur der Entscheidung durch Beschluss zustimmt, sondern sich seine Zustimmung bereits auf einen bestimmten, vom Gericht vorgeschlagenen Tagessatz erstreckt.
AG Bautzen, AGS 2007, 307	Wirkt der Pflichtverteidiger daran mit, dass ein Strafbefehl nach Eröffnung des Hauptverfahrens ergeht (§ 408a StPO) und somit eine Hauptverhandlung entbehrlich wird, steht ihm eine Vergütung nach Nr. 4141 RVG VV zu.
LG Düsseldorf, 02.11.2009 - 10 Qs 69/09, JurionRS 2009, 37015	Eine zusätzliche Verfahrensgebühr entsteht in entsprechender Anwendung von Nr. 4141 Ziff. 1VV RVG, wenn die Staatsanwaltschaft den Antrag auf Erlass eines Strafbefehls zurücknimmt und das Verfahren dadurch als endgültig eingestellt anzusehen ist.

Anlagen

A. Rechtsprechungsübersicht zum RVG Teile 4–7 VV

OLG Nürnberg, VRR 2009, 399 = AGS 2009, 534 = RVGreport 2009, 464 = StRR 2010, 115	Zusätzliche Gebühr nach Nr. 4141 VV RVG fällt nicht an, wenn der Verteidiger den Verurteilten dahin gehend berät, ein den Rechtszug beendendes Urteil oder den erlassenen Strafbefehl hinzunehmen und kein Rechtsmittel einzulegen.
AG Koblenz, AGS 2008, 345	Einstellung des Verfahrens nach **Tod des Angeklagten**, bevor der Verteidiger vom Tod Nachricht erhält, führt nicht zur Gebühr Nr. 4141 VV RVG.
OLG Köln, AGS 2010, 175 = JurBüro 2010, 362	Die Gebühr wird durch **Rücknahme** der Anklage allein nicht ausgelöst. Sie kann jedoch entstehen, wenn mit der Rücknahme der Anklage die nicht nur vorläufige Einstellung des Verfahrens einhergeht.
LG Dresden, RVGreport 2010, 454 = RVGprofessionell 2011, 30 = AG-Kompakt 2011, 15; AG Hamburg, RVGreport 2006, 351 = AGS 2006, 439 = RVGprofessionell 2006, 164; AG Stuttgart, VRR 2008, 400 = RVGreport 2008, 430 = AGS 2008, 547; AG Viechtach, AGS 2007, 84 m. Anm. N. Schneider; AG Weilburg, AGS 2007, 561	Die Gebühr ist eine **Festgebühr** in Höhe der Mittelgebühr.

A. Rechtsprechungsübersicht zum RVG Teile 4–7 VV

Nr. 4142 VV RVG	a.A. wohl, allerdings ohne nähere Begründung, OLG Stuttgart, RVGprofessionell 2010, 119 = AGS 2010, 292 m. abl. Anm. N. Schneider AGS 2010, 295 = RVGreport 2010, 263 = VRR 2010, 320;	
	LG Leipzig, AGS 2010, 19;	
	LG Oldenburg, 17.05.2011 - 5 Qs 109/11, www.burhoff.de	
	AG Viechtach/LG Deggendorf, RVGreport 2005, 431 = AGS 2005, 504 m. Anm. N. Schneider	
	KG, RVGprofessionell 2008, 173 = RVGreport 2008, 429 = JurBüro 2009, 30 = StRR 2009, 157 = AGS 2009, 224;	Gebühr entsteht nicht bei Tätigkeiten in Zusammenhang mit einer Beschlagnahme zur **Sicherstellung** von **Beweismitteln** nach §§ 94, 98 StPO oder einer Beschlagnahme zum Zwecke der Rückgewinnungshilfe (§ 111b Abs. 5 StPO).
	OLG Hamm, 17.02.2009 - 2 Ws 378/08, JurionRS 2009, 13029;	
	OLG Köln, RVGreport 2007, 273 = StraFo 2007, 131;	
	LG Berlin, 03.12.2007 - 514 - 1/06 KB II;	
	LG Chemnitz, AGS 2008, 342 m. zust. Anm. Volpert;	
	LG Mainz, AGS 2007, 139;	

A. Rechtsprechungsübersicht zum RVG Teile 4–7 VV

	a.A. offenbar OLG Hamm, AGS 2008, 175 m. abl. Anm. Onderka;	
Die Gebühr entsteht auch, wenn eine Beschlagnahme in erster Instanz ausschließlich auf die §§ 94, 98 StPO (Beschlagnahme als Beweismittel) gestützt war, in zweiter Instanz aber eine alternativ auf Einziehungsrecht gestützte Begründung der Beschlagnahmeanordnung in Betracht kam, weil die Sache – zumindest auch – als etwaiger Einziehungsgegenstand (Tatmittel) von Bedeutung ist.	OLG Düsseldorf, RVGreport 2011, 228 = StRR 2011, 78	
Gebühr entsteht auch bei einem **dinglichen Arrest** zur Sicherung des Verfalls, wenn dieser Strafcharakter hat.	OLG Hamm, AGS 2008, 341 m. zust. Anm. Volpert	
Gebühr erfasst **jede** im Hinblick auf die Einziehung erbrachte **Tätigkeit.**	LG Kiel, StraFo 2007, 307	
Einziehung muss **nicht ausdrücklich beantragt** worden sein.	OLG Düsseldorf, 10.12.2009 - III-1 Ws 654/09, JurionRS 2009, 37013; OLG Düsseldorf, RVGreport 2011, 228 = StRR 2011, 78; LG Berlin, RVGreport 2005, 193	
Es **genügt**, wenn sich der Verteidiger in der **Hauptverhandlung** mit der **außergerichtlichen Einziehung** einverstanden erklärt oder er den Angeklagten nur über die (außergerichtliche) Einziehung berät.	KG, RVGreport 2005, 390 = NStZ-RR 2005, 358 = JurBüro 2005, 531 = Rpfleger 2005, 698; OLG Dresden, 08.11.2006 - 3 Ws 80/06; OLG Koblenz, StV 2008, 372; LG Essen, AGS 2006, 501 = RVGreport 2007, 465;	

A. Rechtsprechungsübersicht zum RVG Teile 4–7 VV

LG Chemnitz, 25.09.2006 - 2 Qs 59/06, www.burhoff.de	
KG, RVGprofessionell 2008, 209 = StRR 2008, 478 = NStZ-RR 2008, 391 = JurBüro 2009, 30 = RVGreport 2009, 74 = AGS 2009, 224	Allein der Umstand, dass im Fall der Verurteilung eine derartige Maßnahme ggf. in **Betracht kommen** würde, reicht für die Entstehung der Gebühr **nicht** aus.
OLG Düsseldorf, 10.12.2009 - III-1 Ws 654/09;	Für eine nach Aktenlage gebotene **Beratung** des Beschuldigten, die sich auf Einziehung und ihr gleichstehende Rechtsfolgen bezieht, steht dem Verteidiger eine als Wertgebühr ausgestaltete Verfahrensgebühr zu.
OLG Düsseldorf, RVGreport 2011, 228 = StRR 2011, 78;	
OLG Karlsruhe, StraFo 2007, 438 = NStZ-RR 2007, 391 = AGS 2008, 30 = StV 2008, 373;	
OLG Oldenburg, RVGprofessionell 2010, 29 = NJW 2010, 884 = AGS 2010, 128 = StraFo 2010, 132 = RVGreport 2010, 303 = StRR 2010, 356	
OLG Koblenz, RVGreport 2006, 191 = VRR 2006, 238 = AGS 2006, 236;	Gebühr entsteht **nicht** für Tätigkeiten im Hinblick auf die **Entziehung** der **Fahrerlaubnis**.
AG Nordhorn, AGS 2006, 238;	
AG Weilburg, AGS 2007, 561	
KG, NStZ-RR 2005, 358 = JurBüro 2005, 531 = Rpfleger 2005, 698;	**Höhe** der Verfahrensgebühr richtet sich nach den zum Zeitpunkt der Beratung erkennbaren Anhaltspunkten in der Verfahrensakte.
OLG Karlsruhe, StraFo 2007, 438 = NStZ-RR 2007, 391 = AGS 2008, 30;	

Anlagen

A. Rechtsprechungsübersicht zum RVG Teile 4–7 VV

OLG Oldenburg, RVGprofessionell 2010, 29 = NJW 2010, 884 = AGS 2010, 128 = StraFo 2010, 132 = RVGreport 2010, 303 = StRR 2010, 356; OLG Stuttgart, RVGprofessionell 2010, 170; LG Magdeburg, StRR 2008, 480	**Höhe** der Verfahrensgebühr Nr. 4142 VV **unverständlich**	
BGH, NStZ 2007, 341 = wistra 2007, 232 = RVGreport 2007, 313 = StraFo 2007, 302		
LG Rostock, RVGreport 2010, 417 = AGS 2011, 24	Bei der Gebühr Nr. 4142 VV handelt es sich um eine Wertgebühr, die gem. § 51 Abs. 1 Satz 2 nicht durch eine Pauschvergütung erhöht werden kann, so dass die Pauschvergütung nicht an ihre Stelle tritt und insoweit erstattete Beträge auch nicht auf die Pauschvergütung anzurechnen sind.	
Nr. 4143 VV RVG	KG, 04.09.2006 - 4 Ws 31/06; OLG Dresden, AGS 2007, 404; OLG Hamm, StraFo 2001, 361 = AGS 2002, 110 = JurBüro 2001, 531; OLG Köln, StraFo 2005, 394 = AGS 2005, 436 = RVGreport 2005, 316; OLG Hamburg (2. Strafsenat), wistra 2006, 37 = NStZ-RR 2006, 347; LG Berlin, StraFo 2004, 400;	Die **Beiordnung** als **Pflichtverteidiger** erfasst **auch** Tätigkeiten im Adhäsionsverfahren.

A. Rechtsprechungsübersicht zum RVG Teile 4–7 VV

	Die **Beiordnung** als **Pflichtverteidiger** erfasst **keine** Tätigkeiten im Adhäsionsverfahren.
LG Görlitz, AGS 2006, 502	
KG, RVGreport 2011, 142 = JurBüro 2011, 254 (Ls.) (Aufgabe der früheren Rspr.);	
OLG Bamberg, StRR 2009, 3 = NStZ-RR 2009, 114 (jew. Ls.);	
OLG Brandenburg, AGS 2009, 69 = StRR 2009, 3 (Ls.);	
OLG Celle, StraFo 2006, 41;	
OLG Celle, RVGreport 2008, 102 = StRR 2008, 33 (Ls.);	
OLG Hamburg (3. Strafsenat), StraFo 2010, 307 = RVGprofessionell 2010, 190 = NStZ 2010, 652 = StRR 2010, 243 (Ls.);	
OLG Jena, Rpfleger 2008, 529 = RVGreport 2008, 395 = StRR 2008, 429;	
OLG München, StV 2004, 38;	
OLG Oldenburg, StraFo 2010, 306 = AGS 2010, 306;	
OLG Stuttgart, AGS 2009, 387 = NStZ-RR 2009, 264 (Ls.);	

A. Rechtsprechungsübersicht zum RVG Teile 4–7 VV

OLG Zweibrücken, JurBüro 2006, 643 = RVGreport 2006, 429;	
LG Bückeburg, NStZ-RR 2002, 31;	
LG Osnabrück, 25.02.2011 - 6 Ks 830 Js 55726/08 - 5/09, JurionRS 2011, 15445;	
LG Potsdam, JurBüro 2011, 135	
BGH, StraFo 2001, 306 = NJW 2001, 2486 = Rpfleger 2001, 370;	**Beiordnung** als **Nebenklägerbeistand** erfasst nicht das Adhäsionsverfahren.
BGH, NStZ-RR 2009, 253;	
OLG Celle, NStZ-RR 2008, 190;	
OLG Dresden, AGS 2007, 404;	
OLG Hamm, JurBüro 2001, 530 = Rpfleger 2001, 565 = NStZ-RR 2001, 351 = AGS 2002, 252;	
OLG Jena, AGS 2009, 587 m. Anm. N. Schneider = RVGreport 2010, 106 = StRR 2010, 114 = NJW 2010, 455;	
LG Bonn, 07.04.2005 - 37 Qs 9/05, www.burhoff.de	
OLG Frankfurt, RVGreport 2007, 390 = NStZ-RR 2007, 223 = AGS 2007, 619;	Für die Tätigkeit im **Entschädigungsverfahren** nach dem StrEG entstehen keine gesonderten Gebühren.

A. Rechtsprechungsübersicht zum RVG Teile 4–7 VV

	OLG Köln, AGS 2009, 483 = NStZ-RR 2010, 64 (Ls.); 128 (Ls.);	
	AG Koblenz, 26.10.2010 - 2060 Js 29642/09.25 Ls	
	OLG Köln, AGS 2009, 29 = StraFo 2009, 87 = RVGreport 2009, 465	Die Gebühren berechnen sich nach den **allgemeinen Regeln**, es gilt also § 49 RVG.
	OLG Jena, AGS 2009, 587 m. Anm. N. Schneider = RVGprofessionell 2010, 4 = RVGreport 2010, 106 = StRR 2010, 114 = NJW 2010, 455	Entstehen der Gebühr nach Nr. 4143 VV RVG hängt nicht von einem förmlichen Antrag nach § 404 Abs. 1 StPO ab, vielmehr entsteht entsprechend der Vorbem. 4 VV RVG die Verfahrensgebühr nach Nr. 4143 VV RVG mit der ersten Tätigkeit des Rechtsanwalts, sofern dieser beauftragt ist, im Strafverfahren hinsichtlich des vermögensrechtlichen Anspruchs tätig zu werden.
	KG, StraFo 2009, 306	Zur Bestimmung des **Gegenstandswertes** im Adhäsionsverfahren betreffend ein Schmerzensgeld
Teil 4 Abschnitt 2	OLG Hamm, StRR 2009, 39 = RVGreport 2009, 149	Gebühren nach Teil 4 Abschnitt 2 VV RVG können frühestens ab **Rechtskraft** des Urteils entstehen.
	OLG Zweibrücken, StRR 2010, 480 = StraFo 2010, 513 = RVGreport 2011, 139 = NStZ-RR 2011, 32 = Rpfleger 2011, 116	Auch soweit ein Verfahren nach den Vorschriften im Einführungsgesetz zum Gerichtsverfassungsgesetz über die Anfechtung von Justizverwaltungsakten die Zurückstellung der Strafvollstreckung nach der Vorschrift bezüglich der Zurückstellung der Strafvollstreckung gegen betäubungsmittelabhängige Straftäter betrifft, richtet sich die Vergütung des im Wege der Prozesskostenhilfe beigeordneten Rechtsanwalts nach Nr. 3100 und nicht nach Nr. 4204 VV RVG.

A. Rechtsprechungsübersicht zum RVG Teile 4–7 VV

Vorbem. 4.2 VV RVG	OLG Frankfurt, NStZ-RR 2005, 253 = AGS 2006, 76;	In den Verfahren der Strafvollstreckung entstehen im Verfahren über die **Beschwerde** gegen die Entscheidung in der Hauptsache die Gebühren besonders.
	OLG Schleswig, SchlHA 2006, 300 bei Döllel/Dreßen;	
	LG Düsseldorf, AGS 2007, 352;	
	LG Magdeburg, StraFo 2010, 172 = RVGreport 2010, 183 = StRR 2010, 279	
	KG, RVGreport 2008, 463 = RVGprofessionell 2008, 212 = NStZ-RR 2009, 31 = JurBüro 2009, 83 = StRR 2009, 156;	Keine Grundgebühr im **Strafvollstreckungsverfahren**
	OLG Schleswig, RVGreport 2005, 70 = AGS 2005, 120 = JurBüro 2005, 252 = StV 2006, 206;	
	LG Berlin, AGS 2007, 562 = StRR 2007, 280.	
	OLG Braunschweig, RVGprofessionell 2009, 83 = StRR 2009, 203 (Ls.) = StraFo 2009, 220 = AGS 2009, 327 m. abl. Anm. Volpert = RVGreport 2009, 311;	**Postentgeltpauschale** Nr. 7002 VV RVG entsteht im Beschwerdeverfahren erneut.
	OLG Schleswig SchlHA 2006, 300 bei Döllel/Dreßen;	

A. Rechtsprechungsübersicht zum RVG Teile 4–7 VV

	LG Magdeburg, StraFo 2010, 172 = RVGreport 2010, 183 = StRR 2010, 279; a.A. LG Düsseldorf, AGS 2007, 352 LG Düsseldorf, RVGprofessionell 2010, 189 = StRR 2010, 440 = VRR 2010, 480 = RVGreport 2011, 104; AG Ratingen, RVGprofessionell 2010, 189 = StRR 2010, 440 = VRR 2010, 479 = RVGreport 2011, 104	Das Adhäsionsverfahren ist keine vom Strafverfahren verschiedene Angelegenheit i.S.d. § 17 RVG.
Nr. 4200 VV RVG	KG, RVGreport 2005, 102 = NStZ-RR 2005, 127 = JurBüro 2005, 251 = AGS 2005, 393; OLG Frankfurt, NStZ-RR 2005, 253 = AGS 2006, 76; OLG Jena, AGS 2006, 287 = RVGreport 2006, 470; OLG Schleswig RVGreport 2005, 70 = AGS 2005, 120 = JurBüro 2005, 25 = StV 2006, 206	**Abgrenzung** Tätigkeit nach Nrn. 4200ff. VV RVG von der **Einzeltätigkeit** nach Teil 4 Abschnitt 3 VV RVG.
Nrn. 4202, 4203 VV RVG	KG, RVGreport 2006, 353 = AGS 2006, 549; OLG Hamm, RVGreport 2007, 426 = AGS 2007, 618 = AGS 2008, 176;	Gebühr entsteht innerhalb einer strafvollstreckungsrechtlichen Angelegenheit **nur einmal**, unabhängig davon, wie viele Termine stattfinden.

A. Rechtsprechungsübersicht zum RVG Teile 4–7 VV

	OLG Schleswig, SchlHA 2006, 300 bei Döllel/Dreßen;	
	LG Osnabrück, Nds.Rpfl. 2007, 166;	
	LG Magdeburg, StraFo 2010, 172 = RVGreport 2010, 183 = StRR 2010, 279	
	KG, 01.06.2011 - 1 Ws 39/11, JurionRS 2011, 17357	Das Verfahren über die Festsetzung der **Mindestverbüßungsdauer** einer lebenslangen Freiheitsstrafe ist kostenrechtlich als Teil des Verfahrens über die Aussetzung des Restes einer zeitigen Freiheitsstrafe oder einer lebenslangen Freiheitsstrafe nach Nr. 4200 Ziff. 2 VV RVG anzusehen.
Vorbem. 4.3 VV RVG	OLG Düsseldorf, AGS 2009, 14 = MDR 2009, 654 = AnwBl. 2009, 312;	Keine Grundgebühr bei Einzeltätigkeit
	OLG Köln, RVGreport 2007, 306 = NStZ-RR 2007, 287 = AGS 2007, 452;	
	OLG Schleswig, SchlHA 2007, 278	
	OLG Stuttgart, Rpfleger 2008, 441 = RVGprofessionell 2008, 123 = StRR 2008, 359 = RVGreport 2008, 383	Keine Gebühren nach Nr. 4301 Ziff. 5 VV RVG sowie Nr. 4302 Ziff. 3 RVG, wenn der Rechtsanwalt dem Antragsteller im Klageerzwingungsverfahren als Beistand bestellt worden ist; Abrechnung dann nach Teil 4 Abschnitt 1 VV RVG.
Nr. 4301 VV	KG, StRR 2008, 117 = AGS 2008, 130 = AGS 2008, 235 = RVGreport 2008, 227	Der **Zeugenbeistand** für die richterliche Vernehmung eines Zeugen aufgrund eines **auswärtigen Rechtshilfeersuchens** erhält keine Gebühren nach den Nrn. 6100, 6101 VV RVG a.F. (jetzt Nr. 6101, 6102 VV RVG n.F.), sondern nur die Gebühr für eine Einzeltätigkeit nach Nr. 4301 Ziff. 4 VV RVG.
	OLG Hamm, 23.10.2007 - 1 Ws 711/07	Der nach § 68b StPO **beigeordnete Zeugenbeistand** rechnet nach Nr. 4301 Nr. 4 VV RVG ab.

A. Rechtsprechungsübersicht zum RVG Teile 4–7 VV

Nr. 4302 VV RVG	AG Hamburg-St.Georg, AGS 2007, 39 = VRR 2007, 119 m. Anm. Volpert;	**Begründung** der nach Rechtskraft eingelegten Beschwerde gegen Bewährungsbeschluss ist für den Verteidiger **Einzeltätigkeit** nach Nr. 4302 Ziff. 3 VV.
	AG Koblenz, AGS 2007, 139 = JurBüro 2007, 86	
	LG Aurich, RVGprofessionell 2009, 189;	Für den nach § 408b StPO im Zusammenhang mit dem Erlass des Strafbefehls beigeordneten Pflichtverteidiger entsteht nur eine Gebühr nach Nr. 4302 VV RVG.
	zutreffend a.A.	
	(inzidenter) OLG Celle, StraFo 2011, 291 = JurionRS 2011, 17561;	
	OLG Düsseldorf, AGS 2008, 343 = RVGreport 2008, 351 = StraFo 2008, 441 = JurBüro 2008, 587;	
	OLG Köln, AGS 2009, 481	
	KG, RVGreport 2009, 310 = NStZ-RR 2009, 327 = StRR 2009, 387 m. Anm. Hanschke StRR 2009, 399 = AGS 2009, 533	Beiordnung eines Zeugenbeistands für die Dauer der Vernehmung des Zeugen (§ 68 b StPO) erstreckt sich nicht auf die Einlegung eines Rechtsmittels für den Zeugen (hier Beschwerde gegen Anordnung der Beugehaft).
	LG Koblenz, JurBüro 2010, 32	Für die Stellung eines Antrags auf **Festsetzung** der **Kosten** gegenüber der Staatskasse fällt nicht die Gebühr Nr. 4302 VV RVG an.
VI. Teil 5 VV RVG		
Vorbem. 5 Abs. 1	LG Wuppertal, AGS 2010, 492 = RVGreport 2010, 463 = VRR 2011, 79	Auch der Terminsvertreter in einem Ordnungswidrigkeitenverfahren rechnet nach Teil 5 Abschnitt 1 V RVG ab. Ihm steht daher nicht nur die Einzeltätigkeitsgebühr nach Nr. 5200 VV RVG zu.

A. Rechtsprechungsübersicht zum RVG Teile 4–7 VV

Vorbem. 5 Abs. 4	AG Dresden, AGS 2010, 431 m. abl. Anm. N. Schneider	Im Verfahren auf gerichtliche Entscheidung gegen die Kostenentscheidung in einem Einstellungsbeschluss der Verwaltungsbehörde entsteht eine 1,3 Verfahrensgebühr nach Nr. 3100 VV RVG.
Vorbem. 5.1	AG Stuttgart, VRR 2008, 400 = RVGreport 2008, 430 = AGS 2008, 547	Wortlaut der Vorbem. 5.1 Abs. 2 Satz 2 VV RVG führt dazu, dass für die Einordnung der anwaltlichen Gebühren die in der konkreten Bußgeldvorschrift (nur) angedrohte Geldbuße zugrunde zu legen ist, sofern eine Geldbuße noch nicht festgesetzt ist; dies gilt auch dann, wenn eine Geldbuße nicht festgesetzt und stattdessen nur eine Verwarnung ausgesprochen wird; die Änderung hat keine Auswirkungen auf die bereits entstandene anwaltliche Vergütung.
Nr. 5100 VV RVG	LG Düsseldorf, VRR 2006, 357	Einlegung des Einspruchs unterfällt dem Abgeltungsbereich der Verfahrensgebühr und nicht dem der Grundgebühr
Nr. 5115 VV RVG	BGH, VRR 2008, 438 = RVGprofessionell 2008, 205 = AGS 2008, 491 = RVGreport 2008, 431 = zfs 2008, 709 = JurBüro 2008, 639 = DAR 2009, 56 m. Anm. N. Schneider	Ausführungen zur Einstellung des staatsanwaltschaftlichen Ermittlungsverfahrens können auch die Erledigung des anschließenden Ordnungswidrigkeitenverfahrens fördern.
	LG Düsseldorf, RVGprofessionell 2010, 212 = AGS 2010,599 m. zust. Anm. N. Schneider	Nach Anm. 1 Nr. 5 zu Nr. 5115 VV RVG entsteht die zusätzliche Verfahrensgebühr, wenn das Gericht nach § 72 Abs. 1 Satz 1 OWiG durch Beschluss entscheidet. Als Mitwirkung des Verteidigers reicht es aus, wenn darauf hingewiesen wird, dass aufgrund der verdachtsunabhängigen Aufzeichnung von Daten der Betroffenen ein Verfahrenshindernis vorliegen dürfte und das Verfahren einzustellen sei.

A. Rechtsprechungsübersicht zum RVG Teile 4–7 VV

AG Zossen, AGS 2009, 72 = RVGprofessionell 2009, 77 = VRR 2009, 200 = RVGreport 2009, 188	Der für die Mitwirkung i.S.d. Nr. 5115 VV RVG erforderliche Ursächlichkeitszusammenhang zwischen der anwaltlichen Tätigkeit und der Verfahrenseinstellung wird nicht dadurch unterbrochen, dass der Anwalt die Einstellung bereits im Verfahren vor der Verwaltungsbehörde anregte, jedoch erst das Gericht diese Anregung aufnahm.
AG Köln, AGS 2010, 75 = JurBüro 2010, 137	Keine Befriedungsgebühr bei bloßem Hinweis auf Verfolgungsverjährung, da dann die Anwaltstätigkeit nicht kausal ist; dieses Hinweises bedarf es nämlich i.d.R. nicht, da die Verjährungsfristen den Bußgeldbehörden grds. bekannt sind.
LG Verden, 07.04.2008 - 1 Qs 218/07	Im Bußgeldverfahren kann die zusätzliche Gebühr Nr. 5115 Anm. 1 Ziff. 4 VV RVG durch Rücknahme der Rechtsbeschwerde nur entstehen, wenn das OLG überhaupt aufgrund einer Hauptverhandlung durch Urteil entscheiden kann. Das ist, wenn das Amtsgericht durch Beschluss entschieden hat, nicht zulässig.
AG München, JurBüro 2011, 26 m. zust. Anm. Mack und m. abl. Anm. Burhoff JurBüro 2011, 287;	Gebühr nach Ziff. 4 entsteht nicht, wenn nach (ausgesetzter) Hauptverhandlung der Einspruch noch zurückgenommen wird
AG München, AGS 2010, 599 m. abl. Anm. N. Schneider = VRR 2010, 80 = RVGprofessionell 2011, 109	
AG Wiesbaden, AGS 2005, 553 = AnwBl. 2006, 148	**Berechnung** der **Zwei-Wochen-Frist** für Rücknahme nach Verlegung des Hauptverhandlungstermins
LG Cottbus, zfs 2007, 529;	Gebühr nach Ziff. 5 entsteht auch nach Übergang ins Beschlussverfahren **nach** bereits durchgeführter **Hauptverhandlung.**
AG Dessau, AGS 2006, 240;	
AG Köln, AGS 2007, 621 = NZV 2007, 637;	

A. Rechtsprechungsübersicht zum RVG Teile 4–7 VV

	AG Saarbrücken, AGS 2010, 20	
	LG Dresden, RVGreport 2010, 454 = RVGprofessionell 2011, 33 = AG-Kompakt 2011, 15;	Befriedungsgebühr Nr. 5115 VV RVG ist **Festgebühr**.
	LG Verden, 07.04.2008 - 1 Qs 218/07;	
	AG Karlsruhe, AGS 2008, 492;	
	s. auch die Rspr. zu Nr. 4141 VV	
	LG Leipzig, AGS 2010. 19;	Befriedungsgebühr Nr. 5115 VV RVG ist keine **Festgebühr**.
	LG Oldenburg, 17.05.2011 - 5 Qs 109/11, www.burhoff.de	
Nr. 5200 VV RVG	LG Wuppertal, AGS 2010, 492 = RVGreport 2010, 463	Auch der Terminsvertreter in einem Ordnungswidrigkeitenverfahren rechnet nach Teil 5 Abschnitt 1 VV RVG ab. Ihm steht daher nicht nur die Einzeltätigkeitsgebühr nach Nr. 5200 VV RVG zu.
VII. Teil 6 VV RVG		
Nr. 6101 VV RVG n.F. (Nr. 6100 VV RVG a.F.)	OLG Hamm, StraFo 2007, 218 = Rpfleger 2007, 426 = JurBüro 2007, 309 = StV 2007, 476 (Ls.)	Zur **Bemessung** der Verfahrensgebühr Nr. 6100 VV RVG a.F.
	OLG Köln, RVGreport 2009, 218	Vergütung des Pflichtbeistandes im Auslieferungsverfahren gem. Nr. 6100 VV RVG a.F. ist für eine Vielzahl der Auslieferungsverfahren unzureichend. Den sich aus den Anforderungen des Auslieferungsverfahrens erwachsenen Anforderungen kann nämlich durch eine bloße Verfahrensgebühr nach Nr. 6100 VV RVG a.F. nicht hinreichend Rechnung getragen werden, deshalb ist eine **Pauschgebühr** zu gewähren.

A. Rechtsprechungsübersicht zum RVG Teile 4–7 VV

Nr. 6102 VV RVG (Nr. 6101 VV RVG a.F.)	Keine Terminsgebühr für die Teilnahme an einem Termin zur Verkündung des Auslieferungshaftbefehls
	KG, StRR 2008, 117 = AGS 2008, 131, 235;
	OLG Bamberg, JurBüro 2007, 484;
	OLG Brandenburg NStZ-RR 2009, 392;
	OLG Brandenburg, 05.05.2011 - (1) 53 AuslA 43/10 (20/10), JurionRS 2011, 16677;
	OLG Bremen, RVGreport 2005, 317 = AGS 2006, 290;
	OLG Celle, RVGprofessionell 2010, 39 = StRR 2010, 160;
	OLG Dresden, RVGreport 2007, 307 = StraFo 2007, 176 = AGS 2007, 355;
	OLG Hamburg, AGS 2005, 443 = RVGreport 2005, 317;
	OLG Hamburg, AGS 2006, 290;
	OLG Hamm, RVGreport 2006, 231 = AGS 2006, 290;
	OLG Hamm, 15.12.2009 - (2) 4 Ausl. A 98/06;
	OLG Koblenz, JurBüro 2008, 313 = NStZ-RR 2008, 263;

A. Rechtsprechungsübersicht zum RVG Teile 4–7 VV

	OLG Köln, AGS 2006, 380; OLG Oldenburg, NStZ-RR 2009, 192 = JurBüro 2009, 312 = RVGreport 2009, 271 = AGS 2009, 390; OLG Rostock, JurBüro 2009, 364; OLG Stuttgart, RVGreport 2007, 466 = AGS 2008, 34; OLG Stuttgart, AGS 2010, 135 = RVGreport 2010, 341 = Rpfleger 2010, 107 = StRR 2010, 443 (Ls.) = JurBüro 2011, 134	
	OLG Jena, RVGprofessionell 2008, 25 = JurBüro 2008, 82 = RVGreport 2008, 110	Dem Beistand im Auslieferungsverfahren steht für die **Teilnahme** an der **Vernehmung** des Verfolgten nach § **28 IRG** eine Terminsgebühr nach Nr. 6101 VV RVG a.F. (jetzt Nr. 6102 VV RVG) zu.
Vorbem. 6.2	BVerwG, AGS 2010, 226 = RVGreport 2010, 226 = RVGprofessionell 2010, 113 = StRR 2010, 318	1. Die gesamte Tätigkeit des Prozessbevollmächtigten im Disziplinarverfahren wird durch die Gebühren nach Nrn. 6200 ff. VV RVG abgegolten. 2. Zum Disziplinarverfahren gehört auch das gegen eine vorläufige Dienstenthebung und die Einbehaltung von Bezügen gem. § 38 Abs. 1 Satz 1 BDG gerichtete gerichtliche Verfahren nach § 63 Abs. 1 BDG.
Nr. 6216 VV	VG Berlin RVGreport 2011, 144 = RVGprofessionell 2011, 119 = StRR 2011, 3 (Ls.)	Im Fall einer Aufhebung der angegriffenen Disziplinarverfügung und damit einhergehenden materiellen Erledigung des Rechtsstreits aufgrund eines **gerichtlichen Hinweises** auf eine eingetretene Änderung der Rechtslage entsteht keine Zusatzgebühr.

A. Rechtsprechungsübersicht zum RVG Teile 4–7 VV

Nr. 6300 - 6303 VV	OLG Celle, 04.07.2008 - 22 W 1/08 P	In den Verfahren nach den Nrn. 6300 - 6303 VV RVG kann eine **Pauschgebühr** nach den §§ 42, 51 RVG **nicht** festgesetzt/festgestellt werden.
VIII. Teil 7 VV RVG		
Nr. 7000 VV RVG	KG, StraFo 2009, 260 = RVGreport 2009, 231 = JurBüro 2009, 316	Die Vorschrift des § 464d StPO ist auch im Kostenfestsetzungsverfahren anwendbar; bei der Entscheidung über die nach den Nrn. 7000, 7001 VV RVG geltend gemachten Auslagen kann von der für die Gebührensätze vorgenommenen Quotelung abgewichen und in einer „gemischten" Berechnung die Differenzmethode angewendet werden.
	KG, RVGreport 2006, 109;	Dokumentenpauschale für die Anfertigung eines **zweiten Aktenauszugs** ist nicht zu erstatten.
	a.A. LG Landshut, AGS 2004, 211 = JurBüro 2004, 26 = StV 2004, 32	
	KG, RVGreport 2007, 391 = zfs 2007, 592 = JurBüro 2007, 589	Für **(empfangene) Telefaxkopien** keine Dokumentenpauschale nach Nr. 7000 Ziff. 1a VV RVG
	OLG Bamberg, RVGreport 2006, 354 = StraFo 2006, 389 = AGS 2006, 432 = NJW 2006, 3504 = JurBüro 2006, 588 = StV 2007, 485; LG Dortmund, RVGprofessionell 2010, 41 = zfs 2010, 103 = RVGreport 2010, 108 = AGS 2010, 125; LG Würzburg, RVG-Letter 2006, 92; a.A. SG Dortmund, StRR 2009, 283 (Ls.) = AGS 2010, 13	Dokumentenpauschale auch für das **Einscannen** von Akten

A. Rechtsprechungsübersicht zum RVG Teile 4–7 VV

OLG Düsseldorf, AGS 2007, 243 = StRR 2007, 199	Die Ablehnung eines Auslagenerstattungsantrags hinsichtlich von **Fotokopien** ist nur dann zulässig, wenn schon im Zeitpunkt der Anfertigung der Ablichtungen zweifelsfrei feststand, dass die abgelichteten Unterlagen nicht für eine sachgerechte Verteidigung benötigt werden.
AG Bochum, NStZ-RR 2008, 296 = RVGreport 2008, 141 = VRR 2008, 159 = RVGprofessionell 2008, 103 = StRR 2008, 440	Abzug von Kopierkosten nur dann, wenn ersichtlich ein **Missbrauch** vorliegt; es können z.B. auch Aktendeckel und Verfügungen kopiert werden.
AG Bremen, RVGreport 2011, 229 = VRR 2011, 119 = StRR 2011, 163 m. Anm. Burhoff	Bei der Beurteilung, was zur Bearbeitung der Sache, insbesondere auch zur Vermeidung von unnötigen Verzögerungen, sachgemäß ist und welcher Aktenbestandteil deshalb zu kopieren ist, ist auf die **Sicht** eines **verständigen** und durchschnittlich erfahrenen Rechtsanwalt haben kann, wenn er sich mit der betreffenden Gerichtsakte beschäftigt und alle Eventualitäten bedenkt, die bei der dann noch erforderlichen eigenen Bearbeitung der Sache auftreten können. Dabei darf **kein kleinlicher Maßstab** angelegt werden.
AG Solingen, 20.02.2008 - 21 Ds-60 Js 5824/06	Nur kurze Zeit für **Akteneinsicht** rechtfertigt Kopie der ganzen Akte.
LG Bad Kreuznach, RVGprofessionell 2010, 171 = RVGreport 2011, 25 = StRR 2011, 284	In **Betäubungsmittelverfahren** sind Auslagen für die doppelte Ablichtung von Telefonüberwachungsprotokollen i.d.R. erstattungsfähig.
OLG Köln, AGS 2009, 536 = NStZ 2010, 414	Für die Anfertigung einer DVD mit Audiodateien entsteht die Dokumentenpauschale nach Nr. 7000 Nr. 1 a VV RVG, allerdings sind die Kosten der Höhe nach auf die für die Herstellung der DVD-Kopie tatsächlich entstandenen Aufwendungen beschränkt.
OLG Köln, NJW 2008, 1330 = RVGprofessionell 2008, 168 = NStZ-RR 2008, 360 (Ls.)	In der Gestattung des Vorsitzenden an den Verteidiger, dem Angeklagten eine Kopie einer **DVD** mit Audiodateien zu **überlassen**, liegt nicht das in Nr.7000 Nr.2 i.V.m. Nr. 1 lit. d VV RVG geforderte Einverständnis; eine Dokumentenpauschale entsteht dadurch nicht.

A. Rechtsprechungsübersicht zum RVG Teile 4–7 VV

	OLG Düsseldorf, NJW 2008, 2058 = JurBüro 2008, 420 = Rpfleger 2008, 532 = NStZ-RR 2008, 328	Pflichtverteidiger kann für die Überlassung von **elektronisch gespeicherten Dateien** nicht die Dokumentenpauschale nach Nr. 7000 Nr. 2 VV RVG beanspruchen, weil diese Regelung in dem Verhältnis zwischen Pflichtverteidiger und Staatskasse nicht anwendbar ist; wenn der tatsächliche Aufwand für die Überlassung von elektronisch gespeicherten Dateien in einem krassen Missverhältnis zu der Dokumentenpauschale, die sich rechnerisch nach Nr. 7000 Nr. 2 VV RVG ergibt, steht, verbleibt es bei einem Aufwendungsersatzanspruch, der sich nach dem tatsächlichen Aufwand richtet.
Nr. 7001 VV RVG	OLG Naumburg, JurBüro 2008, 374 = AGS 2008, 468	Der Rechtsanwalt, dem die Gerichtsakten auf seinen Antrag in die Kanzlei übersandt werden, muss für die **Kosten** und Auslagen der **Rücksendung selbst** aufkommen; die Behörden sind nach Nr. 9003 KV nicht verpflichtet, den Akten bei Übersendung zur Einsichtnahme einen Freiumschlag für die kostenfreie Rücksendung beizufügen; sendet der Rechtsanwalt die Akten „unfrei" zurück, muss er die Nachgebühren nach Nr. 9013 KV erstatten.
	AG Aachen, JurBüro 2005, 475	Für das Entstehen der Pauschale reicht der Anfall **nur einer** erfassten **Auslage**.
	LG Dresden, 30.01.2006 - 4 KLs 116 Js 32004/03	Nach **Zurückverweisung** entsteht Auslagenpauschale erneut.
	OLG Braunschweig, RVGprofessionell 2009, 83 = StRR 2009, 203 (Ls.) = StraFo 2009, 220 = AGS 2009, 327 m. abl. Anm. Volpert	Die Pauschale für Entgelte für Post- und Telekommunikationsleistungen ist im Strafvollstreckungsverfahren sowohl für das Ausgangsverfahren als auch **für die Beschwerdeinstanz** zu **berücksichtigen** (§ 15 Abs. 2 Satz 2, Nr. 7002 VV RVG).
	LG Leipzig (6. Strafkammer), RVGprofessionell 2009, 33 = RVGreport 2009, 61 = VRR 2009, 119;	Aktenversendungspauschale und die Auslagenpauschale können nicht nebeneinander geltend gemacht werden

Anlagen

A. Rechtsprechungsübersicht zum RVG Teile 4–7 VV

	LG Leipzig (5. Strafkammer), RVGreport 2010, 182;	
	LG Zweibrücken, 23.09.2009 - Qs 12/09;	
	AG Eilenburg, RVGprofessionell 2009, 204 (Ls.) = JurBüro 2010, 34 m. abl. Anm. C. Schneider = RVGreport 2010, 60 = AGS 2010, 74 m. abl. Anm. N. Schneider	
	LG Dresden, RVGreport 2010, 454 = RVGprofessionell 2011, 30 = AG-Kompakt 2011, 15	Aktenversendungspauschale und die Auslagenpauschale können nebeneinander geltend gemacht werden.
Nr. 7003 VV RVG	OLG Hamm, RVGprofessionell 2009, 112	Versichert ein Rechtsanwalt bei größeren Entfernungen anwaltlich, die angesetzten Kilometer tatsächlich gefahren zu sein und liegt die vermeintliche Differenz (unterschiedliche Angaben in unterschiedlichen Routenplanern) in einem angemessenen Rahmen, so sind kleinere Umwege ebenso einzukalkulieren wie die Benutzung einer möglicherweise etwas längeren, aber mit einer kürzeren Fahrtzeit verbundenen Strecke.
	OLG Dresden, NJW 2011, 869 = RVGreport 2011, 145 = RVGprofessionell 2011, 87 = AGS 2011, 275	Von dem Begriff „**Kanzlei**" i.S.d. Vorbem. zu Teil 7 VV RVG wird auch die **Zweigstelle** einer Rechtsanwaltskanzlei erfasst. Fahrtkosten für eine Geschäftsreise zu einem Ziel innerhalb der Gemeinde, in der die Zweigstelle unterhalten wird, können deshalb nicht gem. Nr. 7003 VV RVG erstattet werden.
	LG Rostock, StraFo 2009, 439	Der Rechtsanwalt muss nicht den kürzesten Weg wählen; er darf vielmehr einen **zweckmäßigen, verkehrsüblichen Weg** nehmen. Angefangene Kilometer sind aufzurunden.

A. Rechtsprechungsübersicht zum RVG Teile 4–7 VV

	AG Witten, RVGprofessionell 2010, 93 = StRR 2010, 203 = RVGreport 2010, 234 = VRR 2010, 280 = AGS 2010, 326; a.A LG Bochum, StRR 2010, 117	Nach der Änderung des § 142 Abs. 1 StPO durch das sog. 2. Opferrechtsreformgesetz hat der Beschuldigte auch Anspruch auf Ersatz von Reisekosten des auswärtigen Wahlverteidigers.
Nr. 7004 VV RVG	BGH, RVGreport 2007, 308 = Rpfleger 2007, 503	Der Rechtsanwalt ist bei der Auswahl des öffentlichen Verkehrsmittels zu einem auswärtigen Termin grds. frei; er kann sich auch für das Flugzeug entscheiden.
	OLG Düsseldorf, RVGreport 2008, 259 = RVGprofessionell 2008, 189	Bei Anreise des Verteidigers zu Besuchen in der Justizvollzugsanstalt mit öffentlichen Verkehrsmitteln werden für die Benutzung einer sog. **Netzfahrkarte** „Ticket 2000" nicht anteilige Anschaffungskosten erstattet.
	OLG Hamburg, Rpfleger 2008, 445 = JurBüro 2008, 432	Der Rechtsanwalt kann grds. das **bequemste Verkehrsmittel** wählen; das kann auch ein Flugzeug sein; vor allem dann, wenn die Anreise mit dem Flugzeug die Anreisezeit um drei Stunden verkürzt.
	OLG Köln, StraFo 2009, 43 = RVGreport 2009, 189 = StRR 2009, 320	Kosten für Benutzung eines Taxis sind jedenfalls für kürzere Strecken, wozu die **Zu-** und **Abgang** zu und von den **Beförderungsmitteln** (hier: der Bundesbahn) in der Regel zu rechnen sein wird, als angemessen anzusehen und daher erstattungsfähig.
Nr. 7008 VV RVG	BGH, RVGreport 2006, 392 = Rpfleger 2006, 609	**Umsatzsteuer** auch bei Vorsteuerabzugsberechtigung des Mandanten
	BGH, RVGreport 2011, 215 = DAR 2011, 356 = StRR 2011, 279	1. Schuldner der nach den §§ 28 Abs. 2 GKG, 107 Abs. 5 OWiG erhobenen Aktenversendungspauschale ist allein derjenige, der mit seiner Antragserklärung gegenüber der aktenführenden Stelle die Aktenversendung unmittelbar veranlasst.

A. Rechtsprechungsübersicht zum RVG Teile 4–7 VV

2. Die Inrechnungstellung der vom Rechtsanwalt verauslagten Aktenversendungspauschale unterliegt nach § 10 Abs. 1 UStG der Umsatzsteuer. Es liegt insoweit kein durchlaufender Posten i.S.v. § 10 Abs. 1 Satz 6 UStG vor. 3. Die auf die Aktenversendungspauschale entfallende Umsatzsteuer zählt deshalb zur gesetzlichen Vergütung des Rechtsanwalts, die der Rechtsschutzversicherer seinem Versicherungsnehmer nach §§ 1, 5 (1) Buchst. a der Allgemeinen Bedingungen für die Rechtsschutzversicherung (hier ARB 2002) zu erstatten hat. Umsatzsteuerpflicht für an den Mandanten weiter berechnete Aktenversendungspauschale	BVerwG, zfs 2010, 467 = RVGreport 2010, 304 = AGS 2010, 383; OFD Karlsruhe, Verfügung vom 15.08.2007 - S 7200, RVGreport 2007, 401 OLG Bamberg, AGS 2009, 320 = StRR 2009, 243 = VRR 2009, 243 = zfs 2009, 466 = StraFo 2009, 350; OLG Naumburg, RVGreport 2009, 110 = RVGprofessionell 2009, 76; LG Dresden, RVGreport 2010, 454 = RVGprofessionell 2011, 30; AG Dortmund, AGS 2009, 113; AG Köthen, 15.07.2009, 12 II 301/07; AG Lahr, AGS 2008, 264;

A. Rechtsprechungsübersicht zum RVG Teile 4–7 VV

OVG Lüneburg, AGS 2010, 126 = JurBüro 2010, 305;	
a.A.	
AG Dessau, StRR 2007, 200 = AnwBl. 2007, 239;	
AG Chemnitz, DAR 2008, 117;	
AG Stuttgart, AGS 2008, 337	
OLG Celle, 27.12.2010 - 1 Ws 646/10, JurionRS 2010, 32666	Die Höhe des maßgeblichen Umsatzsteuersatzes richtet sich nach der Fälligkeit der Leistung. Abreden zwischen dem ehemals Beschuldigten und seinem Verteidiger, die Gebühren erst mit rechtskräftigem Abschluss des Verfahrens in Rechnung zu stellen, berühren die Fälligkeit nicht.

B. Betragsrahmengebühren • I. Strafsachen

B. Betragsrahmengebühren/Gebühren des Verteidigers in Straf- und Bußgeldsachen und in sonstigen Verfahren (Teil 4, 5 und 6 VV)

I. Strafsachen (Teil 4 VV)

1. Teil 4 Abschnitt 1 Gebühren des Verteidigers

Vergütungs-/Gebührentatbestand	Wahlanwalt					gerichtlich bestellter oder beigeordneter Rechtsanwalt	
	VV-Nr.	Mindestgebühr	Mittelgebühr	Höchstgebühr	zusätzliche Gebühr Nr. 4141 VV	gesetzliche Gebühr	zusätzliche Gebühr Nr. 4141 VV
Allgemeine Gebühren (Unterabschnitt 1)							
Grundgebühr	4100	30,00	165,00	300,00	—	132,00	—
Grundgebühr mit Zuschlag	4101	30,00	202,50	375,00	—	162,00	—
Terminsgebühr	4102	30,00	140,00	250,00	—	112,00	—
Terminsgebühr mit Zuschlag	4103	30,00	171,25	312,50	—	137,00	—
Vorbereitendes Verfahren (Unterabschnitt 2)							
Verfahrensgebühr	4104	30,00	140,00	250,00	140,00/ 155,00/ 330,00	112,00	112,00/ 124,00/ 264,00
Verfahrensgebühr mit Zuschlag	4105	30,00	171,25	312,50	—	137,00	—
Gerichtliches Verfahren I. Instanz (Unterabschnitt 3)							
Verfahrensgebühr AG	4106	30,00	140,00	250,00	140,00	112,00	112,00
Verfahrensgebühr AG mit Zuschlag	4107	30,00	171,25	312,50	—	137,00	—

B. Betragsrahmengebühren • I. Strafsachen

Nr.	Bezeichnung					
4108	Terminsgebühr AG	60,00	230,00	400,00	—	184,00
4109	Terminsgebühr AG mit Zuschlag	60,00	280,00	500,00	—	224,00
4110	HV 5 bis 8 Stunden	—	—	—	—	92,00
4111	HV mehr als 8 Stunden	—	—	—	—	184,00
4112	Verfahrensgebühr **LG**	40,00	155,00	270,00	155,00	124,00
4113	Verfahrensgebühr LG mit Zuschlag	40,00	188,75	337,50	—	151,00
4114	Terminsgebühr LG	70,00	270,00	470,00	—	216,00
4115	Terminsgebühr LG mit Zuschlag	70,00	328,75	587,50	—	263,00
4116	HV 5 bis 8 Stunden	—	—	—	—	108,00
4117	HV mehr als 8 Stunden	—	—	—	—	216,00
4118	Verfahrensgebühr **OLG, Schwurgericht** u.a.	80,00	330,00	580,00	330,00	264,00
4119	Verfahrensgebühr OLG, Schwurgericht u.a. mit Zuschlag	80,00	02,50	725,00	—	322,00
4120	Terminsgebühr OLG, Schwurgericht u.a.	110,00	445,00	780,00	—	356,00
4121	Terminsgebühr OLG, Schwurgericht u.a. mit Zuschlag	110,00	542,50	975,00	—	434,00
4122	HV 5 bis 8 Stunden	—	—	—	—	178,00
4123	HV mehr als 8 Stunden	—	—	—	—	356,00
	Berufung					
4124	Verfahrensgebühr	70,00	270,00	470,00	270,00	216,00
4125	Verfahrensgebühr mit Zuschlag	70,00	328,75	587,50	—	263,00
4126	Terminsgebühr	70,00	270,00	470,00	—	216,00
4127	Terminsgebühr mit Zuschlag	70,00	328,75	587,00	—	263,00
4128	HV 5 bis 8 Stunden	—	—	—	—	108,00

B. Betragsrahmengebühren • I. Strafsachen

	VV-Nr.	Mindestgebühr	Mittelgebühr	Höchstgebühr	zusätzliche Gebühr Nr. 4141 VV	gesetzliche Gebühr	zusätzliche Gebühr Nr. 4141 VV
HV mehr als 8 Stunden	4129	—	—	—	—	216,00	—
Revision							
Verfahrensgebühr	4130	100,00	515,00	930,00	—	412,00	—
Verfahrensgebühr mit Zuschlag	4131	100,00	631,25	1.162,50	—	505,00	—
Terminsgebühr	4132	100,00	285,00	470,00	—	228,00	—
Terminsgebühr mit Zuschlag	4133	100,00	343,75	587,50	—	275,00	—
HV 5 bis 8 Stunden	4134	—	—	—	—	114,00	—
HV mehr als 8 Stunden	4135	—	—	—	—	228,00	—

Teil 4 Abschnitt 1 Unterabschnitt 5 Wiederaufnahmeverfahren (Nr. 4136 ff.)

In Höhe der jeweiligen Verfahrens- bzw. der Terminsgebühr für den ersten Rechtszug

2. Teil 4 Abschnitt 2 Gebühren in der Strafvollstreckung

Vergütungs-/Gebührentatbestand	VV-Nr.	Wahlanwalt				gerichtlich bestellter oder beigeordneter Rechtsanwalt	
		Mindestgebühr	Mittelgebühr	Höchstgebühr	zusätzliche Gebühr Nr. 4141 VV	gesetzliche Gebühr	zusätzliche Gebühr Nr. 4141 VV
Verfahrensgebühr Widerruf von Strafaussetzung/Aussetzung lebenslange Freiheitsstrafe u.a.	4200	50,00	305,00	560,00	—	244,00	—
Verfahrensgebühr Nr. 4200 mit Zuschlag	4201	50,00	350,05	700,00	—	300,00	—

B. Betragsrahmengebühren • I. Strafsachen

Terminsgebühr Widerruf/Aussetzung lebenslange Freiheitsstrafe u.a.	4202	50,00	150,00	250,00	—	120,00	—
Terminsgebühr Nr. 4202 mit Zuschlag	4203	50,00	181,25	312,50	—	145,00	—
Beschwerdegebühr (Vorbem. 4.2 VV)	4200	50,00	305,00	560,00	—	244,00	—
Beschwerdegebühr mit Zuschlag	4201	50,00	350,00	700,00	—	300,00	—
Verfahrensgebühr **Sonstige Verfahren** in der Strafvollstreckung	4204	20,00	135,00	250,00	—	108,00	—
Verfahrensgebühr Nr. 4204 mit Zuschlag	4205	20,00	166,25	312,50	—	133,00	—
Terminsgebühr Sonstige Verfahren in der Strafvollstreckung	4206	20,00	135,00	250,00	—	108,00	—
Terminsgebühr Nr. 4206 mit Zuschlag	4207	20,00	166,25	312,50	—	133,00	—
Beschwerdegebühr (Vorbem. 4.2 VV)	4205	20,00	166,25	312,50	—	133,00	—
Beschwerdegebühr mit Zuschlag	4206	20,00	135,00	250,00	—	108,00	—

B. Betragsrahmengebühren • I. Strafsachen

3. Teil 4 Abschnitt 3 Einzeltätigkeiten

Vergütungs-/Gebührentatbestand	Wahlanwalt					gerichtlich bestellter oder beigeordneter Rechtsanwalt	
	VV-Nr.	Mindestgebühr	Mittelgebühr	Höchstgebühr	zusätzliche Gebühr Nr. 4141 VV	gesetzliche Gebühr	zusätzliche Gebühr Nr. 4141 VV
Verfahrensgebühr **Begründung einer Revision** u.a.	4300	50,00	305,00	560,00	—	244,00	—
Beschwerdegebühr (Vorbem. 4.3 Abs. 3 Satz 2 VV)	4300	50,00	305,00	560,00	—	244,00	—
Verfahrensgebühr **Anfertigung von Schriften, Beistandsleistung** in Terminen u.a.	4301	35,00	210,00	385,00	—	168,00	—
Beschwerdegebühr (Vorbem. 4.3 Abs. 3 Satz 2 VV)	4301	35,00	210,00	385,00	—	168,00	—
Verfahrensgebühr **Sonstige Tätigkeiten** u.a.	4302	20,00	135,00	250,00	—	108,00	—
Beschwerdegebühr (Vorbem. 4.3 Abs. 3 Satz 2 VV)	4302	20,00	135,00	250,00	—	108,00	—
Verfahrensgebühr **Gnadensache**	4303	25,00	137,50	250,00	—	110,00	—
Beschwerdegebühr (Vorbem. 4.3 Abs. 3 Satz 2 VV)	4302	20,00	137,50	250,00	—	110,00	—
Rechtsanwalt als Kontaktperson	4304						3.000,00

B. Betragsrahmengebühren • II. Bußgeldsachen

II. Bußgeldsachen (Teil 5 VV)

Gebührentatbestand	VV-Nr.	Wahlanwalt				gerichtlich bestellter oder beigeordneter Rechtsanwalt	
		Mindestgebühr	Mittelgebühr	Höchstgebühr	zusätzliche Gebühr Nr. 5115 VV	gesetzliche Gebühr	zusätzliche Gebühr Nr. 5115 VV
Teil 5 Abschnitt 1 Gebühren des Verteidigers							
Allgemeine Gebühren (Unterabschnitt 1)							
Grundgebühr	5100	20,00	85,00	150,00	—	68,00	—
Verfahren vor der Verwaltungsbehörde (Unterabschnitt 2)							
Verfahrensgebühr 1. Stufe	5101	10,00	55,00	100,00	55,00	44,00	44,00
Terminsgebühr 1. Stufe	5102	10,00	55,00	100,00	—	44,00	—
Verfahrensgebühr 2. Stufe	5103	20,00	135,00	250,00	135,00	108,00	108,00
Terminsgebühr 2. Stufe	5104	20,00	135,00	250,00	—	108,00	—
Verfahrensgebühr 3. Stufe	5105	30,00	140,00	250,00	140,00	112,00	112,00
Terminsgebühr 3. Stufe	5106	30,00	140,00	250,00	—	112,00	—
Verfahren vor dem Amtsgericht (Unterabschnitt 3)							
Verfahrensgebühr 1. Stufe	5107	10,00	55,00	100,00	55,00	44,00	44,00
Terminsgebühr 1. Stufe	5108	20,00	110,00	200,00	—	88,00	—
Verfahrensgebühr 2. Stufe	5109	20,00	135,00	250,00	135,00	108,00	108,00
Terminsgebühr 2. Stufe	5110	30,00	215,00	400,00	—	172,00	—
Verfahrensgebühr 3. Stufe	5111	40,00	170,00	300,00	170,00	136,00	136,00
Terminsgebühr 3. Stufe	5112	70,00	270,00	470,00	—	216,00	—

B. Betragsrahmengebühren • II. Bußgeldsachen

Verfahren über die Rechtsbeschwerde (Unterabschnitt 4)

Verfahrensgebühr	5113	70,00	270,00	470,00	270,00	216,00
Terminsgebühr	5114	70,00	270,00	470,00	—	216,00

Teil 5 Abschnitt 2 VV Einzeltätigkeiten

Verfahrensgebühr	5200	10,00	55,00	100,00	—	—

III. Sonstige Verfahren (Teil 6 VV)

Gebührentatbestand		Wahlanwalt				gerichtlich bestellter oder beigeordneter Rechtsanwalt	
	VV-Nr.	Mindest-gebühr	Mittelge-bühr	Höchst-gebühr	zusätzliche Gebühr Nr. 6216 VV	gesetzliche Gebühr	zusätzliche Gebühr

Teil 6 Abschnitt 1 VV Verfahren nach dem IRG und dem IStGH-Gesetz

Verfahren vor der Verwaltungsbehörde (Unterabschnitt 1)

Verfahrensgebühr	6100	40,00	165,00	290,00	—	132,00	—

Gerichtliches Verfahren (Unterabschnitt 2)

Verfahrensgebühr	6101	80,00	330,00	580,00	—	264,00	—
Terminsgebühr	6102	110,00	445,00	780,00	—	356,00	—

Teil 6 Abschnitt 2 VV Disziplinarverfahren, berufsgerichtliche Verfahren

Allgemeine Gebühren (Unterabschnitt 1)

Grundgebühr	6200	30,00	165,00	300,00	—	132,00	—
Terminsgebühr	6201	30,00	171,25	312,50	—	137,00	—

Außergerichtliches Verfahren (Unterabschnitt 2)

B. Betragsrahmengebühren • II. Bußgeldsachen

	Nr.						
Verfahrensgebühr	6202	30,00	140,00	250,00	140,00	112,00	112,00
Gerichtliches Verfahren (Unterabschnitt 3)							
Erster Rechtszug							
Verfahrensgebühr	6203	40,00	155,00	270,00	155,00	124,00	124,00
Terminsgebühr	6204	70,00	270,00	470,00	—	216,00	—
HV 5 bis 8 Stunden	6205	—	—	—	—	108,00	—
HV mehr als 8 Stunden	6206	—	—	—	—	216,00	—
Zweiter Rechtszug							
Verfahrensgebühr	6207	70,00	270,00	470,00	270,00	216,00	216,00
Terminsgebühr	6208	70,00	285,00	470,00	—	216,00	—
HV 5 bis 8 Stunden	6209	—	—	—	—	108,00	—
HV mehr als 8 Stunden	6210	—	—	—	—	216,00	—
Dritter Rechtszug							
Verfahrensgebühr	6211	100,00	515,00	930,00	515,00	412,00	412
Terminsgebühr	6212	100,00	285,00	470,00	—	228,00	—
HV 5 bis 8 Stunden	6213	—	—	—	—	114,00	—
HV mehr als 8 Stunden	6214	—	—	—	—	228,00	—
Teil 6 Abschnitt 3 VV Gerichtliche Verfahren bei Freiheitsentziehung und in Unterbringungssachen							
Verfahrensgebühr in Freiheitsentziehungssachen nach § 415 FamFG, in Unterbringungssachen nach § 312 FamFG und bei Unterbringungsmaßnahmen nach § 151 Nr. 6 und 7 FamFG	6300	30,00	215,00	400,00	—	172,00	—
Terminsgebühr in den Fällen der Nr. 6300	6301	30,00	215,00	400,00	—	172,00	—

B. Betragsrahmengebühren · II. Bußgeldsachen

Gebührentatbestand	Nr.						
Verfahrensgebühr in sonstigen Fällen	6302	20,00	135,00	250,00	—	108,00	—
Terminsgebühr in den Fällen der Nr. 6302	6303	20,00	135,00	250,00	—	108,00	—
Teil 6 Abschnitt 4 VV Verfahren nach der Wehrbeschwerdeordnung							
Verfahrensgebühr für das Verfahren auf gerichtliche Entscheidung vor dem Truppendienstgericht	6400	70,00	320,00	570,00	—	—	—
Es ist eine Tätigkeit im Verfahren über die Beschwerde oder die weitere Beschwerde vor einem Disziplinarvorgesetzten vorausgegangen; die Gebühr Nr. 6400 beträgt	6401	35,00	220,00	405,00	—	—	—
Terminsgebühr in den Fällen der Nr. 6400	6402	70,00	320,00	570,00	—	—	—
Verfahrensgebühr gerichtliche Entscheidung WBO BVerwG	6403	85,00	375,00	665,00	—	—	—
Es ist eine Tätigkeit im Verfahren über die Beschwerde oder die weitere Beschwerde vor einem Disziplinarvorgesetzten vorausgegangen; die Gebühr Nr. 6403 beträgt	6404	40,00	250,00	460,00	—	—	—
Terminsgebühr in den Fällen Nr. 6403	6405	85,00	375,00	685,00	—	—	—
Teil 6 Abschnitt 5 VV Einzeltätigkeiten und Verfahren auf Aufhebung oder Änderung einer Disziplinarmaßnahme							
Verfahrensgebühr	6500	20,00	135,00	250,00	—	108,00	—

C. Wertgebühren

Gegen-standswert bis	1	1,5	2	2,5	0,3	0,6	0,8	1,1	1,2	1,3	1,6
300,00	25,00	37,50	50,00	62,50	10,00	20,00	20,00	27,50	30,00	32,50	40,00
600,00	45,00	67,50	90,00	112,50	13,50	27,00	36,00	49,50	54,00	58,50	72,00
900,00	65,00	97,50	130,00	162,50	19,50	39,00	52,00	71,50	78,00	84,50	104,00
1.200,00	85,00	127,50	170,00	212,50	25,50	51,00	68,00	93,50	102,00	110,50	136,00
1.500,00	105,00	157,50	210,00	262,50	31,50	63,00	84,00	115,50	126,00	136,50	168,00
2.000,00	133,00	199,50	266,00	332,50	39,90	79,80	106,40	146,30	159,60	172,90	212,80
2.500,00	161,00	241,50	322,00	402,50	48,30	96,60	128,80	177,10	193,20	209,30	257,60
3.000,00	189,00	283,50	378,00	472,50	56,70	113,40	151,20	207,90	226,80	245,70	302,40
3.500,00	217,00	325,50	434,00	542,50	65,10	130,20	173,60	238,70	260,40	282,10	347,20
4.000,00	245,00	367,50	490,00	612,50	73,50	147,00	196,00	269,50	294,00	318,50	392,00
4.500,00	273,00	409,50	546,00	682,50	81,90	163,80	218,40	300,30	327,60	354,90	436,80
5.000,00	301,00	451,50	602,00	752,50	90,30	180,60	240,80	331,10	361,20	391,30	481,60
6.000,00	338,00	507,00	676,00	845,00	101,40	202,80	270,40	371,80	405,60	439,40	540,80
7.000,00	375,00	562,50	750,00	937,50	112,50	225,00	300,00	412,50	450,00	487,50	600,00
8.000,00	412,00	618,00	824,00	1.030,00	123,60	247,20	329,60	453,20	494,40	535,60	659,20
9.000,00	449,00	673,50	898,00	1.122,50	134,70	269,40	359,20	493,90	538,80	583,70	718,40
10.000,00	486,00	729,00	972,00	1.215,00	145,80	291,60	388,80	534,60	583,20	631,80	777,60
13.000,00	526,00	789,00	1.052,00	1.315,00	157,80	315,60	420,80	578,60	631,20	683,80	841,60
16.000,00	566,00	849,00	1.132,00	1.415,00	169,80	339,60	452,80	622,60	679,20	735,80	905,60
19.000,00	606,00	909,00	1.212,00	1.515,00	181,80	363,60	484,80	666,60	727,20	787,80	969,60
22.000,00	646,00	969,00	1.292,00	1.615,00	193,80	387,60	516,80	710,60	775,20	839,80	1.033,60
25.000,00	686,00	1.029,00	1.372,00	1.715,00	205,80	411,60	548,80	754,60	823,20	891,80	1.097,60
30.000,00	758,00	1.137,00	1.516,00	1.895,00	227,40	454,80	606,40	833,80	909,60	985,40	1.212,80

D. Gesetz über die Vergütung der Rechtsanwältinnen und Rechtsanwälte (Rechtsanwaltsvergütungsgesetz - RVG)

Abschnitt 1
Allgemeine Vorschriften

§ 1 RVG   Geltungsbereich

(1) [1] Die Vergütung (Gebühren und Auslagen) für anwaltliche Tätigkeiten der Rechtsanwältinnen und Rechtsanwälte bemisst sich nach diesem Gesetz. [2] Dies gilt auch für eine Tätigkeit als Prozesspfleger nach den §§ 57 und 58 der Zivilprozessordnung. [3] Andere Mitglieder einer Rechtsanwaltskammer, Partnerschaftsgesellschaften und sonstige Gesellschaften stehen einem Rechtsanwalt im Sinne dieses Gesetzes gleich.

(2) [1] Dieses Gesetz gilt nicht für eine Tätigkeit als Vormund, Betreuer, Pfleger, Verfahrenspfleger, Verfahrensbeistand, Testamentsvollstrecker, Insolvenzverwalter, Sachwalter, Mitglied des Gläubigerausschusses, Nachlassverwalter, Zwangsverwalter, Treuhänder oder Schiedsrichter oder für eine ähnliche Tätigkeit. [2] § 1835 Abs. 3 des Bürgerlichen Gesetzbuchs bleibt unberührt.

§ 2 RVG   Höhe der Vergütung

(1) Die Gebühren werden, soweit dieses Gesetz nichts anderes bestimmt, nach dem Wert berechnet, den der Gegenstand der anwaltlichen Tätigkeit hat (Gegenstandswert).

(2) [1] Die Höhe der Vergütung bestimmt sich nach dem Vergütungsverzeichnis der Anlage 1 zu diesem Gesetz. [2] Gebühren werden auf den nächstliegenden Cent auf- oder abgerundet; 0,5 Cent werden aufgerundet.

§ 3 RVG   Gebühren in sozialrechtlichen Angelegenheiten

(1) [1] In Verfahren vor den Gerichten der Sozialgerichtsbarkeit, in denen das Gerichtskostengesetz nicht anzuwenden ist, entstehen Betragsrahmengebühren. [2] In sonstigen Verfahren werden die Gebühren nach dem Gegenstandswert berechnet, wenn der Auftraggeber nicht zu den in § 183 des Sozialgerichtsgesetzes genannten Personen gehört.

(2) Absatz 1 gilt entsprechend für eine Tätigkeit außerhalb eines gerichtlichen Verfahrens.

§ 3a RVG   Vergütungsvereinbarung

(1) [1] Eine Vereinbarung über die Vergütung bedarf der Textform. [2] Sie muss als Vergütungsvereinbarung oder in vergleichbarer Weise bezeichnet werden, von anderen Vereinbarungen mit Ausnahme der Auftragserteilung deutlich abgesetzt sein und darf nicht in der Vollmacht enthalten sein. [3] Sie hat einen Hinweis darauf zu enthalten, dass die gegnerische Partei, ein Verfahrensbeteiligter oder die Staatskasse im Falle der Kostenerstattung regelmäßig nicht mehr als die gesetzliche Vergütung erstatten muss. [4] Die Sätze 1 und 2 gelten nicht für eine Gebührenvereinbarung nach § 34.

(2) [1] Ist eine vereinbarte, eine nach § 4 Abs. 3 Satz 1 von dem Vorstand der Rechtsanwaltskammer festgesetzte oder eine nach § 4a für den Erfolgsfall vereinbarte Vergütung unter Berücksichtigung aller Umstände unangemessen hoch, kann sie im Rechtsstreit auf den angemessenen Betrag bis zur Höhe der gesetzlichen Vergütung herabgesetzt werden. [2] Vor der Herabsetzung hat das Gericht ein Gutachten des Vorstands der Rechtsanwaltskammer einzuholen; dies gilt nicht, wenn der Vorstand der Rechtsanwaltskammer die Vergütung nach § 4 Abs. 3 Satz 1 festgesetzt hat. [3] Das Gutachten ist kostenlos zu erstatten.

D. Rechtsanwaltsvergütungsgesetz - RVG

(3) ¹ Eine Vereinbarung, nach der ein im Wege der Prozesskostenhilfe beigeordneter Rechtsanwalt für die von der Beiordnung erfasste Tätigkeit eine höhere als die gesetzliche Vergütung erhalten soll, ist nichtig. ² Die Vorschriften des bürgerlichen Rechts über die ungerechtfertigte Bereicherung bleiben unberührt.

(4) § 8 des Beratungshilfegesetzes bleibt unberührt.

§ 4 RVG Erfolgsunabhängige Vergütung

(1) ¹ In außergerichtlichen Angelegenheiten kann eine niedrigere als die gesetzliche Vergütung vereinbart werden. ² Sie muss in einem angemessenen Verhältnis zu Leistung, Verantwortung und Haftungsrisiko des Rechtsanwalts stehen.

(2) ¹ Der Rechtsanwalt kann sich für gerichtliche Mahnverfahren und Zwangsvollstreckungsverfahren nach den §§ 803 bis 863 und 899 bis 915b der Zivilprozessordnung verpflichten, dass er, wenn der Anspruch des Auftraggebers auf Erstattung der gesetzlichen Vergütung nicht beigetrieben werden kann, einen Teil des Erstattungsanspruchs an Erfüllungs statt annehmen werde. ² Der nicht durch Abtretung zu erfüllende Teil der gesetzlichen Vergütung muss in einem angemessenen Verhältnis zu Leistung, Verantwortung und Haftungsrisiko des Rechtsanwalts stehen.

(3) ¹ In der Vereinbarung kann es dem Vorstand der Rechtsanwaltskammer überlassen werden, die Vergütung nach billigem Ermessen festzusetzen. ² Ist die Festsetzung der Vergütung dem Ermessen eines Vertragsteils überlassen, gilt die gesetzliche Vergütung als vereinbart.

Zu § 4: Geändert durch G vom 12. 6. 2008 (BGBl I S. 1000).

§ 4a RVG Erfolgshonorar

(1) ¹ Ein Erfolgshonorar (§ 49b Abs. 2 Satz 1 der Bundesrechtsanwaltsordnung) darf nur für den Einzelfall und nur dann vereinbart werden, wenn der Auftraggeber aufgrund seiner wirtschaftlichen Verhältnisse bei verständiger Betrachtung ohne die Vereinbarung eines Erfolgshonorars von der Rechtsverfolgung abgehalten würde. ² In einem gerichtlichen Verfahren darf dabei für den Fall des Misserfolgs vereinbart werden, dass keine oder eine geringere als die gesetzliche Vergütung zu zahlen ist, wenn für den Erfolgsfall ein angemessener Zuschlag auf die gesetzliche Vergütung vereinbart wird.

(2) Die Vereinbarung muss enthalten:
1. die voraussichtliche gesetzliche Vergütung und gegebenenfalls die erfolgsunabhängige vertragliche Vergütung, zu der der Rechtsanwalt bereit wäre, den Auftrag zu übernehmen, sowie
2. die Angabe, welche Vergütung bei Eintritt welcher Bedingungen verdient sein soll.

(3) ¹ In der Vereinbarung sind außerdem die wesentlichen Gründe anzugeben, die für die Bemessung des Erfolgshonorars bestimmend sind. ² Ferner ist ein Hinweis aufzunehmen, dass die Vereinbarung keinen Einfluss auf die gegebenenfalls vom Auftraggeber zu zahlenden Gerichtskosten, Verwaltungskosten und die von ihm zu erstattenden Kosten anderer Beteiligter hat.

§ 4b RVG Fehlerhafte Vergütungsvereinbarung

¹ Aus einer Vergütungsvereinbarung, die nicht den Anforderungen des § 3a Abs. 1 Satz 1 und 2 oder des § 4a Abs. 1 und 2 entspricht, kann der Rechtsanwalt keine höhere als die gesetzliche Vergütung fordern. ² Die Vorschriften des bürgerlichen Rechts über die ungerechtfertigte Bereicherung bleiben unberührt.

D. Rechtsanwaltsvergütungsgesetz - RVG

§ 5 RVG Vergütung für Tätigkeiten von Vertretern des Rechtsanwalts

Die Vergütung für eine Tätigkeit, die der Rechtsanwalt nicht persönlich vornimmt, wird nach diesem Gesetz bemessen, wenn der Rechtsanwalt durch einen Rechtsanwalt, den allgemeinen Vertreter, einen Assessor bei einem Rechtsanwalt oder einen zur Ausbildung zugewiesenen Referendar vertreten wird.

§ 6 RVG Mehrere Rechtsanwälte

Ist der Auftrag mehreren Rechtsanwälten zur gemeinschaftlichen Erledigung übertragen, erhält jeder Rechtsanwalt für seine Tätigkeit die volle Vergütung.

§ 7 RVG Mehrere Auftraggeber

(1) Wird der Rechtsanwalt in derselben Angelegenheit für mehrere Auftraggeber tätig, erhält er die Gebühren nur einmal.

(2) [1] Jeder der Auftraggeber schuldet die Gebühren und Auslagen, die er schulden würde, wenn der Rechtsanwalt nur in seinem Auftrag tätig geworden wäre; die Dokumentenpauschale nach Nummer 7000 des Vergütungsverzeichnisses schuldet er auch insoweit, wie diese nur durch die Unterrichtung mehrerer Auftraggeber entstanden ist. [2] Der Rechtsanwalt kann aber insgesamt nicht mehr als die nach Absatz 1 berechneten Gebühren und die insgesamt entstandenen Auslagen fordern.

§ 8 RVG Fälligkeit, Hemmung der Verjährung

(1) [1] Die Vergütung wird fällig, wenn der Auftrag erledigt oder die Angelegenheit beendet ist. [2] Ist der Rechtsanwalt in einem gerichtlichen Verfahren tätig, wird die Vergütung auch fällig, wenn eine Kostenentscheidung ergangen oder der Rechtszug beendet ist oder wenn das Verfahren länger als drei Monate ruht.

(2) [1] Die Verjährung der Vergütung für eine Tätigkeit in einem gerichtlichen Verfahren wird gehemmt, solange das Verfahren anhängig ist. [2] Die Hemmung endet mit der rechtskräftigen Entscheidung oder anderweitigen Beendigung des Verfahrens. [3] Ruht das Verfahren, endet die Hemmung drei Monate nach Eintritt der Fälligkeit. [4] Die Hemmung beginnt erneut, wenn das Verfahren weiter betrieben wird.

§ 9 RVG Vorschuss

Der Rechtsanwalt kann von seinem Auftraggeber für die entstandenen und die voraussichtlich entstehenden Gebühren und Auslagen einen angemessenen Vorschuss fordern.

§ 10 RVG Berechnung

(1) [1] Der Rechtsanwalt kann die Vergütung nur auf Grund einer von ihm unterzeichneten und dem Auftraggeber mitgeteilten Berechnung einfordern. [2] Der Lauf der Verjährungsfrist ist von der Mitteilung der Berechnung nicht abhängig.

(2) [1] In der Berechnung sind die Beträge der einzelnen Gebühren und Auslagen, Vorschüsse, eine kurze Bezeichnung des jeweiligen Gebührentatbestands, die Bezeichnung der Auslagen sowie die angewandten Nummern des Vergütungsverzeichnisses und bei Gebühren, die nach dem Gegenstandswert berechnet sind, auch dieser anzugeben. [2] Bei Entgelten für Post- und Telekommunikationsdienstleistungen genügt die Angabe des Gesamtbetrags.

D. Rechtsanwaltsvergütungsgesetz - RVG

(3) Hat der Auftraggeber die Vergütung gezahlt, ohne die Berechnung erhalten zu haben, kann er die Mitteilung der Berechnung noch fordern, solange der Rechtsanwalt zur Aufbewahrung der Handakten verpflichtet ist.

§ 11 RVG Festsetzung der Vergütung

(1) [1] Soweit die gesetzliche Vergütung, eine nach § 42 festgestellte Pauschgebühr und die zu ersetzenden Aufwendungen (§ 670 des Bürgerlichen Gesetzbuchs) zu den Kosten des gerichtlichen Verfahrens gehören, werden sie auf Antrag des Rechtsanwalts oder des Auftraggebers durch das Gericht des ersten Rechtszugs festgesetzt. [2] Getilgte Beträge sind abzusetzen.

(2) [1] Der Antrag ist erst zulässig, wenn die Vergütung fällig ist. [2] Vor der Festsetzung sind die Beteiligten zu hören. [3] Die Vorschriften der jeweiligen Verfahrensordnung über das Kostenfestsetzungsverfahren mit Ausnahme des § 104 Abs. 2 Satz 3 der Zivilprozessordnung und die Vorschriften der Zivilprozessordnung über die Zwangsvollstreckung aus Kostenfestsetzungsbeschlüssen gelten entsprechend. [4] Das Verfahren vor dem Gericht des ersten Rechtszugs ist gebührenfrei. [5] In den Vergütungsfestsetzungsbeschluss sind die von dem Rechtsanwalt gezahlten Auslagen für die Zustellung des Beschlusses aufzunehmen. [6] Im Übrigen findet eine Kostenerstattung nicht statt; dies gilt auch im Verfahren über Beschwerden.

(3) [1] Im Verfahren vor den Gerichten der Verwaltungsgerichtsbarkeit, der Finanzgerichtsbarkeit und der Sozialgerichtsbarkeit wird die Vergütung vom Urkundsbeamten der Geschäftsstelle festgesetzt. [2] Die für die jeweilige Gerichtsbarkeit geltenden Vorschriften über die Erinnerung im Kostenfestsetzungsverfahren gelten entsprechend.

(4) Wird der vom Rechtsanwalt angegebene Gegenstandswert von einem Beteiligten bestritten, ist das Verfahren auszusetzen, bis das Gericht hierüber entschieden hat (§§ 32, 33 und 38 Abs. 1).

(5) [1] Die Festsetzung ist abzulehnen, soweit der Antragsgegner Einwendungen oder Einreden erhebt, die nicht im Gebührenrecht ihren Grund haben. [2] Hat der Auftraggeber bereits dem Rechtsanwalt gegenüber derartige Einwendungen oder Einreden erhoben, ist die Erhebung der Klage nicht von der vorherigen Einleitung des Festsetzungsverfahrens abhängig.

(6) [1] Anträge und Erklärungen können ohne Mitwirkung eines Bevollmächtigten schriftlich eingereicht oder zu Protokoll der Geschäftsstelle abgegeben werden. [2] § 129a der Zivilprozessordnung gilt entsprechend. [3] Für die Bevollmächtigung gelten die Regelungen der für das zugrunde liegende Verfahren geltenden Verfahrensordnung entsprechend.

(7) Durch den Antrag auf Festsetzung der Vergütung wird die Verjährung wie durch Klageerhebung gehemmt.

(8) [1] Die Absätze 1 bis 7 gelten bei Rahmengebühren nur, wenn die Mindestgebühren geltend gemacht werden oder der Auftraggeber der Höhe der Gebühren ausdrücklich zugestimmt hat. [2] Die Festsetzung auf Antrag des Rechtsanwalts ist abzulehnen, wenn er die Zustimmungserklärung des Auftraggebers nicht mit dem Antrag vorlegt.

§ 12 RVG Anwendung von Vorschriften für die Prozesskostenhilfe

[1] Die Vorschriften dieses Gesetzes für im Wege der Prozesskostenhilfe beigeordnete Rechtsanwälte und für Verfahren über die Prozesskostenhilfe sind bei Verfahrenskostenhilfe und in den Fällen des § 11a des Arbeitsgerichtsgesetzes und des § 4a der Insolvenzordnung entsprechend anzuwenden. [2] Der Bewilligung von Prozesskostenhilfe steht die Stundung nach § 4a der Insolvenzordnung gleich.

§ 12a RVG Abhilfe bei Verletzung des Anspruchs auf rechtliches Gehör

(1) Auf die Rüge eines durch die Entscheidung nach diesem Gesetz beschwerten Beteiligten ist das Verfahren fortzuführen, wenn
1. ein Rechtsmittel oder ein anderer Rechtsbehelf gegen die Entscheidung nicht gegeben ist und
2. das Gericht den Anspruch dieses Beteiligten auf rechtliches Gehör in entscheidungserheblicher Weise verletzt hat.

(2) [1] Die Rüge ist innerhalb von zwei Wochen nach Kenntnis von der Verletzung des rechtlichen Gehörs zu erheben; der Zeitpunkt der Kenntniserlangung ist glaubhaft zu machen. [2] Nach Ablauf eines Jahres seit Bekanntmachung der angegriffenen Entscheidung kann die Rüge nicht mehr erhoben werden. [3] Formlos mitgeteilte Entscheidungen gelten mit dem dritten Tage nach Aufgabe zur Post als bekannt gemacht. [4] Die Rüge ist bei dem Gericht zu erheben, dessen Entscheidung angegriffen wird; § 33 Abs. 7 Satz 1 und 2 gilt entsprechend. [5] Die Rüge muss die angegriffene Entscheidung bezeichnen und das Vorliegen der in Absatz 1 Nr. 2 genannten Voraussetzungen darlegen.

(3) Den übrigen Beteiligten ist, soweit erforderlich, Gelegenheit zur Stellungnahme zu geben.

(4) [1] Das Gericht hat von Amts wegen zu prüfen, ob die Rüge an sich statthaft und ob sie in der gesetzlichen Form und Frist erhoben ist. [2] Mangelt es an einem dieser Erfordernisse, so ist die Rüge als unzulässig zu verwerfen. [3] Ist die Rüge unbegründet, weist das Gericht sie zurück. [4] Die Entscheidung ergeht durch unanfechtbaren Beschluss. [5] Der Beschluss soll kurz begründet werden.

(5) Ist die Rüge begründet, so hilft ihr das Gericht ab, indem es das Verfahren fortführt, soweit dies auf Grund der Rüge geboten ist.

(6) Kosten werden nicht erstattet.

§ 12b RVG Elektronische Akte, elektronisches Dokument

(1) [1] Die Vorschriften über die elektronische Akte und das gerichtliche elektronische Dokument für das Verfahren, in dem der Rechtsanwalt die Vergütung erhält, sind anzuwenden. [2] Im Fall der Beratungshilfe sind die entsprechenden Vorschriften der Zivilprozessordnung anzuwenden.

(2) [1] Soweit für Anträge und Erklärungen in dem Verfahren, in dem der Rechtsanwalt die Vergütung erhält, die Aufzeichnung als elektronisches Dokument genügt, genügt diese Form auch für Anträge und Erklärungen nach diesem Gesetz. [2] Dasselbe gilt im Fall der Beratungshilfe, soweit nach den Vorschriften der Zivilprozessordnung die Aufzeichnung als elektronisches Dokument genügt. [3] Die verantwortliche Person soll das Dokument mit einer qualifizierten elektronischen Signatur nach dem Signaturgesetz versehen. [4] Ist ein übermitteltes elektronisches Dokument für das Gericht zur Bearbeitung nicht geeignet, ist dies dem Absender unter Angabe der geltenden technischen Rahmenbedingungen unverzüglich mitzuteilen.

(3) Ein elektronisches Dokument ist eingereicht, sobald die für den Empfang bestimmte Einrichtung des Gerichts es aufgezeichnet hat.

D. Rechtsanwaltsvergütungsgesetz - RVG

Abschnitt 2
Gebührenvorschriften

§ 13 RVG   Wertgebühren

(1) [1] Wenn sich die Gebühren nach dem Gegenstandswert richten, beträgt die Gebühr bei einem Gegenstandswert bis 300 Euro 25 Euro. [2] Die Gebühr erhöht sich bei einem

Gegenstandswert bis ... Euro	für jeden angefangenen Betrag von weiteren ... Euro	um ... Euro
1.500	300	20
5.000	500	28
10.000	1.000	37
25.000	3.000	40
50.000	5.000	72
200.000	15.000	77
500.000	30.000	118
über 500.000	50.000	150

[3] Eine Gebührentabelle für Gegenstandswerte bis 500.000 Euro ist diesem Gesetz als Anlage 2 beigefügt.

(2) Der Mindestbetrag einer Gebühr ist 10 Euro.

§ 14 RVG   Rahmengebühren

(1) [1] Bei Rahmengebühren bestimmt der Rechtsanwalt die Gebühr im Einzelfall unter Berücksichtigung aller Umstände, vor allem des Umfangs und der Schwierigkeit der anwaltlichen Tätigkeit, der Bedeutung der Angelegenheit sowie der Einkommens- und Vermögensverhältnisse des Auftraggebers, nach billigem Ermessen. [2] Ein besonderes Haftungsrisiko des Rechtsanwalts kann bei der Bemessung herangezogen werden. [3] Bei Rahmengebühren, die sich nicht nach dem Gegenstandswert richten, ist das Haftungsrisiko zu berücksichtigen. [4] Ist die Gebühr von einem Dritten zu ersetzen, ist die von dem Rechtsanwalt getroffene Bestimmung nicht verbindlich, wenn sie unbillig ist.

(2) [1] Im Rechtsstreit hat das Gericht ein Gutachten des Vorstands der Rechtsanwaltskammer einzuholen, soweit die Höhe der Gebühr streitig ist; dies gilt auch im Verfahren nach § 495a der Zivilprozessordnung. [2] Das Gutachten ist kostenlos zu erstatten.

§ 15 RVG   Abgeltungsbereich der Gebühren

(1) Die Gebühren entgelten, soweit dieses Gesetz nichts anderes bestimmt, die gesamte Tätigkeit des Rechtsanwalts vom Auftrag bis zur Erledigung der Angelegenheit.

(2) [1] Der Rechtsanwalt kann die Gebühren in derselben Angelegenheit nur einmal fordern. [2] In gerichtlichen Verfahren kann er die Gebühren in jedem Rechtszug fordern.

(3) Sind für Teile des Gegenstands verschiedene Gebührensätze anzuwenden, entstehen für die Teile gesondert berechnete Gebühren, jedoch nicht mehr als die aus dem Gesamtbetrag der Wertteile nach dem höchsten Gebührensatz berechnete Gebühr.

(4) Auf bereits entstandene Gebühren ist es, soweit dieses Gesetz nichts anderes bestimmt, ohne Einfluss, wenn sich die Angelegenheit vorzeitig erledigt oder der Auftrag endigt, bevor die Angelegenheit erledigt ist.

(5) [1] Wird der Rechtsanwalt, nachdem er in einer Angelegenheit tätig geworden ist, beauftragt, in derselben Angelegenheit weiter tätig zu werden, erhält er nicht mehr an Gebühren, als er erhalten würde, wenn er von vornherein hiermit beauftragt worden wäre. [2] Ist der frühere Auftrag seit mehr als zwei Kalenderjahren erledigt, gilt die weitere Tätigkeit als neue Angelegenheit und in diesem Gesetz bestimmte Anrechnungen von Gebühren entfallen.

(6) Ist der Rechtsanwalt nur mit einzelnen Handlungen oder mit Tätigkeiten, die nach § 19 zum Rechtszug oder zum Verfahren gehören, beauftragt, erhält er nicht mehr an Gebühren als der mit der gesamten Angelegenheit beauftragte Rechtsanwalt für die gleiche Tätigkeit erhalten würde.

§ 15a RVG Anrechnung einer Gebühr

(1) Sieht dieses Gesetz die Anrechnung einer Gebühr auf eine andere Gebühr vor, kann der Rechtsanwalt beide Gebühren fordern, jedoch nicht mehr als den um den Anrechnungsbetrag verminderten Gesamtbetrag der beiden Gebühren.

(2) Ein Dritter kann sich auf die Anrechnung nur berufen, soweit er den Anspruch auf eine der beiden Gebühren erfüllt hat, wegen eines dieser Ansprüche gegen ihn ein Vollstreckungstitel besteht oder beide Gebühren in demselben Verfahren gegen ihn geltend gemacht werden.

Abschnitt 3
Angelegenheit

§ 16 RVG Dieselbe Angelegenheit

Dieselbe Angelegenheit sind

1. das Verwaltungsverfahren auf Aussetzung oder Anordnung der sofortigen Vollziehung sowie über einstweilige Maßnahmen zur Sicherung der Rechte Dritter und jedes Verwaltungsverfahren auf Abänderung oder Aufhebung in den genannten Fällen,
2. das Verfahren über die Prozesskostenhilfe und das Verfahren, für das die Prozesskostenhilfe beantragt worden ist,
3. mehrere Verfahren über die Prozesskostenhilfe in demselben Rechtszug,
4. eine Scheidungssache oder ein Verfahren über die Aufhebung einer Lebenspartnerschaft und die Folgesachen,
5. das Verfahren über einen Antrag auf Anordnung eines Arrests, einer einstweiligen Verfügung, auf Erlass einer einstweiligen, auf Anordnung oder Wiederherstellung der aufschiebenden Wirkung, auf Aufhebung der Vollziehung oder Anordnung der sofortigen Vollziehung eines Verwaltungsakts und jedes Verfahren auf deren Abänderung oder Aufhebung,
6. das Verfahren nach § 3 Abs. 1 des Gesetzes zur Ausführung des Vertrages zwischen der Bundesrepublik Deutschland und der Republik Österreich vom 6. Juni 1959 über die gegenseitige Anerkennung und Vollstreckung von gerichtlichen Entscheidungen, Vergleichen und öffentlichen Urkunden in Zivil- und Handelssachen in der im Bundesgesetzblatt Teil III, Gliederungsnummer 319-12, veröffentlichten bereinigten Fassung, das zuletzt durch Artikel 23 des Gesetzes vom 27. Juli 2001 (BGBl. I S. 1887) geändert worden ist, und das Verfahren nach § 3 Abs. 2 des genannten Gesetzes,

D. Rechtsanwaltsvergütungsgesetz - RVG

7. das Verfahren über die Zulassung der Vollziehung einer vorläufigen oder sichernden Maßnahme und das Verfahren über einen Antrag auf Aufhebung oder Änderung einer Entscheidung über die Zulassung der Vollziehung (§ 1041 der Zivilprozessordnung),
8. das schiedsrichterliche Verfahren und das gerichtliche Verfahren bei der Bestellung eines Schiedsrichters oder Ersatzschiedsrichters, über die Ablehnung eines Schiedsrichters oder über die Beendigung des Schiedsrichteramts, zur Unterstützung bei der Beweisaufnahme oder bei der Vornahme sonstiger richterlicher Handlungen,
9. das Verfahren vor dem Schiedsgericht und die gerichtlichen Verfahren über die Bestimmung einer Frist (§ 102 Abs. 3 des Arbeitsgerichtsgesetzes), die Ablehnung eines Schiedsrichters (§ 103 Abs. 3 des Arbeitsgerichtsgesetzes) oder die Vornahme einer Beweisaufnahme oder einer Vereidigung (§ 106 Abs. 2 des Arbeitsgerichtsgesetzes),
10. im Kostenfestsetzungsverfahren einerseits und im Kostenansatzverfahren andererseits jeweils mehrere Verfahren über
    a) die Erinnerung,
    b) die Beschwerde in demselben Beschwerderechtszug,
11. das Rechtsmittelverfahren und das Verfahren über die Zulassung des Rechtsmittels; dies gilt nicht für das Verfahren über die Beschwerde gegen die Nichtzulassung eines Rechtsmittels;
12. das Verfahren über die Privatklage und die Widerklage und zwar auch im Fall des § 388 Abs. 2 der Strafprozessordnung und
13. das erstinstanzliche Prozessverfahren und der erste Rechtszug des Musterverfahrens nach dem Kapitalanleger-Musterverfahrensgesetz.

§ 17 RVG   Verschiedene Angelegenheiten

Verschiedene Angelegenheiten sind

1. jeweils das Verwaltungsverfahren, das einem gerichtlichen Verfahren vorausgehende und der Nachprüfung des Verwaltungsakts dienende weitere Verwaltungsverfahren (Vorverfahren, Einspruchsverfahren, Beschwerdeverfahren, Abhilfeverfahren), das Verfahren über die Beschwerde und die weitere Beschwerde nach der Wehrbeschwerdeordnung, das Verwaltungsverfahren auf Aussetzung oder Anordnung der sofortigen Vollziehung sowie über einstweilige Maßnahmen zur Sicherung der Rechte Dritter und ein gerichtliches Verfahren,
2. das Mahnverfahren und das streitige Verfahren,
3. das vereinfachte Verfahren über den Unterhalt Minderjähriger und das streitige Verfahren,
4. das Verfahren in der Hauptsache und ein Verfahren über einen Antrag auf
    a) Anordnung eines Arrests,
    b) Erlass einer einstweiligen Verfügung oder einer einstweiligen Anordnung,
    c) Anordnung oder Wiederherstellung der aufschiebenden Wirkung, auf Aufhebung der Vollziehung oder Anordnung der sofortigen Vollziehung eines Verwaltungsakts sowie
    d) Abänderung oder Aufhebung einer in einem Verfahren nach den Buchstaben a bis c ergangenen Entscheidung,
5. der Urkunden- oder Wechselprozess und das ordentliche Verfahren, das nach Abstandnahme vom Urkunden- oder Wechselprozess oder nach einem Vorbehaltsurteil anhängig bleibt (§§ 596, 600 der Zivilprozessordnung),

6. das Schiedsverfahren und das Verfahren über die Zulassung der Vollziehung einer vorläufigen oder sichernden Maßnahme sowie das Verfahren über einen Antrag auf Aufhebung oder Änderung einer Entscheidung über die Zulassung der Vollziehung (§ 1041 der Zivilprozessordnung),

7. das gerichtliche Verfahren und ein vorausgegangenes

    a) Güteverfahren vor einer durch die Landesjustizverwaltung eingerichteten oder anerkannten Gütestelle (§ 794 Abs. 1 Nr. 1 der Zivilprozessordnung) oder, wenn die Parteien den Einigungsversuch einvernehmlich unternehmen, vor einer Gütestelle, die Streitbeilegung betreibt (§ 15a Abs. 3 des Einführungsgesetzes zur Zivilprozessordnung),

    b) Verfahren vor einem Ausschuss der in § 111 Abs. 2 des Arbeitsgerichtsgesetzes bezeichneten Art,

    c) Verfahren vor dem Seemannsamt zur vorläufigen Entscheidung von Arbeitssachen und

    d) Verfahren vor sonstigen gesetzlich eingerichteten Einigungsstellen, Gütestellen oder Schiedsstellen,

8. das Vermittlungsverfahren nach § 165 des Gesetzes über das Verfahren in Familiensachen und in den Angelegenheiten der freiwilligen Gerichtsbarkeit und ein sich anschließendes gerichtliches Verfahren,

9. das Verfahren über ein Rechtsmittel und das Verfahren über die Beschwerde gegen die Nichtzulassung des Rechtsmittels,

10. das strafrechtliche Ermittlungsverfahren und ein nach dessen Einstellung sich anschließendes Bußgeldverfahren,

11. das Strafverfahren und das Verfahren über die im Urteil vorbehaltene Sicherungsverwahrung und

12. das Wiederaufnahmeverfahren und das wieder aufgenommene Verfahren, wenn sich die Gebühren nach Teil 4 oder 5 des Vergütungsverzeichnisses richten.

§ 18 RVG Besondere Angelegenheiten

(1) Besondere Angelegenheiten sind

1. jede Vollstreckungsmaßnahme zusammen mit den durch diese vorbereiteten weiteren Vollstreckungshandlungen bis zur Befriedigung des Gläubigers; dies gilt entsprechend im Verwaltungszwangsverfahren (Verwaltungsvollstreckungsverfahren);

2. jede Vollziehungsmaßnahme bei der Vollziehung eines Arrests oder einer einstweiligen Verfügung (§§ 928 bis 934 und 936 der Zivilprozessordnung), die sich nicht auf die Zustellung beschränkt;

3. jedes Beschwerdeverfahren und jedes Verfahren über eine Erinnerung gegen eine Entscheidung des Rechtspflegers in Angelegenheiten, in denen sich die Gebühren nach Teil 3 des Vergütungsverzeichnisses richten, soweit sich aus § 16 Nr. 10 nichts anderes ergibt;

4. das Verfahren über Einwendungen gegen die Erteilung der Vollstreckungsklausel, auf das § 732 der Zivilprozessordnung anzuwenden ist;

5. das Verfahren auf Erteilung einer weiteren vollstreckbaren Ausfertigung;

6. jedes Verfahren über Anträge nach den §§ 765a, 813b, 851a oder 851b der Zivilprozessordnung und jedes Verfahren über Anträge auf Änderung oder Aufhebung der getroffenen Anordnungen, jedes Verfahren über Anträge nach § 1084 Absatz 1, § 1096 oder § 1109 der Zivilprozessordnung und über Anträge nach § 31 des Auslandsunterhaltsgesetzes;

7. das Verfahren auf Zulassung der Austauschpfändung (§ 811a der Zivilprozessordnung);

8. das Verfahren über einen Antrag nach § 825 der Zivilprozessordnung;

9. die Ausführung der Zwangsvollstreckung in ein gepfändetes Vermögensrecht durch Verwaltung (§ 857 Abs. 4 der Zivilprozessordnung);

D. Rechtsanwaltsvergütungsgesetz - RVG

10. das Verteilungsverfahren (§ 858 Abs. 5, §§ 872 bis 877, 882 der Zivilprozessordnung);
11. das Verfahren auf Eintragung einer Zwangshypothek (§§ 867, 870a der Zivilprozessordnung);
12. die Vollstreckung der Entscheidung, durch die der Schuldner zur Vorauszahlung der Kosten, die durch die Vornahme einer Handlung entstehen, verurteilt wird (§ 887 Abs. 2 der Zivilprozessordnung);
13. das Verfahren zur Ausführung der Zwangsvollstreckung auf Vornahme einer Handlung durch Zwangsmittel (§ 888 der Zivilprozessordnung);
14. jede Verurteilung zu einem Ordnungsgeld gemäß § 890 Abs. 1 der Zivilprozessordnung;
15. die Verurteilung zur Bestellung einer Sicherheit im Fall des § 890 Abs. 3 der Zivilprozessordnung;
16. das Verfahren zur Abnahme der eidesstattlichen Versicherung (§§ 900 und 901 der Zivilprozessordnung);
17. das Verfahren auf Löschung der Eintragung im Schuldnerverzeichnis (§ 915a der Zivilprozessordnung);
18. das Ausüben der Veröffentlichungsbefugnis;
19. das Verfahren über Anträge auf Zulassung der Zwangsvollsteckung nach § 17 Abs. 4 der Schifffahrtsrechtlichen Verteilungsordnung;
20. das Verfahren über Anträge auf Aufhebung von Vollstreckungsmaßregeln (§ 8 Abs. 5 und § 41 der Schifffahrtsrechtlichen Verteilungsordnung) und
21. das Verfahren zur Anordnung von Zwangsmaßnahmen durch Beschluss nach § 35 des Gesetzes über das Verfahren in Familiensachen und in den Angelegenheiten der freiwilligen Gerichtsbarkeit.

(2) Absatz 1 gilt entsprechend für

1. die Vollziehung eines Arrestes und
2. die Vollstreckung

nach den Vorschriften des Gesetzes über das Verfahren in Familiensachen und in den Angelegenheiten der freiwilligen Gerichtsbarkeit.

§ 19 RVG Rechtszug; Tätigkeiten, die mit dem Verfahren zusammenhängen

(1) ¹Zu dem Rechtszug oder dem Verfahren gehören auch alle Vorbereitungs-, Neben- und Abwicklungstätigkeiten und solche Verfahren, die mit dem Rechtszug oder Verfahren zusammenhängen, wenn die Tätigkeit nicht nach § 18 eine besondere Angelegenheit ist. ²Hierzu gehören insbesondere

1. die Vorbereitung der Klage, des Antrags oder der Rechtsverteidigung, soweit kein besonderes gerichtliches oder behördliches Verfahren stattfindet;
2. außergerichtliche Verhandlungen;
3. Zwischenstreite, die Bestimmung des zuständigen Gerichts, die Bestellung von Vertretern durch das in der Hauptsache zuständige Gericht, die Ablehnung von Richtern, Rechtspflegern, Urkundsbeamten der Geschäftsstelle oder Sachverständigen, die Festsetzung des Streit- oder Geschäftswerts;
4. das Verfahren vor dem beauftragten oder ersuchten Richter;
5. das Verfahren
   a) über die Erinnerung (§ 573 der Zivilprozessordnung),
   b) über die Rüge wegen Verletzung des Anspruchs auf rechtliches Gehör,
   c) nach Artikel 18 der Verordnung (EG) Nr. 861/2007 des Europäischen Parlaments und des Rates vom 13. Juni 2007 zur Einführung eines europäischen Verfahrens für geringfügige Forderungen,

d) nach Artikel 20 der Verordnung (EG) Nr. 1896/2006 des Europäischen Parlaments und des Rates vom 12. Dezember 2006 zur Einführung eines Europäischen Mahnverfahrens und

e) nach Artikel 19 der Verordnung (EG) Nr. 4/2009 über die Zuständigkeit, das anwendbare Recht, die Anerkennung und Vollstreckung von Entscheidungen und die Zusammenarbeit in Unterhaltssachen;

6. die Berichtigung und Ergänzung der Entscheidung oder ihres Tatbestands;
7. Verfahren wegen Rückgabe einer Sicherheit;
8. die für die Geltendmachung im Ausland vorgesehene Vervollständigung der Entscheidung und die Bezifferung eines dynamisierten Unterhaltstitels;
9. die Zustellung oder Empfangnahme von Entscheidungen oder Rechtsmittelschriften und ihre Mitteilung an den Auftraggeber, die Einwilligung zur Einlegung der Sprungrevision oder Sprungrechtsbeschwerde, der Antrag auf Entscheidung über die Verpflichtung, die Kosten zu tragen, die nachträgliche Vollstreckbarerklärung eines Urteils auf besonderen Antrag, die Erteilung des Notfrist- und des Rechtskraftzeugnisses, die Ausstellung einer Bescheinigung nach § 48 des Internationalen Familienrechtsverfahrensgesetzes oder § 56 des Anerkennungs- und Vollstreckungsausführungsgesetzes, die Ausstellung, die Berichtigung oder der Widerruf einer Bestätigung nach § 1079 der Zivilprozessordnung, die Ausstellung des Formblatts oder der Bescheinigung nach § 71 Absatz 1 des Auslandsunterhaltsgesetzes;
10. die Einlegung von Rechtsmitteln bei dem Gericht desselben Rechtszugs in Verfahren, in denen sich die Gebühren nach Teil 4, 5 oder 6 des Vergütungsverzeichnisses richten; die Einlegung des Rechtsmittels durch einen neuen Verteidiger gehört zum Rechtszug des Rechtsmittels;
11. die vorläufige Einstellung, Beschränkung oder Aufhebung der Zwangsvollstreckung, wenn nicht eine abgesonderte mündliche Verhandlung hierüber stattfindet;
12. die einstweilige Einstellung oder Beschränkung der Vollstreckung und die Anordnung, dass Vollstreckungsmaßnahmen aufzuheben sind (§ 93 Abs. 1 des Gesetzes über das Verfahren in Familiensachen und in den Angelegenheiten der freiwilligen Gerichtsbarkeit), wenn nicht ein besonderer gerichtlicher Termin hierüber stattfindet;
13. die erstmalige Erteilung der Vollstreckungsklausel, wenn deswegen keine Klage erhoben wird;
14. die Kostenfestsetzung und die Einforderung der Vergütung;
15. (weggefallen)
16. die Zustellung eines Vollstreckungstitels, der Vollstreckungsklausel und der sonstigen in § 750 der Zivilprozessordnung genannten Urkunden und
17. die Herausgabe der Handakten oder ihre Übersendung an einen anderen Rechtsanwalt.

(2) Zu den in § 18 Abs. 1 Nr. 1 und 2 genannten Verfahren gehören ferner insbesondere

1. gerichtliche Anordnungen nach § 758a der Zivilprozessordnung sowie Beschlüsse nach den §§ 90 und 91 Abs. 1 des Gesetzes über das Verfahren in Familiensachen und in den Angelegenheiten der freiwilligen Gerichtsbarkeit,
2. die Erinnerung nach § 766 der Zivilprozessordnung,
3. die Bestimmung eines Gerichtsvollziehers (§ 827 Abs. 1 und § 854 Abs. 1 der Zivilprozessordnung) oder eines Sequesters (§§ 848 und 855 der Zivilprozessordnung),
4. die Anzeige der Absicht, die Zwangsvollstreckung gegen eine juristische Person des öffentlichen Rechts zu betreiben,
5. die einer Verurteilung vorausgehende Androhung von Ordnungsgeld und
6. die Aufhebung einer Vollstreckungsmaßnahme.

D. Rechtsanwaltsvergütungsgesetz - RVG

§ 20 RVG   Verweisung, Abgabe

¹ Soweit eine Sache an ein anderes Gericht verwiesen oder abgegeben wird, sind die Verfahren vor dem verweisenden oder abgebenden und vor dem übernehmenden Gericht ein Rechtszug. ² Wird eine Sache an ein Gericht eines niedrigeren Rechtszugs verwiesen oder abgegeben, ist das weitere Verfahren vor diesem Gericht ein neuer Rechtszug.

§ 21 RVG   Zurückverweisung, Fortführung einer Folgesache als selbständige Familiensache

(1) Soweit eine Sache an ein untergeordnetes Gericht zurückverwiesen wird, ist das weitere Verfahren vor diesem Gericht ein neuer Rechtszug.

(2) In den Fällen des § 146 des Gesetzes über das Verfahren in Familiensachen und in den Angelegenheiten der freiwilligen Gerichtsbarkeit, auch in Verbindung mit § 270 des Gesetzes über das Verfahren in Familiensachen und in den Angelegenheiten der freiwilligen Gerichtsbarkeit, bildet das weitere Verfahren vor dem Familiengericht mit dem früheren einen Rechtszug.

(3) Wird eine Folgesache als selbständige Familiensache fortgeführt, sind das fortgeführte Verfahren und das frühere Verfahren dieselbe Angelegenheit.

Abschnitt 4
Gegenstandswert

§ 22 RVG   Grundsatz

(1) In derselben Angelegenheit werden die Werte mehrerer Gegenstände zusammengerechnet.

(2) ¹ Der Wert beträgt in derselben Angelegenheit höchstens 30 Millionen Euro, soweit durch Gesetz kein niedrigerer Höchstwert bestimmt ist. ² Sind in derselben Angelegenheit mehrere Personen Auftraggeber, beträgt der Wert für jede Person höchstens 30 Millionen Euro, insgesamt jedoch nicht mehr als 100 Millionen Euro.

§ 23 RVG   Allgemeine Wertvorschrift

(1) ¹ Soweit sich die Gerichtsgebühren nach dem Wert richten, bestimmt sich der Gegenstandswert im gerichtlichen Verfahren nach den für die Gerichtsgebühren geltenden Wertvorschriften. ² In Verfahren, in denen Kosten nach dem Gerichtskostengesetz oder dem Gesetz über Gerichtskosten in Familiensachen erhoben werden, sind die Wertvorschriften des jeweiligen Kostengesetzes entsprechend anzuwenden, wenn für das Verfahren keine Gerichtsgebühr oder eine Festgebühr bestimmt ist. ³ Diese Wertvorschriften gelten auch entsprechend für die Tätigkeit außerhalb eines gerichtlichen Verfahrens, wenn der Gegenstand der Tätigkeit auch Gegenstand eines gerichtlichen Verfahrens sein könnte. ⁴ § 22 Abs. 2 Satz 2 bleibt unberührt.

(2) ¹ In Beschwerdeverfahren, in denen Gerichtsgebühren unabhängig vom Ausgang des Verfahrens nicht erhoben werden oder sich nicht nach dem Wert richten, ist der Wert unter Berücksichtigung des Interesses des Beschwerdeführers nach Absatz 3 Satz 2 zu bestimmen, soweit sich aus diesem Gesetz nichts anderes ergibt. ² Der Gegenstandswert ist durch den Wert des zu Grunde liegenden Verfahrens begrenzt. ³ In Verfahren über eine Erinnerung oder eine Rüge wegen Verletzung des rechtlichen Gehörs richtet sich der Wert nach den für Beschwerdeverfahren geltenden Vorschriften.

(3) ¹ Soweit sich aus diesem Gesetz nichts anderes ergibt, gelten in anderen Angelegenheiten für den Gegenstandswert § 18 Abs. 2, §§ 19 bis 23, 24 Abs. 1, 2, 4 und 5, §§ 25, 39 Abs. 2 und 3 sowie § 46 Abs. 4 der Kostenordnung entsprechend. ² Soweit sich der Gegenstandswert aus diesen Vorschriften nicht ergibt und auch sonst nicht feststeht, ist er nach billigem Ermessen zu bestimmen; in Ermangelung genügender tatsächlicher Anhaltspunkte für eine Schätzung und bei nichtvermögensrechtlichen Gegenständen ist der Gegenstandswert mit 4.000 Euro, nach Lage des Falles niedriger oder höher, jedoch nicht über 500.000 Euro anzunehmen.

§ 23a RVG   Gegenstandswert im Musterverfahren nach dem Kapitalanleger-Musterverfahrensgesetz

Im Musterverfahren nach dem Kapitalanleger-Musterverfahrensgesetz bestimmt sich der Gegenstandswert nach der Höhe des von dem Auftraggeber oder gegen diesen im Prozessverfahren geltend gemachten Anspruchs, soweit dieser Gegenstand des Musterverfahrens ist.

§ 24 RVG   Gegenstandswert im Sanierungs- und Reorganisationsverfahren nach dem Kreditinstitute-Reorganisationsgesetz

Ist der Auftrag im Sanierungs- und Reorganisationsverfahren von einem Gläubiger erteilt, bestimmt sich der Wert nach dem Nennwert der Forderung.

§ 25 RVG   Gegenstandswert in der Zwangsvollstreckung

(1) In der Zwangsvollstreckung bestimmt sich der Gegenstandswert

1. nach dem Betrag der zu vollstreckenden Geldforderung einschließlich der Nebenforderungen; soll ein bestimmter Gegenstand gepfändet werden und hat dieser einen geringeren Wert, ist der geringere Wert maßgebend; wird künftig fällig werdendes Arbeitseinkommen nach § 850d Abs. 3 der Zivilprozessordnung gepfändet, sind die noch nicht fälligen Ansprüche nach § 51 Abs. 1 Satz 1 des Gesetzes über Gerichtskosten in Familiensachen und § 42 Abs. 1 des Gerichtskostengesetzes zu bewerten; im Verteilungsverfahren (§ 858 Abs. 5, §§ 872 bis 877 und 882 der Zivilprozessordnung) ist höchstens der zu verteilende Geldbetrag maßgebend;
2. nach dem Wert der herauszugebenden oder zu leistenden Sachen; der Gegenstandswert darf jedoch den Wert nicht übersteigen, mit dem der Herausgabe- oder Räumungsanspruch nach den für die Berechnung von Gerichtskosten maßgeblichen Vorschriften zu bewerten ist;
3. nach dem Wert, den die zu erwirkende Handlung, Duldung oder Unterlassung für den Gläubiger hat, und
4. in Verfahren über den Antrag auf Abnahme der eidesstattlichen Versicherung nach § 807 der Zivilprozessordnung nach dem Betrag, der einschließlich der Nebenforderungen aus dem Vollstreckungstitel noch geschuldet wird; der Wert beträgt jedoch höchstens 1.500 Euro.

(2) In Verfahren über Anträge des Schuldners ist der Wert nach dem Interesse des Antragstellers nach billigem Ermessen zu bestimmen.

§ 26 RVG   Gegenstandswert in der Zwangsversteigerung

In der Zwangsversteigerung bestimmt sich der Gegenstandswert

1. bei der Vertretung des Gläubigers oder eines anderen nach § 9 Nr. 1 und 2 des Gesetzes über die Zwangsversteigerung und die Zwangsverwaltung Beteiligten nach dem Wert des dem Gläubiger oder dem Beteiligten zustehenden Rechts; wird das Verfahren wegen einer Teilforderung betrieben, ist der

D. Rechtsanwaltsvergütungsgesetz - RVG

Teilbetrag nur maßgebend, wenn es sich um einen nach § 10 Abs. 1 Nr. 5 des Gesetzes über die Zwangsversteigerung und die Zwangsverwaltung zu befriedigenden Anspruch handelt; Nebenforderungen sind mitzurechnen; der Wert des Gegenstands der Zwangsversteigerung (§ 66 Abs. 1, § 74a Abs. 5 des Gesetzes über die Zwangsversteigerung und die Zwangsverwaltung), im Verteilungsverfahren der zur Verteilung kommende Erlös, sind maßgebend, wenn sie geringer sind;

2. bei der Vertretung eines anderen Beteiligten, insbesondere des Schuldners, nach dem Wert des Gegenstands der Zwangsversteigerung, im Verteilungsverfahren nach dem zur Verteilung kommenden Erlös; bei Miteigentümern oder sonstigen Mitberechtigten ist der Anteil maßgebend;
3. bei der Vertretung eines Bieters, der nicht Beteiligter ist, nach dem Betrag des höchsten für den Auftraggeber abgegebenen Gebots, wenn ein solches Gebot nicht abgegeben ist, nach dem Wert des Gegenstands der Zwangsversteigerung.

§ 27 RVG Gegenstandswert in der Zwangsverwaltung

[1] In der Zwangsverwaltung bestimmt sich der Gegenstandswert bei der Vertretung des Antragstellers nach dem Anspruch, wegen dessen das Verfahren beantragt ist; Nebenforderungen sind mitzurechnen; bei Ansprüchen auf wiederkehrende Leistungen ist der Wert der Leistungen eines Jahres maßgebend. [2] Bei der Vertretung des Schuldners bestimmt sich der Gegenstandswert nach dem zusammengerechneten Wert aller Ansprüche, wegen derer das Verfahren beantragt ist, bei der Vertretung eines sonstigen Beteiligten nach § 23 Abs. 3 Satz 2.

§ 28 RVG Gegenstandswert im Insolvenzverfahren

(1) [1] Die Gebühren der Nummern 3313, 3317 sowie im Fall der Beschwerde gegen den Beschluss über die Eröffnung des Insolvenzverfahrens der Nummern 3500 und 3513 des Vergütungsverzeichnisses werden, wenn der Auftrag vom Schuldner erteilt ist, nach dem Wert der Insolvenzmasse (§ 58 des Gerichtskostengesetzes) berechnet. [2] Im Fall der Nummer 3313 des Vergütungsverzeichnisses beträgt der Gegenstandswert jedoch mindestens 4.000 Euro.

(2) [1] Ist der Auftrag von einem Insolvenzgläubiger erteilt, werden die in Absatz 1 genannten Gebühren und die Gebühr nach Nummer 3314 nach dem Nennwert der Forderung berechnet. [2] Nebenforderungen sind mitzurechnen.

(3) Im Übrigen ist der Gegenstandswert im Insolvenzverfahren unter Berücksichtigung des wirtschaftlichen Interesses, das der Auftraggeber im Verfahren verfolgt, nach § 23 Abs. 3 Satz 2 zu bestimmen.

§ 29 RVG Gegenstandswert im Verteilungsverfahren nach der Schifffahrtsrechtlichen Verteilungsordnung

Im Verfahren nach der Schifffahrtsrechtlichen Verteilungsordnung gilt § 28 entsprechend mit der Maßgabe, dass an die Stelle des Werts der Insolvenzmasse die festgesetzte Haftungssumme tritt.

§ 30 RVG Gegenstandswert in gerichtlichen Verfahren nach dem Asylverfahrensgesetz

[1] In Streitigkeiten nach dem Asylverfahrensgesetz beträgt der Gegenstandswert in Klageverfahren, die die Asylanerkennung einschließlich der Feststellung der Voraussetzungen nach § 60 Abs. 1 des Aufenthaltsgesetzes und die Feststellung von Abschiebungshindernissen betreffen, 3.000 Euro, in sonstigen Klageverfahren 1.500 Euro. [2] In Verfahren des vorläufigen Rechtsschutzes wegen aufenthaltsbeendender Maßnahmen nach dem Asylverfahrensgesetz beträgt der Gegenstandswert 1.500 Euro, im Übrigen die Hälfte des Werts

der Hauptsache. ³ Sind mehrere natürliche Personen an demselben Verfahren beteiligt, erhöht sich der Wert für jede weitere Person in Klageverfahren um 900 Euro und in Verfahren des vorläufigen Rechtsschutzes um 600 Euro.

§ 31 RVG Gegenstandswert in gerichtlichen Verfahren nach dem Spruchverfahrensgesetz

(1) ¹ Vertritt der Rechtsanwalt im Verfahren nach dem Spruchverfahrensgesetz einen von mehreren Antragstellern, bestimmt sich der Gegenstandswert nach dem Bruchteil des für die Gerichtsgebühren geltenden Geschäftswerts, der sich aus dem Verhältnis der Anzahl der Anteile des Auftraggebers zu der Gesamtzahl der Anteile aller Antragsteller ergibt. ² Maßgeblicher Zeitpunkt für die Bestimmung der auf die einzelnen Antragsteller entfallenden Anzahl der Anteile ist der jeweilige Zeitpunkt der Antragstellung. ³ Ist die Anzahl der auf einen Antragsteller entfallenden Anteile nicht gerichtsbekannt, wird vermutet, dass er lediglich einen Anteil hält. ⁴ Der Wert beträgt mindestens 5.000 Euro.

(2) Wird der Rechtsanwalt von mehreren Antragstellern beauftragt, sind die auf die einzelnen Antragsteller entfallenden Werte zusammenzurechnen; Nummer 1008 des Vergütungsverzeichnisses ist insoweit nicht anzuwenden.

§ 31a RVG Ausschlussverfahren nach dem Wertpapiererwerbs- und Übernahmegesetz

Vertritt der Rechtsanwalt im Ausschlussverfahren nach § 39b des Wertpapiererwerbs- und Übernahmegesetzes einen Antragsgegner, bestimmt sich der Gegenstandswert nach dem Wert der Aktien, die dem Auftraggeber im Zeitpunkt der Antragstellung gehören. § 31 Abs. 1 Satz 2 bis 4 und Abs. 2 gilt entsprechend.

§ 32 RVG Wertfestsetzung für die Gerichtsgebühren

(1) Wird der für die Gerichtsgebühren maßgebende Wert gerichtlich festgesetzt, ist die Festsetzung auch für die Gebühren des Rechtsanwalts maßgebend.

(2) ¹ Der Rechtsanwalt kann aus eigenem Recht die Festsetzung des Werts beantragen und Rechtsmittel gegen die Festsetzung einlegen. ² Rechtsbehelfe, die gegeben sind, wenn die Wertfestsetzung unterblieben ist, kann er aus eigenem Recht einlegen.

§ 33 RVG Wertfestsetzung für die Rechtsanwaltsgebühren

(1) Berechnen sich die Gebühren in einem gerichtlichen Verfahren nicht nach dem für die Gerichtsgebühren maßgebenden Wert oder fehlt es an einem solchen Wert, setzt das Gericht des Rechtszugs den Wert des Gegenstands der anwaltlichen Tätigkeit auf Antrag durch Beschluss selbstständig fest.

(2) ¹ Der Antrag ist erst zulässig, wenn die Vergütung fällig ist. ² Antragsberechtigt sind der Rechtsanwalt, der Auftraggeber, ein erstattungspflichtiger Gegner und in den Fällen des § 45 die Staatskasse.

(3) ¹ Gegen den Beschluss nach Absatz 1 können die Antragsberechtigten Beschwerde einlegen, wenn der Wert des Beschwerdegegenstands 200 Euro übersteigt. ² Die Beschwerde ist auch zulässig, wenn sie das Gericht, das die angefochtene Entscheidung erlassen hat, wegen der grundsätzlichen Bedeutung der zur Entscheidung stehenden Frage in dem Beschluss zulässt. ³ Die Beschwerde ist nur zulässig, wenn sie innerhalb von zwei Wochen nach Zustellung der Entscheidung eingelegt wird.

D. Rechtsanwaltsvergütungsgesetz - RVG

(4) ¹Soweit das Gericht die Beschwerde für zulässig und begründet hält, hat es ihr abzuhelfen; im Übrigen ist die Beschwerde unverzüglich dem Beschwerdegericht vorzulegen. ²Beschwerdegericht ist das nächsthöhere Gericht, in Zivilsachen der in § 119 Abs. 1 Nr. 1 des Gerichtsverfassungsgesetzes bezeichneten Art jedoch das Oberlandesgericht. ³Eine Beschwerde an einen obersten Gerichtshof des Bundes findet nicht statt. ⁴Das Beschwerdegericht ist an die Zulassung der Beschwerde gebunden; die Nichtzulassung ist unanfechtbar.

(5) ¹War der Beschwerdeführer ohne sein Verschulden verhindert, die Frist einzuhalten, ist ihm auf Antrag von dem Gericht, das über die Beschwerde zu entscheiden hat, Wiedereinsetzung in den vorigen Stand zu gewähren, wenn er die Beschwerde binnen zwei Wochen nach der Beseitigung des Hindernisses einlegt und die Tatsachen, welche die Wiedereinsetzung begründen, glaubhaft macht. ²Nach Ablauf eines Jahres, von dem Ende der versäumten Frist an gerechnet, kann die Wiedereinsetzung nicht mehr beantragt werden. ³Gegen die Ablehnung der Wiedereinsetzung findet die Beschwerde statt. ⁴Sie ist nur zulässig, wenn sie innerhalb von zwei Wochen eingelegt wird. ⁵Die Frist beginnt mit der Zustellung der Entscheidung. ⁶Absatz 4 Satz 1 bis 3 gilt entsprechend.

(6) ¹Die weitere Beschwerde ist nur zulässig, wenn das Landgericht als Beschwerdegericht entschieden und sie wegen der grundsätzlichen Bedeutung der zur Entscheidung stehenden Frage in dem Beschluss zugelassen hat. ²Sie kann nur darauf gestützt werden, dass die Entscheidung auf einer Verletzung des Rechts beruht; die §§ 546 und 547 der Zivilprozessordnung gelten entsprechend. ³Über die weitere Beschwerde entscheidet das Oberlandesgericht. ⁴Absatz 3 Satz 3, Absatz 4 Satz 1 und 4 und Absatz 5 gelten entsprechend.

(7) ¹Anträge und Erklärungen können ohne Mitwirkung eines Bevollmächtigten schriftlich eingereicht oder zu Protokoll der Geschäftsstelle abgegeben werden; § 129a der Zivilprozessordnung gilt entsprechend. ²Für die Bevollmächtigung gelten die Regelungen der für das zugrunde liegende Verfahren geltenden Verfahrensordnung entsprechend. ³Die Beschwerde ist bei dem Gericht einzulegen, dessen Entscheidung angefochten wird.

(8) ¹Das Gericht entscheidet über den Antrag durch eines seiner Mitglieder als Einzelrichter; dies gilt auch für die Beschwerde, wenn die angefochtene Entscheidung von einem Einzelrichter oder einem Rechtspfleger erlassen wurde. ²Der Einzelrichter überträgt das Verfahren der Kammer oder dem Senat, wenn die Sache besondere Schwierigkeiten tatsächlicher oder rechtlicher Art aufweist oder die Rechtssache grundsätzliche Bedeutung hat. ³Das Gericht entscheidet jedoch immer ohne Mitwirkung ehrenamtlicher Richter. ⁴Auf eine erfolgte oder unterlassene Übertragung kann ein Rechtsmittel nicht gestützt werden.

(9) ¹Das Verfahren über den Antrag ist gebührenfrei. ²Kosten werden nicht erstattet; dies gilt auch im Verfahren über die Beschwerde.

Abschnitt 5
Außergerichtliche Beratung und Vertretung

§ 34 RVG   Beratung, Gutachten und Mediation

(1) ¹Für einen mündlichen oder schriftlichen Rat oder eine Auskunft (Beratung), die nicht mit einer anderen gebührenpflichtigen Tätigkeit zusammenhängen, für die Ausarbeitung eines schriftlichen Gutachtens und für die Tätigkeit als Mediator soll der Rechtsanwalt auf eine Gebührenvereinbarung hinwirken, soweit in Teil 2 Abschnitt 1 des Vergütungsverzeichnisses keine Gebühren bestimmt sind. ²Wenn keine Vereinbarung getroffen worden ist, erhält der Rechtsanwalt Gebühren nach den Vorschriften des bürgerlichen Rechts. ³Ist im Fall des Satzes 2 der Auftraggeber Verbraucher, beträgt die Gebühr für die Beratung oder für die Ausarbeitung eines schriftlichen Gutachtens jeweils höchstens 250 Euro; § 14 Abs. 1 gilt entsprechend; für ein erstes Beratungsgespräch beträgt die Gebühr jedoch höchstens 190 Euro.

(2) Wenn nichts anderes vereinbart ist, ist die Gebühr für die Beratung auf eine Gebühr für eine sonstige Tätigkeit, die mit der Beratung zusammenhängt, anzurechnen.

§ 35 RVG Hilfeleistung in Steuersachen

Für die Hilfeleistung bei der Erfüllung allgemeiner Steuerpflichten und bei der Erfüllung steuerlicher Buchführungs- und Aufzeichnungspflichten gelten die §§ 23 bis 39 der Steuerberatergebührenverordnung in Verbindung mit den §§ 10 und 13 der Steuerberatergebührenverordnung entsprechend.

§ 36 RVG Schiedsrichterliche Verfahren und Verfahren vor dem Schiedsgericht

(1) Teil 3 Abschnitt 1 und 2 des Vergütungsverzeichnisses ist auf die folgenden außergerichtlichen Verfahren entsprechend anzuwenden:

1. schiedsrichterliche Verfahren nach Buch 10 und
2. Verfahren vor dem Schiedsgericht (§ 104 des Arbeitsgerichtsgesetzes).

(2) Im Verfahren nach Absatz 1 Nr. 1 erhält der Rechtsanwalt die Terminsgebühr auch, wenn der Schiedsspruch ohne mündliche Verhandlung erlassen wird.

Abschnitt 6
Gerichtliche Verfahren

§ 37 RVG Verfahren vor den Verfassungsgerichten

(1) Die Vorschriften für die Revision in Teil 4 Abschnitt 1 Unterabschnitt 3 des Vergütungsverzeichnisses gelten entsprechend in folgenden Verfahren vor dem Bundesverfassungsgericht oder dem Verfassungsgericht (Verfassungsgerichtshof, Staatsgerichtshof) eines Landes:

1. Verfahren über die Verwirkung von Grundrechten, den Verlust des Stimmrechts, den Ausschluss von Wahlen und Abstimmungen,
2. Verfahren über die Verfassungswidrigkeit von Parteien,
3. Verfahren über Anklagen gegen den Bundespräsidenten, gegen ein Regierungsmitglied eines Landes oder gegen einen Abgeordneten oder Richter und
4. Verfahren über sonstige Gegenstände, die in einem dem Strafprozess ähnlichen Verfahren behandelt werden.

(2) [1] In sonstigen Verfahren vor dem Bundesverfassungsgericht oder dem Verfassungsgericht eines Landes gelten die Vorschriften in Teil 3 Abschnitt 2 Unterabschnitt 2 des Vergütungsverzeichnisses entsprechend. [2] Der Gegenstandswert ist unter Berücksichtigung der in § 14 Abs. 1 genannten Umstände nach billigem Ermessen zu bestimmen; er beträgt mindestens 4.000 Euro.

§ 38 RVG Verfahren vor dem Gerichtshof der Europäischen Gemeinschaften

(1) [1] In Vorabentscheidungsverfahren vor dem Gerichtshof der Europäischen Gemeinschaften gelten die Vorschriften in Teil 3 Abschnitt 2 des Vergütungsverzeichnisses entsprechend. [2] Der Gegenstandswert bestimmt sich nach den Wertvorschriften, die für die Gerichtsgebühren des Verfahrens gelten, in dem vorgelegt wird. [3] Das vorlegende Gericht setzt den Gegenstandswert auf Antrag durch Beschluss fest. [4] § 33 Abs. 2 bis 9 gilt entsprechend.

D. Rechtsanwaltsvergütungsgesetz - RVG

(2) Ist in einem Verfahren, in dem sich die Gebühren nach Teil 4, 5 oder 6 des Vergütungsverzeichnisses richten, vorgelegt worden, sind in dem Vorabentscheidungsverfahren die Nummern 4130 und 4132 des Vergütungsverzeichnisses entsprechend anzuwenden.

(3) Die Verfahrensgebühr des Verfahrens, in dem vorgelegt worden ist, wird auf die Verfahrensgebühr des Verfahrens vor dem Gerichtshof der Europäischen Gemeinschaften angerechnet, wenn nicht eine im Verfahrensrecht vorgesehene schriftliche Stellungnahme gegenüber dem Gerichtshof der Europäischen Gemeinschaften abgegeben wird.

§ 39 RVG   In Scheidungs- und Lebenspartnerschaftssachen beigeordneter Rechtsanwalt

Der Rechtsanwalt, der nach § 138 des Gesetzes über das Verfahren in Familiensachen und in den Angelegenheiten der freiwilligen Gerichtsbarkeit, auch in Verbindung mit § 270 des Gesetzes über das Verfahren in Familiensachen und in den Angelegenheiten der freiwilligen Gerichtsbarkeit, dem Antragsgegner beigeordnet ist, kann von diesem die Vergütung eines zum Prozessbevollmächtigten bestellten Rechtsanwalts und einen Vorschuss verlangen.

§ 40 RVG   Als gemeinsamer Vertreter bestellter Rechtsanwalt

Der Rechtsanwalt kann von den Personen, für die er nach § 67a Abs. 1 Satz 2 der Verwaltungsgerichtsordnung bestellt ist, die Vergütung eines von mehreren Auftraggebern zum Prozessbevollmächtigten bestellten Rechtsanwalts und einen Vorschuss verlangen.

§ 41 RVG   Prozesspfleger

[1] Der Rechtsanwalt, der nach § 57 oder § 58 der Zivilprozessordnung dem Beklagten als Vertreter bestellt ist, kann von diesem die Vergütung eines zum Prozessbevollmächtigten bestellten Rechtsanwalts verlangen. [2] Er kann von diesem keinen Vorschuss fordern. [3] § 126 der Zivilprozessordnung ist entsprechend anzuwenden.

Abschnitt 7
Straf- und Bußgeldsachen

§ 42 RVG   Feststellung einer Pauschgebühr

(1) [1] In Strafsachen, gerichtlichen Bußgeldsachen, Verfahren nach dem Gesetz über die internationale Rechtshilfe in Strafsachen und in Verfahren nach dem IStGH-Gesetz stellt das Oberlandesgericht, zu dessen Bezirk das Gericht des ersten Rechtszugs gehört, auf Antrag des Rechtsanwalts eine Pauschgebühr für das ganze Verfahren oder für einzelne Verfahrensabschnitte durch unanfechtbaren Beschluss fest, wenn die in den Teilen 4 bis 6 des Vergütungsverzeichnisses bestimmten Gebühren eines Wahlanwalts wegen des besonderen Umfangs oder der besonderen Schwierigkeit nicht zumutbar sind. [2] Dies gilt nicht, soweit Wertgebühren entstehen. [3] Beschränkt sich die Feststellung auf einzelne Verfahrensabschnitte, sind die Gebühren nach dem Vergütungsverzeichnis, an deren Stelle die Pauschgebühr treten soll, zu bezeichnen. [4] Die Pauschgebühr darf das Doppelte der für die Gebühren eines Wahlanwalts geltenden Höchstbeträge nach den Teilen 4 bis 6 des Vergütungsverzeichnisses nicht übersteigen. [5] Für den Rechtszug, in dem der Bundesgerichtshof für das Verfahren zuständig ist, ist er auch für die Entscheidung über den Antrag zuständig.

(2) [1] Der Antrag ist zulässig, wenn die Entscheidung über die Kosten des Verfahrens rechtskräftig ist. [2] Der gerichtlich bestellte oder beigeordnete Rechtsanwalt kann den Antrag nur unter den Voraussetzungen des § 52 Abs. 1 Satz 1, Abs. 2, auch in Verbindung mit § 53 Abs. 1, stellen. [3] Der Auftraggeber, in den Fällen des

§ 52 Abs. 1 Satz 1 der Beschuldigte, ferner die Staatskasse und andere Beteiligte, wenn ihnen die Kosten des Verfahrens ganz oder zum Teil auferlegt worden sind, sind zu hören.

(3) ¹ Der Strafsenat des Oberlandesgerichts ist mit einem Richter besetzt. ² Der Richter überträgt die Sache dem Senat in der Besetzung mit drei Richtern, wenn es zur Sicherung einer einheitlichen Rechtsprechung geboten ist.

(4) Die Feststellung ist für das Kostenfestsetzungsverfahren, das Vergütungsfestsetzungsverfahren (§ 11) und für einen Rechtsstreit des Rechtsanwalts auf Zahlung der Vergütung bindend.

(5) ¹ Die Absätze 1 bis 4 gelten im Bußgeldverfahren vor der Verwaltungsbehörde entsprechend. ² Über den Antrag entscheidet die Verwaltungsbehörde. ³ Gegen die Entscheidung kann gerichtliche Entscheidung beantragt werden. ⁴ Für das Verfahren gilt § 62 des Gesetzes über Ordnungswidrigkeiten.

§ 43 RVG   Abtretung des Kostenerstattungsanspruchs

¹ Tritt der Beschuldigte oder der Betroffene den Anspruch gegen die Staatskasse auf Erstattung von Anwaltskosten als notwendige Auslagen an den Rechtsanwalt ab, ist eine von der Staatskasse gegenüber dem Beschuldigten oder dem Betroffenen erklärte Aufrechnung insoweit unwirksam, als sie den Anspruch des Rechtsanwalts vereiteln oder beeinträchtigen würde. ² Dies gilt jedoch nur, wenn zum Zeitpunkt der Aufrechnung eine Urkunde über die Abtretung oder eine Anzeige des Beschuldigten oder des Betroffenen über die Abtretung in den Akten vorliegt.

Abschnitt 8
Beigeordneter oder bestellter Rechtsanwalt, Beratungshilfe

§ 44 RVG   Vergütungsanspruch bei Beratungshilfe

¹ Für die Tätigkeit im Rahmen der Beratungshilfe erhält der Rechtsanwalt eine Vergütung nach diesem Gesetz aus der Landeskasse, soweit nicht für die Tätigkeit in Beratungsstellen nach § 3 Abs. 1 des Beratungshilfegesetzes besondere Vereinbarungen getroffen sind. ² Die Beratungshilfegebühr (Nummer 2500 des Vergütungsverzeichnisses) schuldet nur der Rechtsuchende.

§ 45 RVG   Vergütungsanspruch des beigeordneten oder bestellten Rechtsanwalts

(1) Der im Wege der Prozesskostenhilfe beigeordnete oder nach § 57 oder § 58 der Zivilprozessordnung zum Prozesspfleger bestellte Rechtsanwalt erhält, soweit in diesem Abschnitt nichts anderes bestimmt ist, die gesetzliche Vergütung in Verfahren vor Gerichten des Bundes aus der Bundeskasse, in Verfahren vor Gerichten eines Landes aus der Landeskasse.

(2) Der Rechtsanwalt, der nach § 138 des Gesetzes über das Verfahren in Familiensachen und in den Angelegenheiten der freiwilligen Gerichtsbarkeit, auch in Verbindung mit § 270 des Gesetzes über das Verfahren in Familiensachen und in den Angelegenheiten der freiwilligen Gerichtsbarkeit, beigeordnet oder nach § 67a Abs. 1 Satz 2 der Verwaltungsgerichtsordnung bestellt ist, kann eine Vergütung aus der Landeskasse verlangen, wenn der zur Zahlung Verpflichtete (§ 39 oder § 40) mit der Zahlung der Vergütung im Verzug ist.

(3) ¹ Ist der Rechtsanwalt sonst gerichtlich bestellt oder beigeordnet worden, erhält er die Vergütung aus der Landeskasse, wenn ein Gericht des Landes den Rechtsanwalt bestellt oder beigeordnet hat, im Übrigen aus der Bundeskasse. ² Hat zuerst ein Gericht des Bundes und sodann ein Gericht des Landes den Rechtsanwalt bestellt oder beigeordnet, zahlt die Bundeskasse die Vergütung, die der Rechtsanwalt während der

D. Rechtsanwaltsvergütungsgesetz - RVG

Dauer der Bestellung oder Beiordnung durch das Gericht des Bundes verdient hat, die Landeskasse die dem Rechtsanwalt darüber hinaus zustehende Vergütung. ³ Dies gilt entsprechend, wenn zuerst ein Gericht des Landes und sodann ein Gericht des Bundes den Rechtsanwalt bestellt oder beigeordnet hat.

(4) ¹ Wenn der Verteidiger von der Stellung eines Wiederaufnahmeantrags abrät, hat er einen Anspruch gegen die Staatskasse nur dann, wenn er nach § 364b Abs. 1 Satz 1 der Strafprozessordnung bestellt worden ist oder das Gericht die Feststellung nach § 364b Abs. 1 Satz 2 der Strafprozessordnung getroffen hat. ² Dies gilt auch im gerichtlichen Bußgeldverfahren (§ 85 Abs. 1 des Gesetzes über Ordnungswidrigkeiten).

(5) ¹ Absatz 3 ist im Bußgeldverfahren vor der Verwaltungsbehörde entsprechend anzuwenden. ² An die Stelle des Gerichts tritt die Verwaltungsbehörde.

§ 46 RVG   Auslagen und Aufwendungen

(1) Auslagen, insbesondere Reisekosten, werden nicht vergütet, wenn sie zur sachgemäßen Durchführung der Angelegenheit nicht erforderlich waren.

(2) ¹ Wenn das Gericht des Rechtszugs auf Antrag des Rechtsanwalts vor Antritt der Reise feststellt, dass eine Reise erforderlich ist, ist diese Feststellung für das Festsetzungsverfahren (§ 55) bindend. ² Im Bußgeldverfahren vor der Verwaltungsbehörde tritt an die Stelle des Gerichts die Verwaltungsbehörde. ³ Für Aufwendungen (§ 670 des Bürgerlichen Gesetzbuchs) gelten Absatz 1 und die Sätze 1 und 2 entsprechend; die Höhe zu ersetzender Kosten für die Zuziehung eines Dolmetschers oder Übersetzers ist auf die nach dem Justizvergütungs- und -entschädigungsgesetz zu zahlenden Beträge beschränkt.

(3) ¹ Auslagen, die durch Nachforschungen zur Vorbereitung eines Wiederaufnahmeverfahrens entstehen, für das die Vorschriften der Strafprozessordnung gelten, werden nur vergütet, wenn der Rechtsanwalt nach § 364b Abs. 1 Satz 1 der Strafprozessordnung bestellt worden ist oder wenn das Gericht die Feststellung nach § 364b Abs. 1 Satz 2 der Strafprozessordnung getroffen hat. ² Dies gilt auch im gerichtlichen Bußgeldverfahren (§ 85 Abs. 1 des Gesetzes über Ordnungswidrigkeiten).

§ 47 RVG   Vorschuss

(1) ¹ Wenn dem Rechtsanwalt wegen seiner Vergütung ein Anspruch gegen die Staatskasse zusteht, kann er für die entstandenen Gebühren und die entstandenen und voraussichtlich entstehenden Auslagen aus der Staatskasse einen angemessenen Vorschuss fordern. ² Der Rechtsanwalt, der nach § 138 des Gesetzes über das Verfahren in Familiensachen und in den Angelegenheiten der freiwilligen Gerichtsbarkeit, auch in Verbindung mit § 270 des Gesetzes über das Verfahren in Familiensachen und in den Angelegenheiten der freiwilligen Gerichtsbarkeit, beigeordnet oder nach § 67a Abs. 1 Satz 2 der Verwaltungsgerichtsordnung bestellt ist, kann einen Vorschuss nur verlangen, wenn der zur Zahlung Verpflichtete (§ 39 oder § 40) mit der Zahlung des Vorschusses im Verzug ist.

(2) Bei Beratungshilfe kann der Rechtsanwalt keinen Vorschuss fordern.

§ 48 RVG   Umfang des Anspruchs und der Beiordnung

(1) Der Vergütungsanspruch bestimmt sich nach den Beschlüssen, durch die die Prozesskostenhilfe bewilligt und der Rechtsanwalt beigeordnet oder bestellt worden ist.

(2) ¹ In Angelegenheiten, in denen sich die Gebühren nach Teil 3 des Vergütungsverzeichnisses bestimmen und die Beiordnung eine Berufung oder Revision betrifft, wird eine Vergütung aus der Staatskasse auch für die Rechtsverteidigung gegen eine Anschlussberufung oder eine Anschlussrevision und, wenn der Rechts-

anwalt für die Erwirkung eines Arrests, einer einstweiligen Verfügung oder einer einstweiligen Anordnung beigeordnet ist, auch für deren Vollziehung oder Vollstreckung gewährt. ²Dies gilt nicht, wenn der Beiordnungsbeschluss ausdrücklich etwas anderes bestimmt.

(3) ¹Die Beiordnung in einer Ehesache erstreckt sich auf den Abschluss eines Vertrags im Sinne der Nummer 1000 des Vergütungsverzeichnisses, der den gegenseitigen Unterhalt der Ehegatten, den Unterhalt gegenüber den Kindern im Verhältnis der Ehegatten zueinander, die Sorge für die Person der gemeinschaftlichen minderjährigen Kinder, die Regelung des Umgangs mit einem Kind, die Rechtsverhältnisse an der Ehewohnung und den Haushaltsgegenständen und die Ansprüche aus dem ehelichen Güterrecht betrifft. ²Satz 1 gilt im Fall der Beiordnung in Lebenspartnerschaftssachen nach § 269 Abs. 1 Nr. 1 und 2 des Gesetzes über das Verfahren in Familiensachen und in den Angelegenheiten der freiwilligen Gerichtsbarkeit entsprechend.

(4) ¹In anderen Angelegenheiten, die mit dem Hauptverfahren nur zusammenhängen, erhält der für das Hauptverfahren beigeordnete Rechtsanwalt eine Vergütung aus der Staatskasse nur dann, wenn er ausdrücklich auch hierfür beigeordnet ist. ²Dies gilt insbesondere für

1. die Zwangsvollstreckung, die Vollstreckung und den Verwaltungszwang;
2. das Verfahren über den Arrest, die einstweilige Verfügung und die einstweilige Anordnung;
3. das selbstständige Beweisverfahren;
4. das Verfahren über die Widerklage, ausgenommen die Rechtsverteidigung gegen den Widerklageantrag in Ehesachen und in Lebenspartnerschaftssachen nach § 269 Abs. 1 Nr. 1 und 2 des Gesetzes über das Verfahren in Familiensachen und in den Angelegenheiten der freiwilligen Gerichtsbarkeit.

(5) ¹Wird der Rechtsanwalt in Angelegenheiten nach den Teilen 4 bis 6 des Vergütungsverzeichnisses im ersten Rechtszug bestellt oder beigeordnet, erhält er die Vergütung auch für seine Tätigkeit vor dem Zeitpunkt seiner Bestellung, in Strafsachen einschließlich seiner Tätigkeit vor Erhebung der öffentlichen Klage und in Bußgeldsachen einschließlich der Tätigkeit vor der Verwaltungsbehörde. ²Wird der Rechtsanwalt in einem späteren Rechtszug beigeordnet, erhält er seine Vergütung in diesem Rechtszug auch für seine Tätigkeit vor dem Zeitpunkt seiner Bestellung. ³Werden Verfahren verbunden, kann das Gericht die Wirkungen des Satzes 1 auch auf diejenigen Verfahren erstrecken, in denen vor der Verbindung keine Beiordnung oder Bestellung erfolgt war.

§ 49 RVG   Wertgebühren aus der Staatskasse

Bestimmen sich die Gebühren nach dem Gegenstandswert, werden bei einem Gegenstandswert von mehr als 3.000 Euro an Stelle der Gebühr nach § 13 Abs. 1 folgende Gebühren vergütet:

Gegenstandswert bis ... Euro	Gebühr ... Euro
3.500	195
4.000	204
4.500	212
5.000	219
6.000	225
7.000	230
8.000	234
9.000	238

D. Rechtsanwaltsvergütungsgesetz - RVG

10.000	242
13.000	246
16.000	257
19.000	272
22.000	293
25.000	318
30.000	354
über 30.000	391

§ 50 RVG   Weitere Vergütung bei Prozesskostenhilfe

(1) [1] Nach Deckung der in § 122 Abs. 1 Nr. 1 der Zivilprozessordnung bezeichneten Kosten und Ansprüche hat die Staatskasse über die Gebühren des § 49 hinaus weitere Beträge bis zur Höhe der Gebühren nach § 13 einzuziehen, wenn dies nach den Vorschriften der Zivilprozessordnung und nach den Bestimmungen, die das Gericht getroffen hat, zulässig ist. [2] Die weitere Vergütung ist festzusetzen, wenn das Verfahren durch rechtskräftige Entscheidung oder in sonstiger Weise beendet ist und die von der Partei zu zahlenden Beträge beglichen sind oder wegen dieser Beträge eine Zwangsvollstreckung in das bewegliche Vermögen der Partei erfolglos geblieben ist oder aussichtslos erscheint.

(2) Der beigeordnete Rechtsanwalt soll eine Berechnung seiner Regelvergütung unverzüglich zu den Prozessakten mitteilen.

(3) Waren mehrere Rechtsanwälte beigeordnet, bemessen sich die auf die einzelnen Rechtsanwälte entfallenden Beträge nach dem Verhältnis der jeweiligen Unterschiedsbeträge zwischen den Gebühren nach § 49 und den Regelgebühren; dabei sind Zahlungen, die nach § 58 auf den Unterschiedsbetrag anzurechnen sind, von diesem abzuziehen.

§ 51 RVG   Festsetzung einer Pauschgebühr in Straf- und Bußgeldsachen

(1) [1] In Straf- und Bußgeldsachen, Verfahren nach dem Gesetz über die internationale Rechtshilfe in Strafsachen und in Verfahren nach dem IStGH-Gesetz ist dem gerichtlich bestellten oder beigeordneten Rechtsanwalt für das ganze Verfahren oder für einzelne Verfahrensabschnitte auf Antrag eine Pauschgebühr zu bewilligen, die über die Gebühren nach dem Vergütungsverzeichnis hinausgeht, wenn die in den Teilen 4 bis 6 des Vergütungsverzeichnisses bestimmten Gebühren wegen des besonderen Umfangs oder der besonderen Schwierigkeit nicht zumutbar sind. [2] Dies gilt nicht, soweit Wertgebühren entstehen. [3] Beschränkt sich die Bewilligung auf einzelne Verfahrensabschnitte, sind die Gebühren nach dem Vergütungsverzeichnis, an deren Stelle die Pauschgebühr treten soll, zu bezeichnen. [4] Eine Pauschgebühr kann auch für solche Tätigkeiten gewährt werden, für die ein Anspruch nach § 48 Abs. 5 besteht. [5] Auf Antrag ist dem Rechtsanwalt ein angemessener Vorschuss zu bewilligen, wenn ihm insbesondere wegen der langen Dauer des Verfahrens und der Höhe der zu erwartenden Pauschgebühr nicht zugemutet werden kann, die Festsetzung der Pauschgebühr abzuwarten.

(2) [1] Über die Anträge entscheidet das Oberlandesgericht, zu dessen Bezirk das Gericht des ersten Rechtszugs gehört, und im Fall der Beiordnung einer Kontaktperson (§ 34a des Einführungsgesetzes zum Gerichtsverfassungsgesetz) das Oberlandesgericht, in dessen Bezirk die Justizvollzugsanstalt liegt, durch unanfechtbaren Beschluss. [2] Der Bundesgerichtshof ist für die Entscheidung zuständig, soweit er den

D. Rechtsanwaltsvergütungsgesetz - RVG

Rechtsanwalt bestellt hat. [3] In dem Verfahren ist die Staatskasse zu hören. [4] § 42 Abs. 3 ist entsprechend anzuwenden.

(3) [1] Absatz 1 gilt im Bußgeldverfahren vor der Verwaltungsbehörde entsprechend. [2] Über den Antrag nach Absatz 1 Satz 1 bis 3 entscheidet die Verwaltungsbehörde gleichzeitig mit der Festsetzung der Vergütung.

§ 52 RVG Anspruch gegen den Beschuldigten oder den Betroffenen

(1) [1] Der gerichtlich bestellte Rechtsanwalt kann von dem Beschuldigten die Zahlung der Gebühren eines gewählten Verteidigers verlangen; er kann jedoch keinen Vorschuss fordern. [2] Der Anspruch gegen den Beschuldigten entfällt insoweit, als die Staatskasse Gebühren gezahlt hat.

(2) [1] Der Anspruch kann nur insoweit geltend gemacht werden, als dem Beschuldigten ein Erstattungsanspruch gegen die Staatskasse zusteht oder das Gericht des ersten Rechtszugs auf Antrag des Verteidigers feststellt, dass der Beschuldigte ohne Beeinträchtigung des für ihn und seine Familie notwendigen Unterhalts zur Zahlung oder zur Leistung von Raten in der Lage ist. [2] Ist das Verfahren nicht gerichtlich anhängig geworden, entscheidet das Gericht, das den Verteidiger bestellt hat.

(3) [1] Wird ein Antrag nach Absatz 2 Satz 1 gestellt, setzt das Gericht dem Beschuldigten eine Frist zur Darlegung seiner persönlichen und wirtschaftlichen Verhältnisse; § 117 Abs. 2 bis 4 der Zivilprozessordnung gilt entsprechend. [2] Gibt der Beschuldigte innerhalb der Frist keine Erklärung ab, wird vermutet, dass er leistungsfähig im Sinne des Absatzes 2 Satz 1 ist.

(4) Gegen den Beschluss nach Absatz 2 ist die sofortige Beschwerde nach den Vorschriften der §§ 304 bis 311a der Strafprozessordnung zulässig.

(5) [1] Der für den Beginn der Verjährung maßgebende Zeitpunkt tritt mit der Rechtskraft der das Verfahren abschließenden gerichtlichen Entscheidung, in Ermangelung einer solchen mit der Beendigung des Verfahrens ein. [2] Ein Antrag des Verteidigers hemmt den Lauf der Verjährungsfrist. [3] Die Hemmung endet sechs Monate nach der Rechtskraft der Entscheidung des Gerichts über den Antrag.

(6) [1] Die Absätze 1 bis 3 und 5 gelten im Bußgeldverfahren entsprechend. [2] Im Bußgeldverfahren vor der Verwaltungsbehörde tritt an die Stelle des Gerichts die Verwaltungsbehörde.

§ 53 RVG Anspruch gegen den Auftraggeber, Anspruch des zum Beistand bestellten Rechtsanwalts gegen den Verurteilten

(1) Für den Anspruch des dem Privatkläger, dem Nebenkläger, dem Antragsteller im Klageerzwingungsverfahren oder des sonst in Angelegenheiten, in denen sich die Gebühren nach Teil 4, 5 oder 6 des Vergütungsverzeichnisses bestimmen, beigeordneten Rechtsanwalts gegen seinen Auftraggeber gilt § 52 entsprechend.

(2) [1] Der dem Nebenkläger, dem nebenklageberechtigten Verletzten oder dem Zeugen als Beistand bestellte Rechtsanwalt kann die Gebühren eines gewählten Beistands nur von dem Verurteilten verlangen. [2] Der Anspruch entfällt insoweit, als die Staatskasse die Gebühren bezahlt hat.

(3) [1] Der in Absatz 2 Satz 1 genannte Rechtsanwalt kann einen Anspruch aus einer Vergütungsvereinbarung nur geltend machen, wenn das Gericht des ersten Rechtszugs auf seinen Antrag feststellt, dass der Nebenkläger, der nebenklageberechtigte Verletzte oder der Zeuge zum Zeitpunkt des Abschlusses der Vereinbarung allein auf Grund seiner persönlichen und wirtschaftlichen Verhältnisse die Voraussetzungen für die Bewilligung von Prozesskostenhilfe in bürgerlichen Rechtsstreitigkeiten nicht erfüllt hätte. [2] Ist das

D. Rechtsanwaltsvergütungsgesetz - RVG

Verfahren nicht gerichtlich anhängig geworden, entscheidet das Gericht, das den Rechtsanwalt als Beistand bestellt hat. [3] § 52 Absatz 3 bis 5 gilt entsprechend.

§ 54 RVG Verschulden eines beigeordneten oder bestellten Rechtsanwalts

Hat der beigeordnete oder bestellte Rechtsanwalt durch schuldhaftes Verhalten die Beiordnung oder Bestellung eines anderen Rechtsanwalts veranlasst, kann er Gebühren, die auch für den anderen Rechtsanwalt entstehen, nicht fordern.

§ 55 RVG Festsetzung der aus der Staatskasse zu zahlenden Vergütungen und Vorschüsse

(1) [1] Die aus der Staatskasse zu gewährende Vergütung und der Vorschuss hierauf werden auf Antrag des Rechtsanwalts von dem Urkundsbeamten der Geschäftsstelle des Gerichts des ersten Rechtszugs festgesetzt. [2] Ist das Verfahren nicht gerichtlich anhängig geworden, erfolgt die Festsetzung durch den Urkundsbeamten der Geschäftsstelle des Gerichts, das den Verteidiger bestellt hat.

(2) In Angelegenheiten, in denen sich die Gebühren nach Teil 3 des Vergütungsverzeichnisses bestimmen, erfolgt die Festsetzung durch den Urkundsbeamten des Gerichts des Rechtszugs, solange das Verfahren nicht durch rechtskräftige Entscheidung oder in sonstiger Weise beendet ist.

(3) Im Fall der Beiordnung einer Kontaktperson (§ 34a des Einführungsgesetzes zum Gerichtsverfassungsgesetz) erfolgt die Festsetzung durch den Urkundsbeamten der Geschäftsstelle des Landgerichts, in dessen Bezirk die Justizvollzugsanstalt liegt.

(4) Im Fall der Beratungshilfe wird die Vergütung von dem Urkundsbeamten der Geschäftsstelle des in § 4 Abs. 1 des Beratungshilfegesetzes bestimmten Gerichts festgesetzt.

(5) [1] § 104 Abs. 2 der Zivilprozessordnung gilt entsprechend. [2] Der Antrag hat die Erklärung zu enthalten, ob und welche Zahlungen der Rechtsanwalt bis zum Tag der Antragstellung erhalten hat. [3] Bei Zahlungen auf eine anzurechnende Gebühr sind diese Zahlungen, der Satz oder der Betrag der Gebühr und bei Wertgebühren auch der zugrunde gelegte Wert anzugeben. [4] Zahlungen, die der Rechtsanwalt nach der Antragstellung erhalten hat, hat er unverzüglich anzuzeigen.

(6) [1] Der Urkundsbeamte kann vor einer Festsetzung der weiteren Vergütung (§ 50) den Rechtsanwalt auffordern, innerhalb einer Frist von einem Monat bei der Geschäftsstelle des Gerichts, dem der Urkundsbeamte angehört, Anträge auf Festsetzung der Vergütungen, für die ihm noch Ansprüche gegen die Staatskasse zustehen, einzureichen oder sich zu den empfangenen Zahlungen (Absatz 5 Satz 2) zu erklären. [2] Kommt der Rechtsanwalt der Aufforderung nicht nach, erlöschen seine Ansprüche gegen die Staatskasse.

(7) [1] Die Absätze 1 und 5 gelten im Bußgeldverfahren vor der Verwaltungsbehörde entsprechend. [2] An die Stelle des Urkundsbeamten der Geschäftsstelle tritt die Verwaltungsbehörde.

§ 56 RVG Erinnerung und Beschwerde

(1) [1] Über Erinnerungen des Rechtsanwalts und der Staatskasse gegen die Festsetzung nach § 55 entscheidet das Gericht des Rechtszugs, bei dem die Festsetzung erfolgt ist, durch Beschluss. [2] Im Fall des § 55 Abs. 3 entscheidet die Strafkammer des Landgerichts. [3] Im Fall der Beratungshilfe entscheidet das nach § 4 Abs. 1 des Beratungshilfegesetzes zuständige Gericht.

(2) ¹ Im Verfahren über die Erinnerung gilt § 33 Abs. 4 Satz 1, Abs. 7 und 8 und im Verfahren über die Beschwerde gegen die Entscheidung über die Erinnerung § 33 Abs. 3 bis 8 entsprechend. ² Das Verfahren über die Erinnerung und über die Beschwerde ist gebührenfrei. ³ Kosten werden nicht erstattet.

§ 57 RVG   Rechtsbehelf in Bußgeldsachen vor der Verwaltungsbehörde

¹ Gegen Entscheidungen der Verwaltungsbehörde im Bußgeldverfahren nach den Vorschriften dieses Abschnitts kann gerichtliche Entscheidung beantragt werden. ² Für das Verfahren gilt § 62 des Gesetzes über Ordnungswidrigkeiten.

§ 58 RVG   Anrechnung von Vorschüssen und Zahlungen

(1) Zahlungen, die der Rechtsanwalt nach § 9 des Beratungshilfegesetzes erhalten hat, werden auf die aus der Landeskasse zu zahlende Vergütung angerechnet.

(2) In Angelegenheiten, in denen sich die Gebühren nach Teil 3 des Vergütungsverzeichnisses bestimmen, sind Vorschüsse und Zahlungen, die der Rechtsanwalt vor oder nach der Beiordnung erhalten hat, zunächst auf die Vergütungen anzurechnen, für die ein Anspruch gegen die Staatskasse nicht oder nur unter den Voraussetzungen des § 50 besteht.

(3) ¹ In Angelegenheiten, in denen sich die Gebühren nach den Teilen 4 bis 6 des Vergütungsverzeichnisses bestimmen, sind Vorschüsse und Zahlungen, die der Rechtsanwalt vor oder nach der gerichtlichen Bestellung oder Beiordnung für seine Tätigkeit für bestimmte Verfahrensabschnitte erhalten hat, auf die von der Staatskasse für diese Verfahrensabschnitte zu zahlenden Gebühren anzurechnen. ² Hat der Rechtsanwalt Zahlungen empfangen, nachdem er Gebühren aus der Staatskasse erhalten hat, ist er zur Rückzahlung an die Staatskasse verpflichtet. ³ Die Anrechnung oder Rückzahlung erfolgt nur, soweit der Rechtsanwalt durch die Zahlungen insgesamt mehr als den doppelten Betrag der ihm ohne Berücksichtigung des § 51 aus der Staatskasse zustehenden Gebühren erhalten würde.

§ 59 RVG   Übergang von Ansprüchen auf die Staatskasse

(1) ¹ Soweit dem im Wege der Prozesskostenhilfe oder nach § 138 des Gesetzes über das Verfahren in Familiensachen und in den Angelegenheiten der freiwilligen Gerichtsbarkeit, auch in Verbindung mit § 270 des Gesetzes über das Verfahren in Familiensachen und in den Angelegenheiten der freiwilligen Gerichtsbarkeit, beigeordneten oder nach § 67a Abs. 1 Satz 2 der Verwaltungsgerichtsordnung bestellten Rechtsanwalt wegen seiner Vergütung ein Anspruch gegen die Partei oder einen ersatzpflichtigen Gegner zusteht, geht der Anspruch mit der Befriedigung des Rechtsanwalts durch die Staatskasse auf diese über. ² Der Übergang kann nicht zum Nachteil des Rechtsanwalts geltend gemacht werden.

(2) ¹ Für die Geltendmachung des Anspruchs gelten die Vorschriften über die Einziehung der Kosten des gerichtlichen Verfahrens entsprechend. ² Ansprüche der Staatskasse werden bei dem Gericht des ersten Rechtszugs angesetzt. ³ Ist das Gericht des ersten Rechtszugs ein Gericht des Landes und ist der Anspruch auf die Bundeskasse übergegangen, wird er insoweit bei dem jeweiligen obersten Gerichtshof des Bundes angesetzt. ⁴ Für die Entscheidung über eine gegen den Ansatz gerichtete Erinnerung und über die Beschwerde gilt § 66 des Gerichtskostengesetzes entsprechend.

(3) Absatz 1 gilt entsprechend bei Beratungshilfe.

D. Rechtsanwaltsvergütungsgesetz - RVG

§ 59a RVG Bekanntmachung von Neufassungen

[2] Das Bundesministerium der Justiz kann nach Änderungen den Wortlaut des Gesetzes feststellen und als Neufassung im Bundesgesetzblatt bekannt machen. [3] Die Bekanntmachung muss auf diese Vorschrift Bezug nehmen und angeben

1. den Stichtag, zu dem der Wortlaut festgestellt wird,
2. die Änderungen seit der letzten Veröffentlichung des vollständigen Wortlauts im Bundesgesetzblatt sowie
3. das Inkrafttreten der Änderungen.

Abschnitt 9
Übergangs- und Schlussvorschriften

§ 60 RVG Übergangsvorschrift

(1) [1] Die Vergütung ist nach bisherigem Recht zu berechnen, wenn der unbedingte Auftrag zur Erledigung derselben Angelegenheit im Sinne des § 15 vor dem In-Kraft-Treten einer Gesetzesänderung erteilt oder der Rechtsanwalt vor diesem Zeitpunkt gerichtlich bestellt oder beigeordnet worden ist. [2] Ist der Rechtsanwalt im Zeitpunkt des In-Kraft-Tretens einer Gesetzesänderung in derselben Angelegenheit und, wenn ein gerichtliches Verfahren anhängig ist, in demselben Rechtszug bereits tätig, ist die Vergütung für das Verfahren über ein Rechtsmittel, das nach diesem Zeitpunkt eingelegt worden ist, nach neuem Recht zu berechnen. [3] Die Sätze 1 und 2 gelten auch, wenn Vorschriften geändert werden, auf die dieses Gesetz verweist.

(2) Sind Gebühren nach dem zusammengerechneten Wert mehrerer Gegenstände zu bemessen, gilt für die gesamte Vergütung das bisherige Recht auch dann, wenn dies nach Absatz 1 nur für einen der Gegenstände gelten würde.

§ 61 RVG Übergangsvorschrift aus Anlass des In-Kraft-Tretens dieses Gesetzes

(1) [1] Die Bundesgebührenordnung für Rechtsanwälte in der im Bundesgesetzblatt Teil III, Gliederungsnummer 368-1, veröffentlichten bereinigten Fassung, zuletzt geändert durch Artikel 2 Abs. 6 des Gesetzes vom 12. März 2004 (BGBl. I S. 390), und Verweisungen hierauf sind weiter anzuwenden, wenn der unbedingte Auftrag zur Erledigung derselben Angelegenheit im Sinne des § 15 vor dem 1. Juli 2004 erteilt oder der Rechtsanwalt vor diesem Zeitpunkt gerichtlich bestellt oder beigeordnet worden ist. [2] Ist der Rechtsanwalt am 1. Juli 2004 in derselben Angelegenheit und, wenn ein gerichtliches Verfahren anhängig ist, in demselben Rechtszug bereits tätig, gilt für das Verfahren über ein Rechtsmittel, das nach diesem Zeitpunkt eingelegt worden ist, dieses Gesetz. [3] § 60 Abs. 2 ist entsprechend anzuwenden.

(2) Auf die Vereinbarung der Vergütung sind die Vorschriften dieses Gesetzes auch dann anzuwenden, wenn nach Absatz 1 die Vorschriften der Bundesgebührenordnung für Rechtsanwälte weiterhin anzuwenden und die Willenserklärungen beider Parteien nach dem 1. Juli 2004 abgegeben worden sind.

§ 62 RVG Verfahren nach dem Therapieunterbringungsgesetz

Die Regelungen des Therapieunterbringungsgesetzes zur Rechtsanwaltsvergütung bleiben unberührt.

Vergütungsverzeichnis

Anlage 1
(zu § 2 Abs. 2)

Gliederung

Teil 1	Allgemeine Gebühren
Teil 2	Außergerichtliche Tätigkeiten einschließlich der Vertretung im Verwaltungsverfahren
Abschnitt 1	Prüfung der Erfolgsaussicht eines Rechtsmittels
Abschnitt 2	Herstellung des Einvernehmens
Abschnitt 3	Vertretung
Abschnitt 4	Vertretung in bestimmten Angelegenheiten
Abschnitt 5	Beratungshilfe
Teil 3	Zivilsachen, Verfahren der öffentlich-rechtlichen Gerichtsbarkeiten, Verfahren nach dem Strafvollzugsgesetz, auch in Verbindung mit § 92 des Jugendgerichtsgesetzes, und ähnliche Verfahren
Abschnitt 1	Erster Rechtszug
Abschnitt 2	**Berufung, Revision, bestimmte Beschwerden und Verfahren vor dem Finanzgericht**
Unterabschnitt 1	Berufung, bestimmte Beschwerden und Verfahren vor dem Finanzgericht
Unterabschnitt 2	Revision, bestimmte Beschwerden und Rechtsbeschwerden
Abschnitt 3	**Gebühren für besondere Verfahren**
Unterabschnitt 1	Besondere erstinstanzliche Verfahren
Unterabschnitt 2	Mahnverfahren
Unterabschnitt 3	Vollstreckung und Vollziehung
Unterabschnitt 4	Zwangsversteigerung und Zwangsverwaltung
Unterabschnitt 5	Insolvenzverfahren, Verteilungsverfahren nach der Schifffahrtsrechtlichen Verteilungsordnung
Unterabschnitt 6	Sonstige besondere Verfahren
Abschnitt 4	**Einzeltätigkeiten**
Abschnitt 5	**Beschwerde, Nichtzulassungsbeschwerde und Erinnerung**
Teil 4	Strafsachen
Abschnitt 1	**Gebühren des Verteidigers**
Unterabschnitt 1	Allgemeine Gebühren
Unterabschnitt 2	Vorbereitendes Verfahren
Unterabschnitt 3	Gerichtliches Verfahren
	Erster Rechtszug
	Berufung
	Revision
Unterabschnitt 4	Wiederaufnahmeverfahren

D. Rechtsanwaltsvergütungsgesetz - RVG

Unterabschnitt 5	Zusätzliche Gebühren
Abschnitt 2	**Gebühren in der Strafvollstreckung**
Abschnitt 3	**Einzeltätigkeiten**
Teil 5	**Bußgeldsachen**
Abschnitt 1	**Gebühren des Verteidigers**
Unterabschnitt 1	Allgemeine Gebühr
Unterabschnitt 2	Verfahren vor der Verwaltungsbehörde
Unterabschnitt 3	Gerichtliches Verfahren im ersten Rechtszug
Unterabschnitt 4	Verfahren über die Rechtsbeschwerde
Unterabschnitt 5	Zusätzliche Gebühren
Abschnitt 2	**Einzeltätigkeiten**
Teil 6	**Sonstige Verfahren**
Abschnitt 1	**Verfahren nach dem Gesetz über die internationale Rechtshilfe in Strafsachen und Verfahren nach dem Gesetz über die Zusammenarbeit mit dem Internationalen Strafgerichtshof**
Unterabschnitt 1	Verfahren vor der Verwaltungsbehörde
Unterabschnitt 2	Gerichtliches Verfahren
Abschnitt 2	**Disziplinarverfahren, berufsgerichtliche Verfahren wegen der Verletzung einer Berufspflicht**
Unterabschnitt 1	Allgemeine Gebühren
Unterabschnitt 2	Außergerichtliches Verfahren
Unterabschnitt 3	Gerichtliches Verfahren
	Erster Rechtszug
	Zweiter Rechtszug
	Dritter Rechtszug
Unterabschnitt 4	Zusatzgebühr
Abschnitt 3	**Gerichtliche Verfahren bei Freiheitsentziehung und in Unterbringungssachen**
Abschnitt 4	**Verfahren nach der Wehrbeschwerdeordnung**
Abschnitt 5	**Einzeltätigkeiten und Verfahren auf Aufhebung oder Änderung einer Disziplinarmaßnahme**
Teil 7	**Auslagen**

Teil 1
Allgemeine Gebühren

Nr.	Gebührentatbestand	Gebühr oder Satz der Gebühr nach § 13 RVG
	Vorbemerkung 1: Die Gebühren dieses Teils entstehen neben den in anderen Teilen bestimmten Gebühren.	
1000	Einigungsgebühr	1,5
	(1) Die Gebühr entsteht für die Mitwirkung beim Abschluss eines Vertrags, durch den der Streit oder die Ungewissheit über ein Rechtsverhältnis beseitigt wird, es sei denn, der Vertrag beschränkt sich ausschließlich auf ein Anerkenntnis oder einen Verzicht. Dies gilt auch für die Mitwirkung bei einer Einigung in einem der in § 36 RVG bezeichneten Güteverfahren. Im Privatklageverfahren ist Nummer 4147 anzuwenden.	
	(2) Die Gebühr entsteht auch für die Mitwirkung bei Vertragsverhandlungen, es sei denn, dass diese für den Abschluss des Vertrags im Sinne des Absatzes 1 nicht ursächlich war.	
	(3) Für die Mitwirkung bei einem unter einer aufschiebenden Bedingung oder unter dem Vorbehalt des Widerrufs geschlossenen Vertrag entsteht die Gebühr, wenn die Bedingung eingetreten ist oder der Vertrag nicht mehr widerrufen werden kann.	
	(4) Soweit über die Ansprüche vertraglich verfügt werden kann, gelten die Absätze 1 und 2 auch bei Rechtsverhältnissen des öffentlichen Rechts.	
	(5) Die Gebühr entsteht nicht in Ehesachen und in Lebenspartnerschaftssachen (§ 269 Abs. 1 Nr. 1 und 2 FamFG). Wird ein Vertrag, insbesondere über den Unterhalt, im Hinblick auf die in Satz 1 genannten Verfahren geschlossen, bleibt der Wert dieser Verfahren bei der Berechnung der Gebühr außer Betracht. In Kindschaftssachen ist Absatz 1 Satz 1 auch für die Mitwirkung an einer Vereinbarung, über deren Gegenstand nicht vertraglich verfügt werden kann, entsprechend anzuwenden.	
1001	Aussöhnungsgebühr	1,5
	Die Gebühr entsteht für die Mitwirkung bei der Aussöhnung, wenn der ernstliche Wille eines Ehegatten, eine Scheidungssache oder ein Verfahren auf Aufhebung der Ehe anhängig zu machen, hervorgetreten ist und die Ehegatten die eheliche Lebensgemeinschaft fortsetzen oder die eheliche Lebensgemeinschaft wieder aufnehmen. Dies gilt entsprechend bei Lebenspartnerschaften.	
1002	Erledigungsgebühr, soweit nicht Nummer 1005 gilt	1,5

D. Rechtsanwaltsvergütungsgesetz - RVG

Nr.	Gebührentatbestand	Gebühr oder Satz der Gebühr nach § 13 RVG
	Die Gebühr entsteht, wenn sich eine Rechtssache ganz oder teilweise nach Aufhebung oder Änderung des mit einem Rechtsbehelf angefochtenen Verwaltungsakts durch die anwaltliche Mitwirkung erledigt. Das Gleiche gilt, wenn sich eine Rechtssache ganz oder teilweise durch Erlass eines bisher abgelehnten Verwaltungsakts erledigt.	
1003	Über den Gegenstand ist ein anderes gerichtliches Verfahren als ein selbstständiges Beweisverfahren anhängig: Die Gebühren 1000 bis 1002 betragen	1,0
	(1) Dies gilt auch, wenn ein Verfahren über die Prozesskostenhilfe anhängig ist, soweit nicht lediglich Prozesskostenhilfe für ein selbstständiges Beweisverfahren oder die gerichtliche Protokollierung des Vergleichs beantragt wird oder sich die Beiordnung auf den Abschluss eines Vertrags im Sinne der Nummer 1000 erstreckt (§ 48 Abs. 3 RVG). Das Verfahren vor dem Gerichtsvollzieher steht einem gerichtlichen Verfahren gleich.	
	(2) In Kindschaftssachen entsteht die Gebühr auch für die Mitwirkung am Abschluss eines gerichtlich gebilligten Vergleichs (§ 156 Abs. 2 FamFG) und an einer Vereinbarung, über deren Gegenstand nicht vertraglich verfügt werden kann, wenn hierdurch eine gerichtliche Entscheidung entbehrlich wird oder wenn die Entscheidung der getroffenen Vereinbarung folgt.	
1004	Über den Gegenstand ist ein Berufungs- oder Revisionsverfahren anhängig: Die Gebühren 1000 bis 1002 betragen	1,3
	(1) Dies gilt auch in den in den Vorbemerkungen 3.2.1 und 3.2.2 genannten Beschwerde- und Rechtsbeschwerdeverfahren.	
	(2) Absatz 2 der Anmerkung zu Nummer 1003 ist anzuwenden.	
1005	Einigung oder Erledigung in sozialrechtlichen Angelegenheiten, in denen im gerichtlichen Verfahren Betragsrahmengebühren entstehen (§ 3 RVG): Die Gebühren 1000 und 1002 betragen	40,00 bis 520,00 EUR
1006	Über den Gegenstand ist ein gerichtliches Verfahren anhängig: Die Gebühr 1005 beträgt	30,00 bis 350,00 EUR
1007	Über den Gegenstand ist ein Berufungs- oder Revisionsverfahren anhängig: Die Gebühr 1005 beträgt	40,00 bis 460,00 EUR

D. Rechtsanwaltsvergütungsgesetz - RVG

Nr.	Gebührentatbestand	Gebühr oder Satz der Gebühr nach § 13 RVG
1008	Auftraggeber sind in derselben Angelegenheit mehrere Personen: Die Verfahrens- oder Geschäftsgebühr erhöht sich für jede weitere Person um	0,3 oder 30% bei Festgebühren, bei Betragsrahmengebühren erhöhen sich der Mindest- und Höchstbetrag um 30%
	(1) Dies gilt bei Wertgebühren nur, soweit der Gegenstand der anwaltlichen Tätigkeit derselbe ist.	
	(2) Die Erhöhung wird nach dem Betrag berechnet, an dem die Personen gemeinschaftlich beteiligt sind.	
	(3) Mehrere Erhöhungen dürfen einen Gebührensatz von 2,0 nicht übersteigen; bei Festgebühren dürfen die Erhöhungen das Doppelte der Festgebühr und bei Betragsrahmengebühren das Doppelte des Mindest- und Höchstbetrags nicht übersteigen.	
1009	Hebegebühr	
	1. bis einschließlich 2.500,00 EUR	1,0%
	2. von dem Mehrbetrag bis einschließlich 10.000,00 EUR	0,5%
	3. von dem Mehrbetrag über 10.000,00 EUR	0,25% des aus- oder zurückgezahlten Betrags - mindestens 1,00 EUR
	(1) Die Gebühr wird für die Auszahlung oder Rückzahlung von entgegengenommenen Geldbeträgen erhoben.	
	(2) Unbare Zahlungen stehen baren Zahlungen gleich. Die Gebühr kann bei der Ablieferung an den Auftraggeber entnommen werden.	
	(3) Ist das Geld in mehreren Beträgen gesondert ausgezahlt oder zurückgezahlt, wird die Gebühr von jedem Betrag besonders erhoben.	
	(4) Für die Ablieferung oder Rücklieferung von Wertpapieren und Kostbarkeiten entsteht die in den Absätzen 1 bis 3 bestimmte Gebühr nach dem Wert.	
	(5) Die Hebegebühr entsteht nicht, soweit Kosten an ein Gericht oder eine Behörde weitergeleitet oder eingezogene Kosten an den Auftraggeber abgeführt oder eingezogene Beträge auf die Vergütung verrechnet werden.	

Teil 2
Außergerichtliche Tätigkeiten einschließlich der Vertretung im Verwaltungsverfahren

Nr.	Gebührentatbestand	Gebühr oder Satz der Gebühr nach § 13 RVG
\multicolumn{3}{l}{*Vorbemerkung 2:*}		
\multicolumn{3}{l}{(1) Die Vorschriften dieses Teils sind nur anzuwenden, soweit nicht die §§ 34 bis 36 RVG etwas anderes bestimmen.}		
\multicolumn{3}{l}{(2) Dieser Abschnitt gilt nicht für die in Abschnitt 4 und in den Teilen 4 bis 6 geregelten Angelegenheiten.}		

Abschnitt 1
Prüfung der Erfolgsaussicht eines Rechtsmittels

2100	Gebühr für die Prüfung der Erfolgsaussicht eines Rechtsmittels, soweit in Nummer 2102 nichts anderes bestimmt ist	0,5 bis 1,0
	Die Gebühr ist auf eine Gebühr für das Rechtsmittelverfahren anzurechnen.	
2101	Die Prüfung der Erfolgsaussicht eines Rechtsmittels ist mit der Ausarbeitung eines schriftlichen Gutachtens verbunden: Die Gebühr 2100 beträgt	1,3
2102	Gebühr für die Prüfung der Erfolgsaussicht eines Rechtsmittels in sozialrechtlichen Angelegenheiten, in denen im gerichtlichen Verfahren Betragsrahmengebühren entstehen (§ 3 RVG), und in den Angelegenheiten, für die nach den Teilen 4 bis 6 Betragsrahmengebühren entstehen	10,00 bis 260,00 EUR
	Die Gebühr ist auf eine Gebühr für das Rechtsmittelverfahren anzurechnen.	
2103	Die Prüfung der Erfolgsaussicht eines Rechtsmittels ist mit der Ausarbeitung eines schriftlichen Gutachtens verbunden: Die Gebühr 2102 beträgt	40,00 bis 400,00 EUR

Abschnitt 2
Herstellung des Einvernehmens

2200	Geschäftsgebühr für die Herstellung des Einvernehmens nach § 28 EuRAG	in Höhe der einem Bevollmächtigten oder Verteidiger zustehenden Verfahrensgebühr

| 2201 | Das Einvernehmen wird nicht hergestellt:
Die Gebühr 2200 beträgt | 0,1 bis 0,5
oder
Mindestbetrag der einem Bevollmächtigten oder Verteidiger zustehenden Verfahrensgebühr |

Abschnitt 3
Vertretung

Vorbemerkung 2.3:
(1) Im Verwaltungszwangsverfahren ist Teil 3 Abschnitt 3 Unterabschnitt 3 entsprechend anzuwenden.
(2) Dieser Abschnitt gilt nicht für die in Abschnitt 4 und in den Teilen 4 bis 6 geregelten Angelegenheiten.
(3) Die Geschäftsgebühr entsteht für das Betreiben des Geschäfts einschließlich der Information und für die Mitwirkung bei der Gestaltung eines Vertrags.

2300	Geschäftsgebühr Eine Gebühr von mehr als 1,3 kann nur gefordert werden, wenn die Tätigkeit umfangreich oder schwierig war.	0,5 bis 2,5
2301	Es ist eine Tätigkeit im Verwaltungsverfahren vorausgegangen: Die Gebühr 2300 für das weitere, der Nachprüfung des Verwaltungsakts dienende Verwaltungsverfahren beträgt (1) Bei der Bemessung der Gebühr ist nicht zu berücksichtigen, dass der Umfang der Tätigkeit infolge der Tätigkeit im Verwaltungsverfahren geringer ist. (2) Eine Gebühr von mehr als 0,7 kann nur gefordert werden, wenn die Tätigkeit umfangreich oder schwierig war.	0,5 bis 1,3
2302	Der Auftrag beschränkt sich auf ein Schreiben einfacher Art: Die Gebühr 2300 beträgt Es handelt sich um ein Schreiben einfacher Art, wenn dieses weder schwierige rechtliche Ausführungen noch größere sachliche Auseinandersetzungen enthält.	0,3
2303	Geschäftsgebühr für 1. Güteverfahren vor einer durch die Landesjustizverwaltung eingerichteten oder anerkannten Gütestelle (§ 794 Abs. 1 Nr. 1 ZPO) oder, wenn die Parteien den Einigungsversuch einvernehmlich unternehmen, vor einer Gütestelle, die Streitbeilegung betreibt (§ 15a Abs. 3 EGZPO), 2. Verfahren vor einem Ausschuss der in § 111 Abs. 2 des Arbeitsgerichtsgesetzes bezeichneten Art, 3. Verfahren vor dem Seemannsamt zur vorläufigen Entscheidung von Arbeitssachen und	

D. Rechtsanwaltsvergütungsgesetz - RVG

	4. Verfahren vor sonstigen gesetzlich eingerichteten Einigungsstellen, Gütestellen oder Schiedsstellen	1,5
	Soweit wegen desselben Gegenstands eine Geschäftsgebühr nach Nummer 2300 entstanden ist, wird die Hälfte dieser Gebühr nach dem Wert des Gegenstands, der in das Verfahren übergegangen ist, jedoch höchstens mit einem Gebührensatz von 0,75, angerechnet.	

Abschnitt 4
Vertretung in bestimmten Angelegenheiten

Vorbemerkung 2.4:

(1) Gebühren nach diesem Abschnitt entstehen

1. in sozialrechtlichen Angelegenheiten, in denen im gerichtlichen Verfahren Betragsrahmengebühren entstehen (§ 3 RVG), und

2. in Verfahren nach der WBO, wenn im gerichtlichen Verfahren das Verfahren vor dem Truppendienstgericht oder vor dem Bundesverwaltungsgericht an die Stelle des Verwaltungsrechtswegs gemäß § 82 SG tritt.

Im Verwaltungszwangsverfahren ist Teil 3 Abschnitt 3 Unterabschnitt 3 entsprechend anzuwenden.

(2) Vorbemerkung 2.3 Abs. 3 gilt entsprechend.

2400	Geschäftsgebühr in sozialrechtlichen Angelegenheiten, in denen im gerichtlichen Verfahren Betragsrahmengebühren entstehen (§ 3 RVG)	40,00 bis 520,00 EUR
	Eine Gebühr von mehr als 240,00 EUR kann nur gefordert werden, wenn die Tätigkeit umfangreich oder schwierig war.	
2401	Es ist eine Tätigkeit im Verwaltungsverfahren oder im Beschwerdeverfahren nach der WBO vorausgegangen:	40,00 bis 260,00 EUR
	Die Gebühr 2400 für das weitere, der Nachprüfung des Verwaltungsakts dienende Verwaltungsverfahren oder für das Verfahren der weiteren Beschwerde nach der WBO beträgt	
	(1) Bei der Bemessung der Gebühr ist nicht zu berücksichtigen, dass der Umfang der Tätigkeit infolge der Tätigkeit im Verwaltungsverfahren geringer ist.	
	(2) Eine Gebühr von mehr als 120,00 EUR kann nur gefordert werden, wenn die Tätigkeit umfangreich oder schwierig war.	

Abschnitt 5
Beratungshilfe

Vorbemerkung 2.5:

Im Rahmen der Beratungshilfe entstehen Gebühren ausschließlich nach diesem Abschnitt.

2500	Beratungshilfegebühr	10,00 EUR
	Neben der Gebühr werden keine Auslagen erhoben. Die Gebühr kann erlassen werden.	
2501	Beratungsgebühr	30,00 EUR

	(1) Die Gebühr entsteht für eine Beratung, wenn die Beratung nicht mit einer anderen gebührenpflichtigen Tätigkeit zusammenhängt. (2) Die Gebühr ist auf eine Gebühr für eine sonstige Tätigkeit anzurechnen, die mit der Beratung zusammenhängt.	
2502	Beratungstätigkeit mit dem Ziel einer außergerichtlichen Einigung mit den Gläubigern über die Schuldenbereinigung auf der Grundlage eines Plans (§ 305 Abs. 1 Nr. 1 InsO): Die Gebühr 2501 beträgt	60,00 EUR
2503	Geschäftsgebühr (1) Die Gebühr entsteht für das Betreiben des Geschäfts einschließlich der Information oder die Mitwirkung bei der Gestaltung eines Vertrags. (2) Auf die Gebühren für ein anschließendes gerichtliches oder behördliches Verfahren ist diese Gebühr zur Hälfte anzurechnen; eine Anrechnung auf die Gebühren 2401 und 3103 findet nicht statt. Auf die Gebühren für ein Verfahren auf Vollstreckbarerklärung eines Vergleichs nach den §§ 796a, 796b und 796c Abs. 2 Satz 2 ZPO ist die Gebühr zu einem Viertel anzurechnen.	70,00 EUR
2504	Tätigkeit mit dem Ziel einer außergerichtlichen Einigung mit den Gläubigern über die Schuldenbereinigung auf der Grundlage eines Plans (§ 305 Abs. 1 Nr. 1 InsO): Die Gebühr 2503 beträgt bei bis zu 5 Gläubigern	224,00 EUR
2505	Es sind 6 bis 10 Gläubiger vorhanden: Die Gebühr 2503 beträgt	336,00 EUR
2506	Es sind 11 bis 15 Gläubiger vorhanden: Die Gebühr 2503 beträgt	448,00 EUR
2507	Es sind mehr als 15 Gläubiger vorhanden: Die Gebühr 2503 beträgt	560,00 EUR
2508	Einigungs- und Erledigungsgebühr (1) Die Anmerkungen zu Nummern 1000 und 1002 sind anzuwenden. (2) Die Gebühr entsteht auch für die Mitwirkung bei einer außergerichtlichen Einigung mit den Gläubigern über die Schuldenbereinigung auf der Grundlage eines Plans (§ 305 Abs. 1 Nr. 1 InsO).	125,00 EUR

Teil 3
Zivilsachen, Verfahren der öffentlich-rechtlichen Gerichtsbarkeiten, Verfahren nach dem Strafvollzugsgesetz, auch in Verbindung mit § 92 des Jugendgerichtsgesetzes, und ähnliche Verfahren

Nr.	Gebührentatbestand	Gebühr oder Satz der Gebühr nach § 13 RVG
Vorbemerkung 3:		

D. Rechtsanwaltsvergütungsgesetz - RVG

(1) Für die Tätigkeit als Beistand für einen Zeugen oder Sachverständigen in einem Verfahren, für das sich Gebühren nach diesem Teil bestimmen, entstehen die gleichen Gebühren wie für einen Verfahrensbevollmächtigten in diesem Verfahren.

(2) Die Verfahrensgebühr entsteht für das Betreiben des Geschäfts einschließlich der Information.

(3) Die Terminsgebühr entsteht für die Vertretung in einem Verhandlungs-, Erörterungs- oder Beweisaufnahmetermin oder die Wahrnehmung eines von einem gerichtlich bestellten Sachverständigen anberaumten Termins oder die Mitwirkung an auf die Vermeidung oder Erledigung des Verfahrens gerichteten Besprechungen auch ohne Beteiligung des Gerichts; dies gilt nicht für Besprechungen mit dem Auftraggeber.

(4) Soweit wegen desselben Gegenstands eine Geschäftsgebühr nach den Nummern 2300 bis 2303 entsteht, wird diese Gebühr zur Hälfte, jedoch höchstens mit einem Gebührensatz von 0,75, auf die Verfahrensgebühr des gerichtlichen Verfahrens angerechnet. Sind mehrere Gebühren entstanden, ist für die Anrechnung die zuletzt entstandene Gebühr maßgebend. Die Anrechnung erfolgt nach dem Wert des Gegenstands, der auch Gegenstand des gerichtlichen Verfahrens ist.

(5) Soweit der Gegenstand eines selbstständigen Beweisverfahrens auch Gegenstand eines Rechtsstreits ist oder wird, wird die Verfahrensgebühr des selbstständigen Beweisverfahrens auf die Verfahrensgebühr des Rechtszugs angerechnet.

(6) Soweit eine Sache an ein untergeordnetes Gericht zurückverwiesen wird, das mit der Sache bereits befasst war, ist die vor diesem Gericht bereits entstandene Verfahrensgebühr auf die Verfahrensgebühr für das erneute Verfahren anzurechnen.

(7) Die Vorschriften dieses Teils sind nicht anzuwenden, soweit Teil 6 besondere Vorschriften enthält.

Abschnitt 1
Erster Rechtszug

Vorbemerkung 3.1:

(1) Die Gebühren dieses Abschnitts entstehen in allen Verfahren, für die in den folgenden Abschnitten dieses Teils keine Gebühren bestimmt sind.

(2) Dieser Abschnitt ist auch für das Rechtsbeschwerdeverfahren nach § 1065 ZPO anzuwenden.

3100	Verfahrensgebühr, soweit in Nummer 3102 nichts anderes bestimmt ist	1,3
	(1) Die Verfahrensgebühr für ein vereinfachtes Verfahren über den Unterhalt Minderjähriger wird auf die Verfahrensgebühr angerechnet, die in dem nachfolgenden Rechtsstreit entsteht (§ 255 FamFG).	
	(2) Die Verfahrensgebühr für einen Urkunden- oder Wechselprozess wird auf die Verfahrensgebühr für das ordentliche Verfahren angerechnet, wenn dieses nach Abstandnahme vom Urkunden- oder Wechselprozess oder nach einem Vorbehaltsurteil anhängig bleibt (§§ 596, 600 ZPO).	
	(3) Die Verfahrensgebühr für ein Vermittlungsverfahren nach § 165 FamFG wird auf die Verfahrensgebühr für ein sich anschließendes Verfahren angerechnet.	

D. Rechtsanwaltsvergütungsgesetz - RVG

3101	1. Endigt der Auftrag, bevor der Rechtsanwalt die Klage, den ein Verfahren einleitenden Antrag oder einen Schriftsatz, der Sachanträge, Sachvortrag, die Zurücknahme der Klage oder die Zurücknahme des Antrags enthält, eingereicht oder bevor er einen gerichtlichen Termin wahrgenommen hat,	
	2. soweit lediglich beantragt ist, eine Einigung der Parteien oder der Beteiligten oder mit Dritten über in diesem Verfahren nicht rechtshängige Ansprüche zu Protokoll zu nehmen oder festzustellen (§ 278 Abs. 6 ZPO) oder soweit lediglich Verhandlungen vor Gericht zur Einigung über solche Ansprüche geführt werden oder	
	3. soweit in einer Familiensache, die nur die Erteilung einer Genehmigung oder die Zustimmung des Familiengerichts zum Gegenstand hat, oder in einem Verfahren der freiwilligen Gerichtsbarkeit lediglich ein Antrag gestellt und eine Entscheidung entgegengenommen wird,	
	beträgt die Gebühr 3100	0,8
	(1) Soweit in den Fällen der Nummer 2 der sich nach § 15 Abs. 3 RVG ergebende Gesamtbetrag der Verfahrensgebühren die Gebühr 3100 übersteigt, wird der übersteigende Betrag auf eine Verfahrensgebühr angerechnet, die wegen desselben Gegenstands in einer anderen Angelegenheit entsteht.	
	(2) Nummer 3 ist in streitigen Verfahren der freiwilligen Gerichtsbarkeit, insbesondere in Verfahren nach dem Gesetz über das gerichtliche Verfahren in Landwirtschaftssachen, nicht anzuwenden.	
3102	Verfahrensgebühr für Verfahren vor den Sozialgerichten, in denen Betragsrahmengebühren entstehen (§ 3 RVG)	40,00 bis 460,00 EUR
3103	Es ist eine Tätigkeit im Verwaltungsverfahren oder im weiteren, der Nachprüfung des Verwaltungsakts dienenden Verwaltungsverfahren vorausgegangen: Die Gebühr 3102 beträgt Bei der Bemessung der Gebühr ist nicht zu berücksichtigen, dass der Umfang der Tätigkeit infolge der Tätigkeit im Verwaltungsverfahren oder im weiteren, der Nachprüfung des Verwaltungsakts dienenden Verwaltungsverfahren geringer ist.	20,00 bis 320,00 EUR
3104	Terminsgebühr, soweit in Nummer 3106 nichts anderes bestimmt ist	1,2
	(1) Die Gebühr entsteht auch, wenn	
	1. in einem Verfahren, für das mündliche Verhandlung vorgeschrieben ist, im Einverständnis mit den Parteien oder Beteiligten oder gemäß § 307 oder § 495a ZPO ohne mündliche Verhandlung entschieden oder in einem solchen Verfahren ein schriftlicher Vergleich geschlossen wird,	
	2. nach § 84 Abs. 1 Satz 1 VwGO oder § 105 Abs. 1 SGG ohne mündliche Verhandlung durch Gerichtsbescheid entschieden wird oder	

D. Rechtsanwaltsvergütungsgesetz - RVG

	3. das Verfahren vor dem Sozialgericht nach angenommenem Anerkenntnis ohne mündliche Verhandlung endet. (2) Sind in dem Termin auch Verhandlungen zur Einigung über in diesem Verfahren nicht rechtshängige Ansprüche geführt worden, wird die Terminsgebühr, soweit sie den sich ohne Berücksichtigung der nicht rechtshängigen Ansprüche ergebenden Gebührenbetrag übersteigt, auf eine Terminsgebühr angerechnet, die wegen desselben Gegenstands in einer anderen Angelegenheit entsteht. (3) Die Gebühr entsteht nicht, soweit lediglich beantragt ist, eine Einigung der Parteien oder der Beteiligten oder mit Dritten über nicht rechtshängige Ansprüche zu Protokoll zu nehmen. (4) Eine in einem vorausgegangenen Mahnverfahren oder vereinfachten Verfahren über den Unterhalt Minderjähriger entstandene Terminsgebühr wird auf die Terminsgebühr des nachfolgenden Rechtsstreits angerechnet.	
3105	Wahrnehmung nur eines Termins, in dem eine Partei oder ein Beteiligter nicht erschienen oder nicht ordnungsgemäß vertreten ist und lediglich ein Antrag auf Versäumnisurteil, Versäumnisentscheidung oder zur Prozess-, Verfahrens- oder Sachleitung gestellt wird: Die Gebühr 3104 beträgt (1) Die Gebühr entsteht auch, wenn 1. das Gericht bei Säumnis lediglich Entscheidungen zur Prozess-, Verfahrens- oder Sachleitung von Amts wegen trifft oder 2. eine Entscheidung gemäß § 331 Abs. 3 ZPO ergeht. (2) § 333 ZPO ist nicht entsprechend anzuwenden.	0,5
3106	Terminsgebühr in Verfahren vor den Sozialgerichten, in denen Betragsrahmengebühren entstehen (§ 3 RVG) Die Gebühr entsteht auch, wenn 1. in einem Verfahren, für das mündliche Verhandlung vorgeschrieben ist, im Einverständnis mit den Parteien ohne mündliche Verhandlung entschieden wird, 2. nach § 105 Abs. 1 SGG ohne mündliche Verhandlung durch Gerichtsbescheid entschieden wird oder 3. das Verfahren nach angenommenem Anerkenntnis ohne mündliche Verhandlung endet.	20,00 bis 380,00 EUR

Abschnitt 2
Berufung, Revision, bestimmte Beschwerden und Verfahren vor dem Finanzgericht

Vorbemerkung 3.2:
(1) Dieser Abschnitt ist auch in Verfahren vor dem Rechtsmittelgericht über die Zulassung des Rechtsmittels anzuwenden.

(2) Wenn im Verfahren über einen Antrag auf Anordnung, Abänderung oder Aufhebung eines Arrests oder einer einstweiligen Verfügung das Berufungsgericht als Gericht der Hauptsache anzusehen ist (§ 943 ZPO), bestimmen sich die Gebühren nach Abschnitt 1. Dies gilt entsprechend im Verfahren der einstweiligen Anordnung und im Verfahren vor den Gerichten der Verwaltungs- und Sozialgerichtsbarkeit auf Anordnung oder Wiederherstellung der aufschiebenden Wirkung, auf Aussetzung oder Aufhebung der Vollziehung oder Anordnung der sofortigen Vollziehung eines Verwaltungsakts. Satz 1 gilt ferner entsprechend in Verfahren über einen Antrag nach § 115 Abs. 2 Satz 2 und 3, § 118 Abs. 1 Satz 3 oder nach § 121 GWB.

Unterabschnitt 1
Berufung, bestimmte Beschwerden und Verfahren vor dem Finanzgericht

Vorbemerkung 3.2.1:

Dieser Unterabschnitt ist auch anzuwenden

1. in Verfahren vor dem Finanzgericht,
2. in Verfahren über Beschwerden gegen
   a) die den Rechtszug beendenden Entscheidungen in Verfahren über Anträge auf Vollstreckbarerklärung ausländischer Titel oder auf Erteilung der Vollstreckungsklausel zu ausländischen Titeln sowie Anträge auf Aufhebung oder Abänderung der Vollstreckbarerklärung oder der Vollstreckungsklausel,
   b) die Endentscheidung in Familiensachen und
   c) die Endentscheidung in Verfahren nach dem Gesetz über das gerichtliche Verfahren in Landwirtschaftssachen,
3. in Verfahren über Beschwerden oder Rechtsbeschwerden gegen die den Rechtszug beendenden Entscheidungen im Beschlussverfahren vor den Gerichten für Arbeitssachen,
4. in Beschwerde- und Rechtsbeschwerdeverfahren nach dem GWB,
5. in Beschwerdeverfahren nach dem WpÜG,
6. in Beschwerdeverfahren nach dem WpHG,
7. in Rechtsbeschwerdeverfahren nach dem StVollzG, auch i. V. m. § 92 JGG,
8. in Beschwerde- und Rechtsbeschwerdeverfahren nach dem EnWG,
9. in Beschwerde- und Rechtsbeschwerdeverfahren nach dem VSchDG.

3200	Verfahrensgebühr, soweit in Nummer 3204 nichts anderes bestimmt ist	1,6
3201	Vorzeitige Beendigung des Auftrags: Die Gebühr 3200 beträgt Eine vorzeitige Beendigung liegt vor, 1. wenn der Auftrag endigt, bevor der Rechtsanwalt das Rechtsmittel eingelegt oder einen Schriftsatz, der Sachanträge, Sachvortrag, die Zurücknahme der Klage oder die Zurücknahme des Rechtsmittels enthält, eingereicht oder bevor er einen gerichtlichen Termin wahrgenommen hat, oder	1,1

D. Rechtsanwaltsvergütungsgesetz - RVG

	2. soweit lediglich beantragt ist, eine Einigung der Parteien oder der Beteiligten oder mit Dritten über in diesem Verfahren nicht rechtshängige Ansprüche zu Protokoll zu nehmen oder festzustellen (§ 278 Abs. 6 ZPO), oder soweit lediglich Verhandlungen zur Einigung über solche Ansprüche geführt werden. Soweit in den Fällen der Nummer 2 der sich nach § 15 Abs. 3 RVG ergebende Gesamtbetrag der Verfahrensgebühren die Gebühr 3200 übersteigt, wird der übersteigende Betrag auf eine Verfahrensgebühr angerechnet, die wegen desselben Gegenstands in einer anderen Angelegenheit entsteht.	
3202	Terminsgebühr, soweit in Nummer 3205 nichts anderes bestimmt ist (1) Die Anmerkung zu Nummer 3104 gilt entsprechend. (2) Die Gebühr entsteht auch, wenn nach § 79a Abs. 2, § 90a, § 94a FGO oder § 130a VwGO ohne mündliche Verhandlung entschieden wird.	1,2
3203	Wahrnehmung nur eines Termins, in dem eine Partei oder ein Beteiligter, im Berufungsverfahren der Berufungskläger, im Beschwerdeverfahren der Beschwerdeführer, nicht erschienen oder nicht ordnungsgemäß vertreten ist und lediglich ein Antrag auf Versäumnisurteil, Versäumnisentscheidung oder zur Prozess-, Verfahrens- oder Sachleitung gestellt wird: Die Gebühr 3202 beträgt _{Die Anmerkung zu Nummer 3105 und Absatz 2 der Anmerkung zu Nummer 3202 gelten entsprechend.}	0,5
3204	Verfahrensgebühr für Verfahren vor den Landessozialgerichten, in denen Betragsrahmengebühren entstehen (§ 3 RVG)	50,00 bis 570,00 EUR
3205	Terminsgebühr in Verfahren vor den Landessozialgerichten, in denen Betragsrahmengebühren entstehen (§ 3 RVG) Die Anmerkung zu Nummer 3106 gilt entsprechend.	20,00 bis 380,00 EUR

Unterabschnitt 2
Revision, bestimmte Beschwerden und Rechtsbeschwerden

Vorbemerkung 3.2.2:

Dieser Unterabschnitt ist auch anzuwenden
1. in Verfahren über Rechtsbeschwerden
a) in Verfahren über Anträge auf Vollstreckbarerklärung ausländischer Titel oder auf Erteilung der Vollstreckungsklausel zu ausländischen Titeln sowie Anträge auf Aufhebung oder Abänderung der Vollstreckbarerklärung oder der Vollstreckungsklausel,
b) in Familiensachen,
c) in Verfahren nach dem Gesetz über das gerichtliche Verfahren in Landwirtschaftssachen,
d) nach dem WpÜG und
e) nach § 15 KapMuG sowie

2. in Verfahren vor dem Bundesgerichtshof über die Beschwerde oder Rechtsbeschwerde gegen Entscheidungen des Bundespatentgerichts.

D. Rechtsanwaltsvergütungsgesetz - RVG

3206	Verfahrensgebühr, soweit in Nummer 3212 nichts anderes bestimmt ist	1,6
3207	Vorzeitige Beendigung des Auftrags: Die Gebühr 3206 beträgt Die Anmerkung zu Nummer 3201 gilt entsprechend.	1,1
3208	Im Verfahren können sich die Parteien oder die Beteiligten nur durch einen beim Bundesgerichtshof zugelassenen Rechtsanwalt vertreten lassen: Die Gebühr 3206 beträgt	2,3
3209	Vorzeitige Beendigung des Auftrags, wenn sich die Parteien oder die Beteiligten nur durch einen beim Bundesgerichtshof zugelassenen Rechtsanwalt vertreten lassen können: Die Gebühr 3206 beträgt Die Anmerkung zu Nummer 3201 gilt entsprechend.	1,8
3210	Terminsgebühr, soweit in Nummer 3213 nichts anderes bestimmt ist Die Anmerkung zu Nummer 3104 und Absatz 2 der Anmerkung zu Nummer 3202 gelten entsprechend.	1,5
3211	Wahrnehmung nur eines Termins, in dem der Revisionskläger oder Beschwerdeführer nicht ordnungsgemäß vertreten ist und lediglich ein Antrag auf Versäumnisurteil, Versäumnisentscheidung oder zur Prozess-, Verfahrens- oder Sachleitung gestellt wird: Die Gebühr 3210 beträgt Die Anmerkung zu Nummer 3105 und Absatz 2 der Anmerkung zu Nummer 3202 gelten entsprechend.	0,8
3212	Verfahrensgebühr für Verfahren vor dem Bundessozialgericht, in denen Betragsrahmengebühren entstehen (§ 3 RVG)	80,00 bis 800,00 EUR
3213	Terminsgebühr in Verfahren vor dem Bundessozialgericht, in denen Betragsrahmengebühren entstehen (§ 3 RVG) Die Anmerkung zu Nummer 3106 gilt entsprechend.	40,00 bis 700,00 EUR

Abschnitt 3
Gebühren für besondere Verfahren

Unterabschnitt 1
Besondere erstinstanzliche Verfahren

Vorbemerkung 3.3.1:
Die Terminsgebühr bestimmt sich nach Abschnitt 1.

3300	Verfahrensgebühr 1. für das Verfahren vor dem Oberlandesgericht nach § 16 Abs. 4 des Urheberrechtswahrnehmungsgesetzes und 2. für das erstinstanzliche Verfahren vor dem Bundesverwaltungsgericht und dem Oberverwaltungsgericht (Verwaltungsgerichtshof)	1,6

D. Rechtsanwaltsvergütungsgesetz - RVG

3301	Vorzeitige Beendigung des Auftrags: Die Gebühr 3300 beträgt Die Anmerkung zu Nummer 3201 gilt entsprechend.	1,0

Unterabschnitt 2
Mahnverfahren

Vorbemerkung 3.3.2:

Die Terminsgebühr bestimmt sich nach Abschnitt 1.

3305	Verfahrensgebühr für die Vertretung des Antragstellers	1,0
	Die Gebühr wird auf die Verfahrensgebühr für einen nachfolgenden Rechtsstreit angerechnet.	
3306	Beendigung des Auftrags, bevor der Rechtsanwalt den verfahrenseinleitenden Antrag oder einen Schriftsatz, der Sachanträge, Sachvortrag oder die Zurücknahme des Antrags enthält, eingereicht hat: Die Gebühr 3305 beträgt	0,5
3307	Verfahrensgebühr für die Vertretung des Antragsgegners	0,5
	Die Gebühr wird auf die Verfahrensgebühr für einen nachfolgenden Rechtsstreit angerechnet.	
3308	Verfahrensgebühr für die Vertretung des Antragstellers im Verfahren über den Antrag auf Erlass eines Vollstreckungsbescheids	0,5
	Die Gebühr entsteht neben der Gebühr 3305 nur, wenn innerhalb der Widerspruchsfrist kein Widerspruch erhoben oder der Widerspruch gemäß § 703a Abs. 2 Nr. 4 ZPO beschränkt worden ist. Nummer 1008 ist nicht anzuwenden, wenn sich bereits die Gebühr 3305 erhöht.	

Unterabschnitt 3
Vollstreckung und Vollziehung

Vorbemerkung 3.3.3:

Dieser Unterabschnitt gilt für

1. die Zwangsvollstreckung,
2. die Vollstreckung,
3. Verfahren des Verwaltungszwangs und
4. die Vollziehung eines Arrestes oder einstweiligen Verfügung,

soweit nachfolgend keine besonderen Gebühren bestimmt sind. Er gilt auch für Verfahren auf Eintragung einer Zwangshypothek (§§ 867 und 870a ZPO).

3309	Verfahrensgebühr	0,3
3310	Terminsgebühr	0,3
	Die Gebühr entsteht nur für die Teilnahme an einem gerichtlichen Termin oder einem Termin zur Abnahme der eidesstattlichen Versicherung.	

Unterabschnitt 4
Zwangsversteigerung und Zwangsverwaltung

3311	Verfahrensgebühr	0,4
	Die Gebühr entsteht jeweils gesondert	
	1. für die Tätigkeit im Zwangsversteigerungsverfahren bis zur Einleitung des Verteilungsverfahrens;	
	2. im Zwangsversteigerungsverfahren für die Tätigkeit im Verteilungsverfahren, und zwar auch für eine Mitwirkung an einer außergerichtlichen Verteilung;	
	3. im Verfahren der Zwangsverwaltung für die Vertretung des Antragstellers im Verfahren über den Antrag auf Anordnung der Zwangsverwaltung oder auf Zulassung des Beitritts;	
	4. im Verfahren der Zwangsverwaltung für die Vertretung des Antragstellers im weiteren Verfahren einschließlich des Verteilungsverfahrens;	
	5. im Verfahren der Zwangsverwaltung für die Vertretung eines sonstigen Beteiligten im ganzen Verfahren einschließlich des Verteilungsverfahrens und	
	6. für die Tätigkeit im Verfahren über Anträge auf einstweilige Einstellung oder Beschränkung der Zwangsvollstreckung und einstweilige Einstellung des Verfahrens sowie für Verhandlungen zwischen Gläubiger und Schuldner mit dem Ziel der Aufhebung des Verfahrens.	
3312	Terminsgebühr	0,4
	Die Gebühr entsteht nur für die Wahrnehmung eines Versteigerungstermins für einen Beteiligten. Im Übrigen entsteht im Verfahren der Zwangsversteigerung und der Zwangsverwaltung keine Terminsgebühr.	

Unterabschnitt 5
Insolvenzverfahren, Verteilungsverfahren nach der Schifffahrtsrechtlichen Verteilungsordnung

Vorbemerkung 3.3.5:		
(1) Die Gebührenvorschriften gelten für die Verteilungsverfahren nach der SVertO, soweit dies ausdrücklich angeordnet ist.		
(2) Bei der Vertretung mehrerer Gläubiger, die verschiedene Forderungen geltend machen, entstehen die Gebühren jeweils besonders.		
(3) Für die Vertretung des ausländischen Insolvenzverwalters im Sekundärinsolvenzverfahren entstehen die gleichen Gebühren wie für die Vertretung des Schuldners.		
3313	Verfahrensgebühr für die Vertretung des Schuldners im Eröffnungsverfahren	1,0
	Die Gebühr entsteht auch im Verteilungsverfahren nach der SVertO.	

3314	Verfahrensgebühr für die Vertretung des Gläubigers im Eröffnungsverfahren Die Gebühr entsteht auch im Verteilungsverfahren nach der SVertO.	0,5
3315	Tätigkeit auch im Verfahren über den Schuldenbereinigungsplan: Die Verfahrensgebühr 3313 beträgt	1,5
3316	Tätigkeit auch im Verfahren über den Schuldenbereinigungsplan: Die Verfahrensgebühr 3314 beträgt	1,0
3317	Verfahrensgebühr für das Insolvenzverfahren Die Gebühr entsteht auch im Verteilungsverfahren nach der SVertO.	1,0
3318	Verfahrensgebühr für das Verfahren über einen Insolvenzplan	1,0
3319	Vertretung des Schuldners, der den Plan vorgelegt hat: Die Verfahrensgebühr 3318 beträgt	3,0
3320	Die Tätigkeit beschränkt sich auf die Anmeldung einer Insolvenzforderung: Die Verfahrensgebühr 3317 beträgt Die Gebühr entsteht auch im Verteilungsverfahren nach der SVertO.	0,5
3321	Verfahrensgebühr für das Verfahren über einen Antrag auf Versagung oder Widerruf der Restschuldbefreiung (1) Das Verfahren über mehrere gleichzeitig anhängige Anträge ist eine Angelegenheit. (2) Die Gebühr entsteht auch gesondert, wenn der Antrag bereits vor Aufhebung des Insolvenzverfahrens gestellt wird.	0,5
3322	Verfahrensgebühr für das Verfahren über Anträge auf Zulassung der Zwangsvollstreckung nach § 17 Abs. 4 SVertO	0,5
3323	Verfahrensgebühr für das Verfahren über Anträge auf Aufhebung von Vollstreckungsmaßregeln (§ 8 Abs. 5 und § 41 SVertO)	0,5

Unterabschnitt 6
Sonstige besondere Verfahren

Vorbemerkung 3.3.6:

Die Terminsgebühr bestimmt sich nach Abschnitt 1, soweit in diesem Unterabschnitt nichts anderes bestimmt ist.

3324	Verfahrensgebühr für das Aufgebotsverfahren	1,0
3325	Verfahrensgebühr für Verfahren nach § 148 Abs. 1 und 2, §§ 246a, 319 Abs. 6 AktG, auch i.V.m. § 327e Abs. 2 AktG, oder nach § 16 Abs. 3 UmwG	0,75
3326	Verfahrensgebühr für Verfahren vor den Gerichten für Arbeitssachen, wenn sich die Tätigkeit auf eine gerichtliche Entscheidung über die Bestimmung einer Frist (§ 102 Abs. 3 des Arbeitsgerichtsgesetzes), die Ablehnung eines Schiedsrichters (§ 103 Abs. 3 des Arbeitsgerichtsgesetzes) oder die Vornahme einer Beweisaufnahme oder einer Vereidigung (§ 106 Abs. 2 des Arbeitsgerichtsgesetzes) beschränkt	0,75

D. Rechtsanwaltsvergütungsgesetz - RVG

Nr.		Gebühr
3327	Verfahrensgebühr für gerichtliche Verfahren über die Bestellung eines Schiedsrichters oder Ersatzschiedsrichters, über die Ablehnung eines Schiedsrichters oder über die Beendigung des Schiedsrichteramts, zur Unterstützung bei der Beweisaufnahme oder bei der Vornahme sonstiger richterlicher Handlungen anlässlich eines schiedsrichterlichen Verfahrens	0,75
3328	Verfahrensgebühr für Verfahren über die vorläufige Einstellung, Beschränkung oder Aufhebung der Zwangsvollstreckung oder die einstweilige Einstellung oder Beschränkung der Vollstreckung und die Anordnung, dass Vollstreckungsmaßnahmen aufzuheben sind Die Gebühr entsteht nur, wenn eine abgesonderte mündliche Verhandlung hierüber oder ein besonderer gerichtlicher Termin stattfindet. Wird der Antrag beim Vollstreckungsgericht und beim Prozessgericht gestellt, entsteht die Gebühr nur einmal.	0,5
3329	Verfahrensgebühr für Verfahren auf Vollstreckbarerklärung der durch Rechtsmittelanträge nicht angefochtenen Teile eines Urteils (§§ 537, 558 ZPO)	0,5
3330	Verfahrensgebühr für Verfahren über eine Rüge wegen Verletzung des Anspruchs auf rechtliches Gehör	0,5
3331	(weggefallen)	
3332	Terminsgebühr in den in Nummern 3324 bis 3330 genannten Verfahren	0,5
3333	Verfahrensgebühr für ein Verteilungsverfahren außerhalb der Zwangsversteigerung und der Zwangsverwaltung Der Wert bestimmt sich nach § 26 Nr. 1 und 2 RVG. Eine Terminsgebühr entsteht nicht.	0,4
3334	Verfahrensgebühr für Verfahren vor dem Prozessgericht oder dem Amtsgericht auf Bewilligung, Verlängerung oder Verkürzung einer Räumungsfrist (§§ 721, 794a ZPO), wenn das Verfahren mit dem Verfahren über die Hauptsache nicht verbunden ist	1,0
3335	Verfahrensgebühr für das Verfahren über die Prozesskostenhilfe, soweit in Nummer 3336 nichts anderes bestimmt ist (1) Im Verfahren über die Bewilligung der Prozesskostenhilfe oder die Aufhebung der Bewilligung nach § 124 Nr. 1 ZPO bestimmt sich der Gegenstandswert nach dem für die Hauptsache maßgebenden Wert; im Übrigen ist er nach dem Kosteninteresse nach billigem Ermessen zu bestimmen. (2) Entsteht die Verfahrensgebühr auch für das Verfahren, für das die Prozesskostenhilfe beantragt worden ist, werden die Werte nicht zusammengerechnet.	in Höhe der Verfahrensgebühr für das Verfahren, für das die Prozesskostenhilfe beantragt wird, höchstens 1,0

D. Rechtsanwaltsvergütungsgesetz - RVG

3336	Verfahrensgebühr für das Verfahren über die Prozesskostenhilfe vor Gerichten der Sozialgerichtsbarkeit, wenn in dem Verfahren, für das Prozesskostenhilfe beantragt wird, Betragsrahmengebühren entstehen (§ 3 RVG)	30,00 bis 320,00 EUR
3337	Vorzeitige Beendigung des Auftrags im Fall der Nummern 3324 bis 3327, 3334 und 3335: Die Gebühren 3324 bis 3327, 3334 und 3335 betragen Eine vorzeitige Beendigung liegt vor, 1. wenn der Auftrag endet, bevor der Rechtsanwalt den das Verfahren einleitenden Antrag oder einen Schriftsatz, der Sachanträge, Sachvortrag oder die Zurücknahme des Antrags enthält, eingereicht oder bevor er einen gerichtlichen Termin wahrgenommen hat, oder 2. soweit lediglich beantragt ist, eine Einigung der Parteien oder der Beteiligten zu Protokoll zu nehmen oder soweit lediglich Verhandlungen vor Gericht zur Einigung geführt werden.	0,5

Abschnitt 4
Einzeltätigkeiten

Vorbemerkung 3.4:

(1) Für in diesem Abschnitt genannte Tätigkeiten entsteht eine Terminsgebühr nur, wenn dies ausdrücklich bestimmt ist.

(2) Im Verfahren vor den Sozialgerichten, in denen Betragsrahmengebühren entstehen (§ 3 RVG), vermindern sich die in den Nummern 3400, 3401, 3405 und 3406 bestimmten Höchstbeträge auf die Hälfte, wenn eine Tätigkeit im Verwaltungsverfahren oder im weiteren, der Nachprüfung des Verwaltungsakts dienenden Verwaltungsverfahren vorausgegangen ist. Bei der Bemessung der Gebühren ist nicht zu berücksichtigen, dass der Umfang der Tätigkeit infolge der Tätigkeit im Verwaltungsverfahren oder im weiteren, der Nachprüfung des Verwaltungsakts dienenden Verwaltungsverfahren geringer ist.

3400	Der Auftrag beschränkt sich auf die Führung des Verkehrs der Partei oder des Beteiligten mit dem Verfahrensbevollmächtigten: Verfahrensgebühr Die gleiche Gebühr entsteht auch, wenn im Einverständnis mit dem Auftraggeber mit der Übersendung der Akten an den Rechtsanwalt des höheren Rechtszugs gutachterliche Äußerungen verbunden sind.	in Höhe der dem Verfahrensbevollmächtigten zustehenden Verfahrensgebühr, höchstens 1,0, bei Betragsrahmengebühren höchstens 260,00 EUR
3401	Der Auftrag beschränkt sich auf die Vertretung in einem Termin im Sinne der Vorbemerkung 3 Abs. 3: Verfahrensgebühr	in Höhe der Hälfte der dem Verfahrensbevollmächtigten zustehenden Verfahrensgebühr

3402	Terminsgebühr in dem in Nummer 3401 genannten Fall	in Höhe der einem Verfahrensbevollmächtigten zustehenden Terminsgebühr
3403	Verfahrensgebühr für sonstige Einzeltätigkeiten, soweit in Nummer 3406 nichts anderes bestimmt ist	0,8
	Die Gebühr entsteht für sonstige Tätigkeiten in einem gerichtlichen Verfahren, wenn der Rechtsanwalt nicht zum Prozess- oder Verfahrensbevollmächtigten bestellt ist, soweit in diesem Abschnitt nichts anderes bestimmt ist.	
3404	Der Auftrag beschränkt sich auf ein Schreiben einfacher Art: Die Gebühr 3403 beträgt	0,3
	Die Gebühr entsteht insbesondere, wenn das Schreiben weder schwierige rechtliche Ausführungen noch größere sachliche Auseinandersetzungen enthält.	
3405	Endet der Auftrag	
	1. im Fall der Nummer 3400, bevor der Verfahrensbevollmächtigte beauftragt oder der Rechtsanwalt gegenüber dem Verfahrensbevollmächtigten tätig geworden ist,	
	2. im Fall der Nummer 3401, bevor der Termin begonnen hat:	
	Die Gebühren 3400 und 3401 betragen	höchstens 0,5, bei Betragsrahmengebühren höchstens 130,00 EUR
	Im Fall der Nummer 3403 gilt die Vorschrift entsprechend.	
3406	Verfahrensgebühr für sonstige Einzeltätigkeiten in Verfahren vor Gerichten der Sozialgerichtsbarkeit, wenn Betragsrahmengebühren entstehen (§ 3 RVG)	10,00 bis 200,00 EUR
	Die Anmerkung zu Nummer 3403 gilt entsprechend.	

Abschnitt 5
Beschwerde, Nichtzulassungsbeschwerde und Erinnerung

Vorbemerkung 3.5:

Die Gebühren nach diesem Abschnitt entstehen nicht in den in Vorbemerkung 3.1 Abs. 2 und in den Vorbemerkungen 3.2.1 und 3.2.2 genannten Beschwerdeverfahren.

3500	Verfahrensgebühr für Verfahren über die Beschwerde und die Erinnerung, soweit in diesem Abschnitt keine besonderen Gebühren bestimmt sind	0,5
3501	Verfahrensgebühr für Verfahren vor den Gerichten der Sozialgerichtsbarkeit über die Beschwerde und die Erinnerung, wenn in den Verfahren Betragsrahmengebühren entstehen (§ 3 RVG), soweit in diesem Abschnitt keine besonderen Gebühren bestimmt sind	15,00 bis 160,00 EUR

D. Rechtsanwaltsvergütungsgesetz - RVG

3502	Verfahrensgebühr für das Verfahren über die Rechtsbeschwerde	1,0
3503	Vorzeitige Beendigung des Auftrags: Die Gebühr 3502 beträgt Die Anmerkung zu Nummer 3201 ist entsprechend anzuwenden.	0,5
3504	Verfahrensgebühr für das Verfahren über die Beschwerde gegen die Nichtzulassung der Berufung, soweit in Nummer 3511 nichts anderes bestimmt ist Die Gebühr wird auf die Verfahrensgebühr für ein nachfolgendes Berufungsverfahren angerechnet.	1,6
3505	Vorzeitige Beendigung des Auftrags: Die Gebühr 3504 beträgt Die Anmerkung zu Nummer 3201 ist entsprechend anzuwenden.	1,0
3506	Verfahrensgebühr für das Verfahren über die Beschwerde gegen die Nichtzulassung der Revision, soweit in Nummer 3512 nichts anderes bestimmt ist Die Gebühr wird auf die Verfahrensgebühr für ein nachfolgendes Revisionsverfahren angerechnet.	1,6
3507	Vorzeitige Beendigung des Auftrags: Die Gebühr 3506 beträgt Die Anmerkung zu Nummer 3201 ist entsprechend anzuwenden.	1,1
3508	In dem Verfahren über die Beschwerde gegen die Nichtzulassung der Revision können sich die Parteien nur durch einen beim Bundesgerichtshof zugelassenen Rechtsanwalt vertreten lassen: Die Gebühr 3506 beträgt	2,3
3509	Vorzeitige Beendigung des Auftrags, wenn sich die Parteien nur durch einen beim Bundesgerichtshof zugelassenen Rechtsanwalt vertreten lassen können: Die Gebühr 3506 beträgt Die Anmerkung zu Nummer 3201 ist entsprechend anzuwenden.	1,8

3510	Verfahrensgebühr für Beschwerdeverfahren vor dem Bundespatentgericht
	1. nach dem Patentgesetz, wenn sich die Beschwerde gegen einen Beschluss richtet,
	   a) durch den die Vergütung bei Lizenzbereitschaftserklärung festgesetzt wird oder Zahlung der Vergütung an das Deutsche Patent- und Markenamt angeordnet wird,
	   b) durch den eine Anordnung nach § 50 Abs. 1 PatG oder die Aufhebung dieser Anordnung erlassen wird,
	   c) durch den die Anmeldung zurückgewiesen oder über die Aufrechterhaltung, den Widerruf oder die Beschränkung des Patents entschieden wird,
	2. nach dem Gebrauchsmustergesetz, wenn sich die Beschwerde gegen einen Beschluss richtet,	

	a) durch den die Anmeldung zurückgewiesen wird,	
	b) durch den über den Löschungsantrag entschieden wird,	
	3. nach dem Markengesetz, wenn sich die Beschwerde gegen einen Beschluss richtet,	
	a) durch den über die Anmeldung einer Marke, einen Widerspruch oder einen Antrag auf Löschung oder über die Erinnerung gegen einen solchen Beschluss entschieden worden ist oder	
	b) durch den ein Antrag auf Eintragung einer geographischen Angabe oder einer Ursprungsbezeichnung zurückgewiesen worden ist,	
	4. nach dem Halbleiterschutzgesetz, wenn sich die Beschwerde gegen einen Beschluss richtet,	
	a) durch den die Anmeldung zurückgewiesen wird,	
	b) durch den über den Löschungsantrag entschieden wird,	
	5. nach dem Geschmacksmustergesetz, wenn sich die Beschwerde gegen einen Beschluss richtet, durch den die Anmeldung eines Geschmacksmusters zurückgewiesen oder durch den über einen Löschungsantrag entschieden worden ist,	
	6. nach dem Sortenschutzgesetz, wenn sich die Beschwerde gegen einen Beschluss des Widerspruchsausschusses richtet	1,3
3511	Verfahrensgebühr für das Verfahren über die Beschwerde gegen die Nichtzulassung der Berufung vor dem Landessozialgericht, wenn Betragsrahmengebühren entstehen (§ 3 RVG) Die Gebühr wird auf die Verfahrensgebühr für ein nachfolgendes Berufungsverfahren angerechnet.	50,00 bis 570,00 EUR
3512	Verfahrensgebühr für das Verfahren über die Beschwerde gegen die Nichtzulassung der Revision vor dem Bundessozialgericht, wenn Betragsrahmengebühren entstehen (§ 3 RVG) Die Gebühr wird auf die Verfahrensgebühr für ein nachfolgendes Revisionsverfahren angerechnet.	80,00 bis 800,00 EUR
3513	Terminsgebühr in den in Nummer 3500 genannten Verfahren	0,5
3514	Das Beschwerdegericht entscheidet über eine Beschwerde gegen die Zurückweisung des Antrags auf Anordnung eines Arrests oder Erlass einer einstweiligen Verfügung durch Urteil: Die Gebühr 3513 beträgt	1,2
3515	Terminsgebühr in den in Nummer 3501 genannten Verfahren	15,00 bis 160,00 EUR
3516	Terminsgebühr in den in Nummern 3502, 3504, 3506 und 3510 genannten Verfahren	1,2
3517	Terminsgebühr in den in Nummer 3511 genannten Verfahren	12,50 bis 215,00 EUR
3518	Terminsgebühr in den in Nummer 3512 genannten Verfahren	20,00 bis 350,00 EUR

D. Rechtsanwaltsvergütungsgesetz - RVG

Teil 4
Strafsachen

Nr.	Gebührentatbestand	Gebühr oder Satz der Gebühr nach § 13 oder § 49 RVG	
		Wahlanwalt	gerichtlich bestellter oder beigeordneter Rechtsanwalt
Vorbemerkung 4:			
(1) Für die Tätigkeit als Beistand oder Vertreter eines Privatklägers, eines Nebenklägers, eines Einziehungs- oder Nebenbeteiligten, eines Verletzten, eines Zeugen oder Sachverständigen und im Verfahren nach dem Strafrechtlichen Rehabilitierungsgesetz sind die Vorschriften entsprechend anzuwenden.			
(2) Die Verfahrensgebühr entsteht für das Betreiben des Geschäfts einschließlich der Information.			
(3) Die Terminsgebühr entsteht für die Teilnahme an gerichtlichen Terminen, soweit nichts anderes bestimmt ist. Der Rechtsanwalt erhält die Terminsgebühr auch, wenn er zu einem anberaumten Termin erscheint, dieser aber aus Gründen, die er nicht zu vertreten hat, nicht stattfindet. Dies gilt nicht, wenn er rechtzeitig von der Aufhebung oder Verlegung des Termins in Kenntnis gesetzt worden ist.			
(4) Befindet sich der Beschuldigte nicht auf freiem Fuß, entsteht die Gebühr mit Zuschlag.			
(5) Für folgende Tätigkeiten entstehen Gebühren nach den Vorschriften des Teils 3:			
1. im Verfahren über die Erinnerung oder die Beschwerde gegen einen Kostenfestsetzungsbeschluss (§ 464b StPO) und im Verfahren über die Erinnerung gegen den Kostenansatz und im Verfahren über die Beschwerde gegen die Entscheidung über diese Erinnerung,			
2. in der Zwangsvollstreckung aus Entscheidungen, die über einen aus der Straftat erwachsenen vermögensrechtlichen Anspruch oder die Erstattung von Kosten ergangen sind (§§ 406b, 464b StPO), für die Mitwirkung bei der Ausübung der Veröffentlichungsbefugnis und im Beschwerdeverfahren gegen eine dieser Entscheidungen.			

Abschnitt 1
Gebühren des Verteidigers

Vorbemerkung 4.1:			
(1) Dieser Abschnitt ist auch anzuwenden auf die Tätigkeit im Verfahren über die im Urteil vorbehaltene Sicherungsverwahrung und im Verfahren über die nachträgliche Anordnung der Sicherungsverwahrung.			
(2) Durch die Gebühren wird die gesamte Tätigkeit als Verteidiger entgolten. Hierzu gehören auch Tätigkeiten im Rahmen des Täter-Opfer-Ausgleichs, soweit der Gegenstand nicht vermögensrechtlich ist.			

Unterabschnitt 1
Allgemeine Gebühren

4100	Grundgebühr	30,00 bis 300,00 EUR	132,00 EUR

Nr.		Betrag	Betrag
	(1) Die Gebühr entsteht für die erstmalige Einarbeitung in den Rechtsfall nur einmal, unabhängig davon, in welchem Verfahrensabschnitt sie erfolgt.		
	(2) Eine wegen derselben Tat oder Handlung bereits entstandene Gebühr 5100 ist anzurechnen.		
4101	Gebühr 4100 mit Zuschlag	30,00 bis 375,00 EUR	162,00 EUR
4102	Terminsgebühr für die Teilnahme an		
	1. richterlichen Vernehmungen und Augenscheinseinnahmen,		
	2. Vernehmungen durch die Staatsanwaltschaft oder eine andere Strafverfolgungsbehörde,		
	3. Terminen außerhalb der Hauptverhandlung, in denen über die Anordnung oder Fortdauer der Untersuchungshaft oder der einstweiligen Unterbringung verhandelt wird,		
	4. Verhandlungen im Rahmen des Täter-Opfer-Ausgleichs sowie		
	5. Sühneterminen nach § 380 StPO	30,00 bis 250,00 EUR	112,00 EUR
	Mehrere Termine an einem Tag gelten als ein Termin. Die Gebühr entsteht im vorbereitenden Verfahren und in jedem Rechtszug für die Teilnahme an jeweils bis zu drei Terminen einmal.		
4103	Gebühr 4102 mit Zuschlag	30,00 bis 312,50 EUR	137,00 EUR

Unterabschnitt 2
Vorbereitendes Verfahren

Vorbemerkung 4.1.2:
Die Vorbereitung der Privatklage steht der Tätigkeit im vorbereitenden Verfahren gleich.

Nr.		Betrag	Betrag
4104	Verfahrensgebühr	30,00 bis 250,00 EUR	112,00 EUR
	Die Gebühr entsteht für eine Tätigkeit in dem Verfahren bis zum Eingang der Anklageschrift, des Antrags auf Erlass eines Strafbefehls bei Gericht oder im beschleunigten Verfahren bis zum Vortrag der Anklage, wenn diese nur mündlich erhoben wird.		
4105	Gebühr 4104 mit Zuschlag	30,00 bis 312,50 EUR	137,00 EUR

Unterabschnitt 3
Gerichtliches Verfahren

		Erster Rechtszug	
4106	Verfahrensgebühr für den ersten Rechtszug vor dem Amtsgericht	30,00 bis 250,00 EUR	112,00 EUR
4107	Gebühr 4106 mit Zuschlag	30,00 bis 312,50 EUR	137,00 EUR
4108	Terminsgebühr je Hauptverhandlungstag in den in Nummer 4106 genannten Verfahren	60,00 bis 400,00 EUR	184,00 EUR
4109	Gebühr 4108 mit Zuschlag	60,00 bis 500,00 EUR	224,00 EUR
4110	Der gerichtlich bestellte oder beigeordnete Rechtsanwalt nimmt mehr als 5 und bis 8 Stunden an der Hauptverhandlung teil: Zusätzliche Gebühr neben der Gebühr 4108 oder 4109		92,00 EUR
4111	Der gerichtlich bestellte oder beigeordnete Rechtsanwalt nimmt mehr als 8 Stunden an der Hauptverhandlung teil: Zusätzliche Gebühr neben der Gebühr 4108 oder 4109		184,00 EUR
4112	Verfahrensgebühr für den ersten Rechtszug vor der Strafkammer Die Gebühr entsteht auch für Verfahren 1. vor der Jugendkammer, soweit sich die Gebühr nicht nach Nummer 4118 bestimmt, 2. im Rehabilitierungsverfahren nach Abschnitt 2 StrRehaG.	40,00 bis 270,00 EUR	124,00 EUR
4113	Gebühr 4112 mit Zuschlag	40,00 bis 337,50 EUR	151,00 EUR
4114	Terminsgebühr je Hauptverhandlungstag in den in Nummer 4112 genannten Verfahren	70,00 bis 470,00 EUR	216,00 EUR
4115	Gebühr 4114 mit Zuschlag	70,00 bis 587,50 EUR	263,00 EUR
4116	Der gerichtlich bestellte oder beigeordnete Rechtsanwalt nimmt mehr als 5 und bis 8 Stunden an der Hauptverhandlung teil: Zusätzliche Gebühr neben der Gebühr 4114 oder 4115		108,00 EUR

D. Rechtsanwaltsvergütungsgesetz - RVG

4117	Der gerichtlich bestellte oder beigeordnete Rechtsanwalt nimmt mehr als 8 Stunden an der Hauptverhandlung teil: Zusätzliche Gebühr neben der Gebühr 4114 oder 4115		216,00 EUR
4118	Verfahrensgebühr für den ersten Rechtszug vor dem Oberlandesgericht, dem Schwurgericht oder der Strafkammer nach den §§ 74a und 74c GVG Die Gebühr entsteht auch für Verfahren vor der Jugendkammer, soweit diese in Sachen entscheidet, die nach den allgemeinen Vorschriften zur Zuständigkeit des Schwurgerichts gehören.	80,00 bis 580,00 EUR	264,00 EUR
4119	Gebühr 4118 mit Zuschlag	80,00 bis 725,00 EUR	322,00 EUR
4120	Terminsgebühr je Hauptverhandlungstag in den in Nummer 4118 genannten Verfahren	110,00 bis 780,00 EUR	356,00 EUR
4121	Gebühr 4120 mit Zuschlag	110,00 bis 975,00 EUR	434,00 EUR
4122	Der gerichtlich bestellte oder beigeordnete Rechtsanwalt nimmt mehr als 5 und bis 8 Stunden an der Hauptverhandlung teil: Zusätzliche Gebühr neben der Gebühr 4120 oder 4121		178,00 EUR
4123	Der gerichtlich bestellte oder beigeordnete Rechtsanwalt nimmt mehr als 8 Stunden an der Hauptverhandlung teil: Zusätzliche Gebühr neben der Gebühr 4120 oder 4121		356,00 EUR
	Berufung		
4124	Verfahrensgebühr für das Berufungsverfahren Die Gebühr entsteht auch für Beschwerdeverfahren nach § 13 StrRehaG.	70,00 bis 470,00 EUR	216,00 EUR
4125	Gebühr 4124 mit Zuschlag	70,00 bis 587,50 EUR	263,00 EUR
4126	Terminsgebühr je Hauptverhandlungstag im Berufungsverfahren Die Gebühr entsteht auch für Beschwerdeverfahren nach § 13 StrRehaG.	70,00 bis 470,00 EUR	216,00 EUR
4127	Gebühr 4126 mit Zuschlag	70,00 bis 587,50 EUR	263,00 EUR

D. Rechtsanwaltsvergütungsgesetz - RVG

4128	Der gerichtlich bestellte oder beigeordnete Rechtsanwalt nimmt mehr als 5 und bis 8 Stunden an der Hauptverhandlung teil: Zusätzliche Gebühr neben der Gebühr 4126 oder 4127		108,00 EUR
4129	Der gerichtlich bestellte oder beigeordnete Rechtsanwalt nimmt mehr als 8 Stunden an der Hauptverhandlung teil: Zusätzliche Gebühr neben der Gebühr 4126 oder 4127		216,00 EUR
	Revision		
4130	Verfahrensgebühr für das Revisionsverfahren	100,00 bis 930,00 EUR	412,00 EUR
4131	Gebühr 4130 mit Zuschlag	100,00 bis 1.162,50 EUR	505,00 EUR
4132	Terminsgebühr je Hauptverhandlungstag im Revisionsverfahren	100,00 bis 470,00 EUR	228,00 EUR
4133	Gebühr 4132 mit Zuschlag	100,00 bis 587,50 EUR	275,00 EUR
4134	Der gerichtlich bestellte oder beigeordnete Rechtsanwalt nimmt mehr als 5 und bis 8 Stunden an der Hauptverhandlung teil: Zusätzliche Gebühr neben der Gebühr 4132 oder 4133		114,00 EUR
4135	Der gerichtlich bestellte oder beigeordnete Rechtsanwalt nimmt mehr als 8 Stunden an der Hauptverhandlung teil: Zusätzliche Gebühr neben der Gebühr 4132 oder 4133		228,00 EUR

Unterabschnitt 4
Wiederaufnahmeverfahren

Vorbemerkung 4.1.4:
Eine Grundgebühr entsteht nicht.

4136	Geschäftsgebühr für die Vorbereitung eines Antrags Die Gebühr entsteht auch, wenn von der Stellung eines Antrags abgeraten wird.	in Höhe der Verfahrensgebühr für den ersten Rechtszug
4137	Verfahrensgebühr für das Verfahren über die Zulässigkeit des Antrags	in Höhe der Verfahrensgebühr für den ersten Rechtszug
4138	Verfahrensgebühr für das weitere Verfahren	in Höhe der Verfahrensgebühr für den ersten Rechtszug

Teil 5
Bußgeldsachen

Nr.	Gebührentatbestand	Gebühr oder Satz der Gebühr nach § 13 oder § 49 RVG	
		Wahlanwalt	gerichtlich bestellter oder beigeordneter Rechtsanwalt

Vorbemerkung 5:

(1) Für die Tätigkeit als Beistand oder Vertreter eines Einziehungs- oder Nebenbeteiligten, eines Zeugen oder eines Sachverständigen in einem Verfahren, für das sich die Gebühren nach diesem Teil bestimmen, entstehen die gleichen Gebühren wie für einen Verteidiger in diesem Verfahren.

(2) Die Verfahrensgebühr entsteht für das Betreiben des Geschäfts einschließlich der Information.

(3) Die Terminsgebühr entsteht für die Teilnahme an gerichtlichen Terminen, soweit nichts anderes bestimmt ist. Der Rechtsanwalt erhält die Terminsgebühr auch, wenn er zu einem anberaumten Termin erscheint, dieser aber aus Gründen, die er nicht zu vertreten hat, nicht stattfindet. Dies gilt nicht, wenn er rechtzeitig von der Aufhebung oder Verlegung des Termins in Kenntnis gesetzt worden ist.

(4) Für folgende Tätigkeiten entstehen Gebühren nach den Vorschriften des Teils 3:

1. für das Verfahren über die Erinnerung oder die Beschwerde gegen einen Kostenfestsetzungsbeschluss, für das Verfahren über die Erinnerung gegen den Kostenansatz, für das Verfahren über die Beschwerde gegen die Entscheidung über diese Erinnerung und für Verfahren über den Antrag auf gerichtliche Entscheidung gegen einen Kostenfestsetzungsbescheid und den Ansatz der Gebühren und Auslagen (§ 108 OWiG),

2. in der Zwangsvollstreckung aus Entscheidungen, die über die Erstattung von Kosten ergangen sind, und für das Beschwerdeverfahren gegen die gerichtliche Entscheidung nach Nummer 1.

Abschnitt 1
Gebühren des Verteidigers

Vorbemerkung 5.1:

(1) Durch die Gebühren wird die gesamte Tätigkeit als Verteidiger entgolten.

(2) Hängt die Höhe der Gebühren von der Höhe der Geldbuße ab, ist die zum Zeitpunkt des Entstehens der Gebühr zuletzt festgesetzte Geldbuße maßgebend. Ist eine Geldbuße nicht festgesetzt, richtet sich die Höhe der Gebühren im Verfahren vor der Verwaltungsbehörde nach dem mittleren Betrag der in der Bußgeldvorschrift angedrohten Geldbuße. Sind in einer Rechtsvorschrift Regelsätze bestimmt, sind diese maßgebend. Mehrere Geldbußen sind zusammenzurechnen.

Unterabschnitt 1
Allgemeine Gebühr

5100	Grundgebühr	20,00 bis 150,00 EUR	68,00 EUR

D. Rechtsanwaltsvergütungsgesetz - RVG

	(1) Die Gebühr entsteht für die erstmalige Einarbeitung in den Rechtsfall nur einmal, unabhängig davon, in welchem Verfahrensabschnitt sie erfolgt. (2) Die Gebühr entsteht nicht, wenn in einem vorangegangenen Strafverfahren für dieselbe Handlung oder Tat die Gebühr 4100 entstanden ist.		

Unterabschnitt 2
Verfahren vor der Verwaltungsbehörde

Vorbemerkung 5.1.2:

(1) Zu dem Verfahren vor der Verwaltungsbehörde gehört auch das Verwarnungsverfahren und das Zwischenverfahren (§ 69 OWiG) bis zum Eingang der Akten bei Gericht.

(2) Die Terminsgebühr entsteht auch für die Teilnahme an Vernehmungen vor der Polizei oder der Verwaltungsbehörde.

5101	Verfahrensgebühr bei einer Geldbuße von weniger als 40,00 EUR	10,00 bis 100,00 EUR	44,00 EUR
5102	Terminsgebühr für jeden Tag, an dem ein Termin in den in Nummer 5101 genannten Verfahren stattfindet	10,00 bis 100,00 EUR	44,00 EUR
5103	Verfahrensgebühr bei einer Geldbuße von 40,00 EUR bis 5.000,00 EUR	20,00 bis 250,00 EUR	108,00 EUR
5104	Terminsgebühr für jeden Tag, an dem ein Termin in den in Nummer 5103 genannten Verfahren stattfindet	20,00 bis 250,00 EUR	108,00 EUR
5105	Verfahrensgebühr bei einer Geldbuße von mehr als 5.000,00 EUR	30,00 bis 250,00 EUR	112,00 EUR
5106	Terminsgebühr für jeden Tag, an dem ein Termin in den in Nummer 5105 genannten Verfahren stattfindet	30,00 bis 250,00 EUR	112,00 EUR

Unterabschnitt 3
Gerichtliches Verfahren im ersten Rechtszug

Vorbemerkung 5.1.3:

(1) Die Terminsgebühr entsteht auch für die Teilnahme an gerichtlichen Terminen außerhalb der Hauptverhandlung.

(2) Die Gebühren dieses Abschnitts entstehen für das Wiederaufnahmeverfahren einschließlich seiner Vorbereitung gesondert; die Verfahrensgebühr entsteht auch, wenn von der Stellung eines Wiederaufnahmeantrags abgeraten wird.

5107	Verfahrensgebühr bei einer Geldbuße von weniger als 40,00 EUR	10,00 bis 100,00 EUR	44,00 EUR

D. Rechtsanwaltsvergütungsgesetz - RVG

5108	Terminsgebühr je Hauptverhandlungstag in den in Nummer 5107 genannten Verfahren	20,00 bis 200,00 EUR	88,00 EUR
5109	Verfahrensgebühr bei einer Geldbuße von 40,00 EUR bis 5.000,00 EUR	20,00 bis 250,00 EUR	108,00 EUR
5110	Terminsgebühr je Hauptverhandlungstag in den in Nummer 5109 genannten Verfahren	30,00 bis 400,00 EUR	172,00 EUR
5111	Verfahrensgebühr bei einer Geldbuße von mehr als 5.000,00 EUR	40,00 bis 300,00 EUR	136,00 EUR
5112	Terminsgebühr je Hauptverhandlungstag in den in Nummer 5111 genannten Verfahren	70,00 bis 470,00 EUR	216,00 EUR

Unterabschnitt 4
Verfahren über die Rechtsbeschwerde

5113	Verfahrensgebühr	70,00 bis 470,00 EUR	216,00 EUR
5114	Terminsgebühr je Hauptverhandlungstag	70,00 bis 470,00 EUR	216,00 EUR

Unterabschnitt 5
Zusätzliche Gebühren

5115	Durch die anwaltliche Mitwirkung wird das Verfahren vor der Verwaltungsbehörde erledigt oder die Hauptverhandlung entbehrlich: Zusätzliche Gebühr (1) Die Gebühr entsteht, wenn 1. das Verfahren nicht nur vorläufig eingestellt wird oder 2. der Einspruch gegen den Bußgeldbescheid zurückgenommen wird oder 3. der Bußgeldbescheid nach Einspruch von der Verwaltungsbehörde zurückgenommen und gegen einen neuen Bußgeldbescheid kein Einspruch eingelegt wird oder	in Höhe der jeweiligen Verfahrensgebühr	

D. Rechtsanwaltsvergütungsgesetz - RVG

	4. sich das gerichtliche Verfahren durch Rücknahme des Einspruchs gegen den Bußgeldbescheid oder der Rechtsbeschwerde des Betroffenen oder eines anderen Verfahrensbeteiligten erledigt; ist bereits ein Termin zur Hauptverhandlung bestimmt, entsteht die Gebühr nur, wenn der Einspruch oder die Rechtsbeschwerde früher als zwei Wochen vor Beginn des Tages, der für die Hauptverhandlung vorgesehen war, zurückgenommen wird, oder 5. das Gericht nach § 72 Abs. 1 Satz 1 OWiG durch Beschluss entscheidet. (2) Die Gebühr entsteht nicht, wenn eine auf die Förderung des Verfahrens gerichtete Tätigkeit nicht ersichtlich ist. (3) Die Höhe der Gebühr richtet sich nach dem Rechtszug, in dem die Hauptverhandlung vermieden wurde. Für den Wahlanwalt bemisst sich die Gebühr nach der Rahmenmitte.		
5116	Verfahrensgebühr bei Einziehung und verwandten Maßnahmen (1) Die Gebühr entsteht für eine Tätigkeit für den Betroffenen, die sich auf die Einziehung oder dieser gleichstehende Rechtsfolgen (§ 46 Abs. 1 OWiG, § 442 StPO) oder auf eine diesen Zwecken dienende Beschlagnahme bezieht. (2) Die Gebühr entsteht nicht, wenn der Gegenstandswert niedriger als 25,00 EUR ist. (3) Die Gebühr entsteht nur einmal für das Verfahren vor der Verwaltungsbehörde und dem Amtsgericht. Im Rechtsbeschwerdeverfahren entsteht die Gebühr besonders.	1,0	1,0

Abschnitt 2
Einzeltätigkeiten

5200	Verfahrensgebühr (1) Die Gebühr entsteht für einzelne Tätigkeiten, ohne dass dem Rechtsanwalt sonst die Verteidigung übertragen ist. (2) Die Gebühr entsteht für jede Tätigkeit gesondert, soweit nichts anderes bestimmt ist. § 15 RVG bleibt unberührt.	10,00 bis 100,00 EUR	44,00 EUR

6302	Verfahrensgebühr in sonstigen Fällen	20,00 bis 250,00 EUR	108,00 EUR
	Die Gebühr entsteht für jeden Rechtszug des Verfahrens über die Verlängerung oder Aufhebung einer Freiheitsentziehung nach den §§ 425 und 426 FamFG oder einer Unterbringungsmaßnahme nach den §§ 329 und 330 FamFG.		
6303	Terminsgebühr in den Fällen der Nummer 6302	20,00 bis 250,00 EUR	108,00 EUR
	Die Gebühr entsteht für die Teilnahme an gerichtlichen Terminen.		

Abschnitt 4
Verfahren nach der Wehrbeschwerdeordnung

Vorbemerkung 6.4:
Die Gebühren nach diesem Abschnitt entstehen in Verfahren auf gerichtliche Entscheidung nach der WBO, auch i. V. m. § 42 WDO, wenn das Verfahren vor dem Truppendienstgericht oder vor dem Bundesverwaltungsgericht an die Stelle des Verwaltungsrechtswegs gemäß § 82 SG tritt.

6400	Verfahrensgebühr für das Verfahren auf gerichtliche Entscheidung vor dem Truppendienstgericht	70,00 bis 570,00 EUR	
6401	Es ist eine Tätigkeit im Verfahren über die Beschwerde oder die weitere Beschwerde vor einem Disziplinarvorgesetzten vorausgegangen: Die Gebühr 6400 beträgt	35,00 bis 405,00 EUR	
	Bei der Bemessung der Gebühr ist nicht zu berücksichtigen, dass der Umfang der Tätigkeit infolge der Tätigkeit im Verfahren über die Beschwerde oder die weitere Beschwerde vor einem Disziplinarvorgesetzten geringer ist.		
6402	Terminsgebühr je Verhandlungstag in den in Nummer 6400 genannten Verfahren	70,00 bis 570,00 EUR	
6403	Verfahrensgebühr für das Verfahren auf gerichtliche Entscheidung vor dem Bundesverwaltungsgericht oder im Verfahren über die Rechtsbeschwerde	85,00 bis 665,00 EUR	
6404	Es ist eine Tätigkeit im Verfahren über die Beschwerde oder die weitere Beschwerde vor einem Disziplinarvorgesetzten oder im Verfahren vor dem Truppendienstgericht vorausgegangen: Die Gebühr 6403 beträgt	40,00 bis 460,00 EUR	

Nr.			
	Bei der Bemessung der Gebühr ist nicht zu berücksichtigen, dass der Umfang der Tätigkeit infolge der Tätigkeit im Verfahren über die Beschwerde oder die weitere Beschwerde vor einem Disziplinarvorgesetzten oder im Verfahren vor dem Truppendienstgericht geringer ist.		
6405	Terminsgebühr je Verhandlungstag in den in Nummer 6403 genannten Verfahren	85,00 bis 665,00 EUR	

Abschnitt 5
Einzeltätigkeiten und Verfahren auf Aufhebung oder Änderung einer Diziplinarmaßnahme

6500	Verfahrensgebühr	20,00 bis 250,00 EUR	108,00 EUR
	(1) Für eine Einzeltätigkeit entsteht die Gebühr, wenn dem Rechtsanwalt nicht die Verteidigung oder Vertretung übertragen ist.		
	(2) Die Gebühr entsteht für jede einzelne Tätigkeit gesondert, soweit nichts anderes bestimmt ist. § 15 RVG bleibt unberührt.		
	(3) Wird dem Rechtsanwalt die Verteidigung oder Vertretung für das Verfahren übertragen, werden die nach dieser Nummer entstandenen Gebühren auf die für die Verteidigung oder Vertretung entstehenden Gebühren angerechnet.		
	(4) Eine Gebühr nach dieser Vorschrift entsteht jeweils auch für das Verfahren nach der WDO vor einem Disziplinarvorgesetzten auf Aufhebung oder Änderung einer Disziplinarmaßnahme und im gerichtlichen Verfahren vor dem Wehrdienstgericht.		

Teil 7
Auslagen

Nr.	Auslagentatbestand	Höhe

Vorbemerkung 7:

(1) Mit den Gebühren werden auch die allgemeinen Geschäftskosten entgolten. Soweit nachfolgend nichts anderes bestimmt ist, kann der Rechtsanwalt Ersatz der entstandenen Aufwendungen (§ 675 i.V.m. § 670 BGB) verlangen.

(2) Eine Geschäftsreise liegt vor, wenn das Reiseziel außerhalb der Gemeinde liegt, in der sich die Kanzlei oder die Wohnung des Rechtsanwalts befindet.

D. Rechtsanwaltsvergütungsgesetz - RVG

(3) Dient eine Reise mehreren Geschäften, sind die entstandenen Auslagen nach den Nummern 7003 bis 7006 nach dem Verhältnis der Kosten zu verteilen, die bei gesonderter Ausführung der einzelnen Geschäfte entstanden wären. Ein Rechtsanwalt, der seine Kanzlei an einen anderen Ort verlegt, kann bei Fortführung eines ihm vorher erteilten Auftrags Auslagen nach den Nummern 7003 bis 7006 nur insoweit verlangen, als sie auch von seiner bisherigen Kanzlei aus entstanden wären.

7000	Pauschale für die Herstellung und Überlassung von Dokumenten:	
	1. für Ablichtungen und Ausdrucke	
	a) aus Behörden- und Gerichtsakten, soweit deren Herstellung zur sachgemäßen Bearbeitung der Rechtssache geboten war,	
	b) zur Zustellung oder Mitteilung an Gegner oder Beteiligte und Verfahrensbevollmächtigte auf Grund einer Rechtsvorschrift oder nach Aufforderung durch das Gericht, die Behörde oder die sonst das Verfahren führende Stelle, soweit hierfür mehr als 100 Seiten zu fertigen waren,	
	c) zur notwendigen Unterrichtung des Auftraggebers, soweit hierfür mehr als 100 Seiten zu fertigen waren,	
	d) in sonstigen Fällen nur, wenn sie im Einverständnis mit dem Auftraggeber zusätzlich, auch zur Unterrichtung Dritter, angefertigt worden sind:	
	für die ersten 50 abzurechnenden Seiten je Seite	0,50 EUR
	für jede weitere Seite	0,15 EUR
	2. für die Überlassung von elektronisch gespeicherten Dateien an Stelle der in Nummer 1 Buchstabe d genannten Ablichtungen und Ausdrucke: je Datei	2,50 EUR
	Die Höhe der Dokumentenpauschale nach Nummer 1 ist in derselben Angelegenheit und in gerichtlichen Verfahren in demselben Rechtszug einheitlich zu berechnen. Eine Übermittlung durch den Rechtsanwalt per Telefax steht der Herstellung einer Ablichtung gleich.	
7001	Entgelte für Post- und Telekommunikationsdienstleistungen	in voller Höhe
	Für die durch die Geltendmachung der Vergütung entstehenden Entgelte kann kein Ersatz verlangt werden.	
7002	Pauschale für Entgelte für Post- und Telekommunikationsdienstleistungen	20% der Gebühren - höchstens 20,00 EUR
	Die Pauschale kann in jeder Angelegenheit an Stelle der tatsächlichen Auslagen nach Nummer 7001 gefordert werden.	
7003	Fahrtkosten für eine Geschäftsreise bei Benutzung eines eigenen Kraftfahrzeugs für jeden gefahrenen Kilometer	0,30 EUR
	Mit den Fahrtkosten sind die Anschaffungs-, Unterhaltungs- und Betriebskosten sowie die Abnutzung des Kraftfahrzeugs abgegolten.	
7004	Fahrtkosten für eine Geschäftsreise bei Benutzung eines anderen Verkehrsmittels, soweit sie angemessen sind	in voller Höhe
7005	Tage- und Abwesenheitsgeld bei einer Geschäftsreise	

D. Rechtsanwaltsvergütungsgesetz - RVG

	1. von nicht mehr als 4 Stunden	20,00 EUR
	2. von mehr als 4 bis 8 Stunden	35,00 EUR
	3. von mehr als 8 Stunden	60,00 EUR
	Bei Auslandsreisen kann zu diesen Beträgen ein Zuschlag von 50% berechnet werden.	
7006	Sonstige Auslagen anlässlich einer Geschäftsreise, soweit sie angemessen sind	in voller Höhe
7007	Im Einzelfall gezahlte Prämie für eine Haftpflichtversicherung für Vermögensschäden, soweit die Prämie auf Haftungsbeträge von mehr als 30 Millionen EUR entfällt	in voller Höhe
	Soweit sich aus der Rechnung des Versicherers nichts anderes ergibt, ist von der Gesamtprämie der Betrag zu erstatten, der sich aus dem Verhältnis der 30 Millionen EUR übersteigenden Versicherungssumme zu der Gesamtversicherungssumme ergibt.	
7008	Umsatzsteuer auf die Vergütung	in voller Höhe
	Dies gilt nicht, wenn die Umsatzsteuer nach § 19 Abs. 1 UStG unerhoben bleibt.	

Anlage 2
(zu § 13 Abs. 1)

Gegenstandswert bis ... EUR	Gebühr ... EUR	Gegenstandswert bis ... EUR	Gebühr ... EUR
300	25	40.000	902
600	45	45.000	974
900	65	50.000	1.046
1.200	85	65.000	1.123
1.500	105	80.000	1.200
2.000	133	95.000	1.277
2.500	161	110.000	1.354
3.000	189	125.000	1.431
3.500	217	140.000	1.508
4.000	245	155.000	1.585
4.500	273	170.000	1.662
5.000	301	185.000	1.739
6.000	338	200.000	1.816
7.000	375	230.000	1.934
8.000	412	260.000	2.052
9.000	449	290.000	2.170
10.000	486	320.000	2.288
13.000	526	350.000	2.406

Anlagen

D. Rechtsanwaltsvergütungsgesetz - RVG

16.000	566	380.000	2.524
19.000	606	410.000	2.642
22.000	646	440.000	2.760
25.000	686	470.000	2.878
30.000	758	500.000	2.996
35.000	830		

Stichwortverzeichnis

Die **fett** gedruckten Großbuchstaben verweisen auf den Handbuchteil (**A.**) bzw. auf den Kommentarteil (**B.**). Die dem Großbuchstaben **B.** folgenden **fett** gedruckten Angaben (§, Nr., Berufung, Revision, Teil 4, Teil 5, Abschn. = Abschnitt, Unterabschn. = Unterabschnitt, Vorb. = Vorbemerkung etc.) beziehen sich auf die Überschriften der jeweiligen kommentierten Passage innerhalb des Teils **B.** Die mageren Zahlen verweisen auf die Randnummern.

A
ABC, Anwaltsgebühren **A.** 685 ff.
– Zwangsvollstreckung **A.** 1718 ff.
Abgabe, Begriff **A.** 1634
– Gericht des niedrigeren Rechtszugs **A.** 1643
– innerhalb derselben Instanz **A.** 1635
– – kostenrechtliche Konsequenzen **A.** 1636 ff.
– Postentgeltpauschale, Angelegenheit
  B. Nr. 7002 21
– Rechtsmittelinstanz **A.** 1635
– Verweisung **A.** 1630 ff.
Abgang zum Verkehrsmittel, Angemessenheit der Fahrtkosten **B. Nr. 7004** 24
Abgeltungsbereich, Beratungsgebühr **A.** 283
– Bußgeldsachen, Terminsgebühr **B. Vorb. 5** 27 ff.
– Grundgebühr, Bußgeldverfahren **B. Nr. 5100** 2
– Hebegebühr **A.** 815
– persönlicher, Beschwerde gegen Absehensentscheidung **B. Nr. 4145** 4
– – *s.a. persönlicher Abgeltungsbereich*
– – Terminsgebühr Berufung **B. Nr. 4126** 11
– – Terminsgebühr erster Rechtszug **B. Nr. 5108** 7
– – Terminsgebühr Rechtsbeschwerdeverfahren
  B. Nr. 5114 5
– – Terminsgebühr Revision **B. Nr. 4131** 9 f.
– – Verfahrensgebühr Berufung **B. Nr. 4124** 8 f.
– – Verfahrensgebühr erster Rechtszug
  B. Nr. 5107 7 f.
– – Verfahrensgebühr Rechtsbeschwerdeverfahren
  B. Nr. 5113 12 f.
– – Verfahrensgebühr Revision **B. Nr. 4130** 9 f.
– sachlicher *s.a. sachlicher Abgeltungsbereich*
– – Beschwerde gegen Absehensentscheidung
  B. Nr. 4145 5 f.
– – Beschwerdeverfahren im Wiederaufnahmeverfahren **B. Nr. 4139** 6 f.
– – Terminsgebühr Berufung **B. Nr. 4126** 12
– – Terminsgebühr erster Rechtszug
  B. Nr. 5108 3 f.
– – Terminsgebühr Revision **B. Nr. 4131** 11

– – Terminsgebühr Wiederaufnahmeverfahren
  B. Nr. 4140 3 ff.
– – Verfahrensgebühr **B. Nr. 4142** 12 ff.
– – Verfahrensgebühr Berufung **B. Nr. 4124** 10 f.
– – Verfahrensgebühr Revision **B. Nr. 4130** 11
– – Verfahrensgebühr Wiederaufnahmeantrag
  B. Nr. 4137 6
– – vermögensrechtliche Ansprüche **B. Nr. 4143** 6
– – Wiederaufnahmeverfahren **B. Nr. 4138** 5 f.
– Terminsgebühr erster Rechtszug, Geldbuße 40,00 bis 5.000,00 € **B. Nr. 5110** 2
– – Geldbuße von mehr als 5.000,00 €
  B. Nr. 5112 2
– Terminsgebühr, Verständigung **A.** 1594
– Verfahren nach WBO **B. Vorb. 6.4** 18
– Verfahrensgebühr **B. Vorb. 4** 33 ff.
– Verfahrensgebühr Bußgeldsachen
  B. Vorb. 5 16 f.
– Verfahrensgebühr Berufung, Zuschlag
  B. Nr. 4125 3
– Verfahrensgebühr Verwaltungsbehörde, Geldbuße bis 40,00 € **B. Nr. 5101** 4
Abgeltungsbereich der Vergütung A. 1 ff.
Abhilfe, Kostenfestsetzung in Strafsachen **A.** 929
Abkürzung des Verfahrens, Festsetzung der Pauschgebühr **B. § 51** 75
Ablehnung der Strafverfolgung, Verfahrensgebühr Einzeltätigkeit **B. Nr. 4302** 7
Ablichtung, 100 **B. Nr. 7000** 67 f.
– Behördenakte, Beispiele für Gebotenheit
  B. Nr. 7000 31 ff.
– Dokumentenpauschale **B. Nr. 7000** 5
– Einverständnis mit Auftraggeber
  B. Nr. 7000 78 ff.
– – Entscheidungskopie **B. Nr. 7000** 87
– – fehlende Ablichtung **B. Nr. 7000** 85
– – mehrere Auftraggeber **B. Nr. 7000** 88
– – preiswertere Herstellung **B. Nr. 7000** 83 f.
– fehlende Notwendigkeit, Anlage zu unstreitigen Fragen **B. Nr. 7000** 65

– – Anlagen von bedeutendem Umfang
B. Nr. 7000 65
– fehlende Notwendigkeit, Einzelfälle
B. Nr. 7000 65
– – Gegner bekannt B. Nr. 7000 65
– – Inhalt ohne Belang B. Nr. 7000 65
– – Sachvortragsersatz B. Nr. 7000 65
– Gebotenheit, Aktenauszug vorhergehenden Verteidigers B. Nr. 7000 31
– – Aktendeckelkopie B. Nr. 7000 32
– – Auslieferungsverfahren B. Nr. 7000 33
– – Behördenakte B. Nr. 7000 22 ff.
– – Beschleunigung B. Nr. 7000 34
– – digitalisierte Akte B. Nr. 7000 35
– – Entscheidungen B. Nr. 7000 36
– – Gerichtsakte B. Nr. 7000 22 ff.
– – Literatur B. Nr. 7000 36
– – Prozentsatz B. Nr. 7000 37
– – Streitverkündung B. Nr. 7000 38
– – Verhältnismäßigkeit B. Nr. 7000 39
– – vollständige Aktenkopie B. Nr. 7000 33
– – vollständige Kopie B. Nr. 7000 40
– Gebotenheit, Zeitmangel B. Nr. 7000 41
– Gerichtsakte, Beispiele für Gebotenheit
B. Nr. 7000 31 ff.
– Grenze von 100 B. Nr. 7000 68
– Größe, Dokumentenpauschale B. Nr. 7000 14
– Herstellung, preiswertere B. Nr. 7000 69
– Mitteilung nach Aufforderung B. Nr. 7000 66
– notwendige Unterrichtung des Auftraggebers
B. Nr. 7000 74
– – fehlende Ablichtung B. Nr. 7000 72
– – Grenze von 100 B. Nr. 7000 75
– – Handakten B. Nr. 7000 73
– – mehrere Auftraggeber B. Nr. 7000 77
– – preiswertere Herstellung B. Nr. 7000 76
– Notwendigkeit B. Nr. 7000 64 f.
– preiswertere Herstellung B. Nr. 7000 69
– Unterrichtung mehrerer Auftraggeber
B. Nr. 7000 77
– zusätzliche, Einverständnis mit Auftraggeber
B. Nr. 7000 78 ff.
– Zahl B. Nr. 7000 67 ff.
– Zustellung nach Aufforderung B. Nr. 7000 66
Ablichtung aus Akten, Dokumentenpauschale
A. 145 ff.
Ablichtung aus Behördenakte, Dokumentenpauschale B. Nr. 7000 19 ff.
– Strafakte B. Nr. 7000 42 ff.

Ablichtung aus Gerichtsakte, Dokumentenpauschale B. Nr. 7000 19 ff.
– Strafakte B. Nr. 7000 42 ff.
Ablichtung aus Strafakte, Angeklagter
B. Nr. 7000 47 f.
– preiswerte Herstellung B. Nr. 7000 55
– Übergabe der Handakte B. Nr. 7000 52 f.
– Verteidiger B. Nr. 7000 42 ff.
– Versicherungsgesellschaft B. Nr. 7000 49 ff.
Abrechnung, Beschwerdeverfahren A. 371 ff.
– Verständigung im Straf-/Bußgeldverfahren
A. 1585 ff.
Abraten, Wiederaufnahmeantrag *s.a. Abraten vom Wiederaufnahmeantrag* B. § 45 1 ff.
Abraten vom Wiederaufnahmeantrag, Auslagen
B. § 45 9
– Bußgeldverfahren B. § 45 4
– besondere Pflichtverteidigerbestellung
B. § 45 5 f.
– Mittellosigkeit des Verurteilten B. § 45 8
– sachlicher Geltungsbereich B. § 45 4
– Strafverfahren B. § 45 4
– wirtschaftliche Situation des Mandanten
B. § 45 8
Abschiebehaft, Verfahrensgebühr B. Nr. 6300 7
Abschlagszahlung, Festsetzung der Pauschgebühr
B. § 51 64 ff.
– – Anspruchsvoraussetzung B. § 51 65 ff.
– – Verfahren B. § 51 70 f.
Abschleppkosten, sonstige Auslagen
B. Nr. 7006 7
Abschlussarbeiten, Steuersachen, Vergütung
A. 819
Abschrift, Dokumentenpauschale B. Nr. 7000 5
Absehen von Vollstreckung A. 1718
Abspeichern, Dokumentenerstellung, Dokumentenpauschale B. Nr. 7000 13
Absprache, Festsetzung der Pauschgebühr
B. § 51 76
Abstandsnahme, Zwangsvollstreckung A. 1718
Abtrennung von Verfahren, Grundgebühr
B. Nr. 4100 30
Abtretung, Gebührenforderung, Allgemeines
A. 11
– – an Nichtrechtsanwalt A. 13 ff.
– – gegen Staatskasse A. 16 ff.
– – Muster für Abtretung A. 19
– – Muster für Einwilligungserklärung des Mandanten A. 20

– Kostenerstattungsanspruch **B. § 43** 1 ff., 17 ff.
– – Abtretungsanzeige **B. § 43** 19 ff.
– – Abtretungsurkunde **B. § 43** 19 ff.
– – andere notwendige Auslagen **B. § 43** 34
– – Anspruch der Staatskasse **B. § 43** 11
– – Anwaltsvergütung **B. § 43** 9
– – Anwaltswechsel **B. § 43** 40
– – Anwendungsbereich **B. § 43** 1 ff.
– – Arbeitshilfen **B. § 43** 41 f.
– – Aufrechnung **B. § 43** 29
– – Aufrechnung der Staatskasse **B. § 43** 12
– – Aufrechnung mit Verfahrenskosten **B. § 43** 35
– – Auslagen **B. § 43** 10
– – Beeinträchtigung des Vergütungsanspruchs **B. § 43** 27 ff.
– – Form **B. § 43** 17
– – Gebühren **B. § 43** 9
– – gerichtliche Überprüfung der Aufrechnung **B. § 43** 35 f.
– – Honorar **B. § 43** 8
– – Kostenfestsetzung **B. § 43** 38
– – notwendige Auslagen **B. § 43** 10
– – Pauschgebühr **B. § 43** 8
– – Reichweite **B. § 43** 27 ff.
– – Straf- und Bußgeldverfahren **B. § 43** 6
– – Strafprozessvollmacht **B. § 43** 18
– – Überprüfung der Aufrechnung *s. Aufrechnung*
– – Vereitelung des Vergütungsanspruchs **B. § 43** 27 ff.
– – Verteidiger **B. § 43** 7
– – Verteidigervergütung **B. § 43** 32., 34
– – Verzinsung **B. § 43** 39
– – Vorschuss **B. § 43** 32
– – Wirkung **B. § 43** 27 ff.
– – Zeitpunkt **B. § 43** 23 ff.
– Muster **A.** 19
– Vergütungsanspruch **A.** 59
– – anderer Rechtsanwalt **A.** 59
– – gegen Staatskasse **A.** 16 ff.
– Vergütungsanspruch gegen Staatskasse, Abtretungsunterlagen im Original **A.** 18
– – Festsetzung der Vergütung **A.** 17
Abtretung der Gebührenforderung A. 11 ff.
Abtretung des Kostenerstattungsanspruchs A. 21
Abtretungsanzeige, Abtretung, Kostenerstattungsanspruch **B. § 43** 19 ff.
Abtretungsunterlagen, Original **A.** 18

Abtretungsurkunde, Abtretung, Kostenerstattungsanspruch **B. § 43** 19 ff.
– Muster **B. § 43** 42
Abtretungsvereinbarung, Muster **A.** 19
Abwesenheitsgeld B. Nr. 7005 1 ff.
– Auslandsreise **B. Nr. 7005** 10
– Geschäftsreise **B. Nr. 7005** 4 f.
– – Dauer **B. Nr. 7005** 8 f.
– Pauschale **B. Nr. 7005** 6
– – Höhe **B. Nr. 7005** 7
– Vergütungsverzeichnis **A.** 1304
Abwicklungstätigkeit, Verfahrensgebühr Rechtsbeschwerdeverfahren **B. Nr. 5113** 11
– Verfahrensgebühr Revision **B. Nr. 4130** 15
– Verfahrensgebühr, Amtsgericht **B. Nr. 4106** 8
– Verfahrensgebühr, Berufung **B. Nr. 4124** 13
Adhäsionsgebühren, Wertgebühren **A.** 656
– Beiordnung, Vergleichsabschluss **A.** 1408
– Berufungsverfahren **B. Berufung** 5
– Beschluss, Beschwerdeverfahren gegen **A.** 406
– Beschwerdegebühr **A.** 106
– eigenständige Gebühr **A.** 106
– Einigungsgebühr **A.** 482 ff.
– – Verständigung im Straf-/Bußgeldverfahren **A.** 1605
– Einzeltätigkeit **B. Vorb. 4.3** 23
– Festsetzung der Pauschgebühr **B. § 51** 77
– Gegenstandswert **A.** 685
– – Beschwerde **A.** 686
– gerichtliches Verfahren **B. Teil 4 Abschn. 1 Unterabschn. 3** 4
– gerichtsgebührenfreies **A.**
– Gerichtskosten **A.** 730
– Hinweispflicht **A.** 829
– Kostenfreiheit **A.** 668
– Nebenklägervertreter **A.** 1407
– Pauschgebühren **B. Vorb. 4.1** 26
– Pflichtverteidiger **A.** 1405 f.
– – notwendige Auslagen **A.** 861
– Postentgeltpauschale, Angelegenheit **B. Nr. 7002** 9
– Revisionsverfahren **B. Revision** 5
– Strafverfahren, dieselbe Angelegenheit **A.** 82
– Umsatzsteuer, Erstattungsanspruch **A.** 194
– Wertfestsetzung **A.** 668
– zusätzliche Gebühren **B. Teil 5 Abschn. 1 Unterabschn. 5 Vorb.** 1
AGB-Vorschriften, Vergütungsvereinbarung **A.** 1511 f.

Akademische Disziplinarbehörde, Ahnung von Verstößen **B. Vorb. 6.2** 9
Aktenauszug für Mandanten, Erstattungsfähigkeit, Dokumentenpauschale **B. Nr. 7000** 111 f.
Aktenauszug vorhergehenden Verteidigers, Gebotenheit **B. Nr. 7000** 31
Aktendeckelkopie, Gebotenheit **B. Nr. 7000** 32
Aktendoppel für Mandanten, Dokumentenpauschale **A.** 155 ff.
Aktendoppel für weiteren Pflichtverteidiger, Dokumentenpauschale **A.** 159
Aktendoppel, Dokumentenpauschale **A.** 155 ff.
– elektronischer Datenträger **A.** 157 f.
– für Mandanten **A.** 155 ff.
– Grundsätze **A.** 155 f.
Akteneinsicht, Bemessung der Gebühr **A.** 1060
– Disziplinarverfahren **B. Vorb. 6.2** 20
– erstmalige Freiheitsentziehung, Verfahrensgebühr **B. Nr. 6300** 24
– Geschäftsgebühr, Wiederaufnahmeverfahren **B. Nr. 4136** 6
– Pauschgebühren **B. Vorb. 4.1** 25
– Terminsgebühr **B. Nr. 4102** 32
– Unterbringungssachen, Verfahrensgebühr **B. Nr. 6300** 24
– Verfahrensgebühr **B. Vorb. 4** 40
– – Amtsgericht **B. Nr. 4106** 8
– – Beschwerdeverfahren im Wiederaufnahmeverfahren **B. Nr. 4139** 8
– – erstmalige Freiheitsentziehung/Unterbringungssachen **B. Nr. 6300** 24
– – Gnadensache **B. Nr. 4303** 10
– – Strafvollstreckung **B. Nr. 4200** 13
– – Verfahren nach IRG-/IStGH-Gesetz **B. Nr. 6101** 14
– – vorbereitendes Verfahren **B. Nr. 4104** 12
– – Wiederaufnahmeantrag **B. Nr. 4137** 8
– Verfahrensgebühr Berufung **B. Nr. 4124** 13
– Verfahrensgebühr Disziplinarverfahren, außergerichtliches Verfahren **B. Nr. 6202** 14
– Verfahrensgebühr erster Rechtszug, Geldbuße bis 40,00 € **B. Nr. 5107** 6
– Verfahrensgebühr Rechtsbeschwerdeverfahren **B. Nr. 5113** 11
– Verfahrensgebühr Revision **B. Nr. 4130** 15
– weitere Verfahrensgebühr, Wiederaufnahmeverfahren **B. Nr. 4138** 7
Akteneinsichtsgesuch A. 756

Akteneinsichtskosten, weitere Auslagen **B. Vorb. 7** 11
Aktenstudien, Bemessung der Gebühr **A.** 1060
Aktenumfang, Bemessung der Gebühr **A.** 1060
– Bußgeldsachen **B. Vorb. 5** 46
– Festsetzung der Pauschgebühr **B. § 51** 78
Aktenversendungspauschale B. Vorb. 7 12
– Abgeltung durch Postentgeltpauschale **A.** 197
– Anspruch gegen Landeskasse, Beratungshilfe **A.** 347
– Anwalt als Schuldner **A.** 199 f.
– Aufwendungen **A.** 538
– beigeordneter Rechtsanwalt **A.** 197
– bestellter Rechtsanwalt **A.** 197
– Bußgeldsachen **A.** 759 f.
– elektronische Aktenübermittlung **A.** 761
– Erstattung aus Staatskasse, Anforderungen **A.** 198
– Gerichtskosten **A.** 741 ff.
– Kostenschuldner **A.** 199 f.
– – beigeordneter Rechtsanwalt **A.** 200
– – bestellter Rechtsanwalt **A.** 200
– – Pflichtverteidiger **A.** 199, 753
– – Rechtsanwalt **A.** 752
– – Verurteilte **A.** 754
– Pflichtverteidiger **A.** 199
– Postentgeltpauschale **A.** 169
– Rücksendekosten, keine Erstattung durch Staatskasse **A.** 202
– Staatskasse **A.** 197 ff., 758
– Umsatzsteuerpflicht **B. Nr. 7008** 21 f.
– weitere Auslagen **B. Vorb. 7** 11
Allgemeine Beratung, erstmalige Freiheitsentziehung, Verfahrensgebühr **B. Nr. 6300** 24
– Unterbringungssachen, Verfahrensgebühr **B. Nr. 6300** 24
– Verfahrensgebühr, erstmalige Freiheitsentziehung, Unterbringungssachen **B. Nr. 6300** 24
– – Verfahren nach IRG-/IStGH-Gesetz **B. Nr. 6101** 14
Allgemeine Beratung des Mandanten, Verfahrensgebühr Rechtsbeschwerdeverfahren **B. Nr. 5113** 11
Allgemeine Bürokosten, Dokumentenpauschale **B. Nr. 7000** 1, **B. Teil 5 Abschn. 1 Unterabschn. 1 Vorb.** 1 ff.
Allgemeine Gebühren B. Teil 4 Abschn. 1 Unterabschn. 1 1 f.
– Bußgeldsachen **A.** 1306

- Disziplinarverfahren **B. Nr. 6200** 1 ff.
- Einigungsgebühr **A.** 1298
- Erledigungsgebühr **A.** 1298
- Hebegebühr **A.** 1298
- mehrere Auftraggeber **A.** 1298
- Strafvollstreckung **B. Vorb. 4.2** 20

Allgemeine Geschäftskosten B. Vorb. 7 1 ff., 8
- Gebühren **A.** 52

Allgemeine Vergütungsfragen A. 22 ff.

Allgemeiner Schriftverkehr, Verfahrensgebühr, vorbereitendes Verfahren **B. Nr. 4104** 12

Allgemeines, Gebühren **A.** 223 ff.

Amtlicher Antragsvordruck, Festsetzungsantrag **A.** 590

Amtsgericht, Terminsgebühr **B. Nr. 4108** 1 ff.
- Verfahrensgebühr *s.a. Verfahrensgebühr* **B. Nr. 4106** 1 ff.

Amtsgerichtliches Urteil, Überprüfung, Verfahrensgebühr Rechtsbeschwerdeverfahren **B. Nr. 5113** 11

Andere Mitglieder einer Rechtsanwaltskammer, RVG, persönlicher Anwendungsbereich **A.** 44

Andere Verkehrsmittel B. Nr. 7004 6 f.
- Fahrtkosten **B. Nr. 7004** 1 ff.
- – Abgang zum Verkehrsmittel **B. Nr. 7004** 24
- – Angemessenheit **B. Nr. 7004** 9 ff.
- – Geschäftsreise **B. Nr. 7004** 4 f.
- – Zugang zu Verkehrsmittel **B. Nr. 7004** 24

Änderung einer Disziplinarmaßnahme, Verfahrensgebühr **B. Nr. 6500** 1 ff.

Anerkenntnis, kein, Einigungsgebühr **A.** 472 f.

Anfahrtszeit, lange, Bemessung der Gebühr **A.** 1060

Anfechtbare Entscheidung, Rechtsbehelf in Bußgeldsache **B. § 57** 4 ff.

Anfechtbarkeit, Vergütungsvereinbarung **A.** 1507

Anfechtung, Beratungshilfevergütung, Beschwerde **A.** 1193
- – Besonderheiten **A.** 1190 ff.
- – Erinnerung **A.** 1190 ff.
- Feststellungsverfahren **A.** 210

Anfechtung von Maßnahmen der Verwaltungsbehörde, Verfahrensgebühr, erstmalige Freiheitsentziehung **B. Nr. 6300** 24
- – Unterbringungssachen **B. Nr. 6300** 24

Anfechtungsgegenstand, Erinnerung, Vergütungsfestsetzung **A.** 1121

Anfertigung von Anträgen, Verfahrensgebühr Einzeltätigkeiten, Bußgeldsachen **B. Nr. 5200** 10

Anfertigung/Unterzeichnung einer Schrift, Verfahrensgebühr **B. Nr. 4300** 1 ff.

Angeklagter, Ablichtung aus Strafakt **B. Nr. 7000** 47 f.
- inhaftierter, Festsetzung der Pauschgebühr **B. § 51** 108
- notwendige Auslagen **B. Vorb. 4** 15
- schwierige Persönlichkeit, Festsetzung der Pauschgebühr **B. § 51** 116
- taubstummer, Festsetzung der Pauschgebühr **B. § 51** 130

Angelegenheit A. 66 ff.
- Abgrenzungen **A.** 66
- Allgemeines **A.** 69 ff.
- Beendigung **A.** 525 f.
- – außergerichtlich **A.** 525
- – Aussetzung **A.** 526
- – gerichtlich **A.** 525
- – Strafbefehl **A.** 526
- – vorläufige Einstellung **A.** 526
- Begriff **A.** 67, 1351
- – Beratungshilfe **A.** 310 ff.
- Beratungshilfegebühr **A.** 317
- besondere **A.** 66 ff., 69, 103 ff., 371 ff.
- – Allgemeines **A.** 103
- – Ausnahmen **A.** 106
- – Beschwerden **A.** 104 ff.
- – Strafvollstreckung **A.** 106
- – Verfahrensbeschwerdegebühr **A.** 106
- – Wiederaufnahmeverfahren **A.** 106
- dieselbe **A.** 66 ff., 71 ff.
- – Adhäsionsverfahren/Strafverfahren **A.** 82
- – Annahmeberufung **A.** 80
- – Bußgeldverfahren **A.** 90
- – Einzeltätigkeit **B. Vorb. 4.3** 41
- – gerichtliches Verfahren **A.** 71, 1353
- – mehrere Auftraggeber **A.** 956, 987 ff.
- – mehrere Ermittlungsverfahren **A.** 72 ff.
- – mehrere Nebenkläger **A.** 77
- – mehrere Revisionen **A.** 81
- – Privatklage **A.** 75
- – Rechtsbeschwerde als solche **A.** 79
- – Rücknahme der Klage/neue Klage **A.** 76
- – Strafverfahren **A.** 90
- – teilweise Ablehnung der Eröffnung **A.** 76a
- – teilweise Eröffnung bei anderen Gericht **A.** 76a
- – Übergangsvorschriften **A.** 1351 ff.

– – Verteidiger/Nebenklägervertreter **A.** 78
– – Vertretung mehrerer Adhäsionskläger **A.** 83
– – vorbereitendes Verfahren **A.** 71, 1353
– – Widerklage **A.** 75
– – Zulassung der Rechtsbeschwerde **A.** 79
– eigene, Berufung **B. Berufung** 2 ff.
– – Revision **B. Revision** 2 ff.
– – Wiederaufnahmeverfahren **B. Vorb. 4.1.4** 2
– gebührenrechtliche, Einzeltätigkeit
   B. Vorb. 4.3 30
– mehrere, einheitlicher Gesamtauftrag
   B. Vorb. 4.3 31
– Postentgelte **B. Nr. 7001** 14
– Postentgeltpauschale **B. Nr. 7002** 2
– Rechtszug **A.** 108
– Strafvollstreckung **B. Vorb. 4.2** 22 ff.
– Therapieunterbringung, sonstige Verfahren
   A. 1240 ff.
– Überblick **A.** 66 ff.
– verschiedene **A.** 66 ff, 84 ff.
– – Bußgeldverfahren **A.** 90
– – Einstellung des Strafverfahrens **A.** 88
– – einstweilige Anordnung **A.** 89
– – Einzeltätigkeiten **A.** 102
– – gerichtliches Verfahren **A.** 90 f.
– – Jugendgerichtsverfahren **A.** 94 ff.
– – Nachtragsanklage **A.** 93
– – Privatklage **A.** 92
– – Straf-/Bußgeldsachen **A.** 87
– – strafrechtliche Regelungen **A.** 85 ff.
– – Strafverfahren **A.** 85, 90
– – Strafvollstreckung **A.** 100 f.
– – Sühneversuch **A.** 92
– – Verfahren vor Verwaltungsbehörde **A.** 90 ff.
– – Verteidigertätigkeit **A.** 97 ff.
– – vorbehaltene Sicherungsverwahrung **A.** 85
– – vorbereitendes Verfahren **A.** 90 f.
– – wiederaufgenommenes Verfahren **A.** 86
– – Wiederaufnahmeverfahren **A.** 86, 99
– – Zeugenbeistand nach vorausgegangener Verteidigertätigkeit **A.** 97 f.
– vorzeitige Erledigung **A.** 6
– Zurückverweisung **A.** 1692 ff.
– Zwangsvollstreckung **A.** 1711 ff.
Angemessene Gebühr A. 653
Angemessener Vorschuss, Festsetzung der Pauschgebühr **B. § 51** 72
Angemessenheit, Fahrtkosten, andere Verkehrsmittel **B. Nr. 7004** 9 ff.

– sonstige Auslagen, Geschäftsreise **B. Nr. 7006** 9
Angemessenheit der Fahrtkosten, Bahn, 1. Klasse **B. Nr. 7004** 13
– – Reservierung **B. Nr. 7004** 12
– – Zuschlag **B. Nr. 7004** 12
– Bahncard **B. Nr. 7004** 14
– Flug **B. Nr. 7004** 15 ff.
– Schifffahrtskosten **B. Nr. 7004** 22
Angemessenheit des Hotels, Geschäftsreise **B. Nr. 7006** 11 ff.
Angestelltengehalt, Geschäftskosten **B. Vorb. 7** 9
Angewiesensein auf Fahrerlaubnis, berufliches, Bußgeldsachen **B. Vorb. 5** 49
Anhörungsrüge A. 109 ff., 1189
– Allgemeines **A.** 110
– Antragsvoraussetzungen, formelle **A.** 113 ff.
– Begründetheit **A.** 121
– Bemessung der Gebühr **A.** 1060
– Entscheidung über Antrag, rechtliches Gehör **A.** 119
– – Zuständigkeit **A.** 118
– formelle Antragsvoraussetzungen **A.** 113 ff.
– Gebühren **A.** 122
– Gegenstand **A.** 1189
– Rechtszug **A.** 1199, 1207 ff.
– Statthaftigkeit **A.** 120
– Überblick **A.** 109
– Unanfechtbarkeit der Entscheidung **A.** 111
– Verfahren über Antrag **A.** 118 ff.
– Verfahrensgebühr Berufung **B. Nr. 4124** 13
– Verfahrensgebühr erster Rechtszug, Geldbuße bis 40,00 € **B. Nr. 5107** 6
– Verfahrensgebühr Rechtsbeschwerdeverfahren **B. Nr. 5113** 11
– Verfahrensgebühr Revision **B. Nr. 4130** 15
– Verletzungen in entscheidungserheblicher Weise **A.** 112
– Voraussetzungen **A.** 111 ff.
Anhörungstermin, außergerichtlicher, Terminsgebühr Disziplinarverfahren **B. Nr. 6201** 6
– Terminsgebühr Anordnungsverfahren, Therapieunterbringung **A.** 1228
Annahmeberufung, dieselbe Angelegenheit **A.** 80
Anordnungsverfahren, einstweiliges, Freiheitsentziehung **B. Nr. 6300** 27
– – vorläufige Unterbringung **B. Nr. 6300** 27
– erstmalige Freiheitsentziehung, Verfahrensgebühr **B. Nr. 6300** 13

Stichwortverzeichnis

Anrechenbarkeit, Anspruch gegen Staatskasse B. § 58 17
Anrechnung, Anzeigepflicht des Rechtsanwalts B. § 58 39 ff.
– Auslagen B. § 58 25 f.
– Ausschluss B. § 58 37
– Begrenzung B. § 58 36
– Beratungshilfe A. 318
– Berechnung B. § 58 20 ff.
– dieselbe Angelegenheit B. § 58 13
– Dokumentenpauschale B. Nr. 7000 9
– Gebühr B. § 58 1 ff.
– – Anwendungsbereich B. § 58 4 ff.
– – Beiordnung als Kontaktperson B. Nr. 4304 13
– – Beratung A. 253 ff.
– gebührenrechtliche Voraussetzungen A. 130 f.
– keine, Verfahrensgebühr Disziplinarverfahren B. Nr. 6202 18
– pauschale Zahlung B. § 58 19
– Postentgeltpauschale B. § 58 21
– Rückwirkung B. § 58 30
– Umsatzsteuer B. § 58 21
– Verfahren B. § 58 43
– Verfahrens-/Terminsgebühr, zusätzliche Gebühr B. Teil 5 Abschn. 1, Unterabschn. 5 Vorb. 2
– Verfahrensgebühr, Anfertigung/Unterzeichnung einer Schrift B. Nr. 4300 20
– – Einzeltätigkeit B. Nr. 4301 28, Nr. 4302 22
– – Gnadensache B. Nr. 4303 18
– Verfahrensgebühr Einzeltätigkeiten, Bußgeldsachen B. Nr. 5200 16
– vermögensrechtliche Ansprüche B. Nr. 4143 33 ff.
– vorangegangener Strafverfahren, Grundgebühr Bußgeldverfahren B. Nr. 5100 4 ff.
– Zahlungen B. § 58 6 f.
– Zahlungsbestimmung B. § 58 31 f.
– Zeitpunkt der Zahlung B. § 58 12
Anrechnung von Gebühren s.a. Gebühr, Anrechnung; Gebührenanrechnung A. 123 ff.
– Grundgebühr B. Nr. 4100 40 f.
Anrechnung von Zahlungen, Vergütungsvereinbarung B. § 58 32
Anrechnungsvereinbarung B. § 58 38
Anrechnungsverfahren B. § 58 43
Anreise zum Termin, Festsetzung der Pauschgebühr B. § 51 79
Anschaffungskosten, eigenes Kfz, Geschäftsreise B. Nr. 7003 14

– Post-/Telekommunikationsdienstleistungen B. Nr. 7001 18
Anschlussbeschwerde, unselbstständige, Kostenfestsetzung in Strafsachen A. 928
Anschlusserklärung des Nebenklägers, Verfahrensgebühr, Einzeltätigkeit B. Nr. 4302 8
Anschuldigungsschrift, außergerichtliches Verfahren, Verfahrensgebühr Disziplinarverfahren B. Nr. 6202 9 ff.
Anspruch, Übergang auf die Staatskasse A. 1321 ff.
– – Einziehung A. 1333 f.
– – gegen die Partei A. 1323
– – gegen ersatzpflichtigen Gegner A. 1324 f.
– – gesetzlicher A. 1321
– – Übergang A. 1326 ff.
– – Rechtsanwalt nicht benachteiligt A. 1332
– Umfang A. 518
– vermögensrechtlicher B. Vorb. 4 93
– – Berufung B. Berufung 6
– – Einzeltätigkeit B. Vorb. 4.3 23
– – Verfahrensgebühr B. Nr. 4143 1 ff.
Anspruch der Staatskasse, Abtretung, Kostenerstattungsanspruch B. § 43 11
Anspruch gegen Beschuldigten B. § 52 1 ff.
Anspruch gegen Betroffenen B. § 52 1 ff.
Antrag, Bewilligungsverfahren, Pauschgebühr B. § 42 15
– Festsetzung gegen Staatskasse A. 585
– Feststellungsverfahren A. 208
– Pauschgebühr B. § 42 3
– gestellter, Bemessung der Gebühr A. 1060
– vorbereiteter, Bemessung der Gebühr A. 1060
Antrag auf gerichtliche Entscheidung, Bemessung der Gebühr A. 1060
– Bußgeldsachen B. Vorb. 5.1.2 10
– Verfahrensgebühr B. Vorb. 4 40
– Verfahrensgebühr Einzeltätigkeiten, Bußgeldsachen B. Nr. 5200 10
Antrag auf Kostenfestsetzung, Muster A. 954
Antrag auf Wertfestsetzung, Adhäsionsverfahren, Muster A. 696
– Adhäsionsverfahren mit Gerichtsgebühr, Muster A. 695
– Einziehung und verwandte Maßnahmen, Muster A. 697
– gerichtsgebührenfreies Adhäsionsverfahren, Muster A. 694
Antrag nach § 30a EGGVG, Muster B. § 43 41

1971

Antragsanfertigung, Verfahrensgebühr sonstige Verfahren, Einzeltätigkeiten **B. Nr. 6500** 16
Antragsberechtigung, Festsetzung gegen Staatskasse, Kanzleiabwickler **A.** 586
– – Rechtsanwalt **A.** 586
– – Rechtsnachfolger **A.** 586
Antragsstellung, Zahlung vor, Zwangsvollstreckung **A.** 1768
Antragszeitpunkt, Bewilligungsverfahren, Pauschgebühr **B. § 42** 16 ff.
Anwaltliche Abwägung, Überblick **A.** 1083 f.
Anwaltliche Gebühr, außergerichtliche Tätigkeit, sonstige Verfahren **B. Vorb. 6** 11
– berufsgerichtliches Verfahren **B. Vorb. 6.2** 1 ff.
– Bußgeldsachen **B. Vorb. 5.1** 4
– – Höhe der Geldbuße **B. Vorb. 5.1** 11 ff.
– Disziplinarverfahren **B. Vorb. 6.2** 1 ff.
– Entbehrlichkeit der Hauptverhandlung, anwaltliche Mitwirkung **B. Nr. 5115** 1 ff.
– Mindest-/Höchstbetrag **B. Vorb. 5.1** 21 f.
– Pauschalcharakter **A.** 3
– Rechtsbeschwerdeverfahren, Verfahrensgebühr **B. Nr. 5113** 1 ff.
Anwaltliche Mitwirkung, Anraten zu gezieltem Schweigen **B. Nr. 4141** 7
– Anspruchseinlegung **B. Nr. 4141** 7
– Aufhebung der Berufungsentscheidung **B. Nr. 4141** 7
– Benennung von Zeugen **B. Nr. 4141** 7
– Besprechung mit der Staatsanwaltschaft **B. Nr. 4141** 7 f.
– bloße Bestellung **B. Nr. 4141** 8
– bloßes Abraten **B. Nr. 4141** 8
– Darlegungs- und Beweislast **B. Nr. 4141** 10
– Einreichung einer Einlassungsschrift **B. Nr. 4141** 7
– Einsichtnahme in Ermittlungsakte **B. Nr. 4141** 8
– Einstellungsantrag **B. Nr. 4141** 7
– Entbehrlichkeit der Hauptverhandlung, **B. Nr. 4141** 6 ff.
– – Bußgeldsachen **B. Nr. 5115** 9 f.
– – Gebühr **B. Nr. 4141** 1 ff.
– – Gebührenhöhe **B. Nr. 4141** 48 ff.
– Erörterungen nach §§ 160b, 202a, 212 StPO **B. Nr. 4141** 7
– interner Rat zum Schweigen **B. Nr. 4141** 8
– Miteinlegen von Rechtsmitteln **B. Nr. 4141** 7
– Mitteilung der Nichteinlassung zur Sache **B. Nr. 4141** 7

– Mitwirkungstätigkeit, Katalog **B. Nr. 4141** 7
– Revisionseinlegung **B. Nr. 4141** 7
– Rücknahme der Berufung **B. Nr. 4141** 7
– Rücknahme des Einspruchs **B. Nr. 4141** 7
– Schutzschrift **B. Nr. 4141** 7
– Stellung von Beweisanträgen **B. Nr. 4141** 7
– Täter-Opfer-Ausgleich **B. Nr. 4141** 7
– Umfang **B. Nr. 4141** 6
– unbegründeter Einstellungsantrag **B. Nr. 4141** 8
– Ursächlichkeit **B. Nr. 4141** 11
– Verfahrenshindernis **B. Nr. 4141** 7
– Verfolgungsverjährung **B. Nr. 4141** 8
– Verjährung **B. Nr. 4141**
– Zeitpunkt **B. Nr. 4141** 9
Anwaltliche Mitwirkung im Disziplinarverfahren, zusätzliche Gebühr, entbehrliche mündliche Verhandlung **B. Nr. 6216** 16 ff.
Anwaltliche Tätigkeit A. 37 ff.
– Bedeutung **A.** 1067 ff.
– – berufliche Auswirkung **A.** 1068
– – Fahrverbot **A.** 1068
– – gesellschaftliche Auswirkungen **A.** 1068
– – Jugendstrafrecht **A.** 1069
– – persönliche Interessen **A.** 1068
– – Präjudiz **A.** 1068
– – wirtschaftliche Interessen **A.** 1068
– besondere Wertvorschriften **A.** 672
– Dokumentenpauschale **B. Nr. 7000** 7
– keine **A.** 41
– keine Übereinstimmung, gerichtliche Tätigkeit **A.** 670 f.
– mandatsbezogene Tätigkeit **A.** 1057
– nutzlos erbrachter Aufwand **A.** 1057
– Postentgeltpauschale **A.** 168
– Schwierigkeit, ausländisches Recht **A.** 1065
– – besondere rechtliche Kenntnisse **A.** 1065
– – Indizienprozess **A.** 1065
– – kurze Einarbeitungszeit **A.** 1065
– – Nebenklagemandat **A.** 1065
– – Persönlichkeit des Angeklagten **A.** 1065
– – Rechtsfragen **A.** 1065
– – Sachverständigengutachten **A.** 1065
– – schwierige Beweislage **A.** 1065
– – schwierige Persönlichkeit des Angeklagten **A.** 1065
– – schwierige Rechtsfragen **A.** 1065
– – Schwurgerichtsverfahren **A.** 1065
– – steuerrechtliche Fragen **A.** 1065
– – tatsächliche **A.** 1065

Stichwortverzeichnis

– – Verjährungsfragen **A.** 1065
– – Verständigungsschwierigkeit **A.** 1065
– – wirtschaftsrechtliche Fragen **A.** 1065
– Syndikusanwalt **A.** 40
– Umfang **A.** 1057 ff.
– – Bußgeldsachen **B. Vorb. 5** 70
– Wandel **A.** 1294, 1297
– zeitlicher Aufwand **A.** 1057
Anwaltliche Vergütung, Abtretung des Vergütungsanspruchs **A.** 59
– Aufklärungspflicht **A.** 47 ff.
– – Schadensersatzanspruch **A.** 47
– Beratungshilfe, Hinweispflicht **A.** 50
– Entstehen des Vergütungsanspruchs **A.** 56
– Festsetzungsverfahren, Therapieunterbringung **A.** 1252
– Geltendmachung des Vergütungsanspruchs **A.** 63 f.
– Hinweispflicht **A.** 47 ff.
– PKH, Hinweispflicht **A.** 50
– Stellvertretung **A.** 58
– Steuersachen **A.** 817 ff.
– Strafbefehlsverfahren **A.** 1266 ff.
– Therapieunterbringung, Anspruch gegen Staatskasse **A.** 1251
– – gerichtlich beigeordneter Rechtsanwalt **A.** 1249 ff.
– – Rechtsmittelverfahren gegen Festsetzung **A.** 1252
– Vertrag, Rechtsschutzversicherung **A.** 57
– Vorschuss, Freistellungsanspruch **A.** 57
– Wahlanwaltsgebühren, Therapieunterbringung **A.** 1259 ff.
– Wertgebühren, Hinweispflicht **A.** 49
Anwaltsgebühren, Deckung, Gerichtsgebühren **A.** 671
– Gegenstandswert, ABC **A.** 685 ff.
– Vergütungsfestsetzungsverfahren, Beschwerde **A.** 1183
– Wertfestsetzungsverfahren, Beschwerde **A.** 1186
Anwaltsgericht B. Vorb. 6.2 13
Anwaltsgerichtliches Verfahren, Gerichtskosten **A.** 716
Anwaltskosten, Auslagen **B. § 43** 10
– Gebühren **B. § 43** 9
– Kostenfestsetzung in Strafsachen **A.** 936 ff.
– Wertfestsetzung **A.** 683
– Zinsen **B. § 43** 9
Anwaltsvergütung, Aufwendungen **B. § 43** 9

– Auslagen **B. § 43** 9
– Gebühren **B. § 43** 9
– Zinsen **B. § 43** 9
Anwaltswechsel, Beschränkung des Vergütungsanspruchs **A.** 1390
– Kostenerstattungsanspruch, Abtretung **B. § 43** 40
– notwendiger, Post-/Telekommunikationsdienstleistungen **B. Nr. 7001** 20
– PKH, gebührenrechtliche Beschränkung **A.** 1390
– Übergangsvorschriften **A.** 1369
– Veranlassung, beigeordneter Rechtsanwalt **B. § 54** 6
– – bestellter Rechtsanwalt **B. § 54** 6
– Verfahrenskostenhilfe, gebührenrechtliche Beschränkung **A.** 1390
Anwendungsbereich, Disziplinarverfahren **B. Vorb. 6.2** 7 ff.
– – Grundgebühr **B. Nr. 6200** 2
– Feststellungsverfahren **A.** 209
– persönlicher, Verfahrensgebühr bei Einziehung/verwandten Maßnahmen **B. Nr. 5116** 5 f.
– Übergangsvorschriften **A.** 1338
Anwesenheitsrecht, Terminsgebühr **B. Nr. 4102** 22
Anzeigepflicht, Rechtsanwalt, Anrechnung **B. § 58** 39 ff.
ARB, Rechtsschutzversicherung **A.** 410
– – Bußgeldsachen **A.** 412
– – Strafsachen **A.** 411
Arbeitsentgelt, Zwangsvollstreckung **A.** 1717
Arbeitssachen, Beratungshilfe **A.** 306
Arrest, Verfahrensgebühr, Einzeltätigkeit **B. Nr. 4302** 11
Arrestvollziehung, Zwangsvollstreckung **A.** 1723
Assessor, Kostenerstattungsanspruch, Abtretung **B. § 43** 7
– Vertreter des Wahlanwalts **A.** 1614
Asylverfahrensrecht, Freiheitsentziehung, Verfahrensgebühr **B. Nr. 6300** 7
Aufbewahrungskosten, Gerichtskosten **A.** 777
Aufenthaltsort, Ermittlung des, Zwangsvollstreckung **A.** 1740
Aufenthaltsrecht, Freiheitsentziehung, Verfahrensgebühr **B. Nr. 6300** 7
Aufgabe der Zulassung B. § 54 10
Aufhebung, Disziplinarmaßnahme, Verfahrensgebühr **B. Nr. 6500** 1 ff.
– Freiheitsentziehung, Verfahrensgebühr **B. Nr. 6302** 1 ff.

1973

– Unterbringungsmaßnahme, Verfahrensgebühr
  B. Nr. 6302 1 ff.
Aufhebung eines Ordnungsmittels, Verfahrensgebühr, Einzeltätigkeit B. Nr. 4302 8
Aufhebung/Änderung einer Disziplinarmaßnahme, sonstige Verfahren B. Vorb. 6 2
Aufklärungspflicht des Rechtsanwalts, Vergütung A. 47 f
– Schadensersatzanspruch A. 47
Aufrechnung B. § 43 35 f.
– Antragsberechtigung B. § 43 35
– Beschluss B. § 43 36
– Geldstrafe B. § 43 37
– Glaubhaftmachung B. § 43 35
– Verfahrenskosten B. § 43 35
Aufrechnung der Staatskasse, Abtretung, Kostenerstattungsanspruch B. § 43 12
– Aufrechnungsforderung B. § 43 13
– Aufrechnungsverbot B. § 43 15
– Pflichtverteidigervergütung B. § 43 16
– Zeitpunkt B. § 43 14
Auftrag, Bestehen, Hebegebühr A. 813
– Erledigung A. 523 f.
– – Aufhebung A. 523
– – Kündigung A. 523
– – Niederlegung A. 523
– – Tod A. 523
– erneuter, Pauschgebühren B. Vorb. 4.1 28
– vorzeitige Beendigung, Vergütungsverzeichnis A. 1300
Auftraggeber, Anspruch gegen den B. § 53 1 ff.
– Höhe des Vorschusses A. 1666 ff.
– Umsatzsteuerpflicht B. Nr. 7008 19
– Vorschuss A. 1659 ff.
– Vorschussverlangen A. 1661 ff.
Auftraggebermehrheit, Gebührenerhöhung A. 979 ff.
– gesetzlicher Vertreter A. 982
– Nebenklage A. 983
– Privatklage A. 983
Aufwendungen, Aktenversendungspauschale A. 538
– Detektivkosten A. 538
– Festsetzung der Vergütung A. 538
– Frachtkosten A. 538
– Gerichtsvollzieherkosten A. 538
– Kosten für Zeugenermittlung A. 538
– Privatgutachterkosten A. 538
– Registerauskunftskosten A. 538

– Speditionskosten A. 538
– Staatskasse A. 140 ff.
– verauslagte Gerichtskosten A. 538
Augenscheinseinnahme, Verfahrensgebühr B. Nr. 4301 11 f.
Auskunft, Auftrag, Beratungsgebühr A. 274 ff.
Auslagen *s.a. Auslagen aus der Staatskassen; Weitere Auslagen* B. Vorb. 7 1 ff.
– Ablichtung, Mitteilung aufgrund Rechtsvorschrift B. Nr. 7000 61 ff.
– – Zustellung aufgrund Rechtsvorschrift
  B. Nr. 7000 61 ff.
– Abraten vom Wiederaufnahmeantrag B. § 45 9
– Abtretung, Kostenerstattungsanspruch B. § 43 10
– Abwesenheitsgeld B. Nr. 7005 1 ff.
– Anrechnung B. § 58 25 f.
– Anspruch gegen Beschuldigten B. § 52 17 ff.
– – auswärtiger Pflichtverteidiger B. § 52 18
– – Kostenfestsetzung B. § 52 18
– Anspruch gegen Landeskasse, Beratungshilfe A. 341 ff.
– Anwaltskosten B. § 43 10
– Ausnahmen von gesamtschuldnerischer Haftung A. 739
– beigeordneter Rechtsanwalt B. § 53 4
– Beiordnung als Kontaktperson B. Nr. 4304 8
– Beistand vor parlamentarischem Untersuchungsausschuss A. 222
– Berufungsverfahren B. Berufung 5
– besondere Aufwendungen A. 54
– besondere Geschäftskosten A. 53
– bestellter Rechtsanwalt B. § 53 4
– Dokumentenpauschale B. Vorb. 7 10, Nr. 7000 1 ff.
– – Begriff B. Nr. 7000 4 f.
– – mehrere Auftraggeber B. Nr. 7000 11
– – Struktur B. Nr. 7000 3
– Erstattungsanspruch gegen Staatskasse B. § 58 28 f.
– erstattungsfähige, Strafsachen B. Vorb. 4 17
– Fahrtkosten, andere Verkehrsmittel B. Vorb. 7 10
– – eigener Pkw B. Vorb. 7 10
– Festsetzung der Pauschgebühr B. § 51 41
– gerichtlich beigeordneter Rechtsanwalt, Therapieunterbringung A. 1252
– gerichtliches Verfahren B. Teil 4 Abschn. 1 Unterabschn. 3 4
– Gerichtskosten A. 714, 735 ff.
– Haftpflichtversicherungsprämie B. Vorb. 7 10

Stichwortverzeichnis

– Kopien, Verfahrensbevollmächtigter anderer Verfahrensbeteiligter **B. Nr. 7000** 58 ff.
– Kostenerstattung **B. Vorb. 7** 7
– Kostenfestsetzung **B. Vorb. 7** 7
– Mandatsanbahnungsphase **B. Vorb. 7** 3
– notwendige **B. § 43** 10
– notwendiger Anwaltswechsel **B. Nr. 7001** 22
– Pauschgebühr **B. § 42** 14
– Pflichtverteidiger, Anspruch gegen Beschuldigten **B. § 52** 17 f.
– Post- und Telekommunikationsdienstleistungen **B. Vorb. 7** 10
– Rechtsbeschwerdeverfahren **B. Teil 5 Abschn. 1 Unterabschn. 4 Vorb.** 5
– Rechtsschutzversicherung **B. Vorb. 7** 14
– Revisionsverfahren **B. Revision** 5
– sonstige Auslagen für Geschäftsreisen **B. Vorb. 7** 10
– Staatskasse **A.** 140 ff.
– Strafbefehlsverfahren **A.** 1287
– Tage- und Abwesenheitsgelder **B. Vorb. 7** 10
– Tagegeld **B. Nr. 7005** 1 ff.
– Umsatzsteuer auf Vergütung **B. Vorb. 7** 10
– Verfahren über soziale Ausgleichsleistung **B. Nr. 4146** 13
– Verfahren vor EuGH **B. § 38** 15
– Verfahren vor Verfassungsgerichten **B. § 37** 20
– Verfahrensgebühr Rechtsbeschwerdeverfahren **B. Nr. 5113** 20
– Verfahrensgebühr Revision **B. Nr. 4130** 24
– Vergütung **A.** 53 ff.
– Vergütungsfestsetzungsverfahren, Beschwerde **A.** 1182
– Vergütungsvereinbarung **B. Vorb. 7** 15
– vorbereitendes Verfahren **B. Teil 4 Abschn. 1 Unterabschn. 2** 3
– Vorbereitung des Wiederaufnahmeverfahren, Anwendungsbereich **B. § 46** 4
– – wirtschaftliche Situation des Mandanten **B. § 46** 6
– Vorbereitung, Wiederaufnahmeverfahren **B. § 45** 9
– vorgelegte Gerichtskosten **A.** 55
– Vorschuss **A.** 1649
– Vorschuss vom Auftraggeber **A.** 1667
– weitere *s.a. weitere Auslagen* **B. Vorb. 7** 11 ff.
– Wiederaufnahmeverfahren **B. Vorb. 4.1.4** 17
Auslagen aus der Staatskasse A. 140 ff.
– Ablichtungen aus Akten **A.** 145 f.
– Aktenversendungspauschale *s.a. Aktenversendungspauschale* **A.** 197 ff.
– Dokumentenpauschale **A.** 145 ff.
– – Aktendoppel **A.** 155 ff.
– – Aktendoppel für Mandanten **A.** 155 ff.
– – Aktendoppel für weiteren Pflichtverteidiger **A.** 159
– – Auslieferungsverfahren nach dem IRG **A.** 164
– – doppelte Ablichtungen **A.** 148 f.
– – elektronische Zweitakte **A.** 154
– – Ermessensspielraum des Rechtsanwalt **A.** 146 ff.
– – Prüfung durch Gericht **A.** 150 ff.
– – Telefaxkopien **A.** 162 f.
– – Umfang der Erstattung **A.** 153 f.
– – Vervielfältigung durch Einscannen **A.** 160 f.
– – vollständiger Aktenauszug **A.** 153
– Dolmetscherkosten *s.a. Dolmetscherkosten* **A.** 203 ff., 436
– doppelte Ablichtungen **A.** 148 f.
– Entgelte für Post-/Telekommunikationsdienstleistungen **A.** 165 ff.
– – Entstehung der Pauschale **A.** 165
– Erforderlichkeit **A.** 141
– – Darlegung **A.** 143 f.
– Erstattungsfähigkeit von Aufwendungen **A.** 141 ff.
– Erstattungsfähigkeit von Auslagen **A.** 141 ff.
– Festsetzungsverfahren, Vorschuss **A.** 208
– Feststellungsverfahren *s.a. Feststellungsverfahren* **A.** 208 ff.
– Notwendigkeit **A.** 141 ff.
– – Darlegung **A.** 143 f.
– Reisekosten *s.a. Reisekosten* **A.** 171 ff.
– – Antrag auf Feststellung der Erforderlichkeit **A.** 214
– Übersetzungskosten **A.** 207
– Umsatzsteuer *s.a. Umsatzsteuer* **A.** 192 ff.
Auslagen nach RVG, Auslagenersatz **B. Vorb. 7** 5
Auslagenanspruch gegen die Staatskasse, Voraussetzungen **B. § 46** 2 ff.
– Vorbereitung des Wiederaufnahmeverfahrens **B. § 46** 7
Auslagenentscheidung, ausdrückliche **B. Vorb. 4** 14
– Beschwerdeverfahren **A.** 380
– Ergänzung **A.** 849
– Kostenfestsetzungsantrag als sofortige Beschwerde **A.** 850

– Strafsachen **B. Vorb. 4** 14
Auslagenersatz B. Vorb. 7 3
– Auslagen nach RVG **B. Vorb. 7** 5
– Geschäftskosten **B. Vorb. 7** 5, 8 f.
– sonstige Auslagen **B. Vorb. 7** 5
– Vertreter des Rechtsanwalts **B. Vorb. 7** 6
Auslagenerstattungsanspruch B. § 58 28 f.
– Verzicht auf **A.** 182
Auslagenpauschale, Beratung, Erfolgsaussicht eines Rechtsmittels **A.** 268
– Beratungshilfesachen **A.** 165
– Berechnungsgrundlage **A.** 167
– Bußgeldverfahren **A.** 166
– eigene, Zurückverweisung **A.** 1695
– Entgelte für Post-/Telekommunikationsdienstleistungen **A.** 165 ff.
– Entstehung **A.** 165
– Höhe **A.** 166
– Inland und Ausland, Höhe **B. Nr. 7005** 7
– Strafverfahren **A.** 166
– Trennung von Verfahren **A.** 1315
– zusätzliche, Vergütungsvereinbarung **A.** 1573 f.
Ausländischer Auftraggeber, Umsatzsteuerpflicht des Rechtsanwalts **B. Nr. 7008** 7
Ausländischer Gegner, Umsatzsteuerpflicht des Rechtsanwalts **B. Nr. 7008** 8
Ausländischer Mandant, Bußgeldsachen **B. Vorb. 5** 47
– Erstattungspflicht, Umsatzsteuer **B. Nr. 7008** 25
– Festsetzung der Pauschgebühr **B. § 51** 80
Ausländisches Recht, besondere Kenntnisse von, Schwierigkeit der anwaltlichen Tätigkeit **A.** 1065
– Festsetzung der Pauschgebühr **B. § 51** 22
Auslandsreise, Abwesenheitsgeld **B. Nr. 7005** 10
– Begriff **B. Nr. 7005** 10
– Festsetzung der Pauschgebühr **B. § 51** 81
– Tagegeld **B. Nr. 7005** 10
Auslieferungsbewilligung, Erweiterung, Verfahrensgebühr **B. Nr. 6101** 18
Auslieferungshaft, Freiheitsentziehung **B. Nr. 6300** 5
Auslieferungsverfahren, Festsetzung der Pauschgebühr **B. § 51** 22, 82
– Gebotenheit **B. Nr. 7000** 33
– Vergütung, sonstige Verfahren **B. Vorb. 6** 4
Auslieferungsverfahren nach IRG, Dokumentenpauschale **A.** 164
Außenprüfung, Teilnahme an, Vergütung **A.** 819
Außenverhältnis, Gebührenanrechnung **A.** 134 f.

Außergerichtliche Tätigkeiten, Beratungshilfe **A.** 1299
– Geschäftsgebühr **A.** 1299
– Prüfung der Erfolgsaussichten eines Rechtsmittels **A.** 1299
– sonstige Verfahren, Gebühren **B. Vorb. 6** 11
– sozialrechtliche Angelegenheiten **A.** 1299
Außergerichtlicher Anhörungstermin, Terminsgebühr, Disziplinarverfahren **B. Nr. 6201** 6
Außergerichtlicher Termin, Dauer, Bemessung der Gebühr **A.** 1060
– Disziplinarverfahren zweiter Rechtszug, Verfahrensgebühr **B. Nr. 6207** 8
– erstmalige Freiheitsentziehung, Verfahrensgebühr **B. Nr. 6300** 24
– Unterbringungssachen, Verfahrensgebühr **B. Nr. 6300** 24
– Verfahrensgebühr **B. Vorb. 4** 40
– Verfahrensgebühr Disziplinarverfahren, erster Rechtszug **B. Nr. 6203** 8
– – zweiter Rechtszug **B. Nr. 6207** 8
– Verfahrensgebühr erster Rechtszug, Geldbuße bis 40,00 € **B. Nr. 5107** 6
– Verfahrensgebühr, erstmalige Freiheitsentziehung/Unterbringungssachen **B. Nr. 6300** 24
– – Verfahren nach IRG-/IStGH-Gesetz **B. Nr. 6101** 14
– – vorbereitendes Verfahren **B. Nr. 4104** 12
Außergerichtlicher Termin zur Beweiserhebung, Terminsgebühr, Disziplinarverfahren **B. Nr. 6201** 7
Außergerichtliches Disziplinarverfahren, nach BDG **B. Vorb. 6.2** 26 f.
– nach WDO **B. Vorb. 6.2** 25
Außergerichtliches Verfahren, Disziplinarverfahren **B. Vorb. 6.2** 5, **Nr. 6202** 1 ff.
– Verfahrensgebühr Disziplinarverfahren **B. Nr. 6202** 1 ff.
– – Anwendungsbereich **B. Nr. 6202** 2
– – Antrag **B. Nr. 6202** 9 ff.
– – Abgeltungsbereich **B. Nr. 6202** 13 ff.
– – Beginn/Dauer **B. Nr. 6202** 5 ff.
– – Beschwerdeverfahren **B. Nr. 6202** 14
– – eigene Ermittlungen **B. Nr. 6202** 14
– – Erstattung **B. Nr. 6202** 23 f.
– – Fristsetzungsantrag **B. Nr. 6202** 14
– – Gebührenhöhe **B. Nr. 6202** 20 ff.
– – keine Anrechnung **B. Nr. 6202** 18
– – persönlicher Geltungsbereich **B. Nr. 6202** 4

Stichwortverzeichnis

– – verschiedene Angelegenheiten **B. Nr. 6202** 17
– – Vorbereitung der Hauptverhandlung
  B. Nr. 6202 14
– – Wiedereinsetzungsantrag **B. Nr. 6202** 14
Außerordentlicher Rechtsbehelf, Anhörungsrüge
  A. 110
Aussetzung, Strafvollstreckung **B. Vorb. 4.2** 16
– Verfahrensgebühr, Strafvollstreckung
  B. Nr. 4200 2
Aussetzung des Strafrestes, Verfahrensgebühr,
  Strafvollstreckung **B. Nr. 4200** 5
Aussetzungsantrag, Verfahrensgebühr Diszip-
  linarverfahren, außergerichtliches Verfahren
  B. Nr. 6202 14
Austauschpfändung, Zwangsvollstreckung
  A. 1726
Auswärtiger Beweistermin, Geschäftsreise
  B. Vorb. 7 26
Auswärtiger Dolmetscher, Dolmetscherkosten,
  Erforderlichkeit **A.** 204
Auswärtiger Rechtsanwalt, besondere Fach-
  kenntnisse **B. Nr. 7003** 24 f.
– Fahrtkosten für eine Geschäftsreise, eigenes Kfz
  B. Nr. 7003 17 ff.
– Geschäftsreise mit eigenem Kfz, fehlende Erstat-
  tungsfähigkeit **B. Nr. 7003** 30
– guter Ruf **B. Nr. 7003** 26
– Vertrauensverhältnis **B. Nr. 7003** 27
Auswärtiger Verteidiger, Kostenfestsetzung in
  Strafsachen **A.** 873 ff.
Auszahlungsanordnung, Festsetzungsverfahren
  A. 623

B
Bagatellbereich, Gebühr **B. Nr. 4142** 28
Bahncard, Fahrtkosten, Angemessenheit
  B. Nr. 7004 14
– Geschäftskosten **B. Vorb. 7** 9
– Reisekosten **A.** 189
– Vergütungsvereinbarung, Arbeitshilfen
  B. Nr. 7004 26 ff.
– – Muster **B. Nr. 7004** 26 ff.
Bahnfahrt, 1. Klasse, Angemessenheit der Fahrt-
  kosten **B. Nr. 7004** 13
– Angemessenheit der Fahrtkosten
  B. Nr. 7004 11 ff.
– Reservierung **B. Nr. 7004** 12
– – Angemessenheit **B. Nr. 7004** 12
– Zuschlag, Angemessenheit **B. Nr. 7004** 12

BDG, außergerichtliches Disziplinarverfahren
  B. Vorb. 6.2 26 f.
Beabsichtigte Entscheidung, zusätzliche Gebühr
  Disziplinarverfahren, mündliche Verhandlung
  entbehrlich **B. Nr. 6216** 12 ff.
Beauftragter Richter, Terminsgebühr erster
  Rechtszug **B. Nr. 5108** 3
Beförderungskosten, Gerichtskosten **A.** 775 f.
Befriedungsgebühr, Berufungsverfahren
  B. Berufung 5
– Bußgeldsachen **B. Nr. 5115** 1
– Einigungsgebühr **A.** 473
– gerichtliches Verfahren **B. Teil 4 Abschn. 1
  Unterabschn. 3** 4
– Rechtsbeschwerdeverfahren **B. Teil 5 Abschn. 1
  Unterabschn. 4 Vorb.** 5
– Revisionsverfahren **B. Revision** 5
– Verwarnungsverfahren **A.** 1625 ff.
– vorbereitendes Verfahren **B. Teil 4 Abschn. 1
  Unterabschn. 2** 3
– zusätzliche Gebühren **B. Teil 5 Abschn. 1
  Unterabschn. 5 Vorb.** 1
Begriff, Erstberatung **A.** 250 ff.
– Unternehmer **A.** 237
– Verbraucher **A.** 237
– Zurückverweisung **A.** 1690 f.
Begründung, Gebührenhöhe, Checkliste
  B. Vorb. 5 43 ff.
Begründung der Rechtsbeschwerde, Verfah-
  rensgebühr Einzeltätigkeiten, Bußgeldsachen
  B. Nr. 5200 10
– Verfahrensgebühr Rechtsbeschwerdeverfahren
  B. Nr. 5113 11
Begründung des Einspruchs, Verfahrensgebühr
  Einzeltätigkeiten, Bußgeldsachen **B. Nr. 5200** 10
Begründung des Rechtsmittels, Verfahrensge-
  bühr, Beschwerdeverfahren im Wiederaufnahme-
  verfahren **B. Nr. 4139** 8
Behördenakte, Ablichtung, Dokumentenpau-
  schale **B. Nr. 7000** 19 ff.
Behördenberatung, Beratungshilfe **A.** 296
Beigeordneter Rechtsanwalt *s.a. Beiordnung
  eines Rechtsanwalts* **B. § 48** 1 ff.
– Aktenversendungspauschale **A.** 197
– Altersgründe **B. § 54** 12
– Anrechnung von Zahlungen **B. § 53** 6
– Anspruchsgegner **B. § 53** 9
– Anwaltswechsel, Veranlassung **B. § 54** 6
– Anwendungsbereich **B. § 48** 5 f.

1977

Stichwortverzeichnis

- Auslagen **B. § 53** 4
- – aus der Staatskasse **A.** 140
- Ausschließung aus Rechtsanwaltsstand **B. § 54** 14
- Beschwerdeverfahren **B. § 53** 21
- Bußgeldverfahren, persönlicher Anwendungsbereich **B. § 57** 3
- Disziplinarverfahren erster Rechtszug, Höhe Verfahrensgebühr **B. Nr. 6203** 13
- – Höhe Terminsgebühr **B. Nr. 6204** 13
- Disziplinarverfahren zweiter Rechtszug, Verfahrensgebühr **B. Nr. 6207** 11
- Disziplinarverfahren, Kostenansatz **B. Vorb. 6.2** 37
- – Kostenfestsetzung **B. Vorb. 6.2** 37
- – Zwangsvollstreckung **B. Vorb. 6.2** 37
- Einigungsgebühr, Höhe **A.** 480 f.
- Eintritt in den Staatsdienst **B. § 54** 13
- Entbehrlichkeit der Hauptverhandlung, Bußgeldsachen **B. Nr. 5115** 49
- Entgelte für Post-/Telekommunikationsdienstleistungen **A.** 167
- Entpflichtung **B. § 54** 15 f.
- Erstattungsanspruch **B. § 53** 20
- Erstattungsanspruch bei PKH, Höhe **B. § 53** 35
- – Kostenfestsetzungsverfahren **B. § 53** 36
- Erstattungsanspruch gegen Verurteilten, PKH **B. § 53** 34
- Erstattungsanspruch Privat- oder Nebenkläger **B. § 53** 20
- Fehlverhalten **B. § 54** 7
- – Zeitpunkt **B. § 54** 9
- Festsetzung gegen Staatskasse **A.** 583
- Feststellungsverfahren **B. § 53** 21
- Forderungssperre **A.** 1323
- Gebühren Wiederaufnahmeverfahren, Disziplinarverfahren **B. Vorb. 6.2.3** 5
- Gebühren, Verfahren vor EuGH **B. § 38** 8
- Gebührenanrechnung **A.** 136 ff.
- Gebührenanspruch, Anspruchsentstehung **B. § 53** 16
- – Anspruchswegfall **B. § 53** 18
- – Festsetzungsverfahren **B. § 54** 22
- Grundgebühr Disziplinarverfahren **B. Nr. 6200** 4
- – Höhe **B. Nr. 6200** 15
- Kostenschuldner, Aktenversendungspauschale **A.** 200
- Krankheitsgründe **B. § 54** 12
- mehrere, Anspruchsübergang **A.** 1328 f.

- neu, Gebührenanspruch **B. § 54** 23
- Pauschgebühr **B. § 53** 39
- PKH, Vorabentscheidungsverfahren **A.** 1402
- PKH-Bewilligung, Vergütungsanspruch **A.** 1402
- Rechtsbehelf in Bußgeldsache, anfechtbare Entscheidung **B. § 57** 4 ff.
- – vor Verwaltungsbehörde **B. § 57** 1 ff.
- schuldhaftes Verhalten **B. § 54** 6 ff.
- sonstige Verfahren, Vergütung **B. Vorb. 6** 4
- Strafbefehlsverfahren **A.** 1270 ff.
- Strafsachen **B. Vorb. 4** 106
- Strafvollstreckung **B. § 48** 8
- Tätigkeit, Disziplinarverfahren **B. Vorb. 6.2** 16
- Terminsgebühr Disziplinarverfahren **B. Nr. 6201** 4
- – – dritter Rechtszug **B. Nr. 6212** 11
- – – Höhe **B. Nr. 6201** 15
- Terminsgebühr erster Rechtszug, Geldbuße bis 40,00 € **B. Nr. 5108** 14
- Terminsgebühr Rechtsbeschwerdeverfahren **B. Nr. 5114** 9 f.
- Tod **B. § 54** 12
- Verfahrensgebühr bei erstmaliger Freiheitsentziehung **B. Nr. 6300** 15
- Verfahrensgebühr Disziplinarverfahren, außergerichtliches Verfahren **B. Nr. 6202** 4, 22
- – – dritter Rechtszug **B. Nr. 6211** 10
- – – Nichtzulassung der Revision **B. Nr. 6215** 12
- Verfahrensgebühr erster Rechtszug, Geldbuße bis 40,00 € **B. Nr. 5107** 15
- Verfahrensgebühr Rechtsbeschwerdeverfahren, Gebührenhöhe **B. Nr. 5113** 17 f.
- Verfahrensgebühr sonstige Verfahren, Einzeltätigkeiten **B. Nr. 6500** 21
- Vergütungsanspruch **B. § 53** 11 ff.
- Vergütungsvereinbarung **B. § 53** 8
- Verhältnis zu § 15 Abs. 4 **B. § 54** 24
- Verjährung **B. § 53** 21
- Verschulden **B. § 54** 1 ff.
- – – Anspruch gegen Staatskasse **B. § 54** 5
- – – Gebührenanspruch **B. § 54** 4, 20 ff.
- Verteidigerwechsel **B. § 54** 18
- Vertretungsverbot **B. § 54** 14
- vorbereitendes Verfahren **B. § 48** 8
- Vorsatz/Fahrlässigkeit **B. § 54** 8
- Vorschuss **B. § 53** 5
- Wahlanwaltsgebühren **A.** 36; **B. § 53** 9, 17
- – Zahlung der Staatskasse **B. § 53** 19
- Wahlgebührenanspruch **B. § 53** 12

– Wiederaufnahmeverfahren Disziplinarverfahren, Terminsgebühr **B. Vorb. 6.2.3** 15
– –Verfahrensgebühr **B. Vorb. 6.2.3** 11
– Zahlung der Staatskasse **B. § 53** 18
– Zeugenbeistand **B. § 53** 25
– zusätzliche Gebühr Disziplinarverfahren, mündliche Verhandlung entbehrlich **B. Nr. 6216** 21
Beigeordneter, vermögensrechtliche Ansprüche, Wertgebührentabelle **B. Nr. 4143** 42
Beiordnung B. § 53 3 ff., 13, **§ 54** 3
– Anspruch gegen Auftraggeber **B. § 53** 1 ff.
– Antrag, Verfahrensgebühr **B. Vorb. 4** 40
– Beschwerdeverfahren, Therapieunterbringung **A.** 1256
– Bindungswirkung, Festsetzungsverfahren **A.** 1385
– eines Rechtsanwalts, Erstreckung **B. § 48** 20
– Einigungsgebühr **A.** 488
– einstweilige Anordnung, Therapieunterbringung **A.** 1257
– Ende, Therapieunterbringung **A.** 1255
– erster Rechtszug **B. § 48** 7 ff.
– Erstreckung auf das Adhäsionsverfahren, Muster **A.** 1430
– Gebührenanspruch **B. § 53** 3 ff.
– gegenständliche Beschränkung, Umfang des Vergütungsanspruchs **A.** 1386
– im Wege der PKH **A.** 1482
– maßgebender Zeitpunkt, Rechtsprechungsübersicht **A.** 1374
– PKH-Bewilligung, Vergütungsanspruch **A.** 1402
– Rechtsanwalt **B. § 48** 1 ff.
– Reichweite **A.** 1397 ff.
– sonstige **A.** 1483
– Therapieunterbringung, einstweilige Anordnung **A.** 1257
– Umfang **A.** 518; **B. § 48** 1 ff.
– – Therapieunterbringung **A.** 1254 ff.
– Verfahren nach IRG **B. § 53** 26
– Vergütungsanspruch **A.** 34 ff.
– – Beschränkung **A.** 1488
– Vertretung **A.** 1617 ff.
– Zeitpunkt **A.** 1393 ff.
Beiordnung als Kontaktperson, Anrechnung, Gebühr **B. Nr. 4304** 13
– Anspruch gegen Gefangenen **B. Nr. 4304** 10
– Auslagen **B. Nr. 4304** 8
– Festsetzungsverfahren **B. Nr. 4304** 12
– Gebühr, Abgeltungsbereich **B. Nr. 4304** 4 f.

– – Entstehen **B. Nr. 4304** 3
– – mehrere Auftraggeber **B. Nr. 4304** 7
– – persönlicher Geltungsbereich **B. Nr. 4304** 6
– Pauschgebühr, Bewilligung **B. Nr. 4304** 9
– Umsatzsteuer **B. Nr. 4304** 8
– Vorschuss **B. Nr. 4304** 11
Beiordnung einer Kontaktperson B. § 55 1 ff.
– Festsetzung der Vergütung **B. § 55** 1 ff.
– Verfahren **B. § 55** 4 ff.
Beiordnung eines Rechtsanwalts, Anwendungsbereich **B. § 48** 5 f.
– Erstreckung, Antrag **B. § 48** 29
– – Entscheidung **B. § 48** 32
– – Rechtsmittel **B. § 48** 33
– Erstreckungsantrag, Muster **B. § 48** 37
– Erstreckungsvoraussetzungen **B. § 48** 27 ff.
– Pauschgebühr **B. § 48** 34
– *s.a. Beigeordneter Rechtsanwalt*
– spätere Rechtszüge **B. § 48** 11 ff.
– Strafvollstreckungsverfahren **B. § 48** 15 f.
– Übergangsfälle **B. § 48** 35 f.
– Verbindung von Verfahren **B. § 48** 17 ff.
– – Beispiele **B. § 48** 22
– Verfahren der Erstreckung **B. § 48** 27 ff.
– Zurückverweisung **B. § 48** 14
– zweiter Hauptverhandlungstermin **B. § 48** 10
Beiordnung/Bestellung, Vergütungsanspruch, gebührenrechtliche Beschränkung **A.** 1389 ff.
Beiordnungsverfahren, Therapieunterbringung **A.** 1250
Beispiele, Vergütungsblatt **A.** 1112 ff.
Beispiele Gebotenheit, Ablichtung aus Behördenakte **B. Nr. 7000** 31 ff.
– Ablichtung aus Gerichtsakte **B. Nr. 7000** 31 ff.
Beistand, Anspruch gegen Auftraggeber **B. § 53** 1 ff.
– Beiordnungsverfahren, Therapieunterbringung **A.** 1250
– für Opfer von Sexualstraftat, Bemessung der Gebühr **A.** 1060
– Gebühren **B. § 53** 31
– Gebührenanspruch **B. § 53** 3 ff.
– nebenklageberechtigter Verletzter **B. § 53** 22 f.
– Nebenkläger **B. § 53** 22 ff.
– parlamentarischer Untersuchungsausschuss **A.** 215 ff.
– rechtskräftige Verurteilung **B. § 53** 30
– Therapieunterbringung **A.** 1249 ff.
– Therapieunterbringungsgesetz **B. § 52** 2, 15

1979

– Verfahren auf Vollstreckung europäischer Geldsanktionen B. § 53 28
– Verfahren nach dem ThUG B. § 53 27
– Verfahren nach IRG B. § 53 26
– Vergütungsanspruch B. § 53 22 ff.
– Vergütungsvereinbarung B. § 53 37 f.
– – Feststellung der Bedürftigkeit B. § 53 38
– Wahlanwaltsgebühren A. 36
– Zahlung der Staatskasse B. § 53 33
Beistand des Nebenklägers, Reisekosten A. 184
Beistand eines Sachverständigen, Bußgeldsachen B. Vorb. 5 14
Beistand eines Verfahrensbeteiligten, Verfahrensgebühr Rechtsbeschwerdeverfahren B. Nr. 5113 12
Beistand eines Zeugen, Bußgeldsachen B. Vorb. 5 14
– Gebühren B. Vorb. 4 6
Beistand vor parlamentarischem Untersuchungsausschuss A. 215 ff.
– Abrechnung A. 218
– Allgemeines A. 216
– Auslagen A. 222
– beigeordneter Beistand A. 217
– Grundgebühr A. 219
– persönlicher Geltungsbereich A. 217 f.
– Postentgeltpauschale A. 222
– Sachverständiger A. 215
– Terminsgebühr A. 221
– Verfahrensgebühr A. 220
– Wahlbeistand A. 217
– Zeuge A. 215
Beistandsbestellung B. § 53 3 ff.
– einstweilige B. § 53 24
– IRG, Vergütungsanspruch gegen Staatskasse A. 1500
– Vollstreckung europäischer Geldsanktionen, Vergütungsanspruch gegen Staatskasse A. 1500
Beistandsleistung, Verfahrensgebühr, Einzeltätigkeit, B. Nr. 4301 1, Nr. 4302 13 f.
Beistandsleistung für Betroffenen, Verfahrensgebühr Einzeltätigkeiten, Bußgeldsachen B. Nr. 5200 10
Beistandsleistung für Zeugen, Verfahrensgebühr Einzeltätigkeiten, Bußgeldsachen B. Nr. 5200 10
Beistandsleistung im Termin, Verfahrensgebühr sonstige Verfahren, Einzeltätigkeiten B. Nr. 6500 16
Bemessung, Terminsgebühr B. Nr. 4102 53

– Verfahrensgebühr B. Vorb. 4 41 ff.
– – Bußgeldsachen B. Vorb. 5 19
– Wahlanwaltsgebühr B. Nr. 4100 36 f.
Bemessungskriterien, Bußgeldsachen, Terminsgebühr B. Vorb. 5 32 ff.
– Terminsgebühr B. Vorb. 4 63 f.
Beratung, Anrechnung der Gebühr A. 253 ff.
– – Ausschluss A. 256
– – Zusammenhang der sonstigen Tätigkeit A. 257 ff.
– Auftraggeber, Disziplinarverfahren B. Vorb. 6.2 20
– Berechnung der Vergütung A. 260
– Erfolgsaussicht des Rechtsmittels A. 261 ff.
– – Erhöhung A. 970
– – mehrere Auftraggeber A. 970
– Erhöhung A. 969
– Gebühren A. 223 ff., 796 ff.
– Gutachten, Allgemeines A. 223 ff.
– – Mediation A. 272 ff.
– mehrere Auftraggeber A. 969
– normale Gebühr A. 239 ff.
– Postentgeltpauschale, Angelegenheit B. Nr. 7002 10
– Rechtsmittel, Bemessung der Gebühr A. 1060
– sonstige Tätigkeit, Zusammenhang A. 257 ff.
– Verbraucher, Erstberatungsgespräch A. 246 ff.
– – mehrere Auftraggeber A. 248 f.
Beratung des Mandanten, Verfahrensgebühr B. Vorb. 4 40
– – vorbereitendes Verfahren B. Nr. 4104 12
– Verfahrensgebühr erster Rechtszug, Geldbuße bis 40,00 € B. Nr. 5107 6
Beratung über Erfolgsaussicht Rechtsmittel, Verfahrensgebühr, Amtsgericht B. Nr. 4106 8
Beratungsauftrag, Strafbefehlsverfahren A. 1266
Beratungsgebühr A. 272 ff., 1049
– Abdeckung A. 321
– Abgeltungsbereich A. 283
– Abgrenzung A. 277 ff.
– Anrechnung A. 253 ff., 320
– – Ausschluss A. 256
– Anspruch gegen Landeskasse, erforderliche Auslagen A. 1475
– Auftrag zur Erteilung einer Auskunft A. 274 ff.
– Auftrag zur Erteilung eines Rates A. 274 ff.
– bedingter Auftrag A. 280
– Begriff A. 274 f.
– Beratung, Legaldefinition A. 319

Stichwortverzeichnis

– Beratungshilfe **A.** 319 ff.
– – Anrechnung **A.** 348 ff.
– – mehrere Auftraggeber **A.** 330 ff.
– Entstehen **A.** 274 ff.
– Entstehen der Gebühr **A.** 282
– Erfolgsausschicht eines Rechtsmittels **A.** 261
– Erhöhung **A.** 973
– Erledigungsgebühr, Festgebühr **A.** 326
– Erstberatung **A.** 284
– gekappte **A.** 254
– Höhe **A.** 284, 320
– Informationsbroschüre **A.** 289
– Informationskontakt **A.** 279
– konkludentes Verhalten **A.** 280
– mehrere Auftraggeber **A.** 242 ff.
– Rat und Auskunft **A.** 274 ff.
– übliche **A.** 254
– unbedingter Auftrag **A.** 280
– Verbraucher **A.** 284
– vereinbarte **A.** 254
– Vergütungsanspruch gegen Landeskasse, Dolmetscherkosten **A.** 1475

Beratungshilfe A. 285 ff.
– Abrechnung **A.** 286
– allgemeine Auslagentatbestände **A.** 346
– andere Vordrucke **A.** 289
– Anrechnung **A.** 317, 348 ff.
– – derselbe Gegenstand **A.** 353
– Anrechnung der Gebühren **A.** 348 ff.
– Anspruch, gegen Gegner **A.** 335 ff.
– – gegen Landeskasse **A.** 340 ff.
– – gegen Mandanten **A.** 334
– – gegen Rechtssuchenden **A.** 334
– – Schutzgebühr **A.** 334
– Anspruch gegen Gegner, Erstattung **A.** 338
– – Wahlanwaltsvergütung **A.** 335
– Anspruch gegen Landeskasse, Aktenversendungspauschale **A.** 347
– – allgemeine Auslagentatbestände **A.** 346
– – Dokumentenpauschale **A.** 342
– – Dolmetscherkosten **A.** 344
– – Post-/Telekommunikationsauslagen **A.** 345
– – Reisekosten **A.** 343
– Arbeitssachen **A.** 306
– Auslagen, Landeskasse **A.** 341
– außergerichtliche Tätigkeiten **A.** 1299
– außergerichtliche Vertretung **A.** 322
– außerhalb gerichtlichen Verfahrens **A.** 292
– Begriff der Angelegenheiten **A.** 310 ff.

– Behördenberatung **A.** 296
– Beratungsgebühr **A.** 319 ff.
– – Anrechnung **A.** 348 ff.
– Beratungshilfeformulare, Aktuelle 357
– Berufsverbände **A.** 296
– Beschwerde **A.** 305
– Bewilligung, Verfahrensablauf **A.** 291
– Bewilligungsvoraussetzungen **A.** 292 ff.
– Datierung des Antrags **A.** 300
– Dolmetscherkosten **A.** 206, 344
– Einigungsgebühr **A.** 326 f., 489
– – Anrechnung **A.** 326
– – Festgebühr **A.** 326
– Erinnerung **A.** 304
– Erledigungsgebühr **A.** 326 f.
– – Anrechnung **A.** 326
– Erstattungspflicht des Gegners **A.** 1476
– Festgebühr **A.** 322
– Festsetzungsantrag, Glaubhaftmachung **A.** 600
– Formulare **A.** 288 ff.
– Formularzwang **A.** 288
– Fragen des Strafvollzugs, dieselbe Freiheitsstrafe **A.** 314
– Gebühren, Anrechnung **A.** 348 ff.
– – Landeskasse **A.** 340
– Gebühren im Rahmen der **A.** 315 ff.
– Gebührenüberhebung **A.** 290
– Gegenstand der **A.** 306 ff.
– Geschäftsgebühr **A.** 322 ff., 974
– – Anrechnung **A.** 323, 351 ff.
– – außergerichtliche Vertretung **A.** 322
– – Festgebühr **A.** 322
– Gewährung, andere Beratungsmöglichkeiten **A.** 296 f.
– Glaubhaftmachung **A.** 355 f.
– Hinweispflicht des Rechtsanwalts **A.** 50
– – Gebührenüberhebung **A.** 50
– JVA **A.** 297
– keine andere Möglichkeit zur Beratung **A.** 296 f.
– keine Mutwilligkeit **A.** 298
– Landeskasse **A.** 286
– mehrere Auftraggeber **A.** 328 ff., 971 ff.
– mehrere strafrechtliche Vorwürfe **A.** 312
– nachträgliche Bewilligung **A.** 299 ff.
– persönliche Verhältnisse **A.** 295
– Post-/Telekommunikationsauslagen **A.** 345
– Postentgeltpauschale **A.** 345; **B. Nr. 7002** 28 f.
– Prüfung der Erfolgsaussicht eines Rechtsmittels **A.** 293

- Rechtsschutzversicherung **A.** 296
- Sozialrecht **A.** 306
- Steuerrecht **A.** 306
- Straf-/Bußgeldsachen **A.** 307
- Straf-/OWi-Recht **A.** 306
- Strafanzeige **A.** 313
- Straferlass im Gnadenwege **A.** 309
- Strafrestaussetzung **A.** 297
- Strafverfolgungsentschädigung **A.** 307
- Strafvollstreckung **A.** 307
- Strafvollzug **A.** 308
- Übergangsvorschriften **A.** 1350
- Umsatzsteuerpflicht **B. Nr. 7008** 27 ff.
- Verfahren nach dem StVollzG **A.** 1463 ff.
- Verfahrensablauf **A.** 291
- Verfassungsrecht **A.** 306
- Vergütungsanspruch **A.** 1472 ff.
- Vergütungsanspruch gegen einzelne Beteiligte **A.** 334 ff.
- Vergütungsanspruch gegen Landeskasse **A.** 1474 f.
- – Reiskosten **A.** 1475
- Vergütungsanspruch gegen Rechtsuchenden **A.** 1473
- Vergütungsanspruch gegen Staatskasse **A.** 1472 ff.
- Vergütungsvereinbarung **A.** 318, 1518
- Vergütungsverzeichnis **A.** 1299
- Vertretung des Nebenklägers **A.** 307
- Vertretung des Privatklägers **A.** 307
- Verwaltungsrecht **A.** 306
- Vorschuss **A.** 1477
- wirtschaftliche Verhältnisse **A.** 295
- Zeugenbeistand **A.** 307
- Zivilrecht **A.** 306

Beratungshilfeangelegenheit, Begriff **A.** 310 ff.
Beratungshilfeantrag, nachträglicher, Festsetzungsantrag **A.** 597
Beratungshilfeanwalt, Festsetzung gegen Staatskasse **A.** 583
- Gebührenanrechnung **A.** 136 ff.

Beratungshilfebewilligung, Anfechtung **A.** 302 f.
- – Erinnerungsbefugnis **A.** 303

Beratungshilfefestsetzung, Anfechtung **A.** 304 f.
Beratungshilfeformular A. 357
Beratungshilfegebühr A. 316 ff.
- Anrechnung **A.** 317
- Erhöhung **A.** 972
- Festsetzung der Vergütung **A.** 539

- mehrere Auftraggeber **A.** 329, 1473
- mehrere Rechtsuchende **A.** 1473
- Rechtsuchender **A.** 1473
- Rückerstattung **A.** 316
- Vergütungsvereinbarung **A.** 318, 1473

Beratungshilfesachen, Auslagenpauschale **A.** 165
Beratungshilfevergütung, Anfechtung, Beschwerde **A.** 1193
- – Besonderheiten **A.** 1190 ff.
- – Erinnerung **A.** 1190 ff.
- Beschwerde **A.** 1193
- Erinnerung **A.** 1190 ff.
- – funktionelle Zuständigkeit **A.** 1191 f.
- – örtliche Zuständigkeit **A.** 1190
- – sachliche Zuständigkeit **A.** 1190
- Festsetzung, Erinnerung gegen **A.** 358

Beratungstätigkeit, Einzeltätigkeit **B. Vorb. 4.3** 44
Berechnung, Anrechnung **B. § 58** 20 f.
- Reisekosten, gleiche Kosten **B. Vorb. 7** 34
- – ungleiche Kosten **B. Vorb. 7** 35
- Rückzahlung **B. § 58** 20 f.

Berechnung der Vergütung A. 359 ff.
Berechnungsgrundlage, Auslagenpauschale **A.** 167
Berichtigungsantrag, Verfahrensgebühr erster Rechtszug, Geldbuße bis 40,00 € **B. Nr. 5107** 6
- Verfahrensgebühr **B. Vorb. 4** 40
- Verfahrensgebühr Amtsgericht **B. Nr. 4106** 8
- Verfahrensgebühr Berufung **B. Nr. 4124** 13
- Verfahrensgebühr Rechtsbeschwerdeverfahren **B. Nr. 5113** 11
- Verfahrensgebühr Revision **B. Nr. 4130** 15
- Zwangsvollstreckung **A.** 1727

Berufsgericht B. Vorb. 6.2 13 f.
- Anwaltsgericht **B. Vorb. 6.2** 13
- Apotheker **B. Vorb. 6.2** 13
- Architekten **B. Vorb. 6.2** 13
- Arzt **B. Vorb. 6.2** 13
- Kammer für Patentanwaltsachen **B. Vorb. 6.2** 13
- Tierarzt **B. Vorb. 6.2** 13
- Zahnarzt **B. Vorb. 6.2** 13

Berufsgerichtliches Verfahren, anwaltliche Gebühren **B. Vorb. 6.2** 1 ff.
- Beschwerdegebühr **A.** 106
- Beschwerdeverfahren, Erbfestsetzung **A.** 665
- Einzeltätigkeit **B. Vorb. 6.2** 38 ff.
- – Verfahrensgebühr **B. Vorb. 6.2** 40
- Erinnerungsverfahren, Wertfestsetzung **A.** 665

Stichwortverzeichnis

– Gebühren, Katalog erfasster Tätigkeiten **B. Vorb. 6.2** 20
– Gerichtsgebühren **A.** 665
– gerichtliche Verfahren **B. Vorb. 6.2.3** 1 ff.
– Gerichtskosten **A.** 717
– Pauschgebühr **B. Vorb. 6.2** 18 ff.
– – Abgeltungsbereich **B. Vorb. 6.2** 19 ff.
– sonstige Verfahren **B. Vorb. 6** 2
– Tätigkeit, persönlicher Geltungsbereich **B. Vorb. 6.2** 16 f.
– Verfahrensgebühr, Disziplinarverfahren **B. Nr. 6202** 8
– Vergütungsverzeichnis **A.** 1303
– Verletzung einer Berufspflicht **B. Vorb. 6.2** 1 ff.
– – gerichtliches Verfahren im erster Rechtszug **B. Vorb. 6.2.3** 1 ff.
– – Gerichtsgebühr **B. Vorb. 6.2** 15
– – Tätigkeit **B. Vorb. 6.2** 10 ff.
– – Verfahrensgebühr Disziplinarverfahren **B. Nr. 6203** 1
– Wertfestsetzung **A.** 665
Berufsgerichtliches Verfahren nach BRAO, Erstattung, Disziplinarverfahren **B. Vorb. 6.2** 44 f.
Berufsgerichtliches Verfahren nach PatAnwO, Erstattung, Disziplinarverfahren **B. Vorb. 6.2** 46 f.
Berufspflicht, Verletzung **B. Vorb. 6.2** 2 ff.
Berufsverband, Beratungshilfe **A.** 296
Berufung B. Berufung 1 ff.
– eigene Angelegenheit **B. Berufung** 2 ff.
– Einlegung und Begründung, Einzeltätigkeit **B. Vorb. 4.3** 32
– Einlegung, Verfahrensgebühr Amtsgericht **B. Nr. 4106** 8
– Rücknahme **B. Nr. 4141** 35 ff.
– – Begriff **B. Nr. 4141** 36
– – Gebühr **B. Nr. 4141** 35 ff.
– – Mitwirkung des Verteidigers **B. Nr. 4141** 37
– – Rücknahmezeitpunkt **B. Nr. 4141** 38 f.
– – Verfahrensgebühr **B. Nr. 4124** 13
– Strafsachen, Vergütungsverzeichnis **A.** 1301
– Terminsgebühr **B. Nr. 4126** 1 ff.
– Verfahrensgebühr *s.a. Verfahrensgebühr* **B. Nr. 4124** 1 ff.
– – Amtsgericht **B. Nr. 4106** 8
– – Einzeltätigkeit **B. Nr. 4301** 1, 32; **Nr. 4302** 5, 26
– Vergütungsverzeichnis **A.** 1300

– zusätzliche Gebühr, nicht nur vorläufige Einstellung **B. Nr. 4141** 22
Berufungsgebühr, Erstattungsfähigkeit, Argumente **B. Nr. 4124** 25
Berufungsrücknahme der Staatsanwaltschaft, Verfahrensgebühr Einzeltätigkeit **B. Nr. 4301** 33
Berufungsverfahren, Adhäsionsverfahren **B. Berufung** 5
– Auslagen **B. Berufung** 5
– Befriedungsgebühr **B. Berufung** 5
– Einigungsgebühr **A.** 474, 483
– Einziehungsgebühr **B. Berufung** 5
– Gebühren **B. Berufung** 5
– Geltungsbereich **B. Berufung** 6
– Gerichtskosten **A.** 723
– Grundgebühr **B. Berufung** 5
– Terminsgebühr **B. Berufung** 5
– Verfahrensgebühr *s.a. Verfahrensgebühr* **B. Berufung** 5
– vermögensrechtliche Ansprüche **B. Berufung** 6
– – Anrechnung **B. Nr. 4144** 8
– – Einigungsgebühr **B. Nr. 4144** 6 f.
– – Erbe **B. Nr. 4144** 1 ff.
– – Gebührenhöhe **B. Nr. 4144** 3 ff.
– – Verletzter **B. Nr. 4144** 1 ff.
– – Wertgebührentabelle **B. Nr. 4144** 9 f.
– zusätzliche Gebühr **B. Berufung** 5
Berufungsverwerfung, zusätzliche Gebühr, Bußgeldsachen **B. Nr. 5115** 38
Beschaffung von Informationen, Verfahrensgebühr erster Rechtszug, Geldbuße bis 40,00 € **B. Nr. 5107** 6
Beschlagnahme, Verfahrensgebühr, Einzeltätigkeit **B. Nr. 4302** 12
Beschleunigung, Gebotenheit **B. Nr. 7000** 34
Beschluss, Beschwerdeverfahren **A.** 665
– – Wertfestsetzung **A.** 665
– Bewilligungsverfahren, Festsetzung der Pauschgebühr **B. § 51** 55
– – Pauschgebühr **B. § 42** 25
– Festsetzungsverfahren **A.** 623
– Kostenfestsetzung in Strafsachen **A.** 927 f.
Beschwerde A. 1141 ff.
– befristete **A.** 1144
– Begründung, Einzeltätigkeit **B. Vorb. 4.3** 36 f.
– Bekanntmachung der Beschwerdeentscheidung **A.** 1165
– Beratungshilfe **A.** 305
– Beratungshilfevergütung **A.** 1193

1983

– Berechtigung **A.** 1148 ff.
– – Vergütungsfestsetzung **A.** 1149
– – Wertfestsetzung **A.** 1148
– Beschluss, Adhäsionsverfahren **A.** 406
– besondere Angelegenheiten **A.** 104 ff.
– – Ausnahmen **A.** 106
– Bewährungsauflagen **A.** 382 ff.
– Bußgeldverfahren **A.** 372 ff.
– einheitlicher Auftrag **B. Vorb. 4.3** 36
– Einigungsgebühr **A.** 487
– Einlegung **A.** 1144 ff.
– – Einzeltätigkeit **B. Vorb. 4.3** 36 f.
– – weitere Verfahrensgebühr Wiederaufnahmeverfahren **B. Nr. 4138** 7
– Einzeltätigkeit **A.** 386 ff.
– – Abgeltung **A.** 387
– Entscheidung **A.** 1155 ff., 1160
– – Bekanntmachung **A.** 1165
– – Beschluss **A.** 1158, 1160
– – Einzelrichter **A.** 1158
– – Kollegialgericht **A.** 1158
– – Verschlechterungsverbot **A.** 1161
– Entscheidung in der Hauptsache, Gebühren **B. Vorb. 4.2** 1 ff.
– Entscheidung über, Abhilfebefugnis des Erstgerichts **A.** 1155
– – teilweise Abhilfe **A.** 1156
– Entscheidung über Erinnerung gegen Vergütungsfestsetzung **A.** 1141
– Erinnerungsentscheidung **A.** 1143
– Festsetzung **A.** 641
– Festsetzung des Vorschusses **A.** 1654
– Festsetzungsverfahren **A.** 641
– Form **A.** 1146 f.
– – Anwaltszwang **A.** 1147
– – elektronisches Dokument **A.** 1146
– Frist **A.** 1144 f.
– Frist zur Einlegung, Wiedereinsetzung **A.** 1145
– Gericht **A.** 1157
– gerichtlich beigeordneter Rechtsanwalt **A.** 657
– gerichtlich bestellter Rechtsanwalt **A.** 657
– gerichtliche Wertfestsetzung **A.** 1141
– Gerichtskostenansatz **A.** 689, 789
– getrennte Aufträge **B. Vorb. 4.3** 37
– Kostenansatz **B. Vorb. 4** 99 ff.
– – Disziplinarverfahren **B. Vorb. 6.2** 31 ff.
– Kostenfestsetzung in Strafsachen **A.** 935
– – Verschlechterungsverbot **A.** 933
– Kostenfestsetzungsbeschluss **B. Vorb. 4** 95 ff.

– – Disziplinarverfahren **B. Vorb. 6.2** 30
– – Gegenstandswert **A.** 690
– – Strafsachen **B. Vorb. 4** 93
– Kostenfestsetzungsverfahren **A.** 402 ff.
– nach Beendigung der Instanz **A.** 381 ff.
– Nichtabhilfeentscheidung **A.** 1155
– sofortige, Wertgebühren **A.** 656
– Strafsachen **B. Vorb. 4** 4
– Strafverfahren **A.** 372 ff.
– Strafvollstreckung, Einzeltätigkeit **B. Vorb. 4.2** 32
– – erheblicher Zeitaufwand **B. Vorb. 4.2** 32
– – Hauptsacheentscheidung **B. Vorb. 4.2** 34
– Verfahrensgebühr, Besonderheit **B. Nr. 4302** 6
– – Einzeltätigkeit **B. Nr. 4302** 4
– Vergütungsfestsetzung **A.** 1154
– Vergütungsverzeichnis **A.** 1300
– Verwirkung **A.** 1144 f.
– von Soldaten, Disziplinarangelegenheit **B. Vorb. 6.2** 8
– weitere, Wertfestsetzung **A.** 684
– Wert **A.** 1150 ff.
– Wertfestsetzung **A.** 684
– Wiederaufnahmeverfahren **A.** 405
– Zulässigkeit **A.** 1142 f.
– Zulassung, Erinnerungsentscheidung **A.** 1138 f.
– Zulassung der weiteren Beschwerde **A.** 1163 f.
Beschwerde der Soldaten, Verfahren nach WBO **B. Vorb. 6.4** 3
Beschwerde des Rechtsanwalts, Wertfestsetzung, Muster **A.** 1195
Beschwerde gegen Absehensentscheidung, vermögensrechtliche Ansprüche, Verletzter oder Erbe **B. Nr. 4144** 1 ff.
– – Einigungsgebühr **B. Nr. 4145** 12
Beschwerde gegen Erinnerungsentscheidung, Festsetzung der Pflichtverteidigervergütung, Muster **A.** 1197
Beschwerde gegen Kostenansatz, Disziplinarverfahren **B. Vorb. 6.2** 31 ff.
Beschwerde gegen Kostenfestsetzungsbeschluss, Disziplinarverfahren **B. Vorb. 6.2** 30
– Muster **A.** 955
Beschwerde gegen Nichtzulassung der Revision, Verfahrensgebühr **B. Nr. 6215** 1 ff.
Beschwerdebegründung A. 384
Beschwerdeberechtigung A. 1148 ff.
– Vergütungsfestsetzung **A.** 1149
– Wertfestsetzung **A.** 1148

Beschwerdeeinlegung A. 384
Beschwerdeentscheidung, Bekanntmachung **A.** 1165
– förmliche Zustellung **A.** 1165
Beschwerdefrist A. 1144 f.
– Kostenentscheidung **B. Vorb. 4** 14
Beschwerdegebühr, berufsgerichtliches Verfahren **A.** 106
– Bußgeldsachen **A.** 106
– Disziplinarverfahren **A.** 106
-Einzeltätigkeit **A.** 106
Beschwerdegericht A. 1157
– Besetzung, Kostenfestsetzungsbeschluss **A.** 931
– Spruchkörper **A.** 1158
Beschwerdeterminsgebühr, Zwangsvollstreckung **A.** 1700
Beschwerdeverfahren A. 370
– Abrechnung **A.** 371 ff.
– Anfechtung des Gerichtskostenansatzes **A.** 791
– Anfertigung/Unterzeichnung einer Schrift, Verfahrensgebühr **B. Nr. 4300** 12
– Auslagenentscheidung **A.** 380
– – Unterschiedsbetrag **A.** 380
– – Vorgehensweise **A.** 380
– beigeordneter Rechtsanwalt **A.** 373; **B. § 53** 21
– Bemessung der Gebühr **A.** 1060
– berufsgerichtliche Verfahren **A.** 665
– Beschluss, Wertfestsetzung **A.** 665
– Beschluss im Adhäsionsverfahren, zusätzliche Gebühr **A.** 406
– Bußgeldsachen **A.** 399 ff.
– – bußgeldrechtliche Vollstreckung **A.** 401
– – Einzeltätigkeit **A.** 400
– – Tätigkeit als Verteidiger **A.** 399
– Differenztheorie **A.** 378
– Disziplinarverfahren **B. Vorb. 6.2** 20
– – besondere Tätigkeit **B. Vorb. 6.2** 21
– Einigungsgebühr **A.** 474
– einstweilige Anordnung, Verfahrensgebühr **B. Nr. 6300** 28
– Einzeltätigkeit **B. Vorb. 4.3** 34
– – besondere Angelegenheit **A.** 386
– – Erstattung **A.** 394
– – Gebührenanfall **A.** 386 ff.
– – getrennte Aufträge **A.** 388 f.
– – gleichzeitige Aufträge **A.** 388 f.
– Einzeltätigkeit, Verfahrensgebühr **B. Nr. 4301** 23, **Nr. 4302** 17
– Entziehung der Fahrerlaubnis, Vergütung **A.** 375

– Erstattung bei Auslagenentscheidung **A.** 378
– erstmalige Freiheitsentziehung, Verfahrensgebühr **B. Nr. 6300** 24
– Festsetzung der Pauschgebühr **B. § 51** 83
– gegen Beschluss im Adhäsionsverfahren **A.** 406
– gerichtlich beigeordneter Rechtsanwalt **A.** 373
– Gerichtsgebühr, unzulässige weitere Beschwerde **A.** 1188
– Gerichtskosten **A.** 733
– Gerichtskostenansatz **A.** 829
– Geschäftsgebühr, Besonderheit **B. Vorb. 6.4** 16
– – Verfahren nach WBO **B. Vorb. 6.4** 11
– getrennte Aufträge **A.** 390 ff.
– Hinweispflicht **A.** 829
– Kosten **A.** 569 f., 1182 ff.
– – Anwaltsgebühren **A.** 1183, 1186
– – Gerichtsgebühren **A.** 1182, 1185
– – Selbstvertretung des Anwalts **A.** 569
– – Vergütungsfestsetzungsverfahren **A.** 1182 ff.
– – Wertfestsetzungsverfahren **A.** 1185 ff.
– Kostenerstattung **A.** 1184, 1187
– Kostenfestsetzungsbeschluss **A.** 937
– -Anwaltskosten **A.** 937
– – Wertfestsetzung **A.** 665
– Kostenfestsetzungsverfahren **A.** 402 ff.
– Mehraufwand des Wahlverteidigers, Vergütung **A.** 377
– nach § 56 Abs. 2 und § 33 **A.** 408
– notwendige Auslagen, Kostenfestsetzung in Strafsachen **A.** 953
– pauschale Abgeltung **A.** 372
– Pauschgebühren **B. Vorb. 4.1** 25, 28
– Pflichtverteidiger **A.** 373
– – Anspruch gegen Beschuldigten **B. § 52** 66 ff.
– Postentgeltpauschale, Angelegenheit **B. Nr. 7002** 19
– Strafvollstreckung **A.** 395 ff.; **B. Vorb. 4.2** 30 ff.
– – besondere Gebühr **B. Vorb. 4.2** 30 ff.
– StrEG-Verfahren **A.** 407
– StrRehaG **B. Vorb. 4** 29
– Terminsgebühr Strafvollstreckung **B. Nr. 4202** 9
– – Zuschlag **B. Nr. 4203** 8
– Therapieunterbringung, Angelegenheit **A.** 1235
– – Terminsgebühr **A.** 1234 f.
– – Verfahrensgebühr **A.** 1234 f.
– Truppendienstgericht **B. Nr. 6400** 9
– Unterbringungssachen, Verfahrensgebühr **B. Nr. 6300** 24
– Verfahrensabschnitt **B. Vorb. 4** 13

1985

- Verfahrensgebühr **B. Vorb. 4** 40, **Nr. 4301** 20
- Verfahrensgebühr Disziplinarverfahren, außergerichtliches Verfahren **B. Nr. 6202** 14
- – erster Rechtszug **B. Nr. 6203** 8
- Verfahrensgebühr Einzeltätigkeiten, Bußgeldsachen **B. Nr. 5200** 14
- Verfahrensgebühr erster Rechtszug, Geldbuße bis 40,00 € **B. Nr. 5107** 6
- Verfahrensgebühr Rechtsbeschwerdeverfahren **B. Nr. 5113** 11
- Verfahrensgebühr Revision **B. Nr. 4130** 15
- Verfahrensgebühr Strafvollstreckung, sonstige Verfahren **B. Nr. 4204** 9
- – Zuschlag **B. Nr. 4201** 10, **Nr. 4205** 8
- Verfahrensgebühr WBO Truppendienstgericht **B. Nr. 6400** 9
- Verfahrensgebühr, Amtsgericht **B. Nr. 4106** 8
- – Berufung **B. Nr. 4124** 13
- – erstmalige Freiheitsentziehung/Unterbringungssachen **B. Nr. 6300** 24
- – Gnadensache **B. Nr. 4303** 11
- – Strafvollstreckung **B. Nr. 4200** 13
- – vorbereitendes Verfahren **B. Nr. 4104** 12
- Wahlverteidiger, Vergütung **A.** 375 f.
- Wertgebühren **A.** 656
- Wiederaufnahmeverfahren **A.** 375, 405
- zusätzliche Gebühren **B. Teil 5 Abschn. 1 Unterabschn. 5 Vorb.** 1
- Zwangsvollstreckung **B. Vorb. 4** 93, 105
- – Gegenstandswert **A.** 693

Beschwerdeverfahren im Wiederaufnahmeverfahren, Verfahrensgebühr **B. Nr. 4139** 1 ff.

Beschwerdeverfahren nach Instanzbeendigung, Einzeltätigkeit **B. Vorb. 4.3** 10

Beschwerdeverfahrensgebühr, Zwangsvollstreckung **A.** 1700

Beschwerdewert A. 1150 ff.
- Beschwerde der Staatskasse **A.** 1153
- Kostenfestsetzung in Strafsachen **A.** 925 f.
- Pflichtverteidiger **A.** 1153
- Vergütungsfestsetzung **A.** 1154
- – Differenz **A.** 1154
- Wertfestsetzung **A.** 1151 ff.
- – Differenz **A.** 1151

Besondere Angelegenheiten A. 66 ff., 103 ff.

Besondere Aufwendungen, Auslagen **A.** 54

Besondere Einarbeitung, Bußgeldsachen **B. Vorb. 5** 53

Besondere Fachkenntnisse, auswärtiger Rechtsanwalt **B. Nr. 7003** 24 f.

Besondere Gebühr, Grundgebühr **B. Vorb. 4** 38
- Strafvollstreckung **B. Vorb. 4.2** 30 ff.
- StrRehaG **A.** 106
- Verfahrensgebühr **B. Vorb. 4** 38 f.

Besondere Geschäftskosten, Auslagen **A.** 53

Besondere Haftpflichtversicherung, Prämie **B. Nr. 7007** 1 ff.

Besondere Pflichtverteidigerbestellung, Abraten vom Wiederaufnahmeantrag **B. § 45** 5 f.
- Vorbereitung des Wiederaufnahmeverfahrens, Auslagen **B. § 46** 5

Besondere Schwierigkeit, Festsetzung der Pauschgebühr **B. § 51** 23

Besondere Tätigkeit, Disziplinarverfahren **B. Vorb. 6.2** 21
- Pauschalgebühr, Bußgeldsachen **B. Vorb. 5.1** 9

Besondere Verkehrsordnungswidrigkeit, Bußgeldsachen **B. Vorb. 5** 48

Besonders schwieriges Verfahren, Festsetzung der Pauschgebühr **B. § 51** 19
- Pauschgebühr **B. § 42** 5

Besonders umfangreiches Verfahren, Pauschgebühr **B. § 42** 5

Besprechung, Disziplinarverfahren **B. Vorb. 6.2** 20
- Festsetzung der Pauschgebühr **B. § 51** 85
- mehrere Mandanten, Bußgeldsachen **B. Vorb. 5** 50
- mit anderen Verfahrensbeteiligten, Bemessung der Gebühr **A.** 1060
- mit Mandanten, Bemessung der Gebühr **A.** 1060
- Terminsgebühr Anordnungsverfahren, Therapieunterbringung **A.** 1228
- Verfahrensgebühr, Amtsgericht **B. Nr. 4106** 8
- – Berufung **B. Nr. 4124** 13
- – Revision **B. Nr. 4130** 15

Besprechung mit mehreren Mandanten, Bußgeldsachen **B. Vorb. 5** 50

Besprechung mit Behörde/Dritten, Steuersachen, Vergütung **A.** 819

Besprechung mit Verfahrensbeteiligten, Verfahrensgebühr Disziplinarverfahren, erster Rechtszug **B. Nr. 6203** 8
- – zweiter Rechtszug **B. Nr. 6207** 8
- Verfahrensgebühr erster Rechtszug, Geldbuße bis 40,00 € **B. Nr. 5107** 6

– Verfahrensgebühr Rechtsbeschwerdeverfahren **B. Nr. 5113** 11
Bestellter Rechtsanwalt B. § 48 1 ff.
– Aktenversendungspauschale **A.** 197
– Altersgründe **B. § 54** 12
– Anwaltswechsel, Veranlassung **B. § 54** 6
– Anwendungsbereich **B. § 48** 5 f.
– Auslagen **B. § 53** 4
– Auslagen aus der Staatskasse **A.** 140
– Ausschließung aus Rechtsanwaltsstand **B. § 54** 14
– Beschwerdeverfahren, Vergütung **A.** 373
– Bußgeldverfahren, persönlicher Anwendungsbereich **B. § 57** 3
– Eintritt in den Staatsdienst **B. § 54** 13
– Entpflichtung **B. § 54** 15 f.
– Fehlverhalten **B. § 54** 7
– – Zeitpunkt **B. § 54** 9
– Gebühren, Festsetzungsverfahren **B. § 54** 22
– – Verfahren vor EuGH **B. § 38** 8
– Kostenschuldner, Aktenversendungspauschale **A.** 200
– Krankheitsgründe **B. § 54** 12
– öffentlich-rechtlicher Anspruch gegen Staatskasse **A.** 25
– Rechtsbehelf in Bußgeldsache, anfechtbare Entscheidung **B. § 57** 4 ff.
– – vor Verwaltungsbehörde **B. § 57** 1 ff.
– schuldhaftes Verhalten **B. § 54** 6 ff.
– Strafsachen **B. Vorb. 4** 106
– Tod **B. § 54** 12
– Vergütungsanspruch **B. § 53** 22 ff.
– Vergütungsvereinbarung **B. § 53** 8, 37 ff.
– Verhältnis zu § 15 Abs. 4 **B. § 54** 24
– vermögensrechtliche Ansprüche, Wertgebührentabelle **B. Nr. 4143** 42
– Verschulden **B. § 54** 1 ff.
– – Anspruch gegen Staatskasse **B. § 54** 5
– – Gebührenanspruch **B. § 54** 4, 20 ff.
– Verteidigerwechsel **B. § 54** 18
– Vertretungsverbot **B. § 54** 14
– Vorsatz/Fahrlässigkeit **B. § 54** 8
– Vorschuss **B. § 53** 5
– Zeugenbeistand **B. § 53** 25
Bestellung B. § 54 3
– Beistand **B. § 53** 3 ff.
– Bindungswirkung, Festsetzungsverfahren **A.** 1385
– Einigungsgebühr **A.** 488

– gegenständliche Beschränkung, Umfang des Vergütungsanspruchs **A.** 1386
– Pflichtverteidiger **A.** 35
– Reichweite **A.** 1397 ff.
– rückwirkende **A.** 1486
– sonstige **A.** 1483
– stillschweigende **A.** 1484 f.
– Vergütungsanspruch **A.** 34 ff.
– – Beschränkung **A.** 1488
– Vertretung **A.** 1617 ff.
– Zeitpunkt **A.** 1393 ff.
– – Nebenkläger **A.** 1395
– – Zeugenbeistand **A.** 1395
Bestellung eines Rechtsanwalts B. § 48 1 ff.
– Erstreckung, Antrag **B. § 48** 29 ff.
– – Entscheidung **B. § 48** 32
– – Rechtsmittel **B. § 48** 33
– Erstreckungsvoraussetzungen **B. § 48** 27 ff.
– Pauschgebühr **B. § 48** 34
– Strafvollstreckungsverfahren **B. § 48** 15 f.
– Übergangsfälle **B. § 48** 35 f.
– Verbindung von Verfahren **B. § 48** 17 ff.
– – Beispiele **B. § 48** 22
– Verfahren der Erstreckung **B. § 48** 27 ff.
– zweiter Hauptverhandlungstermin **B. § 48** 10
Besuchsüberwachung, Dolmetscherkosten, Höhe des Erstattungsanspruchs **A.** 455
– JVA, Dolmetscherkosten **A.** 452 f.
Betäubungsmittelverfahren, Festsetzung der Pauschgebühr **B. § 51** 86
Beteiligte, Ablichtung **B. Nr. 7000** 58 ff.
– Auslagen, Ablichtungen **B. Nr. 7000** 58 ff.
Betragsrahmen, Terminsgebühr **B. Vorb. 4** 71
– Überschreitung, Zulässigkeit **A.** 1083
Betragsrahmengebühr A. 650, 656, 1047
– Einigungsgebühr **A.** 460
– Erhöhung **A.** 1010 ff.
– – Höchstsatz **A.** 1014
– – Voraussetzungen **A.** 1010
– Geschäftsgebühr, Wiederaufnahmeverfahren **B. Nr. 4136** 8
– Grundgebühr, Wahlanwalt **B. Nr. 4100** 33
– Höchstbetrag **A.** 1047
– mehrere Auftraggeber **A.** 956, 1047
– Mindestbetrag **A.** 1047
– Privatklageverfahren **B. Nr. 4147** 9
– Satzrahmengebühr **A.** 1048
– Wahlanwalt, Terminsgebühr erster Rechtszug **B. Nr. 5110** 3, **Nr. 5112** 3

– – Verfahrensgebühr erster Rechtszug
   B. Nr. 5107 11, Nr. 5109 3, Nr. 5111 3
– – Verfahrensgebühr Rechtsbeschwerdeverfahren
   B. Nr. 5113 15
– – Verfahrensgebühr Verwaltungsbehörde
   B. Nr. 5101 5
– – zusätzliche Gebühr bei Entbehrlichkeit der Hauptverhandlung B. Nr. 5115 48
– Wertgebühren A. 1679
Betragsverfahren B. Nr. 4143 9
Betreuer, Geschäftsreise B. Vorb. 7 17
– Gespräche mit, Bemessung der Gebühr A. 1060
Betreuungsaufwand, Festsetzung der Pauschgebühr B. § 51 87
Betriebskosten, eigenes Kfz, Geschäftsreise B. Nr. 7003 14
Betroffener, Anspruch gegen B. § 53 1 ff.
Bewährungsauflage, Beschwerde gegen A. 382 ff.
– – Beschwerdebegründung A. 384
– – Beschwerdeeinlegung A. 384
Bewährungswiderruf, Verfahrensgebühr Einzeltätigkeit B. Nr. 4302 7
Beweisantrag, Verfahrensgebühr, Einzeltätigkeit B. Nr. 4302 8
– umfangreicher, Festsetzung der Pauschgebühr B. § 51 89
Beweiserhebung, Terminsgebühr, Disziplinarverfahren B. Nr. 6201 7
Beweislage, schwierige, Schwierigkeit der anwaltlichen Tätigkeit A. 1065
Beweismittel, Prüfung auf Verwertbarkeit, Disziplinarverfahren B. Vorb. 6.2 20
Beweismittelprüfung auf Verwertbarkeit, Disziplinarverfahren B. Vorb. 6.2 20
Beweissicherungsverfahren, Disziplinarverfahren B. Vorb. 6.2 20
Beweistermin, auswärtig, Geschäftsreise B. Vorb. 7 26
Beweiswürdigung, schwierige, Festsetzung der Pauschgebühr B. § 51 88
– widersprechende Zeugendarstellungen, Bußgeldsachen B. Vorb. 5 51
Bewilligung der Pauschgebühr, einzelne Verfahrensabschnitte B. § 51 31
Bewilligungsverfahren, Festsetzung der Pauschgebühr B. § 51 43 ff.
– – Antragszeitpunkt B. § 51 48 ff.
– – Festsetzung B. § 51 56
– – gerichtliche Entscheidung B. § 51 55

– – Verfahren B. § 51 54
– – Verfahren bei Verwaltungsbehörde B. § 51 57
– gerichtliche Entscheidung B. § 42 25 ff.
– – Beschluss B. § 42 25
– – Gegenvorstellung B. § 42 25
– Pauschgebühr B. § 42 15 ff.
– – Antragsbegründung B. § 42 15
– – Antragszeitpunkt B. § 42 16 f.
– – Auftraggeber B. § 42 23
– – Bindungswirkung B. § 42 28
– – Einwendungen B. § 42 24
– – Einzelrichter B. § 42 20
– – gerichtliche Entscheidung B. § 42 25 ff.
– – Pflichtverteidiger B. § 42 15
– – Senat B. § 42 21 f.
– – Staatskasse B. § 42 23
– – unanfechtbarer Beschluss B. § 42 25
– – Verfahren B. § 42 23
– – Wahlverteidiger B. § 42 15
– – zuständiges Gericht B. § 42 18 f.
– rechtliches Gehör B. § 42 23
– Verfahrensgebühr, Verfahren nach IRG B. Vorb. 6.1.1 9
Billigflug, Angemessenheit der Fahrtkosten B. Nr. 7004 19 f.
Bindungswirkung, Beiordnung, Umfang des Vergütungsanspruchs A. 1385
– Bestellung, Umfang des Vergütungsanspruchs A. 1385
– Bewilligungsverfahren, Pauschgebühr B. § 42 28
– zweistufiges Verfahren B. § 42 28
Briefkontrolle, Dolmetscherkosten A. 452 f.
– – Erstattungsanspruch A. 452 f.
– – Höhe des Erstattungsanspruchs A. 454
Briefpapier, Geschäftskosten B. Vorb. 7 9
Buchführungsarbeiten, Vergütung A. 819
Bundesamt für Justiz, Verfahren vor, Verwaltungsverfahren B. Vorb. 6.1.1 13
Bundesdisziplinargesetz s. BDG
Bundesverfassungsgericht, Kostenfreiheit A. 667
– Wertfestsetzung A. 667
Bürgschaftsurkunde, Zustellung, Zwangsvollstreckung A. 1728
Büromaschine, Geschäftskosten B. Vorb. 7 9
Büroraummiete, Geschäftskosten B. Vorb. 7 9
Businessclass, Flug, Angemessenheit der Fahrtkosten B. Nr. 7004 17 f.
Bußgeld, sonstige Ausgaben B. Nr. 7006 7
Bußgeldakte, elektronische A. 760

Stichwortverzeichnis

Bußgeldbescheid, Kostenentscheidung
B. Vorb. 5 9
– Rücknahme des Einspruchs, zusätzliche Gebühr
B. Nr. 5115 18 ff.
Bußgeldsache, Aktenumfang B. Vorb. 5 46
– Aktenversendungspauschale A. 759 f.
– allgemeine Gebühr **B. Teil 5 Abschn. 1 Unterabschn. 1 Vorb.** 1 ff.
– – Grundgebühr **B. Teil 5 Abschn. 1 Unterabschn. 1 Vorb.** 1
– Angewiesensein auf Fahrerlaubnis, berufliches B. Vorb. 5 49
– Antrag auf gerichtliche Entscheidung
B. Vorb. 5.1.2 10
– anwaltliche Gebühren, Anwendungsbeispiele
B. Vorb. 5.1 24 ff.
– – Geldbuße B. Vorb. 5.1 11 ff.
– – mehrere Geldbußen B. Vorb. 5.1 16 ff.
– – Mindest-/Höchstbetrag B. Vorb. 5.1 21 f.
– – noch nicht festgesetzte Geldbuße
B. Vorb. 5.1 19 f.
– – Regelsätze B. Vorb. 5.1 23
– – zeitlicher Geltungsbereich B. Vorb. 5.1 14 f.
– – zuletzt festgesetzte Geldbuße
B. Vorb. 5.1 12 ff.
– Auftrag Einzeltätigkeit B. Nr. 5200 5 f.
– ausländischer Mandant B. Vorb. 5 47
– Befriedungsgebühr B. Nr. 5115 1
– Begründung der Gebührenhöhe, Besonderheiten des Verkehrsverstoßes B. Vorb. 5 44
– – Besonderheiten im Verfahren B. Vorb. 5 44
– – Checkliste B. Vorb. 5 43 ff.
– – drohende Sanktionen B. Vorb. 5 44
– – Person des Mandanten B. Vorb. 5 44
– Beistand eines Sachverständigen B. Vorb. 5 3
– Beistand eines Zeugen B. Vorb. 5 3
– Beschwerdegebühr A. 106
– Beschwerdeverfahren A. 399 ff.
– besondere Einarbeitung B. Vorb. 5 53
– besondere Qualifikation des Verteidigers
B. Vorb. 5 65
– besondere Tätigkeiten, Beschwerdeverfahren
B. Vorb. 5.1 9
– – Erinnerungsverfahren B. Vorb. 5.1 9
– – erneuter Auftrag B. Vorb. 5.1 9
– – Wiederaufnahmeverfahren B. Vorb. 5.1 9
– – Zurückverweisung B. Vorb. 5.1 9
– – Zwangsvollstreckungsverfahren B. Vorb. 5.1 9

– besondere Verkehrsordnungswidrigkeit
B. Vorb. 5 48
– Besprechung mit mehreren Mandanten
B. Vorb. 5 50
– Beweiswürdigung, bei widersprechenden Zeugendarstellungen B. Vorb. 5 51
– Dauer der Hauptverhandlung B. Vorb. 5 52
– drohende Eintragung im Gewerbezentralregister
B. Vorb. 5 56
– drohende Eintragung im Verkehrszentralregister
B. Vorb. 5 58
– drohende Entziehung der Fahrerlaubnis
B. Vorb. 5 57
– drohende Nachschulung B. Vorb. 5 63
– drohende Vollstreckung B. Vorb. 5 71
– drohendes Fahrverbot B. Vorb. 5 59
– Einarbeitung, besondere B. Vorb. 5 53
– Einspruch B. Vorb. 5.1.2 7
– Einzeltätigkeit **B. Teil 5 Abschn. 2 Vorb.** 1
– Entbehrlichkeit der Hauptverhandlung, anwaltliche Mitwirkung B. Nr. 5115 9 f.
– – beigeordneter Rechtsanwalt B. Nr. 5115 49
– – bestellter Rechtsanwalt B. Nr. 5115 49
– – Fälle zusätzlicher Gebühr B. Nr. 5115 11 ff.
– – Gebührenhöhe B. Nr. 5115 43 ff.
– – Kostenerstattung B. Nr. 5115 50
– – nach vorangegangenem Strafverfahren
B. Nr. 5115 6
– – persönlicher Geltungsbereich B. Nr. 5115 8
– – Wahlanwalt B. Nr. 5115 8, 48
– – zusätzliche Gebühr B. Nr. 5115 2
– Erforderlichkeit des Hinweises A. 828 f.
– erhebliche Vorbelastungen B. Vorb. 5 72
– Erstattung A. 833 ff.
– – Kostengrundentscheidung A. 834
– – mehrere Verteidiger A. 839
– Erstattungsanspruch, Umfang A. 835 ff.
– Erstattungsfähigkeit der Kosten, Privatgutachten
A. 840
– Erstattungspflicht, Ausnahme von der A. 836
– fehlende Einlassung im Einspruch B. Vorb. 5 54
– fehlende Einspruchsbegründung B. Vorb. 5 55
– Gebühr, anwaltliche Mitwirkung
B. Nr. 5115 1 ff.
– – Entbehrlichkeit der Hauptverhandlung
B. Nr. 5115 1 ff.
– – Erledigung des Verfahrens B. Nr. 5115 1 ff.
– – Staffelung der Gebührenrahmen
B. Vorb. 5.1 11 ff.

1989

- Gebühr bei Entbehrlichkeit der Hauptverhandlung, Anwendbarkeit **B. Nr. 5115** 5
- Gebühren des Verteidigers **B. Teil 5 Abschn. 1 Vorb.** 1 ff.
- Gebührenrahmen, Staffelung **B. Vorb. 5.1** 11 ff.
- Gerichtskosten **A.** 734
- Geschwindigkeitsüberschreitung **B. Vorb. 5** 60
- Grundgebühr **B. Vorb. 5** 7, 17
- Haftzuschlag **B. Vorb. 5** 37
- Höhe der Geldbuße **B. Vorb. 5** 61, **Vorb. 5.1** 11 ff.
- kommissarische Vernehmung **B. Teil 5 Abschn. 1 Unterabschn. 1 Vorb.** 3
- Kostenerstattung **A.** 833 ff.
- Kostenfestsetzung **A.** 833 ff.; **B. Vorb. 5** 38
- – Kostengrundentscheidung **A.** 834
- Kostenfestsetzungsbeschluss **A.** 841
- Kostenfestsetzungsverfahren **A.** 834
- Kostengrundentscheidung **A.** 834
- mehrere Verteidiger **A.** 839
- Mitwirkung des Verteidigers, bloße Einsichtnahme **B. Nr. 5115** 15
- – gezieltes Schweigen **B. Nr. 5115** 15
- Nachforschung, erforderlich **B. Vorb. 5** 62
- noch nicht festgesetzte Geldbuße, Gebühr **B. Vorb. 5.1** 19 f.
- Parkverstoß **B. Vorb. 5** 64
- Pauschalgebühr **B. Vorb. 5.1** 5 ff.
- – Abgeltungsbereich **B. Vorb. 5.1** 6 ff.
- – Beratung über Rechtsbeschwerde **B. Vorb. 5.1** 10
- – besondere Tätigkeit **B. Vorb. 5.1** 9
- – Einlegung der Rechtsbeschwerde **B. Vorb. 5.1** 10
- Pauschgebühr **B. Vorb. 5** 8
- persönlicher Geltungsbereich **B. Vorb. 5** 2 f., 12 ff.
- Pflichtverteidiger **B. Vorb. 5** 3
- Rechtsanwaltsvergütung **B. Vorb. 5** 1 ff.
- – System **B. Vorb. 5** 5 ff.
- Rechtsprechungs-ABC **B. Vorb. 5** 45 ff.
- Reduzierung der Geldbuße **B. Vorb. 5** 66
- Rechtsschutzversicherung **A.** 841
- *s.a. Bußgeldverfahren*
- sachlicher Geltungsbereich **B. Vorb. 5** 4
- Sachverständigenbeistand **B. Vorb. 5** 14
- Schwerbehinderter **B. Vorb. 5** 67
- schwierige Rechtsmaterie **B. Vorb. 5** 68
- straßenverkehrsrechtliches OWi-Verfahren, Gebührenbemessung **B. Vorb. 5** 39 ff.
- Täteridentifizierung **B. Vorb. 5** 69
- Tätigkeiten **B. Vorb. 5** 1 ff.
- Terminsgebühr **B. Vorb. 5** 26 ff.
- – Abgeltungsbereich **B. Vorb. 5** 27 ff.
- – Bemessungskriterien **B. Vorb. 5** 32 ff.
- – Entstehungsvoraussetzung **B. Vorb. 5** 29
- – erster Rechtszug **B. Nr. 5108**
- – Gebührenhöhe **B. Vorb. 5** 30 ff.
- – Gebührenrahmentabelle **B. Vorb. 5** 35
- – Höhe **B. Vorb. 5** 30 ff.
- – Pflichtverteidiger **B. Vorb. 5** 31
- – Wahlverteidiger **B. Vorb. 5** 30
- Terminsvertreter **B. Vorb. 5** 3
- Umfang anwaltlicher Tätigkeit **B. Vorb. 5** 70
- Verfahrensgebühr **B. Vorb. 5** 15 ff.
- – Abgeltungsbereich **B. Vorb. 5** 16 f.
- – Bemessung **B. Vorb. 5** 19
- – Gebührenrahmentabelle **B. Vorb. 5** 20
- – Höhe **B. Vorb. 5** 18 ff.
- – nach Einstellung des Strafverfahrens **B. Vorb. 5** 22
- – nach Übernahme des Bußgeldverfahrens **B. Vorb. 5** 24
- – verkehrsrechtliche Bußgeldsachen **B. Vorb. 5** 21
- Verfahrensgebühr bei Einziehung **B. Nr. 5116** 1 ff.
- Verfahrensgebühr bei Einziehung/verwandten Maßnahmen, persönlicher Anwendungsbereich **B. Nr. 5116** 5 f.
- – sachlicher Abgeltungsbereich **B. Nr. 5116** 7 f.
- – Gebührenhöhe **B. Nr. 5116** 9
- – Pauschgebühr **B. Nr. 5116** 9
- Verfahrensgebühr bei verwandten Maßnahmen **B. Nr. 5116** 1 ff.
- Verfahrensgebühr Einzeltätigkeit, Anfertigung von Anträgen **B. Nr. 5200** 10
- – Anrechnung **B. Nr. 5200** 16
- – Antrag auf gerichtliche Entscheidung **B. Nr. 5200** 10
- – Anwendungsbereich **B. Nr. 5200** 5 ff.
- – Begrenzung auf Vollverteidigergebühr **B. Nr. 5200** 7, 15
- – Begründung der Rechtsbeschwerde **B. Nr. 5200** 10
- – Begründung des Einspruchs **B. Nr. 5200** 10
- – Beistandsleistung **B. Nr. 5200** 10

– – Beistandsleistung für Betroffenen
   B. Nr. 5200 10
– – Beistandsleistung für Zeugen **B. Nr. 5200** 10
– – Beschwerdeverfahren **B. Nr. 5200** 14
– – Einlegung der Rechtsbeschwerde
   B. Nr. 5200 10
– – Einlegung des Einspruchs **B. Nr. 5200** 10
– – Entstehung **B. Nr. 5200** 11 f.
– – Gegenerklärung **B. Nr. 5200** 10
– – Gnadensache **B. Nr. 5200** 7
– – Höhe **B. Nr. 5200** 17 f.
– – isolierte Akteneinsicht **B. Nr. 5200** 10
– – Katalog der Einzeltätigkeiten **B. Nr. 5200** 10
– – mehrere Tätigkeiten **B. Nr. 5200** 13
– – persönlicher Geltungsbereich **B. Nr. 5200** 8
– – Ratenzahlungsantrag **B. Nr. 5200** 10
– – sachlicher Abgeltungsbereich **B. Nr. 5200** 9 f.
– – schriftliche Stellungnahme vor Verwaltungsbehörde **B. Nr. 5200** 10
– – Stellungnahme zum Verwerfungsantrag der Generalstaatsanwaltschaft **B. Nr. 5200** 10
– – Strafvollstreckung **B. Nr. 5200** 10
– – Teilnahme an Vernehmungstermin
   B. Nr. 5200 10
– – Vollstreckungssache **B. Nr. 5200** 7
– zusätzliche Gebühr, Begriff der Verfahrenseinstellung **B. Nr. 5115** 12
– – Einspruchsrücknahme im gerichtlichen Verfahren **B. Nr. 5115** 29 ff.
– – Mitwirkung des Verteidigers **B. Nr. 5115** 15
– – Verzicht auf erneuten Einspruch
   B. Nr. 5115 24
– – Wiedereinsetzung in vorigen Stand
   B. Nr. 5115 38
– Vergütungsblatt **A.** 1111
– verkehrsrechtliche, Verfahrensgebühr 21
– Vernehmung **B. Vorb. 5.1.2** 1 ff.
– Verwarnungsverfahren **B. Vorb. 5.1.2** 1 ff., 8
– Vollverteidiger **B. Vorb. 5** 3
– Vorbelastungen, erhebliche **B. Vorb. 5** 72
– Vorbereitung der Hauptverhandlung, umfangreiche **B. Vorb. 5** 73
– Wahlverteidiger **B. Vorb. 5** 18
– Wartezeit **B. Vorb. 5** 74
– Wiedereinsetzungsantrag **B. Vorb. 5** 75
– zusätzliche Gebühr, Entstehungsvoraussetzung
   B. Nr. 5115 9
– – Gebührenhöhe **B. Nr. 5115** 43 ff.
– – kein Einspruch gegen neuen Bußgeldbescheid
   B. Nr. 5115 22 ff.
– – nicht nur vorläufige Einstellung des Verfahrens
   B. Nr. 5115 11 ff.
– – Rechtsbeschwerde **B. Nr. 5115** 33 ff.
– – Rücknahme der Rechtsbeschwerde
   B. Nr. 5115 33 ff.
– – Rücknahme des Einspruchs **B. Nr. 5115** 18 ff.
– – vorsorgliche Rechtsbeschwerde **B. Nr. 5115** 38
– – Zeitpunkt der Einspruchsrücknahme
   B. Nr. 5115 21
– zusätzliche Verfahrensgebühr, Darlegungs- und Beweislast **B. Nr. 5115** 9
– – Entbehrlichkeit der Hauptverhandlung
   B. Nr. 5115 1 ff.
– Zuschlag **B. Vorb. 5** 37
– Zustellungsproblematik **B. Vorb. 5** 76
– Zwangsvollstreckung **B. Vorb. 5** 38
– Zwischenverfahren **B. Vorb. 5.1.2** 1 ff., 9
Bußgeldverfahren, Abraten vom Wiederaufnahmeantrag **B. § 45** 4
– Auslagenpauschale, Höhe **A.** 166
– Befriedungsgebühr **B. Nr. 5115** 1
– beigeordneter Rechtsanwalt, persönlicher Anwendungsbereich **B. § 57** 3
– Beschwerde **A.** 372 ff.
– Besonderheiten, Verständigung **A.** 1607 f.
– bestellter Rechtsanwalt, persönlicher Anwendungsbereich **B. § 57** 3
– Dolmetscherkosten **A.** 203
– Einzeltätigkeit **B. Vorb. 5** 13
– Gebühren, Abgeltungsbereich **B. Vorb. 5.1** 3
– gerichtliches, Gerichtskosten **A.** 715
– – Pauschgebühr **B. § 42** 4
– Grundgebühr **B. Nr. 5100** 1 ff.
– – Abgeltungsbereich **B. Nr. 5100** 2
– – Anrechnung vorangegangener Strafverfahren
   B. Nr. 5100 4 ff.
– – Bemessung der Gebühr **B. Nr. 5100** 3
– Grundstruktur **B. Vorb. 5.1** 1 f.
– kartellrechtliches **A.** 958
– kommissarische Vernehmung, **B. Teil 5 Abschn. 1 Unterabschn. 1 Vorb.** 3
– Kostenerstattungsanspruch, Abtretung **B. § 43** 6
– persönlicher Geltungsbereich **B. Vorb. 5.1** 4
– Pflichtverteidiger **B. Vorb. 5** 13
– – Anspruch gegen Beschuldigten **B. § 52** 9, 82

– Rechtsanwaltsbestellung durch Verwaltungsbehörde, Vergütungsanspruch gegen Staatskasse **A.** 1499
– *s.a. Bußgeldsache*
– Tätigkeit, Gebühren **B. Vorb. 5.1** 1 ff.
– Terminsgebühr erster Rechtszug, Geldbuße bis 40,00 € **B. Nr. 5108** 1 ff.
– Umfang des Vergütungsanspruchs **A.** 1428
– Verständigung im, Abrechnung **A.** 1585 ff.

C
Checkliste, Begründung der Gebührenhöhe **B. Vorb. 5** 43 ff.
– Vergütungsvereinbarung **A.** 1556

D
Darlegungs- und Beweislast, anwaltliche Mitwirkung **B. Nr. 4141** 10
– Umkehr, zusätzliche Verfahrensgebühr **B. Nr. 5115** 9
Dauer der Hauptverhandlung, Bußgeldsachen **B. Vorb. 5** 52
Deal, Strafbefehl, Gebühr **B. Nr. 4141** 34
Deckungsanfrage, kostenlose **A.** 418
Deckungsanfrage bei Rechtsschutzversicherung, Geltendmachung, unzulässige Gebührenunterschreitung **A.** 418
Deckungsschutzklage, voraussichtliche Kosten, Gegenstandswert für Geschäftsgebühr **A.** 419
Deckungszusage, Einholung bei Rechtsschutzversicherung **A.** 409 ff.
– – besonderer Auftrag **A.** 415
– – Gebührenvereinbarung **A.** 418
– – Geltendmachung **A.** 422
– – Geltendmachung der Vergütung **A.** 421 ff.
– – Geltendmachung beim Mandanten **A.** 421
– – Geltendmachung beim Gegner **A.** 423 f.
– – Geschäftsgebühr **A.** 416 f.
– – Straf-/Bußgeldsachen **A.** 410 ff.
– – Vergütungsfragen **A.** 414 ff.
– – Verzicht auf Gebührenerhebung **A.** 418
– – Gegenstandswert, Zeitpunkt der Wertberechnung **A.** 420
– Rechtsschutzversicherung *s.a. Rechtsschutzversicherung* **A.** 409 ff.
– – Einholung **A.** 425
Detektivkosten, Aufwendungen **A.** 538
– weitere Auslagen **B. Vorb. 7** 11

Dienstaufsichtsbeschwerde, Verfahrensgebühr **B. Vorb. 4** 40
– Zwangsvollstreckung **A.** 1729
Dieselbe Angelegenheit *s.a. Angelegenheit, dieselbe* **A.** 66 ff., 71 ff.
– Anrechnung **B. § 58** 13
– Dokumentenpauschale **B. Nr. 7000** 8
– mehrere Auftraggeber **A.** 956, 987 ff.
– mehrere Zeugen **A.** 991
Differenztheorie, Beschwerdeverfahren **A.** 378
– Erstattungsbetrag, Ermittlung **A.** 945 f.
Digitalisierte Akte, Gebotenheit **B. Nr. 7000** 35
Disziplinarangelegenheit, Änderung einer Disziplinarmaßnahme, Wehrdienstgericht **B. Vorb. 6.2** 8
– Aufhebung einer Disziplinarmaßnahme, Wehrdienstgericht **B. Vorb. 6.2** 8
– Beschwerde von Soldaten **B. Vorb. 6.2** 8
Disziplinarbehörde, Verfahren vor **B. Vorb. 6.2** 3
Disziplinarklage, außergerichtliches Verfahren, Verfahrensgebühr Disziplinarverfahren **B. Nr. 6202** 12
Disziplinarmaßnahme, Änderung, Gebühren **B. Vorb. 6.4** 2
– Aufhebung, Gebühren **B. Vorb. 6.4** 2
Disziplinarsachen, Richter im Bundesdienst **B. Nr. 6203** 1
– – dritter Rechtszug **B. Nr. 6211** 1
Disziplinarverfahren, Akteneinsicht **B. Vorb. 6.2** 20
– allgemeine Gebühren **B. Vorb. 6.2** 3, **Nr. 6200** 1 ff.
– anwaltliche Mitwirkung, Förderung des Verfahrens **B. Nr. 6216** 18
– Anwendungsbereich **B. Vorb. 6.2** 7 ff.
– außergerichtliches Verfahren **B. Vorb. 6.2** 3, **Nr. 6202** 1 ff.
– Beratung des Auftraggebers **B. Vorb. 6.2** 20
– berufsgerichtliches Verfahren nach BRAO, Rügebescheid **B. Vorb. 6.2** 45
– Beschwerdegebühr **A.** 106
– Beschwerdeverfahren **B. Vorb. 6.2** 20
– besondere Tätigkeit **B. Vorb. 6.2** 21
– – Beschwerdeverfahren **B. Vorb. 6.2** 21
– – Erinnerungsverfahren **B. Vorb. 6.2** 21
– – erneuter Auftrag **B. Vorb. 6.2** 21
– – Verfahren nach Zurückverweisung **B. Vorb. 6.2** 21
– – Wiederaufnahmeverfahren **B. Vorb. 6.2** 21

– – Zwangsvollstreckungsverfahren
  B. Vorb. 6.2 21
– Besprechung **B. Vorb. 6.2** 20
– Beweismittelprüfung auf Verwertbarkeit
  B. Vorb. 6.2 20
– Beweissicherungsverfahren **B. Vorb. 6.2** 20
– dritter Rechtszug, Verfahrensgebühr
  B. Nr. 6211 1 ff.
– eigene Ermittlungen **B. Vorb. 6.2** 20
– Einlegung eines Rechtsmittels **B. Vorb. 6.2** 20, 22
– Einzeltätigkeit **B. Vorb. 6.2** 38 ff.
– – Verfahrensgebühr **B. Vorb. 6.2** 40
– – Wehrrechtsänderungsgesetz 2008
  B. Vorb. 6.2 40
– Erstattung **B. Vorb. 6.2** 44 ff.
– – berufsgerichtliches Verfahren nach BRAO
  B. Vorb. 6.2 44 f.
– – berufsgerichtliches Verfahren nach PatAnwO
  B. Vorb. 6.2 46 f.
– – Verfahren nach BDG **B. Vorb. 6.2** 52
– – Verfahren nach StBerG und WiPrO
  B. Vorb. 6.2 49 ff.
– – Verfahren nach WDO **B. Vorb. 6.2** 48
– erster Rechtszug, Terminsgebühr
  B. Nr. 6204 1 ff.
– – Verfahrensgebühr **B. Nr. 6203** 5
– – Grundgebühr **B. Vorb. 6.2.3** 6
– Gebühren, dritte Instanz **B. Vorb. 6.2** 4
– – Katalog erfasster Tätigkeiten **B. Vorb. 6.2** 20
– – Strafverfahren vor Strafkammer **B. Vorb. 6.2** 4
– – zweite Instanz **B. Vorb. 6.2** 4
– Gebühren im Wiederaufnahmeverfahren, Anwendungsbereich **B. Vorb. 6.2.3** 3
– gerichtliche Entscheidung, Begriff
  B. Nr. 6216 8 f.
– gerichtliche Verfahren, erster Rechtszug
  B. Vorb. 6.2.3 1 ff.
– Grundgebühr **B. Vorb. 6.2** 3, **Nr. 6200** 1
– – Abgeltungsbereich **B. Nr. 6200** 5 ff.
– – Anwendungsbereich **B. Nr. 6200** 2
– – Begriff des Rechtsfalls **B. Nr. 6200** 8
– – Einzeltätigkeit **B. Nr. 6200** 6
– – Entstehungsvoraussetzung **B. Nr. 6200** 1
– – Erstattung **B. Nr. 6200** 16
– – Höhe **B. Nr. 6200** 11 ff.
– – Katalog erfasste Tätigkeiten **B. Nr. 6200** 7
– – persönlicher Geltungsbereich **B. Nr. 6200** 4
– – Trennung von Verfahren **B. Nr. 6200** 9 f.

– – Verbindung von Verfahren **B. Nr. 6200** 9 f.
– Haftbesuch **B. Vorb. 6.2** 20
– Hauptverhandlung, Vorbereitung **B. Vorb. 6.2** 20
– Katalog der erfassten Tätigkeiten
  B. Vorb. 6.2 20
– Kostenansatz **B. Vorb. 6.2** 28 ff.
– – beigeordneter Rechtsanwalt **B. Vorb. 6.2** 37
– – Beschwerde **B. Vorb. 6.2** 31 ff.
– – Erinnerung **B. Vorb. 6.2** 31 ff.
– – gerichtlich bestellter Rechtsanwalt
  B. Vorb. 6.2 37
– Kostenfestsetzung **B. Vorb. 6.2** 28 ff.
– – beigeordneter Rechtsanwalt **B. Vorb. 6.2** 37
– – gerichtlich bestellter Rechtsanwalt
  B. Vorb. 6.2 37
– Kostenfestsetzung/Kostenansatz/Zwangsvollstreckung, sachlicher Abgeltungsbereich
  B. Vorb. 6.2 30 ff.
– Kostenfestsetzung/Kostenansatz/Zwangsvollstreckung, beigeordneter Rechtsanwalt
  B. Vorb. 6.2 37
– Kostenfestsetzung/Kostenansatz/Zwangsvollstreckung, gerichtlich bestellter Rechtsanwalt
  B. Vorb. 6.2 37
– Kostenfestsetzungsbeschluss, Beschwerde
  B. Vorb. 6.2 30
– – Erinnerung **B. Vorb. 6.2** 30
– Kostenfestsetzungsverfahren **B. Vorb. 6.2** 20
– mündliche Verhandlung entbehrlich, beabsichtigte Entscheidung **B. Nr. 6216** 12 f.
– – Fälle zusätzlicher Gebühr **B. Nr. 6216** 7 ff.
– – kein Widerspruch **B. Nr. 6216** 12 ff.
– – Zustimmung der Beteiligten **B. Nr. 6216** 10
– Nichtzulassung der Revision, Einzeltätigkeit
  B. Nr. 6215 5
– – persönlicher Geltungsbereich **B. Nr. 6215** 4
– Notar **B. Nr. 6203** 1
– ohne mündliche Verhandlung, zusätzliche Gebühr **B. Nr. 6216** 7 ff.
– Pauschgebühr **B. Vorb. 6.2** 18 ff., 42
– – Abgeltungsbereich **B. Vorb. 6.2** 19 ff.
– Pflichtverteidiger Beiordnungsverfahren
  B. Vorb. 6.2 20
– PKH **B. Vorb. 6.2** 17
– Protokollberichtigungsantrag **B. Vorb. 6.2** 20
– Rechtsmittelbegründung **B. Vorb. 6.2** 20
– Rechtsmittelerwiderung **B. Vorb. 6.2** 20
– Rücknahme Rechtsmittel **B. Vorb. 6.2** 20
– Schriftverkehr **B. Vorb. 6.2** 20

– sonstige Verfahren **B. Vorb. 6** 2, **Vorb. 6.2** 1 ff.
– Tätigkeit **B. Vorb. 6.2** 1 ff.
– – außerhalb **B. Vorb. 6.2** 23 ff.
– – persönlicher Geltungsbereich
   B. Vorb. 6.2 16 f.
– – Regelungsgehalt **B. Vorb. 6.2** 2 ff.
– Teilnahme an gerichtlichen Termin
   B. Vorb. 6.2 5
– Terminsgebühr *s.a. Terminsgebühr Disziplinarverfahren* **B. Vorb. 6.2** 3, **Nr. 6201** 1 ff.
– – Abgeltungsbereich **B. Nr. 6201** 5 ff.
– – Anwendungsbereich **B. Nr. 6201** 2
– – außergerichtlicher Anhörungstermin
   B. Nr. 6201 6
– – außergerichtlicher Termin zur Beweiserhebung
   B. Nr. 6201 7
– – beigeordneter Rechtsanwalt **B. Nr. 6201** 4
– – Beweiserhebung **B. Nr. 6201** 7
– – dritter Rechtszug **B. Nr. 6212** 1 ff.
– – Erstattung **B. Nr. 6201** 16
– – erster Rechtszug **B. Nr. 6204** 1 ff.
– – gerichtlich bestellter Rechtsanwalt
   B. Nr. 6201 4
– – Höhe **B. Nr. 6201** 11 ff.
– – persönlicher Geltungsbereich **B. Nr. 6201** 4
– – sachlicher Abgeltungsbereich **B. Nr. 6201** 6 f.
– – Sachverständigenbeistand **B. Nr. 6201** 4
– – Wahlverteidiger **B. Nr. 6201** 4
– – Zeugenbeistand **B. Nr. 6201** 4
– – zweiter Rechtszug **B. Nr. 6208** 1 ff.
– Verfahrensgebühr *s.a. Verfahrensgebühr Disziplinarverfahren* **B. Vorb. 6.2** 3
– – außergerichtliches Verfahren **B. Nr. 6202** 1 ff.
– – Beginn/Dauer des außergerichtlichen Verfahrens **B. Nr. 6202** 5 ff.
– – berufsgerichtliches Verfahren **B. Nr. 6202** 8
– – dritter Rechtszug **B. Nr. 6211** 1 ff.
– – erster Rechtszug **B. Nr. 6203** 1 ff.
– – Katalog erfasster Tätigkeiten **B. Nr. 6202** 14
– – Verfahren nach BDG **B. Nr. 6202** 7
– – zweiter Rechtszug **B. Nr. 6207** 1 ff.
– Vergütungsverzeichnis **A.** 1303
– Vertretung in der Hauptverhandlung
   B. Vorb. 6.2 20
– Verweisung an Gericht niedrigeren Rechtszugs
   B. Vorb. 6.2 21
– Verwerfung, gegnerisches Rechtsmittel
   B. Vorb. 6.2 20
– Wahlanwaltsgebühren **B. Vorb. 6.2** 41

– Wiederaufnahmeverfahren **B. Vorb. 6.2** 5, 21, **Vorb. 6.2.3** 1 ff.
– – Einzeltätigkeit **B. Vorb. 6.2.3** 7
– – Gebührenerstattung **B. Vorb. 6.2.3** 17
– – Grundgebühr **B. Vorb. 6.2.3** 6
– – persönlicher Geltungsbereichbereich
   B. Vorb. 6.2.3 5
– – Terminsgebühr **B. Vorb. 6.2.3** 12 ff.
– Wiedereinsetzungsantrag **B. Vorb. 6.2** 20
– Zusatzgebühr, dritter Rechtszug **B. Nr. 6213** 1 ff.
– – erster Rechtszug **B. Nr. 6206** 1 ff.
– zusätzliche Gebühr *s.a. zusätzliche Gebühr Disziplinarverfahren* **B. Vorb. 6.2** 3, 43
– – Begriff der gerichtlichen Entscheidung
   B. Nr. 6216 8 f.
– – Fälle **B. Nr. 6216** 7 ff.
– – mündliche Verhandlung entbehrlich
   B. Nr. 6216 1 ff.
– zusätzliche Gebühr bei entbehrlicher mündlicher Verhandlung, persönlicher Geltungsbereich
   B. Nr. 6216 6
– Zwangsvollstreckung **B. Vorb. 6.2** 28 ff.
– – beigeordneter Rechtsanwalt **B. Vorb. 6.2** 37
– – PKH **B. Vorb. 6.2** 37
– Zwangsvollstreckungssachen **B. Vorb. 6.2** 25 f.
– zweiter Rechtszug, Verfahrensgebühr
   B. Nr. 6207 1 ff.

Disziplinarverfahren dritter Rechtszug, Terminsgebühr **B. Nr. 6212** 1 ff.
– – Abgeltungsbereich **B. Nr. 6212** 6 f.
– – Anwendungsbereich **B. Nr. 6212** 2
– – Einzeltätigkeit **B. Nr. 6212** 5
– – Entstehung **B. Nr. 6212** 7
– – Erstattung **B. Nr. 6212** 13
– – Höhe **B. Nr. 6212** 9 ff.
– – mehrere Verhandlungstermine **B. Nr. 6212** 8
– – persönlicher Geltungsbereich **B. Nr. 6212** 4
– – zusätzliche Gebühren **B. Nr. 6212** 12
– Verfahrensgebühr *s.a. Verfahrensgebühr Disziplinarverfahren* **B. Nr. 6211** 1 ff.
– – Abgeltungsbereich **B. Nr. 6211** 6 f.
– – Anwendungsbereich **B. Nr. 6211** 2
– – Dauer gerichtlichen Verfahrens **B. Nr. 6211** 7
– – Einzeltätigkeit **B. Nr. 6211** 5
– – Erstattung **B. Nr. 6211** 12
– – Höhe **B. Nr. 6211** 8 ff.
– – Nichtzulassung der Revision **B. Nr. 6215** 1 ff.
– – Nichtzulassungsbeschwerde **B. Nr. 6215** 2

– – persönlicher Geltungsbereich **B. Nr. 6211** 4, **Nr. 6215** 4
– – zusätzliche Gebühren **B. Nr. 6211** 11
– Zusatzgebühr, Hauptverhandlung 5 bis 8 Stunden **B. Nr. 6213** 1 ff.
– – Hauptverhandlung mehr als 8 Stunden **B. Nr. 6214** 1 ff.
– – Höhe **B. Nr. 6214** 3
Disziplinarverfahren erster Rechtszug, Hauptverhandlung 5 bis 8 Stunden, Zusatzgebühr **B. Nr. 6205** 1 ff.
– Hauptverhandlung mehr als 8 Stunden, Zusatzgebühr **B. Nr. 6206** 1 ff.
– Terminsgebühr, Abgeltungsbereich **B. Nr. 6204** 6 f.
– – Anwendungsbereich **B. Nr. 6204** 2
– – Einzeltätigkeit **B. Nr. 6204** 5
– – Entstehen **B. Nr. 6204** 7
– – Erstattung **B. Nr. 6204** 15
– – Höhe **B. Nr. 6204** 11 ff.
– – mehrere Verhandlungstermine **B. Nr. 6204** 10
– – persönlicher Geltungsbereich **B. Nr. 6204** 4
– – Trennung **B. Nr. 6204** 8 f.
– – Verbindung **B. Nr. 6204** 8 f.
– – Zurückverweisung **B. Nr. 6204** 9
– – zusätzliche Gebühren **B. Nr. 6204** 14
– Verfahrensgebühr, Abgeltungsbereich **B. Nr. 6203** 6 ff.
– – Erstattung **B. Nr. 6203** 15
– – Höhe **B. Nr. 6203** 11 ff.
– – Katalog erfasster Tätigkeiten **B. Nr. 6203** 8
– – persönlicher Geltungsbereich **B. Nr. 6203** 4
– – Trennung **B. Nr. 6203** 9 f.
– – Verbindung **B. Nr. 6203** 9 f.
– – Zurückverweisung **B. Nr. 6203** 9 f.
– – zusätzliche Gebühren **B. Nr. 6203** 14
Disziplinarverfahren gegen Notar, dritter Rechtszug, Verfahrensgebühr **B. Nr. 6211** 1
– Verfahrensgebühr, Nichtzulassung der Revision **B. Nr. 6215** 2
Disziplinarverfahren nach WDO, Verfahrensgebühr, Nichtzulassung der Revision **B. Nr. 6215** 2
Disziplinarverfahren zweiter Rechtszug s.a. *Disziplinarverfahren, zweiter Rechtszug*
– Hauptverhandlung mehr als 8 Stunden, Zusatzgebühr **B. Nr. 6210** 1 ff.
– Terminsgebühr **B. Nr. 6208** 1 ff.
– – Abgeltungsbereich **B. Nr. 6208** 6 f.
– – Einzeltätigkeit **B. Nr. 6208** 5

– – Entstehen **B. Nr. 6208** 7
– – Erstattung **B. Nr. 6208** 13
– – Höhe **B. Nr. 6208** 9 ff.
– – mehrere Verhandlungstermine **B. Nr. 6208** 8
– – persönlicher Geltungsbereich **B. Nr. 6208** 4
– – zusätzliche Gebühren **B. Nr. 6208** 12
– Verfahrensgebühr **B. Nr. 6207** 1 ff.
– – Abgeltungsbereich **B. Nr. 6207** 6 ff.
– – Dauer gerichtlichen Verfahrens **B. Nr. 6207** 7
– – Einzeltätigkeit **B. Nr. 6207** 5
– – Erstattung **B. Nr. 6207** 13
– – Höhe **B. Nr. 6207** 9 ff.
– – Katalog erfasste Tätigkeiten **B. Nr. 6207** 8
– – persönlicher Geltungsbereich **B. Nr. 6207** 4
– – zusätzliche Gebühren **B. Nr. 6207** 12
– Zusatzgebühr, Hauptverhandlung 5 bis 8 Stunden **B. Nr. 6209** 1 ff.
– – Hauptverhandlung mehr als 8 Stunden **B. Nr. 6210** 1 ff.
DNA-Feststellungsverfahren, Einzeltätigkeit **B. Vorb. 4.3** 9
Dokument, Begriff **B. Nr. 7000** 4
Dokumentenart, Dokumentenpauschale **B. Nr. 7000** 12 ff.
Dokumentenpauschale B. Nr. 7000 1 ff.
– Ablichtung **B. Nr. 7000** 5
– – Größe **B. Nr. 7000** 14
– – Mitteilung an Beteiligte **B. Nr. 7000** 56 ff.
– – Mitteilung an Gegner **B. Nr. 7000** 56 ff.
– – Mitteilung an Verfahrensbevollmächtigte **B. Nr. 7000** 56 ff.
– – Zustellung an Beteiligte **B. Nr. 7000** 56 ff.
– – Zustellung an Gegner **B. Nr. 7000** 56 ff.
– – Zustellung an Verfahrensbevollmächtigte **B. Nr. 7000** 56 ff.
– Ablichtung aus Akten **A.** 145 ff.
– Ablichtung aus Behördenakte **B. Nr. 7000** 19 ff.
– – Gebotenheit der Ablichtung **B. Nr. 7000** 22 ff.
– Ablichtung aus Gerichtsakte **B. Nr. 7000** 19 ff.
– – Gebotenheit der Ablichtung **B. Nr. 7000** 22 ff.
– Ablichtung aus Strafakte **B. Nr. 7000** 42 ff.
– Abschrift **B. Nr. 7000** 5
– Aktendoppel, elektronischer Datenträger **A.** 157 f.
– – für Mandanten **A.** 155 ff.
– – für weiteren Pflichtverteidiger **A.** 159
– – allgemeine Bürokosten **B. Nr. 7000** 1
– Anrechnung **B. Nr. 7000** 9
– Art der Dokumentenherstellung **B. Nr. 7000** 12

- Art des Dokuments **B. Nr. 7000** 12 ff.
- Auslagen **B. Vorb. 7** 10
- Auslieferungsverfahren, IRG **A.** 164
- Begriff **B. Nr. 7000** 4 f.
- Dokumentenerstellung, Kopieren **B. Nr. 7000** 13
- doppelte Ablichtung **A.** 148 f.
- elektronische Übersendung **B. Nr. 7000** 90
- – Mehrfachübersendung **B. Nr. 7000** 93
- elektronische Zweitakte **A.** 154
- Entstehung **B. Nr. 7000** 6
- Erfassung, Muster **B. Nr. 7000** 115
- Erstattung, Prüfung durch das Gericht **A.** 150 ff.
- Erstattungsfähigkeit **B. Nr. 7000** 6, 99 ff.
- – Ablichtung von Literatur **B. Nr. 7000** 104 f.
- – Ablichtung von Protokollen/Entscheidungen **B. Nr. 7000** 106
- – Aktenauszug für Mandanten **B. Nr. 7000** 111 f.
- – Einzelfälle **B. Nr. 7000** 104 ff.
- – fehlende Ablichtung **B. Nr. 7000** 107
- – Haftpflichtversicherung **B. Nr. 7000** 108
- – pauschale Reduzierung **B. Nr. 7000** 110
- – preiswertere Herstellung **B. Nr. 7000** 109
- – Umfang **A.** 153 f.
- Erstellung, Abspeichern **B. Nr. 7000** 13
- – Einscannen **B. Nr. 7000** 13
- Farbdrucke **B. Nr. 7000** 15 f.
- Feststellungsverfahren **A.** 209
- gesamte anwaltliche Tätigkeit **B. Nr. 7000** 7
- Glaubhaftmachung **B. Nr. 7000** 10
- mehrere Auftraggeber **A.** 1026; **B. Nr. 7000** 11
- Missverhältnis zu Dateiüberlassung **B. Nr. 7000** 97
- Pauschbeträge, Höhe **B. Nr. 7000** 9
- Pflichtverteidiger **B. Nr. 7000** 113
- PKH **B. Nr. 7000** 113
- Prüfung der Erstattungsfähigkeit durch Gericht, Zeitpunkt der Beurteilung **A.** 151
- Prüfung durch Gericht, Glaubhaftmachung **A.** 152
- Staatskasse **A.** 145 ff.
- – Ermessensspielraum des Rechtsanwalts **A.** 146 ff.
- – Prüfung durch Gericht **A.** 150 ff.
- Struktur **B. Nr. 7000** 3
- Telefax **B. Nr. 7000** 17 f.
- Telefaxkopien **A.** 162 f.
- – empfangender Rechtsanwalt **A.** 163
- – sendender Rechtsanwalt **A.** 162
- Terminsvertreter des Gegners **B. Nr. 7000** 59

- Überlassung elektronisch gespeicherter Datei **B. Nr. 7000** 89 ff.
- Übersendung einer E-Mail **B. Nr. 7000** 92
- Übersendung von Datei, Anordnung des Gerichts **B. Nr. 7000** 98
- Übertragung von ZIP-Datei **B. Nr. 7000** 95
- Vergütungsverzeichnis **A.** 1304
- Verkehrsanwalt **B. Nr. 7000** 59
- Vervielfältigung durch Einscannen **A.** 160 f.
- – Herstellung einer Ablichtung **A.** 160
- – mehrere Verteidiger **A.** 161

Dolmetscher, Abtretung des Auslagenerstattungsanspruchs **A.** 435
- auswärtiger **A.** 446
- eigener Anspruch **A.** 450 f.
- Festsetzung der Pauschgebühr **B. § 51** 91
- Justizvergütungs-/Entschädigungsgesetz **A.** 203a
- Kosten **A.** 203 ff.

Dolmetscher-/Übersetzungskosten, weitere Auslagen **B. Vorb. 7** 11

Dolmetscherkosten B. Vorb. 7 13
- Abhören von Tonbandaufzeichnungen **A.** 433
- Abschlussberatung nach Rechtskraft des Urteils **A.** 433
- andere Tätigkeiten **A.** 433
- auswärtiger Dolmetscher **A.** 204, 446
- Beratungshilfe **A.** 206, 344
- Besucherüberwachung **A.** 452 f., 764 f.
- Besuchsüberwachung, Höhe des Erstattungsanspruchs **A.** 455
- Besuchsüberwachung in JVA, Erstattungsanspruch **A.** 452 f.
- Briefkontrolle **A.** 452 f., 764 f.
- – Höhe des Erstattungsanspruchs **A.** 454
- Bußgeldverfahren **A.** 203
- eigene Ermittlungstätigkeit **A.** 434
- eigener Anspruch, gegen Staatskasse **A.** 450 f.
- Erforderlichkeit **A.** 204
- Erstattung **A.** 426 ff.
- – Bußgeldverfahren **A.** 426
- – eigener Anspruch **A.** 450 f.
- – Ermittlungsverfahren **A.** 426
- – Hauptverhandlung **A.** 426
- – mehrere Verteidiger **A.** 448 f.
- – Wahlverteidiger **A.** 436 ff.
- Erstattungsanspruch **A.** 203
- – Anordnung durch Gericht **A.** 452
- – Anordnung durch Vollzugsanstalt **A.** 453
- – Höhe **A.** 454 f.

– erstattungsfähige **A.** 433
– Erstattungsvoraussetzungen **A.** 438 f.
– Festsetzung **A.** 205
– Festsetzung bei Freispruch, Muster **A.** 456
– Festsetzung bei Verurteilung, Muster **A.** 457
– Feststellungsverfahren **A.** 209
– Gerichtskosten **A.** 763 ff.
– Gerichtskostenrechnung **A.** 203a
– – Verurteilter **A.** 203a
– Gespräche mit Ehefrau des Inhaftierten **A.** 433
– Glaubwürdigkeitsgutachten **A.** 434
– Höhe **A.** 203a,, 445 ff.
– – Pflichtverteidiger **A.** 444
– – Wahlverteidiger **A.** 445
– – Zuziehung eines auswärtigen Dolmetschers **A.** 446
– JVA **A.** 452 f.
– kein eigener Anspruch **A.** 205
– mehrere Verteidiger **A.** 448 f.
– nicht erstattungsfähig **A.** 434
– Pflichtverteidiger **A.** 203a, 431 ff., 767; **B. Vorb. 7** 13
– – andere Tätigkeiten **A.** 433
– – Festsetzung **A.** 431
– – Staatskasse **A.** 431
– – Verzicht **A.** 432
– – Vorschuss **A.** 432, 447
– polizeiliche Vernehmung **A.** 434
– schriftliche Urteilsgründe übersetzen **A.** 434
– Staatskasse **A.** 203 ff.
– – Wahlverteidigung **A.** 436
– Strafvollstreckung **A.** 767
– Telefonüberwachung **A.** 766
– Übersetzung von Schriftstücken **A.** 433
– Verteidigergespräche **A.** 428 ff.
– – Vorgaben des BGH **A.** 429
– – Vorgaben des BVerfG **A.** 430
– Verurteilung **A.** 441 ff.
– – Erstattung **A.** 442
– Vorschuss **A.** 447
– Wahlverteidiger **B. Vorb. 7** 13
– – Erstattungsvoraussetzungen **A.** 438 f.
– – Verurteilung **A.** 441 ff.
– Wahlverteidigung, Erstattung **A.** 442
– – Freispruch **A.** 440
– – Übersetzung der Anklageschrift **A.** 439
– – Übersetzung schriftlichen Urteils **A.** 439
– – Übersetzung von polizeilichen Vernehmungen **A.** 439

– – Verurteilung **A.** 441 ff.
Dolmetscherkosten bei Freispruch, Festsetzung, Muster **A.** 456
Dolmetscherkosten bei Verurteilung, Festsetzung, Muster **A.** 457
Doppelverwertungsverbot, gebührenrechtlich **B. Vorb. 5** 19
Drittschuldnererklärung, Zwangsvollstreckung **A.** 1730
Drittschuldnerprozess, Zwangsvollstreckung **A.** 1731
Drohende Eintragung im VZR, Bußgeldsachen **B. Vorb. 5** 58
Drohendes Fahrverbot, Bußgeldsachen **B. Vorb. 5** 59
Duldung, Zwangsvollstreckung **A.** 1732
Durchsuchung, Gerichtskosten **A.** 778
Durchsuchungsanordnung, Zwangsvollstreckung **A.** 1733
Durchsuchungsmaßnahme, Verfahrensgebühr **B. Vorb. 4** 40

E
Ehrengericht B. Vorb. 6.2 14
Eidesstattliche Versicherung, Zwangsvollstreckung **A.** 1734
Eigene Angelegenheit, Rechtsbeschwerdeverfahren **B. Teil 5 Abschn. 1 Unterabschn. 4 Vorb.** 3 f.
Eigene Ermittlung, Disziplinarverfahren **B. Vorb. 6.2** 20
– erstmalige Freiheitsentziehung, Verfahrensgebühr **B. Nr. 6300** 24
– Geschäftsgebühr, Wiederaufnahmeverfahren **B. Nr. 4136** 6
– Unterbringungssachen, Verfahrensgebühr **B. Nr. 6300** 24
– Verfahrensgebühr **B. Vorb. 4** 40
– – Amtsgericht **B. Nr. 4106** 8
– – Berufung **B. Nr. 4124** 13
– – erstmalige Freiheitsentziehung/Unterbringungssachen **B. Nr. 6300** 24
– – Verfahren nach IRG-/IStGH-Gesetz **B. Nr. 6101** 14
– – vorbereitendes Verfahren **B. Nr. 4104** 12
– Verfahrensgebühr Disziplinarverfahren, außergerichtliches Verfahren **B. Nr. 6202** 14
– Verfahrensgebühr erster Rechtszug, Geldbuße bis 40,00 € **B. Nr. 5107** 6

– Verfahrensgebühr Revision **B. Nr. 4130** 15
Eigenes Kfz, Fahrtkosten für Geschäftsreise
B. Nr. 7003 1 ff.
– – auswärtiger Rechtsanwalt **B. Nr. 7003** 17 ff.
– Geschäftsreise **B. Nr. 7003** 7 ff.
– – Erstattungsfähigkeit von Fahrtkosten
B. Nr. 7003 15 ff.
– – Höhe der Fahrtkosten **B. Nr. 7003** 10 ff.
– Wahlrecht **B. Nr. 7003** 6
Eigengeld, Zwangsvollstreckung **A.** 1717
Einarbeitung, Bemessung der Gebühr **A.** 1060
– besondere, Bußgeldsachen **B. Vorb. 5** 53
Einarbeitungszeit, kurze, Festsetzung der Pauschgebühr **B. § 51** 93
– kurze, Schwierigkeit der anwaltlichen Tätigkeit **A.** 1065
Eingeschränkte Beiordnung, Einverständniserklärung, Reisekosten **A.** 178
– Reisekosten **A.** 175
Einigung, Privatklageverfahren **A.** 460
Einigungsgebühr A. 458 ff., 656
– Adhäsionsverfahren **A.** 482 ff.
– – Angelegenheit **A.** 486
– – Einbeziehung nicht anhängiger Ansprüche **A.** 484
– – gerichtlich anhängige Ansprüche **A.** 482 ff.
– allgemeine Gebühr **A.** 1298
– Befriedungsgebühr **A.** 473
– beigeordneter Rechtsanwalt, Festgebühr **A.** 460
– Beiordnung **A.** 488
– Beitrag des Rechtsanwalts **A.** 471
– Beratungshilfe **A.** 326 f., 489
– Berufungsverfahren **A.** 474, 483
– Beschwerde **A.** 487
– Beschwerde gegen Absehensentscheidung, vermögensrechtliche Ansprüche **B. Nr. 4145** 12
– Beschwerdeverfahren **A.** 474
– bestellter Rechtsanwalt **A.** 466
– Bestellung **A.** 488
– Betragsrahmengebühr **A.** 460
– – sozialrechtliche Angelegenheit **A.** 459
– Einstellung, nach § 153a StPO **A.** 491
– Einzelfälle **A.** 482 ff.
– Entstehen **A.** 462 ff.
– – Abschluss eines Vertrags **A.** 464 ff.
– – Allgemeines **A.** 462 f.
– – Vergleich **A.** 463
– Erfolgshonorar **A.** 490
– Erhöhung **A.** 968

– Erstattung **A.** 492
– Erstattungsfähigkeit, Zwangsvollstreckung **A.** 1710
– Erstattungsfragen **A.** 482 ff.
– Festgebühr **A.** 460
– Festsetzungsverfahren **A.** 466
– Gebührensatz **A.** 474 ff.
– Gegenstandswert **A.** 477, 656, 687
– gerichtlich beigeordneter Rechtsanwalt **A.** 466
– gerichtlich bestellter Rechtsanwalt, Festgebühr **A.** 460
– Höhe, Pflichtverteidiger **A.** 480 f.
– – Wahlanwalt **A.** 478 f.
– Höhe der Gebühr **A.** 474 ff.
– – beigeordneter Rechtsanwalt **A.** 480 f.
– – gerichtlich bestellter Rechtsanwalt **A.** 480 f.
– kein Anerkenntnis **A.** 472 f.
– kein Verzicht **A.** 472 f.
– Kostenerstattung **B. Nr. 4147** 14
– Kostenerstattungsanspruch **A.** 492
– mehrere Auftraggeber **A.** 968
– Mitwirkung des Rechtsanwalts **A.** 471
– OWi-Verfahren **B. Nr. 5101** 7
– PKH-Verfahren **A.** 475, 485
B. Nr. 4147 3 f.
– Privatklageverfahren **A.** 460, 493 ff.;
B. Nr. 4147 1 ff.
– – Anwendungsbereich **B. Nr. 4147** 3 ff.
– – Einigung über den Strafanspruch **A.** 493
– – Einigung über Kostenerstattungsanspruch **A.** 493
– – Einigung über vermögensrechtliche Ansprüche **A.** 494
– – Einstellungsbeschluss **A.** 494
– – Gebührenhöhe **B. Nr. 4147** 8 ff.
– – gegenseitiger Vertrag **A.** 494
– – Kostenbeschluss **A.** 494
– – Strafanspruch **B. Nr. 4147** 3 f.
– – vermögensrechtliche Ansprüche **A.** 494
– Prozessrechtsverhältnis **A.** 468
– Ratenzahlungsvereinbarung **A.** 469 f.
– Rechtsverhältnis, des öffentlichen Rechts **A.** 468
– Revisionsverfahren **A.** 474, 483
– sozialrechtliche Angelegenheit **A.** 459
– Strafvollstreckung **A.** 495
– Streit über Rechtsverhältnis **A.** 468
– StrRehaG **A.** 496
– Tabelle der Wertgebühren **A.** 478 ff.
– Ungewissheit über Rechtsverhältnis **A.** 468

1998

– unsicherer Rechtsverwirklichung **A.** 469
– Verfahren über soziale Ausgleichsleistung **B. Nr. 4146** 14
– Verfahrensgebühr Strafvollstreckung, sonstige Verfahren **B. Nr. 4204** 14
– vermögensrechtliche Ansprüche, **B. Nr. 4143** 26 ff.
– – Berufungs-/Revisionsverfahren **B. Nr. 4144** 6 f.
– Verständigung **A.** 461
– Vertrag, aufschiebende Bedingung **A.** 467
– – gegenseitiger **A.** 494
– – Genehmigung **A.** 467
– – Rücktrittsrecht **A.** 467
– – Rücktrittsvorbehalt **A.** 467
– – vereinbarte Rücktrittsrecht **A.** 467
– – vermögensrechtliche Ansprüche **A.** 494
– – Widerrufsvorbehalt **A.** 467
– – Wirksamkeit **A.** 467
– Vertrag über sonstige Ansprüche **B. Nr. 4147** 6 f.
– Wahlanwalt, Betragsrahmengebühr **A.** 460
– Wertgebühr **A.** 459, 1679
– – Tabelle **A.** 478 ff.
– Zwangsvollstreckung **A.** 497 f., 1700, 1704 ff.
– – Höhe **A.** 1705
– – Ratenzahlungsvereinbarung **A.** 1706 ff.
– Zwangsvollstreckungsverfahren **A.** 474
Einigungsvertrag, Form **A.** 465
Einlegung der Berufung, Verfahrensgebühr, Amtsgericht **B. Nr. 4106** 8
Einlegung der Rechtsbeschwerde, Verfahrensgebühr Einzeltätigkeiten, Bußgeldsachen **B. Nr. 5200** 10
Einlegung der Rechtsbeschwerde, Verfahrensgebühr erster Rechtszug, Geldbuße bis 40,00 € **B. Nr. 5107** 6
Einlegung des Einspruchs, Verfahrensgebühr Einzeltätigkeiten, Bußgeldsachen **B. Nr. 5200** 10
Einlegung von Rechtsmitteln, Bemessung der Gebühr **A.** 1060
– Disziplinarverfahren **B. Vorb. 6.2** 20
– Pauschgebühren **B. Vorb. 4.1** 25
– Verfahrensgebühr, erstmalige Freiheitsentziehung/Unterbringungssachen **B. Nr. 6300** 24
Einmannkanzlei, Festsetzung der Pauschgebühr **B. § 51** 94
Einreden, Festsetzungsverfahren, Prüfungsumfang **A.** 612

Einscannen, Dokumentenerstellung, Dokumentenpauschale **B. Nr. 7000** 13
– Vervielfältigung durch, Dokumentenpauschale **A.** 160 f.
– – Herstellung einer Ablichtung **A.** 160
Einspruch, Begriff der Rücknahme **B. Nr. 5115** 30
– Bußgeldsachen **B. Vorb. 5.1.2** 7
– fehlende Einlassung, Bußgeldsachen **B. Vorb. 5** 54
– Rücknahme, Verfahrensgebühr erster Rechtszug **B. Nr. 5107** 1
Einspruch gegen Bußgeldbescheid, Rücknahmebegriff **B. Nr. 5115** 30
Einspruch gegen Strafbefehl, Rücknahme, Begriff **B. Nr. 4141** 26
Einspruchsbegründung, fehlende, Bußgeldsachen **B. Vorb. 5** 55
Einspruchsrücknahme, Begriff **B. Nr. 5115** 30
– gerichtliches Verfahren, Rücknahmezeitpunkt **B. Nr. 5115** 32
– Rücknahmezeitpunkt **B. Nr. 5115** 20
– zusätzliche Gebühr **B. Nr. 5115** 18 ff.
– – Strafbefehlsverfahren **A.** 1276
Einstellung, Begriff **B. Nr. 5115** 12 f.
– Einigungsgebühr **A.** 491
– einstweilige, Zwangsvollstreckung **A.** 1736
– gebührenrechtlicher Begriff **B. Nr. 4141** 13 ff.
– zusätzliche Gebühr, Rücknahme der Klage **B. Nr. 4141** 20
– Zwangsvollstreckung **A.** 1735
Einstellung des Bußgeldverfahrens, Postentgeltpauschale, Angelegenheit **B. Nr. 7002** 11
Einstellung des Ermittlungsverfahrens, Postentgeltpauschale, Angelegenheit **B. Nr. 7002** 11
Einstellung des Strafverfahrens, Verfahrensgebühr, Bußgeldsachen **B. Vorb. 5** 22
– verschiedene Angelegenheiten **A.** 88
Einstellung des Verfahrens, beabsichtigte, Verfahrensgebühr erster Rechtszug **B. Nr. 5107** 6
– Verfahrensgebühr erster Rechtszug, Geldbuße bis 40,00 € **B. Nr. 5107** 6
Einstellungs-/Kostenbeschluss, Privatklageverfahren **A.** 494
Einstellungsantrag, Verfahrensgebühr, vorbereitendes Verfahren **B. Nr. 4104** 12
Einstweilige Anordnung, Beschwerdeverfahren, Therapieunterbringung **A.** 1236
– *s.a. einstweiliges Anordnungsverfahren*

– Therapieunterbringung, Anordnungsverfahren
  A. 1222, 1232 f.
– Verfahren, Strafvollstreckungskammer A. 1454
– verschiedene Angelegenheiten A. 89
Einstweilige Verfügung, Vollziehung der,
  Zwangsvollstreckung A. 1723
Einstweiliges Anordnungsverfahren, Beschwerdeverfahren, Verfahrensgebühr B. Nr. 6300 28
– endgültige Freiheitsentziehung, Verfahrensgebühr B. Nr. 6300 27
– endgültige Unterbringung, Verfahrensgebühr
  B. Nr. 6300 27
– Terminsgebühr, erstmalige Freiheitsentziehung
  B. Nr. 6301 10
– – sonstige Fälle B. Nr. 6303 10
– – Unterbringungssachen B. Nr. 6301 10
– Verfahrensgebühr, sonstige Fälle B. Nr. 6302 13
– vorläufige Freiheitsentziehung, Verfahrensgebühr B. Nr. 6300 27
– vorläufige Unterbringung, Verfahrensgebühr
  B. Nr. 6300 27
Einwendung, Anspruchsübergang, Ansatz des
  Übergangsanspruchs A. 1334
– Bewilligungsverfahren, Pauschgebühr B. § 42 24
– Festsetzungsverfahren A. 554
– – Prüfungsumfang A. 612
– Vergütungsanspruch gegen Staatskasse A. 1497
Einwendung des Verfolgten, Verfahrensgebühr, Verfahren nach IRG-/IStGH-Gesetz
  B. Nr. 6101 14
Einwilligungserklärung des Mandanten, Muster
  A. 20
Einwohnermeldeamtsanfrage, Zwangsvollstreckung A. 1737
Einzelaktgebühr, Einzeltätigkeit B. Vorb. 4.3 26
– – Strafvollstreckung B. Vorb. 4.3 3
Einzelauftrag, sonstige Verfahren, Verfahrensgebühr B. Nr. 6500 9
Einzelfall, Einigungsgebühr A. 482 ff.
Einzelne Tätigkeit, Strafvollstreckung
  B. Vorb. 4.2 11
– Abgeltungsbereich, Vollverteidigergebühren
  B. Vorb. 4.3 41
– Adhäsionsverfahren B. Vorb. 4.3 23
– andere Gebührenregelungen B. Vorb. 4.3 18
– Anspruch gegen den Auftraggeber
  B. Vorb. 4.3 43
– Anspruch gegen den Verurteilten B. Vorb. 4.3 43
– Arrest, Verfahrensgebühr, B. Nr. 4302 11

– Auftrag, Verfahrensgebühr Einzeltätigkeiten
  B. Nr. 5200 5 f.
– Ausnahme B. Vorb. 4.3 11
– Begründung der Berufung B. Vorb. 4.3 32 ff.
– Begründung der Revision B. Vorb. 4.3 32 f.
– Beistandsleistung, Strafrechtsentschädigungsverfahren B. Nr. 4302 27 ff.
– Beratungstätigkeiten B. Vorb. 4.3 44
– Beschwerde A. 386 ff.; B. Vorb. 4.3 35
– – Begründung B. Vorb. 4.3 36 f.
– – einheitlicher Auftrag B. Vorb. 4.3 36
– – einheitlicher Beschwerdeschriftsatz
  B. Vorb. 4.3 36
– – Einlegung B. Vorb. 4.3 36 f.
– – erhöhter Aufwand B. Vorb. 4.3 36
– – getrennte Aufträge B. Vorb. 4.3 37
– – Strafvollstreckung B. Vorb. 4.2 32
– Beschwerdegebühr A. 106
– Beschwerdeverfahren B. Vorb. 4.3 34
– – nach Instanzbeendigung B. Vorb. 4.3 10
– Bestellung im Strafbefehlsverfahren
  B. Vorb. 4.3 17
– Bewilligung einer Pauschgebühr B. Vorb. 4.3 42
– Bußgeldsache B. Teil 5 Abschn. 2 Vorb. 1
– – Auftrag Einzeltätigkeit B. Nr. 5200 5 f.
– Bußgeldverfahren B. Vorb. 5 13
– Disziplinarverfahren, Grundgebühr
  B. Nr. 6200 6
– Disziplinarverfahren zweiter Rechtszug, Terminsgebühr B. Nr. 6208 5
– DNA-Feststellungsverfahren B. Vorb. 4.3 9
– einheitlicher Gesamtauftrag B. Vorb. 4.3 31
– Einlegung der Berufung B. Vorb. 4.3 32 f.
– Einlegung der Revision B. Vorb. 4.3 32 f.
– Einzelaktgebühr B. Vorb. 4.3 26
– Festgebühr B. Vorb. 4.3 26
– Gebühren, Abgeltungsbereich B. Vorb. 4.3 26
– – Angelegenheiten B. Vorb. 4.3 30 f.
– – Anrechnung B. Vorb. 4.3 39 ff.
– – Entstehen B. Vorb. 4.3 28 f.
– – Erstattungsfähigkeit B. Vorb. 4.3 45
– – mehrere Tätigkeiten B. Vorb. 4.3 30 f.
– – Strafvollstreckung B. Vorb. 4.3 1 ff.
– – vorzeitige Beendigung B. Vorb. 4.3 29
– gebührenrechtliche Angelegenheit
  B. Vorb. 4.3 30
– – dieselbe B. Vorb. 4.3 41
– Grundgebühr B. Vorb. 4.3 27
– – Disziplinarverfahren B. Nr. 6200 6

Stichwortverzeichnis

- Kontaktperson **B. Vorb. 4.3** 11
- mehrere Angelegenheiten **B. Vorb. 4.3** 31
- Pauschgebührencharakter **B. Vorb. 4.3** 26
- persönlicher Geltungsbereich **B. Vorb. 4.3** 25
- Postentgeltpauschale, Angelegenheit **B. Nr. 7002** 12 f.
- Rechtsanwalt **B. Vorb. 4** 6
- s.a. Einzeltätigkeit
- sonstige Verfahren **B. Vorb. 6** 2, 7
- Strafbefehlsverfahren **A.** 1268 ff.
- strafprozessuales Zwischenbeschwerdeverfahren **B. Vorb. 4.3** 10
- Strafrechtsentschädigungsverfahren, Beschwerdeverfahren **B. Nr. 4302** 30
- – Betragsverfahren **B. Nr. 4302** 31
- – Grundverfahren **B. Nr. 4302** 28 ff.
- – Klageverfahren **B. Nr. 4302** 32
- Strafvollstreckung **B. Vorb. 4.2** 11
- – Beschwerdeverfahren **B. Vorb. 4.3** 3
- – Einzelaktgebühr **B. Vorb. 4.3** 3
- – Gebührenrahmen **B. Vorb. 4.3** 1
- – gesamtes Beschwerdeverfahren **B. Vorb. 4.3** 12
- – Gnadensache **B. Vorb. 4.3** 4
- – keine Übertragung der Verteidigung **B. Vorb. 4.3** 6
- – keine Übertragung der Vertretung **B. Vorb. 4.3** 6
- – Kontaktperson **B. Vorb. 4.3** 4
- – nicht mit Verteidigung beauftragter Rechtsanwalt **B. Vorb. 4.3** 7
- – nicht mit Vertretung beauftragter Rechtsanwalt **B. Vorb. 4.3** 7
- – Vollverteidiger **B. Vorb. 4.3** 8 ff.
- – Vollvertreter **B. Vorb. 4.3** 8 ff.
- – StrEG-Verfahren **B. Vorb. 4.3** 8
- Tätigkeit im Strafrechtsentschädigungsverfahren **B. Vorb. 4.3** 15
- Tätigkeit im Strafvollzug **B. Vorb. 4.3** 14
- Tätigkeit in Strafvollstreckung **B. Vorb. 4.3** 12
- Terminsgebühr, erstmalige Freiheitsentziehung **B. Nr. 6301** 5
- – Unterbringungsmaßnahmen **B. Nr. 6301** 5
- – sonstige Fälle **B. Nr. 6303** 5
- – Unterbringungssachen **B. Nr. 6301** 5
- – Verfahren nach IRG-/IStGH-Gesetz **B. Nr. 6102** 15
- – Verfahren nach WBO Truppendienstgericht **B. Nr. 6402** 5

- Terminsgebühr Disziplinarverfahren, dritter Rechtszug **B. Nr. 6212** 5
- – – erster Rechtszug **B. Nr. 6204** 5
- – – zweiter Rechtszug **B. Nr. 6208** 5
- Terminsvertreter **B. Vorb. 4.3** 24
- Überprüfungsverfahren **B. Vorb. 4.3** 12
- Verfahren nach WBO **B. Vorb. 6.4** 20
- Verfahren nach WBO Truppendienstgericht, Verfahrensgebühr **B. Nr. 6400** 5
- Verfahrensgebühr s.a. Verfahrensgebühr Einzeltätigkeit; Verfahrensgebühr Disziplinarverfahren **B. Vorb. 4** 31, **Vorb. 4.3** 26, **Nr. 4301** 1 ff., **Nr. 5200** 1 ff.
- – – Abgeltungsbereich **B. Nr. 4301** 22 f., **Nr. 4302** 16 f.
- – – andere Anträge/Gesuche oder Erklärungen **B. Nr. 4302** 8 ff.
- – – andere Beistandsleistung **B. Nr. 4302** 13 f.
- – – Anfertigung/Unterzeichnung einer Schrift **B. Nr. 4300** 3 ff.
- – – Anhörungsrüge **B. Nr. 4302** 8
- – – Anrechnung **B. Nr. 4301** 28, **Nr. 4302** 22
- – – Anschlusserklärung des Nebenklägers **B. Nr. 4302** 8
- – – Anspruch gegen Auftraggeber **B. Nr. 4301** 29, **Nr. 4302** 23
- – – Anspruch gegen Beschuldigten **B. Nr. 4301** 29, **Nr. 4302** 23
- – – Auffangtatbestand **B. Nr. 4302** 9
- – – Aufhebung eines Ordnungsmittels **B. Nr. 4302** 8
- – – Berufung **B. Nr. 4301** 32, **Nr. 4302** 26
- – – Berufungsrücknahme der Staatsanwaltschaft **B. Nr. 4301** 33
- – – Beschlagnahme **B. Nr. 4302** 12
- – – Beschwerdeverfahren **B. Nr. 4301** 23, **Nr. 4302** 13, 17
- – – DNA-Feststellungsverfahren **B. Nr. 4302** 13
- – – Einlegung Rechtsmittel **B. Nr. 4302** 1 ff.
- – – Einsicht in Ermittlungsakten **B. Nr. 4302** 13
- – – Gnadensache **B. Nr. 4303** 8
- – Verfahrensgebühr Disziplinarverfahren, dritter Rechtszug **B. Nr. 6211** 5
- – – erster Rechtszug **B. Nr. 6203** 5
- – – Nichtzulassung der Revision **B. Nr. 6215** 5
- – – Nichtzulassungsbeschwerde **B. Nr. 6215** 6
- – – zweiter Rechtszug **B. Nr. 6207** 5
- **Einzeltätigkeit**, berufsgerichtliches Verfahren **B. Vorb. 6.2** 38 ff.

– BRAGO, Strafvollstreckung **B. Vorb. 4.2** 12
– Disziplinarverfahren **B. Vorb. 6.2** 38 ff.
– Katalog, Verfahrensgebühr Einzeltätigkeiten
  B. Nr. 5200 10
– – Verfahrensgebühr sonstige Verfahren
  B. Nr. 6500 15 f.
– mehrere Auftraggeber **B. Vorb. 4.3** 22
– s.a. *Einzelne Tätigkeit*
– sonstige Verfahren, Verfahrensgebühr
  B. Nr. 6500 12 ff.
– Steuersachen, Vergütung **A.** 819
– Strafsachen, Vergütungsverzeichnis **A.** 1301
– Verfahrensgebühr **A.** 371 ff.; **B. Nr. 6500** 1 ff.
– – einzelne Beweisanträge **B. Nr. 4302** 8
– – Entstehen der Gebühr **B. Nr. 4301** 21,
  Nr. 4302 15
– – Erstattungsfähigkeit **B. Nr. 4301** 30 ff.,
  Nr. 4302 24 ff.
– – erstmalige Freiheitsentziehung **B. Nr. 6300** 32
– – Freigabe einer Sicherheit **B. Nr. 4302** 8
– – Gebührenhöhe **B. Nr. 4301** 26 f.
– – Höhe **B. Nr. 4302** 20 f.
– – Jugendgerichtssache **B. Nr. 4302** 13
– – Kostenfestsetzungsverfahren **B. Nr. 4302** 10
– – mehrere Auftraggeber **B. Nr. 4301** 25,
  Nr. 4302 19
– – persönlicher Geltungsbereich **B. Nr. 4301** 24,
  Nr. 4302 18
– – PKH **B. Nr. 4302** 8
– – Privatklage **B. Nr. 4301** 31
– – Rücknahme von Rechtsmitteln **B. Nr. 4302** 8
– – sonstige Fälle **B. Nr. 6302** 7
– – Strafanträge **B. Nr. 4302** 8
– – Strafanzeige **B. Nr. 4302** 8, **Nr. 4302** 25
– – StrEG **B. Nr. 4302** 13
– – Unterbringungssachen **B. Nr. 6300** 32
– – Verfahren nach § 111k StPO **B. Nr. 4302** 13
– – Verfahren nach IRG-/IStGH-Gesetz
  B. Nr. 6101 30
– – Zustellungsbevollmächtigter **B. Nr. 4302** 13
– – Zwangsvollstreckung **B. Nr. 4302** 11
– vermögensrechtliche Ansprüche **B. Vorb. 4.3** 23
– verschiedene Angelegenheiten **A.** 102
– verschiedene Vergütungsnummern
  B. Vorb. 4.3 30
– Verständigung im Straf-/Bußgeldverfahren
  A. 1606
– Vertretergebühren, Begrenzung auf
  B. Vorb. 4.3 38

– Vertretung in Gnadensache **B. Vorb. 4.3** 11
– vorläufige Strafverfolgungsmaßnahme, Abwehr
  B. Nr. 4302 29
– Wiederaufnahmeverfahren, Disziplinarverfahren
  B. Vorb. 6.2.3 7
– Zeugenbeistand **B. Vorb. 4.3** 19 ff.
Einzeltätigkeit des Vollverteidigers, Gebühren, außerhalb des Abgeltungsbereichs
  B. Vorb. 4.3 8 ff.
Einziehung, Festsetzung der Pauschgebühr
  B. § 51 96
– Gegenstandswert **A.** 688
– Gerichtsgebühren **A.** 665
– Gerichtskosten **A.** 732
– Hinweispflicht **A.** 829
– Pauschgebühren **B. Vorb. 4.1** 26
– Strafverfahren, Gegenstandswert **A.** 688
– – Verfahrensgebühr **A.** 688
– übergangener Anspruch **A.** 1333 f.
– Verfahrensgebühr **B. Vorb. 4** 40
– – Bußgeldsachen **B. Nr. 5116** 1 ff.
– Wertfestsetzung **A.** 669
– Wertgebühren **A.** 656
– Wiederaufnahmeverfahren, Wertfestsetzung
  A. 665
Einziehung und verwandte Maßnahmen
  B. Nr. 4142 1 ff.; **Nr. 5116** 1 ff.
– Führerscheinformular, Vermögenswert
  B. Nr. 4142 45
– Gebühr, zusätzliche **B. Nr. 4142** 1
– Gebührenhöhe **B. Nr. 4142** 22 ff.
– Gegenstandswert, Abführung Mehrerlös
  B. Nr. 4142 33
– – Arrest **B. Nr. 4142** 34
– – Beschlagnahme Sache **B. Nr. 4142** 35
– – Betäubungsmittel/Einziehung **B. Nr. 4142** 36
– – Dealgeld **B. Nr. 4142** 37
– – Diebesgut **B. Nr. 4142** 38
– – Diebeswerkzeug **B. Nr. 4142** 39
– – Einziehung **B. Nr. 4142** 40
– – Einziehung einer Sache **B. Nr. 4142** 41
– – Fahrerlaubnis **B. Nr. 4142** 42
– – Falschgeld **B. Nr. 4142** 44
– – Fälschung **B. Nr. 4142** 43
– – Führerscheinformular **B. Nr. 4142** 45
– – Verfall **B. Nr. 4142** 49
– – Vernichtung **B. Nr. 4142** 50
– – Zigaretten **B. Nr. 4142** 51

Stichwortverzeichnis

– Pflichtverteidiger, Tabelle der Wertgebühren **B. Nr. 4142** 30
– – Wertgebührentabelle **B. Nr. 4142** 53
– Tabelle der Wertgebühren, Wahlanwalt **B. Nr. 4142** 29
– Umfang des Vergütungsanspruchs **A.** 1409
– Verfahrensgebühr **B. Nr. 5116** 1 ff.
– – Anwendungsbereich **B. Nr. 4142** 5 ff.
– Wahlanwalt, Wertgebührentabelle **B. Nr. 4142** 52
– Wertgebühren, Tabelle **B. Nr. 4142** 29 f.
– Wertgebührentabelle, Pflichtverteidiger **B. Nr. 4142** 53
– zusätzliche Gebühr **B. Teil 5 Abschn. 1 Unterabschn. 5 Vorb.** 1
Einziehungsgebühr, Berufungsverfahren **B. Berufung** 5
– gerichtliches Verfahren **B. Teil 4 Abschn. 1 Unterabschn. 3** 4
– Rechtsbeschwerdeverfahren **B. Teil 5 Abschn. 1 Unterabschn. 4 Vorb.** 5
– Revisionsverfahren **B. Revision** 5
– Verständigung im Straf-/Bußgeldverfahren **A.** 1604
– vorbereitendes Verfahren **B. Teil 4 Abschn. 1 Unterabschn. 2** 3
Einziehungsverfahren, Wertfestsetzung **A.** 665
Elektronisch gespeicherte Datei, Überlassung **B. Nr. 7000** 89 ff.
Elektronische Aktenübermittlung, Auslagen, Gerichtskosten **A.** 761
Elektronische Übersendung, Dokumentenpauschale **B. Nr. 7000** 90
Elektronische Zweitakte, Dokumentenpauschale **A.** 154
E-Mail-Übersendung, Dokumentenpauschale **B. Nr. 7000** 92
Entbehrlichkeit der Hauptverhandlung, anwaltliche Mitwirkung **B. Nr. 4141** 6 ff.
– anwaltliche Mitwirkung, Gebühr **B. Nr. 4141** 1 ff.
– – Ursächlichkeit **B. Nr. 4141** 11
– Bußgeldsachen *s.a. Bußgeldsache*
– – Gebührenhöhe **B. Nr. 5115** 43 ff.
– – Gebührenhöhe **B. Nr. 4141** 48 ff.
– – Festgebühr für Wahlanwalt **B. Nr. 4141** 52
– – Zuschlag **B. Nr. 4141** 50 f.
– gerichtlich beigeordneter Rechtsanwalt, Gebührenhöhe **B. Nr. 4141** 53

– gerichtlich bestellter Rechtsanwalt, Gebührenhöhe **B. Nr. 4141** 53
– Kostenerstattung **B. Nr. 4141** 54
– mehrere Auftraggeber, Gebührenhöhe **B. Nr. 4141** 50 f.
– zusätzliche Gebühr, Begriff der Rücknahme **B. Nr. 4141** 36
– – Privatklageverfahren **B. Nr. 4141** 47
– – Rücknahme der Berufung **B. Nr. 4141** 35 ff.
– – Rücknahme der Revision **B. Nr. 4141** 40 ff.
– zusätzliche Verfahrensgebühr, Bußgeldsachen **B. Nr. 5115** 1 ff.
Entgelte für Post-/Telekommunikationsdienstleistungen *s.a. Postentgeltpauschale* **B. Nr. 7001** 1 ff.
– Anwaltswechsel, notwendiger **B. Nr. 7001** 20
– Auslagen aus der Staatskasse **A.** 165 ff.
– Auslagenpauschale, Entstehung **A.** 165
– – Bußgeldverfahren **A.** 166
– – Berechnungsgrundlage **A.** 167
– – Höhe **A.** 166
– – hypothetische Wahlanwaltsgebühren **A.** 167
– – Strafverfahren **A.** 166
– – Wahlrecht **A.** 166
– beigeordneter Rechtsanwalt **A.** 167
– Entstehung der Pauschale **A.** 165
– gerichtlich bestellter Rechtsanwalt **A.** 167
– Höhe der Kosten **B. Nr. 7001** 10
– Höhe der Pauschale **A.** 166
– Pauschale **B. Nr. 7001** 3 f., **Nr. 7002** 1 ff.
– Portokosten **B. Nr. 7001** 5
– Rechtsschutzversicherung **B. Nr. 7001** 23
– tatsächlicher Betrag **B. Nr. 7001** 3
Entpflichtung, beigeordneter Rechtsanwalt **B. § 54** 15 f.
– bestellter Rechtsanwalt **B. § 54** 15 f.
Entschädigungsverfahren, Verfahrensgebühr **B. Vorb. 4** 40
Entscheidung, Beschwerde **A.** 1155 ff.
– Erinnerung **A.** 1130 ff.
– Festsetzungsverfahren **A.** 562
– Feststellungsverfahren **A.** 210
– Gebotenheit, Dokumentenpauschale **B. Nr. 7000** 36
– rechtszugbeendende, einstweilige Anordnung **A.** 1236
– weitere Beschwerde **A.** 1171 ff.
Entstehen der Terminsgebühr, Rechtsbeschwerdeverfahren **B. Nr. 5114** 4

2003

Entziehung der Fahrerlaubnis, drohende, Bußgeldsachen **B. Vorb. 5** 57
– Verfahrensgebühr **B. Nr. 4142** 8
Erbe, vermögensrechtliche Ansprüche, Verfahrensgebühr **B. Nr. 4143** 1 ff.
Erfolgsaussichten, Rechtsmittel **A.** 261 ff.
– Wiederaufnahmeantrag, Verfahrensgebühr **B. Nr. 4137** 8
Erfolgsaussichten der Rechtsbeschwerde, Verfahrensgebühr erster Rechtszug, Geldbuße bis 40,00 € **B. Nr. 5107** 6
Erfolgsaussichten eines Rechtsmittels, Prüfung, außergerichtliche Tätigkeiten **A.** 1299
– Vergütungsverzeichnis **A.** 1299
Erfolgshonorar A. 499 ff.
– Allgemeines **A.** 502
– Arbeitshilfe **A.** 515 ff.
– Begriff **A.** 503 f.
– bestimmende Gründe **A.** 513
– Einigungsgebühr **A.** 490
– Eintritt der Bedingung, Bestimmung **A.** 512
– Erfolgsbeteiligung **A.** 503
– Erfolgszuschlag **A.** 508
– Gründe **A.** 513
– Höhe der Vergütung, Bestimmung **A.** 512
– kein **A.** 505
– keine Vergütung **A.** 508
– Kostenhinweis **A.** 514
– Misserfolg **A.** 508
– Nichtigkeit **A.** 511
– niedrigere als gesetzliche Gebühren **A.** 508
– quota litis **A.** 503
– Vereinbarung für Einzelfall **A.** 506
– Vergütung **A.** 499 ff.
– Vergütungsvereinbarung **A.** 1513
– Verstoß **A.** 511
– Voraussetzung **A.** 504
– voraussichtliche gesetzliche Vergütung **A.** 511
– voraussichtliche vertragliche Vergütung **A.** 511
– Wirksamkeitsvoraussetzungen **A.** 510 ff.
– – allgemeine Formvorschrift **A.** 510
– – Bestimmung der Höhe **A.** 512
– – Bestimmung des Eintritts der Bedingung **A.** 512
– – Kostenhinweis **A.** 514
– – voraussichtliche gesetzliche Vergütung **A.** 511
– – voraussichtliche vertragliche Vergütung **A.** 511
– Wirksamkeitsvoraussetzungen, wesentliche Gründe **A.** 513

– Zugang zum Recht **A.** 507
– zulässiger Inhalt **A.** 508 f.
– – angemessen **A.** 509
– – außergerichtliche Tätigkeit **A.** 508
– – gerichtliches Verfahren **A.** 508
– – Zulässigkeitsvoraussetzungen **A.** 506 ff.
– anwaltsbezogen **A.** 506
– Inhalt **A.** 508 f.
– mandantenbezogen **A.** 506
– Vereinbarung für Einzelfall **A.** 506
– Zugang zum Recht **A.** 507
Erfolgshonorar in Bußgeldsachen, Vereinbarung, Muster **A.** 517
Erfolgshonorar in Strafsachen, Vereinbarung, Muster **A.** 516
Erfolgshonorarvereinbarung, Bußgeldsachen, Muster **A.** 517
– Strafsachen, Muster **A.** 516
Erforderlichkeit, Dolmetscherkosten **A.** 204
– Reisekosten, Feststellung der, Muster **A.** 214
Ergänzungsantrag, Verfahrensgebühr **B. Vorb. 4** 40
– Verfahrensgebühr Amtsgericht **B. Nr. 4106** 8
– Verfahrensgebühr Berufung **B. Nr. 4124** 13
– Verfahrensgebühr erster Rechtszug, Geldbuße bis 40,00 € **B. Nr. 5107** 6
– Verfahrensgebühr Rechtsbeschwerdeverfahren **B. Nr. 5113** 11
– Verfahrensgebühr Revision **B. Nr. 4130** 15
Erhöhung, Beratungsgebühr **A.** 973
– Beratungshilfegebühr **A.** 972
– Einigungsgebühr **A.** 968
– Hebegebühr **A.** 968
– Kappungsgrenze, Tabelle **A.** 245
Erhöhungsbeträge, Tabelle **A.** 249
Erinnerung A. 1120 ff.
– Anfechtungsgegenstand **A.** 1121 f.
– Anwaltszwang **A.** 1120
– Bekanntmachung der Entscheidung **A.** 1140
– Beratungshilfe **A.** 304
– – funktionelle Zuständigkeit **A.** 1191 f.
– – örtliche Zuständigkeit **A.** 1190
– – sachliche Zuständigkeit **A.** 1190
– Disziplinarverfahren zweiter Rechtszug, Verfahrensgebühr **B. Nr. 6207** 8
– Einlegung **A.** 1120
– Einlegungsfrist **A.** 1123
– Entscheidung **A.** 1130 ff.
– – Gericht **A.** 1132

– -Inhalt **A.** 1135
– – Kosten **A.** 1137
– – Kostenerstattung **A.** 1137
– – Spruchkörper **A.** 1133 f.
– – Urkundsbeamter **A.** 1130 f.
– Entscheidung über, Beschluss **A.** 1133
– – Einzelrichter **A.** 1133 f.
– Erinnerungsbefugnis **A.** 1128 f.
– Erinnerungswert **A.** 1127
– Festsetzung **A.** 641
– – Beratungshilfevergütung, Muster **A.** 358
– – Pflichtverteidigervergütung, Muster **A.** 1196
– – Vorschuss **A.** 1654
– Festsetzungsverfahren **A.** 641
– Form **A.** 1120
– gerichtlich beigeordneter Rechtsanwalt **A.** 657
– gerichtlich bestellter Rechtsanwalt **A.** 657
– Gerichtskostenansatz **A.** 689, 787
– Kontaktperson **A.** 1136
– Kostenansatz **B. Vorb. 4** 99 ff.
– – Disziplinarverfahren **B. Vorb. 6.2** 31 ff.
– – Muster **A.** 795
– – Strafsachen **B. Vorb. 4** 93
– Kostenfestsetzungsbeschluss **B. Vorb. 4** 95 ff.
– – Disziplinarverfahren **B. Vorb. 6.2** 30
– – Gegenstandswert **A.** 690
– – Strafsachen **B. Vorb. 4** 93
– – Verschlechterungsverbot **A.** 933
– Strafsachen **B. Vorb. 4** 4
– Verfahrensgebühr **B. Vorb. 4** 40
– Verfahrensgebühr Amtsgericht **B. Nr. 4106** 8
– Verfahrensgebühr Berufung **B. Nr. 4124** 13
– Verfahrensgebühr Disziplinarverfahren, erster Rechtszug **B. Nr. 6203** 8
– – zweiter Rechtszug **B. Nr. 6207** 8
– – Geldbuße bis 40,00 € **B. Nr. 5107** 6
– Verfahrensgebühr Einzeltätigkeit **B. Nr. 4302** 4
– Verfahrensgebühr Rechtsbeschwerdeverfahren **B. Nr. 5113** 11
– Verfahrensgebühr Revision **B. Nr. 4130** 15
– Vergütungsverzeichnis **A.** 1300
– Verwirkung **A.** 1124 ff.
– Zulassung der Beschwerde **A.** 1138 f.
– Zwangsvollstreckung **A.** 1739
Erinnerung gegen Kostenansatz, Disziplinarverfahren **B. Vorb. 6.2** 31 ff.
– Muster **A.** 795
Erinnerung gegen Kostenfestsetzungsbeschluss, Disziplinarverfahren **B. Vorb. 6.2** 30

Erinnerungsbefugnis A. 1128 f.
– Abtretung des Vergütungsanspruchs **A.** 1129
– beigeordneter Rechtsanwalt **A.** 1128
– bestellter Rechtsanwalt **A.** 1128
– nicht Rechtsanwalt **A.** 1129
– Rechtsnachfolger **A.** 1129
– Staatskasse **A.** 1128
Erinnerungsentscheidung, Bekanntmachung **A.** 1140
– Bekanntmachung, Empfangsbekenntnis **A.** 1140
– Beschwerde **A.** 1143
– – Beratungshilfevergütung **A.** 1193
– – Zulassung **A.** 1138 f.
– Beschwerdeverfahren **A.** 370
– Inhalt **A.** 1135
– Zulassung der Beschwerde **A.** 1138 f.
Erinnerungsrecht, Verwirkung **A.** 1124 ff.
– – Umstandsmoment **A.** 1126
– – Zeitmoment **A.** 1126
Erinnerungsverfahren, Anfechtung des Gerichtskostenansatzes **A.** 791
– berufsgerichtliche Verfahren **A.** 665
– – Wertfestsetzung **A.** 665
– Disziplinarverfahren, besondere Tätigkeit **B. Vorb. 6.2** 21
– Gerichtskosten, Kostenfestsetzung in Strafsachen **A.** 935
– Gerichtskostenansatz **A.** 829
– Hinweispflicht **A.** 829
– Kostenfestsetzungsbeschluss **A.** 937
– – Anwaltskosten **A.** 937
– – Wertfestsetzung **A.** 665
– Pauschgebühren **B. Vorb. 4.1** 28
– Wertgebühren **A.** 656
– Zwangsvollstreckung, Gegenstandswert **A.** 693
Erinnerungswert A. 1127
Erledigungsgebühr, allgemeine Gebühr **A.** 1298
– Beratungshilfe **A.** 326 f.
Ermittlungsverfahren, Auslagen, Gerichtskosten **A.** 736 f.
– – Höhe **A.** 737
Erneuter Auftrag, Disziplinarverfahren, besondere Tätigkeit **B. Vorb. 6.2** 21
– Gebühren **A.** 7
– Vergütung **A.** 7
Erneuter Einspruch, Verzicht, zusätzliche Gebühr **B. Nr. 5115** 24
Erörterung der Haftverschonung, Reisekosten **A.** 190

Erörterung des Verfahrensstandes, Bemessung der Gebühr **A.** 1060
Erstattung, berufsgerichtliches Verfahren nach BRAO, Disziplinarverfahren **B. Vorb. 6.2** 44 f.
– berufsgerichtliches Verfahren nach PatAnwO, Disziplinarverfahren **B. Vorb. 6.2** 46 f.
– Betragsrahmengebühren, mehrere Auftraggeber **A.** 1030 f.
– Bußgeldsachen *s.a. Erstattung in Bußgeldsachen* **A.** 833 ff.
– – Kostenentscheidung **B. Vorb. 5** 9
– – Umfang der Erstattungspflicht **B. Vorb. 5** 10
– – Vertreter in eigener Sache **B. Vorb. 5** 11
– Disziplinarverfahren **B. Vorb. 6.2** 44 ff.
– Dokumentenpauschale, Umfang der Erstattung **A.** 153 f.
– Dolmetscherkosten **A.** 426 ff.
– Einigungsgebühr **A.** 492
– erstmalige Freiheitsentziehung **B. Nr. 6301** 14
– Gebühren Wiederaufnahmeverfahren, Disziplinarverfahren **B. Vorb. 6.2.3** 17
– Grundgebühr Disziplinarverfahren **B. Nr. 6202** 16
– Pflichtverteidiger, Anspruch gegen Beschuldigten **B. § 52** 83
– Rechtsanwaltsvergütung in Bußgeldsachen **B. Vorb. 5** 9 ff.
– sonstige Verfahren **B. Vorb. 6** 12
– Strafsachen *s. Erstattung in Strafsachen*
– Strafvollstreckung, Beschwerdeinstanz **B. Vorb. 4.2** 40 f.
– – erste Instanz **B. Vorb. 4.2** 39
– Terminsgebühr, Disziplinarverfahren **B. Nr. 6201** 16
– – sonstige Fälle **B. Nr. 6303** 14
– – Strafvollstreckung **B. Nr. 4202** 11
– – Verfahren nach WBO Truppendienstgericht **B. Nr. 6402** 11
– Terminsgebühr Disziplinarverfahren, dritter Rechtszug **B. Nr. 6212** 13
– – erster Rechtszug **B. Nr. 6204** 15
– – zweiter Rechtszug **B. Nr. 6208** 13
– Terminsgebühr Strafvollstreckung, sonstige Verfahren **B. Nr. 4206** 9
– – Zuschlag **B. Nr. 4203** 10, **Nr. 4207** 10
– Unterbringungssachen **B. Nr. 6301** 14
– Verfahren nach BDG, Disziplinarverfahren **B. Vorb. 6.2** 52

– Verfahren nach StBerG und WiPrO, Disziplinarverfahren **B. Vorb. 6.2** 49 ff.
– Verfahren nach WDO, Disziplinarverfahren **B. Vorb. 6.2** 48
– Verfahrensgebühr, erstmalige Freiheitsentziehung **B. Nr. 6300** 34 f.
– – Unterbringungssachen **B. Nr. 6300** 35
– – Verfahren nach WBO Truppendienstgericht **B. Nr. 6400** 13
– Verfahrensgebühr Disziplinarverfahren, außergerichtliches Verfahren **B. Nr. 6202** 23 f.
– – dritter Rechtszug **B. Nr. 6211** 12
– – erster Rechtszug **B. Nr. 6203** 15
– – zweiter Rechtszug **B. Nr. 6207** 13
– Verfahrensgebühr Strafvollstreckung, sonstige Verfahren **B. Nr. 4204** 15
– – Zuschlag **B. Nr. 4205** 9
– zusätzliche Gebühr Disziplinarverfahren, mündliche Verhandlung entbehrlich **B. Nr. 6216** 22
Erstattung in Bußgeldsachen A. 833 ff.
– Ausnahme von Erstattungspflicht **A.** 836
– Kosten eines Privatgutachtens **A.** 840
– Kostengrundentscheidung **A.** 834
– mehrere Verteidiger **A.** 839
– Umfang des Erstattungsanspruchs **A.** 835 ff.
– Voraussetzung, Kostengrundentscheidung **A.** 834
Erstattung in Strafsachen A. 842 ff.
– Angeklagter am Prozessort, auswärtiger Verteidiger **A.** 876 ff.
– auswärtiger Angeklagter, Rechtsanwalt an drittem Ort **A.** 879
– – Verteidiger an seinem Wohnort **A.** 875
– auswärtiger Pflichtverteidiger **A.** 888
– auswärtiger Verteidiger, Reisekosten **A.** 873 ff.
– Bedeutung von § 142 StPO **A.** 883 ff.
– besonderes Vertrauensverhältnis **A.** 882
– fiktive Informationsreise des Angeklagten **A.** 880
– fiktive Reisekosten des Verteidigers **A.** 881
– Kostengrundentscheidung, rechtskräftige **A.** 845 f.
– mehrere Verteidiger **A.** 889
– Rechtsanwalt in eigener Sache **A.** 896 ff.
– Reisekosten, auswärtiger Verteidiger **A.** 873 ff.
– Rücknahme der Berufung durch Staatsanwaltschaft **A.** 870
– Rücknahme der Revision durch Staatsanwaltschaft **A.** 870
– Umfang der Erstattungspflicht **A.** 862 ff.
– – Abwesenheit des Angeklagten **A.** 869

– – Aktenversendungspauschale **A.** 865
– – Auslagen des Rechtsanwalts **A.** 864 ff.
– – Gebühren des Rechtsanwalts **A.** 863
– – gesetzliche Vergütung des Rechtsanwalts **A.** 862
– – Notwendigkeit der Zuziehung eines Rechtsanwalts **A.** 867
– – Pflichtverteidigung **A.** 866
– – Rücknahme der Berufung **A.** 870
– – Rücknahme der Revision **A.** 870
– – Wahlverteidigergebühren **A.** 866
– – zwecklose Tätigkeit des Rechtsanwalts **A.** 869
– Zusammentreffen von Wahl- und Pflichtverteidigung **A.** 895
Erstattungsanspruch, Abtretung **A.** 21
– Abtretung, Festsetzungsantrag **A.** 587
– beigeordneter Rechtsanwalt, PKH-Beiordnung **B. § 53** 34
– Beschuldigter gegen Staatskasse **B. § 52** 45 ff.
– – Abtretung an Verteidiger **B. § 52** 52
– – Höhe **B. § 52** 48
– – Kostenfestsetzung **B. § 52** 49 f.
– – Rechtskraft **B. § 52** 47
– – Zahlung der Staatskasse **B. § 52** 54 f.
– Dolmetscher, Staatskasse **A.** 450 f.
– Dolmetscherkosten **A.** 203
– gegen Staatskasse **A.** 537
– Kostenfestsetzungsverfahren **B. § 53** 36
– materieller **A.** 63
– prozessualer **A.** 63
– Strafsachen, Verjährung **A.** 856, 934
– –Verwirkung **A.** 856
– Umfang, Bußgeldsache **A.** 835 ff.
– Umsatzsteuer **A.** 192
Erstattungsfähige Auslagen, Strafsachen **B. Vorb. 4** 17
Erstattungsfähigkeit, Berufungsgebühr, Argumente **B. Nr. 4124** 25
– Dokumentenpauschale **B. Nr. 7000** 6, 99 ff.
– – Ablichtung von Literatur **B. Nr. 7000** 104
– – Ablichtung von Protokollen/Entscheidungen **B. Nr. 7000** 106
– – Aktenauszug für Mandanten **B. Nr. 7000** 111 f.
– – Einzelfälle **B. Nr. 7000** 104 ff.
– – fehlende Ablichtung **B. Nr. 7000** 107
– – Haftpflichtversicherung **B. Nr. 7000** 108
– – pauschale Reduzierung **B. Nr. 7000** 110
– – preiswertere Herstellung **B. Nr. 7000** 109
– Gebühren, Einzeltätigkeit **B. Vorb. 4.3** 45

– Postentgeltpauschale **B. Nr. 7002** 34
– Verfahrensgebühr, Anfertigung/Unterzeichnung einer Schrift **B. Nr. 4300** 22 f.
– – Einzeltätigkeit **B. Nr. 4301** 30 ff., **Nr. 4302** 24 ff.
Erstattungsfragen, Strafsachen **B. Vorb. 4** 14 ff.
Erstattungspflicht, Gebühren **B. Vorb. 4** 16 ff.
– gesetzliche Vergütung, Höhe **B. Vorb. 4** 18
– Umfang der, Strafsachen **A.** 862 ff.
– Umsatzsteuer **B. Nr. 7008** 25 f.
Erstberatung, Abgrenzungskriterium **A.** 251
– Begriff **A.** 250 ff.
– Beratungsgebühr **A.** 284
– Dauer **A.** 251
– Gutachtengebühr **A.** 803
– Kappungsgrenze, Entfallen **A.** 252
– – schriftliche Bestätigung **A.** 252
– – schriftlche Zusammenfassung **A.** 252
– mündliche Beratung **A.** 252
– pauschale Information **A.** 251
Erstberatungsgebühr A. 1049
– Kappungsgrenze **A.** 246 f.
– mehrere Auftraggeber **A.** 248 f.
– Verbraucher **A.** 246
Erster Rechtszug, Beiordnung **B. § 48** 7 ff.
– Terminsgebühr, Entstehen **B. Nr. 5108** 5 f.
– – Geldbuße 40,00 bis 5.000,00 € **B. Nr. 5110** 1 ff.
– – Geldbuße bis 40,00 € **B. Nr. 5108** 1 ff.
– – Geldbuße von mehr als 5.000,00 € **B. Nr. 5112** 1 ff.
– – sachlicher Abgeltungsbereich **B. Nr. 5108** 3 f.
– Verfahrensgebühr **B. Nr. 4106** 1
– – Dauer des gerichtlichen Verfahrens **B. Nr. 5107** 4 f.
– – Gebührenhöhe **B. Nr. 5107** 11 f.
– – Geldbuße 40,00 bis 5.000,00 € **B. Nr. 5109** 1 ff.
– – Geldbuße bis 40,00 € **B. Nr. 5107** 1 ff.
– – Geldbuße von mehr als 5.000,00 € **B. Nr. 5111** 1 ff.
– – Höhe **B. Nr. 5107** 11 f., **Nr. 5111** 3
– – persönlicher Abgeltungsbereich **B. Nr. 5107** 7 f.
Erstmalige Freiheitsentziehung, Pauschgebühr **B. Nr. 6301** 14
– Terminsgebühr **B. Nr. 6301** 1 ff.
– – Abgeltungsbereich **B. Nr. 6301** 6 ff.

Stichwortverzeichnis

– – einstweiliges Anordnungsverfahren
  B. Nr. 6301 10
– – Einzeltätigkeit **B. Nr. 6301** 5
– – Höhe **B. Nr. 6301** 11 ff.
– – mehrere Termine **B. Nr. 6301** 9
– – persönlicher Geltungsbereich **B. Nr. 6301** 4
– – Rechtszug **B. Nr. 6301** 8
– Verfahrensgebühr, Abgeltungsbereich
  B. Nr. 6300 22 ff.
– – Einzeltätigkeiten **B. Nr. 6300** 32
– – Erstattung **B. Nr. 6300** 34 f.
– – Katalog erfasster Tätigkeiten **B. Nr. 6300** 24
– – persönlicher Geltungsbereich
  B. Nr. 6300 15 ff.
– – Rechtszug **B. Nr. 6300** 26
Erstreckung A. 518
– Beiordnung eines Rechtsanwalts **B. § 48** 20
– Pflichtverteidiger **A.** 518
Erstreckungsantrag, Muster **B. § 48** 37
Erstreckungsvoraussetzungen, Beiordnung eines Rechtsanwalts **B. § 48** 27 ff.
– Bestellung eines Rechtsanwalts **B. § 48** 27 ff.
Ersuchter Richter, Termin vor, Terminsgebühr erster Rechtszug **B. Nr. 5108** 3
EuGH, Verfahren **B. § 38** 1 ff.
Europäische Geldsanktionen, Vollstreckung
  B. Nr. 6101 2
Europäisches Geldsanktionengesetz B. § 48 5, Vor Teil 6 Abschn. 1 2
– Gebühr **B. Vorb. 6.1.1** 1 ff.
Expressgutkosten B. Nr. 7001 6

F
Fachanwaltseigenschaft, Rahmengebühren
  A. 1079
Fachliteratur, Auswertung von, Bemessung der Gebühr **A.** 1060
Fährenentgelte, sonstige Auslagen **B. Nr. 7006** 8
Fahrerlaubnis, anwaltliche Tätigkeiten, Bemessung der Gebühr **A.** 1060
– Verfahrensgebühr **B. Vorb. 4** 40
Fahrer-Rechtsschutz, Rechtsschutzversicherung **A.** 413
Fahrlässigkeit, Rechtsanwalt, beigeordneter
  B. § 54 8
– – bestellter **B. § 54** 8
Fahrrad, Geschäftsreise **B. Nr. 7003** 7
Fahrtkosten, andere Verkehrsmittel
  B. Nr. 7004 1 ff.

– – Auslagen **B. Vorb. 7** 10
– – Geschäftsreise **B. Nr. 7004** 4 f.
– Angemessenheit, andere Verkehrsmittel
  B. Nr. 7004 9 ff.
– – Bahnfahrt **B. Nr. 7004** 11 ff.
– – Billigflug **B. Nr. 7004** 19 f.
– – Flug in Businessclass **B. Nr. 7004** 17 f.
– – Flugkosten **B. Nr. 7004** 15 ff.
– – Schifffahrtskosten **B. Nr. 7004** 22
– – Taxikosten **B. Nr. 7004** 23
– Bahncard **B. Nr. 7004** 14
– Beteiligter, Kostenfestsetzung in Strafsachen
  A. 900
– eigener Pkw, Auslagen **B. Vorb. 7** 10
– Erstattungsfähigkeit, nicht wahrnehmbarer Termin **B. Nr. 7003** 39a
– – Termin findet nicht statt **B. Nr. 7003** 39a
– Flug, Businessclass **B. Nr. 7004** 17 f.
– Geschäftskosten **B. Vorb. 7** 9
– Geschäftsreise, Pflichtverteidigerbesuch in JVA
  B. Nr. 7003 40
– Geschäftsreise mit eigenem Kfz **B. Nr. 7003** 1 ff.
– – Besichtigung von Tatort **B. Nr. 7003** 34 f.
– – Besichtigung von Unfallstelle
  B. Nr. 7003 34 f.
– – Erstattungsfähigkeit **B. Nr. 7003** 15 ff.
– PKH-Bewilligungsverfahren **B. Nr. 7003** 37
– Vergütungsverzeichnis **A.** 1304
Fahrtkostenhöhe, Geschäftsreise, eigenes Kfz
  B. Nr. 7003 10 ff.
Fahrtzeit, Festsetzung der Pauschgebühr
  B. § 51 99
Fahrverbot, anwaltliche Tätigkeiten, Bemessung der Gebühr **A.** 1060
– drohendes, Bußgeldsachen **B. Vorb. 5** 59
– Verfahrensgebühr **B. Vorb. 4** 40, **Nr. 4142** 8
Fahrzeug, Geschäftskosten **B. Vorb. 7** 9
Fälligkeit, Festsetzungsantrag **A.** 594
– Vergütung **A.** 519 ff.
Fälligkeit der Vergütung A. 519 ff.
Familienangehörige, Gespräche mit, Bemessung der Gebühr **A.** 1060
Farbdruck, Dokumentenpauschale
  B. Nr. 7000 15 ff.
Fax, Dokumentenpauschale **B. Nr. 7000** 17 f.
Fehlende Einlassung im Einspruch, Bußgeldsachen **B. Vorb. 5** 54
Fehlende Einspruchsbegründung, Bußgeldsachen **B. Vorb. 5** 55

Stichwortverzeichnis

Fehlende Erstattungsfähigkeit, auswärtiger Rechtsanwalt, Geschäftsreise mit eigenem Kfz **B. Nr. 7003** 30
Fehlverhalten, beigeordneter Rechtsanwalt, Zeitpunkt **B. § 54** 9
– bestellter Rechtsanwalt, Zeitpunkt **B. § 54** 9
– Rechtsanwalt, beigeordneter **B. § 54** 7
– – bestellter **B. § 54** 7
Feiertag, Zwangsvollstreckung **A.** 1748
Festbetrag, Pflichtverteidiger, Terminsgebühr erster Rechtszug **B. Nr. 5110** 4
Festbetragsgebühr B. Vorb. 4 62
– Pflichtverteidiger **B. Vorb. 4** 41
– Strafsachen **B. Vorb. 4** 8 ff.
Festgebühr A. 652
– Einigungsgebühr **A.** 460
– Einzeltätigkeit **B. Vorb. 4.3** 26
– Erhöhung **A.** 1005 ff.
– – Beratungshilfe **A.** 1006
– – gerichtlich beigeordneter Rechtsanwalt **A.** 1007
– – gerichtlich bestellter Rechtsanwalt **A.** 1007
– – Höchstsatz **A.** 1009
– – mehrere Zeugen **A.** 1008
– – Zeugenbeistand **A.** 1008
– Erhöhungsvoraussetzungen **A.** 1005
– mehrere Auftraggeber **A.** 956
– Pflichtverteidiger, Bußgeldsachen **B. Vorb. 5** 18, 31
Festgesetzte Geldbuße, anwaltliche Gebühren, Bußgeldverfahren **B. Vorb. 5.1** 12 f.
Festsetzung, Beschwerde **A.** 641
– Dolmetscherkosten **A.** 205
– Erinnerung **A.** 641
– gegen Staatskasse *s.a Festsetzung gegen Staatskasse* **A.** 579 ff.
– Gegenstandswert **A.** 460, 656 ff.
– Mitteilung von, Kontogutschrift **A.** 625
– Pauschgebühr *s. Festsetzung der Pauschgebühr*
– – Revisionsverfahren **B. § 51** 22
– Zurückforderung der Akte aus Rechtsmittelinstanz **A.** 637
Festsetzung der Beratungshilfevergütung, Erinnerung gegen, Muster **A.** 358
Festsetzung der Pauschgebühr *s.a. Pauschgebühr, Festsetzung* **B. § 51** 1 ff.
– Abkürzung des Verfahrens **B. § 51** 75
– Abschlagszahlung **B. § 51** 64 ff.
– – Verfahren **B. § 51** 70 f.

– Absprache **B. § 51** 76
– Adhäsionsverfahren **B. § 51** 77
– Aktenumfang **B. § 51** 78
– Angeklagter, uneinsichtiger **B. § 51** 134
– angemessener Vorschuss **B. § 51** 72
– Anreise zum Termin **B. § 51** 79
– Anspruchsvoraussetzung **B. § 51** 8 ff.
– Anzahl der Hauptverhandlungstermine **B. § 51** 13
– Auslagen **B. § 51** 41
– ausländischer Mandant **B. § 51** 80
– ausländisches Recht **B. § 51** 22
– Auslandsreise **B. § 51** 81
– Auslieferungsverfahren **B. § 51** 22, 82
– Bemessung **B. § 51** 39 f.
– Beschwerdeverfahren **B. § 51** 83
– besondere Fähigkeiten Pflichtverteidiger **B. § 51** 84
– besondere Schwierigkeit **B. § 51** 22
– besonderer Umfang des Verfahrens **B. § 51** 13 ff.
– besonders schwieriges Verfahren **B. § 51** 19
– Besprechung **B. § 51** 85
– Betäubungsmittelverfahren **B. § 51** 86
– Betreuungsaufwand **B. § 51** 87
– Bewilligungsverfahren **B. § 51** 43 ff.
– – Antrag **B. § 51** 43 f.
– – Antragszeitpunkt **B. § 51** 48 ff.
– – Beschluss **B. § 51** 55
– – Festsetzung **B. § 51** 56
– – gerichtliche Entscheidung **B. § 51** 55
– – rechtliches Gehör **B. § 51** 54
– – Verjährung **B. § 51** 58 ff.
– – zuständiges Gericht **B. § 51** 51 ff.
– Bürokosten Pflichtverteidiger **B. § 51** 90
– Dolmetscher **B. § 51** 91
– eigene Ermittlung des Verteidigers **B. § 51** 92
– Einarbeitungszeit, kurze **B. § 51** 93
– Einmannkanzlei **B. § 51** 94
– Einstellung des Verfahrens **B. § 51** 95
– einzelne Verfahrensabschnitte **B. § 51** 31 ff.
– Einziehung **B. § 51** 96
– Erörterung des Verfahrensstandes **B. § 51** 97
– erweitertes Schöffengericht **B. § 51** 98
– Fahrtzeiten **B. § 51** 99
– gesetzliche Gebühr **B. § 51** 35 f.
– Sonderopfer **B. § 51** 25 f.
– – Zumutbarkeitsgesichtspunkte **B. § 51** 24
– große Anzahl von Taten **B. § 51** 100
– große Anzahl von Zeugen **B. § 51** 101

2009

- Große Strafkammer **B. § 51** 102
- Großverfahren **B. § 51** 103
- Hauptverhandlung **B. § 51** 104 ff.
- Höchstgebühr **B. § 51** 107
- Höhe **B. § 51** 35 ff.
- inhaftierter Angeklagter **B. § 51** 108
- Jugendgerichtsverfahren **B. § 51** 109
- Kenntnisse ausländischen Rechts **B. § 51** 22
- Klageerzwingungsverfahren **B. § 51** 22
- kommissarische Vernehmung **B. § 51** 110
- Kompensation **B. § 51** 111
- Kompensationsgedanke **B. § 51** 32
- maßgeblicher Zeitraum **B. § 51** 15 ff.
- Maßregelvollzug **B. § 51** 112
- Medieninteresse **B. § 51** 113
- mehrere Nebenkläger **B. § 51** 114
- mehrere Verteidiger **B. § 51** 115
- Nebenkläger, mehrere **B. § 51** 114
- Pauschgebührantrag, Muster **B. § 51** 47
- persönliche Belastung Pflichtverteidiger **B. § 51** 119
- persönlicher Geltungsbereich **B. § 51** 3 ff.
- Persönlichkeit des Angeklagten **B. § 51** 116
- Pflichtverteidiger **B. § 51** 3
- Plädoyer **B. § 51** 117
- psychiatrisches Gutachten **B. § 51** 118
- psychische Belastung Pflichtverteidiger **B. § 51** 119
- Reisezeit **B. § 51** 120
- Revisionsverfahren **B. § 51** 22, 121
- Rückforderung des Vorschusses **B. § 51** 73
- sachlicher Geltungsbereich **B. § 51** 7
- Schöffengericht, erweitertes **B. § 51** 98
- Schriftsätze, umfangreiche **B. § 51** 122
- schwierige Beweislage **B. § 51** 22
- schwierige Beweiswürdigung **B. § 51** 88
- schwierige Persönlichkeit des Angeklagten **B. § 51** 22
- Schwurgerichtsverfahren **B. § 51** 22, 123
- Selbstleseverfahren **B. § 51** 124
- Spezialrecht **B. § 51** 125
- sprachliche Fähigkeit Pflichtverteidiger **B. § 51** 126
- sprachliche Verständigungsschwierigkeiten **B. § 51** 22
- Sprachschwierigkeiten **B. § 51** 127
- Staatsschutzsachen **B. § 51** 22
- Strafvollstreckungssache **B. § 51** 128
- Tätigkeit außerhalb der Hauptverhandlung **B. § 51** 129
- taubstummer Angeklagter **B. § 51** 130
- Termine außerhalb der Hauptverhandlung **B. § 51** 131
- Terminsdauer **B. § 51** 132
- Überprüfungsverfahren **B. § 51** 112
- umfangreiche Beweisanträge **B. § 51** 89
- umfangreiche Schriftsätze **B. § 51** 122
- Umgangsverfahren **B. § 51** 133
- Umweltrecht **B. § 51** 22
- uneinsichtiger Angeklagter **B. § 51** 134
- unnötiger Antrag **B. § 51** 17 f.
- Untersuchungshaft **B. § 51** 135
- Unzumutbarkeit gesetzlicher Gebühren **B. § 51** 24 f.
- – Rechtsprechung **B. § 51** 27 ff.
- Urteilsumfang **B. § 51** 136
- Verfahren **B. § 51** 54
- Verfahren wegen sexuellen Missbrauchs **B. § 51** 22
- Verfassungsbeschwerde **B. § 51** 137
- Verjährung **B. § 51** 58 ff.
- Verständigung **B. § 51** 138
- Verteidiger, mehrere **B. § 51** 115
- Vertretung des Pflichtverteidigers **B. § 51** 139
- Vorbereitung der Sache **B. § 51** 140
- Vorschuss **B. § 51** 64 ff.
- – Anspruchsvoraussetzungen **B. § 51** 65 ff.
- – Rückforderung **B. § 51** 73
- – Verfahren **B. § 51** 70 f.
- Wahlverteidiger **B. § 51** 5
- weiterer Vorschuss **B. § 51** 69
- widersprechende Gutachten **B. § 51** 22
- Wiederaufnahmeverfahren **B. § 51** 141
- wirtschaftliche Fragen **B. § 51** 22
- Wirtschaftsstrafsachen **B. § 51** 142
- Wirtschaftsstrafverfahren **B. § 51** 22
- zeitlicher Aufwand **B. § 51** 13
- Zeugenbeistand **B. § 51** 22, 143
- Zinsen **B. § 51** 42

Festsetzung der Pflichtverteidigervergütung, Beschwerde gegen die Erinnerungsentscheidung, Muster **A.** 1197
- Erinnerung, Muster **A.** 1196

Festsetzung der Vergütung A. 527 ff.
- Beiordnung Kontaktperson **B. § 55** 1 ff.
- Beschwerdeverfahren, Kosten **A.** 569 ff.
- – Kostenerstattung **A.** 569

– – Selbstvertretung des Anwalts **A.** 569
– – sofortige Erinnerung **A.** 570
– gegen die Staatskasse *s.a. Festsetzung gegen Staatskasse* **A.** 579 ff.
– Gehörsrüge **A.** 572
– Rechtsbeschwerde **A.** 571
– Rechtsmittelverfahren, Entscheidung **A.** 567 f.
– – Form **A.** 565 f.
– – Frist **A.** 565 f.
– weitere Beschwerde **A.** 571
Festsetzung gegen Staatskasse A. 579 ff.
– Antragsberechtigung, Kanzleiabwickler **A.** 586
– – Rechtsanwalt **A.** 586
– – Rechtsnachfolger **A.** 586
– Antragsinhalt **A.** 598 ff.
– – Angabe von Vorschüssen **A.** 602 ff.
– – Angabe von Zahlungen **A.** 602 ff.
– – Angabe von Zahlungen nach Antragsstellung **A.** 609
– – Glaubhaftmachung **A.** 598 ff.
– – Nachweis **A.** 598 ff.
– – Zahlungserklärungen **A.** 602 ff.
– Anwendungsbereich **A.** 582 f.
– beigeordneter Rechtsanwalt **A.** 583
– Beratungshilfe, Zuständigkeit **A.** 629 f.
– Beratungshilfeanwalt **A.** 583
– Beschwerde **A.** 641
– Beteiligte **A.** 584
– Bußgeldsachen **A.** 583
– Bußgeldverfahren **A.** 631
– eigener Vergütungsanspruch des Anwalts **A.** 582
– Erinnerung **A.** 641
– Festsetzungsantrag **A.** 585 ff.
– – Abtretung des Erstattungsanspruchs **A.** 587 f.
– – amtlicher Vordruck **A.** 590
– – Antragsberechtigung **A.** 586 f.
– – Bearbeitung **A.** 633 ff.
– – Beratungshilfe **A.** 592 f.
– – Berechnung der Vergütung **A.** 591
– – elektronische Antragsbearbeitung **A.** 589
– – Form **A.** 589 ff.
– – nachträglicher Beratungshilfeantrag **A.** 597
– – Protokoll der Geschäftsstelle **A.** 589
– – schriftliche **A.** 589
– – Verjährung **A.** 595 f.
– – Verwirkung **A.** 597
– – Vorsteuerabzugsberechtigung **A.** 601
– – Zeitpunkt **A.** 594 ff.
– Festsetzungsverfahren, Bußgeldverfahren **A.** 631

– – Prüfung durch Urkundsbeamten **A.** 611 ff.
– Geltungsbereich **A.** 582 f.
– gerichtlich bestellter Rechtsanwalt **A.** 583
– Kontaktperson **A.** 583
– Nachliquidation **A.** 627 f.
– Pauschgebühr, Verfahren nach IRG/IStGH-Gesetz **A.** 583
– Überblick **A.** 581
– Überzahlung an Rechtsanwalt **A.** 626
– Verfahren nach §§ 87e, 53 IRG, Beistand **A.** 583
– Verfahren nach IRG **A.** 632
– Verfahren vor Bundesamt für Justiz **A.** 632
Festsetzungsantrag, Anrechnung von Zahlungen **A.** 1253
– Anzeige von Zahlungen **A.** 1253
– Bearbeitung, unverzügliche Entscheidung **A.** 633
– – verzögerte Festsetzung **A.** 634 ff.
– Beratungshilfe **A.** 592 f.
– Berechnung der Vergütung **A.** 591
– Fälligkeit, Ausschlussfrist **A.** 594
– Form **A.** 589 ff.
– Geltendmachung der Mindestgebühr, Muster **A.** 575
– Glaubhaftmachung, Beratungshilfe **A.** 600
– Inhalt, Angabe von Zahlungen auf anzurechnende Gebühr **A.** 608
– – Angabe von Zahlungen nach Antragsstellung **A.** 609
– – Glaubhaftmachung **A.** 598 ff.
– – nachträgliche Zahlungen **A.** 609
– – Nachweis **A.** 598 ff.
– – Sozietät **A.** 607
– – Vorschuss **A.** 602 ff.
– – Vorsteuerabzugsberechtigung **A.** 601
– – Zahlungen **A.** 602 ff.
– – Zahlungserklärungen **A.** 602 ff.
– Muster **A.** 575 f.
– Nachliquidation **A.** 597
– nachträglicher Beratungshilfeantrag **A.** 597
– Pauschgebühr, Angabe von Zahlungen **A.** 602
– Pauschvergütung nach § 42 RVG, Muster **A.** 576
– Verjährung **A.** 595 f.
– – Zuständigkeit **A.** 596
– Verletzung der Anzeigepflicht, Verstoß gegen Berufspflicht **A.** 606
– Verwirkung des Anspruchs **A.** 597
– Verzinsung **A.** 920
– Verzinsungsbeginn **A.** 562
– verzögerte Festsetzung **A.** 634 ff.

– Vorschuss **A.** 636
– Vorsteuerabzugsberechtigung **A.** 601
– Zeitpunkt, Fälligkeit **A.** 594
Festsetzungsbeschluss, Berichtigung **A.** 614
– Ergänzung **A.** 614
Festsetzungsbetrag, Verzinsung **A.** 562
Festsetzungsverfahren, Abgabe **A.** 621
– Abtretung an Verrechnungsstelle **A.** 639
– Anhörung, Form **A.** 556
– – unbekannter Aufenthalt des Antragsgegners **A.** 556
– Anlegung eine Kostenhefts **A.** 638
– Antrag *s.a. Festsetzungsantrag* **A.** 547 ff.
– – Antragsberechtigung **A.** 548
– – Auftraggeber **A.** 563
– – Form **A.** 547
– – Inhalt **A.** 549 ff.
– – Rechtsanwalt **A.** 563
– Aufrechnung gegen Umsatzsteuerforderung **A.** 640
– Auszahlungsanordnung **A.** 623
– Beiordnung als Kontaktperson **B. Nr. 4304** 12
– Beratungshilfe, Wohnortswechsel **A.** 630
– – Zuständigkeit **A.** 629 f.
– Beschluss **A.** 623
– Beschwerde **A.** 641
– Bindung an Beiordnung **A.** 615
– Bindung an Bestellung **A.** 615
– Bußgeldverfahren **A.** 631
– Dolmetscherkosten, Pflichtverteidiger **A.** 431
– Eingeschränkte Beiordnung **A.** 616
– Eingeschränkte Bestellung **A.** 616
– Einigungsgebühr **A.** 466
– Einreden **A.** 557 ff.
– Einwendungen **A.** 554, 557 ff.
– – außergebührenrechtliche **A.** 557 ff.
– – gebührenrechtliche **A.** 560 f.
– – nicht gebührenrechtliche **A.** 561
– Entscheidung **A.** 562, 618 ff.
– – Erinnerung **A.** 619
– – Zustellung **A.** 562
– Erinnerung **A.** 641
– – Untätigkeit des Urkundsbeamten **A.** 635
– Fälligkeit **A.** 553
– Festsetzung, Zustellung **A.** 625
– Festsetzungsantrag, Bearbeitung **A.** 633 ff.
– Festsetzungsbeschluss, Berichtigung **A.** 614
– – Ergänzung **A.** 614

– funktionelle Zuständigkeit, Öffnungsklausel **A.** 618
– – Rechtspfleger **A.** 618
– – Urkundsbeamter der Geschäftsstelle **A.** 618
– Kosten **A.** 563
– Kostenbeamter **A.** 618
– Mitteilung von Festsetzung **A.** 625
– Nachliquidation **A.** 627 f.
– örtliche Zuständigkeit, Gericht des ersten Rechtszugs **A.** 620
– Prüfung durch Urkundsbeamten, Auslagen **A.** 617
– – Austausch von Positionen **A.** 613
– – Bindung an Beiordnung **A.** 615
– – Bindung an Bestellung **A.** 615
– – eingeschränkte Beiordnung **A.** 616
– – eingeschränkte Bestellung **A.** 616
– – Feststellung für Auslagen **A.** 617
– – keine Änderung von Amts wegen **A.** 614
– – Prüfungsumfang **A.** 611 ff.
– Prüfung, Umfang **A.** 611 f.
– Prüfungspflicht, Umfang **A.** 611 f.
– Prüfungsumfang, Auslagen **A.** 611
– – Bestehen des Vergütungsanspruchs **A.** 611
– – Einreden **A.** 612
– – Einwendungen **A.** 612
– – entgegenstehendes Verschulden **A.** 611
– – richtige Berechnung **A.** 611
– – Verschulden eines beigeordneten/bestellten Rechtsanwalts **A.** 611
– – Vorschüsse **A.** 611
– – Zahlungen **A.** 611
– rechtliches Gehör **A.** 556
– Rechtspfleger **A.** 618
– Rechtsschutzbedürfnis **A.** 554
– sachliche Zuständigkeit, Gericht des ersten Rechtszugs **A.** 620
– StVollzG, PKH **A.** 620
– Teilforderung **A.** 554
– Therapieunterbringung, gerichtlich beigeordneter Rechtsanwalt **A.** 1252
– Überzahlung an Rechtsanwalt **A.** 625
– – Beschwerde **A.** 626
– – Erinnerung **A.** 626
– – Festsetzung des Rückforderungsbetrags **A.** 626
– – keine Änderung von Amts wegen **A.** 626
– – Rechtsmittelrecht der Staatskasse **A.** 626
– Untätigkeitsbeschwerde **A.** 635
– unverzügliche Entscheidung **A.** 633

– Urkundsbeamter der Geschäftsstelle **A.** 618
– – nicht weisungsgebunden **A.** 619
– – Zwischenverfügung **A.** 622
– Verfahren nach IRG **A.** 632
– Verfahren vor Bundesamt für Justiz **A.** 632
– Vergütung **A.** 547 ff.
– Verweisung **A.** 621
– Verzinsung der Vergütung **A.** 624
– verzögerte Festsetzung **A.** 634 ff.
– Vorschuss **A.** 208, 636
– Zulässigkeit **A.** 553
– Zurückforderung der Akte aus Rechtsmittelinstanz **A.** 637
– Zuständigkeit **A.** 555, 618 ff.
– – Abgabe **A.** 621
– – Beiordnung einer Kontaktperson **A.** 620
– – funktionelle **A.** 555, 618 f.
– – örtliche **A.** 555, 620
– – sachliche **A.** 555, 620
– – Verweisung **A.** 621
– Zustellung der Festsetzung **A.** 625
– Zwischenverfügung **A.** 622
Feststellung, Auslagen, Festsetzungsverfahren **A.** 617
– Beschluss, Unanfechtbarkeit **A.** 210
– Erforderlichkeit von Reisekosten, Muster **A.** 214
– Pauschgebühr **B. § 42** 1 ff.
– – erste Prüfungsstufe **B. § 42** 9
– – Prüfung **B. § 42** 8 f.
– – Prüfungsstufen **B. § 42** 9
– – zweite Prüfungsstufe **B. § 42** 9
Feststellungsantrag B. § 42 3
– Muster **B. § 52** 87
– Pflichtverteidiger, Muster **B. § 52** 87
– Reisekosten **A.** 211
Feststellungsverfahren, Anfechtung **A.** 210
– Anhörung des Vertreters der Staatskasse **A.** 210
– Antrag **A.** 208
– Anwendungsbereich **A.** 209
– – Dolmetscherkosten **A.** 209
– – Reisekosten **A.** 209
– Auslagen aus der Staatskasse **A.** 208 ff.
– beigeordneter Rechtsanwalt **B. § 53** 21
– Beschluss **A.** 210
– Bindungswirkung, Reisekosten **A.** 211
– Dokumentenpauschale **A.** 209
– Dolmetscherkosten **A.** 209
– Entscheidung **A.** 210
– Erforderlichkeit, Reisekosten **A.** 212

– Reisekosten **A.** 209
Flugkosten, Angemessenheit **B. Nr. 7004** 15 ff.
Flugunfallversicherung, sonstige Auslagen **B. Nr. 7006** 6
Forderung, Mehrheit von, Zwangsvollstreckung **A.** 1747
Forderungssperre, beigeordneter Rechtsanwalt **A.** 1323
Formerfordernis, Gebührenvereinbarung **A.** 226
Formular, Beratungshilfe **A.** 288 ff.
– Geschäftskosten **B. Vorb.** 7 9
Formzwang, Vergütungsvereinbarung **A.** 1519 ff.
Fotokopierkosten, pauschale Abgeltung, Muster gegenüber Vereinbarung **A.** 1572
– – Vereinbarung **A.** 1571 f.
Frachtkosten B. Nr. 7001 6
– Aufwendungen **A.** 538
Freigabe einer Sicherheit, Verfahrensgebühr, Einzeltätigkeit **B. Nr. 4302** 8
Freigabeerklärung, Gläubiger, Zwangsvollstreckung **A.** 1741
Freiheitsentziehende Unterbringung, Definition **B. Nr. 6300** 13
Freiheitsentziehung, aufgrund von Bundesrecht **B. Nr. 6300** 6 ff.
– Aufhebung, Verfahrensgebühr **B. Nr. 6302** 4
– Auslieferungshaft **B. Nr. 6300** 5
– Definition **B. Nr. 6300** 13
– einstweilige Anordnung, Verfahrensgebühr **B. Nr. 6300** 13
– erstmalige, Verfahrensgebühr **B. Nr. 6300** 1 ff.
– -Terminsgebühr **B. Nr. 6301** 1 ff.
– gerichtliche **B. Nr. 6300** 4 f.
– gerichtliches Verfahren **B. Nr. 6300** 1 ff.
– – sonstige Verfahren **B. Vorb.** 6 2
– nachträgliche Feststellung der Rechtswidrigkeit, Verfahrensgebühr **B. Nr. 6300** 13
– Strafverfahren **B. Nr. 6300** 5
– Verfahrensbeistand, Mittellosigkeit des Betroffenen **B. Nr. 6300** 20 f.
– Vergütungsverzeichnis **A.** 1303
– Verlängerung, Verfahrensgebühr **B. Nr. 6302** 3
Freiheitsentziehung nach IRG-/IStGH-Gesetz B. Nr. 6300 5
Freiheitsentziehungssache, anwaltlicher Verfahrenspfleger, Mittellosigkeit des Betroffenen **B. Nr. 6300** 20 f.
– – Verfahrensgebühr **B. Nr. 6300** 18 f.
– gerichtliche, Verfahrensgebühr **B. Nr. 6300** 4 ff.

2013

– Verfahrensbeistand, Verfahrensgebühr
  B. Nr. 6300 18 f.
Freiheitsstrafe, Strafvollstreckung B. Nr. 4200 5
Freispruch, notwendige Auslagen, Rechtsprechungsübersicht A. 1375
– Übergangsvorschriften A. 1359
Freispruchplädoyer, Bemessung der Gebühr
  A. 1061
Fristsetzungsantrag, Verfahrensgebühr Disziplinarverfahren, außergerichtliches Verfahren
  B. Nr. 6202 14
Funktionelle Zuständigkeit, Erinnerung, Beratungshilfevergütung A. 1191 f.

G

Gebotenheit, Ablichtung, Aktenauszug vorhergehenden Verteidigers B. Nr. 7000 31
– – Aktendeckelkopie B. Nr. 7000 32
– – Auslieferungsverfahren B. Nr. 7000 33
– – Beschleunigung B. Nr. 7000 34
– – digitalisierte Akte B. Nr. 7000 35
– – Entscheidungen B. Nr. 7000 36
– – Literatur B. Nr. 7000 36
– – Prozentsatz B. Nr. 7000 37
– – Streitverkündung B. Nr. 7000 38
– – Verhältnismäßigkeit B. Nr. 7000 39
– – vollständige Aktenkopie B. Nr. 7000 33
– – vollständige Kopie B. Nr. 7000 40
– – Zeitmangel B. Nr. 7000 41
Gebühr, Abgeltungsbereich A. 1 ff., 371 ff.
– – Angelegenheiten A. 68 f.
– – zwischenzeitliche Rechtsänderung A. 10
– Abtretung, Kostenerstattungsanspruch B. § 43 9
– allgemeine B. Teil 4 Abschn. 1 Unterabschn. 1 1 ff.
– – Geschäftskosten A. 52
– – Strafvollstreckung B. Vorb. 4.2 20
– Allgemeines A. 223 ff.
– angemessene A. 653
– – Bestimmung A. 1092 f.
– Anhörungsrüge A. 122
– Anrechnung s.a. Gebührenanrechnung A. 123 ff.
– – Anwendungsbereich 125 ff.
– – Ausgangslage A. 124
– – Entstehung A. 123
– – Strafverfahren B. Vorb. 4.1 36
– – Überblick A. 123 ff.
– Anspruch gegen Staatskasse B. § 45 1

– Anspruch gegen Landeskasse, Beratungshilfe
  A. 340
– Anwaltskosten B. § 43 9
– Bagatellbereich B. Nr. 4142 28
– Bedürftigkeit A. 645
– Beiordnung als Kontaktperson B. Nr. 4304 1 ff.
– Beistand eines Zeugen B. Vorb. 4 6
– Bemessung A. 1060 ff.
– – Abwägung A. 1083 ff.
– – Akteneinsicht A. 1060
– – Aktenstudium A. 1060
– – Aktenumfang A. 1060
– – Anfahrtszeit A. 1060
– – Anhörungsrüge A. 1060
– – Antrag auf gerichtliche Entscheidung A. 1060
– – anwaltlicher Beistand für Opfer einer Sexualstraftat A. 1060
– – Anzahl der Tatvorwürfe A. 1060
– – Anzahl der Zeugen A. 1060
– – Anzahl gestellter/vorbereiteter Anträge
  A. 1060
– – Auswertung von Fachliteratur A. 1060
– – Auswertung von Rechtsprechung/Literatur
  A. 1060
– – Auswertung von Sachverständigengutachten
  A. 1060
– – Beratung über Rechtsmittel A. 1060
– – Beschwerdeverfahren A. 1060
– – Besprechung mit Mandanten A. 1060
– – Besprechung mit Verfahrensbeteiligten
  A. 1060
– – Dauer der Hauptverhandlung A. 1060
– – Dauer von außergerichtlichen Terminen
  A. 1060
– – Dauer von gerichtlichen Terminen A. 1060
– – Einarbeitung A. 1060
– – Einkommensverhältnisse des Mandanten
  A. 1073 ff.
– – Erörterung des Verfahrenstandes A. 1060
– – Fachanwaltseigenschaft A. 1079
– – Fahrerlaubnis A. 1060
– – Fahrverbot A. 1060
– – Freispruchplädoyer A. 1061
– – Gespräch mit Betreuern/Helfern A. 1060
– – Gespräch mit Familienangehörigen A. 1060
– – Gespräch mit Mitverteidigern A. 1060
– – Gespräch mit Sachverständigen A. 1060
– – Gespräch mit Zeugen A. 1060
– – Haftungsrisiko A. 1076 ff.

Stichwortverzeichnis

- – Höchstgebühr **A.** 1090 f.
- – Informationsgespräch **A.** 1060
- – JVA-Besuche **A.** 1060
- – komplexer Sachverhalt **A.** 1060
- – Kostenstruktur des Büros **A.** 1080 f.
- – mehrere Gegner **A.** 1060
- – mehrere Verteidiger **A.** 1063 ff.
- – Mindestgebühr **A.** 1089
- – Mittelgebühr **A.** 1085 ff.
- – öffentliches Interesse **A.** 1079
- – Rechtsmitteleinlegung **A.** 1060
- – Sachverständigengespräch **A.** 1060
- – sonstige Kriterien **A.** 1079 ff.
- – Tatortbesichtigung **A.** 1060
- – Vermögensverhältnisse des Mandanten **A.** 1070 ff.
- – Verständigungsgespräche **A.** 1060
- – Vorbereitung der Hauptverhandlung **A.** 1060
- – Vorbereitung des Plädoyers **A.** 1060
- – Vorbereitung von Terminen **A.** 1060
- – während Hauptverhandlung **A.** 1060
- – Wartezeiten **A.** 1060
- – Wiedereinsetzungsantrag **A.** 1060
- – Zulassungsverfahren **A.** 1060
- Beratung **A.** 223 ff., 796 ff.
- Beratungsgebühr **A.** 1049
- Berechnung, Bezeichnung der Beträge **A.** 362
- – Pflichtangaben **A.** 362
- – Vergütungsblatt **A.** 362
- Berufungsverfahren **B. Berufung** 5
- Beschwerde, Entscheidung in der Hauptsache **B. Vorb. 4.2** 1 ff.
- besondere, Strafvollstreckung **B. Vorb. 4.2** 30 ff.
- – Verfahrensgebühr **B. Vorb. 4** 38 f.
- Besprechung, Nachholung rechtlichen Gehörs **A.** 1060
- Bestimmung **A.** 1092 f.
- – empfangsbedürftige Erklärung **A.** 1092
- – gegenüber ersatzpflichtigen Dritten **A.** 1102 f.
- – gegenüber Mandanten **A.** 1095 ff.
- – gegenüber Staatskasse **A.** 1101 ff.
- – Gutachten der Rechtsanwaltskammer **A.** 1104 ff.
- – nichtaktenkundige Umstände **A.** 1093
- – Verbindlichkeit **A.** 1094 ff.
- – Wahlverteidiger **A.** 1045
- Betragsrahmengebühren **A.** 650, 656, 1047
- deregulierte **A.** 225
- Einigungsgebühr **A.** 656
- Einzeltätigkeit, Strafvollstreckung **B. Vorb. 4.3** 1 ff.
- Einziehungsbeteiligte **B. Vorb. 4** 6
- Entbehrlichkeit der Hauptverhandlung, anwaltliche Mitwirkung **B. Nr. 4141** 1 ff.
- – persönlicher Geltungsbereich **B. Nr. 4141** 5
- – Voraussetzungen **B. Nr. 4141** 4
- Erhöhung, Berechnung **A.** 994 ff.
- – Mischfälle **A.** 1017
- – Mischfälle bei fehlender Gegenstandsidentität **A.** 1017
- – Mischfälle bei Nebenklägern **A.** 1017
- erhöhungsfähige **A.** 964 ff.
- erneuter Auftrag **A.** 7
- – mehr als 2 Kalenderjahre **A.** 9
- Erstattungsanspruch, Vertreter in eigener Sache **B. Vorb. 4** 20
- Erstattungspflicht **B. Vorb. 4** 16 ff.
- Festgebühren **A.** 652
- Gebührenblatt **A.** 1062
- Gerichtskosten **A.** 714
- Grundgebühr **B. Nr. 4100** 1 ff.
- Gutachten **A.** 796 ff.
- Gutachtengebühr **A.** 1049
- Haftzuschlag **B. Vorb. 4** 83 ff.
- Hinweispflicht **A.** 824 ff.
- Höhe, Terminsgebühr Amtsgericht **B. Nr. 4108** 16 ff.
- – Zeugenbeistand **B. Vorb. 4.1** 11
- Kollege **A.** 645
- konkrete, Höhe **A.** 240
- Kostenfestsetzung, sachlicher Abgeltungsbereich **B. Vorb. 4** 95 ff.
- – Strafsachen **B. Vorb. 4** 93 f.
- Mediation **A.** 223 ff., 796 ff.
- mehrere Auftraggeber **A.** 1357
- Nachbereitung des Termins **B. Vorb. 4** 39
- Nebenbeteiligte **B. Vorb. 4** 6
- Nebenkläger, Vertreter in eigener Sache **B. Vorb. 4** 21
- nicht erhöhungsfähige **A.** 964 ff.
- normale, Beratung **A.** 239 ff.
- – Gutachten **A.** 239 ff.
- Pauschalcharakter **A.** 3
- Pauschgebühr **A.** 654
- Privatkläger, Vertretung in eigener Sache **B. Vorb. 4** 21
- Rahmengebühren **A.** 1045 ff.
- rechtszugbezogene **B. Nr. 4142** 13

- Revisionsverfahren **B. Revision**
- Sachverständiger **B. Vorb. 4** 6
- Satzrahmengebühr **A.** 1048
- strafrechtliches Rehabilitierungsverfahren **B. Vorb. 4** 25
- Strafrechtsentschädigungsverfahren, Übersicht **B. Nr. 4302** 34
- Strafsachen, Abgeltungsbereich **B. Vorb. 4.1** 3
- – allgemeine Struktur **B. Vorb. 4** 1 f.
- Strafverfahren, persönlicher Geltungsbereich **B. Vorb. 4.1** 4 ff.
- Strafvollstreckung **B. Vorb. 4.2** 1 ff.
- – Heranwachsende **B. Vorb. 4.2** 7 ff.
- – Jugendliche **B. Vorb. 4.2** 7 ff.
- – Übersicht **B. Vorb. 4.2** 42
- StrEG-Verfahren, Übersicht **B. Nr. 4302** 34
- StrRehaG **B. Vorb. 4** 29
- Tätigkeit im Strafbefehlsverfahren **B. Vorb. 4.1** 19
- Tätigkeit im Strafverfahren **B. Vor Teil 4** 1 ff., **Vorb. 4.1** 1 ff.
- Tätigkeit in Strafsachen, gesonderte Gebühr **B. Vor Teil 4** 2
- – zusätzliche Gebühr **B. Vor Teil 4** 3
- teilweiser Verzicht, Zulässigkeit **A.** 646
- Terminsvertreter **B. Vorb. 4.1** 17 ff.
- Therapieunterbringung, einstweilige Anordnung **A.** 1232 f.
- vereinbarte Vergütung **A.** 655
- Verfahren vor EuGH **B. § 38** 9 ff.
- Verfahren vor Verfassungsgerichten, Abrechnungstatbestände **B. § 37** 8 ff.
- Verfassungsbeschwerdeverfahren **A.** 1045
- Vergütung **A.** 52
- Vergütungsvereinbarung **A.** 1050
- Verletzter **B. Vorb. 4** 6
- Verteidiger **B. Vor Teil 4** 1 f., **Vorb. 4.1** 1 ff.
- – verschiedene Angelegenheiten **B. Vor Teil 4** 2
- Vertreter der Nebenklage **B. Vorb. 4** 21
- Vertreter der Privatklage **B. Vorb. 4** 21
- Vertreter des Nebenklägers **B. Vorb. 4** 6
- Vertreter des Privatklägers **B. Vorb. 4** 6
- Verwandte **A.** 645
- Verzicht **A.** 643 ff.
- – Ausnahmen **A.** 645
- – Freunde **A.** 645
- – generelles Verbot **A.** 644
- – Kollege **A.** 645
- – teilweiser **A.** 646

- – Verwandte **A.** 645
- vorbehaltene Sicherungsverwahrung **B. Vorb. 4.1** 20 ff.
- Vorbereitung des Termins **B. Vorb. 4** 39
- vorzeitige Erledigung **A.** 6
- Wertgebühren **A.** 651, 656
- Wiederaufnahmeverfahren, Einzeltätigkeit **B. Vorb. 6.2.3** 7
- Zeugenbeistand **B. Vorb. 4** 23 f., **Vorb. 4.1** 11
- – Abrechnungsbeispiele **B. Vorb. 4.1** 12 ff.
- zusätzliche, Berufungsverfahren **B. Berufung** 5
- – gerichtliches Verfahren **B. Teil 4 Abschn. 1 Unterabschn. 3** 4
- – Terminsgebühr Amtsgericht **B. Nr. 4108** 27
- – Verfahrensgebühr Amtsgericht **B. Nr. 4106** 16
- – vorbereitendes Verfahren **B. Nr. 4104** 21
- Zwangsvollstreckung **A.** 1700 ff.; **B. Vorb. 4** 93
- – sachlicher Abgeltungsbereich **B. Vorb. 4** 95 ff.
- – Strafsachen **B. Vorb. 4** 93 f.
- Zwangsvollstreckungssachen **B. Vorb. 4** 104 f.

Gebühren des Verteidigers B. Teil 5 Abschn. 1 Vorb. 1 ff.

Gebühren im Bußgeldverfahren, Abgeltungsbereich **B. Vorb. 5.1** 3, 6 ff.
- persönlicher Geltungsbereich **B. Vorb. 5.1** 4

Gebühren in sonstigen Verfahren, Sicherungsverwahrung **A.** 1237 ff.
- Therapieunterbringung **A.** 1237

Gebühr mit Zuschlag, Strafvollstreckung **B. Vorb. 4.2** 21

Gebühren Wiederaufnahmeverfahren, Disziplinarverfahren, Terminsgebühr **B. Vorb. 6.2.3** 12 ff.
- – Verfahrensgebühr **B. Vorb. 6.2.3** 8 ff.
- – zusätzliche Gebühr **B. Vorb. 6.2.3** 16
- Einzeltätigkeit **B. Vorb. 6.2.3** 7
- s.a. *Gebühr, Wiederaufnahmeverfahren*

Gebührenanrechnung B. § 58 1 ff.
- Anwendungsbereich, persönlicher **A.** 128 f.
- – sachlicher **A.** 125 ff.
- Ausschluss, Vergütungsvereinbarung **A.** 131
- Außenverhältnis **A.** 134 f.
- – Berufung auf Anrechnung **A.** 135
- – Haftpflichtversicherung **A.** 134
- – Personenkreis **A.** 134
- – Rechtsschutzversicherung **A.** 134
- beigeordneter Rechtsanwalt **A.** 136 ff.
- Beratungshilfeanwalt **A.** 136 ff.
- gerichtlich bestellter Rechtsanwalt **A.** 136 ff.

– Innenverhältnis **A.** 132 f.
– – Haftpflichtversicherung **A.** 133
– – Rechtsschutzversicherung **A.** 133
– – Wahlrecht **A.** 133
– persönlicher Anwendungsbereich **A.** 128
– RVG **A.** 125
– sachlicher Anwendungsbereich **A.** 125 ff.
– Teile 2 und 3 VV **A.** 127
– Teile 4–6 VV **A.** 126
– Voraussetzungen **A.** 130 f.
– – personeller Zusammenhang **A.** 131
– – sachlicher Zusammenhang **A.** 131
– – zeitlicher Zusammenhang **A.** 131
Gebührenanspruch, beigeordneter Rechtsanwalt, Verschulden **B. § 54** 4, 20 f.
– Beschränkung **B. § 54** 23
– bestellter Rechtsanwalt, Verschulden **B. § 54** 4, 20 ff.
– gegen Staatskasse, Voraussetzungen **B. § 45** 1 ff.
Gebührenarten, verschiedene **A.** 649
Gebührenbemessung, allgemeine Regeln **B. Vorb. 4** 30
– straßenverkehrsrechtliches OWi-Verfahren **B. Vorb. 5** 39 ff.
– StrRehaG **B. Vorb. 4** 30
– verkehrsrechtliche Bußgeldsachen **B. Vorb. 5** 21
Gebührenblatt, Abrechnung **A.** 1062
– Beispiele **A.** 1112 ff.
– Rahmengebühren **A.** 1109 ff.
Gebührendreiteilung B. Vorb. 5 6
– straßenverkehrsrechtliches OWi-Verfahren **B. Vorb. 5** 40
Gebührenerstattung, mehrere Auftraggeber **A.** 1030 f.
– Wiederaufnahmeverfahren, Disziplinarverfahren **B. Vorb. 6.2.3** 17
Gebührenerstattungsanspruch, gegenständliche Beschränkung **A.** 1388
– Rechtsanwalt in eigener Sache **B. Vorb. 4** 20
Gebührenforderung, Abtretung **A.** 11 ff.
– – Allgemeines **A.** 11
– – an Nichtrechtsanwalt **A.** 13 ff.
– – Muster **A.** 19 f.
Gebührenhöhe, Beratungsgebühr **A.** 284
– Berufungsverfahren, vermögensrechtliche Ansprüche **B. Nr. 4144** 3 ff.
– Beschwerde gegen Absehensentscheidung, vermögensrechtliche Ansprüche **B. Nr. 4145** 8 ff.
– Bußgeldsachen, zusätzliche Gebühr **B. Nr. 5115** 43 ff.
– Einigungsgebühr **A.** 474 ff.
– – Privatklageverfahren **B. Nr. 4147** 8 ff.
– Entbehrlichkeit der Hauptverhandlung **B. Nr. 4141** 48 ff.
– Grundgebühr **B. Nr. 4100** 33 ff.
– – Disziplinarverfahren 11 ff.
– Gutachtengebühr **A.** 802 ff.
– Hebegebühr **A.** 816
– Pauschgebühr, Festsetzung **B. § 51** 35 ff.
– Rechtsmittel, Beratung über Erfolgsaussicht **A.** 267 ff.
– Revisionsverfahren, vermögensrechtliche Ansprüche **B. Nr. 4144** 3 ff.
– Schwurgericht, Terminsgebühr **B. Nr. 4120** 4 f.
– Steuersachen, Höhe **A.** 822 f.
– Terminsgebühr, Amtsgericht **B. Nr. 4108** 16 ff.
– – Berufung **B. Nr. 4126** 14 ff.
– – Disziplinarverfahren **B. Nr. 6201** 11 ff.
– – sonstige Fälle **B. Nr. 6303** 11 ff.
– – Verfahren nach IRG-/IStGH-Gesetz **B. Nr. 6102** 12 ff.
– – Verfahren nach WBO Bundesverwaltungsgericht **B. Nr. 6405** 4 f.
– Terminsgebühr, Verfahren nach WBO Truppendienstgericht **B. Nr. 6402** 9 f.
– – Wiederaufnahmeverfahren **B. Nr. 4140** 7 f.
– Terminsgebühr Berufung, Zusatzgebühr **B. Nr. 4128** 3, **Nr. 4129** 3
– – Zuschlag **B. Nr. 4127** 3 f.
– Terminsgebühr Disziplinarverfahren, dritter Rechtszug **B. Nr. 6212** 9 ff.
– – zweiter Rechtszug **B. Nr. 6208** 9 ff.
– Terminsgebühr erster Rechtszug, Geldbuße bis 40,00 € **B. Nr. 5108** 10 ff.
– – Geldbuße von mehr als 5.000,00 € **B. Nr. 5112** 3 f.
– Terminsgebühr OLG **B. Nr. 4120** 4 f.
– – Zusatzgebühr **Nr. 4122** 3
– Terminsgebühr Rechtsbeschwerdeverfahren **B. Nr. 5114** 6 ff.
– Terminsgebühr Revision, Zusatzgebühr **B. Nr. 4135** 3
– – Zuschlag **B. Nr. 4133** 3 f.
– Terminsgebühr Strafkammer, Zuschlag **B. Nr. 4115** 3 f.
– Verfahren nach des StVollzG **A.** 1456 ff.
– Verfahren nach IRG **B. Vorb. 6.1.1** 22

- Verfahren über sozial Ausgleichsleistung, Verfahrensgebühr **B. Nr. 4146** 9 ff.
- Verfahren vor Verfassungsgerichten **B. § 37** 10
- Verfahrensgebühr, Anordnungsverfahren Therapieunterbringung **A.** 1224
- – Berufung **B. Nr. 4124** 15 ff.
- – Beschwerdeverfahren im Wiederaufnahmeverfahren **B. Nr. 4139** 10 f.
- – Einziehung/verwandten Maßnahmen **B. Nr. 5116** 9
- – erstmalige Freiheitsentziehung **B. Nr. 6300** 29 ff.
- – Gnadensache **B. Nr. 4303** 15 ff.
- – OLG **B. Nr. 4119** 3 f.
- – Rechtsbeschwerdeverfahren **B. Nr. 5113** 14 ff.
- – sonstige Fälle **B. Nr. 6302** 14 ff.
- – Unterbringungssachen **B. Nr. 6300** 29 ff.
- – Verfahren nach §§ 23 ff. EGGVG **A.** 1447 ff.
- – Verfahren nach IRG-/IStGH-Gesetz **B. Nr. 6101** 26 ff.
- – Verfahren nach WBO Bundesverwaltungsgericht **B. Nr. 6403** 4 f.
- – Verfahren nach WBO Truppendienstgericht **B. Nr. 6400** 11 ff., **Nr. 6401** 4 ff., **Nr. 6404** 4 f.
- – Wiederaufnahmeantrag **B. Nr. 4137** 10
- – Wiederaufnahmeverfahren, Disziplinarverfahren **B. Vorb. 6.2.3** 10 f.
- – Verfahrensgebühr Disziplinarverfahren, außergerichtliches Verfahren **B. Nr. 6202** 20 ff.
- – dritter Rechtszug **B. Nr. 6211** 8 ff.
- – erster Rechtszug **B. Nr. 6203** 11 ff.
- – Nichtzulassung der Revision **B. Nr. 6215** 10 ff.
- – zweiter Rechtszug **B. Nr. 6207** 9 ff.
- – Verfahrensgebühr Einzeltätigkeiten, Bußgeldsachen **B. Nr. 5200** 17 f.
- – Verfahrensgebühr erster Rechtszug, Geldbuße bis 40,00 € **B. Nr. 5107** 11 f.
- – – Geldbuße von mehr als 5.000,00 € **B. Nr. 5111** 3
- – Verfahrensgebühr Revision **B. Nr. 4130** 17 ff.
- – – Zuschlag **B. Nr. 4131** 4 ff.
- – Verfahrensgebühr sonstige Verfahren, Einzeltätigkeiten **B. Nr. 6500** 20 f.
- – weitere Verfahrensgebühr, Wiederaufnahmeverfahren **B. Nr. 4138** 9 f.
- – Wertgebühren **A.** 1681 ff.
- – Wiederaufnahmeverfahren, Geschäftsgebühr **B. Nr. 4136** 8 ff.
- – Zusatzgebühr, Terminsgebühr Strafkammer **B. Nr. 4116** 3
- – Zusatzgebühr Disziplinarverfahren, dritter Rechtszug **B. Nr. 6214** 3
- – – erster Rechtszug **B. Nr. 6205** 5, **B. Nr. 6206** 3
- – – zweiter Rechtszug **B. Nr. 6210** 3
- – zusätzliche Gebühr Disziplinarverfahren, mündliche Verhandlung entbehrlich **B. Nr. 6216** 19 ff.
- – Zuschlag, Terminsgebühr OLG **B. Nr. 4121** 3 f.
- – – Terminsgebühr Schwurgericht **B. Nr. 4121** 3 f.
- **Gebührenrahmen**, Staffelung, Bußgeldsachen **B. Vorb. 5.1** 11 ff.
- – Terminsgebühr, Höhe **B. Vorb. 4** 62 ff.
- – Verfahrensgebühr Rechtsbeschwerdeverfahren **B. Nr. 5113** 14
- **Gebührenrahmentabelle**, Bußgeldsachen, Verfahrensgebühr **B. Vorb. 5** 20
- – Terminsgebühr, Bußgeldsachen **B. Vorb. 5** 35
- **Gebührenrechtliches Doppelverwertungsverbot B. Vorb. 5** 19
- **Gebührenrückzahlung B. § 58** 1 ff.
- **Gebührensystem A.** 649 ff.
- – einzelne Verfahrensabschnitte **B. Vorb. 4** 2
- **Gebührenüberhebung**, Vergütungsvereinbarung **A.** 1564 ff.
- – Vorwurf der **A.** 50
- **Gebührenvereinbarung A.** 225 ff
- – Formerfordernis **A.** 226
- – frei aushandelbar **A.** 1468
- – Gutachten **A.** 230
- – keine **A.** 230
- – Subsidiarität **A.** 227 f.
- **Gebührenverzicht B. § 54** 21
- **Gegenerklärung**, Verfahrensgebühr Einzeltätigkeiten, Bußgeldsachen **B. Nr. 5200** 10
- **Gegenstandsgleichheit**, mehrere Auftraggeber **A.** 992 f.
- – Rechtsverfolgung **A.** 993
- **Gegenstandsidentität**, mehrere Auftraggeber **A.** 992 f.
- **Gegenstandswert**, ABC, Anwaltsgebühren **A.** 685 ff.
- – Abführung Mehrerlös **B. Nr. 4142** 33
- – Adhäsionsverfahren **A.** 685
- – – Beschwerde **A.** 686
- – Arrest **B. Nr. 4142** 34
- – Bemessung, Verfahren vor Verfassungsgerichten **B. § 37** 18
- – Beschlagnahme Sache **B. Nr. 4142** 35

– Beschwerde, Kostenfestsetzungsbeschluss
  A. 690
– Betäubungsmittel/Einziehung **B. Nr. 4142** 36
– Dealgeld **B. Nr. 4142** 37
– Diebesgut **B. Nr. 4142** 38
– Diebeswerkzeug **B. Nr. 4142** 39
– Einigungsgebühr **A.** 477, 656, 687
– Einziehung **B. Nr. 4142** 40
– Einziehung einer Sache **B. Nr. 4142** 41
– Einziehung im Strafverfahren **A.** 688
– Einziehung und verwandte Maßnahmen, ABC
  B. Nr. 4142 33 ff.
– Erinnerung, Kostenfestsetzungsbeschluss **A.** 690
– – Gerichtskostenansatz **A.** 689
– Fahrerlaubnis **B. Nr. 4142** 42
– Falschgeld **B. Nr. 4142** 44
– Fälschung **B. Nr. 4142** 43
– Festsetzung **A.** 460, 656 ff., 1679
– – Antrag auf A.
– – Anwendungsbereich von § 33 **A.** 665
– – Beschwerde **A.** 684
– – Beschwerdeverfahren **A.** 370
– – Betragsrahmengebühr **A.** 659
– – Festgebühr **A.** 659
– – sachliche Gebührenfreiheit **A.** 666 f.
– – sachlicher Geltungsbereich **A.** 660 ff.
– – StVollzG **A.** 661 ff.
– – Verfahren **A.** 673 ff.
– – Verfahren vor Verfassungsgerichten **B. § 37** 19
– – weitere Beschwerde **A.** 684
– – Wiedereinsetzung **A.** 684
– Führerscheinformular **B. Nr. 4142** 45
– Kostenfestsetzung in Strafsachen **A.** 938
– Strafvollzug **A.** 691
– StrRehaG **A.** 692
– Verfahren nach dem StVollzG **A.** 1457 ff.
– Verfahren vor Verfassungsgerichten **B. § 37** 17
– Verfahrensgebühr, Einziehung und verwandte
  Maßnahmen **B. Nr. 4142** 24 ff.
– Verfall **B. Nr. 4142** 49
– vermögensrechtliche Ansprüche
  B. Nr. 4143 21 f.
– Vernichtung **B. Nr. 4142** 50
– Wertgebühr, Höhe **A.** 1682
– Zigaretten **B. Nr. 4142** 51
– Zwangsvollstreckung **A.** 693
Gegner, Auslagen, Ablichtungen
  B. Nr. 7000 58 ff.

Gegnerisches Rechtsmittel, Beratung über,
  Pauschgebühren **B. Vorb. 4.1** 34
Gehörsrüge, Festsetzung der Vergütung **A.** 572
Geldbuße, 40,00 bis 5.000,00 € **B. Nr. 5103** 1 ff.,
  Nr. 5109 1 ff.
– – Terminsgebühr erster Rechtszug
  B. Nr. 5110 1 ff.
– anwaltliche Gebühren, Bußgeldverfahren
  B. Vorb. 5.1 11 ff.
– Bemessung, Regelsätze **B. Vorb. 5.1** 23
– bis 40,00 € **B. Nr. 5101** 1 ff., **Nr. 5102** 1 ff.,
  Nr. 5108 1 ff.
– – Terminsgebühr **B. Nr. 5108** 1 ff.
– Grundgebühr, Bußgeldverfahren **B. Nr. 5100** 3
– Höhe, Bußgeldsachen **B. Vorb. 5** 61
– – straßenverkehrsrechtliches OWi-Verfahren
  B. Vorb. 5 41
– mehr als 5.000,00 € **B. Nr. 5105** 1 ff.
– – Terminsgebühr **B. Nr. 5106** 1 ff.
– mehrere, Bußgeldsachen **B. Vorb. 5.1** 16 ff.
– Mindest-/Höchstbetrag **B. Vorb. 5.1** 21 f.
– – anwaltliche Gebühren **B. Vorb. 5.1** 21 f.
– noch nicht festgesetzte, Bußgeldverfahren
  B. Vorb. 5.1 19 f.
– Reduzierung, Bußgeldsachen **B. Vorb. 5** 66
– straßenverkehrsrechtliches OWi-Verfahren
  B. Vorb. 5 41
– von mehr als 5.000,00 € **B. Nr. 5111** 1 ff.,
  Nr. 5112 1 ff.
– – Terminsgebühr erster Rechtszug
  B. Nr. 5112 1 ff.
– zuletzt festgesetzte, anwaltliche Gebühren
  B. Vorb. 5.1 12 ff.
Geldsanktionen, europäische, Vollstreckung
  B. Nr. 6101 2
Geldstrafe, Aufrechnung **B. § 43** 37
Geldwäsche A. 698 ff.
– Privilegierung **A.** 699 f.
– Rechtsprechung des BGH **A.** 699 ff.
– Rechtsprechung des BVerfG **A.** 702 ff.
– Strafverteidiger **A.** 703 ff.
Geldwäschevorwurf, Vorbeugung, Checkliste
  A. 712
– – Ratschläge **A.** 712
Geltendmachung, Post-/Telekommunikations-
  dienstleistungen **B. Nr. 7001** 20 f.
– Vergütungsanspruch **A.** 63 ff.
Geltungsbereich, Berufungsverfahren **B. Berufung** 6

– persönlicher, Beistand vor parlamentarischem Untersuchungsausschuss **A.** 217 f.
– – Bußgeldsachen **B. Vorb. 5** 2 f., 12 ff., **Vorb. 5.1** 4, **Nr. 5115** 8
– – Bußgeldverfahren **B. Vorb. 5.1** 4
– – Einzeltätigkeit **B. Vorb. 4.3** 25
– – Grundgebühr Disziplinarverfahren **B. Nr. 6200** 4
– – IRG-/IStGH-Gesetz **B. Nr. 6102** 10
– – Postentgeltpauschale **A.** 168
– – RVG **A.** 22
– – sonstige Verfahren **B. Vorb. 6** 4
– – Strafvollstreckung **B. Vorb. 4.2** 18
– – Terminsgebühr **B. Nr. 6301** 4
– – Terminsgebühr Disziplinarverfahren **B. Nr. 6201** 4, **Nr. 6204** 4, **Nr. 6212** 4
– – Terminsgebühr sonstige Fälle **B. Nr. 6303** 4
– – Terminsgebühr Strafvollstreckung **B. Nr. 4203** 4, **Nr. 4206** 3, **Nr. 4207** 4
– – Terminsgebühr WBO Truppendienstgericht **B. Nr. 6402** 4
– – Terminsgebühr Wiederaufnahmeverfahren **B. Nr. 4140** 6
– – Verfahren nach WBO **B. Vorb. 6.4** 17
– – Verfahrensgebühr **B. Nr. 4142** 9 ff., **Nr. 4301** 24
– – Verfahrensgebühr Disziplinarverfahren **B. Nr. 6202** 4, **Nr. 6203** 4, **Nr. 6207** 4, **Nr. 6211** 4, **Nr. 6215** 4
– – Verfahrensgebühr Einzeltätigkeit **B. Nr. 4302** 18, **Nr. 5200** 8
– – Verfahrensgebühr erstmalige Freiheitsentziehung **B. Nr. 6300** 15 ff.
– – Verfahrensgebühr Gnadensache **B. Nr. 4303** 13
– – Verfahrensgebühr sonstige Fälle **B. Nr. 6302** 6
– – Verfahrensgebühr Strafvollstreckung **B. Nr. 4200** 11, **Nr. 4201** 6, **Nr. 4204** 5, **Nr. 4205** 4
– – Verfahrensgebühr WBO Truppendienstgericht **B. Nr. 6400** 4
– – vermögensrechtliche Ansprüche **B. Nr. 4143** 12 ff.
– – Wiederaufnahmeantrag **B. Nr. 4137** 9
– – Wiederaufnahmeverfahren **B. Vorb. 4.1.4** 6, **Nr. 4136** 7
– – Wiederaufnahmeverfahren Disziplinarverfahren **B. Vorb. 6.2.3** 5
– – zusätzliche Gebühr Disziplinarverfahren **B. Nr. 6216** 6

– sachlicher, RVG **A.** 22
– – Wiederaufnahmeverfahren **B. Vorb. 4.1.4** 5
Gepäckaufbewahrung, sonstige Auslagen **B. Nr. 7006** 6
Gepäckbeförderung, sonstige Auslagen **B. Nr. 7006** 6
Gepäckversicherung, sonstige Auslagen **B. Nr. 7006** 6
Gepfändetes Vermögensrecht, Verwaltung des, Zwangsvollstreckung **A.** 1761
Geplatzter Termin, Terminsgebühr Anordnungsverfahren, Therapieunterbringung **A.** 1230
Gerichtgebühren, Vergütungsfestsetzungsverfahren, Beschwerde **A.** 1182
Gerichtlich beigeordneter Rechtsanwalt, Beschwerde **A.** 657
– Beschwerdeverfahren, Vergütung **A.** 373
– Einigungsgebühr **A.** 466, 488
– Entbehrlichkeit der Hauptverhandlung, Gebührenhöhe **B. Nr. 4141** 53
– Erinnerung **A.** 657
– Festgebühren, Erhöhung **A.** 1007
– mehrere Auftraggeber **A.** 963
– Terminsgebühr Anordnungsverfahren, Therapieunterbringung **A.** 1227
– Therapieunterbringung **A.** 1249 ff.
– – Vergütung **A.** 1219
– – Verfahrensgebühr Anordnungsverfahren **A.** 1224
– – Vergütung **A.** 1249 ff.
– verauslagte Aktenversendungspauschale **A.** 758
– Vergütungsanspruch, Hemmung der Verjährung **A.** 1583 f.
– Vergütungsanspruch gegen Staatskasse **A.** 1478 ff.
– vermögensrechtliche Ansprüche, Verfahrensgebühr **B. Nr. 4143** 14
– Vertreter **A.** 1617 ff.
– Vorschuss **A.** 1665
Gerichtlich bestellter Rechtsanwalt, Beschwerde **A.** 657
– Disziplinarverfahren erster Rechtszug, Höhe Verfahrensgebühr **B. Nr. 6203** 13
– – Höhe Terminsgebühr **B. Nr. 6204** 13
– Disziplinarverfahren, Kostenfestsetzung **B. Vorb. 6.2** 37
– – Kostenansatz **B. Vorb. 6.2** 37
– – Zwangsvollstreckung **B. Vorb. 6.2** 37

– Disziplinarverfahren zweiter Rechtszug, Verfahrensgebühr **B. Nr. 6207** 11
– – Höhe Terminsgebühr **B. Nr. 6208** 11
– – Zusatzgebühr **B. Nr. 6209** 3
– Einigungsgebühr **A.** 466, 488
– – Höhe **A.** 480 f.
– Entbehrlichkeit der Hauptverhandlung, Gebührenhöhe **B. Nr. 4141**
– – Bußgeldsachen **B. Nr. 5115** 49
– Entgelte für Post-/Telekommunikationsdienstleistungen **A.** 167
– Erinnerung **A.** 657
– Festgebühren, Erhöhung **A.** 1007
– Festsetzung gegen Staatskasse **A.** 583
– Gebühren Wiederaufnahmeverfahren, Disziplinarverfahren **B. Vorb. 6.2.3** 5
– Gebührenanrechnung **A.** 136 ff.
– Grundgebühr Disziplinarverfahren **B. Nr. 6200** 4
– – Höhe **B. Nr. 6200** 15
– Höhe Terminsgebühr, erstmalige Freiheitsentziehung **B. Nr. 6301** 13
– – Unterbringungssachen **B. Nr. 6301** 13
– mehrere Auftraggeber **A.** 963
– sonstige Fälle, Höhe Terminsgebühr **B. Nr. 6303** 13
– sonstige Verfahren, Vergütung **B. Vorb. 6** 4
– Terminsgebühr Disziplinarverfahren **B. Nr. 6201** 4
– – Höhe **B. Nr. 6201** 15
– – dritter Rechtszug **B. Nr. 6212** 11
– Terminsgebühr erster Rechtszug, Geldbuße bis 40,00 € **B. Nr. 5108** 14
– Terminsgebühr Rechtsbeschwerdeverfahren **B. Nr. 5114** 9 f.
– verauslagte Aktenversendungspauschale **A.** 758
– Verfahrensgebühr, erstmalige Freiheitsentziehung **B. Nr. 6300** 30
– – sonstige Fälle **B. Nr. 6302** 15
– – Unterbringungssachen **B. Nr. 6300** 30
– Verfahrensgebühr bei erstmaliger Freiheitsentziehung **B. Nr. 6300** 15
– Verfahrensgebühr Disziplinarverfahren, außergerichtliches Verfahren **B. Nr. 6202** 4
– – außergerichtliches Verfahren **B. Nr. 6202** 22
– – dritter Rechtszug **B. Nr. 6211** 10
– – Nichtzulassung der Revision **B. Nr. 6215** 12
– Verfahrensgebühr erster Rechtszug, Geldbuße bis 40,00 € **B. Nr. 5107** 15

– Verfahrensgebühr Rechtsbeschwerdeverfahren, Gebührenhöhe **B. Nr. 5113** 17 f.
– Verfahrensgebühr sonstige Verfahren, Einzeltätigkeiten **B. Nr. 6500** 21
– Verfahrensgebühr Wiederaufnahmeverfahren, Disziplinarverfahren **B. Vorb. 6.2.3** 11
– Vergütungsanspruch gegen Staatskasse **A.** 1478 ff.
– vermögensrechtliche Ansprüche, Verfahrensgebühr **B. Nr. 4143** 14
– Vertreter **A.** 1617 ff.
– Wiederaufnahmeverfahren Disziplinarverfahren, Terminsgebühr **B. Vorb. 6.2.3** 15
– Zusatzgebühr Disziplinarverfahren, dritter Rechtszug **B. Nr. 6213** 3, **Nr. 6214** 3
– – zweiter Rechtszug **B. Nr. 6210** 3
– zusätzliche Gebühr Disziplinarverfahren, mündliche Verhandlung entbehrlich **B. Nr. 6216** 21
Gerichtliche Entscheidung, Begriff **B. Nr. 6216** 8 f.
– Bewilligungsverfahren, Pauschgebühr **B. § 42** 25 ff.
– Festsetzung der Pauschgebühr, Bewilligungsverfahren **B. § 51** 55
Gerichtliche Entscheidung nach WBO **B. Vorb. 6.4** 1 ff.
Gerichtliche Entscheidung ohne mündliche Verhandlung, Disziplinarverfahren **B. Nr. 6216** 7 ff.
Gerichtliche Freiheitsentziehungssachen, Verfahrensgebühr **B. Nr. 6300** 4 ff.
Gerichtliche Tätigkeit, keine Übereinstimmung, anwaltliche Tätigkeit **A.** 670 f.
Gerichtliche Überprüfung, Abtretung, Kostenerstattungsanspruch **B. § 43** 35 ff.
Gerichtliche Verfahrensgebühr, Rechtsbeschwerdeverfahren **B. Nr. 5113** 1
Gerichtliche Vernehmung, Terminsgebühr, Verfahren vor Verwaltungsbehörde **B. Vorb. 5.1.2** 12 ff.
Gerichtliches Verfahren B. Teil 4 Abschn. 1 Unterabschn. 3 1 ff.
– Adhäsionsverfahren **B. Teil 4 Abschn. 1 Unterabschn. 3** 4
– Auslagen **B. Teil 4 Abschn. 1 Unterabschn. 3** 4
– Befriedungsgebühr **B. Teil 4 Abschn. 1 Unterabschn. 3** 4
– Beginn **B. Nr. 4106** 2 ff.
– berufsgerichtliche Verfahren wegen Verletzung einer Berufspflicht **B. Vorb. 6.2.3** 1 ff.

– – erster Rechtszug **B. Vorb. 6.2.3** 1 ff.
– beschleunigtes Verfahren **B. Nr. 4106** 2
– Bußgeldverfahren, dieselbe Angelegenheit **A.** 90
– – verschiedene Angelegenheiten **A.** 90
– dieselbe Angelegenheit **A.** 71
– – Übergangsvorschriften **A.** 1353
– Disziplinarverfahren **B. Vorb. 6.2.3** 1 ff.
– – erster Rechtszug **B. Vorb. 6.2.3** 1 ff.
– Eingang der Anklageschrift **B. Nr. 4106** 2
– Einziehungsgebühr **B. Teil 4 Abschn. 1 Unterabschn. 3** 4
– Ende **B. Nr. 4106** 4
– Festsetzung der Vergütung **A.** 539 ff.
– Freiheitsentziehung **B. Vorb. 6** 2, **Nr. 6300** 1 ff.
– Grundgebühr **B. Teil 4 Abschn. 1 Unterabschn. 3** 4
– Infektionsschutzgesetz **B. Nr. 6300** 8
– Polizeigewahrsam **B. Nr. 6300** 9
– Postentgeltpauschale, Angelegenheit **B. Nr. 7002** 17
– sachliche Gebührenfreiheit **A.** 666 f.
– Strafbefehl **B. Nr. 4106** 2
– Strafbefehlsverfahren **A.** 1288
– Strafverfahren, dieselbe Angelegenheit **A.** 90
– – verschiedene Angelegenheiten **A.** 90
– StrRehaG **B. Vorb. 4** 28
– Terminsgebühr **B. Unterabschn. 3** 4
– Unterbringungssachen **B. Vorb. 6** 2, **Nr. 6300** 1 ff.
– – Verfahrensgebühr **B. Nr. 6300** 10
– Unterbringungssachen nach FamFG **B. Nr. 6300** 10
– Verfahrensgebühr **B. Vorb. 4** 31
– Verfahrensgebühr **B. Teil 4 Abschn. 1 Unterabschn. 3** 4
– Verletzung einer Berufspflicht, berufsgerichtliches Verfahren **B. Vorb. 6.2.3** 1 ff.
– verschiedene Angelegenheiten **A.** 90 f.
– Zurückverweisung **A.** 1688
– zusätzliche Gebühr **B. Teil 4 Abschn. 1 Unterabschn. 3** 4
Gerichtliches Verfahren nach StVollzG, Auslagen, Gerichtskosten **A.** 783
Gerichtlicher Termin, Dauer, Bemessung der Gebühr **A.** 1060
Gerichtliches Bußgeldverfahren, Pauschgebühr **B. § 42** 4
Gerichtsakte, Ablichtung, Dokumentenpauschale **B. Nr. 7000** 19 ff.

Gerichtsfach, Aktenversendungspauschale **A.** 747 ff.
– an anderem Ort **A.** 749
– in gemeinsamen Gebäude **A.** 748
Gerichtsgebühr, Berechnungsgrundlage **A.** 722
– berufsgerichtliche Verfahren **A.** 665
– – Verletzung einer Berufspflicht **B. Vorb. 6.2** 15
– Deckung, Anwaltsgebühren **A.** 671
– Einziehung **A.** 665
– Festgebühren **A.** 665
– Freispruch **A.** 721
– mehrere Instanzen **A.** 722
– rechtskräftige Strafentscheidung **A.** 721
– Strafvollzugsverfahren **A.** 731
– unzulässige weitere Beschwerde **A.** 1188
– Verfahren über Festsetzungsantrag **A.** 682
– Wertfestsetzung **A.** 665
– Wertfestsetzungsverfahren, Beschwerde **A.** 1185
– Zwangsvollstreckung **A.** 665
Gerichtsgebührenfreiheit, persönliche **A.** 667
Gerichtshof der europäischen Gemeinschaften, Verfahren *s. Verfahren vor EuGH*
Gerichtshof der europäischen Gemeinschaften, Verfahren *s. Verfahren vor EuGH*
Gerichtskosten A. 713 ff.
– Adhäsionsverfahren **A.** 730
– Aktenversendungspauschale, Abgeltungsbereich **A.** 744
– – Art des Transports **A.** 746
– – elektronische Aktenübermittlung **A.** 761
– – Entstehung **A.** 741 f.
– – Fälligkeit **A.** 755 f.
– – Gerichtsfach **A.** 747 ff.
– – Kostenschuldner **A.** 752 ff.
– – Pflichtverteidiger als Kostenschuldner **A.** 753
– – Rechtsanwalt als Kostenschuldner **A.** 752
– – Versendung **A.** 745
– – Verurteilter als Kostenschuldner **A.** 754
– – Vorschusserhebung **A.** 755 f.
– an denselben Ort **A.** 750 f.
– anwaltsgerichtliches Verfahren **A.** 716
– Aufbewahrungskosten **A.** 777
– Auslagen **A.** 714, 735 ff.
– – Aktenversendungspauschale **A.** 741 ff.
– – allgemeine Regelungen **A.** 735
– – Beförderungskosten **A.** 775 f.
– – Bußgeldsachen **A.** 759
– – Dolmetscherkosten **A.** 763 ff.
– – elektronische Aktenübermittlung **A.** 761

Stichwortverzeichnis

– – Ermittlungsverfahren **A.** 736 f.
– – Erstattung von Rücksendekosten **A.** 757
– – Fälligkeit **A.** 755
– – gerichtliches Verfahren nach StVollzG **A.** 783
– – Gesamtschuldner **A.** 738
– – mehrere Angeschuldigte **A.** 738 f.
– – Mitverurteilte **A.** 738 f.
– – Strafvollstreckung **A.** 782
– – Strafvollzug **A.** 784
– – Telefonüberwachung **A.** 769
– – Übersetzerkosten **A.** 763 ff.
– – Vorschusserhebung **A.** 755 f.
– – Zustellungsauslagen **A.** 740
– Auslagen in Ermittlungsverfahren, Höhe **A.** 737
– Ausnahme von gesamtschuldnerischer Haftung, Dolmetscherkosten **A.** 739
– – Haftkosten **A.** 739
– – Pflichtverteidigerkosten **A.** 739
– – Vollstreckungskosten **A.** 739
– Beförderungskosten, Einzeltransport **A.** 775
– – inhaftierter Zeuge **A.** 775
– – Sammeltransport **A.** 776
– – Verlegung von Gefangenen **A.** 775
– berufsgerichtliche Verfahren **A.** 717
– Berufungsverfahren **A.** 723
– Beschwerdeverfahren 733
– Bußgeldsachen **A.** 734
– Durchsuchung **A.** 778
– Einziehung **A.** 732
– Freiheitsstrafe neben Geldstrafe **A.** 726
– Gebühren **A.** 714
– – Adhäsionsverfahren **A.** 730
– – Beschwerdeverfahren **A.** 733
– – Freiheitsstrafe neben Geldstrafe **A.** 726
– – Gesamtstrafen **A.** 725
– – mehrere Angeschuldigte **A.** 724
– – Nebenklage **A.** 729
– – Privatklage **A.** 728
– – Strafe neben Geldbuße **A.** 727
– – Strafvollzugsgesetz **A.** 731
– gerichtliches Bußgeldverfahren **A.** 715
– gesamtschuldnerische Haftung, Ausnahme **A.** 739
– Gesamtstrafen **A.** 725
– Haftfähigkeit, Sachverständigengutachten **A.** 781
– Haftkosten **A.** 779
– JGG **A.** 715
– Kosten der Rückgewinnungshilfe **A.** 780
– Kostenfestsetzung in Strafsachen **A.** 935

– Lagerkosten **A.** 777
– mehrere Angeschuldigte **A.** 724
– Nebenklage **A.** 729
– Privatklage **A.** 728
– Rechtsanwaltskosten **A.** 771 ff.
– – aufgedrängte Pflichtverteidigerbestellung **A.** 774
– – Auswirkung der EMRK **A.** 773
– – erfasste Vergütungen **A.** 771 f.
– – Pflichtverteidigervergütung **A.** 771
– – Vergütung des Nebenklägers **A.** 772
– Revisionsverfahren **A.** 723
– Sicherungshypothek **A.** 780
– Sicherungsverwahrung **A.** 718
– Strafbefehl **A.** 722
– Strafe neben Geldbuße **A.** 727
– Strafsachen **A.** 719 ff.
– – Fälligkeit **A.** 719
– – Gebühren **A.** 721 ff.
– – Kostenschuldner **A.** 720
– Strafverfahren nach StPO **A.** 715
– Strafvollzugsgesetz **A.** 715
– Strafvollzugsverfahren 731
– Teilfreispruch **A.** 785 f.
– – Auslagenverteilung nach Bruchteilen **A.** 786
– – Bruchteile **A.** 786
– – Differenztheorie **A.** 785
– Therapieunterbringungsgesetz **A.** 718
– Übersetzungskosten, Rechtshilfeersuchen ausländischer Strafverfolgungsbehörde **A.** 768
– Unterbringungskosten **A.** 779
– Untersuchung **A.** 778
– Untersuchung der Haftfähigkeit **A.** 781
– – Sachverständigengutachten **A.** 781
– Verfahren in erster Instanz **A.** 723
– verwandte Maßnahmen **A.** 732
– vorgelegte **A.** 55
– weitere Auslagen **B. Vorb. 7** 11
– Wirtschaftsreferent der Staatsanwaltschaft **A.** 770
– Zustellungsauslagen **A.** 740
Gerichtskostenansatz A. 689
– Anfechtung **A.** 787 ff.
– Beschwerde **A.** 689, 789
– Beschwerdeverfahren **A.** 791, 829
– – Rechtsanwaltsvergütung **A.** 793 f.
– Erinnerung **A.** 689, 787
– Erinnerung gegen, Muster **A.** 795
– Erinnerungsverfahren **A.** 791, 829

2023

– – Rechtsanwaltsvergütung **A.** 793 f.
– Prüfungsumfang des Rechtsmittels **A.** 792
– Rechtsanwaltsvergütung, Gegenstandswert **A.** 794
– Rechtsmittel, Prüfungsumfang **A.** 792
– Verfahren, Beschwerde **A.** 789
– – Erinnerung **A.** 787 f.
– – weitere Beschwerde **A.** 790
– weitere Beschwerde **A.** 790
Gerichtskostenrechnung, Anspruchsübergang auf Staatskasse **A.** 1335
– Dolmetscherkosten, Forderung durch Verurteilten **A.** 203a
– Verurteilter, Dolmetscherkosten **A.** 203a
Gerichtsvollzieherkosten, Aufwendungen **A.** 538
– weitere Auslagen **B. Vorb.** 7 11
Gesamtstrafenbildung, Gerichtskosten **A.** 725
Geschäft, Begriff, Geschäftsreise **B. Vorb.** 7 33
Geschäftsbesorgungsvertrag B. Vorb. 7 2
Geschäftsgebühr, außergerichtliche Tätigkeiten **A.** 1299
– Beratungshilfe **A.** 322 ff., 974
– – Anrechnung **A.** 351 ff.
– – mehrere Auftraggeber **A.** 333
– Beschwerdeverfahren, Besonderheit **B. Vorb.** 6.4 16
– Disziplinarverfahren, Erhöhung **A.** 1015
– Erhöhung **A.** 964
– – Wiederaufnahmeverfahren **A.** 967
– Gegenstandswert, Rechtsschutzversicherung **A.** 419
– höhere, Kappungsgrenze **A.** 1016
– Rechtsschutzversicherung, Einholung der Deckungszusage **A.** 416 f.
– sozialrechtliche Angelegenheiten, außergerichtliche Tätigkeiten **A.** 1299
– – Vergütungsverzeichnis **A.** 1299
– Verfahren nach WBO, Angelegenheit **B. Vorb.** 6.4 13
– – Anrechnung **B. Vorb.** 6.4 14
– – Beschwerdeverfahren **B. Vorb.** 6.4 11
– – verwaltungsrechtliches Vorverfahren **B. Vorb.** 6.4 12
– – weitere Beschwerde **B. Vorb.** 6.4 11
– Vergütungsverzeichnis **A.** 1299
– Vertretung gegenüber Aufsichtsbehörde, Erhöhung **A.** 1015
– Wiederaufnahmeverfahren *s.a. Wiederaufnahmeverfahren* **B. Vorb.** 4.1.4 2, **Nr. 4136** 1 ff.

– – Abgeltungsbereich **B. Nr. 4136** 5
– –Akteneinsicht **B. Nr. 4136** 6
– – Anhörung von Zeugen **B. Nr. 4136** 6
– – außergerichtlicher Termin **B. Nr. 4136** 6
– – Auswertung von Sachverständigengutachten **B. Nr. 4136** 6
– – Bemessung der Wahlanwaltsgebühr **B. Nr. 4136** 11 f.
– – Beratung des Mandanten **B. Nr. 4136** 6
– – Beschaffung von Informationen **B. Nr. 4136** 6
– – Besprechungen **B. Nr. 4136** 6
– – Betragsrahmengebühr **B. Nr. 4136** 8
– – eigene Ermittlungen **B. Nr. 4136** 6
– – Entstehen **B. Nr. 4136** 2 f.
– – Erfolgsaussichten des Wiederaufnahmeantrags **B. Nr. 4136** 6
– – Gebührenhöhe **B. Nr. 4136** 8 ff.
– – Gespräche mit Familienangehörigen **B. Nr. 4136** 6
– – Haftantrag **B. Nr. 4136** 6
– – Haftzuschlag **B. Nr. 4136** 12
– – Kostenerstattung **B. Nr. 4136** 14
– – Mandant nicht auf freiem Fuß **B. Nr. 4136** 12
– – persönlicher Geltungsbereich **B. Nr. 4136** 7
– – Pflichtverteidigerbestellung **B. Nr. 4136** 6
– – Schriftverkehr **B. Nr. 4136** 6
– – Vollstreckung **B. Nr. 4136** 6
– – Wiederaufnahmeantrag **B. Nr. 4136** 4, 6
– – zusätzliche Gebühr **B. Nr. 4136** 13
– – Zuschlag **B. Nr. 4136** 12
Geschäftskosten, allgemeine **B. Vorb.** 7 1 ff.
– Angestelltengehälter **B. Vorb.** 7 9
– Auslagenersatz **B. Vorb.** 7 5, 8 f.
– Bahncard **B. Vorb.** 7 9
– Briefpapier **B. Vorb.** 7 9
– Büromaschinen **B. Vorb.** 7 9
– Büroraum-Miete **B. Vorb.** 7 9
– Fahrtkosten **B. Vorb.** 7 9
– Fahrzeug **B. Vorb.** 7 9
– Formulare **B. Vorb.** 7 9
– Kopierkosten **B. Vorb.** 7 9
– Kreditauskunft **B. Vorb.** 7 9
– Literaturanschaffung **B. Vorb.** 7 9
– Mitgliedsbeiträge für Fachvereinigungen **B. Vorb.** 7 9
– Porto für Anwaltsrechnung **B. Vorb.** 7 9
– Telefon **B. Vorb.** 7 9
– Umschläge **B. Vorb.** 7 9
– Vergütungsvereinbarung **A.** 1575 f.

– Verpackungsmaterial **B. Vorb. 7** 9
– Zugang zu juristische Datenbank **B. Vorb. 7** 9
Geschäftsreise B. Vorb. 7 16 ff.
– Abwesenheitsgeld **B. Nr. 7005** 4 f.
– Anzahl, eigenes Kfz **B. Nr. 7003** 16
– am Kanzleiort **B. Vorb. 7** 22
– am Wohnort **B. Vorb. 7** 22
– andere Zwecke **B. Vorb. 7** 41
– Angemessenheit des Hotels **B. Nr. 7006** 11 ff.
– anlässlich eigener Rechtssache **B. Vorb. 7** 18
– auswärtiger Beweistermin **B. Vorb. 7** 26
– Begriff, sonstige Auslagen **B. Nr. 7006** 4
– Dauer, Abwesenheitsgeld **B. Nr. 7005** 8 f.
– – Tagegeld **B. Nr. 7005** 8 f.
– Definition **B. Vorb. 7** 16
– durch anwaltliche Tätigkeit bedingt
  B. Vorb. 7 17
– eigenes Kfz **B. Nr. 7003** 7 ff.
– – Anschaffungskosten **B. Nr. 7003** 14
– – Anzahl der Reisen **B. Nr. 7003** 16
– – auswärtiger Rechtsanwalt **B. Nr. 7003** 17 ff.
– – Begriff **B. Nr. 7003** 4
– – Besichtigung von Tatort **B. Nr. 7003** 34 f.
– – Besichtigung von Unfallstelle
  B. Nr. 7003 34 f.
– – Betriebskosten **B. Nr. 7003** 14
– – Erstattungsfähigkeit von Fahrtkosten
  B. Nr. 7003 15 ff.
– – Fahrtkosten **B. Nr. 7003** 1 ff.
– – Fahrtkosten für mehrere Anwälte
  B. Nr. 7003 36
– – Höhe der Fahrtkosten **B. Nr. 7003** 10 ff.
– – Unterhaltungskosten **B. Nr. 7003** 14
– – Wahlrecht **B. Nr. 7003** 6
– Fahrtkosten, andere Verkehrsmittel
  B. Nr. 7004 1 ff.
– Geschäft, Begriff **B. Vorb. 7** 33
– Hotelfrühstück, sonstige Auslagen
  B. Nr. 7006 18
– Informationsbeschaffung **B. Vorb. 7** 27
– JVA-Besuch **B. Vorb. 7** 29
– Kanzlei am Ort einer Zweigstelle **B. Vorb. 7** 21
– Kfz, Haltereigenschaft **B. Nr. 7003** 8
– – Mietwagen **B. Nr. 7003** 8
– Kosten, Haftung bei mehreren Auftraggebern
  B. Vorb. 7 37
– Kostenerstattung **B. Vorb. 7** 39
– mehrere Geschäfte **B. Vorb. 7** 32 ff.
– – Anteilsberechnung **B. Vorb. 7** 34 ff.

– Notwendigkeit einer Übernachtung
  B. Nr. 7006 10
– Rechtsanwalt als Sachverständiger **B. Vorb. 7** 24
– Rechtsanwalt als Zeuge **B. Vorb. 7** 24
– sonstige Auslagen **B. Nr. 7004** 8, **Nr. 7006** 1 ff.,
  6
– – Angemessenheit **B. Nr. 7006** 9
– – Schlafwagen **B. Nr. 7006** 15
– – Trinkgeld **B. Nr. 7006** 17
– Tagegeld **B. Nr. 7005** 4 f.
– Tätigkeit in eigener Angelegenheit **B. Vorb. 7** 18
– Tatortbesichtigung **B. Vorb. 7** 28
– tatsächlich zurückgelegte Wegstrecke
  B. Nr. 7003 11
– Übernachtungskosten, sonstige Auslagen
  B. Nr. 7006 10 ff.
– Verkehrsmittel, Wahlrecht **B. Nr. 7003** 6
– Verlegung der Kanzlei **B. Vorb. 7** 42 ff.
– Vertreter des Rechtsanwalts **B. Vorb. 7** 25
– Wohnort **B. Vorb. 7** 19 f.
– Zweigstelle der Kanzlei **B. Vorb. 7** 30
Geschwindigkeitsüberschreitung, Bußgeldsachen **B. Vorb. 5** 60
Gesetzliche Gebühr, Festsetzung der Pauschgebühr **B. § 51** 35 f.
– – Rechtsprechung **B. § 51** 27 ff.
– – Sonderopfer **B. § 51** 25
– – Unzumutbarkeit **B. § 51** 24 ff.
– – Zumutbarkeitsgesichtspunkte **B. § 51** 24
Gesetzliche Vergütung, Kostenerstattungsanspruch, Abtretung **B. § 43** 8 ff.
Gesetzlicher Vertreter, Auftraggebermehrheit
  A. 982
Gespräch, mit Betreuern, Bemessung der Gebühr
  A. 1060
– mit Familienangehörigen, Bemessung der
  Gebühr **A.** 1060
– mit Helfern, Bemessung der Gebühr **A.** 1060
– mit Mitverteidigern, Bemessung der Gebühr
  A. 1060
– mit Sachverständigen, Bemessung der Gebühr
  A. 1060
– mit Zeugen, Bemessung der Gebühr **A.** 1060
Getrennte Aufträge, Beschwerdeverfahren
  A. 390 ff.
Gewerbezentralregister, drohende Eintragung,
  Bußgeldsachen **B. Vorb. 5** 56
Gewinnermittlung, Vergütung **A.** 819
Glaubhaftmachung, Beratungshilfe **A.** 355 f.

– Dokumentenpauschale **B. Nr. 7000** 10
Gnadengesuch, Pauschgebühren **B. Vorb. 4.1** 28
Gnadensache, Gebühren für Einzeltätigkeit, Anrechnung **B. Vorb. 4.3** 39 ff.
– Umfang des Vergütungsanspruchs **A.** 1418
– Verfahrensgebühr *s.a. Verfahrensgebühr Gnadensache* **B. Nr. 4303** 1 ff.
– – Abgeltungsbereich **B. Nr. 4303** 9 ff.
– – Anrechnung **B. Nr. 4303** 18
– – Anspruch gegen Auftraggeber **B. Nr. 4303** 20
– – Anspruch gegen Verurteilten **B. Nr. 4303** 20
– – Bewilligung einer Pauschgebühr **B. Nr. 4303** 19
– – Einzeltätigkeit **B. Nr. 4303** 8
– – Entstehen der Gebühr **B. Nr. 4303** 6 f.
– – erneutes Gnadensgesuch **B. Nr. 4303** 7
– – Gebührenhöhe **B. Nr. 4303** 15 ff.
– – Grundgebühr **B. Nr. 4303** 12
– – Höhe **B. Nr. 4303** 15 ff.
– – mehrere Auftraggeber **B. Nr. 4303** 14
– – mehrere Verurteilte **B. Nr. 4303** 14
– – persönlicher Geltungsbereich **B. Nr. 4303** 13
– – sachlicher Anwendungsbereich **B. Nr. 4303** 2 ff.
Gnadenverfahren, Erhöhung der Gebühr **A.** 977
– mehrere Auftraggeber **A.** 977
– Verfahrensgebühr, Gnadensache **B. Nr. 4303** 10
Gnadenweg, Verfahrensgebühr Strafvollstreckung, sonstige Verfahren **B. Nr. 4204** 4
Große Strafkammer, Festsetzung der Pauschgebühr **B. § 51** 102
Großverfahren, Festsetzung der Pauschgebühr **B. § 51** 103
Grundbucheintragung, Zwangsvollstreckung **A.** 1742
Grundgebühr, Abgeltungsbereich **B. Nr. 4100** 2, 20 ff.
– Abgeltungsbereich, Katalog **B. Nr. 4100** 20 ff.
– Abgrenzung zur Verfahrensgebühr **B. Nr. 4100** 20
– Abtrennung von Verfahren **B. Nr. 4100** 30
– allgemeine Gebühren **B. Teil 4 Abschn. 1 Unterabschn. 1** 1
– Anrechnung, andere Gebühren **B. Nr. 4100** 40 f.
– Begriff des Rechtsfalls **B. Nr. 4100** 26 f.
– Beistand vor parlamentarischem Untersuchungsausschuss **A.** 219
– Berufungsverfahren **B. Berufung** 5
– besondere Gebühr **B. Vorb. 4** 38

– Bußgeldsachen **B. Vorb. 5** 7, 17
– – Vergütungsverzeichnis **A.** 1302
– Bußgeldverfahren **B. Nr. 5100** 1 ff.
– – Abgeltungsbereich **B. Nr. 5100** 2
– – Anrechnung vorangegangener Strafverfahren **B. Nr. 5100** 4 ff.
– – Bemessung der Gebühr **B. Nr. 5100** 3
– Disziplinarverfahren **B. Vorb. 6.2** 3, **Nr. 6200** 1
– – Abgeltungsbereich **B. Nr. 6200** 5 ff.
– – Anwendungsbereich **B. Nr. 6200** 2
– – Begriff des Rechtsfall **B. Nr. 6200** 8
– – Einzeltätigkeit **B. Nr. 6200** 6
– – Erstattung **B. Nr. 6200** 16
– – Höhe **B. Nr. 6200** 11 ff.
– – Katalog erfasste Tätigkeiten **B. Nr. 6200** 7
– – persönlicher Geltungsbereich **B. Nr. 6200** 4
– – Trennung von Verfahren **B. Nr. 6200** 9 f.
– – Verbindung von Verfahren **B. Nr. 6200** 9 f.
– Einarbeitung **B. Nr. 4100** 23
– Einmaligkeit der Gebühr **B. Nr. 4100** 11 ff.
– Einzeltätigkeit **B. Nr. 4100** 16, **Vorb. 4.3** 27
– Entstehen der Gebühr **B. Nr. 4100** 17 f.
– erfasste Tätigkeit, Katalog **B. Nr. 4100** 20 ff.
– Erhöhung **A.** 975
– erste Akteneinsicht **B. Nr. 4100** 24
– erste Informationenbeschaffung **B. Nr. 4100** 24
– erste Tätigkeit **B. Nr. 4100** 19
– gerichtliches Verfahren **B. Teil 4 Abschn. 1 Unterabschn. 3** 4
– Haftprüfungstermin **B. Nr. 4100** 25
– Haftzuschlag **B. Nr. 4101** 1 ff.
– Höhe **B. Nr. 4100** 33 ff.
– – Wahlanwalt **B. Nr. 4101** 4
– keine, Verfahren nach IRG-/IStGH-Gesetz **B. Nr. 6101** 15
– konkreter, Abgeltungsbereich **B. Nr. 4100** 22 f.
– Mandant nicht auf freiem Fuß **B. Nr. 4101** 2
– Mandatsübernahme **B. Nr. 4100** 17 ff., 25
– – Zeitpunkt **B. Nr. 4100** 18
– mehrere Auftraggeber **A.** 975
– mehrere Verfahren **B. Nr. 4100** 29 ff.
– persönlicher Geltungsbereich **B. Nr. 4100** 3 f.
– Pflichtverteidiger **B. Nr. 4100** 3, 9
– – Festbetrag **B. Nr. 4101** 6
– – Gebührenhöhe **B. Nr. 4100** 33 f.
– Pflichtverteidigerbestellung, Antrag **B. Nr. 4100** 25
– Rechtsbeschwerdeverfahren **B. Teil 5 Abschn. 1 Unterabschn. 4 Vorb. 5, Nr. 5113** 4

– Rechtsfall, Begriff **B. Nr. 4100** 26 ff.
– Rechtsprechungsübersicht **A.** 1376
– Revisionsverfahren **B. Revision** 5
– sachlicher Abgeltungsbereich **B. Nr. 4100** 11 ff.
– sonstige Verfahren, Einzeltätigkeiten
  B. Nr. 6500 8
– Strafbefehlsverfahren **A.** 1273
– Strafsachen **B. Vorb. 4** 11, **Nr. 4100** 1 ff.
– – Vergütungsverzeichnis **A.** 1301
– Strafverfahren **B. Vorb. 4.1** 1
– Strafvollstreckung **B. Vorb. 4.2** 20
– Strafvollstreckungsverfahren **B. Nr. 4100** 5
– StrRehaG **B. Vorb. 4** 27
– Telefon **B. Nr. 7001** 6
– Terminsvertreter **B. Nr. 4100** 6 ff.
– Therapieunterbringung, Anordnungsverfahren
  A. 1226
– Trennung von Verfahren **A.** 1313
– Unterbringungssachen **B. Nr. 6300** 10
– Verbindung von Verfahren **B. Nr. 4100** 29
– Verbindungsantrag **B. Nr. 4100** 25
– Verfahren vor Verfassungsgerichten **B. § 37** 9
– Verfahrensgebühr, Gnadensache **B. Nr. 4303** 12
– Verständigung im Straf-/Bußgeldverfahren
  A. 1588 f.
– Verteidigungsauftrag **B. Nr. 4100** 16
– Verwarnungsverfahren **A.** 1624
– vorbehaltene Sicherungsverwahrung
  B. Vorb. 4.1 22
– vorbereitende Tätigkeit **B. Nr. 4100**
– vorbereitendes Verfahren **B. Teil 4 Abschn. 1
  Unterabschn. 2** 3
– Vorschuss **A.** 1668
– Wahlanwalt **B. Nr. 4100** 3
– – Betragsrahmengebühr **B. Nr. 4100** 33,
  Nr. 4101 4
– – Gebührenhöhe **B. Nr. 4100** 33
– – Mittelgebühr **B. Nr. 4101** 4
– – Pauschgebühr **B. Nr. 4101** 5
– Wahlanwaltsgebühr, Bemessung
  B. Nr. 4100 36 ff.
– Wiederaufnahmeverfahren **B. Nr. 4100** 5,
  Vorb. 4.1.4 2 f.
– – Disziplinarverfahren **B. Vorb. 6.2.3** 5 f.
– Zeugenbeistand **A.** 98
– Zurückverweisung **A.** 1694; **B. Nr. 4100** 31
– Zuschlag **B. Nr. 4101** 1 ff.
– – Abgeltungsbereich **B. Nr. 4101** 3
– – Höhe **B. Nr. 4101** 4 ff.

– – Pauschgebührenantrag **B. Nr. 4101** 6
Grundgebühr mit Zuschlag B. Nr. 4101 1 ff.
Grundsatz der Streitwertwahrheit A. 1162
Grundverfahren B. Nr. 4143 9
Gutachten A. 272 ff.
– Auftrag zur Erstellung **A.** 797 ff.
– Ausarbeitung **A.** 797 ff.
– Beratung, Erfolgsaussichten eines Rechtsmittels
  A. 801
– Erhöhung **A.** 969
– Gebühren **A.** 223 ff.
– Gebührenvereinbarung **A.** 230
– Kappung **A.** 236
– mehrere Auftraggeber **A.** 969
– normale Gebühr **A.** 239 ff.
– Notwendigkeit **A.** 1105
– schriftliches, Verteidiger **A.** 805
– Vorstand der Rechtsanwaltskammer **A.** 1104 ff.
– – Notwendigkeit **A.** 1105
Gutachten der Rechtsanwaltskammer, Einholung, Verfahren **A.** 1106 ff.
Gutachtengebühr A. 796 ff., 1049
– Anrechnung **A.** 255
– – Ausschluss **A.** 256
– Auftrag zur Erstellung eines Gutachtens
  A. 797 ff.
– Ausarbeitung eines Gutachtens **A.** 797 ff.
– Entstehung **A.** 797 ff.
– – Voraussetzungen **A.** 799
– Erstberatung **A.** 803
– Höhe **A.** 802 ff.
– Rechtsanwalt des nicht Verteidiger **A.** 797 ff.
– schriftliches Gutachten des Verteidigers **A.** 805
– Sonderfall **A.** 262
– Verbraucher **A.** 803
Gutachtenprüfung, erstmalige Freiheitsentziehung, Verfahrensgebühr **B. Nr. 6300** 24
– Unterbringungssachen, Verfahrensgebühr
  B. Nr. 6300 24
– Verfahrensgebühr, erstmalige Freiheitsentziehung/Unterbringungssachen **B. Nr. 6300** 24
Guter Ruf, auswärtiger Rechtsanwalt
  B. Nr. 7003 26

H
Haftantrag, Geschäftsgebühr, Wiederaufnahmeverfahren **B. Nr. 4136** 6
Haftbeschwerde, Verfahrensgebühr **B. Vorb. 4** 40
Haftbesuch, Disziplinarverfahren **B. Vorb. 6.2** 20

– Pauschgebühren **B. Vorb. 4.1** 25
Haftfähigkeit, Sachverständigengutachten, Gerichtskosten **A.** 781
– Untersuchung der, Gerichtskosten **A.** 781
Haftkosten, Gerichtskosten **A.** 779
Haftpflichtprämie, Vergütungsverzeichnis **A.** 1304
Haftpflichtversicherung, besondere, Prämie **B. Nr. 7007** 1 ff.
– Erstattungsfähigkeit, Dokumentenpauschale **B. Nr. 7000** 108
Haftpflichtversicherungsprämie, Auslagen **B. Vorb. 7** 10
Haftprüfungsantrag, Verfahrensgebühr **B. Vorb. 4** 40
Haftprüfungstermin, Verfahrensgebühr **B. Nr. 4301** 13
– – Revision **B. Nr. 4130** 15
– – Amtsgericht **B. Nr. 4106** 8
– – Berufung **B. Nr. 4124** 13
– – vorbereitendes Verfahren **B. Nr. 4104** 12
– Vorbereitung, Verfahrensgebühr **B. Vorb. 4** 40
Haftprüfungsverfahren, gegenständliche Beschränkung **A.** 1387
Haftung, mehrere Auftraggeber **A.** 1024 ff.
Haftungsrisiko, Rahmengebühren **A.** 1076 ff.
Haftverschonung, Erörterung der, Reisekosten **A.** 190
Haftzuschlag, allgemeine Gebühr, Bußgeldsachen **B. Teil 5 Abschn. 1 Unterabschn. 1 Vorb. 2**
– Bußgeldsachen **B. Vorb. 5** 37
– Entstehen **B. Vorb. 4** 88
– Höhe **B. Vorb. 4** 91
– – jeweilige Gebühr **B. Vorb. 4** 92
– Mandant nicht auf freiem Fuß **B. Vorb. 4** 83
– persönlicher Geltungsbereich **B. Vorb. 4** 84 f.
– sachlicher Geltungsbereich **B. Vorb. 4** 86 f.
– Strafsachen **B. Vorb. 4** 4, 83 ff.
– Terminsgebühr OLG **B. Nr. 4121** 1 ff.
– – Revision **B. Nr. 4133** 1 ff.
– – Schwurgericht **B. Nr. 4121** 1 ff.
– – Zuschlag **B. Vorb. 4** 90
– Verfahren vor EuGH **B. § 38** 13
– Verfahren vor Verfassungsgerichten **B. § 37** 9
– Verfahrensgebühr **B. Vorb. 4** 43
– – OLG **B. Nr. 4119** 1 ff.
– – Revision **B. Nr. 4131** 1 ff.
– – Schwurgericht **B. Nr. 4119** 1 ff.
– – Strafkammer **B. Nr. 4113** 1 ff.

– – Amtsgericht **B. Nr. 4107** 1 ff.
– – Berufung **B. Nr. 4125** 1 ff.
– – Strafkammer **B. Nr. 4113** 1 ff.
– – vorbereitendes Verfahren **B. Nr. 4105** 1 ff.
– Voraussetzungen **B. Vorb. 4** 88
– Vorführungshaftbefehl **B. Vorb. 4** 88
– zusätzliche Gebühr, Entbehrlichkeit der Hauptverhandlung **B. Nr. 5115** 47
Haltereigenschaft, Kfz, Geschäftsreise **B. Nr. 7003** 8
Halteverstoß, Rechtsschutzversicherung **A.** 413
Handakte, Übergabe, Strafakte **B. Nr. 7000** 52 f.
Handaktenherausgabe, Rechtszug **A.** 1198
Handlung, vertretbare, Zwangsvollstreckung **A.** 1760
Hauptverhandlung, Dauer, Bemessung der Gebühr **A.** 1060
– Festsetzung der Pauschgebühr **B. § 51** 104 ff.
– Revisionsinstanz, gegenständliche Beschränkung **A.** 1387
– Teilnahme, Terminsgebühr erster Rechtszug **B. Nr. 5108** 5
– Termin, Festsetzung der Pauschgebühr **B. § 51** 131
– Terminsgebühr außerhalb **B. Nr. 4102** 1 ff.
– Vertretung, Disziplinarverfahren **B. Vorb. 6.2** 20
– – Pauschgebühren **B. Vorb. 4.1** 25
– Vorbereitung, Bemessung der Gebühr **A.** 1060
– – Disziplinarverfahren, **B. Vorb. 6.2** 20
– – Verfahrensgebühr **B. Vorb. 4** 40
– – Verfahrensgebühr erster Rechtszug **B. Nr. 5107** 6
– – Verfahrensgebühr Rechtsbeschwerdeverfahren **B. Nr. 5113** 11
Hauptverhandlungstermin, Reisekosten **A.** 185
– Terminsgebühr **B. Vorb. 5** 27
– – Amtsgericht **B. Nr. 4108** 2 ff.
– Vorbereitung von, Bemessung der Gebühr **A.** 1060
Hebegebühr A. 806 ff.
– Abgeltungsbereich **A.** 815
– allgemeine Gebühr **A.** 1298
– Ausschluss **A.** 814
– Auszahlung **A.** 810 f.
– Bestehen eines Auftrags **A.** 813
– Erhöhung **A.** 968
– Höhe **A.** 816
– Kautionszahlung **A.** 807
– mehrere Auftraggeber **A.** 968

– persönlicher Geltungsbereich **A.** 808 f.
– Pflichtverteidiger **A.** 808, 1427
– Postentgeltpauschale, Angelegenheit **B. Nr. 7002** 15
– Rückzahlungen **A.** 810 ff.
– sachlicher Geltungsbereich **A.** 810 ff.
– selbstständige Angelegenheit **A.** 806
– Wahlanwalt **A.** 808
Helfer, Gespräche mit, Bemessung der Gebühr **A.** 1060
Herstellungsart, des Dokuments, Dokumentenpauschale **B. Nr. 7000** 12
Hilfeleistungen in Steuersachen A. 817 ff.
– Gebühren, Höhe **A.** 822 f.
– Straf-/Bußgeldsachen **A.** 821
Hilfsperson, Einschaltung von **A.** 1611 ff.
Hilfspfändung, Zwangsvollstreckung **A.** 1743
Hinweis, Erforderlichkeit des, Straf-/Bußgeldsachen **A.** 828 f.
Hinweispflicht A. 824 ff.
– Adhäsionsverfahren **A.** 829
– Beschwerdeverfahren **A.** 829
– Einziehung **A.** 829
– Erforderlichkeit **A.** 828 ff.
– Erinnerungsverfahren **A.** 829
– StrRehaG **A.** 829
– Umfang **A.** 831
– Verstoß gegen **A.** 832
– Zeitpunkt **A.** 830
– Zwangsvollstreckung **A.** 829
Hinweispflicht des Rechtsanwalts, Vergütung **A.** 47 f.
– – Beratungshilfe **A.** 50
– – PKH **A.** 50
– Wertgebühren **A.** 49
Hochschullehrer, Abrechnung **A.** 45
– Kostenerstattungsanspruch, Abtretung **B. § 43** 7
– Kostenfestsetzung in Strafsachen **A.** 871
Höchstgebühr, Festsetzung der Pauschgebühr **B. § 51** 107
– Rahmengebühr **A.** 1090 f.
– Rechtsprechungsbeispiele **A.** 1091
Höhe, Dolmetscherkosten **A.** 203a
– Pauschgebühr **B. § 42** 12 ff.
– – Rechtsprechungsbeispiele **B. § 42** 12
Honorar, Geldwäsche **A.** 698
– Sensationsprozess **A.** 645
Honorarklage, Rechtsschutzbedürfnis **A.** 554

Hotelfrühstück, Geschäftsreise, sonstige Auslagen **B. Nr. 7006** 18

I
ICE-Zuschlag, sonstige Auslagen **B. Nr. 7006** 8
Indizienprozess, Schwierigkeit der anwaltlichen Tätigkeit **A.** 1065
Infektionsschutzgesetz, gerichtliches Verfahren **B. Nr. 6300** 8
– – Freiheitsentziehung **B. Nr. 6300** 8
– – Verfahrensgebühr **B. Nr. 6300** 8
Information durch Mandanten, Disziplinarverfahren zweiter Rechtszug, Verfahrensgebühr **B. Nr. 6207** 8
– Verfahrensgebühr Disziplinarverfahren, erster Rechtszug **B. Nr. 6203** 8
– – zweiter Rechtszug **B. Nr. 6207** 8
Informationsbeschaffung, Geschäftsreise **B. Vorb. 7** 27
– Verfahrensgebühr Disziplinarverfahren, außergerichtliches Verfahren **B. Nr. 6202** 14
– Verfahrensgebühr, erstmalige Freiheitsentziehung/Unterbringungssachen **B. Nr. 6300** 24
Informationsgespräch, mit Mandanten, Bemessung der Gebühr **A.** 1060
Informationsreisen, Reisekosten **A.** 190
Inhaftiert, wegen Arbeitsentgelts, Zwangsvollstreckung **A.** 1717
Inhaftierter Angeklagter, Festsetzung der Pauschgebühr **B. § 51** 108
Inhaftierter Mandant, Verfahrensgebühr **B. Vorb. 4** 40
Inhaftierung des Mandanten, OWi-Verfahren, Zuschlag **B. Nr. 5108** 11
Inhalt, Erinnerungsentscheidung **A.** 1135
Innenverhältnis, Gebührenanrechnung **A.** 132 f.
– mehrere Auftraggeber, Haftung **A.** 1027 ff.
Insolvenz, Vergütung **A.** 1696
Insolvenzverfahren, Vergütungsverzeichnis **A.** 1300
Insolvenzverwalter, Geschäftsreise **B. Vorb. 7** 17
Instanzbeendigung, rechtskräftige, Beschwerde **A.** 381
Isolierte Akteneinsicht, Verfahrensgebühr Einzeltätigkeiten, Bußgeldsachen **B. Nr. 5200** 10
– Verfahrensgebühr sonstige Verfahren, Einzeltätigkeiten **B. Nr. 6500** 16

J
JGG, Gerichtskosten **A.** 715
Jugendgerichtsverfahren, Festsetzung der Pauschgebühr **B. § 51** 109
– verschiedene Angelegenheiten **A.** 94 ff.
Jugendkammer, Verfahrensgebühr **B. Nr. 4118** 1
Jugendsachen, Umfang des Vergütungsanspruchs **A.** 1425 ff.
Juristische Datenbank, Zugang, Geschäftskosten **B. Vorb. 7** 9
Justizvergütungs-/Entschädigungsgesetz, Dolmetscher **A.** 203a
– Übersetzungskosten **A.** 207
Justizverwaltungsakte, Abgrenzung, Strafvollstreckung **B. Vorb. 4.2** 10
JVA, Beratungshilfe **A.** 297
– Verfahrensgebühr **B. Vorb. 4** 40
JVA-Besuch, Bemessung der Gebühr **A.** 1060
– erstmalige Freiheitsentziehung, Verfahrensgebühr **B. Nr. 6300** 24
– Geschäftsreise **B. Vorb. 7** 29
– Reisekosten **A.** 186
– Unterbringungssachen, Verfahrensgebühr **B. Nr. 6300** 24
– Verfahrensgebühr, erstmalige Freiheitsentziehung/Unterbringungssachen **B. Nr. 6300** 24
– – Verfahren nach IRG-/IStGH-Gesetz **B. Nr. 6101** 14
– Verfahrensgebühr Rechtsbeschwerdeverfahren **B. Nr. 5113** 11
– – Gnadensache **B. Nr. 4303** 10

K
Kammer/Senat, für Steuerberater **B. Vorb. 6.2** 13
– für Wirtschaftsprüfer **B. Vorb. 6.2** 13
Kanzlei, Zweigstelle, Geschäftsreise **B. Vorb. 7** 30 f.
Kanzlei am Ort einer Zweigstelle, Geschäftsreise **B. Vorb. 7** 21
Kanzleiverlegung, Folgen **B. Vorb. 7** 44 f.
– Geschäftsreise **B. Vorb. 7** 42 ff.
Kappungsgrenze A. 239 ff.
– Erhöhung **A.** 244 f.
– – Tabelle **A.** 245
– Erstberatungsgespräch **A.** 246 f.
Kautionszahlung, Hebegebühr **A.** 807
Kleinunternehmer, Rechtsanwalt **B. Nr. 7008** 6
Kommissarische Vernehmung, Bußgeldverfahren **B. Teil 5 Abschn. 1 Unterabschn. 1 Vorb.** 3

– Festsetzung der Pauschgebühr **B. § 51** 110
Kompensation, Festsetzung der Pauschgebühr **B. § 51** 111
Kompensationsgedanke, Festsetzung der Pauschgebühr **B. § 51** 32
Kontaktperson für Gefangenen, Beiordnung, Erhöhung der Gebühren **A.** 978
Kontaktperson, Beiordnung *s.a. Beiordnung als Kontaktperson* **B. § 55** 1 ff.
– – Gebühr **B. Nr. 4304** 1 ff.
– Festsetzung gegen Staatskasse **A.** 583
Kontrahierungszwang A. 30
– Vergütung, Vertrag **A.** 30
Kopie, dieselbe Angelegenheit, Dokumentenpauschale **B. Nr. 7000** 8
Kopieren, Dokumentenerstellung, Dokumentenpauschale **B. Nr. 7000** 13
Kopierkosten, Geschäftskosten **B. Vorb. 7** 9
Kosten, Dolmetscher **A.** 203 ff.
– Festsetzungsverfahren **A.** 563
– für Anschriftenermittlung, weitere Auslagen **B. Vorb. 7** 11
– für besonderen Boten **B. Nr. 7001** 6
– für Beweissicherungsfotos, weitere Auslagen **B. Vorb. 7** 11
– für Botendienste, weitere Auslagen **B. Vorb. 7** 11
– für juristische Mitarbeiter, weitere Auslagen **B. Vorb. 7** 11
– für Zeugenermittlung, Aufwendungen **A.** 538
– Post-/Telekommunikationsdienstleistungen **B. Nr. 7001** 5
– Verfahrensgebühr Revision **B. Nr. 4130** 24
– Wiederaufnahmeverfahren **B. Vorb. 4.1.4** 17
Kosten des Verfahrens, Kostengrundentscheidung **A.** 851
Kostenansatz, Beschwerde **B. Vorb. 4** 99 ff.
– Disziplinarverfahren **B. Vorb. 6.2** 28 ff.
– Erinnerung **B. Vorb. 4** 99 ff.
– Erinnerung, Strafsachen **B. Vorb. 4** 93
– gegen Erinnerung und Beschwerde, Disziplinarverfahren **B. Vorb. 6.2** 31 ff.
Kostenentscheidung, Beschwerdeentscheidung **A.** 939
– Beschwerdefrist **B. Vorb. 4** 14
– Bußgeldbescheid **B. Vorb. 5** 9
– Erinnerungsentscheidung **A.** 939
– sofortige Beschwerde **B. Vorb. 4** 14
– Strafsache **B. Vorb. 4** 14 ff.
– – Besonderheit in Strafvollstreckung **A.** 854 f.

– – Frist **A.** 924
– Rechtsmittelbelehrung **A.** 918
– Sachverständigenkosten, erstattungsfähige Höhe **A.** 902
– schuldhaftes Ausbleiben des Pflichtverteidigers **A.** 857
– sonstige notwendige Auslagen **A.** 902
– Steuerberater **A.** 872
– Steuerbevollmächtigter **A.** 872
– Teilfreispruch **A.** 940 ff.
– – Aufrechnung der Staatskassen **A.** 951
– – Auslagenverteilung nach Bruchteilen **A.** 948 ff.
– – Differenztheorie **A.** 945
– – Pflichtverteidigergebühren **A.** 952
– – Quotelung **A.** 949
– – Wahlverteidigergebühren **A.** 952
– – zwei getrennte Abrechnungen **A.** 946
– Übersetzerkosten **A.** 902
– unentschuldigtes Ausbleiben eines Zeugen **A.** 861
– Umfang der Erstattungspflicht **A.** 862 ff.
– Verdienstausfall **A.** 899
– vereidigter Buchprüfer **A.** 872
– Verfahren **A.** 903 ff.
– – Antrag **A.** 904 ff.
– – Antragsberechtigung **A.** 906
– – Entscheidung **A.** 914 ff.
– – Gutachten der Rechtsanwaltskammer **A.** 912 f.
– – Prüfung des Rechtspflegers **A.** 914
– – rechtliches Gehör **A.** 911
– – Vollmacht **A.** 907
– – Zuständigkeit **A.** 910
– – vermögensrechtliche Ansprüche des Verletzten **A.** 901
– Verfahren vor EuGH **B. § 38** 16
– Verschlechterungsverbot **A.** 933
– Verteidiger, keine Rechtsanwalt **A.** 871 f.
– Verteidigerwechsel **A.** 890 f.
– – kostenneutrale Auswechslung **A.** 893
– – nach erster Instanz **A.** 893
– – notwendiger **A.** 890 f.
– – Untervollmacht **A.** 892
– Wahlverteidiger neben Pflichtverteidiger **A.** 895
– Wirtschaftsprüfer **A.** 872
– Zeitversäumnis, Beschaffung von Beweismaterial **A.** 899
– – Heranziehung durch Gericht **A.** 899
– – Heranziehung durch Staatsanwaltschaft **A.** 899
– – polizeiliche Vorladung **A.** 899

– – Reisen zum Verteidiger **A.** 899
– Zuständigkeit, Verfahren vor Verfassungsgerichten **B. § 37** 23
– Zustellung des Kostenfestsetzungsbeschlusses **A.** 919
– zwecklose Tätigkeit des Rechtsanwalts **A.** 869 f.
– zwei getrennte Abrechnungen **A.** 946
Kostenfestsetzungsantrag, Verfahrensgebühr **B. Vorb. 4** 40
Kostenfestsetzungsbeschluss, Begründung **A.** 918
– Beschwerde **B. Vorb. 4** 95 ff.
– Beschwerde, Gegenstandswert **A.** 690
– – Muster **A.** 955
– – Strafsachen **B. Vorb. 4** 93
– Beschwerdegericht, zuständiges **A.** 930
– Beschwerdeverfahren **A.** 937
– – Wertfestsetzung **A.** 665
– Bußgeldsache **A.** 841
– Disziplinarverfahren, Erinnerung und Beschwerde **B. Vorb. 6.2** 30
– Erinnerung **B. Vorb. 4** 95 ff.
– – Gegenstandswert **A.** 690
– – Strafsachen **B. Vorb. 4** 93
– Erinnerungsverfahren **A.** 937
– – Wertfestsetzung **A.** 665
– fehlerhafte Rechtsmittelbelehrung **A.** 918
– Rechtsmittelbelehrung **A.** 918
– unterbliebene Rechtsmittelbelehrung **A.** 918
– Verfahrensgebühr, Einzeltätigkeit **B. Nr. 4302** 4
– Wiedereinsetzung in den vorigen Stand **A.** 918
– Zustellung **A.** 919
Kostenfestsetzungsverfahren *s.a. Kostenfestsetzung in Bußgeldsachen; in Strafsachen*
– Anwaltsvergütung, Zinsen **B. § 43** 9
– Beschwerde **A.** 402 ff.
– Disziplinarverfahren **B. Vorb. 6.2** 20
– Einigungsgebühr **A.** 492
– Pauschgebühr **B. Vorb. 4.1** 25
– prozessualer Erstattungsanspruch **A.** 63
– Rechtsmittel **A.** 921 ff.
– Strafsachen, Notwendigkeit der Zuziehung eines Rechtsanwalts **A.** 867
– Umfang des Vergütungsanspruchs **A.** 1417
– Verfahrensgebühr, Amtsgericht **B. Nr. 4106** 8
– – Berufung **B. Nr. 4124** 13
– – Einzeltätigkeit **B. Nr. 4302** 10
– Verfahrensgebühr erster Rechtszug, Geldbuße bis 40,00 € **B. Nr. 5107** 6

– Verfahrensgebühr Rechtsbeschwerdeverfahren B. Nr. 5113 11
– Verfahrensgebühr Revision B. Nr. 4130 15
Kostenfreie Übernachtung, sonstige Auslagen, Geschäftsreise B. Nr. 7006 16
Kostenfreiheit, Adhäsionsverfahren A. 668
– Bundesverfassungsgericht A. 667
– persönliche A. 667
– Vergleich A. 668
Kostengrundentscheidung, Auslegung, auf Kosten der Staatskasse A. 852
– – Kosten des Verfahrens A. 851
– Bußgeldsache A. 834
– fehlende, Strafsachen A. 848 ff.
– rechtskräftige, Strafsachen A. 845 f.
– Strafsache B. Vorb. 4 14
– – Besonderheit in Strafvollstreckung A. 854 f.
– überflüssige, Strafsachen A. 847
– unzulässige, Strafsachen A. 853
– Verfahrenskosten A. 714
Kostenheft, Anlegung, Festsetzungsverfahren A. 638
Kostenhöhe, Entgelte für Post-/Telekommunikationsdienstleistungen B. Nr. 7001 10
Kostenrechnung, Überprüfung, Verfahrensgebühr B. Vorb. 4 40
– Versendung, Portokosten B. Nr. 7001 6
Kostensachen, Rechtsbehelfe, Überblick A. 1194
Kostenschuldner, Aktenversendungspauschale A. 199 f.
Kostenstruktur des Büros, Rahmengebühren A. 1080 f.
Kreditauskunft, Geschäftskosten B. Vorb. 7 9
Kurtaxe, sonstige Auslagen B. Nr. 7006 6

L
Lagerkosten, Gerichtskosten A. 777
Längenzuschlag, Terminsgebühr, Argumentationshilfe B. Nr. 4110 23 ff.
– – Berufung B. Nr. 4126 18
– – Strafvollstreckung B. Vorb. 4.2 21
Laufende Kosten, Post-/Telekommunikationsdienstleistungen B. Nr. 7001 19
Legaldefinition, Begriff der Vergütung A. 22
Leitbildvergütung, Vergütungsvereinbarung A. 1558 ff.
Leitungskosten für Internetprovider, Post-/Telekommunikationsdienstleistungen B. Nr. 7001 5

Literatur, Auswertung von, Bemessung der Gebühr A. 1060
– Gebotenheit, Dokumentenpauschale B. Nr. 7000 36
Literaturanschaffung, Geschäftskosten B. Vorb. 7 9
Lohnbuchführungsarbeiten, Vergütung A. 819

M
Mahnverfahren, Vergütungsverzeichnis A. 1300
Mandant, Gebühr, Verbindlichkeit der Bestimmung A. 1095 ff,
– Verbraucher A. 236 ff.
Mandats-Anbahnungsphase, Auslagen B. Vorb. 7 3
Mandatsannahme, Bedingung, Bewilligung von PKH A. 33
– unter Bedingung, Deckungszusage der Rechtsschutzversicherung A. 33
Mandatsbeendigung, vorzeitige, Vergütungsvereinbarung A. 1557 ff.
Maßregel der Besserung und Sicherung, Strafvollstreckung B. Nr. 4200 3 ff.
Maßregelvollzug, Festsetzung der Pauschgebühr B. § 51 112
Mautgebühr, sonstige Auslagen B. Nr. 7006 6
Mediation A. 272 ff.
– Gebühren A. 223 ff., 796 ff.
– Vergütung A. 223 ff.
Medieninteresse, Festsetzung der Pauschgebühr B. § 51 113
Mehrere Adhäsionskläger, Vertretung, dieselbe Angelegenheit A. 83
Mehrere Angeklagte, Vertretung A. 959
Mehrere Anhörungstermine, Terminsgebühr Anordnungsverfahren, Therapieunterbringung A. 1231
Mehrere Anwälte, Fahrtkosten für Geschäftsreise, eigenes Kfz B. Nr. 7003 36
Mehrere Auftraggeber, allgemeine Gebühr A. 1298
– Anwendungsbereich A. 958 ff.
– Beiordnung als Kontaktperson A. 978
– Beratung A. 969
– Beratungsgebühr A. 242 ff.
– – Beratungshilfe A. 330 ff.
– Beratungshilfe A. 328 ff., 971 ff.
– – Geschäftsgebühr A. 333
– Beratungshilfegebühr A. 329, 1473

Stichwortverzeichnis

– Betragsrahmengebühr **A.** 1047
– dieselbe Angelegenheit **A.** 987 ff.
– – Nebenklage **A.** 989 f.
– – Privatklage **A.** 988
– Dokumentenpauschale **A.** 1026; **B Nr. 7000** 11
– Einigungsgebühr **A.** 968
– Einzeltätigkeiten **B. Vorb. 4.3** 22
– Entbehrlichkeit der Hauptverhandlung, Gebührenhöhe **B. Nr. 4141** 50 f.
– Erhöhung der Gebühr, Voraussetzungen **A.** 979 ff.
– erhöhungsfähige Gebühren **A.** 964 ff.
– Erstattungsansprüche **A.** 1030 f.
– Erstberatungsgespräch **A.** 248 f.
– Gebühr **A.** 1357
– – Beiordnung als Kontaktperson **B. Nr. 4304** 7
– – Erhöhung **A.** 994 ff.
– Gebühren, Wiederaufnahmeverfahren **B. Vorb. 4.1.4** 13
– Gebührenerhöhung **A.** 956 ff.
– – Anwendungsbereich **A.** 958 ff.
– – persönlicher Geltungsbereich **A.** 958 ff.
– – Voraussetzung **A.** 979 ff.
– Gebührentypen **A.** 992
– Gegenstandsgleichheit **A.** 992 f.
– – Begriffsbestimmung **A.** 993
– Gegenstandsidentität **A.** 992 f.
– gerichtlich beigeordneter Rechtsanwalt **A.** 963
– gerichtlich bestellter Rechtsanwalt **A.** 963
– Geschäftsgebühr, Beratungshilfe **A.** 333
– Gnadenverfahren **A.** 977
– Grundgebühr **A.** 975
– Gutachten **A.** 969
– Haftung **A.** 1024 ff.
– – Dokumentenpauschale **A.** 1026
– – Geschäftsreise **B. Vorb. 7** 37
– – Innenverhältnis **A.** 1027 ff.
– Haftung gegenüber Rechtsanwalt **A.** 1025
– Hebegebühr **A.** 968
– Innenverhältnis, Ausgleich **A.** 1028
– – vergleichsweise Kostenregelung **A.** 1029
– Kontaktperson für Gefangenen **A.** 978
– Nebenklage **A.** 960
– PKH **A.** 1018 ff.
– PKH-Bewilligung nur für einen **A.** 1020 f.
– Privatklage **A.** 960
– sonstige Verfahren **A.** 962
– Staatskasse **A.** 986
– Straf-/Bußgeldverfahren **A.** 958

– Terminsgebühr **B. Vorb. 4** 62
– Übergangsvorschriften **A.** 1357
– Unterrichtung, Ablichtung zur **B. Nr. 7000** 77
– Verfahrensgebühr **B. Vorb. 4.3** 22
– – Anfertigung/Unterzeichnung einer Schrift **B. Nr. 4300** 17
– – Einzeltätigkeit **B. Nr. 4301** 25, **Nr. 4302** 19
– – erstmalige Freiheitsentziehung/Unterbringungssachen **B. Nr. 6300** 31
– – Gnadensache **B. Nr. 4303** 14
– – sonstige Fälle **B. Nr. 6302** 16
– – Verfahren nach IRG-/IStGH-Gesetz **B. Nr. 6101** 29
– – Zwangsvollstreckung **A.** 1702
– vermögensrechtliche Ansprüche, Gebührenhöhe **B. Nr. 4143** 25
– verschiedene Angelegenheiten, Nebenklage **A.** 990
– Verteidiger in Straf-/Bußgeldsachen **A.** 959
– Vertreter des Nebenklägers **A.** 960
– Vertreter des Privatklägers **A.** 960
– Zeugenbeistand **A.** 961, 985
– zusätzliche Gebühren **A.** 976
Mehrere Einzeltätigkeiten, Verfahrensgebühr sonstige Verfahren **B. Nr. 6500** 17
Mehrere Ermittlungsverfahren, dieselbe Angelegenheit **A.** 72 ff.
Mehrere Gegner, Vertretung gegenüber, Bemessung der Gebühr **A.** 1060
Mehrere Geldbußen, anwaltliche Gebühren, Bußgeldsachen **B. Vorb. 5.1** 16 ff.
Mehrere Geschäfte an demselben Ort, Reisekosten **B. Vorb. 7** 40
– Reisekosten **A.** 187
Mehrere Geschäfte, Geschäftsreise **B. Vorb. 7** 32 ff.
Mehrere Mandanten, Postentgelte **B. Nr. 7001** 15
Mehrere Nebenkläger, dieselbe Angelegenheit **A.** 77
– Festsetzung der Pauschgebühr **B. § 51** 114
Mehrere Pflichtverteidiger, Kostenfestsetzung in Strafsachen **A.** 889 ff., 894
Mehrere Rechtsanwälte A. 1032 ff.
– Abgrenzung, Beauftragung mehrerer Verteidiger nacheinander **A.** 1038
– – mehrere Aufträge **A.** 1037
– – Sozietät **A.** 1039
– – Stellvertreter **A.** 1036
– – Unterbevollmächtigung **A.** 1036

– Abgrenzung zu anderen Fällen **A.** 1035 ff.
– Beauftragung nacheinander **A.** 1038
– eigener Auftrag **A.** 1033
– gemeinsame Beauftragung **A.** 1039
– Höhe der Vergütung **A.** 1040 ff.
– Kostenerstattung **A.** 1044
– mehrere Aufträge **A.** 1037
– selbstständiger Anwaltsvertrag **A.** 1034
– Stellvertreter, voller Verteidigungsauftrag **A.** 1036
– Vergütungshöhe **A.** 1040 ff.
– – eigener Vergütungsanspruch **A.** 1040
– Wertfestsetzung **A.** 675
Mehrere Revisionen, dieselbe Angelegenheit **A.** 81
Mehrere Schuldner, Zwangsvollstreckung **A.** 1745
Mehrere Tätigkeiten, Verfahrensgebühr Einzeltätigkeit, Bußgeldsachen **B. Nr. 5200** 13
Mehrere Termine, Terminsgebühr Strafvollstreckung, sonstige Verfahren **B. Nr. 4206** 8
– – Zuschlag **B. Nr. 4203** 9, **Nr. 4207** 9
– Terminsgebühr, Disziplinarverfahren **B. Nr. 6201** 8 f.
– – erstmalige Freiheitsentziehung **B. Nr. 6301** 9
– – sonstige Fälle **B. Nr. 6303** 9
– – Strafvollstreckung **B. Nr. 4202** 10
– – Unterbringungssachen **B. Nr. 6301** 9
– Verfahrensgebühr, Beistandsleistung **B. Nr. 4301** 14
Mehrere Verfahren, Grundgebühr **B. Nr. 4100** 29 ff.
– Verfahrensgebühr, sonstige Fälle **B. Nr. 6302** 11
Mehrere Verhandlungstermine, Terminsgebühr Disziplinarverfahren, erster Rechtszug **B. Nr. 6204** 10
– – zweiter Rechtszug **B. Nr. 6208** 8
– – dritter Rechtszug **B. Nr. 6212** 8
– – Verfahren nach WBO Truppendienstgericht **B. Nr. 6402** 8
Mehrere Verteidiger, Bußgeldsache **A.** 839
– derselben Sozietät, Reisekosten **A.** 188
– Dolmetscherkosten **A.** 448 f.
– Festsetzung der Pauschgebühr **B. § 51** 115
– Strafsachen **B. Vorb. 4** 19
Mehrere Verurteilte, Verfahrensgebühr, Gnadensache **B. Nr. 4303** 14
Mehrere Zeugen, dieselbe Angelegenheit **A.** 991

Mehrfacher Anfall, weitere Verfahrensgebühr, Wiederaufnahmeverfahren **B. Nr. 4138** 3 f.
Mehrfachverteidigung, Verbot **A.** 959, 984
– – sonstige Verfahren **A.** 962
Mehrvertretungszuschlag, Zwangsvollstreckung **A.** 1700
Mindestgebühr, Festsetzung der Vergütung **A.** 530
– Rahmengebühr **A.** 1089
Mitgliedsbeiträge, Fachvereinigungen, Geschäftskosten **B. Vorb. 7** 9
Mitteilung an Beteiligte, Ablichtung, Dokumentenpauschale **B. Nr. 7000** 58 ff.
Mitteilung an Gegner, Ablichtung, Dokumentenpauschale **B. Nr. 7000** 58 ff.
Mitteilung an Verfahrensbevollmächtigte, Ablichtung, Dokumentenpauschale **B. Nr. 7000** 58 ff.
Mittelgebühr, Bußgeldsachen, Angewiesensein auf Fahrerlaubnis **B. Vorb. 5** 49
– – besondere Einarbeitung **B. Vorb. 5** 53
– – besondere Verkehrsordnungswidrigkeit **B. Vorb. 5** 48
– – Besprechung mit mehreren Mandanten **B. Vorb. 5** 50
– – Beweiswürdigung bei widersprechenden Zeugendarstellungen **B. Vorb. 5** 51
– – Dauer der Hauptverhandlung **B. Vorb. 5** 52
– – drohende Eintragung im Gewerbezentralregister **B. Vorb. 5** 56
– – drohende Eintragung im Verkehrszentralregister **B. Vorb. 5** 58
– – drohende Nachschulung **B. Vorb. 5** 63
– – drohende Vollstreckung **B. Vorb. 5** 71
– – drohendes Fahrverbot **B. Vorb. 5** 59
– – erforderliche Nachforschung **B. Vorb. 5** 62
– – erhebliche Vorbelastungen **B. Vorb. 5** 72
– – Geschwindigkeitsüberschreitung **B. Vorb. 5** 60
– – Reduzierung der Geldbuße **B. Vorb. 5** 66
– – schwierige Rechtsmaterie **B. Vorb. 5** 68
– – umfangreiche Vorbereitung der Hauptverhandlung **B. Vorb. 5** 73
– – Wiedereinsetzungsantrag **B. Vorb. 5** 75
– – Zustellungsproblematik **B. Vorb. 5** 76
– Rahmengebühr **A.** 1085 ff.
– straßenverkehrsrechtliches OWi-Verfahren **B. Vorb. 5** 39 ff.
– Terminsgebühr *s.a. Terminsgebühr* **B. Vorb. 4** 64
– Vorschuss **A.** 1670

Mitverteidiger, Gespräch mit, Bemessung der Gebühr **A.** 1060
Mitwirkung des Verteidigers, Einspruchsrücknahme im gerichtlichen Verfahren, zusätzliche Gebühr **B. Nr. 5115** 31
– Rücknahme des Einspruchs, zusätzliche Gebühr **B. Nr. 5115** 20
– zusätzliche Gebühr, Entbehrlichkeit der Hauptverhandlung **B. Nr. 5115** 15
Modifizierte Wertgebühr A. 1015
Muster, Abrechnung von Vorschusszahlung **A.** 1678
– allgemeine Vergütungsvereinbarung **A.** 1569
– allgemeine Vorschussanforderung **A.** 1676
– Beschwerde des Rechtsanwalts, gegen Wertfestsetzung **A.** 1195
– Beschwerde gegen Erinnerungsentscheidung, Festsetzung der Pflichtverteidigervergütung **A.** 1197
– Erfassung der Dokumentenpauschale **B. Nr. 7000** 115
– Erfassung von Porto-/Telefonkosten **B. Nr. 7001** 25
– Erinnerung, Festsetzung der Pflichtverteidigervergütung **A.** 1196
– Erinnerung an Vorschusszahlung **A.** 1677
– pauschale Abgeltung von Fotokopierkosten **A.** 1572
– Ratenzahlungsvereinbarung **A.** 1772
– Vergütungsvereinbarung, Geschäfts-/Reisekosten **A.** 1576
– – über Zeithonorar **A.** 1570

N
Nachbereitung der Berufungshauptverhandlung, Disziplinarverfahren zweiter Rechtszug, Verfahrensgebühr **B. Nr. 6207** 8
– Verfahrensgebühr Disziplinarverfahren, zweiter Rechtszug **B. Nr. 6207** 8
Nachbereitung der Hauptverhandlung, Verfahrensgebühr, Amtsgericht **B. Nr. 4106** 8
– – Berufung **B. Nr. 4124** 13
– Verfahrensgebühr erster Rechtszug, Geldbuße bis 40,00 € **B. Nr. 5107** 6
– Verfahrensgebühr Revision **B. Nr. 4130** 15
Nachforschung, erforderlich, Bußgeldsachen **B. Vorb. 5** 62
Nachholung rechtlichen Gehörs, Bemessung der Gebühr **A.** 1060

– Rechtszug **A.** 1207 ff.
– Verfahrensgebühr erster Rechtszug, Geldbuße bis 40,00 € **B. Nr. 5107** 6
– Verfahrensgebühr Rechtsbeschwerdeverfahren **B. Nr. 5113** 11
Nachliquidation, Festsetzungsantrag **A.** 597
– Festsetzungsverfahren **A.** 627 f.
Nachprüfungsverfahren, Verfahren nach IRG-/IStGH-Gesetz **B. Nr. 6101** 17
Nachschulung, drohende, Bußgeldsachen **B. Vorb. 5** 63
Nachtragsanklage, verschiedene Angelegenheiten **A.** 93
Nachtzeit, Zwangsvollstreckung **A.** 1748
Nebenklage, Auftraggebermehrheit **A.** 983
– dieselbe Angelegenheit, mehrere Auftraggeber **A.** 989 f.
– Gerichtskosten **A.** 729
– Rahmengebühr **A.** 1055
Nebenklageberechtigter Verletzter, Vergütungsanspruch gegen Staatskasse **A.** 1479, 1480
Nebenklagemandat, Schwierigkeit der anwaltlichen Tätigkeit **A.** 1065
Nebenkläger, Bestellung, Nebenkläger **A.** 1395
– Erstattungsanspruch, beigeordneter Rechtsanwalt **B. § 53** 20
– mehrere, Festsetzung der Pauschgebühr **B. § 51** 114
– PKH **A.** 1479
– Vergütungsanspruch gegen Staatskasse **A.** 1479
– Vertreter **A.** 960
– Vertretung des, Beratungshilfe **A.** 307
Nebenklägerbeistand, Bestellung, Rechtsprechungsübersicht **A.** 1377
– rückwirkende Bestellung **A.** 1395
– Umfang des Vergütungsanspruchs **A.** 1403
– Vergütungsanspruch gegen Staatskasse **A.** 1480
– vermögensrechtliche Ansprüche, Verfahrensgebühr **B. Nr. 4143** 15
Nebenklägervertreter, Adhäsionsverfahren **A.** 1407
– Beiordnung im Wege der PKH, Rechtsprechungsübersicht **A.** 1378
– Gebühren **B. Vorb. 4** 21
Netzfahrkarte, Reisekosten **A.** 189
Nichtabhilfeentscheidung, Gericht **A.** 1132
Nichtrechtsanwalt, Abtretung, Gebührenforderung **A.** 13 ff.

Nichtzulassung der Revision, Verfahrensgebühr Disziplinarverfahren, dritter Rechtszug **B. Nr. 6215** 1 ff.
– – Einzeltätigkeit **B. Nr. 6215** 5
– – Beschwerde **B. Nr. 6215** 7 ff.
– – Gebührenhöhe **B. Nr. 6215** 10 ff.
Nichtzulassungsbeschwerde, Einlegung der, Verfahrensgebühr Disziplinarverfahren **B. Nr. 6215** 6
– Verfahren nach §§ 43, 44 WDO, Verfahrensgebühr **B. Nr. 6500** 11
– Verfahren nach WBO **B. Vorb. 6.4** 8
– Verfahrensdauer **B. Nr. 6215** 9
– Verfahrensgebühr Disziplinarverfahren **B. Nr. 6215** 6
– – dritter Rechtszug **B. Nr. 6215** 2
– Vergütungsverzeichnis **A.** 1300
Niederlassung überörtlicher Sozietät, Schließung **B. Vorb. 7** 46
Notar, Abrechnung **A.** 45
– Disziplinarverfahren gegen **B. Nr. 6203** 1
Notarreisekosten, Zusammentreffen mit Rechtsanwaltsreisekosten **B. Vorb. 7** 38
Notwendige Auslagen, Abtretung Kostenerstattungsanspruch **B. § 43** 10
– Angeklagter **B. Vorb. 4** 15
– Begriff, Strafsachen **A.** 859
– Erstattung, Staatskasse **B. Vorb. 4** 15
– Pflichtverteidiger, Adhäsionsverfahren **A.** 861
Notwendiger Anwaltswechsel, Auslagen **B. Nr. 7001** 22
Notwendigkeit, Ablichtung **B. Nr. 7000** 64 f.
– fehlende, Ablichtung **B. Nr. 7000** 65
– Übernachtung, Geschäftsreise **B. Nr. 7006** 10

O
Offener Vollzug, Zuschlag **B. Vorb. 4** 88
OLG, Terminsgebühr **B. Nr. 4120** 1 ff.
– Verfahrensgebühr **B. Nr. 4118** 1 ff.
Ordnungsmittel, Verfahrensgebühr, Einzeltätigkeit **B. Nr. 4302** 8
Ordnungsmittelbeschluss, Verfahrensgebühr Einzeltätigkeit **B. Nr. 4302** 7
Ordnungswidrigkeit, weitere Verfolgung der Tat als **B. Vorb. 5** 22 f.
Ordnungswidrigkeitenanzeige, Verfahren vor Verwaltungsbehörde **B. Vorb. 5.1.2** 5
Örtliche Unzuständigkeit, Verweisung **A.** 1644

Örtliche Zuständigkeit, Erinnerung, Beratungshilfevergütung **A.** 1190
OWi-Verfahren, Einigungsgebühr **B. Nr. 5101** 7
– straßenverkehrsrechtliches, Gebührenbemessung **B. Vorb. 5** 39 ff.

P
Parkgebühr, sonstige Auslagen **B. Nr. 7006** 6
Parkverstoß, Bußgeldsachen **B. Vorb. 5** 64
– Rechtsschutzversicherung **A.** 413
Parlamentarischer Untersuchungsausschuss, Beistand vor **A.** 215 ff.
Partnerschaftsgesellschaften, RVG, persönlicher Anwendungsbereich **A.** 43
Passgebühr, sonstige Auslagen **B. Nr. 7006** 6
Pauschale Zahlung, Anrechnung **B. § 58** 19
Pauschale, Abwesenheitsgeld **B. Nr. 7005** 6
– Entgelte für Post-/Telekommunikationsdienstleistungen **B. Nr. 7001** 3 f.
– Post-/Telekommunikationsdienstleistung, Anrechnung **B. Nr. 7002** 26 f.
– – Berechnung **B. Nr. 7002** 24 f.
– Tagegeld **B. Nr. 7005** 6
Pauschalgebühr B. Vorb. 5 5
– Bußgeldsachen **B. Vorb. 5.1** 5 ff.
– – Abgeltungsbereich **B. Vorb. 5.1** 6 ff.
– – Beratung über Rechtsbeschwerde **B. Vorb. 5.1** 10
– – Einlegung der Rechtsbeschwerde **B. Vorb. 5.1** 10
Pauschbeträge, Dokumentenpauschale, Höhe **B. Nr. 7000** 9
Pauschgebühr A. 654
– ABC **B. § 51** 74 ff.
– Abgeltungsbereich, allgemeine Gebühren **B. Vorb. 4.1** 24
– – Berufungsverfahren **B. Vorb. 4.1** 24
– – erster Rechtszug **B. Vorb. 4.1** 24
– – Revisionsverfahren **B. Vorb. 4.1** 24
– – vorbereitendes Verfahren **B. Vorb. 4.1** 24
– Adhäsionsverfahren **B. Vorb. 4.1** 26
– Akteneinsicht **B. Vorb. 4.1** 25
– Anspruchsvoraussetzungen **B. § 42** 5 ff.
– Antragszeitpunkt, Kostenfestsetzung **B. § 42** 17
– Aufnahme der Information **B. Vorb. 4.1** 25
– Auslagen **B. § 42** 14
– beigeordneter Rechtsanwalt **B. § 53** 39
– Beiordnung eines Rechtsanwalts **B. § 48** 34

Stichwortverzeichnis

- Beiordnungsverfahren als Pflichtverteidiger
  B. Vorb. 4.1 25
- Beratung des Auftraggebers **B. Vorb. 4.1** 25
- Beratung über beiderseitige Rechtsmittel
  B. Vorb. 4.1 35
- Beratung über ein Rechtsmittel
  B. Vorb. 4.1 30 f.
- Beratung über gegnerisches Rechtsmittel
  B. Vorb. 4.1 34
- berufsgerichtliches Verfahren **B. Vorb. 6.2** 18 ff.
- Beschwerdeverfahren **B. Vorb. 4.1** 25, 28
- besondere Tätigkeiten **B. Vorb. 4.1** 28
- besonders schwieriges Verfahren **B. § 42** 5
- besonders umfangreiches Verfahren **B. § 42** 5
- Besprechung, Mandant **B. Vorb. 4.1** 25
- Bestellung eines Rechtsanwalts **B. § 48** 34
- Bewilligung, Beiordnung als Kontaktperson
  B. Nr. 4304 9
- – einzelner Verfahrensabschnitte **B. § 51** 31
- – Einzeltätigkeit **B. Vorb. 4.3** 42
- Bewilligungsverfahren **B. § 42** 15 ff.
- – Antragsbegründung **B. § 42** 15
- – Antragszeitpunkt **B. § 42** 16 f.
- – Bindungswirkung **B. § 42** 28
- – Einwendungen **B. § 42** 24
- – Einzelrichter **B. § 42** 20
- – gerichtliche Entscheidung **B. § 42** 25 ff.
- – Senat **B. § 42** 21 f.
- – Verfahren **B. § 42** 23
- – zuständiges Gericht **B. § 42** 18 f.
- Bußgeldsachen **B. Vorb. 5** 8
- Disziplinarverfahren **B. Vorb. 6.2** 18 ff., 42
- eigene Ermittlung **B. Vorb. 4.1** 25
- Einlegung von Rechtsmittel **B. Vorb. 4.1** 25, 29
- Einziehung **B. Vorb. 4.1** 26
- einzelne Verfahrensabschnitte **B. § 42** 10 f.
- Einzeltätigkeit **B. Vorb. 4.3** 42
- erfasste Tätigkeit, Katalog **B. Vorb. 4.1** 24
- Erinnerungsverfahren **B. Vorb. 4.1** 28
- erneuter Auftrag **B. Vorb. 4.1** 28
- erstmalige Freiheitsentziehung **B. Nr. 6301** 14
- Festsetzung **B. § 51** 1 ff.
- Festsetzung der Vergütung **A.** 534 ff.
- Festsetzung Pauschgebühr *s.a. Festsetzung der Pauschgebühr*
- – Abkürzung des Verfahrens **B. § 51** 75
- – Abschlagszahlung **B. § 51** 64 ff.
- – Absprache **B. § 51** 76
- – Adhäsionsverfahren **B. § 51** 77
- – Aktenumfang **B. § 51** 78
- – angemessener Vorschuss **B. § 51** 72
- – Anreise zum Termin **B. § 51** 79
- – Anspruchsvoraussetzung **B. § 51** 8 ff.
- – Anzahl der Hauptverhandlungstermine
  B. § 51 13
- – Auslagen **B. § 51** 41
- – ausländischer Mandant **B. § 51** 80
- – Auslandsreise **B. § 51** 81
- – Auslieferungsverfahren **B. § 51** 22, 82
- – Bemessung **B. § 51** 39 f.
- – Beschwerdeverfahren **B. § 51** 83
- – besondere Fähigkeiten Pflichtverteidiger
  B. § 51 84
- – besonderer Umfang des Verfahrens **B. § 51** 13
- – besonders schwieriges Verfahren **B. § 51** 19
- – Besprechung **B. § 51** 85
- – Betäubungsmittelverfahren **B. § 51** 86
- – Betreuungsaufwand **B. § 51** 87
- – Bewilligungsverfahren **B. § 51** 43 ff.
- – Bürokosten Pflichtverteidiger **B. § 51** 90
- – Dolmetscher **B. § 51** 91
- – eigene Ermittlung des Verteidigers **B. § 51** 92
- – Einarbeitungszeit **B. § 51** 93
- – Einmannkanzlei **B. § 51** 94
- – Einstellung des Verfahrens **B. § 51** 95
- – einzelner Verfahrensabschnitte **B. § 51** 31 ff.
- – Einziehung **B. § 51** 96
- – Erörterung des Verfahrensstandes **B. § 51** 97
- – erweitertes Schöffengericht **B. § 51** 98
- – Fahrtzeiten **B. § 51** 99
- – große Anzahl von Zeugen **B. § 51** 101
- – Große Strafkammer **B. § 51** 102
- – Großverfahren **B. § 51** 103
- – Hauptverhandlung **B. § 51** 104 ff.
- – Höchstgebühr **B. § 51** 107
- – Höhe **B. § 51** 35 ff.
- – inhaftierter Angeklagter **B. § 51** 108
- – Jugendgerichtsverfahren **B. § 51** 109
- – kommissarische Vernehmung **B. § 51** 110
- – Kompensation **B. § 51** 111
- – Kompensationsgedanke **B. § 51** 32
- – maßgeblicher Zeitraum **B. § 51** 15 ff.
- – Maßregelvollzug **B. § 51** 112
- – Medieninteresse **B. § 51** 113
- – mehrere Nebenkläger **B. § 51** 114
- – mehrere Verteidiger **B. § 51** 115
- – persönliche Belastung Pflichtverteidiger
  B. § 51 119

- – persönlicher Geltungsbereich **B. § 51** 3 ff.
- – Persönlichkeit des Angeklagten **B. § 51** 116
- – Pflichtverteidiger **B. § 51** 3
- – Plädoyer **B. § 51** 117
- – psychiatrisches Gutachten **B. § 51** 118
- – psychische Belastung Pflichtverteidiger **B. § 51** 119
- – Reisezeit **B. § 51** 120
- – Revisionsverfahren **B. § 51** 22, 121
- – Rückforderung des Vorschusses **B. § 51** 73
- – sachlicher Geltungsbereich **B. § 51** 7
- – Schriftsätze **B. § 51** 122
- – schwierige Beweiswürdigung **B. § 51** 88
- – Schwurgerichtsverfahren **B. § 51** 22, 123
- – Selbstleseverfahren **B. § 51** 124
- – Spezialrecht **B. § 51** 125
- – sprachliche Fähigkeit Pflichtverteidiger **B. § 51** 126
- – Sprachschwierigkeiten **B. § 51** 127
- – Strafvollstreckungssache **B. § 51** 128
- – Tätigkeit außerhalb der Hauptverhandlung **B. § 51** 129
- – taubstummer Angeklagter **B. § 51** 130
- – Termine außerhalb der Hauptverhandlung **B. § 51** 131
- – Terminsdauer **B. § 51** 132
- – Überprüfungsverfahren **B. § 51** 112
- – umfangreiche Beweisanträge **B. § 51** 89
- – umfangreiche Schriftsätze **B. § 51** 122
- – Umgangsverfahren **B. § 51** 133
- – uneinsichtiger Angeklagter **B. § 51** 134
- – unnötiger Antrag **B. § 51** 17 f.
- – Untersuchungshaft **B. § 51** 135
- – Urteilsumfang **B. § 51** 136
- – Verfahren **B. § 51** 54
- – Verfassungsbeschwerde **B. § 51** 137
- – Verständigung **B. § 51** 138
- – Vertretung des Pflichtverteidigers **B. § 51** 139
- – Vorbereitung der Sache **B. § 51** 140
- – Vorschuss **B. § 51** 64 ff.
- – Wahlverteidiger **B. § 51** 5
- – weiterer Vorschuss **B. § 51** 69
- – Wiederaufnahmeverfahren **B. § 51** 141
- – Wirtschaftsstrafsachen **B. § 51** 142
- – Wirtschaftsstrafverfahren **B. § 51** 22
- – zeitlicher Aufwand **B. § 51** 13
- – Zeugenbeistand **B. § 51** 143
- – Zinsen **B. § 51** 42
- – zuständiges Gericht **B. § 51** 51 ff.

- Feststellung **B. § 42** 1 ff.
- – Prüfung **B. § 42** 8 f.
- Feststellungsantrag **B. § 42** 3
- gerichtliches Bußgeldverfahren **B. § 42** 4
- Gnadengesuche **B. Vorb. 4.1** 28
- Haftbesuch **B. Vorb. 4.1** 25
- Höhe **B. § 42** 12 ff.
- – Rechtsprechungsbeispiele **B. § 42** 12
- Kostenfestsetzung **B. § 42** 17
- Kostenfestsetzungsverfahren **B. Vorb. 4.1** 25
- OWi-Verfahren, Pflichtverteidiger **B. Nr. 5108** 14
- – Wahlanwalt **B. Nr. 5108** 14
- persönlicher Geltungsbereich **B. § 42** 3
- Pflichtverteidiger **B. § 42** 3, **Vorb. 4.1** 25
- – Anspruch gegen Beschuldigten **B. § 52** 80 f.
- – Erstattungsanspruch gegen Staatskasse **A.** 537
- Protokollberichtigungsanträge **B. Vorb. 4.1** 25
- Prüfung der Beweismittel **B. Vorb. 4.1** 25
- Rechtsbeschwerdeverfahren **B. Nr. 5113** 18, **Nr. 5114** 8, 10
- Rechtsmittelbegründung **B. Vorb. 4.1** 25
- Rechtsmittelerwiderung **B. Vorb. 4.1** 25
- Rücknahme des Rechtsmittels **B. Vorb. 4.1** 25
- sachlicher Geltungsbereich **B. § 42** 4
- Schriftverkehr **B. Vorb. 4.1** 25
- sonstige Fälle **B. Nr. 6302** 17, **Nr. 6303** 14
- Strafsachen **B. Vorb. 4** 8
- Strafverfahren **B. § 42** 4
- Strafvollstreckung, Bewilligung **B. Vorb. 4.2** 37
- Täter-Opfer-Ausgleich **B. Vorb. 4.1** 25
- Teilnahme an Terminen **B. Vorb. 4.1** 25
- Terminsgebühr erster Rechtszug, Geldbuße bis 40,00 € **B. Nr. 5108** 14
- Therapieunterbringung **A.** 1264
- ThUG **B. Vorb. 4.1** 28
- Übergangsvorschriften **A.** 1358
- Umsatzsteuer **B. § 42** 14
- Unterbringungssachen **B. Nr. 6301** 14
- Unzumutbarkeit **B. § 42** 6
- – Wahlanwalt **B. § 42** 6
- Verfahren, Auftraggeber **B. § 42** 23
- – Staatskasse **B. § 42** 23
- Verfahren nach IRG **B. § 42** 4, **Vorb. 6.1.1** 25
- Verfahren nach IRG-/IStGH-Gesetz **B. Nr. 6101** 33, **Nr. 6102** 17
- Verfahren nach IStGH-Gesetz **B. § 42** 4
- Verfahren nach WBO **B. Vorb. 6.4** 22
- – Truppendienstgericht **B. Nr. 6402** 11

Stichwortverzeichnis

- Verfahren nach Wiederaufnahme **B. Vorb. 4.1** 28
- Verfahren vor Verwaltungsbehörde **B. § 42** 31 f.
- Verfahrensgebühr, Gnadensache **B. Nr. 4303** 19
- – Verfahren nach WBO Truppendienstgericht **B. Nr. 6400** 13
- Verfahrensgebühr bei Einziehung/verwandten Maßnahmen **B. Nr. 5116** 9
- Verjährung **B. § 42** 30
- vermögensrechtliche Ansprüche **B. Nr. 4143** 30
- – Beschwerde gegen Absehensentscheidung **B. Nr. 4145** 13
- Verständigung **B. Vorb. 4.1** 25
- Vertretung in Hauptverhandlungen **B. Vorb. 4.1** 25
- Verweisung **Vorb, 4.1** 28
- Verwerfung, des gegnerischen Rechtsmittels **B. Vorb. 4.1** 25
- Verwerfungsantrag **B. Vorb. 4.1** 25
- Vorschuss **A.** 1648, 1663; **B. § 42** 29
- Wahlanwalt **B. § 42** 3
- – Unzumutbarkeit **B. § 42** 6
- – Verfahrensgebühr **B. Nr. 4104** 19
- – Vorschuss **B. § 42** 29
- Wertgebühr **B. § 42** 11
- Wiederaufnahmeverfahren **B. Vorb. 4.1** 28, **Vorb. 4.1.4** 15
- Wiedereinsetzungsantrag **B. Vorb. 4.1** 25
- Wirtschaftsstrafverfahren **B. Nr. 4118** 7
- Zurückverweisung **B. Vorb. 4.1** 28
- zuständiges Gericht **B. § 42** 18 f.
- Zwangsvollstreckungsverfahren **B. Vorb. 4.1** 28

Pauschgebührantrag B. § 42 3
- Formulierungsbeispiel **B. § 51** 30
- Muster **B. § 51** 47

Pauschgebührencharakter, Einzeltätigkeit **B. Vorb. 4.3** 26
- Wiederaufnahmeverfahren **B. Vorb. 4.1.4** 8

Pauschvergütung B. Vorb. 4 6
- Anrechnung Vorschuss **B. § 58** 33 f.
- Anrechnung Zahlungen **B. § 58** 33 f.

Pause, Bemessung der Gebühr **A.** 1060

Persönlicher Abgeltungsbereich, Grundgebühr **B. Nr. 4100** 3 ff.
- Verfahrensgebühr Amtsgericht **B. Nr. 4106** 5 f., **Nr. 4108** 10 ff., **Nr. 4110** 5
- – Zusatzgebühr **B. Nr. 4110** 5
- Terminsgebühr Rechtsbeschwerdeverfahren **B. Nr. 5114** 5

- Verfahrensgebühr Rechtsbeschwerdeverfahren **B. Nr. 5113** 12 f.

Persönlicher Anwendungsbereich, Kostenerstattungsanspruch, Abtretung **B. § 43** 6 ff.
- Verfahrensgebühr bei Einziehung/verwandten Maßnahmen **B. Nr. 5116** 5 f.

Persönlicher Geltungsbereich, Beistand vor parlamentarischem Untersuchungsausschuss **A.** 217 f.
- Beschwerdeverfahren im Wiederaufnahmeverfahren **B. Nr. 4139** 9
- Bußgeldsachen, Entbehrlichkeit der Hauptverhandlung **B. Nr. 5115** 8
- Haftzuschlag **B. Vorb. 4** 84 f.
- Pauschgebühr **B. § 42** 3
- Sicherungsverwahrung, Vergütung **A.** 1217 ff.
- sonstige Verfahren **B. Vorb. 6** 4
- Therapieunterbringung, Vergütung **A.** 1217 ff.
- Verfahren nach IRG **B. Vorb. 6.1.1** 10 ff.
- Verfahren nach IRG-/IStGH-Gesetz, Verfahrensgebühr **B. Nr. 6101** 7 ff.
- Verfahrensgebühr Einzeltätigkeiten, Bußgeldsachen **B. Nr. 5200** 8
- Verständigung im Straf-/Bußgeldverfahren **A.** 1587
- weitere Verfahrensgebühr **B. Nr. 4138** 8

Persönlichkeit des Angeklagten, Festsetzung der Pauschgebühr **B. § 51** 116
- Schwierigkeit der anwaltlichen Tätigkeit **A.** 1065

Pfandfreier Betrag, Änderung des, Zwangsvollstreckung **A.** 1719

Pfändungsbeschluss, Entgegennahme, Zwangsvollstreckung **A.** 1738

Pfändungsfreigrenzen, Zwangsvollstreckung **A.** 1717

Pflichtverteidiger, Adhäsionsverfahren **A.** 1405 f.; **B. § 52** 4
- Aktenversendungspauschale **A.** 199
- Angemessenheit der Fahrtkosten, andere Verkehrsmittel **B. Nr. 7004** 10
- Anspruch gegen Beschuldigten **B. § 52** 1 ff.
- – Abhängigkeit von Pflichtverteidigerbestellung **B. § 52** 13
- – Anspruch auf Wahlverteidigergebühren **B. § 52** 4 f.
- – Anspruchberechtigung **B. § 52** 3
- – Anspruchsentstehung **B. § 52** 11 ff.
- – Anspruchsgegner **B. § 52** 8
- – Anspruchshöhe **B. § 52** 18

– – Anspruchsvoraussetzung **B. § 52** 11
– – Antrag **B. § 52** 31 ff.
– – Anwendungsbereich **B. § 52** 3 ff.
– – Aufhebung der Feststellung **B. § 52** 76
– – Ausgang des Verfahrens **B. § 52** 14
– – Auslagen **B. § 52** 17
– – Beschwerdeberichtigung **B. § 52** 67 f.
– – Beschwerdefrist **B. § 52** 71 f
– – Beschwerdeverfahren **B. § 52** 66 ff.
– – Beschwerdewert **B. § 52** 70
– – Bußgeldverfahren **B. § 52** 9, 82
– – Entscheidung **B. § 52** 39 ff., 73
– – erneuter Antrag **B. § 52** 75
– – Erstattung **B. § 52** 83
– – Fälligkeit **B. § 52** 34
– – Form der Beschwerde **B. § 52** 71 f.
– – Geltendmachung **B. § 52** 30 ff.
– – gesetzliches Schuldverhältnis **B. § 52** 12
– – Kosten des Beschwerdeverfahrens **B. § 52** 77
– – Leistungsfähigkeit **B. § 52** 42 f.
– – mögliche Ansprüche **B. § 52** 10
– – Pauschgebühr **B. § 52** 80 f.
– – spätere Bestellung **B. § 52** 6
– – Teilfreispruch **B. § 52** 56 ff.
– – Umsatzsteuer **B. § 52** 19
– – unabhängige Gebührenansprüche **B. § 52** 15
– – vereinbarte Vergütung **B. § 52** 65
– – Vergütungsvereinbarung **B. § 52** 7
– – Verjährung **B. § 52** 78 f.
– – Vollstreckungstitel **B. § 52** 44
– – Vorschuss **B. § 52** 20
– – Wahlverteidigergebühren **B. § 52** 16
– – weitere Beschwerde **B. § 52** 74
– – Zuständigkeit **B. § 52** 35
– Anspruchswegfall durch Zahlung der Staatskasse **B. § 52** 22
– auswärtiger Rechtsanwalt, Tage-/Abwesenheitsgeld **A.** 888
– – Wahlverteidigergebühr **A.** 888
– auswärtiger, Kostenfestsetzung in Strafsachen **A.** 888
– – Reisekosten **A.** 173 f.
– Beigeordneter, Tätigkeit im Strafbefehlsverfahren **B. Vorb. 4. 1** 19
– Beiordnungsverfahren, Disziplinarverfahren **B. Vorb. 6.2** 20
– Beschwerdeverfahren, Vergütung **A.** 373
– besondere Fähigkeiten, Festsetzung der Pauschgebühr **B. § 51** 84

– Bestellung **A.** 35, 385
– – Abhängigkeit **B. § 52** 13
– – Verfahrensgebühr **B. Vorb. 4** 40
– Bestellung/Beiordnung, Zeitpunkt **A.** 1393 ff.
– Bürokosten, Festsetzung der Pauschgebühr **B. § 51** 90
– Bußgeldsachen **B. Vorb. 5** 3
– Bußgeldverfahren **B. Vorb. 5** 13
– Dokumentenpauschale **B. Nr. 7000** 113
– Dolmetscherkosten **A.** 203a, 431 ff., 767; **B. Vorb. 7** 13
– – Abschlussberatung nach Rechtskraft des Urteils **A.** 433
– – andere Tätigkeiten **A.** 433
– – eigene Ermittlungstätigkeit **A.** 434
– – Festsetzung **A.** 431
– – Gespräch mit Ehefrau des Inhaftierten **A.** 433
– – Glaubwürdigkeitsgutachten **A.** 434
– – Höhe **A.** 444
– – polizeiliche Vernehmung **A.** 434
– – Staatskasse **A.** 431
– – Tonbandaufzeichnungen **A.** 433
– – Übersetzung schriftlicher Urteilsgründe **A.** 434
– – Übersetzung von Schriftstücken **A.** 433
– – Verzicht **A.** 432
– – Vorschuss **A.** 432, 447
– Einigungsgebühr, Höhe **A.** 480 f.
– Einziehung und verwandte Maßnahmen, Tabelle der Wertgebühren **B. Nr. 4142** 30
– Entbehrlichkeit der Hauptverhandlung, Gebühr **B. Nr. 5115** 8
– Erstreckung **A.** 518
– Festbetrag, Terminsgebühr erster Rechtszug **B. Nr. 5110** 4, **Nr. 5112** 4
– Festbetragsgebühren **B. Vorb. 4** 41
– Festgebühr, Bußgeldsachen **B. Vorb. 5** 18
– – Verständigung **A.** 1596
– Festsetzung der Pauschgebühr **B. § 51** 3
– Feststellungsantrag **B. § 52** 87
– Gebühr, Entbehrlichkeit der Hauptverhandlung **B. Nr. 5115** 8
– Grundgebühr **B. Nr. 4100** 3, 9
– – Gebührenhöhe **B. Nr. 4100** 33 f.
– Hebegebühr **A.** 808, 1427
– Kostenschuldner, Aktenversendungspauschale **A.** 199
– OWi-Verfahren, Pauschgebühr **B. Nr. 5108** 14
– Pauschgebühr **A.** 654; **B. Vorb. 4.1** 25, **§ 42** 3
– – OWi-Verfahren **B. Nr. 5108** 14

Stichwortverzeichnis

– persönliche Belastung, Festsetzung der Pauschgebühr B. § 51 119
– Postentgeltpauschale B. Nr. 7002 33
– Privatklageverfahren B. Nr. 4147 11
– psychische Belastung, Festsetzung der Pauschgebühr B. § 51 119
– Rechtsprechungsübersicht A. 1379
– Reichweite der Beiordnung/Bestellung, Vergütungsanspruch A. 1397 ff.
– Reichweite der Bestellung, bestimmte Verfahrensabschnitte A. 1397
– – Verfassungsbeschwerdeverfahren A. 1397
– schuldhaftes Ausbleiben, Kostenfestsetzung in Strafsachen A. 857
– spätere Bestellung B. § 52 6
– sprachliche Fähigkeit, Festsetzung der Pauschgebühr B. § 51 126
– Strafsachen B. Vorb. 4 6
– Tabelle der Wertgebühren, vermögensrechtliche Ansprüche B. Nr. 4143 32
– Terminsgebühr, Bemessungskriterien B. Vorb. 4 63
– – Festbetragsgebühr B. Vorb. 4 62
– – Strafvollstreckung B. Nr. 4202 8
– – Vergütung A. 1619
– Terminsgebühr Amtsgericht, Zuschlag B. Nr. 4109 12
– Terminsgebühr erster Rechtszug, Geldbuße bis 40,00 € B. Nr. 5108 14
– – Geldbuße von mehr als 5.000,00 € B. Nr. 5112 4
– Terminsgebühr Rechtsbeschwerdeverfahren B. Nr. 5114 9
– Terminsvertreter, Vergütungsanspruch gegen Staatskasse A. 1491
– Übersetzerkosten A. 433, 434
– Umfang des Vergütungsanspruchs A. 1397 ff.
– Verfahren vor EuGH, Gebühren B. § 38 8
– Verfahrensgebühr, Amtsgericht B. Nr. 4106 10
– – Bemessung B. Vorb. 4 41
– – Einziehung und verwandte Maßnahmen B. Nr. 4142 10
– – Gebührenhöhe B. Nr. 4104 16
– – Zuschlag B. Nr. 4105 6
– Verfahrensgebühr erster Rechtszug, Geldbuße 40,00 bis 5.000,00 € B. Nr. 5109 4
– – Geldbuße von mehr als 5.000,00 € B. Nr. 5111 4
– Verfahrensgebühr Rechtsbeschwerdeverfahren B. Nr. 5113 12
– Verfahrensgebühr Strafvollstreckung, sonstige Verfahren B. Nr. 4204 8
– Verfahrenssicherung B. § 54 19
– – Vergütungsanspruch A. 1489
– Vergütung B. Vorb. 4 5 f.
– – Fälligkeit A. 519
– Vergütungsanspruch A. 1618
– – gegen Staatskasse A. 1480
– – Hemmung der Verjährung A. 1583 f.
– Vergütungsvereinbarung A. 1514 ff.
– vermögensrechtliche Ansprüche, Verfahrensgebühr B. Nr. 4143 16 ff.
– – Wertgebührentabelle B. Nr. 4143 42
– Vertretung, Festsetzung der Pauschgebühr B. § 51 139
– – Vergütungsanspruch A. 1618
– Vertretung des Rechtsanwalts A. 1617
– vorbehaltene Sicherungsverwahrung B. Vorb. 4.1 22
– Vorschuss A. 1665
– – keine Vergütungsvereinbarung B. § 52 20
– – Vergütungsvereinbarung B. § 52 21
– Wahlverteidigergebühren A. 35
– weiterer B. § 54 19
– Wertgebührentabelle B. Nr. 4142 53
– Zahlung der Staatskasse B. § 52 23 ff.
– Zuschlag, Terminsgebühr Rechtsbeschwerdeverfahren B. Nr. 5114 9

Pflichtverteidiger neben Wahlverteidiger, Strafsachen A. 895

Pflichtverteidigerbestellung, Dolmetscherkosten A. 448
– Erstreckung auf Adhäsionsverfahren, Muster A. 1430
– Erstreckung auf die Hebegebühr, Muster A. 1429
– Geschäftsgebühr, Wiederaufnahmeverfahren B. Nr. 4136 6
– maßgebender Zeitpunkt, Rechtsprechungsübersicht A. 1373
– nach Beendigung des Verfahrens, Vergütung A. 1393 ff.
– Revisionshauptverhandlung A. 1400
– rückwirkende A. 1393
– stillschweigende, RVG A. 25
– Unterbevollmächtigung, Vergütungsanspruch gegen Staatskasse A. 1491
– Verfahrensgebühr, Amtsgericht B. Nr. 4106 8

– – Berufung **B. Nr. 4124** 13
– – Beschwerdeverfahren im Wiederaufnahmeverfahren **B. Nr. 4139** 8
– – Wiederaufnahmeantrag **B. Nr. 4137** 8
– Verfahrensgebühr erster Rechtszug, Geldbuße bis 40,00 € **B. Nr. 5107** 6
– Verfahrensgebühr Revision **B. Nr. 4130** 15
– weitere Verfahrensgebühr, Wiederaufnahmeverfahren **B. Nr. 4138** 7
Pflichtverteidigerbesuch JVA, Fahrtkosten, Geschäftsreise **B. Nr. 7003** 40
Pflichtverteidigervergütung, Anspruchsübergang auf Staatskasse **A.** 1335
– Erinnerung gegen die Festsetzung, Muster **A.** 1196
Pflichtverteidigerwechsel, Beschränkung des Vergütungsanspruchs **A.** 1391 f.
– gebührenrechtliche Beschränkung, Vergütungsanspruch **A.** 1391 f.
– Reisekosten **A.** 174
Pflichtverteidigung, Umsatzsteuerpflicht **B. Nr. 7008** 27 ff.
PKH, beigeordneter Rechtsanwalt, Erstattungsanspruch **B. § 53** 34 ff.
– – Vergütung **A.** 1401 f.
– Beiordnung **A.** 1482
– Disziplinarverfahren **B. Vorb. 6.2** 17
– – Disziplinarverfahren, Zwangsvollstreckung **B. Vorb. 6.2** 37
– Dokumentenpauschale **B. Nr. 7000** 113
– Einigungsgebühr **A.** 475, 485
– Entgelte für Post-/Telekommunikationsdienstleistungen **B. Nr. 7001** 24
– Fahrtkosten **B. Nr. 7003** 37
– Festsetzung der Vergütung **A.** 543 ff.
– Hinweispflicht des Rechtsanwalts **A.** 50
– – Gebührenüberhebung **A.** 50
– mehrere Auftraggeber **A.** 1018 ff.
– – Bewilligung nur für einen **A.** 1022 f.
– nach dem StVollzG **A.** 1462
– nebenklageberechtigter Verletzter **A.** 1479
– Nebenkläger **A.** 1479
– Postentgeltpauschale **B. Nr. 7002** 33
– Privatkläger **A.** 1479
– Strafvollzugsgesetz **A.** 1444
– Streitwertobergrenze **A.** 1018
– Umsatzsteuerpflicht **B. Nr. 7008** 27 ff.
– Verfahren nach §§ 23 ff. EGGVG **A.** 1444
– Verfahrensgebühr, Einzeltätigkeit **B. Nr. 4302** 8

– – erstmalige Freiheitsentziehung **B. Nr. 6300** 16 ff.
– Vergütungsanspruch gegen die Staatskasse **A.** 1478
– Vergütungsvereinbarung **A.** 1517
– Vergütungsverzeichnis **A.** 1300
– verschiedene Gegenstände **A.** 1019 ff.
– verschiedene Wertgebühren **A.** 1019 ff.
– Zwangsvollstreckung **A.** 1716
PKH-Anwalt des Nebenklägers, Reisekosten **A.** 184
PKH-Beiordnung, Erstattungsanspruch des beigeordneten Rechtsanwalts **B. § 53** 34 ff.
PKH-Bewilligung, Erstreckung auf Adhäsionsverfahren, Muster **A.** 1430
– Mandatsannahme unter Bedingung **A.** 33
– sich selbst vertretender Rechtsanwalt, keine Beiordnung **A.** 62
PKH-Bewilligungsverfahren, Fahrtkosten **B. Nr. 7003** 37
Plädoyer, Festsetzung der Pauschgebühr **B. § 51** 117
– Vorbereitung, Bemessung der Gebühr **A.** 1060
Platzreservierung, sonstige Auslagen **B. Nr. 7006** 8
Polizeigewahrsam, Freiheitsentziehung, Verfahrensgebühr **B. Nr. 6300** 9
– gerichtliches Verfahren **B. Nr. 6300** 9
Porto, Anwaltsrechnung, Geschäftskosten **B. Vorb. 7** 9
Portoauslagen, Umsatzsteuer **B. Nr. 7001** 12 f.
Portokosten, Versendung **B. Nr. 7001** 6
– Erfassung, Muster **B. Nr. 7001** 25
– für Versendung der Kostenrechnung **B. Nr. 7001** 6
– Post-/Telekommunikationsdienstleistungen **B. Nr. 7001** 5
Post-/Telekommunikationsauslagen, Beratungshilfe **A.** 345
Post-/Telekommunikationsdienstleistungen, Anschaffungskosten **B. Nr. 7001** 18
– Auslagen **B. Vorb. 7** 10
– Auslagenpauschale, hypothetische Wahlverteidigergebühren **A.** 167
– Berechnung der Pauschale **B. Nr. 7002** 24 f.
– Entgelte **B. Nr. 7001** 1 ff.
– – s.a. Entgelte für Post-/Telekommunikationsdienstleistungen; Postentgeltpauschale
– Erstattungsfähigkeit **B. Nr. 7001** 20 f.

– Geltendmachung **B. Nr. 7001** 20 f.
– Höhe der Kosten **B. Nr. 7001** 10
– Kosten **B. Nr. 7001** 5
– laufende Kosten für Unterhaltung **B. Nr. 7001** 19
– Leitungskosten der Internetprovider **B. Nr. 7001** 5
– Pauschale **B. Nr. 7002** 1 ff.
– – Anrechnung **B. Nr. 7002** 26 f.
– – Erstattungsfähigkeit **B. Nr. 7002** 34
– – gesonderte **B. Nr. 7002** 8
– – Trennung von Verfahren **B. Nr. 7002** 31
– – Verbindung von Verfahren **B. Nr. 7002** 30
– – Vergütungsvereinbarung **B. Nr. 7002** 32
– PKH **B. Nr. 7001** 24
– Rechtsschutzversicherung **B. Nr. 7001** 23
– steuerliche Behandlung **B. Nr. 7001** 11
– Telefonkosten **B. Nr. 7001** 5
– Telegrammkosten **B. Nr. 7001** 5
Postentgelt, Angelegenheit **B. Nr. 7001** 14
– Geltendmachung **B. Nr. 7001** 20 f.
– mehrere Mandanten **B. Nr. 7001** 15
– PKH **B. Nr. 7001** 24
– sämtliche **B. Nr. 7001** 2
– tatsächliches **B. Nr. 7001** 3
– Vergütungsvereinbarung **B. Nr. 7001** 16
– Zugang zu juristischen Online-Datenbanken **B. Nr. 7001** 17
Postentgeltentscheidung, Beschwerde gegen Absehensentscheidung, vermögensrechtliche Ansprüche **B. Nr. 4145** 14
Postentgeltpauschale A. 165 ff.; **B. Nr. 7001** 3 f., Nr. 7002 1 ff.
– Abgeltung durch, Aktenversendungspauschale **A.** 197
– Aktenversendungspauschale **A.** 169
– Angelegenheit **B. Nr. 7002** 2
– – Abgabe **B. Nr. 7002** 21
– – Adhäsionsverfahren **B. Nr. 7002** 9
– – Beratung **B. Nr. 7002** 10
– – Beschwerdeverfahren **B. Nr. 7002** 19
– – Einstellung des Ermittlungsverfahrens **B. Nr. 7002** 11
– – Einstellung des Bußgeldverfahrens **B. Nr. 7002** 11
– – Einzeltätigkeiten **B. Nr. 7002** 12 f.
– – Fortsetzung nach zwei Jahren **B. Nr. 7002** 14
– – gerichtliches Verfahren **B. Nr. 7002** 17
– – Hebegebühr **B. Nr. 7002** 15
– – mehrfacher Anfall **A.** 170

– – Rechtszug **B. Nr. 7002** 16
– – Sicherungsverfahren **B. Nr. 7002** 18
– – Strafverfahren **B. Nr. 7002** 18
– – Strafvollstreckung **B. Nr. 7002** 19
– – Sühneversuch **B. Nr. 7002** 20
– – Verweisung **B. Nr. 7002** 21
– – vorbereitendes Verfahren **B. Nr. 7002** 17
– – Wiederaufnahmeverfahren **B. Nr. 7002** 22
– – Zurückverweisung **B. Nr. 7002** 23
– Anrechnung **B. § 58** 21, Nr. 7002 26 f.
– Anwendungsbereich **B. Nr. 7002** 2 f.
– Beistand vor parlamentarischem Untersuchungsausschuss **A.** 222
– Beratungshilfe **A.** 345; **B. Nr. 7002** 28 f.
– Berechnung **B. Nr. 7002** 24 f.
– einstweilige Anordnung, Therapieunterbringung **A.** 1233
– Erstattungsfähigkeit **B. Nr. 7002** 34
– mehrfacher Anfall **A.** 170
– – Angelegenheit **A.** 170
– persönlicher Geltungsbereich **A.** 168
– Pflichtverteidiger **B. Nr. 7002** 33
– PKH **B. Nr. 7002** 33
– Strafvollstreckung **B. Vorb. 4.2** 35 f.
– Terminsvertreter **A.** 168
– Trennung von Verfahren **B. Nr. 7002** 31
– Verbindung von Verfahren **B. Nr. 7002** 30
– Vergütungsfestsetzung **A.** 165 ff.
– Vergütungsvereinbarung **B. Nr. 7002** 32
– verschiedene Angelegenheiten **B. Nr. 7002** 9 ff.
– Zeugenbeistand **A.** 168
Postpauschale, Vergütungsverzeichnis **A.** 1304
Prämie, besondere Haftpflichtversicherung **B. Nr. 7007** 1 ff.
Preiswerte Herstellung, Ablichtung aus Strafakte **B. Nr. 7000** 55
Preiswertere Herstellung, Ablichtung **B. Nr. 7000** 69
Privatgutachten, Kosten eines, Bußgeldsache **A.** 840
Privatgutachterkosten, Aufwendungen **A.** 538
Privatklage, Auftraggebermehrheit **A.** 983
– dieselbe Angelegenheit **A.** 75
– – mehrere Auftraggeber **A.** 988
– Einigung, Gebührenhöhe **B. Nr. 4147** 8 ff.
– Gerichtskosten **A.** 728
– Strafanzeige **B. Vorb. 4.1.2** 2
– Terminsgebühr **B. Vorb. 4.1.2** 2

2045

– Verfahrensgebühr, Einzeltätigkeit
B. Nr. 4301 1 ff., 31
– verschiedene Angelegenheiten A. 92
– Vertreter A. 960
– vorbereiten der Verfahren B. Vorb. 4.1.2 1
– Vorbereitung B. Vorb. 4.1.2 1 ff.
Privatkläger, Erstattungsanspruch, beigeordneter Rechtsanwalt B. § 53 20
– PKH A. 1479
– Vergütungsanspruch gegen Staatskasse A. 1479
– Vertretung des, Beratungshilfe A. 307
Privatklageverfahren B. Nr. 4141 47
– Betragsrahmengebühr B. Nr. 4147 9
– Einigungsgebühr A. 460, 493 ff.; B. Teil 5 Unterabschn. 5 Vorb. 1, Nr. 4147 1 ff.
– Verfahrensgebühr Einzeltätigkeit B. Nr. 4302 7
– Entbehrlichkeit der Hauptverhandlung, zusätzliche Gebühr B. Nr. 4141 47
– Gebührenhöhe B. Nr. 4147 8 ff.
– Kostenerstattung B. Nr. 4147 14
– Kostenerstattungsanspruch B. Nr. 4147 3 f.
– Pflichtverteidiger B. Nr. 4147 11
– Strafanspruch B. Nr. 4147 3 f.
– vermögensrechtliche Ansprüche A. 494
– Vertrag über sonstige Ansprüche B. Nr. 4147 6 f.
– – Gebührenhöhe B. Nr. 4147 12 f.
– vorbereitendes Verfahren B. Teil 4 Abschn. 1 Unterabschn. 2 3
– zusätzliche Gebühr B. Teil 5 Unterabschn. 5 Vorb. 1
Privatklagevertreter, Gebühren B. Vorb. 4 21
Privatklageweg, zusätzliche Gebühr, nicht nur vorläufige Einstellung B. Nr. 4141 22
Privatrechtlicher Vergütungsanspruch
B. § 54 24
Protokoll, Verfahrensgebühr B. Vorb. 4 40
– – Amtsgericht B. Nr. 4106 8
Protokollbericht, Berichtigungsantrag, Pauschgebühren B. Vorb. 4.1 25
Protokollberichtigungsantrag, Disziplinarverfahren B. Vorb. 6.2 20
– Pauschgebühren B. Vorb. 4.1 25
Prozentsatz, Gebotenheit B. Nr. 7000 37
Prozesskostenhilfe, Rechtsmittelprüfung s.a. PKH A. 262
Prozessvollmacht, Abtretung, Kostenerstattungsanspruch B. § 43 18
Prüfung von Steuerbescheiden, Vergütung A. 819

Prüfungsverfahren, Verfahrensgebühr, Verfahren nach IRG B. Vorb. 6.1.1 9
Psychiatrisches Gutachten, Festsetzung der Pauschgebühr B. § 51 118

Q
Qualifikation des Verteidigers, besondere, Bußgeldsachen B. Vorb. 5 65
Quota litis, Erfolgshonorar A. 503

R
Rahmengebühr A. 1045 ff.
– anwaltliche Abwägung, Überblick A. 1083 f.
– anwaltliche Tätigkeit, Umfang A. 1057 ff.
– Bedeutung anwaltliche Tätigkeit A. 1067 ff.
– Bemessungskriterien A. 1051 ff.
– Beratungsgebühr A. 1049
– Bestimmung A. 1047 ff.
– – gegenüber Mandanten A. 1095 ff.
– – gegenüber ersatzpflichtigen Dritten A. 1102 f.
– – gegenüber Staatskasse A. 1101
– Einkommensverhältnisse des Mandanten A. 1073 ff.
– Ersatzrahmengebühr A. 1048
– Festsetzung der Vergütung A. 531
– Gebührenblatt A. 1109 ff.
– Gutachten, Vorstand der Rechtsanwaltskammer A. 1105
– Gutachtengebühr A. 1049
– Haftungsrisiko A. 1076 ff.
– Höchstgebühr A. 1090 f.
– Kostenstruktur des Büros A. 1080 f.
– Leistungsbestimmung A. 1095
– Mindestgebühr A. 1089
– Mittelgebühr A. 1085 ff.
– Nebenklage A. 1055
– Schwierigkeit der anwaltlichen Tätigkeit A. 1063 ff.
– sonstige Kriterien A. 1079 ff.
– Strafsachen B. Vorb. 4 8 ff., 9
– Vergütungsvereinbarung A. 1050
– Vermögensverhältnisse des Mandanten A. 1070 ff.
Rat, Auftrag, Beratungsgebühr A. 274 ff.
Ratenzahlung B. § 43 28
– Vorschuss A. 1671
Ratenzahlungsantrag, Verfahrensgebühr Einzeltätigkeiten, Bußgeldsachen B. Nr. 5200 10

Ratenzahlungsvereinbarung, Einigungsgebühr, Zwangsvollstreckung **A.** 1706 ff.
– Muster **A.** 1772
– Zustimmungserklärung, Muster **A.** 578
– Zwangsvollstreckung **A.** 1749
Räumungsfrist, Vergütung **A.** 1696
Recherchekosten, juristische Datenbanken, weitere Auslagen **B. Vorb. 7** 11
Rechtsanwalt, RVG, persönlicher Anwendungsbereich **A.** 42
Rechtliches Gehör, Bewilligungsverfahren **B. § 42** 23
– – Festsetzung der Pauschgebühr **B. § 51** 54
– Festsetzungsverfahren **A.** 556
– Nachholung, Verfahrensgebühr **B. Vorb. 4** 40
– – Rechtszug **A.** 1207 ff.
– Rechtszug **A.** 1199
Rechtmittel, Beratung über Erfolgsaussicht, Höhe der Gebühr **A.** 267 ff.
Rechtsänderung, Abgeltungsbereich der Vergütung **A.** 10
– zwischenzeitliche, Abgeltungsbereich der Vergütung **A.** 10
Rechtsanwalt, Anspruch gegen Beschuldigten **B. § 52** 1 ff.
– Aufklärungspflicht **A.** 47 ff.
– – Grundsätze **A.** 47 f.
– Einzeltätigkeit **B. Vorb. 4** 6
– Gebühr, Bestimmung der Höhe **A.** 1045
– Gebührenforderung, Abtretung **A.** 12
– Geschäftsreise des Vertreters **B. Vorb. 7** 25
– Hinweispflicht **A.** 47 ff.
– – Grundsätze **A.** 47 f.
– in eigener Sache **B. Vorb. 4** 20 f.
– Kleinunternehmer **B. Nr. 7008** 6
– Mitwirkung, Einigungsgebühr **A.** 471
– neu beigeordnet, Gebührenanspruch **B. § 54** 23
– Tätigkeit von Vertretern, Vergütungsanspruch gegen Staatskasse **A.** 1490 f.
– Überzahlung, Festsetzungsverfahren **A.** 626
– Umsatzsteuerpflicht **B. Nr. 7008** 5 f.
– Vertreter **A.** 1609 ff.
– – Auslagenersatz **B. Vorb. 7** 6
– Vertreter des Wahlanwalts **A.** 1613
– Zulassung, Aufgabe **B. § 54** 10
Rechtsanwalt als Sachverständiger, Geschäftsreise **B. Vorb. 7** 24
Rechtsanwalt als Zeuge, Geschäftsreisen **B. Vorb. 7** 24

Rechtsanwalt in eigener Sache, private Tätigkeit **B. Nr. 7008** 16 f.
– Umsatzsteuerpflicht **B. Nr. 7008** 13 ff.
Rechtsanwälte, mehrere **A.** 1032 ff.
– verschiedene Tätigkeiten **A.** 1037
Rechtsanwaltsgebühren, Verfahren vor EuGH **B. § 38** 1 ff.
– Verfahren vor Verfassungsgerichten **B. § 37** 1 ff.
– – persönlicher Geltungsbereich **B. § 37** 4
– – s.a. *Verfahren vor Verfassungsgerichten*
– – sachlicher Geltungsbereich **B. § 37** 5
– – strafprozessähnliche Verfahren **B. § 37** 6 ff.
– Wertfestsetzung **A.** 656 ff.
Rechtsanwaltskosten, Gerichtskosten **A.** 771 ff.
– Zusammentreffen mit Notarreisekosten **B. Vorb. 7** 38
Rechtsanwaltsvergütung, Bestimmung der Gebühr **A.** 1045
– s.a. *anwaltliche Vergütung*
– System **B. Vorb. 4** 8 ff.
Rechtsanwaltsvergütung in Bußgeldsachen B. Vorb. 5 1 ff.
– Erstattung **B. Vorb. 5** 9 ff.
– – Kostenentscheidung **B. Vorb. 5** 9
– – Umfang der Erstattungspflicht **B. Vorb. 5** 10
– – Vertreter in eigener Sache **B. Vorb. 5** 11
– persönlicher Geltungsbereich **B. Vorb. 5** 2 f., 12 ff.
– sachlicher Geltungsbereich **B. Vorb. 5** 4
– System **B. Vorb. 5** 5 ff.
– – Dreiteilung der Gebühren **B. Vorb. 5** 6
– – Pauschalgebühren **B. Vorb. 5** 6
– – Pauschgebühren **B. Vorb. 5** 8
– – Verfahrensabschnitte **B. Vorb. 5** 7
Rechtsanwaltswechsel, Verweisung, Gebühren **A.** 1641
Rechtsbehelf, Anhörungsrüge **A.** 110
– Kostensachen, Überblick **A.** 1194
Rechtsbehelf in Bußgeldsache, anfechtbare Entscheidung **B. § 57** 4 ff.
– Verfahren **B. § 57** 7 ff.
– Verwaltungsbehörde **B. § 57** 1 ff.
Rechtsbeistand, Festsetzung der Vergütung **A.** 546
Rechtsbeschwerde, Begründung, Verfahrensgebühr Rechtsbeschwerdeverfahren **B. Nr. 5113** 11
– Beratung über, Bußgeldsachen **B. Vorb. 5.1** 10
– Bußgeldsachen, Vergütungsverzeichnis **A.** 1302
– dieselbe Angelegenheit **A.** 79

- Einlegung, Bußgeldsachen **B. Vorb. 5.1** 10
- – Verfahrensgebühr erster Rechtszug **B. Nr. 5107** 6
- Erfolgsaussichten, Verfahrensgebühr Rechtsbeschwerdeverfahren **B. Nr. 5113** 11
- Festsetzung der Vergütung **A.** 571
- gegen Entscheidung der Strafvollstreckungskammer, Vergütung **A.** 1455
- Kostenfestsetzung in Strafsachen **A.** 932
- mehrere **B. Teil 5 Abschn. 1 Unterabschn. 4 Vorb.** 4
- Rücknahme, Terminsgebühr Rechtsbeschwerdeverfahren **B. Nr. 5114** 2
- – Verfahrensgebühr Rechtsbeschwerdeverfahren **B. Nr. 5113** 11
- – zusätzliche Gebühr **B. Nr. 5115** 33 ff.
- StVollzG **A.** 1449
- Verfahren **B. Teil 5 Abschn. 1 Unterabschn. 4 Vorb.** 1 ff.
- – Vorbemerkung **B. Teil 5 Abschn. 1 Unterabschn. 4 Vorb.** 1 ff.
- Verfahren nach §§ 43, 44 WDO, Verfahrensgebühr **B. Nr. 6500** 11
- Verfahren nach WBO **B. Vorb. 6.4** 7
- Verfahrensgebühr **B. Vorb. 5** 6

Rechtsbeschwerdeverfahren
- anwaltliche Vergütung **B. Teil 5 Abschn. 1 Unterabschn. 4 Vorb.** 1 ff.
- Auslagen **B. Teil 5 Abschn. 1 Unterabschn. 4 Vorb.** 5
- Befriedungsgebühr **B. Teil 5 Abschn. 1 Unterabschn. 4 Vorb.** 5
- Beginn **B. Nr. 5113** 6 f.
- beigeordneter Rechtsanwalt, Pauschgebühr **B. Nr. 5114** 10
- Betragsrahmen, Höhe der Geldbuße **B. Teil 5 Abschn. 1 Unterabschn. 4 Vorb.** 2
- Dauer **B. Nr. 5113** 6 ff.
- – Einlegung der Rechtsbeschwerde **B. Nr. 5113** 6
- eigene Angelegenheit **B. Teil 5 Abschn. 1 Unterabschn. 4 Vorb.** 3 f.
- Einlegung der Rechtsbeschwerde durch anderen Verfahrensbeteiligten **B. Nr. 5113** 7
- Einziehungsgebühr **B. Teil 5 Unterabschn. 4 Vorb.** 5
- Ende **B. Nr. 5113** 8
- – Abschluss der Rechtsbeschwerdeinstanz **B. Nr. 5113** 8
- Entbehrlichkeit der Hauptverhandlung, Gebühr **B. Nr. 5113** 2
- Gebühren **B. Teil 5 Abschn. 1 Unterabschn. 4 Vorb.** 5
- gerichtlich bestellter Rechtsanwalt, Pauschgebühr **B. Nr. 5114** 10
- gerichtliche Verfahrensgebühr **B. Nr. 5113** 1
- Grundgebühr **B. Teil 5 Abschn. 1 Unterabschn. 4 Vorb.** 5; **B. Nr. 5113** 4
- mehrere Rechtsbeschwerden **B. Teil 5 Unterabschn. 4 Vorb.** 4
- Pauschgebühr **B. Nr. 5113** 18, **Nr. 5114** 8
- Termin außerhalb der Hauptverhandlung **B. Teil 5 Abschn. 1 Unterabschn. 4 Vorb.** 5
- Terminsgebühr *s.a. Terminsgebühr Rechtsbeschwerdeverfahren* **B. Teil 5 Abschn. 1 Unterabschn. 4 Vorb.** 5, **Nr. 5114** 1 ff.
- Verfahrensgebühr *s.a. Verfahrensgebühr Rechtsbeschwerdeverfahren* **B. Teil 5 Unterabschn. 4 Vorb.** 5, **Nr. 5113** 1 ff.
- – Dauer des Verfahrens **B. Nr. 5113** 6 ff.
- – Ende des Verfahrens **B. Nr. 5113** 8
- – erfasste Tätigkeiten **B. Nr. 5113** 9 ff.
- – gerichtliche **B. Nr. 5113** 1 ff.
- – Katalog erfasster Tätigkeiten **B. Nr. 5113** 11
- – sachlicher Abgeltungsbereich **B. Nr. 5113** 5 ff.
- – Zulassung der Rechtsbeschwerde **B. Nr. 5113** 5
- Vergütung des Rechtsanwalts **B. Teil 5 Abschn. 1 Unterabschn. 4 Vorb.** 1 ff.
- Verteidiger, Vergütung **B. Teil 5 Abschn. 1 Unterabschn. 4 Vorb.** 1 ff.
- Zulassung der Rechtsbeschwerde **B. Nr. 5113** 5
- Zurückverweisung **B. Nr. 5113** 5
- zusätzliche Gebühr **B. Teil 5 Unterabschn. 4 Vorb.** 5, **Nr. 5114** 11

Rechtsfall, Begriff **B. Nr. 4100** 26 ff, **Nr. 6200** 8
- – Grundgebühr Disziplinarverfahren **B. Nr. 6200** 8

Rechtsfragen, Schwierigkeit der anwaltlichen Tätigkeit **A.** 1065

Rechtskenntnisse, besondere, Schwierigkeit der anwaltlichen Tätigkeit **A.** 1065

Rechtskraftzeugnis, Zwangsvollstreckung **A.** 1750

Rechtsmaterie, schwierig, Bußgeldsachen **B. Vorb. 5** 68

Rechtsmittel gegen Vergütungsfestsetzung A. 1115 ff.

– Anhörungsrüge **A.** 1189
– Beschwerde *s.a. Beschwerde* **A.** 1141 ff.
– Beschwerdeverfahren, Kosten **A.** 1182 ff.
– einheitliche Verfahrensvorschriften **A.** 1119
– Erinnerung *s.a. Erinnerung* **A.** 1120 ff.
– weitere Beschwerde *s.a. weitere Beschwerde* **A.** 1166 ff.
Rechtsmittel, Begründung, Pauschgebühren **B. Vorb. 4.1** 25
– beiderseitige, Pauschgebühren **B. Vorb. 4.1** 35
– Beratung über Erfolgsaussicht, Ausarbeitung schriftlichen Gutachtens **A.** 269
– – Auslagenpauschale **A.** 268
– – Mittelgebühr **A.** 267
– – nicht in Vorinstanz tätig **A.** 263 ff.
– – Rechtsanwalt in Vorinstanz tätig **A.** 270 f.
– – schriftliches Gutachten **A.** 266
– – Verfahrensgebühr der Vorinstanz **A.** 270
– Beratung, Bemessung der Gebühr **A.** 1060
– – Pauschgebühren **B. Vorb. 4.1** 30 ff.
– Einlegung **A.** 1200 ff.
– – Verfahrensgebühr **B. Vorb. 4** 40
– Erfolgsaussicht, Beratung über **A.** 261 ff.
– Gutachtengebühr **A.** 261
– Kostenfestsetzungsbeschluss **A.** 921 ff.
– Prüfung der Erfolgsaussicht, Anrechnungsregelung **A.** 269
– Rücknahme, Disziplinarverfahren **B. Vorb. 6.2** 20
– Stellungnahme, Verfahrensgebühr **B. Vorb. 4** 40
– Verfahrensgebühr, Einzeltätigkeit **B. Nr. 4302** 1 ff.
– – Vorinstanz **A.** 270 f.
– Vergütungsfestsetzung **A.** 1115 ff.
– Zurückverweisung **A.** 1689
Rechtsmittelbegründung, Disziplinarverfahren **B. Vorb. 6.2** 20
– Pauschgebühren **B. Vorb. 4.1** 25
Rechtsmitteleinlegung, Bemessung der Gebühr **A.** 1060
– Disziplinarverfahren **B. Vorb. 6.2** 22
– erstmalige Freiheitsentziehung, Verfahrensgebühr **B. Nr. 6300** 24
– Unterbringungssachen, Verfahrensgebühr **B. Nr. 6300** 24
– Verfahrensgebühr, Verfahren nach IRG-/IStGH-Gesetz **B. Nr. 6101** 14
Rechtsmittelerwiderung, Disziplinarverfahren **B. Vorb. 6.2** 20

– Pauschgebühren **B. Vorb. 4.1** 25
Rechtsmittelprüfung, Prozesskostenhilfe **A.** 262
Rechtsmittelrecht der Staatskasse, Überzahlung an Rechtsanwalt, Festsetzungsverfahren **A.** 626
Rechtsmittelverfahren, Einziehung, Wertfestsetzung **A.** 665
– Entstehen der Gebühr **A.** 263 ff.
– Strafbefehlsverfahren **A.** 1274, 1288
– Übergangsvorschriften **A.** 1360 ff.
– Wertfestsetzung **A.** 669
Rechtspfleger, Wertfestsetzung **A.** 680
Rechtsprechung, Auswertung von, Bemessung der Gebühr **A.** 1060
Rechtsprechungs-ABC, Bußgeldsachen **B. Vorb. 5** 45 ff.
Rechtsschutzbedürfnis, Festsetzungsverfahren **A.** 554
– Honorarklage **A.** 554
Rechtsschutzversicherung, Auslagen **B. Vorb. 7** 14
– Beratungshilfe **A.** 296
– Bußgeldsache **A.** 841
– Deckungszusage *s.a. Deckungszusage* **A.** 409 ff.
– – Einholung der **A.** 425
– – Geltendmachung beim Gegner **A.** 423 f.
– – Geltendmachung beim Mandanten **A.** 421
– – Zeitpunkt der Wertberechnung **A.** 420
– Einholung bei, Deckungszusage **A.** 409 ff.
– Einholung der Deckungszusage, Angelegenheit **A.** 414
– – besonderer Auftrag **A.** 415
– – Gebührenvereinbarung **A.** 418
– – Geltendmachung der Vergütung **A.** 421 ff.
– – Geschäftsgebühr **A.** 416 f.
– Fahrer-Rechtsschutz **A.** 413
– Gegenstandswert für Geschäftsgebühr, Berechnung **A.** 419
– – Gerichtskosten **A.** 419
– – notwendige Auslagen des Mandanten **A.** 419
– – Selbstbeteiligung **A.** 419
– – Verteidigerkosten **A.** 419
– – Wertgebühren **A.** 419
– Gegenstandswert, voraussichtliche Kosten einer Deckungsschutzklage **A.** 419
– Geschäftsgebühr, Gegenstandswert **A.** 419
– Halte-/Parkverstoß **A.** 413
– Hauptsacheverfahren, Angelegenheit **A.** 414 f.
– Post-/Telekommunikationsdienstleistungen **B. Nr. 7001** 23

- Selbstbeteiligung des Mandanten **A.** 419
- Straf-/Bußgeldsachen, allgemeine Bedingungen **A.** 410
- Umfang des Versicherungsschutzes **A.** 413
- Vergütung, Geltendmachung **A.** 421 ff.
- – Geltendmachung bei Rechtsschutzversicherung **A.** 422
- – Geltendmachung beim Gegner **A.** 423 f.
- – Geltendmachung beim Mandanten **A.** 421

Rechtsverfolgung, Gegenstandsgleichheit **A.** 993
Rechtsverhältnis, Begriff **A.** 468
- Einigungsgebühr **A.** 468

Rechtsverteidigung A. 993
Rechtsweg, Ausschöpfung **A.** 110
Rechtszug A. 1198 ff.
- Abwicklungstätigkeiten **A.** 1198
- Angelegenheiten **A.** 108
- Anhörungsrüge **A.** 1207 ff.
- Begründung des Rechtsmittels **A.** 1203
- Herausgabe der Handakten **A.** 1198
- Nachholung rechtlichen Gehörs **A.** 1207 ff.
- Nebentätigkeiten **A.** 1198
- Postentgeltpauschale, Angelegenheit **B. Nr. 7002** 16
- Vorbereitungstätigkeiten **A.** 1198
- zugehörige Tätigkeiten **A.** 1198
- Zurückverweisung **A.** 1687, 1692 ff.

Rechtszugbezogene Gebühr B. Nr. 4142 13
Referendar, Kostenerstattungsanspruch, Abtretung **B. § 43** 7
Regelsätze, Bußgeldsachen, anwaltliche Gebühren **B. Vorb. 5.1** 23
Registerauskunft, weitere Auslagen **B. Vorb. 7** 11
Registerauskunftskosten, Aufwendungen **A.** 538
Reifezeit, Festsetzung der Pauschgebühr **B. § 51** 120
Reise am Kanzleiort, Geschäftsreise **B. Vorb. 7** 22
Reise am Wohnort, Geschäftsreise **B. Vorb. 7** 22
Reise für mehrere Geschäfte B. Vorb. 7 32 ff.
- Reisekosten **B. Vorb. 7** 32 ff.

Reisekosten, Abgabe **B. Nr. 7003** 39
- Antrag auf Feststellung der Erforderlichkeit, Muster **A.** 214
- auswärtiger Pflichtverteidiger **A.** 173 f.
- – bindende Bestellung **A.** 173
- auswärtiger Rechtsanwalt, eigenes Kfz **B. Nr. 7003** 17 ff.
- auswärtiger Verteidiger **A.** 873 ff.
- Bahncard **A.** 189
- – Wahlanwalt **A.** 189
- beigeordneter Rechtsanwalt des Privatklägers, Einschränkung **A.** 176 f.
- Beiordnung zu Bedingungen ortsansässigen Rechtsanwalts **A.** 175 ff.
- Beiordnung/Bestellung zu Bedingungen ortsansässigen Rechtsanwalts, Privatklage **A.** 175 ff.
- – PKH **A.** 175 ff.
- Beistand des Nebenklägers **A.** 184
- Bestellung zu Bedingungen eines ortsansässigen Rechtsanwalts **A.** 175 ff.
- einschränkende Beiordnung **A.** 175
- – Einverständniserklärung **A.** 178
- Erforderlichkeit **A.** 171
- – Antrag auf Feststellung **A.** 214
- Erörterung der Haftverschonung **A.** 190
- Erstattungsfähigkeit **A.** 171
- Feststellungsverfahren **A.** 209
- – Bindungswirkung **A.** 211
- – Erforderlichkeit **A.** 212
- fiktive Aufwendungen **B. Nr. 7006** 19
- gebührenrechtliche Beschränkung **A.** 175
- Geschäftsreise **A.** 172
- – Fahrtkostenberechnung **A.** 172
- – Zweigstelle **A.** 172
- gleiche Kosten, Berechnung **B. Vorb. 7** 34
- Hauptverhandlungstermin **A.** 185
- Informationsreisen **A.** 190
- JVA **A.** 186
- konkludenter Verzicht **A.** 178
- Kostenregelung, Wahlanwalt **A.** 189
- kostensparende Prozessführung **A.** 171
- mehrere Geschäfte **A.** 187
- – an demselben Ort **B. Vorb. 7** 40
- mehrere Verteidiger derselben Sozietät **A.** 188
- Netzfahrkarte **A.** 189
- Pflichtverteidiger, Abgabe an anderes Gericht **A.** 174
- – Hauptverhandlungstermin **A.** 185
- – sonstige gerichtliche Termine **A.** 185
- – unzulässige Beschränkung **A.** 179 f.
- – Verweisung an anderes Gericht **A.** 174
- – Verzicht auf Reisekosten **A.** 182
- – Wechsel des **A.** 174
- – zulässige Beschränkung **A.** 181
- PKH-Anwalt des Nebenklägers **A.** 184
- Reise für mehrere Geschäfte **B. Vorb. 7** 32 ff.
- Sockelverteidigung **B. Nr. 7003** 38

- sonstige gerichtliche Termine **A.** 185
- Staatskasse **A.** 171 ff.
- Tatortbesichtigung **A.** 190
- tatsächliche Aufwendungen **B. Nr. 7006** 19
- Taxikosten **A.** 190
- Umsatzsteuer **B. Nr. 7008** 23
- uneingeschränkte Beiordnung **A.** 177
- ungleiche Kosten, Berechnung **B. Vorb. 7** 35
- Vergütungsvereinbarung **A.** 1575 f.;
 B. Vorb. 7 36
- Verweisung **B. Nr. 7003** 39
- Verzicht auf **A.** 182
- Wahrnehmung des Hauptverhandlungstermins **A.** 185
- Zusammentreffen von Rechtsanwalts- und Notarreisekosten **B. Vorb. 7** 38

Reiseversicherung, sonstige Auslagen **B. Nr. 7006** 6

Religionsgesellschaft, Ahndung von Verstößen **B. Vorb. 6.2** 9

Reservierung, Bahn, Angemessenheit der Fahrtkosten **B. Nr. 7004** 12

Revision B. Revision 1 ff.
- Beratung über Erfolgsaussichten, Verfahrensgebühr Revision **B. Nr. 4130** 15
- eigene Angelegenheit **B. Revision** 2 ff.
- Einlegen, Verfahrensgebühr Berufung **B. Nr. 4124** 13
- Einlegung/Begründung, Einzeltätigkeit **B. Vorb. 4.3** 32 ff.
- mehrere, dieselbe Angelegenheit **A.** 81
- Rücknahme **B. Nr. 4141** 40 ff.
- – Anberaumung eines Hauptverhandlungstermins **B. Nr. 4141** 44 ff.
- – Begriff **B. Nr. 4141** 41
- – Rücknahmezeitpunkt **B. Nr. 4141** 43
- – Verfahrensgebühr Revision **B. Nr. 4130** 15
- – Mitwirkung des Verteidigers **B. Nr. 4141** 42
- – Strafsachen, Einzeltätigkeiten **A.** 1301
- – Vergütungsverzeichnis **A.** 1301
- – Terminsgebühr **B. Nr. 4132** 1 ff.
- – Verfahrensgebühr **B. Nr. 4130** 1 ff.
- – Anfertigung/Unterzeichnung einer Schrift **B. Nr. 4300** 3 ff., 23
- – Einzeltätigkeit **B. Nr. 4302** 5
- Vergütungsverzeichnis **A.** 1300
- vermögensrechtlicher Anspruch **B. Revision** 6
- vorbehaltene Sicherungsverwahrung **B. Vorb. 4.1** 22
- zusätzliche Gebühr, nicht nur vorläufige Einstellung **B. Nr. 4141** 22

Revisionsbegründung, Verfahrensgebühr Revision **B. Nr. 4130** 15

Revisionseinlegung, Verfahrensgebühr Revision **B. Nr. 4130** 15

Revisionshauptverhandlung, Pflichtverteidigerbestellung, Vergütung **A.** 1400
- Vorbereitung, Verfahrensgebühr Revision **B. Nr. 4130** 15

Revisionsverfahren, Adhäsionsverfahren **B. Revision** 5
- Auslagen **B. Revision** 5
- Befriedungsgebühr **B. Revision** 5
- Beginn **B. Nr. 4130** 3 ff.
- Einigungsgebühr **A.** 474, 483
- Einziehungsgebühr **B. Revision** 5
- Ende **B. Nr. 4130** 8
- Festsetzung der Pauschgebühr **B. § 51** 22, 121
- Gebühren **B. Revision** 5
- Geltungsbereich, persönlicher **B. Revision** 6
- Gerichtskosten **A.** 723
- Grundgebühr **B. Revision** 5
- parlamentarischer Untersuchungsausschuss **B. Revision** 6
- Terminsgebühr **B. Revision** 5
- Verfahrensgebühr **B. Revision** 5
- vermögensrechtliche Ansprüche, Anrechnung **B. Nr. 4144** 8
- – Einigungsgebühr **B. Nr. 4144** 6
- – Erbe **B. Nr. 4144** 1 ff.
- – Gebührenhöhe **B. Nr. 4144** 3 ff.
- – Verletzter **B. Nr. 4144** 1 ff.
- – Wertgebührentabelle **B. Nr. 4144** 9 f.
- zusätzliche Gebühr **B. Revision** 5

Richter im Bundesdienst, Disziplinarsachen **B. Nr. 6203** 1

Richterdienstgericht der Bundesländer, Verfahrensgebühr, erster Rechtszug **B. Nr. 6203**

Richterklage B. Vorb. 6.2 9

Richterliche Entscheidung über Verwaltungsmaßnahme, Freiheitsentziehung, Verfahrensgebühr **B. Nr. 6300** 13

Rückerstattung, Beratungshilfegebühr **A.** 316

Rückgewinnungshilfe, Kosten der, Gerichtskosten **A.** 780
- Verfahrensgebühr **B. Vorb. 4** 40

Rücknahme, Begriff **B. Nr. 4141** 26, **Nr. 5115** 30
- Berufung **B. Nr. 4141** 35 ff.

2051

- Revision **B. Nr. 4141** 40 ff.
Rücknahme der Beschwerde, Disziplinarverfahren zweiter Rechtszug, Verfahrensgebühr **B. Nr. 6207** 8
- Verfahrensgebühr Disziplinarverfahren, zweiter Rechtszug **B. Nr. 6207** 8
Rücknahme der Klage, neue Klage, dieselbe Angelegenheit **A.** 76
- zusätzliche Gebühr **B. Nr. 4141** 20
Rücknahme der Rechtsbeschwerde, zusätzliche Gebühr, Mitwirkung des Verteidigers **B. Nr. 5115** 34
- – Rücknahmezeitpunkt **B. Nr. 5115** 36
- Verfahrensgebühr Rechtsbeschwerdeverfahren **B. Nr. 5113** 11
Rücknahme der Revision, Disziplinarverfahren zweiter Rechtszug, Verfahrensgebühr **B. Nr. 6207** 8
- Verfahrensgebühr Disziplinarverfahren, zweiter Rechtszug **B. Nr. 6207** 8
- Verfahrensgebühr Revision **B. Nr. 4130** 15
Rücknahme des Einspruchs, Begriff **B. Nr. 5115** 19
- gerichtliches Verfahren, Rücknahmezeitpunkt **B. Nr. 5115** 32
- Zeitpunkt **B. Nr. 5115** 32
Rücknahme des Rechtsmittels, Disziplinarverfahren **B. Vorb. 6.2** 20
- Pauschgebühren **B. Vorb. 4.1** 25
Rücknahme von Rechtsmitteln, Verfahrensgebühr, Einzeltätigkeit **B. Nr. 4302** 8
Rücknahmezeitpunkt, Berufung **B. Nr. 4141** 38
- Revision **B. Nr. 4141** 43
Rücksendekosten, Erstattung von, Aktenversendungspauschale **A.** 202
Rückwirkende Bestellung A. 1486
Rückwirkung, Anrechnung **B. § 58** 30
Rückzahlung, Anzeigepflicht des Rechtsanwalts **B. § 58** 39 ff.
- Ausschluss **B. § 58** 37
- Berechnung **B. § 58** 20 ff.
- Entreicherung **B. § 58** 44
- Gebühren **B. § 58** 1 ff.
- – Anwendungsbereich **B. § 58** 4 ff.
- Verfahren **B. § 58** 44
- Zahlungen **B. § 58** 6 f.
Rundreise, Geschäftsreise **B. Vorb. 7** 33
RVG, allgemeine Grundsätze **A.** 1293
- allgemeine Vorschriften **A.** 1293

- allgemeiner Teil **A.** 1293 ff.
- – Fragen allgemeiner Bedeutung **A.** 1295
- Allgemeines **A.** 1292
- Angelegenheit **A.** 1293
- anwaltliche Tätigkeiten **A.** 37 ff.
- Anwendungsbereich, persönlicher **A.** 42 ff.
- – sachlicher **A.** 37 ff.
- außergerichtliche Beratung und Vertretung **A.** 1293
- Gebührenvereinbarung **A.** 225 ff.
- Gebührenvorschriften **A.** 1293
- Gegenstandswert **A.** 1293
- Geltungsbereich, persönlicher **A.** 22
- – sachlicher **A.** 22
- gerichtliches Verfahren **A.** 1293
- persönlicher Anwendungsbereich, andere Mitglieder einer Rechtsanwaltkammer **A.** 44
- – ausländische Rechtsberatungsgesellschaften **A.** 44
- – ausländischer Rechtsanwalt **A.** 44
- – europäischer Rechtsanwalt **A.** 44
- – Hochschullehrer **A.** 46
- – Kammerrechtsbeistand **A.** 44
- – keine Abrechnung nach RVG **A.** 45
- – Notar **A.** 45
- – Partnerschaftsgesellschaften **A.** 43
- – Rechtsanwälte **A.** 42
- – Rechtsanwalts-AG **A.** 44
- – Rechtsanwaltsgesellschaften **A.** 44
- – Steuerberater **A.** 45
- – Steuerbevollmächtigter **A.** 45
- – vereidigter Buchprüfer **A.** 45
- – Wirtschaftsprüfer **A.** 45
- Straf-/Bußgeldsachen **A.** 1293
- strafrechtliches Rehabilitierungsgesetz **B. Vorb. 4** 26
- StrRehaG **B. Vorb. 4** 27 ff.
- Systematik **A.** 1292 ff.
- – Gebührentatbestände **A.** 1292
- – Vergütungsverzeichnis **A.** 1292
- Übergangs- und Schlussvorschriften **A.** 1293
- Unanwendbarkeit **A.** 41
- Vergütung aus der Staatskasse **A.** 1293
- Vergütung, Anwendungsbereich **A.** 37 ff.
- – Geltungsbereich **A.** 37 ff.
- – Höhe der Vergütung **A.** 25

S

Sach- und Rechtslage, Erörterung, Verfahrensgebühr **B. Vorb. 4** 40
Sachliche Zuständigkeit, Erinnerung, Beratungshilfevergütung **A.** 1190
Sachlicher Abgeltungsbereich, Grundgebühr **B. Nr. 4100** 11 ff.
– Terminsgebühr Amtsgericht **B. Nr. 4108** 13
– – Zusatzgebühr **B. Nr. 4110** 6
– Verfahrensgebühr Amtsgericht **B. Nr. 4106** 7
– Verfahrensgebühr bei Einziehung/verwandten Maßnahmen **B. Nr. 5116** 7 f.
– Verfahrensgebühr erster Rechtszug **B. Nr. 5107** 3 ff.
– Verfahrensgebühr Rechtsbeschwerdeverfahren **B. Nr. 5113** 5 ff.
Sachlicher Geltungsbereich, Abraten vom Wiederaufnahmeantrag **B. § 45** 4
Sachlicher Anwendungsbereich, Kostenerstattungsanspruch, Abtretung **B. § 43** 6 ff.
– Haftzuschlag **B. Vorb. 4** 86 f.
– Pauschgebühr **B. § 42** 4
Sachverhalt, komplexer, Bemessung der Gebühr **A.** 1060
Sachverständigenbeistand, Bußgeldsachen **B. Vorb. 5** 14
– Gebührenwiederaufnahmeverfahren, Disziplinarverfahren **B. Vorb. 6.2.3** 5
– sonstige Verfahren, Vergütung **B. Vorb. 6** 4
– Terminsgebühr Disziplinarverfahren **B. Nr. 6201** 4
– Verfahrensgebühr Disziplinarverfahren, außergerichtliches Verfahren **B. Nr. 6202** 4
Sachverständigengutachten, Auswertung, Bemessung der Gebühr **A.** 1060
– Geschäftsgebühr, Wiederaufnahmeverfahren **B. Nr. 4136** 6
– mehrere, Schwierigkeit der anwaltlichen Tätigkeit **A.** 1065
Sachverständiger, Gebühren **B. Vorb. 4** 6
– Gespräch, Verfahrensgebühr **B. Vorb. 4** 40
– – Bemessung der Gebühr **A.** 1060
– – Rechtsanwalt als, Geschäftsreise **B. Vorb. 7** 24
Satzrahmengebühr A. 1048
– Erhöhung **A.** 1015 f.
– Kappungsgrenzen **A.** 1016
– Wertgebühren **A.** 1679
Schadensersatzanspruch, aufrechenbarer, Verlust des Vergütungsanspruchs **A.** 65

Schifffahrtskosten, Angemessenheit der Fahrtkosten **B. Nr. 7004** 22
Schifffahrtsrechtliche Verteilungsordnung, Verteilungsverfahren, Vergütung **A.** 1696
Schlafwagen, sonstige Auslagen **B. Nr. 7006** 8
– – Geschäftsreise **B. Nr. 7006** 15
Schließung, Niederlassung einer überörtlichen Sozietät **B. Vorb. 7** 46
Schöffengericht, erweitertes, Festsetzung der Pauschgebühr **B. § 51** 98
Schreiben einfacher Art, Vergütungsverzeichnis **A.** 1300
Schriftliche Stellungnahme, Verfahrensgebühr sonstige Verfahren, Einzeltätigkeiten **B. Nr. 6500** 16
Schriftliche Stellungnahme vor Verwaltungsbehörde, Verfahrensgebühr Einzeltätigkeiten, Bußgeldsachen **B. Nr. 5200** 10
Schriftsatz, umfangreicher, Festsetzung der Pauschgebühr **B. § 51** 122
Schriftverkehr, allgemeiner, Verfahrensgebühr Rechtsbeschwerdeverfahren **B. Nr. 5113** 11
– Disziplinarverfahren **B. Vorb. 6.2** 20
– erstmalige Freiheitsentziehung, Verfahrensgebühr **B. Nr. 6300** 24
– Geschäftsgebühr, Wiederaufnahmeverfahren **B. Nr. 4136** 6
– Unterbringungssachen, Verfahrensgebühr **B. Nr. 6300** 24
– Verfahrensgebühr **B. Vorb. 4** 40
– – Amtsgericht **B. Nr. 4106** 8
– – Berufung **B. Nr. 4124** 13
– – Beschwerdeverfahren im Wiederaufnahmeverfahren **B. Nr. 4139** 8
– – Disziplinarverfahren, außergerichtliches Verfahren **B. Nr. 6202** 14
– – erstmalige Freiheitsentziehung/Unterbringungssachen **B. Nr. 6300** 24
– – Gnadensache **B. Nr. 4303** 10
– – Verfahren nach IRG-/IStGH-Gesetz **B. Nr. 6101** 14
– – Wiederaufnahmeantrag **B. Nr. 4137** 8
– Verfahrensgebühr erster Rechtszug, Geldbuße bis 40,00 € **B. Nr. 5107** 6
– Verfahrensgebühr Rechtsbeschwerdeverfahren **B. Nr. 5113** 11
– Verfahrensgebühr Revision **B. Nr. 4130** 15
– weitere Verfahrensgebühr, Wiederaufnahmeverfahren **B. Nr. 4138** 7

Schuldhaftes Verhalten, beigeordneter Rechtsanwalt **B. § 54** 6 ff.
– bestellter Rechtsanwalt **B. § 54** 6 ff.
Schuldnerverzeichnis, Auskunft aus, Zwangsvollstreckung **A.** 1725
– Zwangsvollstreckung **A.** 1752
Schutzgebühr, Anspruch, Beratungshilfe **A.** 334
Schwerbehinderter, Bußgeldsachen **B. Vorb. 5** 67
Schwierige Beweislage, Festsetzung der Pauschgebühr **B. § 51** 22
Schwierige Persönlichkeit, Festsetzung der Pauschgebühr **B. § 51** 22
Schwierige Rechtsmaterie, Bußgeldsachen **B. Vorb. 5** 68
Schwierigkeiten, tatsächlicher Art, Schwierigkeit der anwaltlichen Tätigkeit **A.** 1065
Schwurgericht, Terminsgebühr **B. Nr. 4120** 1 ff.
– Verfahrensgebühr **B. Nr. 4118** 1
Schwurgerichtsverfahren, Festsetzung der Pauschgebühr **B. § 51** 22, 123
– Schwierigkeit der anwaltlichen Tätigkeit **A.** 1065
Selbstanzeige, Verfahren der, Vergütung **A.** 819
Selbstleseverfahren, Festsetzung der Pauschgebühr **B. § 51** 124
Sich selbst verteidigender Rechtsanwalt, PKH, Beiordnung **A.** 62
Sicherheitsleistung, Zwangsvollstreckung **A.** 1753
Sicherungshypothek, Zwangsvollstreckung **A.** 1754
Sicherungsverfahren, Urteile **B. Vorb. 4.2** 4
Sicherungsverwahrung s.a. Therapieunterbringung **A.** 1211 ff.
– Anordnungsverfahren, Gebühren **A.** 1220 ff.
– gerichtliches Anordnungsverfahren, Gebühren **A.** 1220 ff.
– Gerichtskosten **A.** 718
– nachträgliche Anordnung **A.** 1212
– – Verstoß gegen EMRK **A.** 1212
– Neuordnung des Rechts **A.** 1211
– – Anlass **A.** 1211
– Postentgeltpauschale, Angelegenheit **B. Nr. 7002** 18
– striktes Rückwirkungsverbot **A.** 1211
– Therapieunterbringung **A.** 1212
– Vergütung **A.** 1211 ff.
– – Anwendung des RVG **A.** 1215 f.

– – gerichtlich beigeordneter Rechtsanwalt **A.** 1217 ff.
– – persönlicher Geltungsbereich **A.** 1217 ff.
– – Wahlanwalt **A.** 1218
– Vergütungsregelungen **A.** 1214
– vorbehaltene, Verfahren **B. Vorb. 4.1** 20 ff.
– Zwangsvollstreckung **A.** 1755
Sittenwidrigkeit, Vergütungsvereinbarung **A.** 1506
Sockelverteidigung B. Nr. 7003 38
Sofortige Beschwerde, Kostenentscheidung **B. Vorb. 4** 14
– Wertgebühren **A.** 656
– Wiedereinsetzungsantrag **B. Vorb. 4** 14
Sofortige Erinnerung, Beschwerdeverfahren, Festsetzung der Vergütung **A.** 570
Sonntag, Zwangsvollstreckung **A.** 1748
Sonstige Ansprüche, Vertrag, Einigungsgebühr **B. Nr. 4147** 1 ff.
Sonstige Ausgaben, Bußgeld **B. Nr. 7006** 7
Sonstige Auslagen, Abschleppkosten **B. Nr. 7006** 7
– Auslagenersatz **B. Vorb. 7** 5
– Begriff **B. Nr. 7006** 4
– Fährenentgelte **B. Nr. 7006** 8
– Flugunfallversicherung **B. Nr. 7006** 6
– Gepäckaufbewahrung **B. Nr. 7006** 6
– Gepäckbeförderung **B. Nr. 7006** 6
– Gepäckversicherung **B. Nr. 7006** 6
– Geschäftsreise **B. Nr. 7004** 8, **Nr. 7006** 1 ff.
– – Angemessenheit **B. Nr. 7006** 9
– – Begriff **B. Nr. 7006** 4
– – Hotelfrühstück **B. Nr. 7006** 18
– – kostenfreie Übernachtung **B. Nr. 7006** 16
– – Schlafwagen **B. Nr. 7006** 15
– – Trinkgeld **B. Nr. 7006** 17
– – Übernachtungskosten **B. Nr. 7006** 10 ff.
– Geschäftsreisen, Auslagen **B. Vorb. 7** 10
– ICE-Zuschlag **B. Nr. 7006** 8
– kostenlose Übernachtung, Geschäftsreise **B. Nr. 7006** 16
– Kurtaxe **B. Nr. 7006** 6
– Mautgebühr **B. Nr. 7006** 6
– Parkgebühr **B. Nr. 7006** 6
– Passgebühr **B. Nr. 7006** 6
– Platzreservierung **B. Nr. 7006** 8
– Reiseversicherung **B. Nr. 7006** 6
– Schlafwagen **B. Nr. 7006** 8
– Straßenbenutzungsgebühr **B. Nr. 7006** 6

– Trinkgeld **B. Nr. 7006** 6
– Übernachtungskosten **B. Nr. 7006** 6
– Vignette **B. Nr. 7006** 7
Sonstige Fälle, Pauschgebühr **B. Nr. 6302** 17, **Nr. 6303** 14
– Terminsgebühr **B. Nr. 6303** 1 ff.
– – Abgeltungsbereich **B. Nr. 6303** 6 ff.
– – einstweiliges Anordnungsverfahren **B. Nr. 6303** 10
– – Einzeltätigkeit **B. Nr. 6303** 5
– – Entstehen der Gebühr **B. Nr. 6303** 7
– – Erstattung **B. Nr. 6303** 14
– – Höhe **B. Nr. 6303** 11 ff.
– – mehrere Termine **B. Nr. 6303** 9
– – persönlicher Geltungsbereich **B. Nr. 6303** 4
– – Rechtszug **B. Nr. 6303** 8
– Verfahrensgebühr **B. Nr. 6302** 1 ff.
– – Abgeltungsbereich **B. Nr. 6302** 8 ff.
– – Einzeltätigkeit **B. Nr. 6302** 7
– – Entstehen der Gebühr **B. Nr. 6302** 9
– – Erstattung **B. Nr. 6302** 17
– – Höhe **B. Nr. 6302** 14 ff.
– – Katalog erfasster Tätigkeiten **B. Nr. 6302** 10
– – persönlicher Geltungsbereich **B. Nr. 6302** 6
– – Rechtszug **B. Nr. 6302** 12
– Wahlgebühr **B. Nr. 6302** 17, **Nr. 6303** 14
Sonstige Gebühr, Verfahren nach IRG-/IStGH-Gesetz **B. Vorb. 6.1.1** 24, **Nr. 6101** 31
Sonstige gerichtliche Termine, Reisekosten **A.** 185
Sonstige Verfahren B. Vorb. 6 1 ff.
– Anspruch auf Wahlanwaltsgebühren **B. Vorb. 6** 8
– Anwendungsbereich **B. Vorb. 6** 2
– Aufhebung/Änderung einer Disziplinarmaßnahme **B. Vorb. 6** 2
– außergerichtliche Tätigkeit **B. Vorb. 6** 11
– berufsgerichtliche Verfahren **B. Vorb. 6** 2
– Disziplinarverfahren **B. Vorb. 6** 2, **Vorb. 6.2** 1 ff
– Einzeltätigkeit **B. Vorb. 6** 2, 7
– – Anspruch auf Wahlanwaltsgebühren **B. Nr. 6500** 22
– – Einzeltätigkeiten **B. Nr. 6500** 3 ff.
– – Angelegenheit **B. Nr. 6500** 9
– – Grundgebühr **B. Nr. 6500** 8
– – Verfahrensgebühr **B. Nr. 6500** 12 ff.
– – weitere Gebühren **B. Nr. 6500** 8
– Erstattung **B. Vorb. 6** 12
– Gebühren, außergerichtliche Tätigkeit **B. Vorb. 6** 11

– Grundgebühr, Einzeltätigkeiten **B. Nr. 6500** 8
– mehrere Auftraggeber **A.** 962
– Pauschgebühren **B. Vorb. 6** 9
– persönlicher Geltungsbereich **B. Vorb. 6** 4
– Strafvollstreckung **B. Vorb. 4.2** 17
– Terminsgebühr **B. Vorb. 6** 6
– Verfahren nach IRG **B. Vorb. 6** 2
– Verfahren nach IStGH-Gesetz **B. Vorb. 6** 2
– Verfahrensgebühr **B. Vorb. 6** 5
– – Einzeltätigkeiten **B. Nr. 6500** 1 ff.
– – Katalog der Einzeltätigkeiten **B. Nr. 6500** 15 f.
– Vergütung, Auslieferungsverfahren **B. Vorb. 6** 4
– – beigeordneter Rechtsanwalt **B. Vorb. 6** 4
– – gerichtlich bestellter Rechtsanwalt **B. Vorb. 6** 4
– – konkrete Gebühr **B. Vorb. 6** 4
– – Sachverständigenbeistand **B. Vorb. 6** 4
– – Verteidiger **B. Vorb. 6** 4
– – Wahlanwalt **B. Vorb. 6** 4
– – Zeugenbeistand **B. Vorb. 6** 4
– zusätzliche Gebühren **B. Vorb. 6**
Sonstiger Termin, Vorbereitung, Bemessung der Gebühr **A.** 1060
Soziale Ausgleichsleistung, Verfahren, Verfahrensgebühr **B. Nr. 4146** 1 ff.
Sozialrecht, Beratungshilfe **A.** 306
Sozialrechtliche Angelegenheit, Einigungsgebühr **A.** 459
Sozietät, Festsetzungsantrag, Inhalt **A.** 607
Spätere Rechtszüge, Beiordnung eines Rechtsanwalts **B. § 48** 11 ff.
Speditionskosten, Aufwendungen **A.** 538
Spezialmaterialien, Geschäftskosten **B. Vorb. 7** 9
Spezialrecht, Festsetzung der Pauschgebühr **B. § 51** 125
Sportgericht B. Vorb. 6.2 14
Sprachliche Verständigungsschwierigkeiten, Festsetzung der Pauschgebühr **B. § 51** 22
Sprachschwierigkeit, Festsetzung der Pauschgebühr **B. § 51** 127
Spruchkörper, Erinnerung **A.** 1133 f.
Sprungrevision, Verfahrensgebühr, Amtsgericht **B. Nr. 4106** 8
Staatsdienst, Eintritt, beigeordneter Rechtsanwalt **B. § 54** 13
– – bestellter Rechtsanwalt **B. § 54** 13
Staatskasse, Abrechnung des Vorschusses **A.** 1651 ff.
– Anspruch gegen, Anrechnung **B. § 58** 17

2055

– Anspruchsübergang **A.** 1326 ff.
– – Einreden des Gegners **A.** 1327
– – Einwendung **A.** 1334
– – Einwendung des Gegners **A.** 1327
– – Einziehung **A.** 1333 f.
– – Geltendmachung gegen vertretende Partei **A.** 1331
– – mehrere beigeordnete Rechtsanwälte **A.** 1328 f.
– – PKH mit Zahlungsbestimmung **A.** 1331
– – PKH ohne Zahlungsbestimmung **A.** 1331
– – Rechtsanwalt nicht benachteiligt **A.** 1332
– – Zahlung an Rechtsanwalt **A.** 1326
– – Zahlung durch PKH-Partei **A.** 1330
– Auftraggeber **A.** 986
– Auslagen aus der **A.** 140 ff.
– – Ablichtungen aus Akten **A.** 145 ff.
– – Aktendoppel **A.** 155 ff.
– – Aktendoppel für Mandanten **A.** 155 ff.
– – Aktendoppel für weiteren Pflichtverteidiger **A.** 159
– – Aktenversendungspauschale **A.** 197 ff.
– – Auslieferungsverfahren nach IRG **A.** 164
– – beigeordneter Rechtsanwalt **A.** 140
– – bestellter Rechtsanwalt **A.** 140
– – Darlegung der Erforderlichkeit **A.** 143 f.
– – Darlegung der Notwendigkeit **A.** 143 f.
– – Dokumentenpauschale **A.** 145 ff.
– – Dolmetscherkosten **A.** 203 ff.
– – doppelte Ablichtung **A.** 148 f.
– – elektronische Zweitakte **A.** 154
– – Entgelte für Post-/Telekommunikationsdienstleistungen **A.** 165 ff.
– – Erforderlichkeit **A.** 141
– – Erstattungsfähigkeit von Aufwendungen **A.** 141 ff.
– – Erstattungsfähigkeit von Auslagen **A.** 141 ff.
– – Feststellungsverfahren **A.** 208 ff.
– – Notwendigkeit **A.** 141 f.
– – Reisekosten **A.** 171 ff.
– – Telefaxkopien **A.** 162 f.
– – Übersetzungskosten **A.** 207
– – Umsatzsteuer *s.a. Umsatzsteuer* **A.** 192 ff.
– – Vergütungsfähigkeit **A.** 142
– – Vervielfältigung durch Einscannen **A.** 160 f.
– – vollständiger Aktenauszug **A.** 153
– – Vorbereitung eines Wiederaufnahmeverfahrens **A.** 140

– Erstattungsanspruch gegen, Pauschgebühr **A.** 537
– Festsetzung des Vorschusses **A.** 1650
– – Beschwerde **A.** 1654
– – Erinnerung **A.** 1654
– Festsetzung gegen **A.** 579 ff.
– Gebühr, Verbindlichkeit der Bestimmung **A.** 1101
– Höhe des Vorschusses **A.** 1647
– notwendige Auslage, Erstattung **B. Vorb. 4** 15
– Recht auf Vorschuss **A.** 1646
– Übergang von Ansprüchen **A.** 1321 ff.
– – gegen die Partei **A.** 1323
– – gegen ersatzpflichtigen Gegner **A.** 1324 f.
– – gesetzlicher **A.** 1321
– Vergütung **A.** 140
– Vergütungsanspruch gegen **A.** 1469 ff.
– – Abtretung **A.** 16 ff.
– Vorschuss **A.** 1645 ff.
– – auf Pauschgebühr **A.** 1648
– – bei Auslagen **A.** 1649
Staatsschutzsachen, Verfahrensgebühr **B. Nr. 4118** 2
Stationsreferendar, Vertreter des Wahlanwalts **A.** 1613
Stellungnahme der Staatskasse, keine Bindung an, Kostenfestsetzungsverfahren **A.** 917
Stellungnahme zu Rechtsmitteln, Verfahrensgebühr **B. Vorb. 4** 40
Steuerberater, Abrechnung **A.** 45
– Kammer/Senat **B. Vorb. 6.2** 13
– Kostenfestsetzung in Strafsachen **A.** 872
Steuerbevollmächtigter, Abrechnung **A.** 45
– Kostenfestsetzung in Strafsachen **A.** 872
Steuererklärung, Vergütung **A.** 819
Steuerrecht, Beratungshilfe **A.** 306
Steuerrechtliche Fragen, Schwierigkeit der anwaltlichen Tätigkeit **A.** 1065
Steuersachen, Einzeltätigkeit **A.** 819
– Gebühren, Höhe **A.** 822 f.
– Hilfeleistung in **A.** 817 ff.
– Steuererklärung **A.** 819
– Vergütung, Abschlussarbeiten **A.** 819
– – Außenprüfung **A.** 819
– – Besprechung mit Behörden/Dritten **A.** 819
– – Buchführungsarbeiten **A.** 819
– – Einzeltätigkeiten **A.** 819
– – Gewinnermittlung **A.** 819
– – Lohnbuchführungsarbeiten **A.** 819

– – Nacharbeiten **A.** 820
– – Prüfung von Steuerbescheiden **A.** 819
– – Selbstanzeige **A.** 819
– – StBGebV **A.** 819 f.
– – Steuererklärung **A.** 819
– – Überschussermittlung **A.** 819
– – Vorarbeiten **A.** 820
Steuersatzänderung, Vergütung **B. Nr. 7008** 10 f.
Stillschweigende Bestellung A. 1484 f.
Straf-/Bußgeldsachen, Beratungshilfe **A.** 307
– Gerichtskostenansatz, Verfahrenskosten **A.** 713 ff.
– verschiedene Angelegenheiten **A.** 87
Straf-/OWi-Recht, Beratungshilfe **A.** 306
Strafakte, Ablichtung **B. Nr. 7000** 42 ff.
– – Angeklagter **B. Nr. 7000** 47 f.
– – Versicherungsgesellschaft **B. Nr. 7000** 49 ff.
– – Verteidiger **B. Nr. 7000** 42 ff.
– Übergabe der Handakte **B. Nr. 7000** 52 f.
– Versicherungsgesellschaft, Akteneinsicht **B. Nr. 7000** 49 ff.
Strafanspruch, Einigungsgebühr, Privatklageverfahren **B. Nr. 4147** 3 f.
Strafantrag, Verfahrensgebühr, Einzeltätigkeit **B. Nr. 4302** 8
Strafanzeige, Privatklage **B. Vorb. 4.1.2** 2
– Verfahrensgebühr, Einzeltätigkeit **B. Nr. 4302** 8, 25
Strafaussetzung, Bewährung, Strafvollstreckung **B. Vorb. 4.2** 27
– Widerruf, Strafvollstreckung **B. Vorb. 4.2** 16
Strafbefehl, Einspruch, Verfahrensgebühr Einzeltätigkeit **B. Nr. 4302** 7
– Gebühr, Deals **B. Nr. 4141** 34
– Gerichtskosten **A.** 722
– Rücknahme des Einspruchs, Begriff **B. Nr. 4141** 26
– – einzelne Verfahrensstadien **B. Nr. 4141** 31
– – Hauptverhandlungstermin anberaumt **B. Nr. 4141** 31
– – Hauptverhandlungstermin noch nicht anberaumt **B. Nr. 4141** 31
– – Hauptverhandlungstermin unterbrochen **B. Nr. 4141** 31
– – Mitwirkung des Verteidigers **B. Nr. 4141** 27 f.
– – Rücknahmezeitpunkt **B. Nr. 4141** 29 f.
– – zusätzliche Gebühr **B. Nr. 4141** 25 ff.
– Strafvollstreckung **B. Vorb. 4.2** 4
Strafbefehlsverfahren A. 1265 ff.; **B. Vorb. 4** 37

– Abrechnung **A.** 1265 ff.
– anwaltliche Vergütung **A.** 1265 ff.
– Auslagen **A.** 1287
– beigeordneter Pflichtverteidiger **A.** 1270 ff.
– beigeordneter Rechtsanwalt **A.** 1270 ff.
– Beratungsauftrag **A.** 1266
– Bestellung, Einzeltätigkeit **B. Vorb. 4.3** 17
– Einspruchsbegründung, Gebühr **A.** 1269
– Einspruchsrücknahme, zusätzliche Gebühr **A.** 1276 ff.
– Einzeltätigkeit **A.** 1268 ff.
– Gebühr, beigeordneter Pflichtverteidiger **B. Vorb. 4.1** 19
– gerichtliches Verfahren **A.** 1288
– Grundgebühr **A.** 1273
– Pflichtverteidigerbestellung, Erweiterung **A.** 1272
– Rechtsmittelverfahren **A.** 1274, 1288
– Terminsgebühr **A.** 1274
– Umfang des Vergütungsanspruchs **A.** 1410
– Verfahrensabschnitte **A.** 1288 ff.
– Verfahrensgebühr **A.** 1274
– Verteidigungsauftrag **A.** 1266 f.
– vorbereitendes Verfahren **A.** 1288
– zusätzliche Gebühr **A.** 1275 ff.
– – Anordnung einer Einziehung **A.** 1286
– – Einspruchsrücknahme **A.** 1276 ff.
– zusätzliche Gebühr **Nr. 4141 A.** 1276 ff.
– zusätzliche Gebühr **Nr. 4142 A.** 1286
Straferlass im Gnadenwege, Beratungshilfe **A.** 309
Strafkammer, Terminsgebühr **B. Nr. 4114** 1 ff.
– Verfahrensgebühr **B. Nr. 4112** 1 ff.
Strafprozessähnliche Verfahren, Anklage gegen Bundespräsidenten **B. § 37** 6
– Begriff **B. § 37** 6
– Gebühren, Abrechnungstatbestände **B. § 37** 8 ff.
– sonstige Gegenstände **B. § 37** 6
– Verfahren vor Verfassungsgerichten **B. § 37** 6 ff.
– Verfassungswidrigkeit von Parteien **B. § 37** 6
– Verwirken von Grundrechten **B. § 37** 6
Strafprozessvollmacht, Abtretung, Kostenerstattungsanspruch **B. § 43** 18
Strafraussetzung, Beratungshilfe **A.** 297
Strafrechtliche Regelungen, verschiedene Angelegenheiten **A.** 85 ff.
Strafrechtliches Rehabilitierungsgesetz, RVG, entsprechende Anwendung **B. Vorb. 4** 27 ff.
– Verfahren **B. Vorb. 4** 26

2057

Strafrechtliches Rehabilitierungsverfahren, Gebühren **B. Vorb. 4** 25
Strafrechtsentschädigungsverfahren, Abwehr einer vorläufigen Strafverfolgungsmaßnahme **B. Nr. 4302** 29
– Aufbau **B. Nr. 4302** 28
– Beistandsleistung, Verfahrensgebühr Einzeltätigkeit **B. Nr. 4302** 27 ff.
– Beschwerdeverfahren **B. Nr. 4302** 30
– Betragsverfahren **B. Nr. 4302** 31
– Gebühren, Übersicht **B. Nr. 4302** 34
– Klageverfahren **B. Nr. 4302** 32
– Tätigkeit **B. Vorb. 4.3** 15 ff.
– – Grund- und Betragsverfahren **B. Nr. 4302** 33
– Tätigkeit im Grundverfahren **B. Nr. 4302** 29
Strafsachen, Auslagenentscheidung **B. Vorb. 4** 14
– Auslagenerstattung, Einstellung **A.** 846
– – erfolgloses Rechtsmittel **A.** 846
– – Freispruch **A.** 846
– – Privatkläger **A.** 846
– – Rücknahme der Anklage **A.** 846
– – Rücknahme des Strafantrags **A.** 846
– – unwahre Anzeige **A.** 846
– beigeordneter Rechtsanwalt **B. Vorb. 4** 106
– Beschwerde **B. Vorb. 4** 4
– besondere Gebühr **B. Vorb. 4** 38 f.
– bestellter Rechtsanwalt **B. Vorb. 4** 106
– Erforderlichkeit des Hinweises **A.** 828 f.
– Erinnerung **B. Vorb. 4** 4
– Erstattung **A.** 842 ff.
– Erstattungsanspruch, gegen Dritte **A.** 860 f.
– – Kostengrundentscheidung **A.** 845 ff.
– erstattungsfähige Auslagen **B. Vorb. 4** 17
– Erstattungsfähigkeit von Verteidigerkosten, Berufungsrücknahme **A.** 870
– – Revisionsrücknahme durch Staatsanwaltschaft **A.** 870
– Erstattungsfragen **B. Vorb. 4** 14 ff.
– Erstattungspflicht, Umfang **A.** 862 ff.
– fehlende Kostengrundentscheidung, Ergänzung der Auslagenentscheidung **A.** 849
– – Kostenfestsetzungsantrag als sofortige Beschwerde **A.** 850
– Festbetragsgebühr **B. Vorb. 4** 8 ff.
– Gebühren, Anrechnung **B. Vorb. 4.1** 36
– Gerichtskosten **A.** 719 ff.
– Grundgebühr **B. Vorb. 4** 11, **Nr. 4100** 1 ff.
– Haftzuschlag **B. Vorb. 4** 4, 83 ff.
– Kosten, auswärtiger Verteidiger **B. Vorb. 4** 19

– Kosten des Rechtsanwalts **A.** 862 ff.
– – Auslagen **A.** 864 ff.
– – Gebühren **A.** 863
– – gesetzliche Vergütung **A.** 862
– Kosten des Verfahrens **A.** 858
– Kostenentscheidung **B. Vorb. 4** 14 ff.
– Kostenerstattung **A.** 842 ff.
– Kostenfestsetzung **A.** 842 ff.; **B. Vorb. 4** 93 f.
– – Gegenstand **A.** 858 ff.
– – unentschuldigtes Ausbleiben eines Zeugen **A.** 861
– Kostengrundentscheidung **B. Vorb. 4** 14
– – Auslegung **A.** 851 ff.
– – überflüssige **A.** 847
– mehrere Verteidiger **B. Vorb. 4** 19
– Mehrkosten, auswärtiger Verteidiger **B. Vorb. 4** 19
– notwendige Auslagen **A.** 859 ff.
– Pauschgebühr **B. Vorb. 4** 8
– Pauschgebührencharakter **B. Vorb. 4.1** 23 ff.
– persönlicher Geltungsbereich **B. Vorb. 4** 5 f.
– Pflichtverteidiger **B. Vorb. 4** 6
– Rahmengebühr **B. Vorb. 4** 8 ff., 9
– Rechtsanwaltsvergütung, System **B. Vorb. 4** 8 ff.
– sachlicher Geltungsbereich **B. Vorb. 4** 7
– Tätigkeiten **B. Vorb. 4** 1 ff.
– Terminsgebühr s.a. *Terminsgebühr* **B. Vorb. 4** 4, 56 ff.
– unzulässige Kostengrundentscheidung **A.** 853
– Verfahrensabschnitte **B. Vorb. 4** 11 ff.
– Verfahrensgebühr s.a. *Verfahrensgebühr* **B. Vorb. 4** 4, 31 ff.
– – Höhe **B. Vorb. 4** 41 ff.
– verfahrensverkürzende Absprachen **B. Vorb. 4** 1
– Vergütungsblatt **A.** 1110
– Vergütungsvereinbarung **B. Vorb. 4** 18
– Zuschlag **B. Vorb. 4** 83 ff.
– Zwangsvollstreckung **B. Vorb. 4** 4, 93 f.
Strafverfahren, Abraten vom Wiederaufnahmeantrag **B. § 45** 4
– Adhäsionsverfahren, dieselbe Angelegenheit **A.** 82
– Auslagenpauschale, Höhe **A.** 166
– Beschwerde **A.** 372 ff.
– Freiheitsentziehung **B. Nr. 6300** 5
– Grundgebühr **B. Vorb. 4.1** 1
– Kostenerstattungsanspruch, Abtretung **B. § 43** 6
– Pauschgebühr **B. § 42** 4

- Postentgeltpauschale, Angelegenheit
  B. Nr. 7002 18
- Terminsgebühr B. Vorb. 4.1 1
- unangemessene Vergütung A. 1538 ff.
- Unterbringung B. Nr. 6300 5
- Verfahrensgebühr B. Vorb. 4.1 1
- verschiedene Angelegenheiten A. 85
- Verständigung im, Abrechnung A. 1585 ff.

Strafverfahren nach StPO, Gerichtskosten A. 715

Strafverfolgungsentschädigung, Beratungshilfe A. 307

Strafverteidiger, Geldwäsche A. 703 ff.
- – Anfangsverdacht A. 705

Strafvollstreckung B. Vorb. 4.2 3 ff.
- Abgrenzung, Strafvollzug B. Vorb. 4.2 9
- – Verfahren nach den §§ 23 ff. EGGVG B. Vorb. 4.2 10
- allgemeine Gebühr B. Vorb. 4.2 20
- Angelegenheit B. Vorb. 4.2 22 ff.
- – gerichtliche Bestellung B. Vorb. 4.2 28 ff.
- – Grundsatz B. Vorb. 4.2 22
- – mehrere Bewährungswiderrufsverfahren B. Vorb. 4.2 25 ff.
- – Strafaussetzung zur Bewährung B. Vorb. 4.2 27
- – Überprüfungsverfahren B. Vorb. 4.2 24
- – Verfahren nach § 35 BtMG B. Vorb. 4.2 23
- – Verfahren nach § 456 StPO B. Vorb. 4.2 23
- Anspruch, gegen den Auftraggeber B. Vorb. 4.2 38
- – gegen den Verurteilten B. Vorb. 4.2 38
- Anwendungsbereich B. Vorb. 4.2 3 ff.
- Auslagen, Gerichtskosten A. 782
- Aussetzung B. Vorb. 4.2 16
- bedeutsame Verfahren B. Vorb. 4.2 16
- Begriff B. Nr. 4301 18, Vorb. 4.2 3
- Beiordnung eines Rechtsanwalts B. § 48 8
- Beratungshilfe A. 307
- Beschluss im Einziehungsverfahren B. Vorb. 4.2 4
- Beschwerde, Hauptsacheentscheidung B. Vorb. 4.2 34
- Beschwerdeverfahren A. 395 ff.; B. Vorb. 4.2 30 ff.
- – besondere Gebühr B. Vorb. 4.2 30 ff.
- besondere Angelegenheiten A. 106
- Bewährungswiderrufsverfahren, mehrere B. Vorb. 4.2 25 ff.

- Disziplinargesetz B. Vorb. 4.2 6
- Disziplinarmaßnahme B. Vorb. 4.2 6
- Dolmetscherkosten A. 767
- Einigungsgebühr A. 495
- Einzelauftrag B. Vorb. 4.3 5
- Einzeltätigkeit B. Vorb. 4.2 11
- – Gebühren B. Vorb. 4.3 1 ff.
- – BRAGO B. Vorb. 4.2 12
- Einziehungsverfahren, Beschluss B. Vorb. 4.2 4
- erfasste Entscheidungen B. Vorb. 4.2 4
- erhöhter Gebührenrahmen B. Nr. 4201 1
- Erstattung, Beschwerdeinstanz B. Vorb. 4.2 40 f.
- – erste Instanz B. Vorb. 4.2 39
- europäische Geldsanktion B. Vorb. 4.2 6
- Fahrverbot B. Vorb. 4.2 3
- Freiheitsstrafe B. Nr. 4200 5
- Gebühr mit Zuschlag B. Vorb. 4.2 21
- Gebühren B. Vorb. 4.2 1 ff.
- – Heranwachsende B. Vorb. 4.2 7 ff.
- – Jugendliche B. Vorb. 4.2 7 ff.
- – Übersicht B. Vorb. 4.2 42
- Gebührenstruktur B. Vorb. 4.2 19 ff.
- gerichtliche Bestellung, jede Angelegenheiten B. Vorb. 4.2 28 ff.
- – Verhältnis mehrerer Strafvollstreckungsverfahren B. Vorb. 4.2 29
- – Verhältnis zum Strafverfahren B. Vorb. 4.2 28
- Grundgebühr B. Vorb. 4.2 20
- Justizverwaltungsakte, Abgrenzung B. Vorb. 4.2 10
- Maßnahme der Vollstreckungsbehörde, Abgrenzung B. Vorb. 4.2 10
- mehrere Bewährungswiderrufsverfahren B. Vorb. 4.2 25 ff.
- – dasselbe Urteil B. Vorb. 4.2 25
- – verschiedene Urteile B. Vorb. 4.2 26
- mehrere Überprüfungsverfahren A. 1412
- – Vergütungsanspruch A. 1412
- nachträgliche gebildete Gesamtstrafe, Beschluss B. Vorb. 4.2 4
- nachträgliche Gesamtstrafenbildung A. 1413
- – Vergütungsanspruch A. 1413
- Ordnungshaft B. Vorb. 4.2 6
- Pauschgebühr, Bewilligung B. Vorb. 4.2 37
- persönlicher Geltungsbereich B. Vorb. 4.2 18
- Postentgeltpauschale B. Vorb. 4.2 35 f.
- – Angelegenheit B. Nr. 7002 19
- sonstige Verfahren B. Vorb. 4.2 17
- Strafaussetzung zur Bewährung B. Vorb. 4.2 27

– Strafbefehle **B. Vorb. 4.2** 4
– Strafsachen, Vergütungsverzeichnis **A.** 1301
– Tätigkeit des Verteidigers **B. Vorb. 4.3** 8
– Tätigkeit des Vollvertreters **B. Vorb. 4.3** 8
– Terminsgebühr **B. Nr. 4202** 1 ff., **Vorb. 4.2** 19, 20
– – Abgeltungsbereich **B. Nr. 4202** 3
– – Beschwerdeverfahren **B. Nr. 4202** 9
– – Entstehen der Gebühr **B. Nr. 4202** 5
– – Höhe **B. Nr. 4202** 6 ff.
– – Längenzuschlag **B. Vorb. 4.2** 21
– – mehrere Termine **B. Nr. 4202** 10
– – persönlicher Geltungsbereich **B. Nr. 4202** 4
– – sonstige Verfahren **B. Nr. 4206** 1 ff., **Nr. 4207** 1 ff.
– – Zuschlag **B. Nr. 4203** 1 ff.
– Terminswahrnehmung, Verfahrensgebühr **B. Nr. 4301** 15
– Überprüfungsverfahren **B. Vorb. 4.2** 5, 13
– Umfang des Vergütungsanspruchs **A.** 1411 ff.
– Unterbringung **B. Vorb. 4.2** 16
– Urteile **B. Vorb. 4.2** 4
– Verfahren **B. Vorb. 4.2** 5 f.
– – zwei Gruppen **B. Vorb. 4.2** 15 ff.
– Verfahrensgebühr *s.a. Verfahrensgebühr Strafvollstreckung* **B. Vorb. 4** 31, **Vorb. 4.2** 19, **Nr. 4200** 1 ff.
– – Abgeltungsbereich **B. Nr. 4200** 12 ff.
– – Angelegenheit **B. Nr. 4200** 20
– – Anspruch gegen Mandanten **B. Nr. 4200** 21
– – Aussetzung **B. Nr. 4200** 2
– – Aussetzung des Strafrestes **B. Nr. 4200** 5
– – Beschwerdeverfahren **B. Nr. 4200** 13, 19
– – Betreiben des Geschäfts **B. Nr. 4200** 2
– – Einigungsgebühr **B. Nr. 4204** 14
– – erfasste Tätigkeit **B. Nr. 4200** 13
– – Erstattung **B. Nr. 4200** 21
– – Pauschgebühr **B. Nr. 4200** 21
– – persönlicher Geltungsbereich **B. Nr. 4200** 11
– – sonstige Tätigkeiten **B. Nr. 4301** 18 f.
– – sonstige Verfahren **B. Nr. 4204** 1 ff.
– – Überprüfungsverfahren **B. Nr. 4200** 7 ff.
– – Unterbringung **B. Nr. 4200** 2 f.
– – Widerruf der Strafaussetzung **B. Nr. 4200** 2
– – Widerrufsverfahren **B. Nr. 4200** 6
– – Zuschlag **B. Nr. 4201** 1 ff., **Nr. 4205** 1 ff.
– Verfahrensgebühr Einzeltätigkeiten, Bußgeldsachen **B. Nr. 5200** 10
– Verhältnis zum Hauptverfahren **A.** 1411

– verschiedene Angelegenheiten **A.** 100 f., 1414 ff.
– – Vergütungsanspruch **A.** 1414 ff.
– Verurteilung zu vorbehaltener Strafe, Beschluss **B. Vorb. 4.2** 4
– Verwaltungsentscheidungen, Abgrenzung **B. Vorb. 4.2** 10
– Widerruf einer Strafaussetzung **B. Vorb. 4.2** 16
– zusätzliche Gebühr **B. Vorb. 4.2** 21
– Zuschlag, Mandant nicht auf freiem Fuß **B. Vorb. 4.2** 21
– Zwangshaft **B. Vorb. 4.2** 6
Strafvollstreckungskammer, Verfahren nach dem StVollzG **A.** 1449, 1452 ff.
– Verfahren, einstweilige Anordnung **A.** 1454
– – Terminsgebühr **A.** 1453
– – Verfahrensgebühr **A.** 1452
– – Vergütung **A.** 1452 ff.
Strafvollstreckungssache, Festsetzung der Pauschgebühr **B. § 51** 128
Strafvollstreckungsverfahren, Beiordnung eines Rechtsanwalts **B. § 48** 15 f.
– Bestellung eines Rechtsanwalts **B. § 48** 15 f.
– Freiheitsentziehung **B. Nr. 6300** 5
– Grundgebühr **B. Nr. 4100** 5
– Terminsgebühr **A.** 4
– Unterbringung **B. Nr. 6300** 5
Strafvollzug, Abgrenzung, Strafvollstreckung **B. Vorb. 4.2** 9
– Auslagen, Gerichtskosten **A.** 784
– Beratungshilfe **A.** 308
– Einzeltätigkeit **B. Vorb. 4.3** 14
– Gegenstandwert **A.** 691
– Tätigkeit **B. Vorb. 4.3** 14
– Wertgebühren **A.** 656
Strafvollzugsgesetz, ähnliche Verfahren **A.** 1441 ff.
– Gerichtskosten **A.** 715
– PKH **A.** 1444
– Strafvollstreckungskammer **A.** 1449
– Verfahren **A.** 1441 ff.
– Vergütung **A.** 1449 ff.
Strafvollzugsverfahren, Gerichtsgebühren **A.** 731
Straßenbenutzungsgebühr, sonstige Auslagen **B. Nr. 7006** 6
Straßenverkehrsrechtliche Bußgeldsache, Einholung der Deckungszusage bei Rechtsschutzversicherung **A.** 425
Straßenverkehrsrechtliches OWi-Verfahren, Gebührenbemessung **B. Vorb. 5** 39 ff.

– – konkrete Umstände **B. Vorb. 5** 42
– – Umstände des Einzelfalls **B. Vorb. 5** 42
– Gebührendreiteilung **B. Vorb. 5** 40
– Höhe der Geldbuße **B. Vorb. 5** 41
– Mittelgebühr **B. Vorb. 5** 39 ff.
StrEG, Betragsverfahren **B. Nr. 4143** 9
– Grundverfahren **B. Nr. 4143** 9
– Verfahren, Beschwerde **A.** 407
– – Einzeltätigkeit **B. Vorb. 4.3** 9
– – Gebühren, Übersicht **B. Nr. 4302** 34
Streitverkündung, Gebotenheit **B. Nr. 7000** 37
Streitwertobergrenze, PKH **A.** 1018
StrRehaG, Beschwerdeverfahren **B. Vorb. 4** 29
– besondere Gebühren **A.** 106
– Einigungsgebühr **A.** 496
– Gebührenbemessung **B. Vorb. 4** 30
– Gegenstandswert **A.** 692
– gerichtliches Verfahren **B. Vorb. 4** 28
– Grundgebühr **B. Vorb. 4** 27
– Hinweispflicht **A.** 829
– mündliche Erörterung **B. Vorb. 4** 28
– RVG **B. Vorb. 4** 27 ff.
– Vorbereitung des Antrags **B. Vorb. 4** 27
– Wertfestsetzung **A.** 666
– Wertgebühren **A.** 656
Stundensätze, Rechtsprechungsübersicht **A.** 1544 ff.
StVollzG, außergerichtliche Vertretung **A.** 1450 f.
– außergerichtliches Verfahren **A.** 663
– Beratungshilfe **A.** 1463 ff.
– Gegenstandswert **A.** 1457 ff.
– gerichtliches Verfahren **A.** 661 f.
– Höhe der Gebühren **A.** 1456 ff.
– PKH **A.** 1462
– Rechtsbeschwerde **A.** 1449
– Verfahren, Strafvollstreckungskammer **A.** 1452 ff.
– – OLG **A.** 1455
– Vertretung in Verwaltungsverfahren **A.** 1450
– Verwaltungsverfahren **A.** 663
– Wertfestsetzung **A.** 661 ff.
Subsidiarität, Gebührenvereinbarung **A.** 227 f.
Sühnetermin, Terminsgebühr **B. Nr. 4102** 41 ff.
– Verfahrensgebühr **B. Vorb. 4** 40
– – vorbereitendes Verfahren **B. Nr. 4104** 12
– Vorbereitung, Verfahrensgebühr **B. Vorb. 4** 40
Sühneversuch, Postentgeltpauschale, Angelegenheit **B. Nr. 7002** 20
– verschiedene Angelegenheiten **A.** 92

Syndikusanwalt, anwaltliche Tätigkeit **A.** 40
– Beschlagnahmeverbot **A.** 40
– Zeugnisverweigerungsrecht **A.** 40
Systematik, RVG **A.** 1292 ff.
– Vergütungsverzeichnis **A.** 1296 ff.
– – Abschnitte **A.** 1298 ff.
– – Auslagen **A.** 1304
– – außergerichtliche Tätigkeiten **A.** 1299
– – Bußgeldsachen **A.** 1302
– – sonstige Verfahren **A.** 1303
– – Strafsachen **A.** 1301

T
Tage-/Abwesenheitsgeld A. 888; **B. Nr. 7005** 1 ff.
– Auslagen **B. Vorb. 7** 10
Tagegeld B. Nr. 7005 1 ff.
– Auslandsreise **B. Nr. 7005** 10
– Geschäftsreise **B. Nr. 7005** 4 f.
– – Dauer **B. Nr. 7005** 8 f.
– Pauschale **B. Nr. 7005** 6
– – Höhe **B. Nr. 7005** 7
– Vergütungsverzeichnis **A.** 1304
Tat, große Anzahl, Festsetzung der Pauschgebühr **B. § 51** 100
Täteridentifizierung, Bußgeldsachen **B. Vorb. 5** 69
Täter-Opfer-Ausgleich, anwaltliche Mitwirkung **B. Nr. 4141**
– Pauschgebühren **B. Vorb. 4.1** 25
– Terminsgebühr **B. Nr. 4102** 35 ff.
– Verfahrensgebühr **B. Vorb. 4** 40
– – Amtsgericht **B. Nr. 4106** 8
– – Berufung **B. Nr. 4124** 13
– – vorbereitendes Verfahren **B. Nr. 4104** 12
Tätigkeit, besondere, Pauschgebühren **B. Vorb. 4.1** 28
– Disziplinarverfahren **B. Vorb. 6.2** 1 ff.
– – beigeordneter Rechtsanwalt **B. Vorb. 6.2** 16
– – gerichtlich bestellter Rechtsanwalt **B. Vorb. 6.2** 16 f.
– – Regelungsgehalt **B. Vorb. 6.2** 2 ff.
– – Wahlverteidiger **B. Vorb. 6.2** 16
– mehrere, Einzeltätigkeit **B. Vorb. 4.3** 30 f.
– einzelne, Strafvollstreckung **B. Vorb. 4.3** 1 ff.
– – Zeugenbeistand **B. Vorb. 4.3** 19 ff.
– Strafsachen **B. Vorb. 4** 1 ff.
– Strafvollzug **B. Vorb. 4.3** 14
– Verteidiger, Strafvollstreckung **B. Vorb. 4.3** 8 ff.
– Vollverteidiger, Strafvollstreckung 8 ff.

– Vollvertreter, Strafvollstreckung
B. Vorb. 4.3 8 ff.
Tätigkeit außerhalb der Hauptverhandlung,
Festsetzung der Pauschgebühr B. § 51 129
Tätigkeit im Strafverfahren, Gebühren B. Vor
Teil 4 1 ff.
Tätigkeit in Bußgeldsachen, persönlicher Geltungsbereich B. Vorb. 5 1 ff., 12 ff.
– sachlicher Geltungsbereich B. Vorb. 5 4
Tätigkeit in Bußgeldverfahren, Gebühren
B. Vorb. 5.1 1 ff.
Tätigkeit in eigener Angelegenheit, Geschäftsreise B. Vorb. 7 18
Tatortbesichtigung, Bemessung der Gebühr
A. 1060
– Fahrtkosten für Geschäftsreise, eigenes Kfz
B. Nr. 7003 34 f.
– Geschäftsreise B. Vorb. 7 28
– Reisekosten A. 190
Tatsächlicher Beitrag, Entgelte für Post-/
Telekommunikationsdienstleistungen
B. Nr. 7001 3 f.
Tatvorwürfe, Anzahl der, Bemessung der Gebühr
A. 1060
Taubstummer Angeklagter, Festsetzung der
Pauschgebühr B. § 51 130
Taxikosten, Angemessenheit der Fahrtkosten
B. Nr. 7004 23
– Reisekosten A. 190
Teileinstellung, zusätzliche Gebühr
B. Nr. 4141 19
Teilforderung, Festsetzungsverfahren A. 554
Teilfreispruch, Aufrechnung der Staatskasse
A. 951
– echter A. 941
– effektiver A. 941 f.
– fiktiver A. 942
– Gerichtskosten A. 785 f.
– Kostenfestsetzung in Strafsachen A. 940 ff.
– Pflichtverteidiger, Anspruch gegen Beschuldigten B. § 52 56 f.
– Pflichtverteidigergebühren A. 952
– unechter A. 942
– Wahlverteidigergebühren A. 952
Teilnahme an Hauptverhandlung, Terminsgebühr Rechtsbeschwerdeverfahren B. Nr. 5114 1, 3

Teilnahme an Vernehmungstermin, Verfahrensgebühr Einzeltätigkeiten, Bußgeldsachen
B. Nr. 5200 10
Telefax, Dokumentenpauschale B. Nr. 7000 17 f.
– Post-/Telekommunikationsdienstleistungen
B. Nr. 7001 7
Telefaxkopien, Dokumentenpauschale A. 162 f.
Telefon, Geschäftskosten B. Vorb. 7 9
Telefonat vor Mandatserteilung B. Nr. 7001 6
Telefongrundgebühr B. Nr. 7001 10
Telefonische Verhandlung, Terminsgebühr
B. Nr. 4102 39
Telefonkosten, Erfassung, Muster B. Nr. 7001 25
– Post-/Telekommunikationsdienstleistungen
B. Nr. 7001 5
Telefonüberwachung, Dolmetscherkosten A. 766
– Gerichtskosten A. 769
– Übersetzerkosten A. 766
Telegrammkosten, Post-/Telekommunikationsdienstleistungen B. Nr. 7001 5
Termin, außergerichtlicher, Geschäftsgebühr Wiederaufnahmeverfahren B. Nr. 4136 6
– – Verfahrensgebühr Rechtsbeschwerdeverfahren
B. Nr. 5113 11
– – Verfahrensgebühr Wiederaufnahmeantrag
B. Nr. 4137 8
– gerichtlicher, Verfahrensgebühr Rechtsbeschwerdeverfahren B. Nr. 5113 11
– Wahrnehmung, Verfahrensgebühr Gnadensache
B. Nr. 4303 10
Termin außerhalb der Hauptverhandlung,
Rechtsbeschwerdeverfahren, Gebühren B. Teil 5
Unterabschn. 4 Vorb. 5
Terminsdauer, Festsetzung der Pauschgebühr
B. § 51 132
Terminsgebühr, Abgeltungsbereich
B. Vorb. 4 58 ff.
– – Allgemeines B. Vorb. 4 58 ff.
– – Anwesenheit des Rechtsanwalts B. Vorb. 4 59
– – Ausnahme A. 4
– – außerhalb der Hauptverhandlung B. Nr. 4103 4
– – gerichtlicher Termin B. Vorb. 4 58 f.
– – Zuschlag B. Nr. 4103 1 ff.
– Akteneinsicht B. Nr. 4102 32
– allgemeine Gebühr B. Teil 4 Unterabschn. 1 1
– – Bußgeldverfahren B. Teil 5 Abschn. 1 Unterabschn. 1 Vorb. 3
– Allgemeines B. Vorb. 4 56 f.
– Amtsgericht B. Nr. 4108 1 ff.

Stichwortverzeichnis

– – Abgeltungsbereich **B. Nr. 4108** 9 ff.
– – Bemessung der Gebühr **B. Nr. 4108** 19 ff.
– – Entstehen **B. Nr. 4108** 2 ff.
– – Gebührenhöhe **B. Nr. 4108** 16 ff.
– – Haftzuschlag 1 ff.
– – Höhe **B. Nr. 4108** 16 ff.
– – Mandant nicht auf freiem Fuß **B. Nr. 4109** 2
– – persönlicher Abgeltungsbereich
 B. Nr. 4108 10 ff.
– – sachlicher Abgeltungsbereich **B. Nr. 4108** 13
– – Trennung **B. Nr. 4108** 14 ff.
– – Verbindung **B. Nr. 4108** 14 ff.
– – Verweisung **B. Nr. 4108**
– – Zurückverweisung **B. Nr. 4108** 14 ff.
– – Zuschlag **B. Nr. 4109** 1 ff.
– amtsgerichtliches Verfahren, Bußgeldsachen, Vergütungsverzeichnis **A.** 1302
– Anordnungsverfahren, Therapieunterbringung **A.** 1227 ff.
– Anwesenheitsrecht **B. Nr. 4102** 22
– aufgehobener Termin **B. Vorb. 4** 79
– außerhalb der Hauptverhandlung
 B. Nr. 4102 1 ff.
– – Abgeltungsbereich **B. Nr. 4102** 6 f.
– – Höhe **B. Nr. 4103** 5 f.
– – Mandant nicht auf freiem Fuß **B. Nr. 4103** 2 ff.
– – mit Zuschlag **B. Nr. 4103** 1 ff.
– – persönlicher Abgeltungsbereich
 B. Nr. 4102 6 f.
– – sachlicher Abgeltungsbereich **B. Nr. 4102** 8 f,
– Beistand vor parlamentarischem Untersuchungsausschuss **A.** 221
– Bemessung **B. Nr. 4102** 53
– – Mittelgebühr **B. Vorb. 4** 64
– – Wahlanwaltsgebühr **B. Nr. 4102** 59 ff.
– Bemessungskriterien **B. Vorb. 4** 63 f.
– – Längenzuschläge **B. Vorb. 4** 64
– – Pausen **B. Vorb. 4** 63
– – Rechtsprechungsbeispiele **B. Vorb. 4** 68
– – Wartezeiten **B. Vorb. 4** 63
– – zeitliche Dauer **B. Vorb. 4** 63
– Berufung *s.a. Terminsgebühr Berufung*
 B. Nr. 4126 1 ff.
– – Abgeltungsbereich **B. Nr. 4126** 10 f.
– – Bemessung **B. Nr. 4126** 15 f.
– – Bemessung der Wahlanwaltsgebühr
 B. Nr. 4126 16
– – Entstehen **B. Nr. 4126** 5 ff.
– – Gebührenhöhe **B. Nr. 4126** 14 ff.

– – Höhe **B. Nr. 4126** 14 ff.
– – Kostenerstattung **B. Nr. 4126** 19
– – persönlicher Abgeltungsbereich **B. Nr. 4126** 11
– – sachlicher Abgeltungsbereich **B. Nr. 4126** 12
– – Zurückverweisung **B. Nr. 4126** 13
– – Zusatzgebühr, Hauptverhandlung mehr als 8 Stunden **B. Nr. 4129** 1 ff.
– – zusätzliche Gebühr **B. Nr. 4126** 18
– – Zuschlag **B. Nr. 4127** 1 ff.
– Berufungsverfahren **B. Berufung** 5
– Betragsrahmen **B. Vorb. 4** 71
– Bußgeldsachen **B. Vorb. 5** 26 ff.
– – Abgeltungsbereich **B. Vorb. 5** 27 ff.
– – Bemessungskriterien **B. Vorb. 5** 32 ff.
– – Entstehungsvoraussetzung **B. Vorb. 5** 29
– – Gebührenhöhe **B. Vorb. 5** 30 ff.
– – Gebührenrahmentabelle **B. Vorb. 5** 35
– – Höhe **B. Vorb. 5** 30 ff.
– – Vergütungsverzeichnis **A.** 1302
– Disziplinarverfahren *s.a. Terminsgebühr Disziplinarverfahren* **B. Nr. 6201** 1 ff., **Vorb. 6.2** 3
– – Abgeltungsbereich **B. Nr. 6201** 5 ff.
– – Anwendungsbereich **B. Nr. 6201** 2
– – außergerichtlicher Anhörungstermin
 B. Nr. 6201 6
– – beigeordneter Rechtsanwalt **B. Nr. 6201** 4
– – Beweiserhebung **B. Nr. 6201** 7
– – dritter Rechtszug **B. Nr. 6212** 1 ff.
– – Erstattung **B. Nr. 6201** 16
– – erster Rechtszug **B. Nr. 6204** 1 ff.
– – gerichtlich bestellter Rechtsanwalt
 B. Nr. 6201 4
– – Höhe **B. Nr. 6201** 11 ff.
– – mehrere Termine **B. Nr. 6201** 8 f.
– – persönlicher Geltungsbereich **B. Nr. 6201** 4
– – sachlicher Abgeltungsbereich **B. Nr. 6201** 6 f.
– – Sachverständigenbeistand **B. Nr. 6201** 4
– – Wahlverteidiger **B. Nr. 6201** 4
– – Zeugenbeistand **B. Nr. 6201** 4
– Disziplinarverfahren dritter Rechtszug *s. Terminsgebühr Disziplinarverfahren*
– Disziplinarverfahren zweiter Rechtszug
 s.a. Terminsgebühr Disziplinarverfahren
 B. Nr. 6208 1 ff.
– ein Termin, mehrere Tage **B. Nr. 4102** 51
– Entstehen **B. Vorb. 4** 61
– Erhöhung **A.** 964
– erster Rechtszug, Geldbuße 40,00 bis 5.000,00 €
 B. Nr. 5110 1 ff.

– – Geldbuße bis 40,00 € **B. Nr. 5108** 1 ff.
– – Strafkammer **B. Nr. 4114** 1
– erstmalige Freiheitsentziehung **B. Nr. 6301** 1 ff.
– – Abgeltungsbereich **B. Nr. 6301** 6 ff.
– – einstweiliges Anordnungsverfahren **B. Nr. 6301** 10
– – Einzeltätigkeit **B. Nr. 6301** 5
– – Entstehen der Gebühr **B. Nr. 6301** 7
– – Erstattung **B. Nr. 6301** 14
– – Höhe **B. Nr. 6301** 11 ff.
– – mehrere Termine **B. Nr. 6301** 9
– – persönlicher Geltungsbereich **B. Nr. 6301** 4
– – Rechtszug **B. Nr. 6301** 8
– – Wahlgebühren **B. Nr. 6301** 14
– Festbetragsgebühr **B. Vorb. 4** 62
– Gebührenrahmen, Tabelle **B. Vorb. 4** 70
– geplatzter Termin **B. Vorb. 4** 77 f.
– gerichtliche Entscheidung vor Bundesverwaltungsgericht **B. Nr. 6405** 1
– gerichtliche Entscheidung, Rechtsbeschwerdeverfahren **B. Nr. 6405** 1
– gerichtliches Verfahren **B. Teil 4 Abschn. 1 Unterabschn. 3** 4
– Haftprüfungstermine außerhalb der Hauptverhandlung **B. Nr. 4102** 25 ff.
– Hauptverhandlungstermin **B. Vorb. 5** 27
– Höhe **B. Nr. 4102** 57 ff., **Vorb. 4** 62 ff.
– – Allgemeines **B. Nr. 4102** 57 f., **Vorb. 4** 62
– – Gebührenrahmen **B. Vorb. 4** 62
– – Verwaltungsbehörde **B. Nr. 5102** 6 f., **Nr. 5104** 3 f.
– Längenzuschlag, Argumentationshilfe **B. Nr. 4110** 23 ff.
– mehrere Auftraggeber **B. Vorb. 4** 62
– mehrere Termine **B. Nr. 4103** 3
– – an einem Tag **B. Nr. 4102** 46 ff.
– – Beschränkung **B. Nr. 4102** 46 ff.
– – ein Verfahrensabschnitt **B. Nr. 4102** 52 ff.
– Mittelgebühr, AG-Einzelrichter **B. Vorb. 4** 66
– – Berufungskammer **B. Vorb. 4** 66
– – Schöffengericht **B. Vorb. 4** 66
– – Schwurgerichtsverfahren **B. Vorb. 4** 66
– – Strafkammer **B. Vorb. 4** 66
– Nachbereitung des Termins **B. Nr. 4102** 60
– nicht genannte Termine **B. Nr. 4102** 45
– nicht richterliche Augenscheinseinnahme **B. Nr. 4102** 19
– OLG *s. Terminsgebühr OLG*

– Pflichtverteidiger, Festbetragsgebühr **B. Vorb. 4** 62
– Privatklage **B. Vorb. 4.1.2** 2
– Rechtsbeschwerde, Entscheidung der Strafvollstreckungskammer **A.** 1455
– Rechtsbeschwerdeverfahren *s.a. Terminsgebühr Rechtsbeschwerdeverfahren* **B. Nr. 5114** 1 ff., **Teil 5 Abschn. 1 Unterabschn. 4 Vorb.** 5
– Rechtsprechungsbeispiele **B. Vorb. 4** 68
– Rechtszug, Geldbuße von mehr als 5.000,00 € **B. Nr. 5112** 1 ff.
– Revision *s.a. Terminsgebühr Revision* **B. Nr. 4132** 1 ff.
– Revisionsverfahren **B. Revision** 5
– richterliche Augenscheinseinnahme **B. Nr. 4102** 14 ff.
– Schwurgericht *s. Terminsgebühr Schwurgericht*
– sonstige Fälle **B. Nr. 6303** 1 ff.
– – Abgeltungsbereich **B. Nr. 6303** 6 ff.
– – einstweiliges Anordnungsverfahren **B. Nr. 6303** 10
– – Einzeltätigkeit **B. Nr. 6303** 5
– – Entstehen der Gebühr **B. Nr. 6303** 7
– – Erstattung **B. Nr. 6303** 14
– – Höhe **B. Nr. 6303** 11 ff.
– – mehrere Termine **B. Nr. 6303** 9
– – persönlicher Geltungsbereich **B. Nr. 6303** 4
– – Rechtszug **B. Nr. 6303** 8
– sonstige Verfahren **B. Vorb. 6** 6
– Strafbefehlsverfahren **A.** 1274
– Strafkammer *s.a. Terminsgebühr Strafkammer* **B. Nr. 4114** 1 ff.
– – Abgeltungsbereich **B. Nr. 4114** 3
– – Entstehen **B. Nr. 4114** 3
– – erster Rechtszug **B. Nr. 4114** 1
– – Gebührenhöhe **B. Nr. 4114** 4 f.
– – Haftzuschlag **B. Nr. 4115** 1 ff.
– – Höhe **B. Nr. 4114** 4 f.
– – Mandant nicht auf freiem Fuß **B. Nr. 4115** 2
– – Pflichtverteidiger **B. Nr. 4114** 5
– – Wahlanwalt **B. Nr. 4114** 4
– – Zusatzgebühr **B. Nr. 4116** 1 ff.
– – Zuschlag **B. Nr. 4115** 1 ff.
– Strafsachen **B. Vorb. 4** 4, 56 f.
– – Vergütungsverzeichnis **A.** 1301
– Strafverfahren **B. Vorb. 4.1** 1
– Strafvollstreckung **B. Nr. 4202** 1 ff., **Vorb. 4.2** 19, 20
– – Abgeltungsbereich **B. Nr. 4202** 3

– – Anspruch gegen Mandanten **B. Nr. 4202** 11
– – Beschwerdeverfahren **B. Nr. 4202** 9
– – Betragsrahmengebühr **B. Nr. 4202** 6
– – Entstehen der Gebühr **B. Nr. 4202** 5
– – erhöhter Gebührenrahmen **B. Nr. 4203** 1
– – Höhe **B. Nr. 4202** 6 ff.
– – Kostenerstattung **B. Nr. 4202** 11
– – mehrere Termine **B. Nr. 4202** 10
– – Pauschgebühr **B. Nr. 4202** 11
– – persönlicher Geltungsbereich **B. Nr. 4202** 4
– – Pflichtverteidiger **B. Nr. 4202** 8
– – sonstige Verfahren **B. Nr. 4206** 1 ff.
– – sonstige Verfahren *s.a. Terminsgebühr Strafvollstreckung*
– – Verfahren **B. Nr. 4202** 2
– – Zuschlag **B. Nr. 4203** 1 ff.
– Strafvollstreckungsverfahren **A.** 4
– Sühnetermin **B. Nr. 4102** 41 ff.
– Täter-Opfer-Ausgleich **B. Nr. 4102** 35 ff.
– – telefonische Verhandlung **B. Nr. 4102** 39
– Teilnahme an Erörterung des Verfahrenstandes **A.** 1592 ff.
– Teilnahme an nicht genannten Terminen **B. Nr. 4102** 45
– Teilnahme an richterlichen Vernehmungen **B. Nr. 4102** 10 ff.
– Therapieunterbringung, Aufhebungsverfahren **A.** 1239
– – Verlängerungsverfahren **A.** 1239
– Trennung **B. Vorb. 4** 72
– – selber Kalendertag **B. Vorb. 4** 72
– Trennung von Verfahren **A.** 1312
– Unterbringungssachen **B. Nr. 6301** 1 ff.
– – Abgeltungsbereich **B. Nr. 6301** 6 ff.
– – einstweiliges Anordnungsverfahren **B. Nr. 6301** 10
– – Einzeltätigkeit **B. Nr. 6301** 5
– – Entstehen der Gebühr **B. Nr. 6301** 7
– – Erstattung **B. Nr. 6301** 14
– – Höhe **B. Nr. 6301** 11 ff.
– – mehrere Termine **B. Nr. 6301** 9
– – persönlicher Geltungsbereich **B. Nr. 6301** 4
– – Rechtszug **B. Nr. 6301** 8
– – Wahlgebühren **B. Nr. 6301** 14
– Untersuchungshaft **B. Nr. 4102** 32
– Verbindung von Verfahren **B. Vorb. 4** 73 ff.
– – erst in Hauptverhandlung **B. Vorb. 4** 76
– – vor Beginn der Hauptverhandlung **B. Vorb. 4** 75

– Verbindung, nach Aufruf aller Sachen **B. Vorb. 4** 76
– – stillschweigende **B. Vorb. 4** 76
– Verfahren nach IRG-/IStGH-Gesetz **B. Nr. 6102** 1 ff.
– – Abgeltungsbereich **B. Nr. 6102** 3 ff.
– – Angelegenheit **B. Nr. 6102** 9
– – Anspruch gegen Verfolgten **B. Nr. 6102** 16
– – Bewilligung der Vollstreckung europäischer Geldsanktionen **B. Nr. 6102** 7 f.
– – Einzeltätigkeit **B. Nr. 6102** 15
– – Entstehung der Gebühr **B. Nr. 6102** 11
– – Erstattung **B. Nr. 6102** 18
– – Festsetzung **B. Nr. 6102** 18
– – gerichtlicher Termin **B. Nr. 6102** 2, 3
– – Höhe der Terminsgebühr **B. Nr. 6102** 12 ff.
– – persönlicher Geltungsbereich **B. Nr. 6102** 10
– – pro Verhandlungstag **B. Nr. 6102** 4
– – Termin vor AG **B. Nr. 6102** 5 f.
– Verfahren nach WBO Bundesverwaltungsgericht **B. Nr. 6405** 1 ff.
– – Anwendungsbereich **B. Nr. 6405** 2
– – Entstehen **B. Nr. 6405** 3
– – Höhe **B. Nr. 6405** 4 f.
– Verfahren nach WBO Truppendienstgericht **B. Nr. 6402** 1 ff.
– – Abgeltungsbereich **B. Nr. 6402** 6 f.
– – Angelegenheit **B. Nr. 6402** 11
– – Anwendungsbereich **B. Nr. 6402** 2
– – Einzeltätigkeit **B. Nr. 6402** 5
– – Entstehung **B. Nr. 6402** 7
– – Erstattung **B. Nr. 6402** 11
– – Höhe **B. Nr. 6402** 9 f.
– – mehrere Verhandlungstermine **B. Nr. 6402** 8
– – persönlicher Geltungsbereich **B. Nr. 6402** 4
– Verfahren vor EuGH **B. § 38** 9 ff.
– Verfahren vor Verfassungsgerichten **B. § 37** 16
– Verfahren vor Verwaltungsbehörde **B. Vorb. 5.1.2** 11 ff.
– – gerichtliche Vernehmung **B. Vorb. 5.1.2** 14 f.
– – Vernehmung vor Polizei **B. Vorb. 5.1.2** 12 f.
– Verfahren, Strafvollstreckungskammer **A.** 1453
– Vergütungsverzeichnis **A.** 1300
– Verhandeln im Termin **B. Nr. 4102** 31 ff.
– Vernehmungen der Strafverfolgungsbehörden **B. Nr. 4102** 19 ff.
– Vernehmungstermin **B. Vorb. 5** 27, **Nr. 4102** 20
– Verständigung, Abgeltungsbereich **A.** 1594
– – Straf-/Bußgeldverfahren **A.** 1590 ff.

2065

– – Hauptverhandlung **A.** 1591
– Verwaltungsbehörde, Abgeltungsbereich **B. Nr. 5102** 3 f., **Nr. 5104** 2
– – Geldbuße 40,00 bis 5.000,00 € **B. Nr. 5104** 1 ff.
– – Geldbuße mehr als 5.000,00 € **B. Nr. 5106** 1 ff.
– – Höhe **B. Nr. 5102** 6 f., **Nr. 5104** 3 f., **Nr. 5106** 3 f.
– Verwarnungsverfahren **A.** 1621 ff.
– Verweisung **B. Vorb.** 4 71
– vorbehaltene Sicherungsverwahrung **B. Vorb. 4.1** 22
– vorbereitendes Verfahren **B. Teil 4 Abschn. 1 Unterabschn.** 2 3
– Vorbereitung des Termins **B. Nr. 4102** 60
– Vorschuss **A.** 1668
– Wahlanwaltsgebühr, Bemessung **B. Nr. 4103** 6
– Wehrbeschwerdeordnung, Bundesverwaltungsgericht **B. Nr. 6405** 1 ff.
– Wiederaufnahmeverfahren **B. Nr. 4140** 1 ff., **Vorb.** 5 27
– – Bemessung der konkreten Gebühr **B. Nr. 4140** 8
– – Disziplinarverfahren **B. Vorb. 6.2.3** 12 ff.
– – Entstehen **B. Nr. 4140** 2
– – Gebührenhöhe **B. Nr. 4140** 7 f.
– – Kostenerstattung **B. Nr. 4140** 10
– – persönlicher Geltungsbereich **B. Nr. 4140** 6
– – sachlicher Abgeltungsbereich **B. Nr. 4140** 3 ff.
– – zusätzliche Gebühr **B. Nr. 4140** 9
– – Zuschlag **B. Nr. 4140** 8
– Zuschlag, Höhe **B. Nr. 4103** 5 f.
– – mehrere Termine **B. Nr. 4103** 3
– – Pflichtverteidiger **B. Nr. 4103** 5
– – Wahlanwaltsgebühr **B. Nr. 4103** 5
– Zwangsvollstreckung **A.** 1703
– – Anhörungstermin **A.** 1703
– – eidesstattliche Versicherung **A.** 1703
– – Verteilungsverfahren **A.** 1703
Terminsgebühr Amtsgericht, Begründung, Formulierungsbeispiel **B. Nr. 4108** 23
– Bemessung, Allgemeines **B. Nr. 4108** 19 f.
– – Fortsetzungstermin **B. Nr. 4108** 26
– – Wahlanwaltsgebühr **B. Nr. 4108** 21 ff.
– Entstehen, Anwesenheit im Termin **B. Nr. 4108** 6 ff.
– – Beginn der Hauptverhandlung **B. Nr. 4108** 4
– – Ende der Hauptverhandlung **B. Nr. 4108** 5
– – Hauptverhandlungstermin **B. Nr. 4108** 2 ff.

– Gebührenhöhe, Wahlanwalt **B. Nr. 4109** 10
– Längenzuschlag **B. Nr. 4108** 24
– Zusatzgebühr **B. Nr. 4110** 1 ff.
– – Abgeltungsbereich **B. Nr. 4110** 4 ff.
– – Beginn der Hauptverhandlungsdauer **B. Nr. 4110** 8
– – Beispielsfälle **B. Nr. 4110** 17 ff.
– – Berücksichtigung von Wartezeiten **B. Nr. 4110** 11
– – Gebührenhöhe **B. Nr. 4110** 22
– – Höhe **B. Nr. 4110** 22
– – Hauptverhandlung mehr als 8 Stunden **B. Nr. 4111** 1 f.
– – kürzere Pausen **B. Nr. 4110** 14
– – lange Hauptverhandlung **B. Nr. 4110** 7 ff.
– – längere Pausen **B. Nr. 4110** 15
– – Mittagspause **B. Nr. 4110** 24
– – persönlicher Abgeltungsbereich **B. Nr. 4110** 5
– – Rechtsprechungsübersicht **B. Nr. 4110** 12
– – sachlicher Abgeltungsbereich **B. Nr. 4110** 6
– zusätzliche Gebühren **B. Nr. 4108** 27
– Zuschlag, Abgeltungsbereich **B. Nr. 4109** 9
– – Gebührenhöhe **B. Nr. 4109** 10 ff.
– – Höhe **B. Nr. 4109** 10 ff.
– – Pflichtverteidiger **B. Nr. 4109** 12
– – Wahlanwalt **B. Nr. 4109** 10
Terminsgebühr Berufung s. Terminsgebühr, Berufung
– Zusatzgebühr **B. Nr. 4128** 1 ff.
– – Abgeltungsbereich **B. Nr. 4128** 2, **Nr. 4129** 2
– – Gebührenhöhe **B. Nr. 4128** 3, **Nr. 4129** 3
– – Höhe **B. Nr. 4129** 3
– Zuschlag, Gebührenhöhe **B. Nr. 4127** 3 f.
– – Höhe **B. Nr. 4127** 3 f.
– – Mandant nicht auf freiem Fuß **B. Nr. 4127** 2
Terminsgebühr Disziplinarverfahren s.a. Terminsgebühr, Disziplinarverfahren
– außergerichtlicher Termin zur Beweiserhebung **B. Nr. 6201**
– dritter Rechtszug **B. Nr. 6212** 1 ff.
– – Abgeltungsbereich **B. Nr. 6212** 6 f.
– – Anwendungsbereich **B. Nr. 6212** 2
– – beigeordneter Rechtsanwalt **B. Nr. 6212** 11
– – Einzeltätigkeit **B. Nr. 6212** 5
– – Entstehung **B. Nr. 6212** 7
– – Erstattung **B. Nr. 6212** 13
– – gerichtlich bestellter Rechtsanwalt **B. Nr. 6212** 11
– – Höhe **B. Nr. 6212** 9 ff.

- – mehrere Verhandlungstermine **B. Nr. 6212** 8
- – persönlicher Geltungsbereich **B. Nr. 6212** 4
- – Wahlanwalt **B. Nr. 6212** 9
- – zusätzliche Gebühr **B. Nr. 6212** 12
- erster Rechtszug **B. Nr. 6204** 1 ff.
- – Abgeltungsbereich **B. Nr. 6204** 6 f.
- – Anwendungsbereich **B. Nr. 6204** 2
- – Einzeltätigkeit **B. Nr. 6204** 5
- – Entstehen der Gebühr **B. Nr. 6204** 7
- – Erstattung **B. Nr. 6204** 15
- – Höhe **B. Nr. 6204** 11 ff.
- – mehrere Verhandlungstermine **B. Nr. 6204** 10
- – persönlicher Geltungsbereich **B. Nr. 6204** 4
- – Trennung **B. Nr. 6204** 8 f.
- – Verbindung **B. Nr. 6204** 8 f.
- – Zurückverweisung **B. Nr. 6204** 8 f.
- – zusätzliche Gebühren **B. Nr. 6204** 14
- zweiter Rechtszug **B. Nr. 6208** 1 ff.
- – Abgeltungsbereich **B. Nr. 6208** 6 f.
- – beigeordneter Rechtsanwalt **B. Nr. 6208** 11
- – Einzeltätigkeit **B. Nr. 6208** 5
- – Entstehen **B. Nr. 6208** 7
- – Erstattung **B. Nr. 6208** 13
- – gerichtlich bestellter Rechtsanwalt **B. Nr. 6208** 11
- – Höhe **B. Nr. 6208** 9 ff.
- – mehrere Verhandlungstermine **B. Nr. 6208** 8
- – persönlicher Geltungsbereich **B. Nr. 6208** 4
- – Wahlanwalt **B. Nr. 6208** 9 f.
- – zusätzliche Gebühren **B. Nr. 6208** 12

Terminsgebühr erster Rechtszug, Bemessung, Geldbuße bis 40,00 € **B. Nr. 5108** 12 ff.
- Betragsrahmengebühr Geldbuße 40,00 bis 5.000,00 € **B. Nr. 5110** 3
- Entstehen, Geldbuße bis 40,00 € **B. Nr. 5108** 5 f.
- Geldbuße 40,00 bis 5.000,00 € **B. Nr. 5110** 1 ff.
- – Abgeltungsbereich **B. Nr. 5110** 2
- – Betragsrahmengebühr **B. Nr. 5110** 3
- – Höhe **B. Nr. 5110** 3 f.
- – Pflichtverteidiger **B. Nr. 5110** 4
- – Teilnahme an Hauptverhandlung **B. Nr. 5110** 1
- – Wahlanwalt **B. Nr. 5110** 3
- – zusätzliche Gebühr **B. Nr. 5110** 5
- Geldbuße bis 40,00 € **B. Nr. 5108** 1 ff.
- – zusätzliche Gebühr **B. Nr. 5108** 15
- – außerhalb der Hauptverhandlung **B. Nr. 5108** 2
- – Beginn des Hauptverhandlungstermins **B. Nr. 5108** 6
- – beigeordneter Rechtsanwalt **B. Nr. 5108** 14
- – Bemessung **B. Nr. 5108** 12 ff.
- – Besonderheiten des Einzelfalls **B. Nr. 5108** 13
- – Betragsrahmengebühr für Wahlanwalt **B. Nr. 5108** 12 f.
- – Einzeltätigkeit beauftragten Rechtsanwalts **B. Nr. 5108** 7
- – Ende des Hauptverhandlungstermins **B. Nr. 5108** 6
- – Entstehen der Gebühr **B. Nr. 5108** 5 f.
- – gerichtlich bestellter Rechtsanwalt **B. Nr. 5108** 14
- – Höhe **B. Nr. 5108** 10 ff.
- – Mandant nicht auf freiem Fuß **B. Nr. 5108** 11
- – Pauschgebühr **B. Nr. 5108** 14
- – persönlicher Abgeltungsbereich **B. Nr. 5108** 7
- – Pflichtverteidiger **B. Nr. 5108** 14
- – sachlicher Abgeltungsbereich **B. Nr. 5108** 3 f.
- – Teilnahme an Hauptverhandlung **B. Nr. 5108** 2
- – Termin vor beauftragtem Richter **B. Nr. 5108** 3
- – Termin vor ersuchtem Richter **B. Nr. 5108** 3
- – Trennung **B. Nr. 5108** 8 f.
- – Übertragung der Vertretung **B. Nr. 5108** 7
- – Umfang der Tätigkeit **B. Nr. 5108** 6
- – Verbindung **B. Nr. 5108** 8 f.
- – Vergütungsvereinbarung **B. Nr. 5108** 13
- – Vorbereitung des Termins **B. Nr. 5108** 4
- – Zurückverweisung **B. Nr. 5108** 8 f.
- Geldbuße von mehr als 5.000,00 € **B. Nr. 5112** 1 ff.
- – Abgeltungsbereich **B. Nr. 5112** 2
- – Höhe **B. Nr. 5112** 3 f.
- – Pflichtverteidiger **B. Nr. 5112** 4
- – Wahlanwalt **B. Nr. 5112** 3
- – zusätzliche Gebühr **B. Nr. 5112** 5
- Höhe, Geldbuße 40,00 bis 5.000,00 € **B. Nr. 5110** 3 f.
- – Geldbuße bis 40,00 € **B. Nr. 5108** 10 ff.
- – Geldbuße von mehr als 5.000,00 € **B. Nr. 5112** 3 f.
- persönlicher Abgeltungsbereich, Geldbuße bis 40,00 € **B. Nr. 5108** 7
- Pflichtverteidiger, Geldbuße 40,00 bis 5.000,00 € **B. Nr. 5110** 4
- sachlicher Abgeltungsbereich, Geldbuße bis 40,00 € **B. Nr. 5108** 3 f.
- Strafsachen, Vergütungsverzeichnis, **A.** 1301
- Wahlanwalt, Betragsrahmengebühr **B. Nr. 5110** 3
- – Geldbuße 40,00 bis 5.000,00 € **B. Nr. 5110** 3

– – Geldbuße bis 40,00 € **B. Nr. 5108** 12 f.
– zusätzliche Gebühr, Geldbuße 40,00 bis
  5.000,00 € **B. Nr. 5110** 5
– – Geldbuße bis 40,00 € **B. Nr. 5108** 15
– – Geldbuße von mehr als 5.000,00 €
  B. Nr. 5112 5
Terminsgebühr mit Zuschlag, Argumentationshilfe **B. Nr. 4110** 23 ff.
Terminsgebühr OLG B. Nr. 4120 1 ff.
– Abgeltungsbereich **B. Nr. 4120** 3
– Entstehen **B. Nr. 4120** 3
– Gebührenhöhe **B. Nr. 4120** 4 f.
– Haftzuschlag **B. Nr. 4121** 1 ff.
– Hauptverhandlung im ersten Rechtszug
  B. Nr. 4120 1 ff.
– Zusatzgebühr **B. Nr. 4122** 1 ff.
– – Abgeltungsbereich **B. Nr. 4122** 2
– – Gebührenhöhe **B. Nr. 4123** 3
– – Höhe **B. Nr. 4122** 3
– – Hauptverhandlung mehr als 8 Stunden
  B. Nr. 4123 1 ff.
– Zuschlag **B. Nr. 4121** 1 ff.
– – Abgeltungsbereich **B. Nr. 4121** 2
– – Gebührenhöhe **B. Nr. 4121** 3 f.
– – Mandat nicht auf freiem Fuß **B. Nr. 4121** 2
Terminsgebühr Rechtsbeschwerdeverfahren
  B. Nr. 5114 1 ff.
– Abgeltungsbereich **B. Nr. 5114** 4 f.
– beigeordneter Rechtsanwalt **B. Nr. 5114** 9 f.
– – Pauschgebühr **B. Nr. 5114** 10
– Betragsrahmengebühr, Wahlanwalt **B. Nr. 5114** 6
– Entstehen der Terminsgebühr **B. Nr. 5114** 4
– gerichtlich bestellter Rechtsanwalt
  B. Nr. 5114 9 f.
– – Pauschgebühr **B. Nr. 5114** 10
– Höhe **B. Nr. 5114** 6 ff.
– – Besonderheiten des Einzelfalls **B. Nr. 5114** 7
– – Betragsrahmengebühr **B. Nr. 5114** 6
– – Wahlanwalt **B. Nr. 5114** 6
– Kostenerstattung **B. Nr. 5114** 12
– Pauschgebühr **B. Nr. 5114** 8
– persönlicher Abgeltungsbereich **B. Nr. 5114** 5
– Rücknahme der Rechtsbeschwerde **B. Nr. 5114** 2
– Teilnahme an Hauptverhandlung **B. Nr. 5114** 1, 3
– Wahlanwalt, Besonderheiten des Einzelfalls
  B. Nr. 5114 7
– – Betragsrahmengebühr **B. Nr. 5114** 6
– zusätzliche Gebühr **B. Nr. 5114** 11

Terminsgebühr Revision, Abgeltungsbereich
  B. Nr. 4132 9 ff.
– Bemessung **B. Nr. 4132** 14 ff.
– Ende der Hauptverhandlung **B. Nr. 4131** 8
– Entstehen **B. Nr. 4132** 4 ff.
– Gebührenhöhe **B. Nr. 4132** 12 ff.
– geringer Gebührenrahmen **B. Nr. 4131** 2
– Haftzuschlag **B. Nr. 4133** 1 ff.
– Höhe **B. Nr. 4131** 12 ff.
– Kostenerstattung **B. Nr. 4132** 19
– persönlicher Abgeltungsbereich **B. Nr. 4132** 9 f.
– sachlicher Abgeltungsbereich **B. Nr. 4132** 11
– Zusatzgebühr **B. Nr. 4134** 1 ff.
– – Abgeltungsbereich **B. Nr. 4134** 2, **Nr. 4135** 2
– – Gebührenhöhe **B. Nr. 4134** 3
– – Hauptverhandlung mehr als 8 Stunden
  B. Nr. 4135 1 ff.
– zusätzliche Gebühren **B. Nr. 4132** 18
– Zuschlag **B. Nr. 4133** 1 ff.
– – Gebührenhöhe **B. Nr. 4133** 3 f.
– – Höhe **B. Nr. 4133** 3 f.
– – Mandant nicht auf freiem Fuß **B. Nr. 4133** 2
Terminsgebühr Schwurgericht B. Nr. 4120 1 ff.
– Abgeltungsbereich **B. Nr. 4120** 3
– Entstehen **B. Nr. 4120** 3
– Haftzuschlag **B. Nr. 4121** 1 ff.
– Hauptverhandlung im ersten Rechtszug
  B. Nr. 4120 1 ff.
– Zusatzgebühr **B. Nr. 4122** 1 ff.
– – Abgeltungsbereich **B. Nr. 4122** 2
– – Gebührenhöhe **B. Nr. 4122** 3, **Nr. 4123** 3
– – Hauptverhandlung mehr als 8 Stunden
  B. Nr. 4123 1 ff.
– Zuschlag **B. Nr. 4121** 1 ff.
– – Abgeltungsbereich **B. Nr. 4121** 2
– – Gebührenhöhe **B. Nr. 4121** 3 f.
– – Mandant nicht auf freiem Fuß **B. Nr. 4121** 2
Terminsgebühr Strafkammer, Abgeltungsbereich **B. Nr. 4115** 2
– Gebührenhöhe **B. Nr. 4115** 3 f.
– Mandant nicht auf freiem Fuß **B. Nr. 4115** 2
– mit Zuschlag **B. Nr. 4115** 1 ff.
– – Höhe **B. Nr. 4116**
– Zusatzgebühr **B. Nr. 4116** 1 ff.
– – Abgeltungsbereich **B. Nr. 4116** 2, **Nr. 4117** 2
– – Gebührenhöhe **B. Nr. 4116** 3, **Nr. 4117** 3
– – Höhe **B. Nr. 4116** 3
– – Hauptverhandlung mehr als 8 Stunden
  B. Nr. 4117 1 ff.

– Zuschlag, Gebührenhöhe **B. Nr. 4115** 3 f.
Terminsgebühr Strafvollstreckung, sonstige Verfahren, Abgeltungsbereich **B. Nr. 4206** 2
– – Anspruch gegen Mandanten **B. Nr. 4206** 9
– – Beschwerdeverfahren **B. Nr. 4206** 7
– – Entstehen der Gebühr **B. Nr. 4206** 4
– – Erstattung **B. Nr. 4206** 9
– – Gebührenhöhe **B. Nr. 4206** 5 f.
– – mehrere Termine **B. Nr. 4206** 8
– – Pauschgebühr **B. Nr. 4206** 9
– – persönlicher Geltungsbereich **B. Nr. 4206** 3
– – Zuschlag **B. Nr. 4207** 1 ff.
– Zuschlag, Abgeltungsbereich **B. Nr. 4203** 5, **Nr. 4207** 5
– – Anspruch gegen Mandanten **B. Nr. 4203** 10, **Nr. 4207** 10
– – Beschwerdeverfahren **B. Nr. 4203** 8, **Nr. 4207** 8
– – Dauer der Freiheitsbeschränkung **B. Nr. 4203** 3, **Nr. 4207** 3
– – erhöhter Gebührenrahmen **B. Nr. 4207** 1
– – Erstattung **B. Nr. 4207** 10
– – Gebührenhöhe **B. Nr. 4203** 6 f., **Nr. 4207** 6 f.
– – Höhe **B. Nr. 4203** 6
– – Kostenerstattung **B. Nr. 4203** 10
– – Mandant nicht auf freiem Fuß **B. Nr. 4203** 2, **Nr. 4207** 2
– – mehrere Termine **B. Nr. 4203** 9, **Nr. 4207** 9
– – Pauschgebühr **B. Nr. 4203** 10, **Nr. 4207** 10
– – persönlicher Geltungsbereich **B. Nr. 4203** 4, **Nr. 4207** 4
Terminsgebühr Verwaltungsbehörde, Abgeltungsbereich, Geldbuße 40,00 bis 5.000,00 € **B. Nr. 5104** 2
– – Geldbuße bis 40,00 € **B. Nr. 5102** 3 ff.
– – Geldbuße mehr als 5.000,00 € **B. Nr. 5106** 2
– Geldbuße 40,00 bis 5.000,00 € **B. Nr. 5104** 1 ff.
– – Abgeltungsbereich **B. Nr. 5104** 2
– – Höhe **B. Nr. 5104** 3 f.
– Geldbuße bis 40,00 € **B. Nr. 5102** 1 ff.
– – Abgeltungsbereich **B. Nr. 5102** 3 ff.
– – Höhe **B. Nr. 5102** 6 f.
– Geldbuße mehr als 5.000,00 € **B. Nr. 5106** 1 ff.
– – Höhe der Terminsgebühr **B. Nr. 5106** 3 f.
– Höhe **B. Nr. 5104** 3 f.
– – Geldbuße 40,00 bis 5.000,00 € **B. Nr. 5104** 3 f.
– – Geldbuße bis 40,00 € **B. Nr. 5102** 6 f.
– – Geldbuße mehr als 5.000,00 € **B. Nr. 5106** 3 f.
– – *s.a. Terminsgebühr, Verwaltungsbehörde*

Terminsvertreter, Bußgeldsachen **B. Vorb. 5** 3
– Einzeltätigkeit **B. Vorb. 4.3** 24
– Grundgebühr **B. Nr. 4100** 6 ff.
– Pflichtverteidiger, Vergütung **A.** 1619
– Postentgeltpauschale **A.** 168
– Tätigkeit **B. Vorb. 4.1** 17 ff.
– Vergütungsanspruch gegen Staatskasse **A.** 1491
Terminswahrnehmung, außergerichtliche, Verfahrensgebühr Revision **B. Nr. 4130** 15
– weitere Verfahrensgebühr, Wiederaufnahmeverfahren **B. Nr. 4138** 7
Testamentsvollstrecker, Geschäftsreise **B. Vorb. 7** 17
Therapie, Zuschlag **B. Vorb. 4** 88
Therapieunterbringung A. 1211 ff.
– Anordnung, Beschwerdeverfahren **A.** 1234 ff.
– Anordnungsverfahren, anzuwendende Gebührenregelungen **A.** 1223
– – einstweilige Anordnung **A.** 1232 f.
– – Gebühren **A.** 1220 ff.
– – keine Grundgebühr **A.** 1226
– – Terminsgebühr **A.** 1227 ff.
– – Verfahrensgebühr **A.** 1224 ff.
– Aufhebung, Gebühren in sonstigen Verfahren **A.** 1237
– Aufhebungsverfahren, Angelegenheit **A.** 1240 ff.
– – Anhörungstermin **A.** 1237
– – besondere Angelegenheit **A.** 1240
– – Gebühren **A.** 1237
– – Terminsgebühr **A.** 1239
– – Verfahrensgebühr **A.** 1239
– – von Amts wegen **A.** 1237
– befristete Entscheidung **A.** 1221
– Beiordnung, Beschwerdeverfahren **A.** 1256
– – einstweilige Anordnung **A.** 1257
– – Ende **A.** 1255
– – Umfang **A.** 1254 ff.
– – Vollzugsangelegenheiten **A.** 1258
– Beiordnung eines Rechtsanwalts **A.** 1217
– Beiordnung in Vollzugsangelegenheiten, Verfahrenskostenhilfe **A.** 1258
– Beiordnungsverfahren **A.** 1250
– Beistand **A.** 1249 ff.
– Beschwerde gegen einstweilige Anordnung, besondere gebührenrechtliche Angelegenheit **A.** 1236
– – Endentscheidung **A.** 1236
– – Gebühren **A.** 1236

- Beschwerdeverfahren gegen Aufhebung, besondere Angelegenheit **A.** 1242
- Beschwerdeverfahren gegen Verlängerung, besondere Angelegenheit **A.** 1242
- Beschwerdeverfahren, Angelegenheit **A.** 1235
- – Terminsgebühr **A.** 1234 f.
- – Verfahrensgebühr **A.** 1234 f.
- einstweilige Anordnung **A.** 1232 f.
- – besondere gebührenrechtliche Angelegenheit **A.** 1243
- – Gebühren **A.** 1232 f.
- – Postentgeltpauschale **A.** 1233
- – verschiedene Angelegenheiten **A.** 1233
- erstinstanzliche Endentscheidung, Beschwerdeverfahren **A.** 1234
- Festsetzungsantrag, Anrechnung von Zahlungen **A.** 1253
- – – Anzeige von Zahlungen **A.** 1253
- Festsetzungsverfahren **A.** 1252
- Gebühren in sonstige Verfahren **A.** 1237 ff.
- – – Aufhebung **A.** 1237
- – – Verlängerung **A.** 1237
- Gebühren in sonstigen Verfahren, anzuwendende Gebührenregelungen **A.** 1238
- – – Rechtszug **A.** 1240
- gerichtlich beigeordneter Rechtsanwalt **A.** 1249 ff.
- – – Anspruch gegen Staatskasse **A.** 1251
- – – Auslagen **A.** 1252
- – – Umfang der Beiordnung **A.** 1254 ff.
- – – Vergütung **A.** 1217
- – – Vergütungsanspruch gegen Staatskasse **A.** 1480
- – – Vorschuss **A.** 1252
- – – Wahlanwaltsgebühren **A.** 1259 ff.
- gerichtliche beigeordneter Rechtsanwalt, Beiordnungsverfahren **A.** 1250
- – – Festsetzungsverfahren **A.** 1252
- gerichtliches Anordnungsverfahren, Anhörungstermin **A.** 1221
- – – Antrag **A.** 1221
- – – Beschwerde **A.** 1222
- – – einstweilige Anordnung **A.** 1222
- – – Entscheidung **A.** 1221
- – – Gebühren **A.** 1220 ff.
- – – Rechtsmittel **A.** 1222
- – Pauschgebühr **A.** 1264
- – sachliche Zuständigkeit **A.** 1213
- – Sicherungsverwahrung **A.** 1212

- sonstige Verfahren, Gebühren **A.** 1237 ff.
- – – Verhältnis zum Anordnungsverfahren **A.** 1240
- – Tätigkeit zwischen mehreren gerichtlichen Verfahren **A.** 1244 ff.
- – – Vergütungsansprüche **A.** 1245
- – Terminsgebühr Anordnungsverfahren, Abgeltungsbereich **A.** 1228 ff.
- – – Besprechung **A.** 1228
- – – einstweilige Anordnung **A.** 1233
- – – Entstehung **A.** 1228
- – – geplatzter Termin **A.** 1230
- – – gerichtlich beigeordneter Rechtsanwalt **A.** 1227
- – – Höhe **A.** 1227
- – – mehrere Anhörungstermine **A.** 1231
- – – Teilnahme an gerichtlichen Termin **A.** 1229
- – – Wahlanwalt **A.** 1227
- – Verfahrensgebühr Anordnungsverfahren, Abgeltungsbereich **A.** 1225
- – – einstweilige Anordnung **A.** 1233
- – – gerichtlich beigeordneter Rechtsanwalt **A.** 1224
- – – Wahlanwalt **A.** 1224
- – – Höhe **A.** 1224
- – Vergütung **A.** 1211 ff.
- – – Anwendung des RVG **A.** 1215 f.
- – – Beiordnungsverfahren **A.** 1250
- – – gerichtlich beigeordneter Rechtsanwalt **A.** 1219
- – – persönlicher Geltungsbereich **A.** 1217 ff.
- – – Verfahrenspfleger **A.** 1249
- – – Wahlanwalt **A.** 1218
- – Vergütungsanspruch, Fälligkeit **A.** 1247
- – Vergütungsregelungen **A.** 1214
- – Verlängerung, Gebühren in sonstigen Verfahren **A.** 1237
- – Verlängerungsverfahren, Angelegenheit **A.** 1240 ff.
- – – Anhörungstermin **A.** 1237
- – – besondere Angelegenheit **A.** 1240
- – – Gebühren **A.** 1237
- – – Terminsgebühr **A.** 1239
- – – Verfahrensgebühr **A.** 1239
- – Wahlanwaltsgebühren **A.** 1259 ff.
- – – Anspruch auf **A.** 1259 ff.
- – – Auslagen **A.** 1261
- – – Fälligkeit **A.** 1263
- – – Feststellungsentscheidung **A.** 1263
- – – Geltendmachung **A.** 1262

– – Voraussetzungen **A.** 1262
– – Vorschuss **A.** 1262
– weitere Aufhebungsverfahren, gebührenrechtliche Angelegenheit **A.** 1241
– weitere Verlängerungsverfahren, gebührenrechtliche Angelegenheit **A.** 1241
– zusätzlicher Vergütungsanspruch **A.** 1246
– – beigeordneter Rechtsanwalt **A.** 1246
ThUG, Anwendbarkeit **A.** 1212
– Gerichtskosten **A.** 718
– materiellrechtliche Voraussetzungen **A.** 1213
– Verfahren **A.** 1213
– – Verfahren der freiwilligen Gerichtsbarkeit **A.** 1213
– Verfahrensgebühr **B. Nr. 6300** 11
– Vergütung, Anwendungen des RVG **A.** 1215 f.
– Vergütungsregelung **A.** 1214
Trennung, Postentgeltpauschale **B. Nr. 7002** 31
– Terminsgebühr **B. Vorb. 4** 72
– – Amtsgericht **B. Nr. 4108** 14 f.
– Terminsgebühr Disziplinarverfahren, erster Rechtszug **B. Nr. 6204** 8 f.
– Terminsgebühr erster Rechtszug, Geldbuße bis 40,00 € **B. Nr. 5108** 8 f.
– Umfang des Vergütungsanspruchs **A.** 1424
– Verfahrensgebühr **B. Vorb. 4** 51 f.
– – Amtsgericht **B. Nr. 4106** 9 ff.
– – Verfahren nach WBO Truppendienstgericht **B. Nr. 6400** 10
– – vorbereitendes Verfahren **B. Nr. 4104** 13 f.
– Verfahrensgebühr Disziplinarverfahren, erster Rechtszug **B. Nr. 6203** 9 f.
– Verfahrensgebühr erster Rechtszug, Geldbuße bis 40,00 € **B. Nr. 5107** 9 f.
Trennung von Verfahren A. 1311 ff.
– Auslagenpauschale **A.** 1315
– Fortsetzung der Hauptverhandlung am selben Kalendertag **A.** 1315
– Grundgebühr, Disziplinarverfahren **B. Nr. 6200** 10
– Verfahrensgebühr Disziplinarverfahren, außergerichtliches Verfahren **B. Nr. 6202** 19
Trinkgeld, Geschäftsreise, sonstige Auslagen **B. Nr. 7006** 17
– sonstige Auslagen **B. Nr. 7006** 6
Truppendienstgebühr, Verfahrensgebühr **B. Nr. 6400** 1 ff.
Truppendienstgericht, Entscheidung, Verfahren nach WBO **B. Vorb. 6.4** 5

– Verfahrensgebühr, erster Rechtszug **B. Nr. 6203** 1

U
Übergang von Ansprüchen, Staatskasse **A.** 1321 ff.
Übergangsvorschriften A. 1336 ff.
– Anknüpfungspunkt, Beiordnung **A.** 1343 ff.
– – Bestellung **A.** 1343 ff.
– Anknüpfungspunkte **A.** 1340 ff.
– – bedingter Auftrag bei PKH **A.** 1342
– – unbedingte Auftragserteilung **A.** 1340 f.
– Anwaltswechsel **A.** 1369
– Anwendungsbereich **A.** 1338
– Beiordnung, Beratungshilfe **A.** 1350
– – Nebenklägervertreter **A.** 1347 f.
– – Pflichtverteidiger **A.** 1344 f.
– – Tätigkeit davor **A.** 1354 ff.
– – Verhältnis zum Auftrag **A.** 1343
– – Zeugenbeistand **A.** 1349
– Beistand des Nebenklägers **A.** 1346
– Bestellung, Beistand des Nebenklägers **A.** 1346
– – Beratungshilfe **A.** 1350
– – Nebenklägervertreter **A.** 1349
– – Pflichtverteidiger **A.** 1344 f.
– – Tätigkeit davor **A.** 1354 ff.
– – Verhältnis zum Auftrag **A.** 1343
– BRAGO **A.** 1337
– dieselbe Angelegenheit **A.** 1351 ff.
– – gerichtliches Verfahren **A.** 1353
– – vorbereitendes Verfahren **A.** 1353
– Freispruch **A.** 1359
– Grundgebühr, vorherige BRAGO-Tätigkeit **A.** 1356
– Hinzutreten weiterer Auftraggeber **A.** 1357
– Inkrafttreten des RVG **A.** 1337
– mehrere Auftraggeber **A.** 1357
– Nebenklägervertreter **A.** 1347 f.
– Pauschgebühr **A.** 1358
– Pflichtverteidiger **A.** 1347 f.
– Rechtsmittelverfahren **A.** 1360 ff.
– – erstmalige Beauftragung **A.** 1361
– – Pflichtverteidiger **A.** 1365
– – Rechtsanwalt des Rechtsmittelgegners **A.** 1363
– – Rechtsanwalt tätig in Vorinstanz **A.** 1362
– Rechtsprechungsübersicht **A.** 1373 ff.
– Rechtsstreit in eigener Sache **A.** 1366 f.
– Umsatzsteuersatz, Änderung **A.** 1372
– Verbindung **A.** 1368

– Verfahrensverbindung **A.** 1368
– Vergütungsvereinbarung **A.** 1339
– Verteidigerwechsel **A.** 1369
– Zeugenbeistand **A.** 1349
– Zurückverweisung **A.** 1370 f.
Übergegangener Anspruch, Einziehung
  A. 1333 f.
Überlassung elektronisch gespeicherter Datei, Dokumentenpauschale **B. Nr. 7000** 89 ff.
Übernachtung, Notwendigkeit, Geschäftsreise
  B. Nr. 7006 10
Übernachtungskosten, sonstige Auslagen
  B. Nr. 7006 6
– – für Geschäftsreisen **B. Nr. 7006** 10 ff.
Überprüfungsverfahren, Festsetzung der Pauschgebühr **B. § 51** 112
– Strafvollstreckung **B. Vorb. 4.2** 13, 24
– Verfahrensgebühr, Strafvollstreckung
  B. Nr. 4200 7 ff.
Überschussermittlung, Vergütung **A.** 819
Übersetzerkosten, erstattungsfähige **A.** 433
– Gerichtskosten **A.** 763 ff.
– nicht erstattungsfähige **A.** 434
– Telefonüberwachung **A.** 766
Übersetzungskosten, Besucherüberwachung
  A. 764 f.
– Briefkontrolle **A.** 764 f.
– Justizvergütungs-/Entschädigungsgesetz **A.** 207
– Staatskasse **A.** 207
– Wahlverteidiger **A.** 439
Übertragung auf Senat, Bewilligungsverfahren, Pauschgebühr **B. § 42** 21 f.
Übertragung der Vertretung, Verfahrensgebühr Rechtsbeschwerdeverfahren **B. Nr. 5113** 13
Umfang, Hinweispflicht **A.** 831
Umfang der Kostenerstattung, Verfahrensgebühr, Berufung **B. Nr. 4124** 23 f.
Umfang des Vergütungsanspruchs s.a. *Vergütungsanspruch, Umfang* **A.** 1382 ff.
Umgangsverfahren, Festsetzung der Pauschgebühr **B. § 51** 133
Umsatzsteuer, Änderung des Steuersatzes
  A. 195 f.
– Anrechnung **B. § 58** 21
– ausländischer Mandant, Erstattungspflicht
  B. Nr. 7008 25
– beigeordneter Rechtsanwalt **B. § 53** 7
– Beiordnung als Kontaktperson **B. Nr. 4304** 8
– bestellter Rechtsanwalt **B. § 53** 7

– durchlaufende Posten **A.** 192
– Erstattung, Nebenkläger im Adhäsionsverfahren
  A. 194
– Erstattungsanspruch **A.** 192
– – Vorsteuerabzugsberechtigung **A.** 193
– Erstattungspflicht **B. Nr. 7008** 25 f.
– – ausländischer Mandant **B. Nr. 7008** 25
– – Prüfungspflicht des Gerichts **B. Nr. 7008** 26
– – Vorsteuerabzugsberechtigung **B. Nr. 7008** 26
– Grundlage für Berechnung **A.** 193
– Nebenklage, Vorsteuerabzugsberechtigung
  A. 194
– Pauschgebühr **B. § 42** 14
– Pflicht, Rechtsanwalt **B. Nr. 7008** 5 f.
– Pflichtverteidiger, Anspruch gegen Beschuldigten **B. § 52** 19
– Portoauslagen **B. Nr. 7001** 12 f.
– Reisekosten **B. Nr. 7008** 23
– Staatskasse **A.** 192 ff.
– Vergütung **B. Nr. 7008** 1 ff.
– – Auslagen **B. Vorb. 7** 10
– – Vorschuss **B. Nr. 7008** 12
– Vergütungsvereinbarung **A.** 1512; **B. Nr. 7008** 24
– Vergütungsverzeichnis **A.** 1304
– Vorschusserhebung **A.** 196
– Vorsteuerabzugsberechtigung, Nebenklage
  A. 194
– – Reisekosten **A.** 193
Umsatzsteuerforderung, Aufrechnung gegen, Festsetzungsverfahren **A.** 640
Umsatzsteuerpflicht, Auftraggeber
  B. Nr. 7008 19
– ausländischer Auftraggeber **B. Nr. 7008** 7
– Beratungshilfe **B. Nr. 7008** 28 f.
– Mischung beruflicher und privater Tätigkeit
  B. Nr. 7008 18
– Pflichtverteidigung **B. Nr. 7008** 27 ff.
– PKH **B. Nr. 7008** 27 ff.
– Rechtsanwalt, Aktenversendungspauschale
  B. Nr. 7008 21 f.
– – ausländischer Gegner **B. Nr. 7008** 8
– – in eigener Sache **B. Nr. 7008** 13 ff.
– Rechtsanwalt in eigener Sache, private Tätigkeit
  B. Nr. 7008 16 f.
Umsatzsteuerpflichtige Vergütung
  B. Nr. 7008 20 ff.
Umsatzsteuersatz B. Nr. 7008 9
– Änderung des **A.** 195 f.
– Änderung, Übergangsvorschriften **A.** 1372

Umschlag, Geschäftskosten **B. Vorb. 7** 9
Umweltrecht, Festsetzung der Pauschgebühr
  B. § 51 22
Unabhängigkeit A. 40
Unanfechtbarer Beschluss, Bewilligungsverfahren, Pauschgebühr **B. § 42** 25
Uneingeschränkte Beiordnung, Reisekosten
  A. 177
Uneinsichtiger Angeklagter, Festsetzung der
  Pauschgebühr **B. § 51** 134
Unnötiger Antrag, Festsetzung der Pauschgebühr
  B. § 51 17 f.
Unterbevollmächtigter, Verfahrensgebühr, Vergütungsverzeichnis **A.** 1300
Unterbringung, freiheitsentziehende, Definition
  B. Nr. 6300 13
– Strafverfahren **B. Nr. 6300** 5
– Strafvollstreckung **B. Vorb. 4.2** 16
– Strafvollstreckungsverfahren **B. Nr. 6300** 5
– Verfahrensgebühr, Strafvollstreckung
  B. Nr. 4200 2
Unterbringungsbefehl, Verfahrensgebühr
  B. Nr. 4301 13
Unterbringungskosten, Gerichtskosten **A.** 779
Unterbringungsmaßnahme, Aufhebung, Verfahrensgebühr **B. Nr. 6302** 5
– Verlängerung, Verfahrensgebühr **B. Nr. 6302** 5
Unterbringungsmaßnahmen s.a. *Unterbringungssachen*
– Verfahrensgebühr **B. Nr. 6300** 1 ff.
– – Abgeltungsbereich **B. Nr. 6300** 22 ff.
– Verfahrensbeistand, Verfahrensgebühr
  B. Nr. 6300 18 f.
Unterbringungssachen s.a. *Unterbringungsmaßnahmen*
– anwaltlicher Verfahrenspfleger, Mittellosigkeit
  des Betroffenen **B. Nr. 6300** 20 f.
– – Verfahrensgebühr **B. Nr. 6300** 18 f.
– Freiheitsentziehung, Unterbringung eines
  Betreuten **B. Nr. 6300** 10
– – Unterbringung eines Minderjährigen
  B. Nr. 6300 10
– – Unterbringung eines minderjährigen psychisch
  Kranken **B. Nr. 6300** 10
– – Unterbringung psychisch Kranker
  B. Nr. 6300 10
– gerichtliche Verfahren **B. Nr. 6300** 1 ff.
– – sonstige Verfahren **B. Vorb. 6** 2
– Grundgebühr **B. Nr. 6300** 10

– Pauschgebühr **B. Nr. 6301** 14
– Terminsgebühr **B. Nr. 6301** 1 ff.
– – Abgeltungsbereich **B. Nr. 6301** 6 ff.
– – einstweiliges Anordnungsverfahren
  B. Nr. 6301 10
– – Einzeltätigkeit **B. Nr. 6301** 5
– – Höhe **B. Nr. 6301** 11 ff.
– – mehrere Termine **B. Nr. 6301** 9
– – persönlicher Geltungsbereich **B. Nr. 6301** 4
– – Rechtszug **B. Nr. 6301** 8
– Unterbringung eines Betreuten **B. Nr. 6300** 10
– Verfahrensbeistand, Mittellosigkeit des Betroffenen **B. Nr. 6300** 20 f.
– Verfahrensgebühr, Einzeltätigkeit **B. Nr. 6300** 32
– – Erstattung **B. Nr. 6300** 34 f.
– – Katalog erfasster Tätigkeiten **B. Nr. 6300** 24
– – Rechtszug **B. Nr. 6300** 26
– Vergütungsverzeichnis **A.** 1303
Unterbringungssachen nach FamFG, gerichtliches Verfahren **B. Nr. 6300** 10
– – Verfahrensgebühr **B. Nr. 6300** 10
Unterhaltungskosten, eigenes Kfz, Geschäftsreise **B. Nr. 7003** 14
Unterlassung, Zwangsvollstreckung **A.** 1732
Unternehmer, Begriff **A.** 237
Unterrichtung des Auftraggebers, notwendige,
  Ablichtung **B. Nr. 7000** 70 ff.
Untersuchung, Gerichtskosten **A.** 778
Untersuchungshaft, Festsetzung der Pauschgebühr **B. § 51** 135
– Terminsgebühr **B. Nr. 4102** 32
– Verfahrensgebühr **B. Nr. 4301** 13
– – Amtsgericht **B. Nr. 4106** 8
– – Berufung **B. Nr. 4124** 13
– Verfahrensgebühr Revision **B. Nr. 4130** 15
Unzulässige Beschränkung, Pflichtverteidiger,
  Reisekosten **A.** 179 f.
Unzumutbarkeit, Pauschgebühr **B. § 42** 6
Urkundsbeamter, Prüfung durch, Festsetzungsverfahren **A.** 611 ff.
Urkundsbeamter der Geschäftsstelle, Beschluss
  A. 623
– Festsetzungsverfahren, Austausch von Positionen **A.** 613
– – Bindung an Beiordnung **A.** 615
– – Bindung an Bestellung **A.** 615
– – eingeschränkte Beiordnung **A.** 616
– – eingeschränkte Bestellung **A.** 616
– – Feststellung für Auslagen **A.** 617

– – keine Abänderung von Amts wegen **A. 614**
– – Verzinsung **A. 624**
– – Weisungsgebundenheit **A. 619**
– – Zuständigkeit **A. 618 ff.**
– Prüfungsumfang **A. 611 ff.**
– – Anrechnung von Zahlungen **A. 611**
– – Anrechnung von Vorschüssen **A. 611**
– – Auslagen **A. 611**
– – Bestehen des Vergütungsanspruchs **A. 611**
– – Einreden **A. 612**
– – Einwendungen **A. 612**
– – entgegenstehendes Verschulden **A. 611**
– – richtige Berechnung **A. 611**
Ursächlichkeit, anwaltliche Mitwirkung
  B. Nr. 4141 11
Urteil, angefochtenes, Verfahrensgebühr Revision
  B. Nr. 4130 15
– Sicherungsverfahren **B. Vorb. 4.2** 4
Urteilsumfang, Festsetzung der Pauschgebühr
  B. § 51 136

V
Verauslagte Aktenversendungspauschale,
  gerichtlich beigeordneter Rechtsanwalt **A. 758**
– gerichtlich bestellter Rechtsanwalt **A. 758**
– Wahlverteidiger **A. 758**
Verbindung, Postentgeltpauschale **B. Nr. 7002** 30
– stillschweigende, Terminsgebühr **B. Vorb. 4** 76
– Terminsgebühr Amtsgericht **B. Nr. 4108** 14 f.
– Terminsgebühr Disziplinarverfahren, erster
  Rechtszug **B. Nr. 6204** 8 f.
– Terminsgebühr erster Rechtszug, Geldbuße bis
  40,00 € **B. Nr. 5108** 8 f.
– Umfang des Vergütungsanspruchs **A. 1423**
– Verfahrensgebühr, Amtsgericht **B. Nr. 4106** 9 ff.
– – Verfahren nach WBO Truppendienstgericht
  B. Nr. 6400 10
– – vorbereitendes Verfahren **B. Nr. 4104** 13 f.
– Verfahrensgebühr Disziplinarverfahren, erster
  Rechtszug **B. Nr. 6203** 9 ff.
– Verfahrensgebühr erster Rechtszug, Geldbuße
  bis 40,00 € **B. Nr. 5107** 9 f.
Verbindung von Verfahren A. 1431 ff.
– Abgrenzungsfragen **A. 1432**
– Beiordnung eines Rechtsanwalts **B. § 48** 17 ff.
– Bestellung eines Rechtsanwalts **B. § 48** 17 ff.
– Grundgebühr **B. Nr. 4100** 29
– – Disziplinarverfahren **B. Nr. 6200** 9
– Terminsgebühr **B. Vorb. 4** 73 ff.

– Übergangsvorschriften **A. 1368**
– Verfahrensgebühr **B. Vorb. 4** 53 ff.
– Verfahrensgebühr Disziplinarverfahren, außergerichtliches Verfahren **B. Nr. 6202** 19
– Verhandlungsverbindung **A. 1439 f.**
– – gebührenrechtliche Konsequenzen **A. 1439 f.**
– Verschmelzungsverbindung **A. 1433 ff.**
– – gebührenrechtliche Konsequenzen **A. 1433 ff.**
Verbindungsantrag, Verfahrensgebühr
  B. Vorb. 4 40
Verbot, Vergütung, Verzicht **A. 644**
Verbraucher, Begriff **A. 237**
– Beratungsgebühr **A. 284**
– Gutachtengebühr **A. 803**
Verbringungshaft, Verfahrensgebühr
  B. Nr. 6300 7
Vereidigter Buchprüfer, Abrechnung **A. 45**
– Kostenfestsetzung in Strafsachen **A. 872**
Vereinbarte Vergütung, Pflichtverteidiger,
  Anspruch gegen Beschuldigten **B. § 52** 65
Vereinbarung, Anrechnung **B. § 58** 38
– zusätzliche Auslagenpauschale **A. 1573 f.**
Vereinsgericht B. Vorb. 6.2 14
Verfahren, Anrechnung **B. § 58** 43
– Beiordnung einer Kontaktperson **B. § 55** 4 ff.
– Einstellung, Verfahrensgebühr **B. Vorb. 4** 40
– gerichtliches **B. Teil 4 Abschn. 1 Unterabschn. 3** 1 ff.
– Kostenfestsetzung in Strafsachen **A. 903 ff.**
– Nichteröffnung **B. Nr. 4141** 23 ff.
– Rechtsbehelf in Bußgeldsache **B. § 57** 7 ff.
– Rechtsbeschwerde **B. Teil 5 Abschn. 1 Unterabschn. 4 Vorb.** 1 ff.
– – Vorbemerkung **B. Teil 5 Abschn. 1 Unterabschn. 4 Vorb.** 1 ff.
– Rückzahlung **B. § 58** 44
– sonstige **B. Vorb. 6** 1 ff.
– – Strafvollstreckung **B. Vorb. 4.2** 17
– Trennung **A. 1311 ff.**
– Verbindung **A. 1431 ff.**
– – Verfahrensgebühr **B. Vorb. 4** 53 ff.
– Verwaltungsbehörde **B. Vorb. 6.1.1** 1 ff.
– – IRG, Gebühren **B. Vorb. 6.1.1** 1 ff.
– vorbereitendes **B. Teil 4 Abschn. 1 Unterabschn. 2** 1 ff.
Verfahren bei Verwaltungsbehörde, Bewilligungsverfahren, Festsetzung der Pauschgebühr
  B. § 51 57

2074

Stichwortverzeichnis

Verfahren der Erstreckung, Beiordnung eines Rechtsanwalts **B. § 48** 27 ff.
– Bestellung eines Rechtsanwalts **B. § 48** 27 ff.
Verfahren in erster Instanz, Gerichtskosten **A.** 723
Verfahren IRG- und IStGH-Gesetz, Verfahrensgebühr **B. Vor Teil 6 Abschn. 1** 1 f.
Verfahren nach §§ 23 ff. EGGVG, Antrag auf gerichtliche Entscheidung **A.** 1443
– PKH **A.** 1444
– Verfahrensgebühr **A.** 1445 ff.
– – Gebührenhöhe **A.** 1447 f.
– Vergütung **A.** 1445 ff.
Verfahren nach §§ 43, 44 WDO, Verfahrensgebühr, Erstattung **B. Nr. 6500** 23
Verfahren nach BDG B. Vorb. 6.2 26 f.
– Erstattung, Disziplinarverfahren **B. Vorb. 6.2** 52
– Verfahrensgebühr, Disziplinarverfahren **B. Nr. 6202** 7
Verfahren nach den §§ 23 ff. EGGVG, Abgrenzung, Strafvollstreckung **B. Vorb. 4.2** 10
Verfahren nach IRG, Abgrenzung Bewilligungsverfahren vom gerichtlichen Verfahren **B. Vorb. 6.1.1** 16 ff.
– Anhörungsverfahren **B. Vorb. 6.1.1** 6
– Bestellung durch Bundesamt für Justiz, Vergütungsanspruch **B. Vorb. 6.1.1** 11
– Bestellung eines Beistands **B. Vorb. 6.1.1** 10
– Bewilligungsverfahren, Einzeltätigkeit **B. Vorb. 6.1.1** 23
– Gebührenhöhe **B. Vorb. 6.1.1** 22
– gerichtliches Verfahren **B. Vorb. 6.1.1** 7
– keine Grundgebühr **B. Vorb. 6.1.1** 14
– keine Terminsgebühr **B. Vorb. 6.1.1** 15
– Pauschgebühr **B. § 42** 4, **Vorb. 6.1.1** 25
– persönlicher Geltungsbereich **B. Vorb. 6.1.1** 10 ff.
– Prüfungsverfahren **B. Vorb. 6.1.1** 5
– sonstige Gebühren **B. Vorb. 6.1.1** 24
– sonstige Verfahren **B. Vorb. 6** 2
– Stichtagsregelung **B. Vorb. 6.1.1** 3
– Verfahrensgang **B. Vorb. 6.1.1** 4 ff.
– Verfahrensgebühr, Abgeltungsbereich **B. Vorb. 6.1.1** 13 ff.
– Vergütungsverzeichnis **A.** 1303
– Vollstreckung **B. Vorb. 6.1.1** 19 ff.
– Vollstreckungsbehörde **B. Vorb. 6.1.1** 8

Verfahren nach IRG-/IStGH-Gesetz, gerichtlich bestellter Rechtsanwalt, Pauschgebühr **B. Nr. 6102** 6
– gerichtlicher Termin, Terminsgebühr **B. Nr. 6102** 2
– keine Grundgebühr **B. Nr. 6101** 15
– Pauschgebühr **B. Nr. 6101** 33, **Nr. 6102** 17
– sonstige Gebühr **B. Nr. 6101** 31
– Terminsgebühr **B. Nr. 6102** 1 ff.
– – Abgeltungsbereich **B. Nr. 6102** 3 ff.
– – Angelegenheit **B. Nr. 6102** 9
– – Bewilligung der Vollstreckung europäischer Geldsanktionen **B. Nr. 6102** 7 f.
– – Einzeltätigkeit **B. Nr. 6102** 15
– – Entstehen **B. Nr. 6102** 11
– – Erstattung **B. Nr. 6102** 18
– – Festsetzung **B. Nr. 6102** 18
– – gerichtlicher Termin **B. Nr. 6102** 3
– – Höhe **B. Nr. 6102** 12 ff.
– – persönlicher Geltungsbereich **B. Nr. 6102** 10
– – pro Verhandlungstag **B. Nr. 6102** 4
– – Termin vor AG **B. Nr. 6102** 5 f.
– Überstellung von Personen **B. Nr. 6101** 4
– Verfahrensgebühr **B. Nr. 6101** 1 ff.
– – Abgeltungsbereich **B. Nr. 6101** 12 ff.
– – Abgrenzung Verwaltungsverfahren **B. Nr. 6101** 13
– – Akteneinsicht **B. Nr. 6101** 14
– – allgemeine Beratung **B. Nr. 6101** 14
– – Aufnahme von Informationen **B. Nr. 6101** 14
– – ausgehende Ersuchen **B. Nr. 6101** 3, 4
– – außergerichtlicher Termin **B. Nr. 6101** 14
– – Beschaffung von Informationen **B. Nr. 6101** 14
– – Beschwerdeverfahren **B. Nr. 6101** 14
– – Besprechung **B. Nr. 6101** 14
– – Bewilligung der Vollstreckung europäischer Geldsanktionen **B. Nr. 6101** 19 ff.
– – Durchbeförderung von Personen **B. Nr. 6101** 4
– – eigene Ermittlung **B. Nr. 6101** 14
– – Einlegung von Rechtsmitteln **B. Nr. 6101** 14
– – Einwendungen des Verfolgten **B. Nr. 6101** 14
– – Einzeltätigkeit **B. Nr. 6101** 30
– – Entstehen der Gebühr **B. Nr. 6101** 16
– – Erstattung **B. Nr. 6101** 36 ff.
– – Erweiterung der Auslieferungsbewilligung **B. Nr. 6101** 18
– – Festsetzung gegen Staatskasse **B. Nr. 6101** 34 f.

– – gerichtliche Auslieferungsverfahren
   B. Nr. 6101 3
– – gerichtliches Durchlieferungsverfahren
   B. Nr. 6101 3
– – Höhe **B. Nr. 6101** 26 ff.
– – JVA-Besuche **B. Nr. 6101** 14
– – Katalog erfasster Tätigkeiten **B. Nr. 6101** 14
– – Nachprüfungsverfahren **B. Nr. 6101** 17
– – persönlicher Geltungsbereich **B. Nr. 6101** 7 ff.
– – rechtliche Bestellung **B. Nr. 6101** 8
– – Rechtsbeschwerdeverfahren **B. Nr. 6101** 24 f.
– – Schriftverkehr **B. Nr. 6101** 14
– – sonstige Rechtshilfe **B. Nr. 6101** 3, 4
– – Tätigkeit im Verwaltungsverfahren
   B. Nr. 6101 6
– – Überstellung von Personen **B. Nr. 6101** 4
– – vertragslose sonstige Rechtshilfe
   B. Nr. 6101 10
– – Vollstreckung ausländischer Erkenntnisse
   B. Nr. 6101 3
– – Vollstreckung **B. Nr. 6101** 4
– – Wahlanwalt **B. Nr. 6101** 7
– – Zeugenbeistand **B. Nr. 6101** 11
– Vollstreckungsverfahren **B. Vorb. 6.1.1** 8
– Wahlanwaltsgebühr, Anspruch gegen Verfolgten
   B. Nr. 6101 32, **Nr. 6102** 16
Verfahren nach IStGH-Gesetz B. § 42 4
– sonstige Verfahren **B. Vorb. 6** 2
Verfahren nach StBerG und WiPrO, Erstattung, Disziplinarverfahren **B. Vorb. 6.2** 49 ff.
Verfahren nach StVollzG, außergerichtliche Vertretung **A.** 1450 f.
– außergerichtlicher Bereich, Berechnung des Geschäftswerts **A.** 1458
– gerichtlicher Bereich, Bestimmung des Geschäftswerts **A.** 1459
– Geschäftswert, außergerichtlicher Bereich **A.** 1458
– – gerichtlicher Bereich **A.** 1459
– Rechtsbeschwerde, gegen Entscheidung der Strafvollstreckungskammer **A.** 1455
– Strafvollstreckungskammer **A.** 1449
– Vertretung im Verwaltungsverfahren **A.** 1450 f.
Verfahren nach Truppendienstgericht, Gebühren **B. Vorb. 6.4** 1 ff.
Verfahren nach WBO, Abgeltungsbereich
   B. Vorb. 6.4 18
– Angelegenheiten **B. Vorb. 6.4** 19

– Anspruch auf Wahlanwaltsgebühren
   B. Vorb. 6.4 21
– Beschwerdeverfahren, Besonderheit
   B. Vorb. 6.4 16
– – Kostenerstattung **B. Vorb. 6.4** 24 f.
– Besonderheiten **B. Vorb. 6.4** 15 ff.
– Bundesverwaltungsgericht, Terminsgebühr
   B. Nr. 6405 1 ff.
– – Terminsgebühr s. *Terminsgebühr*
– – Verfahrensgebühr **B. Nr. 6403** 1 ff.
– Einzeltätigkeit **B. Vorb. 6.4** 20
– Entscheidung des Bundesverwaltungsgerichts
   B. Vorb. 6.4 6
– Entscheidung des Truppendienstgerichts
   B. Vorb. 6.4 5
– erfasste gerichtliche **B. Vorb. 6.4** 9 f.
– Gebühren, persönlicher Geltungsbereich
   B. Vorb. 6.4 17
– gerichtliche Entscheidung **B. Vorb. 6.4** 1 ff.
– – Beschwerde des Soldaten **B. Vorb. 6.4** 3
– – Bundesverwaltungsgericht **B. Vorb. 6.4** 6
– – Rechtsbeschwerde **B. Vorb. 6.4** 7
– – Verfahrensgang **B. Vorb. 6.4** 3 ff.
– – weitere Beschwerde **B. Vorb. 6.4** 4
– gerichtliches Verfahren, Besonderheit
   B. Vorb. 6.4 15
– – Kostenerstattung **B. Vorb. 6.4** 23
– Geschäftsgebühr, Angelegenheit **B. Vorb. 6.4** 13
– – Anrechnung **B. Vorb. 6.4** 14
– – Beschwerdeverfahren **B. Vorb. 6.4** 11
– – truppendienstliche Angelegenheit
   B. Vorb. 6.4 11
– – Verfahren über weitere Beschwerde
   B. Vorb. 6.4 11
– – Vertretung im Beschwerdeverfahren
   B. Vorb. 6.4 11
– – verwaltungsrechtliches Vorverfahren
   B. Vorb. 6.4 12
– Nichtzulassungsbeschwerde **B. Vorb. 6.4** 8
– Pauschgebühr **B. Vorb. 6.4** 22
– Verfahrensgebühr Truppendienstgericht
   B. Nr. 6400 1 ff.
– weitere Beschwerde, Kostenerstattung
   B. Vorb. 6.4 24 f.
Verfahren nach WBO Bundesverwaltungsgericht, Terminsgebühr, Anwendungsbereich
   B. Nr. 6405 2
– – Entstehen **B. Nr. 6405** 3
– – Höhe **B. Nr. 6405** 4 f.

– – Wahlanwalt **B. Nr. 6405** 4
– Verfahrensgebühr, Anwendungsbereich
   B. Nr. 6403 2
– – Angelegenheit **B. Nr. 6403** 6
– – Höhe **B. Nr. 6403** 4 f.
Verfahren nach WBO Truppendienstgericht
   B. Vorb. 6.4 1 ff.
– Pauschgebühr **B. Nr. 6402** 11
– Terminsgebühr **B. Nr. 6402** 1 ff.
– – Abgeltungsbereich **B. Nr. 6402** 6 f.
– – Angelegenheit **B. Nr. 6402** 11
– – Anwendungsbereich **B. Nr. 6402** 2
– – Einzeltätigkeit **B. Nr. 6402** 5
– – Entstehung **B. Nr. 6402** 7
– – Erstattung **B. Nr. 6402** 11
– – Höhe **B. Nr. 6402** 9
– – persönlicher Geltungsbereich **B. Nr. 6402** 4
– Verfahrensgebühr, Abgeltungsbereich
   B. Nr. 6401 3
– – Abgeltungsbereich **B. Nr. 6404** 3
– – Anwendungsbereich **B. Nr. 6404** 2
– – Beschwerdeverfahren **B. Nr. 6400** 9
– – Einzeltätigkeit **B. Nr. 6400** 5
– – Erstattung **B. Nr. 6400** 13
– – Höhe **B. Nr. 6400** 11 ff., **Nr. 6401** 4 f
– – Katalog erfasster Tätigkeiten **B. Nr. 6400** 8
– – Pauschgebühr **B. Nr. 6400** 13
– – persönlicher Geltungsbereich **B. Nr. 6400** 4
– – Verfahrensdauer **B. Nr. 6400** 7
– vorausgegangene Beschwerde **B. Nr. 6401** 1 ff.
Verfahren nach WDO B. Vorb. 6.2 24 f.
– Aufhebung/Änderung einer Disziplinarmaßnahme, Verfahrensgebühr **B. Nr. 6500** 1 ff.
– Disziplinarverfahren, dritter Rechtszug
   B. Nr. 6211 1
– – Verfahrensgebühr **B. Nr. 6202** 6
– Erstattung, Disziplinarverfahren **B. Vorb. 6.2** 48
Verfahren nach Wiederaufnahme, Pauschgebühren **B. Vorb. 4.1** 28
Verfahren über Rechtsbeschwerde *s. Rechtsbeschwerdeverfahren*
Verfahren vor Bundesverwaltungsgericht,
   Gebühren **B. Vorb. 6.4** 1 ff.
Verfahren vor Disziplinarvorgesetzten, Gebühren **B. Vorb. 6.4** 1 ff.
Verfahren vor EuGH B. § 38 1 ff.
– Anrechnung der Verfahrensgebühr **B. § 38** 14
– Anwendungsbereich **B. § 38** 1 ff.
– Auslagen **B. § 38** 15

– Gebührentatbestände **B. § 38** 9 ff.
– Haftzuschlag **B. § 38** 13
– Kostenentscheidung **B. § 38** 16
– Kostenerstattung **B. § 38** 16
– Kostenfestsetzung **B. § 38** 16
– persönlicher Geltungsbereich, beigeordneter
   Rechtsanwalt **B. § 38** 8
– – bestellter Rechtsanwalt **B. § 38** 8
– – Pflichtverteidiger **B. § 38** 8
– – Wahlanwalt **B. § 38** 8
– – Wahlverteidiger **B. § 38** 8
– Rechtsanwaltsgebühren **B. § 38** 1 ff.
– Terminsgebühr **B. § 38** 9 ff.
-Verfahrensgebühr **B. § 38** 9 ff.
– Vorabentscheidungsverfahren **B. § 38** 3 ff.
– – Antragsstellung **B. § 38** 7
– – Beweisaufnahme **B. § 38** 6
– – Verlauf **B. § 38** 5
Verfahren vor Verfassungsgerichten, Auslagen
   B. § 37 20
– Erstattung, Zeitversäumnis **B. § 37** 22
– Gebühren **B. § 37** 9 f.
– – Abrechnungstatbestände **B. § 37** 8 ff., 13 ff.
– – Haftzuschlag **B. § 37** 9
– Gebührenhöhe **B. § 37** 10
– Gegenstandswert **B. § 37** 17
– – Bemessung **B. § 37** 18
– – Festsetzung **B. § 37** 19
– Grundgebühr **B. § 37** 9
– Haftzuschlag **B. § 37** 9
– Kostenerstattung **B. § 37** 21 f.
– Kostenfestsetzung, Zuständigkeit **B. § 37** 23
– Rechtsanwaltsgebühren **B. § 37** 1 ff.
– – persönlicher Geltungsbereich **B. § 37** 4
– – sachlicher Geltungsbereich **B. § 37** 5
– – strafprozessähnliche Verfahren **B. § 37** 6 ff.
– sonstige verwaltungsprozessähnliche Verfahren
   B. § 37 12 ff.
– strafprozessähnliche Verfahren **B. § 37** 6 ff.
– Terminsgebühr **B. § 37** 16
– Verfahrensgebühr **B. § 37** 9, 13 ff.
– – Entstehen **B. § 37** 14
– – mehrere Auftraggeber **B. § 37** 15
– Verfassungsbeschwerde, Kostenerstattung
   B. § 37 21
– Vorverfahrensgebühr **B. § 37** 9
Verfahren vor Verwaltungsbehörde, Bußgeldverfahren, dieselbe Angelegenheit **A.** 90
– – verschiedene Angelegenheiten **A.** 90

2077

Stichwortverzeichnis

– Freiheitsentziehung **B. Nr. 6300** 5
– Geldbuße bis 40,00 €, Terminsgebühr
  B. Nr. 5102 1 ff.
– Höhe der Terminsgebühr, Geldbuße 40,00 bis 5.000,00 € **B. Nr. 5104** 3 f.
– – Geldbuße mehr als 5.000,00 € **B. Nr. 5106** 3 f.
– Höhe der Verfahrensgebühr, Geldbuße mehr als 5.000,00 € **B. Nr. 5105** 3 f.
– Pauschgebühr **B. § 42** 31 f.
– Terminsgebühr **B. Vorb. 5.1.2** 1 ff., 11 ff.
– – Geldbuße 40,00 bis 5.000,00 € **B. Nr. 5104** 1 ff.
– – Geldbuße mehr als 5.000,00 € **B. Nr. 5106** 1 ff.
– – gerichtliche Vernehmung **B. Vorb. 5.1.2** 14 f.
– – Vernehmung vor Polizei **B. Vorb. 5.1.2** 12 f.
– – Vernehmung vor Verwaltungsbehörde **B. Vorb. 5.1.2** 12 f.
– Umfang **B. Vorb. 5.1.2** 5 ff.
– Verfahrensbeginn **B. Vorb. 5.1.2** 5 ff.
– Verfahrensende **B. Vorb. 5.1.2** 5 ff.
– Verfahrensgebühr, Geldbuße 40,00 bis 5.000,00 € **B. Nr. 5103** 1 ff.
– – Geldbuße mehr als 5.000,00 € **B. Nr. 5105** 1 ff.
– – Höhe **B. Nr. 5103** 3 f., **Nr. 5105** 3 f.
– – zusätzliche Gebühr **B. Nr. 5103** 5
– verschiedene Angelegenheiten **A.** 90 f.
– Verwarnungsverfahren **B. Vorb. 5.1.2** 1 ff.
– Zwischenverfahren **B. Vorb. 5.1.2** 1 ff.
Verfahren vor Wehrdienstgericht, Gebühren **B. Vorb. 6.4** 1 ff.
Verfahren wegen sexuellen Missbrauchs, Festsetzung der Pauschgebühr **B. § 51** 22
Verfahrensabschnitt, Begriff **B. § 58** 14 f.
– Beschwerdeverfahren **B. Vorb. 4** 13
– Gebührensystem **B. Vorb. 4** 2
– Pauschgebühr **B. § 42** 10 f.
– Strafbefehlsverfahren **A.** 1288 ff.
– Strafsachen **B. Vorb. 4** 11 ff.
– Wiederaufnahmeverfahren **B. Vorb. 4** 12
Verfahrensbeschwerdegebühr, besondere **A.** 106
Verfahrensbevollmächtigter, Ablichtung **B. Nr. 7000** 58 ff.
– Auslagen, Ablichtungen **B. Nr. 7000** 58 ff.
Verfahrensbevollmächtigter anderer Verfahrensbeteiligter, Auslagen für Kopien **B. Nr. 7000** 58 ff.
Verfahrenseinstellung, Festsetzung der Pauschgebühr **B. § 51** 95
– Verfahrensgebühr **B. Vorb. 4** 40

– – Rechtsbeschwerdeverfahren **B. Nr. 5113** 11
Verfahrensgebühr, Abgeltungsbereich
  B. Vorb. 4 31, **Nr. 6500** 6 ff., **Vorb. 4** 33 ff.
– – Betriebsgebühr **B. Vorb. 4** 35
– – Verfahrensabschnitt **B. Vorb. 4** 34
– Akteneinsicht **B. Vorb. 4** 40
– Amtsgericht **B. Nr. 4106** 1 ff.
– – Abgeltungsbereich **B. Nr. 4106** 5 ff.
– – Abwicklungstätigkeit **B. Nr. 4106** 8
– – Akteneinsicht **B. Nr. 4106** 8
– – allgemeine Beratung **B. Nr. 4106** 8
– – Beginn gerichtlichen Verfahrens **B. Nr. 4106** 2 f.
– – Bemessung der Wahlanwaltsgebühr **B. Nr. 4106** 14 f.
– – Beratung über Erfolgsaussicht Rechtsmittel **B. Nr. 4106** 8
– – Berichtigungsanträge **B. Nr. 4106** 8
– – Berufung **B. Nr. 4106** 8
– – Beschaffung von Information **B. Nr. 4106** 8
– – Beschwerdeverfahren **B. Nr. 4106** 8
– – Besprechung **B. Nr. 4106** 8
– – eigene Ermittlung **B. Nr. 4106** 8
– – Einlegung der Berufung **B. Nr. 4106** 8
– – Ende gerichtlichen Verfahrens **B. Nr. 4106** 4
– – erfasste Tätigkeiten **B. Nr. 4106** 8
– – Ergänzungsantrag **B. Nr. 4106** 8
– – Erinnerung **B. Nr. 4106** 8
– – Gebührenhöhe **B. Nr. 4106** 12 f.
– – gerichtliches Verfahren **B. Nr. 4106** 2 ff.
– – Haftprüfungstermin **B. Nr. 4106** 8
– – Haftzuschlag **B. Nr. 4107** 1 ff.
– – Höhe **B. Nr. 4106** 12 f.
– – Kostenfestsetzungsverfahren **B. Nr. 4106** 8
– – Mandant nicht auf freiem Fuß **B. Nr. 4107** 1 ff., 2
– – Nachbereitung **B. Nr. 4106** 8
– – persönlicher Abgeltungsbereich **B. Nr. 4106** 5 f.
– – Pflichtverteidiger **B. Nr. 4106** 10, 13
– – Pflichtverteidigerbestellung **B. Nr. 4106** 8
– – Protokoll **B. Nr. 4106** 8
– – sachlicher Abgeltungsbereich **B. Nr. 4106** 7
– – Schriftverkehr **B. Nr. 4106** 8
– – Sprungrevision **B. Nr. 4106** 8
– – Täter-Opfer-Ausgleich **B. Nr. 4106** 8
– – Trennung **B. Nr. 4106** 9 ff.
– – Untersuchungshaft **B. Nr. 4106** 8
– – Verbindung **B. Nr. 4106** 9 ff.

– – Vernehmungstermin **B. Nr. 4106** 8
– – Verständigung **B. Nr. 4106** 8
– – Verweisung **B. Nr. 4106** 9 f.
– – Vorbereitung der Hauptverhandlung
   B. Nr. 4106 8
– – Wahlanwalt **B. Nr. 4106** 9 f., 12, 14 f.
– – Wiedereinsatzungsantrag **B. Nr. 4106** 8
– – Zurückverweisung **B. Nr. 4106** 9 ff.
– – zusätzliche Gebühr **B. Nr. 4106** 16
– – Zuschlag **B. Nr. 4107** 1 ff.
– amtsgerichtliches Verfahren, Bußgeldsachen, Vergütungsverzeichnis **A.** 1302
– Änderung einer Disziplinarmaßnahme
   B. Nr. 6500 1 ff.
– Anfertigung/Unterzeichnung einer Privatklage
   B. Nr. 4301 5 ff.
– Anfertigung/Unterzeichnung einer Schrift
   B. Nr. 4300 1 ff.
– – Abgeltungsbereich **B. Nr. 4300** 4 ff., 14 f.
– – Anrechnung **B. Nr. 4300** 20
– – Anspruch gegen Beschuldigten **B. Nr. 4300** 21
– – Anspruch gegen Auftraggeber **B. Nr. 4300** 21
– – Anwendungsbereich **B. Nr. 4300** 2
– – Begründung der Revision **B. Nr. 4300** 3 ff.
– – Beistandsleistung **B. Nr. 4300** 11
– – Berufung **B. Nr. 4301** 7 f.
– – Beschwerdeverfahren **B. Nr. 4300** 12
– – Einzeltätigkeit **B. Nr. 4300** 3 ff.
– – Entstehen der **B. Nr. 4300** 13
– – Erklären auf eingelegte Revision **B. Nr. 4300** 8
– – Erstattungsfähigkeit **B. Nr. 4300** 22 ff.
– – Gebührenhöhe **B. Nr. 4300** 18 f.
– – Gegenerklärung **B. Nr. 4300** 9
– – gerichtliche Anhörung **B. Nr. 4300** 11
– – mehrere Auftraggeber **B. Nr. 4300** 17
– – persönlicher Geltungsbereich **B. Nr. 4300** 16
– – Revision **B. Nr. 4300** 23
– – Revisionsbegründung **B. Nr. 4300** 3 ff., 9
– – Revisionsrücknahme der Staatsanwaltschaft
   B. Nr. 4300 24 ff.
– – Terminswahrnehmung **B. Nr. 4300** 11
– – Überprüfungsverfahren **B. Nr. 4300** 10
– – Verfahren nach §§ 57a und 67e StGB
   B. Nr. 4300 10 ff.
– – wechselseitige Revisionen **B. Nr. 4300** 9
– Anordnungsverfahren Therapieunterbringung, Gebührenhöhe **A.** 1224
– Anrechnung, Verfahren vor EuGH **B. § 38** 14

– Antrag auf gerichtliche Entscheidung
   B. Vorb. 4 40
– Aufhebung einer Disziplinarmaßnahme
   B. Nr. 6500 1 ff.
– Aufhebung einer Freiheitsentziehung, persönlicher Geltungsbereich **B. Nr. 6302** 6
– Aufhebung einer Unterbringungsmaßnahme, persönlicher Geltungsbereich **B. Nr. 6302** 6
– außergerichtlicher Termin **B. Vorb. 4** 40
– Beiordnungsantrag **B. Vorb. 4** 40
– Beistand vor parlamentarischem Untersuchungsausschuss **A.** 220
– Beistandsleistung für den Beschuldigten, Augenscheinseinnahme **B. Nr. 4301** 11 f.
– – mündliche Anhörung **B. Nr. 4301** 11 f.
– – Vernehmung **B. Nr. 4301** 11 f.
– Beistandsleistung, gerichtliche Erzwingung der Anklage **B. Nr. 4301** 17
– – Hauptverhandlung **B. Nr. 4301** 12
– – mehrere Termine **B. Nr. 4301** 14
– – sonstige Tätigkeiten **B. Nr. 4301** 18 ff.
– Bemessung **B. Vorb. 4** 41 ff.
– – Bedeutung der Angelegenheit **B. Vorb. 4** 43
– – Einkommensverhältnisse des Mandanten
   B. Vorb. 4 43
– – Fahrerlaubnis **B. Vorb. 4** 43
– – Fahrverbot **B. Vorb. 4** 43
– – Hauptverhandlung **B. Vorb. 4** 42
– – Mittelgebühr **B. Vorb. 4** 42
– – Schwierigkeit der anwaltlichen Tätigkeit
   B. Vorb. 4 43
– – Umfang der anwaltlichen Tätigkeit
   B. Vorb. 4 43
– Beratung des Mandanten **B. Vorb. 4** 40
– Berichtigungsanträge **B. Vorb. 4** 40
– berufsgerichtliches Verfahren, Einzeltätigkeit
   B. Vorb. 6.2 40
– Berufung **B. Nr. 4124** 1 ff.
– – Abgeltungsbereich **B. Nr. 4124** 8 ff.
– – Abwicklungstätigkeit **B. Nr. 4124** 13
– – Akteneinsicht **B. Nr. 4124** 13
– – allgemeine Beratung **B. Nr. 4124** 13
– – allgemeiner Schriftverkehr **B. Nr. 4124** 13
– – Anhörungsrüge **B. Nr. 4124** 13
– – außergerichtliche Terminswahrnehmung
   B. Nr. 4124 13
– – Beginn des Berufungsverfahrens
   B. Nr. 4124 3 ff.
– – Begründung **B. Nr. 4124** 13

– – Bemessung der Wahlanwaltsgebühren
   B. Nr. 4124 18 ff.
– – Berichtigungsantrag **B. Nr. 4124** 13
– – Beschwerdeverfahren **B. Nr. 4124** 13
– – Besprechung **B. Nr. 4124** 13
– – Dauer des Berufungsverfahrens **B. Nr. 4124** 3 ff,
– – eigene Ermittlung **B. Nr. 4124** 13
– – Einlegen der Revision **B. Nr. 4124** 13
– – Ende des Berufungsverfahrens
   B. Nr. 4124 7 ff.
– – Ergänzungsantrag **B. Nr. 4124** 13
– – Erinnerung **B. Nr. 4124** 13
– – Erörterung **B. Nr. 4124** 13
– – Erstattungsfähigkeit **B. Nr. 4124** 25
– – Gebührenhöhe **B. Nr. 4124** 15 ff.
– – Haftprüfungstermine **B. Nr. 4124** 13
– – Haftzuschlag **B. Nr. 4125** 1 ff.
– – Kostenerstattung **B. Nr. 4124** 22 ff.
– – Kostenfestsetzungsverfahren **B. Nr. 4124** 13
– – Nachbereitung der Hauptverhandlung
   B. Nr. 4124 13
– – persönlicher Abgeltungsbereich
   B. Nr. 4124 8 f.
– – Pflichtverteidigerbestellung **B. Nr. 4124** 13
– – Rücknahme **B. Nr. 4124** 13
– – sachlicher Abgeltungsbereich **B. Nr. 4124** 10 f.
– – Täter-Opfer-Ausgleich **B. Nr. 4124** 13
– – Überprüfung amtsgerichtlichen Urteils
   B. Nr. 4124 13
– – Untersuchungshaft **B. Nr. 4124** 13
– – Vernehmungstermin **B. Nr. 4124** 13
– – Verständigung **B. Nr. 4124** 13
– – Wiedereinsetzungsantrag **B. Nr. 4124** 13
– – Zurückverweisung **B. Nr. 4124** 14
– – zusätzliche Gebühr **B. Nr. 4124** 21
– – Zuschlag **B. Nr. 4125** 1 ff.
– Berufungsverfahren **B. Berufung** 5
– Beschwerdeverfahren **B. Nr. 4301** 20, **Vorb. 4** 40
– – Entstehen **B. Nr. 4139** 3 f.
– Beschwerdeverfahren in Wiederaufnahmeverfahren **A.** 371 ff.; **B. Nr. 4139** 1 ff.
– – Akteneinsicht **B. Nr. 4139** 8
– – allgemeine Beratung **B. Nr. 4139** 8
– – außergerichtliche Termine **B. Nr. 4139** 8
– – Begründung des Rechtsmittels **B. Nr. 4139** 8
– – Besprechung **B. Nr. 4139** 8
– – erfasste Tätigkeiten **B. Nr. 4139** 8
– – Gebührenhöhe **B. Nr. 4139** 10 f.

– – Katalog erfasster Tätigkeiten **B. Nr. 4139** 8
– – Kostenerstattung **B. Nr. 4139** 13
– – mehrfacher Anfall **B. Nr. 4139** 5
– – persönlicher Geltungsbereich **B. Nr. 4139** 9
– – Pflichtverteidigerbestellung **B. Nr. 4139** 8
– – sachlicher Abgeltungsbereich **B. Nr. 4139** 6 f.
– – Schriftverkehr **B. Nr. 4139** 8
– – Stellungnahme **B. Nr. 4139** 8
– – zusätzliche Gebühr **B. Nr. 4139** 12
– besondere Gebühr **B. Vorb. 4** 38 f.
– Besprechung mit Verfahrensbeteiligten
   B. Vorb. 4 40
– Bestellung im Hauptverhandlungstermin
   B. Vorb. 4 37
– Betragsrahmen, Wahlanwalt **B. Nr. 4104** 18 ff.
– Bußgeldsachen, Bemessung **B. Vorb. 5** 19
– – Gebührenrahmentabelle **B. Vorb. 5** 20
– – Höhe **B. Vorb. 5** 18 ff.
– – nach Übernahme des Bußgeldverfahrens
   B. Vorb. 5 24
– – verkehrsrechtliche Bußgeldsachen
   B. Vorb. 5 21
– Dienstaufsichtsbeschwerde **B. Vorb. 4** 40
– Disziplinarverfahren *s.a. Verfahrensgebühr Disziplinarverfahren* **B. Vorb. 6.2** 3
– – außergerichtliches Verfahren **B. Nr. 6202** 1 ff.
– – berufsgerichtliches Verfahren **B. Nr. 6202** 8
– – dritter Rechtszug **B. Nr. 6211** 1 ff.
– – Einzeltätigkeit **B. Vorb. 6.2** 40
– – Verfahren nach WDO **B. Nr. 6202** 6
– – Widerspruchsverfahren nach §§ 41–44 BDG
   B. Nr. 6202 1
– – zweiter Rechtszug **B. Nr. 6207** 1 ff.
– Disziplinarverfahren dritter Rechtszug, Nichtzulassung der Revision **B. Nr. 6215** 1 ff.
– Durchsuchungsmaßnahme **B. Vorb. 4** 40
– eigene Ermittlungen **B. Vorb. 4** 40
– Einlegung eines Rechtsmittels **B. Vorb. 4** 40
– – Anwendungsbereich **B. Nr. 4302** 2
– Einstellung des Verfahrens **B. Vorb. 4** 40
– einstweiliges Anordnungsverfahren, Beschwerdeverfahren **B. Nr. 6300** 28
– Einzeltätigkeit *s.a. Verfahrensgebühr Einzeltätigkeit* **B. Nr. 4301** 1 ff., **Nr. 4302** 3 ff., **Vorb. 4** 31, **Vorb. 4.3** 26
– – Abgeltungsbereich **B. Nr. 4301** 22 f., **Nr. 4302** 16 f
– – Ablehnung der Strafverfolgung **B. Nr. 4302** 7

Stichwortverzeichnis

– – andere Beistandsleistung **B. Nr. 4302** 1, 11, 13 f.
– – Anfertigung einer Privatklage **B. Nr. 4301** 5
– – Anfertigung/Unterzeichnung anderer Anträge **B. Nr. 4302** 1
– – Anhörungsrüge **B. Nr. 4302** 8
– – Anrechnung **B. Nr. 4301** 28, **Nr. 4302** 22
– – Anschlusserklärung des Nebenklägers **B. Nr. 4302** 8
– – Anspruch gegen Auftraggeber **B. Nr. 4301** 29, **Nr. 4302** 23
– – Anspruch gegen Beschuldigten **B. Nr. 4301** 29, **Nr. 4302** 23
– – Anwendungsbereich **B. Nr. 4301** 3
– – Arrest **B. Nr. 4302** 11
– – Aufhebung eines Ordnungsmittels **B. Nr. 4302** 8
– – Beistandsleistung **B. Nr. 4301** 1
– – Berufung **B. Nr. 4032** 5, **Nr. 4301** 1, 32, **Nr. 4302** 26
– – Berufungsrücknahme der Staatsanwaltschaft **B. Nr. 4301** 33
– – Beschlagnahme **B. Nr. 4302** 12
– – Beschwerde **B. Nr. 4302** 4, 6
– – Beschwerde nach § 172 StPO **B. Nr. 4302** 7
– – Beschwerdeverfahren **B. Nr. 4301** 23, **Nr. 4302** 17
– – Besonderheit bei Beschwerde **B. Nr. 4302** 6
– – bestimmte Rechtsmittel **B. Nr. 4302** 4 ff.
– – Bewährungswiderruf **B. Nr. 4302** 7
– – Einlegung eines Rechtsmittels **B. Nr. 4302** 1 ff.
– – Einspruch gegen Strafbefehl **B. Nr. 4302** 7
– – Einstellung des Privatklageverfahrens **B. Nr. 4302** 7
– – einzelne Beweisanträge **B. Nr. 4302** 8
– – Entstehen der Gebühr **B. Nr. 4301** 21, **Nr. 4302** 15
– – Erinnerung **B. Nr. 4302** 4
– – Erstattungsfähigkeit **B. Nr. 4301** 30 ff., **Nr. 4302** 24 ff.
– – Freigabe einer Sicherheit **B. Nr. 4302** 8
– – Gebührenhöhe **B. Nr. 4301** 26 f., **Nr. 4302** 20 f.
– – Kostenfestsetzungsbeschluss **B. Nr. 4302** 4
– – mehrere Auftraggeber **B. Nr. 4301** 25, **Nr. 4302** 19
– – Ordnungsmittelbeschluss **B. Nr. 4302** 7
– – persönlicher Geltungsbereich **B. Nr. 4301** 24, **Nr. 4302** 18
– – PKH **B. Nr. 4302** 8
– – Privatklage **B. Nr. 4301** 1, 31
– – Revision **B. Nr. 4302** 5
– – Rücknahme von Rechtsmitteln **B. Nr. 4302** 8
– – Strafanträge **B. Nr. 4302** 8
– – Strafanzeige **B. Nr. 4302** 8, 25
– – Strafvollstreckung **B. Nr. 4301** 1
– – Unterzeichnung einer Privatklage **B. Nr. 4301** 5
– – Verrichtungen **B. Nr. 4301** 4 ff.
– – vorläufige Entziehung der Fahrerlaubnis **B. Nr. 4302** 7
– – wechselseitige Berufungen **B. Nr. 4301** 8
– – weitere erfasste Rechtsmittel **B. Nr. 4302** 7
– – Zeugenbeistand **B. Nr. 4301** 16
– – Zwangsvollstreckung **B. Nr. 4302** 11
– Einzeltätigkeiten *s.a. Verfahrensgebühr Einzeltätigkeiten* **A.** 371 ff.; **B. Nr. 5200** 1 ff.;
– – Abgrenzung zur Verteidigertätigkeit **B. Nr. 4301** 19
– – berufsgerichtliche Verfahren **B. Nr. 6500** 1 ff.
– – Disziplinarverfahren **B. Nr. 6500** 1 ff.
– – gerichtliche Verfahren bei Freiheitsentziehung/Unterbringungssachen **B. Nr. 6500** 1 ff.
– – Rechtslage ab 01.02.2009 **B. Nr. 6500** 4
– – Rechtslage bis 31.03.2009 **B. Nr. 6500** 3
– – Verfahren nach IRG-/IStGH-Gesetz **B. Nr. 6500** 1 ff.
– – Verfahren nach WDO **B. Nr. 6500** 1 ff.
– Einzeltätigkeiten in sonstigen Verfahren, Anwendungsbereich **B. Nr. 6500** 2 ff., **Nr. 6500** 1 ff.
– Einziehung **B. Vorb.** 4 40
– Einziehung im Strafverfahren **A.** 688
– Einziehung und verwandte Maßnahmen **B. Nr. 4142** 1 ff., 5 ff.
– – ABC der Gegenstandswerte **B. Nr. 4142** 33 ff.
– – außergerichtliche Tätigkeit **B. Nr. 4142** 17 ff.
– – Einzeltätigkeiten **B. Nr. 4142** 11
– – erfasste Tätigkeiten **B. Nr. 4142** 15 ff.
– – Gebühr im Bagatellbereich **B. Nr. 4142** 28
– – Gebührenhöhe **B. Nr. 4142** 22 ff.
– – Gegenstandswert **B. Nr. 4142** 24 ff.
– – gerichtliche Tätigkeit **B. Nr. 4142** 17 ff.
– – Kostenerstattung **B. Nr. 4142** 31 f.
– – persönlicher Geltungsbereich **B. Nr. 4142** 9 ff.
– – rechtszugbezogene Gebühr **B. Nr. 4142** 13
– – Tabelle der Wertgebühren **B. Nr. 4142** 29 f.

– – Wahlanwalt **B. Nr. 4142** 9
– – Zeitpunkt der Tätigkeit **B. Nr. 4142** 14
– – zusätzliche Gebühr **B. Teil 5 Abschn. 1 Unterabschn. 5 Vorb.** 1
– Einziehung, Bagatellgrenzwert **B. Vorb. 4** 40
– – verwandte Maßnahmen, Pflichtverteidiger **B. Nr. 4142** 10
– Einziehung/verwandte Maßnahmen **B. Nr. 5116** 1 ff.
– Entschädigungsverfahren **B. Vorb. 4** 40
– Entstehung **B. Nr. 6500** 7
– Entziehung der Fahrerlaubnis **B. Nr. 4142** 8, **Vorb. 4** 40
– erfasste Tätigkeiten, Katalog **B. Nr. 4104** 12, **Vorb. 4** 40
– Ergänzungsantrag **B. Vorb. 4** 40
– Erhöhung **A.** 964
– – Wiederaufnahmeverfahren **A.** 967
– Erinnerung **B. Vorb. 4** 40
– Erörterung der Sach- und Rechtslage **B. Vorb. 4** 40
– Erörterung des Verfahrensstands **B. Vorb. 4** 40
– erster Rechtszug **B. Nr. 4106** 1
– – Dauer des gerichtlichen Verfahrens **B. Nr. 5107** 4 f.
– – Geldbuße 40,00 bis 5.000,00 € **B. Nr. 5109** 1 ff.
– – Geldbuße bis 40,00 € **B. Nr. 5107** 1 ff.
– – Höhe **B. Nr. 5111** 3
– – persönlicher Abgeltungsbereich **B. Nr. 5107** 7 f.
– – Strafkammer **B. Nr. 4112** 2
– erstinstanzliches Verfahren, vermögensrechtliche Ansprüche **B. Nr. 4143** 1 ff.
– erstmalige Freiheitsentziehung, Abgeltungsbereich **B. Nr. 6300** 22 ff.
– – Akteneinsicht **B. Nr. 6300** 24
– – allgemeine Beratung **B. Nr. 6300** 24
– – Anfechtung von Maßnahmen der Verwaltungsbehörde **B. Nr. 6300** 24
– – anwaltlicher Verfahrenspfleger **B. Nr. 6300** 18
– – Anwendungsbereich **B. Nr. 6300** 4 ff.
– – außergerichtlicher Termin **B. Nr. 6300** 24
– – Beschwerdeverfahren **B. Nr. 6300** 24, 26
– – Betreiben des Geschäfts **B. Nr. 6300** 12
– – eigene Ermittlungen **B. Nr. 6300** 24
– – Einlegung eines Rechtsmittels **B. Nr. 6300** 24
– – Einzeltätigkeiten **B. Nr. 6300** 32
– – Erstattung **B. Nr. 6300** 34 f.

– – Gutachtenprüfung **B. Nr. 6300** 24
– – Höhe der Gebühr **B. Nr. 6300** 29 ff.
– – JVA-Besuche **B. Nr. 6300** 24
– – mehrere Auftraggeber **B. Nr. 6300** 31
– – persönlicher Geltungsbereich **B. Nr. 6300** 15 ff.
– – PKH **B. Nr. 6300** 16 f.
– – Postentgeltpauschale **B. Nr. 6300** 26
– – Rechtsbeschwerdeverfahren **B. Nr. 6300** 26
– – Rechtszug **B. Nr. 6300** 26
– – Schriftverkehr **B. Nr. 6300** 24
– – Verfahrensbeistand **B. Nr. 6300** 18
– – Verhandlung mit Verwaltungsbehörde **B. Nr. 6300** 24
– – Wahlanwaltsgebühren **B. Nr. 6300** 33
– Fahrerlaubnis **B. Vorb. 4** 40
– Fahrverbot **B. Nr. 4142** 8, **Vorb. 4** 40
– Freiheitsentziehung, Abschiebehaft **B. Nr. 6300** 7
– – Asylverfahrensrecht **B. Nr. 6300** 7
– – Aufenthaltsrecht **B. Nr. 6300** 7
– – aufgrund von Bundesrecht **B. Nr. 6300** 6 ff.
– – bundesrechtliche **B. Nr. 6300** 4 ff.
– – Entstehen der Gebühr **B. Nr. 6300** 23
– – landesrechtliche **B. Nr. 6300** 4 ff.
– – Verbringungshaft **B. Nr. 6300** 7
– – Zurückschiebungshaft **B. Nr. 6300** 7
– – Zurückweisungshaft **B. Nr. 6300** 7
– Führung des Verkehrs **B. Nr. 4301** 9 f.
– Gebührenrahmen, Tabelle **B. Vorb. 4** 44
– gerichtliche Freiheitsentziehungssachen, Anwendungsbereich **B. Nr. 6300** 4 ff.
– gerichtliche Verfahren, Vollstreckung europäischer Geldsanktionen **B. Nr. 6101** 5
– gerichtliches Verfahren **B. Teil 4 Abschn. 1 Unterabschn. 3** 4, **Vorb. 4** 31
– – nach Infektionsschutzgesetz **B. Nr. 6300** 8
– – Polizeigewahrsam **B. Nr. 6300** 9
– – vor Wehrdienstgericht **B. Nr. 6500** 1 ff.
– Gespräch mit Sachverständigem **B. Vorb. 4** 40
– Gnadensache *s.a. Verfahrensgebühr Gnadensache* **B. Nr. 4303** 1 ff.
– – Abgeltungsbereich **B. Nr. 4303** 9 ff.
– – Akteneinsicht **B. Nr. 4303** 10
– – Anrechnung **B. Nr. 4303** 18
– – Anspruch gegen Auftraggeber **B. Nr. 4303** 20
– – Anspruch gegen Verurteilten **B. Nr. 4303** 20
– – Beratung des Mandanten **B. Nr. 4303** 10

– – Beschaffung von Informationen
  B. Nr. 4303 10
– – Beschwerdeverfahren B. Nr. 4303 11
– – Bewilligung einer Pauschgebühr
  B. Nr. 4303 19
– – eigene Ermittlungen B. Nr. 4303 10
– – Einzeltätigkeit B. Nr. 4303 8
– – Entstehen der Gebühr B. Nr. 4303 6 ff.
– – erfasste Tätigkeiten B. Nr. 4303 10
– – erneutes Gnadengesuch B. Nr. 4303 7
– – Gebührenhöhe B. Nr. 4303 15 ff.
– – Gnadenverfahren B. Nr. 4303 10
– – Grundgebühr B. Nr. 4303 12
– – Höhe B. Nr. 4303 15 f.
– – JVA-Besuche B. Nr. 4303 10
– – mehrere Auftraggeber B. Nr. 4303 14
– – mehrere Verurteilte B. Nr. 4303 14
– – persönlicher Geltungsbereich B. Nr. 4303 13
– – sachlicher Anwendungsbereich
  B. Nr. 4303 2 ff.
– – Schriftverkehr B. Nr. 4303 10
– – Wahrnehmung von Terminen B. Nr. 4303 10
– Haftbeschwerde B. Vorb. 4 40
– Haftprüfungsantrag B. Vorb. 4 40
– Haftprüfungstermin B. Nr. 4301 13, Vorb. 4 40
– Haftzuschlag B. Vorb. 4 43
– Hauptverhandlung B. Vorb. 4 40
– – Strafbefehlsverfahren B. Vorb. 4 37
– Höhe B. Vorb. 4 41 ff.
– inhaftierter Mandant B. Vorb. 4 40
– IRG-/IStGH-Gesetz, ausgehende Ersuchen
  B. Nr. 6101 3 f.
– – Durchbeförderung von Personen B. Nr. 6101 4
– – gerichtliche Durchlieferungsverfahren
  B. Nr. 6101 3
– – gerichtliches Auslieferungsverfahren
  B. Nr. 6101 3
– – rechtliche Bestellung B. Nr. 6101 8
– – sonstige Rechtshilfe B. Nr. 6101 3, 4
– – Überstellung von Personen B. Nr. 6101 4
– – Vollstreckung B. Nr. 6101 4
– – Vollstreckung ausländischer Erkenntnisse
  B. Nr. 6101 3
– IRG-/IStGH-Gesetz-Verfahren B. Nr. 6101 1 ff.
– – Vollstreckung europäischer Geldsanktionen
  B. Nr. 6101 2
– Jugendkammer s.a. Verfahrensgebühr Jugend-
  kammer B. Nr. 4118 1
– JVA B. Vorb. 4 40

– konkrete Bemessung B. Vorb. 4 42
– Kostenfestsetzungsantrag B. Vorb. 4 40
– mehrere Auftraggeber B. Vorb. 4.3 22
– Nachholung rechtlichen Gehörs B. Vorb. 4 40
– nachträgliche Aufhebung einer Disziplinarmaß-
  nahme, Erstattung B. Nr. 6500 23
– neuer Rechtszug B. Vorb. 4 50
– OLG s. Verfahrensgebühr OLG
– Pflichtverteidiger, Gebührenhöhe B. Nr. 4104 16
– Pflichtverteidigerbestellung B. Vorb. 4 40
– Protokoll B. Vorb. 4 40
– Rechtsbeschwerde B. Vorb. 5 6
– – Entscheidung der Strafvollstreckungskammer
  A. 1455
– Rechtsbeschwerdeverfahren s.a. Verfahrens-
  gebühr Rechtsbeschwerdeverfahren B. Teil 5
  Abschn. 1 Unterabschn. 4 Vorb. 5
– – Akteneinsicht B. Nr. 5113 11
– – erfasste Tätigkeiten B. Nr. 5113 9 ff.
– – sachlicher Abgeltungsbereich B. Nr. 5113 5 ff.
– – Zwangsvollstreckung A. 1700
– Rechtsmittel, Vorinstanz A. 270 f.
– Rechtszug, Geldbuße von mehr als 5.000,00 €
  B. Nr. 5111 1 ff.
– Revision s.a. Verfahrensgebühr Revision
  B. Nr. 4130 1 ff.
– – Zuschlag s. Verfahrensgebühr Revision,
  Zuschlag
– Revisionsbegründung, Rechtsanwalt der Revisi-
  onsinstanz B. Nr. 4300 6
– – Rechtsanwalt der Vorinstanz B. Nr. 4300 5
– – Rechtsanwalt ohne sonstigen Vertretungsauf-
  trag B. Nr. 4300 7
– Revisionsverfahren B. Revision 5
– richterliche Vernehmung B. Nr. 4301 11 f., 13
– Rückgewinnungshilfe B. Vorb. 4 40
– Schriftverkehr B. Vorb. 4 40
– Schwurgericht s.a. Verfahrensgebühr Schwurge-
  richt B. Nr. 4118 1
– – Abgeltungsbereich B. Nr. 4118 5
– – Allgemeines B. Nr. 4118 3 f.
– sonstige Fälle B. Nr. 6302 1 ff.
– – Abgeltungsbereich B. Nr. 6302 8 ff.
– – einstweiliges Anordnungsverfahren
  B. Nr. 6302 13
– – Einzeltätigkeit B. Nr. 6302 7
– – Entstehen der Gebühr B. Nr. 6302 9
– – Erstattung B. Nr. 6302 17
– – Höhe B. Nr. 6302 14 ff.

– – Katalog erfasster Tätigkeiten **B. Nr. 6302** 10
– – mehrere Auftraggeber **B. Nr. 6302** 16
– – mehrere Verfahren **B. Nr. 6302** 11
– – persönlicher Geltungsbereich **B. Nr. 6302** 6
– – Rechtszug **B. Nr. 6302** 12
– – Verlängerung/Aufhebung in denselben Verfahren **B. Nr. 6302** 11
– sonstige Verfahren **B. Vorb. 6** 5
– – Abgeltungsbereich **B. Nr. 6500** 6 ff.
– – Angelegenheit **B. Nr. 6500** 9 ff.
– – Einzelauftrag **B. Nr. 6500** 9
– – Einzeltätigkeiten *s.a. Verfahrensgebühr sonstige Verfahren* **B. Nr. 6500** 1 ff., 12 ff.
– – Entstehung **B. Nr. 6500** 7
– soziale Ausgleichsleistung **B. Nr. 4146** 1 ff.
– – Anwendungsbereich **B. Nr. 4146** 4 ff.
– Staatsschutzsachen **B. Nr. 4118** 2
– Stellungnahme zu Rechtsmitteln **B. Vorb. 4** 40
– Strafbefehlsverfahren **A.** 1274
– Strafkammer *s.a. Verfahrensgebühr Strafkammer* **B. Nr. 4112** 1 ff.
– – Abgeltungsbereich **B. Nr. 4112** 4
– – Haftzuschlag **B. Nr. 4113** 1 ff.
– – Höhe **B. Nr. 4112** 5 f.
– – Mandant nicht auf freiem Fuß **B. Nr. 4113** 2
– – Verfahrensgebührhöhe **B. Nr. 4112** 5
– – Zuschlag **B. Nr. 4113** 1 ff.
– Strafsachen *s.a. Strafsachen* **B. Vorb. 4** 4, 31 ff.
– Strafverfahren **B. Vorb. 4.1** 1
– Strafvollstreckung *s.a. Verfahrensgebühr Strafvollstreckung* **B. Nr. 4200** 1 ff., **Vorb. 4** 31, **Vorb. 4.2** 19
– – Abgeltungsbereich **B. Nr. 4200** 12 ff.
– – Akteneinsicht **B. Nr. 4200** 13
– – Angelegenheit **B. Nr. 4200** 20
– – Anspruch gegen Mandanten **B. Nr. 4200** 21
– – Anwendungsbereich **B. Nr. 4200** 2 ff.
– – Aufnahme der Information **B. Nr. 4200** 13
– – Aussetzung **B. Nr. 4200** 2
– – Aussetzung des Strafrestes **B. Nr. 4200** 5
– – Begriff **B. Nr. 4301** 18
– – Beratung des Mandanten **B. Nr. 4200** 13
– – Beschwerdeverfahren **B. Nr. 4200** 13, 19
– – Besprechung mit Verfahrensbeteiligten **B. Nr. 4200** 13
– – Betreiben des Geschäfts **B. Nr. 4200** 2
– – eigene Ermittlung **B. Nr. 4200** 13
– – Einzeltätigkeiten **B. Nr. 4301** 18
– – Entstehen **B. Nr. 4200** 14

– – Erstattung **B. Nr. 4200** 21
– – erstmalige Einarbeitung **B. Nr. 4200** 13
– – Gebührenhöhe **B. Nr. 4200** 15 ff.
– – Höhe **B. Nr. 4200** 15 ff.
– – JVA-Besuch **B. Nr. 4200** 13
– – Pauschgebühr **B. Nr. 4200** 21
– – persönlicher Geltungsbereich **B. Nr. 4200** 11
– – Schriftverkehr **B. Nr. 4200** 13
– – sonstige Verfahren *s.a. Verfahrensgebühr Strafvollstreckung* **B. Nr. 4204** 1 ff.
– – Überprüfungsverfahren **B. Nr. 4200** 7 ff.
– – Unterbringung **B. Nr. 4200** 2
– – Widerruf einer Strafaussetzung **B. Nr. 4200** 2
– – Widerrufsverfahren **B. Nr. 4200** 6
– – Zuschlag **B. Nr. 4201** 1 ff.
– Sühnetermin **B. Vorb. 4** 40
– Täter-Opfer-Ausgleich **B. Vorb. 4** 40
– Tätigkeit **B. Nr. 4301** 4 ff.
– Teilnahme an Durchsuchung **B. Nr. 4301** 13
– Terminswahrnehmung, Strafvollstreckung **B. Nr. 4301** 15
– Therapieunterbringung, Abgeltungsbereich **A.** 1225
– – Anordnungsverfahren **A.** 1224 ff.
– – Aufhebungsverfahren **A.** 1239
– – Verlängerungsverfahren **A.** 1239
– – Therapieunterbringungsgesetz **B. Nr. 6300** 11
– Trennung **B. Vorb. 4** 51 f.
– Trennung von Verfahren **A.** 1312
– Truppendienstgericht **B. Nr. 6400** 1 ff.
– Überprüfung von Kostenrechnung **B. Vorb. 4** 40
– Überprüfungsverfahren, Fristen **B. Nr. 4200** 8
– – Pflichtverteidigerbestellung **B. Nr. 4200** 9
– Unterbringungsbefehl **B. Nr. 4301** 13
– Unterbringungsmaßnahme **B. Nr. 6300** 1 ff.
– – Anwendungsbereich **B. Nr. 6300** 4 ff.
– – Betreiben des Geschäfts **B. Nr. 6300** 12
– Unterbringungssachen, Abgeltungsbereich **B. Nr. 6300** 20 ff.
– – Akteneinsicht **B. Nr. 6300** 24
– – allgemeine Beratung **B. Nr. 6300** 24
– – Anfechtung von Maßnahmen der Verwaltungsbehörde **B. Nr. 6300** 24
– – anwaltlicher Verfahrenspfleger **B. Nr. 6300** 18
– – außergerichtlicher Termin **B. Nr. 6300** 24
– – Beschwerdeverfahren **B. Nr. 6300** 24, 26
– – eigene Ermittlungen **B. Nr. 6300** 24
– – Einlegung eines Rechtsmittels **B. Nr. 6300** 24
– – Einzeltätigkeit **B. Nr. 6300** 32

– – Entstehen der Gebühr **B. Nr. 6300** 23
– – Erstattung **B. Nr. 6300** 34 f.
– – Gutachtenprüfung **B. Nr. 6300** 24
– – Höhe der Gebühr **B. Nr. 6300** 29 ff.
– – JVA-Besuche **B. Nr. 6300** 24
– – mehrere Auftraggeber **B. Nr. 6300** 31
– – Postentgeltpauschale **B. Nr. 6300** 26
– – Rechtsbeschwerdeverfahren **B. Nr. 6300** 26
– – Rechtszug **B. Nr. 6300** 26
– – Schriftverkehr **B. Nr. 6300** 24
– – Verfahrensbeistand **B. Nr. 6300** 18
– – Verhandlung mit Verwaltungsbehörde **B. Nr. 6300** 24
– – Wahlanwaltsgebühr **B. Nr. 6300** 33
– Untersuchungshaft **B. Nr. 4301** 13
– Verbindung von Verfahren **B. Vorb. 4** 53 ff.
– Verbindungsantrag **B. Vorb. 4** 40
– Verfahren, Strafvollstreckungskammer **A.** 1452
– Verfahren nach §§ 23 ff. EGGVG **A.** 1445 f.; **B. Nr. 4301** 20
– – Gebührenhöhe **A.** 1447 f.
– Verfahren nach §§ 43, 44 WDO **B. Nr. 6500** 10 f.
– – Erstattung **B. Nr. 6500** 23
– – Nichtzulassungsbeschwerde **B. Nr. 6500** 11
– – Rechtsbeschwerde **B. Nr. 6500** 11
– – verschiedene Angelegenheiten **B. Nr. 6500** 11
– Verfahren nach IRG **B. Vorb. 6.1.1** 1 ff.
– – Abgeltungsbereich **B. Vorb. 6.1.1** 13 ff.
– – Bewilligungsverfahren **B. Vorb. 6.1.1** 9
– – Prüfungsverfahren **B. Vorb. 6.1.1** 9
– Verfahren nach IRG-/IStGH-Gesetz **B. Vor Teil 6 Abschn. 1** 1 f.
– – Abgeltungsbereich **B. Nr. 6101** 12 ff.
– – Abgrenzung Verwaltungsverfahren **B. Nr. 6101** 13
– – Akteneinsicht **B. Nr. 6101** 14
– – allgemeine Beratung **B. Nr. 6101** 14
– – Angelegenheit **B. Nr. 6101** 17 ff.
– – Anspruch gegen den Verfolgten **B. Nr. 6101** 32
– – Anwendungsbereich **B. Nr. 6101** 3 ff.
– – Aufnahme der Information **B. Nr. 6101** 14
– – außergerichtlicher Termin **B. Nr. 6101** 14
– – Beschaffung von Informationen **B. Nr. 6101** 14
– – Beschwerdeverfahren **B. Nr. 6101** 14
– – Besprechung **B. Nr. 6101** 14
– – Bewilligung der Vollstreckung europäischer Geldsanktionen **B. Nr. 6101** 19 f.
– – eigene Ermittlungen **B. Nr. 6101** 14

– – Einlegung eines Rechtsmittels **B. Nr. 6101** 14
– – Einwendungen des Verfolgten **B. Nr. 6101** 14
– – Einzeltätigkeit **B. Nr. 6101** 30
– – Entstehen **B. Nr. 6101** 16
– – Entstehung der Gebühr **B. Nr. 6101** 14
– – Erstattung **B. Nr. 6101** 36 f.
– – Erweiterung der Auslieferungsbewilligung **B. Nr. 6101** 18
– – Festsetzung gegen Staatskasse **B. Nr. 6101** 34 f.
– – Höhe der Gebühr **B. Nr. 6101** 26 ff.
– – JVA-Besuche **B. Nr. 6101** 14
– – Katalog erfasster Tätigkeiten **B. Nr. 6101** 14
– – mehrere Auftraggeber **B. Nr. 6101** 29
– – Nachprüfungsverfahren **B. Nr. 6101** 17
– – persönlicher Geltungsbereich **B. Nr. 6101** 7 ff.
– – Rechtsbeschwerdeverfahren **B. Nr. 6101** 24 f.
– – Schriftverkehr **B. Nr. 6101** 14
– – sonstige Gebühr **B. Nr. 6101** 31
– – vertragslose sonstige Rechtshilfe **B. Nr. 6101** 10
– – Wahlanwalt **B. Nr. 6101** 7
– – Zeugenbeistand **B. Nr. 6101** 11
– Verfahren nach WBO Bundesverwaltungsgericht, Anwendungsbereich **B. Nr. 6403** 2
– – Angelegenheit **B. Nr. 6403** 6
– – Anrechnung **B. Nr. 6403** 6
– – Höhe **B. Nr. 6403** 4 f.
– – Nichtzulassung der Rechtsbeschwerde **B. Nr. 6403** 6
– Verfahren nach WBO Truppendienstgericht, Abgeltungsbereich **B. Nr. 6401** 3, **Nr. 6404** 3
– – Angelegenheit **B. Nr. 6400** 9
– – Anwendungsbereich **B. Nr. 6404** 2
– – Beschwerdeverfahren **B. Nr. 6400** 9
– – Einzeltätigkeit **B. Nr. 6400** 5
– – Erstattung **B. Nr. 6400** 13
– – Höhe **B. Nr. 6400** 11 ff., **Nr. 6401** 4 ff., **Nr. 6404** 4 f.
– – Katalog erfasster Tätigkeiten **B. Nr. 6400** 8
– – Pauschgebühr **B. Nr. 6400** 13
– – persönlicher Geltungsbereich **B. Nr. 6400** 4
– – Trennung **B. Nr. 6400** 10
– – Verbindung **B. Nr. 6400** 10
– – Verfahrensdauer **B. Nr. 6400** 7
– – Verweisung **B. Nr. 6400** 10
– – vorausgegangene Beschwerde **B. Nr. 6401** 1 ff., **Nr. 6404** 1 ff.

– – vorausgegangene weitere Beschwerde **B. Nr. 6401** 1 ff., **Nr. 6404** 1 ff.
– Verfahren nach WBO, Bundesverwaltungsgericht **B. Nr. 6403** 1 ff.
– – Truppendienstgericht **B. Nr. 6404** 1 ff.
– Verfahren nach WDO **B. Nr. 6500** 5
– – Änderung einer Disziplinarmaßnahme **B. Nr. 6500** 1 ff.
– – Aufhebung einer Disziplinarmaßnahme **B. Nr. 6500** 1 ff.
– Verfahren über Aufhebung einer Freiheitsentziehung **B. Nr. 6302** 1 ff.
– Verfahren über Aufhebung einer Unterbringungsmaßnahme **B. Nr. 6302** 1 ff.
– Verfahren über soziale Ausgleichsleistung, Antrag auf gerichtliche Entscheidung **B. Nr. 4146** 6
– – Auslagen **B. Nr. 4146** 13
– – Berechnung **B. Nr. 4146** 10 ff.
– – Beschwerdeverfahren **B. Nr. 4146** 7 f.
– – Einigungsgebühr **B. Nr. 4146** 14
– – Gebührenhöhe **B. Nr. 4146** 9 ff.
– – Kostenerstattung **B. Nr. 4146** 15 f.
– – Wertgebührentabelle **B. Nr. 4146** 17 f.
– Verfahren über Verlängerung einer Freiheitsentziehung **B. Nr. 6302** 1 ff.
– Verfahren über Verlängerung einer Unterbringungsmaßnahme **B. Nr. 6302** 1 ff.
– Verfahren vor Bundesamt für Justiz **B. Vorb. 6.1.1** 13
– Verfahren vor EuGH **B. § 38** 9 ff.
– Verfahren vor Verfassungsgerichten **B. § 37** 9, 13 ff.
– Verfahrensgebühr WBO Truppendienstgericht, Abgeltungsbereiche **B. Nr. 6400** 6 ff.
– Vergütungsverzeichnis **A.** 1300
– Verlängerung einer Freiheitsentziehung, persönlicher Geltungsbereich **B. Nr. 6302** 6
– Verlängerung einer Unterbringungsmaßnahme, persönlicher Geltungsbereich **B. Nr. 6302** 6
– vermögensrechtliche Ansprüche, Angelegenheit **B. Nr. 4143** 4 f.
– – Betragsverfahren **B. Nr. 4143** 9
– – Entstehen der Gebühr **B. Nr. 4143** 10 f.
– – Erbe **B. Nr. 4143** 1 ff.
– – Gebührenhöhe **B. Nr. 4143** 20 ff.
– – Grundverfahren **B. Nr. 4143** 9
– – isoliertes Adhäsionsverfahren **B. Nr. 4143** 12
– – mehrere Nebenkläger **B. Nr. 4143** 5

– – Nebenkläger **B. Nr. 4143** 13
– – Nebenklägerbeistand **B. Nr. 4143** 15
– – persönlicher Geltungsbereich **B. Nr. 4143** 12 ff.
– – Pflichtverteidiger **B. Nr. 4143** 16 ff.
– – Privatkläger **B. Nr. 4143** 13
– – sachlicher Abgeltungsbereich **B. Nr. 4143** 6 ff.
– – StrEG **B. Nr. 4143** 8 f.
– – Verletzter oder Erbe **B. Nr. 4143** 1 ff.
– Vernehmung durch andere Strafverfolgungsbehörde **B. Nr. 4301** 11 f.
– Vernehmung durch Staatsanwaltschaft **B. Nr. 4301** 11 f., 13
– Vernehmung wegen Haftbefehls **B. Nr. 4301** 13
– Vernehmungstermin **B. Vorb. 4** 40
– Verrichtung **B. Nr. 4301** 4 ff.
– Verständigung im Straf-/Bußgeldverfahren **A.** 1598 ff.
– Verwaltungsbehörde *s.a. Verfahrensgebühr Verwaltungsbehörde*
– – Geldbuße 40,00 bis 5.000,00 € **B. Nr. 5103** 1 ff.
– – Geldbuße bis 40,00 € **B. Nr. 5101** 1 ff.
– – Geldbuße mehr als 5.000,00 € **B. Nr. 5105** 1 ff.
– – zusätzliche Gebühr **B. Nr. 5105** 5
– Verwaltungsverfahren, außergerichtliche Tätigkeit **B. Vorb. 6.1.1** 9
– – Verfahren nach IRG **B. Vorb. 6.1.1** 13
– Verwarnungsverfahren **A.** 1621 ff.
– Verweisung **B. Vorb. 4** 45 ff.
– – Gebührenrahmen **B. Vorb. 4** 46
– vorbehaltene Sicherungsverwahrung **B. Vorb. 4.1** 22
– vorbereitendes Verfahren **B. Nr. 4104** 1 ff., **Teil 4 Abschn. 1 Unterabschn. 2** 3, **Vorb. 4** 31
– – Abgeltungsbereich **B. Nr. 4104** 10 ff.
– – Akteneinsicht **B. Nr. 4104** 12
– – allgemeiner Schriftverkehr **B. Nr. 4104** 12
– – außergerichtliche Termine **B. Nr. 4104** 12
– – Beginn **B. Nr. 4104** 3
– – Beratung des Mandanten **B. Nr. 4104** 12
– – Beschwerdeverfahren **B. Nr. 4104** 12
– – Besprechung **B. Nr. 4104** 12
– – eigene Ermittlung **B. Nr. 4104** 12
– – Einstellungsgebühr **B. Nr. 4104** 12
– – Ende **B. Nr. 4104** 4 ff.
– – erfasste Tätigkeiten **B. Nr. 4104** 12
– – Gebührenhöhe **B. Nr. 4104** 15 ff.
– – Haftprüfungstermin **B. Nr. 4104** 12

– – Beschwerdeverfahren **B. Nr. 4302** 13
– – DNA-Feststellungsverfahren **B. Nr. 4302** 13
– – Grundverfahren nach StrEG **B. Nr. 4302** 13
– – Jugendgerichtssache **B. Nr. 4302** 13
– – Strafrechtsentschädigungsverfahren **B. Nr. 4302** 27 ff.
– – Verfahren nach § 111k StPO **B. Nr. 4302** 13
– – Zustellungsbevollmächtigter **B. Nr. 4302** 13
– Bußgeldsachen **B. Nr. 5200** 1 ff.
– – Anwendungsbereich **B. Nr. 5200** 5 ff.
– – Anrechnung **B. Nr. 5200** 16
– – Beschwerdeverfahren **B. Nr. 5200** 14
– – Begrenzung auf Vollverteidigergebühr **B. Nr. 5200** 15
– – Entstehung **B. Nr. 5200** 11 f.
– – Gnadensachen **B. Nr. 5200** 7
– – Höhe **B. Nr. 5200** 17 f.
– – mehrere Tätigkeiten **B. Nr. 5200** 13
– – persönlicher Geltungsbereich **B. Nr. 5200** 8
– – sachlicher Abgeltungsbereich **B. Nr. 5200** 9 f.
– – Verfahrensgebühr Einzeltätigkeiten **B. Nr. 5200** 1 ff.
– – Vollstreckungssache **B. Nr. 5200** 7
– Einsichtnahme in Ermittlungsakten **B. Nr. 4302** 13
– Unterzeichnung, Anträge/Gesuche oder Erklärungen **B. Nr. 4302** 8 ff.
Verfahrensgebühr erster Rechtszug, beigeordneter Rechtsanwalt, Geldbuße bis 40,00 € **B. Nr. 5107** 15
– Beratung über Erfolgsaussichten Rechtsbeschwerde **B. Nr. 5107** 6
– Betragsrahmengebühr, Geldbuße 40,00 bis 5.000,00 € **B. Nr. 5109** 3
– Dauer des gerichtlichen Verfahrens, Geldbuße bis 40,00 € **B. Nr. 5107** 4 f.
– erfasste Tätigkeiten, Katalog **B. Nr. 5107** 6
– Festbetrag, Geldbuße von mehr als 5.000,00 € **B. Nr. 5111** 4
– – Pflichtverteidiger **B. Nr. 5111** 4
– Geldbuße 40,00 bis 5.000,00 € **B. Nr. 5109** 1 ff.
– – Höhe **B. Nr. 5109** 3 f.
– – Wahlanwalt **B. Nr. 5109** 3
– – Pflichtverteidiger **B. Nr. 5109** 4
– – zusätzliche Gebühr **B. Nr. 5109** 5
– Geldbuße bis 40,00 € **B. Nr. 5107** 1 ff.
– – Akteneinsicht **B. Nr. 5107** 6
– – allgemeine Beratung des Mandanten **B. Nr. 5107** 6
– – Anhörungsrüge **B. Nr. 5107** 6
– – außergerichtlicher Termin **B. Nr. 5107** 6
– – beigeordneter Rechtsanwalt **B. Nr. 5107** 15
– – Berichtigungsanträge **B. Nr. 5107** 6
– – Beschaffung von Informationen **B. Nr. 5107** 6
– – Beschwerdeverfahren **B. Nr. 5107** 6
– – Besonderheiten des Einzelfalls **B. Nr. 5107** 12
– – Besprechungen **B. Nr. 5107** 6
– – Dauer des gerichtlichen Verfahrens **B. Nr. 5107** 4 f.
– – Dauer des gerichtlichen Verfahrens **B. Nr. 5107** 4 f.
– – eigene Ermittlungen **B. Nr. 5107** 6
– – Einlegung der Rechtsbeschwerde **B. Nr. 5107** 6
– – Einspruchsrücknahme **B. Nr. 5107** 1
– – Einstellung des Verfahrens **B. Nr. 5107** 6
– – Ergänzungsanträge **B. Nr. 5107** 6
– – Erinnerungen **B. Nr. 5107** 6
– – gerichtlich bestellter Rechtsanwalt **B. Nr. 5107** 15
– – Höhe **B. Nr. 5107** 11 ff.
– – Information des Rechtsanwalts **B. Nr. 5107** 6
– – Katalog erfasster Tätigkeiten **B. Nr. 5107** 6
– – Kostenfestsetzungsverfahren **B. Nr. 5107** 6
– – Nachbereitung der Hauptverhandlung **B. Nr. 5107** 6
– – Nachholung rechtlichen Gehörs **B. Nr. 5107** 6
– – Pauschgebühr **B. Nr. 5107** 14
– – persönlicher Abgeltungsbereich **B. Nr. 5107** 7 f.
– – Pflichtverteidigerbestellung **B. Nr. 5107** 6
– – sachlicher Abgeltungsbereich **B. Nr. 5107** 3 ff.
– – Schriftverkehr **B. Nr. 5107** 6
– – Trennung **B. Nr. 5107** 9 f.
– – Verbindung **B. Nr. 5107** 9 f.
– – Verständigung **B. Nr. 5107** 6
– – Vorbereitung der Hauptverhandlung **B. Nr. 5107** 6
– – Wiedereinsetzungsantrag **B. Nr. 5107** 6
– – Zurückverweisung **B. Nr. 5107** 9 f.
– – zusätzliche Gebühr **B. Nr. 5107** 16
– Geldbuße von mehr als 5.000,00 € **B. Nr. 5111** 1 ff.
– – Betragsrahmengebühr **B. Nr. 5111** 3
– – Festbetrag **B. Nr. 5111** 4
– – Höhe **B. Nr. 5111** 3 f.
– – Pflichtverteidiger **B. Nr. 5111** 4
– – Wahlanwalt **B. Nr. 5111** 3

– – zusätzliche Gebühr **B. Nr. 5111** 5
– gerichtliche bestellter Rechtsanwalt, Geldbuße bis 40,00 € **B. Nr. 5107** 15
– Höhe, Geldbuße 40,00 bis 5.000,00 € **B. Nr. 5109** 3 f.
– – Geldbuße bis 40,00 €, **B. Nr. 5107** 11 f.
– – Geldbuße von mehr als 5.000,00 € **B. Nr. 5111** 3
– Katalog erfasster Tätigkeiten **B. Nr. 5107** 6
– Pflichtverteidiger, Festbetrag **B. Nr. 5109** 4
– – Geldbuße 40,00 bis 5.000,00 € **B. Nr. 5109** 4
– – Geldbuße von mehr als 5.000,00 € **B. Nr. 5111** 4
– sachlicher Abgeltungsbereich **B. Nr. 5107** 3 ff.
– – Geldbuße bis 40,00 € **B. Nr. 5107** 3 ff.
– Strafsachen, Vergütungsverzeichnis **A.** 1301
– Wahlanwalt, Betragsrahmengebühr **B. Nr. 5109** 3
– zusätzliche Gebühr **B. Nr. 5107** 16
– – Geldbuße 40,00 bis 5.000,00 € **B. Nr. 5109** 5
– – Geldbuße bis 40,00 € **B. Nr. 5107** 16
– – Geldbuße von mehr als 5.000,00 € **B. Nr. 5111** 5
Verfahrensgebühr Gnadensache B. Nr. 4303 1 ff.
– erfasste Tätigkeiten, Katalog **B. Nr. 4303** 10
Verfahrensgebühr Jugendkammer, Abgeltungsbereich **B. Nr. 4118** 5
– Allgemeines **B. Nr. 4118** 3 f.
– Gebührenhöhe **B. Nr. 4118** 6 f.
– – Pflichtverteidiger **B. Nr. 4118** 7
– – Wahlanwalt **B. Nr. 4118** 6
Verfahrensgebühr mit Zuschlag, vorbereitendes Verfahren, Abgeltungsbereich **B. Nr. 4105** 3
– – Gebührenhöhe **B. Nr. 4105** 4 ff.
– – Höhe **B. Nr. 4105** 4 ff.
Verfahrensgebühr OLG B. Nr. 4118 1 ff.
– Abgeltungsbereich **B. Nr. 4118** 5, **Nr. 4119** 2
– Allgemeines **B. Nr. 4118** 3 f.
– Gebührenhöhe **B. Nr. 4118** 6 f.
– – Pflichtverteidiger **B. Nr. 4118** 7, **Nr. 4119** 4
– – Wahlanwalt **B. Nr. 4118** 6, **Nr. 4119** 3
– Haftzuschlag **B. Nr. 4119** 1 ff.
– Mandant nicht auf freiem Fuß **B. Nr. 4119** 2
– Zuschlag **B. Nr. 4119** 1 ff.
– – Gebührenhöhe **B. Nr. 4119** 3
Verfahrensgebühr Rechtsbeschwerdeverfahren B. Nr. 5113 1 ff.

– Abgeltung aller Tätigkeiten des Rechtsanwalts **B. Nr. 5113** 5
– Abwicklungstätigkeit **B. Nr. 5113** 11
– allgemeine Beratung **B. Nr. 5113** 11
– Anhörungsrüge **B. Nr. 5113** 11
– Auslagen **B. Nr. 5113** 20
– außergerichtliche Termine **B. Nr. 5113** 11
– Beginn des Rechtsbeschwerdeverfahrens **B. Nr. 5113** 6 f.
– Begründung der Rechtsbeschwerde **B. Nr. 5113** 11
– beigeordneter Rechtsanwalt **B. Nr. 5113** 17 f.
– Beistand eines Verfahrensbeteiligten **B. Nr. 5113** 12
– Berichtigungsantrag **B. Nr. 5113** 11
– Beschaffung von Informationen **B. Nr. 5113** 11
– Beschwerdeverfahren **B. Nr. 5113** 11
– Besprechungen **B. Nr. 5113** 11
– Betreiben des Geschäfts **B. Nr. 5113** 3
– Dauer des Rechtsbeschwerdeverfahrens **B. Nr. 5113** 6 ff.
– Einstellung des Verfahrens **B. Nr. 5113** 11
– Ende des Rechtsbeschwerdeverfahrens **B. Nr. 5113** 8
– erfasste Tätigkeiten **B. Nr. 5113** 9 ff.
– – Katalog **B. Nr. 5113** 11
– Erfolgsaussichten der Rechtsbeschwerde **B. Nr. 5113** 11
– Ergänzungsantrag **B. Nr. 5113** 11
– Erinnerung **B. Nr. 5113** 11
– gerichtlich bestellter Rechtsanwalt **B. Nr. 5113** 17 f.
– gerichtliche Termine **B. Nr. 5113** 11
– Höhe **B. Nr. 5113** 14 ff.
– – beigeordneter Rechtsanwalt **B. Nr. 5113** 17 f.
– – Besonderheiten des Einzelfalls **B. Nr. 5113** 16
– – Gebührenrahmen **B. Nr. 5113** 14
– – gerichtlich bestellter Rechtsanwalt **B. Nr. 5113** 17 f.
– JVA-Besuche **B. Nr. 5113** 11
– Kostenerstattung **B. Nr. 5113** 20
– Kostenfestsetzungsverfahren **B. Nr. 5113** 11
– Nachholung rechtlichen Gehörs **B. Nr. 5113** 11
– persönlicher Abgeltungsbereich **B. Nr. 5113** 12 f.
– Pflichtverteidiger **B. Nr. 5113** 12
– Rücknahme der Rechtsbeschwerde **B. Nr. 5113** 11
– sachlicher Abgeltungsbereich **B. Nr. 5113** 5 ff.

– Schriftverkehr **B. Nr. 5113** 11
– sonstiger Vertreter eines Verfahrensbeteiligten
 B. Nr. 5113 12
– Tätigkeit im Zulassungsverfahren **B. Nr. 5113** 11
– Überprüfung amtsgerichtlichen Urteils
 B. Nr. 5113 11
– Übertragung der Vertretung **B. Nr. 5113** 13
– Vorbereitung der Hauptverhandlung
 B. Nr. 5113 11
– Wahlanwalt **B. Nr. 5113** 12
– – Betragsrahmengebühr **B. Nr. 5113** 15
– Wiedereinsetzungsantrag **B. Nr. 5113** 11
– zusätzliche Gebühr **B. Nr. 5113** 19
– – Wertgebühr **B. Nr. 5113** 19
Verfahrensgebühr Revision B. Nr. 4130 1 ff.
– Abgeltungsbereich **B. Nr. 4130** 9 ff.
– Abwicklungstätigkeit **B. Nr. 4130** 15
– Akteneinsicht **B. Nr. 4130** 15
– allgemeine Beratung **B. Nr. 4130** 15
– Anhörungsrüge **B. Nr. 4130** 15
– Auslagen **B. Nr. 4130** 24
– Beginn des Revisionsverfahrens **B. Nr. 4130** 3 f.
– Bemessung, Wahlanwaltsgebühr
 B. Nr. 4130 21 f.
– Berichtigungsantrag **B. Nr. 4130** 15
– Beschwerdeverfahren **B. Nr. 4130** 15
– Besprechung **B. Nr. 4130** 15
– Dauer des Revisionsverfahrens **B. Nr. 4130** 3 ff.
– eigene Ermittlung **B. Nr. 4130** 15
– Ende des Revisionsverfahrens **B. Nr. 4130** 8
– erfasste Tätigkeiten **B. Nr. 4130** 12 ff.
– – Katalog **B. Nr. 4130** 15
– Erfolgsaussichten, Beratung über **B. Nr. 4130** 15
– Ergänzungsantrag **B. Nr. 4130** 15
– Erinnerung **B. Nr. 4130** 15
– Gebührenhöhe **B. Nr. 4130** 17 ff.
– Haftprüfungstermin **B. Nr. 4130** 15
– Haftzuschlag **B. Nr. 4131** 1 ff.
– Kosten **B. Nr. 4130** 24
– Kostenerstattung **B. Nr. 4130** 24
– Kostenfestsetzungsverfahren **B. Nr. 4130** 15
– Nachbereitung **B. Nr. 4130** 15
– persönlicher Abgeltungsbereich **B. Nr. 4130** 9 f.
– Pflichtverteidigerbestellung **B. Nr. 4130** 15
– Revisionsbegründung **B. Nr. 4130** 15
– Revisionseinlegung **B. Nr. 4130** 15
– Rücknahme **B. Nr. 4130** 15
– sachlicher Abgeltungsbereich **B. Nr. 4130** 11
– Schriftverkehr **B. Nr. 4130** 15

– Terminswahrnehmung, außergerichtliche
 B. Nr. 4130 15
– Überprüfung angefochtenen Urteils
 B. Nr. 4130 15
– Untersuchungshaft **B. Nr. 4130** 15
– Vorbereitung der Hauptverhandlung
 B. Nr. 4130 15
– Wiedereinsetzungsantrag **B. Nr. 4130** 15
– zusätzliche Gebühr **B. Nr. 4130** 23
– Zuschlag **B. Nr. 4131** 1 ff.
– – Abgeltungsbereich **B. Nr. 4131** 3
– – Gebührenhöhe **B. Nr. 4131** 4 ff.
– – Mandant nicht auf freiem Fuß **B. Nr. 4131** 2
Verfahrensgebühr Schwurgericht, Gebührenhöhe **B. Nr. 4118** 6 f.
– – Pflichtverteidiger **B. Nr. 4118** 7
– Zuschlag **B. Nr. 4119** 1 ff.
– – Abgeltungsbereich der Gebühr **B. Nr. 4119** 2
– – Gebührenhöhe **B. Nr. 4119** 3 f.
– – Mandant nicht auf freiem Fuß **B. Nr. 4119** 2
Verfahrensgebühr sonstige Verfahren, Einzeltätigkeiten, Abgrenzung zur Verteidigung
 B. Nr. 6500 12 f.
– – Abgrenzung zur Vollvertretung
 B. Nr. 6500 12 ff.
– – Anfertigung von Anträgen **B. Nr. 6500** 16
– – Anrechnung **B. Nr. 6500** 19
– – Begrenzung auf Vollverteidigergebühren
 B. Nr. 6500 18
– – beigeordneter Rechtsanwalt **B. Nr. 6500** 21
– – Beistandsleistung im Termin **B. Nr. 6500** 16
– – gerichtlich bestellter Rechtsanwalt
 B. Nr. 6500 21
– – Höhe **B. Nr. 6500** 20 f.
– – isolierte Akteneinsicht **B. Nr. 6500** 16
– – mehrere **B. Nr. 6500** 17
– – schriftliche Stellungnahme **B. Nr. 6500** 16
– – Wahlanwalt **B. Nr. 6500** 20
Verfahrensgebühr Staatschutzsachen
 B. Nr. 4118 2
Verfahrensgebühr Strafkammer s.a. Verfahrensgebühr, Strafkammer
– mit Zuschlag **B. Nr. 4113** 1 ff.
– Zuschlag, Abgeltungsbereich **B. Nr. 4113** 2
– – Gebührenhöhe **B. Nr. 4113** 3 f.
– – Höhe **B. Nr. 4113** 3 f.
Verfahrensgebühr Strafvollstreckung, Aufschub der Strafvollstreckung **B. Nr. 4204** 11
– Aussetzung der Führungsaufsicht **B. Nr. 4200** 4

– Aussetzung eines Berufsverbots **B. Nr. 4200** 4
– BtMG, Zurückstellung der Strafvollstreckung
  B. Nr. 4204 12
– Dauer der Freiheitsbeschränkung **B. Nr. 4201** 4
– Entziehung der Fahrerlaubnis, Aussetzung
  B. Nr. 4200 4
– – Verkürzung der Sperrfrist **B. Nr. 4204** 10
– erfasste Tätigkeiten, Katalog **B. Nr. 4200** 13
– Gebührenhöhe, Pflichtverteidiger **B. Nr. 4200** 18
– – Wahlanwalt **B. Nr. 4200** 15 f.
– Maßregel der Besserung und Sicherung, freiheitsentziehende **B. Nr. 4200** 3
– – Erledigung **B. Nr. 4200** 3
– – Aussetzung **B. Nr. 4200** 4
– – Gnadenweg **B. Nr. 4200** 4
– – Berufsverbot **B. Nr. 4200** 4
– sonstige Verfahren, Abgeltungsbereich
  B. Nr. 4204 6
– – Angelegenheit **B. Nr. 4204** 13
– – Anspruch gegen Mandanten **B. Nr. 4204** 15
– – Anwendungsbereich **B. Nr. 4204** 2
– – Aufschub der Strafvollstreckung **B. Nr. 4204** 2
– – Aussetzung der Verhängung der Jugendstrafe
  B. Nr. 4204 3
– – Berufsverbot **B. Nr. 4204** 2
– – Beschwerdeverfahren **B. Nr. 4204** 9
– – Einigungsgebühr **B. Nr. 4204** 14
– – Einwendungen **B. Nr. 4204** 2
– – Einzelfälle **B. Nr. 4204** 10 ff.
– – Entstehen **B. Nr. 4204** 7
– – Erstattung **B. Nr. 4204** 15
– – Gebührenhöhe **B. Nr. 4204** 8
– – Gnadenwege **B. Nr. 4204** 4
– – Mindestverbüßungsdauer **B. Nr. 4204** 3
– – nachträgliche Gesamtstrafenbildung
  B. Nr. 4204 2
– – nachträgliche Bewährungsaussetzung
  B. Nr. 4204 3
– – Nichtenfallen der Führungsaufsicht
  B. Nr. 4204 2
– – Pauschgebühr **B. Nr. 4204** 15
– – persönlicher Geltungsbereich **B. Nr. 4204** 5,
  Nr. 4205 4
– – Pflichtverteidiger **B. Nr. 4204** 8
– – Verfahren nach §§ 458 u. 462 StPO
  B. Nr. 4204 2
– – Verlängerung der Bewährungszeit
  B. Nr. 4204 2
– – Verwarnung mit Strafvorbehalt **B. Nr. 4204** 2

– – Vollstreckungsverfahren gegen Jugendliche/
  Heranwachsende **B. Nr. 4204** 2
– – vorzeitige Aufhebung der Sperre **B. Nr. 4204** 2
– – Wahlanwalt **B. Nr. 4204** 8
– – Zahlungserleichterung **B. Nr. 4204** 2
– – Zurückstellung der Strafvollstreckung
  B. Nr. 4204 2
– – Zuschlag **B. Nr. 4205** 1 ff.
– Überprüfungsverfahren, Abgrenzung zum Strafvollzug **B. Nr. 4200** 10
– – Angelegenheit **B. Nr. 4200** 8 f.
– – Terminsgebühr **B. Nr. 4200** 7
– – Verfahrensgebühr **B. Nr. 4200** 7
– Zuschlag, Abgeltungsbereich **B. Nr. 4201** 7,
  Nr. 4205 5
– – Anspruch gegen Mandanten **B. Nr. 4201** 11,
  Nr. 4205 9
– – Beschwerdeverfahren **B. Nr. 4201** 10,
  Nr. 4205 8
– – Dauer der Freiheitsbeschränkung
  B. Nr. 4205 3
– – Erstattung **B. Nr. 4205** 9
– – Gebührenhöhe **B. Nr. 4201** 8 f., **Nr. 4205** 6 f.
– – Kostenerstattung **B. Nr. 4201** 11
– – Mandant nicht auf freiem Fuß **B. Nr. 4201** 3,
  Nr. 4205 2
– – Pauschgebühr **B. Nr. 4201** 11, **Nr. 4205** 9
– – persönlicher Geltungsbereich **B. Nr. 4201** 6,
  Nr. 4205 4
– – Voraussetzung **B. Nr. 4201** 2
Verfahrensgebühr Verwaltungsbehörde, Bußgeldsachen, Vergütungsverzeichnis **A.** 1302
– Gebührenhöhe, Geldbuße 40,00 bis 5.000,00 €
  B. Nr. 5103 3 f.
– – Geldbuße bis 40,00 € **B. Nr. 5101** 5 f.
– Geldbuße 40,00 bis 5.000,00 € **B. Nr. 5103** 1 ff.
– – Höhe **B. Nr. 5103** 3 f.
– – zusätzliche Gebühr **B. Nr. 5103** 5
– Geldbuße bis 40,00 €, Abgeltungsbereich
  B. Nr. 5101 4
– – Gebührenhöhe **B. Nr. 5101** 5 f.
– – zusätzliche Gebühr **B. Nr. 5101** 7 f.
– – Entstehen der Gebühr **B. Nr. 5101** 2 f.
– Geldbuße mehr als 5.000,00 € **B. Nr. 5105** 1 ff.
– – Höhe der Verfahrensgebühr **B. Nr. 5105** 3 f.
– – zusätzliche Gebühr **B. Nr. 5105** 5
– zusätzliche Gebühr, Geldbuße bis 40,00 €
  B. Nr. 5101 7 f.
– – Geldbuße 40,00 bis 5.000,00 € **B. Nr. 5103** 5

– – Geldbuße mehr als 5.000,00 € **B. Nr. 5105** 5
Verfahrensgebühr Wirtschaftsstrafverfahren
  B. Nr. 4118 2
Verfahrenskosten, Auslagen der Staatskasse
  A. 713
– Gebühren **A.** 713
– Gerichtskosten **A.** 713
– Gerichtskostenansatz in Straf-/Bußgeldsachen
  A. 713
– Kosten der Vollstreckung **A.** 713
– Kostengrundentscheidung **A.** 714
– Kostenschuldner **A.** 714
Verfahrenskostenhilfe, Vollzugsangelegenheiten,
  Therapieunterbringung **A.** 1258
Verfahrenspfleger, Therapieunterbringung, Vergütung **A.** 1249
Verfahrenssicherung, Pflichtverteidiger
  B. § 54 19
Verfahrensstand, Erörterung, Festsetzung der
  Pauschgebühr **B. § 51** 97
Verfahrensverbindung, Grundgebühr
  B. Nr. 4100 29
Verfall, Gegenstandswert **B. Nr. 4142** 49
Verfassungsbeschwerde A. 110
– Festsetzung der Pauschgebühr **B. § 51** 137
Verfassungsbeschwerdeverfahren, Gebühr
  A. 1045
Verfassungsgerichtliche Verfahren s. *Verfahren
  vor Verfassungsgerichten*
Verfassungsrecht, Beratungshilfe **A.** 306
Vergleich, Entstehen, Einigungsgebühr **A.** 463
– Kostenfreiheit **A.** 668
Vergütung, ABC **A.** 1 ff.
– Abgabe **A.** 1630 ff.
– Abgeltungsbereich **A.** 1 ff.
– – erneuter Auftrag **A.** 7
– – Grundsätze des § 15 **A.** 2 ff.
– – mehr als 2 Kalenderjahre erledigt **A.** 9
– – Überblick **A.** 1
– – vorzeitige Erledigung **A.** 7
– – zwischenzeitliche Rechtsänderung **A.** 10
– abhängige Tätigkeiten **A.** 40
– Allgemeines **A.** 223 ff.
– Änderung des Steuersatzes **B. Nr. 7008** 10 f.
– Anfechtung der Verwarnung **A.** 1629
– anwaltliche Tätigkeiten **A.** 37 ff.
– Anwendungsbereich **A.** 37 ff.
– – persönlicher **A.** 42 ff.
– – sachlicher **A.** 37 ff.

– Auslagen **A.** 53 ff., 1466
– Begriff **A.** 1466 ff.
– Beiordnung **A.** 34
– Beratung **A.** 223 ff.
– Beratungshilfe **A.** 285 ff.
– Berechnung **A.** 359 ff.
– – Angabe der Nummer des Vergütungsverzeichnisses **A.** 362
– – Angabe der Vorschüsse **A.** 362
– – Bezeichnung des Gebührentatbestandes **A.** 362
– – Fehlen einer ordnungsgemäßen **A.** 365
– – formelle Anforderungen **A.** 360 f.
– – Gegenstandswert **A.** 362
– – inhaltliche Anforderungen **A.** 362 ff.
– – Schriftform **A.** 361
– – Unterschrift **A.** 361
– – Vergütungsvereinbarung **A.** 363
– – weitere Angaben **A.** 362
– Bestellung **A.** 34 ff.
– Branchenüblichkeit **A.** 234
– Bürgerliches Recht **A.** 230 ff.
– Dienstvertrag **A.** 26
– Einlegung eines Rechmittels **A.** 1200 ff.
– – Beistand **A.** 1201
– – persönlicher Geltungsbereich **A.** 1201 ff.
– – Pflichtverteidiger **A.** 1201
– – pro Vertreter eines Privatklägers **A.** 1201
– – sachlicher Anwendungsbereich **A.** 1205 f.
– – Verteidiger **A.** 1201
– – Vertreter eines Nebenbeteiligten **A.** 1201
– – Vertreter eines Nebenklägers **A.** 1201
– – Vertretung eines Einziehungsbeteiligten
  A. 1201
– Erfolgshonorar **A.** 499 ff.
– erneuter Auftrag **A.** 7
– Fälligkeit **A.** 519 ff.
– – Allgemeines **A.** 520
– – Beendigung der Angelegenheit **A.** 525 f.
– – Erledigung des Auftrags **A.** 523 f.
– – Fälligkeitstatbestände **A.** 522 ff.
– – Festsetzung **A.** 527 ff.
– – Aufwendungen **A.** 538
– – Auslagen **A.** 528
– – Beratungshilfegebühr **A.** 539
– – bestrittener Gegenstandswert **A.** 573
– – Erinnerung **A.** 564
– – Festsetzungsantrag **A.** 575 f.
– – Gebühren **A.** 528

– – gegen die Staatskasse *s.a. Festsetzung gegen die Staatskasse* **A.** 579 ff.
– – Gehörsrüge **A.** 572
– – gerichtliches Verfahren **A.** 539 ff.
– – gesetzliche Vergütung **A.** 528 ff.
– – Mindestgebühr **A.** 530
– – Pauschgebühr **A.** 534 ff.
– – PKH **A.** 543 ff.
– – Rahmengebühr **A.** 531
– – Rechtsbeistand **A.** 546
– – Rechtsbeschwerde **A.** 571
– – Rechtsmittelverfahren **A.** 564 ff.
– – sofortige Beschwerde **A.** 564
– – Vergütungsvereinbarung **A.** 529
– – Verjährung **A.** 574
– – weitere Beschwerde **A.** 571
– – Wertgebühr **A.** 533
– – Zustimmungserklärung des Auftraggebers **A.** 532
– – Zwangsvollstreckung **A.** 540
– Gebühren **A.** 52, 1466
– Gebührenvereinbarung **A.** 225 ff., 1468
– Geltendmachung des Vergütungsanspruch **A.** 63 f.
– Geltungsbereich **A.** 37 ff.
– gesetzliche, Auslagen **A.** 528
– – Gebühren **A.** 528
– Grundlage **A.** 24
– Grundsatz der Einmaligkeit **A.** 4
– Gutachten **A.** 223 ff.
– Hemmung der Verjährung **A.** 519 ff.
– Hilfeleistung in Steuersachen **A.** 817 ff.
– Hinweispflicht **A.** 824 ff.
– Höhe, Gebührenvereinbarung **A.** 229
– – Vertreter des Wahlanwalts **A.** 1616
– Legaldefinition **A.** 51, 1466
– Mediation **A.** 223 ff.
– mehrere Rechtsanwälte **A.** 1040 ff.
– – Höhe **A.** 1040 ff.
– – Kostenerstattung **A.** 1044
– Nebenklägerbeistand, Bestellung nach Beendigung des Verfahrens **A.** 1395
– – rückwirkende Bestellung **A.** 1395
– neuer Rechtszug **A.** 1203
– nicht unangemessene, Rechtsprechungsbeispiele **A.** 1545
– ordnungsgemäße Berechnung, § 14 UStG **A.** 366 f.
– Ortsüblichkeit **A.** 233

– Pauschalcharakter **A.** 3
– Pflichtverteidiger **B. Vorb. 4** 5 f.
– Pflichtverteidigerbestellung, nach Beendigung des Verfahrens **A.** 1393 f.
– Rechtsbeschwerde, gegen Entscheidung der Strafvollstreckungskammer **A.** 1455
– Rechtsgrund **A.** 23 f., 24 ff.
– – Allgemeines **A.** 24 f
– Rechtszug, Anhörungsrüge **A.** 1207 ff.
– – Nachholung rechtlichen Gehörs **A.** 1207 ff.
– – sachlicher Anwendungsbereich **A.** 1205 f.
– sich selbst verteidigender Rechtsanwalt, Freispruch **A.** 60
– Sicherungsverwahrung **A.** 1211 ff.
– sonstige Beiordnung **A.** 1483
– sonstige Bestellung **A.** 1483
– Staatskasse **A.** 140
– stillschweigende Pflichtverteidigerbestellung **A.** 25
– Tätigkeit in Vorinstanz **A.** 1202
– taxmäßige **A.** 231
– teilweiser Verzicht, Zulässigkeit **A.** 646
– Therapieunterbringung **A.** 1211 ff.
– Trennung von Verfahren **A.** 1311 ff.
– Überblick **A.** 22 f.
– Übergangsvorschriften **A.** 1336 ff.
– übliche **A.** 231, 232 ff.
– – Mandant ist Verbraucher **A.** 236 ff.
– Umsatzsteuer **B. Nr. 7008** 1 ff.
– – Vorschuss **B. Nr. 7008** 12
– Umsatzsteuerpflicht des Rechtsanwalts **B. Nr. 7008** 5 f.
– umsatzsteuerpflichtige **B. Nr. 7008** 20 ff.
– Umsatzsteuersatz **B. Nr. 7008** 9
– unabhängige Tätigkeiten **A.** 40
– unangemessene, Rechtsprechungsbeispiele **A.** 1548 f.
– Verbindung von Verfahren **A.** 1431 ff.
– vereinbarte **A.** 655
– Verfahren nach §§ 23 ff. EGGVG **A.** 1441 ff., 1445 f.
– Verfahren nach dem Strafvollzugsgesetz **A.** 1441 ff.
– Verfahren nach dem StVollzG **A.** 1449 ff.
– – Verfahren beim OLG **A.** 1455
– Verfahren nach StVollzG, Zurückverweisung an Strafvollstreckungskammer **A.** 1455
– Verjährung **A.** 519 ff.
– Vertrag **A.** 26 ff.

– – Ablehnung des Vertrags **A.** 31 f.
– – Angebot **A.** 26
– – angestellter Rechtsanwalt **A.** 28
– – Annahme **A.** 26
– – Bedingung **A.** 33
– – berufliches Vertretungsverbot **A.** 31
– – berufsrechtliches Tätigkeitsverbot **A.** 31
– – Dienstvertrag **A.** 26
– – entgeltlicher **A.** 29
– – Form **A.** 27
– – freie Mitarbeiter **A.** 28
– – Kontrahierungszwang **A.** 30
– – Kündigung **A.** 26
– – Mandatsannahme unter Bedingung **A.** 33
– – Parteien **A.** 28
– – Überlegungsfrist **A.** 27
– – widerstreitende Interessen **A.** 31
– Vertreter des Rechtsanwalts **A.** 1609 ff.
– Vertretung des Wahlanwalts **A.** 1613 ff.
– Verwarnungsverfahren **A.** 1620 ff.
– Verweisung **A.** 1630 ff.
– Verzicht **A.** 643 ff.
– – Ausnahmen **A.** 645
– – Bedürftigkeit **A.** 645
– – Freunde **A.** 645
– – generelles Verbot **A.** 644
– – Kollege **A.** 645
– – Sensationsprozess **A.** 645
– – teilweiser **A.** 646
– – Verwandte **A.** 645
– vorbehaltene Sicherungsverwahrung **B. Vorb. 4.1** 20 ff.
– Vorschuss **A.** 33
– – Beweislast **A.** 33
– vorzeitige Erledigung **A.** 6
– Wahlverteidiger **B. Vorb. 4** 5 f.
– weitere, Vergütungsanspruch gegen Staatskasse **A.** 1501
– Zurückverweisung **A.** 1692 ff.
– Zwangsvollstreckung **A.** 1696 ff.
Vergütung aus der Staatskasse B. Vorb. 4 106
Vergütung des beigeordneten Rechtsanwalts, Antrag auf Festsetzung, Muster **A.** 642
Vergütung des bestellten Rechtsanwalts, Antrag auf Festsetzung, Muster **A.** 642
Vergütung des Rechtsanwalts, Aufklärungspflicht, Grundsatz von Treu und Glauben **A.** 48
Vergütungsanspruch gegen Landeskasse A. 1474 f.

Vergütungsanspruch gegen Staatskasse A. 1469 ff.
– Abtretung **A.** 16 ff., 1492
– – Abtretungsunterlagen in Original **A.** 18
– – Festsetzung der Vergütung **A.** 17
– Beiordnung im Wege der PKH **A.** 1482
– Beistandsbestellung nach IRG **A.** 1500
– Beratungshilfe **A.** 1472 ff.
– Beschränkung, Beiordnung/Bestellung **A.** 1488
– Bestellung/Beiordnung **A.** 1478 ff.
– Bußgeldverfahren, Bestellung durch Verwaltungsbehörde **A.** 1499
– Einwendungen **A.** 1497
– Höhe **A.** 1487
– nebenklageberechtigter Verletzter **A.** 1480
– Nebenklägerbeistand **A.** 1480
– Pflichtverteidiger **A.** 1480
– – zur Verfahrenssicherung **A.** 1489
– rückwirkende Bestellung **A.** 1486
– sonstige Beiordnung **A.** 1483
– sonstige Bestellung **A.** 1483
– stillschweigende Bestellung **A.** 1484 f.
– Tätigkeit von Vertretern **A.** 1490 f.
– Terminsvertreter **A.** 1491
– Verfahren nach Therapieunterbringungsgesetz **A.** 1480
– Verjährung **A.** 1497
– Verlust **A.** 1495 f.
– Verwirkung **A.** 1497
– Verzicht auf **A.** 1493 f.
– Vollstreckung europäischer Geldsanktionen, Beistandsbestellung **A.** 1500
– weitere Vergütung **A.** 1501
– Wiederaufnahmeantrag, Abraten von **A.** 1498
– Zeugenbeistand **A.** 1480
Vergütungsanspruch, Abraten vom Wiederaufnahmeantrag **B. § 45** 1 ff.
– Abtretung **A.** 59
– – an anderen Rechtsanwalt **A.** 59
– – an Nichtrechtsanwälte **A.** 59
– beigeordneter Rechtsanwalt **B. § 53** 11 ff.
– – PKH **A.** 1401 f.
– Beiordnung, Reichweite **A.** 1397 ff.
– – Zeitpunkt **A.** 1393 ff.
– Beiordnung des Anwalts **A.** 24 f.
– Beiordnung/Bestellung, Beschränkung **A.** 1488
– – gebührenrechtliche Beschränkung **A.** 1389 ff.
– Beistand **B. § 53** 22 ff.
– Beratungshilfe **A.** 334 ff.

2095

– bestellter Rechtsanwalt **B. § 53** 22 ff.
– Bestellung, Reichweite **A.** 1397 ff.
– – Zeitpunkt **A.** 1393 ff.
– Bestellung des Anwalts **A.** 24 f.
– Bestellung durch das Bundesamt für Justiz, Verfahren nach IRG **B. Vorb. 6.1.1** 11
– eigener, mehrere Rechtsanwälte **A.** 1040
– Entstehen **A.** 56
– Fälligkeit, Therapieunterbringung **A.** 1247
– Festsetzung durch das Gericht **A.** 63
– Freistellungsanspruch gegenüber Rechtsschutzversicherer **A.** 57
– gebührenrechtliche Beschränkung, Anwaltswechsel **A.** 1390 f.
– – Anwaltswechsel während PKH **A.** 1390
– – Anwaltswechsel während Verfahrenskostenhilfe **A.** 1390
– – Einverständnis des neuen Pflichtverteidigers **A.** 1391
– – ortsansässiger Rechtsanwalt **A.** 1389
– – Pflichtverteidigerwechsel **A.** 1391 f.
– – Verzicht auf Vergütung **A.** 1392
– gegen Landeskasse, Beratungshilfe **A.** 1474 f.
– gegen Staatskasse, Therapieunterbringung **A.** 1251
– gegen einzelne Beteiligte, Beratungshilfe **A.** 334 ff.
– gegen Rechtsuchenden, Beratungshilfe **A.** 1473
– Geltendmachung **A.** 63 f.
– – Klageerhebung **A.** 63
– – Kostenfestsetzungsverfahren **A.** 63
– – Mahnverfahren **A.** 63
– gerichtliche Durchsetzung, Festsetzung **A.** 63
– – gegen Mandanten **A.** 63
– – Klageerhebung **A.** 63
– – Mahnverfahren **A.** 63
– Hemmung der Verjährung, gerichtlich beigeordneter Rechtsanwalt **A.** 1583 f.
– – gerichtliche Geltendmachung **A.** 1581 f.
– – Pflichtverteidiger **A.** 1583 f.
– – Vergütungsfestsetzungsantrag **A.** 1582
– Pflichtverteidiger, Verfassungsbeschwerdeverfahren **A.** 1397
– – Vertreter **A.** 1618
– Pflichtverteidigerbestellung, bestimmte Verfahrensabschnitte **A.** 1397
– – Reichweite **A.** 1397 ff.
– – Revisionshauptverhandlung **A.** 1400

– – weitere Verteidiger zur Verfahrenssicherung **A.** 1398 f.
– privatrechtlicher **B. § 54** 24
– Rechtsschutzversicherung **A.** 57
– Reichweite der Beiordnung/Bestellung, Adhäsionsverfahren **A.** 1405 ff.
– – Bußgeldverfahren **A.** 1428
– – Einziehung/verwandte Maßnahmen **A.** 1409
– – Gnadensache **A.** 1418
– – Hebegebühr für Pflichtverteidiger **A.** 1427
– – Jugendsachen **A.** 1425 ff.
– – Kostenfestsetzung **A.** 1417
– – Nebenklägerbeistand **A.** 1403
– – Pflichtverteidiger **A.** 1397 ff.
– – PKH **A.** 1401 ff.
– – Revisionshauptverhandlung **A.** 1400
– – Strafbefehlsverfahren **A.** 1410
– – Strafvollstreckung **A.** 1411 ff.
– – Tätigkeit in Gnadensachen **A.** 1418
– – Trennung **A.** 1424
– – Verbindung **A.** 1423
– – Verweisung **A.** 1422
– – Wiederaufnahmeverfahren **A.** 1419
– – Zeugenbeistand **A.** 1404
– – Zurückverweisung **A.** 1420 f.
– – Zwangsvollstreckung **A.** 1417
– sich selbst verteidigender Rechtsanwalt **A.** 60 ff.
– – Anspruch gegen Staatskasse **A.** 60
– – Freispruch **A.** 60
– – Rechtsschutzversicherer **A.** 61
– sich selbst vertretender Rechtsanwalt **A.** 60 ff.
– – Anspruch gegen Staatskasse **A.** 60
– – Freispruch **A.** 60
– – Rechtsschutzversicherung **A.** 61
– Stellvertretung **A.** 58
– Umfang **A.** 1382 ff.
– – Adhäsionsverfahren **A.** 1405 ff.
– – Beiordnung für Vergleichsabschluss **A.** 1408
– – Bindungswirkung **A.** 1385
– – Bußgeldverfahren **A.** 1428
– – Einziehung/verwandte Maßnahmen **A.** 1409
– – gebührenrechtliche Beschränkung **A.** 1389 ff.
– – gegenständlicher **A.** 1382
– – Geltungsbereich **A.** 1384
– – gerichtlich beigeordneter Rechtsanwalt **A.** 1384
– – gerichtlich bestellter Rechtsanwalt **A.** 1384
– – Gnadensache **A.** 1418
– – Hebegebühr für Pflichtverteidiger **A.** 1427

Stichwortverzeichnis

– – Jugendsachen **A.** 1425 ff.
– – Kostenfestsetzung **A.** 1417
– – nachträgliche Änderung von Auflagen **A.** 1426
– – nachträgliche Änderung von Weisungen **A.** 1426
– – Nachverfahren nach §§ 30, 62 JGG **A.** 1426
– – Nebenklägerbeistand **A.** 1403
– – Nebenklägervertreter **A.** 1407
– – Pflichtverteidiger **A.** 1397 ff.
– – PKH-Bewilligung **A.** 1401 f.
– – Reichweite der Beiordnung **A.** 1382
– – Reichweite der Bestellung **A.** 1382
– – Rückwirkung der Beiordnung **A.** 1382
– – Rückwirkung der Bestellung **A.** 1382
– – Strafbefehlsverfahren **A.** 1410
– – Strafvollstreckung **A.** 1411 ff.
– – Tätigkeit nach § 57 JGG **A.** 1425
– – Trennung **A.** 1424
– – Verbindung **A.** 1423
– – Verweisung **A.** 1422
– – Wiederaufnahmeverfahren **A.** 1419
– – Zeugenbeistand **A.** 1404
– – Zurückverweisung **A.** 1420
– – Zwangsvollstreckung **A.** 1417
– Verjährung **A.** 1577 ff.
– – Hemmung **A.** 1579 f.
– Verjährungsfrist **A.** 1578
– Verlust **A.** 65
– – aufrechenbarer Schadensersatzanspruch **A.** 65
– – Verletzung von Aufklärungspflicht **A.** 65
– – Verletzung von Hinweispflicht **A.** 65
– Vertrag **A.** 24 f.
– Vertreter des Rechtsanwalts **A.** 58
– Zeugenbeistand, Bestellung nach Beendigung des Verfahrens **A.** 1395
– – rückwirkende Bestellung **A.** 1395
– zusätzlicher, Therapieunterbringung **A.** 1246
Vergütungsbegriff A. 1466 ff.
Vergütungsblatt, Bußgeldsachen **A.** 1111
– Strafsachen **A.** 1110
– Vergütung, Berechnung **A.** 362
Vergütungsfähigkeit, Beurteilung **A.** 142
Vergütungsfestsetzung A. 1115
– Abhilfeentscheidung, Kosten **A.** 1137
– – Kostenerstattung **A.** 1137
– Anhörungsrüge **A.** 1189
– Antrag auf **A.** 165
– Beschwerde *s.a. Beschwerde* **A.** 1141 ff.
– – Abhilfebefugnis des Erstgerichts **A.** 1155

– – Einlegung **A.** 1144 ff.
– – Entscheidung **A.** 1155 ff.
– – Erinnerungsentscheidung **A.** 1143
– – Form **A.** 1146 ff.
– – Frist **A.** 1144 f.
– – Grundsatz der Streitwertwahrheit **A.** 1162
– – Spruchkörper **A.** 1158 f.
– – teilweise Abhilfe **A.** 1156
– – Verschlechterungsverbot **A.** 1161 f.
– – Verwirkung **A.** 1144 f.
– – Wert **A.** 1150 ff.
– – Zulässigkeit **A.** 1142 f.
– – Zulassung der weiteren Beschwerde **A.** 1163 f.
– Beschwerdeberechtigung **A.** 1148 ff., 1149
– – Vergütungsfestsetzung **A.** 1149
– – Wertfestsetzung **A.** 1148
– Beschwerdeentscheidung, Bekanntmachung **A.** 1165
– – förmliche Zustellung **A.** 1165
– Beschwerdegericht **A.** 1157
– Beschwerdewert **A.** 1150 ff.
– Erinnerung **A.** 1120 ff.
– – Abhilfe durch Urkundsbeamten **A.** 1130 f.
– – Anfechtungsgegenstand **A.** 1121 f.
– – Anwaltszwang **A.** 1120
– – Einlegung **A.** 1120
– – Einlegungsfrist **A.** 1123
– – Entscheidung **A.** 1130 ff.
– – Entscheidung durch Gericht **A.** 1132
– – Erinnerungsbefugnis **A.** 1128 f.
– – Erinnerungswert **A.** 1127
– – Form **A.** 1120
– – Nichtabhilfeentscheidung **A.** 1132
– – Spruchkörper **A.** 1133 f.
– – Verwirkung **A.** 1124 ff.
– Erinnerungsentscheidung, Bekanntmachung **A.** 1140
– – durch Gericht **A.** 1132
– – Empfangsbekenntnis **A.** 1140
– – Inhalt **A.** 1135
– – Kontaktperson **A.** 1136
– – Kosten **A.** 1137
– – Kostenerstattung **A.** 1137
– – Zulassung der Beschwerde **A.** 1138 f.
– Rechtsmittel gegen *s.a. Rechtsmittel gegen Vergütungsfestsetzung* **A.** 1115 ff.
– Rechtsmittelverfahren, Therapieunterbringung **A.** 1252

– weitere Beschwerde *s.a. weitere Beschwerde*
  A. 1166 ff.
– – Abhilfebefugnis **A.** 1171
– – Begründung **A.** 1170
– – Beschluss **A.** 1173
– – Beschwerdeberechtigung **A.** 1168
– – Beschwerdesumme **A.** 1169
– – Beschwerdewert **A.** 1169
– – Einlegung **A.** 1166 ff.
– – Einzelrichter **A.** 1173
– – Entscheidung **A.** 1171 ff.
– – Entscheidung durch OLG **A.** 1172 ff.
– – Form **A.** 1167
– – Frist **A.** 1166
– – Verletzung des Rechts **A.** 1170
– – Verwirkung **A.** 1166
– Wiedereinsetzung *s.a. Wiedereinsetzung*
  A. 1175 ff.
– Wiedereinsetzungsverfahren, Antrag **A.** 1176
– – Antragsinhalt **A.** 1178
– – Beschwerdeverfahren **A.** 1181
– – Entscheidung **A.** 1180
– – Form **A.** 1176
– – Frist **A.** 1177
– – Zuständigkeit **A.** 1179
– Zulassung der weiteren Beschwerde **A.** 1163 f.
Vergütungsfestsetzungsantrag, Vergütungsanspruch, Hemmung der Verjährung **A.** 1582
Vergütungsfestsetzungsverfahren, Beschwerde, Anwaltsgebühren **A.** 1183
– – Auslagen **A.** 1182
– – Gerichtsgebühren **A.** 1182
– – Kostenerstattung **A.** 1184
Vergütungsfragen, allgemeine **A.** 22 ff.
Vergütungshöhe, mehrere Rechtsanwälte
  A. 1040 ff.
– Vertreter des Wahlanwalts **A.** 1616
Vergütungsnummer, Einzeltätigkeit
  B. Vorb. 4.3 30
Vergütungsrechnung, Muster **A.** 369
– Versendung **B. Nr. 7001** 8
Vergütungsvereinbarung A. 655, 1502 ff.
– Abänderung gesetzlicher Gebührenregelungen
  A. 1552
– Abgrenzung von anderen Vereinbarungen
  A. 1529 ff.
– Abschluss mit Dritten **A.** 1510
– Abtretung des Kostenerstattungsanspruchs
  A. 1532; **B. § 43** 32

– allgemeine, Muster **A.** 1569
– allgemeine Regeln **A.** 1505 ff.
– allgemeine Unwirksamkeit **A.** 1505 ff.
– allgemeine Wirksamkeit **A.** 1505 ff.
– allgemeine Zulässigkeit **A.** 1504
– Androhung der Mandatsniederlegung **A.** 1508
– Anfechtbarkeit **A.** 1507
– angemessene Vergütung, Rechtsprechungsbeispiele **A.** 1544 ff.
– Anrechnung von Zahlungen **B. § 58** 32
– Aufbewahrung von Handakten **A.** 1532
– Aufnahme in die Vollmacht **A.** 1527
– Auslagen **B. Vorb. 7** 15
– Bahncard, Arbeitshilfen **B. Nr. 7004** 26 ff.
– – Muster **B. Nr. 7004** 26 ff.
– Beachtung von AGB-Vorschriften **A.** 1511
– beigeordneter Rechtsanwalt **B. § 53** 8
– Beistand **B. § 53** 37 f.
– Beratungshilfe **A.** 318, 1518
– Beratungshilfegebühr **A.** 1473
– bestellter Rechtsanwalt **B. § 53** 8
– Bestimmtheit **A.** 1509
– Bezeichnung **A.** 1528
– entscheidungserhebliche Maßnahme **A.** 1508
– Erfolgshonorar **A.** 1513
– Erstattungsfähigkeit, Hinweis auf Beschränkung
  A. 1533
– Fax **A.** 1524
– Festsetzung der Vergütung **A.** 1513
– – gesetzliche Vergütung **A.** 529
– Formverstoß, Folgen **A.** 1534 ff.
– Formzwang **A.** 1519 ff.
– Fotokopierkosten, pauschale Abgeltung **A.** 1571
– Gebührenüberhebung **A.** 1564 ff.
– Gerichtsstandvereinbarung **A.** 1532
– Geschäfts-/Reisekosten, Muster **A.** 1576
– Geschäftskosten **A.** 1575 f.
– Hinweisklausel **A.** 1532
– Höhe der Vergütung **A.** 229
– höher als gesetzliche Gebühren **A.** 1521
– höhere Auslagen **A.** 1522
– Inhalt **A.** 1521 f., 1551 ff.
– – Anrechnungsfragen **A.** 1552
– – Checkliste **A.** 1555 f.
– – Vorgaben **A.** 1509
– Kostenerstattungsanspruch, Abtretung
  B. § 43 8 ff.
– Leitbildvergütung **A.** 1558 ff.
– nach Verfahrensabschnitten **A.** 1508

Stichwortverzeichnis

– nicht unangemessene Vergütung, Rechtsprechungsbeispiele **A.** 1545
– niedriger als gesetzliche Vergütung **A.** 1550
– pauschale Abgeltung von Fotokopierkosten **A.** 1571 f.
– Pauschalvergütung **A.** 1553
– Pflichtverteidiger **A.** 1514 ff.; **B. § 52** 7
– PKH **A.** 1517
– Postentgelte **B. Nr. 7001** 16
– Postentgeltpauschale **B. Nr. 7002** 32
– Rahmengebühr **A.** 1050
– Ratenzahlungsvereinbarung **A.** 1532
– rechtswidrige Drohung **A.** 1508
– Reisekosten **A.** 1575 f.; **B. Vorb. 7** 36
– salvatorische Klausel **A.** 1532
– Schriftform, E-Mail **A.** 1524
– Sittenwidrigkeit **A.** 1506
– SMS **A.** 1524
– Strafsachen **B. Vorb. 4** 18
– Stundenhonorar **A.** 1554
– Stundensätze, Rechtsprechungsübersicht **A.** 1544 ff.
– Stundungsvereinbarung **A.** 1532
– Textform **A.** 1519, 1523 ff.
– Trennung von anderen Vereinbarungen **A.** 1529 ff.
– Überblick **A.** 1502 ff.
– Übergangsvorschriften **A.** 1339
– Umsatzsteuer **A.** 1512; **B. Nr. 7008** 24
– unangemessen hohe Vergütung, Strafverfahren **A.** 1538 ff.
– unangemessene Vergütung, Herabsetzung **A.** 1537 ff.
– Unwirksamkeit **A.** 1513
– Vereinbarung zu Erfüllungsort **A.** 1532
– Vergütung, unangemessene **A.** 1548 f.
– Vergütungsberechnung, Angabe **A.** 363
– Vertreter des Rechtsanwalts **A.** 1611
– Vertreter des Wahlanwalts **A.** 1616
– Vollmacht **A.** 1519, 1527
– vorformulierte Vertragsbedingungen **A.** 1511
– Vorgehensweise **A.** 1508
– Vorschuss **A.** 1662; **B. § 43** 32
– vorzeitige Mandatsbeendigung **A.** 1557 ff.
– – Pauschalhonorar **A.** 1561 ff.
– – Zeithonorar **A.** 1561 ff.
– Wiederaufnahmeverfahren **B. Vorb. 4.1.4** 1
– Zeithonorar, Muster **A.** 1570
– – nicht unangemessen **A.** 1546

– Zeitvergütung **A.** 1554
– zusätzliche Auslagenpauschale, Muster **A.** 1574
Vergütungsverzeichnis, Abwesenheitsgeld **A.** 1304
– ähnliche Verfahren **A.** 1300
– allgemeine Gebühren **A.** 1298
– Anwendung **A.** 1305 ff.
– – alle Verfahrensarten **A.** 1306
– – allgemeine Gebühren **A.** 1306
– – Anmerkungen **A.** 1310
– – außergerichtliche Tätigkeiten **A.** 1307
– – Vorbemerkungen **A.** 1308
– Auslagen **A.** 1304
– außergerichtliche Tätigkeiten **A.** 1299
– Beratungshilfe **A.** 1299
– berufsgerichtliches Verfahren **A.** 1303
– Berufung **A.** 1300
– Beschwerde **A.** 1300
– bürgerliche Rechtsstreitigkeiten **A.** 1300
– Bußgeldsachen **A.** 1302
– – Grundgebühr **A.** 1302
– – Rechtsbeschwerde **A.** 1302
– – Terminsgebühr **A.** 1302
– – Terminsgebühr amtsgerichtliches Verfahren **A.** 1302
– – Verfahrensgebühr amtsgerichtliches Verfahren **A.** 1302
– – Verfahrensgebühr Verwaltungsbehörde **A.** 1302
– – zusätzliche Gebühren **A.** 1302
– Disziplinarverfahren **A.** 1303
– Dokumentenpauschale **A.** 1304
– Einigungsgebühr **A.** 1298
– Erinnerung **A.** 1300
– Erledigungsgebühr **A.** 1298
– Fahrtkosten **A.** 1304
– Freiheitsentziehung **A.** 1303
– Gebührentatbestände **A.** 1296
– Geschäftsgebühr **A.** 1299
– – sozialrechtliche Angelegenheiten **A.** 1299
– Haftpflichtprämie **A.** 1304
– Hebegebühr **A.** 1298
– Insolvenzverfahren **A.** 1300
– Mahnverfahren **A.** 1300
– mehrere Auftraggeber **A.** 1298
– Nichtzulassungsbeschwerde **A.** 1300
– PKH **A.** 1300
– Postpauschale **A.** 1304
– Prüfung der Erfolgsaussichten von Rechtsmitteln **A.** 1299

– Revision **A.** 1300
– Schreiben einfacher Art **A.** 1300
– sonstige Verfahren **A.** 1303
– Strafsachen **A.** 1301
– – Berufung **A.** 1301
– – Einzeltätigkeiten **A.** 1301
– – Grundgebühr **A.** 1301
– – Revision **A.** 1301
– – Strafvollstreckung **A.** 1301
– – Terminsgebühr **A.** 1301
– – Terminsgebühr erster Rechtszug **A.** 1301
– – Verfahrensgebühr erster Rechtszug **A.** 1301
– – Verfahrensgebühr Vorbereiten des Verfahrens **A.** 1301
– – Wiederaufnahmeverfahren **A.** 1301
– – zusätzliche Gebühren **A.** 1301
– Systematik **A.** 1296 ff.
– Tagegeld **A.** 1304
– Terminsgebühr **A.** 1300
– Umsatzsteuer **A.** 1304
– Unterbringungssachen **A.** 1303
– Verfahren der freiwilligen Gerichtsbarkeit **A.** 1300
– Verfahren der öffentlich-rechtlichen Gerichtsbarkeit **A.** 1300
– Verfahren nach dem Strafvollzugsgesetz **A.** 1300
– Verfahren nach IRG **A.** 1303
– Verfahrensgebühr **A.** 1300
– – Unterbevollmächtigter **A.** 1300
– – Verkehrsanwalt **A.** 1300
– – Zwangsvollstreckungsgebühr **A.** 1300
– vorzeitige Beendigung des Auftrag **A.** 1300
Vergütungsverzeichnis Vorbereiten des Verfahrens, Strafsachen, Vergütungsverzeichnis **A.** 1301
Vergütungsverzicht, teilweiser, Zulässigkeit **A.** 646
Verhaftungsauftrag, Zwangsvollstreckung **A.** 1757
Verhältnismäßigkeit, Gebotenheit **B. Nr. 7000** 39
Verhandlung mit Verwaltungsbehörde, Verfahrensgebühr, erstmalige Freiheitsentziehung **B. Nr. 6300** 24
– – Unterbringungssache **B. Nr. 6300** 24
Verhandlungsverbindung A. 1439 f.
– Abgrenzung zu Verschmelzungsverbindung **A.** 1432
– eigenständige Angelegenheit **A.** 1439
– gebührenrechtliche Konsequenzen **A.** 1439 f.

Verjährung, beigeordneter Rechtsanwalt **B. § 53** 21
– Bewilligungsverfahren, Festsetzung der Pauschgebühr **B. § 51** 58 ff.
– Erstattungsanspruch in Strafsachen **A.** 856
– Festsetzung der Pauschgebühr **B. § 51** 58 ff.
– Festsetzung der Vergütung **A.** 574
– Hemmung, Vergütungsanspruch **A.** 1579 f.
– Pauschgebühr **B. § 42** 30
– Pflichtverteidiger, Anspruch gegen Beschuldigten **B. § 52** 78 f.
– Vergütungsanspruch **A.** 1577 ff.
– – gegen Staatskasse **A.** 1497
Verjährungseinrede, Prüfungsumfang, Festsetzungsverfahren **A.** 612
– Zuständigkeit, Festsetzungsantrag **A.** 596
Verjährungsfragen, Schwierigkeit der anwaltlichen Tätigkeit **A.** 1065
Verjährungsfrist, Vergütungsanspruch **A.** 1578
Verkauf, freihändiger, Zwangsvollstreckung **A.** 1758
Verkehrsanwalt, Verfahrensgebühr, Vergütungsverzeichnis **A.** 1300
Verkehrsmittel, andere **B. Nr. 7004** 6 f.
– – Fahrtkosten für Geschäftsreise **B. Nr. 7004** 4 f.
– anderes, Geschäftsreise **B. Nr. 7003** 7
– Wahlrecht **B. Nr. 7003** 6
Verkehrsrechtliche Bußgeldsachen, Verfahrensgebühr **B. Vorb. 5** 21
Verkehrszentralregister, drohende Eintragung, Bußgeldsachen **B. Vorb. 5** 58
Verlängerung, Freiheitsentziehung, Verfahrensgebühr **B. Nr. 6302** 1 ff.
– Unterbringungsmaßnahme, Verfahrensgebühr **B. Nr. 6302** 1 ff.
Verlegung der Kanzlei, Auslagen **B. Vorb. 7** 42 ff.
– Folgen **B. Vorb. 7** 44 f.
– Reisekosten **B. Vorb. 7** 43
Verletzter, nebenklageberechtigter, PKH **A.** 1479
– vermögensrechtliche Ansprüche, Verfahrensgebühr **B. Nr. 4143** 1 ff.
Verletzter oder Erbe, Berufungsverfahren, vermögensrechtliche Ansprüche **B. Nr. 4144** 1 ff.
– Revisionsverfahren, vermögensrechtliche Ansprüche **B. Nr. 4144** 1 ff.
– vermögensrechtliche Ansprüche, Beschwerde gegen Absehensentscheidung **B. Nr. 4145** 1 ff.

Verletzung einer Berufspflicht, berufsgerichtliches Verfahren **B. Vorb. 6.2** 1 ff., 10 ff.
Verlust des Vergütungsanspruchs A. 65
Vermögensrechtliche Ansprüche, Anrechnung **B. Nr. 4143** 33 ff.
– – Umfang **B. Nr. 4143** 35 f.
– – Verfahren **B. Nr. 4143** 35 f.
– – Voraussetzung **B. Nr. 4143** 34
– Berechnung der Gebühr **B. Nr. 4143** 21 f.
– Berufungs-/Revisionsverfahren, Anrechnung **B. Nr. 4144** 8
– – Gebührenhöhe **B. Nr. 4144** 3 ff.
– – Wertgebührentabelle **B. Nr. 4144** 9 f.
– Berufungsverfahren, Einigungsgebühr **B. Nr. 4144** 6 f.
– – Erbe **B. Nr. 4144** 1 ff.
– – Verletzter **B. Nr. 4144** 1 ff.
– Beschwerde gegen Absehensentscheidung, Verletzter oder Erbe **B. Nr. 4145** 1 ff.
– – persönlicher Abgeltungsbereich **B. Nr. 4145** 4
– – sachlicher Abgeltungsbereich **B. Nr. 4145** 5 ff.
– – Gebührenhöhe **B. Nr. 4145** 8 ff.
– – Berechnung der Gebühr **B. Nr. 4145** 8 ff.
– – Pauschgebühr **B. Nr. 4145** 13
– – Postentgeltpauschale **B. Nr. 4145** 14
– – Wertgebührentabelle **B. Nr. 4145** 15 f.
– Einigungsgebühr **B. Nr. 4143** 26 ff.
– Festsetzung des Wertes **B. Nr. 4143** 23
– Gebührenhöhe, mehrere Auftraggeber **B. Nr. 4143** 25
– Gegenstandswert **B. Nr. 4143** 21 f.
– gerichtlich beigeordneter Rechtsanwalt **B. Nr. 4143** 14
– gerichtlich bestellter Rechtsanwalt **B. Nr. 4143** 14
– Höhe der Gebühr **B. Nr. 4143** 24
– Kostenentscheidung **B. Nr. 4143** 38 ff.
– Kostenerstattung **B. Nr. 4143** 38 ff.
– Pauschgebühr **B. Nr. 4143** 30
– Privatklageverfahren **A.** 494
– Revisionsverfahren, Einigungsgebühr **B. Nr. 4144** 6 f.
– – Erbe **B. Nr. 4144** 1 ff.
– – Verletzter **B. Nr. 4144** 1 ff.
– Tabelle der Wertgebühren **B. Nr. 4143** 31 f.
– – Pflichtverteidiger **B. Nr. 4143** 32
– – Wahlanwalt **B. Nr. 4143** 31
– Verfahrensgebühr *s.a. Verfahrensgebühr* **B. Nr. 4143** 1 ff., 12 f.

– – Gebührenhöhe **Nr. 4143** 24
– – mehrere Nebenkläger **B. Nr. 4143** 5
– – Nebenklägerbeistand **B. Nr. 4143** 15
– – Pflichtverteidiger **B. Nr. 4143** 16 ff.
– Wertgebührentabelle, Beigeordneter **B. Nr. 4143** 42
– – bestellter Rechtsanwalt **B. Nr. 4143** 42
– – Pflichtverteidiger **B. Nr. 4143** 42
– – Wahlanwalt **B. Nr. 4143** 41
Vernehmung, Bußgeldsachen **B. Vorb. 5.1.2** 1 ff.
Vernehmungstermin, Terminsgebühr **B. Vorb. 5** 27
– Verfahrensgebühr **B. Vorb. 4** 40
– – Amtsgericht **B. Nr. 4106** 8
– – Berufung **B. Nr. 4124** 13
Vernichtung, Gegenstandswert **B. Nr. 4142** 50
Verpackungskosten, weitere Auslagen **B. Vorb. 7** 11
Verpackungsmaterialien, Geschäftskosten **B. Vorb. 7** 9
Verrechnungsstelle, Abtretung an, Festsetzungsverfahren **A.** 639
Verrichtung, Verfahrensgebühr, Einzeltätigkeit **B. Nr. 4301** 4 ff.
Verschiedene Angelegenheiten A. 66 ff., 84 ff.
– Postentgeltpauschale **B. Nr. 7002** 9 ff.
– Verfahrensgebühr Disziplinarverfahren, außergerichtliches Verfahren **B. Nr. 6202** 17
Verschiedene Rechtsanwälte, verschiedene Tätigkeiten **A.** 1037
Verschlechterungsverbot, Erinnerungsentscheidung **A.** 1161
– Kostenfestsetzung in Strafsachen **A.** 933
– Kostenfestsetzungsbeschluss, Veränderung **A.** 933
Verschmelzungsverbindung A. 1433 ff.
– Abgrenzung von Verhandlungsverbindung **A.** 1432
– gebührenrechtliche Angelegenheit **A.** 1433
– gebührenrechtliche Konsequenzen **A.** 1433 ff.
Verschulden, beigeordneter Rechtsanwalt **B. § 54** 1 ff.
– – Gebührenanspruch **B. § 54** 4
– bestellter Rechtsanwalt **B. § 54** 1 ff.
– Gebührenanspruch **B. § 54** 4
Versendung, Kostenrechnung, Portokosten **B. Nr. 7001** 6
– Vergütungsrechnung **B. Nr. 7001** 8

Versicherungsgesellschaft, Ablichtung aus Strafakte **B. Nr. 7000** 49 ff.
Versicherungsschutz, Umfang, Rechtsschutzversicherung **A.** 413
Verständigung, Festsetzung der Pauschgebühr **B. § 51** 138
– Verfahrensgebühr, Amtsgericht **B. Nr. 4106** 8
– – Berufung **B. Nr. 4124** 13
– – vorbereitendes Verfahren **B. Nr. 4104** 12
– Verfahrensgebühr erster Rechtszug, Geldbuße bis 40,00 € **B. Nr. 5107** 6
Verständigung im Straf-/Bußgeldverfahren, Abrechnung **A.** 1585 ff.
– Einigungsgebühr, Adhäsionsverfahren **A.** 1605
– Einzeltätigkeit **A.** 1606
– Einziehungsgebühr **A.** 1604
– Gebühren **A.** 1588 ff.
– Grundgebühr **A.** 1588 f.
– persönlicher Geltungsbereich **A.** 1587
– Terminsgebühr **A.** 1590 ff.
– Verfahrensgebühr **A.** 1598 ff.
– zusätzliche Gebühr **A.** 1601 ff.
Verständigungsgespräch, Bemessung der Gebühr **A.** 1060
Verständigungsschwierigkeiten, Schwierigkeit der anwaltlichen Tätigkeit **A.** 1065
Verständigungsvereinbarung A. 461
Verstoß durch akademische Disziplinarbehörde, Ahndung **B. Vorb. 6.2** 9
Verstoß, durch Religionsgesellschaft, Ahnung **B. Vorb. 6.2** 9
– gegen Hinweispflicht **A.** 832
Verteidiger, Ablichtung aus Strafakte **B. Nr. 7000** 42 ff.
– besondere Qualifikation, Bußgeldsachen **B. Vorb. 5** 65
– eigene Ermittlung, Festsetzung der Pauschgebühr **B. § 51** 92
– Gebühren **B. Teil 5 Abschn. 1 Vorb.** 1 ff., **Vorb. 4.1** 1 ff., **Vor Teil 4** 1 ff.
– mehrere, Festsetzung der Pauschgebühr **B. § 51** 115
– – Kosten **B. Vorb. 4** 19
– mehrere Angeklagte **A.** 959
– Nebenklägervertreter, dieselbe Angelegenheit **A.** 78
– sonstige Verfahren, Vergütung **B. Vorb. 6** 4
– Verfahrensgebühr Rechtsbeschwerdeverfahren **B. Nr. 5113** 17

Verteidigergespräche, Dolmetscherkosten **A.** 428 ff.
Verteidigertätigkeit, verschiedene Angelegenheiten **A.** 97 ff.
Verteidigerwechsel, beigeordneter Rechtsanwalt **B. § 54** 18
– bestellter Rechtsanwalt **B. § 54** 18
– notwendiger, Kostenerstattung in Strafsachen **A.** 889
– Übergangsvorschriften **A.** 1369
Verteidigungsauftrag, Strafbefehlsverfahren **A.** 1266 f.
– voller **A.** 1036
Verteilungsverfahren, außerhalb von Zwangsversteigerung, Vergütung **A.** 1696
– Zwangsvollstreckung **A.** 1759
Vertrag über sonstige Ansprüche, Einigungsgebühr Privatklageverfahren **B. Nr. 4147** 6 f.
Vertrag, Mandatsannahme unter Bedingung, Bewilligung von PKH **A.** 33
– – Deckungszusage der Rechtsschutzversicherung **A.** 33
Vertrauensdolmetscher, auswärtiger **A.** 446
Vertrauensverhältnis, auswärtiger Rechtsanwalt **B. Nr. 7003** 27
Vertretbare Handlung, Zwangsvollstreckung **A.** 1760
Vertreter, allgemeiner, Vertreter des Wahlanwalts **A.** 1613
– in eigener Sache **B. Vorb. 4** 20 f.
– vermögensrechtliche Ansprüche, Verfahrensgebühr **B. Nr. 4143** 12 f.
Vertreter des Rechtsanwalts A. 1609 ff.
– Geschäftsreise **B. Vorb. 7** 25
– Hilfspersonen **A.** 1611 ff.
– Vergütungsvereinbarung **A.** 1611
Vertreter des Wahlanwalts A. 1613 ff.
– allgemeiner Vertreter **A.** 1613
– Assessor **A.** 1614
– Rechtsanwalt **A.** 1613
– sonstige Personen **A.** 1615
– Stationsreferendar **A.** 1613
– Vergütung, Höhe **A.** 1616
– Vergütungsvereinbarung **A.** 1616
Vertreter eines Verfahrensbeteiligten, Verfahrensgebühr Rechtsbeschwerdeverfahren **B. Nr. 5113** 12
Vertretergebühren, Begrenzung auf, Einzeltätigkeit **B. Vorb. 4.3** 38

Vertretung, gegenüber mehreren Gegnern, Bemessung der Gebühr **A.** 1060
– Übertragung, Verfahrensgebühr Rechtsbeschwerdeverfahren **B. Nr. 5113** 13
Vertretungsverbot, beigeordneter Rechtsanwalt **B. § 54** 14
– bestellter Rechtsanwalt **B. § 54** 14
Verurteilter, Anspruch des bestellten Rechtsanwalts gegen **B. § 53** 1 ff.
Verurteilung, Dolmetscherkosten **A.** 441 ff.
Vervielfältigung durch Einscannen, Dokumentenpauschale **A.** 160 f.
– – Herstellung einer Ablichtung **A.** 160
– – mehrere Verteidiger **A.** 161
Verwaltung, gepfändetes Vermögensrecht, Zwangsvollstreckung **A.** 1761
Verwaltungsbehörde, Geldbuße bis 40,00 €, Entstehen der Verfahrensgebühr **B. Nr. 5101** 2 f.
– Rechtsbehelf in Bußgeldsache **B. § 57** 1 ff.
– Terminsgebühr, Abgeltungsbereich **B. Nr. 5104** 2
– – Geldbuße 40,00 bis 5.000,00 € **B. Nr. 5104** 1 ff.
– – Geldbuße bis 40,00 € **B. Nr. 5102** 1 ff.
– – Geldbuße mehr als 5.000,00 € **B. Nr. 5106** 1 ff.
– – Höhe **B. Nr. 5106** 3 f.
– Verfahren **B. Vorb. 6.1.1** 1 ff.
– Verfahrensgebühr, Entstehen der Gebühr **B. Nr. 5101** 2 f.
– – Geldbuße 40,00 bis 5.000,00 € **B. Nr. 5103** 1 ff.
– – Geldbuße bis 40,00 € **B. Nr. 5101** 1 ff.
– – Geldbuße mehr als 5.000,00 € **B. Nr. 5105** 1 ff.
– – Höhe 5 f.
– – zusätzliche Gebühr **B. Nr. 5105** 5
Verwaltungsentscheidung, Abgrenzung, Strafvollstreckung **B. Vorb. 4.2** 10
Verwaltungsprozessähnliche Verfahren, Begriff **B. § 37** 12
– Verfahren vor Verfassungsgerichten **B. § 37** 12 ff.
Verwaltungsrecht, Beratungshilfe **A.** 306
Verwaltungsrechtliches Vorverfahren, Geschäftsgebühr, Verfahren nach WBO **B. Vorb. 6.4** 12
Verwandte Maßnahmen, Gerichtskosten **A.** 732
– Verfahrensgebühr, Bußgeldsachen **B. Nr. 5116** 1 ff.
– Wertgebühren **A.** 656
Verwarnungsgeld, Einverständnis mit **A.** 1626

Verwarnungsverfahren B. Vorb. 5 1
– Abrechnung **A.** 1620 ff.
– Anfechtung, Vergütung **A.** 1629
– Befriedungsgebühr **A.** 1625 ff.
– Bußgeldsachen **B. Vorb. 5.1.2** 1 ff., 8 ff.
– Einstellung **A.** 1625
– Grundgebühr **A.** 1624
– Terminsgebühr **A.** 1621 f.
– Verfahrensgebühr **A.** 1621 ff.
– zusätzliche Gebühr, Höhe **A.** 1627 f.
Verweisung, Abgabe **A.** 1630 ff.
– an Gericht niedrigeren Rechtszugs, Disziplinarverfahren **B. Vorb. 6.2** 21
– – Pauschgebühren **B. Vorb. 4.1** 28
– Begriff **A.** 1633
– Gericht des niedrigeren Rechtszugs **A.** 1643
– innerhalb derselben Instanz **A.** 1635
– – kostenrechtliche Konsequenzen **A.** 1636 ff.
– örtliche Unzuständigkeit **A.** 1644
– Postentgeltpauschale, Angelegenheit **B. Nr. 7002** 21
– Rechtsanwaltswechsel, Gebühren **A.** 1641
– Rechtsmittelinstanz **A.** 1635
– Terminsgebühr **B. Vorb. 4** 71
– – Amtsgericht **B. Nr. 4108** 14 ff.
– Umfang des Vergütungsanspruchs **A.** 1422
– unterschiedlich hohe Gebühren **A.** 1642
– Verfahrensgebühr **B. Vorb. 4** 45 ff.
– – Amtsgericht **B. Nr. 4106** 9 ff.
– – Verfahren nach WBO Truppendienstgericht **B. Nr. 6400** 10
Verwerfung, gegnerisches Rechtsmittel, Disziplinarverfahren **B. Vorb. 6.2** 20
Verwerfungsantrag, Pauschgebühren **B. Vorb. 4.1** 25
Verwerfungsantrag der Generalstaatsanwaltschaft, Stellungnahme, Verfahrensgebühr Einzeltätigkeiten **B. Nr. 5200** 10
Verwertung, anderweitige, Zwangsvollstreckung **A.** 1720
Verwirkung, Erstattungsanspruch in Strafsachen **A.** 856
– Vergütungsanspruch gegen Staatskasse **A.** 1497
Verzicht, kein, Einigungsgebühr **A.** 472 f.
Verzinsung, Festsetzungsantrag **A.** 920
Vignette, sonstige Auslagen **B. Nr. 7006** 7
Vollständige Aktenkopie, Gebotenheit **B. Nr. 7000** 33
Vollständige Kopie, Gebotenheit **B. Nr. 7000** 40

2103

Vollstreckung, drohende, Bußgeldsachen
  B. Vorb. 5 71
– europäischer Geldsanktionen **B. Nr. 6101** 2
– Geschäftsgebühr, Wiederaufnahmeverfahren
  B. Nr. 4136 6
– Verfahren nach IRG **B. Vorb. 6.1.1** 19 ff.
– Wiederaufnahmeantrag, Verfahrensgebühr
  B. Nr. 4137 8
– Wiederaufnahmeverfahren, weitere Verfahrensgebühr **B. Nr. 4138** 7
Vollstreckung europäischer Geldsanktionen,
  Terminsgebühr, erste Instanz **B. Nr. 6102** 7
– Rechtsbeschwerdeverfahren, Verfahrensgebühr
  B. Nr. 6101 24 f.
– Terminsgebühr, Rechtsbeschwerde **B. Nr. 6102** 8
Vollstreckungsantrag, Rücknahme des, Zwangsvollstreckung **A.** 1751
Vollstreckungsklausel, Zwangsvollstreckung
  A. 1762
Vollstreckungsmaßnahmen, Aufhebung,
  Zwangsvollstreckung **A.** 1724
– mehrere, Zwangsvollstreckung **A.** 1746
Vollstreckungsschutz, Zwangsvollstreckung
  A. 1763
Vollstreckungsverfahren, bußgeldrechtliches,
  Einzeltätigkeit **B. Nr. 5200** 7
Vollstreckungsversuch, weiterer, Zwangsvollstreckung **A.** 1766
Vollverteidiger B. Vorb. 4 6, **Vorb. 5** 3
– Verfahrensgebühr, Abgrenzung zu Einzeltätigkeiten **B. Nr. 6500** 12 ff.
– Verfahrensgebühr Einzeltätigkeiten, Bußgeldsachen **B. Nr. 5200** 7
Vollverteidigergebühren, Begrenzung auf, Einzeltätigkeit **B. Vorb. 4.3** 38
– – Verfahrensgebühr Einzeltätigkeiten
  B. Nr. 5200 15
– – Verfahrensgebühr sonstige Verfahren
  B. Nr. 6500 18
Vollvertreter, Verfahrensgebühr, Abgrenzung zu Einzeltätigkeiten **B. Nr. 6500** 12 ff.
Vollzugsangelegenheit, Beiordnung, Therapieunterbringung **A.** 1258
Vorabentscheidungsverfahren, Verfahren vor EuGH **B. § 38** 3 ff.
Voraussetzungen, Haftzuschlag **B. Vorb. 4** 88
Vorbehaltene Sicherungsverwahrung A. 85
– anfallende Gebühr **B. Vorb. 4.1** 21 f.
– Grundgebühr **B. Vorb. 4.1** 22

– Pflichtverteidiger **B. Vorb. 4.1** 22
– Revision **B. Vorb. 4.1** 22
– Terminsgebühr **B. Vorb. 4.1** 22
– Verfahren **B. Vorb. 4.1** 20 ff.
– Verfahrensgebühr **B. Vorb. 4.1** 22
– verschiedene Angelegenheiten **A.** 85
– Wahlanwalt **B. Vorb. 4.1** 22
Vorbelastungen, erhebliche, Bußgeldsachen
  B. Vorb. 5 72
Vorbemerkung 4.2, Allgemeines
  B. Vorb. 4.2 1 ff.
Vorbemerkung 4.3 B. Vorb. 4.3 1 ff.
Vorbemerkung 5 B. Vorb. 5 1 ff.
Vorbemerkung 6 B. Vorb. 6 1 ff.
Vorbemerkung 6.1.1 B. Vorb. 6.1.1 1 ff.
Vorbereiten der Privatklage B. Vorb. 4.1.2 1 f.
Vorbereiten des Verfahrens, Privatklage
  B. Vorb. 4.1.2 1
Vorbereitendes Verfahren B. Teil 4 Abschn. 1 Unterabschn. 2 1 ff.
– Auslagen **B. Teil 4 Abschn. 1 Unterabschn. 2** 3
– Befriedungsgebühr **B. Teil 4 Abschn. 1 Unterabschn. 2** 3
– Beginn, Verfahrensgebühr **B. Nr. 4104** 3
– Beiordnung eines Rechtsanwalts **B. § 48** 8
– Dauer, Strafbefehlsverfahren **B. Nr. 4104** 9
– – Verfahrensgebühr **B. Nr. 4104** 4 ff.
– dieselbe Angelegenheit **A.** 71
– – Übergangsvorschriften **A.** 1353
– Einziehungsgebühr **B. Teil 4 Abschn. 1 Unterabschn. 2** 3
– Ende, beschleunigtes Verfahren **B. Nr. 4104** 6
– – beschleunigtes Verfahren **B. Nr. 4104** 7
– – Eingang der Anklageschrift **B. Nr. 4104** 6
– – Einstellung **B. Nr. 4104** 4 ff.
– – Strafbefehl **B. Nr. 4104** 6
– – Überleitung in gerichtliches Verfahren
  B. Nr. 4104 4 ff.
– – Verfahrensgebühr **B. Nr. 4104** 4 ff.
– – Wiederaufnahme der Ermittlung **B. Nr. 4104** 8
– Gebührenhöhe **B. Teil 4 Abschn. 1 Unterabschn. 2** 4
– Grundgebühr **B. Teil 4 Abschn. 1 Unterabschn. 2** 3
– Postentgeltpauschale, Angelegenheit
  B. Nr. 7002 17
– Privatklageverfahren **B. Teil 4 Abschn. 1 Unterabschn. 2** 3
– Strafbefehlsverfahren **A.** 1288

- Strafverfahren, dieselbe Angelegenheit **A.** 90
- – verschiedene Angelegenheiten **A.** 90
- Terminsgebühr **B. Teil 4 Abschn. 1 Unterabschn. 2** 3
- Verfahrensgebühr **B. Nr. 4104** 1 ff., **Teil 4 Abschn. 1 Unterabschn. 2** 3, **Vorb. 4** 31
- – Abgeltungsbereich **B. Nr. 4104** 10 ff.
- vermögensrechtliche Ansprüche **B. Teil 4 Abschn. 1 Unterabschn. 2** 3
- verschiedene Angelegenheiten **A.** 90 f.

Vorbereitung der Hauptverhandlung, Bemessung der Gebühr **A.** 1060
- umfangreiche, Bußgeldsachen **B. Vorb. 5** 73
- Verfahrensgebühr, Amtsgericht **B. Nr. 4106** 8
- Verfahrensgebühr Disziplinarverfahren, außergerichtliches Verfahren **B. Nr. 6202** 14
- Verfahrensgebühr erster Rechtszug, Geldbuße bis 40,00 € **B. Nr. 5107** 6

Vorbereitung der Sache, Festsetzung der Pauschgebühr **B. § 51** 140

Vorbereitung des Antrags, StrRehaG **B. Vorb. 4** 28

Vorbereitung des Plädoyers, Bemessung der Gebühr **A.** 1060

Vorbereitung des Wiederaufnahmeverfahrens, Auslagen, wirtschaftliche Situation des Mandanten **B. § 46** 6
- Auslagenanspruch gegen die Staatskasse **B. § 46** 7

Vorbereitung von Terminen, Bemessung der Gebühr **A.** 1060

Vorführungshaftbefehl, Haftzuschlag **B. Vorb. 4** 88

Vorgelegte Gerichtskosten, Auslagen **A.** 55

Vorinstanz, Verfahrensgebühr **A.** 270 f.

Vorläufige Entziehung der Fahrerlaubnis, Verfahrensgebühr Einzeltätigkeit **B. Nr. 4302** 7

Vormerkung, Zwangsvollstreckung **A.** 1764

Vormund, Geschäftsreise **B. Vorb. 7** 17

Vorpfändung, Zwangsvollstreckung **A.** 1765

Vorsatz, beigeordneter Rechtsanwalt **B. § 54** 8
- bestellter Rechtsanwalt **B. § 54** 8

Vorschuss, Abrechnung **A.** 1651 f., 1674
- – Rückforderung vom Anwalt **A.** 1652 f.
- – Zeitpunkt **A.** 1651
- Abtretung, Kostenerstattungsanspruch **B. § 43** 32
- Anrechenbarkeit **B. § 58** 13 f.
- Anrechnung **B. § 58** 6 f.
- Anspruch gegen Beschuldigten **B. § 52** 20 f.
- Auftraggeber **A.** 1659 ff.
- Auslagen **A.** 1667
- beigeordneter Rechtsanwalt **B. § 53** 5
- Beiordnung als Kontaktperson **B. Nr. 4304** 11
- Beratungshilfe **A.** 1477
- Berechnung **A.** 1672
- bestellter Rechtsanwalt **B. § 53** 5
- Dolmetscherkosten **A.** 447
- Einziehung **A.** 1672 f.
- Festsetzung **A.** 208
- Festsetzung, Muster **A.** 1658
- Festsetzung der Pauschgebühr **B. § 51** 64 ff.
- – Anspruchsvoraussetzung **B. § 51** 65 ff.
- – Rückforderung **B. § 51** 73
- – Verfahren **B. § 51** 70 f.
- gerichtlich beigeordneter Rechtsanwalt **A.** 1665
- – Therapieunterbringung **A.** 1252
- Gerichtskosten **A.** 755
- Grundgebühr **A.** 1668
- Höhe **A.** 1647
- Mittelgebühr **A.** 1670
- Nichtzahlung **A.** 1675
- – Einstellung der Verteidigung **A.** 1675
- – Kündigung zur Unzeit **A.** 1675
- – Mandatsniederlegung **A.** 1675
- – Zurückbehaltungsrecht **A.** 1675
- Pauschgebühr **A.** 1663; **B. § 42** 29
- Pauschvergütung, Anrechnung **B. § 58** 33 f.
- Pflichtverteidiger **A.** 1665
- – Anspruch gegen Beschuldigten **B. § 52** 20 f.
- Ratenzahlung **A.** 1671
- Recht auf **A.** 1646
- Rückforderungen **B. § 51** 73
- Rückzahlung **B. § 58** 6 f.
- Terminsgebühr **A.** 1668
- Umsatzsteuer, Vergütung **B. Nr. 7008** 12
- Verfahrensgebühr **A.** 1668
- Vergütung **A.** 33
- Vergütungsvereinbarung **A.** 1662
- zahlende Person **B. § 58** 8
- Zahlungsgrund **B. § 58** 10
- zusätzliche Gebühr **A.** 1668

Vorschuss aus der Staatskasse A. 1645 ff.
- Abrechnung **A.** 1651 ff.
- Auslagen **A.** 1649
- Empfehlung für Praxis **A.** 1655 ff.
- Festsetzung **A.** 1650
- – Beschwerde **A.** 1654
- – Erinnerung **A.** 1654

– Höhe **A.** 1647
– Pauschgebühr **A.** 1648
– Recht auf Vorschuss **A.** 1646
Vorschuss vom Auftraggeber A. 1659 ff.
– Abrechnung **A.** 1674
– Berechnung **A.** 1672 f.
– Einziehung **A.** 1672 f.
– Höhe **A.** 1666 ff.
– Nichtzahlung **A.** 1675
– Ratenzahlung **A.** 1671
Vorschussanforderung, allgemeine, Muster **A.** 1676
Vorschusserhebung, Berücksichtigung **A.** 1656
Vorschusshöhe A. 1666 ff.
Vorschussverlangen, Auftraggeber, allgemeines **A.** 1661 ff.
Vorschusszahlung B. § 43 30
– Abrechnung von, Muster **A.** 1678
– Erinnerung an, Muster **A.** 1677
– Restforderung **B.** § 43 31
– Tilgungsbestimmungen **B.** § 43 33
Vorsorgliche Rechtsbeschwerde, Bußgeldsachen, zusätzliche Gebühr **B. Nr. 5115** 38
Vorsteuerabzugsberechtigung, Angabe zur, Festsetzungsantrag **A.** 601
– Prüfungspflicht des Gerichts, Umsatzsteuer **B. Nr. 7008** 26
– Umsatzsteuer, Erstattungsanspruch **A.** 193
Vorverfahrensgebühr, Verfahren vor Verfassungsgerichten **B.** § 37 9
VZR s. *Verkehrszentralregister*

W
Wahlanwalt, Betragsrahmengebühr, Terminsgebühr erster Rechtszug **B. Nr. 5110** 3, **Nr. 5112** 3
– – Terminsgebühr Rechtsbeschwerdeverfahren **B. Nr. 5114** 6
– – Verfahrensgebühr erster Rechtszug **B. Nr. 5107** 11; **B. Nr. 5111** 3
– – Verfahrensgebühr Rechtsbeschwerdeverfahren **B. Nr. 5113** 15
– – Verfahrensgebühr Verwaltungsbehörde **B. Nr. 5101** 5
– – zusätzliche Gebühr bei Entbehrlichkeit der Hauptverhandlung **B. Nr. 5115** 48
– Disziplinarverfahren erster Rechtszug, Höhe Terminsgebühr **B. Nr. 6204** 11
– – Höhe Verfahrensgebühr **B. Nr. 6203** 11 f.

– Disziplinarverfahren zweiter Rechtszug, Verfahrensgebühr **B. Nr. 6207** 9
– Einigungsgebühr, Höhe **A.** 478 f.
– Einziehung und verwandte Maßnahmen, Tabelle der Wertgebühren **B. Nr. 4142** 29
– Entbehrlichkeit der Hauptverhandlung, Bußgeldsachen **B. Nr. 5115** 48
– – Festgebühr **B. Nr. 4141** 52
– – Gebühr **B. Nr. 5115** 8
– Festgebühr, zusätzliche Gebühr bei Entbehrlichkeit der Hauptverhandlung **B. Nr. 5115** 48
– Gebühr, Entbehrlichkeit der Hauptverhandlung **B. Nr. 5115** 8
– – Verfahren vor EuGH **B.** § 38 8
– Grundgebühr **B. Nr. 4100** 3
– – Gebührenhöhe **B. Nr. 4100** 33
– Grundgebühr Disziplinarverfahren, Höhe **B. Nr. 6200** 11 ff.
– Hebegebühr **A.** 808
– Höhe Terminsgebühr, erstmalige Freiheitsentziehung **B. Nr. 6301** 11 f.
– – Unterbringungssachen **B. Nr. 6301** 11 f.
– OWi-Verfahren, Pauschgebühr **B. Nr. 5108** 14
– Pauschgebühr **B.** § 42 3
– – Vorschuss **B.** § 42 29
– sonstige Fälle, Höhe Terminsgebühr **B. Nr. 6303** 11
– sonstige Verfahren, Vergütung **B. Vorb.** 6 4
– Terminsgebühr, Verfahren nach WBO Bundesverwaltungsgericht **B. Nr. 6405** 4
– – Verfahren nach WBO Truppendienstgericht **B. Nr. 6402** 9
– Terminsgebühr Amtsgericht, Zuschlag **B. Nr. 4109** 10
– Terminsgebühr Anordnungsverfahren, Therapieunterbringung **A.** 1227
– Terminsgebühr Disziplinarverfahren, dritter Rechtszug **B. Nr. 6212** 9
– – Höhe **B. Nr. 6201** 11 ff.
– – zweiter Rechtszug **B. Nr. 6208** 9 f.
– – Terminsgebühr erster Rechtszug, Geldbuße bis 40,00 € **B. Nr. 5108** 12
– – Geldbuße von mehr als 5.000,00 € **B. Nr. 5112** 3
– Terminsgebühr Rechtsbeschwerdeverfahren **B. Nr. 5114** 6
– Therapieunterbringung, Verfahrensgebühr Anordnungsverfahren **A.** 1224
– – Vergütung **A.** 1218

Stichwortverzeichnis

– Verfahrensgebühr, Einziehung und verwandte Maßnahmen **B. Nr. 4142** 9
– – erstmalige Freiheitsentziehung **B. Nr. 6300** 29
– – Gebührenhöhe **B. Nr. 4104** 15
– – sonstige Fälle **B. Nr. 6302** 14
– – Unterbringungssachen **B. Nr. 6300** 29
– – Verfahren nach IRG-/IStGH-Gesetz **B. Nr. 6101** 7
– – Verfahren nach WBO Bundesverwaltungsgericht **B. Nr. 6403** 4
– – Verfahren nach WBO Truppendienstgericht **B. Nr. 6404** 4
– Verfahrensgebühr Disziplinarverfahren, außergerichtliches Verfahren **B. Nr. 6202** 20
– – dritter Rechtszug **B. Nr. 6211** 8
– – Nichtzulassung der Revision **B. Nr. 6215** 10
– Verfahrensgebühr Disziplinarverfahren erster Rechtszug, Höhe **B. Nr. 6203** 11 ff.
– Verfahrensgebühr Rechtsbeschwerdeverfahren **B. Nr. 5113** 12
– Verfahrensgebühr sonstige Verfahren, Einzeltätigkeiten **B. Nr. 6500** 20
– Vergütung **A.** 1249
– vermögensrechtliche Ansprüche, Tabelle der Wertgebühren **B. Nr. 4143** 31
– – Wertgebührentabelle **B. Nr. 4143** 41
– Vertreter **A.** 1613 ff.
– vorbehaltene Sicherungsverwahrung **B. Vorb. 4.1** 22
– Wertgebührentabelle **B. Nr. 4142** 52
– Wiederaufnahmeverfahren Disziplinarverfahren, Terminsgebühr **B. Vorb. 6.2.3** 13
– – Verfahrensgebühr **B. Vorb. 6.2.3** 10
– zusätzliche Gebühr Disziplinarverfahren, mündliche Verhandlung entbehrlich **B. Nr. 6216** 19 f.
Wahlanwaltsgebühr, Anspruch auf, sonstige Verfahren **B. Vorb. 6** 8
– – Therapieunterbringung **A.** 1259 ff.
– – Verfahren nach WBO **B. Vorb. 6.4** 21
– – Verfahrensgebühr bei erstmaliger Freiheitsentziehung **B. Nr. 6300** 33
– – Verfahrensgebühr bei Unterbringungssachen **B. Nr. 6300** 33
– – Verfahrensgebühr sonstige Verfahren **B. Nr. 6500** 22
– Anspruch gegen Verfolgten, Verfahren nach IRG-/IStGH-Gesetz **B. Nr. 6101** 32, **Nr. 6102** 16
– Bemessung **B. Nr. 4100** 36 f.
– – Terminsgebühr **B. Nr. 4102** 59 ff.

– – Terminsgebühr Berufung **B. Nr. 4126** 16
– – Verfahrensgebühr **B. Nr. 4104** 18 ff.
– – Verfahrensgebühr Revision **B. Nr. 4130** 21 f.
– beigeordneter Rechtsanwalt **A.** 36; **B. § 53** 9, 17
– Beistand **A.** 36
– Bemessung Verfahrensgebühr Berufung **B. Nr. 4124** 18 ff.
– Disziplinarverfahren **B. Vorb. 6.2** 41
– Therapieunterbringung, Fälligkeit **A.** 1263
– Höhe, Verständigung **A.** 1595
– sonstige Verfahren **B. Vorb. 6** 8
– Terminsgebühr, Amtsgericht **B. Nr. 4108** 21 ff.
– – Bemessung **B. Nr. 4103** 6
– – Zuschlag **B. Nr. 4103** 5
– Verfahrensgebühr, Zuschlag **B. Nr. 4105** 4
Wahlgebühr, erstmalige Freiheitsentziehung **B. Nr. 6301** 14
– sonstige Fälle **B. Nr. 6302** 17, **Nr. 6303** 14
– Unterbringungssachen **B. Nr. 6301** 14
Wahlgebührenanspruch, beigeordneter Rechtsanwalt **B. § 53** 12
Wahlverteidiger, Beschwerdeverfahren, Vergütung **A.** 375 f.
– Bußgeldsachen **B. Vorb. 5** 18
– Disziplinarverfahren, Gebühren Wiederaufnahmeverfahren **B. Vorb. 6.2.3** 5
– Dolmetscherkosten **A.** 436 ff.; **B. Vorb. 7** 13
– – Erstattungsvoraussetzungen **A.** 438 f.
– – Freispruch **A.** 440
– – Höhe **A.** 445
– – kein Pflichtverteidiger **A.** 437
– – kein vorheriges Bewilligungsverfahren **A.** 437
– – Verurteilung **A.** 441 ff.
– Dolmetscherkosten bei Freispruch, Festsetzung **A.** 440
– Festsetzung der Pauschgebühr **B. § 51** 5
– Gebühr, Bestimmung der Höhe **A.** 1045
– Grundgebühr, Disziplinarverfahren **B. Nr. 6200** 4
– Tätigkeit, Disziplinarverfahren **B. Vorb. 6.2** 16
– Terminsgebühr, Disziplinarverfahren **B. Nr. 6201** 4
– Übersetzungskosten **A.** 439
– verauslagte Aktenversendungspauschale **A.** 758
– Verfahren vor EuGH, Gebühren **B. § 38** 8
– Verfahrensgebühr, Bemessung **B. Vorb. 4** 41
– – erstmalige Freiheitsentziehung **B. Nr. 6300** 15
– Verfahrensgebühr Disziplinarverfahren, außergerichtliches Verfahren **B. Nr. 6202** 4

2107

– Vergütung **B. Vorb. 4** 5 f.
Wahlverteidiger neben Pflichtverteidiger, Strafsachen **A.** 895
Wahlverteidigergebühren, Pflichtverteidiger **A.** 35
Wartezeit, Bemessung der Gebühr **A.** 1060
– Bußgeldsachen **B. Vorb. 5** 74
WBO, Anwendung, Besonderheiten **B. Vorb. 6.4** 15 ff.
WDO, außergerichtliches Disziplinarverfahren **B. Vorb. 6.2** 25
– Verfahren **B. Vorb. 6.2** 24 f.
– Verfahrensgebühr, Disziplinarverfahren **B. Nr. 6202** 6
Wegstrecke, tatsächlich zurückgelegte **B. Nr. 7003** 11
Wehrbeschwerdeordnung B. Vorb. 6.4 1 ff.
– Verfahren nach, sonstige Verfahren **B. Vorb. 6** 2
– Verfahrensgebühr **B. Nr. 6400** 1 ff.
Wehrdienstgericht, Disziplinarmaßnahme **B. Vorb. 6.2** 8
Wehrdisziplinarordnung s. **WDO**
Wehrrechtsänderungsgesetz 2008, Disziplinarverfahren, Einzeltätigkeiten **B. Vorb. 6.2** 40
Weitere Auslagen B. Vorb. 7 11 ff.
– Aktenversendungspauschale **B. Vorb. 7** 11
– Detektivkosten **B. Vorb. 7** 11
– Dolmetscher-/Übersetzungskosten **B. Vorb. 7** 11
– Fotos zur Beweissicherung **B. Vorb. 7** 11
– Gerichtskosten **B. Vorb. 7** 11
– Gerichtsvollzieherkosten **B. Vorb. 7** 11
– Kosten, für Anschriftenermittlung **B. Vorb. 7** 11
– – für Botendienste **B. Vorb. 7** 11
– – für juristische Mitarbeiter **B. Vorb. 7** 11
– Recherchekosten in juristische Datenbanken **B. Vorb. 7** 11
– Registerauskünfte **B. Vorb. 7** 11
– sonstige Akteneinsichtskosten **B. Vorb. 7** 11
– Verpackungskosten **B. Vorb. 7** 11
Weitere Beschwerde, Begründung **A.** 1170
– Beschwerdeberechtigung **A.** 1168
– Beschwerdesumme **A.** 1169
– Beschwerdewert **A.** 1169
– Einlegung **A.** 1166 ff.
– Entscheidung **A.** 1171 ff.
– – Abhilfebefugnis **A.** 1171
– – Beschluss **A.** 1173
– – Einzelrichter **A.** 1173
– Entscheidung durch OLG **A.** 1172 ff.
– – Beschluss **A.** 1173
– – Einzelrichter **A.** 1173
– – volle Besetzung **A.** 1174
– Festsetzung der Vergütung **A.** 571
– Form **A.** 1167
– Frist **A.** 1166
– Gerichtskostenansatz **A.** 790
– Geschäftsgebühr, Verfahren nach WBO **B. Vorb. 6.4** 11
– unzulässige, Gerichtsgebühr **A.** 1188
– Verfahren nach WBO, nächsthöhere Disziplinarvorgesetzte **B. Vorb. 6.4** 11
– Verwirkung **A.** 1166
– Wertfestsetzung **A.** 684
Weitere Rechtsbeschwerde A. 571
Weitere Verfahrensgebühr, Wiederaufnahmeverfahren **B. Nr. 4138** 1 ff.
– – Akteneinsicht **B. Nr. 4138** 7
– – allgemeine Beratung **B. Nr. 4138** 7
– – außergerichtliche Terminswahrnehmung **B. Nr. 4138** 7
– – Beratung des Mandanten **B. Nr. 4138**
– – Besprechung mit Verfahrensbeteiligten **B. Nr. 4138** 7
– – Besprechungen **B. Nr. 4138** 7
– – Einlegen der Beschwerde **B. Nr. 4138** 7
– – Entstehen **B. Nr. 4138** 2 ff.
– – erfasste Tätigkeiten **B. Nr. 4138** 7
– – Erfolgsaussichten **B. Nr. 4138** 7
– – Gebührenbemessung **B. Nr. 4138** 10
– – Gebührenhöhe **B. Nr. 4138** 9 f.
– – Katalog **B. Nr. 4138** 7
– – Kostenerstattung **B. Nr. 4138** 12
– – mehrfacher Anfall **B. Nr. 4138** 3 f.
– – persönlicher Geltungsbereich **B. Nr. 4138** 8
– – Pflichtverteidigerbestellung **B. Nr. 4138** 7
– – sachlicher Abgeltungsbereich **B. Nr. 4138** 5 f.
– – Schriftverkehr **B. Nr. 4138** 7
– – Stellungnahme **B. Nr. 4138** 7
– – Terminswahrnehmung **B. Nr. 4138** 7
– – Vollstreckung **B. Nr. 4138** 7
– – Vorbereitung eines Termins **B. Nr. 4138** 7
– – zusätzliche Gebühr **B. Nr. 4138** 11
– – Zuschlag **B. Nr. 4138** 10
Weitere Vergütung, Vergütungsanspruch gegen Staatskasse **A.** 1501
Weiterer Auftraggeber, Hinzutreten, Übergangsvorschriften **A.** 1357

Weiterer Vorschuss, Festsetzung der Pauschgebühr **B. § 51** 69
Wert, Zwangsvollstreckungsmaßnahme **A.** 1697 ff.
Wertfestsetzung A. 1116 ff.
– Adhäsionsverfahren **A.** 668
– Anhörung **A.** 678
– Antrag **A.** 673
– – Berechtigung **A.** 675
– – Entscheidung **A.** 677
– – Muster **A.** 694, 695, 696
– – Zulässigkeit **A.** 674
– Antragsberechtigung, Auftraggeber **A.** 675
– – erstattungspflichtiger Gegner **A.** 675
– – mehrere Rechtsanwälte **A.** 675
– – Rechtsanwalt **A.** 675
– – Staatskasse **A.** 675
– Anwaltskosten **A.** 683
– Bekanntmachung der Entscheidung, Zustellung **A.** 681
– berufsgerichtliches Verfahren **A.** 665
– – Beschwerdeverfahren **A.** 665
– – Erinnerungsverfahren **A.** 665
– Beschluss, Zustellung **A.** 681
– Beschwerde **A.** 684, 1148
– – Zulassung **A.** 679 f.
– Beschwerde des Rechtsanwalts, Muster **A.** 1195
– Beschwerdeverfahren, Beschluss **A.** 665
– – gegen Kostenfestsetzungsbeschluss **A.** 665
– Bundesverfassungsgericht **A.** 667
– Einziehung **A.** 669
– – Rechtsmittelverfahren **A.** 665
– Einziehungsverfahren **A.** 665
– Entscheidung, Bekanntmachung **A.** 681
– Erinnerungsverfahren gegen Kostenfestsetzungsbeschluss **A.** 665
– Gerichtsgebühren **A.** 665, 682
– persönlicher Geltungsbereich **A.** 664
– Rechtsanwaltsgebühren **A.** 656 ff.
– Rechtsmittelverfahren **A.** 669
– Rechtspfleger **A.** 680
– sachliche Gebührenfreiheit, gerichtliches Verfahren **A.** 666 f.
– StrRehaG **A.** 666
– Verfahren nach dem StVollzG **A.** 1458
– – Beschwerde **A.** 1459
– – von Amts wegen **A.** 1459
– vermögensrechtliche Ansprüche **B. Nr. 4143** 23
– weitere Beschwerde **A.** 684
– Wiederaufnahmeverfahren **A.** 669
– Wiedereinsetzung **A.** 684
– Zulassung der Beschwerde **A.** 679 f.
– Zuständigkeit, örtliche **A.** 677
– – sachliche **A.** 677
– Zwangsvollstreckung **A.** 665
Wertfestsetzung bei Einziehung und verwandten Maßnahmen, Antrag, Muster **A.** 697
Wertfestsetzungsverfahren A. 673 ff.
– Antragsberechtigung **A.** 675
– Beschwerde, Anwaltsgebühren **A.** 1186
– – Gerichtsgebühren **A.** 1185
– – Kostenerstattung **A.** 1187
– Kosten **A.** 682 f.
– Zulässigkeit des Festsetzungsantrags **A.** 674
Wertgebühren A. 651, 656, 1679 ff.; **B. § 42** 11
– Adhäsionsverfahren **A.** 656, 1679
– allgemeines **A.** 1679
– Anwendungsbereich **A.** 1680 ff.
– Beschwerdeverfahren **A.** 656
– Betragsrahmengebühren **A.** 1679
– Einigungsgebühr **A.** 1679
– Einziehung **A.** 656
– – Bußgeldsachen **B. Nr. 5116** 1
– Einziehung/verwandte Maßnahmen **A.** 1679
– Erhöhung **A.** 995 ff.
– – Anfall der Mindestgebühr **A.** 1002
– – gemeinschaftliche Beteiligung **A.** 998
– – Höchstsatz **A.** 1004
– – Zwangsvollstreckung **A.** 1003
– Erinnerungsverfahren **A.** 656
– Festsetzung der Vergütung **A.** 533
– Gebührentabelle **A.** 1680
– Hinweispflicht des Rechtsanwalts, anwaltliche Vergütung **A.** 49
– Höchstbetrag **A.** 1685
– Höhe der Gebühren **A.** 1681 ff.
– – Gegenstandswert **A.** 1682
– – Mindestgebühr **A.** 1683 f.
– – volle Gebühr **A.** 1681
– mehrere Auftraggeber **A.** 956 f.
– Rundung **A.** 1686
– Satzrahmengebühr **A.** 1679
– sofortige Beschwerde **A.** 656
– Sonderregelung **A.** 1680
– Straf-/Bußgeldsachen **A.** 1679
– Strafvollzug **A.** 656
– StrRehaG **A.** 656, 1679
– verwandte Maßnahmen **A.** 656

2109

Stichwortverzeichnis

– Zwangsvollstreckung **A.** 656
Wertgebührentabelle, Berufungs-/Revisionsverfahren, vermögensrechtliche Ansprüche **B. Nr. 4144** 9 f.
– Beschwerde gegen Absehensentscheidung, vermögensrechtliche Ansprüche **B. Nr. 4145** 15 f.
– Pflichtverteidiger **B. Nr. 4142** 53
– Verfahren über soziale Ausgleichsleistung **B. Nr. 4146** 17 f.
– Wahlanwalt **B. Nr. 4142** 52
Widerklage, dieselbe Angelegenheit **A.** 75
Widerruf, Verfahrensgebühr, Strafvollstreckung **B. Nr. 4200** 2
Widerruf einer Strafaussetzung, Strafvollstreckung **B. Vorb. 4.2** 16
Widerrufsverfahren, Verfahrensgebühr, Strafvollstreckung **B. Nr. 4200** 6
Widersprechende Zeugendarstellungen, Beweiswürdigung, Bußgeldsachen **B. Vorb. 5** 51
Widersprechendes Gutachten, Festsetzung der Pauschgebühr **B. § 51** 22
Widerspruchsverfahren nach §§ 41 – 44 BDG, Verfahrensgebühr, Disziplinarverfahren **B. Nr. 6202** 1
Wiederaufgenommenes Verfahren, verschiedene Angelegenheiten **A.** 86
Wiederaufnahmeantrag, Abraten **B. § 45** 1 ff.
– – Auslagen **B. § 45** 9
– – besondere Pflichtverteidigerbestellung **B. § 45** 5 f.
– – Bußgeldverfahren **B. § 45** 4
– – Mittellosigkeit des Verurteilten **B. § 45** 8
– – sachlicher Geltungsbereich **B. § 45** 4
– – Strafverfahren **B. § 45** 4
– Abraten von der Stellung **B. Nr. 4136** 4
– Abraten von, Vergütungsanspruch gegen Staatskasse **A.** 1498
– Einreichung, Verfahrensgebühr **B. Nr. 4137** 8
– Erfolgsaussichten, Geschäftsgebühr Wiederaufnahmeverfahren **B. Nr. 4136** 6
– Fertigung, Verfahrensgebühr **B. Nr. 4137** 8
– Geschäftsgebühr, Wiederaufnahmeverfahren **B. Nr. 4136** 4, 6
– Verfahrensgebühr *s.a. Verfahrensgebühr, Wiederaufnahmeantrag* **B. Nr. 4137** 1 ff.
– – Zulässigkeit **B. Nr. 4137** 1 ff.
Wiederaufnahmeverfahren B. Vorb. 4.1.4 1 ff.
– Auslagen **B. Vorb. 4.1.4** 17
– Beschwerde **A.** 405

– besondere Angelegenheiten **A.** 106
– Disziplinarverfahren **B. Vorb. 6.2** 5, **Vorb. 6.2.3** 1 ff.
– – besondere Tätigkeit **B. Vorb. 6.2** 21
– – Einzeltätigkeit **B. Vorb. 6.2.3** 7
– – Gebührenerstattung **B. Vorb. 6.2.3** 17
– – Grundgebühr **B. Vorb. 6.2.3** 6
– – Terminsgebühr **B. Vorb. 6.2.3** 12 ff.
– – Verfahrensgebühr **B. Vorb. 6.2.3** 8 ff.
– – zusätzliche Gebühr **B. Vorb. 6.2.3** 16
– eigene Angelegenheit **B. Vorb. 4.1.4** 2
– Einziehung, Festgebühren **A.** 665
– – Wertfestsetzung **A.** 665
– Festsetzung der Pauschgebühr **B. § 51** 141
– Gebühren, erster Rechtszug **B. Vorb. 4.1.4** 9 f.
– – mehrere Auftraggeber **B. Vorb. 4.1.4** 13
– – Zuschlag **B. Vorb. 4.1.4** 12 f.
– Gebührenhöhe **B. Vorb. 4.1.4** 9 ff.
– Geschäftsgebühr *s.a. Geschäftsgebühr* **B. Nr. 4136** 1 ff., **Vorb. 4.1.4** 2
– – erfasste Tätigkeiten **B. Nr. 4136** 6
– – Erhöhung **A.** 967
– – Katalog erfasster Tätigkeiten **B. Nr. 4136** 6
– – Wiederaufnahmeantrag **B. Nr. 4136** 4
– Grundgebühr **B. Nr. 4100** 5, **Vorb. 4.1.4** 2 f.
– Höhe der Gebühren **B. Vorb. 4.1.4** 9 f.
– Kosten **B. Vorb. 4.1.4** 17
– Kostenerstattung **B. Vorb. 4.1.4** 16
– Pauschgebühren **B. Vorb. 4.1** 28, **Vorb. 4.1.4** 15
– Pauschgebührencharakter **B. Vorb. 4.1.4** 8
– persönlicher Geltungsbereich **B. Vorb. 4.1.4** 6
– Postentgeltpauschale, Angelegenheit **B. Nr. 7002** 22
– sachlicher Geltungsbereich **B. Vorb. 4.1.4** 5
– Strafsachen, Vergütungsverzeichnis **A.** 1301
– Terminsgebühr **B. Nr. 4140** 1 ff.
– – Bußgeldsachen **B. Vorb. 5** 27
– Umfang des Vergütungsanspruchs **A.** 1419
– Verfahrensabschnitt **B. Vorb. 4** 12, **Vorb. 4.1.4** 4
– Verfahrensgebühr **B. Vorb. 4** 31
– – Beschwerdeverfahren **A.** 371 ff.
– – Disziplinarverfahren **B. Vorb. 6.2.3** 8 ff.
– – Erhöhung **A.** 967
– Vergütungsverfahren **B. Vorb. 4.1.4** 1
– verschiedene Angelegenheiten **A.** 86, 99
– Vorbereitung, Auslagen **B. § 45** 9
– – Auslagen aus der Staatskasse **A.** 140
– weitere Verfahrensgebühr *s.a. weitere Verfahrensgebühr* **B. Nr. 4138** 1 ff.

– Wertfestsetzung **A.** 669
– zusätzliche Gebühr **B. Vorb. 4.1.4** 14
Wiederaufnahmeverfahren Disziplinarverfahren, Gebühren, Anwendungsbereich **B. Vorb. 6.2.3** 3
– Gebühren, persönlicher Geltungsbereich **B. Vorb. 6.2.3** 5
Wiedereinsetzung s.a. Wiedereinsetzungsverfahren **A.** 1175 ff.
– Allgemeines **A.** 1175
– Wertfestsetzung **A.** 684
Wiedereinsetzung in vorigen Stand, Bußgeldsachen, zusätzliche Gebühr **B. Nr. 5115** 38
Wiedereinsetzungsantrag, Bemessung der Gebühr **A.** 1060
– Bußgeldsachen **B. Vorb. 5** 75
– Disziplinarverfahren **B. Vorb. 6.2** 20
– Pauschgebühren **B. Vorb. 4.1** 25
– sofortige Beschwerde **B. Vorb. 4** 14
– Verfahrensgebühr **B. Vorb. 4** 40
– – Amtsgericht **B. Nr. 4106** 8
– – Berufung **B. Nr. 4124** 13
– – vorbereitendes Verfahren **B. Nr. 4104** 12
– Verfahrensgebühr Disziplinarverfahren, außergerichtliches Verfahren **B. Nr. 6202** 14
– Verfahrensgebühr erster Rechtszug, Geldbuße bis 40,00 € **B. Nr. 5107** 6
– Verfahrensgebühr Rechtsbeschwerdeverfahren **B. Nr. 5113** 11
– Verfahrensgebühr Revision **B. Nr. 4130** 15
Wiedereinsetzungsgesuch, Ablehnung, befristete Beschwerde **A.** 1181
Wiedereinsetzungsverfahren, Allgemeines **A.** 1175
– Antrag **A.** 1176
– Antragsform, elektronisches Dokument **A.** 1176
– Antragsinhalt **A.** 1178
– Anwaltszwang **A.** 1176
– Beschluss, Zustellung **A.** 1180
– Beschwerdeverfahren **A.** 1181
– Entscheidung **A.** 1180
– Form **A.** 1176
– Frist **A.** 1177
– Zuständigkeit **A.** 1179
Wirtschaftliche Fragen, Festsetzung der Pauschgebühr **B. § 51** 22
Wirtschaftliche Situation des Mandanten, Abraten vom Wiederaufnahmeantrag **B. § 45** 8
Wirtschaftsprüfer, Abrechnung **A.** 45

– Kammer/Senat **B. Vorb. 6.2** 13
– Kostenfestsetzung in Strafsachen **A.** 872
Wirtschaftsrechtliche Fragen, Schwierigkeit der anwaltlichen Tätigkeit **A.** 1065
Wirtschaftsstrafverfahren, Festsetzung der Pauschgebühr **B. § 51** 22
– Pauschgebühr **B. Nr. 4118** 7
– Verfahrensgebühr **B. Nr. 4118** 2
Wirtschaftstrafsachen, Festsetzung der Pauschgebühr **B. § 51** 142
Wohnort, Geschäftsreisen **B. Vorb. 7** 19 f.
Wohnungswechsel, des Schuldners, Zwangsvollstreckung **A.** 1767

Z
Zahlung, Anrechenbarkeit **B. § 58** 13 f.
– Anrechnung **B. § 58** 6 f.
– bestimmte Verfahrensabschnitte **B. § 58** 14 f.
– Pauschvergütung, Anrechnung **B. § 58** 33 f.
– Rückzahlung **B. § 58** 6 f.
– zahlende Person **B. § 58** 8
– Zahlungsgrund **B. § 58** 10
Zahlung der Staatskasse, Anspruchswegfall Pflichtverteidiger **B. § 52** 22
– beigeordneter Rechtsanwalt **B. § 53** 18
– Pflichtverteidiger **B. § 52** 23 ff.
Zahlungsbestimmung B. § 58 31
– Anrechnung **B. § 58** 31 f.
Zeithonorar, nicht unangemessenes, Rechtsprechungsbeispiele **A.** 1546
Zeitlicher Aufwand, Festsetzung der Pauschgebühr **B. § 51** 13
Zeitmangel, Gebotenheit, Ablichtung **B. Nr. 7000** 41
Zeitpunkt, Hinweispflicht **A.** 830
Zeitpunkt der Abtretung, Kostenerstattungsanspruch **B. § 43** 23 ff.
Zeitpunkt der Einarbeitung, Bemessung der Gebühr **A.** 1060
Zeitpunkt der Zahlung, Anrechnung **B. § 58** 12
Zeitversäumnis, Entschädigung eines Beteiligten, Kostenfestsetzung in Strafsachen **A.** 899
Zeugen, Anzahl, Bemessung der Gebühr **A.** 1060
– Gespräche mit, Bemessung der Gebühr **A.** 1060
– große Anzahl, Festsetzung der Pauschgebühr **B. § 51** 101
– mehrere, dieselbe Angelegenheit **A.** 991
– Rechtsanwalt als, Geschäftsreise **B. Vorb. 7** 24

Zeugenbeistand, Abrechnung der Tätigkeit B. Vorb. 4.1 5 ff.
– – Abgrenzungsfragen B. Vorb. 4.1 6
– – parlamentarischer Untersuchungsausschuss B. Vorb. 4.1 5
– – Rechtsprechungsübersicht B. Vorb. 4.1 8 f.
– – Subsidiaritätsklausel B. Vorb. 4.1 7
– Anspruchsübergang auf Staatskasse A. 1335
– beigeordneter, Abrechnung B. Vorb. 4.1 10
– beigeordneter Rechtsanwalt B. § 53 25
– Beratungshilfe A. 307
– bestellter Rechtsanwalt B. § 53 25
– Bestellung, Zeitpunkt A. 1395
– Bußgeldsachen B. Vorb. 5 14
– Einzeltätigkeit B. Vorb. 4.3 19 ff.
– Festsetzung der Pauschgebühr B. § 51 22, 143
– Gebühr B. Vorb. 4 23 f.
– – Abrechnungsbeispiele B. Vorb. 4.1 12
– – Höhe B. Vorb. 4.1 11
– Gebühren Wiederaufnahmeverfahren, Disziplinarverfahren B. Vorb. 6.2.3 5
– Grundgebühr A. 98
– mehrere Auftraggeber A. 961
– Postentgeltpauschale A. 168
– Rechtsprechungsübersicht A. 1380
– sonstige Verfahren, Vergütung B. Vorb. 6 4
– Terminsgebühr, Disziplinarverfahren B. Nr. 6201 4
– Übergangsvorschriften A.
– Umfang des Vergütungsanspruchs A. 1404
– Verfahrensgebühr, Einzeltätigkeit B. Nr. 4301 16
– – Verfahren nach IRG-/IStGH-Gesetz B. Nr. 6101 11
– Verfahrensgebühr Disziplinarverfahren, außergerichtliches Verfahren B. Nr. 6202 4
– Vergütungsanspruch gegen Staatskasse A. 1480
– verschiedene Angelegenheiten A. 97 ff.
– vorausgegangene Verteidigertätigkeit, verschiedene Angelegenheiten A. 97 f.
Zigaretten, Gegenstandswert B. Nr. 4142 51
– unversteuerte, Einziehung und verwandte Maßnahmen B. Nr. 4142 51
Zinsen, Anwaltskosten B. § 43 9
– Anwaltsvergütung B. § 43 9
– Festsetzung der Pauschgebühr B. § 51 42
ZIP-Datei, Dokumentenpauschale, Übertragung B. Nr. 7000 95
Zivilhaft B. Nr. 6300 5
– Freiheitsentziehung B. Nr. 6300 5

Zivilrecht, Beratungshilfe A. 306
Zugang zu juristischen Online-Datenbanken, Postentgelte B. Nr. 7001 17
Zugang zum Verkehrsmittel, Angemessenheit der Fahrtkosten B. Nr. 7004 24
Zulässige Beschränkung, Pflichtverteidiger, Reisekosten A. 181
Zulassung, Aufgabe B. § 54 10
Zulassung der Rechtsbeschwerde, dieselbe Angelegenheit A. 79
Zulassungsverfahren, Bemessung der Gebühr A. 1060
– Tätigkeit im, Verfahrensgebühr Rechtsbeschwerdeverfahren B. Nr. 5113 11
Zurückschiebungshaft, Verfahrensgebühr B. Nr. 6300 7
Zurückverweisung A. 1687 ff.
– Auslagenpauschale A. 1695
– – eigene A. 1695
– Begriff A. 1690 f.
– Beiordnung eines Rechtsanwalts B. § 48 14
– Disziplinarverfahren, besondere Tätigkeit B. Vorb. 6.2 21
– eigene Angelegenheit A. 1692 ff.
– Entscheidung, rechtsmittelzugbeendende A. 1690
– gerichtliches Verfahren A. 1688
– Grundgebühr A. 1694; B. Nr. 4100 31
– neuer Rechtszug A. 1692; B. Vorb. 4 50
– Pauschgebühr B. Vorb. 4.1 28
– Postentgeltpauschale, Angelegenheit B. Nr. 7002 23
– Rechtsmittel A. 1689
– Rechtsprechungsübersicht A. 1381
– Rechtszug A. 1687
– Terminsgebühr erster Rechtszug, Geldbuße bis 40,00 € B. Nr. 5108 8 f.
– Terminsgebühr, AG B. Nr. 4108 1 ff.
– – Berufung B. Nr. 4126 13
– Übergangsvorschriften A. 1370 f.
– Umfang des Vergütungsanspruchs A. 1420 f.
– Verfahrensgebühr B. Vorb. 4 45 ff.
– Verfahrensgebühr Disziplinarverfahren, erster Rechtszug B. Nr. 6203 9 f.
– – außergerichtliches Verfahren B. Nr. 6202 19
– Verfahrensgebühr erster Rechtszug, Geldbuße bis 40,00 € B. Nr. 5107 9 f.
Zurückverweisung, Verfahrensgebühr, Amtsgericht B. Nr. 4106 9 ff.

– – Berufung **B. Nr. 4124** 14
– Vergütung **A.** 1692 ff.
Zurückweisung, Terminsgebühr Disziplinarverfahren erster Rechtszug **B. Nr. 6204** 9
Zurückweisungsentscheidung, Zwangsvollstreckung **A.** 1769
Zurückweisungshaft, Verfahrensgebühr **B. Nr. 6300** 7
Zusatzgebühr, Disziplinarverfahren dritter Rechtszug, Hauptverhandlung 5 bis 8 Stunden **B. Nr. 6213** 1 ff.
– – Hauptverhandlung mehr als 8 Stunden **B. Nr. 6214** 1 ff.
– – Höhe **B. Nr. 6214** 3
– Disziplinarverfahren erster Rechtszug, Hauptverhandlung mehr als 8 Stunden **B. Nr. 6205** 1 ff.
– – Hauptverhandlung mehr als 8 Stunden **B. Nr. 6206** 1 ff.
– Disziplinarverfahren zweiter Rechtszug, Hauptverhandlung 5 bis 8 Stunden **B. Nr. 6209** 1 ff.
– – Hauptverhandlung mehr als 8 Stunden **B. Nr. 6210** 1 ff.
– mündliche Verhandlung entbehrlich **B. Nr. 6216** 1 ff.
– Terminsgebühr AG **B. Nr. 4110** 1 ff.
– – Abgeltungsbereich **B. Nr. 4110** 4 ff.
– – Berechnung der Hauptverhandlungsdauer **B. Nr. 4110** 10 ff.
– – Berücksichtigung von Pausen **B. Nr. 4110** 12 ff.
– – Berücksichtigung von Wartezeiten **B. Nr. 4110** 11
– – Gebührenhöhe **B. Nr. 4110** 22
– – Hauptverhandlung mehr als 8 Stunden **B. Nr. 4111** 1 f.
– – kürzere Pausen **B. Nr. 4110** 14
– – lange Hauptverhandlung **B. Nr. 4110** 7 ff.
– – längere Pausen **B. Nr. 4110** 15
– – Mittagspause **B. Nr. 4110** 24
– – persönlicher Abgeltungsbereich **B. Nr. 4110** 5
– – sachlicher Abgeltungsbereich **B. Nr. 4110** 6
– Terminsgebühr Berufung **B. Nr. 4128** 1 ff.
– – Abgeltungsbereich **B. Nr. 4128** 2, **Nr. 4129** 2
– – Gebührenhöhe **B. Nr. 4129** 3
– – Hauptverhandlung mehr als 8 Stunden **B. Nr. 4129** 1 ff.
– Terminsgebühr OLG **B. Nr. 4122** 1 ff.
– – Gebührenhöhe **B. Nr. 4122** 3
– Terminsgebühr Revision **B. Nr. 4134** 1 ff.

– – Abgeltungsbereich **B. Nr. 4134** 2, **Nr. 4135** 2
– – Gebührenhöhe **B. Nr. 4134** 3, **Nr. 4135** 3
– – Höhe **B. Nr. 4134** 3, **B. Nr. 4135** 3
– – Hautverhandlung mehr als 8 Stunden **B. Nr. 4135** 1 ff.
– Terminsgebühr Schwurgericht **B. Nr. 4122** 1 ff.
– Terminsgebühr Strafkammer **B. Nr. 4116** 1 ff.
– – Abgeltungsbereich **B. Nr. 4116** 2, **Nr. 4117** 2
– – Gebührenhöhe **B. Nr. 4117** 3
– – Höhe **B. Nr. 4116** 3, **Nr. 4118** 3
– – Hauptverhandlung mehr als 8 Stunden **B. Nr. 4117** 1 ff.
Zusätzliche Ablichtungen, Einverständnis mit Auftraggeber **B. Nr. 7000** 78 ff.
Zusätzliche Gebühr, Adhäsionsverfahren **B. Teil 5 Abschn. 1 Unterabschn. 5 Vorb.** 1 ff.
– Anrechnung **B. Teil 5 Abschn. 1 Unterabschn. 5 Vorb.** 2
– anwaltliche Mitwirkung, Nichteröffnung des Verfahrens **B. Nr. 4141** 23 ff.
– Befriedungsgebühr **B. Teil 5 Abschn. 1 Unterabschn. 5 Vorb.** 1
– Beschlussverfahren nach § 72 OWiG, Unterlassen des Widerspruchs **B. Nr. 5115** 40 ff.
– Beschwerdeverfahren **B. Teil 5 Abschn. 1 Unterabschn. 5 Vorb.** 1
– Bußgeldsachen, Berufungsverwerfung **B. Nr. 5115** 38
– – Beschlussverfahren nach § 72 OWiG **B. Nr. 5115** 39 ff.
– – Einspruchsrücknahme im gerichtlichen Verfahren **B. Nr. 5115** 29 ff.
– – Gebührenhöhe **B. Nr. 5115** 43 ff.
– – kein Einspruch gegen neuen Bußgeldbescheid **B. Nr. 5115** 22 ff.
– – nicht nur vorläufige Einstellung des Verfahrens **B. Nr. 5115** 11 ff.
– – Rechtsbeschwerde **B. Nr. 5115** 33 ff.
– – Rücknahme der Rechtsbeschwerde **B. Nr. 5115** 33 ff.
– – Rücknahme des Einspruchs gegen Bußgeldbescheid **B. Nr. 5115** 18 ff.
– – Vergütungsverzeichnis **A.** 1302
– – vorsorgliche Rechtsbeschwerde **B. Nr. 5115** 38
– – Wiedereinsetzung in vorigen Stand **B. Nr. 5115** 38
– Disziplinarverfahren *s.a. zusätzliche Gebühr Disziplinarverfahren* **B. Vorb. 6.2** 3, 43

2113

– – mündliche Verhandlung entbehrlich
B. Nr. 6216 1 ff.
– Disziplinarverfahren zweiter Rechtszug, Verfahrensgebühr **B. Nr. 6207** 12
– Einigungsgebühr, Privatklageverfahren **B. Teil 5 Abschn. 1 Unterabschn. 5 Vorb.** 1
– Einspruchsrücknahme, gerichtliches Verfahren, Mitwirkung des Verteidigers **B. Nr. 5115** 31
– – Mitwirkung des Verteidigers **B. Nr. 5115** 20
– – Rücknahmezeitpunkt **B. Nr. 5115** 32
– – Strafbefehlsverfahren **A.** 1276 ff.
– Einstellung, Rücknahme der Klage
B. Nr. 4141 20
– Einziehung/verwandte Maßnahmen **B. Teil 5 Abschn. 1 Unterabschn. 5 Vorb.** 1
– Entbehrlichkeit der Hauptverhandlung, anwaltliche Mitwirkung **B. Nr. 4141** 12 ff.
– – Begriff der Rücknahme **B. Nr. 4141** 36
– – Bußgeldsachen **B. Nr. 5115** 2, 11 ff.
– – einzelne Verfahrensstadien **B. Nr. 4141** 22, **Nr. 5115** 16 f.
– – Haftzuschlag **B. Nr. 5115** 47
– – Mitwirkung des Verteidigers **B. Nr. 4141** 21
– – nicht nur vorläufige Einstellung
B. Nr. 4141 12 ff.
– – Nichteröffnung des Verfahrens
B. Nr. 4141 23 ff.
– – Privatklageverfahren **B. Nr. 4141** 47
– – Rücknahme der Klage **B. Nr. 4141** 20
– – Rücknahme Einspruch gegen Strafbefehl
B. Nr. 4141 25 ff.
– – Rücknahme der Berufung **B. Nr. 4141** 35 ff.
– – Rücknahme der Revision **B. Nr. 4141** 40 ff.
– – Zuschlag **B. Nr. 5115** 47
– Erhöhung **A.** 976
– gerichtliches Verfahren **B. Teil 4 Abschn. 1 Unterabschn. 3** 4
– Höhe, Verwarnungsverfahren **A.** 1627 f.
– keine Anrechnung **B. Teil 5 Abschn. 1 Unterabschn. 5 Vorb.** 2
– mehrere Auftraggeber **A.** 976
– mündliche Verhandlung entbehrlich
B. Nr. 6216 1 ff.
– nicht nur vorläufige Einstellung, Anklage zurückgenommen **B. Nr. 4141** 22
– – Berufung **B. Nr. 4141** 22
– – Fortsetzungstermin **B. Nr. 4141** 22
– – Privatklageweg **B. Nr. 4141** 22
– – Revision **B. Nr. 4141** 22

– – vorbereitendes Verfahren **B. Nr. 4141** 22
– Nichteröffnung des Verfahrens, Mitwirkung des Verteidigers **B. Nr. 4141** 24
– Privatklageverfahren, anwaltliche Mitwirkung
B. Nr. 4141 47
– Rechtsbeschwerdeverfahren **B. Nr. 5114** 11, **Teil 5 Abschn. 1 Unterabschn. 4 Vorb.** 5
– Revisionsverfahren **B. Revision** 5
– Rücknahme der Berufung, anwaltliche Mitwirkung **B. Nr. 4141** 37
– Rücknahme der Rechtsbeschwerde, weitere Voraussetzungen **B. Nr. 5115** 37
– Rücknahme der Revision, anwaltliche Mitwirkung **B. Nr. 4141** 40 ff.
– Rücknahme des Einspruchs, Zeitpunkt
B. Nr. 5115 21
– Strafsachen, Vergütungsverzeichnis **A.** 1301
– Strafbefehlsverfahren **A.** 1275 ff.
– Strafvollstreckung **B. Vorb. 4.2** 21
– Teileinstellung **B. Nr. 4141** 19
– Terminsgebühr, Anrechnung **B. Teil 5 Abschn. 1 Unterabschn. 5 Vorb.** 2
– – Berufung **B. Nr. 4126** 18
– – Wiederaufnahmeverfahren **B. Nr. 4140** 9
– Terminsgebühr Amtsgericht **B. Nr. 4108** 27
– Terminsgebühr Berufung, Längenzuschlag
B. Nr. 4126 18
– Terminsgebühr Disziplinarverfahren, dritter Rechtszug **B. Nr. 6212** 12
– – erster Rechtszug **B. Nr. 6204** 14
– – zweiter Rechtszug **B. Nr. 6208** 12
– Terminsgebühr erster Rechtszug, Geldbuße 40,00 bis 5.000,00 € **B. Nr. 5110** 5
– – Geldbuße bis 40,00 € **B. Nr. 5108** 15
– – Geldbuße von mehr als 5.000,00 €
B. Nr. 5112 5
– Terminsgebühr Rechtsbeschwerdeverfahren
B. Nr. 5114 11
– Terminsgebühr Revision **B. Nr. 4132** 18
– Verfahrenseinstellung, einzelne Verfahrensstadien **B. Nr. 5115** 16
– – Zulassung der Rechtsbeschwerde
B. Nr. 5115 16
– Verfahrensgebühr **B. Teil 5 Abschn. 1 Unterabschn. 5 Vorb. 1, Vorb. 4** 31
– – Anrechnung **B. Teil 5 Abschn. 1 Unterabschn. 5 Vorb.** 2
– – Berufung **B. Nr. 4124** 21

Stichwortverzeichnis

– – Beschwerdeverfahren im Wiederaufnahmeverfahren **B. Nr. 4139** 12
– – Wiederaufnahmeantrag **B. Nr. 4137** 12
– Verfahrensgebühr Nr. 4146 VV **B. Teil 5 Abschn. 1 Unterabschn. 5 Vorb.** 1
– Verfahrensgebühr bei Einziehung und verwandten Maßnahmen **B. Teil 5 Abschn. 1 Unterabschn. 5 Vorb.** 1
– Verfahrensgebühr Disziplinarverfahren, dritter Rechtszug **B. Nr. 6211** 11
– – erster Rechtszug **B. Nr. 6203** 14
– – zweiter Rechtszug **B. Nr. 6207** 12
– Verfahrensgebühr erster Rechtszug **B. Nr. 5107** 16
– – Geldbuße 40,00 bis 5.000,00 € **B. Nr. 5109** 5
– – Geldbuße von mehr als 5.000,00 € **B. Nr. 5111** 5
– Verfahrensgebühr Rechtsbeschwerdeverfahren **B. Nr. 5113** 19
– Verfahrensgebühr Revision **B. Nr. 4130** 23
– Verfahrensgebühr Verwaltungsbehörde, Geldbuße bis 40,00 € **B. Nr. 5101** 7 f.
– – Geldbuße 40,00 bis 5.000,00 € **B. Nr. 5103** 5
– – Geldbuße mehr als 5.000,00 € **B. Nr. 5105** 5
– Verständigung im Straf-/Bußgeldverfahren **A.** 1601 ff.
– vorbereitendes Verfahren **B. Teil 4 Abschn. 1 Unterabschn. 2** 3
– Vorschuss **A.** 1668
– weitere Verfahrensgebühr, Wiederaufnahmeverfahren **B. Nr. 4138** 11
– Wertgebühr **B. Teil 5 Abschn. 1 Unterabschn. 5 Vorb.** 3
– Wiederaufnahmeverfahren **B. Vorb. 4.1.4** 14
– – Disziplinarverfahren **B. Vorb. 6.2.3** 16
– – Geschäftsgebühr **B. Nr. 4136** 13
Zusätzliche Gebühr Disziplinarverfahren, anwaltliche Mitwirkung, entbehrliche mündliche Verhandlung **B. Nr. 6216** 16 ff.
– mündliche Verhandlung entbehrlich, Anwendungsbereich **B. Nr. 6216** 2 ff.
– – beigeordneter Rechtsanwalt **B. Nr. 6216** 21
– – Gebührenhöhe **B. Nr. 6216** 19 ff.
– – gerichtlich bestellter Rechtsanwalt **B. Nr. 6216** 21
– – persönlicher Geltungsbereich **B. Nr. 6216** 6
– – Wahlanwalt **B. Nr. 6216** 20

Zusätzliche Verfahrensgebühr, Bußgeldsachen, nicht nur vorläufige Einstellung des Verfahrens **B. Nr. 5115** 11 ff.
– Entbehrlichkeit der Hauptverhandlung, Fälle **B. Nr. 5115** 11 ff.
– Voraussetzungen, Entbehrlichkeit der Hauptverhandlung **B. Nr. 5115** 9
Zuschlag, allgemeine Gebühr, Bußgeldsachen **B. Teil 5 Abschn. 1 Unterabschn. 1 Vorb.** 2
– Bahn, Angemessenheit der Fahrtkosten **B. Nr. 7004** 12
– Bußgeldsachen **B. Vorb. 5** 37
– Entbehrlichkeit der Hauptverhandlung, Gebühren **B. Nr. 4141** 50 f.
– Entstehen **B. Vorb. 4** 88
– Gebühren **B. Vorb. 4** 83 ff.
– – Strafvollstreckung **B. Vorb. 4.2** 21
– Grundgebühr **B. Nr. 4101** 1 ff.
– Höhe **B. Vorb. 4** 91
– – jeweilige Gebühr **B. Vorb. 4** 92
– offener Vollzug **B. Vorb. 4** 88
– OWi-Verfahren, Inhaftierung des Mandanten **B. Nr. 5108** 11
– Strafsachen **B. Vorb. 4** 83 ff.
– Terminsgebühr **B. Vorb. 4** 90
– – Amtsgericht **B. Nr. 4109** 1 ff.
– – Revision **B. Nr. 4133** 1 ff.
– – Strafvollstreckung **B. Nr. 4203** 1 ff.
– – Wiederaufnahmeverfahren **B. Nr. 4140** 8
– Terminsgebühr Berufung **B. Nr. 4127** 1 ff.
– Terminsgebühr erster Rechtszug, Geldbuße bis 40,00 € **B. Nr. 5108** 11
– Terminsgebühr OLG **B. Nr. 4121** 1 ff.
– Terminsgebühr Schwurgericht **B. Nr. 4121** 1 ff.
– Therapie **B. Vorb. 4** 88
– Verfahrensgebühr **B. Vorb. 4** 43
– – Amtsgericht **B. Nr. 4107** 1 ff.
– – Berufung **B. Nr. 4125** 1 ff.
– – Strafkammer **B. Nr. 4113** 1 ff.
– – Strafvollstreckung **B. Nr. 4201** 1 ff.
– – Wiederaufnahmeantrag **B. Nr. 4137** 11
– Verfahrensgebühr Berufung, Gebührenhöhe **B. Nr. 4125** 4 f.
– Verfahrensgebühr OLG **B. Nr. 4119** 1 ff.
– Verfahrensgebühr Revision *s.a. Verfahrensgebühr Revision* **B. Nr. 4131** 1 ff.
– Verfahrensgebühr Schwurgericht **B. Nr. 4119** 1 ff.
– Verfahrensgebühr Strafkammer **B. Nr. 4113** 1 ff.

– Voraussetzungen **B. Vorb. 4** 88
– vorbereitendes Verfahren, Verfahrensgebühr
  B. Nr. 4105 1 ff.
– weitere Verfahrensgebühr, Wiederaufnahmeverfahren **B. Nr. 4138** 10
– Wiederaufnahmeverfahren, Gebühren
  B. Vorb. 4.1.4 12
– zusätzliche Gebühr, Entbehrlichkeit der Hauptverhandlung **B. Nr. 5115** 47
Zuschlagsgebühr B. Nr. 4116 2
– Terminsgebühr Berufung **B. Nr. 4127** 2
– Terminsgebühr OLG **B. Nr. 4121** 2
Zuständiges Gericht, Festsetzung der Pauschgebühr **B. § 51** 51 ff.
– Pauschgebühr **B. § 42** 18 f.
Zuständigkeit, Anspruch gegen Beschuldigten, Pflichtverteidiger **B. § 52** 35
– Beratungshilfe, Festsetzungsverfahren **A.** 629 f.
– Festsetzungsverfahren **A.** 555
– funktionelle, Festsetzungsverfahren **A.** 618 f.
– Kostenfestsetzung in Strafsachen **A.** 910
– örtliche, Festsetzungsverfahren **A.** 620
– sachliche, Festsetzungsverfahren **A.** 620
– Urteil/Klausel, Zwangsvollstreckung **A.** 1770
Zustellungsauslagen, Gerichtskosten **A.** 740
Zustellungsproblematik, Bußgeldsachen
  B. Vorb. 5 76
Zustimmungserklärung bei Rahmengebühr, Strafsachen, Muster **A.** 577
Zustimmungserklärung mit Ratenzahlungsvereinbarung, Muster **A.** 578
Zuziehung eines Rechtsanwalts, Notwendigkeit, Kostenfestsetzungsverfahren **A.** 867
Zwangshypothek, Zwangsvollstreckung **A.** 1771
Zwangsversteigerung, Vergütung **A.** 1696
Zwangsvollstreckung A. 1696 ff.
– ABC **A.** 1718 ff.
– Absehen von Vollstreckung **A.** 1718
– Abstandsnahme **A.** 1718
– allgemeine Gebühren **A.** 1700
– Änderung des pfandfreien Betrags **A.** 1719
– anderweitige Verwertung **A.** 1720
– Androhung **A.** 1721
– – vor Zustellung **A.** 1722
– Angelegenheit **A.** 1711 ff.
– – Ende **A.** 1715
– – erstmalige Tätigkeit **A.** 1714
– – Vollstreckungsmaßnahme **A.** 1711
– – Vorbereitungshandlung **A.** 1711

– – weitere Vollstreckungshandlungen **A.** 1711
– Arbeitsentgelt **A.** 1717
– Arrestvollziehung **A.** 1723
– Aufhebung **A.** 1696
– Auskunft aus Schuldnerverzeichnis **A.** 1725
– Austauschpfändung **A.** 1726
– Beginn **A.** 1712 f.
– Berichtigungsantrag **A.** 1727
– Beschränkung **A.** 1696
– Beschwerdeterminsgebühr **A.** 1700
– Beschwerdeverfahren **B. Vorb. 4** 93, 105
– – Gebühren **A.** 1700
– – Gegenstandswert **A.** 693
– Beschwerdeverfahrensgebühr **A.** 1700
– Bürgschaftsurkunde, Zustellung **A.** 1728
– Bußgeldsachen **B. Vorb. 5** 38
– Dienstaufsichtsbeschwerde **A.** 1729
– Disziplinarverfahren **B. Vorb. 6.2** 28 ff.
– Drittschuldnererklärung **A.** 1730
– Drittschuldnerprozess **A.** 1731
– Duldung **A.** 1732
– Durchsuchungsanordnung **A.** 1733
– eidesstattliche Versicherung **A.** 1734
– – Gegenstandswert **A.** 693
– Eigengeld **A.** 1717
– Einigungsgebühr **A.** 497 f., 1700, 1704 ff.
– – Erstattungsfähigkeit **A.** 1710
– – Höhe **A.** 1705
– – Ratenzahlungsvereinbarung **A.** 1706 ff.
– Einstellung **A.** 1735
– Einstellung/Beschränkung/Aufhebung, Vergütung **A.** 1696
– einstweilige Einstellung **A.** 1736
– Einwohnermeldeamtsanfrage **A.** 1737
– Erinnerung **A.** 1739
– Erinnerungsverfahren, Gegenstandswert **A.** 693
– Ermittlung des Aufenthaltsorts **A.** 1740
– Erstattungsfähigkeit **A.** 1722
– Feiertag **A.** 1748
– Festsetzung der Vergütung **A.** 540
– Freigabeerklärung des Gläubigers **A.** 1741
– Gebühren **A.** 1700 ff.
– – Abgeltung mit Urteil **A.** 1712
– – Gegenstandswert **A.** 693
– Geldforderung, Gegenstandswert **A.** 693
– Gerichtsgebühren **A.** 665
– Grundbucheintragung **A.** 1742
– Hilfspfändung **A.** 1743
– Hinweispflicht **A.** 829

- Inhaftiert wegen Arbeitsentgelts, Pfändungsfreigrenzen **A.** 1717
- Insolvenz **A.** 1696
- kombinierter Zwangsvollstreckungsauftrag **A.** 1744
- mehrere Schuldner **A.** 1745
- mehrere Vollstreckungsmaßnahmen **A.** 1746
- Mehrheit von Forderungen **A.** 1747
- Mehrvertretungszuschlag **A.** 1700
- Nachtzeit **A.** 1748
- Pfändungsbeschluss **A.** 1738
- PKH **A.** 1716
- Ratenzahlungsvereinbarung **A.** 1749
- Räumungsfrist **A.** 1696
- Rechtsbeschwerdeverfahren, Verfahrensgebühr **A.** 1700
- Rechtskraftzeugnis **A.** 1750
- Rücknahme des Vollstreckungsantrags **A.** 1751
- Schuldnerantrag, Gegenstandswert **A.** 693
- Schuldnerverzeichnis **A.** 1752
- Sicherheitsleistung **A.** 1753
- Sicherungshypothek **A.** 1754
- Sicherungsvollstreckung **A.** 1755
- Sonntag **A.** 1748
- Spezialverfahren **A.** 1696
- Strafsachen **B. Vorb. 4** 4, 93 f.
- Terminsgebühr **A.** 1703
- Umfang des Vergütungsanspruchs **A.** 1417
- Unterlassung **A.** 1732
- Unzulässigkeit **A.** 1756
- Verfahrensgebühr **A.** 1701 f.
- – Einzeltätigkeit **B. Nr. 4302** 11
- – mehrere Auftraggeber **A.** 1702
- Vergütung **A.** 1696 ff.
- Verhaftungsauftrag **A.** 1757
- Verkauf, freihändiger **A.** 1758
- Verteilungsverfahren **A.** 1759
- – außerhalb von Zwangsversteigerung **A.** 1696
- – nach schifffahrtrechtlicher Verteilungsordnung **A.** 1696
- vertretbare Handlung **A.** 1760
- Verwaltung des gepfändeten Vermögensrechts **A.** 1761
- Vollstreckungsklausel **A.** 1762
- Vollstreckungsmaßnahme, Aufhebung **A.** 1724
- Vollstreckungsschutz **A.** 1763
- Vollziehung einstweilige Verfügung **A.** 1723
- vorläufige Einstellung **A.** 1696
- Vormerkung **A.** 1764
- Vorpfändung **A.** 1765
- weiterer Vollstreckungsversuch **A.** 1766
- Wertfestsetzung **A.** 665
- Wertgebühren **A.** 656
- Wohnungswechsel des Schuldners **A.** 1767
- Zahlung vor Antragsstellung **A.** 1768
- Zurückverweisungsentscheidung **A.** 1769
- Zustellung von Urteil/Klausel **A.** 1770
- Zwangshypothek **A.** 1771
- Zwangsversteigerung **A.** 1696
- Zwangsverwaltung **A.** 1696
- Zwangsvollstreckungsterminsgebühr **A.** 1700
- Zwangsvollstreckungsverfahrensgebühr **A.** 1700

Zwangsvollstreckungsangelegenheit, Ende **A.** 1715
- – Befriedigung des Gläubigers **A.** 1715
- – Forderungspfändung **A.** 1715
- – Herausgabevollstreckung **A.** 1715

Zwangsvollstreckungsauftrag, kombinierter **A.** 1744

Zwangsvollstreckungsmaßnahme, Wert **A.** 1697 ff.

Zwangsvollstreckungssache, Gebühr, Strafsachen **B. Vorb. 4** 104 f.
- Disziplinarverfahren **B. Vorb. 6.2** 25 f.

Zwangsvollstreckungsterminsgebühr A. 1700

Zwangsvollstreckungsverfahren, Disziplinarverfahren, besondere Tätigkeit **B. Vorb. 6.2** 21
- Einigungsgebühr **A.** 474
- Pauschgebühren **B. Vorb. 4.1** 28

Zwangsvollstreckungsverfahrensgebühr A. 1700

Zweigstelle des Gerichts, Kanzlei am Ort, Geschäftsreise **B. Vorb. 7** 21

Zweites Opfer-RRG B. § 53 2

Zwischenbeschwerdeverfahren A. 372
- pauschale Abgeltung **A.** 372

Zwischenverfahren, Bußgeldsachen **B. Vorb. 5.1.2** 1 ff., 9